中國大百科全書

鄧小平

中国大百科全书

（第三版）

档案学

中国大百科全书出版社

图书在版编目 (CIP) 数据

中国大百科全书 ：第三版. 档案学 / 中国大百科全书（第三版）总编辑委员会著. -- 北京 ：中国大百科全书出版社，2023.12

ISBN 978-7-5202-1479-7

Ⅰ. ①中… Ⅱ. ①中… Ⅲ. ①百科全书—中国—现代 ②档案学—百科全书 Ⅳ. ① Z227 ② G270-61

中国国家版本馆 CIP 数据核字（2023）第 242263 号

中国大百科全书
（第三版）
档 案 学

中国大百科全书出版社出版发行
（北京阜成门北大街 17 号　　邮编：100037）
http://www.ecph.com.cn
北京雅昌艺术印刷有限公司印制
2023 年 12 月第 1 版　2023 年 12 月第 1 次印刷
开本：889 × 1194　1/16　印张：39.75　字数：1855 千字
ISBN 978-7-5202-1479-7　　**定价：580.00 元**

中国大百科全书（第三版）
总编辑委员会

中国大百科全书（第三版）
档案学编辑委员会

分支学科编写组

档案管理

主　编　王英玮

成　员　黄世喆　宫晓东　吴建华

电子文件管理

主　编　刘越男

副主编　王良城

成　员　钱　毅　黄玉明　张正强

档案文献编纂

主　编　韩宝华

副主编　丁华东

成　员　冯　叶　安　芳

档案保护技术

主　编　张美芳

成　员　周耀林　彭远明　唐跃进　朱　强

现代文件

主　编　王　健

成　员　赵国俊　杨　霞　董丹华

中国古文书学

主　编　何　庄

副主编　胡忠良

成　员　裴燕生　张全海　李义敏

中国档案事业史

主　编　梁继红

副主编　郭树银

成　员　高换婷　屈春海　王云庆　张芳霖　蒋卫荣

外国档案事业史

主　编　黄霄羽

副主编　杜　梅

成　员　安小米　王红敏

前　言

党的十八大以来，以习近平同志为核心的党中央高度重视文化建设，把坚定文化自信，推动社会主义文化繁荣兴盛，建设社会主义文化强国，提到前所未有的战略高度。《中国大百科全书》第三版作为新时代中国一项重大文化工程，编纂出版适逢其时。习近平总书记对《中国大百科全书》第三版编纂出版工作高度重视，作出重要指示，寄予殷切期望，勉励学术界、出版界将《中国大百科全书》第三版打造成一个有中国特色、有国际影响力的权威知识宝库。

国运兴则文化兴。《中国大百科全书》的编纂出版，与时代发展、科技进步、文化繁荣密不可分，体现了中华文明与时俱进的创新精神。1978 年，中央决定编纂出版《中国大百科全书》，并为此项工作的开展，专门成立了中国大百科全书总编辑委员会和中国大百科全书出版社。《中国大百科全书》第一版按学科或知识门类分卷编纂，总计 74 卷，选收条目 7.8 万个，共 1.3 亿字，1993 年出齐。《中国大百科全书》第一版是中国第一部大型现代综合性百科全书。它的出版结束了中国没有百科全书的历史，被誉为“中华文化的丰碑”。

1996 年，《中国大百科全书》第二版开始编纂，总计 32 卷，选收条目 6 万个，共 6000 万字，2009 年出版。《中国大百科全书》第二版在第一版的基础上，充分反映了中国改革开放后各方面取得的巨大变化和最新成果，在体例上按条目标题的汉语拼音字母顺序统一编排，使读者更加便于寻检查阅。

2014 年，顺应互联网技术新变革、出版融合发展新趋势，《中国大百科全书》第三版正式启动编纂工作，同步编纂出版网络版、纸质版，并适时推出外文条目。《中国大百科全书》第三版，以马克思列宁主义、毛泽东思想、邓小平理论、“三个代表”重要思想、科学发展观、习近平新时代中国特色社会主义思想为指导，认真贯彻落实习近平总书记重要指示精神，以社会主义核心价值观为引领，坚持守正创新、实事求是、开放包容，汇聚科技界、社科界等各方面专家，系统总结国际国内各领域科学文化最新成果，力求构建有中国特色、有世界影响力的权威知识宝库。在《中国大百科全书》第三版总编委会主任委员陈奎元同志和总编委会的组织协调下，近 3 万名专家、学者和研究人员精心编制、倾力奉献，于 2021 年 7 月完成首批条目编纂出版并公开发布，实现纸网同步。网络版最终上线条目将达到 50 万条，纸质版、外文条目依托网络版陆续出版，并不断创新传播方式，改善读者体验，更好满足读者高品质、多方面、个性化的知识需求。

《中国大百科全书》第三版纸质版以科学知识体系分类为基础，其条目从网络版专业版块条目中精选，按学科分卷的形式编纂加工，分批出版。每卷按各学科的体系、层次设计框架，以条目的形式编写。所收条目力求详尽地叙述和介绍各学科的专业基本知识，适合于高中以上文化程度的广大读者使用。每个学科卷前设置概观性文章，介绍该学科的历史，描述现在的发展状况，展望该学科的发展前景。同时配以适当的图片和地图，以期达到图文并茂的效果。

在党中央的关怀下，《中国大百科全书》第三版的编纂工作得到国家各有关部门、科研机构、学术团体、大专院校等单位的大力支持，全国各学科、各领域、各部门专家、学者积极参与，凝聚了各方面的智慧与心血，在此谨致以诚挚的感谢，并衷心希望广大读者对书中疏漏之处给予批评指正。

《中国大百科全书》编辑部

凡　例

一、编　排

1. 全书按学科（知识门类）分类分卷出版。一个学科（知识门类）辑成一卷或数卷，或几个学科合为一卷。

2. 条目是全书的主体，一般由条目标题、释文和相应的插图、表格等组成。

3. 条目按条目标题的汉语拼音字母顺序并辅以汉字笔画、起笔笔形顺序排列。第一字同音时按声调顺序排列；同音同调时按汉字笔画由少到多的顺序排列；笔画数相同时按起笔笔形横（一）、竖（丨）、撇（丿）、点（丶）、折（包括乛、𠃌、乚、𡿨等）的顺序排列。第一字相同时，按第二字排列，余类推。条目标题中夹有外文字母或阿拉伯数字的，依次排在相应的汉字条目标题之后。以拉丁字母、希腊字母和阿拉伯数字开头的条目标题，依次排在全部汉字条目标题之后。

4. 各学科（知识门类）卷在条目分类目录之前，都有一篇介绍本学科（知识门类）内容的概观性文章。

5. 各学科（知识门类）卷均列有本学科全部条目的分类目录，以便读者了解本学科的全貌。分类目录还反映出条目的层次关系，例如：

中国档案事业史……………………………………478
　先秦档案管理……………………………………431
　　天府……………………………………………403

6. 学科（知识门类）与学科（知识门类）之间相互交叉的知识主题在有关学科卷中均设有条目，例如“奏折”在《档案学》卷和《中国历史》卷均设有条目，但释文内容分别按各学科的要求有所侧重。

二、条目标题

7. 条目标题一般为词或词组，例如“档案”“电子文件”“诏令文书”。

8. 同一概念具有不同名称时，根据检索需求，分别设条，例如“登科录”与“题名录”。

9. 条目标题一般由汉语标题和与汉语标题相对应的外文两部分组成，例如：

中国第一历史档案馆　The First Historical Archives of China

10. 条目标题有两个以上对应外文的，中间用分号（;）隔开。

11. 条目标题外文主要为英文，例如“档案 archives”，少数为法文、德文、西班牙文、意大利文等，或与其相应的拉丁字母转写。

12. 无通用译名纯属中国内容的条目标题，用汉语拼音作为条目标题外文。

三、释　　文

13. 释文力求使用规范化的现代汉语。条目释文开始一般不重复条目标题。

14. 释文一般依次由定义和定性叙述、词源、简史、基本内容、研究状况、插图、表格等构成，视条目的性质和知识内容的实际状况有所增减或调整。

15. 条目释文较长时，设置层次标题，并用不同的字体和排式表示不同的层次标题。

16. 一个条目的内容涉及其他条目并需由其他条目的释文补充的，采用“参见”的方式。所参见的条目标题在释文中用楷体字排印，例如“阿根廷也是国际档案理事会（ICA）的会员国”；所参见的条目标题未在释文中出现的，另用括号加“见”字标出，例如“文献馆自成立来接收集中档案500余万件（册），其中有宫中档案、宗人府档案、军机处档案、内务府档案等（见清代档案）”。

17. 释文中的外国人名，在姓的前面加上外文名字的缩写，即名字的第一个字母，例如L.杜兰蒂，H.泰勒。

四、插　　图

18. 条目释文中配有必要的随文插图，包括照片、线条图等。

19. 插图附图题、图注等说明文字。条目只配一幅图且图题与条目标题一致时，不附图题。

五、扩展阅读

20. 附设纸网关联方式，读者使用媒体终端扫描二维码或登录网址，可以扩展查阅网络版的内容。

六、大事年表

21. 条目正文后附有学科大事年表。表中内容设为“参见”的，以楷体字表示。

七、索　　引

22. 各学科（知识门类）卷均附有条目标题汉字笔画索引、条目标题外文索引和内容索引。

八、其　　他

23. 全书所用汉字，除必须用繁体字和异体字的以外，以国务院 2013 年 6 月公布的《通用规范汉字表》为准。

24. 全书所用科学技术名词以各学科有关部门审定的为准，未经审定和尚未统一的，从习惯。

25. 全书所用数字，执行国家标准 GB/T 15835—2011《出版物上数字用法》。

26. 全书所用地名，除历史地名外，一般以中国地名委员会审定的为准（含中国地名、外国地名）。历史地名后一般括注今地名。

目　录

档案学

吴宝康　丁永奎　冯惠玲

探索档案、档案工作和档案事业等档案现象的本质和规律，研究档案信息资源管理、开发的理论、原则与方法的学科。档案学的发展有助于提高档案研究和档案事业管理的科学水平，有效开发利用档案信息资源，为国家和公民服务，为人类社会的和谐发展和进步服务。

产生和发展

档案和档案工作的历史可上溯数千年，而档案学则形成于 18 世纪末欧洲资产阶级革命所推动的档案工作改革以后，此前经历了漫长的孕育过程。

孕育时期　从奴隶社会到封建社会，档案工作不断发展，积累了许多经验和认识，主要是整理和编目方面的经验以及对档案、档案馆工作的认识。16 世纪中期开始，欧洲出现了早期的档案著作，如 1571 年德国 J. von 拉明根著的《综合报告——怎样才算一个完美的登记室》和《登记室及其机构和管理》，说明了早期的档案分类原则和登记室在机关中的地位；1632 年意大利 B. 波尼法西奥著的《论档案馆》强调了档案馆的神圣性和不可侵犯性等。在中国，从商代至清代间，在档案的保管、鉴定、整理、编目、文献编纂等方面逐步形成了一些方法、经验和思想，如孔子在档案文献编纂方面提出了“述而不作”（即尊重原文）和“多闻阙疑”（即不妄加校改）的编纂原则。奴隶社会和封建社会出现的档案学思想因素和萌芽是局部的、片段的、经验性的知识，尚未形成科学的知识体系，但为档案学的形成准备了重要条件。

欧美档案学的形成和发展　18 世纪末以后，欧洲一些国家在资产阶级革命推动下，对档案工作进行改革，建立国家意义的综合性档案馆，实行档案事业的集中管理，颁布档案馆条例和其他规章制度，提出“档案开放”原则，兴办档案教育等，发展成一项国家事业，从而为档案学的创建提供了条件。19 世纪初叶，“档案学”概念首先在德国出现。1804 年 J. A. 奥格撰写的《档案学的理论思想》、1806 年创刊的《档案学与文书学》和 1834 年创刊的《档案学、古文书学和历史学》，都使用了档案学概念。1885 年法国学者 C. V. 朗格鲁发表了《关于档案馆的科学》一文，首次提出档案学是一门独立科学。

19 世纪，欧洲许多学者对档案馆的性质、地位、作用以及档案的整理、鉴定、编目、利用、公布等作了广泛的探讨。档案整理理论是欧洲档案学形成时期所探讨的核心问题，档案领域的专家学者们先后提出了**事由原则**、尊重全宗原则和**来源原则**。1841 年法国提出了尊重全宗原则，成为来源原则的起源；1874 年，普鲁士国家档案馆馆长 H. von 西伯尔首次提出了来源原则，并于 1881 年将这个原则写入《国家机密档案馆档案整理条例》；1898 年荷兰档案学家 S. 缪勒、J. A. 斐斯和 R. 福罗英合著的《**档案整理与编目手册**》对来源原则进行理论论证，系统阐述了档案整理与编目方面的理论、原则和方法，提出了档案全宗的有机联系和不可分散性，奠定了来源原则的理论基础，使档案学的这一基本理论得以确立。进入 20 世纪，档案学理论不断发展，1918 年苏俄颁布的《**列宁档案法令**》奠定了**国家档案全宗**理论和**集中统一管理原则**的基础。著作和教材不断增多，代表作有英国 H. **詹金逊**著的《**档案管理手册**》(1922)、意大利 E. **卡萨诺瓦**著的《**档案学**》(1928)、德国 A. **布伦内克**著的《**档案学——欧洲档案工作的理论与历史**》(1953)、美国 T. R. **谢伦伯格**著的《**现代档案——原则与技术**》(1956)、加拿大 H. **泰勒**著的《**档案材料的整理与编目**》(1980)、阿根廷 M. **巴斯克斯**著的《**文件生命周期研究**》(1987)、美国 G. 汉姆著的《档案与手稿的选择和鉴定》(1993)、美国 D. **比尔曼**著的《**电子证据——当代机构文件管理战略**》(1994)、加拿大 T. **库克**著的《后保管时代的档案范式——1898 年出版以来档案理论与实践的相互影响》(1996)、美国 R. 考克斯著的《文件管理：证据和信息》(2001)、加拿大 L. **杜兰蒂**著的《电子文件的集成化保存》(2002) 等。

中国档案学的形成和发展　辛亥革命推翻了清朝封建帝制，为近代中国档案学的产生创造了有利条件。中华民国成立之初，南京临时政府开展了公文制度改革，一些部门制定和实施了档案工作的规章制度，涉及档案定义、档案管理范围等专门问题，引发了档案管理人员的专业研究。一向秘藏清宫的明清档案不再为皇家所专有。20 世纪 20 年代初，由于**大内档案**流散到社会，引起学术界的关注，并开展了收集整理明清档案的活动。1922 年沈兼士提出了“档案学”的概念。1925 年中国建立了近代第一个历史档案馆——故宫博物院文献部，对集中管理历史档案的理论和方法提出了客观要求。20～30 年代，史学界人士陈垣、沈兼士、顾颉刚、徐中舒、郑天挺、吴晗、方甦生等撰写了不少文章，对明清档案的史料价值以及整理与编目进行了有意义的探讨。国民政府机关为提高行政效率发起**文书档案改革运动**，一些行政工作者和档案工作者对机关档案室的档案管理进行了研究，出版了一批档案管理著作，如**甘乃光**的《文书档案连锁办法之试验报告》(1934)、何鲁成的《**档案管理与整理**》(1938)、龙兆佛的《档案管理法》(1940)、黄彝仲的《档案管理之理论与实践》(1947) 等，探讨了档案的定义、范围和作用，档案管理体制，档案分类、编目、鉴定、保管、编辑、公布的方法等。1939 年中国开始兴办档案专业教育，在私立武昌文华图书馆学专科学校设立档案讲习班。40 年代在重庆创办崇实私立档案学校，出版了**殷钟麒**编著的《**中国档案管理新论**》(1949)。中华民国时期的档案学研究，主要是由史学界、行政界和档案教育界从各自角度研究档案管理问题，对建设和发展中国档案学有一定贡献，但局限在明清档案整理和机关档案管理的经验总结方面，缺乏充分的理论概括。

中华人民共和国成立后，建立了国家规模的档案事业，为档案学研究开辟了广阔道路。1956 年《国务院关于加强国家档案工作的决定》提出应加强对档案学及其辅助科目的研究，国家制订的历次哲学社会科学发展规划中都列入了档案科学技术研究方面的内容。档案教育科研机构重视档案学学科体系的建设，20 世纪 50 年代至 60 年代中期，创建了**文书学**、**档案管理学**、**科技档案管理学**、**档案保护技术学**、**中国档案事业史**、**外国档案事业史**、**档案文献编纂学**等学科。80 年代至今，又增加了档案学概论、**电子文件管理学**等学科，形成了档案学基础理论和应用理论、应用技术并重的档案学科体系。1986 年，吴宝康出版了《**档案学理论与历史初探**》，阐述了档案学的性质与特点，中国档案学的产生与发展及若干理论问题。中国提出和论证的统一领导、分级管理，维护档案的完整与安全，便于社会各方面利用的原则，按照档案形成规律和保持档案的历史联系管理档案的原则，档案工作要维护历史真实面貌的原则等，是指导档案事业和档案管理工作的重要理论原则。

研究内容、学科特点

研究内容　主要有 5 个方面：①档案学基础理论研究。即研究档案的起源与发展，档案的内涵外延与本质属性，档案种类的划分，档案价值及其实现规律；档案工作的社会功能，档案工作的性质与基本原则，档案工作体制；国家档案事业的体系和结构，档案法规体系，档案工作标准化原理及体系；档案学产生的条件与标志，档案学的研究对象、任务与研究方法，档案学的性质与特点，档案学体系结构，档案学与相关学科的关系等。其任务是探讨档案属性和价值，以及档案工作和档案学科建设的客观规律，使之对档案学应用理论、应用技术的研究以及档案工作实践具有普遍的指导意义。②档案事业史研究。即以历史时期为序，运用具体史料研究档案、档案工作和档案学的产生发展过程及其规律。包括不同时期档案、档案工作的状况和特点，档案学演进过程中不同学术思想的源流和派别等。其任务是阐明各种社会形态中档案、档案工作、档案学的发展特点及其与当时的政治、经济、科学文化诸方面的关系，探寻可以借鉴的历史经验。③档案事业管理研究。即研究档案事业管理的指导思想、原则、功能和体制，档案事业管理的行政手段、法律手段和宣传教育手段，档案工作标准化等。其任务是提高国家档案事业管理的科学水平，促进档案事业整体协调发展。④档案资源管理与开发研究。含档案实体管理和档案信息管理两个方面。档案实体管理研究包括对档案原件的收集、鉴定、整理、保管、利用服务的研究；档案信息管理包括对档案内容的采集、著录、组织、存储、开发和提供利用的研究。其任务是提高档案管理的科学水平，为档案用户提供高质量、高效率的服务。⑤档案工作应用技术研究。包括档案保护技术研究，如对档案存储环境控制技术、档案有害生物防治技术和档案修复技术的研究，其任务是最大限度地延长档案原件的寿命；档案缩微复制技术研究，其任务是提高档案缩微复制品及其还原、存储、检索的质量；信息技术在档案管理中的应用研究，如计算机辅助档案管理系统及技术，网络环境中电子文件、电子档案管理系统及技术，纸质、胶片、磁带等载体原生档案、档案缩微品数字化技术、档案数字化、数据化管理技术等，其任务是逐步实现档案管理技术现代化，使档案工作与社会信息化相同步。

学科特点 档案学的主要特点：①档案学的重要理论原则受社会制度和发展水平的制约和影响。档案学的研究对象——档案和档案工作，与各国的社会制度、政治经济状况及文化传统相适应、相联系，档案学的一个重要任务是揭示档案工作的发展规律，不能脱离它所存在的社会环境。②具有很强的实践性。档案学知识来源于档案工作实践，是档案工作实践经验的总结和概括，又应用于档案工作实践。档案工作实践检验档案学理论的正确性，对档案学的发展水平有重要影响。档案学在总体上是一门应用学科，在档案学研究中必须坚持理论与实践相结合的原则。③具有较宽的知识跨度。主要包括档案内容知识、管理知识和管理技术 3 个方面，涉及人文学科、社会科学和自然科学技术三大门类。

档案产生于社会实践，反映社会实践；档案工作是管理档案和提供档案信息，为社会实践服务的一项社会活动；档案学是研究档案、档案工作规律及其与社会实践关系的学科，整体上属于社会科学范畴。社会发展和科技进步逐步拓展了档案学的研究领域和研究方法，吸收应用了一些科学技术知识，主要包括 4 个方面：①关于科学技术文件材料的形成和积累，科学技术档案的管理和开发利用的基础知识。②档案保护技术。③声像技术、缩微复制技术。④计算机及网络信息技术、语义分析技术等现代科学技术在档案工作中的应用。

与其他学科的关系

档案学与图书馆学、情报学 三者是各自独立而又密切联系的相关学科。1998 年，教育部学科目录进行调整，档案学、图书馆学、情报学共同作为二级学科组成“图书馆情报与档案管理”一级学科，2022 年更名为“信息资源管理”一级学科。三门学科在研究对象、研究内容和研究方法上既有共性，也因不同研究对象而具有各自的特点。其共性主要表现在：档案、图书、情报同属于文献家族，均具有记录和传播人类文明的功能，都是社会发展不可缺少的信息资源，管理方法和技术有相近之处。

档案学与法学、社会学、传播学 档案是社会活动的真实记录，档案管理活动与各种社会活动相关联，档案学也与多门社会科学学科具有较为密切的关系。档案学与法学的关联主要表现为 2 个方面：①档案是一种书证材料，档案的法律凭证性是档案学和证据学共同关注的问题。②档案和档案管理涉及多项法律关系，如**档案所有权**、管理权、利用权等，需要运用法学理论进行研究和规范，形成档案法规体系。

档案学与社会学的关联主要表现为 2 个方面：①共同关注社会的发展进程和印记。社会学是研究社会事实的学科，将社会现象和过程的特征概括为“组织”“社区”等实体性概念和“社会运行”“社会转型”等非实体性概念，而这两类概念所表达的现象正是档案记录的基本对象，同时，社会学也非常倚重包括档案内容在内的事实研究。②现代档案工作正经历着从服务官方向服务大众的转型，档案学研究越来越多地吸收社会学关于社会结构、社会网络、社区、集体记忆等方面的研究成果和视角，具有越来越多的社会性特征。

档案学与传播学的关联主要表现为 2 个方面：①档案作为一种原始记录，具有特殊的公共价值和传播功能，这是两个学科的交界之处。②传播学中的媒介理论、社会信息系统及其运行规律、传播过程与效果的理论，对于研究档案形态、功能的演变以及档案信息传播具有重要借鉴价值。

档案学与信息科学　信息科学是包括信息论、系统论和控制论的新兴综合性科学，信息技术包括通信技术、计算机技术、多媒体技术、自动控制技术、数据科学与技术、人工智能技术等，其核心技术对现代档案管理理论和技术已经产生了深刻的影响。档案学与信息科学的关联主要表现为 4 个方面：①信息科学催生了电子文件及其管理。信息技术使文件记录方式发生了革命性变革，形成了具有系统依赖性的电子文件，需要依托信息科学提供技术和方法来解决电子文件的真实性、完整性、可靠性、可用性等基本问题。②信息技术拓展了档案资源类型，产生了包括文本、数据、图像、图形、音频、视频等在内的更为丰富复杂的档案资源类型。③信息技术极大地丰富了现代档案管理各环节的技术手段，在档案资源管理与应用系统研发、内容管理、开发利用、安全维护等各领域提供了技术方法和策略。④信息技术和产品的更新换代对电子档案的长期保存带来巨大的挑战，需要加强长期保存相关标准、载体、技术等方面的综合研究。

重要学术机构和刊物

国际档案理事会（ICA）于 1948 年 6 月 9 日成立，在组织国际档案学术交流与合作方面发挥了重要作用。国际档案理事会主办的专业刊物原为《**档案**》和《**护门神**》，2001 年合并为《**逗号**》。为推进文件与档案工作的标准化，1998 年，国际标准化组织在信息与文献技术委员会下成立档案/文件管理分技术委员会（ISO/TC46/SC11），开展了大量有关档案与文件标准的研究、制定和推广工作，2001～2023 年 3 月共发布 19 个国际标准。1981 年**中国档案学会**成立，截至 2022 年，拥有个人会员 9648 人，单位会员 532 个。20 世纪 80 年代以后，各省、自治区、直辖市，各行业系统档案学会相继成立。中国国家级档案刊物有国家档案局主办的《**中国档案**》（1951 年创刊），教育部主办、中国人民大学档案系（今信息资源管理学院）承办的《档案学通讯》（1978 年创刊），中国档案学会主办的《档案学研究》（1987 年创刊），国家档案局还主办了全世界唯一的档案专业报刊《中国档案报》（1995 年创刊）。中国大力开展档案专业教育，1952 年在中国人民大学设立档案专修科，逐步发展为历史档案系、档案系、档案学院、信息资源管理学院，设有本科、硕士研究生和博士研究生教育；2023 年全国已有 34 所普通高等学校开设了档案专业本科教育，出版了一大批教材，推动了档案学术研究。中国建立了各种类型的档案学术研究机构，为发展档案学创造了条件。如 1980 年国家档案局成立科学技术研究所，一些省、自治区、直辖市也相继成立了档案科研所。

国际档案理事会的学术活动

国际档案理事会 1950 年召开第一届国际档案大会，自 1956 年后每四年召开一届，开展国际档案学术与工作交流，截至 2023 年，已召开 19 届。1954 年，国际档案理事会设立由 A 类会员组成的**国际档案圆桌会议**，在不召开国际档案大会的年份每年召开一次会议，讨论国际档案界共同关心的业务问题，从 1977 年开始邀请 B 类会员参加，到 2011 年共召开了 43 次会议。2012 年，国际档案理事会修改会章，实施改革，废止国际档案圆桌会议，由面向全体会员的**国际档案理事会年会**取而代之，同时设立国家档案局（馆）长论坛。2013 年，第一届国际档案理事会年会召开，截至 2022 年 9 月，已召开 8 届。1970 年，国际档案理事会建立国际档案发展基金（FIDA），旨在支持发展中国家的档案工作。2012 年，FIDA 调整了扶持政策，资助范围从发展中国家扩大到所有地区资源匮乏的档案机构，先后支持了许多培训项目和地区建档工作。2011 年 11 月 10 日，联合国教科文组织第 36 届大会通过了由国际档案理事会提请的《世界档案宣言》，对推动世界范围内各国档案工作的发展产生重要影响。国际档案理事会的地区分会和专业处、专家工作组也开展了相应领域的学术活动。1980 年，中国国家档案局加入国际档案理事会，为 A 类会员。1994 年，中国档案学会加入国际档案理事会，为 B 类会员。中国人民大学档案系（今信息资源管理学院）、上海市档案馆、北京市档案馆分别于 1984 年、1993 年和 1994 年加入国际档案理事会，为 C 类会员。中国国家档案局于 1996 年主办了第十三届国际档案大会，时任国家档案局局长王刚于 1996～2000 年担任国际档案理事会主席。中国是国际档案理事会东亚地区分会成员国和欧亚地区分会成员国，中国档案专家加入了若干专业处和专业委员会的工作。

为推进档案学术繁荣与进步，1964 年国际档案理事会组织编写初版《档案术语词典》，1984 年再版时使用英文、法文、德文、荷兰文、意大利文、西班牙文和俄文 7 种文字对照条头，用英文、法文简明释义。与联合国教科文组织合作，出版了“图书档案丛书”，其中档案专业著作有：《档案法示范草案》（1972）、《档案材料的保护与修复》（1973）、《档案基础工作计划》和《中间档案馆的组织》

（1974）等。从1977年开始组织编写“国际档案理事会档案手册丛书”，已经出版的有《档案修复基本标准手册》《热带档案学基本手册》《档案馆建筑与设备手册》《档案整理与编目》等。1979年开始与联合国教科文组织共同组织实施大型研究项目“文件与档案管理规划”（RAMP），共完成150部研究报告。2008年以来，国际档案理事会开始通过项目委员会资助和签署世界范围内有助于实现本会战略目标的课题项目，完成和发布的主要成果有《电子办公环境中文件管理原则与功能要求》系列指南（2008年、2010年、2011 年先后被国际标准化组织采纳）及配套培训教材，《支撑善治的文件档案管理工具包》（英文版及法文、中文和阿拉伯文译本），《职业能力模式创建指南》《在线多语档案术语》《数字保存之道》《声像档案管理简明指南》等。国际档案理事会先后发布了一系列标准规范，如《国际档案著录规则》（1994年第1版，2000年第2版）、《档案著录中法人、个人、家庭的规范记录国际标准》（1996年第1版，2004年第2版）、《鉴定指南》（2003）、《职能描述国际标准》（2007）、《档案收藏机构描述国际标准》（2008）、《档案利用原则》（2012）等，对档案管理标准化、现代化发挥了重要的推动作用。国际档案理事会先后于2010年、2013年、2014年组织实施入职档案工作者计划、非洲战略和国际灾害救助计划。

条目分类目录

说　明

1. 本目录供分类检查条目之用。

2. 目录中凡加〔××××〕的名称，仅为分类集合的提示词，并非条目名称。例如：〔档案书刊〕〔文书术语〕。

〔现代文件〕

A

阿根廷国家总档案馆 General Archives of the Nation (Argentina) 阿根廷国家级档案馆。内政部的下属机构。前身是1821年8月28日成立的布宜诺斯艾利斯省档案馆，1884年改名为国家总档案馆。1957年制图档案馆并入国家总档案馆。

阿根廷国家总档案馆是拉丁美洲最大和最古老的档案馆之一，是联合国教科文组织发起的世界记忆工程的成员之一，阿根廷也是国际档案理事会（ICA）的会员国。总部曾位于前国会大楼，现位于莱昂德罗阿莱姆大街246号。

内设机构主要包括：书写文件部、音像文件部、图书馆与传播部、电影与媒体部、中间档案馆部。书写文件部的馆藏源自秘鲁殖民总督辖区、1810年五月革命和阿根廷独立战争期间的政府档案；音像文件部负责1853～1983年总计超过80万的照片档案及威特科姆馆藏；图书馆与传播部建立与世界各地档案馆及相关机构的友好关系，联络记者和研究人员，发布所有档案通讯和期刊；电影与媒体部收藏3000余部电影、纪录片、磁带和更多新型多媒体项目。中间档案馆部成立于1979年，通过向国家机关、企业、事业单位、社会团体等提供顾问咨询，使档案学理论得到实际应用，尤其为整理、分类、著录、保护等实践工作提供指导。

阿根廷国家总档案馆的功能是保管隶属国家的公共文件、图像和音像资料，整合文物遗产或移交至档案馆的私人文件，根据技术系统将其分配至最适宜的部门；著录、编目、宣传其馆藏；根据公认价值制作系列节目来宣传档案；采取各种途径传播档案中的知识；准备共和国历史档案清单；与各省或国外档案馆交换馆藏副本。国家总档案馆根据馆藏编写书籍，已出版25部著作，在网站提供免费全文获取途径。（黄霄羽）

阿普沃德，F. Frank Upward 澳大利亚档案学者。澳大利亚莫纳什大学信息技术学院组织与社会信息学中心首席研究员，同时也是文件连续体研究小组成员。曾任莫纳什大学高级讲师，主要讲授档案、文件与信息管理，并参与文件管理系统设计的信息系统活动。

作为文件连续体理论的主要构建者，他提出了文件连续体管理的思想方法。认为文件生命周期理论描述的文件运动过程阶段性太过分明，难以适应电子文件的特点，因此需要将文件的运动过程视为一个连续统一体，文件连续体是指“文件往复运动于从生成到处置的连续体中的一个过程”。2015年，澳大利亚档案工作者协会为表彰他对档案发展、教学和研究的巨大贡献，授予他澳大利亚档案工作者协会会员奖。

主要著作有：《构建文件连续体之一：后保管原则和特色》（1996）、《构建文件连续体之一：结构化理论和文件保管》（1997）、《在文件和档案管理过程中构建作为范式转变的连续体和超越自我反思》（2000）、《文件连续体与最终产品这一概念》（2004）、《连续体机制与记忆库续：文化之形成》（2005）、《连续体机制与记忆库》（2005）、《文件管理与档案连续体类型的探讨》（2006）等。（黄霄羽）

哀启文 memorial article 中国民间礼仪文书。又称哀启。死者家属叙述死者生平事迹及临终情况的书启，一般附于讣闻之后分送亲友，也有单独成文分送的。

典出《礼记·曲礼》：“亲有疾，饮药，子先尝之。”是说父母生病要喝药，子女应该先尝药物以判断是否有毒。春秋时期，许悼公姜买患了疟疾，喝了其子姜止熬制的汤药而死，史书将这个事件定性为“弑君”，即“许世子止不尝药”的典故。所以后人在遭遇父母去世发送讣闻时，往往附以书启详述病情及医治过程，深表自责，以求得亲友谅解。但哀启、哀启文名词起于何时，则无考，明末清初侯七乘所撰的《孝思堂集》有《先大人哀启》一文，说明最晚在清初已开始使用“哀启”一词，清代民国时期广泛使用。

哀启文原以叙述亲人的病情及医治过程为主，后来又增加了叙述死者家世事迹等内容，实际上是借用了行状的形式。另外，有的哀启文在前面还印有亲人的遗像，如吴佩孚去世时其嗣子吴道时所作的哀启前即印制了吴佩孚的照片。随着格式的变化发展，有的哀启文还会在结尾提出要求对方惠赐挽联、挽诗、祭文、诔词等，如周馥去世后印制的《周悫慎公祀典录》《周悫慎公荣哀录》中就大量收录了这类文献，应该就是通过这个途径收集的。

哀启文是研究古代人物的重要参考资料，自来受研究界所重视，如福州林则徐纪念馆藏有林则徐亲笔为亡母陈氏所写的哀启，是珍贵的历史档案。2018年影印出版的《上海图书馆藏赴闻集成》收录了相关文献1268种，共90册，可谓中国存世讣闻文书的集大成，其中就收录了较多的哀启文，如盛宣怀、罗丰禄等人的哀启，弥足珍贵。

在中国大陆地区，哀启文已基本消失，在港澳台地区仍有存续。（张全海）

埃德蒙森，R. Ray Edmondson 澳大利亚音像档案专家。1968年，新南威尔士大学艺术和图书馆专业毕业后，加入澳大利亚国家图书馆电影部。1973年，创立了一所新电影档案单位。1978年，成为图书馆电影部部长。1984年，创立澳大利亚国家音像档案馆；2001年，成为第一位名誉馆长，负责开展、维护和维持国家音像档案的收集工作，收集范围从19世纪末至今。由于对音像档案归档的杰出贡献，1987年被授予澳大利亚勋章奖章。

在澳大利亚，曾担任许多专业和社区组织的主席或董事长，包括联邦在线公司、档案论坛和国家音像档案之友等。在国际上，1996年创办了东南亚－太平洋音像档案协会，并担任首届协会主席，任期为1996～2002年，长期担任职权委员会成员。1996年以来，参与联合国教科文组织的世界记忆工程；1998年11月17日，在世界记忆工程亚太地区委员会第一次会议上当选为世界记忆工程亚太地区委员会副主席，任期三年（1998～2000）。2011年，当选为世界记忆工程亚太地区委员会主席，任期四年（2011～2014）。

是澳大利亚音像档案归档事业的先驱，通过对音像档案的保存、恢复、诠释，呈现音像媒体事业的国际领先地位，促进全球音像档案事业的发展。著作《音像归档：理念与原则》是音像档案归档专业学生必备的专业书籍，已被翻译成10种语言。2013年，因音像档案归档方面的先驱贡献而获得加州大学杰出校友奖。（黄霄羽）

安徽省档案馆 Anhui Provincial Archives 中国省级国家综合档案馆。位于安徽省合肥市包河区民富路8号，建筑面积4.6万平方米。1959年10月成立安徽省档案馆；1968年4月改称安徽省革委会档案室；1973年4月恢复为安徽省档案馆；1980年2月安徽省档案馆与新成立的安徽省档案局一个机构、两块牌子；2003年，被确定为省委、省政府直属正厅级单位；2018年单独设置安徽省档案馆，正厅级建制，为省委直属事业单位。1998年晋升为国家一级档案馆。1997年被列为安徽省爱国主义教育基地，2018年被列为安徽省中小学档案教育社会实践基地，2021年被列为安徽省直机关第一批党支部主题党日基地。

馆藏 截至2022年底，馆藏档案共334个全宗，589 257卷689 918件，其中纸质档案589 257卷465 057件；馆藏资料158 871册。中华人民共和国成立前档案共60 728卷、21 506件，其中明清档案3407件，中华民国档案60 728卷、6517件，革命历史档案11 582件，涉及明清**诰命**敕命、地契田契、鱼鳞图册、宗谱族谱，日军侵略安徽、日伪和汪伪政府的档案，安徽抗日根据地、鄂豫皖苏区及豫皖苏解放区等档案资料。《明代徽州土地产权变动和管理文书》（一组8件，形成于1514～1643年）入选首批《**中国档案文献遗产名录**》。有关王步文烈士的档案资料近200件，是安徽省革命历史档案中的珍品。馆藏档案中被鉴定为二级、三级文物的共11件（套）。

机构设置 馆内设办公室（人事处）、科技信息处（电子档案管理处）、保管处、征集利用处、整理编目处（技术保护处）等部门。

出版物和评价 1982～2022年，先后编辑出版档案史料40种69册，2300余万字。主要有《安徽革命历史文件汇编》《鄂豫皖革命历史文件汇编》《安徽革命根据地财经史料选》《渡江战役史料选》《日本侵华在安徽的罪行》《徽州历史档案总目提要》《安徽省民众抗日事迹选编》《安徽改革开放三十年重要档案文献》《日军侵略安徽图证》《清代南陵司法档案选编》《红色档案见证初心使命》《青春记忆——上海知青在安徽》《昔档今读》《时光·留影——聚焦安徽70年（1949—2019）》《翰墨颂伟业 光影忆辉煌——安徽省档案馆庆祝建党百年艺术档案集萃》等。

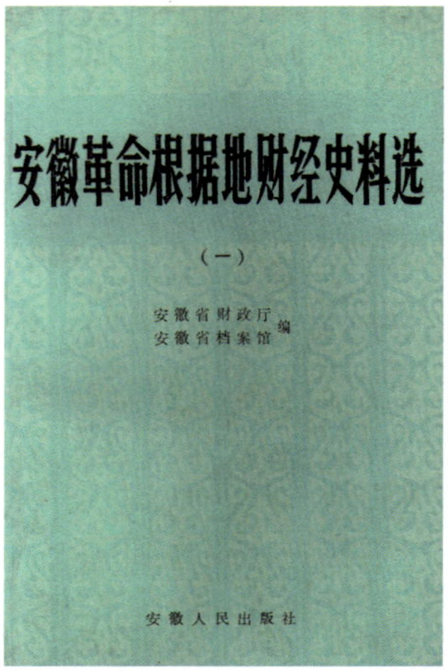
《安徽革命根据地财经史料选》封面

举办“安徽记忆——馆藏档案珍品展”“让档案告诉我们——安徽1937～1945”“中共安徽省委首任书记王步文档案图片展”“‘兰台号’档案主题专列展”“时光·留影——聚焦安徽70年”摄影作品展、“建党百年 初心如磐——长三角红色档案珍品展”“抗美援朝纪实——张崇岫战地摄影作品展”“金兴安捐赠钟馗艺术藏品展”等展览。3D档案专题纪实片《安徽之光》获全国党员教育电视片观摩交流一等奖和“十佳摄像作品奖”，纪录片《寻找成本华》获“金熊猫”奖、人文类“亚洲制作”奖和“纪录片大奖”提名奖。1997年，世界首台**档案修裱机**在该馆诞生，标志着传统手工修裱档案进入到机械化修裱档案的新时代。在全国率先启动省级电子文件中心建设，牵头、参与制定《**文书类电子文件元数据方案**》《**版式电子文件长期保存格式需求**》《**基于XML的电子文件封装规范**》等档案行业标准和国家标准5项。（薛培英）

安特卫普破产法庭档案 archives of the Chamber of Insolvent Estates in Antwerp 有关16～18世纪比利时安特卫普私营公司和商人破产的档案。档案共150多卷，保存在比利时安特卫普市政档案馆，2009年入选《世界记忆名录》。16世纪，安特卫普城是世界经济最重要的中心之一，是一个发展迅速、充满活力的特大城市，其财富积累主要依靠国际贸易、银行和通信。17世纪西班牙和荷兰迎来了黄金时代，阿姆斯特丹等城市取代了安特卫普世界经济核心的位置，但是安特卫普依然是一个重要的国际枢纽，特别是在奢侈品贸易领域。

在这样的国际背景下，一个特殊的机构——安特卫普破产法庭发展起来。为保护债权人和客户的利益，安特卫普市政厅下令没收1518年以后“资不抵债”或破产的个人或公司的所有**文件**、信件、档案和财产，并由该市书记官阿曼管理。因实施这一政策，一系列反映16～18世纪经济、社会和文化生活真实情况的档案得以保存下来。从中可以找到大量关于安特卫普的公司在奥地利、德国、西班牙、意大利和法国分支的文件和信息，以及进行世界贸易的信息，如与中国和巴西的贸易。其中，还包括在欧洲贸易中交换产品的详细信息，并包含了重要的国际贸易信息。

安特卫普破产法庭档案为研究档案保存方法、不同贸易和保险类型以及很多其他课题提供了参考。16～18世纪的公司完整档案本就十分稀有，该没收政策要求征集公司和个人生活中的全部文件，使得这批档案丰富且多样化，很好地反映了安特卫普这一时期政治、宗教、经济、艺术、社会等各方面的发展变化，有助于理解并分析当时国家之间的联系与交流情况。（黄霄羽）

按专业统一管理原则 unified management principle by profession **专门档案管理**工作基本原则。对科技档案和专门档案，按照国家关于档案工作法律法规的统一规定和要求，结合本专业系统情况对档案及档案工作进行统一管理。内容包括：①建立专业档案管理机构，统一管理同一专业或系统的档案。科技档案和专门档案的产生领域以及内容性质有鲜明的专业特点，对于形成于一定的专业机关或部门的档案要由专业的档案管理机构或部门统一集中管理。②制定专业档案管理制度，统一管理同一专业或系统的档案。要根据科技档案和专门档案的专业内容、形式、功能、处理程序、管理办法等，制定相应的管理制度，实现按专业统一管理。

按专业统一管理是中国科技档案与其他专门档案管理工作的一项重要原则，国家出台有一系列相关法规加以规范。1960年国家档案局发布的《**技术档案室工作暂行通则**》规定，“各专业主管机关应该加强对本专业系统科技档案工作的领导”。1964年3月国家档案局的《关于进一步加强技术档案工作的报告》首先提出科技档案按专业统一管理。1980年12月国务院发布的《**科学技术档案工作条例**》明确规定：“大中型企业、事业单位要设立直属的科技档案机构；小型企业、事业单位可以设立单独的科技档案室，也可以设立文书档案和科技档案统一管理的档案室，或者配备专（兼）职人员管理。”1983年中共中央办公厅、国务院办公厅发布的《**机关档案工作条例**》明确规定：“各级机关档案部门的业务工作受同级和上级档案业务管理机关的指导、监督与检查。对驻在地方的上级直属单位的档案工作，实行以专业主管机关为主、地方档案管理机关为辅的管理体制。”1990年国家档案局发布的《**中华人民共和国档案法实施办法**》规定：“国务院各部门经国家档案局同意，省、自治区、直辖市人民政府各部门经本级人民政府档案行政管理部门同意，可以制定本系统专业档案的具体管理制度和办法。”2014年中共中央办公厅和国务院办公厅联合下发的《**关于加强和改进新形势下档案工作的**

意见》明确提出：“统筹规划、科学设置并严格审批建立同级专业档案馆，明确规定档案接收范围,防止重复建设和资源分散。有条件的国家综合档案馆要通过整合档案目录、档案信息、档案实体和设置分馆等形式，整合本级其他专业档案馆的档案资源。各级专业档案馆接受同级档案行政管理部门的监督指导。”

按专业统一管理原则是中国档案学理论研究与档案实践工作密切结合所形成的重要理论,经过实践证明,按照专业统一管理是有效指导科技档案和专门档案管理的重要原则,对于维护科技档案和专门档案的完整与安全具有重要作用。（何 振）

案卷 file 按照某一特定的问题或作者、时间、地区、文件名称等内、外部特征分类编立以备查考的，具有密切联系的若干文件的组合。案卷既是档案的保管单位，也是全宗内档案系统排列、编目和统计的基本单位。案卷组成方法有文件“六特征”立卷法，指按作者、时间、问题、地区、文件名称、收发文机关（通信者）立卷，把有以上一个或多个共同特征的文件组成案卷。

案卷包括案卷封面、卷内文件目录、卷内文件、卷内备考表等部分。有些国家对案卷的规格有统一的规定。中国的相关规定有：①案卷封面项目。包括全宗名称、类目名称、案卷题名、卷内文件起止日期、保管期限、件（页）数、归档号、档号。②案卷封面项目。包括全宗名称、类目名称、案卷题名、时间、保管期限、件、页数、归档号、档号。③卷内文件目录项目。包括顺序号、文号、责任者、题名、日期、页号、档号章、备注。④卷内备考表项目。包括本卷情况说明、立卷人、检查人、立卷时间等。

案卷能比较具体地反映工作活动的来龙去脉，便于查找利用，也有利于保护文件，便于档案的日常管理。中国文书立卷改革后不再组成案卷，主要依据的标准是《归档文件整理规则》。但不管立卷与否，不管是组成案卷，还是以件为单位进行整理，都要保持文件之间的历史联系。组成案卷或以件为单位对档案进行整理在本质上是一致的，都要遵循来源原则。（黄世喆）

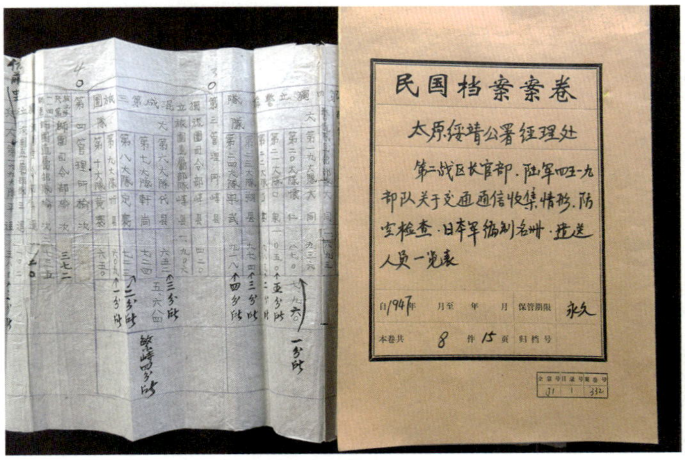

民国档案案卷

案卷级整理 file-level arrangement 将具有共同点和密切联系的文件组合成案卷的整理方法。一个案卷即一个保管与检索的基本单位，由案卷封面、卷内文件目录、卷内文件、卷内备考表等组成。案卷级整理便于文件集中保管，利于文件族性检索与利用。案卷级整理包括以下主要工作。

文件分类 按照文件分类方案，将具有不同特点的文件分为不同类别。文件分类方案是各单位依据自身职能活动、文件及工作实际，预先编制的文件分类归卷的条目体系。它是一个单位秘书部门和业务部门收集整理归档文件的指南。文秘人员与其他工作人员依照文件分类方案进行文件类别划分。

文件组卷 按照各类别中文件所具有的立卷特征来编立案卷。立卷特征指一个案卷区别于其他案卷的共同特点，包括文件的作者、问题、时间、名称、地区、通讯者等。组卷则是将一组具有共同立卷特征的文件组合为一个案卷。组卷常用方法有：按作者特征组卷、按问题特征组卷、按时间特征组卷、按名称特征组卷、按地区特征组卷、按通讯者特征组卷。

文件修整 对不符合要求的归档文件材料进行必要的修裱、复制、折叠等，包括对破损文件进行修裱，对字迹模糊或易褪变的文件进行复制，去除文件上易锈蚀的金属物，对过大的文件进行折叠等，以便文件能够长期保存，方便提供查找利用。

排列卷内文件 对具有共同立卷特征的一组文件排定其先后顺序，以固定每份文件在卷内文件中的顺序位置，使之成为一个有序联系的有机体。一般按照卷内文件成文时间的先后顺序和文件重要程序排列。

编定卷内文件页码 按卷内文件系统化排列好顺序后，在文件正面的右上角、背面的左上角依次按页编写顺序号。旨在固定每页在卷内排列顺序，方便卷内文件的保护、统计和检索。文件页码编号使用阿拉伯数字。空白页不编页码。

填写卷内文件目录 卷内文件目录置于卷首，用以揭示卷内文件内容与成分，便于查阅统计。主要项目包括：①顺序号，以卷内文件排列先后顺次填写的序号，即件号。②文号，即文件制发机关的发文字号。照实抄录。无字号可空缺不填。③责任者，对文件内容进行创造或负有责任的组织和个人（文件作者）。④题名，即文件标题。⑤日期，即文件的成文日期。⑥页号，填写每份文件首页所对应的页号。最后一份文件，填写该份文件的起止页号。⑦备注，留待说明卷内文件的变化。

装订案卷 将组合完毕的卷内文件去掉金属物并装订成册。能避免卷内文件散失和损坏，对文件起到固定和保护作用。

加贴卷末备考表 加贴于卷内文件最末一页之后，用以注明卷内文件立卷与利用状况，供案卷保管人员或利用者日后查考。卷内备考表包括：本卷情况说明、立卷人、检查人、立卷时间。

填写案卷封面 案卷封面项目主要包括：①全宗名称，立档单位的名称。②类目名称，指一个单位文件分类方案的第一级类目名称。③案卷题名，即案卷标题。拟写案卷题名，要求文字简练，表达准确，基本结构完整。案卷题名的基本结构：责任者—内容—名称。④时间，卷内文件所属的起止年月。⑤保管期限，立卷时划定的案卷保管期限，一般由立卷人填写。⑥件、页数，装订的案卷要填写本案卷的总页数，不装订的案卷要填写本案卷的总件数。⑦归档号，填写文书处理号，由立卷人填写。⑧档号，一般由档案部门接收案卷后统一编制。

填写案卷目录 按照案卷排列顺序依次登记形成的案卷名册。用以概括地介绍案卷的内容与成分，作为向档案部门进行归档时的移交目录。案卷目录主要包括案卷题名、卷内文件日期、保管期限、份数、密级等项目。

上述流程完成后，案卷整理立卷工作结束。（杨 霞）

澳大拉西亚档案和文件机构委员会 Council of Australasian Archives and Records Authorities; CAARA 澳大利亚和新西兰政府档案和文件管理领域最高级别的组织。

委员会的前身是澳大利亚联邦、州和领地档案委员会，2004年7月1日更名，反映了档案与文件保存机构角色的丰富，也反映了新西兰的加入。委员会包括**澳大利亚国家档案馆**、新西兰国家档案馆以及澳大利亚六个州和两个领地的档案主管机构——塔斯马尼亚档案办公室、维多利亚州公共文件局、昆士兰州档案馆、新南威尔士州文件局、南澳大利亚州文件局、西澳大利亚州文件局、北方区档案局和首都特区文件局。委员会每年举行两次会议，分别是与年会时间一致的年中会议和**澳大利亚档案工作者协会**会议。

委员会考虑的问题包括政府间及政府与私营企业间职能转移后的**档案管理**、处置和获得部长级文件的原则，著作权立法的持续探讨，以及澳大利亚和新西兰的档案现状。澳大拉西亚数字文件管理动议（ADRI）是委员会主持的合作项目，项目的愿景是集中澳大拉西亚行政辖区内的资源、专门知识与技能，使澳大利亚和新西兰的所有政府机构在数字文件生成、保存和利用方面采用统一的途径，寻求**电子文件**保存和利用的最佳方法，以确保重要文化遗产的问责和长期保护。这种统一性旨在提高参与者的效率、效益和互操作性。

（黄霄羽）

澳大利亚档案工作者协会 Australian Society of Archivists 澳大利亚档案专业性学术团体。最初是1951年创立的澳大利亚图书馆协会（今澳大利亚图书和情报协会）档案部。1973年6月，澳大利亚图书馆协会会刊《**档案与手稿**》的编辑B.沙曼提出将这个档案部门独立。1975年4月，澳大利亚档案工作者协会成立。协会位于澳大利亚悉尼，是一个基于澳大利亚对档案、文件保存以及文化遗产保护服务日益增加的需求而成立的非营利性组织，仅保存与其社会活动直接相关的档案。

协会的宗旨是：提高档案工作者的专业水平，促进档案的保管与利用，开展档案工作各领域中的研究，制定并维护档案工作的各项标准和档案工作者的职业准则，与相关组织和团体合作促进**档案利用**，促进档案工作者、**档案机构**和档案利用者之间的交流与合作，出版和传播有关档案职业的信息等。协会为档案工作者提供档案及文件保存的专业指导。协会代表其成员致力于关注澳大利亚社会出现的影响档案行业和档案人员的事务。主要职责包括：①与澳大拉西亚文件管理协会、澳大利亚图书馆和信息协会、澳大利亚博物馆等专业机构合作，引导探究国内档案、文件保存及文化遗产等问题。②与分会等机构合作，共同宣传具有重要影响力的活动。在国际上，协会与**国际档案理事会**（ICA）及其他相关机构协同合作，共同参与全世界的档案事业。

协会会员分为3种：①专业会员，一般是在档案机构中工作一定年限并拥有大学学历的档案人员。他们有权参与协会理事会的选举，同时在各项会议中拥有表决权。②一般会员，只要赞同协会宗旨的人就可成为一般会员。③机构会员，凡是支持协会宗旨的档案机构和其他机构可以申请成为机构会员。

协会由理事会、分支机构、专门兴趣团体3部分组成：①理事会负责协会的日常运转和发展规划，成员由选举产生，包括主席、副主席、秘书、司库等。②分支机构设立于堪培拉和各州，经常举行各种会议，交流档案工作经验，进行学术讨论，以促进档案事业的发展。③专门兴趣团体针对档案领域中的某一专题而设立，如电子文件兴趣团体、学校档案兴趣团体等。

协会每年制定较为周密的年度活动计划和课题研究目标，采取的活动形式主要有举办年会、研讨会和展览，出版档案专业刊物和著作，开展档案培训等。会刊是《档案与手稿》。

（黄霄羽）

澳大利亚国家档案馆 National Archives of Australia 澳大利亚联邦政府唯一的中央综合性国家档案馆。澳大利亚最重要的联邦档案机构，主要任务是收集、保存澳大利亚的民族记忆，反映人民的历史身份和记录联邦政府的管理活动。虽然成立国家档案馆的建议早在联邦政府刚成立时就已经提出，但直到1961年，独立的档案机构——联邦档案馆成立，才标志联邦政府有了独立的中央级国家档案馆。1974年改名为澳大利亚档案馆，后又于1998年更名为澳大利亚国家档案馆。1983年《档案法》颁布，国家档案馆的法律地位才得以确立。隶属于澳大利亚联邦政府文艺体育部，总馆设在堪培拉，与国家图书馆共用一个大楼。

澳大利亚国家档案馆外景

除堪培拉外，澳大利亚国家档案馆在6个州的首府和达尔文市均设有办事处。内部机构包括公众与利用服务处、政府文件保管处、馆藏管理处、社团处4个部门，每个部门由一个副馆长分管。另设有顾问委员会，其任务是向文艺体育部部长和国家档案馆馆长提供有关档案馆职责事宜的建议。在数字化时代，澳大利亚国家档案馆非常重视数字档案应用推广服务，于1995年完成了数字档案管理的初步规划与系统建置工作。1999年，澳大利亚国家档案馆网站基本建设完成，并在网站上提供"档案查询"在线数据库，提供800多万份档案著录信息，其中关于中国的著录信息有2万多条，以中澳官方交流的档案为主。该馆于2015年发布《澳大利亚政府2020数字连续性政策》。

澳大利亚国家档案馆是研究澳大利亚历史、社会和人民的资源宝库。负责收集和保存联邦政府各部、皇家委员会等部门的档案，保管历任总督、首相和部长的个人文件。档案馆鼓励公众使用这些档案，通过对档案的收集、保管、开发利用，让公众更好地了解澳大利亚的历史与现在。

（黄霄羽）

澳大利亚国家声像档案馆 National Film and Sound Archive of Australia 澳大利亚国家艺术交流部的一个独立的公共机构。成立于1937年。负责收集、保存和分享澳大利亚丰富的视听遗产。收藏了从19世纪90年代至今各种类型的**声像档案**。国家声

澳大利亚国家声像档案馆外景

像汇集拥有超过216万件作品，包括电影、电视和广播节目，影片、录音带、唱片、光盘，滚筒式留声机和钢丝录音机。馆藏也包括与声像档案有关的文件和人工制品，诸如照相用的胶片、幻灯片、广告标语、宣传画、门牌卡、宣传材料、广播稿、剧本、各时代的服饰、道具、纪念品、口述历史、著名人物或事件的大事记及声像设备等。这些资料大多通过捐赠、遗赠、寄存以及购买等方式获得，声像档案馆只拥有一小部分档案资料的版权。

查阅馆藏档案可选用不同用途的编码，包括电影、电视、广播、科学研究及

展览等。在声像档案馆官方网页上，可以搜索超过 190 万件藏品，包括电影、电视、声音、广播、口述历史计划、文献和文物、土著连接等类别。借助官网，用户可查询、订阅档案馆的展览信息与新闻动态，并可通过社交媒体等方式与档案馆开展互动。在全球声像保护技术领域的特色服务已得到广泛认可。（黄霄羽）

澳大利亚莫纳什大学文件连续体研究组 Records Continuum Research Group of Monash University 文件连续体国际研究学术团队。20 世纪 90 年代初在澳大利亚莫纳什大学（Monash University）创立。创立之初是一个由 12 名成员组成的研究小组，已逐渐发展成为拥有 48 名成员的国际性研究学术团队。成员包括来自澳大利亚、美国、加拿大和英国等国的档案专家。创始人是档案学者 F.阿普沃德、S.麦克米西和 L.拉克维诺。这 3 位创始人在探讨和研究中创造性地建立起文件连续体模型，带领团队将其发展为一个相对完善的理论体系，并不断加以应用。文件连续体的科学理论研究和实践应用得到了国际档案界的肯定。

文件连续体研究组对文件连续体理论的应用成果之一就是麦克米西在国际档案界首次提出的基于文件连续体的文件元数据模型——法规三元组模型。该模型为形成国际标准 ISO 23081-1：2006《信息与文献文件管理过程文件元数据第一部分：原则》和国际标准 ISO 23081-2：2009《信息与文献文件元数据管理第二部分：概念和实施》奠定了基础，并成为这两项国际标准的核心内容。

文件连续体研究组承担了许多研究项目，如与工业、科研和培训结成战略协作（SPIRT）的研究项目——“文件管理元数据项目”（1999～2002），以及“文件管理智能元数据项目”（2003～2006），“信任与技术：建立澳大利亚土著口述记忆档案系统项目”（2004～2008）和“多元互联：构建社会广泛集成的档案与文件管理系统和服务的项目”（2015～2018）等，这些研究项目促进了文件连续体理论与实践的发展。

文件连续体研究组开展了丰富的学术活动。如在国际档案理事会（ICA）每四年举办一次的国际档案大会上发表主题报告与演讲，在各类档案学术期刊上发表大量研究论文，在教育与培训方面亦卓有建树。（张正强）

澳大利亚维多利亚州电子文件战略项目 Victorian Electronic Records Strategy 澳大利亚维多利亚州公共机构电子文件管理标准、指导、培训、咨询以及项目实施的整体框架。该项目致力于解决电子文件的捕获、管理和长期保存问题，核心目标是确保维多利亚州公共机构形成和管理的电子文件的可靠性和真实性，提高政府透明度和可问责性，有效保存数字遗产。

1995 年，澳大利亚维多利亚州公共文件办公室（亦是该州档案馆，Public Record Office Victoria; PROV）启动电子文件管理策略（VERS）项目，开始探索电子文件管理方案，由澳大利亚维多利亚州档案馆联合澳大利亚联邦科学与工业研究组织（Commonwealth Scientific and Industrial Research Organisation; CSIRO）和墨尔本大学教授 M.维塔莱等开展共同研究。

该项目经历了前期论证、标准制定、试验演示、深化发展等几个阶段。前期论证工作包括理论研究以及原型系统设计，历时近 4 年。1995 年，公共文件办公室投资 24 万美元，联合澳大利亚联邦科学与工业研究组织和维塔莱开始理论研究，着力解决电子文件的保存和使用问题。1996 年发布研究报告《永久保存电子文件》（*Keeping Electronic Records Forever*），提出采取数据的方法而非系统的方法来保存电子文件。1998 年，依照《永久保存电子文件》的建议开始实施 VERS 原型项目，由维多利亚州档案馆联合澳大利亚联邦科学与工业研究组织、安永国际会计公司共同承担。通过构建电子文件管理示范系统来捕获、封装和管理电子文件，从实践上进一步论证了 VERS 的初期设想，并于 1999 年 4 月发布《VERS 最终报告》，提出电子文件管理框架，推荐分层结构为电子文件的标准格式，该格式采用 XML 将电子文件及其元数据封装在一起，称为 VERS 封装对象（VEO），由此实现电子文件的自包含、自描述、自证明。

2000 年 4 月，公共文件办公室正式发布《电子文件管理标准》（*Standard for the Management of Electronic Records*），简称 VERS1.0 版，编号为 PROS99-007，除标准正文外，还包括 3 个规范：《规范 1：电子文件管理系统需求》（*System Requirements for Archiving Electronic Records: 99-007 Specification 1*）、《规范 2：VERS 元数据方案》（*VERS Metadata Scheme: 99-007 Specification 2*）、《规范 3：VERS 标准电子文件格式》（*VERS Standard Electronic Record Format: 99-007 Specification 3*），为电子文件的规范化管理提供了整体方案。

为检验 VERS 在政府机构应用的可行性，2000～2002 年，维多利亚州政府投资 480 万美元，选择了一个中等规模的政府机构——基础设施部（Department of Infrastructure; DoI）来实施电子文件管理系统，称为“VERS@DoI”项目，2002 年正式投入使用。此后，维多利亚州政府再次投资 820 万美元在维多利亚州档案馆内成立了一个 VERS 完善中心（VERS Centre of Excellence; VCE），2002 年 7 月 1 日正式运行。VCE 主要有两个任务：①支持维多利亚州政府建立并实施遵循 VERS 的文件保存系统，以捕获并管理电子文件。②建立数字仓库管理和保存电子文件。同时根据 VERS 具体实施和使用情况对 VERS1.0 进行修订。

2003 年 7 月，经过 3 年多实践，公共文件办公室推出 VERS2.0 版。2.0 版在 1.0 版 3 个规范的基础上进行了修订和扩充，增加了 2 个规范：《规范 4：VERS 长期保存格式》（*VERS Long Term Preservation Formats: 99-007 Specification 4*），列举了公共文件办公室认为适合于长期保存文档的数据格式；《规范 5：向 PROV 输出电子文件》（*Export of Electronic Records to PROV: 99-007 Specification 5*），列举了公共文件办公室在接收电子文件时所认可的载体和机制。此外，维多利亚州档案馆还提供了 6 个建议文档，提供 VERS 标准的背景信息、说明材料以及支持 VERS 标准和相关规范的范例，以帮助公共机构理解和实施标准。

2015 年 6 月，公共文件办公室在 VERS 2.0 版的基础上发布了更为灵活和简化的 3.0 版，主要包括数字信息封装标准（Standard for the Encapsulation of Digital Information，PROS 15/03）以及相关的 3 个技术规范：构建 VERS 封装对象［Constructing VERS Encapsulated Objects（VEOs）PROS 15/03 S1］、向 VEO 封装包补充元数据（Adding Metadata to VEOs PROS 15/03 S2）、长期保存格式（Long Term Preservation Formats PROS 15/03 S3）。

2018 年，公共文件办公室发布 VERS 2018—2021 规划并有序推进，提出 3 个阶段性目标：保存可信的、完整的、可靠的电子文件；保存和利用具有长远价值的电子文件；增强应对未来机遇和挑战的能力。并明确每个目标的具体实现路径与预期效果。

作为一个持续运行了 20 多年的项目，VERS 比较系统地解决了电子文件的真实性、可靠性、证据性保障，以及长期保存和利用问题。在长期发展过程中，VERS 经

受了实践考验，得到各国普遍认可，已成为世界领先的电子文件管理解决方案之一。（黄玉明　邓晓文）

澳门档案馆 Archives of Macao 中国澳门特别行政区总档案馆。位于澳门荷兰园大马路91-93号。1952年6月28日，澳门根据所颁布的第五号海外部立法条例设立澳门总档案馆，隶属民政总局。1979年转属教育厅，改名历史档案馆（葡萄牙语：Arquivo Histórico de Macau，英语：Historical Archives of Macao），并正式运作。1986年，历史档案馆划归澳门文化学会（文化局前身）管辖。2016年更名为澳门档案馆。澳门档案馆主要职责是收集、整理、保管及保护澳门地区具有历史价值的档案资料，并供社会大众使用。澳门档案馆是澳门文化局隶属下等同厅级机构。

澳门档案馆馆藏档案6万余案卷、图像7万多幅、书刊资料1万余册，载体以纸质为主。馆藏最早的档案可追溯至1630年。除接收政府部门移交的档案，亦接收社团及个人所捐赠的档案。澳门档案馆网站已开通在线查阅馆藏档案目录及档案文献全文影像服务。

澳门档案馆采用《国际档案通用著录标准》对馆藏档案进行著录及编目，2010年正式开通在线查阅馆藏档案目录数据库。现可以分别通过馆藏档案检索和馆藏书目检索两个系统在线检索澳门档案馆所藏档案与图书资料等。澳门档案馆开放的档案全宗有：市政厅（1630～1975）、民政厅（1734～1982）、财政厅（1843～1954）、教育厅（1871～1983）、土地工务运输局（1914～1984）、印务局（1914～1994）、社会复原所（1947～1990）、社会工作局（1947～1997）、经济厅（1969～1971）、澳门基本法协进会（1984～2000）、澳门各界庆祝澳门回归祖国活动委员会（1998～2000）、澳门电力股份有限公司（1964～1998）、教区档案（1847～1913）、仁慈堂（1459～1944）、总督李美露（1902～1913）、Cíntia Conceição Serro（20世纪30～40年代）、克莱门蒂娜·费尔南德斯（1925～2002）、陈大白（1933～2011）、罗羡仁（1910～2019）、梁送风（1924～2014）、黄就顺（1841～2016）。除此之外，澳门档案馆还典藏了部分国家和地区与澳门及中西方关系的档案文献资料。

2017年由澳门档案馆和葡萄牙东波塔国家档案馆联合申报的“汉文文书（Chapas Sínicas）”（清代澳门地方衙门档案1693—1886）成功入选《世界记忆名录》。该批“汉文文书”由1500多件中文文书原件、5册澳葡议事会葡文译本和4小包零散文件合共3600份档案文书组成，是葡萄牙东波塔国家档案馆馆藏的清代澳门地方档案文献。澳门档案馆于2019年出版《汉文文书：东波塔档案中的澳门故事》。

（张　衍）

B

八千麻袋事件 incident of eight thousand gunnysacks 中华民国时期北洋政府教育部和历史博物馆筹备处变卖清内阁大库档案的事件。一般认为所卖档案可以装满8000麻袋，中国档案史上故名“八千麻袋事件”。**内阁大库**是清代中央档案文献库，包括红本库和实录表章库，为明代建筑。至晚清，大库经过200多年的档案图籍积存，空间渐不敷用，加之年久失修，雨蚀墙倾，库内档案多有潮湿霉烂者。光绪至宣统（1875～1911）年间，大库档案因前述原因被奏请焚毁，部分档案被迁出库外，到北洋政府时期竟至被变卖。

光绪二十五年（1899），因修缮内阁大库红本库，库内“远年新旧各本”与“新旧记事档簿”残缺及雨淋虫蚀者被运出焚化。但这次修缮因八国联军入侵并未开工。光绪三十四年冬，醇亲王载沣命令阁臣查找库内有关清初摄政典礼的档案，结果未有所获，而任其事者竟奏以库中多无用旧档，请予焚毁。宣统元年（1909），大库重议修缮，库内实录、圣训等被移至银库**暂存**，文卷则被移至文华殿两庑，库垣内尚堆积大量档案。内阁大学士、军机大臣（管学部事）张之洞奏请将大库图书移出，设学部京师图书馆，其余档案阁议以“无用旧档”奏请焚毁。罗振玉以学部参事被派赴内阁接收图书，见库垣中文卷堆积成山，随意抽取两束，皆是重要史料。罗振玉请张之洞上奏停止焚毁档案，案卷转归学部管理，被分藏两处，其中案卷之类放置国子监南学，试卷之类放置学部大堂后楼。这些暂归学部管理的档案从此被迁出内阁大库。

图1 罗振玉

1913年，北洋政府教育部于国子监成立历史博物馆筹备处，原存该处与学部的大库档案归其管理。1916年，历史博物馆筹备处迁至午门、端门，档案亦随之迁至端门门洞中。历史博物馆筹备处整理档案，仅将其中比较整齐者检出堆积在午门楼上，“司其事者，部曹数十人，倾于地上，各执一杖，拨取其稍整齐者，余仍入麻袋”。1921年，历史博物馆筹备处因经费积欠，征得教育部同意，将存放于端门门洞里的破碎档案装入8000麻袋，计15万斤，以4000元价格卖给北京同懋增纸店，作为制造俗称还魂纸的原料。纸店购得档案后，去掉麻袋，改用芦席将档案捆扎成包，用火车分运定兴与唐山两处，这期间又有档案被零星售出。次年，罗振玉在北京见到洪承畴揭帖、高丽王贡物表等，识得出自大库，与友人金梁、宝熙等访得档案售自同懋增纸店。罗振玉随即以3倍价格即1.2万元将档案购回。运往定兴的档案被运回北京，先后寄存在彰仪门货栈、商品陈列所大楼以及善果寺；运往唐山的档案被运至天津，并建库书楼以储之。北京大学研究所国学门沈兼士、马衡、朱希祖等教授闻知，即谋求将大库劫余档案划归北大整理。在陈垣、蔡元培等斡旋下，北大接管了劫余大库档案。这开启了近代学术机构整理明清档案的先河。在当时学术研究重视原始史料的科学主义思潮下，明清档案的价值和作用获得充分认识。

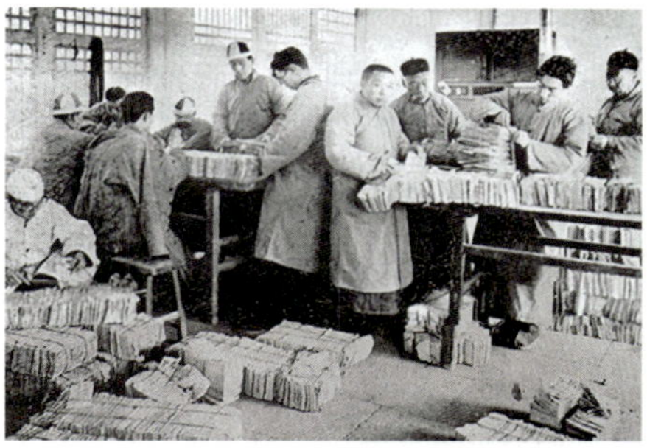

图2 20世纪30年代整理内阁大库档案情景

由于档案数量庞大，个人力量难以存储整理。罗振玉实际整理大库档案数量虽不多，但发现了不少价值较高的史料，如满蒙文史册秘稿、明代题行稿、清初开国档册、朝贡诸国题表等，罗振玉择其要编刊《史料丛刊初编》，以广流布。1924年，除留存一部分外，罗振玉将大部分档案以1.6万元转卖给古籍文献收藏家李盛铎。1928年，李盛铎又以1.8万元转让给刚成立不久的中央研究院历史语言研究所。这批档案终复回归公共机构保存，并探索用科学方法整理。然而，经过一再转手，这批档案已损失了2万多斤，有1/3多处于碎烂状态。这批档案中稍完整者后又随历史语言研究所迁往台湾。

内阁大库档案迁移转卖中的亲历者、档案整理研究者以及事件关注者，如罗振玉、金梁、王国维、邓之诚、徐中舒、方甦生、蒋彝潜、鲁迅、罗福颐等对事件的经过及影响都做过不同侧面的记录和揭示。

八千麻袋事件在当时学术界和社会上产生了重要影响。学术界开始了整理明清档案的热潮，推动了近代档案学以及史学等相关学科发展。北京大学研究所国学门、故宫博物院文献馆、中央研究院历史语言研究所、清华大学历史系、禹贡学会等学术文化机构在明清档案整理和研究中做出了重要贡献。同时，政府当局受到严厉批评，有识之士肩负起档案文化遗产保护的责任，尤其是当时的社会舆论对保护民族历史文化财产的呼声不断高涨。1927年，罗振玉将所余内阁大库档案中40余箱卖予日本人松崎。当时舆论虽然褒扬罗振玉两次挽救大库档案，但他此举仍然受到了深刻谴责。鲁迅的《谈所谓“大内档案”》也用辛辣讽刺的笔锋唤醒大众对历史文化遗产的公共意识。中华民国以来，学术界及社会各界对八千麻袋事件的关注和深刻揭示，对于保护和传承档案文献遗产具有重要的警示意义。

（梁继红）

八一南昌起义档案文献 archives on August 1 Nanchang Uprising 中国南昌起义档案。共80件，现藏于中央档案馆。2010年2月入选《中国档案文献遗产名录》（第三批）。形成于1927年，记录了中共中央与国家重要领导人关于南昌起义的发生发展、教训总结等各文件，包括通告、报告、信函、手札等各种形式的档案文献。其中具有代表性的文献有：1927年8月5日，中共中央致湖南省委的信，要求其在秋收暴动过程中宣传南昌起义的意义；1927年10月24日，中共中央发出的第十三号通告——关于南昌暴动和南征的意义以及失败之经验教训；1927年10月30日，周逸群关于南昌起义问题向中共中央的报告；1927年，叶挺手迹《南昌暴动到潮汕的失败》；1928年7月，刘伯承手迹《南昌暴动始末记》。

1927年8月1日，根据中共中央的决定，周恩来、贺龙、叶挺、朱德、刘伯承等率领党直接掌握和影响下的军队两万余人，在江西南昌举行武装起义。南昌起义打响了武装反抗国民党反动派的第一枪，标志着中国共产党独立领导革命战争、创建人民军队和武装夺取政权的开始。八一南昌起义档案文献是对南昌起义的回顾和总结，真实详细记载了南昌起义的革命历程，包含着中国共产党领导的革命成果及经验教训，是中国共产党红色档案的重要组成

部分，对研究中国共产党早期革命斗争以及开展爱国主义教育具有重要的价值和重要的警示意义。（梁继红）

巴基斯坦国家档案馆 National Archives of Pakistan 巴基斯坦中央级档案馆。位于首都伊斯兰堡行政区内，全部建筑包括办公用房、档案保管部、保护修复部、缩微复制和影印部、私人文件保管部、报纸期刊部和一个展览陈列大厅。国家档案馆的前身是1951年成立的档案图书委员会，归教育部领导，建有图书管理和档案保管的双重职能。1974年改用现名，成为只具**档案管理**职能的独立机构，改由文化体育旅游部领导。其任务是接收和保存巴基斯坦的历史文化遗产，使其方便地为政府和个人所用。

档案馆实行馆长负责制，设一名主任、3个职能部门，分别是公共文件部门、私人和国际事务部门、技术部门，共106个不同职位。馆藏档案除中央政府机关的永久档案外，还包括私人捐赠或寄存的重要档案，以及1948年至今的500多种报纸，其中时间最早的一份《古兰经》距今已有1200多年。档案馆非常注重与其他国家和国际档案组织机构开展交流合作，积极参与和主办国际档案界的各种会议，并经常对其工作人员进行文件管理、档案管理、档案修复与保护、缩微记录等内容的短期培训。出版有学术性刊物《巴基斯坦档案》。（黄霄羽）

巴斯克斯，M. Manuel Vázquez（1932～ ）阿根廷档案学者。曾任阿根廷国立**科尔多瓦大学档案学院**院长，在**文件生命周期理论**的研究方面有突出贡献。专著《文件的选择》（1982）和《**文件生命周期研究**》（1987），是全面系统论述文件生命周期理论的代表作。

巴斯克斯认为研究文件生命周期的目标是：①对每份文件及其利用予以适当处理。②更好地表现文件的价值。他对档案学的重要贡献是：较深入地阐述了现行性、现行期和中间档案等概念，并且把现行性的演变作为划分文件生命周期各阶段各时期“精确期限”的重要依据；深入探讨了文件的价值属性与运动阶段、保管场所和管理方式之间的关系，认为研究文件生命周期理论的意义不仅仅是为**文件中心**提供理论基础，更重要的是发现文件从一个阶段向另一个阶段过渡的内在原因，从而掌握文件运动每个阶段所包括的期限，避免用毫无区别的尺度去概括各种文件现象；力图运用文件生命周期理论，透过文件运动过程及阶段性的表象，来把握文件运动阶段的划分。文件生命周期理论具有标志着现代档案学成熟的里程碑意义，即人们已从热衷于研究**历史档案**进入了以文件及其活动过程为研究对象的时代。（黄霄羽）

巴西国家档案馆 National Archives of Brazil 巴西管理文件档案的国家机构。隶属于司法部，向国务大臣负责。其前身可追溯到巴西帝国公共档案馆，名称首次出现在1824年3月25日颁布的帝国宪法第70条。1836年1月2日，巴西帝国公共档案馆正式成立。档案馆由立法部、行政部

巴西国家档案馆外景

和历史部3个部组成。第一任馆长是塞鲁·迪·布里图，直接受帝国国务秘书领导。1838～1876年，立法机关和政法执行机关的文件移交公共档案馆。1873～1898年，由马沙杜·波尔特尔管理档案馆。1876年建立第四个部司法部。1889年巴西联邦共和国宣告成立，各州开始建立自己的档案馆。1911年巴西帝国公共档案馆改名为巴西国家档案馆。馆址原在里约热内卢，后迁巴西利亚，馆藏丰富。

档案馆内附设一所档案专科学校，学制两年。在校学生主要学习数学、巴西历史、巴西行政机构组织、家谱学、纹章学、公证学、**档案管理学**、档案馆的组织及管理、新型档案管理等多门课程。为提高教学水平，聘请外籍教师，并向发达国家派遣留学生。巴西国家档案馆主要任务是收集、整理、保存和提供利用联邦政府的文献遗产，加强政府信息公开力度，确保公民权利、促进生产活动、增强知识文化传播、支持政府的决策等。（黄霄羽）

巴县档案 archives of Baxian 中国清代四川巴县（今属重庆巴南区）官府、中华民国时期巴县公署以及民国前期四川东川道积累移存的档案。巴县档案上自乾隆十七年（1752），下迄1941年，共约11.6万卷，是中国地方政权历史档案中保存较完整的一部分档案。这批档案早先存于巴县档案库，抗日战争时期巴县政府为避空袭将其运至长江南岸樵坪场一座破庙中**暂存**。1953年发现这部分档案，由西南博物院运回收藏，后交四川省博物馆管理。1955年由四川大学历史系整理使用，1963年3月由**四川省档案馆**接收。档案内容主要有：清代与中华民国时期巴县的官吏任免，重庆近代企业开办章程、呈请立案免税，农户耕牛权纠纷，川江运送滇铜黔铅进京过境；中华民国初期巴县的税捐征收；清时募集营兵、筹备军饷、整肃军纪、应付战争、抚恤伤亡，川军抗击倭寇，太平军和李兰起义军入川；清代和中华民国时期官府派兵护卫外国领事、教士、商人以及司法律例、章程、条规和民事、刑事诉讼案件等。其中东川道的档案有川东宣慰使署、川东观察使署、东川道官吏任免、奖惩、选举、议事、税收、征派、军饷筹措等内容以及辛亥革命、反袁护法运动和军阀混战的史料。

巴县档案是研究巴县地方史的第一手资料，也是研究重庆城市发展史，四川和西南地区政治、经济史的重要史料。其中清代部分尤为珍贵，深受中外学者重视。（周文林）

白籍 baiji 中国东晋南朝时期出现的特殊户籍。东晋南朝时期特殊历史条件下的产物。东晋南朝时期，正式户籍被称为黄籍，即包括士族和庶民在内的编户齐家的统一户籍，登载的是拥有土地的民户。永嘉之乱后，大量北人南渡，他们流寓江左，最初不拥有土地，并且也有准备返回故土的计划。为此，东晋南朝政府实行了侨置郡县的政策，将他们临时单独造籍。因为这些户籍用白纸登记，故称白籍。它出现的时间，与侨州郡县出现的年代一致，大致是东晋元帝太兴三年（320）以后。

白籍允许南渡北人“挟注本籍”，即在册内注明他们北方原地的籍贯，以作为他们未来回到北方后入籍的凭证。政府对持白籍的北人实行优抚政策，允许他们不交税、不服役。但随着发展，侨州郡县造成了统治政区的混乱不堪。而南渡北人未能返北，并逐渐拥有土地，且南下侨流日益增多，数量巨大，他们享受蠲免赋役的政策，直接影响了政府财政收入和兵役来源。同时，大量南方土著为躲避沉重的赋役而

冒充白籍，以至于出现了“编户虚耗”“国弊家丰”的局面。为此，自东晋成帝咸和二年（327）起，国家开始实行“土断”政策，“土断人户”，统一户籍，即以侨寓户现居地为准定其籍贯所在地并登记入籍，以便征收赋役。“土断”的过程，也就是取消白籍或白籍户黄籍化的过程。大批侨人赋役纳税，使得东晋南朝政府一度出现了“财阜国丰”的局面。不过，北人南渡持续了很长时间，不同时期“土断”的力度和效果也各有不同，所以侨置郡县的政策在东晋南朝一直断断续续地存在。东晋南朝270余年间，先后推行过10次土断。大致到了南朝刘宋时，大规模流人的南渡和侨州郡县的设置才基本终止。至南齐时，白籍基本退出了历史舞台。梁武帝天监元年（502）罢除了最后一个侨州“南徐州”，标志着白籍最后的消亡。

（武绍卫　李义敏）

白事　baishi　中国古代**上奏文书**文种名称。白本身具有“陈述”之意，白事最初应指陈说事情、禀告公务。汉代成为向上级禀告公务的文种，属于官府上行文奏记类。汉代的**官府往来文书**中，记的应用广泛，既可上行，也可平行或下行。上行的记称为奏记、奏笺或白事。刘勰《文心雕龙·书记》：“公府奏记，而郡将奏笺。”陈寿《三国志》、刘义庆《世说新语》皆有用例。汉魏之后不见用。

白事的文书格式，据长沙五一广场出土待事掾王纯白事木牍的研究，该文书以“待事掾王纯叩头死罪白”起始，以“纯愚戆惶恐叩头死罪死罪四月廿二日白”结束。可知白事一般写法是开头和结尾皆书“叩头死罪死罪＋白（字）”，这也应该是白事得名的原因。

（何　庄）

白文本　unannotated edition　在刊印出版档案文献时对文献正文不附加评点注解的版本。又称无注本，与标点本、注释本、**评注本**等对称。古代文献无标点，且字句难懂，后世刊印多有注释，形成注释本，如《十三经注疏》；有的文献经过句读、标点后，形成标点本，如《黄侃手批白文十三经》，系黄侃对《十三经》白文断句的手稿。有些文献至今仍无人注释，有些文献已注释版本尚存的原无注底本，有些文献为保持原貌删除注释重新刊印，皆称白文本，如《十三经白文》等。

编纂档案文献白文本，意即编者对选入的**档案文献正文**不做任何更动、说明。当档案文献正文无须进行校勘、标点（或重新标点）、注释、评介时，或不便于和暂

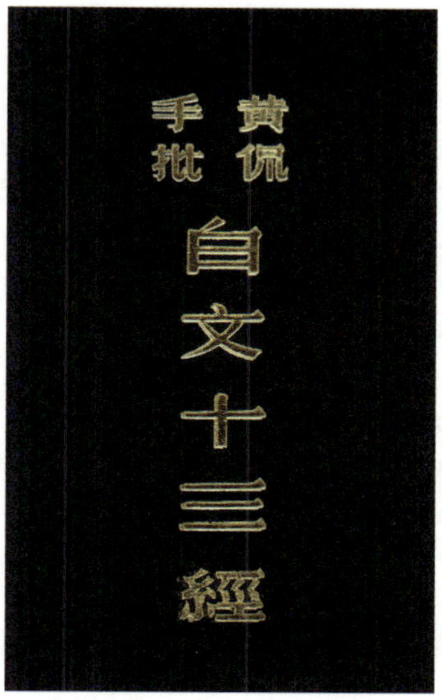

《黄侃手批白文十三经》封面

无条件进行校勘、标点、注释、评介时，可出版白文本。**档案文献编纂**工作多强调对选录档案材料的考订、校点、注释和评介，因此在传统排印型档案文献编纂成果中，白文本不多。现行文件汇编和重要法规汇编的编纂公布宜用白文本。影印出版档案文献时，不便于编者进行加工、评注，只能拟制或重拟档案文献的标题，因此影印型编纂成果多为白文本。

（丁华东）

板檄　banxi　中国古代**官府往来文书**文种名称。纸张发明应用前，古代文书多以简牍作为载体。其中不加木板封盖，写在木板上可以公开传阅的檄称为板檄。板，即木之析为片者，是一种如简札的书写用品，秦汉时的诏板、魏晋南北朝时的板授，都是指用其制成的文书。居延出土的板多为板檄，多属于重要的紧急文书。还有一种多面体的简牍，以小树棍为之，削而为三面、四面、五面或者更多，以增加文字，称为觚檄。觚原本是古代酒器，取其形状之意，称觚檄，多为木质。颜师古注《急就篇》曰：“觚，其形式六面，或八面，皆可书。”《汉书·律历志》注引苏林曰：“六觚，六角也。”1977年，甘肃酒泉玉门花海汉代烽燧遗址中出土了一枚七面棱形觚，觚断面几呈圆形，长37厘米，文字分两部分，接连抄录共212个字，前半部分为笔录某诏书的一部分，计133字，后半部分为官文书，79字。板檄、觚檄在当时均可采取不加封套的公开传播方式，也都具有官文书的一般程式，与**合檄**相同。觚檄可同时发出若干文件，往往既有上、下、平级来文，又有发文者自己的命令、要求和请求，使受文者更加全面地了解事情的来龙去脉。根据文件日期便可以判断来文先后，这样使用是为了简便快捷，相当于几份板檄共用，同时发出，适应紧急事件的需要。板檄、觚檄在文书载体改用纸张后不再使用。

（裴燕生）

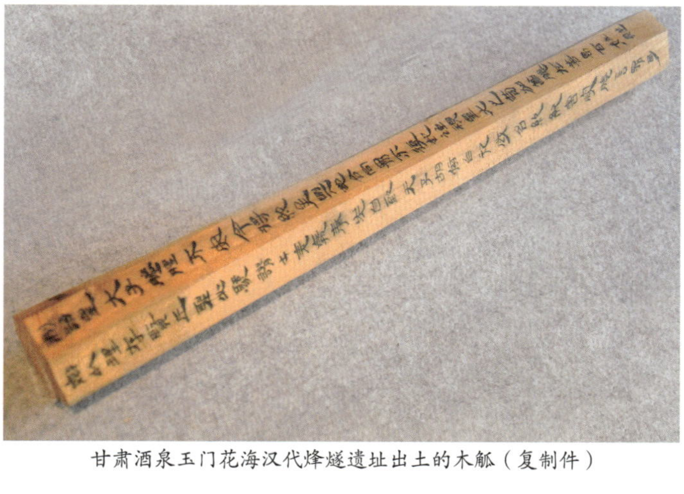

甘肃酒泉玉门花海汉代烽燧遗址出土的木觚（复制件）

《版式电子文件长期保存格式需求》　*Format Requirements for Long-term Preservation of Fixed-layout Electronic Records*　中国关于版式电子文件长期保存格式的行业标准。安徽省档案局（馆）、北京北大方正技术研究院有限公司起草。2009年12月由国家档案局发布，2010年6月1日实施。标准号DA/T 47—2009。适用于各级各类档案馆、机关、团体、企业事业单位和其他社会组织遴选归档保存版式电子文件格式，也适用于版式电子文件格式标准的制定与相关软件开发。

主要条款及内容包括：①明确了部分术语的定义，包括版式电子文件、长期、长期保存、字体、字形、光栅图像、矢量图形、稳健等。②规定了版式电子文件长期保存格式应满足的需求，包括格式开放、不绑定软硬件、文件自包含、格式自描述、显示一致性、持续可解释、稳健、可转换、利于存储、支持技术认证机制、易于利用等方面。

该标准在吸收国内外最新研究成果的基础上，基于长期保存和利用需求，规定了版式电子文件应具有的格式特征，为制定版式电子文件格式标准，开发相应的制作、阅读、打印软件提供了直接依据。该标准的提出，有利于保障电子文件的长期可读、可解析、可理解，有助于实现

电子文件的长期保存和利用，维护国家信息安全和信息化主导权。

（黄玉明　邓晓文）

版图　bantu　中国古代官府编制的行政文书和图籍。版和图分别指称户籍和地图。根据《周礼》记载，小宰“以官府之八成经邦治”，其中第三项便是“听闾里以版图”。汉代郑玄注引郑司农云：“版，户籍。图，地图也。听人讼地者，以版图决之。”

根据秦汉出土律令与简牍文书，户籍以乡为单位编制，由乡有秩或乡啬夫等乡吏负责。县道在人口迁移时，要在规定时间变更户籍；在征发赋役时，县乡要依照户籍征税兴徭；在诉讼过程中，执法吏也会调取户籍文书核实涉案人员的身份。另外，秦汉中央基于地方郡县提交的上计文书进行考核，户口增减作为评定官员殿最（政绩等级）的一项指标。秦代县廷的户曹依据县、乡编制的“乡户计”制作计录文书，报送郡府汇总后由中央进行上计考核。到西汉中后期，朝廷专设尚书民曹主“天下户口垦田功作”，所谓的“天下户口”当指包含户口数的统计文书，而非县乡保存的具体户籍。

地图在简牍文书中又称舆地图。从秦汉史籍文献与行政文书的记载，以及马王堆汉墓出土的地图实物可知，中央和地方郡县都掌握有相关地图，辖境的空间范围、地理概况和城邑、聚落及军事设施的分布都借助地图这一载体来表现。已发现的里耶秦简证明，秦代中央的御史负责地图变更事宜，地方各郡的地图由郡府派卒史前往御史处案雠更定。

（马　力　李义敏）

办法　measures　现代公文法定通用文种。属于行政法规的一种。由国家权力机关或行政机关依照政策和法令制定、发布，用于对某一方面的工作做具体的规定。办法从属于法律的规范类文件，具有很强的强制力。办法应当遵循立法确定的立法原则，符合宪法和法律的规定。

（王　健）

牓子　bangzi　中国唐代**上奏文书**文种名称。是百官向皇帝奏事时使用的文书，介于**表**、**状**之间。又称录子。北宋改称**劄子**。据考证，牓子最初大约是做简单记录的便条纸片之类。大约晚唐以后，才逐渐流行用牓子这样的纸条向皇帝谢恩或报到。牓子的演变大体如下：先是古代的名帖（又称名刺）发展到唐代的门状，再由门状简化为牓子。门状是内容比较复杂的短信，多用于下属求见上司，比名帖郑重得多。敦煌写本书仪中对牓子的写作程式、用纸规格、发展源流等有较为详细的记载。该写本书仪中有一件牓子的标题和全文。从内容看这是一件谢恩牓子，文字简单，起首和结尾均有“具全衔”字样。牓子的后面还有一行字：“只半张纸，切须铰剪齐正，小书字。”其规定了牓子书写用纸的规格，说明牓子的用纸比较狭小，大约是一般文书的一半大小。

（何　庄）

宝坻档案　Criminal Archives of Baodi County in the Qing Dynasty　中国清代州县档案。全称宝坻县刑房档案。宝坻位于今天津市中北部。清代，宝坻县隶属直隶。宝坻档案约 41 893 件（册），时间起止为清雍正元年（1723）至宣统三年（1911），是迄今为止保留较为完整的清代州县档案之一。现藏于**中国第一历史档案馆**。是《顺天府全宗》的主要部分。顺天府是清代京畿地区的地方行政机关，掌京畿地方行政事宜，辖有五州、十九县，分东、南、西、北四路厅督管。《顺天府全宗》由东路厅宝坻档案，部分通州、宛平、三河、顺义等县的文件以及少数外省的来文构成。宝坻档案不仅微观地记录了清代中晚期国家制度在基层社会的具体运作，而且翔实地记录了基层社会文化多方面的细节问题，可以填补正史在这些方面记载的粗疏和遗漏，是宝坻县重要的史料。在开发利用方面，宝坻档案做成的缩微胶片早为学界利用。

（梁艳萍）

保密制度　secrecy system　中国清代政府对皇帝亲笔文书的一项管理制度。清康熙九年（1670）成立内阁，作为承宣谕旨、传达政令的中枢机构。京城内外臣僚呈奏的题本，由内阁草拟票签，或奉旨改签，下阁后谕旨及折奏传知各衙门抄录遵行，题本则发六科传抄。内阁对于传抄的文件实行严格的保密制度。

雍正七年（1729）设立军机处后，文书保密制度不断加以完善。为防止泄密，军机处所用听差皆选用十五岁以下不识字的幼童；京官文职官员三品以上，武职官员二品以上，外官文职督、抚、司道，武职提督、总兵以上各大员子弟，均不得充任军机章京。军机处军机章京办事处，各部院大小官员不得擅入，其窗前、阶下均不得有闲人窥视，文武满汉大臣俱不准至军机处同军机大臣谈说事体，违者重处不赦。

道光三十年（1850），军机大臣祁寯藻拟定《军机处章程》九条，其中与文书保密制度直接有关的条款大致为：①字寄中遇有秘密查办事件，于**承旨**后派章京一二员在堂上缮写，密封呈递，发下后仍由堂上用印，封交兵部领去；将底稿押封封记，俟查办事竣，再行拆封登档；如果有泄露，查明缮写之章京严参。②逐日改定草稿，应责成每日该班章京与领班章京共同检齐焚销。③每日**明发谕旨**同奏折交内阁发抄，寄信印封夹板交兵部驿递；速议事件，交各衙门领去，应严饬各衙门仍遵照旧有堂谕，承领事件人员未到，传领时不得进入军机处值房，违者参处。并严令各衙门人员，不许在军机堂并章京、值房阶外附近处站立窃听。④军机档册两份，一存方略馆，一存圆明园。该章京等在内该班，不及兼顾园中值房，应片行圆明园八旗值宿官、兵丁小心守护，如有应行取用档案，开单**交片**提取，派员领回。

清代中央有两个总收文机构。一个是通政使司，负责接收各省衙门递京题本，送交内阁及有关部院，并检查本章违式及程途稽限等事。另一个是奏事处，为皇帝内廷的机要文书机构，专司传宣谕旨，收发秘密奏折。

诏令文书根据其性质，可划分为明发上谕和寄信上谕。由军机处颁发的寄信上谕，又称密谕、廷寄，是为告诫官员、指授兵略、查核政事及责罚等事专门寄某省某人或数人数省的秘密谕旨，具有秘密和速达的性质。根据受文者的官级、地位不同，寄信又分为字寄和传谕两种文书形式。**寄信谕旨**是由军机大臣奉旨以寄信的形式向承旨人传达上谕。军机处军机大臣拟旨，除皇帝随时特交外，经常是根据皇帝对奏折的批示办理。凡机要重大之事，皇帝则召见军机大臣口授谕旨，太监不得在侧。军机大臣承旨后，自拟进呈，经皇帝审定后，交军机处发出。

军机处承办谕旨是极其迅速和缜密的，尤其重视保密，严格交接，手续严密。谕旨文书收发登记，必画押存查；个人承办的事件，不得任意泄露；不经由自己之手办理的事，不准过问；办理撰书寄信谕旨，办理皇帝批改的奏折及国书等秘密文件，均须在军机堂上办理。凡办理秘密事件时，军机大臣指派一两个章京承旨，在军机堂上缮写后，将缮写清楚的密件密封呈递，由军机处进行封发，并钤盖军机处关防，交兵部捷报处递送，并将底稿押封存记。

廷寄谕旨，封面书写收件人姓名者，须交本人拆阅，如本人不在，代理人不得拆阅。寄信密谕，写明军机大臣密寄，交驿站驰送，如有泄露、沉匿、擅自拆阅者，关系军务的按军法从事，事关军需粮饷、调遣兵丁及官员开调参革的处以流罪。

清代臣僚上奏公事采用**题本**。为了加强题本的保密，明确规定："凡是秘密及参劾本章，俱着实封进呈""一切本章、咨呈文件，有案事关紧要及缉拿人犯，内外各衙门应密封投递，各该管官应谨慎办理，以防漏泄"。凡由内阁发出的密件题本，由六科登号，以原封送部，并取得承领官收据，附在号簿上，等该部办理完毕，仍密封送六科，年终由六科交回红本处收贮。所有在京各衙门，抄报总由公报房抄发，如有讹传和泄露等弊交部治罪。在京各衙门的题奏事件，未给发抄不得互相谈论，如有泄露，将承办官降一级留任。如有缜密之件，待科抄到部十日后，方许抄发，如有邸报先于部文者，该督抚将提塘官参处；各省报房在京探听消息，捏造抄报、泄露机密，其官员革职问罪。尽管题本的进呈、发抄有许多规定，但还是存在许多弊病，泄密之事还是存在。为此，清统治者于光绪二十八年（1902）正式停止使用。

康熙中期，开始出现**奏折**文书，皇帝信得过的重臣开始利用请安折子，密陈官民动态。雍正初期，密折奏报制度逐渐形成。奏折文书具有简便灵活、便于传递、有利保密的特点。奏折的内容很广泛，包括政策的制定和执行，以及官员的评价升降等。由于奏折本身的特点，决定了它的机密性，为此，雍正帝对于泄密规定了严格的处罚制度。雍正三年（1725）二月初八给内阁的上谕说："各省督、抚、提、镇将朕批密谕，有同在一省彼此传看者，有隔越邻省而彼此互相通知者，亦有经过其地而私相探问者。嗣后若有此等，一经发觉，该部（指刑部）据以泄漏军机律治罪。"清代奏折大多事关机密，因此从奏折的书写、密封、投递、拆阅到收缴，都制定了一整套严谨的保密制度。

清代奏折的保密制度是十分严格的，任何人不得随便更改。曾任乾隆朝内阁大学士兼军机大臣的和珅，所获其中一条罪状就是曾传知各省在上奏折的同时，要抄一份奏折稿给军机处，从而破坏了奏折的保密制度。嘉庆四年（1799）嘉庆帝将和珅处死，并禁止向军机处抄送奏稿。

（屈春海）

报告 report 现代公文法定通用文种。报告属于上行文种，适用于向上级机关汇报工作、反映情况，回复上级机关的询问。具有陈述性的特点，报告不需要上级机关行文批复。根据报告的内容划分为综合报告、专题报告；根据报告的行文目的划分为工作报告、情况报告、总结报告、答复性报告等。

（王 健）

北京大学研究所国学门整理档案会 Archival Arrangement Society of Institute of Sinology of Peking University 中国近代文化学术机构中第一个明清档案整理组织。1922年，北京大学成立研究所国学门，设在三院，即清朝末年所筹建的译学馆旧址，位于东安门北河沿。在罗振玉购买内阁大库档案的"**八千麻袋事件**"发生后，国学门主任沈兼士和陈垣、马衡、朱希祖等教授谋划，决意将大库劫余档案移归北大研究所国学门整理。其间经蔡元培的斡旋，北大最终接收、装运了61箱1502袋内阁档案。北大研究所国学门开启了近代学术机构整理明清档案运动的先河。研究所国学门为整理大库档案，成立清代内阁大库档案整理委员会（不久改称为明清史料整理会），该会简称整理档案会。整理档案会由国学门与史学系、国文系的教职员组成，成员有余文灿、沈兼士、陈垣、朱希祖、马衡、马裕藻、沈士远、程树德、单不庵、陈汉章、张凤举、李泰棻、杨栋林、魏建功、王光玮、胡鸣盛、王有德、皮宗石、藩传霖、张伯根等。

北大研究所国学门整理档案会的档案整理方法，据《北京大学研究所国学门一览》，初期计划三个步骤：第一步，形式分类及区别年代。形式分类则分誊黄、**敕谕**、**诰命**、实录、试卷、**表**、**题本**、报销册等类；年代则分天启、崇祯、顺治、康熙、雍正等朝。第二步，编号摘由。如题本、报销册两项，为档案之大宗，并多系重要史料，故先着手。题本则就内容摘录年月、机关，或区域及事实因果情形。再以事实性质归成若干总类（如命案、盗案、钱粮、俸饷、建筑、财政、军政、学政、国际事件等目）。总类之下，又分细目（如命案中分因奸谋杀、因仇谋杀、因戏谋杀等目）。然后编号上架。报销册则摘录年月、机关，或区域及名目，大别之有地丁漕米、旗营军饷、垦牧、建筑、浚治、清丈、盐引、课税、织造、鼓铸、物价、给发勘合火牌、内府食品、支用柴炭煤斤、案件汇总及大进、大出**黄册**各类。至于各项档案中之特别重要者，随时提出公布。第三步，报告整理成绩。研究考证各重要事件及分别编制统计表。凡各项已编号摘由之档案，分别编目。或录全文登载本校日刊公布。其他如大政变、文字狱及一切史乘不详之事件，则加以考证，编为报告。题本、报销册分类后，即编成各地风俗状况、犯罪行为、历朝对于人民之待遇、物价之比较等统计表。即无甚重要之贺表、会试卷等，将来亦拟利用之以编成历朝职官人名表、地方文风统计表，其余如公文程式及文字递变之调查，历朝官印之编谱，皆拟酌量缓急，分别进行。

从实际执行来看，由于经费困难等原因，后来并未能全部完成这三个步骤，所做工作主要在前两项。北大除了整理档案外，还编印档案史料书刊以及举办档案展览。先后编辑出版档案史料目录书刊有《整理清代内阁档案报告（要件）》（1924年，3册）、《整理清代内阁档案报告（题本）》（1924年，1册）、《整理明清史料要件报告》（1924年，1册）、《清九朝京省报销册目录》第一册（1925年）、《嘉庆三年太上皇起居注》（1930年，4卷）、《顺治元年内外官署奏疏》（1931年，1册）、《明南京车驾司职掌》（1934年，1册）、《崇祯存宝疏钞》（1934年，8卷16册）、《洪承畴章奏文册汇辑》（1935年，1册）等。

1925年以后，沈兼士兼职**故宫博物院文献馆**，对北京大学整理明清档案的方法做过总结，认为北大整理档案曾存在的问题是：①太重形式，只知区别名称，排比时代，而忽略档案的内容。②只知注意档案本身，而忽略衙署职司文书手续的研究，遂使各类档案，均失掉它们的联络。③过于注重搜求珍奇史料，以资宣传，而忽略多数平凡材料的普遍整理。

整理档案会的工作是近代学术机构整理明清历史档案的开始，为以后明清档案整理，尤其是故宫博物院文献馆明清档案整理积累了初步经验。

（梁继红）

《北京档案》 *Beijing Archives* 中国省级档案专业刊物。由北京市档案局和北京市档案学会联合主办。1984年10月创刊；1984年和1985年各试刊1期；1986年以双月刊正式出版发行；1996年改为月刊，国内外公开发行，有英文目次和提要。

刊物主要报道北京地区档案工作动态，研究、探讨档案学理论与技术，介绍和推广国内外档案工作经验，反映北京市、区县档案馆及市属单位档案部门的档案利用服务状况、档案工作岗位中典型人物和先进事迹等；同时设置档案文化板块，以档案史料为线索，突出首都特色，弘扬档案文化。刊物主要面向档案、文秘和史学工作者。设有《理论探讨》《业务研究》《域外采风》《点击馆藏》《档案文化》《史料概览》《动态简报》《潮头风采》《工作交流》等主要栏目。

《北京档案》是展示首都档案事业发展的窗口。刊物为北京大学《中文核心期刊要目总览》入选期刊。

（马 婵）

北京市档案馆 Beijing Municipal Archives 中国省（市）级国家一级综合档案馆。是北京市市级党政机关、社会团体、企事业单位重要档案的收集、保管、开发利用基地，北京市爱国主义教育基地，北京市政府公开信息和档案资料查阅服务中心，北京市电子文件（档案）中心。位于北京市朝阳区南磨房路31号，总建筑面积11.5万平方米。1957年12月20日，北京市人民委员会第十七次行政会议通过决议，成立北京市档案馆。1958年4月，正式开馆。1959年11月，北京市档案管理局成立后，局、馆合署办公。后隶属关系几经变化，1975年10月，市档案局恢复后，负责市档案馆的工作。1980年11月，中共北京市委决定恢复北京市档案馆，作为市委和市政府的直属机构。1981年6月，中共北京市委决定市档案局、馆合署办公。1985年机构改革，市档案馆为市委、市政府的直属文化事业单位。2000年1月，局馆合署办公，转为市委直属事业单位。2006年12月，市档案局（馆）列入参照《中华人民共和国公务员法》管理范围。2018年机构改革，市档案局（馆）的行政职能划归市委办公厅，对外加挂市档案局牌子，市档案馆作为市委直属事业单位，归口市委办公厅管理，2020年4月确定市档案馆继续列入参照《中华人民共和国公务员法》管理范围。2019年6月9日，北京市档案馆新馆正式面向社会开放。2021年7月，依托该馆建设的区域性国家重点档案保护中心通过国家档案局验收，正式投入使用。入选“2021北京网红打卡地”。

图1 北京市档案馆新馆外景

馆藏 截至2022年，共收藏纸质档案1040个全宗，277.7余万卷（册）件，资料10.1万册，排架长度20.2千米。包括明清档案、民国时期北平地区档案、革命历史档案，以及中华人民共和国成立后北京市级党政机关、企事业单位、群众团体和社会组织形成的档案，重大活动和重大事件、突发事件档案，涉及政治、军事、经济、文化教育、体育卫生等各领域。除纸质、实物档案外，还有照片、音像和电子档案。其中包括：①明清档案4630卷（册），年代最早的是明朝嘉靖十二年（1533）明政府给李舜臣及妻子的封诰（诰命）。②中华民国时期档案98余万卷（册），北平解放使得这部分档案系统、完整地保留，成为馆藏特色之一。③革命历史档案4720卷（册）。④中华人民共和国成立后档案175余万卷件，记录了中华人民共和国成立后北京城市建设及各项事业发展的历程。

机构设置 档案馆设15个内设机构和机关党委（党建工作处、机关工会）、机关纪委，其中业务处室10个：接收征集处、整理编目处、保管处、数字资源管理处、信息技术处、技术保护处、开放鉴定处、利用处、编研处、展览陈列处。下辖公益二类事业单位北京市档案事业发展中心。

服务 该馆自建立以来，不断提升利用服务、决策参考、编研开发、社会教育、学术交流、文化传播等能力，通过公布开放档案、现场接待查档、电话邮件咨询、网络及手机预约查阅利用、编研出版和举办展览、讲座等方式为社会提供服务。自2020年6月起，陆续推出婚姻登记、知青、招工、调动等11种民生类档案市、区两级综合档案馆跨馆利用服务，2021年与市民政系统联网实现了婚姻档案的跨部门利用服务。2021年，在“北京市档案信息网”推出北京市市、区两级综合档案馆开放档案目录一站式检索查询。积极落实京津冀协同发展国家战略，2020年牵头起草并推动签订了《北京市、天津市、河北省档案馆民生类档案异地跨馆利用协议》，2022年7月6日首批接入全国档案查询利用服务平台，档案利用服务的覆盖面从本市延伸到京津冀，进一步拓展到全国各地。2009～2022年，连续面向社会举办14届档案馆日和国际档案日活动。截至2022年底，共开放档案77.9万卷，建立起覆盖馆藏档案资料的全宗级、案卷级、文件级检索体系，编制专题目录、专门目录，陆续建立了婚姻、知青、劳模、公证、学籍、老字号等十几类专门档案目录数据库，完成了红色、奥运、重大活动、民生类、对口援助、疫情防控六大类档案专题数据库框架搭建与系统开发。

成果 截至2022年底，编研出版各类档案史料书籍、画册、工具书近70种，共5991余万字，其中19种书籍28次荣获国家及北京市哲学社会科学优秀成果奖项。出版的主要书籍包括《证据：日本侵华暴行调查档案全编（京津冀卷）》《北平地区抗日活动档案汇编》《五四运动档案史料选编》《北京市重要文献选编》《北京会馆档案史料》等。创办于1986年的《北京档案史料》以公布有关北京地区的档案史料、刊发相关学术论述为基本内容，已连续出版发行144期（辑）、3292余万字。

举办档案展览80余个，接待观众累计500多万人。其中，“百年经纬看北京——二十世纪北京回顾展”“见证抗战——纪念抗日战争胜利70周年京津冀档案文献展”“我们的奥运”等展览影响力较大。该馆注重馆藏档案及北京党史、地方史、城市史研究，承担多项北京市哲学社会科学重点项目和规划项目及国家档案局科技项目的研究工作，发表了大量研究文章。独立或参与制定了《国家档案馆爱国主义教育基地工作规范》《电子档案管理系统通用功能要求》等档案业务国家标准，《综合档案馆档案数字资源管理规范》等地方标准，编写出版了《近代北京城市管理法规研究》《北京市档案馆指南》《北京志·档案志》《北京档案年鉴》等专著和工具书。

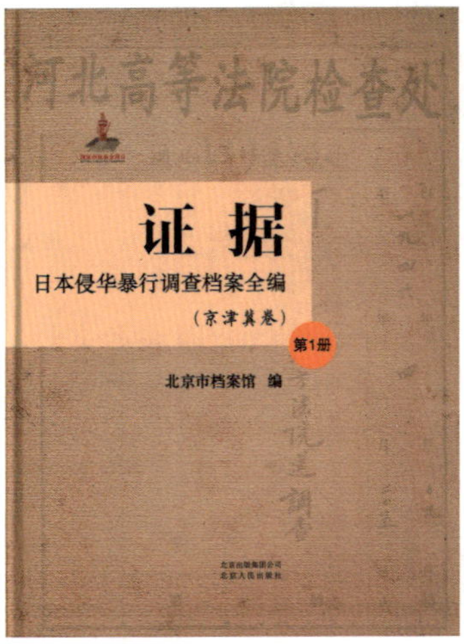

图2 《证据：日本侵华暴行调查档案全编（京津冀卷）》封面

（梅 佳）

北洋档案 archives created in the Beiyang Government Period 中华民国时期北洋政府（1912～1928）在各项活动中形成的档案，是民国档案的一部分。北洋档案留存

北洋政府庆祝第一次世界大战胜利（中国第二历史档案馆藏）

下来的数量不多，几乎没有一个较为完整的全宗。现存北洋档案内容包括北洋政府颁布的各项法令规章；中央和地方官制与人员任免文件；有关国会议员选举及会议、南北议和、二次革命、袁世凯称帝、张勋复辟、善后会议的资料，反映直皖战争、直奉战争和其他军阀混战与内部纷争的档案；涉及五四运动、三一八惨案、二七大罢工和白朗起义等工人、农民和学生运动以及兵变、民变的档案；涉及中国共产党、无政府主义者和其他党派、社团活动的档案；以及反映经济、交通、文化、教育、民族事务等社会各方面情况的档案。北洋政府地方机构的档案由相应的各级地方档案馆保管；中央机关的档案由**中国第二历史档案馆**保管，计有64个全宗，约9.9万卷。（李祚明）

贝叶档案 palm leaf archives 书写在贝多罗树叶上的文书。又称棕榈树叶档案。贝叶档案多为佛经书稿。贝多罗树是生长在热带、亚热带地区的一种棕榈科木本植物，梵文称pattra，音译贝多罗、贝多，学名贝叶棕。贝叶作为书写材料源于古印度，后从缅甸、泰国、斯里兰卡等佛教国家一直扩展到古代中国，三国时期到达中原地区，南北朝时期随着佛教的兴盛而普及。

贝叶文献的制作可分为采集、分割、蒸煮、晾干、磨光、剪割、打孔、刻写、上色、装订等步骤。贝叶分扇形和非扇形两种规格，前者薄而宽，可用碳质墨水书写；后者厚而粗糙，需用铁笔在上面刻写。规格一般为长60厘米，宽10厘米左右。以贝叶作书，树叶重叠，用板木夹其两端，以绳穿结，中国古代称这种形制为“梵夹”。唐代李肇的《东林寺经藏碑铭》曰：“佛灭后，大迦叶召千罗汉，结集法藏，阿难传焉。西土以胡文纪之，谓之梵书，科斗文字之类也；著以贝叶，谓之梵夹，杀青为简之类也。”贝叶装订成册后，在叶边涂上一层金粉和红、黑漆加以装饰和保护。贝叶档案主要是用来记载佛教经卷，一般保存在佛教寺庙里。存放方式有装箱、装柜、装架，放置在最显要的上等台栏上面。经过加工的贝叶防潮湿、防虫蛀、防腐化，不易磨损，字迹经久不褪，而且轻便，便于书写和保存。唐代段成式《酉阳杂俎》卷十八记载：“贝多，出摩伽陀国，长六七丈，经冬不凋。此树有三种……西域经书，用此三种皮叶，若能保护，亦得五六百年。”

在古代印度、斯里兰卡、缅甸、泰国等一些国家和地区，广泛使用贝叶来书写文件，这些国家的官方和私人收藏机构，都保存有贝叶档案。唐代高僧玄奘所写的《大唐西域记·恭建那补罗国》第十一卷记述：“城北不远有多罗树林，周三十余里，其叶长广，其色光润，诸国书写，莫不采用。”第二卷记载：“至于记言书事，各有司存。史诰总称，谓尼罗蔽荼，善恶具举，灾祥备著。”尼罗蔽荼是梵文的音译，意为“蓝色的档案汇集”。**印度国家档案馆**拥有全亚洲数量最多的贝叶档案，设有专门的保护与修复实验室。印度发现的《吠陀》经写在贝叶和白桦树皮上，是一部颂诗、祈祷文和咒语的汇集。缅甸从14世纪开始使用贝叶书写各种佛教经文和宫廷文书，一直持续到近代。仰光大学中心图书馆藏有800册贝叶经文和文书，仰光佛学院藏经楼收藏有3万册巴利文贝叶经文。缅甸国家博物馆藏有贡榜王朝皇帝书写在贝叶上的御笔文书，一页一行字（当时规定只有皇帝才能一页一行字，大臣一页两行字）。有的国家直到19世纪还用贝叶书写皇家重要文件。以巴利文和梵文书写的佛经原件，都是佛教典籍的原本。

小乘佛教传入云南傣族地区后，贝叶成为傣族人民的主要书写材料。傣族贝叶文献多为佛教经典，还有一部分为古印度梵文文献。除此之外，还有大量傣族僧人的记录和世俗文书，内容涉及天文历法、社会历史、生产生活、政治法律、医理医药、伦理道德、民俗、美学、语言以及文学等。有的贝叶档案记载着几千年来西双版纳傣族及其他土著居民与泰国、老挝、缅甸等周边国家和地区许多民族族源相同、习俗相通、通婚通贸、频繁交往的史实。西双版纳州档案馆保存贝叶档案268卷（册），勐海县档案馆存266册，景洪市、瑞丽市、德宏州、耿马县档案馆以及州、市、县的民族事务部门、文化馆等也都有收藏。这些档案对研究傣族社会历史、农业生产、经济贸易、社会风俗、宗教信仰等具有重要史料价值和极高的文物价值。**西藏自治区档案馆**藏有大量的藏文贝叶经文档案，萨迦县的萨迦寺存有20函3636页贝叶藏文佛经。此外，中国国家图书馆、北京民族文化宫、中国佛教协会、中央民族大学等处也有收藏。中国珍藏的贝叶档案除傣文、藏文外，还有梵文、缅甸文、僧伽罗文等。

贝叶档案

贝叶档案对保存和研究古代印度、东南亚诸国以及中国傣族、藏族的社会发展、农业、经贸、佛教、历史、文化、民俗、语言、文字、文学等具有重要的参考价值。（张世林）

本地治里湿婆手稿 Shiva Manuscript in Pondicherry 世界上规模最大的湿婆派教义经典收藏。手稿由1.1万片棕榈树叶和纸张组成，用梵文、泰米尔语以及二者的混用体写成，主要讲述了印度南部对印度教神明湿婆的信仰和崇拜。这些手稿现保存在印度本地治里的法国研究所和法国远东学院，2005年入选《世界记忆名录》。

10世纪以前，关于湿婆派教义的梵文经典在印度次大陆广泛传播，湿婆派对柬埔寨和爪哇岛地区以及印度的神明宗教信仰传统产生了重大影响。但自12世纪起，这种宗教信仰传统在许多地区被搁置，只剩讲泰米尔语的印度南部地区信奉该教。

本地治里法国研究所藏有的本地治里湿婆手稿数量占这批手稿的绝大多数，包括8187片棕榈叶档案和360份纸抄本。这些手稿是从印度南部讲泰米尔语的各个地区收集而来的，内容涵盖印度人在被殖民前所要学习的所有分支，接近半数的手稿内容与神明湿婆的宗教崇拜有关。现存手稿绝大多数没有公开，它们大多写于公元6世纪到殖民时期。

这些印度南部的手稿副本大多来自19世纪。印度南部保存的棕榈叶手稿被破坏的速度极快，现存的文献样本时间均不超过300年。至于这批文献中的纸抄本，因为它翻查起来更方便，故经常被翻阅的手稿如今变得非常脆弱。（黄霄羽）

比阿萨利，L.F. Luis Fernando Piazzali 阿根廷档案学者。获文学学士学位。曾任阿根廷中央邮电技术学校教授、阿根廷国家邮电总档案馆馆长。在工作和教学实践中，悉心研究文书处理技术、缩微技术和档案管理技术，被推选为阿根廷档案协会主席。退休后，受聘担任阿根廷社会博物馆大学档案学教授和阿根廷武装部队总档案馆现代化技术顾问。同时受邀到西班牙和拉美各国以及本国各地讲学，帮助培训政府和企业的文书、档案人员。在人文科学、企业管理、社会学等方面也颇有研究。

1982 年出版的《**档案管理技术实用手册**》是体现他学术成果的代表作。除序、引言和档案学常用术语表以外，分为 11 章：第一章企业及其文件管理部的组织。第二章文件控制计划。第三章表格文书的控制计划。第四章收发室。第五章档案馆。第六章内部机构档案室。第七章档案馆的组织及其基本工作方法。第八章分类系统与文件的**归档**。第九章文件价值的鉴定。第十章档案的管理。第十一章档案工作人员的专业教育。1986 年，由档案出版社出版中译本。阿根廷档案界普遍认为这是一部了解档案学基本知识、掌握正确的档案管理方法的必读课本，具有较高参考价值。在档案管理的实践方面颇具影响力，对中国的档案事业、档案学者帮助和影响较大。

（黄霄羽）

比尔曼，D. David Bearman 美国电子文件研究专家。国际档案界研究电子文件的权威人士，文化机构情报战略咨询专家，档案馆与博物馆情报合伙企业创始人。1967～1971 年，就读于美国布朗大学，学习知识史；1975～1979 年，在宾夕法尼亚大学学习历史与社会学；2004 年，在加拿大多伦多大学攻读博士学位。1979～1982 年，担任**美国档案工作者协会**下属的国家信息系统特别工作组组长。1982～1986 年，担任史密森研究院信息资源管理办公室副主任。1986 年，离开史密森研究院后创立了专门从事为档案馆和博物馆机构提供商业模型和经济构架的咨询公司，咨询公司利用信息技术重新为企业制定管理和传播文化资源的策略。1987～1992 年，担任美国博物馆计算机网络董事会主席。1991 年起，连续组织并主持了博物馆界的超媒体互动国际会议。1997～2004 年，担任美术馆联盟战略研发部总监。先后为数十家单位做咨询。主要贡献包括为美国档案馆的国家性信息系统开发提供指导，为多个国家的电子文件管理国家政策制定提供帮助，促进了国家性与国际性的博物馆合作和网络活动，为利用和发展信息标准的许多档案馆、图书馆和出版社等非营利机构提供定义等。

研究成果丰硕，出版博物馆和档案馆领域有关电子文件、档案馆信息管理、博物馆信息管理的专著和论文多达 125 部（篇），是国际公认的文化遗产信息服务和电子文件管理的资深专家，促进并推动了档案馆和博物馆领域信息融合发展。长期以来致力于电子文件管理的理论研究和实践应用，具有扎实的技术背景和丰富的实践经验，被国际档案界公认为当代论述电子文件最富于想象力的学者。

（黄霄羽）

笔据 biju 中国古代当事双方中的一方用笔书写给对方**收执**的凭据。又称字据。笔据的起源已不可考，当自有租借等关系之实后产生，一直沿用。

笔据的形式比较简单，载体一般是一张窄幅便条或略宽一点的纸笺，内容也多为单一事项。笔据的用途比较广泛，但凡与欠租、约期、收领、交接等相关的事项均适用。如欠租笔据，内容写明东家姓名、所欠租金或租粮多少、最终交租期限、逾期追究措施、立据时间、立据人和担保人签押等。约期笔据如约定房屋出租买卖日期笔据，写明房屋所在、原业主约定腾出房屋的具体日期、租买方姓名、逾期追究措施、立据时间、立据人和中保人签押等。收领笔据则是收到钱款或物品后出具给对方保存的笔据，一般写明出让缘由、出让物品情况、受让方姓名、钱款数额、其他事宜、收领人和中间人签押等。还有分家笔据，如清代《杨氏分家笔据》，是"金陵刻经处"的创始人杨仁山为 3 个儿子分家时所立**遗嘱**字据。该笔据将家庭财产和债务做了详细分割，以防身后家庭纠纷。其他类型的笔据不胜枚举，可见笔据广泛见于民间社会生活之中。

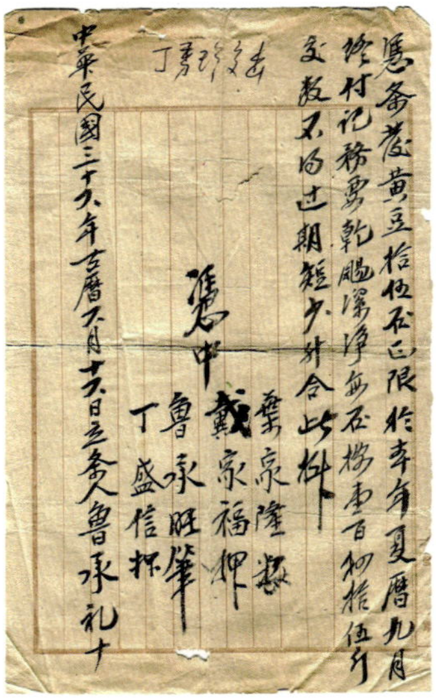

中华民国三十六年（1947）
怀宁鲁承礼笔据

笔据因其存世量大、形式内容简单，对于学术研究而言没有特别的价值。但它具有强大的生命力，至今仍然被广泛使用。现实生活中的各种条据，有的则有与笔据类似的功能，如收条、借条、领条、欠条等。

（张全海）

笔帖式 bitieshi 中国清代办理文字及文档工作的书记官。满语音译，汉语义为"书""文"。清代创置，《清太宗实录》天聪三年（1629）二月戊子（初二日）即载见笔帖式之官名。同年四月丙戌朔，又载皇太极命巴克什与笔帖式一同为其翻译汉文书籍及记注政事。天聪五年秋七月癸酉朔，皇太极设立六部爰定官制，将笔帖式列入六部职官序列之内，根据各部事务繁简而设，无固定员额。清兵入关建立全国政权后，笔帖式官职扩展设置至清廷中央绝大多数文武机构、盛京五部及一些地方高级军政衙署。据《大清会典》及《大清会典事例》所载，至迟在康熙时，中央文武各机构、各省督抚衙门及各地驻防将军、都统、副都统及各办事大臣衙署等，都已置有笔帖式之官。至雍乾时期，各机构各衙署笔帖式之额缺也大致固定，并且逐渐成为普通旗人子弟入仕做官的重要途径。

笔帖式主要负责翻译、处理文移、档案管理诸事务，故有掌稿笔帖式、缮本笔帖式、翻译笔帖式、印务笔帖式、随印笔帖式、蒙古笔帖式、唐古特笔帖式等名目，又有实缺（现任）笔帖式及候补笔帖式（效力笔帖式、委署笔帖式、学习笔帖式等）的区别，属于低级事务官。全国额定笔帖式额缺在 2000 以上，而各种候补笔帖式的人数则更多。

雍正元年（1723）、二年、四年、六年、十三年先后议准，满洲、蒙古、汉军举人、翻译举人、贡生、监生、文武生员、翻译生员、官学生、觉罗学生、义学生等，由吏部奏派大臣考试，经皇帝钦定后，交吏部归入月选，依次任用为笔帖式，给以品秩；举人、贡生授为七品，监生、生员授为八品，官学生、义学生等授为九品。作为特例，在边疆办事的笔帖式也有给予六品虚顶者。宗人府的笔帖式额缺，专用宗室会员，由宗人府经办，给予七品食俸；内务府的笔帖式由内务府咨行吏部后考选补用；蒙古翻译考笔帖式之人中考取任用；唐古特（藏文）笔帖式，由理藩院从唐古特官学生内，考选口译及笔译蒙古和唐古特语言文字成绩好者，咨送吏部，引见补授；盛京各部及奉天将军驿站边门等处笔帖式，由盛京兵部从当地八旗应考之人中考选，经皇帝核准，交吏部注册后依次任用；各省驻防将军、都统、副都统及各办事大臣衙署等之笔帖式，由各该将军等在本地驻防兵丁及举贡生监内，照盛京考试之例，择优录取，经钦定后，交吏部造册咨回各地，遇缺补用。

各省督抚衙门笔帖式员缺，于康熙十年（1671）题准，由各省督抚咨行吏部请补，由中央各部院衙门从现有笔帖式中挑选保送。笔帖式三年或六年（举人、翻译举人、荫生出身者两年）为期满，经过考核，及格者留任，不入等第者革退，优秀者可以升调中书、主事、都士、博士、州同、州判、知县、库大使等职。由于笔帖式均来源于旗人，尤以满洲旗人为主，缺多人少，升迁较快，易于腾达。如六部主事额设一百四十缺而其中满蒙达八十五缺，故满洲笔帖式补满缺主事较易。至雍乾时期，各机构各衙署笔帖式之额缺也大致固定，而且逐渐成为清代普通旗人（主要是满洲旗人）子弟入仕做官的重要途径和起步之阶。清代由笔帖式起步而擢升至中央部院大臣及地方封疆大吏者数以百计，擢升至协办大学士、大学士者也有数十人。雍正（1723～1735）年间，满洲正白旗人鄂弥达由户部笔帖式而擢升为广东巡抚仅历俸八年，兆惠、贺长龄等人更升至军机大臣。其他著名者如年羹尧、舒赫德、富俊等也都是笔帖式出身。（屈春海）

表 biao 中国古代**上奏文书**文种名称。主要用于臣僚对君主有所陈述、请求和建议等庶政领域。夏、商、周三代，表还只是一种自下言上的动作，称作敷奏，还不是文体名称。秦代正式确立表文种，主要用于庶政，但秦代的表多已亡佚，文不可见。表作为文体则始于汉代，开始用于陈情，如何进的《荐董扶表》。东汉至三国两晋，其用途渐广，凡陈述性上行文如论谏、劝请、陈情、待罪、进献、推荐、庆贺、辞解、陈谢、讼理、弹劾、自解等事均可用表，因此刘勰说“表体多包”。南北朝以后，奏的使用范围扩大，表的用途与奏交叉，逐渐被奏体排挤出庶政领域，使用范围逐步局限于辞谢、感谢、庆贺，成为一种礼节性文书，与另一种礼节文书——章的用途相重。唐代表逐渐夺章之谢贺职能，使章体逐渐消亡。唐宋以后，表除了用于陈谢、庆贺，多以进书为主，如宋代司马光《进〈资治通鉴〉表》。元代庆贺表文称为表章，遇皇帝生日、元旦，五品以上官员皆上表章进贺。明代凡遇朝廷举行庆典，内外臣僚都要照例向皇帝和皇太后进“贺表”。清代沿袭明制，表文一作庆贺用，一作进献修史用。前者遇有庆典，王公百官均上表庆贺；后者用于史书修成由总裁官具表进呈，如《会典》《方略》编纂告竣时要奉表随进。再，当年考取的文武进士，要呈表谢恩。藩属国依期入贡，也用表文。清代各地驻防满族诸臣，则用满字表文。中华民国建立，随着封建君主的废除，表这一文体也逐渐消亡。

表的格式历代略有不同。两汉及魏晋南北朝时期，表用于实际政务，其文字程式据东汉蔡邕的《独断》记载，首称“臣某言”，末称“臣某诚惶诚恐，稽首顿首，死罪死罪”。左方下附以“某官臣某甲上”。据《文献通考》卷一二五记载，清康熙二十八年（1689），定群臣庆贺皇帝表文式为：“具官臣某等诚欢诚忭，稽首顿首上贺。伏以（表联随时撰拟）。恭惟皇帝陛下（随时撰拟）。臣等恭遇熙朝，欣逢元旦伏愿（随时撰拟）。臣等无任瞻天仰圣，欢忭之至。谨奉表称贺以闻。”清代表文式样与明制基本相同，为正副两份。正表为卷式，黄绫裱褙，卷而不折；副表折而不卷，用黄纸，面用黄绫，装以表匣，裹以黄绫呈上。

简牍时代表的载体形制据蔡邕《独断》记载有二：表文字数多用两行简札编联，表文字数少的情况下，用可容纳5行字的牍材。清代除了纸张，外藩朝贡还有所谓“金叶表文”“蒲叶表文”。据光绪朝《清会典》卷二称：安南、南掌、暹罗、缅甸、廓尔喀等都曾进过金叶表文，南掌还进过销金缅字蒲编表文一道。

清代金叶表文（故宫博物院藏）

表按其使用领域的不同，出现过很多分支，主要有：①请求表。凡朝廷政务中可以请求的，大到封爵，小到个人情事皆可用。②荐举表。荐举朝廷命官、述其学识才性。③陈事表。向皇上陈述国事、家事以进忠。④谢恩表。对朝廷表达感恩戴德之情。⑤贺表。国家遇有重大庆典，臣子献文颂贺时用。⑥遗表。大臣薨逝前对国君有所陈辞。⑦劝进表。乱世中臣子恭劝登基称帝。⑧进书表。唐宋以后史书修成要奉表随进。⑨让表。大臣被封官授爵，循例上表谦让。⑩降表。将帅乃至国君军事失败时，被迫表达降伏心愿。⑪笏记。宋人有所谓“笏记”，也属表类。不同之处在于：表文书于牍，文字较多；笏记宣于廷，文辞较简。

汉晋时期的表皆尚散文，比较自由。南北朝时，骈文兴起，受其影响，这一时期的表多尚四六，很多内容空洞，形式主义严重，但也有情理兼备的名篇。如三国诸葛亮的前后《出师表》、西晋李密的《陈情表》等。明代由于表在内容上主要是臣子向皇帝谢恩祝贺，骈体表文充斥大量的虚夸颂扬之辞，大多成为形式讲究、华而不实的礼仪文书。清代沿用，使歌功颂德的表进一步固定化、公式化。（何庄）

表笺 biaojian 中国古代王公大臣及朝贡各国向皇帝、皇后祝贺时的专用文书。泛指表文。表作为文体始于汉代，是臣僚向皇帝陈情的文书，唐宋以后主要用于向皇帝陈谢、庆贺。明清时期庆贺文书除表文外又增加了笺，凡遇朝中庆典，如内外大臣皆须进表、笺庆贺，表用于皇帝和皇太后，笺用于皇后。笺可以看作表的一个分支。

笺又作牋，本指狭条形小竹片。作为文体名，始于东汉，称为笺奏或笺记，魏晋时只称笺，属于带有书札性质的上行文，用法比较宽泛，既可上之于皇后、太子，也可上于上级官员。刘勰在《文心雕龙·书记》中论及笺的产生和特征，认为汉代官吏上表公文，在正事之余有其他需要表达的则记在小简（即笺）上，系于大简（称为表）之旁，此后笺、简分开，笺也可以单独作为公文上表，但与表略有不同。萧统在《文选序》中也持与刘勰大致相同的意见，认为笺文产生于东汉，是文章体裁繁荣、类目划分更细的结果。现存笺文有东汉冯衍的《诣邓禹笺》、班固的《与窦宪笺》等。南北朝时期，刘宋政权规定，各衙署向皇太子奏陈政事，使用笺，笺成为上皇太子的准上奏文种。唐代规定，原上奏文种启用于向太子陈事，笺用于对太子致谢贺，启与笺有了明确分工，且为后代所沿用。宋朝官员上达太子，命妇上达皇后、皇妃用奏笺。明清两代，庆贺文书除表文以外，又增加了笺文，凡遇朝中举行庆典，如寿诞（皇帝生日）、元旦、冬至等节日，内外臣僚皆须进表、笺庆贺，表用于皇帝和皇太后，笺用于皇后。明代用以庆贺皇后、太子三大节之用；清代不设太子，为臣僚百官庆贺皇后三大节的专用文书。清乾隆六十年（1795）乾隆皇帝发布上谕，停止贺笺的进呈。从发展史看，笺的用途大致经历了从陈述政务到献词祝贺的过程。

魏晋南北朝时期，笺的程式已经比较健全，其首称一般为“月日某官某死罪死罪”，末称“某死罪死罪”。明清时期，其程序与表相同：首书“某官某某，诚欢诚忭，稽首顿首上言”，末云“臣等无任瞻天仰圣欢忭之至，谨奉笺称贺以闻”，行文用四六骈体，内容千篇一律。清代笺文由内阁划定样式，颁发诸司，依式录进。与贺表一样，贺笺也分正、副二式，卷折之式同贺表，但副笺面用黄绫，折用红纸，与贺表不同。清代官员所上表笺，文字采用汉字或满汉合璧，字为蝇头小楷，书写整齐规范。贺表、贺笺尺寸一般为每开高 29 厘米、宽 25 厘米。贺表在文中出现皇帝、皇太后字样要写在宽 1 厘米、高 29 厘米的黄绫上，贺笺在文中出现皇后字样要写在宽 1 厘米、高 29 厘米的红绫上，以示区别。贺表、贺笺文前和文尾均用官印，缮写好以后装入黄色绫质封套之中，封套下方注明贺表、贺笺人的官衔、姓名，钤以官印。（何　庄）

莂　bie　中国古代契约文书。在金石、砖瓦、简帛等载体上刻写契约内容，在中间位置刻写大号文字，并从中剖为两个或多个部分，各方分别执一份，作为凭证。

《周礼·天官·小宰》有载：“听称责以傅别。”郑玄注：“傅别，谓大手书于一札，中字别之。”这里的“别”即“莂”，可见在先秦时期已经有了“莂”这种契约文书。据东汉刘熙《释名·释书契》解释：“莂，别也，大书中央，中破别之也。”参考传世文物东晋咸康四年（338）《朱曼妻薛氏地莂》石刻的形制，可见其上有一个较大的“同”字，且“同”字只有右侧一大半，这正是“大书中央，中破别之”的格式，而“合同”一词应该与此有关。

图 1　晋代《朱曼妻薛氏地莂》（温州博物馆藏）

已知所存莂的实物、拓片或摹本等，除了长沙走马楼三国东吴简牍《嘉禾吏民田家莂》外，多为墓莂，即地莂，或称买地券。指将买墓地的契约刻于金石、砖瓦等载体之上，置于墓圹中。墓莂虽然不是现实生活中真正有效的土地契约，但作为一种丧葬风俗，人们相信死者在阴曹地府可以凭此证明获得一块安身之地，不受鬼神干扰。如著名的西晋太康五年（284）《杨绍买地莂》即为此类。唐宋以后，地莂依然盛行，至今在中国的一些地区仍然流传使用。地莂的形制与内容大致与现实生活中的契约文书类似，载体有铅、铁、砖、瓦、石、竹、木、绢、纸等，存世者多以金石、砖瓦类为主，内容一般包括买主姓名、土地四至范围、购买价格、交易证人（神仙）姓名、交易时间等，还有道教咒语“如律令”等。

图 2　长沙走马楼三国东吴简牍《嘉禾吏民田家莂》（长沙简牍博物馆藏）

地莂作为一种特殊的契约文书，有着与普通历史文书不同的价值。不仅是研究古文字书法演变、社会经济生活等方面的珍贵史料，也是研究中国古代丧葬习俗的难得实物材料。在金石学界、经济史界和民俗学界都有较多的研究成果。（张全海）

兵票　bingpiao　中国古代驿递的符信。官府递送公文、背护敕书、解送物品、押解犯人的凭证。

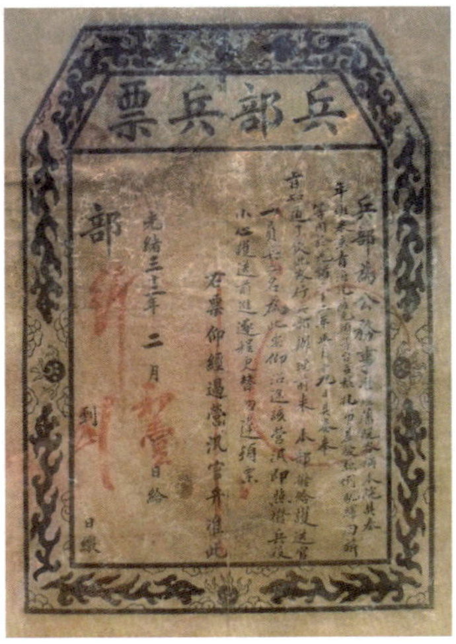

清光绪三十二年（1906）兵部兵票

为火票中的特殊一种。由兵部制发或地方自制，其用法与兵牌类似，可以得到沿途兵营拨兵护送。没有数量的限制，手续较为简便。兵票除写明要求拨兵护送之外，其他格式、用语与火票无大区别，处理制度亦基本相同，只是专差押运时使用。（裴燕生　撰　李义敏　修订）

禀　bing　中国古代**官府往来文书**文种名称。“禀”字原意为承受，宋代开始用于向上级官府有所请示或报告情况。明代下级官员向上级祝贺的书信称为禀启，向上级陈述情况的书信称为**禀帖**。卑下对尊上言事称禀，向上级写的书信有时也称禀。

官员向上级汇报、请示工作时用的禀帖，向上送禀时要同时附上作者的名帖，写上官衔、姓名，作用类似于官场上对上官使用的名片，纸用红色，折叠成**手本**折子式样，又称衔名手本，用红纸是表示恭敬和吉祥，这种一式两份的禀帖又称**红白禀**。还有的在送红白禀时又别具一幅，对上级表达极端的恭维、特别的问候或祝贺，文用四六骈体，辞藻华丽，以展现作者的才华，博得上级的欢心，又称四六禀启。

禀帖不受**行文规则**的局限，可以越级使用。凡事有原委不便见之于正式公文者，即宜用禀说明；也可用于见上司时将要事预先禀明，下级乐于事先摸清上级意图，上官也可从中得见下级才情、能力和人品。清初沿袭明制，地方官下级遇有难处理的问题，先用禀帖向上级疏通，了解上级意向后再用正式公文，工作就会顺利得多。因此，禀文使用越来越广。清乾隆（1736～1795）初年，有些地方高级官员为了简化手续，对一些不需要再写详文请示的禀帖，批示后将原禀直接归入案卷备查，禀帖遂具有了正式公文的性质。最初的禀文常常是本人或亲信守候回信，若有批示，仍须回缴上级以示郑重。虽然禀文在明清之际已经广泛使用，但长期未见政府明文将其规定为法定文种，也未明确其使用范围、方法。直至道光二十二年（1842）签订的中英《南京条约》中才将两国商贾上达官宪之文定为“仍用禀明字样”，承认了禀文的正式地位。当然，这种规定并不全面，禀明作为外交文书使用，只是一般禀文的变体。中华民国时期，除了袁世凯复辟帝制时曾一度规定人民对于官府的陈请使用禀之外，其他方面均取消了禀的使用。

禀用途广泛，一般是向上级汇报工作、请示问题、陈情建言。当时，正式的官文书大多由书吏撰拟，难以清楚地反映实情，即使如实汇报，也难以突破固定的撰写程式，篇幅冗长烦琐，层层转达，阅读不便。禀最初不由书吏办理，大多篇幅

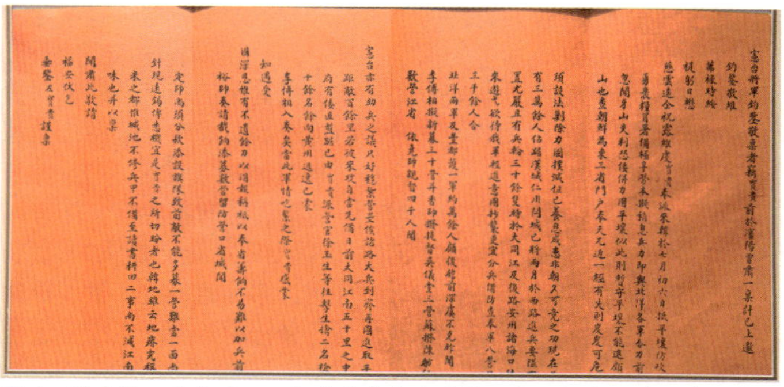
图 1　清光绪二十年（1894）左宝贵向吉林将军长顺报告平壤军情的禀帖

图 2　清光绪十五年（1889）钦命驻扎朝鲜总理交涉通商事宜袁世凯批禀

短小，内容精悍，且将最初流行的四六骈体的夸张粉饰之词革除，上官易于入目，下官易于撰写，很快流行开来。清人黄六鸿在《福惠全书》中称：“或因要务，应修禀牍，更须悉白情事，切勿虚词巧饰以示欺。此详与速、婉与诚兼尽之也。”又称：“夫禀帖者，或详文有不便言与不必见之详文而乃禀通也。其词贵简净，毋繁冗，其意贵诚实无欺；其商酌请示之处贵婉曲，毋径情；其申辩剖析之处贵和平，毋戆急，然后览者易于入目而易于见听。否则纷纷满纸，徒费笔墨，恐有未当于上官之意耳。”由此来看，禀确实比其他文种优越很多。禀推广使用后，地方官员除了对一些需要上级引为依据申报朝廷的问题仍然使用正式的详文外，一般问题都使用禀上报。

（裴燕生）

禀帖　bingtie　中国明清时期官府往来文书文种名称。清代书吏、衙役及乡绅、官商、乡约、地方、里长、甲长等有身份的百姓乃至外洋商人，向地方主管官报告情况、请示问题时，仍沿明制，使用禀帖。这种禀帖与红白禀等形式不同，多用比红白禀尺寸稍小且简便的白折，折面标一“禀”字；也有些仿照红白禀式样，折面粘一红色方斗签，上写一“禀”字；另有一种外国商人使用的禀帖，折面或标“禀明”两字，又称“禀明”。禀帖折内右版首行开写具禀人身份姓名，接写事由，正文结束时用“谨此叩禀”或“伏乞大老爷台前批示遵行”“叩请大老爷察核”“伏乞县台查核”之类。长官若有批语，直接批在禀帖文尾年月日一行前发还，或另用谕发还。

禀帖本无固定的纸式，有的地方衙门使用较大的长条形的条禀，其上印有数行共计400字左右的方格，作为官府规范用纸。百姓向官府言事，必须买用这种条禀纸缮写。官府出售条禀纸，表面上是为了统一用纸规格，实际上是借此敛钱。这种条禀还可以用于代书，即替贫穷的兴讼之人填写诉讼词状，收费较正式状纸为少。

禀帖在袁世凯复辟帝制时一度被定为人民向官府陈请时使用的文种，随着袁世凯复辟帝制失败，很快即被废除。

（裴燕生）

病历档案管理　medical records management　各级各类医疗机构对病历的管理活动。病历指医务人员在医疗活动过程中形成的文字、符号、图表、影像、切片等资料的总和。包括门（急）诊病历和住院病历。按照记录形式不同，病历可区分为纸质（缩微）病历和电子病历。

源流　传统医学对患者的诊疗记录称为诊籍、医案或脉案，现代医学则称为病案、病历、病史等。2002年，卫生部（今国家卫生健康委员会）发布了《医疗机构病历管理规定》。2010年、2011年，卫生部先后发布了关于电子病历系统的规范文件，电子病历在医疗机构中普遍应用。2013年11月20日，国家卫生和计划生育委员会（今国家卫生健康委员会）、国家中医药管理局印发了《医疗机构病历管理规定（2013年版）》，明确了“电子病历与纸质病历具有同等效力”。

管理要求　病历书写应当客观、真实、准确、及时、完整、规范。医疗机构应当建立健全病历管理制度，设置病案管理部门或者配备专（兼）职人员，负责病历和病案管理工作；医疗机构应当建立病历质量定期检查、评估与反馈制度。医疗机构医务部门负责病历的质量管理。医疗机构及其医务人员应当严格保护患者隐私，禁止以非医疗、教学、研究目的泄露患者的病历资料。

主要内容　①病历的建立。医疗机构应当建立门（急）诊病历和住院病历编号制度，为同一患者建立唯一的标识号码。②病历的保管。门（急）诊病历原则上由患者负责保管。医疗机构建有门（急）诊病历档案室或者已建立门（急）诊电子病历的，经患者或者其法定代理人同意，其门（急）诊病历可以由医疗机构负责保管；住院病历由医疗机构负责保管。③病历的借阅与复制。除为患者提供诊疗服务的医务人员，以及经卫生计生行政部门、中医药管理部门或者医疗机构授权的负责病案管理、医疗管理的部门或者人员外，其他任何机构和个人不得擅自查阅患者病历。其他医疗机构及医务人员因科研、教学需要查阅、借阅病历的，应当向患者就诊医疗机构提出申请，经同意并办理相应手续后方可查阅、借阅。医疗机构应当受理相关人员和机构复制或者查阅病历资料的申请，并依规定提供病历复制或者查阅服务。④病历的封存与启封。⑤病历的保存。医疗机构可以采用符合档案管理要求的缩微技术等对纸质病历进行处理后保存。门（急）诊病历由医疗机构保管的，保存时间自患者最后一次就诊之日起不少于15年；住院病历保存时间自患者最后一次住院出院之日起不少于30年。

规范与标准　主要包括《中华人民共和国侵权责任法》（全国人大常委会2009年12月26日）、《卫生档案管理暂行规定》（卫生部和国家档案局2008年4月8日）、《临床医学病历书写基本规范》（国家卫生和计划生育委员会2010年3月1日施行）、《医疗机构病历管理规定（2013年版）》（国家卫生和计划生育委员会、国家中医药管理局2013年11月20日）、《中医病历书写基本规范》、《电子病历基本规范（试行）》和《中医电子病历基本规范》等。

意义和影响　病历档案管理对维护病案的客观、真实、完整，为医疗、教学、科研提供第一手资料，为处理医疗纠纷提供有效的法律依据，对于保障医疗质量与安全、维护医患双方的合法权益、提高医疗机构的管理水平与服务质量，均具有重要的价值和作用。

（王英玮）

波兹奈尔，E.　Ernst Posner（1892-08-09～1980-04-18）　美国德裔档案学家。又译波斯纳，E.。他于1920年获得柏林大学哲学、历史和语言学博士学位。1920年进普鲁士机密国家档案馆工作，1930～1935年任达勒姆档案学与历史学进修学院的兼职教师。A.希特勒上台后波兹奈尔因有犹太人血统失掉了档案馆和档案学院的职位，一度被关进集中营。1938年流亡美国，1939年加入美国籍。1939～1945年在华盛顿的美利坚大学讲授档案管理课程，1945年成为历史与档案管理教授兼研究生部主任，后担任历史系主任。1955～1956年曾任**美国档案工作者协会**主席，1961年退休。

为发展美国档案教育做出了巨大贡献。在美利坚大学开办了美国第一个档案历史与档案管理培训班，主要招收国家档案馆的工作人员。培训课程后来成为美国档案教育的标准模式。还在美利坚大学主持了16期暑期档案讲习班，吸收美国各地和外国**档案工作者**参加。

主要著作有《美国州档案馆》（1964）和《**古代世界的档案馆**》（1972）。前者是他在调查美国各州（阿拉斯加州除外）档案馆后完成的；后者是他宏伟计划《世界档案通史》的第一卷，论述了古代东方和古代希腊罗马的档案工作，但因年老多病，未能完成《世界档案通史》的其余各卷。两书分别于1964年和1973年获美国奖励优秀档案学著作的“利兰奖”。

自身特殊的经历使他在美国和德国档案界都产生了巨大影响。在美国介绍德国档案管理方法，还在第二次世界大战后于德国**马尔堡档案学院**授课，向德国介绍美国档案工作经验。因而被看成是德、美两国档案工作的中介人，促进了两国的经验交流。被**国际档案理事会**（ICA）授予“荣誉会员”称号。1967年，美国档案工作者协会为纪念他对档案工作的贡献，出版了《波兹奈尔文选——档案和公共利益论文集》。他去世后，美国档案工作者协会为纪念他设置了“波兹奈尔奖”，奖励每年在《**美国档案工作者**》杂志上发表优秀论文的学者。（黄坤坊　黄霄羽）

补编　supplement　对已有定名的档案文献出版物增补材料仍沿用初编原名的档案文献出版物。又称增补本、增订本、增刊本。可将初编的材料与初编出版后发现的遗漏材料和新材料沿用原编纂体例统一编排成书，或将增补材料集中排在初编材料之后合并成书，也可将增补材料单独出版。

补编一般情况是在原书名下加注“增补本”“增订本”“新编”等字样，不变动原书名。如中央档案馆编纂的《中国共产党第一次代表大会档案资料》，1982年初编出版时主要收录了共产国际中央代表团档案中的有关文件，1984年增订再版时补充了蔡和森、瞿秋白和李立三等有关“一大”历史情况的材料，并在书名下的括号内加写“增订本”3字。但也有的补编变动原书名。如**故宫博物院文献馆**（今**中国第一历史档案馆**）等单位1937年编纂的《苏州织造李煦奏折》，收材未全，1976年故宫博物院明清档案部重新编纂，材料由初编的6万字增至18万字，书名改为《李煦奏折》。也有的补编另换书名，但实为补编。

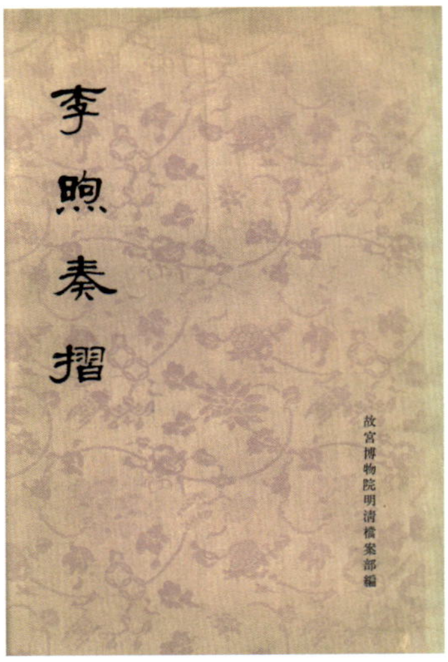

《李煦奏折》封面

如《列宁文稿》是为补《列宁全集》中文第三版之缺而出版的，虽然书名不同，但不能看作初编，它在编纂工作的诸方面都要考虑《列宁全集》原有编纂基础的状况。补编既可以由初编编纂者续补完成，也可由其他编纂者续补完成。（丁华东）

不动产登记档案管理　register file management of real estate　各级国土资源行政管理机构的不动产登记部门从事的不动产登记档案管理业务活动。又称不动产登记档案工作。不动产登记档案是在登记工作中形成的有保存价值的文字、图表、声像等不同形式的纸质档案和电子档案，包括登记申请材料、登记机构的内部审核文件以及具有保存价值的其他材料。

历史　中国周代就已出现了以土地交易为中心的登记制度。唐代以后，在土地管理方面出现了立契、申牒或过割制度；土地买卖必须通过官府，进行书面申报和登记。中华民国时期，政府正式建立了不动产登记制度。2007年3月16日通过的《中华人民共和国物权法》，专门规定了不动产登记制度，确立了中国不动产登记的基本结构，为不动产登记档案的管理奠定了法律基础。《不动产登记暂行条例》等法规、标准陆续出台，促进了不动产登记档案管理的规范化、制度化。

管理内容　①立卷归档。不动产登记业务部门实施《不动产登记暂行条例》，在办理各类不动产登记中形成的具有保存价值的文字、图表、声像等材料，均应归档。②安全和保密。档案库房应符合档案保护的要求，保持规定的温湿度，配备相应的设施、设备，做好防火、防盗、防高温、防尘、防光、防潮、防有害生物、防有害气体等工作，确保不动产登记档案的完整、安全和有效利用。③价值鉴定。管理机构应当会同不动产登记业务部门组成鉴定小组，定期对档案进行鉴定。不动产登记档案的保管期限分为永久和定期。④查询和利用。不动产登记档案以电子档案利用为主，原始档案必须在指定场所，有专业档案管理人员在场时方可查阅。任何查阅人都须对查阅的信息做好保密的工作，严禁私自泄露，对于泄露个人隐私、国家机密等信息的将追究法律责任。

法规和标准　不动产登记档案管理的相关法规和标准主要包括《中华人民共和国城市房地产管理法》（全国人民代表大会常务委员会2007年8月30日）、《中华人民共和国物权法》（全国人民代表大会2007年3月16日）、《关于适用〈中华人民共和国物权法〉若干问题的解释》（最高人民法院2016年2月22日）、《中华人民共和国土地管理法》（国务院1998年12月27日）、《不动产登记暂行条例》（国务院2014年11月24日）、《城市房地产权属档案管理办法》（建设部2001年8月23日）、《房屋权属登记信息查询暂行办法》（建设部2006年10月8日）等。

意义和影响　不动产登记档案管理是不动产登记工作的重要组成部分，是实现不动产登记档案的规范化、标准化、信息化，有效保护和开发利用不动产登记档案资源的需要；对维护人民公共财产安全、促进不动产合法交易，具有重要的意义。（王英玮）

不列颠哥伦比亚大学图书、情报、档案学院　School of Library, Archival and Information Studies, University of British Columbia　加拿大高校图书、情报、档案学院。1961年，不列颠哥伦比亚大学创办了图书馆学院；1981年，图书馆学院与历史学院合作开始招收档案专业硕士学位研究生，开辟了整个北美地区档案专业硕士教育的先河；1984年，图书馆学院正式更名为图书、情报、档案学院。学院的核心领域有：**电子文件**的管理和保存、文化资源的产生和使用，以及电子信息系统和信息交互。其主持的两个电子文件管理项目（电子文件完整性保存项目和电子文件真实性的永久保存国际研究项目）在北美乃至国际档案界具有较大影响。

学院的档案学人才培养层次起点较高，从培养硕士研究生开始，向上延伸至博士研究生层次。学院招收所有正规大学任意学科背景的本科毕业生进入档案专业学习，要求学生成绩在本科期间至少在“B+”以上，同时还招收外籍学生，为国外培养档案人才。自1981年设置档案学课程以来，学院紧密结合本国档案工作发展现状，不断调整课程设置。

学院在硕士培养阶段，主要培养学生“能够高效地计划、实施和提升档案馆保存、组织和有效利用社会记录信息的能力”，注重对档案从业人员工作技能的培训；在博士培养阶段，主要以培养“学术型”人才为目标，能够从理论和方法论角度丰富档案专业核心知识，通过研究创新促进信息学领域及其学科的发展，意在提升档案学教育的发展水平。

学院师资队伍有一个突出特色，即教师的国籍构成多样化，分别来自加拿大、意大利、美国、英国等，这在一定程度上促进了多国文化与档案信息资源的沟通与交流。学院强调理论与实践相结合，为档案人员提供进修教育，成为北美地区档案学高等教育的典范。（黄霄羽）

布告 bulletins　中国近代官府往来文书文种名称。原称告示。中华民国以后，告示改称布告。袁世凯复辟帝制时，规定官署对人民有所宣示时用示，实际也是告示一类。1921年，南京临时政府成立之初规定，公署职员向一般人民宣告事件时用示，虽不称告示但实质相同。另外，南京临时政府成立之初还规定，大总统宣布经参议院议决之法规时用公布，其用途与告示基本相同，只是需要经过法定途径，由大总统发布而已。这类公布不用张贴，按照规定制度，有通行性质的公文必须刊登于政府公报。

1927～1928年，布告曾一度改称通告，很快又恢复为布告。其基本用途一直未变，中华民国政府有关法规明确称“事实之宣示及就特定事项对于一般人民命其行为或不行为时用”“对于公众宣布事实或有所劝诫时用之”。格式与用纸一般与清代告示并无太大差异，只是结尾词语常用“合行布告周知，切切。此布”。袁世凯复辟帝制时使用的示，格式为右边首行大字写某官署及事由的“为”字落地，另起一行写事由、正文，结束语用“此示”。左方另起顶格书写“中华民国×年×月×日”，上盖署印。格式与清代告示十分相近，只是不论纸的天头还是左上角都没有标明文种的文字。民国时的布告都用大幅单张纸，北洋政府时期的官署布告右首行大字写某官署布告及第某号，或无发文字号，另起写正文。正文结束后另起写“中华民国×年×月×日”，上盖署印，下为官署长官签署的姓名。大总统布告则右首行写大总统布告第某号，正文结束的空白处盖大总统印，另起写日期，左下方必须由国务总理、某官署长官分别签署。北洋政府统治时期，经常发生统治集团内部的权力之争，大总统有时拒绝在国务院请用印的文件上加盖大总统印，而国务总理也拒绝在大总统拟定的文件上盖印，引发“府院之争”。南京政府统治时期，官署布告与北洋政府时的用纸、格式基本相同，右边首行大字写某官署布告，下有编写的发文字号第某号（后期则不少有省略），另起写正文。正文结束后另起为官署长官签署姓名。文件日期于左方另起顶格书写，加盖署印。中华民国时期政局动荡不定，文种变化频繁，文书格式也不统一。1913年，中华民国国务院厘定公文用纸程式条例，国务总理熊希龄在给袁世凯的呈文中说：“窃维政策昭宣，必资文告，古今述作，体制各殊，虽无取铺张扬厉之为，要当有划一之例。其在泰西各国，官书用纸，具有定程颁之，曹司视同科律，典章美备，此其一端。民国成立，庶政聿新，公文书程式，自奉元年大总统教令公布，各官署业经一律通行，惟纸幅尺寸，多有参差……”1929年1月，南京国民政府颁布了公文用纸式样的训令，对公文用纸做了统一的规定，此后又不断修订细则，公文程式逐步走向统一。（裴燕生）

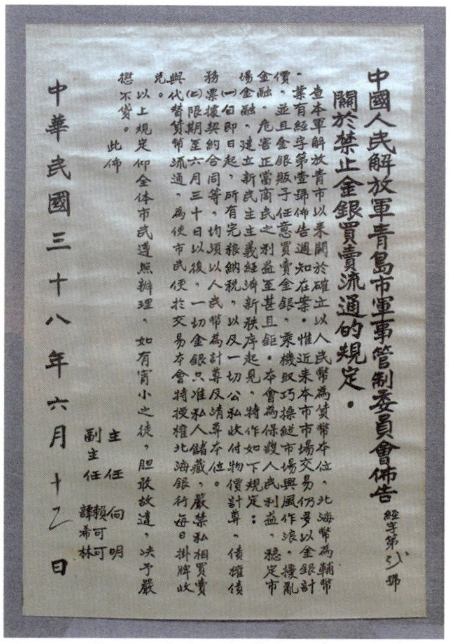
中國人民解放軍青島市軍事管制委員會佈告
經字第[illegible]號
關於禁止金銀買賣流通的規定。
查本軍解放青市以來關於確立以人民幣為貨幣本位、北海幣為輔幣業有經字第壹號佈告通知在案。惟近來本市市場交易仍多以金銀計價、並且金銀販子任意買賣金銀、乘機取巧操縱市場興風作浪、擾亂金融、危害正當商民之利益至甚且鉅。本會為保護人民利益、穩定市場金融、建立新民主主義經濟新秩序起見、特作如下規定：
（一）自即日起、所有完糧納稅以及一切公私收付物價計算、債權債務票據契約合同等、均須以人民幣為計算及清算本位。
（二）限期至六月三十日以後、一切金銀只准私人儲藏、嚴禁私相買賣與代替貨幣流通、為使市民便於交易本會特授權北海銀行每日掛牌收兌。
以上規定仰全体市民遵照辦理、如有宵小之徒、胆敢故違、决予嚴懲不貸。
此佈
主任 向明
副主任 賴可可 譚希林
中華民國三十八年六月十二日

中国人民解放军青岛市军事管制委员会发布的布告

布劳因，F. Francis Blouin　美国档案学者。本科就读于诺特丹大学，在明尼苏达大学取得文学硕士学位。1974年担任本特利图书馆档案管理员；1978年在明尼苏达大学获得历史学博士学位，同年加入历史学院，与图书馆学院合作开发一项档案管理程序。1981年，任本特利历史图书馆第四任馆长，任职达32年。

在国际档案事业方面做了大量的研究，领导开展有关档案的知识基础项目和研讨会，包括在图书馆学院建立档案中心，研究现代档案，汇编罗马教廷历史文件的综合档案清单，与W.罗森伯格合作研究关于档案、文件和社会记忆制度等，并主持开展了本特利历史图书馆与中国国家档案局的档案交流和培训项目。1984～2004年，主持梵蒂冈档案项目，项目研究成果《梵蒂冈档案——历史文献的目录和指南》于1998年由牛津大学出版社出版。2001年，与罗森伯格的跨学科研讨会会议文集由密歇根大学出版社出版。2012年，和罗森伯格的研究成果《回首过去——历史与档案的权威较量》由牛津大学出版社出版。

专注于档案和档案方法论的意义研究，在历史学和信息学领域均有授课。曾在美国档案工作者协会和国际档案理事会（ICA）担任职务，参加多个委员会和协会，最著名的是图书馆和信息资源委员会及密歇根州历史文件委员会。最新研究方向是大学校园电子邮件的档案捕获。

因在档案学理论研究方面贡献突出，被授予拉克姆跨学科奖、美国档案工作者协会利兰奖、科克尔奖及密歇根大学高级研究员等荣誉称号。（黄霄羽）

布鲁克斯，P. Philip Brooks　美国档案学者。1934年美国国家档案馆成立后，联邦政府各机关历年保管的文件开始大批量涌向档案馆。于是，美国档案工作者和历史学者自动发起成立了一个辅助检查小组，对政府各部门要进档案馆的文件进行鉴定，试图遏止这一文件潮。1940年，该组成员布鲁克斯在美国档案工作者协会的一次会议上，提交了一份《为保存而进行的文件挑选》的报告，在报告中他首次提出文件生命周期的概念，以区分文件与档案的界限，控制文件进馆的范围。他认为，文件生命周期意味着“文件最初由形成者产生、保管和频繁利用；然后由于文件的偶尔作用或潜在价值送到机关外的文件中心保存一定的时期；最后当文件的业务价值完全丧失后，具有档案价值的文件就被挑选出来移交到档案馆，其他的一概销毁”。 （黄霄羽）

布伦内克，A. Adolf Brenneke（1875-08-23～1946-01-20） 德国档案学家。生于德国巴特甘德斯海姆，卒于盖尔森基兴。1895年进入慕尼黑大学学习历史，1898年获哲学博士学位，并赴马尔堡档案学院进修。1900年起在蒙斯特国家档案馆从事档案工作，1908年调汉诺威国家档案馆，1923年担任馆长。1930年后任普鲁士机密国家档案馆馆长，直到退休。

在普鲁士机密国家档案馆任职期间，比较突出的贡献有3点：①随着档案案卷的增加，为便于管理，在馆内成立了3个档案部，分别保管18世纪以前的档案、19～20世纪的档案和勃兰登堡省的档案。②把馆内有科研能力的人组织起来，成立若干专门委员会，研究档案工作中的各种问题，由他根据研究结果做出决定。③为档案馆附设的达莱姆档案学与历史学进修学院的学员讲授德国和外国档案工作的课程。代表作《档案学——欧洲档案工作的理论与历史》是他去世后由同行根据其讲课记录以及其他手稿整理而成。

学术贡献包括两个方面：①创造性地提出自由来源原则。认识到普鲁士登记室原则和荷兰全宗原则的局限，要求不应完全拘泥于固定的来源，而应把来源和事由配合成一种相当的比例关系，建立两者之间的综合体。把自由来源原则解释成“在来源共同性基础上的事由共同性”，体现了他强调档案人员在区分全宗和全宗内文件分类时应具有灵活性和创造性，对来源原则做了部分修正，使之适应新形势的发展需求。②首次系统阐述欧洲各国档案事业发展史和档案学史，为以后研究提供了大量专业史料。比英国的H.詹金逊和意大利的E.卡萨诺瓦更加重视对档案学理论和历史的论证。 （黄坤坊 黄霄羽）

部门档案馆 department archives 国家某些特殊职能部门建立的管理本机关及其直属机关所形成的各类档案的档案管理机构。部门档案馆是国家档案馆体系中情况较为复杂的一种，是否设立部门档案馆与一个国家的档案管理体制、档案文化传统等密切相关。早在16世纪，欧洲一些国家为了国家安全保密或管理上的特定需要，开始设立部门档案馆，如外交部档案馆、海军部档案馆、陆军部档案馆、国防部档案馆等，永久管理本部门的档案，并延续至今成为一个传统。在法国、意大利、瑞典、丹麦、波兰等许多国家，除国家档案馆外，还根据某些特定机关的职能和形成档案的特殊性，单独设置了部门档案馆，如法国的外交部档案馆、国防部档案馆、铁道部档案馆，意大利的参议院档案馆、众议院档案馆、外交部档案馆、国防部档案馆，瑞典的外交部档案馆、军事档案馆，丹麦的国会档案馆、外交部档案馆、海军部档案馆、陆军部档案馆等。

中国在坚持统一领导、分级管理，重点发展原有各级国家综合档案馆的原则下，根据需要建立部门档案馆。中国的部门档案馆主要有3种类型：①因国家外交、安全工作的特殊需要设立的外交部档案馆、公安部档案馆，负责永久管理本部门和所属机构形成的全部或部分档案，在行政上受本机关直接领导，在业务上同时接受国家档案行政管理部门的监督与指导。②最高人民法院、最高人民检察院等设立的部门档案馆，收集管理本部门及其直属单位形成的档案。其中具有永久保存价值的档案，在本部门档案馆保存50年后向中央档案馆移交。③某些形成专门业务和科学技术档案数量大的中央专业主管部门，如原铁道部、交通部等，经部门领导批准，国家档案局同意，成立铁道部档案馆、交通部档案馆，收集管理本部门及其直属单位形成的有关档案和资料，但其在行使国家行政管理职能活动中形成的党政领导和行政管理等具有永久保存价值的档案，要按规定向中央档案馆移交。

（郝存厚 薛匡勇）

C

曹喜琛　Cao Xichen（1935-03-12～2001-04-26）　中国现代档案学家。生于黑龙江五常，卒于北京。1951 年在沈阳市税务局工作。1955 年进入中国人民大学历史档案系学习，毕业后留校任教。1970 年调入北京医学院任教，1978～2001 年先后在中国人民大学党史系、档案学院任教。曾任中国人民大学档案学院院长兼档案系主任，中国人民大学档案馆馆长，**中国档案学会**副理事长，国务院学位委员会第四届学科评议组图书馆、情报与档案管理学科评议组召集人，教育部高等学校档案学专业教学指导委员会主任，中国人民大学信息资源管理学院教授等职。1996 年获国务院颁发的政府特殊津贴。

主要研究领域是档案文献编纂和档案史料。与丁永奎合著的《档案史料编纂学概要》（1982）获中国档案学会优秀科研成果二等奖，主编的《**档案文献编纂学**》（1990）获国家教委第二届普通高等学校优秀教材二等奖，另主编了档案专业干部培训教材《档案编研概论》（1994）等，这些著作推动了中国档案编研教育的开展。推动建立了中国档案学会档案文献编纂委员会。担任《中国大百科全书·图书馆学　情报学　档案学》（1993）档案文献编纂学分支编写组主编。撰写了《中国档案文献编纂史略》《档案文献编纂学教学大纲》等 10 余种著作。发表了《近年来档案馆的史料编纂工作管窥》《中国古代诏书编纂举要》《档案文献编纂学与档案文献编纂工作的基本理论原则概述》《历史档案开放与档案史料编研》等学术论文 50 余篇，内容涉及档案史料编纂工作、中国古代诏书、历史档案开放等多个领域。

曹喜琛长期投身于档案文献编纂学、档案史料的研究和课程讲授，是中国人民大学档案学院第一位博士生导师，为构建中国档案文献编纂学理论、完善档案学科发展体系做出了重要贡献。　（闫　静）

草麻　caoma　中国唐宋时期用黄白麻纸写诏书，故称。又称草诏。自汉至唐宋，麻纸都是重要的文书档案载体。麻纸是用黄麻、破布等为原料制作的纸，韧性很好，便于保存和书写，经久耐用。麻纸有白麻纸和黄麻纸之分。白麻纸较白并且很光滑；黄麻纸则略黄且稍显粗糙，也要厚一些。

唐代的诏书用白、黄两色麻纸书写。翰林院的翰林学士和中书省的中书舍人负责起草诏书，称为两制。由翰林学士起草的诏书称为内制，由中书舍人起草的诏书称为外制。唐中后期，逐渐形成内制用白麻纸书写诏书，外制用黄麻纸书写诏书的文书制度。　（黄　静）

册　ce　中国古代帝王**诏令文书**文种名称。古称策书。又称册书。起源于周代。汉代以策书为 4 种诏令文书之首，魏以后改称册书。唐宋以来，均以册书封立皇后、皇太子、诸王，封拜三司、三公、三省长官以及祭祀等。历代册书，其种类有祝册、玉册、立册、封册、赐册、免册、哀册、赠册、谥册、祭册之别，其质地则有金、玉、银、铜、纸之等差。清代，册的使用范围广，种类多，作用也有所不同。有的作为凭证性文书，如皇帝上太皇太后、皇太后尊号或徽号用玉册，册立皇后用**金册**。封亲王、亲王福晋、亲王世子、世子福晋、公主也用金册。封郡王及其福晋，用镀金银册。封贝勒、贝勒夫人、贝子、贝子夫人、郡主、郡君、县主、县君及外藩蒙古亲王、郡王、贝勒皆用纸册，赭金黄套银签。封妃嫔也用册。咸丰六年（1856），改公主金册为银质镀金。咸丰十年，改亲王金册为银质镀金。凡册皆有册文，由翰林院撰定，移送中书科书写。册由工部派工匠至中书科镌刻，镌毕呈内阁覆阅，传礼部仪制司官给发。另外，作为档案备查的文书也称册。例如，宗人府有记载宗室人口的**黄册**，有记载觉罗人口的红册，还有记载宗室觉罗封爵的皇册等；内阁及军机处更有各类记事记人的档册；还有的作为题本的附件而呈进皇帝御览，作为经费报销或结案的根据，如黄册、清册之类，名目繁多。　（覃　波）

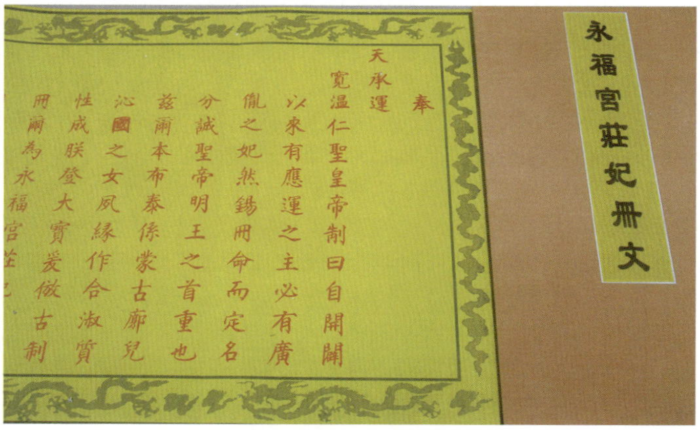

清太宗永福宫庄妃册文

测绘档案管理　surveying and mapping archives management　为维护测绘档案的完整、系统、准确和安全而开展的专业性档案管理活动。又称测绘资料档案管理。测绘档案是国家负责测绘活动的单位、部门或企业在测绘工作中形成的具有保存价值的测绘科学技术档案和测绘地理信息业务档案。测绘科学技术档案是指在测绘生产、科学研究、基本建设等活动中形成的应当归档保存的各种技术文件、技术标准、原始记录、计算资料、成图、航空照片、卫星照片、磁带、磁盘、图纸、图表等；测绘地理信息业务档案是指在从事测绘地理信息业务活动中形成的具有保存价值的文字、数据、图件、电子文件、声像等不同形式和载体的历史记录。测绘档案管理就是采用科学管理的方式和方法，通过收集、整理、价值鉴定、保管、统计等管理活动，实现测绘的有效管控和有效利用，并在遵守国家保密法律法规的前期下，开发利用其内容，服务国家的各项建设事业。

测绘档案管理需要贯彻执行的相关规范和标准主要包括《中华人民共和国测绘法》、《中华人民共和国测绘成果管理条例》、《国家基础地理信息数据使用许可管理规定》、《测绘科学技术档案管理规定》、《测绘地理信息业务档案管理规定》、《中国档案分类法测绘业档案分类表》、《测绘制图资料著录规则》（GB/T　3792.6—2005）等。

测绘档案管理的是测绘工作者的劳动成果，是国家的宝贵财富，是中国现代化建设事业的重要基础资源，是国家档案的重要组成部分。测绘档案管理具有较大的经济价值，在中国的经济建设、国防建设、科学研究、文化教育、国际交往以及人民生活等各个领域都有着广泛的用途。　（王英玮）

查 cha　中国古代文书撰写术语。查，考查、调查的意思，有时也作为发语词。历史文书中，表示文中叙述的事由、发表的议论、阐明的办法等内容都经过考查的开头用语。凡公文有法令、议决案、案卷可以查考或凭空发议论时，都可用查字引起。平行文、下行文也可用，此语在各种文书中广泛出现。凡根据法令、律例、档案和事实发表的议论，引申内容，均用此语领起叙述。

视具体情况，“查”可组成多种用语，如案查、卷查、窃查、伏查、遵查、查得、查复、查照、查核等语。在一些文书中有专门的用法，如平级机关来往文书，凡有所根据，可用此语领起叙述内容；下级机关回复上级来文的呈文中，于叙述来文后，必用此语接述回复性呈文的内容；民国时期命令类文书的开首，先叙述事由，再用此语接叙正文，如“为通令事。查近来各省党部对各县党部之组织，每每不加审查”。

（黄　静）

产品档案管理 product archives management　国家档案馆和各种工业产品的设计、研制、生产、制造和使用单位的档案管理机构，对在工业产品的规划、设计、研制、生产、制造、质量管理等活动中形成的，具有凭证和参考价值的产品档案的业务管理活动。又称工业产品档案管理、工业生产技术档案管理。产品档案来源于生产，又服务于生产，是企业档案资产的重要组成部分。产品档案的主要形成规律和特点是：以型号或品种保持成套性，围绕同一型号或品种产品形成的文件材料、记录、数据是不可分割的有机整体。因此，产品档案管理必须充分体现产品档案的主要形成规律和特点，注重保持产品档案的成套性和有机联系性。

源流　20 世纪 50 年代前，产品档案管理通常称为工业生产技术资料管理或工业产品资料管理；20 世纪 60 年代后，随着中国技术档案管理概念的确立，逐渐形成了工业产品档案管理、工业生产技术档案管理等概念，简称产品档案管理。

基本内容　不同专业的产品档案管理，应根据其不同的形成过程和内容构成来进行。

机械产品档案管理　一般包括对产品调研报告、研制规划、开发建议书，产品技术任务书，可行性研究报告、方案论证报告，产品设计图样、计算书、说明书、技术条件，工艺文件，产品化学配方，产品理化检验和质量分析材料，产品鉴定材料和质量证书，产品样本等成套科技文件材料的收集、分类整理、价值鉴定、保管、利用服务等管理内容。

民用产品档案管理　一般包括对规划文件材料，含产品生产发展规划、新产品开发规划、产品创优、创奖规划、产品质量规划；产品生产计划、指令协议书、产品生产配方、产品生产技术规程、产品技术经济指标分析、产品生产调度材料、产品合格证、产品生产年报、产品生产事故处理材料；设计文件材料，含产品设计依据文件材料、方案设计文件材料、产品工艺流程总图、产品设计图样、产品调查说明书；生产标准文件材料，含产品技术标准、内控标准、国际标准、部颁标准等；质量文件材料，含产品质量鉴定材料、产品质量证明书、产品质量年报等；创优、创奖文件材料，含产品创优、创奖申报表及附件、优质产品评价书、证书、奖杯、照片、复查材料等；销售服务文件材料，含产品注册商标、使用说明书、用户评价书、产品改进和更新建议书、走访用户调查报告等成套科技文件材料的收集、分类整理、价值鉴定、保管、利用服务等管理内容。

产品质量档案管理　一般包括对合同评审表、计划任务书（生产指令单）、采购计划单、进货检验入库记录、材质复验报告或材料质量保证书（材料生产厂提供的）、工艺流程卡、生产工艺流转记录、热处理报告、化学分析、机械性能检测报告、无损检测报告、耐压试验报告、出厂检验（最终检验）、产品质量证明书（附使用说明书）、产品入库单、发货记录等成套科技文件材料的收集、分类整理、价值鉴定、保管、利用服务等管理内容。

主要特点和管理要求　具有按产品的型号、系列、品种成套性，实施档案业务管理的特点。在产品档案管理中，管理主体应注意保持同一系列、品种和型号的产品档案的完整成套，并为产品档案的整体价值实现创造条件。

发展趋势　产品数据管理（PDM）是在数字化技术条件下的一种新型产品档案管理。产品数据管理已超出传统产品档案管理的业务范畴，是产品电子档案管理系统的一个重要组成部分。档案部门介入产品数据管理要进行技术手段、工作方式和业务范围的转变。

档案部门在产品数据管理活动中应明确与相关业务部门的界限，建立良好的业务协作关系。通常，计算中心是信息技术基础核心部门，档案部门是一个应用管理和支持部门，双方应密切协作。在产品数据管理工作中，档案部门应承担的主要职责包括：①参加产品数据管理系统需求分析、选型论证、方案规划和实施。②参加产品数据管理系统客户化和二次开发。③参加产品数据管理的系统维护、调整、优化等运行管理。④参加产品数据管理技术预研。⑤参加产品数据管理系统用户培训和技术支持。⑥开展产品数据维护和备份。

（王英玮）

长春市档案馆 Changchun Municipal Archives　中国副省级国家综合档案馆。馆址在吉林省长春市绿园区景阳大路西解放立交桥畔。为长春市永久保管档案的基地和社会各方面利用档案资料的中心。负责长春市档案征集和接收、整理与鉴定、保护与管理、编研史料、展陈利用等工作。其前身是 1959 年 5 月 18 日批准成立、1960 年 5 月 1 日正式开馆的长春市档案馆；“文化大革命”期间曾被撤销；1973 年 12 月恢复；1980 年 6 月，长春市档案局成立；1995 年，长春市档案馆和长春市档案局合一设置，保留档案局牌子，为市委、市政府直属事业单位，履行档案保管利用职能；2016 年 12 月，经吉林省机构编制档案馆同意，将单位名称调整为长春市档案局，加挂长春市档案馆牌子；2019 年，在机构改革中，由“局馆合一”改为“局馆分设”，档案行政职能划入市委办公厅，长春市档案馆列为市委直属事业单位。

馆藏　收藏长春市级党政群机关档案、破产企业档案、人物档案、重大建设项目档案、人口出生医学证明档案、公证档案等各门类档案，共设 414 个全宗。截至 2022 年底，馆藏案卷 885 090 卷、1 268 942 件。由明清档案、中华民国时期档案、中国新民主主义革命历史档案、中华人民共和国成立后档案组成。

图 1　长春市档案馆外景

清代档案 7392 卷，中华民国时期档案 59 629 卷，共计 56 个全宗，约 67 021 卷。形成时间从清道光八年（1828）始，经中华民国、伪满时期到 1948 年 10 月国民党统治长春结束为止。反映了这一时期长春市司法、涉外、实业、商务、财政、文教、宗教等方面的史实，形式有咨、札、移、详、禀等。内容较珍贵的有著名华工领袖王希天的家书、万宝山事件档案等。

中国新民主主义革命历史档案共831卷，381件。主要记录了1945年至1948年10月长春市解放前后的一段历史。反映长春解放前后，人民群众在中共长春市委、市人民政府的领导下，开展土地革命、反封建斗争、恢复生产、繁荣经济等一系列民主改革和政权建设工作。

中华人民共和国成立后档案自1949年至今，共涉及358个全宗，817 238卷、1 268 561件。

机构设置　馆内设办公室、安全管理处、人事教育处、综合处、技术处、档案征集利用处（长春市现行文件服务中心）、档案管理处（长春市档案资料寄存服务中心）、档案信息化工作处、档案史料编研宣传处和机关党总支等部门。面向国内外利用者，提供查询服务。

出版物和评价　自成立以来，先后编辑出版了各种档案史料121种165册。主要有《吉长道历史沿革》《伪满时期长春市工厂概况》《万宝山事件史料选编》《中国共产党在长春活动概况》《长春解放》《印

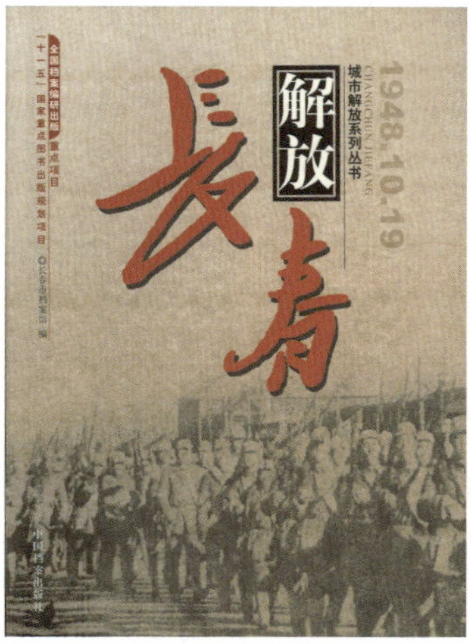

图2 《长春解放》封面

证长春》《苏联专家在长春》《长春档案文献（1949年—1957年卷）》《“九一九”长春抗战史料辑录》《长春历史地图集》等。其中，《苏联专家在长春》荣获2015年吉林省政协首届优秀文史图书一等奖；《长春档案文献·1952年卷》荣获2019年吉林省人民政府表彰的第四届吉林省新闻出版奖图书精品奖（社科、辞书类）；《长春历史地图集》荣获2020年吉林省委省政府表彰的第五届吉林省新闻出版奖装帧设计精品奖。（刘　晓）

长芦盐务档案　Changlu salt archives　中国地方盐务档案。长芦盐场位于今河北省、天津市渤海沿岸，是中国三大盐场之一。长芦盐务档案现主要藏于**河北省档案馆**（称长芦盐务档案或长芦盐务管理局档案），共有33 713卷，其中英文档案1828卷、日文档案964卷，排架长度约710米。档案起止时间为清乾隆十四年（1749）至1949年，跨度长达200年。2003年10月入选《中国档案文献遗产名录》（第二批）。此外，**中国第一历史档案馆**（称长芦盐运使司档案）、**天津市档案馆**（称长芦盐务管理局档案）、日本国立国会图书馆（称长芦盐务册）等也存有部分长芦盐务档案。

长芦盐务档案内容极其丰富，保存了许多反映盐业、盐商与社会事业的关系以及重大政治事件和地方历史文化的档案资料，不仅反映了长芦盐区的盐产、运输、销售、税收、稽核、缉私等盐政情况，还直接或间接地反映了中华人民共和国成立前的政治、经济、军事等情况。长芦盐务档案不仅是研究近代中国盐业史不可替代的第一手材料，而且由于档案的内容涵盖了当时中国政治、经济、军事等诸多方面，对了解清代和民国时期中国社会的变迁与演进状态，也具有很高的价值。

2011年，河北省档案馆和河北师范大学历史文化学院合作编著出版了《中国长芦盐务档案精选》。全书共10册，8开本，4000余页，含13页77张彩色图片。书中收录了1912～1920年的长芦盐务档案资料，主文件1215件、附件1671件、补白291件，共计3177件。2014年、2016年和2018年，中国第一历史档案馆、天津市档案馆、河北省档案馆和天津市长芦盐业总公司先后出版了《长芦盐务档案史料选编》（三卷），其中第一卷《清代长芦盐务档案史料选编》，由中国第一历史档案馆馆藏档案选编而成，时限为清顺治四年（1647）至宣统三年（1911），内容涵盖清政府对长芦盐务督察和管理的各个方面，共收录档案931件；第二卷《北洋时期长芦盐务档案史料选编》，由河北省档案馆馆藏档案选编而成，时限为1912～1928年，共收档案798件，内容涵盖盐务管理机构、盐业生产、运销制度、盐业税收、盐务缉私等；第三卷《长芦盐务档案史料选编（1928—1948）》，主要由天津市档案馆馆藏档案选编而成，时限为1928年9月至1948年12月，分抗战前、日伪期间及抗战后3个阶段，共选录档案676件，较全面地反映了这一时期长芦盐务发展的脉络，并以第一手资料揭露了日本侵略者对长芦盐业掠夺的历史。（张芳霖）

长征史料　historical data of the Long March　中国反映长征过程的一切资料。记载与反映1934年10月至1936年10月有关中国工农红军第一（中央红军）、第二、第四方面军和第二十五军长征过程的一切资料，包括档案、日记、报刊资料、歌谣、戏剧等文献，以及遗物、遗址、雕刻、标语等实物史料。现藏于中央档案馆。2003年10月入选《中国档案文献遗产名录》（第一批）。此外，**中国第二历史档案馆**和云南、贵州等省级档案馆也保存有当年国民党围追堵截红军队伍时所产生的档案文献。另外，长征过程中的一些**布告**、标语、对联、票证等也藏于一些民间机构和个人手中。

图1 甘肃省会宁县的城门

长征史料的主要内容包括：中国共产党和国民党军队双方形成的会议记录、军事电文、作战报告，以及报刊资料、布告标语、歌曲歌谣、戏剧等原始档案记录文献，长征当事人的长征回忆录与日记、红军长征相关信息报道，长征亲历者对长征的追忆材料，尤其是红军参战人员的回忆内容等。

图2 长征到达陕北的红军（部分）

中国工农红军长征是中国共产党及其领导的人民军队百折不挠的象征，它预示着中国革命新的局面的开始。长征过程中形成的文献史料，记载了中国共产党领导下的工农红军以惊人的毅力，冲破国民党军队的围追堵截，克服雪山草地的艰难险阻，经受饥饿伤病的折磨，战胜党内的分裂危机，最终由长江南北各苏区到达陕甘苏区的革命胜利历程。长征史料记录并反映了红军长征的历史活动，是编写和研究党的历史、系统总结党的历史经验的重要资料，同时也为爱国爱党教育提供了很好素材，其中所蕴含的长征精神及长征文化则是进行社会主义核心价值观教育的重要材料。（张芳霖）

陈垣档案学思想 Chen Yuan's archival thought 陈垣关于明清档案及其整理研究的学术思想。陈垣（1880～1971）是历史学家，在宗教史、元史、历史文献学等诸多领域成就斐然。是近代最早认识到明清档案的学术与文化价值，并领导明清档案保护、整理和研究的学者之一。1922 年，当北洋政府出卖清代内阁大库档案的“八千麻袋事件”发生后，北京大学积极谋求将内阁大库劫余档案划归北大整理。陈垣时任教育部次长、代理部务，在他的积极斡旋之下，北大得以接收大库档案。他同时担任北京大学研究所国学门导师和清代内阁大库档案整理委员会委员，最早参与和指导明清档案整理工作。1925 年故宫博物院成立后，陈垣担任故宫博物院理事和图书馆馆长，是故宫博物院明清档案整理的主要领导者之一，在明清档案及其整理研究领域做出了诸多开创性学术贡献。学术著作有《中国史料的整理》《康熙与罗马使节关系文书影印本叙录》等；还有经他亲手草拟或由他提出基本原理、原则，以故宫博物院或文献馆名义发出、公布出版的文件、规范，如《致（北洋政府）国务院函（为故宫博物院作）》《文献馆整理档案规则》等。陈垣档案学思想主要包括 4 个方面。

档案定义 从史料存在形式出发，陈垣将“档案”一词定义为“未成书册的史料”，代表了近代学术界对“档案”的基本认识，是近代档案诸种定义中的一家之言。

明清档案整理方法和原则 ①整理档案八法。1929 年，陈垣所著的《中国史料的整理》提出整理档案的 8 种方法，分别是分类、分年、分部、分省、分人、分事、摘由与编目。揭示了历史档案整理实践的普遍规律，即历史档案整理首先要从档案形式分类开始；并为当时明清档案整理实践的两个中心问题——分类和编目，指示了方法和门径。②“秤不离铊”原则。1929 年提出的明清档案整理基本原则。这一原则集中体现在故宫博物院文献馆 1936 年制定的《文献馆整理档案规则》中，即“整理档案，应保存其原件之形式”。“秤不离铊”原则的内容，包含尊重档案原来的整理基础。尊重档案原来的整理基础是档案学核心理论——来源原则的重要内容。这一原则的提出并没有西方档案学理论作为参照，完全是独立学术探索的结果。

明清档案编纂思想 陈垣提出了明清档案编纂的双重任务：①针对学术研究的迫切需要，快速公布明清档案史料。如在期刊的编辑上，陈垣主张采用一种特殊的编辑方法，不必等有关某一专题的史料全部搜罗殆尽，而是随时发现随时刊布，而后又发现的同一专题的材料依次接续前刊。关于期刊的装帧形式，他主张采用线装，便于读者拆散按照专题重新集中装订。②着眼于保存和流传文化的长远需要，继承中国史籍编纂传统，编纂有清一代史料长编，用垂久远。如编纂《清通鉴长编》及《清通鉴纪事本末》，以与清史相辅而行，流传久远。

明清档案考证及方法 方法有：①利用明清档案考证明清史事，并与明清其他官书文献参质互证，揭橥不足与长处。②围绕明清档案作考证研究，考辨其形成时间、受文者等重要的文献要素。③运用材料，作综合考证，所用材料包括实录、起居注、圣训、文集、日记、碑刻、奏折等。④利用档案原来保存基础，以考证档案的形成时间和受文者等释读档案的关键要素。

陈垣所作的《两封无名字无年月的信》《钱竹汀手简十五函考释》及《康熙与罗马使节关系文书影印本叙录》等皆是利用这些方法的重要考证成果。档案原有的保管状态和顺序，往往反映了相近档案之间的历史联系。利用档案原有保管基础考证档案，为历史档案考证研究提供了经典方法。（梁继红）

陈兆祦 Chen Zhaowu（1931-11-17～2016-04-09） 中国现代档案学家。生于上海嘉定县（今嘉定区），卒于北京。学生时代加入中共上海地下党，投身学生运动。1952 年由中共上海市委调入中国人民大学档案专修科学习，次年毕业后留任档案教研室教员兼实验室主任，1961 年任历史档案系档案学教研室副主任。1974 年调入北京师范大学任图书馆采访编目组组长。1978 年调回中国人民大学，历任档案系档案管理学教研室主任、档案系主任、档案学院

副院长（主持学院全面工作），《档案学通讯》总编辑等职务，先后兼任中国档案学会筹备委员会委员、常务理事、组织与协调委员会委员等职。1989 年成为中国第一位国际档案理事会 D 类（个人）会员，1992 年获国务院颁发的政府特殊津贴。

长期从事档案学术研究和档案教育工作，是中国档案学科和档案教育事业的奠基人之一。主编《档案管理学》（1962）教材，与和宝荣合著的《档案工作基本知识》（1982）获中国档案学会档案学优秀成果一等奖，与和宝荣共同主编的《档案管理学基础》（1986）获中国档案学会第二次档案学优秀成果一等奖。主编的《三十国档案工作概况》（1985）、《简明档案学词典》（与黄坤芳合作，1993）、《文件论与档案管理》（与王英玮合作，1993）、《六十国档案工作概况》（1995）、《文件与档案——从理论到方法》（2010）等具有广泛的学术影响，对档案学术发展做出重要贡献。先后发表《对档案定义若干问题的探讨》（与和宝荣合作，1982）、《国家档案的集中统一管理问题》（1986）、《机关档案工作横向联合组织形式的产生与发展趋势》（与杜梅合作，1986）、《再论档案的定义——兼论文件的定义和运动周期问题》（1987）、《再论文件的定义》（1987）、《比较档案学导论》（与黄坤坊、和宝荣合作，1987）、《谈文件与档案管理一体化问题》（1988）、《谈档案全宗和全宗内档案分类问题》（1988）等数十篇学术论文，在全宗原则、文件生命周期理论、文件理论、档案利用、档案价值鉴定、档案管理体制等方面有所建树，是“大文件”概念的提出者和文件中心中国化的倡导者。

是中华人民共和国成立后第一种档案学术刊物《档案学通讯》的主要创建者，1979～1992 年担任副总编辑、总编辑，其间坚持学术立刊，面向前沿，兼容并包，使《档案学通讯》成为全国档案学术交流的重要园地。（冯惠玲）

陈状 chenzhuang 中国古代文书。见状。

成都市档案馆 Chengdu Municipal Archives 中国副省级城市国家综合档案馆。国家一级档案馆，2019 年被国家档案局评为全国示范数字档案馆。位于四川省

成都市高新区天仁路260号，负责接收市直机关、团体、国有企业和事业单位档案，承担馆藏档案安全保管、鉴定利用、技术保护、信息化建设及指导区（市）县档案馆业务等工作。近年来，该馆持续推动成都档案工作从重馆藏向重开发利用、“保管员”向“研究员”转型，不断彰显档案“存史资政育人”独特作用。

馆藏 该馆是成都市级重要档案的永久性保存基地和利用中心。截至2022年底，馆藏520个全宗，共有档案58万余卷、55万余件。珍藏有1911年成都街道二十七区图、1922年王右木创办的四川第一份以宣传马克思主义为首要任务的革命刊物——《人声》报创刊号、1949年成都和平解放、1954年成都市第一次总体规划图、1998年成都市荣获联合国人居奖等档案。馆藏最早的档案是雍正九年（1731）的分家地契。

机构设置 馆内设档案接收征集处、档案保管处、档案利用编研处、档案文化宣传处、声像档案处、档案鉴定处、档案保护科研处、档案信息技术处等业务部门，是成都市政府信息公开服务中心。围绕互联互通、便民利民，该馆持续扩大民生服务跨馆合作，已完成与37个直辖市、省、市的档案馆跨馆利用合作，实现全国所有省会城市全覆盖，完整构建“省外、省内、市内”三级跨馆民生服务体系。

出版物和评价 编撰出版了《成都解放》《新意成都——“档”不住的创新》《丝竹绕蓉城——民国时期成都戏曲档案图集选》《四诊百草藏成都——民国时期成都中医药档案图集选》《成都慈惠堂》《成都与世界》《馆藏——成都市档案馆书画藏品选》《成都故事》《成都慈善档案选编》《百年百篇——成都中共党员事迹与风采》《寂夜强音——成都革命报刊档案研究》《跟“档”寻踪 打卡成都》《抗战档案汇编》《“微”档成都》等图书。推出了“成都故事”“铭记为了新中国”“永不磨灭的红色记忆”“成都与世界”“天府抗战壮歌”“一体城乡”“老成都·新成都”以及“和谐成都”“铭记：为了新中国”“档案见证小康路，聚焦扶贫决胜期”“档案见证：成都与世界”“百年历程 档案记忆”“档案见证：砥砺前行的成都”“档案里的红色成都”等专题展览，打造生动的思政课堂，得到“学习强国”学习平台、中央电视台央视频、新华社、中新社以及省市众多媒体和主流网站报道。

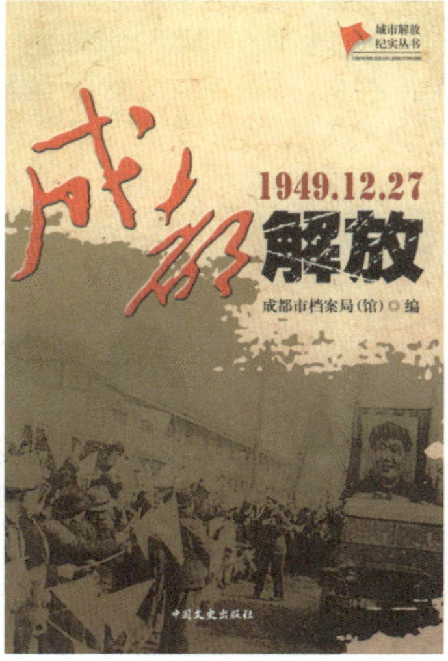

《成都解放》封面

（成都市档案馆）

呈 cheng 中国近代官府往来文书文种名称。中华民国时期，南京临时政府第一个公文程式规定，下级公署职员行于上级公署职员，以及人民行于公署职员时用呈。1912年4月1日，北洋政府规定，人民对于大总统及行政各官署之陈请，官署或官吏对于大总统之陈请或报告，下级官署对于上级官署，官吏对于长官之陈请或报告时用呈。1914年5月，袁世凯复辟帝制时规定，官署或职官对于大总统之陈请或报告时用呈，事关机密者用密呈。1928年10月，中华民国政府实行五院制，规定民国政府下设行政、司法、立法、考试、监察五院，修订了新的公文程式，规定五院对于国民政府，或各院所属组织之机关对于各该院，以及其他下级机关对于直辖上级机关，或人民对于公署有所陈请时用呈。1942年7月，规定下级机关对于上级机关或人民对于机关有所陈请时用呈或报告。

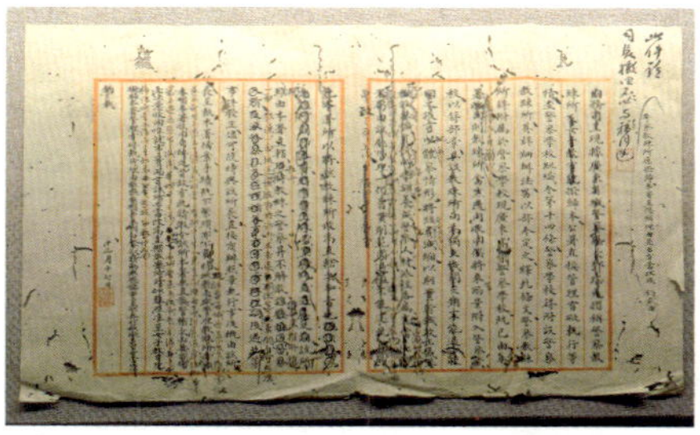
中华民国初年内政司关于开办广东高等警察学校的呈文

中华民国时期，呈文最初多为折式白纸。1912年2月南京临时政府公文用纸程式规定，折面标一“呈”字，上边骑字钤盖署印。折内右开首行写“某职呈”，另起叙事，结束语为“此呈”。另起上方平抬写受文者“某官职衔名及姓”，另起偏下方署作者本人姓名并盖私章。另起一行为文件年月日期“中华民国×年×月×日”，骑年盖月钤用署印。

1912年11月，北洋政府公文程式令规定，人民所用呈式，用折叠白纸，面页写文种名称“呈”字，中页开头纸面下方写明“原籍某处、现住某街门牌第×号、具呈人职业、姓名”及具呈时间“×年×月×日”。另起一行写“为呈请事”，接写正文。结束后另起写“谨呈”，抬头二格写受文者“某官”。文尾具呈人署名，注明原籍、住所以及代书人职业、姓名、原籍、住所，还有连署人职业、姓名、原籍、住所。呈文内之印，如无印者，以押代替。无代书人者，代书人项从略。连署人指依法令规则应随同署名之人。具呈人如系法人，应将法人名称、地址及其代表者姓名、地址、年龄说明。

1914年1月，北洋政府施行的条例规定，官署或官吏所用呈式，用折叠白纸，纸幅须连续，或以数纸接连，须盖接缝印。公文纸周围画红线，四周留边，边圈内分6行，文面、文背不画行。文面写文种“呈”字，上边骑字钤盖署印。中页为正文内容，周围画红边线，右首行为事由“为呈请（或报）事”。正文结束写“谨呈某某长官”，“长官”二字另起平抬。尾页左边偏下为发文者“某官某姓名”，下方盖作者本人官印。文背正中写文件年月日期“中华民国×年×月×日”，下接写发文者某某长官姓名，骑年盖月钤盖官署印。左下还有监印人、校对人署名。

国民政府成立之初，对公文用纸格式没有统一的规定。至1929年1月才颁布了公文用纸式样的训令，规定令、批、呈、咨、函各项用纸，均用白纸平折合页式，纵29厘米，横21厘米。文面印长方形线格，格外上端自右至左印发文机关名称、发文文别和收文机关名称。格内分列事由、拟办、决定办法（上行、平行文为“批示”）、备考及附件各栏。格外下端印收文字号，左边上方加印文别、字号及“×年×月×日×时到”等字样。除收文字号及“×年×月×日×时到”两栏由收文机关填写外，其余均由发文机关填写。又置文电摘由纸，备人民来呈及电报摘由时用。公文内页开数不等，由各机关按内容长短酌情采用。每页每面分10行，上行文（如呈文）自第一页第一行写起，文尾致送语用“谨呈××机关”或“谨呈××（官名）×（姓）”，机关或官衔须换行顶格写。文底正中为发文时间“中华民国×年×月×日”，骑年盖月钤用官署印。

（裴燕生）

呈文 chengwen 中国古代官府往来文书文种名称。由明代呈状演化而来。清代沿袭明代经历司抄案呈堂的习惯，布、按两司行文学政，令经历司转呈，学政行文两司，令经历司抄文呈堂。清代前期仍有使用呈状这一名称的，后改称呈文，一方面是因为状多已改作折式，不便称呈状；另一方面是因为民间诉讼词状有些也称呈状，需要有所区别。

清制，六科行都察院，提督、总督行兵部，道府以下径行六部，布政司、按察司行军机处，道府行学政，盐运分司行各部、巡抚、盐政及司道，均用呈文。呈文使用最广的是武职官员，如副将以下行提督，参将以下行总兵，游击以下行统辖之副将，都司以下行统辖之参将。千总、把总行游击、参将，千总以下行统辖之都司，把总行都司、守备，都司、守备行非统辖之副将，千总行非统辖之都司、守备，均用呈文。折式呈文与验文及折式**申文**大体相同，但白纸折面简化，只标明文种“呈文”二字的居多。呈文用途广泛，用于呈报、呈复、呈送、呈解、呈请等事项。一般来说，呈文不要求批示，因为需要批示的请示性呈文结尾用“伏乞照详施行，须至呈者”,和早期**申状**一样,已经独立出来,归入专门的请示性详文之内了。

清末有些呈文又常有批示,有的用“抄由批”，即上级收到呈文后，另用一折抄录呈文来文衙门官衔姓名及其事由，其后书写批语及批语日期，发还具呈衙门；也有的批呈就批写在呈文文尾空白处，这样的呈文上级往往要求缴还存案。下级为了免去缴还批呈的不便，就按照禀文办法，在送上呈文时，备一副呈，专供上级录批发还之用。其折面写“副呈”二字，折内仅写本衙门主管官官衔、简由，余做空白，留备上级录写批语发回。呈文批示后存于上级衙门，副呈折内空白处抄录批语，像禀文那样编写**勘合**字号盖用半印发还下级。这样副呈就相当于红禀，呈文就相当于白禀了。

清光绪三十四年（1908）六月，宪政编查馆规定，谘议局行文督抚用呈；又据《府厅州县地方自治章程》规定，府州县议事会或参事会行文府厅州县长官或监督官用呈；《城镇乡地方自治章程》规定，城镇乡议事会、城镇董事会及乡董，行文该地方官用呈，行文本省谘议局用呈。很显然清廷仍把谘议局等作为官府的下属对待。呈文一直用到中华民国，成为民国文书使用最广泛、使用时间最长的上行文。

（裴燕生）

呈状 chengzhuang　中国古代**官府往来文书**文种名称。东汉时期把说明某人情况的奏疏称为状。此后向有隶属关系的上级行文也用状。为了与奏疏的状相区别，唐、宋称官府往来文书的状为**申状**。元、明又另设有呈状，为级别较高衙门使用的上行文。用的是大幅单张状式纸，故称呈状。

明代规定五军都督府其察院磨勘司凡有事务，各府经历司令典吏抄案，本司呈五军都督府施行；六部其察院事务，六部都吏赴院抄案，磨勘司事六部令史赴司抄案呈部施行；太常寺、钦天监、太医院、翰林院、光禄寺、太仆寺呈部；金吾前后、羽林左右、虎贲左右、府军左右前后十卫呈五军都督府，并六部、各布政司，其察院事务，各卫经历司令典吏抄案，本司呈卫，磨勘司事务，各卫令史抄案呈卫施行；国子学（监）呈六部，其察院事务，典簿抄案呈学；应天府呈六部，其察院磨勘司事务，本府令史抄案呈府施行；察院其磨勘司事务，察院书吏赴司抄案呈院施行；兵马指挥司其察院事务，本司首领官抄案呈司施行；在外都指挥使司、各处承宣布政使司呈五军都督府；各护卫指挥使司行移本卫经历司转呈五军都督府、六部、并长史司；各外卫指挥使司呈六部；各处提刑按察司呈五军都督府、六部；各处盐运司呈各布政司;各王府长史司呈五军都督府、六部、布政司、都指挥使司；各处守御千户所呈各卫；俱用呈状。纸幅大小随各衙门地位高低而定，地位越高，纸幅越大。

呈状有时也称**呈文**,文字程式有两种：一种是以本衙门经历司名义呈上的，如护卫指挥使司行移本卫经历司转呈五军都督府；一种是以本衙门堂官名义呈上的。前者程式为：“某衙门经历司，承奉本衙门某文，为某事。云云，奉此，合行具呈，伏乞照验施行，须至呈者。”后者程式为：“某衙门为某事，云云，合行具呈，伏乞照验施行，须至呈者。”受文衙门，文尾年月日期、用印及后由，与申状基本相同。文件结束后另起写“右呈”二字拉开，再另起写受文上级衙门，其首字末字与“右呈”二字对齐，成齐头并脚式样。均从纸幅上方位置写起。年月日另起写作一行，骑年盖月用印。下列主管官员官衔姓名，其副职也要列出官衔姓名，按等级高低次序分列，上下左右排列。文末年月日一行前空白处还有发文时编写盖用的勘合字号半印。

（裴燕生）

承旨 chengzhi　中国古代文书制度。清代文书制度规定，凡内外官员的奏折，均由奏事处进呈皇帝亲自拆封阅批，每日将已批阅的奏折，下发军机处办理。军机处接折后，由军机大臣分别阅看，凡皇帝批有“另有旨”“即有旨”，或虽未奉有明确批示但例有应随折交之谕旨等折，皆由军机处将奏折贮于黄匣内，军机大臣捧入向皇帝请旨。军机处承旨后，由军机大臣交军机章京草拟谕旨，军机大臣审阅无误，抄清后由军机大臣交内监进呈皇帝阅定，谓之述旨。

（朱兰兰）

城市建设档案馆 urban construction archives　集中统一管理一个城市或一个城市区域范围内在城市规划、建设和管理活动中形成的具有重要价值的科技档案（即城建档案）的档案馆。简称城建档案馆。城市建设档案馆集地域特征与专业特征于一身，是中国筹建较早、发展较快的一类科技专业档案馆。

基本情况　根据国家的要求，中国20万以上人口的大、中城市应建立城市建设档案馆。1960年6月，辽宁省抚顺市建立的城市基本建设档案馆是中国第一个城建档案馆。

1960年10月，国家档案局在哈尔滨召开东北、华北档案工作协作区城市基本建设档案工作会议，集中研究城建档案的范围和管理问题。1961年1月，国务院转发国家档案局《关于加强管理城市基本建设档案的意见》和《关于如何加强管理城市基本建设档案的报告》。1个会议、2个文件极大地促进了城建档案工作在全国的开展。1980年12月发布的《**科学技术档案工作条例**》规定：“大中城市应当建立城市基本建设档案馆，收集和保管本城市应当长期和永久保存的基本建设档案。”1982年，全国111个省辖市以上的城市中有59个建立了城建档案馆。1985年9月，又有95个大、中城市建立了城建档案馆。1987年11月颁布的《城市建设档案管理暂行规定》标志着城建档案馆建设进入一个新的时期。1992年，全国有408个城市建立了城建档案馆。1997年，建设部印发《城建档案馆目标管理达标升级考评办法》，促使城建档案馆建设迈上了一个新台阶。

城建档案馆是由市政府委托城市规划或城市建设主管部门领导的国家专业档案馆，内部机构一般包括办公室，负责城建档案的技术指导和验收的业务部门，负责城建档案的保管、编研、利用的管理部门，音像档案管理部门，档案信息化建设部门等。

北京市城建档案馆库房

基本任务 ①接收本城市或本区域内应当永久和长期保管的城建档案。②根据需要尽量征集城市建设现状的有关资料和国内外有关城市的情报资料，例如拍摄录制反映城市面貌的声像材料，组织或参加城市地下管线、地下工程设施现状的普查和补测、补绘等。③对进馆档案和资料实施鉴定、整理、保管、统计、技术处理等基础工作，进行科学管理和妥善保管。④开展检索、编研、咨询、利用、城建信息交流等工作，提供档案和资料为城市各项工作服务。⑤对城市各建设单位应当向城建档案馆移交的档案进行检查和指导，并参加建设工程的竣工验收，对工程档案进行审查验收。⑥受城市建设主管部门和档案行政管理部门的委托，对城建系统和进馆档案形成、使用单位的城建档案工作进行业务指导、监督和检查。

城建档案是实现城市科学管理的必要条件之一，不但能更好地为城市建设和城市生活服务，也是保证城市安全的必要措施。城市建设档案馆是党和国家永久保存城建档案的基地，它对城建档案集中保管及综合开发利用，对于在城市的规划、建设、管理过程中减少盲目性、增强科学性具有巨大的作用。 （荀文赵屹）

城市建设工程项目档案管理 urban construction project archives management 对城市建设工程项目档案进行的收集、报送、接收、整理、保管、利用等业务管理活动。简称城建档案管理。城市建设工程项目档案简称城建档案，指在城市规划、建设和管理活动中直接形成的，对国家和社会有价值的文字、图纸、图表、声像、电子文件等各种形式的文件材料集合，是城市自然面貌和城市建筑物、构筑物、地上和地下管线等各项建设的真实记录。

20 世纪 50 年代，中国的城建档案管理得到国家重视，城市的设计资料，统一由各城市城建总局负责管理。1959 年，在华北东北协作区技术档案工作大连会议后，城建档案管理得到国家档案局的重视。1961～1964 年，国务院又相继发文要求建立和加强城市基本建设档案工作，并在全国 42 个城市试点。1980 年，国务院批转的《关于全国科学技术档案工作会议的报告》要求，由各城市建委或城建规划部门成立城市基建档案馆，集中统一管理城市基建档案。20 世纪 80 年代后，国家档案局多次召开城建档案工作会议，推动了城建档案管理的发展。

城建档案管理对象重点是：①各类城市建设工程档案。②建设系统各专业管理部门（包括城市规划、勘测、设计、施工、监理、园林、风景名胜、环卫、市政、公用、房地产管理、人防等部门）形成的业务管理和业务技术档案。③有关城市规划、建设及其管理的方针、政策、法规、计划方面的文件、科学研究成果和城市历史、自然、经济等方面的基础资料。

浙江温岭建设规划局档案室工作人员在整理城市规划档案

城建档案管理的相关法规和标准主要包括《中华人民共和国城乡规划法》（中华人民共和国主席令第七十四号）、《建设工程质量管理条例》（国务院 2000 年 1 月 30 日）、《城市建设档案管理规定》（建设部 2001 年 7 月 4 日）、《科学技术档案工作条例》（国务院 1980 年 12 月 9 日）、《城市地下管线工程档案管理办法》（建设部 2005 年 1 月）、《城市建设档案著录规范》（GB/T 50323—2001）、《建设工程文件归档规范》（GB/T 50328—2014）、《国家重大建设项目文件归档要求与档案整理规范》（DA/T 28—2002）、《城建档案业务管理规范》（CJJ/T 158—2011）等。

城市建设档案管理是城市规划、建设和管理活动的重要组成部分，也是城市规划、建设、管理的主要依据和必要条件。 （王英玮）

《城市解放档案文献图集》 *Pictorial Histories of Cities at Liberation* 中国档案文献系列图集。城市解放丛书编辑委员会组织编辑，各有关省市档案馆具体承担编纂；中国档案出版社于 2009 年陆续出版。为《城市解放》系列丛书图文版。

2009 年，为纪念中华人民共和国 60 华诞，由国家档案局、中央档案馆全国档案编研出版工作指导委员会发起成立“城市解放丛书编辑委员会”，组织编辑《城市解放》系列丛书，被新闻出版总署列为“十一五”国家重点图书出版规划项目。由排印本的《城市解放》和图文版的《城市解放档案文献图集》组成。排印本的《城市解放》系列包括太原、北平、长春、成都、大同、贵阳、哈尔滨、衡阳、兰州、南昌、南京、南通、陕西、上海、石家庄、天津、西宁、阳泉、郑州、重庆、昆明、宁夏，22 部；图文版的《城市解放档案文献图集》系列包括常德、大连、广州、海南、杭州、济南、江阴、辽宁、青岛、陕西、上海、石家庄、四川、太原、武汉、新疆，16 部。这套丛书反映了城市解放前后真实历史情况，内容包括解放前夕相关城市政治、经济、文化、历史等方面的概况；人民解放军政治攻势、战役战斗等军事斗争情况；城市解放后的接管政策、接管过程、各界反应；接管城市后的政权建设、城市建设、恢复和发展生产等方面的情况。

图集以大量珍贵档案文献和历史照片为素材，配以文字说明，一般分上、中、下 3 篇（如《上海解放档案文献图集》分黎明之前、解放上海、历史新篇，《武汉解放档案文献图集》分黎明之前、武汉解放、江城新生，而《辽宁城市解放档案文献图集》

图 1 《上海解放档案文献图集》封面

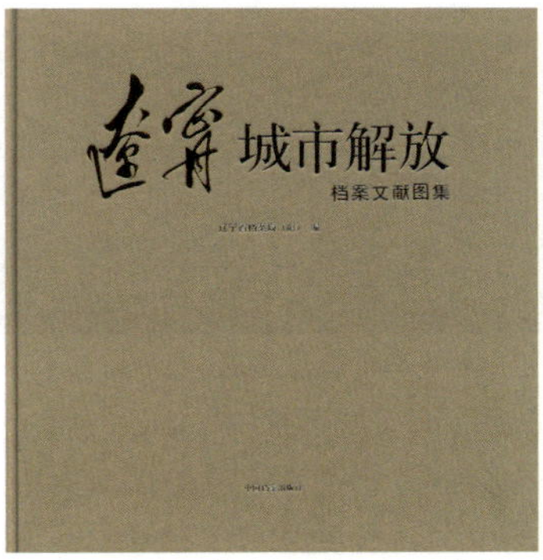

图 2 《辽宁城市解放档案文献图集》封面

分综述篇和分述篇），讲述并展示城市解放前、中、后的历史巨变过程，所收录的档案文献以及珍贵历史照片大多为首次向社会公布，具有较高的史料价值。图集的出版发行，既是档案馆充分利用馆藏资源，发挥档案的历史记忆功能和资政育人功能的有益尝试，也是对中华人民共和国成立 60 周年的献礼。 （丁华东）

程限 chengxian 中国古代中央政府以法律形式规定的公文传递的里程和速度。

又称期限。程限关系到公文传递的效率，是国家长治久安的重要保障。秦汉时，公文传递分为 3 种形式：①徒步传递。一般都是短途，每小时走 5 里（1 里为 500 米），当天送达。②用车传递。要求日行 70 里，最多可行 200～300 里。③骑马传递。要求日行 400 里。隋唐时期对陆路的驿速有以下程限要求：①平件要求传马日走 4 驿，乘驿马日走 6 驿，按每 30 里一驿计算，每天要走 120～180 里。②急件要求日驰 10 驿，相当于每天跑 300 里。③更急的件，如送赦书，则日行约 16 驿，也就是每天行约 500 里。宋代的快递“急脚递”最早出现于宋真宗景德二年（1005）的文献中，是在步递和马递的基础上建立的。急脚递是一种马递，要求日行 400 里。元代的急递铺程限与宋代一致。明代律法对违反规定时限行为进行了处罚规定。清代施行的公文传递程限制度规定应按照轻重缓急进行适当处理，有力地保证了公文处理的及时性和适时性。（郑　慧）

《赤道南北两总星图》 *Equatorial North-south Star Map*　中国明代大型全天星图。又称恒星总图、恒星屏障、汤若望星图、天球星宿图等。明崇祯二年（1629），礼部尚书、文渊阁大学士徐光启开设历局督修历法，在他的主持下，组织钦天监人员，并调用精于天文历法的德国传教士汤若望等，参与明末恒星绘测工作，先后绘制了《赤道南北两总星图》等数件星图。是目前所见传世最早的大型全天星图。

《赤道南北两总星图》（仿制品）

《赤道南北两总星图》分八条幅。全部拼接起来，高 1.68 米、宽 4.46 米。全图主要有两个大圆形星图：南赤道所见星图及北赤道所见星图。皆以天赤道为界，分为南北两部分。星图上的恒星都画成大小不等的圆点，表示星的亮度，共分为 6 个等级。另外，还有星团或星云。除《赤道南北两总星图》的天赤道之外，还有 5 道表示各种刻度划分的圆圈，分别采用来自中国传统二十八宿和“日度”测度系统，以及西方的十二宫和“平度”测度系统。《赤道南北两总星图》共绘有恒星 1812 颗。在两幅主图之间及外沿，分别绘有《赤道图》《黄道图》等各种小星图 12 幅，《黄道经纬仪》等各种天文仪器 4 幅。在整幅图的首尾，附有署名徐光启和汤若望的《赤道南北两总星图叙》与《赤道南北两总星图说》。

《赤道南北两总星图》继承了中国传统星图的内容与特点，又吸收了欧洲天文学的先进成果，在中国星图史上起到了承上启下的作用。此件档案已被列入联合国教科文组织《世界记忆亚太地区名录》。（高换婷）

敕　chi　中国古代帝王**诏令文书**文种名称。敕的规格比诏书稍低，用于任官封爵和告诫百官。“敕”字的本义是告诫、申敕。作为文书的敕由汉代的**戒书**发展而来。汉初，皇帝训诫新任刺史、太守、三边营官，都用戒书，又名诫敕。东汉改“敕”字为“勅”字，两字可通用。后来，凡对京外官员进行诰谕，也用戒书。魏晋南北朝沿用汉制，北周曾将敕书改为天敕。唐代，敕书分为发敕、敕旨、论事敕及敕牒 4 种，凡增减官员，废置州县，征发兵马，除免官爵，授六品以下官员等重要事项用发敕；凡官员有事奏请皇帝，根据皇帝意旨颁发的命令，称为敕旨；皇帝训诫百官用论事敕；凡由尚书省粘连牒文发出的敕书称敕牒。宋代沿用唐制，又增加一种敕榜，用以戒励百官，晓谕军民。元代，封赠官员有宣命和敕牒两种。封赠一品至五品官员用宣命，用白色纸缮写；封赠六品至九品官员用敕牒，用赤色纸缮写。明代，敕的用途较广，规格与形式也更为完备，可分为**敕谕**和敕书两种。皇帝训示中央或地方衙门的官员，或委任地方官员时用敕谕；封赠六品以下官员时用敕书，敕封或谕诰外藩也用敕书。

清代沿用明制，敕的用途和范围更加广泛。《光绪会典》记载，敕分为敕书和敕命 2 种。敕书的用途主要有 4 种：①用于典礼。如皇帝上太皇太后、皇太后尊号、徽号，例须敕谕礼部详查典礼具奏；嗣皇帝上大行皇帝谥号，敕谕礼部详查典礼具奏。②用于纂修书史。修书各馆开馆纂修书史，按例须经皇帝敕谕有关官员开馆纂修，如敕谕实录馆总裁官纂修实录，敕谕会典馆总裁官纂修会典等。③用于任官。皇帝任用中央、地方各官署文武大臣，用**坐名敕**和传敕。坐名敕文首填注被任用官员的官职、姓名和给予的职权，本官任满时要送内阁缴销。传敕又称流传敕书，敕书内只列官衔，不具被任官员的姓名，所列职权比较固定、简明，本官任满之后不缴销，转交接任者收掌，在本衙门内流传。④用于外藩。又分敕封和谕诰 2 种。外藩遇有国王嗣位，清政府遣使敕封，予以承认。因事谕诰时也用敕书。外藩遣使入贡，皇帝也要颁敕谕给予嘉奖。

清代敕书用染黄纸做成，卷轴形式。一般宽 50～60 厘米，长 2 米左右，周边绘以云龙纹盘绕，多为满汉文字合璧。敕命用于覃恩封赠六品以下官员及世爵有袭次者，也用卷轴形式，六品、七品二轴，八品、九品一轴。轴头角质，葵花锦面，用丝织物织成，色分苍、青、黄、赤、黑 5 种，绘以升降盘龙盘绕，敕面织“奉天敕命”4 字。敕文首书皇帝制词，次书被封赠者的官阶、姓名、功德、封赠品秩、袭次等。末书年月日，加盖“敕命之宝”印。文官用玉箸篆，武官用柳叶篆。（赵增越）

敕谕　chiyu　中国古代帝王**诏令文书**文种名称。敕源于西汉时的戒敕。明代始有“敕谕”之称，为清代所沿袭。光绪朝《钦定大清会典事例》卷十五载：“敕封外藩，覃恩封赠六品以下官，及世爵有袭次者曰敕命；谕诰外藩，及外任官坐名敕、传敕曰敕谕。皆先期撰拟呈进，恭候钦定，惟覃恩封赠诰敕，则定有成式，按品缮轴。”敕谕还是皇帝针对某时某地发生的重大事件，向特定地区或部门公布的重要政策法令，以及对有关臣民下达的重要命令、要求和训诫。

敕谕的用途有 3 种：①任命官员。又分**坐名敕**和传敕。坐名敕为授外任之将军、都统、总督、巡抚、学政、盐政、织造、提督、总兵以及临时派遣的军事将领等官的任命书。敕书中须写明被任官员的官职、姓名、职权。传敕又称流传敕书，为授布政使、按察使、道员、运司及副将、参将、游

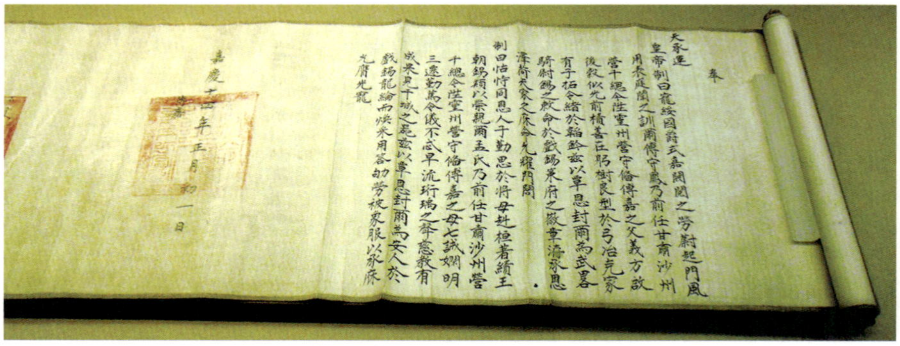

清代敕命（甘肃敦煌博物馆藏）

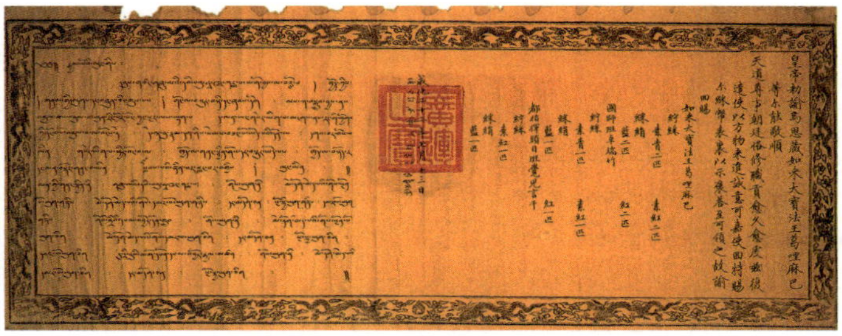

明代成化皇帝颁给葛哩麻巴的敕谕

击等官员的任命书。敕书内只列官衔，不写被任官员之名。②敕封或谕诰外藩。朝贡诸国遇有国王嗣位时，清政府例须遣使敕封；外藩遣使入贡时，皇帝也要颁敕谕嘉奖及颁赏礼物。③敕谕臣民。即针对某地区发生的事件而向这一地区臣民发布命令。

清初政局不稳，制度尚不完善，皇帝经常要针对某些事务，对某些部门、地区发布命令，提出要求，因此敕谕使用较多。康熙（1662～1722年在位）中叶以后，随着各项制度日趋完备，各部办事已有规则，敕谕使用数量开始减少，至清代后期敕谕使用更少，更多地以谕旨的形式发布指令。但是，针对一些具体事务，为了显示隆重和皇帝的重视程度，仍采用敕谕的形式。敕谕一般由内阁撰拟，由内阁汉票签处撰文，中书先期撰拟文式，经大学士阅定进呈，候皇帝核定。军机处成立后，有些敕谕也交军机处撰拟。有时为了显示重视，皇帝也会亲自手书。发给各部院的敕谕，用黄纸朱书，开头不具官名，多为“谕某部”，结尾用“故谕”“特谕”等语，由在京各衙门官员赴内阁亲领。发往各省及外藩的敕谕，用黄纸墨书，开头多用“皇帝敕谕某官某人”“皇帝敕谕某处官民人等”“皇帝敕谕某某等官”等，结尾多用“故敕”“故谕”等语。发往京外各衙门的敕谕，派专门的差官或笔帖式赍送；发往藩属的敕谕，或由贡使携回，或派专使送达。敕谕或为长卷式，或为龙笺式。文尾年月上钤盖“敕命之宝”。敕谕发布范围较广时，也要刊刻誊黄分送各衙门，原件则回缴内阁。敕谕内容主要针对重要活动以及政策规章的制定，内容较为具体，史料价值高。

（赵增越）

重庆市档案馆 Chongqing Municipal Archives 中国省级国家综合档案馆。位于重庆市渝北区同茂大道420号。是集中共重庆市委办公厅管理的正厅局级事业单位，重庆行政区域内集党和国家重要档案的安全保管基地、爱国主义教育基地、档案利用中心、政府信息查阅中心、电子文件中心等多功能于一体的地方国家综合档案馆。

该馆筹备于1959年，于1960年3月10日正式开馆。筹备之初，馆址设于今重庆市渝中区解放西路222号；1960年11月，馆址迁至沙坪坝区天星桥复元寺46号（今沙坪坝区天星桥晒光坪56号），1966年12月迁至化龙桥黄桷村100号办公，同时部分人员在西南政法学院（今西南政法大学）及天星桥馆区办公；1974年，原在西南政法学院的档案及工作人员分别迁往天星桥馆区和化龙桥馆区；1983年与重庆市档案局合署办公，实行一套机构、两块牌子，履行档案行政管理、档案保管利用两种职能；1983年，原四川省永川地区与重庆市合并后，永川地区档案馆成为重庆市档案馆永川分馆；1987年，将化龙桥分馆、永川分馆的档案和人员向天星桥馆区集中，馆址位置也正式改为沙坪坝区天星桥晒光坪56号；2018年10月，局、馆分设，行政管理职能划转中共重庆市委办公厅；2020年9月，位于渝北区同茂大道420号的重庆市档案馆新馆正式建成投用。

馆藏　截至2022年底，馆藏档案资料总计185.14万余卷（册）。其中，档案815个全宗，175.04万余卷，资料（包括图书、报纸和期刊）10.1万余册。另有录音录像影片档案2700余盘，照片档案9万余张，电子档案（光盘）168.7GB，以及大量的实物档案。这些档案和资料全面地记载了重庆市自1725年（清雍正三年）以来特别是1929年重庆建市以后各个时期的真实面貌，揭示了重庆历史的发展轨迹，真实地反映了重庆人民进行新民主主义革命、社会主义建设以及改革开放的奋斗历程，为社会各界编史修志、工作查考、经济建设、政策咨询、寻根问祖、服务民生、影视拍摄、举办展览以及学术研究工作等发挥了积极作用。馆藏中国西部科学院档案，于2002年入选《中国档案文献遗产名录》。

机构设置　重庆市档案馆内设1室9处，即：办公室、组织人事处、档案收集整理处、档案保管处、档案利用处、开放鉴定处、保护技术处、展陈宣传处、档案编研处、档案信息技术处。1996年，荣获“国家一级档案馆”称号。2007年12月，荣获“全国档案事业发展综合评估先进单位”称号。

出版物和评价　编辑出版有《白色恐怖下的新华日报》《抗日战争时期国民政府经济法规（上、下）》《四联总处史料（上、

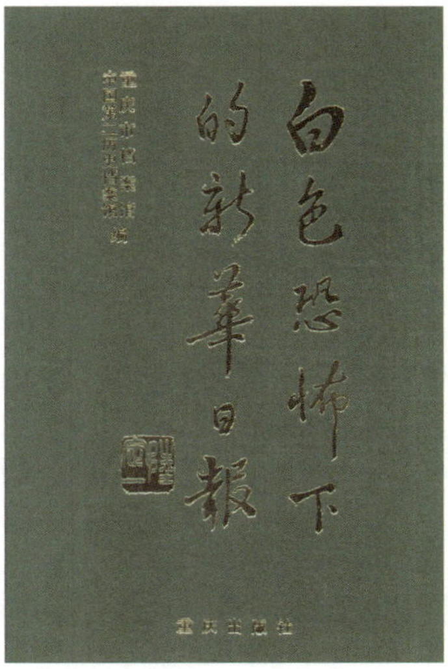

《白色恐怖下的新华日报》封面

中、下）》《近代以来重庆100件大事要览》《重庆大轰炸档案文献丛书》《中华民国战时首都档案文献丛书》《抗战时期大后方经济开发文献资料选编》《永恒的记忆（新中国成立60周年重庆珍档选编）》《民国时期中国西部科学院档案开发》《重庆市重要历史文献选编（1978—1987）》《重庆市重要历史文献选编（1988—1996）》等档案文献、档案汇编和研究书籍数十部，编撰并公开出版了《抗战时期重庆的军事》《抗战时期重庆的兵器工业》《衣冠西渡——抗战时期政府机构大迁移》《重庆：中国战时首都大事记》等学术专著10余部。此外，还曾主办有期刊《档案史料与研究》，内刊《重庆档案信息拾萃》《档案资政专报》《档案参阅》等。

（唐润明）

抽样留存法 identification method of sample retained records 按一定规则从档案总体中抽取部分个体样本的档案价值鉴定工作方法。包括典型抽样和随机抽样两种方法。

典型抽样法　从具有相同或相似保存价值的样本（文件有机体）中，抽取某一个完整的样本加以保存的方法。应用这种方法开展档案价值鉴定应注意两个问题：①只有当需要进行档案价值评估的对象存在多个具有相同或相似保存价值的样本时，才可以考虑采用这种方法。②保证抽取对象的完整性和代表性。不同于随机抽样方法，该方法的应用要求是：必须从具有相同或相似保存价值的样本（文件有机体）中，抽取某一个完整的样本加以保存。

随机抽样法　从具有相同或相似保存价值的且数量巨大的样本（文件个体或有机体）中，随机抽取一些样本加以保存的方法。应用这种方法开展档案价值鉴定应注意两个问题：①涉及对象的大量重复性。

当发现需要鉴定的文件、记录存在具有相同或相似保存价值但数量巨大的样本（文件个体或有机体）时，才考虑采用这个方法。②抽取样本活动的随机性和适当选择性。尽管该方法的应用所采用的抽样方法是随机性的，但档案鉴定人员依然需要认真检查所抽取保存的文件或记录样本的质量。如果发现所抽取的文件或记录样本的质量有问题时，则应重新抽取，直到能够确认所抽取的文件或记录样本质量可以满足档案留存的需要时，才可结束抽样活动。

（王英玮）

初编 first compilation 题目属首次提出的档案文献出版物。由于档案文献公布带有将长期处于封闭状态的档案向社会开放的特点，编纂题目中有很多具有开创型、填补空白型的性质，从题名确定到编纂体例均无相同题目的前例可循，而需要编者的开拓。初编之后可按二编、三编连续编纂出版，也可按补编、续编编纂出版。初编、补编和续编反映同一题目诸种编纂出版物的内在联系和不同基础。

初编二字在题名上多不反映，因为根据题目特点和编纂水平，不少初编的题目可以一次性编纂完毕并形成定本。如《吴煦档案选编》《绥远"九一九"和平起义档案史料选编》等均属于初编。有的在题名上明书"初编"二字，以示有待继续开发、补充完善之意，如《清代准噶尔史料初编》《中华民国重要史料初编》《国家图书馆藏民国军事档案文献初编》等。各种档案文献出版物皆可有初编，如罗振玉《史料丛刊初编》，共 10 册，为丛刊初编；蝠池书院《中国边疆纪调查记报告书等边务资料丛编（初编）》，共 50 册，为丛编初编；山右历史文化研究院《山右丛书·初编》，著述 32 种，附录 9 种，为丛书初编。

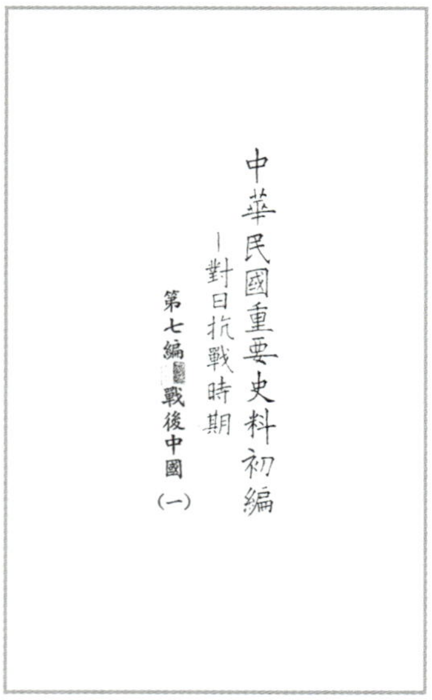

《中华民国重要史料初编》扉页

（丁华东）

《慈禧光绪医方选议》 *Imperial Medicaments-Medical Prescriptions for Empress Dowager Cixi and Emperor Guangxu with Commentary* 中国档案文献汇编。中国中医研究院西苑医院、中国第一历史档案馆合编，取材于中国第一历史档案馆所藏清代内务府御药房档案，陈可冀主编。1981 年中华书局出版，平装，17 万余字，附有编者评议和索引。2011 年北京大学医学出版社再版。日本于 1983 年出版日文译本。

《慈禧光绪医方选议》封面

医方类别 所选 391 份医方多是慈禧和光绪所常用，各科均有。内容大体可分 4 类：①长寿、补益、美容、求嗣等医方。如光绪所用求嗣医方"古方长春益寿广嗣丹"、慈禧为防治老年病而喜用的"益寿膏"等。②治疗各种慢性疾病，如慈禧月经不调，光绪长期遗精、滑精及脏腑经络诸窍方面病症的医方。既有成方又有自制新方，如慈禧所用"三仙饮"，就有 8 种加减；有补剂方又有峻剂方，如"僵蚕全蝎救治方"等；还有博采众方汲取有效单方验药的医方，如光绪所用的"一味秘精汤"，取分心木（胡桃夹）一味，即系民间治疗遗精、滑精之要药。③治疗内、妇、儿、外、五官、皮肤等各种病症之医方。在分类上不按丸散膏丹或风寒暑湿燥火等传统方法区分，而是按疾病种类和方剂作用，使人们对宫廷方药的特点及慈禧、光绪所患疾病状况有所了解。④经过长期实践验证的良效方剂。如"八珍膏""朱砂安神丸"等。

医方价值 为发掘中国传统医学增添了新的领域。加深了人们对清代宫廷医学特点的认识，并有一定的实用意义，亦可为清史研究提供佐证材料。书中于每一医方之后所附的编者评议，起到了探本溯源、阐述方义、注解功用、解释方名以及论述医方效应、说明辨证论治规律等作用。

所选医方不仅是对中国传统医学的整理和保存，更能对现代医学有所启示。中英双语对照本的编排，对发扬光大中国传统医学，帮助中医走向世界具有重要意义。

（徐艺圃 韩宝华）

磁记录档案复印效应 copy effect of magnetic media 已记录信号的磁带卷绕在带盘上面，因磁层间相互作用而使邻层磁介质被磁化，将记录信号复印到邻层带上的现象。又称回声效应、转印效应或印透。表现为重放时前后信号出现轻微重复，大小用分贝表示。

复印效应的形成与多种因素相关：①受存放环境温度的影响。环境温度愈高，复印效应愈大；环境温度每升高 1℃，复印效应约增加 1 分贝，0℃时复印效应最小。②与磁带的非磁性带基的厚度直接有关。带基厚，复印效应小；磁介质颗粒越小，带基越薄，复印信号越强；矫顽力越小，复印效应越大；磁带卷绕越紧，复印效应越大。③与磁带存放时间相关。磁带存放时间越久，复印信号越强，但复印效应往往在邻层接触的最初几小时之内迅速形成，增大到一定程度便稳定下来。④与记录内容也有关。记录有静止间隙的语言，复印效应显著，记录连续的音乐，则不显著。

消除或减弱复印效应时，有以下方法：将磁带置于低温环境中；每半年或一年重新绕带一次，最好以正常速度进行，以便减轻磁带内部压力；让磁带在一根磁性很弱的磁棒上通过；让磁带在已断开抹音头并在记录磁头上通有很低偏磁电流的记录器上运转。

（张美芳）

磁性载体材料老化 magnetic carrier material aging 磁性载体材料在使用和保管中逐渐损坏丧失价值的现象。磁性载体材料老化表现主要有：带基或盘基老化、脆化、形变和断裂等，磁性载体产生复印效应、磁带断裂、磁粉脱落和磁带霉变等。发生老化现象的内因主要是磁性载体磁粉和带基的质量。外因主要是机械传动设备的性能，磁头的维护与保养、外磁场、污染物、温湿度和光等。避免磁性载体材料老化现象产生，需要在保存中控制库房的温湿度、防火、防磁、防光、防尘和防有害气体等。

为避免或减少磁性载体材料老化的危害，需要对磁性载体定期进行维护和修复。主要操作方法有：①让磁带在一根磁性很弱的磁棒上通过，可使复印效应减弱。②让磁带在记录器上运转，但要断开抹音头，并在记录器磁头上通以很低的偏磁电流（确切的偏磁电流量须经实验测得）。③将磁带经常倒带，可阻止复印效应。④将磁带放在低温处，可减弱复印效应。

另外，利用复制带，保护好母带；减少不必要的磨损；建立合理的管理制度，对出现损坏的磁性载体及时进行修复，可减弱、消除磁带的复印效应。（唐跃进）

磁性载体档案 magnetic carrier archives 国家机关、企事业单位在各项职能活动和社会重要公务活动中直接形成的具有保存价值的磁性载体文件。

种类 主要有磁带和磁盘。磁带分为：记录音频信号的录音磁带，记录视频信号的录像磁带，遥测技术、科研资源勘探和自动化控制中记录信息的仪器磁带，计算机系统大容量外存设备数字磁带。磁盘主要有软磁盘和硬磁盘。

图 1 磁带

图 2 磁盘

保管 磁性载体文件的保护、复制与迁移：对需要永久保存的磁带，应去掉磁舌片，避免误抹，并对需要永久和长期保存的录音、录像带进行定期复制。在系统或设备升级时要及时将磁性载体信息复制或迁移到新的系统和贮存环境，及时进行数字化处理，以避免因系统升级或设备换代，导致磁性载体信息无法还原读取，确保磁性载体信息正常运转和利用。大型磁性载体文件的迁移应做前瞻性分析和选择，以尽力减少迁移周期。详细保管注意事项如下：①保存环境。库房温、湿度变化应在温度 14～24℃、相对湿度 45%～60%范围内选定一个基本数值，选定后 24 小时内温度变化不得超过 3℃，相对湿度变化不得超过 ±5%。库房和装具要清洁，库房应保持正压，以减少灰尘对环境的污染；库房中应无腐蚀性气体，并保证通风良好。库房地面不应打蜡、铺地毯。吸尘器的排出气应通向专用容器或库房外，库房内禁止使用打印机。②防磁。磁性载体档案的存放要远离磁场和电场，与磁源、永久性磁铁、马达、变压器等之间的距离不得少于 76 毫米，可使用软磁物质、软铁、铁淦氧、镍铁合金等构成容器、厢柜，对磁场进行屏蔽，磁性载体档案如装入有屏蔽的容器中，应距容器内壁至少 26 毫米，使用无屏蔽的容器运输时，磁性载体档案距容器外壁至少 76 毫米，不得将任何磁性材料和制品，包括磁化杯、保健磁铁、磁铁图钉等带入库房。在存有重要磁性载体档案的库房区应设置测磁设备，以监测隐蔽磁场，防止磁带退磁或信号丢失。③防火。库房及装具应使用耐火材料，库房内及附近不得存放易燃物品，库房内严禁出现明火，库房内应配置灭火器。④科学放置。为防止磁性载体档案变形，磁带和磁盘应放在磁带和磁盘盒中，垂直放置或悬挂放置，使其受力均匀，避免磁带卷边或变形。⑤保持良好的操作习惯。不要用手触摸磁带、软磁盘，操作时应戴非棉制手套，要防止磁带、软磁盘接触不清洁表面，装磁带、软磁盘的装具要清洁无尘。⑥防潮、防水。库房内设备要避免被水淹，磁带（软磁盘）架最低一层隔板距地面不少于 30 厘米。⑦防光。不允许紫外线直接照射磁性载体档案。⑧保养养护。磁性记录材料上的信息耐久性一般在 10～20 年，需长期或永久保存的信息要定期转录。一般可 3～7 年复制或转录一次。⑨保持清洁。定期对磁带进行清洁保养。磁带盘、磁带盒清洗剂可选用二氯二氟甲烷、异丙醇、甲醇等，并在通风良好的环境中操作。⑩倒带保护。在温度为 18±1℃、相对湿度为 50%±5%的环境中贮存的磁带，倒带间隔一般为 4 年。温、湿度达不到上述要求时，倒带间隔应相应缩短。倒带速度要慢，张力要恒定，保持在 1.7～2.2 牛，倒带后磁带要保持在标准的读/写（录/放）状态。⑪定期检查。除要定期对磁带、软磁盘外观进行检查外，还应对计算机磁带漏码/误差进行检查，对受损磁带、软磁盘进行修复，对无法修复的磁性载体档案进行复制。

鉴定销毁 参照国家关于档案鉴定销毁的有关规定执行，在办理审批手续后实施。属于保密范围的磁性载体档案销毁，如存储在不可擦除载体上应连同存储载体一起销毁，对网络中传递的信息遗存应彻底清除。（唐跃进）

磁性载体档案保护方法 magnetic carrier archives protection method 为防止磁性载体档案发生损坏及损毁而采取的有效保护方法和措施。依据磁性载体与记录材料的变化规律，通过采取一定的方法和措施，确保其环境的适宜性，防止或减缓磁性载体档案褪变和消磁，并对受损磁性载体档案进行修复保护，从而实现对磁性载体档案的保护。

磁性载体档案是通过将声音、图像和数据变成电信号，使磁性记录层材料发生选择性磁化来记录与保存声音、图像和数据的档案。磁性载体主要由底基、磁层构成。磁性载体材料在使用与保存过程中，由于内部结构的改变及外界环境条件的影响，会出现材料耐久性下降的现象。磁性载体档案的变化主要是底基材料的老化、脆化及形变，以及磁层材料变化引发的磁信号稳定性变劣，磁层耐磨性下降，导致磁性载体档案出现磁层磁粉脱落，信号不稳及丢失、噪声增大或杂波干扰，影响磁记录信息的完整性。保护磁性载体档案的方法主要有以下两种。

磁带档案的保护 磁带档案的保护方法主要有：①根据类别正确排放。盒式带采取竖放方式；盘式带采取平放方式，平放高度一般在 5 盒左右。磁带不用时应卷到无缝轮的卷轴上。②控制温湿度。根据有关规定，保存磁带的适宜温度为 14～24℃，相对湿度保持在 40%～60%。③防止污损。磁带保管中应注意库房清洁，操作时要戴手套，不要打开磁带出带口的保护盖板，防止灰尘、手印污染带面。④避免光辐射。在保管中，应避免阳光直射磁带，尤其是高能量的紫外线直接照射磁带，加速带基的老化。⑤防止氧化。氧化性物质能引起磁带带基的化学降解，在保管中应防止有害气体等氧化性物质对磁带带基的影响。⑥防止霉害。在保管中要加强磁带的防霉，避免磁带霉变损坏。⑦防止磁带在外磁场中消磁。磁带应当用抗磁性材料盒存放，保管环境一定要远离变压器、电动机、发电机、无线电设施，以及其他能形成较强磁场的机电设备，周围杂散磁场强度应小于 1 奥斯特。⑧防止产生复印效应。新磁带在使用前应走带、倒带一次。长期保存的磁带应置于低温环境中，定期检查并适时（每半年或一年）以正常速度重新卷绕一次。此外，让磁带在一根磁性很弱的磁棒上通过，或使磁带在已断开抹音头并在记录磁头上通有很低偏磁电流的记录器上运转，可以减轻及消除磁带的复印效应。

磁盘档案的保护 磁盘的保护包括软磁盘及硬盘的保护，软磁盘应用很少，因此主要是硬盘的保护。保护软磁盘，应当远离外磁场、注意保管与使用环境的清洁防尘，防止软盘生霉等。硬盘的保护措施主要有：①防止随意关机和频繁启动。随意关机和频繁启动会因磁头没有归位而造成磁头下方数据丢失，损伤文件分配表和目录区的磁头，启动时400多瓦的瞬间电流冲击也会影响磁性载体档案。②保持电源稳定。电源不正常变化会使机器运转异常，造成硬件永久损坏、数据丢失或暂时读取错误。应使用不间断电源（UPS）。③保持空气洁净。防止灰尘进入硬盘，如尘埃或烟雾颗粒落在盘片上，受到磁头来回拍打并被磨碎，就会使磁头带着尘粒在盘片上来回摩擦，留下擦痕。④防止温度骤变。稳定的温度可确保硬盘插件不脱离插座、部分元件的正常工作、硬盘盘片不结露等，使驱动器能很快地响应命令。⑤硬盘的防震。避免主机震动，避免凹沟中的数据丢失，震动甚至可造成磁头的报废。⑥磁头归位。将磁头移至硬盘的最里层磁道，以减少因震动撞击盘片而造成数据损坏。磁头处于归位状态能确保PC机及硬盘驱动器的尖峰不损坏数据。⑦降低写电流。如果写电流太大，会产生物理上太大的磁化区域，使内部柱面上磁化区域相互重叠，数据紊乱。解决方法是使驱动器从给定柱面开始一直到磁盘的中心降低写电流。

（彭远明）

刺 ci 中国古代文书。刺，本义是用锐利之物戳入或穿透。大约汉代起引申为文书名。汉代属于文书的刺大致可以分成两类：一类是名刺，有时又自名为“谒”，作用相当于现代的名片，吏民皆可使用；另一类是由辖境机关制作的记录人员、物资出入关卡以及邮书传递、烽火信号等行政事务的刺文书，具有官府登记簿的性质。两者都是汉代吏民日常活动的产物，前者用于吏民的日常交往，后者用于官府的日常行政。

汉代的名刺与刺文书在简牍形制和书写内容上存在差异。关于简牍形制，名刺以单枚木简或木牍为载体，前者主要见于西北汉简，后者集中见于尹湾汉简；刺文书基本以木简编联成册的形式存在。关于书写内容，名刺一般会写明拜谒者的职衔或身份、姓名与字、任职地或籍地以及“再拜，问起居”等拜谒语。拜谒对象的姓名或书或省，如尹湾汉简的名刺（谒）木牍分正反面书写，其中一面书有拜谒对象师饶的姓名。关于刺文书，西北汉简所见包含入官刺、廪食月别刺、出俸刺、表火出入界刺和邮书刺等诸种。入官刺属于人员出入登记簿，廪食月别刺、出俸刺属于物资出入登记簿，表火出入界刺属于烽火信号登记簿，邮书刺兼有人员和物资登记簿的性质。涉及人员出入的刺文书，一般会记明出入人员的职衔身份、姓名、出入事由、出入时间等；涉及物资出入的刺文书，一般会写明登记时间、出入物资的种类与数量、预计库存余量与实际余量等；涉及烽火信号的刺文书，主要记载登记时间、烽火信号内容与数量、瞭望吏卒姓名等内容；涉及邮书传递的刺文书，一般记录邮书的传递方向与数量、目的地、印章种类、封缄状态、传递形式、交接时间与吏卒姓名等。这些刺文书下的登记事项，可根据官府行政的实际情况合并和取舍，外在形式并非整齐划一。汉代官署定期编制刺文书并提交给上级机关考课。若相关行政业务出现差错，刺文书是供复核、纠举的重要依据。

作为文书的刺为后世所沿袭，仍可作为名片而行用。如安徽省马鞍山市出土的三国时期朱然墓中就有形式多样的17枚名刺。三国后，刺可用于同级或不相隶属机关之间询问有关事宜。南朝刘勰《文心雕龙·书记》：“百官询事，则有关刺解牒。”唐代，刺可用作诸司之间检举奸恶、举荐有功的平行文书。《唐六典》：“诸司自相质问，其义有三，曰关、刺、移。”刺，即刺举文书。至宋代，刺作为平行文书的功用，为咨所取代。

（马 力 李义敏）

丛编 series 介于档案文献书籍与档案文献刊物之间的连续性档案文献出版物。又称丛刊、丛书、丛刻、汇刻等。丛编装帧同于书籍，按书号出版发行，但每册加有辑的序号，不定期连续出版。规模较大的档案文献出版多用此形式。内容不如书籍专一，也不如杂志繁复，而是每册中含几个互不相关的较充实的小专题，适用于较灵活地公布各种中小型专题档案史料。如《清代档案史料丛编》，以公布比较零散、新鲜的清代档案为主，并酌情发表一些有关清代文书档案的名词解释、内容介绍和研究文章，中华书局于1978年开始按辑依次编辑出版，至1990年，共出版14辑。有的篇幅宏大的汇编分辑出版，其性质也属丛编，如《中华民国史档案资料汇编》（共5辑）。

（丁华东）

存取记忆 Access to Memory 档案著录软件。简称A to M。一个基于Web的开源应用程序，在国际档案理事会（ICA）通用档案著录标准之上建立，可在多语言、多存储库环境中进行档案著录。通过采用标准和参与开放模式建立，是开发和改进档案保管、质量技术的最佳方法。

存取记忆揭示了通过在线界面可提供给公众和机构访问档案库内资料的权限。项目最初推动力是2003年信息技术委员会的一份报告，报告确立了开放源码档案资源信息系统（OSARIS）的功能要求，由于缺乏资金，OSARIS没有向前推进。2005年，联合国教科文组织全民信息计划向国际档案理事会人权工作组织提供4.5万欧元，以创建有关侵犯人权档案来源的在线指南。之后，国际档案理事会秘书处确认两者之间的相互关系，并指定荷兰档案教育研究院负责两个项目之间的协调工作，P.V.哈尔德伦被聘为档案开源应用程序的开发者。

2006年，两个软件原型（ICA-A to M alpha 0.1和0.2）版本完成。2008年，更加深入的研究由世界银行集团档案馆、荷兰档案教育学院、阿拉伯联合酋长国文献研究中心联合开展。ICA-A to M 1.0是第一个软件测试版，2008年7月在马来西亚吉隆坡举办的国际档案大会发布。版本附有发布演示，用户研讨会和管理员研讨会，向大会参加者分发了1300个CD的beta 1.0演示版本，并发布了在线演示版本和ICA-A to M用户讨论列表。1.0版本之后，由世界各地的30家机构进行了第一轮正式测试。同时，ICA-A to M指导委员会成立，为项目提供更有效的管理来确保软件和用户、开发人员、资助者社群的长期稳定。

2010年11月第一个正式版本发布（1.1版）。此版本主要的特点：基于标准的设计、支持分层描述、多语言界面和数据库内容持久的固定资源链接、标准化输入输出描述和真实性档案。档案界的反应非常积极，也促使更多档案组织提供额外的资金和技术支持（以代码贡献的形式）来开发和增加系统更多的特点和功能。2011年12月，ICA-A to M 1.2版本发布，此版本由安大略档案信息网负责运营，并展示了新的主题。安大略档案协会也公布了最新的安大略档案库存的网关地址。资金和代码捐款由温哥华市档案馆、安大略档案馆协会和萨斯喀彻温档案馆和档案馆理事会提供。截至2011年6月，全世界有150～200家机构运行ICA-A to M。截至2023年，该软件在全球拥有4649个个人用户。

《国家档案理事会：A to M目的、价值声明》中指出A to M项目的目的是提供免费、开源的软件：①使得机构的档案资源在线可用。②以ICA的标准来管理档案描述。③提供多语言界面和内容翻译功能。④支持多种收集类型。⑤完全基于Web，用户友好而且是遵循可获得性的最佳实践方式。⑥灵活并且可定制。⑦对大型和小型组织机构均适用。⑧支持单个、多存储实施。

项目价值在于以开源合作的精神开展行动，可公开分享技术专长，提升最佳专业实践，培养一个开发者和用户之间活跃的社群，利用现有的开放网络技术提供最佳的档案软件，为资金和技术资源有限的组织机构提供解决问题的办法，吸引具有必要财政和技术资源的组织的积极参与，为与相关社群间的跨学科合作提供了共同基础，通过从 ICA-A to M 广泛的使用者那里获得利润的商业模式，形成支持 ICA-A to M 和其他 ICA 项目的资金。（黄霄羽）

D

大连市档案馆 Dalian Municipal Archives 中国副省级国家综合档案馆，国家一级档案馆。位于辽宁省大连市中山区中南路49号。大连市永久保管党政综合档案的档案安全保管基地和档案利用中心、政府信息查阅中心，大连市爱国主义教育基地和党员思想教育基地。大连市档案馆（1981年3月前称旅大市档案馆）于1959年11月筹建，1961年4月大连市委决定成立档案馆，1962年5月3日正式开馆。1969年4月成立大连市革委会档案馆革命领导小组；1980年3月市革委会恢复旅大市档案馆名称；1981年3月，国务院决定将旅大市改名为大连市，旅大市档案馆随之改称大连市档案馆，为市委办公厅直属事业单位；1995年3月全市党政机关机构改革，市档案局与市档案馆合并，一个机构两块牌子，履行档案行政管理和档案保管利用两种职能，局级建制，由市委办公厅管理；2001年12月机构改革，为大连市委直属事业单位。2018年7月，全市事业单位机构改革，重新组建大连市档案馆（中共大连市委党史研究室、大连市地方志办公室），机构规格为正局级，是市委直属事业单位，承担档案资料保管、整理和地方党史研究、地方志编纂等职能。2021年7月，根据辽宁省改革部署，独立设置中共大连市委党史研究室。2022年8月，大连市档案馆为市委直属正局级事业单位，归口市委办公室（市档案局）管理。

馆藏 主要保存1949年以前大连市革命历史档案和旧政权的档案资料、中华人民共和国成立后大连市市级党政机关、社会团体和撤销的市属企业事业单位的档案资料。馆藏档案最早形成时间为1787年（清乾隆五十二年），馆藏资料最早形成时间为1899年。

大连市档案馆外景

截至2022年底，馆藏档案全宗386个，51.58万卷，91.85万件，包括旧政权档案、革命历史档案及中华人民共和国成立后档案三部分。所保存的旧政权档案中，有2006卷1905年至1945年日本侵略大连期间，日本大连宪兵队、关东州厅、警察部及各警察署的“纸灰”（碳化）档案，是大连市档案馆的专藏。馆藏资料共3.52万册，分为历史资料和现行资料两部分，主要种类包括图书、报纸、杂志、文件汇编、图纸、地图、字画、法规汇集、年鉴、志书、统计报表等，其中有珍贵的革命历史资料、党内资料、政府资料、政协和群众团体资料、会刊、文史资料等。

机构设置 设6个内设机构，分别是：办公室（机关党委办公室）、接收征集部、管理部、编研部（宣传展览展示中心）、信息化建设部、技术保护部。1个分支机构：大连市档案查阅综合服务中心（政府公开信息查阅服务中心）。

出版物和评价 档案馆共编写、出版档案汇编、参考资料80余种。主要有《中国共产党辽宁省大连市组织史资料（1926—1987）》《大连市志·档案志》《热土华章——档案与振兴大连老工业基地研究》《旅大特殊时期老票证（1945—1955）》《改革开放三十年重要档案文献·大连》《大连解放档案文献图集》《档案中的大连故事》《潮起黄渤海——大连改革开放40年档案文献图集》等多种公开出版物，以及《大连市保护建筑简介》《大连经济技术开发区档案工作二十年纪实》《记忆邮存》《2003大连防治非典型肺炎档案》《大连战“疫”档案资料》等60余种合作编研成果、专题汇编和内部刊物。 （胡晓光）

《大明混一图》 *Universal Map of Great Ming* 中国明代绘制的世界地图。现藏于中国第一历史档案馆。作者与年代不详，属彩绘绢本，长3.86米、宽4.75米，是中国已知尺寸最大、年代最久远、保存最完整、由中国人自己绘制的古代世界地图。上海中国航海博物馆有复制品（另有两件在日本、南非）。2003年10月入选《中国档案文献遗产名录》（第二批）。

地图以明朝版图为中心，东至朝鲜、日本，南至爪哇，西达非洲西海岸、西欧，北至贝加尔湖以南。全图没有明显的疆域界限，仅以地名条块的不同颜色来区别内外所属。图中着重描绘了明王朝各级治所及山脉、河流的相对位置，也标明了镇寨堡驿、渠塘堰井、湖泊泽池、边地岛屿，以及古遗址、古河道等共计1000余处。同时标注了明朝疆域以外的国家和地区名称数百处，其中还详细描绘了欧洲和非洲地区，对非洲大陆的地形地貌、山川河湖、岛屿礁石绘制得精美翔实。地图方位上北下南，最上面有“大明混一图”5个大字。图上所有1000余个汉字地名，在清康熙年间均被贴上大小不等的满文红签。

地图上未注比例尺。汪前进、胡启松、刘若芳等人依据图上政区地名的变化，推定其绘于明洪武二十二年（1389），其中国内部分是依据元朱思本的中国全图《舆地图》绘成；非洲、欧洲和东南亚部分是依据元末李泽民《声教广被图》绘成；并量算出图上国内部分的纵比例尺为1∶1 060 000，横比例尺为1∶820 000。

该地图是目前已知最早描绘非洲的世界地图，也是研究中非交往历史的重要文献，提供了有关非洲在欧洲人到达之前就已和中国交往的证据。 （张芳霖）

大内档案 archives in the Forbidden City 中国清代紫禁城内内阁大库、方略馆大库、国史馆大库及宫中各处所藏档案的统称，是清代档案的一部分。内阁大库主要收藏内阁红本、史书、实录、圣训、起居注等；方略馆大库主要收藏军机处的档案，有录副奏折、满文折包、清册、函电等；国史馆大库主要收藏本馆所纂各种史书、传记、志表的稿本等；宫中各处包括懋勤殿、景阳宫、批本处、内奏事处、内务府堂等，所藏档案主要是朱批奏折、上谕、履历单、档簿、呈稿、杂件等。大内档案大部分由中国第一历史档案馆保存，少部分由台北故宫博物院保存。 （李鹏年）

大文件观 idea on “big record” 阐述文件形成目的和运动过程的文件理论。大文件观是以大文件概念为基础，对文件的一种广义认识。大文件与狭义的文件概念相对应。狭义的文件一般指处于现行阶段的文件（即现行文件），而处于半现行、非现行阶段的文件则称为档案（在西方国家，处于非现行阶段的文件称为档案）；大文件则不仅指现行文件，也包括半现行文件和非现行文件，将档案视为处于特殊阶段（半现行、非现行阶段）的文件。文件生命周期理论、文件连续体理论都采用这种大文件观，强调文件运动过程（生命周期）的连贯性、整体性。大文件不仅包括正式的、纸质的“红头文件”，还包括其他不同载体和记录方式的信息记录，如“白头文件”、照片、图纸、音频、视频等。

起源和发展　国外的文件概念本身是广义的，涵盖了文件运动过程（生命周期）中的现行、半现行和非现行三个阶段，包括各种不同载体和记录方式的信息记录，在其基础上形成的理论就是大文件观。在中国，20 世纪 80 年代后，档案界开始倡导广义文件概念。大文件概念最早由**陈兆祦**在《档案管理学基础》（1986）一书中提出来，1987 年《再论档案的定义——兼论文件的定义和运动周期问题》一文正式确立了大文件概念。随后，档案界对广义文件概念的内涵进行了深层次解读，大文件观逐渐形成。

基本内容　大文件观集中阐述了广义文件概念的思想，具体说，大文件观中的文件概念指组织或个人为处理事务、交流思想而直接形成的各种信息记录材料。从记录方式上看，既包括书面文件，还包括图像、录音、录像、照片、影片等文件形式。从性质上看，既包括公共文件，也包括私人文件。从作用领域看，既包括通用文件，还包括专用文件。从运动过程看，既包括现行文件，也包括半现行文件和非现行文件。大文件观在欧美国家历来有所共识。阿根廷档案学者认为，凡是用文字或图形记载下来的，不论是**遗嘱**、签署过的合同、书籍、信函，还是照片、图表，不论载体如何，任何一件用来阐明某个问题的凭证或物证，以及一切可以证实某个历史事件的文字、公文、铭文、陈述等都是文件。美国档案学者 T.R.**谢伦伯格**将文件定义为任何公私机构，在履行法定职责过程中，或者在与其本职业务过程有关情况下所制作或收到，并且作为其职能、政策、决定、程序、行动或其他活动的证据，或者由于其所含内容具有情报价值，而被该机构或该机构合法继承者所保存的一切记录材料，不论其物质形式和特性如何。国际标准《信息与文献　文件管理　第 1 部分：通则》（ISO 15489-1：2001）将文件定义为：机构或个人在履行其法定义务或开展业务活动过程中形成、接收并维护的作为凭证和具有查考作用的信息。上述的文件概念均是广义的，这种广义文件观即为大文件观。

争议　21 世纪初，中国档案界围绕大文件观产生了许多争议，主要集中在 5 个方面：①对大文件观赞同与否。②大文件、小文件概念是否对应。③大文件概念是否就是广义文件概念。④大文件概念的称谓问题。⑤大文件概念的确立与档案概念有无必然联系。上述争议实际上是当时中国对于文件生命周期理论接受与否的争议。近年来，一些学者围绕 record 一词应译为文件还是档案产生了一些争议，实际上也反映了人们对大文件观的不同理解。

意义　大文件观的提出，促使档案界更好地理解文件运动规律（生命周期）、重新认识文件与档案的关系，有利于**文书档案管理一体化**、文件全程管理的推行。大文件观还有助于中国文件管理、档案管理逐步与国际接轨，有利于国际学术对话与专业交流。大文件观的确立，对于深化档案学基础理论研究、指导文件管理和档案管理实践具有积极作用。此外，大文件观对**全宗理论**、保管理论、价值鉴定理论、利用理论等研究也有重要作用。

（傅荣校　徐拥军）

代电　telegram-style official document　中国近代**官府往来文书**文种名称。电报传递快速，体裁简便，没有一般公文的格式与套语，叙事直截了当，文字精练扼要，但只有在交通方便、设有电台的地方才可应用。为弥补这一缺陷，出现了一种仿照电报形式的新文种——代电，全称快邮代电，即用快速邮递代替电报。其按照电报的形式撰拟文件，由邮局发出，是地处偏隅、电报不通的地方传递紧急公文的一种办法。由于代电体裁简便，上行、下行、平行均可使用，因此采用者日多，即便是交通方便、电报通达的地方，也可使用代电行文。1938 年，中华民国政府要求公文尽量采用代电及报告体裁后，代电使用更为广泛。

当时，各地代电的用纸格式不一。例如，1936 年长芦盐务稽核所代电用白色 10 行单页或合页纸，单页纸右方首行较宽，不记行，红色印有“快邮代电”4 字，标明文种名称，右下是发文编号。次行以下共计 10 行，与其他文种不同，每行又划分 24 格，格线均为红色。文字写在格内，每格 1 字，写满共计 240 字。文尾左方较宽行内印有“中华民国　年　月　日”红色字样，不记行，届时填写发文时间，盖署印，不填日子，因为代电文尾用韵目代日表示了。代电文起首为受文者“某机关某官钧鉴”（对上级用）或“某机关某官勋鉴”（对平级用）、“某机关某官览”（对下级用），也有的简化为“某机关（公）鉴”（对平级用）。正文结束语一般为“谨以奉闻”“谨以电闻”“特此电陈”（对上级或平级），有的还使用带有封建色彩的“伏乞垂察”之类文字。签署上行、平行代电用“某某（官衔）某某（姓名）叩”或“某某（姓名）叩”，下行用“某某（官衔）某某（姓名）”或“某某（姓名）”。合页纸次页右方无宽行及“快邮代电”字样，直接分 10 行接写正文，文尾页左方较宽行内印有“中华民国　年　月　日”红色字样，不记行，届时填写发文时间，盖署印，不填日子。

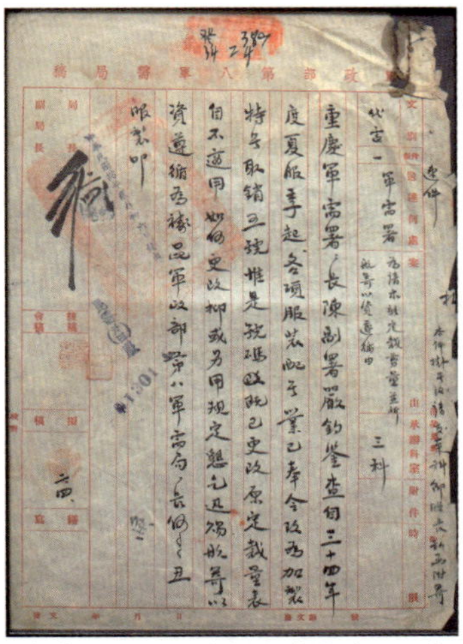

1945 年中华民国军政部军需署关于国家服装代电稿

代电及电报发文时间的表示，都是用当时广为流传的平水韵目代日（见表）。

韵目代日表

韵目	日														
	1	2	3	4	5	6	7	8	9	10	11	12	13	14	15
上平声	东	冬	江	支	微	鱼	虞	齐	佳	灰	真	文	元	寒	删
下平声	先	萧	肴	豪	歌	麻	阳	庚	青	蒸	尤	侵	覃	盐	咸
上声	董	肿	讲	纸	尾	语	麌	荠	蟹	贿	轸	吻	院	旱	潸
去声	送	宋	绛	置	未	御	遇	霁	泰	卦	队	震	问	愿	翰
入声	屋	沃	觉	质	物	月	曷	黠	屑	药	陌	锡	职	稽	合

韵目	日														
	16	17	18	19	20	21	22	23	24	25	26	27	28	29	30
上平声															
下平声															
上声	铣	筱	巧	皓	哿	马	养	梗	迥	有	被	感	俭	豏	
去声	谏	霰	啸	效	号	个	祃	漾	敬	径	宥	沁	勘	艳	陷
入声	叶	洽													

使用韵目代日，当时习惯上半月用平声字，下半月用仄声字，仄声字中又多用上声和去声。阳历有7个月是31天，这是韵目上没有的，人们就用“卅一”二字，又进而简化为“世”字。韵目中的30日只有一个“陷”字，旧军队觉得“陷”字不吉利，大多使用“卅”字，也有用“全”字代表30日的，意思是足用到第30个韵目。有的代日下还有一“印”字，是电文表示用印的意思。

代日下有的用子、丑、寅、卯、辰、巳、午、未、申、酉、戌、亥十二地支表示时辰。十二地支古代也用来表示月份，有的代日字的上面用十二地支字样标明月份。

1945年5月，中华民国政府行政院颁发《统一各机关公文用纸格式细则》后，规定了函、咨、呈、令、代电的统一要求，用白色10行纸，分单页、合页两种。印有长方形线格，文面第1、第2行合并为一，从上至下依次写发文机关名称、文别。以下分3行写发文字号、附件、发文时间，各为1行。第3、第4行顶端合并印有“事由”二字，下分2行写具体事由。第5、第6行同样顶端合并印有“拟批”二字，下分2行写具体拟办意见。第7、第8行同样如此，是批示栏目。第9、第10行以下至次页写正文，不合并栏目。首页线格外右下方印有“中华民国　年　月　日收”，还印有“收文　字第　号”，都是收文机关填写的内容。文尾页发文日期及用印如常式。（裴燕生）

代卷卡　proxy card　在档案案卷暂时移出库房时使用的、帮助库房管理人员掌握档案流动情况和进行安全检查的管理工具。**档案提供利用**和**档案馆（室）**内部工作，有时需要将库房中已排架分类的档案，暂时移出库外。为了便于库房管理，工作人员掌握档案流动情况和进行安全检查，可以填制一种卡片放在档案原来存放的位置上，这就是通常所说的档案代理卡或代卷（件）卡。填好的代卷卡应放在被移出档案原来存放的位置。卡片上的主要项目有全宗号、案卷目录号、卷号、移出日期、移往地点、经手人、归还日期及签收人等。适用于档案库房调出量少案卷的情况。（黄世喆）

丹麦国家档案馆　Danish National Archives　丹麦中央档案管理机构。又称丹麦皇家档案馆。馆址在丹麦首都哥本哈根市中心国家议会大厦对面。隶属于文化部。1664年，丹麦国王弗雷德里克三世要把哥本哈根皇宫内两个文件库合并成立皇家机密档案馆。1720年弗雷德里克四世将一座大楼提供给皇家机密档案馆使用。1861年，丹麦政府颁布了一项法律，把政府新设立的各部（如内政部、司法部、教育部和财政部等）的机关档案馆合并在一起，成立一个王国档案馆，又称国务院档案馆。王国档案馆和皇家机密档案馆享有同等权利。1889年，皇家机密档案馆与王国档案馆合并，成立了统一的皇家档案馆，也就是现在的丹麦国家档案馆。

档案馆由13个部门组成：董事会、用户服务部、财务和存储部、管理和秘书部、活动资助部、数字化部、数据交流部、数字保存部、收购和政府服务部、信息技术部、文献部、访问部、人力资源和法律部。目标和宗旨是：①保护具有历史价值的记录。②为公民和政府机构提供文件服务。③引导公民和政府机构正确使用文件。④开展档案研究并传播研究成果。

1973年，为妥善保存档案，开始进行档案数字化工作。2016年，馆藏所有档案基本实现了数字化。馆内保存的最古老的档案，是国王瓦尔德马尔四世在重建丹麦王权的过程中形成的档案，以及他的女儿，丹麦、挪威和瑞典女皇玛格丽特一世在建立卡尔马联盟时形成的档案。

安徒生首部童话作品《牛油蜡烛》文稿在丹麦国家档案馆展出

出版物有《档案》（1966年创刊）、《指南性案卷目录》及与芬兰、冰岛、挪威、瑞典等北欧国家档案馆合编的《北方档案》杂志（1956年创刊）。（黄霄羽）

丹书铁券　danshu tiequan　中国古代帝王**诏令文书**文种名称。是以皇帝名义颁发给功臣、勋贵的一种带有盟约性质的免罪、免死文书。又称誓书铁券或铁契。持有铁券的功臣、勋贵及其后代，可以享受皇帝赐予的世袭特权，必要时，铁券可作为犯罪免死的凭证。始于西汉初，汉高祖刘邦向功臣颁授铁券。《汉书·高帝纪》记载刘邦“与功臣剖符作誓，丹书铁契，金匮石室，藏之宗庙”。西汉分封诸侯时有一定的典礼和仪式，在典礼上有誓词。《汉书·高惠高后文功臣表》载其誓词为：“使黄河如带，泰山若厉，国以永存，爰及苗裔。”用丹砂将誓词写在铁制的契券上，再将铁券从中剖开，朝廷和诸侯王各存一半，以为验证。《后汉书·祭遵传》引用了东汉光武帝时博士范升所上奏疏中的一段话，文曰：“昔高祖大圣，深见远虑，班爵割地，与下分功，着录勋臣，颂其德美。生则宠以殊礼，奏事不名，入门不趋。死则畴其爵邑，世无绝嗣，丹书铁券，传于无穷。斯诚大汉厚下安人长久之德，所以累世十余，历载数百。”

唐代以后的铁券不是丹书而是嵌金。现存最早的铁券是中国国家博物馆藏唐昭宗赐吴越王钱镠的铁券。乾宁三年（896），昭宗为嘉奖钱镠讨伐董昌有功，特颁赐予钱镠的。铁铸，形如覆瓦，纵29.8厘米，横52厘米，厚2.41厘米，重约132两（6.6千克），上嵌金字350个，正文25行，每行14字，全文端楷甚工，现金字多有剥落。铁券上有“卿恕九死，子孙三死”字样，意即皇帝可免钱镠9次死罪。

明太祖朱元璋为了巩固皇权，笼络功臣，把封爵与赐券结合在一起，形成一套严密的、规范化、程序化的典章制度。洪武二年（1369），“太祖欲封功臣，议为铁券”。洪武三年，“大告武成，论功行赏，公爵者十人，侯爵者二十八人，铁券丹书，誓诸白水，河带山砺，爰及苗裔”。这是朱元璋在位期间第一次颁授铁券。洪武二十五年，对铁券的形制进行了改造，又“赐公傅友德，侯王弼、耿炳文、郭英，及故公徐达、李文忠、侯吴杰、沐英，凡八家”。两次大规模颁授铁券的过程中，基本形成了明代铁券文书的制度。《明会典》称：“凡爵，非社稷军功不得封。封号非特旨不得与。或世，或不世，皆给诰券。”由此可见，铁券文书之制成为明代勋爵制度的一部分。

虽然明代曾颁赐过大批铁券，但存世

图1　中国国家博物馆藏唐昭宗赐吴越王钱镠的铁券

的明代铁券却十分稀少。北京故宫博物院存有两件，分别是成化五年（1469）抚宁侯朱永铁券和成化二十三年保国公朱永铁券，都是明宪宗颁赐给朱永的。**青海省档案馆**藏有明英宗天顺二年（1458）右军都督李文铁券。现居甘肃临洮的明会川伯赵

图 2 青海省档案馆藏明英宗天顺二年（1458）右军都督李文铁券

安的后人保存有明英宗正统五年（1440）赵安铁券。（覃 波）

淡新档案 Dan-Xin Archives 中国清代台湾淡水厅、台北府及新竹县的行政与司法档案。包含清乾隆四十一年（1776）至光绪二十一年（1895）120 年间台湾淡水厅、台北府及新竹县的行政与司法档案，是现存清领时期台湾省、府、州、县厅等行政机关档案中最具规模且完整的档案，也是研究清领时期台湾行政、司法、经济、社会、农业等议题的重要一手史料。现藏台湾大学图书馆。

依**清代档案管理**，按照中央六部的设计并考量地方实际情况分为吏、户、礼、兵、刑、工、粮税与承发八房管辖。1895 年日本接收台湾之后，因考量这批档案内容多为司法业务，因而交由新竹地方法院保管，其后又转送复审法院（即当时的高等法院）接管。20 世纪 30 年代，台北帝国大学（台湾大学前身）文政学部欲征集台湾史研究资料，这批档案遂由复审法院转送台北帝国大学，因其属于清领时期治台官府的档案，所以当时被命名为台湾文书。50 年代，台湾文书移交台湾大学法学院，由法律系教授戴炎辉主持档案的整理工作，因这批档案涵盖了清末的淡水厅、台北府及新竹县，于是便将其命名为淡新档案。

戴炎辉依现代法学分类方法，将档案文件重新分类，制定淡新档案主题分类表，将整个档案全宗分为行政、民事与刑事三门，再按内容依序分为类、款、案、件等层次架构。1986 年，戴炎辉将淡新档案原件移交台湾大学图书馆特藏组珍藏。再经多年的重整、分件与数字化工作后，全宗现总计 1162 案，包括 19 246 件。

淡新档案为当代中国所存少见的县级档案，无论就台湾法制史、地方行政史，乃至于社会经济史的研究等方面都深具学术价值。淡新档案全宗原件已完成数字化，并以纸本形式出版《淡新档案》三编共 36 册；此外，也以多元的形式制作成线上资源，如台湾大学淡新档案学习知识网、台湾历史数位图书馆、台湾大学深化台湾研究核心典藏数位化计划资料库，以及《淡新档案》客家研究数位分析系统，开放供大众使用。（胡其瑞）

《当代中国档案事业实录》 *A Contemporary History of Chinese Archival Undertaking* 中国档案事业发展史专著。王景高、冯伯群、李向罡编著，档案出版社 1993 年 8 月出版。共 21.6 万字。全书由序言、正文及附录构成。

全书记载了 1949～1990 年，中共中央和国务院关于档案工作的方针政策、档案法规制度、全国性档案工作会议、机关档案工作、档案馆工作、档案专业教育、档案专业职务评聘、档系科研和宣传出版，以及国际档案事务往来等方面比较重大的事情，共计 752 条。按事情的性质，将条目分为 16 类，分别是综合；机关档案工作；专门档案工作；科技档案工作；档案馆工作；军事档案工作；建国前历史档案；建国前革命历史档案；档案专业教育；档案专业职称、职务；档案科学技术研究；档案宣传出版；档案机构、编制、经费；档案学会；国际档案事务往来；编史修志工作。每类均按事情发生时间的先后顺序排列。其中没有具体日期的事情分别排列在有关年月之后，有些虽发生在不同时间但关系十分密切的事情则集中记录在一个条目之中，以保持事情的完整性，也便于读者从各方面进行检索。

该书采取了大事记的写法，简明扼要，分类编年，便于检索和阅读，实为便览式的工具书。该书可以为广大档案工作者提供查考、研究当代中国档案事业发展历史的资料线索，也可成为**《当代中国的档案事业》**一书的辅助读物和参考工具书。（张芳霖）

《当代中国档案学论》 *On the Archival Science in Contemporary China* 中国档案学硕士学位论文集。吴宝康、丁永奎主编。1988 年中国档案出版社出版。论文集收录了中华人民共和国档案学专业前三届 8 位研究生的硕士学位论文，分别是：冯惠玲《论档案整理理论的演变与发展》、丁志民《论档案服务的实现》、郑鸽《国家档案管理系统分析与探索》、魏娜《档案馆科学管理的理论与实践初探》、李宪《档案目录体系研究》、海滨《论档案利用理论的形成与发展》、吴兰《档案、图书、情报信息综合管理初探》和朱国斌《论档案法的基本原则》。

论文集的突出特点：①在选题上都抓住了当时中国档案学术研究中迫切需要探讨的一些新问题，具有较大的理论价值和实际意义。②坚持在马克思主义指导下运用系统论、信息论、控制论等基本原理，研究和发展档案学，不仅给人以耳目一新之感，而且对档案学有关问题的研究更加深入。③其论证既有马克思主义的理论依据，又有档案工作的实践基础，用历史的、辩证的观点和方法进行分析研究，在批判继承的基础上踏踏实实地创新和发展档案学理论，都有独到见解和创新观点。④论文写作都以实地调研为基础，有的是全面调研，有的是专门调研，调研的层次包括中央和省（直辖市）级、市级和区（县、市）级档案馆（馆），以及基层档案室。

为中国第一本档案学硕士学位论文汇集，为丰富和完善中国档案学理论及学科体系，繁荣中国档案学术研究，指导和规范中国档案工作实践都具有一定的参考价值。（李财富）

《当代中国的档案事业》 *Archival Undertaking in Contemporary China* 中国档案学专著。全国档案学技术研究工作“七五”规划所列的第一部档案学专著。国家档案局组织编写，**裴桐**主编。1988 年 4 月中国社会科学出版社出版。2009 年 9 月当代中国出版社和香港祖国出版社联合出版海外版。《当代中国》丛书中的一卷。1992 年 1 月获中国档案学会第二次档案学优秀成果一等奖。

全书分为 4 编、16 章、55 节。第一编为历史编，叙述了中国档案工作的历史溯源和从 1949 年到 1985 年的发展历程。第二编为档案室工作编，论述了档案室建设和文书档案、科技档案、专门档案工作。第三编为档案工作编，阐述了各级各类档案馆的设置与布局、组织管理、业务基础工作、利用工作和编研工作。第四编为国家档案事业管理编，论述了档案工作的基本原则与管理体制、档案专业教育、档案科研、宣传出版和国际交往等各项工作。附录有全国档案事业大事年表（1949～1985）、全国档案工作情况统计图表、省以上综合

档案馆和专业档案馆介绍、现行档案工作法规性文件，以及英文目录。

《当代中国的档案事业》运用马列主义、毛泽东思想的理论，系统、科学地总结了中华人民共和国成立以来国家档案事业的发展历史、建设成就和经验教训。以大量丰富的实际材料为基础，按照历史发展的脉络，把实践经验和专业知识贯串其中，融科学性、史书性、知识性、生动性于一体，是一部史书性的科学著作。

（王 晖）

党政档案工作统一管理原则 unified management principle of party archives and government archives 把党的档案工作和政府的档案工作统一起来，实行各级党委直接领导和统一管理的体制。党政档案工作统一管理原则的内容包括：①党的档案和政府的档案具有不可分割的联系，为避免多头管理和政出多门的情况，保护档案全宗的完整，各档案机构都必须按照党委领导，以党的方针政策开展档案工作。②由党委直接领导档案工作，对各级档案工作实行统一的指导和监督，各级档案馆集中保管各级党委和政府机关的档案，各级档案管理机构既是党的机构又是政府机构，各级党委和政府的档案都按照同样的管理原则、管理制度和管理方法统一管理，不得分散管理。③一个机关党政档案由机关档案室集中管理；各级党政机关形成的具有长久保存价值的档案由国家综合档案馆集中管理；党委系统和政府系统的档案工作统一由档案事业管理机关统一指导和监督。

党政档案工作统一管理是充分结合中国国情和档案工作规律的结果。1956年4月16日，国务院发布了《国务院关于加强国家档案工作的决定》，要求加强国家档案工作的统一管理。1959年1月7日，中共中央发布《关于统一管理党政档案工作的通知》，决定将党和政府系统的档案工作机构合并，使之既是党的机构又是政府机构，由党委领导，对全国各级档案工作实行统一的指导和监督；各级档案馆统一建设，分别集中保管各级党委和政府机关的档案。1985年2月8日，中共中央和国务院发布《关于调整我国档案工作领导体制的通知》，决定实行党、政档案工作统一管理的原则，各级档案管理机构性质上仍既是党的机构又是政府的机构，列入政府编制序列。1987年颁布的《中华人民共和国档案法》规定，档案工作实行统一领导、分级管理的原则。2014年5月，中共中央办公厅和国务院办公厅印发《关于加强和改进新形势下档案工作的意见》，指出县级以上各级档案行政管理部门既监督指导本行政区域内党的机关的档案工作，又监督指导本行政区域内政府机关和其他单位的档案工作；各级国家综合档案馆既集中管理本级党的机关的档案，又集中管理本级政府机关和其他单位的档案；坚持并不断完善党委和政府领导、档案部门归口负责、各方面共同参与的档案工作体制，确保分工明确、各司其职，密切配合、形成合力，促进档案事业协调发展。

党政档案工作统一管理原则是中国档案工作管理的基本原则之一，作为中国档案工作的一大特点，是集中统一管理原则的高度体现。党政档案工作统一管理原则保证了中国档案工作从中央到地方的政策贯彻执行能力，使得中国的档案事业能够在较短的时间内取得巨大成就。因此，坚持党政档案工作统一管理，坚持和加强中国共产党对档案工作的领导，是适合中国档案事业发展的根本制度。（何 振）

《党政机关公文处理工作条例》 *Measures for Handling Official Documents of Party and Government Organs* 中国党政机关公文处理工作的最高标准和依据。中共中央办公厅、国务院办公厅于2012年4月16日发布，2012年7月1日施行。适用于各级党政机关公文处理工作，其他机关和单位可参照执行。

根据1996年5月中共中央办公厅印发的《中国共产党机关公文处理条例》和2000年8月国务院发布的《国家行政机关公文处理办法》的执行情况，迫切需要将党政机关的公文处理工作法规合二为一，以满足新时期党政机关对公文处理工作的新要求。在此背景下制定并出台了《党政机关公文处理工作条例》（以下简称《条例》）。同时，自实施之日起，《中国共产党机关公文处理条例》和《国家行政机关公文处理办法》停止执行。

《条例》共8章42条。第一章总则，7条。第二章公文种类，1条。第三章公文格式，4条。第四章行文规则，5条。第五章公文拟制，5条。第六章公文办理，5条。第七章公文管理，10条。第八章附则，5条。主要内容：明确制定目的和工作要求，规定党政机关公文种类和公文构成要素，明确公文用纸规格、公文版式标准以及公文构成元素的执行标准。规定行文原则和行文关系确定方法，明确公文拟制和公文办理的内容，从公文管理制度和部门人员配置方面对各级党政机关公文管理工作提出要求。规定涉密公文相关工作要求和公文的撤销、废止、销毁相关工作要求。

《条例》的颁布首次实现了党政机关公文处理规范标准的统一，解决了中国公文管理长期以来存在的党政不分问题，提高了公文处理的效率和质量，是中国当代公文法规建设进程中一次重大变革和党政机关公文处理历史上一座新的里程碑。

（董丹华）

《党政机关公文格式》 *Format of Official Documents of Party and Government Organs* 中国关于党政机关公文通用纸张、排版和印制装订要求，公文格式各要素编排规则等内容的国家标准。中华人民共和国国家质量监督检验检疫总局、中国国家标准化管理委员会于2012年6月29日发布，7月1日实施，适用于各级党政机关制发的公文。其制定按照《党政机关公文处理工作条例》的有关规定，结合党政机关公文格式的实际应用，对1999年发布的国家标准《国家行政机关公文格式》（GB/T 9704—1999）进行了修订，对公文用纸、印刷装订、格式要素、式样等做出具体规定，并于实施之日起代替《国家行政机关公文格式》（GB/T 9704—1999）。

前言中注明标准起草的规则，相对GB/T 9704—1999进行修订的主要内容，规定本标准中公文用语与《党政机关公文处理工作条例》中的用语一致。明确本标准由中共中央办公厅和国务院办公厅提出，中国标准化研究院归口，起草单位是中国标准化研究院、中共中央办公厅秘书局、国务院办公厅秘书局、中国标准出版社。主要内容共11条。①范围，明确本标准规定的内容以及适用范围。②规范性引用文件，列出一系列应用于本标准的规范性文件。③术语和定义，明确适用于本标准的术语和定义，主要有字、行。④公文用纸主要技术指标，规定公文用纸主要技术指标，涉及纸张定量、白度、横向耐折度、不透明度和pH值。⑤公文用纸幅面尺寸及版面要求，规定公文用纸采用A4型纸，其成品幅面尺寸为210毫米×297毫米；明确页边与版心尺寸、字体和字号、行数和字数、文字颜色的具体要求。⑥印制装订要求，主要涉及制版要求、印刷要求、装订要求。⑦公文格式各要素编排规则，将版心内的公文格式各要素划分为版头、主体、版记、页码四部分。版头部分包括份号、密级和保密期限、紧急程度、发文机关标志、发文字号、签发人、版头中的分隔线。主体包括标题、主送机关、正文、附件说明、发文机关署名、成文日期和印章、附注、附件。版记包括版记中的分隔线、抄送机关、印发机关和印发日期。⑧公文中的横排表格，规定表格横排时的页码位置和表头位置。⑨公文中计量单位、标点符号和数字的用法，明确公文中计量单位、标点符号和数字的用法符合的国家标准。⑩公文的特定格式，明确信函格式、命令（令）格式、纪要格式的具体要求。⑪式样，对公文的各种版式以图形的形式呈现。

首次统一了党政机关公文格式要素的编排规则，提高了党政机关公文的规范化、标准化水平，有利于进一步提高各级党政机关公文制作水平和质量，有力地推动了党政机关公文处理工作向科学化、规范化的方向发展。（董丹华）

当票 dangpiao 中国古代当铺收存当物后开具给当户的票据。又称当据。起源与古代的典当活动有关。中国的典当活动在汉代甚至更早就已经存在，而典当业则在南北朝时期兴起，唐代的《唐律疏议》中已有对典当行业的专门规定。金代将当票称为质券；元代称典当为解库、解典库，所以称当票为解帖；到明代，因流行典当、当铺的称法，当票的名称从此形成；清代还有典票的说法；中华民国以来，典当业及当票仍然流行于世。

当票一般由当铺自行印制，也有委托印刷单位代印的，不过得承印单位连环具保，以防伪冒。当票通常在最上端刊印当铺招牌商号，票面载明详细地址、抵押期限、利息计算，以及“虫蛀霉烂各安天命”等语；中间略偏右一行，其上印制“当去本银”“当去本洋”等，依据当时使用的货币名称相应变化，其下空白，用以填写当本具体金额；其右一行，填写押品名目件数及新旧状况；最左边一行用以填写交易时的年月日；年月日右边一行，上列编序字号，上号以千字文为序，每月一字，下号自第一号起，到月底所得号数就是本月所做交易的总数，编序字号部分也有写在

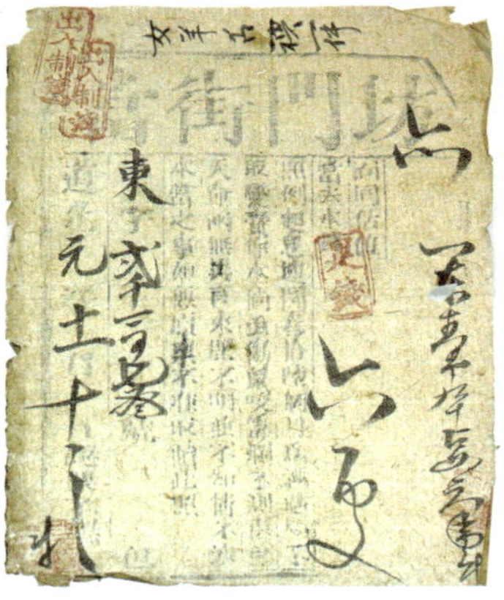

图 1 清道光元年（1821）坊门街当铺当票（衢州博物馆藏）

当票最右边的。当票上往往还要加盖各种朱色图章，中华民国时期加贴印花税票。

图 2 中华民国四年（1915）屯溪盐埠头万泰典当票（安徽博物院藏）

当票作为古代社会经济活动的实物遗存，对于研究古代社会有着直接的参考价值。另外，作为一种特殊的字体“当字”，除了体现在当票实物之上，古代还编有专门的《当字谱》课本以供从业人员学习。这种“宛如天书”的特殊字体，在古代曾经起到了不可替代的作用，现今对于研究典当史、文化史、俗体字、汉字改革及书法艺术等均是难得的实例。虽然古代的当票形制今天已经不再沿用，但中国典当行业与古代的典当业无疑有着承续的关系，现在的当票已演变成标准化的典当合同。（张全海）

档案 archives 国家机构、社会组织或个人在社会活动中直接形成的有价值的各种形式的历史记录。档案是有史以来最早产生的文献之一，也是现代社会信息的重要门类。

词源 中国古代对档案的称呼与文书不加区分，有典、册（策）、中（册字的省形）、简牍、文书、簿书、案卷、文案、案牍等。档案一词始见于清代，《清太宗皇帝实录》中有“皆记档案”与“不记档案”的记载（崇德三年正月甲午日）。康熙十九年（1680）《起居注》中记载，康熙帝在披阅秋审众犯册时问：“马哈喇之父与叔皆没于阵，本人亦有功牌，其罪如何？”大学士奏曰：“部中无档案，故控告时部议不准。”大约成书于康熙四十六年杨宾的《柳边纪略》对档案有所解释：“边外文字多书于木，往来传递者曰牌子，以削木若牌故也。存储年久者曰档案，曰档子，以积累多贯皮条挂壁若档故也。”清入关后改用纸张书写，但习惯相因，仍将保存起来的文书称作“档案”“档子”。在其后的律令条例中，对于“文书”和“档案”的用法开始有所区别，多处使用“缮写文书，收贮档案”“录存档案”“档案副本”等。按汉字本义，“档”为横木框格，系指存放东西的阁架；“案”即小桌子一类的东西，引申为处理某一事件的案卷。档案即存入档架的案卷，沿用至今仍有其形象的和内在的意义，并赋予新的科学含义。

一般认为外国的档案概念从 17 世纪开始成形。档案一词，欧美诸语言均源于希腊文 αρχειον 和拉丁文 archivum，文字和发音都很相近。原意为行政机关所在地，后指保存公务案卷或其他文件的处所，进而兼指保存在这些地方的档案。它是一个多义词，可释为档案库、档案室、档案馆、档案等，因而使用时往往需要加以限定或说明。如英文 archives，通常指个体、家庭或公私组织在其事务活动中生成或接收的具有持续价值或可以作为其生成者职能或使命证据的材料，也有档案管理部门、档案馆、档案库房建筑等含义。俄文 архив，在 20 世纪 30 年代多指档案馆，对档案则称 архивный материал（档案材料）。苏联国家标准文件规定以 архивный документ（档案文件）为特指档案的通用术语。日文常用ぶんしよ（文书）或こうぶんしよ（公文书），历史档案为こもんじょ（古文书），日本国家档案馆称为こうぶんしよかん（公文书馆）。

起源 从已知的历史事实和研究成果来看，档案是人类社会发展到一定阶段的文明产物。它的形成经历了一个相当长的历史过程，它以社会生产的发展和人类交往的扩大以及文字发明为基础，产生于原始公社向奴隶制过渡的时期。人类社会从石器时代进入金属时代以后，生产力水平空前提高，阶级和国家的雏形逐渐产生，加强社会交往和社会管理的实践，要求使用文书来记录和传递信息。而文字的出现又为文书记录提供了工具。同时，各种社会实践活动的继续和发展，需要人们存储有价值的文字信息，以资查考和充当凭证。随着国家的出现，逐渐形成比较有条理的文书，进而保存积累成较为系统的档案。因此迄今世界各地发现的比较系统地以文字记录人们实践活动的最早档案多为国家出现之后的历史遗物，如中国的**甲骨档案**、两河流域的**泥板档案**、埃及的**纸草档案**等。但这些较为完善的档案，并不是历史上最早的档案。文字发明和应用于记录的最早时期、文字产生与档案的关系、文字发明

之前非文字的原始记事形式是否已具有档案性质等问题尚待进一步考察和研究。探索档案的起源，有助于加深对档案的性质以及档案和档案工作发展规律的了解，具有学术价值和实际意义。

定义　长期以来，国内外学者对档案定义有种种不同见解，在有关的法律、法规和标准文件中也有反映。从档案概念内涵的构成要素和涉及文件生命周期的不同阶段而论，基本上分为3种类型：①严限制型。强调具有永久保存价值的，保存在档案馆等特定场所的非现行文件才是档案。如国际档案理事会（ICA）主持编撰的《**档案术语词典**》（1984）将档案定义为："由形成者或其职能的继承者为自己利用，或由适当的档案馆因其档案价值而保存的，经过挑选或未经挑选的非现行文件。"②宽限制型。具有一定年限保存价值的，保存在文件形成机构、档案馆等特定场所的半现行与非现行文件均为档案。如俄罗斯《联邦档案事业法》（2004）规定："档案文件是指具有原始证明要素，对于公民、社会和国家具有重要意义而必须保存的固化有可识别信息的物理实体。"③宽泛型。不限定保存价值和保存地点等因素，保存在任何地方的、具有一定保存价值的现行、半现行、非现行文件均为档案。如法国《档案馆法》（2004年发布，2016年修订）规定："档案是所有自然人或法人，在其活动中产生或接收的，无论时间、保存地点、存在形式、载体形式的全部文件，也包括数据的统称。"中国的档案概念属于宽限制型，无论保存在机关档案室或国家档案馆还是保存在个人手中的，需要短期、长期或永久保存的各种办理完毕的文件都属于档案。机关、团体、企事业单位和其他组织或者个人将办理完毕、具有一定保存价值的文件归档保存即成为档案，在本单位档案机构管理一定年限后按照规定向有关档案馆移交。

从档案概念的属种关系而论，大致有两种主要类型的档案定义：①以"文件"为属概念。如美国T.R.谢伦伯格著的《**现代档案——原则与技术**》（1956）将档案定义为："经鉴定值得永久保存以供查考和研究之用，业已藏入或者业已选出准备藏入某一档案机构的任何公私机构的文件。"上海辞书出版社出版的《辞海》（1999）将档案定义为："保存起来以备查考的文件。"②以"历史记录"或"原始记录"为属概念。如吴宝康主编的《**档案学概论**》（1988）的表述为："档案是国家机构、社会组织和个人在社会活动中形成的，保存备查的文字、图像、声音及其他各种形式的原始记录。"1987年公布、2020年修订的《**中华人民共和国档案法**》第二条规定："本法所称档案，是指过去和现在的机关、团体、企业事业单位和其他组织以及个人从事经济、政治、文化、社会、生态文明、军事、外事、科技等方面活动直接形成的对国家和社会具有保存价值的各种文字、图表、声像等不同形式的历史记录。"这一条款旨在界定档案法所规范的对象范围，限定于"对国家和社会有保存价值"，它揭示了档案的本质属性，具有档案定义的基本要素和理论意义，因而在中国以此为基础进行表述的档案定义较为通用。

特点　①档案主要是由现行文件转化而来的历史记录。文件被使用和办理完毕之后，一部分随着记述、办事等现行功能的结束，失去其社会价值而被淘汰；另一部分由于对日后仍有凭证和查考价值，则被选择保存下来成为档案。因此，档案与现行文件既有联系又有区别：现行文件是档案的前身，档案是现行文件的归宿和精华。这也决定了档案的本质属性及与其他文献资料的不同。档案是社会活动的原始记录，不是事后编写的材料，档案以其原始性和记录性集于一体的特点区别于一般的历史遗物。②档案是各种机关、组织和个人在其特定的社会活动中积累而成的文件组合体。公务档案的产生与存在，始终渊源于特定的形成机构及其职能活动，并由此构成档案之间的内在联系。这一定向积累性和历史联系性的特点，使得档案存在形态和运动规律与其他文献资料有所不同，它要求尊重档案来源与内容等方面固有的联系，维护档案文件体系的历史面貌，才能有效地发挥档案信息特有的作用。③档案是社会活动的原始记录，而非复制品，故更具可靠性，并大多具有单一性和稀有性。档案以其原始和孤本而珍贵的特点区别于其他出版物，其保护和利用也有特殊的要求。

种类　档案形式丰富多彩，种类繁多。依其形成者和所有权不同，可以划分为**公共档案和私人档案**；依其作用和性质的不同，可以划分为行政档案、科技档案、会计档案、诉讼档案等；依其载体不同，可以划分为甲骨档案、金石档案、**简牍档案**、**缣帛档案**、**纸质档案**、音像档案和**电子档案**等。一些历史悠久、性质或载体比较特殊的档案，比如纸张产生之前的各种档案往往与文物、图书资料等有一定的转化关系或部分重合关系，即具有双重性或几重性，因此，在博物馆、图书馆和档案馆均有所收藏。《中华人民共和国档案法》规定："博物馆、图书馆、纪念馆等单位保存的文物、图书资料同时是档案的，可以按照法律和行政法规的规定，由上述单位自行管理。""档案馆与上述单位应当在档案的利用方面互相协作。"此外，随着信息技术在社会活动中的应用越来越深入，由计算机产生并主要在网络环境中使用的电子文件越来越多，其中具有长久保存价值的转化为电子档案，作为现代信息技术的伴生物，电子档案具有与传统纸质档案不同的特征和管理要求。在从甲骨档案到电子档案的变迁中，档案载体和记录方式不断向多媒体、高密度、易传递、易查找的方向发展，档案记录和反映社会生产生活的能力越来越强。

（陈兆祦　和宝荣　冯惠玲）

《档案》 *Archivaria*　档案学刊物。由**加拿大档案工作者协会**出版。为同行评议的学术性半年刊。是加拿大最权威的档案学刊物，也是国际档案界公认的权威刊物之一。2010年，得到了澳大利亚研究理事会的认可，被评为最高分A+。其前身是1963～1974年发行的《加拿大档案工作者》。最初为英文刊物，1993年之后刊登的文章会在前面附上英语、法语摘要，同时也对非英语经典文章进行翻译并在档案界传播发行，是档案工作者和研究者间的沟通桥梁。

加拿大档案工作者协会在1975年成立后不久，发行了第一期（1975～1976）。2005～2006年，加拿大档案工作者协会和西蒙弗雷泽大学图书馆使用开放期刊系统软件将所有往期刊物数字化，供公众免费使用。2006年，在纸质刊物基础上推出电子版，但最新8期的网上版本只提供给刊物订阅者和加拿大档案工作者协会会员。

《档案》遵守严格的评审制度。所有投稿文章首先由总编评估是否具有学术价值、是否符合刊物要求，编辑委员会中权威的审稿人要对文章进行至少两次盲评，决定是否入选。总编为入选文章提出指导意见，给出修订建议。内容涵盖如下范围：档案历史、档案个体工作者和档案发展趋势、文件保存方式分析、载体演变及其特征、理论问题、实践研究、历史新领域（及相关学科）、法律伦理问题、新技术发展、档案工作者与其他信息管理者的关系等。栏目设置包括《论文》《案例研究》《深度观察》《述评》《展览评论》等。

（黄霄羽）

《档案》 *Archivaria*　**国际档案理事会**会刊。刊名为拉丁文。1951年创刊，2000年停刊。年刊。用法、英、德、意、西班牙五种文字出版，发送国际档案理事会的所有会员，并向全世界公开发行。编辑部设在巴黎。宗旨是刊载历届**国际档案大会**的文件和有关及档案工作的国际信息，包括**历史档案**与现行文件管理以及档案与历史研究的相关问题。每隔四年出版专门的一卷用于记录编辑出版国际档案大会的相关信息。

主要内容有各国档案馆名录，国际档案书目，各国档案法规，各种类型档案馆简介，**档案保护**和修复技术，档案缩微技术，档案馆建筑规范，教会档案的管理，出生、死亡、结婚登记簿册的管理，公证人档案的管理，档案教育，国际档案学术交流的成就等。

是各国**档案工作者**交流工作经验和档案情报的重要园地，也是历史学家、经济学家、考证学家的参考工具。2001年，国际档案理事会将《档案》与《**护门神**》等杂志合并调整为新的刊物——《**逗号**》。

（吴体乾）

档案安全保障 archival security 国家机构、社会组织、企事业单位为维护档案资源的实体安全和内容安全，构建完善的档案资源安全和保护体系，依照国家的法律法规、制度规范，所采取的各种有效行动和措施、方法的总称。

主要内容 档案安全保障的主要工作内容包括：①档案馆库建设安全。档案馆库建设在选址、设计、选材上要充分考虑防震、防火、防水、防地质灾害、防污染、防强光、防尘、防高温高湿的要求，充分考虑档案现有数量和未来增长量，留足库房空间，尽快消灭“无库馆、室”或“危房馆、室”。②电子文件和电子档案的安全。明确归档范围，更全面地保存党政机关、企事业单位的电子信息；统一技术应用标准，保存兼容性；建立本地区**电子文件中心**，集中管理；严格对电子文件进行安全备份，多套、异地、异质备份；加强电子文件信息系统和载体的安全检测，安全设施达标；加强保密技术、保真技术、长期可读技术等安全保护技术研究。③纸质档案数字化的安全。纸质档案数字化是一项档案安全工程和档案方便利用工程。④安全技术措施（设备）的安全。⑤档案安全制度体系建设。包括档案备份制度，突发事件应对制度，档案利用安全**保密制度**，受损**档案抢救**制度，数字档案和电子文件信息安全制度等。⑥档案安全督察。包括档案馆安全督察工作和档案馆（室）安全保密专项自查。⑦档案安全工作的日常管理等。

中国的档案安全保障 发展 中国早在1955年1月17日中共中央批准的《中国共产党中央和省（市）级机关文书处理和档案工作暂行条例》中，就提出了“集中统一地管理机关档案，维护档案的完整与安全，便利机关工作；反对分散保存”的原则性要求。1956年4月16日国务院公布的《关于加强国家档案工作的决定》和1959年1月7日中共中央发布的《关于统一管理党政档案工作的通知》等规范性文件中，再次重申了“维护档案的完整与安全”的基本要求。1987年颁布的《中华人民共和国档案法》，也将“维护档案完整与安全”作为一条重要内容纳入法律规定。2010年，在全国档案安全体系建设工作会议上明确提出了“全方位地做好档案安全保密工作，从各个方面建立确保档案安全保密的档案安全体系”的要求。2016年，根据《信息系统安全等级保护基本要求》和《**档案信息系统安全等级保护定级工作指南**》，结合档案工作实际，国家档案局组织编制了《档案信息系统安全保护基本要求》，并印发执行。

法律法规 档案安全保障需要遵循的法律法规和标准规范主要有《中华人民共和国档案法》《中华人民共和国保守国家秘密法》《档案馆防治灾害工作指南》（2009年12月29日发布实施）、《档案工作突发事件应急管理办法》（2008年8月27日发布实施）、《档案馆建筑设计规范》（JGJ 25—2000）、《档案馆建设标准》（2008年7月1日起实施）、《档案信息系统安全保护基本要求》（2016）等。

意义和价值 档案安全保障是落实党和国家《**关于加强和改进新形势下档案工作的意见**》等一系列重要政策的需要，是防止国内外敌对势力窃取中国核心档案信息的需要，是预防和减轻自然灾害、人为灾害对档案造成损失的需要，是解决公共档案信息服务与档案信息安全之间矛盾的需要，是应对新技术条件下数字档案信息安全挑战的需要，是消除档案部门各种安全隐患的需要。

（王英玮）

档案保管 archival retention 档案馆（室）对档案进行系统存放和安全保护的工作。档案管理中的一项重要内容。基本任务和要求是维护档案的完整与安全，便于调用。主要内容：①**档案排架**。可视不同情况分别采取分类排架和流水排架，或分类、流水综合排架。分类排架即按照档案形成的不同时期、档案的不同类型和立档单位的不同组织系统等，将馆藏档案划分为若干类别进行排架；流水排架即按照档案全宗最初进馆的时间顺序排架；分类、流水综合排架即先将馆藏档案分为若干类别，在每一类别内再按全宗进馆时间顺序排架。无论采用何种方法，属于一个全宗的档案均应集中排放，不应分散和混杂。②**档案库房管理**。要建立完善的档案库房管理制度，配备必要的防护设备，合理调节和控制温度、湿度，做好防火、防盗、防尘、防霉等项工作，保持整洁、有序，保证档案安全无损。③档案调出和归还。调出和归还档案都应逐卷点交清楚，办理手续。用完的档案要归还原位。④档案检查。对于馆藏档案的状况应定期进行全面检查，必要时可临时进行部分检查。着重检查档案是否缺少以及每件档案的完好状况，检查时要逐卷进行，要做出详细记录并写出正式报告。一旦发现档案缺少或严重破损等问题，要及时采取措施，妥善处理。

人事档案保管

从不同层面观察档案保管可以分为不同类型。较具体的如档案入库管理、档案库房管理、档案利用过程中的保护、档案的安全防护和应急管理等。从相对抽象的角度可划分为：①日常性保管。主要指库房内的清洁、温湿度监测、库房安全保卫及档案的入柜上架等。②预防性保管。主要是围绕“八防”（档案的防潮、防水、防日光及紫外线照射、防尘、防污染、防有害生物、防盗、防火）而采取的保护措施。③抢救性保管。主要指对濒危或严重破损或载体变质的档案进行的修补、复制等。④条件性保管。主要指配套设施的使用，如库房的规划建设与使用、档案装具的挑选及设备的购置与维护等。

档案保管工作在整个档案工作中具有重要意义。档案保管工作的质量对提高档案管理工作水平具有重大的影响，甚至在一定条件下具有决定性的影响。它为档案管理工作提供物质对象和基本前提。

（赵铭忠 黄世喆）

《档案保管技术学》 *Study of Archival Preservation Techniques* 中国高等学校档案学专业教材。冯乐耘、胡让、刘凤志、李鸿健编。中国人民大学出版社1961年出版，1980年再版。全书共9章。第1章，档案文件制成材料及其特性；第2章，档案文件损坏的理化因素及防护方法；第3章，损坏档案文件的生物及防治方法；第4章，档案文件的修复技术；第5章，档案文件的照相复制；第6章，档案馆的建筑和设备；第7

《档案保管技术学》封面

章，技术图纸的保管；第8章，影片、照片档案的保管；第9章，录音档案的保管。《档案保管技术学》运用物理、化学、生物学等方面的知识分析档案损坏的因素和防治方法，侧重**档案保管**问题，并介绍了档案修复和复制等技术，对档案保护学研究和实际工作都有参考价值。（吴北光）

档案保管期限 records retention period 根据文件的发文机关、内容和使用价值将其划分为永久和定期两种期限类型进行保存，衡量和表示档案价值的一种方法。所有的**档案保管期限表**都要对列出的文件材料标明其保管期限，提供保存价值标准清单，便于工作人员对照使用。

基本内容　根据有关规定，中国的档案保管期限定为永久和定期两种。定期一般分为30年（长期）和10年（短期）。

反映机关主要职能活动和基本历史面貌的，对本机关、国家建设和历史研究有长远利用价值的档案，列为永久保管。主要包括：本机关制定的属于法规政策性的文件，处理重要问题形成的文件材料，重要会议的主要文件材料，重要的请示、报告、总结，综合统计报表，机关领导人任免的文件材料；直属上级机关颁发的属于本机关主管业务并需贯彻执行的重要文件材料和非直属上级机关颁发的针对本机关主管业务并要贯彻执行的重要文件材料。

反映本机关一级工作活动，在较长时间内对本机关工作存在查考利用价值的文件材料，列为长期保管。主要包括本机关一般工作问题的文件材料，一般会议的主要文件材料，人事管理工作形成的一般文件材料，直属上级机关颁发的属于本机关主管业务并需要贯彻执行的一般文件材料，下级机关报送的重要总结、报告和统计报表等文件材料。

在较短时间内对本机关有参考利用价值的文件材料，列为短期保管。主要包括本机关一般事务性的文件材料，上级机关和同级机关颁发的非本机关主管业务但要贯彻执行的文件材料，下级机关报送的一般工作总结、报告和统计报表等文化材料。

方法　将保管期限从定性划分改为定量划分是一种必须采取的措施。但不能完全否定档案保管期限的定性划分，鉴定工作带有明显的预测性质，要对档案保管期限做出很准确的定量划分是不现实的，而且定性划分在历史上也曾发挥过积极作用。需要结合档案工作的实际对档案保管期限采取定性划分或定量划分，在不同的档案阶段、不同类型和等级的档案保管期限表中两种方法都有一定的适用性。

在明确由相关责任主体负责组织制定各种档案保管期限表的前提下，在编制通用的或不同专业系统、不同类型的档案保管期限表时，可以吸纳社会公众参与，将宏观鉴定理论和微观鉴定理论相结合，采取定性划分方法，确定保管期限；在编制本单位的档案保管期限表时，可以运用微观鉴定理论，采取定量划分方法，确定保管期限。（黄世喆）

档案保管期限表 records retention schedule 以表册形式列举档案的来源、内容和形式，规定**档案保管期限**的文件。鉴定档案保存价值和确定档案保管期限的依据和标准，由说明、顺序号、条款、保管期限、附注等部分组成。

类型　①标准档案保管期限表，又称通用档案保管期限表。由国家档案行政管理部门编制，供全国各机关、团体、企业事业单位鉴定档案使用。如《机关文件材料归档范围和文书档案保管期限规定》《企业文件材料归档范围和档案保管期限规定》中的**文书档案保管期限表**。②**专门档案保管期限表**。由国家档案行政管理部门会同有关主管部门编制，是各机关、团体、企业事业单位鉴定专门档案时通用的依据和标准。如《企业和其他组织会计档案保管期限表》《财政总预算、行政单位、事业单位和税收会计档案保管期限表》等**会计档案保管期限表**。③**同系统机关档案保管期限表**。由主管领导机关编制，是同一系统内各机关、企业事业单位鉴定档案时通用的依据和标准。如《审计机关审计档案管理规定》《公证档案管理办法》等。④**同类型机关档案保管期限表**。同一类型各单位鉴定时通用的依据和标准。⑤机关（企业）档案保管期限表。各机关、企业事业单位根据本单位的具体情况编制，供本单位鉴定档案时使用。

作用　档案保管期限表主要作用有：①能够保证鉴定工作的质量和提高鉴定工作的效率。有了档案保管期限表，档案鉴定工作人员就有了一个明确的业务标准，可以避免个人认识上的局限性和片面性，确保合理地判定档案价值，提高鉴定工作的质量。同时，由于标准明确，认识一致，有利于推动档案鉴定工作的顺利开展，加快鉴定工作的速度，提高鉴定工作的效率。②能够有效地防止擅自销毁文件和档案。因为档案保管期限表明确规定了需要保存文件的范围，界限清楚，加上严格的制度，就能够有效地防止错误地销毁有价值的档案。（王德俊　撰　王英玮　修订）

档案保护 archival preservation 保证档案在保存、使用和流通中处于安全和稳定状态的技术、方法和与之相关的管理制度。通过档案的日常保管、利用中的安全保护、各种档案灾害的有效防范、突发事件的应急处置，以及破损档案的抢救修复等措施，来确保档案不受损、不破坏、不丢失，使档案在保存、使用和流通中处于安全和稳定状态。

含义　档案保护有两种含义：①保护档案的技术方法。从档案材料的变化出发，通过一定的措施、技术和手段，减缓档案受损的程度和概率，使档案长期地保持稳定的理化性能。②保护技术管理。主要包括档案保护中的政策、法规、机制、评估和规章等。是立足于**档案保管**、流通和利用等多环节的保护技术的全程管理，实施的各项制度、方法和技术措施等体现全过程的档案保护思想。

分类　档案保护主要分为**预防性保护**和**治理性保护**。①预防性保护。所采取的主要技术包括温湿度控制、防光、防空气污染、防虫、防霉、防火、防盗、库房的维护、档案的定期检查、突发性灾难的应急及抢救措施与方案等，与此相伴而产生的是为预防档案保管环境的不适宜变化而制定的管理政策、管理制度、人员配备、监督检查、质量评估、财政投入评估和检查等。档案的预防性保护概念表明，在采取不可避免的治理行为（修复行为）之前，更为妥善和积极的方法是采取一系列消除危害因素和确保有利于保存条件的行为。预防性保护概念的提出，将档案的被动性治理性活动转为主动的保护行为，预防性保护贯穿于档案的整个生命周期，是一切保护活动的前提，是保护活动的中心或主要内容，是对档案的健康维护和检查。②治理性保护。是对破损档案进行修复、装裱

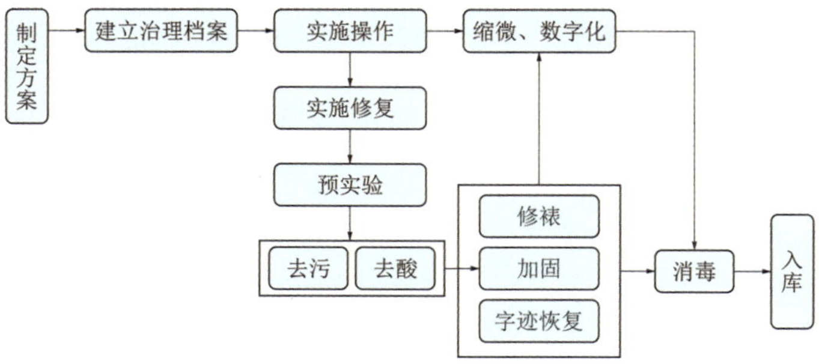

档案治理性保护流程

或者除去载体内不利保存的有害因素，以达到延缓变质历程，从而延长寿命等保护活动。在自然、时间、环境和人为因素的作用下，档案出现不同程度的损坏，影响保存和利用时，需通过治理性修复技术进行处理，从而恢复原貌。例如，在遭遇水灾时，对遭遇水浸的档案进行除湿、干燥处理；当遭遇虫蛀或霉蚀后，需对档案进行消毒、杀虫；对 pH 值低于 6.5 的珍贵的、老化的纸质档案实施去酸。这些处理措施往往不涉及整个藏品，只是对部分受“损”的档案进行“治病”处理，使之恢复到健康的状态。档案的治理性保护技术管理是在治理活动中所开展的一切管理活动。如治理方案、计划、财政预算、人员组织安排、单位间的协调、设备的准备和利用、技术的控制和监督、治理技术的评估、治理活动的总结等。治理性保护需要遵循一定的原则，如保持档案原貌、可逆性、最小干预等，这要求工作人员不仅具有娴熟的技术，而且必须遵守职业道德规范，具备保护工作必需的素质。要遵循的标准和规范有中国的《档案修裱技术规范》及《国际博物馆协会职业道德规范》等。治理性保护的一般流程如下：

保护技术知识　档案保护涉及物理、化学、材料、生物、环境、建筑、管理等多学科的知识，主要包括：①纸质档案保护。纸张载体材料特点（档案纸质的主要种类、材料、结构及其加工过程）与保存、修复办法，纸质档案字迹耐久性特点及保护技术。②影像档案保护。影像材料（胶片、照片、磁性介质）的结构与性质，影像档案的老化规律及其影响因素，以及影像档案的保护方法和技术手段。③数字档案保存。包括数字档案保存系统的建设、数字档案存储方式和存储系统、数字档案信息保存措施和数字档案载体的保护。④环境条件对档案的影响及其控制。包括温度、湿度对档案的影响及其调控，光对档案的影响及防光措施，空气污染对档案的影响及净化措施。⑤档案生物病害及其治理。包括对档案有害微生物的预防与治理、档案害虫的预防与治理。⑥库房建筑与档案的保护。包括档案库房建筑的选址及设计，档案库房材料、结构与档案保护，节能建筑与档案保护，档案库房内系统的建设，档案装具。⑦档案的修复与信息恢复。包括档案清洁、去污技术，纸质档案去酸技术，纸质档案加固技术，纸质档案修补和托裱技术，档案修整和装订技术，胶片和磁性载体修复技术，档案信息恢复技术。⑧档案灾害的预防及灾害档案的抢救。包括档案灾害的预防及应急响应、灾害档案的抢救与恢复。

档案保护技术的实施需要建立社会化、程序化、科学化、专业化和集成化的管理方式，解决档案保护技术质量无法保证、管理程序不规范、方法不科学、管理责任不明确、管理水平不一、管理效率低、技术与管理成本高、管理资源重复浪费等诸多问题。制定各类档案保护技术管理规范和技术标准、建立档案保护技术评价体系、融合国内外不同领域的管理思想和保护经验、健全档案保护组织机构、制订档案保护技术战略发展计划、加强教育和培训、储备保护技术人才队伍等活动是档案保护技术科学实施的基本保障。（张美芳）

档案保护方法　archival preservation methods　确保档案保存与使用安全的技术手段。依据档案材料变化的特点规律，通过一定的技术方法和措施，确保档案保管与利用环境的适宜性，防止或减缓档案材料的破坏与损毁，并对破损和处于不安全状态的档案进行修复抢救，达到延长档案使用寿命的目的。档案保护的重点主要是防止档案的损坏、涂改、丢失和被盗。

人们为了妥善保存与长久利用档案，很早就采取了多种不同的保护方法。古代埃及、希腊、罗马等国，在 3000 年前就将以莎草卷为载体的档案文献，贮存在木筒或象牙筒内进行防虫、防潮、防尘，并在雨季之后进行翻晾；古印度人采用木板或象牙板夹放易脆的棕榈叶文件。中国历史上总结出可应用于档案保管的“中国图书保护十法”，即辟蠹法、防蠹法、防腐墨、改字方、防霉糊、杀鼠剂、糊剂、加封术、防潮法、收藏室；在档案修复方法上形成了举世公认的裱糊技术，为保护人类文明做出了一定的贡献。1936 年河南安阳挖掘的 YH127 号坑，出土 1.7 万片商代甲骨档案，其坑壁直、底部平坦，内铺纯净黄土，甲骨层层叠放，是中国“档案库房”的先声；中国明代嘉靖十三年（1534）建成的皇史宬专门存放皇族的玉牒、圣训、实录等文档，是中国历史上最有名的档案库房；嘉靖四十年建成的天一阁是古代最有代表性的藏书楼，是中国优秀的、具有良好保护功能的档案库房，为保护档案提供了可靠的保障。第一次世界大战后，国际上的一些机构及个人关注档案文献的保护，研究大气污染对纸的作用、有害生物对纸张的破坏，以及光和温湿度对档案的影响，提出了热压加醋酸纤维素薄膜、氯胺 T 去污、熏蒸灭杀有害生物等保护档案的方法。第二次世界大战后，1960 年美国巴罗研究实验室对纸张去酸问题进行了系统研究；英国兰韦尔研究了空气污染及其对文件变质的影响，并提出了气相去酸法；印度凯恩伯利亚提出了溶剂加膜的档案修复法。

宁波天一阁藏书楼

保护档案需要认识档案材料的变化及其特点规律，改进和维护档案保管与利用环境的适宜性，修复抢救破损和处于不安全状态的档案。保护档案的方法很多，归纳起来有两个方面：①改善档案保管条件。采取一定措施来防止或减缓环境中有害因素对档案的破坏。改善档案保管条件的内容包括：建造符合要求的库房建筑、配置必要的设备和经常性的管理措施，这是档案保护“防”的一面。其中库房建筑是改善档案保管条件的前提。②破损档案的修复抢救。对已经损坏或存在不利于永久保存因素的档案进行技术处理，尽力恢复历史原貌、提高耐久性。档案修复内容有去污、去酸、加固、图字声像的修复、档案修裱等，这是档案保护“治”的一面。在实际工作中，应贯彻“以防为主、防治结合”的思想。

保护档案，需要坚持严格保护、有效管理、分类指导、合理利用的原则，通过健全法规标准，提高技术人员素质，加强档案的规范管理，完善档案保管与利用环境的基础设施，实施全员参与、全方位与全过程的监督和管理，增强档案保护方法的科学有效性。

开展档案保护工作，需要全面和系统地了解档案的总体状况，制定档案保护的整体性中长期规划；了解档案的种类、损坏程度、保管现状和存在的安全隐患，制定有效的保护方案；采取库房防高温、防潮湿、防盗、防火、防强光、防虫、防霉变和防尘等措施，实现档案保护的智能化综合控制与管理。

中国各级档案管理部门都在进行档案保护工作，各级各类档案馆（室）也在运用有效的技术方法实施档案的科学、有效的保护，并且努力探索更加有效的保护档案的方法。正在引入一些新的非传统理念的技术方法，并取得实效。新的档案保护方法主要有：永久档案封存、重要档案异地备份、不同载体间的数字化、缩微化转存的异质化保存，以及实行专业化保管基地、文件中心等方式。随着档案事业的发展，档案保护方法会发生拓展和改变，关注档案接收、整理、保管和利用全过程的管理，完善设备设施，升级管理软件，规范标准与管理制度，以适应社会发展，更好地保护各类档案，确保档案更长久地为档案事业的持续发展服务。（彭远明）

档案保护技术 archival preservation techniques 保护档案文献的专业技术。通过研究档案材料的变化规律，确定档案保护的技术标准与方法，改善档案的保管条件，防范有害因素的破坏，修复材料受损的档案，以延长档案使用寿命，使档案为社会发展和国家建设服务。

档案保护技术有 3 个主要任务：①明确档案的重要性，探索档案材料变化的特点规律，采取有效措施，使档案保持良好稳定状态。②采取有效措施，控制档案保管环境和其他环境，防止环境因素破坏档案。③修复抢救破损和处于不安全状态的档案，使其恢复和接近原有状态。

世界各国很早就开始了档案保护的实践活动。古埃及人根据天气条件保护纸草档案，把卷轴装在木桶或象牙桶内以防昆虫、灰尘和潮湿的侵害。古印度人将棕榈叶手稿夹在木板或象牙板之间，外面包上一层织物，并使用雪松油、藏红花涂抹以防虫。欧洲国家对羊皮档案的羊皮的加工、软化平整和防虫方面也有丰富的经验。中国古代一直以石室金匮等传统方式保管档案，东汉时用黄檗染纸以防虫，宋代则用蜀椒液处理纸张，明代用以铅丹为主要成分的“万年红”防蠹纸作为封面或包装。纸质档案的修裱技术也很突出，糨糊的制作与防腐，纸的原料选择、除污、修补、染潢等都有很高的制作工艺。明代周嘉胄所著《装潢志》是古代修裱技术的总结之作。

档案保护技术是从档案保管和修复技术中引申出来的。档案保护技术的发展经过三个阶段：①早期非纸档案保护时期，主要是对甲骨档案、金石档案、简牍档案及缣帛档案的保护。②纸张出现后的档案保护时期，针对水、火、虫、霉、战乱和机械损坏等对档案纸张的损坏，特别是机制纸出现后纸张质量下降，而开展的保护档案、修复受损档案活动。③新型档案材料保护时期，针对不同性能、保管条件及处理的胶片、磁材料和光盘等的有效保护方法和技术手段。

档案保护技术的内容主要包括：①研究档案材料的组分与结构。组分与结构的变化构成档案材料老化变质的内因，决定着外界因素对档案材料的作用程度。②外界理化因素（光、热、氧等）、生物虫霉对档案材料的作用和危害。这些破坏方式各不相同，需要针对性地采取不同的措施，防止环境因素和生物虫霉对档案的破坏，保护和修复档案材料。③研究保护档案的技术标准与方法，制定档案库房建筑标准、库房环境质量标准和有效控制环境因素作用于档案的技术方法，为档案保护场所提供依据。④采用科学管理手段和先进设备。创造使用与保存档案的适宜环境条件，加强档案运行环节、特殊灾害时期档案的保护和档案信息安全。⑤提高档案材料自身抵抗环境因素作用的能力，研究简单、有效、经济的修复档案的技术方法。⑥加强数字技术、激光技术、复印缩微技术等在档案保护中的应用。

档案保护技术需要针对档案保管和流通的环境，面向档案实体材料和记录信息，运用有效的技术和方法，确保档案收集、保管和利用的安全。档案保护的工作重点是加强对现有档案的保管及利用，对将形成档案的督促管理，实施以防为主、防治结合的基本原则。档案的库房应保持适当的温湿度，并有防火、防盗、防紫外线、防尘、防虫霉等措施。档案管理部门定期检查档案的保管状况，对磁介质、胶片介质档案定期拷贝；对破损或变质的档案及时进行修复处理。加强档案利用时的保护，避免遗失、涂改、勾画、批注、剪裁和转借，确保档案的完整无缺，最大限度地延长档案寿命。

数据恢复中的硬盘开盘操作

中国各级档案主管部门和档案管理部门，通过开展保护技术成果的研究和运用，推动了档案保护技术的发展，引领中国档案保护技术在观念、方式和目标上发生新的拓展和改变，使得档案保护技术开始由载体保护研究向信息安全稳定方向转变，由静态库房保存为主体的形式向动态的、多方位、多环节的形式转变，由单一因素管理向多元化、综合性并举的模式转变。随着新型材料的出现和增多，档案保护技术方法的定量化，修复技术的多样化和科技成果的广泛应用，档案保护技术将不断得到丰富和发展。（彭远明）

档案保护技术学 Study of Archival Preservation Techniques 研究档案制成材料变化规律和档案保护技术方法的档案学分支学科。目的是最大限度地延长档案寿命。世界各国自古以来就积累了丰富的档案保护技术、方法和经验。古埃及很早就知道根据天气条件保护纸草档案，把卷轴装在木桶或象牙桶内以防止昆虫、灰尘和潮湿的侵害。古印度人将棕榈叶手稿夹在木板或象牙板之间，外面包上一层织物，并涂抹雪松油、藏红花以防虫。欧洲国家对羊皮档案的羊皮加工、软化平整和防虫方面，也积累了一定经验。

破损档案修裱

中国在保存浩如烟海的档案过程中积累了丰富的保护经验，使珍贵的历史记录得以世代相传。传统的保护方法体现在档案库房建筑、虫害的防治、破损档案的修复及保护管理制度等方面。

档案形成后首先要有一个安全、良好的保存场所，即档案库房，中国古代一直以石室金匮的传统方式保管档案。古代档案保存场所主要有地下窖穴、宫廷建筑或官府衙署及专用档案库三种类型。殷商时期的甲骨档案大部分保存在宗庙的地下窖穴，汉朝的重要档案保存在坚固的“石室”之中，隋唐时期的档案主要放置在秘阁之中，明朝则修建了大规模的皇家档案库。这些古代建筑在库房选址、空间布局、建筑材料、结构等方面都为档案营造了一个良好的保存环境，大部分符合防光、防热、防潮、防空气污染、防盗、防火、防虫、防霉、防震等要求，反映了古代劳动人民的智慧。明朝建立的皇家档案库——皇史宬就是库房建筑的典范。

在保存和利用档案过程中，档案经常受到有害生物的威胁。不少档案因受到害虫蛀蚀而受损。古人在长期实践中总结出许多行之有效的防虫方法，有些方法直到现在还有借鉴意义。主要方法有：①对载体进行防虫处理。如竹简档案形成之前，采用烘干方法对竹板进行“杀青”，目的是去除竹板中过多水分，以防生虫。东汉时就用黄檗染纸以防虫，宋代则以蜀椒液处理纸张，明代用以铅丹为主要成分的万年红纸作封面或包装，以驱赶害虫。②在装具中施放麝香、皂角、烟草、方香草、樟脑等，使害虫闻之而逃。③晾晒防虫。将档案放在阳光中晾晒，在晾晒和翻动过程中因改变生存条件而起到防虫作用。

中国纸质档案的修复技术历史悠久，在实践中不断积累和完善，形成一系列独特而又实用的技术。如糨糊的制作与防腐，修复用纸的选择、除污、修补、纸张染潢等都有讲究。明代周嘉胄所著《装潢志》将修复技术从实践操作总结上升到系统理论。修复技术是随着纸质档案及书画的产生而运生。它产生于魏晋南北朝，成熟于隋唐朝，完善于宋元朝。这项具有中华民族特色的传统技术，能使糜烂不堪的书画及档案恢复原貌，使世人惊叹。它能使濒临消失的档案起死回生，在挽救濒危历史档案中起到重要作用，使一些重要的、珍贵的文化遗产得以留存今日。

在保护制度方面，中国在西周时期，重要的档案已经有了副本制度，以副本代替原件提供利用，从而保护原件。秦朝时期制定了防火规定，规定任何人不能把火源带进库房，同时建立了官吏定期检查制度，由专职人员轮流看守档案库房，以防档案丢失。唐朝时期把有关档案保护的规定和禁令纳入法律范畴，使档案的安全更得以保障。为了更好地保护档案原件，又有各种装帧保护制度，根据不同档案载体采取相应的装帧形式。如档案载体为缣帛的，则有卷轴装；档案载体为纸质的，则有旋风装、包背装等。

档案保护技术的发展　档案保护技术虽然古已有之，但一直缺乏系统总结和理论提炼。直到中华人民共和国成立后，开始将它作为一门学科进行研究。随着档案事业的发展，1954 年中国人民大学档案系首次将其作为一门课程列入档案专业教学中。1957 年，中国翻译出版了苏联学者的《文件材料保管技术学》，并将保护技术学作为高等学校档案专业的一门必修课程；后经完善充实，1961 年正式出版了中国第一部高等院校档案本科生教材《档案保管技术学》（冯乐耘主编），从而明确了档案保护技术学研究的对象和任务，确定了研究内容和框架结构，创建了档案保护技术学的学科体系。随后在大量调查和研究基础上，一方面吸收了国内外档案保护工作经验及科研成果，另一方面总结了多年的教学经验，对原书体系及内容加以充实和调整，1984 年由中国人民大学出版社出版了《档案保护技术学》（李鸿健主编）。随着档案教育事业的大力发展，学科内容日趋丰富，相继又出版不同版本和类型的教材、专著等，同时涌现大量的科研成果。

主要研究内容　档案制成材料损毁原因　为了延长档案寿命，寻找科学保护方法，首先要研究档案制成材料损毁原因，从中找出变化规律，才能为研究最佳科学保护方法提供依据。档案制成材料由档案载体材料和记录材料组成。从古至今，档案制成材料随各个历史时期社会生产力和经济发展水平不同而异。中国古代的甲骨档案、金石档案、简牍档案和缣帛档案是分别以龟甲、兽骨、合金、石头、竹木、蚕丝等动物、金属和石质及植物材料为载体。国外早期的泥板档案、纸草档案、羊皮档案、棕榈叶和桦皮等档案是以泥土、莎草、羊皮、树皮等材料为载体。自汉代中国发明造纸技术以后，各国相继形成了大量以纸张为载体的纸质档案。随着科学技术的不断发展，近现代又出现了胶片、磁带、光盘等高分子合成材料的新型载体档案。档案记录材料除了有传统的墨、墨水、油墨、印泥、印台油等外，还有感光、磁性、激光等新型材料。

档案制成材料损毁原因有内因和外因。内因是指档案制成材料特性，如物理特性、化学特性、光学特性等。不同种类的制成材料，因其结构、性能不同导致在其保存过程中耐久性各异。决定其耐久性主要因素有：原料质量、材料的化学成分及物理和化学性质及材料的生产过程。内因在档案制成材料损毁中起决定性作用。因此，只有了解档案制成材料本身的性能，并不断加以改善，才能提高其抵抗外界不利因素的能力，从而降低其损毁速度。外因是指档案遭到损毁时的外界因素。主要有环境因素、生物因素及人为因素。如高温、高湿、光、空气污染物及霉菌、害虫等。档案制成材料损毁是内外因素综合影响的结果。由于外因通过内因起作用，因此应不断改进档案载体与记录材料性能，使外界因素对它不易造成影响。一旦档案已经形成即在内因无法改变的情况下，外部条件就成为延长档案寿命的主要因素。为此还应研究外界的不利因素，如高温高湿、光、空气污染等是如何对档案产生不利影响的。

档案保护技术和方法　研究档案制成材料损毁的内外因，其目的是要寻找科学的保护技术和方法。保护技术内容很多，归纳起来主要有两个方面：一是防的技术；二是治的技术。“防”是防止或减缓各种不利因素对档案制成材料的破坏作用。主要从档案制成材料本身质量与档案保护条件两方面考虑。前者是要研究如何提高档案制成材料性能，使用耐久性好的档案制成材料。后者是要改善档案保护条件，主要包含两方面内容：①加强库房日常管理工作，如库房温湿度的控制与调节，采取防光、防火、防空气污染及防有害生物等措施。②建立符合档案保护要求的库房，配置必要的设备，为创造良好的保护环境提供必要的物质条件。“治”是对已经损坏或存在不利于耐久保存因素的档案进行处理，修复已损坏的档案，尽力恢复其历史原貌，增强抵抗外界不利因素的能力。档案修复技术的主要内容：去污、去酸、纸张加固、修裱，以及字迹、影像、声音等的恢复技术及再生性保护技术等。

指导原则　档案保护技术的指导原则是“以防为主，防治结合”，“防”与“治”是一个问题的两个方面。“防”是根本，是基础，只有首先做好“防”的工作，才能减少“治”的任务。“防”是最大限度地防止或减少各种外因对档案制成材料的破坏，采取有效措施提高档案制成材料自身对外因的抵抗能力，从而延缓档案老化的进程。档案保护的预防是主动的、大规模的、多为常规性开展的工作。对于已破损的档案需要采取“治”的方法，去除病灶，降低和缓解档案材料老化、褪变的自然过程，以便于进一步保存和利用。“防”与“治”结合，才能做到全程保护档案，最大限度地延长档案寿命。

作用和意义　档案保护技术学是从技术、方法、保护技术管理等层面，依据档案运行的实际状态，分析材料组分与结构，研究载体与信息的变化规律，认识外界理化因素、生物因素及环境因素的作用方式与危害程度，制定档案库房建筑设计及建设要求、环境质量标准，制定有针对性的防范措施和调控有害因素的方法，借助数字技术、信息技术、高新技术和先进设备设施，创造适宜保管和利用环境，建立健全档案减灾和突发应急方案，不断增强档案自身抵抗破坏能力，探索有效经济的修复技术与方法，提高档案的耐久性和使用寿命，确保档案的安全。

档案保护与档案事业同步发展，其知识内容不断扩充，学科范围不断拓宽，特别是随着科技的发展，各种载体与记录方式不断出现，数字档案和电子文件的广泛应用，保存方式和保护手段更加多样和复杂，提升档案保护的知识性、科学性和实用性必然地成为学科发展的新需求。

（冯乐耘 张美芳）

《档案保护技术学》 *Study of Archival Preservation Techniques* 中国高校档案学教材。李鸿健、刘凤志、胡让、冯乐耘编著，档案出版社1984年5月出版。全书共分为9章。第1～2章，介绍档案制成材料——纸张和字迹的耐久性；第3～6章，

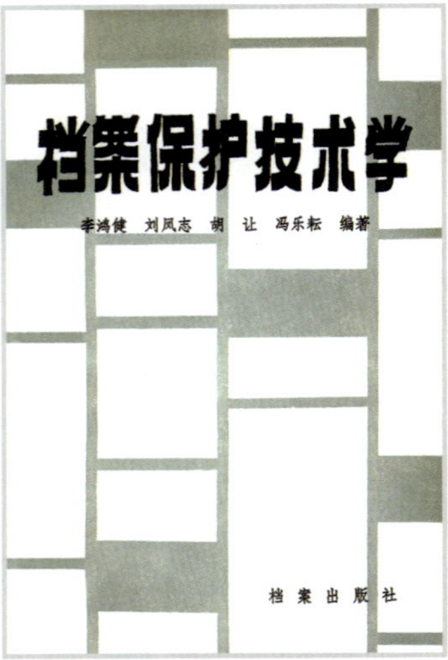

《档案保护技术学》封面

介绍危害档案的各种因素及其防治措施；第7章，介绍档案库房的建筑和管理；第8章，介绍档案修复技术；第9章，介绍档案缩微复制技术。该书在总结多年档案保护技术的基础上，吸收国内外有关技术研究的新成果，论述了科学地保护档案的技术方法，是了解和研究档案保护技术的主要著作之一。

（吴北光）

《档案保护技术学》 *Study of Archival Preservation Techniques* 档案保护技术学著作。冯乐耘、李鸿健主编，中国人民大学出版社1991年出版。被国家教育委员会（今教育部）列为高等学校档案专业教材编写计划的教材之一，可作为图书保护、文物保护等专业的教学参考书。

《档案保护技术学》封面

该书由绪论和11章组成。第1章和第2章是档案纸张、字迹的耐久性；第3章，声像档案制成材料耐久性；第4章至第6章，环境因素如温度、湿度、光、空气污染物对档案的影响及控制措施；第7章至第9章，有害生物对档案的影响及防治措施；第10章，档案库房建筑与设备；第11章，档案修复技术。

（张美芳）

《档案保护技术学教程》 *The Science of Archives Preservation* 档案保护技术学著作。普通高等教育“十一五”国家级规划教材，21世纪档案学系列教材。郭莉珠主编，中国人民大学出版社于2008年出版。教程以自然科学为基础，以人文科学与自然科学互相渗透、结合的方法，全面系统地阐述档案制成材料的变化规律及科学的保护方法。主要内容包括传统与新型档案制成材料的性能及耐久性，环境因素和生物因素对档案制成材料耐久性的影响及防治方法，档案库房建筑与设备的要求，国内外档案修复技术等。既是档案专业课教材，又可作为专业人员的业务指导用书。

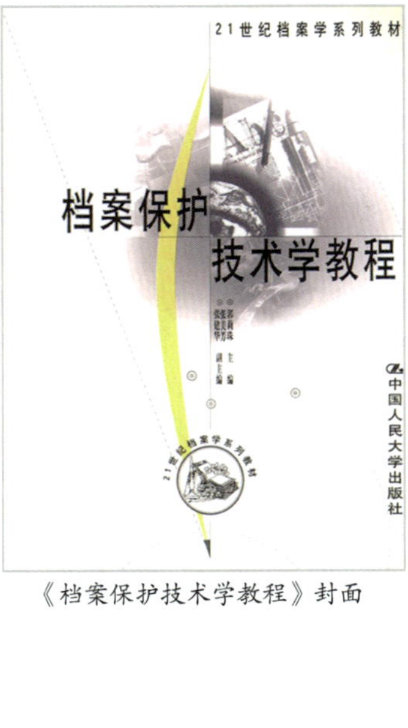

《档案保护技术学教程》封面

教材按篇章分类，共有4篇13章。第1篇分5章介绍了不同材质档案的耐久性。第2篇分3章从档案库房建筑与设备，档案库房温湿度的调控，光、空气污染的防治等方面论述了档案保护环境。第3篇分2章介绍档案霉菌防治和档案害虫防治。第4篇分3章介绍了档案修复的技术手段。

（张美芳）

档案保护理论 theory of archival preservation 关于保护档案的理论知识体系。档案制成材料在内外因素影响下会发生物理、化学等各种反应，导致材料结构和性能产生较大的变化，各种材料会逐渐老化、变质，甚至发生毁灭，从而导致档案自身的价值受到影响。通过档案保护的方法、技术来对各种破坏档案的因素进行深入分析，并制定科学合理的保护措施，可以确保档案能够长久的保留下来。

多种外界因素会对保护和利用中的档案带来不同程度的影响，导致档案材料耐老化的性能不断降低。如光辐射给档案表面造成的损害很大，可导致档案失去自身的原貌；光、温度、湿度有协同效应；温度、湿度与霉菌害虫生长相关；环境污染物的净化原理。需要借助物理、化学、生物、建筑、计算机等领域的知识和方法来研究材料的组成成分、性质、结构，找出档案制成材料老化的主要原因，采取预防措施，延长档案保存时间。档案保护涉及的主要理论有：档案制成材料结构性能、档案制成材料老化机理、档案制成材料衰变规律、光氧化褪变理论、档案字迹综合评价、声像档案记录原理、库房建筑设计建设原则、修复技术所涉及的物理化学原理等。相关研究包括光化学反应破坏档案机理、通风调节库内温度、相对湿度的一般原则、档案有害生物的生长条件与危害、档案库房通风原则等。

档案修复的最终目的是使档案更长时间、更好地保存下来。修复工作涵盖了两个方面：①指针对已经破损的档案，因利用需要而完成的修复工作，又称作修整复原；②指为了对档案进行保护开展的修复。如果档案材料呈现极快的老化速度且程度很严重时，再不实施修复措施，可能无法保存甚至毁灭，就一定要实施修复措施延长档案留存时间。

档案修复技术研究包括3个方面：一是修复原则，二是修复材料，三是修复技术研究。修复材料的使用和修复工艺应用需要针对不同的修复对象采取不同的方

案，一般在制订方案前对档案材料和修复材料都需要进行分析检测，经过分析研究制订科学的修复方案，方可开展修复操作。在档案修复工作中，还需要结合自身工作的实际不断开发或应用或研制新型的修复材料，确保能够更好地为档案保护服务。

（张美芳）

档案保密 archival secrecy 各机关、单位和国家档案管理机构，为达到保守档案中国家秘密、商业秘密和个人隐私信息的目的，采取一定保密手段和防范措施，依法开展的一项业务活动。

种类 依据不同的标准，档案保密可以划分为不同的种类。①依据保密事项的内容，可以划分为**国家档案秘密**保护、企业商业档案秘密保护和公民个人隐私档案秘密保护等。②依据保密责任承担主体划分，可以区分为机关、单位的档案室库藏档案保密、国家档案馆馆藏档案保密等。③依据档案的不同密级，可以划分为国家绝密档案的保密、机密档案的保密、秘密档案的保密；企业（公司）核心商业秘密档案的保密、普通商业秘密档案的保密；公民（干部、职工、企业员工等）个人隐私档案的保密等。

主要内容 ①健全档案保密管理制度。包括对档案管理机构和人员的管理制度，对**档案解密**、降密的管理程序和制度，对涉及国家绝密、秘密和核心商业秘密、科学技术秘密等重点档案的管理制度，档案保密宣传制度，档案保密检查制度，违反档案保密管理制度的查处制度等。②完善档案保密防护措施。要对涉密档案及其管理设备、产品，档案保密要害部门、场所、部位分级防护；对涉密档案信息系统实行分级防护；对涉密档案的利用制定完善的保密措施，严控知悉范围，明确保密责任，并严格督促落实。③开展经常性的档案保密宣传教育。加强对相关人员、机构、部门的档案保密意识教育，增强国家秘密、商业秘密、公民隐私信息受法律保护的责任意识，强化违反档案**保密制度**应当承担法律责任的观念，定期或不定期开展档案保密知识宣传，尤其要加强涉密档案人员的业务培训。④加强档案保密检查。各立档单位和国家档案行政管理部门、档案馆，应经常开展保密检查工作，及时发现涉密档案管理的隐患，并督促整改。⑤建立健全档案保密管理机制。对在档案保密和改进档案保密技术、措施等方面成绩显著的单位或者个人，应给予奖励；对违反国家保密法律、法规及档案保密制度规定的单位或者个人，应依法给予惩罚。相关档案保密管理机制的建立，各单位应根据《中华人民共和国保密法》及其实施办法的规定执行。

法律法规 档案保密应遵循的法律法规主要包括《各级国家档案馆馆藏档案解密和划分控制使用范围的暂行规定》（1991年9月27日）、《中华人民共和国电信条例》（2016年2月6日）、《中华人民共和国著作权法》（2020年11月修正）、《中华人民共和国保守国家秘密法》（2010年4月29日）、《档案管理违法违纪行为处分规定》（2012年4月28日）、《中华人民共和国保守国家秘密法实施条例》（2014年1月17日）、《国家秘密定密管理暂行规定》（2014年3月9日）、《中华人民共和国反间谍法》（2014年11月1日）、《科学技术保密规定》（2015年11月16日）、《中华人民共和国档案法》（2020年6月20日修正）、《**中华人民共和国档案法实施办法**》（2017年3月1日修订）等。

价值和意义 涉密档案是国家安全和利益的信息表现形式，是国家的重要战略资源。档案保密事关国家安全和利益，事关中国改革开放和社会主义建设事业的顺利进行，与广大人民群众的切身利益息息相关。不失时机地完善中国的档案保密法律制度，强化档案保密意识，严格档案保密措施，创新档案保密体制机制，是新时代档案人和档案管理部门的重要历史使命。

（王英玮）

档案编目 archival catalogue 档案馆（室）对档案进行著录、标引和组织、制作目录的工作。档案管理中的一项重要内容。首先是在档案整理过程中进行初步编目，包括案卷封面编目（拟定案卷标题、确定和填写卷内文件起止日期等），编制案卷目录和卷内文件目录，以固定整理工作的成果，为档案保管提供方便，其成果也是检索档案的基本工具。其次在初步编目的基础上编制全宗目录、案卷（文件）分类目录、主题目录、专题目录和**档案馆指南**等，以提供各类档案检索工具和报道目录，为查阅档案者服务。

档案编目的一般方法和步骤：①对档案进行著录和标引。可视档案的实际情况采取文件级著录或者案卷级著录。同时进行分类标引和主题标引，以形成目录的不同条目。中国制定有统一的《**档案著录规则**》《**中国档案分类法**》和《**中国档案主题词表**》，为各档案馆（室）进行编目提供了标准。②进行目录的组织和编制。即对著录标引形成的条目进行编排，分别组成分类目录、主题目录、人名目录及各种专题目录。档案馆指南、全宗指南、**专题档案指南**等报道工具，一般采用文字叙述形式而非条目排列形式，采取编撰方法而非上述方法。

（赵铭忠）

档案编研 archive compiling and research 档案机构（或部门）以档案馆（室）所藏档案为基础，通过对档案进行编辑和研究，形成不同形式的成果以供社会各方利用的专门工作。

主要形式 ①大事记。按照时间顺序，简要、系统地记载某一组织、某个领域、某个人物等在一定历史时期内发生的重大活动或事实的参考资料，大事时间和大事记述是大事记的主要组成部分，常见的主要有机关工作大事记、国家或地区大事记、专题大事记、个人生平大事记等。②组织沿革。系统记载一个机关、地区或专业系统的体制、组织机构、人员编制等变革情况的参考资料。按照内容范围不同，常见的组织沿革主要包括机关、企业、事业单位等的组织沿革，地区组织沿革，专业系统组织沿革等。③统计数字汇集。根据一定的需要和题目，将分散记载在档案中的数字汇集起来，以反映一定地区或某一方面在一定时期内的基本情况的**档案参考资料**。具有数据集中，内容系统、简明扼要，形式灵活多样，便于利用等特点。常见的主要有以下几种：从范围来看，包括组织统计数字汇集、地区统计数字汇集、专业系统统计数字汇集等；从时间来看，包括××××年（一年）的统计数字汇集、××××年—××××年（多年）的统计数字汇集；从内容来看，包括综合性统计数字汇集和专题性统计数字汇集等。④档案文件汇编。主要包括法规性文件汇编、政策性文件汇编、会议文件汇编、政府公报、发文汇编、专题文件汇编、档案史料汇编等。⑤档案文摘汇编。将若干篇编写好的文摘按照一定体例汇集成册，并以各种形式提供利用。档案文摘一般篇幅较小、信息密度高，档案文摘汇编有专题性汇编和综合性汇编，汇编出版形式、收录文摘数量都灵活多样。

关键步骤 ①选题。即选择确定题目。第一，选题应与社会需求相匹配，既要符合现实的需要，又要具有长远的利用价值，这就要求编研工作者既要考虑利用者现实的利用需求，又要发现和研究档案利用规律，通过一定预见性选择符合时代发展要求的题目。第二，选题应与馆（室）藏档案资源相匹配。一方面，选择档案馆（室）所藏档案资源可以支撑的题目；另一方面，紧密结合档案馆（室）资源特色和资源优势完成选题。第三，选题应与编研团队实力相匹配。不同的选题，编研工作难度也各不相同，因此编研工作要在客观认识编研团队实力的基础上，选择与本团队实力相当的题目进行编研。②选材。即查找选择档案内容。一般要着眼于以下几个方面：第一，确保材料真实可靠。原始记录性是档案信息特有的属性，编研成果作为对档案信息加工而形成的信息产品，应通过真实可靠的材料，反映人或事的原貌，因此应实事求是、客观地选择档案文献，对不同观点的材料兼收并蓄，对不同种类的材料结合选用。第二，确保材料的齐全完整。围绕所选题目，收集与题目有关的全部档案文献，并进行分析，做到点面结合，正面材料与反面材料结合，重点与一般兼顾，典型性与多样性兼顾。第三，选择材料详略得当，重点突出。档案编研工作不是将相关档案文献简单地集中起来，而是有针对性地、系统地对档案文献进行加工，能够灵活地、方便地供利用者利用。③加工与编写。根据最终形成的编研成果的不同，对档案文献加工的过程也有所不同，一般表现为对档案文献文字语句的勘正与恢复，划分段落与标点，修拟标题与正文的删节，对文献内容的提炼等。无论以何种形式对档案文献进行加工，都应坚持"维护档案文献的原貌，忠实文献内容的原意"的原则，在真实、客观、准确的基础上进行。经过加工之后的档案文献，须按照一定的体例进行系统化编排和格式化处理，形成便于利用者利用的编研成果。

此外，编研工作的程序还包括辅助性材料的编写、审校等环节。不同编研成果的编写既应遵循编写过程中的统一要求和规律，又应满足各自的形式和特点，才能形成有价值、高质量的信息产品。

原则　①编研有机结合原则。在编研工作中，要做到对馆藏全面系统的把握，以用户和社会发展需求为依据，深入研究、边研边编，形成优质的编研成果。②合法合规的遵从性原则。在编研工作中应遵守和服从各种有关规定与要求。一方面，遵循相关的法律法规和各项政策制度，既确保档案价值的实现，又确保档案的安全；另一方面，始终确保档案编研工作服从并服务于整个档案事业发展的总目标。编研工作是档案工作的重要组成部分，编研工作的思想理念、实现方式等都应与档案事业发展的总趋势、总目标协调一致。③便于传播和利用的原则。只有编研成果的广泛传播和被利用，编研工作的意义和档案的价值才能实现。编研成果形成的过程中，应充分考虑传播路径、媒介特点、用户信息获取方式等影响因素，形成内容上具有吸引性、可读性，形式上易获取、易利用的成果。

编研成果的分类　按照不同的分类标准，档案编研成果可以分为不同的类别，常见的分类方法主要有：按加工层次划分，可以分为一次编研成果、二次编研成果、三次编研成果。一次编研成果是按照一定的要求，以档案文献原文为直接对象，经过收集、筛选、转录、校勘、编排、出版等环节，编制而成的反映档案原文的信息产品，比如各种文件汇编；二次编研成果是按照一定的要求，通过对档案原文内容进行浓缩、提炼、重新组合等加工，或用编者的语言表达，并通过一定的体例编制而成的信息产品，如档案文摘；三次编研成果是在利用一次、二次编研成果的基础上，经过深入分析、研究编写出来的档案信息产品，如手册等。按表达方式划分，可以分为文字式、图形式、数据式、声像式等；按选题范围划分，可以分为综合型和专题型；按体裁特征划分，可以分为汇编、文摘、索引、简介、史志等；按载体不同，可以分为传统纸质载体编研成果，缩微品、电子出版物、网上出版物等新型载体编研成果，展品型编研成果，艺术型档案编研成果等。

意义和作用　档案编研是整个档案工作的重要组成部分，在档案工作中具有重要的意义和作用。①档案编研工作是档案开发利用的重要途径，是满足社会档案需求的有效方式，编研工作的开展有利于充分发挥档案的价值与作用，进而实现档案工作的根本目标。②档案编研工作的开展有助于档案工作整体水平的提升。档案编研工作以档案馆（室）所藏档案为基础，编研过程是对档案收集、整理等其他各个环节工作的反馈和检验，有助于倒推相关环节工作质量的提升，并推动档案工作整体水平在良性循环中不断提高。③档案编研有助于档案原件的保护。对档案原件的频繁利用不利于对档案的长久保管，通过档案编研并将各种编研成果提供利用，既满足了利用者的需求，又可以减少对档案原件的重复利用，有利于档案的长久保存。

（李　颖）

档案标引　archival indexing　为方便档案信息的开发利用，对档案内容进行主题分析并赋予分类或主题等检索标识，建立档案检索入口的过程。1987 年中国出版了《中国档案分类法》，并附有档案分类标引规则、《中国档案分类法》类目细分规则、《清代档案分类表》《民国档案分类表》；1988 年 12 月又出版了《中国档案主题词表》。这些标准文件，为档案分类标引工作的开展，提供了基本的依据性工具。20 世纪 90 年代后，一系列的档案工作行业标准陆续出台并实施，其中包括《档案分类标引规则》《革命历史档案资料主题标引规则》《革命历史档案资料分类标引规则》等。2009 年，中华人民共和国国家质量监督检验检疫总局和中国国家标准化管理委员会又修订发布了新的《档案分类标引规则》。这些行业标准的发布实施，有效促进了中国档案分类标引的标准化和规范化。

根据赋予档案的检索标识的异同，可划分为分类标引和主题标引；根据是否受控，可划分为受控标引和自由标引；根据自动化程度不同，可划分为自动标引和人工标引。其中，分类标引是对档案内容进行主题分析，赋予分类号标识，建立档案分类检索入口的过程；主题标引是对档案内容进行主题分析，赋予主题词标识，建立档案主题检索入口的过程。受控标引是依据主题词表等控制工具进行的标引；自由标引则不用主题词表等控制工具而直接使用关键词等自然语言进行的标引。自动标引是利用计算机系统从拟存储、检索的电子文件（电子档案）、数字档案中抽取检索标志的过程。人工标引，又名手工标引，是通过手工的方式开展档案标引的过程。

档案分类标引可参照执行的相关规范和标准主要包括《中国档案分类法》《中华人民共和国档案分类表》《清代档案分类表》《民国档案分类表》《新民主主义革命档案分类表》《中国档案主题词表》《档案分类标引规则》《文书类电子文件元数据方案》《照片类电子档案元数据方案》等。

档案标引规定了档案标引的基本原则、不同类型和主题的档案标引规则，以及档案标引工作程序和质量管理。对各级各类档案馆（室）编制档案分类目录、档案主题目录、索引，建立档案目录中心和数据库的档案标引工作，具有重要的规范和指导意义。

（王英玮）

档案标准化工作　archival standardization work　以档案科学、技术和管理中的重复性概念和事物为对象，制定、发布、实施各类别各层次的标准，并对其进行监督的工作。

基本任务　档案标准化工作的基本任务是制定档案标准、组织实施档案标准以及对档案标准的制定、实施进行监督。

内容　①档案标准体系的建立和具体标准的制定。是档案标准化工作的基础。档案标准体系是由若干档案工作标准基础和业务技术标准构成的互有联系、相互制约的一个动态性、指导性的文件整体。档案标准体系是从标准化的角度对档案工作的内在联系进行综合反映，是档案工作中具体标准制定的基础。档案具体标准的制定，为档案管理人员提供了应当遵守的较为先进合理的行为准则和规范。档案具体标准的制定，应该根据档案工作实际，遵循有关标准化的规律、原理和程序，并由专门的机构承担。②档案标准的实施和监督。是档案标准化工作的主体过程。在制定和颁布档案标准之后，各级各类档案部门应不失时机地把握标准的执行，组织标准的实施，使制定的标准能够付诸档案工作实践。监督能反映档案标准的贯彻和实施过程，一方面，及时发现违反有关标准的行为，促进标准的认真贯彻实施；另一方面，迅速反馈标准本身中的缺陷和不足之处，从而及时采取有效措施，以使档案工作标准化的最终效应处于最佳状态，这是档案工作标准化的关键所在。③档案标准的评价与修订。是推进档案标准化工作的强大动力。根据标准实施的反馈性信息对标准的实际应用情况和应用效果进行评价，根据贯彻的经验和科学技术的发展情况，对原有的标准进行修订、补充，再到档案工作实践中去贯彻实施，以后还必须不断地修改、完善提高，甚至废除旧标准另立新标准。

性质　①档案标准化工作具有实践性。档案标准化工作往往具有十分现实的目的性，制定和实施标准是为了发展社会经济文化，促进技术进步，改进服务和产品的质量，提高社会效益，并保障国家和民族的利益。所制定的标准需要贯彻到实际管理工作，并根据贯彻的经验和科学技术的发展情况，对原有的标准进行修订、补充，再到档案工作实践中去贯彻实施。②档案标准化工作具有管理性。通过制定标准和实施标准，对档案和档案管理实行简化、统一、协调、选优等有序化管理控制，以便节约经费、提高效率，从而获得最佳档案管理效益。③档案标准化工作具有系统性。在档案工作标准化活动中，每一项标准的制定和实施都不是孤立进行的；标准和标准之间实际上相当于一个纵横交错的网络，构成一个较为复杂的标准文件系统。通过实施档案工作标准化，可以有效地改善档案工作的系统环境、提高档案工作同社会环境的交互质量。④档案标准化工作具有发展性。档案工作标准化作为一个动态的相对的概念，其中的"化"字有两层意思：一是指提高档案工作标准的制定水平和贯彻深度；二是指不断扩大档案工作标准的制定与实施范围。档案工作的标准化活动，是一个循环往复、不断充实新鲜内容、不断扩大自身影响范围的发展性工作。

基本原则　①统一性原则。在档案标准化工作之中，必须确保制定的每一项标准的内容前后协调一致。同时又要保证各项相关标准之间在内容与技术方面的协调一致。只有这样，才能有效地维护档案工作标准体系的系统性及与其他相关标准间的一致性。②优化原则。档案工作标准体系内的每项具体标准，其内容必须反映优化了的技术、工作程序与组织程序，必须高于具体的一般性的管理工作的操作内容，具有一定的技术与管理的先进性。③适时性原则。标准化是一项政策性很强的工作，标准本身虽好，如不适时付诸实践，也无济于事；反之，如果标准脱离工作实际和发展需要做出硬性规定，则不仅会延误时机，而且会给工作带来负面影响。因此，档案工作标准体系的建设必须依据档案工作实际发展的需要和客观的可能性适时制定有关标准，体现出档案工作现代化建设的有序性。④继承性原则。在档案标准化工作中，有关方面必须注意使标准能在一定时空范围内保持相对的稳定性。不能孤立地考虑标准的科学性与先进性，而忽视其稳定性和继承性，否则易引起实际工作的混乱。同时，制定与实施档案工作标准，应充分考虑档案工作原有基础，如果标准的规定事项同实际工作的技术水平和管理水平差距过大，那么在实际工作中这类标准就难以贯彻实施，起不到提高工作水平和管理效益的作用。

形成和发展　中国的档案标准化工作从无到有、从有到多、从多到优，大体经过了 3 个主要阶段。①草创阶段。中华人民共和国成立后，国家为强化对档案和档案工作的集中管理，制定并实施了一些档案管理的标准。例如，1950 年 4 月 26 日，中共中央办公厅制定了《关于统一文件纸形与格式的规定》。这是中华人民共和国成立后第一份档案工作标准化文件。1955～1957 年，各有关方面又分别制定了案卷格式、档案保管期限等形式的标准。这个时期由于中国的档案管理工作具有较强的封闭性特征，各个单位的档案成分较为单一，社会对档案管理标准的客观需求也较弱，所以标准化工作只是处于草创时期，而且仅有的几个标准性的文件也都是以政府规章的形式出现。②发展阶段。1979 年，国家为加强中国的标准化工作，颁布了《中华人民共和国标准化管理条例》。同年 12 月，全国文献工作标准化技术委员会又组织召开了全国文献检索标准化工作会议，提出在档案工作领域内实行检索标准化的建议。1982 年，在全国档案工作会议上，国家档案局正式提出要在 3 年内对档案全宗的划分、分类、编号和案卷封面、目录格式、卡片规格等实行规范化，并组织制定档案管理标准方案。1983 年 2 月，国家档案局成立了全国档案工作标准化领导小组。该组织下设档案著录、档案分类检索、名词术语 3 个工作小组，分别负责起草有关标准。1986 年，国家档案局在档案科学技术研究所中专门设立了标准化研究室，协助全国档案工作标准化领导小组对标准化工作进行协调和组织管理。与此同时，一些地方的档案行政机关也积极开展档案工作的标准化工作，吉林、辽宁、黑龙江、四川、甘肃、江西、湖北、江苏、山东、湖南、天津、安徽、上海等地方档案局，分别制定了文书档案管理表格、检索工具格式、业务建设规范、案卷质量标准等标准化方面的文件。③法制化建设阶段。自《中华人民共和国档案法》颁布实施后，全国的档案工作标准化工作逐步纳入法制化的轨道。1989 年，国家档案局综合科教司法规标准处成立，主要职责是制定档案工作标准并对标准实施工作进行监督。1991 年 3 月，全国档案工作标准化技术委员会正式成立，主要任务是受国家档案局的委托，对档案工作领域内的国家标准、行业标准的立项进行评议，对标准的送审稿进行审核。为了依法加强对全国档案工作标准化工作的监督管理，国家技术监督局将国家档案局列为档案工作行业标准的行业归口管理单位，并给予行业标准代号——DA。凡是国家标准则由国家技术监督局给以 GB/T 统一编号。地方标准由各省市技术监督局给予本地区所规定的标准编号，并负责对所发布的档案工作标准的管理。

发展趋势　随着中国档案标准化工作改革不断深化和标准化法律法规体系的修订与健全，推动高质量的标准体系建设，健全档案标准化工作体制机制，促进标准落地实施，加强与国内其他行业、国际组织合作，深度参与国家标准、国际标准制修订工作，为中国档案工作现代化提供良好的标准支持，进而推进全国档案事业的持续健康发展。（陈艳红）

档案补充收集　archive supplementary collection　按照相关规定把分散在各机关、部门、个人手中和散失在社会上的档案，补充到机关档案室和国家档案馆进行科学管理的一项业务环节。是除了接收和征集方法以外的一种补充方式，不是经常性的而是临时性的工作。需要进行补充收集的情形主要有：①归档制度相对不健全的情况下，机关档案室往往需要采取某些临时性的收集措施，以补充归档制度之不足。②随着国家档案馆进馆范围的扩大，除了接收和征集方法以外，对于之前未能进馆的档案只能采取补充收集的方式。

补充收集不能单纯依靠突击工作，应当建立起必要的补充收集制度。机关档案室对下列文件材料应随时补充收集，及时归档：①变更、修改、补充的文件材料。②单位内部机构变动和职工调动、离岗时留在部门或个人手中的文件材料。③单位产权变动过程中形成的文件材料。④其他临时活动中形成的文件材料。

（黄世喆）

《档案材料的保护和修复》 *Conservation and Restoration of Archive Materials* 印度关于档案保护和修复的著作。印度档案学家 Y.P.凯思帕利亚著。1973 年由联合国教科文组织在巴黎用英文出版，共 231 页。1985 年中国档案学会筹备委员会组织出版中文版。凯思帕利亚是印度国家档案馆的科学研究工作负责人，国际档案理事会保护与修复委员会刊物《保护简讯》的主编。

《档案材料的保护和修复》封面

该书对于档案文件的制作材料、变质原因和修复方法，以及档案文件的保管条件，都做了比较系统的论述。全书共有十章，具体内容涉及档案文件的制成材料（包括纸莎草、棕榈叶、纸、墨水、皮革、纺织品和合成材料等）及其演变历史；引起文件变坏的各种因素，如生物因素（真菌、害虫、鼠类）、物理因素（光、热、湿度）和化学因素（大气污染、有害杂质），提出有效控制这些因素的方法，如熏蒸消毒、去污、去酸、修复处理等；提出档案修复原则，详细介绍档案修复工作的步骤；简单介绍缩微胶片和录音档案的保存方法。

反映了当时国外档案保护技术方面的一些情况和经验，可供高等学校档案专业的师生及在档案馆（室）从事档案保护工作的同行参考。（黄霄羽）

《档案材料的整理与编目》 *The Arrangement and Description of Archival Materials* 加拿大档案学著作。加拿大档案学者 H.泰勒著。1980 年在德国慕尼黑用英文出版。1986 年中译本出版，黄坤坊译。

前为序言，正文 3 编 12 章：序言的主要内容是对《荷兰手册》《档案管理手册》和《现代档案》等著作进行评价，并着重阐述了写作的目的。第一编为手稿文字材料，内容涉及档案材料的接收、整理和编目。第二编为其他记录媒介，包括印刷品、录音档案、机读档案、图纸档案、照片档案、影片和录音带、油画、图画和版画等。第三编为计划的制订，内容涉及出版物、缩微品和光盘等，正文后面附有检索工具举例。

《档案材料的整理与编目》封面

该书以加拿大公共档案馆的整理和编目方法为基础，并参照了英、美两国国家档案馆的经验，具有较强的实践性和操作性。更可贵的是，该书力求探索新型档案整理与编目的原则和方法，以适应现代文件载体多元化的新形势。尽管内容阐述比较简单，但仍有许多可资借鉴之处，是一本享有一定国际知名度的档案学著作。

（黄霄羽）

档案材料耐久性 durability of archive materials 档案制成材料抵抗外界环境因素的影响和保持原来理化性能的能力。在档案保存和使用过程中，抵抗外界理化因素的损坏和保持原来理化性能的能力强，制成材料耐久性就好；抵抗外界理化因素的损坏和保持原来理化性能的能力弱，制成材料耐久性就差。档案制成材料耐久性的好坏是决定档案寿命的重要因素，档案能否长久保存主要取决于档案制成材料耐久性的好坏。因此，研究档案材料的耐久性、探讨档案材料的损坏原因是档案保护技术学的基础和根本任务。（张美芳）

档案参考资料 archives reference material 档案馆（室）等档案管理部门，通过分析研究档案内容编写而成的可供利用者在各项活动中依据和参考的资料。为利用者提供档案参考资料，是档案馆（室）开展档案利用服务的重要内容。

作用和特点 档案参考资料为利用者在研究、分析、解决问题等活动中提供可供参照、比对和考证的信息支持，既直接提供可供借鉴的素材，又提供较为系统的进一步查找利用档案的线索。档案参考资料具有与其他提供利用方式不同的特点，它不是提供档案原件，或直接根据档案复制副本、摘录，而是根据一定的专题对有关档案材料的内容加工编写而成的系统材料，具有较强的系统性、概括性，凝结了档案工作者的专业智慧。

种类 常见的档案参考资料包括大事记、组织沿革、统计数字汇集、专题概要等。①大事记。可以向利用者提供了解某一问题的历史梗概，便于人们研究史实的演变及其规律。中国档案馆（室）所编大事记主要有机关工作大事记、国家或地区大事记、专题大事记、个人生平大事记。②组织沿革。便于人们查考和研究本地区、本机关、本系统的机构和人员发展变化情况；为研究国家机关发展史、地方史、革命史和专业史提供必要的参考材料；为档案馆（室）编写立档单位历史考证提供系统材料。③统计数字汇集。可以提供系统的数据，是组织制订计划、指导工作的依据和参考，也可做展览、报告会等宣传教育的典型材料。④专题概要。是用文章叙述的形式，简要地说明和反映某一方面工作、生产或其他社会现象和自然现象的产生、发展、变化的一种专题资料。

（李 颖）

档案处置 archival disposal 档案的期满鉴定和销毁，不包括档案移交。对保存了一段时期的档案，经过重新鉴定之后，或者按规定将其移交档案馆永久保存，或者因其所具有的价值继续保存，或者剔除已经失效、本无保存价值、失去价值和保管期满的档案，按规定对其进行销毁或相应的处理。这与美国所谓的“文件处置”有不同之处。在中国档案处置需要注意：①档案经过鉴定需要销毁的档案应编制档案销毁清册，必须有严格的审批手续和监销制度。为了供单位领导人或主管领导机关审查批准需要销毁的档案，必须编制档案销毁清册。该清册也是日后查考档案销毁情况的凭据。各单位要销毁的档案，须经单位领导批准。档案馆要销毁的档案，须经领导机关批准。销毁中华人民共和国成立前的历史档案，还须报国家档案局批准。未经鉴定和批准，任何单位和个人不得销毁任何档案。销毁准销的档案时，必须实行双人的监销制度。②注意相对价值标准。在一定的情况下，某些文件的保存价值和保管期限可以相对提升或降低。一般来说，保存档案的完整程度与其保存价值正相关。但相应地，保存的档案比较完整时，鉴定的尺度应严格一些，如果保存下来的档案已不完整，鉴定的尺度应酌情宽一些。（黄世喆）

《档案春秋》 *Memories and Archives* 中国省级档案文化刊物。上海市档案局主管，**上海市档案馆**主办。创刊于1985年，时名《档案与历史》，季刊。1994年更名为《档案与史学》，双月刊。2005年改现名，月刊。国内外公开发行。

刊物主要面向档案工作者、文史工作者及社会大众，以丰富的档案信息资源为依托，充分展示档案与社会、历史、人生的密切联系。常设栏目有《馆藏》《备忘》《史传》《钩沉》《解密》《口述》《旧闻》《往事》《随笔》《珍档》《收藏》《观史》《人生》《要案》《细节》《掌故》《编读》《回音》《影像》等。适时推出纪念性专栏与地方特色专栏，如纪念上海解放60周年专稿、纪念中国共产党成立90周年专稿、纪念南京大屠杀死难者专辑、世博会专稿、“我的上海缘”征文、“国人观世界”征文等。2014年起与上海电视台《上海故事》栏目联合推出专栏，每期同步刊发电视纪录片里的文字内容，深入挖掘上海的历史文化资源和历史人文精神。

中国第一本以档案内容为揭示对象的大众性文化刊物。刊物具有较高的真实性、可读性，注重亲历、亲见、亲闻、亲述、亲撰，兼具轻松阅读和史料收藏双重价值。刊中图照大多取自馆藏档案。（马 婵）

档案存储环境 archival storage environment 指存放档案的空间中，影响档案耐久性的各种自然因素的总体。主要有温度、湿度、光线、污染物等。**档案制成材料**的质量优劣固定之后，环境因素的影响对档案“寿命”的长短将起决定性作用。

温度 一般认为低温对**档案保护**有利。各国要求不完全一致，不少国家档案部门把温度控制在20℃左右，上限不超过25℃，下限在15℃左右，不低于8℃。对于照片、影片、录音、录像等胶片、胶带档案的保护，则要求低温，一般在10℃以下。温度过高对档案不利，**纸质档案**中纤维素特别是非纤维素成分在高温下会加速老化。耐热性差的字迹会扩散、模糊、变色、褪色。胶片、胶带对高温更为敏感，高温会加速片基、带基的老化，软化胶片的乳剂层使其易受机械划伤，打乱胶带磁层中磁分子的有序排列，增强其复印效应。一定的高温加高湿有利于**档案害虫**和危害档案的微生物的生长、繁殖，使档案遭受虫蛀、霉烂，特别是胶片的乳剂层易受微生物的危害。温度忽高忽低不仅使档案制成材料频繁胀缩，而且空气中水汽极易在档案上凝结，增加其含水量。在150℃高温下，档案会迅速遭到损坏。

湿度 不少国家的档案部门把相对湿度规定在50%左右。上限不超过65%，下限不低于40%。过高的湿度在一定条件下会加速纸张中纤维素的水解和降解，耐水性差的字迹会发生洇化、褪色。高湿会使胶片、胶带吸水膨胀，改变磁分子、银粒子间的距离，使音像失真模糊。高湿还会促进氧化物对胶片、胶带中银的质变作用，会影响胶片、胶带尺寸的稳定性，特别是醋酸纤维素酯在高湿情况下会发生卷曲。档案害虫和微生物在适宜的温度范围内湿度愈高（如相对湿度70%～90%）生长、繁殖愈快，对档案的危害愈大。湿度过高还会促进其他有害因素危害档案。低湿可以抑制微生物和害虫的发生，但易使档案受到机械性损伤。

光线 自然光线和人工光线对档案都有破坏作用，光波愈短，破坏性愈大。光会直接使档案制成材料中高分子化合物发生光解作用而受到破坏，加速氧对档案制成材料的作用，从而发生光氧化降解。光对档案制成材料中存在的许多杂质如金属离子，会促进其光化学反应。在高温潮湿的情况下，光的破坏性更大。会使档案载体材料变黄发脆、老化变质，降低强度，也会使字迹、音像褪变，信息丢失。

污染物 空气中直接或间接有害于人类的物质，有些也对档案有危害。危害档案的污染物有酸性有害气体、氧化性有害气体和固体杂质——颗粒物。酸性有害气体如二氧化硫、二氧化氮、硫化氢、氯气等与库房空气中的水蒸气和档案中的水分结合产生酸，使纸张中的酸度逐渐增加，催化纸张纤维素水解，从而使纸张老化变质，失去强度，耐酸性差的字迹则会变色和褪色。胶片中明胶分子是各种氨基酸的两性化合物，在酸或碱的影响下会加速分解。酸碱物质还会促使影像发黄、模糊、消退。氧化性有害气体有氮氧化合物、氯气、臭氧等，会使档案制成材料中某些组分迅速氧化、使档案强度下降，字迹、音像褪变。颗粒物即烟尘和粉尘，通常统称为灰尘。它们的形态和组分极为复杂，有金属、硫酸盐、硝酸盐、有机化合物和放射性物质等，还会吸附一些有害气体。这些颗粒物都能在一定程度上促使纸张纤维素和非纤维素的水解和氧化，造成字迹褪变；也会污染文件，促使纸质档案粘连在一起，成为**档案砖**。颗粒物还会造成胶片、胶带档案物理的、化学的损害，例如使磁层受到磨损，造成记录信息跌落、噪音增大、失真。颗粒物也是微生物的传播者和掩护所。（冯乐耘）

档案存放位置索引 index of archival location 档案馆（室）为指明库房内档案存放情况、便于保管工作人员切实掌握档案馆（室）档案的存放情况和迅速地取放档案而编制的索引。按形式可分为簿籍式或卡片式两种。按其作用可以分为两种：①指明档案的存放位置，即以全宗及其各类的档案为单位，指明它们的存放处所，格式见表1。②库房存放全宗索引，即以库房和架（柜）为单位，指出它们所存的是什么全宗及其组成部分的档案，格式见表2。这两种索引都可以采用簿籍式或卡片式，而第二种存放位置索引还可以采用图标形式。图标式就是把每个库房（或楼、或层、或房间）内档案存放的实际情况绘成示意图，悬挂在相应的库房入口处，便于保管和调卷人员随时参看使用。簿籍式或卡片式索引的详细程度和表格中的项目，可以根据档

表1 全宗存放位置索引

全宗名称：	全宗号：							
案卷目录号	案卷目录名称	目录中案卷起止号数	存放位置					
			楼	层	房间	档架（柜）	栏	格

表2 库房存放全宗索引

楼：	层：	房间：					
档架（柜）	栏	格	存放档案				
			全宗号	全宗名称	案卷目录号	案卷目录名称	目录中案卷起止号数

案馆(室)的规模和查找档案的频繁程度等具体情况来决定。（王德俊）

档案登记 archives registration 登录档案和档案管理有关数据的过程。对档案管理活动中所有重要的事实、行为和数据进行随时随地记录的一项档案业务。

主要内容 档案登记包括档案和档案工作状况登记、档案利用情况登记两部分内容。可分为：①档案数量和状况登记。指立档单位或档案管理部门对档案数量、存在与保管状态及其变化情况进行的登记。具体形式主要有：卷内文件目录和案卷目录（登录档案案卷数量和文件数量的工具）、档案收进登记簿（记载档案增长情况的一种登记册）、全宗名册、全宗卡片（档案行政管理部门要求档案馆报送的一种登记形式）、档案成分和数量变化情况报道表（档案馆按要求向档案行政管理部门报送的一种档案登记形式，旨在随时报告所管档案的变化情况）、案卷目录登记簿（统计档案馆各个全宗内案卷目录数量的工具）。②档案工作登记。具体形式主要有档案工作人员登记表、档案设备登记表、档案工作日志、档案保管登记（人员进出库房登记、档案出入库登记）、档案清点和检查登记、库房温湿度登记、档案鉴定和销毁登记、档案整理登记等。③档案利用登记。具体形式主要有档案利用登记簿（全面、系统地记录档案提供利用情况的综合性登记形式）、利用者登记卡、档案借出登记簿、档案复制与摘抄登记、档案利用效果登记簿（表）、用户反馈意见登记等。

法律法规 档案登记需要遵循的法律法规和标准规范主要有《中华人民共和国档案法》及其实施办法、各地档案行政管理部门依法制定的档案工作地方规章中对档案登记的规定等。

意义和价值 档案登记是获取、积累档案、档案工作基础数据的一项重要工作，是档案统计工作顺利进行的必要条件和基础。（王英玮）

档案地名索引 index of archives place name 指明地名及相应档案号，以一定次序编排而成的档案索引。档案地名索引是揭示档案中所涉及的地名并指明其出处的检索工具。如地图集附有地名索引，可提高地图集的使用效果。地名索引的编排，通常按字母顺序排列，在每条地名词条后，注明其纬度和经度，因经纬格网一般不会太密，单独按经纬度寻找仍不方便，故在很多地图幅面里采用按经纬网格或任意规定的方形网格，从左到右和从上到下的顺序分别编号，前表可用 A、B、C、D……后表可用 1、2、3……这样纵横序列两个字数组合，即代表一个方格或网格，需找的地方即在此格网里。索引里注明网格号。1980 年出版的《世界地图集》后附的地名索引中将各类地名分类并分若干等级，如河流分三级，分别用符号表示，使索引涵以更多的内容。

以编史修志为目的的利用者往往需要反映某一地区各方面情况的档案材料，地名索引可较好地满足这一类利用需求，能从地区角度提供较为全面的档案线索。（黄世喆）

《档案法》 *Archives Act* 澳大利亚的档案基本法。1961 年，澳大利亚颁布《国家图书馆法》，档案机构脱离国家图书馆而独立，正式成立了联邦档案馆。20 世纪 80 年代，随着联邦活动数量激增，复杂性加深，国家文件的保存变得十分困难，加之澳大利亚有名望的历史学家以公众对联邦政府的文件没有利用权限为由罢工，宣布不再研究联邦历史，所有这些因素都加速了档案法的诞生。1983 年 10 月，《联邦档案法》获得众议院全票通过，1984 年生效。法案只针对属于联邦政府的档案，而州的档案则由各州来立法进行规范，只需参照《联邦档案法》。为适应澳大利亚档案工作的实际情况，多次修订，进入 21 世纪以来，几乎每年修改，2014 年先后修订了 3 次。随着电子文件的增加，也补充了相关的管理内容。

共 9 章 71 条。主要内容：①序言。包括本法简称、生效日期和本法涉及专业词汇的解释和本法扩展的领域。其中专业词汇涵盖档案、联邦当局、内阁文件、政府信息、委员会、联邦现行文件、开放期等。②澳大利亚国家档案馆的设立、职能和权利。还列出了不属于联邦档案的范围。③澳大利亚国家档案馆馆长和工作人员的职责。④澳大利亚国家档案馆咨询委员会职责。包括委员会的职能、委员会主席和副主席、会员、会员的薪酬及津贴、会员终止任期、会员辞职和委员会会议。⑤联邦文件的管理。包括序言、联邦文件管理、联邦文件的公开和利用、决议审查和附录。⑥档案材料样件抽样制度。⑦档案材料的保管。包括档案材料的存放以及非档案馆形成的档案材料的保管。⑧档案登记簿和档案指南。⑨附录。包括年度报告、合格文件副本（由原始记录的官方管理人员所认证的副本）、联邦委托服务的收费、移交和相关法规。

该法为以法律的手段规范档案的接收、整理、保管、保护、利用和开放等程序提供依据，对促进档案的保管和利用有重要的作用。影响主要表现在三方面：①加速政府民主化进程，是行政法改革的关键部分。②赋予档案馆管理联邦文件正当化、合法化的职权，也预示着在《联邦档案法》之下，档案馆制定相关规章的集中时期的到来。③促进了澳大利亚档案研究的改革，对于历史研究人员有重要作用。（黄霄羽）

《档案法》 *Archives Act* 芬兰档案基本法。芬兰于 1918 年制定档案法，后经过 1939、1981、1994 年三次修订。1994 年 9 月 23 日颁布的《档案法》由芬兰议会通过。

共 6 章 23 条。第一章总则，2 个条款，规定了档案法的适用范围；第二章国家档案机构，3 个条款，规定了国家档案管理体制和国家档案机构的职责；第三章档案和文件的管理与组织，5 个条款，具体规定了档案的定义、档案和文件管理的原则、文件保管期限的鉴定程序、文件管理组织的职责与权限；第四章文件的准备、保存和利用，6 个条款，规定了需永久保存的文件的质量要求，进馆文件的接收、利用原则；第五章私人档案，5 个条款，规定了国家对具有学术研究意义的私人档案的管理职责与权限；第六章附则，2 个条款，规定了档案法的实施时间等。

1994 年颁布的《档案法》与修改前的历次档案法比较，变动最大的是将过去法条中一些强制性、监督性的条款修改为主动性、教育性的条款。修改目的是适应芬兰的档案分散式管理趋势，以便给各部门在档案管理上更多的灵活性、独立性。（黄霄羽）

《档案法学》 *Science of Archives Law* 中国档案学界较早系统地研究档案法学的一部著作。江苏省科学研究所《档案法学》课题组编著，主编李统祜，1990 年由江苏人民出版社出版发行。在江苏省社会科学“七五”规划项目的科研成果基础上完成。

著作共 16 章，包括四部分内容：第一至三章为导论部分，主要介绍学科的研究对象、方法以及中国档案法规的历史沿革。第四至七章为法理部分，论述档案法的概念、调整对象、本质、任务、体系、渊源、法律关系等。第八至十五章为档案法基本内容部分，论述档案法的基本原则、档案机构、档案工作人员、档案管理、档案所有权、档案利用与公布、档案法律责任、执法程序等。第十六章为各国档案立法比较部分，简要介绍了各国档案立法的异同点。著作系统梳理了中国档案立法的历史进

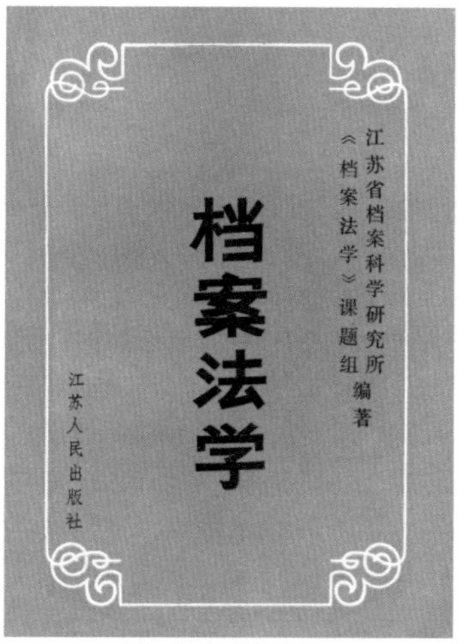

《档案法学》封面

程，对档案法所涉及的基本内容进行了全面的分析，内容丰富，结构合理，对理论研究和实践工作均有借鉴参考作用，并具有较强的操作性。特别是对中国档案法的体系和渊源、档案法的基本原则，对世界各国档案立法的比较研究等做了较为全面的研究，对中国档案法律法规的进一步研究与修订具有参考价值。　（张世林）

档案法制工作　archival legal work　依法管理档案的工作。包括档案立法、档案执法、档案司法和档案守法4个方面。

档案立法　指与档案工作相关的法律、法规、规章及规范性文件的制定与修改。为增强档案法规制修订工作的计划性、科学性与统一性，完善档案立法工作机制，1992年国家档案局发布了《国家档案法规体系方案》，该方案于2011年重新修订。中国档案法规体系形成了以《中华人民共和国档案法》为核心，由符合《中华人民共和国立法法》规定的若干有关档案工作的法律、行政法规、地方性法规和规章所构成的相互联系、相互协调的统一体。内容分为4个层次：档案法律；档案行政法规、党内法规和军事法规；地方性档案法规；档案规章，包括国务院部门档案规章和地方政府档案规章。在国家档案法规体系构成中，档案法律具有最高法律效力，其他任何档案行政法规、地方性档案法规和规章不得与之相抵触；地方性档案法规和档案规章不得与档案行政法规相抵触；国务院部门档案规章与地方政府档案规章具有同等效力，在各自的权限范围内施行。档案党内法规和档案军事法规在其权限范围内发挥效力，对某方面工作有规范和指导作用。国家档案法规体系方案的建立，是对党中央、国务院关于坚持科学立法、民主立法，完善中国特色社会主义法律体系重要精神的贯彻落实，有利于为依法行政、依法治档提供制度保障。

档案执法　指档案行政管理部门履行档案法律、法规、规章制度赋予的职责。为了预防和惩处档案管理违法违纪行为，有效保护和利用档案，明确档案执法主体、档案违法违纪行为的责任主体、档案违法违纪行为和行政处分至关重要。具体来说，根据《中华人民共和国档案法》和《档案管理违法违纪行为处分规定》等规定，中国的档案执法主体为县级以上人民政府档案行政管理部门和任免机关或监察机关。档案违法违纪行为的责任主体明确分为4类：行政机关公务员；法律、法规授权的具有公共事务管理职能的组织中从事公务的人员；行政机关依法委托从事公共事务管理活动的组织中从事公务的人员；企业、社会团体中由行政机关任命的人员。另外，事业单位工作人员有档案管理违法违纪行为的，按照《事业单位工作人员处分暂行规定》执行。并列举了许多档案违法违纪行为，涉及**档案征集**、保管、安全3方面的内容。其中对有关责任人员的档案违法违纪行为，档案行政管理部门可对其予以警告、记过、记大过、降级、撤职和开除6种行政处分，对涉嫌犯罪的，档案行政管理部门可移送司法机关依法追究其刑事责任。档案执法制度的完善，有利于重视及健全法制环境，强化档案法制意识，提高档案执法的可操作性，为档案工作的顺利开展创造一个良好的社会环境。

档案司法　指国家司法机关及其司法人员依照法定职权和法定程序，具体运用法律处理与档案工作相关案件的专门活动。是档案法制工作不可或缺的组成部分。其中，档案行政司法的方式主要有档案行政调解、档案行政裁决、档案行政听证、档案行政复议等。档案司法制度有利于维护社会治安和国家安全，有利于维护档案法律的尊严，有利于促进经济建设和社会建设。

档案守法　指公民和社会组织在档案活动中严格依法办事的活动和状态。不仅是档案法制建设的重要内容，更是全面实现依法治档的根本保障。档案法制建设的最理想状态是，人们自觉遵守档案法律法规的各项规定及要求。2011年，国家档案局制定了《全国档案系统“六五”法制宣传教育规划（2011—2015年）》，重点是学习宣传以宪法为统帅的中国特色社会主义法律体系；学习宣传与国家档案事业发展密切相关的法律法规；学习贯彻规范政府行政行为的法律法规；深入开展档案法制宣传教育主题活动。通过加强档案法制宣传教育有利于提高公民的档案守法意识，营造良好的档案守法氛围，促进档案事业的繁荣与发展。

全面推进档案法制工作，坚持依法治档，档案立法、档案执法、档案司法、档案守法4个方面缺一不可。其中，科学立法是前提，严格执法是关键，公正司法是防线，全民守法是基础。　（唐思慧）

档案分类　archival classification　根据档案学研究、档案实体管理、档案内容管理的需要，以档案的客观属性和特征为划分标准，根据一定的逻辑规则和方案，对档案及其内容信息进行辨识、区分和关联，使之形成相应类别体系的管理活动。档案分类主要包括：档案概念分类，又名档案种类划分；**档案实体分类**，又名档案整理分类、全宗内档案分类；**档案信息分类**，又名档案内容分类、档案信息检索分类等。

档案概念分类是为了满足科学认识档案现象的需要，将具有某些共性特征的档案归集为一类加以研究的逻辑分类活动。①根据档案的来源，可分为国家机构档案、党派团体档案、企业单位档案、事业单位档案、**家庭档案**等。②根据档案的形成领域结合其内容性质，可分为文书档案、科技档案、专门档案等。③根据档案的载体形式，可分为**简牍档案**、**石刻档案**、**甲骨档案**、**金文档案**、**缣帛档案**、**泥板档案**、**纸草档案**、**羊皮纸档案**、蜡板档案、棕榈叶档案、桦树皮档案、纸质档案、**胶片档案**、磁盘（磁带、光盘）档案、数字档案等。④按照记录信息方式，可分为文字档案、图形档案、声像档案等。⑤按照档案形成的时代，可分为中华人民共和国时期档案、中华人民共和国成立前档案等种类。⑥根据**档案所有权**形式，可分为国家所有档案、集体所有档案和个人所有档案或公共档案和私人档案等种类。档案概念分类，有助于科学开展各种类的档案现象的研究，揭示其形成规律和特点，探索其有效的管理理论、原则、技术和方法。

档案实体分类应注意体现档案在来源、职能、时间、内容和形式等方面的历史联系，并考虑档案实体有效管理的需要。档案实体分类须符合客观性、逻辑性与实用性的要求。档案实体分类是实现全宗档案科学管理，有效开展档案保存价值鉴定，有序进行文件分类管理的必要条件。档案信息分类是以档案记述的内容（数据、信息）为对象的分类活动。是进行档案数据、信息组织，利用档案信息管理系统和信息网络，满足社会各方面多层次、多角度、动态性档案信息需求的必要条件。　（王英玮）

档案分类标引　archival classification indexing　按照一定的分类标引规则对档案

内容进行主题分析，赋予分类号标识，建立档案分类检索入口的过程。

基本规则 ①标引以国家机构、社会组织从事社会实践活动的职能分工为基础，结合档案记述和反映的事物属性关系，并兼顾档案的其他特征；标引时，应对档案文件进行周密的主题分析，把握所论述的对象，准确地给予分类标识。②标引应依据《中国档案分类法》及其使用指南和相关专业档案分类表进行。③标引时要正确地理解类目含义和范围，避免脱离类目之间的联系和类目注释的限定，片面地理解类目含义。④标引应充分考虑实际的检索需求和检索方式，根据档案的具体内容和用途，选定适当的标引深度。凡一份文件或案卷涉及两个或两个以上主题者，除按第一主题或最重要的主题标出确切的分类号，必要时可对其他主题附加相应的分类号。⑤标引必须按专指性的要求，分入恰当的类目，切不可分入较宽的上位类或较窄的下位类。⑥当分类表中无恰当的类目时，可分入范围较大的类目（上位类）或与档案内容密切相关的类目。⑦标引应保持一致性。各种文本、载体类型的同一主题档案所标引的分类号均应一致。遇有某些难以分类和分类表上无恰当类目可归的档案，无论归入上位类或归入与其密切相关的类目，以及增设类目，都应做出记录，以后遇有类似情况，均按此处理。

选用规则 ①清代档案使用《清代档案分类表》进行分类标引。清代以前各历史时期档案的分类标引使用该表的一级类目。②民国档案使用《民国档案分类表》进行分类标引。③革命历史档案使用《新民主主义革命档案分类表》进行分类标引。④中华人民共和国成立以后的档案使用《中国档案分类法》进行分类标引。⑤国家档案馆、党政机关档案室所藏的中华人民共和国成立之后的档案使用《中国档案分类法》进行分类标引。⑥其他各类档案馆（室），在使用《中国档案分类法》进行分类标引时，本专业的档案可使用行业分类表进行分类标引。⑦档案分类标引级次一般以文件级、案卷级为单元进行分类标引。若遇档案内容联系紧密或记述同一事物的几份文件或几个案卷情况，也可以作为一个单元进行分类标引。

档案主题分析应充分考虑立档单位的性质、职能和任务，通过分析题名、浏览正文、参考文件版头和案卷封面，从而了解档案的中心内容和涉及的主要问题，判明其属性特征，以便正确归类。

衡量标引工作质量的因素主要是标引的客观性、专指性、全面性、一致性与适当的标引深度。

规范与标准 档案分类标引应遵循的规范与标准主要包括《中国档案主题词表》及各种专业档案主题词表，《档案著录规则》（DA/T 18—2022）、《档案分类标引规则》（GB/T 15418—2009）、《民国档案目录中心数据采集标准民国档案著录细则》（DA/T 20.1—1999）、《明清档案机读目录数据交换格式》（DA/T 33—2005）、《全国革命历史档案资料数据采集标准》（DA/T 17—95）等。

作用和意义 各级各类档案馆（室）使用《中国档案分类法》及有关专业档案分类表（法）对所藏各种类型的档案进行分类标引，是编制档案分类目录、索引，建立档案目录中心和数据库、开展档案分类标引质量管理的必要条件。 （王英玮）

档案分类标准 archival classification criteria 用于档案实体分类或档案信息分类的相关属性和特征。档案分类标准是制订档案分类方案前提条件。档案分类标准因分类的对象不同，分为档案实体分类标准和档案信息分类标准两种。档案实体分类标准指在档案实体整理过程中，为真实地反映立档单位的历史面貌，根据档案的来源、内容、时间、形式等特征，在全宗内对档案实体进行划分和归类的依据。主要包括：体现档案来源特征的分类标准，如组织机构、工程项目、科研项目等；内容特征分类标准，如职能、任务、型号、事件、业务活动等；时间特征分类标准，如历史时期、年代、年度、阶段等；形式特征分类标准，如载体形态、规格、文种等。档案信息分类标准指依据档案内容的信息主题或用户需求主题等确定的划分依据，主要包括职能分工分类标准、业务活动主题分类标准、事物对象专题分类标准等。 （王英玮）

档案分类大纲 archival classification outline 以图或图表的形式标列立档单位全宗内档案分类体系的纲要。立档单位档案实体分类方案的简化形式。档案分类大纲可以使分类人员随时了解档案实体分类体系的整体状况，也可以让档案用户方便地了解其所需要查找的档案证据、数据和信息所属的类别。分类大纲主要包括：①档案分类方案中的基本大类的类目表。②档案主分类表（包括类目名称、分类号、类目范围说明）。③档案分类表中容易产生概念交叉或混淆类目的说明等。

编制分类大纲主要依据的法规和标准有《机关档案工作业务建设规范》（国档发〔1987〕27号）、《企业档案工作规范》（DA/T 42—2009）、《归档文件整理规则》（DA/T 22—2015）、《国家重大建设项目文件归档要求与档案整理规范》（DA/T 28—2002）、《中国档案分类法》及各专业主管部门组织编写的档案分类表等。 （王英玮）

档案分类方案 archival classification scheme 规范和指导档案分类的计划性文件。主要分为档案实体分类方案和档案信息分类方案。档案实体分类方案用于规范和指导一个立档单位或若干同类型、同系统立档单位的全部档案实体或某种专门档案实体分类活动的文件。编制原则是：根据立档单位的业务活动的规律和特点，以相关立档单位的职能活动和档案的主要特征为主要划分依据，以保持文件之间的历史有机联系为目标，以便于档案实体的保管和利用为目的，尽最大可能使类目设置符合实际。档案信息分类方案用于规范和指导一个立档单位或若干同类型、同系统的立档单位的全部档案数据、信息或某种专业档案数据、信息分类活动的文件。编制原则是：以国家机构、社会组织从事社会实践活动的职能分工为基础，结合档案记述和反映的事物属性关系，并兼顾用户对主题类型的需求。两种档案分类方案中的类目体系应具有总体概括性、严整性、相对稳定性、实用性和伸缩性；分类号的设计应科学、简明，并与相关的类目保持密切的对应关系。

按照档案分类方案的适用对象，可分为一个立档单位的档案分类方案；一种档案的分类方案；同类型立档单位的档案分类方案；同一行业、同一系统的档案分类方案；同一地区范围内的档案分类方案；同一历史时期的档案内容分类方案（如革命历史档案内容分类方案、民国档案内容分类方案）等。按照档案分类方案涉及的档案种类范围，可分为综合性档案分类方案、专门（专业）档案分类方案、特定类别的档案分类方案等。

完整的档案分类方案通常包括：①编制目的和使用说明。②分类原则或分类规则说明。③大类（基本类目）描述。④分类号的结构、编制方法和示例。⑤档案分类主表。⑥档案分类辅助表（复分表）。⑦类目注释和常见分类问题解决方案等。

档案分类方案是各个立档单位建立归档文件、档案实体分类体系，组织档案实体排架，建构档案内容分类检索系统的重要工具，也是开展科学的档案价值鉴定，为用户提供有效信息服务的必要条件之一。

（王英玮）

档案分类方法 archival classification method 依据一定的标准对档案进行有层次的区分并形成相应体系的方法。为实现档案分类目的而采取的途径、步骤、方式，也是完成档案分类任务的一系列具有逻辑关系动作的集合整体。按照分类对象可以划分为档案概念分类方法、档案实体分类方法和档案信息分类方法等。按照分类方法的实践效果可以划分为科学的档案分类方法和主观无效的档案分类方法。科学的档案分类方法是档案分类人员有效进行全宗内档案实体分类和开展档案信息分类的重要指导思想和实践工具。

确定档案分类方法的基本原则：①分析和选择档案分类标准，通过分析档案分类对象的客观属性和主要特征，选择符合档案科学研究需要、实体有效管理需要、用户利用需要的相关属性和特征作为档案分类标准。②明确分类标准使用的先后顺序，即根据分类的目的和任务要求，遵循一定的分类逻辑规则。首先，使用最能够体现分类对象属性的分类标准进行一级类目的划分；其后，再根据每个一级类目的分类对象的主要特征，分别确定它们的分类标准（注意，每个一级类目的下位类目的分类标准可以一致，也可以不一致）。对二级及以下类目的划分，也应遵守上述规则。③将分类标准的逻辑顺序用分类规则固定下来，并通过分类方案或分类大纲的形式予以体现。④对归类或聚类后每个类目的情况进行必要的检查，消除重复归类、交叉归类、错误归类等问题，保证分类体系的严整性。⑤根据档案管理和用户合理需求，对分类方案实行版本管理，及时调整和补充相关的类目安排。

（王英玮）

档案分类检索语言 archival classification retrieval language 以号码为基本字符，用分类号作为主题概念标识，将档案的各种概念按社会职能分工性质进行分类和系统排列的检索语言。档案检索语言的主要类型之一。档案分类检索语言是由许多类目按照一定的原则，以列表形式组织起来，并通过标记符号来代表各级类目、固定其先后顺序。它用分类号表达各种概念，将各种概念按社会职能分工性质进行系统排列。它集中体现社会职能分工的系统性，反映事物的从属、派生关系，由上至下，从总体到局部层层展开，构成一种等级体系，由类目或相对应的类号来表达各种概念，形成分类类目表，便于档案用户从社会职能分工角度进行检索。

中国的档案分类检索语言主要有体系档案分类法、分面档案分类法，《中国档案分类法》就是典型的体系分类法，分面档案分类法因编制和使用较为复杂，未得到普遍使用。档案分类检索语言，以国家机构、社会组织的职能分工为基础，结合档案内容所记述和反映事物属性关系，用分类号进行标引和检索。检索词汇是分类号；检索词典是《中国档案分类法》《清代档案分类表》《民国档案分类表》《新民主主义革命档案分类表》；标引规则是《档案分类标引规则》（GB/T 15418—2009）。

档案分类检索语言的作用和意义：①保证不同标引人员表征档案分类信息的一致性。②使内容相同及相关的档案信息按职能性质类聚。③保证档案用户的族性检索提问与档案信息的分类标引一致。④保证档案检索者按职能类别检索档案信息时，能获得较高的查全率和查准率。

（王英玮）

档案风险管理 archival risk management 对档案和档案管理所面临的各种风险，采取的指导和控制组织的协调活动。档案风险是指在档案和档案管理中各种不确定性对档案管理目标实现的影响。档案和档案管理的不确定性是指对影响或可能影响档案和档案管理安全的风险因素、来源、范围、特性与风险事件或现象及其后果等方面的信息缺失或了解片面的状态。档案风险管理是档案安全管理的一项重要内容。

发展　1956 年中华人民共和国国务院印发的《关于加强国家档案工作的决定》，提出了“维护档案的完整与安全”的档案管理基本要求。1987 年颁布、后经三次修正的《中华人民共和国档案法》，均明确规定要“维护档案的完整与安全”，强调各级各类档案馆和档案机构要配置必要的设施，确保档案的安全。2001 年，国际标准 ISO 15489 强调对文件风险进行评估、分析与应对。2004 年，国际文件管理与行政工作者协会（ARMA）出版了《文件与信息的风险管理》，为各国文件管理人员提供风险管理方法论指导；欧洲数字保护中心（DCC）和欧洲数字保护（DPE）课题组研制了《基于风险评估的数字仓储审计方法》。2016 年 4 月，中国国家档案局印发了《关于进一步加强档案安全工作的意见》，明确指出：“档案安全工作是档案工作的底线，直接关系到档案工作的可持续发展和档案作用的有效发挥。”2017 年 6 月，国家档案局专门召开了全国档案安全工作会议。其后，全国开展了档案安全风险隐患排查治理工作。

主要内容　档案风险管理的内容主要包括：确立安全风险管理的政策、程序和操作方法；将这些政策、程序规范和操作方法系统地应用于沟通、咨询、明确环境（内部和外部风险环境）；识别、分析、评价、应对、监督和评审档案和档案工作风险等。

管理原则是“安全第一，预防为主”。以高度的政治责任感和使命感，继续强化对档案风险管理的组织领导，进一步明确档案风险管理责任，积极开展档案安全风险防控和治理，不断完善档案安全保障，建立健全人防、物防、技防三位一体的档案风险管理的新格局。

管理重点是法律政策执行风险、制度安全风险、资源安全风险、档案实体安全风险、档案信息管理风险、档案保密开放与利用风险等。

主要职能包括：①计划。指通过对立档单位和档案管理部门的风险识别、估测、评价和选择处理风险的手段，设计管理方案，并制订风险处理的实施计划。②组织。根据档案风险管理计划，分配各种风险处理技术的业务分担，对权限的下放，组织上的职务调整等方面进行组织。③指导。指对档案风险处理计划进行解释、判断，传达档案风险计划方案，交流信息和指挥活动。④管控。指对档案风险处理计划执行情况的检查、监督、分析和评价，对档案风险管理计划与实际不符之处予以纠正。

法律法规　档案安全保障需要遵循的法律法规和标准规范主要有《中华人民共和国档案法》《中华人民共和国保守国家秘密法》《中华人民共和国保守国家秘密法实施条例》《各级国家档案馆馆藏档案解密和划分控制使用范围的暂行规定》《各级国家档案馆开放档案办法》《档案馆防治灾害工作指南》《档案管理违法违纪行为处分规定》《档案数字化外包安全管理规范》《档案工作突发事件应急管理办法》《档案馆建筑设计规范》《档案馆建设标准》《档案信息系统安全保护基本要求》等。

意义和价值　良好的档案风险管理，有助于增强整个社会的档案风险意识，提升中国的档案安全管理质量和水平，降低国家和立档单位的决策错误概率，避免档案资源的损失，有效地维护国家和立档单位档案的完整和安全，切实维护国家利益、立档单位利益和公民的权益。

（王英玮）

档案封存 archival encapsulation 通过专门技术手段将档案原件封存起来避免损害的档案保护措施。在基于档案已经实现复制或数字化、安全备份等不影响利用的保障性前提下，以复制件代替原件使用时所采取的针对档案原件的一种特殊保护措施。

通过专门技术手段将档案与外界环境

相对隔离，形成一个相对密闭的空间，避免外部的光照、有害生物、灰尘、潮湿、酸性腐蚀性有害气体以及水灾、火灾、地震等不良因素对档案的不利影响，使档案的保管微环境更加稳定，能有效地防止纸张氧化酸化，延长档案寿命，从而降低外界有害因素对档案的破坏，达到保护档案的目的。

档案封存包装采用隔氧材料，可以是金属密封容器或隔氧的 PVDC、PE 等高分子膜。PVDC 分子中的氯原子有疏水性，不会形成氢键，氧分子和水分子很难在 PVDC 分子中移动，从而具有优良的阻氧性和阻湿性，并兼具卓越的阻隔水汽、氧气、气味的功能，是一种阻隔性能优越的塑料包装材料。PE 即 polyethylene，是结构最简单的高分子有机化合物，也是当今应用最广泛的高分子材料，由乙烯聚合而成，根据密度的不同分为高密度聚乙烯、中密度聚乙烯和低密度聚乙烯，也是广泛使用、阻隔外界环境的包装材料之一。从密封的角度看，档案封存材料需要透气度小，甚至是不透气的材料制作为优。

若选用不透气，或者 10 年以上不透气封存材料，则可以采取其他方法保护档案。例如，真空封存、脱氧封存或充氮封存，形成去氧气调环境。去氧气调是去氧和气调的结合。去氧是把档案置于上述封存材料内，通过抽真空或放入除氧剂，使容器内氧气含量降低到 1%以下，成为低氧或无氧的状态；气调是在已经去氧的密闭容器中充入二氧化碳或氮气等气体。

（周耀林）

档案复制 archival duplication 采用临摹、摄影、复印、缩微摄影等技术方法，制成与档案原貌相一致的复制件。目的是保护档案原件，使其能永久或长期保存，并用复制件满足读者使用的需要。

档案复制有悠久的历史，早在 1600 多年前，中国人就已经用临摹的方法复制优秀书画。后来受雕版印刷的启发，中国人又发明了木版水印、丝网印刷及胶版印刷等工艺为复制提供便利。随着科学技术的进步，出现了照相复制技术、缩微摄影技术、静电复印技术，以及与数字技术相关联的高精度电子设备的数字仿真技术等。现在档案复制主要有以下 4 种方式。

临摹 是以手工的方法，在宣纸等介质上进行复制。中国有摹仿原件特征复制字、画的传统技术。临指对照原件进行描绘或书写；摹指将纸张、丝绢等覆盖在原件上进行绘画或书写。临摹要根据档案原件的特点，精心选择纸、墨、颜料等材料，在专门制作的器具上透印勾画（也有通过摄影）取得与原件特征一致的轮廓，然后细致描绘和“做旧”，制作成与原件形象极为相似的复制件。临摹在档案复制中曾发挥过很好的作用，但由于它对材料、工艺要求高，速度慢，制作周期较长，只能在特殊需要时用于少量档案的复制。

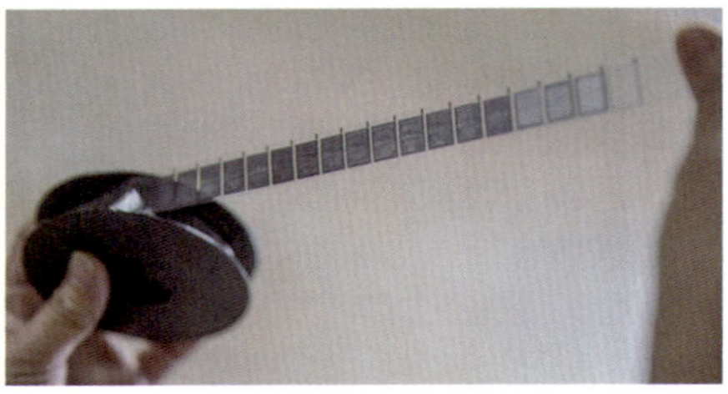

图 1 记录了档案的 16 毫米缩微胶片

静电复印 又称电摄影。是利用静电复印机对档案原件进行复制而形成复制件的方法。静电复印有直接法和间接法两种。直接法是通过曝光，将原件影像投射在带有光敏材料的纸上，经过显影、定影制成复制件；间接法是将原件影像投射在一定材料的光导体表面，经显影成像，再转印在普通纸上，经定影而获得复制件。静电复印的速度快、使用方便、价格低廉，但是仿真度低，对档案原件有一定的损害。中国档案部门曾少量使用直接法。20 世纪 80 年代以后，间接法的普通纸静电复印机已成为档案复制的主要设备。优点是操作简便，速度快，复制件画面清晰。为避免档案文件频繁复印而过多受到强光和机械性损坏，应尽量减少复印次数。静电复印技术一般不宜用于大量档案的复制，一般作为档案部门为档案利用者提供服务的一种辅助手段。

摄影复制 一般有普通摄影和缩微摄影两种复制形式。普通摄影复制又称照相复制，是采用普通照相机将档案文件拍摄成相（胶）片，再印制成以感光纸为材料的正相文件复制件，或通过对原件摄影制版，再印刷成复制件的方法。速度较慢，一般只用于一些珍贵档案为展览、陈列等目的而制作复制件，不作为大量档案的复制手段。缩微摄影复制是在感光材料上记录缩微影像，形成缩微品的技术和过程。采用缩微摄影机将文献资料的影像缩小几倍、十几倍、几十倍甚至更多，记录在感光胶片上，经加工制成小型化、规格化的缩微品的方法。采用这种方法得到的复制品可使需要永久、长期保存的档案得到良好的保护，代替档案原件供查阅。档案利用者通过一定设备可将缩微品放大得以阅读原件内容，或得到放大还原的复制件。缩微摄影复制是档案搜集、交换、传递的极好方法，并可与计算机等技术结合，实现档案存取和检索的机械化、自动化，还使档案管理逐步纳入信息自动化管理系统成为可能。缩微摄影复制是世界上大多数国家复制档案的主要技术。20 世纪 50 年代末 60 年代初，中国一些档案部门就开始应用这一技术，80 年代已普及到全国中央、省、自治区、直辖市档案馆以及不少专门档案馆和机关、企业等档案部门。缩微摄影复制技术已经成为保护珍贵档案原件并提供利用的一种有效手段。

数字仿真 采用扫描仪或数码相机等设备对档案原件进行图像采集，利用计算机图形处理软件进行图像处理，再通过打印机进行图像输出，制作档案复制件。数字仿真复制档案具有仿真程度高、生产周期短、复制数量不限等特点。设备主要包括图像输入设备、图像处理设备、图像输出设备，以及图像处理软件和色彩管理软件等。

图 2 “海外克孜尔石窟壁画及洞窟复原影像展”

数字仿真复制的图像输入主要有扫描模式和数码拍摄模式；图像处理主要有色彩设置、色彩管理、直方图调整、色彩和局部调整等功能；图像输出主要有打印设置、打印、后期做旧等；色彩管理则是对扫描仪、数码相机、显示器及打印机进行校准和对特征文件生成过程进行流程监控，以取得最佳的复制效果。数字仿真的工作效率较高，可以成批复制，仿真效果较好。

（彭远明）

档案高等专业教育 higher professional education of archival science 由普通高等学校从事的旨在培养高级档案人才的教学活动。

发展历程 1821 年法国首创档案学院（法国国立文献学院），是世界上第一所高等档案教育机构，它与后来成立的奥地利维也纳档案学院（1904 年改组为历史研究院）和德国**马尔堡档案学院**并称为三代档案学院，代表了资本主义国家档案高等专业教育的传统。社会主义档案高等教育的开端是 1930 年莫斯科历史档案学院的成立。第二次世界大战后，印度、民主德国、波兰、阿根廷等许多国家开办了高等档案教育专业。意大利在全国 17 个大区所在地的国家档案馆设立了档案学、古文字学、古文书学学校。

中国档案高等专业教育创立于 1952 年，中共中央办公厅、中央组织部和宣传部委托中国人民大学筹办档案专修班（后扩大为档案专修科）。1955 年 4 月，中国人民大学根据国务院和高等教育部的决定，在档案专修科的基础上创办历史档案系，同年 9 月招收第一届四年制本科生。受“文化大革命”的影响，1974 年中国人民大学历史档案系随中国人民大学一起被撤销，中国档案高等教育陷于停滞状态。1978 年中国人民大学历史档案学恢复，更名为档案系。1979～1982 年，北京联合大学、四川大学、辽宁大学、浙江大学、上海大学等高校纷纷创办档案系（专业），改变了中国人民大学独家办档案高等专业教育的局面。1982 年，中国档案高等教育在本科层次基础上增设了硕士研究生教育，1993 年增设博士研究生教育。截至 2023 年，中国开展档案专业本科教育的院校已增至 35 所，开展档案学硕士研究生教育的院校有 31 所，开展博士研究生教育的院校有 15 所，档案高等专业教育规模不断扩大，发展相对稳定。

课程设置　20 世纪 60 年代以来，各国档案高等专业教育迅速发展，各国高等院校根据本国档案工作的实际需要和学制与培养目标而设置档案专业课程。法、奥、德三所档案学院在早期为适应档案馆保管古代和中世纪档案的需要，都以历史教育为基础，主要设置古文字学、古文书学、中世纪史和历史辅助科目等课程。在现代，各国高等档案教育所设课程大致分为三类：纯专业课目，与信息学、情报学相同的课目，与其他学科共有的课目。随着档案工作和档案学的发展，纯专业课目越来越丰富，如**文书学**、档案工作理论与实践、古文书学、**档案文献编纂学**、档案史、科学技术档案管理、声像档案管理等；与信息学、情报学相同的课程占有很大比重，如保护与修复技术、复制技术、陈列与展览、信息储存与输出、目录学、对利用者的研究、建筑设计与环境监督、系统分析和自动化等；与其他学科共有的课目，如历史学、社会学、法学、物理学、化学、数学等，在档案专业教育中也占有不容忽视的地位。进入 20 世纪 70 年代，各国都注意了现代科学技术在档案工作中应用的课目，如电子计算机技术、现代情报技术、科技史等。20 世纪 90 年代末期，中国教育部调整了高等教育专业目录，将原来隶属于历史学科的档案学专业与图书馆学、情报学合并在一起，成为图书情报与档案管理一级学科，隶属于管理学门类。21 世纪以后，档案学专业增加了有关管理学（如管理学基础、组织行为学、项目管理、知识管理等）、信息管理（如信息管理基础、信息组织、信息检索、信息分析等）、信息技术（如计算机原理、数据库、程序设计语言等）方面的课程。

（王景高　姚　锋　张恩庆　张　斌）

档案工作标准　archival work standard　以档案工作领域中重复性的事物和概念为对象而制定或修订的各种标准的总称。是档案工作中有关单位和个人应当遵守的共同准则和依据。

特点　①制定与审核或批准等工作程序有专门的规定。②有固定的代号，格式整齐划一。③是从事文件管理和档案管理的共同依据，在一定条件下具有法律效力，并且具有一定的行为约束力。④时效性较强，以某个历史阶段的档案工作实践水平为基础，一般与当时最先进的技术和管理方式存在一定的距离，随着档案工作实践的发展和新技术、新方法的采用，标准需要不断地进行修订、补充、替代或废止。⑤内容具有相对专一性。一个档案工作标准一般只解决一个实践性问题，文字要求准确简练。⑥依据不同种类和级别在不同的范围内贯彻执行，具有较强的可操作性。⑦多数属于推荐性标准，各地各部门在采用标准的时候具有较强的灵活性。

作用　①协调作用。档案工作标准的针对对象具有重复性和多样性特征，因此为了使某一方面的工作在整体上先进、合理和可行，必须以有关标准和法规等为依据，进行相应的规范控制。②简化作用。采用**文档一体化**管理模式之后，对于过去文件管理与档案管理分开进行的一些重复性工作，可以通过制定相关的管理标准，简化其中多余的、重复的、低功能的工作环节，从而使文档一体化管理系统的整体功能得到提高，性能得到改善和优化。③优选作用。采用档案工作标准，可以对文件与档案工作领域同一性质对象的两种以上的概念表达方式、技术指标、工作流程、工作方式等，通过优选，确定一种或几种较为科学、先进、合理的方式、指标、流程等，从而使整个档案工作的效率得到提高。④统一作用。随着中国档案事业稳步发展以及国际档案工作信息交往的不断扩大，档案工作领域需要统一的对象越来越多，统一的范围也越来越大，如档案工作术语、标识符号、代号代码、工作流程、技术指标等，相应的技术标准和管理性标准可以促进规范和统一。

种类划分　按照标准的性质，档案工作标准可以分为基础标准、管理标准、技术标准。①基础标准。指档案工作最基本的、具有广泛指导意义的标准，是针对档案工作中的共性问题，依据普遍规律而制定的基本规定和规则，具有很强的通用性。②管理标准。指关于档案工作管理的方法、时间、程序、规程，档案工作任务的安排、人员及财物的使用与分配等方面的标准，是用来组织档案机构工作过程的依据和手段，是顺利完成工作任务、实现组织管理科学化的有效措施。③技术标准。指档案工作各项业务环节涉及的技术性指标的集合体，是档案工作标准的主要内容，中国及国际档案工作组织制定的标准大多数属于技术标准。

按照标准的实际法定效力，可以分为强制性标准和推荐性标准。①强制性标准。指保障国家档案信息安全的标准，和国家通过法律、行政法规规定强制执行的标准。②推荐性标准。指对具有指导意义而不宜强行执行的技术要求和管理要求制定的倾向性或方向性标准，包括非强制性的所有标准。

按照标准的相关程度，可以分为正式标准和参照标准。①正式标准。指档案工作标准中同档案、档案管理直接相关的标准，如通过全国档案工作标准化技术委员会会审上报，并得到批准的各种档案工作标准；国际档案工作组织制定的档案工作标准等。②参照标准。指由于目前尚无正式的档案工作标准可循，而不得不借鉴其他行业制定的相关工作标准，如《国际通用机读目录格式》《ISO 2709：2008 信息和文献. 信息交换格式》以及相关的科技文件标准等。

按照标准的适用范围，可以分为国际标准、区域性标准、国家标准、专业或行业标准、地方标准、企业标准。①国际标准。指经过国际权威组织制定，在国际上得到普遍承认和通过的标准，通常由国际标准化组织中的国际档案理事会制定。②区域性标准。又称国际区域性标准。指只适用于世界某一区域的、经过世界区域性标准化组织通过的档案技术标准。③国家标准。指对全国档案工作有重大意义，必须在全国范围内统一的标准，由国务院标准化行政主管部门批准发布。④专业或行业标准。指由专业主管部门批准、发布，在行业范围内统一的标准，覆盖面涉及档案术语概念、整理、保管、利用和现代化管理等方面。⑤地方标准。指在没有国家标准和行业标准的情况下，对需要在省、自治区或直辖市范围内统一的档案技术要求制定的标准。⑥企业标准。指在企业内部遵守的档案技术标准，经由主管部门审批实施。

中国档案工作标准体系的结构　由纵向结构和横向结构统一构成（见图）。纵向结构即档案工作标准体系的层次结构，反映了档案工作标准的不同层次及各层次之间的相互关系。档案工作标准体系按照层次和级别，由国家标准、行业标准、地方标准、企业标准构成。从国家标准到企业标准，通用性程度逐渐降低，个性逐渐增加。档案工作国家标准和行业标准是概括性的，具有指导意义和伸缩余地；而地方标准和企业标准是具体化的，是对国家标准和行业标准的补充。各层次之间是相互制约、相互渗透的。横向结构即针对档案工作不同领域、不同方面制定的标准。

档案工作基础标准　①档案专业基本术语词汇。对档案工作领域的术语词汇进行归纳、整理和优选，并结合文档一体化的发展趋势，对文件管理领域基本术语词汇进行整理和优选。②档案馆代码编制规则。用于规范中国各级各类档案馆的标准代码，是实现国家档案信息共享的重要基础性工作之一。③档案种类划分标准。用于规范档案管理实践和档案学术研究中档案种类划分的基础标准。④档案计量单位标准。用于规范实际工作中所使用的档案计量单位的种类、名称、使用方法和范围，以及相关注意事项的基础性标准。⑤档案统计工作标准。用于规范各级档案部门和各有关单位的档案统计工作的一种基础性标准。

档案工作业务技术标准　①档案收集标准。主要包括案卷质量标准、文件归档标准（包括电子文件的物理归档标准和逻辑归档标准）、档案馆收集档案标准、档案馆收集资料标准等。②档案整理标准。主要包括全宗划分规则、全宗内档案分类规则、档号编制规则、各种类型各种门类的档案整理规范（如照片档案整理规范、会计档案整理规范、声像档案整理规范、归档电子文件整理规范）、文书档案案卷格式、科学技术档案案卷构成的一般要求等。③档案编目与检索标准。主要包括档案著录规则、档案信息分类标准（如《中国档案分类法》）、档案分类标引规则、档案主题标引规则、档案主题词表、档案目录编制规则、档案馆指南编制规则、全宗指南编制标准等。④档案统计标准。主要包括档案统计工作程序、档案工作基本情况统计标准等。⑤档案鉴定标准。主要包括国家档案鉴定标准、同系统档案鉴定标准、同类型单位档案鉴定标准、专门档案鉴定标准、各机关单位档案鉴定标准等。⑥档案保管与保护标准。主要包括档案馆建筑设计规范、档案库房管理规范、档案库房内外有害物质限量标准、档案消毒及杀虫技术规则、档案修裱工艺规范、档案缩微技术规范、档案装具系列标准等。⑦档案信息化标准。主要包括各类档案数字化规范、各类电子文件元数据标准、电子文件管理标准、电子文件管理系统标准、数字档案长期保存规范、数字档案馆（室）建设规范等。

与档案工作标准有关的业务技术相关标准　与档案工作密切相关，但又不完全属于档案工作领域的有关国际标准、国家标准、行业标准和企业标准等。如文件制成材料质量标准，底图和蓝图制作规范，档案裱糊用料质量标准，技术文件格式，商业、金融、财政、外交等各种专门文件格式，国家机关公文格式等。（钱　毅）

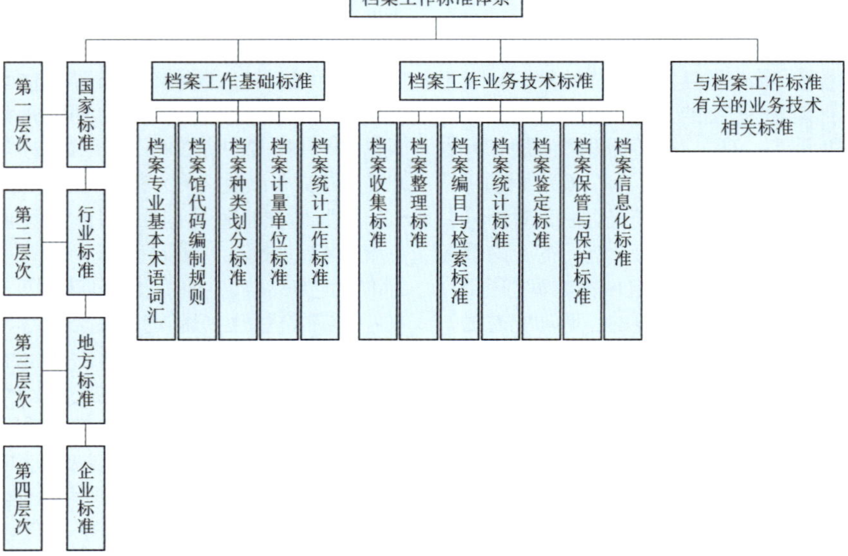

档案工作标准体系

《档案工作基本知识》 *Basics of Archival Work*　中国档案管理学著作。和宝荣、陈兆祦编著。档案出版社 1982 年 9 月出版。全书分为 8 章 25 节。第 1 章档案，论述了档案及其形成、档案的作用、国家档案全宗的组成等内容。第 2 章档案工作概论，论述了档案工作的内容和性质、中国档案工作的基本原则、档案工作的组织体系等内容。第 3 章档案的收集，论述了档案收集工作的意义和指导思想、档案室和档案馆的收集工作等内容。第 4 章档案的整理，论述了档案整理工作的内容和原则，全宗、分类、立卷、案卷排列和案卷目录以及关于零散文件的整理问题。第 5 章档案价值的鉴定，论述了档案价值鉴定工作的内容和制度、档案的保存价值及其鉴定方法、档案保管期限表等内容。第 6 章档案的提供利

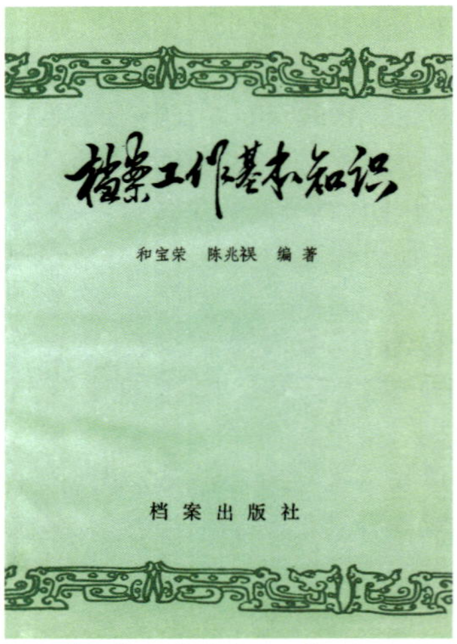

《档案工作基本知识》封面

用和编研工作，论述了档案利用工作的意义和指导思想、档案提供利用的方式、档案馆和档案室的编研工作等内容。第 7 章档案检索工作，论述了档案检索工具的作用和种类、检索工具的编制等内容。第 8 章档案的保管和统计，论述了档案保管和统计工作的相关内容。

著作是在《文书档案工作基本知识讲座（提纲）》（原连载于《档案工作》1980 年第 1 期至 1981 年第 1 期）的基础上，根据各方意见和要求修订、扩充而成，是“文化大革命”之后档案工作恢复与繁荣时期中国档案学的重要著作，系统而概要地针对当时档案工作的若干理论问题和业务方法加以论述，对档案馆（室）工作的开展具有较强的指导意义。（徐拥军）

档案工作者 archivist 档案部门业务人员的通称。其范围在各国略有不同。按国际档案理事会所编《档案术语词典》，指专门从事档案管理和档案馆管理工作的人员。在中国，泛指档案行政管理部门、档案馆和机关、团体、企业事业单位档案室以及档案教学、科研机构的业务人员。在俄罗斯，主要指档案事业管理机关及其所属档案馆和专门从事档案科研工作的业务人员。美国档案工作者协会规定的范围是“在一个档案机构中负责或从事以下一种或多种活动的人：鉴定和处理、接收、保护、整理、著录、参考服务、展览和出版”。

古代和中世纪各国多无专门档案工作者，档案由负责其他事务的官员兼管。18世纪末法国档案改革后，西欧各国开始有了受过系统专门训练的档案工作者。中国在唐代以前，档案均由史官掌管，如周、秦的柱下史，汉代的太史令，唐代的令史等。宋、元、明各代的管勾和清代的书吏都是具体管理档案的人员。中华民国时期从事档案管理的业务人员称为管卷员、档案员，除了少数人受过专业教育外，多靠师承、世袭或经验传授，往往成为操纵、把持专业的“档案师爷”，阻碍档案工作的进步。

档案管理作为一种职业，是社会分工的结果。档案工作者按其任务，一般可分为业务人员、技术人员和行政管理人员。俄罗斯分为领导工作人员、专家和青年服务人员；法国分为科学人员、高级技术人员、技术人员、专门人员（修复员、装订员、摄影师等）、行政人员（录音员、打字员）和服务人员（仓库管理人员和警卫人员）。按其职称，各国的划分方法有所不同：法国有总保管员（最高职称）、保管员、文书档案员、助理档案员和档案员；美国实行“档案学家”证书制度，凡有5～7年档案专业资历和硕士学位、学士学位的人，经过申请、考核，可获得专业证书。中国自1983年实行档案专业干部业务职称制度，1986年改为档案专业人员职务聘任制，设有研究馆员和副研究馆员（均为高级职务）、馆员（中级职务）、助理馆员和管理员（均为初级职务）5个级别，同时对专业职务各档次的岗位都规定了相应的任职条件和职责。

青岛市档案馆馆员在库房查看存档的缩微胶片

档案工作者的职责在各国基本相同。中国档案工作者的根本职责是保护档案的完整与安全，科学地管理档案，提供档案为社会各方面服务。中国档案工作者誓言：“忠诚档案事业，热爱档案工作，严守档案法规，加强档案管理，精通档案业务，维护档案安全。为充分发挥档案工作记载历史、传承文明、服务未来的作用而不懈努力，为国家的繁荣昌盛贡献全部力量。”2005年2月，欧洲档案工作者联盟在向欧洲议会议长提交的报告中，将档案工作者界定为：“社会记忆的保护者；真实信息的提供者。”美国档案工作者协会2006年度主席R.莫斯认为：“档案工作者通过挑选和保管文献、照片、录音等具有永久价值的档案，作为过去的可靠记忆，帮助人们寻找和理解档案中他们所需要的信息。档案工作者的核心职责是通过收集和保护档案，为过去提供真实和可靠的信息。”英国档案学家H.詹金逊认为，档案工作者的职责首先是要尽一切可能保卫档案的安全和档案的真实性，其次才是尽一切努力为历史学家和其他研究工作者的需要服务。各国在开放档案的前提下，都规定档案工作者有履行保守机密的职责。

档案工作者需要具备文件管理、档案管理和保护等方面的专业知识与技能，具备一定的语言文字、行政管理、历史学科和档案相关学科的知识，并且随着科学技术的发展，不断掌握新型载体档案管理和现代信息技术应用知识与技能。同时，档案工作者还应具有尊重历史、珍视档案、公正务实、忠于职守、热心服务的职业道德品质。

随着档案工作的拓展，各国档案人员各司其职，形成了相对稳定的社会职业群体，保证国家政权机器的正常运转以及国家政治、经济、社会、科教、文化诸领域“记忆”功能实现。作为整个社会代表的档案工作者以“留存社会记忆、保存人类档案文化遗产、传播与弘扬人类社会文化”的特殊职业为目标，以“对历史负责，为现实服务，替未来着想”为指导，承担起档案的科学管理与提供利用这一使命。

（王景高　薛匡勇）

档案工作职业道德 archival profession ethics 档案工作者在从事档案行政、档案保管和利用服务等职能活动中应当遵守的基本行为准则与规范。具有鲜明的时代性与历史性、职业性与具体性、社会性与阶级性、公正性与广泛认可性等特征。国内外档案界都认同档案工作职业道德的作用，如国际档案理事会所指出的：“为档案专业活动建立高的专业标准，使档案专业的新成员了解这些标准，使有经验的档案职业人员知道他们的专业职责，促进公众对档案专业的兴趣和信心。”美国、加拿大、澳大利亚、英国等许多国家都制定了档案工作职业道德准则与规范，并适应时代发展不断予以修订完善。

档案工作职业道德有一般性要求，如忠于职守，爱岗敬业；遵纪守法，严守机密；博学求进，公正服务。也有关于保护档案的真实与完整，积极提供档案利用，处理好档案所有者、利用者、保管单位等各方面的权利关系，保护个人隐私，不得利用职业优势谋利，公正、无歧视地开展职业活动等方面的具体要求。《中华人民共和国档案法》规定：“档案工作人员应当忠于职守，遵守纪律，具备专业知识。”体现了中国以国家法律的形式对部分档案职业规范内容的确认。

档案工作职业道德是对档案工作者从事职业活动中的基本原则、基本态度、基本职责等进行强调和调整档案工作者职业行为的特殊手段。

（薛匡勇）

档案公布 archives publication 普世共享的档案利用方式。又称档案文献公布、档案史料公布、档案文献编纂公布、档案信息发布。由国家授权的档案馆、有关机关或个人，依法将可以向社会开放利用的档案原文或原始档案信息，通过各种传媒首次向社会公开发布，以便社会各方面周知、研究、宣传和利用。

公布沿革　档案公布具有悠久历史。在中国，起源于春秋战国时期以“铸刑书”“铸刑鼎”的方式向社会公布法律原文，此后历代帝王编纂颁行的实录、圣训、诏令、典章、方略，以及大臣名儒编纂的奏议、文集等均具有档案公布的性质，而各时期的邸报则是一种连续抄载皇帝谕旨、诏书、臣僚奏议等官方文书以及宫廷大事等有关政治情报的政府官报。至近代，则出现了专门公布档案的刊物，如《文献特刊》《文献专刊》《史料旬刊》等。在欧洲，封建君主制时期也存在公布档案现象，随着17～18世纪启蒙运动的兴起以及1789年法国大革命期间的档案改革运动，档案开放原则得到确立，档案公布活动日趋活跃，公布范围逐渐扩大。

公布方式　形式主要有：通过报纸、刊物、图书等出版物发表档案的全部或者部分原文、原图形；通过电台、电视台播放档案的全部或者部分原文、原始图片、音频、视频；陈列、展览档案或者其复制件；公开出售、散发或者张贴档案复制件；在公开场合宣读、播放档案原文、原始音频、视频等。以书籍形式出版发行档案文件汇编、档案史料汇编（全文或者摘录）是档案公布的传统方式，是将档案信息纳入社会信息传播的重要渠道。在信息技术和现代传媒发展的推动下，档案公布呈现出数字化、网络化、即时化和多元化趋势，许多档案信息网站创设"档案公布"专栏，分专题或连续公布档案文献原文，网络平台、移动终端也在探索公布档案新形式，以扩大档案信息的传播范围。

公布功能　公布档案是一种主动发布和传播档案信息的社会行为，具有鲜明的政治目的性和较强的科学研究性。在阶级社会中，国家所有的档案公布活动总是被统治阶级所掌握，以维护国家及其统治阶级的根本利益。在社会主义国家，国家所有的档案是全体人民的共有财富，因此公布档案亦应保障全体人民的根本利益。适时公布具有原始性、权威性的档案文献，对开展政治斗争、思想教育、舆论宣传、生产建设，对澄清历史真相、维护历史面貌、保障国家利益，对积累研究资料、推动学术发展和文化传承等均具有重要意义。列宁曾说："立即公布所有这些条约，使沙皇君主政府以及一切资产阶级政府的掠夺目的当众暴露。"2008 年，西藏发生暴乱，国家档案局及时公布 15 份珍贵**历史档案**，用铁的事实向世人说明中国中央政府有效管辖西藏 700 多年的事实；2012 年，围绕钓鱼岛、黄岩岛争端，中国政府和学术界也陆续公布了大量的历史档案和历史资料，证明钓鱼岛和黄岩岛是中国的固有领土。

公布要求　档案公布应遵守国家相关法律法规，在加强档案信息资源开发同时，维护国家机密和他人的合法权益。《**中华人民共和国档案法**》（修正草案）第四十九条规定："国家实行档案公布制度。国家档案馆应当定期公布已公开档案目录，并简化手续，为已公开档案的利用创造条件，提供方便。非国家所有的对国家和社会具有保存价值的档案，其所有者向社会公布时，应当遵守国家有关规定，不得损害国家、社会利益和其他公民的合法权益。利用、公布档案，不得违反国家有关知识产权保护的法律规定。公布档案不得损害国家安全和公共利益，不得侵犯商业秘密、他人隐私。"第五十条规定："公民、法人和其他组织持合法身份证明，可以利用国家档案馆已公开的档案；凡利用公开档案时需要公布档案的，须在公布时注明档案的来源。各级国家档案馆应当有计划、有针对性、按专题公布已公开档案。"

公布责任　在档案公布过程中，编纂公布者负有社会专职传播的把关之责，负有对所公布的档案进行授权范围内的解释之责，负有对将要发表的档案原文进行编辑加工之责。对于涉及党和国家重大政策以及涉及外交、外事、边界、民族、资源等问题重要档案的出版公布，必须经过国家有关部门的审查批准。国家出版部门在出版时亦要依据出版方针及有关政策、法规、条例对档案文献编纂公布出版物定稿进行审查。（丁华东）

档案公开　archives disclosure　国家档案馆将保管到一定年限的档案解除保密控制，以供公众公开利用的一项原则和制度。又称档案开放。

源流　在中世纪，世界各国档案馆的馆藏档案甚为机密，仅允许拥有者或特权人物使用。18 世纪末，法国在大革命期间的档案改革中首先提出档案开放原则，法国公民可在规定时间到国家档案馆查阅档案。这一原则为欧洲各国所效法。20 世纪 40 年代后，档案开放已逐渐成为各国法定的档案制度。1960 年，中共中央办公厅在《关于使用中央档案馆历史档案的规定》中，对可以公开提供和不得公开提供的档案内容范围作了规定。1980 年 3 月，国家档案局发布了《关于开放历史档案的几点意见》，对历史档案、革命历史档案的开放范围作了原则性规定。1982 年，中共中央办公厅和国务院办公厅转发了国家档案局的《关于开放历史档案问题的报告》，该文件按历史档案的开放与控制使用的界限，对历史档案的复制、历史档案的公布与出版、外国学者利用历史档案等提出了明确意见。1988 年 10 月，财政部和国家档案局发布了《开发利用科学技术档案信息资源暂行办法》，对正确处理开发工作与保密、专利的关系，提出了原则性的规定。1991 年，国家档案局和国家保密局联合发布了《各级国家档案馆馆藏档案解密和划分控制使用范围的暂行规定》，为中国国家档案馆的档案公开提供了有效的衡量尺度。1987 年颁布的《中华人民共和国档案法》规定："国家档案馆保管的档案，一般应当自形成之日起满三十年向社会开放。经济、科学、技术、文化等类档案向社会开放的期限，可以少于三十年，涉及国家安全或者重大利益以及其他到期不宜开放的档案向社会开放的期限，可以多于三十年。""中华人民共和国公民和组织持有合法证明，可以利用已经开放的档案。"《档案法》在 1996 年和 2016 年进行了两次修正，进一步明确了中国档案公开的法律规定。2007 年 4 月 5 日，国务院公布了《中华人民共和国政府信息公开条例》，为中国政府档案的公开提供了重要的行政法规依据。

法律法规　档案公开应遵循的法律法规主要包括《中华人民共和国档案法》（2020 年 6 月 20 日修正）、《中华人民共和国保守国家秘密法》（2010 年 4 月 29 日）、《中华人民共和国反间谍法》（2014 年 11 月 1 日）、《中华人民共和国著作权法》（2020 年 11 月修正）、《**中华人民共和国档案法实施办法**》（2017 年 3 月 1 日修订）、《中华人民共和国政府信息公开条例》（2007 年 4 月 5 日）、《中华人民共和国保守国家秘密法实施条例》（2014 年 1 月 17 日）、《国家秘密定密管理暂行规定》（2014 年 3 月 9 日）、《中华人民共和国电信条例》（2016 年 2 月 6 日修订）、《各级国家档案馆馆藏档案解密和划分控制使用范围的暂行规定》（1991 年 9 月 27 日）等。

价值和意义　档案公开从根本上改变了档案馆的封闭性质，体现了民主精神，标志着社会的进步，使档案馆成为有活力的科学文化事业机构，有利于实现档案馆开展利用工作，为社会发展服务的功能，充分发挥档案的社会效益和经济效益，从而提高档案馆的社会地位，促进整个档案事业的发展。（王英玮）

《档案共同宣言》　*Universal Declaration on Archives*; UDA　**国际档案理事会**主张并倡导的档案工作及管理准则。又称《世界档案宣言》。《宣言》的最初版本是由国际档案理事会的专业协会处与国际工作组于 2007 年在加拿大魁北克市完成，目的是为全球不同语境、文化、档案传统的档案馆提供一个共同的表述。2010 年 9 月 14 日，第 42 届**国际档案圆桌会议**暨 2010 年度大会在挪威奥斯陆召开，会议的主题为"信任与利用：数字时代文件与档案管理面临的挑战"，全体代表一致通过了在 2009 年马耳他**国际档案大会**上原则通过的《宣言》。国际档案理事会希望并鼓励其成员使用并广泛宣传该宣言。《宣言》于 2011 年 11 月 10 日由联合国教科文组织第 36 届大会采纳通过。已被国际档案理事会（ICA）批准为宣传和宣传战略的主要支柱。已经被译为巴斯克语、孟加拉语、荷兰语、加利西亚语、希伯来语、立陶宛语、加泰罗尼亚语、葡萄牙语、西班牙语、乌克兰语、德语、英语、法语、汉语等多种语言。

《宣言》定义的档案包括所有通过纸质、电子和声像方式被记载的决定、活动和记忆；认为档案的独特价值在于为人类活动提供了真实的证据；强调档案馆在行政透明和民主问责中的关键作用；档案支持民主和人权，保存社会集体记忆；解释了**档案工作者**是关心档案事业并负责向公众提供**档案利用**的专业人员；明确了好的**档案管理**的关键要素。具体内容：①档案是行政管理、文化与思维活动的唯一可靠证据，是社会演变的特有反映。②档案对于提高办事效率、可靠性和透明度，保障公民权利，建立个人与集体记忆，了解过去、记录现在并指导未来非常重要。③档案全面地记录了人类活动的各个领域；档案的生成形式多种多样，包括纸质、电子、声像及其他类型。④档案工作者是接受过基础和继续教育的专业人士，他们通过支持文件的形成，选择、保存并提供文件的利用而为社会服务。⑤所有公民、公共管理者和决策制定者、公共或私人档案馆的管理者或拥有者、档案工作者和其他信息专家，在档案管理方面具有集体责任。⑥承诺共同努力，以促使相应的国家档案政策和法律得以通过并施行；所有在业务活动中生成和使用档案的私人或公共团体重视并正确管理档案；给档案管理划拨充足的资源，包括聘请受过培训的专业人士；以正确的方式管理和保护档案，以保证其真实性、可靠性、完整性和可用性；在遵守相关法律并尊重个人、形成者、所有者和利用者权利的前提下，向所有人提供利用档案以提升公民的责任意识。

《宣言》承诺共同努力，以促使相应的国家档案政策和法律得以通过并施行；所有在业务活动中生成和使用档案的私人或公共团体重视并正确管理档案；给档案管理划拨充足的资源，聘请受过培训的专业人士；以正确的方式管理和保护档案，以保证其真实性、可靠性、完整性和可用性；在遵守相关法律并尊重个人、形成者、所有者和利用者权利的前提下，向所有人提供利用档案以提升公民的责任意识。

《宣言》对进一步普及公众对档案馆的了解起到了关键作用，为世界各国档案馆在档案公共和决策者中提升他们对档案的认知度提供了一个绝佳的机会。（黄霄羽）

档案馆工作 archives work 通过各种方式和措施，充分发挥档案馆人力、财力、物力等诸要素的作用，从而达到妥善保管档案并充分利用档案为社会服务的过程。档案馆的基本任务是通过集中统一管理档案及有关资料，维护档案的完整与安全，积极提供利用，为社会各行业服务。

档案馆工作的内容主要包括：①接收与征集档案。档案馆要根据接收档案的范围、要求和手续，做好档案的接收工作，加强对各类档案、资料的征集，注意接收和收集与本馆馆藏档案有关的各种资料，实现馆藏档案资源结构的多元化。②科学地管理档案。档案馆应加强馆藏档案的整理、保护与统计工作，积极创造条件，研究并应用新的科学技术，逐步实现档案管理现代化。③开展档案的利用工作。档案馆应通过各种措施，积极改善利用条件，为利用者提供方便，编制必要的检索工具和开放档案目录，印发**档案馆指南**等，以社会需求为导向，为各方面广泛利用档案和资料提供方便条件，实现档案服务的社会化。（向立文）

档案馆建筑防火 fire prevention in archives 档案馆在设计、选材、建设时，按相应等级防火标准，在建筑上实现防火功能的技术措施和方法。档案馆建筑防火除了符合一般建筑防火标准规范外，还要符合特殊的建筑防火要求，如《建筑设计防火规范》（GB 50016—2014）、《档案馆建筑设计规范》（JGJ 25—2010）等。

档案馆的耐火等级和建筑材料 档案馆分为特级、甲级、乙级3个等级，中央国家级档案馆是特级，省、自治区、直辖市、单列市档案馆是甲级，地（市）级及县（市）档案馆是乙级。特级和甲级档案馆耐火等级为一级，乙级档案馆耐火等级为二级。耐火等级是衡量建筑物耐火程度的分级标度，它由组成建筑物构件的燃烧性能和耐火极限确定。一级耐火等级为主要建筑构件全部为不燃烧材料，二级耐火等级为主要建筑构件除吊顶为难燃烧，其他为不燃烧材料。根据燃烧性能，建筑物构件可分为非燃烧构件、难燃烧构件和燃烧构件3个类别。非燃烧构件是指在空气中受到火烧或高温作用时，不起火、不燃烧、不炭化的构件，如钢、钢筋混凝土、加气混凝土等构件。难燃烧构件是指在空气中受到火烧或高温作用时，难起火、难炭化的构件，如经过防火处理的木材、刨花板等。燃烧构件是指在空气中受到火烧或高温作用时，立即起火或燃烧，并且在离开火源后继续燃烧或微燃的构件，如木构件。

档案馆的防火分隔物和间距 为防止火势蔓延、缩小损失范围，可在库房设置耐火极限较高的防火分隔物和防火间距。①防火墙。档案馆库区中同一防火分区内的库房之间的隔墙均应采用耐火极限不低于3小时的防火墙，防火分区间及库区与其他部分之间的隔墙应采用耐火极限不低于4小时的防火墙，其他内部隔墙可采用耐火极限不低于2小时的不燃烧体。档案库中楼板的耐火极限应不低于1.5小时。耐火极限是指建筑构件从受到火的作用时起，到失去支持能力或完整性被破坏或失去隔火作用时为止的这段时间，用小时表示。②防火门。档案馆库区建筑及每个防火分区通往室外的安全出口应不少于两个。库区缓冲间及档案库门均应向疏散方向开启，并应为甲级防火门。库区内设置楼梯时，应采用封闭楼梯间，门应采用不低于乙级的防火门。防火门是指在一定时间内能满足耐火性、完整性和隔热性要求的门，分甲、乙、丙3个等级，耐火极限分别为大于等于1.5小时、1小时和0.5小时。③防火间距。一栋建筑物起火，对面建筑物在热辐射作用下，没有任何措施而不会起火的距离。防火间距一般不小于30～50米。（盛立德）

档案馆建筑设计与建设原则 design and construction principles of archives building 档案馆在设计与建设中遵循的准则。

适用原则 适用是档案馆建筑应具备的最基本的功能。适用原则重点满足**档案库房**的建筑功能需求和发挥档案资源利用的需求。档案馆建筑的适用性主要体现在满足“九防”要求上，即防高温、防潮（防水）、防光（防辐射）、防尘、防空气污染、防有害生物（霉、虫、鼠等）、防盗、防震及防火。档案需要长久保存和提供利用，建筑为**档案保护**提供了最基本的物质条件。档案馆建筑的优良直接影响到档案保护条件的改善和保管功能的实现。比如库房建筑比较理想，档案保护条件就能得到相应的改善；反之，库房建筑不符合要求，档案保护条件的改善就要受到很大的影响。档案资源利用功能的发挥主要通过档案的阅览、展览等场所满足，因而在档案馆设计时应充分考虑为公众提供舒适、宽敞的阅览场所和展示档案资源文化教育功能的展览空间。

经济原则 档案馆建筑在贯彻经济原则时，首先要考虑与国家经济实力相适应，离开国家经济力量的可能，片面强调过高的要求，实际上也办不到。按照《档案馆建设标准》（建标103—2008），档案馆建设规模应按照行政区划分级，综合辖区档案保存数量、档案重要程度、经济状况等因素合理规划，中央一级的档案馆，省、市、地（县）级档案馆，建筑上要具体问题具体分析，不可一律追求最高的标准，造成不必要的浪费。最佳的经济原则就是少花钱多办事，也就是把投资的多少与达到的经济效益统一起来考虑。把有限的资金尽量用于档案保护和利用功能上的需求。如库房的窗户，设计成小而少，既有利于防热、防潮、防尘等要求，又可以降低造价，获得既经济又适用的建筑要求。

经济原则中更高层次的要求就是智能化管理。智能化管理条件下的智能建筑是应用大量的计算机技术、人工智能等高科技,采用集成化设计和开发,使建筑物的各个系统相互配合、协调运行,实现楼宇设备自控的智能化、综合保安的智能化、消防报警管理的智能化及通信管理的智能化等,这种智能化的管理可以节约能耗,降低人工成本,使档案馆建筑内的设备运行管理、保养维护更趋自动化,达到能源、人员的集约化目的。

节能环保原则　节能环保原则是经济原则中的重要组成内容,但强调的侧重点有区别。之所以单独提出来是因为节能环保是目前建筑行业中强调的新观念。本着可持续发展的原则,贯彻节能环保原则是非常迫切的需要。有关建筑上的节能环保要求,也有多种提法,诸如生态型节能建筑、智能建筑、低能耗建筑等。其核心内容是倡导在建筑设计与建造过程中贯彻自然生态原则,探索人、建筑、自然三者之间的关系,为人类营造一个最为舒适合理且可持续发展的环境。即将建筑融入大的生态循环圈,从整体角度考虑能源和资源流动,将建筑设计、建筑建造、建筑使用过程中的消耗、产生的废物纳入整个生态系统来考虑,从而改变资源与能源单向流动的方式,趋向良性循环的模式。节能环保原则对建筑的要求不仅仅是建筑的使用过程,而是建筑的整个生命周期。

档案馆建筑节能环保的重点包括建筑围护结构节能,采暖、空调设备效率提高和可再生能源利用等方面。中国已相继发布了一些与建筑节能环保相关的法规、标准、条例等,如1997年11月第八届全国人民代表大会常务委员会第二十八次会议通过《中华人民共和国节约能源法》,第四十条明确规定:"各行业应当制定行业节能技术政策,发展、推广节能新技术、新工艺、新设备和新材料,限制或者淘汰能耗高的老旧技术、工艺、设备和材料。"2004年11月,中国国家发展和改革委员会发布了《节能中长期专项规划》,更是明确提出"十一五"期间住宅建筑和公共建筑严格执行节能50%的标准,加快供热体制改革,加大建筑节能技术和产品的推广力度。2005年4月4日,中国住房和城乡建设部与国家质量监督检验检疫总局联合发布了国家标准《公共建筑节能设计标准》(GB 50189—2005),自2005年7月1日起实施。首次明确了公共建筑节能设计的综合性国家标准,提出从勘察、设计、施工、监理、竣工验收等各环节,对公共建筑的节能措施的实施进行行政管理。标准适用于新建、扩建和改建的公共建筑的节能设计。档案馆在新建、改建和扩建中要充分考虑节能环保理念,并按有关法规、标准执行。

美观原则　建筑物是环境整体的一部分,在适用、经济原则的基础上要适当考虑美观,与周围建筑既协调一致,又体现自身的专业建筑特色,起到美化环境的作用。美观原则更高层次的要求就是要考虑到建筑文化的内涵,注意把建筑技术和建筑艺术完美地结合在一起,传递出档案文化、地域特色的内涵。但要注意不能片面追求外观美而影响了适用、经济等其他基本原则。

(张美芳)

《档案馆建筑与设备》　*Archives Building and Equipment*　"国际档案理事会手册丛书"之一。法国档案学者和历史学家M.迪香著。1966年以法文首次出版,1977年在德国慕尼黑出版英译本,1985年出版法文修改增订版。1988年,修改增订版被译成英文并作为"国际档案理事会手册丛书"的第6卷在慕尼黑出版。再版时对第一版本做了补充和改写。

作为国际档案理事会组织出版的第一批档案专业书籍之一,篇幅不长却内容丰富。全书共分为3个部分:第一部分论述新馆建设的基本条件,包括选址标准、布局,为今后扩建留足必要的空地等;第二部分论述库房、工作人员办公区、对外提供服务区的布局与设备安装,包括所用建筑材料、防火、安全、温湿度控制、光线、熏蒸、水电供应等方面的要求;第三部分主要论述文件中心的设计与建造,以及热带国家档案馆的建设问题。

为一部应用当代先进技术建造档案馆和提供馆库设备的、非常有价值的参考书,为西方各国修建档案馆提供了重要参考。

(黄霄羽)

档案馆"九防"　nine kinds of preventions of archives　档案保护过程中的9种预防伤害的方法。"九防"具体指防高温、防潮(防水)、防光(防辐射)、防尘、防空气污染、防有害生物(霉、虫、鼠等)、防盗、防震及防火,是档案馆保护档案的基本方法。

①防高温。档案库房的高温主要由太阳辐射热通过库房屋顶、墙壁、门窗传入形成。当档案库房温度超过了相关标准规定的范围时就需要进行防高温处理。档案库房的防热,主要应在屋顶、外墙、门、窗、地面等库房建筑的围护结构上采取相应措施,使库内温度尽量保持稳定,以利于接近或达到要求。例如,在墙体建筑方面,可以利用墙体材料、结构进行隔热:加厚墙体、使用隔热材料、空气间层墙体等;设内走廊隔热;植被绿化隔热等。在门窗隔热方面,可对门窗进行节能隔热设计,如控制窗墙面积比、加强窗户隔热性能、采用合理的遮阳措施、改善窗户保温隔热性能、制作保温门、双道密闭门等。

②防潮(防水)。过大的湿度直接影响档案纸张的机械强度,容易造成档案发生水解等化学变化,也容易生霉或繁殖其他有害细菌。因此,需要将档案库房的湿度维持在一定的标准范围。档案馆应建筑在地势较高的地方,远离江河湖泊。在管理方面,一旦出现高湿环境,利用机械降湿(去湿机)或去湿材料(氯化钙、硅胶)降湿可以达到理想的防潮(防水)效果。

③防光(防辐射)。库房照明工具会产生一定的照度,可能对档案产生辐射,从而破坏档案。为此,档案库房需要将照度控制在一定的范围,例如,档案库房照度应控制在30~50勒克斯,阅览室和修裱室照度应控制在75~100勒克斯。国外对纺织品、书画、纸质品等对光比较敏感的物品的照度标准分别是:英、法两国的推荐照度是50勒克斯,美国的标准是200勒克斯,日本的标准是150~300勒克斯。总体的照度要求是,尽量将档案置于档案盒进行避光保存以减少光照,采取合适的照明工具及防尘玻璃罩进行防护,采取滤光薄膜等,以尽量减少光辐射,尤其是减少紫外光的辐照。

④防尘。灰尘本身是固体颗粒,容易携带化学物质和霉菌等,易对档案造成机械磨损、物理破坏、化学破坏、生物降解。同时,灰尘容易造成档案砖的形成,并污染档案。档案库房的防尘措施有:库房室内地面铺贴具有耐磨和防静电功能的地板砖;经常除尘;库房周围加强绿化等。

⑤防空气污染。硫化氢、二氧化硫、氯气、臭氧等是最常见的危害档案资料的有害气体,可以通过化学反应造成档案的降解。在档案馆建筑方面,馆址不应选在工业区,更不应选在工业区的下风处,同时要远离环境污染严重的地区。在管理方面,防有害气体的关键在于即时监测、及时发现,并采取安装空气过滤装置等进行及时处理。同时,档案库房应保持清洁和空气清新,避免灰尘和有害气体的侵入。

⑥防有害生物(霉、虫、鼠等)。霉菌、害虫、鼠类是造成档案破坏的主要生物因素,也是库房预防的重点。防霉的重点是库房温湿度要控制在标准范围内。防虫时要做好档案入库前的检疫和处理、对档案进行定期检查和药物防虫。对于已入库的

档案，需要注意清洁卫生，搞好库房温湿度管理，放置一定的驱虫剂或防虫剂、防鼠剂，并定期检查，以抑制档案害虫、老鼠的生长。

⑦防盗。盗窃档案直接造成档案的丢失，无论是在保管档案还是在转移、利用档案的过程中，都需要防盗。为此，要求库房门窗坚固，离开库房时严格检查并锁好房门。有些档案馆利用物联网技术进行防盗。库房内、库房走廊及周边安装防盗报警装置，通过视频监控可以起到较好的防盗效果。

⑧防震。指通过人为措施解除地震危害，防止地震的发生。防震是地震易发地区档案馆的重要任务。为此，必须建设符合防震要求的档案馆。

⑨防火。火灾对档案产生多种危害，例如焚毁、氧化加速、变形、污染等，因此档案馆应杜绝一切火源，以免发生火灾，给档案造成损失。档案库房防火时，首先需要遵照相关规范，档案库房建筑与周边的建筑保持一定的距离，设置防火分区，防火分区间及库区与其他部分之间应采用耐火极限不低于 4 小时的防火墙，其他内部隔墙可采用耐火极限不低于 2 小时的不燃烧体。档案库中楼板的耐火极限不应低于 1.5 小时。在档案库房装具的选用、电器及其线路的安装方面，也应消除一切火灾隐患，并配置消防器材，包括灭火剂、火灾自动报警装置、灭火装置等。特级、甲级档案馆中的特藏库和非纸质档案库、服务器机房应设惰性气体灭火系统。特级、甲级档案馆中的其他档案库房、档案业务用房和技术用房，乙级档案馆中的档案库房可采用洁净气体灭火系统或细水雾灭火系统。（周耀林）

档案馆开放日 archives open day 档案部门宣传活动日。2007 年 11 月，为了庆祝 2008 年国际档案理事会（International Council on Archives; ICA）成立 60 周年，国际档案理事会全体成员在加拿大魁北克举行的年度全体会议上投票决定，将每年的 6 月 9 日定为国际档案日。2013 年，中华人民共和国国家档案局决定自 2013 年开始，把每年的 6 月 9 日即“国际档案日”作为各级档案部门的宣传活动日。基于此，各级档案馆为了纪念档案界的这一特殊日子，根据实际情况，确定自己的档案馆开放日，集中开展主题鲜明、形式多样、内容丰富的宣传活动，以面向基层、服务群众作为宣传活动的宗旨，秉承开放务实、以人为本的服务理念，采取让群众乐于参与、便于参与的方式，提升公众的档案意识，增强档案的吸引力和档案文化的感染力。（向立文）

档案馆网 archives network 统一布局、纵横交织、既有分工又有协作的档案馆群体结构。建立结构合理、分工明确、关系协调、管理科学的档案馆网体系，是国家规模档案馆事业发展的重要标志之一。档案馆网的建立及其发展，与一个国家的政治、经济、科技、文化等发展水平相关联，也与该国的档案管理体制、档案文化传统密切相关。

档案馆个体是构建国家档案馆网的基础，但并不是档案馆的个体愈多，档案馆网的功能就愈强大，国家档案馆事业就愈发达。具有特定社会功能的国家档案馆网，是由若干个互相联系、互相作用的档案馆构成的有机统一整体。构建国家档案馆网的目的，在于发挥档案馆网的整体功能与优势，增强保存社会记忆的能力，使一切具有研究价值和查考价值的重要档案，得到妥善的保管、充分的开发、有效的利用，以实现档案工作的最终目的。

世界各国根据本国国情，建立国家档案馆或国家档案馆网，方式多种多样，各具特色：①由国家各级综合档案馆（或公共档案馆）和私人档案馆组成的公私混合型结构的档案馆网。②由国家各级综合档案馆和少量国家中央级专业（或部门）档案馆相结合的结构形式。③在中央级按照历史档案的分期结合专业或按机关职能性质和载体形式分设若干档案馆，而在地方则分设综合档案馆的结构形式。其中以俄罗斯、美国、中国等国家的档案馆网较为完备。

俄罗斯 在苏联解体前（1987～1988 年），其国家档案馆系统是根据政治行政结构以及苏联国家档案全宗文件的分类特征建立的五级、三类档案馆网。其五级是指：直属苏联档案管理总局领导的各级中央国家档案馆，直属共和国机关领导的加盟共和国中央国家档案馆，自治共和国中央国家档案馆，边疆区、州和民族自治州的国家档案馆，市区级国家档案馆。苏联解体后，俄罗斯联邦政府发布了一系列命令和决定，组成了由 12 个中央级国家档案馆和 5 个文件保管中心为核心的俄罗斯联邦中央国家档案馆网。

美国 美国国家档案馆保管联邦政府一切有永久价值的非现行文件，美国国家档案馆在全国设有 12 个分馆，国家档案馆还兼管 10 多个总统图书馆。在政府系统档案馆之外，还有大量的多种类型的档案馆存在，如工商企业档案馆，非营利公司和基金会档案馆，行业协会、专业组织、社会团体档案馆，大学档案馆。

中国 中国的国家档案馆网由中央级综合档案馆，省（市、自治区）级综合档案馆，地（市、州、盟）级综合档案馆，县（旗、市、区）级综合档案馆，以及一些中央和地方的专业主管机关建立的专门档案馆、部门档案馆等各种类型的档案馆组成，分级、集中统一管理国家全部档案。

（郝存厚 撰 薛匡勇 修订）

档案馆消防灭火 fire prevention and extinguishing in archives 档案馆预防消除火险、保证档案安全的管理措施。档案馆作为保存人类历史记忆、开展社会文化教育和信息传播的重要基地，一旦发生火灾，会对档案事业造成难以挽回的重大损失。档案馆消防灭火是确保其远离火灾、保证档案安全的重要措施，应将消防灭火纳入档案馆建筑设计、消防设施配备、日常管理等方面统筹考虑，构筑起档案馆消防全面立体防御体系，及时发现和杜绝可能引发火灾的一切源头，将火险消除在未发时，确保档案的绝对安全。

建筑设计防火 档案馆选址要远离加油站、危险品仓库及化工厂、实验室、居民住宅区等火患危险地带；档案馆分为特级（中央国家级档案馆）、甲级（省、自治区、直辖市、单列市档案馆）、乙级（地市级及以下档案馆）三个等级，馆舍建筑的耐火等级须分别达到一级、二级；特级、甲级档案馆应为二级防雷建筑物，乙级档案馆为三级防雷建筑物；库房与周围建筑应保持一定的防火间距，墙壁、内部隔墙及楼板的耐火极限要符合国家现行建筑设计防火规范的有关规定；严格按建筑规范设置防火分区，根据馆内人员和馆藏数量科学设计疏散通道，不少于 2 个安全疏散出口，库房门和疏散门必须向疏散方向开启。

建筑设施防火 建筑材料和施工材料应选用耐火阻热材料和燃烧后无有毒气体的材料，要达到相应耐火标准，内装修材料应尽量避免木质或其他易燃材质；库区电源总开关应设于库区外，电源开关等应设有防止漏电的安全保护装置，配电线路及照明设施线路宜采用金属管暗敷方式，大功率设备单独设置配电线路。

档案装具防火 档案装具宜采用不燃烧材料或难燃烧材料制成。如对珍贵缩微品档案的保管，应注重对缩微品的耐火保管，可保存在具有隔热、隔气作用的保险柜和密封容器，要求在 150℃的高温环境中至少保持 4 小时不受损坏。

消防监控系统 设置火灾自动报警设施，可根据库房载体特点选择探测器，确保预警系统的科学可靠和高效运行，保证火情发现及时。

消防设备灭火　要根据不同的功能区科学配置相应的消防系统，特级、甲级档案馆中的特藏库和非纸质档案库、服务器机房等应采用惰性气体灭火系统，特级、甲级档案馆中的其他库房、业务用房以及乙级档案馆中的库房可采用洁净气体灭火系统或细水雾灭火系统，馆区应设室外消防给水系统。气体灭火系统，常用的主要有七氟丙烷气体灭火系统、二氧化碳气体灭火系统和 IG541 混合气体灭火系统。高压细水雾灭火系统，是在喷淋基础上发展起来的，利用水雾喷头在较大压力下将水流分解成直径在 40～200 微米的细小水雾滴进行灭火或防护冷却，具有操作方便、效率高、维护简单等特点。此外，还有超细干粉灭火系统等。

消防灭火管理　档案馆要加强重点部位管控，定期组织安全检查，对各种火灾隐患要及时报告；健全突发事件应急机制，制定消防应急预案，适时组织有针对性的消防演练，确保在紧急情况下有效调动有关应急力量及时实施救援；强化安全教育，增强全馆人员消防意识和能力，把消防安全管理融入岗位职责中，严格履行火灾责任追究机制。

要以对档案事业、对历史高度负责的态度，树立“以防为主、灭火为辅、防消结合”的消防理念，注重日常管理和消防意识养成，加强各种防火设备系统的检修和设施更换工作，确保各类设备处于良好状态，防患于未然。（于成志）

档案馆政府公开信息查阅服务　reference service to government public information in archives　各级国家档案馆落实《中华人民共和国政府信息公开条例》要求，建立政府公开信息查阅场所，为公民、法人和其他组织获取政府公开信息提供便利。2007 年 4 月 5 日，《中华人民共和国政府信息公开条例》（以下简称《条例》）发布，《条例》第三章第十六条规定，“各级人民政府应当在国家档案馆、公共图书馆设置政府信息查阅场所，并配备相应的设施、设备，为公民、法人或者其他组织获取政府信息提供便利”。2007 年 5 月，国家档案局印发了《关于做好各级国家档案馆实施工作的通知》（档函〔2007〕108 号），指导各级国家档案馆从加强政府信息公开查阅场所建设、保障行政机关提供主动公开政府信息的齐全完整和及时送交、采取多种方式加大宣传力度、建立健全政府信息公开利用服务制度等几个方面，充分做好实施《条例》的各项准备工作。

中央档案馆已在北京市西城区永安路 106 号设立了中央国家机关政府公开信息查阅中心，并通过互联网建立政府网站公共检索点，与有关中央国家机关网站政府信息公开专栏链接，为公民、法人或者其他组织查阅中央国家机关网站上发布的政府公开信息提供服务；同时配置了《国务院公报》、各部门法规汇编等中央国家机关公开出版的政务资料，供利用者查阅。地方各级国家档案馆也通过建立政府信息公开查阅场所、在**档案网站**开设政府公开信息查阅板块等方式，积极为社会各界提供查阅服务。（周　岩）

档案馆指南　archives guide　以文章叙述形式全面、系统介绍馆藏档案情况的工具书。又称档案馆介绍。档案馆指南是档案馆面对社会的一种宣传、报道性工具。借助这种工具，利用者可以较为全面地了解馆藏档案情况及利用档案过程中所需的各种信息。

发展　档案馆指南是为适应档案开放的需要而编制的。1881 年，法国编制出第一部档案馆指南，名为《帝国档案馆系统目录》。其后各国纷纷效仿，编制了许多此类参考工具书。如英国在 20 世纪 20 年代编的《公共档案馆馆藏手稿指南》、德国**普鲁士机密国家档案馆**编的《柏林-达莱姆国家机密档案馆档案一览》（1934）和《符腾堡国家档案馆档案概要》（1937）、美国的《国家档案馆文件指南》（第一版 1937，第六版 1974）、苏联的《苏联国家档案馆》（1956）以及中国的《中国第一历史档案馆馆藏档案概述》（1985）、《中国第二历史档案馆简明指南》（1987）等。

基本内容　档案馆指南的结构主要包括以下部分：①档案馆概况。可作档案馆指南的正文，单列章节，也可写在序言中。这部分一般应简要说明档案馆的沿革、内部机构和档案的来源、数量、整理、保管、利用等情况。②馆内档案情况介绍。是档案馆指南的主体部分。对档案情况的介绍是按全宗进行叙述的。由于档案馆内全宗很多，如果对全宗逐个介绍，将会使篇幅庞大，不便利用。为此，应该介绍档案馆中比较重要的全宗。③附录。附于正文之后。一般包括关于利用档案的有关规章制度，指南中有关机关名称、人名、地名的索引，或简称表、其他图表、照片等必要的辅助材料。

意义和作用　①档案馆指南是利用者全面了解档案馆中档案内容与成分的主要工具，利用者通过它能了解某档案馆是否保存其所需要的档案。②档案馆工作人员通过它可以全面掌握本馆档案情况，主动提供给利用者，及时解答利用者的问题，对查找档案也能起到指引作用。③对档案馆开展编研工作具有重要的参考作用，指南本身就是一种研究性成果。总之，档案馆指南是档案馆必备的一种比较系统的基础工具书。（赵铭忠）

档案馆智能化管理系统　intelligent management system of archives　依据国家**档案管理**相关标准和技术规范，满足**档案库房**安全保护“九防”要求，实现档案馆（主要是库房）由人工管理向现代化、智能化、科学化、人性化管理转变，具备模块化设计、功能强大特点的**档案管理系统**。档案馆智能化管理系统主要包括以下几个子系统。

库房温湿度监测系统　档案库房等重要区域应配备温湿度监测系统，实时监测库房温湿度情况，控制库房温湿度达到相关标准要求。温湿度调控可采用中央空调或分体式空调，配备加湿、除湿设备。

档案馆（库房）监控系统　应安装自动防盗报警系统、视频监控系统及门禁系统。自动防盗报警系统具有接触式自锁装置，分别安装在档案库房各楼面的前门和后门内上端，当外来因素致使门开启 10 毫米时，即构成电器回路，连通控制系统自动防盗报警信号的继电器，发出报警信号。档案库房、阅览室、展览室、整理室、消毒室、修复室、缩微室、数字化室、计算机房等业务工作区域，设备间等重要设施区域，馆区所有电梯、出入口、楼道及馆区周边等部位应安装监控探头，避免出现监控盲区和死角。视频监控系统可通过实时录像或移动录像的方式，监控馆（库）区情况。档案馆应在馆区重要出入口、档案库房出入口、其他重要场所出入口等区域安装指纹或磁卡等门禁系统。门禁系统应当具备目标识别和授权功能，根据工作岗位不同设置出入权限，限制非授权人员出入，具备记录出入人员身份和出入时间等功能。有条件的档案馆，应建立安检系统。

火灾报警和消防智能化管理系统　档案馆应在档案库房、机房等区域配备火灾报警和消防智能化管理系统，具备整体布控、消防联动报警、火灾与温升越界报警等功能，能够自动和手动启动消防功能。库房等区域消防系统的灭火材料应对档案和人员无害，并且尽量降低对电子设备的损害。

通风换气系统　档案库房自动通风换气系统，通过通风控制模块连接通风换气设备实现开启或关闭，达到自动通风目的。

结合气象台对档案馆外的气象信息监测，为档案馆（库房）的通风换气和温湿度控制提供参考依据。

灯光照明检测系统　灯光照明检测功能是为了解决档案库房人走灯灭的问题，减少灯光对档案卷宗的照射作用。在库房内安装灯光照明控制模块，在控制室通过微机操作，方便观察库房内灯光的开、关情况。

内部通信系统　档案馆应当在整个馆区建设通信系统，实现重要部位向所有通信点发布信息。可以利用消防系统的广播功能，或建设单独的广播系统代替通信系统功能。

液晶屏展示和拼接系统　档案馆（库房）多媒体触摸屏查询系统，主要用于库房温湿度、库房设备运行状态及档案馆公共信息的展示查询。整个系统的控制操作通过一台专用的控制微机完成，控制微机直接对 DID 和 LCD 单元、计算机矩阵切换器等设备实现控制。　（彭远明）

档案管理　archives management　国家机构、社会组织、企业事业单位的档案管理机构（如档案室、文件中心、档案信息中心、企业或公司档案馆、国家档案馆等）所从事的各项档案业务管理活动。

源流　根据历史文献记载和考古发现，中国的档案管理起源当不晚于夏王朝。夏商周三代，伴随着国家机关和官制的确立，档案管理已成为国家管理的一项重要活动。商王朝的档案管理已具有一定规模，现存的殷墟甲骨档案的管理就是充分的证明。春秋战国时期，许多诸侯国都设立了专门的档案管理机构和职官（守藏史、柱下史等官职），负责收集保管本国的重要文书和册籍。周王室的天府就是现知最早的档案库，道家的老子曾在其中任柱下史。秦王朝及其后的历代封建王朝，都非常重视本朝的档案管理，设立了许多著名的档案库，如兰台、麒麟阁、石渠阁、天禄阁、东观、石室、鸿都、甲库、后湖黄册库、皇史宬、内阁大库等。中华民国时期，机关档案管理吸纳了西方的管理思想，普遍建立和开展了机关的档案管理工作。20 世纪 20～30 年代，随着中国机关档案管理理论经验的系统总结和档案管理理论的研究，机关档案管理业务活动的开展也得到了档案管理理论的有利指导。中华人民共和国成立后，中国非常重视开展党政机关的档案管理工作，并通过制定档案工作的行政法规、档案管理规范性文件等方式，成立国家档案行政管理机构，逐步建立了具有国家规模的档案事业，机关档案管理、档案馆档案管理、企业事业单位档案管理、各种社会组织的档案管理都得到了不断进步和发展。50 年代后，尤其是 1956 年 4 月，国务院《关于加强国家档案工作的决定》发布后，国家档案管理事业得到了空前发展。虽然发展过程曲折，但从 70 年代末开始，中国的档案管理在国家档案局的统一领导下，理论体系日趋健全，对中国的档案管理的科学发展给予了有利的理论和方法的指导。

基本内容　档案管理的主要业务工作内容包括：①文件归档和档案收集。②档案分类和整理。③档案鉴定和处置。④档案安全保密和保护。⑤档案登记和统计。⑥档案检索。⑦档案利用和信息开发服务。⑧档案编研等。

种类　档案管理依据不同的划分标准，可以区分为不同的种类。①按管理对象划分，主要包括文书档案管理、科技档案管理、专门档案管理、电子档案管理、声像和实物档案管理等。②按管理业务的内容性质划分，主要包括档案实体管理、档案内容管理（或档案信息管理）、档案信息化管理。③按管理对象的记录方式划分，主要包括模拟记录档案管理、数字记录档案管理。④按管理对象的载体形态划分，主要包括纸质档案管理、胶质档案管理、磁介质档案管理、光介质档案管理等。⑤按管理的信息化程度划分，主要包括传统档案管理、现代档案管理等。⑥按管理主体划分，主要包括立档单位档案管理、国家档案馆档案管理、专业档案馆档案管理、档案中心档案管理、企业档案馆（室）档案管理、档案寄存机构档案管理、家庭档案管理等。⑦按管理的国别划分，主要包括中国档案管理、外国档案管理等。

档案管理的基本原则　集中统一管理国家全部档案，维护档案的完整与安全，便于各方面工作的利用。

法规和标准　档案管理的相关法规和标准主要有《中华人民共和国档案法》（2020 年 6 月 20 日修正）、《中华人民共和国档案法实施办法》（2017 年 3 月 1 日修正）、《档案馆工作通则》（国家档案局 1983 年 4 月 26 日）、《机关档案工作条例》（国家档案局 1983 年 4 月 28 日）、《机关档案工作业务建设规范》（国家档案局 1987 年 12 月）、《档案工作中国家秘密及其密级具体范围的规定》（国家档案局、国家保密局 1990 年 2 月 14 日）、《各级国家档案馆馆藏档案解密和划分控制使用范围的暂行规定》（国家档案局、国家保密局 1991 年 9 月 27 日）、《各级国家档案馆开放档案办法》（国家档案局 1991 年 12 月 26 日）、《开发利用科技档案所创经济效益计算方法的规定（试行）》（国家档案局 1994 年 8 月 17 日）、《中国档案分类法》（1997 年 12 月 1 日）、《电子公文归档管理暂行办法》（国家档案局第 6 号令）、《机关文件材料归档范围和文书档案保管期限规定》（国家档案局第 8 号令）、《企业文件材料归档范围和档案保管期限规定》（国家档案局第 10 号令）、《企业档案工作规范》（DA/T 42—2009）、《档案主题标引规则》（DA/T 19—1999）、《档案分类标引规则》（GB/T 15418—2009）、《科学技术档案案卷构成的一般要求》（GB/T 11822—2008）、《归档文件整理规则》（DA/T 22—2015）、《建设电子文件与电子档案管理规范》（CJJ/T 117—2007）、《电子档案管理基本术语》（DA/T 58—2014）等。

价值和意义　档案管理是整个国家文献信息系统的组成部分之一，在构成整个社会的科学能力中占有重要地位，是社会信息系统的基石。档案管理对整个社会、局部单位具有长远、历史的意义和现实的指导意义。　（王英玮）

《档案管理》　*Keeping Archives*　澳大利亚档案学著作。J.埃利斯著。1993 年由澳大利亚档案工作者协会出版，英文。

该书以实用的角度叙述了档案管理基础知识，并给予档案管理、档案技术和用户教育相当的重视。具体包括最新的保存方法、法律责任与问题、文件查找、特殊格式文件管理、收集、鉴定与处理、归档程序等内容。书中还提供了一个档案术语词汇表。

2008 年出版第 3 版，J.拜廷顿等人著，由澳大利亚档案工作者协会出版。第 3 版以前两个版本为基础，并拓展了数字档案管理、保存技术、档案资源获取及教育目标等方面的内容。新版《档案管理》用丰富的插图、实际的案例和工具进行包装，是建立、管理、开发档案最全面的指南之一。　（安小米）

《档案管理》　*Archives Management*　中国档案学期刊。原名《河南档案》。河南省档案局主管主办的省级档案专业期刊。双月刊，全国公开发行。1983 年创刊于郑州，时名《河南档案》。1986 年改名为《档案管理》。

期刊定位是以业务指导为主，兼顾学术性和可读性；立足档案，面向基层，突出河南省地方特色，旨在传播档案学知识，交流工作经验，推动理论研究，提高档案工作者业务素质。主要栏目有《理论探讨》《学界观察》《业务研究》《海外采风》《专题沙龙》《调查报告》《秘书苑》《鉴往知来》《工作园地》《党史聚焦》等。

刊物为北京大学《中文核心期刊要目总览》入选期刊。（马 婵）

《档案管理》 *Archives Administration* 档案学专著。英国档案学家M.库克著，全称《档案管理——中小型机构和地方政府档案机构实用手册》，1977年出版，1988年被译为中文。为第二次世界大战以来取得的不断进展的“档案革命”的产物之一。

全书共分为13章，论述涉及档案馆的目标与组织，文件的管理与文件中心，档案的收集、整理与著录，档案的贮存与保护，档案的开发利用与服务，档案在教育中的应用等，书后附有英国地方档案管理机构组织、文件鉴定标准、档案利用规章等五份参考文献。用相当多的篇幅（第二到五章）详尽介绍和论述了文件管理和文件中心方面的经验和原则、方法。库克在书中提出了关于文件生命周期阶段划分的设想，在第二章“文件管理”中，他提出了“生命过程”的概念，认为文件在这个“生命过程”中有一个完整的变化过程。

论著内容广泛，几乎涉及档案管理的各个领域，虽是针对中小型地方档案馆撰写，对它们具有直接参考价值，但书中提出的许多思想和介绍的一些工作经验，对各类档案管理机构都具有一定的参考意义。（黄霄羽）

档案管理工作 archives management work 档案机构用科学的原则和方法管理档案，为国家各项事业服务的工作。基本内容包括档案的收集、整理、鉴定、保管、编目与检索、编辑与研究、统计、利用。中国长期以来将档案管理工作分为基础工作和利用工作两大部分，具体划分为6个环节，即档案的收集、整理、鉴定、保管、统计和利用等。随着时代的发展，档案管理工作的内容和结构还会发生新的变化。

工作的对象是档案，服务的对象是档案利用者，所要解决的基本矛盾是档案的分散、零乱、质杂、量大、孤本等状况与社会利用档案要求集中、系统、优质、专指、广泛之间的矛盾。档案管理工作水平直接影响社会对档案需求的满足程度，因而档案管理工作要紧跟时代步伐，不断适应新的社会需求。

档案管理工作就其性质和主要作用来说，是一项管理性、服务性、政治性的工作。开展档案管理工作，要遵循集中统一管理国家档案，维护档案的完整与安全，便于利用的原则。档案管理工作作为整个国家文献信息工作的组成部分之一，也是国家档案事业最基本的组成部分。（向立文）

《档案管理技术实用手册》 *Practice Manual of Archives Management Techniques* 阿根廷介绍文书处理和档案管理方法的著作。作者L.F.比阿萨利是阿根廷档案学家，曾任阿根廷国家邮电总档案馆馆长、阿根廷档案协会主席。1982年在阿根廷用西班牙文出版。1987年中文版由中国档案出版社出版，何嘉荪、曹家驹译，并被国家教育委员会（今教育部）列为高等学校教学参考用书。

除序、引言和档案学常用术语表以外，分为十一章。第一章企业及其文件管理部的组织，第二章文件控制计划，第三章表格文书的控制计划，第四章收发室，第五章档案馆，第六章内部机构档案室，第七章档案馆的组织及其基本工作方法，第八章分类系统与文件的归档，第九章文件价值的鉴定，第十章档案的管理，第十一章档案工作人员的专业教育。

内容非常全面，涉及从机关文件管理到档案馆工作的整个过程，延续了美洲地区文件和档案一体化管理的传统，具有较强的实用性，特别是以专章介绍档案人员的教育要求和课程设置，成为阿根廷档案人员的案头必备参考读物。（黄霄羽）

《档案管理手册》 *A Manual of Archive Administration* 英国研究档案工作理论与实践的第一部重要档案学专著。英国档案学者H.詹金逊著。1922年在英国牛津首次用英文出版，1937年修订再版，1966年在伦敦重印。

全书共分四部分，并附有附录和索引。第一部分是绪论，说明档案的定义和性质、档案工作者的职责等；第二部分是档案的起源、形成和发展，以及档案的分类、整理和保管原则；第三部分是现代档案，说明档案的挑选和销毁；第四部分是档案的制作和登记工作，说明档案的制成材料以及登记和处理办法等。

对英国档案工作理论与实践的发展，以及现当代档案学研究产生了很大的影响，并被用作英国档案工作者的工作指南和档案专业培训教材。成果有：①对档案人员的职责做了全面而精辟的论述，要求档案人员尽可能地捍卫档案的安全和真实性，并尽可能地满足历史学家和其他研究者的利用需要。②接受并丰富了来源原则的思想，创造性地提出档案组合的概念，作为英国档案整理和分类的基本单元，符合英国机关历史悠久和职能多变的现实。但也存在两点局限性：①认为档案人员不能参与文件的鉴定，只能保管档案，而不能干预档案的形成，这种片面的鉴定观不利于把握档案的双重价值。②认为档案组合的建立必须以形成机关的稳定和结构完备为前提的观点过于机械和呆板，很难适应现当代行政机关组织结构和职能活动频繁变动且异常复杂的现实特点。（黄霄羽）

档案管理系统 archives management system 各机关、团体、企业事业单位和各级各类档案馆使用的对档案信息和档案实体进行管理的各种类型的计算机应用软件系统。档案管理系统由多种应用程序、中间件和数据库等软件构成，依据档案管理基本理论和规范建立。档案管理系统的质量直接关系到档案信息化建设的水平。

20世纪80年代初，档案界开始使用应用计算机技术，实验性档案管理系统开始出现，当时的档案管理系统皆为各单位自行开发的单机应用，主要功能为档案目录编制与检索。1985年中国开始公布第一批档案工作标准，90年代初与档案管理自动化有关的标准基本配套，通用性强以及商品化程度较高的档案管理软件开始显示优势。国家档案局从1996年开始对国内的计算机档案管理软件进行测评和筛选工作，1997年推荐了首批软件，取得了较好的效果。同时期的档案管理系统功能得到很大的扩展，开始支持档案全文扫描和多媒体信息管理，网络化应用日益普遍，文档一体化软件、档案网站先后出现。21世纪之后，电子文件大量涌现，电子文件归档和电子档案管理的系统功能得到高度重视，《电子文件管理系统通用功能要求》（GB/T 29194—2012）、《电子文件管理系统建设指南》（GB/T 31914—2015）、《电子档案管理系统基本功能规定》（2018）《电子档案管理系统通用功能要求》（GB/T 39784—2021）等标准规范的发布，为档案管理系统的建设提供了保障和指导。档案管理软件和业务系统的集成、档案信息资源的共享利用成为档案管理系统发展的关键问题。

档案管理系统类型多样。根据部署范围，可以分为单机版档案管理系统和网络版档案管理系统；根据管理对象，可以分为电子文件（档案）管理系统、文档一体化管理系统、档案辅助管理系统、档案库房管理系统、档案网站等；根据使用单位，可以分为机关档案管理系统、企业档案管理系统、数字档案馆系统；根据主要功能，可以分为档案信息管理系统、档案信息服务系统、档案办公系统；根据实现方式，可以分为嵌入业务系统的档案管理模块和独立的档案管理系统；根据建设规模，可以分为内容管理平台、档案管理应用；根据管理模式，可以分为独立建设的档案管理系统和集中建设的档案数据中心等。随着技术的发展，档案管理系统呈现集成化、模块化、多样化等发展趋势。

档案管理系统软件的研制开发和安装试用应遵循“规范、先进、实用”的原则，既要满足当前工作的需要，又要兼顾将来技术发展的趋势。各单位应根据档案及其管理的实际情况，建设适用的档案管理系统。21 世纪以来，档案管理系统积极应用数字认证、区块链、大数据、人工智能等技术，以支持档案信息的智能化管理和智慧化利用。（钱 毅 刘越男）

档案管理学 study of archives management 研究档案管理理论、原则和方法的档案学分支学科。档案学中最先建立的一门分支学科，是高等学校档案学专业本科核心课程之一。

简史 19 世纪以后，欧洲档案学体系开始形成，研究内容主要是诸如档案馆的性质和作用、档案的整理分类和鉴定、档案的利用和公布等，多属档案管理方面的理论与技术。1898 年荷兰档案学家 S.缪勒、J.A.斐斯、R.福罗英合著的《档案整理与编目手册》，确立了以档案全宗为核心的档案整理和编目原则和方法。1945 年 K.G.米加耶夫、1980 年 F.I.多尔吉赫等著的《苏联档案工作理论与实践》，以档案管理的环节划分和实施为基本内容。美国档案学者 T.R.谢伦伯格所著的《现代档案——原则与技术》（1956），则把文件管理也纳入档案管理内容之中。中国档案管理学比较系统的研究始于 20 世纪 30 年代初。当时南京国民政府为提高行政效率，发起了文书档案改革运动，涌现出一批论述档案管理的著作，如程长源的《县政府档案管理法》（1936）、何鲁成的《档案管理与整理》（1938）等，标志着以档案管理理论与方法为主要内容的中国档案学的形成。1949 年以后，中国系统地建立起档案管理学科，陈兆祦主编的《档案管理学》（1962）是最早的教材。不少高等学校的档案学专业教育，也都有各自的档案管理学教材。其中影响最大、使用最广的教材主要有陈兆祦、和宝荣主编的《档案管理学基础》（1986），邓绍兴、和宝荣主编的《档案管理学》（1989），王英玮、陈智为、刘越男编写的《档案管理学》（第 4 版，2015）等。在中国台湾地区，先后出版有倪宝坤的《现代档案管理学》（1965）、张泽民的《档案管理学》（1976）、张树三的《中文档案管理概要》（1977）、范金波的《现代档案管理》（1981）等书籍。

20 世纪 80 年代以来，由于中国的科学技术档案管理学建设已比较成熟，档案学基础理论也已单独发展成为一门分支学科，档案管理学则集中于研究党政机关档案（即文书档案）以及人事档案、会计档案、声像档案和电子档案等专门档案管理的一般原则与方法。

研究内容 档案管理学的研究内容，主要分三个部分。

档案实体管理 ①档案鉴定。主要研究甄别档案的价值，确定档案保管期限和销毁档案的原则与方法。②档案收集。主要研究档案馆（室）如何取得和积累档案，包括档案接收和征集的原则与制度，丰富馆藏的方法和要求。③档案整理。主要研究如何对档案进行分门别类，并组成有序的体系，包括区分全宗、组织全宗群、全宗内分类、立卷或组件。④档案保管。主要研究系统地控制档案实体，安全管理的制度和方法。⑤档案统计。主要研究运用反映档案现象特征的数字揭示档案和档案工作的状况及其规律性。

档案信息资源开发利用 ①一般原理。主要研究档案信息资源开发的意义和原则，中国档案利用理论的形成及发展。②档案检索。主要研究如何全面地揭示馆（室）藏档案的内容与成分，存储档案信息和查寻档案文献，包括建立手工的和计算机的检索体系，各种档案目录、指南等工具书的编制。③档案编研和提供利用。主要研究开展档案利用服务的方针与原则，如何为利用者提供档案信息资源服务，如何实施档案开放等。

专门档案管理 主要研究人事档案、会计档案、声像档案和电子档案的收集、鉴定、整理、保管、开发和提供利用等原则与方法。（和宝荣 傅荣校）

《档案管理学》 *Study of Archives Management* 中国高等学校档案专业教材。1962 年由陈兆祦主持编写。为中国人民大学历史档案系内部教材，是具有中国特色的档案管理学专业教材编写历史中的里程碑之作。1980 年由中国人民大学出版社再版。该教材共分 9 章，17.5 万字。

内容：①有关档案和档案工作的基本理论，包括档案的定义、形成及作用，国家全部档案及其组成，档案工作的内容、性质、基本原则及组织体系。②关于档案（着重文书档案）管理的各个工作环节的一般原理和方法及各环节之间的相互关系。该书吸收了中国历史上有关档案管理的成果，借鉴了外国特别是苏联档案工作理论与实践的知识，第一次提出了档案管理工作的一整套原理和方法，标志着中国档案管理学这一分支学科的建立。（方 鸣）

《档案管理与文件管理研究丛书》 *Archives Administration and Records Management Studies* 档案学丛书。联合国教科文组织综合情报计划处为制定长期的文件管理与档案管理规划而编辑出版。丛书以打印稿复制后装订成册，1983～1986 年底，已出版 55 种。内容涉及档案与文件的鉴定、接收、整理、编目、保管、利用、自动化管理等各方面，为档案工作者和文件管理人员提供了较为全面的档案管理与文件管理的理论知识和实际工作经验。

1979 年，联合国教科文组织和国际档案理事会启动了对国际档案界产生重大影响的“文件与档案管理规划”（Records and Archives Management Programme; RAMP）。在全世界范围内，全面系统地开展文件和档案管理的科研活动，目的在于：①帮助人们充分认识并理解文件和档案作为基本信息资源的价值和用途；②帮助各国建立充分、有效地利用这些基本信息资源所必需的文件管理和档案管理的体制和机构。

中国档案出版社出版了两部重要的译著把 RAMP 介绍给中国档案界：① 1990 年 10 月出版的由中国档案学会外国档案学术委员会组织翻译的《文件与档案管理规划报告选编》，48 万字，收入 12 篇 RAMP 科研报告，并在附录中收录了 1979～1985 年 RAMP 的 55 篇科研报告的目录。② 1992 年 9 月出版的《现代档案与文件管理必读》，47 万字，《必读》是 RAMP 的一个重要项目，反映现代国际档案学研究水平的教科书和国际手册，以补充现在各国出版的档案学教科书和手册的某些不足。这两部著作的出版促进了中国档案界对 RAMP 的了解和认识，《文件与档案管理规划报告选编》获得中国档案学会 1986～1990 年科研成果奖。（黄霄羽）

《档案管理与整理》 *Archives Arrangement and Management* 中国档案管理理论与实践论著。何鲁成编撰。1938 年出版。全书分 10 章：概论、行政、文书档案连锁法之理论与实施、点收与登记、分类、编目、归卷与调卷、庋藏、归卷之整理、行政参考资料。概论部分对档案定义、功用以及研究方法等档案学的一般理论、观点做了阐述，并从分析中国档案管理的弊端入手提出借鉴国外经验的必要。行政部分提出了“有良好之行政，才能有良好之技术”的思想，对集中制、分司制、集中分司制、分司集中制 4 种管理方法进行了比较研究；对档案机构在国家机关中的地位及其隶属关系、职掌范围，提出了档案机构应“为行政之枢纽”“档案管理应有独立组织”

的观点，其职掌应包括文书、图书、公报等相关内容。书中提出了档案机构应以横向，即档案管理各程序为内部分工原则；对档案人员的标准、使用、训练、待遇等问题也进行了研究。管理技术部分分别从点收、登记、分类、编目、归卷、调卷、庋藏等程序阐述了各环节的功用、现状及改革方法。该书论述的各部分构成了机关档案室档案管理的较为完整的理论体系。甘乃光为该书作序，介绍了文书档案改革运动。（周雪恒）

档案归属权争议处理原则 principles of handling disputes over the ownership of archives 处理因战争、殖民主义等引起的档案归属权争议的原则。

背景 档案是一个国家和民族的历史文化遗产，是维护国家主权和历史面貌的重要工具。对于国家而言，档案归属权是文化主权和信息主权的组成部分。由于殖民主义、战争、武装冲突、领土变更、间谍盗窃、文化掠夺等原因，一个国家的档案流失到其他国家，对档案归属权产生争议和纠纷的现象在国际上普遍存在。由于各种原因未保存在档案所有国的档案被称为散失档案或离散档案，档案归属权争议中多有涉及散失档案归还问题。长期以来国际档案界不懈致力于处理散失档案归还等档案归属权争议问题，形成了一些共识和原则。

形成过程 从17世纪中叶开始，国际上开始建立处理散失档案的规则，逐步形成一些外交惯例，并沿用至第二次世界大战。主要内容包括：①关于领土主权变更的所有条约和条款都涉及档案的交还和交换。②前任国家应给予继承国行使主权和保证行政连续性所必需的文件。③国家非主权独立期间流散的档案应在国家独立时归还。④在战争中被掠夺而离散的档案，在战争结束后应归还原主。⑤占领军在占领期间产生的档案仍然归属占领方所有。

第二次世界大战以后，这些外交惯例的约束力明显弱化，在非殖民化进程中出现了很多新的主权国家，“档案应跟国旗走”“物归原主”的呼声日益高涨，档案的归还和转移问题日益严重。

自20世纪40年代末，一些国际组织开始谋求解决战争及特殊时期文化财产保护和档案归属权争议问题，联合国教科文组织在第14届、16届、17届、19届和20届大会上连续讨论这个问题。国际组织就归还散失档案和处理档案归属权争议签署的公约和出台的政策主要有：①1954年联合国教科文组织在海牙通过的《关于发生武装冲突时保护文化财产的公约》（简称《海牙公约》）等4个文件，包括《武装冲突情况下保护文化财产议定书》，也称第一议定书，确立了在战争和武装冲突中对于包括档案在内的文化财产的保护原则和要求。1999年联合国教科文组织通过《关于发生武装冲突时保护文化财产公约第二议定书》，在国际法意义上扩充和细化了武装冲突中保护文化财产的制度约定。②1970年联合国教科文组织在巴黎通过的《关于采取措施禁止并防止文化财产非法进出口和所有权非法转让公约》（简称《巴黎公约》），明确除主权国许可外禁止文化财产运出本国领土，被占领国家直接和间接地被迫出口或转让其文化财产所有权为非法，有关国家索回或归还流失的文化财产是其正当权益。③1983年联合国大会在维也纳通过的《关于国家对国家财产、档案和债务的继承的维也纳公约》（简称《维也纳公约》），明确了与主权、领土相关的档案继承权利。④1995年国际统一私法协会在罗马通过的《关于被盗或者非法出口文物公约》，明确规定获得被盗或非法出口文物的国家应将该文物归还给原拥有国。⑤1995年国际档案理事会执行委员会在广州通过的《档案社区在处理争议问题上的观点》，确定了4个概念和共识，即公共档案作为公共资产的不可让渡性和不可剥夺性，对档案来源和全宗完整性的尊重，不同国家对在共同历史中形成的档案具有同等利用权和复制权，以公平原则和国际合作解决档案争议问题。⑥2016年国际档案理事会在首尔通过的《档案工作者和文件管理者在维护人权上的基本原则》，重申了在处理档案归属权争议时应尊重档案来源和全宗完整性以及国际合作的必要。

主要内容 在上述国际公约和国际组织的文件中体现了国际社会处理档案归属权争议的基本原则。

来源原则或全宗完整原则 来源原则是对档案进行组织管理的基本原则，即同一机构或个人形成的档案不可分散，许多国家都依此原则对本国的档案进行组织管理。全宗是一个档案形成者的全部档案，在收集散失档案和处理国际档案纠纷时，全宗的完整性必须受到尊重。《档案社区在处理争议问题上的观点》指出，档案并不是某个收藏家心血来潮所收集的一组记录，而是它们的生成机构在运行过程中自然而然形成的，它们最后的保存地点是由每个国家的法律所决定的。来源原则反对任何分散全宗的可能性，也强调任何档案机构不得接收不属于其管辖范畴的全宗。

职能对应原则 提出这一原则的主要依据是国际档案界对档案本质属性的理解。档案是职能主体在履行职能活动过程中产生的，是以往职能活动的真实记录，为现行职能活动和保持职能业务连续性服务，因此档案要随着职能的转移而转移。《档案社区在处理争议问题上的观点》指出，在现行业务或管理活动过程中必须使用的文件，前任国家应以原件或复印件的形式转交给继承国。

主权追溯原则 即允许新独立国家的档案管辖范围扩展到独立之前的时期。新生国家独立之前在该领土内产生、被纳入附属国或者监管国的档案，在国家独立之后归属于继承国。这一原则同样适用于交战双方在敌对行动期间或占领期间掠夺的公共和私人档案的争端解决。根据这一原则，继承国有权追索被运往他国的档案。《维也纳公约》第三部分“国家档案”中指出，继承国为新独立国家时，原属国家继承所涉领土所有并在领土附属期间成为被继承国国家的档案应转属新独立国家；两个或两个以上国家合并而组成一个继承国时，被继承国的国家档案应转属继承国。

安全至上原则 在追索散失档案、处理档案归属权争议过程中要确保档案和相关人员的安全，避免因此而导致的档案损毁、恶意利用和人员危险。国际档案理事会通过的《档案工作者和文件管理者在维护人权上的基本原则》指出，如果归还散失历史档案可能导致它们被销毁，或令它们用于镇压目的，又或威胁相关人员的生命或基本自由，则必须优先考虑保护历史档案及所涉人士的权利，并推迟归还历史档案。

国际合作原则 导致档案归属权争议的原因十分复杂，每一项解决主张都伴随着一些特定问题，需要相关方在公平和相互尊重的基础上，经过充分的沟通协商达成共识才能得以解决。《档案工作者和文件管理者在维护人权上的基本原则》指出，机构和档案管理人员应尊重国家和地区的文化、法律承传，不收集不属于其职权范围的历史档案。机构在制定收集政策时，应尊重各地区编写自己历史的权利。机构和历史档案工作者应以公平和互相尊重的精神与其他国家机构和个人合作，管理具争议和离散的历史档案，处理它们的申索事宜。为妥善处理若干国家在历史上共同形成的档案归属权，国际档案理事会主张使用联合国教科文组织提出的共同遗产（common heritage）概念，将档案实体集中保存到某个国家而不被分散，其他共享历史的国家均享有同等的利用权与复制权。（冯惠玲）

档案柜 archives cabinet 档案装具。又称档案橱。一般用来保存地图、平面图、图纸、测绘档案、古代公文、文据、手稿、善本以及最珍贵、最机密的档案。档案柜是各国档案馆常用的档案装具之一，如俄罗斯使用不同规格的档案柜保存缩微胶片、正本设计文件和工艺文件、穿孔卡片等，法国和德国采用金属档案柜保管地图。

档案柜

档案柜有金属制与木制两种。档案柜一般约 2 米高、1.5 米宽，可放 4 层隔板。金属档案柜坚固，在防火、防潮等性能上优于木制档案柜，但造价相对高、移动不方便。木制档案柜具有容量较大、造价较低、易移动、占地少等优点，但防火、防潮性能不及金属档案柜。

中国古代档案柜常做成双开门，例如“龙柜”。现代档案柜形式多样，有双开门档案柜、侧拉门档案柜、抽屉式档案柜、单开门五节柜、双开门五节柜、两节档案柜、三节组合式档案柜、双面柜等，也有旋转柜。档案馆（室）使用档案柜时，可视库房面积的大小制成同柜双面型或单面型。

和档案架相比较，档案柜使用比较灵活，便于挪动，有利于防尘、防潮（水）、防火、防盗等。也可以根据需要做成具有特殊功能的档案柜，如存放磁性载体时，可以经过特殊处理做成防磁档案柜，即防磁柜。（周耀林）

档案国际合作与交流工作 international cooperation and exchange of archives 各国档案机构、档案工作者之间进行的档案合作和学术交流活动。包括国际间的档案合作与档案学术交流。①国际间的档案合作。包括政府间交流和民间交流。政府间交流一般通过双边或多边签订的协定、协议或合同书等进行，亦可通过国际组织进行，联合国教科文组织在其中起资助作用。民间交流一般通过各国档案工作者协会互相协商或邀请，或通过自费学习、旅游等进行。②国际间的档案学术交流。指各国间互相沟通、交流档案专业理论、技术情报和经验的活动，包括召开世界性、地区性或专题性的国际档案会议，举办国际档案讲习班、国际档案展览和国际档案周活动，交换档案情报和档案出版物，合作出版双边、多边或地区性的档案史料指南，互相进行档案专业考察和聘请档案专家咨询、讲学等。

档案国际合作与交流工作有多种形式，归纳起来主要有 3 种：①参加国际档案理事会及其地区组织的活动。如中华人民共和国国家档案局从 1980 年起正式加入国际档案理事会，为甲类会员，积极参加国际档案理事会及其所属的有关专门委员会、地区分会的各项活动。②国家间建立双边的档案工作合作关系。在互惠对等的基础上，建立双边的档案工作合作关系，如互派档案工作代表团进行业务考察，组织参观与座谈，相互了解档案工作的历史、组织和现状等。③开展国际档案学术交流活动。如邀请国际档案界知名人士到本国讲学，应邀派出本国档案界人士去有关国家讲学；发挥本国档案工作者协会的作用，与一些国家档案工作者协会建立友好联系，开展民间的学术交流活动等。

加强档案国际合作与交流工作，可促进本国档案工作逐步融入国际档案工作体系之中，遵循国际档案工作的惯例，把握国际档案工作的新动向，吸收并借鉴他国档案工作的经验和档案学先进理论，不断提高本国档案工作的国际影响力。（唐思慧）

档案害虫 archives pest 直接或间接地危害档案制成材料的昆虫。档案害虫的种类及分布与地理位置和气候条件紧密相关。档案馆及其他文献保管单位因所处的地理位置和气候条件的差异，害虫的分布并不相同。据 20 世纪 80 年代末相关统计，中国各种档案害虫共有 6 目 46 种。1994 年全年共发现档案害虫 6 目 13 科 54 种。随着调查研究的深入，不断发现档案害虫新种。根据国家档案局科学技术研究所的调查，中国档案害虫有 54 种，分属于 6 目 19 科。其中，鞘翅目 13 科 41 种，蜚蠊目 2 科 5 种，等翅目 1 科 1 种，缨尾目 1 科 1 种，啮虫目 1 科 4 种，鳞翅目 1 科 2 种；中国特有档案害虫种包括台湾衣鱼、黑胸散白蚁、红圆皮蠹、中华圆皮蠹、档案窃蠹、短鼻木象 6 种。

按分布范围、发现的次数及对档案的破坏程度，档案害虫可分为 3 类，即主要害虫、次要害虫和偶发性害虫。①主要害虫。不论在档案的局部还是普遍发生的害虫，危害非常严重，如档案窃蠹、烟草甲、毛衣鱼等。②次要害虫。指生命力强，分布广，分布在档案装具或用品里，偶尔损害档案，或者以档案霉菌为食，或者喜食木质纤维素类物质的害虫，如中华粉蠹、花斑皮蠹等。③偶发性害虫。指多为人流、物流或出于某种需要而进入库房的人带入的害虫，主要有短鼻木象、德国小蠊等。

档案害虫具有耐干性、耐热性、耐寒性、耐饥力、杂食性、繁殖力强等特点。一般地，档案害虫能够在库房内完成整个生活史或部分发育阶段。多数档案害虫的发育与生长过程是从卵开始至成虫结束，包括生殖、胚胎发育、胚后发育，直至成虫各时期的生物学特征。档案害虫在一年中的发生经过，称为生活年史。从卵开始，经过幼虫、蛹到成虫性成熟产卵为止，这个周期称为一个世代。一年只完成一个世代的档案害虫称为一代性害虫；一年完成两个世代的称为二代性害虫；一年完成多个世代的称为多代性害虫。档案害虫完成一个世代各虫态所经历的时间的总记载称为生活史。从个体发育阶段看，档案害虫在经过胚胎发育、胚后发育时，从卵到成虫，要经过外部形态、内部构造和生活习性的一系列变化的变态过程。变态过程可以分为不完全变态和完全变态。其中，昆虫在个体发育中，只经过卵、若虫和成虫 3 个时期的称为不完全变态。发生这种变态的档案害虫的形态、结构和生活习性与成虫大体相似，例如毛衣鱼、蜚蠊等；经过卵、幼虫、蛹和成虫 4 个时期的称为完全变态，发生这种变态的幼虫与成虫在形态构造和生活习性上明显不同，例如档案窃蠹、烟草甲等。

档案害虫喜食含有较丰富的纤维素类、淀粉类物质，多以各种植物及其制品为食。因此，纸质载体档案、纸质档案用品、裱糊用的淀粉糨糊是档案害虫的良好食料。多数档案害虫喜暗畏光，喜欢钻入档案里、装订线处蛀食，从而产生危害。

档案害虫的发生与环境条件有着密切的联系。外界条件可以分为非生物因素和生物因素两大类。非生物因素主要包括温度、湿度、空气和光照等；生物因素主要包括食物、天敌和微生物。此外，人为因素，例如控制环境温湿度、各种防治措施等，对档案害虫的发生也有一定的影响。（周耀林）

《档案和手稿基本手册丛书》 *Archives and Manuscripts (SAA Basic Manual Series)* 美国关于档案和档案工作的著作。由美国档案工作者协会组织专家编写，在芝加哥用英文出版。从1977年开始，已出版12分册。1988年中国档案出版社将12本小册子中的8本译为中文，汇编成1册出版，名为《档案工作的理论与方法》。

这套丛书论述了档案和手稿的鉴定、整理、编目、借阅、安全、保管、展览、复制和自动化检索，以及地图、建筑图样和照片等特种档案的管理，档案工作计划的制订等。分为两个部分。1977年出版了《基本手册丛书之一》，共5册，包括《档案与手稿的鉴定和接收》《档案与手稿的整理和编目》《档案与手稿的参考和借阅》《档案与手稿的安全保管》《档案与手稿的调查》。1982年又出版了《基本手册丛书之二》，共7册，包括《档案与手稿的自动化检索》《档案与手稿——地图与建筑图纸》《档案与手稿——公共计划》《档案与手稿的复制》《档案与手稿的保护》《档案与手稿的展览》《档案与手稿——照片汇集的管理》。

由于丛书是不同作者分别撰写的，作者水平不一，质量有高有低。这套丛书反映了美国20世纪70～80年代初期的档案学研究水平，也是最早论述档案管理工作自动化的著作之一。（黄霄羽）

档案后保管理论　postcustodial theory of archives　数字时代档案管理转型发展的一种理念。主张档案馆从主要承担集中保管档案实体职能向维护档案来源和有机联系，开展文件档案信息全程智能控制，注重档案知识服务转变，加强档案馆与文件形成机构的合作，深化文件档案全程一体化管理，实现连续性管理，支持在一定条件下的分布式保管和保管地点的弹性化。

背景与起源　档案保管主要有集中保管和分散保管两种模式。随着各国档案馆事业的发展，集中保管逐步成为主流模式。20世纪后半期，信息技术革命引发了文件形态和数量的巨大变化，计算机系统生成日益增多的电子文件。电子文件的技术特性使得当时的档案馆在长期保存方面遇到很多挑战，难以确保电子文件的真实、可靠、完整、安全与长期可读。由于文件格式和文件管理软硬件过时等原因，一些国家接收进档案馆的电子文件出现不可读取的现象，有关档案保管模式的问题再次被激活，引发了新一轮的理论研究和实践探索。

1981年，美国档案学者F.G.汉姆首次提出"后保管"概念，在《后保管时代的档案战略》一文中指出，"社会记录、利用、存贮信息的方式决定着档案工作，信息革命正将我们推入档案历史的新时期——后保管时代"。他认为，在保管时代，档案数量比较少，文件形成、存储和检索技术简单，档案工作者在决定档案命运方面扮演消极被动的角色，仅看到保管材料的唯一性和保管职能，具有明显的内省倾向。他把后保管时代的特征总结为以分布式计算机环境为特色，每个个体都可以成为自己的文件管理者，他认为信息社会对于保管时代的反应主要表现为档案规划的增加和档案馆藏的分散，针对这种变化，他提出后保管时代的档案战略主要包括制定各级统一的接收规划，提供面向日益复杂化和分散化馆藏的查询等，并建议通过合作、拓展、计划、研发等战略措施加强服务，承担更多的新职责，在信息生成和管理过程中实现更多的档案介入。

争论与探索　后保管概念提出后，国际档案界对电子文件保管模式开展了深入的讨论，聚焦机构电子文件失去现行价值后是由档案馆集中保管还是主要由文件形成机构自行保管，形成了哥伦比亚模式和匹兹堡模式。前者对后保管思想持保留态度，坚持档案馆集中保管理念；后者强化了后保管思想中的分布式保管设想，双方都有各自的理论观点和实践探索。

哥伦比亚模式　哥伦比亚模式以加拿大英属哥伦比亚大学主持的"保护电子文件的完整性"项目，以及以此为基础开展的"电子文件永久真实性保障国际研究项目"（InterPARES）为基础，倡导非现行电子文件的集中保管。认为文件生命周期理论在电子环境中仍具有生命力，在文件生命周期的不同阶段文件管理应有明确的职责分工，生成机构与档案馆各司其职，共同保证文件的可靠性和真实性。当文件由现行、半现行阶段进入非现行阶段，管理文件的职责也应随之从形成机构转移至档案馆。实行这种转移的主要原因是，机构出于业务活动需要才会努力保证电子文件的真实性和可靠性，当文件进入非现行阶段后，机构就会失去这种动力，不再给予足够重视，从而危及档案安全，影响档案长期政策的制定，也会给机构带来经济负担，在此阶段由档案馆承担管理职责是合乎逻辑的。InterPARES项目主持人L.杜兰蒂坚持电子文件管理需要经过形成机构和档案馆两个阶段，将具有档案价值的电子文件移交档案馆保存才能保证其真实性。加拿大档案学者T.伊斯特伍德认为，对于档案材料的物理性实体保管仍然是确保其不被破坏并且可被理解的基础，同时也是确保机构和社会整体实现问责的基础。

在实践上，美国、加拿大、英国和北欧等国家原则上赞成集中式保管模式，美国国家档案馆1988年成立电子文件中心，接收联邦机构具有档案价值的电子文件，并负责鉴定、保存、内容控制和提供利用等工作。1998年投入资金研究集中保存电子文件的可能性，并于2002年研发电子文件档案馆（Electronic Records Archives; ERA）系统需求，2005年确定承包商启动系统研发，2012年投入使用。ERA的目标是捕获并长久保存美国联邦政府机关、国会、法院产生的各种类型、格式的电子文件，独立于原形成时的任何软件环境与硬件平台，并为具有合法权利的政府部门及公众提供利用。该项目成为档案馆集中保管具有长久保存价值电子文件的代表性实践。

匹兹堡模式　以美国匹兹堡大学主持的"文件保管的功能需求"项目为基础，提出电子文件分布式管理模式，主张将电子文件保存在形成机构的信息管理部门而不是集中保管到档案馆，代表人物D.比尔曼认为，档案工作者应当放弃实体保管而转向行政管理和内容（知识）控制，通过监控文件和文件保管者来实现其保管的法律职责。他把档案馆在电子文件长期保存方面的职能看作"站不住脚的堡垒"，主张采用以分布式保管为基础的管理策略，避免档案馆对所有的电子文件进行长期保管，认为在网络时代，如果档案馆能够对档案文件实现智力控制，那么文件或者用户在哪里并不重要。澳大利亚G.奥谢、D.罗伯茨、S.斯塔基等人支持分布式保管，指出后保管主义认为文件管理不再是档案馆的特权，而是贯穿于文件连续体全过程之中。他们根据本国的管理经验指出，具有系统依赖性的电子文件脱离了其生成的原始环境，由档案馆负责保管存在很多实际困难，档案馆通常无力承担软硬件设备和技术人员的配置，没有能力复制各机构的技术环境，而且这种做法违背逻辑，造成资源浪费。加拿大档案学者T.库克从理论上确认了澳大利亚档案工作者的观点，认为档案工作者需要停止成为保管者，开始成为概念的供应商，档案馆需要重新进行职能定位，从保管基地转变为由众多形成者控制文件的中央信息中心。

澳大利亚国家档案馆、美国印第安纳大学电子文件管理项目、特拉华州档案馆和费城文件管理项目等实践或验证了分布式保管模式。1995年3月，澳大利亚国家档案馆发布《管理电子文件：共同的职责》，明确了政府机构和国家档案馆在电子文件分布式保管环境中各自的职责，要求电子文件一经形成就被维护和保存在形成机构的信息系统中，国家档案馆的主要职责是通过制定相关标准和提出专业建议来保证电子文件得到良好的管理并加强智能控制，只有在某些特殊的情况下才接收电子文件进馆保管。澳大利亚国家档案馆曾推行针对多形成者和文件系列之间复杂关系进行分类、整理和著录的“系列方法”(series system)，主要特点是将文件管理视角从档案保管转向文件管理流程，并在著录条目之间建立起一种关系网，研制者 P.斯科特因此被称为“第一批后保管主义者”和“后保管革命的发起人”，澳大利亚档案馆分布式保管的做法被看作是后保管范式的雏形。

此后，澳大利亚在保管模式上又经历了一些变动，2000 年再度选择了集中保管模式，国家档案馆颁布了《联邦政府文件保管政策》，指出档案馆原则上将承担对所有具有档案价值的电子文件的保管责任，并开始建立数字文件长期保存理论框架、工作流程，开发应用软件，将这种转变的主要原因归结于技术进步带给档案馆保管能力的增强。然而，单一的集中保管并不能适应电子文件的复杂情况，2006 年澳大利亚文件与档案管理理事会制定了政府档案分布式保管和管理模型，作为一种替代性保管制度，允许将部分业已确定为国家、州或地区的档案资源交由不受档案馆隶属的另一方组织进行保管，档案馆就保管范围和质量提出监管要求。2015 年澳大利亚国家档案馆颁布了新的“分布式保管政策”，提出在必要时实施分布式保管的框架，并强调国家档案馆的全程管控职责。上述两个政策都提出了三种分布式档案保管模式：单一机构档案馆保管模式(single agency archives，形成机构保管自身文件)、区域档案库保管模式(regional archives repository，公共机构作为受托方保管该区域内多机构文件)、私人和社群组织档案保管模式(private/community organisation，通常为非营利性非政府组织)，国家档案馆主要采用第一种和第三种保管模式，不排除未来也会采用区域档案库保管模式。至此澳大利亚形成了以集中保管为主，分布保管为辅的混合保管模式。

延展与超越 在对于档案馆保管方式的讨论中，各国学者普遍认为后保管时代档案项目和档案工作者的形象不仅仅由保管来界定，后保管是以履行档案馆使命，实现档案价值为目标的主动、灵活、开放，且具有持续性的管理理念，进而把弹性、监管、合作、连续等作为后保管的特征。2005 年美国档案工作者协会编写出版的《档案与文件术语手册》将后保管理论定义为：“后保管理论是一种理念，它强调档案工作者将不再物理性的接收和保管文件，他们会对保存在文件生成者手中的文件进行管理性监督”，“后保管主义理论促进了档案工作者角色由集中保管非现行文件的保管者向文件经理者进行转换，主要针对分布式保存在各个生成机构的文件。”2015 年加拿大出版的《档案学大百科》中“后保管”条目的释义为“后保管主义哲学宣称：档案使命不应该只局限于传统概念，即按照保管制度来管理档案馆藏，而是应该实施更为广阔和更具前瞻的管理项目，包括扩展、合作和对分布式保管的记录和支持”。

1996 年，库克在第 13 届国际档案大会上所做的题为《1898 年荷兰手册出版以来档案理论与实践的相互影响》的报告中论证了档案馆保管职能扩展的新趋势。他认为：这种后保管范式将传统理论对实体保管对象——实体文件的关注，转变为对文件、文件形成者及其形成过程的有机联系、目的、意图、相互关系、职能和可靠性的关注，所有这些都远远超越了传统的档案保管，因此被称作后保管模式。

后保管理论对传统档案保管观念的超越主要反映在以下几个方面：①从以实体保管为中心转向关注档案的背景信息和有机联系，为此重新定义来源概念。它不仅指文件的形成机关，更包括其形成目的、形成活动、过程、处理程序和职能范围等更为宏观的背景情况，比如以职能活动为依据的宏观鉴定法被称为后保管鉴定法，注重描述档案背景和职能关系的著录方法被称为后保管著录等，档案工作者可以把档案放在更广泛的来源背景中加以审视，借助来源信息理解、提供并创造新的知识。②从对档案保管地点的关注转向以保管能力为中心。数字技术的发展和普及使得档案的保管需求愈益复杂多样，单一的保管模式不能完全满足需求，后保管主张以弹性灵活的政策接纳多种保管模式，同时加强监管或管控措施，达到长期保存的目标。③扩展档案馆职能，在信息生成和管理过程中实施更多的档案介入，承担更多职责。档案工作者从实体保管员向知识提供者过渡，从被动、消极地保管档案转变为积极地塑造档案。④从阶段性管理转向文件管理连续性。由于档案的来源信息主要存在于形成过程中，档案形成背景和环境对于档案长期保存产生重要影响，档案馆必须加强和文件形成机构之间的合作，提前参与、介入机构文件的管理工作，无论采用何处保管模式，档案馆都应该将管理工作延伸接入文件生成流程和管理活动，在管理理念、标准和方法上实现文件全程管理的贯通与连续性。

（冯惠玲）

档案机构 archival institutions 保管和管理档案的组织。保管档案和管理档案工作的机构，主要分为档案保管机构和*档案行政管理机构*。档案保管机构是集中管理和开发利用档案资源的业务机构，包括各级各类档案馆及内部档案机构；档案行政管理机构是管理档案事务的职能机构，包括各级各类档案行政管理部门。档案机构是开展档案工作的基础，其中档案馆是档案机构体系的主体。

演变与发展 档案机构最早出现于古代东方奴隶制国家，各国的档案库主要以收藏和保管档案为职责，还保管图书、贵重实物和其他物品，是一种混合型收藏机构。如古埃及的*法老档案库*、古希腊的王宫档案库、古罗马的预言书档案库等。封建社会时期，档案机构的性质和职能未发生根本变化，仍是一种为政权服务的档案收藏和保管机构，但档案机构的类型进一步丰富。如庄园档案馆、教会档案馆、城市档案馆、社团档案馆等。近代时期，档案机构在性质和特点上发生了重大变化，法国带动欧洲各国相继建立综合性国家档案馆并设置中央和地方公共档案馆网络体系，档案馆的性质由政权“武器库”变为服务大众的科学文化机构。档案机构门类也有新的发展，其主要表现是档案行政管理机构的设立和经济档案馆的产生，前者如意大利档案局、*法国档案局*等，后者如德国西门子公司档案馆、荷兰经济历史档案馆等。档案机构在现当代得到进一步发展。以苏维埃俄国为代表出现了社会主义性质的档案机构，从而形成了资本主义性质档案机构与社会主义性质档案机构并存的格局。档案馆的门类进一步丰富，性质发生了根本转变，成为具有独立性、开放性、服务性的集中管理和开发利用档案资源的业务机构。档案行政管理机构呈现出隶属关系各异、类型丰富的特点，渐渐成为档案事业管理的领导和指挥中心。档案机构的门类更加丰富，出现了档案科研机构、档案教育机构、档案出版机构、档案宣传机构、档案学术团体等，从而形成较为完善的档案机构体系。

主要组成 档案机构体系中，档案馆是主体，是档案保管机构中最重要的类型。档案馆是永久保存档案的基地，是提供档案利用服务的中心，是信息服务机构。可以按照不同的标准对档案馆进行类型划分。一般而言，按照档案馆的所有权，有公有档案馆和非公有档案馆；按照馆藏档案的门类性质，有综合档案馆和专门档案馆；按照档案馆的级别，有中央档案馆和地方档案馆等。除档案馆，档案保管机构还包括机构内部档案机构，是指在某一机构或组织内部设立的，保管本单位形成的档案并主要为本单位提供服务的档案机构，以机关档案室、科技档案室、人力资源档案室等为主要代表。此外，一些过渡性档案管理机构和商业化档案中介机构也成为档案保管机构的有力补充，如文件中心、档案寄存中心、档案事务所、档案咨询机构等。

主要作用　档案行政管理机构在档案机构体系中发挥着重要作用。它是近代档案工作上升为国家一项独立事业的产物，到现当代时期逐步发展成为集中式档案事业管理体制的重要标志。档案行政管理机构是国家档案事业管理的领导和指挥中心，负责对档案事业进行统筹规划、组织协调、统一制度，指导和监督档案馆和其他档案机构的工作。

中国按照《中华人民共和国档案法》等法律法规的规定，对国家全部档案和全国档案工作，设置全国规模的档案机构进行管理。需要长远保存的档案、历史上形成的档案，由各级各类档案馆统一保管；各级国家机构和社会组织的档案，由其内部设立的档案机构（档案室、档案信息中心）集中管理。全国的档案工作，由各级档案行政管理机构统一地、分层负责地进行监督和指导。这些保管档案和管理档案工作的机构，在全国范围内构成一个严密、完整的组织体系。（杨安莲）

《档案计算机管理教程》 *Tutorial to Archives Computer Management* 中国档案学专业教材。21世纪档案学系列教材。孙淑扬、邱晓威主编，1999年12月中国人民大学出版社出版。

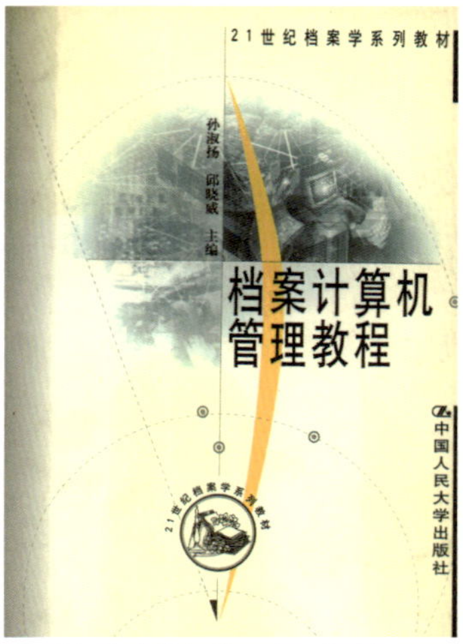

《档案计算机管理教程》封面

20世纪末期，随着电子计算机在档案工作中的应用及普及，计算机技术及计算机在档案管理中的应用技术成为档案工作者应具备的基本知识技能。该教材的编写目的是促进档案计算机管理人才的培养，推进计算机在档案工作中的应用。

著作共分3部分：第一部分介绍档案计算机应用技术基础，第二部分介绍档案计算机管理系统开发技术，第三部分介绍计算机新技术在档案管理中的应用。具体内容包括：档案计算机管理概述、计算机技术基础、档案计算机管理系统开发、档案计算机管理系统数据准备、档案数据库设计、档案管理系统界面设计、档案计算机检索编目子系统设计、档案计算机统计子系统设计、档案计算机借阅子系统设计、档案计算机管理系统安全概述、文档一体化系统、网络技术在档案工作中的应用、多媒体技术在档案工作中的应用以及电子文件管理共14章。（钱　毅）

《档案计算机管理实用手册》 *Practice Manual of Archives Computer Management* 中国档案学理论著作。国家档案局档案科学技术研究所《档案计算机管理实用手册》编委会编著，中国档案出版社1996年出版。

全书共14章。第一章回顾中国档案计算机管理技术的发展过程及取得的成绩，勾画了计算机在档案部门应用的蓝图。第二章简要介绍计算机系统的硬件原理和配置及几种操作系统的特点。第三章概述计算机应用技术的数学基础及几种数据结构。第四章介绍若干常用数据库语言的应用及各自的特点。第五章概述一个完整的档案计算机管理系统的总体设计方法。第六章描述档案的著录标引及档案目录数据的准备。第七章介绍档案信息的各种存储技术及管理。第八章介绍档案信息的检索技术和编目方法。第九章介绍几种新型的档案图文信息的处理技术。第十章介绍计算机在档案事业统计中的应用。第十一章介绍计算机在档案部门的其他应用。第十二章介绍几种档案计算机管理系统。第十三章介绍对计算机管理档案系统的评价方法。第十四章介绍档案计算机管理系统的正常运行和维护、环境要求、防止病毒及各种干扰方法。

该书以实际工作和大量档案计算机管理系统试验为基础，所收内容均切实可据，如各种设计的硬软件选择和数据处理方法及压缩技术等都是相关部门的实用系统。具有较强的示范、指导作用和较大的参考价值。适用对象主要是档案部门计算机应用人员及组织管理人员，图书、情报部门计算机应用人员及组织管理人员，同时也可作为档案教学人员及学生的参考书。（钱　毅）

档案记忆观 theory of archival memory 从集体记忆、社会记忆视角对档案、档案工作及档案工作者的系统认知，以及从档案学视角对集体记忆、社会记忆及其建构的观念。强调档案是一种社会记忆、集体记忆，或者说承载了社会记忆、集体记忆，具有记忆属性和记忆（资源）价值。

起源和发展　“档案是记忆”的论述，最早见于1950年第一届国际档案大会，法国国家档案局局长C.布莱邦提出“档案是一个国家的‘记忆’”。1992年，联合国教科文组织（UNESCO）发起“世界记忆”（Memory of the World）工程，旨在促进人类珍贵历史档案、文献遗产的保护与利用，档案的记忆价值得以彰显。1996年，在北京召开的第十三届国际档案大会上，加拿大档案学家T.库克在其大会报告中指出，“全世界的档案人员，仍然在建造记忆宫殿”。此后，记忆成为档案学界的一个高频词，档案与集体记忆、社会记忆成为档案学研究的时代性主题和新视点。2003年，美国社会学家R.吉木森将集体记忆、个人记忆、档案记忆和历史记忆视为4种记忆类型，确立档案记忆作为社会记忆类型的观念。

2009年，丁华东明确提出档案记忆观概念，将社会记忆视为档案的基本属性之一，强调档案是一种社会（或历史、集体）记忆，含有“集体记忆的关键”。2012年，冯惠玲将档案记忆观的基本观点归纳为：档案是建构集体记忆重要且不可替代的要素；档案工作者有责任通过自身的业务活动积极主动地参与集体记忆的建构、维护与传承；档案工作者的观念、工作原则与方法对于集体记忆的真实、完整与鲜活产生正面或负面的影响。2017年，徐拥军系统论述了档案记忆观的理论与实践，分析了档案记忆观的思想内涵、理论基础以及中外档案记忆工程的实施情况。

思想内涵　档案记忆观有丰富的思想内涵，主要包括以下要点：①档案是建构社会记忆的不可替代要素。档案作为一种固化信息，是承载社会记忆的工具与传递社会记忆的媒介，对社会记忆具有建构传承作用。这一功能主要源自它承载着一定的文字、图像等记录符号。所有档案文献的最终目标都是长时间地传播和保存信息，实现记忆的传承。档案作为一项社会活动记录和客观存在，在社会记忆体系中有其独特地位。②档案工作是社会记忆建构的受控选择机制。从档案记忆观看，档案工作是社会记忆传承、建构、控制和保护性工作，是社会记忆建构的内在机制。受现实社会权力结构和阶级利益的制约，档案工作对社会记忆建构的主要影响表现在选择性渗透于档案收集、归档、鉴定、整理、开发、利用活动全过程。作为记忆的存储库和唤醒人们相关记忆场所的档案馆，是社会记忆选择性建构的结果和集中体现。③档案工作者是社会记忆建构的能动主体。从社会记忆理论来看，档案工作者在决定社会是“记忆”还是“遗忘”中扮演重要角色，逐渐从“被动的文件保管者”转变为“积极的记忆建构者”，在建构社会和历史记忆中发挥积极作用和主体意识。④档案记忆具有促进身份认同的功能。记忆与认同天然相连，“档案与身份认同”是档案记忆观研究的深化。身份认同的本质是确认个体或集体在社会上的身份感、地位感、归属感和价值感，是主体对某一社会范畴或类型身份归属的接受和内化。身份认同离不开集体记忆的支持，集体记忆所提供的事实、情感构成了个体身份认同的基础。档案通过建构集体记忆促进身份认同。

理论基础　①后现代主义思潮批判性、多元性、创造性的方法论，整体主义、有机主义的世界观，全球主义和社区主义的社会政治观，生态化、可持续性的经济观，注重价值、意义和精神的文化观为档案记忆观提供了哲学和方法论层面的指导。在这些观念影响下，档案学者认识到档案除了作为证据的价值之外，还具有记忆的功能；思考档案与身份认同、档案与权力的关系，更加关注此前被忽视的弱势群体、边缘人群、少数族群的档案；主张档案工作者应该从被动的文件保管者转变为积极的知识提供者和社会记忆构建者。②档案后保管理论促使人们从更广阔的社会背景、从档案与社会的关系中理解档案，认识到档案在证据之外的知识、记忆功能，认识到档案工作者在保管之外的建构职责，从而为档案记忆观的形成提供了有力的理论支撑。③社会记忆及其衍生出的文化记忆理论、跨文化记忆、世界性记忆、记忆场理论等新兴理论热点，对档案记忆研究提供了丰富的思想资源和理论导航，是构成和发展档案记忆观的社会学理论基石。社会记忆理论专注于记忆的生成、传播与保存，对肩负人类记忆保护传承使命的档案工作者而言，具有天然的亲近感和强大的吸引力。从认识论角度看，社会记忆具有不同的载体、工具、形态及其建构方式，档案作为社会记忆最直接、最典型的载体和工具，是连接记忆主体和客体的中介。

记忆工程　档案记忆观在档案实践领域得到了不同程度的应用与体现。联合国教科文组织实施了以保护珍贵文献遗产为目的的**世界记忆工程**；各国档案界也积极推进各类记忆工程建设，如美国记忆、加拿大记忆计划、俄罗斯记忆、意大利威尼斯时光机和中国各地开展的城乡记忆工程等。1995年，由国家档案局牵头成立的中国世界记忆工程国家委员会，加入了世界记忆工程，并启动**中国档案文献遗产工程**。2002年，青岛市档案局（馆）率先提出实施城市记忆工程，拍摄、记录青岛市的著名历史遗存和重大活动，同时收集历史档案，进行网上展示。2011年，浙江省档案局在城市记忆工程的基础上，启动乡村记忆工程。山东、山西、福建等地也相继实施乡村记忆工程。2016年底，据不完全统计，中国已有102个地市级以上城市或城区开始实施城市记忆工程。

反思与评价　档案与记忆之间存在复杂的思辨。档案记忆观并非简单地用“档案具有社会记忆的属性”“档案馆是保存集体记忆的地点”“档案工作者参与社会记忆的建构”就能解释清楚的。不是所有的事件都会被记录，也不是所有的记录都会被保存，档案也承担着“遗忘”的角色。档案馆虽然被视为记忆保存的地方，但也预示着遗忘和记忆缺失。此外，档案工作者作为社会记忆的建构者，其建构过程也往往掺杂主观和偏见，意味着权力的介入，从而影响了档案的完整与客观。

多学科介入的记忆研究方兴未艾，提供了透视档案学理论与实践的学术多棱镜。档案记忆观在理论上促发人们对档案、档案工作与社会情境的相互关系进行重新思考和诠释，丰富了档案理论体系和现实解释力；实践上促使人们重新审视档案政策和档案工作者角色，积极参与集体记忆建构。档案记忆观也提供了从档案学视角对集体记忆、社会记忆及其建构的独特认知，助推社会记忆理论的丰富和发展。

（徐拥军）

档案技术整理　archives technology arrangement　对经过系统整理的档案实体进行技术加工的业务活动。档案技术整理可以有效固化档案系统整理的成果，是**档案实体整理**的必要工作内容之一。档案技术整理则是以档案实体整理中的重复性较强的事务处理活动为主要内容，包括打孔、装订，图样折叠，编写页号（张号、件号），加盖和填写档号章，填写卷（盒）内文件目录、脊背标签、备考表、案卷封面，打印案卷目录、卷内文件目录等业务活动。档案技术整理可由专人负责，采用流水作业法进行。档案技术整理的枯燥性、重复性、事务性等特点，要求从业者必须工作认真、细致且富有责任心。

档案技术整理应遵循的法规和标准主要包括《机关档案工作业务建设规范》（国家档案局1987年12月4日发布）、《技术制图复制图的折叠方法》（GB 10609.3—89）、《科学技术档案案卷构成的一般要求》（GB/T 11822—2008）、《归档文件整理规则》（DA/T 22—2015）、《企业档案工作规范》（DA/T 42—2009）、《建筑工程文件归档规范》（GB/T 50328—2014）等。

（王英玮）

档案寄存中心　archive depository center　国家综合档案馆或其他独立法人设立的，为各类企业、社会团体以及个人提供档案寄存有偿服务的机构。20世纪90年代，随着中国经济体制改革的不断深入，出现了国有企业档案管理不善、非国有企业档案管理混乱和社会团体及个人不具备保管档案条件等问题，档案寄存中心因此而创建。1998年8月9日，深圳市档案局（馆）正式成立档案寄存中心，这是中国首家档案寄存中心，随后，各省市相继成立了档案寄存中心。

档案寄存中心主要是接受不具备充分保管条件及配备档案保管条件成本过高的国有与非国有企业及破产企业、社会团体、个人在生产、经营、工作、生活等各项活动中形成档案的寄存。档案寄存中心与为具有社会和历史价值的各种档案提供无偿服务的综合性档案馆不同，也与具有会员制性质，共筹资金，并按所筹资金划分库房等的**联合档案室**不同。在机构设置上，档案寄存中心或隶属于某一档案局（馆）领导，并内设于档案馆内，或独立存在。这既与综合性档案馆是由国家各级政府设立并且领导不同，又与国外**文件中心**作为独立性的、为机关非现行性文件提供保存服务的过渡性保管机构不同。

档案寄存中心主要是安全、科学地保管好寄存者的档案资料，此外还可以上门收集整理档案，或根据自身条件保管其他贵重物品。档案寄存中心是根据市场经济体制下企业、社会团体与个人需要而建立的一种新型档案管理模式，它可以为社会提供社会化、专业化的档案服务。

（黄霄羽）

档案价值　archival value　档案对国家、社会组织或个人的有用性。档案学的重要理论问题，是理解档案和开展档案管理活动的前提。档案价值属于客体的属性和功能与主体需要之间的一种效用、效益或效应关系的哲学范畴，是二者的统一和结合。主体需求是构成档案价值的前提条件，客体属性是构成档案价值的客观基础，当客体属性满足主体需求时便形成价值关系，两者都不能单独决定档案的价值。人们在社会实践中需要查考以往各种活动的记录并将其作为凭据或参考，而档案对于社会历史活动的真实记录可以满足人们的这种需求，两个要素的结合使档案价值得以形成。

档案价值关系在社会活动中的具体体现是档案的作用，二者都属于主客体之间的关系范畴，有非常密切的联系，同时在含义和特征上也有所差异。价值具有较高的抽象性，通常是从总体上、一般意义上表示档案的有益性、有用性；作用则比较具体，往往是从特定的、个别的意义上表述档案对人类社会实践活动的影响，可以看作是价值的体现和扩展。此外，档案价值一般是指档案所发挥的积极作用，是档案能够满足社会利用需求的效益，而档案作用则包括正负两个方面。

根据档案价值实现领域和效果的不同，可分为凭证价值、情报价值、记忆价值和数据要素价值。档案是真实的原始材料和历史记录，可以成为查考过往事实的证据，这种可资为凭的特性，构成了档案的凭证价值，凭证价值是档案不同于其他资料的基本特点。档案记录了社会实践活动的过程和结果，其中包含很多事实、知识和经验，能给人以互有联系的系统的原始信息，被中国文献学专家沈兼士誉为未掺过水的史料。这种可靠、广泛、可资参考的特征，构成了档案独特的情报价值。档案的记录性使之成为一种用媒介支撑的记忆。档案是集体记忆建构的重要资源和素材，而集体记忆对于个体和集体身份认同的建立具有不可替代的价值；档案在记忆中能够引发人们的情感活动和共鸣，档案的记忆价值具有强烈的人文关怀特色。档案在国家大数据战略、文化生产和经济生产中成为独具特色的数据要素，直接参与社会生产和社会治理过程。作为生产要素，档案数据独立地或与其他数据资源集成后，通过数据分析、处理和挖掘等手段，进入生产过程，实现知识生产和资产增值。作为管理要素，档案数据为政府管理、企事业单位管理、城市管理、个人健康管理等提供丰富的基础信息，成为智慧组织建设的核心要素。档案的凭证价值、情报价值、记忆价值和数据要素价值不是截然分开的，相互之间有交叉叠加。从发展趋势而言，档案价值随社会发展发生变化，数字时代档案信息与媒介的变化导致档案价值形态与范围发生了新的扩展。

根据档案价值实现时间范围的不同，可分为现实价值和长远价值。现实价值是指档案对现实社会实践活动的有用性；长远价值是指档案对社会实践活动的有用性可以延伸到遥远的未来，在相当长的时间里能够满足社会需求的性质。无论是现实价值还是长远价值，都包括凭证价值和情报价值两种不同形态。对于具体的档案而言，有的具有现实价值与长远价值的统一性，有的则侧重于或仅有其中的某一方面价值。如有些档案只在现实工作中具有行政有效性和法律凭证性，时过境迁就会失效；有些档案现实作用并不显著，却可能在未来成为重要的史料。如周恩来总理所说，档案和档案工作要“为今天也为未来服务”。

根据档案价值主体的不同，可分为对于形成者的价值和对于社会的价值。文件的双重价值论是由美国档案学者 T.R.谢伦伯格提出来的，他使用的是大文件概念，包括文件从生成到永久保存或销毁的整个生命周期。在中国，现行文件经归档即转化为档案，因此中国的档案比谢伦伯格所言的文件范围要小一些，但同样具有对形成者和非形成者的双重价值，文件双重价值论对于中国档案价值研究具有借鉴意义。档案对于形成者所具有的价值类似于文件的第一价值，价值主体是档案形成者；档案对于形成者之外的其他利用者所具有的价值类似于文件的第二价值，价值主体是非档案形成者。两种价值主体的划分体现了档案具有对形成者和对社会作用的双重性。早期的文件双重价值理论认为两种价值具有过渡性特征，在一定条件下从面向形成者转为面向社会。随着政府信息公开制度的发展，大部分文件从形成初就面向公众开放，可同时实现对形成者和公众的双重价值，社会价值的提前实现是各国档案价值实现的重要趋势。在中国，档案对于形成者价值的实现一般是在档案室阶段，而对于形成者之外的社会价值的实现主要是在档案馆阶段，一些不向档案馆移交档案的企事业单位、机关档案室承担实现档案对本单位和对社会双重价值的职责。

（冯惠玲）

档案价值鉴定 archival appraisal 按照一定的标准和方法鉴别和判定档案的价值，挑选有价值的档案妥善保存，剔除无须保存的档案予以处理。档案价值鉴定工作的主要内容包括：①制定鉴定档案价值的标准，包括单行规定和档案保管期限表等。②具体判定档案材料的价值，确定其保管期限。③拣出无保存价值和保管期满的档案，按规定进行销毁或做相应的处理。

分析档案价值的一般方法，各个国家、各个时期、各种学派的持论各有所异。在中国，大致从 3 个方面分析档案价值：①档案属性。一是档案来源，从档案形成者在社会上以及机关内的地位、作用和职能所造成的影响分析档案的价值；二是档案内容，指档案所记载的事实、现象、数据、经验和结论等，一般从档案内容的重要性、独特性和时效性方面分析档案的价值；三是档案形式特征，从文件的名称、形成时间、载体形态和记录方式等方面分析档案的价值。②社会需要。一是社会需要方向，从利用者需要哪些内容及档案类型的趋向性分析档案的价值；二是社会需要方面，从需要利用某件或某些文件的人或机关的广泛性分析档案的价值；三是社会需要时间，从需要利用某件或某些文件的长久性分析档案的价值。③相对价值。被鉴定档案与其他档案相比较而存在的价值，往往从所存档案的完整程度、档案内容的可替代程度以及各全宗间档案的重复性等方面分析档案的相对价值。

档案鉴定的主要内容是对档案价值的鉴定，价值鉴定是档案鉴定的核心。而完整性鉴定、原始性鉴定、真实性鉴定、准确性鉴定等都不宜列入档案鉴定的范畴，最起码不宜作为档案鉴定的主要内容。

档案价值鉴定是一项十分复杂而艰巨的工作。档案价值鉴定是“去粗取精”，提高管理效益的科学措施，是关系“档案存亡”的一项非常严肃的工作。鉴定档案价值对档案的科学管理具有重要意义，一向被各国专家视为档案管理中最难的工作，必须慎重进行。（黄世喆）

档案价值鉴定方法 archival appraisal methods 鉴别和判定档案的价值，挑选有价值的档案妥善保存，剔除无须保存的档案予以处理的方法。档案价值鉴定方法应当以反映本机关的主要职能活动为出发点，以分析档案内容为中心，结合考虑档案的作者，形成时间，名称，完整程度、可靠性、有效性，以及外形特点等因素，并研究过去档案的利用情况，全面地估计和预测对档案的利用需求，从而正确判定档案的保存价值。

鉴定档案价值的一般方法是具体地分析档案自身各方面的特点，全面地判定档案对社会的利用价值。主要从档案内容标准、档案来源标准、档案形式特征标准和相对价值标准 4 个方面入手。

档案内容标准 分析档案的内容是鉴定档案价值的一个重要方面。即根据档案内容所记述和说明的事情、事件、问题分析这些信息对社会利用的价值，判定档案的保管期限。

内容价值较高的档案包括：反映立档单位主要职能活动和基本历史面貌的文件；反映国家方针政策的文件；反映重大历史事件的文件；反映主要业务活动的文件；反映全局性的文件；有针对性、依据性的文件。总之，凡是有科学意义和实际查证意义的文件，就有比较大的保存价值；而反映一般日常事务性活动的文件，价值就不大。当然，在实际鉴定中还应该对档案内容的独特性、真实性、完备性等多种因素加以综合考察，以准确把握档案内容的价值。

档案来源标准　档案的来源指档案的形成者，包括文件的形成者和文件接收者。档案价值鉴定的来源标准就是从档案的形成者方面去分析档案的价值。由于文件的形成者和立档单位的社会地位、作用的不同，档案价值也就不同。高级领导机关、重要单位和著名人物形成的档案往往具有重大价值。在实际鉴定中，档案来源标准不应被孤立、单独使用，而应当结合内容等其他标准一起加以综合衡量。

档案形式特征标准　档案形式特征指文件的名称、责任者、形成时间、载体形态、记录方式等。在某种情况下，这些形式特征也可能对档案的价值发生影响。主要有以下几类：①文件的名称。从文件名称可以看出文件的不同用途，从而可以看出它的不同价值。当然不能单凭文件名称就判定价值，还需要结合文件内容加以评价。②文件形成时间。主要看文件产生的时间和所处的历史时期。一般说，产生时间越早就越珍贵，古代档案保存到今天的很稀少，它具有特殊的意义。档案内容针对的时间，也是考虑档案保存价值的重要根据，如合同、协议书、借据等，在一定时间内具有法律查证价值，有效时间过去以后，往往会失去原有的价值，但作为档案史料，有的仍有科学研究价值。③文本。文件有正本、副本、草稿、定稿、底图、蓝图等区别，标志着不同的可靠程度，其价值也往往不同。但在没有正本的情况下，副本、草稿、定稿也有重要价值。重要立法文件的草案、草稿，可以看出其产生的过程。④文件的外形特点。主要指文件的制成材料、记录方式、笔迹以及标记等，文件的外形特点也影响文件的价值。如有的文件的内容不重要，而其文字具有书法和文字学研究价值；有的花边图案具有艺术价值，有的因有著名人物的批注、题词、签字等，提高了其价值。

相对价值标准　在一定情况下，某些文件的保存价值和保管期限可以相对提升或降低。一般来说，保存档案的完整程度与其保存价值正相关。但相应地，保存的档案比较完整时，鉴定的尺度应严格一些，如果保存下来的档案已不完整，鉴定的尺度应酌情宽一些。

鉴定档案价值的基本方法是**直接鉴定法**，即要求鉴定工作人员逐卷逐件地直接审阅文件。一般是以单份文件为基础，以案卷和相应的综合体为单位进行鉴定。

（黄世喆）

档案价值鉴定原则　archival appraisal principles　依据国家档案价值鉴定工作的法律规范和制度要求，确立的**档案鉴定工作组织**和鉴定人员共同遵守的思想和行为准则。中国档案价值鉴定原则发端于20世纪50年代，到20世纪80年代逐渐成熟。1987年12月4日发布的《国家档案局关于机关档案保管期限的规定》，进一步明确提出了确定机关**档案保管期限**的原则："确定档案的保存价值，要坚持辩证唯物主义和历史唯物主义的观点，正确分析和鉴别档案内容的现实作用和历史作用，根据本机关工作的需要和为国家积累历史文化财富的需要，全面确定档案的保存价值，准确地判定档案的保管期限。"《中华人民共和国档案法》第十五条规定：鉴定档案保存价值的原则，由国家档案行政管理部门制定，禁止擅自销毁档案。2006年12月18日发布的《机关文件材料归档范围和文书档案保管期限规定》（国家档案局8号令）规定："在编制本机关或本系统文件材料归档范围和文书档案保管期限表时，应全面分析和鉴别本机关或本系统文件材料的现实作用和历史作用，准确界定文件材料的归档范围和划分档案保管期限。"

档案价值鉴定原则的基本内容有：①从国家和人民的整体利益出发去衡量档案的价值，这是鉴定工作总的指导思想，也是档案价值评价的基本标准。档案价值鉴定工作绝不能以个人的好恶和小团体的利益为准则而定夺，必须从国家和人民的整体利益出发，去研究档案的内容实质及其他各种因素，充分估计档案对整个社会发展所起的作用。②用全面的、历史的、发展的、效益的观点，判定档案的价值，是档案价值鉴定原则的主要内容。全面观点的含义：把档案自身的特点和社会利用需要结合起来，全面评价档案的价值；全面联系地分析相关文件和文件的各种因素；全面预测社会对档案利用的需要。历史观点的含义：要求分析档案的价值必须把档案放在它所形成的历史环境中，去具体分析档案的内容和形式以及档案文件的相互联系，并结合现实需要考虑档案的价值。发展观点的含义：鉴定档案价值要用辩证唯物主义和历史唯物主义的观点与方法，预测档案对未来的长远意义，以便"后事赖之以知今"。效益观点的含义：档案价值的鉴定必须充分考虑档案管理的成本、投入与档案效益之间合理关系的思想，争取使有限的档案管理资源发挥最大作用。

坚持档案价值鉴定原则，对有效规范档案价值鉴定行为，确保档案价值鉴定的质量，维护国家档案资源的安全，防止错误地销毁有保存价值的档案，具有重要的指导作用。

（王英玮）

档案价值鉴定制度　archival appraisal system　由国家档案行政管理部门等机构制定的档案价值鉴定的基本标准和有关鉴定工作组织领导、销毁档案的审批与监销等的相关制度。中国档案价值鉴定制度主要包括三方面的内容：①鉴定档案价值的标准。由档案行政管理机关制定统一的鉴定标准，如1987年国家档案局发布的《关于机关档案保管期限的规定》《文书档案保管期限表》《机关文件材料归档和不归档的范围》等指导性文件。各地区、各系统、各机关据以制定具体的鉴定标准等文件，各档案馆、各机关均须根据规定的鉴定标准开展鉴定工作。②鉴定工作的组织领导。档案价值鉴定必须有组织、有领导地进行。各单位的档案价值鉴定必须在单位分管负责人领导下，由档案部门会同有关业务部门组成鉴定小组进行。档案价值鉴定根据需要可组织专门的鉴定委员会来进行。③销毁档案的审批、监销制度。经过鉴定，需要销毁的档案应编制档案销毁清册，该清册也是日后查考档案销毁情况的凭据。各单位需要销毁的档案，须经单位领导批准。档案馆需要销毁的档案，须经领导机关批准。销毁中华人民共和国成立前的历史档案，须报国家档案局批准。未经鉴定和批准，任何单位和个人不得销毁任何档案。销毁准销的档案时，必须实行双人监销制度。

（黄世喆）

《档案价值论》　*On Archival Value*　中国第一部系统研究档案价值理论的专著。张斌著，中央文献出版社2000年4月出版。共15万字。全书在作者博士论文基础上形成，共分三编11章，王传宇序。第一编，共4章，档案价值本体论，论述档案价值的概念、根源、性质、形态等内容。第二编，共5章，档案价值认识论，论述档案价值认识的含义、系统结构、形式、方法以及档案价值鉴定的理论、含义、活动过程、制约因素与对策等问题。第三编，共2章，档案价值实现论，论述档案价值实现的含义及时间对档案价值实现的双向影响规律，档案价值实现的社会性递增规律，档案价值实现的环境或条件规律等。

中国档案界一直比较注重对档案价值具体表现形式的总结和研究，但缺乏对档案价值形态系统性的理论研究。该书对档案价值理论体系进行了深层次的理性思考，将档案学基础理论和应用理论有机融合，将档案价值理论与实践紧密结合，并继承和发展了以往的档案价值理论研究成果。书中通过对档案价值的系统揭示，有助于提高全社会的档案意识，增强人们对档案工作的认识。（徐拥军）

档案价值实现规律　law of archival value realization　档案价值实现过程中必然的、本质的联系和普遍的形式。档案价值是客观存在的，它的实现有一定的规律可循，研究和掌握实现档案价值的规律，是为了在尊重这些规律的基础上，更合理、更充分地实现档案价值。

1986年，陈兆祦、和宝荣主编的《档案管理学基础》开始研究档案发挥作用的规律性，提出了档案对机关的作用和社会作用的双重性、档案机密的递减律、档案科学文化作用的递增律、实现档案价值的条件律四条规律。1988年，吴宝康主编的《档案学概论》首提实现档案价值的规律，包括档案价值扩展律、档案机密程度递减律和档案科学作用递增律三条规律。2001年，冯惠玲、张辑哲主编的《档案学概论》将档案价值实现规律归纳为档案价值扩展律、时效律和条件律三条规律。2006年冯惠玲、张辑哲主编的《档案学概论》（第二版）对档案价值实现规律的内容做了重新提炼归纳，包括以下两条。

档案价值的扩展律　指档案价值关系范围的扩大，主要表现为两种形式：①由于价值主体扩展而导致的档案价值扩展。指随着时间的推移，可能与档案发生关系的人群逐渐扩大，档案利用者及其需求的范围逐渐拓宽，由此导致档案价值的扩展。造成档案价值主体扩展的主要原因有：第一，档案作用从形成机关扩展到全社会。根据档案形成规律，档案形成后的一段时期内，作为本单位业务和管理活动的必要条件发挥重要的信息支持作用，价值主体受到比较严格的限制，利用者及其需求局限在一定的范围内，比较单一、专指。经过一段时间，档案的现行作用逐渐淡化以至完结，长远的多元价值冲破其形成机关的范围，利用者的范围从档案形成机关扩展到全社会，档案价值主体突破初期的各种限制，形成更为丰富多样的价值形态。第二，档案机密程度的递减。档案是社会生活的真实记录，不同国家、政党、机关、企事业单位和个人存在着各自的政治和经济利益。出于维护安全和利益的需要，总会有一部分活动记录要限制阅知范围，“秘不示人”不能或者不便对外公开，致使一部分档案具有一定的机密性。处在保密期的档案，被允许利用的人少，可能与这些档案发生的关系就比较少，档案价值的实现被限制在可以接触这些档案的利用者范围内。档案的机密性不是一成不变的，有些档案经过一定时间便降低了机密程度或失去了机密性。一般说来，档案机密性逐渐弱化和递减是一种趋势，档案机密性的强弱与保存时间的久暂成反比。档案机密程度的逐渐减退，表明放宽限制，档案利用者范围得以扩大，必将导致档案价值更广泛的实现。②由于档案作用性质的变化而导致价值扩展。档案对于利用者的有用性是多方面的，而这些用途并不是同时显现出来的。随着时间的推移和条件的变化，档案的作用性质也会发生变化，逐步呈现出档案价值的多元特征。一般说来，档案形成之初主要发挥行政或业务方面的作用，随着现行期的结束，档案的作用逐步扩展到科学、文化、教育、司法、休闲等各个方面，增加了满足社会需求的领域、形式与可能性，使档案价值得以扩展。

认识档案价值扩展律，对于处理好档案管理中当前与长远、局部与整体、保密与开放的关系具有科学的指导作用。

档案价值的时效律　档案对社会的有用性是有时限的，某些档案在超过这个时限后便降低或丧失了价值。档案价值的时效律主要表现在两个方面：①档案与利用者需求之间关系的时效性。不同的档案可供人们查考研究的时间长短不一样，有的在文件现行期或半现行期内有利用价值，有些直到进入非现行期以至永远都可能具有凭证和参考价值。如一般事务性通知通常在该事项被执行之后其作用基本消失，合同、协议类文件的时效性与其有效期直接相关，基建档案和设备档案的时效性与其所记录实体对象的存在时间直接相关，记录机构主要职能活动的档案可以反映该机构的历史面貌，天文、水文、勘测、气象等类档案积累越多越容易找出其中的规律，因而时效期长。从价值主体方面看，利用者的某些需求也具有时效性，常常会在特定的情况下需要利用特定的档案，时过境迁这种需要就发生变化或不存在了。②档案价值形态的时效性。从档案价值的扩展律可知，档案对于利用者有多方面的作用，因而具有各种不同的价值形态。而这些价值往往是在不同的时间段中得以实现。例如，档案形成之初以行政、业务作用为主，以后转向科学、文化等其他作用，一些具有行政和法律效力的文件，在其有效期过后失去了行政、法律约束力，但可能依然具有参考、研究价值。不同作用的此消彼长说明档案在不同时间可与不同的利用需求形成不同的价值，社会政治、经济、文化状况对于不同形态档案价值的实现也具有直接的影响。档案工作者应该了解这种变化的特点和趋势，把握变化的时间和阶段性，在不同阶段促成不同价值的最大化。了解档案价值的时效律，有利于档案工作者以辩证思维认识时间对于档案价值的影响，积极主动地提供利用，不失时机地开发档案信息资源。

2023年冯惠玲主编的《档案学概论》（第三版）提出，此前档案价值实现规律中的扩展律和时效律都有比较明显的例外情况，从理论的严谨性出发，不宜称之为“规律”，因此改称为“实现档案价值的特点”。（冯惠玲）

档案架　archives shelf　永久性档案装具。能够为档案提供较妥善的保管条件。从质地上看，有木材和金属材料两种。木档案架方便轻巧、占地小、容量大、造价低，但防虫、防霉性能差。金属档案架以钢架为主，架轻巧、强度高、容量大、防虫霉，但造价高。

档案架

按密封情况，可以分为密闭式档案架和敞开式档案架。密闭式档案架是整个档案架处于相对独立的封闭状态，存取档案时可以开启，保管档案时可以闭合；敞开式档案架则是处于开放的状态，存取档案迅速方便。

按结构、移动方式及排列形式，可分为固定档案架、活动式密集架及积层架（通天架）3种类型。其中，固定档案架可以分为单柱式档案架、复柱式档案架。单柱式档案架多用方形空心钢（铁）柱为支柱，以一架为主，可多架连接组合。单柱式档案架的大小一般为 90 厘米 × 45 厘米 × 220 厘米，主要部件支柱、隔板、侧板、底脚等均为标准件，便于组合与维修。复柱式档案架也以一架为一单元，其结构、性能、规格与单柱式档案架略同，但主支柱是双柱或三柱，也可以组合，可以调节的隔板的左右均被多柱支撑，架的两侧有档板，底部踢脚板用厚板材制作，既可以承重底座，又具有良好的稳定性。活动式密集架有手动、电动之分，也有集手动、电动与电脑控制等功能于一体的智能档案密集架。积层架是密集型的固定档案架群，以单柱式固定架为基本单元，垂立于地面并叠接至库房楼顶，构成高大架体。在各立柱连接处的平面上，铺以钢板或混凝土板，作为人行道。目前，档案部门广泛使用的多为活动式密集架。

固定档案架安装方便、稳固，装载量大，但不易搬迁，安装时必须充分考虑档案库房布局和技术要求，做到一次定位；活动式密集架容量大、占地小，可自由组合，防尘、防光、防火性能好，但造价高、体积大、负荷重、库房须按负载能力设计和建造；积层架充分利用库房空间，档案存储容量大，负荷分布均匀，但不利于防火。

（周耀林）

档案检索 archival retrieval 广义的档案检索包括存储与查找两个过程，狭义的档案检索就是查找档案中有用数据和信息的过程。又称档案信息检索。由档案信息存储和查找两部分构成。存储是把档案中具有检索意义的属性和特征揭示出来，加以编排，形成检索工具或档案信息数据库的过程；查找是利用档案检索工具或数据库，找到用户所需档案数据、信息的过程。存储是查找的前提，查找是存储的目的。

存储的主要内容：①著录。对档案的内容和形式特征进行分析、选择和记录的过程。②标引。根据档案的主题内容，赋予其规范化检索标识的过程。③组织检索工具。对著录标引后形成的条目进行系统排列，组成各种档案检索工具，或输入档案信息管理系统，建立档案目录数据库的过程。

查找的主要内容：①确定查找内容。对用户的检索需求进行分析，明确用户需求主题的过程，需要制定档案检索策略。②查找操作。档案人员或用户利用档案目录、索引、指南或档案信息检索系统，从中找到与需求主题相匹配的信息线索或档案数据、信息的过程。

档案检索是开发利用档案信息资源的必要条件和基本手段。主要作用有：①档案信息提供利用的先期工作。通过检索可以及时、准确地将用户所需要的档案数据、信息查找出来。②提高档案管理部门业务工作水平的重要手段。③广泛传播档案信息、促进档案利用价值实现的必要途径。

（王英玮）

档案检索策略 archival retrieval strategy 为实现档案检索目标而制订的计划和方案。

基本内容 确认与分析档案用户需求、明确检索需求后，就要对用户课题的具体内容进行主题分析，这是正确选用检索词和逻辑算符的关键，它将决定检索策略的质量并影响检索效果；选择适当的档案信息检索系统、数据库；确定档案检索途径。选定检索词：各种检索途径均须有相应检索词方可进行检索；如分类途径以分类号作为检索词，主题途径以主题词、关键词等作为检索词等等；计算机检索还须选定检索词编制布尔逻辑提问式；调整检索方案：根据检索过程中出现的各种问题及时调整方案，扩大或缩小检索范围。

基本步骤 ①选择检索途径。根据档案用户检索需求的特点，选择档案信息检索系统和相关数据库、手工检索工具，并确定在待检数据库中的检索途径的过程。检索途径包括内容检索途径和形式检索途径。其中，内容检索途径指以分类号、主题词、关键词、档案号等反映档案信息内容特征的检索项目为检索入口；形式检索途径指以档案的责任者、时间、文件号等反映档案形式特征的检索项为检索入口。②选择检索标识。在选定检索途径后，根据档案主题词表、档案分类法、档案分类方案等，将表达档案用户提问的概念转换成主题词、分类号、档号等规范化检索词。③确定检索词之间的逻辑关系。检索人员应将选定的检索词之间的逻辑关系，依据一定的逻辑规则加以明确，并通过检索表达式表达出来。

意义与作用 制订档案检索策略是对整个检索过程的指导和计划，目的是使档案检索服务人员按明确的目标，采取科学的程序和灵活的技巧实施查找档案及其信息内容的过程，以求最大限度地使检索结果接近以至满足用户的需求目标。

（王英玮）

档案检索工具 archival finding aid 存储、记录、报道和查找档案信息的系统化文字描述工具。对档案著录标引后形成的条目加以系统排列，组成各种检索工具，或输入计算机，建立计算机检索数据库。基本职能有两个方面：①存储。把档案的内容和外形特征著录下来。②查检。根据利用者提供档案的线索，查找所需要的档案材料。

根据不同标准可对档案检索工具进行不同的分类：①按编制方式可分为目录式档案检索工具、索引式档案检索工具、指南式档案检索工具。②按载体形式可分为纸张式检索工具（书本式检索工具和卡片式检索工具）、缩微检索工具、机读式检索工具。③按检索范围可分为全宗范围检索工具、档案馆（室）范围检索工具、专题范围检索工具、若干馆范围（馆际范围）检索工具。④按功能可分为馆藏性检索工具、查检性（查找性）检索工具、报道性（介绍性）检索工具。⑤按加工文献和处理信息的手段，可分为手工检索工具和机器检索工具。⑥按排检方法分为分类检索工具和主题检索工具。⑦按使用对象可分为公务与开放的检索工具，或称为档案馆工作人员使用的检索工具和利用者使用的检索工具。

档案检索工具的基本要求有多样性、实用性、整体性。常见档案检索工具：案卷目录、全引目录、全宗目录、分类目录、主题目录、专题目录、文号索引、档案馆指南、全宗指南、人名索引目录、地名索引。

档案检索工具是档案和档案用户之间的媒介；是档案馆（室）、档案用户以及档案馆（室）之间的交流工具；是档案管理活动的一种手段。

（黄世喆）

档案检索效率 archival retrieval efficiency 在检索过程中满足利用者需求的全面性和准确性程度。档案检索效率是衡量档案检索系统性能与每一个检索过程质量高低的一个最基本指标，衡量指标包括检全率和检准率。

①检全率（查全率）。满足档案利用者要求的全面程度（衡量某一检索系统从档案集合中检出相关档案成功度的一项指标），检全率 $= (M/Z_1) \times 100\%$，即检出的相关档案M与全部相关档案Z_1的百分比。与之相对应的是漏检率，即未检出的有关档案与全部相关档案的百分比，漏检率 $= [(Z_1 - M)/Z_1] \times 100\%$。

②检准率（查准率）。满足档案利用者要求的准确程度（衡量某一检索系统的检索噪声比的一种指标），检准率 $= (M/Z_2) \times 100\%$，即检出的相关档案M与检出的全部档案Z_2的百分比。与之相对应的是误检率，即检出的不相关档案与检出全部档案的百分比，误检率 $= [(Z_2 - M)/Z_2] \times 100\%$。

根据英国情报学家 C.W.克莱弗登

（1963）的研究结果：检全率和检准率之间存在互逆关系。一次最理想的检索是检全率和检准率均为100%，但在实际中这是不可能的。如果放宽检索以达到较好的查全率，那么查准率就会下降；反之，若是限制检索范围以改善查准率，则查全率就会变低。当进行范围宽泛的检索时，查全率很高，可以达到90%左右，而这时查准率则很低；相反，当检索范围小，很专指时，则查准率较高，查全率较低。用户应当根据具体信息检索需要，合理调节查全率和查准率，才能保证档案检索效率。（黄世喆）

档案检索语言 archives retrieval language 根据档案检索的需要而创制的人工语言，专门用于手工检索或计算机检索的档案信息检索系统，组织馆（室）藏，表达档案主题概念和检索课题概念。

源流 20世纪80年代以前，中国的档案检索语言主要是馆藏法检索语言，主要用于组织库藏和建立案卷目录、档案分类目录等检索工具。1987年，在中华人民共和国国家档案局主持下，出版了《中国档案分类法》第一版，其后于1997年又出版了第二版，使中国的档案分类检索语言得到了有效规范。1989年，中国出版了《中国档案主题词表》试行本，1995年11月出版了正式版，档案主题检索语言得到了有效发展。其后，档案分类检索语言和主题检索语言的一体化也取得了一定成绩，并在革命历史档案等种类的档案标引实践中得到了一定程度的应用。

种类 档案检索语言的种类主要有4种：①馆藏法档案检索语言。②档案分类检索语言。③档案主题检索语言。④档案主题分类一体化检索语言。按照档案检索语言的标识组合方法的不同，可以区分为先组式档案检索语言和后组式档案检索语言。

组成要素 档案检索语言由词汇和语法组成，具有3个组成要素：①检索词汇。拥有一组系列的文字或符号，用来构成检索语词要素，档号、分类号和主题词就是档案检索语言的检索词汇。②检索词典。具有一定量的词汇，用来表达档案信息基本概念，分类表的类目、分类号与主题词就反映了基本概念，《中国档案分类法》《中国档案主题词表》及各立档单位编制的档案实体分类表就是档案信息检索词典。③检索规则。有一套语法规则，用以满足档案实体组织、档案检索系统多元化检索的需求。

主要特点 档案检索语言的主要特点包括：①能简明和比较专指地表达档案及检索课题的主题概念。②语词与概念一一对应，排除了多词一义、一词多义和词义模糊。③能明确显示出概念之间的相互关系，便于将概念进行系统排列。④方便检索时将档案标引用语进行相符性比较。

规范与标准 与档案检索语言有关的规范与标准包括《中国档案分类法》（国家档案局1997年）、《中国档案主题词表》（国家档案局1995年）、中国第二历史档案馆编制的《民国档案分类主题词表》、《档案分类标引规则》（GB/T 15418—2009）、《文书类电子文件元数据方案》（DA/T 46—2009）、《照片类电子档案元数据方案》（DA/T 54—2014）等。

作用和意义 档案检索语言是进行档案信息的有效存储和查找，建立完善的档案检索系统，在档案标引人员、档案检索人员、档案管理人员、档案用户、档案检索系统之间相互沟通、取得一致等方面有重要作用。档案检索语言能保证不同标引人员表征档案信息的一致性，使内容相同及相关的档案实体或档案信息集中化，保证档案用户的检索提问与档案信息标引的一致性，保证档案检索者按不同需求检索档案信息时都能获得好的检索效果。（王英玮）

档案建筑火灾预警 archives building fire warning 具有火灾探测（触发）、报警、控制功能，并逐渐采用探测、报警、控制一体化，采用相同的接口形式和通信协议，实现联网集中管理的系统。由火灾探测装置、火灾报警装置、报警控制器等组成。

火灾探测装置 即火灾探测器。是根据火灾发生的4个阶段（预燃、可见烟雾燃烧、火焰燃烧、剧烈燃烧）的特点，利用某些电子元件对烟雾、温度、光线和特殊气体等敏感的物理特性制作而成的对火灾进行探测的设备。火灾探测器依据感应元件分为感烟探测器、感温探测器、感光探测器、气体探测器和复合式探测器5种类型。档案库房大多处于封闭状态，火灾属电气火灾和A类火灾（即固体物质火灾，主要指木材、煤、棉、毛、麻、纸张等火灾，一般在燃烧时产生灼热的余烬），火灾初期会产生较大的烟雾，档案库房宜选用感烟探测器来监测早期火灾。感烟探测器有离子型、光电型、红外光束型、空气型等。档案库房应首选光电型感烟探测器，按照每50平方米库房安装一只感烟探测器配置。

火灾报警装置 具有接收、显示和传递火灾报警信号，能发出控制信号并具有其他辅助功能的控制、指示设备。根据该系统联运功能的复杂程度及报警系统保护范围的大小，可分为预警系统、集中预警系统和控制中心预警系统3种基本形式。

报警控制器 将探测器和报警器的输出信号进行处理和上传，以手动或自动的方式对相关设备进行控制的设备。目前大多数火灾报警装置和控制装置已经融为一体，称为火灾报警控制器。这种火灾报警控制器依据其用途一般可分为区域火灾报警控制器、集中火灾报警控制器和通用火灾报警控制器3种基本形式。档案部门选用时应注意其使用范围的大小、功能需求综合考虑。一般情况下，当监测区域较小时，可单独选用一台区域火灾报警控制器，组成区域火灾预警系统，同时必须具有自检功能。集中火灾报警控制器不能单独使用，一般由多个区域火灾报警控制器构成，应有自检和巡检的功能。（彭远明）

档案鉴定工作委员会 archival appraisal committee 档案学科专业人员组成，负责档案鉴定工作的团体。见档案鉴定工作组织。

档案鉴定工作小组 archival appraisal working group 档案学科专业人员组成，负责档案鉴定工作的团体。见档案鉴定工作组织。

档案鉴定工作组织 archival appraisal work organization 档案学科专业人员组成，负责档案鉴定工作的团体。一般由档案馆（室）领导、单位有关业务人员、同级档案行政管理机构的相关人员共同组成。分为档案鉴定工作小组和档案鉴定工作委员会。

档案室的鉴定工作组织是档案鉴定小组。通常情况下，现行机关的档案鉴定工作，应在机关办公厅（室）的组织领导下，由档案、文书、业务部门的有关人员组成鉴定小组，共同进行鉴定。具体工作步骤：①档案室会同文书部门和业务部门共同制定档案保管期限表，经机关领导批准后，作为鉴定工作的依据。在基层单位和卷类目结合起来编制，即在案卷类目的条款下标明保管期限。②机关文书部门和业务部门在文件立卷过程中，按照档案保管期限表的标准，确定每一卷文件的保管期限；同时，将没有保存价值的文件拣出剔除，不予归档。③档案室收到文书部门、业务部门的归档案卷后，要逐卷进行检查复核，对文书、业务部门所定保管期限不妥的案卷，重新予以更正，确保保管期限的正确。④档案室根据所存档案的保管期限，定期复审保管期限已满的案卷，认为需要继续保存者延长保管期限，认为无须继续保存者报领导批准，即行销毁。

档案馆的鉴定组织是档案鉴定工作委员会。档案鉴定工作委员会一般由馆长、馆内有关业务人员、同级档案行政管理部门的代表组成，还可以临时邀请被鉴定档案的单位负责人或代表参加。委员会要指导、监督档案馆（室）的档案价值鉴定工作；讨论、审查档案销毁清册和准备销毁档案内容的分析报告，必要时，还须直接审查或抽查有关档案；对档案的存毁做出决定，并报请有关领导批准；鉴定工作结束后提出鉴定工作报告。档案馆保存的档案，多数是经过移交单位鉴定过的，但也有一部分没有经过认真鉴定的历史档案、现行档案。由于档案馆保存的档案大多都是经过鉴定的，因此鉴定工作一般主要表现为对需要永久保存的档案加以复审，对保管期限已满的档案进行销毁鉴定，具体审查销毁清册，并对档案的存毁做出决定。但是，档案馆内往往也保存一些以前没有经过鉴定的文件，对这些文件的鉴定往往需要该委员会领导和监督有关鉴定事项的正常进行。（黄世喆）

档案鉴定理论 theory of archival appraisal 有关档案价值鉴定原则、标准、内容、方法以及程序等的理论。是档案学重要的基本理论之一。在中国，档案鉴定这一术语最早出现在1934年徐中舒撰写的《中央研究院历史语言研究所所藏档案的分析》一文中，而有选择地保存历史文献和史料的思想可上溯到2500年前孔子依鲁史“策书”而“笔削”《春秋》。档案鉴定的做法在唐代就已经有史料记载：“文案不需长留者，每三年一拣除。”至宋代，《庆元条法事类》记载：“诸架阁公案非应长留者，留十年，每三年一检简。”

外国档案鉴定工作由来已久，但直到1901年德国档案学家迈斯奈尔提出第一个鉴定原则与标准之前，一直处于粗线条规章时期，即只有粗浅的规定，没有理论指导。20世纪以来，各国学者在档案鉴定理论方面开展了大量的研究，并且成果颇丰，国际档案界著名的档案鉴定理论如下。

年龄鉴定论与来源鉴定论（20世纪初）由迈斯奈尔提出。认为高龄案卷应当受到尊重，并主张每一个国家应设置一个禁销档案的界限年份，这在世界档案界产生了广泛的影响，揭示了档案作为一种证据性材料所固有的历史价值，改变了过去片面注重档案行政参考价值的做法，从而避免了大量珍贵古老档案的毁弃。强调不能把档案视为零散材料孤立地进行价值评判，而应以档案固有的行政关系为背景进行鉴定，全面考虑形成机关在政府机构中的地位，以及机关职能与上下级单位职能的关系。

行政官员决定论（20世纪20年代）由英国档案学者H.詹金逊提出。认为档案是由文件形成者产生的一个文件整体，从该整体中抽取任何一份文件都违背了档案基本原则。并提出销毁文件不是档案人员的正常业务，档案人员无须干预如何去除文件。也就是说档案人员不宜参与文件的鉴定和销毁，鉴定应由行政官员自行决定。

职能鉴定论（20世纪20～30年代）由波兰档案学者卡林斯基在借鉴迈斯奈尔鉴定理论基础上提出。认为应按照文件形成机关在政府机构体系中的地位和职能的重要性来确定档案文件的价值及保管期限。即档案文件的价值大小和保管期限的长短与其形成机关的地位高低和职能重要性在总体上成正比。据此把档案文件分为两大类：一类是高级行政机关的文件，一般应永久保存；另一类是低级机关的文件，只需保存一定时期后就可以销毁。

文件双重价值论（20世纪50年代）由美国档案学者T.R.谢伦伯格提出。认为公共文件具有两种不同的价值：①对原形成机关的第一价值，分别体现为行政管理价值、法律价值、财务价值和科技价值（谢伦伯格最初提出的是执行价值，美国档案工作者协会后改名为科技价值）。②对其他机关和个人利用者的第二价值（又称档案价值），包括证据价值和情报价值。形成机关的行政官员对鉴定第一价值负主要责任，而鉴定第二价值则应主要由档案部门及其工作人员来完成。他的理论超越了只从机关角度考察档案价值的狭隘观念，从而使档案工作者能够从分析档案文件内容、分析利用者需求的角度出发，全面、历史地考察档案价值。此外，谢伦伯格还强调鉴定时应考虑档案保管费用、技术条件、场地限制，这种效益的观点后来发展成为档案价值鉴定中的一个重要参照因素。文件双重价值论为美国的文件双重价值鉴定机制的建立奠定了理论基础，谢伦伯格也因此被誉为美国“档案鉴定之父”。

利用决定论（20世纪60～70年代）由谢伦伯格之后的一些美国档案学者提出，代表人物主要有M.菲斯本等。他们认为一切应从利用者的角度出发，突出强调学者的需求是判断文件价值的决定性标准。这种鉴定观的核心，就是将学者特别是历史学家的实际利用和预期利用视为鉴定档案的最重要标准，认为第二价值决定档案的根本性质。L.道勒在《利用在确定档案实践和原则中的作用——文件有效性和用途的研究议题》一文中，认为通过研究信息利用与提供利用方式之间的关系，就能确定文件及其所含信息的价值和实践的含义。

宏观鉴定论（20世纪80～90年代）社会分析与职能鉴定论、文献战略和宏观鉴定战略这三者统称宏观鉴定论。①社会分析与职能鉴定论。由德国档案学者H.布姆斯提出，核心观点是主张档案应体现文件产生时期的社会价值，但这种社会价值最好不是直接通过研究社会公共舆论来确定，而是间接通过了解重要文件形成者的职能来判断。②文献战略。由美国档案学者H.W.塞缪尔斯提出，认为鉴定的起点不再是检验具体文件，而是分析文件产生的背景，特别是现代社会中面对机关频繁变动的现实。只有将鉴定的着眼点从形成机关的组织结构转向机关的职能，才能准确地判断档案文件的价值。③宏观鉴定战略。由加拿大档案学者T.库克提出，认为档案人员在鉴定前需要了解整个社会的运行方式和文件的形成过程，通过鉴定来准确反映社会发展趋势与文件形成者及其职能的有机联系，还应全面考虑社会结构、文件形成过程、文件形成者及其职能等多种因素。它使鉴定的重点由根据研究目的判定文件价值转变为根据文件形成者的职能和结构，从而鉴定文件形成背景或文件来源的重要性。

双重鉴定（20世纪90年代以来） 由法国档案学者H.瑙格勒在1984年首次提出。认为机读文件的鉴定包括文件所含信息的鉴定（内容鉴定）和文件技术状况的鉴定（技术分析）。在按照职能对电子文件进行鉴定时，美国侧重电子文件的内容，因为其认为档案馆保管文件的主要目的是使之能够为研究者所用，所以文件中的信息内容具有更大的重要性。而加拿大等国家则采取从上到下的方法，首先对政府重要职能进行鉴定，然后对这些职能产生的文件的行政和文献联系进行分析，最后对最能满足证据要求的文件进行选择。技术鉴定所承担的责任是对电子文件的各方面技术状况进行全面的检查，包括对电子文件信息的真实性、完整性、可读性的认定和对电子文件有无病毒检测与载体状况的检测。电子文件的双重支点拓宽了档案鉴定理论研究的领域，使得研究人员改变了以往仅仅专注于档案自身属性、社会需要、保管费用等方面寻找鉴定标准的习惯，把档案的技术状态也作为鉴定档案价值要考虑的标准因素，从而给档案鉴定理论增加了新的内容。

从档案鉴定理论的发展规律上看，档案鉴定理论与来源原则需要紧密结合，传统史学理论及思潮的影响和渗透逐渐减少，档案鉴定标准越来越社会化，同时出于档案优化的需要，档案鉴定的实用主义功能目标和效益标准也越来越明显。

（傅荣校）

《档案鉴定理论与实践透视——基于效益和效率思路的研究》 *Theory and Practice of Archival Appraisal: An Approach from Effectiveness and Efficiency* 中国档案理论著作。傅荣校著，中国档案出版社 2007 年出版。

该书以分析档案价值作为出发点，以探索档案鉴定理论的发展与演变过程作为线索，对档案价值鉴定理论与实践问题进行了系统、全面论述。全书共 7 章 26 节。第一章档案价值研究，分析了档案价值的产生机制。第二章档案价值鉴定，阐释了档案价值鉴定的原则、方法与问题。第三章寻轨档案鉴定理论的发展与演变，阐释了档案鉴定理论的发展演变历程及鉴定标准的调整。第四章剖析操作标准，分析了中国档案保管期限表与档案状态。第五章档案鉴定的类型，分析了档案的生存状态。第六章基于批评态度，分析了影响档案鉴定的各种障碍因素。第七章新世界我们必须面对的课题，阐释了电子文件的鉴定问题。

书中将鉴定理论分为基础研究、应用研究与操作标准研究三大层次，构建了鉴定理论的整体框架。基础研究是指档案价值理论研究，主要探讨档案价值的含义、产生机理、类型、特征与运动规律。它是鉴定理论的基础，为鉴定整体研究提供了概念基础，并指导第二层次的应用研究。应用研究主要是指档案鉴定标准研究，提出了在鉴定原则指导下，从档案属性、社会需求和相对价值标准三方面设计具体的鉴定标准。它是第一层次基础研究的具体化，同时又是第三层次操作标准研究的依据。操作标准研究主要研究档案保管期限表的类型及适用性，它是鉴定理论中最具体的研究。此外，书中还分析了中国档案价值鉴定工作中遇到的现实挑战，提出了相应的对策，对档案价值鉴定工作的开展具有一定的现实意义和参考价值。（章燕华）

档案教育工作 archival education 为培养从事档案工作的人才而进行的档案学理论、专业技能和有关学科知识的教育活动。世界各国档案教育工作因受各国不同的社会政治、经济制度和文化发展水平以及档案事业管理体制的影响，存在很大差异。按教学组织和形式划分，有 4 种类型：①高等院校教育。培养高级档案人才，其学制一般研究生 3 年，大学本科 4 年，专修科 2 年。这种教育最早产生于西欧，1821 年法国首创档案学院（法国国立文献学院），是资本主义国家档案教育工作的开端。苏联在 1930 年创办莫斯科历史档案学院，成为社会主义国家档案教育工作的起点。②中等学校教育。培养中级档案管理人才，包括中等专业学校、职业高中等，学制一般为 3 年。③短期培训。为档案工作者学习档案专业知识和技能而举办的训练班，是各国普遍采用的一种教育形式。④在职教育。也是各国普遍采用的方式，有自学考试、网络教学、档案人员不脱产的业余学校等多种形式，并有高等教育和中等教育两个层次，学习课程与全日制高等和中等档案学校基本相同。

中国人民大学信息资源管理学院外景

中国具有现代意义的档案教育工作始于 20 世纪 30 年代。1939 年湖北武昌文华图书馆学专科学校开设了档案讲习班，1940 年又正式成立了档案管理专科。中华人民共和国成立后，档案教育工作有了很大的发展，从 1952 年中国人民大学设立档案专修班（后为中国人民大学档案学院、信息资源管理学院）开始，经过多年发展，已基本上建立了一个由高等教育、中等教育、在职教育和短期训练班组成的档案教育工作体系。

（王景高　姚　锋　张恩庆　张　斌）

档案接收 archives accession 档案馆（室）依据国家和专业主管机关制定的法规，按照归档制度无偿接收归档文件或移交档案的工作。档案馆（室）档案的主要收集途径。档案馆（室）按照国家规定对有关单位或个人移交的档案进行接收。档案接收是档案馆（室）收集工作的重要内容。接收的主要内容包括：①机关、团体和企事业单位档案室对本单位归档文件材料的接收。②各级各类档案馆对本地区、本系统相关单位和撤销机关长期或永久保存档案的接收。档案馆接收档案的范围有：本级各机关、团体及其所属单位具有永久保存价值的档案，省辖市（州、盟）和县级档案馆同时接收长期保存的档案；属于本馆应接收的撤销机关、团体的档案；属于本馆应接收的中华人民共和国成立以前的各种档案。

档案收集工作是各项档案业务工作开展的基础，而档案接收是档案馆（室）档案的主要收集途径，是档案部门积累档案的主要手段，为档案工作提供了物质对象，因此它是档案工作的起点及第一个环节，也是为社会积累档案财富的开始。同时，档案接收是档案集中统一管理的重要内容和一项首要的具体措施。档案接收质量的高低直接影响到档案的整理、鉴定和利用等工作。

档案室收集档案的主要方式是接收归档。即指单位内部各部门把档案向档案室移交，档案部门负责指导、监督。档案馆收集档案的主要方式是接收。即指本级各机关、团体及其所属单位把具有永久保存价值的、属于进馆范围的档案向档案馆移交的工作。

档案接收的内容不应只局限于现有的归档和进馆范围，档案接收的来源也应从原来规定的相关机构、组织拓展到全社会各组织和个人。

（黄世喆）

档案解密 declassification of archives 在以前某个时刻不能公之于众的涉密档案在保密期限届满之后向社会开放。属于档案开放的措施之一。进馆之前的档案如果是公开的，不存在进馆之后的解密问题。只有进馆前属于涉密档案的，才需要解密。

在中国，1991 年国家档案局、国家保密局发布的《各级国家档案馆馆藏档案解密和划分控制使用范围的暂行规定》对档案解密工作做出了具体规定。①各级国家档案馆保存的 1991 年 1 月 1 日前形成的涉密档案，由各级国家档案馆负责进行解密工作；1991 年 1 月 1 日前形成的未进馆涉密档案，其解密工作由各档案形成机关、单位负责进行；1991 年 1 月 1 日后形成的涉密档案，未接到保密期限变更通知的，自保密期限届满之日起，即自行解密。②对形成将满30年的涉密档案，原档案形成者认为仍属国家机密的，应当自该档案届满30年之日前6个月，以文件形式通知有关档案行政机关和档案馆；逾期未通知延长保密期限的，由档案馆按照国家有关规定，确定是否解密和划控。③各级国家档案馆保存的经济、科学、技术、文化类的涉密档案，有必要提前向社会开放的，应向档案形成机关发出要求提前解密的通知，有关机关在接到通知的半年内应予以答复，否则档案馆可根据有关规定办理。④原档案形成机关、单位已被撤并的，对其所形成的涉密档案的处置工作，由承担其原职能的单位负责；如无相关的承担机关或单位，则由档案馆负责处理。（王英玮）

《档案经营法》 *Archival Administration Methods* 中国近代档案学著作。又称《档案经营法概要》。毛坤著。毛坤，四川宜宾人，先后毕业于武昌文华图书馆学专科学校图书科、北京大学哲学系，现代图书馆学家、档案学家，**武昌文华图书馆学专科学校档案管理专科**的主要创建者。

《档案经营法》是作者为文华图书馆学专科学校档案管理课程教学而编写的讲义。讲义的编写大约从1934年文华图书馆学专科学校首开档案管理课程即开始，但一直未正式出版，直至2013年该书被收入《武汉大学出版社百年经典》才由武汉大学出版社出版。该书由整理者根据作者讲义手稿整理组织而成，在内容结构上共分为通论篇、公文篇、官书篇与现档篇4个部分。总体上看，这部著作尚留存显著的教学资料辑录备考的性质。作者特别擅长将古今中外相关知识融通于一体，将外国方法的原理、原则与中国档案管理实际情况相结合。书中在对西方核心档案学思想的理解和阐释、对中外“档案”词源与词义的辨析、对档案编目方法的系统介绍、对档案实体管理和行政管理体系的设计，以及对官书的特别关注等方面都体现了作者的深刻思考和独得之见。这部讲义中理论性颇强的篇章，以《档案序说》《档案处理中之重要问题》为名，早先分别发表在1935年《文华图专季刊》和1936年的《中华图书馆协会会报》上，产生了广泛的学术影响。（梁继红）

档案开放 archives disclosure 将可以公开和保密期限已满的档案，向社会开放，允许档案用户在履行简便的手续后，通过一定的方式进行档案的开发利用。又称开放档案。

发展　在中世纪，各国档案馆的馆藏档案甚为机密，只准其拥有者或少数上层人物使用。18世纪末，法国在资产阶级大革命期间的档案改革中首先提出档案开放原则，宣布每一位法国公民均可在规定时间到国家档案馆查阅档案。这一原则很快为欧洲各国所采用。第二次世界大战后，随着各国国家档案馆普遍建立和科学文化事业的发展，档案开放已成为信息资源共享的重要途径之一，并作为各国法定的普遍性制度。

基本内容　《中华人民共和国档案法》规定：国家档案馆保管的档案，一般应当自形成之日起满30年向社会开放。经济、科学、技术、文化等类的档案向社会开放的期限，可以少于30年，涉及国家安全或者重大利益经及其他到期不宜开放的档案向社会开放的期限，可以多于30年。其中“国家档案馆保管的档案”，应该是特指不可以公开和保密期限未满的档案，而可以公开和保密期限已满的进馆档案，应该不在此规定范围之内。进馆之前可以公开或者保密期限已满的档案，进馆后应一律无条件开放。

意义和作用　档案开放是档案利用的基本前提。档案开放实质是将**档案公开**，于是凡是开放的档案都可以利用。从世界上第一个国家档案馆在法国诞生之日起，档案馆本质上就呈现出公共性和开放性。

档案开放有利于促进社会进步，是加快国家政治民主化的重要步骤，让公民真正享有利用档案信息资源的权利。促进现有的国家档案馆由封闭、半封闭型向开放型的公共档案馆方向转变，是国家档案馆自身发展的一项重大措施，还可以促进档案馆的各项业务建设。（黄世喆）

档案开放理论 theory of archival disclosure 阐述档案开放的理论基础、目的、原则、程序和方式的档案学理论。档案开放的最终目的是公民的档案信息利用，是保障公民知情权的重要方式。在现代社会中，知情权是公民重要的基本权利之一，是体现公民表达权、参与权和监督权的基础。因而，档案开放在实现公民基本权利中意义重大。

在中世纪，各国档案馆的馆藏档案甚为机密，只准其拥有者或少数上层人物使用。18世纪末，法国在资产阶级大革命期间的档案改革中首先提出档案开放原则，宣布每一个法国公民均可在规定时间到国家档案馆查阅档案。这一原则很快为欧洲各国所采用。第二次世界大战后，随着各国国家档案馆的普遍建立和科学文化事业的发展，档案开放已成为信息资源共享的重要途径之一，并作为各国法定的普遍性制度。2011年11月10日，联合国教科文组织全体大会通过了由国际档案理事会提请的《**档案共同宣言**》，《宣言》指出档案的开放利用能够丰富人们对人类社会的认知，促进民主，保护公民权利，提高生活品质。因此，档案工作者应该在遵守相关法律并尊重个人、形成者、所有者和利用者权利的前提下，向所有人提供利用档案。2012年，第17届国际档案大会通过由国际档案理事会最佳实践与标准委员会利用工作组起草的《档案利用原则》，强调公共和私人机构或组织都应该尽可能最大限度地开放档案，档案保管机构应积极进行开放利用。

档案开放原则包括：档案自由利用原则、档案安全原则、保护知识产权和个人隐私权原则。档案自由利用原则是档案开放追求的最终目标，该原则的宗旨在于主张档案利用者在利用档案时处于人人平等的、自由的地位，也就是说一切人都具有利用档案的同等权利。同时，在档案开放中存在两个方面的例外，一是安全例外，这是档案安全原则要解决的难题，就是要在档案开放利用时，既要保护档案信息的安全，又要保护档案实体的安全；二是一般例外，这是保护知识产权和个人隐私权原则要解决的课题。

国外在实行档案开放政策的同时，形成了封闭期制度。档案封闭期是指由法律规定的档案从形成到开放利用的期限，即档案的限制利用期限。处于封闭期内的档案一般不向社会公众开放或限制向公众开放。各国都规定了不同期限的封闭期，如德国、俄罗斯规定30年，荷兰、丹麦规定20年。有的国家还对不同种类和内容的档案专门规定了不同的开放年限，如法国规定公务员人事档案、户口登记册和医疗档案分别在其产生后的120年、100年和150年开放。当然，随着政府信息公开观念与实践的发展，各国总体上开放期限越来越短，如英国、美国的封闭期制度基本上已由《信息自由法》所取代，都实行了最大限度的开放，美国联邦政府档案开放期限大多数在10～20年。

中国于1980年制定了开放历史档案的方针和具体办法。1987年公布的《中华人民共和国档案法》(1996年修订，以下简称《档案法》)规定：“国家档案馆保管的档案，一般应当自形成之日起满三十年向社会开放。”2020年公布的《档案法》规定：“县级以上各级档案馆的档案，应当自形成之日起满二十五年向社会开放。经济、教育、科技、文化等类档案，可以少于二十五年向社会开放；涉及国家安全或者重大利益以及其他到期不宜开放的档案，可以多于二十五年向社会开放。国家鼓励和支持其他档案馆向社会开放档案。档案开放的具体办法由国家档案主管部门制定，报国务院批准。”“单位和个人持有合法证明，可以利用已经开放的档案。”《中华人民共和国政府信息公开条例》已于2008年5月1日开始实施，标志着政府信息公开与服务型政府建设迈出了又一个重要步伐，档案作为政府的核心信息资源，其开放利用面临着前所未有的良好环境。

在档案开放中，须处理好**档案公开**和保密的矛盾关系。从促进档案信息公开角度来看，公开是一般原则，保密是例外；从档案信息保密工作角度来看，要注重对涉及国家秘密、机构商业秘密和个人隐私的档案信息保护。中国2010年颁布的《中华人民共和国保守国家秘密法》(修订)的实施，就是既要做好档案信息保密工作，维护国家利益，又要有助于纠正定密过多、范围过宽、解密不及时的现象，保障公民知情权，及时公开已解密的档案信息。

中国传统的档案开放方式，主要包括借阅服务，编辑和出版相应的检索工具，编辑和出版档案史料、资料的全文或者摘录汇编，提供档案复制件，举办档案展览，利用重大节日纪念日依法在公开场合播放、宣讲馆藏档案，公开出售、散发或张贴档案复制件。随着信息技术的发展，在传统档案开放方式的基础上，开放形式不断丰富，其中包括网络化档案开放方式和以媒体宣传为主导的方式，向公众提供丰富生动的档案信息。（傅荣校）

档案科学技术研究工作 research work of archival science and technology 对档案和档案工作进行的创造性活动。简称档案科研。采用调查、观察、实验、比较、分析、综合等方法对档案和档案工作进行探讨，寻求其本质和发展的规律，把感性认识上升为理性认识。按研究对象的性质，可分为档案学理论研究和档案管理应用技术研究。理论研究包括档案本质与价值、档案工作基本矛盾、发展规律等；应用技术研究有档案管理原则与技术、档案工作标准化和管理现代化研究等。

早在中世纪，已经出现关于档案分类整理、保护和编纂的研究，主要体现为档案管理制度、保护方法和文献汇编。19世纪至20世纪初欧洲档案工作理论与技术的研究，内容涉及档案馆性质、地位与作用，档案整理与分类，档案价值鉴定与销毁等方面，并出现一批档案学著作和技术方法、文献汇编等研究成果。第二次世界大战后，世界各国档案工作迅速发展，国际档案学术交流与合作不断增多，各国档案科学技术研究呈现逐步加强的趋势，涉及档案专业术语、档案馆库房建筑与技术设备、档案保护与修复、电子计算机技术应用等方面。

中国国家档案局于1958年成立档案学研究室，是中国第一个专业档案科学研究机构，1963年成立**档案科学技术研究所**，对档案学理论、档案保护技术和档案管理现代化问题进行了比较系统、深入的研究。同时，设有档案学专业的高等院校在档案科学技术研究工作中发挥着重要作用。中国档案科学技术研究工作发展至今，总体态势良好，成果显著。（张　斌）

档案科学技术研究所 Institute of Archival Science and Technology 中国国家级档案科研机构。位于北京市西城区虎坊桥永安路106号。1963年5月在北京筹建，曾被撤销，1980年4月批准恢复。主要开展档案字迹信息及其载体材料耐久性及受损抢救与修复技术方法、电子档案技术特征及其可信管理长期保存技术方法、档案保管保护环境及设施设备、档案安全管理及其技术方法、档案标准化管理等方面的研究。现有人员37人，其中高级专业技术职称者16人，初中级专业技术职称者7人，研究生学历7人。

档案科学技术研究所以“两个中心一个基地”为发展目标，力争建设成全国档案科技创新中心、档案技术测试中心、全国档案技术与成果应用示范基地。现有5个研究室，分别开展档案载体及字迹耐久性、档案信息化管理、档案保护与抢救技术、档案科技信息与标准化、档案馆建筑及设施设备等方面的课题研究，拥有化学、生物、有害气体分析、光谱、恒温恒湿、老化、光盘保护技术、档案信息管理系统研发、缩微影像、档案数字化等各类实验室。具有红外光谱仪、红外显微镜及成像系统、傅立叶拉曼光谱仪、数字化扫描电镜系统、Parylene 真空涂敷设备、高效液相色谱仪、分光测色仪、光盘检测仪、35毫米缩微胶片打印机、16毫米缩微胶片打印机、宽幅扫描仪、书刊扫描仪、二级生物安全柜、全自动高压灭菌器、气相色谱质谱联用仪、基恩士三维显微系统、离子色谱仪、ICP 光谱仪、X 射线荧光光谱仪等科学仪器和设备。

档案科学技术研究所紧紧围绕档案事业发展中的重点难点问题，面向世界科学前沿，积极承担国家档案局、财政部、科技部、国家自然科学基金委员会、中国社会科学院等部门下达的科技项目。截至2016年12月，累计完成300多个科技项目，其中财政部项目42项，国家档案局科技项目170余项。100余项目获得省部级单位授予的科技进步奖、优秀科技成果奖等奖项，其中一等奖9项、二等奖28项。较为突出的有《档案馆建筑设计规范》《档案著录规则》、“文化用纸耐久性的研究”“档案信息管理网络系统 AIMNS”“甲基碳酸镁纸质档案去酸技术”“SCM-280 侧拉式密集架”“全国纸质档案霉菌种类与分布调查”“CAD 标准化研究”“电子文件归档与电子档案管理”“耐久性公文档案办公系列用纸”“档案及文献信息资源集成化管理和社会化服务系统研究”“非结构化档案信息及档案异构数据库管理系统”“存储电子档案的最佳磁、光载体研究”“国家电子文件支撑平台系统建设”“海量数据离线存储系统研究”等。

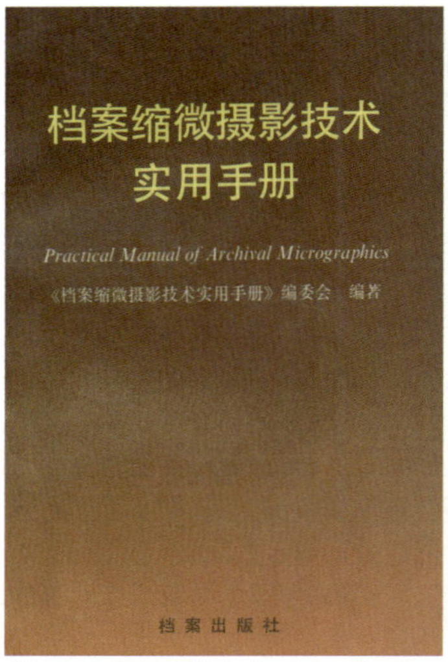

《档案缩微摄影技术实用手册》封面

档案科学技术研究所注重档案科技成果应用和技术服务工作，在档案科技查新、纸张和字迹等载体材料检测、档案库房空气检测、杀虫除霉效果检测、仿真复制、纸张高精度扫描、缩微胶片拍摄打印扫描检测、底片扫描、录音录像带及钢丝带转换等方面开展了大量的技术服务，为档案事业发展的科学化管理提供了技术支撑和智力支持。出版的科技著作有《中国档案主题词表》《档案缩微摄影技术实用手册》《档案信息化建设导论》《电子文件归档与电子档案管理概论》《新档案保护技术实用手册》等。（刘晓光）

档案库房 archival repository 专门保存档案所建的房舍。是保护档案的最基本的物质条件。档案库房在建设中，对库房的选址、布局、面积、层高、载重以及防热、防潮（防水）、防火、防盗等方面均有一定的要求。

选址　档案库房的选址既重要又复杂，需要本着安全第一的原则，从实际出发，因地制宜，权衡利弊，慎重考虑。一般地，选址需要从地质条件、空气质量、四周环境安全等因素出发，考虑以下要求：①应选在地势较高、场地干燥、排水通畅的地段，尽量远离江、河、湖泊或地势低洼的地方，尤其不应选在地下水位高的地方。②立足城市建设现状和远景规划，远离工矿企业区，确保在库址周围一定范围内没有形成危害档案的气体、灰尘的工业区，避免有害气体及灰尘对档案的不利影响。③库房在档案馆中应集中布置，自成一区，与其他建筑应有一定的距离，远离易燃、易爆等危险建筑。与此同时，尽量与其他公共文化服务区形成有机整体，便于为公众提供综合性服务。④库房周围应适当留有用地，以满足日后扩建的需要。

中国第二历史档案馆库房

布局　指对库房的使用安排及其功能区划。档案馆建筑往往由档案库、阅览室、业务和技术用房、办公用房等不同功能的房间构成，在设计建筑时，不同等级、不同规模档案馆（室）应依据不同功能的要求合理配置各类用房，明确功能分区，科学合理布局，既便于提供安全保障，又便于业务工作的开展。

常见布局有两种类型：①将整栋建筑纵向一分为二，一部分是库房，一部分是馆内其他用房，中间用较厚的防火墙隔开，两部分各自单独开门，互不串通，这种类型在大中型档案馆中较为常见。②将整栋建筑横向一分为二，某些层次作库房，某些层次作馆内其他用房，这种类型在小型档案馆中较为常见。无论如何布局，都需要自成一区，尽量避免将库房置于潮湿的地下室和楼层最顶层，并设立面积不小于 6 平方米或专用封闭外廊，以便于满足库房防潮、防高温、防尘等要求。各种类型的档案库房布局没有统一模式，因此各机构在实际设计、建设档案库房时，须参照中华人民共和国城乡建设环境保护部、国家档案局共同批准颁发的《档案馆建筑设计规范》中的有关规定，结合当地库房建造经验，精心设计，科学布局。

面积　档案库房面积的确定涉及因素很多，如现存档案数量、应进馆但尚未进馆的档案数量、今后年平均接收档案的数量、计划接收年限以及装具选择与排架情况等。

对于不同级别和类型的档案馆而言，库房总面积指标应按照相关规定予以确定。一般地，库房面积应按照省级、市级、县级档案馆 3 个级别，从一类到三类 3 个类型的指标规定，并综合档案库房、对外服务用房、业务和技术用房、办公室用房、附属用房等进行考虑。地区差异以及馆藏档案数量也是考虑档案库房面积的重要因素。档案库房的总面积一般预计满库年限以 10～20 年为宜，《档案馆建筑设计规范》（JGJ 25—2010）、《档案馆建设标准》（建标 103）、《党政机关办公用房建设标准》对此均有相关规定。

各级各类档案馆的档案库房面积也有大间、中间和小间之分。一般地，大间面积为 201～300 平方米，中间面积为 101～200 平方米，小间面积为 100 平方米以下。实践中，应根据馆内保存档案类型、数量等因素进行不同面积混合设计，以大间面积为主，结合建造一些小间面积库房（如防磁库房等），且充分考虑到档案柜架的尺寸、摆放位置和通道尺寸进行精心设计，以免浪费面积。

层高　指档案库房每层的高度。层高应以最大限度利用档案库房空间为原则，与档案柜架的高度相一致，以略高于档案柜架的高度为宜。档案库房净高不应低于 2.4 米；当有梁和通风管道时，局部净高不应低于 2.2 米。

载重　指档案库房负荷量。档案库房是用来存放档案的专门建筑，负荷量大于一般民用建筑。档案部门应根据所使用的档案柜架放满档案的重量，精确计算出库房每平方米的负荷，并增加 20%的保险系数，提供给设计人员参考。实践中，档案库房楼面负荷量为 350～400 千克/米^2，图书资料重量为 400～500 千克/米^2；当采用密集柜架时，档案库房的负荷量则不少于 1200 千克/米^2。档案库房载重量的设计应做到既不浪费又符合安全需要。

此外，档案库房还应具有防高温、防高湿、防光、防尘等要求。

（冯乐耘　徐同根　撰　周耀林　修订）

档案库房防尘　dust prevention of archival repository　为降低空气中灰尘及其附着物对档案的破坏，在*档案库房*内所采取的清除空气中灰尘的措施。灰尘具有理化性质活泼、化学成分复杂的特点，对档案具有黏结、腐蚀、磨损、污染等作用。对档案的破坏表现为：①增加材料的机械磨损。②增加酸、碱对档案的影响。③会促使档案黏结成“砖”。④污染档案，影响字迹的清晰度。⑤向档案传播霉菌孢子。

为减缓空气中有害气体、灰尘对档案的破坏，保护档案，一般可采用以下防护措施。

正确选择档案库房的地址　正确选择档案库房地址，避开污染源，是最简单、经济而有效的防护措施。空气中有害气体、灰尘随空气流动而向各方扩展，但离污染源越远，空气中有害气体、灰尘的浓度越低。应将库房地址选择在距工矿和居民集中区较远的地方。对于必须建立在工业区的档案库房，尽量选择在上风口，才能减少有害气体和灰尘对档案的污染和破坏。

提高档案库房周围绿化覆盖率　依据《档案馆建筑设计规范》（JGJ 25—2010）要求，档案馆区内的绿化设计，应有利于满足防尘、净化空气、降温、防噪声等要求。要加强档案库房周围的绿化工作，提高绿化覆盖率。因为绿色植物能吸收有害气体，对灰尘有滞尘、过滤和吸收作用，可以净化环境空气，减少有害气体、灰尘对档案的影响。

提高档案库房的密闭程度　空气中有害气体、灰尘主要是通过档案库房门窗的缝隙进入库内，因此要防止有害气体、灰尘对档案的危害，必须提高库房的密闭程度，阻止污染物的侵入。如档案库房门窗要尽可能少而小，库房门窗要加用胶条密封，安装双层门窗，以提高门窗的密闭性。

档案库房通风时的净化与过滤措施　安装吸尘器、空气过滤器、档案库房空气消毒机、档案库房智能管理系统等设备，使进入档案库房的有害气体和灰尘得以净化和过滤。采用机械通风的，可在通风设备上采取简单的净化与过滤措施。除去空气中的有害物质，达到保持库房清洁无尘的目的。

对档案库房地面、墙面做防尘处理　减少或避免档案库房内起尘，从库房建筑的角度来讲，要求围护结构的内层应选用坚硬耐磨的材料。围护结构的内表面应光滑易清洗，如地面选用水磨石或高标号的水泥来铺设，墙面可粉刷防霉涂料。这种方法比较经济，也可以收到不起尘或少起尘的效果。

加强档案库房的规范管理　建立健全**档案库房管理**规章制度，加强档案规范管理是保护档案的需要。工作人员进出档案库房时要更衣换鞋，以避免由于工作人员进出将库房外的有害物质带到库内。有条件的单位，在库房门口装置风浴设备，以便将身上的灰尘吹掉。档案入库前必须进行除尘处理，以避免新入库的档案将灰尘带入库房。经常清扫库房，保持库房内的清洁卫生。（彭远明　范　敏）

档案库房防光　light prevention of archival repository　为降低光照对**档案**的危害，在**档案库房**内采取的减少有害光照、保护档案的措施。光对档案的危害性，有直接危害和间接危害两种方式。光危害是通过光能作用、光氧化反应、光热效应等方式产生破坏性的。紫外线由于波长短，能量大，对档案材料的破坏作用特别大，防紫外线是档案部门防光的重点。档案库房的防光措施主要有：

合理确定库房照度标准　照度是指物体表面得到的光通量与被照射表面的面积之比，单位是勒克斯。从减少光对档案耐久性影响以及维护库房工作人员视力健康的角度考虑，库房的照度一般以30～50勒克斯为宜，阅览室的照度以75～100勒克斯为宜。

库房照明光源选择　档案库房内的照明与办公室和公共场所照明的要求不同。档案库房的照明亮度只需要满足库房管理调卷、清洁，维护库内设备的照度即可。选择的灯具发出的光线应对档案没有伤害或损害很小。对灯的开关控制可以使用人进灯开、人走灯灭的自动控制，节能又安全。LED光源应用于库房是有效减少光辐射对档案损害的正确选择。LED是利用固体半导体芯片发光的新型固态冷光源。LED照明具有节能、环保、寿命长的特点，在照度水平、均匀度、显色指数、色温等方面有良好性能，还具有易集成、快响应、色彩丰富、光分布易于控制等优势。

限制光的照度值　受日光直接照射的表面的照度值是相当大的，对日光照度的限制主要从建筑角度着手，建成无窗的库房。对有窗库房应当采取以下防光措施：①窗户的位置与结构。窗户是日光进入库房内的主要通道，有窗库房的防光应注意三点：一是窗户设置应注意其朝向，东、西向墙上不宜设窗。二是适当减小窗户的面积。三是改进窗户的结构，将单层窗改为双层窗，选用毛玻璃、花纹玻璃、吸热玻璃或茶色玻璃代替普通玻璃等。②设置遮阳措施。常用的遮阳措施可分为外遮阳、内遮阳等形式。内遮阳有百叶窗、窗帘布等；外遮阳有遮栅、百叶窗、水平悬板等。就隔热防光效果看，外遮阳优于内遮阳。

滤紫外线　阻止紫外线对档案的损害，防护重点是窗户玻璃和荧光灯具。普通透明玻璃对日光中紫外线具有一定的过滤作用，但波长为350～400纳米的紫外线透过率可达91%。荧光灯具有光效高、寿命长的优点，是室内理想的照明光源，但对档案不利的因素是光线中含有一定量的紫外线。较为理想的滤光措施是在窗户玻璃或荧光灯管壁上涂布紫外线吸收剂。还可用红、绿等深色玻璃代替普通玻璃，也能在一定程度上起到滤紫外线的作用。

减小档案利用过程中光的辐射强度与作用时间　保存档案的目的是提供利用，在**档案利用**过程中必须注意防光。应尽量减少利用原件复印的次数，以复印件代替原件进行复印为宜。在举办**档案展览**或提供利用时，对较珍贵的档案应以复制件代替原件，必须使用原件时应采取必要的限光和滤光措施。

无论是在档案的保管阶段还是在利用过程中，档案馆都必须重视档案的防光保护。（彭远明　范　敏）

档案库房管理　archival repository management　一切在档案库房中进行的管理工作。档案保管工作的主要体现形式是确保档案安全、最大限度延长档案寿命、实现档案科学有序管理的基础。内容涉及维护秩序与保护实体两个基本层面。

进出库和安全检查制度　一般情况下，档案库房只允许档案工作人员进入，非相关人员原则上不能进入库房。如确因工作需要，非相关人员进入库房，则必须有档案工作人员始终陪同。档案工作人员进出库房也有相关规定。安全检查制度包括：观察档案实体的理化状态；查看档案是否霉变或生虫；查检库房中是否存在安全隐患；检查档案的调出和归还是否履行了规定的手续；查看档案实体的存放秩序是否出现了混乱；检查是否存在长期使用尚未归还的档案，等等。

档案库房

库房温度、湿度的调控　库房内的温度、湿度直接影响档案的“自然寿命”。研究表明，较适宜的库房温度应控制在14～24℃，相对湿度应在50%～65%。为准确及时掌握库房温度、湿度的情况，档案馆（室）应在库房内配置精确、可靠的温、湿度测量仪器，随时测量并记录相应参数，并针对不同状况做好控制和调节工作。

霉和害虫的防治　防霉主要是预防或抑制以霉菌为主的微生物在档案库房内的生长、发育和繁殖及其对档案实体的破坏。防虫的关键是创造一个既不利于害虫生长又不损害档案的库房环境。为此，要强调档案库房选址远离粮仓、货仓和食堂等场所；加强库房的封闭性；做好档案入库前的检疫工作，发现疫情及时处理；在库房内和档案装具内放置驱虫药物。

光和空气污染的防治　光线，特别是紫外线，对档案实体有较强的破坏作用。为此，须采取一些措施防光。还须做好防空气污染物的工作：①库房选址要尽量避开工业区或人口稠密的地区。②库房建筑宜选择坚硬、光滑、易于清洗的材料作为墙面、地面，防止库房内表面起尘。③采用空气净化装置，过滤和净化空气等，同时，档案入库前要进行除尘处理。④提高档案库房围护结构的密封性，有效杜绝空气污染物进入库房。

库房和装具的编号　库房的编号根据具体情况有两种方法：①为所有的库房编统一的顺序号。②根据库房所在方位及库房建筑的特征进行编号。楼房内的库房自下而上分层编号，每层的房间从楼梯入口处自左至右顺序编号；平房应先分院或排，然后从左至右统一顺序编号。档案装具一般应统一编号。一般的编号方法是：自库房门口起，从左至右、自上而下依次编档案装具的排号、柜架号、格层号。

档案在装具中的存放　档案在装具中的存放方式有竖放与平放两种。竖放时卷盒脊背朝外。平放适用于保管不经常调取的珍贵档案，以及卷皮质地比较柔软、幅面过大、不宜竖放的档案。同时，采用平放方式还应注意适当控制档案叠放的高度，以不超过 40 厘米为宜，避免过重的压力。

档案存放位置的管理　为便于保管工作人员切实掌握档案馆（室）档案的存放情况和迅速地取放档案，需要对档案存放位置进行优化管理。使用的工具和方法主要有档案存放位置索引、装具所存档案标识牌和档案代理卡三种。档案存放位置索引和装具所存档案标识牌要求在每一列、每一件、每一层（格、箱）装具表面醒目位置设置标牌，以标明每一个档案架、柜、箱中所存放档案的起止档号，以便检查和调还档案。档案代理卡（代卷卡）是档案馆（室）在档案移出库外时，在档案原存放位置放置一种替代卡片，其作用是便于相关工作人员随时掌握档案流动情况和进行安全检查。

全宗卷的建立　全宗卷是在管理某全宗过程中形成的，以全宗为单位组成的说明全宗历史情况的文件材料专卷。它的建立是一个由少到多、由简到繁、不断积累、逐步完善的过程。　（黄世喆）

档案库房温度湿度调控　temperature and relative humidity regulation of archival repository　以保护档案为目的，对档案库房内温度和湿度的升高和降低。档案库房的温湿度影响档案的寿命，过高会加速各种有害化学物质和有害生物因子对档案载体的破坏作用、促进字迹材料及声像档案的影像分解，过低会使载体材料发硬变脆，柔性下降，强度降低。档案库房温湿度调控是为了确保档案的耐久性，根据不同类型介质的档案对保管条件的要求，人为采取一定措施对库内温湿度进行有效的调节与控制，从而营造出适宜的档案保管环境。

档案库房温湿度标准的制定，应有利于档案的耐久性、考虑当地气候和经济条件、考虑工作条件及参考国外有关标准。按照《档案馆建筑设计规范》（JGJ 25—2010）中的规定，一般档案库房温湿度标准为 14℃～24℃、45%～60%，每昼夜允许波动范围在±2℃、±5%；母片库温湿度标准为 13℃～15℃、35%～45%。

库房温湿度的测量是调控工作的基础和依据。测量库房温度的设备有液体温度计、双金属自记温度计、热电阻温度计等；测量库房湿度的设备主要有普通干湿球温度计、通风干湿球温度计、毛发湿度计、自记毛发湿度计、电阻湿度计等。档案馆均已安装自动的温湿度监测系统，配备适用的温湿记录设备。温湿度设备记录反馈的情况，是库房温湿度调节的依据和前提。调节档案库房温湿度的手段主要有建筑设计调控、建筑设施调控、人工干预调控等。

建筑设计调控　减少档案库外墙面积，合理确定其围护结构设计标准，屋顶采取保温隔热措施，宜少开窗、开小窗或不开窗，窗洞面积不超过外墙面积的 10%；设立缓冲间，在进入库区或库房的入口处，建立沟通库内外并能封闭的过渡房间，面积不应小于 6 平方米；在档案库外建筑用墙和窗与外界隔开的走廊（一面或多面以及绕一圈的环廊），以减少外界气候条件对档案库内的直接影响，当设有专用封闭走廊时，可不再设缓冲间。

建筑设施调控　档案库门为保温门，窗户为双层窗，开启扇要有密闭措施；采用高窗时，墙的下部增设通风口，通风口加装金属网，并有密闭的可开启保温门。

人工干预调控　采用机械设备或化学试剂，人为地改变库内空气，创造和保持符合档案保管要求的温湿度环境。调节库房温湿度的方法主要有密闭、通风，以及设备调节。

密闭　梅雨季节温度高、湿度大，库房需要进行密闭，防止或减弱库外不适宜的温湿度对库内的影响，尽量保持库内温湿度处于相对稳定状态。密闭有永久性封闭和暂时封闭，永久性封闭就是封闭部分窗户，暂时封闭可根据实际情况灵活地进行密闭，需要通风时又可以打开。

通风　根据库内空气流动规律，有计划地使库内外空气进行交换达到调节目的。主要有自然通风和机械通风，自然通风是借助风压和库内外温差所发生的重力作用使库内外的空气进行交换达到调节目的，机械通风是利用通风机通过管道进行强制通风。

设备调节　借助设备调节温湿度，主要可通过降湿、降温、增湿、增温方法达到目的。①降湿。目前主要采用吸潮剂和去湿机的方法。吸潮剂是一类能吸附或吸收空气中水分的物质，主要有氯化钙和硅胶两种；去湿机是用冷冻的方法使通过的空气降到露点温度以下，将一部分水蒸气析出达到去湿目的。②降温。空调设备是理想的降温设备，是在空气处理室对空气进行冷却，然后通过送风管道将冷空气导入库内，通过冷热空气的对流来降低库内温度。③增湿。通过增加库内空气水蒸气的含量（绝对湿度），使库内相对湿度升高，主要分为自然增湿和机械增湿。④增温。普遍使用的方法是暖气，宜用蒸汽为热媒，安装在走廊内，通过加热走廊的空气使之与库内空气交换，也可使用空调设备，虽然升温比较均匀、安全可靠，但费用较高。

档案库房温湿度调控是库房管理的一项经常性工作，是延长档案寿命的重要措施之一。库房温湿度调控工作，控制是基础，调控是重要补充，需要根据库内外温湿度的变化规律，及时主动地、有计划地采取增温、降温、增湿、降湿相结合的措施进行调控。需要注意的是，温湿度调控应是一个缓慢的过程，不宜使库房内温湿度因调控而波动幅度过大。　（于成志）

档案库房温湿度标准　temperature and relative humidity standard for archives　档案库房适合档案文献保管的温度和湿度标准。档案库房温湿度是影响档案寿命的一个重要因素，加强档案库房温湿度的管理、将档案库房温湿度调控在一定范围之内，是延长档案寿命的基本方法。因此，档案库房温湿度需要制定一定的标准。国际上，不同国家和地区的档案馆分别制定了温湿度标准，彼此之间存在一定的差异，是基于技术、经济和社会等方面进行的综合考虑。在中国，档案库房温湿度标准在经过 20 世纪 80 年代的讨论后，于 1986 年城乡建设环境保护部和国家档案局发布的《档案馆建筑设计规范》附录二中进行了规范。规范在 2000 年进行了修订。新规范（JGJ 25—2000）规定一般档案库房温湿度标准为 14～24℃、45%～60%。在选定温湿度后，每昼夜波动幅度要求温度不得大于±2℃、相对湿度不得大于±5%，见表 1。该规范也规定了档案库房各类技术用房的温湿度标准，见表 2。

表 1　档案库房的温湿度标准

	温湿度范围	采暖	夏季
温度（℃）	14～24	≥14	≤24
相对湿度（%）	45～60	≥45	≤60

表 2　各类技术用房温湿度标准

用房名称		温度（℃）	相对湿度（%）
裱糊室		18～28	50～70
保护技术试验室		18～28	40～60
复印室		18～28	50～65
声像室		20～25	50～60
阅览室		18～28	—
磁带库		14～24	40～60
展览厅		14～28	45～60
工作间（拍照、拷贝、校对、阅读）		18～28	40～60
胶片库	拷贝片	14～24	40～60
	母片	13～15	35～45

此外，针对胶片档案的保管，《照片档案管理规范》（GB/T 11821—2002）也进行了规定，见表3。

表3 胶片档案保管温湿度标准

类型	中期贮存条件		长期贮存条件	
	最高温度（℃）	相对湿度（%）	最高温度（℃）	相对湿度（%）
黑白底片	25	25～50	21	20～30
			15	20～40
			10	20～50
彩色底片	25	20～50	2	20～30
			−3	20～40
			−10	20～50
黑白照片	25	20～50	18	30～50
彩色照片	25	20～50	2	30～40

注：①中期贮存是指胶片、照片在表中规定的温湿度条件下至少能保存10年。长期贮存是指在表中规定的温湿度条件下至少能保存100年。

②推荐值内较低温湿度环境，更能延长胶片、照片的寿命。

对于保管档案文献缩微品的温湿度，《档案缩微品保管规范》（DA/T 21—1999）进行了规定，见表4。

表4 缩微品保管温湿度标准

类型	中期保存条件		长期保存条件	
	最高温度（℃）	相对湿度（%）	最高温度（℃）	相对湿度（%）
银盐	25	20～50	21	20～30
微泡			15	20～40
重氮			10	20～50

档案库房温湿度标准是相对的。现有标准制定的依据是有利于档案制成材料的寿命，兼顾中国地理气候特点、经济条件，参考图书馆、博物馆库房温湿度标准和库房工作条件等综合考虑的结果。随着经济的发展以及档案保护工作水平的提高，这个标准的量化程度必将会越来越科学、严格。

（冯乐耘　徐同根　撰　周耀林　修订）

档案库房消毒灭菌　disinfection and sterilization for archival repository　通过采取物理或化学方法，杀灭进入档案库房可能侵染档案的有害生物，达到保护档案的目的。一般在清洁的基础上进行，主要工作包括：档案入库前的空库消毒灭菌，档案入库时的检疫消毒灭菌，以及档案入库后的防疫消毒灭菌。

入库前工作　档案入库前的空库消毒灭菌应全面、彻底。库房内表面无孔洞、缝隙，表面光滑，有条件的可在墙面粉刷防霉涂料。库房通风装置使用空气过滤器，阻止有害生物进入库房。库房清洁后用福尔马林液按每立方米空间80毫升喷洒，后密闭熏蒸1小时，或用3%的漂白粉液喷洒。空库消毒灭菌后，须经过良好通风，人员方可入内。

入库中工作　档案入库时的检疫消毒灭菌应严格、规范。条件允许情况下，可把即将入库的档案全部进行消毒灭菌处理。部分档案馆采取入库档案全部放入真空绝氧的环境中进行消毒，或采用档案除尘方法，以减少有害微生物，取得了较好效果。无法对入库档案全面消毒灭菌的档案馆，必须严格检查档案疫情：①注意覆盖面，采取随机抽查的调查方法，建立规范的检疫消毒灭菌制度。②注意薄弱环节，对来源于保护条件较差地区或移交单位的档案要重点检查，必要时应隔离观察，进行消毒灭菌处理。

入库后工作　档案入库后的防疫消毒灭菌应科学、及时。认真执行库房日常卫生清洁制度。确保库房的地面、四壁、天花板和柜架定期清洁。严格库房人员出入制度。工作人员出入库房要更换工作服和鞋子。根据库房管理条件、档案数量、季节等实际情况，有计划、有重点地进行定期防疫检查。发现疫情及时进行消毒灭菌处理，防止疫情扩散蔓延。

（张建明　彭远明）

档案库内空气过滤与净化　air filtration and purification in archival repository　借助物理、化学或其他方法去除档案库内空气中的悬浮颗粒物和气态污染物的过程。过滤与净化空气，一般采用空调设备，对进入库房的有害气体和灰尘，进行过滤和净化处理，从而达到降低空气污染程度的目的。具体方法按照处理对象的不同，分为悬浮颗粒物的捕获型过滤及污染物分子的反应型净化两种。

捕获型过滤　为机械过滤。在机械通风的条件下，由纤维材料组成的空气过滤器通过惯性碰撞、拦截、扩散等作用方式过滤去除灰尘、花粉、霉菌、细菌等空气中的颗粒物粒子。机械过滤主要针对污染空气中的颗粒物的去除。档案库房使用的过滤器一般为干式空气过滤器，有粗效、中效、亚高效和高效过滤器四种类型，高效空气过滤器是中国大多数档案馆的首选。对于中国大部分无窗库房结构的档案馆，可以采用机械通风的方法进行通风换气，减少内源性污染物对室内空气质量的影响。即在通风的基础上，通过在通风设备上安装合适的过滤与净化设施设备，对引入库内的空气新风进行净化处理，达到改进空气质量的效果。

反应型净化　为吸附净化。能够有效去除一般方法难以降低的低浓度有害物质，可以针对性地吸附去除档案库房空气中的气态污染物，以维持档案库房正常环境条件与空气质量。具有净化效率高、设备简单、操作方便的特点。吸附净化有物理方式和化学方式的吸附净化。中国大多数国家级档案馆采用的是高效机械过滤和吸附净化相结合的方式。

此外，中国的部分档案馆还选择使用了一些新的过滤与净化档案库内空气的方法，主要有高压静电除尘、光催化净化、负离子净化以及等离子体方法等。其中高压静电除尘法、等离子体法会产生臭氧，光催化净化法要注意紫外线的泄漏，负离子净化法只能吸附颗粒物，而不能完全清除空气污染物。因此大型档案馆选择新的空气净化技术与产品时，应注意是否产生有害的臭氧，并进行严格的检测。中小型档案室可选用一些商业化的空气净化产品，这些产品一般结合了多种空气净化技术，也采取了除臭氧工艺，可以有效地改善档案库房环境的空气质量。

（彭远明）

档案利用　archival utilization　档案管理机构（如档案馆、档案室、档案信息中心等）通过一定方式和方法，依法提供所管理的档案资源供组织用户或个人用户使用的业务活动。是档案管理的重要内容之一，实现档案价值、发挥档案作用的必要途径。

源流　1956年4月16日国务院公布的《关于加强国家档案工作的决定》中明确提出“档案工作的任务就是要在统一管理国家档案的原则下建立国家档案制度，科学地管理这些档案，以便于国家机关工作和科学研究工作的利用”。1987年9月5日颁布的《中华人民共和国档案法》及其实施办法等有关法律法规对公民和组织利用档案的权利，以及档案馆、档案室提供档案利用服务的职责与义务都做了明确规定。2017年3月1日修订的《中华人民共和国档案法实施办法》第二十一条规定：“《档案法》所称档案的利用，是指对档案的阅览、复制和摘录”“中华人民共和国公民和组织，持有介绍信或者工作证、身份证等合法证明，可以利用已开放的档案”“外国人或者外国组织利用中国已开放的档案，须经中国有关主管部门介绍以及保存该档案的档案馆同意”“机关、团体、企业事业单位和其他组织以及中国公民利用档案馆保存的未开放的档案，须经保存该档案的档案馆同意，必要时还须经有关的档案行政管理部门审查同意”“机关、团体、企业事业单位和其他组织的档案机构保存的尚未向档案馆移交的档案，其他机关、团体、企业事业单位和组织以及中国公民需要利用的，须经档案保存单位同意”“各级各类档案馆应当为社会利用档案创造便利条件”。

主要内容　分为提供档案利用和利用档案两项内容。①提供档案利用。档案管理部门及其人员直接提供档案，为了解查询问题的利用者提供服务。②利用档案。利用者为了研究和解决问题，以阅览、复制、摘录等形式使用档案。

从档案利用者方面看，公民和组织可以凭介绍信或者工作证、身份证等合法证明，利用各级国家档案馆已开放的档案。同时，根据经济建设、国防建设、教学研究和其他各项工作的需要，按照有关规定，利用档案馆未开放的档案以及有关机关、团体、企业事业单位和其他组织保存的档案。

从档案提供者方面看，因档案室和档案馆在性质、任务等方面的区别，在提供服务的档案利用者、范围和形式上都有不同。档案室是机关、单位的组成部分，服务对象主要是本机关、本单位的工作人员，外单位的人员要利用则要经过档案保管部门所在机关的批准。各级国家档案馆是集中保存、管理档案的文化事业机构，依法承担“采取各种形式开发档案资源，为社会利用档案资源提供服务”的职责和义务。提供档案利用服务的主要方式有：阅览、摘录、复制、咨询、提供凭证，档案陈列、展览，发行档案缩微品，编辑出版档案史料，创办档案刊物，并通过报纸、杂志、广播、电视、信息网络等大众传播媒介公布档案，根据**档案内容整理**参考性资料或影视作品，以及与国外交换档案或档案复制品等。

主要方式　单位或个人可以通过阅览、复制和摘录等形式，依法利用各级各类档案馆或档案室保存的档案。利用档案的方式主要有：①阅览。指利用者在档案馆（室）内专设的阅览室、接待室等场所查阅其所需要的档案原件或复制件。②复制。指档案馆（室）针对利用者所需要利用的档案内容进行复制，以提供利用。③摘录。指利用者在档案馆（室）利用档案过程中，将其中所需要的部分进行誊抄。

各单位和国家档案馆提供利用的基本方式包括：①以档案原件提供利用。如在档案馆（室）内开辟阅览室，利用者在室内阅览一般文件原件；在某些情况下，将档案原件暂时借出馆（室）外使用等。②以档案复制品提供利用。如制作各种形式的档案原件复制本，代替原件在馆（室）内阅览（如珍本）或提供馆外使用，编辑出版文件汇编和在报刊上公布档案，举办档案展览等。③综合档案内容编写书面资料提供利用。如编写各种参考资料，制发**档案证明**，函复查询外调。依据档案材料撰写专门文章和著作、向社会提供加工的档案信息。

各单位和国家档案馆提供利用的具体方式包括：①阅览。在指定场所查阅档案的服务方式。②外借。档案一般不允许借出档案室，特殊珍贵和易损的档案禁止借出，照片、影片、录音带、录像带等原件不提供外借服务。外借应有严格的制度。借用单位和个人要对所借档案的完整和保密负完全责任。③制发档案证明。④制作档案复制件。⑤举办档案展览。⑥提供**档案咨询服务**。如信函、电话、网络查询。⑦综合档案内容，编写参考资料。⑧通过档案信息网站，公布、推介、推送档案原文内容，提供档案目录信息等。

档案管理部门依法向社会公开档案的全部或者部分原文，或者档案记载的特定内容，可采用的方式有：①通过报纸、刊物、图书、声像、电子等出版物发表。②通过电台、电视台播放。③通过公众计算机信息网络传播。④在公开场合宣读、播放。⑤出版发行档案史料、资料的全文或者摘录汇编。⑥公开出售、散发或者张贴档案复制件。⑦展览、公开陈列档案或者其复制件。

法律权限　①属于国家所有的档案：保存在档案馆的，由档案馆公布；必要时，应当征得档案形成单位同意或者报经档案形成单位的上级主管机关同意后公布。保存在各单位档案机构的，由该单位公布；必要时，应当报经其上级主管机关同意后公布；利用属于国家所有的档案的单位和个人，未经档案馆、档案保存单位同意或者前两项所列主管机关的授权或者批准，均无权公布档案。②属于集体所有、个人所有以及其他不属于国家所有的对国家和社会具有保存价值的档案：所有者向社会公布时，应当遵守国家有关保密的规定，不得损害国家的、社会的、集体的和其他公民的利益；各级国家档案馆对寄存档案的公布和利用，应当征得档案所有者同意；利用、公布档案，不得违反国家有关知识产权保护的法律规定。

法规和标准　档案利用应遵循的主要法律法规和相关标准包括：《**科学技术档案工作条例**》（国发〔1980〕302号）、《**机关档案工作条例**》（国档发〔1983〕14号）、《各级国家档案馆开放档案办法》（1991年12月26日）、《互联网信息服务管理办法》（2000年9月25日）、《城市建设档案管理规定》（2001年7月4日修正）、《中华人民共和国著作权法》（2020年11月修正）、《企业档案管理规定》（2002年9月1日起实施）、《外交部档案馆开放档案暂行办法》（2004年1月18日）、《机关文件材料归档范围和文书档案保管期限规定》（2006年9月19日）、《中华人民共和国政府信息公开条例》（2007年4月5日）、《中华人民共和国保守国家秘密法》（2010年4月29日）、《中华人民共和国反间谍法》（2014年11月1日）、《中华人民共和国档案法》（2020年6月20日修正）、《中华人民共和国档案法实施办法》（2017年3月1日修订）等。各立档单位和档案馆在开展档案利用活动中，还应遵循各专业主管部门和地方档案行政管理部门制定的各种档案工作条例和办法。

价值和意义　档案利用是实现档案价值，发挥档案在国家各项建设事业中积极作用的重要档案业务活动；是各机关、单位有效利用档案资源，服务于决策规划、生产建设、经营管理、组织协调、科技研究（研发）等项活动的必要途径；是企业档案资产运营的，实现资产增值和保值的重要活动；是实现国家各种档案资源管理根本目标的必要条件和手段。（王英玮）

档案利用服务　archival utilization service　档案馆（室）介绍和报道所藏档案的内容和成分，通过各种方式为档案利用者实际提供文献材料和情报信息，进行咨询服务的活动。因档案馆（室）在性质、任务等方面的区别，提供服务的对象、范围和形式都有所不同。各级国家档案馆是集中保存、管理档案的文化事业机构，依法承担“采取各种形式开发档案资源，为社会利用档案资源提供服务”的职责和义务。档案室是机关、单位的组成部分，其提供档案利用服务的对象主要是本机关、本单位的工作人员，外单位的人员要利用则要经过档案保管部门所在机关的批准。

提供档案利用服务的主要方式：阅览、摘录、复制、咨询、提供凭证，档案陈列、展览，发行档案缩微品，编辑出版档案史料，创办档案刊物，并通过报纸、杂志、广播、电视等大众传媒公布档案，根据**档案内容整理**参考性资料或影视作品，以及与国外交换档案或档案复制品等。

档案利用服务的程度受社会制度、开放年限、开放范围、保密要求和利用手续等制约，同时也受馆藏结构、数量、保管整理状况以及开放利用条件等因素的影响。档案利用服务的结果是衡量档案馆（室）工作质量的标志，同时又可通过它了解社会需求的变化和满足程度，从而调整和改进整个档案管理工作。

档案利用服务是档案工作的根本目的，对档案工作有促进作用，是档案工作中最重要的环节，也是实现档案价值、发挥档案作用的唯一途径。（黄世喆）

档案利用体系 archival utilization system 利用档案资源为社会公众提供服务的体系。档案利用体系包括服务对象、服务范围、服务方式、服务内容、服务手段、服务体制机制等各方面的内容。与档案资源体系和档案安全体系有着密切关系。档案服务包括为现实服务和为历史服务两个方面：①为现实服务。即在档案信息资源开发利用方面多做努力，挖掘档案信息资源，打破陈旧的条条框框，拓展档案服务的领域，丰富档案服务内容，创新档案服务机制，完善档案服务手段，改善档案服务条件，提高档案服务质量，变"被动服务"为"主动服务"，变"被动利用"为"主动利用"，满足社会方面和人民群众的档案利用需求。②为历史服务。即在收集档案时保证其齐全完整，在保管和提供现实服务时最大限度地保障档案的安全，不影响其历史寿命。

档案馆现阶段的责任和任务是保存历史记忆和服务社会、服务人民并重，中国的档案馆发展进入了"双核心"时代——存史和利用服务。档案利用体系注重公民利用档案的事实，从侧面反映了档案利用对象扩大化的趋势，以及档案服务应为大众化这一观点。在某种程度上肯定了**档案提供利用**的重要性，也点明了档案存在的主要价值——以利用为目的，即满足社会需求的利用才是档案存在的主要价值。要转变档案工作中重为机关团体服务、轻为群众服务的传统观念和认识，建立方便人民群众的档案利用体系。（黄世喆）

档案利用效益 archival utilization benefit 档案利用工作所产生的效果和为利用者带来的收益。档案利用效益有助于检验档案利用服务的有效性和科学性；通过对档案利用效益的分析，有助于更准确地把握利用者需求，对档案利用效益的各个影响要素做出更加全面的判断，推动档案利用服务质量的不断提升。是对档案利用工作为社会、组织和个人所做贡献的一种衡量。

表现形式 按照所产生效果和带来收益表现形式的不同，档案利用效益可分为经济效益和社会效益。经济效益具有较强的显性、可衡量、易测算等特点，尤其是在**科技档案利用**工作中，因对科技档案利用而节约的设计、施工成本是档案利用效益重要的表现形式。相对而言，社会效益难以衡量、不宜测算，比如因档案利用而对组织有更为深入的了解，进而增进对组织的归属感和自豪感，然而这种效果和收益较难以量化，但它是档案利用效益的重要组成部分。按照所产生效果和带来收益影响时间的不同，档案利用效益可分为现实效益和长远效益，现实效益指收益在利用档案后短期迅速显现；长远效益指利用档案的效益随着时间的推移，在将来一段时间内不断突显。

评价原则 ①坚持现实性与长远性相结合。在对档案利用效益进行评价时，既应考虑到档案利用为当前工作和当前问题的解决带来的效益，也应同时考虑在更长远时期内为组织和社会带来的效益，而不能仅仅从某一方面进行评判。②坚持显性效益和隐性价值相结合。档案利用效益的表现形式不同，比如经济效益显性特征明显、易衡量，在评价过程中，不仅应依据显性价值做出判断和评价，也应同时注重发现和发掘隐性价值并做出科学评价。③坚持稳定性和前瞻性相结合。对档案利用效益的评价，是对已发生档案利用工作的判断和考量，而其结果的反馈将对未来工作的开展产生极大的影响，因此在档案利用评价中，评价体系和评价指标既应具有相对的稳定性和固定性，也应充分考虑社会、组织的进步和发展对档案利用工作提出的新要求，以前瞻性引导档案利用工作朝着健康的方向发展。

关键指标 ①满意度。指用户、组织、社会对档案利用工作满意的程度。满意度越高，档案利用效益才可能越好；较低的满意度则直接影响着档案利用效益的实现。②适应度。即档案利用工作对组织、个人当前和长远需求的一致性程度，只有档案利用满足和适应了用户的需求，档案利用才能够产生良好的效益。③有效性。即档案利用工作及时、精准地满足用户需求，达到用户的利用目的，实现档案的价值并为用户带来收益。档案利用有效性程度如何，直接决定档案利用效益的大小。（李　颖）

档案临摹 archives copying 借助传统的临摹仿真复制方法手工实现对珍贵档案的仿制工作，是抢救和保护珍贵档案的重要手段。档案临摹来源于书画等临摹的传统手工技艺，临摹一直是学习古典书法或绘画技巧、借鉴和继承优秀传统的主要途径与手段。所谓临摹就是用手工方法进行字画、壁画等艺术品复制的过程，临指照着原作写或画，摹指用薄纸（绢）蒙在原作上写或画，临摹便是两者的结合。广义的临摹，所仿制的不一定是字、画，也可能是碑、帖等。如果为了学习技法，则侧重临摹的过程；为保存、修复、展览、出售而取得复制品则侧重临摹的结果。档案临摹就是侧重于临摹结果。

珍贵档案临摹品能形象逼真地再现档案原貌，既能替代原件提供利用、举办展览、促进文化交流，又能起到珍贵档案**再生性保护**的作用，使珍贵档案文献遗产得以世代相传。档案临摹的优点在于能够最大限度地保持档案原貌、延长档案寿命；难点在于要求实施人员在创作和鉴赏方面要有较高的艺术功底，需要在充分理解临摹对象的基础上，对照临摹对象进行创作，才能使临摹品与临摹对象"形""神"兼备，保留临摹对象的艺术价值；缺点在于临摹是手工复制，且要求精细复杂，费时费力、效率极低，对临摹者体力和眼力都是严峻考验，更多用于特别珍贵的档案文献的保护工作。（于成志）

档案目录 archival catalogue 档案馆（室）编制的，由众多著录条目组成并按一定次序编排的，揭示、报道与查找档案的工具。档案检索系统的重要组成部分。

档案目录按其加工文献和处理信息的手段可分为手检目录和机检目录两大类。手检目录是由人工制作，可直接查找档案的检索工具，常见的有卡片式和书本式两种。机检目录是借助于电子计算机等机械设备存储目录信息和查找档案的检索工具，一般有机读和缩微两种。机读目录是把记录文件或案卷特征的文字、图形、数字和符号转换成机器可以识别的代码输入计算机，以特定的格式存储于计算机磁带、磁鼓或磁盘中。

常见的档案目录有案卷目录、**文件目录**、**全引目录**、档案分类目录、档案主题目录、全宗目录、专题目录和联合目录等。（黄世喆）

档案内容信息安全 archival content security 为档案内容信息处理系统建立和采取的技术和管理的安全保护，保护计算机硬件、软件和档案内容数据不因偶然和恶意的原因而遭到破坏、更改和显露。又称档案信息安全管理。威胁档案内容信息安全的主要因素包括载体损害、设备故障或破坏、操作失误、程序缺陷、病毒、窃听与篡改、黑客攻击、技术淘汰等。20

世纪 80 年代以来，基于网络的信息安全，除了要求保证档案内容信息的保密性、完整性和可用性以外，还要求保证档案内容信息的可控性、抗抵赖性等。

管理要求和内容　构建动态的档案内容信息安全保障体系，确保档案内容信息的真实性、完整性、有效性、保密性、可控性和抗抵赖性等。①真实性指对档案的内容、结构和背景信息进行鉴定后，确认其与形成时的原始状况一致。②完整性指档案文件个体的完整，文件的各项要素完备不缺，能够完整、准确地再现其最初内容；档案文件整体的完整，即围绕某项职能活动所形成的所有归档文件的数量齐全、关系清晰，相互之间按照原生次序有机联系为一体，能够完整地再现该项社会活动的总体面貌和全部过程。③有效性指档案具备可理解性和可被利用性，包括内容信息的可识别性、存储系统的可靠性、载体的完好性和兼容性等。④保密性指涉密档案在存储和利用过程中只为合理授权的用户所利用，而不泄密给非授权的用户。⑤可控性指档案信息始终处于受控状态，对其流转过程进行严格的前端控制和过程追踪，以确保访问档案信息的主体、内容、方式和过程的合理性。⑥抗抵赖性指在档案信息的流转过程中，确保参与者身份及其交互行为的真实性和不可否认性，所有参与信息流转过程的人员均无法隐匿或抵赖曾经发送过档案信息或曾经接收过档案信息，从而使档案信息的发送和利用行为具有可信度。

管理策略　立档单位和档案管理部门应构筑立体化的档案内容信息安全保障体系，并采取技术与管理并重，主动防御、分级防护、长治久安、立足国内、采用最新技术、重视内部安全的档案内容信息安全管理策略。

为有效维护档案内容信息的安全，立档单位和档案管理部门应做好：①加强档案内容信息安全的法制建设，包括涉及安全问题的档案法规建设、涵盖档案管理的信息安全法规建设、档案内容信息安全的行政执法等。②健全档案内容信息安全的管理体系。③丰富档案内容信息安全的技术手段。

意义和价值　档案内容信息安全对构建动态的档案信息安全保障体系，确保档案信息的真实性、完整性、保密性、可用性、可控性和抗抵赖性，实现档案内容信息资源的有效利用，切实维护党、国家、各个立档单位的利益及公民个人的合法权益，具有非常重要的现实意义和历史意义。

（王英玮）

档案内容整理　archival content management　档案的分类组织工作。根据档案用户的业务需求、文化研究和科学研究的需要，对档案内容所含的数据、信息、情报、经验、知识等，根据一定的逻辑规则或算法，进行逻辑加工、重组，使之成为新的主题单元（包括数据单元、信息单元、知识单元等）的分类组织活动。20 世纪 90 年代编制的《中华人民共和国档案分类表》《清代档案分类表》《民国档案分类表》以及《新民主主义革命档案分类表》等，是对档案内容整理的有益尝试。

档案内容整理的相关法规和标准主要有：《中华人民共和国档案法》《中华人民共和国保密法》及其实施办法、《档案馆工作通则》（国家档案局 1983 年 4 月 26 日）、《机关档案工作条例》（国家档案局 1983 年 4 月 28 日）、《机关档案工作业务建设规范》（国家档案局 1987 年 12 月）、《中国档案分类法》（《中国档案分类法》编委会 1997 年 12 月 1 日）、《档案主题标引规则》（DA/T 19—1999）、《档案分类标引规则》（GB/T 15418—2009）、《企业档案工作规范》（DA/T 42—2009）等。

档案内容整理有助于发现档案内容中隐藏的有价值数据、信息和知识，为学习型组织和社会的建立、分享档案内容中的经验和智慧，提供基础性条件。在信息化的环境中，档案管理部门通过档案内容整理，可以为建立基于社会职能分工的档案内容数据、信息的共享系统奠定良好基础。

（王英玮）

档案排架　archives shelving　档案经过系统分类整理、立卷、排列和编目以后入库上架的工作。档案排架须按照一定的规则要求进行：①在档案室安排案卷排架次序时，必须严格按照本单位既定的档案分类体系和案卷排列顺序号进行，使档案排架的次序同档案分类体系以及编号的序列相一致，以保持室藏案卷之间的联系。②对于档案室永久保存的重要专门档案和有绝密内容的档案，为了便于重点保管，若条件允许，可以设置专库或专柜，对这些重点档案实行单独排架管理，既便于平时维护其安全，又便于发生突然事件时重点转移和抢救。③对于照片、磁带、缩微胶片等不同载体的档案和特殊形式的科技档案，因具有不同的保管要求，应尽可能分别存放和排架。④档案的排架、存放，应注意保持适宜的饱和度。档案柜架的每一档格里的排放不宜过挤，否则会增加对案卷的摩擦，不利于保护档案。⑤档案具体排列上架时，应按照自左向右、自上向下的顺序排列，竖放或平放，以便于管理和查找利用。

档案排架要依据本单位档案分类整理的具体方法，并反映分类整理档案的具体成果，档案排架常用的方法主要有两种：①分类排架法。按照本单位档案分类方案以及案卷排列的顺序，依次排列。②流水排架法。按照档案进入库房的先后顺序排架。其中大流水排架，一律按档案入库时间的先后依次排架；如果是分类流水排架，则先按类别，再在每个类别内按档案入库的时间顺序依次排架。不管采取哪一种排架方法，都应该同档案整理分类的方法相一致，即档案排架序列同档案系统化顺序相一致。

（黄世喆）

档案抢救　archives rescue　对于遭受灾害破坏的档案采取有效的技术方法进行处置，恢复档案原貌的方法。档案抢救主要针对实体档案。根据载体的不同，可划分为纸质档案的抢救、唱片的抢救、光盘的抢救、电影胶片的抢救、磁带的抢救、硬盘的抢救等。根据灾害类型的不同，可分为水浸档案的抢救、地震后档案的抢救、火灾后档案的抢救等。

档案抢救需要遵循一定的流程。需在灾情发生后，依次进行灾害评估、制订抢救方案、开展抢救、及时进行信息反馈、展开经验总结等。由于灾情不同，抢救流程也有一定的差异。例如，抢救水浸档案时，可以分为准备工作、冷冻处理、除去污泥、去湿干燥 4 个步骤。①准备工作。包括组成专门小组，有条不紊地进行档案的抢救工作；准备好被抢救档案的放置场所，主要是规模合适的冷冻库；准备包装档案的塑料袋、盆、软毛刷、小毛笔等工具，吸水材料宣纸、滤纸等和其他工具。②冷冻处理。即选择冷冻库后，在不破坏档案的情况下将水浸档案打包转移至冷冻库，冷冻温度控制在−30～−20℃、时间控制在 48 小时内。③除去污泥。对有泥沙处要小心清除，避免纸张起毛、起皱；对染有明显污染物的档案如油污等，需单独处理并分开放置，避免污染其他档案；除去污泥过程要小心搬动档案，避免二次损害；对于单页档案的除污可放在玻璃板上，用毛笔蘸清水小心清除；将去污处理后的档案借助于玻璃板慢慢移动至平坦干燥处展平，或放置于塑料筐（袋）内，待进一步减湿干燥处理。④去湿干燥。采取真空冷冻干燥的方法，将真空冷冻干燥箱内的温度控制在 37.8℃，并严密监控干燥过程，防止档案过热。也可以采取自然晾干法进行干燥。

战士在北川县档案馆废墟中抢救档案

抢救档案的过程中，快速而及时地救出受灾档案十分重要。抢救过程切忌盲目、不分主次，应本着“优先抢救珍贵档案、着力抢救濒危档案、力求抢救全部档案”的原则开展抢救工作。如果抢救档案得当，灾后档案的损坏可大大减少；如果抢救失误，灾后档案的损坏不仅得不到抑制，反而会增大。（周耀林）

档案去污技术　archives cleaning technology　通过物理和化学方法，清除不同档案上的各种污斑，提高字迹（信息）的清晰度，延长档案使用寿命的方法。档案在保存和利用过程中，由于环境及人为因素的作用，档案表面会沾染上各种污斑，影响档案字迹（信息）的清晰度，也影响档案载体和记录材料的耐久性。档案根据载体不同，有不同的去污技术，主要分为纸质档案去污技术、胶片档案去污技术、**磁性载体档案**去污技术等。

纸质档案去污技术　常用的技术有干法去污、湿法去污、氧化去污。①干法去污。是在保持档案干燥的情况下对档案进行去污处理，可用洗耳球吹、用吸尘器吸，对于破损严重的档案应用纱网罩住吸口再吸尘，或在通风橱内进行。对于污染的档案，不能用吹、吸方法清除的，可用擦、扫、刮的方法。擦是指将橡皮擦粉末撒在污染区域，用手指轻揉粉末，去掉灰尘；为彻底清除污染，清除后可用软毛刷清扫一遍。扫就是清扫，以去除灰尘。刮一般借助刀具、毛刷等工具，依靠机械的力量，将突出于纸张上的污斑除去。②湿法去污。是利用相似相溶原理，当溶剂与污斑之间的作用力大于污斑内分子之间的作用力及污斑与纸张纤维之间的作用力时，污斑就溶解于溶剂，达到去污目的。常用的溶剂去污方法有水洗去污法和有机溶剂去污法。水洗去污之前应先检查字迹水溶性。对于损坏不太严重的档案，可采用如下操作：将档案夹在两张无纺布中间，将夹层固定在有机玻璃板上，放到洗涤槽中，保持倾斜。洗涤槽的上水口以加长的塑料导管引流，便于减缓水流冲力。一边用流水淋洗档案，一边用软刷隔着无纺布排除档案下层气泡，同时刷除脏污。利用有机溶剂可以去除档案上的油斑、蜡斑。常用有机溶剂有酒精、丙酮、甲醇、四氯化碳等。使用有机溶剂去污时，应检查字迹的水溶性或是否溶于有机溶剂。③氧化去污。是利用某些化学药品的特殊氧化性，对污染物进行氧化，强行破坏有机色素的发色团，从而使污斑得以去除。主要适用于霉斑及蓝黑、纯蓝与红色墨水等彩色污斑的去除。常用化学药品有氯胺 T、过氧化氢、次氯酸钠、高锰酸钾等。

清洗过的宣纸

胶片档案去污技术　对于胶片上刚印上的指纹或其他油脂，可用棉花球蘸上20%～25%汽油和 75%～80%甲苯的混合有机溶剂，轻轻擦拭。若油污较重，按上述方法处理后仍有残迹，可继续用清水漂洗 15 分钟，再用 5%的醋酸漂洗一遍，最后在清水中冲洗、晾干。消除胶片上红、蓝墨水斑的方法是，将胶片放在清水中漂洗 5～15 分钟，再放入 D-72 配方显影液内浸泡 5 分钟（温度不高于 20℃）；同时应不断地翻动胶片，使它能均匀接触药液；然后将胶片放在清水中冲洗。为了更好地除去污斑，可用手轻轻抚摸胶片正、反面；随后放在 5%冰醋酸液内浸一下；再在流动水中清洗 15 分钟；最后取出晾干。

磁性载体档案去污技术　磁带上如有污斑，可用无毛的布沾上四氯化碳、氟利昂等有机溶剂去除。注意：不能用棉花或普通纸擦拭，以防落下绒毛沾在磁带上。另外，操作应在通风橱中进行。（朱　强　彭远明）

档案人名索引　name index of archive　揭示档案中所涉及的人物并指明出处的一种检索工具。又称档案人名卡片目录。在档案利用中检索人物占有相当的比重，由于在标题中很少反映人名，所以只有编制专门的人名索引才能解决这个问题。档案馆（室）日常使用的人名索引通常采取卡片形式。

档案人名索引可以分为综合性和专题性两种。综合性人名索引是将馆藏档案中所涉及的全部人物编成索引；专题性人名索引是根据所列专题范围，如任免、奖励、处分等，将涉及该专题的人名编制成索引。

档案人名卡片索引有简单和详细两种。简单的人名卡片，只有人名（包括别名、曾用名）和材料出处的档号（全宗号、目录号、案卷号、页号）两项。详细的人名卡片，项目主要由两部分组成：①个人简要情况。包括姓名（包括别名、曾用名）、性别、出生年月、死亡日期、民族、职业、工作单位、籍贯、文化程度、职务、政治面貌、简历、档案内容提要等。②指引部分。包括材料出处的档号（全宗号、目录号、案卷号、页号）、备考等。由于利用目的不同，还可以增设问题性质、处理机关、处理结果、目前下落等项目。

档案人名索引的编制方法是将档案内容中涉及的人名摘录出来加以排列，索引的格式主要包括两部分：人名和档号。即把人名引向所在档案的档号，利用者通过索引的指引，可以查到某一人物的材料。（王英玮）

档案实体安全　archives entity security　立档单位、档案馆（室）对库藏档案实体采取有效保护措施，使其免受自然灾害或人为侵害，处于安全状态的管理活动。又称档案实体安全管理。档案安全应遵循严格管理、预防为主、防治结合、确保安全的原则。

档案安全管理职责有：①档案收集和文件归档。各单位应确保在工作活动过程中形成的具有保存价值的文件材料收集齐全、完整、真实、准确，并及时归档（包括电子版本）。②及时移交。各单位应依法定期将具有长远保存价值的档案向市档案馆移交。③建立健全档案调归卷制度。规范**档案提供利用**过程中借阅登记、利用效果登记和及时归卷的程序。④建立档案、人员出入库登记制度，确保档案安全万无一失。⑤定期核查。档案室工作人员每年应对室藏档案进行一次清点核对，做到登记台账与档案实体相符。⑥档案修复完善。对老化、破损、褪色、霉变等受损档案载体，必须采取抢救措施，按档案保护技术要求进行修复或复制。⑦档案的存放。不同载体材质的档案应分类存放、规范保存；对特殊载体档案的存放，按其特性和要求，使用规范、合理的装具加以保管和保存。⑧珍贵档案的保管。档案馆（室）对珍贵、重要的档案应进行复制，并用复制件代替原件提供利用，其中特别珍贵、重要、有特殊意义的档案和特殊载体、对保管条件有特殊要求的档案，可建特藏室专门管理。

电子档案安全管理：①要保证电子档案载体物理上的安全，要对电子档案载体进行有效的检测与维护。②要密切关注计算机技术的发展方向，不断对历年来电子档案使用的软件升级、更新情况进行记录、保存，适时对电子档案的格式进行转换。③加强对电子档案利用活动的管理，保证电子档案的信息安全。保证电子档案运行环境的安全管理就是对计算机系统的安全管理。

档案库房安全管理：档案实体安全保护需要做到“八防”工作。

档案实体安全对有效杜绝各类危害档案安全事故发生，确保国家和立档单位的档案资源安全，最大限度地延长档案寿命，具有非常重要的现实意义和深远的历史意义。同时，档案实体管理也是档案资源有效提供利用，深入开发档案内容资源的必要前提条件和基本保障。（王英玮）

档案实体分类　archives entity classification　依据档案实体的形成规律、特点和业务历史联系，辨识、区分和确定各个立档单位全宗的逻辑体系结构，制订分类方案，将各全宗内的档案划分为各个类别，使全宗内的档案成为有机整体的活动。档案实体分类是实现全宗档案科学管理，有效开展档案保存价值鉴定，有序进行文件分类管理的必要条件。档案实体分类须符合客观性、逻辑性与实用性的要求。

种类　依据档案实体的不同来源，可分为党政机关档案实体分类、企业（公司）档案实体分类、事业单位档案实体分类（如普通中学档案实体分类、高校档案实体分类、研究机构档案实体分类等）、社团组织档案实体分类等。

方法　档案实体分类的方法较多，档案管理机构可以根据档案自身的主要属性和特征，选择分类标准，确定分类方法，编制分类方案。不同性质的立档单位的档案实体分类方法既有相同之处，也存在着一定的不同之处。如党政机关的档案实体分类，常用的方法是年度-组织机构分类法和职能（问题、主题）-年度分类法。企业（公司）的档案实体分类，常用的方法有职能分类法、对象分类法、特征分类法等。

内容　档案实体分类的主要业务活动内容包括：①通过分析立档单位的职能和业务活动及相关档案实体的客观属性与特征来选择分类标准、确定分类方法。②确定分类规则。③制订分类方案。④档案文件归类。⑤对归入“其他类”中的文件进行分析，并通过靠类或另立新类目等方式予以处置。⑥调整分类方案中不适当的类目，并在分类方案的编制和使用说明中予以注释。

法规和标准　实体分类依据的法规和标准有：《机关档案工作业务建设规范》（国家档案局，1987年12月），《企业档案工作规范》（DA/T 42—2009），《归档文件整理规则》（DA/T 22—2015），《数码照片归档与管理规范》（DA/T 50—2014），《照片档案管理规范》（GB/T 11821），《磁性载体档案管理与保护规范》（DA/T 15），以及各专业主管部门、国家档案行政管理机关制发的专门档案整理规范文件等。（王英玮）

档案实体整理　archives entity arrangement　按照档案的形成规律和特点，根据一定的原则和要求，对归档文件和档案实体进行分类、组合、排列、编目（基本编目）、编码（档号），使档案成为便于保管和利用的有序历史记录体系的过程。又称档案实体整理工作。档案分类是档案实体整理的核心内容。只有编制了科学的档案分类方案，各单位档案实体整理的其他业务活动，才能有效进行。档案实体整理直接关系到各单位和国家档案馆收藏档案资源的质量，并对档案资源的信息开发和利用服务工作有着决定性的影响。档案实体整理的各项业务活动内容区分为档案系统整理和档案技术整理两种类型，应首先制定切实可行的档案整理工作方案。档案系统整理指以档案全宗内档案的分类大纲（分类方案）为分工基础，每个参与档案实体整理的人员负责其中一类或几类的档案分类、组卷、拟写案卷题名、案卷排列等连续性较强、重复性较弱的整理业务活动。档案技术整理是对系统整理成果的有效巩固。

原则与要求　主要包括：①档案实体整理应坚持来源原则，充分体现各立档单位业务职能活动的规律和特点，科学编制档案分类方案，明确档案编码规则。②档案实体整理必须保持文件的历史有机联系（即文件、记录、数据材料在其产生和处理过程中形成的内在的相互关系）。③档案实体整理的结果，必须便于保管和利用。④对积存文件材料或积存档案实体的档案整理，应该注意利用原有的整理基础，不可轻易打乱重整。

业务内容　主要包括：①区分全宗。②全宗内档案实体的分类。③终端类内文件的组合。④归档文件的排列或案卷内文件的排列。⑤归档文件或案卷的基本编目。⑥档案代码或档案号的编制。⑦归档文件目录或案卷目录（文件/案卷分类目录）的编制等。⑧归档文件装盒上架或案卷排架。

法规与标准　档案实体整理的法规与标准主要包括《机关档案工作条例》（中共中央办公厅、国务院办公厅1983年4月28日印发）、《机关档案工作业务建设规范》（国家档案局1987年12月4日发布）、《电子公文归档管理暂行办法》（国家档案局2003年7月28日发布）、《归档文件整理规则》（DA/T 22—2015）、《数码照片归档与管理规范》（DA/T 50—2014）、《照片档案管理规范》（GB/T 11821—2002）、《磁性载体档案管理与保护规范》（DA/T 15—1995），以及各专业主管部门、国家档案行政管理机关制发的专门档案整理规范文件等。（王英玮）

档案事务所　archives office　提供档案事务服务的一种商业性档案服务机构。档案事务所是适应中国档案工作中出现的一些新情况而建立的一种新型档案机构。由于档案业务量迅速增加，特别是档案的监督、指导工作量大量增加，本行政区域内的所有机关、团体、企事业单位，甚至乡（镇）、村的档案业务指导、监督任务大多由档案行政部门承担，档案行政部门不堪重负。另外，由于有关部门在考虑人员编制时，往往忽视档案行政管理部门的工作量和工作面，所给编制极少。在这样的背景下，中国部分地区建立了档案事务所。如1992年，浙江省建德市档案事务所、湖州市档案事务所成立；1993年3月，浙江省档案事务所成立。档案事务所也是在市场经济体制改革和“小政府、大服务”的行政体制改革背景下建立的。

档案事务所是独立经营、独立核算、自负盈亏的企业型单位，在用人制度上一般采取聘任制和临时工制相结合的办法。对少数档案专业技术人员采用聘任制，主要开展档案业务的指导和咨询。档案事务所的其他工作人员则一般实行临时工制，主要开展各种劳务性工作。在工资制度上可根据事务所的经济效益情况采取固定、浮动或计件、包干等多种形式。

档案事务所的服务对象非常广泛，一般包括本行政区域内各级国家综合性档案馆，各机关、团体、企业（包括国有、集体、合资、独资、私营企业）、事业单位，乡（镇）、村以及公民个人等。业务范围主要是：开展档案业务的指导、咨询，以及各种档案的劳务性服务工作，如档案的整理、装订；各种档案目录的抄写、著录、打印；档案的裱糊；破损档案的抢救。档案事务所开展的档案业务项目均为有偿服务，根据经济核算的原则制定合理的收费标准。此外，档案事务所还可以开展档案用品的销售等业务。

档案事务所的建立不仅可以承担大量的档案劳务性工作，减轻档案部门指导、监督工作量过大的压力，也使档案部门可以集中力量抓好自己的本职工作。档案事务所是改革开放的必然产物，进一步推动了档案事业的服务体制创新。（黄霄羽）

档案事业费 archives undertaking expense 各级党政系统单独设立的档案馆和各级档案局直属档案馆的事业经费。用于档案专业业务和各级国家档案馆开展工作的资金，在国家预算科目中列“文教科学卫生事业费类”款级科目。包括：①档案专业业务经费。②各级国家档案馆的档案、资料征购费，档案的整理、编纂、保护、修复用品及工本费。③档案陈列展览费用。④档案部门举办的中等专业学校的事业费，在职档案干部的专业培训费及其他费用等专项资金。各部门所属档案机构的经费，不应在档案事业费中支出，而在各部门的行政、事业费中开支。（陈艳红）

档案事业管理 administration of archives undertaking 对国家或地区档案事业实行有组织、有计划的领导或监督、指导，并协调其内部关系和外部关系的工作。基本任务是从宏观上对档案事业进行统筹规划，统一制度，组织协调，监督和指导，使之与社会各方面密切联系合作，使各个组成部分协调发展，为社会各方面工作需要服务，在国家建设事业中发挥整体功能。

主要内容包括：①根据本国的社会制度确定档案事业管理原则和档案事业管理体制。②根据有关法律、行政法规和国家有关方针政策，研究制定档案法规和档案工作具体方针、政策。③调查、统计、评估档案事业发展状况，制定并组织实施档案事业发展规划。④按照国家档案法律法规和方针政策，对档案管理工作进行监督、检查和指导，依法查处档案违法行为。⑤组织和领导档案专业教育、档案科学技术研究、档案宣传、档案出版、档案学术交流、档案外事活动等各项工作。⑥组织档案的开放利用，拓展档案公共服务，发挥档案的社会效益与经济效益。⑦推动国家档案事业信息化建设。⑧加强档案人才队伍建设，培养档案专业人才，提高档案工作的业务水平和科学水平。

管理手段包括法律手段、行政手段、宣传教育手段和经济手段等。①法律手段。为主要手段。国家制定档案法律法规体系，依法对档案事业进行管理和监督，对违法行为进行查处。②行政手段。指国家行政机关和档案管理机构根据法定职权和有关方针政策，制定档案工作规章制度，对档案事业进行指导、监督和检查。③宣传教育手段。指通过各种宣传渠道，对档案工作者进行档案法治、档案专业技能和档案职业道德教育，向社会各方面宣传档案工作，增强社会档案意识，争取社会各方面理解和支持档案事业。④经济手段。指按照国家相关规定和经济政策，合理分配与使用档案事业经费，支持档案事业发展。（何　振）

档案事业管理体制 administration system of archives undertaking 国家档案事业管理的体系和组织制度。包括档案行政管理部门的设置及其隶属关系、权限划分等。就广义而言，档案事业管理体制包含机构设置、人员队伍建设、业务经费保障、法规制度等多项内容。档案事业管理体制是国家档案事业得以顺利进行、不断发展的组织保障，也是各级档案行政管理部门明确定位、履行职责的有力依据。

世界各国的档案事业管理体制因国家的历史条件和国家结构形式的不同而存在较大的差异。按照中央档案机构与地方档案机构之间的关系，档案事业管理体制一般分为集中式和分散式。

集中式档案事业管理体制　采用集中统一管理的原则，由国家设立档案事业行政管理中心，统一掌管国家的档案和档案工作，地方和专业档案机构接受中央档案机构的领导、指导和监督。一般而言，中央集权制的国家大都实行集中式档案事业管理体制，如中国、苏联、法国、意大利、瑞典等国家。鉴于不同国家在历史、文化、政治制度等方面存在差异，集中式档案事业管理体制在具体的管理程度、方式等方面也有所不同。按照档案行政管理中心的设置及其性质，实行集中式档案事业管理体制的国家有以下几种类型：

①苏联在解体之前实行的是以党、政档案分开管理为前提的集中统一管理原则指导下的集中式管理体制。1918～1989年建立了苏联共产党的档案机构系统和部长会议档案管理总局直接管辖下的国家档案机构系统。

②中国实行执政党和政府档案工作集中统一管理原则下的管理体制，在中央、省、市、县设立档案行政管理部门，分级统一掌管全国档案事务。

③法国、意大利等国家，在首都设立中央档案行政管理中心，即国家档案局，负责全国公共档案馆和公共档案事业建设，指导和监督中央、地方国家档案馆工作，但又尊重地方档案机构的自治权。

④瑞典、芬兰、挪威、丹麦等国家，不单独设立档案行政管理部门，国家档案馆具有档案保管和档案行政管理双重职能，国家档案馆与作为其分馆的地方档案馆之间，形成有隶属关系的档案馆网络。

分散式档案事业管理体制　全部或主要采用分散式管理方式，对全国的档案、档案工作和档案机构实行中央和地方分权管理，各司其职。中央级档案机构仅负责管理中央或联邦政府各机关的现行档案和历史档案，而无权过问地方档案事务，地方档案机构不接受中央或联邦档案机构的指导和监督。各类档案机构之间既无上下隶属关系，也无法定的横向联系。一般而言，联邦制国家大多采用分散式档案事业管理体制。实行分散式档案事业管理体制的国家有以下几种类型：

①英国模式。英国、德国等国家，在中央不设档案行政管理部门，仅设立中央级国家档案馆，如公共档案馆或联邦档案馆，同地方档案馆之间权力均等，不存在领导、指导或监督的关系。

②瑞士模式。在中央不设档案行政管理部门，只设立联邦档案馆，和各州档案馆之间没有任何领导、指导或监督的关系，但由档案工作者协会协调档案馆之间的关系。

③美国模式。在首都设有联邦政府的档案业务管理机关，即国家档案与文件署，通过其管辖的国家档案馆对联邦政府内各机构的档案实行高度的集中统一管理，联邦中央机构的档案和全国各地设立的联邦机构的档案均归入国家档案馆，联邦的立法、司法、行政、军事、外交、经济等各类机构的档案，均集中在国家档案馆及地区分馆。但该署对各州档案机构没有隶属关系，对各州的档案、档案工作不起领导、指导与监督作用。

上述不同的档案事业管理体制，都是继承各国相应的历史传统，适应各自的国家政治、经济以及档案事业发展需要的产物，不同的管理体制各有千秋。

中国的档案事业管理体制历经变革，逐渐由分散管理向集中统一管理演进，集中式管理体制正处在不断完善之中。中国档案事业管理体制的主要内容为：实行党、政档案工作统一管理的原则，各级**档案行政管理机构**既是党的机构，又是政府机构。1993年以来，**国家档案局中央档案馆**一个机构两块牌子，履行全国档案事业行政管理和中央档案保管利用两种职能，为中共中央和国务院直属机构，由中共中央办公厅管理。国家档案局中央档案馆主管全国档案事务，统筹规划，组织协调，统一制度，并对中央和国家机关各部门、全国性社会团体的档案工作，中央级国家档案馆的工作，以及省、自治区、直辖市档案行政管理机构的工作进行监督和指导。地方各级档案行政管理机构基本仿照中央级设置方式，负责管理本行政区域内的档案事业，对本行政区域内的档案馆及机关、团体、企业事业单位和其他组织的档案工作实行监督和指导。2018年2月28日，中国共产党中央委员会第三次全体会议通过了《中共中央关于深化党和国家机构的决定》，中国启动新一轮的机构改革，其中多数地方档案机构由"局馆合一"改为"局管分设"。档案行政管理职能划入党委办公厅（室），档案馆列为党委管理的事业单位，档案管理体制上实现了政事分开，档案局与档案馆的职责定位也更加清晰。

（王景高　薛匡勇）

档案事业管理学 administration study of archives undertaking　研究国家档案事业宏观管理活动的理论、原则和方法的档案学分支学科。

研究任务与范围　研究任务：为档案事业的发展决策、计划、组织和协调等提供科学的理论指导，从而提高档案事业管理的科学水平，促进档案事业的建设和发展。研究范围包括档案事业体系、结构和功能，档案事业管理的性质、对象、范围、地位和作用，档案事业管理的历史和发展规律，档案事业管理与社会政治、经济、科学、文化的关系，档案事业管理的指导思想、原则和体制，档案事业发展的总体布局、战略目标、方针政策、法规制度，档案事业管理机构、组织和职能，档案事业发展所需的人才、经费和物质条件，档案事业管理的效益等。具体来看，还包括**档案行政管理机构**设置、体制和运行机制，档案馆、档案室的组织管理，档案教育和科学研究工作，档案宣传、出版和国际业务交流与合作，国家档案馆网的组织与管理等。

发展历程　近代以来，档案工作逐渐发展成为一项专门事业。各种类型档案馆和档案行政管理机构、机关、团体、企事业单位的档案工作以及档案专业教育和档案科学技术研究都逐步建立和发展起来，构成了档案事业的主要内容。法国在资产阶级大革命时就对档案工作进行改革，形成了国家档案事业，1884年成立国家档案局后，开始研究档案工作条例、计划的制定，研究档案事业管理特别是档案馆工作中的重大问题。苏俄在十月革命后创立了社会主义的档案事业，1918年**《列宁档案法令》**确立的**集中统一管理原则**，为社会主义档案事业管理奠定了理论基础。中华人民共和国成立后建立了全国档案事业。1954年成立国家档案局，研究制定了一系列档案工作规章制度。1956年国家档案局在《关于目前档案工作情况和今后工作安排的报告》中提出"档案工作是一个专门事业"。1980年中共中央、国务院在中发〔1980〕16号文件的批示中明确指出："档案工作是一项很重要的专门事业……做好档案工作，不仅是当前工作的需要，而且是维护党和国家历史真实面貌的重大事业。"并逐步提出建立社会主义档案事业体系。

代表著作　对档案事业管理的学术研究开始于20世纪40年代。苏联1940年出版的《苏联档案工作的历史和组织》和1980年出版的**《苏联档案工作理论与实践》**都包含了档案事业管理的研究成果。德国**A.布伦内克**的**《档案学——欧洲档案工作的理论与历史》**（1953）、美国**T.R.谢伦伯格**的**《现代档案——原则与技术》**（1956）等都研究了档案机构的行政管理职能问题。在中国，1938年出版的**《档案管理与整理》**（何鲁成编著）和1949年出版的**《中国档案管理新论》**（殷钟麒编著）都把档案行政管理作为一个篇章进行阐述。中华人民共和国成立后，随着档案事业的建立和发展，档案事业管理的研究也有所发展。80年代，中国把档案事业管理学作为档案学的分支学科进行创建，并有了初步的研究成果。1985年，档案事业管理学作为档案学理论的重要课题被列入《档案科学技术研究工作"七五"规划》，此后全国档案事业发展规划每五年制定一次。冯子直著文《关于研究和发展档案事业管理学的几个问题》（1987），明确提出建立档案事业管理学，阐述了档案事业管理学的性质、对象、内容和研究方法。陈兆祦、和宝荣主编的《档案管理学基础》（1986）、吴宝康主编的《档案学概论》（1988）、任遵圣主编的《档案学概论》（1989）、刘国能主编的《中国档案事业概述》（1993）等著作，都把档案事业管理及档案工作的科学组织作为重要篇章进行了理论阐述。

随着国家经济社会的发展，中国档案事业体系不断健全完善，对档案事业管理有了新要求，档案事业现代化建设成为档案事业管理学研究的新内容，**档案事业管理体制**、机制成为档案事业管理学研究的主要内容。刘国能著文《论中国档案事业体系形成阶段》（2001），以及2002年安徽省档案局开展的"中国档案事业建设指标体系研究"项目，都对此做了初步理论探讨。覃兆刿所著的《双元价值观的视野：中国档案事业的传统与现代化——兼论过渡时期的档案思想》（2003），从双元价值观出发分析了档案事业现代化进程，并提出了若干建设性意见。李国庆的论文《论现代档案事业的三大特征》（2003）认为，运作机制社会化、管理手段信息化、保障措施法制化是现代档案事业的三大特征。2009年，国家档案局局长杨冬权在《改革开放以来的中国档案事业》一文中总结了改革开放三十年来中国档案事业建设所取得的成绩，提出在新的发展阶段档案部门要着力建立覆盖人民群众的档案资源体系与方便人民群众的**档案利用体系**。浙江省档案局编著的《档案事业概论》（2014）结合国内外研究成果，系统论述了档案、档案工作、档案事业、档案法治建设，以及档案学的基本概念、理论、原则和方法等问题，并介绍了国外文件管理、档案管理以及档案事业的历史与现状。

（王景高　徐拥军　杨继波）

档案事业"三个体系"建设 construction of three systems for archives work　中国档案事业发展指导理论。

概况　档案事业"三个体系"建设指建立健全覆盖人民群众的档案资源体系、建立健全方便人民群众的**档案利用体系**、建立健全确保档案安全保密的档案安全体系。

2007年9月，国家档案局局长杨冬权在纪念《档案法》颁布20周年座谈会上提出建立档案事业"两个体系"。2008年1月，杨冬权在全国档案工作暨先进表彰会议讲话中正式提出"贯彻以人为本，建立两个体系"，即覆盖人民群众的档案资源体系，方便人民群众的档案利用体系。2009年10月，杨冬权在全国档案馆工作会议上作《以丰富馆藏、提高安全保障能力和公共服务能力为重点，实现档案馆事业新跨越》报告，提出了安全保障能力问题。2010年5月，杨冬权在全国档案安全体系建设工作会议上，继"建立覆盖人民群众的档案资源体系和方便人民群众的档案利用体系"之后，提出"建立确保档案安全保密的档案安全体系"，由此形成档案事业"三个体系"。2014年2月，中共中央办公厅、国务院办公厅印发**《关于加强和改进新形势下档案工作的意见》**，将档案事业"三个体系"建设写入文件，要求各地区各部门结合实际，认真贯彻执行。

基本内容　第一，建立健全覆盖人民群众的档案资源体系。

档案资源体系建设是档案事业的基础，是实现档案事业可持续发展的先决条件。档案资源体系主要包括档案的资源总量、档案的内部结构、档案的总体布局。建立健全覆盖人民群众的档案资源体系，必须扩大建档范围，做到应建尽建，全面覆盖；必须完善归档制度，做到应归尽归，应收尽收；必须坚持以人为本，把民生档案全面纳入国家档案资源体系；必须科学整合档案信息资源，建立合理的档案资源管理构架。

①加大档案收集整理力度。各地区各部门各单位要把档案工作与其他工作同规划、同部署、同落实，做到全面覆盖。各级党委和政府成立专项工作机构或协调机构时，根据需要吸收档案部门参加，确保建立档案与开展专项工作同步进行。县级以上各级档案行政管理部门要加强对档案收集整理工作的监督指导，特别是对重点工作、重大活动、重大建设项目、重大科研项目、重大生态保护项目以及新领域、新专业、新机构、新社会组织等，要监督指导有关方面及时建立档案工作制度。

②完善归档制度。各单位档案机构要认真履行职责，建立健全文件材料归档制度，及时制定或修订本单位各类文件材料的归档范围和保管期限表，报同级档案行政管理部门审核后实施，做到应归尽归、应收尽收。凡是应归档的文件材料（包括应归档的电子文件及传统载体的照片、录音、录像等），要向本单位档案机构移交，任何部门和个人不得据为己有或拒绝归档。对损毁、丢失档案的，档案行政管理部门要依法查处，并督促档案形成单位积极予以补救。

③重视做好民生档案工作。县级以上各级档案行政管理部门要研究制定民生档案归档范围和管理办法，监督指导民生档案的收集归档。各单位档案机构要把与人民群众切身利益密切相关的各类文件材料收集归档，并按有关规定管理、提供利用和移交。各级国家档案馆要积极接收各类民生档案，把民生档案纳入国家档案资源体系。

④科学整合档案信息资源。建立以档案行政管理部门为主导、各行业主管部门密切配合、档案馆（室）集中统一管理的档案资源管理架构。在机构改革、企业改制、行政区划调整等过程中，有关部门要会同档案行政管理部门及时规范档案流向，妥善进行**档案处置**，严防档案流失。对处置不善、造成档案流失的，依法追究有关单位和人员责任。档案行政管理部门要统筹规划，支持和鼓励打破部门和条块分割，整合同一单位内不同部门、同一地区各档案馆（室）及不同地区档案馆（室）的档案资源，推动档案资源科学配置和高效利用。

第二，建立健全方便人民群众的档案利用体系。

档案资源体系建设是满足人民群众日益增长的利用需要，是发展档案事业的根本目的。档案利用体系主要是利用档案为社会公众提供服务的能力，包括服务对象、服务范围、服务方式、服务内容、服务手段、服务体制机制等。建立健全方便人民群众的档案利用体系，要创新服务理念和服务形式，更主动地为社会提供服务；要扩大服务范围和服务内容，更广泛地为社会各方面服务；要提高服务科技含量和改进服务手段，更快捷地方便社会利用档案。

①创新服务形式。各级党委和政府要把提供档案信息服务作为公共服务的一部分，统筹安排档案服务、政府公开信息服务和其他公共服务，努力提供一站式服务，做到便民利民。各级国家档案馆要严格按照档案法，积极开展档案鉴定工作并开放应开放的档案。各档案馆（室）要依法做好档案查阅服务，改进查阅方式，简化利用手续，免除利用收费，最大限度满足利用者需求；拓展服务渠道，紧紧围绕党委、政府、本单位和其他单位及人民群众的需要，主动开发档案资源，积极提供档案信息服务，通过报送或推介相关档案信息、编辑出版档案选编、举办档案展览、制作电视节目、发布网络视频、发行音像制品、送档案信息进农村和社区等多种形式，全方位为社会提供档案信息服务。提供涉密档案信息服务要严格遵守保密规定。

②强化服务功能。在服务对象上，既为有关部门和单位服务，又为广大人民群众服务；既为城市发展和市民服务，又为新农村建设和农民服务。在服务内容上，既做好帮助有关单位建立和管理档案的服务，又做好为社会各方面提供档案利用及政府公开信息、其他信息的服务，特别要积极把涉及民生的各类档案、信息及时整理、鉴定出来，优先提供利用，更好地为维护人民群众合法权益提供支持。

③加大开发力度。各档案馆（室）要加强对档案信息的分析研究、综合加工、深度开发，提供深层次、高质量**档案信息产品**，不断挖掘档案的价值，努力把“死档案”变成“活信息”、把“档案库”变成“思想库”，更好地为各级党委和政府决策、管理提供参考。

④加快推进传统载体档案数字化。各地区各部门各单位要把数字档案馆（室）建设列入信息化建设整体规划，从人力、财力、物力上统筹安排，切实推进档案存储数字化和利用网络化。各档案馆（室）要大力开展传统载体档案数字化工作，及时以数字化档案代替原件提供利用，对已实现数字化的档案原件妥善保管，一般不再提供利用。采取措施严防数字化过程中信息丢失、外泄和秘密泄露，对涉密档案进行数字化要严格遵守保密规定。

⑤促进资源共享。各级党委和政府要以实现档案信息资源社会共享为目标，统筹协调，充分利用已有的信息传输网络和平台，积极推进城乡档案信息资源共享，支持档案馆（室）把可公开的各类档案、信息上传网络，开展远程利用。国家档案行政管理部门要搭建全国开放档案平台，并与政府公开信息系统对接，实现资源共享，逐步把各级国家综合档案馆已开放的档案以及各级政府的公开信息上传到平台上，真正建立起方便人民群众的档案利用体系，使档案公共服务惠及广大人民群众。要建立健全档案信息公开发布保密审查制度，严格档案信息公开保密审查，确保公开的档案信息不涉及国家秘密、商业秘密和个人隐私。

第三，建立健全确保档案安全保密的档案安全体系。

档案安全体系建设是档案事业之盾，是确保档案事业平稳发展的关键条件。档案安全体系是为了确保档案实体和信息安全，并尽量延长档案实体和信息的保存时限而采取的各种机制，因此，要统筹谋划、协同推进，筑牢思想防线，完善制度建设，保障硬件设施，用好技术手段。

①加大安全保密执法检查力度。建立健全人防、物防、技防三位一体的档案安全防范体系。县级以上各级档案行政管理部门要会同有关部门，经常对档案馆（室）进行安全保密执法检查，发现隐患及时督促整改。对发生档案安全事故的，依法追究有关领导和责任人的责任。各档案馆（室）要建立健全并严格执行各项规章制度，经常开展档案安全保密自查，及时发现和排除隐患，堵塞漏洞，严防档案损毁和失泄密事件发生。

②建立完善档案安全应急管理制度。各地区各部门各单位要建立档案安全应急处置协调机制和档案安全应急管理制度，制订应急预案，把档案馆（室）列入重点保护范围，确保档案安全受到危害时得到优先抢救和妥善处置，把损失降到最低限度。

③切实改善档案保管保密条件。严格按照有关规范和标准加快改造或新建、扩建档案库房，进一步提高档案库房的安全防灾标准，采用先进的安全保密技术、设备和材料，改善档案保管保密条件，确保档案安全保密。

④对重要档案实行异地异质备份保管。县以上各级国家综合档案馆要对同级党政机关、企事业单位、社会组织的重要档案（包括新闻类电影、电视片、照片、录音、录像等档案）实行异地备份保管，对重要电子档案实行异地异质备份保管，确保党和国家重要档案绝对安全。

⑤保障档案信息安全。建立标准，采取措施，确保电子文件、电子档案长期保存和利用。按照国家规定建立档案信息管理系统安全保密防护体系，推进档案信息系统安全等级保护和分级保护工作。进一步完善数字档案馆测评标准，严格执行档案安全保密管理制度，对上网文件、档案进行严格审查，严防把涉密文件、档案传输到非涉密网络。加强对涉密信息系统、涉密计算机和涉密载体的安全保密管理，按照涉及国家秘密的信息系统分级保护要求，严防文件、档案在传输过程中失泄密。对涉密档案、重要档案的存储介质进行检验和认证，确保长期可用。

意义和影响　档案事业“三个体系”建设是贯彻“以人为本、服务为先、安全第一”三大战略的重要实践，着眼于档案事业与社会经济建设的同步发展，强调以档案资源建设为基础，以档案利用服务为目的，以档案安全建设为保障，抓住了档案事业发展的主要矛盾，回答了档案工作如何发展的问题。运用整体设计、统筹协调、系统集成的科学方法，正确处理当前建设与长远建设、要素建设与体系建设、自身发展与社会发展的辩证关系，从实践层面解决了档案工作在新时期下怎样发展的问题。

档案事业“三个体系”对档案事业发展目标进行了总体设计和科学定位，极大丰富了档案业务建设内涵，有效提升了档案工作指导境界。在相当长一个时期内是全国档案工作的指导思想和行动指南，是新时期档案工作理论与实践的科学总结。

（鲍朝阳）

档案事业统计年报　statistical annual report of archives undertaking　中国档案统计的工作方法。通过定期填报档案事业统计年报，全面准确掌握中国档案事业的基本情况，为中国档案事业实行科学管理提供可靠依据。统计对象包括：各级档案行政管理部门，各级各类档案馆，县直以上机关、人民团体、民主党派档案室（处、科），企业、事业单位档案室（处、科），开办档案专业教育的高等学校、中等学校和规定范围内的各级各类档案部门。

档案统计年报工作起步于1982年，国家档案局制定了《档案工作基本情况统计年报》，经国家统计局批准，1983年试行一年，1984年纳入政府统计序列。1987年进行调整，增加《大型企业档案工作基本情况表》《档案专业教育基本情况表》《各地档案事业费、档案馆基建情况表》。

1991年，国家档案局在原有《档案工作基本情况统计年报》的基础上，组织制定了符合统计工作规范化、标准化要求的《全国档案事业统计年报制度》，作为部门统计制度正式实施，并开始运用计算机管理系统进行数据采集和分析。

《全国档案事业统计年报制度》实施以来进行过四次修订。第一次是2000年，增加了《档案科技基本情况年报》（档基5表），增设开办档案专业教育的高等学校、中等学校单位类别代码。第二次是2006年，主要调整了档案专业教育统计口径，从“学历教育”转变为开办档案专业的“高等学校”和“中专学校”。第三次是2012年，在保持年报框架的前提下，改版表式，由A3纸横排改为A4纸竖排；扩大统计范围，“档案室基本情况年报”的填报单位扩大到“县直以上机关、人民团体、民主党派档案室（处、科），企业、事业单位档案室（处、科）”；合并类别，将“科技事业单位”和“文化事业单位”两个类别统一为“事业单位”；增加内容，增加了“档案馆数字档案基本情况年报”和“档案室数字档案基本情况年报”。第四次是2014年，对“电子档案基本情况年报”进行了微调，如将“数字档案”改为“电子档案”。每次修订，档案统计信息管理系统也随之进行相应的改版。

档案统计年报经过多年实践，调查项目已涵盖档案行政管理部门、档案馆、档案室、档案专业教育、档案科技和国家综合档案馆基本建设等方面，为确定中国档案事业发展的目标，制订中国档案事业发展规划，推进新形势下全国档案事业的全面深化改革，分析和预测全国档案事业的发展趋势等发挥了不可替代的作用，成为档案事业不可缺少的组成部分，也是档案部门切实履行职责，加强档案事业管理的关键措施。

（王　忻）

档案室　archives room　负责管理本单位档案的内部机构，是国家档案事业系统的基层组织。档案室的主要类型包括普通档案室、联合档案室、综合档案室和科学技术档案室等。大中型机构一般都设有档案室，管理本单位形成的档案，但档案室的名称不尽相同。在欧美一些国家称登记室，如德国人J.von拉明根著的《登记室及其机构和管理》（1571）、德国早期的档案刊物《档案馆学和登记室学》（1806）、美国人T.R.谢伦伯格著的《现代档案——原则与技术》（1956），都使用了登记室的概念。国际档案理事会组织编纂的《档案术语词典》（1984）收录了“登记室”（registry）词条，定义为：“机关、团体、组织中负责形成、管理和保存现行案卷、文件和半现行文件的部门。”苏联在各部和其他各主管部门、组织、企业，以及中央和地方苏维埃与工会委员会、合作社联合组织及其他社会组织中，都建立有档案室，统称机关档案室。中国自宋代始，各级国家机关普遍设立具有机关档案室性质的架阁库，金、元、明、清均沿袭宋制，亦设架阁库。中华民国时期开始把管理本机关档案的机构称为档案室。当代中国在大多数机关、团体、企业、事业单位中都设有档案室。《中华人民共和国档案法》（2016年修订草案）第十三条规定：“企业、事业单位可以根据档案数量和工作需要设立档案馆，集中保管本单位及所属机构的档案。”这里的档案馆本质上等同于档案室。

英国伦敦赞善里公共档案室（1903）

档案室的本质特征是统一管理本单位档案和主要为本单位服务。它是一个单位档案信息存储、加工和传输的服务部门，与本单位的领导和各组织机构发生联系，为领导决策、处理工作、组织生产、进行科研等活动提供依据和参考材料。机关档案室工作是机关工作的组成部分，是提高行政工作效率的必要条件。企业、事业单位档案室工作是生产管理、技术管理、科研管理中不可缺少的环节。档案室又是国家档案事业组织系统中的基层组织，是档案馆工作的基础。档案室保存的档案，不仅对本单位的工作、生产和科研有现实的查考价值，是机构重要的数据资产，而且其中具有长久保存价值的部分，也是国家和机构的档案财富，具有历史文化价值，是国家和机构记忆的主要承载体。

在中国，档案室的作用主要有 5 个方面：①贯彻执行党和国家档案工作的法律、法规和方针政策，建立健全档案工作的各项规章制度，使档案工作有章可循，从而将本单位的档案工作纳入国家档案事业法治建设的轨道，这是开展档案室工作的基本保证。②对本单位各部门形成的文件、记录和数据材料的收集、整理、立卷和归档工作进行监督和指导。③集中统一管理本单位各种门类和载体的档案，积极提供利用。档案室工作的根本目的是充分发挥档案的作用，为单位领导决策和各项工作服务。④对所属单位的档案工作进行监督和指导。按照档案工作统一领导、分级管理的原则，各专业主管机关的档案部门，除管理好本单位的档案外，还应负责对所属单位和本专业的档案工作进行监督和指导。⑤依法向档案馆移交档案。《中华人民共和国档案法》（2016 年修订草案）第二十八条规定：“机关、团体、企业事业单位和其他组织，应当按照国家规定定期向档案馆移交永久及长期保存的档案。”档案室保存的档案，一方面，它是本单位形成的，对本单位有用，要在本单位保存；另一方面，它又是国家的，对国家各项工作有用，又需要根据规定移交给国家档案馆保存，在更大的范围为社会各方面当前和长远的需要服务。

档案室的主要类型包括：①普通档案室。通常也称作机关档案室、单位档案室、文书档案室，主要管理普通档案。在全国最普遍，数量最多。党政机关、团体、学校、企业等档案室都是属于这一类，负责管理本单位党、政、工、团组织的档案。②联合档案室。指同一专业系统或专业性质相近的若干机关、团体、企业、事业单位共同建立的档案管理机构。随着社会经济的发展，联合档案室的数量逐渐减少，一些政府建立的文件中心带有联合档案室的色彩。③综合档案室。指统一管理本单位全部档案的档案室，负责对普通档案、各种专门档案和特殊载体的档案进行统一的综合管理。随着档案综合管理的发展，近年来综合档案室迅速增加，并在不断地普及和发展。④科学技术档案室。指企业和事业单位集中统一管理科学技术档案的机构。属于本单位生产技术管理部门，也是一些国家科技档案工作的基层业务机构。通常置于科研或生产技术的指挥系统之中，便于与科技、生产工作相协调，及时为科技、生产服务。

（丁永奎　撰　张　宁　修订）

档案室工作　work of archive room　用科学的原则和方法管理本单位形成的档案，为本单位的生产、基本建设、科学研究和各项工作服务的工作。基本任务包括：①贯彻执行档案工作的法律、法规和方针政策，建立健全各项规章制度。②负责统一管理本单位的档案，并按照规定向有关档案馆移交档案。③对所属机构的档案工作实行监督和指导。④对本单位文书部门和业务部门的文件材料的形成、积累和归档工作进行指导。⑤中央和地方专业主管单位的档案部门，按本专业（行业）的管理体制，负责对本系统档案工作进行指导、监督与检查。

档案室工作既担负着机关单位全部档案的管理，又担负着本单位及其所属机构以至本系统或本专业档案工作的管理，具有专业性、机密性、科学性和服务性等性质。

档案室工作是中国档案事业的基础，其意义在于：①属于机关、团体、企业事业单位工作的组成部分。②是提高机关、团体、企业事业单位工作效率和质量的必要条件。③是维护机关、团体、企业事业单位历史真实面貌的一项重要工作。

（向立文）

档案室指南　guide to archives room　以文字叙述形式全面、系统介绍档案室藏档案情况的工具书。借助这类工具书，档案利用者可以较为全面地了解室藏档案情况及利用档案过程中要注意的信息。常见的有档案室服务指南和档案室办事指南。主要由 3 部分组成：①档案室概况。可作正文，单列章节，也可写在序言中。这部分一般应简要说明档案室的沿革、内部机构和档案的来源、数量、整理、保管、利用等情况。②室藏档案情况介绍。这是指南的主体部分，通常会按照不同档案的类别进行叙述。③指南的正文之后可备以附录。一般包括：关于利用档案的有关规章制度，指南中有关的机关名称、人名、地名的索引，或简称表等其他图表，照片等必要的辅助材料。

（黄世喆）

档案收集　archives collection　档案机构（档案馆、档案室、文件中心、档案信息中心等）接收及征集档案和其他有关记录、文献、资料的业务管理活动。又称档案收集工作。将分散形成或保存在各机关、组织或个人手中的及散失在国内外的档案（或其复制品）和其他有关记录、文献、资料，按照国家的有关规定，通过例行的归档制度、接收制度和专门的征集办法，有计划地分别集中到各有关档案管理机构的活动。

档案接收　档案机构按照法定的原则、程序和规定的制度移交和接收档案的业务活动，是档案机构补充档案资源的最基本途径，是档案机构取得和积累档案的主渠道。

接收要求　①各单位的档案机构，按归档制度，接收本单位工作活动中形成的具有保存价值的各种档案和可以补充和弥补档案内容的相关资料、文献。②省级以上（含省级）档案馆接收保管期限为永久的档案，省级以下（不含省级）档案馆接收保管期限为永久和 30 年以上（含 30 年）的档案。③档案馆要适应信息化建设的需要，接收电子档案和纸质档案的数字化副本。有条件的档案馆应根据国家灾害备份的要求，建立电子文件备份中心，开展电子文件备份工作。④档案馆在接收档案时，应同时收集有助于了解档案内容、立档单位历史的资料，收集有助于管理和利用档案所必需的专用设备。

单位档案机构接收范围　①反映单位主要职能活动和基本历史面貌的，对单位工作、国家建设和历史研究具有利用价值的文件材料。②单位活动中形成的在维护国家、集体和公民权益等方面具有凭证价值的文件材料。③单位需要贯彻执行的上级、同级单位的文件材料，下级单位报送的重要文件材料。④其他对单位工作具有查考价值的文件材料。

档案馆接收范围　①综合档案馆应依法接收本级组织机构，包括中国共产党委员会及所属各部门、人民代表大会及其常设机构、人民政府及其所属各部门和单位、人民政协及其常设机构、人民法院、人民检察院、各民主党派机关、人民团体（工会、共青团、妇联等）、国有企业、事业单位等的档案，并可全部或部分接收本级组织机构的下属单位和临时机构的档案；乡镇机构形成的档案列入县级综合档案馆接收范围；中华人民共和国成立前本行政区内各个历史时期政权机构、社会组织、著名人物的档案列入综合档案馆接收范围；本行政区内重大活动、重要事件形成的档案，涉及民生的专业档案列入综合档案馆接收范围；经协商同意，综合档案馆可以接收或代存本行政区内社会组织、集体和民营企事业单位、基层群众自治组织、家庭和个人形成的对国家和社会有利用价值的档案，也可以通过接受捐赠、购买等形式获取。②部门档案馆应接收本部门及其直属单位形成的档案，但其中履行行政管理职能的档案，要按有关规定定期向综合档案馆移交。③专门档案馆应接收本行政区内某一专门领域或特定载体形态的专门档案或档案副本。④国有企业、事业单位设立的档案馆应接收本单位及其所属机构形成的档案。国有企业发生破产转制，事业单位发生撤销等情况，档案可按照有关规定由本级综合档案馆接收。

档案征集　征集流散在各机关、各部门、个人与国外的有价值的档案和相关资料，是档案收集工作中必不可少的补充手段。一般采取在协商的基础上，通过复制、交换、捐赠、有偿转让等方式将档案征集到档案馆。在特殊情况下，集体和个人所有的对国家和社会具有保存价值的档案，当保管条件恶劣时，国家可将其收购或征购入档案馆。

档案寄存　通过协议的形式将档案存放到档案馆。寄存档案的单位或个人不失其所有权，并享有优先使用权以及能否准许其他人利用的决定权。已保存在博物馆、图书馆、纪念馆等单位的，同时也是档案的文物或图书资料等，一般由其自行管理。

法规与标准　档案收集应遵循的法规与标准主要包括：《各级各类档案馆收集档案范围的规定》（国家档案局2011年11月21日）、《机关文件材料归档范围和文书档案保管期限规定》（国家档案局2006年9月19日）、《企业文件材料归档范围和档案保管期限规定》（国家档案局2013年12月17日）等。（王英玮）

《档案术语词典》 *Dictionary of Archival Terminology*　档案学专业术语词典。由联合国教科文组织资助，国际档案理事会编写。1964年，国际档案理事会编写了第一部6种文字对照的《档案术语词典》，这本词典在统一档案术语概念方面起了良好作用，但由于收录的条目较少，知识覆盖面太窄，实用性受到限制。为此，国际档案理事会于1977年成立词典工作组，组织编写了新的《档案术语词典》。词典为“国际档案理事会手册丛书”的第3册，1984年由联邦德国慕尼黑K.G.绍尔出版社出版，并同时在纽约、伦敦、巴黎发行。词典工作组成员包括：P.沃恩（主编，英国）、弗兰科斯（编者，法国）、J.希姆里（编者，法国）、M.迪香（法国）、A.弗朗兹（德国）、A.阿拉贡（西班牙）、F.埃文斯（编者，美国）、P.多尔吉赫（苏联），以及国际档案理事会执行秘书C.凯斯凯姆蒂（匈牙利）。

词典收录了国际档案界通用的500多个术语概念，较1964年版本增加了近1倍。在1984年版的新词典中，每个条目的条头都使用英语、法语、德语、俄语、意大利语、西班牙语、荷兰语7种文字对照，释文使用英、法文。因大量的档案工作者使用的术语是来源于法律需要和行政管理实践，而这些内容在国与国之间，甚至在具有共同法律和行政背景与传统的国家，一般也是大相径庭的。因此，词典汇集了基本上为几种语言所共有的核心概念。具体释义形式和编排方式如下：在每个术语后解释列举其不同的含义，标以顺序号。如“Archives”一词主要有3种释义：①“档案”，即“非现行文件”之意。②“档案馆”，指负责档案的收集、保管和提供利用的机构。③“档案库”或“档案馆建筑”，指保管档案和提供档案利用的地方。同时，再以法语定义“Archives”一词。之后，按照D（荷兰语）、G（德语）、I（意大利语）、R（俄语）、S（西班牙语）的顺序列出对应术语，但不再给出具体释义。

词典的特色在于查阅利用方便，同时可供多语种的翻译工作者使用。另外，词典中除提供了几种语言中通用的最核心的纯档案术语概念，还吸收了随着现代技术的应用从相关学科中引进的一些术语概念，反映了各国档案工作和档案学术研究的最新成果。是各国档案人员进行业务交流和国际培训的重要工具书，对世界档案事业的共同发展具有积极的意义。（黄霄羽）

《档案数字化外包安全管理规范》 *Code for Security Management of Outsourcing of Archives Digitization*　中国关于档案数字化外包操作的安全管理规范性文件。国家档案局制定，2014年12月国家档案局办公室发布。是国家档案局为指导各级档案部门在档案数字化过程中加强对档案信息的安全管理，确保档案数字化过程中档案实体与信息安全而制发的规范性文件。

档案数字化外包，指各级各类档案馆（室）及档案部门在开展档案数字化工作中，由独立法人身份的档案数字化加工服务机构承担档案数字化加工的外包服务。《规范》分为7个部分。第一部分为总则。确定了《规范》制定的目的、开展档案数字化外包工作的对象、承担服务的对象。第二部分为档案部门的安全管理。要求档案部门在档案数字化外包工作中应成立管理组织，明确权责，作好数字化总体规划。第三部分为数字化服务机构的安全管理。规定了数字化服务机构应具备的企业资质和工作人员资质。要求制定保密制度、落实相关工作。第四部分为数字化场所的安全管理。对数字化加工场所的设立、安全管理要求、设备配置、数字化工作人员的管理作了规定。第五部分为数字化加工设备、网络环境与数据载体的安全管理。对档案数字化加工过程中使用的计算机、扫描仪等设备，网络环境安全管理与数据载体的安全管理做了详细规定。第六部分为档案实体的安全管理。详细规定了档案检查、筛选、清点、核对、消毒等环节的操作办法。第七部分为档案数字化成果移交接收与设备处理的安全管理。规定数字化任务完成后，档案部门要严格按照《规范》要求对成果进行交接、验收，并对数字化设备进行检查或做清除信息的安全处理。

《档案数字化外包安全管理规范》系统、全面、具体地提出了档案数字化外包安全管理要求，对档案部门强化数字化外包的安全意识，明确档案部门与外包服务机构双方的安全职责，实施规范管理，采用安全措施，保障档案实体与档案信息安全有重要意义。（钱　毅）

档案所有权　archives ownership　档案所有人依法对其所拥有的档案财产享有占有、使用、收益、处分的权利。档案所有权形式始终与生产资料的所有制形态紧密联系，有什么样的生产资料所有制形态，就有什么样的档案所有权形式。在以私有制为主的封建社会及皇权专制的中央集权制下，档案属于封建主或统治者的私有财产。中华人民共和国成立后，档案所有权由过去分散的，归不同政权或个人所有的状态，转变为集中统一归国家所有的形态。20世纪80年代以来，随着中国改革开放的深入发展，所有制结构从单一的公有制模式转向以公有制经济为主体、多种所有制经济形式共同发展的模式，档案所有权也出现以公有制为主体、集体所有制和私人所有制并存的形态。1987年9月，国家档案局局长韩毓虎在其所做的《关于〈中华人民共和国档案法〉的说明》中指出：“鉴于我国生产资料三种所有制形式的存在，在档案的所有制方面同样也存在着三种形式。”从国家管理层面明确提出档案所有权问题。1987年颁布的《中华人民共和国档案法》，从法律上确认国有档案所有权、集体档案所有权和个人档案所有权三种形式。1996年修订的《档案法》，在进一步明确国有档案的管理权限和职责的同时，对集体所有和个人所有的档案的归属、管理和利用等做出了进一步规定。2020年修订的《中华人民共和国档案法》（以下简称《档案法》）对国家所有档案和非国有企业、社会服务机构等单位和个人的档案管理及利用分别做出规范。

欧美国家从法律权属上将档案划分为公共档案和私人档案，将档案列入财产管理的范畴，档案所有权是档案立法的基本出发点。国际档案界认为档案所有权有三种形式：①归保存该档案的档案馆所有，即档案实体所有权。②归档案形成机关和个人所有，即档案内容信息所有权。③归版权所有者所有，即档案版权所有权。中国对档案所有权的关注始于20世纪80年代末。冯惠玲、张辑哲等人最早提出档案所有权的概念。

档案所有权主要由档案所有权主体、档案所有权客体、档案所有权权能及其实现构成。档案所有权主体是指档案所有人。国有档案所有权的主体是国家，非国有档案所有权的主体是集体组织和个人。国家作为国有档案所有权主体具有唯一性特征，其他任何单位和个人不能成为国有档案所有权的主体。国家各级档案馆代表国家行使国有档案的管理权，并负有依法维护国有档案财产完整与安全的义务，不得滥用其权利。依据《档案法》的规定，非国有档案所有权人对其所拥有的档案依法享有占有、使用、收益、处分的权利，但必须依据《档案法》的规定，非国有企业、社会服务机构等单位和个人形成的档案，档案所有者有权公布，并且应当遵守有关法律、行政法规的规定，不得损害国家安全和利益，不得侵犯他人的合法权益；对国家和社会具有重要保存价值或者应当保密的，档案所有者应当妥善保管。档案所有权客体是档案且仅限于档案财产这种特殊的有体物。档案信息中含有的知识产权属于无形资产，不是由档案本身而产生的财产收益，不属于档案所有权客体。档案所有权的内容由占有、使用、收益、处分四项权能组成。档案所有权的各项权能均是所有权人支配其档案行为的可能性的高度概括，它们相互联系，概括地、总体地、有机地解释着所有人支配档案的各种可能性，浑然一体地构成档案所有权的内容。在符合法律的规定或基于当事人的意愿和利益时，档案所有权权能可以分离，档案所有权权能分离主要是传达档案所有权人行使其所有权的方式，即由他人行使档案所有权的全部或部分内容，档案所有权人在相应范围内行使其所有权受到了限制。

占有权　指档案所有权人对档案进行实际控制或支配的权利。是档案所有权的一种事实状态，是档案所有人对所拥有的档案的控制和管领。档案所有权人可以自己行使档案占有权，也可以授权他人行使档案占有权。

使用权　指档案所有权人依照档案财产的性质和用途对档案加以使用的权利。档案所有权的主体在法律规定的范围内，有权对自己所拥有的档案使用和不使用以及如何使用做出决定。档案所有人根据法律规定或合同约定，也可将档案使用权转移给非所有人行使，非所有人对档案的使用权是由档案所有权派生的，依赖于所有权。非所有人行使档案的使用权，必须根据合同或法律依据，并且按照指定的用途使用。

收益权　指档案所有权人通过档案获取经济利益的权利，其他非经济收益如精神的愉悦与痛苦、名声的褒贬、社会地位的高低与影响大小等均不在此内。档案所有权的收益人只能是档案所有权人，利用者利用档案的收益不是档案所有权意义上的收益。国家档案馆作为国家授权的档案保管机构，主要依靠国家全额拨款，提供事业活动经费，用于维护和加强其职能，对国有档案财产收益权一般采取放弃原则，国家和法律均无赋予也无约定谁管理谁收益的档案收益权利。非国有档案所有人的收益权由档案所有权主体自行决定，国家法律没有明确禁止的规定。

处分权　指档案所有权人改变档案财产经济用途或存在状态的权利，是档案所有权主体对其档案财产在事实上和法律上处置的权能，是对档案财产拥有的最基本的权利。国家档案馆经国家授权对国有档案依法享有一定的处分权，这种处分权既包含法律上的处分如档案的开放、公布，又包含事实上的处分如档案的鉴定、销毁、档案复制件的出售等权利。属于国家所有的档案，任何组织和个人都不得出卖。《档案法》第二十三条明确规定：“禁止买卖属于国家所有的档案。”非国有企业、社会服务机构等单位和个人形成的、对国家和社会具有重要保存价值或者应当保密的档案，如果保管条件不符合要求或者存在其他原因可能导致档案严重损毁和不安全，档案所有者可以向国家档案馆寄存或者转让。省级以上档案主管部门可以给予帮助，或经协商采取指定档案馆代为保管，或依法收购或者征购。向各级国家档案馆以外的任何单位或者个人出售、转让或赠送的，须报经县级以上人民政府档案行政管理部门批准。严禁向外国人和外国组织出卖或赠送。已出卖的，国家有权予以追回。档案处分权决定着档案的命运与最终归宿，是档案利用中最容易引发法律纠纷的一项权能。

档案所有权的变更主要涉及档案的征集、征购、收购、捐赠、赠送、转让、交换、出售等形式，这些法律行为导致档案所有权权能发生新的变化。

档案所有权是档案学基础理论研究的内容之一，是档案工作必须明晰的法律前提。档案所有权对于档案所有权人合法权益的保护、国家档案馆合理配置与保管不同所有权档案资源、规范不同所有权档案的管理和利用以及明确数字档案的所有权归属和利用权限都具有现实的指导意义。档案所有权对于档案立法具有重要的参考意义。（张世林）

档案特藏室　special collection room for archives　保管特藏档案的专门场所。特藏档案具有特殊意义、价值较高，因此需要采取独特保护措施。档案特藏室和普通**档案库房**的不同，表现为收藏档案的特殊性。这种特殊性包括3个方面：①特别珍贵。即有特殊历史、艺术和科学价值的档案，包括形式特殊、载体稀少、内容珍贵的档案。②特别稀少。即同类档案存世很少，或者本身就独一无二。③特别古老。即产生年代比较久远。在图书馆界，有些图书馆设有特藏部，专门管理珍本、善本图书。在档案界，**美国国家档案馆**、加拿大国家档案馆等也将馆藏中特别珍贵、需特殊保管条件的档案集中进行管理。在有的国家，入选特藏室的特藏档案的条件包括：涉及国家重大秘密、特别珍贵、特殊载体等，由此可以将档案特藏室区分为涉密档案特藏室、需要特殊保管条件的档案特藏室、特别珍贵或重要的档案特藏室。20世纪90年代初，**上海市档案馆**和**中国第二历史档案馆**最早开始酝酿并建立了档案特藏室，制定了相应的标准和办法。随后，天津市、辽宁省、安徽省、湖北省、青岛市等档案馆也在建立特藏室方面进行了有益的探索和尝试。2001年，国家档案局召开的全国档案局长工作会议提出：“各级国家档案馆，尤其是副省级市以上档案馆，可以尝试建立‘档案特藏室’，采用先进的设施、设备，对特别珍贵、贵重的档案集中保管，实施特殊保管和利用。”

由此带动了中国档案特藏室的建设与发展，副省级以上档案馆以及部分企事业档案馆建立了档案特藏室。

特藏阅览室

正是因为特藏室档案的特殊性，其保护条件，例如温湿度控制、防光、防高温、防高湿（防潮）、防尘、防盗等方面具有更严格的要求。例如，档案特藏室的温度应控制在15～20℃，相对湿度在45%～60%。

档案特藏室以“藏”为主，是档案馆馆藏精品档案、“镇馆之宝”档案的保存场所，通过更为优良的环境控制保证珍贵档案得以妥善安全的保管，实现了“藏”的功能。与此同时，档案特藏室也成为馆藏精品档案、“镇馆之宝”档案的展示窗口，体现了“展”的功能。有些特藏室则将“藏”“展”功能进行区分，如**中国第一历史档案馆**于2003年建成了特藏库，区分为保管与展示两个区域。（周耀林）

档案提供利用　archives access　档案馆（室）通过一定方式使档案资料直接为社会组织和公民服务的工作。又称档案利用服务工作，简称档案利用工作。

基本内容　档案管理工作的重要环节，也是实现档案价值、发挥档案作用的途径。档案提供利用包括了解和熟悉馆（室）藏档案信息的内容和成分，各种档案检索工具的使用方法；分析和预测社会对档案信息的需求特点，把握档案利用需求的发展规律；向档案用户介绍和报道馆（室）藏中相关的档案信息线索，积极开展**档案咨询服务**；向档案用户提供所需的档案文献。世界各国的档案提供利用工作由于国情不一，在方式上各有不同，但都在档案开放的原则下，用法令、法规或政策形式予以确定。如日本规定档案馆的利用方式主要有阅览、复制、参考调查、借出和展览等；俄罗斯规定档案部门的档案要向国家各有关部门提供利用，答复咨询，对公民提供凭证，阅览室阅览，举办文件展览，还可利用出版、电视、广播、电影等形式报道俄罗斯**国家档案全宗**的文件和内容；英国规定档案馆长有义务为公众查阅和复制公共档案馆对外开放的公共档案提供适宜的便利条件；美国要求档案部门向联邦机构和公众提供文件或其他材料及复制件。《中华人民共和国档案法》及其实施办法对档案提供利用做了规定，并明确档案馆（室）提供档案利用服务的职责和社会组织与公民利用档案的权利，提出了“档案馆应当为档案的利用创造条件，简化手续，提供方便”的原则。

目的、作用和意义　档案提供利用是档案工作的根本目的。档案的社会效益和经济效益影响着档案的保存价值，要充分发挥档案利用的价值，最重要的一点是要提供利用，在档案利用中了解档案的价值。在中国，档案提供利用的根本目的是服务于以经济建设为中心的社会主义现代化建设，服务于政治、经济、科学、文化以及党和国家的其他各项事业。

档案提供利用对档案工作具有促进作用。一方面，档案利用工作具有宣传功能，能够使人们在利用档案的过程中认识档案的价值和档案工作的重要性，扩大档案工作的影响，增强人们的档案意识；另一方面，档案利用工作体现档案工作的成果，是衡量档案工作水平的主要标志。因此，做好档案利用工作能够促进档案工作的发展，提升档案工作的水平。

档案提供利用是档案工作最重要的一环。档案利用工作能够直接联系群众，并为群众服务，具有很强的服务性。一方面，档案利用工作主动的向社会公众提供档案服务，满足档案用户的利用需求。另一方面，档案用户不断对档案利用工作提出新的要求，因此，档案利用工作是不断与时俱进的。实践证明，只有搞好档案利用工作，档案工作才能开展顺利，反之则死气沉沉，打不开局面。档案工作要开创新局面，最重要的一环就是要搞好档案利用工作。（郝存厚　黄世喆）

档案统计　archives statistics　以统计数字反映和揭示档案及档案工作中各种现象的特征和规律性的工作。1951年，中共中央办公厅召开的党委秘书处长会议制定了《关于加强文书处理工作和档案工作的决定》。1956年4月，国务院发布的《**国务院关于加强国家档案工作的决定**》中要求“档案工作的任务就是要在统一管理国家档案的原则下建立国家档案制度，科学地管理这些档案，以便于国家机关工作和科学研究工作的利用”。1984年2月，国家档案局正式颁发了经国家统计局批准的《档案工作基本情况统计年报》，首次建立了全国统一的档案工作统计制度。这是全国统一的综合性定期统计报表制度，具有法规性，并纳入国民经济和社会发展的统计指标体系。

内容　明确统计工作的目的、任务，确定统计指标，调查获得统计指标数据，分析整理统计数据，形成统计报告。主要包括：①档案统计调查的内容和形式，根据不同目的和作用，可分为两大类，一是综合性统计和临时性调查统计；二是专项性情况和数量的登记。中国国家档案事业统计指标主要包括中央国家机关、大型企业档案部门、全国县以上各级档案事业管理机构和档案馆机构的设置和数量，现有专职人员的人数、年龄、文化程度、档案专业程度、业务职称，档案专职教育情况，档案事业经费，保存档案的种类、数量和保管期限，档案库房建设与面积，档案提供利用人次、调卷数量，整理编目，档案资料编辑出版等，共200余项统计指标。②开展**档案登记**，对档案管理工作中所出现的所有重要的事实、行为和数据进行随时随地的记录，获取统计数据和统计资料。档案登记是统计调查的基础，各档案馆（室）的原始登记与各级档案部门的统计工作相互结合，即形成档案统计网络。其主要登记形式包括填写和编制案卷目录与**归档文件目录**，档案收进登记簿，全宗名册，全宗单，全宗卡片，档案成分和数量变化情况报道表，案卷目录登记簿，总登记簿，档案出入库登记，档案清点、检查登记，档案利用登记簿，利用者登记，档案借出登记簿，以及各种台账等。③开展档案统计数据（资料）分析，形成统计报告和统计报表。④档案统计数据应用。在档案管理规划、计划、方案制定、工作决策、政策制定、法规标准制定、指导监督、沟通协调等各项档案工作活动中，利用档案统计数据及其分析结果，对档案和档案工作实施科学管理、有效监督和治理。

法律法规　档案统计应遵循相关的法律、行政法规、行政规章、地方法规、单位统计制度。其中包括《中华人民共和国档案法》及其实施办法，《中华人民共和国统计法》及其实施办法，《普查工作档案管理规定》（国统字〔2000〕70号），《企业档案工作规范》（DA/T 42），《社会保险业务档案管理规定（试行）》，国家档案局发布的8号令、10号令，以及《全国档案事业统计年报制度》和地方统计局的档案统计制度等。

意义和价值　档案统计是国家档案事业建设的一项重要的基础工作。档案统计可以通过真实有效的档案和档案工作数据的形式准确地反映出档案工作的真实情况，是揭示档案管理活动规律，科学组织和管理档案工作，对档案工作实行有效管理的重要活动。（王英玮）

档案统计年报制度 archives statistics annual report system 中国国家档案局为了准确地掌握全国档案事业的基本情况，以便对全国档案事业实行科学管理而建立的一项全国档案事业年度统计制度。

源流 中国的档案统计年报制度始于1984年。1984年2月，国家档案局正式颁发了经国家统计局批准的《档案工作基本情况统计年报》，首次建立了全国统一的档案工作统计制度。这是全国统一的综合性定期统计报表制度，具有法规性，并纳入国民经济和社会发展统计指标体系。1987年国家档案局对《档案工作基本情况统计年报》做了修订，并改称《档案事业基本情况统计年报》。从1991年起，实行填报《全国档案事业统计年报制度》。1999年，国家档案局对《全国档案事业统计年报制度》进行了第一次修订，增加了统计内容，并对“全国档案事业统计年报计算机管理系统”进行了改版。2006年，国家档案局对《全国档案事业统计年报制度》进行了第二次修订，对统计报表的格式进行了调整，并更新了“全国档案事业统计年报计算机管理系统”。2011年，国家档案局对《全国档案事业统计年报制度》进行了第三次修订，按国家统计局的要求进一步规范了统计格式，扩大了统计范围；增加了数字档案馆（室）、实物档案、政府信息公开查阅场所、爱国主义教育基地、对外服务用房、本年经费投入、陈列室、网上培训等统计项目和指标；完善了统计项目，取消了事业费、电子档案、本年移出档案、本年复制档案、在校生人数等统计项目和指标。

主要内容 档案统计年报制度制发的统计年报分为基本表和综合表两种。基本表由规定范围内的各级、各类档案部门填写，综合表供计算机综合汇总用。中央国家机关、人民团体、民主党派负责本机关及所属企业事业单位档案机构统计年报的汇总工作，然后将综合年报的数据于次年3月15日前报送国家档案局；中央级国家档案馆将本馆的综合年报数据于次年3月15日前报送国家档案局；地方各级档案行政管理部门负责本行政区域内列入统计范围的各级各类档案机构统计年报的汇总工作，并将汇总出的综合年报数据逐级上报到省、自治区、直辖市档案局，由省、自治区、直辖市档案局汇总出本省、自治区、直辖市的综合年报数据，于次年3月31日前报送国家档案局，同时抄送本省、自治区、直辖市统计局。

档案统计年报制度明确了报表目录，其中包括档案行政管理部门基本情况年报、档案馆基本情况年报、档案馆数字档案基本情况年报、档案室基本情况年报、档案室数字档案基本情况年报、档案专业教育基本情况年报、档案科技基本情况年报、国家综合档案馆基本建设情况年报，档案行政管理部门机构、人员情况综合年报，档案馆机构、人员情况综合年报，档案馆保存档案情况综合年报、档案馆保存数字档案情况综合年报、档案馆利用档案情况及馆内设备情况综合年报、档案馆利用数字档案情况综合年报、国家综合档案馆事业费和基本建设情况综合年报，档案室机构、人员情况综合年报，档案室保存档案情况综合年报、档案室保存数字档案情况综合年报，档案室利用档案情况及经费、档案室设备情况综合年报，档案室利用数字档案情况综合年报，档案专业教育情况综合年报，档案科技情况综合年报，档案事业机构、人员情况综合年报等。规定了上述报表的期别、填报范围、报送单位、报送日期及方式、页码数量等；明确了各种调查表的样式，并对主要统计指标进行了解释。

档案统计年度报表制度主要遵从《中华人民共和国档案法》《中华人民共和国统计法》及其实施办法，并依据国家档案局统一制定并经国家统计局批准的《全国档案事业统计年报制度》进行。档案统计年报制度的有效执行有利于准确地掌握全国档案事业的基本情况，是对全国档案事业实行科学管理的重要保证。（王英玮）

档案统计资料分析 statistical material analysis of archives 对统计资料进行综合归类、比较研究，以揭示档案、档案工作内在联系与发展规律的活动。档案统计资料分析具有数据性、目的性、时效性等特点。是根据档案统计的目标和任务要求，利用各种有效的统计方法，对各种档案统计对象的规模、速度、范围、程度等数量关系进行分析研究，认识和揭示各类档案和档案工作现象之间的相互关系、变化规律和发展趋势，借以达到对档案现象的正确解释和预测的一种专业性活动。运用统计方法，定量与定性分析相结合是档案统计资料分析的重要特征。档案统计资料分析报告是档案统计资料分析的表现形式之一，是档案工作人员在档案统计中对各种数字和情况进行综合分析、在形成观念和结论之后而写出的书面文字材料。一份高质量的档案统计资料分析报告，对于分析档案工作情况、总结档案工作经验、制定档案工作方针政策、改进档案管理工作都具有重要作用。档案统计资料分析中的各项统计指标的设定可以依据国家档案行政主管部门制定的**档案统计年报制度**中确定的指标项目。档案统计资料分析中常用的数值形式包括绝对数、相对数和平均数等。

档案统计资料分析应遵循的法律法规和制度规范主要有《中华人民共和国档案法》《中华人民共和国统计法》及其实施办法，国家档案局制定的档案统计年报制度等。

档案统计资料分析是总结档案工作中的典型经验，发现档案工作中存在的主要问题和矛盾，认识档案工作的现状、特点和发展趋势的重要手段，也是进一步提高立档单位和国家档案管理科学水平的重要措施。（王英玮）

档案统计资料整理 statistical material arrangement of archives 按照档案统计的目的和任务要求，依据档案行政管理部门的统计制度，根据统计对象的特点，对通过**档案登记**和统计调查的统计资料进行分组、汇总，使其集中化、条理化、系统化的活动或过程。档案统计资料整理是档案统计的第三阶段。该阶段是档案统计调查的继续，也是档案统计分析的前提。

主要内容包括：①审核统计资料。包括一手资料的完整性、准确性审核，二手资料的时效性、适用性审核。②进行统计分组。根据档案统计的目的和档案现象的内在特点，依据“穷尽原则、互斥原则”，按某个标志（或几个标志）把被统计对象的总体划分为若干个不同性质的组。③进行资料汇总。这是档案统计资料整理的中心内容。④编制档案统计表或档案统计图。这是档案统计资料整理的结果。

承担档案统计工作责任的档案行政管理部门、档案管理机构、各立档单位，应根据国家档案局制定并经国家统计局批准的《全国档案事业统计年报制度》的要求，依法开展档案统计资料的整理工作。档案统计资料整理应遵循《中华人民共和国档案法》《中华人民共和国统计法》及其实施办法的有关规定。

系统化的档案统计资料能对立档单位及行业、区域和国家档案事业的总体做出概括性的说明，揭示出其内在特征。在档案统计中，档案统计资料整理具有承前启后的作用；没有档案统计资料的整理，再完备的档案统计调查和登记都是徒劳的，档案统计分析也无从着手。（王英玮）

档案外借服务 archives lending service 档案馆（室）按照一定的制度和手续，暂时将档案借出馆（室）外使用的档案利用服务方式。档案馆档案一般不借出馆外使用，在个别情况下，为照顾某些工作岗位的特殊需要或必须用档案原件做证等特殊需要，才可以将档案暂时借出馆外。在机关和企业内部，尤其是企业，档案携出档案室使用，包括到科研、生产一线现场提供，相对多些。如认为必要，档案室还可采取送卷上门的主动服务方式，充分发挥档案的作用。但特别珍贵和易损的档案是禁止借出的。

对档案外借使用，须建立严格的制度。经一定的审批手续，档案材料方能外借；借出期限不宜过长；数量也应有所限制；借用单位和个人要负责档案的安全，不能将档案转借和私自摘录、复制、翻印、更不能遗失、拆散、调换、抽取和污损档案材料，并保证按期交回。在企业的科技档案外借工作中，本着既方便服务，又严于管理的思想，摸索出许多行之有效的工作方法和制度，如借阅者身份审查手续、借阅登记手续、借阅清点手续和借阅证制度、催还续借制度、调离认可制度等。

（黄世喆）

档案网站 archives website 档案部门根据一定的规则，使用一定的工具制作的提供档案工作信息和档案利用服务的相关网页集合。档案网站是档案管理机构宣传档案工作、实施信息公开、提供社会服务的重要途径，档案网站建设是档案信息化建设的一项基础性工作。档案网站的主要优点有：信息传递迅速，信息公开及时；运用多媒体技术，图文并茂，生动活泼；档案利用服务方式新颖，获得便捷，互动性强，不受时间及空间的限制。

20 世纪 90 年代，随着网络技术的发展，档案工作者开始意识到网络对于档案工作尤其是档案宣传和利用服务工作的重大意义，档案网站应运而生。90 年代中期，国外档案界开始在互联网上建立档案网站，发布档案信息，提供利用服务。如**美国国家档案与文件署**、**加拿大国家图书档案馆**、英国公共档案馆等先后建立了自己的网站。1996 年，北京市档案局（馆）建成档案网站，开启了中国档案网站建设的先河。1998 年，上海市档案局（馆）开通档案网站。1999 年，中国举行“政府上网工程启动大会”，揭开“政府上网年”序幕。中国档案网站建设全面启动，并呈逐年增长的趋势。各省、市、县档案机构相继建立了档案网站，专业档案馆、**部门档案馆**、高校和企业也较为普遍地建设了档案网站。档案网站的栏目通常设置《馆长致辞》《局馆介绍》《机关职能》《工作动态》《实事要闻》《档人风采》《政策法规》《基层局馆》《馆藏介绍》《史海钩沉》《名人档案》《珍贵档案》《大事记》《地区风貌》《档案目录》《档案检索》《现行文件检索》《网上展览》《网上视频》《利用指南》《史料出版》《档案公布》《学术科研》《档案征集》《档案培训》《服务咨询》《学会杂志》《网站介绍》《相关链接》《论坛》《站内搜索》《网站地图》《在线咨询》《留言建议》等。

2003 年起，**中国人民大学信息资源管理学院**成立“档案网站调查和测评项目组”对中国省、市级档案网站进行了多次测评。指标体系由资源服务、业务建设、网站设计 3 个一级指标、21 个二级指标和 65 个三级指标构成，比较系统地反映了省、市级档案网站建设水平。档案网站是档案信息化建设的组成部分，是提升档案事业治理能力和服务能力的平台。随着社交媒体的广泛应用，档案部门除了开设档案网站之外，还采取开通自媒体平台账户、在社交媒体上传资源等方式开展宣传和服务，形成立体化的数字信息服务空间。

（黄玉明　黄　静）

《档案文件管理系统及其服务机构调查手册》 *A Guide for Surveying Archival and Records Management Systems and Services: A RAMP Study* 关于档案方法、规范和标准领域的著作。**国际档案理事会**和联合国教科文组织综合情报计划处在“文件与档案管理规划”的合作项目下撰写而成。1983 年，在法国巴黎用英文出版。“文件与档案管理规划”（RAMP）合作项目是为了更好地满足成员国特别是发展中国家在**档案管理**和文件管理的专业需求，目的是促进国家、区域和国际信息政策和规划的制定，传播信息处理的方法、规范和标准，有助于信息基础设施发展，推动了教育、文化、通信、自然科学及社会科学专门信息系统的进步，同时促进了信息工作者的培训和教育。

内容分为两部分：第一部分是手册中使用调查项目与术语的定义和说明，共包括 50 多个调查项目和术语，并规定了调查的时间范围和统计单位。第二部分为调查项目，包括**档案机构**的概况、法规、人员、预算、建筑和设备、馆藏、基础工作及利用服务等。主要面向档案和文件管理系统服务的高级**档案工作者**、管理者和主任，也旨在用于专业培训课程教学，促进概念和术语使用，普及功能和活动的定义，对进行档案及档案机构调查统计工作提供指导和参考作用。

（黄霄羽）

档案文献编排 archival documentation arrangement 依据一定的体例对选入档案文献汇编的档案文献进行分类和排列。对选入档案文献汇编的很多份档案文献的整序方法和组织形式。通过编排，加强了档案文献间的联系，确定了档案文献间的关系，编制了档案文献汇编目录，既便于以信息组合反映、说明题目，也便于读者对汇编材料的阅读、检索。档案文献汇编体例的形式是多种多样的，这是由档案文献汇编题目的多样性、档案文献内容成分的复杂性以及篇幅不同等因素决定的。汇编体例决定着汇编的结构形式，直接影响着阅读利用的效果。因此，编者在具体确定一部档案文献汇编的编排体例时，既要从档案文献的实际出发，也要以方便读者阅读为前提。

档案文献汇编体例的种类包括：按照档案文献形成的时间顺序依次排列档案文献；按照汇编题目包括的几个基本问题编排档案文献；按照历史事件发展的阶段编排档案文献；按照汇编题目涉及的不同地区编排档案文献；按照档案文献作者或通讯者编排档案文献；按照汇编内档案文献的种类编排档案文献。

档案文献汇编体例的层次包括：不设类编排、单层分类编排和多层分类编排。

不设类编排是最常见、最基本、最简单的编排体例。指汇编内全部档案文献按照形成时间的顺序依次排列，目录的编写是将选入汇编的**档案文献标题**依次排列。既可以自然地看出一个问题的发展过程，同时也便于编排顺序。适用于收入汇编的档案文献数量庞大，种类繁多，内容涉及的问题较广，难以归类的情况。

单层分类编排是按照一种分类特征设一层类别的编排形式。常见的单层分类编排形式有：①历史时期—时序。②问题—时序。③地区—时序。④作者（通讯者）—时序。⑤文种—时序等。

多层分类编排是按照两个或两个以上的分类特征逐级分层设类的编排形式。常见的多层分类编排形式有：①历史时期—问题—时序。②文种—问题—时序。③问题—问题—时序。④问题—文种—时序。⑤历史事件—地区—时序。

选择一部档案汇编编排体例，要考虑 4 个方面的因素和条件：①档案文献汇编题目的客观内容。②档案文献汇编的目的。③档案文献汇编的编纂形式（全录或节录）和篇幅大小。④汇编选入的档案文献的特点。

汇编内档案文献的分类编排要求：①最大限度地体现档案文献之间的最主要的或

最基本的联系。②要遵守逻辑分类原则，包括辩证逻辑和形式逻辑两个方面。

档案文献归类排列的形式包括：①从档案文献内容与所属类别的内在联系上归类。②按档案文献反映的主要内容归类。③有些性质不尽相同却属于同一案件的档案文献，为保持案件的完整性，仍宜集中在一起，归到其主要意义所属的类项中去。④如果档案文献属于全面的、综合的、概述的或某些较散的几份档案文献，不宜归入汇编中的某个具体的、局部的类项中，则可在各类、项之前，设综合类或总类归属之。⑤一些档案文献可以用附录的形式加以编排。

在确定每份档案文献应归属某一类之后，要按照编排体例将全部选定的档案文献逐件进行排列，以固定每份档案文献在汇编中的位置，在排列过程中，要求按一定的规律进行排列，保持各份档案文献的系统性，并注意其相互的历史联系。具体排列方法有：①按时间顺序排列档案文献。②按档案文献重要程度从高到低依次排列。③在档案文献的排列顺序上，体现编者的思想倾向性。（冯　叶）

档案文献编纂 archival documentation compilation　编纂者按照一定的题目要求，对档案信息进行搜集、筛选、审核、加工、整序、评介，以档案文献出版物的形式向社会用户提供档案信息的工作。是深层次开发档案信息资源的重要方式，是对档案信息进行社会性传播的基本途径，是对档案从内容上进行整理、编辑、研究的必要步骤，也是国家授权档案馆或者有关机关公布属于国家所有的档案的合法措施。档案文献编纂在档案工作中占有重要地位，是档案馆主动、集中、广泛提供特定档案资料为社会利用的有效手段。档案馆、**档案室**或有关机关应以已积累的特定内容或特定范围的档案资源为基本条件，切实考虑社会对某一方面档案信息广泛、长远、系统、科学的利用需求，按照档案文献出版物的体例规范，在编纂者深入掌握相关档案信息的价值和特点、掌握相关领域的基本知识及研究成果的基础上，遵循信息社会化交流的规律和制作规范出版物的程序，对档案信息进行再组织、再加工，从而形成某一题目的档案文献编纂成果，供社会利用。

编纂者、档案信息、编纂过程、档案文献、用户是构成档案文献编纂工作的五大基本要素。档案文献编纂活动是由编纂者所进行的有意识、有目的的变革档案信息存在状态及表现形式的能动的社会实践活动。编纂过程是将某一部分相关档案信息经过编纂者付出知识密集性的创造性劳动，转化成档案文献出版物底稿的系统程序。研究档案信息的价值、分析原生档案信息保存状态及表现形式的优点及不足，在更高水平上建立各条档案信息之间的联系，从而以新的表现形式来传递相关档案信息，是档案文献编纂过程的实质。档案文献是档案文献编纂工作的产品，将档案文献出版物底稿经过编辑、出版部门转化为成批量的档案文献出版物提供给社会用户，是档案文献编纂工作最终完成的标志。

关于文献整理出版，中国古代有编、纂、集、校、论、辑、编纂、制册章表书、比次之书、案牍图牒之书、纂辑之史等概念。编是确定体例、组织排列的意思。纂是收集遴选、整理聚辑的意思。“编纂”一词最早出现在唐代。编与纂的结合，兼有编述、抄纂两方面的含义，指对文献中的知识既从次序上又从内容上加以整理。20世纪中叶出现文献公布、文献编纂概念，80年代出现档案史料编纂、档案文献编纂概念。1960年中国档案界出现档案编研工作概念，实指广义的档案文献编纂工作，以与仅含原文编纂的狭义档案文献编纂工作相区别。档案文献出版物内容各异，体例有别，层级不一，其中档案文献的原文编纂是整个档案文献编纂工作的主体，真正对历史研究和现实效用最具价值的大多是要籍型的档案文献汇编。

档案文献编纂工作有自身独特的专业工作内容，这些工作内容组成一个系统工程，从而和其他工作在工作对象、工作环节、工作方式、工作成果诸方面相区别。档案文献编纂具体业务工作包括**档案文献编纂选题**，档案信息搜集，档案文献选材，档案文献考订，**档案文献文本选择**，一次档**案文献正文加工**或二次、三次档案文献编写、编制，**档案文献汇编辅文**、附录编制，总纂，审核，装帧设计，校对，出版等。除了上面的业务环节，还包括组织管理工作，如制订规划和计划、进行总体设计、编制工作规范、确定协作单位及人员分工等。

档案文献编纂工作溯源　自从人类进入文明社会，随着文献的产生和不断积累，人们便萌发了对文献加以编纂的意识和实践。在中国传统文化中，古人对文献的保存、积累、整理、流传尤为重视。中国档案文献编纂在中国文献编纂领域占有极其重要的地位。中国档案文献编纂历史悠久、成果丰硕，发达的档案文献编纂活动是中国档案界的优良传统。中国是文明古国，由于历代档案文献编纂活动的开展保留了各个朝代档案内容的精华，较完整、系统地载录了中国社会发展的历史轨迹，存贮并传承了灿烂的中华文化。

中国档案文献出版物历史悠久，源远流长，类型多样，卷帙浩繁。春秋时期，孔子删《诗》《书》，订《礼》《乐》，赞《周易》，修《春秋》，编订六经，是中国历史上有史可考的第一次档案文献编纂活动，使商周珍稀文献得以流传。六经中的《尚书》是中国第一部典型的档案文献汇编。六经作为传世2000余年的经典，其重历史、尚正统、讲仁和、崇礼教、善辨证、尊文献、喜诗文等文化基因深溶于中华民族血脉之中。春秋战国到魏晋南北朝，编纂档案文献及编史修志，多成于一人之手。隋唐之后历朝历代档案文献编纂活动因革不断，维护皇权的实录、圣训、**玉牒**、诏令、**敕谕**以及臣僚的奏章**文集**是封建社会档案文献编纂的基本选题。封建帝王或下诏修纂，或设馆任官，或书序作按，或责限进呈，或敕令颁行，制度严格，考校翔实，开展持续，敷成系列。

中华民国时期受社会变动及文化发展的影响，出现了具有近代意义的档案文献编纂工作，既有官府编纂的档案文献，也有民间组织乃至个人编纂的档案文献；既编纂当代形成的各类官私文书，也整理考古成果、发掘历史遗存。中国共产党成立后，为宣传党的主张和教育干部，在各个历史时期均进行了党的文献汇编出版工作。

20世纪中国档案文献编纂形成了3次高潮：①10～30年代的抢救性编纂高潮。特点是：涉及新史料广泛；著名学者和文化学术团体为主要编纂力量；在编纂体例、出版方式、考订辨伪方面更趋多样精细；档案文献编纂工作的文化、学术功能得到加强。②50～60年代的适应性编纂高潮。特点是：历史档案文献编纂覆盖面广、加工深。从殷商至解放初的重大历史课题，都有相应的档案文献出版。除综合性编纂题目外，涉及政治、军事、经济、文化、教育、民族、宗教、技术、自然等各个专题；历史学家是编纂力量主干，档案部门编纂出版档案文献开始起步。③80～90年代的开发性编纂高潮。特点是：档案部门已成为编纂公布档案文献队伍中的一支重要力量；档案文献编纂纳入社会发展规划之中；档案文献编纂工作走向法制化轨道；现代信息技术在编纂工作中初步得到了应用。**中国第一历史档案馆**继承其前身**故宫博物院文献馆**编纂公布档案文献的历史传统，是中国的档案馆中出版档案文献时间最早、数量最多的档案馆。

档案文献编纂工作理论基础　马克思

主义认识论是档案文献编纂工作的哲学理论基础。在文献信息资源中，档案以其特有的内容和形式与人类的反映、认识发生着极密切的关系。全面地获取档案信息、科学地利用档案信息，已成为扩展和深化人的认识，使人的认识得以发展的重要途径之一；借助档案文献编纂工作对档案信息进行科学开发，能为人们深化认识、探求客观规律创造较好的中介条件。

档案两步整理论是档案文献编纂工作的档案学理论基础。第一步，收集起来，系统分类，整理成卷；第二步，抽取信息，编纂成书，传播共享。档案实体及其信息的存在状态和表现方式的局限性决定了开展档案文献编纂工作的必要性。档案的孤本性、特藏性同人们便捷地、广泛地、经常地、共同地利用需求之间存在着矛盾；档案数量浩大、保存分散、混杂无序状态与人们利用时要求尽量完整精练、集中有序、减少干扰的要求之间存在着矛盾；档案信息原态表现方式造成的识读、理解障碍与利用者要顺利地阅读档案，准确地理解档案，正确地利用档案之间也存在着矛盾。不解决这些矛盾，不将档案信息的表现方式加以恰当的转换，不对利用者予以适当的帮助，就难以疏通利用档案信息的障碍、加快利用档案信息的效率、扩大利用档案信息的用户、提高利用档案信息的效果，也难以使档案信息在社会上被人们理解而得以长久、广泛地流传。开展档案文献编纂工作是档案信息向社会流动的内在要求决定的。

信息共享论是档案文献编纂工作的信息学理论基础。文献信息具有可共享性、可扩散性、可知性、可转换性、可浓缩性、可再生性、可传递性、可存贮性，档案信息也同样具有这些属性。档案文献编纂工作之所以能够进行，档案信息的存在状态及表现方式之所以能够向着人们希望的方向变革，正是因为其建立在认识并利用档案信息这些属性的基础之上。

总之，档案信息对人们认识的延续和发展是必要的，对档案信息的进一步加工、整理是档案工作的必然要求。同时，这种加工、整理是可行的，是可以按照人们所预定的目的实现的。

档案文献编纂工作性质　档案文献编纂是一项学术研究性、资料服务型的专业工作。学术研究要贯穿、寓于资料服务之中，资料服务要依据、富含学术研究成果。档案文献编纂工作是以库藏档案信息为原料，经过对档案信息的开发与研究，创造能进行社会性文献交流的档案文献出版物的著作行为。

档案文献编纂是一项学术研究工作，主要表现在：档案文献编纂题目的确定，必须掌握相关学科学术发展前沿及资料拓展要求；档案材料的搜集和挑选，必须以广阔的学术视野和识见为基础；对档案材料的释读、加工、辨伪、校勘、序化、注释等，必须具备相应的学识和功力。

档案文献编纂是一项资料服务工作，主要表现在：档案文献出版物内容主体是档案文件原作者的原文作品或原作者提供的原始信息；编纂者是围绕题目所应包括的档案信息开展所有工作的，是为用户更广泛、方便、快捷、集中、系统、准确、易读、可靠地利用这些档案信息提供资料服务的，不是编纂者的原创性著作。

①高质优效地向社会传播档案信息是档案文献编纂工作的基本内涵。它不同于为利用者调阅档案原件的一般管理性的*档案利用服务*工作，也不同于主要发挥著作者的政治见解和学术观点等独创性思维而自成一家之言的一般著述性活动，而是一种以生产档案文献出版物为特征的特殊的著作行为。档案文献出版物是通过编纂者智力加工档案信息而形成的劳动成果。用户在利用档案文献出版物时，既可从中获得相关的高质优效的档案信息，又可从中获得编纂者提供的高质优效的信息服务，而且这两方面是有机地凝结在档案文献出版物之中的。客观存在的档案信息，不经过编纂者运用智力加以开发与研究，是不可能自动显现价值、改善组织、优化分布、活化流动的。通过编纂活动，档案信息会从诸多方面不同程度地得到增值，档案信息的开放程度、知名程度、公认程度、便检程度、扩散程度、共享程度、明晰程度、组织程度、整合程度、密集程度、压缩程度、转换程度，在编纂前后是不一样的。档案信息经过编纂转化为档案文献信息后，其价值实现的条件、背景、范围、角度、方式等发生很大变化，其品质特征、内在联系、整体功能、传播活力等均会得到不同程度的增强。②依法规范地向社会传播档案信息是档案文献编纂的外在形态。中国的著作权法将整理文献工作明确规定为著作行为，成果受到著作权法的保护。档案文献出版物是依赖即存的档案从事再创作而产生的作品，一般属于演绎作品。中国的档案法将档案文献编纂工作界定为“组织编辑出版档案材料”，属于著作行为，出版的“档案材料”属于档案部门研究人员的编纂作品。

档案文献出版物必须先符合社会对所有出版物的一般规范要求，若偏离了任何出版物均应遵循的一般规范，即从根本上失去了档案文献编纂工作成功的可能性。档案文献出版物的重要功能，使社会对编辑水准要求之高、客观效果关注之切，往往超过一般出版物。档案文献出版物的特殊要求和特殊难度，决定档案文献编纂工作是一种特殊的高度严肃、极需功力的著作行为。合格的档案文献编纂工作必须以合格的档案文献出版物为表征，社会赋予编纂者著作权方面的法律权力，同时社会也向编纂者提出应负的法律责任。整个档案文献编纂工作的核心，就在于把握档案文献出版物规范性与特殊性的统一。

档案文献编纂工作基本原则　①以对档案信息的深入研究为基础，是档案文献编纂工作应遵循的科学性原则。档案文献编纂工作研究涉及诸多方面，而研究重点是档案信息。中国的档案法、档案工作条例与行政法规中凡涉及档案文献编纂工作时，均把“研究档案内容”作为其前提条件与基本要求。在档案文献编纂工作中必须严格坚持实事求是的科学态度，按科学研究的客观规律办事，客观全面地提供档案信息的实际内容，尊重历史，尊重事实。档案文献出版物所提供的档案信息，必须以真实可靠的档案为据，以有利于维护历史实际和探求客观规律为本，做到信实可徵，文直事核。②以国家出版方针及相关法律规定为依据，是档案文献编纂工作应遵循的政治性原则。在档案文献编纂工作中是否认真贯彻国家制定的出版工作方针，关系到档案文献编纂工作是否从大的方面符合时代的需要、符合全国大局和人民根本利益的需要。编纂出版档案文献，是用历史的经验为现时的斗争、现时的工作服务，为未来的发展、长远的需要服务，必须服从于、服务于全党的大局、全国的大局。档案文献编纂要遵从国家方针政策，不得违背与编纂活动相关的法律，执行审批手续，符合保密规定。要注意处理好档案馆与档案原作者、公布权归属者的关系，处理好档案室与单位的关系、与有关作者的关系。③高质、适时、适度、适量地实现档案信息共享，促进经济发展和社会进步，是档案文献编纂工作应遵循的效益性原则。档案文献出版物是投向社会文化市场的一种兼有精神属性与物质属性的特殊商品。档案文献出版物可以作为人们从事研究与决策的依据、进行精神生产的资料，也可以作为人们丰富精神世界、提高文化素质的消费品。档案文献编纂主要是对人类社会活动原生信息进行纵向系统加工，其成果要求具有历史回溯性和权威真实性，在对档案信息进行遴选、转录、编排、浓缩、组合的过程中，必须如实保持档案信息的原本性。质量是档案文献出版物的生命线。编纂者必须具有极强的质量意识，当条件较好时，甚至应具有极强的精品意识，编出有特色的经得起历史检验的成果。编纂工作全过程必须有严格的质量管理，编纂工作形成的出版物底稿必须有负责任的审查把关，编纂成果付印前必须经过编辑认真审稿，符合《图书质量保障体系》的要求。衡量档案文献出版物质量的客观标准是其在促进经济发展、精神文明、社会进步方面所发挥的社会效益的状况。当编纂、出版工作自身的经济效益与社会效益发生矛盾时，经济效益必须服从社会效益。编纂题目的立项、编纂形式的确定、编纂计划的实施，都要从客观需要与档案状况的实际出发，考虑适用，注重实效。编纂要充分把握社会利用某一方面档案信息时机的急迫性、常规性、循环性，掌握档案信息利用高峰出现的规律，适时提供档案文献出版物；要根据档案信息的价值及用户利用档案信息的特定要求，恰当地把握档案信息开发的深度与广度，把握好涉密档案信息的处理，根据题目编纂的特定目的和针对性，适度提供相应的档案文献出版物；要在使题目有关档案信息得到充分开发，使读者得到较全面信息的前提下，尽量控制档案文献出版物的篇幅，做到适量提供档案文献出版物。

档案文献编纂工作基本功能 档案文献编纂的政治功能 ①档案文献编纂是体现统治阶级意志的有力工具之一。从历史上看，统治阶级始终将档案文献编纂工作牢牢掌握在自己手中，将档案文献出版物作为维护其统治的重要工具，在阶级社会中，最高统治者及各级衙署形成的官府档案，多是在处理行政、法律事务过程中形成的，内容往往带有较强的阶级性。按照统治者的特定政治意图，将这些档案中需要并允许的部分编纂成书，则更能集中地、更具权威性地体现统治阶级的意识形态，更能强化其意志的推行与贯彻。在社会主义国家，无产阶级应该很好地研究、认识、运用档案文献编纂的政治功能，为党和国家现实的政治斗争、政治任务、政治路线服务，为社会主义事业服务。②档案文献编纂可以成为统治阶级借鉴历史经验、总结现实经验的重要资治门径。中央档案馆、中央文献研究室等编纂出版的《**中共中央文件选集**》《十一届三中全会以来党的重要文献》等汇编，为用党的历史经验武装党的干部提供了完善条件，必将为国家沿着正确的路线、方针、政策顺利发展，发挥重要而深远的作用。③出版档案文献在特定条件下可以成为进行国内、国际政治斗争的重要方式。根据特定需要，选择特定时机将特定重要档案内容编纂公之于世，会产生重大政治影响。④档案文献有的可以成为进行政治思想教育的生动教材。在出版的档案文献中，无产阶级革命家关于修养的论述，革命烈士的日记、家信、**遗书**等，都是进行社会主义、爱国主义政治思想教育的优秀教材，其生动而深刻的感染力是其他书籍难以相比的。

档案文献编纂的文化功能 ①档案文献出版物的科研条件功能。档案文献编纂与历史研究有着极其密切的内在联系。中国史学史上的许多鸿篇巨制都是以较扎实的档案文献编纂为基础的。近现代的档案文献编纂成果不仅创造了社会性地进行历史科学研究的良好资料条件，而且档案文献的流传、增补及其编纂水平的不断提高，为史学著作提供了立论凭据或纠谬支撑。随着档案门类的不断扩展，档案内容的不断丰富，各种档案文献的出版有助于加快科学研究的进度，提高科研成果的质量。②档案文献出版物的文化缔构功能。文化品位高的档案文献经由教育、通信等渠道得以强化、完善、普及，遂成为培育民族文化营养源泉的一部分。凡文化产品须循优存劣汰的规律，递经历代编纂而不逊，能不断适应变化着的文化缔构者得以保存、流传，并通过增殖发挥出新的作用；而不能进入、参与文化缔构，或仅能短暂地适应一时的文化缔构者，则难以对人类文明产生深远的影响。中华文化以其博大精深涵育着极强的生命力，其中文献编纂之功实不可没。每个国家的档案文献编纂工作，都会对该国的文化缔构产生重要影响，而一个国家内各地档案馆、室的档案文献编纂工作，除了可对国家文化的发展产生程度不同的影响外，更在缔构地区文化、民族文化、社区文化、机关文化、军营文化、企业文化、校园文化等领域发挥特殊重要的作用。

档案文献编纂的经济功能 ①档案文献出版物的管理功能。档案文献出版物可以给各方面管理人员提供与管理对象及其环境相关的背景知识、基本常规、参考模式、论证数据、经验教训，便于掌握管理对象的具体发展历程和未来运行机制，从而获取管理的主动权。高质量的档案文献出版物是帮助年轻干部顺利掌握实情、提高管理水平的得力助手。依靠密级可控互联网，及时、全面、系统、准确地利用档案文献数据库，越来越成为行政领导决策、企业经营管理、科研创新攻关的重要条件。②档案文献出版物的经济效益。包括两个方面，一是编纂者、出版者所获得的经济效益，可称为出版经济效益；二是用户通过利用档案文献出版物所达到的经济效益，可称为社会经济效益。只有从总体上切实保证良好的出版经济效益，才有利于档案信息开发的顺利开展和良性循环，但具体到某一项编纂工作是否可行，则绝不能仅从出版经济效益来考虑。

在将科学技术转化为直接的现实生产力的过程中，档案文献出版物往往能为人们切实掌握科学技术创造其他文献难以与之相比的条件，其信息之系统、数据之翔实、图样之完备、说明之具体，使所传播的科学技术具有很强的可操作性、可模仿性、可套用性、可参照性，因此人们利用科技信息含量高的档案文献，往往可以在恢复、扩大生产，维修设备，引进、改造工艺，乃至进行发明创造方面获得显著的社会经济效益。

档案文献编纂工作发展趋势 在建设中国特色社会主义新时代，中国档案文献编纂工作必将发生巨大变化，迎来更大发展。①随着中华民族伟大复兴的实现，一大批体现中华文化的大型世纪性档案文献编纂工程将提上日程。在纪念中国共产党建党一百周年等重大历史性活动中，出版相应的档案文献汇编精品是世人所期待的。一些历史集成型编纂项目，根据人才培养状况有可能开始启动。如历代诏令的汇编与**选编**、历代奏议的汇编与选编、中国各条战线英雄人物档案遗产全录等选题在条件成熟时应逐步有所规划。②档案文献编纂工作将在促进国家和社会各项事业进步，推动国家各项建设事业发展与改革创新方面取得更多更实际的社会效益、经济效益、管理效益，将要在弘扬中华文化，扩大国际文化交流方面做出更大的贡献。档案文献编纂工作将要得到更全面的发展，历史档案文献编纂在发掘新选题、编出新水平，适应新读者方面要有所作为；近期档案与现行文件的编纂出版要更加贴近广大干部与普通民众的实际需要，最大程度地发挥信息透明效用，及时达到共享；科技档案文献及专门、专业档案文献的编纂要更加广泛地开展，企事业单位档案室要适应科技活动、专业活动运行的特殊规律，在**二次档案文献**、三次档案文献编纂的选题上要有所突破，体例上有所创新。档案文献编纂工作要加强法律意识，加强工作的规范化和制度化，加强档案文献编纂成果的宣传力度和对用户有针对性的调查。③档案文献编纂工作将迎头赶上信息社会的现代化潮流，在编纂手段和成果形式上有重大转变。档案文献编纂工作应在各个编纂环节实现现代化，充分利用网络环境和计算机操作。应发展多种信息记录形式和传播方式，如电子出版物、电子档案文献库、影视声像作品、多媒体数据库、网上出版等。档案文献编纂工作现代化将减轻劳动强度，加快编纂进度，缩短出版周期，各式编排共存，多种媒体结合，提供全新的编者与用户之间的互动模式，使档案文献编纂工作由半封闭向全开放转变。（韩宝华）

档案文献编纂程序 archival documentation compilation procedure 将特定档案信息转化为档案文献出版物的实践途径和工作流程。档案文献编纂工作是一项对档案信息资源进行挖掘、开发，对档案文献进行组织、整理、加工、传播的复杂系统工程，是按一定程序开展的编纂实践活动。不同级次、不同类型的档案文献出版物的编纂程序不尽相同，其中一次档案文献的编纂程序为基本型编纂程序。一次档案文献编纂程序可归纳为档案文献编纂选题、档案信息筛选、档案文献加工、档案文献出版4个步骤。一个步骤的工作状况直接影响着下一个步骤的进行，并与整个档案文献编纂成果的质量紧密相关。有的档案文献出版物，视需要还有评注、拍照、编写、编制、翻译等步骤。编者应以严谨的态度对待档案文献编纂的每一步骤以及各步骤中的各个环节。

档案文献编纂选题　档案文献编纂选题是编纂者根据社会需要和馆（室）藏档案的状况，从众多题目中确定一个题目作为本次编纂活动的特定目的。选定编纂题目是档案文献编纂工作的首要环节，对档案文献编纂工作具有举足轻重的作用，编纂题目的品质直接影响到编纂成果的社会效果和编者的经济效益。选题的过程包括选题的提出、选题的论证、选题的优化、选题的确定。编者在整个选题过程中应考虑题目的创新性、前瞻性、效益性、特色性、可行性，考虑用户的利用需求、编者自身的编辑力量、材料基础（即选题所依据档案的价值、数量和构成）等条件。选题工作的完成，标志着编纂活动的立项，确立了编纂成果的内容主题和服务目标，搞清了进行编纂工作的基本思路。

档案信息筛选　档案信息筛选包括档案信息的搜集、挑选和审核3个环节。档案信息的搜集应坚持“全面查找、宁多勿漏、博约得当”的原则，采取明确查找范围、合理规划查找的轻重缓急、充分利用各种检索工具、借鉴“求书八法”的策略。在全面、深入了解相关档案信息状况的基础上，将能反映编纂题目的档案或其复印件集中到一起，为档案文献挑选工作创造条件。档案文献的挑选应坚持深入研究、反复比较、宁缺勿滥的原则，根据选材大纲和题目的特定要求，细致地精选出符合题目要求的真实可靠、能说明问题本质、典型、完整、不同类型的材料，基本圈定要入选的档案文献。档案信息的审核是从确保档案文献出版物质量的角度出发，做好选用档案信息的最后把关工作。审核范围包括：对档案信息进行政治性审查、学术性审核、准确性认定和真实性考订。

档案文献加工　档案文献加工是档案信息筛选结束到档案文献出版物底稿形成的过程，是编者依据选题和一定要求对档案内容进行转录加工，以正式出版的形式提供给读者的活动。在档案文献加工过程中，编者应坚持存真原则、求实原则、慎改原则、标注原则和保护原件原则。档案文献加工一般涉及档案文献的转录，文字讹夺衍倒的处理，标点、段落、标题处理及编排处理等。

档案文献出版　档案文献出版是档案文献编纂工作的最终环节，是将编纂完成的档案文献出版物底稿转化成档案文献出版物，最终实现编纂工作目的的一项工作。档案文献出版不仅仅是档案文献编纂者的工作内容，需要编者和出版传播部门共同合作完成。为了使送交给出版部门的底稿符合出版部门的要求，编者应在交稿前做好底稿的技术性审核和主编总纂等工作；在送交底稿后，编者还应配合出版社的装帧设计和校样校对工作，顺利完成档案文献出版物的出版。（安　芳）

档案文献编纂体例 style of archival documentation compilation 档案文献出版物文稿的组织形式和编纂方法的总称。又称档案文献出版物体裁和凡例。指在具体编纂某种或某类档案文献之前制定的作为编纂工作具体操作依据的条例性文字，是编纂工作中关于题目的总体设计方案，也是编纂工作的总纲。

包括编纂的原则、程序、方法和各种具体体例及技术性问题的规范要求，如选材大纲、删节原则、底稿格式、加工原则和加工符号、注释体例、数字写法、校勘方法、标点、标题程序和规范、编排体例、备考结构、插图要求、目录种类等。编纂体例不应重复一般性原则，而应根据题目特定要求提出明确的处理办法。大型、特大型编纂题目一般均须拟定编纂体例，使每个编者在工作中有所遵循。

编纂之始先定凡例，是中国编纂工作的优良传统。傅振伦在《中国方志学通论》中指出：“修志之道，先严体例。义不先立，例无由起，故志家必以凡例冠之。”古时编纂书籍，对编修目的、内容、方法、结构、形式等，一般都要预先列出具体条款，作为编纂之准绳。在现代，凡正规编纂较大型、较重要的档案文献出版物，也要预先制定编纂凡例，或称作编写条例、编辑体例、编纂体例。唐代史学理论家刘知幾《史通》云：“夫史之有例，犹国之有法，国无法，则上下靡定；史无例，则是非莫准。”将体例与国法相比，突显编纂体例的重要性。编纂档案文献出版物是一种著作行为，由于很多编纂项目是规模大、费时长、用人多的文化建设工程，社会对其成果的质量要求很高。因此，通过制定体例，对编纂工作中将要涉及的方方面面的共同性问题予以规范化、标准化，使想法不同、习惯不同、水平不同的各位编者在长期的编纂工作中共同遵循，对于保证编纂成果的协调一致，避免重复劳动，提高工作效率是非常重要的。

体例是编纂者在编纂过程中必须遵循的原则和做法，对编纂工作起着指导和规范作用，是进行档案文献编纂过程中时时处处要与之校核的标尺。编纂体例一般要印发给参与项目的每个编者。有的项目中的某些部分要组织他人编写，也要将编纂体例事先印发给相关作者。作为编者、作者，在从事编纂、编写时，都应当首先阅读、熟悉编纂体例，并在编纂、编写时经常对照编纂体例。编纂工作结束后，可以对编纂体例进行删改，整理成“编辑说明”，将与读者直接有关的款项置于档案文献出版物之首，以供读者了解编纂事项，掌握全书的基本内容和编纂方法，引导读者更好地利用档案文献出版物。

清代学者章学诚提出修志三长，“识足以断凡例，明足以决去取，公足以绝请托”，把“断凡例”的“识”放在三长之首。编纂体例是由编纂单位负责人和编纂项目主编主持拟定的。编拟编纂体例要做到：①要熟悉编纂学、编辑学理论，运用相关理论作为制定体例的指导。②要具有编纂工作的实践经验，对编纂过程中可能遇到的实际问题有切身体会和处理办法。③要做好编前研究，对于编纂项目的体裁及具体类型的特点，编纂项目要达到的特定目的和要求，有反复细致的思考，从题目的实际出发，有针对性地提出编纂中要注意的问题。在制定过程中，主编等也应集思广益，善于组织精干人员进行研究，对体例中的欠周密处依据编纂实践加以修改和完善。（丁华东）

档案文献编纂选材 material selection of archival documentation compilation 档案文献出版物编者从已搜集到的与题目有关

的档案材料中挑选出将要纳入出版物的档案文献的工作。又称档案文献的挑选，简称选材。编纂者要按照一定的原则，根据编纂题目及选材大纲的要求，在深入研究、反复比较档案信息价值的基础上，细致精选出符合题目要求的档案文献，基本确定档案文献出版物的内容构成。

档案文献编纂选材是整个编纂工作中承上启下的关键性环节。它落实了选题工作的主体构想，体现了搜集工作的水平，使档案文献真伪考订、文本选择、正文加工、标题拟改、辅文编制等工作有了具体对象，构成了档案文献出版物的主干结构，将使读者分享到确实需要的档案信息资源。通过选材去除芜杂的、没有公布价值或不符合题目特定要求的材料，使档案文献出版物内档案文献篇幅精练、合理，档案信息内涵丰富、集中，便于广大读者研究利用，减少社会出版资源浪费。

选材的原则是：遵循历史唯物主义，深入分析档案文献的信息价值，掌握有关法规政策界限。选材要求包括：熟悉选材大纲，明确选材标准；注意典型材料的选择；注意选择真实可靠的材料；注意选择反映问题本质的材料；注意不同档案文献的结合选用，充分把握档案文件之间的联系；根据题目性质、类型的不同选择不同材料。

选材一般分为初选、复选和定选 3 个阶段。初选阶段应结合搜集、查找工作进行，认真地、逐卷地翻阅根据调卷单调出的每一份档案、资料，在与题目相关、编纂工作需用的档案文件上夹上标记，或在选材卡上登记，以便下一步复印时有所遵循。复选阶段编者要对经过初选集中的大量档案材料复印件进行初排，将某一信息节点上相关、相同、相似、相反的材料加以排比，反复比较、研究、推敲，剔除重复件并补选遗漏件，发现初选当中的问题并加以解决，基本选出可以出版的档案文献。定选阶段则是最后决定档案文献的取舍，应该根据档案文献出版物的整体情况，对经过复选的档案文献进行全面分析、综合平衡、严格把关，坚持宁缺勿滥，以保证档案文献出版物的整体性和档案文件之间的有机联系，保证汇编各部分之间的和谐平衡。（冯　叶）

档案文献编纂选题　topic selection archival documentation compilation　档案文献出版物编者从众多题目中选择出有条件符合档案文献出版物特定传播要求的具有编纂价值的题目的工作。简称编纂选题或选题。选题的提出有接到编纂任务、根据总体编纂规划、从社会信息中捕捉、在查阅档案库藏或目录时引出构想等不同情况。选题是编纂工作的基础，选题的策划和确定考验着编者对馆（室）藏家底的了解程度、把握程度、研究程度，也考验着编者对社会信息、学术动态、出版趋势的了解程度和反映的灵敏程度。无论是积蓄多年的构想，还是偶然撞出的火花，都体现着编者对社会需求的预测能力和对档案价值的判断能力。

选题应该以相关的档案材料基础和社会需要的统一为前提，充分考虑二者之间的关系，要从馆（室）藏实际出发，并考虑编辑出版能力等因素。选题的提出应该遵循新颖性原则、计划性原则和科学性原则。社会需求的广泛性、多样性，决定了选题角度的多样性，为了满足利用者的不同需要，可从人物角度、历史事件角度、特定问题角度、政权组织机构角度、重要会议角度、重要文种角度等考虑选题。汇编的选题包括集成性选题、专题性选题等类型。

档案文献编纂选题需经过调研、论证和决策 3 个阶段。

选题调研　选题的前期基础性工作，其实质是获取与选题相关的多方面的信息，以便为正式提出选题做扎实的准备。包括：研究编纂工作的意义；了解相关单位的性质和职能、任务；熟悉相关单位所藏档案资料的基本状况；掌握本单位的中心任务、工作难点、长期计划、信息需求；掌握社会宏观形势、发展重点、制约因素、信息政策；掌握科研计划、学术动态、攻关项目、资料条件；掌握某一时期利用者的结构、利用热点、利用要求；掌握相关文献出版动态、开展读者心理研究等。

选题论证　主要包括以下内容：选题出版的目的、意义及出版后将产生的社会效果的预测；已掌握的与选题有关的档案材料的状况、价值；选题读者对象的类型及范围；选题出版的形式和依据；承担编纂任务者的科研水平、编辑能力及组织与分工情况；出版社接受出版的条件和编者所能承受的能力；经济效益的预测。论证时要考虑选题是否符合方向性标准和品牌性标准。方向性标准是指确定选题要考虑档案文献编纂的目的，选题方向要与社会经济发展和文化建设总目标相一致，要与党和国家的方针、政策及法律法规相一致。品牌性是指按照既定的理念，将编纂成果的定位加以规范和转达，使之在社会中享有较高的知名度和认同感，并将这种理念贯穿于档案文献编纂的整体过程中。

选题决策　指在论证基础上对即将编纂的选题进行优化抉择的过程。选题决策方法包括：现实的认识与历史的反思相结合，在对信息的分析比较中求新求异，现实观察与长远考虑相统一。对于选题工作来说，选题决策是通过选题规划和选题计划而得以实施的。选题规划是指总体的具有战略性的计划，是着眼于社会建设和改革的全局需要，立足馆藏全部档案资料的坚实基础，将档案资料中蕴含的有价值的专题一一列出，经过综合分析比较，全面衡量，认真筛选，做出一个全面、系统、合理的可供分期实施的规划。选题规划可以有国家级、地区级、部门级、馆级等不同层次。选题计划是指阶段计划、年度计划、单项计划，是具体的实施计划。选题计划大致包括以下几项内容：①选题名称、编纂缘由和将产生的社会效益。②编纂的可行性。③编纂工作的组织。④编纂所用经费预算及筹措。⑤编纂各步骤进度的时间安排。⑥提出编纂工作中可能遇到的特殊性问题的初步处理意见，并请示领导或上级机关决定。

选题确定后要有较充裕的时间开展编前研究和准备工作。研究与选题相关的基本理论和方针政策、与选题相关的学术动态、与选题有关的已出版档案文献出版物、与选题有关的档案材料特点。拟制选材大纲要符合选题的内容范围和材料的实际情况，做到文字精练、概括与内容具体、实用相结合。（冯　叶）

档案文献编纂学　archival documentation compilation study　研究以编纂出版档案文献方式对档案信息资源进行开发利用、对档案信息进行社会传播的理论、历史、原则与方法的科学科目。又称档案史料编纂学。档案文献编纂学是对历史与现实档案文献编纂工作实践经验的总结和理论概括，是对档案文献编纂工作的方法论研究。档案文献编纂学以整个档案文献编纂活动的客观规律为研究对象，以指导档案文献编纂工作、生产出高质量的档案文献信息产品服务于社会作为研究的根本任务和目的。

历史　中国素有编纂档案文献的传统，但古代学者往往把编纂档案文献与历史编纂、目录、校勘等领域融为一体加以阐述和研究，有关档案文献编纂学的思想萌芽，后人主要从传世的档案文献编纂成果中的序、跋、凡例及一些史论著述中加以挖掘整理。《论语》中孔子有关编纂的一些见解已经开始触及档案文献编纂工作中的某些重要原则和方法。如“述而不作”“信而好古”“敏以求之”“多闻阙疑”“不语怪、力、乱、神”等，确实对中国的文献整理工作产生了重要而深远的影响。汉代刘向、刘歆校勘整理文献典籍时采用的广罗异本、鉴别异同、辨别真伪、删除重复、条理篇章、校勘脱简、写定正本、定著目次、编写叙录等项工作程序和方法对**档案文献编纂程序**的界定有开创之功。司马光的《答范梦得》一文是中国最早的一篇关于档案文献编纂的学术论文，是《资治通鉴》长编编纂的实践经验总结。唐代史评家刘知幾在《史通·载言》中提出撰写史书时应将制册诰令、章表移檄另编成"制册章表书"。宋代出现专门档案的编纂，如财务档案、外交档案、诉讼档案、**人物档案**以及金石档案等。赵汝愚编纂《国朝诸臣奏议》从实际出发进行科学分类，选材经初选、复选、定选三步骤，篇后加"选编者按语"。文献学家郑樵《通志·校雠略》对查找史料、注释文献、编次必谨类例有较系统的论述。元代马端临在《文献通考》中提出的文、献、注三者结合为一体的编纂思想。清代史评家章学诚在《文史通义》中，把文献典籍分为"著述"和"比类"两大部类，把编纂档案文献称为"比次之业"，把档案文献汇编称为"比次之书"，提出系统的"比次之法"及辨析编纂类型的"比次之道"。《文史通义》中的《答客问》等篇章在中国档案文献编纂史上有重要学术价值，章学诚是中国古代档案文献编纂思想的集大成者。

档案文献编纂学的建立 在中国历史上，虽然档案文献编纂工作源远流长，成果丰硕，但并未形成有独立体系的档案文献编纂学。中华人民共和国成立后，经过史学界、档案界和教育界的共同努力，中国的档案文献编纂学得以建立，并随着档案文献编纂实践的发展而发展。

教育界对中国档案文献编纂学建立的先导作用 第二次世界大战后，**档案公布**工作受到世界各国的重视，一些国家不但在档案法规中制定公布档案文献的有关条款，也在理论上进行探讨，如苏联莫斯科历史档案学院开设"苏联文献公布学"课程。1953年中国人民大学档案专修班请苏联专家讲授苏联文献公布学，是中国首次将档案文献编纂方面的理论作为课程在大学开设；1955年M.S.**谢列兹聂夫**的《苏联文献公布学》由中国人民大学出版社出版，是中国出版的第一部档案文献编纂学方面的教材。1954年赵践、李毅在中国人民大学档案专修科讲授文献公布学，不久改为文献编纂学，有油印本《文献编纂学》及参考资料，将"编纂"引入到档案专业的相关课程中，"编纂"概念的内涵与外延较"公布"更为丰富，更符合中国档案文献编纂工作的实际。1978年后，中国人民大学档案系恢复并加强了"文献编纂学"的建设，文献编纂学教研室由赵践、丁永奎、曹喜琛、胡惠秋、韩宝华、刘耿生等组成，中国人民大学出版社内部发行了《文献编纂学》《文献编纂学参考资料》，初步完成了学科重建。1981年韩宝华在甘肃省档案局开办的学习班上讲授档案文献编纂学，铅印《档案文献编纂学纲要（初稿）》，这是学科名称的首次改变。1982年，丁永奎、曹喜琛将在《**档案学通讯**》上连载的讲座应急合编为《档案史料编纂学概要》，由档案出版社出版。1983年，赵践主编的《档案文献编纂学讲义》由中国人民大学出版社出版，内部发行。1987年，韩宝华编纂《档案文献编纂学参考资料》，后又编纂《中国档案管理精览——档案文献编纂与研究》。1990年，由曹喜琛主编，韩宝华、刘耿生、耿建军参编的高等学校文科教材《**档案文献编纂学**》由中国人民大学出版社出版。1980～1995年，在中国档案学界出版的有关档案文献编纂学、史料编纂学、科技档案编研学、档案编研学的著作有30多种。

史学界对档案文献编纂学建立的启发作用 20世纪伊始，中国高等教育和历史研究逐渐发展，许多文献学家、历史学家参加殷墟甲骨文、汉代木简、**敦煌文书**以及明清档案的整理编纂公布，他们在总结的基础上发表了关于文献编纂的研究文章，王国维、罗振玉、郭沫若、陈垣等都有著述存世。中华人民共和国成立后，一些历史学家、经济学家和教育家组织了明清史料、太平天国史料、近代经济史料等的编纂公布，他们对史料编纂进行了研究，翦伯赞、范文澜、罗尔纲、吴晗等对史料编纂研究很有建树，发表过专门研究文章。翦伯赞主持编纂的《中国近代史资料丛刊》是中华人民共和国成立后史学界编纂的第一部大型资料书。1956年严中平的《编辑中国近代经济史参考资料工作的初步总结》从编纂工作的思想准备、工作提纲、收集材料、鉴别资料、整理编辑、理论联系实际诸方面对编纂中的基本理论问题及各个程序中的重要问题都做了深入而全面地论述，是中国以马克思主义为指导总结编纂工作实践经验的首篇重要论文。范文澜在1957年运用马克思主义的观点阐述编纂工作的必要性、重要性、迫切性，指出史料编纂工作在整个史学研究工作中的意义和地位，认为出版资料书是一种功德无量的工作。史学界有关档案史料编纂理论的探讨，为档案界开展档案文献编纂工作提供了宝贵的、可供直接借鉴的经验，为档案文献编纂学的建立和发展做出了重要贡献。

档案界对档案文献编纂学建立的支撑作用 随着中国现代**档案馆网**的建立及社会对历史档案利用需求的激增，中国档案界的档案文献编纂人员队伍不断扩大，水平不断提高，已发展成当代中国开展档案文献编纂工作的主力。档案馆、**档案室**的编纂人员总结档案文献编纂经验方面取得的经验，为中国档案文献编纂学的成熟与创新提供了重要条件。**中国第一历史档案馆**张德泽的《明清档案编辑出版工作方法之商榷》从选题、挑选与集中文件、校对标点、文件标题、审查删节与考证注释、分类编排、编制参考工具、序言与凡例、复查、付印等方面具体探讨了档案文献编纂中带有规律性的问题，突出了档案文献在编辑方面的特点。中国第一历史档案馆朱金甫的《建国以来明清档案史料编纂工作概述》《明清档案编辑实践丛谈》等论文，对当代明清档案文献编纂各环节的实践经验及教训做了全面、科学的总结。王可风主持南京史料整理处（今**中国第二历史档案馆**）撰写的《历史档案资料的编辑方法》系统总结了南京史料整理处成立以来的编纂经验，并用以指导民国档案文献编纂工作的开展。陈鸣钟的《谈谈档案馆的历史档案编辑出版工作》《关于民国档案文献的编纂》在总结民国档案编纂的新鲜经验方面有所贡献。

党的十一届三中全会以后，中央档案馆开始向社会公开出版党的文献汇集，裴桐的《党中央的档案文献编辑出版工作》较全面地回顾了党的文献编纂工作的历史概貌，并指出其特点。曹雁行的《中共党史文献编纂工作的原则和方法》从选稿、版本的选择、作者的判定、时间的考证、文字的校勘、注释工作等方面，理论联系实际地对党的档案文献编纂进行深入研究。各级档案馆，机关、企事业单位档案室也涌现了大量档案文献编纂成果及其编纂工作经验总结，提供了档案文献编纂学发展的沃土。档案文献编纂的内容从历史档案、**文书档案**扩展到科技档案和各种专门档案，编纂加工形式有一次档案文献编纂和二次、三次档案文献编纂，实践推动着档案文献编纂学的学科建设向多元化发展。

学科性质 档案文献编纂学的研究范围主要包括档案文献编纂的基本理论、档案文献出版物体例、档案文献编纂工作的一般程序与方法、不同载体与门类档案文献出版物的编纂方法、中国档案文献编纂历史、国际档案文献编纂思想与实践等。

档案文献编纂学以人与档案文献信息的关系为其全部研究的基点，因此，它属于社会科学的范畴。中国学者在研究档案文献编纂学时应自觉地以马克思主义为指导，正确揭示档案文献信息的社会属性，正确揭示人们的社会属性对利用档案文献信息的影响，从而把握档案文献信息社会性传播的内在规律。

档案文献编纂学以编纂方式深层次开发档案信息资源为其全部研究的中心内容，属于综合性较强的学科。在档案文献编纂学研究中，要涉及和吸取、借鉴众多学科的知识成果，如档案学、文献学、历史学、史料学、情报学、编辑学、出版学、传播学等。

档案文献编纂学以指导档案文献编纂实践为研究目的，属于应用性较强的学科。档案文献编纂学不仅要研究本领域的基本理论，也要研究编纂工作中基本的、通行的体例、程序、方法与技能。

重要出版物 档案文献编纂工作是档案馆的常规业务工作，档案馆工作人员在长期档案文献编纂实践中积累了丰富经验。如中国第一历史档案馆于1985年出版的《明清档案论文选》是明清档案与史料编纂研究的精华之作。

1986年，**中国档案学会**设立档案文献编纂学术委员会，这是中国历史上第一个专门研究档案文献编纂的学术性组织。档案文献编纂学术委员会多次召开全国性学术研讨会，出版《建国以来档案文献编纂工作得失研讨论文集》《档案编纂新论》等研讨会论文集。1994年档案文献编纂学术委员会组织专家编纂出版《**中国档案文献辞典**》。中国档案学会各省市的分会及各行业团体分会每年举办的学术活动中，也有许多档案文献编纂方面的论文。中国有50多种档案期刊，一般设专栏公布单篇或成组的档案文献，登载档案文献编纂经验与理论文章。

主要学术争议及发展趋向 档案文献编纂学创建几十年来，虽然在发展中遭遇过挫折，但仍在改革开放、信息革命大潮中奋发前进，初步构建了具有中国特色的现代学科基本框架，形成了完备的人才培养模式。作为新兴学科，其研究的空白之处尚多，争论的问题不少，新论不断涌现，展现着发展的勃勃生机。如对编纂、档案文献等基本概念的理解上尚存分歧，对学科名称意见不一，对狭义档案文献编纂学的评价互有褒贬，对档案编研的范围存在各种说法，对档案文献编纂学体系结构的设想上意见纷呈。

未来档案文献编纂学的发展将在社会更深更广的档案文献信息需求和更新的信息技术条件下，围绕档案信息资源开发与利用这一中心议题展开。档案文献信息传播研究、历史档案文献精品集成研究、办公档案文献数据库研究、科研档案文献数据库研究、档案文献展览研究、多媒体档案文献编纂研究、断代档案文献编纂史研究、不同时期档案文献编纂研究、不同门类档案文献编纂研究、国外遗存中国档案编纂研究、中外档案文献编纂交流与合作研究等，都有待新的开拓。（韩宝华）

《档案文献编纂学》 *Study of Archival Documentation Compilation* 中国高等学校文科教材。曹喜琛主编，韩宝华、刘耿生、耿建军参加编写。中国人民大学出版社1990年4月出版。教材设导论和14章，分别叙述**档案文献编纂学**产生和发展的历史，**档案文献编纂**工作的内容、意义、性质和基本原则；系统论述编纂选题和档案文献查找、挑选、考订、转录、点校、标题、编排、出版的原则和方法；详细介绍档案文献汇编中注释、按语、序言、凡例等各种辅文的作用及其编制要求、方法。

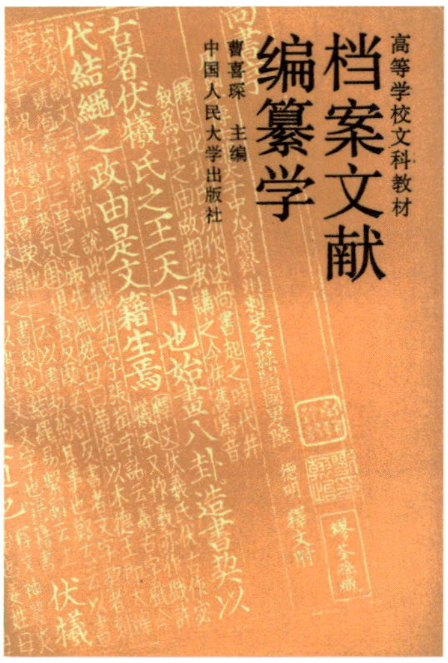

《档案文献编纂学》封面

教材体例较为严谨，内容多有创新。编写者有长期的课堂教学与实验课辅导经验，多次带领学生到档案馆开展实践活动。同时与史学界、档案学界联系密切，积累了丰富的资料。教材主要论述**文书档案**史料的原文编纂出版，体现了档案文献编纂的重点和特点，是传统一次档案文献编纂学的杰出代表作。

该书作为中国首部出版的《档案文献编纂学》国家级正式教材，曾长期作为全国很多院校进行档案文献编纂学教学的基本教材，影响较大。1997年2月获国家教育委员会颁发的"国家级教学成果"二等奖。（耿建军 韩宝华）

档案文献标题 title of archival documentation 揭示一篇或一组档案文献要素的简短文句。又称档案文献篇题、篇名。很多档案文件原无标题，需新拟标题；有的档案文件原标题观点错误，掩盖、歪曲档案内容的本质，需重拟标题；有的档案文件原标题要素不全、不准，需改拟标题。拟制档案文献标题是**档案文献编纂**过程中非常重要的一项工作。通过标题，读者可以在阅读档案正文之前，对档案内容、来源、价值有一个初步的了解；可以提供人们查找档案的线索；可以作为档案的代号起到指代作用；另外，标题是汇编内档案文献分类排列的前提，是编制档案文献汇编目录的基础。

拟制汇编档案标题的具体要求是：①标题与内容相符，要抓住文件的主要问题，抓住与汇编专题有关的内容。②鲜明地揭示档案的实质，便于读者从正确的、客观的立场理解档案的内容。③要在对档案内容充分理解的基础上，用精练的词语高度概括。④档案是一定历史条件下的产物，在编拟标题时，要有历史观点，体现历史文件的时代特征。

档案文献标题的类型有两种：①单份档案文献标题。即一个标题对应揭示一份档案文献的基本要素。这是档案文献标题的通用形式，是档案文献编纂工作中最常见、最基本的标题形式。②一组档案文献的组合标题。即总标题对应揭示多份档案文献的共同特征，各分标题再对应揭示组合中每一份档案文献的独具特征。这是多份档案文献内在联系紧密、共同性明显且将排列在一起的条件下所采用的标题形式。（冯 叶）

档案文献材料搜集 archival documentation search and collection 档案文献出版物编者实际掌握与**档案文献编纂选题**相关档案信息的工作。又称档案信息搜集、档案材料查找。档案文献材料搜集是一项繁难细致的基础性工作，是编纂工作现实可行的前提，可为档案文献的挑选工作创造条件。搜集工作水平的高低直接关系到编纂工作的进行和编纂成果的质量，关系到读者获得档案文献的范围、数量和质量。

明确查找范围 档案文献材料搜集要在经研究明确规定的材料范围内，以选材大纲或编写提纲为指导，将与题目有关的信息区分、辨别出来，进行登记，全部或部分地抄录、复制成编者在编纂过程中能掌握、能利用的集中的档案文献信息源。考虑查找范围的具体角度有材料的文献类型、材料的保存单位、材料的保存地点、材料的文件种类、材料的作者、材料的语种、材料的性质、材料的密级等。

搜集工作原则 档案文献材料搜集工作必须遵循3个原则：①广泛搜集。与一个档案文献编纂选题相关的档案原件往往数量浩繁、保存分散、隐显不一，编者首先要借助于检索工具，对馆内凡是与编纂选题有关的各个全宗和类别进行尽可能全面的、广泛的查找。必要时还要到馆外相关地区、单位进行搜集。对于检索工具编制水平高、专题对口性强的全宗、类别，可考虑首先根据检索工具进行查阅。搜集工作应以馆藏档案为主，以馆外档案及资料为辅。查阅馆藏档案，首先查阅与选题有直接关系的主要全宗的目录及案卷，从中选取有典型意义的主干材料；再查阅与选题有间接关系的相关全宗的目录及案卷，以补充主干材料的不足；进一步查阅资料，以寻找与选题有关的补充材料。②宁多勿漏。与一个档案文献编纂选题相关的档案信息往往有相当部分是极其隐蔽的，检索工具不能反映档案的全部内容，有些档案目录只达到案卷级，即便是文件级目录，文件标题往往也不能反映出与选题相关的档案信息。因此，编者必须靠自己深入仔细地阅读、思考档案内容，逐卷、逐页地一一翻阅，全面过目，才能把与选题有关的档案材料找全。有的档案文件内容初看与选题关系不大，而随着编纂工作的深入，逐渐发现、悟出它的重要作用；有的档案文件处于取舍两可之间，应将其暂时收入，以免今后再想选用时难以查寻。③取舍适度。与一个档案文献编纂选题相关的档案信息往往是极其宽泛的，广泛地搜集和查寻，并不意味着毫无约束地随意进行，搜集和查寻必须紧紧围绕主题，按选材大纲和材料范围的要求进行，不可无限牵连。围绕一部大型档案文献汇编题目搜集查找档案资料，往往需要多人参加。为保证搜集查找工作的顺利进行，必须根据所要查寻档案的实际状况进行科学而合理的分工。

借鉴历史经验 宋代学者郑樵在《通志·校雠略》中系统地总结了前人查找文献的经验，提出了较为科学实用的查找文献的“求书八法”。内容为：一曰即类以求，二曰旁类以求，三曰因地以求，四曰因家以求，五曰求之公，六曰求之私，七曰因人以求，八曰因代以求。今人注意查找策略、多方扩大线索、务求全面无遗的搜集信息的基本原则，在很大程度上是受到郑樵的启发而形成的。（冯 叶）

档案文献出版物形态 archival documentation publication form 档案文献出版物内容的诸种要素的结构和表现形式。档案文献出版物内容与形式之间是一种相互依存、相互制约的辩证统一关系。出版物内容是出版物的基础，决定着出版物的性质，需要一定的形式为之服务。各种档案文献出版物的形式把档案文献出版物内容的诸要素有机联系在一起，得以实现档案文献出版物所要表达的内容和目的。档案文献编纂工作者在研究如何实现编纂题目的特定要求时，不仅要注重题目的内容，也要讲究出版形式。

档案文献出版物形态可以分为外在形态与内在形态两个方面。外在形态是指档案文献出版物表面的、与档案文献内容内在联系较少的形式，如档案文献出版物在记录载体、记录符号、记录方法和发行方式等方面所采取的形式。外在形态主要取决于档案文献出版物所含字数、出版周期、传真程度、发行数量、发行范围和阅读习惯等方面的要求，并受到文献载体和复制技术等生产力水平的制约。在条件具备或有必要时，一种档案文献可同时并用或变更使用多种外在形态。内在形态是指档案文献出版物内含的、与档案文献内容内在联系较多的形式，如档案文献出版物在编纂层次、编纂深度方面所采取的形式。档案文献出版物采取何种内在形态，主要取决于编纂题目在宏观文献结构中所处的地位，材料的数量、价值及特点，编纂的原基础和特定任务等方面的具体状况。每种档案文献出版物都具有多种内在形态，编者要善于把握各种内在形态之间的相互联系以及内在形态与外在形态之间的相互联系。

历史上，中国档案文献出版物先后经历简册、版牍、帛书、纸张书写本、纸张印刷本几个典型的历史演化阶段。国外档案文献出版物则先后经历泥板书、纸草书、蜡板书、羊皮书、贝叶书、纸张书写本、纸张印刷本的发展演化历程。20世纪以来，随着印刷技术和现代信息技术的发展，档案文献出版物呈现出图书、报纸、期刊、音像制品、电子出版物（数字出版物）、互联网出版物6种主要形态。图书、报纸和期刊通常以纸张为载体、以印刷方式复制后发行，所以常合称为纸介质出版物、纸质出版物、印刷型出版物、传统型出版物，以区别于音像制品、电子出版物和互联网出版物等新型出版物形态。各种出版物形态具有各自的特点，但同时也存在一定的转化。纸质出版物、音像制品可以数字化为电子出版物；任何种类的出版物只要采用互联网出版方式出版，就可以成为互联网出版物。新型载体形态档案文献出版物的出现，会给传统档案文献编纂的具体操作技术带来变革，但各自的特点和优势决定了彼此之间的长期共存，融合发展。

档案文献编纂工作者应当熟悉并掌握人类在长期进行文献交流的社会实践中所创造的各种通行的文献出版形态，注意档案文献在出版形式方面的特点，注重多种形式的择优选用或结合选用，以便将无限丰富的档案内容以绚丽多彩的形式不断展现于人类面前，为世人所共享。（丁华东）

《档案文献光盘库》 *CD ROM Library of Archival Documentation* 中国档案文献电子出版物。由中央档案馆、中国第一历史档案馆、中国第二历史档案馆和北京超星公司合作编制，电子工业出版社1996年出版。

第一期共发行光盘120张，选编自明清以来反映中国历史的重要档案文献150余万页，分为《中国明清史档案文献光盘库》《中华民国史档案文献光盘库》《中国革命史档案文献光盘库》3个分库，文献主要源自中央档案馆、中国第一历史档案馆、中国第二历史档案馆的馆藏。

《中国明清史档案文献光盘库》由中国第一历史档案馆负责编辑，收编自中国第一历史档案馆建馆以来以书刊形式向社会公布出版的重要档案文献，计10盘。分为清代档案史料汇编、清代档案史料丛编、清代专题档案史料、《历史档案》杂志4部分，汇编了《康熙朝汉文朱批奏折汇编》（康熙二十八年至六十一年）、《雍正朝汉文朱批奏折汇编》（雍正元年至十三年）、《雍正朝汉文朱批奏折汇编》（按姓氏笔画排列）、《乾隆朝上谕档》（乾隆元年至六十年），多种清代档案史料丛编与专题档案史料，以及《历史档案》杂志第1～60期（1981～1995）公布的明清档案文献与明清史研究成果。

《中华民国史档案文献光盘库》由中国第二历史档案馆负责编辑，收编自中国第二历史档案馆建馆以来以书刊形式向社会公布出版的重要档案文献，计37盘。分为中华民国史档案资料汇编、中华民国史档案资料丛书、影印出版物、《民国档案》杂志4部分，汇编了《中华民国史档案资料汇编》（第1～4辑，第5辑第1编，1911～1937），第二历史档案馆出版的综合类、军事类、经济类历史档案专题资料，《临时政府公报》、北洋政府的《政府公报》《南京国民政府外交部公报》《立法院公报》《国民政府资源委员会公报》《国民政府行政院公报》《汪伪国民政府公报》《汪伪政府行政会议录》《中华民国史史料长编》等出版物的影印件，以及《民国档案》杂志第1～44期（1985～1996）公布的民国档案文献和民国史研究成果。

《中国革命史档案文献光盘库》是以中国共产党党史和中华人民共和国国史为主线，汇编已公开出版的1919～1996年的重要档案文献，计73盘。分为文集系列、刊物系列、史书系列3部分，汇编了中共中央综合性文集，《中共党史资料》（1～53辑），《中共中央文件选集》（1～18卷），中共会议、组织、纪检、宣传、统战等工作文集，中华人民共和国政务工作文集，中华人民共和国法令、法规、法律汇编，中华人民共和国军事、外交、群众团体、文化、教育、卫生、知识分子、国民经济计划规划与管理、财经、农业、工业等专门领域工作文集；中华人民共和国成立以来影印出版或公开出版的中央级党、政、军、群机关编印的各种重要刊物，如党创立时期创办的《新青年》《共产党》《每周评论》《少年中国》，第一次大革命时期创办的《向导》《政治生活》《先驱》《中国青年》等，土地革命战争时期创办的《战士》《人民周刊》《布尔塞维克》等，抗日战争时期创办的《解放》《群众》《共产党人》等，解放战争时期形成的《新华社电讯稿》《新华社广播稿》，中华人民共和国成立以后形成的《新华社新闻稿》《新华月报》《新华半月刊》等；中央职能部门公开编著出版的历史著作，如《中国共产党历史》与《中华人民共和国国史》等。

《档案文献光盘库》的出版发行充分发挥了光盘存储容量大（每片光盘存有约1万页文献）、体积小、便于检索和转录的优势，为档案信息利用和传播出版提供了新的途径。既是传统档案文献编纂成果的一次大规模集成，也是现代档案文献编纂影像化、数字化、电子化的成功尝试。曾在1996年第六十二届国际图联大会和第十三届国际档案大会上展出，受到国内外档案图书界的好评。（丁华东）

档案文献汇编辅文 archival documentation compilation reference 档案文献出版物中由编者编写或选定的，用来辅佐读者阅读、理解、利用、查考档案文献正文的各种参考材料。辅文又称附件，与正文对称。在档案文献出版物中，虽然正文是主体，是最重要的部分，但辅文也是不可缺少的，有正文起不到的特殊作用。只有恰当的正文与必要的辅文相互配合，才能构成完整的档案文献出版物。在特殊情况下，如单篇公布档案文献，或发表一篇全宗介绍、专题概要，可以仅有正文没有辅文；在大多数情况下，档案文献出版物往往都有种类或多或少的辅文。辅文的种类及其质量，在很大程度上影响着档案文献出版物的整体水平。

档案文献汇编各种辅文，具体性质和发挥作用的侧重点不同。①评述性辅文。如注释、题解、按语、序言、跋文等，重点是对档案文献中某些具体问题、某一件或某一组档案文献，乃至整部档案文献汇编的介绍、评述、说明，以揭示档案文献中某些不易被读者所理解的内容。②查考性辅文。如年表、插图、备考和编辑说明等，重点是对档案文献涉及的人物、机构、事件的活动情况，材料来源和编纂加工情况等的介绍、描绘、描述，以帮助读者较顺利地查考、利用汇编内的档案文献。③检索性辅文。如目录和索引等，重点是对选入汇编的档案文献目次，重要主题、人名、地名、事件、文献在汇编中出现的位置，相关参考资料的来源等的介绍和列示，以方便读者检索汇编内档案文献及内容要项或重要名词。

根据其在档案文献出版物中的位置不同，辅文可分为提示性辅文、插入性辅文和补充性辅文。①提示性辅文。如序言、编辑说明、目录等，一般置于档案文献出版物之首、档案文献正文部分之前，具有使读者先睹为快、提纲挈领、把握总体的效用，为读者具体阅读、利用档案文献正文创造较好的知识背景条件。②插入性辅文。如注释、题解、按语、备考、插图等，是编者在档案文献中读者需要辅助之处所提供的相关信息，使读者在阅读过程中能就近及时得到指导、阐释、说明或获得相关参考性信息。③补充性辅文。如索引、年表、参考书目、书目解题、附录、跋文等，一般置于档案文献出版物之末、档案文献正文部分之后，具有向读者提供更宽的检索途径、更广的研究资料、更多的相关信息、更新的编者见解的功能，为读者进一步研究提供条件。

各种辅文对读者顺利阅读理解和查找引用汇编内的档案文献均起着重要的参考作用，故统称汇编参考材料；又因其凝结着编者的科学劳动，具有一定的研究性质，所以也称为科学参考材料。可以根据汇编题材的具体特点和读者的需要，编制不同类型的辅文。从各种辅文适用的领域看，序言、编辑说明、目录、插图、参考书目、书目解题、年表、索引、跋文等辅文，在一次档案文献中可以有，在二次、三次档案文献中也可以有；而题解、按语、注释、备考这些辅文，一般多在一次档案文献中有，而在二次、三次档案文献中则很少出现。从编写辅文所根据、所利用的信息来看，题解、备考、编辑说明、目录、索引，主要以档案文献出版物本身的档案信息为主，结合一些编纂工作中的信息及相关社会信息；序言、按语、注释、年表、插图、参考书目、书目解题、跋文，则主要是以相关社会信息为主，结合档案文献出版物本身的特定需要。从辅文编写、编制的形式来看，序言、跋文是学术性文章式，年表、索引是长篇工具书式，编辑说明、目录、备考是备案性登记式，题解、按语、注释是补充揭示性短文式，参考书目、书目解题是研究性条目式，插图是艺术性图示式。具体到每一种辅文的编制过程，有的类似于三次文献的编制过程，有的类似于二次文献的编制过程，有的介于二次、三次文献加工过程之间。辅文的编制过程并不是到档案文献编排之后才开始着手进行，而是要在编前研究和编纂体例编拟时就要一并统筹考虑，以便在编纂过程中可以及时记录、起草、修改辅文材料，高质量完成辅文的编写编制。（丁华东）

档案文献汇编附录 appendix of the archival documentation compilation 置于档案文献汇编中档案文献正文之后以备查阅的补充性、说明性材料。古籍附录，在唐、宋别集中已较为常见。陈振孙《直斋书录解题》卷十六别集类上，著录《颜鲁公集》十五卷、《补遗》一卷、《附录》一卷，并云："……且以行状、碑传为《附录》。"唐宋以后相沿不绝，在辞书、方志、史书、文集等编纂中尤为强调。除了以"附录"为名者外，其他附在书刊后的《别录》《摭异》《事迹本末》等材料也往往带有附录的性质。

作为辅文的附录与汇编内容有一定联系、具有一定参考价值。在材料名称上，多为文章、档案文件、法规标准、年谱、年表、表格、图片、索引、大事记、组织沿革、书目解题、参考书目、全宗名册、译名对照表等，以便于读者查考作者情况、历史背景、相关资料，从而更全面、更深刻、更准确地理解档案文献汇编的正文。

附录材料来源多为原始档案文件、文章的选录，也有编者根据汇编题目需要编写二次或三次文献。在材料类型数量上，可以仅有一种材料，也可以包括若干种材料。附录大多集中附于全书之后，也有的附在相对应的某档案文献正文或某类项之后。《苏联历史档案选编》全书共34卷、36册，在第二十九卷《古巴导弹危机》后附录《古巴导弹危机大事记》；而《石家庄市档案馆指南》全书附录《全宗名册》《石家庄市档案馆馆藏档案形成系统表》《石家庄市档案馆借阅制度》《石家庄市档案馆保密制度》《石家庄市档案馆关于利用档案审批手续的暂行制度》《石家庄市档案馆关于利用开放档案暂行办法》6个材料。档案文献汇编是否需要附录，选用哪些材料作为附录，应视编纂题目和实际材料的具体情况而定。附录对于正文的依附形式，要根据附录与正文的关系来确定，并根据版面装帧的美学标准来设计。（丁华东）

档案文献刊物 archival documentation publication 档案文献期刊、报纸、简报等的统称。档案文献刊物有固定名称，分为定期和不定期发行。相较图书而言，刊物出版周期较短，刊载文章速度快、字数灵活、内容新颖、发行面广，连续性出版有利于文献的长期积累。主要用于刊载、公布有重要价值或社会影响力，但篇幅不长的档案文献。每一期可容纳若干个涉及不同方面的题目，以尽量满足读者群中不同方面的读者及时获得有关方面的新颖、珍贵的零星档案文献和小专题档案文献的需要。许多单篇或一组一次档案文献，大多数篇幅合适的二次、三次档案文献，都可以在刊物上公布、发表。

国内外都有专门或者部分刊载档案文献编纂成果的刊物。世界上最早的档案学期刊是德国巴伐利亚州档案局于1876年创办的《档案杂志》，为年刊，德文出版，主要刊登档案学论文和档案汇集介绍。美国、英国、加拿大、澳大利亚等国的档案工作者协会会刊——《美国档案工作者》（*American Archivists*）、《文件管理杂志》（*Journal of the Society of Archivists*）、《档案》（*Archivaria*）、《档案与手稿》（*Archives & Manuscripts*），除了刊载档案学术论文外，也通过《书评》《文献研究》等栏目公布最新的档案文献编纂成果。中国创立期刊公

《〈文献丛编〉全编》封面

布档案文献编纂成果始于20世纪20～30年代。故宫博物院文献馆、中央研究院历史语言研究所等学术研究机构在整理明清内阁大库档案过程中，创办了《文献丛编》《史料旬刊》《明清史料》《文献论丛》等期刊，系统公布明清档案整理编纂成果。80年代以来，以刊载公布各种档案文献为主的期刊有《党的文献》《历史档案》《民国档案》《北京档案史料》《云南档案史料》等。辽宁省档案局（馆）围绕省委、省政府中心工作，开发馆藏档案，自2010年始不定期编辑出版《辽宁档案资政》，是档案文献刊物在新时期的重要创新形式。

一些档案学术期刊开设相关栏目来发掘公布档案文献，如《档案与建设》的《文化长廊》《珍藏录》栏目、《浙江档案》的《馆藏撷英》栏目、《北京档案》的《史料概览》栏目等，都定期刊发各省市地方特色的档案文献。

随着信息化、数字化技术的发展，电子档案文献刊物应运而生，如2011年中国档案报社推出《〈中国档案报〉16年（1995年—2010年）数据检索光盘》，收录《中国档案报》创刊16年来刊登的全部稿件及图片，其中包含《档案大观》等专栏，为用户提供PDF格式的报纸原始版面浏览方式。2018年，中国档案报社推出《〈中国档案报〉23年（1995年—2017年）数据检索U盘》，增加了2011～2017年的内容。此外，U盘除了具备和此前光盘相同功能外，还具有完备的检索功能，读者可通过日期、作者、标题、正文等多种关键词对报纸历年内容进行检索。（丁华东）

档案文献书籍类型 archival documentation book type 以传播为目的将档案信息经过编辑用文字、图形或其他符号记录在一定载体上制成的卷册。

书籍在档案文献出版物中的地位 书籍是历代档案文献出版物流传于世的基本形式，档案馆、档案室、研究机构编纂公布档案文献最主要的形式。档案文献书籍一般属定题服务，每一种档案文献书籍有一个特定的题目，即书名，提供与题目相关的较完备的回溯性档案信息材料。

当档案文献编纂题目最少收录4万字左右（50页以上），收录一二十万字乃至更多字数的材料时，一般多采用书籍的形式编纂公布。由于档案文献书籍出版量大、质量稳定、信息系统流通社会化、存放携带便利，档案与整个社会科学交流过程的联系，主要就是通过把档案内容编成书籍的方式建立起来的。

档案文献书籍是有别于档案文献刊物（期刊、报纸等）的档案文献出版形式。档案文献书籍系非定期、也非连续出版的出版物，由于对编纂质量的要求较高，工作量较大，出版的时间要求大多有一定的灵活性。

《中印文化交流百科全书》封面

档案文献书籍沿革 历史上随着纸张的普及、印刷术的发明、印刷工艺的发展和档案文献编纂层次、编纂深度的不同，档案文献书籍呈现出不同的类型和名称。从载体和制作工艺的沿革看，档案文献书籍根据记录载体形态，可分为竹木简书、帛书、纸本书、电子书等；根据印刷方式，可分为写本书、雕版印本书、排版印本书（活字印刷、铅板印刷、激光排版）、影印图书等；根据记录符号转变情况，可分为原符形式（原迹传真、仿摹字式、规范字体）、变符形式（译文本、电子本）；根据记录符号的形式，可分为文集、图集；根据装帧设计方式，可分为线装本、平装本或精装本。从编纂加工层次和深度的差异看，档案文献书籍根据题目内容的覆盖面，可分为综论本、专论本；根据汇编数量状况，可分为单篇出版、组合出版、汇总出版（可进一步分为总集、合集、别集，汇编、选编，全集、选集，丛书、丛编、丛刊等多种形式）；根据同一题目诸种出版物的内在联系和不同基础，可分为初编、补编、续编；根据单篇档案文献的辑录程度，可分为全录、节录、摘录；根据编者对汇编档案的加工程度，可分为白文本、校点本、评注本等。

在现代计算机技术、通信技术、多媒体技术的推动下，档案文献书籍呈现数字化、一体化、集成化趋势。1998年前后，中央档案馆、中国第一历史档案馆、中国第二历史档案馆和北京超星公司合作编制了《档案文献光盘库》，将已刊印出版的数百万页重要档案文献书籍、刊物，分类汇集成一个大容量的系列档案文献光盘库，堪称浓缩中国明清以来历史的一套最完整、最权威的电子图书。（丁华东）

档案文献题材 subject of the archival documentation 档案文献编纂成品所反映的主题和内容，体现编纂选题的方向和档案文献内容的性质。又称汇编题材或编纂题材。题材是构成档案文献出版物的主体内容要素，决定题目涉及的社会现象、生活领域、历史脉络，并以特定的方式与特定的形式相结合而成为内容的一个部分。

档案文献汇编的题材非常广泛，可谓包罗万象。从汇编反映的社会生活领域看，有政治题材、经济题材、文化题材、科技题材、外交题材、战争题材、宗教题材、民族题材等；从汇编反映的对象性质看，有人物题材、事件题材、事物题材、地域题材、问题题材、组织题材、会议题材、文种题材等；从汇编反映的功能看，有思想教育题材、政治斗争题材、学术研究题材、决策参考题材、休闲文化题材等；从汇编反映的档案材料时代看，有古代题材、近代题材、当代题材等。每种题材又可进一步细分，如战争题材可细分为鸦片战争题材、北伐战争题材、抗日战争题材、解放战争题材等。

各时期档案文献题材均具有一定的时代特征。中国古代档案文献编纂成果繁富，但以政治题材为主。贯穿历朝的编纂题材主要有三方面：①以皇帝为中心，宣扬其文治武功和治世之道的题材居首要地位。如历朝的实录、诏书（或称祖训、宝训、圣训）、起居注等。②宣扬“为臣事君之道”的奏议汇集占有相当数量，其中有集某一名臣奏议的专集，如《陆宣公奏议》；有集某朝名臣奏议的**合集**，也有集历朝名臣的奏议总集。③以健全封建法制、强化封建统治为目的法典编纂。从春秋战国时期公布的成文法到后来各朝编纂的“律”“令”“格”，以及《唐六典》《元典章》《明大诰》《清会典》等，卷帙浩繁。近代随着殷墟甲骨、汉晋简牍、敦煌遗书、明清内阁大库档案的新发现，以四大档案史料为对象的学术研究题材编纂活动盛极一时。如刘鹗《铁云藏龟》、罗振玉《殷虚书契》、王国维《戬寿堂所藏殷虚文字》、陈垣《敦煌劫余录》，郭沫若《殷契萃编》《卜辞通纂》，罗振玉《敦煌石室遗书》《大库史料目录》等，都是当时的代表性编纂成果。1949年以后，中国档案文献编纂题材愈加广泛。纵向上，从殷商时期至中华人民共和国成立前的重大历史题材都有相应的成果出版；横向上，凡政治、军事、经济、文化、教育、民族、宗教、技术、自然等方面的题材都有涉及。除传统题材外，突出地方特色文化、行业特色文化，服务经济建设、科技发展、旅游休闲等方面的编纂成果大量涌现，反映出档案文献编纂题材的拓展与转变。 （丁华东）

档案文献体裁 archival documentation form 档案文献出版物的表现形式或表述方式。体裁是档案文献出版物的主体部分，即档案信息内容部分，呈现在用户（读者）面前时所采取的形式。如总集、别集、类书、政书、丛书、表谱、图录等。**档案文献编纂**中编者的创造性主要不在于内容方面，而在于形式方面，在于将不便于进行社会传播的档案信息表现形式，改变为便于档案信息进行社会传播的表现形式，从而使档案信息内容的作用方式发生变革，使其作用程度发生飞跃。档案文献编纂当然要考虑档案信息内容，要围绕档案信息内容，最终目的也是为了提供档案信息内容，但编纂本身并不是创造档案信息内容，也不能改变档案信息内容，而是要选择或创造恰当的更适合于档案信息内容传播的表现形式，来为档案信息内容更好地发挥作用服务。因此，体裁问题在**档案文献编纂学**中占有十分重要地位。只有懂得档案文献出版物都有哪些体裁，善于根据档案信息内容的具体情况选择适当的体裁，才能着手进行档案文献编纂工作。

档案文献体裁按加工深度，可分为：一次文献，有诏令集、实录、奏议集、政书、纪略、书札集、长编等；二次文献，有档案文摘、开放档案目录、全宗介绍、**档案室**介绍、档案馆介绍、名录等；三次文献，有大事记、各种专题概要、综述、手册、年鉴等。

题材是档案文献的主题内容体现，体裁是档案文献的表现形式体现。由于体裁不同，反映档案信息的广度、深度和方式就存在很大差别。因此，在编纂档案文献时要注意多种体裁的择优选用或结合选用，一方面要注意不同体裁对体现主题内容的不同侧面的特殊效果；另一方面要注意各种体裁的有机结合对体现主题内容整体的综合效果，从而使传播档案信息内容的特定要求，通过与之相适应的形式得以实现。 （丁华东）

档案文献文本选择 text selection of archival documentation 档案文献出版物编者在档案文件存在诸多文本时选择应公布文本的工作。简称选本。同一份档案文件在形成、流传过程中往往会形成各种不同的文本，一般应从其中选一个最完善、最可靠、最能反映事物本质的文本，作为编纂公布的正文。

在进行档案文献文本选择时，首先要辨清文件是公务文件还是私人文件。

公务文件有正本、抄本、底稿、草稿等不同文本。正本是正式颁发的文件，它有标准的**公文格式**，有发文序号、字号、负责人和机关的印信等标记，具有法定的实际效用，是最可靠、最有效的文本。一般情况下，都要以文件的正本作为编纂公布的文本。但由于自然或社会因素的影响，诸如保管条件的丧失，行文过程中的疏漏等，会遇到正本无处查找的现象。在这种情况下，可以选择底稿来进行补救，底稿是文件的标准稿本，是制作正本的依据，在真实可靠性方面与正本具有同等价值。如果正本和底稿均没有，则可以考虑选择抄本和草稿。抄本又叫副本，它是根据正本抄写和翻印的，另外抄本还可分为已校和未校两种，经过全面校对过的抄本，是抄本中可靠性最高的文本。草稿是尚未定型的文件稿本，它反映文件的撰写修改过程，但它的准确性、文字、内容有时与正文、底稿相比差距很大，在没有正文、底稿的情况下也可以作为编纂公布的文本。

私人文件有亲笔手稿和抄稿之分，亲笔手稿又有草稿、修订稿、誊清稿之别，抄稿中又有亲笔与代笔的不同。在选本时，应以作者最后誊清稿为编纂公布的文本，其次是修订稿。在这两种文本都没有的情况下，可以抄稿作为编纂公布的文本。如果一文有几个抄稿同时存在，应当优先使用最初的抄稿。

根据专题的需要，有时可能将几种文本同时选用，同时公布，以研究文件的形成过程，研究作者的思想演变，研究传播者的修改意图。可向读者有针对性地提供相应的草稿、底稿、抄本、原刊本、翻印本。综合性汇编的选本角度以完善可靠为主要取向，在尚保存的文本中，按正本、底稿、抄本、原刊本为序进行择一，当只存翻印本时应据刊印时间、校勘水平、完整程度等综合考虑，慎重处理。专题性汇编的选本角度可允许多元取向，为深刻、全面地反映某一事件或某个人物的全部情况，可视实际价值和读者需要选择一种或几种文本。 （冯 叶）

档案文献真伪考订 textual research of archival documentation 档案文献出版物编者对选定的档案文献的文本真实性、准确性的严格把关工作。简称档案文献考订。档案文献所依据的档案原件有可能存在一定的伪误问题，为保证出版的档案文献的权威性、可信性、可读性，档案文献出版前必须要经过考订。档案文献真伪考订包括：鉴定档案材料真伪、判断档案内容正误、核实档案形成时间、校勘档案正文文字。

考订的必要性 伪误档案又称档案赝品，产生原因包括：①历史客观原因。囿于档案文件原作者所处历史环境、历史条件制约而产生的档案记载的内容错误，包含政治影响、神话色彩、以今系古、以讹传讹、传抄致误等。②人为主观原因。除记载自然现象的科技档案外，档案主要记载人类社会活动，因档案原作者立场不同，对同一人物、同一事物，不同作者有不同观点的记载，出现主观上有意识地党同伐异，故意违背历史事实，内容虚假或严重失实，对自己隐恶扬善，对他人诬蔑诋毁等情况，甚至对不利于自己的档案删削篡改，或为邀功、牟利而托古炫名造伪假托。③因自然原因或保管不善，使档案载体被损坏，造成记载内容或缺、或残、或污、或变，甚至无法辨认。这种档案虽不属赝品，但一般不应出版公布，如有特殊价值须选用，要经认真校勘、辨识，尽可能恢复正文。

考订的原则与方法 档案文献真伪考订应遵循孤证不立、谦退却疑、端正考风的原则。考订方法包括外部考订和内部考订。外部考订，又称外形鉴别。通过对档案的形式特征（如档案的物质形态、文体用语、笔迹字体、行文格式、称谓与用印等）来鉴别档案的真伪。内部考订，又称内容鉴别。通过对档案内容进行辩证分析，结合档案文件以外的知识进行推理考察等来鉴别档案的真伪。

档案形成时间考订 对档案形成时间的考证是档案文献真伪考订的重要内容。档案形成时间的准确性直接关系到档案的利用价值。一般要通过综合分析与考证来判断，主要可以通过档案中提及的具体事件的时间，人物的任职时间，相继发出的连续性文件的相互关系，文件中提及的政策、制度、口号等进行分析确定。

文件考订后处理 经考订确认是造伪档案一般应剔除不用，特殊作为伪造证据供考辨研究的，必须在按语或题解中指明。经考订档案系假托但内容有研究价值的，必须在指明假托原委，辨出真实作者、真实形成时间后才能选用。经考订档案内容全篇严重失实的一般应剔除不用，特殊作为反面资料供比较研究的，必须在按语或题解中指明，篇数较多时亦可在序言中一并说明。经考订档案内容局部失实而全篇有公布价值的，可在注释中做相应说明。档案内容中的阶级倾向、观点差异问题，编者在序言中要向读者指明应注意的问题。 （冯 叶）

档案文献正文 text of archival documentation 档案文献出版物中承载原始档案信息的文字、图表，是档案文献出版物的主体。档案文献正文是读者从档案文献上获取档案信息的基本部件，在一次档案文献中系由原作者形成的文字、图表，由他人另加的批语、标记、编号、标题、摘由等文字均不属于档案文献正文。在档案文献汇编中，正文是与编者附加的辅文相对而言的，不包括编者拟制的序言、注释、附录等，也不包括书籍封面、护封、书名页、目录页、插页等。

不同体裁的档案文献出版物，所能容纳的档案文献正文类型与种类是不同的。一次档案文献出版物，正文只能选自档案正文。在凡例中应对入选范围、篇数、字数做出大致规定，并相应确定辑录方式与精全程度。二次档案文献出版物与三次档案文献出版物，则以编者根据档案信息所编写的与体裁相对应的主干部分为正文。例如，档案馆介绍中，档案馆概况、馆藏档案介绍、馆藏资料介绍为正文；档案文摘中摘文为正文；开放档案目录中所列出的开放档案条目为正文；大事记中以由时间和事实组成的各条（或各表）记载为正文；组织沿革中以由时间和组织状况组成的各项记载为正文；各种简介中以有关专题的概要文字为正文。混合性档案文献出版物的正文由一次、二次、三次档案文献中的各种具体类型有选择地混合组成，须在凡例中因题制宜地做出限定。 （丁华东）

档案文献正文加工 text editing of archival documentation 档案文献出版物编者依据档案材料正文内容生成档案文献出版物底稿正文内容的工作。广义的档案文献加工，指编者从档案文献选材结束到进入档案文献出版所做的全部处理工作，除正文加工外，考订、拟制标题、标记批语等外形特征处理、编排、编写辅文、编制附录、翻译、全稿总纂、校对等都包括在内。狭义的档案文献加工，专指档案文献正文加工，是整个档案文献加工的核心和基础，是体现档案文献编纂工作中编辑加工特色和水平的根本方式，是体现档案文献出版物信息本色和特质的基本途径。档案文献正文加工包括：编者按照对出版物文字、格式的规范要求，对档案材料正文文字依序进行辨识、转录，对文本行款格式进行转化，形成档案文献出版物底稿正文；对档案材料正文中文字的讹、夺、衍、倒之处，经校勘以注释、符号方式加以指明、校正或恢复；对正文中存在的历史上的特殊用字，经考证后注明，改为现代规范用字；对档案材料正文不分段的，悟彻文意、结构后，加以分段；对档案文献正文无标点、旧式标点或标点不准确的，加以标点或重新标点；对正文按特定要求进行必要的删节。档案文献加工阶段的工作量很大，也最能体现档案文献编纂者的综合功力。

档案加工的宗旨是忠实地维护档案信息原貌，准确地表达档案文件作者的本意，为读者提供便于理解利用的档案原文。编者对档案文献的加工只能对正文中的文字、符号、图形以及行款格式等外在特征进行必要的技术性处理，绝不允许对其内容有丝毫的改动，绝不允许借加工之名篡改档案、篡改历史。

编者在加工工作过程中，必须以维护档案的历史本来面貌为根本出发点，坚持存真求实的原则，忠实于档案原文；坚持严密谨慎原则，有疑则缺，无据不改，加工之处向读者示明；坚持保护档案原件原则，编者加工必须在档案复印件、复制件、稿纸现抄件或计算机文档打印件上进行，不能对档案原件加以折叠、勾画、加字、标点。 （冯 叶）

档案箱 archives box 档案装具。又称战备箱。20 世纪 60 年代初期，中国为适应战备需要而设计推广，可以平战两用。多为铁制，也有木制的。中国南方多用抗霉、防蛀的木材做成方形或长方形的档案箱，北方则采用铁制档案箱。在克罗地亚共和国国家档案馆，档案箱用来装存古老的契约档案与羊皮纸诏书之类的档案。

使用档案箱时，平时以箱代柜，一般 5 只或 10 只为一套，叠放使用，有整体式、组合式等多种。档案箱能形成一个相对封闭的小空间，具有防盗、防尘、防火、防光、防有害气体的作用。战争或紧急情况抢救档案时，可以以箱为单位搬运。但档案箱结构复杂，造价较高，贮存量小，降低了库房内部使用面积。

综合性档案馆已极少使用档案箱。有些地方已经将其作为文物加以收藏。 （周耀林）

档案销毁 archival destruction 对经过鉴定后没有保存价值的和已满保管期限的档案做毁灭性处置。档案销毁的主要步骤有：①编制档案销毁清册。用来登记销毁文件，供领导审批并留档案部门备查，这是日后查考档案销毁情况的凭据。清册一般一式两份，也有一式三份的，如会计档案销毁清册，一份上报主管单位审批备案，一份报本单位领导审批后保存在档案部门，一份交给会计部门作为已销毁档案的凭据。②编写档案销毁的申请报告。阐明档案鉴定情况，档案（文件）销毁的依据、理由，拟销毁文件的数量等，档案馆的档案销毁报告上还要附上有关立档单位和全宗情况的简要说明。③主管领导审查、批准。领导审批时应对拟销毁文件进行抽查，仔细了解情况，如销毁文件是否符合上级有关规定，是否进行过鉴定工作的初查、复查及有关部门的核定等。如一切妥当，就可以批准同意销毁并签名，以示负责。④实施销毁。如果已经批准销毁，在工作手续上即已完备，可以立即销毁，也可以暂存一段时间“缓期执行”，过段时间审查一遍后再实施销毁，做到慎之又慎。销毁以化纸浆为宜。（黄世喆）

档案信息产品 archival information product 在信息化社会中产生的以传播档案信息为目的的服务性产品。是档案管理活动中重要的产出成果。档案信息产品的生产主要是对档案信息进行不同程度的加工和处理。按照对档案信息产品中信息内容的加工深度不同，档案信息产品可分为一次信息产品（档案）、二次信息产品（档案目录等检索工具）和三次信息产品（档案编研产品）。

作为现代信息产品的一个重要组成部分，档案信息产品的本质属性有以下几个方面：①档案信息产品是具有凭证价值的产品。档案信息产品所具有的凭证性，是其他信息产品所不具备的本质属性。②档案信息产品是知识含量较高的产品。在不同种类的档案信息产品中，尤以科技档案信息产品的知识含量为最高。提高档案信息产品的知识含量，是搞好档案信息开发利用工作的基础。③档案信息产品是信息劳动的结晶。档案信息产品是从档案原件中通过采集、加工分离出来的反映相关信息内容的产品，其档案信息可以脱离档案原载体而存在，其存在形式可以是档案的复制品，也可以是由档案工作人员加工而成的各种知识产品。其中，一次信息产品、二次信息产品和三次信息产品的加工信息含量是逐级递增的。④档案信息产品是以满足人们的信息需求为主的产品。档案管理的目的就是最大限度地开发档案信息资源，使档案发挥其潜在的社会效益和经济效益。因此，无论是档案的收集、鉴定，还是档案的著录标引、加工编研，都是为了满足利用者的信息需求而生产出的档案信息产品。（黄世喆）

档案信息分类 archival information classification 根据某一主题对档案内容信息分类的管理活动。又称档案内容分类、档案信息检索分类、档案情报检索分类。以档案记述的内容（数据、信息）为主要对象，以国家机构、社会组织从事的社会分工为基础，以档案记述的事物属性关系为依据，结合档案用户的需求主题，进行逻辑划分，构建档案内容信息逻辑分类体系的管理活动。档案信息分类是对档案数据、信息进行组织，利用档案信息管理系统和信息网络，满足社会各方面多层次、多角度、动态性档案信息需求的必要条件。一个适应性强的档案信息分类体系，应具有将新的档案内容作为现有结构的一部分容纳进来，并使之成为便于检索的对象的动态管理能力。

源流 20世纪50～60年代，中国的档案信息分类主要是借鉴和学习苏联档案管理的理论和经验。把档案作为一种重要的情报源研究，分类的主要对象是档案目录，目标是对档案的分类卡片目录按照统一的分类方案进行合理组织。依据是《苏联档案工作的理论与实践》（1966）和《苏联国家档案馆分类卡片目录系统中文件情报的统一分类方案》（1962）等著作中的分类理论。王可风的《历史档案的整理方法》（1957）论述了历史档案目录的编制原则和方法。80年代以来，伴随着《中国档案分类法》《档案著录规则》等行业标准的编制和实施，中国档案信息分类的理论和实践探索进入了一个活跃期，出版了多部专著和教材，如冯惠玲、李宪的《档案检索的原理与方法》（1990），孙钢的《档案目录学》（1991）等。21世纪后，中国档案信息分类的研究和实践的重点已经转移到对数字化档案信息的分类领域，档案信息分类的研究已成为信息分类和信息组织研究的一个重要方面。

种类 档案信息分类的种类通常可分为对象类和属性类两种。对象类包括基础信息对象和专题信息对象两类。基础信息对象类包括4个子类：①职能对象。如管理决策、经营管理、生产管理、技术管理、研发管理、行政管理、党务管理等。②自然对象。如天文、气象、水文、地质、矿产等。③管理对象。如组织机构、主管部门、业务岗位、人员、活动项目等。④多媒体对象。专题信息对象类可根据档案信息管理机构所掌控的相关信息内容结合用户需求主题来设定。属性类主要指档案信息所具有的各种属性中具有检索意义的因素，如组织机构的行政层级、机构类型、隶属关系、项目等级等。

基本内容 在档案信息分类时应注意：①根据各个立档单位的社会职能分工、活动类型、事件（案件）种类、内容主题、记录对象选择、确定档案信息分类的标准，明确档案信息分类、编码规则（原则）与分类要求。②确立档案信息架构，根据档案信息分类的目标，以及对档案用户需求主题和档案内容主题的分析结果，运用演绎法和归纳法等逻辑方法，创建分类体系，明确分类层级，类目名称及其关联关系。③注意保持分类体系的稳定性和动态性，以便使新纳入的档案内容信息可以有效地得到适当分类。④注重档案信息架构的动态管理，即根据需要对档案信息分类体系的调整、完善和持续改进。（王英玮）

《档案信息化建设导论》 *Introduction to Archives Informatization Construction* 中国档案学理论著作。杨公之主编，中国档案出版社于2001年出版。荣获2002年度国家档案局优秀科技成果奖一等奖。

著作共分6章，另有3个附录。第一章是总述部分，对档案信息化和档案信息化建设做了概述。主要内容包括档案信息化的意义、档案信息化的社会基础与技术基础、档案信息化建设内容、档案信息化建设的主要任务、档案信息化建设应当遵循的基本原则。第二章至第六章是分述部分，分别从基础设施建设、标准规范建设、信息资源建设、管理应用系统建设、人才队伍建设5个方面论述了档案信息化建设内容。

《档案信息化建设导论》封面

著作研究内容涵盖档案信息化建设方面众多新理论、新经验、新技术、新成果。代表性的有：首次系统地界定档案信息化的内涵与外延，完整地提出中国档案信息化建设的原则和步骤，较早地阐述电子文件管理的理论与方法，较为全面地对相关标准和规范进行解释，较深入地研究数字档案馆的规划与建设，关注和研究具有自主版权的数字水印、电子签章等新的网络技术、安全技术在档案信息化建设中的应用。

著作阐明了档案信息化的内涵与外延，构建了档案信息化建设内容的体系与框架，为档案信息化建设的理论研究发展和相关政策制定奠定了坚实的基础。其编写的最初目的是为全国档案工作者和各地档案业务培训提供参考资料和基础性教材，出版后在国家档案局举办的十余期档案管理干部培训班使用。由于其内容具有前沿性和研究性，《档案信息化建设导论》已成为广受关注和欢迎的专业学术著作。在普及档案信息化知识，指导档案信息化建设，引导全国档案信息化建设发展方面发挥了重要作用。（赵　屹）

《档案信息化建设实务》 *Archives Informatization Construction Practice* 中国档案学理论著作。杨公之主编，中国档案出版社于2003年出版。

全书共分10章，另有5个附录。在内容结构上分成4个部分：①第一章总述部分，对档案信息化建设的宏观管理进行论述，结合实例研究档案信息化的规划、组织管理与保障体系。②相关内容研究，包括第二章和第三章，对与档案信息化建设密切相关的电子政务、局域网建设与管理进行研究。③实务部分，包括第四章至第九章，对数据库的建设与维护、电子文件的归档与管理、档案数字化的基本程序与要求、档案管理软件的开发与应用、**档案网站**的建设与管理、数字档案馆的规划与设计6个方面的实务进行研究与论述。④第十章保障内容研究，主要阐述档案信息安全管理策略。此外，附录中的中外档案网站导航与档案信息化研究资料索引对于当时的档案信息化建设也具有重要价值。

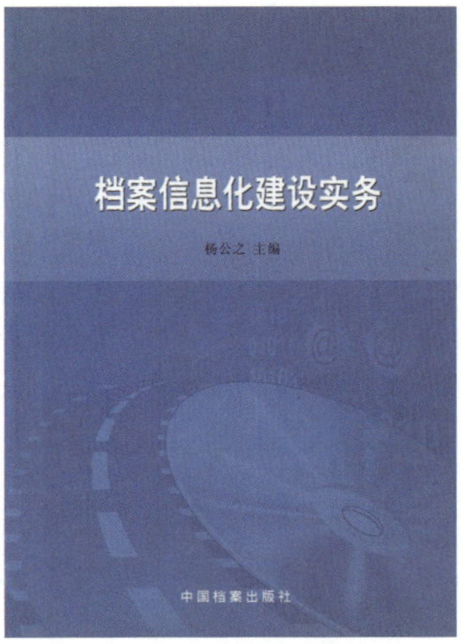

《档案信息化建设实务》封面

《档案信息化建设实务》紧跟时代热点与档案工作发展实际需求，具有强烈的时代感和指导性、可操作性。内容从宏观到微观，对档案信息化建设各项实际事务从理论概述到实际操作，覆盖全面，资料翔实，既反映了国内档案信息化建设的起步与进展，又指导档案信息化建设的进一步发展，有助于档案信息化建设从理论研究走向实际。（赵　屹）

《档案信息利用法律研究》 *Research on Legal Issues in the Utilization of Archival Information* 中国档案学著作。张世林著。2004年由中国法制出版社出版。是中国档案学界第一本较为系统地研究档案信息利用活动中涉及的法律问题的著作。全书共6章，主要包括两部分内容：第一部分是理论分析部分，即该书的前三章，主要分析和厘清了档案利用活动中的法律关系、法律责任及**档案所有权**等基本问题，为此书后一部分的论述提供理论铺垫。第二部分是后三章，主要对档案利用活动中涉及的具体法律问题，包括档案利用活动中涉及的著作权问题、公民隐私权及知情权问题进行剖析，并提出相应的解决应对之策。

《档案信息利用法律研究》封面

著作综合运用了档案学、法学、社会学、管理学等学科知识，视野开阔，内容丰富。论述过程中穿插了中外一些典型案例，使得整本书的论述生动又具有针对性。书中对于"责令赔偿损失"法律性质的认定、档案封闭期与著作权保护期对作品档案利用的影响、作品档案的公布权与发表权之间的区别与联系、个人数据管理的立法保护等问题进行了专门分析，引人深思。书中提出的一些观点，如"《档案法》应与中国政府信息立法衔接""档案利用应冲出档案馆的围墙，模糊档案室与档案馆之间的界限"等，对《档案法》的修改、政府信息立法及完善具有借鉴意义。（连志英）

《档案信息系统安全等级保护定级工作指南》 *Guideline for Security Classification of Protection Level of Archives Information System* 中国用于指导档案信息系统安全等级保护的定级工作的规范性文件。由国家档案局组织制定，2013年印发。《指南》包括工作背景、适用范围、编制依据、档案信息系统类型的划分、档案信息系统的定级、评审、备案与报备、等级变更及附录九部分。第一部分介绍了制定《指南》的背景。第二部分明确了《指南》的适用范围。第三部分规定了编制《指南》依据的主要标准和规范。第四部分对档案信息系统的类型进行了划分，并对不同类型的档案信息系统的基本功能进行了描述。第五部分对档案信息系统的定级原则、档案信息系统安全保护等级的划分、档案信息系统安全保护等级确定的方法进行了说明。第六部分规定了档案信息系统的评审方式。第七部分规定了档案信息系统的备案与报备。第八部分指出档案信息系统在运行过程中，信息系统安全保护等级应随着信息系统所处理的信息和业务状态的变化进行适当的变更。

《指南》的颁布和实施对加强重点行业信息系统安全等级保护工作的监督、检查和指导具有重要意义，对档案信息长期安全保存具有指导意义。（钱　毅）

《档案行政概论》 *Introduction to Archives Administration* 中国档案学理论著作。1996年10月中国人民大学出版社出版，陈智为、胡绍华、王英玮著。为《档案行政管理概论》的修订本。

《档案行政管理概论》由陈智为主编，1991年10月中国人民大学出版社出版。为中国关于档案行政管理的第一本系统、完整的理论著作。共11章，分别为引论、档案行政管理体制和组织机构、档案行政领导和档案行政人员、档案行政管理法规、档案工作调查研究、档案工作统筹规划、档案工作组织协调、档案行政监督、档案工作业务指导、档案行政效率、档案行政管理部门的机关管理等。

《档案行政概论》共10章，分别为档案行政体制和组织机构、档案行政领导和档案行政人员、档案工作法律法规、档案行政法规、档案工作统筹规划、档案工作组织协调、档案行政监督、档案工作业务指导、档案工作调查研究、档案工作公共关系。与《档案行政管理概论》相比，《档案行政概

图 1 《档案行政管理概论》封面

论》进行了较大范围的修订与增删：①对档案行政体制和组织结构、档案工作法律规范与档案行政法规、档案工作调查研究与业务指导等章节的内容做了大幅度的增补。②对档案行政监督一章进行了全面改写。③删去了档案行政效率和档案行政管理部门的机关管理等内容，补充了档案工作公共关系一章。

图 2 《档案行政概论》封面

《档案行政概论》认为，档案行政是以国家各项建设事业的需要为目标，对全国以及地方的档案工作进行统筹规划、组织协调、统一制度、监督指导的活动，具有促进档案工作总目标的实现、建立依法治档新秩序、调节档案事业系统的内外部关系、促进档案事业发展的作用。书中延续并发展了《档案行政管理概论》的观点，认为档案行政理论的研究对象是各级档案机关和行政人员、档案行政实践、档案行政的客观规律，指出应注意从实际出发、理论与实践并重、宏微观结合。著作结合当时的社会经济发展，反映了档案行政工作的新探索、新进展，实现了档案行政实践经验向理论的升华。（完颜邓邓）

《档案行政管理概论》 *Introduction to Archives Administration Management* 中国档案学理论著作。见《档案行政概论》。

档案行政管理机构 archives administration agency 对国家档案事业进行指导、监督和管理的各级机构的总称。国家档案事业管理的领导和指挥中心。档案行政管理机构在档案机构体系中具有重要地位，发挥着重要作用，基本职责是：负责对档案事业进行统筹规划、组织协调、统一制度，指导和监督档案馆和其他档案机构的工作，对档案工作进行监督、检查与指导。

档案行政管理机构的设立是近代档案机构变革的重要表现，是档案工作上升为国家一项独立事业的产物。作为近代档案事业首创者的法国，1794 年 6 月 25 日通过《穑月七日档案法令》将行政管理权授予国家档案馆，使之担负起档案保管机构和档案行政管理机构的双重职责，行使对地方档案馆的业务指导和监督职能。在法国的影响下，荷兰、意大利、瑞典、丹麦等欧洲国家相继由国家档案馆兼而行使档案事业的行政管理职责，成为最早的档案行政管理机构。随着档案工作的逐步发展，有些国家设立了统一管理全国档案事业的专门行政管理机构，最早设立的是西欧国家，如德意志普鲁士王国（1831）、意大利（1874）、法国（1884）。而有些国家至今仍然由国家档案馆承担档案保管机构和档案行政管理机构的双重职能，如瑞典、丹麦、挪威等国家。档案行政管理机构的设立是国家档案事业开始统一领导的标志，并逐步发展为集中式档案事业管理体制的重要标志。

世界各国档案行政管理机构的设置与档案事业管理体制有密切关系。集中式档案管理体制的国家设立档案行政管理机构的较多，分散式档案管理体制的国家一般不设档案行政管理机构，只有个别国家在中央或部分地方设置。各国档案行政管理机构的名称各异，大多数国家称为档案局或国家档案局。而有的国家名称则有所不同，如美国称为国家档案与文件管理署，西班牙称为美术与档案总局等。

各国档案行政管理机构的隶属关系也存在很大差异，主要有两种形式：①直接隶属于国家最高行政当局，是政府的直属机构，局长由政府首脑任命，如美国、俄罗斯、罗马尼亚、越南、蒙古等。②隶属于政府的某个部，是部属机构，如法国、意大利、西班牙等。隶属关系的差异可能对档案行政管理机构的职权范围产生一定的影响，一般而言，直属于最高当局的档案行政管理机构能够更充分地行使职权。

根据设置情况和职能范围，各国档案行政管理机构的类型主要可划分为 4 种：①层次型。指档案行政管理机构形成了等级制，共同组成从中央到地方的档案行政管理机构系统。如俄罗斯三级建制的档案行政管理机构，依次为共和国国家档案局、自治共和国档案局和边疆区、州、市、自治州档案局，它们分别对同级的档案馆进行业务指导和监督。②单一型。指国家只设立一个中央级的档案行政管理机构，统管全国的档案事业。如法国、意大利、罗马尼亚、越南、蒙古等，均仅在中央设立档案行政管理机构，地方不再设立。③兼职型。指由中央级国家档案馆兼而承担档案事业行政管理的职能。如北欧五国，不设立专门档案行政管理机构，由国家总档案馆承担双重职能。④局部型。指档案行政管理机构只能在一定地区或一定范围内行使职权。多出现在联邦制国家，如美国与德国。美国国家档案与文件署只能在中央政府范围内行使档案行政管理职权；反之，德国没有中央级的档案行政管理机构，只有地方某些州设立档案行政管理机构。

1949 年以前，中国没有设置全国档案行政管理机构。中华人民共和国成立后，于 1954 年 11 月正式设立国务院直属的国家档案局，统一掌管全国档案事业，随后，在各省（自治区、直辖市）、地（市、盟、自治州）、县（旗、自治县）都相继设立了各级政府直属的档案局。各级档案局统一地、分层负责地对档案工作进行指导和监督，分别管理各级档案馆，在全国形成了完备的档案事业管理体系。（杨安莲）

档案修裱机 machine for archives mounting 用于档案修裱的自动化机械设备。安徽省档案局承担试验研究。属于中国国家档案局 1992 年正式批准下达的“八五”科研攻关重点项目，1994 年 9 月首台试验样机通过国家档案局组织的鉴定。经研究人员对样机改进完善，于 1997 年研制成功首台档案修裱机，1999 年正式完成商品机生产。2000 年 1 月经国家知识产权局审查批准，获《实用新型专利证书》（ZL99 2 28052.4）。获 2000 年度国家档案局优秀成果特等奖。

档案修裱机主要由操作台（负压装置、输送网）、干燥装置、施胶装置、展平装置、机架、收卷装置及控制系统等主要部分组成。

档案修裱机保留并发扬了中国传统修

裱技术中的技法，提高了修裱速度。修裱档案速度 30～120 张/时，修裱档案最大宽度 370 毫米，档案干燥温度 70℃以下，外形尺寸 1500 毫米 × 750 毫米 × 1300 毫米，重量 300 千克。主要用于纸质载体档案、资料等修裱，具有广泛的适用性。技术特点包括：①圆辊涂布施浆代替人工刷浆。②真空吸附铺放台代替人工修裱工作台。③毛刷和压辊展平代替人工去皱、排实、展干。④控温干燥代替人工上墙自然晾干。⑤选用既适应机器又符合传统修裱档案的托纸。⑥实现托裱、干燥、收卷装置一体化。⑦仿造“翻油纸”的传统手工修裱档案技巧，用无纺布衬垫解决各种严重霉变、炭化和破损档案的机器修裱。⑧选配既适应机器又满足传统档案修裱技术要求的胶黏剂。⑨采用电子同步技术，实现自动跟踪收卷。⑩采用可控硅技术实现超慢速无级调节。

机械化修裱因具有速度快和机器连续运转的特点，且具有一定规格，所以对托裱纸的选择有严格的质量要求。配合机械化修裱用纸的选择需考虑很多因素，如托纸不需要太白，自然光氧化漂白即可。如用氧化漂白，纸张的横向交织力强，pH 值偏碱性，宽度 33～35 厘米，长度为卷筒式，可根据需要制作。（张美芳）

档案修裱技术 archival repair-mounting technology 以糨糊做胶黏剂，运用修补和托裱的方法，把选定的纸张补或托在破损档案原件上，以恢复或增加强度，提高档案耐久性的一项档案修复技术。档案修裱可以恢复档案的原有面貌，增加强度，延长档案的使用寿命。决定档案修裱效果的因素是黏合剂、修裱用的纸张材料、修裱技术和操作规程等。

纸质档案修裱

传统修裱技术在中国历史悠久，早在 1500 年前的晋代就有了修裱技术。1949 年后在认真研究和总结传统修裱经验的基础上，依据档案修复的工作实践，提出了档案修复的理论、原则和方法，为国家各级档案部门普遍采用。

纸质档案修裱用的黏合剂一般是高分子化合物，要求是：黏性适中，保证修裱档案的柔软；化学性能稳定，pH 值接近中性或微碱性；不易生虫、长霉；色白或无色透明；具有可逆性。常见的黏合剂有小麦淀粉糨糊、羧甲基纤维素。

档案修裱用纸应符合以下要求：纸张中有害杂质少，有较好的耐久性；纤维交织均匀，纸张薄而柔软，具有较高的机械强度；纸张呈中性或弱碱性；纸张色白，白度在 60%左右；伸缩性小，吸收性低，使修裱后档案易于平整、不易崩裂。根据以上要求，一般使用手工纸，不使用机制纸，尤其不能使用含木素较多的新闻纸。常用修裱用纸的种类主要有宣纸、毛边纸、棉纸、皮纸及夹江手工纸等。

纸质档案修裱技术主要有揭粘、修补、托裱技术以及干燥和修整技术等。①揭粘技术。部分档案保存多年后，在多种因素影响下，有的纸张发生粘连，形成档案砖。揭开档案砖主要是设法降低或消除黏结物的黏性，根据黏结状况，采用不同的揭粘技术。主要有干揭法、湿揭法、酶解法以及综合法等。②修补技术。对一些有孔洞、残缺或折叠处磨损的档案，需要采用修补技术。修补用纸的纤维方向要和档案纸张的纤维方向一致，纸的厚薄、颜色、质地也要尽量与档案纸张相似，必要时可将修补纸染成和档案纸张一样的颜色。修补所用糨糊的稀稠要根据纸张的厚薄来决定。修补主要有补缺和托补。③托裱技术。在单面有字档案的背面托上一张纸的技术称为托裱。托裱可以提高纸张强度，起到加固纸张、增加纸张强度的作用。一般有两种方式，一是把糨糊刷在档案上，然后再上托纸的湿托加固方式；二是把糨糊刷在托纸上，然后再与档案黏合的干托加固方式。④干燥技术。干燥技术主要有两种形式。一种是绷子干燥。用绷子晾干托裱后的档案，这是中国传统修裱技术中的主要干燥方法。绷子是用木框和多层高丽纸糊制而成。小者可以移动称绷子或壁子，大者固定在墙上称纸墙，如墙一样大的绷子称大墙。上墙过程中修裱室内湿度不能过大，否则易使档案长霉，但也不能太小，湿度小易使档案干裂。湿度以 60%为宜。另一种是吸水纸压干。对于补缺、溜口、加边、接后背修补的档案，一般放在吸水纸中或葛板上压干。压干时应注意经常翻动档案，更换吸水纸，以防档案和吸水纸长霉。⑤修整技术。修裱后的档案需要进行修整，以除去多余部分的托纸、补纸，并进行折页、平整等一系列工作。修整过程中，对尺寸小的档案，可以托裱镶边；对尺寸较大的档案，可以把纸向里折叠；纸张太长，可以从天头向下折叠，但不要从地脚向上折叠，以免在取放档案时磨损折叠处。

（彭远明）

档案修复技术 archives restoration techniques 利用物理方法、化学方法、计算机技术等，经过手工或设备处理，使损坏或有不利于永久保存因素的档案实体或档案信息基本恢复原貌的技术。档案保护技术的重要组成部分。档案在保管和利用过程中，易受到自身因素、不利环境条件和人为因素的影响，出现污染、字迹褪变、纸张脆化、虫蛀等老化现象，轻者影响档案外观，重者影响档案的寿命和利用。档案修复的主要目的是最大限度地延长档案寿命，便于保存和利用。其中包括档案实体修复技术和档案信息修复技术。档案实体修复主要包括去污、去酸、加固、档案字迹的显示与恢复、修裱等；档案信息修复是档案修复中的一项重要内容，多采用数字技术利用档案现有的信息来恢复丢失的信息。可用于纸质档案字迹的恢复、旧照片中丢失信息的恢复，视频文字的去除以及视频错误的隐藏等。简言之，档案信息修复就是对档案上信息缺、损、多添加、污染等区域进行信息矫正的过程，目的是对有信息破损的部分进行复原，使信息呈现出来，便于利用和保存。

档案修复遵循 3 项原则：①有利于延长档案寿命。②尽量保持档案原貌。③试验先行（见档案修复原则）。修复工作的第一步是对将修复的档案的破损状况进行分析，以制定修复方案。方案应包括档案制成材料的性质、损坏状况与原因、修复方法与步骤、使用的材料，以及处理过程中的要求设备及软件的选择等，并对破损档案进行拍照、存档，建立修复档案。修复应保持档案的原来面貌和内容的完整，不损坏档案的任何有价值的历史痕迹，不允许在修复过程中人为地有所增减和再创造。修复方法和使用的材料应安全可靠，符合档案永久保存的要求，最大限度地延长档案的寿命。主要技术如下。

去污　档案在保存和利用过程中，常粘染各种污渍，如水印、泥斑、油斑、蜡

图 1　揭叶

图 2 订线

图 3 补书

图 4 衬纸

斑、霉斑、墨水斑等。去污方法有机械法、溶剂洗涤法等。去污要根据污渍的种类、纸张和字迹的性质,采取不同的处理方法。处理中要求去污溶剂浓度适宜，操作动作轻缓，过程紧凑，掌握温度，防止污渍扩散。处理后不应在档案中残留有害物质，对纸张、字迹基本无影响。任何去污方法都需要进行预试验，确定对档案无影响，方可在档案实体上进行。

去酸　档案纸张中含酸性物质（纸张的 pH 小于 7），是档案“自毁”的重要因素，去酸可以延长档案纸张的寿命。去酸方法有含水溶液去酸、有机溶液去酸、气相去酸三类。但纸质档案与图书不同，字迹成分复杂，pH 值与色素显色密切相关，进行档案去酸时必须确认方法对纸张、字迹无不良影响才能使用。

加固　档案在长期保存和利用过程中，由于环境中各种有害因素对档案产生的物理、化学、生物等作用，使档案纸张强度下降，字迹逐渐扩散、褪变，严重时影响利用，必须进行加固处理。可用纸张、丝织物或其他高分子材料黏合或附加在档案纸张上，增加强度，保护字迹。溶液喷涂加固法，可利用明胶溶液、乙基纤维素溶液、聚甲基丙烯酸甲酯溶液、含氟高聚物溶液。固体薄膜加固法，通常采用醋酸纤维素和纱纸热压加膜、聚酯薄膜封套、薄膜热压加固等材料。**档案修裱技术**、丝网加固等是运用较为普遍的加固方法。档案修裱技术是以糨糊作胶黏剂，运用修补和托裱的方法，把选定的纸张补或托在档案文件上，以恢复或增加强度，从而提高耐久性的档案修复技术。档案修裱包括修补、托裱和修整等。丝网加固是对破损、发脆的双面有字迹的纸张实施的加固方法，加固纸张所用的丝网事先喷涂了高分子黏合剂，在加温和加压处理后，使丝网黏附在纸张需要修复的区域，完成对纸张的修复加固，同时不影响阅读。档案在加固之前，必要时需进行除污、去酸处理。

字迹显示与恢复　由于原字迹材料中有不耐久的色素成分，字迹与纸张结合牢度差，字迹会因逐渐褪变、洇化扩散而模糊不清，严重者只留下很浅的痕迹甚至成为一张白纸。有时也因为某些偶然原因，字迹为污染物质遮盖，影响识读。对于这些褪变字迹和被污斑遮盖的字迹就要进行显示与恢复。方法有：①化学显示法。对含铁字迹用硫化铵法、亚铁氰化钾法和单宁法。**陕西省档案馆**研制的蓝色墨水显色固色剂可以恢复与固定含有三芳甲烷染料成分的字迹。对于扩散或褪色的圆珠笔、复写纸字迹，也已研究出有效的方法和试剂。污斑遮盖字迹可用除污法，利用不同的溶剂除去污斑，从而显示字迹。在使用这种方法时，去污溶剂不能对档案纸张或字迹有任何不良影响。②物理显示法。主要有缩微摄影、滤色镜摄影、斜光摄影、紫外线或红外线显示等。③计算机软件恢复法。将档案原件数字化之后，利用计算机软件使数字图像上的字迹在显示上更加清晰，识读性更强。不同于传统档案修复方法，在处理过程中，操作对象是数字图像，而不是档案原件，因此较之化学方法恢复档案字迹更为安全可靠，操作更为灵活方便。

档案修复技术在使用时需要依据档案制成材料的特点，针对破损状态采取相应的修复方法，有时可采用单一方法，有时需要集成几种方法。无论采用哪种方法，都必须保证对档案原件无不良影响。

（冯乐耘　撰　张美芳　修订）

档案修复原则　principles of archives restoration　修复破损档案遵循的准则。作为一项专门技术，档案修复有自己的原则。

有利于延长档案寿命　档案修复的目的是更好地利用和保存档案，实现**档案价值**，因此档案修复应符合档案保存的要求，以最大限度地延长档案寿命为首要原则，修复过程中所采取的任何技术手段都应与此原则相适应。在档案修复过程中，修复方案的制订、修复材料的选择、修复技术的运用、修复方法的实施、修复人员的培训，都应该强调这一原则，修复过程中不应出现违反这一原则的操作。

尽量保持档案原貌　档案原貌是指档案修复前的状况。即档案在修复前就具有的、在保管利用过程中由于不同程度老化或损坏而呈现的、承载信息价值的状况，应包括从载体材料、档案信息到装订形式等的真实原状、特点以及历史痕迹。

为了尽可能地保持档案原貌，要求在修复工作中仅使档案的残破部分得到修复，决不使其他部分的现有状况产生任何形态上的改变，不损坏档案的任何有价值的历史痕迹，不允许在修复过程中人为增减和再创造。为了保持档案原貌，还可以有意识地使修复中所用的修复材料（如纸张、线、颜料、墨等）与原始文件的材料保持一定的色差，以避免所做的修复与档案本身固有的历史信息混淆。

试验先行原则　由于**档案制成材料**不同，保存环境复杂，损毁情况各异，因此修复材料和方法也不尽相同。本着对档案负责的态度来进行档案修复必须遵循试验先行原则。遵循这一原则，要求在制订修复方案时，要对整个修复过程作全盘考虑，仔细推敲各个环节，认真筛选技术方法，实施前应当进行必要的试验，尽量避免损坏档案。

档案修复中还应该遵循其他一些原则。如相似性原则，要求修裱所用材料应与被修裱档案载体具有相类似的厚度、颜色等。档案修复工作是一项科学而又创新的工作，无固定章法可循，需要在实践中具体问题具体分析。（张美芳）

档案宣传工作　archives propaganda work　档案部门利用新闻出版等传播手段，沟通档案部门信息，将档案事业与社会联系起来的工作。

基本原则　新时期中国档案宣传工作的方针是：高举旗帜，围绕中心，立足档案，面向社会，贴近群众。高举中国特色社会主义伟大旗帜是档案宣传工作的根本要求；围绕党和国家工作大局，围绕档案中心工作开展宣传是档案宣传的根本原则。具体原则如下：①党性原则。坚持党的基本理论、基本路线、基本纲领和基本经验，坚定自觉地与党中央保持高度一致，坚决维护中央的权威。档案宣传工作要始终在政治立场、政治方向、政治原则、政治道路上同党中央保持高度一致。要建立健全档案宣传法规制度，进一步提升宣传工作科学化、规范化、制度化水平。按照主管主办和属地管理原则，严格档案报刊和所属网络宣传平台管理，强化内容审核把关和舆情研判应对，构建网上网下同心圆，确保档案宣传阵地不出思想性、方向性问题。②“三贴近”原则。坚持“三贴近”（贴近实际、贴近生活、贴近群众）是用“三个代表”重要思想统领宣传工作的必然要求，是坚持和贯彻党的思想路线和群众路线的必然要求。坚持“三贴近”，努力增强档案宣传工作的针对性、实效性和吸引力、感染力。贴近实际，无论是口头宣传、文字宣传，还是声像宣传，都应坚持报道的真实性，用事实说话，通过事实本身的力量来说服人。贴近生活，就是要贴近政治、经济、文化的主体生活。只有贴近社会的主体生活，档案宣传工作才能跟上主流，弘扬主旋律。从人民群众的现实生活中寻找档案宣传工作的切入点，使人民群众真正意识到档案的重要性和档案工作的必要性。贴近群众，就是要切实面向群众，一切从最广大人民群众的根本利益出发。③安全性原则。档案宣传工作在宣传的过程中需要保障档案的安全性。因此，档案管理部门应当充分认识自己在档案信息公开和保密中的地位和角色，认真审视当前的档案管理模式，分析传统管理模式同当前环境之间的关系，找准档案保密和档案公开之间的契合点，努力探索更加科学的档案管理模式。

基本任务　在档案宣传工作的基本原则指导下，宣传档案工作方针政策，普及档案知识，交流档案工作经验，为社会提供档案信息，增强社会档案意识，使社会各方面了解与支持档案事业的发展。加强宣传人才培养，强化工作人员对档案宣传工作重要性的认识，充分调动其从事档案宣传工作的积极性。

内容　①宣传馆藏档案内容。现代化档案馆是党和国家的科学文化事业机构，是永久保存档案的基地，是科学研究和各方面利用档案史料的中心，是待发掘的宝贵文化财富。随着社会主义现代化建设的发展，中国已宣布合理开放档案，国内任何学者和公民都有权使用自己所需的档案。因此，档案宣传部门应加大宣传馆藏和开放档案的内容，鼓励和欢迎人们前来使用，为利用者创造便利，从而扩大档案馆的影响，加强档案馆与利用者的联系。②宣传档案对社会主义建设的作用和实际效果。档案馆（室）应在提供利用的过程中，宣传本馆（室）所典藏的档案对机关工作、生产建设、科学研究等方面发挥的作用，以典型实例说明，使人们了解档案的价值和作用。同时，档案宣传工作要始终如一的坚持党性原则，实现档案的有效利用，及时、准确地提供相关档案为社会主义现代化建设服务，为党和国家各项工作的长远需要服务。③宣传有关档案馆（室）工作的规章制度和基本知识。向广大利用者和群众宣传档案馆（室）的职能、工作任务和基本原则、利用档案的有关规章制度和手续以及如何利用档案，从而提高利用者在查找和利用档案资源的效率和效果，自觉遵守规章制度，维护档案的完整与安全。④宣传档案人员。宣传档案战线上的先进人物和事迹，提高档案人员的社会地位，激发档案人员的工作热情。

作用　档案宣传工作是档案事业的重要组成部分，也是发展档案事业的重要条件，同时也是对档案事业实行宏观管理、进行监督指导的一种手段，在服务经济社会、服务公众、服务档案事业等方面发挥着重要作用。

方式　档案宣传工作的方式主要有口头宣传，创办报刊，举办展览，配合社会各种重要活动和纪念日进行宣传或出版文集、画册，举行记者招待会或新闻发布会，编辑档案出版物，拍摄档案影视作品，开发档案文化创意产品，通过报刊、广播、电视、网站、社交媒体等途径公布档案史料，宣传档案和档案工作。

档案宣传工作顺应信息传播手段发展和随之带来的各类受众兴趣的变化，注重发挥各种新兴媒体的宣传作用，陆续拓展了如档案网站、档案论坛、档案博客、档案微博、档案微信公众号等宣传途径，从而拓展宣传形式、手段和载体，占领新兴媒体阵地，进一步丰富和创新传播渠道，吸引更多的宣传受众。

形成发展　中华人民共和国成立以来十分重视档案宣传工作。1951 年 4 月 15 日，创办《材料工作通讯》（1953 年改名为《档案工作》，1994 年改名为《中国档案》），它是中华人民共和国成立后第一个全国性的研究档案工作、交流档案工作经验的刊物。此外，各级档案部门还多次组织和举办各种类型的档案展览。1987 年《中华人民共和国档案法》颁布后，国家档案局设立了宣传处，召开了第一次全国档案宣传工作会议。1996 年中国成功承办了第十三届国际档案大会，向国际档案界宣传了中国的档案事业建设成就，提高了中国在国际档案事务中的地位和影响。2003 年国家档案局开通了政府网站，各地档案部门之前之后也纷纷开通了档案信息网站，形成了覆盖全国的档案网站体系，档案宣传从实体领域扩展到虚拟领域。自 2008 年起，全国各级档案部门围绕“国际档案日”开展了形式多样的档案主题宣传活动。2010 年，国家档案局建立了新闻发言人制度，并根据中央外宣办的安排，同其他中央单位新闻发言人一起出席媒体见面会，简要介绍了中国的档案工作。2014 年，中共中央办公厅、国务院办公厅印发了《关于加强和改进新形势下档案工作的意见》，提出要“加强档案宣传工作。充分利用各级各类新闻媒体，大力宣传档案部门贯彻党和国家方针政策的新举措、档案工作服务社会的新成绩、档案工作者投身现代化建设的时代精神。充分挖掘档案资源的现实和历史价值，设计宣传主题，创新宣传形式，推出一批有档案特色、有社会影响力、为人民群众喜闻乐见的档案宣传精品力作，为档案事业科学发展提供强大舆论支持”。

发展趋势　总体上，未来的档案宣传趋势要涵盖两个方面：首先要解决当前档案宣传工作中的实际问题，其次要促进档案宣传工作长期目标的实现。因此，未来档案宣传工作应该朝着以下 5 个方面发展：①紧紧围绕党和国家工作大局，有针对性地开展档案宣传，为经济、政治、文化、社会建设服务。②档案宣传在党和国家宣传工作方针政策指导下，努力形成“档案大宣传”的格局，利用档案巩固主流思想舆论，深入挖掘各级档案馆藏档案信息资源，推出一批有特色、有影响力的高质量档案文化产品，将档案宣传打造成为全国宣传工作的一个知名品牌。③持续推动形成依法治档的良好氛围，及时跟进《中华人民共和国档案法》修订和配套法规标准立改废工作进度，做好新颁布法规制度和标准规范的宣传解读和教育培训各项工作，抓好档案执法相关配套宣传教育。④继续提高档案宣传工作能力，强化内容审核把关和舆情研判应对，严把正确政治方向和舆论导向，丰富档案宣传内容，创新宣传方式，打造过硬的档案宣传干部队伍，进一步提升宣传工作科学化、规范化、制度化水平。⑤进一步加强档案对外宣传。加强档案对外交流与合作，宣传中国档案事业的巨大成就。利用档案宣传维护国家利益，提升国家形象。

（王　晖）

《档案学》 *Archivistics*　意大利档案学专著。意大利档案学者 E.卡萨诺瓦（1867～1951）的代表作。1928 年在罗马用意大利文出版，1968 年再版，1933 年苏联将全书译成俄文。卡萨诺瓦曾任意大利国家档案局总监、国际联盟档案专家委员会主席，主编《国际档案馆指南》，并为《意大利百科全书》撰写“档案”和“档案学”的条目。

《档案学》着重论述了关于档案馆的科学，指出关于档案馆的科学也可称为档案学。主要成果表现在：①系统阐述了档案学的学科体系，将档案学划分为实用档案学（即档案技术）和本来档案学（又叫“纯粹档案学”，即档案理论）两大块，这是较早对档案学科体系的科学划分。②消除了西欧档案学术语的混乱局面，从词源学和语义学的角度分析了档案、文件、案卷和系列等重要概念，并把影片、照片和录音档案纳入档案的范畴，较早肯定了档案载体的多样性。③从登记室和档案馆的相互关系入手，首次提出了机关档案馆和国家历史档案馆具有渊源关系。④全面论述了档案的多种整理方法，分析了各自的利弊，对实践工作很有指导价值。⑤着重介绍了**来源原则**，领土归属原则，十进分类法，档案体的不可分散性、不可替代性和不容侵犯性等。

代表了当时意大利档案学理论的最高水平，也是一部欧美档案学名著。书中的观点对欧洲档案学的形成和发展有一定影响，对近现代档案工作的理论和实践的水平的提高具有积极作用。　（黄霄羽）

《档案学词典》 *Archives Dictionary*　中国档案学工具书。吴宝康、冯子直主编。1994年上海辞书出版社出版。

20世纪80年代中期，中国档案事业经过整顿逐步恢复和发展，建立起比较完整的档案事业体系，档案学理论研究也随之取得了长足的发展。为适应档案事业和档案学进一步发展的需要，更好地开展中外档案业务与学术交流，由中国档案学会、中国人民大学档案学院、上海市档案局等共同合作，经过8年多的努力，完成了《档案学词典》的编辑与出版工作。

《档案学词典》封面

共收录词目4000余条。包括总论，档案事业管理，文书与文书处理，档案管理，**科技档案管理**，档案文献编纂，档案保护技术，微缩与复制技术，计算机辅助档案管理，文书、档案史，以及机构，人物，书刊13个门类。另有附录中外档案工作大事纪略、全国档案工作基本统计资料等，彩图百余幅。档案专业用语的定名，以国家档案局和有关部门审订的为正规名词；未经审订的，以习惯用语为正规名词。正规名词列为正式词条，如有习惯别名用语，则作参见条。有关学术上的问题，凡有定论的，按定论介绍；有争论的，或者诸说并存，则以一说为主，兼述别说，较好地解决了一词多义或多词一义的现象。词典资料截止日期为1990年底，正文排列按分类词目表，书末附有词目笔画索引。

《档案学词典》为中国第一部档案学名词术语词典，对于规范档案学名词术语，提高档案学的科学水平和学科地位，传播、普及档案工作基本知识，发挥了重要作用。

（傅荣校）

《档案学概论》 *Outline of Archives Science*　中国档案学专业基础教材。**吴宝康**主编，中国人民大学出版社1988年1月出版。1992年获国家教委第二届普通高等学校优秀教材一等奖。

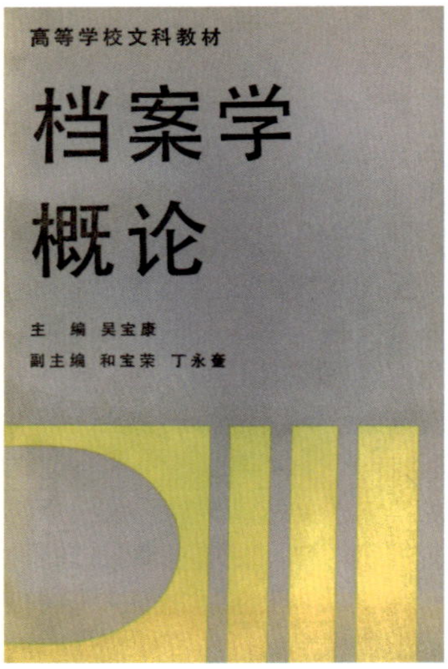

《档案学概论》封面

《档案学概论》共分为4编16章。第一编档案（第1～4章），论述档案起源、沿革、定义、属性、价值和作用，以及**国家档案全宗**；第二编档案工作（第5～7章），论述档案工作系统的内部结构和外部环境，档案工作的矛盾、规律、性质和原则，以及档案工作现代化等问题；第三编档案事业（第8～11章），论述国家档案事业管理，档案室和档案馆的性质、职能和类型，档案专业教育，档案科学技术研究和内外业务交流；第四编档案学（第12～16章），论述档案学及其学科体系，欧美档案学的产生和发展，国际档案组织与档案学理论研究，以及中国档案学的产生、发展和趋势。

《档案学概论》汲取了当时众多的档案学研究成果。基于当时中国的档案实践，系统地阐述了档案、档案工作、档案事业及档案学中的诸多理论问题，构建了具有中国特色的档案学理论体系和框架，被认为是“中国档案学理论逐渐成熟、完备的标志，是新中国近40年来档案学理论建设的总结”。

《档案学概论》对中国档案学研究及档案工作实践的发展产生了深远影响，书中所强调的运用系统论、信息论、控制论等理论来研究和发展档案学的观点，所阐述的档案定义的4个基本要素、档案双重价值及档案价值的扩展规律、**档案馆网**的构建，对中国20世纪30年代档案学研究成果的梳理及客观公允的评价，以及对欧美和苏联等国文件与档案管理理论发展的梳理等对于档案学理论研究及档案工作实践的发展具有指导价值，是档案学理论体系中的核心内容。书中采取的四大编（即档案、档案工作、档案事业、档案学）的框架结构为后来多个版本的《档案学概论》所沿用。　（连志英）

《档案学概论》 *Outline of Archives Science*　中国档案学专业基础教材。冯惠玲、张辑哲主编，中国人民大学出版社2001年6月出版，2006年5月出版第二版，2023年3月出版第三版，冯惠玲主编。第一版于2004年被评为北京市高等教育精品教材，并获北京市高等教育优秀教学成果二等奖；第二版2007年被评为教育部普通高等教育精品教材。

第三版共分为3编12章：第一编档案（第1～3章），阐述档案的概念、档案源流，档案的价值与作用；第二编档案事业（第4～8章），阐述档案事业及其构成，档案机构，档案工作的特点、规律与发展，档案法规与档案职业道德，国际档案治理；第三编档案学（第9～11章），阐述档案学的构成与研究方法，档案管理的基本理论，档案学的演进与发展。

冯惠玲等主编的《档案学概论》是对吴宝康主编的《档案学概论》的继承和发展，也是基于新的档案工作实践对具有中国特色的档案学理论体系和框架的进一步丰富和完善。在框架结构上，基本沿用了吴宝康主编的《档案学概论》的编、章结构，只是将原来档案工作纳入档案事业一编中。在具体内容上既有继承也有发展。

如从信息的角度对档案的概念进行了新的界定，删除了**国家档案全宗**的内容，重新阐述了档案工作的发展规律，前瞻性地提出了档案工作的智能化发展规律和社会化发展规律，增加了档案法规与档案职业道德、档案标准、档案信息化建设、档案学研究方法等内容，将档案学研究对象更抽象、更简洁地界定为档案现象及其本质和规律，对来源原则、文件生命周期理论及**档案鉴定理论**进行了专门论述，并对这些理论在电子文件时代面临的挑战及发展作了较详细的阐述。

2006 年修订再版，补充了外国档案的源流和词源，外国档案学的产生和发展脉络，收集散失档案、解决档案国际纠纷的档案学理论基础等内容，在档案形态的演变中增加了大量珍贵档案的精美图片，同时也对一些理论进行了更新，包括对档案信息化含义做出新的界定，对文件生命周期理论的演进过程进行了新的梳理，把“档案的第一价值和第二价值”的提法更改为“档案对形成者的价值和对社会的价值”，重新归纳阐释了**档案价值实现规律**等。这些修订内容反映了作者对于 21 世纪以来社会环境的变化、信息技术的发展给档案事业及档案学基础理论带来的变革的审视和思考。

《档案学概论》封面

2003 年修订再版重点加强以下方面：①把档案学理论置于档案工作数字化转型的大背景下，充分关注信息化、数字化、数据化给档案、档案工作、档案理论带来的冲击和变化，构建数字时代的档案学。②加强档案治理现代化内容，全面反映当代档案法规、政策、标准、制度建设，以及治理理念的新进展、新内容，特别加强了 2020 年修订的档案法的内容阐释。③将档案工作国际合作与交流扩充为国际档案治理，比较详细地介绍了国际档案组织及其活动和计划，对国际档案界高度关注的离散档案问题做了更为翔实的梳理和论述。④加大档案学基本理论的分量，新增档案利用理论、文件连续体理论、档案多元论、档案后保管理论和档案记忆观等本世纪以来逐渐成熟的档案理论进展介绍，增加档案学研究方法，扩充档案学理论的演进和发展，充实了对中外档案学演进脉络的精要梳理，加入对档案学史要点的介绍，丰富了对学术发展趋势的分析展望。在理论观点上，对档案、档案学、档案种类等做了新的界定和释义，新增档案记忆价值和数据要素价值，将档案价值发挥作用的“规律”调整为“特点”，重新梳理和介绍档案机构，重新分析档案工作效益和档案工作发展规律，论述了在数字环境中档案形态的演变过程等。每一部分的论述都参照最新档案法规、政策的口径和最新数据，力求反映新的档案理论与实践动向。

（连志英）

《档案学理论与历史初探》 *Preliminary Research on Archival Science Theory and History* 中国档案学专著。**吴宝康**著。1986 年 9 月四川科学技术出版社出版。该书共四部分。第一部分是“无产阶级革命导师和领袖与档案”。分别论述了马克思、恩格斯、列宁、毛泽东、周恩来、刘少奇及中国其他老一辈无产阶级革命家关于档案和档案工作重要性的认识、重视与关心档案工作和利用档案解决各种问题的情况。第二部分是“档案学及其他”。分别论述了档案学科的独立性，档案学的性质与特点，档案学理论与档案工作实践的关系，对档案学某些观点的看法，中国档案学的产生和发展，中华人民共和国成立前后档案学研究的基本特点。第三部分是“建国以来我国档案学的研究及今后发展”。分别论述了具有中国特点的社会主义档案学的创建和发展，中国档案学研究和发展的曲折道路及其主要问题，档案学研究和发展中若干问题的认识，中国档案学及其各分支科目的今后发展，档案学科学研究干部队伍的建设。第四部分是“档案学的若干理论问题”。分别论述了档案和档案工作的产生和起源，档案工作的矛盾运动及其规律，档案工作的性质、作用和特点，关于“以利用为纲”的问题，**集中统一管理原则**和四项基本原则的关系，重新学习毛泽东同志的著作，努力建设档案事业和档案科学。

《档案学理论与历史初探》封面

为中华人民共和国成立后的第一部档案学理论与历史著作，以马列主义、毛泽东思想为指导，比较全面、深入地论述了档案和档案工作领域的一系列重要问题，填补了中国档案学研究的一个空白，在中国档案学发展史上占有重要地位。

（李财富）

《档案学论衡》 *Research on Archive* 中国档案学专著。陈永生著。1994 年 9 月由中国档案出版社出版。以档案学自身为研究对象，分为档案学研究对象、档案学学科属性、档案学研究精神、档案学研究方法、档案学术评论、档案学科研管理和档案人才等 12 章进行论述，是一部档案学自身问题的研究专著。主要内容有：首先，提出了一个崭新的档案学科——研究档案学，并构建了研究档案学体系。研究档案学的任务就是专门研究“已有档案学的考证、分析、诠释、评价等一系列工作”。其次，关于档案学的研究对象，首次提出“档案学的研究对象就是档案现象及其本质规律”的观点，这一观点为档案学界所普遍认同。书中用了近 1/4 的篇幅详细说明了档案学研究中的“理论联系实际”，将其拆解成理论、实际、联系三部分逐一阐释，再以“联系”为桥梁，实现理论与实际的结合。《档案学论衡》是中国档案学基础研究领域中一部有创见的专著，具有较高的学术价值。

（黄　静）

《档案学——欧洲档案工作的理论与历史》 *Archives Science: Theory and History of European Archives* 德国档案学理论著作。德国档案学者 **A.布伦内克**著。布伦内克在**普鲁士机密国家档案馆**担任领导期间，曾经在该馆附设的达莱姆档案学与历史学进修学院讲授德国和外国的档案事业课程。他去世之后，列什博士对其课程讲稿进行编辑和注释，于 1953 年在莱比锡整理出版了《档案学——欧洲档案工作的理论与历史》一书，原文为德文，1970 年在慕尼黑重印，1968 年米兰出版了意大利文译本，1958 年译为中文。

除前言和索引外，包括两编9章，分档案理论和档案通史概述两大部分，共40万字。第一编档案理论共6章，主要内容如下：①基本概念，指出档案有广义和狭义之分，其中广义的档案包括音像材料，狭义的档案仅指公文。②档案馆内档案的排列顺序，指出文件生命的3个阶段，即办公室—登记室—档案馆，并指出档案文件的排列顺序为有机形成的和人为两种。③档案馆接收材料的范围，说明档案与图书的区别，指出档案馆是接收机构而非收集机构，并详细介绍了德国档案学家梅斯纳1901年提出的档案文件鉴定标准。④档案理论和档案学的发展历史，系统叙述欧洲自16世纪拉明根以来的主要档案学者，以及他们的观点和著作。⑤介绍**来源原则**和**事由原则**的发展历史，提出“**自由来源原则**”的理论，说明来源原则与事由原则之间的矛盾是档案学的中心问题。⑥档案的定义和类型，指出档案是“在某一自然人或法人业务活动或法律活动中产生的，作为以往活动的查考资料和证据，在特定场所永久保存的文件和文献的总和”，可按照来源区分为公共的和私人的，按照行政地位区分为中央的和地方的等。第二编档案通史概述共4章，内容包括古代档案工作、德意志统一前后的档案工作、欧洲各国档案工作发展的历史、美国和拉丁美洲档案工作等。

在欧洲具有较大影响，提供了大量史料和许多启发性见解。是欧洲各国第一本系统论述档案学史的专著，有巨大的参考价值。突出贡献体现在全面论证事由原则和来源原则的产生和发展过程及两者关系的基础上，提出了自由来源原则的重要理论，集中阐述了自由来源原则的基本思想，对国际档案界产生了很大影响。（黄霄羽）

档案学史　history of archival science　研究档案学思想、理论发展过程及其规律性的档案学分支学科。

简史　档案学史研究开始于20世纪50年代，德国档案学家A.布伦内克在其所著的《**档案学——欧洲档案工作的理论与历史**》（1953）一书中，提出了档案学历史概念，对欧洲的档案学发展史作了开拓性的研究，评述了16～19世纪欧洲档案理论家的主要观点，系统地考察了档案分类原则的演变和发展过程。中国档案学家吴宝康在其《档案学专题讲授大纲》（1958）中对中国档案学的发展历史进行了开拓性的研究，对中国近代档案学的阶段划分、历史特点、学术流派、成败得失进行了全面、深入的评述，为学科建设做出了重要贡献。吴宝康在《**档案学理论与历史初探**》（1986）中进一步论述了中国档案学产生和发展的历史进程、基本特点与经验教训，并对中国档案学及其各分支学科的发展前景进行了展望。中国人民大学出版社出版的《档案学概论》（1988、2006）设专章阐述了欧美档案学和中国档案学产生和发展的历史。档案学史尚待从广度和深度上进一步加强研究。

研究内容　主要包括：①档案学产生前档案工作经验的积累与档案学思想的萌芽。②档案学产生的时代、背景、标志和条件，档案学分支学科的发展过程。③档案学发展史上不同时期的历史学家、文献学家、档案学家及其代表著作的介绍与评价。④档案学基本概念、思想、观点、理论、原则的提出，及其在各个历史阶段的发展变化。⑤档案学发展史上重要学术问题的讨论与争鸣。⑥档案学发展史上的重要事件与措施，如档案科研机构的建立、档案学专业教育的创办、档案科学发展规划的制定、重要的档案学术会议、国际档案学术交流等。⑦档案学发展与档案工作实践发展、档案教育事业发展及相关学科的关系，档案学的发展规律。⑧档案学的发展现状与趋势。档案学史分为世界档案学史、地区档案学史、国别档案学史、断代档案学史等。

研究意义　研究档案学史有助于深刻认识和理解档案学思想、理论、原则的形成过程，在分析、总结前人档案学研究成果的基础上，探索档案学思想的源流、派别和档案学的历史发展规律，提高档案学的理论研究水平，丰富档案学的研究内容，完善档案学理论与学科体系。同时，研究档案学史有助于反思档案学发展过程中的经验教训，扬长避短，增强档案学理论的科学性和适用性，更好地发挥档案学理论对档案工作实践的指导和规范作用。

（丁永奎　李财富）

《档案学通讯》　*Archives Science Bulletin*　中国档案学学术刊物。原名《档案通讯》。中国人民大学主办，中华人民共和国教育部主管。双月刊，国内外公开发行。1978年5月创刊于北京，当时称《档案通讯》，由中国人民大学档案系（今信息资源管理学院）主办，内部发行，不定期出版；1979年7月（总第8期）改现名，季刊；1981年改为双月刊，由中国人民大学档案系与中国档案学会联合主办；1983年2月，经文化部批准，向国内外公开发行。1987年7月1日，改由中国人民大学档案学院单独主办；1990年第3期起改为中国人民大学主办，《档案学通讯》杂志社出版发行。

刊物面向档案学研究和教育工作者、档案学专业学生、档案相关从业者，主要研究档案学、文书学的基本理论，探讨档案工作、文书工作及档案教学工作中的新问题，介绍国内外研究动态及成果。常设栏目有《理论纵横》《实践经纬》《法治天地》《档案史论》《文书学》《古文书学》《档案保护》《档案教育》《兰台笔谈》《博士学位论文摘要》等。

《档案学通讯》是交流档案学术研究思想、档案学教育教学经验的重要园地，在档案界享有很高的声誉。刊物为南京大学中文社会科学引文索引（CSSCI）来源期刊、北京大学《中文核心期刊要目总览》入选期刊。（陈兆祦　马　婵）

《档案学研究》　*Archives Science Study*　中国档案学学术刊物。中国档案学会会刊。中国科学技术协会主管，中国档案学会主办。1987年创刊于北京。1987～2000年为季刊，2001年改为双月刊。国内外公开发行。

《档案学研究》以学术性、群众性为特色。任务是促进档案学研究，提高档案科学技术水平，组织和协调群众性档案学术研究活动，培养和提高广大会员和档案工作者的研究能力和学术水平，进行国际档案学术交流。主要栏目和内容有基础理论研究、档案行政管理、档案法规标准、档案资源建设、档案资源开发、档案信息化、档案安全保障、境外学术交流、档案史料研究、红色档案专题等。

刊物为南京大学中文社会科学引文索引（CSSCI）来源期刊、北京大学《中文核心期刊要目总览》入选期刊。

（靳云峰　马　婵）

档案学原理　principles on archival science　研究档案学概念、范畴和一般规律的基础理论。针对档案学体系中起基础性作用并具有稳定性、根本性、普遍性特点的规律性认识的理论诠释。

档案学原理的研究范围包括：①档案的本质属性和特点、档案的种类、档案的价值及实现价值的规律性等。②档案工作系统的结构与功能，档案工作与社会环境的关系，档案工作的性质与基本原则，档案工作与文书工作、图书馆工作、情报管理、数据管理、信息资源管理的关系，档案工作现代化的进程和趋势等。③国家档案事业体系的结构与功能，包括档案资源体系及其管理，档案事业管理，档案专业教育，档案法规、政策与标准，档案伦理与职业道德，档案工作体制，档案事业与国民经济、社会发展及公民身份认同的关系，档案领域的国际交流与合作等。④档案学产生和发展过程，档案学的对象与任务，档案学体系结构，档案学与相关学科的关系，档案学的基本理论、研究方法等。基本任务是：通过观察和分析复杂的档案现象，认知档案的本质属性和构成，阐明档案价值及其形态；提炼档案管理的原则，探索档案事业发展的环境和规律，为档案实践提供一般的理论依据和指导；不断完善档案学学科体系，拓宽和深化档案学理论内容，促进档案学的理论深化。

档案学原理是对档案、档案工作实践和档案学各分支学科知识的高度抽象和理论概括。从人们对档案规律的认知过程来看，首先是在总结档案工作实践经验的基础上获得具体的技术和方法性知识，继而经过提炼升华获得一般规律性认识，因此档案学原理随着档案实践的发展而不断丰富和深化。新的社会和技术环境不断改变档案工作的手段和方法，需要档案研究人员不断探索新的规律。现代档案学不断分化和综合的研究趋势日益明显，一方面档案管理的对象及其运行过程越来越复杂，涉及的社会领域和学科门类更加多样，需要分别对各种问题进行具体的应用性研究；另一方面档案现象的复杂化对于一般性、宏观性、整体性研究的要求也更为迫切，需要在纷繁的特殊性问题中把握本质和规律，作为档案学应用研究和档案实践的理论依据和指导。

中国把档案学原理作为档案学的分支学科进行研究开始于20世纪50年代末，到80年代形成初步体系。中国人民大学档案系从50年代末到60年代着手档案学基础理论研究，开设了档案学理论与历史、档案学概论课程，到80年代已公开出版了几部档案学基础理论著作。吴宝康所著《*档案学理论与历史初探*》(1986)、主编的《*档案学概论*》(1988)以及论文集《论档案学与档案事业》(1988)，对档案学基础理论进行了较为系统的研究。90年代起，档案学概论成为全国档案专业高等教育的专业主干课程之一，研究档案学基础理论的论著大幅增加，中国档案学者先后提出了档案自然形成理论、文件档案管理一体化、职能活动来源思想、*电子文件管理国家战略*建构等理论观点，国家社会科学基金和自然科学基金资助了一批档案学基础研究项目，中国档案学会及其所属档案学基础理论学术委员会，在组织档案学基础理论研究与学术交流方面也发挥了重要作用。

国际档案界从19世纪末期开始研究档案学基础理论，先后提出了来源原则、文件生命周期理论、文件双重价值理论、*文件连续体理论*、*档案后保管理论*、档案多元论等影响广泛的理论，出版了一批研究档案学基础理论的专著，许多大学档案学科开设了相关课程，推动档案学基础理论的深化和发展。 （冯惠玲）

档案熏蒸灭虫剂 archives fumigation insecticide 能够产生挥发性蒸气，并通过*档案害虫*的呼吸系统或由体壁膜质进入虫体，引起害虫中毒死亡的一类化学药剂。消灭档案害虫，必须考虑档案工作特点，档案一般以卷为保存单位，在*档案库房*里排架保管时，卷与卷是紧密排放的，有的档案馆还将卷放在盒子里，将盒子放在柜子里。因此，使用的杀虫剂不应当对档案纸张、字迹产生任何不利的影响；同时具有较好的渗透力，能够把隐藏在档案深处的档案害虫（包括卵和蛹）全部消灭。

档案熏蒸灭虫剂主要有：①溴甲烷。在常温下为无色、无味的无警戒性熏蒸剂。溴甲烷进入虫体后，因水解而产生麻醉性毒物和使蛋白质变性的物质，使害虫积累性中毒，同时还可以刺激虫体的神经系统，使之兴奋而致死。另外溴甲烷还可以影响害虫的呼吸作用，抑制其呼吸酶，引起呼吸代谢率降低而致死，对各发育阶段的各种档案害虫都有较强的毒效。用药量：15～20克/米^3，密闭36～48小时。溴甲烷在低温高压时呈液体状，由圆形钢瓶盛放、施药。因具有诸多优点，溴甲烷自20世纪40年代以来一直被各国广泛使用。但是，溴甲烷也是一种消耗臭氧层的物质。根据《蒙特利尔议定书哥本哈根修正案》，发达国家于2005年淘汰溴甲烷，发展中国家也于2015年淘汰。②磷化氢。无色略带蒜臭气或腥气味的剧毒气体。主要作用于害虫的神经系统而使害虫死亡。对成虫、幼虫能达到100%的杀灭效果，是一种高效熏蒸灭虫剂。但对虫卵和蛹的毒杀效果较差。用药量：10克/米^3。③环氧乙烷。渗透性很强，对虫卵有较强的毒杀效果。浓度较低时，能刺激鼻眼黏膜，使人不能忍受，是一种具有警戒性的熏蒸灭虫剂。由于沸点低，适合低温熏蒸灭虫。对人体有很大的毒性，当空气中含量达到750ppm时，人呼吸30～60分钟就有致命的危险，浓度越高毒性越大。使用环氧乙烷进行熏蒸灭虫时，一定要采取有效的防护措施，避免人发生意外事故。 （张建明 彭远明）

档案熏蒸灭菌剂 archives fumigation sterilizer 以有毒的气体杀灭档案病原微生物的药剂。熏蒸灭菌剂在密闭的空间或容器内，特定温度和压力条件下，能迅速产生使生物致死的气体浓度，以有毒的气分子状态穿透到生物体内，从而消灭或有效抑制档案病原微生物。属于分子量小、穿透性强、易气化的试剂，能够一次性迅速处理大量档案。常用的档案熏蒸灭菌剂主要有甲醛、环氧乙烷等。具备广谱性、高效性、不污染环境的特点。

甲醛的水溶液又称福尔马林，常用来保存生物标本。甲醛具有刺激性臭味，易气化，但渗透力不强，散气慢，一般只在小范围内使用。灭菌原理是凝固菌体内蛋白质，达到杀菌的作用。对人的黏膜有刺激作用，能灼伤皮肤，因此使用时要注意安全。对纸张和字迹材料无影响，但能影响皮革制品。甲醛溶液挥发的气体对人有刺激作用，不宜在库内进行。

环氧乙烷具有良好的杀菌性能，可灭除各种霉菌。渗透性很强，对虫卵有较强的毒杀效果，也常用作杀虫药剂。在浓度较低时，能刺激鼻眼黏膜，使人不能忍受，是一种具有警戒性的熏蒸剂。由于沸点低，适合低温熏蒸。对人体有很大的毒性，当空气中含量达到750ppm时，人就有致命的危险，浓度越高毒性越大。因此，使用环氧乙烷进行熏蒸时，一定要采取有效的防护措施，避免发生意外事故。 （张建明 彭远明）

档案移交 archives transfer 按照国家规定把档案交给档案馆、档案室保存的过程。档案移交有两个过程：①各级机关、企事业单位的文件形成部门应将本部门形成的档案移交给本单位档案室保管。②各级机关、企事业单位应将整理好的档案移交给当地综合档案馆保管。

《中华人民共和国档案法》第十条规定："对国家规定的应当立卷归档的材料，必须按照规定，定期向本单位档案机构或档案工作人员移交，集中管理，任何个人不得据为己有。"各单位的文件形成部门应按照国家法律规定向本单位档案室移交档案。

归档文件移交周期一般是一年一次，进馆档案移交周期分为逐年移交和定期移交。进馆档案移交时期限：按照规定，省级以上机关需移交的档案移交期限为20年，市级以下为10年。档案移交的具体日期应根据对口档案馆的安排，双方协商而定。进馆档案移交范围包括：永久保管期限的档案都应移交给档案馆保存，省辖市（州、盟）和县级机关重要的、长期保管的档案，也应与永久档案一并移交同级档案馆保存。向档案馆移交档案应遵照国家的有关规定及对口档案馆的要求进行。

《档案馆工作通则》规定：机关、团体及其所属单位具有永久或长期保存价值的档案，应向同级档案馆移交。《**机关档案工作条例**》规定：凡机关工作活动中形成的具有保存价值的文件材料（包括党、政、工、团以及人事、保卫、财会等工作中形成的文件材料），均由文书部门或业务部门进行整理、立卷，并定期向档案部门归档。

（黄世喆）

档案异地备份 remote backup of archives 将档案的复制件存放在异地的**档案库房**，形成一份备用副本的**档案保护**手段。档案异地备份先将本地原始档案数字化，再将这种数字化档案转存在一定的载体上，送往异地进行保存。这种备份手段主要立足于灾备，当档案所在地发生水灾、火灾、地震等自然灾害或者战争时，异地备份方式能够确保电子文件安全，是化解档案安全潜在威胁的极为有效的措施。

异地备份的主要方式是馆际互为备份，这是中国各级档案馆档案异地备份的主要模式。各省市档案异地互备份采取脱机互备形式。其中，部分省市采取光盘异地备份，部分省市采取光盘、磁盘双套异地备份。

（周耀林）

档案异质备份 heterogeneous backup of archives 用不同的载体对重要的档案资料进行备份的档案保护措施。通过不同的载体形式，如纸张、胶片、磁盘、光盘等对档案进行复制、翻录、缩微、数字化等处理，最终存储在不同形式的载体上，并以多种载体进行档案信息存储，以解决档案资源因保存不当而带来的损害。核心是规避风险，是档案安全体系建设重要的内容之一，是保护档案信息安全的重要手段。

模数转换和数模转换是典型的异质备份。这种转换可以实现**纸质档案**向**电子档案**的转化，也可用于电子档案向纸质档案的转化，是模拟信号与数字信号衔接转化的两个相反的、可逆的过程。这种异质备份方式使用模拟或者机械记录设备及其他不同介质的驱动设备，备份相对烦琐，但安全性高。针对电子档案，异质备份主要是将电子档案保存在光盘、磁盘等不同的载体上。现代信息技术和电子档案保护技术日趋成熟和广泛应用，为异质备份创造了条件。电子档案异质备份已由过去单纯打印保存发展为缩微、数字化等多种手段和方法，形成光盘、磁盘、硬盘等多种载体形式的备份。同时，也可以采取多种形式、多种载体，形成多套异质备份，也就是采用与拷贝母体不同的记录方式或者介质类型。

在异地备份、异质备份的发展过程中，有些档案馆将两者进行了有机的结合，形成异质异地备份。例如，辽宁省电子档案备份中心率先采用了异地异质备份方式，以保障电子档案（文件）的容灾，带动了全国范围内电子档案（文件）异地异质备份工作的开展。电子档案异质异地备份既要防止硬件损坏、系统崩溃、病毒入侵、保管不力等微环境对**电子文件**的损害，更主要是防止地震、洪水、战争、群体性事件等较大范围宏观因素对电子文件的损害，从而有助于电子档案的长期安全保管。

（周耀林）

档案应急管理 archives emergency management 档案系统在应对重大突发事件过程中的有组织、有计划、持续动态的管理过程。档案应急管理是为了有效降低重大

部分省市档案异地互备份一览表

档案馆名称	签署时间（年月）	协议名称	备份形式
哈尔滨市档案馆　南京市档案馆	2009.10	《互建重要馆藏档案数据备份基地协议》	脱机互备
天津市档案馆　广州市档案馆	2009.11	《电子档案异地备份协议》	脱机互备
贵州省档案馆　云南省档案馆	2010.03	《重要档案数据异地备份协议》	脱机互备
济南市档案馆　西安市档案馆	2010.04	《馆藏重要档案数据异地备份协议》	封装脱机备份
河南省档案馆　山西省档案馆	2010.05	《馆藏重要档案异地备份签署协议》	定期封装脱机备份
深圳市档案馆　青岛市档案馆	2010.05	《互为档案数据异地备份中心协议》	每年脱机互备
杭州市档案馆　大连市档案馆	2010.06	《重要档案数据异地备份协议》	脱机互备
辽宁省档案馆　广西壮族自治区档案馆	2010.07	《互为备份基地协议》	光盘脱机备份
四川省档案馆　甘肃省档案馆	2010.07	《互存重要档案备份协议》	脱机互备
海南省档案馆　江西省档案馆	2010.07	《档案异地备份协议》	定期封装脱机备份
湖北省档案馆　青海省档案馆	2010.09	《电子档案异地备份合作协议》	脱机互备
上海市档案馆　重庆市档案馆	2010.09	《电子档案数据备份异地保管协议》	脱机互备
辽宁省档案馆　宁夏回族自治区档案馆	2010.10	《重要档案异地备份保管协议》	DVD 光盘脱机备
四川省档案馆　西藏自治区档案馆	2010.11	《互存重要档案备份协议》	光盘脱机互备份
武汉市档案馆　厦门市档案馆	2010.12	《涉及重要电子档案异地备份的协议》	脱机互备
成都市档案馆　沈阳市档案馆	2011.02	《互建电子档案备份基地协议》	脱机互备
黑龙江省档案馆　河北省档案馆	2011.04	《互为档案异地备份基地协议》	脱机互备
湖南省档案馆　江苏省档案馆	2011.05	《互为档案数据备份中心协议》	每年脱机互备
浙江省档案馆　新疆维吾尔自治区档案馆	2011.10	《重要档案数据异地备份协议》	定期脱机互备
哈尔滨市档案馆　南昌市档案馆	2011.10	《建立重要档案数据异地备份基地协议》	封装脱机备份
广东省档案馆　福建省档案馆	2011.10	《档案数据异地备份协议》	定期脱机互备
广东省档案馆　浙江省档案馆	2011.11	《档案数据异地备份合作协议》	定期脱机互备
成都市档案馆　厦门市档案馆	2011.11	《互建电子档案异地备份基地协议》	脱机互备
温州市档案馆　长春市档案馆	2011.12	《重要档案数据异地备份协议》	脱机互备

突发事件危及或可能危及存量档案安全和增量档案秩序的危害，达到优化决策的目的。是基于对重大突发事件原因、过程等分析，有效集成各方面的相关资源，所采取的计划、组织、协调、控制活动。主要包括存量档案应急管理和增量档案应急管理，存量档案应急管理的重点在于确保安全、有效利用，而增量档案应急管理的重点则在于收集齐全、确保安全、兼顾利用。制定**突发档案事件应急处置预案**是档案应急管理中一项重要方法，有效保证了突发事件中档案的安全。

档案应急管理能够提高档案馆、档案室抵御自然灾害和危及档案安全的突发事件的能力，确保各级各类档案馆、档案室具备安全保管条件。提高各级档案部门有效预防、及时处理和解决档案工作中的突发事件的能力，维护档案工作正常秩序，确保国家档案资源的安全。（黄世喆）

档案用户 archives user 查阅利用档案的人员。又称档案利用者。在人类社会各项活动中，为了某种目的而利用档案的群体和个人。档案用户可以凭介绍信或者工作证、身份证等合法证明，利用各级国家档案馆已开放的档案。同时，根据经济建设、国防建设、教学研究和其他各项工作的需要，按照有关规定，也可以利用档案馆未开放的档案以及有关机关、团体、企业事业单位和其他组织保存的档案。

按职业划分，档案用户主要有社会科学研究人员、自然科学研究人员、管理工作人员及其他公民等。按需求目的划分，档案用户主要有学术用户、实际用户和普遍用户。学术用户是指从事科学研究的档案用户；实际用户主要是指从事管理和技术工作的档案用户；普遍用户主要是指从事一般工作的档案用户。学术用户利用档案信息的目的是便于学术研究；实际用户利用档案信息的目的是解决在实际工作中遇到的各种具体问题；普遍用户利用档案信息的目的一般是争取或维护工作以外的自身利益，以及爱好的维持和满足。按需求状况，档案用户可分为两种：现实用户和潜在用户。这可以从两个方面来理解：①从利用档案的角度，已经向档案部门显示出利用需求的可称为现实用户，而由于社会环境影响以及本身条件的束缚（如档案是否开放等）尚未向档案馆显示出用户需求的可称为潜在用户。②从档案利用服务工作的角度，正在利用档案信息的可称为现实用户，将要或可能利用档案信息的可称为潜在用户。（黄世喆）

档案有害霉菌 archives mold 档案制成材料上生长的有害真菌。霉菌是指在一定基质上能够长成绒毛状、棉絮状或蛛网状的丝状真菌。真菌是生物分类学上的一个专有名词，指具有细胞壁、无叶绿体结构、以寄生或腐生方式生活的一类真核微生物。霉菌具有分布广泛、繁殖迅速、代谢旺盛、易于变异和适应等特点，只要环境条件适宜时，就会在档案制成材料上大量生长繁殖，产生出水解酶、有机酸和一些有毒的毒素，不仅对档案外观产生影响，更重要的是使档案强度和利用率大为降低，对档案有很大危害。霉菌在适宜的温湿度条件下，容易在纸张等材料上生长繁殖并加速材料的老化，严重时导致纸张粘连。此外，霉菌在生长过程中散发出的霉味对室内空气质量和人体健康有不良影响。

形态上，霉菌是由许多菌丝构成的。菌丝为管状，直径为2～10微米。菌丝细长而有分枝，许多菌丝交织在一起就构成了菌丝体。霉菌的菌丝分有隔菌丝和无隔菌丝两类。有隔菌丝则是由多个细胞组成，如青霉；无隔菌丝的菌丝体是一个多核细胞，如根霉、毛霉。霉菌的菌丝体可以分为两部分，一部分深入培养基内吸取营养物质，称为营养菌丝或基内菌丝，在显微镜下观察时细小发亮；一部分伸向空中，具有繁殖功能，其上着生孢子，称为气生菌丝，在显微镜下观察时粗壮而发暗。

档案有害霉菌（√表示在该载体上有分布）

	常见载体材料							
	纸张	布料	涂膜	塑料	革制品	录音带	录像带	胶片
黄曲霉	√	√		√	√	√	√	√
黑曲霉	√	√	√	√	√		√	√
烟曲霉	√	√		√	√			
杂色曲霉	√	√			√	√	√	√
橘青霉	√			√	√			√
常见青素	√			√	√		√	
拟青霉	√			√	√			
总状毛霉	√				√			
黑根霉	√		√					
绿色木霉	√	√		√	√	√		√
球毛壳霉	√	√		√	√			√
腊叶芽枝霉	√	√	√	√	√			
葡萄状穗霉	√							
细交链孢霉	√		√	√	√			
镰刀菌	√	√		√	√	√		√
出芽短梗霉			√					
葡柄孢霉	√							
极毛杆菌			√					
芽孢杆菌			√					
枯草杆菌								

繁殖方式上，霉菌的繁殖有有性繁殖和无性繁殖两种。其中，无性繁殖速度快，周期短，数量多，是危害档案文献的霉菌的主要繁殖方式。种类上，档案上最常见的霉菌有曲霉属、青霉属、毛霉属、木霉属、大孢霉属、芽枝霉属、镰刀菌属的真菌。分布上，中国**国家档案局档案科学技术研究所**所做的调查发现，档案霉菌共 23 属 92 种和变种。载体分布广泛（见表）。

表中的曲霉属、青霉属、拟青霉属、木霉属、根霉属、毛霉属、葡萄状穗霉属、枝孢霉属、毛壳霉属、交链孢霉属、镰刀菌属呈现广泛的分布，以青霉属、曲霉属的菌种为最多。受环境的影响，各地霉菌发生的频率和危害存在差异，在潮湿、温暖地区容易发生霉菌危害，而干燥、低温地区不容易发生霉菌危害。（周耀林）

《档案与建设》 *Archives & Construction* 中国省级档案专业刊物。江苏省档案局主管、江苏省档案局和江苏省档案学会主办。1984 年 9 月创刊于南京，时为季刊；1986 年起为双月刊；1994 年改为月刊。国内外公开发行。

刊物立足档案专业，突出地方特色，主要宣传贯彻党和国家关于档案工作的方针、政策和法律法规，组织学术探讨，开展业务指导，公布档案史料，普及档案知识。常设栏目有《要闻》《学术园地》《环球视野》《业务研究》《史海探迹》《人物志》《口述历史》《文化长廊》《时代风采》《档苑风景》《兰台经纬》《信息传真》《珍档欣赏》《红色档案》等。此外，此刊还经常设置地方特色栏目与专题，如《孙中山与江苏》《张謇与近代中国》《苏州丝绸样本档案》《档案中的丝绸文化》《中国共产党在太仓》、江苏脱贫攻坚档案工作等。

刊物为北京大学《中文核心期刊要目总览》入选期刊。（马 婵）

《档案与手稿》 *Archives and Manuscripts* **澳大利亚档案工作者协会**主办的学术性刊物。1955 年创刊，半年刊，每年 5 月和 11 月出版，是澳大拉西亚地区 A 级档案期刊。最初是澳大利亚图书馆协会（今澳大利亚图书和情报协会）档案部的杂志。1975 年澳大利亚图书馆协会墨尔本会议上决定成立澳大利亚档案工作者协会，代替澳大利亚图书馆协会档案部，由澳大利亚档案工作者协会负责主办，本刊成为协会的会刊。

期刊主要面向档案人员、档案管理者、学者和其他参与档案学研究的人员。近年来，期刊主要刊登的文章内容涉及 Web2.0 技术环境下档案和文件管理的变革、档案数据可视化的发展、元数据和**电子文件管理系统**的发展、电子文件管理、澳大利亚的视听档案、文件保管格式、档案和文件在土著社群中的作用、新兴社交媒体中**文件连续体理论**的应用、亚太地区文件管理的发展和案例研究、社会边缘化群体的社群记忆、档案权利在世界各地的发展、对英国殖民者到达之前的欧洲人在澳大利亚殖民活动的反思等。

期刊为澳大利亚**档案工作者**和其他文件管理和信息专业人士提供档案专业的最新文献信息，具有较高的学术价值和国际知名度。（黄霄羽）

档案阅览服务 archives reading service 档案馆（室）在特定的场所开辟阅览室，向有关档案用户提供档案信息的一种档案利用服务方式。中国档案部门提供档案利用服务的一种主要形式。做好服务一般应注意以下几点：①阅览室的设置需兼顾优质服务和严格管理两个方面。阅览室既要适于阅览和从事研究，便于调卷，又要求明亮、宽敞和安静。一般应有服务台、阅览桌和存物处等服务设施，阅览桌以无抽屉为宜，以便于管理人员必要的监护。为方便利用，还应准备历史、地理、政治、经济、文化和语言等方面的工具书，以及与所藏档案密切相关的参考材料。②为维护阅览室秩序和档案的安全，阅览室应建立必要的规章制度。其内容包括：严格掌握阅览室接待对象、档案材料的阅览范围、批准权限，并办理入室、档案索取和归还手续，以及档案用户爱护档案的若干具体规定等。③档案工作者需要有良好的工作作风和扎实的业务基本功。既要主动热情，急利用者之所急，又要熟悉政策，精通业务，如熟悉馆藏和各种检索工具等，善于对外接待。同时，还要有认真负责的精神，注意提醒档案用户遵守有关规定，在借出和收回档案时，仔细检查材料状况，维护档案的完整与安全。④为了保密和保护档案，对于残旧、易损害和特别珍贵的档案，最好提供复制本。尚未整理的零散文件一般不外借，特殊情况必须借阅时要逐件登记。对已整理编目而没装订的案卷也要采取类似的控制。档案用户必须爱护档案，不得在文件上做任何记号和涂改。档案用户不能将档案带出阅览室，阅毕的档案应及时归还，认真清点。

档案是历史记录的原始材料，一般都是独本、孤本，有的内容具有一定机密性，这决定了档案一般不宜外借。提供档案阅览服务的优点有：①便于保护档案材料的物质安全，不仅可避免档案的丢失，而且能减少档案的辗转、磨损，从而使其延长“寿命”。②有利于维护党、国家和各机构内部机密的安全。③便于及时周转，提高档案利用率。（黄世喆）

档案在职教育 in-service education for archivist 对已从事档案工作的人员进行档案专业知识的培养和训练的一种提高性教育。世界各国普遍采用函授、广播电视教学、档案人员不脱产的业余学校等多种教育形式，学习的课程与全日制高等和中等档案学校基本相同。英国档案工作者协会于 1979 年开始举办档案专业的函授教育，对从事档案工作而未受过专业训练的在职档案人员进行学习期限为两年的培训教育，学习结束后由协会发给结业证书。美国档案工作者协会于 1983 年创办档案教育研究所，对在职档案工作者进行短期业务培训。

中国档案在职教育在改革开放时期得到了迅速发展。自 20 世纪 80 年代起，机关、团体、企事业单位恢复和建立档案工作，新增大批档案专职人员，其中大多数素质和能力不能适应档案工作需要。为扭转这一状况，发展档案在职教育成为历史的必然，一些普通院校、广播电视大学、成人夜大等都开设了档案专业学历课程，使一大批档案工作者获得接受在职学历教育的机会。1988 年 4 月，国家档案局率先设立档案干部培训中心、档案干部培训基地，各省、自治区、直辖市档案局根据国家档案局的要求相继成立了档案干部培训中心、档案干部培训基地，定期开展档案业务人员培训工作。档案在职教育在中国逐渐发展并形成体系，其与学校教育相比具有现实性、全员性、定向性、循环性等优点。进入 21 世纪，档案在职教育呈现新的特点，网络教育形式逐步兴起。（张 斌）

档案展览 archives exhibition 按照一定的专题系统地陈列和介绍档案馆（室）内所保存档案的内容、成分的一种**档案提供利用方式**和**档案宣传工作**方式。

按照时间标准可以划分为长期陈列和临时展览两大类：①长期陈列又称主题展览。档案馆以自有的专门展览场地，选择馆藏档案文献资料中的精品，在较长时期内面向公众开放的展览。展览展出后，主题、内容和结构一般不再做大的调整。长期陈列展的主题主要围绕国家、地区或城市的社会、经济、文化、科技等各个方面的综合发展历史，以此向社会开展宣传教育活动。②临时展览是长期陈列的拓展、变化形式，又称专题展览。档案部门根据党和国家以及地区、系统的中心工作需要，结合社会需求，利用重大纪念日、配合重大活动，按照一定的专题举办的短期展览。

“中苏联合抗击法西斯胜利 70 周年档案展”

档案展览是档案馆主动服务于党和国家中心工作的具体体现；是档案馆开展爱国主义、革命传统教育，发挥社会教育功能的基本形式之一；是档案馆向社会宣传档案、增强社会档案意识的重要手段；是档案馆改善外部发展环境、促进自身建设的有效途径；是档案馆基础业务工作的催化剂。 （黄世喆）

档案战略管理 archives strategic management 档案事业宏观管理理论。与微观层面针对机构档案的技术性管理相对应。广义上指运用战略管理思想，根据外部环境和内部条件对整个档案事业进行的顶层设计和全局性管理；狭义上指对档案事业发展战略目标的制定、实施以及实施过程进行监控的动态管理过程。实施档案战略管理，是推动档案事业科学、可持续发展的需要。

基本要素 档案战略管理包括 4 个基本要素：①档案事业发展内外环境分析。主要分析档案工作面临的形势与挑战，明确战略方向。②档案战略制定。对档案资源建设、档案机构布局、档案事业发展方向和重点任务、档案管理活动等方面做出全面规划，并将总体目标适度细化为各项分目标，构建战略规划框架和战略规划体系。③档案战略实施。综合考虑人力、物力、财力等各要素并将各项战略目标予以实施的过程。④档案战略实施效果评估与控制。根据战略实施的具体情况进行分析判断并进行相应调整，评估标准主要有可行性标准、适应性标准、竞争性标准和风险性标准等。

国内的研究与实践 档案战略管理涉及诸多问题，如关于档案观念的更新、档案事业的战略地位、档案事业的现状和亟待解决的矛盾、档案事业发展的战略目标、档案信息资源的开发利用、档案管理现代化问题等。中国档案战略管理理念主要付诸两个领域的实践：①档案事业发展规划。国家档案局、中央档案馆每 5 年制定一次全国档案事业发展规划，明确未来 5 年全国档案事业发展的指导思想、基本原则、主要目标、主要任务和保障措施。制定全国档案事业发展规划，是国家档案局履行职责和档案战略管理理念的要求与体现。此外，一些地区、系统和大中型机构也出台相应的档案事业发展规划。②**电子文件管理国家战略**。2006 年，冯惠玲提出“电子文件管理国家战略”概念，开启了国家宏观层面的电子文件管理问题研究。2009 年、2011 年《**中国电子文件管理：问题与对策**》《**电子文件管理国家战略**》先后由中国人民大学出版社出版，为实施电子文件管理国家战略提供了理论指导。2010 年 2 月**国家电子文件管理部际联席会议制度**的建立，标志着中国电子文件管理国家战略正式启动。电子文件管理国家战略思想的付诸实践，不仅充分体现了档案学理论的重要价值和力量，而且极大地推动了档案管理尤其是电子文件管理研究的发展。

国外的研究与实践 从国外档案事业发展来看，档案战略管理已经成为档案机构确定发展目标、探索发展途径的重要顶层设计与管理工具。国际档案界比较有影响的战略规划有：①国际档案理事会（ICA）的战略规划。如《ICA 2008～2018 年战略方向》（*ICA Strategic Direction 2008～2018*）、《ICA 2009～2010 年业务规划》（*ICA Business Plan 2009～2010*）等以量化的形式展示了国际档案理事会的业绩目标，成为目前全世界档案事业的行动指引和发展路径。②**美国国家档案与文件署**（NARA）的战略规划。如《NARA 2006～2016 年战略规划》（*The Strategic Plan of NARA 2006～2016*）、《NARA 2014～2019 财年战略规划草案》（*FY 2014～2019 Draft Strategic Plan*）和《NARA 2014～2016 年开放政府计划》（*NARA's 2014～2016 Open Government Plan*）等。③**英国国家档案馆**（TNA）的战略规划。如《21 世纪的档案馆》（*Archives for the 21st Century*）、《文件与公共利益：2011～2015 年业务战略规划》（*For the Record. For Good. Our Business Plan for 2011～2015*）等。④澳大利亚档案界的战略规划。**澳大利亚国家档案馆**（NAA）、澳大利亚档案学会（ASA）、大学档案馆、州立档案馆都制定有相应的战略规划。如澳大利亚国家档案馆制定的《2009～2012 年整体规划》（*Corporate Plan 2009～2012*）、《澳大利亚政府电子文件移交政策》（*Australian Government Digital Transition Policy*），澳大利亚档案学会制定的《2008～2012 年 ASA 战略规划》（*ASA Strategic Plan 2008～2012*）等。⑤加拿大图书档案馆（LAC）的战略规划。如每三年制定一次的《LAC 业务规划》（*LAC Business Plan*）和每一年制定一次的《财政内部控制报告：现状、评估及行动》（*Internal Control over Financial Reporting: Statement, Assessment Summary and Action Plan*）等。

作用 档案战略管理对档案事业发展具有重要意义，能够使档案部门在全面系统分析内外环境的基础上，着眼于档案事业的长远发展，站在全局高度上确定档案事业发展的总体目标，整合优势资源，进行档案资源的优化配置，从而提高档案部门的管理水平和服务能力。 （徐拥军）

《档案真伪论》 *On Truth and Falsehood in Archives* 中国档案学专著。刘耿生著。2002 年 5 月中国档案出版社出版。该书共 7 章，作者从介绍伪误档案产生的历史和人为因素入手，分析伪误档案造成的不良后果；接着梳理了从古至今中国档案鉴辨的三次高潮；然后详细介绍了具体的档案鉴辨方法，包括档案外形鉴辨、档案内容鉴辨、档案形成时间鉴辨、档案文字鉴辨；最后提出了档案鉴辨的原理和原则，包括孤证不立、谦退却疑、能够反证、力求精考。

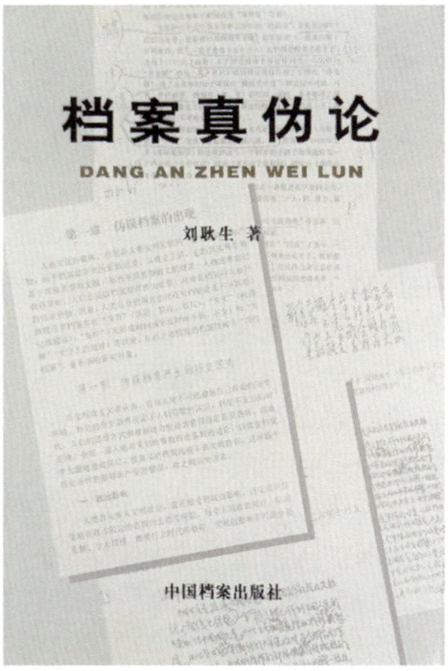

《档案真伪论》封面

古今中外，很多史学专家因以伪误档案为据，在著述中得出错误结论，并为世人所接受，造成不良影响。作者认为，以伪误档案为据而得出的错误结论，比没有结论的后果更为可怕。书中对上述问题进行了全面的论证，提出了“敢于怀疑，则档案因以订正；志在求真，则成见方能否定”的观点，指出考订档案文献的最终目的是保证档案文献的可据性和可读性。鉴辨档案的真伪，尽量不给后代留下伪误档案，是一件嘉惠子孙、功德无量的事情。

此书为一部详细介绍伪误档案及鉴辨伪误档案方法和原理的著作，具有较高的研究价值和学术价值。（黄　静）

档案征集 archives acquisition 档案馆按照国家规定征收散存在社会上的档案和有关文献的活动。档案部门通过协商、接受委托、动员捐赠、复制副本等方式，向不同所有制的单位或个人收集档案的一种方式，征集范围包括革命历史档案、旧政权档案、民族历史档案、著名历史人物档案以及需要收集补充的其他档案。特点是收集单位对所要征集的档案一般不拥有所有权，因此，通常要给捐赠者以必要的精神或物质奖励。

征集的对象有：①向有关单位征集代管的建国以前的档案。②向兄弟档案馆征集。③向图书馆、博物馆、纪念馆征集。④向古旧书店、废品收购部门征集。⑤向寺庙、古迹保管部门征集。⑥通过各种媒体向社会及个人征集。⑦在少数民族地区征集。此外，档案部门还要注意对**口述档案**，尤其是少数民族口述历史档案的征集，这对保护非物质文化遗产有重要的现实意义。

征集档案的基本方法有：①搞好调查研究，掌握散失档案的线索。②统一规划，有组织、有计划、有重点地进行征集。③加强统一领导，争取图书、文物、情报等部门的密切配合。④区别不同对象，采取灵活多样的方式方法。如向被征集人赠送纪念品和档案复制件，必要时予以物质报酬和一定的荣誉。

在中国，由于战乱、文书档案工作的混乱以及档案保管条件的落后，一些历史档案散失在社会上，甚至被盗卖到国外，严重影响到现有档案馆的馆藏结构，影响了国家对档案长远利用的需要。档案征集在一定程度上解决了上述问题。档案征集的意义有：①保护国家历史文化财富的一项重要措施。②满足档案开放利用工作的需要。③抢救历史文化遗产。④是发展中国档案馆事业的重要手段之一。（黄世喆）

档案整理 archives arrangement 档案管理机构（如档案馆、档案室、文件中心、文档信息中心等）及档案人员对档案实体、档案内容等进行的各项整理工作的总称。又称档案整理工作。

基本内容　档案整理包括**档案实体整理**和**档案内容整理**两项基本内容。其中，档案实体整理是档案管理中的一项基础工作，目的是使所管理的档案实体成为能够体现其形成规律和特点，有效维护文件之间的历史联系，方便保管和利用的档案有机整体。其内容主要包括：区分全宗、全宗内档案的系统化和基本编目等业务内容。档案实体整理主要有 3 种类型：①系统排列和编目。在正常条件下，各单位档案管理机构和档案人员接收文件处理部门和业务部门按照归档制度整理好的归档文件或案卷；档案馆接收的是各立档单位按照入馆要求整理移交的档案。档案馆（室）的整理任务，主要是检查接收档案的质量，制订馆（室）内分类排列方案，进行档案实体的系统排列以及档案目录的加工。②局部调整。对已接收但不完全符合整理质量要求的档案实体，进行必要的部分加工整理；对由于遭受损失、销毁与移出等各种原因致使整理体系发生重大变化的档案实体，进行新的系统化调整。③全过程整理。对必须接收和征集的零散档案，进行包括档案实体整理全部内容的系统化和基本编目。

档案实体整理按管理对象的记录方式不同，又可区分为传统档案实体整理和电子档案整理两种类型。传统档案实体整理可根据载体的不同，区分为纸质档案整理、**胶片档案整理**、声像档案整理等具体种类。

档案内容整理是指根据档案用户的业务需求、文化研究和科学研究的需要，对档案内容所含的数据、信息、情报、经验、知识等，根据一定的逻辑规则或算法，进行逻辑加工、重组，使之成为新的主题单元（包括数据单元、信息单元、知识单元等）的分类组织活动。档案内容整理有助于发现档案内容中隐藏的有价值的数据、信息和知识，为分享档案中的经验和智慧，建立学习型组织和社会提供基础性条件。在信息化的环境中，档案管理部门通过档案内容整理，可以为建立基于社会职能分工的档案内容数据、信息的共享系统奠定良好基础。20 世纪 90 年代编制的《中华人民共和国档案分类表》《清代档案分类表》《民国档案分类表》以及《新民主主义革命档案分类表》等，是对档案内容整理的有益尝试。

法规和标准　档案整理的相关法规和标准主要有：《档案馆工作通则》（国家档案局 1983 年 4 月 26 日），《**机关档案工作条例**》（国家档案局 1983 年 4 月 28 日），《机关档案工作业务建设规范》（国家档案局 1987 年 12 月），《**中国档案分类法**》（中国档案分类法编委会 1997 年 12 月 1 日），《**电子公文归档管理暂行办法**》（国家档案局第 6 号令），《机关文件材料归档范围和文书档案保管期限规定》（国家档案局第 8 号令），《企业文件材料归档范围和保管期限规定》（国家档案局第 10 号令），《档案主题标引规则》（DA/T 19—1999），《档案分类标引规则》（GB/T 15418—2009），《科学技术档案案卷构成的一般要求》（GB/T 11822—2008），《归档文件整理规则》（DA/T 22—2015），《建设电子文件与电子档案管理规范》（CJJ/T 117—2007），《企业档案工作规范》（DA/T 42—2009）等。

细菌战资料档案整理（浙江义乌）

意义　档案整理在对有效体现和维护档案文件、记录之间的历史有机联系和逻辑联系，满足人类有序积累和保存档案文化财富和社会记忆的需要，为档案资源的有效开发利用和安全管理提供必要的保障条件等方面，均具有重要的社会历史意义。（王英玮）

档案整理工作方案 archives arrangement scheme 机关单位的档案管理部门或档案馆根据全宗内档案的实际情况，制定的规范档案实体整理工作的文件。又称档案整理方案、档案整理业务工作方案。档案整理工作方案是立档单位和档案馆整理档案的依据，可以保证档案整理有计划、有步骤地进行。同时，档案整理工作方案也是提高档案整理效率，保证档案整理质量的基本条件。各机关单位和档案馆在整理积存档案文件材料时，应首先制定切实可行的档案整理工作方案。

基本内容　档案整理工作方案的内容一般包括：①立档单位的历史沿革。②全宗内档案的状况。③档案整理要求和方法。④**档案实体分类**方案。⑤档案整理工作程序。⑥参加人员的业务分工。⑦工作进度安排及相关物料准备等。

制定要求　机关单位或档案馆在制定档案整理工作方案时应注意：①立档单

位的历史沿革应澄清其职能、人员编制、内部组织机构和隶属关系及其发展变化的情况。它不仅是了解机关单位历史、制定**档案分类方案**的重要依据，还能帮助档案整理人员了解、掌握立档单位不同工作阶段、时期档案材料的形成情况和完整程度。②应明确宗内档案的整理基础情况和数量状况，注意充分利用已有的整理基础。③应组织档案整理人员认真学习档案整理的知识、法规和标准，明确提出档案整理工作的业务标准要求和工作方法。④编制档案实体分类方案，是制定档案整理工作方案的核心内容，应明确规定档案的分类规则、分类标准、方法，确立符合全宗档案实际的分类体系。⑤整理工作程序（作业流程）、进度安排要合理，并以保证档案整理质量为基本前提条件。⑥整理工作所需的物料准备要充分，且符合档案长期保存的需要。

法规和标准　可参考的法规和标准主要有《机关档案工作业务建设规范》（国家档案局 1987 年 12 月）、《归档文件整理规则》（DA/T 22—2015）、《照片档案管理规范》（GB/T 11821—2002）、《磁性载体档案管理与保护规范》（DA/T 15—1995）、《科学技术档案案卷构成的一般要求》（GB/T 11822—2008）、《企业档案工作规范》（DA/T 42—2009）等。（王英玮）

《档案整理与编目手册》 *Manual for the Arrangement and Description of Archives* 荷兰近代档案学研究理论著作。简称《荷兰手册》。荷兰档案学者 S.缪勒（Samuel Muller，1848～1922）、J.A.斐斯（Johan Feith，1858～1913）和 R.福罗英（Robert Fruin，1857～1935）于 1897 年受荷兰内政部委托着手编写。1898 年在荷兰海牙用荷兰文出版。1905 年开始发行很多译本，有德文（1905）、意大利文（1908）、法文（1910）、英文（1940）、中文（1959）等 9 种译本，影响波及欧洲、北美洲、亚洲和拉丁美洲各国档案界。

主要内容　全书共 6 章，分 100 个问题论述**档案整理**与编目的理论和实践。第一章研究档案馆档案的来源和组成，包括档案全宗的定义及组成全宗的诸要素，指出一个行政单位或个人的全部档案必须作为一个不可分割的有机整体向档案馆移交，不得把一个完整的全宗交给两个或两个以上的档案馆保存。第二章关于档案的整理，强调档案馆的档案必须按全宗进行系统整理。在整理时必须遵守全宗不可分散、不可打乱的原则，要反映全宗形成者的原结构。第三章关于档案文件的编目。第四章关于**档案目录**的编制，第五章关于档案标题的拟制。这三章除论述**档案编目**的一般原则和实践，还强调对古老文件要做更为详细的著录。最后一章讲述术语和著录符号的用法，指出术语和符号统一才便于利用者查阅。

主要成果　对**全宗理论**做了全面系统的阐述，基本观点一直为各国档案界所遵循。主要成果包括：①奠定了**来源原则**的理论基础，是对全宗原则和登记室原则的有力继承。②推动了来源原则的广泛传播。③对档案编目首次进行了较为系统的理论阐述。

评价和影响　《荷兰手册》的出版使作者成为探讨档案学理论和原则的先驱，1964 年版《不列颠百科全书》把它列为世界档案学名著之一，美国现代档案学者 **T.R.谢伦伯格**将它誉为“现代档案工作者的圣经”。也存在一定的局限性：①只着重论述了档案整理和编目，几乎不涉及其他环节如收集、鉴定、检索、保管等。②研究范围相对狭窄，只包括政府机关的**公共档案**，不包括**私人档案**。③研究方法相对简单和机械，只依据 19 世纪以及更早的机关登记室的**档案管理**经验。（黄霄羽）

档案证明 archival evidence　档案馆（室）根据档案用户需求、结合馆藏档案记载情况而给出相应书面证明材料的一种档案提供利用方式。档案证明具有很强的政策性和原则性，对申请书的审查和档案证明的编写，都要求严肃认真地对待。证明必须根据机关、团体或个人的申请才能制发。在申请书中，须写明申请发给证明的目的，所要证明的事项及其发生的时间、地点等，以便对申请书的审查以及证明材料的查找与编写。档案证明应根据档案正本或可靠的抄本来编写。只有在没有正本或可靠抄本的情况下，才可根据草案、草稿来编写，并在证明上加以标明，如未经签署、记录草稿或试行草案等。不论根据什么材料编写，都要在档案证明上注明材料出处和根据。档案证明的文字要确切明了，内容范围要限定，不能超出申请证明的问题而列入其他材料。

档案馆（室）是管理档案的机构，不是国家公证机关，它不能代替其他机关的职权和任务。档案馆（室）所发的档案证明，只是向有关机关或**个人证明**某种事实在本馆（室）所保存的档案中有无记载和如何记载的，不是直接对某种事实下结论或给予某种权利。在档案证明中应写明档案证明接受者（申请者）以及制发档案证明的档案馆（室）的名称和证明制发日期。档案证明写好后，须经认真校对、审查批准后，加盖档案馆（室）或机关公章发出。

档案证明是为满足各方面利用而通过档案来说明一定事实的一种手段，也是档案馆（室）提供档案为机关、团体或个人民服务的方式之一。（黄世喆）

档案知识管理 knowledge management of archives　运用知识管理的理论和方法管理档案馆（室）的方法体系。将知识管理的理论和方法运用于档案馆（室）的各项管理活动中，在原有档案实体管理和信息管理的基础上，注重对档案系统内外知识流的构筑与管理，建立以档案利用者满意为中心的档案知识服务体系。是知识管理体系的重要内容，是档案管理发展的高级阶段。

起源与发展　1994 年，加拿大档案学者 **T.库克**提出，档案工作者应该从实体保管者向知识提供者过渡，并于 1996 年第 13 届国际档案大会上，系统阐述了他的后保管范式思想，将知识服务视为档案后保管范式的核心和目的。1997 年，加拿大档案学者 G.拉伯楚克和中国档案学者冯惠玲明确提到知识管理，这反映了当时中外档案学者已经意识到未来档案管理的知识管理走向。随后知识管理作为一种新理念成为中外档案界的重要议题之一，为各国档案学者和档案工作者所关注。2004 年，第 15 届国际档案大会的主题为“档案、记忆与知识”，知识管理成为指导档案管理的重要思想和档案管理理念的未来发展方向，并为越来越多的档案学者和档案工作者所接受。档案是显性知识的重要组成部分，也是隐性知识显性化的重要工具。档案的信息属性和知识属性推动档案管理逐步从实体管理向信息管理，再向知识管理和知识服务过渡，中外档案学者积极将知识管理与档案工作联系起来，促使档案知识管理逐渐深化发展。

基本内涵　档案知识管理既是以知识管理为导向的档案管理，也是以档案管理为基础的知识管理。内涵体现在 3 个方面：①目的是建立以档案利用者为中心的档案知识服务体系。②以档案实体管理和信息管理为基础，以信息技术为工具。③包括 3 个方面的管理，一是对记录知识的实体的管理，二是对知识信息的管理，三是对知识实践活动的管理。主要特征表现在档案信息的集成性、档案知识管理的整合性、档案知识管理的智能化、人与信息的共存性。

实现途径　需要档案知识积累、档案知识组织、档案知识评价、档案知识服务

4 个基本步骤。①档案知识积累。主要指按照组织机构资源的范围扩大文件归档、档案收集的范围，使隐性知识显性化，外部知识内部化，显性知识可控化，各种知识集成化。②档案知识组织。指按照内容对档案进行组织，建立适应用户检索习惯与偏好的分类方案和主题词体系，使分散、零乱的知识资源有序化、系统化、易用化。③档案知识评价。指对档案的知识价值进行评价，剔除失去价值或价值很小的档案，使知识资源得以优化。④档案知识服务。是档案知识管理的核心和目的所在，主要指将适当的档案知识在适当的时间通过适当的方式传递给适当的人，满足用户的档案信息、知识需求，充分实现档案的知识价值。档案知识管理的四个基本步骤并非截然区分、线性发展，而是相互渗透、相互包容，发展过程实质上是一个知识固化—知识序化—知识优化—知识价值化的过程。此外，档案知识管理的实现还需要一系列的支撑活动，包括企业文化培训、人力资源管理、组织机构设计和信息技术应用等。

意义　知识管理是档案管理的高级发展阶段和未来发展方向，知识管理对档案管理的发展有着重要的启示作用，知识管理的理念、技术和方法能够促进档案资源中显性知识的开发和隐性知识的挖掘，提高档案开发利用效益，特别是后保管范式中的知识服务将是知识管理时代档案工作的新目标。有关档案知识管理的技术方法、实施策略、具体案例的研究也将不断深化。（徐拥军）

档案纸张托裱技术　archives paper-mounting technology　使用纸张、黏合剂等材料，对破损档案进行加固的技术方法。适用于纸张强度较低、破损严重的档案。托裱包括两项内容：一是托，二是裱。托是在档案一面或两面托上一张纸，起加固作用。档案被托合上托纸，通常称为托件。托件从层数上讲，一般是两层（双面托可以是 3 层）。裱是装潢之意，在托件上进行镶、覆、砑、装称为裱。从层数上看，一般是 4 层或 4 层以上，通常称为裱件。裱的目的除了便于保管、保护、利用以外，还在于修饰之美。档案托裱所涉及的裱，主要指对卷、轴、册、片形制档案的揭旧重裱。

托的技术分为湿托和干托。①湿托是把糨糊刷在档案背面，然后上托纸，适用于字迹遇水不扩散的档案。湿托的主要步骤包括：检查字迹材料的水溶性；铺平档案；刷浆；托前修补；上托纸；撤潮、排

对残破档案进行托裱修复

实；上墙；干燥；下墙。②干托是把糨糊刷在托纸上，撤潮后再与档案黏合，适用于字迹遇水扩散的档案。干托又分为飞托和腹托。飞托是把糨糊刷在托纸上，晾至半干后把档案字面向上“坐放”在托纸上。需要注意的是，由于飞托是用棕刷将档案正面刷平在托纸上，棕刷与档案正面直接接触产生的摩擦会对字迹、纸张产生有害影响，稍有不慎会把字迹刷花，或者把纸张刷破。腹托是先将档案纸张正面朝下，拼对好破损档案，反扣使字面朝下；然后把刷有糨糊的托纸晾至半干，浆面朝下腹扣在档案背面（即无字的空白面）；再用棕刷排平、排实。在腹托的操作过程中，由于棕刷不直接与档案接触，不会产生摩擦现象，因此腹托适合于破损严重档案的加固。

裱可以分为两类：一类是新裱，另一类是揭旧重裱。揭旧重裱是对**历史档案**中年代久远、保管不善、损坏严重，已危及保存寿命的卷、轴、册、片形制档案进行揭裱。做法是将卷、轴、册、片档案原裱中旧的托裱层揭取下来，使画心恢复成原来单张形态，然后淋洗、拼对、修补、重托、裁切，之后的工序一如新裱。揭旧重裱又分为两部分：一部分是对档案心子的修复，另一部分是对档案心子以外附加部分的修复。其中，档案心子是修复的主体，不可喧宾夺主。需要注意的是，揭旧重裱时不可“方心”。所谓“方心”即方裁画心，指用裁刀将画心四条原边裁掉，使裁切后形成的每条新边相互垂直，从而获得一个规矩整齐的四方形，以便装潢。而揭旧重裱是不用“方心”的，即不允许在档案幅面上动刀，不允许将档案原边裁掉。如果盲目地把新裱中的“方心”照搬到揭旧重裱中来，必将导致档案原件每修复一次就缩小一次。（朱　强）

档案纸张修补技术　archives paper-repairing technology　选择与档案原件纸质、纹理、颜色相近的纸张，用黏合剂粘补在档案的残缺处，使档案原件恢复完整的技术方法。适用于纸张虽有残缺，但没有失去机械强度的档案。修补的最大优点是能基本保持档案原貌。

修补多在葛板或光桌上进行。葛板是特制的修补工具，用纸浆制作或用纸板合成，四周用布包边，两面糊以白纸，长约 50 厘米，宽约 40 厘米，厚约 2 厘米。葛板具有吸水性，能够吸掉糨糊中的部分水分。当用毛笔在档案残缺边缘刷浆后，受湿的纸张会因葛板吸水而迅速变得半干半湿，使纸张恢复强度和拉力，以易于操作。修补技术包括揭粘、补缺、溜口、溜条、接后背、加边等步骤。

揭粘　将已经黏结的纸质档案揭开的技术。主要包括干揭、湿揭、酶解和综合

图 1　纸张修补

图 2　纸张修补工具

图 3　锤砸书页

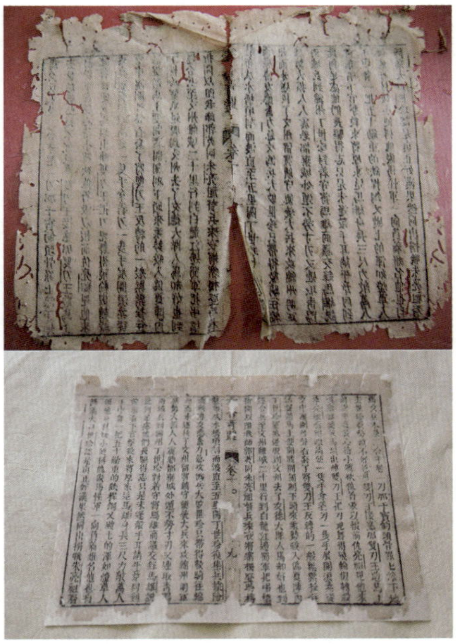

图 4　书页修复前（上）与修复后（下）

法。对于纸页黏结不太严重，纸层间有一定缝隙，而且字迹遇水易扩散的档案，可采用干揭法。对于纸页黏结比较结实，而且字迹遇水不扩散，用干揭又无法揭开的档案，可利用某些黏结物能溶于水或在高温下易熔化等性能，采用湿揭法。根据已经黏结成厚砖头形状的档案砖的黏结程度及档案纸张强度和破损情况，主要有水冲法、水泡法、水蒸气渗透法。酶解法是利用酶的催化性能，将档案砖中的黏结物，如淀粉、蛋白质、脂肪、果胶等高分子物质迅速水解成能溶于水的物质，使之失去黏性而达到揭开档案的目的。由于档案砖成因较复杂，情况也多种多样，必要时可将几种方法联合使用。

补缺　指对残缺的档案进行修补。步骤可分为做口子、刷浆、上补纸。做口子就是使破损档案残缺处无字的一面产生坡度。刷浆是用毛笔尖蘸浆均匀地涂抹在已做口子的地方。注意刷时要轻、稳，切忌拖。上补纸就是把补纸补在档案残缺处。

溜口　指使用棉纸条修补簿册、筒子页档案裂开的中缝。棉纸宜染成与档案纸张相近的颜色，晾干后裁切成纸条，宽度为 1 厘米左右（如中缝破损残缺，纸条宽度可适当加大），长度大于中缝长度，为 2 厘米左右，一律用竖纹纸条。

溜条　指使用棉纸条修补档案页面上的裂缝。溜条方法与针对早期损坏的溜口方法一样，但溜条纸条较窄，一般为 0.2 厘米左右，长度要比撕裂处长出 1 厘米左右。

接后背　在修补的档案装订前，对装订边窄小、易订住字的档案加边。具体做法是：将档案字面向下铺在案子上。在需要加边处顺边靠里约 0.2 厘米处加隔糊纸，顺着隔糊纸边际刷浆。揭去隔糊纸，顺刷浆处粘贴补纸条，之后加盖吸水纸，再用棕刷在粘接处排实一遍。

加边　由于档案字迹距原边太近，或幅面短小，因此需对档案进行边沿加宽。与接后背的方法相同，不同的只是部位。档案四边均需加边，应先加长边，后加短边，使之协调。

档案纸张修补与档案纸张托裱之间有着密切联系，不能截然分开：托裱中有修补，修补之后有时也需要托裱。在实际工作中，往往根据档案的破损情况穿插进行。

（朱　强）

档案制成材料　archives making material　承受并反映档案内容的物质材料。由档案载体材料和记录材料组成。档案制成材料是档案保护技术学的研究对象，档案保护技术的任务是设法减缓档案制成材料的损坏速度，最大限度地延长档案的寿命。为了达到这个目的，首先应了解和研究各类档案制成材料的耐久性。档案制成材料的耐久性是指在保存和使用过程中，档案制成材料抵抗外界理化因素的影响和保持原来理化性能的能力。抵抗外界理化因素的损坏和保持原来理化性能的能力强，制成材料耐久性就好；反之则制成材料耐久性就差。档案制成材料耐久性的好坏是决定档案寿命长短的重要因素，档案能否长久保存主要取决于档案制成材料耐久性的好坏。

从古至今，档案制成材料随各个历史时期社会生产力和经济发展水平的不同而有差异。中国古代的甲骨档案、金石档案、简牍档案和缣帛档案是分别以龟甲、兽骨、合金、石头、竹木、蚕丝等动物、金属和石质及植物材料为载体的。国外早期的泥板档案、纸草档案、羊皮档案、棕榈叶和桦皮等档案是以泥土、莎草、羊皮、树皮等材料为载体的。自中国汉代发明造纸技术以来，纸张很快成为档案的主要载体。在现存历史档案中，手工纸张占有相当比例。事实证明，手工纸质量很好，有的保存了几百年或上千年，外观、色泽、强度依然较好。手工纸的耐久性之所以好，是因为手工纸原料及生产工艺过程起了重要作用。

图 2　中国罕见的古代县衙署档案：湖南益阳兔子山遗址出土的简牍

随着科学技术的不断发展，近现代又出现了胶片、磁带、光盘等高分子合成材料的新型载体档案。感光材料、磁性物质等新型材料性质不同，需要依赖一定的设备记录信息。记录的档案信息的耐久性和寿命除了取决于记录材料的特性外，还受载体材料、设备、记录环境等的影响。但总体趋势是随着新技术的出现，档案记录形式越加便捷，记录密度越来越大，记录速度越来越快，记录信息丢失的风险越来越大，寿命越来越短。

（冯乐耘　张美芳）

图 1　羊皮纸书卷

档案中等专业教育　secondary professional education of archival science　旨在培养档案工作人员从事专项具体工作（基础工作）的技能的中等专业教育。教学内容主要为具体档案工作的基础理论和技术知识。1938 年苏联创办了两所档案中等专科学校。墨西哥等国也开办了档案中等专科学校或职业学校。这类教育开设的课程主要为：文件管理、档案整理与编目和档案管理技术，也兼有历史、现代科学技术，如德国的波茨坦档案学校设有历史、文件和档案管理、电子数据处理、控制论、符号学等课目。

中国档案中等专业教育主要包括两类：①档案中等专业学校教育。一般学制3年，如四川档案学校。其专业设置主要分为6类：档案学专业、文书档案专业、科技档案专业、档案保护专业、文秘档案专业、文秘档案英文打字专业。各中等专业学校所设课程从总体上分为3类：文化基础课，如哲学、政治经济学、中国通史等；专业基础课，如书法、识图知识、计算机语言、汉字档案数据库、翻拍与缩微复制、图书情报基本知识等；档案专业课，如文书学、档案管理学、科技档案管理学、档案文献编纂学、档案保护技术学等。②档案职业高中教育。一般学制两年，如北京市文秘档案职业学校等。其专业主要为文书档案和文秘档案专业两种，课程设置大体上与档案中等专业学校教育相同。（张 斌）

档案主题标引 archival subject indexing 对档案内容进行主题分析，赋予主题词标识，建立档案主题检索入口的过程。

主要规则 ①标引词的选取应以案卷或文件的实际内容为依据，直接、客观地反映档案文件所记述的内容，切忌主观臆断。②标引时必须选用《中国档案主题词表》（下称《词表》）和相关专业的档案主题词表中的正式主题词，非正式主题词不得作为标引词使用。③标引时必须首先选用《词表》中专指性最恰当的主题词，不能选用上位主题词或下位主题词进行标引。④标引时应选用《词表》中单个主题词（含组代主题词）表达某一主题概念时，必须使用单个主题词（含组代主题词）标引，不得使用组配标引。⑤标引时如果《词表》中选不出单独的最专指的主题词时，应优先考虑组配标引。⑥标引时如果组配标引仍无法达到要求时，则应采用靠词标引的方法，选用最靠近、最关联的上位主题词或近义主题词进行标引。⑦标引时如果上位主题词、近义主题词仍不合用，可采用关键词标引。⑧标引时对于内容相同的档案，不论其书面表达形式如何，均应保持标引结果的一致性。⑨标引词的书写形式，必须与《词表》中主题词的书写形式完全一致。⑩标引时应根据案卷或文件主题内容的繁简和重要程度选用数量不等的主题词。

组配规则 档案主题标引应遵循的组配规则包括：①主题词组配应为概念组配（包括交叉组配和方面组配），组配标引时，应优先考虑交叉组配，然后考虑方面组配。②当给定的几个主题词之间构成具有相交关系的概念时，应进行交叉组配。③当给定的几个主题词之间构成具有限定关系的概念时，应进行方面组配。④组配时应选取最专指的主题词进行组配（当能用某个主题词进行组配时，则不能选用其上位或下位主题词进行组配）。⑤主题词的组配一般应按照先主体要素后从属要素的原则来安排词序。⑥组配产生的概念必须只有一种逻辑判断，表达一个主题内容，并具有实际检索意义。⑦对于并列的多主题档案，应先分解为单主题，再进行分组组配。

规范与标准 档案主题标引应遵循的规范与标准：《中国档案主题词表》及各种专业档案主题词表，《档案著录规则》（DA/T 18—2022）、《档案主题标引规则》（DA/T 19—1999）、《民国档案目录中心数据采集标准民国档案著录细则》（DA/T 20.1—1999）、《民国档案目录中心数据采集标准民国档案主题标引细则》（DA/T 20.2—1999）、《明清档案机读目录数据交换格式》（DA/T 33—2005）、《全国革命历史档案资料数据采集标准》（DA/T 17—95）等。

作用和意义 档案主题标引对各级各类档案馆（室）编制档案主题目录、索引，建立档案目录中心和数据库的档案标引工作，具有重要意义。（王英玮）

档案主题分类一体化检索语言 archival classification-subject integrated retrieval language 根据档案分类检索语言和主题检索语言在编制原理上的一致性，对它们的分类表部分和叙词表部分的术语、参照、标识及索引实施统一的控制，使两者有机融合为一体的检索语言。档案检索语言的主要类型之一。档案主题分类一体化检索语言能够同时满足档案分类标引和档案主题标引的需要，发挥最佳的整体效应。分类主题自然语言一体化是检索语言发展的重要趋势之一，能很好地适应网络环境，可以满足网络用户的多种检索需求，为用户提供经济有效的多种检索途径。按结构可分为：分面主题词表、主题表式索引、分类—主题对照索引和集成叙词表4种类型。

中国对档案分类主题一体化的研究开始于20世纪80年代。中国第二历史档案馆在《民国档案分类表》《民国档案主题词表》的基础上，以分类法为主体框架，从主题词表中筛选与分类表类目名称相同的叙词进行对应，为分类表的类目标识找到对应的叙词，同时为主题词表的叙词标识找到对应的分类号，并编制了《民国档案分类主题词表》。河北省档案馆也编制了《革命历史档案机检分类、主题词对照表》。北京石化工业研究院在《石化工业档案分类表》《石化工业档案主题词表》的基础上，设计了一个应用计算机把两者合二为一的科技档案分类主题词对应系统（一体化对应表）。中央档案馆完成《革命历史档案主题词表》范畴号和《新民主主义革命档案分类表》的类号统一，实现了分类主题一体化。中国第一历史档案馆已编制分类主题一体化的清代档案分类主题词表。

档案分类主题一体化检索语言实现了档案分类检索语言与档案主题检索语言之间的概念、词义关系、标识系统和索引系统的相互兼容，既能发挥档案分类语言的族性检索效果好的优点，又能发挥档案主题语言的特性检索性能好的优势，从而使用户除了可以独立进行分类检索和字顺检索并随意转换检索方式外，还能通过分类与主题的相互限定改变检索范围，达到最佳的搜索效果。（王英玮）

档案主题检索语言 archival subject retrieval language 以规范化的名词或名词性词组为基本字符，用主题词（叙词）作为主题概念标识，将档案的各种概念按字顺或概念所属的范畴进行系统排列的检索语言。档案检索语言的主要类型之一。中国的档案主题检索语言主要是主题词法，又称叙词法，如《中国档案主题词表》就是典型的主题词法。档案主题检索语言是一种采用表示单元概念的规范化语词的组配来对档案的内容主题进行描述的后组式检索语言。

创制原理 ①按主题（档案内容所记述的事物）集中档案内容。②用规范化的、可以通过组配来表达复杂概念的语词，直接标引档案的内容主题。③用参照系统、范畴索引、词族索引等方式，来显示档案主题概念之间的相互关系。④用字顺序列直接提供档案信息的主题检索途径。⑤用标引深度大的语词，实现多途径检索，扩大、缩小或改变检索范围等。

主要特点 ①灵活性。主题检索语言打破了类目或者职能体系的限制，以自然语言为基础，语词表达多样、灵活，使主题法检索语言在表达档案信息内容方面，呈现出良好的灵活性。②通俗性。由于主题法检索语言是用自然语言来标识的，不必像分类检索语言那样转换成代码，而且所选用的名词术语、专称、词组等大多数都通俗易懂，对部分从字面上不易理解的主题词，在主题表中对其含义进行了简要注释。这对于实现档案信息综合数据库的资源共享，改进档案检索系统与用户的见面效果，更好地为用户提供档案信息服务具有十分重要的意义。③多元性。可以选用主题表中两个或两个以上的正式主题词进行组合搭配，在词与词之间建立起语义关系或逻辑关系，从而产生一个复合式的具有特定含义的新概念，用以表达档案内容中用单个主题词难以表达的特殊主题。它不仅可以用数量有限的正式主题词，在一定范围内扩大检索空间，提供变化多端、精细、准确的检索途径，而且经过语词轮排后，所有独立词都可作为检索入口，为多元检索创造了条件。

规范与标准 《中国档案主题词表》及各种专业档案主题词表，《档案著录规则》（DA/T 18—2022）、《档案主题标引规则》（DA/T 19—1999）、《民国档案目录中心数据采集标准民国档案著录细则》（DA/T 20.1—1999）、《民国档案目录中心数据采集标准民国档案主题标引细则》（DA/T 20.2—1999）、《明清档案机读目录数据交换格式》（DA/T 33—2005）、《全国革命历史档案资料数据采集标准》（DA/T 17—95）等。

作用和意义 ①保证不同标引人员表征档案内容主题的一致性。②使内容相同及相关的档案内容信息按事物性质类聚。③保证档案用户的特性检索提问与档案信息的主题标引一致。④保证档案检索者按主题类别检索档案信息时，能获得较高的检索效果。 （王英玮）

档案著录 archival description 分析、组织和记录档案文件或其集合体的物理特性、信息内容和功能目的的过程。

档案著录需要著录责任者、题名、时间、稿本与文种、密级与保管期限、载体形态、提要、排检与编号，以便于档案管理部门和档案用户识别、管理和理解档案资源。

特点 档案著录标准来源于文献著录标准，但也存在一定区别。在作为著录元素主要来源的档案文件或档案组合体首页上的信息缺失时，档案著录要从被著录档案的内容及其联系中获得信息；而图书文献著录内容主要直接从被著录的材料转录获得。如果档案集合体中的文件材料有新的增加，档案著录的有关著录项也需要及时更新。

全宗内的档案著录层次较多，是个渐进式的分析、选择和记录档案内容和形式特征的过程。它从对整个全宗的著录开始，然后进行各个类别（系列）、子类、案卷、文件的内容和形式特征的识别和著录。强调档案的内容，而非档案的物理特性。

源流 20 世纪 80 年代中期以前，中国档案著录基本上处于各自为政的状态。1985 年，国家标准局批准颁布了国家标准《档案著录规则》（GB/T 3792.5—85），为档案著录工作的开展，提供了规范性通用依据，档案著录进入了标准化、规范化发展时期。

基本内容 开展档案著录工作应明确著录项目、著录用标识符、著录条目格式和著录用文字、著录信息源、著录项目细则等。著录项目主要包括：①题名与责任说明项。②稿本与文种项。③密级与保管期限项。④时间项。⑤载体形态项。⑥附注与提要项。⑦排检与编号。

格式主要包括：①段落符号式条目格式。②表格式条目格式。

著录用文字要求包括：著录用文字必须规范化；汉字应使用规范化的简化汉字，外文与少数民族文字应依照其文字规则书写；文件编号项、时间项、载体形态项、排检与编号项中的数字应使用阿拉伯数字；图形及符号应照录，无法照录的可改为其他形式的相应内容，并加“[ ]”号。

著录信息来源于被著录的档案；单份或一组文件著录时主要依据文头、文尾；一个或一组案卷著录时主要依据案卷封面、卷内文件目录、备考表等；被著录档案本身信息不足时，参考其他有关的档案资料。

著录项目细则具体规定每个著录项目的著录方式和注意事项。

规范和标准 主要标准包括《档案著录规则》（DA/T 18—1999）、《明清档案著录细则》（DA/T 8—1994）、《明清档案目录中心数据采集标准——明清档案机读目录数据交换格式》（DA/T 33—2005）、《民国档案目录中心数据采集标准民国档案著录细则》（DA/T 20.1—1999）、《革命历史档案著录细则》（DA/T 17.1—1995）、《革命历史档案机读目录软磁盘数据交换格式》（DA/T 17.5—1995）、《满文档案著录名词与术语汉译规则》（DA/T 30—2002）、《地质资料档案著录细则》（DA/T 23—2000）、《档案缩微品制作记录格式和要求》（DA/T 29—2002）等。

意义和影响 档案著录是编制档案检索工具、建立档案信息检索体系、规范档案目录数据库的建设的基础性工作，是实现档案信息检索目标的必要前提条件。

（王英玮）

《档案著录规则》 *Bibliographical Description for Archives* 中国档案著录工作的行业标准。由国家档案局提出并归口管理的一项基础性推荐标准，适用于档案馆（室）对各类档案的著录档案工作。该标准为检索和管理档案资源，对档案内容、结构、背景或管理活动进行分析、选择、组织和记录提供了标准规范；为建立健全档案检索体系，规范档案目录中心和档案目录数据库的建设，实现档案信息网络检索提供了必要条件。

1985 年 5 月 10 日，由中国国家档案局主持起草，经中国文献工作标准化技术委员会讨论通过，国家标准局批准颁行了《档案著录规则》（GB/T 3792.5—85）。1999 年 12 月 1 日，经国家档案局批准实施了《档案著录规则》（DA/T 18—1999），代替原有规则。随着计算机技术和网络信息技术的发展，基于传统意义的档案著录规则已不能很好地适应档案著录标准化、信息化、现代化的发展需要，不能有效满足档案资源用户对档案资源、档案数字资源的现实检索需要，也不利于档案信息交换目的的实现。因此，2015 年 5 月，国家档案局复审了《档案著录规则》（DA/T 18—1999）。2022 年 4 月 7 日，国家档案局发布了修订后的《档案著录规则》（DA/T 18—2022），并于 2022 年 7 月 1 日起实施。

修订后的《档案著录规则》（DA/T 18—2022）内容的主要变化包括：更改了规范性引用文件的内容，增加了“著录单元”“多级著录”“著录层级”“著录主体”等术语和定义，修订了“著录”“著录项目”“条目”等术语定义，删除了“著录格式”“著录目录”等术语；增加了“总体原则和要求”“多级著录模型”“著录项目清单”等新规定；增加了“相关档案材料”与“著录控制”“著录层级”“组织机构沿革/人物生平”“档案保管沿革”“人名”“计算机文件大小”“计算机文件格式”“生成方式”“整理情况”“销毁情况”“公开属性”“开放标识”“语言或文字”“存储位置”“原件存放位置”“复制件存放位置”“相关著录单元”“著录者”“著录日期”等著录项目；重新确定了“标识、背景、内容与结构、查阅与利用控制、相关档案材料、附注、著录控制”等 7 大项；变更了部分著录项目的名称，删除了“电子文档号”“著录用标识符”“著录条目格式”“著录用文字”“著录信息源”等著录项目，新增了“文件级著录项目”“案卷级著录项目”“类别级著录项目”“全宗级著录项目”“著录条目示例”5 个资料性附录，并修订了原标准的相关著录项目的著录细则。

具体内容有：①范围。确立了档案著录模型和原则，明确了档案著录项目及其约束性、著录层级及著录主体，规定了各著录项目的著录要求，指明了适用范围。

②规范性引用文件。③术语和定义。对著录、著录单元、多级著录、著录层级、著录项目、著录条目、著录主题等术语概念进行了定义。④总体原则和要求。对档案著录提出了层级性、相称性、关联性、动态性等原则和要求。⑤多级著录模型。给出了包括全宗、类别（门类）、案卷、文件四级著录的一般模型。⑥著录项目清单。提出了包含标识、背景、内容与结构、查阅与利用控制、相关档案材料、附注、著录控制等 7 个大项，共 35 个小项的著录项目清单，规定了这些著录项目的约束性条件、著录层级和著录主体。⑦标识项著录细则。给出了包括档案馆代码、著录层级、档号、题名、文件编号、日期等标识项的著录细则和示例。⑧背景项著录细则。给出了包括责任者、组织机构沿革/人物生平、档案保管沿革等背景项著录细则和示例。⑨内容与结构项著录细则。给出了包括范围和提要、人名、稿本、文种、附件、载体形态、计算机文件大小、计算机文件格式、生产方式、整理情况、保管期限、销毁情况等 12 项著录项目的著录细则和示例。⑩查阅与控制项著录细则。给出了包括密级、公开属性、开放标识、语言或文字、主题词或关键词、分类号、缩微号、存储位置等项目的著录细则和示例。⑪相关档案材料项著录细则。规定了原件存放位置、复制件存放位置、相关著录单元的著录细则。⑫附注项著录细则。⑬著录控制项著录细则。⑭著录示例。⑮附录。包括附录 A（文件级著录项目）、附录 B（案卷级著录项目）、附录 C（类别级著录项目）、附录 D（全宗级著录项目）、附录 E（著录条目示例）等 5 个资料性附录。

（王英玮）

档案著录项目 archival description element 揭示档案内容和形式特征的记录事项。档案著录项目是构成档案条目的最基本数据单元。档案著录项目包括：题名与责任说明项、稿本与文种项、密级与保管期限项、时间项、载体形态项、附注与提要项、排检与编号项 7 个著录大项。根据各个著录项目的性质，可以区分为主要项目（必要项目）和选择项目。

主要项目有：①正题名。档案的主要题名，一般指单份文件文首的题目和案卷封面上的题目。②责任者，又名作者。对档案内容进行创造、负有责任的团体或个人。③时间项。视不同著录对象，分为文件形成时间、卷内文件起止时间。④分类号。依据立档单位的**档案分类方案**取得的有关档案著录对象的分类代码。⑤档号。档案馆（室）在整理和管理档案的过程中，以字符形式赋予档案的一组代码。⑥电子文档号。档案馆（室）管理电子文件的一组符号代码。⑦缩微号。档案馆（室）赋予档案缩微制品的编号。⑧主题词或关键词。主题词是在标引和检索中用以表达档案主题内容的规范化的词或词组；关键词是在标引和检索中取自文件题名或正文用以表达档案主题并具有检索意义的词或词组。

选择项目有：①并列题名、副题名及说明题名文字。②文件编号。③附件。④稿本与文种项。⑤密级与保管期限项。⑥载体形态项（载体类型、数量及单位、规格）。⑦附注与提要项（附注、提要）。⑧档案馆代号等。

在档案著录工作中，合理地选择和准确著录相关著录项目，对于保证著录条目质量、建立规范的档案检索工具体系和档案目录数据库，均具有不可忽视的作用。

（王英玮）

档案专业职务聘任制 appointment system of archival professional position 中国各级各类档案管理部门根据档案专业工作实际需要设置的工作岗位，有明确的职责和任职条件，在定编定员的基础上，所建立的档案专业职务聘任或任命的制度化体系。中国从 1986 年起实行专业技术职务聘任制度，共设置了 29 个专业技术职务系列，档案系列是其中之一。

中国国家档案局制定的《档案专业人员职务试行条例》及其《实施意见》，阐明了建立档案专业技术职务聘任制度的目的与基本内容，规定了各级档案专业技术职务的任职条件，明确了档案专业职务各档次的岗位职责、档案专业技术职务评审和聘任的具体办法及其审批权限等具体内容。档案系列专业技术职务分为 3 级 5 档：高级（研究馆员、副研究馆员）、中级（馆员）、初级（助理馆员、管理员）。

随着档案专业技术职务聘任制度的建立及其完善，中国各级各类档案部门依据相应的任职条件，组建档案专业职务评审委员会对档案工作人员的技能水平与职业资格进行客观公正、科学规范的评价与鉴定，是档案工作人员职业科学化、规范化发展的保证。它有助于调动档案专业干部的工作积极性与创造性，建设一支适应国家档案事业发展需要的专业干部队伍，促进国家档案事业全面发展。

（薛匡勇）

档案砖 brick-like archives 档案纸张粘连、缝隙闭合形成像砖一样的硬块。**纸质档案**在潮湿条件下，由于水分、霉菌等因素的作用，再加上长期堆放，黏结剂、分泌物与存储环境中的灰尘、有害气体等发生反应，造成了档案粘连，形成饼状或块状，形似砖头。当环境干燥自行风干时，这些粘连在一起的档案很难揭开，俗称档案砖。

形成的主要原因是：①纸质档案受潮生霉而黏结，霉菌以及其他微生物的分泌物造成档案的粘连。②造纸过程中添加的成分如淀粉或明矾，这些成分在高温和压力等的影响下，形成胶状发黏的碱性物质造成档案黏结。③一些特殊情况，例如水淹、库房漏雨后又长期无人问津，纤维素迅速膨胀、水解，造成纸层结构模糊，使档案浸湿黏结成块。④受山石、泥土等重物挤压，**案卷**整体板结成块。

档案砖一旦形成，会严重影响档案的正常使用。需要采取**揭粘技术**修复处理。常用的揭粘技术包括干揭法、湿揭法、酶解法、真空冷冻干燥法。其中，干揭法适用于揭开粘连不太严重或字迹遇水扩散的档案；湿揭法又进一步分为闷润法、水冲法、锅蒸法，适用于揭开粘连严重的档案；真空冷冻干燥法适用于揭开粘连不太严重的档案砖。

（周耀林）

档案装具 archives container 用以存放档案的柜、架、箱等档案馆（室）必需的基本设备。

档案装具分金属材质与木材质两种。比较而言，金属更有利于防火防水。无论何种装具，都必须对档案无损害作用，并且制作经济，使用便利。总体来讲，档案装具包括：①**档案箱**。多是铁皮柜，5 个一套，便于挪动。规格一般为 0.85 米（长）× 0.3 米（宽）× 0.37 米（高）。但它也有一些弊病，如造价较高、不经济实惠、不能充分利用库房内部的使用面积。②**档案架**。分为固定档案架、活动式密集架、积层架 3 种。固定档案架分单柱式与复柱式。活动式密集架指平时各架柜合为一体，调卷时可以手动或自动分开的一种档案装具；比常规固定架柜节省近 1/3 的库房面积，同时能有效利用库房空间，具有坚固、密闭方面的良好

档案柜

性能，是比较提倡使用的一种档案装具。但安装活动式密集架要求地面承重能力在每平方米2400千克以上，同时还必须考虑整个建筑物的坚固程度以及使用年限等因素。积层架又称通天架，是一种密集型的固定架群，适用于特高房间以及专门修建的大型档案库。③**档案柜**。档案柜与五节档案箱大体相同，高2米左右，宽1.5米，4层隔板，相当于5层。其优点是坚固、防火、防潮、防光，但它移动不方便，造价稍高。

档案装具是档案库房内的主要设备，也是存放和保护档案的基本条件。由于档案装具用量大，其形式、用材、结构、规格等是否合理，会直接影响档案的保管。

（黄世喆）

档案咨询服务 archives consultative service 档案利用服务方式。根据档案利用者的具体咨询要求，档案人员通过查阅档案和参考咨询，或通过检索工具，对有关信息进行加工提炼，以个别解答问题的方式，有针对性地、及时地向利用者提供有关问题的答案、数据、档案文件或档案线索、检索方法。按内容性质可将其分为：①事实性咨询，档案馆（室）解答档案用户关于特定的事项或数据的询问。②指导性咨询，档案馆（室）对档案用户查阅档案时发生疑难问题时进行指导服务。③检索性咨询，档案馆（室）根据有关档案用户的需求，主动地提供情报（包括相关的事实、数据、目录信息等）咨询服务。

按难易程度可将其分为：①一般性咨询，对档案用户提出的关于档案馆（室）的基本情况、档案利用制度、所藏档案的种类及内容与成分等方面的询问所进行的解答服务。②专门性咨询，根据对有关档案材料的分析研究结果，解答档案用户关于特定档案的研究价值、文件中记载的事实或数据的真实性与可靠性、文件中某些术语的含义，以及有关专题档案文件的范围等方面的询问。

另外，按咨询形式，还可将其划分为口头咨询和书面咨询。档案咨询服务便于档案用户更直观地了解和获取所需的档案信息，有利于**档案资源开发利用**。 （黄世喆）

档案咨询机构 archives consultative agency 国家行政当局为征求档案工作意见而依法设立的顾问性组织。又称档案咨询委员会、档案委员会等。世界上设置档案咨询机构的国家以英联邦成员国居多，其他国家较少。各国档案咨询机构的类型，从领导隶属关系上分析，可分为：①隶属于国家行政当局的档案咨询机构，如印度政府领导的历史档案委员会、斯里兰卡文化部领导的国家档案咨询委员会、意大利文化与环境保护部领导的档案最高理事会、波兰教育部领导的档案委员会、巴哈马政府领导的档案委员会等。②隶属于司法部门的档案咨询机构，如隶属于英国大法官的公共档案委员会、隶属于尼日利亚首席法官的国家档案委员会等。③档案部门的所属机构，如**法国档案局**的档案最高委员会、阿尔及利亚国家档案局的国家档案咨询委员会、**瑞典国家档案馆**的档案咨询委员会、**巴西国家档案馆**的国家档案委员会、**马来西亚国家档案馆**的档案咨询委员会等。

美国1968年成立的国家档案与文件局历史顾问委员会是一个非官方的咨询性机构。它由美国历史协会、社会科学研究协会、美国档案学会等11个学术团体和公众代表组成，国家档案馆馆长担任主席，每年开会一次，听取各方面意见，以改进档案工作，加强档案部门与社会各界的联系。

档案咨询机构一般由政府各有关部门的代表、档案工作者和学术界的专家组成，多数由国家档案局（馆）长担任主席。其任务主要是向行政当局、档案部门反映社会和公民对档案工作的意见、要求和建议；协助档案部门履行职责，起草法规性文件；监督档案史料的公布、出版，处理私人档案等问题。此外，有的国家档案咨询机构还负责编辑、出版档案类期刊。 （黄霄羽）

档案资源建设理论 theory of archival resources construction 有关档案收集、整合、集成和开发利用等资源建设活动的指导性理论。

产生背景 中国档案资源建设发展大体经过丰富馆藏内容、优化馆藏结构、建设特色馆藏、档案信息资源建设4个阶段。档案资源建设主体涉及微观、中观、宏观3个层次。在微观层面，各机关及其业务部门是档案资源的建设者，由其在各项活动中形成和积累档案资源；中观层面的地区档案资源体系建设，由县级以上档案局（馆）组织实施；宏观层面的国家档案资源是各级各类档案馆以及纳入国家档案管理体系的各类社会组织和个人档案资源的总和，是国家档案事业发展的基础。档案资源建设可以分解为档案的产生、收集、整合加工、开发利用4个基本过程。其中档案产生是前提，是档案资源的源泉；档案收集是基础，可以实现资源量的积聚；档案整合加工是关键，可以促进档案资源质量的提高；开发利用是目的，有助于档案价值的实现。4个环节前后衔接、缺一不可，共同构成档案资源建设过程。为了应对不同时期档案资源建设需求，要从各个层次、各个主体、各个环节做好档案资源建设，档案资源建设理论应运而生。

内容 档案资源建设理论是使各种有价值的档案资源向档案管理机构汇聚或受其控制，从而达到增加档案资源数量、完善档案资源结构、优化档案资源配置、建立档案资源体系等目的，为国家经济社会发展储备更多档案资源的思想总和。主要包括**国家档案全宗**理论、国家档案资源理论、档案资源优化配置理论、档案资源共建共享理论、数字资源库建设理论等。

国家档案全宗理论 源于苏联1918年发布的《**列宁档案法令**》(《关于改革与集中统一管理档案工作的法令》)。苏联在国家档案全宗理论的指导下，将几乎全部档案置于国家管理之下。苏联解体后，俄罗斯虽然承认私人档案所有权，但具有历史、科学、社会、经济、政治和文化价值的私人档案仍属于俄罗斯联邦档案全宗的一部分。欧美等国近几十年也将私人档案视为国家档案馆的合法馆藏。中国曾学习苏联经验，把社会产生的几乎一切档案都纳入国家档案全宗中来，并进一步把国家档案全宗称为国家全部档案。但随着市场经济体制的建立，该理论与中国档案所有权多元化的格局不符，国家档案全宗（国家全部档案）的内涵和外延也应进行相应的调整。

国家档案资源理论 该理论汲取和发展了国家档案全宗的合理成分，要求国家档案资源建设必须具有全局意识和整体观念，着眼于整个国家和社会诸方面档案资源的系统优化；同时修正以往以党政机关文书档案为中心的档案收集模式，在关注政府机关、企业事业单位等各类社会组织的同时，重视有关反映社会发展变化和私人（家庭、家族）档案信息资源（如书信、日记、回忆录、文稿、家谱、手稿、证书、照片、**口述档案**等）的收集。中国国家档案局提出的“建立覆盖人民群众的档案资源体系”战略目标即为国家档案资源理论的重要体现，战略目标明确了民生问题指向，要求既要重视过去形成的民生档案（如户籍档案、婚姻档案、干部职工人事档案、人口普查档案、移民档案等）的整合与开发，又要关注正在形成的民生档案（如新型合作医疗档案、居民健康档案、民情档案等）。理论强调经济社会发展全过程和各领域形成的档案应建尽建、全面覆盖。

档案资源优化配置理论 该理论是在欧美各国基于第二次世界大战后档案文件数量剧增的情况下提出的，是国际档案界关注的一个热点。档案资源优化配置是指以明确的馆藏范围、适度的档案馆藏量来保存最大限度的信息量，实际上指的是协调馆藏档案的数量与质量的关系问题，资源建设的初衷就是要理顺档案的流向与归属，提高信息资源建设的效率，为实现档案信息资源共建共享提供基础。档案馆藏的优化配置首先要依靠法制的力量，其次要有宏观的规划和调控，还要发挥档案馆自身的主动性和创造性。另外，围绕方便服务利用和档案安全管理，抓好档案资源有效整合，才能进一步优化资源配置。加强档案资源整合既要利用先进信息技术，通过专题数据库建设做好档案馆内资源整合，又要在档案馆间加强馆际资源整合，加强档案馆与图书馆、博物馆、文化馆等保管有历史档案的非档案机构资源整合，还要搞好馆室资源整合，加强档案资源前置管理，促进资源有效利用。

档案资源共建共享理论　信息资源建设的本质实际上是将信息集合化、资源化的过程。信息资源的可建设性、可共享性不但为人类在更大范围内利用信息资源创造了条件，而且为信息资源建设提出了一种新思路——利用信息资源的可共享性提高资源建设效率。档案资源建设需要各档案机构之间的通力合作，需要档案机构和政府机关及其他信息服务部门的有效协调。随着知识经济时代的到来，社会组织之间的依存度增强，对档案信息资源的需求不断提高，这就要求档案部门加快档案信息化建设，利用现代信息技术和网络手段，建立一个基于互联网的档案资源共享和服务平台，形成面向公众需求的档案资源建设与服务联动机制，实现资源共享。信息化背景下，从维护国家电子文件信息安全和社会记忆的角度出发，做好电子文件的前端控制并提前整合电子文件等数字档案资源是实现档案资源共建共享的有效保障。

数字资源库建设理论　构建数字资源库是数字时代下创新性地进行档案数字资源开发性建设的重要举措，不仅可以有效地整合、共建共享档案信息资源，还能充分发挥档案的记忆功能，为各方面建设、科学研究和公民身份认同提供丰富的专题性资源支持。一些国家档案机构与相关部门合作建设了一批高质量的档案数字资源库，如美国的“档案利用数据库”（Access to Archival Database, AAD）、“9·11数字档案项目”（September 11 Digital Archive Project）、“在线遗产探寻”（Heritage Quest Online），英国的“医疗文件数据库”（Hospital Records Dataset）等。中国也开发了一些档案专题数字资源库，如浙江省档案局开发的“乡音的呼唤”方言数字资源库、青岛市档案馆开发的“知青档案信息库”“青岛历史知识库”等。“四川汶川大地震专题档案全文数据库”“北京奥运会专题档案全文数据库”等构想也体现了构建数字档案资源库的重要理念。此外，随着数字时代下数字档案资源建设成为当代档案资源建设的核心内容，参与式数字档案资源建设理论与实践正成为数字资源库建设的新热点。

意义　在大力推进国民经济和社会信息化的背景下，档案资源作为一种公共资源日益受到社会的关注和重视。档案资源建设逐渐成为档案学理论研究的热点之一。进一步明晰档案资源的内涵及构成、档案资源的功能与作用、档案资源建设的途径、档案资源的开发利用、档案资源共享的政策与环境（包括国家宏观的信息政策、档案资源利用政策、社会文化环境）等问题对于档案资源建设极具理论意义。全面加强档案资源建设是实现档案事业可持续发展的基础，是做好档案工作的前提和保证。档案资源建设理论的突破与变革、发展与创新，可为国家档案资源建设实践提供坚实的思想基础以及方法论指导，促进国家档案资源建设实践的深化发展。（徐拥军）

档案资源开发利用　development and utilization of archival resources　开发和利用档案资源的活动。包括对档案信息资源的开发与利用两个方面。档案信息资源的开发指档案信息资源开发主体对档案信息资源的搜寻、发现、研究、确认，以及组织、著录、标引、加工、汇编等学术行为。档案信息资源的利用是档案信息资源开发的延续，是档案信息用户的行为，通过利用，处理社会实践活动中遇到的各类问题，最终为个人爱好、行动和组织战略、决策等提供信息支持。

从档案开发利用主体的角度可划分为档案机构模式、非档案机构模式和联合模式三类。档案开发利用要遵循统筹原则、优势原则、慎重原则、服务原则和效益原则。档案开发利用的途径和方式有两类：①简单的开发利用途径和方式。主要指直接向用户提供档案来满足其工作需要的形式，包括档案阅览服务、档案外界服务、档案展览与陈列服务、制发档案复制服务、制发档案证明服务、档案目录信息服务、档案咨询服务等。②复杂的开发利用途径和方式。主要包括档案史料和现行文件汇编、编辑档案文摘汇编、编写档案参考资料、编史修志、档案纪录片、网络传播等。

档案资源开发利用从理论上丰富档案馆藏建设和国家档案事业管理的内容，在一定程度上改善档案信息资源的整体结构，发挥各类档案信息资源的综合优势，增强档案部门的信息提供能力；还可以增强档案信息对社会所起的作用，帮助社会各界正确认识档案信息资源与社会发展的关系，正确认识档案信息资源对经济发展的积极意义，从而为档案事业的全面发展奠定良好的社会基础。（黄世喆）

档案自然形成规律　law of archives natural formation　揭示档案形成过程和运动规律的理论。由中国档案界于20世纪50年代末60年代初提出，曾三是主要创建者。1959年曾三在《档案工作随笔》中指出：“档案是工作和生产过程中自然形成的，今天谁要来‘写’档案，是写不出来的。”1960年11月，在国家档案局组织召开的东北、华北档案工作协作区城市基本建设档案工作会议上正式作为一个完整的概念提出。会议提出档案工作者必须遵循档案的自然形成规律从事档案工作。1960年第11期《档案工作》专门为此发表了一篇社论，对档案自然形成规律作了比较详细地解释和说明：“按照档案自然形成规律从事档案工作，就要坚持按全宗管理档案的原则，这就是档案的管理，要以形成档案的机关为单位。在一个全宗之内又要按照形成档案的组织机构或形成档案的其他自然规律对档案进行分类、整理和立卷。”1961年国家档案局发布的《机关档案室工作通则》用法规的形式肯定了档案自然形成规律的地位，要求“归档的文件材料应该按照它们的自然形成规律，保持它们的历史联系，分类立卷，使案卷正确地反映机关党的领导活动和各项工作活动，并便于查找、利用”。同年曾三对档案自然形成规律作了进一步地补充，认为文件“由文书部门或有关人员立卷归档形成档案开始，经过档案室，最后集中到档案馆，这就是档案形成与运动的过程”。

档案自然形成规律包括4层含义：①档案是在社会实践活动中直接、同步形成的，是社会实践活动的伴生物，而不是事后编写的或随意收集来的，有什么样的社会实践活动，就会产生什么样的档案。②一个机关形成的档案是一个有机整体，彼此之间存在着千丝万缕、不可分割的历史联系（如来源联系、内容联系、时间联系、地区联系、名称联系等），因此档案管理必须坚持全宗原则，既不能把一个全宗的档案人为地拆散开来，也不能把不同全宗的档案混杂在一起。同时，在一个全宗内也要根据档案之间的历史联系，选择恰当的分类标准，进行分类、组卷、编目和排列，以实现档案管理的有序化、系统化和条理化。

③档案从产生至销毁或永久保存是一个完整的过程，根据档案价值形态的变化，这一过程可以划分为若干阶段，每一阶段的档案发挥的作用不同，服务的对象也有差异，客观上要求将档案存放在相应的、最适宜的场所。④因为各机关在一定时间内需要经常查找利用其形成的档案，所以机关档案既不能过早地向档案馆集中，也不能在本机关对其利用需求很少的情况下迟迟不向档案馆移交，影响其科学、社会和文化功能的发挥。

档案自然形成规律比较深入、全面地揭示了档案的形成和运动规律，是对中国档案工作实践经验的科学总结，是中华人民共和国成立后档案学理论的重要组成部分，也是指导中国档案工作实践和档案机构设置的重要理论依据。（李财富）

档案字迹恢复技术 archives writing restoration technology 采用物理或化学方法恢复档案字迹的技术。在各种因素影响下，**纸质档案**字迹会发生扩散、褪色或被污斑遮盖等现象，从而影响档案的利用。通常修复方法有物理法显示字迹和化学法恢复字迹两种。

物理法显示字迹 利用摄影或计算机技术，将字迹显示在胶片上或显示器上，随之也可转换到其他介质（如纸）上，从而加以利用。优点是档案原件不易损坏，缺点是原件的字迹并没有被恢复。摄影法显示字迹是利用字迹、纸张及污斑对不同波长的光产生不同程度的吸收、反射，从而加大字迹与纸张在胶片上的反差（密度差），使字迹显现。可利用各种光源、相机、胶片及滤色镜显示被污斑遮盖的字迹或褪色字迹。主要包括可见光摄影法、紫外光摄影法、红外光摄影法、数字图像处理技术。

可见光摄影法 显示褪色字迹应选择褪色字迹颜色的补色滤色镜。在拍摄时，由于白纸部分发射出的光中有与滤色镜颜色相同的色光，可以透过滤色镜在胶片上感光，而字迹部分反射的色光不能透过滤色镜，在胶片上不感光。由于提高了字迹与白纸的反差，因此字迹显示出来。

紫外光摄影法 可分为直接紫外摄影和紫外荧光摄影。直接紫外摄影显示字迹是利用纸张、字迹材料对紫外光吸收、发射的差异，而使胶片上有不同的感光程度，形成反差，使字迹得以显示。紫外荧光摄影法是利用有些字迹材料（如蓝黑墨水）在紫外光激发下能产生荧光。利用这种特性，可以获得可见光摄影难以显示的字迹。

红外光摄影法 红外光具有波长长、折射率小、透过率高等特点。很多物质对红外光的吸收、反射与可见光完全不同。利用此特性进行红外光摄影，可以得到利用可见光摄影难以获得的影像。字迹材料中的墨汁、黑油墨、黑铅笔及黑色打印字迹材料能吸收红外光，而有些污斑能发射或穿透红外光，这样在红外胶片上能形成不同反差，显示出字迹。

数字图像处理技术 利用电子计算机显示褪色字迹或图像的一种现代化修复技术，通常分3个步骤：数字化、计算机处理、显示。运用扫描仪将文字图像信息转换成数字信息，利用恢复软件，调整矫正字迹本身的色度及字迹与纸张的反差，以获得良好的恢复效果。

化学法恢复字迹 利用化学物质与褪色字迹发生化学反应，在原件上使字迹恢复。如恢复蓝黑墨水褪色字迹主要是利用化学药剂与字迹材料中残留的铁作用，恢复字迹颜色。由于此方法是化学物质在档案原件上直接使微量字迹材料起反应，一旦失败，字迹将会完全消失，造成无法挽回的损失，因此使用时要慎重。（彭远明）

档案字迹褪变 fading of archives writing 在保存和使用过程中，档案字迹发生褪色或变色等现象。档案字迹褪变的主要原因是不同的字迹材料保存在不适宜的环境中发生了老化现象。光是引起字迹发生不同程度褪色的主要因素，特别是以有机染料为色素成分的字迹，光对其影响更大。这是因为染料的颜色是由其结构对光谱进行选择吸收所决定的。染料结构发生变化时，对色光的吸收波长也相应改变，使字迹发生变色或褪色。以染料为色素成分的字迹，染料有色体中存在共轭双键，有色体对光的吸收是由于染料分子中存在活性较大的π电子。染料有色体中的共轭双键越多，π电子的活泼性越大，分子吸收光波长越长，染料呈现的颜色越深；反之，则颜色越浅。如果分子中的共轭平面遭到破坏，则共轭体系也被破坏，π电子的活性减弱，使染料对光的吸收向短波方向移动，从而使染料颜色变淡，以致褪色。由于光具有能量，日光中的紫外线又是高能量的辐射线，具有较强的破坏作用，因此在日光的作用下，字迹材料易发生化学变化，使某些色素成分中的发色团破坏，从而引起褪色。另外，空气中的某些有害气体，在光的照射下也会发生变化，生成氧化性气体，从而使某些字迹被氧化而褪色。如二氧化氮，在光的作用下会分解生成初生态氧，初生氧又会和空气中的氧发生作用而生成臭氧。初生态氧和臭氧都是氧化剂，会使一些字迹材料中的色素被氧化而发生褪色。

字迹色素的褪变速度与温度呈正相关。即在其他因素一定时，温度越高，字迹的褪变速度越快。例如，温度过高会使热性差的字迹材料发生油渗扩散，严重时使字迹模糊不清。这是因为这些字迹材料中含有油、蜡、树脂等较低熔点的成分，如复写纸、圆珠笔等。复写纸的色素成分是油溶性染料，其溶剂是油和蜡，由于油和蜡的熔点低，因此这种字迹若长期保存在高温条件下，油和蜡会熔化渗出，色素成分也会随之扩散，使字迹模糊；圆珠笔等字迹材中含有熔点不高的油性物质，因此字迹也容易发生扩散。高温会加速光、氧化剂、酸、碱等因素对字迹的影响，促进某些有害物质与字迹色素成分发生化学反应，使字迹褪色或变色。高温会加快热敏性传真件底色变灰，使反差减少，造成字迹模糊不清。

环境湿度大也会对字迹褪变发生作用：一方面，会使耐水性差的字迹发生扩散，如纯蓝墨水、红墨水字迹，它们的色素成分是亲水性的有机染料，所以当环境湿度较大，纸张含水量升高时，水溶性染料分子便随水分子在纤维间移动，造成字迹扩散；另一方面，还会加速光、热、氧化剂、酸、碱等因素对字迹耐久性的影响。因为某些有害气体就是通过水对字迹起破坏作用的。如二氧化硫气体，溶于水后变成亚硫酸，从而使耐酸性较差的字迹发生褪变。同时，在潮湿情况下，某些来自空气中的氧化性气体（如氯气）能够与水作用生成原子态氧。这种原子态氧具有漂白作用，能够促使字迹漂白褪色。

字迹的色素成分十分复杂，在酸、碱介质的作用下，会使某些字迹变色或褪色。例如蓝黑墨水、纯蓝墨水和红墨水在酸性条件下稳定，遇碱则容易变色或褪色。如纯蓝墨水的主要色素成分是酸性墨水蓝，为酸性染料，当遇到碱时，则呈红棕色。红墨水色素成分中的酸性大红G，为酸性染料，在酸性溶液中呈桃红色，在碱性溶液中则呈黄色。蓝复写纸的色素成分是盐基性染料，在碱性条件下稳定，遇酸易褪色。

空气中存在的一些氧化性或酸性气体，如NO_2、O_3、Cl_2等具有氧化性，能与字迹色素中的某些发色团发生作用，从而使色素中的发色团遭破坏而褪色。例如NO_2受到光的照射，会分解为NO和初生态的氧原子（活泼氧），由于氧原子具有氧化性而破坏有机色素的发色团。蓝黑墨水

字迹中的 Fe^{3+}在酸性介质中易被空气中的 H_2S 与 SO_2 还原，生成 Fe^{2+}而致使字迹发生褪色。

灰尘也是影响字迹的因素之一。灰尘是固体杂质，表面多带有棱角，沉降在档案纸张上，在**档案整理**、保存、利用过程中，随着移动和翻阅，会引起灰尘对档案纸张的摩擦，使纸张表面起毛，影响字迹的清晰度。无论是落尘还是飘尘，多是一些带有颜色的细小微粒，落在档案上会使档案纸张变为灰褐色，严重的还会使字迹模糊不清，影响阅读。一些灰尘颗粒本身具有酸碱性，并且由于灰尘的粒径小、表面积大、吸附能力强，可将空气中的酸、碱有害物质吸附在其表面，使其酸性或碱性增大。当这些具有酸、碱性的灰尘落在档案纸张表面，必然增加档案材料的酸、碱性，从而对档案字迹起破坏作用。（张美芳）

档案组合 archive group 一个有机整体的、自身结构完备的行政机关在工作中形成的全部档案。档案组合最先是英国档案管理和分类的基本单元，后受英国影响较多的国家也采用这个概念。档案组合要求严格把形成文件的独立单位或机关作为档案的第一级分类标准，即把政府每一个部分的档案组成一个档案组合。它与各国档案管理和分类基本单元的共同点是都以来源原则为基础；与法国、俄罗斯等国的全宗的不同点在于它只针对公共档案，而不包括个人档案，这一点与美国的文件组合相同，但又不具有文件组合的随意性。

形成文件的独立单位或机关类似中国的立档单位，这个机关不需要增加或借助外部权力就能够独立处理通常提交给它的任何一项事务。在档案机构整理公共文件时，目标是组成档案组合，在档案组合内，文件按其原来顺序整理。首先，文件按照构成组织的主要类别或行政机关的职能进行分类，然后再进行次一级的分类整理。如果零散文件不能按照这种职能类别进行归类，可以按照任何一种合适的办法加以整理，如可按字母顺序、年代、外形等整理。（黄世喆 韩玉梅）

档房 file room 中国清代中央、地方衙署及八旗营房中办理文书和管理档案机构的统称。又称档案房、满档房、汉档房、黄档房、档子房等。档房分别设领办、总办、堂主事、主事、助教、**笔帖式**、堂书以及经承等官吏专管或兼理。档房的档案主要是本衙署定期缮修和汇抄的档册、收发文登记簿、公文底簿及有关文书等。部分档房兼做文书处理和人事工作。清末官制改革后，除八旗档房仍旧保留外，其他衙署的档房多被机要科、案牍科、编辑科、文牍课、承宣厅等机构代替。（陈锵仪）

档号 archives number 档案馆（室）在整理和管理档案的过程中，为了固定档案分类、排列的次序，便于保管和查找利用，以字符形式赋予档案的一组代码。代码是一个或一组有序的、易于计算机和人识别与处理的数字、字母、汉字及其他符号。又称档案号。档案实体编号的总称。包括全宗号、类别号、案卷目录号、项目号、案卷号、件号、页（张）号等。其中，全宗号是档案馆指定给每个全宗的代码，类别号是馆（室）藏档案类别的代码，案卷目录号是全宗内每一本案卷目录的代码，项目号是产品、工程、课题、设备等的代字或代号，案卷号是馆（室）内案卷排列的顺序号，件号是案卷内文件的顺序号，页（张）号是案卷内文件每页（张）的顺序号。

档号的结构有 3 种：①全宗号—案卷目录号—案卷号—件、页（张）号。②全宗号—类别号—案卷号—件、页（张）号。③类别号—项目号—案卷号—件、页（张）号。

档号是档案目录中必须著录的项目，显示出档案文件在档案馆（室）中的具体位置。档号是存取档案的标记，并具有统计监督作用。编制档号的基本原则是：在一个档案馆内不能有相同的全宗号；在一个全宗内不能有相同的类别号；在一个类别内不能有相同的案卷目录号；在一个案卷目录内不能有相同的案卷号；在一个案卷内不能有相同的件号、页（张）号。

档号在档案管理中具有重要的作用：①可以表征档案馆（室）档案的整理体系，反映和固定全宗内案卷和案卷内文件的排列顺序。②具有对档案实体的指代功能，一组档号便可代表某一特定的案卷或文件，作为存取档案的标记，因此在档案的整理、统计、检索、提供利用以及库房日常管理等活动中都需要运用和借助档号。

档号的使用能对某一部分档案起到指代和某些表征的作用，其不仅能标明全宗，显示类别，而且还能固定某些档案的存放位置，巩固系统整理的成果。同时，档号的编制也是档案管理规范化、标准化的一项不可忽视的重要内容，对档案的科学管理具有现实的积极意义。（陈智为 黄世喆）

德国联邦档案馆 German Federal Archives 德国最高的档案保管机构。馆史可追溯到 20 世纪初期，1919 年在波茨坦建立了帝国档案馆。第二次世界大战结束后，出现了两个德国并存的局面。德意志联邦共和国采取分散式的档案管理体制，在科布伦茨成立了联邦档案馆。德意志民主共和国则采取集中式的档案管理体制，在波茨坦成立了档案管理局和中央国家档案馆。1990 年，德国实现了统一，中央国家档案馆与联邦档案馆合并为德国联邦档案馆，属内政部领导。德国的统一使联邦档案馆的馆藏大大丰富，民主德国中央国家档案馆、军事档案馆和影片档案馆的馆藏均并入了联邦档案馆，馆藏量大大增加。

德国联邦档案馆外景

联邦档案馆除了作为一个保管机构，接收和保管联邦政府机关的档案以及**历史档案**外，还是一个负责领导总部和各分馆行政管理的机构，因此内部机构设置庞大。包括 9 个部，分别是中央行政事务部，中央专门事务部，档案方法、信息技术、私人手稿和音像档案部，德意志帝国档案部，德意志联邦共和国档案部，德意志民主共和国档案部，军事档案部，影片档案部，战争赔偿档案部。此外，联邦档案馆还在各地设有 10 个分馆，分别是波茨坦分馆、布赖斯高地区弗赖堡分馆、柏林分馆、拜罗伊特分馆、亚琛分馆、美因－法兰克福分馆、卢施塔特分馆、奥古斯廷分馆、科斯维希－安哈尔特分馆、多伦堡－易北河分馆。（黄霄羽）

德州大学奥斯汀分校信息学院 School of Information, The University of Texas at Austin 美国高校信息学院。1948 年，学院成立之初名为图书馆学院；1980 年，改称图书馆和情报学院；2002 年，正式更名为信息学院。

学院主要为信息构建、信息政策、信息系统设计和管理、图书管理、企业档案管理、博物馆工作、多媒体设计、信息保管与保护、文件管理等领域培养专业性人才。学院拥有完整的教育体系，包括培养信息专业的硕士和博士（含双学位）人才，进行专业进修和学校图书馆员学习资源等的资格认证，并为全校的本科生提供辅修信息专业的机会等。在美国信息教育中的领先地位得益于学院优秀的教育资源，如拥有信息检索与外包实验室、信息体验实验室、信息科技实验室、数字考古实验室等丰富的实验室资源。1976年，学院出版《信息与文化》期刊，刊发对历史信息的高质量评论文章，涉猎领域为图书馆、档案、博物馆、信息科学史等，并不断扩大研究范围，激发各信息相关主题间的互联。

学院倡导以人为中心的价值观，主张信息是一种社会的资源，认为对信息的开发利用要建立在对人们的需求和行为有深层次理解的基础之上，更加关注信息自身的社会—技术背景。其办学目标是通过开展顶尖的研究和教育为全世界培养保护过去、管理当下、构想未来的信息专业人才。

（黄霄羽）

登科录　dengke lu　中国古代科举考试考中士子的名单及其相关资料。见**题名录**。

等因　dengyin　中国古代文书撰写术语。结束前面所叙来文的用语。历史文书中，凡引叙上级或平级机关的来文、律例、法规等完毕，即用此语表示结束，并提示阅文者注意前面引叙的情况。此语出现于引文完结之后。明清时期的文书没有标点符号，此语也起到句号和后引号的作用。民国文书中逐渐有了统一的标点符号，但仍沿用前代旧习，保留此语，实际上已经没有多大意义。用于结束平级机关来文时，明清时期一般指地位比自己较高的平级机关的来文，下面多接用“奉此”“准此”等语。民国时期，文书中出现此语，结束平级机关或上级的来文。此外，还有“各等因”的说法。各等因，引叙的来文上级机关不止一处，或同一机关的来文有两次以上时用各等因，表示引文结束。

（黄　静）

低温杀虫　low-temperature disinsection　将温度降至致死低温或低温区的杀虫方法。又称低温冷冻杀虫。低温杀虫是通过控制低温的温度范围和时间，将害虫生存的环境温度降至致死低温或致死低温区内，实现杀灭**档案害虫**的目的。基本原理是根据档案害虫的生活习性，环境温度不断下降，虫体发生一系列生理变化，如新陈代谢停止，细胞膜破裂，细胞内的游离水外溢结冰，破坏了害虫体内水分平衡，体液形成冰晶，当冰晶体不断扩大，细胞膜发生机械性破坏，细胞原生质脱水，代谢产物不能正常排泄引起有毒物质的积累而死亡。

低温杀虫法由美国耶鲁大学图书馆于1976年研究成功，在国外图书馆界已得到广泛应用。中国档案界、图书馆界于1984年也成功研制出该方法。优点是杀虫效果好，对**档案制成材料**无不良影响，无污染、无毒，操作简单方便，不需要特殊防护等。

中国低温杀虫的研究结果表明：档案中常见的烟草甲、档案窃蠹、药材甲、花斑皮蠹、黑皮蠹、红圆皮蠹、毛衣鱼、书虱、蜚蠊、赤拟谷盗（偶发性）、米象（偶发性）11种害虫，在−25～−16℃低温下冷冻24～48小时，害虫的死亡率可达100%。将档案害虫放在−25～−16℃的低温环境下，冷冻10～72小时，可以杀死各种形态的档案害虫。温度越低，杀虫时间越短。

中国北方地区冬季平均气温低于−5℃，可以采取自然低温杀虫。当然，不具备自然低温条件的地方可以采用低温设备冷冻杀虫。可以根据档案的数量和**档案机构**的经济条件，选用低温箱、电冰箱、冷藏柜和冷库等低温设备。低温杀虫处理后的档案，应当在室温下放置至少24小时后入库。

（张建明　彭远明）

迪香，M.　Michael Duchein（1926～　）法国档案学者、历史学家，国际档案活动家。1926年生于法国。1949年于法国古代文史档案学院取得档案学学位，1952年于波尔多大学取得历史学学位。1957～1978年担任法国档案馆的技术部门主管。曾任法国《档案传播》总编、法国档案总监等职务。精通5种语言，曾当选为**国际档案理事会**档案建筑与设备委员会主席，曾任理事会会刊《**档案**》主编。在非洲、亚洲和拉丁美洲执行教科文组织、联合国组织和伊斯兰开发银行的特别档案任务。在11个国家的档案期刊上发表论文30多篇。

研究领域包括档案法、档案建筑和**档案利用**。档案学代表作《档案馆的建筑与设备》于1966年以法文首次出版，1977年以英文出版，成为国际档案理事会组织出版的第一批档案专业书籍之一，入选“国际档案理事会手册丛书”。内容分为三部分：第一部分论述了档案馆新馆建设的基本条件，包括选址标准、布局等；第二部分论述了库房、办公区和服务区的布局与设备安装，包括建筑材料、防火、温湿度控制、光线、熏蒸和水电供应等方面的要求；第三部分论述了**文件中心**的设计与建造，以及热带国家档案馆的建设问题。成为西方各国建筑和装备档案馆的重要参考资料。撰有《开放、利用和传播档案信息的障碍》《欧洲档案馆的历史与欧洲档案专业的发展》等具有影响力的专业论文。

（黄霄羽）

底图柜　tracing paper cabinet　存放底图的专用柜。按照质地，可分为木材质和金属材质。按照底图存放方式，可分为平放多层抽屉底图柜和卷放蜂巢式底图柜。一般规格是：柜高800毫米～1600毫米；抽屉深或每格高度80毫米，长度与宽度视平放或卷放底图的尺寸而定。

以平放多层抽屉底图柜为常见，可以水平叠放0号、1号等散页图纸于抽屉内，分整体式、组合式底图柜。抽屉两侧有限位滑动装置，以防拉脱；底部两侧装有滑轮或滚珠，以便抽屉进出平滑省力。常见底图柜尺寸为962毫米×723毫米×512毫米（放1号图纸）、1292毫米×974毫米×512毫米（放0号图纸）。

底图柜也可做成底图架，以**密集架**为多见。这种底图架可以叠放0号、1号等散页图纸，抽屉达20层，可大量保存图纸。同时，底图柜通过密集架的形式，增加库房有效容量，增加档案储存量，使用和管理较为方便。所以，密集底图柜是集密集架和底图柜的特点为一体化的装具，抽屉数量可以根据用户需求进行适当增减，能满足科研设计单位及大型工矿企业存放大量底图的需要。

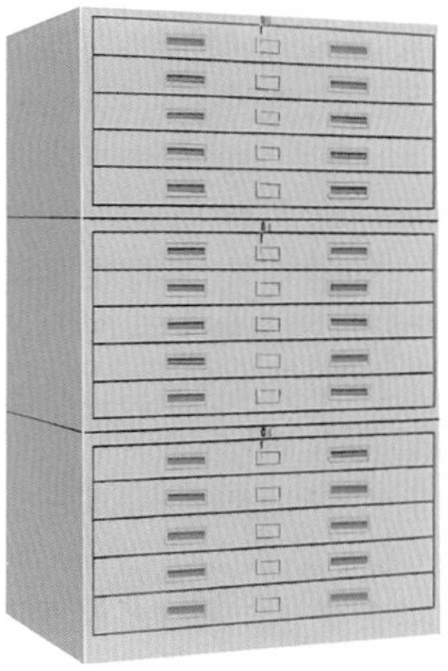

底图柜

底图用纸是经过化学处理的专门纸，易发黄、变脆、撕裂、破损，不能装订，不能折叠、弯曲、竖放。底图平放于底图柜（架）中，有利于底图的管理与保护。

（周耀林）

地理分类法　method of records classification according to geographical features　科技档案分类的基本分类方法。又称地域分类法。按科技档案内容所反映的地理区域或水系、流域等特征，将科技档案划分成各个类别的分类方法。一般适用于地质档案、测绘档案、城市规划档案、城建档案、水利规划档案、水利工程档案的分类。

地理分类法的意义和价值：①可以使同一地理区域的科技档案集中在一起，分类体系可以保持长期稳定。②有效保持科

技档案之间的有机联系。③便于按地域查找和利用科技档案。（王英玮）

地名档案管理 place name archives management 地名档案管理机构（地名档案资料馆）从事的地名档案及其内容信息的业务管理活动。又称地名档案管理工作。地名档案指在地名管理工作中形成的具有保存价值的记载各个地理实体的标准名称及其他相关信息的文字、图表、音像等材料。地名档案是地名管理的专业档案，是国家档案的重要组成部分，是进行地名管理、推行地名标准化、开展地名研究的基础。

源流 中国地名管理有着悠久的历史。自汉代至明清各朝，都重视《地理志》《郡国志》《州郡志》《地形志》的编修工作，充分说明国家对地名档案和文献管理的重视。早在唐代天宝初年就曾改地名“不稳定及重名”者达110处。这是世界上最早出现的地名规范化工作。中华民国初年，内务部制定了《改定各省重复县名及存废理由清单》。民国时期在推进中国地名规范化方面进行了富有成效的工作，主要是调整国内重名地名，更改一部分带有歧视少数民族性质的地名。20世纪80年代，中国地名委员会与中华人民共和国国家档案局联合发布了《关于加强各级地名档案工作的通知》，各地相继建立了地名档案管理机构。1983年5月，中国地名委员会和国家档案局制定了《全国地名档案管理暂行办法》。1988年后，地名档案工作划归中华人民共和国民政部统一管理。

原则与要求 中国地名档案工作在国家档案行政管理部门统筹规划、组织协调、统一制度、监督和指导下，由民政部统一指导，各级地名主管部门分级管理。在档案业务上接受上级地名主管部门和同级档案行政管理部门的指导、监督。

管理对象 ①地名调查（包括普查、补查和资料更新）的原始记录、补充调查记录和收集的考证材料等。②地名照片（含底片）等声像材料。③地名普查成果表、地名卡片、地名文字概况、地名补查和资料更新成果表及地名图的原始稿、审定稿、正本（成图）。④《地名录》《地名志》《地名词典》及各种资料汇编的原始稿、审定稿、出版本和计算机软盘。⑤本单位编印的地名刊物的审定稿和出版本。⑥地名译写书刊的原始稿、审定稿和出版本。⑦各种地名图的审定图和成图。

管理内容 ①归档。地名材料应于每项工作告一段落或结束时整理归档；地名材料以县（市）、市辖区为整理单位，按照一名一卷的原则整理。②鉴定。地名档案永久保管。③上报和移交。地名普查成果、地名补查和资料更新成果应按《全国地名普查若干规定（试行）》和《全国地名补查和资料更新工作方案》的有关规定逐级上报。地名档案在地名档案管理机构保存一定年限后，按国家有关规定移交同级国家档案馆。④保密。边境地区标有准确经纬度的地名档案应定为秘密级，尚未公开的地名录、地名志和地名资料汇编等应定为内部使用。⑤利用。编制各种检索工具；边境地区标有准确经纬度的地名档案应定为秘密级，尚未公开的地名录、地名志和地名资料汇编等应定为内部使用。建立地名档案的查（借）阅制度；根据档案的密级，确定不同的利用范围，规定不同的审批手续。⑥编研。开展地名档案的编研，分析研究档案的利用效果，总结推广档案利用的先进经验。⑦保管。地名档案库房要配备必要的设施和设备，并有防盗、防火、防光、防虫和防潮等设施。

法规和标准 地名档案管理的相关法规和标准主要包括《地名档案管理办法》（国家档案局2001年7月10日印发）、《第二次全国地名普查档案管理办法》（民政部、国家档案局2016年6月23日印发）、《照片档案管理规范》（GB/T 11821—2002）、《磁性载体档案管理与保护规范》（DA/T 15—1995）等。

意义和影响 地名档案管理是地名工作的一项重要内容。地名档案是国家从事各项工作不可缺少的基础资料。地名的更替，特别是地名所指区域的政治、经济、文化、居民成分等社会情况的变化是频繁的，必须随时注意收集和掌握各种反映地名有关情况的信息，及时积累材料，确保地名档案能够及时、准确地反映地名的真实面貌。（王英玮）

地震档案管理 seismic archives management 地震观测台（站）和地震科研单位根据地震档案的形成规律和内容构成等特点，有效地保存和科学管理地震档案，实现地震档案价值的各项业务管理活动。地震档案是在地震监测、地震分析研究和地震预报等活动中形成的，反映地震监测研究活动过程及其成果的各种科技档案的总称。20世纪60年代初，中国逐渐形成地震档案的概念。地震档案主要有地震监测档案和地震分析预报档案两种。地震监测档案包含观测台网文件和野外流动测量文件两部分；地震分析预报档案包括预报原始数据材料、预报意见、各种监测记录、会商记录、地震趋势意见、震情报告、震例资料、业务活动及仪器运行记录、各种管理文件等。

地震档案管理的基本特点是区域性和时间性。管理要求主要是维系某一特定区域地震测验数据在时间上的成套性和连续性，在此基础上科学管理和开发利用地震档案资源。由于信息技术的大量引入，在地震档案管理中已经建立了种类多样、规模庞大的地震测验业务系统和服务管理系统，用以高效率地处理海量的观测数据。因此，地震档案管理应以电子数据和信息化技术控制作为其主要发展趋势。

地震测报是人类了解地震运动规律，进而采取适当方式处理人与自然关系的一种本能行为，地震档案是人类社会重要的知识资源。地震档案的科学管理对于人类的正常生产生活、防灾减灾、灾后重建等多层面的活动具有重要的使用价值和科研价值。（宫晓东）

地质档案管理 geological archives management 地质勘探机构或石油矿产生产单位根据地质档案的形成规律和内容构成特点，有效地保存和科学管理地质档案，实现地质档案价值的各项业务管理活动。地质档案是各单位在地质调查研究、矿产勘探等活动中形成的，反映地质工作过程及其成果的各种科技档案的总称。地质勘探活动一般划分为区域地质调查、地质普查和地矿勘探3个主要阶段，每个阶段所形成的档案根据具体工作程序，主要包括地质设计文件、野外勘探资料、综合分析整理资料、地质成果报告、成果审批材料等内容。地质档案从形成特点来划分，可分为地质原本档案和地质复制本档案两种。

地质档案管理的基本特点是：区域性和阶段性。管理要求主要是维系某一特定区域内地质勘探研究活动在不同活动阶段上的成套性和连续性，在此基础上科学管理和开发利用水文档案资源。信息技术的大量引入，已建立了种类多样、规模庞大的地质勘探业务系统和服务管理系统，用以高效率地处理海量的勘探数据。

地质档案的科学管理对于人类社会生产、建设、自然科学研究、经济发展乃至国防建设等多层面的活动具有重要的使用价值和科研价值。（宫晓东）

《帝国主义与中国海关》 *Imperialism and Chinese Customs* 中国档案文献汇编。大型近代经济史资料丛刊之一，近代以税务司海关档案史料为主体的综合性的资料汇编。中国近代经济史资料丛刊编辑委员会主编，对外贸易部海关总署研究室编译，陈翰笙等 11 人任委员。1957 年由科学出版社开始出版，1962 年后改由中华书局继续出版。

初版形成 10 编：《中国海关与中法战争》（第四编，科学出版社 1957 年出版）、《中国海关与缅藏问题》（第五编，科学出

《中国海关与缅藏问题》封面

版社 1958 年出版）、《中国海关与中葡里斯本草约》（第六编，科学出版社 1959 年出版）、《中国海关与中日战争》（第七编，科学出版社 1958 年出版）、《中国海关与英德续借款》（第八编，科学出版社 1959 年出版）、《中国海关与义和团运动》（第九编，科学出版社 1959 年出版）、《中国海关与邮政》（第十二编，科学出版社 1961 年出版）、《中国海关与庚子赔款》（第十编，中华书局 1962 年出版）、《中国海关与辛亥革命》（第十三编，中华书局 1964 年出版）、《一九三八年英日关于中国海关的非法协定》（第十五编，中华书局 1964 年出版）。第一至第三、第十一、第十四共 5 编因材料不齐等原因未出版。1983 年中华书局再版时，对以上已出版各编按照历史事件发生的先后顺序依次编订为第一至第十编，后于 1994 年新增第十一编《辛丑和约订立以后的商约谈判》。

海关档案并不单纯是有关海关税收、税务行政的记录，而主要是帝国主义分子如何策划、密谋以及贯彻执行帝国主义的殖民政策，以使中国沦落为殖民地、半殖民地的铁证。税务司海关档案自形成之日起就保存在各个关口的档案室中，秘不示人。1933 年 1 月 5 日总税务司梅乐和签订第 91 号机要通令，规定“1901 年 12 月 31 日前所有海关档案应送交海关图书馆妥为保管”，上海、宁波、福州、厦门、广州、镇江、汕头、琼州、南京、天津、汉口、九江等口岸以及伦敦办事处的相关档案都被转移到当时位于上海的海关图书馆。1949 年后这批档案和原总税务司署的档案经过多方辗转，被中国第二历史档案馆接收。1902 年 1 月 1 日后的各关档案仍在各个海关档案室保存，1949 年后多由当地档案馆接收。

丛书所选档案资料从帝国主义开始控制中国海关时起到辛亥革命止。各编以历史事件为中心，选择的海关史料既包括海关档案，也包含海关出版物，还包括奏折、书籍、苏联学者的相关研究等其他类型的史料和多种形式的附件。主要内容包括清海关总税务司赫德及其他海关官员的往来函电；外国驻华公使、领事与该国外交部的往来函电。另外有部分内容转录自《清季外交史料》、马士《中华帝国对外关系史》等书。

丛书在题目和内容选取方面表现出鲜明的时代特征，流露着强烈的意识形态色彩。作为 1949 年以来最早整理出版的税务司海关史料，所选档案资料（原件多为英文）属首次公开翻译出版，史料价值很高，是近代史资料中的瑰宝。（丁华东）

递角 dijiao 中国古代递铺传送的文书。约出现于宋代。递角通常需要装入递筒并封印后发递。特殊情况下，装有奏状的递筒封印后“以千字文号记发”，如“侠字号递筒”。各类递铺都须登记递角的到达和发送时刻，如有稽迟必须立即追究责任。但实际上，因盗折、藏匿等事故造成递角丢失的情况时，往往因无法确定哪一递铺出现问题而无法追究责任。普通递角通常是一人一送，但在递铺铺兵短缺时，只能积存到一定数量后才派铺兵背负或挑担送往下一递铺。如果没有铺兵，则由铺兵的女性家属递送。（郑 慧）

《第二次鸦片战争》 *Second Opium War* 中国档案文献汇编。中国史学会主编的中国近代史资料丛刊。齐思和等与故宫博物院明清档案部合编。上海人民出版社 1978 年出版。平装，6 册，约 260 万字。所辑资料起自《南京条约》签订以后的1843年，止于《北京条约》签订的 1860 年，部分资料延续到 1861 年的辛酉政变。第一册为英法联军侵占广州、大沽、天津；第二册为北京的失陷与英法联军的暴行；第三至第五册为档案史料；第六册为外交

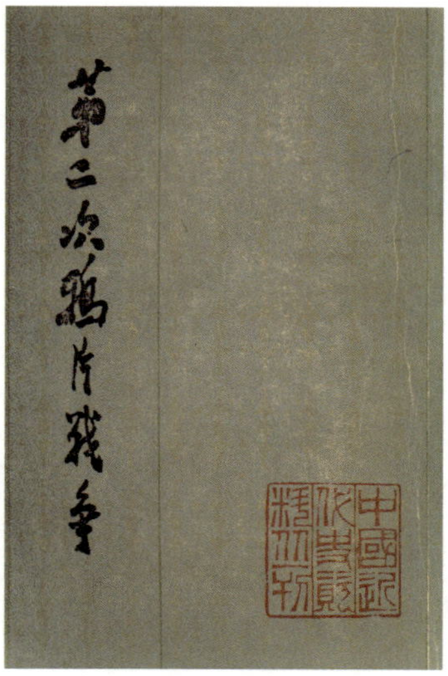

《第二次鸦片战争》封面

资料选译。内容与该丛刊《鸦片战争》相接。资料来源主要有三部分：第一部分是以国内文献资料为主，也有少量旧译外文资料。共收集了记载第二次鸦片战争的各种私人著述、笔记、日记、奏稿、函牍以及地方志内的有关资料 43 种。其中有一些是从未发表过的稿本，如无名氏的《天津夷务实记》及《津门闻见录》、怡云轩主人的《平夷录》、梁应时的《粤民御夷录》、赵沅英的《平夷策》等。第二部分是故宫博物院明清档案部所藏清代官方档案。其中包括咸丰三年（1853）至咸丰十一年的清廷军机处上谕档、录副奏折、照会、咨呈、信函及朱批奏折等档案史料共 1400 件。这些档案大都是第一次公布，全文发表，是此书的主体资料。第三部分是近年从英、法、俄、美等国书刊中选译的有关第二次鸦片战争的官方档案及参与此次战争的军人、外交官员的回忆录、游记、日记、信件以及一部分论著。第一、第二册正文后附《书目解题》，内容为本册所选书籍作者、版本及主要内容；第三册载《档案史料凡例》。（朱金甫）

电报 dianbao 中国近代官府往来文书文种名称。清光绪五年（1879），直隶总督李鸿章始于大沽、北塘海口设台架线达天津，始办中国的电报事业。总理衙门内设电报处，各地陆续分设电报局，至清末电

图 1 山东青岛邮电博物馆藏清宣统年间石印《电报明码》

信事业已有一定规模，各地重要的政府机关和军队中，都设有专门的电台收发电报。电报成为处理政务，指挥军事不可或缺的工具。在文书中所占比重也越来越大。

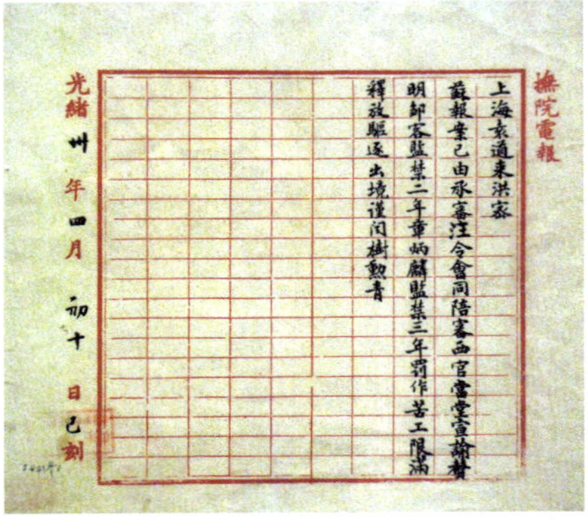
撫院電報

图 2 四川博物院藏清光绪三十年（1904）四月，抚院密电

中国最早出现的中文电报编码是所谓的四码法，发明者已不可考。1873 年，一个驻华的法国人维基杰参考《康熙字典》的部首排列方法，选了 6800 个汉字，编成《电报新书》。后来郑观应把这本书做了改编，使之更适合于中文，增加更多汉字，改称《电报新编》。从此这种“郑码”便成为中国电报长期以来一直采用的系统。四码法是一种最简单的编码，它以 10 个阿拉伯数字对应汉字，每一个汉字用 4 个数字的组合表示。发报员只要把这些数字发出去，接报员就能根据这些数字组合翻译成汉字。把一个个汉字与 4 个数字随机组合，没有规律，绝无重复，译码员需要常备一本译码书在手边，以便随时查询。当时电报译码员最繁重的工作就是逐字逐句把电报码翻译过来，效率较低，收发费用极其昂贵，往往一个字就得数两白银。为此清廷专门下令，让各级官员没有紧急事就不要发电奏、电牍，即使发也要长话短说，客套话一概免去。清末廷寄用电寄，上奏用电奏，各省督抚相互用电函，已经十分普遍。

中华民国时期平行的电报称“电函”，下行称“电令”，上行称“电呈”。以同一内容而宣告于两个以上受电单位的，称“通电”。随着电报的使用越来越普遍，同时也出现了滥用电报的现象。特别是在历次政治争斗中，双方每每滥发通电。北洋政府交通部一件咨文称：“几以电报代印刷品之用，往往一电传递数百局，一局抄送数十份。电局疲于接递，报费亦难计算，全国线路皆为此种电报所搪塞，至遇有重要电报，不克迅速传达。”

由于电报广泛应用，传递的信息多属紧急重要事件，所以为各级机关重视，被列为机密，由机要部门或专门人员处理。但它长期不被列为正式公文，仅赋予与正式公文相同的效力与责任；如有需要补具正式公文书之必要者，则于发电后仍应补具正式公文。直至 1942 年中华民国政府才在公文程式中规定，各项公文如因时间紧迫时得以电或代电行之，没有提出补具正式公文的要求。（裴燕生）

电寄 dianji 中国古代帝王诏令文书文种名称。以电报的形式寄发的晚清皇帝批答臣工奏请的命令的形式，亦代指以此种形式传递的谕旨。依托电报技术而出现，因其最初发送的文书为寄信谕旨，故称电寄。

清道光二十四年（1844），美国人莫尔斯发出了人类历史上第一份长途电报后，电报开始对现代社会产生巨大影响。同治十年（1871），丹麦大北电报公司在中国上海架设电报线后，清廷官员陆续在台湾、天津试办电报。光绪六年（1880），直隶总督兼北洋大臣李鸿章奏请架设天津至上海的电报电线，并在天津设立电报总局，制定《电报章程》，将电报分为四等，依序寄发：第一等为官报，尽先发递；第二等为电报局商询公务之局报；第三等为加倍核收资费之电报；第四等为普通电报。而在实际执行中，由于第三、四等电报利润丰厚，因此，第二等电报往往成为最后一等。此后，大规模的电报建设开启了晚清通讯的新格局。谕旨的下行方式也因先进快捷的技术手段而发生变化。

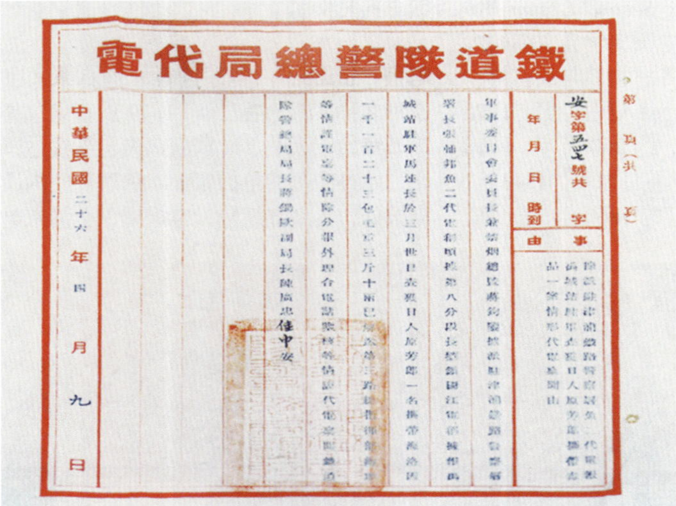
鐵道隊警總局代電

图 3 江苏禁毒展览馆藏 1937 年电报

清制，谕旨的下达渠道分为两种形式，分别为通过军机处的寄信和内阁的明发。

首先出现的是寄信改为电寄的形式，这种以电报的形式发布的寄信谕旨称为电旨，出现于清光绪六年，并规定：“凡电旨则迅译以行。”寄发程序为：军机处将电旨内容交总理衙门，由内城电机发交外城电报局，再由外城电报局按第一等电报的规格，径电各该省钦遵查办。为避免电码错误而导致的差错，光绪十年，根据两广总督张之洞奏请，规定了电旨汇核制度：“每月照录原文，汇奏一次……核对存案。如有舛误，即咨照更正。”

明发谕旨改由电报寄发，不仅比电旨迟到十余年，而且经过了由电报局按省传递到定制为电寄的发展过程，寄发等次也经历了“照二等章程”升格到“照一等章程”的演变：“按日阁抄上谕事件，系照刊送《京报》例，由局员挨省传递，而局员无一等发报之权，只能照二等章程，发在一三四等之后。”光绪二十四年七月十一日奉上谕：“嗣后明降谕旨，均著由电报局电知各省，各省该督抚即行遵照办理，勿庸专候部文，以杜其藉口延误。”从此电寄明发谕旨成为定制，但无电旨按月定期汇核的规定。为保证电寄明发谕旨的准确无误，总理衙门允许各省“奉谕旨刊刻誊黄之件，如电码有误，即电询本署更正”。

电寄的行文各有不同。最初的电旨多以“奉旨”开篇，以“钦此”结束，另起一行，下方署明日期；光绪二十四年电寄明发谕旨成为定制后，前述行文格式与寄信谕旨、明发谕旨、发各省大员电信各种形式同时并存，发各省大员电信日期，以韵目代日书于文末。（王 澈）

电力档案管理 electric power archives management 电力企业对电力工程的建设及投产后的运营、维护、检修、运行、扩建与改建等活动中形成的有价值的各种档案的专业管理活动。电力档案管理是电力企业规范建设、经营和运转的重要轴心。电力档案是电力工业发展历史的真实记录，是开展电力工程建设、电力生产与安全运营的重要保障。它真实记录并反映了电力工程的建设，是建设工程与竣工验收所必备的条件，也是投产后进行管理、检修、运行、扩建与改建的重要根据，对于电力企业的整个维护与运营具有重大现实作用。电力档案记录和维护着电力企业的发展和成长，拥有极为丰富的资源信息，是每个电力企业不可或缺的重要资产，是电力企业长远发展的基础。

管理中涉及的主要法规与标准有建设部关于发布《工程建设标准体系（电力工程部分）》的通知（建标〔2007〕204号）、电力工业部关于颁发《电力工程设计招标投标管理规定》的通知（电综〔1998〕9号）、电力工业部关于印发《电力工程设备招标管理办法》的通知、关于印发《国家电力公司系统资产与产权变动档案处置暂行办法》的通知、《国家电网公司电网建设项目档案管理办法（试行）》《火电建设项目文件收集及档案整理管理规范》（DL/T 241—2012）、《风力发电企业科学技术档案分类规则与归档管理规范》（NB/T 31021—2012）、《核电档案分类准则及编码规则》（NB/T 20042—2011）等。

电力档案管理是有效维护电力档案完整、准确、系统和安全的重要管理活动，是充分发挥电力档案在电力工程建设、电力生产和运营、电力设施运维，保障国民生活、国家生产和建设活动健康进行的重要活动。电力档案管理是电力工程建设、管理、运营的必要条件，是电力工程项目建设企业、发电企业、供电企业各项管理活动中不可或缺的组成部分。

（王英玮）

电子档案 electronic archives 国家机构、社会组织或个人在履行其法定职责或处理事务过程中，通过计算机等电子设备形成、办理、传输和存储的具有保存价值的数字格式的各种信息记录。电子档案是具有档案价值的电子文件，在文件形成业务活动结束之后因其对后续或其他的业务活动具有凭证或参考价值被留存下来。

电子档案的覆盖范围，有3种不同的理解：①电子档案仅包括直接在计算机、数码设备中产生的原生性电子文件，即原生性电子档案。②除了原生性电子档案之外，电子档案也包含由传统载体档案经数字化加工转换形成的数字化复制件，这种范围的电子档案即数字档案。③除了原生性电子档案、数字化复制件之外，电子档案还包括那些以模拟信号存在的传统声像档案。需要结合上下文来准确理解。不过，在理论和实践领域，大多情况下电子档案都是指原生性电子档案。

电子档案是数字时代档案管理的主要对象，需要采用与电子档案特点相适应的管理方法。电子档案的兴起对档案学理论和实践的发展提出了新的挑战，无论是文件生命周期理论、**来源原则**、**全宗理论**等档案学经典理论，还是档案收集、组织、鉴定和提供利用的方式方法，都发生了巨大变化。

（刘越男）

《电子档案移交与接收办法》 *Measures for the Transfer and Accession of Electronic Archives* 中国用于规范电子档案移交与接收工作的部门规章。国家档案局2012年8月29日印发，自发布即日起实施。适用于各级档案移交单位和各级国家综合档案馆，其他单位和档案馆可参照执行。

为规范电子文件管理，中共中央办公厅、国务院办公厅2009年颁发了《**电子文件管理暂行办法**》，国家档案局组织制定了国家标准《电子文件归档与管理规范》（GB/T 18894—2002）、印发了《**电子公文归档管理暂行办法**》，对电子文件的归档提出明确规定。为进一步规范电子档案移交与接收工作，确保电子档案的真实、完整、可用和安全，保存党和国家历史记录，促进档案信息资源开发利用，2012年经国家电子文件管理部际联席会议第二次会议审议通过，国家档案局发布《电子档案移交与接收办法》。

《电子档案移交与接收办法》共4章23条。主要内容包括：①首次在国家行政管理部门发布的规章或标准中使用电子档案的概念，并给出了定义："本办法所称电子档案，是指机关、团体、企事业单位和其他组织在处理公务过程中形成的对国家和社会具有保存价值并归档保存的电子文件。"②电子档案移交与接收工作中涉及的单位职责。③移交范围为"国家综合档案馆接收范围的电子档案"。④规定档案移交单位一般自电子档案形成之日起5年内向同级国家综合档案馆移交。对于有特殊要求的电子档案，可以适当延长移交时间，涉密电子档案移交时间另行规定。⑤移交的基本要求包括：元数据应当与电子档案一起移交，一般采用基于XML的封装方式组织档案数据；电子档案的文件格式按照国家有关规定执行；电子档案有相应纸质、缩微制品等载体的，应当在元数据中著录相关信息；采用技术手段加密的电子档案应当解密后移交，压缩的电子档案应当解压缩后移交；特殊格式的电子档案应当与其读取平台一起移交；档案移交单位应当将已移交的电子档案在本单位至少保存5年。⑥移交流程为组织和迁移转换电子档案数据、检验电子档案数据、移交电子档案数据等。⑦移交可采用离线或在线方式进行。⑧接收流程为检验电子档案数据、办理交接手续、接收电子档案数据、著录保存交接信息、迁移和转换电子档案数据、存储电子档案数据等。

《电子档案移交与接收办法》是国家档案行政管理部门就电子档案规范化管理制定的重要规章，对于规范电子档案移交与接收流程，推进电子档案及时完整移交进馆，实现电子档案来源可靠、管理可信、长期可用的工作目标具有重要意义。为各级档案馆和立档单位开展电子档案移交与接收工作提供了政策依据和业务指南。

（黄玉明　朱霖露）

电子公文传输 transmission of electronic official documents 电子公文管理中的一环，负责将电子公文从一个单位向另一个单位传递。在保证信息安全的前提下，利用计算机网络，在党政机关、企事业单位、社会团体和其他组织的上下级或同级部门之间传送电子公文的过程。

过程　电子公文传输过程主要包括：①制作。发文单位的公文拟制审批后定稿，经排版制作成符合公文格式规范的电子文件，并加盖电子印章。②分发。经过签章的电子公文按照主送和抄送单位分发，分发时需要对电子公文加密，并采用符合安全保密要求的网络通道。③接收。收文单位接收电子公文后进行解密、验证签名，确认文件完整后签收文件，系统返回回执。④打印输出。收文单位可用彩色打印机打印出含有红头和公章的公文。电子公文的传输依赖于电子公文传输系统，实现不同单位之间的电子公文从制作、分发、接收到打印输出的全过程。

特点　相比纸质公文传输，电子公文传输的特点为：①在传递渠道与方式上，由人工传递转变为网络传输。②在传递时效上，由延时传递转变为实时传递。③在安全性保护措施上，由载体的安全控制转变为信息秘密性、真实性、完整性和可用性的保护。

管理　电子公文传输中存在公文被篡改、被中途截取、信息不完整、不可读等风险，为此需要采取合适的安全管理措施，要求专人管理相关设备、电子印章、电子密钥等；也需要运用合适的安全技术，如数字签名、加密传输、无损压缩等。

归档　为促进电子公文传输工作的规范化，保证电子公文的安全有效，国务院办公厅2003年颁布了《电子公文传输管理办法》（国办函〔2003〕65号），明确电子公文的效力和管理要求；国家档案局随后颁布第6号令《电子公文归档与管理暂行办法》，将电子公文传输系统中的公文纳入归档范围。为贯彻落实全国深化"放管服"改革转变政府职能的要求，加快推进全国一体化在线政务服务平台建设，根据《国务院办公厅关于加快推进与政务服务"一网通办"不相适应的法规规章修订等工作的通知》（国办函〔2018〕69号）要求，

2018 年 12 月，国家档案局颁布第 14 号令，对《电子公文归档管理暂行办法》予以修改，主要修改之处有两个方面：一是将**双套制**归档的要求修改为“符合国家有关规定要求的电子公文可以仅以电子形式归档”；二是将电子公文和纸质公文一致性检查要求修改为电子公文归档时的四性检测要求。

电子公文传输系统的使用，提升了公文传输效率，加快了电子公文处理流程的信息化。在与收发文单位内部办公自动化系统的集成、归档电子文件的脱密管理等方面还存在一定的不足，这些不足将随着实践的发展被不断克服。（刘越男）

《电子公文归档管理暂行办法》 *Interim Measures for Archiving and Management of Electronic Official Documents* 国家档案局制发的用于规范电子公文归档管理工作的规章。2003 年 7 月 28 日发布，9 月 1 日施行。适用于各地区、各部门通过由国务院办公厅统一配置的电子公文传输系统处理后形成的具有规范格式的公文的电子数据。2018 年 12 月 14 日《国家档案局关于修改〈电子公文归档管理暂行办法〉的决定》（国家档案局 14 号令）发布，对原规章予以修改。

为加强电子政务建设中的电子公文归档管理、档案基础文献数据库建设、档案信息资源开发利用等工作，国务院在 2002 年 3 月成立国家电子政务协调小组，确定国家档案局为成员单位。同年 8 月，国务院办公厅在部署全国政府系统办公业务资源网传输电子公文工作时，提出由国家档案行政管理部门制定电子公文归档工作相关法规。根据国务院办公厅的要求，国家档案局在调查研究的基础上，于 2003 年 7 月出台《电子公文归档管理暂行办法》，以国家档案局 6 号令发布施行。

《电子公文归档管理暂行办法》共 23 条，对电子公文归档管理的职责分工、归档范围、移交形式、存贮保管、安全保密以及归档电子公文的保存、利用等做出了全面、系统、详细、具体的规定。

《国家档案局关于修改〈电子公文归档管理暂行办法〉的决定》根据《国务院办公厅关于加快推进与政务服务“一网通办”不相适应的法规规章修订等工作的通知》（国办函〔2018〕69 号）要求，将《电子公文归档管理暂行办法》第七条由“电子公文形成单位必须将具有永久和长期保存价值的电子公文，制成纸质公文与原电子公文的存储载体一同归档，并使两者建立互联”，修改为“符合国家有关规定要求的电子公文可以仅以电子形式归档。电子公文归档应当符合电子文件归档和电子档案管理的要求”。将第十三条由“电子公文形成单位应在电子公文归档时对相关项目进行检查，检查项目包括与纸质公文核对内容、签章，审核电子公文收发登记表、操作日志及相关的著录条目等，确认电子公文及相关的信息和软件无缺损且未被非正常改动，电子公文与相应的纸质公文内容及其表现形式一致，处理过程无差错”，修改为“电子公文形成单位应在电子公文归档时按照国家有关要求对其真实性、完整性、可用性和安全性进行检查”。

《电子公文归档管理暂行办法》是规范电子公文归档管理工作的重要规章，对于解决电子公文归档管理及其相应电子档案的保管问题，逐步实现公文办理和档案管理的规范化和一体化，确保电子公文、电子档案的保真、保密和安全科学保存，具有重要指导意义。（黄玉明　邓晓文）

电子文档一体化管理系统 electronic document and records management system; EDRMS 支持非结构化电子文档从创建到处置过程一体化管理功能的系统。相比电子文件管理系统（ERMS），该系统集成了文档管理（document management）功能，这里的文档特指非结构化文档，即能够支持非结构化的电子文件在形成阶段的创建和处理。该系统属于外来概念，其发展路径是：①首先研发出能够管理非结构化文档的系统（EDMS），功能逐渐从简单的数字化加工、建立索引、检索演化到文档工作流、版本控制等。②在此基础上，增加文件管理系统的功能，即将相关业务记录予以固化、分类，并加以保管期限的控制，以到期处置。欧美国家通行的电子文档一体化管理系统可以从 MS Office 或电子邮件系统中实时捕获电子文件，实施电子文件形成与捕获归档的集成管理。

中国电子文档一体化管理系统的典型应用是办公自动化系统中的电子公文处理系统以及电子公文归档管理系统。其中电子公文处理系统负责电子公文的创建、接收和处理，保障文档流转、版本控制和文档的现行效力，它能够区分草稿、定稿、历次修改稿，能够按照草拟—修改—审核（会商）—签发（会签）—复核—缮印—用印—登记—分发—交换流程有序地推进电子公文处理，能够保证经它分发的文档在特定范围内具备执行力。电子公文归档管理系统能够捕获具有保存价值的电子公文及其元数据，维护文件之间的有机关联，按照保管期限和处置要求对电子文件进行到期处置。

电子文档一体化管理系统把文件形成阶段、归档阶段的管理纳入一个统一系统，按统一要求，建立密切联系，在文件生命周期内进行全程管控，从文件形成、处理、归档到保存、利用的每一个环节，都体现档案工作的要求。开发运用电子文档一体化管理系统，有助于实现文档管理一体化，提高业务工作和档案工作效率，保障电子文件真实、完整、可用、安全，降低电子文件管理风险。（黄玉明　周建武）

电子文件 electronic records 国家机构、社会组织或个人在履行其法定职责或处理事务过程中，通过计算机等电子设备形成、办理、传输和存储的数字格式的各种信息记录。

概念演变　20 世纪 70 年代早期，电子文件被称作机读文件（machine-readable records），意指只有通过机器方可阅读的文件。国际档案理事会将机读文件定义为“以代码形式记录于磁带、磁盘、穿孔卡片/带等载体上，其内容只能够被机器访问的文件”。严格说来，机读文件也包括缩微胶片等在非电子设备上形成的、但需要通过机器方能阅读的文件。70 年代末，加拿大联邦政府曾使用电子数据处理文件（electronic data processing records; EDP records）的概念，后来发现信息技术人员倾向于将记录电子数据处理系统的文件称为电子数据处理文件，而非该类系统支持的业务中形成的文件，所以这个概念并未流行。80 年代，个人计算机开始联网，电子形式的文件不断增加。不少国际组织、国家档案部门开始提出并使用电子文件的概念。比如国际档案理事会认为“电子文件即电子存储载体上的文件”，欧洲委员会认为“电子文件指电子形式的文件”，**澳大利亚国家档案馆**指出“电子文件是由电子计算机形成、交流与维护的文件”。尽管电子文件的概念并不能排除以模拟信号保存的电子文件（如传统录音磁带上记录的信息），但大多是指以数字信号存在的、由计算机软硬件读取的文件。90 年代，随着信息技术的飞速发展，以及国际上一些有影响力的电子文件管理项目的推进，人们对于电子文件的认识也越来越深入，数字文件因准确地描述电子文件的信息特征而日益普及。在中国相关法律法规、标准规范、专业文献中，电子文件和数字文件是同义词，前者使用的频率更高。

基本特征　电子文件具有两个基本特征：①由电子计算机等电子设备生成和处理，信息以二进制数字代码记录和表示。

这是电子文件与以往所有其他形式文件的基本区别，也是电子文件信息与其他数字信息的共同点。数字信息使用0和1两种数码的组合来记录信息，每个0或1称为1个比特，需要记录的信息用一串比特存储于计算机存储器或者其他存储介质中，并可通过通信网络进行传输。②电子文件是文件的一种类型，应该具有文件的各种属性，特别是要有特定的用途和效力。这是电子文件与其他数字信息的基本区别，也是电子文件与其他形式文件的共同点。从逻辑上说，电子文件是数字信息和文件两个概念的交集，是以数字信息形式存在的文件，即电子文件是具有文件特征的数字信息，又是以数字信息为特征的文件。

相关概念　①电子文件与**计算机文件**。电子文件和计算机文件是两个角度、两个专业领域的术语，不能将两者等同。只有应业务需要、在社会活动中产生的计算机文件才可能是电子文件。两者可能一一对应，如一张拍摄单位重要活动的数码照片、一份电子发文、一封不带附件的商业邮件等；也可能不是一一对应，如一份包含HTML、CSS、JPEG图片的对外公告网页，一份嵌入外部音频、视频的年度报告，包含被转发件的转发件等，则可能是一份电子文件中包含了若干个计算机文件。②电子文件与电子档案。在中国文件、档案管理领域，对于文件有两种理解：一种是狭义的理解，也称为小文件观，即文件特指处于业务活动过程中的记录，归档之后的文件则称为档案；另一种是广义的理解，也称为**大文件观**，涵盖文件从生成到最终永久保存或销毁的全过程，其中业务结束之后具有保存价值的文件称为档案。在大文件观中，文件包含档案。电子文件的概念以大文件观为基础，涵盖文件生命周期全过程。其中具有保存价值（也称档案价值）的称为电子档案或归档电子文件。两者关系如图所示。

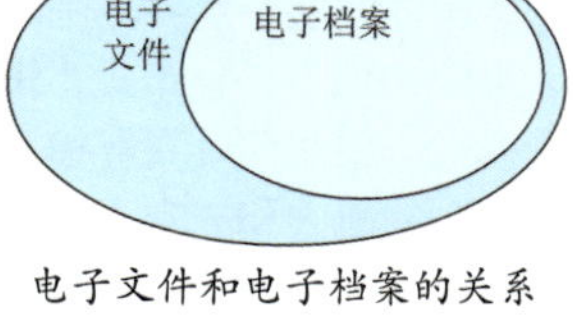

电子文件和电子档案的关系

技术特点　与以往各种形态的文件、档案相比，电子文件具有如下技术特点：①具备数字信息的非人工识读性。②计算机软硬件系统的依赖性。③信息与特定载体之间的易分离性。④信息的易变性。⑤信息存储的高密度性。⑥多种信息媒体的可集成性。⑦信息组织的多维性。⑧物理结构与逻辑结构的分离性。⑨信息的可操作性。电子文件的技术特点为电子文件的形成、传递、利用带来了方便，也对**电子文件真实性**、完整性、可读性和安全性的维护构成挑战，需要开发出不同于传统文件、档案管理的理论和方法。新来源观、文件连续体等基础理论都是在电子文件普遍产生的背景下出现的。

种类和构成要素　电子文件的种类非常多，从不同的视角可以分为很多类型。从数据的表现形式来看，电子文件包括文本文件、图形文件、图像文件、音视频文件、数据库文件等多种类型；按照生成环境，电子文件可分为电子公文、电子邮件、计算机辅助设计（CAD）文件、网页文件、社交媒体文件等；从来源看，电子文件可分为原生性电子文件和转化型电子文件；从反映的职能活动来看，电子文件包括行政、财务、人事等通用性文件（又称管理类文件）以及气象、工程建设、石油化工、教学等专用性文件（又称专业文件）。

尽管电子文件的类型、格式各种各样，但是所有电子文件都是由内容、结构和背景三要素组成的。电子文件包含以字符、图形、图像、音频、视频等形式表示的主题信息，具有确定的组织和存储方式，具备说明其形成、传输、使用和维护过程的基本能力。

电子文件是数字时代的产物，是当代社会政府管理、经济运行、社会运转和历史传承的重要工具和载体，是国家的核心战略资源。对电子文件实施科学规范管理，是国家的一项基础性工作。

（王良城　刘越男）

电子文件安全管理　electronic records security management　文件管理者通过建立信息安全保障体系，对电子文件生命流程中的风险因素进行全面控制，从而保障电子文件信息的安全性、完整性和可利用性。电子文件的安全与风险是一对相生相伴的概念，电子文件安全是通过对管理过程中可能遇到的风险进行计划、识别、评估、应对、监控，以达到最大程度地保障电子文件安全的目的。

电子文件所面临的安全风险主要来自两个方面：①电子文件自身特性所带来的风险。作为新一代文件形式，电子文件不仅面临着纸质文件管理的传统风险，其独有的特性又带来了比传统文件面临的更多的风险，其中最根本的安全风险就是原始性和可利用性受到破坏。这些不同特质的风险相互叠加、关联和影响，导致电子文件管理的风险程度成倍增加。技术风险是电子文件面临的主要风险。②电子文件管理风险。对于电子文件管理而言，由技术引发的管理方法、体制和制度的变革是深层的，没有先例的，具有很大的不确定性，管理不当可能导致电子文件质量缺损。管理风险是电子文件面临的基本风险，它与技术风险共同构成另一种形式的风险共生与叠加。

基本原则　①全程原则。根据电子文件的特点，以确定一个完整的管理体系。对电子文件进行全过程的管理，以确保电子文件的真实性、完整性和有效性。全程原则具体体现在电子文件管理体制与模式的确定、管理系统的设计与运行、管理制度的建立和执行等方面。②动态原则。电子文件从产生、保管到利用是一个动态的过程，应用发展的眼光来看待其安全管理，没有任何一个安全防范体系是一劳永逸的，应根据技术的变化对安全防范体系进行相应的改变，动态地、实时地对电子文件进行保护。③便利原则。电子文件的机密性和可用性这两个目标是相互矛盾的，因为机密性的强保护措施必然会严重地限制可用性。应在两者之间寻找一个平衡点，即在机密性得以保障的情况下，能够方便、快捷地使用电子文件。④适度原则。电子文件在失去价值之前应该被保护，被保护的程度与其价值是一致的。适度原则也可以理解成是多级保护原则，即对不同价值的电子文件采取不同强度的保护措施。

基本要求　①建立相应规章制度。包括管理制度、备份恢复制度以及应急处理制度。明确电子文件产生、归档、保管、利用各个环节参与人员的责任范围，明确电子文件的存储介质、介质状态、保管场地、环境要求以及介质检查、修复、销毁或迁移措施；制订备份计划、策略，定期检查备份任务的执行情况以及备份恢复的可用情况；提高预警反应和灾难应急处理恢复能力，建立完善的应急处理制度，加强人员管理与培训，确保网络及管理系统、相应电子文件遇到紧急情况时，能够有条不紊地进行故障处理及数据恢复。②完善人员管理。加强人员安全教育与技术培训，确保人员具备基本的计算机操作技能与信息安全相关知识，熟悉电子文件的相关理论，做好与其他相关机构和部门协调工作。③采用技术方法。包括实体管理安全、管理系统安全、信息内容安全、网络管理安全、环境与设备安全以及**电子文件销毁安全**。

主要内容　电子文件安全管理主要从电子文件载体安全管理、信息安全管理以及系统安全管理3个方面予以实现。

①电子文件载体安全管理。应具体参考由国家档案局颁布的行业标准《磁性载体档案管理与保护规范》(DA/T 15—1995)，可用于指导电子文件磁性载体介质的保护，大致内容如下：控制适宜的温湿度；防止灰尘，保持清洁；防止磁场干扰；防止机械震动；防止光线、辐射及有害气体影响；选择高质量的载体介质与保管系统；科学存放与整理；加强人员日常管理维护。此外，切实加强相关机构库房基础设施建设，配备相关安全设施、设备。②电子文件信息安全管理。文件管理者通过建立信息安全保障体系，对电子文件生命流程中的风险因素进行全面控制，从而保障电子文件信息的安全性、完整性和可利用性。电子文件信息安全管理主要内容包括：制定风险应急计划，撰写报告；指定专门人员进行重要的程序与数据的备份；病毒检测与清除；制定系统运行安全管理、数据及文件管理制度；规范机房出入，进行维护与监视；制定安全管理政策与保护方案；安全培训、教育、宣传；明确负责人、管理员职责；对录用人员进行审查；严格权限管理，包括授予特权以及回收特权；定期进行安全评估、安全检查与审计，并做反馈调整。③电子文件系统安全管理。按照《计算机信息系统安全保护等级划分准则》(GB 17859—1999)的要求，构建具有等级层次的电子文件安全体系，是保障电子文件系统安全的重要举措。此外，按照《信息安全技术 信息系统安全等级保护基本要求》(GB/T 22239—2008)，构建电子文件管理系统的安全保障体系，可以明确电子文件系统安全管理的总体思路，以及提升电子文件系统安全的管理水平。

（钱　毅）

电子文件版本管理　version control of electronic records　对完成同一业务目的而形成的电子文件进行局部改进所产生的新文件的变更情况进行记录、跟踪、维护和控制的过程。又称电子文件版本控制。版本管理的基本理念是将文件变更过程留存下来而不是直接以新内容覆盖原来内容，从而达到跟踪电子文件演化过程，追踪业务状态变化的目的。

电子文件版本管理主要包括 3 个方面的内容：①明确版本演变规律。根据文件内容修改的先后次序，版本演变分为串行演变和并行演变，在串行演变模式下，每一个新版本都是由上一个最新版本修订而来；在并行演变模式下，不同用户同时针对上一个最新版本修订内容，创新出若干并行的最新版本。在并行设计、协同办公等实际应用中，可能同时存在着两种模式。②明确版本管理的基本规则。包括版本访问控制权限、版本号编号规则、版本冲突解决机制、各版本的保管期限等。其中版本号是指版本的标识号，主要包括主版本号和次版本号，如 V4.0，主版本号是 4，次版本号是 0。③选择并实施合适的版本管理工具。版本管理工具一般内嵌于形成电子文件的业务系统中，具备版本的创建、签出、更新、签入、冻结、合并等功能。

严格地说，电子文件的每一个版本，不管其存在或保管时间长短，都是独立记录业务活动状态的一份文件。是否每个版本的电子文件都需要归档保存，这取决于法规要求和业务的要求。在电子文件管理系统中，为了更好地揭示不同版本之间的关联，可以将不同版本的多个电子文件组合为一件来管理。

开展电子文件版本管理，实现文件修订过程追踪，不仅能保留业务的历史，控制业务的进程，理解业务决策过程；还可以从不同版本的变化中总结归纳业务发展规律，为未来相关活动提供借鉴和参考。

（刘越男）

电子文件保管模式　custody model of electronic records　基于对进入非现行期的电子文件实体的拥有，对文件负有管理责任的一种行为方式。主要有集中式保管和分布式保管两种。集中式保管模式（centralized custody model），指电子文件统一保管在综合档案馆，并由档案馆实行集中统一管理。分布式保管模式（distributed custody model），指把电子文件保管在文件形成机构，综合档案馆不接收电子文件实体，只通过网络及电子文件目录查找分散保存的电子文件。这种模式下，档案馆在电子文件管理中主要是规则制定者和服务者，主要任务是通过制定标准规范和提出最佳实践，来辅助文件形成机构更好地管理电子文件。

20 世纪 90 年代，国际文件档案管理领域对这两种模式曾有过争论，争论的焦点在于是由档案馆集中保管电子文件还是由文件形成机构各自承担电子文件保管职责。在理论层面，以 L.杜兰蒂为代表的学者支持电子文件集中式保管模式，认为电子文件管理需要经过文件形成机构和档案馆两个阶段，对于具有档案价值的电子文件应该交由档案馆保存，只有这样，文件的真实性才能保证。以 D.比尔曼为代表的学者则提出电子文件分布式保管模式，认为电子时代文件保存在哪里并不影响其利用，由于电子文件具有系统依赖性，故可以保存在文件形成机构的信息系统中而不是集中保管到档案馆，档案工作者应当放弃实体保管而转向行政管理和内容（知识）控制。在分布式保管模式下，档案馆通过监控文件和文件保管者来实现其保管的法律职责。

以上两种模式在实践中均有应用。美国、加拿大、英国等国家赞成并采取集中式保管模式。澳大利亚则经历了从分布式到集中式再到混合式的发展过程。1993～1994 年，澳大利亚采取分布式保管模式对其联邦档案进行保管。1995 年，澳大利亚国家档案馆正式发布分布式保管政策——《管理电子文件：共同的职责》，明确了政府机构和档案馆在电子文件分布式保管环境中各自的职责，认为电子文件一经形成就应该被保存在文件形成机构的系统中，国家档案馆负责制定标准，提供规范和建议，来保证电子文件得到良好的管理，只有某些特殊情况需要接收电子文件进馆保管。2000 年 3 月，澳大利亚国家档案馆颁布《联邦政府文件保管政策》，提出档案馆原则上将承担起对所有具有档案价值的电子文件的保管责任，不管其形式如何。这标志着澳大利亚改变了保管战略，从分布式回归到集中式。2016 年，澳大利亚国家档案馆提出国家档案馆除对主流档案资源采取集中保管方式之外，支持将部分特殊限定的联邦档案作为例外，交由文件形成机构或其他组织进行分布式保管。至此，澳大利亚的混合式保管模式基本形成，即对包括数字形式和实体形式在内的联邦档案均采取以集中式保管为主、分布式保管为辅的保管模式。

不同的电子文件保管模式存在共同之处：①目标相同。都是应对电子文件长期保存带来的挑战，电子文件长期保存具有超越纸质文件长期保存的高度复杂性。②法律保管职责相同。无论电子文件是否保存在档案馆，档案馆始终肩负最终的法律保管责任，在总体上控制对国家具有保存价值的电子文件资源。即使是分布式保管也不是放任文件形成机构自由地保管和处置电子文件，档案馆同样要提出明确的要求，开展具体的指导。

经过多年的发展，世界范围内总体上形成了以集中式为主、分布式为辅的电子文件保管模式。采用何种保管模式的关键在于资源控制的能力和成本。随着新技术的应用，诸如网页、社交媒体、区块链文件的出现，加大了电子文件分布式保管的比例，电子文件保管模式的探讨还将继续深化。

（黄玉明　朱霖露）

电子文件保管期限与处置表　electronic records retention and disposition schedule　规定电子文件保管期限和处置行动的正

式工具。通常表现为表册形式，是电子文件管理系统配置的依据。档案部门通常使用文件（档案）保管期限表来确定文件的留存期限，这样的保管期限表主要由文件的类别和其保管期限组成。电子文件管理系统中，除了要确定每份（类）文件的保管期限，还需要确定其保存到期后的处置行为，即销毁、续存还是移交给档案馆或第三方机构。鉴于保管期限和处置行为的衔接关系，需要将电子文件保管期限表扩展为保管期限与处置表；整合文件保管期限和文件保存到期后的处置行为；同时还需要标明文件在本单位内部的保存期限，以及触发处置行为的时间或事件。

欧盟《电子文件管理通用需求第二版——MoReq2》规定，电子文件管理系统必须确保每个类、案卷、子卷和册至少有一个文件保管期限表，确保没有保管期限的实体不被创建。每一个保管期限表必须包括：保管期限和触发事件、处置日期、处置行为和原因、著录、元数据。

《信息与文献 电子办公环境中文件（档案）管理原则与功能要求》（ISO 16175）中要求管理电子文件的档案管理系统应提供的功能相关有：对保管期限与处置表进行详细说明；将建立与更改保管处置期限表的权限仅赋予文件管理员，允许文件管理员定义和存储一系列定制的标准化保管处置期限表。

电子文件保管期限与处置表的业务管理应依照国家档案局公布的《机关文件材料归档范围和文书档案保管期限规定》《企业文件材料归档范围和档案保管期限规定》以及国家和行业的其他相关规定进行，宜保持该表的相对稳定，不宜频繁变动。机构应根据自身管理实际选择特定的文件聚合层次，如类、案卷、文件类型、组合文件等。

在电子环境中，国际文件、档案管理领域的最佳实践经验是将保管期限与处置表和分类方案合并，或者建立明确的映射关系。即保管期限与处置表中的“文件类别”为分类方案中具体的类目，而不是简单、笼统的总结，或者对个别文件类型的罗列。这样做的好处是便于实现按类自动鉴定和处置，即在类目层次上设置保管期限和处置行为，类目下文件自动继承父类的保管期限和处置行为。无须再人工逐份鉴定。

（钱　毅）

电子文件备份　electronic records backup　通过一定的方式将电子文件或电子文件管理系统的全部或部分复制或转换到存储载体或独立的系统上。在电子文件出现损坏或灭失等异常情况时能够通过备份有效地恢复到灾难前状态，确保电子文件的完整、可靠、安全与可用。电子文件备份是电子文件管理的基本要求。《档案馆防治灾害工作指南》明确提出建立档案备份机制，并规定了基本原则、方式等。《电子文件归档与管理规范》（GB/T 18894—2016）专门设置“电子档案的备份”的章节详细规定备份要求，该标准指出“应结合单位电子档案管理和信息化建设实际，在确保电子档案的真实、完整、可用和安全基础上，统筹制定电子档案备份方案和策略，实施电子档案及其元数据、电子档案管理系统及其配置数据、日志数据等备份管理”。由此可知电子文件备份的对象包括电子文件、元数据、电子文件的管理系统等。

根据存储介质分类　①硬盘备份（hard disk backup）。包括内部的硬盘机制（硬盘）和外部系统（磁盘阵列）。硬盘数据存取速度很快，是实时备份和快速读取数据的理想材料。硬盘故障发生率较高，不脱机时安全风险较大。②光盘备份（optical disc backup）。主要包括CD、DVD、蓝光光盘，大容量的光盘塔、光盘库等。光盘成本较低、制作方便、体积小，但一般容量比硬盘和磁带等要小，同时光盘受磁场、温度、湿度等环境因素的影响相对较小，其中档案级光盘的稳定性较好、寿命较长。③U盘备份（USB flash disk backup）。U盘全称USB闪存盘，是一种使用USB接口的无须物理驱动器的微型高容量移动存储产品，具有小巧便捷、较高的访问速度等优点。但是，U盘故障发生率较高，安全性较差，容量小。④磁带备份（magnetic tape backup）。磁带曾经是产量最大和用途最广的一种磁记录材料。磁带拥有整体成本低、管理方便及存储量大、介质保存长久、数据安全性高、能实现无人操作的自动备份等特点；但读取速度慢，信息检索不便。

根据联机状态分类　①在线备份（online backup）。指将**电子文件存储**在高速的双磁盘系统等热机设备，通过备份软件实时将主服务器上的电子文件备份到从服务器上。该备份方式强调的是同步性，可以随时读取和修改，但价格昂贵，能耗高，受计算机系统安全性影响。②离线备份（offline backup）。又称脱机备份。备份载体通过设备临时装在计算机业务系统上，进行备份。离线备份的同步性、适时性差，但载体与系统分离，能耗低，不受计算机系统安全性影响。③近线备份（nearline backup）。指将电子文件存储在热机以外的附属存储设备上，是介于离线备份和在线备份之间的存储方式，一般由磁带库、光盘库、分级管理软件组成。近线备份的同步性、能耗、价格等介于离线备份和在线备份之间，受计算机系统安全性影响小。

根据备份数据选取范围分类　①完全备份（full backup）。指将计算机上所有的相关文件进行备份，包括电子文件、用户数据、操作系统及应用系统。完全备份直接、易于理解，确保电子文件的完整性，但数据量大，占用存储空间大、备份所需时间长，不易频繁操作。②增量备份（incremental backup）。指每次备份时只备份上次备份以后修改或增加的电子文件。增量备份减少了电子文件的重复备份，节约时间和成本，但它属于链式备份，会增加数据恢复时间，可靠性也稍差。③差异备份（differential backup）。指备份上一次的完全备份后有所变化的所有文件。在进行恢复时，只需对第一次完全备份和最后一次差异备份进行恢复。与完全备份相比，减少了备份的时间和成本，提高了备份效率；与增量备份相比，在数据丢失时，恢复相对容易。④按需备份（on-demand backup）。即根据需要选取和备份部分电子文件。这种方式灵活、经济，但缺乏系统性。

根据地域空间分类　①本地备份（local backup）。指在电子文件所在地（所在的组织机构或部门）进行备份。将备份好的电子文件载体放在本地保存。特点是随时可以恢复，成本较低。但一旦发生本地灾害，可能失去备份能力。②同城异地备份（city-wide offsite backup）。指将电子文件在同一个城市不同地点进行在线或离线备份。灾难发生后，按预定数据恢复程序恢复系统和数据。这种方案成本低、易于配置，但一旦发生区域性灾害，可能失去备份能力。③远程异地备份（remote backup）。指为了规避和解决地震、水灾、战争等不可抗力因素对电子文件造成的威胁，选择在相距较远的地方实施备份。异地备份防灾能力强，但成本高，管理不便。④**馆际备份**（interarchive backup）。是建立在异地备份基础之上的档案馆馆际之间相互保存对方电子文件的备份形式。馆际备份相对成本较低、能最大限度提高档案馆的灾备能力，但数据量较大时，存储介质管理不便，数据恢复费时费力。⑤区域集中备份（regional centralized backup）。地方政府或行业为保证电子文件信息安全，建立区域备份中心，给本地区所属机构或本行业下属机构提供备份服务，实现电子文件集中备份管理，这种方案分摊成本，且易于管理。

根据存储系统架构分类　①基于DAS的备份。DAS（direct attached storage，

直接附属存储）是直接连接于主机服务器的一种储存方式。这种模式结构相对简单，成本低，适合短距离传输，数据交换实现难度大。一旦服务器出现问题，信息资源也会丢失。通常用在单一网络且数据交换量不大，性能要求不高的环境。②基于 NAS 的备份。NAS（network attached storage，网络附加存储）是通过网络将服务器和远程 NAS 设备连接起来，对数据进行存储并实现数据共享。该架构将存储设备独立于服务器外，通过网络共享将资源提供给客户端。优点是对服务器要求较低，降低成本，易于使用和管理，整体性价比高。适用于较小的网络规模或较低的数据传输备份。③基于 SAN 的备份。SAN（storage area network，存储区域网络）是用高速（光纤）网络连接专业主机服务器的储存方式。这种架构是以网络为中心，多个服务器连接到内部高速 SAN 网络中，存储设备也连接到该网络上，通过交换技术实现服务器和存储设备间的数据传输。该架构增加了存储容量，不受数据访问量的影响，容易管理，且能够通过管理软件实现无人管理，但成本相对昂贵。④基于 NAS-SAN 融合的备份。NAS 和 SAN 各有优势，可以融合使用，扬长避短。一般采用 NAS 网关通过光纤连接后端 SAN，并利用 SAN 中存储阵列为 NAS 网关的应用提供存储容量。⑤云备份（cloud backup）。是云存储的一个特殊运用，云存储是指通过集群应用、网格技术或分布式文件系统等功能，将网络中大量各种不同类型的存储设备通过应用软件集合起来协同工作，共同对外提供数据存储和业务访问功能。云存储保存的是电子文件原始数据，云备份保存的是电子文件备份数据。其优点是容量大，可扩展，高访问性，成本相对低廉。但云备份也因资源的分散性和高访问性等面临着云安全隐患。电子文件云备份一般采用私有云、行业云等。

根据备份介质分类　①同质备份（homogeneous backup）。指电子文件在磁带、磁盘、U 盘、光盘等同类介质之间备份。②异质备份（heterogeneous backup）。指利用多种技术手段，将电子文件信息从磁带、磁盘、光盘等光磁介质备份到纸张、缩微胶片等不同类型的介质上。

意义　电子文件备份是实施电子**文件风险管理**，主动防范风险，构建电子文件管理安全体系的重要措施。通过构建备份机制，在灾害发生时能最大限度地保护电子文件安全，减少电子文件损失，也可以在必要时通过备份数据比对电子文件，最大限度地维护信息的真实性、准确性、完整性、有效性。（黄玉明　朱霖露）

电子文件编号　identification number of electronic records　文件管理者和（或）信息系统赋予电子文件的唯一标识符。又称电子文件编码、电子文件代码。由代字（字母）和（或）代号（阿拉伯数字）表示，具有唯一标识电子文件的作用，有助于实现相关文件的快速查找和定位。文件编号还可应用在文件名中，《电子文件归档与电子档案管理规范》（GB/T 18894—2016）规定：应采用文件级档号或唯一标识符作为要素为电子档案及其组件重命名。

编号类型　按照编号所赋予的文件层级的不同，电子文件编号包括全宗号、类号、案卷号和文件号多种类型。全宗号指电子文件形成机构所产生的所有文件的唯一代码，类号是指文件类目的代号，案卷号是指案卷的代号，文件号是指文件本身的代号。

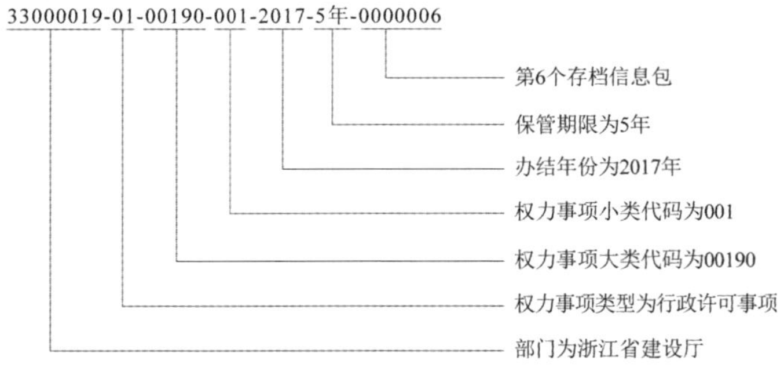

浙江省建设厅电子文件编号示例

在**电子文件生命周期**中，因管理者、信息系统和管理目的的不同，同一份文件可能有多个编号，如业务系统、电子文件管理系统、数字档案馆系统都会在形成或捕获、收集电子文件之后，自动分配其唯一标识符。正式签发的电子公文一般都要编制发文字号，纳入归档范围的电子文件需要配备档号，其中档案室编制的档号称为室编档号，档案馆编制的档号称为馆编档号。

编号要求　电子文件编号一般需要遵守以下要求：①唯一性。不同的文件对象编号不同，同一编号只能授予一个文件对象。②科学性。文件编号方案须经过科学设计，可以与文件分类方案相衔接，能够支持系统自动生成，并满足一文一号的基本要求。③规范性。需要按照特定的标准规范、编号规则开展电子文件编号工作。不同类型的文件编号，存在不同的规范要求，如适用于 CAD 文件的《CAD 文件管理编号原则》（GB/T 17825.3—1999），适用于机械制造工艺文件的《机械制造工艺文件编号方法》（GB/T 24735—2009），适用于归档文件的《档号编制规则》（DA/T 13—1994）等。各机构也应根据本单位文件的实际情况，制定适用的编号规则。

编号方法　通用的电子文件编号方法有系统随机编号法、流水编号法、分类编号法、隶属编号法等。系统随机编号法是指计算机系统根据一定的算法随机分配给文件唯一标识符，比如通用唯一标识符（Universal Unique Identifier; UUID）。流水编号法又称顺序编号法，指按照文件进入系统的先后顺序为文件编号的方法。分类编号法是指按照对象（产品、零部件、工程项目）、功能、形状等的相似性，采用分类法进行编号的方法。隶属编号法是指按产品项目或工程项目的隶属关系编号。

编号构成　不同类型的文件编号，编号方法不同，编号构成也不尽相同，可能包括机构编号、类号、年度、顺序号等。如浙江省行政审批电子文件的编号由机构编码－权力事项类型－权力事项大类代码－权力事项小类代码－办结年份－保管期限－所在存档信息包顺序号 7 部分组成，并作为存档信息包的文件名。

文件编号是电子文件管理的重要工具，结构化、规范化程度越高的业务，对文件编号的要求越高。文件编号规则也是电子文件前端控制需要考虑的重要工作之一。（刘越男　刘彬芳）

电子文件变更管理　management of the change of electronic records　遵照一定的标准、原则、制度和要求，对修改、补充、删减某份电子文件某些内容的活动加以管理和控制的过程。又称电子文件更改管理。文件创建过程中的更改会产生自然的新旧更替，而文件在多个部门、岗位之间流转过程中的更改则大多受到严格控制，变更管理主要针对的是后者。

对文件的变更管理由来已久，20 世纪 80 年代中国出台了一系列图样、设计文件、工艺文件更改的行业标准和国家标准，如行业标准《设计文件的更改　设计文件更改通知单的格式和编制方法》（SJ 2654—1985），意味着文件变更进入规范化管理阶段。90 年代后，随着文件载体由传统纸质向电子媒介转变，电子文件变更管理的标准规范也陆续颁布，如国家标准《CAD 文件管理更改规则》（GB/T 17825.6—1999）规定了 CAD 文件的更改原则、更改方法、更改程序、更改通知单的填写及更改后的文件名管理等内容。

不同类型电子文件变更管理的严格程度不同，其工作内容和实现方式也有所区别。在电子公文办理、项目协作等领域，电子文件的变更者一般依靠系统的版本控制、留痕修订、签入签出等功能来实施更改，变更不需要申请，但变更过程需要记录。而工业产品设计、研制、生产，设备管理，建设工程项目规划设计、施工和管理领域中，电子文件变更受到严格控制，变更过程包括提出变更申请、审核变更申请、执行变更操作和记录变更过程等程序。变更申请经过审批、签署后，相关人员方可实施电子文件的变更。**电子文件形成系统**需要依据一定的标准、原则、制度和要求，实时记录电子文件的变更过程、时间、人员等信息。

严格来说，经过变更的电子文件已经是另外一份电子文件。为了管理方便，有时会用变更后的电子文件覆盖变更前的原文件，这时候原文件的生命周期自然终结。有时也需要同时保留变更前后的电子文件，并以版本作为其关联。

变更是电子文件形成阶段的一项重要活动，变更管理是电子文件形成过程中的重要管理活动，可以保证变更有序合规地开展，从而提高业务活动效率，并从源头上保障电子文件的准确性和真实性。

（刘越男）

电子文件捕获 capture of electronic records 按照既定要求将电子文件及其元数据纳入电子文件管理系统加以管理的过程。捕获是信息系统环境中应用的新术语，字面的意思是将信息放入系统的过程。在档案学领域中，捕获一般都是针对电子文件。捕获是**电子文件管理工作**的第一步，也是电子文件管理系统的起始功能。综合美国国防部《电子文件管理软件设计评价标准》（DOD 5015.2—STD）、欧盟《电子文件管理通用需求》（MoReq2）和《文件系统模块化需求体系》（MoReq2010）、国际标准《信息与文献 电子办公环境中文件管理原则与功能要求 第二部分：电子文件管理系统指南与功能要求》（ISO 16175.2—2011）的规定，电子文件捕获主要应遵守以下几个方面的要求：①构成文件的所有要素——内容、结构、背景必须作为一个整体，紧密关联，在系统中始终作为一个对象加以管理、查询和处置。②捕获之后，文件的内容就固定下来，任何用户不得修改、删除、销毁，除非授权处置，任何企图修改、删除、销毁文件的操作都应该作为审计日志记录下来。③捕获时通常要建立文件与分类方案、上位类目、所属案卷、其他文件之间的关联，即揭示文件之间的有机联系，将文件作为有机整体的一部分而非独立分子存入系统。

电子文件的捕获与归档、登记存在密切关系。捕获和归档都是将电子文件纳入某个系统的过程，区别主要有两点：①操作对象不同。捕获的对象可以是任何电子文件，而归档的对象是具有档案保存价值的电子文件，前者的范畴大于后者。当然，在系统应用中，也可以仅将捕获的范围定义为归档范围，这取决于实际的管理需要。②含义有别。传统的归档有被动等待的含义，捕获则有主动获取的含义。“捕获”一词的出现和应用意味着管理对象和管理理念的变化。登记是电子文件管理系统根据既定规则分配给文件唯一标识符的过程，登记意味着电子文件正式成为电子文件管理系统的管理对象。登记是捕获的一个动作，捕获包含登记。

电子文件捕获过程一般包括文件进入系统、检验是否符合捕获要求、登记、判断文件所属类目及案卷、补充相关元数据等步骤，系统应支持对整个捕获过程的跟踪记录，并在出错时发出警告。

文件可以自动或手动的方式进入电子文件管理系统，凡是进入系统的电子文件都需要经过检验，只有经检验确认内容完整、形式规范、符合捕获要求的电子文件才能获得唯一的文件标识符，正式登记进入系统。这样的检验可以拆分为多个步骤，检验前后的电子文件也可以分别存储于不同的地方。传统档案辅助管理系统中的归档操作一般到此结束，和整理、鉴定等操作没有集成关系。完整的电子文件捕获还要求电子文件管理系统在登记文件时，为文件捕获之后的管理设置好整理、鉴定、处置、利用等方面的管理规则，这些规则体现在相应元数据中，包括分类号、案卷号、保管期限、文件安全级别、文件关联等。只有这些规则都设置好了，文件捕获才算完成。通过元数据捕获和其他管理活动实现了有效集成。

整个捕获过程和结果都应由电子文件管理系统跟踪和记录，系统还应对一些可能出错的操作提出警告，如文件要素不完整、文件标题重复、修改或删除自动生成的元数据等，并记入审计日志。

（刘越男）

电子文件长期保存系统 long-term preservation system of electronic record 能够支持电子文件长期保存，维护电子文件长期真实、完整、可用和安全的计算机软硬件系统。具备此类功能的系统在中国又称数字档案馆系统、电子档案管理系统等。面向电子文件长期保存系统，世界各国已经出台多部相关制度规范。其中，《空间数据和信息移交系统——开放档案信息系统——参考模型》[*Space Data and Information Transfer Systems — Open Archival Information System* (*OAIS*) — *Reference Model*]为数字保存系统建立了一个基本概念框架，是电子文件长期保存系统的基本遵循。国家档案局发布的《数字档案馆（室）建设指南》《**数字档案馆系统测试办法**》《企业数字档案馆（室）建设指南》以及《电子档案管理系统通用功能要求》（GB/T 39784—2021）对电子文件长期保存系统功能做了相关规定。电子文件长期保存系统应具备明确的、符合标准和管理机构实际的业务模型、信息模型和功能模型。

基本要求 ①系统应具备兼容性，可以兼容不同的软硬件平台、数据库等，具有可移植性。②系统应具备扩展性，应满足当前及可预见的时间内的业务需求，可方便地进行功能扩展。③系统应具备开放性，可实现与其他系统的功能集成、数据共享与交换。④系统应依据电子文件接收、管理、保存和利用的业务要求分别建立相应数据库。⑤系统应积极集成利用大数据、云计算、人工智能、区块链等新技术。⑥系统应采取相关安全、保密措施，建立容错机制。

业务模型 应根据电子文件长期保存机构的实际，梳理整个长期保存过程的业务环节、业务流程和规则，明确相关业务人员的角色和权限，建立业务模型，对电子文件长期保存的业务工作进行整体规划。在电子文件长期保存系统中确定各业务什么时间，什么环节，什么人员，按什么业务规则、步骤或流程去完成。

信息模型 开放档案信息系统（OAIS）标准规定了三类信息包：提交信息包、存档信息包和分发信息包，分别用于移交接收、存储维护和提供利用三大环节。对于电子文件长期保存系统而言，需要在此基础上定义各类信息包的具体构成。信息模型包含电子文件及其元数据，并将电子文件和元数据按照不同方式进行组合，内容和元数据的组合方式可以是关联式、隶属式和嵌入式，根据内容和元数据不同的组合方式，形成不同类型的信息模型。

功能模型 电子文件长期保存系统的基本功能包括：①接收功能模块。接收不同来源（如立档单位、相关系统等）的符合接收要求的电子文件（提交信息包），对接收的电子文件进行质量控制，生成符合长期保存要求的电子文件信息包（存档信息包）并提交存储功能模块，提取用于管理的**电子文件元数据**信息并提交数据管理模块等。②数据管理功能模块。利用电子文件管理元数据对电子文件按照长期保存的要求进行管理。对电子文件进行划控、升降解密、到期档案鉴定处置，按照长期保存规划对电子文件进行转换、迁移、复制、封装、数据更新等，开展全宗卷管理、辅助实体管理等。③存储功能模块。按分类和存储级次进行存档信息包的存储，按管理要求对存档信息包进行更新，为数据管理模块和利用模块提供电子文件，对存储的信息包进行维护、更新等。④利用功能模块。支持不同权限的用户利用公开和控制使用的电子文件，包括在线利用和拷贝利用，提供编研、公布功能等。⑤综合管理功能模块。提供用户管理、权限管理，提供档案类型定义、数据库结构定义、各种界面定义、元数据方案定义，提供存储策略定义，提供备份和恢复、输入输出，提供接收、管理、保存、利用等各环节业务流程的定制，支持线上线下协同管理，提供报表格式、下载结构和格式定义，提供"四性"检测机制、辅助字典、敏感词库等定义，提供对电子文件和业务的统计，提供跟踪审计等功能。⑥长期保存规划模块。对转换、迁移、复制、封装、数据更新、"四性"检测等电子文件长期保存业务进行规划，设定自动触发机制，进行实时检测等。

国内外典型的电子文件长期保存系统有**美国国家档案与文件署**的电子文件档案馆（ERA）系统，加拿大图书档案馆的可信数字仓储（LAC TDR）系统，澳大利亚维多利亚州数字档案馆系统，中国**江西省档案馆**的数字档案馆系统，安徽省电子文件中心系统等。　（黄玉明　周建武）

电子文件存储　storage of electronic records　借助不同类型的存储介质，选择合适的存储方式，使用一定的存储格式，对电子文件的内容、背景和结构等信息进行保存的过程。由于电子文件具有信息的可操作性、载体与内容的可分离性、多种信息媒体的集成性、对系统和设备具有依赖性等特性，因此电子文件存储需要确保电子文件在保管期限内能够从所存储的载体或系统中读取，为此应主要关注电子文件存储介质、存储格式与存储方式三大问题。

存储介质　电子文件存储介质的选择一般应从数据保护能力、载体寿命、存储容量、可管理性和成本等因素来考虑。按照信息储存原理的不同，电子文件存储介质可分为磁存储介质、光存储介质和电存储介质三种类型：①磁存储介质。利用强磁性介质记录和存储可转换为电信号的信息，并通过电磁转换的方式进行读取的存储介质。磁带、硬磁盘等都是磁存储介质。②光存储介质。利用光学原理实现二进制信息的存储介质。通常指光盘。③电存储介质。一种以半导体电路作为存储介质的存储器。按其制造工艺可分为双极晶体管存储器和 MOS 晶体管存储器。目前市场上流通的半导体介质和设备主要有内存（RAM）、只读内存（ROM）、闪存（Flash memory）以及闪盘等类型。

存储格式　**电子文件存储格式**是电子文件数据信息在计算机或网络或实体介质上存储的一种组织形式。电子文件形成的格式多种多样，而各国多按照开放、通用、无许可限制等原则对归档和长期保存的格式做出限制，以保证在技术不断变化的情况下电子文件长期可读可用。由于制度规范、电子文件管理实践等因素存在差异，各国关于电子文件归档或长期保存格式的要求并不相同。

存储方式　电子文件存储方式是实现电子文件安全存储和高效管理的重要措施。目前电子文件主要有 3 种存储方式：①在线存储。指存储介质或存储设备直接与计算机系统保持实时、直接的连接，可以实时、快速地存储与访问在线数据。这种存储方式一般用来存储经常访问的电子文件。②离线存储。指存储介质或存储设备平时不装载在计算机系统中，在需要存取数据时将其临时连接到计算机系统上。离线存储一般用于存储不经常访问的电子文件或数据备份。③近线存储。介于在线存储和离线存储之间，一般用于存储不常用或访问量不大的数据。近线存储通常是借助一定的网络和软件来实现不同系统间的电子文件异地存放和电子文件回迁。

电子文件存储是电子文件管理中的一项基础性工作，贯穿于电子文件整个生命周期中，为其他工作提供支撑。随着计算机技术服务的专业化、社会化程度的提高，异地备份、外包存储、云存储等非本地存储的方式越来越多。无论采取何种存储方式，都要以保证电子文件的质量为基本前提。

（钱　毅）

电子文件存储格式　electronic records storage format　计算机为存储信息而对信息采用的特殊编码方式，是组织和定义数据的特定模式或结构。通常文件格式会以一种或多种扩展名来进行标识，如后缀为 doc 或 docx 的文件被视为 Word 格式文件。文本文件常见格式有 XML、TXT、DOC、UOF、RTF、WPS、PDF/A、CEB、SEP 等，图像文件常见格式有 TIFF、JPEG2000、JPEG、GIF、PNG、DjVu 等，音频文件常见格式有 WAV、MP3、WMA、OGG Vorbis、FLAC 等，视频文件常见格式有 AVI、MOV、MPEG 等。每类格式都需要有对应的解码程序来进行读取。

由于电子文件保管期限可能很长，甚至需要永久保存，为保证**电子文件可读性**，防范格式过时等风险，有必要在存储时检查是否满足电子文件归档格式要求。国家标准《**电子文件归档与电子档案管理规范**》（GB/T 18894—2016）指出，应以通用格式形成、收集并归档电子文件，电子文件归档格式应具备格式开放、不绑定软硬件、显示一致性、可转换、易于利用等特性，能够支持向长期保存格式转换。该标准还针对电子文件归档格式提出了如下详细要求。以文本、位图文件形成的文书、科技、专业类电子文件，可按以下要求归档：①电子公文以版式文件格式归档；其他电子文件及其组件以版式文件格式、RTF、WPS、DOCX、JPEG、TIF、PNG 等通用格式归档；其中版式文件可采用 PDF、PDF/A 格式。②电子文件及其组件按顺序合并转换为一个 PDF 或 PDF/A 版式文件。

在计算机辅助设计与制造过程中形成的科技类文件应以通用格式归档。二维矢量文件，以 SVG、SWF、WMF、EMF、EPS、DXF 等格式归档；三维矢量文件，可根据需要按二维矢量文件归档要求转为二维矢量文件归档，需永久保存的应转换为 STEP 格式归档。其他电子文件可以版式文件格式、JPEG、TIF、PNG 等通用格式归档。

仅以数据库文件形成的专业类电子文件，应根据数据库表结构及电子档案管理要求转换为以下格式归档：①以 ET、XLS、DBF、XML、JSON 等任一格式归档。②参照纸质表单或电子表单版面格式，将应归档数据库数据转换为 PDF 或 PDF/A 格式归档。

照片类电子文件以 JPG、TIF 等格式归档，录音类电子文件以 WAV、MP3 等格式归档，录像类电子文件以 MPG、MP4、FLV、AVI 等格式归档。珍贵且需永久保存的电子文件可收集、归档一套 MXF 格式文件。公务电子邮件以 EML 格式，网页、社交媒体类电子文件以 HTML 等格式归档。专用软件产生的电子文件原则上应转换成通用格式归档。

除了 GB/T 18894—2016 之外，其他相关行业标准也对电子文件储存档格式予以规范，各单位可根据实际情况选用合适格式。

很多国家和国际组织注重对电子文件格式的规范与指导。国际标准化组织（ISO）发布了一系列电子文件格式相关标准，包括《文献管理 长期保存的电子文档文件格式 第 1 部分：PDF1.4 的使用（PDF/A-1）》（ISO 19005-1：2005）、《文献管理 长期保存的电子文档文件格式 第 2 部分：ISO 32000-1 的使用（PDF/A-2）》（ISO 19005-2：2011）、《信息技术 办公应用的开放文档格式 1.2 版 第 1 部分：开放文档概要》（ISO/IEC 26300-1：2015）等。加拿大图书档案馆（LAC）、**美国国家档案与文件署**（NARA）、**澳大利亚国家档案馆**等制定电子文件移交进馆的格式规范，其规定的电子文件存储格式包括首选格式（Preferred）、可接受格式（Acceptable）等类型，涉及的文件格式内容类型包括文本、音频、数字视频、静止图像、Web 存档、地理空间、结构化的数据、计算机辅助设计等。其中，首选格式指适合移交进馆的、将在长时期内可持续的文件格式，可接受格式指广泛使用的格式、档案馆也能接收的存储格式。不属于首选或可接受格式的文件将在其内容的基础上被评估，凡内容具备保存价值的，其内容将标准化或迁移到首选或可接受的保存格式。

（钱　毅）

电子文件分类　electronic records classification　根据文件分类方案（又称分类体系）规定的逻辑结构、方法、程序规则对电子文件进行系统识别和整理，将其归入相应类别的电子文件管理活动。分类是基础性的、核心性的电子文件管理活动。机构内所有的电子文件都应纳入分类体系中。在将**电子文件捕获**进入电子文件管理系统时应对电子文件进行分类，归入文件分类方案的相应类别。电子文件分类方案（通常是其子集）也可嵌入业务系统中，在文件产生时即赋予其分类号。

作用　①支持业务的有序开展。文件是业务运行的工具和产物，按照业务活动开展方式对文件进行分类，能够记录并反映业务活动轨迹，及时准确地为业务活动提供支持和参考信息，支持其有序开展。这对于业务精细化程度较高或多种业务并存以及多人跨部门开展同一项活动的情况尤为重要。②支持文件现行和长期的可理解性。分类是建立和维护文件之间有机联系的关键手段。通过分类，可以建立同一个业务活动中形成的多个文件之间的关联，也可以建立跨部门、跨业务形成的文件之间的关联，从而完整反映产生文件的业务背景，保证其现行和长期可理解性。③支持检索和某个业务活动相关的所有文件。良好的分类能够支持“基于业务”的“族性检索”，使检索更为准确和高效，从而帮助员工利用所需文件顺利完成日常工作，保障业务活动持续开展。④帮助机构全面掌控电子文件资源。分类是文件管理的智能控制工具，它能帮助员工了解应当形成哪些文件，确保机构的职能活动被完整地记录下来，有效地避免电子文件的失存。⑤支持按类开展的文件管理。按类开展文件管理不需逐份判断文件的价值和保管期限，可以提高文件管理的效率。

方法　文件分类有多种方法，包括**职能分类法**、**组织机构分类法**、主题分类法等。在电子环境下，职能分类法（又称基于职能的文件分类方法）成为国际电子文件管理领域公认的最能反映文件的本质、最能满足电子文件管理要求的分类方法。

职能分类法使用一套关于业务活动结构的术语，包括业务活动、职能、事务等。其中，业务活动是一个总括性术语，泛指机构的职能、流程、活动和事务等。职能是法律、方针或机构章程等赋予机构问责要求的任何高层次的目的、责任、任务，如生产、销售、人力资源管理等，职能是活动的高层集合。活动是机构为完成每一个职能而承担的主要任务。一个职能会包含若干活动。事务是业务活动的最小单元，涉及两个或更多参与者或系统之间的交流。事务的开展过程中直接形成文件。由职能、活动、事务 3 个层次构成的业务分类方案可以演化为文件分类方案，如图 1 所示。

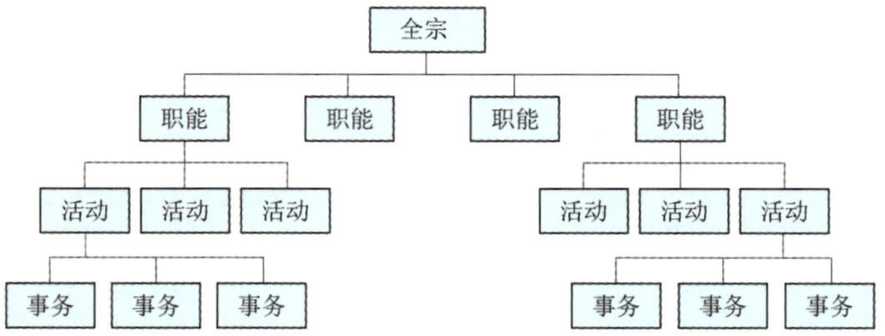

图 1　职能分类法

需要注意的是，最低层类目下案卷的设置，不再以业务活动的逻辑结构为唯一决定因素，需要综合考虑事务、文件类型、文件主题、时间，以及用户在检索方面的需要、利用习惯等多方面的因素。

方案　电子文件分类方案又称分类体系，是文件类目的有序集合，揭示各级文件类目及其相互关系。分类方案是指导电子文件分类的工具。按照比较经典的理解，分类方案主要由各级类目组成，是个相对稳定的体系。

在分类方案的最低类目下，一般设有案卷这个文件集合层次。案卷是与同一个主题、活动或事务等相关的一组文件的组织单元。案卷是同类文件的最小集合体，按照管理的需要建立和关闭。电子文件的案卷是逻辑案卷。

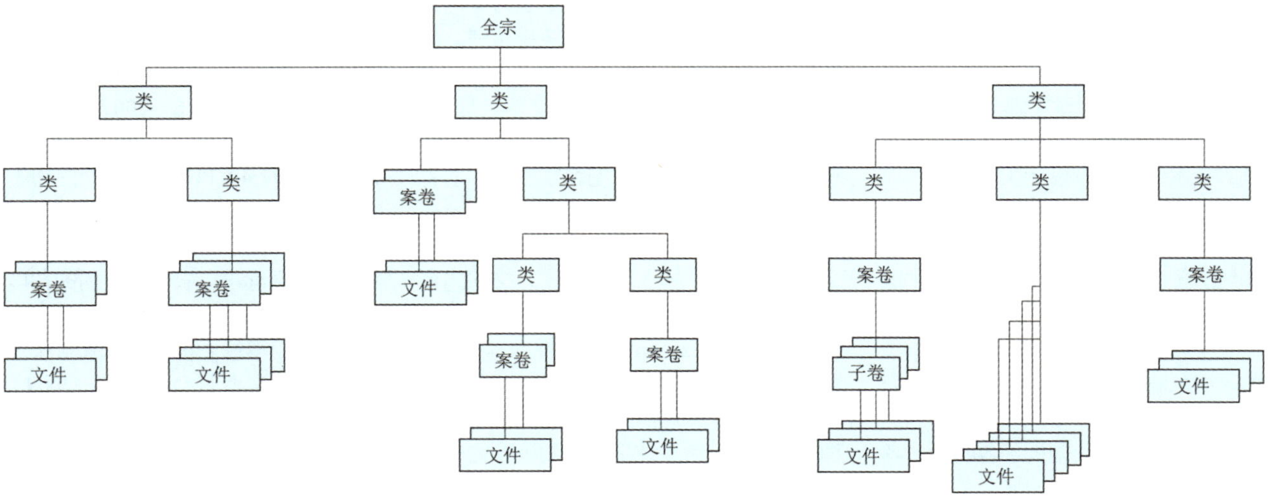

图 2　电子文件全宗的层级结构

一个机构形成的所有电子文件，经过分类和立卷，可形成由全宗、类、案卷、文件等组成的一个多层次的等级结构体系。这个体系固定并维护文件之间的有机关联，能够保证文件被更好地理解、管理和查找，如图 2 所示。（马林青）

《电子文件风险管理》 *Risk Management of Electronic Records* 中国档案学理论著作。冯惠玲、刘越男、王健、张正强、张宁、徐拥军著，中国人民大学出版社 2008 年 4 月出版。2013 年获第六届高等学校科学研究优秀成果奖一等奖（人文社会科学）。

《电子文件风险管理》内在逻辑严谨，按照风险管理流程，沿着风险管理规划、风险分析（识别与评估）、风险应对、风险监控的研究思路步步深入，并将这些环节相互关联，构成一个具有自激循环性质的正反馈闭环管理系统。

《电子文件风险管理》封面

著作共分 5 章。第一章“电子文件风险管理导论”，研究了电子文件风险、风险因素、风险事故的概念，梳理了电子文件风险、风险因素的类别和具体表现，剖析了电子文件风险复杂多变的深层原因，提出了电子文件风险管理的程序和方法。第二章“电子文件风险管理规划与监控”，提出电子文件风险管理规划的内容框架和制定规划的技术与工具，设计了电子文件风险管理“九步法”，作为管理活动的标准程序和实施步骤，阐述了风险监控的内容、方法和风险预警与应急举措。第三章“电子文件风险的识别”，按照文件生成、流转和保存 3 个阶段，全面、精确地识别电子文件风险、风险因素和风险事故的具体表现，建立了包括 100 多项风险因素在内的风险分类体系，并深入剖析了各阶段、各种类型电子文件风险之间的复杂关系。第四章“电子文件风险评估”，在风险识别的基础上对电子文件管理风险进行量化分析。第五章“电子文件风险的应对”，构建了应对领域、应对策略和应对手段三位一体的电子文件风险防范三维模型，并从宏观、中观和微观 3 个层面提出了应对措施，形成了一个严密、系统、立体的电子文件风险应对体系。（程妍妍）

电子文件封装 encapsulation of electronic records 将电子文件及其元数据按指定结构打包的过程。在电子文件管理过程中，需要维护电子文件与元数据之间的可靠联系。维护的方式包括：将元数据嵌入在文件中，或者存放在结构化数据库中通过系统与文件（数据）关联，还可以通过封装的方法将文件全部数据和元数据打在一个数据包中。封装是电子文件交换的一种方式，也是其长期保存的策略之一。

自 20 世纪 90 年代起，国际上就数字资源的封装开展了多项研究，并在各自领域内建立了封装范例，国际电子文件封装领域的探索以维多利亚州电子文件策略（Victorian Electronic Records Strategy; VERS）和元数据编码与传输标准（Metadata Encoding and Transmission Standard; METS）项目为代表。中国关于电子文件封装的首个行业标准是《**基于 XML 的电子文件封装规范**》（DA/T 48—2009）。

电子文件封装主要有两种方式：①针对某种**电子文件类型**的封装。通常采用将电子文件和元数据封装成一个 XML 文件的“一体式”封装方式。封装方案的内部结构相对固定，主要适用于特定类型的电子文件，且有配套的电子文件元数据方案。如 VERS1.0、VERS2.0、DA/T 48—2009 等主要是用于封装文书类电子文件，应用于机关档案室和档案馆。②支持多类型电子文件的封装。通常不要求电子文件和元数据仅存于一个物理文件内。封装方案的内部结构能够根据不同的应用实施扩展，从而适应多样化的应用环境。主要用于封装多种类型的电子文件，包括文本、音频、视频、网页文件等。如 METS 和 VERS3.0 可以支持封装任意类型的数字资源，前者广泛应用在图书馆和部分档案馆；后者在澳大利亚维多利亚州政府机关和档案馆推行，采用“分体式”封装方式，文件内容放在文件目录下，而文件元数据放在 XML 文件 VEO content.xml 中，文件内容、元数据以及其他相关信息打成 ZIP 包。

实现电子文件的封装，主要包括如下工作：①定义封装结构。即明确哪些电子文件和哪些元数据以何种方式组合成数据包，是否需要使用数据签名等。②选择封装语言。国内外普遍采用 XML，也有少量机构采用 Json 等其他语言。③应用技术工具。通过内嵌于电子文件管理系统（ERMS）的封装功能或者特定的封装组件，将电子文件和元数据封装成数据包。在利用封装包的时候，需要借助一定的解封装工具打开封装包。

封装是电子文件和元数据关联的一种方式，相比通过链接将电子文件及其元数据逻辑地关联起来，封装能够将两者物理地打成一个数据包，实现牢固关联，从而实现电子文件的自描述和自包含。至于为什么要将两者实现物理关联、要将哪些元数据与电子文件关联，以及电子文件和元数据分别应该满足什么样的要求，则取决于应用单位的管理目的、实际条件和可用资源。（黄玉明　邓晓文）

电子文件格式管理 format management of electronic records 对电子文件的格式进行分析、选择、登记、转换等的活动过程。电子文件格式是计算机为存储信息而使用的对信息的特定编码方式，文件格式通常以扩展名加以识别。需要根据不同目的选用相应的电子文件格式，电子文件格式管理需要在电子文件整个生命周期过程展开。格式管理是电子文件长期保存的一项基础工作。电子文件格式管理有利于从格式层面保证电子文件的可读、可解析、可理解，有利于电子文件跨平台交换、长期保存和利用。电子文件格式管理主要包括制定格式标准、格式登记、格式选择、格式转换等工作内容。

制定格式标准　格式标准分为两类：①描述格式技术规范的标准。为实现跨平台的数据交换和利用，避免专利和许可的限制，使文件格式被多种系统和平台支持，需要制定并公开格式的技术规范。开放的格式标准如《信息技术．办公应用程序开放文档格式（开放文档）》（ISO/IEC 26300—2015）、《中文办公软件文档格式规范》（GB/T 20916—2007）、《文献管理 用于长期保存的电子文档文件格式 第 1 部分：PDF1.4（PDF/A-1）的使用》（ISO 19005-1：2005）、《电子文件存储与交换格式版式文档》（GB/T 33190—2016）等。②格式选择标准。从格式应用的角度出发明确格式选择要求，以档案部门出台的标准为主。档案行业标准《**版式电子文件长期保存格式需求**》（DA/T 47—2009）系统界定了电子文件长期保存必须满足的格式需求，包括格式开放、不绑定软硬件、文件自包含、格式自描述、显示一致性、持续可解释、稳健、可转换、支持技术认证机制、易于利用等。

格式登记　又称格式注册。通过电子文件格式登记系统对数字文件格式的属性进行描述、记录和保存，形成格式登记库。格式登记系统是电子文件格式管理的技术信息支持系统，支持格式的识别、验证、特征描述、转换和风险评估。

世界上主要有 4 个电子文件格式注册系统：①多用途网际邮件扩展协议媒体类型注册（MIME MTR, Media Types Registry）。由 Internet 编号分配机构（IANA）维护管理，提供 Internet 上文件格式的权威定义和相关参数信息。登记的属性包括 MIME 类型名称、必备参数、可选参数、编码要求、安全要求、互操作要求、发布说明、所支持的应用、联系人等。MIME MTR 支持在线自愿登记，但没有严格的约束，故存在部分格式虽有登记但无法应用，以及格式登记信息残缺不全的问题。②全球数字格式注册（GDFR）。由于 MIME MTR 没有提供足够的格式属性表示信息，美国哈佛大学、**美国国家档案与文件署**等建立了全球化数字格式登记系统。GDFR 依据开放档案信息系统（OAIS）信息模型，定义了格式表征信息的 4 方面属性：一般属性，如格式标识符；特征属性，描述格式语法和语义；操作属性，描述已登记格式输入输出的系统与服务；管理属性，描述登记本身的重要管理事项。③英国国家档案馆数字信息长期保存项目（PRONOM）。PRONOM 提供了一个文件格式数据库，收集记录了大量的文件格式信息，以支持对格式属性和软件产品的检索。英国国家档案馆开发了用于格式分析的数字文件对象识别软件工具 DROID（Digital Record Object Identification），供免费下载使用。④统一数字格式注册（UDFR）。该系统整合了 GDFR 和 PRONOM，是一个统一的数字格式注册系统。

格式选择　电子文件形成、交换、接收、长期保存、利用服务的过程中都面临格式选择。不同目的的格式选择侧重点不同，比如文件创建需要格式具有较强的可编辑性，文件交换一般宜采用标准的、广为使用的格式，文件存档则强调格式的开放性、平台独立性和向下兼容性等。文件档案管理部门通常会选用有标准支持的开放格式作为文件交换、长期保存和提供利用的格式，这些格式有与软硬件产品无关的专家组、标准化组织和产业联盟等维护和支持。理想情况下，文件形成的格式与其长期保存格式一致，可最大程度地降低格式转换的成本和信息损失。

格式转换　又称格式迁移。是电子文件长期保存的一种基本策略。当文件格式存在“过时”危机时，可以开发格式转换工具或通过下载使用有关开源软件，检测电子文件的格式并将其进行转换。优点是无论软硬件如何变化，均可将过时的文件格式转换为可利用的格式。

（黄玉明　朱霖露）

电子文件更新　update of electronic records　为防止由于存储介质物理性能变化而引起信息丢失，将电子文件从原存储介质转移到目标存储介质上的过程。又称载体更新。电子文件载体耐久性有限和技术过时是电子文件更新的原因，更新是实现电子文件长期保存的一项有效措施。

更新方式　主要包括拷贝更新和格式化更新两种方式。①拷贝更新。又称复制更新。指用同样的比特流和字符编码将电子文件从旧的存储载体转移到新的载体上，通常更新前后的载体相同。②格式化更新。指用不同的比特流和字符编码将电子文件从旧的存储载体转移到新的载体上，这里的格式化是由不同载体的存储格式变化引起的。格式化更新不依赖于产生文件信息的软件应用。在选择用于更新的存储介质时，应着重考虑存储容量、数据传输速度、使用寿命、市场份额、价格及适合性等。

更新的局限性　①保护程度有限。软硬件设备以 2～5 年为一个周期进行更新换代，导致电子文件更新的可靠性难以保证。②真实性保障有限。格式化更新中，由于文件比特流或字符编码发生变化，无法排除文件被改变的风险。③信息维护有限。载体更新主要是从存储介质的角度保证电子文件信息的可读可用，不能解决因软硬件不兼容导致的电子文件无法存取的问题。

电子文件更新是电子文件长期保存的一种基本方法，为保障更新规范有序，维护电子文件的真实性和安全性，需要事先制订更新计划，事中记录更新过程和结果，事后加以必要审计。与**电子文件迁移**、元数据管理等其他的技术方法相互配合，共同维护电子文件长期的真实、完整、可用和安全。

（黄玉明　朱霖露）

电子文件构成要素　element of electronic records　构成一份电子文件的组成部分。纸质环境中，文件常被认为是内容和载体的统一体，这是因为一份文件的所有构成要素往往集中在与文件内容一一对应的唯一的载体上。而电子环境中，一份电子文件的所有要素并不一定会集中在一个载体上，文件与载体之间也不再是一一对应的、稳定的关系。辨析电子文件的构成要素，成为识别电子文件，进而管理电子文件的前提。

国际文件、档案管理领域对电子文件的构成要素有多种观点，最具代表性的有 3 种：国际档案理事会（International Council on Archives; ICA）的三要素说、欧美国家四要素说以及“电子系统中文件真实性永久保障国际合作项目”（International Research on Permanent Authentic Records in Electronic Systems; InterPARES）的五要素说。

三要素说　1997 年，国际档案理事会出版了由电子文件委员会（1993～1996）编写的《基于档案视角的电子文件管理指南》（*Guide for Managing Electronic Records from an Archival Perspective*），提出文件三要素说，即文件由内容（Content）、结构（Structure）和背景（Context）三要素构成。①内容。指文件中所包含的表达作者意图的信息。②结构。指文件内容信息的组织方式和表达方式，组织方式如正文和附件，表达方式如格式、载体等。结构分为物理结构和逻辑结构，物理结构指系统存储的信息（比特）之间的关系，当文件在不同的软硬件系统之间传递的时候，文件的物理结构会发生改变；逻辑结构指文件内容信息之间的逻辑关系，逻辑结构一般不宜随系统的变化而变化。③背景。指文件所处的环境。文件的背景信息包括文件之间的相互关系形成文件的业务活动、文件的技术环境等。文件三要素是最广为接受的电子文件构成要素说。

四要素说　相比三要素说和五要素说，四要素说的完备理论或是学说并没有形成，也没有具有普遍影响力的经典文献。在北美、欧洲的一些规章制度中，会看到在描述电子文件的构成要素时，在传统的内容、结构、背景三要素之外，还会提及外观（presentation）这个要素。例如，**美国国家档案与文件署**（NARA）在其电子文件档案馆（electronic records archives; ERA）系统功能需求说明书中指出 ERA 应能维护电子文件的内容、结构、背景，有时候也应能维护原始外观，需求说明书将文件的外观定义为将电子文件从一种数字存储格式处理、转化为另一种格式的过程和结果，外观旨在向人类传递文件所表达信息的形式。据此，也可将外观理解为电子文件的表达方式或是呈现方式。

五要素说　InterPARES 项目组在欧洲文件身份鉴定学（diplomatics）的基础上，结合电子系统的具体情况，提出了档案-文件身份鉴定学研究模板（archival-diplomatic analysis template），模板明确了构成电子文件的五大要素，分别是：①具备固定的内容和成文形式，并且以固定在载体上的方式存在。②参与一个由拥有相应权限的机构或个体发起的、旨在改变境况的行动。③具备档案联。④最基本的文件形成人员（即著者、接收者、拥有者和网络地址提供者）共同参与文件形成。⑤具备五个可识别环境，即司法-行政环境、来源环境、程序环境、记录环境和技术环境。InterPARES 的研究进一步发现，在很多互动、动态、快速变化和更新的环境中，无法要求文件内容和成文形式的绝对不变，能保持相对的内容稳定和能限制成文形式的变异，也是可以接受的。InterPARES 文件构成五要素说，其体系最为严密，不过理解和执行皆有一定的困难。

确定一份电子文件的构成要素，将之作为一个管理单元，是**电子文件管理工作**的基础。在电子文件管理过程中，应该始终把握电子文件是由多个要素构成的这一客观事实。比如，捕获电子文件时，要求将电子文件的内容、结构和背景一同捕获；电子文件的元数据，要求能够描述电子文件的内容、结构、背景和管理过程。　（刘越男）

《电子文件管理标准体系框架》 *Framework of Electronic Records Management Standard System*　中国指导电子文件管理标准建设的规范性文件。**《电子文件管理暂行办法》**（中办国办厅字〔2009〕39号）和**《国家电子文件管理工作规划（2011—2015年）》**（中办国办厅字〔2011〕9号）要求实现对电子文件的“统一管理、全程管理、便于利用和安全保密”，需要电子文件标准体系的全面支撑。国家电子文件管理部际联席会议在组织研究电子文件管理标准需求，确定相关标准的范围、边界和关系的基础上，探索信息化条件下电子文件管理规律，制定了《电子文件管理标准体系框架》，并于2013年7月14日发布。

根据电子文件管理逻辑架构（图1），重点考虑电子文件管理在不同应用领域中普遍性、基础性的标准需求，选择电子文件管理逻辑架构中的“对象”“过程”“系统”“监督检查”“应用领域”5个维度，并结合各个维度共同使用的“基础类”标准，构建《电子文件管理标准体系框架》（图2）。

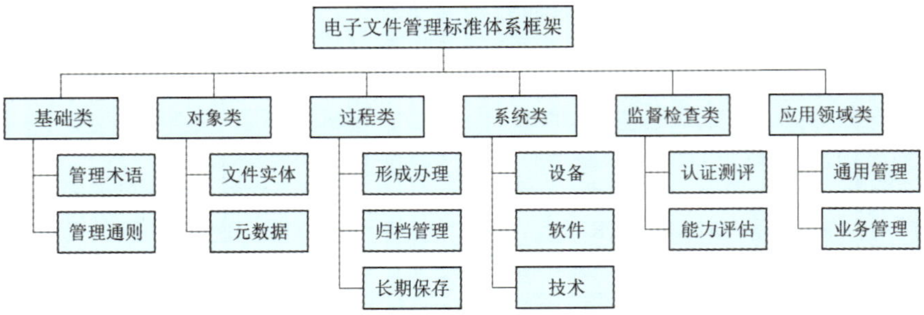

图2 《电子文件管理标准体系框架》

①基础类标准。是电子文件管理总体性、通用性标准规范，满足电子文件管理标准化总体设计和规划要求，包括电子文件管理术语、管理通则等标准规范。②对象类标准。包括文件实体和元数据标准，文件实体标准主要规范电子文件的内容、背景、结构，包括**电子文件分类**、结构等标准规范；元数据标准主要规范**电子文件元数据**基本构成，包括电子文件元数据规范。③过程类标准。是对电子文件管理各个环节的业务活动进行规范，包括形成办理、归档管理和长期保存等阶段。④系统类标准。是电子文件全生命周期过程中使用的设备、软件和技术等的标准规范。此类标准主要是规范相关设备的技术指标、管理要求，相关软件的功能、建设要求以及相关技术的基本原理和实现要求。⑤监督检查类标准。主要是针对电子文件管理系统和管理工作长效机制的规范。⑥应用领域类标准。包括通用电子文件和业务电子文件管理标准。通用电子文件指各个组织机构在行政办公、财务管理、人事管理、信息化管理等通用职能活动过程中产生的电子文件，如电子公文、电子合同、财务报表、网页等。业务电子文件指组织机构在本单位核心业务活动过程中产生的电子文件。不同行业系统有不同的业务工作，产生的业务电子文件类型非常丰富，如 CAD 文件、电子订单、电子税单等。

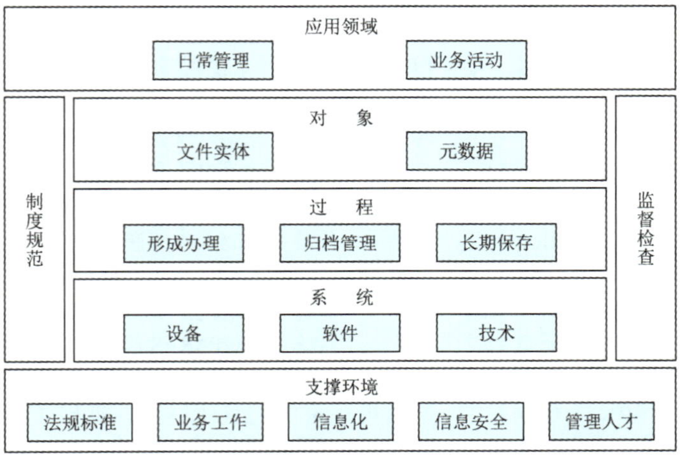

图1　电子文件管理逻辑架构

该体系框架反映电子文件标准体系的概况、总体结构，以及体系内各标准之间的内在联系。通过电子文件标准体系，能够较全面地确立所需标准的类目、主要内容、现行标准、正在制定和需要制定的标准等，为用户和相关的标准化行政管理部门建立和实施相关的标准化解决方案、编制标准计划等工作提供指导。　（钱　毅）

《电子文件管理导论》 *Introduction to Electronic Records Management*　中国档案学论著。武汉大学信息管理学院教授刘家真编著，武汉大学出版社1999年8月出版。是中国第一部论述电子文件管理的专著。

全书包括6章与5个附录，介绍了高新技术的应用及影响、电子邮件与邮件文件、电子文件的形成与特点、电子文件管理、保护数字信息的长期存取、数字信息与网络安全等内容。附录包括新技术环境下欧美档案工作的进展、澳大利亚档案馆的电子文件管理策略、美国国家档案文件管理局电子邮件文件管理规范及反馈评价综述、用数字技术保护文献与档案（美国肯特州立大学的实践）以及词表（新技术词表、多媒体词表、Internet 词表）。附录中词表所收词条与信息管理工作密切相关，由林芳、牛精芳翻译并作注释。该书结合信息管理工作对一些高新技术词汇进行释义，有助于档案工作者、图书馆工作者等信息管理人员理解与接受。　（钱　毅）

电子文件管理工作　electronic records management　对电子文件的形成、捕获、维护、利用、处置、保存等活动进行高效、系统控制的管理领域，涉及以文件的形式捕获并保存业务活动及事务处理的证据和信息的全过程。按照覆盖范围，电子文件管理工作可分为广义和狭义两种类型。广义的电子文件管理工作涵盖电子文件从形成到永久保存或销毁的全过程，包括文件形成单位的电子文件管理工作和文件保存单位的电子文件长期保存工作。中国采用广义的电子文件管理工作概念。狭义的电子文件管理工作仅包括文件形成单位的电子文件管理工作，涵盖电子文件从形成、捕获到处置的过程，不涉及电子文件的长期保存。一些西方国家采用狭义的电子文件管理工作概念。按照层次，电子文件管理工作可分为宏观、中观、微观 3 个层次（见图）。宏观层次的电子文件管理工作指国家相关主管部门开展的、对所有机构电子文件管理工作的管理。中观层次的电子文件管理工作指地方或行业主管部门开展的、对其管辖范围内的机构电子文件管理工作的管理。微观层次的电子文件管理工作指的是各类组织机构开展的电子文件管理工作，包括文件形成单位开展的电子文件管理工作，以及文件保存单位开展的电子文件长期保存工作。

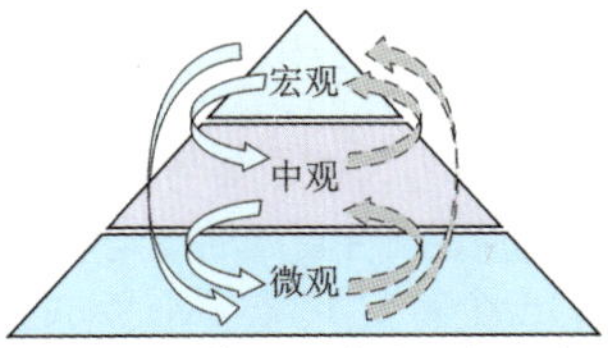

电子文件管理工作的 3 个层次

宏观层次的电子文件管理工作 由国家文件、档案相关主管部门承担。其中，按照《**电子文件管理暂行办法**》建立的国家电子文件管理部际联席会议负责组织协调全国电子文件管理工作；国家档案局是法定的国家档案行政管理部门，负责归档之后的电子文件的管理；有关党政主管部门在各自职责范围内承担相应专业文件的宏观管理职责，比如中共中央办公厅和国务院办公厅统管党政机关公文，国家卫生健康委员会负责电子病历的管理。

宏观层次的电子文件管理工作主要包括 8 个方面的内容：①政策规划。颁布要求组织机构需要遵守的电子文件管理政策、规章和规划。②执法检查。对组织机构是否遵守电子文件管理相关法规进行检查和监督。③文件处置审批。负责部委机关、中央企业集团公司等中央层次组织机构**电子文件保管期限与处置表**审批，原则是除非国家档案局（馆）同意，任何一份电子文件都不可以被处置。④制定标准指南。制定电子文件管理工作的标准、指南等规范。⑤业务指导。为中央部委机关、政府机关电子文件（档案）管理提供咨询和帮助。⑥调查统计。对各类组织机构的电子文件管理情况进行调查，采集数据并加以统计分析。⑦教育培训。开展电子文件管理的专业教育，根据各类组织机构的需求组织培训。⑧科研交流。组织有关机构和人员开展电子文件管理理论研究和技术试验，组织开展针对电子文件管理问题的同行和跨行的交流。

中观层次的电子文件管理工作 由地方或行业主管部门承担。其中，省（自治区、直辖市）参照国家层面做法，建立电子文件管理协调机制，负责对本地区电子文件管理工作的组织协调和监督检查；地方档案局是法定的地方档案行政管理部门，负责归档之后的电子文件的管理；地方信息化主管部门负责为电子文件管理工作提供信息化保障；有关党政主管部门在各自职责范围内承担相应专业电子文件的中观管理职责。

除了对本地区、本行业范围内组织机构开展电子文件管理的政策规划、执法检查、文件处置审批、制定标准指南、业务指导、调查统计、教育培训、科研交流等工作外，中观层次的电子文件管理工作还包括开展本地区、行业范围内电子文件的集中管理，即由一个部门代为管理多个机构的电子文件。如地方档案馆为地方政府机关提供统一的电子文件管理系统服务、集中的电子文件脱机存储服务，为下级档案馆提供统一的数字档案馆系统服务等。

微观层次的电子文件管理工作 从时间上来看，政府机关、企事业单位、社会团体开展的微观层次的电子文件管理工作包括 3 个阶段：①电子文件形成阶段的管理。代表性业务有电子文件的识别、版本控制、编号、分类、元数据管理等，主要支撑系统是形成电子文件的业务系统。②电子文件归档阶段的管理。代表性业务包括**电子文件捕获**、归档、分类、鉴定、利用、处置、元数据管理等，主要支撑系统是电子文件管理系统。实践中也将管理归档电子文件的电子文件管理系统称为电子档案管理系统或数字档案室系统。③电子文件长期保存阶段的管理。代表性业务有电子文件（电子档案）移交、接收、格式转换、迁移、元数据封装等，主要支撑系统是**电子文件长期保存系统**，又称数字档案馆系统。根据全程管理、前端控制、集成管理等原则，在信息系统的支撑下，3 个阶段的管理活动正在走向交叉融合，一些归档阶段和长期保存阶段的管理活动被提前到电子文件形成阶段统一完成，如编号、分类、格式转换等。

从层次上来看，微观层次的电子文件管理工作主要包括业务层、系统层、支撑层 3 个相互依存的层次。①业务层。即电子文件管理活动层。电子文件管理活动涵盖其整个生命周期，主要包括电子文件的识别、版本控制、捕获、分类、鉴定、处置、移交、长期保存、检索、利用等。电子文件形成单位和保存单位（如档案馆）的电子文件管理业务有所区别。②系统层。其任务是建设电子文件管理系统，包括设计、采购、实施、运营维护**电子文件形成系统**（业务系统）、电子文件管理系统、电子文件长期保存系统等。电子文件的管理只有在系统中才能够实现，电子文件管理的业务方法要依赖系统才能实现。③支撑层。为电子文件管理业务和系统建设提供管理性支撑，其主要工作内容包括制定电子文件管理规划、建立电子文件管理制度、设置合适的组织结构、开展电子文件管理培训等。

宏观层次的电子文件管理工作以中观、微观层次的电子文件管理工作为对象，对其进行统筹、规划和指导；中观层次的电子文件管理工作以微观层次的电子文件管理工作为对象，对其进行部署、指导和监督。微观、中观层次电子文件管理工作的变化和调整，往往需要在中观、宏观层面上予以应对。这也是**电子文件管理国家战略**对于一个国家电子文件管理工作整体水平至关重要的原因。

宏观、中观、微观 3 个层次电子文件管理工作的相互衔接和高效互动，有助于为信息社会的业务往来提供可信的信息凭证，为电子化业务活动高效、持续开展提供记录基石，为组织机构和个人维护合法权益、规避风险提供证据支撑，为人类社会传承新型记忆和当代文明发展提供保障。

（刘越男）

电子文件管理国家战略 National Strategy for Electronic Records Management 从国家层面和战略视角对电子文件管理全局性、基本性、长期性问题所进行的目标定位、统筹规划和基本制度安排。国家对**电子文件管理工作**的基本态度和总体思路，其表现是法规、政策、标准、规划、项目等体现国家意志、带有全局性的关于电子文件管理的国家行为，其实质是用战略的眼光来研究和解决电子文件的管理问题。

冯惠玲在 2006 年 5 月举行的第三届中国信息资源管理论坛上，首次提出了电子文件管理国家战略的概念，在 2007 年承担的国家自然科学基金项目《我国电子文件管理国家战略的基础理论与框架体系研究》中，对电子文件管理国家战略问题展开系统研究。电子文件管理国家战略的特点有：①全局思维。电子文件管理国家战略最重要的特点是要体现出电子文件管理的“国家思维”，在国家战略的制定和实施过程中，国家意志和国家利益高于一切。②自上而下。由国家宏观管理部门统一规划电子文件管理工作，各地方、各部门贯彻执行。③多元手段。实施电子文件管理国家战略的手段包括行政、财政、市场、法律、标准、审计等多种手段。④电子文件管理国家战略是众多具有关联性、系统性的战略举措的总和，这些战略举措高度统一、互补互益、相互配套。

2009 年 12 月，《电子文件管理暂行办法》正式颁布，由中共中央办公厅牵头 9 部委（后因工作需要，增加了国资委）参加的国家电子文件管理联席会议制度建立，开始对全国电子文件管理工作进行统筹规划，电子文件管理国家战略由理论构建走向了实践推进。

电子文件管理国家战略概念的提出，旨在倡导全国各行业、各地方的电子文件管理工作由全局思维引领，由国家统一规划，统一指挥，统一调配资源，谋求整体效益的最佳化。（刘越男）

《电子文件管理国家战略》 *National Strategy of Electronic Records Management*　中国档案学专著。冯惠玲、刘越男等著，中国人民大学出版社 2011 年 3 月出版。2013 年，入选国家新闻出版广电总局第四届“三个一百”原创图书出版工程，并获国家档案局优秀科技成果一等奖。

《电子文件管理国家战略》封面

著作结合理论分析和战略设计，向读者多视角、多维度、系统而又清晰地展现了一幅关于如何认识、制定与实施中国电子文件管理国家战略的全景图和路线图。共分为 8 章，第一章从中国信息化背景下电子文件管理的发展态势和掣肘因素出发，回答了中国为什么要制定和实施电子文件管理国家战略。第二章研究并提出了电子文件管理国家战略的理论模型。第三章深入分析了发达国家电子文件管理国家战略的现状与特点，为中国电子文件管理国家战略的整体设计提供了有益的经验借鉴。第四章是整体设计，提出了中国电子文件管理国家战略的总体目标和近期目标，阐述了中国电子文件管理国家战略的五大基本特点——统揽全国、融合发展、制度引擎、政策先行、综合治理和七大重点任务。第五章至第八章分别从完善管理体制机制、构建标准体系、健全法规体系、推进示范项目四个方面做了具体设计，探索了中国电子文件管理国家战略的实现路径。

著作既极具国际视野和最佳实践，又深入探求了中国的国情和现状，在电子文件管理的国家战略理论体系构建、战略实施和措施设计上建立了一套具有创造性和前瞻性的思路和方案。在此基础上形成了自身的特色：研究内容创新而又翔实、研究方法系统而又科学、研究结构严密而又清晰、研究成果与实践的结合紧密而又有中国特色。（程妍妍）

《电子文件管理教程》 *A Course in Electronic Records Management*　中国档案学教材。中国档案学教育领域第一部依据课程标准编制的系统反映电子文件管理学科内容的国家级教材。第一版由中国人民大学教授冯惠玲主编，中国人民大学出版社 2001 年 8 月出版；第二版由中国人民大学教授冯惠玲、刘越男等著，中国人民大学出版社 2017 年 8 月出版。

第一版主要内容包括：电子文件的特点及管理要则，电子文件归档、鉴定、保管、检索与利用的原理与方法，电子文件管理系统的设计、实施、维护与评估的技术路线，数据库、电子邮件和电子文件的管理规范与方法等。第二版在第一版的基础上作了大幅度的与时俱进的更新，共分 3 个部分 16 章。第一部分是关于电子文件的理论，由第一章和第二章构成，主要阐述电子文件的基本概念、电子文件生命周期、法律证据效力和电子文件的管理目标、管理理念与原则、管理模式与管理体制等；第二部分是关于电子文件管理的流程，由第三章至第八章构成，主要阐述电子文件的形成、捕获、归档、移交、分类、鉴定与处置、保存、检索与利用；第三部分是关于电子文件管理的重点专题，由第九章至第十二章构成，主要阐述专门电子文件管理、电子文件管理系统、电子文件元数据和电子文件安全管理。此外，该教程除了文字阐述外还结合有 80 个图表和 59 个案例，并附有 49 个资源链接。

该教程既深入阐明了电子文件管理理论，又精准地分析了电子文件管理的实践应用，因而在其出版之初就被列为新编 21 世纪档案学系列教材和普通高等教育“十一五”国家级规划教材，并于 2004 年获国家档案局优秀科技成果二等奖。

（程妍妍　张正强）

电子文件管理流程　electronic records management process　在电子文件生命周期中施加于文件的一系列密切相关的管理活动的组合。

构成　电子环境下文件管理流程的内容、结构都会发生一系列变化，电子文件管理流程是否合理，成为影响电子文件管理效率的关键因素之一。电子文件管理流程主要由 4 个要素组成：①目标。是电子文件管理流程之所以成为整体的灵魂。电子文件管理流程服务于机构整体目标的实现。②电子文件管理活动。是构成流程的基本单元。鉴于人类管理实践的复杂性，文件管理活动本身是一个范围并不固定的概念，它具有多个层次。比如分类是一个文件管理活动，赋予类号也是一个文件管理活动，分类包含赋予类号的内容，赋予类号是分类的子活动。恰当地确定文件管理活动是设计文件管理流程的一个重要步骤。从活动的覆盖范围来看，电子文件管理活动主要分为两类：流程性活动和非流程性活动。流程性活动是指在电子文件生命周期中仅开展一次或数次的非持续性管理活动，包括电子文件的识别、版本控制、变更管理、捕获、归档、分类、鉴定、利用、移交、格式管理、迁移等；非流程性活动是指在电子文件整个生命周期都会开展的持续性管理活动，包括元数据管理、审计跟踪、系统管理、安全管理、质量检测等。③电子文件管理活动的承担主体。电子文件管理活动的开展主体包括文件形成者、文件（档案）管理员、文件管理系统、文件（档案）主管、信息技术人员等。承担主体是决定电子文件管理活动时空关系的重要因素之一。④电子文件管理活动之间的关系。电子文件管理活动之间的关系多种多样，从时间上来看，有先后关系、并行关系、循环关系等；从空间上来看，存在排他关系、反馈关系、合并关系等。

电子文件管理流程的概念模型如图所示。

变化　相比手工环境下的文件管理流程，电子文件管理流程在如下方面产生了变化：①内容的变化。构成流程的各个管理活动及其内容的变化，包括新管理活动的增加，如电子文件的格式管理、迁移等；已有管理活动的简化，如实体分类、统计；已有管理活动的复杂化，如元数据管理、文件信息维护等。②时序的变化。流程是以时间为尺度来运行的，各相关管理活动

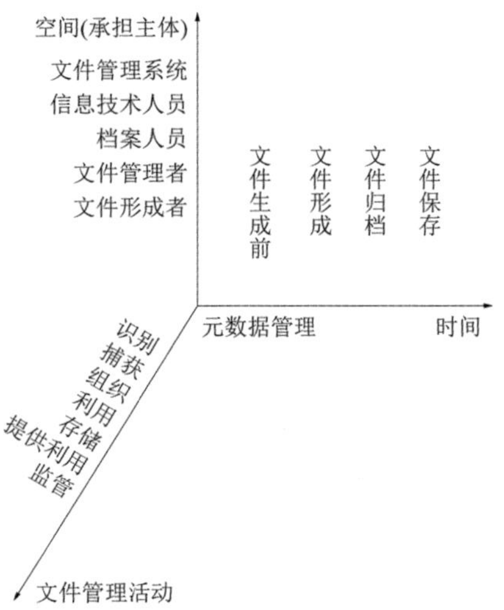

电子文件管理流程的概念模型

开展时间的变化是导致其相互关系变化的重要因素。电子文件管理活动时序的变化包括提前，如归档提前到文件形成时；延长，一些原来只在某一个时间点上完成的工作现在需要在一个连续的时间段上完成，这个时间段有时甚至贯穿电子文件的整个生命周期，如元数据著录。③承担主体的变化。电子环境下，文件管理系统、信息技术人员等成为承担文件管理活动新的主体。承担主体的管理职责也在发生变化，文件形成者开始承担文件归档阶段和长期保存阶段的档案管理活动，档案人员则承担文件形成阶段的管理活动。④文件管理活动之间相互关系的变化。电子文件管理活动之间相互关系的变化是其内容、时序、承担主体等诸多变化综合作用的结果。主要表现在 3 个方面：①并行化。手工环境下，文件管理活动基本上是按照串行的顺序开展的，如先鉴定，后归档，再著录。在电子环境中，捕获、归档、分类、鉴定等活动可以在文件生成时同时展开，元数据管理、审计跟踪、系统管理、安全管理、质量检测等贯穿于电子文件整个生命周期。②集成化。电子文件管理活动之间内容互相交叉，甚至合而为一，一项文件管理活动完成另一项或几项活动的部分或全部功能。③非线性化。电子环境下并行化改变了文件管理活动的线性顺序，而集成化则更导致了电子文件管理活动互相穿插、互相衔接、我中有你、你中有我的复杂关系，致使电子文件管理流程呈现出明显的非线性化特征。

优化方法　优化电子文件管理流程，可以在现有理论成果、最佳实践和标准规范的基础上，选用或综合应用自动化、削减、前置、合并、并行等方法。①自动化。将电子文件管理流程中部分管理活动或其部分工作步骤交由计算机系统执行。②削减。削减电子文件管理流程中部分管理活动或其部分工作步骤，如重复性的数据录入、不必要的载体转换、不必要的文件格式转换等。③前置。将电子文件管理流程中部分后续管理活动或其部分工作步骤提前，相应地，让原来负责后续活动的有关人员参与前端过程。④合并。将电子文件管理流程中部分管理活动或其部分工作步骤合成一项管理活动或一个工作步骤。比如，在相互衔接的电子文件分类方案、保管期限与处置表的支持下，可以将电子文件的分类和鉴定工作合并，一旦电子文件的类别确定，其保管期限也被确定下来。⑤并行。将电子文件管理流程中原先按照先后顺序一次执行的部分管理活动或其部分工作步骤并行执行。如分类、鉴定、元数据著录、追踪等电子文件管理活动可以和**电子文件捕获**并行开展，并行可以大幅度地提升电子文件管理效率。

电子文件管理流程揭示了电子文件管理的秩序。科学适用的流程，服务于机构的整体目标而非单个文件管理互动的目标，对文件管理职责加以合理化分配，加强文件形成人员、文件管理人员、档案人员之间的协同，可以减少不必要的重复劳动，并尽可能采取自动化的管理方法，由此提高管理的整体效益。　（刘越男）

电子文件管理目标　electronic records management objectives　电子文件管理的预期目的。通过对电子文件的创建、捕获和管理进行系统而有效的控制，确保电子文件可长久保存并具有真实性、完整性、可用性和安全性，从而使其能够作为组织、机构或个人履行法定义务或开展业务活动的证据并达到作为信息资产的标准。

在国际档案界，电子文件管理目标的确立与表述是随着电子文件管理的研究和实践不断发展而不断深化的。1993 年，国际档案理事会专门成立了电子文件委员会，对全球 100 多个档案馆的电子文件管理情况进行了调研，并跟踪分析了 1992～1996 年所发表的有关电子文件管理的研究文献；1997 年 2 月，在国际档案界第一次发布了有关电子文件管理的指导性文献——《基于档案视角的电子文件管理指南》。指南指出电子文件管理是一组创建、鉴定、保存、利用和使用具有档案证据价值的电子文件的活动，电子文件管理的目标就是确保文件创建者其活动或处置证据的创建与保存。简言之，即创建与保存证据。2001 年 9 月，国际标准化组织发布了首个国际文件档案领域的标准——《信息与文件　文件管理　第 1 部分：通则》（ISO 15489-1：2001），将文件管理定义为对文件的创建、接收、维护、利用及处置，进行有效而系统控制的管理，包括对业务活动及事务处理的证据及其相关信息的捕获和维护的过程；而文件管理的目标，就是保护和保存作为行为证据的文件。2005 年 4 月，国际档案理事会电子文件委员会出版了《电子文件：档案工作者手册》，该文献在吸收了 1997 年的《基于档案视角的电子文件管理指南》和 2001 年的《信息与文件　文件管理　第 1 部分：通则》研究成果的基础上，明确了长期保存（long-term preservation）的定义，提出了电子文件长期保存的目标，长期保存就是比系统（硬件和软件）寿命更长的时间保存，长期保存电子文件就是为了保存其证据价值，且这证据含义并不仅仅局限于法律上的意义。2016 年，国际标准化组织在对第一版国际标准 ISO 15489-1：2001 进行修订的基础上，发布了红标版 ISO 15489-1：2016，并将标准题名改为《信息与文件　文件管理　第 1 部分:概念与原则》。在该标准中，特别强调指出了：文件既是业务活动的证据又是信息资产，并规定不管是何种形式或是何种结构的文件，只有当其具有真实性、可靠性、完整性和可用性时，才可被认定为是业务活动的权威证据。该标准同时还指出：在创建、捕获和管理文件这一短语中，“创建、捕获和管理”是对文件管理的总体的概括，包括文件接收和文件管理过程的整个范围。

电子文件管理目标为电子文件管理指明了方向，并具有维系整个电子文件管理各个方面的核心作用，而电子文件管理体系、战略、原则、要求和管理系统等，都是围绕电子文件管理目标在宏观和微观上展开的顶层设计、系统组织、过程细化和实践操作的具体化。在电子文件管理中，对电子文件管理目标完整而全面、明确而具体、清晰而精准的表述为科学而高效地进行电子文件管理指明了正确方向，是电子文件管理的关键。　（张正强）

《电子文件管理软件应用系统设计标准》　*Design Criteria Standard for Electronic Records Management Software Applications*　旨在规范电子文件管理系统功能设计的美国国防部军用标准。1993 年，美国国防部成立了业务流程重新规划调查委员会，以改进文件的管理流程。1995 年，美国国防部又在该委员会内专门设立了一个由美国国防部电子文件专家组成的“文件管理特别工作组”，专门处理电子文件管理问题。从 1995 年 1 月至 1996 年 10 月，该工作组与加拿大哥伦比亚大学的电子文件管理项目课题组进行合作，建立了电子文件管理的业务流程处理模型与业务实体模型。在这两个模型的建立基础之上，美国国防部文件管理特别工作组提出了《电子文件管理软件应用系统设计标准》。《电子文件管理软件应用系统设计标准》第1版于1997年11月正式发布，后经修订，2002年6月发布了第2版，2007年4月发布了第3版。主要应用于美国国防部长办公室、美军各军种和各兵种办公室、美军参谋长联席会议主席办公室、美军战场司令部、美国国防部检察长办公室、美国国防部各类驻外的派驻机构、美国国防部野战机构以及其他所有的美国国防部机构等。

该标准的第1版主要由引用文件、缩略词和3个章节（第一章总则、第二章强制性要求和第三章非强制性要求）与一个专门定义术语的附录构成。第2版在第1版基础上增加了第四章——密级电子文件管理的强制性功能要求，明确规定了密级电子文件必须设置的18项密级元数据。第3版对第2版做了大的增删改：①在正文部分增加了术语定义和两个章节。②删去了专门定义术语的附录。③对第二章的强制性要求进行了修改。由此，整个标准形成了由引用文件、术语定义、缩略词和6个章节构成的完整体系。6个章节依次是：第一章总则、第二章强制性要求、第三章密级电子文件管理的强制性功能要求、第四章基于美国隐私法案和信息自由法案的电子文件管理、第五章电子文件的移交、第六章非强制性要求。

该标准第3版第二章明确了12个方面详细的强制性要求，以文件的管理流程为序，这12个方面依次是：①电子文件分类方案实施的强制性要求。②电子文件保管期限确定的强制性要求。③电子文件确认与归档的强制性要求。④电子邮件归档的强制性要求。⑤需移交至**美国国家档案馆**的电子文件的强制性要求。⑥**电子文件存储**的强制性要求。⑦电子文件保管与重要文件管理的强制性要求。⑧电子文件利用控制的强制性要求。⑨电子文件系统跟踪审计的强制性要求。⑩电子文件管理系统中产品组合的强制性要求。⑪对系统管理的强制性要求。⑫其他特定需求的强制性要求。2008年**美国国家档案与文件署**（NARA）发布通告建议美国联邦机关采用符合该标准要求的电子文件管理系统。由于该标准第3版发布后不再更新，2020年NARA制定《通用电子文件管理需求》，2022年4月NARA宣布停止对该标准的支持。

《电子文件管理软件应用系统设计标准》是国际档案管理领域第一个专门针对电子文件管理制定的标准，该标准在制定时系统地引用了大量与电子文件管理有关的其他标准，并先后在美国国内档案界和国际档案界广泛征求意见，比较充分地体现了电子文件管理的内在要求。该标准的制定为美国国防部的电子文件管理提供了可靠的基础，同时也在国际档案界产生了很大影响，一度成为国际电子文件管理系统的事实标准之一。　（段荣婷）

电子文件管理系统　electronic records management system; ERMS　为保证**电子文件真实性**、完整性、可用性和安全性等管理目标的实现，为业务活动提供证据而对电子化生成文件进行形成、利用、维护和处置的自动化系统。立档单位档案室所使用的ERMS也被称为电子档案管理系统、数字档案室系统。**澳大利亚国家档案馆**认为ERMS是“管理电子文件的创建、利用、维护和处置，从而为业务活动提供证据的自动化系统。这个系统维护了适当的背景（元数据），以支持文件的证据价值”。ERMS在本质上是文件管理在系统层面的体现，既可以是一个相对独立的系统，也可以是业务信息系统的子系统。从广义上说，ERMS可以管理各种形式的文件，包括电子文件、纸质文件、缩微等多种形式。ERMS通常是在机构内部使用的，涵盖与文件、档案管理相关的技术、管理、法律、标准、人员等因素，能保证电子文件的行政有效性和法律证据性。ERMS为机关、团体、企事业单位和其他组织完整地提供了对电子文件的识别、捕获、著录、鉴定、存储、处置、检索、维护、利用、审计等管控功能，是以实现文件、档案的科学管理和高效利用为目的的信息系统。

相关系统　按照管理阶段和主要功能，**电子文件生命周期**涉及的系统一般可划分为业务系统（Business System; BS）、电子文件管理系统（ERMS）和**电子文件长期保存系统**三类。三类系统之间的关系如图1所示。其中，BS是创建、保存、处理并为机构业务信息提供访问的自动化系统，包括办公自动化系统、电子商务系统、财务管理系统、地理空间数据系统、客户关系管理系统、人力资源管理系统等多种形式，BS中的文档管理模块也往往被称为电子文档管理系统（EDMS），EDMS往往重视电子文件的形成阶段，关注文件生成、流通管理、版本控制、业务协同等功能；ERMS负责管理为了维护文件的证据价值而进行的有效控制的过程，在生命周期的尺度上，ERMS主要关注电子文件的半现行阶段的管理活动，包括电子文件的捕获登记、分类、统计、检索利用、存储、处置等环节；电子文件长期保存系统属于**可信数字仓储**（Trusted Digital Repository; TDR）范畴，致力于解决电子文件信息以正确和可被独立理解的方式长期保存下来的活动，其核心功能是真实长久地保存馆藏数字档案资源，重点在于电子文件非现行期的长期保存和管理问题。在实际环境和软件产品中，这三类系统并非完全独立存在，时常出现合并的情况。国际文档管理软件市场中就常有EDMS/ERMS（或称EDRMS）类的软件产品。ARMA还专门发布了EDMS和ERMS的集成管理系统框架报告。在国际范围内，EDMS与ERMS的技术、规范、标准已相对比较成熟，也有许多成熟的软件产品可供选择，但TDR则多处于研发阶段，市场成熟度不高，有待于进一步发展。

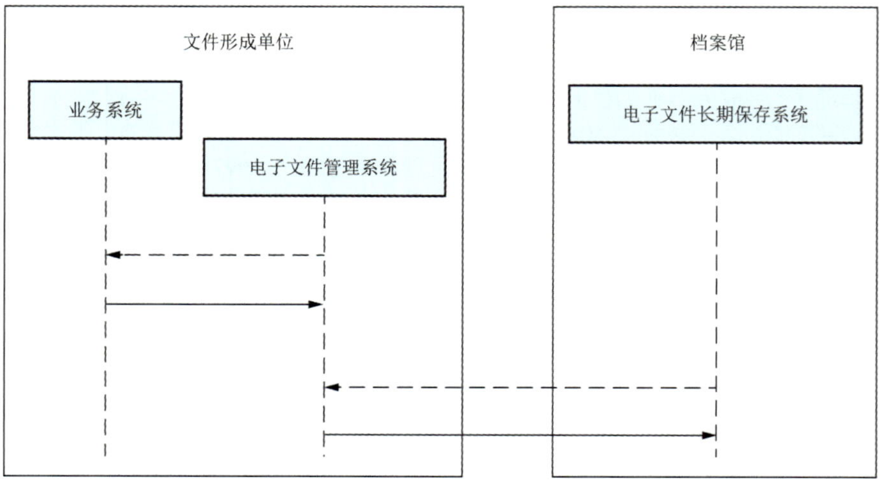

图1　电子文件生命周期中三类系统关系示意图

中国机构使用的档案管理系统大部分是档案计算机辅助管理系统，这类系统和电子文件管理系统有非常明显的区别，并不具备核心的管理电子文件的能力，它是利用计算机的数据处理能力，对档案编目、整理、检索、利用、编研和保管等工作进行辅助管理的工具。这类系统的管理模式建立在手工管理的基础上，管理环节仍然是收集、整理、鉴定、保管、统计、提供利用等，其主要功能包括档案数据的录入，将著录得到的档案二次文献通过键盘输入计算机内部，或利用扫描技术将档案全文数字化，实现档案数据的存储、管理、编目、立卷、统计和档案目录或全文的检索以及档案信息的输出等。档案计算机辅助管理系统和电子文件管理系统的区别主要表现在管理对象不同、管理阶段不同、主要功能不同、技术水平不同等方面。

实施方式　理论上讲，电子文件的管理应本着前端控制的原则，在其形成时就实施捕获，并据此实施全生命周期的控制与管理，这需要 ERMS 系统与前端业务系统之间存在非常密切的整合与互动才能达到。事实上由于信息化发展水平、业务类型、文档机构等因素的影响，ERMS 存在多种不同的实现方式。一般根据 ERMS 系统与前端业务系统，尤其是其业务系统中 EDMS 之间耦合关系的强弱，将 ERMS 的实现方式划分为嵌入式和独立式。嵌入式是针对机构原有信息系统难以满足电子文件管理需求，而又不适合长期集中保管电子文件的现状而提出的，其中业务信息系统的电子文件管理功能的完善至关重要，它能保证业务信息系统生成合格的电子文件，及时捕获重要元数据，并及时归档电子文件；独立式是相对嵌入式而言，对于某些复杂系统，或者内部封闭性很高的业务系统，通过开发 ERMS 的接口有现实困难的，可以采取松耦合的方式实现业务系统与 ERMS 直接的联系，如地理信息系统、专家系统，以及地理分散、网络连通效果有限的系统可以采取独立式的方式。需要说明的是，这种划分只是一种逻辑上的划分，因为在一个机构中很可能存在多种业务系统以及其自带的 EDMS，这样就可能存在部分独立式、部分嵌入式的混合情况。

核心功能　根据国际上关于电子文件管理系统功能需求的研究成果，电子文件管理系统一般应具有以下核心功能（图 2）：

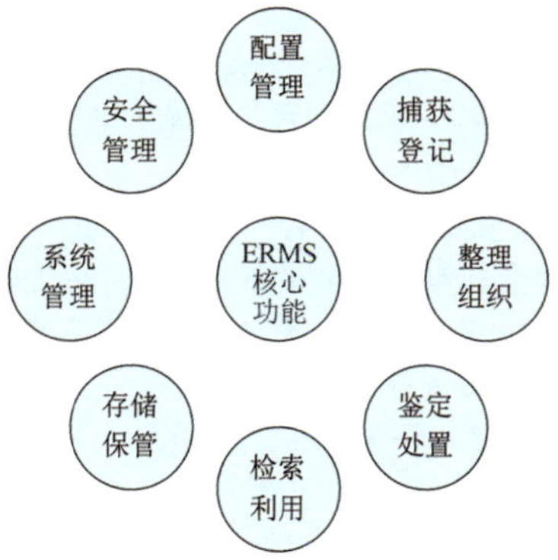

图 2　ERMS 核心功能结构参考示意图

《电子文件管理系统通用功能要求》（GB/T 29194—2012）规定了 ERMS 通用的功能性要求，主要包括总则、基本功能要求、可选功能要求三方面内容。总则部分明确了 ERMS 的系统定位、功能架构（如图 3 所示）、文件聚合模型、文件信息模块等；基本功能要求部分阐述了文件管理配置功能、文件管理业务功能、安全管理功能、系统管理功能四个方面的 ERMS 基本功能要求，是该标准的核心部分；可选功能要求部分阐述了数字化文件的管理、多载体文件的管理、离线利用、接口管理、工作流、性能要求等，有条件的机构可以采用。该标准适用于机关、团体、企业事业单位和其他社会组织对电子文件管理系统的建设、使用和评估，适用于相关企业和科研院所开展相关的科研和教学活动。

开发过程　电子文件管理系统是电子文件的生存环境，是具有行政有效性和法律证据性文件的“聚集地”，良好的电子文件管理系统能够确保机构职能活动的顺利开展，并在为机构提供业务活动的证据过程中发挥至关重要的作用，因此开发电子文件管理系统极为必要。同时，在电子文件管理系统的开发建设过程中，需要将专业知识和软件开发知识结合起来，围绕电子文件管理的核心目的，遵循全程性、完整性、安全性、先进性、实用性以及安全管理等开发原则。ERMS 的开发过程应是技术人员、档案人员等多方业务人员协同工作的过程。档案人员所执行的系统分析和设计工作，要与软件开发人员所进行的系统分析、设计相协调，为软件开发人员系统开发工作提供必要的支持和补充，同时也需要业务人员的大力支持。按照 ISO 15489 的要求，电子文件管理系统开发过程大致包括 6 个阶段（图 4），即系统的调查分析、功能需求的确立、管理战略的确定、系统设计、系统实施和系统评价，这也符合一般信息系统开发过程的基本规律。

（钱　毅）

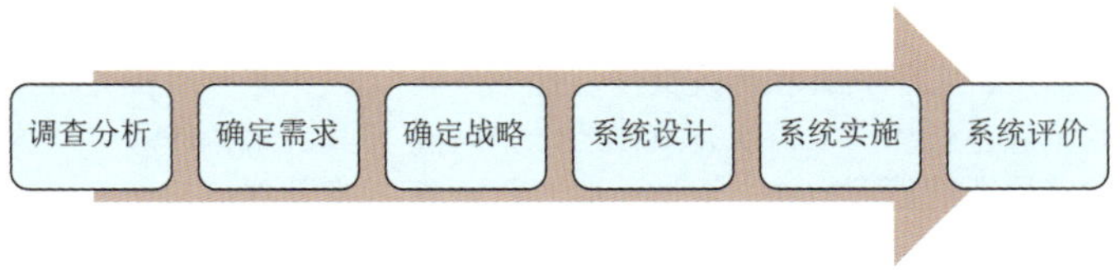

图 4　电子文件管理系统开发过程

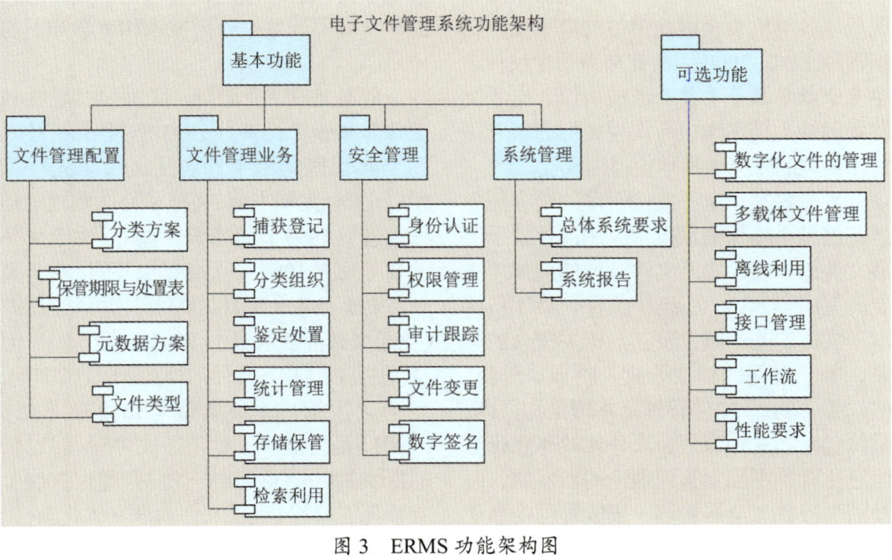

图 3　ERMS 功能架构图

《电子文件管理系统通用功能要求》 *General Functional Requirements for Electronic Records Management System*　规定了电子文件管理系统通用的功能性要求的国家标准。2012 年 12 月 31 日国家电子文件管理部际联席会议办公室发布，2013 年 6 月 1 日实施。标准号为 GB/T 29194—2012。适用于机关、团体、企业事业单位和其他社会组织对电子文件管理系统的建设、使用和评估，适用于相关企业和科研院所开展的科研和教学活动。

主要条款及内容包括：①定义了部分术语，如文档、组件、捕获、登记、处置、电子文件管理系统、业务系统等。②在总则中确定了系统定位、功能架构、文件聚合模型、文件信息模型和法律法规遵从。③按照文件管理配置功能、文件管理业务功能、安全管理功能、系统管理功能对电子文件管理系统的基本功能进行划分。其中，文件管理配置功能是建立和维护文件管理业务规范的功能，包括分类方案、保管期限与处置表、元数据方案、文件类型等内容；文件管理业务功能主要基于电子文件管理业务流程展开，包括捕获登记、分类组织、鉴定处置、统计管理、存储保管、检索利用等内容；安全管理功能是保护电子文件以及系统安全的功能；系统管理功能包括基本环境支撑、工具支撑等内容。④配置了可选功能，包括数字化文件管理、多载体文件管理、离线利用、接口管理、工作流、性能要求，供用户根据需要选择采用。

《电子文件管理系统通用功能要求》借鉴国际上的同类标准，结合中国电子文件管理实际，规定了电子文件管理系统通用的功能性要求，为电子文件管理系统的建设和使用提供了指导，对于有效提高信息系统环境下文件管理的规范化水平具有重要意义。

（黄玉明　邓晓文）

电子文件管理学　study of electronic records management　研究电子文件及其管理问题的档案学分支学科。随着信息技术的广泛应用，电子形式、数字形式的文件越来越多，它们具有和传统文件、档案不同的记录方式和技术特点，具体工作中，需要采用新的管理方法、管理手段、管理流程和管理制度。从理论研究来看，电子文件管理会对传统档案管理基础理论产生影响，要求更新和丰富既有理论，以适应新型文件的管理；从学科发展来看，需要在档案学中建立关于电子文件及其管理的专门领域，以应对信息技术对档案学理论和实践的挑战。

发展历程　国际社会从20世纪80年代开启了电子文件研究的新领域，90年代产生了很多有影响力的大型研究项目。1993～1996年，国际档案理事会（ICA）成立了电子文件委员会，专门针对电子文件管理问题开展研究，先后完成并发布了《电子文件管理项目：1994—1995调查报告》（*Electronic Records Programs: Report on the 1994/95 Survey*, 1996）、《电子文件文献回顾》（*Electronic Records: Literature Review*, 1996）、《从档案视角管理电子文件的指南》（*Guide for Managing Electronic Records from an Archival Perspective*, 1997）三份研究报告，梳理了全球范围内电子文件管理研究和实践的现状，为**电子文件管理工作**的开展提供了框架。美国、加拿大、澳大利亚、英国、瑞典、德国等多个国家组织了较高层次的联合研究，如美国匹兹堡大学的“电子文件满足档案需求过程中的变量”（1993～1996），加拿大不列颠哥伦比亚大学的“保存电子文件的完整性”（1992～1996）、“电子系统中文件真实性永久保障国际合作项目”（1998～2008），澳大利亚莫纳什大学的“SPIT文件管理元数据”（1998～1999）等，多角度探讨电子文件管理的解决方案。与此同时，电子文件管理相关课程进入档案学专业课程，出版教材并及时更新。

中国学者自1988年开始受到国外文献的启发开展电子文件管理研究，经历了从国际经验学习到本土问题回答的过程。冯惠玲的博士论文《拥有新记忆——电子文件管理研究》（1997），全面开启了电子文件及其管理研究的新篇章。《**档案学通讯**》1998年1～6期连续刊载了该博士论文的成果摘要，确立了中国电子文件管理研究的基本框架和研究范围，电子文件的原始性与证据性、双重鉴定、**双套制**、全程管理、前端控制、新来源观、电子文件时代的新思维等许多观点和问题成为日后档案界电子文件管理研究的主要依据和探讨话题。

1996年国家档案局成立了电子文件归档与电子档案管理研究领导小组，集合有关力量开展相关研究，分为3个研制小组。其成果：1999年《**电子文件归档与电子档案管理概论**》正式出版，由徐义全、邱晓威、冯惠玲、商平安、吴筑清、刘伟晏、赵中新、李丽华等撰写；同年档案领域的第一个国家标准《CAD电子文件光盘存储、归档与档案管理要求》（GB/T 17678.1—1999）出台；2002年《电子文件归档与管理规范》（GB/T 18894—2002）颁布，全面规范了各类机关企事业单位的电子文件归档管理工作。2000年**教育部高等学校档案学专业教学指导委员会**形成决议，电子文件管理纳入档案学核心课程，标志着电子文件管理的分支学科地位得以确立。

研究内容　电子文件管理的研究任务是在信息系统和信息技术应用的背景下考察文件的本质，揭示文件管理的规律。主要研究内容包括：①电子文件。具体包括电子文件的基本概念及其与相关概念的关系，电子文件的构成要素、特点、种类、格式等。②电子文件管理基本理论和原则。具体包括新来源原则、**文件连续体理论**等信息化背景下档案管理理论的新发展，以及前端控制、全程管理、集成管理等**电子文件管理原则**。③电子文件管理系统。涉及形成、管理和长期保存电子文件的系统的功能要求、数据规范、关键技术等。④电子文件管理业务。涵盖**电子文件生命周期**全过程的关键业务，按照业务持续时长和发生频次，分为流程性业务和非流程性业务两类，前者如创建、传输、分发、捕获、归档、鉴定、分类、提供利用等，后者如安全管理、元数据管理、审计跟踪等。⑤电子文件管理保障。涉及电子文件管理体制机制、政策法规、标准规范、教育培训等多个方面。

学科性质　电子文件管理分支学科具有交叉学科的特点。学科研究起源于信息技术应用背景下档案管理和业务管理的双重需求，电子文件管理的发展离不开档案学和计算机科学的支撑。

电子文件管理分支学科和其他档案分支学科具有复杂的交叉关系。在档案学科内部，几乎每个分支学科都面临电子文件管理问题：档案学基础理论要解释电子档案的本质和电子档案管理的基本规律，经典理论面临电子环境的适应性挑战；档案事业管理需要为电子档案工作谋篇布局；**科技档案管理**也要回答电子环境下科技文件和科技档案的管理问题，二维、三维设计图纸，遥感观测数据，地理信息系统中的数据都是科技类电子文件；文书学要考察办公自动化条件下电子公文的处理；电子文件管理发展也是当代中外档案事业史的一部分。

此外，电子文件管理的发展需要吸收多门学科的方法和知识，如法学、社会学、艺术学、数据科学等多个相关学科。电子文件管理以电子文件法律证据作用的建立和维护为基本目标之一，这需要依赖**电子证据**及其提取、判断和审查规则的支持；社交媒体环境社会大众记录的兴起引发社群电子文件管理问题；而对电子文件信息的开发离不开数据分析技术和美学知识的应用。

教材建设　孙淑扬、丁志民主编的《**档案计算机管理教程**》（1993）对计算机技术在档案管理领域中的应用进行了先行探索；国家档案局主编的《电子文件归档与档案管理》（1999），刘家真主编的《**电子文件管理导论**》（1999），丁海斌编著的《**电子文件与电子档案管理**》（2000），冯惠玲主编的《**电子文件管理教程**》（2001），董永昌、何嘉荪主编的《电子文件与档案管理》（2001），杨公之主编的《**档案信息化建设导论**》（2001）是中国第一批电子文件管理教材；冯惠玲主编的《政府电子文件管理》（2004），刘家真主编的《电子文件管理立体化教材》（2005），王萍、宋雪雁编著的《电子档案管

理基础》(2006),金波、丁华东主编的《电子文件管理学》(2007),丁海滨、卞昭玲主编的《电子文件管理基础教程》(2011),周耀林、王艳明主编的《电子文件管理概论》(2016),冯惠玲、刘越男主编的《电子文件管理教程》(第二版)(2017)等在覆盖面、核心观点、现实素材、编写方式等多个方面不断发展,推动了电子文件管理教材体系和内容的更新。

随着云计算、大数据、区块链、人工智能等新技术的发展和应用,电子文件形成和管理的技术环境和管理环境正在发生快速的变化,学科发展也面临新的机遇与挑战,档案界需要立足文件、档案及其管理的本质,积极开展跨学科的合作和多角度的探索。（刘越男）

电子文件管理原则 principle for electronic records management 指导**电子文件管理工作**的基本准则。电子文件管理原则既揭示了电子文件管理的规律,也反映了文件、档案管理领域的国内外最佳实践。国际档案理事会在 1997 年出版的《基于档案视角的电子文件管理指南》(*Guide for Managing Electronic Records from an Archival Perspective*)中,提出了“前端控制”的思想,即尽可能把文件各个阶段的管理要求放在系统设计阶段予以考虑,以功能合理的文件管理系统作为管好电子文件的先决条件。

基本内容 ①全程管理原则。即对电子文件整个生命周期进行全面的、系统的、过程的管理,注重**电子文件生命周期**内各个阶段所有管理活动和管理要素的统筹兼顾。全程管理原则要求各组织机构注重电子文件生命周期各阶段管理行为的连续性和衔接性。②前端控制原则,又称前端介入原则。在电子文件生命周期中,文件的形成是前端,归档保存或销毁是后端。前端控制要求对整个管理过程的目标、要求和规则进行系统分析和科学整合,把需要和可能在文件形成阶段实现或部分实现的管理功能尽量在文件形成阶段实现。例如,机构将电子文件的归档范围和归档要求设计在**电子文件形成系统**之中,属于该范围的电子文件一经生成就被加上归档标识,系统具备防止非法修改和删除的功能,并生成相应的描述信息,从而确保其安全留存和内容真实。③集成管理原则。即将与电子文件形成、归档、保存等管理活动有关的要素进行合理的互联与组合,从而实现最佳整体效益。集成管理要求实现各项文件管理活动的集成,实现文件管理与其他信息管理的集成,实现文件管理与业务管理的集成。④动态管理原则。电子文件处于不断的变化过程中,比如从一种载体到另一种载体,从一种格式到另一种格式,从一个系统环境到另一个系统环境中。在这个环境中,电子业务凭证的管理面临巨大挑战,必须也只能是“以动制动”,即对电子文件全程加以监控,以动态适应性的管理措施实时应对电子文件形成、归档、保存过程中发生的变化和对管理工作提出的新要求,以保证管理目标的实现。⑤注重效益原则。机构在电子文件管理中要注意对其全过程的投入产出比进行分析,以此评价电子文件管理系统或管理过程的效益状况,力求使效益最大化。权衡电子文件管理的投入产出,既要考虑当前的支出和收益,也要考虑未来的日常支出和长远效果;另外,也不应只做财务上的成本核算,还应综合考虑法律、文化、名誉等软性因素。

ARMA 广为接受的文件管理原则 国际文件管理协会(Association of Records Management and Administration; ARMA),基于西方发达国家的文件管理经验,总结了广为接受的文件管理原则(Generally Accepted Principles of Recordkeeping),分别是:①问责原则(principle of accountability)。机构的高层领导应对文件管理工作进行监管,并指派合适的人员承担具体的管理职责。机构应采取有关政策和程序指导员工,保证文件管理工作可审计。②完整性原则(principle of integrity)。机构应以合理、适用的方式保证其产生和管理的信息的真实性和可靠性。③保护原则(principle of protection)。机构应能恰当地保护其拥有的个人的、秘密的、敏感的、对业务连续性关键的及其他需要保护的信息。④遵从性原则(principle of compliance)。机构文件管理工作应该遵守相关法律法规、制度规范以及机构内部政策。⑤可用性原则(principle of availability)。机构应保证文件信息被及时、有效、准确地检索。⑥留存原则(principle of retention)。机构应根据法律、规范、财务、业务和历史的需要,将文件留存合适的时间。⑦处置原则(principle of disposition)。当法律法规和机构政策都不再需要保存文件的时候,机构应以安全和恰当的方式处置文件。⑧透明性原则(principle of transparency)。机构应以开放的、可验证的方式记录其业务活动,这些记录应能够被机构员工和有关团体利用。这些原则在电子环境下同样适用。

《电子文件管理暂行办法》的规定 2009 年中共中央办公厅、国务院办公厅联合发布的《**电子文件管理暂行办法**》(中办国办厅字〔2009〕39 号文),以党内法规的形式明确了电子文件管理 5 个基本原则:①统一管理。对电子文件管理工作实行统筹规划,统一管理制度,对具有保存价值的电子文件实行集中管理。②全程管理。对电子文件形成、办理、传输、保存、利用、销毁等实行全过程管理,确保电子文件始终处于受控状态。③规范标准。制定统一标准和规范,对电子文件实行规范化管理。④便于利用。发挥电子文件高效、便捷的优势,对有价值的电子文件提供分层次、分类别的共享应用。⑤安全保密。按照国家有关法律法规和规范标准的要求,采取有效技术手段和管理措施,确保电子文件信息安全。

相比而言,中国学界关于电子文件管理原则的总结,主要侧重于电子文件管理业务方法的指导;《电子文件管理暂行办法》对于电子文件管理原则的总结,主要侧重于电子文件管理工作的总体要求;而 ARMA 总结的广为接受的文件管理原则,则综合了管理目标和具体操作方法的双重视角。为了在复杂多样的电子文件生成、运行环境中选择和实施有效的管理,全面实现其管理目标,组织机构应注意遵守和应用电子文件管理原则。（刘越男）

《电子文件管理暂行办法》 *Interim Measures Electronic Records Management* 中国第一部电子文件管理党内法规。以下简称《办法》。由中共中央办公厅、国务院办公厅于 2009 年 12 月联合印发,文号为厅字〔2009〕39 号。《办法》明确了电子文件管理的国家意志,建立了电子文件全程管理原则,确立了**国家电子文件管理部际联席会议制度**。

《办法》共 7 章 31 条。第一章为总则,共 3 条,分别对制定《办法》的宗旨、依据,对《办法》所称“电子文件”的概念,对电子文件管理基本原则做出了简要明确的阐述。第二章共 6 条,规定了电子文件管理机构及职责。第三章共 5 条,明确了电子文件形成与办理中应符合的要求。第四章共 4 条,对电子文件归档与移交的具体标准、注意事项等予以说明。第五章共 7 条,明确了电子文件的保管和利用中的基本规则、基本程序。第六章共 2 条,对电子文件管理过程中相关单位或者个人的奖励与惩处办法做出了规定。第七章为附则,共 4 条,分别对《办法》所称“元数据”概念、对《办法》对军队系统的特殊效用、对《办法》解释权的归属、对《办法》施行日期做出明确的阐释和规定。

《办法》的出台,标志着国家**电子文件管理工作**由分散管理进入整体设计的新阶段,**电子文件管理国家战略**由理论构建进入了实践运作。《办法》对规范电子文件管理，确保电子文件的真实、完整、可用和安全，保存国家历史记录，促进信息资源开发利用，推动国家信息化健康发展，起到了重要的引导和保障作用。（刘越男）

电子文件管理主体 agent of electronic records management 负责或参与文件形成、捕获和（或）文件管理过程的个人、机构或团体。根据职责，电子文件管理主体可以分为：①电子文件形成办理部门（业务人员）。负责电子文件的形成、收集、整理、著录和归档等工作。②电子文件形成单位档案部门（或部门档案员）。会同信息化部门和电子文件形成部门制定电子文件归档与电子档案管理制度，确定单位电子文件的归档范围、保管期限、归档要求、归档时间及方式等内容；提出业务系统电子文件归档功能要求，负责电子档案管理系统的建设与应用培训；指导电子文件形成或办理部门按归档要求管理应归档电子文件。负责电子文件归档和电子档案编目、管理和处置、移交等各项工作。③信息化部门（信息技术人员）。负责建设业务系统电子文件归档功能，参与电子档案管理系统建设，为确保电子文件和电子档案的真实性、完整性、可用性和安全性提供必要的技术支持。④保密部门（保密人员）。负责监督涉密电子文件归档和电子档案的保密管理。⑤档案馆（档案馆工作人员）。负责接收、收集、管理、保存和开发利用分管范围内各单位档案部门移交的需永久或长期保存的电子档案。⑥文件和档案行政管理部门。对行政区域内电子文件的形成、办理、归档和电子档案的管理工作实行监督和指导。⑦电子文件管理议事协调机构。负责组织协调行政区域内**电子文件管理工作**，统筹规划和组织协调电子文件管理工作；研究制定电子文件管理方针政策；审定电子文件管理规章制度、重要规划、重大项目方案；组织起草相关标准等。

不同的电子文件管理主体承担不同的电子文件管理职责。电子文件管理主体各司其职，高度配合，是电子文件管理工作有效推进的关键。（黄玉明　邓晓文）

电子文件归档 archiving of electronic records 具有保存价值的电子文件形成或办理完毕后转化为电子档案的过程。电子文件归档是将电子文件纳入档案管理范围的第一步，标志着电子文件管理责任和管理权限从形成部门向档案部门的转移，也意味着电子文件管理要求的改变。

行业标准《档案工作基本术语》（DA/T 1—2000）将归档定义为“办理完毕且具有保存价值的文件经系统整理交档案室或档案馆”。行业标准《电子档案管理基本术语》（DA/T 58—2014）将归档定义为“按照国家规定将具有保存价值的电子文件及其元数据的保管权交给档案部门的过程”。相比传统环境下的文件归档，电子文件归档的定义变化主要体现在两个方面：①归档对象由文件扩展至文件及元数据；②归档的本质由实体交接变为保管权交接。

电子文件归档的前提是归档范围的制定。应根据法律法规的规定和机构业务需求，综合考虑电子文件真实、完整、可用和安全的管理要求，确定电子文件归档范围。根据**《电子文件归档与电子档案管理规范》**（GB/T 18894—2016），反映机构职能活动、具有查考和凭证价值的各种格式的电子文件以及描述电子文件内容、结构、背景和管理过程的元数据都属于归档范围。相比纸质文件的归档范围，电子文件归档范围有扩大的趋势，其主要原因在于电子环境下产生大量不存在相应纸质对应物的新型文件，比如电子邮件、数码照片、海量数据库、多媒体文件等。

电子文件归档操作，需要借助于专业的电子文件管理系统（只管理电子档案的电子文件管理系统，也称为电子档案管理系统）方可实现。系统环境下的电子文件归档包括文件进入系统、检验是否符合归档要求、登记、判断文件所属类目及案卷、补充相关元数据等步骤，归档成功的电子文件，由系统赋予其唯一档号。

按照归档后电子文件的存储位置，电子文件归档包括逻辑归档（logical filing）和物理归档（physical filing）两种方式。逻辑归档方式下，归档后的电子文件仍存储在原系统，元数据可能在电子文件管理系统中维护；物理归档方式下，电子文件及其元数据均由电子文件管理系统捕获保存。按照传递方式，电子文件归档有在线归档（online filing）和离线归档（outline filing）两种方式。在线归档是指通过计算机网络，将电子文件及其元数据存入电子文件管理系统或者具有电子文件管理功能的业务系统的指定位置。离线归档是指将电子文件及其元数据存储到可脱机存储的载体上向档案部门移交，再由其批量导入电子文件管理系统。

归档可以在电子文件形成后实时开展，如在某些业务活动中，文件一经形成便由业务系统自动将其归档；也可以定期批量进行，如业务系统中将有保存价值的电子文件按照时间、类型等定期、批量归档至电子文件管理系统，最迟不宜晚于电子文件形成后第2年的6月。归档电子文件应真实有效、齐全完整、安全可读、未经加密，应采用开放、不依赖软硬件、易于转换、利用方便、向后兼容的存储格式，其有机联系应得到揭示，保管期限应得到划分，访问权限应得到规制。

电子文件的归档与捕获、移交具有密切关系。其中，捕获包含归档，指将具有档案价值的**电子文件捕获**进入电子文件管理系统。归档不同于移交，两者的区别包括：①管理主体不同。归档一般发生在机构内部，电子文件归档后，其管理权力由文件形成部门转交给档案部门；移交则一般发生在不同机构间，电子文件的管理权力由文件形成机构交付给长期保存机构或其他机构，最典型的是国家各级各类档案馆。②操作环境不同。电子文件归档意味着机构内部业务系统与电子文件管理系统之间的数据交换；电子文件移交则意味着机构的电子文件管理系统与其他第三方机构，如档案馆的**电子文件长期保存系统**之间的数据交换。③操作方式不同。电子文件归档有可能只发生逻辑归档而不发生物理归档，但电子文件移交必须完成物理移交。（刘越男　祁天娇）

《电子文件归档光盘技术要求和应用规范》 *Technical Requirements and Application Specification for Electronic Records Archiving CD* 中国规范和指导电子文件归档光盘使用的标准。国家档案局于2008年4月23日发布，2008年7月1日实施。标准号为DA/T 38—2008。其制定及实施为光盘的合理有效利用提供了指导，为档案级光盘的技术检测提供了方法。适用范围是各级档案部门及有关单位电子文件的光盘归档和管理。规定了电子文件归档所用CD-R/DVD±R光盘的主要技术指标，光盘标签，光盘数据刻录及备份要求，性能检测、保存及适用要求，三级预警线设置及数据迁移策略。

《电子文件归档光盘技术要求和应用规范》的前三部分分别介绍了适用范围、规范性引用文件、相关术语和定义。第四至第八部分规定了电子文件归档所使用光盘的类别、标签使用规范、刻录机型号和操作要求、光盘分级和备份数量，以及归档前的检测。第九、第十部分介绍了归档光盘的保存、使用和维护办法，归档光盘保存、工作和检测的环境条件。为保证归档光盘的数据安全，第十一、第十二部分提出了设立三级预警线，绘制BLER或PIE（错误率）-时间曲线，建立归档光盘寿命曲线库。在归档光盘达到或超过三级预警线或出现不可校正错误时，管理人员应立即把该光盘的数据迁移到新的光盘或其他存储载体上，并做好数据迁移记录。

《电子文件归档光盘技术要求和应用规范》为中国档案部门使用光盘安全存储电子档案提供了详细指导意见和操作方法，解决了档案部门在具体工作中的诸多问题。对于保证光盘存储的电子档案长期安全可读具有现实意义，有力推动了档案馆的信息化建设进程。 （钱　毅）

《电子文件归档与电子档案管理概论》 *Introduction to Electronic Records Archiving and Electronic Archives Management* 中国档案学论著。国家档案局编著，中国档案出版社 1999 年 11 月出版。属于 1997 年国家档案局科研项目《电子文件归档与电子档案管理》研究课题成果。

全书共分 8 章和两个附录，八章内容包括绪论、电子文件的特征、电子文件凭证作用的维护、电子文件归档的积累和整理，以及鉴定、电子文件及归档所用载体的选择、电子档案的维护与利用、档案馆的软硬件配置及网络传输、管理人员的知识与技能等。附录包括《电子文件归档与电子档案管理规范》《CAD 电子文件光盘存储、归档与档案管理要求 第一部分：电子文件归档与档案管理》。

该著作是电子文件管理领域的理论研究成果，有助于中国电子文件归档与电子档案管理的方法、技术和标准的建立健全，以及相应管理理论、管理体系的形成。 （钱　毅）

《电子文件归档与电子档案管理规范》 *Specifications for Electronic Records Archiving and Electronic Archives Management* 规定了在公务活动中产生的，具有保存价值的电子文件的收集、整理、归档与电子档案的编目、管理与处置的一般方法的国家标准。国家档案局以《电子文件归档与管理规范》（GB/T 18894—2002）为基础进行修订，于 2016 年 8 月 29 日发布，2017 年 3 月 1 日实施。标准号为 GB/T 18894—2016。适用于机关、团体、企事业单位和其他组织在处理公务过程中产生的电子文件归档与电子档案管理，其他活动中产生的电子文件归档与电子档案管理可参照执行。

标准共 10 章。包括范围、规范性引用文件、术语与定义、总则、业务系统与电子档案管理系统、电子文件归档范围、电子文件的收集与整理、电子文件归档与电子档案编目、电子档案的管理、电子档案的处置，覆盖电子文件生命周期管理的全过程。

第 1～3 章解释了标准适用的范围、所引文件、相关术语。第 4 章总则明确了电子文件/档案管理的基本原则，档案部门、电子文件形成部门、信息化部门和保密部门的职责分工，以及制度建设、技术保障和安全管理的总体要求。第 5 章规定业务系统的电子文件归档功能的设计开发以及电子档案管理系统（ERMS）基本功能要求，旨在为电子文件/档案管理提供技术保障。第 6～8 章规定电子文件、电子文件组件及其元数据的归档范围、收集与整理要求、归档程序、归档接口与归档格式等，尤其是关于电子公文应具备的原件形式、归档业务节点、各门类**电子文件元数据**归档要求，以及部分门类电子文件/档案与纸质文件/档案同步编目要求。第 9 章电子档案的管理规定，包括存储、备份、利用、统计和元数据维护等内容。第 10 章电子档案的处置规定，包括鉴定与审查、转换与迁移、移交与销毁等内容。

该版标准扩大了标准适用范围，内容更为充实、严谨、系统、科学、规范，更具针对性和可操作性，对规范电子文件归档与电子档案管理工作具有更强的引领作用。 （黄玉明　邓晓文）

电子文件基本属性 basic attribute of electronic records 电子文件的基本特征。根据国际标准《信息与文献 文件管理 第 1 部分：概念与原则》（ISO 15489-1：2016）的规定，电子文件的 4 项基本属性分别是真实性、可靠性、完整性和可用性。根据《**电子文件管理暂行办法**》（厅字〔2009〕39 号），电子文件的 4 项基本属性分别是真实性、完整性、可用性和安全性。1997 年 2 月，**国际档案理事会**（ICA）出版的《从档案视角管理电子文件的指南》，首次在电子文件管理领域提出文件真实性、可靠性概念。2005 年国际档案理事会出版的《电子文件：档案工作者实用手册》，首次明确了电子文件的完整性和可用性。

真实性　**电子文件真实性**主要指：①电子文件与其制文目的相符。②电子文件的形成或发送与其既定的形成者或发送者相吻合。③电子文件的形成或发送与其既定时间一致。此外，用于控制电子文件创建、捕获和管理的业务规则、过程、法规和步骤应该被实现并记录下来，以确保电子文件的真实性。电子文件的创建者应该经过授权和身份认证。

可靠性　**电子文件可靠性**主要指：①电子文件的内容是可信的，可以充分、准确地反映其所证明的事务、活动或事实。②可以据此展开后续的事务或活动。③电子文件应该在业务事件发生时或发生后不久被创建，其创建者应该是直接掌握该事件事实的人，或者电子文件是由执行该行为的系统按照惯例创建的。

完整性　**电子文件完整性**是指文件信息齐全且没有破坏、变异或丢失的性质。为确保电子文件的完整性，电子文件管理方针和程序中应明确下列事项：电子文件形成之后可对其进行哪些添加或注释，在何种条件下可授权添加或注释，及授权由谁来负责添加或注释。任何授权的对电子文件的注释、增或删都应明确标明并可跟踪。

可用性　**电子文件可用性**是指电子文件可以被定位查找、检索、呈现和理解的特性。由于内涵丰富，因此需要采取多种相互衔接的手段来保证电子文件可用性，包括格式管理、载体管理、元数据管理等。

安全性　电子文件安全性是指电子文件在产生、传输、使用等过程中载体和信息的安全。这意味着电子文件的载体未被破坏，其内容、结构、背景信息等未被非法访问、非法获得、非法操作等。电子文件安全性大致可归为文件自身安全和文件使用安全两个方面。文件安全是指文件的真实性、完整性、可用性未遭侵害，确保以可信的状态存在和再现；使用安全是指在规定的权限中合规使用电子文件，没有因恶意或无意的违规使用造成文件信息的变化、泄密和损伤。

2010 年 11 月 10 日，联合国教科文组织在全体大会上一致通过并向全世界发布了由国际档案理事会提请的《世界档案宣言》，该宣言指出全世界档案工作者必须承诺共同努力“以正确的方式管理和保护档案，以保证其真实性、可靠性、完整性和可用性”。电子文件是信息时代的档案，维护其基本属性，是电子文件管理的基本目标，也是档案工作者的职责所在。 （崔　屏）

电子文件技术鉴定 technical appraisal of electronic records 检测电子文件的技术情况的工作。为**电子文件鉴定**的工作内容之一，和内容鉴定共同构成对电子文件的双重鉴定。包括对文件信息真实性、可靠性、完整性、可用性等技术指标的认定和对电子文件载体性能的检测，以判断电子文件的有用程度是否有实现的可能。

1984 年，法国档案学者 H.瑙格勒首次明确提出机读文件（电子文件）双重价值鉴定的思想，认为电子文件的鉴定包括对文件所含信息的鉴定（内容鉴定）和对文件技术状况的鉴定（技术鉴定）两个方面。要科学地判断电子文件的保存价值，除了像传统档案鉴定一样，需要判断电子文件内容信息的有用程度之外，还要判断电子文件的有用程度是否有实现的可能，即检查电子文件的技术特征，以明确电子文件的价值是否处于可利用的状态。这一思想在实践上为电子文件的鉴定工作提供了一条新的思路，在理论上为鉴定电子文件的保存价值建立了两个支点——内容的有用性和技术状况，从而引起了各国档案研究人员和工作人员极大的关注。

电子文件的技术鉴定需要从真实性鉴定、完整性鉴定、可读性鉴定、无病毒鉴定和介质情况检测几个方面进行。①真实性鉴定。需要检查文件是否既定形成者形成，是否按照预先确定的标准格式和模板编辑，是否为最终版本，是否有非法操作的发生，以及电子文件中影响真实性的要素是否因迁移而发生变化。②完整性鉴定。需要检查文件要素是否齐全以及要素集中手段是否有效，对照元数据模型，检查文件各个要素是否完备，以及联系一个文件各个要素的手段是否有效，如超链接、置标语言等。③可读性鉴定。需要检查与电子文件相配套的软硬件环境是否可靠，相关背景材料等是否齐全完整，存储格式是否符合归档要求，在指定的环境平台上是否可以读取。④无病毒鉴定。可运用病毒检测软件检测归档文件和归档介质是否携带病毒。⑤介质情况检测。需要对实施物理归档或脱机保存的电子文件介质的物理性能和规格进行检查，看是否符合国家标准规定的形式、格式和质量要求，如磁盘或光盘是否清洁、光滑、无褶皱、运转正常，是否使用过时的、不符合工业标准的存储载体。

在实践中，对电子文件的技术鉴定应贯穿文件从生成到长期保存或处置的整个生命周期的始终，除了定期鉴定之外，在电子文件交接的关键节点，如电子文件归档环节、电子档案移交与接收环节，都需要采取技术检测手段对电子文件进行全面检查，确认电子文件信息是否真实、完整、可读、可用。行业标准《文书类电子档案检测一般要求》（DA/T 70—2018）的出台，为电子文件技术鉴定工作的顺利开展提供了指南。随着该标准的贯彻实施，电子文件四性检测在一定程度上取代了电子文件技术鉴定的概念。

在电子文件的长期管理、利用、维护的过程中，通过技术鉴定，可以了解电子文件的存储管理状况，保证电子文件的安全；同时针对鉴定发现的问题，可以制定相应的措施和方法，或及时启动应急机制，以弥补、恢复、抢救相关的文件、数据及载体，最大程度地降低风险和损失。

（钱　毅）

电子文件检测　detection of electronic records　对电子文件质量进行检查和测试的工作。电子文件在其生命周期管理中有多个环节涉及检测工作，包括归档、移交、接收、利用、长期保存等环节。

对电子文件进行检测，是保证电子文件存储信息的真实、完整、可用、安全的必要条件之一。电子文件因其特有属性，而与传统纸质文件有较大区别，其中一个属性即为具有一定的系统依赖性，脱离计算机软硬件环境，文件将无法正常获取。电子文件的这一特性决定仅有内容无法独立支持它的保存价值，必须有一定的技术状态保障。电子文件检测的实质就是对其基本技术条件进行检查测试。

电子文件的检测环节较多，主要分为交接环节（包括归档、移交、接收等）、定期检查环节与利用环节。在交接环节时，要检测电子文件能否被正常读出、打开或运行；有无感染计算机病毒；内容是否完整，是否与交接清单或文件目录相一致等。在定期检查环节，应检测数据类电子文件能否被正常读出，程序类电子文件能否正常运行，磁性载体有无损坏，转储后的载体与原载体编号是否一致。在利用环节一旦发现有文件损坏或感染计算机病毒，立即要对该载体内存储的所有文件进行检验，及时采取措施修复损坏的文件。

根据《文书类电子档案检测一般要求》（DA/T 70—2018），电子文件检测的重点是电子文件四性检测，即真实性检测、完整性检测、可用性检测和安全性检测。真实性检测需要围绕电子文件的来源、元数据、内容、信息包的真实性等内容进行。如来源真实性是通过检测归档电子文件中的固化信息是否有效，确认电子文件来源的真实性；元数据真实性通过检测**电子文件元数据**是否符合 DA/T 46—2009 等标准或自定义元数据方案要求。完整性检测内容主要包括数据总量、元数据、内容和信息包等的完整性。如内容完整性检测归档电子文件的内容数据是否齐全完整；信息包完整性检测则对照归档信息包元数据中记录的文件数量检测内容数据是否齐全完整。可用性检测包括元数据、内容、软硬件环境等检测内容。如内容可用性检测内容数据是否符合归档要求，是否可以被正常打开和浏览，元数据中记录的软硬件环境信息是否符合归档要求。安全性检测包括病毒检测、载体安全性检测、过程安全性检测等内容。如载体安全性检测指检测载体内是否含有非归档文件，通过外观和读取情况等判定载体是否安全可靠，针对光盘则检测其是否符合 DA/T 38—2008 的有关要求。

随着电子文件管理的不断深入，检测工作不断细化，嵌入到电子文件全过程的管理之中，检测的自动化、智能化水平也将是衡量电子文件管理系统、数字档案馆系统水平的一项重要指标。（钱　毅）

电子文件检索　retrieval of electronic records　按照用户指定参数定位、查看和利用系统资源（包括类目、文件等实体及其元数据）的过程。国家标准《**电子文件管理系统通用功能要求**》（GB/T 29194—2012）指出，电子文件的检索是“从计算机系统存储的数据中获得信息的行为”，是电子文件信息利用服务的重要手段。电子文件的检索直接连接利用者和电子文件信息资源，其工作质量的好坏，决定着电子文件的现实使用价值和历史参考价值能否得到充分的发挥。电子文件检索需要遵循便利原则、经济原则、适度原则和安全原则。

电子文件检索是档案检索技术发展的第三阶段，它与手工检索（线性检索）、计算机辅助检索在工作基础、技术手段、服务模式上有着本质的不同。从采用的检索技术、检索方法的角度来看，电子文件检索与一般信息检索虽然在体系架构上基本相同，但因电子文件的特殊管理要求，二者存在如下区别：①对预处理的要求不同。一般信息检索在预处理过程中通常不需要人工参与，而电子文件检索为实现更高的检索质量，在预处理过程中需要人工参与部分著录项。②可支持的检索方式不同。除了一般信息检索所需要的全文检索之外，电子文件检索系统还需要支持文件级检索、案卷级检索以及针对元数据的检索。③检索结果处理要求不同。电子文件检索需要保证检索结果满足文件权限控制和安全要求，并可以开展在线浏览、摘录信息、生成检索报告和打印输出等操作。

由于电子文件是在数字环境中形成和生存的，因此电子文件检索具有许多新的特点：①多途径检索。检索系统为用户提供多种可检索项目，以及逻辑组配、全文检索、“人机对话”式检索，并可不断调整策略以获得最佳检索结果。②网络化检索。电子文件检索系统可以在网络上应用，通过网络检索和传输电子文件及各类档案数据，实现不受时空限制的远距离信息存取。③检索结果直观，输出方式灵活适用。电子文件检索系统可以将电子文件原文内容作为检索结果直接输出，并可提供在线浏览、打印、编辑、脱机存储等服务。④检索内容新，实时性强。电子文件检索系统能检索到最新入库、允许查阅利用的电子文件，以及最新开放的档案信息，同时实现高速查检。⑤检索技术性强，检索质量较难控制。由于计算机完全按照检索条件来匹配检索结果，电子文件检索系统的查全和查准率完全取决于所用提问词及其组配关系。

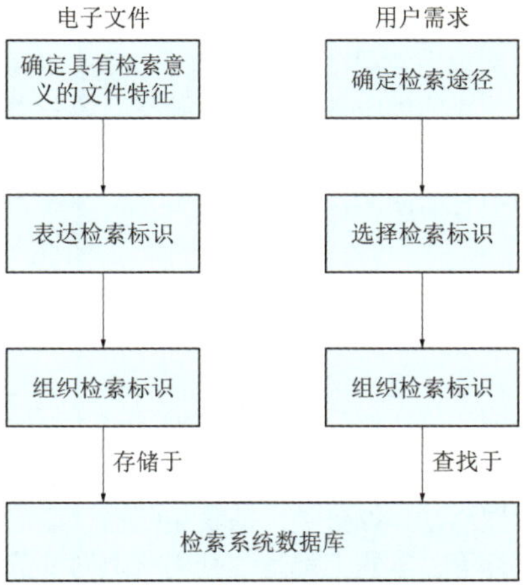

电子文件检索系统示意图

从采用的计算机技术角度，电子文件检索可分为7种：①布尔逻辑检索。即利用布尔逻辑运算符表达检索需求。②近邻检索。又称位置算符检索。用特定的位置算符表示检索词之间的位置关系以准确表达检索要求。③字段限制检索与短语检索。前者指将检索词限定在某一特定的字段范围之内；后者指检索出与指定字符串短语完全匹配的结果。④加权检索。为每一检索词赋予表示其重要程度的权值，并对含有检索词的文件信息进行加权计算，加权值在标准之上的作为结果输出。⑤截词检索。将检索词在用户认为合适的地方截断，检索出所有满足截词要求结果。⑥联想检索。为用户显示与当前检索条件相关联的其他检索条件。⑦全文检索。直接使用自由词，按照一定的算法以文件中的词语为对象进行检索，解决一般非结构化文字信息内容的查询问题。（钱　毅）

电子文件鉴定　appraisal of electronic records　根据一定的方法和原则，判断电子文件的历史和现实价值，确定其保管期限的活动。鉴定是档案工作中难度较大、争议较多的环节，电子文件的出现进一步增加了鉴定工作的复杂度。由于载体差异，电子文件的价值实现需要依赖一定的技术条件，因而电子文件鉴定内容与纸质文件有着显著差异。对此，1984年，法国档案学者H.瑙格勒在其研究报告《机读文件的鉴定》中首次提出电子文件双重鉴定的思想。该思想认为，电子文件鉴定应从内容和技术两方面展开，综合判定电子文件的保存价值。其中，内容鉴定是对电子文件所含信息的价值进行判定；技术鉴定是对电子文件的技术状况进行检查，包括对信息真实、可靠、完整、可读性的认定和对电子文件载体性能的检测。随着电子文件管理方法和技术应用的不断发展，目前技术鉴定工作已经逐渐演变为相对独立的技术检测工作。鉴定的核心内容仍然是判断电子文件的保存价值。

电子文件鉴定的两种基本方法为内容鉴定法和**职能鉴定法**。内容鉴定法是指通过审阅电子文件的内容判断价值的方法；职能鉴定法是指通过判断形成电子文件的职能活动的重要性来判断价值的方法。但这两种方法并非是截然对立或彼此孤立，鉴定者在审阅电子文件内容时会考虑到其反映的职能因素，职能活动也会反映在文件的内容上。两者的主要区别在于前者的思路是微观的、自下而上的，对每一份文件都要展开分析，并从内容分析的实践中总结出一些判断的因素，如职能、人物、时间等；后者的思路则是宏观的、自上而下的，要对机构的全部职能进行研究，分析机构的哪些职能活动、哪些工作更重要，并把相关的文件保存下来。相比而言，职能鉴定法在理论层面上呼应了电子文件记录职能活动的本质特征，在操作层面上能够支持电子文件的批量鉴定，因此在中国档案界得到了较高回应。

由于机构管理、业务活动及电子文件的复杂性，在实际工作中，电子文件的鉴定往往以职能鉴定法为主，并辅之以内容鉴定、风险分析等其他鉴定方法。

在一个单位中开展电子文件价值鉴定，首先需要制定**电子文件保管期限与处置表**，为日后的具体鉴定工作提供依据。该表根据描述文件的类别，说明该类文件保管时间的长度，并规定文件保管期满之后的处置行为，包括销毁、继续留存、移交等。可参照国家和行业相关**档案保管期限表**来制定电子文件保管期限与处置表，该表宜保持相对稳定，不宜频繁变动。电子文件保管期限与处置表是电子文件管理系统配置的依据。

当**电子文件捕获**进入电子文件管理系统后，系统或用户可以将之与文件保管期限与处置表的条款对照判断，划定其保管期限。如果电子文件进入系统时被登记进入某个类目，且该类目已经设置了保管期限和处置规则，那么该份文件自动继承上位类目的保管期限和处置设置，由此实现了自动鉴定。用户可以根据需要对自动鉴定的结果进行手工调整。对于那些尚无法根据类目统一判断保管期限的电子文件，一些系统提供商也会提供一定的辅助判断技术，比如根据关键词提示鉴定结果。

随着信息技术的不断应用，电子文件的数量不断增加，形式日益丰富，其价值鉴定工作也面临新的挑战，比如大数据环境下电子文件鉴定尺度问题、物联网数据的鉴定问题等，需要文件档案管理领域不断创新探索。（钱　毅）

电子文件可读性　readability of electronic records　电子文件可从存储设备中读取出来，以供计算机进行数据处理或直接显示以供人阅读的特性。可读性是电子文件可用性的基础性要求，也是电子文件长期保存要解决的首要问题。电子文件的信息以二进制代码的形式，高密度地记录在磁性或者光介质上；电子文件在传输、存储过程中有时会经过压缩、加密等处理。这些因素都使得电子文件无法直接被人识读。要阅读文件信息，必须借助计算机等设备进行解码、解压或解密。根据1997年国际档案理事会电子文件委员会《基于档案视角的电子文件管理指南》的阐述，电子文件的可读性包括对机器可读和对人可读两个方面。

从机器的角度看，电子文件的可读即可处理，机器能够在确保电子文件凭证性不受损害的前提下，对其进行操作、解码和呈现。这需要存储介质、存储驱动设备、芯片、操作系统、应用软件等多种要素配合。机器处理文件，可以使用与最初文件生成系统相同或相互兼容的系统，如果只是查看而不加以编辑，可以使用专以阅读为目的的软件。

从人的角度看，电子文件的可读性要求以人可以识别、可以理解的方式输出，指电子文件通过计算机等设备解码之后，人可以明白文件的内容以及文件所要表达的意思。这要求：一方面，电子文件不出现错码、漏码，还原内容信息的组织结构；另一方面，电子文件所包含的一些需要解释的专门信息有解释的机制，以达到可以理解的目的。例如，一份记录农田调查情况的文件，其中使用了编码机制来表明土地等级或每块土地的土质，需要将与土地等级或土质编码对应的编码规则与电子文件一同保存，文件才是真正可理解的。

电子文件的可读是电子文件有效利用的第一道关卡。经过多年的理论研究和实

践探索，在载体管理、格式管理、元数据管理等诸多方面形成了若干保证电子文件可读性的方法。（崔 屏）

电子文件可靠性 reliability of electronic records 电子文件的基本属性。1997 年 2 月国际档案理事会电子文件委员会颁布的《基于档案视角的电子文件管理指南》首次提出电子文件可靠性概念，即电子文件能够成为可靠证据的能力。

电子文件可靠性主要体现在以下 3 个方面：①电子文件的内容是可信的，可以充分、准确地反映其所证明的事务、活动或事实。②可以据此展开后续的事务或活动。③电子文件应该在业务事件发生时或发生后不久被创建，其创建者应该是直接掌握该事件事实的人，或电子文件是由执行该行为的系统按照惯例创建的。

可靠性强调文件内容的准确可靠，文件内容与所记述活动的一致性，以及文件形成过程的规范性。可靠性也可理解为电子文件内容的真实性。真实性和可靠性共同构成电子文件可信的基石。

（刘越男 崔 屏）

电子文件可用性 usability of electronic records 电子文件的基本属性。主要指文件可以被查找、检索、呈现或理解的特点。表现在 3 个方面：①电子文件是可以查询到的。用户借助于特定的途径和工具可以准确定位并查找到有关文件的信息。②电子文件信息是可以利用的。即用户可以通过浏览、下载、打印、复制等合法手段操作电子文件，达到利用的目的。③电子文件是可读、可再现的。即电子文件经过存储、传输、压缩、加密、载体转换、系统迁移等处理后能够以人可以识读、可以理解的方式输出，并保持其内容的真实性。

为保证电子文件的可用性，通常采用规范格式、格式迁移等方式保证其可被软件阅读，采取载体管理、载体更新的方式保证其载体可被使用；应通过提供与*电子文件检索*和展示相关的*电子文件元数据*（如文件编号、格式或存储信息），来支撑电子文件的可检索性；通过保存编码规则、知识库等增强电子文件的可理解性。

保证电子文件可用性的措施应该贯穿于全部管理工作的始终。文件流转、归档、鉴定、著录、存储、利用、保护时都要遵守相关的规定，并应保存相关记录。任何一个工作环节、一项具体操作的失误都有可能对电子文件造成灾难性的后果，使电子文件处于读不出来或难以理解的状态。科学的长期保存措施是电子文件长期可用的基本保障。（刘越男 崔 屏）

电子文件类型 type of electronic records 电子文件按照不同标准进行的分类。不同类型的电子文件具备不同的特点，需要采取有针对性的管理举措。

以信息存在形式分类 可分为文本文件（字处理文件）、数据文件（数据库电子文件）、图形文件、图像文件、视频文件、音频文件、程序文件等。①文本文件。指使用文字处理软件生成的，由字、词、数字或符号表达的文件。②数据文件。指在事务处理系统中单独承担文件职责，或者作为文件的重要组成部分出现的数据库数据对象，也可以说是以数据库形式存在的具有文件属性的记录。③图形文件。指根据一定算法绘制的图表、曲线图，包括几何图形和把物理量（如应力、强度等）用图表表示的图形等。④图像文件。指使用数字设备采集或制作的画面，如用扫描仪扫描的各种原件画面，用数码相机拍摄的照片等。⑤视频文件。指使用视频捕获设备录入的数字影像或使用动画软件生成的二维、三维动画等各种动态画面，如数字影视片、动画片等。⑥音频文件。指用音频设备录入或用编曲软件生成的文件。⑦程序文件。指为处理各种事务用计算机语言编写的程序，是一种计算机软件。

包含上述两种以上信息形式的文件为多媒体文件，这种文件使用多媒体技术制作，具有较复杂的结构。包含对其他文件链接功能的文件为超文本文件，这种文件是一种全局性的信息结构，它将文档中的不同部分通过关键字建立链接，主要采用 HTML 格式，使信息得以交互式呈现，用户可以通过超文本文件的链接直接获取或发送相关信息。网页就是使用超文本技术制作的。随着计算机技术的不断发展，不同类型文件之间的融合存储现象也越来越多，文件类型之间的界线日益模糊。比如，Word 格式的文件是典型的文本文件，但当文件中内嵌图像、声音、视频等内容后，也可以看作是多媒体文件。

以文件的生成方式分类 可分为原生性电子文件和数字化电子文件。原生性电子文件是在计算机系统中直接形成的，其信息的最初形态是数字形式的，如在办公自动化（OA）系统中起草、发布、流转的公文，电子邮件，计算机辅助设计（CAD）文件等；数字化电子文件的原始形态是模拟文件，经由数字设备将源文件（如纸质文件、模拟录音文件等）转换形成。数字化电子文件也称转换型电子文件。

以生成文件的业务领域分类 可分为通用电子文件和专门电子文件。前者主要形成于行政管理、财务管理、人力资源管理等各机构都具有的通用业务领域；后者主要形成于机构特有的业务领域，如保险公司的保险业务、房地产公司的工程项目建设等。

此外，国家标准《*电子文件归档与电子档案管理规范*》（GB/T 18894—2016）在“电子文件归档范围”中将电子文件划分为文书类电子文件，照片、录音、录像等声像类电子文件，科技类电子文件，各种专业类电子文件，邮件类电子文件，网页、社交媒体类电子文件等不同类型该分类并非遵循同一个纬度，但分类结果在实际工作中有所使用。（钱 毅）

电子文件利用 access to electronic records 查找、使用或检索电子文件的权利、机会和方法。电子文件的有效利用是电子文件管理的最终目的，没有利用，电子文件管理也就失去了方向和意义。其他电子文件管理活动，如分类、捕获与归档、鉴定与保存等，本质上都是为利用所做的准备工作。提供利用和利用是同一项*电子文件管理工作*的两个方面，提供利用是电子文件管理服务者的义务、责任和活动，利用则是利用者的权利、机会和活动。

类型 按照利用是否服务于文件形成目的，电子文件利用可分为原发性利用和增值性利用，原发性利用的利用目的和其形成目的一致；增值性利用的利用则超出其形成目的之外的目的。按照利用的具体目的，电子文件利用可分为业务支撑性利用和文化研究性利用。业务支撑性利用是指利用者（包括机构或个人）在其日常生产、经营、管理等业务工作中利用电子文件，包括提供业务凭证，保护合法权益；提供信息参考，提高工作效率；支持决策依据，提高决策水平；开发信息产品，挖掘商业价值等。文化研究性利用是指利用者在文化传播、了解历史、寻根问祖、学术研究等活动中利用电子文件，这类利用和人类社会的文化传承和记忆延续有关。按照利用的范围，电子文件利用可分为内部利用和外部利用。内部利用指发生在电子文件形成机构内部的利用，利用者为机构内部人员。外部利用指发生在电子文件形成机构外部的利用，利用者来自其他业务往来机构或社会大众。

特点 与传统档案的利用相比，电子文件利用具有一些新特点。①共享性。电子文件不再受“孤本”的限制，一份文件可以同时、多人、多地供所有需要它的人利用，

突破了时间、空间、利用人数的限制。②复用性。只要电子文件的信息和载体得到有效的保存和维护，利用者查找、利用的文件会一直保持其真实、可信的内容和呈现方式，不会因为岁月的流逝而淡化、磨损。③交互性。电子文件利用系统和用户之间可以保持良好的互动，比如随时调整检索策略、允许用户设置标签等。④灵活性。利用者可以通过分类、统计、汇总、打印、复制、上传等各种操作，把获得的信息变活，让它们为自己的各种需要服务。

与此同时，电子文件利用也存在一些不容忽视的风险，包括文件信息的安全性难以控制、文件信息对软硬件平台的依赖性强等。

原则　电子文件利用的基本原则是尽可能满足用户对电子文件的利用需求，同时保护国家、机构和个人的正当权益不受侵害。具体而言，电子文件利用应遵守以下原则。①便利原则。电子文件的利用应尽可能给用户提供便利，使用户能够获得良好的利用体验。②经济原则。对于最终用户来说，能够以较低的经济代价获取所需要的电子文件。对于电子文件管理机构和部门来说，能够以较低的经济成本提供有保证的利用服务。③广泛原则。应在遵守法律法规约束的前提下，将尽可能多的电子文件向尽可能多的用户群体提供利用。④安全原则。应综合采用各种有效的安全保护措施，确保检索和利用的安全，保护文件的完整性和真实性，保护机密电子文件信息不受侵害，保护相关利益主体的合法权益，包括知识产权、隐私权等。

方式　电子文件利用的特点决定了其提供利用的方式较纸质文件要丰富，常见的方式有：①网络服务。指借助于互联网为用户提供服务，包括 Web 网站、电子邮件服务、社交媒体服务等。②集中阅览。指开辟阅览室，供利用者直接查阅利用电子文件。这种方式可以保证利用质量，提高利用效率，保护文件安全。③复制供应。指以电子文件及其信息加工产品的各种载体形式的复制件向用户提供利用的方式，包括静电复印材料、转换成缩微胶卷/胶片、光盘等。④咨询服务。指文件、档案人员以电子文件信息为依据，以口头或书面形式，为用户解答有关电子文件及其管理状况的服务方式，是辅助性的提供利用方式。

访问控制　是保护电子文件网络安全的主要策略，即在身份认证的基础上，根据定义好的授权对提出的访问请求加以控制。它可以根据用户类型对资源访问进行限制，防止非法用户侵入或合法用户不慎操作对电子文件所造成的破坏。在开展电子文件的访问权限控制时，应围绕安全访问策略的制定，理清权限控制的主体和客体资源的类型及其关系，设置不同类别的访问控制。

要求　根据国家标准《电子文件归档与电子档案管理规范》（GB/T 18894—2016），电子文件利用时应注意以下几点：①应严格遵守国家相关保密规定。②利用者对电子文件及其组件、元数据的查阅应在权限允许范围之内。③应严格控制全文浏览、复制、下载等利用行为，阻止未经批准或授权的复制、下载等操作行为。④电子文件及其元数据的离线存储介质不得外借，其使用应在文件档案部门的监控范围内。⑤对电子文件采用联网方式利用时，应遵守国家有关信息安全的相关规定，从技术和管理两方面采取严格的管理措施。

随着大数据、人工智能等新技术的发展应用，以及国民经济和社会发展对数据需求的不断提升，电子文件利用工作将引入更多的技术、方法和理念。

（刘越男　钱　毅）

电子文件模板　template of electronic records　规定电子文件结构和显示方式的标准化文件。广泛地应用于多种文件的编辑中，如电子公文、电子图纸、网页、技术文件等。不同类型的电子文件，模板不同。

电子文件模板是标准化工作的一项成果，一般根据国家、行业有关规范编制而成，用来规范电子文件的构成及其在屏幕上的显现格式。电子文件模板是填空式的，用户在编辑电子文件时可以自动套用模板，不需要考虑电子文件的要素是否缺失、页面布局是否合理、显示样式是否合规等因素，只需要在模板的引导下专注于信息内容的填制。模板应被集成在编辑电子文件的系统中，其管理包括编制、发布使用、维护和迭代等活动，由文档部门或标准化部门负责。

电子文件模板凝练了特定类型文件编制、处理的经验，其使用有助于提升电子文件的编制质量和编制效率，有助于提高同类文件的规范性和一致性，有助于支持业务的规范化运行。（刘越男）

电子文件迁移　migration of electronic records　将电子文件及其元数据从一个软硬件环境转移到另一个软硬件环境的过程。电子文件迁移是为了维护电子文件可读、可用而采取的一项重要的、常见的长期保存措施。软硬件存储环境的改变和应用技术的更新等通常触发迁移需求。工作原则是：无论系统发生何种变化（包括技术更新、存储环境改变、格式转换等），应确保原电子文件内容信息在新的技术环境中不变，保证其原有元数据不变，同时应有效维护电子文件的真实性、完整性、可用性和安全性。

迁移条件　出现但不限于以下情况时，应实施电子文件及元数据的迁移。①因技术更新、介质检测不合格等原因需更换存储介质时。②支撑电子文件管理系统运行的操作系统、数据库管理系统、计算机、服务器、磁盘阵列等基础软件以及主要系统硬件设备升级、更新时。③电子文件的原始格式升级时发生重要变化或退出市场时。④管理和保存电子文件的系统更新时。

迁移类型　根据迁移的对象，电子文件迁移可分为载体迁移、格式迁移和环境迁移等。①载体迁移。指当前存储载体出现过时、读取困难时，将电子文件及其元数据转移到新载体上，保证文件长久可读取。②格式迁移。指将电子文件的源格式转换为目标格式。格式迁移也被称为电子文件的转换。③环境迁移。指将电子文件从过时信息系统中迁出，主要发生在系统升级或二次开发时，此时可能出现格式、载体的迁移和信息的增加或变更。

根据迁移的时机，电子文件迁移可分为主动迁移和被动迁移。①主动迁移。指遵循一定的规律，在主观可控的基础上，按照既定的计划和安排，有序进行的电子文件及元数据迁移。②被动迁移。指**电子文件存储**的技术环境突发改变，出现不稳定情况，可能发生不可预测的结果时，被迫进行的电子文件及元数据迁移。

根据迁移的策略，电子文件迁移可分为一次迁移、分次迁移和定时迁移。①一次迁移。指通过电子文件迁移工具或迁移程序，将整批电子文件一次性全部迁移到新系统中。优点是迁移实施的过程短，安全风险相对较低。缺点是前期准备需充分，对技术要求较高。被动迁移必须采用一次迁移。②分次迁移。指通过电子文件迁移工具或迁移程序，将需要迁移的电子文件分几次迁移到目的系统中。适用于电子文件数量巨大，限定时间内无法完成的迁移。优点在于可以将任务分解。缺点是多次的拆分合并，增加了电子文件迁移的复杂度。③定时迁移。指有规律地、持续地将电子文件定时迁移到目的系统中。定时迁移能够有效规避系统升级和技术过时所带来的风险，但在技术、软硬件设备环境满足工作需要时便失去意义。

迁移程序　迁移活动应按照规范程序有效执行，并记录过程元数据，迁移后的电子文件及元数据应重新进行备份。迁移程序包括如下步骤：①确定迁移需求。触发迁移需求后，对电子文件的源系统、内容、格式及元数据数量等全面审查，提出需求方案。②评估迁移风险。做好安全风险评估，包括技术可靠性、兼容性和安全性，迁移环境的安全性和可用性，迁移保障条件等。③制定迁移方案。根据前期准备，编制迁移方案。当项目相对重大时，应组织相关专家进行论证。④审批迁移方案。根据实际完成审批流程，并依据审批后的迁移方案，做好前期准备。⑤迁移预测试。按照既定方案，做好不同数量级电子文件的迁移预测试操作，直至可行。⑥实施迁移。无论在何种情况下，都应可以随时停止，并能够实现完全恢复。⑦评估迁移结果。迁移完成后，对结果进行评估，形成评估报告。可采取系统评估和人工评估相结合的方法，重点检查电子文件的数量、内容、格式、检索、统计等功能的有效性以及电子文件和元数据的对应情况。⑧报告迁移结果。向单位报告迁移结果。迁移完成之后，根据各单位实际情况，决定迁移前的电子文件的保存期限，通常来说归档、移交的原始格式的电子文件不应被销毁。

电子文件迁移是电子文件永久保存的必要途径，是电子文件有效利用的重要保障。电子文件迁移是一项系统工作，它伴随着电子文件的形成、归档、接收进馆、保管、备份以及利用等全部环节，必须把握迁移时机，按照一定的原则、方法，选择合适的工具来实施。（黄玉明　朱霖露）

电子文件审计跟踪　audit trail of electronic records　*电子文件安全管理*的一种操作。电子文件审计跟踪指依赖相应的系统实时记录对电子文件操作的主体、客体和环境，跟踪电子文件的运动轨迹，以便实时了解电子文件的运动状态，防止非法人员或程序窃取用户权限对文件实施越权操作，提供有力证据追究电子文件管理事件中的责任人。审计跟踪是电子文件安全管理的重要内容。

审计跟踪的作用是确保电子文件进入电子文件管理系统后，所有非授权改变都能被记录下来，以便监督电子文件活动。通过审计跟踪能够形成与电子文件活动相关的记录，主要包括如下信息：电子文件曾经发生的活动，实施活动的对象，实施活动的主体，主体最初开始及执行的操作、活动发生的日期及时间。一旦审计跟踪功能被激活，电子文件管理系统能够无须人工干预地自动跟踪所发生的情况，并将这些情况记录于审计跟踪文件。由于审计跟踪会产生大量的信息，因而在具体实施中管理员可以限定一些必须审计的行为。

电子文件应当在电子文件管理系统的审计跟踪之下，依据其自身的流程进行运动。在电子文件形成阶段，审计跟踪系统根据需要记录文件的增、删、改以及有关被捕获、登记的情况。在电子文件形成完毕，将其通过网络送达有关人员。有关人员根据系统功能打开并办理不同的文件。当电子文件送达有关人员时，审计跟踪功能自动记录下文件出发地的地址、文件的传输路径、目的地及相关的身份验证信息。当文件停留在某处并被处理时，审计跟踪功能记录下有关人员对文件的操作，有关人员在通过身份验证以后可以对文件进行改动，审计跟踪功能跟踪整个操作过程，记录有关操作信息。文件办理完毕进入档案管理阶段时，审计跟踪同样会对电子文件的存入、导出、利用、迁移等过程做记录。在电子文件的运动过程中，不断形成和补充相关背景信息，审计跟踪贯穿整个运动过程，不仅报告文件状态和处理操作，还可能将一些审计跟踪记录作为背景信息进行捕获。（钱　毅）

电子文件生命周期　life cycle of electronic records　将电子文件视为一个生命体，其从形成到永久保存或销毁的过程要经历若干阶段的理论。

理论探索　早在20世纪80年代，档案界已开始认识到电子文件生命周期和传统文件生命周期存在不同。1985年加拿大档案工作者J.阿瑟顿指出计算机对文件生命周期的影响是巨大的，电子数据生命周期的各个阶段是不可分割的。他提出采用一个包含4个阶段（形成或接收、分类、鉴定、保管和使用）的更简单、更一体化的模型来取代原来的生命周期，这4个阶段相互关联形成一个连续体，文件管理者及档案工作者都参与其中。

1997年，国际档案理事会电子文件委员会颁布的《基于档案视角的电子文件管理指南》中明确提出了电子文件生命周期的概念，并将电子文件生命周期划分为3个阶段：概念阶段（conception stage）、形成阶段（creation stage）和保管阶段（maintenance）。①概念阶段。指电子信息系统的设计、开发和运行阶段，这一阶段电子文件尚未形成，需对为现行业务服务的信息及信息处理需求进行分析，也需挑选、获取并使用适当的技术。电子信息系统的设计及详细说明中也必须要强调电子文件管理功能需求以确保所形成或保存的电子文件的完整性和可靠性，并保证有档案价值的电子文件能被挑选和保存下来。②形成阶段。指充分可靠的电子文件能在设计优良的文件保管系统中按需形成并被捕获。③保管阶段。包括电子文件生命周期的剩余阶段，即对形成后的电子文件进行保管和提供利用的阶段。《基于档案视角的电子文件管理指南》强调，电子文件管理的首要原则是档案馆应参与形成及保存具有档案价值文件的电子系统的全生命周期，以确保真实、可靠及可保存的电子文件的形成和保存，而电子文件生命周期是该原则的基本概念之一。

理论内涵　电子文件生命周期理论是对文件生命周期理论的继承和发展，文件生命周期理论在本质上同样适用于电子文件，同时需要按照电子文件的特点对这一理论进行部分的修正。电子文件生命周期理论的基本思想主要有如下方面：①电子文件从其形成到销毁或永久保存是一个完整的、不可割裂的运动过程。②这一过程可以根据电子文件的功能、效用和价值的变化划分为若干阶段（如现行期、半现行期、非现行期），对不同阶段的管理需求应该统筹设计和实现。③电子文件在每一阶段因其特定的功能、效用和价值形态而具有不同的价值主体和价值实现方式，但电子文件运动的阶段性与其物理位置、保存场所没有必然的对应关系。④电子文件管理功能通过管理电子文件的系统实现，不同阶段的管理需求通过相应的管理功能实现，因此电子文件生命周期全程的管理和监控措施应该向前延伸到电子文件系统的设计之中。

理论争议　《基于档案视角的电子文件管理指南》所划分的3个阶段尚存争议。何嘉荪认为这种划分实际上是电子文件管理系统的生命周期，对电子文件正式形成后的运动过程没有进行划分，只是笼统地称为保管阶段。电子文件作为文件的一种形态，应该有与传统载体文件原理相同的生命周期，只不过需要对各运动阶段的含义进行重新界定使之能用于解释电子文件的运动。M.彭诺克在2006年国际档案理事会关于大学及研究机构档案馆的年度研讨会上指出，传统文件生命周期将保管及向档案馆移交仅置于后端阶段，不再适用于数字文件的管理，而且文件管理的各个参与方的职责经常是跨阶段的，在数字文件的形成、管理及保存过程中需要各参与方的合作，她提出在数字文件管理中应引入数据管护（digital curation）的概念，强调成功的数据管护要求数据管理生命周期各个阶段各参与方的高度合作。

20世纪90年代，澳大利亚档案学者F.阿普沃德在基于证据和连续体的文件管理思想、文件系列方法思想的基础上，借鉴后保管主义及结构化理论提出了**文件连续体理论**，用于指导电子文件的管理。他和S.麦克米西、B.瑞德等学者认为文件连续体理论是后现代文件保管的新范式，他们强调文件并非是中立物，而是社会建构的产物，文件的运动具有时空延伸性，文件保管是现行文件管理者、档案工作者及其他相关方作为一个整体一起合作进行的工作，而不是单一主体分阶段孤立开展的工作。此后研究者亦展开了文件生命周期理论与文件连续体理论哪一个更适于指导电子文件管理的争论。

电子文件生命周期的提出和争论反映了档案界对传统文件生命周期理论各个阶段及其管理职责泾渭分明的划分所带来的文件与档案管理割裂的否定，希望通过对电子文件生命周期的重新划分和界定来使得这一理论适用于电子文件的管理。一方面，无论生命周期的阶段如何划分，研究者都认可电子文件从形成到永久保存或销毁是一个完整的运动过程，这是文件生命周期理论的基本前提；另一方面，诸多围绕电子文件生命阶段的划分争论，焦点都在于电子文件管理活动的开展时间和实施主体上，并没有涉及电子环境下文件生命阶段的划分是否还需要以文件效用和价值变化为基础，因而并未冲击到文件生命周期理论划分不同阶段的基本依据。当然，这些争论有助于从更多方面去考虑电子文件管理活动、管理职责的时空关系和相互关系。

电子文件生命周期理论是电子文件全程管理原则和前端控制原则的依据和基础，是对电子文件实施科学管理的基础。文件形成机构、档案馆以及其他相关主体需要分工协作，共同完成电子文件生命周期的全部管理活动。 （连志英）

电子文件识别 identification of electronic records 数字环境中将文件与其他信息相区别的过程。识别是特别针对电子文件提出的新概念。在纸质环境中，由于业务活动相对稳定，不同业务职能之间边界相对清晰，且文件具有与之一一对应的、稳定的载体，因此人们很容易识别记录业务活动的文件，识别也并未成为一项独立的文件管理活动。数字环境中，业务活动的稳定性和易界定性受到冲击，很多电子文件不再与传统文件高度对应，无法再依据载体来判断文件的边界，电子文件的识别变得困难，有必要独立出来，成为电子文件管理的一项基本任务。

随着国际电子文件管理研究的深入，识别电子文件的手段有了长足的进展，其中最具代表性和权威性的是“电子文件真实性永久保障国际研究项目”（InterPARES）的研究成果。该项目通过对大量不同系统、应用环境的研究，建立了电子文件身份鉴定学应用模板，该模板包括文件的5个要素：①具备固定的内容和成文形式，并且以固定在载体上的方式存在。②参与一个由拥有相应权限的机构或个体发起的，旨在改变境况的行动。③具备档案联。④最基本的文件形成人员（即作者、接收者、拥有者和网络地址提供者）共同参与文件形成。⑤具备5个可识别环境，即司法—行政环境、来源环境、程序环境、记录环境和技术环境。这五个要素也可视作文件的五个构成条件。该项目同时指出，理论上而言，数字信息体必须具备所有这5个要素才能被视为文件。在实际操作过程中，电子文件至少需要具备固定的内容和成文形式这一个要素。

识别的步骤一般包括：①调查分析机构的职能结构和业务活动，明确各项活动中要求形成哪些电子文件，从而确定电子文件的生成节点。②根据信息系统及其信息的具体情况，具体判断每类文件的构成和存在方式。③明确每类文件进入电子文件管理系统之后的保存方式。

识别是电子文件管理不可或缺的基础。只有准确地从信息系统中识别出作为电子文件管理的对象，才能按照电子文件管理的专业要求对相关信息开展科学、规范的管理。 （刘越男）

电子文件完整性 integrity of electronic records 电子文件的基本属性。在档案学领域，完整性有两种解释：第一种解释来自档案学的经典释义，取“齐全完整”之意。在此意义上，电子文件的完整性包括两层含义：其一，每一份电子文件的内容、结构和背景信息没有残缺；其二，一个业务活动形成的所有电子文件齐全，文件之间的有机联系得以揭示和维护。第二种解释则综合了档案学的经典释义和信息安全领域关于完整性的定义。根据《信息安全技术 信息安全风险评估规范》（GB/T 20984—2007），完整性指“保证信息及信息系统不会被非授权更改或破坏的特性，包括数据完整性和系统完整性”。中国行业标准《电子档案管理基本术语》（DA/T 58—2014）将这两种含义加以综合，完整性指“电子档案的内容、结构和背景信息齐全且没有破坏、变异或丢失的性质”。

为了确保相关电子文件的齐全完整，一方面应切实维护电子文件的逻辑联系，确保每一份电子文件内容、结构和背景信息无缺损、未被更改和可关联；另一方面应掌握电子文件的形成规律和分布状况，对本机构、本地区不同业务系统，不同信息平台，不同媒体的文件进行统一规划、统一管理，详细确定电子文件的归档范围和归档要求，通过系统功能和人工监控将具有有机联系的电子文件收集齐全，完整归档。

为确保电子文件的不被破坏、变异或丢失，电子文件管理方针和程序中应明确下列事项：电子文件形成之后可对其进行哪些添加或注释，在何种条件下可授权添加或注释，授权由谁来负责添加或注释。任何授权对电子文件的注释、增或删都应明确标明并可跟踪。 （刘越男 崔 屏）

电子文件系统管理 system management of electronic records 电子文件管理系统（ERMS）的功能需求之一，包含ERMS运行所需要的基本环境支撑、工具支撑等内容，为管理人员提供ERMS软件平台的管理与配置接口。系统管理功能要求管理员实现系统用户和资源的管理、系统功能的配置、操作权限的分配，在确保文件可用的同时不泄露敏感信息，对系统运行的各方面表现进行监控并做出报告。

电子文件系统管理的总体管理要求包括参数管理、系统管理、系统配置及用户管理等。其中，参数管理要求ERMS支持管理人员对系统参数进行查询、显示以及重新配置；系统管理要求能够提供系统总体运行状况的综合监测，能够识别错误，必要时隔离错误并提供错误报告；系统配置要求在机构变化的情况下，ERMS能够支持管理人员对系统内文件分类方案进行较大的改动，以保证所有的文件管理元数据能被正确、完整地处理。

此外，电子文件系统管理还要求ERMS能够采用较为灵活的报告制度来对系统实施监控管理，包括标准报告、专题报告、统计报告、临时报告等形式监控系统的活动与状态。系统内应当支持管理人员和授权用户定期生成周期性的报告（如年报、季报、月报、周报等），提供报表的打印、阅读、排序、分类、存储、导出等基本管理功能，可以按照时间段、对象范围、文件版本格式以及用户等为条件生成相关系统报告。系统报告内容应当包括存储空间状态、审计跟踪、失败/错误处理状况、移交操作、安全违规操作、图表展示、基本统计和分析以及元数据自定义查询统计分析功能等。 （钱 毅）

电子文件销毁 destruction of electronic records 对保管期满且不再具备保存价值

的电子文件进行销毁处置的工作。销毁是电子文件管理过程中非常重要的控制节点。与**电子文件鉴定**密切相关，是鉴定结果的一种处置措施。

及时销毁不再具有保存价值的电子文件可以有效节约存储开销，节省管理成本。然而，随意销毁电子文件可能导致重要信息丢失，不专业的销毁方式也可能导致信息泄露。与此同时，销毁具有不可逆转性。因此，电子文件的销毁必须配备严格的管理制度，必须经过科学的决策和充分的授权。

不在归档范围内的电子文件一般根据信息技术部门的数据管理政策开展销毁工作，归档电子文件在保管期满后需经过严格的审批程序方能实施销毁。《**电子文件归档与电子档案管理规范**》（GB/T 18894—2016）规定："归档电子文件的鉴定销毁，参照国家关于档案鉴定销毁的有关规定执行，且应在办理审批手续后实施。"一般情况下由文件形成单位档案室会同相关业务部门，或档案馆会同档案形成单位组成鉴定小组，对到期电子文件开展处置鉴定，对无继续保存价值的电子文件进行销毁。

管理和实施电子文件销毁的业务系统、电子文件管理系统以及数字档案馆系统中，应依据事先规划好的保管期限与处置表增加自动鉴定功能，增加处置结果的审批工作流功能。为保障电子文件不被错误销毁，销毁需经过鉴定小组审核，鉴定小组负责人签署同意后方可开展。

电子文件销毁技术方法的研究多集中于计算机领域。一般将电子文件的销毁分为两种：①信息销毁。又称数据销毁、软销毁或逻辑销毁。指将保存到期且失去保存价值的电子文件的数据内容，通过数据覆盖等软件方法擦除，使其无法复原。②载体销毁。又称硬销毁、物理销毁。指将电子文件存储载体连同其上的记录数据通过某种方式灭失。载体销毁又可以分为物理销毁和化学销毁两种方式。物理销毁方法包括消磁，用熔炉焚化、熔炼，借助外力将介质粉碎，研磨磁盘表面等；化学销毁是指采用化学物品腐蚀、溶解、活化剥离磁盘等载体记录表面上的数据。

电子文件销毁技术方法的选择，应当与文件密级相适应。信息销毁适用于非密电子文件数据的清除或销毁，特别是当需要对某一具体文件进行销毁而其他文件不能破坏时。物理销毁一般适用于涉密电子文件的销毁，而化学销毁方法只能由专业人员在通风良好的环境中进行。此外，《电子文件归档与电子档案管理规范》中进一步规定：①电子档案的销毁应参照国家关于**档案销毁**的有关规定与程序执行。②应从在线存储设备、异地容灾备份系统中彻底删除应销毁电子档案，电子档案管理系统应在管理过程元数据、日志中自动记录鉴定、销毁活动，将被销毁电子档案的元数据移入销毁数据库。③应销毁电子档案的离线存储介质，应对其实施破坏性销毁。实施销毁前，应对备份其中的其他电子档案进行离线存储介质的转换。④属于保密范围的电子档案，其销毁应按国家保密规定实施。⑤应填写《电子档案销毁登记表》并归档保存。

电子文件若保存在多个地方，不同地方应执行统一的销毁决定，保证电子文件彻底销毁。电子文件若存放在互联网存储工具里，档案部门也应和服务商签订相关合同，明确销毁的具体要求。销毁是关系到电子文件命运的工作，对于销毁决定和销毁过程都要形成记录，以供回溯和检视。

（钱 毅）

电子文件形成系统 formation system of electronic records 生成和管理机构业务活动数据的自动化系统。又称业务信息系统或业务系统。目的在于为机构部门内部、机构与客户之间的事务提供便利的应用程序，较常见的如办公自动化系统、电子邮件系统、电子商务及网络交易系统、财务管理系统、地理空间数据系统、客户关系管理系统、人力资源管理系统等。典型的电子文件形成系统包含动态数据，通常符合不断更新（实时）、能够被转换（可操作）以及保留当前数据（非冗余）的情况。电子文件形成系统决定了电子文件的初始状态，对电子文件的真实性、完整性、可读性和安全性也有影响。

在实际工作中，很多电子文件形成系统不仅支持电子文件的生成，同时也兼具一定的文档管理功能。在**电子文件生命周期**的现行或半现行阶段，文件在生成后需要**暂存**在系统中使用或修改，且在业务活动过程中，电子文件大量形成，电子文件管理系统难以实现同步捕获，电子文件形成系统需对这些暂存的文件进行一定程度上的管理。电子文件形成系统中的文档管理模块，也常被称为电子文档管理系统（electronic documents management system; EDMS），较重视电子文件的形成阶段，关注文件生成、流通管理、版本控制、业务协同等功能。

由于多数 EDMS 设计的目的主要是为了支持和满足当前业务活动对信息的需求，功能有限，因而这些文件需要被捕获进专门的文件管理系统才能确保其文件价值，如电子文件管理系统。同时，形成系统的多样化导致了电子文件格式、读取环境的多样化，海量数据的频繁使用与更新也为电子文件管理保存带来了巨大挑战，电子文件形成系统中的文档管理模块或 EDMS 无法完全替代 ERMS 的文件管理与保存功能。

（钱 毅）

电子文件移交接收 transfer and accession of electronic records 文件形成单位按照国家规定将电子文件及其元数据的保管权交给其他单位或档案馆，其他单位或档案馆按照国家规定收存电子文件的过程。

相关规定 移交和接收是档案工作的基本环节，档案行业标准《档案工作基本术语》和《电子档案管理基本术语》都对移交和接收概念分别做了说明。《中华人民共和国档案法》《**中华人民共和国档案法实施办法**》对移交和接收工作做了明确规定，中央和地方各级国家档案馆负责接收、收集、整理、保管和提供利用各分管范围内的档案。机关、团体、企业事业单位和其他组织必须按照国家规定，定期向档案馆移交档案。

2009 年，中共中央办公厅、国务院办公厅印发的《**电子文件管理暂行办法**》规定：各级国家综合档案馆负责接收和保管本馆接收范围内各单位形成的具有永久保存价值的电子文件，并依法提供利用；属于国家综合档案馆接收范围的电子文件，应当按照规定时限向同级国家综合档案馆移交。在电子文件的整个生命周期中，各单位电子文件形成部门形成、收集、整理、归档电子文件，单位档案部门接收归档的电子文件按规定保管一段时间后依法向档案馆进行移交，档案馆接收后进行保存、管理和对外提供利用。2012 年国家档案局印发《**电子档案移交与接收办法**》，对电子档案移交与接收工作做出规定。部分省、自治区、直辖市和行业部门陆续出台电子档案移交接收办法，有针对性地对本地区、本部门电子文件移交接收做出细化规定。2023 年行业标准《电子档案移交接收操作规程》（DA/T 93—2022）进一步规范了电子文件移交接收的程序。

移交接收范围 电子文件形成单位应当根据国家档案局《机关文件材料归档范围和文书档案保管期限规定》《企业文件材料归档范围和档案保管期限规定》《**机关档案工作条例**》等有关规定明确电子文件归档范围和保管期限，并对具有保存价值的电子文件及时进行归档，为电子文件移交接收打好基础。档案馆根据《各级各类档案馆收集档案范围的规定》等国家有关规定明确电子文件接收范围，纳入接收范围的移交单位按照《电子档案移交与接收办法》向档案馆移交电子文件。电子文件移交接收一般包括 3 种情况：①存在业务往来的单位之间的电子文件移交接收。如工程建设单位接收设计、施工、监理单位的待归档电子文件的移交，这种情况类似于电子文件归档。②文件拥有单位将电子文件交给第三方代为保管。已有一些数字仓储企业开展电子文件代存服务。③综合档案馆接收党政机关的电子档案移交。这是一种法定职责，也是档案理论和实践领域讨论电子文件移交接收的通常场景。

移交接收流程　移交单位按照规范的格式、结构、元数据等要求组织拟移交的电子文件数据，检测电子文件数据，移交电子文件。档案馆检测移交电子文件数据，接收合格电子文件，办理相关手续。移交接收过程应形成元数据。电子文件在移交与接收时要制定和遵循严格的工作流程，办理相关手续，记录相关过程，保证移交和接收过程权责明确，杜绝安全隐患，保证电子文件的可靠、可信、可用。

移交的基本要求　①文件形成部门在电子文件收集整理后及时向单位档案部门提交归档电子文件；电子文件移交单位一般自电子文件形成之日起 5 年内向同级国家综合档案馆或其他应移交的档案馆移交，各地各部门可根据实际情况确定移交具体时间。有特殊要求的电子文件可以适当延长移交时间。涉密电子文件移交时间另行规定。②移交的电子文件格式应符合国家有关规定，元数据应与内容一起移交，可采用基于 XML 的封装方式组织电子文件数据。③移交的电子文件不加密、不压缩，特殊格式的电子档案应当与其读取平台一起移交。④电子文件移交可采用离线或在线方式进行。离线方式移交时，离线载体选择应符合国家相关规定要求，载体上数据存储结构应符合档案馆要求，移交前应按《文书类电子档案检测一般要求》《电子文件归档光盘技术要求和应用规范》等规定对移交的数据和载体进行检测，合格后方可移交，应做好载体标识。在线移交电子文件应当采用与管理要求相适应的网络传输。

接收的基本要求　①档案馆应按《文书类电子档案检测一般要求》《电子文件归档光盘技术要求和应用规范》等规定对接收的数据和载体进行检测，合格后方可接收。②电子文件检验合格后与移交单位办理交接手续，填写《电子档案移交与接收登记表》，由交接双方签字、盖章，各自留存一份；《电子档案移交与接收登记表》可采用电子形式并以电子签名、时间戳等方式予以确认，登记表格式可参考《电子档案移交与接收办法》规定。移交单位向档案馆移交电子文件时，双方可以按规定办理交接文据。

（黄玉明　周建武）

电子文件异地备份　remote backup of electronic records　通过在线或离线的方式将电子文件在不同地点进行备份的方法和过程。电子文件异地备份的对象包括电子文件、元数据和电子文件的管理系统。其中电子文件和元数据是异地备份的必选项，系统是可选项，各部门可以根据实际情况决定是否将系统纳入异地备份的范围。

根据备份所在的地域空间，电子文件异地备份可分为同城异地备份和远程异地备份。同城异地备份是电子文件在同一个城市不同地点进行备份。这种方案成本低、易于配置，但一旦发生区域性灾害，可能失去备份能力。远程异地备份是指选择在相距较远的地方实施备份。远程异地备份防灾能力强，但成本高，管理不便。《档案馆防治灾害工作指南》要求："异地备份，省级以上档案馆以选择相距 300 公里以上，不属同一河流流域、同一电网、同一地震带的地方为宜。"地级、县级档案馆的异地备份工作由省级档案行政管理部门确定。

可采用后库备份、区域集中备份、馆际备份等形式。后库备份指将电子文件异地备份在档案馆后库，这种形式的备份易于管理，但是需要有专门后库。区域集中备份是地方政府或行业为保证电子文件信息安全，建立区域备份中心，给本地区所属机构或本行业下属机构提供备份服务，实现电子文件集中备份管理，这种形式可分摊成本，且易于管理。馆际备份是指档案馆馆际之间相互保存对方电子文件的备份形式，馆际备份成本较低，能最大限度提高档案馆的灾备能力。在实现途径上可以采用在线和离线两种方式。在线异地备份需要建设专门的备份系统，架设或租用网络，技术要求高、投资成本大、维护费用高。离线异地备份可采用磁带、磁盘、光盘等载体进行备份，这种方法成本低、易于管理。

国家出台有相关政策法规。中共中央办公厅、国务院办公厅《电子文件管理暂行办法》（厅字〔2009〕39 号）第二十条第四款规定："电子文件应当实行备份制度。"国家档案局《电子公文归档管理暂行办法》（2003 年国家档案局令第 6 号发布 2018 年国家档案局第 14 号令修改）第十七条要求："归档的电子公文，应按本单位档案分类方案进行分类、整理，并拷贝至耐久性好的载体上，一式 3 套，一套封存保管，一套异地保管，一套提供利用。"2009 年 10 月全国档案馆工作会议要求，各级国家档案馆要通过建立异地备份库等形式，对本级重要档案及电子文件实行异地备份，对重要的电子文件还要实行异质备份，确保电子文件的长期可读，确保档案信息资源的绝对安全。2020 年 6 月修订的《中华人民共和国档案法》规定"档案馆可以对重要电子档案进行异地备份保管"。

实施电子文件异地备份是加强风险管理，积极防御，主动应对地震、洪涝、雷电破坏、火灾等自然灾害，以及战争、恐怖袭击等人为灾害、突发社会事件灾害，确保电子文件安全、可用的重要手段。

（黄玉明　周建武）

电子文件异质备份　heterogeneous backup of electronic records　利用多种技术手段，将电子文件信息从磁带、磁盘、光盘等磁光介质备份到纸张、缩微胶片等不同类型的介质上的方法和过程。也可以看作电子文件双套制的一种实施措施。电子文件对软硬件环境的依赖性、载体的不稳定性和易修改等特点，在一定程度上影响了电子文件的长期有效保存和效力认定，《电子文件归档与管理规范》（GB/T 18894—2002）要求：具有永久保存价值的文本或图形形式的电子文件，如没有纸质等拷贝件，必须制成纸质文件或缩微品等。归档时，应同时保存文件的电子版本、纸质版本或缩微品。2008 年底，中国档案局长馆长会议提出：为强化风险防范意识，提高灾害应对能力，应逐步将电子文件转换成其他载体保存，实行异质备份，以防止若干年后电子文件因阅读设备不配套而无法读取。只要电子文件的致命弱点还没有完全被克服，就必须在保存电子文件的同时对它进行异质备份，把它转化为不易被篡改但又易于识读的其他载体文件。

异质备份的载体一般为纸质和缩微品。异质备份的纸张应具有较高的抗水性和平滑度、良好的匀度和外观性能、一定的防老化和防虫防霉性能、可以长期保存不变色不老化、对环境有良好的适应性，缩微胶片应当具有较好的稳定性。电子文件和异质备份之间应建立相互联系，在内容、相关说明及描述上保持一致。备份的载体要按照不同性质，选择合适的地点和环境进行保管。

异质备份利用打印、缩微、胶片打印等技术将电子文件异质备份到纸张、缩微胶片等不同载体上，涉及多种技术的整合应用，备份时应结合实际情况，综合考虑备份的方式、质量、效率和成本，采用较为成熟的技术。以缩微方式备份时，应符合《数字档案信息输出到缩微胶片上的技术规范》(DA/T 44—2009)、《特殊和超大尺寸纸质档案数字图像输出到缩微胶片上的技术规范》(DA/T 49—2012)要求；数字档案输出到黑白缩微胶片和光盘上，进行双套保存时，应按照《数字档案COM和COLD技术规范》(DA/T 53—2014)等标准规范进行。要同步考虑备份的恢复技术和方法，确保备份可以恢复并能维持原貌。

随着信息技术的不断应用，电子文件管理从双轨走向单轨，从双套走向单套。《电子文件归档与电子档案管理规范》(GB/T 18894—2016)已经删去了2002版本中关于电子文件双套归档的要求。2018年10月《机关档案管理规定》(国家档案局第13号令)第三十六条规定，满足该规定中保管与保护要求且不具有永久保存价值或其他重要价值的电子文件，以及无法转换为纸质文件或缩微胶片的电子文件可以仅以电子形式进行归档。2020年6月20日第十三届全国人民代表大会常务委员会第十九次会议修订的《中华人民共和国档案法》，明确了电子档案的法律效力。电子文件以电子方式保存管理将成为主要形式，异质备份可以作为一种特殊的辅助手段加以应用。 （黄玉明 周建武）

《电子文件与电子档案管理》 *Electronic Records and Electronic Archives Management* 中国档案学论著。丁海斌编著，辽宁大学出版社2000年出版。著作在编写过程中，借鉴、参考了国内外有关电子文件与电子档案管理的研究成果。全书共分10章、2个附录和8个附表，介绍了信息技术的发展与档案工作、电子文件概述、电子文件的收发与管理、电子文件的积累与归档、电子档案的保管、电子档案的利用、数字档案馆的建设、电子文档管理过程中的载体选择与技术措施、电子文档管理的理论建设、国外电子档案工作的发展等内容。附录包括《电子文件归档与电子档案管理规范》《CAD电子文件光盘存储、归档与档案管理要求》。

该著作具有普及新知识的作用，以档案管理工作者、档案行政管理干部以及在校档案专业学生等为主要读者对象，编写时尽可能地考虑了理论和实践两方面的需要。该著作的编写和出版，被列入国家"211工程"重点学科建设项目。 （钱 毅）

电子文件元数据 metadata of electronic records 在领域内或领域间，能够支持文件创建、文件管理与文件使用的结构化或半结构化信息。元数据通常指"关于数据的数据"。元数据在文件档案管理领域中的应用始于20世纪80年代末90年代初，是基于电子文件管理的需要而提出的。电子文件元数据是电子文件构成的关键部分，是电子文件管理的"命脉"。离开元数据，电子文件也就失去了真实性、可靠性、完整性和证据性，即无电子文件可言。

概念的形成 1997年，国际档案理事会正式发布《基于档案视角的电子文件管理指南》，这是国际档案界第一份对电子文件进行管理的规范化指导性文件，该指南首次定义了电子文件元数据，称其是"关于文件的背景信息和结构的数据"。2001年，国际标准化组织首次颁布关于文件管理的国际标准《信息与文献 文件管理》(ISO 15489-1)，该标准在国际档案理事会相关定义的基础上指出电子文件元数据是"描述文件背景、内容、结构及其管理过程的数据"，在国际标准化的高度规范了电子文件元数据的性质和内容。2016年，国际标准化组织颁布了《信息与文献 文件管理》更新版，正式将电子文件元数据定义标准化为"电子文件元数据是能至自始至终地、并能在领域内与领域间支持文件创建、文件管理与文件使用的结构化或半结构化信息"。至此，国际文件档案领域对于电子文件元数据的认识都统一到该国际标准。

电子文件元数据的功能 为了保证国际标准《信息与文献 文件管理》在电子文件元数据方面的正确实施，国际标准化组织于2006年颁布了国际标准《信息与文献 文件管理过程 文件元数据 第1部分：原则》(ISO 23081-1)，并于2017年颁布了修订版。两版标准在对电子文件元数据对文件管理流程的支持上，突出强调了11个方面的功能：①自始至终地保护作为凭证的文件，确保其可利用性和可提供使用性。②便于对文件的理解。③支持和确保文件的凭证价值。④保证文件的真实性、可靠性和完整性。⑤对文件的利用、文件的内容及文件利用的产权提供支持和管理。⑥支持高效率的检索。⑦支持文件的再使用与重新利用。⑧在创建和管理电子文件的不同的技术和业务环境中，支持文件的捕获，从而支持互操作策略的实施，以及文件的长期可利用性。⑨以结构化的、可靠的和有意义的方式提供文件与其创建、管理背景信息的逻辑关联。⑩为识别数字文件的形成(或捕获)环境提供支持，同时对维护文件的技术环境管理提供支持，以便可以复制文件。⑪为高效、成功地从一种环境(或计算机平台)向另一种环境(或计算机平台)迁移提供支持，或者为其他的保管战略提供支持。

电子文件元数据的实施 为进一步具体贯彻国际标准《信息与文献 文件管理》在电子文件元数据方面的实施，2009年、2021年，国际标准化组织又分别颁布了国际标准《信息与文献 文件管理过程 文件元数据 第2部分：概念与实施问题》(ISO 23081-2)的第一版与第二版，该标准在第一版和第二版中对电子文件元数据都从以下8个方面的具体实施做出了进一步规定：①在业务系统中捕获与管理文件。②保证系统的互操作。③支持文件的风险管理。④元数据是组织机构的信息资产。⑤防止非授权利用文件。⑥确保行政管理业务发生变化时业务系统能可持续地展开。⑦确保电子文件的长期保存。⑧确保档案系统中的元数据捕获。

意义和影响 标准化的元数据有助于推动电子文件科学化和规范化管理。中国一直十分重视电子文件元数据的标准化。在国际标准化层面，中国档案界积极参与了国际电子文件元数据标准的起草与制定，安小米代表中国参加了国际标准《信息与文献 文件管理》的专家起草组工作，张正强代表中国参加了国际标准《信息与文献 文件管理过程 文件元数据》(ISO 23081)的专家起草组工作。在国家标准化层面，中国十分重视电子文件元数据的标准化建设，国际标准ISO 15489-1和ISO 23081-1分别被中国采标为国家标准，为中国的电子文件管理奠定了元数据规范基础。 （张正强）

电子文件元数据管理 metadata management of electronic records 基于**电子文件生命周期**对**电子文件元数据**进行的全生命周期的过程管理。电子文件元数据管理主要包括两个层次的内容：①制定、实施、维护和管理元数据规则及元数据结构，如文件类型定义(DTD)、应用纲要、数据字典等。②形成、捕获和管理元数据，包括创建、存储、利用、互操作、维护等。

元数据管理制度的确定与实施 相关责任者应建立电子文件元数据管理制度，根据电子文件管理要求明确对元数据管理的要求。元数据管理制度应涉及以下几个方面的内容：①职责分工，即明确文件形成者、管理者和技术人员承担的责任，文件形成者负责元数据的准确和完整，文件管理者负责制定元数据管理规则并督促实施，技术人员对元数据管理提供技术支持。②元数据形成和管理的流程和要求，即明确元数据创建和捕获的范围、创建与捕获时间及从何来源对元数据进行创建和捕获，元数据归档、存储、维护、利用和处置的要点，元数据管理的技术标准和支持系统等。③元数据术语及其他相关需要统一规定的事宜。

元数据方案与编码体系的建立与维护　元数据方案是根据元数据标准建立的描述实体、元素及其相互关系的规范，遵循元数据标准的元数据方案也称为元数据应用纲要。为了方便在系统中实施，元数据方案需要转换为机器可以理解和执行的表达形式，如基于可扩展置标语言（XML）的文件类型定义（DTD），XML Schema 等。元数据编码体系是定义元数据元素的值和语法的规范。相关责任者应该为其创建、捕获和管理的电子文件制定元数据方案和编码体系，并加以维护，以便反映组织机构背景和业务背景的变化。元数据方案和编码体系被更新或取代时，并应以书面形式加以记录和说明。

元数据的创建　电子文件元数据伴随着电子文件的创建而形成，并在文件整个生命周期中持续形成，以记录电子文件形成和管理全过程。文件管理人员应确认哪些元数据需要创建，并对元数据创建过程予以监控与记录。一般情况下应确保元数据在源头一次形成、多次使用，设计精良的系统宜减轻手工创建元数据的工作量。应保证描述电子文件内容、结构、背景和管理过程的元数据被充分、恰当地形成。

元数据的捕获与存储　元数据捕获的时机一般包括两个：一是**电子文件捕获**归档时，元数据与其描述的文件一起捕获归档；二是电子文件归档之后的管理过程，持续形成，实时捕获。相关责任者应明确何时以何种途径（手工或自动）捕获何种电子文件元数据。元数据可在数据库中与文件一并存储，或分开存储，或同时以这两种方式进行存储，但不管以何种方式存储，都应保证元数据与其描述的文件对象之间有效的链接。

元数据的利用和互操作　电子文件元数据的利用应仅限于授权人员，并按正式批准生效的规章制度来开展，并制定相应的安全与利用分类的方案。相关责任者还应制定电子文件管理元数据互操作的制度规范，以促进文件跨信息系统、跨组织机构或跨管理权限的交换与检索，并应建立一种机制，以便对元数据的利用、使用、修改及增加的情况进行追踪和记录。

元数据的维护　元数据维护过程中采取的机制、措施和技术包括：①监控机制。确保元数据维护过程中数据的完整性。②安全措施。对元数据进行利用控制，如建立责任者或系统与其所利用的元数据之间的授权规定，这类责任者还包括那些有权改变元数据方案的人员。③备份程序。备份电子文件时并一并备份其元数据。④恢复机制。以在系统瘫痪时恢复系统及数据。⑤迁移技术。保证跨信息技术环境的元数据迁移，以及对系统的改造或升级时的元数据。

电子文件元数据管理是电子文件管理中的基础性、关键性内容，是保证电子文件真实、可靠、完整、可用和可信的最基本的方法与手段。（程妍妍）

电子文件载体管理　medium management of electronic records　维护电子文件载体安全、可用的活动过程。目的是保证载体上存储的电子文件真实、完整、可用和安全。载体管理是电子文件保管的重要内容。电子文件载体管理包括载体选择、载体标识、维护检测、载体更新、载体销毁等内容。

载体分类　电子文件载体可分为磁性介质载体、光介质载体、半导体介质载体、磁光介质载体等。磁性介质载体主要有磁带、机械硬盘、软磁盘等。光介质载体主要有各种类型的光盘。半导体介质载体主要有固态硬盘、U 盘等。磁光介质载体主要有磁光盘等。就同种类型的载体而言，制造商采用的材质和技术不同，制造出的载体的规格型号、性能、用途也不同。

载体选择　**电子文件存储**时，应根据载体所承担的任务（如在线利用、交换、脱机保存、异地备份等）进行载体类型选择。支持在线利用的载体，应满足容量大、存取速度快、数据传输率高的要求，硬盘或磁盘阵列是常见选择。用于数据交换的载体应当读写速度快、携带方便、接口通用。用于档案数据脱机保存和异地备份的载体应当技术成熟、耐久性好、容量大、受环境影响小，一般按光盘、磁带、机械硬盘顺序进行选择，如果该类型载体具有档案级和非档案级，则选择档案级载体（如档案级光盘），不选择半导体介质载体、软磁盘作为档案数据脱机保存和异地备份载体。

载体标识　载体应编制专门的标识，以区别于其他载体。标识内容一般应包括编号、套别、单位标识、内容摘要、保管期限、密级、文件格式、容量、运行环境、制作单位、制作日期等。根据载体的不同物理形态和标识需要，标识可设计成形状、格式、内容不同的封面（正面）标识、封底（背面）标识、脊背标识、盘面标识等，并在相关位置书写、放置或粘贴。

载体目录　为便于管理，载体管理者应制作载体目录。载体目录一般应包括序号、载体编号、载体类别、套别、内容摘要、保管期限、密级、文件格式、容量、制作日期、存放地点、备注等项目。

载体保管环境　保管场所应采取必要的措施确保离线存储载体的数据安全、完整、可用，载体应单盘（片、块）装盒或放置专门存储设备，禁止触摸、擦划载体记录涂层。因技术原因单个载体无法完整呈现电子文件而需要进行成组使用的载体（如采用某种 RAID 技术进行载体冗余后的载体），要严格按照顺序进行标识和保存，标识应能体现组内载体的联系，并记录软硬件环境。

载体保管环境应远离强磁场、强热源及有害气体源，应采用防火、防水、防磁、防尘、防光等安全措施，配备可覆盖全部场地的防盗报警、视频监控等设施设备并确保设备正常运行。磁介质载体保管环境的温度范围为 15～27℃；相对湿度的范围为 40%～60%，每昼夜温度波动幅度不得超过±3℃、相对湿度波动幅度不得超过±5%。光介质载体保管环境的温度范围为 4～20℃，相对湿度的范围为 20%～50%，每昼夜温度波动幅度不应大于±2℃、相对湿度波动幅度不应大于±5%。

维护检测　电子文件载体应定期进行维护，磁带应定期进行清洁和倒带，硬磁盘应定期（3 个月为宜）进行稳压加电，每次加电的时长不低于 2 小时。

电子文件载体应采用专门检测设备进行定期检测，检测载体关键性能参数。当参数达到某一值时，按规定要求进行相应的处置。各类型载体检测时间和要求参照《磁性载体档案管理与保护规范》（DA/T 15—1995）、《**电子文件归档光盘技术要求和应用规范**》（DA/T 38—2008）、《电子档案存储用可录类蓝光光盘（BD-R）技术要求和应用规范》（DA/T 74—2019）和《档案数据硬磁盘离线存储管理规范》（DA/T 75—2019）有关规定。

载体更新　当出现下列情形时，需要进行电子文件载体更新：①载体检测结果达到 DA/T 15、DA/T 38、DA/T 74、DA/T 75 等规定需要进行载体更新的条件。②载体寿命到期。③载体技术过时。④载体保存单位的技术状况对现有载体不兼容，以及其他需要进行载体更新的情况。

载体销毁　销毁电子文件载体，应对其实施破坏性物理销毁。实施销毁前，应将其中的不需销毁的电子文件拷贝至其他载体。

涉密载体的管理　保存涉密电子文件

的载体，按国家保密规定进行管理。

（黄玉明　周建武）

电子文件真实性　authenticity of electronic records　电子文件的基本属性。1997 年 2 月，国际档案理事会（ICA）出版的《从档案视角管理电子文件的指南》中，首次在电子文件管理领域提出电子文件真实性概念。

根据国际标准《信息与文献　文件管理　第 1 部分：概念与原则》（ISO 15489-1：2016）规定，电子文件真实性主要指电子文件在以下 3 个方面的特性：①电子文件与其制文目的相符。②电子文件的形成或发送与其既定的形成者或发送者相吻合。③电子文件的形成或发送与其既定时间一致。此外，用于控制电子文件创建、捕获和管理的业务规则、过程、法规和步骤应该被实现并记录下来，以确保电子文件的真实性。电子文件的创建者应该经过授权和身份认证。

行业标准《电子档案管理基本术语》（DA/T 58-2014）在国际标准的基础上，结合电子文件（档案）的构成要素指出：真实性是“电子档案的内容、逻辑结构和背景与形成时的原始状况相一致的性质”，同时给出注解：具有真实性的电子档案由特定机构使用安全可靠的系统软件形成，没有发生被非法篡改或者误用过的情况，能够证明其用意、生成者或发送者、生成或发送的时间与既定的相符。

保证电子文件真实性的困难主要来自 3 个方面：①电子文件信息的易更改性。在电子文件形成、流转和使用过程中，如果不采取控制措施，极易不留痕迹地改动文件信息。②技术措施的不配套。如未普遍采用数字签名技术、元数据捕获、运行过程追踪审计等。③电子文件信息的软硬件依赖性。由于软硬件平台的不断升级，为保证电子文件信息的可读性，通常需要对文件适时迁移，以适应新的运行环境，而迁移过程可能造成文件某些信息的变化或丢失，影响电子文件的真实性。

认证和维护电子文件真实性是一个极为复杂、困难的问题，引起了世界各国的高度关注和积极应对。由 30 多个国家和地区的专家参与的“电子系统中文件真实性永久保障国际合作项目”（InterPARES）提出的解决方案包括事前控制、跟踪记录和事后审查等过程性措施；分别针对现行文件、半现行文件和非现行文件的阶段性措施；基于政策、方针、程序、制度、标准的管理框架和基于系统软硬件环境、加密、签署、认证的技术框架等。

电子文件是数字时代档案的主要形式，电子文件真实性关系到档案原始记录的本质属性，失去了电子文件的真实性也就失去了电子文件的证据价值与凭证价值。建立起对电子文件真实性概念清晰、规范的认识，是科学管理电子文件进而确保其证据性和凭证性的基础。　（崔　屏）

电子文件中心　center of electronic records　各级档案机构（通常为县级以上各级综合档案馆）内集中管理和提供利用电子文件的项目、机构或系统。电子文件中心将机关、团体、企事业单位和其他组织在处理公务过程中，通过计算机等电子设备形成、办理、传输和存储的文字、图表、图像、音频、视频等不同形式的信息记录进行集中保存、管理并提供利用。电子文件中心一词最早见于 1997 年《档案管理》杂志所载《美国国家档案馆的电子文件中心》一文，文章首次介绍了美国国家档案馆电子文件中心的作用和功能。该电子文件中心是美国国家档案馆为接收管理电子文件而特地成立的内部机构。中国地方各级档案机构的电子文件管理项目除命名为电子文件中心外，还曾出现过很多其他称谓，如数字文件中心、电子档案中心、电子文档数据中心、电子文件与电子档案数据接收中心、电子档案数据管理中心、电子档案馆、电子文件备份中心、区域性电子文件归档管理系统等，且目标与功能定位也有相当的差异。

电子文件中心之所以出现“一名多实”与“一实多名”，有两个方面的原因：①概念理解不同。电子文件中心从语义学上可分解为电子文件、文件中心、中心。其中电子文件可理解为产生之时就是电子形式的文件，即原生性电子文件；又可理解为以纸质文件形式收到，经扫描或拍摄等方式加以数字化转化，并以数字形式保留下来的数字化文件。在国际上，文件中心是一种中间性、过渡性的文件管理机构。而中心的概念比较复杂，可为系统、机构、项目等。由这三个概念可以组合成两种结构：一种是“电子文件＋文件中心”结构，据此，电子文件中心就可理解为保管电子文件的中间性机构、项目或系统；另一种是“电子文件＋中心”结构，由于中心概念的复杂性使得“电子文件＋中心”也存在着多变性。②各地在提出建设电子文件中心时的切入时机不同，建设动机与功能定位不同。

依据不同的功能定位，电子文件中心可分为以下几种类型：①永久保管型。以确保电子文件的真实性、长期可读性为目标，实现电子文件的长久保存和提供利用，构建电子文件的最终归宿。②中转站型（中间性过渡机构）。先将各机关形成的电子文件按照一定规则收集起来，留待将来移交档案馆，其功能类似于管理传统文件的文件中心。③现行文件查询服务型。主要功能是实时接收所在区域电子政务内外网上处理完毕的文件，特别是电子公文，实行集中保管和提供利用。④备份型。主要承担本地区电子政务系统各类文件、信息以及系统数据的备份任务。⑤系统服务型。主要承担某区域或行业范围内电子文件管理系统的统一建设、维护和服务工作，该范围内的单位通过购买服务的方式来使用系统。上述类型中，永久保管型、系统服务型认同度较高，发展较好。

中国的电子文件中心建设大致经历了起步、发展、全面建设三个发展阶段。①起步阶段。时间跨度为 21 世纪初至 2007 年，标志性事件是部分地区出现名为“电子文件中心”的建设项目。如 2004 年青岛市数字文件中心建成运行；2004 年底江苏省常州市电子文件中心正式启动；2005 年 10 月，第一个省级电子文件中心——安徽省电子文件中心启动建设等。②发展阶段。时间跨度为 2007～2009 年，标志性事件是全国电子文件中心建设经验交流会。2007 年 4 月 26～27 日，经中共中央办公厅批准，国家档案局在江苏、安徽两省召开了全国电子文件中心建设经验交流会。会议实地考察了苏皖两省电子文件中心建设情况，天津、上海等 8 个省市交流了经验，会后各级档案部门贯彻落实会议精神，大规模开展了本地电子文件中心建设。③全面建设阶段。2009 年底，国家档案局提出：“努力把各级国家档案馆建设成为档案安全保管基地、爱国主义教育基地、档案利用中心、政府信息查阅中心、电子文件中心‘五位一体’的公共档案馆，实现档案馆事业的跨越式发展。”自此，电子文件中心建设已经成为各级综合档案馆的基本任务。

（黄玉明　朱霖露）

电子文件转换　conversion of electronic records　在维护电子文件内容信息不变和保持现有特征的前提下，将电子文件从一种格式转换为另一种格式的过程。又称格式转换、格式迁移。电子文件转换是电子文件长期保存的一项关键措施，目的是维护电子文件的有效性和安全性，确保电子文件的长久保存和利用。

当电子文件当前格式将被淘汰或失去技术支持，或者电子文件当前格式不符合交换、归档、长期保存和利用需求时，应开展转换。与**电子文件迁移**类似，电子文件转换程序包括确定转换需求、评估转换风险、制定转换方案、审批转换方案、转换预测试、实施转换、评估转换结果、报告转换结果等步骤。应制定电子文件转换相关工作规范，按照制度加以管理、监督和控制，转换活动以及转换前后电子文件的格式信息应记录在元数据中。格式转换之后，电子文件原始格式通常也需要被保留。

电子文件转换是电子文件永久保存的必要途径，是电子文件有效利用的保障。在**电子文件生命周期**中，可能需要开展多次格式转换。（黄玉明　朱霖露）

电子证据 electronic evidence　通过计算机等电子设备形成的证明案件事实或者与法律事务有关事实存在与否的根据。从构成来看，电子证据既包括反映法律关系产生、变更或消灭的电子信息正文本身，又包括证明电子化材料生成变化过程的附属信息和证明电子化材料存在环境特征的系统环境证据，即派生物。作为一种新的证据形式，在世界范围内存在很多与电子证据相似的用语，比如计算机证据（computer evidence）、数字证据（digital evidence）、基于计算机的证据（computer-based evidence）、计算机文件证据（evidence from computer record）等。是在20世纪50年代以后，伴随着计算机、互联网的相继发明和应用才出现的。

电子数据成为法律证据需要同时具有可采性和证明力。可采性又称证据资格，只有符合法律规定采纳标准的证据，才能进入诉讼程序或其他证明活动。2012年3月，2012年8月，2014年11月先后通过的《中华人民共和国刑事诉讼法》《中华人民共和国民事诉讼法》和《中华人民共和国行政诉讼法》的修正案，将电子证据作为法定证据种类之一加以明文规定。电子证据在诉讼案中的采用得到直接的法律保障。证明力指证据说服力或者证明价值。2016年9月9日，最高人民法院、最高人民检察院、公安部联合下发《关于办理刑事案件收集提取和审查判断电子数据若干问题的规定》，明确规定侦查机关应当遵守法定程序和有关技术标准，全面、客观、及时地收集、提取电子数据；人民检察院、人民法院应当围绕真实性、合法性、关联性审查判断电子数据。2019年12月，《最高人民法院关于修改〈关于民事诉讼证据的若干规定〉的决定》公布，就民事诉讼案件中电子数据的审查要点进行了详细规定。

档案界推动电子文件管理的根本目标之一是当电子文件与某个法律案件相关的时候，如何通过科学管理使电子文件能够作为呈堂做证的电子证据。（刘越男）

《电子证据——当代机构文件管理战略》 *Electronic Evidence: Strategies for Managing Records in Contemporary Organizations*　美国系统论述电子文件管理的理论、方法、标准和技术的著作。美国电子文件管理专家D.比尔曼的代表作。1994年在匹兹堡用英文出版，2000年中文译本出版。比尔曼是美国电子文件研究专家，也是国际档案界研究电子文件的权威人士之一，曾任**美国档案工作者协会**国家信息系统工作小组组长、《档案馆与博物馆信息学》杂志主编。

汇集了电子文件研究的最新成果与国际动态，反映了电子文件管理研究项目的开展情况。汇集了作者1989～1993年有关电子文件的研究成果。共分为五部分十章。第一部分电子文件管理的症结，探讨了采用电子信息系统的机构面临的责任。第二至第四部分为电子文件管理的指导思想、电子文件管理政策的制定与实施、标准的制定与完善，结合具体实践分析了电子文件管理的四大策略，并对电子文件管理的指导思想进行了阐述。第五部分探讨了国家或机构的文化背景对上述策略的影响，进而分析了电子文件管理规划的定位、理论基础、构成，最后宣告电子文件管理中以非实体的、注重凭证价值、面向利用者为特征的新管理模式的诞生。

反映了档案学领域研究焦点的重大变迁，从传统的档案与文件管理实践扩展到整个管理领域。主要特色有：①立足于**电子证据**的研究视角；②文件保管系统新思维导向下的创新成果；③理论联系实践的研究方法；④开阔的研究视野。通过对电子文件管理的理论研究和实践应用的系统分析，对各国的电子文件管理均有重要的参考作用。（黄霄羽）

佃约 dianyue　中国古代承佃人与业主就租种田地或租赁房屋铺面等承租事宜签订的契约文书。佃约起源已无可考，当自私有制出现后就会产生这种租赁关系。

佃约的基本内容主要有承佃人（佃户）、业主（东家）、缘由、租种田地或租赁房屋铺面大致情况（坐落、四至、面积、朝向、间数等）、租粮或租金数额、支付方式、其他约定、中保人、订约人签字画押、订约时间等。从类型上讲，除了承佃约外，还有安佃约和佃户执照等。安佃约是业主写给佃户的文字凭证，意在安抚承佃人继续按约定耕种或租用。佃户执照则是交租后业主出具给佃户的凭据。

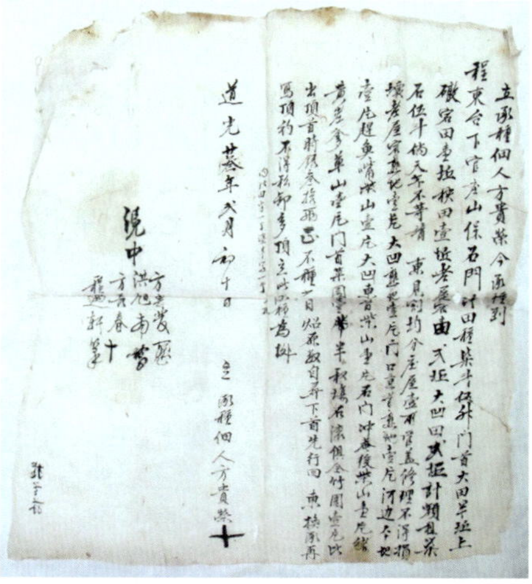

清道光二十三年（1843）桐城方氏佃约

佃约是研究古代社会经济、历史的重要资料，现代社会的租赁合同等契约文书就是从佃约演变而来。（张全海）

牒 die　中国古代**官府往来文书**文种名称。牒原是文书载体名称，指用竹或木制成的短简。将短简编连在一起又称牒。春秋时期已经把用牒写成的文书称为牒。直到汉代，社会上仍有此习惯。南北朝时期，不相统属的官府之间往来文书行文多使用牒。刘勰《文心雕龙·书记》称："牒者，叶也。短简编牒，如叶在枝……议政未定，故短牒咨谋。"汉代，牒文既可用于下级对上级，也可用于民众对官府。三国至南北朝时期，牒的用途渐广。唐代，"九品以上公文皆曰牒"（《唐六典·尚书都省》）。牒的使用较广，所以唐代又把官府往来文书统称为文牒。唐、宋时期，牒已成为国家规定的文种名称，用于不相统属的各官府之间行文，上行、下行、平行均可使用。

宋代规定，虽有统属关系，但上行不用状，下行不用符、帖的官府，往来行文都用牒。宋代对于牒的程式也有规定，平行牒的程式是先开列文件责任者的官府名称，接着用"牒"字作为行为动词，下面空格多少不等，再写受文者官府名称。然后另行起叙述文件内容，最后以"谨牒"二字结尾。"×年×月×日牒"单作一行，后具文件责任者官衔、姓和签押。上行牒和下行牒的程式与平行牒的程式基本相同，只是上行牒结尾用"牒上"字样，而下行牒开头责任者和受文者居一行，中间不空行，结尾用"故牒"字样。

元代将不相统属的三品以下地方官之间使用的牒分为**平牒**、今故牒、**牒上**、**牒呈**、牒呈上各名目。使用范围及程式大体与宋代相同，但规定更加具体。不相统摄、品级相同的官员之间往复用平牒，正从品同；不相统属的三品地方官之间互用平牒；三品官对四品、五品官用今故牒；四品官对三品官用牒上，对四品、五品官用平牒，对六品、七品官用今故牒；五品官对三品官用牒呈上，对四品、五品官用平牒，对六品、七品官用今故牒；六品官对四品官用牒呈上，对五品官用牒上，对六品、七品官用平牒，对八品、九品官用今故牒；七品官对五品官用牒呈上，对六品、七品、八品官用平牒，对九品官用今故牒；八品官对六品官用牒上，对八品、九品官用平牒：九品官对六品官用牒呈上，对七品官用牒上。由此可见，元代的牒是在官阶相差一至三级的官员之间使用的文种，除平行的牒通称平牒以外，下行的称为今故牒，上行的称为牒上和牒呈上，这些都是用在正文结尾的词。这种划分的主要目的是表明文件责任者和受文者各自身份等级的尊卑，因此形成了许多繁杂的名目。故今牒是对于等级低、位略低者使用的，牒上、牒呈、牒呈上都是对等级高、位略高者使用的，对品级稍低者用平牒是比较客气、尊重的用法。

明代的牒简化为平牒、故牒、牒上、牒呈4种。五军都督府其察院磨勘司凡有事务，事毕，经历司回牒监察御史并磨勘司；六部其察院事务，事毕，主事回牒监察御史并磨勘司；金吾前后、羽林左右、虎贲左并府军卫、府军左右前后十卫，俱系经历司，故牒兵马指挥司；国子学（监）其察院事务，事毕，典簿牒呈监察御史并磨勘司；应天府牒呈各都指挥使司、布政使司，故牒在外各府、兵马指挥司，其察院磨勘司事务，事毕，经历司牒呈监察御史并磨勘司；察院故牒各道提刑按察司经历司；兵马指挥司牒呈金吾羽林府军等卫并外卫指挥使司、应天府，牒上在外各府，其察院事务，本司首领官抄案呈司施行，事毕，本司回牒监察御史；在外各都指挥使司故牒各卫并护卫指挥使司、应天府；各护卫指挥使司故牒各府；各外卫指挥使司牒呈都指挥使司，故牒各府；各处提刑按察司牒呈都司、布政司，故牒在内四品衙门及在外各府长史司，其察院事务，本司经历司牒呈回报；各盐运司故牒各府；直隶各府牒呈按察司、各卫并护卫指挥使司、盐运司，牒长史司，故牒守御千户所、兵马指挥司；各王府长史司牒呈提刑按察司，牒各府，故牒审理所；各处守御千户所牒呈按察司，牒上各府，故牒各州；各县故牒仓库、税课司局、递运河泊所、驿坝等杂职衙门；各处仓库、司狱、巡检、税课司局、递运河泊所、驿坝等杂职衙门俱牒呈各县。

清代的牒只限于在外各衙门，且牒上已被省略，故而牒在清中叶以后已不多见。光绪朝《清会典事例》规定，府佐贰（同知、通判）行文知府，州县佐贰（州同、州判，县丞、主簿）行文州县，直隶州知州行文知府，两司首领（经历、知事）行文知府，儒学（州学正、县教谕）行州县，府厅于提督，州县于副将，均用牒呈。州县行儒学用平牒。另有不见于上述规定的用法，如知州于州同、州判，知县于县丞、主簿，知府于同知、通判，盐运分司于盐法道等，用牒。盐运分司行各州、县、卫，用故牒。清初州县行儒学，也有的衙门用故牒。这些用法大多是沿袭明代制度。牒在中华民国时期被取消。（裴燕生）

牒呈 diecheng 中国古代官府往来文书文种名称。明代沿袭元制，上行的牒呈上改称牒呈，是地方的府向按察司行文使用的文种。据《大明会典》卷七十六规定，牒呈文字程式是先开列发文官府名称、事由，标“牒呈 某处提刑按察司”，文尾书写年月日和主管官及书吏的姓名和签押。

清代仍保留牒呈，作为一些中下级官员向不相统属的级别稍高官员行文使用的文种。如府、州、县佐贰官分别向知府、知州、知县行文，直隶州知州向知府行文，府、厅向提督行文，州、县向副将行文等。黄六鸿在《福惠全书》中，推荐的清代牒呈参考式样是先开列发文官府名称、事由，标“牒呈 某衙门”，文尾书写年月日和主管官及书吏的姓和签押。潘杓灿在《未信编》中推荐的格式稍别，主管官签押后，还要有佐贰官签押。清州知州正五品，州判从七品，知县正七品，县主簿正九品，品级有差，故用牒呈。

明清时书吏在纸背签押，若挖补更换姓名，一眼便可发现。为预防书吏舞弊，明代书吏纸背签押是普遍要求，清初仍沿袭。清代中叶后，牒呈、故牒渐多改为折式，用白纸折，折面标明文种，折内文字程式与清初状式基本相同。（裴燕生）

牒上 dieshang 中国古代官府往来文书文种名称。宋代从牒文繁衍而来，元代沿袭，规定四品官对三品官用牒上。明代施行卫所兵制，将军户人等分驻各地，平时耕种及操练，战时征用作战。驻地分设都指挥使司、卫指挥使司、守御千户所、兵马指挥司、百户所，管理军户，不归地方州县管辖，因此明代守御千户所（正五品）、兵马指挥司（正六品）于直隶各府（正四品）用牒上。清代卫所制度已不存在，仅剩明末一些残余，负责漕运，成为运丁，归入地方州县管理，所以没有必要保留牒上。据《大明会典》卷七十六规定，明代牒上文字程式是先开列文件责任者官府姓名、事由，再列受文者官府名称。文尾年月上用印，并有小字书于年月两侧，左上角大字书写“牒”字，其下主管官署押。所有副职官员也要署押，位置在主管官员下，分别左右列于两旁。（裴燕生）

丁永奎 Ding Yongkui（1927-09～2007-04-08） 中国现代档案学家。生于辽宁兴城，卒于北京。1945年由锦州冀察热辽联合大学毕业后，分配至热河省（今内蒙古自治区、河北省、辽宁省等地）人民政府，担任商业厅秘书。1955年进入中国人民大学历史档案系专修科进修，1957年毕业后留校任教。曾任中国人民大学档案系副主任、教授、硕士生导师，中国档案学会第一届学术部副主任、档案学基础理论与历史学术委员会主任，北京市档案学会理事和学术研究组成员，北京市社会科学联合会委员。

主要研究领域是档案史料编纂和档案学基础理论。与曹喜琛合编的《档案史料编纂学概要》（1982）获中国档案学会优秀科研成果二等奖。任副主编的《档案学概论》（1988）获得北京市哲学社会科学优秀成果奖、国家教委第三届全国高等学校优秀教材一等奖。担任《中国大百科全书·图书馆学 情报学 档案学》（1993）档案学基础理论分支编写组主编。编写《档案管理学讲稿》（1961）、《档案学简明教程》（1991）等专业教材、资料书。先后发表《档案的形成规律与保持档案的历史联系》《试论开放历史档案》《档案的知识属性及其价值》《〈档案学概论〉的知识范围和体系》《当代中国档案学的理论体系——兼评贬低或否定当代中国档案学的几种观点》《档案史料编纂工作的意义和原则——档案史料编纂的基本知识讲座（一）》《档案史料编纂的选题和选材——档案史料编纂的基本知识讲座（二）》《档案史料的编者加工——档案史料编纂的基本知识讲座（三）》等学术论文，内容涉及档案属性、历史档案开放、档案学知识体系、档案编纂等多个领域。

丁永奎从教35年，讲授档案编纂学、档案学概论等课程，治学严谨，为档案学科发展与建设做出了重要贡献。（闫 静）

《东北义和团档案史料》 *Archival Documents Concerning Boxer Uprising in Northeastern China* 中国档案文献汇编。辽宁省档案馆、辽宁社会科学院历史研究所合

编，辽宁人民出版社 1981 年出版。平装，53 万字。东北文史丛书的一种。

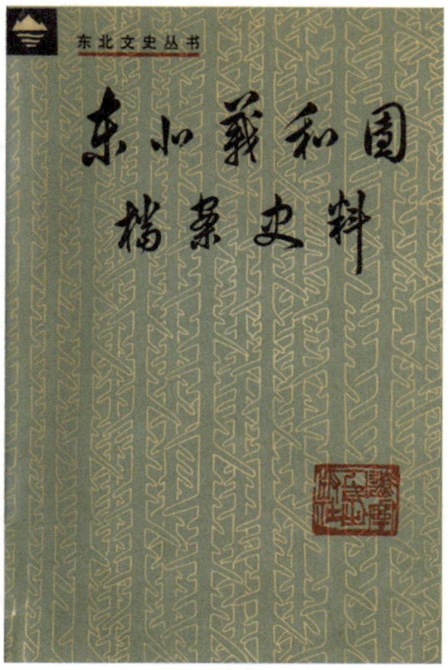

《东北义和团档案史料》封面

该书辑录了辽宁、吉林、黑龙江 3 省档案馆所藏有关义和团的档案，绝大多数属于清代地方官员形成的文书，系首次公布。起自 1899 年，迄于 1909 年。其中 1900 年的文件占一半以上。采用地区结合时间的编排体例，分奉天、吉林、黑龙江 3 大部分，一般按具文时间排列，有些文件则通过组合标题结为文件组后再按具文时间排列。

编者对收录的文件进行了校勘，书末附有东北义和团活动大事记、本书主要人名索引、农历和公历年月日对照表。反映了东北义和团运动的源流、背景及活动，清廷对东北义和团策略的具体变化，义和团及清兵对沙俄侵略者的作战，沙俄侵略者的暴行，清统治者勾结沙俄对义和团的镇压及清廷屈辱求和等史实。（韩宝华）

东观 Dongguan palace　中国东汉宫廷中贮藏档案、典籍和从事校书、著述的处所。位于洛阳南宫，修造年代不可考。据《艺文类聚》卷六十三载《东观赋》的记载，东观建筑高大华丽，最上层高阁 12 间，四周殿阁相望，绿树成荫，环境幽雅。东汉章帝、和帝以后，为宫廷收藏图籍、档案及修撰史书的主要处所。东汉诸帝十分重视东观所藏典籍、档案的校阅和整理。永元十三年（101）春，和帝刘肇往东观“览书林，阅篇籍”，并“博选术艺之士以充其官”。此后，邓康、马融、李胜等人，先后以校书郎、校书郎中、东观郎等职多次值东观“典校秘书”。安帝永初四年（110），诏令谒者刘珍及五经博士校订东观所藏五经、诸子、传记、百家艺术，整齐脱误，是正文字。东观后又辟为近臣习读经传的地方。

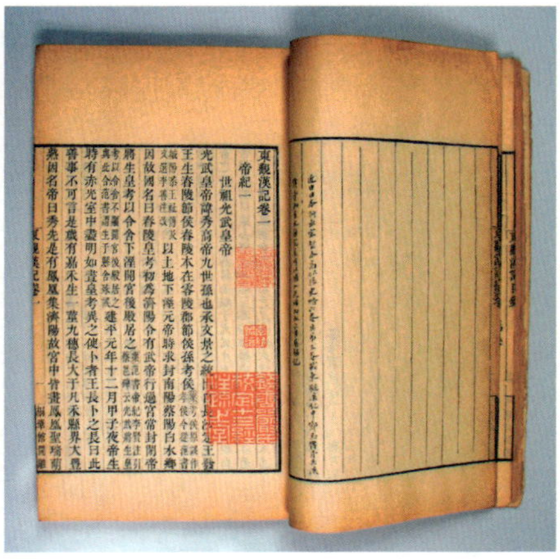
《东观汉记》（清康熙姚之骃辑本）书影

东观的丰富收藏，为汉代史的修撰创造了极其有利的条件。自和帝即位（公元 89）时起，班昭、刘珍、李尤、刘毅、边韶、崔寔、伏无忌、蔡邕等名儒硕学先后奉诏于东观撰修国史，历时百余年，广泛采用本朝档案典籍，陆续撰成《汉记》143 篇（因修撰于东观，世称《东观汉记》）。后遭董卓之乱，破坏严重。（董　俭）

《逗号》 *Comma*　**国际档案理事会**会刊。国际档案理事会最主要的专业期刊，把记录国际档案理事会的工作活动与展示国际档案界的学术成就集于一身。一年两期。目录和摘要使用阿拉伯语、汉语、英语、法语、德语、俄语、西班牙语 7 种官方语言，正文可选择使用其中任何一种语言。免费向国际档案理事会所有成员发放。

2001 年由《**档案**》（*Archivum*，1951～2000）和《**护门神**》（*Janus*，1983～2000）两本期刊整合而成。《档案》是档案理事会原会刊，内容涉及**历史档案**与现行文件管理的各个方面，也包含档案与历史研究的相关问题。每隔 4 年还有专门的一卷用于编辑出版**国际档案大会**的报告集。《护门神》的主要功能是交流和传播国际档案理事会下属机构以及各成员的论文、有关档案的研究进展和学术观点等。

办刊宗旨是致力于增进公众对档案作为文化遗产组成部分及促进社会良性运行的价值的认识。内容涉及档案及档案专业的研究、管理和发展，并设有专门的编委会，负责制订出版计划，确保不忽略全世界的每一个国家和地区。常规任务是编辑出版国际档案大会和**国际档案圆桌会议**的会议文集，同时刊登国际档案理事会下属机构的工作成果。此外，还会不定期出版涉及特定地区或国家档案工作发展状况及与**档案工作者**和**档案用户**相关的主题刊物。为与 2008 年北京奥运会相呼应，编辑出版了 1 卷体育档案专刊，由中文编委负责组稿工作。（黄霄羽）

都灵纸草 Turin papyrus　埃及第十九王朝用简略象形文字书写的手稿。又称都灵王表。都灵纸草 1822 年发现于埃及的卢克索，卢克索是古埃及时的底比斯即中王国和新王国都城。1824 年被运往意大利的都灵埃及博物馆，由于运送纸草的盒子没有得到妥善保管，纸草遭受了严重破坏，破裂成许多小碎片。现保存于意大利都灵埃及博物馆。

都灵纸草是制作于古埃及新王国第十九王朝法老拉美西斯二世时期（约公元前 1279～前 1213）的一份僧侣体纸草文献，由 164 片纸草粘贴而成，内容详细，列出了第十八王朝以前埃及法老的名单及在位年月日，并把法老的历史分为若干个王朝和 3 个主要时期（古王国、中王国、新王国）。都灵纸草很不完整，文中有许多空白和损坏之处。纸草的前言和结尾部分均已遭到损坏。

都灵纸草（今藏于意大利都灵埃及博物馆）

都灵纸草最具历史价值的是它包含一些其他类似文献中没有提到过的曾割据一方或是短暂统治过的法老王名，尤其是列出了统治过埃及和尼罗河三角洲的第十五王朝的喜克索斯法老。值得注意的是这些喜克索斯统治者没有王名圈，而是用象形文字符号表明了他们的异族统治者身份。因此，都灵纸草在确定埃及的编年次序方面有着重大的历史意义，是古埃及王朝编年史的基础。（黄霄羽）

杜兰蒂，L. Luciana Duranti　加拿大档案学者。原籍意大利。1975 年在罗马大学获得档案学硕士学位，1979 年在罗马国家档案馆档案、古文书、古文献学院获得硕士学位，获得罗马国际法语学校法语学士学位。1974～1977 年，在意大利国家研究委员会担任项目档案保管员；1978～1982 年，在罗马国家档案馆担任国家档案保管员；1979～1983 年，在档案、古文书、古文献学院担任助理教授；1982～1987 年，在罗马大学档案馆员和图书馆员专修学院担任研究教授。1987 年移居加拿大后，一直在加拿大不列颠哥伦比亚大学图书馆、档案和情报学院担任教授，为硕士和博士讲授档案学理论、古文献学和电子文件管理等方面课程。

研究领域包括档案学基础理论、文件保管历史、现行文件策略、电子文件管理、古文书学和古文献学等。致力于为电子文件管理问题寻找一个能普遍适用的解决方案。认为当前研究电子文件的关键环节是保护文件的真实性，过去的文件使用和运转凭借纸质文件，存档时交给档案人员，过程中不会改变；而现在电子文件的每一次传输和存储都有可能给文件本身带来变化，交给档案人员时很可能已丧失其原始性，也可以说不再真实了。如果档案不真实，就失去了证明历史的权威作用。

为电子文件真实性的永久保管国际研究项目的主持人。此项目是由加拿大社会科学和人文研究委员会发起、世界范围内许多研究机构共同参与的大型、跨国、跨学科合作的研究项目。重点研究电子文件真实性的保障及长期保存问题，已取得了不少重要的阶段性成果。

档案鉴定理论和电子文件管理的研究上具有相当造诣，在加拿大、北美乃至国际档案界知名度较高。1998～1999 年曾任美国档案工作者协会主席。著述丰厚，代表作有《电子文件的完整保存》(2002)、《文献学：古老科学的新运用》(1998)。主编有《InterPARES 2：经验性与交互式及动态记录》《真实电子记录之长期保存：InterPARES 项目文集》《档案学百科全书》等。

（黄霄羽）

对象分类法 method of records classification according to object 以实物对象的开发、设计、生产制造等活动形成的整套科技档案为单元进行档案分类的方法。

对象和形式 适用对象主要包括产品档案、设备仪器档案、工程项目档案、科研课题档案等。形式包括：型号分类法、工程项目分类法和课题分类法等。

主要特征 ①这种分类方法以实物对象为中心，可以使围绕某一实物对象的研制、生产形成的档案文件紧密地联系在一起，构成一个个有机的档案整体。②档案分类可以按特定的程序，分阶段、有步骤地自然完成，类目之间的边界清楚。③这种分类法的应用可以使相关实物对象的档案聚合在一起，有效地维护科技档案的成套性和完整性。

意义和价值 以套为分类单元，可维护科技档案的完整性；外部边界明确，便于进行归档科技文件、记录和数据资料的归类；保持了归档科技文件、记录和数据资料之间的有机联系。

（王英玮）

敦煌文书 Dunhuang Documents 中国甘肃省敦煌莫高窟所出 5～11 世纪的多种文字古写本。1900 年，道士王圆箓发现于莫高窟 17 窟藏经洞。1944 年在莫高窟土地祠塑像中、1965 年在莫高窟 122 窟窟前又续有发现。总数超过 4 万件，其中汉文写本在 3 万件以上，另有少量刻印本。

敦煌文书多为卷轴式。北朝写本书法均带隶意，南朝及隋、唐、五代、宋写本则为楷书或草书。8 世纪末，有木笔、苇笔书写的卷子。9 世纪以后，出现经折装、册子本和木刻印本。

写本题款有纪年者近千件。其中年代最早者为西凉建初元年（405）所写《十诵比丘戒本》，最晚者为宋咸平五年（1002）《敦煌王曹宗寿编造帙子入报恩寺记》，汉文写本的百分之七八十写于中唐至宋初。

敦煌汉文写本中佛典文献占 95%，包括经、律、论、疏释、赞文、陀罗尼、发愿文、启请文、忏悔文、祭文、僧传、经目等。《金刚经》《妙法莲华经》之类的复本甚多，也发现一些中土已佚的经卷，如隋唐时再三遭禁的三阶教的教义经文，以及一批疑伪经等。

敦煌佛典中的一些卷子，近年来引起学者们的注目。如《楞伽师资记》及王锡撰的《顿悟大乘正理决》等，可用以说明 8 世纪拉萨法诤的情况。藏僧管·法成的《瑜伽师地论》讲义录等，则反映了藏族学者对汉、藏两族文化的贡献。

敦煌汉文写本中非佛典文献占 5%，其中包括经、史、子、集四部。经部中，隶古定《尚书孔氏传》十分重要，皇侃撰的《论语疏》也引起学者们的注意。属于小学类的韵书有 20 余件，其中有陆法言的《切韵》等。

史部包括史书、政书、地志、氏族志等。其中有孔衍撰的《春秋后语》、蔡谟注的《汉书》等佚书。由于唐《律疏》《公式令》《神龙散颁刑部格》《水部式》等卷的发现，使人们对唐代的律、令、格、式有了新认识。《慧超往五天竺国传》《沙州都督府图经》等卷，对考释丝绸之路地理有重要价值。《新集天下姓望氏族谱》等件有助于研究唐代门阀观念的演变。

子部除佛典外，还发现了另几种宗教典籍。其中有道教卷子 500 件以上。北朝写本《老子道德经想尔注》以及《老子化胡经》等佚道经，近年亦引起学者们的注意。摩尼教方面，有《摩尼光佛教法仪略》等。景教方面，有《大秦景教三威蒙度赞》等。这些佚经的发现，推动了东西方学者对于摩尼教、景教的研究。此外，还有医书、算经、历书、占卜书、类书、书仪等。

集部有别集、诗、曲子词、变文、讲经文、押座文、话本、俗赋、词文等。1957 年中国出版的《敦煌变文集》，搜集了变文、押座文等写本 190 件，其中有著名的《降魔变文》《维摩诘经讲经文》《王昭君变文》《庐山远公话》等。此外，列宁格勒藏本《双恩记》亦颇著名。敦煌出的唐人选唐诗，可补《全唐诗》之佚。在 20 余件《王梵志白话诗》写本中，以列宁格勒所藏大历六年（771）王梵志诗 110 首抄本为善本。《云谣集杂曲子》等写本的发现，对研究词曲史有重要意义。目前对敦煌曲的研究，在海内外是一个重要专题。此外，唐代刘邺的《甘棠集》、崔融编的《珠英学士集》，都是《新唐书·艺文志》著录而后亡佚的集子。

敦煌文书中具有珍贵史料价值的是官私文书。官文书有符、牒、状、帖、榜文、判辞、过所、公验、度牒、告身、籍帐等；有与户部、刑部、兵部相关的文书片段；《河西节度使判集》有助于对安史之乱后河西政治经济状况的研究；《沙州进奏院上本使状》及归义军节度使相关的文书，使晚唐、五代沙州的历史面貌重新明朗；军制、市制、屯田、长行马等有关文书，使各种制度得以稽考；籍帐方面，包括计帐、户籍、差科簿等已发表的多达 20 余件，对《西魏大统十三年计帐》的研究，使西魏均田制的许多问题得以探明；唐天宝年间的《敦煌郡敦煌县差科簿》为唐前期杂徭、色役等问题的研究提供了珍贵材料。私文书有契券、社司转帖、帐历、书牍、分家产文书、遗书等，其中租佃契、典地契、借贷契、买卖契、雇佣契等对于研究唐五代及宋初的劳动者身份地位以及租佃关系、高利贷经营等方面的问题，都是一手资料。

寺院文书是官私文书的一个分支，有 500 件以上。其中的僧官告身、度牒、戒牒、僧尼籍、转经历、追福疏、诸色入破历、器物名籍以及各种契约等，都是研究敦煌教团政治经济结构的好材料。

敦煌文书中，还有藏文、于阗文、突厥文、回鹘文、粟特文、梵文等多种文字的写本。藏文《吐蕃历史文书》、古突厥文《摩尼教忏悔文》、于阗文《于阗沙州纪行》等均负有盛名。

敦煌文书发现以后，1907～1914 年，英国人 A.斯坦因，法国人伯希和，日本人橘瑞超、吉川小一郎，俄国人奥尔登堡等先后来到敦煌，使用诱骗方法，劫走大批文书卷子。在中国，敦煌写本的绝大部分收藏在北京、敦煌、兰州、上海、天津和台北，其他地方也有多少不等的藏品。在国外，则分藏于伦敦、巴黎、列宁格勒、京都、柏林等地。敦煌文书的发现，推进了与中世纪的中亚、中国相关的历史学、语言学、考古学、民族学、宗教学、文学、艺术、书志学、历史地理学和科技史的研究。（姜伯勤）

多伦多大学信息学院 Faculty of Information, University of Toronto 加拿大高校信息学院。其前身是1928年成立的安大略师范学校图书馆，位于布卢尔街315号。1965年，该机构发展成为图书馆系，成为学校一个独立机构，迁址至书院街167号以及麦克考尔街256号。1971年迁至现在的地址圣乔治街140号。1972年，学院改名为图书馆学院；1982年改称图书情报学院；1994年改称信息研究院；2004年，信息研究院加入iSchool联盟；2008年改称信息学院。学院在圣乔治校区，与约翰•罗伯茨图书馆和托马斯•费舍尔稀有书籍图书馆相毗邻。

学院下设知识媒体设计研究所、教师公寓研究所，以及数字内容管理研究所。

学院采用跨学科方法进行专业培养，在原有图书情报学的坚实基础上，又开辟了档案学、博物馆学、信息系统与设计学、信息焦点研究、文化技术、知识管理、数字人文、书写历史等其他相关领域。

专业设置主要有：①信息学硕士。其主要研究方向包括文件与档案管理、信息焦点研究、信息系统与设计、知识管理和信息管理，以及图书情报学。②博物馆学硕士。③双学位。即在三年制内同时修完信息学和博物馆学。④博士项目。其主要研究方向包括信息焦点研究、图书情报学、文件与档案管理、信息系统、媒体与设计、文化遗产、知识管理和信息管理、信息哲学。⑤合作教育计划。该计划面向所有注册了信息学硕士和博士生项目的同学。研究方向包括书写历史与印刷文化（以梅西学院为基础），知识媒体设计，成瘾研究、衰老化、全生命周期的支持性护理、环境中心、性多样性研究、女性健康，以及女性与性研究。⑥信息学尖端研究硕士。该项目只针对已具有相关硕士学历的学生。⑦互动数码多媒体的本科艺术学位。学位要求除修习核心课程外，学生还需要学习知识媒体设计和沉浸式数字媒体课程。

多伦多大学信息学院专注于信息研究和信息教育领域，培养下一代专业人才和领军人物，共同参与合作、创新和知识管理来改造社会，提高公众的信息意识，为政府提供学术支持，积极打造多伦多信息化社会，是加拿大档案特色教育中重要的一环。（黄霄羽）

E

俄罗斯国立人文大学历史档案学院 Institute for History and Archives, Russian State University for the Humanities 俄罗斯历史最悠久、规模最大的档案教育机构。前身是创建于1930年的莫斯科历史档案学院，院址在莫斯科。苏联为了满足社会对专业历史档案工作者的需求，于1930年成立了莫斯科档案学院，1932年改名为莫斯科历史档案学院。1931～1941年是学院的初创阶段，最早设置了3个教研室：历史和经济学教研室、档案学教研室和外语教研室。1933年，学院出版了最早的3部教材：《档案工作方法和技术》《档案馆和档案事业》和《史料学和文献公布方法》。1949年后，学制延长至5年，并沿用至今。经过第二次世界大战后的恢复和建设，20世纪50年代初莫斯科历史档案学院进入其发展的黄金时期（1950～1967）。以历史档案学专业教育为基础，增设了文献编纂学教研室、文件管理教研室和科技档案教研室。新开了4门重要的教学科目：历史地理学、外国档案史、技术和声像档案管理、缩微档案管理。出版了大批专业教材：《苏联档案事业历史与实践》《档案文献编纂方法》《苏联文件处理历史与组织》。各个教研室吸纳了文献学、历史学和档案学领域的优秀人才，形成了强大的教师队伍。70年代莫斯科历史档案学院地位下滑，教师整体素质下降；80年代，院长推行民主改革，由于师资等因素，学院的教学和科研质量没能达到60年代的高度。1991年莫斯科历史档案学院并入国立人文大学。国立人文大学历史档案学院向历史学、政治学和法学等专业领域拓展。“文件学与文件管理”专业异军突起，与历史最悠久的历史档案学专业并立，适应了政府机关和社会组织对文件管理人才的广泛需求。

学院共设有4个系：档案事业系、文件学系、技术档案与文件系，以及历史学、政治学和法学系。这4个系下设有21个教研室，分属9个专业。历史档案学院的本科教育富有特色，表现在本科教育学制为5年，教学科目多、涉及的学科范围宽广、内容丰富、系统性强；同时教学环节衔接紧密，考察、考试方式多样、灵活，专业实习一般有两次，大二和大四各一次。

俄罗斯国立人文大学历史档案学院秉承了俄罗斯人文教育的传统，确立了档案学在历史研究中的地位。随着现代人文教育的发展，信息技术在历史学研究和档案管理中的普遍应用，社会对人才需求的多样化和专门化趋向，历史档案学院实现从经典到现代的完美转型，成为国际档案学教育不可或缺的组成部分。（黄霄羽）

俄罗斯联邦档案馆 State Archives of the Russian Federation 俄罗斯联邦国家最高档案馆。档案馆主楼位于莫斯科市彼罗果夫斯克大街17号。根据1992年4月28日俄罗斯政府命令，合并苏联十月革命国家中央档案馆和俄罗斯社会主义联邦共和国国家中央档案馆而成立。前身为俄罗斯社会主义联邦共和国国家档案馆（1920～1925）、十月革命档案馆（1923～1931）、十月革命中央档案馆（1931～1938）、十月革命国家中央档案馆（1938～1941）、十月革命和苏联社会主义建设国家中央档案馆（1941～1961）、莫斯科国家中央历史档案馆（1941～1961）、俄罗斯社会主义联邦共和国国家中央档案馆（1957～1992）、十月革命苏联最高权力机构和政府管理机构国家中央档案馆（1961～1992）和俄罗斯联邦国家档案馆（1992年4月28日）。1995年初，被列入具有特殊价值的俄罗斯联邦人民文化遗产的国家编制项目。2011年5月31日起正式更名俄罗斯联邦公共档案馆。

档案馆主要保管的是自十月革命到现在的全部文件，同时有很多有关中国哈尔滨的档案及侨民档案。馆内现存最早的档案是14世纪俄国沙皇尼古拉日记（手记）。馆藏包括尼古拉二世的照片，1736～1796年中国皇帝印章（乾隆）、咸丰十年会约、清朝路引（护照），清朝恭亲王的礼品单，早期的哈尔滨商业学校的财务表，哈尔滨市政府市政建设情况、市政府帮助俄侨民的情况及市政府教育、文化、体育等方面和斯大林1952年签发关于中苏交往的文件等。档案共有3000多个全宗，共计600万卷，每年接待量达数10万人次。馆藏档案按年代进行管理，十月革命以前的所有文件都对研究人员开放。十月革命以后一直到战前（1941）这一时期的大部分文件也已经解密。苏联人民委员会战争时期的部分文件全宗只对研究人员开放。馆藏有5000个根据俄罗斯联邦总统的专门命令被解密的案宗目录，这些案宗是关于侵犯人权、战俘和肃反时期的文件，所有这些文件都对研究人员开放。

为**俄罗斯联邦档案馆体系**中最大的一个档案馆，所藏巨大而丰富的档案全面地反映10～20世纪时期俄罗斯历史，白人运动和移民史，极有史料价值。翔实地描述了沙皇俄国人民革命运动的史实，记载了苏维埃国家建立之后的俄国在20世纪中创造和建设国家的社会发展的历史。

（黄霄羽）

俄罗斯联邦档案馆体系 Federal Archives System of Russia 俄罗斯所有中央级国家档案馆的总称。又称俄罗斯联邦中央国家档案馆网。1991年底，苏联作为一个政治实体宣告解体。俄罗斯基本沿袭了苏联的档案管理体制，即层次型的集中式档案管理体制。1992年起开始对苏联共产党系统的档案和档案馆以及苏联中央国家档案馆进行接管、改组和更名。由国家用法律在联邦和地方各级政府下设立档案事业管理机关，形成一个完整的有层次结构的档案行政管理机关系统，分级统一掌管国家档案事业建设，领导各级国家档案馆、**文件中心**，以及档案科研和档案教育机构，从而组成**俄罗斯联邦档案馆**体系。

体系由12个中央级国家档案馆和5个文件保管中心组成，12个中央级国家档案馆的前身大多是苏联中央国家档案馆和苏共中央档案馆。可分为3类：①综合档案馆：俄罗斯联邦国家档案馆。②历史档案馆：俄罗斯国家古代档案馆、俄罗斯国家军事历史档案馆、俄罗斯国家历史档案馆、俄罗斯国家远东历史档案馆。③专门档案馆：俄罗斯国家经济档案馆、俄罗斯国家文学与艺术档案馆、俄罗斯国家军事档案馆、俄罗斯国家音像档案馆、俄罗斯国家海军档案馆、俄罗斯国家科学技术档案馆、俄罗斯国家影视文献档案馆。5个文件保管中心分别是：俄罗斯现代史文件保管和研究中心、当代文件保管中心、青年组织文件保管中心、历史文件汇集保管中心、安全卷宗保管中心。上述文件保管中心实际上也都是档案馆，与欧美国家设立的文件中心不同的是，它们不是过渡性的保管机构，而是永久性的档案保管基地。

除这些中央及国家档案馆，馆网的组成部门还有原苏共组织在俄罗斯设立的档案馆，以及俄罗斯各自治共和国、自治州、边疆区、州和市所有的档案馆。这些档案馆按性质可分为综合性档案馆、历史档案馆和专门档案馆三种类型；按馆藏可分为馆藏结构固定型和流动型两种。

（黄霄羽）

《俄罗斯联邦档案事业法》 *Law of the Russian Federation on Archival Affairs* 俄罗斯档案事业建设的法律依据和指导纲领。2004 年 10 月 27 日，由总统普京签署并正式公布生效。是继 1993 年《俄罗斯联邦档案全宗和档案馆法》之后的一部新的档案大法。与 1993 年的档案馆法相比，在结构体例、内容设置等方面都有不少新的突破，综合反映了俄罗斯档案事业的新进展和立法特色。

共 9 章 32 条。第一章为基本概念；第二章为俄罗斯联邦档案全宗；第三章为俄罗斯联邦档案事业管理；第四章为档案的保管和统计；第五章为档案馆对档案文件的补充；第六章为档案文件的借阅和利用；第七章为对违反俄罗斯联邦档案全宗和档案馆法追究责任；第八章为国际合作；第九章为附则，规定生效日期及有关条款的例外生效期限和程序。

《俄罗斯联邦档案事业法》是在社会信息化进一步深入发展的形势下，针对档案事业和档案工作中出现的现实问题和主要矛盾而制定和颁布的。立法主旨是在新的政治经济环境和技术环境下最大限度地维护联邦档案全宗的完整和安全。关于联邦档案全宗概念和成分的重新认定、私人档案文件所有权的保护和转移、各类俄罗斯联邦档案全宗文件在转入永久保管之前的暂时保管期限的新规定、国有和非国有机构调整时的档案文件处置办法、档案利用中的公民隐私权保护、档案文件出境等内容的规定，基本适应了当前俄罗斯市场经济发展和社会民主发展的需要。

（黄霄羽）

俄罗斯联邦档案署 the State Archives of Russian Federation 俄罗斯联邦最高档案行政管理机构。根据俄罗斯联邦政府 2004 年 6 月 17 日的第 290 号决议设立，隶属于俄罗斯联邦文化部。负责国家政策、档案和文件管理领域的规范性法律法规的制定和实施，联邦机构的行政管理，提供档案领域的国家服务并管理联邦档案遗产，与其他联邦行政机构、地方自治机构以及其他公共机构一起进行档案管理工作。

联邦档案署共有 15 个下属联邦级档案馆，如俄罗斯国家经济档案馆、俄罗斯国家社会政治史档案馆、俄罗斯国家现代史档案馆、俄罗斯国家科技档案馆等，同时还有一个档案研究所。联邦档案署的主要任务是：①提供档案领域的公共服务。②对俄罗斯联邦档案全宗进行清点统计，并对俄罗斯联邦极其珍贵的、特有的档案进行登记注册。③确保档案的收集、存储以及归档文件的记录和使用符合相关规定。

俄罗斯联邦档案署还设立了档案鉴定中央评审委员会，负责审查和确定与俄罗斯联邦档案全宗文件成分和档案价值鉴定有关的问题。除了对所属档案馆进行管理，俄罗斯联邦档案署还设立了专门的网站，定期在网上公布所属档案馆的一些解密档案的目录，并可在网上检索，方便各国学者对俄国最新解密档案的了解和利用。此外，俄罗斯档案署还对俄国档案的数字化做了大量工作。2013 年，根据《2020 年前俄罗斯档案事业发展纲要》，俄罗斯联邦档案署逐步建立约 500 万页的档案数据库。截至 2017 年，GARF 遗产资源数据库中包含的案卷总数为 6 642 445 件，几乎所有案卷都可以通过互联网提供给用户。

（黄霄羽）

二次档案文献 archival documentation formed after processing the original archives 编纂者按照特定要求抽取相关档案的外部特征或内容要点，进行著录、压缩、整理而形成的有序化规范化的档案文献线索体系。二次档案文献具体分为：①档案文摘。如《设备档案文摘》《产品档案文摘》等。②开放档案目录。如故宫博物院文献馆在中华人民共和国成立前编纂的《雍正朱批谕旨不录奏折总目》（1930）、《文献馆现存清代实录总目》（1934）、《清军机处档案目录》等。③全宗介绍、全宗指南。如《海关总署全宗指南》（1949～2006）等。④档案室介绍。如浙江外国语学院《档案室馆藏情况介绍》（网络版）。⑤档案馆介绍、档案馆指南。如《中央档案馆简介》（1989）、《上海市档案馆指南》（1999）等。⑥名录。如《中国工商企业名录》《中国企事业名录大全》等。

《中国工商企业名录》封面

二次档案文献从对档案信息外部特征或内容要点的判别、提取、压缩，到汇总、整序，都要由编纂者编写或编制，是编纂者提供的关于档案信息情况的信息，具有检索和报道功能。读者通过二次档案文献，可以便捷地把握某一方面档案的总体状况，并查到所需要的档案。

（丁华东）

F

法国档案工作者协会 French Archivists Association 法国档案工作者的民间专业学术性组织。成立于1904年4月，地址在法国巴黎。协会组织了法国大部分职业档案工作者，他们包括：在国家档案馆、外交部档案馆、国防部档案馆、财经部档案馆以及各省、市档案部门工作的档案人员，还有医务档案人员、工商会档案人员、企业档案人员和教会档案人员。协会每年举办年会，是法国档案工作者交流经验、分享科研成果的重要平台。除年会外，协会每年还举办多次会员聚会，既有正式聚会，也有非正式聚会。正式聚会以学术探讨为主，非正式聚会比较随意，通常表现为学术酒会或沙龙等形式。

法国档案工作者协会发行3种出版物：①《档案报》是一份国际性期刊，刊登有关档案学、档案保管机构、档案整理、档案处置以及档案价值等方面的文章。②《联络通讯》只在协会内部发行，隔月出版，内容包含一切有关档案工作的信息以及诸如档案的计算机应用等重要综合题材。③《情况研究》刊登现在的以及未来设想的计算机档案系统的应用情况。

法国档案工作者协会不仅为法国档案人员提供更多学术讨论和交流的机会，也有助于组建档案学研究的科研团队，加强档案界及与相关领域的合作，对提升法国档案学研究的综合实力具有很大推动作用。 （黄霄羽）

法国档案局 Direction des Archives de France 法国档案事业最高行政管理机构。1897年，档案局正式成立，由国家档案馆与省、市镇档案管理办公室合并而成，隶属公共教育部。1936年，更名为法国档案局，1959年起隶属于文化事务部，与国家档案馆设在同一大楼内，合署办公。1897～2006年，档案局局长兼任国家档案馆馆长，是法国档案工作的最高领导者。2007年，法国国家档案馆由1个变成3个，档案局局长不再兼任国家档案馆馆长。2010年1月13日，法国遗产管理总局成立，法国档案局并入该局，具体承担档案管理职责的是法国档案部际管理处。

档案局设有5个下属机构：①档案最高委员会。属咨议性机构，由各档案馆、中央各部和学术机构的代表组成，负责审议和研究档案工作的重大问题，协助起草档案工作计划、条例、办法等。②档案监察委员会。负责监督地方档案馆的工作。③总检查处。协助局长检查局属各档案机构的工作。④技术评判委员会。负责研究和报送关于机构设置和人员状况的材料。⑤行政评判委员会。负责研究和报送关于职员的任命、提升、调动、解职等方面的材料。档案局为执行对档案移交机关档案整理情况的监督，还设有档案视察监督员。

法国部际档案管理处设有档案政策分局、交流与开发分局以及国家纪念委员会3个下属机构，其中埃斯佩朗国家缩微胶片及数字档案中心是交流与开发分局的下属部门。

法国档案局及部际档案管理处是法国档案外事活动的主管机构，对法国档案事业发展和档案界的国际交往起着重大作用。1970年，法国档案局和档案工作者协会主编出版了《档案学手册——法国公共档案的理论和实践》，法国档案专家集体创作，是法国当时篇幅最大的一部档案学教材，积极推动了档案学的发展。

（韩玉梅 黄霄羽）

法国档案学院 Cole Nationale des Chartes 法国以历史学教育为主，以档案教育为特色的高等学校。又称法国国立宪章学院、法国文献学院。与马尔堡档案学院和奥地利维也纳历史研究院并称为欧洲三大档案学院。成立于1821年。坐落在巴黎著名的文化中心拉丁区。法国大革命之后，政府没收的大量皇室书籍、历史材料急需专业人员进行整理和归档，以便于提供给公众利用。正是在这样的历史背景下，经过拿破仑一世的不断倡导，根据路易十八1821年2月22日法令，法国档案学院得以创建。学院原名为皇家宪章学院，目的是培养新一代的专门人才，使其有能力管理图书馆和档案馆收藏的中世纪档案及手稿。学院开办两年后停办，直到1830年才又恢复。

学院拥有工程师、硕士和博士的完整教育体系，同时也承担国家档案馆、法国文化部等机构的档案、历史学培训项目。培训对象为法国各级各类档案管理人员。学制从初创时的两年制发展为四年制。两年制时学生第一学年在皇家图书馆上课，第二学年在国家档案馆上课。1830年学制改为三年，第一学年在国家档案馆上课，后两年在皇家图书馆上课；1847年，学院的全部课程均在国家档案馆内授课。之后改为四年制，第一、二学年学习基础课程；第三学年，根据各自研究的重点及以后的谋职去向，学生不仅可自选深入学习某些课程，而且在校内或校外听课均可；第四学年，按照规定的要求完成毕业论文、毕业实习。

学院的基础课程有古文字学、中世纪拉丁语、罗马哲学、信息学、司法史、中世纪与现代经济史、历史编纂学、考古学、图书史、图书馆学、古文书学和档案的来源等。进入数字时代后，也增加了关于电子技术和电子资料在遗产、历史研究中的应用课程。

学院是法国档案保管员的主要培养学校之一，是法国重要的遗产学院，闻名于整个欧洲，在世界范围内都有影响力。学院实行教学与实践相结合的教育方式，自创办以来一直倡导由专门的档案馆员或历史研究人员作为学校教员。学生在一年级的暑假需要联系法国国内的遗产机构，在二年级的暑假需要联系国外的遗产机构，分别进行不少于一个月的实习，从而保证档案学院的教育一直与实际工作紧密联系，确保培养高质量的学生。 （黄霄羽）

法国国家档案馆 National Archives of France 法国中央级综合性国家档案馆。也是世界近代史上最早建立的国家档案馆之一。法国国家档案馆负责收藏1789年法国大革命前的历史档案和法兰西共和国各中央机关的档案。1790年成立，前身是1789年成立的国民议会档案馆；1804年改名帝国档案馆，1814年又改名王国档案馆，1871年恢复国家档案馆，1959年起隶属法国文化部。国民议会档案馆的第一任馆长由大革命时期著名政治家、国民议会议员A.G.卡缪担任。从1808年起馆址设在巴黎苏比兹宫。1973年在法国南部圣吉尔附设埃斯佩朗缩微胶片保管中心，1977年增加一个分馆，通称枫丹白露现代档案城。2013年1月21日，欧洲最大的档案馆塞纳皮埃尔菲特新馆建成。

图1 法国国家档案馆（巴黎苏比兹宫）外景

从18世纪末至2006年，国家档案馆是法国唯一的国家级档案馆。2007年，海外档案中心改为海外国家档案馆，劳工档案中心改为劳工国家档案馆，法国国家级档案馆由1个变成3个。3个分馆分别为巴黎分馆、枫丹白露分馆和塞纳皮埃尔菲特分馆。巴黎分馆保存旧制度时期的**公共档案**和巴黎公证书原本；枫丹白露分馆保存专门档案，包括1930年以后的入籍档案、1960年开始的公职人员职业档案、特种运输工具许可档案，此外还保存**声像档案**和建筑私人档案；塞纳皮埃尔菲特分馆保存法国大革命之后直至今天的公共档案及私人物品。国家档案馆由4个部、6个处以及档案中心组成。4个部分别是：①保存1790年之前档案的古代档案部。②保存1790年至第二次世界大战之前档案的近代档案部。③保存第二次世界大战以来档案的现代档案部。④科学、文化、技术活动部。6个处分别是历史研究与资料处、照片与缩微胶卷处、信息处、书刊档案与地名处、培训处及出版处。档案中心包括枫丹白露现代档案中心、埃斯佩朗缩微胶片保管档案中心、海外档案中心和劳工档案中心。

1841年前的馆藏档案按**事由原则**分类整理和保管，1841年后逐渐改为按全宗即按**来源原则**分类保管。20世纪70年代开始使用计算机检索，并建立了专题数据库。有7世纪至20世纪60年代最高当局、法院、监察院、财政机关、寺院等各种机构的档案。其中收藏有**纸草档案**、羊皮档案、**蜡板档案**、国王路易十六批阅的《人权宣言》原件和大革命时期各机关的档案、拿破仑帝国及其后历届政权的档案、1871年巴黎公社档案等。此外，还有应用现代技术产生的音像档案和**机读档案**等。

1790年9月12日颁布的《国家档案馆条例》规定：档案馆实行开放原则，每周开放3天，法国公民可来馆查用档案；公共档案除有特殊规定者外，满30年均可自由查阅。除阅览室外，该馆还辟有永久性的展览大厅，将法国历史上最著名的珍贵档案长期陈列。阅览室和展览厅除节假日外每日开放，接待国内外利用者和参观者。

图2 法国国家档案馆举办古老间谍装备展

该馆出版了**档案目录**、档案索引、**档案馆指南**以及多种专题性档案汇编，并向利用者提供复制件。此外还举办短期**档案展览**、小型报告会、座谈会等。从20世纪50年代初开始，该馆强调对历史教学应承担责任，并特设中学生教育处，定期组织中学生来馆从档案中了解法国历史，用档案对青少年进行爱国主义教育，这是法国在开展**档案利用**工作方面的创新举措。

（黄霄羽）

法国宪典宝库 Charters Treasury (France) 中世纪时期法国皇家档案库。中世纪欧洲最大和最珍贵的档案馆之一。由法国卡佩王朝国王腓力二世奥古斯都（1165～1223）创建。在此前，国王档案没有固定的保管场所，国王旅行或远征时档案也随之迁移。1194年，腓力二世在弗列捷瓦尔战斗中遭遇失败，全部随行档案成为英国国王理查二世的战利品。此后，腓力二世在巴黎王宫内建立了保存档案的固定场所，档案同宫廷财宝存放在一起。14世纪，国王档案被迁到为其专建的巴黎圣教堂，国王档案馆因此获得"宪典宝库"的专门名称。查理九世（1563～1574年在位）时停止接收新文件，后转归财政机关管辖。法国大革命时期，宪典宝库的档案被集中到新建立的**法国国家档案馆**，并作为一个独立部分纳入事由分类系统进行保管，计有**誊录簿**271册、木盒或硬纸盒1167个。

宪典宝库主要保存国王及其办事机构的档案、12～14世纪王室的政治性文件，包括12世纪咨议院的文件，13世纪国王法院的文件，以及法王与外国君主及藩臣、官吏之间关系的文件，国王发出的公文的抄本，国王收到的报告、信件、申请书和调查报告等正本，王室事务档案及封建领地档案等。

（黄霄羽）

法老档案库 archives of pharaoh 古代埃及的档案收藏机构。法老档案库设在法老的宫殿里，主要收藏国家最重要的政治和经济档案，以及与其他国家的外交函件和来往文书。其中包含他国国王致法老的信件正本及其他重要文件，还有法老的起居注。巴勒摩石碑表明，在法老办公厅内有登记法老收支情况的簿册。

迄今发现的有两处典型的法老档案库：①1885年在新都城阿赫塔顿，即今埃及的泰勒阿马尔奈（在开罗以南），发现一处法老档案馆遗迹，为第十八王朝法老阿蒙霍特普四世在位时所建。**档案库房**占用了两间多地下室，因发现较迟，许多馆藏已被盗走，仅获得360块楔形文字泥板文书，其中多为外交文书，包括巴比伦王、米坦尼王、赫梯王、亚述王等的楔形文字泥板信件。现存于柏林、伦敦、牛津、开罗等地的博物馆。②法老拉美西斯三世在位时建立的一个独具风格的档案馆（或称档案图书馆），设在底比斯王宫内，馆藏多达2万卷档案资料。

在古代埃及，法老建立档案库的目的不仅是收集和保存档案文件，更要借助档案让奴隶们承认法老的统治完全合法、绝对正确。

（黄霄羽）

梵蒂冈秘密档案馆 Vatican Secret Archives 罗马教皇的档案保管机构。世界上主要的宗教档案馆之一。

梵蒂冈秘密档案馆内景

位于意大利罗马城西北角的梵蒂冈高地。主要收藏欧洲罗马教皇及天主教的各种档案，是欧洲教会中收藏档案最丰富，最古老的档案馆。其前身可追溯到4世纪时教皇达马苏斯一世下令在圣拉夫连契教堂建立的档案库。这些档案于5世纪下半叶迁入拉特兰宫。9世纪在圣彼得大教堂设档案库保管外交和法律方面的档案，在帕拉蒂诺山塔保存经济和行政方面的档案，该塔被称为"古文献塔"，毁于11世纪。12世纪圣彼得大教堂档案库迁入新建的梵蒂冈宫。1308～1378年部分档案被运到教皇囚禁地阿维尼翁。1611年教皇保罗五世敕令把分散在各处的档案集中于梵蒂冈，于次年形成该档案馆。最初与教皇图书馆设在一起，1630年分离，由教皇任命第一任专职馆长。19世纪初档案被拿破仑劫运去巴黎，遭受巨大损失和破坏。

馆藏档案始于4世纪，但由于天主教会大分裂（1378～1417）及罗马城屡遭劫掠，12世纪末以前的档案损失惨重，留存较少。所有档案被划分为10类，由8个保管部分别保管。10类档案是：①阿维尼翁档案。约349册，包括囚禁期间历任教皇的训谕。②原圣安杰洛城堡档案馆（教皇从阿维尼翁返回后所建）的档案。包括12～16世纪写在羊皮纸上的教皇训谕珍本2000多卷，从公元4世纪开始的千余年间有关外交方面的档案约8500件，内有国际条约、教皇声明及各国首脑的信函，如中国明代皇太后写在绸缎上的一封信和成吉思汗之侄写在羊皮纸上的一封信等。其中最古老的档案记录于394年。③拉特兰档案。约2500卷，包括14世纪至19世纪末的档案资料，记录了教皇圣封、特惠、施舍等活动。④“祈祷汇集”。约7365卷，包括14世纪至20世纪初的有关文件。⑤国务院各机构档案。始于9世纪，记载了教皇派驻各国的驻外机构、特使和全权代表的活动情况。⑥法院系统档案。如早期异端裁判所的文件、审判伽利略的记录及伽利略签字的悔过书等。⑦秘书处档案。是最重要的部分，包括对外关系文件、条约正本等。⑧圣部各机构档案。有议事录、决议及各种证书，记录了教皇国处理教义、圣事、圣礼、圣品等方面的活动。⑨财政档案和撤销机构（贵族卫队、宫廷禁卫队、教廷法院等）的档案。其中有文艺复兴时期教皇财政谈判的文件，有关欧洲各国赠款、教皇国商业活动的史料等。⑩其他各种混合档案史料。涉及1000多年，包括捐赠、购买和没收的**私人档案**，有从东方宗教和巫术到J.加尔文和M.路德案件的记录，特兰托会议、第一次梵蒂冈大公会议等的文件，与教皇有密切联系的罗马名门望族的档案等，它们被收藏于15个大柜子中。

由于馆藏的特殊性，该馆成立后仅为教皇服务，以其“秘密”性质封闭了200多年。后来迫于世界各国普遍实行**档案开放**原则的压力，1897年，教皇利奥十三世不得不下令将时间久远且不涉及教皇利害的档案向研究者开放。尽管开放力度很小，但还是吸引了众多学者，许多国家还在罗马设立了研究机构。该馆自1974年起，由包括馆长、副馆长在内的19人工作班子进行管理。到20世纪80年代初，所有库房均已塞满档案，大批具有历史价值的档案尚未整理。1980年新建一个地下库房，装备有5万米长的**档案架**，以存放不断积累的档案。

由于教规的连续性和几千年来教皇在宗教信仰和政治舞台上的重要作用，梵蒂冈秘密档案馆馆藏档案不仅对研究宗教历史有着重要意义，而且对于研究整个世界的政治、经济、文化、社会生活也是必不可少的资料。为了推动对梵蒂冈秘密档案馆馆藏的有效整理和利用，20世纪末以来国际档案界开展了“梵蒂冈计划”，内容是吸纳各国宗教档案专家参与建设梵蒂冈秘密档案馆数据库，建议该馆缩短其封闭期，使馆藏档案能发挥更大的作用。

（韩玉梅　黄霄羽）

方略馆大库　Strategy Library　中国清代中央档案库。位于紫禁城隆宗门外咸安宫之左。保存军机处和方略馆的档案，其中主要是军机处录存的奏折和未经皇帝批示的原折（即月折包），各项谕旨的存稿（即现月档），军机处录存的剿捕档、议复档、寄信档，军机处办理谕旨和奏折中形成的军事档、交发档、交片档、存记档、行文档，以及军机处收到的各项来文和收发文的登记簿等。所存方略馆档案，包括历次纂修方略时人员的调配、考绩及奖叙，修纂方略的草本、稿本，收集的各种材料及参考书籍等。

大库管理制度严密，由军机大臣选派军机章京1人任管库，总管档案之出入、收贮、盘查及保护；设方略馆承发供事、常川供事等9人值宿守库、管理档案。军机处的各项档案按年入库保存，立有目录。档案出入库房有严格登记。调阅档案须经军机大臣批准，立有专簿由领取人画押，归还时注销。档案妥善保管，经常通风、抖晾，防虫鼠，及时检查受潮霉烂等情形；按时清查盘点或重点抽查，如有缺短，查明缘由，开列奏明后抄补。

宣统三年（1911）四月方略馆与军机处同时撤销。档案仍存库中，派录事2人管理。1914年北洋政府国务院将大库档案移存于中南海集灵囿，1926年1月拨交故宫博物院整理，移于景山西大高殿，原大库拆除。所藏档案现由**中国第一历史档案馆**保管。

（刘子扬）

防磁柜　anti-magnetic cabinet　存放**磁性载体档案**的专门装具。根据磁性载体档案的特点，选用对磁场具有屏蔽作用的软铁、铁氧体、镍铁合金等软磁物质专门设计制作，从而保证柜内磁场强度远低于磁性材料产生破坏的磁场强度。

外形类似冰箱，有单门、两门、三门、四门等规格，柜内有多个抽屉，抽屉内设有隔断。通过内部专业防磁构造设计，能有效地屏蔽磁场，阻隔热源，从而使录音带、磁带、录像带、磁盘等资料的存放更安全可靠，是存放各种磁性档案的理想装具。

（周耀林）

房地产档案管理　real estate archives management　各级政府房地产行政管理部门、中央国家机关房地产管理部门和单位对房地产档案的业务管理活动。又称房地产档案管理工作。房地产档案是房地产管理部门和单位在进行房地产管理活动中形成的具有保存价值的各种文字、图纸、表册、卡片以及声像、电子文件等不同形式的历史记录。房地产档案是房地产管理活动真实的历史记录，是房地产所有权、使用权的凭证。它既是房地产管理部门档案综合管理的主要门类，也是国家档案的重要组成部分。20世纪70年代至90年代初，国家逐步推行城镇土地使用制度和住房制度改革，并着手规范房地产档案的管理。1994年后，《中华人民共和国城市房地产管理法》《城市房地产权属档案管理办法》等一批房地产管理法律法规陆续出台，政府房地产行政主管部门的房地产权属档案管理得到了进一步规范和发展。

原则和要求　①各级人民政府要建立房地产权属档案管理机构，配备专职档案管理人员，健全工作制度，配备必要的安全保护设施，确保房地产档案的完整、准确、安全和有效利用。②房地产权属登记管理部门应当建立健全房地产权属文件材料的收集、整理、归档制度。③房地产档案管理应以权属档案管理为核心，遵循统一组织、分级负责、分类归档、多套分存、授权使用的原则。④城市房地产档案管理机构负责本市房地产权属档案的管理，并接受档案行政管理部门的监督、指导。

管理内容　①房地产档案的归档。各级房地产管理部门在开展房地产产权登记、办理房屋交易、进行产权管理和房地产纠纷仲裁处理、房地产市场管理、危房改造等业务活动中形成的有保存价值的文件材料，均应归档。②房地产档案的分类。原则上以房地产管理部门的职能分工为主要依据，适当兼顾档案的内容和载体形态。③房地产档案的动态管理。档案管理部门要建立动态管理制度，根据房地产产权变动等现实情况，及时对其相应的计算机数据、档案册籍、人名索引、地籍图纸等进行修改，保持档案内容与现实情况的一致性。④房地产档案的整理。实行“谁办理谁立卷，随时办结随时整理归档”的原则。⑤房地产档案的保管与利用。⑥房地产档案的鉴定与销毁。房地产档案管理部门应按规定对保管期满的档案进行鉴定。

房地产档案管理相关的法规和标准主要包括:《中华人民共和国城市房地产管理法》《城市房地产权属档案管理办法》《城市建设档案管理规定》《房地产经纪管理办法》《房屋权属登记信息查询暂行办法》《房屋登记簿管理试行办法》等。

意义和影响　房地产档案管理是房地产业不可缺少的一个环节和重要组成部分。搞好房地产档案工作，可以促进房地产业的顺利发展。房地产档案是房地产管理活动真实的历史记录，是房地产所有权、使用权的凭证。它既是房地产管理部门档

案综合管理的主要门类，也是国家档案的重要组成部分。（王英玮）

飞表奏事 feibiao zoushi 中国古代文书制度。指由飞驿传送的快速报告的表章。唐代初期，马周创立用飞骑进行高速驿递的飞驿制度。唐贞观十九年（645）唐太宗李世民第二次出征攻打高丽之前，先要求太子李治随之同行，后来改为留其在定州监国，以稳固后方。等到唐太宗即将出发之时，李治请求每天把起居情况通过飞驿快递给唐太宗，同时请求太宗也迅速发敕令反馈情况。也就是说，双方都要求对方在收到信件后立即回信。于是，适应快速传书的飞表奏事制度就在唐太宗和太子两人为了及时沟通前线和后方消息的环境下诞生了。（郑　慧）

分面档案分类法 archival faceted classification language 通过各分面内类目之间的组配来表达文献主题的一种**档案分类检索语言**。又称组配档案分类法、分析-综合档案分类法。依据概念的分析与综合原理，将概括档案内容信息与事物的主题概念组成"分面-亚面-类目"的结构体系。分面档案分类法是将整个领域档案内容信息和一个个专业领域的档案内容信息按不同的属性分解为若干个不同的分面，每个分面再分解为若干个亚面；根据需要，可将每个亚面分解为若干个更小的子面，面内列出所属各子目。

分面档案分类法采用的标记制度是分面标记制，是用分面符号把类号分成若干段，使每一段的号码代表主题的一个方面，以显示类目组配结构的一种标记制度。

遵循的分面规则包括：①根据需要，选择分类对象本质的属性或特征作为分类对象的各个分面。②不同分面的类目不应相互交叉，也不能重复出现。③每个分面有严格的固定位置。④分面的选择以及位置的确定，可根据实际需要而定。

特点：①分类结构上具有较大的柔性，即分类体系中任何一个"面"内类目的变动，不会影响其他"面"，而且可以对"面"进行增删。②适应新经验、新活动、新对象、新主题不断出现的状况，包容性强。③分类号中每段号码局部调整，便于集中某些新内容的档案信息，并为档案资源用户提供更多的查找途径。④"面"的分类结构可根据任意"面"的组合方式进行检索，这有利于计算机的信息处理。⑤编号方法复杂、号码较长。

分面符号指分面分类法中为区分不同分面而采用的专用符号。分面符号有两种基本形式：①字母或数字。例如，可将土壤成分调查档案的内容划分为 8 个分面，即种类、结构、成分、性质、过程、操作、实验技术、总论等，分别用 1、2、3、4、5、6、7、8 作为分面符号；每个分面划分出的亚分面或子分面用一位或两位小写字母作为分面符号。②标点符号。例如，采用"；""："".""'"作为分面符号。

分面档案分类法的类目体系不够直观，编制和使用都较为复杂，推广难度大，因此在档案部门使用并不普遍。

（王英玮）

芬兰国家档案馆 National Archives of Finland 芬兰最高的档案行政管理机关和国家档案保管机构。位于芬兰首都赫尔辛基。隶属于教育部。从 1816 年成立的参议院档案馆发展而来。1869 年，参议院档案馆更名国家档案馆。1994 年，芬兰国家档案馆由国家档案馆和 7 个省级档案馆组成。

芬兰国家档案馆外景

1939 年，《公共档案法》确立芬兰国家档案馆既是最高的档案行政管理机关，又是国家的**档案库房**和研究机构，国家档案馆馆长就是国家档案局局长。作为国家管理档案的最高行政机关，芬兰国家档案馆负责指导、监督省级档案馆的工作，检查保存在各机关的档案，并在**档案管理**方面给各机关提供指导和建议。下属 7 个省级档案馆，在各自的管辖区域内分别行使自己的双重职能。

档案馆下设综合部、档案指导部和开发利用部。综合部主要负责有关财务、人事、行政、法律等事务，还负责处理档案馆建设，档案的保管、保护、缩微、复制等事务。档案指导部负责指导和监督政府部门和政府主办的私人档案馆的**档案管理工作**。检查机关档案室，并提供指导和建议，负责审批机关呈交的处置档案的建议，计划和组织必要的专业培训。开发利用部负责接收政府职能部门的档案，征集私人和联合机构的档案，并对档案进行整理、编目和提供利用。另外，芬兰国家档案馆还是一个纹章学的专家机构，负责解释盾形纹徽、印章等。

馆藏中世纪至今的各种档案文献，排架长度 103 千米。最古老的档案是 1316 年瑞典国王 B.马格努松颁发的安全通行证，最古老的成套档案是 1537 年的皇室财产账簿。在赫尔辛基的中央国家机关、最高法院及地方政府的具有永久保存价值的档案都被移交到国家档案馆，有 10%～15% 的**公共档案**被永久保存。接受政治、经济、文化领域有影响的人捐赠的私人文件，也代管普通人的私人文件。馆内复制品收藏也较为常见，此外还收藏有相当数量的图和图纸，最早的可追溯至 17 世纪 50 年代。

芬兰公民都有权利使用馆藏的已开放的官方档案；国外的档案利用者经许可也可利用这些档案，但须向档案馆提交一份利用档案而取得的研究成果。机关的档案文献，除特殊情况外，都可自由利用。部分需要保密的档案，保密期限一般为 25 年。还可借阅来自省级档案馆、机关档案室和私人档案馆的档案文献。（黄霄羽）

封缄 the behavior of using sealing mud to seal articles and documents 以封泥封闭物品、文书的行为。《说文解字系传·通释卷第十一》："检，书函之盖也。玉刻其上，绳缄之。然后填以金泥，题书而印之也。"在物品、文书在保存与传递中用来封缄的木板称为"检"，或称"封检"。封检上一般书写文字，封检题署内容主要包括收件者；传递方式；寄件者、收件时间、送件人；被封缄文书的类别；被封缄实物的类别、数量、所有者等。封检可分为平面检和凹槽检两种，平面检所封简册是等长约为一尺，或短于一尺；凹槽检多数较厚，可以在检上挖出凹槽，以便容泥与纳绳。

（高大伟）

封事 fengshi 中国古代上奏文书文种名称。古时臣子上书奏事，为防泄露，以皂囊封板，故称封事。封事亦称封奏或封，作为公文书，始于西汉宣帝（公元前 73～前 49）时期，是朝臣上呈给皇帝的一种机密文书。皂囊即黑色的口袋。汉代的章奏都不封口，只有奏陈秘密事项，才用黑色口袋，贴上双重封条呈进。唐代封事仍用于秘密的进谏，元明以后封事逐渐消失。据刘勰《文心雕龙·奏启》考证："密奏阴阳，皂囊封板。"封事这一最早的保密文书起源于占卜活动。占卜者通过考察阴阳是否和顺，来判断上天对天子在人间的统治是否满意，如果占卜结果理想则当众宣布，如不理想则由太史将结果以保密文书——封事的形式直接呈递皇帝，占辞中关于天气灾异的预言和可操作的规避办法，构成了封事的最初内容，西汉宣帝将封事作为直达御前的机密文书，使封事世俗化、政治化。

封事的保密措施主要有：①封事由专人呈送，以避免内容泄密。②封事的启封有特别规定。必须在皇帝面前启封，由皇帝独自审阅。③封事采用重封。皇帝先对书简进行玺封，外面包上皂囊后，再由尚书令或御史中丞在囊外用自己的印加封。④封事必须由本人亲笔书写，不得由他人誊抄。⑤封事的草稿要及时销毁。⑥取消封事的副本制度。

封事采取与一般章奏不同的运作流程。据史书记载及今人研究，封事的传递主要有以下几种：①地方官员和百姓可通过邮驿传递封事。到达司马门后，再由公车传入，越过尚书台。②假借他人传递封事。③宴见奏封事。至宫中皇帝闲居之处奏上文书，主要用于少数特权公卿大臣。④朝会奏封事。仅限于能够在上朝时面见皇帝呈上奏章的中都官。如此一来，不仅最大限度地提升了封事的保密性，也大大提高了封事的运作效率。封事的出现，代表了加强皇权的一种新文书手段的产生，也开启了后代秘密议政的先河，后世的密奏、密呈，都是封事之类。 （何　庄）

冯乐耘 Feng Leyun（1928-09-05～ ）中国现代档案学家。生于江苏江都。1948年加入中国共产党，1952年就读中国人民大学档案研究生班，1954年毕业。1954～1966年在中国人民大学档案系任教，1974～1978年在故宫博物院从事文物保护工作。1978年后，历任中国人民大学档案学院档案系副主任、档案保护技术教研室主任、教授。先后选任中国文物保护技术协会理事、中国档案学会档案保护技术委员会主任、中国档案学会理事、中央档案馆档案保护技术顾问和中国档案学会顾问等职，1993年获国务院颁发的政府特殊津贴。

研究领域为档案保护、文物保护，成果丰硕。与胡让、刘凤志、李鸿健合编的《**档案保管技术学**》（1961）是中国第一部档案保护技术学教材，与李鸿健、刘凤志、胡让合著《档案保护技术学》（1984），与李鸿健合作主编的《档案保护技术学》（1991）被教育部列为全国高等院校档案学专业统编教材，并于1994年获中国人民大学优秀科技成果奖。

他深入实践开展档案文化遗产保护方面的调查研究。1958年，对成都的文殊院经卷保存现状开展调查，了解经卷的病害；20世纪50年代中后期至1960年，分别在四川等地开展档案害虫调查，查清害虫种类和危害；1982年夏天，参加了国家档案局组织的赴西藏调研，撰写了西藏档案保护的考察报告；1987年开展"苏州虎丘塔、瑞光塔封存千年经卷状况的比较研究"，获得国家档案局优秀科技成果三等奖；1996年6月，作为主要负责人，组织编写《中国档案修裱技术》，获评2002年度中国档案学会专著一等奖。先后发表《论档案保护技术学》《对美国档案管理技术的考察报告》《中美档案保护比较研究》等60余篇论文，内容涉及档案保护学科的建设、档案修复、档案保护基本原则等内容。

冯乐耘从教40年，主要讲授档案保护技术学、档案有害生物防治等课程，在中国档案保护技术学学科理论构建与实验室建设方面做出突出贡献。 （张美芳）

冯明 Feng Ming（1928-06-17～2008-09-18） 中国现代档案学者。生于天津市，卒于北京。1948年肄业于河北工学院电机系，1954年中国人民大学档案学专业研究生班毕业后留校任教，先后担任中国人民大学档案管理学教研室主任、历史档案系副主任、档案系副主任、教授、研究生导师。1980年任中国档案学会筹备委员会委员，1981年当选为中国档案学会第一届理事，1983年当选为中国科学技术情报学会第二届理事。此外，还担任了北京市高等学校职称评审委员会委员、中国文献工作标准化技术委员会委员、重庆工业管理学院兼职教授等。

主要研究领域是科学技术档案管理学和档案管理。主编《科学技术档案管理学》（1987），先后发表《零散文件立卷工作的体会》（1954）、《档案工作的矛盾》（1987）、《制定国家档案法的我见》（1980）、《考察英、南、法、罗四国档案教育》（1981）、《科技档案性质的探讨》（1982）、《科技文件材料工作建设的途径》（1985）、《科学技术档案信息工作的发展》（1982）等多篇文章、论文和考察报告，内容涉及科学技术档案概念、种类、自动化检索，科学技术档案工作原则、任务、组织领导和业务指导等。

冯明从教34年，讲授档案工作理论与实践、科学技术档案管理学等多门课程，提出和论证了科学技术档案学科与中国社会主义国家制度的密切关系，丰富和发展了科学技术档案管理学的研究内容，对科学技术档案管理学学科建设发挥了重要推动作用。 （张　斌）

冯子直 Feng Zizhi（1935-11-01～2015-07-09） 中国现代档案学家。生于陕西西安，卒于北京。1951年起先后担任中共中央西北局办公厅秘书处档案科科员、国家档案局业务秘书、《体育报》思想评论部负责人。1979年任国家档案局办公室主任，1982年任副局长，1988年任局长、中共国家档案局党组书记，研究馆员。兼任中国档案学会第一届理事会常务理事、秘书长，第二届理事会常务理事，第三届理事会理事长，中国科学技术协会第四届全国委员会委员。中共十四大代表。

他长期从事档案事业管理工作，参与制订或主持起草了一些重要的档案法规、规章和工作规划等指导性文件，撰写过一批档案学论文，主要有《章学诚的档案学思想》（1963）、《档案馆工作者应当进行一些历史研究》（1964）、《学习毛泽东同志关于档案和档案工作的论述》（1979）、《鲁迅与档案》（1981）、《章学诚档案学思想借鉴》（1981）、《关于宏观档案与微观档案的几个问题》（1982）、《有关建立档案事业体系的几个问题》（1984）、《新中国的档案事业》（1985）、《有关我国档案事业发展战略问题的几点思考》（1988）等。他提出**档案事业管理学**是档案学的一个分支学科，并于1981年编写了《档案事业管理学大纲》；1986年又发表了《关于研究和发展档案事业管理学的几个问题》；1987年在中国人民大学档案学院讲授档案事业管理学课程，较详尽地阐述了该学科的研究对象、内容和方法。1988年起任中国人民大学档案学院兼职教授。还担任《**中国档案分类法**》主编。

他在1984年举行的第10届**国际档案大会**上当选为**国际档案理事会**执行委员会委员（任期1986～1990年），出席历年执委会年会和国际档案圆桌会议。曾作为中国档案代表团副团长出席1988年第11届国际档案大会，同年参加在法国南锡举行的国际档案理事会执委会会议，代表中国向执委会提出邀请和申请主办第13届国际档案大会，会上一致通过第13届国际档案大会将于1996年在北京举行。他还曾率领档案代表团出访美国、英国、苏联、墨西哥等欧美一些国家。

（王景高　撰　赵国俊　修订）

符　fu　中国古代**官府往来文书**文种名称。符本来是古代派遣使者或调兵时用作凭证的物件，用竹、木、青铜等材质做成鱼、虎等各种形状，上有文字，中分而双方各持其半，勘对相合，则可用命。

符的使用始于西周，春秋战国时期使用普遍。如现存战国秦虎符，其上有错金铭文9行，40字，文曰："兵甲之符，右在君，左在杜，凡兴士披甲，用兵五十人以上，必会君符，乃敢行之，燔隧之事，虽毋会符，行也。"虎符均由左右两半组成，各自的铭文完全相同，其右半由中央保存，左半则发给统领军队的将领。调动军队时，统帅将皇帝派出使臣的符与自己所保存的符相合，方能调兵。许慎《说文解字》曰："符，信也。汉制以竹，长六寸，分而相合。"此类竹符由兵符发展而来，成为有关人员出入关津的通行证明。汉代把半符下发给郡太守，合符时并附有传达意旨的专门文件。两晋、南北朝时期，把随同半符下达的文书称为符书，也简称为符。符书由中央最高行政机关发下，是最高级的下行文种，作为告知性文书，发布政令。南朝刘宋皇太子监国时规定，太常寺下行尚书各曹用"符"文。其程式是以"某署令某甲辞言某事"开始，发布告知内容，文尾书写年月日并官署印信。

隋唐以后符扩大使用范围，作为中央、地方各机关，上级对下级的下行文书。唐令规定："尚书省下于州、州下于县、县下于乡，皆曰符。"日本学者仁井田陞所著的《唐令拾遗》中收有唐玄宗开元年间"符式"程式，是尚书省下达中央各寺符的格式。先开列发文机构名称，依次列事由、责任者姓名，文尾书年月日。若下达地方各州，只是将受文衙门"某寺"换成"某州"而已。唐制，京师诸司有符、移、关、牒，下诸寺、州者，必由都省发出。故尚书省下达的符由尚书吏部郎中、都省左右司郎中具官封署名。

宋代沿袭唐制，用法相同，但使用范围缩小。尚书六部下行文书用符，地方官只有各州行文属县用符。元代的符又专门作为符信，称为符牌，有长形、圆形、金质、银质、铁质、木质、甚至还有象牙质，量军国事情缓急，付乘驿者佩之。无论长形牌还是圆形牌，无论是何种质地，符牌上都有简单文字。如虎头牌金牌文字："如朕亲行，便宜行事。"元、明、清以后符文不再使用，而符牌也仅仅是用其牌面形式进而演变为牌文。

（裴燕生）

福建省档案馆　Fujian Provincial Archives　中国省级国家综合档案馆。位于福建省福州市大学城中心共享区明德路2号。1959年10月1日成立，1960年7月1日正式开馆，为中共福建省委、福建省人民政府直属的文化事业机构，与福建省档案局合署办公。1962年，省档案馆并入省档案局，为档案局的下属机构。1964年，省档案馆列为独立事业机构，局馆分设、合署办公。1969年8月，改称省革命委员会办公室档案馆，归省革命委员会办公室和秘书组领导。1975年12月，恢复省档案馆。1986年3月，省档案局、省档案馆恢复合署办公。1996年，省档案馆与省档案局合并，一个机构、两块牌子，为省委、省政府直属机构，规格为正厅级，属省委序列，由省委直接管理。2019年3月，省档案局、省档案馆分设，省委办公厅加挂省档案局牌子，省档案馆为省委直属事业单位（参照公务员管理），机构规格为正厅级。

福建省档案馆新馆外景

馆藏　截至2022年底，馆藏档案共386个全宗，纸质档案900 784卷又588 577件，案卷排架长度17.23千米，馆藏纸质资料10.40万册，电子资料11.4GB。电子档案总容量6882.065GB（其中文书类电子档案38.365GB，数码照片200GB，数字录音、数字录像6643.7GB）。照片档案62 999张、录音录像影片档案2673盘、缩微胶片313.65万幅、实物2888件。其中有明清档案196件，主要有房地契据，清末邮政、海关、税务机构及地方政府档案，其中明万历八年（1580）长汀县土地清丈归户贴为馆藏最早档案，距今已有400余年。中华民国时期档案17.82万卷又11.04万件，主要反映北洋政府、南京国民政府统治福建期间形成的档案，涉及党务、社团、政务、军事、经济、侨务和闽台方面档案，有民国公务员履历卡、院校学籍卡，"辛亥革命""福建事变"档案，及具有地方特色的非遗档案、名人档案等。革命历史档案1558卷又1338件，主要有1927～1949年中共闽浙赣省委、闽粤赣省委、福建省苏维埃政府档案，包括毛泽东撰写的《调查工作》（即《反对本本主义》）、《才溪乡调查》等历史文献。中华人民共和国成立后档案72.10万卷又47.66万件，主要包括中共福建省委、省政府及省级机关单位档案。这些档案真实反映了明清以来福建各个历史时期政治、经济、文化、社会等方面的历史面貌，是珍贵的档案文献。馆藏**侨批档案**5万余件，时间跨度为1885～1995年，其中1885年菲律宾马尼拉华侨寄回福建石狮的侨批是福建省发现较早的侨批。2013年9月，侨批档案入选《世界记忆名录》。

机构设置　馆内设办公室、征收鉴定处、保管利用处、编研开发处、信息技术处、机关党委（人事处）6个处室。2018年11月，国家档案局、联合国教科文组织世界记忆项目教育和研究分委员会在福建省档案馆设立"世界记忆项目福建学术中心"。2019年，国际档案理事会东亚分会吸收福建省档案馆为C类会员单位。

出版物和评价　福建省档案馆立足馆藏和社会需要，加强与相关文化、学术机构合作，积极挖掘档案价值，开发档案文化产品，发挥档案存史资政育人的重要作用。截至2022年12月底，先后编研出版各类档案书籍80余种，主要有《福建华侨档案史料》《闽台关系档案资料》《日本帝国主义在闽罪行录》《福建畲族档案资料选编》《老福建——岁月的回眸》《明清宫藏闽台关系档案汇编》《明清宫藏闽台关系档案图录》《馆藏台湾抗日档案汇编》《福建侨批档案文献汇编》《抗日复台档案选编》等。举办有"百年跨国两地书——福建侨批档案展""潮涌八闽——福建现代化历史进程""文脉流长——科举制度在台湾""共同家园　共同记忆——闽台关系档案文献展""海丝情忆——丝绸与侨批档案文献遗产展"等数十个档案展览，取得良好社会效益。主办《福建档案》，已出版240多期，连续七届获福建省科协优秀科技期刊鼓励奖。理论专著有《分布式档案基础数据库建设理论与实践》。编制《文件材料与档案鉴定工作规范》（DB35/T 795—2007）《档案数字化操作规程——纸质档案》（DB35/T 1856—2019）《党政机关电子公文归档一体化管理技术规范》（DB35/T 1916—2020）《工程建设项目电子文件归档一体化管理技术要求》（DB35/T 2018—2022）等地方标准，参与制定国家

行业标准《电子档案单套管理一般要求》(DA/T 92—2022)。（谢 滨）

付 fu 中国古代官府往来文书文种名称。又称付子。明代以后始在在京各部院内部各司（或其他机构）之间、地方衙门内部各房之间使用。不能对外发出，如果需要通知多个部门，可以依次内部传阅传抄，这种传抄传阅的付子又称传付。对外发出，须装叙成对外文书发出，又称移付。移付自明代出现后，一直到民国北洋政府时期机关内部相互行文或转递文件时还在使用。

清代付子多为折式，可以不具折面。格式与折式咨文、关文大体相似，只是字体多较草率，甚至不具后衔，因为是内部使用的文书，多不盖印章。付文中需将“咨”“咨呈”“关”等字改作“付”字，折面文种名称也要相应改写。付文尺寸大小不等，通常与折式咨文相近。白纸折面正中偏上标明文种“付（或移付、传付等）”，骑字下方盖发文衙门印，或不盖印。折内右版首行具发文衙门名称，接写事由，写完后接叙正文。大多数移文每面四行，也有五行、六行的。由于各衙门移文纸幅长短不一，所以每行字数也不统一，一般是二十字不到。结尾用语常为“相应移付（或传付）贵衙门如何如何可也。须至付（或传付、或移付）者”。文尾另起，写“右移付（或传付）”，均作为动词使用，字上下拉开，另起写受文衙门，与右移等字齐头并脚。另起写文件日期“某年某月某日”，墨笔判日，骑年盖月用印，或既不盖印也不具后衔。（裴燕生）

付熟状 fushuzhuang 中国唐宋时期的文书制度。唐代初期开始施行，中书省、门下省、尚书省对于那些非紧要的事务，如关于任免等平常事项，由有关官员拟就施行办法书面奏请，这类文书必须用白纸来撰写，由宰相押字，其他执政具姓名，呈进皇帝亲阅批示，在状尾画“可”“行”“准”等批语表示同意，并加盖皇帝玉玺后，即下中书省撰命，门下省审读，然后由尚书省奏行，称为熟状。宋代沿用，成为一种宰相与皇帝议定政务的常用文书。（朱兰兰）

副本收存制度 fuben shoucun zhidu 中国古代档案管理制度。始见于《周礼》。王朝为便于日常政务利用和更好地保存重要档案的正本，制作档案副本，由主管部的官员保存。《周礼·内史》疏：“王有诏敕颁之事，则当副写一通藏之。”《周礼·秋官》疏：“大史、内史、司会及六官，皆受其贰而藏之。”这些史料中的“副”“贰”都是指的档案副本。

自周代后，历代重要的户籍赋役档案、律法刑狱档案、标志统治疆域的舆图档案等均要求制作多份副本，地方各级政府要定期造籍，逐级上报并分级管理。秦代律法档案据《商君书》载“法令皆副”，即法令除正本外有副本多份，置于“殿中”的禁室和御史府、丞相府及地方郡县。汉王朝设有多所保存档案正本和副本之处。刘歆《七略》说：“外则有太常、太史、博士之藏，内则有延阁、广内、秘室之府。”唐时户籍赋役档案，即手实、计账，皇帝多次敕令（高祖武德六年三月令，玄宗开元十八年十一月令等）均要求编造一式三份，除地方收存外，另送尚书省一份。甲库保存的官员人事档案（甲历），除三省甲库收贮外，还要多制一份送内库保存（《唐会要·甲库》）。宋时规定“县每岁具账四本”（《庆元条法事类》），要求逐级上报主管机构。至清代，雍正七年（1729）谕：“内阁本章及各衙门档案，皆应于正本外立一副本另行收贮。”乾、嘉年间又设副本库吸贮副本。

中国历史上的档案副本收存制度与文书拟办过程中的文书副本制度不同，这种多层次、多套制地制作副本的制度，是为了安全保管档案。（周雪恒）

副状 fuzhuang 中国古代诉讼文书。产生并发展于明清时期。在呈状时，状民将副状夹入正状之中，一同向衙门呈递。正副状的形制和内容有所不同。副状所书状纸通常不是正状所用的格眼框，而是线格框。其形制较正状偏小，简单易携。副状的内容较正状简略，只填注语、被告姓名、住址、干证，原告起诉被告的具体内容被省略。设立副状的原因有：防范书役，借状勒民；正副相较，以甄情伪；保存衙署，以备查阅；幕友拟批，协县理案；落房以供出票拘审。副状的产生弥补了古代司法制度中的一些漏洞，提高了司法过程中的公正性，是中国古代司法制度的进步。（李义敏）

傅振伦档案学思想 Fu Zhenlun's archival thought 傅振伦关于文书处理、档案管理以及档案史研究的学术思想。傅振伦（1906～1999）是中国档案学家。20世纪20～30年代，参加清代内阁大库档案以及居延汉简的整理工作。两次旅欧，参观英、法、俄等国档案馆，留心于国外档案管理状况。40年代，担任国史馆筹委员会编辑组干事，负责筹办全国档案总库和编纂国史资料。1948年，在北京大学图书馆学专科讲授《档案与资料》。1953年，受聘参与创办中国人民大学档案专业，编写教材与参考资料。其档案学代表著作是《公文档案管理法》，主要讲述了公文档案的定义、种类、公文程式、公文处理、档案管理与旧档整理等内容。其他重要的档案学著作、论文还有十余种。

傅振伦档案学思想主要表现在：①关于文书档案的定义、种类与价值。从行政参考、供国史取材、学术研究等广阔的视角认识文书档案及其价值；从档案的形成时间、文本、载体、程式、内容等多个层面入手划分档案种类，辨析极为精细。②历史档案整理研究与创建中国档案史学科。对殷代档案、汉晋档案、唐宋档案、明清档案、北洋旧档整理研究均有所涉猎，尤其对作为书写的简策及其制度作了系统梳理，并结合古代史官建置、历史编纂，梳理古代档案管理制度脉络，编写了《中国档案史讲义》，参与创建新学科中国档案史。③翻译与介绍国外档案管理、教育与学术研究等著作。是近代引入西方档案学思想最为深入的学者之一，翻译了《欧美档案馆学论文译丛》。④综合考察公文程式、公文处理与档案管理，并作系统化研究。所著《公文档案管理法》是这一思想的集中体现。⑤档案馆学研究与国家档案馆网规划。是较早系统从事档案馆学研究的学者，著有《档案馆学概论》等专门著作。在担任国史馆筹备委员会编辑组干事期间，筹办国家档案总库，拟订全国档案馆组织条例，具有较强的实践意义。（梁继红）

G

《改革开放三十年重要档案文献》 *Important Archival Documentation during Thirty Years of Reform and Opening-up 1978—2008* 中国档案文献汇编。在国家档案局的组织下，由**福建省档案馆**、贵州省档案馆、**四川省档案馆**等有关档案馆负责编辑。**中国档案出版社** 2008 年出版。

此书出版发行于改革开放 30 周年之际，书中收录的档案选自各档案馆所藏的记录改革开放 30 年历史的珍贵档案文献。这些档案文献从不同侧面，真实地记录了党中央、国务院和有关省、自治区、直辖市以及沿海开放城市改革开放 30 年来的重大决策、重要事件和重大活动的历史过程，是展示中国改革开放光辉历程的珍贵文献资料。

《改革开放三十年重要档案文献·大连》封面

文献包括福建卷、广东卷、四川卷、贵州卷、安徽卷、青海卷、内蒙古卷等。各卷由各省档案馆依照全国档案编研出版指导委员会关于编辑出版《**改革开放三十年重要档案文献**》系列丛书的部署，负责编辑出版。各档案馆编辑人员在编辑过程中除对少数文献进行节选外，其他档案基本保持了文献原貌。《改革开放三十年重要档案文献·福建》中收录了自 1978 年 12 月党的十一届三中全会召开至 2008 年 8 月期间的 38 篇文献，全书 30 余万字，这些档案文献均已公开发表，主要是关于改革开放以来中共福建省委、福建省人民政府贯彻落实党中央、国务院制定的路线、方针、政策，并结合福建实际情况做出重大决策部署的档案文献。《改革开放三十年重要档案文献·贵州》收录了 1979 年初到 2008 年上半年，贵州省委、省人民政府贯彻落实党中央、国务院的重要改革措施和工作部署，结合贵州本地实际所做出的各项重大决策的档案文献。《改革开放三十年重要档案文献·广东》分为上、中、下 3 册，收录了 1978 年 12 月至 2008 年 7 月广东省委、省人民政府发布的重要档案文献 226 篇，这些档案包括党中央、国务院对广东改革开放所做出的重要指示、重大决策，广东省人民政府带领全省人民奋力拼搏做出的非凡举措等。《改革开放三十年重要档案文献·安徽——安徽农村改革开放三十年》分为两部分，第一部分为党和国家领导人在安徽有关农业问题的论述，第二部分为安徽省委、省人民政府有关农业方针政策方面的重要文件。《改革开放三十年重要档案文献·四川》分为 6 部分，收录了四川省委、省人民政府颁发的重要文件 100 篇，反映了党的十一届三中全会以来四川省在政治、经济、科技、文化、教育等方面发生的巨大变化。

文献记录了改革开放以来中国的发展变化，再现了中国改革开放的辉煌瞬间，书写了一部绚丽多彩的改革开放史，带领着读者重温改革开放这场伟大的革命。这套书的编辑出版，既对研究中国改革开放的历史有着弥足珍贵的学术价值和凭证作用，也对更好地实现中国各项事业的科学发展有着重要的参考价值。（安　芳）

甘结 ganjie 中国古代的一种诉讼文书。指官府处理诉讼后，当事人出具的自承所供属实、甘愿接受处分或息讼结案的字据。甘结的格式和内容主要包括具甘结人、因何案而具和“所具甘结是实”或“遵判和息”等固定格式的表达，也有口语化词语来表达甘心接受的意思，如“再不敢妄为了”。州县官的民事判决经常是在当事人的甘结上做出批示，谓之审语。甘结是当事人服判息讼的标志，也是案件审结和月报程序要求。一般在民事案件审理终结时，由当事人或其监护人、调解人出具甘结、保状、禀呈，主要是表达当事人（尤其是败诉一方）通过诉讼，有悔过、服输或和解之意，心甘情愿地接受司法审判机构做出的裁判结果，并保证切实履行，不再争讼滋事。

此外，旧时承办官府事务时所立的保证文书，以及民间就特定事情所订立的誓约，亦称甘结。（李义敏）

甘乃光 Gan Naiguang（1897～1956）中国行政学家、档案学家。本名杰才，号自明，字乃光，以字行。广西岑溪人。卒于澳大利亚悉尼。1922 年毕业于岭南大学经济系并留校任职。1924 年起任黄埔军校政治部英文秘书兼政治教官、国民党中央实业部代理部长、国民党第二届中央执行委员会常务委员、国民党中央青年部部长、国民党中央农民部部长、广州市市长。1928 年赴美国芝加哥大学研究院攻读行政学研究生。后到英国等欧洲国家考察行政程序。1932 年任南京国民政府内政部次长，1935 年任国民党军事委员会委员长行营第五处处长。其后历任中华民国政府国防最高委员会副秘书长、中央设计局副秘书长、外交部次长、行政院秘书长。1948 年任驻澳大利亚大使。出版有《中国行政新论》《先秦经济思想史》《孙文主义之理论与实际》《中国国民党的几个根本问题》《美国政党史》及《英国劳动党真相》等著作、译著多种。

在担任内政部次长期间，甘乃光倡导**文书档案改革运动**，并使之扩大为声势更为浩大的行政效率运动。成为文书档案改革研究开风气之先的学者。1933 年 6 月，他组织召开行政院改革公文档案会议，1934 年 6 月始组织成立行政院行政效率研究会，任主任。他深入调查，善于从细微处入手，试验文书档案连锁办法。1934 年 9～10 月，他在内政部做了为期一个月的试验，将文书档案连锁办法试验报告发表在《行政效率》1934 年 11 月第 10 号上。报告刊出后，讨论文章也相继在《行政效率》上发表。1935 年春，甘乃光转职武昌行营，仍继续加以试验，对内政部方法多有改革。他又将文书档案连锁办法在武昌做改革试验，还利用去四川之便，在省府作演讲宣传。以文书档案连锁办法为主要内容的文书档案改革运动“由省而县”逐渐扩大起来。

甘乃光文书档案改革思想包括：①主张提高政府行政效率首先从文书档案改革入手。文书处理属于施政程序研究的范围，档案管理属于行政资料的研究范围。文书档案改革对“物”而非对“人”，既“人人有关”，又有工具意义。②认为文书档案改革的最终目标是文书处与档案处合一，以及新文件之旧案卷随文送阅。这一观念受到英国外交部文件处理的影响。即收到每一件公文，都把一切有关的图书和案卷随文分送，以备承办人的参考。③提出文书档案连锁办法。根据内政部文书处理与档案管理存在的问题，提出这一方法。这一办法是当时文书档案改革的主要内容，即设置机关统一的档案分类表，文书收发时统一分类(即给予档案分类号)，新旧档案统一分类，机关总发文与总收文统一编号，利用活页簿统一登记等。此外，还提出公文稿面改革以及设置国家档案库等内容。

在文书档案改革运动中，甘乃光引领周连宽、何鲁成等青年才俊从事文书档案研究，为他们的著作撰写序言，加以推介。为近代意义档案学创建做出开拓性贡献，是行政界从事机关文书档案改革研究的核心人物。发表和出版了一系列文书档案改革研究的相关成果，如《行政效率研究会设立之旨趣》《文书档案连锁办法之实验——内政部初期实验之报告》《文书档案改革运动的回顾与展望》《政权运用与行政效率》《行政效率概论》《行政参考资料导论》《电报之节约与加速》等。以上著作皆收录在1943年出版的《中国行政新论》中。

（梁继红）

甘肃省档案馆 Gansu Provincial Archives 中国省级国家综合档案馆。位于甘肃省兰州市城关区雁滩路3680号。专门负责甘肃省历史档案及省级党、政机关和省属企事业单位档案收集保管、整理编目、编研出版、修复复制、展陈利用等工作。1959年10月22日正式成立；1960年1月6日，甘肃省档案局成立后，甘肃省档案馆、甘肃省档案局以及中共甘肃省委办公厅秘书处档案科合署办公；1961年12月，甘肃省档案馆与中共甘肃省委办公厅秘书处档案科分设，与甘肃省档案局合署办公；1963年11月甘肃省档案局、甘肃省档案馆分设；1964年开始建设新馆舍，1966年7月新馆建成；1967年，甘肃省档案馆工作停止，工作人员遣散到五七干校劳动；1968年甘肃省档案馆被撤销；1969年5月恢复，

图1 甘肃省档案馆外景

名称为甘肃省革委会办公室档案馆；1974年10月，甘肃省档案局恢复后，与甘肃省档案馆合署办公；1976年7月，甘肃省档案馆改为甘肃省档案局档案管理处；1985年2月，恢复甘肃省档案馆建制，系甘肃省档案局下属单位(县级)；1996年4月，甘肃省档案局、甘肃省档案馆合并，一个机构两块牌子，由中共甘肃省委办公厅管理。2018年机构改革局馆分设，系省委直属正厅级事业单位，履行档案收集、整理、保管和提供利用职能。

馆藏 收藏有秦汉时期216枚汉简和2件青铜器等珍贵的实物档案；唐代敦煌写经《金刚经》和《大宝积经》及隋唐以来各代碑文旧拓本19件；清代档案、民国档案、革命历史档案、中华人民共和国档案共计323个全宗、324 319卷、100万卷(件、册)；还有照片、胶片、磁带、证件、证章以及**人物档案**等，馆藏文字档案时间最早为汉代，最晚为2015年。资料25 144册。其中，兰州黄河铁桥档案、《金刚经》《大宝积经》、汉简被列入《中国档案文献遗产名录》。馆藏档案已全部完成整理，截至2023年11月，完成数字化3100多万页，档案目录数据450多万条，照片档案数字化7万余张，音像档案数字化1400件，国家重点档案文件级目录30万条，珍贵电影胶片资料2000多分钟。

机构设置 馆内设办公室、人事教育(老干部工作)处、直属机关党委、法规宣传处、电子文件管理处、科技信息处、收集整理处、开发利用(编研)处、保管保护处、后库管理处等。

出版物和评价 大力开发档案信息资源，积极编纂文献史料，至2015年先后编辑出版各种档案史料30种，主要有《天下黄河第一桥》《甘肃馆藏档案精粹》《甘肃生态环境珍档录(清代至民国)》《甘肃近代工业珍档录》《甘肃人口史》《晚清以来甘肃印象》《建国以来甘肃印象》《甘肃档案史话》《日本飞机轰炸兰州等地罪行录》《国民党军追堵红军长征和西路军西进档案史料汇编》《兰州解放》《辛亥革命在甘肃》(上、下)、《中国共产党甘肃省组织史资料(1949—1981)》《甘肃省农业合作制重要文献汇编》(上、下)、《中国人口丛书·甘肃分册》《中国共产党甘肃大事记》《甘肃省档案馆馆藏新疆档案》(共12册)、《甘肃抗战实录》《近代甘肃政要施政文献选编》《兰州老图识读》《河西走廊水利史文献类编》等。主办的《档案》杂志创刊于1979年，公布了大批档案史料，发表了许多有价值的史学研究成果，是《中文核心期刊要目总览》来源刊、国家新闻出版

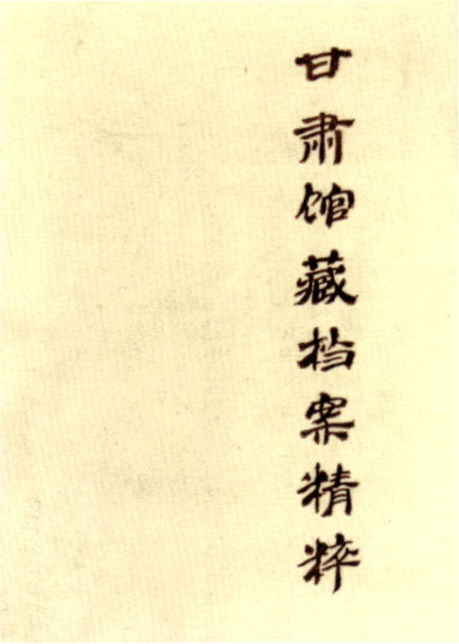

图2 《甘肃馆藏档案精粹》封面

广电总局认定学术期刊、国家哲学社会科学学术期刊数据库收录刊、中国人文社会科学期刊入库期刊、甘肃省一级期刊。

（王 莉）

《干部档案工作条例》 *Regulations on the Work of Cadre Archives* 中国干部档案管理工作行政法规文件。

1980年，中共中央组织部颁布实施《干部档案工作条例》(以下简称《条例》)。1991年，中共中央组织部、国家档案局在总结以往干部档案管理经验的基础上，修订颁布了《干部档案工作条例》，为中国干部人事档案管理提供了法治保障，促进了人事档案事业健康发展。

1980年《条例》共10章30条，对加强干部档案工作起到了重要作用。1991年修订《条例》时，为适应改革开放以来干部制度改革和干部管理权限下放的需要，增加了“体制、机构和职责”一章，将原《条例》四章与五章合并为一章，对条文的内容做了调整、补充和修改。修订后的《条例》共10章41条。

第一章总则，共5条。主要内容是制定《条例》的目的和依据，干部档案和档案工作的性质、地位和作用。第二章体制、机构和职责，共3条。对机构、人员编制提出明确要求，明确规定县以下机关、单位的干部档案实行集中或相对集中管理。第三章档案的内容和分类，共3条。明确了档案分类，使分类更加趋向科学合理、方便利用。第四章管理范围，共8条。规定县以上(含县)的组织、人事部门管理干部档案的范围，原则上应与干部管理范围相一致；规定干部退(离)休、干部死亡后档案的保管；规定干部辞职、退职、自动离职、被辞退(解聘)，以及被开除后档案的保管；规定干部在受刑事处分和劳动教养期间档案的保管；规定干部档案管

理人员及其在本单位保管的直系亲属档案，由组织指定专人保管。第五章档案材料的收集、鉴定与归档，共7条。要求形成干部档案材料的部门，建立主动将干部档案材料归档的工作制度；明确提出收集归档要求，规定实行归档材料的纸张规格及档案卷皮、目录和档案袋样式。第六章档案的保管与保护，共4条。明确干部档案管理部门应设专用档案库房、阅档室和档案人员办公室，要求三室分开，配置必要的设施设备；明确规定干部档案管理工作必要的设备和业务经费应单独立项，列入本地区本部门预算统筹解决。第七章档案的提供利用，共2条。明确规定查阅档案必须办理审批手续，履行查阅程序；规定限制查阅者和不得擅自复制档案材料。第八章档案的转递，共3条。规定干部档案转递的基本要求，并规定“无头档案，应认真查转，凡有保存价值的档案材料可移交干部原籍档案馆保存”。第九章组织领导和队伍建设，共4条。规定各级组织、人事部门的职责和任务，以及对干部档案工作人员的要求。第十章附则，共2条。

干部档案工作是干部工作的一个组成部分，是做好干部工作的必要条件。《条例》是干部档案工作需要遵循的重要法规，是加强干部档案工作，提高干部档案科学管理水平，更好地为干部工作服务，为国家积累史料的基本保证。（于　青）

高仿真复制　high simulation duplication　基于数字影像技术的仿真复制手段。与传统的仿真复制方法如手工临摹、胶印打样、木版水印等相比，高仿真复制具有色彩还原及细节表现全面、高效、易用、按需制作和灵活度较高的特点。高仿真复制是技术与艺术相结合的系统工程，是多种技术、设备、软件及艺术的融合，要求有丰富的经验、高水平的色彩管理标准和先进的微喷输出技术做支撑。高仿真复制工作主要包括前期准备、图像采集、图像处理、图像输出、色彩管理、数据管理等工作环节。前期准备主要是做好复制对象的选择、整理及仿真复制载体的选择；图像采集是利用扫描仪或数码相机对复制对象进行扫描或翻拍，获得数字影像文件的过程；图像处理是利用图像编辑软件对影像文件进行内容和形态上的处理，使之与复制对象更为接近；图像输出是采用专业的喷墨打印机、激光打印机等设备，打印输出与复制对象具有高度仿真特性的仿真品；色彩管理是指系统设计设备（如扫描仪、显示器、打印机等）的色彩空间转移管理，实现色彩信息在输入、处理、输出三个过程中颜

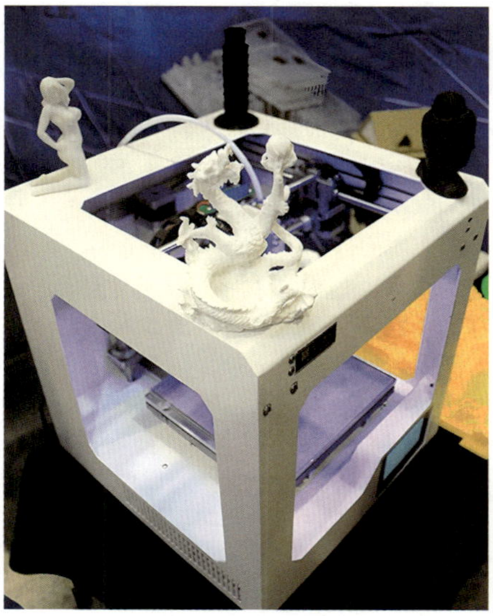

3D打印产品

色尽量一致，主要包括设备颜色校准和数字图像文件颜色调整；数据管理是实现对经过仿真处理的各类数据的分类、检验和修正及查询、检索、统计、数据导入导出等功能。随着3D打印技术的逐步成熟与完善，将可以更有效便捷地实施实物材料的高仿真复制工作。（于成志）

告示　gaoshi　中国古代官府往来文书文种名称。别称示。示字意为把事物拿出来或指出来使别人知道。古代官府对百姓有所公告、劝诫、要求，常将内容写于简牍、缣帛、木板上，悬挂于官署门旁或集市、通衢路旁，称为膀文。膀文最初起源于语书和檄，其后虽然改用大张纸，而名称相沿，“膀”又通作“榜”。唐代皇帝制发的称为敕榜，后世或俗称为皇榜，以示和普通官府的榜文有所区别。唐、宋两代，节度使初任命时，出示晓谕管内官吏、军人、僧道、百姓，称为布政榜。宋代大儒朱熹所作《劝立社仓榜》《洞学榜》都是著名的榜文。宋代榜文又称为榜谕文，是官府规定的法定下行文种，地方州、县官署告诫民众及官员时常用。榜文正文结束常用“须至晓示者，右出榜某衙门张挂，各请知悉”之类的程式，后逐渐改称之为“晓示”“榜示”。元代白话改“榜示”为“告示”，明、清沿袭使用，成为官府对百姓或属吏公开普发的文告。中华民国时期改称“布告”。明、清时期，上官对属吏发布，在较小范围张贴的习惯称为“示”；对百姓发布，在较大范围张贴的习惯称为“告示”；通过驿站传递，各衙门传抄公布的称为“传示”；张贴在木牌上悬挂的称为“牌示”，经常在主管官审断案件后公布判决结果时使用。新官上任，照例要先发布上任告示，纸用红色，以图喜庆吉利，又称为“上任红示”。公开招聘书吏、衙役、幕友也用红示，以图吉利。新官上任伊始，发布施政措施办法，安抚百姓，称为“安民告示”。将告示文字刻石立碑以传久远，称为“勒石告示”。用于勘验田界后公布结果的，称为“告示碑”。

总之，告示常用于通知事项、公布政令、禁革鄙陋、剖决狱讼、通缉人犯、维护权益，以及招募书吏、衙役、幕友等，在各级衙门广泛使用，但明、清朝廷始终未将其定为法定的文种。中华民国时期，官署公布事件时贴于木牌的告示称“牌示”，一般悬于官署门前。

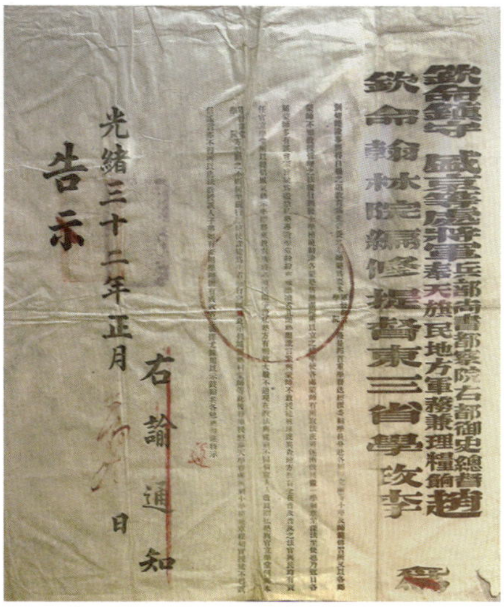

江苏南京夫子庙华夏教育展展出的清代告示

明、清两代，告示用大幅单张白纸书写，或为竖长，或为横宽，尺寸大小以内容文字多少而定，通常也与发文衙门品级高低有关，级别越高，纸幅越大。文种名称“告示”大字或书于文件左上角，或书于天头处正方横排。文件右方为发文官员前衔及姓，接写事由的“为”字后，另起写事由接正文。结尾前常用“各懔之慎之，勿违。须至告（牌）示者”，后多简化为“各懔遵勿违。特示”“其各懔遵勿违。特谕”之类。然后，另起偏下一行大字写“右仰知悉”或“右谕通知”落地。发文日期于文尾另起一行顶格大字书写“×年×月×日”，年月上用印。标朱、判日均按定式，用红笔。交下属张贴的，还要写明直接领受者及具体张贴方式地点，如“实贴”或“右仰东都十地方实贴通衢”等。早期文件左方文种名称“告示”两字下方还要有主管官署押，后期草率，甚至连日子都省去不填。清末，一些发行量大的告示还经常采用石印的办法，也就不用标朱了。告示是公开发布的通行文件，受文者十分广泛，文字必须浅显易懂，大多是以浅近文言或白话写成，一些转发上级来文的告示，装叙来文，则不免与通常文书语体相同。为

了便于口头流传，家喻户晓，妇孺皆知，有的衙门还将示文写成四言五言韵体，成为别具一格的文书语体。（裴燕生）

诰命 gaoming 中国古代帝王诏令文书文种名称。为皇帝封赠高级官员的凭证。又称诰身。“诰”为以上告下之意，古代以大义谕众称诰。诰作为文书始于商周，《尚书·商书》中的《汤诰》和《尚书·周书》中的《大诰》《康王之诰》等篇，即为商王、周王告诫臣民的文书。秦废不用，汉代偶用之，不为常式。唐代称告身，又称官告，作为颁给个人的官阶凭证。宋代沿之，设有官告院，专门书写告身。南宋始称诰命，为封赠文书，用卷轴式五色绫纸书写。凡文武官员升迁改秩，追赠大臣，贬议有罪，赠封祖父妻室，都用诰命。元代封赠文书有宣命和敕牒，宣命用于一至五品官员，敕牒用于六至九品官员，均用纸缮写。明初定封赠一至五品官员皆授诰命，六品以下官员授敕命。诰命沿宋制为卷轴形式，首织“奉天诰命”四字，内分苍、青、黄、赤、黑五色。由于官员的品级不同，诰命封赠的范围及轴数、图案和轴头亦各有异，诰命文字叙官员本人事迹，多不过百余字，覃恩封赠祖父母及妻室者不过六七十字，后渐至浮套冗长。

清乾隆朝诰命（江苏南京江宁织造博物馆藏）

清沿明制，覃恩封赠五品以上官员及世爵承袭罔替者发给诰命。诰命用五色或三色纻丝织成。凡封镇国公以下奉恩将军以上、镇国公夫人以下奉恩将军恭人及乡君以上，用龙边诰命，锦面玉轴，牙签黄带。封蒙古贝子、镇国公、辅国公、扎萨克台吉、塔布囊、蒙古王公福晋夫人，以及封藩属国王妃、世子、世孙，诰命为锦面犀轴。诰命文字由翰林院撰拟，交中书科缮写，由内阁盖“制诰之宝”印后颁发。

民国初年，满蒙原有世职仍准袭封，以大总统令给以“荣命”，文辞起曰“大总统令”，末云“尚敬之哉”，用五彩缎，首尾织黄色嘉禾纹，首篆书“荣命”二字，尾钤大总统印，是为诰命之余绪，稍后即废。（秦国经 撰 韩永福 修订）

个人回忆录 personal memoirs 个人生活亲身经历的回顾性记录，是一种特殊的私人文件，由本人独立完成。与作为著作的回忆录和专为存个人人生历史给后人的存史性回忆录不同，作为文件的回忆录，大都是针对特定事件或者特定人物的特定活动形成的，通常不针对整个的人生经历。作为文件的回忆录的主要功能效用是为历史上发生的真实事件提供亲历性可靠证明。

个人回忆录以文字形式为主体形式，在需要的情况下，也可以由本人口述，用音频或者视频方式记录。作为文件的个人回忆录，应当由本人明确申明内容的真实可靠程度并在文末签字用印或者按指印；采用音视频方式制作文件时，应在其中由本人申明相关内容的真实可靠程度，以示负责。

个人回忆录的表达方式以说明为主，用语重点追求公正、精准、客观，忌虚饰和挟私。个人回忆录一般由以下几个方面组成：①标题。通常为一个以“回忆”“回顾”为中心词的偏正词组，如《关于对某某事件的回忆》《关于某某事件的历史回顾》等，也可以写作《我所亲历的某某事件》《忆某某时期的某某同志》等。②正文。作者亲身经历的事件过程或者与特定人物亲身或者间接接触的过程和结果。对事件和相关过程或者结果的描述，务必真实确切。作为文件的回忆录的内容，应当是作者亲闻、亲见、亲历，是第一手资料；要素（时间、地点、人物、原因、过程、结果等）一定要尽可能完整，以全面真切地反映历史面貌。正文中可以有一部分分析和判断方面的内容，但务必有事实根据，切忌臆想妄断。③效用申明。接续在正文之后另起一行，空两格，根据具体实际情况，实事求是地写出“此证明”“供参考”等字样。④署名。注明作者相关身份并亲笔签名（或者用印章或者按指印）。⑤日期。注明成文时间，用公历年月日。⑥附件。可以证明相关事实的其他文件资料等。（赵国俊）

个人论著手稿 personal manuscripts 作者亲手书写在纸张等物质载体之上的论文和著作原稿，是一种特殊的留有作者笔迹的私人文件。个人论著手稿既是作品发表和出版发行正式版本的制作依据，同时也是客观反映作品完成过程的真切记录，以及证明著作人享有著作权的合法凭据之一。

构成 论著手稿除了包括作者的手写稿之外，通常还包括论文著作形成过程中，与期刊编辑部门和出版社相关方面的通信，以及编辑出版单位在编辑加工和定稿过程中填写的各种审稿单证等文字材料。这些材料与手写稿共同记录了论著的实际形成过程，是论著创作的重要组成部分，同时也因留有著作者的真实笔迹而成为证明论著著作权所有者的真凭实据。

按照《中华人民共和国著作权法》的规定，以及相关的司法实践，中国著作权归属权的证明方式为：提供著作权权属证明；可以通过的证据包括各级版权局颁发的著作权登记证书；摄影作品用底片或者数码摄影的原文件；文字作品用手稿等。国家版权局发布的《作品自愿登记试行办法》明确规定：“作者或其他著作权人申请作品登记应出示身份证明和提供表明作品权利归属的证明（如封面及版权页的复印件、部分手稿的复印件及照片、样本等），填写作品登记表，并交纳登记费。”创作手稿文件已经具备明确的著作权权属证明地位。

现行效用和历史效用 作为文件的个人论著手稿，不仅具备依法证实论著形成过程、真实论著著作权归属者的现行效用，同时还因其可以真实还原历史的本来面目且无可更改而具有更为突出的历史效用。同时，由于手稿有比发表的原文和原书更加丰富的信息内容（留有反复的修改痕迹和完整的修正定稿发表或者出版过程记录），因此其历史文化价值比原文和原书也更高。长期保存下来的论著手稿，能够给后世相关的历史研究和文化传承提供可信度高的第一手资料，成为印证历史的权威性证据。（赵国俊）

个人书面合同 personal written contract 自然人身份的民事主体之间设立、变更、终止民事法律关系的协议文件。个人书面合同符合《中华人民共和国民法典》（以下简称《民法典》）关于合同的构成条件，与其他合同一样接受《民法典》及其他相关法律制度的约束和调整。

个人书面合同的内容 按照《民法典》的规定，合同的内容由当事人约定，一般包括下列条款：当事人的姓名或者名称和住所；标的（合同权利义务指向的对象）；数量（标的的数量）；质量（标的的质量）；价款或者报酬（有偿合同的主要条款）；履行期限、地点和方式（合同义务完成的时间、空间和方式）；违约责任（促使当事人履行业务责任，使守约方免受或少受损失的法律措施）；解决争议的方法（有利于合同争议尽快解决，最终从程序上保障当事人的实体性权益）。

个人书面合同的成立　按照《民法典》的规定，依法成立的合同受法律保护。依法成立的合同，仅对当事人具有法律约束力，但是法律另有规定的除外。个人书面合同自当事人均签名、盖章或者按指印时起成立。在签名、盖章或者按指印之前，当事人一方已经履行主要义务，对方接受时，该合同成立。法律、行政法规规定或者当事人约定合同应当采用书面形式订立，当事人未采用书面形式但是一方已经履行主要义务，对方接受时，该合同成立。最后签名、盖章或者按指印的地点为合同成立的地点，但是当事人另有约定的除外。

个人书面合同的效力　按照《民法典》的规定，依法成立的合同自成立时生效，但是法律另有规定或者当事人另有约定的除外。关于合同效力，共有合同有效，合同效力未定，合同可变更、可撤销，合同无效四种情形。其中，有效合同属于“依法成立”，具有法律约束力；可变更、可撤销合同在当事人行使变更权和撤销权前属于有效合同，也就具有法律约束力；无效合同不是依法成立的，不具有法律约束力；效力未定合同的情况则比较复杂。

根据《民法典》的规定，对效力未定的合同，不仅限制行为能力人的法定代理人、无权代理中的被代理人享有追认权，而且善意相对人还有撤销的权利，也就是在相对人是善意的情况下，合同应当是不具有法律约束力的；相反，如果相对人是恶意，则不享有撤销权，合同对其有法律约束力。

根据《民法典》的基本精神，合同依法成立的条件包括以下几个方面：①意思表示一致。指合同的当事人意思表示达成完全一致。②意思表示完全是当事人的真实意思。不存在任何欺诈、胁迫行为。③不违反法律法规和公序良俗。④法律、行政法规规定应当办理批准、登记等手续生效的，从其规定。

根据《民法典》的基本精神，有下列情形之一的，合同无效：①一方以欺诈、胁迫的手段订立合同，损害国家利益。②存在恶意串通，损害国家、集体或者第三方利益的行为。③存在以合法形式掩盖非法目的的事实。④损害社会公共利益。⑤违反法律、行政法规的强制性规定。

个人书面合同不同文本的效力　按照《民法典》的规定，合同文本采用两种以上文字订立并约定具有同等效力的，对各文本使用的词句推定具有相同含义。各文本使用的词句不一致的，应当根据合同的相关条款、性质、目的以及诚信原则等予以解释。

法律对个人书面合同的其他约束　《民法典》还就包括个人书面合同在内的合同的订立方式，合同的履行、合同的保全、合同的变更和转让、合同的权利义务终止、违约责任，以及无效免责条款的认定等做出明确规定，这些规定大都对个人书面合同具有适用性。

个人书面合同的结构格式　个人书面合同文件主要由以下几个部分构成：①合同的标题。一般由签约各方的姓名、问题、文种构成。有时也可略去各方姓名和问题，只标出合同种类，如《私人借车合同》《借据》等。②编号。即合同号，通常分类编排，由代字及顺序号构成。③当事各方称谓（简称）。即为撰写的便利，对各方赋予的简要的代称。通常在正文中第一次出现的单位名称的后面标注（加圆括号），如“以下简称甲方（或需方）”“以下简称乙方（或供方）”。④正文。主要包括前述《民法典》规定的 8 个方面条款。一般依序安排为：订约目的、标的、各方称谓及其权利、利益、义务、责任、违约方面应负的责任及对其的制裁措施、文件有效执行期限、履约的地点及方式、文件份数与保管方法、对有关附件的说明（名称、效力）、仲裁者、不同文本的效力等。⑤签署、用印。即由当事各方或其代表亲笔签注姓名、按指印、盖印章。⑥鉴证机关用印。如确实需要对合同文件的合法性、可行性、真实性进行审查、核实鉴证，应由鉴证机关进行鉴证后用印并标注日期。⑦签约日期。⑧附件。可附在正件之后，也可独立成文，用于对有关方面的细节做出规定和说明。⑨其他需要说明的事项。

个人书面合同撰写要则　撰写个人书面合同文件时，应注意如下几点：①合同的内容、形式以及签订程序必须合乎国家法律及其他有关规定。各种违法合同均是无效的。②合同中的各项协议必须是各方自愿达成的。合同中的各条款都必须充分体现“平等互利，协商一致，等价有偿”原则，不得以任何形式和手段订立权利与义务、利益与责任不能对等的“霸王”合同。③各项协议的规定必须明确、具体、准确、肯定，字迹清楚，正确使用标点，数字一般要用汉字大写，文件的制成材料务必耐久。④标的是合同文件的中心内容，对其数量、品种、规格、质量标准、包装、运输方式、保管、检查验收、结算方面的规定务必精确具体。与标的有关的价款、酬金方面的规定（数量、付款方式、有关费用的负担等）务必周到详尽。⑤合同如有附件必须在正文中列出条款，说明其是否具备与正件相同的效力。⑥合同一经签订，未经当事各方同意，任何人不得涂改文件。如经当事各方同意对文件作修改时，应补签一个“协议书”，正式说明修改的原因、经过及内容的变更情况。如只在原件上作个别文字的更动，应在修改处加盖各方公章。⑦为防止造伪、添减文件内容，文件必须编排页码，并在骑缝处加盖骑缝章。

（赵国俊）

个人证明　personal certification　以个人名义出具的证明特定事实真实存在的私人文件。个人证明有多种，根据证明对象的不同，可以分为身份证明、表现证明、过程证明、结果证明等类别；根据效力保障的差异，可以分为经过公证的个人证明和未经过公证的个人证明两类；根据实际书写者的不同，可以分为自书个人证明和他书个人证明两类。

个人证明具有文件有效跨时间空间传递权威性凭证性信息的基本功能，其具体的作用主要是证实客观存在的事实，形成凭证依据。在效用方面，通常自书个人证明的效用高于他书个人证明；经过公证的个人证明的效用高于未经过公证的个人证明。

个人证明的主要表达方式是说明和叙述。语言运用讲求客观、明确、肯定。个人证明一般包括：①标题。即个人证明的具体名称，通常需要将所要证明的主要内容作为事由写入，如“关于某某先生在某大学任教情况的证明”。②主致者。有些个人证明需要有明确的主致单位或者个人，目的是强调行文的目标指向和具体作用空间。应在标题下顶格写明单位或者个人的全称。③正文。个人证明的主体部分，应把需要证明的有关事实情况写清楚写具体。如需要提供佐证或者调查线索，还需要写明具体内容。为了给证明内容的真实性认定提供依据，还应概要介绍本人的基本情况，特别是与待证明事实相关的情况。正文的结尾需要另起一行，空两格写明“此证明”“特此证明”“以上为本人亲身经历，确保内容真实”等字样，目的是强调行文目的，同时防止有人变造文件，添加字句内容。④署名。个人亲笔签名，或者同时加盖私印和按指印。⑤日期。在署名的右下方用公历年月日注明成文时间。为加强个人证明的效力，应当依法对其进行公证。

（赵国俊）

工程项目档案管理　engineering project archives management　对工程项目全生命周期中形成的有价值的文件、记录和数据等进行的档案业务管理活动。

主要内容 包括工程项目提出、立项、审批、招投标、勘察、设计、生产准备、施工、监理、验收等工程建设及工程管理活动中形成并归档保存的各种纸质和电子记录，是基本建设项目管理工作的重要组成部分。

工程项目档案管理是工程建设过程的一部分，应纳入建设全过程管理并与工程建设同步。建设单位或业主单位应集中统一管理工程项目全过程的档案，对工程文件材料的形成、积累、收集、归档工作进行监督、检查，并负责工程项目档案的接收和移交；各参加单位应集中统一管理所承担任务中形成的工程项目档案或根据合同约定管理符合合同条款规定的工程项目档案。

法规与标准 管理中需要遵照执行的相关规范和标准主要包括：《城市建设档案归属与流向暂行办法》（档发字〔1997〕20号）、《建设部关于修改〈城市建设档案管理规定〉的决定》（中华人民共和国建设部令第90号）、《建设工程文件归档规范》（GB/T 50328—2014）、《国家重大建设项目文件归档要求与档案整理规范》（DA/T 28—2002）、《建设工程文件归档整理规范》（GB/T 50328—2001）、《技术制图 复制图的折叠方法》（GB/T 10609.3—89）及各行业制定的工程项目档案管理办法、规定和标准等。

作用和意义 工程项目档案管理工作是有效维护工程项目档案完整、准确、系统和安全的重要管理活动，是充分发挥项目档案在工程建设、生产管理、工程维护和改扩建中的作用的重要保障，是维护工程项目各利益相关主体合法权益的必要条件，同时也是为国家和各利益相关方积累档案资产和财务的重要业务活动。（王英玮）

工序分类法 method of records classification according to process 科技档案分类的基本分类方法。又称生产流程分类法。将一个单位的科技档案，按生产流程各个工艺或工序进行档案分类的方法。一般适用于生产工艺或工序连续性较强的设备（仪器仪表）档案的分类。典型形式包括工序分类法和工艺流程分类法。

工序分类法的意义和价值是：①可以使分类后的档案直接反映生产工艺、工序的连续性和阶段性。②可以使分类后的档案直接反映各类设备装置的实际排列顺序和工序现场的平面布置，便于按工艺流程管理和利用科技档案。（王英玮）

公安部档案馆 Archives of The Ministry of Public Security 中国集中统一保管公安部机关档案资料的**部门档案馆**。位于北京市东长安街14号。于1994年成立，内设4个处。

馆藏内容和特色 负责公安部机关档案的接收、收集、整理、保管、鉴定、编研、统计和提供利用等工作，并实行档案和电子数据配套、备份管理。档案实体依照档案门类、期限、年度分类保存。利用档案资源方式多样、便捷。

馆藏丰富、内容广泛，涵盖公安部建立以来机关业务部门形成的各类档案和公安业务资料，档案内容主要包括公安部贯彻党中央、国务院有关公安工作的重大决策、重要指示、决定和措施；全国人大及其常委会、国务院制定的关于公安工作的法律、法规和公安部的实施措施，以及发布的有关规章；全国公安机关的中心工作，公安工作的重要会议、重大决策、重要部署；公安队伍建设和各项业务工作的重要事项等。特别加强抗击“非典”、奥运安保、世博会安保、打黑除恶、追逃、打拐、食药打假等各项活动档案的收集归档工作。同时，注重对馆藏档案资源的开发利用，根据一个时期党和国家的工作重点，围绕公安机关中心工作和公安业务，编印内部刊物、专题文件及资料汇编，并编辑出版了《沈醉日记》《狂飙》《史证——日本战犯侵华罪行忏悔实录》等史料书刊。

《史证——日本战犯侵华罪行忏悔实录》封面

馆藏规模 公安部档案馆库房面积3200平方米，现有馆藏档案资料80余万卷（件），平均每年增量1.5万卷（件）左右。档案种类主要包括文书档案、业务档案、科技档案、声像档案、实物档案、已故干部档案、会计档案、电子档案和公安业务资料等。注重利用科技手段管理档案，开展档案信息化、数字化建设，已形成一定规模的数字档案资源。档案目录检索依托计算机管理，方便快捷。

库区档案保护措施完善，具有防火、防潮、防高温、防尘、防光、防有害生物、防有害气体和防盗的保护功能。

服务内容 公安部档案馆根据档案的特点、密级，确定相应的借阅范围和审批程序，为公安部机关及公安系统内部人员提供档案服务。主要服务内容有：①提供查阅、借出、复制档案服务。②提供档案数据的扫描、备份服务。③提供有关公安工作专题展览服务。

公安部档案馆正在规划建设公安数字档案馆，可有效整合公安档案信息资源，加大档案信息共享和综合开发利用力度，提升档案服务能力。（华 丹）

公报 gazette 现代公文法定通用文种。公报属于公开性文件，适用于公布重要决定或者重大事项。具有事项重大、发布范围广泛、发文机关受限的特点。常见公报分为4种类型：①用于公布重要决定的常规性通报。②用于公布重大事项或发布重要公共信息的统计公报、资源公报等。③用于公布重要外交事项的外交公报。④用于汇编发布政府重要公文的政府公报。（王 健）

《公牍通论》 *General Theory of Official Documents* 中国近代**文书学**著作。徐望之著。徐望之，浙江吴兴人，北京大学法律系毕业。1929年任职河北训政学院，教授公牍学课程，并完成《公牍讲义》编写，1931年由商务印书馆出版，正式定名为《公牍通论》。

《公牍通论》分为9章，分别为公文释义、类别、体例、储养、撰拟、结构、公文之叙法、用语、程式。书中将公文基本知识、人才素养要求与实用写作方法结合起来，兼具理论性与实用性。在文例引用和现时公文程式的分析等方面，体现了近代公文由传统走向现代的时代特点，为中国历史文书的文本结构分析提供了基础方法论。其序言作者之一汪鸿孙认为，该书是中国前无古人以公牍为内容的教程。在现代官僚政治和学术转型的背景之下，《公牍通论》既继承了中国公牍学传统，又是在现代政治和价值观主导下的体系化著作；既体现了传统经世思想，又强调了现代民治精神。在内容上，它完全脱离“幕胥故技”的封闭性知识窠臼，开创了现代公牍学的结构框架，被以后同类公牍学著作所继承和引据。（梁继红）

《公牍学史》 *History of Official Documents* 中国文书学历史与理论的专著。许同莘著。1947年商务印书馆出版。1989年档案出版社作为档案学研究资料丛书，经王毓、孔德兴校点再版。许同莘，江苏无锡人，生于1878年。早年东渡日本，毕业于日本法政大学速成科。归国后入张之洞幕，为文案委员。中华民国时期任外交部佥事、河北省政府主任秘书等职。他长期从事文秘工作，通晓历代章奏文移，《公牍学史》是其代表作。

该书内容分两部分：前部分共10卷，8卷论述上古三代、春秋战国、秦汉、魏晋南北朝、隋唐五代、宋、元、明、清文书及文书工作的历史，2卷罗列各代的辞命范文，加以分析评论，后部分有内外两篇，名为“牍髓”，论述文书工作者的修养、情操及文书撰拟技巧等，比较系统地体现了作者治牍的思想及文书学理论。最后还附有治牍须知，讲述拟写公文应注意的事项，总结和概括了作者长期从事文书工作的实践经验。作者从“政与学”“政事与文章”的高度和互相贯通的观点去研究文书与文书工作，注重内容，考究文风格调，使文书工作从刀笔俗吏操业谋生以讲求程式为目的的陈旧见解中解脱出来，把历史上大量的、个别的文书工作经验，总结、提高为系统的文书学理论。该书对研究中国文书学和档案学具有重要参考价值。

（秦国经）

公告 announcement to the public 现代公文法定通用文种。公告属于公布性文件，适用于向国内外宣布重要事项或者法定事项。公告作者受限，通常由党和国家的领导机关代表中华人民共和国向全世界宣布重要事项或者法定事项。公告的事项具有重要性、法定性。公告具有作者级别高、公布范围广、公布事项重大的特点。

（王 健）

公共档案 public archives 属于社会所有，归国家管理的档案。与私人档案相对应。有狭义和广义之分。狭义以档案形成机构是否为公共组织为标准，即将公共档案仅限定于政府机构等公共组织形成的档案。如中国《档案工作基本术语》（DA/T 1—2000）将公共档案定义为：国家机构或其他公共组织在公务活动中形成的为社会所有的档案。国际档案理事会编辑的专业术语词典将公共档案界定为：法律上属于公共的档案；可公开查阅的档案；政府机构在履职中接收或积累的档案，无论是否能够公开查阅。美国档案工作者协会编辑的专业术语词典将公共档案界定为：政府机构在业务活动中形成或接收的具有固化格式，为将来查考目的而保存的数据或信息。国际文件管理者与行政管理者协会（ARMA International）编辑的专业术语词典将公共档案界定为：公众可利用的档案；公务员或政府机构在履职中形成的档案。广义理解则是以档案所有权是否为公有（社会所有）来判定，即除了政府机构等公共组织形成的档案之外，还包括参与公共事务管理和提供公共服务的其他社会组织和受委托的企业、国有企业等机构形成的档案。如《国家档案法》规定，公共档案是国家、地方机关、公共机构和公共企业在活动中形成的文件；负责管理公共事务或该事务中某项业务的私人机构在活动中形成的文件；公务助理人员或司法助理人员的文件原本和目录。中国现阶段实行以公有制为主体，多种所有制经济共同发展的基本经济制度，因此国有企业形成的大量档案也构成了公共档案的重要组成部分。尽管国内外对公共档案的所指范围及具体表述存在不同，但国家档案馆的馆藏档案均被视为最典型、最主要的公共档案，成为国家档案资源体系中最重要的组成部分。

（章燕华）

《公共文件法》 *Public Records Act* 英国的档案基本法。又译《公共档案法》。1838年8月14日，由英国议会通过。规定建立由管卷大臣领导的公共档案馆，集中管理有关档案。1958年重新颁布，对1838年的档案法令做了修改和补充，代替1838年制定及其以后修订的公共档案法，1959年1月1日起生效。1967年再次修订。

共13章46条。第一章共3条，规定公共档案由大法官全面负责，大法官每年都要向议会两院报告公共档案馆的工作。第二章为公共档案馆，共6条，规定大法官负责任命公共档案馆馆长。第三章为公共档案的挑选与保存，共8条，规定1660年以前产生的全部档案都应永久保存，依法选出的作为永久保存的公共档案，须在其产生后的30年内移交公共档案馆或者大法官指定的其他存放地点。第四章为公共档案的保存地点，共6条，规定大法官可随时下令将公共档案从公共档案馆移至某一指定保存地点，或将其从这一保存地点移至公共档案馆或另一保存地点保存。第五章为公共档案的开放，共5条，规定馆藏公共档案对公众开放的期限，一般为30年（从案卷产生的下一年1月1日算起）。第六章为公共档案的销毁。第七章为保管案卷法官继续负责的档案。第八章为法庭档案。第九章为公共档案及其复制件的法律效力。第十章为概念解释，其中包括：本法中的“公共档案”指的是本法所附的第一个一览表中所确定的含义；档案不仅包括书面档案，而且包括以其他任何一种媒介传达信息的档案。第十一章为公共档案法失效。第十二章为北爱尔兰。第十三章为简称、撤销和生效。

1998年7月16日，英国通过《数据保护法》，并于2000年3月1日起生效，《数据保护法》弥补了《公共档案法》对个人信息保护不足的缺陷。2000年英国通过了《信息自由法》（2005年实施），对《数据保护法》和《公共档案法》中与信息自由法精神不一致的、禁止政府信息开放的法律条文进行了修订，使信息公开在英国取得了规范化和跨越式发展。

该法规定了档案分散管理的体制，建立了一个完善的档案保管体系，确立了以大法官责任制为基础的工作责任制，对档案的管理、开发与利用以及利用中的法律效力等问题进行了详细的规定，是管理英国国家档案的主要和基础性的法律。不仅奠定了英国近代档案工作的基础，而且由于颁布时间较早，内容比较完备，具有广泛影响。

（黄霄羽）

公文 official documents 法定机关与组织在公务活动中，按照特定的体式、经过一定的处理程序形成和使用的书面材料。又称公务文件。与私人文件相对应，是文件的主要组成部分，也是文书学研究的重要对象。广义的公文是指国家机关、社会组织和企事业单位在履行法定职责、开展业务活动过程中形成的文书。狭义的公文专指党政机关在政务活动中形成的具有法定效力和规范体式的正式文书。在日常工作中，“公文”一词有时也与文件、文书通用。

定义 “公文”一词最早见于陈寿所著《三国志·魏志·赵俨传》中的“公文下郡，绵绢悉以还民”，范晔所著《后汉书·刘陶传》也有“但更相告语，莫肯公文”的记载。公文在古代还有其他称谓。概括起来，殷商称书契；周朝称中；秦朝称六辞；两汉出现文书一词，又称文案；三国称公文；唐宋称文卷、案卷；元代称文卷、簿籍；明代称文牍、案牍；清代称牌子、本章、文件；民国称文书、公文、文件。

起源与发展 公文是人类社会发展到一定阶段的产物。起源有两个条件：一是文字的发展，二是国家的出现。在中国的产生可以追溯到殷商时期。已发现最早的、有物可考的公文，当属殷人刻在甲骨上的卜辞，已有3000多年的历史。《尚书》中有不少统治者对臣民发布的文告，是公文的雏形，主要有典（帝王典范行为的记录）、谟（朝廷的策略研讨，即议谋）、训（教诲辞）、诰（训诫文告）、誓（誓辞）、命（命令）。秦统一文字后，逐渐统一公文格式，形成了君臣有别的专用文种，行文语言也开始区分君贵臣卑，形成公文特有的语体。汉代出现章、奏记、表、状、疏、**封事**等上行文和制、策书、敕、铁券、牒等下行文。唐代的正式公文有15种，《唐六典》中规定：皇帝颁发的下行文用制、敕、册等，其他下行文用令、教、符等，上行文用辞等，平行文用关等。宋元时期，出现了**诰命**、**申状**、咨报、**圣旨**（令旨、鼓旨）等公文，完善了公文的驿传制度。明代增加了题本、**揭帖**、笺等公文。清代大量使用奏折并从理论上明晰了公文有上行、下行和平行之分。鸦片战争之后，出现了国书、**护照**等外交文书，后来又出现了电旨、电奏、电信等电报类公文。

从中华民国建立到中华人民共和国成立的几十年间，公文发生重大变化。南京临时政府于1912年元月颁发《公文程式条例》，废除封建王朝的公文种类和程式，规定新的公文文种：令（或谕，用于上级公署对下级公署或公署对人民行文），咨（用于同级公署之间行文），呈（用于下级公署对上级公署或人民对公署行文），示（公署公告），状（任用职员、授赏人员时使用）。国民政府先后七次修订公文程式，在简化**公文结构**、规范公文用语、限制公文篇幅、统一公文办理程序等方面进行积极尝试，取得显著效果。新民主主义革命时期中国共产党领导的政权和机构的公文也有所发展。1931年2月，周恩来邀请瞿秋白拟写了中国共产党历史上最早的关于文书、档案工作的制度——中央秘书处《**文件处置办法**》，对公文的种类、形式、传递、处置和保密等予以了规定。中华人民共和国成立后，公文进入一个全新的发展时期。

种类和特征　公文的种类繁多，划分方法各异。根据公文形成和使用范围，可将公文划分为通用公文和专用公文；按照公文的行文方向，有上行文、平行文与下行文之分；根据公文的来源，有发文、收文和内部公文之分。《**党政机关公文处理工作条例**》（中办发〔2012〕14号）规定了决议、决定、命令（令）、公报、公告、通告、意见、通知、通报、报告、请示、批复、议案、函和纪要15种党政机关公文（其他机关和单位也可参照）；中国台湾“行政院”秘书处公布的“公文程式条例”（2005）将公文分为6类；香港特别行政区《政府公文写作手册》（1997）将公文分为6类；澳门特别行政区将公文分为2类共18种，均为行政公文。人大机关、政协机关、公检法机关、军队机关、外事机关和企事业单位等还有其他专用公文。作为管理国家事务和进行社会交往的重要工具，公文具有如下特征：①由法定作者制发。②有法定的权威性。③有现行效用。④有规范体式。⑤有特定的处理程序。

公文程式和办理要求　根据《党政机关公文处理工作条例》，公文一般由份号、密级和保密期限、紧急程度、发文机关标志、发文字号、签发人、标题、主送机关、正文、附件说明、发文机关署名、成文日期、印章、附注、附件、抄送机关、印发机关和印发日期、页码等组成。公文的行文应当遵循一定的规则，行文关系根据隶属关系和职权范围确定。公文拟制包括公文的起草、审核、签发等程序。公文办理包括收文办理、发文办理和整理归档。收文办理包括签收、登记、初审、批办、承办、传阅、催办等程序。发文办理包括复核、登记、印制、核发等程序。整理归档是对收文办理和发文办理完毕后的公文进行收集整理、立卷归档的过程。对公文进行整理归档既是文书工作的最后环节，又是档案工作的开始环节。

公文处理法规标准　为了有效地开展公文处理工作，中华人民共和国成立以来，先后公布了一系列法规标准。这些法规标准是公文处理规范化的基本依据。主要包括：①《**国家行政机关公文处理办法**》。国务院办公厅1987年2月发布，1993年、2000年两次修订。该办法对国家行政机关公文的概念、作用、种类、格式、**行文规则**、办理程序、归档和管理等作了规定。②《**中国共产党机关公文处理条例**》。中共中央办公厅1996年5月发布。该条例适用于党的机关公文。③《**国务院公文主题词表**》。国务院办公厅秘书局1997年12月印发。主要用于标引国务院、国务院办公厅印发的文件和各地区、各部门上报国务院及其办公厅的文件。④《党政机关公文处理工作条例》。中共中央办公厅和国务院办公厅于2012年4月联合印发。该条例对党政机关公文的文种、格式、行文规则、公文拟制、公文办理、公文管理等做了规定，同时决定停止执行《国家行政机关公文处理办法》和《中国共产党机关公文处理条例》。这一条例是当代公文处理工作法规建设进程中一次具有划时代意义的重大变革，对于进一步推动各级党政机关以及其他机关单位公文处理工作的科学化、制度化和规范化，提高公文处理工作的质量和效率，具有重要的现实意义和深远的历史意义。⑤《**党政机关公文格式**》。国家质量监督检验检疫总局、中国国家标准化管理委员会2012年6月发布。该国家标准是《党政机关公文处理工作条例》的配套产物，是对《**国家行政机关公文格式**》的修订。该标准规定了党政机关公文用纸幅面尺寸及版面，印制装订要求，公文格式各要素编排规则，公文中的横排格式，公文中计量单位、标点符号和数字的用法，公文的特定格式做了规定，并给出公文的式样。此外，全国人大常委会办公厅印发了《**人大机关公文处理办法**》（1986年颁布，2000年修订）、中央军委办公厅印发了《中国人民解放军机关公文处理条例》（1992年颁布，2005年修订），各地区、各行业、各单位也有相应的**公文处理制度**标准。

电子公文　伴随着现代信息管理技术的出现而产生，是数字化、网络化背景下公文发展的必然结果。进入20世纪90年代以后，各国政府纷纷将电子政务建设提上日程，并首先从纸质公文的电子化入手，政府机关、企事业单位开始普遍使用电子公文。2003年国家档案局发布的《**电子公文归档管理暂行办法**》（国家档案局令第6号）将电子公文定义为“各地区、各部门通过由国务院办公厅统一配置的电子公文传输系统处理后形成的具有规范格式的公文的电子数据”。同年，国务院办公厅发布的《电子公文传输管理办法》（国办函〔2003〕65号）规定：通过由国务院办公厅秘书局统一配置的电子公文传输系统处理后形成的具有规范格式的公文的电子数据与相同内容的纸质公文具有同等法律效力。与纸质公文相比，电子公文具有制作简易、检索方便、低碳环保、存储体积小、不受时空限制等优点，更能实现远程快速传输，满足多用户的共享需求。电子公文的产生主要基于两种情形：①单机环境下，由MS OFFICE或WPS等办公软件编辑、撰拟，此后对文件进行复制、介质拷贝或展示。②在网络环境下，由MS OFFICE或WPS等办公软件编辑、撰拟，通过专门的系统（例如OA系统）进行流转，在这个流转过程中完成核稿、签发等程序。随着各个单位办公自动化的推进，这已成为电子公文管理的常态。电子公文逐渐成为开展政务、处理公务不可或缺的工具，也将发挥越来越重要的作用。

公文研究　中国公文历史源远流长，但对公文的研究却相对较晚。《尚书》是现存最早的公文汇编。东汉蔡邕的《独断》是最早关于诏令与奏议类文书性质、用途、程式等的系统论述。王充所著《论衡》中提出公文写作应明白清楚，讲求公用与实用。魏晋南北朝时期，曹丕的《典论·论文》、陆机的《文赋》、李充的《翰林论》、挚虞的《文章流别论》、任昉的《文章缘起》、刘勰的《文心雕龙》等书中汇集了大量的公文并论述了各种文体的源流。后来的《唐文粹》《宋文鉴》《元文类》等文章汇集反映了唐宋元时期各种文体的功用和基本结构样式。明清时期《文体明辨》和《文体通释》则是历代文体研究的集大成者。中华民国时期，公文研究的代表作包括徐望之的《公牍通论》(1931)和许同莘的《公牍学史》(1947)。中华人民共和国成立后几十年中，对公文的研究朝逐步规范化、系统化和科学化的方向发展。1961年潘嘉主编的《文书学纲要》(1985年更名为《中国文书工作史纲》)、1984年松世勤主编的《文书学基础》、1988年苗枫林著的《中国公文学》、1996年张我德等编著的《清代文书》、1999年王健主编的《文书学》与2009年裴燕生等编著的《历史文书》等专著或教材，对公文和文书工作的研究和教育产生了重要作用。（徐拥军　闫　静）

公文表达方式　expression of official documents　将公文涉及的人物、事物以及目的、根据、见解、主张和要求等表达出来的方式。公文写作以说明方式为主，同时兼用记叙、议论方式。公文中常用下定义、举事例、作比较、分类别、引资料、列数据、画图表等说明方法，以简明的文字将对象的形态、性质、特征、构造、成因、关系、功能等解说清楚，达到明确人员或事项的特征、成分与功能等目的。

公文中多以顺叙形式按照事物发生、发展的先后顺序进行概括性记述，使叙事的层次段落与事件活动的发展顺序相一致，是以记载与叙述人物、事件、管理动态、发展过程来表达思想，阐明观点的一种表达方式。它主要记叙事物发展变化的过程，或者说明事物中所包含的道理，或者提出证明意见和办法依据，或者说明经验与教训，目的是使人清楚地掌握事情的来龙去脉。

公文中使用议论方式重在议理、论断。常用例证法、演绎推理法、因果归纳法等议论方法。一般运用概念、判断和推理，结合有关材料反映事物，揭示其内在联系、本质与规律，并阐明作者主张。（杨　霞）

公文材料　materials for writing official documents　从管理活动中搜集、选取并写入公文中的系列事实、数据、道理和引语等。公文材料有助于表现主旨，使之有理有据，充实丰满。公文材料可分为理论材料和事实材料。理论材料是指公文中引用的党的路线、方针、政策，国家的法律、法规、规章，各种理论、定理，以及名人名言与警句等。事实材料是公文中引用的反映人物、事物的真实数据、事例及其他材料。数据资料，如有关对象的理论结论、鉴定结果、获得的荣誉、收到的实效、关系重大的金额、产量、质量等级、次数以及其他重要的数据等。典型事例，如人物的行为表现，事件的特殊细节或简要过程等，可以增强公文的生命力和可读性。

要想获得大量充实而丰富的写作材料，需注意平时收集，且收集面要广泛。可以在广泛阅读中收集、调查研究中收集、观察现实中收集。但并非收集的所有材料皆可写入公文，也不是材料越多越好。要写出一篇高质量的公文，一要严格筛选材料，“去粗取精、去伪存真，由此及彼、由表及里”，进行鉴别与提炼；二要切合公文主题恰当地使用材料，保持与观点的一致性，引用时要忠于材料原意，不得损害材料的客观性。（杨　霞）

公文查办　supervision of the implementation of official records　对重要公文内容的落实、办理情况予以核查的活动。公文查办的目的是对具有典型性、代表性的重要公文内容的具体贯彻执行情况进行全面彻底的督查，以此来推动各单位切实办理公文内容，确保领导决策产生实效。

工作步骤：①立案。明确核查的对象，授权专门的机构或人员负责查办工作，提出查办工作的任务和要求等。②督查。具体查询公文的办理情况。实事求是地反映、核实公文办理的情况，对发现的问题、不足或困难，提出相应的解决思路、办法和措施，指导、协助承办部门切实贯彻和落实文件精神。③反馈。将已核实的文件办理的情况或结果、掌握的情况等进行综合分析，以书面方式如实上报交办部门或领导人，再结合领导意见将查办结果或结论反馈到被查办的部门。④注结。对查办完毕的事项应予以办结处置。在查办或督办处理单上注明办理的经过和结果。

工作要求：①对查办的内容，无论大事要事都要从领导决策落实出发，跟踪追击，检查督促，狠抓落实。②查办的行为方式、方法和语言等都须符合查办人的身份、地位和授权的范围。确保监督检查办文办事的领导行为的权威性。③负责督查的机构和人员须把推动领导决策落实作为查办的出发点和归宿。（杨　霞）

公文承办　processing received official records　通过阅读、贯彻执行与办理文件而使其针对的事务与问题得以处理与解决的活动。承办是将公文内容落到实处，将决策转化为管理效益的关键环节。高效地承办公文，能使各项工作顺畅推进，使领导批办意见切实落实，顺利实现公文的行文目的。

公文承办主要由一个组织中内设的职能部门或文秘部门负责。需要承办的公文包括：①上级机关或本机关的指示，有的需要向下级传达，有的需要本机关内部执行。②上级领导交办的事项或需要办复的文件。③来自下级机关的请示以及重要的报告。④平行机关或不相隶属机关要求协作的函电、意见、合同等。⑤人大代表的议案、建议和政协委员的提案，公民个人的申请和要求等。

公文承办的要求：①按批办意见办理。如遇批办意见与现实情况不一致时，应向主批人汇报新情况和新变化，并按照新的批示意见办理。②及时快捷办理。依照来文时间或领导批注的办理时限办理公文。通常，特急件随到随办；急件一般不超过三个工作日；限时办理的公文，应在规定的时限内承办完毕；没有标明办理时限的，也应尽快办毕，确保公文效用的实现。③依职分类承办。依照岗位职责各司其职，权责相符，赏罚分明，以保证承办工作准确、及时、安全、有效。（杨　霞）

公文程度范围表达　expressions of degree and scope in official documents　对公文中事物程度和范围表达的特殊要求。公文中程度和范围通常都是公文内容的关键所在，对它们做出正确、准确的表达事关公文质量和效果。公文对程度的表达对文件质量往往有决定性的影响，因为无论是对客观实际所作反映的真实准确“度”，还是所作各种判断的贴切“度”、有效“度”，都对事物的“质”有重要影响，表示程度的成分往往构成公文中的关键性部分，表达不当就会造成失实、失误。

公文中表达程度的关键是选用各种副词、代词等。“很”“极”“太”“最”“更”“更加”“极其”“非常”“尤其”“十分”“过于”“越发”“特别”“略微”“稍微”“比较”“颇”“多”“多么”“何等”“大致”等副词，“这么”“怎么”“这样”“如何”“如此”等代词都可表示程度，可在被说明对象的前、后和中间起各种修饰、限制、补充的作用，以表示这些对象所达到或所应达到的水平、限度。选用这些词语时应注意与客观状况、客观需要相符合。不同词语在表程度时常有细微的差别，这种差别常给公文带来“质”的变化，特别是在反映政策规定方面，这种细微之别常关系政策界限是否清晰、有效。为此，切不可避轻就重，也不可避重就轻，务求恰到好处。如果在公文中滥用表示程度高的词语，使用“极其”“万分”“非常”等以示强调，反而令人感到平淡无奇。

在公文中常需对肯定或否定的程度加以表述，应注意把握分寸，不含糊其词，不绕圈子，不搞旁敲侧击。当然也不排除在特殊场合（如在平行文、上行文中商洽、探询有关问题时）将自己的意见以委婉的提法说出，应注意留有一定余地，特别是当所作的肯定或否定仅针对一些具有可能性的事物时。

要使公文准确、客观、得体，须注意对范围的表达。范围实际上是指事物量的界限，这个界限可以从量的方面规定或反映一个事物的性质或状态。在公文中对范围的表达恰当与否，常关系到整个文件是否有效。

在公文中，表达范围是通过词语实现的。表示全部或部分的词语，分别为一些副词、数量词以及名量词的重叠形式。如“所有”“一切”“全部”“凡”“凡是”“每一个”“任何一个”“总共”“完全”“统统”“没有一个……不”“人人”“个个”等就可用于表示全部。而“有些”“若干”“有的”“一些”“部分”“大部分”“绝大部分”“小部分”“少数”“多数”“大多数”“绝大多数”“几乎全部”“一半”“接近半数”“百分之几”等则用于表示部分。在使用上述词语时应注意：①只有当事物是被全面肯定或否定时，才能用表示全部的词语，稍有保留或无法最终确定时只能用表示部分的词语。②公文中表示部分时，常要求精确，此时应使用词义准确的词语，如百分比等。③不能在一个语句中同时出现表示全部或部分的词语。如“全体职工大部分都参加了劳动竞赛”。④前后句子中出现的表示范围的词语不能自相矛盾。如“凡现在生产岗位上的工人同志，不少是在解放初厂里情况十分艰难的情况下进厂的”。

（赵国俊）

公文处理 processing of official documents 公文拟制、办理、管理等一系列相互关联、衔接有序的工作活动。公文处理的目标是充分发挥文件的功效，为本机关各项职能活动及社会有关方面提供及时高效的信息服务。它不仅是各单位文秘部门的业务内容，也是职能部门或业务部门为完成各项职能或业务活动而开展的一项辅助性工作，是由相关人员共同参与、分级进行的一项群体活动，既要顺应公文处理的规律，也要不断追求公文处理的秩序和效率。因此，公文处理既包括公文的拟制与办理，也包括对公文处理工作相关要素进行规划、组织、控制与管理。

公文处理的工作原则　公文处理应坚持的原则有：①实事求是原则。即尊重客观实际，按客观规律办事，不夸大，不缩小，认真正确地对待公文处理中出现的各种问题，强调公文处理的客观性和务实性。要求做到公文行文确有必要，讲求实效，实事求是分析问题，所提政策措施和办法具有现实针对性和操作性，且严格履行办文程序，依法依规处理公文。②准确规范原则。即公文处理与客观事实、预期完全一致，并符合国家有关公文处理的法律、法规、标准等规定。要求做到行文办文客观准确，语言表达准确无误，字词使用无歧义，数字准确无虚假，措施办法易执行，办文环环相扣无遗漏，事事准确无差错；同时制定各种管理标准和技术规范，使公文处理工作有根有据。③精简高效原则。即将公文与公文处理工作中具有重复性、相关性以及多样性的各要素、各环节化繁为简，以最少的人财物力和时间等资源投入，获得更大的公文处理效率。因此，应从公文处理的机构与人员、公文与公文管理的内容形式及流程、质量保障体系、公文管理制度机制等方面进行科学组织、管理和控制，提高公文处理的效能。④安全保密原则。即在公文形成、传输、办理、处置、保存以及利用过程中不被损害、不被威胁，确保公文处理的安全性和保密性。做到公文管理的信息内容、信息形式、信息载体、信息系统、信息环境等方面安全保密。

公文处理的领导机构　中国是由各类组织的文秘部门——办公厅（室）来承担公文处理工作的领导与指导工作。具体表现：从全国来说，党、政、军各系统的公文处理工作分别由中共中央办公厅、国务院办公厅、中央军委办公厅负责指导，如各级党政机关的办公厅（室）主管本机关的公文处理工作，并通过颁发公文处理工作规范性文件、召开公文处理专门会议等形式对下级机关的公文处理工作进行业务指导和督促检查；从上下级机关来说，上级机关的办公厅（室）负有对其所属机关的公文处理工作进行指导的责任，一级党委政府的办公厅（室）负责对同级机关各部门的公文处理工作进行业务指导；从一个单位来说，由本单位综合办公部门的秘书长或办公室主任负责领导公文管理工作。各级党政机关、企事业单位等组织应当设立文秘部门或者由专人负责公文处理工作。

公文处理的工作人员　分为3个层次：①主管层是对公文处理工作承担主要领导责任的机关综合办公部门的负责人，如办公厅秘书长、综合办公室主任等。②管理层是对公文处理工作进行具体组织与管理的负责人，如秘书处（科）、文书处（科）、机要室（科）、收发室、文印室等部门的负责人。③操作层是专职或者兼职从事收发、传递、核稿、催办、文印、机要等公文处理各环节具体工作的人员，也包括具有专门技能的技术人员。

公文处理的工作内容　①制定公文处理的制度规范。颁布公文处理的法规或规章制度，制定工作原则与规划，确定业务规范、标准、业务流程等。②公文处理工作要素管理。公文处理工作中涉及的人财物、时间和信息等管理要素的组织与控制管理。③公文处理程序管理。公文拟制、发文办理、收文办理、整理归档等公文拟写与运转的组织实施与控制管理。④公文信息服务的组织管理。公文处理程序运行中的督办、答复与公开的组织，公文信息资源的深度开发与加工，不同载体公文信息保管等工作的组织管理等。

公文处理的工作设施　为公文管理活动的需要而设置的系统、组织、建筑与设备等的总称。主要包括三方面：①公文处理的场所。是公文管理各环节开展工作的场地或处所，如秘书室、复印室、公文阅览室等。②公文处理的设备。是公文管理工作中使用的具有特定形态和特定功能的各种办公装置，如计算机、存储介质、电话（有线或无线）、打印机、传真机、复印机、扫描仪、照相机、摄像机、文件柜（夹）、办公耗材等。③公文处理的系统平台。指支撑公文处理工作的各种信息系统，如局域网络、办公系统、公文办理系统、办公邮件管理系统等。

（杨　霞）

公文处理程序 processing procedure of official documents 公文拟制、收文办理、发文办理和整理归档等一系列相互关联、有序衔接的工作步骤。公文处理程序有助于各级党政机关办公厅（室）对本机关公文处理流程的管理和对下级机关公文处理工作进行业务指导和督促检查，坚持实事求是、准确规范、精简高效、安全保密的公文处理工作原则，进一步推进公文处理工作的规范化。公文处理程序主要包括公文拟制程序、收文办理程序、发文办理程序和整理归档程序。

公文拟制程序　公文拟制程序是撰写形成公文文稿的一系列工作步骤。具体包括文稿的起草、审核、签发等程序。①起草。分为两个阶段：构思和撰写。构思是撰稿人依据文稿的写作目的进行材料的筛选、主旨的提炼、逻辑结构的设计。撰写是撰稿人根据构思或者写作提纲的思路，以书面语言表达呈现公文文本内容。②审核。旨在确保提交给领导签发的公文内容与形式符合规范，提高**公文签发**环节的效率。审核分为两步：首先由撰稿人自行审核修改；其次由业务部门负责人、综合办公部门负责人或者专设的公文核稿人等予以审核，无误后方可送有关领导。③签发。是文稿被批准制作发出的程序，是确保签发人行使职权、履行职责以及赋予公文法定效用的重要环节。签发人应根据自身职权范围的规定，签发自身法定权限内的公文，不得越权签发公文。

收文办理程序　收文办理程序是收受公文并从中提取有关信息来处理公务的一系列工作步骤。具体包括签收、登记、初审、承办、传阅、催办、答复等程序。①签收。对收到的公文应当逐件清点，核对无误后签字或者盖章，并注明签收时间。目的在于明确交接双方的责任，保证有效展开收文办理的后续环节。②登记。对公文的主要信息和办理情况应当详细记载。目的在于加强来文信息的管理，便于平时核对、统计、催办公文，以及日后查找、利用公文。③初审。对收到的公文进行初步审查。初审的工作重点：审查是否应当由本机关办理，是否符合**行文规则**，文种、格式是否符合要求，涉及其他地区或者部门职权范围的事项是否已经协商、会签，是否符合公文起草的其他要求。经初审，不符合规定的公文应当及时退回来文单位并说明理由，以便确保公文办理的规范性和有效性。④承办。根据公文的不同内容分别处理和办理相关事务。对需阅知的公文，根据公文内容、要求和工作需要确定阅文范围后分送相关阅文人；对需批办的公文，要提出拟办意见呈送本机关负责人批示或者转有关部门办理；对需两个或两个以上部门共同办理的，应当明确主办部门；对紧急的公文，应当明确办理时限。承办部门对交办的公文应当及时办理，有明确办理时限要求的应当在规定时限内办理完毕。承办是实现公文效用的重要环节。⑤传阅。根据领导批示和工作需要将公文及时送给传阅对象阅知或者批示。办理**公文传阅**应当随时掌握公文去向，不得漏传、误传、延误。目的在于切实掌握公文传阅的对象、时间和方向，实现及时高效传阅公文。⑥催办。及时了解掌握公文的办理进展情况，督促承办部门按期办结。紧急公文或者重要公文应当由专人负责催办。目的在于保证公文及时、准确、安全的办理，确保公文办理的实效。⑦答复。公文的办理结果应当及时答复来文单位，并根据需要告知相关单位。目的在于方便来文单位快速处理相关工作。

发文办理程序　发文处理程序是将定稿制作成公文正本并对外发出的一系列工作步骤。具体包括复核、登记、印制、核发等程序。①复核。业经发文机关负责人签批的公文，印发前应当对公文的审批手续、内容、文种、格式等进行复核；如需作实质性修改的，应当报原签批人复审。复核是文稿在送印前的最后一次文稿把关，旨在确保复印文稿内容合法、质量合格、程序合规。②登记。对复核后的公文，应当确定发文字号、分送范围和印制份数并详细记载。登记的目的在于方便今后查询。③印制。根据定稿制作公文正本的活动。印制公文中必须反复对照定稿认真细心校对，确保文稿质量。涉密公文应当在符合保密要求的场所印制。④核发。公文印制完毕，应当对公文的语言文字、格式和印刷质量进行检查后分发。旨在保证印制出来的公文内容准确，格式规范，正本整洁清晰，用纸、用墨和装订符合要求。

整理归档程序　整理归档程序是将办理完毕的、对本机关或对社会具有查考利用价值的公文及时进行分类、整理以及归档的一系列工作步骤。整理归档公文时应当遵循文件的自然形成规律，保持文件之间的有机联系，区分不同价值，保证文件的完整与安全，便于保管和利用。一般分为如下两种整理归档程序：①案卷级整理归档程序。按照公文自然形成规律和公文特征将公文分门别类组成若干个保管与检索的基本单位——案卷的一系列工作步骤。具体包括：排列卷内文件、编定卷内文件页码、填写卷内文件目录、装订案卷、加贴卷末备考表、填写案卷封面、移交归档等工作。②文件级整理归档程序。将归档文件以“件”为单位进行整理归档的一系列工作步骤。具体包括装订、分类、排列、编号、编目、装盒、归档移交等工作环节。

（杨　霞）

公文处理制度　processing system of official documents　要求有关人员在公文处理中共同遵守的各项规章、规则、办法和准则等的统称。公文处理制度包括公文形成、传递、办理、存储、利用等全过程中的系列规范，是公文处理工作的准则。各级各类社会组织应根据国家有关公文工作的法律法规和本单位文件工作的特点，建立健全公文处理制度，推动公文处理的科学化、规范化和法治化管理。

公文撰稿制度　指对公文文本撰写中应遵循的原则、规则、程序和要求等的规定。旨在引导约束公文写作行为，确保撰写的公文内容简洁、主旨突出、观点鲜明、结构严谨、表述准确、文字精练。具体内容包括：公文体式与结构、公文语体特点与用语规范、公文内容选择与表达的要求，公文撰写程序与方法，文种适用范围及文种选择依据，机构间的**行文规则**，公文格式标准的制定与执行，拟稿人的职责与工作规范等。

公文审核签发制度　指对公文内容与生效程序做出的各种规定。旨在保证公文的质量和赋予公文法定的效用。具体内容包括：规范文稿审核的范围、审核程序、审核内容，审核人的资格条件及职责分工，审核修改文稿的方式等；公文签发人及其签发权限、责任与程序，正签、代签、核签、会签的程序和要求，“分层签发”“先核后签”的要求等。

公文缮印制度　指对公文印制的原则、要求、技术和方法等的规定。旨在使公文印本符合公文格式要求与印制标准，确保公文印制质量。具体内容包括：规定公文缮印范围、批准手续，缮印方式及其选择依据；缮印前定稿的规范化处理，版式设计规范；**公文校对**的方式、各校次分工与责任；纸张、胶片、磁盘等公文载体形态的选择，公文字迹材料的选用及字体、字号规格要求；缮印的技术规程，涉密文件印制的专门规定等。

公文用印制度　指对印章使用与管理的原则、要求和方法等的规定。旨在加强用印活动的规范化管理。具体内容包括公章、法人印章、财务专用章、合同专用章等不同种类印章的使用范围、批准程序，各类印章的制作、使用、更换、废止的规定，印章管理者的职责、用印要求，印章印模保管的要求，电子印章的制作、使用、更换、销毁的规定，电子印章的使用权限管理，电子签章的软硬件与技术环境管理规定等。

公文保密制度　指对涉密公文的形成、使用、传递、保管等过程的各项工作做出的限制性规定。旨在确保公文信息内容的安全性和有效性。具体内容包括：确定密级的依据，确定密级前后对公文信息保密的措施；涉密文件的收发、传递、外出携带和日常管理，如在公共场所、私人通信、普通邮件或电子邮件中传递涉密公文信息的保密规定，转借、复印、摘录、私存、传播涉密公文的规定；对涉密工作人员和涉密设施设备的管理规定等。

收文办理制度　指对收文办理各工作环节的程序、手续及职责等的规定。旨在规范收文办理程序，提高收文效率。主要内容包括：**公文接收**的范围、职责分工，**公文登记**的范围、方式、内容，公文分送与分办的原则、方式，**公文拟办**的范围、方法及程序，批办人的资格条件与职责以及批办方法与要求，承办的范围、方式、时限、程序与要求，电子文件办理的一些特殊管理规定等。

公文传阅制度　对不同工作人员阅读公文的范围、内容、顺序、方式等的规定。旨在规范不同工作人员的阅读条件，组织管理阅文人员的阅文活动，提高**公文传阅**工作的效率。具体内容包括：根据职权职责规定相关人员传阅公文的范围，公文传阅的方式与程序手续，阅毕公文的签注内容与方法，公文传阅次序安排，传阅中的保密规定等。

公文传递制度　对向外机关或内部组织机构传递公文的方式、规则、程序、手续等的规定。旨在明确公文传递的要求，确保公文在传递通道中的运行安全。具体内容包括：公文传递的范围，传递责任与手续，传递渠道和方式的选择，公文邮递方式的种类与适用范围，公文邮寄、机要交换、专人专送公文的基本要求和传递时限，电报、传真、电子邮件等的使用范围、传递时限与安全要求，使用互联网、办公局域网传递公文的要求等。

公文生效与失效制度　对各类公文生效与失效要件、范围及程序方面的规定。旨在使公文获得法定效力、公文失去法定效力的相关工作制度化运行，保证公文生效与失效管理的规范化。具体内容包括：规定公文生效的要件构成、公文效力范围与等级划分，公文失效的基本条件、审批程序与处置方法，电子公文的效力认定规定等。

平时归卷制度　对日常管理活动中已经办理完毕的公文进行分类整理的相关规定。旨在对办毕公文随时或定期收集，并分门别类放入公文柜或公文盒（夹）中进行分类管理，避免公文散失，方便平时查找利用。具体内容包括：明确公文平时收集的方法，制定公文分类类目（表），规定归档公文平时归卷整理方法等。

公文公开公布制度　对公文公布的范围、方式、时限、审批手续等的规定。旨在使与公众密切相关的公文以正确方式予以公开，保证公文公开公布行为的规范化管理。具体内容包括：公文公开公布的内容范围、公布方式、公布时限的规定；涉密公文公开发布前的解密程序，公文公开公布主体机关的权利与义务，主动公开与依申请公开公文的时限、程序、形式和要求，公开发布公文的渠道要求等。

公文复制汇编制度　对公文复制汇编的内容、方式、审批主体与程序等方面的规定。旨在维护公文原件的法定效力，规范公文复制件特别是涉密公文复制件的行为。主要内容包括：对以公报、报刊、电视、广播与互联网等方式公开发布的公文的复制汇编规定，明确复制、汇编秘密级、机密级、绝密级公文审批机构或人员、审批程序，正确安全管理复制、汇编的公文复印件的系列规定等。

公文督办制度　对公文的办理和贯彻执行情况进行督促检查的各种规定。旨在对发出或收到的公文的办理时限或者落实情况进行监督控制，使公文及时办理并使其内容得到切实贯彻。具体内容包括：**公文催办**、查办的工作内容、方式方法、时限、基本要求，督办工作程序，督办结果的报告、通报和公开公布，催办查办人员的职责等。

公文清退制度　将办理完毕的公文定期或不定期地退回原发文机关或其指定单位的相关事宜的规定。旨在对办理完毕的涉密公文予以退回，保证公文信息的安全管理，或者对存在差错的“问题公文”予以退回，避免“问题公文”对各项工作带来不良影响。具体内容包括：公文清退的条件规定，公文清退原则、程序、范围，清退时间、方式方法与手续，清退工作人员的责任权限等。

公文销毁制度　对不具备归档和存查价值的公文进行销毁处置的有关规定。旨在规定公文销毁的限制性条件，保证公文销毁行为的规范性。具体内容包括：公文销毁的范围、方式，销毁公文的批准权限、手续、要求，公文销毁人员与监销人员的职责和要求，涉密公文（含密码电报）销毁时的审批程序、内容登记要求，网络环境中电子公文销毁时对其信息内容、载体形态、安全性的审查规定等。

公文整理归档制度　对属于归档范围的公文进行系统化整理，并移交给档案部门的各项规定。旨在维护各单位归档文件之间的历史联系，使之得到集中统一保管和安全有效的管理。具体内容包括：公文的归档范围、归档时间、归档部门职责及其工作要求，规定归档案卷的质量要求，各类型机关单位合并或者撤销时移交归档文件的规定，工作人员调离工作岗位时移交、清退自身保管、借用公文的规定等。

公文利用服务制度　对公文提供利用服务工作的各项规定。旨在使公文的信息内容得到合法、合理地开发与利用，实现公文的信息价值。具体内容包括：公文利用服务的范围、方式、时间，限制利用和不予利用的范围，公文利用审批的程序、人员与权限，采用汇编、摘抄加工、编纂出版以及采用互联网等各种媒介方式提供公文利用的规定等。（杨　霞）

公文传递方式　delivery ways of official documents　公文对外部传递的基本形式。公文除直接专门投送给规定的收文机关，大多数情况下是通过间接传递方式转投。主要传递方式包括：①普通邮寄。通过国家设立的公共邮递系统递送公文。普遍邮寄一般只能用于传递无保密要求的公开性、普发性公文。②邮政机要通信。通过国家邮政部门为传递党政机关保密公文而单独开辟的特种邮递系统递送公文。密级为秘密、机密的公文一般可用此方式递送。③机要交通。通过专设机要交通系统传递重要保密性公文，这一系统主要为党政高级领导机关服务。④公文交换。通过设在城市（或地区）中心的公文交换处（站）定时定人集中相互收发公文。这种方式可在收发双方直接见面的基础上，同时发出和收取公文，保密可靠性较强，工作效率较高，平件、秘密件、机密件可在此传递。⑤专人送达。派专门通讯员向对方机关投送公文，这种方式主要用于须确保机密高度安全或情况紧急的场合。⑥电子化网络。通过公共电信系统或专设电信系统以电报、传真、计算机网络通信等方式递送公文，电子化网络方式的主要优点是迅速快捷，但在保密可靠性方面大都具有不同程度的欠缺，使用时应予以足够的注意。

涉密公文应当通过机要交通、邮政机要通信、城市机要文件交换站或者收发件机关机要收发人员进行传递，通过密码电报或者符合国家保密规定的计算机信息系统进行传输。（赵国俊）

公文传阅　ordered reading of official documents　将阅知类公文及时呈送有关领导或相关阅文人阅知公文内容的活动。公文传阅是相关工作人员掌握政策、获取资讯、沟通意见的重要途径。一般由文秘部门负责组织传阅，掌握控制公文运转的去向和时间。

组织公文传阅的方式包括：①树形传阅方式。即以文秘人员为中心，将公文依次传送给每一位阅文者，每一位阅文者阅毕后，均将公文退回文秘人员，文秘人员检查无误后，再传递给其他阅文者。其优点是文秘人员能有效控制阅文的时间、速度、方向和顺序。②轮式传阅方式。又称横传，即一位阅文者阅毕后直接将公文转交另一位阅文者，依此类推。其优点是减少了文秘人员收转公文的中间环节，但易呈放任自流状态，难以控制公文丢失、损坏、积压、泄密等情况。③点面传阅方式。即文秘人员利用阅文室、网络共享平台等方式，组织各类阅文人员阅知公文内容的方式，其优点是能加快分散传阅的速度。

组织公文传阅的要求：①有序。一般先送本机关的主要领导人，次送主管领导人及其他副职领导人，再送有关业务部门负责人，最后送其他相关人员。②安全。传阅时不得损坏、污损、丢失公文。③及时。如采取复制多份公文副本传阅，减少阅文人从媒体上已获知的公文信息的传阅，避免造成重复阅文。（杨 霞）

公文词语 terms of official documents 公文中应用的词、词组和短语。公文在词语运用方面有下列特点：

第一，大都为规范化的书面词语，排斥使用一般的口语词、方言词、土俗俚语，禁绝使用生造的词语等。形成这种特点的原因有两个：一是因为公文基本上是一种书面交际的工具，特定的交际环境决定了用书面词语更加经济，也更准确。口语词主要是用于面对面口头交际活动的，为保证信息沟通的有效性，通常口语交际的语言信息冗余度要高于书面交际语言，如果将口语词大量应用在并非面对面的书面交际中，这些“冗余”就是没有实际存在价值的多余之物。同时，口语词的语义通常是多义的，但能看得更多、听得更多的面对面的交际环境可以消除口语词在词义方面的不确定性，因此，它们在用于口头交际时不会因语义多义而影响准确沟通，但如果将它们放到书面交际中去应用，面对面的交际环境不存在了，多语义带来的后果就是误解误会丛生，严重削弱沟通效果。二是方言词、土俗俚语、生造词语等都缺少规范性，出了特定的范围（如方言区），词语的含义就无法被准确理解。甚至一部分方言词、土俗俚语的词形与现代汉语规范词词形完全相同，但词义完全不同，这无疑会严重地降低信息沟通的准确性，这样就会造成后果极其严重的错漏。在一些特殊场合，出于提高表达效果的需要，也可以在公文中使用人民群众中普遍流行的口语词，但只能作为特例。而且这些口语词的确切含义也需要在文中加以必要的解释和说明。

第二，词语需有确切的含义，除非不可避免或特殊需要，一般不使用含义不明确的词语。公文中词语的含义大都是精确、实在的，不能模糊含混，不能给读者造成无限制的联想，否则就会使作者的真正意图不能被受文者正确领会，公文也就无法得到有效的执行。之所以如此，主要是由于公文所涉及的事物都需要划定较精确的界限，如时间、空间、数量、政策、技术方法、态度等。一旦失去精确的界限，事实就可能不清楚，作者的愿望就有可能无法实现，公文将可能丧失对受文者行为的实际约束力。

在现代汉语中，确有一部分词语的词义是模糊的，除非必要，在公文中应尽量避免用它们来表达需精确划定界限的事物，如不可避免，则应以附加说明或用其他词语加以限定修饰的方式使其表意精确。如汉语中“以上”“以下”“以内”等词，在表达数量界限时，其词义是不确切的，因为它们不能明确表达本数包括在哪里，但这几个词在涉及一些年限等方面规定的公文中又不可缺少。如《中华人民共和国刑法》第九十九条明确做出说明：“本法所称以上、以下、以内，包括本数。”但公文并非绝对排斥没有确切词义的词语。因为模糊与确切是相对的，本身并无一条绝对的界线。有些情况下，为了突出表现事物的本质和重要情况，也需要慎重地使用一些词义不够确切的程度副词（如“一定的”“基本上”）和时间名词（如“前一时期”）等。

第三，以双音节词为主，单音节词和多音节词比一般文章的使用频率稍高。现代汉语词汇的特点之一就是由两个音节构成的双音节词在数量上占优势。这就使得以现代汉语书面形式来表情达意的公文词汇，也主要为双音节词。但在当下，公文中的信息主要是靠读者对文字的阅读来提取的，因此，单音节词易发生的同音异义现象并未给**公文语言**带来大量增加歧义（口头语言中会因这种现象带来歧义问题）的可能性。同时，由于单音节词大都是一些词义精确且带有庄重典雅色彩的文言词，不仅节省文字，而且有助于增添行政公文所需要的色彩，因此，行政公文中的单音节词比一般文章要多一些。一般文章中使用的一些双音节词甚至多音节词，如经过、依照、希望、这个、什么、哪些、清楚地了解等，在行政公文中就常被含义相同但更能增强表达效果的单音节词，如经、依、望、此、何、悉等所代替。

汉语发展的内部规律之一，是从单音节词占优势向双音节词占优势、多音节词逐渐增多的方向发展。现代汉语发展到今天，双音节词已占优势，由3个或3个以上音节构成的多音节词逐渐增多并越来越多，但由于汉语自身具有构词音节简单的特点，到4个音节就达到饱和点，四音节的词使用起来不太方便，往往要用简称的办法回缩为双音节词或音节少一些的词，如：北京大学——北大；外交部长——外长；国家发展和改革委员会——国家发改委等。用这种简称法造就的词，确有音节简单、经济明快的特点，因此，如果没有歧义，合乎构词规律，在一般文章中可以被广泛运用。但在公文中的使用要受到较严格的限制——不仅非规范化的、有歧义或不便于人们理解的简称被禁止使用，在特殊场合（如非常郑重、严肃的情况下），即便是规范化的也不得使用。如在涉外文件中，“中华人民共和国”就不能随意简称“中国”，“外交部”也必须用“中华人民共和国外交部”。在非常隆重的会议上形成和使用的文件中，“中国共产党中央委员会”也不再简称“中共中央”，“全国人代会”也必须用“全国人民代表大会”。

第四，有一部分词形确定、含义精确特定的公文专用词语。由于表意和表现感情色彩的需要，公文中有一些出现频率较高的词语，称为公文专用词语，它们词形确定，词义特定，用途稳定专门，精练明确，并为从事公文工作的人们所熟悉，能使作者顺手、读者便当。这些专用词语的存在是必要的，也是合理的，有益于简化文件，提高制发和处理公文的效率与质量。要写好公文，就必须认真研究并掌握其有效使用的特殊规律性。这里所说的公文专用词语中的一部分虽源于或衍生于旧官文书中的“套语”，但与“套语”是完全不同的两种事物，是对“套语”中有积极作用的那一部分批判地借鉴和发展，并摒弃了其中糟粕，同时在数量上也大为精简。

第五，介宾词组、联合词组、“的”字词组的使用频率较高。介宾词组，指由介词与宾语组合而成的词组，这种词组在公文中需充当状语或定语成分，它们的应用可对表述对象起限制、修饰作用，使表达更周密。如“按照上级指示”“关于大学生就业问题”等。联合词组，指由同类词组合而成的词组，这种词组在公文中可用作主语、谓语、状语、定语或补语成分，它们的应用有助于表意简洁、庄重。如“各省、自治区、直辖市人民政府”“应建立健全规章制度”等。“的”字词组，指由词或词组与“的”组合而成的词组，在公文中常用来表示人或事物，它们的应用具有使表达简洁、庄重的特殊作用。（赵国俊）

公文词语选择要点 key points of word selection of official documents 公文形成过程中选用词语的基本要求。词语是语言的基本构成单位，撰写公文应注重对词语的选择。词语的选择就是在充分注意和把握**公文词语**特点，认真学习和积累丰富词汇的基础上，根据行文目的以及语言环境的需要，在遵从语法规则的前提下，选取最准确、最贴切且有效表情达意的词语。撰写公文时，选择词语应注意以下几点。

认真辨析词语的确切含义　公文中采用的词语数量大、种类多，不同词语在意义和用法方面既有差别，又有联系。为此，要使公文用语精当，必须注意对词语认真加以辨析，真正掌握其确切含义，否则很有可能造成表意的失当或失误。

在辨析词语含义的过程中，应特别注意不同词语所包含的意义在范围大小、性质轻重等方面的差别。如权利与权力，前者的范围要大于后者；差错、过失、过错的性质是依次严重的；冤案、假案、错案的错误程度是依次减轻的。还应特别注意一些现代汉语中的通用词语在一定专业或行业领域中有特定的“新”义。如“告诉”一词一般是指告知的意思，而在司法工作领域中却专指告发控诉，是一种特定的法律行为。

分辨词语的感情色彩　如果按照词语自身的感情色彩对其加以划分，实词部分可分为褒义词、贬义词和中性词三类。前两类感情色彩强烈、爱憎分明，而中性词则在不与其他词语搭配的情况下，没有感情的倾向性。在公文中，对事实的叙述要求客观准确，而在表明立场主张时则要求旗帜鲜明。为达到这一要求，必须注意分辨词语的感情色彩，用极简洁凝练的语言鲜明地表现作者的立场观点，以使阅文者能更准确地领会作者意图，使文件更加简明。

需要注意的是，正是由于词语的感情色彩能对鲜明表意产生重要影响，因此更需注意避免对不同感情色彩的词语的误用，否则会造成阅文者的误解或降低文件的严肃性。

注意读音和语调对语义的影响　词语的读音和语调对语义有一定的影响。如能在撰写公文时予以重视，使公文中的词语音节匀称，往往既可以加强气势，表现庄重严肃的色彩，给阅文者以更鲜明的印象，提高表达效果，又容易上口，便于记忆，避免因同音异义和语调附加语义带来的歧义。

注意词语间的正确搭配　词语的选择要受事理逻辑、搭配习惯的制约，如随意超越这些制约，违背语言法则，就会产生差错，影响表达的效果。词语的搭配最根本的是要使语义搭配，使表达合乎事理、合乎逻辑，同时又要注意符合语言习惯。

注意公文具体使用场合对词语风格的要求　公文大都使用于正式、庄重、严肃的场合，为与之相协调，选择词语时务必注意词语的风格特点。除特殊情况外，一般不用口语词、谚语、歇后语以及方言土语，书面词语中带有调侃、诙谐意味以及不够严肃郑重的词语也不应入选。

针对公文具体收受对象的特点选词　公文具体收受对象的理解能力以及与发文机关的关系不同，公文所选用的词语也应有所差别，否则难免会因“无的放矢”而使对方不知所云，或给对方平添理解方面的困难。

通常情况下，如具体阅文者为专业人员，则词语的专业性、行业性可以强一些，反之就应避免使用专深的术语，注意少用专用词语；具体阅文者文化程度较高，可以适当使用古语词、外来词，与之相反或阅文者文化程度高低不一时，则务必注意词语的通俗性。当收文机关为发文机关的上级时，用词当特别注意礼貌与语气的和缓；当对方是自己的下级机关时，则既应注意尊重对方，又须中肯、坚决，毫不婉曲；当对方是自己的平级或不相隶属机关时，用词就要特别注意谦敬和明确，注意体现平等协作精神。

根据公文中所涉及的人和事物的特殊性质选词　公文中所涉及的人和事物是多种多样的，人物的地位、事物的性质、出现的年代以及相互之间的关系不同，就需要用不同的词语来表达，以使表达更鲜明、更直接、更有效。如在公文中，对正确的事物、正面的人物就不能用贬义词，相反也不可用褒义词来表达反面人物和错误的事物。对错误性质严重的事物应用严峻、冷酷的词语，对正确的、须褒扬的事物则要用有一定热情、能鼓舞人心的词语；对历史上的人或事可以多用一些古语词，对现代事物就可适当多用一些外来词和具有时代特色的新鲜词语。

根据上下文的需要选词　一件公文的上下文对词语的选择具有很大的影响。有时为了使文气贯通、协调一致，上下文的词语需要相互照应配合；有时为避免不必要的重复，相互制约对方选词的范围。

根据文种的不同特点选词　不同文种对词语的选择也有一定的限制和要求，主要原因在于：①前面已经涉及的公文使用场合、收受对象、人与事物性质等对选词的要求都与文种有一定关联，不同文种都在这些方面表现出一定的特殊性。②同一文种实际上就是独具特色的一种文章，这种特色往往在词语的选择上有较鲜明的表现。（赵国俊）

公文催办　urging processing of official documents　对公文处理过程所实施的督促与检查活动。公文催办能实时监控并及时发现办文中的迟缓、延误现象，避免出现办文办事的失误。公文催办范围：领导交办的事项或需要办复的公文；各单位要求答复与办理的事项；会议决议中需要办理落实的重要事项；其他组织交代的需要办理的事项等。

公文催办的方式多种多样，根据催办的不同内容、不同对象、不同手段可以采取不同的催办方式。根据公文催办对象分为：对内催办，即对本机关各部门公文办理工作进行督促与检查；对外催办，即对本机关的发文在受文机关进行办理情况所进行的催询或检查督促。根据催办手段分为：文字催办，是以发送催办单或便函的形式进行书面催办；登门催办，是催办人员登门走访口头催询办理情况；会议催办，是召开会议集中宣讲实施催办；通信催办，是利用电话、电报、电传、电子邮件等手段进行催办。根据文件紧急和重要程度分为：跟踪催办，是对紧急公文跟踪随时关注督促公文的办理；重点催办，是对重要公文优先予以重点催办；定期催办，是设定固定的时限按时督促办理。

公文催办要求：恰当选择催办方式和催办时间，及时反馈催办结果，并做好催办登记，以备查考。（杨　霞）

公文登记　registration of official documents　对文件的主要信息和分发办理情况进行详细记载的活动。公文登记有助于平时核对统计、催办及日后查找，方便文秘人员掌握公文收发、运转情况，明确公文办文人员的责任。

公文登记的种类有两种：①收文登记，对外机关发送的来文信息进行登录。机关间正式往来的各种收文均应登记。登记项目包括：来文日期、来文机关、来文标题、紧急程度、秘密等级、份数以及分发办理部门等。②发文登记，对本机关发出公文的信息进行登录。登录项目包括：发文日期、发文字号、发文标题、紧急程度、秘密等级、份数、主送机关、抄送机关等。

公文登记的形式：①簿册式登记。使用装订成册的专用登记簿，在每页登记表上登录若干份文件的信息。②电脑登记。将文件的主要数据信息输入电子计算机存储并备查。③联单式登记。采用一次复写二联单或三联单的方式登记。其中第一联单由文秘人员保存，第二联单随公文运转，随时记载办理、传阅的情况，第三联单可保存在机关档案室，作为检查归档文件是否齐全完整的依据，也可填写案卷号，作为文件与档案检索的工具。

公文登记的方法：按收文或发文的时间顺序依次登记、按文件内容性质登记、按来文机关或发文机关登记、按文件类型登记等。（杨　霞）

公文分发 distribution of official documents
公文对外传递前进行的发文处理活动。公文分发由分装和发出两个步骤组成。分装是指按照规定将需要正式对外发出的公文进行具体拣配和封装的活动，具体步骤包括：①由内收发人员清点份数，按领导签发意见和注发要求拣配公文。②由内收发人员进行发文登记。③装封，即把公文装入封筒，填写封皮和回执单（不是所有公文），检查核对，封口，为密件加密封条。封装时需注意：封皮项目必须完整、准确，入封时应按规定的分发单位和份数，逐个单位核点份数。发往同一单位的急件、密件、平件应分别装封，不得混装。密件、急件应在封筒上做出标记。入封公文应折叠平整，长宽略小于封筒尺寸，留出封口与启封余地。封口不得用钉书钉代替，绝密件应加“密封条”，待封条干燥后再发出。④捆包（袋），即向同一收文机关发出数量较多公文时对其进行包装，一般也需要装包（袋）。填写封皮和回执单，检查核对，封口，加封条等。⑤将封装好的公文转交外收发机构或人员，并履行签收手续。

发出公文就是将已封装完毕的公文以多种方式传递给受文者。主要是机关外收发（通信、机要部门）的职责。步骤包括：同内收发人员履行签收手续接收公文；清点检查数量和封装质量；登记；投送并同接取公文的有关方面履行签收手续。

（赵国俊）

公文复核 reviewing of official documents
经发文机关负责人签批的公文，印发前对公文的审批手续、内容、文种、格式等进行的全面审核和检查。发文处理环节之一。复核过程中需要：①重点明确公文的具体发送范围，公文阅读范围的级别限制，公文的紧急程度、保密等级和期限，印制份数、印制和发出时间的限制。②明确公文的制作方式（缮写、机械誊写、印刷、电子化等）与发送方式。③赋予发文字号。④进行版式设计。⑤向催办部门或人员销办。

上述内容如已由撰稿人、核稿人拟制或进行完毕，就需要逐一审查纠正。复核意见应填写在“发文稿纸”相应栏目内，并在专门登记簿册或单据上加以记录。复核应由综合办公部门的专职或兼职文秘负责，过程中还可对文稿再做一次技术性审核，但如需作实质性修改的，应报原签发人复审。

（赵国俊）

公文稿本 versions of official documents
公文文稿、文本的统称。公文在形成和使用过程中有多种文稿与文本产生，这些文稿与文本在内容、外形和效用方面各不相同，正确地认识它们的特征不仅有助于正确形成公文、使用公文，充分发挥其现行效用，而且有利于正确认识和挖掘公文的历史价值，更大限度地实现其历史效用。

公文文稿　指未按照公文规范格式正式定型的初始形态的公文样式。主要包括草稿和定稿。

草稿　在公文形成过程中草创的供进一步讨论、征求意见、修改审核、审批用的原始的非正式文稿，内容未正式确定，不具备公文的现行效用。草稿的外观特征是没有生效标志（签发、签署、用印等），文面上常见“讨论稿”“征求意见稿”“送审稿”“修改稿”“草稿”“草案”“初稿”“二稿”“三稿”等稿本标记，标记大都位于公文标题下方或右侧并常加括号。重要公文的草稿因其可反映重要事务处理的详细过程和公文成文的完整过程而具备一定的历史效用，可作为立卷归档的对象。

定稿　内容已确定、已履行法定生效程序的最后完成稿，具备正式公文的现行效用，是制作公文正本的标准依据。定稿一经确立，如不经法定责任者的认可，任何人不得再对其内容予以修改，否则无效。定稿的外形特征是有生效标志，有的还标有“定稿”“原本”“最后完成稿”等标记。定稿不对外发出，而是供制作正本和留存备查。具备历史效用的公文的定稿，因其具有原始性和比正本、副本更丰富的信息，更具重要的凭证依据价值。

公文文本　指已经按照公文规范格式正式定形的公文样式。具体形式包括正本、试行本、暂行本、修订本、副本等。

正本　根据定稿制作的供主要受文者（如公文中的主送机关）使用的具有现行效用的正式文本，其现行效用与定稿等同，内容必须是对定稿的完整再现。正本的外形特征是格式正规并有印章或签署等表明真实性、合法性、有效性的标志。在一些特殊公文上还标有“正本”字样的标记。

正本是供受文者使用的，因此受文者一方若需要留存该公文，即应留存正本。在法律意义上，正本比副本等更具证据价值，在历史研究中也更具权威性。

试行本　规范性公文正本的一种特殊形式，在规定的试行期和试行空间范围、机构人员范围内具有正式公文的现行效用。试行本主要适用于作者认为公文内容经一段时间和一定范围内的实践检验后可能修订的情况。试行本的外形特征主要是在公文标题中加注稿本标记，一般是在文种后用括号注明“试行”字样。

暂行本　规范性公文正本的一种特殊形式，在暂行期间具有正式公文的现行效用。暂行本常用于作者认为因时间紧迫，公文中有关内容可能存在不够周详等缺欠，不长的一段时间后可能将修订或确认的情况。暂行本的外形特征是在公文标题的文种前加注“暂行”字样，如《行政法规制定程序暂行条例》。

修订本　规范性公文正本的一种特殊形式，是已发布生效的公文，经实践检验重新予以修正补充后再发布施行的文本，自修订本生效之日起，原文本即行废止。修订本的外形特征除与一般正本相同外，还需做出稿本标记，可在标题尾部标作“（修订本）”，也可在标题下做题注，即在圆括号内注明“某年某月某日修订”。

副本　指再现公文正本内容及全部或部分外形特征的公文复制本或正本的复份。副本供存查、知照用。作为正本复份（与正本同时印刷）的副本与正本在外形上没有大的区别。这种副本只在送达对象和使用目的上不同于正本。正本送达主要受文者，供其直接办理；副本送达次要受文者，供其了解内容，或者由该机关留存备查、立卷归档。在效用方面，只要文中同样有各种法定的生效标记（用印、签署等），即具备现行效用。

不同文字稿本的效力　同一公文在形成过程中需要用两种或两种以上语文撰写和制作时，会形成不同文字的文稿或文本。在中国，以汉文和其他民族文字撰制的同一公文的不同文字文稿、文本的效力完全等同。在涉外场合，公文中应对用何种不同国家和民族文字撰制，以及它们是否具有同等效力做出明确规定，并应指明在理解上产生纠纷时以何种文字的文本为准。汉文在国际上是一种正式语文，用其制作的公文在国际上具有法律效力。

（赵国俊）

公文格式 formats of official documents
表达公文内容的数据符号在公文载体上排列的规定。中国的公文格式具有较强的规范性。公文格式主要是对载体的规格尺寸、载体区域划分、公文各组成部分的排列次序与编排式样、文字符号的形体及尺寸等予以规范。在公文撰写和印制过程中，各个组成部分的标注编排均须遵循一定的规范性要求。

根据《党政机关公文处理工作条例》和《党政机关公文格式》（GB/T 9704—2012）国家标准的规定，中国通用公文的格式一般为：①用纸规格，采用国际标准A4型（长297毫米、宽210毫米），特殊形式的公文用纸幅面尺寸根据实际需要确定。②公文纸分为可用以书写、印刷文字、图形等符号的图文区，与不允许出现任何符号的白边区两个区域。上白边（天头）和左白边（订口）应分别宽于下白边（地脚）和右白边（翻口）。③所有文字符号从上至下，自左而右依次横写横排（少数民族可按其习惯书写、排版）。正文的行长应与图文区宽度相等(即通栏排)。④左侧装订。

《党政机关公文格式》将公文的各个要素划分为版头、主体、版记三部分。公文首页红色分隔线以上的部分称为版头；公文首页红色分隔线（不含）以下、公文末页首条分隔线（不含）以上的部分称为主体；公文末页首条分隔线以下、末页分隔线以上的部分称为版记。

《GB/T 9704—2012〈党政机关公文格式〉国家标准应用指南》封面

版头　份号　如需标注份号，一般用6位3号阿拉伯数字，顶格编排在版心左上角第一行。

密级和保密期限　如需标注密级和保密期限，一般用3号黑体字，顶格编排在版心左上角第二行；保密期限中的数字用阿拉伯数字标注。密级和保密期限之间用“★”隔开。

紧急程度　紧急公文应当根据紧急程度分别标明“特急”“加急”。如需标注紧急程度，一般用3号黑体字，顶格编排在版心左上角；如需同时标注份号、密级和保密期限、紧急程度，按照份号、密级和保密期限、紧急程度的顺序自上而下分行排列。

发文机关标志　由发文机关全称或者规范化简称加“文件”二字组成，也可以使用发文机关全称或者规范化简称。发文机关标志居中排布，上边缘至版心上边缘为35毫米，推荐使用小标宋体字，颜色为红色，以醒目、美观、庄重为原则。

联合行文时，如需同时标注联署发文机关名称，一般应当将主办机关名称排列在前；如有“文件”二字，应当置于发文机关名称右侧，以联署发文机关名称为准上下居中排布。

发文字号　由机关代字、年份和序号三部分组成。如“国发〔2011〕1号”代表国务院2011年1号发文，其中“国发”代表国务院文件的发文。联合行文的发文字号，只标识主办机关的发文字号。发文字号编排在发文机关标志下空二行位置，居中排布。年份、发文顺序号用阿拉伯数字标注；年份应标全称，用六角括号“〔〕”括入；发文顺序号不加“第”字，不编虚位（即1不编为01），在阿拉伯数字后加“号”字。

签发人　由“签发人”三字加全角冒号和签发人姓名组成，居右空一字，编排在发文机关标志下空二行位置。“签发人”三字用3号仿宋体字，签发人姓名用3号楷体字。如有多个签发人，签发人姓名按照发文机关的排列顺序从左到右、自上而下依次均匀编排，一般每行排两个姓名，回行时与上一行第一个签发人姓名对齐。上行文应当标注签发人。

主体　标题　应由发文机关名称、事由和文种组成。拟好公文标题的关键，在于准确简要地概括公文的主要内容，并正确表明公文种类。

从语法结构上说，公文标题要写成一个偏正词组的形式，以文种为中心词，前面加上发文机关和事由作为限制词。例如《国务院办公厅关于加强地沟油整治和餐厨废弃物管理的意见》，其中“国务院办公厅”是发文机关，“地沟油整治和餐厨废弃物管理”是事由，“意见”是公文种类。“关于”是介词，一般用它引入事由组成介词结构，作为公文种类的定语。

拟订公文标题，可根据实际情况作不同的处理，一般有四种写法。①由发文机关、事由和公文种类组成。这是公文的常用标题，大部分公文都采用这种标题。②有规范公文版头时，可不再标注发文机关，而只由事由和公文种类组成，省略了发文机关名称，一般内容不重要或机关内部发文可采用这种省略发文机关名称的标题。③由发文机关和公文种类组成，省略了事由，如《中华人民共和国国务院令》，只有在正文极短、省略了正文内容而不影响行文目的的情况下才能省略事由。④由于内容比较简要，又属公布性文件，不标发文机关和事由（发文机关在落款标注），例如《通告》《公告》等。

批转、转发文件的标题，其结构比较特殊，一般由发文机关、被转发机关、被转发标题（事由）、公文种类组成。批转文件，是上级机关对下级所属机关报送的请示性文件（如意见、计划、方案等），认为具有普遍意义的，在前面加上批语性的意见，以通知的形式转发给所属下级各机关遵照执行或参考、参照执行。转发文件，是指本机关对于上级机关、平级机关或者不相隶属机关的文件，认为需要向下转达贯彻执行或供参照的，可以加上转发的缘由或意见，以通知的形式向本机关所属下级机关或以办公厅（室）的名义转发。

根据《党政机关公文格式》的规定，公文标题一般用2号小标宋体字，编排于红色分隔线下空二行位置，分一行或多行居中排布；回行时，要做到词意完整，排列对称，长短适宜，间距恰当，标题排列应当使用梯形或菱形。

主送机关　应使用机关全称、规范化简称或同类型机关统称。其位置在标题下空1行，左侧顶格，回行时仍顶格；最后一个主送机关名称后标全角冒号。如果主送机关较多，则应照其性质、级别和有关规定或惯例依次排列，同性质或同级别的机关之间用顿号，不同性质或不同级别的机关之间用逗号。如《国务院办公厅关于促进房地产市场平稳健康发展的通知》，其主送机关的排列是“各省、自治区、直辖市人民政府，国务院各部委、各直属机构:”。如主送机关名称过多导致公文首页不能显示正文时，应当将主送机关名称移至版记。

正文是公文的主体部分，用来表述公文的内容。根据《党政机关公文格式》规定，公文首页必须显示正文。一般用3号仿宋体字，编排于主送机关名称下一行，每个自然段左空二字，回行顶格。

附件说明　根据规定，公文如有附件，在正文下空一行左空二字编排“附件”二字，后标全角冒号和附件名称。如有多个附件，使用阿拉伯数字标注附件顺序号（如附件：1.×××××）；附件名称后不加标点符号。附件名称较长需回行时，应当与上一行附件名称的首字对齐。如不作特别说明，公文所列附件与公文具有同等的效力。

成文日期　直接关系到公文的效力，故要完整地标明年、月、日，使用阿拉伯数字标识。年份应标全称，月、日不编虚位（即1不编为01）。除特殊情况外，成文日期就是领导签发日期。

印章　公文如需加盖印章，在单一机关行文时，一般在成文日期之上、以成文日期为准居中编排发文机关署名，印章端正、居中下压发文机关署名和成文日期，使发文机关署名和成文日期居印章中心偏下位置，印章顶端应当上距正文（或附件说明）一行之内。

联合行文时，一般将各发文机关署名按照发文机关顺序整齐排列在相应位置，并将印章一一对应、端正、居中下压发文机关署名，最后一个印章端正、居中下压发文机关署名和成文日期，印章之间排列整齐、互不相交或相切，每排印章两端不得超出版心，首排印章顶端应当上距正文（或附件说明）一行之内。

对于不加盖印章的公文，单一机关行文时，在正文（或附件说明）下空一行右空二字编排发文机关署名，在发文机关署名下一行编排成文日期，首字比发文机关署名首字右移二字，如成文日期长于发文机关署名，应当使成文日期右空二字编排，并相应增加发文机关署名右空字数。联合行文时，应当先编排主办机关署名，其余发文机关署名依次向下编排。

对于需要加盖签发人签名章的公文，单一机关制发的公文加盖签发人签名章时，在正文（或附件说明）下空二行右空四字加盖签发人签名章，签名章左空二字标注签发人职务，以签名章为准上下居中排布。在签发人签名章下空一行右空四字编排成文日期。

联合行文时，应当先编排主办机关签发人职务、签名章，其余机关签发人职务、签名章依次向下编排，与主办机关签发人职务、签名章上下对齐；每行只编排一个机关的签发人职务、签名章；签发人职务应当标注全称。签名章一般用红色。

附注　一般是公文的发放范围、使用注意事项等情况的说明，如“此件发至县团级”“此件可见报”等。如有附注，居左空二字加圆括号编排在成文日期下一行。

附件　应当另面编排，并在版记之前，与公文正文一起装订。“附件”二字及附件顺序号用3号黑体字顶格编排在版心左上角第一行。附件标题居中编排在版心第三行。附件顺序号和附件标题应当与附件说明的表述一致。附件格式要求同正文。

附件说明　如附件与正文不能一起装订，应当在附件左上角第一行顶格编排公文的发文字号并在其后标注“附件”二字及附件顺序号。

版记　抄送机关　应当使用机关全称、规范化简称或者同类型机关统称。根据《党政机关公文格式》规定，如有抄送机关，一般用4号仿宋体字，在印发机关和印发日期之上一行、左右各空一字编排。“抄送”二字后加全角冒号和抄送机关名称，回行时与冒号后的首字对齐，最后一个抄送机关名称后标句号。

如需把主送机关移至版记，除将“抄送”二字改为“主送”外，编排方法同抄送机关。既有主送机关又有抄送机关时，应当将主送机关置于抄送机关之上一行，之间不加分隔线。

对上级机关、同级机关和不相隶属机关及下级机关均应用“抄送”的形式，可分类排列。

当公文需要在本机关内部发送时，可以在抄送机关栏内单独标注“部内发送：”“局内发送：”字样，将授受文件的内部部门和单位的名称按照一定的次序编列其后。

印发机关和印发日期　一般用4号仿宋体字，编排在末条分隔线之上，印发机关左空一字，印发日期右空一字，用阿拉伯数字将年、月、日标全，年份应标全称，月、日不编虚位（即1不编为01），后加“印发”二字。

版记中如有其他要素，应当将其与印发机关和印发日期用一条细分隔线隔开。

（赵国俊）

公文工作管理　management of official records work　对构成公文工作的机构、人员、财物、信息和时间等因素及其流通过程所作的规划、组织、监督、控制与协调活动。公文工作管理以充分发挥并放大公文的功效，为本机关各项职能工作和社会有关方面提供适用信息服务为目的。公文工作自身的特点及内在规律性决定了对其实施科学管理的客观必要性。公文工作是一项由众多人员共同参与却又分散进行的群体活动，要使这样一项工作有秩序、有效率地实现其价值，必须妥善解决每一个具体工作人员个人能力有限与客观实际需求之间的矛盾，以及目标集中一致而又必须由众多机构以及各级各类工作人员分散进行之间的矛盾。通过科学的分工与合作，集个人微小的力量为强大的集体力量，根据统一的目标将处于分散运行中的机构、人员以及财物、信息等因素安排调节至最佳配合状态，以建立秩序，提高效率。这些分工合作、安排调节活动就是管理。

主要任务　①使公文工作构成要素（人、物、财、时间、信息等）确立最佳组合关系，这需要管理职能中的组织职能来实现。②使公文工作构成要素的流通过程有序、有效、顺畅、快捷，相互间取得最佳配合，就需要管理职能中的监督控制、综合协调职能来实现。

管理内容　公文工作管理的构成要素主要包括：①重视并充分发挥人的决定性作用，并以优化组织结构、科学分工、合理配置人员、确立行为规范、全面培训、教育激励等方式扩大这种决定性作用的实际效果。②合理配置、充分利用各种设备工具、材料、仪器和能源等，保持供需间的平衡关系，厉行节约，最大限度地避免或减少浪费，降低消耗。③确立成本观念和制度，精打细算，合理使用资金，使有限资金的投入产生最大效益。④充分发挥时间的利用价值，科学安排时间，合理确定时间配置，维护公文信息的时效。⑤广泛收集、认真分析加工、系统整理和存贮有关信息，使其具备可供有效传递的条件，使信息资源得到充分利用。

公文工作管理内容包括：①根据工作目标需要，建立各种规范的形式，确定流通中各要素应处的最佳状态以及各要素相互间的最佳配合关系。②通过控制公文数量、质量及运转传递过程的方式，不断调整各要素的实际状态，使其同目标需要保持一致。③根据工作目标需要，统一调解流通过程中各要素以及要素内部各方面的关系，有效解决有关矛盾和问题。

职能　公文工作管理中的组织职能指将公文工作构成要素以有成效的方式组合为一个整体的行为或过程。包括：选择确定公文工作组织形式，设置公文工作机构，区分各级各类工作人员的公文工作责任，进行公文工作的科学分工，配备专、兼职公文工作人员，组织实施公文工作培训，公文工作制度体系建设等。

公文工作管理中的协调职能指根据公文工作目标的需要和要求，不断调整和改善发生在公文工作内部的、外部的相互关系，及时化解矛盾，消弭对立的行为或过程。主要针对影响公文工作协调一致的内部和外部两方面展开。

公文工作管理中的控制职能是指按照给定的条件和预定的目标，对公文工作中的某个过程或一个序列事件施加影响，不断纠正结果与目标间的偏差行为或过程。公文工作对效率与质量的需求，使其自身必须处于稳定而有序的状态。公文工作与环境间的物质、能量特别是信息的交换关系，又决定了它必须不断调整和改变状态，以适应不断变化的环境。无论是保持稳定性还是提高适应性，都需要对公文工作实施有效控制。公文控制主要通过对公文运转、传递过程以及文件数量、质量的控制来实现的。

公文运转过程指公文在机关内部的运行和办理过程，为保证其稳定有序、方向正确、流速合理，必须对其加以控制。公文运转过程控制措施的核心是优化工作环境，建立健全并严格监督实施有关的程序与制度，建立灵敏有效的调控机制，充分发挥各项公文管理职能的作用，保证公文一次性精准到位。

公文只有准确、快捷地传递给受文者才能迅速进入生效过程，应避免或减少公文“旅行”，抑制无价值公文的产生，阻止部分公文进入不必要的流通过程，进而真正产生效用。为此，有效地控制公文的传递过程，保证其方向正确、速度合理、线路短捷有效就非常重要。公文传递过程控制的主要依据是国家党政领导机关制定的**行文规则**，主要控制措施旨在确保传递方向正确、传递路线直接便捷、传递通道安全顺畅。

文件的数量特别是文件形成量可以从一个侧面反映公文工作的实际水平，文件量不足或泛滥都是公文工作水平不高的标志。文件量不足会使人们无法确立正确的认识，不能有效地处理各种社会事务；文件量过度则会消耗人们有限的信息处理能力，降低工作质量和效率，同样不能有效地认识和处理各种社会事务。为此，必须正视文件数量增长的总趋势，以有效的体制机制完善措施和各种技术措施将文件数量控制在既能满足人们基本需求又不超过自身处理能力的范围。

质量是公文的生命，没有质量保证的文件和公文工作将失去存在的价值。为此，质量控制必须成为公文工作管理的核心。文件质量控制既能实现公文工作目的，又能提高公文工作效率，更是提高公文工作管理水平的关键。质量控制的目的就是全面提高质量。中国公文工作者在实践中创造了很多提高文件质量的成功经验，提出了许多行之有效的具体措施。其核心就是建立文件质量保障体系，即在公文工作过程中，建立严密、高效的管理网络，明确各部门、各环节、每一位工作人员在文件质量控制中的任务、职责和权限，制定各类标准和制度，强化质量反馈，形成一个质量监控管理有机整体。

影响因素　外部因素中需要解决的问题有：不合理的管理体制，不良的社会风气，劣质公文的泛滥，与本机关公文往来密切的机关管理水平低下等。内部因素中需要解决的问题有：本机关内部的管理体制、职能划分、机构设置、工作制度、工作程序、工作人员素质等。这些问题都会直接地给公文处理工作带来矛盾甚至冲突，对公文工作产生负面作用。在进行综合协调时应注意对其进行细微的调研分析，以针对性地化解矛盾，解决问题。协调职能主要由党政机关各层级负责人和公文工作机构履行，主要方式有会议协调、个别磋商等。（赵国俊）

公文会商　inter-departmental consultation of official documents　当公文内容涉及其他有关同级或不相隶属机关或部门的职权范围，需征得其同意或配合时所进行的协商活动。发文处理环节之一。公文会商的作用主要是维护公文的合法性、有效性，维护政令的一致性。对于依法依制必须在有关机关取得一致意见的公文（主要是一部分下行文）而言，这是公文形成过程中不可缺少的重要步骤。在实际工作中，机关与机关之间，甚至同一机关不同部门之间，同样“有效”的“正式”文件相互抵触甚至完全对立的现象并不鲜见。这种政令不一现象十分有害，它使机关的权威被削弱，更使执行者无所适从，使公文无法产生效用并引发混乱。如能在文件形成过程中正确履行会商程序，将有助于避免上述现象的出现。

公文会商由发文机关主动组织，就有关问题协商完毕，取得一致意见后，应请这些机关或部门的有关责任者签注会商意见。会商意见应签在“发文稿纸”的有关栏目内，写明对有关内容是否同意，并亲笔签名，注明时间。会商时应注意：①协商的对象要齐全，没有遗漏。为保证公文合法及有效，公文内容所涉及职权的所有机关或部门都在协商范围之列，应广泛征求其意见，征得肯定或配合。②协商过程中，如未就有关问题取得一致意见，应及时向有关上级机关反映情况，请求指示。如未获准，不得按自己的意见向下行文。③协商时可采取多种具体方式，可以“跑会”，即主动到对方驻地去面商；也可以“函会”，即向对方寄发草稿和有关函件，请其签注意见后再寄回；还可以用会议方式同时召集有关机关或部门的责任者一起协商讨论，取得一致意见。

公文会商在实际工作中有时被误作公文会签。实际上，这与联合行文时发文机关领导共同签发文件的“会签”是不同的。（赵国俊）

公文加工　selection and compilation of official records　对大量的公文信息进行识别、分类、发现、概括和凝练，挖掘并编撰有用、有效的公文信息或知识的系列活动。公文加工的目的在于对海量信息进行萃取，发现公文中隐藏的重要信息及其关系，揭示事物的发展规律与趋势，使公文信息增值，为本机关单位的总结、预测和决策工作提供强有力的信息支撑。公文加工要做到准确、适时、适量、适用。

公文加工的主要方法有：①分类。将有关事物的各种信息置于一定的门类系统之下，使之能够充分地体现这一事物的性质、特点与系统性。一般生成各种文件分类目录。②萃取。对各种公文信息材料进行多角度、多侧面、多层次、多结构、多变量和复杂因果关系的比较分析，以提取有效有用的信息。一般形成各种信息摘录（摘要）、专题提要等信息文摘。③分析预测。揭示出隐含其中的、先前未知且具有潜在价值的有用信息，为管理者正确预测和决策提供依据。一般形成各种类型的调研报告，决策设计方案，关联性、预测性和偏差性分析报告等。（杨　霞）

公文校对　proofreading of official documents　以公文原稿和版式设计要求为基准，对校样（反映印版全貌的纸样等）进行的全面核对检查和矫正的过程或者行为。公文校对目的是发现并纠正文稿和文本排版过程中的各种错漏，确保公文制作质量。具体内容有：①校正与原稿不符的各种错别字。②校正与原稿不符的颠倒的字句、段落。③删除多余成分，补正遗漏成分。④校正标点符号、公式、图表方面的错漏。⑤纠正版式方面的差错。⑥解决统行、缩面等一般性版式问题，以及图表与正文、注码与注文的衔接和页码编排问题。⑦进一步审核文稿中的疏漏，发现问题并提交有关领导或撰稿人处理（一般不擅自更改原稿内容）。

为确保公文质量，需要反复多次校对。一般公文需经至少三次校对后方可付印，重要公文的校次还需适当增加。①初校一般由承担缮印工作的人员进行，其任务是基本消除文字、符号方面的错漏，同时兼顾版式方面的问题。②二校一般由撰稿人或其他工作人员完成，首先将二校校样与一校退改样进行校对，检查一校中发现的问题是否已予纠正，然后再逐字逐句校核。二校除了要继续发现和纠正文字方面的错漏，纠正版式方面的差错，解决有关问题，同时还负有进一步审核原稿的责任。③三校大多由撰稿人或其他工作人员完成。首先是检查二校中发现的问题是否得到解决，同时注意经两次校正后是否又产生其他问题，然后对全部内容与版式做通体核查。④三个校次结束后，必要时由撰稿人或有关负责人再进行一次通读，以消除可能存在的错漏。正式付印前，一般由文印人员或撰稿人单独或共同对最后一次校对要求改动的部分进行核对（核红），对版面做最后检查，注意发现并纠正版口不平齐、图版移位或歪斜、图形颠倒等问题。

公文校对的方法有对校法、折校法、读校法。改样就是用校对符号或有关文字说明对校样中的各种错漏做更正处理。改样时，应使用国家标准《校对符号及其用法》规定的符号，还需要注意：①需改正的错误要用引线引到版心外的白边处，不要在版心内批改，引线不应相互交叉。②说明性文字不可与原文中的文字相混淆。③改样时所用的字迹颜色应与校样上字迹的颜色有明显区别，以免产生误改。

（赵国俊）

公文接收 reception of official documents 从机关外部接受收讫公文。收文处理环节之一。公文接收指经履行规定的确认、清点、核对、检查、签注手续后，分别从发文机关、邮政部门、机要通信部门、文件交换站，或者通过计算机网络以及自备的通信设备（电报机、电传机、传真机等）收取公文。主要步骤：①确认。辨别本机关是否为规定的受文者。②清点。计数公文的实际数量。③核对。即核查投递单或送文簿上登录的内容是否与实际情况相符。④检查。查验公文封装情况（是否完整，有无破损与私拆现象）以及公文是否按规定时限送达。⑤签注。在确认无误后在送文簿或投递单上签字或盖章，注明收文时间。

公文接收由专职或兼职的指定人员完成，它绝非一项纯手续性活动，而是事关公文能否迅速进入生效过程的重要步骤，须以极其严肃认真的态度，一丝不苟地进行。发现问题应及时申明，妥善处置，分清责任。

接收时应注意：①根据有关登记按号逐件检查与清点，确认无误后再签名妥收。②如有差错，务必据情追查或要求予以改正、退回。③清点时项目务必齐全，没有遗漏。④一定要弄清楚收件是否确应由本机关接收，封件数目、编号是否准确，有无破损、被拆痕迹等。（赵国俊）

公文结构 structure of official documents 公文的组织构造，即表达公文内容的数据符号的构成。公文基本组成部分为一切公文所必备，其他组成部分则具有选择性。

中共中央办公厅、国务院办公厅于2012年4月16日印发的《党政机关公文处理工作条例》第九条对通用公文的结构做了明确规定：“公文一般由份号、密级和保密期限、紧急程度、发文机关标志、发文字号、签发人、标题、主送机关、正文、附件说明、发文机关署名、成文日期、印章、附注、附件、抄送机关、印发机关和印发日期、页码等组成。”公文各组成部分各有特定的功用，各自的构成也具有规范性。

通用公文的基本组成部分 包括标题、正文、发文机关署名、成文日期、印章。

标题 指一件公文用以与其他公文相区别的名称。主要作用是：概括解释为受文者所关注的几方面内容，使其能一目了然地准确了解公文性质、公文涉及的主要问题、公文权威性的大小及对自身行为的主要影响；为查找利用与管理公文提供了一个检索标识，便于对公文的阅读、处理与编目进行管理等。

正文 指公文的主体部分。用于系统表达使受文者对特定事物获得明确认识所需要的信息。

发文机关署名 发文机关指制发公文并对其负全责的机关。应署发文机关全称或者规范化简称。作用是表明公文的责任者和法定权威性，间接表明公文的空间效力范围（即对哪一特定地区或单位有法定效用）。

成文日期 指公文形成的具体时间，通常以领导者签发的时间为准，联合行文以最后签发机关领导人的签发日期为准，特殊情况下以会议通过时间、印发时间、批准时间作为公文形成的时间。除在正文中明确规定公文生效执行日期的公文外，公文的形成日期即公文时间效力范围的起点，因此日期也具有表明公文有效性的作用。

印章 又称签署。实际上是指作为机关权力象征的印信在公文上留下的印记；签署则是指签发公文的领导人亲笔在正式发出的公文上所签注的姓名。印章或签署均为证实公文合法性、真实性及公文效力的标志。多数情况下，公文上如没有印章或签署将被视为无效。

通用公文的可选部分 基本组成部分之外的均为可选部分，但通常也不可随意省略。可选部分包括：份号、密级和保密期限、紧急程度、发文机关标志、发文字号、签发人、主送机关、附件说明、附注、附件、抄送机关、印发机关和印发日期、页码等。

份号 是将同一文稿印制若干份时对每份公文的顺序编号。标注份号的目的，主要是便于机密公文的登记、管理和分发、清退，准确掌握公文的分发范围和对象，有利于提高阅读人员的保密责任感，追查泄密责任。

密级 指公文内容涉密程度的等级。应当根据公文涉密程度分别标注“秘密”“机密”“绝密”。

保密期限 指公文保密的时间范围。标明密级的同时应标注保密期限，保密期限根据实际情况确定。

紧急程度 是对公文送达与办理的时效性要求。紧急公文应当根据紧急程度分别标明“特急”“加急”。

发文机关标志 又称为文头。用于强调公文责任归属和权威性的标记。一般由作者全称或规范简称后加“文件”两字构成。作用是：强调公文责任归属者，唤起受文者对公文权威性的警觉，表明此件是郑重的正式公文，向受文者提示内容的重要性；表明文件性质或发送范围，通常以不同字体、字号、颜色、全称或简称等形式表示这些方面的区别。

发文字号 发文机关编排的发文顺序号，由发文机关代字、年份和发文顺序号3部分组成。作用在于为检索和引用文件提供专指性较强的代号，为统计和管理公文提供依据。联合行文时，使用主办机关的发文字号。

签发人 代表机关核准并签发文稿的领导人的姓名。作用是表明公文的具体责任者，督导各级领导者认真严肃地履行职责，强化公文质量，并为直接联系工作、迅速有效地询问和答复有关问题提供便利。根据《党政机关公文处理工作条例》的规定，上行文应当标注签发人。

主送机关 又称抬头。对所收受公文负实际办理、答复责任的机关。应当使用全称、规范简称或统称。作用是概括表明公文效力所及的空间范围和人员范围。

附件说明 公文附件的顺序号和名称。公文如有附件必须予以说明。

附注 对正文中有关名词术语及有关事项的注解、说明。一般涉及公文的发放范围、使用注意事项、联系方式等情况的说明。

附件 附属于公文正件的其他材料。自身本来是一个相对独立的实体，一旦被一件正式公文规定为附件后，即为该公文的一个组成部分，如无专门说明，效用与正件相同。

抄送机关 对所收受公文一般无须承担直接办理、答复责任，而只须了解公文内容的机关。应当使用全称、规范简称或统称。作用是与有关方面沟通情况，便于取得了解、理解、支持和配合。

印发机关 指发文机关内部具体主办、制发公文的部门。作用是为受文者与承发单位的联系提供便利，同时强化有关部门或工作人员的责任。

印发日期 指公文印制发出的日期。印发时间一般略晚于领导签发的时间，以公文付印的日期为准。

页码 公文页数的顺序编号。作用是维护公文的完整性，便于阅读利用。

（赵国俊）

公文空间表达 spatial expression in official documents 对公文中空间概念表达的特殊性要求。公文在表达空间概念时应注意：①表示地方的专用名词中，城市、地区、县、乡等名称第一次出现时，属于国外的应冠以国别，属于国内的应冠以所属省、自治区、直辖市的名称。②所有国名、地名均应使用国家公布的标准名称（包括标准译名），一般不使用别称，国内地名不用简称。③除出于特殊需要（如保密等）或表达对象在文中无重要和必要意义，公文中的空间概念都需精确表达。④慎重使用表示处所的代词，如“这里”“那里”等，防止产生误解或费解。（赵国俊）

公文类别 category of official documents 遵循逻辑学的原理和方法，对公文类群进行划分和命名的结果。公文的具体形态很复杂，而且变化频繁，如果不予以分类，便无从认识每一种公文的基本面貌及其产生效用的内在基本规律，对人们写、读及利用公文都非常不利，也会妨碍人们快捷方便地学习掌握公文知识，难以有效地驾驭这种应用范围广、应用频率高的信息沟通工具。为此，需要根据“同其同、异其异”的原则，按一定的标准有秩序地区分和排列公文类群，并进行科学命名。这样的行为或者过程称为“公文分类”。依据不同的标准，可从多角度对公文进行类别划分。

根据形成和使用的具体公务活动领域的不同，公文可分为：①通用公文。指党、政、军机关和人民团体、企业、事业单位及其他社会组织在公务活动中普遍形成与使用的公文。如通知、通报、报告、请示、函等。②专用公文。指在一定的专业机关或专门的业务活动领域内，因特殊需要而专门形成和使用的公文。前者如军事文件，由军事机关形成和使用；后者如会计文件，在会计业务活动中形成和使用。

根据制发公文的机关、传递公文方向的不同，可将公文分为上行文、下行文、平行文。①上行文。指向所属上级机关发出的公文。所属上级机关是指与自己同属一个组织系统或专业系统，级别高于自己的机关。国务院各部委向国务院的发文，省财政厅向财政部的发文，都是典型的上行文。②下行文。指向所属下级机关发出的公文。所属下级机关是指与自己同属一个组织系统或专业系统，级别低于自己的机关。省政府向本省财政厅的发文，省财政厅向省属各市县财政局的发文，都是典型的下行文。③平行文。指向同一组织系统或专业系统中的同级机关以及向非同一组织系统或专业系统中的不相隶属的任何级别的机关发出的公文。省政府各厅局之间制发的公文，全国各省、自治区、直辖市财政厅局之间制发的公文，地方行政系统与军队系统任何机关之间相互制发的公文，都是平行文。

根据内容性质的差异，公文可分为规范性、领导指导性、公布性、陈述呈请性、商洽性、证明性公文等。①规范性公文。指以强制力推行的用以规定各种行为规范的法规、规章等。②领导指导性公文。指由领导指导机关制发的用于颁布法规、规章，指导、布置工作，阐明领导指导原则的公文。国务院对全国行政系统制发的命令、决定、指示等都是典型的领导指导性公文。③公布性公文。指内容可直接向国内或国内外公开发布的公文。如通告、公告等都属于公布性公文，它们的内容不涉及秘密，且不必通过组织或专业系统层层下达，可直接通过张贴、登报、广播、电视等方式使各方面周知。④陈述呈请性公文。指向所属上级机关陈述情况，汇报工作，提出建议，请求指示或批准的公文。如请示、报告等。⑤商洽性公文。指无传递方向限制而内容多为平等协商讨论一般事项的函件等。⑥证明性公文。指以对某组织或个人的身份、使命、资历的介绍和对有关各方面就共同完成一个目标而需要获取与履行的权利、利益、义务、责任的规定，以及对某些事件的证实为内容，作为专门凭据的公文。如介绍信、证明信等。

根据公文涉及秘密的程度，可分为对外公开、限国内公开、内部使用、秘密、机密、绝密公文六类：①对外公开公文。指不涉及任何秘密，可对国内外公布的公文。②限国内公开公文。指虽不涉密，但不宜或不必向国外公布，而只需在国内公开发布的公文。③内部使用公文。指虽不涉密，但不宜或不必对社会公开，只限在本机关或组织系统或专业系统内部使用的公文。④秘密公文。指含有一般的秘密，泄露会使国家或团体的安全和利益遭受损害的公文。⑤机密公文。指含有重要的秘密，泄露会使国家或团体的安全和利益遭受严重损害的公文。⑥绝密公文。指含有最重要的秘密，泄露会使国家或团体的安全和利益遭受特别严重损害的公文。

根据对公文处理时间的限制和要求，公文可分为：①平件。指无特殊时间要求，需按工作常规依次传递处理的公文。②加急件。指内容较重要且紧急，需优先迅速传递处理的公文。③特急件。指内容重要且特殊紧急，需打破工作常规，随到随优先迅速传递处理的公文。

根据符号记录和识读方式的不同，公文可分为：①书面公文。用书写、描绘、印刷等方式记录，可以由人直接识读的公文。②电子公文。通过计算机等电子手段记录且必须经过电子设备间接识读的公文。

在机关内，根据来源可将公文分为收文、发文两类：①收文。指本机关收到的来自外部的公文。②发文。指由本机关制成发往外部的或只供内部使用的公文。

（赵国俊）

公文拟办 proposing for handling received official records 对需要办理的公文提出建议性处理意见的参谋性活动。公文拟办旨在提供办文初选方案，供领导人批办时参考，提高批办效率。拟办人员多是综合办公厅（室）或者业务部门的负责人，或者资深秘书人员。拟办人员只有具有较高的理论水平，熟悉相关法律、法规以及规章制度，熟悉本单位职权职责和分工等，才能提出切实可行的拟办意见。

需拟办公文一般包括：①要求本单位贯彻执行、办理答复、请示报告等需办理的文件。②需领导班子成员或其他人员阅读掌握文件内容的需阅知的文件。

公文拟办方法：①对上级来文，应提出贯彻落实和办理的具体部门或人员、时限要求。②对下级机关或平行、不相隶属机关来文，应提出办理部门或人员、针对性办理思路以及办理时限等。③对需联合办理的公文，应明确指定主办单位以及主要工作任务、工作要求。④对难以提出具体意见的公文，可先进行调研或与有关部门沟通后再提出拟办方案。

公文拟办要求：①详细阅读来文，准确把握文件精神实质。②拟办意见要有现实针对性，针对相关业务提出可行措施。③拟办意见简明扼要，言之有据，言简意赅，便于理解。④规范书写拟办意见，工整书写在“文件处理单”的拟办意见栏内，并签注拟办人姓名与日期。（杨　霞）

公文拟稿 drafting of official documents 根据组织管理思路和工作需要撰拟公文文稿的创造性思维活动。公文拟稿的目的是将本机关单位的管理思路、管理决策、管理方案等以书面方式记载、表达出来，以便传达、传播和贯彻执行。公文拟稿包括文稿的起草、审核、签发等程序。起草即撰文；审核是监控公文文稿质量的程序；签发是公文文稿被批准制作与发出的程序，是赋予公文法定效力的重要环节。

中国公文拟稿的要求：①符合党的理论路线方针政策和国家法律法规，完整准确地体现发文机关的意图，并同现行有关公文相衔接。②一切从实际出发，深入调查研究，充分进行论证，广泛听取意见；分析问题实事求是，所提政策措施和办法切实可行。③内容简洁，主题突出，观点鲜明，结构严谨，表述准确，文字精练。④文种正确，格式规范。⑤公文涉及其他地区或部门职权范围内的事项，起草单位须征求相关地区或者部门的意见，力求达成一致。⑥机关负责人应主持、指导重要公文的起草工作。⑦公文文稿签发前，应当由发文机关办公厅（室）进行审核。需要发文机关审议的重要公文文稿，审议前由发文机关办公厅（室）进行初核。经审核不宜发文的公文文稿，应当退回起草单位并说明理由。（杨　霞）

公文批办　approval to proposal of handling received official records　由机关或部门的负责人对文件的办理提出最终处理意见的决策性活动。批办是各级领导行使职权、履行职责、获取信息的重要方式，也是强化办文领导与质量监管的重要手段。

公文批办应坚持分工负责的原则。即不同层次负责人根据自身的职权范围各负其责、各司其职地批办公文。旨在充分发挥各层级批办人的工作积极性、主动性和创造性，提高领导批办公文的效率。

批办公文时应针对不同情况采用不同的方法：①按常规传送的例行公文，可在年初做一次性批办，以后依此办理。②已有具体请示事项或拟办意见中已提出具体办理方案的，主批人应当签批明确的意见，注明姓名和审批日期，其他审批人圈阅视为同意。没有请示事项的，圈阅表示已阅知。③对非常规性公文，应认真研究内容，提出相应的、准确的批办意见。④批办人因故不能批办公文时，应及时委托或授权其他领导人批办，以免公文积压，影响办文办事效率。

批办的要求：批办意见应明确、肯定、具体，前后保持一致，执行方案明确肯定，切实可行；主批人的批办意见应明确肯定，不应模棱两可似是而非；批办意见规范书写在“文件处理单”的批办栏内，签署姓名与日期，以示负责。（杨　霞）

公文歧义　ambiguity in official documents　公文语句同时形成两种或多种可能解释的语言现象。公文语言是一种精确性语言，因为公文的使用目的是使对方接受公文的影响。为使这种影响有效，一个重要前提条件就是要表达准确。形成公文歧义的原因主要有：选词不当，语序不当，词性不明，忽略限定修饰，滥用省略，语法关系混乱，错用限定词，“语音性”歧义，错用标点符号，滥用修辞格等。

选词不当　选词不当会造成对概念的误解。主要表现为滥用方言词、口语和俚语，使用不规范的简称，误用褒贬词语等。公文在文体方面以现代汉语的书面形式（即白话文）作为标准的符号系统，除特殊情况，禁止使用未列入普通话规范的方言词、口语和俚语。

不规范简称引起的歧义主要源于简称词本身在脱离语境和明确背景下的不确定性。“人大”在没有明确交代语境的情况下，可理解为“中国人民大学”，也可以理解为“人民代表大会”；“南大”需要在具体语境下才能明白是指“南京大学”还是“南开大学”。

错误地选用褒义词或贬义词也会造成公文歧义。公文使用带有褒贬色彩的词语是为了更鲜明简洁地表达作者的立场，如果出现误用，阅文者就难以准确理解作者的真正立场。如“小王革新了工作方法，许多人知道后纷纷效尤”一句，“革新”与“效尤”一褒一贬，阅文者对作者态度的理解，既可以看作肯定，也可以看作否定。作者的真实态度很可能是肯定，或者是否定，甚至是目前不必、未置可否的中性态度。

语序不当　语序是指各级语言单位在组合中的排列次序。语序不当，特别是有多项定语存在的语句中不恰当地排列语序，就会产生歧义。如“主席台就座的还有几个技术革新小组的代表”，定语“几个”的位置不当，既可以理解为就座的有若干小组的代表，也可以理解为一个小组的几个代表。

词性不明　语句中个别词的词性不明也会产生歧义。如“作者分析了 A 企业集团和 B 企业集团在各个时期进行竞争时所采取的竞争策略的特点”，由于“和”字的词性究竟是连词还是介词很难分辨，语句就有完全不同的意思：如果作连词用，句意就是作者分析了 A、B 两个企业集团双方的竞争策略特点；如果作介词用，句意是作者分析了 A 企业集团的竞争策略特点。

忽略限定修饰　语言中有一部分词或词组的含义是非确定性的，公文语句中如果不加以限定或说明，就容易出现歧义。如在公文中常常因界定事物不同性质、不同程度和范围的需要使用“以上”“以下”“以内”之类的词语时就会产生歧义，因为人们对“以上”“以下”“以内”是否包含本数在内理解不同。如“参加工作 15 年以上的职工一年可享受 10 天以下的带薪旅游假”，对这一规定，至少两处不确切，执行过程中很可能产生纠纷：15 年以上是否包括 15 年？10 天以下包含 10 天在内？

滥用省略　滥用省略，造成语句成分残缺，也会引起歧义。不恰当省略主要是：①省略必要的虚词。如“经研究，县政府同意 A 乡政府报告”，“报告”前助词“的”略去后，句意至少有两个：一是同意 A 乡的那份报告；一是同意 A 乡做出报告。②省略必要的关联词语。如“受托单位误期，委托单位罚款”，因为省略了表示复句内部关系的关联词语，句意就既可以理解为因为误期，所以罚款；也可以理解为如果误期，就要罚款。而这种差别会给文件执行结果带来完全不同的影响。③省略必要的主语、宾语。如“局里调拨给市纺织工业总公司一台小型计算机，又拨给了精纺分公司”，由于主语或宾语的残缺，句意至少有三种：局里拨给总公司一台，总公司又转拨给分公司；局里拨给总公司、分公司各一台；局里拨给总公司一台，又调回拨给了分公司。④盲目套用口语中的省略句式。如口语中可以把“我非去一趟不可”，省略为“我非去一趟”，但如果把“非坚决按市政府的指示办不可”在公文中省略为“非坚决按市政府的指示办”就会产生歧义。

语法关系混乱　多义词或词组容易造成语句中有关成分间的语法关系不明，引起歧义。“我们要学习文件”一句有至少三种句意，主要在于“要”“学习文件”都是多义的，它们同时出现在一个句子中形成多种语法关系，按不同的关系去解释就有了完全不同的理解。“要”作一般动词表示“索取”，作能愿动词则表示“应该”“打算”；“学习文件”可以是偏正词组，表示供学习的文件，也可以是述宾词组，表示学习和学习的内容。

错用限定词　错用限定词，产生逻辑错误会引起歧义。如公文中有“我们要严厉打击少数犯罪分子”的句子，这里的歧义源于对限制词“少数”的误用。撰稿人表示的“少数”是指参与犯罪的是少数人，对占社会少数的这些人要严厉打击。但这句话中的“少数”还含有犯罪分子中的少部分人的意思，句意中就有了严厉打击犯罪分子中的少数人，对多数犯罪分子不打击，或者不严厉打击的意思。

“语音性”歧义　公文写作中如果忽略语义同语音之间可能的相互影响，就会出现同一句话可以“读出”几种不同意思的现象，产生“语音性”歧义。①语调附加语义引起歧义。在一些场合，同一语句，讲话时的语调不同，语义会有很大差异，特别是撰稿人对此没有意识到的情况下。

如“他说不下去了”，有至少两个意思，分别来自不同的读法：读作“他说——不下去了”时，表示他说自己不下去了；而读作“他——说不下去了”时，则表示他激动得无法把话讲完。两种读法的差别只是重音的位置不同，如果撰稿人写作时边写边默读其中的一种，忽略另外一种读法的存在，歧义就会发生。②同音异义在特殊情况下引发歧义。据统计，如果不将声调计人，大量书面材料中实际出现的音节只有400个左右，而其中47个音节又占总出现率中的50%以上。这些音节用来表示绝大多数常用字，这就使汉语词汇的同音异义现象比较普遍。公文作为一种书面交际工具，在人们主要靠“看”而不是“听”接收信息的情况下，同音异义现象不会给准确理解带来困难和问题，但如果一部分公文在传递中也存在一段以声波为载体的运动过程，同音异义会给对方造成理解上的困难，就会有歧义形成。电话通知、会议报告以及经计算机处理的语音形式传递处理的文件，都可能存在同音异义带来的歧义问题。“3日内，油轮不准进港”的电话通知，很可能会造成一个海滨城市断邮3天，或者对该城市的旅游业造成不良影响，因为“油轮”与“邮轮”“游轮”发音完全相同，而含义却相差甚远，如果不作特别说明或其他处理，收文（实际上是“听”文）各方很可能分别将其记录为不同的词，从而做出不同的理解。类似现象在领导者所作的各种会议报告中也会出现。

错用标点符号　错用标点符号能改变词语间的关系，也会引起歧义。如“3日内蒙古人民共和国有暴风雪”，“3日内”后边应当有一个逗号，语义就会十分明确。但缺少这样一个逗号，只因念读时的停顿有可能发生一点点改变就使语句的意思表示大变，产生歧义，而且会带来严重的政治性错误。

滥用修辞格　滥用修辞格，破坏文体风格的统一，引起歧义。公文运用修辞格必须慎之又慎，不能有碍庄重、准确、直接表意，如不使用夸张、拟人、反语、双关等。在使用比喻、借代、对偶、排比、反复、引用等修辞格时，必须符合**公文文体**的特殊要求。如，“你校《关于装修招待所问题的请示》收悉，经研究，不同意你校拟定的装修方案。其理由主要是目前拟定的装修标准偏低。请参照国际五星级饭店总统套间的装修标准对这一方案做出修订后再行请示。”公文对一个县处级招待所准备超标准装修的问题，没有正面批评，而是用一个“反语”的修辞格，通过旁敲侧击、讽喻等间接表达了作者的意思。但如此表达不仅破坏了公文所需要的郑重严肃色彩，也给阅文者以过宽的联想余地，使其不明所以，或者可以借此故意曲解。规范的公文文体是不允许间接表意的，如果对方将上述例句视为一份规范的、直接表意的公文，从正面去理解其含义，当然看不出文中含有的批评之意。由此可见，这种歧义的危害性很大，而且往往成为“曲解”的保护伞。（赵国俊）

公文签发　signing for official documents issue　由机关领导人或被授以专门权限的部门负责人对文稿终审核准后，批注正式定稿和发出意见并签注姓名、日期的活动。发文处理环节之一。签发是绝大多数公文生效的必备条件。除一些规范性及重要指导性公文须经有关正式会议通过，或再由负责人签署即可生效外，其他公文文稿，一经履行签发手续即为定稿，也就具备了正式公文的效用。

签发是对文稿的又一次全面核查，是对公文质量与正式效用的最终确认。签发人在批注之前，必须对文稿进行全面审核，及时纠正或弥补文稿中的错漏，确认无误后再行批注、正式发出意见并签注姓名和日期。文稿经签发成为定稿后，其他人不经签发人同意，均不得再做任何修改，否则将负行政或法律责任。

根据签发人身份、地位及工作程序的不同，签发分为正签、代签、核签、会签等。正签指签发人在自身法定职权范围内签发公文，如机关负责人签发以机关名义对外发出的公文。代签指根据授权代他人签发公文。核签（又称加签）指上级领导人签发下级机关或部门的重要公文。会签指两个或两个以上机关联合行文时，由各机关领导人共同签发公文。

做好签发工作必须注意：①不得越权签发公文。只能对自己职权范围内的公文负责，只能签发自身权限所及的公文。越权签发公文不仅违法违制，而且公文也不能产生实际效用。根据国家有关规定，以机关名义制发的公文，由机关领导人签发，其中内容重要或涉及面广的公文由正职领导人或主持日常工作的副职领导人签发。有些公文也可由机关秘书长或办公厅（室）主任根据机关领导人的授权代签。以机关内设部门名义发文（按照规定，行政机关除办公厅等综合办公部门外，其他内设部门不得对外正式制发公文）时，由部门领导人签发。会议决议、会议纪要等，由会议主持人签发。②必须“先核后签”。需核稿的公文不得先签发再核稿，必须审核完毕后再签发，以提高工作效率，确保公文有效。③联合行文时，必须做好会签工作，使各机关领导人均履行签发手续，保证公文真正有效。④必须在“发文稿纸”相应栏目内批注定稿及发出意见（如“发”“急发”等字样），并签注完整的姓名与日期，不要只签姓或只签名，也不要只签姓名不批注意见。如为代签，应标注“代”“代签”等字样。（赵国俊）

公文签署　signing of official documents　签发公文的领导在正式发出、正式使用的公文正本落款处签注姓名。公文签署与用印同样是赋予公文以法定的效力，表明签发人所代表的国家机构或其他社会组织对公文承担法律责任，除个别特殊情况，既不用印又不签署的公文视为无效。中国的公文大都以用印为生效凭证，命令等以领导人名义发出的公文则以签署为生效标志，合同等则往往既用印又签署。

签署权为机关正职负责人所有，副职首长不必联署，除特殊情况（如正职因故离职）外，一般不能由副职代签，公布性公文尤其如此。（赵国俊）

公文审核　reviewing of official documents　对公文文稿进行全面质量检查和修正的活动。旨在发现文稿中的问题并及时得到修正，把好文稿质量关，提高**公文签发**效率。公文审核的具体分工是：以一个组织中的内设部门名义制发公文，由部门负责人审核；以一个组织名义制发公文，由文稿起草部门负责人审核，重要文稿还应呈请相关领导人审核把关。

公文审核的内容主要包括：①确认制发公文的必要性，即判断行文理由是否充分，行文依据是否准确。②核查文稿内容的准确性，即检查文稿内容是否符合国家法律法规和党的路线、方针、政策，发文机关意图等。③检查文稿表达的规范性，即检查文稿格式、标题、正文、人名、地名、时间、数字、图表、计量单位和标点符号等表达形式是否符合标准和规范。④检查文稿是否符合**行文规则**，即检查是否符合国家有关部门提出的统一的发文控制规则。

公文审核中如发现少量文字问题，审核人可直接对文稿进行修改；如发现较多问题或专业性问题，应提出修改意见并退回拟稿人修改。

公文审核工作要求：①坚持认真负责的工作作风，确保文稿符合规范和质量要求。②坚持“先核后签”的原则，保证文稿签发质量效率。③符合审核规范，审核的意见应填写在文稿首页“发文稿纸”的相应栏目内。（杨　霞）

公文时间表达 temporal expression in official documents 对公文中时间概念表达的特殊性要求。公文中不能缺少时间概念，这些时间概念不仅记录了事物的运动变化过程，而且往往构成对受文者的行为施以强制性影响的重要方面。对时间概念的表达应注意：

其一，应准确选择表示时间的词语。在公文中，实词（如名词）或词组（联合词组、偏正词组、介词词组等）都可用来表示时间。选词时应注意其词义是否确切。

公文中的时间概念大都是精确的，除不必或不允许（如出于保密的需要等）精确表达的之外，都必须用有确切语义的词语表达。日期要标明完整的年、月、日，特殊情况下还需标出更确切的时、分等；要尽量避免使用“今年”“明天”“本月”“上月”等需借助其他时间概念才能准确理解其含义的时间代词；禁绝使用“上月以前”“去年之后”等不易划定界限的词语。

其二，年份一律使用公历年份全称。如“1985 年”不能略为“85 年”。如需用有关历史年号时，要先标出公历年份，再注明历史年号并加圆括号，如“1912 年（中华民国元年）”。（赵国俊）

公文数字表达 numerical expression in official documents 对公文中数字表达的特殊要求。公文在表达各种数量概念时应注意以下 8 点：①除在特殊情况下（如无必要或不具备条件）使用约数、概数外，数量概念应用确数（0 至无穷数的基数，整数前加“第”字的序数，以数学用语“几分之几”和“百分之几”表示的分数，整数后加“倍”字的倍数）表示。②表示增加时用倍数或分数，表示减少时只用分数，不用倍数。③在“增加”“提高”“增长”“上升”“扩大”或“减少”“降低”“缩小”等词语后有“到”“至”“为”等字样的句式，与后面带“了”或不带“了”字的句式相比，语义差别很大，务必不要误用。④若需用“以上”“以下”等词表示数字分界时，为使界限的划分清晰准确，应以各种方式注明本数是否包含在内。⑤注意数词“两”的使用。“两”不能作序数，也不能表示没有零头的多位数。⑥名量词中的度量衡单位必须使用国家法定计量单位和国家公布的中文名称。如文中必须出现历史上使用的、外国使用的或地方性的单位（如石、斗、英寸、磅、普特）时，应折算成国家法定计量单位并加以说明。⑦使用复合量词，如“人次”“秒每立方米”等，如非常用的，应加注简要说明。⑧表示数量时一般应使用阿拉伯数字，特殊情况下用汉字。同一文件中同类数量的表示方法要前后一致。（赵国俊）

公文文面规范 rules of official documents layout display 对公文文面各项目的规范要求。公文文面规范具体有：①公文格式排版按照《党政机关公文格式》国家标准执行。②公文用纸。国际通行公文用纸 A4 型（210mm × 297mm），60g/m^2～80g/m^2 的胶版印刷纸或复印纸，白度为 80%～90%，横向耐折度 ≥ 15 次，不透明度 ≥ 85%，酸碱度（pH 值）为 7.5～9.5。③图文颜色与字迹。公文中图文的颜色均为黑色。公文字迹着墨实、均匀，文面干净无底灰，字迹清楚无断划。公文正文：公文标题居中排列，公文双面排版，一般每面排 22 行，每行排 28 个汉字。④层次小标题、段落，起首行空 2 个汉字，回行顶格。层次序号一般按层级依次表达为：一、……；（一）……；1.……；（1）……。页码：凡有图文，均需依次用阿拉伯数字规范标注连续页码。注释：简短注释用“夹注”，解释词语的语句应加圆括号“（ ）”；复杂注释标注在“附注”中。⑤字体字号：密级、紧急程度、标记字符或其他重点字句一般用 3 号黑体字；发文机关标识用小标宋体；标题用 2 号小标宋体字；正文、发文字号、签发人（其姓名用 3 号楷体字）、附件、附注一般用 3 号仿宋体。⑥公文中如有图表应当标明标题。其中，表格的标题居于表格之上，居中排布；图表的标题居于图表之下，居中排布。⑦公文使用的汉字、数字、外文字符、计量单位和标点符号等，按照有关国家标准和规定执行。民族自治地区的公文，可以并用汉字和当地通用的少数民族文字。（杨　霞）

公文文体 writing style of official documents 文章式公文的体裁。公文使用的目的是用书面语言表达用以反映意图和客观情况的公务信息，将其快捷有效地传递出去，并为受文者直接获取和理解，以在法律规定的时空范围内对受文者的认识和行为产生强制性影响。这一目的就使公文的表达必须具有：①直接性。直接表意，使对方直接获取信息，不作文情渲染，以保证所获取的认识明确并节省时间。②对现实的针对性。只表达对处理现实具体事务有价值的事与理。③全面真实性。对现实的反映必须做到从本质、总体到现象、细节的全面真实，以便信息具备客观的真实性，保证受文者认识的正确与行为符合客观规律。④事与理有机结合。为使信息有效，不仅需通过表达使对方明“事”，而且要达“理”，以自觉约束自己的行为，统一步调，主动工作。⑤符号系统通用。为使信息能为受文者准确、快捷地获取，表达信息的书面语言符号必须有通用性，以保证双方能共同准确理解意图和认识事物。

由使用目的所决定的表达要求决定了公文属于一种以白话文为原则的，叙述、说明、议论三种表达方式兼用的特殊应用文体。

公文首先是一种应用文体，具有应用文的基本属性。应用文指对人们的政治活动、生产活动和科学研究活动以及日常生活、学习具有直接应用性的文章，与记叙文、说明文、议论文并称为四大文体。它区别于其他文体的特殊属性主要有直接应用性、全面真实性、结构格式规范性。

应用文的直接应用性表现在：直接针对某一具体现实的事务形成，对解决这一事务具有明显的直接应用价值；由于作者直接表意，使受文者不必经过一个文情感染过程就能明白晓畅地直接获得认识。与艺术文体比较来说，艺术文体都不是以直接解决某一具体现实事务为目的而形成并产生价值的，在表意上最忌直接，讲究从主题到意图含而不露，力求创造一个曲折而自然的文情感染过程，使读者通过对优美的语言、起伏的文势以及曲折情节的揣摩品味和广阔联想，自觉或不自觉地获得精神上的陶冶、艺术上的享受或者某种教育。而公文从形成到使用、从表达到阅读都需要而且必须有应用文的直接性，这样才能保证其在处理现实具体事务方面有实际效用，保证受文者能以最短的时间清楚明白、精确地获得认识，并按其要求去行动。

应用文的真实性不同于其他艺术文体的真实性，其真实指从本质到现象、从总体到细节的全面真实，不像艺术文体只求本质、总体上真实，可以虚构具体情节和人物，作艺术性夸张。应用文的全面真实性质也是由其被直接用于解决现实问题、处理具体事务的使用目的决定的。它要在有助于解决具体事务方面体现直接价值，成为人们具体行为的依据。因此，如果只有本质上、总体上的真实，即把只要能够发生、可能发生的事都作为客观事实，甚至虚构或夸张细节，那么这种文章不仅无助于实事求是地解决具体事务，还会使人们的认识和行为背离客观规律性，在社会生活中四处碰壁。所以有碍于全面真实的一些表达形式与修辞手法均在应用文中受到排斥。在公务活动中，人们处理任何事务都必须以事实为根据，公文在反映具体事务时也必须全面真实，不容许有一丝一毫的虚构夸张。否则，将不具备客观真实性的信息传递出去，其后果或者使人产生错误认识，令决策失去科学性；或者将受文者的工作活动引入背离客观规律性的歧途，给工作造成损害。

直接处理现实具体事务的使用目的，以及可直接表意的特点，使应用文的结构、格式可以而且需要相对固定划一，具有规范性。应用文是以其直接有用性来吸引读者的，人们阅读应用文也主要不是为了欣赏，而是为了了解情况、处理具体事务。因此，为了使写作者经济明快地使用语言，保证内容完整有效，也为了使阅读者准确全面地理解其意，人们在应用文中不回避使用各种简明而稚拙的程式化表达手法，表现为：起初是约定俗成，后来是有意识地靠一定强制力对各种具体文章的结构、格式加以不同程度的规范，使结构相对固定、格式整齐划一，排斥以吸引读者兴趣为目的的“标新立异”。

公文的使用目的、表意手法是直接的，对规定的受文者而言，阅读文件的行为本身就具有强制性，因此，使公文结构格式规范化既有积极意义，又具备有利条件。可见，应用文的直接应用性、全面真实性、结构格式规范性三方面的基本属性均为公文所独有，决定了公文有别于一般应用文的特殊性，主要表现为：被强制规定采用白话文形式，兼用议论、说明、叙述三种表达方式。

公文被强制规定采用白话文形式。中国历史上，在中华人民共和国成立之前的很长时期，公文都采用文言或半文言作为表达信息的符号系统。中华人民共和国成立后，中央人民政府政务院20世纪50年代明确规定：“公文以语体文为原则。”语体文即白话文，是现代汉语的书面形式。以行政法规的形式强制规定以白话文作为公文的符号系统，即使**现代公文**有别于古代和近代公文，也构成公文区别于其他应用文的特点之一。这是一个历史的进步，因为白话文接近口语，通俗易懂，使用规则为社会上绝大多数人所掌握，所以是一种通用性比文言文优越的符号系统。使用这个符号系统表达信息，有利于文件扩大沟通范围，便于更多的人了解其内容，参政议政，共同管理社会事务。而且与文言文相比，白话文语法完备周密，语义确定，有助于受文者准确理解作者意图。白话文还有新式标点的配合，使表意简洁清晰。这些构成了公文有力地发挥其效用的基础。

公文兼用议论、说明、叙述三种表达方式。现代管理的特点是，既以事实为根据依法理事，又注意启发对方的觉悟，使之明理，用信息的权威性与真理性两方面威力使对方自觉服从、自觉行动。这就要求公文在表达上必须事理结合，既有对人物、事件和环境所作的概括性交代，又有对客观事物性质、状态、特征等所进行的介绍和解说，同时还需要对客观事物进行科学的分析与评论，直接表明观点和立场。所以，叙述、说明、议论三种表达方式缺一不可，对每一具体文种而言，也大都三者兼有，各有侧重。叙述常用于交代客观情况或引出事实根据，说明在使对方明确作者意图、认清客观事物的本质与状态方面作用显著，议论则在说明意义、阐发道理方面必不可少。因此，需要以事实说服人而产生效用的文件，如通报、报告、请示等，以叙述作为主要表达方式；为表达作者意志、愿望的命令、决定、条例、规定、办法等文件，说明是表达方式的主体；而更多需要靠道理启发、说服对方的指示、通知等文件，议论的使用带有普遍性，有时还成为文件内容的主要表达方式。

（赵国俊）

公文现行效用 current effectiveness of official records 公文在实现有利作用的过程中对特定对象所产生的实际效力、功用。又称公文现行执行效用。公文在一定的时间、空间、机构和人员范围内，会对机构或个人行为产生约束力、强制执行力和其他强制性影响。公文的效用主要包括现行效用与历史效用两个方面。从总体上讲，公文在其生命周期中通常经历形成制作、现实作用、暂时保存、永久保存4个阶段，而对具体每一份公文而言，视其实际价值的不同，既可能完整地经历4个阶段，也可能只经历其中的2个或3个阶段。所以，一部分公文既具有现行效用又具有历史效用，而另外一部分公文则只有现行效用而无历史效用，或没有完整的历史效用。

对于公文中的规范性公文、领导指导性公文和一部分公布性公文来说，这种强制性影响主要表现为在作者法定权限所及范围内的机构或个人必须将作者的意志转化为自己的具体行为，而且是受其约束的行为；对于陈述呈请性公文、商洽性公文、证明性公文来说，这种强制性影响主要表现为规定的受文者阅读、处理公文的行为将受到强制，必须按要求阅读、了解、确认或复文等。公文的现行效用是预设规定的，也是“法”定的，特别是在当代中国，公文对相关机构和人员行为的强制性影响均为各种法律、法规、规章和其他具有强制力的成文或不成文的“法”所规定，有关机构或人员既受其约束又受其保护。规定范围内的机构或个人不遵守公文的约束，不执行公文的内容，拒不接受公文的强制性影响，都将是违法的，作者或其他有关机构可以依法采取各种强制性措施或请司法机构采取司法强制措施强制其遵守、执行。

时间范围　指公文有效的时间限度。这一限度是由公文的生效时间和公文的失效时间规定的。

公文的生效时间　即公文现行效用时间范围的起点，通常有几种情况：①自形成之日起生效。即以公文上标注的成文时间为准。②自通过或批准之日起生效。即以公文上标注的法定机构讨论通过或核准批示的时间为准。③自公布之日起生效。④以公文自身规定的时间为生效时间。一些须在实施前做广泛解释宣传或其他各种准备工作，因多种原因发布后一段时间内难以为有关组织、个人知晓的规范性公文等常采用这种形式。⑤以其他公文规定的时间为生效时间。一些须以特殊形式，履行受社会有关方面公平监督确认程序的公文等常采用这种形式。⑥以公文送达规定受文者的时间为生效时间。采用这种形式常出于维护受文者特殊法定权益的目的。

需要说明的是，在确定公文生效时间时须处理好公文效用在时间方面的溯及力问题，即公文中的各种约束是否溯及既往，是否对公文生效前的事项予以追溯。对规范性公文而言，一般实行不溯及既往的原则。这项原则的含义：一指对公文生效前的事项不得追溯；二指新公文未生效前公民已取得的合法权益或有为当时规定不受处罚的行为，不会因施行新公文而丧失或变更。但若公文中明文规定溯及既往，则公文就具有溯及既往的效用。对规范性公文以外的其他公文而言，除在文中指明不溯及既往外，均溯及既往，许多领导指导性公文的重要使命就是要纠正公文制发前的各种“偏向”。

公文的失效时间　即公文现行效用时间范围的终点，通常有几种情况：①公文本身规定了停止生效的日期，到期自行终止。②由其他合法公文规定现行效用的终止日期。③效力等级高的有效公文生效后，与之相抵触的效力等级低的公文一律即行失效。④公文被具有法定权力的机关依法定程序明令废止、撤销而失效。⑤公文随相应新公文依法生效而全部失效或部分失效。⑥公文针对的事物本身具有明确的有效期限，逾期公文自然失效。如国家规定的高等学校年度招生办法，只在处理该年度招生问题时生效。⑦公文针对的社会事实已完全消灭或公文规定的任务已完成，公文自然失效。⑧公文制发机关不复存在，又无其他合法机构继承其相应职能的，机关被撤销之日起公文失效。⑨不具备反复适用性质的公文（除规范性公文外，多数公文均不具备这种性质），其所针对的事务已一次性处置完毕，除法律、法规或其他有效公文有专门规定外，公文不再适用于处置同类事务，自行失效。⑩不同作者就同一事项前后制发有不同规范性内容的公文，除法律、法规有特别规定者外，效用等级低的公文全部或部分失效。若公文的效用等级完全相同，一般由双方作者共同的上级机关或司法机构做出裁断，撤销、废止公文或纠正其中不一致的内容。

空间范围　指公文有效的作用领域范围。对于公文总体而言，其有效的空间范围就是其作者受法律约束和保护的权利、利益、义务、责任所及的空间领域。在中国通常的情况有：①宪法、法律、行政法规和由国务院各部门制定的规章等，以及其他由中央国家机关及其部门制发的带有规范性的公文在全国范围内生效，但另有规定的例外（如有些法律的效力范围可超出国家管理的领域之外，也可以仅限定于特定区域内）；地方性法规和地方性规章等，以及其他由地方国家机关及其部门制发的带有规范性的公文在本行政区域内生效；民族自治地方的自治条例在本自治区域内生效。②由公文本身依法明确规定。多数领导指导性公文即如此。③由有关法律、法规和规章予以明确规定。④由有关法定机构依法予以认定，如一些证明类、记录类私文。⑤以公文内容针对对象的法定责任、义务、权利所及的范围为准。如一部分领导指导性公文以及部分私文在不言自明的情况下常采用这种方式处理。

机构范围　指公文现行效用所及包括国家机关、企事业组织、人民团体和其他社会组织。在中国通常的情况有：①宪法、法律对一切国家机构和社会组织产生效力。②行政立法性的规范性公文对作为行政相对方的一切社会组织发生效力。对行政机关本身以及其上级和下级、同级机关均有效力（除上级机关依法予以撤销者例外）；对其他国家机构如国家权力机关、检察机关、审判机关也在未因其违法、失当而依法予以撤销或宣布不适用不执行的情况下产生效力；任何企事业组织、人民团体等都必须遵守行政立法。③公文本身依法予以明确规定。④以公文本身依法正确标明的主送机关为准。⑤以公文本身依法正确标明的一切受文者（包括主送对象和抄送对象在内）为准。⑥以法律、法规和其他效用等级高的公文中的规定为准。⑦以依法应为作者实现或保护法定权益的机关为准。如证明类、记录类私文等。

人员范围　即公文现行效用所及包括的个人。在中国通常的情况有：①宪法、法律、行政法规和国务院各部门制定的规章效用所及包括全国公民及处于本国境内的外国人和无国籍人。②地方性法规和规章效用所及只包括该地方的个人。③各国家机构和社会组织内部制发的基本规范性公文效用所及包括全体组成人员。④由公文本身依法明确规定。⑤由法律法规和其他效用等级高的公文予以规定。

等级　不同作者制发的公文，其现行效用在层次上有高低之别，低等级公文的效用大都源生于高等级公文，因此无论内容还是形式均不得与其抵触，在不同效用等级的公文有不一致规范性内容时，除特例外，应适用和执行效用等级高的。

在规范性公文中，效用等级最高的是全国人民代表大会制定的宪法，其次是全国人民代表大会及其常委会制定的法律，再次是由国务院制定的行政法规等，从次是由国务院各部门制定的规章等，另外是省级权力机关（人民代表大会）制定的地方性法规、自治条例等，然后是省级人民政府制定或批准的规章等，其后依此类推，按统辖权的大小排列公文效用等级。依次为：省辖市（州、区、地）、县（市、旗）、乡镇（区），同一辖区内权力机关规范性公文的效用等级高于同级人民政府的规范性公文。

国家机构以外的其他社会组织制定的规范性公文的效用等级一般均低于国家机构制定的规范性公文。在这些社会组织内部，按其法定的组织序列排列的不同级别组织制定的规范性公文的效用等级是，同级组织中权力机构（或类似性质的，如代表大会、职工大会、董事会等）制定的规范性公文的效用等级高于执行机构制定的。

规范性公文之外的其他通用公文，按作者组织系统或专业系统的归属及法定级别和权限确定现行效用的等级。在同一组织系统或专业系统内部，作者级别越高公文效用等级越高。在组织系统、专业系统外部，公文效用等级主要决定于作者的法定权限，权限高的效用等级高，有权的高于无权的。专用公文的效用等级大都由权威性机构以法规规章的形式予以明确规定，有的则需要遵从本领域内公认的习惯、惯例。

必须说明的是，在中国，由中国共产党各级组织制发的公文在效用等级方面具有一定的特殊性：所制发的规范性公文分别是全党和党内不同级别的具体组织内部全体党员的行为准则和规范；所制发的以执政党法定地位为支持的表明其各项方针政策原则的领导指导性公文则不仅对党内，而且对全国各项事业、各项工作有法定的决定性影响。同级党组织在法定范围内制发的此类公文的效用等级要高于同级国家机构和其他社会组织制发的领导指导性公文。中国共产党同样必须在宪法和法律范围内活动。

生成条件　公文现行效用的生成不是任意的，必须具备一定的必要条件。一般说来可分为实质要件和形式要件两个方面。

公文生效的实质要件　包括：①公文的作者必须依法存在，享有与公文内容相一致的法定权利，能以自己的名义和行为享有、承担、履行同公文产生的实际后果相适应的法定权利、责任和义务。②公文的内容必须合法，不得与宪法、法律和其他效用等级高的公文相抵触，应与相同效用等级的公文协调一致。③公文的内容必须限于作者的法定权限范围内，越权无效。④公文内容必须为作者真实意思的表示。

公文生效的形式要件　包括：①公文的形成或处理必须履行法定的程序手续，符合法定的时限规定。②公文的体式应规范、完整、正确，有法定体式的必须按其制作。③公文中必须有能对作者合法性、真实性、权利范围，以及对作者意思表示和公文形成过程的真实性提供证据的内容或标记符号。④公文中须有准确反映公文现行效用时间范围的标记，至少应反映出公文的生效时间。（赵国俊）

公文姓名职务表达　expression of names and official titles in official documents　对公文中个人姓名职务表达的特殊要求。公文中常涉及担负或不担负职务的各种人物，需表明其职务和姓名。在表达中应注意：①各种职务、姓名应使用全称。②当一个人物担负多种职务时，只列出与文件内容有关的职务。③在列出一个人物的两个或两个以上职务时，国内的应按先党内、后党外，由大至小排序，国外的应尊重对方习惯或根据双方的需要。④国外人士的姓名、职务应以新华社公布的标准译名为准，如无标准译名，应注意在所有有关文件中使用同一译名，译名之后一般应用圆括号注明其外文名称。⑤如需若干人物的姓名同时并列出现在文件中时，应按一定标准排序，如职务高低、姓氏笔画数量、姓氏字母的规定顺序、与事情相关的程度、归属（属何国、何单位）等均可构成排序的标准。（赵国俊）

公文修辞 rhetoric of official documents 为提高公文表达效果所进行的语言活动。公文的表达效果决定实际执行效果,因此,公文修辞有其特殊性。公文是一种沟通工具,主要不是靠语言的生动形象取胜,也不是以调动读者阅读积极性、使其乐于阅读为目的。公文阅读是强制性的依职行为,所追求的表达效果是使读者能够迅速、精准、有效地从文件中获取开展工作所需要的认识,用更多的时间去开展和推动工作,处理事务。这就要求它与一般文章有明显区别:重准确质朴、精练顺达,而非堆砌辞藻,追求形式美。

根据修辞功能和具体应用的不同,修辞手法分为消极修辞和积极修辞。消极修辞是公文普遍使用的基本修辞法,其功能是使表达意义精准有效,语言表达明白晓畅,不含糊,无歧解,以阅读者准确明白为目的,只求适用,不计较手法的巧拙。积极修辞以提高阅读积极性为目的,注重修辞格的使用,讲求手法的漂亮和辞藻的华丽,将语言表达得生动形象,使人有更高的阅读积极性,乐于阅读。公文修辞应以消极修辞手法为主,以积极修辞手法为辅,重在选词炼句及章法方面下功夫,审慎使用修辞格。

公文写作中,比较常用的修辞格有引用、比喻、借代、排比、反复、对比、换算等,而夸张、双关、比拟、象征、幽默、讽刺等修辞格妨害直接表意,易生歧义,一般排斥使用。

①引用。公文中的引用大都为明引,即明确指出被引用材料的出处(标题、文号等),不说明引文出处的暗引则尽可能避免。②比喻。任何比喻都是有缺陷的,如果某种比喻对公文的严肃性、准确性、权威性有所伤害,就不应再使用。③借代。公文中不适合含讽刺意味或带侮辱性的,以及不够庄重严肃的或不为人所熟知的借体。④排比。公文中的排比大都用于阐发重要道理或叙述一些需要引起人们高度重视的问题,在使用时必须考虑实际需要和可能条件两个方面,不可为使用这一修辞格而生拼硬凑内容。⑤反复。公文中的反复是出于提高语言表达效果的需要,如果运用不当,很容易给人啰唆繁杂之感。⑥对比。正确地运用对比,有助于加深阅文者对事物本质的理解。⑦换算。运用换算有助于将枯燥乏味的数字形象化,为阅文者理解提供一定的便利。公文中使用的换算方法主要是"大化小""生化熟"等。"大化小"是将数值巨大的数字以缩小的形式化为小数字,使人们对事物量的概念有较为清晰的认识;"生化熟"是将生疏、不易记忆的数字用人们熟知的数字概念来表达,使人易于理解和记忆。运用换算时应务求通俗易懂,为大多数读者所熟知;换算体与被换算体之间的数量一定要相等或大体相等。 (赵国俊)

公文用印 stamping seal(s) on official documents 在公文上加盖印章。用印表明印章所代表的国家机构或其他社会组织对公文承担的法律责任,表明其对公文法律效力的认可。除会议纪要和以电报形式发出的公文,以及经法定责任者正式签署的公文之外,必须用印,否则公文将无效。

用印时应注意:①原则上以谁的名义制发公文,就用谁的印章。必要时可为下级机关或部门的公文代章。代章时应标明"(代章)"字样。公文业务性强,仅涉及某一项专项职责时,可用专用章。②用印前必须履行批准手续,不经规定领导者签发的公文一律不予用印。③用印次数,以领导批准印发的份数或常规的份数为准,不得随意增加。④印章及供拼装在印版上使用的印模须被保管在文书部门专人手中,使用时须由其监印,用毕迅速退回。以照相、**静电复印**制成的印模用毕应尽快退回文书部门或由其就地监督销毁。⑤除军事单位等,印章应盖在公文成文日期上方,并注意上不压正文、下压日期。应使用质量较好的印泥。除专用章,印泥应为红色。印迹必须端正、清晰、完整。⑥用印情况需要做正式记录。 (赵国俊)

公文语句特点 sentence characteristic of official documents 公文在语句结构方面的特征。

公文的语句结构主要有8个特点:①含义完整确切,在文章中具有较强的独立性,关键性文句脱离上下文之后仍不生歧义,不易被歧解或曲解。相当一部分公文是公务机关处理各种事务的根据,因此这部分公文的重要文句将会被反复引用,为了避免引用中出现有害的歧解甚至曲解问题,公文中的语句通常都需要讲求含义完整,保持必要的独立性。②起铺垫、过渡作用的语句少且简短,以利直接而精当地表意。这一特点是由公文的使用目的所决定的,公文主要不是供人们欣赏的,对它的阅读也是一种必需的依职行为,因此公文语句越经济明快越好。③一般都有专门表达公文主题的主题句,使主题鲜明突出。以简明扼要的一两句或几句话准确地概括和揭示主题(中心主张、思想观点和目的、意图等),形成主题句。这种方法对突出表现公文主题非常有利,对于写作者和读者双方而言都十分方便。写作者可得其中心,避免表达方面出现的累赘;读者则可得其要领,准确把握公文的主题。在公文写作实践中,重要自然段,以及在表达公文中意见、安排、措施、要求、理由时,每一条的开端大都以简短文句对主要内容加以概括,这些简短的文句就是主题句。④陈述句多,祈使句次之,疑问句、感叹句再次之。这一特点主要取决于公文的使用目的,制发公文主要是要告知他人某事,必要时还需要要求对方做某些事情,而质询性质、感叹性质的内容并不多。叙事说理时,公文的基本语气大都平直且坚定不移。⑤泛指性无主句较多。无主句是指不带主语或者不必交代以至于根本说不出主语的句子。由于公文具有定向表述的特点,一些意愿的发出者或者情况问题的发现者都是不言自明的,因此一旦在语句中需要由他们来作为主语时,就不必再交代。公文中表示要求或者禁止的各种祈使句,大都是这种无主句。不交代并不会影响人们准确理解文件内容,因为人们完全可以从文种,从作者的身份地位中,清楚地了解相关的意愿发自谁,相关情况和问题是谁发现的。如果硬加上主语,不仅会造成语句繁杂,而且会徒增影响人们准确理解文件内容实质的干扰因素。⑥判断句中"是……的"形式有较高的使用频率。公文中常用"是……的"形式的判断句,大都用于表达作者的见解、态度和解释,一方面可以表示判断,另一方面还有强调的作用。⑦单句多而复句则相对较少。单句是可表示一个完整意思而不可再分解成几个分句的句子。由两个以上单句组合而成的句子就是复句。公文中的单句多,是因为单句更有利于受文者全面理解作者意图,从而可以提高文件的实际执行效果。⑧有较多带限定修饰成分的单句,其中含复杂主语或宾语的单句比一般文章多。公文中单句较多通常是出于方便对方理解和执行的考虑,同时为了避免句义被误解和曲解,这些单句的限定修饰成分就会比较多,特别是在主语或宾语成分方面往往会复杂一些。这一点在规范性公文中表现得更加明显。 (赵国俊)

公文语句要求 sentence requirement of official documents 组织公文语句的方法要点。公文语句应符合语法正确、逻辑合理、具有最佳表达效果等要求。具体包括6个方面:①含义明确、清晰、完整,便于准确理解、无歧义。②句子成分搭配得当。主要应避免主语和谓语、动词和宾语、主语和宾语、修饰语和中心语的搭配不当。③句子成分完整。不能漏掉或隐去语句中必须有的成分，避免造成成分残缺的语法错误。必不可少的主语、谓语、宾语和附加成分不得随意略去。④语序安排妥当。语序指词语组合的次序。它既反映了一定的语言习惯，又反映了事物间的逻辑关系。语序有时可以决定语义，变更语序后语义会产生很大的变化，有时语序变更后，虽不改变语义，却可改变语言的表达效果。⑤合乎事理。语句必须符合实际，合乎逻辑规律。⑥句式合理并力争有最佳表达效果。句式合理是指其内部结构合乎规范；力争有最佳表达效果是指要充分利用不同句式的不同修辞功能，结合实际需要，对句式多加比较，选取其中能产生最满意效果的句式。（赵国俊）

公文语序安排要点 key points of word order arrangement in official documents 公文写作过程中各语言单位基本次序安排的注意事项。

安排要点 在公文中正确地安排语序，应注意4点：①注意尊重语序的习惯性。词中的语素、词组中的词，其先后次序有许多都必须按约定俗成的习惯排列，否则人们就看不懂，不易接受。②注意事理的逻辑次序。这一次序是客观事物内部规律性的反映，因而是安排语序的主要依据。③注意语序的强制性。语序既然受语言习惯、事理逻辑的制约，也就具备了强制性。不管是谁，要想利用公文清楚地表意并为人所理解，都必须服从这种约束，不能随意改变语序。④注意语序的选择性。从局部的和具体的情况看，语序的强制性中又有一定的可选择性，只要不出现语法错误、不改变语义，为追求更佳的表达效果，也可对词语的位置做一些调整，如将状语置于主语之前等。

安排方法 综合上述基本要求，公文中安排语序常见的有以下6种处理方法：①当要表达的一组并列概念之间有轻重、主次、强弱之分，大小、高低、多少之别时，应依次顺排或倒排；而无这种分别时则按一定标准（空间分布、音节多少）分门别类排列。顺排还是倒排取决于突出强调哪一方面的需要。②当一组概念表现由若干连续的动作、行为构成的活动过程时，一般应按时间发展顺序排列。③当以一组概念表现一个认识过程时，一般按由浅入深、由此及彼、由表及里的次序排列。④当以一个语句反映因果关系时，一般按先因后果次序排列，只有需特别申明或突出表现原因时，才先讲结果再谈原因。⑤当将语句中的一些成分提前或后置并不违反语法规则，并不改变语义而且有利于提高表达效果时，应以此作为修辞手段。部分定语、状语、谓语可以提前。部分定语、状语可以后置。目的是突出或强调语句中的某个意思，给人以更强烈深刻的印象。⑥当由于语句中几个成分的相互关系不明而出现歧义时，有时可通过改变语序消除歧义。（赵国俊）

公文语言 language of official documents 公文因在运用语言材料和表现手段上的一系列特点而形成的特色化语言表达体系。公文语言的特色主要表现在使用现代汉语书面形式进行交际时，在常用词汇、句式结构、修辞方式等方面形成一系列特殊语言运用风格。语言是公文的第一要素，认识和把握公文在语言运用方面的特点，遵从公文在语言运用方面的特殊规律，使公文中的信息更有效地“表之于外，达及他人”，维护公文的效力。

公文语言的主要特征是：庄重、准确、朴实、精练、严谨、规范。①庄重指语言、格调郑重严肃。主要是需要维护公文自身权威性、有效性，因为只有庄重的语言才有助于声明作者的严正立场和严肃态度，从而使公文对受文者的行为产生必要的强制性影响。②准确指在表情达意时，语言真实确切、无虚假错漏、褒贬得当、语意明确、界限清楚、符合实际，真切表达想表达的内容。这是由公文对人类社会活动所具备的直接应用价值和强制性影响所决定的。公文对各级各类机关，对各级工作人员的行为有着直接强制性影响，如果语言表达不准确，或有微小失实都会带来工作的失误或失败。③朴实指语言平直自然、是非清楚、明白晓畅、恰如其分、通俗易懂，无浮华夸饰，无渲染，无形象描绘，无矫揉造作，忌堆砌华丽辞藻，忌滥用辞格，讲求于平淡之中见神奇。这与公文直接形成对解决具体事务具有直接应用价值的性质有密切关联，淳朴无华的语言更有利于直接而鲜明地表意，迅速有效地产生影响。④精练指语言简明扼要，精当不繁，去浮词，忌冗长空泛，同时又不苟简，即服从行文目的和表达主题的需要，详略得当。这是由公文所特有的欲方便、快捷、强制性地影响受文者行为的应用目的所需要和所决定的。简明的语言更宜于帮助充分传达和实现作者意图，且更省时、省力、可靠、有效。⑤严谨指语言含义确切、文句严谨、细致周密、分寸得当，忌模糊含混、语意多歧。因为含混模糊的语言会造成歧义或误解，使公文作者影响他人行为的意图部分或全部落空。⑥规范指各级语言单位的构成及组合不仅应符合现代汉语（少数民族地区使用的本民族文字的公文则为民族语言）的语法规则和一般的逻辑规则，而且应合乎公务活动所提出的特殊规范性要求。遵从一般的语言法则，可扩大信息沟通的范围与效果，从而保证并扩展公文的效用；合乎特殊规范性要求，则可以使公文具有与公务活动特点相适应的表达方法、表达形式和风格，从而使公文更有效。

公文语言的上述特征具体体现在词语、语句诸方面以及构词组句、修辞等语言运用的实际活动中。（赵国俊）

公文正文结构 text structure of official documents 对公文正文内容排布和表达的规划和安排。公文正文结构分为篇章布局结构和内容逻辑结构。

公文篇章布局结构 公文正文的整体性安排。常用3种方法：①开头、主体、结尾三部分布局结构。②开头与主体、主体与结尾的两部分布局结构。③由一个自然段构成的篇段合一的布局结构。通过开头与结尾、层次与段落、过渡与照应、内容详略等的巧妙设计衔接各部分，实现全文内容的完整流畅，浑然一体。

公文内容逻辑结构 公文正文信息的内在逻辑组织安排。它借助于语言、图形等符号有逻辑地呈现公文信息内容的基本框架，是整个**公文结构**的核心，要求严谨自然、完整精当。常用3种方法：①递进式结构。按思维活动先后顺序或者按管理活动发生发展的演进规律安排行文顺序。明确问题—分析原因—提出对策、总述—分述、原因—结果等均属于此类结构方法。②并进式结构。将公文所反映的问题或主题内容按其性质、主题和特点等分门别类，然后按照一定联系安排行文顺序。条款并列、主题并列、时段并列、空间并列等均属于此类逻辑结构方法。③复合式结构。将两种或两种以上的逻辑结构方法结合起来安排行文顺序。这种方法要求在不同层次上使用不同结构方法，同一逻辑层次上只能使用同一种结构方法。（杨 霞）

《公文主题词表》 *Thesaurus of Official Documents for General Office of the Communist Party of China* 用于中国共产党各级领导机关公文主题标引和检索的综合性的术语控制工具书。1993年5月，中共中央办公厅下发了《关于印发〈公文主题词表〉的通知》，要求自1993年9月1日起，凡报送中央和中共中央办公厅的文件，均按《公文主题词表》标引主题词。《公文主题词表》由中共中央办公厅秘书局编制，第1版由中国经济出版社于1993年出版。经过5年的实践运用，随着改革开放和社会主义现代化建设的深入，公文中新的词汇、术语和公文主题标引中自由词的使用也越来越多。为了适应新形势下公文主题标引的需要，1998年10月，《公文主题词表》修订本由中国档案出版社出版发行。

《公文主题词表》封面

《公文主题词表》修订本遵循《汉语叙词表编制规则》的规定编制。删除了第1版中不适用的主题词137条，增补1014条，共收录主题词5116条。其中正式主题词4677条、非正式主题词439条。主要内容包括编制简介、范畴表索引、字顺表首字汉语拼音索引、字顺表首字笔画索引、范畴表、字顺表、附表、《公文主题词表》使用方法。范畴表的类目设两级：一级类目19个，用一个汉语拼音字母标识；二级类目70个，用双字母标识。字顺表的基本单元是主题词款目，包括款目主题词及其汉语拼音、范畴号、词间关系、注释项。附表包括：附表一，组织机构名称表；附表二，中国地区名称表；附表三，世界各国和地区名称表。使用方法包括标引细则、标引程序、标引实例。

《公文主题词表》修订本坚持思想性、科学性、实用性的编制原则，立足于机关办公自动化，进一步提高了工作质量和效率，方便公文的管理和使用，更好地适应了新形势下公文处理工作的需要。

（董丹华）

公文主旨　theme of official documents　公文的中心思想、主要意图。公文主旨表明了发文机关对某一问题、事项、人物等的基本理解、看法、观点、认识和意向等。主旨是公文的灵魂，在公文中具有统帅作用。

公文主旨的特点有：①被动性。公文写作是在“主题先行”下的“遵命写作”，其主旨源于业务职能、上级指示和领导意图，撰稿人须准确把握职能职权，领会领导意图，听取领导意见，在此基础上进行立意、选材和谋篇布局。②鲜明性。公文要观点鲜明，态度明确，表达清晰，表明提倡什么、反对什么，该怎么做、不该怎么做，直截了当予以说明，以便受文者迅速了解，方便办文办事。③单一性。一篇公文一个主旨，阐述一个观点，解决一个问题。要紧紧围绕一条主线行文，集中、凝练地凸现公文主旨，增强公文的表现力。④针对性。从实际出发，发现问题，分析研究问题，有针对性地提出处理和解决问题的意见和方案，使主旨的形成、确立以及表述始终都存在明确的目的性和指向性。

公文主旨的表达要做到正确、鲜明、集中、深刻。通常在标题中表达公文主旨，多用名词词组、动宾词组来准确概括，使人一目了然；在正文开头、中间或结尾之处表达主旨，以片言点明主旨，或用精当的议论文字揭示主旨，这适用于一些篇幅较长、内容层次较多的公文。

（杨　霞）

公文注办　annotation of official documents　公文办理完毕之后，承办人员清晰工整地在“文件处理单”的相应栏目内填写承办的经过与结果、承办人姓名全称与日期（年、月、日），以备日后查询。公文注办标志一份公文办理完成收文办理程序，可作为“办结公文”予以归卷处理。注办的要求是：规范签注**公文承办**的过程、方式、结果以及承办的责任者，维护正常的承办秩序，防止出现重复办文的现象。不同承办方式应当注明不同的办理内容：①以发文承办的，注明复文的标题、文件字号、主送对象、复文日期等。②以会议承办的，注明会议名称、会议时间、会议地点、会议议题、参会人员、议定事项。③以电话回复的，注明回复电话的时间、地点、人员、主要内容等。④当面解决问题的，注明时间、地点、参与人员、解决问题的方式方法，措施与结果。⑤联合办文的，要说明联合办文的机构、协商和行动的时间、方式、经过和办结情况等。

（杨　霞）

《公务电子邮件归档与管理规则》　*Rules for Archiving and Management of Official Email*　中国关于公务电子邮件形成、收集、整理、归档的程序与规则的档案行业标准。国家档案局于2005年4月30日发布档案行业标准DA/T 32—2005《公务电子邮件归档与管理规则》，2005年9月1日实施。标准适用于机关、团体、企业事业单位、其他组织及个人公务活动中形成的电子邮件归档工作。

随着公务电子邮件形成及电子文件归档管理要求的变化，为了使公务电子邮件归档管理更加规范化和标准化，由**深圳市档案馆**、交通银行股份有限公司、国家档案局经济科技档案业务指导司结合新规定与实践要求进行了修订，2021年5月26日发布DA/T 32—2021，代替DA/T 32—2005，于2021年10月1日开始实施。新版标准相对旧版从体例结构到具体内容都有较大改变，更适时、更详细地为公务电子邮件归档管理工作提供了指引。

规则共11章，包括范围、规范性引用文件、术语和定义、管理原则、管理职责、系统建设要求、公务电子邮件归档范围及保管期限、公务电子邮件的形成、公务电子邮件归档收集、公务电子邮件归档整理、公务电子邮件档案的移交和接收。附录A为《公务电子邮件元数据与DA/T 46部分元数据对照表》。

主要内容包括：①管理原则。包括四方面内容：第一，制定公务电子邮件归档管理制度，配备必要的技术措施，确保公务电子邮件及时归档，并保证公务电子邮件档案的真实性、完整性、可用性和安全性；第二，公务电子邮件的收集、鉴定、整理、归档、保管、移交等环节应纳入单位电子文件归档和电子档案管理程序及相关人员的岗位责任，实行全过程管理与监控；第三，明确规定公务电子邮件归档的时间、范围、技术环境、相关软件、版本、数据类型、格式、被操作数据、检测数据等要求，保证归档公务电子邮件的质量；第四，公务电子邮件形成、收集、整理、保存等关键业务过程应按照DA/T 46形成元数据，形成的元数据与公务电子邮件同捕获、同归档。

②管理职责。明确了公务电子邮件归档管理所涉及的四个责任主体的职责范围：产生和接收公务电子邮件的部门和人员负责公务电子邮件的收集、鉴定、整理，并定期移交档案部门。档案部门负责制定公务电子邮件归档的制度，对公务电子邮件归档工作进行业务监督和指导；接收归档公务电子邮件，负责公务电子邮件档案的保管、鉴定、统计、利用及处置。信息技术部门负责公务电子邮件系统接口及相关公务电子邮件基础设施的建设、运维工作。安全保密部门负责公务电子邮件归档管理过程的安全保密管理。

③系统建设要求。主要包括公务电子邮件系统和电子档案管理系统。公务电子邮件系统建设与运行在系统安全、邮件地址与邮件头格式、系统输出功能、元数据形成四个方面应符合有关国家与行业标准及规范。电子档案管理系统要求对公务邮件电子档案管理系统的接口及“四性”检

测的功能做出规定，并明确其他功能要符合国家有关电子档案管理系统功能要求。

④归档范围及保管期限。单位应结合业务实际确定公务电子邮件归档范围和划定具体保管期限。公务电子邮件保管期限定为永久、30年或10年。归档后的公务电子邮件应在原电子邮件系统中保留至少1年。不属于归档范围的公务电子邮件数据，也应在原电子邮件系统中保留至少1年。

⑤公务电子邮件形成。对标题、发送方式、发送日期、元数据等提出要求。

⑥公务电子邮件归档收集。对归档责任人和移交责任人承担的工作及其时限、邮件归档格式、四性检测等进行了明确规定。归档时，应完整捕获邮件的元数据。

⑦公务电子邮件归档整理。对归档公务电子邮件的组件、排序、分类、排列、档号编制及目录生成等进行了明确规定。归入相应门类的邮件与其所属门类的其他电子文件一同整理，整理方法遵照GB/T 18894或单位制定的相应门类电子文件归档要求。

⑧公务电子邮件档案的移交和接收。包括三个要求：第一，完成归档整理的邮件应在次年6月30日前向档案部门移交；第二，移交内容包括公务电子邮件（含附件）和元数据；第三，档案部门对收到的邮件实体按《文书类电子档案检测一般要求》（DA/T 70）进行检测，检测合格后方能接收。

修订后的《公务电子邮件归档与管理规则》，内容更为充实、严谨、系统、科学、规范，更具针对性和可操作性，对规范公务电子邮件归档管理工作具有更强的引领作用。（黄玉明　邓晓文）

公证档案管理　notarial archives management　公证机关依照法定程序所从事的公证文书和公证档案的专业管理活动。又称公证档案工作。公证机关的公证文书是国家的重要专业文书之一，它所形成的档案，是公证机关进行公证证明活动和当事人从事民事活动的真实记录，反映了公证机关贯彻执行国家法律、法规，体现了公证机关的基本职能。

管理内容主要有：①公证文书的收集、整理和排列顺序。②公证文书的立卷编目和装订。③公证文书归档。④公证档案的接收、整理。档案管理人员应按照《公证文书立卷归档办法》的要求，检查案卷质量，对符合要求的予以接收，并办理**档案移交**手续。⑤公证档案的借调与查阅。⑥公证档案的价值鉴定、销毁及保管期限的划分。公证档案的保管期限规定为永久、60年和20年。⑦公证档案的统计和移交。⑧公证档案的保管和防护等。

公证档案是国家档案的重要组成部分，具有重要的查考利用价值，保管、整理好公证档案是公证机关的重要任务。公证档案必须由公证处集中统一管理，并由专人负责。公证处的档案工作受同级和上级司法行政机关档案机构指导，业务上受同级地方档案行政管理部门的指导和监督。

公证档案管理的相关法规和标准主要包括：《中华人民共和国公证法》《公证程序规则》《公证员执业管理办法》《最高人民法院关于审理涉及公证活动相关民事案件的若干规定》《公证文书立卷归档办法》和《公证档案管理办法》等。（王英玮）

《宫中档光绪朝奏折》　*Official Documents of the Guangxu Emperor in the Palace Archives*　中国档案文献汇编。台北故宫博物院编辑出版。1973年6月开始，以《故宫文献》特刊的形式整理出版《宫中档光绪朝奏折》，每月出版1辑，共出版26辑。按年月编排，书中附有奏折具奏人的姓名索引，方便读者查找利用。包括台北故宫博物院馆藏的光绪元年（1875）正月至光绪三十四年底的奏折，与**中国第一历史档案馆**后来所编辑的《**光绪朝朱批奏折**》相互补充，使得光绪朝三十四年中的**朱批奏折**基本完整。内容涉及请安类、请旨类、赋税类、田制类、邪教类、到任类、卸任类、河工类等。涉及中外关系的奏折是这部分档案的主要内容。

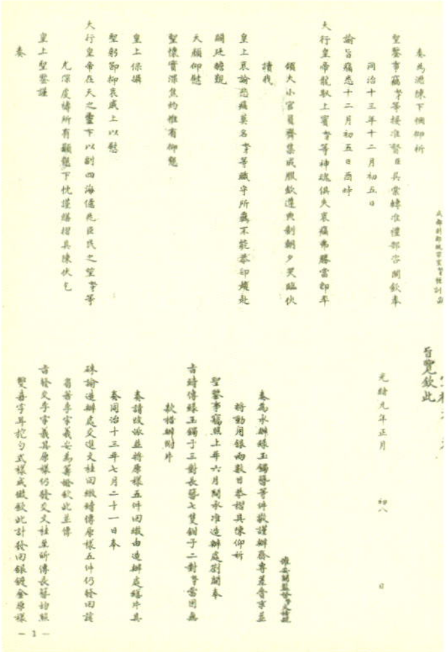

《宫中档光绪朝奏折》书影

《宫中档光绪朝奏折》的出版发行具有文献资料价值，是研究光绪朝30多年间政治、经济、军事、外交等各方面的重要文献。（安　芳）

《宫中档康熙朝奏折》　*Official Documents of the Kangxi Emperor in the Palace Archives*　中国档案文献汇编。为清代宫中所藏康熙朝经皇帝朱批的内外臣工**奏折**汇编，由台北故宫博物院故宫文献编辑委员会编纂，1976年原文影印出版，精装本，列入故宫文献特刊。

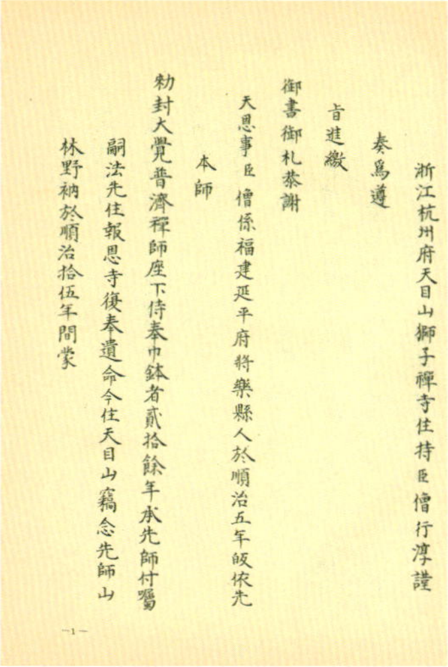
浙江杭州府天目山獅子禪寺住持臣僧行淳謹
奏爲遵
旨進繳
御書御札恭謝
天恩事 臣僧係福建延平府將樂縣人於順治五年皈依先
本師
勅封大覺普濟禪師座下侍奉巾鉢者貳拾餘年承先師付囑
嗣法先住報恩寺後奉遺命令住天目山竊念先師山
林野衲於順治拾伍年間蒙

《宫中档康熙朝奏折》书影

现存康熙朝**朱批奏折**共有9000余件。其中汉文朱批奏折藏有4000余件，起自康熙二十八年（1689）二月，止于康熙六十一年十二月，分存于**中国第一历史档案馆**及台北故宫博物院两处。中国第一历史档案馆收藏1000多件，台北故宫博物院收藏近3000件。满文朱批奏折有5000余件，起自康熙十二年十一月，止于康熙六十一年十二月，也分两处保存。中国第一历史档案馆收藏4400余件，台北故宫博物院收藏800余件。

台北故宫博物院在编纂出版《文献季刊》中，曾分期选印若干康熙朝汉文谕折，为提供更全面系统的清史研究资料，台北故宫博物院在编纂该书时将所藏满汉文朱批奏折尽行编纂，汇总为9辑出版。

体例为“分别满汉，各按年月编次”，其中第一至七辑为汉文朱批奏折，第八至九辑为满文朱批奏折。各辑内材料按时间顺序排列，有月无日者置于该月之末，并标明“缺日期”字样，年月不详者另置于无年月部分。为便于查阅，各辑俱编写简明目录，标明具奏时间，具奏人官职、姓名，并摘录事由。在选材方面，凡奏折中仅书“跪请皇上圣安”“主子万安”之类**请安折**，除选录御批较长者，其余概删略不录。第七辑后附有具奏人姓名索引。

1984～1985年，中国第一历史档案馆转录该书所收档案2070件，与中国第一历史档案馆所藏汉文朱批奏折一起，辑成《康熙朝汉文朱批奏折》，套色影印，分8册出版；1996年，中国第一历史档案馆满文部又将该书第八、第九辑尽行译注，与所藏满文朱批奏折一起，辑成《**康熙朝满文朱批奏折全译**》一书出版。（丁华东）

《宫中档乾隆朝奏折》 *Official Documents of the Qianlong Emperor in the Palace Archives*　中国档案文献汇编。由台北故宫博物院于1982年出版。共计75册，第1～74册为汉文档案，第75册为满文档案。

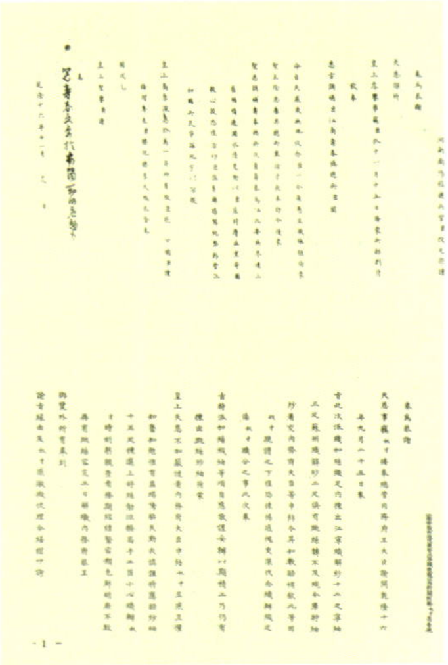

《宫中档乾隆朝奏折》书影

清代公文书起初沿用明制，例行公事使用**题本**，个人私事则用**奏本**。尔后，为加强君臣之间联系，历经康、雍、乾三朝，逐渐发展出一套由地方官员直接向皇帝奏报政务、私事及所见所闻的**奏折**。奏折由具奏官员缮写、封固、递送京城，直呈皇帝，不必像题奏本章层层上奏。奏折经皇帝批示后，发还原具奏人遵奉批示处理后，原折缴回宫中懋勤殿储存，故称为宫中档奏折。

雍正年间，军机处成立后，经皇帝批阅后的奏折，发交军机处誊抄副本备查，称为奏折录副。北京故宫博物院和台北故宫博物院都收藏有宫中档奏折。台北故宫博物院所藏军机处档折件多为这些奏折录副，少数为原折中的附件，如清单、绘图贴说及**咨呈**、咨会、谕旨、私函、**揭帖**、**照会**原件；由于原本保存情况是按月捆扎成包，故亦有月折包之称。台北故宫博物院所藏宫中档奏折有15万余件，军机处档折件有19万余件，是中华人民共和国成立前南京国民政府从故宫博物院（北平）整理迁到台北的。宫中档奏折包含康熙至宣统朝的汉文、满文及满汉合璧折，由于内容丰富，又为地方官员直接向皇帝的禀报，并经由皇帝朱批，不但是研究清代历史的第一手资料，具有极高的史料价值，也是重要的文化遗产。军机处档折件虽系抄件，但史料价值并不逊色，因原折内所附呈清单、供单、图表等件多移夹于录副之中，且录副又记录了皇帝朱批日期，故参考价值极高。　（冯　叶）

《共和国脚步——1949年档案》 *The Republic's Footsteps: Archives in 1949*　中国**数字型档案文献出版物**。国家档案局、中央档案馆为庆祝中华人民共和国成立60周年而编纂制作的1949年档案系列多媒体专题视频和电子书，2009年1月1日起逐次（每周）在国家档案局官方网站上公布。

从中央档案馆和有关档案馆的档案中，选取1949年一年间发生的52个重大事件的档案，以每个事件作为一个专题，每个专题包括若干份文件、照片、录像、录音、报刊资料等，编纂完成后以Flash视频、PDF电子书和网页文件等形式同时发布。共52集，每周推出一集，如第一集为《将革命进行到底》发表、第二集为《淮海战役结束》、第三集为《天津解放》，通过这些档案再现了中华人民共和国成立的步伐，通过一张张照片和珍贵资料，将这段尘封的历史再次打开，让人们重新感受到中华人民共和国成立时的激动与豪迈之情。

发布后，引起了社会和档案界的极大关注，各大网站纷纷转载，全年点击量达到2亿多次，取得了广泛的传播、利用与宣传效果。中国共产党新闻网、人民网、央视网等主流媒体纷纷与国家档案局合作，联合推出专题栏目，提升其传播效果和社会影响力。《共和国脚步——1949年档案》开辟了**档案公布**的新渠道和新形式，受其成功效应的推动，国家档案局2010年继续推出《共和国脚步——1950年档案》的Flash视频和PDF电子书。　（丁华东）

勾检　goujian　中国唐代文书监督官吏所从事的事务。文书档案监督检查制度称为勾检制度。唐朝国家行政机关的高效运转，国家机器的正常运行，离不开自中央至地方普遍实行的文书监督系统，设置有专门的职官和机构。

从中央到地方都设有文书勾检部门或文书勾检人员。尚书省作为全国行政管理勾检部门的中央领导机构，执掌中央及地方的勾检工作。《大唐六典》记载："尚书省左右司郎中员外郎，各掌付十有二司之事，以举正稽违、省署符目，都事监而受焉。"尚书省六部也设有都事、主事令史、书令史等官吏负责文书档案的监督工作。在地方，负责文书档案处理工作的文书官员录事、司录参军等也负责文书的监督工作。文书的发出，需要勾检；档案的收集和归档，也需要勾检。勾检的对象包括各级政府部门的公文、地方州县的官文书和各类户籍、计账等。

勾检的内容包括文书档案是否办理完毕，文书是否违期，档是否粘署压缝完毕。勾检的过程包括登记、检查、复查三个步骤。勾检方法为本官府勾检与上下级勾检相结合，本官府勾检具有对本衙署文书管理情况了解、勘复检查准确的优越性；上下级勾检能够保证缜密周详、准确无误。勾检制度有着客观统一的准绳，以律令格式为依据。

唐代的勾检制度是以三省六部制为核心的职官体系为制度基础，与有关文书档案的律令相辅相成，提高了行政运行的效率和准确性，也从侧面反映出当时统治者对文书档案工作的重视。　（王云庆）

《古代世界的档案馆》 *Archives in the Ancient World*　美国档案学著作。美国档案学家、现代档案管理学派的代表人物之一E.波兹奈尔著。1956年起波兹奈尔计划写一部世界档案通史，共计3卷，详细论述从**泥板档案**到**机读档案**的发展历史。第一卷即《古代世界的档案馆》是西方国家第一本系统叙述古代档案工作的专著，1972年由美国哈佛大学出版社用英文出版，共301页。全书共分7章，分别论述了古代的泥板档案，埃及的档案工作，以及古代希腊和罗马的档案工作，附有参考书目和索引。1973年获得美国奖励优秀档案学著作的利兰奖。　（黄霄羽）

故宫博物院文献馆　The Archives of the Palace Museum　中华民国时期的明清历史档案馆。位于故宫博物院东华门内。1925年10月北洋政府成立故宫博物院，设古物、图书两馆，图书馆又设图书、文献两部。图书馆馆长为陈垣，副馆长为沈兼士、袁同礼，由沈兼士主持文献部。1927年6月文献部改称掌故部。1928年南京国民政府派易培基接收故宫后颁布组织条例，决定设立古物、图书、文献三馆。1929年2月掌故部改为文献馆，馆长为张继、副馆长为沈兼士。1934年修改组织条例，由沈兼士任馆长，定文献馆职掌为：对明清档案、实录及历史物品整理编目、保管陈列、收集整理、摄影编辑。1935年11月文献馆档案按来源分组管理，分为内阁大库组（兼管清史馆档案）、军机处档案组、内务府档案组、宗人府档案组以及事务组。另设专门委员会，由院方聘专家、学者为特约专门委员和通讯专门委员，负责审查文献馆编辑出版的史料，先后聘有陈垣、孟森、傅斯年、顾颉刚、叶恭绰、陈寅恪、朱师辙、蒋廷黻、许宝蘅、罗家伦、翁文灏等30人。1931年九一八事变后，故宫博物院的文物和文献撤移上海，文献馆档案亦运离北平（见**文献馆档案南迁**）。北平沦陷后，敌伪政权于1942年接收故宫。

1945 年抗日战争胜利后，沈兼士仍任馆长，至 1947 年 8 月病故。后命姚从吾为馆长，迄未到职。中华人民共和国成立后，该馆为人民政府接管，即今**中国第一历史档案馆**。

文献馆自成立以来接收集中档案 500 余万件（册），其中有宫中档案、宗人府档案、军机处档案、内务府档案等（见**清代档案**）。整理档案百余万件，编制目录 94 万件，并于 1936 年制定了《**整理档案规程**》。该馆为开放、公布档案，提供利用，除举办陈列展览外，自编或与外单位合编档案史料汇编、刊物和目录 50 余种，共 370 余册。其中重要的有：《筹办夷务始末》《文献丛编》《史料旬刊》《**清光绪朝中日交涉史料**》《清太祖努尔哈赤实录》《**清宣统朝中日交涉史料**》《**清光绪朝中法交涉史料**》《文献馆现存清代实录总目》《清军机处档案目录》《多尔衮摄政日记》《内阁大库现存清代汉文黄册目录》《清季各国照会目录》《**清代文字狱档**》《文献论丛》《清季教案史料》《苏州织造李煦奏折》等。

（陈锵仪）

关 guan　中国古代**官府往来文书**文种名称。东汉末年地方官府之间往来用关，以后历代陆续沿用。刘勰《文心雕龙·书记》云：“百官询事，则有关、刺、解、牒。”随后解释说：“关者，闭也。出入由门，关闭当审；庶务在政，通塞应详。”南朝刘宋元嘉二十六年（449），皇太子监国，当时所定文书礼仪规定，尚书各曹行文太常、司徒、长史用关，正文后用“谨关”一词结束，是不相统属的平级官府之间相互质询时所用的文书。《唐六典·卷一·尚书都省》云：“诸司相质，其制有三，一曰关，二曰刺，三曰移。……关谓关通其事。”唐代，关作为平行文，用于尚书各部之间，地方府州诸曹之间。宋、元沿袭唐制，关可以用于中央、地方平级机关之间，也可以用于同一官署内不同的平级部门之间，还可以用于不相隶属的平级机关长官之间。文件程式为：“关，某司某事，云云。右关某司。谨关。”若是本司内诸案相关者，结尾用“故关”一词。明代，关的用法有所变化，金吾前后、羽林左右、虎贲左、府军卫、府军左右前后十卫平关各外卫并提刑按察司及在京三品衙门，国子学（监）平关应天府，应天府平关提刑按察司并国子学（监），兵马指挥司平关各州，各护卫指挥使司平关提刑按察司并内外三品衙门及各卫，各外卫指挥使司平关提刑按察司，各处提刑按察司平关在京三品衙门并在外各卫指挥使司、盐运司，盐运司平关按察司并三品衙门，直隶各州平关兵马指挥司，各处杂职衙门往复平关，因其为平行文而称平关，规格略有下降，而仍高于移。

清代，关的规格又有降低，并且只在地方有关衙门之间使用。凡知府行文佐贰（同知、通判），州、县正印官行文州、县佐贰（州同、州判，县丞、主簿），府、厅、州、县正印官行文两司首领（经历、知事），两司首领行文厅、州、县正印官，均用关。另外，副将行文非所属之游击，专城守备并道标及各营中军守备行文府、厅、州、县，府、州、县行文都司，府、厅、州、县行文参将、游击，司道、运司行文副将，各道、运司行文参将、游击，司道、运司行文都司，均用平关。另外，还有一些不见于规定的习惯用法。例如，县与县之间，或用移，或用关；州与州之间，或用关，或用移，或用牒，均随各衙门旧例与各官所好而定。

明代，关使用大幅单张纸，一般高 2 尺、长 3 尺。或右起为“某衙门为某事，云云。合行移关。请照验施行。须至关者”。另起顶格写“右关”二字拉开，另起写受文衙门，与之齐头并脚。另起写文件日期“×年×月×日移”，墨笔判日，骑年盖月用印，年月左右分两行小字写有 4 字或 6 字后由。纸幅左上角大字写文种名称“关”字。下列主管官署押，所有有关副职也要署押，依地位高低按次分列下方左右两行。

清代中叶后，关的格式已有简化，不用后由，纸幅左上角处“关”字下不用全体有关官员署押，只有主管官一人便可，甚至仅由书吏代写一“押”字，后来大多改为折式，白纸折面写明文种“关文”二字，骑字下边用本衙门署印。折内从右版写起，文首写具文衙门官员前衔及姓，空名讳，接写事由。正文结束写“合关贵某某衙门，烦为查照施行。”或“烦为（请）如何如何”，用语为平级官员应有的礼貌词语。结尾词为“须至关者”。文尾另起写“右关”二字，受文者另起，与之齐头并脚。另起写文件日期“×年×月×日移”，并加盖官印。关在中华民国之后被取消。

（裴燕生）

关书 guanshu　中国古代延请塾师、聘请幕僚或拜师学艺所订立的约定。又称关约、关聘、关帖。关有领取、支取、发放等义，如关领、关支、关发等。关书内有酬金数额及领取方式等固定程式，即取此意。

关书起源已不可考，当起于关聘事实存在的先秦时期，明清时盛行，一直流行至近代。

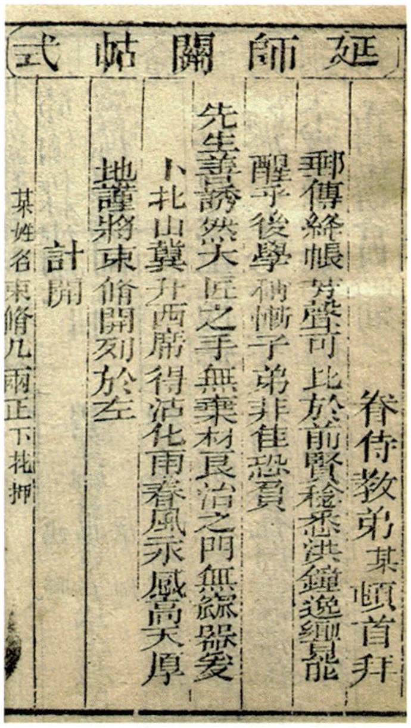
延師關帖式
眷侍教弟某頓首拜
鄉傳絳帳芳聲可比於前賢稔悉洪鐘逸響能
醒乎後學 稍慚子弟非佳器質
先生善誘然大匠之手無棄材良冶之門無頑器爰
卜朼山冀升西席得沾化雨春風永感高天厚
地謹將束脩開列於左
計開
某姓名束脩几兩正下批押

图 1　古籍中延请塾师的关书

在科举时代，为子弟延请家庭教师，或送至塾馆学堂，往往需要订立关书，如有“训蒙学关”“举业学关”等。关书内写明教师姓名，家长签押，有时还有介绍人和保证人，并写明束脩数额及支付方式，一般用大红纸书写，外加函封，随附一定束脩数额。

在古代流行的幕府制度中，一些官员会出资聘请专门人才襄理政务，被聘请的人才称作幕僚或者**幕友**、幕宾、师爷等。这一现象在先秦时期就已存在，如春秋战国时盛行的门客（食客），但因年代太早，没有当时聘请幕僚的关书实物存世留传。就存世关书来看，其形制内容大体与聘请教师类似，只是要写明所托办具体事务，如刑名、钱谷、文案等。

民间拜师学艺或者商铺招聘员工学徒时，也会订立关书。拜师学艺关书（投师帖）内容大体与延请教师类似，只是在涉及工资薪水分配等方面有所不同。如学徒的吃穿用度由哪方承担，学徒上工所得收入的分成，另外一般还要写明如果徒弟中途辍学或遇天灾病逝均与师父无关。而商铺招聘员工学徒所立关书则比较复杂，除了需要找“铺保”担保外，关书内还规定要先缴纳一笔学杂费，3 年期满后还须继续服务 2 年，如果擅自离职，

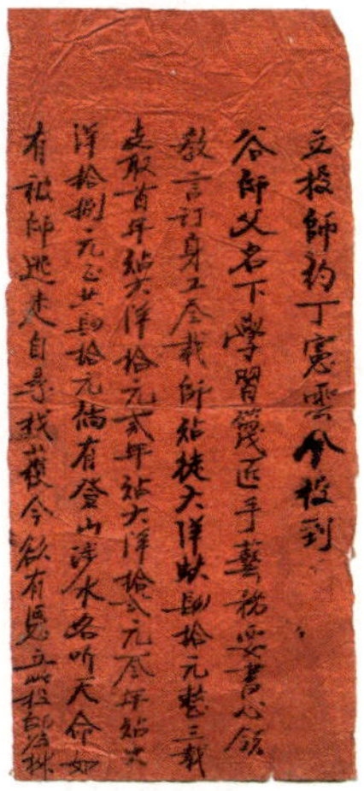

图 2　投师关书

需要赔偿违约费用，商铺老板对于“愚蠢”或“野性难驯”的可以辞退，另外还规定学徒不得随意请假外出等。

现代社会中虽然关书的名称已不存在，但其承袭物“聘书”则十分盛行。关书对于研究古代政治、经济、社会生活及法制史、文书史等具有一定的价值。（张全海）

《关于加强档案信息资源开发利用工作的意见》 *Opinions on Strengthening the Research and Utilization of Archives Information Resources* 中国档案信息资源开发利用工作行政法规文件。2005年，由国家档案局中央档案馆印发。该文件是档案部门积极落实国家有关政策，指导档案行业开展档案信息资源开发和利用工作的重要依据。

共6条23点。第1条，档案信息资源开发利用工作的重要性和紧迫性，共2点。阐述了档案信息资源对经济社会发展的促进作用，指出了国家各项事业对档案信息日益增长的迫切需求与档案信息资源开发不足的现实之间的矛盾，指明了工作的重要性和紧迫性。第2条，指导思想、基本原则和主要任务，共3点。明确提出了加大档案信息资源管理力度、加强多形式多层次共享平台建设、加强档案馆各项基础设施建设、进一步优化保障环境、建立长效发展机制等几个方面的信息化工作要求。第3条，档案信息资源管理，共4点。提出了丰富和优化馆（室）藏、建立健全政府公开信息收集制度、加强电子文件归档和电子档案接收、推进各级基础档案信息资源库建设、加强濒危珍贵档案抢救等方面要求。第4条，促进档案信息资源利用，共4点。对档案信息共享、服务、利用、场所等提出了要求。第5条，深化档案信息资源开发，共4点。对档案信息产品专题开发和加工、企业档案信息资源开发、档案信息增值服务工作、档案信息服务业的形成等方面提出了具体要求。第6条，优化档案信息资源开发利用工作的保障环境，共5点。在组织协调和统筹规划、科学化规范化管理、档案信息安全保障工作、宣传教育、专门人才培养等方面提出了要求。

《关于加强档案信息资源开发利用工作的意见》是国家档案局依法履行职责，积极推进档案信息资源开发利用工作的重要举措。（冯剑波）

《关于加强和改进新形势下档案工作的意见》 *Opinions on Strengthening and Improving Archives Work in the New Situation* 中共中央、国务院全面系统指导档案工作的纲领性文件。2014年2月27日，由中共中央办公厅、国务院办公厅印发。除总论外，共有5个部分23条。第1部分完善档案工作体制机制，共5条。明确坚持统一领导、分级管理原则，主张切实提高档案行政管理部门依法履职能力，扎实推进各级国家综合档案馆建设。明确了档案室工作职责，并提出规范并支持社会力量参与档案事务。第2部分建立健全覆盖人民群众的档案资源体系，共4条。提出加大档案收集整理力度，完善归档制度，重视做好民生档案工作，科学整合档案信息资源。这是在党和国家关于档案工作的文件中第一次对做好民生档案工作提出要求。第3部分建立健全方便人民群众的档案利用体系，共5条。要求各级党委和政府要把提供档案信息服务作为公共服务的一部分，创新服务形式，强化服务功能，加大对档案的开发力度，加快推进传统载体档案数字化，促进资源共享。第4部分建立健全确保档案安全保密的档案安全体系，共5条。要求各地加大安全保密执法检查力度，建立完善档案安全应急管理制度。切实改善档案保管保密条件。对重要档案实行异地异质备份保管，确保档案安全。从制度、信息系统、存储介质、网络等方面，对保障档案信息安全提出了要求。第5部分加大对档案工作的支持保障力度，共4条。要求加强对档案工作的领导，完善档案事业投入机制。明确档案干部队伍建设方案，重视并推进档案宣传工作。

《关于加强和改进新形势下档案工作的意见》高瞻远瞩，总揽全局，适应全面深化改革的新需要和档案工作发展的新变化，对做好新形势下档案工作、建设档案强国具有重要的指导作用和强大的推动作用，具有里程碑意义。（丁德胜）

《关于江宁织造曹家档案史料》 *Archival Documents Concerning the Family of Cao, Administrator of Jiangning Textile Industry* 中国档案文献汇编。中国清代江宁织造曹家的奏疏汇编。故宫博物院明清档案部编，中华书局1975年出版。平装，全1册，共14万字。

共收辑故宫博物院明清档案部所藏清代内阁、宫中及内务府的题本、奏折和进贡单等档案史料200件，其中汉文档案139件、汉译满文档案61件。分正文和附录两个部分。正文187件，主要是曹氏祖孙三代在江宁织造任内的奏疏，也有一些其他有关官员如苏州织造李煦的奏折和题本，还有一些与奏折相应的谕旨。起自康熙十六年（1677）十月，止于雍正十三年（1735）

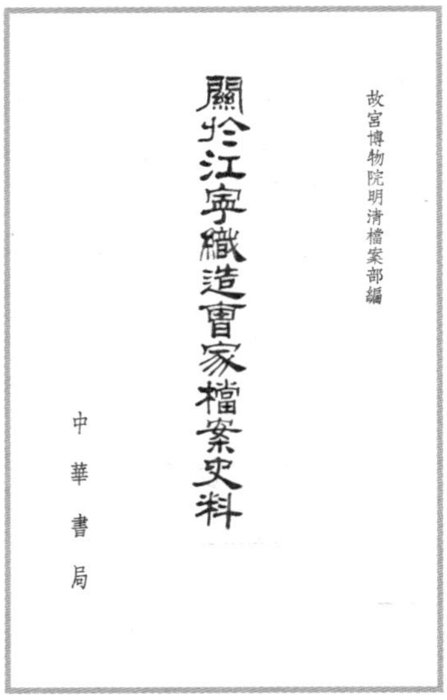

《关于江宁织造曹家档案史料》扉页

十二月。附录有13件，其中有曹寅妻兄苏州织造李煦被抄家审处的档案史料10件，有关曹寅之婿平郡王纳尔苏的世系和简历的材料3件。

清代康熙至雍正年间的曹玺、曹寅、曹颙、曹頫三代4人，出身内务府正白旗包衣汉军，深受康熙皇帝的宠信，先后担任苏州织造及江宁织造达60多年，其中尤以担任江宁织造的时间为最久，而且多次与李煦轮流兼理巡视两淮盐课监察御史，承办铜斤运解等经济要务。他们打着皇家旗号，经营特权贸易，一方面供应皇室贵族豪华享受，另一方面又受皇帝之命监视江南官场、密报民情、笼络士绅，充当康熙皇帝在江南的耳目。此外，所辑入的档案史料对研究《红楼梦》作者曹雪芹的家世，也是十分重要的原始史料。（朱金甫）

官府往来文书 documents of official correspondence 中国历史文书。从上古到中华人民共和国成立前各历史时期中央和地方各级官署（包括内部机构）之间互相往来，以及与各社会组织、公众、个人互相往来使用的一般通用文书的统称。有别于皇帝使用的诏令文书、臣僚上奏皇帝的奏疏、有专门用途的官府文书和私人使用的文书。古人通称为文移、文牒、文案、公牍，也有人只把这类文书称为公文。其发展过程大体可分4个阶段：战国以前属于前期，秦代到南北朝属于中期，隋唐到清代属于后期，中华民国时期属于末期。战国以前基本是诸侯分立局面，政务比较简单；战国中叶以后虽有郡县设立，仍属萌芽状态，文书相应比较简单。秦代开始建立了中央集权政体，全国普遍设立郡县，国家政务日趋繁杂，各种文书形成了专用的文种名称，封建等级制度在文书上的反映也日益明显，各文种也开始具有特定程式。隋唐以后，通用文种的载体都已使用纸张，文书处理程序更加严密，各文种的程式也日臻成熟。中华民国成立后废除了封建君主专制制度，虽然很不彻底，并有反复，但毕竟有了巨大的改革和进步，是古文书演变为现代文书的过渡时期。

文书种类　按不同的行文对象可分上行文、下行文、平行文、不分上下行的文书四类。上行文是对直属上级或非隶属关系品级地位高于己的官员使用的；下行文是对直属下级或非隶属关系品级地位低于己的人员使用的；平行文一般是对无隶属关系品级地位与己相当或略低些的官员使用的；不分上下行的文书主要是文种尚未有明确的上行、下行、平行行文方向应用界限时使用的。上行文文种主要有**牒呈**、**牒上**、状、申、**申陈**、呈、**呈状**、**签呈**、报告、详、验、禀、**节略**、**说帖**等。下行文文种主要有檄、符、故牒、帖、指挥、札、劄付、牌、票、示、**诰书**、**告示**、**任命状**、谕、饬、令、训令、指令、批、签、通知等。平行文文种主要有**盟书**、移、移会、移付、关、刺、牒、咨、劄行、照会、函、**交片**、**知会**、付子、平行手本、随本揭帖等。官府间不论上下平行的文种主要有书、记、**代电**、通电等。

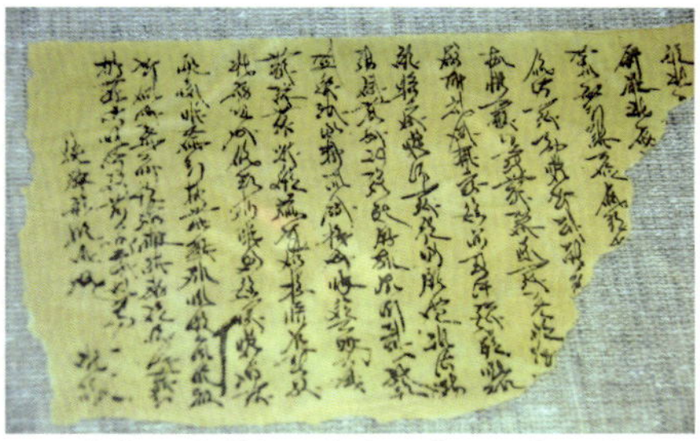

武威西夏博物馆藏张义修行洞出土的西夏官府文书

封建社会形成的文种名称，有明显的等级制度的特色，但终究是进步现象，它大体能表明文件责任者的身份、地位和行文目的、要求，使受文者便于对来文做出估量。秦汉以后各朝代的文种名称，大都开始时沿袭前代，然后在使用中逐渐形成新的品种。从唐代开始，国家对文种名称做出明确规定，以后宋、元、明、清各代也都有新的规定。根据文书不同用途拟定不同的文种名称是必要的，但在封建等级制度支配下，文种名称还要表现出文件责任者和受文者各自的身份等级，因此就会十分烦琐。中华民国时期对于官府往来文书文种进行简化，取消了无必要的体现身份等级的文种划分，新增了电报类文种，使得文书效率有了很大提高，无疑是适应民主共和、科技发展新形势的巨大进步。

文书程式　对于文书程式的规定，据史书记载，秦汉时期已有。现在能够见到的最早的规定是《宋书·礼制二》记载宋皇太子监国时期有关符文、关文、令书、板文的规定，以及敦煌出土的《公式令》规定的《移式》《关式》《牒式》《符式》等。比较完备的官方规定，是南宋宁宗嘉泰三年（1203）颁行的《庆元条法事类》所载宋代文书程式和《明会典》所载明代文书程式。还有民间编辑的各种书仪，如北宋司马光把当时人们应该遵循的各种礼仪汇集起来编成《书仪》10卷，把文书程式列在首位。

明清两代的文书程式基本相同，文字结构大体分为七部分：①文件责任者的官衔、姓名。②事由。③正文。④结束语。⑤受文者官府名称。⑥行文年月日。⑦文种名称和文件责任者签押。第一部分先列出文件责任者的官衔，上行文须接写姓名，下行文和平行文只写姓，不具名，再写事由。事由一般用一句短语说明行文目的，略似现代的文件标题，程式作“为某事”。正文一般由两部分组成，前部分叙述案情，后部分提出自己的处理意见。结束语多为固定套语，如下行的劄付用“为此，合下仰照验施行，须至劄付者”；下行的帖用“为此，合下仰照验施行，须至帖者”；平行的咨文用“为此，合行移咨，请照验施行，须至咨者”；上行的**申状**用“为此，合行申复，伏乞照验施行，须至申者”等。“照验施行”前面用的“仰”字，是命令词；“请”字是一般谦敬词；“伏乞”则是对受文一方表示极度谦卑。“照验”一词在文书中相当于了解、知道；“施行”一词起源于唐代，常用“主者施行”作为下行文的结束语，意思是要求受文的主管官员照办，相沿既久，到明清遂失去原意，成为补足“照验”的语气词。宋代下行文常用“须至晓示者”“须至供申者”等语作结，意为告诫下级应该晓示或供申，相沿到明清，“须至”已失去原意，“须至某某者”只用以说明使用某文种行文，主要在于表示内容部分到此全部结束。受文者部分，下行文作“右下某准此”；平行文和上行文用文种名称作动词，作“右咨某官府”和“右申某官府”。行文年月日部分，下行文和平行文另作一行书写。最后一行顶格大字标明文种名称，下面写文件责任者姓，不书名而画花押。受文者官府名称和结束语中的“照验施行”句在文件中书写的位置，下行文和上行文、平行文不同。下行文“照验施行”句紧接前文顺行书写，上行、平行文则须另行顶格书写。受文者的位置，下行文另行由行中间起向下书写，上行、平行文则须另作双行书写。封建社会形成的文书程式，在称谓、用语等各方面都贯穿着等级制精神，也是封建礼仪的重要组成部分。

中华民国时期文书文字仍旧竖行，多用毛笔，大多仍沿袭清代程式用语，最大的改革是开始使用近代新式标点符号，并开始将内容分段书写。在白话文运动的冲击下，**公文语言**更为浅显，并且开始废止文言文，使用语体文。1928年6月中华民国政府公布的公文程式令规定：“公文书得用语体文，并得分段叙述，使用标点。”1930年10月，中华民国政府训令全国自1934年1月1日起，采用行政院暂定的逗号、句号、提引号、复提引号、省略号、专名号、括弧7种标点符号，并补充了顿号和截号，共9种。1933年11月又商定，自1934年1月起各级党部公文标点符号采用顿号、逗号、支号、句号、综号、提引号、复提引号、省略号、专名号、书名号、括号、破折号、问号、起始号、截号15种。顿号（、），用于并列的名词之间。逗号（，），用于意义未完的语尾。支号（；）又称分号，用于一句中并列的文句，或语气已完而须承转的语尾。句号（。），用于意义已完的语尾。综号（：），又叫冒号，用于节叙原文及冒起下文或总束上文的文句之前。提引号（﹁），用于提示特殊的词句及标明引用的原文始末。复提引号（﹃），用于引用文中的复引文始末。省略号（⋮），位置占两格，用于表示省略原文的字句。专名号（｜），用于国名、地名、人名、机关名称及其他专有名词的左方，文外及封面署名可不用。书名号（︴），用于书名的左旁。括号（︶或（ ）），用于标明夹注的文句。破折号（¦），占两格，用于所标明的文句，与上下文语气不相贯串，或语气突然转折时，有时也可用以夹注文句，作用与括号相同。问号（？），用于疑问的文句。祈使号（！），又称感叹号，用于祈使或感叹的文句。截号（=），用于每段的末尾，以防加添字句。中华民国前期的公文，除对上级和平级机关直接称谓时须抬头或空一格外，向来不分段落，连写到底。1928年中华民国政府内政部颁布的《暂行公文革新办法》中规定：“凡一案内连叙数事而可以分段叙述者，应提纲挈领，分段另行，以醒眉目。”提出公文分段问题，而公文多是一文一事，因此这一规定，少有执行。1930年5月中华民国政府教育部颁布《划一教育机关公文格式办法》后才真正开始公文行款改革，先后为行政院、国民政府所肯定，也为党务机关所效仿。中华民国政府教育部规定的有关公文分段的内容主要是：①文在十行以上，应酌量分段；如果有意义能自成段落，虽不满十行，也可分段。②各段首行低两格写，次行以下顶格写。③对上级机关的直接称谓，均换行顶格写；如系间接称引，应视称引时对该机关的关系，或换行顶格写，或空一格写。对平行机关的直接称谓，也应换行顶格写；如系间接称引，应视称引时对该机关的关系，或空一格写，或不空格写。④分段写的公文文尾“谨呈”“此致”“此令”“此批”等字，均作另一行低两格写。⑤引用原文在两行以上时，应另作一段。其首行低五格写，次行以下低三格写，以清眉目。⑥引用原文因过长分为数段时，每段的写法与上面相同，每段之首及末段之尾，均加提引号；如不用提引号，则末段之尾及文前的“呈”“令”“函”之下均应用一破折号，以表示引文的起讫。⑦引用文中的重引文，无须另为段落，但应加复提引号。⑧引文后面，如仍用“等因”“等由”“等情”“等语”字样，应换行顶格写。新式标点符号的使用和分段落，是中华民国时期的文书与清代及清代以前文书的重大区别，也是历史文书的重大进步。

文书载体　中国古代最初的官府往来文书载体一般是用竹木简牍。史书记载商代的文书有册和典，是简的集合体。简是专门用为文书载体的狭长竹、木片，书写方式是用毛笔自上而下，根据文书内容可用一简或数简。如用多简，则向左侧按一长一短顺序排列。这种书写方式为后代所沿袭，使用了3000多年。把长短相间的简用皮条或丝绳上下两道编连起来，就成为册。册字原是象形字，像上下两道编连起来长短不齐的简。典也是象形字，像两手把册放在几上的形状，是保存起来的册。牍，原意为木头竖剖成的一半。东汉许慎撰《说文解字》称：“牍，书版也。长一尺，既书曰牍。”纸在汉代就已经有了，然而相当长时间人们认为用纸作文书载体不如竹、木简郑重，所以未被采用。东晋后期，造纸技术日益进步，纸张的优越性充分显示出来，它作为文书载体远较竹、木简轻便，并且每张可以容纳较多的字数，所以首先被用作官府往来文书的载体。从周代到清末，还曾使用玉、铜、铁、镀金、镀银、石、缣帛等物，是为了长期保存或在某些特殊情况下使用。

官府往来文书载体用纸以后，除明清时期向上级官员祝贺的禀启用红纸，函用各花色的信笺纸外，一般文书都用白纸。唐宋时期文书纸式每幅高30～40厘米，宽为高的两倍，一幅不敷用，由左侧粘纸接写。明代大多用高过于宽的单幅状式纸，以纸的张幅大小来区别文书的尊卑等级，张幅大的高、宽1米有余，地方官府文书用纸约高80厘米、宽60厘米。明代官府文书用纸规定，一品二品衙门文移纸三等，皆高2尺5寸（1尺约33.33厘米，1寸约3.33厘米）；长5尺为一等，4尺为一等，3尺为一等。三品至五品衙门文移纸，高2尺，长3尺。六品七品衙门文移纸，高1尺8寸，长2尺5寸。八品九品与未入流衙门文移纸，高1尺6寸，长2尺。纸张载体用折叠式从元代开始。元代的表章用折式，即把横宽的纸折叠起来，摹仿佛教折叠经卷的形式。明代除奏疏沿用折叠式，官府往来文书仍用单幅状式纸。清初官府往来文书纸式仍沿明制，中叶以后除个别下行文种外，都改用折式，一般宽10～12厘米，高为宽的两倍。而书册则为高20多厘米，宽十几厘米不等，右侧纸捻装订的白纸筒子页加封面式样，明代、清初都是如此。清代的函沿袭旧时习俗，仍大多用单张的信笺纸，不用装订，用折式的是少数。折式载体书写，阅读比竖长的单幅状式纸方便，且文书篇幅不至于散失，又便于保管，是一个进步。中华民国时期用纸又有不小变化，南京临时政府、北洋政府、南京国民政府都颁布了一系列公文用纸尺寸与样式的条例或命令、训令。变化较大的是公文纸用平折合页式，纵约29.3厘米，横约12.3厘米，公文纸周围印划红线，上方留边约7厘米，下方留边约3.5厘米，右方留边约3.3厘米，以便汇案装订。每一文件分为正面、中页、背面三部分，文面、背面不画线。正面为公文名称与编号，背面中行书：“中华民国　年　月　日”，及发文机关长官姓名。中页为正文内容，周围线内分6行。后改为每半页划分5行，每行宽约2.5厘米。中华民国政府的令、批、呈、咨、函等公文均用平折合页式，为纵29厘米，横21厘米。内每页每面分10行。文面印长方形线格，格外印发文机关名称、发文文别、收文机关名称。格内分列事由、拟办、决定办法、备考及附件各栏目。格外下端印收文字号，左边上方加印文别、字号及“　年　月　日　时到”。除收文字号及“　年　月　日　时到”两栏由收文机关填写外，其余均由发文机关填写。

研究成果　对于官府往来文书，历代所修史书、有关典章制度的政书中多有记载，但一般都比较简要，主要是规定文种及其使用方法、文书程式以及应用成例。明清以来逐渐盛行幕友制度，许多未入仕途的士人改作幕宾，社会上开始出现由此等人所撰的所谓“幕学”之书，教游幕之人如何做好幕友。幕友的主要工作是撰制文书、办理文档及其相关工作，所以这些“幕学”之书里很多都要讲到文书之学。这些书当时很流行，如《入幕须知》《幕学举要》《佐治药言》《学治臆说》之类，其中对官府往来文书研究有诸多参考价值。清康熙时幕友潘杓灿著《未信编》、光绪时幕友黄良玉著《公文缘起》、清宣统时直隶自治总局仝宝廉著《公文式》最具代表性。还有些官箴类的文集，如清康熙时黄六鸿著《福惠全书》、乾隆时陈宏谋著《培远堂文檄》、同治时幕僚林达泉编辑的丁日昌《抚吴公牍》均有不少参考价值。进入中华民国，文书学成为专学，又有徐望之著《公牍通论》、许同莘著《公牍学史》、周青萍著《现代公文程式大全》、朱翊新编《现行公文程式集成》等专著。中华人民共和国成立后，张我德等编著《清代文书》、汪桂海著《汉代官文书制度》、荣新江著《敦煌学十八讲》、周一良等著《唐五代书仪研究》、赵和平著《敦煌写本书仪略论》、李均明等著《简牍文书学》、裴燕生主编《历史文书》等，是官府往来文书研究的代表性成果。（裴燕生）

官契　guanqi　民间典卖田宅向官府登记纳税确认产权的书面契约。又称红契、赤契、印契。与私契（又称白契）相对而言。“官契”一词最早见于《周礼·天官·宰夫》：“五曰府，掌官契以治藏。”但此处的官契并非后世的民间契约，而是指官文书。官契指民间契约，来源于税契制度。税契制度首创于东晋，《隋书·食货志》曰：“晋自过江，凡货卖奴婢、马牛、田宅，有文券。率钱一万，输估四百入官，卖者三百，买者一百。”所谓有文券，即为已纳税的契约盖上红色官印。自此，红契为合法契约，无官印的白契意味着漏纳契税。文券制虽有防止立契者偷漏税的作用，但不能防止经手契税的官僚胥吏中饱私囊。为防止这一弊端，大约在宋代就规定缴纳契税的收据必须粘连在契约之后，于是契尾制产生。

契尾在元代称作给、税给，明清时期称作契尾，契尾制实行后，凡投税者，只钤契纸，不连用契尾者为非法。契尾制行用五六百年，其间时有变化。最初的契尾格式不统一，由州县自行设计印制填发。后因多数州县将税契银摊派加征，地方私自分肥，确数无从查考，国课不得缴纳，百姓更受其苦。清康熙四十三年（1704），奉旨改由布政司统一印刷契尾，用布政司印编号，并立一簿册，一同颁给各州县衙门填写。推行布政司统一印发的契尾，目的是强化税收征管，减少弊病，然而这种形式的契尾仍不能完全防止偷漏税。雍正六年（1728），河南总督田文镜奏准，照连根串票式样，改用契纸、契根的办法，禁止州县将白纸私契用印，用官定契纸取代民间白契。将原布政司颁发的契尾设计成契根、契纸两联，州县将契根截存，契纸发各纸铺，一张五文，听民买用。乾隆十五年（1750），因契纸、契根法过于苛严，百姓使用不便，又改革契尾式样，默认了**民契**的使用。

清康熙八年（1669）禹城县战氏家族的土地买卖契

官契以及契尾制的实施，一方面赋予了契约法律效力，另一方面增加了国家的财政收入。（裴燕生 撰 李义敏 修订）

馆际备份 inter-archives backup 为防范突发事件和自然灾害带来的档案安全风险，档案馆之间相互为对方保存重要档案和电子档案副本的一种**档案异地备份**方式。又称馆际互备。2006 年 3 月 19 日，中共中央办公厅、国务院办公厅在《2006—2020 年国家信息化发展战略》中明确提出建设国家信息安全保障体系，重视灾难备份建设，增强信息基础设施和重要信息系统的抗毁能力和灾难恢复能力。2009 年 10 月 30 日在上海召开的全国档案馆工作会议指出，为确保电子文件的长期可读和档案信息资源的绝对安全，应对突发社会事件和自然灾害，需实施重要档案异地备份制度，没有后库的省以上档案馆，应与其他省档案馆互在本馆为对方建立备份档案库房，互为对方存放备份档案。此后，中国正式开展馆际备份工作，2010 年 3 月，中国副省级市以上国家档案馆的异地备份结对工作全面完成。

馆际备份采取自愿结对的原则，档案馆之间可以一对一结对，也可以一对多结对。结对的档案馆之间，两地相隔距离应在 300 千米以上，且不在同一流域或同一地震带上，对于电子档案备份还应不在同一电网。馆际备份的对象主要是档案馆重要档案缩微品或数字化副本，以及需要进行馆际备份的电子档案的复制件。馆际备份一般采用脱机备份形式，备份载体可以是光盘、硬盘、磁带等。具备条件的也可以利用网络建立异地容灾备份系统实施备份。

馆际备份双方签订相关协议，明确双方的责任和义务。负责为对方提供符合规范要求的备份场所、技术条件和设备，确保备份档案的实体和信息安全。

馆际备份能有效应对突发事件和自然灾害，最大限度地提高档案馆的档案安全防灾能力，确保电子文件和电子档案信息的完整、可用和安全。（黄玉明 周建武）

光化学反应破坏档案机理 mechanism of archives destruction by photochemical reaction 档案材料受到光化学反应引起破坏的原理。光是保管环境条件中促使**档案制成材料**发生光化学反应并引起破坏的重要因素之一。光的能量与波长成反比，波长越短，能量越高，对档案的危害越大。光波作用于档案材料的主要表现有：①光的热辐射。光是由不连续的光子连续运动产生的辐射流。当光波通过介质时，具有穿透力的光子连续运动，促使材料原子相互碰撞，引起介质内电子的强迫振动，此中所消耗的能量转变为不规则的分子运动能量，使介质材料变热，并产生辐射热。这种光辐射热作用于档案材料能引发理化反应，破坏档案材料。②光氧化反应。在光能激发下，空气中的氧形成原子氧、臭氧等，这些氧化能力很强的物质与档案的纸张、字迹、胶片、照片、磁记录档案等材料发生作用，从而改变材料的性能。如纸张中纤维素变成氧化纤维素并发生一系列的降解反应，破坏整个纸张纤维的分子结构。③光能作用。物质吸收光能后，分子中的电子跃迁到高能激发态而使分子体系不稳定，吸收的能量只有通过一定方式释放，才能使整个体系处于相对稳定的低能态。

光破坏档案材料的方式受多种因素的影响，作用机理主要表现为光降解作用与光敏化作用。

①光降解作用机理（初级光引发反应）。档案受光照射后，纸张中的纤维素、字迹色素、胶片乳剂层及磁带底层等吸收光能受激发而发生化学键断裂，使高分子化合物的聚合度下降，分子量减小，材料的组分改变，从而使档案老化变质，档案强度和耐久性下降。如光的能量值与物质材料组分的化学键能相当时，光能易转变成化学能而作用于档案，使物质发生光解损害，档案寿命缩短。

纸质档案纤维素分子是由 β-1,4 糖苷键连接而成的高分子化合物，主要化学键有 C—O 及 C—H，C—O 的断键所需能量为 351.6kJ/mol（波长为 340nm）。进入大气层的紫外线波长大于 290nm，因此阳光照射档案时会发生光降解反应，导致纸张纤维素分子链的断裂，使纸张强度下降，脆化变质。这种过程首先是由链式自由基的光引发，这种初级光引发的反应如下：

$$\mathrm{RH} \xrightarrow{h\nu} \mathrm{R}\cdot + \cdot\mathrm{H} \quad \mathrm{O_3} \xrightarrow{h\nu} \mathrm{O_2^*} + [\mathrm{O}]$$

$$\mathrm{R}\cdot + \mathrm{O_2} \longrightarrow \mathrm{ROO}\cdot$$

$$\mathrm{ROO}\cdot + \mathrm{RH} \longrightarrow \mathrm{ROOH} + \mathrm{R}\cdot$$

$$\mathrm{ROOH} \longrightarrow \mathrm{RO}\cdot + \cdot\mathrm{OH}$$

$$\mathrm{RO}\cdot + \cdot\mathrm{OH} \longrightarrow \mathrm{R}\cdot + \cdot\mathrm{OOH}$$

产生的自由基促使档案材料发生光化学降解，造成材料分子链断裂，反应式为：

$$\mathrm{R}_n \longrightarrow \mathrm{R}_{n-1} + \cdots + \mathrm{R}_{n-i} + \cdots + \mathrm{R}_1 \quad (i < n，均为正整数)$$

式中R_n为聚合度为n的大分子档案材料，R可以是纸张的纤维素分子结构单元、磁带带基的聚酯分子结构单元，也可以是胶片的三醋酸纤维素酯结构单元等。纤维素光解后，不仅使主价链断裂，而且使分子中羧基、醛基及羰基等氧化性基团增多，加速档案材料的光氧化变质。档案材料的其他成分，如木素、字迹色素、胶片乳剂层及磁带底层等在光照作用下的降解也较明显。

②光敏化作用机理（次级光引发反应）。在某些染料和化合物（光敏化剂）存在下，档案能吸收近紫外线与可见光，并借助能量的传递而使档案材料发生降解。常见的光敏化剂有盐基染料、还原染料、氧化锌、硫化锌及二氧化钛等。强氧化剂与档案材料均能发生氧化还原反应，促使其老化变质，纸张发黄脆化、字迹褪变淡化、胶片脆化龟裂等。（张美芳）

光盘材料老化 compact disc material aging 光盘材料在使用和保管中逐渐变坏并丧失价值的现象。光盘材料老化表现主要有：形变、划痕、磨损和尘垢等。影响光盘耐久性的环境因素主要有 3 个方面：①环境中的温度与湿度。如高温高湿会加速光盘的老化，温湿度的快速变化容易使光盘产生变形，因此确定光盘保存和利用环境中的最适温湿度至关重要。②环境中的光线。例如，太阳光会加速光盘的光老化，日常照明光源中的紫外光也会对光盘造成破坏。③大气中的各种污染物。例如，大气中的氧气、二氧化硫、灰尘等都会影响光盘的耐久性。要避免汗渍、油渍和指纹落在光盘的信息区，在每次取拿光盘时，不要触摸光盘盘面、拿着光盘的外边缘。

扭曲或弯曲光盘可能会产生应力而引起光盘的外表面边缘出现裂缝，随着时间的推移可能会让潮湿的空气与光盘的金属

反射层和染料层发生化学反应，这将不可避免地引起读取错误，甚至导致光盘完全毁坏。（唐跃进）

光盘档案　compact disc archives　国家机关、社会组织和个人在社会活动中直接形成的、以光盘为载体的具有保存价值的历史记录。

光盘的结构与分类　光盘通常由盘基、反射层、记录层、保护层和印刷层5层组成。盘基使用的材料主要有玻璃、环氧树脂、聚甲基丙烯酸甲酯（PMMA）和聚碳酸酯（PC）等；反射层使用的材料主要有铝、银、金和金属合金等；记录层使用的材料主要有碲（Te）、铋（Bi）、铟（In）、锑（Sb）等金属材料，Tb-Fe、Tb-Fe-Co 等非晶态合金薄膜，以及花菁染料、酞菁染料和偶氮染料等；保护层使用的材料主要有腊克等；印刷层主要使用的是各种颜色的油墨。结构如图1所示。

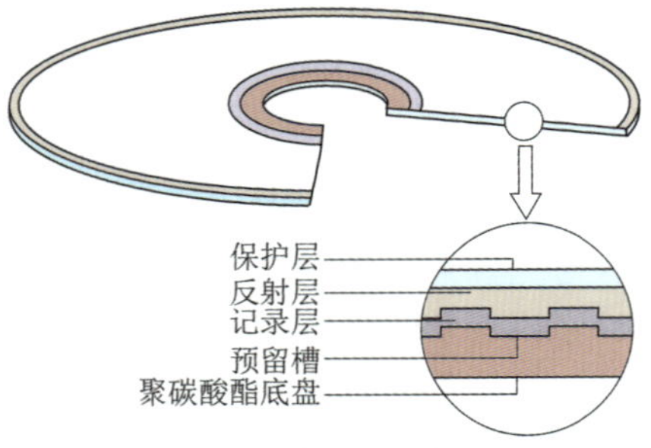

图1　光盘结构示意图

按光盘的读写功能，可分为只读式光盘、一次写入式光盘和可擦写式光盘3种类型。①只读式光盘（read only memory CD）。只读式光盘中没有染料层，信息是直接记录在光盘的盘基上，它可以大量复制，又称再生型光盘。用户只能从光盘中读取数据，而不能向光盘中写入数据，光盘中的数据是在光盘的生产过程中从母盘中复制过来的，这种光盘的制造工艺简单，成本低，价格便宜。常见的有LD、CD-Audio、CD-ROM、VCD、DVD-Audio、DVD-ROM、DVD-Video光盘等。②一次写入式光盘（write once read many CD）。由于一次写入式光盘的未记录部分可以追加记录，故又称追加式光盘，它是依靠在盘基上涂布的染料而进行信息记录的。用户可向光盘中写入数据，但写入数据后不能再擦除，即只能写入一次，制造工艺比只读式光盘复杂，成本也高，而且必须用记录设备进行信息刻录。常见的有CD-R和DVD-R光盘等。③可擦写式光盘（rewritable/erasable CD）。又称可改写式光盘。它能将已写入的信息擦除，再写入新的信息。这类光盘上涂有可逆变化的相变材料和磁光材料，它利用这些材料的可逆变化来进行信息记录。如同磁盘一样，可以反复地擦写，但需要专门的刻录机。

按光盘的容量，可分为CD光盘、DVD光盘和BD光盘等。①CD光盘。容量为650～700MB，光盘的厚度为1.2毫米。②DVD光盘。容量为4.7～17GB，光盘的厚度为两个0.6毫米的盘片粘贴而成。③BD光盘。一个单层的蓝光盘的容量为25GB或27GB，双层可达到46GB或54GB。而容量为100GB或200GB的，分别是4层及8层。光盘的厚度为1.1毫米±0.1毫米。

光盘的数据结构　光盘上的数据结构可分为导入区、节目区和导出区3个区域。尺寸如图2所示。

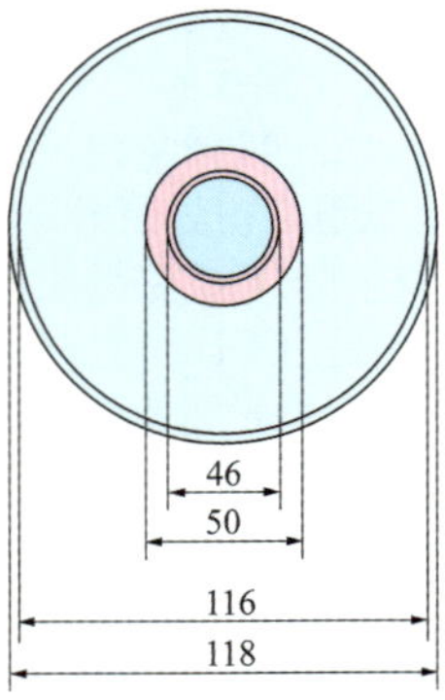

图2　光盘的导入区、节目区和导出区尺寸（单位：毫米）

①导入区（lead-in area）。位于光盘上直径46～50毫米的区域，播放长度为2分钟，含有整张光盘的数据内容表（TOC），又称目录表，功能是使读出光斑知道光盘上的数据是如何存放的。当光盘放入播放机时，读出光斑首先就落在导入区的某一位置，这样就能读到TOC，知道文件存放在光盘的什么位置，从什么地方开始，如果导入区的起始直径不对，播放机不能读到TOC，也就不能播放光盘上的信息。②节目区（program area）。位于光盘上直径50～116毫米的区域，区域是数据的存储区，功能主要是存放数据。③导出区（lead-out area）。位于光盘上直径116～118毫米的区域，区域含有2分钟的数字静音，功能是使读出光斑知道节目区已经结束。

光盘档案保护　①光盘档案只有在使用时，才能从光盘档案册中取出，使用后应及时放回。如果光盘有污渍，可用擦拭照相机镜头的棉纸从光盘中心向边缘轻轻擦拭。②各立档单位应建立光盘档案定期检查制度，每满4年进行一次抽样机读检验，抽样率不得低于10%。发现问题，及时解决，必要时应进行转存，原载体同时保留时间不得少于4年，保证光盘档案信息无限制保存。③光盘档案应当做防写处理；避免擦、划、触摸记录层；竖立存放，避免挤压。存放环境要远离强磁场，并与有害气体、强紫外线隔离，环境温度应控制在17～20℃，相对湿度应控制在35%～45%。（唐跃进）

光盘档案保护方法　protection method of compact disc archives　为防止**光盘档案**发生损坏及损毁所采取的有效保护技术方法和措施。依据光盘载体与记录材料的变化规律，通过采取一定的技术方法和措施，确保光盘档案流通环境的适宜性，防止或减缓光盘档案的老化与变质，并对受损光盘档案进行修复保护，从而实现保护光盘档案的目的。

光盘档案是采用激光技术存储信息的一种新型档案形式，利用涂在光盘盘基上的记录介质在激光照射下发生物理变化，产生特定的记录轨迹，并按照特定的信号转换方式实现信息记录和读取。光盘主要由盘基（或片基）、记录介质层和助剂所组成。光盘档案的变化主要是光盘盘基的老化或形变、盘体缺陷、盘体的化学腐蚀，以及光盘记录层存储介质的氧化、机械损伤等。影响光盘档案材料变化的因素主要有：存放环境温湿度、光照、空气污染物、机械力、磁电场，以及设备检读状况等。

保护光盘档案，需要结合光盘材料的特性，针对影响和破坏光盘的不利因素，加强有效保护。技术方法主要有：

正确选用档案光盘　光盘档案的载体主要是空白CD-R，在选择时应当注意：查看光盘上的生产批号。选择适用于档案的A级光盘（A级光盘是指通过光学质量检查的、几无瑕疵的光盘），选择读写面无水波纹的平整的光盘。不选购有缺陷的光盘，光盘缺陷主要包括：有毛边或者内圈染料溢出内环，印刷面有不明黑点，反射层太薄，重复印刷，以及有彗尾形状的染料结晶现象。

实施光盘档案的保护　光盘档案保护的方法主要有：①减少使用。光盘寿命的长短与光盘累计使用时间密切相关。为延长光盘档案寿命，要采取有效措施，减少光盘使用时间。②防止空气污染物。光盘档案保存环境应当远离卤化物、氨气、有机溶剂生产和大量使用的场所。③调控空气温湿度。低温干燥、恒温恒湿的温湿度环境，最适宜光盘的长期保存。光盘档案保存比较适宜的温度范围是4～20℃，比较适宜的相对湿度范围是20%～50%，24小时温度变动不应超过2℃，湿度变动不超过5%。④保持信息读取面的清洁。必须保证光盘读取面的清洁，不能有过大的脏污和划痕；每次拿取光盘时，只能接触光盘的内外沿，不能触摸光盘的数据区；使用完毕后，应将光盘立即放回到盘盒中，避免灰尘、异物的污染。⑤防止标记面的机械损伤。绝对禁止在标记面上进行任何形式的书写、刻画，以免造成信息记录层不可挽救的损坏。

维护光盘档案的检读设备　严格按照操作规程正确使用与操作技术设备，加强检读设备的保养与维护，在读取光盘数字化信息时应注意：①将光盘正确安放在光驱托架上，使用光驱面板上按键进出盘；不用光驱时，应及时取出光盘。②光驱读盘时不可强行退盘，应待灯熄后再按出仓键取出光盘。③尽量不用或少用光驱清洁盘。防止盘面毛刷扫过激光头聚焦透镜而使透镜位移形变，从而造成光驱不读盘。不使用贴了光盘保护膜的盘片。

（彭远明）

光盘数据迁移　data migration of compact disc　档案部门定期对光盘数据的整理和复刻的措施。光盘存储技术作为一种新的文献存储手段，具有记录密度高、存储容量巨大、数据传送速度快、保管空间占用小及文献资料的分析、检索和传播极为方便等优点，促使越来越多的纸质文献信息迁移至光盘储存。档案部门使用光盘作为电子文件归档载体时，必须建立定期检测制度，监控归档光盘关键技术指标，适时实施归档光盘的数据迁移。迁移通常利用光盘刻录塔完成，其工作原理是首先从 CD-ROM 或 DVD-ROM 驱动器中读出原盘数据镜像到硬盘上，然后再将数据分多路传输到各个刻录机，控制所有的刻录机同步刻录 CDR/DVDR 盘片。《电子文件归档光盘技术要求和应用规范》（DA/T 38—2008）规定：电子文件采用 CD-R、DVD-R 和 DVD + R 归档时，应使用档案级光盘。档案级光盘可记录光盘中的优选品，其各项指标优于工业标准，归档寿命大于 20 年。

光盘数据迁移中应注意以下 3 个方面。

载体材料寿命　由于保存光盘信息的载体材料的种类不同，预期寿命也会不同。但在某一特定的环境条件下，某种类型光盘的预期寿命是可以知道的。因此产生光盘信息的部门就应首先重视光盘信息载体的质量，要保证光盘信息有较长的存储时间就必须要定点生产光盘，同时为了保证光盘质量，还必须要求光盘生产厂家提供光盘生产中检验结果的原始数据。

依据保存光盘信息的载体材料的使用期限，技术部门还应选择合适的时间进行光盘信息迁移。迁移太早会造成成本高，迁移太晚可能会造成信息的丢失。选择一个比较恰当的时间点来迁移光盘信息，可以高质、高效地保存数据信息，同时避免不必要的浪费。

技术过时　技术过时是比载体材料老化更为严重的问题。由于计算机技术的飞速发展，硬件不断更新换代，软件不断升级，必将导致已存储的文献信息与新的硬件和软件之间的相互不兼容，也许载体材料和记录材料完好如初，但由于技术过时或被淘汰，从而使信息无法读取。同时，新的载体材料在不断出现，文献信息部门应密切关注载体材料的发展动向，及时研究对策，紧密跟踪信息技术的发展，掌握技术淘汰与新旧技术转换的时间。硬件的换代与软件的升级都会影响到光盘信息的存取与迁移，当硬件与软件不再匹配时，信息将无法读取，对于多媒体产品这种情况就更为严重，因此必须准确掌握计算机硬件与软件的发展情况，以决定硬件与软件更新的最佳时机。

存储格式问题　光盘信息采用多媒体方式传送或存储，存储格式多种多样。实际操作中，存储格式比载体材料的种类要多得多，如 RASTER 影像扫描格式就有 37 种，此外还有超文本组织语言格式（HTML）、照片格式（JPEG）、图像格式（TIFF）、动画格式（MPEG）等，这些不同的存储格式之间的转换将给光盘信息迁移带来不便。解决格式转换问题的最好办法是尽量采用通用格式，掌握各种格式的要求，熟悉各种格式的转换条件、转换方法与转换技术手段等。在进行数据存储时，选择较好的数据存储格式将有助于今后的数据迁移，更好的办法是采用统一的标准格式存储（如通用的 ASCII 格式）。

（唐跃进）

《光绪朝朱批奏折》　*Compilation of Memorials to the Throne with the Emperor's Comments in Cinnabar-ink of the Guangxu Era*　中国档案文献汇编。中国第一历史档案馆编纂，中华书局 1995 年 2 月出版。共辑录清光绪元年（1875）至光绪三十四年满汉官员的汉文奏折 9.94 万余件，约 6300 万字。奏折多由光绪一朝的贵胄名臣、著名人物撰写，内容涉及光绪朝的政治、军事、民族、宗教、土地、户口、赋税收支、外贸海关、行政区划、科举学校、刑名律例、天文历法等，中国近代所发生的重要事件如中法战争、中日甲午战争、戊戌变法、洋务运动、八国联军侵华、辛亥革命等在奏折中均有涉及。

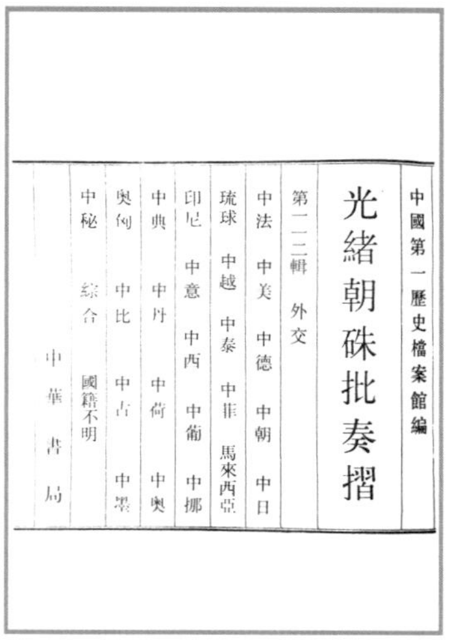
中國第一歷史檔案館編
光緒朝硃批奏摺
第一一二輯　外交
中法　中美　中德　中朝　中日
琉球　中越　中泰　中菲　馬來西亞
印尼　中意　中西　中葡　中挪
中典　中丹　中荷　中奥
奥匈　中比　中古　中墨
中秘　綜合　國籍不明
中華書局

《光绪朝朱批奏折》扉页

采用原馆藏 18 类的体系影印出版，这种编辑方法便于学者按研究的问题查用档案，较省时省力。全书共 120 辑，其中 1～33 辑为内政类；34～65 辑为军务类；66～91 辑为财政类；92 辑为财政类、农业类；93～97 辑为农业类；98 辑为农业类、水利类；99～100 辑为水利类；101 辑为水利类、工业类；102 辑为工业类、商业贸易类、交通运输类、工程类；103 辑为工程类；104 辑为工程类、文教类；105 辑为文教、法律类；106～110 辑为法律类；111～112 辑为外交类；113～116 辑为民族类；117 辑为民族类、宗教事务类、天文地理类、反清斗争类；118 辑为反清斗争类；119 辑为反清斗争类、列强侵华类；120 辑为列强侵华类、综合类。

书中多数奏折是第一次向社会公布。台北故宫博物院已经影印出版了《宫中档光绪朝奏折》，这两份文献的汇编使得光绪朝 34 年中的朱批奏折基本完整，是研究清史最原始、最可靠的必备档案史料。

（安　芳）

《光绪宣统两朝上谕档》　*Imperial Edicts Issued by Emperor Guangxu and Emperor Xuantong*　中国档案文献汇编。中国第一历史档案馆编纂，广西师范大学出版社 1996 年 10 月出版。

收录中国第一历史档案馆馆藏光绪、宣统两朝全部上谕档（原档共 462 册，104 600 页）。光绪宣统两朝上谕档，始自光绪元年（1875），迄于宣统三年（1911），保存完整。其中有部分内容相同的重钞本，编者从中挑选了一套完整而又字迹工整的钞本汇编成书。《光绪宣统两朝上谕档》共 37 册，第 1 册至第 34 册分别为光绪元年至光绪三十四年上谕档；第 35 至第 37 册分别为宣统元年至宣统三年上谕档。

所载文件大都是皇帝交由军机处办理

各类事件过程中形成，既包括明发谕旨、寄信谕旨，也包括与之相关的奏折、奏片、咨文、札文、移会等。文件所记载的内容涉及清代的内政、外交、经济、文化、军事、边疆、民族、宗教等多个方面。光绪宣统两朝是中国近代发生重大事件最多、社会变化最激烈、影响最深远的时期，中国边疆危机、日本侵占琉球、中日甲午战争、戊戌变法、八国联军侵略中国、辛亥革命等重大事件均发生在这一时期，因而《光绪宣统两朝上谕档》的内容十分丰富，从清代最高决策者方面反映了清代光绪宣统两朝全貌。

《光绪宣统两朝上谕档》按年月日编排，原文影印出版。所辑上谕档基本维持了档案形成的时间顺序，以谕旨颁发先后为序，一般的调整仅在同日档案文件之中进行。对原档的考证调整主要依据馆藏《随手登记档》，编者未对原档的错字、衍字等进行改正，编者的调整、校勘、考证以“校勘表”形式说明。

《光绪宣统两朝上谕档》是对光绪宣统两朝上谕的第一次系统公布，与乾隆、嘉庆、道光、咸丰、同治各朝上谕档形成完整的体系，是史学研究重要的一手资料，具有极高的史料价值和收藏价值。

（安　芳）

广播电视档案管理　radio and television archives management　广播电视事业单位（包括广播电台、电视台、广播电视报社、音像出版社、电视剧制作中心、电影制片厂、音像资料馆、广播电视微波总站、有线电视传输中心、中波发射管理中心、广播电视服务中心、广播电视广告中心等）所从事的专业性广播电视档案业务管理活动。广播电视档案是各种广播电视事业单位或其联合体（集团）在从事摄、录、监、采、编、播、管、存等专业活动中形成的，经过整理归档的各种文字、声像、声频、视频、电子等不同形式和载体的历史记录，是重要的媒体资产。其中包括：广播电视宣传档案、新闻宣传报道档案、广播电视节目档案、电影艺术档案、广播电视声像档案、广播电视素材档案等种类。

源流　1986年10月7日，中共中央宣传部、国家档案局发布了《新闻单位宣传报道档案管理暂行办法》（国档联发〔1986〕7号），并于当日开始施行。1991年2月1日，广播电影电视部颁布了《电影艺术档案管理暂行规定》。在1994年12月23日，广电部颁布了《广播电视宣传档案、资料管理办法》，替代了《广播电影电视部宣传报道档案管理暂行办法》。

管理内容　①确定归档范围。在广播电视专业活动中形成的、经过整理归档的各种有价值的稿件、录音带、录像带、照片、新闻影片等，均应归档保存。②整理和归档。各单位的业务部门，要将在广播电视业务工作中形成的各种载体的文件材料的收集、整理、归档工作纳入本部门的工作程序，并作为有关人员的职责。属于归档范围的文件材料，应由有关部门指定专人收集齐全，进行整理，定期归档。③管理和防护。④利用和统计。⑤鉴定和销毁。各单位的档案管理部门，对于保存期限已满的各种载体的档案材料，应根据统一规定和要求进行鉴定和销毁。

管理原则　在管理工作中，应该贯彻集中统一管理的原则。整理、保管好广播电视档案，确保其完整与安全，是各新闻单位的一项重要任务。

法规和标准　广播电视档案管理的相关法规和标准主要包括：《中华人民共和国电影产业促进法》（2016年11月7日第十二届全国人民代表大会常务委员会第二十四次会议通过）、《广播电视安全播出管理规定》（国家广播电影电视总局2009年12月4日局务会议审议通过，现予发布，自2010年2月6日起施行）、《新闻单位宣传报道档案管理暂行办法》（国档联发〔1986〕7号）、《广播电视宣传档案、资料管理办法》（广电部1994年12月23日颁布）、《广电总局关于加强互联网视听节目内容管理的通知》（国家广播电影电视总局2009年3月30日发布实施）、《电影艺术档案管理规定》（国家广播电影电视总局、国家档案局2010年8月1日发布施行）、《广播电视节目档案管理规定》（广发〔2013〕35号）等。

意义和影响　广播电视档案管理是广播电视整体工作的重要组成部分，是一项基础性工作，是维护历史真实面貌的重要工作。广播电视事业发展的根基和基础，在于广播电视档案资料能全面、直观、深刻地反映出社会各个历史时期的不同面貌，具有重要的重复利用价值。广播电视档案管理的重要意义主要表现在：广播电视档案管理，有利于记录广播电视发展、变化的轨迹，在轨迹中发现问题，寻求事物的发展规律，以便更好地提升单位管理水平，开拓广播电视发展局面；广播电视档案管理，有利于促进广播电视和谐健康发展；广播电视档案的规范化管理，对舆论导向和宣传教育效果有着重要的作用。广播电视媒体是党和政府的喉舌，承担着宣传党的路线、方针、政策的重任。

（王英玮）

广东省档案馆　Guangdong Provincial Archives　中国省级国家综合档案馆。馆址在广东省广州市天河区龙口中路128号，于2004年建成启用，率先将档案建筑由过去的封闭引向开放，成为全国第一家开放型档案馆。是广东省政府指定的政府政务信息公开文件查阅场所，省级爱国主义教育基地和全国中小学档案教育社会实践基地。2008年获得了中国土木工程詹天佑奖，2021年获评全国节约型机关。成立于1958年11月；1959年3月，成立省档案局，与省档案馆合署办公；1966年7月，省档案局被撤销，改设省委办公厅档案处，省档案馆对外名称不变；1967年3月，省档案处（省档案馆）由省军管会接管；省革委会成立后，档案工作归口省革委会办事组管理；1975年省革委会办事组档案办公室改为省委办公厅档案处；1979年8月，恢复广东省档案局、档案馆，局、馆合署办公，归口省委办公厅管理；1985年6月，省档案局调整为省政府直属局，由原来归口省委办公厅管理改为省政府领导，省档案馆与省档案局分设，由省档案局管理；1995年1月，省档案局与省档案馆实行“局馆合一”体制；2011年，省档案局（馆）升格为正厅级，是省人民政府管理的事业单位。2018年10月，根据《广东省机构改革方案》，省委办公厅加挂省档案局牌子，不再保留与原省档案馆合并设立的省档案局。

馆藏　馆藏档案主要包括：明清档案、海关档案、民国档案、革命历史档案、中华人民共和国时期档案等。至2022年底，该馆馆藏档案共410个全宗，近124万卷，馆藏资料共11万余卷（册）。还建立了600多个政、军、工商、科学技术、文化教育等各界名人档案，设立了名人档案专库。侨批档案入选联合国教科文组织《世界记忆名录》。

机构设置　广东省档案馆内设办公室、接收保管部、征集整理部、声像部、利用服务部、资政编研部、技术部和机关党委（人事部）等部门。

出版物和评价　建馆以来，共汇编出版（含内部编印）档案史料115种。其中，清末、民国档案史料汇编主要包括：《〈申报〉广东资料选辑》《孙中山与广东》《中国参加关税与贸易总协定起草及关税减让谈判档案史料选编》《黄埔军校史料汇编》《民国广州要闻录——近代广东海关档案·粤海关情报卷》《抗日战争时期广东经济损失档案史料选编》等；中国共产党领导华南人民革命、建设、改革的档案史料汇编有：《广东革命历史文件汇编》《中共东江特委档案选编（1927—1934）》《广东区党、团研究史料》《闽粤赣边区革命历史档案汇编》《华南党组织档案选编（1945—1949）》等。其中，《广东青年运动历史资料》获青运史研究优秀成果资料类一等奖。《广东澳门档案史料选编》《方方文集》《广东区党、团研究史料（1921—1926）》等，其中第一本获中国档案学会档案学优秀成果二等奖、后两本获三等奖。《省情与施政——广东省政府会议录（1925—1949）》《民国广州要闻录——近代广东海关档案·粤海关情报卷》《广东省档案馆藏抗战档案选编》（卷1～3）是国家重点档案开发项目成果。中华民国时期《广东省政府公报》《广州市市政公报》是中华民国时期文献整理出版项目，《黄埔军校史料汇编》（第一辑 第五册）等是国家出版基金项目。《改革开放三十年重要档案文献·广东》（上、中、下）是全国档案编研出版重点项目，被列为纪念改革开放30周年百种重点图书。档案史料汇编图书发挥了存史资政育人的重要作用。（胡继洋）

广西壮族自治区档案馆　Archives of Guangxi Zhuang Autonomous Region　中国省级**国家综合档案馆**。位于广西壮族自治区南宁市星湖路北一里3号。负责集中统一管理、接收自治区党委、人大、政府、政协及自治区直属机关、团体、事业单位档案资料，研究并组织实施馆藏档案的编目、统计、鉴定开放、编撰出版、缩微修复、展陈利用等工作，承担自治区本级政府公开信息查阅利用、爱国主义教育等工作。其前身是1956年设立的广西省人民委员会办公厅档案管理处；1959年8月自治区档案管理局成立，1960年8月20日自治区档案馆成立，11月25日正式开馆，局、馆合署办公；1969年12月，自治区档案馆机构被撤销，在自治区革命委员会办事组第二秘书小组下设档案业务组，负责管理原档案馆馆藏档案；1973年8月恢复档案局；1976年10月档案局再次被撤销，恢复设立自治区党委办公厅档案处；1980年7月恢复自治区档案局，局、馆合并设置，归自治区党委办公厅管理；1985年9月调整为自治区人民政府的文化事业机构，归自治区档案局管理；1995年12月，自治区档案馆与自治区档案局合并，一个机构两块牌子，由自治区党委办公厅管理；2018年10月，自治区档案局（馆）行政职能划归自治区党委办公厅，保留自治区档案局牌子。自治区档案馆仍作为事业单位，由自治区党委办公厅管理。

馆藏　馆藏有**清代档案**、中华民国时期档案、革命历史档案和中华人民共和国成立以来广西省（区）直机关和企业事业单位、个人档案，共设376个全宗，629 030卷、947 445件。清代档案包括清光绪五年（1879）至宣统三年（1911）档案68卷，内容涉及清代边务、自治、警政、铁路、农桑、教育、捐税等。中华民国时期档案包括民国初期、北洋时期和国民党统治时期历届广西政权机关、党派团体、海关、银行、企业等单位形成的档案25 097卷。革命历史档案包括中共广西特委、广西省委、中国工农红军第七军和第八军以及广西各地党组织、游击队等形成的档案107卷，百色起义档案史料于2003年入选《**中国档案文献遗产名录**》。中华人民共和国成立后的档案是中共广西壮族自治区委员会（中共广西省委）、广西壮族自治区人民政府（省人民政府、自治区人民委员会）及其直属机关、团体、企业事业单位工作和生产活动的真实记录。

机构设置　馆内设办公室（人事处）、收集保管部、编研利用部、保护技术部、电子档案管理部、鉴定部、宣传科研部和机关党委等部室。馆藏档案已完成数字化5825余万页。向国内外读者开放利用，提供咨询服务，并逐步在互联网上开放**档案目录**。

出版物和评价　自成立以来，先后编辑出版了各种档案史料32种68册。主要有《邓小平与广西》《民国时期西南边疆档案资料汇编·广西卷》《中国抗日战争全景录·广西卷》《红色广西——纪念中国共产党在广西建立组织90周年》《广西改革开放以来重要文献选编（1978～2018）》《左右江革命根据地资料选辑》《广西壮族自治区档案馆藏抗战档案选编》等。

《邓小平与广西》封面

除了红色革命文化资料，还注重对中国与东盟国家友谊关系的研究，编辑出版了展示中国与东盟国家友谊的档案史料，主要有《胡志明与广西》《中越友谊的历史见证——广西南宁育才学校资料选编》《中越友谊的历史见证——广西桂林育才学校资料选编》《中老友谊的历史见证——南宁“六七”学校资料选编》《中越友谊的历史见证——阮文追学校资料选编》等。（覃兰花）

广州市档案馆　Guangzhou Archives　中国副省级国家综合档案馆。现位于广东省广州市番禺区大学城档案馆路33号。成立于1959年11月26日，时与广州市档案管理局合署办公，位于广东省广州市越秀区法政路30号市委大院内，为市委直属单位。“文化大革命”期间，广州市档案馆被撤销。1976年2月，恢复广州市档案馆，与市委办公厅档案处合署办公。1985年10月调整档案工作领导体制，广州市档案局（馆）既是市委机构又是市政府机构。1995年11月被国家档案局评为国家一级档案馆。2009年9月，更名为广州市国家档案馆。2012年12月，从市委大院迁至现址。2019年1月机构改革后，广州市档案局和广州市国家档案馆分置，广州市国家档案馆为市委直属正局级事业单位。2022年4月，再次更名为广州市档案馆，负责接收和保管广州市直属机关、人民团体、国有企业事业单位和其他组织档案，历史资料和政府公开信息；开展**档案征集**、编研、展览、信息化、宣传教育和利用服务工作。

馆藏　截至2022年12月，馆藏纸质档案总量113.26万卷，其中民国档案8.8万卷；文书档案27.46万卷；婚姻、公证、诉讼、社保、医保等专业档案20多个门类77万卷。馆藏有名人名家艺术作品、公务礼品、民国时期证章等实物档案2.1万多件，有海内外电影片和有关广州历史的声像纪录片1.5万多部，有各类照片100多万张。馆藏档案已建立起完整的案卷级、文件级目录数据库，民国档案及公证、社保、医保等专业档案已100%数字化，馆藏整体数字化率已达80%。中山纪念堂建筑设计图纸档案2002年入选首批《中国档案文献遗产名录》。

机构设置　馆内设办公室、接收整理部、保管利用部（挂广州市政府信息公开查阅中心牌子）、档案鉴定部、档案编研部、档案数据部、声像档案部、人事部（机关党委）等部室以及下属事业单位广州市档案发展中心（广州市音像资料馆），该中心拥有独立演播大厅和声像档案利用室，可开展口述历史录制，提供对外利用服务。

出版物和评价　该馆自2010年以来，出版《人文广州》系列丛书、《百年记忆清代广州》《广州美术家档案》《侵华日军在广州暴行录》《民国时期历任市长档案选编》《广州城市传统中轴线（近代）标志性建筑档案选编》《敢为人先 砥砺前行——中国共产党在广州的百年奋斗》《民国时期广州公共卫生防疫档案选编》等50余部专著、编研成果，多次获得全国、省、市优秀档案编研成果奖。主办的《广州档案》创刊于1983年，主要刊发档案学术论文、行业动态、经验交流等文章，曾在国内、国际公开出版发行，多次获评广州市优秀期刊，2019年初停办。 （蒋年平）

归档 archiving records 文书处理部门或业务部门将办理完毕的有保存价值的文件，经系统整理后定期交由本机关档案室（馆）保存的活动。归档的目的是将有价值的文件源源不断地从文书处理部门或各业务部门汇聚到机关档案室（馆），为档案工作奠定坚实的基础。归档需要依照归档范围与归档时间进行，要符合归档要求，履行归档手续。

归档范围 一般情况下，凡是反映本机关职能活动、已经办理完毕、具有查考利用价值的文件都应予以整理归档。

机关文件材料的立卷范围 ①反映本机关主要职能活动和基本历史面貌的，对本机关发展、国家建设和历史研究具有利用价值的文件材料。②机关工作活动中形成的在维护国家、集体和公民权益等方面具有凭证价值的文件材料。③本机关需要贯彻执行的上级机关、同级机关的文件材料，下级机关报送的重要文件材料。④其他对本机关工作具有查考价值的文件材料。

企业文件材料的立卷范围 ①反映本企业在研发、生产、服务、经营、管理等各项活动和基本历史面貌的，对本企业各项活动、国家建设、社会发展和历史研究具有利用价值的文件材料。②本企业在各项活动中形成的对维护国家、企业和职工权益具有凭证价值的文件材料。③本企业需要贯彻执行的有关机关和上级单位的文件材料，非隶属关系单位发来的需要执行或查考的文件材料。④社会中介机构出具的与本企业有关的文件材料，本企业下属企业和控股企业报送的重要文件材料。⑤有关法律法规规定应归档保存的文件材料和其他对本企业各项活动具有查考价值的文件材料。

归档时间 文书立卷部门或各业务部门向本机关档案部门移交归档文件的时间。根据《机关档案工作业务建设规范》的要求，机关文件处理部门或各业务部门应在次年6月底以前，向档案部门移交整理完毕的归档文件。除机关管理类文件材料，一些专门文件、不同载体的文件等应根据其他有关规定执行，如教学文件可以按照教学年度移交，会计文件可以在会计部门保存一年后移交，照片文件也可随时移交。

归档要求 针对归档文件的质量要求。依照有关规定，归档文件材料质量的整体要求是：反映文件材料的自然形成规律和特点，保证文件的齐全、完整，维护文件之间的有机联系，区别不同价值，便于保管和利用。移交归档文件时，档案部门应按照上述要求对归档文件进行认真仔细的核查，查看归档文件的整理结果是否符合规范。对不符合规范的，不得接收，应退回文书处理部门或者各业务部门重新按照归档要求整理之后，再行归档移交。档案部门通常不应接收未经文书处理部门或者各业务部门有序化整理的零散文件材料。

归档手续 文书处理部门或各业务部门向档案部门移交案卷（卷盒）时，经档案人员审查无误之后，交接双方须在移交凭据上签注姓名、时间，以示负责。

①检查案卷（卷盒）中是否属于归档范围的文件，是否符合归档要求，是否与归档文件移交目录上登录的内容、形式、数量等相一致。通过严格核查和比对，保证归档文件的质量。②对检查无误的案卷（卷盒）办理移交手续，即双方都在归档文件移交目录上签字。移交目录一般一式三份，交接双方各执一份留存备查，第三份可由档案部门归入**全宗卷**，或者由档案部门装订成**归档文件目录**，作为归档文件的检索工具。

归档手续办理完毕后，文件管理阶段结束，文书处理部门或业务部门承担的文件管理任务已全部完成。档案管理阶段正式开启，档案部门成为归档文件管理的主控部门，按照档案管理要求开展档案信息资源的开发利用工作。因此，归档又被看成是文件管理与档案管理工作的分水岭。 （杨 霞）

归档文件目录 directory of archival records 以全宗为单位编制的所有归档文件名册。同一个全宗有一式数套归档文件目录的，只填报一套的数量。

编制要求和方法 著录项目包括：件号、责任者、文号、题名、日期、页数、备注等。①件号。填写室编件号。件号在最低一级类目中从“1”开始编写。不得重复，不得编附号。②责任者。制发文件的组织或个人，即文件的发文机关或署名者。责任者必须是文件的署名者，而不是承办者。它可以是一个或几个机关，或一个或几个人。填写时要注意三个问题：一是填写时一般使用全称或通用简称，不能使用“本单位”“本科”等含义不明、难以判断的简称；领导讲话填写领导姓名。二是联合发文时，填写文件主办的单位全称，即编文号的单位。三是有些“白头文件”可能出现未署责任者的情况，编目时应依据文件内容加以考证并填写，并加“〔 〕”。③文号。即发文的字号，是由发文机关按发文次序编制的顺序号，一般由机关代字、年度、顺序号组成，填写文号项时应照实著录，代字、年度、顺序号（包括括号的形式）都不能省略（不能变）。文号栏内不得填写诸如“会议文件之一”等文件顺序号，亦不得填写“情况反映”等刊物名称。④题名。即文件标题。一个完整题名由责任者、问题、文种三个部分组成。填写题名时应注意几个问题：一是当文件只有一个题名时，填写应照实著录；二是当有的文件还有副题名或并列题名时，如果正题名能够反映文件内容，副题名一般不须著录，并列题名在需要时与正题名一并著录；三是当文件没有题名，或题名含义不清，不能提示或不能全面提示文件内容时，应重新拟写或补充标题，并在新拟或补充标题之外加“〔 〕”号；四是当会议记录须重拟题名时，应写明会议的时间和主要内容；五是当正件与附件为一件时，正文仅仅是一些原则性的东西，而附件是具体的条文，这时附件的题名应同时著录，外加“（ ）”号。⑤日期。文件的形成时间，以8位阿拉伯数字标注年月日，如19990909。有的文件材料有年无准确月日的，如2007年的一份材料可填写为20170000。未注明日期的文件，应根据文件内容加以考证，考证的时间加“〔 〕”号。⑥页数。每件文件的总页数。归档文件整理过程中无须对每件文件重新编页码，只须将页数相加作为该件文件的页数。计算页数时以文件中有图文的页面为一页，有的文件落款“此页无正文”，然后就是文件落款时间，这样的情况同样也算一页，空白页不计。有些大张的统计表折叠后仍按未折叠前的图文页面数计算页数。多份文件作为一件时，按各文件页数相加在一起计算。⑦备注。注释文件须说明的情况。填写归档文件需要补充说明的情况如文件的缺损、修改、移出、销毁等，如内容太多可在备注栏内加注“*”号，将具体情况填写在盒内备考表中。

法规和标准 归档文件目录编制遵循的主要法规和标准依据是《归档文件整理规则》（DA/T 22—2015）。

意义和价值 归档文件目录是对归档文件进行有效管理、统计和检索的必要工具。 （王英玮）

《归档文件整理规则》 *Arrangement Rule of Archival Records* 中国规范归档文件整理的一项基础性档案工作行业标准。以下简称《规则》。中华人民共和国国家档案局档案馆（室）司起草，国家档案局于 2000 年 12 月 6 日首次发布，2001 年 1 月 1 日起正式实施。标准编号为 DA/T 22—2000。适用于各级机关、团体和其他社会组织。2013 年，启动了本标准的修订工作。2015 年 10 月 25 日，国家档案局发布了经国家档案局档案馆（室）业务指导司修订的《归档文件整理规则》，标准编号为 DA/T 22—2015，并于 2016 年 6 月 1 日实施，同时代替 DA/T 22—2000。

DA/T 22—2000 的实施提升了档案整理工作的质量，有力推动了立卷改革的顺利开展。修订后的 DA/T 22—2015 在形式上，对标准的总体编排和结构进行了调整，增加了封面、前言和规范性引用文件；内容上，主要围绕将电子文件整理纳入适用范围、优化整理流程、增加档案内容、明确装订要求等核心内容展开，同时对归档章设置、页码编制等工作中常见的问题提出解决方案，力争使修订后的标准更加符合归档文件整理实际和档案管理现代化的要求。

主要内容有 8 条：①范围。规定标准适用于各级机关、团体、企事业单位和其他社会组织对应作为文书档案保存的归档文件的整理。②规范性引用文件。列出对于标准的应用必不可少的文件。③术语和定义。包括归档文件、整理、件、档号，分明注明其定义。④整理原则。规定归档文件整理应遵循文件的形成规律，保持文件之间的有机联系，同时应区分不同价值，符合**文档一体化**的管理要求，保证纸质文件和电子文件整理协调统一等原则。⑤一般要求。分别对组件、分类、排列、编号、编目做出具体要求。⑥明确纸质归档文件的修整、装订、编页、装盒和排架工作的具体内容和要求。⑦归档电子文件的整理要求。对归档电子文件组件（件的组织）、分类、排列、编号、编目做出具体要求，对归档电子文件的格式转换、元数据收集、归档数据包组织、存储等整理提出执行标准，明确归档电子文件整理应符合的指南和标准。⑧附录。其中附录 A 是规范性附录，附录 B、附录 C、附录 D、附录 E 是资料性附录。

《规则》对中国传统的文书**立卷方法**进行了改革，弥补了中国档案工作法规标准体系中归档文件整理工作方面的空白，提高了档案工作效率，推动了档案工作标准化和规范化建设，加快了档案管理现代化进程。（董丹华）

规定 provision 对某方面工作具有约束力的行政法规。国家权力机关或行政机关依照政策和法令制定、发布，用于对某一方面的工作作比较具体的规定。是从属于法律的规范类文件，具有很强的强制力。规定应当遵循已确定的立法原则，符合宪法和法律的规定。（王 健）

匭函投书 Submission of Documents into the Guanhe Box 中国古代朝廷接受臣民文书的投递方式。匭函，意为箱匣，为设置在官府里的意见收集箱。匭函投书实行于唐宋时期。武则天垂拱初年，为了开言路收揽人心，遍知天下事，侍御史鱼承晔之子鱼保宗请求铸造匭函以收天下密奏。垂拱二年（686）三月，武则天下令以铜为匭，四面各置小门，对应春夏秋冬，涂以黑红白青等色。东面称"延恩"，上赋颂及求官爵者投之；南面称"招谏"，有言朝政得失者投之；西面称"申冤"，有冤情申诉者投之；北面称"通玄"，观天象、灾变及军机秘计者投之。此匭每天放在朝堂之上，由正谏、补阙、拾遗等理匭使掌管，广收天下表疏。

设置匭函的朝堂称为匭院，隶属中书省，以御史中丞、侍御史一人充任理匭使，总管院事，并派谏议大夫和补阙、拾遗按日轮班掌管。每日清晨将匭函从内廷移至朝堂，日落则将匭函移回内廷，并将所有投书呈送给皇帝处理。匭院的设立，为当时朝廷及时了解民情提供了便利。唐天宝九载（750），以理匭使为献纳使，不久又恢复旧貌。宋代沿用此制，名称有所不同，比唐代更为完备。到南宋，这个制度已经名存实亡。（郑 慧）

国际档案大会 International Congress on Archives **国际档案理事会**定期举办的国际性会议。国际档案大会是国际档案理事会各项活动中规模最大、带有标志性的集学术研究、业务交流和会务决策于一体的综合性会议。1950 年在法国巴黎召开第一届大会，每三年举行一次；从 1956 年起，每四年举行一次。开会的时间和地点由理事会代表大会决定，2000 年以前历届大会主席均由上届理事会主席担任，2000 年之后大会主席通过选举产生，理事会所有会员都可参加档案大会，联合国教科文组织、非会员国和其他组织也可派代表出席。到 2016 年已举办了 18 届大会。国际档案大会通常以各国档案工作共同面临的重大问题作为中心议题，进行讨论和交流。大会还要接纳新会员，改选国际档案理事会的正、副主席和执委会委员，有时还根据需要修改会章。它为各国**档案工作者**之间进行业务交流、讨论以及相互接触提供了良好的机会，同时也为大会东道国加强与各国档案工作者和**档案机构**之间的密切联系创造有利条件。大会关于档案专业问题的决议和建议具有权威性，尽管对成员国没有约束力，但对促进各国档案事业的发展具有积极的影响。

根据规定，每届国际档案大会包括：①国际档案理事会会员大会会议。②即将卸任的执行委员会的一次会议和会员大会新选出的执行委员会的一次会议。③提名委员会会议和决议委员会会议。④为参加大会的全体档案专业人员、执行委员会和大会组织委员会邀请的来宾安排专业讲演、文件宣读、讨论会和展览会等活动。大会曾讨论过档案术语的统一、档案鉴定的标准、**档案整理**的方法、档案馆建筑与设备、**档案修复技术**、**档案开放**的期限、档案的国际交流、档案的利用、现代文件膨胀对档案馆的挑战、新型档案的特点和管理、信息时代档案工作者的职业等问题。

国际档案大会在规模上远远大于每年例会，并且更加开放，与会成员不需要前期注册。大会学术活动日程规划由国际档案理事会项目委员会领导，该项目委员会由来自国际档案理事会和主办国的代表组成。大会旨在获取过去四年文件和**档案管理**的最佳案例，组织论坛并为未来档案工作发展指出方向。参加国际档案大会的文件与档案管理专家通常在 2000 名左右。会

第十三届国际档案大会会场

期 3～5 天，形式包括研讨会、演讲、小组讨论，以及更小的论坛。发言人包括最突出的理论家和国际范围的实践者，代表了 ICA 成员多元化的特点。参与者包括来自各个国家和地区的档案工作者和文件管理者，档案界新人也可以参加和展示报告。大会是学习新产品和创新的场所，也为参会者提供了参观档案机构、了解更多信息的机会。（黄霄羽）

国际档案理事会 International Council on Archives; ICA 具有广泛代表性的、中立的、非政府的国际档案专业组织。总部设在法国巴黎。1946 年 9 月，联合国教科文组织美国委员会提出“联合国教科文组织档案计划提案”。1946 年底，联合国教科文组织在巴黎召开的第一次大会响应了美国的提案。1947 年夏，美国档案工作者协会主席 S.布克建议成立国际档案组织。1948 年 6 月 9 日，联合国教科文组织在巴黎主持召开了档案专家会议，国际档案理事会正式成立，选举法国档案局局长 C.萨马兰为首届主席。1950 年 8 月 21～26 日，第一届国际档案大会在巴黎召开。截至 2023 年 12 月，此理事会已拥有来自 161 个国家和地区的 2000 多名成员。中国于 1980 年向国际档案理事会提出申请，并被接纳为会员国。1996 年 9 月，中国在北京主办了第十三届国际档案大会。

理事会的机构设置主要有：①国际档案理事会会员大会。理事会的最高权力机关，每 4 年召开 1 次，负责讨论理事会的一切管理和活动事宜。②执行委员会。理事会的常设领导机构，在国际档案大会闭会期间享有最高领导权，在大会闭会期间每年召开一次年会（见国际档案理事会年会）。③项目管理委员会。由理事会副主席领导，负责促进理事会的专业和技术项目，监督地区分会、专业处和专业委员会。④审计委员会。由 1 名内部审计人员和 4 名由年度代表大会选举的成员组成，负责对理事会项目开展及内外部交流进行评估，向执行委员会和年度代表大会报告。⑤国家档案局（馆）长论坛。⑥国际档案发展基金（FIDA）。⑦秘书和财务处。负责日常行政事务，保持会员之间的联系，开展与相关机构和其他国际组织的合作。⑧地区分会。截至 2015 年，理事会有阿拉伯地区分会、东南亚地区分会、东南非地区分会、加勒比海地区分会、西南亚地区分会、西非地区分会、太平洋地区分会、拉丁美洲档案协会、中非地区分会、东亚地区分会、欧亚大陆地区分会、欧洲地区分会、北美档案网 13 个地区分会。⑨专业处。按业务领域把同类的档案工作者和档案机构组织到一起，包括教育培训处、公证文件临时处、建筑档案处、企业档案处、国际组织档案工作者处、教会和宗教档案处、文学艺术档案临时处、城市档案馆处、文件管理和档案专业协会处、体育档案临时处、议会和政治团体档案处、大学和研究机构档案处、印记学档案临时处 13 个专业处。⑩专业委员会和工作组。包括评估委员会、温带气候档案馆建筑委员会、档案法律事务委员会、科技档案委员会、现行电子文件委员会、现行传统文件委员会、著录标准委员会、信息技术委员会、文献档案委员会、口头传说委员会、读者和利用者服务委员会、温带气候保管委员会、热带气候保管委员会、专业训练委员会、印记学委员会 15 个专业委员会，以及编辑部、档案和人权工作组 2 个工作组。

国际档案理事会会员分 4 类，其中 A、B、C 类为机构会员，A 类是中央或国家级档案机构会员；B 类是国家或国际专业协会或组织会员；C 类是除 A 类和 B 类会员之外，与文件、档案管理和保护或档案培训、教育有关的机构会员。D 类是个人会员。

理事会的主要活动包括：召开国际档案大会；在中央或国家级档案机构类会员和专业协会类会员多数共同请求下召开特别大会；通过各种专题讨论会和国际性的专业调查；探讨和推广档案领域的新技术、新材料和新措施；介绍各国档案馆馆藏；宣传档案工作意义；培训档案专业人才等。

国际档案理事会为各国档案同行交流经验、研讨共同关心的问题创造了有利条件，大大促进了档案学和档案工作的深化和发展。国际档案理事会是档案发展领域唯一的国际性咨询机构，是联合国教科文组织的甲类咨询会员，与联合国教科文组织、欧洲委员会等政府间国际组织以及国际蓝盾委员会（the International Committee of the Blue Shield; ICBS）等其他非政府组织保持着密切的联系。其宗旨是通过国际合作，促进档案学的发展；保护人类的档案遗产不受损害；鼓励人们利用和研究档案；协调档案管理的国际活动。

理事会的出版物有 5 类：①期刊。包括《逗号》《ICA 快讯》《国际档案理事会通报》、各专业委员会公报及各地区分会杂志。②年鉴。③指南。包括《欧洲财富》《拉丁美洲史料指南》《北美、亚洲和大洋洲史料指南》《亚洲史料指南》等。④论著。包括《档案材料的保护与修复》《档案馆建筑与设备手册》《档案法示范草案》等。⑤工具书。包括《档案术语词典》等。

（黄霄羽）

国际档案理事会东亚地区分会 East Asian Regional Branch of the International Council on Archives; EASTICA 国际档案理事会地区分会之一。1992 年，中国、日本、韩国等在蒙特利尔举行的第 12 届国际档案大会上发起建立国际档案理事会东亚地区分会。1993 年 7 月，EASTICA 在北京成立。东亚地区分会有 7 个 A 类会员（国家/地区级档案馆），9 个 B 类会员（国家/地区级档案协会），19 个 C 类会员（与档案和文件管理有关的机构）和 2 个 D 类会员（个人会员）。中国共有 12 个档案机构和协会加入了东亚地区分会。到 2017 年底，EASTICA 已召开 13 届年会。

EASTICA 是为了实现国际档案理事会的总体目标而设立的，目的是建立、保持并加强本地区档案工作者之间以及相关机构和组织间的联系；采取一切措施保护和保管好本地区的档案遗产，进一步促进档案管理和保护的发展；鼓励开放、利用本地区档案；促进、组织并协调本地区档案领域的活动；主办本地区档案工作者的专业培训；同其他与保存人类经验的文献机构和提供文件为人类服务的有关机构合作；就本地区各成员国共同感兴趣的主题组织研讨会、座谈会和其他会议。

EASTICA 的内部组织包括大会、执行委员会和秘书处。执行委员会可根据工作计划要求建立各种专业委员会。

大会每两年召开一次，如遇特殊会议可在执行委员会召集下或至少在 2/3 的有选举权会员的要求下召开。所有会员都有权参加。大会的职责范围包括：决定 EASTICA 的方针和活动、按执行委员会的要求接收并讨论会员们定期提交的报告、选举执行委员会成员并推荐任命主席。

EASTICA 的执行委员会委员由大会从有选举权会员任命的代表中选出，由一位主席、一位副主席、一位秘书长和一位司库以及其他会员组成。执行委员会委员的任期从选举他们的大会闭幕之日起至下届大会闭幕为止，在职委员可再次当选同一职位，但在同一职位连续任职不得超过两届。执行委员会委员的职责包括：准备大会议程并制订工作计划和预算；实施大会通过的计划；吸收新会员；决定大会召开方式的规章制度。执行委员会至少一年开一次会，并可以在主席的召集下或在执行委员会大多数成员的要求下召开特别会议。执行委员会有 2/3 委员出席会议即构成法定人数。秘书处的秘书长是秘书处的行政领导，对主席和执行委员会负责，负责管理并保管 EASTICA 的所有财产。此外，EASTICA 至少每年出版一份档案杂志或通讯。（黄霄羽）

国际档案理事会年会 Annual Conference of ICA 国际档案理事会在国际档案大会闭会期间每年召开的国际会议。根据2012年在澳大利亚布里斯班召开的国际档案大会上通过的新章程的有关规定，国际档案理事会决定取消国际档案圆桌会议，改为国际档案理事会年会，在不召开国际档案大会的年份，每年举办一次年会，参会对象不再局限于圆桌会议的代表，而是面向全球所有的档案同行，旨在加强国际档案理事会各会员间的交流与沟通。年会由3个核心要素构成：管理会议、专业议程会、国家档案馆馆长论坛。副秘书长连同组织者、项目委员会及国际档案理事会秘书处等，支持年会和项目内容的制定。项目委员会成员在特定领域的专家、东道主国家、相应部门或机构的帮助下，决定会议主题和内容，最终会议日程来源于国际档案理事会和相关学科的教育工作者及专业人士的贡献。

国际档案理事会的成员已遍布198个国家和地区，这也带来了不同地区的共同职业利益和不同档案传统等一系列问题。项目委员会将年会的重点放在关键的专业问题和工作上，在支持成员工作的基础上，代表档案及文件管理利益，在国际文化、文化遗产、政府及技术代表机构和组织方面提供建议，开发解决方案和产品，所有关乎国际档案理事会工作的问题都将在会议期间被提出、讨论和开发，提出新举措。

国际档案理事会首届年会于2013年11月23～24日在比利时布鲁塞尔举行，会议主题是“问责制、透明度和信息利用”，共有100个国家和地区的500多名代表参加。第二届年会于2014年10月11～15日在西班牙赫罗纳举行，会议主题是“档案与文化产业”，来自91个国家和地区的900多人参加了会议。第三届年会于2015年9月28～29日在冰岛首都雷克雅未克举行，会议主题是“档案——证据、安全和人权：确保可靠的信息”，共有来自70多个国家和地区的480多人参加了会议。第四届年会于2017年11月27～29日在墨西哥首都墨西哥城举行，会议主题是“档案，公民和跨文化主义”，共有来自83个国家和地区的500多名代表参加。第五届年会于2018年11月26～28日在喀麦隆首都雅温得召开，来自152个国家和地区的近千名代表参会，会议主题是“档案：治理、记忆和遗产”。第六届年会于2019年10月21～25日在澳大利亚阿德莱德召开，主题为“档案设计”。第七届年会原定于2020年在阿布扎比召开，因新型冠状病毒肺炎（新型冠状病毒感染）疫情延期至2021年11月16～20日线上举行，主题为“赋能知识社会”。第八届年会于2022年9月13～23日在意大利罗马召开，主题为“档案跨越鸿沟”。 （黄霄羽）

国际档案日 International Archives Day 国际性的档案宣传活动日。国际档案理事会将每年的6月9日定为国际档案日。中华人民共和国国家档案局决定自2013年开始将每年6月9日的国际档案日也作为中国的档案宣传活动日。

2004年，维也纳第15届国际档案大会曾提出议案呼吁联合国设立国际档案日，当时有2000名与会者赞成该提议。2005年，在巴黎召开的第33次联合国大会宣布将10月27日定为世界音像遗产日，这项决定有助于提升公众对音像档案价值的认识，也进一步突显出设立国际档案日的必要性。2007年，国际档案理事会在年会上提出议案，将其成立日6月9日定为国际档案日。最终该项决议被执行委员会通过并在档案界推行。

苏州档案馆国际档案日活动

国际档案理事会设立国际档案日主要有两点原因：①为了推动社会公众认识档案和关注档案事业。档案是人类文化遗产和信息资源的组成部分，是人类社会、经济和政治发展的有效见证。但在现实生活中，社会公众对档案的认知不多，常常把档案馆与图书馆混淆。社会公众对档案了解不充分，不太关注档案事业，在一定程度上妨碍了档案事业的发展。②为了加强自身宣传，增强档案专业及档案专业组织的国际影响。国际档案理事会选择自身的成立日作为国际档案日，既可纪念理事会的成立时间，又能让这一特定时间具有更重要的标识意义和更普遍的国际影响。总体而言，设立国际档案日的初衷是向社会宣传档案，增强公众的档案意识，激发公众利用档案的兴趣，最终促进档案事业的发展和社会对档案专业的认同。

国际档案理事会设立国际档案日的同时便明确其目标：①通过宣传教育，提升社会公众的档案意识，让其了解档案对个人切身利益和社会的长远价值。②促使档案高级决策者通过制定档案政策，更大程度地发挥档案在构建和谐社会中的作用。③教育公共部门和私人机构认识到档案长期保管和有效利用的必要性。④着重宣传特色档案、重要档案和孤本档案。⑤借助展览使文件和档案的表达形式更直观，增强可视化效果。

设立国际档案日既能推动各国档案事业的发展，也能使各国执政者相信有效的档案保管是优化政府管理、提高执政透明度、明确责任的前提，还能帮助公众了解档案保管是积累国家和社会记忆的重要手段，促进他们广泛利用档案。此外，设立国际档案日有助于档案馆、档案人员乃至档案专业树立良好的公众形象。对于那些没有设立国家档案日的国家来说，国际档案日可为其提供开展档案宣传和增强社会档案意识的契机；而对那些已经有国家档案日的国家来说，国际档案日也能为其创造强化档案宣传和不断促进档案事业发展的更多机会。国际档案日提供了一个宣传档案和档案工作、展示档案部门和档案专业形象、开展档案界与社会互动的良好契机，档案机构和人员应借此契机加强交流与合作，推出更多内容丰富、形式多样的活动，吸引更多的公众关注档案和档案工作，充分发挥档案的价值和档案馆的社会服务功能。 （黄霄羽）

国际档案圆桌会议 International Conference of the Round Table on Archives; CITRA 各国最高档案机构领导人定期会晤的国际组织平等、对话的协商会议。1954年4月，在时任国际档案理事会主席的法国档案局局长C.布莱邦的建议下，第一次国际档案圆桌会议在巴黎举行，之后在国际档案大会闭会期间每年召开一次会议。1964年第5届国际档案大会决定将其作为国际档案理事会的附属会议，但仍保持一定独立性，直到2012年被国际档案理事会年会所取代。

国际档案理事会会章规定：参会代表必须是国际档案理事会的中央或国家级档案机构类会员，因此一般限于各国国家档案馆的领导人、全国档案专业协会的负责人和理事会各专业处的主席。会议宗旨是探讨国际上共同关心的档案学发展的问题。设有执行局，由会议选举产生的主席、秘书、理事会的执行秘书和下次会议的东道国代表各1名组成，负责行政和财务管理，编辑出版历次会议的文件集，并在来自不同地区的3～5名顾问协助下制订下次会议议题和工作计划。

会议议题大体可分为七大类：①关于档案的概念和档案工作的基本术语。②关于档案工作者的职责、教育和培训。③关于档案的利用和作用问题。④关于档案馆的性质、任务及与图书馆、博物馆、情报部门的关系。⑤关于档案馆的建筑和档案保护。⑥关于应用现代技术的问题。⑦其他涉及国际档案圆桌会议的职能、档案的国际合作以及各种国际组织的档案管理问题等。

圆桌会议主要讨论国际档案界共同关心的重大业务问题，对发展档案学理论和档案事业有积极的推动作用，使各国档案界对档案在行政管理和学术研究中作用的认识更加深入。与其他国际档案组织会议不同，圆桌会议规模较小，人员少，讨论问题更加集中。各国档案界的领导人聚集在一起讨论共同关心的问题，使讨论易于深入和取得一致认识。国际档案理事会会章规定，圆桌会议可把讨论的具有普遍性的问题形成提案，提交国际档案大会作进一步研究和推广。 （黄霄羽）

国际文件管理者和指导者协会 Association of Records Manager and Administrators International; ARMA International 世界范围以信息为战略资产的非营利性专业协会。成立于1955年。到2015年，已有2.7万余名会员，包括文件与信息管理者、信息治理专家、档案工作者、企业图书馆员、影像学专家、法律专家、IT经理、顾问以及教育工作者等。会员分布在各行各业，如在美国、加拿大等全世界超过30多个国家和地区的政府、法律、医疗保健、金融服务、能源等行业。协会与国际档案理事会、美国工作者协会、文件管理者认证协会等保持长期的联盟和伙伴关系，目标是在信息管理领域树立市场信誉和领导力，并发展自己的业务模式和运营结构以实现在全球信息管理市场的快速渗透。

协会提供的资源有：立法监管更新、标准与最佳实践、技术发展趋势及应用、生活和网络教育、市场新闻与分析、文件与信息管理的教学资料、信息管理专业领域的全球网络资源等。此外，协会出版双月刊《信息管理》，同时开发和出台与文件管理相关的指导方针和标准，并在国际文件管理标准ISO-15489的制定中起到关键作用。 （黄霄羽）

《国家档案法》 *National Archives Law* 法国1979年通过的一部档案根本法。又称新档案法。1979年1月3日经法国国民议会和参议会通过、总统签署的一部档案根本法。因其废除和取代了法国以往所有的档案立法，故又被称为“新档案法”。后于1983年、1986年进行补充、修订。

档案法涉及档案事业发展全局，同时涉及公共档案与私人档案。共6章36条，第一章为总则，规定档案的定义，并肯定保管档案的作用，确定公职人员保守档案机密的职责。第二章为公共档案，确定了公共档案的范围：①国家和地方机关、公共机构、公共企业在活动中形成的文件。②负责管理公共事业或该事业中某项业务的私人机构在活动中形成的文件。③公务助理人员或司法助理人员的文件原本和目录，同时规定了产生文件的单位对移交、销毁、利用和对外开放自身档案的权限，以及移交到公共档案馆的档案开放期限。第三章为私人档案，规定私人档案是国家历史文化遗产的组成部分，国家有权对具有历史意义的私人档案进行登记管理，已经登记的私人档案禁止销毁，施行留置权和优先购买权。第四章为公共档案和私人档案的通则。第五章为惩处条款，对违反档案法的人实行刑事处罚或经济制裁。第六章为其他条款，对有关档案的其他法规进行废除或补充。

该法总结了法国档案工作的经验，为档案事业的未来发展创造了条件。扩大了档案概念和公共档案的范围，加强了对包括私人档案在内历史文化遗产的保护，继承了档案开放原则的传统，强调从公共利益出发向公众提供利用。是一部承前启后的现代档案法。 （黄霄羽 吴体乾）

国家档案局档案干部教育中心 Archival Cadre Education Center of National Archives Administration of China 中国国家级档案干部教育培训机构。1988年4月经中华人民共和国劳动人事部和国家档案局批准成立，是国家档案局中央档案馆直属唯一的全国性档案干部教育机构。从事档案专业岗位技术技能培训和档案继续教育。建有全国档案干部教育培训师资库。

职能和主要任务 按照全国档案事业发展规划，面向全国各级各类档案部门开展档案人员岗位培训和档案专业继续教育，为国家档案事业发展提供人才保障和智力支持。主要任务为：①根据全国档案事业发展规划、国家档案局重点工作，拟定档案教育发展规划和短期计划，并组织实施。②负责制定岗位培训和继续教育的教学计划，并组织实施。③开展调查研究，了解全国档案系统对教育中心培训的需求并对教育培训效果跟踪调查。④组织编写档案专业教育培训教材和培训资料。⑤开展档案教育与档案培训课题研究。⑥建立和储备档案教育师资库。⑦建立现代化办学设施和购置教学器材、设备，不断改进教学手段，改善办学条件。⑧运用信息技术，筹建档案专业远程教育平台并开展网络教育。

主要教育培训工作 教育中心成立以来，开展和组织了各种类型、专题和层次的档案培训教育，培训档案干部约十万人。培训工作紧贴实际，积累经验，开拓创新，形成了独具特色的办学模式和办学特点。培训工作做到了6个方面的结合：①档案管理理论和档案工作实际操作的结合，注重知识传授，注重操作技能培养。②注重专家讲授、典型经验交流和业务观摩相结合，多方面着力，全方位提高。③注重档案人员岗位培训与继续教育相结合，做到基础知识基本技能与新知识新技能、实际工作急需性与事业发展前瞻性相结合，打牢基础知识，增强学员创新性和适应性。④注重东部地区与中西部地区、发达地区与欠发达地区兼顾相结合，利用多种方式，支援西部边疆和民族地区档案事业发展。⑤注重档案培训与教学研究、理论研究相结合，围绕国家档案事业发展重点、难点、热点问题，汇聚人才，深入探讨，开展档案学术理论研究，用档案学研究带动和引领档案培训的开展。⑥注重传统教学手段与现代信息技术手段相结合，促进新技术的运用，做好“互联网+档案培训”，使档案培训手段和方式升级更新，实现档案培训现代化和信息化。先后举办的培训班主要有：十二期全国省级档案局馆长培训班、中央国家机关档案处长培训班、档案师资研修班、档案人员岗位培训班、档案信息化建设培训班、档案安全与保护技术培训班、重点建设项目档案培训班、文书档案人员培训班、电子文件归档与电子档案管理培训班、会计档案管理培训班、数字档案馆室建设培训班、全国档案展览陈列与档案宣传培训班等，这些培训班在中国档案事业发展的各个阶段，为各行业和各地区的档案工作提供了重要的人才保障和智力支持。还组织举办了国际培训，如朝鲜国家文献局专业人员研修班、巴基斯坦国家档案馆专业人员研修班等。此外，先后举办了全国档案编纂学术讨论会、全国新千年档案学术研讨会、全国档案信息化建设研讨会、现代科技与档案管理研讨会等学术会议。组织编写的教材与培训资料有：全国档案局馆长培训系列教材——《档案学基础》《档案室概论》《档案馆概论》《档案管理现代化》，以及《全国新千年档案学理论研讨会论文集》等。 （谢 达）

国家档案局档案科学技术研究所 Science and Technology Research Institute of National Archives Administration of China 中国国家档案局直属科学技术研究机构。1963年5月筹建，一度被撤销，1980年4月批准

恢复。基本任务是面向全国档案部门，紧密结合档案工作的实际，开展**档案保护技术**、修复技术、缩微技术、现代化管理技术及档案标准化等方面的研究。下设办公室、科技处、行政处、技术开发部4个办事机构和档案保护技术、档案管理现代化、档案工作标准化、档案科学技术情报4个研究室，开展传统档案载体和新型档案载体保护技术研究、档案信息管理技术研究、档案有害生物防治技术研究、档案科技情报及标准研究、档案馆建筑及环境控制技术研究，开发相关产品并为全国档案部门提供服务。现有生物实验室、化学实验室、纸张实验室、物理实验室4个专业实验室。

（张美芳）

国家档案局科学技术进步奖 Award for Science and Technology Progress of National Archives Administration of China 中国国家科学技术进步奖评审委员会批准设立的奖项。1987年经国家科学技术进步奖评审委员会批准设立，主要为了奖励在推动档案科学技术进步中做出成绩的档案部门及档案人员，1999年底国家进行科学技术奖励工作改革后，不再保留国家档案局科学技术进步奖。

1987年3月，根据国务院有关奖励规定，国家档案局制定《国家档案局科学技术进步奖试行办法》，1990年对该办法进行修订，正式颁布《国家档案局科学技术进步奖励办法》，明确国家档案局科学技术进步奖分为一等奖、二等奖、三等奖、四等奖等项。1987～1999年，国家档案局科学技术进步奖由国家档案局组织每年评审一次（1993年由于机构改革没有开展评审），共有318项优秀档案科技成果获得奖励，其中一等奖6项、二等奖28项、三等奖106项、四等奖178项。这期间由国家档案局推荐，经国家科学技术进步奖评审委员会评审，有11项获国家科学技术奖，其中科技进步二等奖3项、三等奖7项，国家发明三等奖1项。国家档案局科学技术进步奖自设立以来，促进了档案现代化管理水平的提高，对调动档案科研人员的积极性和创造性，推动档案科技进步发挥了积极作用。

（王　琳）

国家档案局中央档案馆 The State Archives Administration of the People's Republic of China 履行中国档案事业行政管理和中央档案保管利用两种职能，为中共中央和国务院的直属机构。一个机构，两块牌子，1993年10月由国家档案局和中央档案馆合并而成，副部级单位，由中共中央办公厅管理。

国家档案局1954年11月经第一届全国人民代表大会常务委员会第二次会议批准成立，为国务院直属机构，负责掌管全国档案事业。首任局长为曾三。1959年根据《**中央关于统一管理党、政档案工作的通知**》，国家档案局改由中共中央办公厅主任直接领导。1966年国家档案局被撤销，1979年2月恢复工作。1985年按照中共中央、国务院关于调整全国档案工作领导体制的指示，重归国务院领导。国家档案局的成立，标志着中国档案事业由分散管理发展到集中统一领导的新时期。随着全国档案工作基本原则的确立和**档案事业管理体制**的完善，国家档案局贯彻实施《中华人民共和国档案法》和《**机关档案工作条例**》《**科学技术档案工作条例**》等法律法规，制定了《档案馆工作通则》和机关档案工作、企业档案工作、重大建设项目档案工作、农业农村档案工作、档案开放利用、档案信息化建设等方面的规章制度和标准规范；监督、指导全国各级机关、团体和企业事业单位普遍建立了**档案室**，从中央到省、市、县各级以至一些企业事业单位建立了各类档案馆，为维护国家历史真实面貌和服务国家各项建设事业起到了重要作用；监督、指导各地兴办了档案专业的高等、中等教育和多种形式的在职干部教育，组织全国档案部门开展了档案理论、技术研究和宣传、出版工作，在全国范围内建立起与社会主义现代化建设相适应的档案事业体系。

中央档案馆外景

中央档案馆1959年6月经中共中央、国务院批准成立，同年10月正式开馆，为中共中央、国务院直属事业单位，负责集中管理党和国家中央机关的重要档案和资料。首任馆长曾三。1970年，中央档案馆改名中共中央档案馆，1979年4月恢复中央档案馆名称。作为中央级**国家综合档案馆**，中央档案馆对中国共产党中央机关、中华人民共和国政府中央机关、民主党派中央机关、全国性群众团体中央领导机关需要永久保存的档案资料进行收集、整理、保管和提供利用。

馆藏　截至2022年，中央档案馆共收藏档案73万余卷，824万余件，保存资料272万余册。这些档案、资料的范围主要是：①1919年五四运动至1921年7月中国共产党成立期间，中国新民主主义革命的先驱者们从事新文化运动，在中国传播马克思主义，筹建中国共产党等伟大革命活动中所形成的档案资料。②1921年7月中国共产党成立以来，中共中央及其所属机构和派出机关在各个时期活动中形成的档案。其中包括中国共产党历次全国代表大会、代表会议、特别会议，历届中央全会的档案；中共中央发布的各种决议、决定、指示、通告等；中国共产党与外国政党的来往文电等。③自第二次国内革命战争起，相继在各地成立的苏维埃红色政权、抗日民主政权、解放区民主政权形成的档案。④1949年10月中华人民共和国成立以来，全国人民代表大会常务委员会、国务院及其各部委和各直属机构、中国人民政治协商会议全国委员会形成的档案。其中包括筹备成立中华人民共和国的档案；制定和历次修改《宪法》的档案；国务院发布的决议、决定、指示、**命令**以及国家制定的国民经济和社会发展计划等。⑤中华全国总工会、中华全国妇女联合会、共青团中央等全国性人民团体中央机关形成的档案。⑥党和国家主要领导人以及老一辈无产阶级革命家、著名社会活动家的手稿、书信、日记等档案和资料。其中数量最多、相对最完整的是毛泽东文稿，共有4万多件。

主要职责和职能　①对全国档案工作实行统筹规划、宏观管理。依据党和国家的政策、法规，拟定档案工作的方针、政策、法规和规章制度；组织、指导、检查、监督、协调中央和国家机关，群众团体，省、自治区、直辖市的档案业务工作。②集中统一管理党和国家中央机关的重要档案资料，维护档案的完整，确保档案资料的安全。③负责接收、征集、整理、保管党和国家中央机关的重要档案资料，推进档案工作的科学化管理和现代化建设，做好档案编研出版工作，为社会提供利用。收集散失在国外的中国档案材料以及与中国有关的档案文件和史料。④加强档案干部人才队伍建设，组织档案专业教育和档案专业干部培训工作。负责档案专业职务评聘的有关工作。⑤统一组织领导全国性档案工作外事活动和国际交流。

在新的历史条件下，国家档案局中央档案馆不断努力开创档案工作的新局面。在履行全国档案事业行政管理职能方面，以习近平新时代中国特色社会主义思想为指导，立足新发展阶段，贯彻新发展理念，构建新发展格局，坚持系统观念，以高质量发展为主题，全面推进档案治理体系和档案资源体系、档案利用体系、档案安全体系建设，深化档案信息化战略转型，强化科技和人才支撑，着力推动档案工作走向依法治理、走向开放、走向现代化，更好地服务党和国家工作大局、服务人民群众，为全面建设社会主义现代化国家、全面推进中华民族伟大复兴贡献档案力量。

在履行中央档案保管利用职能方面，积极按照收藏范围开展**档案接收**和征集，确保档案齐全完整；定期向社会开放档案，提供档案查询利用服务；深入开发档案信息资源，充分发挥档案作用。中央档案馆的馆藏档案，是中国共产党历史和中华人民共和国历史的真实记录，是研究中国革命史和中华人民共和国历史以及中国现代历史等极其珍贵的第一手材料。为了充分发挥档案的价值和作用，中央档案馆坚持为党和国家工作大局服务、为社会各方面服务、为广大人民群众服务的宗旨，运用多种方法，向社会各方面提供服务，最大限度地满足各方面的**档案利用**需求。

主要服务内容　①接待查档。利用者经履行必要手续，可向中央档案馆申请查用档案。对于已开放档案，利用者可以持有效身份证件到中央档案馆开放档案查阅大厅查阅利用相关档案。②接受咨询。利用者打电话或写信要求利用某方面档案，档案馆根据情况为其查找。③举办展览。中央档案馆经常结合重大纪念活动，单独或同有关单位联合举办专题档案展览，主动向社会公布档案。例如，2009 年“西藏民主改革 50 年”大型展览，2013 年“红星照耀中国——外国记者眼中的中国共产党人”档案展，2017 年“锦瑟万里，虹贯东西——‘丝绸之路’历史档案文献展”，2019 年“不忘初心、牢记使命”主题教育档案文献展，2021 年“百年恰是风华正茂”主题档案文献展，2023 年“老一辈革命家的家教家风”主题档案文献展等社会反响强烈。④编辑出版档案史料。运用图书、报刊、电子出版物等多种形式，编辑出版档案史料，方便社会各界了解档案，利用档案。其中大型的档案汇编有《中共中央文件选集（1921—1949）》《中共中央文件选集（1949.10—1966.5）》《建党以来重要文献选编（1921—1949）》《**中华人民共和国经济档案资料选编**》《毛泽东批注二十四史》《中国共产党重要文献汇编》等。⑤拍摄档案文献电视片。如《红旗飘飘——中国共产党历史上的今天》（2001）、《百幅手迹怀伟人——毛泽东的 110 个故事》（2003）、《开天辟地 90 年》（2011）、《红色档案——走进中央档案馆》（2021）等，得到了广泛传播。⑥制作发布网络视频。以国家档案局官方网站、微信公众号等为平台，充分发挥网络时代信息传播广泛快捷的优势，在线公布了大批档案资料。例如，《**日本战犯的侵华罪行自供**》《“慰安妇”——日军性奴隶档案选》等，引起国内外强烈反响，有力反击了日本右翼势力在历史问题上的倒行逆施。⑦主动向有关领导和部门提供相关信息，供领导决策、部门工作等参考。

组织机构　国家档案局中央档案馆内设机构包括办公室、政策法规司、档案馆（室）业务指导司、经济科技档案业务指导司、科技信息化司、档案资料保管部、档案资料利用部、档案资料保护部、交流合作司、行政财务司、机关党委（人事司、离退休干部工作办公室）。此外，还管理着 6 个直属事业单位：**中国第一历史档案馆**、**中国第二历史档案馆**、中国档案报社、**档案科学技术研究所**、档案干部教育中心、中国档案杂志社；1 个挂靠单位：**中国档案学会**。

除了为各方面提供档案服务，中央档案馆还在北京市西城区阜成门外大街 29 号设立中央档案馆开放档案查阅大厅、在北京市西城区永安路 106 号设立中央国家机关政府公开信息查阅中心，为公民查阅馆藏开放档案、国务院各部委的政府公开信息提供方便。

（王景高　蔡霆光　撰　华　丹　修订）

国家档案秘密　national archives secret　档案内容中被依法确定为国家秘密及需要控制使用的事项。凡涉及国家安全和利益事项，泄露后可能损害国家在政治、经济、国防、外交等领域的安全和利益的档案，均为国家档案秘密。

主要内容　根据《中华人民共和国保守国家秘密法》、国家档案保密和划控范围的法律法规的规定，中国属于国家档案秘密的档案内容范围包括：涉及党和国家重大问题、重大政治事件尚未做出结论的、不宜公开的，对社会开放会影响党内团结、党和国家机关工作正常开展的档案；涉及各级党和政府领导人及社会各界著名爱国进步人士的政治历史评价及工作与生活中不宜公开的，对社会开放有损个人形象、人格尊严和声誉的档案；涉及党和国家秘密工作的组织关系、工作方法、策略手段、情报来源的，对社会开放会使保护党和国家安全与利益的措施、手段的可靠性降低或者失效的档案；涉及党和国家及其领导人与外国政党组织及其领导人之间秘密关系的，对社会开放会影响两党、两国正常关系以及其他对外关系的档案；涉及民国时期敌特机关破坏党地下组织的，为进行策反纯属捏造的，对社会开放会损害党和国家及其领导人形象的档案；涉及领土、边界中敏感问题和战略部署、国防设施、军事要地、军品贸易、军工科研及生产的，对社会开放不利于维护国家主权和领土完整，危害国家的战略防御能力的档案；涉及民族纠纷、民族矛盾和宗教、统战、侨务工作中内定的方针、政策的，对社会开放会影响民族团结、社会稳定和不利于国家统一的档案；涉及国内行政区域之间的边界问题，对社会开放后可能激发边界纠纷、影响社会稳定和人民团结的档案；涉及准确记载风俗民情，对社会开放后可能资敌军事、经济战略，或损害民族形象的档案；涉及国家科学技术的关键技术、技术诀窍、传统工艺、配方、重要资源的，对社会开放会削弱国家经济、科技实力或使国民经济遭受损失的档案；涉及与国外科技交流、经济合作、贸易往来、外事工作中内部掌握的政策、策略及对具体事件的处理意见、方案的，对社会开放会使国家在对外活动中处于不利地位或在政治上造成被动、经济上造成损失的档案；涉及外国在华机构形成的，对社会开放会引起**档案所有权**纠纷的档案；涉及著作权、发明权、专利权的，对社会开放会造成侵权诉讼并有损国家利益的档案；涉及尚有法律效力的中外产权、债权，对社会开放会引起外事纠纷并有损国家利益的档案；涉及司法、监察、纪检及组织人事工作中对有关人员违纪违法的调查与具体审理情况的，对社会开放会造成不良政治影响或不利于审理人员及举报人等人身安全的档案；涉及《中华人民共和国保密法》第九条中规定的 7 种类型的国家秘密事项的档案；涉及《科学技术保密规定》第二章所述的属于国家科技秘密范围的档案。

法律法规　确定国家档案秘密应遵循的法律法规主要包括：《各级国家档案馆馆藏档案解密和划分控制使用范围的暂行规定》（1991 年 9 月 27 日）、《中华人民共和国电信条例》（2016 年 2 月 6 日）、《中华人民共和国著作权法》（2020 年 11 月修正）、《中华人民共和国保守国家秘密法》（2010 年 4 月 29 日）、《中华人民共和国保守国家秘密法实施条例》（2014 年 1 月 17 日）、《国家秘密定密管理暂行规定》（2014 年 3 月 9 日）、《中华人民共和国反间谍法》（2014 年 11 月 1 日）、《科学技术保密规定》（科学技术部、国家保密局令第 16 号）、《中华人民共和国档案法》（2020 年 6 月 20

日修正)、《中华人民共和国档案法实施办法》(2017年3月1日修订)等。

价值和意义　国家档案秘密是档案内容中事关国家安全和利益的事项。这些秘密事项一旦泄露，会给国家安全和利益造成不同程度的损害，具有重要的保密价值。

(王英玮)

国家档案全宗　national archives fond　归国家所有，由国家统一管理的具有政治、经济、科学、文化或历史意义的一切档案总和。国家档案全宗的概念是由1918年6月1日公布的《列宁档案法令》(《关于改革与集中统一管理档案工作的法令》)首先提出来的。法令规定："所有作为主管机关的政府机关档案馆一律撤销，其中所保管的案卷与文件从现在起组成统一的国家档案全宗。""为了更科学地利用档案，为了便于保管和节约开支，应根据统一管理档案的原则尽可能地把国家档案全宗的各个部分集中起来。"1941年3月29日、1958年8月13日，苏联部长会议先后批准颁布《苏联国家档案全宗条例》，1980年4月4日又批准新的《苏联国家档案全宗条例》，规定"苏联国家档案全宗是归苏联国家所有的具有政治、国民经济、科学、社会文化或历史意义的文件总和""是全体苏联人民的共同财富，由国家负责保管"。苏联共产党和共青团的档案不纳入国家档案全宗，而归入苏共单独的统一的档案全宗。苏联解体后，俄罗斯虽然承认私人档案所有权，但同时规定"具有历史、科学、社会、经济、政治和文化价值"的私人档案仍属于"俄罗斯联邦档案全宗"的一部分。波兰、罗马尼亚、阿尔及利亚、扎伊尔等国家在档案工作中也曾确立过国家档案全宗的思想。

在中国，国家档案全宗又称国家全部档案。这一思想是中华人民共和国成立后，在借鉴苏联档案工作经验并结合中国档案工作实践的基础上形成的。1955年12月8日，国家档案局在《关于改"芬特"为"全宗"的通知》中第一次提出国家全部档案这一概念。1956年，《国务院关于加强国家档案工作的决定》规定："国家的全部档案，包括中华人民共和国成立以来各机关、部队、团体、企业和事业单位的档案，中华人民共和国成立以前的革命历史档案和旧政权档案，都是我国社会政治生活中形成的文书材料，都是我们国家的历史财富。"并规定了集中统一管理国家档案的原则。国家全部档案按历史时期划分为两大部分：①中华人民共和国成立以后的档案。包括中国共产党和国家机关、部队、团体、企业和事业单位的档案。这部分档案还在源源不断地产生。②中华人民共和国成立以前的档案。这些档案又可以分成两部分，一部分为革命历史档案，主要是从1921年中国共产党成立至1949年中华人民共和国成立以前，中国共产党及其领导下的人民政权、军队、社会团体和革命活动家进行新民主主义革命斗争所形成的档案；另一部分主要包括历代王朝和中华民国时期的政权机构、政党、社会团体、著名人物以及为国家所接收的外国在华机构的档案。此外，国家征集或个人捐赠的档案也属于国家全部档案的组成部分。

国家档案全宗不是档案管理的实体单位，实质是解决档案所有权和国家档案管理原则的问题。建立国家档案全宗的目的，是为了统一、分级管理国家档案，维护国家档案的完整与安全，便于社会各方面的利用。

随着社会主义市场经济的不断发展，中国的经济成分和档案权属日趋多元化，不少档案不属于国家管理的档案范围，因此对国家档案全宗（国家全部档案）的内涵和外延也应进行相应的调整。

(郭树银　撰　李财富　修订)

《国家档案与文件中心法》　*National Archives and Records Centre Act*　新加坡的档案基本法。1967年9月8日由新加坡议会通过，1967年9月12日实施。颁布该法是为了成立新加坡国家档案馆和文件中心，为新加坡的公共文件提供保管与保护。《国家档案馆与文件中心法》共有17个章节，分别为：第一章简称，第二章解释，第三章国家档案馆与文件中心的建立，第四章馆长的任命，第五章设立档案和文件委员会，第六章律师的任命，第七章公共文件和中间公共文件的转移，第八章归还非法转移的公共文件，第九章仅在馆长的授权下销毁或处置公共文件，第十章检查公共文件，第十一章公共文件的认证副本，第十二章馆长权力的授权，第十三章公共文件的复制，第十四章禁止输出公共文件，第十五章条例，第十六章处罚，第十七章年度报告。

(黄霄羽)

国家电子文件管理部际联席会议制度　National Inter-Ministerial Joint Conference System on Electronic Records Management　中国建立的全国性、跨部委的电子文件管理协调制度。2009年12月，中共中央办公厅、国务院办公厅联合印发了《电子文件管理暂行办法》，提出建立国家电子文件管理部际联席会议制度。2010年2月，中办印发通知，宣告国家电子文件管理部际联席会议正式成立，下设办公室，承担日常工作。办公室设在国家密码管理局。由中共中央办公厅、国务院办公厅、国家发展和改革委员会、工业和信息化部、财政部、国家档案局、国家保密局、国家密码管理局、国家标准化管理委员会、国务院国有资产监督管理委员会等相关部门组成，负责组织协调全国电子文件管理工作。

根据《电子文件管理暂行办法》的规定，联席会议的主要职责是：①负责统筹规划和组织协调全国电子文件管理工作。②研究制定电子文件管理方针政策。③审定电子文件管理规章制度、重要规划、重大项目方案。④组织起草相关标准。⑤研究解决全国电子文件管理中的其他重大问题。

联席会议成立后，重点从以下几个方面推动中国电子文件管理工作：①做好顶层设计。制定印发了《国家电子文件管理工作规划（2011—2015年）》和《国家电子文件管理工作规划（2016—2020年）》。②建立体制机制。国家层面，建立了由中共中央办公厅牵头、十部委共同组成的联席会议，统筹全国电子文件管理工作；地方层面，省、自治区、直辖市参照国家层面做法，建立电子文件管理协调机制，加强对本地区电子文件管理工作的组织协调和监督检查；县以上党委、政府要结合实际，明确负责电子文件管理的部门承担本地区电子文件管理工作的组织协调和监督检查；部委层面，要求明确相应的电子文件管理机构，加强本部门、本系统的电子文件管理工作。截至2015年11月，共有24个省、自治区、直辖市建立了联席会议制度，成员单位一般包括党委办公厅、政府办公厅、发改部门、财政部门、保密部门、密码部门、档案部门和经信部门等；有38个部委和47个央企设置或指定了专门机构开展电子文件管理工作，绝大多数由办公厅（室）牵头，也有部分由档案部门、电子政务部门负责。2011年，联席会议办公室宣布成立国家电子文件管理专家委员会，以增进国家电子文件管理战略决策的科学化和民主化。2013年，国家标准化管理委员会成立电子文件管理标准化协调推进组，统筹协调全国电子文件管理标准化工作。③制定法规制度。2013年国资委组织起草并印发了《关于推进中央企业电子文件管理工作的指导意见》，2012年国家档案局组织起草并印发了《电子档案移交与接收办法》。④健全标准规范。2013年，联席会议组织中国标准化研究院制定并印发了《电子文件管理标准体系框架》，并协调国家标准化管理委员会先后发布了

《电子文件管理系统通用功能要求》(GB/T 29194—2012)、《电子文件系统测试规范第2部分：归档管理系统功能符合性测试细则》(GB/T 31021.2—2014)、《文书类电子文件形成办理系统通用功能要求》(GB/T 31913—2015)、《电子文件管理系统建设指南》(GB/T 31914—2015)等标准。2015年，国家档案局组织起草并印发了《企业电子文件归档和电子档案管理指南》。⑤组织开展试点工作。2012年，联席会议办公室印发了《关于开展电子文件管理试点工作的通知》，正式启动第一批试点工作，天津、吉林、江苏、山东、广东5省(市)，中央机构编制委员会办公室、国土资源部、卫生部、审计署、海关总署、国家档案局、国家知识产权局7部委，中国石油化工集团公司、国家电网有限公司两家中央企业开展本次试点工作。⑥组织开展相关理论和技术研究。截至2016年，联席会议办公室先后下达了近40项理论研究课题，以国家标准、行业标准、政策性文件、科普读物等多种形式进行成果转化。⑦组织宣传培训。联席会议自成立以来，通过简报、网站、图书、培训班等多种途径，积极推动电子文件管理宣传培训工作。

国家电子文件管理部际联席会议制度是中央层面电子文件管理的协调机制，有效克服了政出多门、文档分段管理的弊端，充分发挥了各相关主管部门的联动作用，切实推动了中国**电子文件管理国家战略**的制定与实施。（刘越男　张　静）

《国家电子文件管理工作规划(2011—2015年)》 *National Plan of Electronic Records Management (2011—2015)* 中国关于“十一五”期间国家**电子文件管理工作**的专项规划。以下简称《规划》。由中共中央办公厅和国务院办公厅于2011年5月30日联合印发，是中国电子管理工作的第一个专项规划。是面向各省、自治区、直辖市党委和人民政府，中央和国家机关各部委，军委总政治部，各人民团体的关于国家电子文件管理工作的重要指示。

《规划》提出到2015年，实现的目标为：管理体制机制初步形成，急需重要的法规制度与标准规范基本建立，基础理论和关键技术研究取得重要进展，人才队伍基本适应工作需要，电子文件管理水平有较大提升，中央和省(自治区、直辖市)党政机关、重要行业系统、重点企事业单位和国家重大项目的电子文件实现形成、办理、归档、利用等关键环节规范管理，其中关键环节规范管理的部门实现全过程规范管理，推动电子文件管理工作健康有序发展。

《规划》围绕以上工作目标，提出了2011～2015年国家电子文件管理工作的主要任务及相应的保障措施。主要任务包括：①建立健全电子文件管理体制机制。②加强电子文件管理法规制度建设。③加快制定完善电子文件管理标准规范。④规范电子文件管理技术支持系统。⑤开展电子文件管理的认证认可工作。⑥加大电子文件管理宣传教育的力度。⑦组织电子文件管理理论研究与技术攻关。保障措施为：①加强组织领导。②创新工作机制。③开展试点示范。④保障经费投入。⑤强化队伍建设。（钱　毅）

国家电子文件管理试点工程 National Pilot Projects of Electronic Records Management 2012～2015年中国国家电子文件管理部际联席会议办公室组织开展的电子文件管理试点工程。由天津、吉林、江苏、山东、广东5省(市)，中央机构编制委员会办公室、国土资源部、卫生和计划生育委员会、审计署、海关总署、国家档案局、国家知识产权局7部委，中国石油化工集团公司、国家电网有限公司两家中央企业共同开展工作，旨在通用电子文件形成办理、专用电子文件形成利用、电子文件归档管理、电子档案管理等领域先行先试，为引导全国**电子文件管理工作**的健康发展积累实践经验。

2012年1月，国家电子文件管理部际联席会议办公室印发《关于开展电子文件管理试点工作的通知》，并召开工作会议，正式启动试点工作。2014年12月，完成验收工作。2015年3月，联席会议组织召开了中央和国家机关部委及中央企业国家电子文件管理试点工作总结会，对试点工作进行了全面总结，并提出了新的工作方向。

试点工程具体项目有：①国家新型农村合作医疗电子文件管理信息系统试点工程。②全国宗地统一代码电子文件管理试点项目。③船舶吨税电子支付管理系统试点项目。④审计署电子文件管理信息系统试点项目。⑤国家专利电子文件管理信息系统试点项目。⑥电子档案接收和长期保存系统试点项目。⑦中央编办电子文件管理信息系统试点项目。⑧国家电网电子文件管理信息系统试点工程。⑨中国石化电子文件管理信息系统试点项目。此外，天津、吉林、江苏、山东、广东5省(市)的电子文件管理试点工作也在制度标准建设、系统建设和资源建设等方面积累了经验。

国家电子文件管理试点工程历时3年，涉及范围广，投入力量多，各单位领导高度重视，组织严格规范，在加强国家电子文件管理、提升国家治理能力、保障经济社会发展等方面发挥了重大作用。有利于引导各地区各部门开展电子文件管理工作，保障中国电子文件管理工作健康发展。（刘越男　张　静）

国家体育总局档案馆 Archives of General Administration of Sport of China 中国集中统一保管国家体育总局机关档案资料的专业档案馆。位于北京市朝阳区安定路甲3号。成立于1990年，前身是国家体委档案馆。属于国家体育总局体育文化发展中心内设机构，主要为国家体育总局机关和京内外直属单位提供档案服务。国家体育总局档案馆历任馆长为：黄旦兮、林厚儒、林淑英、胥德顺、高生勇。

馆藏　档案馆已接收中华全国体育协进会、国家体委机关、中华全国体育总会、中国奥委会、京内外直属单位、各大型运动会等重大活动、重要历史事件的档案资料，并征集了多位老体育工作者的个人档案进馆。档案涵盖中华人民共和国成立以来体育事业发展历史、历届全国运动会、第十一届亚运会、北京奥运会及中国援建非洲体育场馆建设等内容。

共保存有文书、财务、基建等纸质档案38个全宗约20万卷(件)，音像档案5000余盘(张)，图书资料2000余册，实物1万余件。最早的档案为1921年中华全国体育协进会的档案。还肩负着向中央档案馆移交档案的任务。2006年至今已分两批向中央档案馆移交了国家体委、全国体总和国防体协3个全宗的11 835卷永久和长期文书档案。已完成90%馆藏文书档案的数字化工作，实物档案也已通过科学的分类管理，完成了档案信息与照片影像资料配套工作。

出版物和档案服务　利用馆藏档案资料参与完成了课题《中国与前苏联东欧体育交往及其影响的研究》，获得了第六届体育科学优秀论文三等奖；整理完成了《中央、国务院、全国人大历年有关体育工作的政策性文件和批示》汇编；《中华全国体育总会第一至第七届全会》汇编；《1952—1980年全国体育工作会议领导讲话》汇编。

为《毛泽东传》《周恩来传》《邓小平传》《贺龙传》《陈锡联传》《体育之子荣高棠》《何振梁与奥林匹克》《王猛传》《中华人民共和国体育史》《奥林匹克与中国》《中国体育年鉴》《中国篮球史》等十几部传记以及数十项体育单项史提供利用档案1000余卷。还为“中国五千年体育展”“2008年北京奥运会展览”“新中国体育六十年成就展”“中国奥委会重返国际奥委会大家庭

30 年”“中国体育文化博览会”“辉煌·逐梦——双奥之路中华体育文化展”等多项展览提供重要的档案、实物。

《中华人民共和国体育史》封面

档案利用工作已实现计算机查询，能方便、快捷、准确地检索查找。服务内容包括档案目录检索，开放档案的复印、传真等。档案馆历来重视档案的安全工作。确保档案安全，最大限度地延长档案的寿命，是档案馆日常管理工作的重点。2022年，该馆进行了全面装修改造，安全工作在人防的基础上增加了现代化的消防设施和监控设施，电子档案查询系统实行了严格的物理隔离。 （王彤瑜）

《国家行政机关公文处理办法》 *Measures for Handling Official Documents of National Administrative Organs* 中国国家行政机关关于公文处理办法的法规。中华人民共和国国务院于2000年8月24日发布，2001年1月1日施行，2012年7月1日停止执行。

1993年，国务院办公厅发布了《国家行政机关公文处理办法》(以下简称旧《办法》)，自实施以来有效促进了中国行政机关公文处理工作规范化建设，但随着中国各项改革事业的深入发展，旧《办法》中的许多内容和规定已不能适应当前公文处理工作中的新形势。据此，国务院发布了新的《国家行政机关公文处理办法》(以下简称《办法》)，旧《办法》同时废止。

《办法》适用于各级人民政府和国务院各部委、各直属机构。共9章57条。第一章总则，8条。明确制定目的、公文处理的原则、公文管理机构及其负责人的工作要求。第二章公文种类，1条。规定行政机关的公文种类主要有：命令、决定、公告、通告、通知、通报、议案、报告、请示、批复、意见、函、会议纪要。第三章公文格式，3条。规定公文一般由秘密等级和保密期限、紧急程度、发文机关标识、发文字号、签发人、标题、主送机关、正文、附件说明、成文日期、印章、附注、附件、主题词、抄送机关、印发机关和印发日期等部分组成。明确公文用纸规格和公文中各组成部分的标识规则。第四章**行文规则**，11条。规定行文原则和行文关系的确定原则。第五章发文办理，6条。明确发文办理的定义和程序。第六章收文办理，8条。明确收文办理的定义、程序、工作要求。第七章公文归档，6条。明确不同类型公文的归档要求。第八章公文管理，10条。明确公文管理工作和公文管理部门的工作要求。第九章附则，4条。

《办法》吸收了多年来公文管理的理论研究成果，为进一步提高中国行政机关公文管理的工作质量奠定了基础。 （董丹华）

《国家行政机关公文格式》 *Formats of Handling Official Documents of National Administrative Organs* 中国规定国家行政机关公文通用的纸张要求、印刷要求、公文中各要素排列顺序和标识规则的国家标准。中国标准研究中心、国务院办公厅秘书局起草，中华人民共和国国家质量技术监督局于1999年12月27日发布，2000年1月1日起正式实施，适用于国家各级行政机关制发的公文。国家标准编号为GB/T 9704—1999，标准自实施之日起代替了1988年制定的《国家机关公文格式》(GB/T 9704—1988)。2012年6月29日，国家质量监督检验检疫总局、国家标准化管理委员会发布了《**党政机关公文格式**》(GB/T 9704—2012)，并于2012年7月1日正式实施，自实施之日起代替GB/T 9704—1999。

前言中注明了起草标准时相对GB/T 9704—1988进行修订的主要内容、起草单位和主要起草人等。主要内容共12条：①范围。②引用标准。③定义。④公文用纸主要技术指标。⑤公文用纸幅面及版面尺寸。⑥公文中图文的颜色。⑦排版规格与印刷装订要求。⑧公文中各要素标识规则。⑨页码。⑩公文中的表格。⑪公文的特定格式。⑫式样。

标准的制定提高了国家行政机关公文制作水平和质量，推进了国家行政机关公文规范化、标准化水平的发展，为统一党政机关公文格式的标准奠定了基础。

（董丹华）

国家重点档案保护与开发工程项目 national key archives protection and development project 中国针对国家重点档案开展的抢救和保护工作。国家重点档案是指由中国各级国家档案馆保存，在各个历史时期形成的，在政治、军事、经济、科学、技术、文化、宗教等方面具有重要的研究和利用价值，国家需要永久保存的珍贵档案。主要范围包括：1949年以前，反映中国共产党及其领导的革命组织、革命根据地、革命政权，以及革命活动家的档案；1949年以前，反映各个历史时期的政权机构、社会组织和著名人物的档案；中华人民共和国成立以来，反映党和国家领导人活动的档案；经省级（含计划单列市）档案部门鉴定确认的，并报国家档案局批准的其他重点档案。在中国各级国家档案馆保存的近2.57亿卷（件）档案中，国家重点档案有1200万卷（件），这些重点档案时间跨度长达1300余年。

国家重点档案保护与开发工程项目由国家重点档案专项资金给予补助地方各级国家档案馆馆藏国家重点档案的保护与开发工作。主要任务是完善国家重点档案文件级目录体系，提升档案开发利用工作水平，促进**档案保护技术**发展。其建设范围是：国家重点档案目录基础体系建设、国家确定和组织的重大专题开发、围绕社会关切的重点专题开发以及区域性国家重点档案保护中心建设等。专项资金按照因素法和项目法进行分配，对符合条件的地区和国家档案馆予以支持，并适当向经济欠发达地区倾斜。

国家档案局按照统筹规划、确保重点、分步实施、分级负责的原则，组织实施国家重点档案的抢救和保护工作。“十三五”时期，国家重点档案专项资金的补助重点从抢救与保护转移到保护与开发，用档案开发带动档案保护，围绕“十三五”时期国家重点档案保护与开发工作需要着力解决的重大问题，把国家重点档案专项资金的补助重点集中到目录基础体系建设、档案专题开发以及区域性档案保护中心建设三个关键点上；“十四五”补助重点为：实施红色档案资源保护开发、构建国家民族记忆传承体系、创新档案资源开发利用方式、提升档案抢救保护技术水平、加强档案保护开发交流互鉴。

为规范和加强国家重点档案保护与开发项目管理，提高国家重点档案专项资金使用效益，充分发挥国家重点档案的历史价值与现实意义，2016年由国家档案局制定《国家重点档案保护与开发项目管理办法》(以下简称《办法》)。《办法》进一步明确规定国家档案局为项目主管部门，负责国家重点档案保护与开发工作的统筹规划、制度建设、项目审批、监督指导、检查验收以及宣传推广等工作。 （张美芳）

国家重点档案抢救、保护与开发工作 rescue, preservation and development of national key archives 国家对具有重要研究和利用价值的档案所进行的抢救、保护与开发工程。中国国家重点档案指由各级国家档案馆保存，在中国各个历史时期形成的，在政治、军事、经济、科学、技术、文化、宗教等方面具有重要的研究和利用价值，国家需要永久保存的珍贵档案。国家重点档案的抢救、保护与开发工作是一项由中央政府主导和实施，各级档案部门共同参与，旨在抢救中国濒危珍贵档案、改善国家重点档案保存与保护条件、促进国家重点档案资源开发与利用的重要工程。

国家重点档案的抢救、保护与开发工作，经历了一个不断发展与完善的过程。20世纪80年代，中央财政正式设立了“全国重点档案抢救专项”经费，主要用于破损、老化严重档案的抢救和开展必要的修复工作。2006年，根据工作需要，国家重点档案工作由单纯的抢救改为抢救和保护，专项经费名称也由“全国重点档案抢救专项”改为“国家重点档案抢救和保护补助费专项”。随着形势的发展，“十三五”时期国家重点档案工作方向将逐步转变为“保护与开发”，专项经费名称也调整为“国家重点档案专项资金”。从“全国重点档案抢救专项”到“抢救和保护”，再到“保护与开发”的变化，体现了国家重点档案工作方向和着力点的转变，反映了对国家重点档案工作特点与规律认识的不断深入。

国家重点档案的抢救、保护与开发工作是国家档案局推动全国档案馆工作的重要抓手，在引导档案工作方向、促进档案事业发展方面都发挥着重要作用。开展国家重点档案的抢救、保护与开发工作以来，各级档案部门通过开展档案修复（含裱糊、去污、加固、字迹恢复等）、复制（含复印、缩微、数字化、翻译等）、征集、编辑出版和特藏库改造、装具更换、设备购置等工作，对濒临损毁的国家重点档案进行了抢救和保护，与此同时先后立项并组织实施了一大批国家重大专题开发项目。

经过各级档案部门的共同努力，国家重点档案的抢救、保护与开发工作取得了显著成绩。①档案现状得到了明显改善。截至“十二五”末，共有约1200万卷国家重点档案得到了抢救，一大批濒危历史档案避免了进一步老化、破损乃至湮灭，得以完整保存下来。②保管条件得到了明显改善。在中央财政支持下，部分基层档案馆增配了档案保护设施，有条件的档案馆还建立了档案特藏库，有效化解了档案安全保管的风险隐患，避免了档案边抢救保护、边损毁现象的发生。③保障机制得到了明显改善。中央财政的持续、稳定投入，在缓解档案保护资金投入不足的同时，还引起了地方政府的高度重视，一些地方也出台了本地区支持国家重点档案工作的具体措施，对中央财政资金主动给予配套，为国家重点档案工作的长远发展奠定了坚实基础。④历史档案开发利用成果丰硕。通过开展档案汇编、出版相关书籍、举办专题展览、制作发布专题视频等形式，对国家重点档案进行了深度开发利用。国家档案局相继组织实施了《抗日战争档案汇编》编纂、辽宁满铁档案的保护与开发、吉林涉日档案资料的保护与开发、西藏蒙满文档案资料的保护与开发等一批重大专题开发项目。省级档案行政管理部门组织开展了中国共产党历史档案开发、民族宗教历史档案开发等一批社会关切的重点专题开发项目。⑤服务党和国家工作大局的能力日益增强。开展国家重点档案的抢救、保护与开发工作以来，国家重点档案在为国家治理、为外交工作争取主动方面的服务能力得到显著增强。特别是在应对南海、钓鱼岛等问题以及与邻国划定边界等工作中，国家重点档案更是发挥了“密室定乾坤”的关键作用。（张华滨）

国家专门档案馆 nation special archives 国家设立的，用于收集和管理某一行业、专业或专门领域档案，或是保存特定载体形态档案的档案馆。国家专门档案馆的具体含义既可以体现在其专业职能上，也可以体现在馆藏档案载体的特殊内容和形式上。主要包括水文、地质、气象、城建等专业部门档案馆以及音像档案馆、照片档案馆、影片档案馆、科技档案馆等。如俄罗斯联邦的影片照片档案馆、录音档案馆、科技档案馆、文学艺术档案馆、总统档案馆，英国的国家音响档案馆，瑞典的声像档案馆，波兰的录音档案馆，美国的总统图书馆等，都属于国家专门档案馆。

美国L.B.约翰逊总统图书馆和博物馆外景

中国专门档案馆的建设工作始于20世纪50年代，最早建立的专门档案馆是1952年集中管理全国地质档案资料的地质资料馆。1958年9月，中国电影资料馆成立。1960年6月，辽宁抚顺市城市基本建设档案馆成立。不同种类的档案，具有各自的特点，其归档范围、整理方法、保管期限和管理要求等各不相同。通常，某一种类专门档案的建立需要具备3个条件：①要有独立专业工作的业务部门。②要有独立的专业工作对象。③形成的档案有其自身的特点且有独特的管理方法。专门档案具有专业技术性强、产生于特定工作领域、数量庞大、管理复杂等特点，有必要建立专门机构对其进行集中统一管理。

中国在坚持统一领导、分级管理，重点发展原有各级国家综合档案馆的原则下，根据需要适当建立某些国家专门档案馆。现有的国家专门档案馆主要有：①中央级国家专门档案馆，如**中国照片档案馆**、中国电影资料馆。②某些城市或某专业系统建立的国家专门档案馆，如**科学技术档案馆**。③全国各大、中城市的**城市建设档案馆**等。（薛匡勇）

国家综合档案馆 nation comprehensive archives 由国家各级政府设立并领导，负责接收和管理一定范围的具有社会和历史价值的各种档案，并提供社会利用的文化事业机构。又称国家档案馆、国家公共档案馆、公共档案馆。世界上第一个具有近代意义的国家综合档案馆是18世纪末法国资产阶级大革命的产物——1790年9月成立的**法国国家档案馆**，它主要负责接收历届议会、各法律机关和各行政部门的全部档案文件，并实行“对外开放”原则，规定每一个法国公民都可以查阅其所需要的文件。这一改革对世界各国国家档案馆的建立与发展产生了深远影响。其后，世界各国大多建立了国家档案馆，但设置方式依各国具体情况而有所不同。

基本职责 集中统一管理国家机关或组织等需要长远保管的档案和有关资料，维护历史的真实面貌，为实现各项社会建设和历史的长远需要服务。主要任务：①负责接收和征集本级各机关、团体及其所属单位具有科学历史价值和长远查考价值的档案和资料，不断积累和科学管理档案，保证档案的完整与安全。②对馆藏档案、资料进行登记、整理和编目，编制、出版各种档案检索工具和**档案馆指南**，开辟阅览室，为利用者提供查阅档案的方便条件。③举办档案陈列展览，出版档案专业刊物，公布档案文件，对社会和公民进行宣传教育。④编辑出版档案史料和各种参考资料，进行档案史料研究。

性质 主要表现在：①从档案馆管理

的对象看，它管理的是历史上政治、经济、军事、文化和科学技术等活动的记录，是一种重要的历史文化遗产和精神文化财富。②从档案馆的活动方式和工作成果看，档案馆的工作是一项研究性工作。③从档案馆的职能看，它既肩负科学管理档案的重任，又致力于社会化服务工作，在繁荣国家文化事业，促进社会进步中具有重要的作用。

中国的国家综合档案馆　中国的国家综合档案馆是统一保管党和政府机关档案的管理部门，既是党的机构，又是国家的机构。根据《中华人民共和国档案法》和有关文件的规定，综合档案馆是党和国家的科学文化事业机构，是永久保管档案的基地，是科学研究和各方面利用档案史料的中心。按国家行政区划普遍设立的国家性质的档案馆系统，具体由四个方面构成：①中央级综合档案馆，由中央档案馆、中国第一历史档案馆和中国第二历史档案馆组成。②省（自治区、直辖市）级综合档案馆，主要负责本省（自治区、直辖市）内本级历史档案与资料，中华人民共和国成立后本级党和政府机关及所属单位需要长久保存的各种档案及相关资料的收集、保管。③地（市、州、盟）级综合档案馆，主要负责对本地区（市、州、盟）内本级历史档案与资料，中华人民共和国成立后本级党和政府机关以及所辖单位需要长久保存的各种档案与资料的管理。④县（旗、市、区）级综合档案馆，主要收集、保管本县（旗、市、区）历史档案和革命历史档案，收集、集中保管中华人民共和国成立后本级党和政府机关及其下属（包括乡镇）各单位应该长期、永久保存的各种档案及资料。

国家综合档案馆是中国**档案馆网**的主体，截至2022年底，全国共有国家综合档案馆3301个。根据《中华人民共和国档案法》规定，各级综合档案馆均实现了档案的科学管理与对外开放，有效地保护和利用档案，为社会主义现代化建设服务。随着中国社会政治、经济、科技、文化等的全面发展，中国的国家综合档案馆正向建设成为档案安全保管基地、爱国主义教育基地、档案利用中心、政府信息查阅中心、**电子文件中心**“五位一体”公共档案馆的目标迈进。（郝存厚　薛匡勇）

《国民党时期档案管理述要》 *An Outline History of Archives Management in Kuomintang Era*　南京国民政府时期档案管理研究专著。殷钟麒著。国家档案局档案学研究室（设在中国人民大学历史档案系）1959年油印出版。全书分为12章，分别阐述国民党时期档案工作概况、档案行政与制度、文书档案连锁办法、档案管理办法绪论、点收检查与登记、分类、编卷、编目、装订和排列、保管、调阅、整理旧卷、资料管理等诸多问题。书中史论结合，以论为主，对国民党时期文书档案管理改革、档案行政以及档案管理各个环节，结合自身工作实践力求做出历史评价。

该书是**中华民国时期档案管理**研究的第一部系统著作，撰写于中华人民共和国成立初期。书中用批判的视角为读者提供了国民党时期档案管理的历史经验教训，阐述了国民党时期档案管理思想，起到了沟通近现代的桥梁作用。此外，书后所附“档案工作旧著参考书目”，分为“专著”“报刊论文”与“机关应用办法”3类，为读者指示阅读和研究国民党时期档案管理的文献线索。（梁继红）

国史馆大库　Repository of the State Historiographer's Office　中国清代用来保存编修国史所用档案资料的库房。见**清史馆大库**。

《国务院公文主题词表》 *Thesaurus of Official Documents for the State Council of China*　中国用于对国务院、国务院办公厅印发的文件和各地区、各部门上报国务院及其办公厅的文件进行主题标引和检索的综合性的术语控制工具书。1988年12月，国务院办公厅秘书局编制。为了适应办公现代化的要求，便于计算机检索和管理，1994年4月进行修订，于1994年6月1日起执行，同时废止之前的词表。1997年12月，为了适应新形势下公文主题词的变化，国务院办公厅秘书局重新对词表进行修订，由国务院办公厅颁布，并于1998年2月1日执行，同时废止之前的词表。

词表的编制遵循合乎逻辑的词表结构、较宽的涵盖面、体现文档管理一体化的原则。共有15类1049个主题，分为主表和附表两大部分。主表有13类751个主题词，附表有2类298个主题词。词表分为3个层次：第一层是对主题词区域的分类；第二层是类别词，即对主题词的具体分类；第三层是类属词。第二层和第三层统称主题词，用于文件的标引。对于1988年12月编制的和1994年4月修订的词表中曾列入而本词表不再继续用作标引的主题词，用黑体单列在区域分类的最后部分。词表明确了标引方法，并规定词表由国务院办公厅秘书局负责管理和解释，具体工作由档案处承办。

词表维护了公文格式的统一性、权威性和严肃性，提高了国务院和国务院办公厅的工作效率，对公文的写作、阅读、标引、存储、检索都具有重要的理论和实践意义。（董丹华）

《国务院关于加强国家档案工作的决定》 *Decision of the State Council on Strengthening National Archival Work*　中华人民共和国关于档案工作的法规性文件。以下简称《决定》。国务院常务会议1956年3月27日讨论通过，同年4月16日正式公布。《决定》是针对中华人民共和国成立初期档案工作状况而做出的。《决定》提出：国家的全部档案，包括中华人民共和国成立以前各个历史时期社会政治生活中形成的档案，中华人民共和国成立以后各机关、部队、人民团体、企业和事业单位形成的档案，都是国家的历史财富。档案工作的任务是要在统一管理国家档案的原则下建立国家档案制度，科学地管理这些档案，以便于机关工作和科学研究工作的利用。

《决定》主要规定：档案工作的基本原则是集中统一地管理国家档案，维护档案的完整与安全，便于国家各项工作的利用。根据这一原则，国务院设立直属的国家档案局，各省、自治区、直辖市和国务院各部、委员会设立档案管理机构，各级机关、部队、人民团体、企业和事业单位设立档案室，在首都和各省区建立中央的和地方的档案馆。各机关、部队、人民团体、企业和事业单位办理完毕的文书材料（包括收发文电、内部文书、会议记录、电话记录、技术文件、出版物原稿、印模、照片、影片、录音带等），由文书处理部门整理立卷，按照统一的归档制度定期移交本单位档案室集中保管，其中需要永久保存的部分，按照统一的规定分别集中到中央的或地方的档案馆保管。全国档案工作，由国家档案管理机关统一地、分层负责地进行指导和监督。国家档案局负责全面规划，统一制定关于立卷归档范围的规定和档案保管期限标准表，建立鉴定和销毁档案的制度，加强档案学及其他辅助科目的研究工作，以提高档案管理的科学水平。

《决定》是国务院为加强国家机关档案工作，并为开展科学研究工作准备条件所采取的一项重要措施。它在建设中国国家规模的档案事业中起了重要的指导作用，成为当代中国档案事业发展过程的重要文件。（张　宁）

国有破产企业档案流向　archives flow of state owned bankrupt enterprise　对国有企业破产前在组织生产、建设、科研、经营、管理过程中形成的各种门类与载体的档案，以及破产清算期间在资产评估、财产处置、职工安置和债权债务清偿等项工作中形成的各种文字、图表、图纸、账册、凭证、报表等的管理工作。

管理要求　国有破产企业管理人是具体实施国有破产企业档案处置工作的责任人，对破产企业档案有权采取必要的监控措施，保证国有破产企业档案的完整与安全。对国有破产企业档案应纳入资产范畴统一处置管理，列入管理人破产工作计划，落实档案经费，明确职责分工，确保企业破产终结、审计结束后，同时完成各类档案材料的处置工作。各级档案行政管理部门有义务积极支持国有破产企业管理人开展档案清理、鉴定、整理和移交寄存工作，主动提供档案业务标准和规范，指导、监督国有破产企业档案处置工作的规范开展。

主要任务　①及时接管原企业的全部档案，原地封存所有档案，确定专人管理，并将档案库房列为保卫部门的重点监控对象。②负责组织力量对职工个人档案按照人事、劳动等部门的要求进行全面的清理，对未建档案的要开始建立档案；对档案材料不齐全完整的要补充完善。要指定专人负责对借出未归还和未归档的档案材料及时收回和归档，对未归还借出档案的或未交出应归档材料的人员不予办理人事变动手续。按照国家有关规定对保管到期的档案进行鉴定，确无保存价值的档案材料造具清册报主管部门或上级单位审批同意后销毁。对应继续保存而未整理的档案，应按要求整理完毕。③负责破产工作期间档案工作的正常开展，按规定设置档案工作场所，制定破产工作期间档案查阅利用制度，负责审查批准并提供档案的查阅利用，禁止将档案借出档案室，以确保档案安全保管。④做好破产工作期间文件材料的收集、整理工作，待破产工作终结、审计结束后随同原企业档案一起移交有关部门保管。

主要原则　维护国家安全和国家利益，保守国家机密和企业商业秘密，防止档案散失；区别情况，依法、合理处置；维护档案的安全，便于有关方面对档案的利用；有利于企业保持经营管理的连续性。

主要方法　①基建、设备仪器类档案随厂房、设施和设备仪器的处置而转移给接收方。②产品、科研类（含专利、商标、技术成果等）档案，由处置双方协商交接，国家有明确规定的除外。③党群工作类、行政管理类、生产技术管理类、经营管理类档案和会计类档案向同级地方国家综合档案馆寄存。基建、产品、科研类档案若无接收方的也可向同级地方国家综合档案馆寄存。④破产工作期间形成的各类文件材料，待破产终结并审计结束后，整理成两套，一套向上级主管单位移交（此套为原件），另一套随同原破产企业档案向同级地方国家综合档案馆寄存。⑤企业职工个人档案按规定进行移交管理。与企业终止劳动关系的职工个人档案，移交其户口所在地街道（镇）保管；离休人员个人档案移交相应管理单位保管；退休人员个人档案移交企业所在地街道（镇）或社会保险经办机构保管；企业死亡职工个人档案，若无接收方的也可向同级地方国家综合档案馆寄存。⑥在移交或寄存破产企业档案的接收工作中，要坚持档案的整理原则和标准，在不影响档案利用的前提下，尽量保持原有整理方式不变。破产工作期间形成的档案，应按现行标准整理。档案的移交寄存均应编制档案移交寄存目录，向上级主管单位移交和向同级地方国家综合档案馆寄存应办理档案交接手续。

规范和标准　国有破产企业档案流向管理应遵循的主要法规和标准包括：《中华人民共和国档案法》《中华人民共和国档案法实施办法》《国有企业资产与产权变动档案处置暂行办法》《企业档案管理规定》（档发〔2002〕5号）、《企业文件材料归档范围和档案保管期限规定》（国家档案局令第10号）、《中央企业档案工作规定》（国资厅发〔2014〕26号）、《建设项目电子文件归档和电子档案管理暂行办法》（档发〔2016〕11号）、《科学技术档案案卷构成的一般要求》（GB/T 11822—2008）、《归档文件整理规则》（DA/T 22—2015）、《电子档案移交与接收办法》（档发〔2012〕7号）、《国家重大建设项目文件归档要求与档案整理规范》（DA/T 28—2002）等。

意义和影响　确定国有破产企业档案流向，对保证国有企业档案的完整、准确与国有档案资产安全，切实保障国家、企业和员工（职工）的合法利益，均具有非常重要的意义和价值。　（王英玮）

过所　guosuo; travel permit　中国古代为通过关津（设在交通要道的关卡）而向官府申领的通行文书。东汉刘熙《释名·释书契》载："过所，至关津以示之也。"意为过所是通过关津时出示的通行文书。过所由汉代的符、节、传发展而来，至唐朝制度已臻于完备。据《唐六典》记载：唐代的过所，在中央由尚书省颁发，在地方则由都督府或州发给。尚书省主管过所事务的是刑部的司门郎中和员外郎，由刑部司门司主判，都官司都官郎中或员外郎判依（审核同判）。在地方，由户曹参军主判，谘议参军等判依。唐人向中央或地方请求过所，一般缮写两份，一份是正本，由官方加盖官印，发给请求过所的本人；另一份是副本，形式和正本一样，也要经过判官、通判官签名，由刑部司门司或都督府州户曹归档保存。　（李义敏）

H

哈德逊湾公司档案 archives of Hudson's Bay Company 1670～1920年英国哈德逊湾公司档案记录。2007年入选《世界记忆名录》。1670年5月2日，经英国国王查尔斯二世的特许，成立了作为合股公司的哈德逊湾公司（Hudson's Bay Company）。档案记录现保存在加拿大温尼伯的曼尼托巴档案馆。这些档案详细记录了哈德逊湾公司日常的商业活动，还有医学日志、航海日志、统计记录、科学数据、印第安语言词汇、狩猎记录、宣传画、地图、油画、图纸、照片以及视听文件等各类资料。哈德逊湾公司250年的档案显示，其所涉及的领域不仅包括了公司创建时谋求的皮毛贸易，而且包括了1870年加拿大新政权对北美的开发探索和其自身领域的不断扩张，以及20世纪其业务不断扩展至零售、批发、财产和自然资源领域。在和伦敦及周边世界的跨大西洋贸易线中，哈德逊湾公司是现代国际和全球经济的先行者。其通过开发、绘图和研究扩大了世界知识储存，改变了北美本土人的生活，开辟了新的贸易渠道以增加收入，并使档案成为编写历史和土地法的重要资源。

哈德逊湾公司总部外景

哈德逊湾公司的文件是从遥远的交易点收集而来，这些交易点横跨北美全境，由于文件收集困难，再加上受到恶劣天气及航海状况的影响，这些保存下来的文件变得异常珍贵。哈德逊湾公司档案文件为研究哈德逊湾公司商贸活动、探险和资产管理、地图绘制，以及企业运营等方面提供了丰富的资料。 （黄霄羽）

哈尔滨市档案馆 Harbin Archives 中国副省级国家综合档案馆。馆址在黑龙江省哈尔滨市南岗区学府路小四道街23号。负责统一收集、整理、保管哈尔滨市重要档案、资料，编研出版档案史料，开发档案信息资源，供社会利用。1946年4月28日哈尔滨解放，1947年市政府在秘书处秘书科设立档案室；1959年10月，经中共哈尔滨市委批准成立哈尔滨市档案管理处；1969年10月，因“备战”需要，哈尔滨市革委会决定成立市档案馆；1972年9月，市档案管理处机构恢复，实行处、馆合一；1979年3月，成立市档案局；1983年10月，市档案馆调整为市档案局局属处级单位；2001年，市档案馆与市档案局实行一套机构、一种编制、两块牌子的体制，为市委序列正局级单位；2019年1月，根据《哈尔滨市机构改革方案》，将市档案局（馆）的行政职责划入市委办公厅，对外加挂市档案局牌子，保留市档案馆，仍作为市委直属事业单位，归口市委办公厅管理；2021年5月，根据市编委《哈尔滨市档案馆机构职能编制规定（暂行）》，市档案馆隶属市委，公益一类，机构规格为副省级城市正局级，负责收集、整理、保管和提供利用分管范围内的档案资料等。

馆藏 馆藏档案主要来源于哈尔滨市各机关、团体、企事业单位，截至2022年底共设393个全宗，馆藏档案共60万卷、76.3万件。主要有历史档案、革命历史档案和中华人民共和国成立以来的各种门类、各种载体档案，包括文书档案、专业档案、科技档案、声像档案、实物档案、名人档案、原松花江地区档案和撤销机构（临时机构）档案等。馆藏资料共5.1万册，地图364幅，主要包括报纸刊物、外文资料和重要文件汇编等馆藏档案案卷级目录数据46.8万条，文件级目录数据318.6万条。该馆通过来馆查询、网上查阅、预约查档等方式为社会各界提供政府公开信息和档案查询服务。

机构设置 设有综合处（机关党委）保管利用处、接收征集处、档案资源开发处、数据信息处、党政办公区档案管理处等。馆藏档案已完成案卷级目录数据43万条，文件级目录数据303万条。该馆通过来馆查询、网上查阅、预约查档等方式为社会各界提供政府公开信息和档案查询服务。

出版物和评价 先后编研出版或内部发行《哈尔滨大事记》《哈尔滨支援前线》《哈尔滨市政权建设》《哈尔滨经济资料文集》《中国改革开放大事要览》《哈尔滨市行政区划与地名管理》《哈尔滨之最》《哈尔滨洪水灾害》《哈尔滨历史十大著名建筑》《哈尔滨之夏音乐会概述》《哈尔滨防汛纪实》《哈尔滨寻根》《历届哈尔滨经济贸易洽谈会综述》《哈尔滨档案记忆（图集）》《馆藏档案里的故事》《哈尔滨通鉴》《哈尔滨档案馆指南》《哈尔滨解放》《哈尔

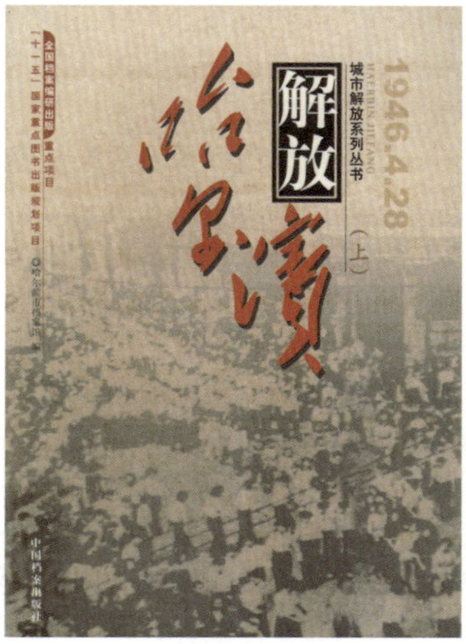

《哈尔滨解放》封面

滨往事追踪》《哈尔滨市历届党代会纪实》《旧报珍文摘编》《奋斗征程——庆祝中国共产党建党100周年档案文献图集1905—1966》等共计55部。 （姚 娟）

哈里斯大纸草 Great Harris papyrus 古埃及传世最长的官方文告抄本。1855年，发现于埃及卢克索墨吉涅特·哈布神庙（底比斯近郊）附近的一个墓穴中，因出土后被英国人A.C.哈里斯购买而得名。哈里斯纸草呈卷轴形，由79张纸草粘接而成，长度超过40米，宽度为44.4厘米，共分为117栏，每栏有文字十二三行。原文用新埃及语，以僧侣体符号写成，并插入若干带色插图，描绘法老在神前祈祷的姿态。

哈里斯大纸草（局部）

哈里斯大纸草为官方文告，以法老拉美西斯三世的名义发表。其子拉美西斯四世镇压了阴谋的参与者，并试图与僧侣联盟以稳固王位，故把父亲和先辈法老的一切赠物都指定归于僧侣，为此编成了详细的神庙财产清单，列举在文告中，一切计算均以可靠的档案库公文书为依据，保存了大量有价值的统计资料。原文分为 6 部分，前 3 部分专记埃及 3 个守城的神以及其妻所做的功绩，每一部分的叙事内容都附以统计报告（神庙财产清单、神庙臣民每年交纳赋税额等），后以祈祷文结束。第四部分专记埃及其他的神。第五部分是数字总计。第六部分记载了十九王朝末在埃及出现的奴隶起义，以及拉美西斯三世在位时埃及的社会情况。

哈里斯大纸草提供了研究埃及新王国末期经济、政治等方面的宝贵资料，展现了公元前 12 世纪埃及的社会关系，也是法制史研究的原始素材。现藏于英国伦敦大英博物馆。（黄霄羽）

《海防档》 *Archives of Coastal Defense* 中国档案文献汇编。台北“中央研究院”近代史研究所编中国近代史资料汇编中有关中国清末海防建设的档案汇编。1957 年出版。分精装（全 9 册）、平装（全 18 册）两种，16 开。系据清代总理各国事务衙门、外务部清档（誊清存查的专题档册）中的海防档（矿务部分除外）影印而成。唯铁路部分之文件有半数系编者另据原档抄补编入。所辑文件，包括谕旨、奏折、咨文、函札、照会、合同等文种，起讫时间为咸丰十年（1860）至宣统三年（1911）。

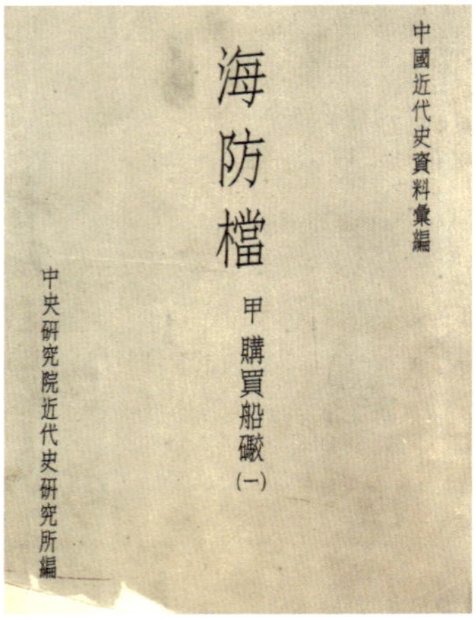

《海防档》封面

该书分 5 部分：①购买船炮。主要内容包括阿思本兵轮案、南北洋官有船炮、华商置买洋船、招商局、军火等。②福州船厂。主要内容包括议设船厂、经费、人事、学堂与学生出洋、船工、轮船训练及购买外洋船炮、轮船分拨各省遣用、豁免税厘、法人美里登与巴士栋干预船政、杜业尔案、议撤船厂及船政善后等。③机器局。主要内容包括江南制造局、天津机器局、金陵机器局、山东机器局、四川机器局、汉阳钢铁厂、纺织机器、机械发明、福建官脑局、收回大沽船坞、自来水等。④电线。主要内容包括中外电线交涉、议设电线及电线之巡护、电报国有、递发官电等。并附有电话、无线电、电灯、电车及汽车等。⑤铁路。主要内容包括列强筹议筑路、关内外铁路、台湾铁路、芦汉铁路、两广铁路、沪宁及沪杭甬铁路、滇湎及滇越铁路、山东铁路、津浦铁路、浦信铁路，以及铁路经费、铁路银行等。每部分之首册，均编有该部分之分类目录及各类项所收文件细目，列明文件之编号、收文或发文时间、收文及发文者、主要事项和所在页次，便于检索利用。每部分之末附有编者所撰大事年表。1961 年，台湾银行经济研究室挑选出《海防档》中与台湾有直接关系的档案共 99 件，经标点分段，按时间顺序排列，编印成《台湾海防档》，作为台湾文献丛刊第 110 种。

（张书才　丁华东）

海外工程档案管理 overseas construction project archives management 对中国政府援建的涉外工程项目和国际竞标工程项目档案的业务管理活动。又称海外工程档案资料管理。海外工程档案是企业（公司）在海外工程项目（经援工程、总承包工程、承包工程、专业分包工程）经营、生产管理过程中形成的具有查考和保存价值的各种文字、图表、声像、电子文件、实物等不同形式和载体的真实历史记录。20 世纪 50 年代中期，中国政府对世界上许多发展中国家开展援建工程；改革开放后，中国企业走向世界，承揽、承包了越来越多的国际竞标类工程项目，积累了许多海外工程档案管理的经验。中国的海外工程项目档案管理的管理办法和管理体系比较完善，档案的管理标准同国内工程的档案管理基本一致。国际竞标工程项目档案的管理，一般要求项目竣工后施工方要递交完整、准确的竣工图，且项目的档案管理标准很大程度上取决于监理公司的习惯。

在海外工程档案管理中，项目施工方应负责工程项目档案的收集、汇总、整理立卷、归档、移交工作；施工方技术总工程师应负责本工程项目档案的组织、管理、预验收、移交领导工作，并对分包单位工程档案的套数、费用、质量、移交时间提出明确要求，对其进行验收；施工方技术资料员负责工程项目档案的收集、整理、分类、立卷、归档；在工程验收移交后，由施工方负责向业主移交一套符合要求的工程竣工档案；施工方总工程师负责组织技术人员、档案人员进行监督、检查、指导及验收；施工方档案人员负责工程档案的日常保存、编目和借阅管理。

海外工程档案管理内容主要有：①工程文件材料归档。对工程建设有关的重要活动、记载工程建设主要过程和现状、具有保存价值的各种载体的文件，均应收集齐全，整理立卷后归档。②工程文件的立卷。③工程档案的验收和移交。在工程竣工验收前，组织人员对工程档案进行预验收，档案合格后才能进行工程竣工验收；工程竣工验收合格后，按合同要求，向建设单位（或业主）、中国驻外使馆经商处、中国公司的海外工程部各移交一套档案。

海外工程项目档案管理，是维护中国企业（公司）权利、索赔，开展工程项目质保、维修、管理，提升国际影响力的重要活动。（王英玮）

海峡两岸档案暨缩微学术交流会 Cross-Strait Academic Conference on Archives and Micrographics 中国档案学学术交流会。中国档案学会是大陆最早一批与台湾的专家学者开展学术交流的学术团体之一。经中国档案学会与台湾中华档案暨资讯微缩管理学会协商，1992 年 4 月 8 日在北京举办了海峡两岸档案缩影技术交流座谈。会后，经两会协商达成每年轮流在大陆和台湾举办海峡两岸档案暨缩微学术交流会的共识。

1993 年 5 月以杜陵先生为团长的台湾中华档案暨资讯微缩管理学会代表团抵达北京，参加由中国档案学会主办的第一次海峡两岸档案暨缩微学术交流会。1994 年 8 月以王明哲理事长为团长的中国档案学会代表团赴台北参加由台湾中华档案暨资讯微缩管理学会主办的第二次海峡两岸档案暨缩微学术交流会。从此，两岸档案学会开启了学术交流之门，架起了学术交流之桥，相互尊重、互相支持、密切配合、锲而不舍，共同谱写海峡两岸档案学术交流的新篇章。2002 年中国文献影像技术协会参与学术交流活动后，海峡两岸档案暨缩微学术交流会改由两岸三会共同举办。截至 2023 年，共举办海峡两岸档案暨缩微学术交流会 31 次，约有 3100 位专家、学者参加了学术研讨。会议交流论文 500 多篇，并编制了多册论文集。

应邀参加海峡两岸档案暨缩微学术交流会的人员为两岸档案界、缩微界和图书馆界的专家学者及科研工作者。学术交流会每年根据学科发展需要设定不同的交流主题，如：1999 年主题为档案管理与信息资源的开发；2001 年主题为迎接新世纪的挑战档案工作与知识经济；2005 年主题为档案与社会；2014 年主题为档案、文献的信息化：经验、问题与方向；2016 年主题为数字资源的保存治理与应用等。与会专家、学者围绕主题，针对档案、缩微工作中的重点、难点问题展开研讨。

专家学者在学术交流活动中相互介绍两岸档案工作的情况和经验，探讨双方感兴趣的问题。推动了海峡两岸档案事业的发展，使大陆的档案工作者有机会借鉴台湾档案管理的经验，及时了解新的科学技术在台湾档案管理方面的应用情况，促进了大陆档案事业的发展。同时台湾档案界也可以了解大陆档案学术理念，借鉴大陆档案事业发展的成功经验与做法。

学术交流对于有效保护、科学整合和合理开发海峡两岸中华民族共同文化遗产，弘扬中华民族文化，促进两岸档案事业的发展，增进两岸档案同行的友谊，乃至加深海峡两岸同胞的兄弟情谊，都起到了积极的作用。　（霍力华）

函　han　中国古代**官府往来文书**文种名称。“函”字最初是指书信的封套，后来才指里面的书信。公务事件以私人信函表达，在清代官场十分常见。清代中叶后，有些书信渐渐转变为正式的官文书，归入衙门卷宗。这些文书往往由**幕友**或书吏撰写，主管官审核判发时，如有补充，也可另附一纸，书写下达，称为加函或复函。这些由上官亲笔，抛开上级地位而以私人情谊商谈问题，较他人代拟的官样文章更为亲切有效，于是使用渐渐增多。

函的使用自由，不受**行文规则**的限制，既可用于不相隶属的官员之间，又可用于上下级之间，但多数用于不相隶属的平级衙门官员之间，也常在地方官与绅商、社会团体组织之间流行。另外，函还可以作为外交文书在各级官府与外国公使、领事之间使用。凡不必用**照会**时，都可用函往复。这种专门的外交函件比照会规格略低，郑重程度略逊于照会，一直沿袭使用至中华民国时期。

清代，函的体式没有统一的规定和要求，一切规矩都是约定俗成。按当时人们的习惯，多用专门的帖式信笺纸，或为白色，或为红色，极少用其他颜色。一般都印有竖线，多分为 8 行，也有 7 行或 6 行的。纸高约 23 厘米，宽约 12 厘米，有的还套色印有写意花草、山水、人物及纸铺堂号。

常用“敬禀者”开头，对品级地位较低者，则常用“径启者”，还有“再启者”“密启者”“再肃者”“敬再肃者”之类。正文结尾写法灵活，多用问候、祝颂、请示、鉴核一类用语。受文者多数写在文首，如“某大人钧鉴，敬禀者”“某仁兄大人阁下，敬启者”“某老尚书大人钧鉴，敬肃者”，还经常称兄道弟，攀亲论辈，以示亲密。也有少数写在文尾，如“敬颂某大人钧祺”之类。

署名也有两种方式：一种是直接写于文尾，如“某谨启”“某谨肃”“愚弟某拜上”之类；另一种是在信函中另附上具函人名帖，用红单片纸，正中大字书写本人姓名，相当于名片的作用，函尾署名时只写“名正肃”或“名另具”。“名正肃”为品级地位较低者或平级官员表示尊敬时的写法，“名另具”则大多是品级地位较高者署名时的写法。用名帖具名的方法一方面是出于对受函人的尊重、客气，另一方面也是由于函不具官印，大多也无私章，名帖可以起到一定的凭证作用。

中华民国以后，函被定为正式平行文种，用于不相隶属的行政官署文书往复，称为公函。袁世凯复辟帝制时，公函用于国务卿对各部院及各省最高级官署，遇有商议事件时用。1928 年后，国民政府公函的使用基本无大变化，用于不相隶属的官署之间公文往复。1942 年，明确规定公函为同级机关或不相隶属的机关公文往复时使用。

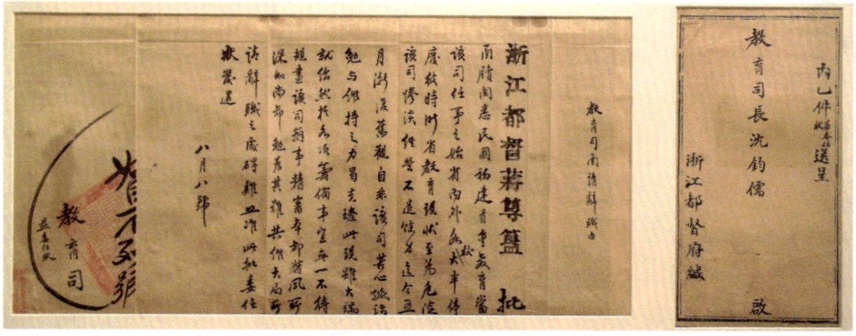
浙江都督蒋尊簋　批
教育司长沈钧儒
浙江都督府缄
启

浙江都督蒋尊簋给教育司长沈钧儒的公函

中华民国时期，公函逐渐有了特定的格式，但多有变化。1912 年，北洋政府公文用纸的尺寸大小与形式初无统一规定，有的用一张白纸折成若干连幅，有的则在每幅上加印纵长横短的红色边圈，圈内细线分为 8 行。但是，对公文各部分的书写位置则有严格规定。右边首行为“某官署公函”，下列“某年某字第某号”，另起第二行顶格写“径启者”为开头语。正文写毕，致送语为“此致某某官”，受文者另起平抬。结尾年月日上盖署印。1914 年，北洋政府国务院厘定公文用纸程式条例，规定公文纸幅须连续，内容简单者，用篇幅较小的纸张，内容较多者，用篇幅较长的纸张，或以数纸接连，但须于连接处盖官署印信。公文纸周围画红色格线，左右方留边，以便汇案装订。边圈之内每面分 6 行，文正面、背面不画行。每一文件分正面、中页、背面三部分。正面为文种名称与编号，中页为正文内容，背面中行书发文日期及官署长官姓名，骑年盖月盖署印。1916 年，规定凡各官署公函、**呈**、**咨**、批、令用纸，以营造尺纵 8 寸 8 分（约合 29.3 厘米）、横 3 寸 7 分（约合 12.3 厘米）为度，每半页 5 行，其余与 1912 年的格式相同。1929 年，国民政府规定了函、令、批、呈、咨等各项文书的用纸格式，均用平折合页式。除函文尾致送语中“此致××机关”，机关名称须换行顶格写外，其余与呈的格式相同。　（裴燕生）

函　correspondence　中国行政系统公文文种。属于平行文种。用于平行或不相隶属机关之间商洽工作、询问和答复问题、请求批准和答复审批事项。具有适用范围广泛、内容“一文一事”、文字表达精练的特点。根据内容和发文目的，可分为商洽函、询问函、请求函、答复函、批准函、告知函等。根据函的形式，可分为正式公函和便函。　（王　健）

韩国国家记录院　National Archives of Korea　韩国最高档案中央主管机关。1969 年在首尔成立政府记录保存所，1970 年升为局级机构，直属于韩国政府总务署。内设档案政策部、档案管理部和档案信息服务部，1984 年在韩国第二大城市釜山设立分部。1999 年，制定《关于公共机关档案管理的法律》以及系统管理国家档案的基本法大纲。2004 年更名为国家记录院。

国家记录院的职责有：制定档案制度，接收和管理国家文件，进行档案系统的研究和规划，开展与国外**档案机构**的合作，提供**档案利用服务**，负责政府参考服务中心的运作。釜山分部主要负责保管和保护档案，拍摄缩微胶片，进行档案的消毒、整理和装订，提供利用服务。

下辖 3 个档案馆：国家档案馆、总统档案馆和历史档案馆。其中，主要担负建立电子档案管理系统的是国家档案馆，它对外提供多种档案信息服务，是韩国档案资源宝库，是制定档案相关政策、收集和保存重要档案文物、提供档案信息服务的管理机构。档案馆还提供定期重新分类和公开秘密档案，在线阅览等多种服务项目。

国家档案馆馆藏档案资料包括朝鲜王

朝时期、日军殖民地时期以及大韩民国时期的各类档案，分为以下 4 类：①**文书档案**。包括朝鲜王朝实录、日本占领时期档案、1945 年韩国光复后的所有政府档案。②图纸档案。包括地图、森林图、气象图及其他设计图纸、计划表等。③卡片档案。包括公职人员**人事档案**、军事人员兵籍档案、公务全年卡片等。④以保存史料和公共利用为目的而拍制的缩微胶片档案。此外，还有视听档案和包括纪念邮票、图案、广告、标语在内的其他档案。

韩国国家档案馆的主要作用包括对档案机构进行管理，收集需要永久保存的档案，保存总统的文件和有关资料，研究档案管理体制，与国外档案机构进行合作与交流，管理政府机构进行合作与交流，管理政府的档案阅览中心，汇编从国外征集到的档案资料，以及提供档案利用服务等。

（黄霄羽）

韩玉梅 Han Yumei（1932-10-10～ ） 中国现代档案学家、全国首位档案学女教授。生于河南新蔡。1949 年 3 月，从华北大学（中国人民大学前身）一部被选派到

二部外语系学习俄语。1952 年 1 月，进入中共中央编译局从事翻译工作，同年 10 月被中央编译局选派至中国人民大学，担任档案专修班苏联专家 M.S.谢列兹聂夫的专业教学翻译。1955 年 6 月，苏联专家聘期届满返回苏联，8 月调入国家档案局任顾问翻译。1961 年 6 月，重回中国人民大学历史档案系任翻译。1974 年 5 月历史档案系停办后被分配到北京师范大学外国教育研究所任翻译。1978 年 7 月，中国人民大学历史档案系恢复，她被召回并从翻译岗位转为教师岗位。1987 年，作为公派访问学者赴莫斯科历史档案学院开展为期半年的访学交流，是该院接待的第一位中国学者。

研究领域为外国档案事业史，尤以苏联档案学为重点研究方向。专修俄语，兼通英、法、德语等多门语言，翻译和研究成果丰厚。先后翻译《苏联机关的文书处理工作》（1954）、《苏联文献公布学》（1955）、《档案工作的理论与技术》（1956）、《文书处理工作与档案工作》（1957）、《苏联档案工作理论与实践》（1994）多部教材或著作。主编《外国档案管理概论》（1987）、《外国档案管理参考资料》（1987）、《外国档案管理教学大纲》（1987）、《外国档案管理》（1994、1998）、《外国现代档案管理教程》（1995）多部教材或教学参考资料。参编《世界档案史简编》（1983）、《三十国档案工作概况》（1985）、《档案学概论》（1988）等。撰写《外国档案学术研究的回顾与展望》《西欧档案学史料研究》《国外文件管理若干问题初探》等学术论文 49 篇。

韩玉梅从教 35 年，在沟通中外档案学和档案事业方面做了大量工作，为国内外档案学科发展的交流互鉴做出了重要贡献。

（黄霄羽）

汉冶萍煤铁厂矿有限公司档案 archives of Han Ye Ping Coal and Iron Limited Company 中国最早的新式钢铁联合企业——汉冶萍公司档案。共计 9115 卷，现藏于**湖北省档案馆**，是湖北省档案馆馆藏的三大国宝档案（汉冶萍公司档案、江汉关档案和辛亥革命档案）之一。起于清光绪十五年（1889），止于 1948 年，经清末、民国两个时期，历官办、官督商办、商办 3 个阶段。2002 年 3 月入选《中国档案文献遗产名录》（第一批）。

档案翔实地记录了汉冶萍公司诞生及演变的全过程，包括汉冶萍煤铁厂矿有限公司董事会档案、公司经理处档案和财会档案三大部分，另有公司在经营活动中收集和编印的大量资料。内容涉及公司建设、经营管理、调查统计、生产销售、交通运输、产业设备、财务管理、股票发行及债权债务等各个方面，反映了近现代中国煤炭钢铁工业的创立与发展、生产技术与生产力的进步、生产关系及其经济制度的变革等历史过程，对研究近代中国煤炭钢铁工业的创立、发展与变迁，具有原始性与权威性。

汉冶萍公司档案也是研究洋务运动及中国民族工业发展史的宝贵史料。档案内的张之洞等人的奏折、电报，记述了洋务运动后期的状况，反映了洋务派官僚将思想与实践结合后的经验和教训。有关工人生活、劳作的档案，是中国最早的一批产业工人之一——汉阳铁厂工人诞生和发展的原始记录。《董事会议案草底》和历届《股东大会议案》展示了公司各项重要决策产生的过程。《事业纪要》记载了公司沿革、组织机构、产品出数、利润盈亏等方面的情况。《与日本安川合办九州制钢厂》揭示了 1917 年日本为了更多地掠夺中国的矿产资源，要求“合办”的经过。国民党政府迁建委员会的档案，留下了抗日战争中公司迁移的印迹，其中有蒋介石下令炸毁汉阳铁厂无法迁运设备的密电。

随着档案开放理念的持续深入和开发利用工作的不断发展，汉冶萍公司档案研究受到越来越广泛的关注和重视。湖北省档案馆从 2015 年起对馆藏汉冶萍公司档案进行规范整理，重新分卷、编目，完成 14.86 万张档案修裱和 72.82 万画幅数字化扫描工作。

（张芳霖）

杭州市档案馆 Hangzhou Archives 中国副省级国家综合档案馆。馆址在浙江省杭州市创意支路 6 号。主要负责接收征集、保管整理、数字化、出版展陈和提供利用杭州市市级政府机关及企事业单位的档案资料等工作。1949 年下半年，杭州市委秘书处和市政府秘书处分别成立机关档案室；1956 年 8 月，市人委办公室成立档案科，市委办公室仍设档案室；1959 年 4 月，市委、市人委办公室的档案机构合并，成立杭州市档案科；1965 年 4 月成立杭州市档案馆；1972 年市革委会办事组秘书办公室下设档案室；1973 年市革委会办公室下改设档案组；1979 年 9 月恢复杭州市档案科；1981 年 7 月成立杭州市档案处、档案馆；1989 年 12 月撤档案处，成立杭州市档案局、档案馆，隶属市政府办公厅；2008 年获得国家一级档案馆认定；2011 年调整列为市委序列；2019 年机构改革，局、馆分置。

图 1 杭州市档案馆外景

馆藏 馆藏档案 576 个全宗，1 736 024 卷，707 316 件，纸质资料 27 159 册，现行文件 1 万余件，馆藏最早的档案形成于清康熙三十一年（1692）。全部档案可分三部分：第一部分是清代档案、中华民国时期档案，共 52 个全宗，70 012 卷；第二部分是革命历史档案，1 个全宗，129 卷（件）；第三部分是中华人民共和国成立以来的档案，共 523 个全宗，1 666 012 卷，707 316 件。现有照片档案 271 467 张，录音磁带、录像磁带、影片档案 1574 盘；珍贵字画及其他实物等共 54 497 件。另有现行法规文件、报刊、资料和书籍。这些档案资料，真实客观地记录了杭州市历史上发生的重大活动、重大事件、城市建设、西湖风景、名

胜古迹、风土人情及著名人物。

机构设置　杭州市档案馆与杭州市档案局为两块牌子、一套班子。是集中管理杭州市各有关单位各种门类档案、资料的基地，是杭州市爱国主义教育基地，是集中提供档案资料、现行文件查阅服务中心。内设办公室、组织人事处、资源建设处、保管利用处、数字档案管理处、档案文化处、机关党委等 7 个处（室），下设档案事务服务中心、杭州市现行文件查阅中心，承担档案馆的业务工作。向国内外读者开放利用，提供咨询查档服务，并逐步在互联网上开放档案目录。

出版物和评价　编辑出版了各种类型的档案编研成果 70 余种。主要有《杭州通鉴》《毛泽东在杭州的日子》《杭州古旧地图集》《杭州都图地图集（1931—1934）》《清代杭城全图》《抗日烽火中的杭州》《杭州历史文化图说》《近代杭州图集》《杭州票

图 2 《抗日烽火中的杭州》封面

证图录》《杭州解放档案文献图集》《清代大运河全图》《杭州重大自然灾害录》《杭州百货老字号》《西湖风情画》《杭州记忆》《历史的见证——杭州抗日战争档案史料辑录》《抗战时期杭州人口伤亡及财产损失档案汇编》《蹉跎岁月也是歌——杭州市档案馆馆藏知识青年书画展》《习近平同志对杭州工作重要指示选编》《蕙兰校刊选编》等。

（屯登科）

航空工业档案馆　Aviation Industry Archives　中国集中统一保管中国航空工业集团档案资料的档案馆。1951 年 4 月，航空工业局在沈阳成立，航空工业档案事业随之诞生。伴随着中国航空工业的产生和发展，航空工业档案馆历经航空工业管理局资料室、第三机械工业部技术资料档案馆、航空工业部档案馆、航空航天工业部航空档案馆、中国航空工业总公司档案馆、中国航空工业集团公司航空工业档案馆、航空工业档案馆等多次变迁。馆址历经北京德胜门内果子市、陕西省汉中市、北京市交道口南大街 67 号、北京德胜门内鼓楼西大街 158 号、北京市东城区帽儿胡同 6 号院、北京市朝阳区北苑 2 号院、北京市东城区交道口南大街 67 号多次变迁，现位于北京市东城区交道口南大街 67 号。

航空工业档案馆隶属于中国航空工业集团公司（以下简称航空工业集团），是航空工业集团总部直管功能单位，业务上接受国家档案局的指导。航空工业档案馆既是国家军事工业专业档案馆，也是航空工业集团专门档案工作管理机构，承担着保管国家航空工业档案的职能任务和督导航空工业集团所属单位档案工作，管理重要档案的双重职能，是中国航空学会档案分会主任委员单位。

机构设置和主要业务　航空工业档案馆设有业务指导部、管理利用部、综合管理部和计划财务部等 4 个业务和职能部门，档案咨询服务中心和重点型号档案中心 2 个内设机构。主要从事航空档案工作管理、档案收集与整理、档案鉴定与保管、档案检索与利用、档案信息网络系统建设、相关专业培训与咨询服务。作为中国档案学会第九届理事会副理事长单位和中国航空学会档案分会主任委员单位，积极组织开展学术交流活动。以航空工业档案工作六大地区协作组为平台，推动航空工业所属单位加强业务交流和沟通。

馆藏内容和规模　航空工业档案馆（含陕南分馆）现有 50 万余卷纸质档案、300 余万件电子档案，包含 1951 年重工业部航空工业管理局成立以来产品档案、科研档案、文书档案、固定资产投资项目档案、实物档案、财务档案、审计档案、声像档案、破产企业档案等，航史类、综合类、期刊类、标准类图书资料等，重要人物档案、重大活动档案、口述档案、世博会档案等专题档案。

作用和影响　航空工业档案馆牢记“为党管档，为国守史，为航空装备发展服务”的初心使命，积极探索，大胆实践，致力推动航空工业集团档案工作高质量发展，在档案业务建设方面创造了多项全国第一：第一个成立行业档案学会——航空工业档案学会；第一个建立覆盖行业各地区的档案业务工作协作组；第一个创办档案工作专业期刊——《航空档案》；第一个自编档案学专业教材；第一个自主研发档案信息计算机管理软件，并全行业推广；第一家在行业所属各企事业单位开展数字档案馆试点建设。进入新时代，航空工业档案馆确立了航空工业档案工作“一个使命，两个职能，三个聚焦，四个体系，一个愿景”的发展战略（简称“12341”发展战略），科学谋划“十四五”航空工业档案工作发展规划，统筹新形势下航空工业档案工作体系建设，着力提升档案工作现代化治理水平。

荣誉　1991 年、2003 年、2007 年三次被评为全国档案工作先进单位。2008 年、2009 年航空工业档案馆分别在全国档案局长馆长会议和中央企业档案工作会议上代表中央企业介绍经验，体现了航空工业档案工作在央企乃至于全国的代表性和影响力。

（李佳佳）

航天档案馆　Aerospace Archives　中国集中统一保管中国航天科技工业档案资料的档案馆。位于北京市海淀区阜成路 8 号。可追溯至 1965 年第七机械工业部建立的技术档案馆。1982 年 7 月 6 日，根据中共中央、国务院中发〔1980〕16 号文件精神和国家档案局国档发〔1982〕62 号和国档发〔1982〕72 号文件要求，航天部根据《关于恢复档案馆的通知》（〔1982〕航计字第 0766 号），决定恢复档案馆，正式名称为航天工业档案馆；2001 年中央机构编制委员会办公室以中央编办复字〔2001〕171 号文件，核准航天档案馆事业人员编制 40 人，名称为航天档案馆。历任馆主任为：范村、额尔登昌、刘登锐、张邦祝、肖俊、庞海涛、崔宗胜。

图 1　航天档案馆外景

工作职责和特色　航天档案馆既是国家军工专业档案馆，也是航天科技集团有限公司档案馆。属于集团公司档案工作的业务归口管理单位，履行对集团公司总部、各大型科研生产联合体、各专业公司和直属单位档案工作的监督、检查、业务指导和档案的收集保管、提供利用的双重职能。主要承担着集团公司固定资产投资项目、航天产品、重大预研课题、科技成果、对外合作等文件材料归档的组织、协调及档案的检查、验收工作；归口管理航天档案的开放和对外公布；负责航天档案信息开发与组织工作，开展航天档案编研课题编撰及编研成果的评选工作；负责集团公司重

大活动、型号飞行试验任务声像资料的拍摄、归档工作；负责总部文书档案、会计档案、基建档案、实物档案及集团公司航天型号产品档案、成果档案、声像档案等门类档案的进馆、接收、保管、开发利用等工作；负责组织开展集团公司科技委档案技术专业组和航天工业档案学会工作；负责集团公司档案系列专业技术职称评审工作。同时，承担着保管军工专业档案的职能和任务，负责组织航天产品档案的进馆工作，对涉及国家战略安全的航天产品档案实施战略备份。

馆藏内容及规模　馆藏档案12个全宗，57万余件，照片17万余张。包括文书档案、航天产品档案、基建档案、经营档案、纪检监察审计档案、会计档案、科技成果档案、外事档案、特殊载体档案（包括声像档案）、实物档案、出版物档案等，航天档案馆还保存有钱学森、任新民、梁守槃、庄逢甘、梁思礼、陆元九、张履谦等航天名人档案。这些档案真实记录了中国航天60多年发展壮大的历程，是国防科技工业和航天事业发展的重要见证和依据。

信息开发利用服务　该馆建立了馆藏档案数据库和照片档案管理数据库，面向集团公司各级用户提供档案目录和部分全文检索服务。利用馆藏档案，组织完成了集团公司年鉴、大事记，以及《腾飞之路》《航天春秋》《中国航天50年回顾》《中国航天60年大事记》《载人航天工程大事记》《国际合作大事记》等编研成果，承担完成了《中国工业·航天工业卷》《中国军事工业史料（航天分册）》《张爱萍军事文集》等史料的编写工作。

图2 《中国航天50年回顾》封面

利用馆藏声像档案优势，完成了《院士画册》（37位）、《铸梦——纪念中国航天事业创建60周年》《前进中的航天科技》等画册的编辑工作，完成了任新民、梁思礼、陆元九等十几位院士《口述历史》声像资料的拍摄，以及院士录像专题片的制作，档案信息在服务集团公司创新发展、传承航天精神等方面发挥了显著作用。

（白　颖）

合挥　hehui　中国太平天国颁发的结婚证书。又称龙凤合挥、龙凤批。是太平天国颁发给低级官员，准许随营“配妻”的凭证。“合”指“结合”之意，“挥”指凭证。其上印有龙凤图案，登记成婚双方的姓名、年龄、籍贯，在女方名字的上面写有“配妻”两字，在男方名字的右侧写其在太平军中的官职。合挥均一式两份，一份由政府保存，一份给结婚当事人保存，两份接缝处印有“合挥”两字，并盖上龙凤图记，编有顺序号码，以备查对。

合挥最早出现在1855年初婚配大突击之中。太平天国后期，合挥开始广泛使用，且因为合挥的经常颁发而逐渐形成制度。不持合挥而携带女眷者即以强奸论处极刑，军纪十分森严。合挥制度在一定程度上稳定了太平军大龄未婚将士的军心和作战情绪，加强了太平军的战斗力和军纪。浙江省博物馆藏有两件太平天国颁发的合挥，即在绍兴市毛儿村发现的李大明柴大妹合挥与翟合义祝大妹合挥。

（李义敏）

合集　collection (of two or more authors)　汇录两个作者（文件形成者）文稿的档案文献结集方式。当两个文件作者在长期的社会实践活动中关系异常紧密，形成的文稿间的内在联系不容分割；或两个作者虽不同时，但在历史上的地位、遭遇、影响异常相似，对形成的文稿特别需要进行比较研究，可编纂他们的合集。如《马克思恩格斯全集》，1955～1966年由苏共中央马列主义研究院出版俄文第二版，共39卷，42册，收集马克思、恩格斯的著作和书信5500件，其中有如马克思的《资本论》第4卷手稿、恩格斯的《〈资本论〉第1卷提纲》、马克思和恩格斯在《新莱茵报》《纽约每日论坛报》等报刊上发表的大批文章，以及有关马克思主义创始人在第一国际中活动的材料和文件。后来，又出版了11卷补卷（第40～50卷），收入大批未曾发表的马克思、恩格斯的手稿、文章和书信。

有的合集也汇录多作者的文件、文献，但编纂过程与一般总集不同，是在一题目已有各种结集的基础上，按新的统一体例，将各集内容加以汇总，删去重复及伪件，补充遗漏，从而集此题目之大成。如由郭沫若主持编纂的《甲骨文合集》，共13册，选录甲骨文发现80年来已著录和未著录的殷墟出土的甲骨拓本、照片和摹本，共41 956片，使上百种甲骨文书刊合优去劣，数万片甲骨玉贯珠联。又如张涌泉主持编纂的《敦煌经部文献合集》，共11册，聚集了公元4～11世纪约6万件的古代写本、刻本，是名副其实的敦煌文献整理研究的集大成之作。

（丁华东）

图1 《甲骨文合集》扉页

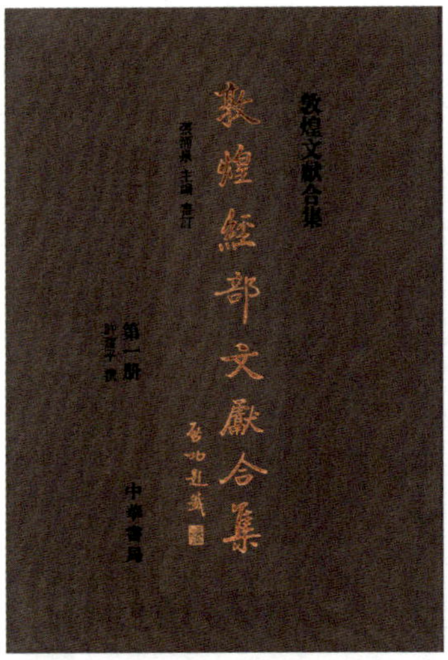

图2 《敦煌经部文献合集》封面

合檄　hexi　中国古代官府往来文书文种名称。多数用于日常军政事务的一般官文书，也可用于军事调遣、通报军情、告知警备。汉代凡涉及机密的文书一般用合檄，两板相合，缠上绳子，压上封泥，以防邮递过程中被拆阅。合檄具有官文书一般的程式，开头通常先写发文时间“某年某月某（干支）朔日某（干支）日子”，接写“某官某人敢言之”（上行）或“某官某人敢告之”（平行），然后传达命令、请求指示或告知事项。下行及平行文结尾常用“毋忽，如律令”“如书”，上行文结束语则用“敢言之”。向下转达诏书时，结束语用“如诏书”。结束语“如书”，意为按照文书中所言行事。结束语“书到言”“言到日”都是下行文中意谓受书之后，要回报受书时间。合檄在文书载体改用纸张后不再使用。

（裴燕生）

何执中 He Zhizhong（1044～1117） 中国北宋官员。字伯通。生于浙江龙泉上河（今龙泉市兰巨乡豫章村）。家贫力学，宋神宗熙宁六年（1073）进士高第，哲宗绍圣四年（1097）召为太学博士，继迁王府教授兼端王侍讲。徽宗政和元年（1111）与蔡京同为宰相，5年后，以太傅致仕。尝告诫边吏不要惹是生非，提倡改革，爱惜人才，减轻民力消耗。死后赠太师，追封清源郡王。

宋崇宁四年（1105），何执中任吏部尚书时发现因朝廷没有专门管理档案的机构，档案多用柜或筐存放，各部官员还将案籍藏在自己家中，有利用档案“舞文取贿”的现象，即奏请建立吏部架库阁，又称架阁库，设架阁官，选择有声望者充任，负责管理帐籍案卷。随着中央架阁库的建立，地方机关的架阁库也逐步设置起来，并得以进一步发展。

何执中建立架阁库时，对档案管理设立了规矩。清毕沅《续资治通鉴》记载称架阁库三省皆立，凡成案留部2年，送尚书省架阁库，8年送**金耀门文书库**。关于档案工作纪律，规定工作人员在调动时，档案必须进行移交。档案入库后，要妥善保管，如有漏落、损失或被水浸坏，必须进行修补、抄录和“收录晒曝”，被水浸毁的应进行“传写”。如果保管人员散失了档案，或档案被偷盗，都要受到处分。在档案利用方面，规定要派官员“监视出入”，并要由监督官员批准档案借出的期限，归还时官员要清点、注销。至于机密档案，如枢密院的军事档案等，除职事官员外，其余的人不许借用。何执中创建架阁库为档案管理一大创举，具有划时代的历史贡献，促进了中国档案事业的发展。

（王云庆）

和宝荣 He Baorong（1929-05-10～2015-02-09） 中国现代档案学家。生于黑龙江穆棱，卒于北京。曾任松江穆棱县（今穆棱市）兴源镇小学校长、穆棱县教育科长，中共黑龙江省委宣传部研究干事等职。1955年进入中国人民大学历史档案系学习，1959年毕业后留校任教。曾任档案系档案管理学教研室主任，中国档案学会第一届理事、副秘书长，第二届学术研究协调委员会主任，第三届理事及档案学基础理论、历史

与教育学术委员会主任，档案标准化技术委员会委员、中国档案学会顾问、中国人民大学信息资源管理学院教授等职。1992年获国务院颁发的政府特殊津贴。

主要研究领域是档案学基础理论和档案管理学，成果丰厚。与陈兆祦合著的《档案工作基本知识》（1982）多次再版，获中国档案学会档案学优秀成果一等奖。与陈兆祦共同主编的《档案管理学基础》（1986）获中国档案学会第二次档案学优秀成果一等奖。任副主编的《档案学概论》（1988）先后获得北京市优秀社会科学教材奖和国家教委第二届普通高等学校优秀教材一等奖。与邓绍兴共同主编的《档案管理学》（1989）、主编的《机关档案工作》（1994）均具有广泛的学术影响，对档案管理学体系建设做出重要贡献。担任《中国大百科全书·图书馆学 情报学 档案学》档案管理学分支编写组主编，并撰写多个条目。先后发表《坚持用辩证唯物主义的观点指导档案工作》《档案分类的特点和种类的划分》《实现档案价值的规律性和档案的科学管理》等学术论文37篇，内容涉及档案定义、档案价值、档案法、全宗理论、档案分类、档案鉴定、档案学研究方法论等多个领域。

和宝荣从教35年，讲授档案管理学、档案学概论等多门课程，教书育人，成果显著。他参与了中国人民大学档案学科创建硕士学位和博士学位论证，是该学科点第一批硕士生导师，为档案学科发展做出了重要贡献。

（冯惠玲）

劾状 hezhuang 中国古代弹劾、揭发官吏罪状的一种文书。简称劾。通常由官吏代表官方起诉，而不设置专门的监察机构，需逐级上报。秦至汉初的劾文书仅包括被劾者的罪名，结构为“劾＋某劾＋某敢言之：上劾……”，内容相对简略。西汉中期，劾文书的格式和内容开始繁化。首先，文书会以“案”开始，之后开始详细叙述案件的调查经过、结果。同时原先两重呈文的结构亦融合为“年月日＋某劾、敢言之＋被劾者讯息＋写移，谒某县某狱以律令从事”。此后劾文书篇幅的膨胀愈加严重，至迟在西汉末发展出“劾状”格式。

一份完整劾状的格式，通常由劾文、

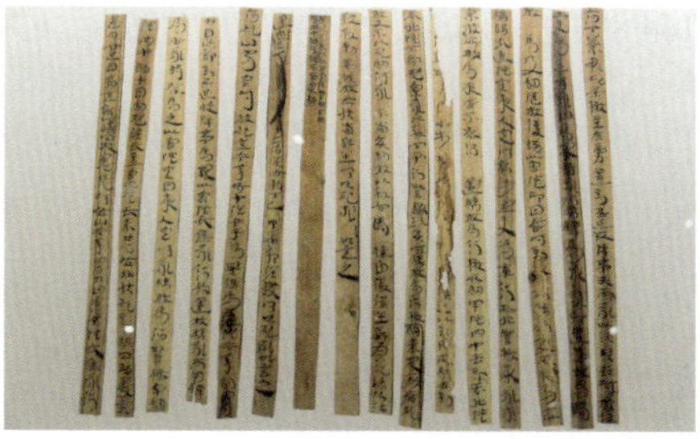

居延简《隧长焦永死驹劾状》

状辞及相关呈文组成。劾文为主件，主要是说明被告的身份和犯罪事实，以及原告对事件的调查情况和处理；状辞主要包括原告身份的说明、被告的犯罪事实及调查情况；呈文则是呈送劾文和状辞的报告，交代起诉时间、起诉人、文件名称及数量等。甘肃简牍博物馆藏有甲渠候官第68号探方出土的8份东汉光武帝建武五年（公元29）、建武六年劾状简册。

（唐俊峰 李义敏）

河北省档案馆 Hebei Provincial Archives 中国省级**国家综合档案馆**。馆址在河北省石家庄市师范街80号。专门负责河北省以及察哈尔省、热河省管辖区域的清代、中华民国时期档案，革命历史档案，中华人民共和国成立后省直机关事业单位等档案的收集保管、整理编目、编研出版、修复复制、展陈利用等。其前身是1957年3月分别设立的河北省委档案馆筹备组和河北省人民委员会档案馆筹备处。1959年3月正式成立河北省档案馆，归属河北省档案局；1971年5月并入河北省革命委员会办公室档案处；1979年9月重归河北省档案局领导；1994年11月，河北省档案馆与河北省档案局合并，成立河北省档案馆（局）；2018年12月，原河北省档案局行政职能划入省委办公厅，河北省档案馆为中共河北省委直属事业单位。2021年3月，河北省档案馆、河北省地方志编纂委员会办公室、河北省档案干部培训中心和河北年鉴社四家单位重新组建河北省档案馆（河北省地方志编纂委员会办公室），为中共河北省委直属公益一类事业单位。

图1 河北省档案馆外景

馆藏 馆藏档案，共设868个全宗，982 700卷、282 951件。其中，河北省的**清代档案** 6132卷、中华民国时期档案

164 896 卷、革命历史档案 107 376 件、中华人民共和国成立后的档案 811 672 卷又 175 575 件。察哈尔省档案 12 869 卷，热河省档案 27 149 卷。

河北省档案：清代档案包括顺治十五年（1658）至宣统三年（1911）正定府、获鹿、栾城等县形成的档案，内容涉及司法、吏治、民政、军务、文教等；中华民国时期档案包括中华民国元年（1912）至中华民国三十八年国民党河北省各机关、政党、社团等形成的档案，内容涉及党务、政务、司法、财政、教育、农业等，以及日伪河北省公署和热河省政府等形成的档案；革命历史档案包括 1920～1949 年中国共产党在河北各地的党组织及其领导下的人民武装、政权机关、群众团体等形成的档案，内容涉及党务、政务、经济、军事等；中华人民共和国成立后档案包括 1949 年 10 月至 2022 年河北省省直机关和事业单位及部分国有企业形成的档案，内容涉及党务、政法、财贸、军事、群团、工农业、文教卫生等。

察哈尔省和热河省档案：1928～1956 年形成的中华民国时期档案、革命历史档案、中华人民共和国成立后建制存在时期的档案，内容涉及政治、经济、军事、司法、宗教、文化等。

馆藏档案中，《清代获鹿县永壁村保甲册》《长芦盐务档案》和《清代获鹿县审册》分别于 2002 年、2003 年、2022 年被收入《中国档案文献遗产名录》。

机构设置　馆内设接收征集部、保管利用部、技术保护部、信息化部、地方志部、编研开发部、宣传教育部等业务部门，并承担建成河北省革命历史档案目录中心。馆藏档案已完成部分案卷级和文件级整理著录，完成数字化 20 万余卷。河北省档案馆向国内外读者开放利用，提供咨询服务，并逐步在互联网上开放档案目录。

出版物和评价　自建馆以来，先后编辑出版了各种档案史料 40 种 85 册，主要有《晋察冀边区财政经济史料选编》、《晋察冀抗日根据地史料选编》、《地道战档案史料选编》、《河北减租减息档案史料选编》、《中国档案精粹·河北卷》、《中国长芦盐务档案精选》、《铭记历史圆梦中华——河北抗战历史档案文献图集》、《河北省档案馆藏抗战档案选编》、《河北地区干部南下档案选编》、《西柏坡档案》（第四、五卷）、《河北红色档案文库察哈尔卷》等。

主办的《档案天地》杂志创刊于 1993 年，主要公布馆藏档案文献、刊发档案专业和档案史料研究论文，是河北省唯一国内外公开出版发行的档案专业刊物。河北省档案馆注重对馆藏档案和相关历史的研究，发表大量研究文章，编写出版了《河北革命历史大事记》《河北的镇压反革命运动》《毛泽东与河北》《1952～1968 河北省省会变迁始末》《河北省志·档案志》《河

图 2 《1952～1968 河北省省会变迁始末》封面

北省档案馆清代档案精粹》等多部研究专著。（吕新民）

河南省档案馆　Henan Provincial Archives　中国省级国家综合档案馆。老馆位于河南省郑州市金水区金水路 17 号中共河南省委院内，新馆位于郑州市郑东新区明理路与邢庄北街交叉口东南角。履行省级档案收集、保管、利用等职能。

成立于 1959 年 2 月 24 日，隶属于 1959 年 2 月 18 日成立的河南省档案管理局领导。1968 年 1 月，河南省档案管理局、河南省档案馆撤销。1979 年 11 月，河南省档案局、河南省档案馆恢复，为中共河南省委和河南省人民政府的直属机构，局、馆合署办公，一个机构，两块牌子。1983 年，河南省档案局列入河南省人民政府编制序列，河南省档案馆调整为河南省档案局领导下的事业单位。1995 年，河南省档案局划归中共河南省委办公厅领导，机构规格不变；河南省档案馆仍为隶属于河南省档案局的事业单位。2000 年机构改革时，河南省档案局、馆合并，一个机构，两块牌子，为中共河南省委、河南省人民政府的直属事业单位。2019 年 8 月，河南省档案局馆分离，行政职能划入中共河南省委办公厅，为省委直属事业单位。

馆藏　截至 2022 年底，河南省档案馆馆藏档案 369 个全宗，441 119 卷、516 369 件；资料 112 896 册。其中明清代档案 329 卷，中华民国时期档案 43 980 卷，革命历史档案 7724 卷，中华人民共和国成立后档

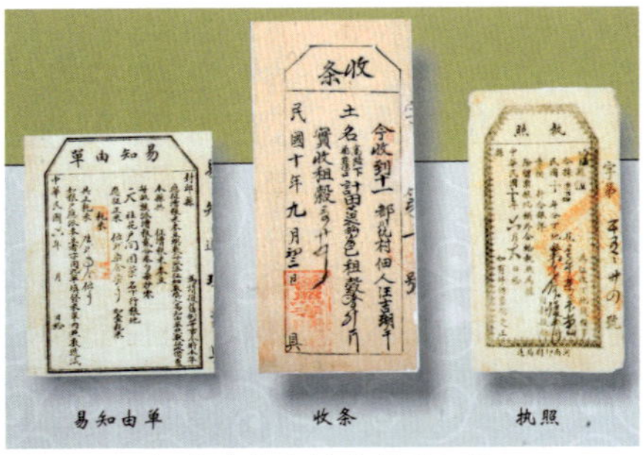

河南省档案馆馆藏票证展

案 389 086 卷、516 369 件。

馆藏较早的档案资料有明正统三年（1438）的《河南如堂黄氏宗谱》、清康熙（1662～1722）年间的房地产契、清户部执照、《抚豫宣化录》《平捻记略》等。河南省档案馆馆藏档案资料比较全面、系统、真实地反映了近现代河南经济社会的历史变迁，对于了解河南、研究河南、建设河南具有重要作用。

机构设置　馆内设办公室、接收征集处（河南省重大活动档案管理办公室）、保管利用处（整理鉴定处）、科研技术处、编研展览处、电子档案处、安全保障处、人事处（机关党委）、离退休干部工作处等部门。向国内外利用者开放，提供咨询服务，并逐步在“河南档案信息网”开放档案目录。馆内设有河南省已公开现行文件利用中心，境内外组织和个人可按相关程序到中心进行查询，也可利用网上咨询、电话咨询、电传、邮寄等方式获取相关信息。

出版物　编辑出版了《走进河南档案》丛书，包括《诰命敕命真迹》《石刻拓片掠影》《水旱蝗汤悲歌》《票证里的春秋》《档案里的故事》《革命圣火燎原》，还出版有《民族记忆——中原抗战实录》《河南记忆》《河南如堂黄氏宗谱》《民国徽章图录品鉴》《中福公司档案史料汇编》《河南清代河务档案汇编》《永不磨灭的焦裕禄精神》等编研成果。主办的《档案管理》杂志创刊于 1983 年，以业务指导为主，兼顾学术性和可读性，是中国档案学档案事业类核心期刊。档案馆注重档案工作操作性研究，编写出版了《档案科研工作概论》《档案工作手册丛书》，旨在为档案工作者提供合法合理合用、操作性强、可供随时翻检的工具性手册。（高利娟）

荷兰东印度公司档案　archives of the Dutch East India Company　广泛记录 17～18 世纪亚洲和非洲风土、政治、贸易历史的档案资源。荷兰东印度公司档案保存在荷兰海牙国家档案馆、南非开普敦博物馆，以及印度钦奈、斯里兰卡科伦坡、印度尼西亚雅加达等地。2003 年入选《世界记

忆名录》。

荷兰东印度公司是由来自阿姆斯特丹、鹿特丹、米德尔堡等港口城市的商人于1602年建立的一个贸易公司。它拥有省督所拥有的位于南非和日本贸易地带间的指导贸易、建立防御工事、任命官员、自组佣兵以及以其自身名义缔结贸易条款的权力。1602～1796年，荷兰东印度公司总共向海外派出1772艘船，约有100万人次的欧洲人搭乘4785航次的船班前往亚洲从事贸易工作，通过他们的努力，获得超过250万吨的亚洲贸易商品。到18世纪末，公司日趋衰落和腐败，并负债累累。1799年荷兰政府终于吊销该公司特许状并接管其债务和资产。

荷兰东印度公司保存了几船的文件，大多数文件是由当地驻扎公司的行政部门形成的，但也有大量文件是由与其相关的国王、贵族、贸易商、中间商等所产生的。内容包括政治、经济、文化、宗教和社会情况。此外，在探索非洲和亚洲的过程中，荷兰东印度公司官方文件描述了大量的新发现，包括现在已经灭绝的渡渡鸟。荷兰东印度公司档案包括大量的地图和图画，成为反映这些地区居民、房屋、景观、动植物的第一手材料。

图1　17世纪荷兰东印度公司船队

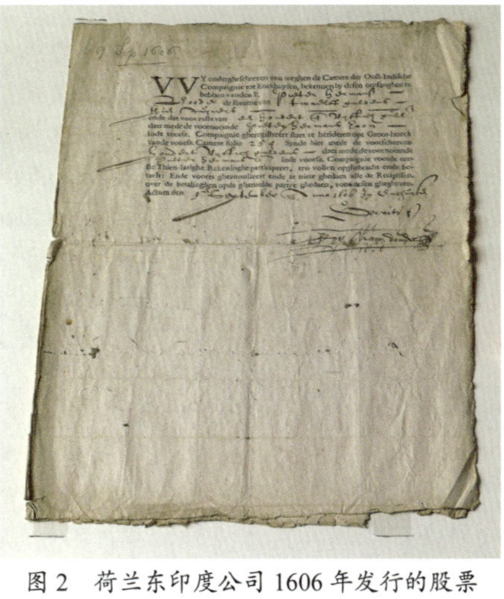

图2　荷兰东印度公司1606年发行的股票

荷兰东印度公司档案内容范围包括刻在石头上的碑文，写在棕榈叶、树皮上的手稿，印刷的法院文件，贸易信件，报告及民政局文件等。荷兰东印度公司档案为人们提供了17～18世纪亚洲和非洲社会全面、珍贵、新颖的历史知识。这些档案对于研究亚非沿海地区发展具有重要意义，从某种程度上讲，现在研究南非、印度、斯里兰卡和印度尼西亚等国家的发展状况只能借助这部分档案。（黄霄羽）

核电文档管理 nuclear power records and archives management　中国的国家核电文档主管部门、核电业主、核电营运单位（运营公司）、核电项目的总包商（工程公司或建设单位）、专业分包商等单位及其文档部门和职能部门的相关人员对核电文档的业务管理活动。又称核电文档工作。核电文档有广义和狭义两种含义。广义的核电文档包括核电文件、记录、档案和资料；狭义的核电文档仅指核电文件和核电档案。核电文件指单位和部门或个人在核电建设、运营和管理活动过程中形成的记录，是对与质量保证有关的活动、要求、程序和结果加以叙述、定义、说明、报告或证明的文字记录或图表资料。核电记录指为核电站各种物项的质量和影响质量的活动提供客观证据的文件。核电档案指在核电建设、运营和管理活动结束后，形成的对国家、社会和企业具有查考和凭证价值，并经过整理、归档处理的文字、图表、声像及实物等不同形式和不同载体介质的历史记录。

发展　20世纪80年代初，中国政府首次制定了核电发展政策。1991年，中国首座核电站秦山30万千瓦压水堆核电站投用，核电文档管理随之展开。1994年，大亚湾核电站投用。1996年，大亚湾核电站文档一体化管理成果，获国家档案科技进步奖二等奖。截至2015年末，中国投入商业运行的核电机组共30台，总装机容量达到2608万千瓦。中国核电文档管理也取得了长足发展，不仅制定了多部文档管理行业标准，而且各核电单位和部门也建立了规范核电文档管理的程序文件体系；同时，核电厂的电子文档管理系统、电厂文档数据管理平台的建设也得到了进一步的发展和完善。

管理方针　根据满足核电全寿期内业务活动对文档管理的要求，确定核电文档管理方针：①统一领导、分级管理。②统筹规划、同步实施。③高层重视、全员有责。④集成管理、全程监控。

职责和内容　①核电项目文档产生于核电建设、营运和管理活动的全过程。任何参与核电项目建设、运营和管理的单位，应在核电文档管理中贯彻、执行国家和行业有关方针政策和核安全法规，应按有关要求在项目的建设、运营和管理活动中，建立文件的控制制度，加强档案的收集保管，保证核电文档的真实性、完整性、可靠性和长期可用性。②核电文档主管部门应负责对核电文件和档案工作实行统筹规划、组织协调、统一制度、监督指导，制定并组织实施核电文档管理的发展规划、规章和标准；负责组织和协调所属核电项目工程档案竣工验收；负责核电档案进馆计划的制定与实施，按规定接收管理核电档案。③核电业主和（或）营运单位要按有关规定和要求验收或接收核电建设总包商提交的所有核电文件档案，并按有关规定和要求向核电文档主管部门移交核电文件档案。④项目建设总包商对管理负有全面责任，明确各有关方面提交相应文件以及所提交文件的整理、归档责任。⑤专业分包商要建立承包项目的文件分级管理体系，负责项目承包范围内文件从形成或接收到处置的全过程控制和管理；负责对各自承包范围内的项目有关文件进行捕获、收集、积累、整理、立卷，并提交项目总包商汇总，经验收合格后，向业主档案管理部门归档移交。⑥监理单位负责监督、检查项目建设中文件的捕获、收集、积累和文件的完整、准确情况及竣工验收中对档案的质量认证；在需要时或监理项目结束后，对监理文件进行捕获、收集、积累、整理、立卷，经验收合格后，向业主档案管理部门归档移交。⑦单位负责人要加强对本单位文件档案工作的领导，将文档工作纳入单位的工作计划和管理目标。⑧单位的文档管理部门要对核电文件的形成、接收、分发、变更、保存、利用和处置等各阶段进行全面控制和管理。⑨业务职能部门要建立部门文件的分级管理体系，负责本部门形成文件的收集、积累、鉴定、整理和归档工作。⑩每位员工应认真理解文档管理方针，对文件的捕获、收集、整理和归档负责。

法规和标准　核电文档管理的相关法规和标准主要有：《核电厂质量保证安全规定》（HAF003）、《核电厂质量保证记录制度》（HAD003/04）、《重大建设项目档案验收办法》（档发〔2006〕2号）、《国家重大建设项目文件归档要求与档案整理规范》（DA/T 28—2002）、《电子文件归档与管理规范》(GB/T 18894—2002)、《核电文件档案管理要求》(EJ/T 1225—2008)、《核电电子文件元数据》(EJ/T 1224—2008)、《核电档案分类准则及编码规则》(NB/T 20042—2011)和《核电文档管理系统功能要求》等。

意义和影响　核电文档管理是核电企业管理必要组成部分，是核电厂质量安全的重要保证，不仅可以满足核电站的稳定运行、事故处理、技术支持、停堆大修、技术改造、安全防护、人财物等业务管理的文档信息需求，提高核电站的运营效率、效益和效果，而且也是保证国家核安全的重要活动。（王英玮）

贺折　hezhe　中国清代上奏文书文种名称。遇有喜庆之事，如贺捷或年节，官员向皇帝所上的奏折。内容均为歌功颂德之词。何事、何时进呈贺折均有定例，不得违例和误期。

贺折内里用黄纸，封底用红纸，封面用黄绫，以示郑重。凡贺折，如贺皇帝诞辰，折面中间写“奏”字，折内第一页右起写官衔及“臣某某跪祝皇上万寿万万寿”字样，用黄绫封套，不书年月。（何　庄）

黑白照片发黄机理　yellowing mechanism of black-and-white photographs　黑白照片在保管过程中出现发黄现象的原理。黑白照片在保管过程中，由于照片冲洗加工及环境因素的影响，逐渐发黄，时间越久发黄的程度越高。造成这种现象的主要原因如下：

①空气中的含硫物质，如硫化氢等，会与金属银发生作用而使影像变黄。

$$2Ag + S \longrightarrow Ag_2S\downarrow\text{（棕黄色）}$$

$$2Ag + H_2S \longrightarrow Ag_2S\downarrow\text{（棕黄色）} + H_2$$

②影像冲洗过程中的定影和水洗影响黑白胶片发黄。定影过程大致分3个阶段：首先是溶液中的定影物质向乳剂层内扩散；其次是定影液作为卤化银溶剂使卤化银溶解，反应后生成不溶于水的硫代硫酸银钠：

$$AgX + Na_2S_2O_3 \longrightarrow NaAgS_2O_3 + NaX$$

当该反应完成时，乳剂层就变成透明状，但定影过程并未完成；然后硫代硫酸银钠以络离子的形式存在：

$$NaAgS_2O_3 \longrightarrow Na^+ + AgS_2O_3^-$$

含银的络离子从乳剂层内向外扩散到溶液中，与硫代硫酸钠继续反应，生成可溶于水的硫代硫酸三钠银或硫代硫酸五钠银：

$$NaAgS_2O_3 + Na_2S_2O_3 \longrightarrow Na_3Ag(S_2O_3)_2$$

$$3NaAgS_2O_3 + Na_2S_2O_3 \longrightarrow Na_5Ag_3(S_2O_3)_4$$

只有当AgX、$NaAgS_2O_3$完全转变成水溶性较好的$Na_3Ag(S_2O_3)_2$或$Na_5Ag_3(S_2O_3)_4$时定影才算完成。若定影终止在第一阶段，卤化银AgX见光后析出银；如果停留在第二阶段，硫代硫酸银钠$NaAgS_2O_3$经过胶片长时间存放后将会分解成硫化银，在乳剂层上出现无法消除的棕黄色的痕迹。

影像冲洗过程中，如果水洗不充分，残留的硫代硫酸钠会使影像变黄、褪色。这是由于硫代硫酸钠发生以下系列反应：硫代硫酸钠与空气中的二氧化碳和水分反应，生成硫代硫酸和碳酸钠；硫代硫酸不稳定，分解产生硫及亚硫酸，硫与金属银反应生成棕黄色的硫化银，使影像发黄；亚硫酸与空气中的氧气反应生成硫酸，硫酸与硫化银反应生成白色硫酸银和硫化氢，使影像褪色。硫化氢和金属银反应生成棕黄色的硫化银。为此，国际标准规定：长期保存胶片的硫代硫酸钠残留量应小于0.7微克/厘米^2，永久保存胶片的硫代硫酸钠残留量应小于0.1微克/厘米^2。（张美芳）

黑城文书　Heicheng document records　中国内蒙古黑城遗址出土的元代文书。黑城，蒙古语称为哈拉浩特。位于内蒙古自治区阿拉善盟额济纳旗境内，在元代为甘肃行省亦集乃路的治所。汉代是居延旧址，西夏曾于此建立黑水军。元至元二十三年(1286)，始立亦集乃路总管府。由于这一带地区属于沙漠气候，极其干旱，故而保留下来大量的古代文物，以居延汉简与西夏文书最为有名。1983～1984年，中国文物考古工作者在这里进行了两次大规模的考古发掘工作，出土了近3000件珍贵文书。这批文书中，汉文文书的数量最多，2200余件。其他依次为西夏文、畏兀儿体蒙古文、八思巴文、藏文、亦思替非文、古阿拉伯文等多个民族文字文书。

文书的保存情况可分为4类：①完整或基本完整的，简称整。②边沿微缺和损失少量文字的，简称缺。③残缺不全但尚能贯通其文义的，简称残。④仅存文书一角，或虽有少量的数行文字却已不能上下贯通其文义，或有年款、署名而无内容的，都简称屑。汉文文书在经过整理后，于1991年由科学出版社出版，定名《黑城出土文书》(汉文文书卷)。共收录黑城出土文书760余件，主要是元代和北元初期的世俗文书，包括大量的公文和票据、契约、账册、民间书信以及少量西夏和元代的佛经。未刊印的屑纸，约计1500件。亦集乃路总管府架阁库遗址(F116)出土的屑纸最多，约计1000件，其中未刊印的屑纸尚有490余件。（王云庆）

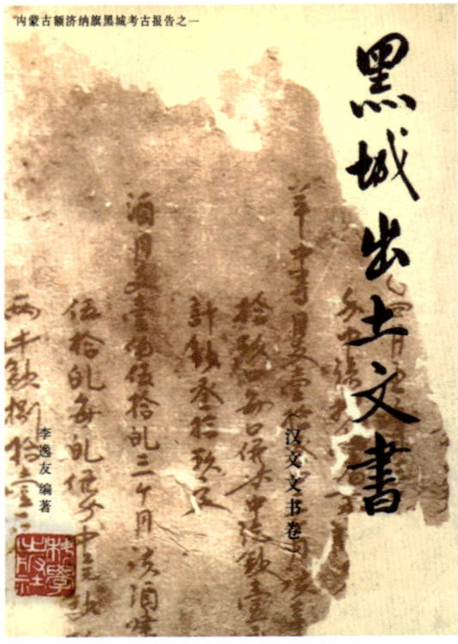

《黑城出土文书》封面

黑龙江省档案馆　Heilongjiang Provincial Archives　中国省级国家综合档案馆。位于黑龙江省哈尔滨市南岗区文昌街48号。成立于1964年2月8日。建立初始与黑龙江省档案局实行局馆合一体制，1999年晋升国家一级档案馆，2018年10月局馆分设，黑龙江省档案馆重新组建，为中共黑龙江省委直属正厅级参公事业单位。主要职能是依法管理全省的重要档案、资料，保守党和国家机密，维护档案的完整，确保档案的安全；接收、征集、整理、保管省级机关及其他方面的重要档案、资料；对馆藏档案开展清查、鉴定和保护，实施科学管理；开发档案资源，编辑出版档案史料，推进档案信息化，向社会提供利用；开展档案科学技术研究，推进档案文化建设等。同时作为省政府信息公开的指定场所，向社会公众提供已公开的现行文件及政务公开信息的查阅服务。完成馆藏档案数字化265 783卷、87 907件。向国内外读者开放利用，提供咨询服务，并逐步在互联网上开放档案目录。

馆藏　馆藏档案428个全宗，692 345卷、101 014件，资料60 796册。其中，清代档案77 110卷，民国档案118 938卷，日伪档案79 190卷，革命历史档案10 591卷，中华人民共和国成立后档案406 516卷。馆藏最早档案形成于清康熙二十三年(1684)。比较珍贵的档案有清代和中华民国时期的黑龙江将军衙门、行省公署、黑龙江铁路交涉总局以及东省特别区行政长官公署等机构形成的文件，尤其是黑龙江将军衙门档案，是清代地方军事机关档案在中国保存最为完整的一个全宗。馆藏日伪档案虽在日本投降前夕被大量烧毁，但仍有小部分档案被保存下来，对揭露日本侵华罪行发挥着不可代替的作用。其中，“特殊输送”档案记录了日本关东宪兵队为日军“731”部队细菌实验输送活人的全部过程，“慰安妇”档案揭露了日军战时强迫征用“慰安妇”、开设“慰安所”的历史史实。档案中还有不少反映东北抗日联军活动的材料，其中记载了东北抗日联军将领赵尚志、赵一曼等人的情况。革命历史档案记载了中共黑龙江地方党组织领导人民进行反帝反封建斗争的历史和东北抗日联军与日本侵略者浴血奋战的历程，是进行爱国主义教育的珍贵资源。开发北大荒、大兴安岭、大庆油田档案是北大荒精神、大庆精神和铁人精神及“突破高寒禁区”精神的佐证，为传承弘扬黑龙江优秀精神提供档案支撑。馆藏清代五大连池火山喷发满文档案（康熙年间）、清代呼兰府婚姻办法档案（光绪年间）、清代黑龙江通省满汉文舆图图说档案（同治年间）、清代黑龙江地方鄂伦春族满文户籍档案文献（同治、光绪年间）、清代黑龙江将军衙门档案和“慰安妇”——日军性奴隶档案、侵华日军第七三一部队罪行档案等先后五批次7组档案先后入选《中国档案文献遗产名录》。

机构设置　馆内设档案保管处、档案整理处、编研处、满文和外文档案开发处、技术处、信息处、利用处、接收征集处等12个机构。

出版物和评价　自成立以来至2017年先后编纂出版了各种档案史料37种170册。主要有《“七三一”部队罪行铁证》《东北日本移民档案·黑龙江卷》《东北历史档案选编·黑龙江卷》《中国档案精粹·黑龙江卷》《黑龙江档案春秋（1684—1966）》《黑龙江历史档案通览》《侵华日军七三一部队罪证》《龙档珍存——跨越时空的记忆》《黑龙江解放战争时期档案史料选编（上下卷）》《风展红旗——图说龙江红色档案》《抗日战争档案汇编·黑龙江卷》《瑷珲海关历史档案辑要》等。

（于航）

《“七三一”部队罪行铁证——关东宪兵队“特殊输送”档案》封面

黑图档　Hetu Dangse　中国清代处理公文的副本档案。又称《盛京内务府档案册档》。黑图档一词是满文“hetu”音译。黑图档泛指档案的副本和杂档，黑图档专指清代盛京总管内务府衙门处理皇室事务往来公文的副本档册。是盛京总管内务府衙门遵制按朝年及行文关系，将盛京总管内务府同北京总管内务府、北京六部等衙门之间，以及与盛京将军衙门、奉天府、盛京五部等衙门之间往来公文原件抄录后形成的。虽为抄本档案，且择要抄录，但在当时被视为档案原件使用，价值等同于盛京内务府档案，作为《盛京内务府档》副本，在《盛京内务府档》部分档案遗失的情况下，黑图档保存了主要内容，可以与《盛京内务府档》互补，便于对东北区域史展开研究。

黑图档原存于盛京总管内务府衙门，由档案房专门管理。1924年，溥仪被逐出北京宫殿，盛京内务府停止活动，黑图档被移至盛京宫殿（今沈阳故宫）西七间楼内。伪满洲国时期，黑图档由国立奉天图书馆接管。1948年，被东北图书馆接管。1960年，被移交至东北档案馆。1969年，东北档案馆撤销后，黑图档移存辽宁省档案馆至今。2015年，被列入中国档案文献遗产名录。

作为辽宁省档案馆存藏最完整的清代档案全宗之一，黑图档是海内外现存满文、汉文兼具的规模最大的清代专题档案。全宗共1149册，12.7万页，其中京来档151册、京行档168册、部来档429册、部行档359册、存查档42册。每册所抄文件数目不一，宣纸墨字。现存档案形成时间为清康熙元年（1662）至咸丰十一年（1861），长达200年。按档案形成的时间划分，前期多为满文，亦有满汉合璧者，后期多为汉文。黑图档首先按朝年顺序排列，然后每朝年又按京来、京行、部来、部行、存查五类排列，每类下按行文时间先后排列。

黑图档内容以盛京为主体，涉及整个东北地区的政治经济、军事外交、教育考试、司法诉讼、民族风俗、生态环境等发展情况，许多档案文件兼具原始及唯一性，为研究清代东北政治、经济、自然生态，盛京在清代历史上的特殊地位，清代宫廷生活和皇室经济形态，清代官府文书特别是满文文书及其制度，以及清代满文的发展状态等问题，提供了第一手资料和原始证据。

也有说法认为黑图档是汇集盛京内务府与北京总管内务府、盛京将军衙门等机关之间的平行文书。但根据文本内容，副本档册较为妥帖。

（梁艳萍）

红白禀　hongbai bing　中国古代官府往来文书文种名称。清代使用最多的禀，为两件一套式样。清代初期仍沿袭最初习惯称禀帖，实际都是折子式样。一般高24～25厘米，宽10厘米左右，一红一白，均粘有特制的折面、折底，用黑色压花纸，有的还印有长方形“天官赐福”“指日高升”之类的人物图案，寓意仕途顺利。折面正中偏上粘一红色小方签，上楷书“禀”字，表明文种。

红白禀作用不同，白禀写正文存案，红禀写批语发回给下级。白禀折内楷书，文字稍大，十分工整。每面5行，每行字数不限，折幅多少随内容文字多少而定。首幅右方第一行为发文者官衔姓名，不具事由。正文以“谨禀”或“敬禀者”起首，也有写作“某某谨禀大人阁下，敬禀者”之类。“禀”和“大人阁下”均要抬写，正文接写。结尾常用“伏乞钧鉴，恭请金安”“肃此具禀，伏冀钧鉴”等祈请、问候、请安之语，多以“卑职某谨禀”结束，不具姓，以示亲近，也有仿公文套语作“须至禀者”的。文尾页另起一行居中写×年×月×日，不用印。上官批语文字如果较少则直接录写在文尾日期前，文字较多则将批示稿粘于文尾，骑缝盖印，存衙备案。录批处还常有上级与红禀勘合方式盖下的右半印字号；也有的是另用批禀号簿，内录禀文前衔、事由、批语及收文日期，将右半印字号留在批禀号簿上。禀文收到日期常常标注于文首“谨禀”字下空白处，右上角有加盖的登号戳记与标注的收文日期。

（裴燕生）

后湖黄册库　Repository of Land and Household Registration Archives at the Xuanwu Lake　中国明代中央档案库。专门收贮全国赋役档案。建于明初，位于南京后湖（今玄武湖）中的群岛上。洪武十四年（1381），明朝推行黄册制度，下诏各府（州）、县编造赋役黄册，10年一次，每次4套。布政司、府（州）、县各存一套，均为青色封面，谓之青册；上交中央户部一套，黄色封面，谓之黄册，每到年终送后湖东西二库庋藏。最初，岛上只建有库房9间，置册架35座。随着黄册每10年一造，每次汇送户部6万余册，新旧并存，册库也每10年增建约30间，逐渐扩及旧洲、中洲、新洲各岛。万历三十年（1602），册库约达667间，册架2660余座，收贮黄册153万余册。明末收贮黄册多达179万余册。为中国古代规模最大的档案库。

后湖黄册库初由户部侍郎代管，明都北迁后，由南京户科给事中一员和户部广西清吏司主事一员专管。洪武二十四年规定，每次全国新册汇送后湖之后，要委户科给事中一员、监察御史二员、户部主事二员，督同监生以旧册对比清查，厘校讹舛，并由管册官汇总户口、田土、税粮总数，进呈御览。后湖黄册库平时设办事吏30名，库匠、抬册夫、水夫、膳夫等百余名，另由国子监调拨监生50名专司晒晾。每次新册入库，新旧对比的"大查"之年，人员还要大量增加。送贮黄册均按朝（年）先后和所属区域分库保存。库房均东西向，前后有窗，以便通风日晒；册架一律木制，严禁用竹，以防重压和虫蛀。每年4～10月晒册，其他月份风大天寒或梅雨季不准晒晾。库内禁绝灯火，湖内外防卫森严，每旬一、六开船过湖，平时与外界完全隔绝。对吏民查阅黄册限制尤为严格，明令敢有私受财物、偷抄外泄、洗改后湖黄册者，不分首从皆斩。

后湖黄册库匠役、监生工作劳苦。明中叶以后，由于王朝政治的腐败和黄册制度日趋废弛，后湖黄册库也每况愈下，册库经费支绌，匠役工作怠惰，库房不能及时修葺，黄册不能按时晒晾，虫蛀鼠咬，册籍霉烂，损失严重。1644年明朝灭亡，后湖黄册库随之消失，库存黄册也损毁殆尽。明正德（1506～1521）年间，南京户科给事中赵官为记述后湖黄册库事迹，辑有《后湖志》。　（董　俭）

《后湖志》 *Hou Lake Record*　中国辑录明代赋役黄册库史事的文献汇编。因黄册库坐落在后湖（今江苏南京玄武湖），故名。明正德八年（1513）由南京户科给事中兼管后湖黄册库事务的赵官编纂，以后历任后湖主官万文彩、李万实、陆凤仪等续编。《后湖志》共10卷，包括正文8卷，附录诗文2卷。后经历代增订，现存《后湖志》11卷。分为事迹3卷，事例7卷，诗文1卷。事迹记后湖沿革、形势、黄册数目、黄册库架、黄册职官、巡湖职役、后湖界址、后湖公署等；事例为文件汇集，包括黄册编造、库房建设、禁例、黄册库内部制度等；诗文记晋代至明代有关后湖黄册库的记事诗文。《后湖志》具体内容有明神宗朱翊钧和明熹宗朱由校颁给黄册库的敕谕，全国司、府、州、县衙门定期送交黄册到库的规定、黄册库的职任、职官员役及国子监监生在库工作的规章、经费来源及查驳黄册的范围和手续等。还收录有自明初洪武、永乐至明末天启年间历任经管黄册库官员就户口赋役和黄册制度事所上的大量章奏。该书内容相当具体，提供了较多原始的珍贵资料，是研究明代黄册制度及户口、赋役、里甲、财政、官场纲纪等方面的重要史料。　（高换婷）

湖北省档案馆　Hubei Provincial Archives　中国省级国家综合档案馆。专门负责湖北省级党政机关、团体、企事业单位档案的收集保管、整理编目、编辑出版、修复仿制、展陈利用等工作。前身是1954年9月成立的中南区临时档案保管处，隶属于政务院秘书厅；1956年1月，更名为国家档案局武汉管理处；1959年6月，成立湖北省档案馆，移交湖北省领导；1997年12月，与湖北省档案局合并，履行全省档案事业行政管理和档案保管利用职能；2019年机构改革后，与湖北省档案局分设，为中共湖北省委直属正厅级事业单位，是湖北省重要的档案保管基地、爱国主义教育基地、档案利用服务中心、政府信息公开中心和电子文件管理中心，为国家一级档案馆、全国示范数字档案馆。目前实行老馆和新馆"两个基地"同步运行，老馆位于武汉市武昌区洪山路83号，地处湖北省委和政府机关单位集中办公区域，主要承担档案利用服务基地的功能；新馆位于武汉市东湖高新技术开发区，主要承担实体档案保管基地的功能。

馆藏　保存有自明朝天启七年（1627）至今的各种档案资料136万余卷（册）。共设371个全宗，120余万卷。主要分为中华民国时期、革命历史、省直机关及企事业三部分。中华民国时期档案（含少量明清档案），主要由1928～1949年湖北省政府及所属机关、团体和重要企业的档案组成，共17万余卷。革命历史档案，主要是1922～1949年中国共产党湖北地方组织及所领导的政权、军队、群众团体在革命活动中产生的文件，共1220余卷。省直机关及企事业单位档案，为中共湖北省委、省人民政府及所属机关、企事业单位在1949年以后产生的档案，共102万余卷。馆藏各类资料、报刊共15万余册，照片、磁带、字画等15万余件。另，湖北省档案馆代管中南大区档案，主要是中南军（行）政委员会及所属机关，包括中原临时人民政府时期的档案，反映了中南六省二市政治、经济、社会、文化等方面的情况。起止时间为1950～1954年，共9万余卷。《汉冶萍公司档案》《江汉关税务司档案》《辛亥革命档案》入选《中国档案文献遗产名录》。馆藏档案已基本完成文件级整理，馆藏文书档案数字化率达到90%以上。该馆向国内外读者开放利用，提供咨询服务，并逐步在互联网上开放档案目录。

图1　湖北省档案馆外景

机构设置　馆内设接收保管处、征集鉴定处、查阅服务处、档案开发利用处、档案宣传处、科技信息处、业务指导交流处等业务部门，并承担全省明清时期、中华民国时期和革命历史时期档案目录中心工作。

出版物和评价　该馆至2022年先后编辑出版了各种档案史料百余种。主要有《湖北革命历史文件汇集》《鄂豫皖革命根据地财经史料选编》《红军长征档案史料选编（湖北卷）》《长征路上的湖北将士》《汉冶萍公司档案史料选编》《汉冶萍公司档案名人手札选》等100余部著作。

图2　《汉冶萍公司档案史料选编》封面

主办的《档案记忆》（原名《湖北档案》）杂志创刊于1987年，主要刊发档案学术论文和档案文化宣传文章，被评为湖北省优秀期刊、中文核心期刊要目总览来源刊和《中国学术资源总库》全文收录刊。

注重对馆藏档案的保管与研究，制定了《档案虫霉防治一般规则》《印章档案整理规则》《全宗卷规范》等国家行业标准，出版了《百年汉冶萍》《中南大区简史》《湖北抗战图史》《红军与湖北》《长征路上的湖北将士》等100余部著作。

（黄 敏）

湖南省档案馆 Hunan Provincial Archives 中国省级国家综合档案馆。位于湖南省长沙市车站北路205号。专门负责湖南省本级档案的收集保管、整理编目、修复保护、展陈利用等工作。该馆于1958年开始筹建，1959年3月成立筹备小组，次年1月改为筹备处，隶属湖南省档案管理局；1967年3月，实行军管（1973年结束）；1974年3月，正式启用湖南省档案馆印钤，为湖南省档案局直属二级事业机构；2011年7月，湖南省档案局与湖南省档案馆合署办公，实行一套人马、两块牌子；2013年1月，加挂湖南省政府信息查阅中心、湖南省图片中心牌子。2018年机构改革后，行政职能划归省委办公厅，省委办公厅加挂省档案局牌子，省档案馆为省委办公厅管理的正厅级事业单位；2021年1月，省委组织部发文认定省档案馆为参照公务员法管理的事业单位。

馆藏 该馆收藏有清代档案、中华民国档案、革命历史档案、中华人民共和国成立后档案和名人档案，截至2022年底，有馆藏档案684个全宗，纸质档案1 070 885卷、2 979 703件；照片档案74 396张；录音、录像、影片档案532盘；实物档案6130件；资料（纸质）37 318册。馆藏档案中形成时间最早的为清代顺治年间，清代档案有湖南巡抚关于湖南农业、水利、田赋、粮价、教育等方面的奏折，私立学校和民间地产契约等。中华民国时期档案有国民党中央党部、国民党政府及国民党湖南省党部、各党派、民众团体、省政府各机构的档案。其中黄埔军校档案较为完整，并经过系统整理。革命历史档案有中共湘区执委、湖南区委、省委、省工委及其领导下的特委、中心县委、县委及省工会、农会、妇联和学联等群众团体的文件材料，还有湘鄂赣、湘鄂西、湘赣、湘鄂川黔等革命根据地的档案。中华人民共和国成立后档案有中共湖南省委、省人民政府及其所属各单位以及各群众团体和撤销单位的档案。此外，该馆设有特藏库，入藏档案5000余件。设有湖南知名文艺家档案库，已入藏湖南现当代知名文艺家书法、国画、工艺美术作品档案1400余件。积极开展馆藏纸质档案数字化，丰富馆藏数字档案资源，建立了湖南和平解放、黄埔军校同学录、湖南政权建设档案、革命历史档案、洞庭湖档案等10多个专题数据库。馆藏档案能够很好地反映湖南近代以来的历史发展脉络和湖湘文化的独特风貌。

机构设置 2018年机构改革后，省档案馆设有综合部、人事教育部、科技信息部、征收整理部、音像采编部、保管技术部、查阅利用部、编研展览部、机关党委等部门，另挂靠有湖南省档案学会。面向全社会开放，为群众提供多样化的档案公共文化服务，是全国人文社会科学普及基地、湖南省爱国主义教育基地、省直机关党员干部党性教育现场教育点，馆内有反映湖南近代历史发展和档案文化特色的常设档案展览，不定期举办各类专题展览。公众可免费查阅利用档案资料和参观展览。

出版物和评价 省档案馆独立或与其他单位联合编辑出版了大量档案编研著作。主要有《湖南革命历史文件汇集》《湘鄂西苏区革命历史文件汇集》《湘鄂川黔革命根据地历史文件汇集》《抗日战争时期湖南地下党历史文献选编》《黄埔军校同学录》《湖南档案史料——纪念学雷锋活动40周年专刊》等。2013年起，推出大型系列丛书《湖湘档案图典》，包括《湖南省国家档案馆珍藏概览》《湖南红色档案馆馆藏精萃》等。2020年以来，组织编报了多期《湖南档案资政参考》，积极发挥以档资政作用，得到省委省政府高度肯定。

该馆注重档案领域新理论新技术研究和实践，建立了专业的档案微生物实验室，开展档案微生物对档案载体和人体健康的影响研究。主持制定了《纸质档案缩微数字一体化技术规范》等国家档案行业标准。

（胡振荣）

《护门神》 *Janus* 国际档案理事会的档案专业刊物。1982年创刊。使用英语、法语两种语言。每年3期。由档案专业协会处、城市档案工作小组和专业培训与教育委员会联合编辑出版，办刊地址是荷兰塞尔托亨博斯，国际档案理事会原秘书长J.V.阿尔巴达曾担任过期刊主编。国际档案理事会以古罗马神话中具有双面头像的护门神（Janus）为会刊刊徽，寓意是一面注视过去，一面展望未来，象征万物之灵的开端。期刊因此得名。

主要刊登会员撰写的理论文章及国际档案理事会各专业处和委员会推荐的文章及专业成果。是国际档案界的学术喉舌之一，主要功能是交流和传播国际档案理事会下属机构以及各成员的论文、研究进展和学术观点等。每期刊物都包含大约25篇论文，每篇一般2～5页。按期免费向国际档案理事会会员赠阅，非会员订阅。能及时而迅速地传播国际档案动态，反映各国档案工作、档案学发展的情况，为档案学科提供了一个及时交换国际专业信息的良好平台。

2001年，国际档案理事会对原有的期刊进行整合，将《档案》《护门神》等期刊合并调整为新的刊物——《逗号》。

（黄霄羽）

护照 passport 用于出入边境或在外国证明身份的证件。属于执照中比较特殊的一种，最初在中国是发给办事出差员及采办官物的官商等出入沿途关津的证明，各处验明护照后即可放行，并得到一定的照应保护。近代以来，则专指证明出国公民身份的专用证件，通常由本国外交主管部门颁发。

在中国，护照的历史可追溯到战国时代。古代的中国人凭用竹简、布帛、木板、金玉或纸张做成的封传、契、照牒、过所、符、符传、路证、路引等证件出入边塞关津，有类似现代签证的内容记载其上。到了清朝，才出现“护照”一词，其功能是根据通行证件证明身份，提请边境关防检察机关予以“保护”和“关照”，给予通行的便利和必要的协助。

清代护照的最初颁发部门一般都是较高级别的主管机构，如在京各部院、总理各国事务衙门、各省督抚、将军、织造、海关监督等。持有护照的人不一定经过沿途驿站，行动比较方便。清乾隆中叶后，官员出差往往住宿民间客栈，多已不走驿站。一些衙门差事也不完全由政府官役办理，清末许多官商绅士，甚至普通商人士子也经常参与其事，于是便颁发护照证明身份，各官府验明，提供保护。咸丰元年（1851）到同治三年（1864），值太平天国运动，各处

图1 清光绪三十四年（1908），留日游学处颁发的护照

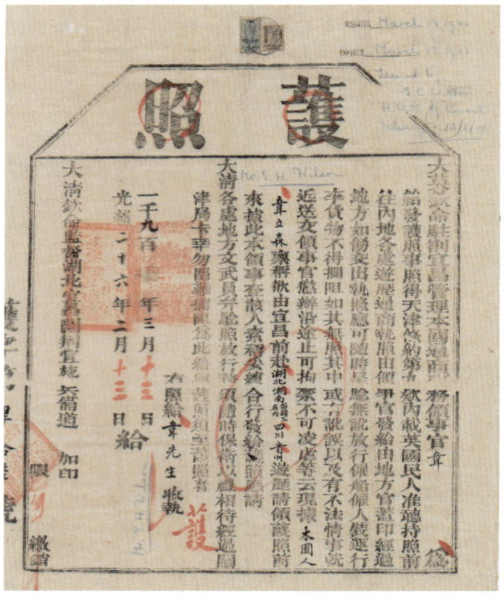

图 2 清光绪二十六年（1900），英国自然学家、植物学家 E.H.威尔逊的护照

戒严，来往探亲常常也需要颁发护照。鸦片战争打破了清朝闭关锁国的政策，各种驻华人员、传教士、商人等来华人数日渐增多，四处活动，常与中国百姓发生冲突。咸丰十一年，清廷设立了专办洋务外交的总理各国事务衙门；光绪二十七年（1901）改为外务部。随着外国势力的侵略活动日益广泛，颁发给外国人的护照也越来越多，出现了专门的外交护照，成为外国人在中国各种活动的身份证明。

（裴燕生　撰　李义敏　修订）

《华工出国史料汇编》 *Compilation of Historical Documents Concerning Emigration of Chinese Laborers* 中国清代华工出国历史的专题性史料汇编。中国社会科学院、中华书局和**中国第一历史档案馆**等单位合作完成，陈翰笙担任主编，计 11 册。中华书局 1980～1985 年出版发行。

广泛收录中国第一历史档案馆所藏的外务部档、电报档、上谕档、**朱批奏折**等**清代档案**，北京图书馆（今国家图书馆）所藏的总理各国事务衙门清档，外贸部图书馆所藏的海关档，中国社会科学院近代史研究所图书馆所藏的英国议会档、美国国会档、古巴华工事务（翻译或抄录），中国社会科学院经济研究所图书馆、北京图书馆、中国科学院图书馆和北京大学图书馆等单位收藏的中外专著和调查报告等（翻译或选录）。编订为 10 辑：第一辑《中国官文书选辑》（4 册）；第二辑《英国议会文件选译》；第三辑《美国外交和国会文件选译》；第四辑《关于华工出国的中外综合性著作》；第五辑《关于东南亚华工的私人著作》；第六辑《拉丁美洲华工》；第七辑《美国和加拿大华工》；第八辑《大洋洲华工》；第九辑《非洲华工》；第十辑《第一次大战时期赴欧华工》（第八、九、十辑合为 1 册）。

内容为 19 世纪中叶清代华工出洋的背景和原因，华工对英、美、法等国及殖民地早期经济发展的贡献和牺牲，清王朝对华工出国政策的演变过程，华工与其所在国人民在长期劳动和斗争中结成的深厚友谊，以及华工在经济上对祖国革命与建设的巨大贡献。

《华工出国史料汇编·第六辑·拉丁美洲华工》封面

将所收史料先按三大类史料（即官文书、调查报告和资料、专著论文）顺序归类，再按地区、年代分别编排。第一至第三辑为中、英、美的官文书，第四辑为近人著作或重要的一手调查史料；第四至第九辑则是按照地理位置分别归类，部分以国名、部分以洲际；最后一辑是第一次世界大战期间赴欧的华工。

选材时对史料中只讲华侨不讲华工者概不收录；恶意歪曲事实，污蔑、攻击华工者概不收录；为控制篇幅，一律采取节录或节译方式，但对持不同观点的专著以及用以论证其观点的数据，虽有重复之处，也并加收录，不加评按。每辑前有序言、编例，书后附有索引。

华工出国历史是中国史乃至世界史上的一个重要问题。南洋、拉丁美洲的开发，美国向西部的开拓，美国、加拿大横贯大陆铁路的修建，均得力于华工，巴拿马运河的开凿，亦有很多华工参加。汇编为深入研究华工及中国近代经济史、世界近代经济史提供了丰富的资料。

（徐艺圃　丁华东）

环保档案管理 environmental protection archives management 环境监管单位和企事业单位根据环保档案的形成规律和内容构成特点，有效地保存和科学管理环保档案，实现环保档案价值的各项业务管理活动。环保档案是各单位在环境管理和监测等活动中形成的各种档案材料的总称。环保档案主要划分为环境管理档案和环境监测档案两种。环境管理档案主要是在环境规划、监管和仲裁等活动中形成的环保档案；环境监测档案是在对大气、水质、土壤、生物、噪声及放射性等方面造成污染程度的监测、调查、评估和治理等活动中形成的环保档案。

环保档案管理的基本特点是区域性和专题性。管理要求主要是维系某一特定区域内某一专题环保活动数据的成套性和完整性，在此基础上科学管理和开发利用环保档案资源。由于信息技术的大量引入，各机构均建立了种类多样、规模庞大的环保监测业务系统和服务管理系统，用以高效率处理海量的环保数据。因此，环保档案管理应以电子数据和信息化技术控制作为其主要发展趋势。

环保档案是人类社会重要的知识资源，环保档案的科学管理对于人们的生产、生活、健康、疾病防控等多层面的活动具有重要价值。

（官晓东）

桓玄以纸代简令 Huanxuan's Replacing Bamboo Slips with Paper Order 中国魏晋南北朝时期文书制度。东晋末年，豪族将领桓玄把持朝政，代晋自立，国号楚。东晋元兴三年（404），桓玄发布“以纸代简令”，停止使用简牍，称：“古无纸，故用简，非主于敬也。今诸用简者，皆以黄纸代之。”之后纸张完全代替简牍，成为朝廷公文的书写载体。桓玄以纸代简令颁布于魏晋南北朝时期经济有所发展、纸张广泛使用的背景下，纸张代替简牍成为书写载体，在一定程度上提高了公文效率，促进了当时社会文学、书法艺术的进步。

（王云庆）

皇史宬 Huangshi Cheng 中国明、清时期档案库。位于今北京南池子大街。始建于明世宗嘉靖十三年（1534）七月，两年建成，初建时定名神御阁，拟藏“列圣御容、训录”，建成后更名皇史宬。专藏实录、家谱、《皇明宝训》，沿用至清。

皇史宬坐北向南，外环高墙，总面积两千多平方米。门额系明世宗朱厚熜手书，史字作巅，宬字作成，原物已不存。今悬

图 1 皇史宬正殿外景

门额系清代改题，满汉合书。正殿内东西宽 40.5 米，南北进深 8.98 米。建筑的梁柱、斗拱、窗棂等全为砖石砌就，系取古代**石室金匮**之意而成，并有利于防火、防潮，使档案、文献得以安全保存。东西两庑为砖木结构的配殿。东配殿之北有一碑亭，亦砖木结构，清嘉庆十二年（1807）重修皇史宬时增建，内有《重修皇史宬记》石碑。正殿室内有石台，石台上排列着铁皮鎏金、雕龙木柜，即所谓“金匮”。专放明清两代实录、宝训及圣训。金匮数量，明时为 19 具，清雍正前有 31 具，同治时增至 141 具，清末达 152 具。今存金匮仍为此数。除实录、圣训外，皇史宬还先后收藏过明清两代各朝的**玉牒**、《永乐大典》副本、《大清会典》及各将军印信等。

图 2　皇史宬正殿内景

明代皇史宬的设官和管理制度不详。清代，由内阁的满本房掌管收藏事宜。另设守尉 3 人、守吏 16 人，负责守卫和管理。中华人民共和国成立后已照原样修缮。

（李鹏年）

黄册 huangce　中国明代用以管理户口、征调赋役而攒造的户口版籍。又称赋役黄册。中国古代的户籍簿册名称，很早便被冠以“黄”字，或称黄簿，或谓黄籍。明代的户籍簿册称为黄册，即与此一脉相承，因“黄”字与户籍和人口之意相关。

明洪武三年（1370），浙江湖州等府曾编制过小黄册，规定每 100 户编为 1 图，每图推丁粮多者 1 名为里长，置 10 名甲首，里长 1 名，管甲首 10 名，甲首 1 名，管人户 9 名，催办税粮军需，10 年 1 周，是为“小黄册图之法”。洪武十四年，明太祖朱元璋在全国推行里甲制度的基础上，诏令编制赋役黄册。规定每里（110 户）编为 1 册，册首类总为图，记载税粮户口之数；鳏寡孤独不任役者则带管于 110 户之外，列在图后，名曰畸零。册凡四：一本进户部，所在司、府、县各存一本。洪武二十四年，又颁行编制黄册的格式，各州县依式翻刻，发至各坊、厢、里长和甲首及各户。黄册以户为单位，依式填写所在都图里甲，标明属于正管（满 110 户之里甲人户）还是带管（不足编作 1 里之余剩人户）抑或是畸零（鳏寡、残疾、幼小及外乡寄庄人户），以及户主姓名、贯址、都图、役籍、轮充里甲年份，并按旧管、新收、开除、实在四项（合称四柱式），填具人丁和事产（包括田地山塘、所纳夏税麦和秋粮米的数目、房屋、舟车牛马等）的数目，此即“亲供首状”或“清册供单”。各户填后交甲首，甲首交该管里长，再交见役里长。由见役里长按各户人丁事产之多寡，分为上中下三等，排年应役，并订为四本，作为本里之草册，送本管提调官查核后，发还各里，依式誊写，作为正册，报送本管衙门类总。县将各里之册类总并编一总册，逐级上报，府、布政司类总后也各编一总册，年终进呈并解送南京户部。各里进呈之文册和司府州县之总册，俱用黄纸为面；地方存留之文册，用青纸为面。因所编皆民户，故又名民籍黄册。黄册编定之后，发给各户一纸帖文，按四柱式写明该户所纳粮签数额，据此纳粮当差。

明初定制，黄册每 10 年编造一次。依据旧册，并重填 10 年内各户人丁事产的变迁。这既能掌握全国每户人丁事产的变迁，也是为了使赋役负担尽可能比较合理。明中期以后黄册制度渐趋败坏，每逢编造黄册时，里甲书手人等徇私舞弊、上下其手、变乱户籍、飞洒税粮、诡寄田产、漏报人丁、脱免差徭、挪移里甲，使黄册形同虚设，出现了“人多百岁之老，产竟世守之业”的奇怪现象。在这种情况下，官府征税编徭则又自为一册，名为白册。

民籍黄册外，又有军籍黄册，用以管理军户承袭军职、补丁勾军、防止脱免等。也是一式四份，即兵部与所在省、府、县各一份。为妥善保管与利用黄册，朱元璋在南京玄武湖中小岛上修建了专门收藏黄册的库房，是为**后湖黄册库**。官吏非经批准不许入库，各级衙门为查对辖下的军民户籍，只许调阅有关年份和项目，不得抄录全册。每逢大造黄册之年，派南京国子监监生来库进行核对，如发现新旧册籍间有矛盾差错，即严令订正。为便于采光防霉，后湖黄册库库房均按东西方向建筑，并订有晾晒、整理和警卫制度。明成祖朱棣迁都北京后，黄册库仍留南京，存储黄册多达 170 余万册。此外各省、府、县亦设有专门储存本地区黄册的库房，名为架阁库。

黄册文书档案不仅是研究明代黄册制度的第一手原始资料，也是研究明代经济的珍贵史料。由于改朝换代和战乱频仍等原因，现遗存的明代黄册多是在乡里保存的黄册底籍、草册及抄底等，数量不足百册。主要藏于中国国家博物馆、中国国家图书馆、上海图书馆、安徽博物院、中国社会科学院历史研究所、北京大学图书馆等处。

（韦庆远　撰　李义敏　修订）

黄河档案馆 Huanghe Archives　中国水利部黄河水利委员会所属专业档案馆。位于河南省郑州市金水路 11 号。1985 年 6 月在黄河水利委员会档案管理科的基础上正式成立。现设办公室、档案管理科、编研利用科、技术保护科、图书馆、科技信息室 6 个科室。

馆藏内容和规模　黄河档案馆负责系统地接收黄河水利委员会及所属单位具有永久和长期保存价值的档案及已撤销单位的档案，征集中国尤其是沿河各省区有关单位、有关高校及科研部门在治黄工作、治黄科研活动中形成的档案资料，征集国内外各个时期与治河有关的档案及资料，征集著名治黄专家、学者及其他对治黄有重大贡献的人物的档案资料。

馆藏档案资料内容丰富、形式多样、专业面广。在保存的治黄档案资料中，有**明代档案**、清代档案、中华民国时期档案、解放区治河档案和当代治黄档案。有纸质档案、声像档案、历代治黄石刻拓片档案，有文书档案、科技档案、古今治黄名人全宗档案以及反映黄河流域自然地理、经济、社会面貌的珍贵资料等。档案内容除水利专业之外，还涉及气候、环保、国土整治等多个学科领域。其中，中华人民共和国成立后的当代治黄档案占馆藏总量的 97%以上，是馆藏档案的主要组成部分。这部分档案全面系统地记载了中共中央、国务院关于人民治黄事业的一系列重要方针、政策，历代党和国家领导人对治黄事业的关怀，中央有关部委、黄河水利委员会及所属机构、流域各省区的主要治黄管理、治黄技术与治黄科研活动。在当代治黄档案中，记载中华人民共和国成立初期毛泽东主席多次视察黄河的档案、周恩来总理多次主持治黄工作会议的档案、关于治黄工作做出重要决策的档案，都是馆藏中尤为珍贵的部分。

截至 2022 年 12 月，黄河档案馆馆藏档案共计 257 316 卷、68 660 件，图纸 53 263 张。馆藏资料 8 万余册，图书近 20 万册。

信息资源开发利用　服务治黄工作，

服务国家经济社会发展，是黄河档案馆各项工作的出发点和根本目的。按照档案利用相关规定，向利用者提供服务。

利用馆藏档案开展编研工作，是黄河档案馆档案信息资源开发利用的重要方式。从20世纪50年代起，黄河水利委员会档案部门就围绕治黄中心工作、重点工程、重要课题开展编研工作，编辑了专题目录汇编、档案材料汇编、基础数字汇集等，满足了治黄工作需要。90年代以来，黄河档案馆围绕黄河文化建设和黄河人文历史研究开展编研工作，主持、参与了一批重要研究项目，取得了一批重要成果，出版了《民国黄河史》《人民治理黄河六十年》等20余部著作、画册。

《民国黄河史》封面

服务内容与方式　黄河档案馆服务内容多样，服务方式灵活。主要服务内容与方式有：①咨询服务。解答利用者提问，介绍馆藏档案资料内容、分类及检索工具使用方法，并根据其需要进行借阅指导和辅助检索。②阅览、复制、购买服务。为借阅者查找、提供所需要的档案资料，提供档案资料复制件，办理库存资料购买事宜。③电话借阅及信函解答。如借阅者受地域、时间等条件限制不能来馆查阅，可以通过电话、信函等方式委托黄河档案馆代查函复。④预约借阅。借阅者可事先向黄河档案馆预约在一定时间内来馆查阅档案、资料，档案馆如期保证提供。⑤现场服务。档案馆工作人员主动上门了解治黄中心工作、重点工程及重要课题进展情况，为上述工作提供所需要的档案资料。自2000年起，黄河档案馆引进了电子档案管理系统，档案工作逐步走上了信息化、网络化的发展轨道。（蔡铁山）

黄岩档案　Huangyan Litigation Archives　中国清朝后期的官府档案。全称黄岩诉讼档案。黄岩位于今浙江省东部沿海的台州市之西，唐代始置县。清代黄岩属台州府管辖。2000年7月，台风摧毁了此地，在一些老旧房屋里意外地发现了一批清朝后期的官府档案，主要是关于诉讼方面的状纸。现存约110件，经**中国第一历史档案馆**修复，得到84件较为完整的档案，其中78件标明了具体年代（第77、78件内容残损，大致可以判断出年代）。经法学、历史文献学者整理，这78份诉讼档案的完整内容及其调查报告于2004年出版公布。

黄岩档案第1号为清同治十三年十二月（1874），同治帝载淳也正是于十二月去世；第76号为光绪十五年（1889），这年慈禧名义上“还政”光绪，故这些档案实际上是慈禧执政时地方司法的真实记录；第77、78号，因残损较大，年代已不可见，但据批文“黄岩县正堂欧阳批”以及“正堂欧阳本县给代书包连升戳记”等，并与其他文书进行对比分析，大致可以推断出第77、78号当在光绪十年（1884）底至十一年（1885）之间。为叙述方便，黄岩档案一般以前76件为主。

黄岩档案内容均为黄岩县受理的民间诉讼文书，包括告状用的正、副状纸，粘贴的批单，附呈的抄单和证据清单，以及审结后原、被告所立的**甘结**，且大部分状纸上有地方官府的批语，是难得的清代县衙诉讼档案，为研究中国古代司法制度及民事纠纷等有关案件的判决和调处提供了宝贵的资料。黄岩档案的局限性在于：①总量较少。目前整理出来的仅有78件。②时间跨度较短。形成时间为清同治十三年至光绪十五年（1874～1889），其中又较集中于光绪十一年（1885）。③地域有限。仅限于黄岩县一地。④内容单一。黄岩档案比较集中于司法诉讼档案，县是最低一级的诉讼单位，故其所理多为细故。

黄岩档案的整理方法与研究思路值得后来者借鉴。法学家田涛等人采取法律人类学的方法，到黄岩档案所记录的案件发生地对档案中所记录的情况进行了实地调查核实，除进一步证实黄岩档案真实可靠以外，还进一步探究了黄岩档案随着历史的变迁所反映的司法制度与民事习惯的变化。（梁艳萍）

汇编　compilation　按照某一主题汇总编排的文章或文件的书册。分为3种类型：①按专题系统地汇总原始文献的书籍。是档案馆公布档案史料的主要形式，也是各种资料、情报机构广泛提供一次文献服务的主要形式。要求将特定专题的基本原始文献收集齐备，并按照一定的逻辑进行编排，为科学研究者获得该主题的充分、全面、准确、系统的第一手材料创造优越条件。如8卷本的《**康熙朝汉文朱批奏折汇编**》是中国第一历史档案馆编纂的一部大型**历史档案**文献汇编。清康熙朝汉文**朱批奏折**现存于世的共有4000余件，编者除对1000件左右明显没有史料价值的**请安折**不予采用外，将有实际内容的3119件**奏折**全部收入汇编。《**雍正朝汉文朱批奏折汇编**》（40册）、《中华民国金融法规汇编》《中国

《中华人民共和国法律汇编（1979—1984）》封面

共产党第八次全国代表大会文件汇编》等，也都是典型的以全著称的汇编。有的汇编在书名上不标明“汇编”两字，而实际是汇编，如《中国共产党第一次代表大会档案资料》《**光绪朝朱批奏折**》（120册）。②以书籍形式传播档案、文件、资料的出版物的通称。如各种汇编、**选编**、**选集**、**文集**等，均可通称为汇编。档案文献除单篇出版物和发表于报刊上的档案文献外，其他属于档案原文（原图）汇总出版的，从广义上都可称为“汇编”，可以根据作者结集的方式分为总集、别集、**合集**；也可根据收集汇总的文献精全程度，把总集再分为汇编、选编、**丛编**，把别集再分为**全集**、选集。③按专题从大量原始文献中摘取相关知识要点和数据，按照一定体例加以浓缩、整理而成的书册。如基础数字汇编等。（丁华东）

会理档案　Archives of the Qing Dynasty and the Republic of China in Huili County discovered in 1984　中国1984年发现的清代和民国档案。会理今隶属四川省凉山彝族自治州。1984年，会理县人民政府在拆除旧房过程中，拆房人员在旧县府二堂旁的小四合院的平房望板上，发现了大批清代和民国档案。这批档案年代久远、内容丰富，是反映地方政权活动比较完整的珍贵历史档案。虽然之后会理县档案馆又收

集了一部分1949年以前的档案，但一般情况下会理档案指1984年发现的清代和民国档案。

会理档案有以下特点：①跨度时间长。档案时间跨度为清乾隆十八年（1753）至1949年。②比较完整。清代档案不断代，自乾隆以后，嘉庆、道光、咸丰、同治、光绪、宣统各朝的档案都有；民国档案不断年，民国元年（1912）至三十八年（1949）每年都保存有县衙门的档案，罕见的是还有中华民国时期会理县5区2镇17个乡的基层政权档案，有的乡保存有较完整的人口统计、户口簿等。

但当年负责拆房的人员缺乏档案意识，没有及时通知档案馆接收，而是将会理档案移到一间门窗很不牢固的房子里存放。之后，很多小孩翻窗进去撕扯卷皮上的邮票，这批档案遭到严重破坏。1984年10月，会理县档案馆接收会理档案进馆，并及时组织力量对这批历史财富进行抢救、整理。清理出的档案文件排列长度约100米。其中清代的档案文件约15米长，中华民国时期的档案文件排列长度有80多米长，历史资料排列长度有2米多长。

会理档案真实地记录了会理发展的历史和文化，是会理重要的历史文化资源，对于研究清代和民国时期地方政治、经济、军事、文化、人口、区划变迁等都有重要价值。

（梁艳萍）

婚姻登记档案管理 marriage registration archives management 婚姻登记机构从事的婚姻登记档案业务管理活动。又称婚姻登记档案工作。婚姻登记档案是婚姻登记机构在办理结婚登记、撤销婚姻、离婚登记、补发婚姻登记证的过程中形成的具有凭证作用的各种记录。宣告婚姻无效或者撤销婚姻的判决书副本归入撤销婚姻类档案。

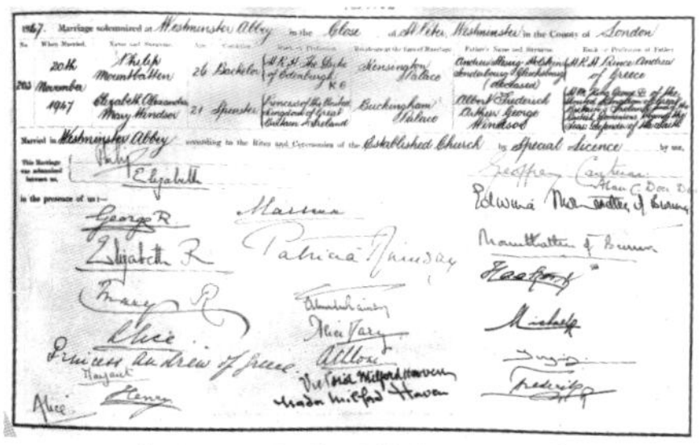

伊丽莎白二世与菲利普亲王婚姻登记册

管理对象：①办理结婚登记（含复婚、补办结婚登记）形成的材料。②办理撤销婚姻形成的材料。③办理离婚登记形成的材料。④办理补发婚姻登记证形成的材料。⑤其他有关材料。

中国的婚姻登记机关应当履行的档案管理职责包括：①及时将办理完毕的婚姻登记材料收集、整理、归档。婚姻登记档案的保管期限为100年，对有继续保存价值的可以延长保管期限直至永久。②建立健全各项规章制度，确保婚姻登记档案的齐全完整。③采用科学的管理方法，提高婚姻登记档案的保管水平。④办理查档服务，出具婚姻登记记录证明，告知婚姻登记档案的存放地。公民查询婚姻登记档案一般需到原婚姻登记机关查询。如果婚姻登记档案已经移交到地方国家档案馆，婚姻登记机关应告知当事人，由当事人到档案馆查询。⑤办理婚姻登记档案的移交工作。管理原则：婚姻登记主管部门对婚姻登记档案工作实行统一领导，分级管理，并接受同级地方档案行政管理部门的监督和指导。

中国婚姻登记档案管理的相关法规和标准主要有：《中华人民共和国婚姻法》（2001年4月28日）、《婚姻登记条例》（国务院2003年10月1日施行）、《婚姻登记档案管理办法》（民政部、国家档案局2006年1月23日发布）、《婚姻登记工作规范》（民政部2016年2月1日起实施）、《婚姻登记机关等级评定标准》（MZ/T 024—2011）等。

婚姻登记档案管理是规范婚姻登记工作的重要内容，是维护婚姻登记档案的完整、系统、安全，保护婚姻当事人的合法权益，提供婚姻登记真实记录，具有重要的查考利用价值。

（王英玮）

《魂系历史主义——西方档案学支柱理论发展研究》 *Holding to Historicism: a Study on the Two Pillars of Western Archival Theory* 中国档案学专著。黄霄羽著，中国人民大学出版社2006年11月出版。

该书论述了西方档案学的两大支柱理论——来源原则与**文件生命周期理论**的发展轨迹和发展趋势。通过挖掘西方档案学两大支柱理论的宏观区别与深层联系，总结两者的发展规律及其对档案领域的启示，并预测两者的发展趋势。全书分为四大部分九章。第一部分来源原则的确立，包括来源原则产生的历史背景、来源原则的形成与论证、来源原则的确立三章。第二部分西方档案学两大支柱理论的并立，包括来源原则发展中遭受冲击、文件生命周期理论的产生与盛行两章。第三部分西方档案学两大支柱理论的完善，包括来源原则被“重新发现”、文件生命周期理论“笑对挑战”两章。第四部分西方档案学两大支柱理论的深层联系与发展规律，包括两大支柱理论的深层联系、两大支柱理论的发展规律与趋势两章。

作者提出了来源原则与文件生命周期理论是西方档案学两大支柱理论的观点，明确了两大支柱理论在档案学中的学术地位；提出了历史主义是档案专业理性之魂的观点，总结了两大支柱理论魂系历史主义的发展规律；提出了两大支柱理论的发展规律具有哲学高度的启示意义的观点；探索了档案专业和档案学理论应对电子时代挑战的切入点，具有较高的理论意义和实践价值。

（章燕华）

混合性档案文献 mixed archival documentation 兼有一次、二次、三次档案文献的档案文献出版物类型。混合性档案文献涵括**文书档案**、科技档案、专门档案的内容，采用文、图、表等形式，每一方面都各有其特定的地位与作用，相互配合、糅合，共同构成档案文献出版物的整体。

图1 《2015中国经济年鉴》封面

典型的混合性档案文献有3种类型：①手册。又称指南、便览、通览等。将某一领域权威性文献、稳定成熟的专业知识、常用的基本数据和其他信息汇集一体的档案文献出版物，如湖南省临澧县档案局馆编纂的《临澧县情手册》。②年鉴。系统汇辑上一年度重要的文献信息、逐年编纂连续出版的资料性工具书，如《上海市年鉴》《台湾年鉴》《中国经济年鉴》《中国电影年鉴》等。③志书。记录一个地区或一个单位自然和社会方面有关历史与现状的资料性著述，档案部门编写的志书，主要有部门志、行业志、专业志、单位志、专题志。

混合性档案文献中，一般**三次档案文献**所占比例较大，**一次档案文献**、**二次档案文献**也各占一定比例。随着编纂水平的提高，混合性档案文献编纂成为档案文献编纂工作发展的主流，原来基本

图 2 《中国电影年鉴》扉页

全是一次档案文献的档案文献汇编，也多有增加甚至加重二次、三次档案文献的分量，向着具有一定程度混合性的方向演变。混合性档案文献能更好地适应人们全面、综合、便捷地获得多层次、多角度、多类型档案信息的需求，便于与信息社会多媒体传播技术接轨，有着极其宽广的前途。 （丁华东）

火牌 huopai 中国古代**官府往来文书**文种名称。中国早期使用的**牌文**，按照牌文格式刷印制发，作为官员、差役、兵丁等人投递文书、经过驿站、取得供应的凭证。火字含有十万火急的意思。清代**邮符**的一种。

清制规定，凡兵役及较低级官员因差驰驿者，给予火牌，内填应给夫马车船数目及乘驿人员姓名，供沿途驿站查验，支付马匹、车船、廪粮等。火牌规格比**勘合**低，不需要经过皇帝批准，也不用“御宝”及六科印信。颁发对象主要是七品以下的官员和兵役，此外还有某些非正途出身的杂职官，甚至偏远地方的应试人员。

火牌还经常发给兵役作为传递文书的邮符使用。为了减轻驿站负担，国家对火牌的颁发使用也有一定的限制。兵部及在外督抚、提镇、司道等衙门，遇传宣军务、飞报贼情、赍奏本章等紧急公务才能使用。每张火牌，支付马匹不得超过 3 匹。按照最初的制度，火牌应由兵部制发，在京出差兵役，由兵部填给；各省火牌由兵部预发，届时填用。根据各省不同情况，巡抚、总督各发给 16～20 张不等，提督发给 4 张，总兵发给 3 张，管驿务之按察使不定额。各省于将次用光时，约计一年应用之数，请部颁给。用毕缴销，于年终之际将使用数目等情况，由各省咨部汇题。各地衙门也常常违规印发使用私牌，又称白牌，不受任何限制。朝廷虽有令禁止，但此弊端总是不能革除。 （裴燕生）

火票 huopiao 中国清代递送紧急公文的凭证。火意指十万火急。清制，凡由驿马递送的公文，可用兵部制发的火票为凭，令沿途各站接递。由外省送京的公文，或外省互相传送的公文，火票内各粘连排单（又称**信牌**、**传信牌**），按程于单内登注送达时刻。火票内填注每日递送里数，各驿站按限采取接力方式火速驰递，并计算路程和到达日期。各驿站接递时，必须查验火票，并将收递年月日和何衙门事件，知会该管驿站衙门查明。文书驿递完毕，须将**票文**缴回发文衙门注销。各该管驿站衙门将所属飞递事件按季造报，督抚于年底咨报兵部查核。由于火票只需咨部查核，不必向皇帝汇题，亦不必编用半印字号，手续较**勘合**简便，且没有数量限制，故可以大量使用。再者，火票通常只需一卒一马，水路只需一船，各地驿站负担较轻，无须额外供应，因此各衙门最为常用。清代使用量最大的**邮符**便是火票。

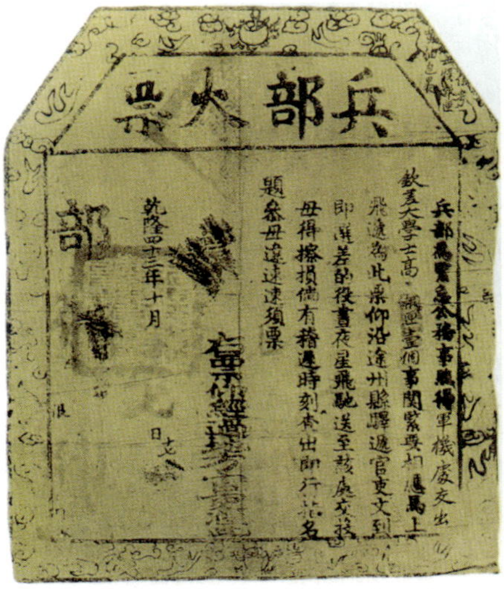

清乾隆四十三年（1778）兵部火票

（裴燕生 撰 李义敏 修订）

J

机读档案 machine-readable archives 以代码形式和特定结构记录在计算机存储载体上的、计算机能够识别处理的档案。1890年美国开始使用机读文件这一概念，机读档案的概念也随之产生，指离开机器就不能阅读的档案，主要为磁性介质机读档案。20世纪40年代末，随着电子计算机的产生和应用，机读档案被普遍认为专指由计算机处理的文件。从20世纪90年代开始，电子文件的概念得以使用，并取代了机读文件和机读档案的概念。

机读档案具有的特点：①不能脱离特定的计算机硬件和软件而被读出和处理，如具备条件则是最便于处理和使用的档案。检索速度快，查全率和查准率高。②有严谨的格式结构。在文件记录内划分区、字段和子字段，规定各自的构成内容与相互关系，规定各自的长度与识别方法。机读档案的载体主要是磁带、磁盘及光盘，它们必须存放在符合一定技术条件的专用库房中，对库内温湿度进行严格控制，并配置除尘、防火、防高度磁场和电场的设施。 （孙 钢 撰 连志英 修订）

《机关档案工作条例》 *Regulations on the Archival Work of Government Agencies* 中国机关档案工作行政法规文件。1983年4月28日，经中共中央办公厅和国务院办公厅批准施行（以下简称《条例》）。《条例》由国家档案局牵头起草，是在总结《**机关档案室工作通则**》施行以来，特别是“文化大革命”结束后全国档案工作整顿恢复以来，在机关档案工作经验基础上制定的，是机关档案工作的指南和依据。

《条例》共6章30条，对机关档案工作的性质、任务、体制、干部、档案的接收和管理等做出了规定。第1章总则，共5条。介绍制定《条例》的依据、目的和意义，规定机关档案工作是机关工作的组成部分，摆正了机关档案工作在机关工作中的地位。确定了各机关在工作活动中形成的全部档案均由本机关档案部门集中统一管理的原则，规定了机关档案部门的基本任务。第2章机关档案工作体制、机构和干部，共5条。在机构上强调了机关必须建立档案工作，成立相应的档案工作机构，对不需要建立档案机构的机关，应配备专职或兼职的档案人员。管理体制上规定各级机关档案部门的业务工作受同级和上级档案业务管理机关的指导、监督与检查，明确了业务上的指导关系，也规定了档案业务管理机关的职权。第3章档案的接收，共3条。机关应建立、健全文件材料的归档制度。规定机关档案部门接收的档案应符合相关要求。第4章档案的管理和提供利用，共11条。规定了档案部门要按照一定要求对档案进行分类、加工、整理和保管。机关档案部门应编制本机关或本专业系统的《档案材料保管期限表》，经机关领导人批准后执行，并备案。机关的档案库房应该坚固，逐步做到有防盗、防火、防虫、防鼠、防潮、防尘、防高温等设施。要定期检查档案保管状况，对破损或变质的档案应及时修补、复制或作其他技术处理。要积极主动开展档案的利用工作，为机关各项工作服务。第5章档案的移交，共3条。规定各级机关档案部门向综合档案馆移交档案的范围、时间。第6章附则，共3条。

《条例》是在中国改革开放初期制定并实施的，适应了经济快速增长下档案事业蓬勃发展的需要，开创了机关档案工作的新局面，有力地服务了国家的中心工作，服务了社会主义市场经济的发展，服务了人民群众生活和社会管理。随着改革开放的不断深入和现代化建设不断发展，机关档案工作面临着新形势和新问题，国家档案局已启动对《条例》的修订工作。

（陶一鸣）

机关档案价值鉴定 value appraisal of government agencies' archives 机关的文书人员或档案人员确定机关档案归档范围、归档文件的保管期限以及对到期档案进行价值鉴定的工作。广义的机关档案价值鉴定工作通常分为三个阶段实施：第一阶段，文书部门对处理完毕的文件材料进行价值鉴定，确定文件材料的归档与不归档，目的是收集应归档的文件材料，在立卷归档后将不归档文件材料定期销毁。第二阶段，文书部门进一步鉴定归档文件材料的保管期限，目的是分类整理文件材料，以便于归卷和立卷。第三阶段，档案室对档案（案卷）进行价值鉴定，有3种形式：①接收档案的审查。档案室接收归档的案卷时复审案卷的保管期限，由交接双方共同审查。②到期档案的审查。档案室对保管期满的短期和长期档案重新审查鉴定保存价值，目的是销毁确实丧失保存价值的档案，对尚有保存价值的档案确定新的保管期限并继续保存。对保管期满档案的复审，可逐年进行，也可几年进行一次。③移交档案的审查。档案室在向档案馆移交档案时，交接双方共同审查档案的保存价值。狭义的机关档案价值鉴定，指在第三阶段中档案室对档案的价值鉴定，重点是对保管期满的档案进行鉴定，决定档案的存毁。

机关档案价值鉴定应当使用**直接鉴定法**，即遵循**档案价值鉴定原则**，对照本单位**档案保管期限表**，直接阅读案卷内文件材料的全部内容，分析判定每一篇文件材料是否丧失保存价值和保存时间的长短。

（黄世喆）

《机关档案室工作通则》 *General Rules for the Work of Archives Offices of Government Agencies* 中国机关**档案室工作**行政法规文件。1961年12月31日经中共中央办公厅批准后由国家档案局发布实施。是根据1959年1月7日《**中央关于统一管理党、政档案工作的通知**》精神制定的，1964年10月14日修订。

共分7章34条。第1章总则，共8条。规定了制定依据、适用范围。明确了机关档案室的任务。第2章文件材料的归档，共5条。规定了归档时间、**立卷原则**、立卷要求。第3章档案的整理、保管和统计，共8条。明确规定了全宗档案的含义和保管办法，档案库房和档案保管、检查制度，以及管理员交接手续和登记统计制度。第4章档案的提供利用，共4条。规定了机关档案室应编制各种专题目录、索引、卡片等参考工具。根据机关工作的需要，编辑文件汇编等参考资料，如需印发或出版，必须经过机关领导人的审查批准。根据档案的机密程度，制定不同的调阅手续。第5章档案的鉴定和销毁，共4条。规定了机关档案室应该会同业务人员根据党和国家的有关规定编制本机关的《档案材料保管期限表》。定期审查，拣出确无继续保存价值的档案，以便销毁。会同有关业务部门向机关领导人提出关于鉴定档案的报告，并附上需要销毁的档案清册。经过机关领导人审核批准后销毁。第6章档案的移交，共3条。规定了机关档案室应该将需要由档案馆永久和长期保存的档案，连同案卷目录（一式三份）定期向档案馆移交。年限一般规定为：中央级、省（自治区、直辖市）级和地（市）级机关的档案15年左右；县（市）级以下机关的档案5年左右。第7章附则，共2条。规定各机关可以根据《机关档案室工作通则》规定的原则，结合本机关具体情况，制定实施办法。

《机关档案室工作通则》为党、政档案管理提出了统一的规定和要求，为党、政档案的统一管理奠定了基础。其内容现已被《机关档案工作条例》《机关档案工作业务建设规范》所替代。（丁德胜）

《机关文件管理》 *Records Management for Organs* 中国文件管理专著。曹瑞芳主编。中国人民大学出版社1989年出版。根据国家教育委员会《1985～1990年高等学校经济类、法学类、档案学专业教材选编计划》的统一安排编写，供高等院校行政管理专业、文秘专业以及档案专业的教学和机关人员培训使用。

共分3编11章，从加强机关行政信息系统建设的角度，比较全面阐述了机关文件撰写、制作、处理、传递、存储的特点、程序与要求，机关文件系统的特征与结构，机关文件系统设计的原则、任务、步骤、方法与技术，机关文件系统控制的必要条件、控制方式、控制机构与责任，机关文件质量与数量控制方法，文件标准化的对象、内容、形式以及机关文件管理现代化及其技术等内容。

以机关信息系统管理、文件质量管理、现代办公技术等全新视角来研究机关文件工作，提出了机关文件系统、文件系统控制、文件标准化、文件管理现代化等新概念，比较系统地论述了机关文件信息系统设计、运行、控制的原则与方法，拓展了传统文书处理与管理的研究视野。（杨　霞）

机械工业档案馆 Archives of China National Machinery Industry Corporation 中国集中统一保管机械工业档案资料的专业档案馆。位于北京市海淀区首体南路2号。前身是第一机械工业部技术资料总库，1982年改为机械工业部档案馆，1998年机构改革后更名为国家机械工业局档案馆，2005年更名为机械工业档案馆。由中国机械工业联合会主管，机械科学研究总院承办。内设综合管理部、档案管理服务部、《机电兵船档案》编辑部。

主要职能　完成机械工业档案的整理和移交工作；承担存留档案的保管和利用工作；开展档案信息化建设和档案学研究；《机电兵船档案》是中国机械电子兵器船舶工业档案学会和机械工业档案馆共同主办的综合性专业期刊；协助中国机械科学研究总院集团开展档案管理及服务工作；发挥档案资源作用，为社会提供各类档案整理和保管利用服务。

馆藏资源　机械工业档案馆设有北京市海淀区首体南路、延庆和河北怀来东花园3个库区，现有档案库房2473平方米。集中保管国家机械工业部（委局）1952年以来的文书、会计、科研、基建、人事、声像等门类档案、底图和资料、出版物等，委托保管机械行业院所、公司和改组改制的国家部委集团、公司、单位的档案，以及社会存档等总计约30万卷。

机械工业档案馆实行企业化管理。按照管理标准化、科学化、法制化的要求，2003年被国家档案局评为全国档案工作优秀集体，2008年通过ISO 9000质量管理体系认证，每年进行认证或监督审核，保持认证注册。

档案管理和利用　在档案管理方面，贯彻国家档案工作各项标准规范，结合实际情况，制定了《档案接收进馆规定》《档案转移运输押运工作规定》《保密工作守则》《托管档案保管和库房管理暂行规定》《档案工作突发事件应急处置预案》等各项规章制度。依据质量管理体系认证过程，做好流程设计，持续改进工作，不断提高管控能力和风险防范能力。

积极开展档案利用工作，为中央领导撰写回忆录提供档案资料查阅；为机械、电子行业企事业单位编史修志、工作查考、学术研究等提供查阅利用；为有关单位提供建厂设计任务书和全套图纸、技改资料等，为汶川地震灾后建设提供了可靠的第一手材料。

馆内建立和管理机械工业档案馆网站。建有国家机械工业系统归档案卷目录数据信息库，方便查档服务。根据库房分散、距离较远的实际情况，开展网络视频技术服务，利用网络进行视频在线查档。

档案刊物　《机电兵船档案》是中国机械电子兵器船舶工业档案学会和机械工业档案馆共同主办的综合性专业期刊。创办于1985年，为双月刊。办刊宗旨：为档案管理工作服务，为档案工作者服务，为企业改革和发展服务，为社会主义经济建设服务。定位偏重于理论应用及应用性研究报道。辟有《企业档案工作聚焦》《论坛》《业务研究》《信息化建设》《文苑》等栏目。（潘　欣）

基建档案管理 infrastructure construction project archives management 基本建设工程单位对有关建筑物、构筑物、地上地下管线等基本建设工程在规划、设计、施工、竣工验收、改（扩）建、维修和管理过程中形成的基本建设档案开展的业务管理活动。又称工程建设档案管理、建设项目档案管理。基建档案是科技档案的一种。这种档案的特点是按项目成套，一个建设项目的档案是由项目的前期文件、设计文件、施工文件、监理文件、竣工验收文件，以及在日后的使用维护、改建和扩建过程中形成的有价值文件构成的有机体系。分为3种类型：工农业生产基建档案、军事国防工程基建档案和民用工程基建档案。应按照统一领导、统一管理档案的原则，管好基建档案，维护基建档案的完整、准确、安全，进行有效利用。

基本内容　①项目文件材料的形成、积累、归档工作。要与项目建设进程同步，项目申请立项时，开始文件材料的积累、整理、审查等工作；项目竣工验收时，完成文件材料的归档和验收工作。建设单位、工程总承包单位、工程建设现场指挥机构、勘察设计单位、施工单位，应在各自的职责范围内搞好建设项目文件材料的形成、积累、整理、归档和保管工作。属于建设单位归档范围的档案资料，有关单位应按时整理、移交建设单位。②基建项目文件材料的鉴定。基建项目档案的保管期限分为：永久、长期（15～50年）、短期3种，其实际保管期限不得短于建设项目的实际存在（使用）年限。③基建项目档案验收。项目档案验收组检查项目档案时，采用质询、现场查验、抽查案卷的方式。抽查重点为项目前期管理性文件、隐蔽工程文件、竣工文件、质检文件、重要合同、协议等。内容主要包括：检查项目档案的基础管理工作，项目档案的完整、准确、系统情况，项目档案的安全管理。未经档案验收或档案验收不合格的项目，不得进行或通过项目的竣工验收。验收主管单位应当通知有关档案管理部门派员参加基建项目竣工验收。项目档案验收应在项目竣工验收3个月之前完成。④基建项目档案的移交。基建项目所形成的全部项目文件在归档前应按档案管理的要求，由文件形成单位进行分类、组卷、装订、编目等整理工作；由建设单位负责进行或组织汇总整理。⑤项目档案的安全检查。包括档案库房的防火、防盗、防有害生物和温湿度控制措施及库房与阅览、办公用房分开情况；档案柜架、卷盒、卷皮等档案装具是否符合标准；归档文件材料的制成材料是否符合耐久性要求；是否采取有效措施保证档案实体和信息的安全等情况。

法规和标准　中国有关基建档案管理的相关法规和标准主要有：《中华人民共和国建筑法》《基本建设项目档案资料

管理暂行规定》《重大建设项目档案验收办法》《基本建设项目档案管理办法》《科学技术档案案卷构成的一般要求》（GB/T 11822—2008）、《建设工程文件归档整理规范》（GB/T 50328—2001）、《国家重大建设项目文件归档要求与档案整理规范》（DA/T 28—2002）、《建设电子档案元数据标准》（CJJ/T 187—2012）、《建设电子文件与电子档案管理规范》（CJJ/T 117—2007）。

意义和影响　基建档案管理是社会经济建设的重要组成部分，加强基建档案的收集、整理、鉴定、保管，基建档案管理的规范化、现代化对工程建设和工程管理意义重大。（王英玮）

《基于文件的电子信息的长期保存》 *Long-term Preservation of Electronic Document-based Information*　中国国家标准化指导性技术文件。采标于国际标准《基于文件的电子信息的长期保存》（ISO/TR 18492：2005），2009年3月由中国国家标准化管理委员会正式发布，标准号为GB/Z 23283—2009。该文件为基于文件的电子信息长期保存策略的制定和最佳实践提供了清晰的框架，为长期保存和检索真实的基于文件的电子信息提供了实用的、方法性的指南，可广泛地适用于为确保基于文件的电子信息长期保存的各类组织机构。文件主要包括长期保存策略的目标、长期保存策略的措施和制定长期保存的策略三部分内容。

长期保存策略的目标　文件明确了保存机构制定保存策略时宜考虑的六项关键要素：①可读的基于文件的电子信息。②可理解的基于文件的电子信息。③可识别的基于文件的电子信息。④可解码的基于文件的电子信息。⑤可检索的基于文件的电子信息。⑥可理解的基于文件的电子信息。

长期保存策略的措施　保存准确、可靠、真实的基于文件的电子信息就是保证其能够被计算机读取并能够被正确解码，能够以人们可理解的格式呈现，具有逻辑结构与物理结构，以及在信息产生、接收时的背景信息。为此，要求保存机构有必要采取以下三条措施：①采取载体更新来确保载体的耐久性。②如有自动化工具，将基于文件的电子信息从一个技术平台迁移到另一个技术平台。③当无自动迁移工具，基于文件的电子信息被存储在过时系统中时，可采用模仿过时的信息系统的方法。

制定长期保存的策略　文件规定，保存机构在实施基于文件的电子信息长期保存时应制定长期保存策略。长期保存策略的内容包括长期保存政策、质量控制和安全三个方面。

确保电子信息的长期保存，是档案管理、文件管理、电子商务、电子政务和技术开发等许多领域中亟待解决的突出问题，该文件为解决该问题提供了统一的指导性建议，具有较强的指导性、应用性与可操作性，有助于保证基于文件的电子信息的真实、可靠、完整和可用，保证其证据价值和凭证价值，并将其作为信息资产而长期保存。（张正强）

《基于XML的电子文件封装规范》 *XML-based Encapsulation Specification for Electronic Records*　中国国家档案行业标准。规定了基于XML的电子文件封装格式和要求。安徽省档案局（馆）、北京北大方正技术研究院有限公司起草。国家档案局2009年12月发布，2010年6月1日在全国实施。适用于各级各类档案馆、机关、团体、企业事业单位和其他社会组织对文本文件和静态图像文件的文件级封装。

主要条款及内容包括：①定义了部分术语，如封装、封装包、封装格式、主文档、附属文档等。②规定了封装的总则要求。基于XML的电子文件封装包的信息组织结构符合《空间数据和信息传输系统—开放档案信息系统—参考模型》（ISO 14721：2003）定义的档案信息包（AIP）模型。因应XML技术特点，在封装包中将二进制流的电子文件数据用Base64编码表示。封装的**电子文件元数据**包括DA/T 46—2009规定的元数据、封装新增的元数据，以及依据DA/T 46—2009组配的元数据。③规定了电子文件封装结构模型。④规定了封装新增的元数据，以表达电子文件封装的层次结构，记录封装包自描述信息。⑤规定了依据DA/T 46—2009组配的元数据。⑥规定了元数据的描述方法，对元数据元素进行了描述，定义了电子文件封装包的XML Schema。⑦规定了电子文件的封装策略、封装包文件、封装包文件命名、封装包类型、修改封装机制、封装包验证机制、版本控制、电子签名、锁定签名、二进制数据的处理方法、加密限制等。⑧规定了XML技术要求，包括遵从的XML标准、XML声明、XML命名空间、XML根元素声明、字符集方案、XML元素的约束性、XML元素属性标识方法、XML元素的值域。⑨规定了电子签名技术要求，包括电子签名形式、电子签名的强制性、电子签名方法、对被签名数据的要求、算法要求、签名结果的编码要求、证书要求、电子签名的验证等。

《基于XML的电子文件封装规范》规定了电子文件封装的格式和要求，把电子文件元数据和归档文件按照洋葱结构封装成XML单一对象，实现了信息的自包含、自描述、自证明和显示一致性，摆脱了依赖管理系统的风险，是电子文件交换、长期保存和利用的有效形式。《基于XML的电子文件封装规范》是继美国元数据编码和传输标准（METS）、澳大利亚维多利亚电子文件策略（VERS）后发布的第三个国际同类标准。对于促进中国电子文件的长期保存和利用具有重要意义。

（黄玉明　邓晓文）

吉利兰德，A. Anne Gilliland　美国档案学者。出生于北爱尔兰第二大城市德里。获都柏林圣三一学院英语语言文学及古斯堪的那维亚语和爱尔兰英语文学硕士，伊利诺伊大学香槟分校图书馆和情报科学理学硕士，密歇根大学信息和情报研究（商务信息系统方向）博士。**美国档案工作者协会**资深会员，担任皇家墨尔本理工大学研究员，北欧（包括芬兰坦佩雷大学、瑞典德隆大学、丹麦皇家学院在内）图书馆与信息科学研究学院教授，英国格拉斯哥大学人文先进技术与信息学院名誉研究员，同时作为中国人民大学和克罗地亚扎达尔大学访问学者教授课程。任加州大学洛杉矶分校信息研究学院教授、信息证据中心主任。

研究领域包括文件及信息系统设计与评价、数字保存、元数据形成与管理、档案教育。重点研究方向：区域和国际间的档案和文件管理、官僚暴力和元数据政治、数字文件保存和档案信息学、档案支持新出现的国家和冲突后的社会发展、各国多元化少数民族社群的权利维护、建设健康和可持续发展的社区、支持社会正义和维护人权及社会包容事宜、应对全球性社会挑战等。

参与多项国际研发项目：美国图书馆和博物馆服务机构的"建设档案教育与研究的未来"项目第一、二期（2008～2015）、大英图书馆濒危档案计划的"法国殖民地时期的印度濒危出版物归档策略"、与澳大利亚研究理事会合作的"元数据在电子政务和商务流程中的优化使用"、加利福尼亚大学环太平洋研究项目、档案范式的多元化：环太平洋社区档案教育的需求评估、主持美国国家科学基金会2005～2006年"在高能物理学中开发KEK（日本）数字档案和口述历史"项目等。

代表性学术成果有：《元数据——我

们将去向何方？》(2003)、《社群记忆》(2005)、《伦理与本土学术社群协作研究》(2009)、《概念化的二十一世纪档案》(2014)、《档案多元论研究》(2016)、《档案信息检索：在档案和文件管理中应用和适应信息检索方法》、《自南斯拉夫战争以来机构档案工作者之间的影响及其关系研究》(2016)、《作为参与归档平台的档案的权力》(2016)、《不可能的档案想象和想象中的档案》(2015)、《记忆政治和民族冲突后的和解：以北爱尔兰为例》(2015)。　　(黄霄羽)

吉林省档案馆　Jilin Provincial Archives　中国省级国家综合档案馆。位于吉林省长春市南关区民安路63号。成立于1959年。1994年以来，吉林省档案局与吉林省档案馆合署办公，一个机构、两块牌子，正厅级建制，省委办公厅代管，履行全省档案事业行政管理和档案保管利用职能。1997年4月，晋升为国家一级档案馆。1998年7月被省委、省政府命名为爱国主义教育基地，共青团吉林省委批准为全省青少年爱国主义教育基地。2009年8月荣获“全国档案事业发展综合评估先进单位”称号。2010年完成了省档案馆专业技术职称人员参照《公务员法》管理登记工作。2018年10月机构改革，吉林省档案局、档案馆分设，吉林省档案馆为省委直属正厅级事业单位。

馆藏　馆内保存有清代、中华民国、伪满时期、国民党时期以及中华人民共和国成立后形成的档案，时间跨度260余年。馆藏694个全宗，153.1万卷（件），属于国家重点档案的有49余万卷。年代久远、内容丰富、价值珍贵，有8件珍品档案被收入《中国档案文献遗产名录》，6件涉及南京大屠杀史实档案作为《南京大屠杀档案》组成部分入选《世界记忆名录》。馆藏最早的一份档案可追溯到清乾隆十九年(1754)，是吉林船厂将军修补仓廒册记。馆藏档案已基本完成**案卷级整理**。向国内外读者开放利用，提供咨询服务，并逐步在互联网上开放档案目录。

机构设置　馆内设综合法规处、省直档案监督指导处、地区档案监督指导处、经济科技档案监督指导处、历史档案管理处、党政档案管理处、档案征集处、档案开发利用处、档案史料编研处、档案保护技术处、档案信息化工作处、馆藏档案数字化管理处等15个处室。所属3个事业单位，即吉林省档案科学研究所、吉林省档案文化展览中心、吉林省省属改制企业档案托管中心。

出版物　自建馆以来，先后出版了各种档案史料43种215册，主要有《东北抗日运动概况》《溥仪宫廷活动录》《东北解放区财政经济史料选编》《东北解放区工商税收史料选编》《吉林旗务》《万宝山事件》《吉林新志·吉林公署政书》《清代东北参务·清代吉林盐政》《珲春副都统衙门档案选编》《吉林贡品》《吉林军事》《关东军文件集》《涉外经济贸易》《王希天档案史料选编》《周保中抗日救国文集》《清代中朝关系史料选辑》《长春旧影》《七三一部队罪行铁证——特别移送、防疫档案选编》《东北日本移民档案（吉林卷）》《中国档案精粹·吉林卷》《日本关东宪兵队报告集》《吉林蒙务》《吉林省概况》《吉林省编年纪事》《吉林省建置沿革概述》《中国共产党吉林省组织史资料》《吉林省志·档案志》《吉林省政府文献选编（1945—1951年）》等。

吉林省档案馆公布杨靖宇殉国前百日战斗档案

与有关新闻媒体合作，拍摄了《南京大屠杀秘密档案》《兰台之春——前进中的吉林省档案事业》《中国吉林省档案馆》《731秘密档案》《东珠的故事》《刺刀下的书信》《邓小平在吉林》《阳光下的罪恶——731部队罪行揭秘》《黑土地的改革之路》《汽车工业发展的创新之路》《科技腾飞的光荣征程》《档案中的吉林——传邮万里·清代驿路》等专题片。　　(郝熙美)

集中统一管理原则　centralized and unified management principles　国家管理档案事业的组织原则。按照国家制定的档案法规对档案和档案工作实行集中统一管理。

其内容包括：①建立各级各类档案保管机构，分别集中管理国家档案。档案集中统一管理是分阶段、分层次完成的。各级机关单位形成的档案，由本机关建立档案室集中统一管理，不得由承办单位和个人分散保存，其中需要长久保存的档案，在档案室保存一定年限后向档案馆移交。不少国家在档案室和档案馆之间设立过渡性档案（文件）保管机构，其在不同的国家有不同的名称，主要有文件中心、文件服务中心、中间档案馆、部际档案馆、机关联合档案馆等名称，机关档案（文件）在移交档案馆之前先集中到这种机构，进行集中统一处理。在这种机构中，大部分档案（文件）将逐渐被处置（销毁），小部分档案（文件）因具有永久保存价值，在保存一定期限后向档案馆移交。国家设立的各级各类档案馆，分别集中管理历史遗存的档案、现行机关移交的档案以及社会捐赠和寄存的档案。档案馆是永久保管档案的基地，对国家和社会具有重要保存价值的档案，最终都要集中到档案馆保管。②建立**档案行政管理机构**，运用行政、宣传等手段统一管理国家档案事业。即在集中统一管理档案的基础上，对国家档案事业实行统筹规划，组织协调，统一制度，开展监督和指导。档案行政管理有多种组织形式：第一种是从中央到地方都设立档案行政管理机构，对全国档案工作分级进行统一管理；第二种是实行档案行政管理机构和各级专业主管部门相结合的管理体制，对全国档案工作分级分专业进行统一管理；第三种是只在中央设立档案行政管理机构，对全国档案工作进行统一管理；第四种是不设档案行政管理机构，由国家授权档案馆代行行政管理职权。由于各个国家具体情况不同，所采用的方式也有所不同。③制定档案法规，运用法律手段统一管理国家档案事业。即通过国家制定或认可的有关档案工作法律、法规、行政规章、地方法规等，对国家管理档案的范围、**档案事业管理体制**、档案工作基本原则、档案人员的职业道德、档案机构的设置及其职责等做出明确规定，对档案的收集、整理、鉴定、统计、保管、利用和公布等活动进行统一控制。法律手段是管理国家档案事业强有力的手段，各级档案室或文件中心、档案馆和档案行政管理机构，都应依据档案法规开展工作。

集中统一管理原则是为适应档案事业发展的客观要求，在总结档案工作历史经验的基础上形成的。世界上有不少国家实行这一原则，但是在范围、程度和方式上有所差异，有些国家还将这一原则用法规形式加以明文规定，如苏联1918年发布的《列宁档案法令》等。中国1956年发布的《国务院关于加强国家档案工作的决定》指出：“档案工作的基本原则是集中统一地管理国家档案，维护档案的完整与安全，便于国家各项工作的利用。”1987年通过的《中华人民共和国档案法》规定：“档案工作实行统一领导、分级管理的原则，维护档案完整与安全，便于社会各方面的利用。”2014年中共中央办公厅、国务院办公厅下发的《关于加强和改进新形势下档案工作的意见》再次明确：“坚持统一领导、分级管理原则。县级以上各级档案行政管理部门既监督指导本行政区域内党的机关的档案工作，又监督指导本行政区域内政府机关和其他单位的档案工作；各级国家综合档案馆既集中管理本级党的机关的档案，又集中管理本级政府机关和其他单位的档案。坚持并不断完善党委和政府领导、档案部门归口负责、各方面共同参与的档案工作体制，确保分工明确、各司其职，密切配合、形成合力，促进档案事业协调发展。”明确了中国档案集中统一管理原则的基本内容。

集中统一管理原则是档案学的一个重要理论，是档案工作实践的一项重要准则，实行这一原则有助于建立统一的、科学的档案工作制度和推行档案工作标准化、现代化管理，有利于维护档案的完整与安全，便于社会各方面利用档案。

（丁永奎 撰 李财富 修订）

辑佚本 reconstructed (lost) book 通过存世文献对已经散佚失传的文献加以搜集整理，汇编成书，使已经佚失的文献得以恢复或部分恢复。又称辑本。古代文献数量繁多，但由于各种原因，多数后来散佚失传。据统计，90%以上的先秦两汉文献、98%以上的魏晋南北朝文献、94%以上的隋唐文献人们已无缘看到。但古人有摘引、抄辑文献习惯，使一些散佚文献中的章节、文句、材料得以通过其他文献保存流传下来，经过辑佚整理，可以在一定程度上恢复散佚文献原貌。清代学者先后从《永乐大典》中辑出，并录入《四库全书》和登记在《四库全书存目》中的佚文，共有375种，计4926卷，使不少价值极高、久已失传的名著重现于世。

《会稽郡故书杂集》封面

档案文献编纂中，可以通过辑佚来挖掘、搜集珍贵史料。辑佚材料来源广泛，包括类书、古注、史书、地志、字书、杂钞、金石、书目、报刊，甚至日记、书信、档案等。《二十四史》等史书中常常收入一些奏议、诏令以及其他文赋，清严可均编《全上古三代秦汉三国六朝文》，其中有些文稿就辑自《史记》《汉书》等史书。近代以来，学者也多有档案文献辑佚之作。如罗振玉曾根据敦煌文书，辑出《鸣沙石室佚书》《鸣沙石室佚书续编》等书；鲁迅辑出《会稽郡故书杂集》《古小说钩沉》等书；赵万里辑出《元一统志》《析津志辑佚》等书。辑佚是古代文献整理、史料编纂的传统方法，已形成专门学问，是档案文献编纂学思想的重要来源。（丁华东）

济南市档案馆 Jinan Municipal Archives 中国副省级国家综合档案馆。位于山东省济南市历下区龙奥大厦。负责济南市档案资源的收集保管和开发利用工作。成立于1958年12月，隶属中共济南市委办公室。1959年11月，济南市档案局成立后，市档案馆与市档案局合署办公，为中共济南市委、济南市人民委员会（1955年由济南市政府易名）直属的文化事业单位。1968年6月，部分职能被济南市革命委员会下设的档案组代行。1980年1月，济南市档案馆重新恢复，与1978年4月恢复成立的市档案局合署办公。1996年12月，根据《济南市市级机构改革实施意见》，济南市档案局、济南市档案馆是一个机构，挂市档案局、市档案馆两块牌子，履行档案事业行政管理和保管、利用两种职能，为市委、市政府工作机构，局级规格不变，由市委办公厅管理。自1958年济南市档案馆建馆后，长期在中共济南市委机关大院内办公。2008年12月，迁至现址。2018年12月，济南莱芜区划调整，原莱芜市档案馆（局）并入济南市档案局（馆）；2019年1月，机构改革后，济南市档案局（馆）承担的行政职能划归市委办公厅，济南市档案馆为市委直属正局级事业单位。现为国家一级档案馆、山东省特级档案馆，市级爱国主义教育基地、青少年教育基地，市直机关党员教育基地以及市政府指定的政府公开信息查阅利用场所。

馆藏 截至2022年底，馆藏档案559个全宗，201万余卷（件）。包括纸质档案、磁盘档案、胶片档案、实物档案等多种载体形式。按照历史年代划分，包括历史档案和中华人民共和国成立以来的档案。其中，历史档案15个全宗，1.5万余卷件，最早的档案形成时间为清乾隆二十一年（1756）；中华人民共和国成立以来的档案544个全宗，199.5万余卷（件），包括文书档案、会计档案、名泉档案、名人档案、公证档案、婚姻档案等门类。此外，保存图书、报刊等资料3万余册。

机构设置 馆内设办公室、组织人事处、档案接收征集处、档案保管处、档案保护处、档案利用开发处、编辑研究处、电子声像档案处、信息技术处、档案业务指导服务处10个处（室）和机关党委。馆藏档案完成案卷和全引编目。数字档案馆于2007年启用，2018年11月，济南市数字档案馆系统通过国家档案局组织的专家测试，荣膺全国示范数字档案馆。现已建成馆藏档案目录数据库、5440万页的馆藏重要档案全文数据库、14.7万幅的照片档案数据库、已公开现行文件数据库以及革命历史红色档案、五三惨案等8大类专题档案数据库。2021年启用“区域数字档案信息共享利用系统”，有机整合全市13个区县和市本级共14家档案馆数字档案资源，归集发布全市各综合档案馆婚姻、知青、土地确权等8个门类共计290余万份民生档案，为人民群众提供“一站式”档案查阅利用服务。2022年启用“济南市电子档案共建共享一体化管理平台”，实现了电子文件全流程、一体化在线归档。围绕档案馆资源建设目标，开展了重大活动档案的接收和社会散存档案的征集，先后接收进馆了扶贫档案、新冠疫情防控档案等重大活动档案，征集进馆了红色档案、非遗档案、照片档案、音像档案等门类的社会散存档案，进一步完善了馆藏档案结构，丰富了馆藏档案内容。该馆依法向社会开放档案11.5万余卷，为利用者提供查档、咨询、复制档案、出具证明等服务。

成果和评价 自2018年以来，先后编辑《济南解放档案史料选编》《济南解放初期整顿经济秩序改善企业管理档案文献选编》《2021年黄河流域城市高质量发展档案数据集萃》《张海迪书信档案选辑》等档案史料汇编。编辑出版了《济南老票证》《照片里的黄河故事》《中国共产党山东省济南市组织史资料》等档案资料研究成果。撰写发表了《福牌阿胶历史档案》等史料研究文章。先后举办或联合举办了“不忘初心 奋发图强——新中国工业档案文献展暨济南市工业和信息化成果展”“记录奋进征程 见证时代荣光——济南市决胜全面建成小康社会档案图片展”“百年风华 初心如炬”——济南市庆祝中国共产党成立100周年主题展览、“百年恰是风华正茂”主题档案文献展等展览。（李东平）

计簿 jibu 中国古代地方政权记录所属地域赋税、户口、人事等情况的文书。又称上计簿、计籍、计书。汉代沿袭并完善战国确立的上计制度，在上计时，各级上计官府根据会计簿书及其他相关资料，汇总编制出上计报告，向受计官府呈报。这种上计报告称为计簿。《东汉会要·上计》："《通典》云：汉制，郡守岁尽，遣上计掾、史各一人，条上郡内众事，谓之计簿。"其继承了周代和秦代的上计报告的编制方法，由竹简或木牍组编而成，一般分为正副两册，年终由下而上逐级编制并汇总上报。计簿的编报采取"县—郡—中央"的程序，即由县级编制报郡，由郡进行郡级稽核。然后郡级汇编呈报中央，最后由中央受计。计簿一般要具备上计时间、官府名称、上计官府所治地域在报告期内的人口、田地、垦荒、狱讼、贼盗、赋税收入、钱谷支出以及下个报告期的财政收支预算等内容。

计簿是上计官府对报告期内各项工作情况的总结，也是受计官府对上计官府政绩进行审核的依据。

（王建忠 撰 李义敏 修订）

计算机文件 computer file 为操作系统所知的、已命名的、有序的字节序列。简称电脑档案。一份计算机文件的内容通常是有完整和独立意义的一组信息。计算机文件是一个与电子文件高度相关的计算机领域用语。计算机文件根据面向系统还是用户，可分为系统文件和用户文件；根据运行功能，可分为程序文件和数据文件；根据数据结构，可分为顺序存取文件和随机存取文件。

计算机文件是文件的概念应用于计算机领域的产物，其含义随着计算机技术和应用的发展而不断丰富。早期主要指计算机存储硬件，如美国国际商用机器公司（International Business Machine; IBM）曾将其磁盘驱动器称为磁盘文件。此后，计算机文件被逐渐扩展到电子管的计算结果、计算机打孔卡上的信息等数据对象，现在通常被理解为存储在计算机操作系统中的系统和用户所使用的数据。

电子文件管理领域主要关注用户所使用的计算机文件。这类计算机文件主要依托文件系统（file system）存储和检索。通过文件系统，大体量的数据被分割和识别为一个个数据块，这些数据块被称为计算机操作系统中的文件。文件系统可以部署在硬盘、光盘以及内存等物理介质中，相应的，计算机文件也可以保存在上述介质中。随着分布式文件系统的出现，一份计算机文件在物理上可以被分割成几部分保存在不同的物理介质中，但是在逻辑上，它依然被作为一份文件加以管理。

计算机文件和电子文件分别是信息技术和档案管理两个专业领域的基本术语，二者密切相关，但并不同义。只有应业务需要、在业务活动中产生的计算机文件才可能是电子文件。两者可能一一对应，比如一张拍摄某机构重要活动的数码照片、一份电子发文、一封不带附件的商业邮件等；也可能不是一一对应，比如一份包含HTML、CSS、JPEG图片的对外公告网页，一份嵌入外部音频、视频的年度报告，包含被转发件的转发件，包括多个用户视图的大型数据库等。

管理电子文件，首先需要了解构成电子文件的计算机文件的技术属性，采取恰当的管理工具。随着计算机类型的不断增加，电子文件管理的范畴也不断扩大。社交媒体文件、三维模型、音频、视频等新型文件的出现，给电子文件管理提出了新的挑战。档案界需要根据信息技术及计算机文件类型的变化，不断更新发展管理方法。

（刘越男 杨建梁）

记 ji 中国古代官府往来文书文种名称。记本为动词，有记录、记载的意思，相传周代史官左史记言、右史记事，后来演变为文字的记载、书记。记作为官府往来文书的名称，始于西汉，应用广泛，既可以作为上行文书，又可以作为下行、平行文书使用。

与书、檄比较而言，记的体式较为简略。大多数记起首时，有的只有月日，有的甚至不署日期；文尾不署掾史书佐等名。凡上行的记，文件首尾言事者对长官要用"敢言之"一语，一般前书月日、某官某"叩头死罪死罪"，正文之后再接"叩头死罪死罪"。凡下行的记，一种前书月日，不书发文者的官称和名字，如都尉府仅称"府"，候官仅称"官"，以下书"告某官某，记到，云云"，正文之后，或称"有教"，或称"勿以它为解"等；一种前书月日及某官某，以下书"谓某官某，记到，云云"，以正文结尾。凡平行的记，一般前书某官某"叩头言"（或"叩头再拜白"，或"再拜言"），尾书"叩头叩头"等。汉代皇帝也可用记，称为"诏记"，开头用"告某"，后书皇帝的指令，《汉书·外戚传》就载有皇帝的诏记两篇。记的篇幅一般都不长，所以一般写在木牍上。

（裴燕生）

纪要 meeting minutes 会议文种，用于记载或传达会议基本情况和议定事项，是贯彻落实会议精神、指导工作、交流经验的重要工具。又称会议纪要。纪要的主要种类有：决议性纪要、协调性纪要、研讨性纪要等。具有系统性、摘要性、结论性的特点。

根据《党政机关公文格式》的要求，纪要具有专门的格式。纪要往往作为下发、上报或平行发送文件的附件，不单独发布。行文关系不同，功效不同。报给上级的纪要主要目的是汇报工作，发给与会单位和下级的纪要目的是贯彻执行会议精神，发给平行和不相隶属单位的纪要目的主要是交流和沟通信息。

（王 健）

《技术档案室工作暂行通则》 *Provisional General Rules of Archives Room of Technology* 中国档案室工作行政法规文件。1959年12月，国家档案局在大连召开技术档案工作会议，会议讨论通过了《技术档案室工作暂行通则》（以下简称《通则》）。1960年2月，国务院批准颁布。这是科技档案第一个全国统一的规章。

全文共4章29条。第一章总则，共6条。明确了技术档案是国家的一项宝贵财富，是进行生产、建设和科学技术研究工作的必要条件，各单位都必须对技术档案实行集中统一管理。提出了技术档案室5项基本任务：①收集、整理、保管和统计本单位的技术档案。②提供技术档案，为生产、建设和科学技术研究服务。③帮助本单位内部各机构正确地整理需要归档的技术文件材料和确定保管期限。④承办鉴定技术档案和销毁已过保管期限的技术档案的具体工作。⑤做好向有关的技术档案馆移交技术档案的准备工作。强调了技术档案与技术资料的区别。第二章技术文件材料的归档，共4条。提出了各单位的内部机构应对技术文件材料进行系统整理，组成保管单位（卷、册、袋、盒），填写保管期限，永久保存的必须做到线条字迹清楚，纸质优良，技术文件材料一般归档1份，重要的或使用频繁的可再增加份数，有底图的应归档；编制移交目录，履行签字手续，按套、按专题，随时或定期向技术档案室移交。第三章技术档案的管理，共16条。提出技术档案分类必须保持技术档案之间的有机联系，便于保管和利用，分类编号力求简洁，代字统一使用汉字或汉字拼音字母，代号统一使用阿拉伯数字；各单位应做好鉴定工作，组织鉴定小组，编制技术档案保管期限表，定期对已过保管期限的档案进行审查，并把失去利用价值的技术档案剔除销毁，提出存毁鉴定报告并附销毁清册，经审核批准并备案后监销；中央各主管机关负责编制各专业的技术档案保管期限表，各基层单位根据专业技术档案保管期限表编制本单位的保管期限表；保管期限分为永久、长期（15 年以上）、短期 3 种；技术档案室应建立健全借阅制度，开展借阅、供应、利用效果登记，根据技术档案的保密程度履行借阅批准手续，有责任监督归档后图纸的修改；库房要坚固、清洁、通风，注意防火、防晒、防潮、防虫；共同承办一项任务时由主办单位保存一整套技术档案，协作单位保存自己承担的任务所形成的技术档案。第四章附则，共 3 条。指出各单位根据实际制定实施办法或细则。

《通则》第一次提出了技术档案概念，推动了企业、事业单位建立技术档案工作，对科技档案工作的发展发挥了积极作用。

（姜延溪）

寄信谕旨 dispatching imperial edict by express messengers　中国清代帝王**诏令文书**文种名称。指皇帝不通过内阁宣示，而由军机大臣以寄信的形式发给办事臣工的谕令。又称寄信上谕、廷寄上谕、廷寄谕旨。清初，皇帝通过内三院、内阁、南书房处理日常政务，撰拟、发布谕旨的任务一般由内阁大学士、内阁学士等完成。雍正（1723～1735 年在位）时成立军机处，撰拟谕旨的职能也转至军机处。军机处撰拟的谕旨，依事务机密程度及颁行范围的不同，下达渠道分为两种，分别称为明发和寄信。通过相应方式送达的谕旨，分别称为**明发谕旨**和寄信谕旨。直接由军机大臣封寄发出的谕旨称为寄信谕旨，并形成了规范的处理程序和行文体式。

寄信谕旨机要性较强，为防止消息外泄，由军机处直接发出。内容多为告诫臣工、指授兵略、查核政务及责问刑罚失当等机要政事，不经允许，不得交他人阅看。拟写过程与明发谕旨相同，由军机大臣**承旨**后撰写，上呈皇帝，如有朱笔修改，发下后也不再誊抄，如需加盖印章，照例钤盖。由军机章京在《随手档》中注明寄某官，如分寄数人，则注明原件寄某官，其余由军机处分抄分寄，朱笔改正处照抄，在该行天头位置注明“朱”字，直接装入封函，交兵部捷报处寄发。

根据受文人地位等级不同，又分为军机大臣字寄、军机大臣传谕。字寄用于封寄经略、大将军、钦差大臣、将军、参赞大臣、都统、副都统、办事大臣、领队大臣、总督、巡抚、学政等级别较高的军政大员；传谕用于封寄关差、布政使、按察使、提督、总兵等官员。

寄信谕旨与明发谕旨所用纸张、尺寸大致相同，书于高 18～25 厘米、每面宽 7～8 厘米的白折纸上，但各朝尺寸略有不同。汉文自左至右书写，墨笔楷书，每面 5 行，与明发谕旨相比，行距稍宽。每行 18 字，足行（抬头两字）20 字。开篇文字，字寄为“军机大臣×字寄××（官职）×××（姓名）”，传谕为“军机大臣×传谕××（官职）×××（姓名）”，下接奉旨年月日，然后书“奉上谕”或“奉旨”，以“钦此遵旨寄信前来”结束。

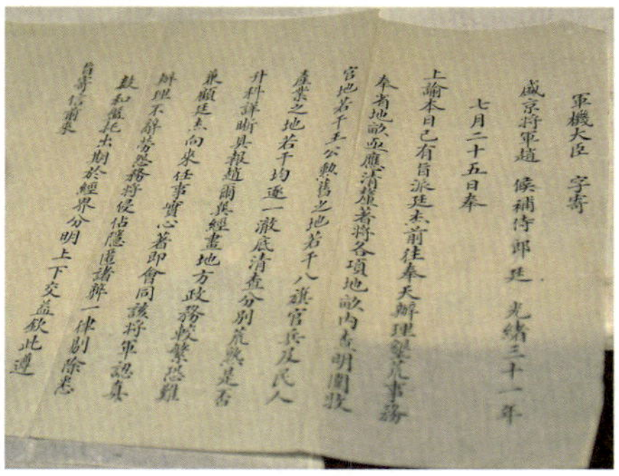
軍機大臣 字寄
盛京將軍趙 候補侍郎廷 光緒三十一年
七月二十五日奉
上諭本日已有旨派廷杰前往奉天辦理墾荒事務
奉省地畝亟應清釐著將各項地畝內查明圍牧
官地若干王公勳舊之地若干八旗官兵及民人
產業之地若干均逐一澈底清查分別荒熟是否
升科詳晰具報趙爾巽經畫地方政務較繁恐難
兼顧廷杰向來任事實心著即會同該將軍認真
辦理不辭勞怨務將侵佔隱匿諸弊一律剔除悉
[illegible]和衷妥辦於經界分明上下交益欽此遵
旨寄信前來

辽宁省档案馆藏清代廷寄

寄信谕旨于奉旨当日或次日发出，根据需办事宜的缓急程度，一般分为 6 个等级，分别为马上飞递、日行三百里、日行四百里、日行五百里、日行六百里、日行六百里加紧。根据清宫档案记载，最高还有日行八百里者。事情办理完成后，寄信谕旨，特别是朱笔修改过的，根据朱笔缴回制度，或事毕即缴回，或于年终汇缴，或遇便随折奏缴，不设具体时限，但须将原件缴回奏事处，储存宫中。

（王　澈）

加拿大档案工作者协会 Association of Canadian Archivists　由加拿大联邦政府成立的以档案学者和工作者为主体的非营利性群众组织。成立于 1975 年，总部位于渥太华。拥有超过 600 位档案学者和工作者会员。协会旨在为档案行业提供指导，并促进公众对加拿大档案遗产的理解和认同。根据加拿大档案界及**档案机构**的多样性，协会设想利用动态的形式，组织受过良好教育的档案人员、见多识广的信息职业人员实现：①加拿大信息资源及文献遗产的完好保存与提供利用。②倡导公众关注加拿大信息资源及文献遗产。③让加拿大档案界在信息资源及文献遗产保存与利用活动中发挥重要作用。协会提供强大的、多元的专业指导，保证开放性和透明度以获取支持，促进国家和国际合作，致力于倡导会员关注全国以及国际上对档案及档案人员有影响的信息。公众可通过官网获取协会发布的信息，也可借助社交媒体与协会互动。

为了使会员具有持续的专业发展，协会开展了许多活动和项目，为加拿大档案人员和档案机构提供交流合作的机会。有年会、专题讨论会、教育培训、导师计划、特别项目等。年会汇集加拿大及国际档案界的带头人，进行为期 3 天的高水平的分享、研讨与交流。专题讨论会为参与者提供范围广泛的最新话题，供其学习和交流。专题讨论会通常在年会前后召开，持续时间 0.5～2 天。协会对加强加拿大档案工作的协调管理具有重要的作用。

（黄霄羽）

加拿大国家图书档案馆 Library and Archives Canada　加拿大图书馆和档案馆合二为一的国家级机构。

位于渥太华惠灵顿大街国会山。隶属于联邦公共行政管理体系，也是加拿大文化遗产部下属机构之一，是负责收集、保管和利用加拿大文献遗产的联邦机构，其前身是加拿大国家档案馆。1872 年作为农业部的一个分支，联邦档案馆建立。1912 年通过的一项议会法案将档案馆并入一个新部门，即公共档案部。1987 年更名加拿大国家档案馆，负责接收和保管自 1867 年加拿大自治以来政府各机关的档案，同时也保管 1867 年之前的殖民地历史档案。为了加强国家档案馆与其他文化机构之间的联系，根据 2004 年 5 月 21 日施行的《**加拿大国家图书档案馆法**》，加拿大国家档案馆和成立于 1953 年的加拿大国家图书馆合并为加拿大国家图书档案馆。

加拿大国家图书档案馆外景

新馆集中了原来两馆的馆藏、服务和专门人才。馆藏包括全体加拿大人所共同享有的文化遗产，涵盖加拿大整个历史进程。有 2000 万册左右的书籍；长达 241 千米排架的政府和私人的文字档案；超过 300 万份的建筑图纸、规划图、地图；约 450 太字节（TB）的电子形式信息，涵盖上百万份可在线获取的论文、期刊和书籍；近 3000 万张图片；超过 9 万部影片，类型涵盖短片、长篇电影、纪录片和默片，时间可追溯到 1897 年；时长超过 550 000 小时的音像档案；超过 425 000 份的艺术作品，类型涵盖水彩、油画、雕塑、漫画、缩微模型等；奖牌、印章、海报以及勋章等实物档案；约 550 000 份音乐作品；加拿大土著创办的杂志以及种族团体发行的通讯刊物和报纸等。

加拿大国家图书档案馆在运作过程中，始终从用户立场出发，强调人性化服务，研究用户需求，并对用户满意度进行调查评估；同时在数字馆藏上投入巨大，于 2006 年开始规划**可信数字仓储**（TDR）项目，积极应对文件管理危机，以确保其数字资产的长期保存和利用。

加拿大国家图书档案馆除了具备档案馆和图书馆的功能以外，还是一个新型的国家学术机构。包括 3 个重要部门：①独立的出版物呈缴本中心。主要规定了出版物的缴存事宜、条例执行和版本要求。它要求在加拿大国内有出版行为的出版商必须自费提供两份出版物，在规定时限内呈缴图书档案馆。②国家信息中心。负责政府机构信息化与信息管理规范化的任务，为政府提供技术支持与信息服务。并继续履行国家档案馆的职能，作为政府记录的永久性保存库；也继续承担国家图书馆的作用，负责协调和领导国家各级图书馆，并作为政府公开出版物的永久性保存地。③文化遗产服务中心。图书档案馆提供有关加拿大作为移民国家数百年以来保存下来的文化遗产，通过开展新的知识服务，为文化遗产的保护与继承提供信息保障。

加拿大国家图书档案馆是一个创新型的知识机构，它广泛、简便、综合地向本国居民提供文献遗产、历史和社会知识。其主要职责是保管加拿大包括图书、档案在内的所有文献资源。主要任务有 4 项：①为了当代和后代的利益保存加拿大的文献遗产。②成为所有人获取持久知识的来源，为加拿大文化、社会和经济发展做贡献。③促进加拿大各个社区团体之间的合作，共同致力于获取、保存和传播知识。④成为加拿大政府及其机构的持续记忆库。（黄霄羽）

《加拿大国家图书档案馆法》 *Library and Archives of Canada Act* 加拿大联邦政府的图书、档案基本法。2002 年，加拿大国家档案馆馆长 Y.E.威尔逊和加拿大国家图书馆馆长 L.卡里联合署名提出议案。2003 年 5 月，加拿大遗产部向加拿大众议院提交了将加拿大国家图书馆和加拿大国家档案馆合并为**加拿大国家图书档案馆**的议案。2003 年 10 月，加拿大国家图书档案馆成立，成为集中了原加拿大国家图书馆和原加拿大国家档案馆的馆藏和专门人才的新机构。2004 年 5 月 21 日《加拿大国家图书档案馆法》施行，同时原《加拿大国家图书馆法》和《加拿大国家档案馆法》一并废除。2006 年 12 月 12 日又对该法进行了修订和补充。

《加拿大国家图书档案馆法》有英语版和法语版，包括 11 章 20 条。前言主要是对国家图书档案馆法颁布的必要性说明，正文后还有对版权法和其他法的相应修订说明、过渡性条文、协调修订、废除及生效。正文的 11 章包括：法案简称、法案术语的解释和适用、机构和组织宗旨和权利、法定缴存、高质量档案的获得、政府和部门记录、盈余资产法、财政条款、常规、违反、处罚。其内容包含声明、名词解释、人员指派、加拿大图书档案馆的权利和义务、网络采样、合法送存、产权、政府文件、金融规定、总则、罚则和相关法补充。作为加拿大档案法规体系的核心，主要包括：①对国家图书档案馆性质、地位的规定。②对图书档案收集工作的规定。③对图书档案保管工作的规定。④对图书档案利用工作的规定。⑤对图书档案处理工作的规定。⑥对罚则的规定。⑦对图书档案事业的规定。

《加拿大国家图书档案馆法》的重要作用是由它支持创建了一个为现在和将来保管加拿大文献遗产的新型部门，实现了信息资源的优化整合，提高了信息服务的质量和效率。（黄霄羽）

加州大学洛杉矶分校信息研究系 Department of Information Studies, UCLA 美国高校信息研究系。隶属于加州大学洛杉矶分校教育与信息研究院。成立于 1958 年。在美国专业领域排名第一，1958 年获得美国图书馆协会颁发的资质证明。

信息研究系有 30 多位专业教师和学者。设有 3 个专业：信息研究、图书馆与信息科学、图书馆与信息科学文凭项目。主要提供硕士和博士两种研究生教育项目，以培养集理论、实践和政策等专业优势于一身的毕业生为目的。①硕士学位教育项目，提供档案学、图书馆学、信息学/情报学、媒介档案学、珍本及视觉文化等 5 个专业研究方向。②博士学位教育项目，学生主要致力于研究各种形式信息的生成、记录、组织、保存、检索、沟通、管理与利用，以及人类信息活动与信息技术、信息结构和信息机构（如档案馆、图书馆、博物馆等）之间的相互影响等。

信息研究系认为，对于信息领域的研究和实践是为了促进世界全球化、多元化。该系致力于知识的更新、专业实践的提高及为教育和信息职业服务，关注个体责任和社会公正、伦理关怀和社区服务。在这样的教育模式下，该系培养了许多在专业领域和学术研究方面有突出贡献的学者、教师、信息专业人才和机构领导人。（黄霄羽）

夹单禀 jiadan bing 中国古代**官府往来文书**文种名称。**禀**成为正式官文书归卷后，若有不便公开的情事上达，或并说私事，则用夹单禀。所谓“夹单”，即夹在禀折中的单张纸片，文字较长，也折叠成与禀折尺寸相同的式样。夹单每面书写 8 行文字，当时官文书有“禀五折六书七单八”之说，概括了一般文书的书写规则。夹单开头用“再敬禀者”或“敬附禀者”之类，不具受文者官衔姓名，没有作者落款及文件日期。夹单与**红白禀**或**双红禀**一并封送，成为三件一套式。也有的只在红禀内夹红（或白）单帖，红禀只列官衔，单帖上叙事。凡事无须立案，不动用**禀帖**，乃用夹单禀。夹单不归上级衙门卷内，多是更为机密的情事，反映问题更为真实，又称夹单密禀。如有批语也可批于红禀上，或另用密谕下达。

夹单密禀在各衙门中经常使用。例如，清末裁减书役，巴县（今重庆）向上级禀报执行情况，红白禀内所述报部清册开列的书役人数为“本衙门书役仅留 41 名”，而夹单内则将有关实际情形上报，称“拟定房书九房，共酌留经书 100 名，粮、捕两班共酌留 400 名”，实际相差十几倍。一些棘手、难处理、后果难预料的事情，也可用夹单密禀，以起到置身事外、自我保护的作用。夹单上级虽不存卷，但下级案卷中却留有底稿。不论当时还是现在，夹单都是非常重要的档案。（裴燕生）

夹片 jiapian 中国古代**上奏文书**文种名称。又称附片。为清代夹附于奏折内的附件。夹片不是独立运行的，而是随奏折一并呈上运转的文种，其产生应是在康熙（1662～1722）中叶至雍正（1723～1735）年间奏折制度确立以后。不论是奏事折，还是**谢恩折**、庆贺折都可夹用。清代奏疏除条陈外都是一文一事，一些事件分量较轻，不必独立缮成一折，或是还有不便在原折中叙述或一并处理之事，就用夹片形式附在奏折内，与奏折一并呈上，有的奏折甚至可以带 2 个或 3 个夹片。

清代的各种片，除了专门的平行文种“片文”外，一般都是指用于书写的单张纸片，文字较长时也可折叠使用，但是不用折面，如军机处对皇帝使用的**奏片**、对各部院使用的**交片**之类，形式简便。夹片的尺寸大小与其夹附的奏折相同，以便于安全装入封套内处理及保管存档。夹片行款字数与制度确定后的奏折相同，每面6行，每行平行18字，算上双抬20字。与一般文书不同的是，夹片不具上奏人姓名、文件日期、文件事由，因所奏不尽与原奏同为一事，一旦与原奏分开，使用时就容易造成麻烦。夹片文字从左版写起，以“再”字起首，正文结束语为“谨奏”。折内遇“奏”字单抬，遇“天恩”“旨”“圣鉴”等与皇帝有关的字双抬，形式与奏折相同。

夹片随同奏折进呈，皇帝亲自开匣启封阅览，不假他人之手。皇帝也可在夹片上亲作朱批，事下军机处后，军机大臣见面**承旨**，军机章京要将所有事项记于簿中，此簿名为《随手簿》，又称《随手档》，是军机处最重要、最基础的档案。朱批奏折及其夹片发还上奏人之前，军机章京要将它们抄录副本，称为“录副”。各部院奏折多由奏事处口传御旨，不作朱批，故由各部院自己录成**奏副**送交内阁保存。夹片（特别是有朱批的）要做录副留存，然后才将原夹片随同原奏折一并发还上奏人。**录副奏折**（包括夹片）除了具有存查作用之外，还具有重要的现行行政作用，可交内阁抄发给有关衙门办理，作为承办事项的依据。录副奏折折面常注有“交”或“不交”字样，“交”是指应交内阁传知有关衙门抄录遵照或办理执行。不交阁抄的，也常常不注文字。此外，还常注有“片一同”等字样，是指抄录的夹片也一同发下，交有关衙门作为承办事项的依据；若是注明“片不交”，则是表明录副的夹片不需要交有关衙门，留存在军机处。录副这项工作环节，当时术语称为“开面”。军机处的录副奏折及其录副的夹片都保存在方略馆，值班章京要在《随手簿》内载明奏折、夹片的内容、作者、时间等，以及相关朱批御旨及其承办处理办法。总之，夹片的处理与奏折的处理程序密切相关，也有朱批、事下、承旨、记档、录副、阁抄、**交发**、回缴等一般处理环节，是和奏折同步进行的。清朝灭亡后，奏折制度被废除，仅在袁世凯复辟时曾一度恢复使用。随着奏折的废除，夹片也随之取消。

（裴燕生）

家谱 family tree 记录一个家族或者宗族世系繁衍迁移情况和重要人物事迹的私人文件。又称族谱、宗谱、家乘、祖谱等。

发展历史 在中国古代，家谱作为宗族文化的重要产物，记录了许许多多家族血脉延绵的历史，与人们所熟知的正史和地方志一样，是中华文明历史的重要组成部分。家谱很早就出现在古代中国。据考古发现，在出土的夏商时期的甲骨、青铜器上，就出现了刻有反映父子兄弟世系的文字。经过秦汉时期的发展，在魏晋南北朝时期，随着世家豪族政治发展的需要，私修家谱达到兴盛期，家谱成为世族间通婚，以及做官的主要依据。唐代，私修家谱同样保持兴盛态势。两宋时期家谱开始发生转型，家谱区分门第身份的功能逐渐减退，“尊祖、敬宗、收族、睦族”的道德教化功能得到强化。同时，这个历史时期还产生了对后世修谱影响深远的欧（阳修）式和苏（洵）式两大谱例。明代家谱发展更为成熟，家谱的体例、结构格式基本定型。清代和民国时期，私修家谱已经非常普及。中华人民共和国成立后，公开续修家谱的活动一度处于沉寂期。20世纪60年代和70年代，留存下来的家谱遭到一定的破坏。80年代改革开放以后，家谱修纂活动率先在东南沿海诸省份出现，并很快在全国各地兴起。

1984年，国家档案局、教育部、文化部联合发出《关于协助编好〈中国家谱综合目录〉的通知》，2001年文化部办公厅发布《关于协助编好〈中国家谱总目〉的通知》，为续修编纂家谱确立了基本方向和方法途径。近年来，中国民间自发兴起了编修新家谱的热潮。

功能 作为文件的一种，家谱具有所有文件都具备的“跨越时间空间限制有效传递权威性和凭证性信息”的基本功能。这一基本功能主要表现在：①记录历史。确立家族的衍生发展历史过程。②凭证依据。对家族发展过程中的重要历史事实提供有效的凭据。③行为准则。通过对家族认同的价值观的传递，确立家族及其成员的行为准则和道德规范。④范本教材。以对家族及其优秀成员的评价，助力完成族群内部的道德教育教化。⑤治理工具。维护社会治理秩序特别是乡村基层社会治理秩序。⑥凝聚家族力量、固化家族良性关系，为强化中华民族大家庭的凝聚力和归属感做出贡献。

家谱是中华民族文化的重要产物，是对一个家族的世系繁衍、迁移及重要人物事迹的成体系真切的记载。同时，它也是对整个中华民族文化历史的写照。它不仅通过对家庭家族这种社会细胞的系统记录、全面描述，弥补了正史和方志对社会历史文化，特别是人们社会生活细节反映得不具体不全面的不足，而且真切还原了不同家庭家族所奉行的基本价值观和基本的家文化取向。古代家谱是家文化的一个典型缩微再现；在当代，家谱则是优秀家文化的重要载体，是优秀历史文化传统的健康延续。社会各方面开始愈加注重对家谱文化内在价值的适度挖掘，并全面研究家谱的时代特征，以充分发挥家谱文化对中国特色社会主义文化建设的积极作用。

当代家谱的结构 当代家谱通常指中华人民共和国成立以来，续修和新修的家谱。当代家谱有了与传统家谱更强的功能，在内容构成方面也就有了别于传统家谱的新结构。从目前已经编修完成的当代家谱的实际情况看，当代家谱通常由以下内容构成：①谱名。即家谱的具体名称。家谱、宗谱、族谱、家乘、世谱、会谱、统谱、房谱等都可以成为谱名。谱名前一般还需要注明里籍或者郡望、堂号，有的还加上编修时间、次数等，以提高名称的专指性。②序言。又称谱序，分为自序与他序两种。序言位于首部，主要记述为什么要修谱、家族的历史渊源及概要的迁徙经历路线、修谱人员姓名等。重修的家谱除新序外，旧谱中的历次序文也应收入。③凡例。又称例言、谱例等，主要用于阐释家谱的体例、纂修原则、叙事方法、收录范围、书写格式、附表附图表及其应用，其中对入谱人物选定标准、内容详略等也需要做出说明。④目录。家谱的目次，是揭示和报道家谱具体内容及其所在位置的检索工具。⑤姓氏源流。主要记录叙述本姓来源、本族的渊源、得此姓之始祖、开基（或者迁徙）始祖、各支派间关系等。如果有过改姓情形，应当说明原委。⑥先世考。主要用于反映宗族的历史，是确认家族姓氏来历、迁徙源流、具体路线的重要依据。先世考的设置有利于寻根问祖。⑦传记。具体称谓多样，如称谱传、家传、世传、**行状**等。主要用于记述家族名人的功绩品德。特别是其对国家、民族、社会，或者对地方、家族做的贡献。⑧世系。家谱的主体部分，一般分为图、录两部分。世系图以图表形式记录家族成员的世系，反映家族成员的血缘关系。世系录包括父名、行次、字号、生卒年月、享年、功名、官职、葬地、妻妾、子女等内容。⑨字辈谱。用于记载家族成员辈分的字语。一般情况下，同一辈分的家族成员都使用统一规定的某个字或偏旁起头，再与其他字结合而成名字。不同辈分用不同的字或偏旁，世代相传，以示不同辈分之间的区别。⑩族规家训。具体称谓多样，如家范、家训、家约、家戒、家法、家规、祖训、族规、族约等，是由家族制定的约束和教化族人的制度和要求。如族规家训为族内某人为子孙制定的，一般被称为某公家训或某公遗训。实际上，多数族规家训都是族人共同协议决定的，对家族全体成员均具备约

束力。⑪艺文。主要用于辑录家族成员的重要著述，部分具有核心和代表性的文章需要辑列原文，其他则只需要开列目录。⑫祠堂。又称宗祠、宗庙、家庙、家祠等，被视作列祖列宗神灵的安息之所，在家族中居于神圣地位。其主要功能用途是祭祖以及祭祀后的餐聚。处置族中事务的会议等活动，也多在祠堂中进行。家谱中一般对祠堂均有比较详细的记载。如位置、建立过程、建筑式样和规模等，有的还收录与祠堂有关的碑文、诗文、祠联、祠匾、祠堂图。⑬郡望和堂号。“郡”是行政区划，“望”是名门望族，“郡望”连用，即表示本族为某一地域或范围内的名门大族。秦统一后划全国为36郡。魏晋南北朝至唐朝时期，每个郡里都有大的家族，常以郡名与姓氏合称，表示世世代代居住该地，是为人仰望的显贵家族。大家族大都会在发展中分为诸多支脉，这些分化出来的分支家族一般都要另立祠堂、坟墓，于是分支家族便根据先人的德望、典故等另给自己命名一个称号，即“堂号”。堂号除了标注在族谱封面上之外，有的还制作为匾额镶嵌在祠堂门楣上。⑭坟茔。又称坟墓、坟山、庐墓、祖茔等。为便于子孙后代扫坟祭祖，家谱中对祖坟均有详细具体的记录，包括分布、具体位置、坟向等。有些家谱还有对墓祭时间等具体规定。⑮纂修、捐资人名单。家谱的纂修需要族中许多人员共同参与，包括动员全体族人捐款助修。当代家谱一般都需要组成一个修谱委员会（或类似组织），家谱中要对所有参与修谱人员、捐资人员等做出明确记载。⑯其他。实际上，当代家谱还会根据需要，将一部分与家族风俗礼仪、经济活动契约等方面的内容写入。

当代家谱续修编纂的时代精神　全国各地在当代家谱的续修新修过程中，形成了若干有时代特色的宗旨性思想观点和判断，这些时代精神成为家谱续修新修活动的指导思想和基本原则，其中具有规定性和指导性的部分至少包括：①坚持中国特色社会主义核心价值观。无论是编辑性的修缮，还是内容的续修，或者是全新纂修“新”家谱，从事相关活动的人，其基本的立场和所奉行的基本价值观，都应当旗帜鲜明，坚定正确。②坚持守法、合规、合约。为了确保家谱能够产生预设的有效性，应当充分考虑和遵从法律法规、社会道德规范、约定俗成的社会规范，以及家规族规的约束性影响，从家谱内容、形式，到制定修订和发布的程序手续，都应当守法、合规、合约。③坚持实事求是，分类处置。应当根据是全新纂修，还是新旧参半续修，或者是编辑性修缮的具体实际情况，分门别类地采用不同的方式方法和依据不同的指导原则组织实施家谱修纂工作，切忌一刀切简单化。④体例结构方面既遵从传统又不排斥创新。家谱在数千年的历史发展中，已经在基本体例结构方面形成了一定的范式，从文体到结构和格式都具有了“约定俗成”的规范性要求。在当代家谱续修编纂的过程中，有必要遵从这些传统的体例结构安排，但在遵从的同时要摒弃一些糟粕性内容，同时有所创新。⑤保护隐私，鼓励开放。受多种复杂因素的制约和影响，家谱一直被视作纯粹的私务活动产物，基本上只在家庭家族内部形成和收藏利用。20世纪80年代兴起的新家谱文化热潮中，这种面貌开始有了很大变化。人们不再把家谱视作独家秘藏品，而是在国家个人信息保护法律制度的保护下，大力进行家谱的社会化开放收藏和开放利用。图书馆、博物馆、文化馆、档案馆等社会机构已经收藏了大量家谱，很多家族都积极将家谱捐赠或者委托社会机构保存并提供社会化利用。⑥记录和呈现方式的多样化。传统家谱大都是以纸质书面文件的形式形成，实际上，电子文件形式的家谱则无论是在制作，还是传递和庋藏，以及提供利用方面都更加具有一定的优势。目前，相当一部分地区纂修的新家谱，以及一部分被数字化的传统老家谱，已经开始通过云计算技术，实现了“云端”存现、庋藏和传播利用。以音视频方式作为家谱的补充形式，也开始在一部分地区出现。

（赵国俊）

家庭档案　family archives　家庭或家族成员在家庭生活和社会活动中形成和收集的，与家庭或家族私人事务相关，保存备查的历史记录。以有密切血缘关系的人为联系纽带，同时由于家庭生活及社会活动的广泛性、多样性与特殊性等原因，决定了家庭档案具有物权的私有性、形成的广泛性、内容的丰富性、形式的多样性、权益的隐私性、价值的社会性与有限的时效性等特点。是随着社会生产力发展而产生的一种文化现象，是社会文明进步的标志之一。此类档案既属于个人、家庭或家族，同时也是社会发展的缩影和折射，具有多方面的重要价值。对家庭而言，是维护家庭及其成员权益的法律书证，家庭日常生活管理的参考依据，进行家庭教育的生动教材。对社会而言，是科学研究的可靠资料，传播精神文明的有效载体，国家档案资源宝库的重要补充。还是提高公民社会档案意识的催化剂，对于构建平民历史、平民文化和平民社会认同，提高档案事业的社会性等具有积极的作用。

美国档案工作者协会编辑的专业术语词典指出，家庭档案（文件）是由一群有密切血缘关系的人产生或收集的档案，这些档案与他们个人或私人事务相关。家庭档案可能跨越几代，或者只适用于直系亲属。私人所有是家庭档案最基本的属性，与家庭档案建设相关的一切问题都要以这一性质为基点，除国家特别有规定之外，一个家庭收藏什么、怎样管理、如何利用、如何处置一般都应该由所有人自主决定，取决于所有人的自觉自愿。中国许多地方的档案行政管理部门出台了家庭档案管理规范，推进家庭建档工作有效、规范地开展。

（章燕华）

家庭会议记录　family meeting minutes　家庭家族在会议进行中完成的对会议组织状况和会议内容的原始记录性私人文件。经履行必要的程序手续（如进行整理、发言人或有关负责人审阅签字、记录者签字等）后，家庭会议记录产生现行效用，可用于查证事实和家庭或者家族事务处理。重要的家庭会议记录还可以留存下来作为家庭或者家族历史的记录，产生历史效用。

家庭会议记录有3个组成部分：①会议的组织状况。会名、会址、时间、出席情况、主持人、记录人等。②会议内容。议题、发言情况、决议决定的内容、表决结果等。③会议记录人、主持人、发言人等的亲笔签名。

根据对内容记录的详略程度的不同，家庭会议记录可分为摘要性记录与详细性记录两种。摘要性记录只录发言要点和议题、结论、决定决议、表决结果等，常用于一般性家庭或者家族会议。详细性记录是有言必录，不仅记下原意，还需要记下原话，只有在重要家庭会议上才采用。

（赵国俊）

《嘉庆道光两朝上谕档》　*Imperial Edicts in the Jiaqing and Daoguang Eras*　中国档案文献汇编。**中国第一历史档案馆**编辑，广西师范大学出版社2000年出版。继**《乾隆朝上谕档》《咸丰同治两朝上谕档》《光绪宣统两朝上谕档》**之后的又一部大型清帝谕旨汇编。本汇编于2001年被**中国档案学会**评为第四次档案学优秀成果·档案文献史料汇编三等奖。

共55册，4886万字。按年月编排，原档影印。所辑系中国第一历史档案馆珍藏的军机处汉文上谕档册，始自嘉庆元年（1796），迄于道光三十年（1850），保存基本完整。缺失嘉庆八年三月份，嘉庆十二年三月、四月、八月份，共4个月，是为遗憾。内容包括**明发谕旨**、**寄信谕旨**，也包括与之相关联的其他文书，如**朱谕**、御制诗、**奏折**、**奏片**、**照会**、咨文及各种清单、乡殿试试题等。大都是皇帝交由军机处办理各类事件中所形成的文件，涉及嘉庆道光两朝的内政、外交、经济、文化、军事、边疆、民族、宗教等多个方面。

（冯　叶）

《嘉兴路总管府架阁库记》 *Record of the Archives of the General Administration of Jiaxing Route* 中国元代档案学文献。元代陈旅撰。该文献提供了元代一个地方政府的档案形成数量、档案库规模、档案保管情况、档案库房的建造经过和建筑情况等档案工作基本信息的典型资料，是关于中国历史上档案工作基本情况的最早具体记载。

文献提出了一些档案学理论，代表性的有：①较早、较系统、较明确地提出了档案文书的产生源于治理民众的需要，产生于民风不古、民伪日滋的社会时代。②档案记载的是天下大事、是国家统治者恃以为治的稽据。收藏档案是为了理民治国，档案工作者更应该及时向领导陈述档案中反映的历史经验与民生疾苦。③档案库房建筑应与带有火源的民户隔绝以防火灾。

该文献填补了中国古代档案学在理论方面的许多空白，丰富和充实了中国古代档案学理论宝库，是研究古代档案学思想和档案史的宝贵资料。（王云庆）

甲骨档案 oracle-bone archives 中国殷商和西周时期以龟甲、兽骨为载体的原始记录。甲骨档案产生于占卜活动中，是中国现存最早的有文字记载的档案。殷墟甲骨发现于19世纪末20世纪初，大多数出土于河南安阳小屯村或其附近。此外，还有出土于陕西岐山凤雏村一带的周原甲骨。

占卜活动是中国殷商时期盛行的一种习俗。商王朝的一切大小事件，诸如祭祀、征伐、年成、天时以及商王的田猎、疾病、生育、今夕来旬的祸福等，都要由商王或史官用龟甲或兽骨卜问于上帝鬼神和先王先公，有的要卜问多次，以求得保佑与赐福。占卜有一定的程序，占卜使用的龟甲或兽骨要经过整治，最后按照规定把占卜的原委刻（写）在甲骨片上，并作为档案由王室史官保存。一篇完整的甲骨卜辞大都包括记载占卜日期及卜人名字的叙辞、记载卜问事项的命辞、因卜兆而判断吉凶的占辞和记录日后应验情况的验辞等各项。但出土实物表明，如此完整的甲骨档案数量并不多。除在占卜活动中形成的大量卜辞外，殷墟甲骨档案中还有记事刻辞和表谱刻辞，记载方国、臣下的朝贡和田猎收获的多少以及干支表、族谱、祭祀谱等。在殷商社会，商王与史官既是占卜活动的主持者，又是国家的最高统治者，因而形成的这些材料,都是当时的政事记录，是商代重要的王室档案。

图1　龟腹甲（殷墟博物馆藏）

图2　安阳殷墟第127号坑（复原坑）

甲骨档案形成之后，绝大部分集中贮存于殷都宗庙的窑穴中，甚至殷王在外地占卜形成的甲骨档案也运回殷都保存，由史官（卜人）专司管理。管理方法大体上按朝代排列，许多甲骨片上还有占卜的顺序编号，有的上端还有一个穿孔，可能是某些甲骨还要穿扎成册保存。安阳殷墟考古1936年发掘的127号坑，共出土甲骨档案17 096片，其中完整的龟甲近300片，全都是武丁时期形成的，据认为这是武丁时期的一个档案库。

图3　甲骨局部（殷墟博物馆藏）

甲骨档案的内容涉及天文、历法、气象、地理、方国、世系、家族、人物、职官、征伐、刑狱、农业、畜牧、田猎、交通、宗教、祭祀、疾病、生育、灾祸等，是研究殷商时期的政治、思想、经济、军事、历史、文化、民族、宗教、语言文字等极其珍贵的第一手材料。（董　俭　张世林）

甲库 personnel archives of the Tang Dynasty 中国古代专门保管官员甲历的人事档案库。始建于唐。唐代甲库发轫于唐太宗时代，是封建官僚制度进一步发展的产物，与铨选制度的产生和科举制度的发展有着直接的联系。

唐中央三省每年铨选官吏，凡参加铨选入仕官员的出身、籍贯、履历、考绩及三省的拟官、解官、委官等都要记录存档，这些记录文件称为甲、甲历、官甲或敕甲。吏部总掌天下官吏的选授、勋封和考课，文官铨选主要在吏部司进行，五品以上制授、六品以下敕授。武官铨选由兵部主持。吏部的甲库档案，主要是本机关形成的官甲、勋封甲和考功簿书，还有其他平行机关、非隶属机关和隶属机关的官甲和朝廷命官的敕甲。中书省主要是王命制辞的制敕甲。门下省甲库档案则有多种。甲历作为铨选官吏的重要凭证文件复制多份，分别保管在尚书省吏部、中书省和门下省的甲库内，三省的甲库总称三库。尚书省吏部甲库由员外郎、主事各一人专管；中书省、门下省甲库由主事、录事各一人专管。甲库还设令史具体管理。唐德宗建中元年（780）吏部奏准：“吏部有官甲，内库无本，今请依官甲例，更写一本进内收贮，纵三库断裂，即检内库本。”甲历另抄一份送内库保存，若三库甲历残缺，可检用内库藏本参考。

唐代选官是项经常性的活动，甲历需要经常查找，甲历的完整与便于利用，直接关系铨选工作的效率。为了更好地管理甲库，唐代规定了甲库档案的归档制度。官员的各种档案材料都要最后集中在中央甲库保管，《大唐六典》载：“凡文案既成，勾司行朱讫，皆书其上端，记年月日，纳诸库。”为保甲历的安全，唐王朝制定有专门的刑律，唐律规定：“诸盗制书者，徒二年。官文书，杖一百；重害文书，加一等。诸弃、毁制书及官文书者，准盗论；亡失及误毁者，各减二等。”为管理、利用的方便，规定了甲历的统一格式。每年铨选，选曹皆先立版榜悬之南院，选人所通文书，皆依版样，一字有违，即被驳落。

甲库人员对甲历经常检点收拾，令史

不得妄加破除，如有破损、涂抹违越，条例处分。对年代久远、文字凋缺、难以辨认的甲历，加以修补。唐宪宗时，据吏部侍郎杨於陵奏请，对吏部甲库的甲历，经检核考证精确后，依照原件分期分批誊写修复，以保证铨选时查用。这一方法是为修写，又称重抄、缮写。查阅甲历，须由门下给事中、中书舍人、吏部格式郎中与甲库令史共同核实，唐代称为磨勘、勘合或检勘。如三库甲历无异，才能选官。

中唐以后政治腐败，胥吏为害，甲库管理日益混乱，甲历被私下改写、伪造、毁坏十分严重。作为封建王朝政治需要的产物，不可避免地受到社会政治的影响。

五代、宋代亦有甲库。后周吏部的甲库所存制敕逐季抄录报送史馆。宋代甲库属吏部，主管收藏官告院所撰黄甲及中书发送门下省的拟官**奏状**。至于宋高宗时的御前甲库，性质则完全不同，属于向皇帝供应图画、酒等杂物的官库。（王云庆）

甲历档案 jiali archives 中国唐代在官员铨选和任用过程中形成的专门人事档案。唐代官员封爵、迁授、改转、授官的重要依据。甲，指档案文书的外封；历，指以入仕为主的档案内容。甲历集中记载了唐代官员的职名、履历、考选以及授官等情况，是唐代官吏选试考核勋封中所形成的官吏档案。

甲历档案的内容主要包括选解与家状、铨注与告身、考课材料及赏赐勋爵材料。选解指选人的履历材料，吏部于“每岁五月颁格于州县”，“格”为选人的资格，合格者领取“选解”，列其“郡县乡里名籍、父祖官名、内外族姻、年齿、形貌、优劣课最、谴负刑犯”等情况。家状指家庭三代及姻亲情况。根据《全唐文》第109卷记载，家状上应写明父母、祖父母、曾祖父母、兄弟姐妹以及姻亲朋友的情况，呈交吏部南曹后，还要复制多份，分别保存在有关**甲库**和州县衙门里。铨注是指吏部对考试合格的选人，根据其才能和各方面的情况，提出拟派何地、何部门、何官职的初步意见。告身指授予官职的凭证。任命官职时，发给选人告身（委任状），并盖上“尚书吏部告身之印”。文官由吏部授予告身，武官则由兵部授予告身。考课指考核官员在任职中是否推行国家的法律以及完成国家计划任务的情况。考课活动中所形成的考状、考牒、簿册以及监察官员对被考人的调查材料等，送至吏部考功司归档。勋、爵是唐王朝褒奖文武官员和宗室的称号，勋甲档案和封甲档案以及考功薄书都是甲历档案的一部分。

甲历档案是古代在铨选官员的过程中形成的直接资料，具有原始性，是防止铨选作弊的重要手段，也是管理国家、约束官员、维护科举制度的重要措施和保障，对中国人事档案工作的发展和完善具有开创性，是中国人事档案发展成熟的标志。（王云庆）

架阁库 jiageku 中国古代档案库。始设于宋代。“架”为庋物的用器，“阁”同“搁”，有“载”意。“架阁”为贮存档案的木架，数格多层，便于分门别类存放和检寻。宋代各级国家机关普遍设置架阁库。中书、门下、尚书三省架阁库，由三省制敕库房主管，收贮皇帝诏令、制书和其他档案。徽宗崇宁年间（1102～1106），置吏部架阁库，其后各部皆置。掌管财政的三司架阁库，收藏户口、赋役籍账。最高军事机关枢密院架阁库，收掌有关军籍、武官调遣、边防设置和来往国书等重要档案。地方机关架阁库始设于江南西路。北宋仁宗时，转运使**周湛**首创千丈架阁法，以日月为次第粘连排列保管。此法得到朝廷的表彰推广，各级地方机关皆置库效法。

架阁库有严密的管理制度：中央六部档案存部两年则集中于各部架阁库，各部架阁库收贮八年则上交**金耀门文书库**；户籍赋役、诉讼刑名等重要档案，地方均需造册四本，由县、州、路逐级上报中央主管部门；架阁库档案用**千字文编号法**，“以年月次序注籍立号”，还规定三年一“检简”的鉴定制度；利用档案要“委官一员，监视出入”并限期交还。主管架阁库的官员择选“有时望者为之”，各部多为进士及第者，如著名史学家郑樵曾任礼、兵部架阁库主管官员。州、县地方架阁库规定由知州、令、丞、主簿等官员主管，下设管勾、守当官等具体掌管。

金、元、明、清各朝均沿袭宋制。金代尚书省置架阁库，设都事主管；六部设吏兵、户礼、刑工三个架阁库，各由管勾掌管。元代中书省置架阁库、蒙古架阁库、回回架阁库；六部设左、右部架阁库；枢密院、御史台、通政院以及各级地方机关都置架阁库，设管勾、典吏职掌。明洪武二十四年（1391），朱元璋明令“置天下诸司架阁库，以庋案牍”。随后，中央六部、五军都督府、都察院、大理寺等中央机关以及各级地方机关先后置架阁库。清代部分地方机关仍沿袭置架阁库。（周雪恒）

缣帛档案 silken archives 中国古代以丝织物为载体的公私文书。缣帛档案约起源于春秋时期，盛行于两汉，与简牍以及其后的纸质档案并存了很长一段时期。到晋代，纸张普遍使用后，缣帛虽仍在使用，但基本上用于某些特定方面，如作为某些文书、书法、绘画的书写材料，数量相对减少。

缣帛柔软轻便，幅面宽广，宜于画图，但价格昂贵，主要是皇家、贵族使用，多用来绘制舆图、画像和抄写经典文章，有时一些信函也用缣帛书写。汉时期已形成大量舆图和人物画像，萧何曾尽收秦朝遗存的舆图档案。《后汉书·光武帝纪》载：建武十五年春三月议封皇子，“请大司空上舆地图”。秦代的丞相、御史府，汉代的**石渠阁**、**兰台**、**东观**以及麒麟阁、云台等处，都是收藏舆图、画像的地方。唐代规定：中书省的赦书（免罪的文书）皆用绢。宋代规定：尚书省官告院颁发的告身（委以官职的文书）用绫锦。唐宋时期规定：科举考试之进士登第榜帖用素绫。迄至明清，朝廷颁授文武官员的**诰命**、敕命等封赠文书都规定用宫廷织染局特制的各种不同名色绫锦。

1908年，英籍考古学家A.斯坦因在敦煌发现两封东汉初年的缣帛信件以及一些载有零星文字的素帛。1942年，被盗掘的长沙子弹库战国楚墓发现大量的缣帛档案，既有文字，又有图画，但原件已流失国外。1973年，对该墓再次发掘，出土战国时遗物《人物御龙帛画》1幅。1973～1974年，在长沙马王堆3号汉墓，又发现两幅约形成于西汉文帝十二年（前168）以前的古地图：《长沙国南部地形图》，用拼接的双幅帛绘制而成，正方形，长宽各96厘米；《驻军图》，长方形，长98厘米，宽78厘米，图中所绘山川、道路、营地等相当清晰精确，是国内现存最古老的缣帛（舆图）档案。唐宋时期的缣帛档案已亡佚

《驻军图》（局部）

不存。明清时期以丝织品制成的各种档案材料，在中国第一历史档案馆多有收藏。这些缣帛档案对于研究中国各朝代的政治、军事、经济、文化、社会发展等均具有重要参考价值。（董 俭 张世林）

拣除 jianchu 中国唐代文书档案鉴定销毁制度的销毁方式。唐代政府机构在政务处理过程中产生了大量的档案，纸质档案

数量和档案门类增多，给档案的保管机构带来巨大压力，所以要定期对归档文案进行检简，拣除即为检简的具体方式。

唐律规定了档案拣除的时间，《唐律疏议·贼盗》记载："文案不须常留者，每三年一拣除。"即每三年要对这些司法档案进行检查，剔除没有继续保存价值的档案。对于长留的档案，也根据文种和内容的不同，规定了相应的处置办法。《唐令拾遗》记载："凡文案、诏敕、奏案及考案、补官解官案，祥瑞、财务、婚、田、良贱、市估案，如此之类长留，以外年别检简，三年一除之，具录事目为记。其须为年限者，量事留纳，限满准除。"对拣除的档案还要记录事目清单留档。通过对档案的定期拣除，有选择地保存档案，可以确保档案管理的质量，并为档案的持续保存管理提供空间和场所。

（王云庆）

简牍档案 bamboo and wooden slips archives 中国古代以竹、木为载体的官私文书。中国古代纸张出现以前，简牍曾是一种通行的书写材料。大凡皇帝颁发的诏书、律令，官府形成的册籍、名簿、表报，以及民间的契约、书信等都记载于简牍之上，由于简牍质地坚实且被无干扰地埋藏于地下，所以大量简牍档案得以遗留下来。

简是用竹或木削成的长条，竹质的还需要在火上炙干，称为汗青或杀青；牍是用木或竹剖成的长方形板片，经过多道工序加工而成，均用毛笔在上面书写文字。很多枚简用麻绳或丝绳编连起来，称为册。简册的存放方式，是以最末一简为轴心，将有字的一面向里卷起来。用于各种文书的简牍的形制稍有不同。儒家经典和政府颁发的律令用长简，如用来书写政府颁发的律令所用的简长一般是汉尺三尺，《史记》《汉书》有"三尺律令""三尺法"的记载；再如汉皇帝册封诸侯王的策书"其

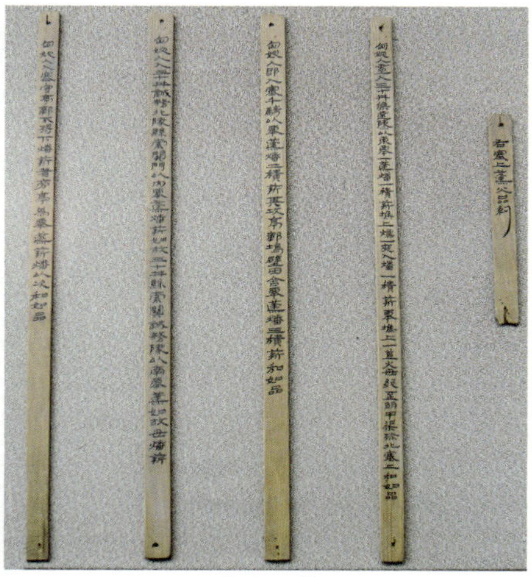

居延汉简

制长二尺"，平常的诏书则长一尺一寸，"尺一之板，谓诏策也"；官府的簿册大多长一尺二寸，晋令中就规定"郡国诸户口黄籍，皆用一尺二寸札"；民间书信则用一尺简，称尺籍短书或尺牍，用作凭证的符信则更短一些。

出土的简牍档案多是中国古代官私文书的遗存，数量虽多，但零碎散乱，其内容广涉当时社会政治、经济、军事、民情等各方面。秦代的《语书》（全文 14 简）是秦王政二十年（前 227）四月初二南郡的郡守腾根据中央法令，针对本地区情况颁发给本郡各县、道，告诫吏民遵守法律的文告；《效律》是核验县和都官物资账目的规章制度；《封诊式》是官吏审理案件的要求和法律文书的程式；《法律答问》是政府官吏对法律的解释。汉代的《甘露二年丞相御史律令》（木牍 3 方）是汉宣帝甘露二年（公元前 52）五月，以丞相、御史名义发给有关官署的一道律令，文件的主体部分是丞相、御史府发给张掖太守的，附属部分则是张掖太守将文件转发所辖下属官署的，内容是逮捕一名逃亡的人，其性质相当于通缉令；《塞上烽火品约》（木简 17 支，编为 1 册）是居延都尉下属的殄北、甲渠、三十三井 3 个塞共同订立的临敌报警、燔举烽火的联防公约；《侯史广德作罪行罚檄》（木牍 1 方）是汉宣帝元康初年（约公元前 65）处罚候史张广德的一个通报；《候粟君所责寇恩事册》（木简 36 支，编为 1 册）是关于甲渠候粟君与客民寇恩的诉讼文书；《永元兵物簿》（木简 77 支，编为 1 册）是东汉和帝永元五年至七年（公元 93～95）广地候官下属的候长向上级所做的记载兵物的月报表（月言簿）和季报表（四时簿）。此外，成帝永始三年（公元前 14）的《诏书册》、成帝时的《诏书辑录》残册、王莽的《诏书辑录》残册、地皇四年（公元 23）《使者移诏书录》，以及大量的名籍、簿册等，都是当时官府的重要档案。在出土的简牍档案中，牍多用来书写官府文书、契约、医方、历谱、过所（通行证）、书信等。记载墓主人随葬物品的清单目录，用牍书写的称为赗方，用简册书写的称为遣策。简牍档案对于研究考证中国古代政治、经济、军事、法律、文化等方面具有重要的史料价值。

（董　俭　张世林）

《建国以来重要文献选编》 *Selection of Important Documents of the People's Republic of China* 中国档案文献汇编。经党中央批准，由中共中央文献研究室编辑，中央文献出版社于 1992 年 5 月至 1998 年 5 月陆续出版。为纪念中国共产党成立 90 周年，于 2011 年进行了再版，基本保持原貌，仅对个别文字、标点、错漏进行订正。是第一部系统公布从中华人民共和国成立到"文化大革命"前 17 年间党和国家重要文献的多卷本文献集。

中华人民共和国成立后，基本完成社会主义改造和开始全面建设社会主义这两段时期是中国社会主义制度建立和发展的重要时期。为了便于各级干部和有关专业人员深入地了解和研究这 17 年党和国家的重大决策、系统地学习和总结建国以来的历史经验、更好地建设中国特色社会主义，中共中央文献研究室编辑了这部文献集。

《建国以来重要文献选编》封面

全书共 20 册，约 780 万字，收录 1949 年 9 月至 1965 年 12 月的重要文献共 1232 篇，以《共同纲领》开卷，其中将近一半文献是首次公开。书中所收文献是在对大量文献分析研究的基础上选取的在历史发展过程中发挥重要作用的基本文献，编者在编辑过程中注重把握文献的层次性、准确性、全面性、完整性，所选文献能客观地反映历史的连续性和总体面貌。这些重要文献包括中共中央、全国人大、政务院（国务院）、中央军委制定的最基本的文件及批转的所属部门的一些重要文件；党和国家主要领导人有代表性的讲话和文章；有关部门负责人代表中共中央和政府发表的讲话和文章；体现中央精神的重要报刊的社论；在历史上产生过较大影响或具有重要理论意义的非正式文件和讲话记录等。

全书文献按时间顺序编排，文献大部分依据当时公开发表的或内部公布的版本刊印；一部分后来被收进领导人选集、文集的，依据选集、文集版本刊印。编者在编辑过程中基本保持文献原貌，仅对个别明显有误的文字、标点进行订正，对其中

的讲话记录稿进行了必要的文字整理。为了便于读者理解，编者在书中做了少量题解和注释，题解排在每篇文献首页的下方，注释排在每篇文献之后。

全书的编辑以《关于建国以来党的若干历史问题的决议》为指导，较好地贯彻了党中央批准的“客观全面反映历史实际”的方针，以党和国家的基本文献为材料比较系统、全面地反映了党领导人民立国、治国、建国的重大实践和这一过程中产生的重要思想，所提供的史料全面、系统、可靠，为广大干部学习和总结建国以来的历史经验，了解和研究党对社会主义道路的探索过程，进一步理解中国特色社会主义道路和理论的正确性，提供了权威读本。这部文献集是共和国成长的记录，是研究中国现代历史、总结经验教训不可或缺的基本材料，是认识中国当代国情的重要依据。出版后受到社会的广泛关注和多方的肯定。（安 芳）

监照 jianzhao 国子监发给捐纳者的监生执照，即监生的学历证书。国子监是中国古代最高学府和官府名，照规定必须贡生或荫生才有资格入国子监读书，称作坐监，坐监期满称为监生。监生既是国家最高学府的学生，也具有参加官僚铨选的资格。监生资格的捐纳始于明代景泰年间，清代更加泛滥。最初报捐对象是地方儒学廪生，后来为了确保来自捐纳的财政收入，将其逐步扩大到一般庶民。报捐监生者向户部完成捐纳后，携带已经领取的户部执照作为凭证，前往国子监领取监照，国子监将会根据户部送来的簿册向报捐者颁发监照。

监照通常会印制在一张纸上，一般为雕版填写本。上方印有“监照”字样，版框由上部梯形、下部方形构成，四周刻双边版框，内填有装饰图案。文中列空栏目

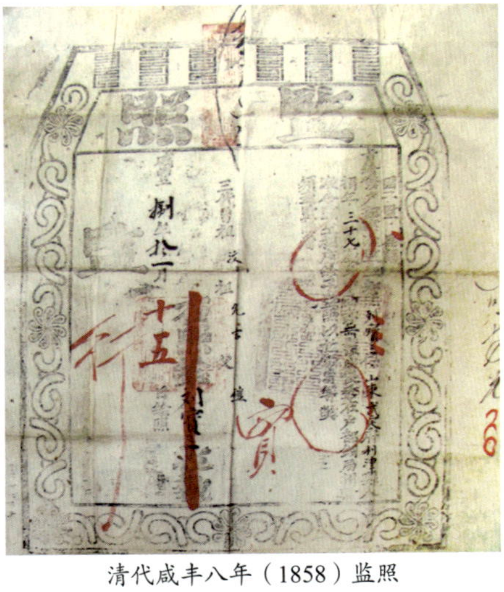

清代咸丰八年（1858）监照

是根据户部的“册”“知照”填入的信息，包括报捐者的姓名、籍贯、年龄、身高、容貌、报捐时的身份以及三代的姓名等项目。监照往往有朱笔批示“实”“行”字，“实”为确认各项记载无误，“行”为批准发行的指示。在报捐者姓名、报捐项目和发行日期处还有圈点，这些都是根据官方文书发行制度所做的标朱。在监照的上方还有发行时的半印字号。监照分左、右两份，左照留官府存档，右照给报捐者保存。（李义敏）

江南机器制造局档案 archives of Jiangnan Machinery Manufacture Bureau 中国晚清民国时期军工企业档案。清同治四年（1865）五月，由南洋大臣、两江总督李鸿章在上海虹口地区买下美商旗记铁厂，开办江南机器制造局，简称江南制造局。1911年辛亥革命上海光复后，江南制造局改名为上海制造局，1917年又改称上海兵工厂。1932年上海兵工厂停办。

1925年2月，上海兵工厂一度停止运转，由上海总商会接管。至1926年2月，上海总商会终止接管，并带离保存了一部分江南制造局和上海兵工厂的档案。这部分档案与上海总商会档案后来一起被上海市工商业联合会接收，至1984年移交**上海市档案馆**。

由上海市档案馆保管的江南制造局、上海兵工厂档案（编为上海兵工厂全宗，全宗号S446），共有90卷，形成时间大致从清咸丰元年（1851）至1933年。该全宗档案按照机构沿革可以分为两部分：一部分是江南制造局档案，数量较多。主要内容是与江南制造局购买租用土地、扩建厂房有关的文书档案，如江南制造局负责人（总办、会办、襄办、提调等）与上海地方官府（上海道台、上海知县、宝山知县、川沙同知、高昌庙巡防局等）之间的来往文书，江南制造局负责人与下属机构（如提调处、工程处、文案处、支应处等）之间的来往文书，江南制造局内部办事机构之间的来往文书，江南制造局与民间人士、机构、团体之间的来往文书，土地所有者的土地产权证书（如执业田单、芦滩执照等）、土地买卖文书（如卖地文契、切结、领状、押领等）、土地租赁文书（如租地文契、领状、切结等）、缴纳钱粮收据（如版串、完纳漕粮文串执照等），还有一些江南制造局土地、建筑的照片、图纸。另一部分是上海兵工厂档案，数量较少，主要是上海总商会接管上海兵工厂前后形成的有关文书。

2002年，上海市档案馆将馆藏江南机器制造局档案向国家档案局“**中国档案文献遗产工程**”申报，并成功入选第一批《中国档案文献遗产名录》。（石 磊）

江苏省档案馆 Jiangsu Provincial Archives 中国省级**国家综合档案馆**。馆址在江苏省南京市梦都大街36号。前身是1956年设立的江苏省人委办公厅档案管理处，1958年8月正式成立江苏省档案馆；“文化大革命”期间被撤销；1978年7月恢复设立，与江苏省档案局合署；1990年江苏省档案局与省档案馆分立；1995年省档案馆与省档案局再次合署；2018年新一轮机构改革后，江苏省档案馆与省档案局再次分立，江苏省档案馆为省委、省政府直属正厅级事业单位，负责集中统一保管江苏省省级机关、团体、企业、事业单位档案，并依法向社会开放利用。是江苏省爱国主义教育基地，国际档案理事会东亚地区分会成员单位。

馆藏 共收藏档案629个全宗，148.36万卷，40.07万件。绝大部分为中华人民共和国成立后省委、省政府，以及省级机关、团体、企业、事业单位移交进馆档案，也包括明清历史档案106件，中华民国旧政权档案174 594卷、革命历史档案51 800件。另有资料12.47万册。馆藏年代最早的档案为明代正德元年（1506）**诰命**。馆藏韩国钧《朋僚函札》、南京长江大桥建设档案、民国江苏司法档案入选《**中国档案文献遗产名录**》。韩国钧《朋僚函札》是近代江苏爱国民主人士韩国钧在履官和乡居期间与社会名流、同僚及各界友人700余人3600余件来往信函，对当时苏浙皖沪乃至全国政治、军事、经济、实业、财政、赋税、教育、水利均有记述，具有重要的史料价值。南京长江大桥建设档案以纸质文书、工程图纸、照片、录音录像等形式，真实记载了南京长江大桥从规划、设计、建设、竣工至今50多年的运营、维护全过程。《民国江苏司法档案》共120 594卷，包括民事、刑事裁判书及各类文书档案，起止时间为1912年至1949年，涵盖民国时期江苏高等审判厅、江苏高等检察厅和江苏高等法院等相关档案，完整反映了这一历史时期江苏司法历史发展过程和审判工作开展情况。馆藏抗日战争反扫荡反清乡档案、抗战损失调查档案、审判日本战犯档案、审判汪伪汉奸档案等，客观真实反映了中国共产党领导下的江苏抗战史实，揭露了日本侵略者在江苏犯下的累累罪行。此外，还有丰富的革命历史档案，党和国家领导人在江苏活动形成的文字、照片、录音录像档案，以及20世纪30年代至“文化大革命”前形成的一批胶木老唱片等。

机构设置　馆内设12个机构以及2个直属事业单位。12个内设机构为办公室（政策研究室）、人事处（老干办）、机关党委、业务指导处、档案信息化处、宣传教育处、征集处、接收保管处、鉴定利用处、档案资源开发处、技术保护处、保卫处，2个直属事业单位为数字档案中心、档案展览陈列馆。

出版物和评价　编纂出版了各种档案史料91种210余卷。主要有《江苏革命历史文件汇编》《江苏农民运动档案史料选编》《江苏省妇女运动史料选编》《江苏省工运史料汇编（1924—1934）》《华中抗日根据地财经史料选编》《抗美援朝运动在江苏》《永久的记忆——档案中的江苏抗战》《中国共产党江苏省组织史资料》《中共江苏党史大事记》《红色记忆——中国共产党在江苏档案史料图册（1921—1949）》《红色记忆——江苏省档案馆馆藏革命历史报刊资料选编》《建国以来江苏省重要文献选编》《江苏省明清以来档案精品选》《江苏省珍贵档案文献图鉴》《韩国钧朋僚函札名人墨迹》《韩国钧朋僚函札史料选编》《民国时期江苏司法档案辑录》《江苏省政府公报》《人民必胜——淮海战役支前档案选编》《人民必胜——渡江战役支前档案选编》《南京长江大桥档案》等。

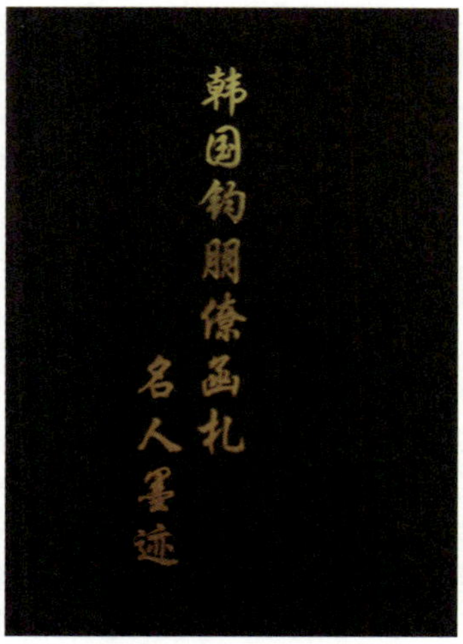

《韩国钧朋僚函札名人墨迹》封面

主办的《档案与建设》月刊创刊于1984年，被评为中国期刊方阵“双效期刊”、全国中文核心期刊，开辟档案史料研究专栏，刊发档案开发利用成果论文。江苏档案信息网开辟相关专栏，公布馆藏档案，登载档案史料开发利用成果，传播档案文化。　（薛春刚）

《江西布政司黄册库修造记》 *Narrative of Repairing the Yellow Volumes Depository of Jiangxi Buzhengsi*　中国记载明代江西布政使司黄册库修造情况的档案史料文献。记事文。何乔新著。何乔新（1427～1502），字廷秀，谥文肃，江西广昌人。景泰五年（1454）进士，历官南京礼部主事、刑部主事、广东司郎中、福建按察副使、河南按察使、湖广右布政使、右副都御史、左副都御史、刑部右侍郎、刑部尚书，学行政事皆优，著作甚富，如《周礼集注》《椒丘文集》等。该文为作者接受江西布政使沈晖约请而作。见载于《古今图书集成·经济汇编·考工典》第六十八卷《库藏部艺文一》。

文中记述自天顺八年（1464）至弘治五年（1492），在江西布政使翁世资、王克复、沈晖主持下，江西布政司黄册库前后凡三次修建的史事，其中对弘治五年的修葺情况记录较详。黄册库即架阁库。文中不仅记述黄册库修造主事者及其筹划设计、黄册库修造规格，以及置吏典守等史事，而且述古论今，指出黄册及建盖典藏库房的重要意义。如文中说：“版籍者，治忽所系也。”又说：“继自今（指黄册库修造完成后），稽户口之登耗者在是；考垦田之多寡者在是；辨兵民，验主客，以令徒役者又在是。其有资于治道岂浅也哉？”从文中所记左、右布政使及与其僚属间关于修造黄册库的议论，可见以他们为代表的明代士大夫对黄册簿籍及其典藏的普遍认知与相应的施政实务。　（梁继红）

江西省档案馆　Jiangxi Provincial Archives　中国省级**国家综合档案馆**。馆址在江西省南昌市红谷滩区怡园路808号。主要负责集中保存并管理江西省省级机关、团体、企事业单位和其他组织的重要档案资料以及中华人民共和国成立前的历史档案资料，并负责**档案征集**、整理编目、修复复制、编研开发、宣传和文化建设、展陈利用等工作。1960年3月，中共江西省委、江西省人民委员会决定成立省档案馆筹备处；1962年10月29日正式成立江西省档案馆，馆长是王泽民；1968年9月，省档案馆被撤销，档案工作由省革命委员会办公室机要组档案小组管理；1969年9月，成立省革命委员会档案馆，归口省革委会办公室领导；1975年12月，恢复江西省档案馆，改由省委办公厅领导；1988年5月，省委、省政府决定恢复江西省档案馆（县团级）建制；1998年经国家档案局认定为国家二级档案馆；2007年12月，经省委、省政府同意，省档案馆与省档案局合并，实行局馆合一的管理体制，为中共江西省委、江西省政府直属厅级事业单位；2018年12月，省档案局、省档案馆分设，省档案馆为省委省政府直属正厅事业单位。

图1　江西省档案馆外景

馆藏　截至2022年12月底，馆藏档案374个全宗，共71.85万卷、144.65万件；馆藏资料5.1万册。馆藏文书类**电子档案**2.56万余件，数码照片10.22万余张，数字录音录像8017.89小时。馆藏档案数字化副本42.35万卷3264.39万余幅，133.6万件1375.62万余幅，还有部分照片档案、录音录像磁带和影片档案。省档案馆馆藏按归属的历史时期及其载体形式的不同，分为**清代档案**及资料、中华民国档案及资料、革命历史档案及资料、中华人民共和国成立后档案及资料和照片音像印章档案五部分。其中，馆藏清代档案内容是1783年至1911年间的九江海关的文件和地契。馆藏中华民国档案共有70个全宗，近12万卷，主要有国民党江西省党、政、军机关和省直其他单位及大专院校的档案；还有民族工商业的档案和汪伪江西省政府及所属单位的档案等。馆藏革命历史档案主要是反映1923～1949年，中国共产党在江西的革命活动和领导江西及毗邻各省边界各革命根据地军民进行革命斗争活动的档案资料。馆藏革命历史资料有80余种，主要是中央一级和省、地县以上党政军机关、团体在各个时期主办的各种报刊。包括《红色中华》《斗争》《省委通讯》《红星报》等。馆藏中华人民共和国成立后的档案包括中共江西省委和江西省人民政府、省革命委员会及其直属机关、团体、企事业单位在工作中形成的档案，还有涉外收养、涉外婚姻、公证、劳模、养老保险、出生医学证明、伤残抚恤等**专业档案**。音像档案主要内容是省委、省政府、省人大、省政协领导人在重大活动中的录音录像。

机构设置　馆内设有档案接收保管处、电子档案管理处、档案鉴定利用处、档案征集编研处、档案宣传展览处、档案科技信息处等业务部门。

出版物和评价　2009年以来，先后编辑出版了《南昌解放》《辛亥风雷激荡江西——赣军打响“二次革命”第一枪》

图 2 《辛亥风雷激荡江西——赣军打响“二次革命”第一枪》封面

《上海知青在江西档案史料选编》《抗战时期江西人口伤亡及财产损失档案汇编》《江西省志·档案志》等书。

此外，还围绕重大纪念活动和重大战略实施，先后举办了“纪念抗日战争胜利暨世界反法西斯战争胜利 70 周年档案图片展”“红旗漫卷江西——革命历史档案文献展”“‘不忘初心 牢记使命’档案文献展”“初心耀征程——百件珍贵革命文物档案说江西”等档案陈列展览。江西省档案馆依法履行档案收集、保管、利用等职能，是集档案安全保管基地、爱国主义教育基地、档案利用服务中心、政府公开信息查阅中心、电子文件管理中心等五大功能为一体的省级国家综合档案馆。

（邓东燕）

交发 jiaofa 中国古代文书制度。清代军机处拟撰的**明发谕旨**，交内阁抄发之前，先由军机章京在《随手簿》内记载，并注明“交”字。随折者交内阁汉票签处，特降者交内阁满票签处；**寄信谕旨**和发还官员的夹板、报匣，由驿递者交兵部捷报处。凡应发之文件，均按日逐件登记于簿，名“交发档”。递回的折片、夹板、报匣或印封，均注明原奏人、件数及附件、文件紧急程度。交兵部驿递者写明日行里数；交内阁的文件写明由某人领去，并由承领人画押。

（朱兰兰）

交片 jiaopian 中国古代**官府往来文书**文种名称。清代的片除了专门的平行文种——片文外，一般指用于书写的单张纸片，文字较长时也可折叠使用，但是不用折面，如军机处**奏片**，大臣使用的**奏折**、**夹片**之类，形式简便。军机处对在京各部、院、府、寺、监等衙门使用的不具折面的折子，称为交片。一般用于转达皇帝旨意，通知有关事项。军机处行文各地督抚、将军用**咨**，督抚、将军对军机处用**咨呈**。咨、咨呈都是国家规定的平行文种，都有正式折面。军机处最初是秘密设立的非正式内廷机构，很长时间都不为外人所知，直至嘉庆朝《清会典》，才将其列入常设的国家正式机构，其地位特殊，是皇帝的内廷办事机构，实权很大，远非一般在京各衙门可比。因为军机处最初并非正式机构，与在京各衙门之间用正式的文书——咨文不合体例，而用非正式不具折面的文书——交片则比较得体，加之交片文字程式简单方便，因此逐渐使用开来，并成为国家规定的正式文书一直沿用下去。

清代在京部院衙门的档案几乎全部未能保存下来，此类交片的原件现已基本无法见到。根据相关档案及资料分析，交片用普通白纸折，高 20 多厘米，宽 7～8 厘米，历朝不尽相同，不具折面，墨笔楷书，从左版第一行写起。每面 5 行，每行平行 18 字，足行 20 字。片文一般 100 字左右。文字程式简洁明了，文首直书“某年某月某日交某官署。本日军机大臣面奉谕旨”，然后接叙谕旨内容，最后以“此交”结束。因是传达皇帝旨意，文内奉谕旨的“谕”字，均应双抬 20 字，如果谕旨内容文字较多，回行须单抬 19 字。

清咸丰十一年（1861）十月初一，授恭亲王奕䜣为议政王辅政，为领班军机大臣，至同治四年（1865）三月初六，慈禧借故将奕䜣的议政王头衔革去，其间，交片程式文首为“某年某月某日交某官署。本日议政王军机大臣面奉谕旨”。

咸丰帝死后至同治帝亲政之前，两宫垂帘听政，当时的交片首尾分别须加盖有“御赏”和“同道堂”两小印章，凡谕旨发出均要加盖“御赏”和“同道堂”两小印章为凭信。这两枚印章是咸丰帝遗物，“御赏”赐予慈安，“同道堂”传于同治，实际由其生母慈禧掌握。由于慈禧专擅，所谓皇帝的旨意多是慈禧的意图。交片不用加盖军机处印信，军机处交片传达皇帝旨意，故要加盖此章。

交片一般不署军机大臣姓名，但宣统（1909～1911 年在位）时期，摄政王载沣执政，文尾由军机大臣共同署名。“军机大臣署名”六字另起一行，由第 10 行写起，大臣姓名另起，依次排列，自称臣。文首上方盖有载沣的“监国摄政王章”。文字程式改为“军机大臣钦奉谕旨，云云。钦此”。

1914 年 5 月，袁世凯复辟帝制，废除《临时约法》，炮制了“新约法”，改责任内阁制为总统制，废除了国务院，在总统府内设政事堂，置国务卿一人襄助大总统。另颁布《大总统公文程式令》《大总统政事堂公文程式令》及《官署公文程式令》。规定国务卿面奉大总统谕与各部院行文时用封寄或交片，重新启用了前清皇帝使用的文终。其交片程式为有折面的折子式样。折面正中偏上标明文种名称“交片”二字。折内右版首行为“大总统政事堂交片 第×号”，另起写“交某官。本日国务卿面奉大总统谕云云。此交”。大总统的“大”字还要单抬书写。结束后另起一行，在文件纸面中部位置写官衔“国务卿”三字，由其本人签署姓名并盖本人官印。尾幅居中为文件时间“中华民国×年×月×日”，不盖衙署印。

（裴燕生）

交通运输部档案馆 Archives of Ministry of Transport 集中统一保管交通运输部机关档案材料的**部门档案馆**。位于北京市东城区建国门内大街 11 号。1990 年 2 月 18 日成立，1994 年与交通部办公厅档案处合并后重新组建，为交通运输部机关直属副局级事业单位。历任馆长为：康成、高波、刘祥飞、杨如学。内设办公室、业务指导处、档案管理处、开发编研处、交通资料编辑研究室。

主要职责 负责集中统一管理交通运输部机关各类档案，接收和保存部属单位重要档案及地方交通运输部门重要科技档案，开展档案利用工作；制定交通运输行业档案工作的相关制度规范，对部属单位档案工作及地方交通运输科技档案工作进行业务指导、监督和检查；开展交通运输资料的编辑研究工作。

馆藏内容和规模 馆内现存天津港 1945～1948 年形成的档案 2000 余卷，中华人民共和国成立后交通运输部机关历年形成的**文书档案** 37 万卷（件）。交通运输科技档案 1 万余卷，包括公路（如青藏、康藏公路，沈大高速公路）专题档案、航标档案、工业普查档案等；中国油轮公司等撤销单位档案 3000 余卷；其他门类、载体形式档案如照片档案、印章档案等。另外还保存各种资料 6 万余份。馆藏档案和资料全面反映了中华人民共和国成立以来中国交通运输事业特别是公路、水路行业在规划、政策、标准、管理等方面的基本情况。

自 2007 年以来，交通运输部档案馆启动档案数字化扫描和**档案管理系统**的升级改造工作，现已建立馆藏文书档案目录数据库及全文数据库。截至 2022 年底，案卷级目录 19 万余条，文件级目录 60 万余条，扫描图像 750 万页，档案管理现代化成效显著。

开发利用 注重档案信息资源的开发

《中国船舶检验史》封面

利用，积极利用馆藏档案和资料为工作查考、决策参考、权益维护、宣传教育、编史修志等提供档案信息服务。

为相关单位编史修志等工作提供馆藏档案信息所形成的成果，有《李清——生平纪实与论交通改革》《中国港谱》《中国路谱》《交通部行政史》《中国交通运输改革开放 30 年》《西部开发 10 周年交通运输发展文集》《中国水路交通史丛书》《中国船舶检验史》《中国海事志》《中国救捞史》《交通运输工作文献选编》《中国高速公路建设实录》《中国水运工程建设实录（1978—2015）》《交通运输大事记（1949—2019）》《中国交通运输年鉴》等。

（王　浩）

交通运输档案管理 transportation archives management　对交通系统行政、事业单位、社团组织以及个人在工作中直接形成的、对本单位和社会有保存价值的各种文字、图表、声像、电子等不同形式和载体的历史记录的专业档案管理活动。简称交通档案。

管理内容　各单位形成的档案应由各单位档案部门实行集中统一管理，不得由各承办部门和个人分散保存。各单位应加强对档案工作的领导，明确分管档案工作的领导。有科技档案的单位，应指定一位总工程师或技术负责人兼管此项工作。各单位应将档案工作纳入本单位总体发展规划，纳入单位管理、生产建设、科学研究和技术管理的规章制度中，纳入分管领导的岗位职责和工作人员的岗位责任制中。

交通运输档案管理的基本原则是：在国家档案行政管理部门统筹规划，组织协调，统一制度、监督和指导下，交通档案工作实行统一领导、分级管理的原则。

交通运输档案管理的管理体制是：交通部对其直属单位的档案工作实行业务领导；对各省、自治区、直辖市及计划单列市交通厅（局、委）的科技档案工作进行业务指导。各单位档案业务同时接受上级和同级档案行政管理部门的监督和指导。

交通运输档案管理的主要内容包括：①文件材料的归档。凡本单位各项活动中形成的具有保存价值的文件材料，均由文书处理部门或文件材料形成部门按照交通部发布的有关档案质量标准的规定和要求进行整理，并定期向档案部门归档。②交通档案的整理和保管。各单位的档案，应作为一个全宗进行整理和保管。③交通档案的利用。各单位应积极开展档案利用工作，编制适用的检索工具；开展档案的编研工作，为行政管理、生产建设、经营管理和科研教育等提供档案信息服务。④交通档案的移交。交通系统重要的科技档案，应按规定向交通部档案馆移交；凡合并、撤销机构，应根据国家有关规定将本机构全部档案进行认真整理，不得分散，并按规定办法进行处理。

法规与标准　交通运输档案需要贯彻执行的相关规范和标准主要包括:《交通档案管理办法》(交办发〔2005〕431 号)，交通运输部《关于印发公路建设项目文件材料立卷归档管理办法的通知》(交办发〔2010〕382 号)，交通运输部办公厅《关于加强和改进新形势下交通运输档案工作的意见》(交办发〔2014〕140 号)等。

作用和意义　交通运输档案管理是为领导决策、政策研究、行政管理、生产建设、经营管理和科研教育等提供参考和依据的重要业务工作，是国家档案事业的重要组成部分。交通运输档案管理是为现代交通运输业提供更好的档案数据、信息服务，实现“四个交通”(即综合交通、智慧交通、绿色交通、平安交通)战略任务和建设目标的重要保障。

（王英玮）

胶片材料老化 film material aging　胶片材料在使用和保管过程中，逐渐褪变丧失价值的现象。档案保存过程中，胶片老化是必须要面对的重要问题。

胶片老化的表现与影响因素　胶片主要由乳剂层和片基构胶片成，乳剂层主要由记录介质银、染料和起分散、固定作用的明胶构成。因此胶片的老化变质与影像记录介质、明胶材料及片基材料性能改变密切相关。

影像变色：①黑白影像。黑白胶片档案的影像由一些极细小的银微粒构成。银易溶于硝酸、硫酸和盐酸，遇硫化氢、硫和臭氧变色。②彩色影像。彩色影像的褪色分暗退和明退两种不同的类型。暗退由构成彩色影像的染料分子本身的不稳定性所致。明退由光照引起。因为彩色影像由染料构成，而所有的染料几乎都从碳环或杂环芳香族化合物衍生而来，这些化合物能吸收光谱中的紫外线，这是造成明退的重要原因。

明胶变性：①明胶的酶解。当胶片上生长有微生物时，微生物首先分泌出蛋白酶将蛋白质分解为肽，然后再分泌出肽酶将肽分解为可被微生物直接利用的氨基酸。随着胶片明胶蛋白质的分解，明胶层逐渐产生液化现象，最终使胶片因明胶变质而不能利用。②明胶的化学分解。明胶由各种氨基酸组成。氨基呈碱性，羧基呈酸性，所以明胶是一种同时具备碱性和酸性的两性物质，易因酸或碱的存在而加速分解。③生成银胶络合物。黑白影像是由银微粒构成的。金属银被氧化剂氧化形成的银离子，能够与明胶相互作用形成不稳定的银胶络合物，随后络合物分解，最终生成硫化银和金属银，从而使影像变色或泛黄。④变形性。照相明胶的熔点一般在30～34℃，凝固点为 22～25℃。明胶具有吸水膨胀、失水收缩的特性，当含水量发生变化时，明胶随之发生变形。当环境温湿度过高时，明胶易吸湿膨胀而引起画面尺寸的改变和粘连；温湿度过低时，同样会因明胶失水收缩而引起画面尺寸的改变和增大胶片的脆性。

片基老化：片基是胶片的载体材料，多由纤维素酯或聚酯加入适量增塑剂、稳定剂、填料等助剂塑造成型。此外，还有少量的聚氯乙烯材料。①硝酸纤维素酯。受空气中水分作用时，纤维素的硫酸酯可分解而放出硫酸，而硫酸又可以破坏硝酸纤维素酯，使之放出氧化氮，氧化氮能使硝酸纤维素酯化，并放出热量，使温度升高，加速氧化作用，最后造成硝酸纤维素酯自燃或爆炸。②三醋酸纤维素酯。在一定条件下三醋酸纤维素酯会发生部分水解，随着水解程度的加深，亲水性的羟基(—OH)在醋酸纤维素酯中的数量越来越多，结果使得醋酸纤维素酯片基的机械强度降低、湿变形性加大。当环境湿度波动较大时，片基由于吸水膨胀或干燥收缩而产生明显的畸变，从而使乳剂层从片基上脱落。③聚酯。对光、热、氧和潮湿的作用有优良的抵抗能力，但对酸和碱的稳定性较低，碱中又以氨的影响最大。此外，聚酯易带静电，所制成的胶片易吸附灰尘。片基材料的老化除以上情况，在光、热、氧和水分等环境因素作用下，增塑剂也会发生氧化分解。无论是挥发或是分解，都将使增塑剂失去增塑作用，导致片基材料的柔韧性降低，脆性增大。此外，还有有害生物危害和醋酸综合症等。

胶片档案的保护措施　胶片档案的保管要采取各种有效的措施，科学的方法，克服与限制可能损坏胶片档案的各种不利因素，达到安全保管胶片档案的目的。胶片档案的保护措施如下：

①控制温湿度。胶片档案对环境温湿度要求较为严格，控制好库房的温湿度在胶片档案的保护工作中占有重要地位。保存一般胶片的适宜温度是 14～24℃，相对湿度为 45%～60%；保存母片的适宜温度是 13～15℃，相对湿度为 35%～45%。在保管胶片档案的过程中，有条件时应在库房内安装空气调节装置和除湿设备，以控制库内的温湿度，最大限度地延长胶片档案的寿命。②防止阳光照射。保存胶片档案的库房最好选用无窗库房。库房有窗时，可加设外遮阳和内遮阳设施，也可以把窗户密封起来以防止阳光直接照进库内。③保持库内清洁。搞好库房清洁卫生工作是防尘的措施之一。除库房围护结构内表面采取必要的防尘措施外，在库房日常管理中，定期进行库房清洁卫生工作是必不可少的。④注意预防火灾。在胶片保管过程中，库房要远离火源；要禁止将火种，如火柴、打火机等携带进库；严禁在库内吸烟；库内禁止使用明火；定期检查电气设备和线路，发现问题及时处理；库内应设置气体灭火设备和自动报警装置。⑤加强检查。胶片入库时，均应严格检查验收。要认真检查胶片有无影响阅读的划伤、手印、污迹，有无受潮、脆裂、生霉等现象，对于不符合要求的胶片应采取适当措施及时进行处理。　（唐跃进）

胶片醋酸综合症　acetic acid syndrome of film　胶片基材醋酸纤维素酯在长期保存过程中发生醋酸综合症的现象。胶片醋酸综合症现象是指：当打开片盒时，胶片散发出醋酸味，浓度逐渐增加；片基增塑剂析出，片基变软；pH 值降低；彩色影像开始褪色，黑白影像失去光泽；进而片基上形成结晶物，片基开始变形，乳剂发黏，片卷中渗出黏稠的黑色胶液，最后胶片变成碎片或粉末。大致过程如下。

第一阶段：胶片散发醋酸味，片基变软，几何尺寸增大；开始出现不溶物；黑白影像失去光泽，彩色影像开始褪色；pH4～5。

第二阶段：片基变形，出现白色针状固体；不溶物增多；乳剂膜发黏并开始溶于水、酸或碱性溶液中；pH3～4。

第三阶段：片基变硬、发脆，上面有一层白色针状结晶物；不溶物大量增加；金属片盒内出现一层白色雾状物；乳剂膜大块脱落；pH2.8～3.2。

第四阶段：白色结晶物消失，片基渗出黑色黏稠液；金属片盒中的白色雾状物变黑；pH2.8～3.2。

第五阶段：片基上黑色黏稠液消失，重新出现白色结晶物；胶片放入水中或酸、碱性溶液中，乳剂膜立即溶化；稍一用力，片基被撕碎。

第六阶段：片基完全失去机械强度，变成碎片或粉末。

酸性水解是引发醋酸综合症的重要内部原因。三醋酸片基中的酸主要来自以下几方面：①片基的生产过程。三醋酸纤维素酯是由纤维素与醋酐在以硫酸为催化剂的条件下反应生成的。反应中。除了产生三醋酸纤维素酯外。还产生醋酸。这样生产过程中使用的硫酸及反应中产生的醋酸会残留在片基中。由于用高酯化度（即纤维素中的三个羟基完全被醋酸根取代）的三醋酸纤维素酯制成的片基脆性大，不利于胶片的使用和保存，因此需要把它放在稀硫酸溶液中进行水解，降低酯化度。而经过水解处理后，三醋酸纤维素酯上的醋酸根与葡萄糖基之间的结合受到削弱，这样在一定条件下，醋酸根容易脱落而形成醋酸。②胶片上的增塑剂。为了提高片基的柔性及安全性，一般使用磷酸三苯酯为增塑剂和阻燃剂。在潮湿环境中，磷酸三苯酯容易发生水解，产生石炭酸（苯酚）和磷酸。另外，磷酸三苯酯还能使三醋酸纤维素酯分子中的醋酸根脱落下来，生成醋酸。③胶片底层成分。有的三醋酸片基的底层涂有一层硝酸纤维素酯。在潮湿环境中，硝酸纤维素酯与水作用生成硝酸及氮氧化物。④胶片洗印过程。三醋酸片基在形成影像过程中使用的酸性定影液，因水洗不充分而残留在胶片上。⑤环境污染物。三醋酸片基吸附环境中的酸性气体、尘埃等污染物。

在以上变化过程中，酸性水解机理如下：

三醋酸纤维素酯是在纤维素的每一个葡萄基上分别结合三个醋酸根（乙酰基），许多葡萄基通过苷键连接在一起形成一种高分子化合物。如无催化剂存在，醋酸片基最初的衰变降解是发生在葡萄糖基的 C_6 位上，即 C_6 位上的醋酸根被水分子中的氢氧基取代。这是因为醋酸片基与水作用时，C_6 位上的醋酸根受水分子攻击而被水分子中的氢氧基取代时所需要的活化能比取代 C_2、C_3 上的活化能小，比苷键断裂所需的活化能更小，使水解反应不断进行，导致三醋酸纤维素酯逐渐转化变成二醋酸纤维素酯、一醋酸纤维素酯。取代下来的醋酸根与乳剂层或空气中的水分结合形成醋酸，所以醋酸片基一旦分解首先散发出的是一股醋酸味。

尤其要指出的是，三醋酸片基的水解是一个自动催化过程。水解反应如下：

$$[C_6H_7O_2(CH_3COO)_3]_n + nH_2O \longrightarrow [C_6H_7O_2(CH_3COO)_2OH]_n + nCH_3COOH$$

由于反应中产生的醋酸本身具有催化性，所以，水解反应一旦开始，就会自动地以越来越快的速度进行下去，并且难以中止，直至胶片彻底报废。因此，醋酸的存在是引发醋酸综合症的重要条件。

醋酸综合症产生的外部原因是高温、高湿。三醋酸纤维素酯是一种高分子化合物，在使用和保管的过程中，受环境等因素影响，既能发生氧化反应，又能发生水解反应。研究表明：在光照、高温条件下，主要发生氧化反应；在潮湿、高温、酸和碱条件下，主要发生水解反应。这两类反应的共同效果是使三醋酸纤维素酯分子发生降解，分子链断裂，分子量减小，即发生醋酸综合症。在温度 20℃、相对湿度 50%时，如设定醋酸纤维素酯片基的相对寿命与水解速度为 1，在相对湿度不变的情况下，温度升高到 27℃时，相对水解率则增大到 2，寿命缩短 1/2。若温度降低到 15℃，相对水解率降低到 1/2，寿命延长 1 倍；温度降低到 3℃，寿命延长 10 倍；温度为−12℃，寿命增加 100 倍。在保存温度不变的条件下，当相对湿度由 50%降低到 30%时，片基的寿命延长 3～6 倍。若相对湿度为 20%时，片基的寿命延长 4～10 倍。　（张美芳）

胶片档案　film archives　以胶片为载体的档案。产生于 19 世纪中叶，从 1824 年 J.N.涅普斯的第一张铜锌合金板沥青照片开始应用，通过感光材料的反应，以及达盖尔摄影术、玻璃板和塑料片基材料应用而发展。胶片档案包括银盐片、重氮片、微泡片及染料影像（彩色）片等多种形式。其原理是利用胶片上的感光材料在光的作用下能够发生一定光化学反应，把文字、图像、声像等通过光波形式记录在胶片上而形成档案。如电影胶片上的影像、缩微胶片上的字迹、照片底片上的图像，都是原始图像或文字上的光线通过摄影机上凸透镜聚焦在胶片感光乳剂层上发生光化学反应。胶片用于档案存储的优点有：存贮密度大，便于存贮和传递；规格统一；查找方便迅速；记录准确；复制速度快；保存寿命长；成本低等。

（张美芳）

胶片档案保护方法　protection method of film archives　为防止胶片档案发生损坏及损毁而采取的有效保护方法和措施。依据胶片材料的变化规律，通过采取一定的方法和措施，确保胶片档案环境的适宜性，防止或减缓胶片档案的变化，并对受损胶片档案进行修复保护，从而实现保护胶片档案的目的。

胶片档案是利用光作用使感光材料中的感光剂发生特定反应，将图像记录在感光材料上形成的。胶片主要由片基（载体）、乳剂层（感光材料）和助剂等组成。胶片档案耐久性决定于感光材料的稳定性和载体材料的抗老化性能，胶片档案的变化主要是片基的老化、脆化和形变，以及乳剂层材料中明胶的变化、影像（黑白、彩色）的退变。

胶片档案的保护，从1824年纽普斯利用太阳能照相机在铜锌合金板上拍摄第一张沥青照片开始，1839年法国达盖尔发明了达盖尔（银版）摄影术，1887年后开始使用玻璃板片基胶片、硝酸片基胶片、醋酸片基胶片和聚酯片基胶片等，扩大了胶片材料的选择范围，强化了胶片档案保护的作用与价值。保护胶片档案需要采取有效的措施和科学方法，克服与限制可能损坏胶片档案的不利因素，其方法主要有：

选择档案装具　①装具材料。胶片档案装具使用的材料主要有纸张、塑料和金属3类。胶片档案装具用的纸张应为表面光滑的中性纸张，装具形式有纸卡、纸袋、簿册和纸盒等。用塑料制成的胶片档案装具有片轴、片盘、片盒和封套等。用金属制成的胶片档案装具有片盘、片盒和柜架等。②装具类型。短期保存的胶片档案可使用开放式装具保管；短期保存或长期保存的胶片档案均可以使用密闭式装具保管；胶片档案的长期保管或防火保管时可选用密封式装具。

入库前检查　胶片档案入库前应认真检查，观察胶片有无划伤、手印等污迹，有无受潮、脆裂、生霉等现象，对有手印或脏迹等缺点的胶片档案，一定要加以清除，对不符合要求的胶片档案应采取适当措施及时进行处理。

保存时正确操作　不同类型的胶片档案不能混放在同一容器内或绕在同一轴上，不同材料的胶片档案应分开存放，其存放区的通风管道不能相互连接。胶片档案存放时，平片立放，卷片平放，禁止压摞存放，更不能使胶片承受过重压力。在流通过程中，应严格遵守操作技术规程。胶片档案从片库取出后的环境，不能与片库温差太大。

日常科学管理　加强科学化和制度化的日常管理，强化对胶片保管工作中的检查，控制胶片库房的温湿度。保管各类胶片、照片及底片的温湿度条件，应当依据《照片档案管理规范》（GB/T 11821—2002）的要求执行。其中黑白底片长期贮存的温湿度条件：①最高温度为21℃时，相对湿度为20%～30%；②最高温度为15℃时，相对湿度为20%～40%；③最高温度为10℃时，相对湿度为20%～50%。同时24小时内，温度变化不应大于±2℃，相对湿度变化不应大于±5%。

防护阳光照射　阳光含有大量的紫外线，若直接照射在胶片上，会引发胶片材料的物理与化学变化，使胶片变色、脆裂。保存胶片档案时要防止阳光照射，最好选用无窗库房。库房有窗时，应加设外遮阳和内遮阳设施，也可以把窗户密封起来，以防止阳光直接照进库内。

强化库房防火与防水　胶片库房应有防火与防水的安全设置。胶片材料多为易燃性物质，一旦发生火灾，将会造成无法挽回的损失。在胶片档案保管过程中，胶片档案库房要远离火源；要禁止将火种携带进库；严禁在库内吸烟；库内禁止使用明火，片库周围也不应堆放易燃品；定期检查电气设备和线路，发现问题及时处理；库内应设置气体灭火设备和自动报警装置。水对胶片的危害也十分大，它会使胶片上的感光层溶化并脱落。在片库内应使用气体灭火剂灭火，尽量不用水灭火。片库内的地面应尽可能高于库外地面，储存柜最低一格或最下层应与地面有一定距离。胶片档案万一遭到水害，应立即将胶片洗净弄干。（彭远明）

胶片修复　film restoration　对受损、受污或老化的胶片进行修复处理以改善品质、提高性能、延长寿命的过程和方法。胶片在形成、保管和利用过程中，受到外部环境和人为因素影响，会出现胶片硬化、变形、韧性降低、画面变黄和褪色、沾有指纹和油斑等多种情况，应根据不同情况，采取相应办法进行修复。常用的修复方法有：

去尘　①用羊毫毛或其他软笔扫胶片上的尘土。②用棉花蘸酒精轻擦。③用流动清水将胶片冲洗干净后晾干。

去污　①去指纹或油斑。用棉花球蘸20%～25%汽油与75%～80%甲苯的混合液，轻轻擦除。如果指纹或油斑时间较长、比较严重时，可先在流动水中漂洗15分钟，然后用5%冰醋酸漂洗1分钟，漂洗时可用手轻擦油斑处。②去红、蓝墨水斑。先用清水漂洗5～10分钟，放入显影液内浸泡5分钟（温度不高于20℃，不断翻动胶片，使它能均匀接触药液），再放入清水内冲洗，然后放在5%冰醋酸液内浸一下，最后在流动水中清洗15分钟晾干。③去霉斑。有擦除法和冲洗法两种方法。擦除法是将胶片放在垫有橡皮的台面上，用脱脂棉蘸上除霉液（将1%五氯酚钠溶解于85%乙醚和15%酒精的混合液）轻轻擦除霉斑。冲洗法是将胶片放在清水中冲洗，然后放在冲洗药液（5克五氯酚钠，0.5克硼砂，加水至1000毫升）处理（温度18℃～24℃，时间58分钟），最后再用清水冲洗8～12分钟。④去黑斑点。先将胶片放入处理液（200毫升50℃温水，10克铁氰化钾，加水至500毫升）浸泡0.5～2分钟，然后在清水中冲洗，再放入定影液处理5分钟，最后在清水中冲洗15分钟后取出晾干。

去痕　①消除划痕。方法一：将胶片放入清水内浸透，再放入流动清水洗5分钟，然后晾干。方法二：将胶片放入清水内浸湿，再放入干酪素乳液（200毫升蒸馏水，25克硼砂，25克干酪素，7.5毫升甲醛，加蒸馏水至250毫升）约1分钟，取出后晾干。②消除折痕。将胶片放在流动的清水中洗5分钟，然后放入显影液内浸泡5分钟（浸泡时可用手轻摸折痕处，除去灰尘），随后把胶片放在5%冰醋酸溶液中浸一下，再放入流动清水中漂洗15分钟，并可将胶片按折痕反方向轻折几下，最后取出晾干。

恢复褪色黑白影像　①卤化再显影法。首先使用碱性甲醛液进行坚膜处理，然后把胶片放在漂白液（9.5克重铬酸钾，140克氯化钠，13毫升硫酸，加水至1000毫升）处理1.5～2分钟，再将胶片放在清水中冲洗后浸入10%亚硫酸钠或5%亚硫酸氢钠中，最后进行清洁水洗后放入显影液里。②硫脲自射线照相。先把胶片放入显影罐中，依次用定影液、50%甲醇溶液、蒸馏水漂洗进行预处理，然后往显影罐中加入硫脲–S35碱性溶液，摇动30分钟，再用甲醇和水进行漂洗，取出干燥。再将胶片放入暗箱内，与未曝光的胶片接触，进行β射线曝光数小时，然后对曝光后的胶片进行冲洗。（盛立德）

缴回制度　return system　中国清代政府对皇帝亲笔文书的一项管理制度。清代皇帝的亲笔文字均用朱红书写，故称朱笔，包括皇帝亲笔撰书的**朱谕**、朱改的谕旨和朱批的奏折等。清政府规定，凡官员收到的朱笔，办理后均须缴还宫中，即缴回制度。

缴回制度在清康熙时期即有规定，但由于官员以得到皇帝亲笔为荣耀，常常请求留存或私自珍藏。雍正继位后下令将康熙帝的亲笔旨意，严行查收进呈，如有私自抄写、存留、隐匿、焚弃者，从重治罪。若宣泄、相互传看或转告，以泄露军机罪论处。雍正本人所批示的奏折亦一律回缴。自此成为定制，终清一代未改。

缴回制度的具体做法，各朝不尽一致。雍正时期，一般是在一事办完后，下次奏事时顺便缴回；乾隆、嘉庆时期，或留存三五件后专折回缴，或按月汇缴，有由官员直接进呈的，也有呈交军机处或奏事处代缴的；同治、光绪时期，一般是年终汇齐，交由军机处汇缴。缴回的朱笔存于宫中各处。雍正确立并严格执行缴回制度是出于政治斗争的需要，但客观上使清代上呈下达的主要文书得以大量留存下来。

（刘子杨）

校点本 collated edition 正文经过编者校勘、标点、分段的书籍版本。简称校本。与**白文本**对称，或与**评注本**合称校注本。若仅进行其中一项，则可称为校勘本或标点本。

校点是中国古代文献整理的一种方法和一项重要任务。“校”即校勘。校是查校古书中文字的异同，勘是勘正古书流传过程中出现的差误。校勘即为补正文字上的种种讹误，校出古书中字、句或内容上的异同，以使读者获得较为可靠、较接近于原稿的本子。“点”即标点，古代文献绝大多数没有句读，为提高阅读效果和阅读速度，用现代标点符号对古籍进行标点、断句、分段，即成标点本。

在**档案文献编纂**中，校点本有两类情况：①历史较久远的档案文献编纂成果或近现代标点不规范的档案文献汇编，往往需要编者加强编纂深度，进行校勘、标点（或重新标点），以便于读者准确理解原意，如校点本《通典》、校点本《八旗通志初集》、校点本民国《咸宁长安两县续志》、校点本明嘉靖《陕西通志》、校点本《本草纲目》等。②当代档案文献编纂工作中，对选录的**历史档案**进行校勘、标点、加工后形成的汇编成果，具有普遍性。高质量的校点本不仅对于广大读者是必要的，而且对于专门研究人员也是有益的。如1984年中华书局出版的标点本《**康熙起居注**》，其编纂之功就是以校点之精来集中体现的。

（丁华东）

教学档案管理 teaching files or archives management 对各类学校、培训机构反映教学管理、教学实践和教学研究等活动的文件档案进行的收集、整理、鉴定、保管和利用等业务管理活动。又称教学档案工作。教学档案是在教学管理和教学实践活动中直接形成的具有保存价值的文字、图表、声像、电子文件等各种形式和载体的历史记录，是教学管理的重要组成部分，是衡量学校和培训机构教学管理水平、教育质量的重要标志之一。

教学档案管理应遵循统一领导、集中管理，维护教学档案的完整、准确与安全，便于开发利用的原则。教学档案管理应实行“三纳入”“四同步”。即：纳入教学整体发展规划、计划，纳入教学管理制度，纳入各级管理人员岗位责任，作为考核教学质量和管理水平的标准之一。下达教学任务与提出教学文件材料的归档要求同步；检查教学工作与检查教学文件材料形成积累情况同步；评审、鉴定教学质量、教材、毕业论文、优秀教学成果与审查、验收档案材料同步；毕业分配、上报评审材料、教师考核晋升与档案部门出具归档证明同步。逐步建立教学档案数据库，并纳入全校信息网络系统，以便统一管理和开发利用。

管理的主要内容包括：①教学文件材料的形成、积累、归档、组卷、验收。②教学档案的分类整理和编目。③教学档案的补充与修改。④教学档案的鉴定和销毁。⑤教学档案的统计、保管。⑥教学档案的利用。⑦教学档案的安全保密等。

教学档案管理的相关法规和标准主要包括：《高等学校档案管理办法》《高等学校档案实体分类法》《高等学校档案工作规范》《高等学校档案实体分类法及高等学校档案工作规范》《高等学校教学档案工作规范》等。

教学档案管理是充分发挥教学档案在学校教育管理、教学活动、教学研究等各项工作中的作用，提高教学档案的质量和科学管理水平的必要活动；是教学管理工作的重要组成部分。（王英玮）

教育部高等学校档案学专业教学指导委员会 Archival Science Teaching Steering Committee under the Ministry of Education 中国教育部领导的档案学专业专家组织。1992年，国家教委（1998年更名教育部）、国家档案局联合主办“全国档案学专业系主任联席会议”，每年一届。联席会议挂靠在中国人民大学档案学院（今信息资源管理学院）。每届会议由各高校轮流申请承办，设有一定的主题。参加会议的人员主要包括：国家档案局领导、会议承办地档案局领导、国家教委高等教育司领导、全国各高校档案专业系主任或教研室主任、档案学专业知名教授。联席会议是各高校档案学专业互相学习，共同探索档案学专业高等教育创新发展的沟通机制与交流平台。1996年，国家教委下发《关于成立国家教委高等学校中国语言文学等学科教学指导委员会的通知》。1997年，在“全国档案学专业系主任联席会议”的基础上成立教育部高等学校档案学专业教学指导委员会。两个机构的会议合并召开。

档案学专业教学指导委员会自成立以来，在教育部的领导和国家档案局的指导下积极开展工作，在档案学专业课程和教材建设、教学改革、宏观战略研究、教育质量监控、分类指导等方面发挥了积极作用，为档案学专业高等教育改革和发展做出了贡献。对于引导高等学校档案学专业教学改革与建设，指导学科专业评估，促进学科专业教学改革、建设与管理，提高档案学专业教育质量和水平具有重要的意义。

档案学专业教学指导委员会的主要任务是：①组织和开展档案学专业教学领域的理论与实践研究。②指导高等学校的档案学专业建设、教材建设、教学改革、实训基地建设、实验室建设等工作。③制定档案学专业规范或教学质量标准。④接受委托承担档案学专业评估任务。⑤接受委托承担档案学专业本科专业设置的评审或高职高专专业设置的核定任务。⑥组织档案学专业师资培训、教学研讨和信息交流等工作。⑦完成教育部委托的其他任务。

（张 斌）

揭帖 jietie 中国古代**官府往来文书**文种名称。“揭”字本来是使隐蔽的事物显露，高举出之意；“揭帖”一词本来是揭示、张贴之意。“揭帖”一词，宋、元时已出现，明代成为正式公文书名称，有多种用途。戚继光《练兵实纪·杂记》云：“凡大事申报上司，于文书之外，仍附以揭帖，备言事之始末情节，利害缘由。”这是申报上司，补充说明时使用的揭帖。另有阁臣密奏使用的密奏揭帖，是内阁诸臣处理疑难政务时对皇帝使用的，其制视诸司题本差狭短小，字如指大，以文渊阁印封进御。其式首称“某官某谨揭为某事，云云”，末称“理合具揭，须至密揭帖者”，后书某年某月某日。这类揭帖明末使用过滥，皇帝便由最初十分重视，改为不复省览，并未发展起来。此外，还有平行揭帖，凡是地方大臣题本、奏本、**启本**，将其中内容抄缮若干副本，送于通政司交有关各部院参阅查考，又称随本揭帖。

清初规定，凡地方通本上达，必另具揭帖若干份，随本一并呈上，揭帖封套注

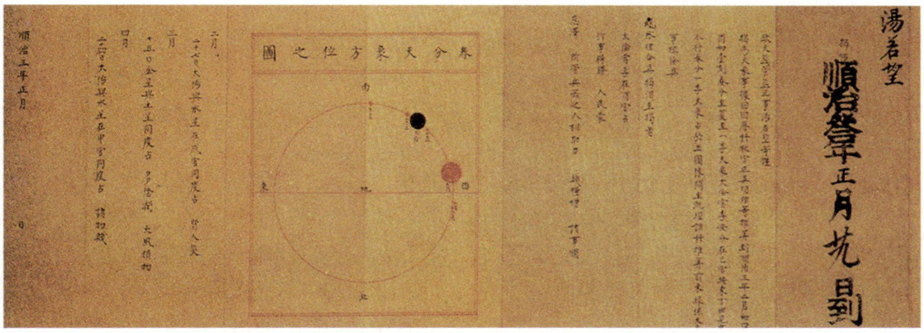

图 1 清顺治三年（1646）钦天监监正汤若望奏报天象的揭帖

明月日，开单送通政司稽核，于送本次日，发提塘官分投各衙门。最初，揭帖送往有关部院、六科、内阁典籍厅。雍正七年（1729），议准增送起居注衙门一份，俟记注后，将揭帖送内阁收贮。十二年，因原送往通政司存案备查的本章副本改为与本章一并送往内阁存贮，以致通政司无凭稽核，奏准再增写一份送通政司存案。随本揭帖的目的既是为了记注、备案、稽核，也是为了使更多有关部门及早了解本章事件，以便准备核议，做好贯彻执行的准备。由于涉及衙门众多纷乱，不免有泄露舞弊之事。雍正五年，规定凡紧要事件揭帖均密封投进，各衙门收到，堂官亲拆，交司官密行收存，谨慎办理，寻常事件亦不许先行刊刻传播。为了避免拜疏未上，具揭先行，前后失序的现象，于雍正十二年又将通政司分送揭帖日期推迟为送本赴阁 5 日之后，使得与内阁处理本章的时间大致同步，揭帖到部与本章呈送皇帝批阅的时间大体相近。

随本揭帖都是白纸折式，尺寸大小、行款格式及是否用印之处与相随的题本、奏本一致。因不送皇帝阅览，故无贴黄（清初例外）。揭帖文字都是在前衔后照录本章事由、正文，有的前衔下还有“谨揭”一词。正文结束后加写“除具题（奏或启）外，理合具揭，须至揭帖者”。刑名案件的揭帖与正本相比，内容更为详尽，不得省略该府、司、道各官所审口供、看语。而正本内府、司、道等官所审，如有别情则将情由载入本内；若无别情则只须注明该府、司等所审与州、县官无异一语，将州、县官所取原供，并揭督抚大吏审拟之处缮入本内具题。随本揭帖是平行文，故具有平行文的格式特点。只具前衔而不具后衔者居多，前衔多用条戳印就，只列姓，用空名讳，写作“某官某姓谨揭”，“谨”字落地。也有的前衔后直接写事由“为某事”，“为”字落地。结尾大多省略受文衙门（因为都是按惯例规定投送的），少数有受文衙门的，写“右揭”二字一行拉开，受文衙门另起一行与之齐头并脚。文尾日期往往草率不填注。揭帖折面正中偏上标明文种“揭帖”二字。折面有大字墨条戳印就“本揭对同”字样，是通政司收到后与本内文字查对无误后加盖。还有其送达通政司的日期，“某年某月某日到”，也是大字墨条戳印就，具体内容由通政司后填。揭帖均由书吏抄写，字迹虽用正楷，但远不如本章工整，且多用俗体、省笔。

被称作揭帖的还有履历揭帖，官员新上任，本人须向上级报送个人履历，又称履历清揭（折）、职名揭帖或职揭，都是折式。有些还要逐级上报，缮写多份，随文转呈。

还有向上司举劾官员的揭帖，称为“密揭”，也是折式。清初效仿明朝做法，大计、军政之年，对列入“平等册”（表现一般、平常者之册）之外的属员，专以密揭呈报，多用于检举，逐条开列某官某人的渎职不法行为。清初使用较多，后期多改用“清折”开报，但性质仍然属于检举文书。

此外，民间百姓散发、投递、张贴的传单、小字报、标语等，不具格式，多为匿名，称为“匿名揭帖”，是“揭而帖之”的古义。匿名揭帖并非官府文书，而且被法律严禁。清律规定，凡捏造悖谬言辞，投贴匿名揭帖者，将投贴之人及知情不举者，拟绞立决。尽管如此，匿名揭帖仍屡禁不绝。作为非法宣传品，各地一旦发现，要立即查报，作为上报官文书的附件呈送，甚至要逐级送达于皇帝。匿名揭帖虽然文字潦草，错字、别字不在少数，但仍不失为重要的档案。中华民国以后，各式揭帖均被取消。

（裴燕生）

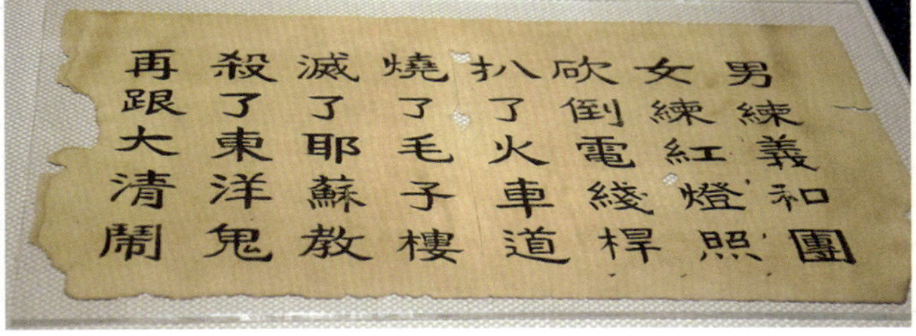

图 2 义和团在天津张贴的揭帖

揭粘技术 de-adhesion technology 通过一定的技术手段使粘连的档案纸张相互分离的技术方法。纸质档案保存多年后，在多种因素影响下，有部分档案的纸张发生粘连，一些档案在多种因素影响下纸张粘连而形成档案砖。揭粘的本质是设法降低或消除黏结物的黏性。根据黏结状况，采用不同的揭粘方法。揭粘技术主要有干揭法、湿揭法、酶解法和综合法。干揭法适用于黏结不太严重，纸层间有一定缝隙，并且字迹遇水易扩散的档案。湿揭法适用于纸页黏结比较结实，字迹遇水不扩散，

揭粘技术

用干揭法无法揭开的档案。湿揭法是利用某些黏结物能溶于水或在高温下易熔化等性能，进行揭粘。湿揭法依据档案黏结程度、纸张强度及档案破损情况，有水冲法、水泡法、水蒸气渗透法等不同的方式。酶解法是利用酶的生物催化特性，将粘连的档案、档案砖中的黏结物，如淀粉、蛋白质、脂肪、果胶等高分子物质迅速水解变成能溶于水的物质，使之失去黏性而达到揭开档案的目的。由于酶的催化作用具有选择性、专一性，因此必须根据黏结物的性质选择不同的酶。能被酶催化水解的主要是淀粉黏结物、蛋白质黏结物及糖类黏结物。综合法主要针对档案粘连比较复杂的情况，联合采用两种或两种以上的方法，使黏结的档案纸张相互分离的技术方法。通常采用比较多的综合方法是：浸泡-蒸揭法、冲洗-浸泡法、蒸揭-冲洗法等。

（朱 强 彭远明）

节略 jielüe 中国古代官府往来文书文种名称。最初是清代军机处根据档案“摘叙简明”情况，根据事实“查明事之起讫”的简明概要，是附于有关文件上报的附件。清代梁章钜撰《枢垣记略》载：“凡遇大典礼，豫期有旨，令军机大臣查考旧档者，

即行查所司详稽册档，汇齐后，摘叙简明节略，开单呈览。或有御制书事之文、纪事之诗，有旨特交军机大臣等查明事之起讫者，亦即缮具节略清单，恭呈御览。”除军机处外，内阁上呈本章供皇帝裁夺的票签**说帖**有的也可附上节略。作为节略清单、附件都不是独立的文种，一般都是随折、册而呈上，是就文中某一具体细节简略表述，文件篇幅字数不限。清代一般官员对上级也可使用节略。

节略格式为白纸折子式样，通常高 21 厘米，宽 10 厘米左右。折面书写文种名称“节略”二字，外用红色外粗内细双线长方形框包围，左边偏下写有作者官衔姓名加“谨呈”二字。折内每面用红色粗线框，内用红细线分成 6 行，行内书写文字，一般每行 16 字左右。墨笔楷书，起首为“谨将某某情形缕陈宪鉴”，结尾为“谨具节略，统希垂鉴”。不具时间，不用押印。中华民国时节略开始向独立文种转化，成为属吏向长官呈报某一案件概略时使用的文书。

节略还可作为半正式的外交往来平行文书使用，用来说明事实、证据或有关法律的问题，不用签署也不用印，重要性次于照会。这种外交节略鸦片战争后就已经产生了，最初是作为照会、函的附件，略述事件、主张，或会谈大要，以通知对方。后来也发展为独立平行文种使用。

（裴燕生）

戒书 jieshu 中国古代帝王**诏令文书**文种名称。又称敕书或戒敕。汉代用于训诫和约束刺史、太守、三边营官等文武官员恪守职责的文书。所谓三边营官，指东汉在洛阳（今属河南）西、西北、北边设置常屯营兵的领兵将领。蔡邕《独断》载：“戒书，戒敕刺史、太守及三边营官，被敕文曰‘有诏敕某官’，是为戒敕也。世皆名此为策书，失之远矣。”按照《独断》对戒书的解释，戒书中有专门用语“有诏敕某官”。

（覃 波）

金榜 jinbang 中国古代以皇帝名义发布的录取新科进士名单的公报。又称黄榜、皇榜。中国古代的公报写在木片上，称为榜示。后来虽然书写工具发生了变化，但“榜”却作为公报的代称流传下来。因明清时期每逢大比之后，内阁中书书写新科进士名单的纸张为黄色，故称金榜、黄榜；又因以皇帝的名义颁发，故民间习称皇榜。

金榜伴随着科举制度的出现而产生。科举制度于隋唐创立，至明清时期渐成定式，文武分科，设立乡试、会试、殿试等不同层级的考试，根据考试成绩录取人才，录取结果张榜公布。这一制度使众多士子可以通过公开考试、平等竞争、择优录取的方式跻身仕途。明清时期，考生逐层通过在各省进行的乡试、礼部主持的会试和皇帝主持的殿试，由皇帝钦点前十名的名次后确定录取顺序。明代，由八名内阁中书书写金榜，四名书大金榜，四名书小金榜。清代由十二名内阁中书分别用满汉文书写大金榜及小金榜，通过传胪及张挂的形式，将考试录取结果昭告天下。文武科前三名俗称状元、榜眼、探花，均赐进士及第，文科前三名即授职翰林院修撰、编修，武科前三名即授二等侍卫。

现今存世的清代金榜为硬黄纸，表里两层，同诏书用纸，墨书。有大小两种，基本内容一致，但形式、用途有区别。

在基本内容方面，大小金榜均由“皇帝之制”与“中式名单”两大部分组成。以“奉天承运，皇帝制曰：年 月 日策试天下贡士 等 名，第一甲赐进士及第，第二甲赐进士出身，第三甲赐同进士出身，故兹诰示”开篇，以下胪列第一甲第一至三名，第二甲第一至若干名，第三甲第一至若干名名单，分别开列金榜题名者的名次、姓名、籍贯，以张榜日期结束；满汉合璧，汉文从右向左书写，满文从左向右书写。

在形式方面，大金榜为长卷式，高 80～100 厘米，长度在数百至 2000 厘米；在汉、满文张榜时间后，写有汉满文的“榜”字，并于名单起讫处、时间、满汉文衔接处钤盖“皇帝之宝”玺印；小金榜为折页式，折宽 8～9 厘米，高 27～36 厘米，长度 120～1200 厘米。

图 1 清代光绪二十年（1899）四月的大金榜

在用途方面，大金榜用于张挂，供人观榜。传胪大典后，将金榜置于云盘龙亭内，在导迎乐的伴奏下，由十名笔帖式引导，抬至长安门外张挂。文科金榜于东长安门外张挂，武科金榜于西长安门外张挂。三日后，交还内阁收藏；小金榜供皇帝御览及金殿传胪宣布登第进士的名次时使用，用毕立即交还内阁收藏。

（王 澈）

金册 jince 中国清代**诏令文书**文种名称。是皇帝册封时使用的凭证文书。清代皇帝封授地位仅次于皇帝者，如册立皇后，册封皇贵妃、贵妃以及封亲王、亲王世子、亲王福晋、公主等，均将册文镌刻于金册，以为凭证文件，显示与众不同的尊贵。

清代册封皇太后、皇后的金册高 7 寸 1 分（1 寸约 3.33 厘米，1 分约 0.33 厘米），宽 3 寸 3 分，共 10 页，每页重 18 两（1 两等于 50 克），联以枢纽，面镌升降龙文。册封皇贵妃、贵妃的金册 10 页，每页重 15 两。封妃的金册 10 页，每页重 14.8 两。封嫔的金册 4 页，每页重 14.6 两余。咸丰四年（1854）以后，国力渐衰，于是将册封皇贵妃以下的金册改为镀金银册。封授亲王、亲王世子、亲王福晋、世子福晋的金册 4 页，每页重 15 两，咸丰十年后改为银质镀金。封授公主的金册 4 页，每页重 15 两，咸丰六年后改为镀金银册。另外，清代皇帝册封西藏地区达赖及班禅也用金册。

道光皇帝敕封第十一世达赖喇嘛的金册

金册均由工部监制，其文由翰林院撰拟，交由内阁中书科书写成折，一般都是满汉合璧，内阁大学士阅后，进呈皇帝钦定，用“制诰之宝”，敕下礼部施行，由钦天监选择吉日并由工部派制造库工匠至中书科镌刻。镌刻毕，呈内阁复阅，传礼部仪制司给发。取用工料，移文工部；年终奏销，移文户部。一件金册的制作程序涉及众多衙门。册封典礼十分隆重。以礼部尚书、侍郎或大学士、学士为正使、副使，举行典礼仪式，将金册送至领受者处。发出金册，郑重地将金册置于专门的“册亭”内，銮仪卫校尉舁行，礼部官引导，有关部门堂官率众行礼，齐集迎送。接受封册者也要恭敬地行大礼。如果是册封后宫，则又多一层手续，还要转交内监进宫宣读。册文用四六骈体，以典雅、华丽的辞藻堆砌而成。

（覃 波）

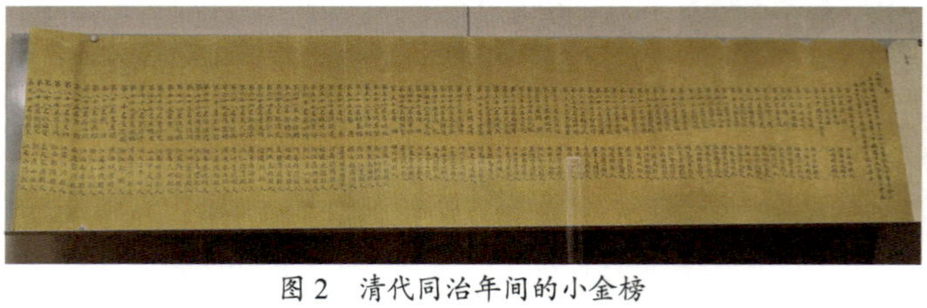
图 2 清代同治年间的小金榜

金兰谱 jinlan pu 中国古代民间契约文书。又称金兰簿、金兰契、金兰帖、兰谱等。异姓男性或女性之间由于情投意合，结为异姓兄弟姐妹，互相交换谱帖，其帖称为金兰谱。

金兰语出《周易·系辞上》：“二人同心，其利断金；同心之言，其臭如兰。”说明中国在先秦时期已有义结金兰的习俗，至于结义换帖起于何时则无相关文献可据。魏晋南北朝时已有文献记载金兰契与义结金兰的故事。唐人冯贽《云仙杂记》卷五引《宣武盛事》：“戴弘正每得密友一人，则书于编简，焚香告祖考，号为金兰簿。”这些都是金兰谱的雏形。到明清时金兰谱已较多出现，尤其是清末民国时期，结义换帖成为极普遍的社会习俗。

早期的金兰谱多用毛笔书写在经折装的红纸上，外加封套，封套写明换帖人姓名及相关敬语。金兰谱正文一般写明当事人的姓名字号、身份、年岁生日、籍贯居所、三代名讳（曾祖父、祖父、父亲的名讳及曾祖母、祖母、母亲的姓氏），也有进一步写明妻室姓氏及兄弟、子女名字等信息的。落款一般写明年月日及结义地点。另外有的金兰谱在正文前还有一段序言，说明结义的大意；有的还有见证人。中华民国时期格式化的印刷金兰谱开始流行。随着照相技术的发展，有的金兰谱还贴有当事人的照片，有的金兰谱甚至贴有税票。

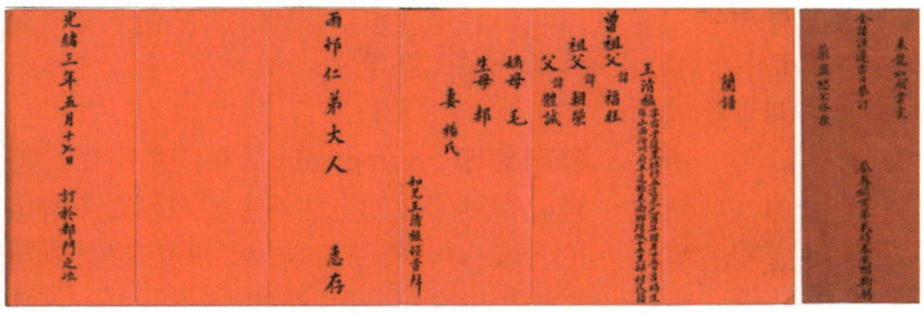

图 1 二人结义金兰谱及封套

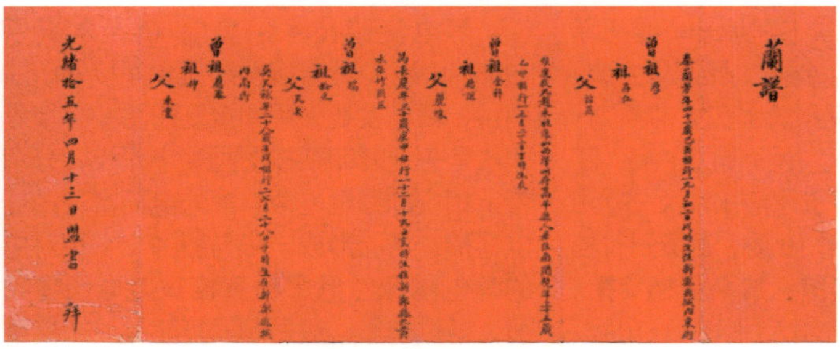

图 2 多人结义金兰谱

金兰谱可作为研究中国古代民间习俗的参考资料。如清代广东珠江三角洲地区异姓少女结金兰契，称为“自梳女”，相互依恋，誓不嫁人，是值得研究的社会现象。另外古代还有与结义相关的结社与帮会现象，结拜活动形成的相关文本（如名册）也与金兰谱有一定的相似之处。

（张全海）

金文档案 archives on bronze objects 中国古代以青铜器为载体的书史铭文。盛行于殷商末期及两周。金文又称铭文。在西周时期，金文档案多形成于周王室及其臣僚；春秋战国时期，由于周王权的衰落和诸侯卿大夫势力的上升，他们也都有自己的金文档案。

商、周时期，中国古代的青铜冶铸工艺达到了全盛阶段。由于礼乐制度的发展，钟鼎等青铜器物不仅演变为统治阶级贮存于宗庙的礼器，青铜器上的铭文也发展为记录当时社会重大史实的历史文献，并成为象征统治者社会地位、政治权力的“重器”，每每遇有重大事件，都要作器勒铭，珍藏宗庙，以期“子子孙孙永宝用”。

《左传》成公十三年载：“国之大事，在祀与戎。”故金文档案以记述祭祀先祖与征伐赏赐为最多，内容涉及邦国地理、贵族世系、誓盟订约、战争征伐、记述战功、经济财货、刑法狱讼、职官爵禄、册命赏赐、纪念先祖、宗教祭祀、度量乐律、月相历法及许多重大史实。如《利簋铭》（4行32字）是西周最早关于周武王伐商的史实记述；《大盂鼎铭》（19行291字）记载了西周早期康王时，贵族盂因征伐西北强族鬼方有功而受康王册命赏赐的史实；《史墙盘铭》（18行284字）是微氏家族中名墙者为颂扬其先祖功德、祈求多福的纪念文字；《散氏盘铭》，又称《夨人盘铭》（19行357字）是西周中晚期散国与夨国因战争纠纷而划定田界的一份双方信守的契约；《毛公鼎铭》（32行497字）是西周晚期宣王告诫毛公的一篇完整的册命，是西周时期铭词最长者。此外，《大丰簋铭》（77字）、《大克鼎铭》（290字）、《曶鼎铭》（403字）、《虢季子白盘铭》（111字）以及战国时期的《鄂君启节铭》（车节铭150字、舟节铭165字），也都是极其珍贵而重要的金文档案材料。

西周时期的金文档案大都是在浇铸之前即将铭文反刻于器物内范上，随器物浇铸而成，春秋以后，刻铭开始出现。战国时期的《中山王厝鼎铭》（469字）就是刻铭于鼎盖和鼎腹上的。不少铭文都记

图 1 《毛公鼎铭》文

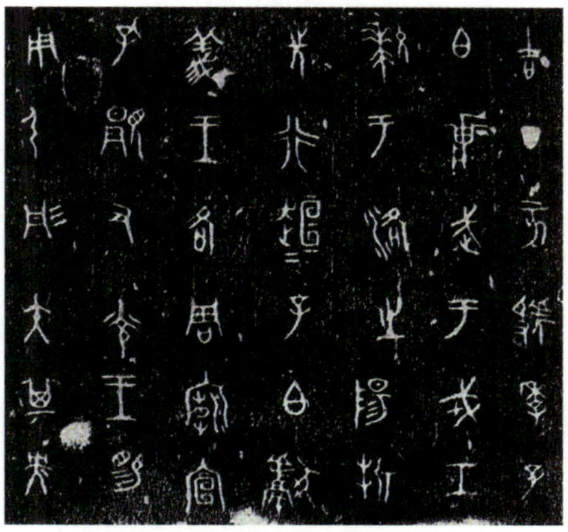

图 2 《虢季子白盘铭》拓本（局部）

有铸器和有关事件的时间。文字书写无定式。

金文档案种类很多，主要有烹饪器（如鼎、鬲、甗）、盛食器（如簋、簠）、酒器（如尊、彝、卣、壶、觚、斝、爵）、水器（如盘、盂、匜）、乐器（如钟、镈）、兵器（如戈、矛、戟、剑）、度量衡器（如升、斗、权）等，可印证、补充传世文献的记录，具有很高的史料价值。

（董 俭）

金耀门文书库 Jinyaomen Archival Depository 中国宋代设置的中央国家档案保管机构。建于宋景德二年（1005）。因建于东京（今开封）外城西北部的金耀门附近而得名。专储盐铁、度支、户部三司账籍文案。宋真宗天禧五年（1021）规定：天禧元年后账籍，由三司置库架阁；所有天禧元年前账册，经整理编排后由金耀门文书库架阁收储。至徽宗崇宁（1102～1106）年间，六部置架阁库，规定成案留部2年，送各部架阁库，再保存8年，交金耀门文书库，其遂为中央档案库。何时裁撤，无考。

金耀门文书库的监当官，按《续资治通鉴长编》所记，“以三班一人监之”。据《宋史·职官志》，三班官指武阶官中的小使臣，官品从正八品到从九品。从三班官中差遣一人监金耀门文书库，是库中的最高官员。金耀门文书库的业务主管人员是

军将与大将，他们主管文书库的日常事务。大将与军将属武阶官外无品阶低级官吏。

（周雪恒 撰 王云庆 修订）

金字牌急脚递 jinzipai jijiaodi 中国古代文书制度。宋代创设的一种驿传，由军兴所需而置。金字牌是一种通信急牌，朱漆木牌，刻以金书。金字牌急脚递主要传送赦书及军机要务。其传递速度快于一般急脚递，日行五百余里。金字牌急脚递的特点是：公文直接自御前发下，不经过三省和枢密院，也不入递铺交接，减少了手续，保证了公文的机密性，提高了公文的传递效率。相传岳飞一日接到十二道金牌，当即此金字牌急脚递。金元时称急递铺。

（李永贞）

锦屏文书 Jinping document 中国贵州东南部清水江流域的苗、侗、汉等各族人民，在长期生产劳动、经济交往和社会实践中形成的山林土地权属买卖、村规民约、环境保护等民间文书。又称贵州清水江文书。因在锦屏县最早发现抢救得名，最早称为林业契约文书。随着调查、抢救、保护力度的不断加大，在黔东南清水江流域的黎平、三穗、剑河、天柱、台江等县亦大量发现并入藏当地档案馆，故亦用“贵州清水江文书”为统称。2010年，贵州省档案局（馆）以“锦屏文书”之名代表清水江流域文书，成功申报并入选了第三批“中国文献档案遗产名录”。

文书内容 锦屏文书包含了清水江流域各族人民生活、劳作、协商、交往的各类信息，历史悠久，种类繁多，内容丰富，覆盖较广，藏量巨大。从时间跨度看，以清代和中华民国时期的文书居多，也有少量明代和中华人民共和国成立初期的文书；从形式看，以民间文书即没有官府印记的“白契”为主，也有少量官府文书即盖有官府印记的“红契”；从种类看，以契约文书为主，兼有碑文谱牒、账簿图册、村规民约、民间诉状、说唱抄本、官府文告（抄本）；从内容看，以山林土地买卖、佃山造林、拆分山林家产、分配出卖山林的银钱、山林登记、山林管护、山林纠纷调解等山林契约为主，兼有少量反映当地民众婚丧嫁娶、宗教信仰、生产生活、社会管理等内容的文书；从载体看，以土纸书写的纸契为主，兼有少量碑文、布契、木契、竹契等。其中林地买卖、租佃、转让契约，不仅代表了文书叙事的大宗，而且反映了地方礼法秩序的实际，既有权利的规定也有责任的承担，提供了判断地方社会秩序构成要素的依据，成为了解社会经济文化变迁的窗口。根据调查推算，清水江流域中下游的锦屏、黎平、天柱、三穗、剑河、台江等县，民间藏有文书达30万～50万份，其中发现最早的一份文书，是天柱县收集到的明成化二年（1466）的纸质田土清退契约。

文书特点 锦屏文书具有其他地方文献所少有的归户性、完整性和连续性等特点。文书基本上是以户或家族为单位保管，有的家庭保管该家族十多代的契约等文书多达上千份。锦屏等地民间对契约等文书保管有一套严格的规定，一般由长子保管。契约文书以山块为单位存放，同一块山场所形成的买卖、租佃、管理、股份分成以及权属纠纷诉讼等文书资料均有序放在一起，用布或纸包捆成扎，封皮上标注山场田块名称，每块山场田块的来龙去脉一目了然。2008年7月，第十六届国际档案大会前沿论坛评价：“锦屏文书是全球重要混农林文化遗产中苗侗少数民族混农林生态体系中唯一得到较好记载的、还在民间留藏着的濒危文书，是全世界农民混农林活动的活态记忆库，在生态保护上树立了一个世界性的典范。”

文书保护和研究 对锦屏文书的关注和研究，可追溯至中华民国时期。20世纪40年代，胡敬修、萧尉民等人已分别撰有《黔东木业概况》《黔东之行》等文。中华人民共和国成立以后，配合工商改造及民族调查，散见零星文章论及当地文书。规模较大的收集、整理和研究主要出现在21世纪初，代表作有：《贵州苗族林业契约文书汇编（1736—1950年）》，共3卷，由日本东京外国语大学国立亚非语言文化研究所2001年、2002年、2003年出版；《清水江文书》，共3辑33册，由张应强、王宗勋主编，广西师范大学出版社出版；《贵州文斗寨苗族契约法律文书汇编——姜元泽家藏契约文书》，由陈金全、杜万华主编，人民出版社出版；《贵州清水江文书系列·天柱文书》，共22册，由张新民主编，江苏人民出版社出版；《贵州清水江文书》黎平卷、三穗卷，共2辑10册，由贵州省档案馆、黔东南州档案馆、黎平县档案馆、三穗县档案馆合编，贵州人民出版社出版。与之相应的研究，也从早期的一般性介绍转为深入研究，形成了以贵州学者为主体或中心，中山大学、复旦大学、中国社会科学研究院古代史研究所及日本学者等积极参与的研究格局。

锦屏文书客观真实地记载了明清以来贵州清水江流域各族人民生产生活的社会风貌，反映了各族人民的创造活力和生存智慧，体现了各族人民特有的精神价值，形成了极富特色的地域文化传统，是中国民间档案遗产和资源宝库。

（欧阳峰）

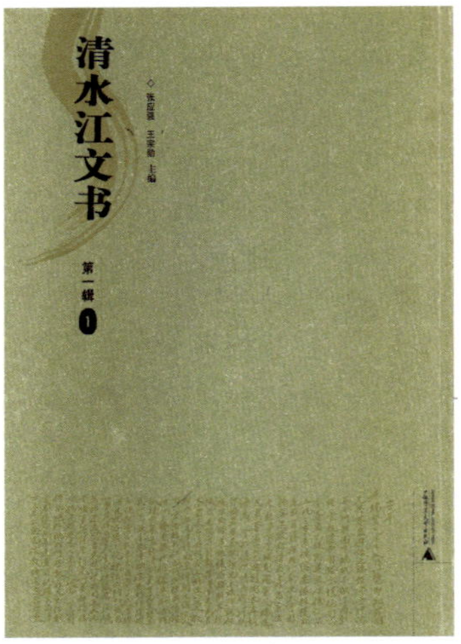

《清水江文书》封面

进画颁行 jinghua banxing 中国唐宋时的文书制度。画，又称画行、画诺，指主管长官在文书上署名或押字判行，即领导签署意见，表示同意照办。进画颁行特指臣僚的奏状进呈皇帝审阅，皇帝阅后在文书末尾空白处签署意见，画“可”“行”“准”等批语，表示同意后，才颁发下去予以执行。唐代前期设立政事堂作为宰相议事处所，商议决定的军国大事报经皇帝批准后以诏令形式颁布，当时所有此类政府诏令，既须皇帝画敕，又须中书、门下两省共同认可，并经政事堂盖印，否则便不具有合法性。宋代沿用。

（朱兰兰）

静电复印 xerography 利用静电感应原理获得复印件的方法。主要原理是带静电的光敏材料曝光时，局部电荷随光线强弱发生相应变化而形成静电潜影，经干法显影、影像转印和定影而得到复制件。

静电复印技术由美国 C.卡尔逊于1938年发明，分直接复印法和间接复印法两种，目前主要采用间接复印法。直接复印法是先让复印纸按图画文字深浅，分别带上相应的静电电荷，深处电荷密，浅处电荷稀，从而形成一张与图画文字相对应的静电图像然后墨粉直接被静电图像吸引，通过定影，最后制成复印品。间接复印法是静电图像先在硒光导材料构成的硒鼓上形成，通过显影，让墨粉吸附在静电图像上，再转印到复印纸上制成复印品。

间接复印法主要分3个过程：①照明和聚焦成像。待复印原件放在复印机稿台上，机内灯光照射形成反射光，经内反射镜和透镜组成的光学系统聚焦成像。②静电显影。在充电极作用下，光导体表面带上均匀静电荷。光导体对光很敏感，没有光线时

图 1 卡尔逊和早期静电复印设备

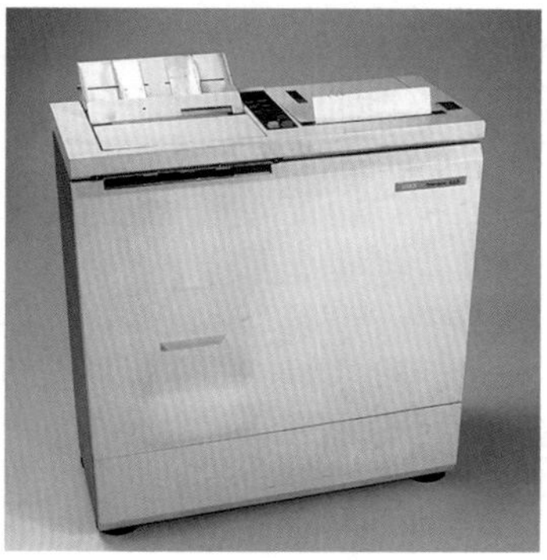

图 2 静电复印机

具有高电阻率，有光线时电阻率急剧下降。反射光因原件图像深浅不同而强弱不同，当原件的像落在光导体表面时，表面的静电荷随光线强弱程度而消失或部分消失，从而在光导体膜层上形成一个对应的静电潜像。③转印和定影。与静电潜像上的电荷极性相反的显影墨粉末，在电场力作用下，加到光导体表面。潜像上吸附的墨粉量，随潜像上电荷的多少而增减。于是，在硒鼓表面显现出有深浅层次的墨粉图像。当复印纸与墨粉图像接触时，墨粉图像就转移到复印纸上。再经定影器加热，墨粉中所含树脂融化，墨粉牢固地黏结在纸上，图像和文字就复印出来了。 （盛立德）

旧记整理处 Old Record Arrangement Department 伪满洲国所建历史档案馆。1938 年 3 月成立于奉天（今沈阳）。主要收集、整理、保管明清及东北地区伪满政权境内各级官署和地方团体形成的档案。共收藏档案 400 余万件，其中有明代奏稿；清代**满文老档**、盛京内务府档、黑图档、旗务册档、东三省总督档案；中华民国时期奉天、吉林、黑龙江、热河四省之公署、税务监督署、交涉员署和县政府等机构的档案，税捐、海关、商会的档案，以及蒙务档案、俄文档案和公报等。曾投入大批人力整理，至 1945 年日本战败投降时，共整理出 150 余万卷。对利用档案控制较严，仅限于官方各机关查找“施政参考”材料和向少数学者提供。中华人民共和国成立后，其档案一度由东北档案馆保存，后移交辽宁、吉林、黑龙江三省档案馆。 （孙景悦）

卷皮和卷盒 file covers and binding case 包装档案的常用材料。世界范围内，用卷皮和卷盒直接存放档案是一种常见做法。例如，苏联规定国家档案馆的**纸质档案**归入卷夹后要放在卷盒内保管，德国机关档案馆主要使用高度为 240 毫米、295 毫米两种规格的卷盒保存档案，**法国国家档案馆**、捷克斯洛伐克档案馆也采用不同规格的卷盒保存档案。

卷皮是包装档案最基本的材料，不仅可以保护文件，减少档案的机械磨损，同时又是案卷封面，也有利于档案文献的查找利用，是保管案卷的一种较好的方法。中国国家档案局《**文书档案案卷格式**》规定：**文书档案**案卷卷皮分两种：一种是硬卷皮，一种是软卷皮。硬卷皮推荐采用 250 克牛皮纸制作，封面、封底尺寸采用长 × 宽为 300 毫米 × 220 毫米或 280 毫米 × 210 毫米的规格，封面、封底三边（上、下、翻口处）要另有 70 毫米宽的折叠纸舌，卷脊可根据需要分设 10 毫米、15 毫米、20 毫米 3 种厚度，用于成卷装订的卷皮，上、下侧装订处要各有 20 毫米宽的装订纸舌；软卷皮装订的案卷须装盒保存，软卷皮设封皮和封底，规格为 297 毫米 × 210 毫米（供 A4 型纸用）或 260 毫米 × 185 毫米（供 16 开型纸用）两种。

与卷皮相比，卷盒相对较硬，强度较大。卷盒外形尺寸采用长、宽分别为 300 毫米、220 毫米，高度可根据需要分别设置 20 毫米、40 毫米或 50 毫米的规格。在盒盖翻口处中部应设置绳带，使盒盖能紧扣住卷盒。卷盒封面为空白，卷脊项目有全宗名称、目录号、年度、起止卷号。相对卷皮而言，卷盒占用空间多，制作费用较高，但防光、防尘，可减少磨损，便于利用，而且外形整齐美观。

无论是卷皮还是卷盒，通常用金属、纸板、塑料、聚乙烯和混合材料等制作，以纸板和牛皮纸裱糊为主，现在多用牛皮纸、无酸纸制作。制作之前，所用材料都需要经过慎重选择和科学处理，除去有害或不利因素，以防对档案造成危害。主要采用无酸纸。这种纸张采用中性施胶工艺，无酸腐蚀，使档案可以长期保存，且不变质、不褪色，装在盒子内的档案文件不被腐蚀破坏。此外，通过添加特殊材料，卷皮和卷盒还可以具备防火功能，便于火灾发生时保护档案。

对于一些不经常使用或既不适于装订又不便于盒装的实物档案、资料等，可以用较为结实的纸张包装起来，待条件成熟后，再采取措施妥善保存。 （周耀林）

决定 decision 现代公文法定通用文种。属于下行文种。适用于对重要事项做出决策和部署、奖惩有关单位及人员、变更或撤销下级机关不适当的决定事项，对下级机关的工作或活动具有强制性影响。按照内容和用途，通常可分为法规性决定、政策性决定、部署性决定、批准性决定、奖惩性决定和知照性决定。 （王　健）

决议 resolution 现代公文法定通用文种。属于会议文件的一种。适用于会议讨论通过的重大决定事项，属于要求贯彻执行的重要决策性公文。决议须经会议讨论通过才能产生法定效用，对下级机构具有很强的领导指导作用。内容单一，具有约束性、程序性、简练性的特点。 （王　健）

《军队机关公文处理工作条例》 *Regulations on Handling Official Documents in the Army* 指导中国军队各级机关公文处理工作的军事法规。2017 年 7 月 16 日，中央军委主席习近平签署发布，2017 年 10 月 1 日起施行，实施范围为军队各级机关和中国人民武装警察部队机关。

1992 年 3 月 30 日，经中央军委批准、中央军委办公厅印发了《中国人民解放军机关公文处理条例》，这是全军第一部全面规范军队机关公文处理工作的法规。随着社会的进步，信息化的发展，军队机关的工作环境发生了深刻变化，产生了新的工作内容，公文处理工作面临新的挑战和要求，此条例的部分内容已经不能适应新阶段公文处理工作的需要。在这样的背景下，军委办公厅从 2003 年起，历时两年多，对《中国人民解放军机关公文处理条例》进行修订，2005 年 10 月 8 日颁布了新的《中国人民解放军机关公文处理条例》并于 2006 年 1 月 1 日起实施。为了实现党在新形势下的强军目标，贯彻依法治军、从严治军方针，加强军队正规化建设，在对《中国人民解放军机关公文处理条例》进一步修订完善的基础上，颁布了《军队机关公文处理工作条例》（以下简称《条例》），同时废止《中国人民解放军机关公文处理条例》。

《条例》共分 8 章 40 条。第一章总则，

7 条。明确了制定《条例》的目的和实施范围；确定军队机关公文和公文处理的定义；明确公文处理工作的基本原则，指导机构、主管单位及其工作范围。第二章公文种类，1 条。规定军队机关公文种类分为：命令、通令、决定、指示、通知、通报、报告、请示、批复、函、通告、纪要，并明确其适用范围。第三章公文格式，3 条。规定军队机关公文格式的组成要素，包括份号、密级、紧急程度、发文机关标志、发文字号、签发人、标题、主送机关、正文、无正文说明、署名、成文日期、印章、附注、附件、抄送机关、印制份数、承办说明、印发机关和印发日期、页码。明确公文用纸规格和公文版式标准以及公文使用的汉字、数字和外文字符、计量单位、标点符号的执行标准。第四章行文规则，5 条。规定了军队各级机关向上级机关和下级机关，以及同级机关之间行文的规则和公文办理的原则、方法和要求。第五章公文拟制，5 条。规定公文拟制包括公文的起草、审核、审批签发等程序；明确起草公文的要求、签发前审核的内容、审核后的处理办法、签发的方式。第六章公文办理，5 条。规定公文办理包括收文办理、发文办理和整理归档；明确收文办理和发文办理的主要程序和办理方法、涉密公文的传递办法、不同公文的归档办法。第七章公文管理，9 条。规定了各种公文的管理办法；机关转隶或者合并时、工作人员离岗离职时公文的管理办法。第八章附则，5 条。规定了作战文书、密码电报、电子公文、军事立法方面公文等军队特殊公文的处理办法；规定中国人民武装警察部队机关公文处理工作应执行该条例；明确该条例的实施时间，同时规定废止 2005 年印发的《中国人民解放军机关公文处理条例》。

《条例》的发布施行有利于提高军队机关公文处理工作的质量和效率，推动机关公文处理工作进一步科学化、制度化、规范化，对于保证党中央、中央军委决策指示的贯彻落实，保证各级机关有效履行职能，更好地为军队建设和军事斗争准备服务，具有重要的作用。（董丹华）

竣工档案管理 construction project archives management 对建设项目（工程）竣工档案的业务管理活动。竣工档案是在建设项目（工程）建设活动中直接形成的具有保存价值的文字、图表、声像、电子文件等各种形式的历史记录，经编制整理后形成的，并在项目（工程）竣工验收后归档的文件材料（工程资料）的集合体。竣工档案是建设工程的原始依据，是工程合法身份与合格质量的证据文件体系。

竣工档案管理需要注意档案必须真实地反映建设的全过程，并应按项目（工程）建设的程序进行收集、整理、编制，达到完整、准确、系统要求。

管理的主要内容包括：①竣工图的编制。②工程文件的立卷。③工程声像档案的编制。④工程电子档案的编制，包括工程电子文件的归档、工程电子档案的鉴定、工程电子档案的整理等。

管理的相关法规与标准有：《建设项目（工程）档案验收办法》（国档发〔1992〕8 号）、《科学技术档案案卷构成的一般要求》（GB/T 11822—2008）、《国家重大建设项目文件归档要求与档案整理规范》（DA/T 28—2002）、《建设工程文件归档规范》（GB/T 50328—2014）、《建筑工程资料管理规程》（JGJ/T 185—2009）、《建设电子文件与电子档案管理规范》（CJJ/T 117—2007）等。

做好竣工档案管理可以维护竣工档案的真实、完整、系统、准确、可用、安全，是建设项目（工程）管理的不可或缺的组成部分，是对建设项目（工程）检查、验收、维修、改建和扩建的必要保障。

（王英玮）

K

卡缪，A.G. Armand Gaston Camus（1740～1804） 法国法学家，大革命时期档案活动家，**法国国家档案馆**的创建者和第一任馆长。又译加缪，A.G.。1789年法国成立国民议会档案馆，次年档案馆更名为国家档案馆，卡缪当选馆长。1793年底，卡缪被奥地利人俘虏，于1795年12月回国后继续担任法国国家档案馆馆长职务，此后连选连任，直至去世。

卡缪曾在保留法国旧政权档案和向公众开放档案方面起过重大作用，贡献主要有3点：①要求把旧政权遗留下来的档案全部保存下来，积极筹建大型**档案库房**，妥善保存了一部分珍贵的**历史档案**。②开放档案。经过卡缪的努力，在1790年通过的《国家档案馆条例》中明确规定档案馆向公众开放，这是历史上第一次以法令的形式宣布开放档案。③整理档案。卡缪及其继任者P.多努因创立档案的事由分类方案而闻名于世，对重要档案做到了原样保留。起初，卡缪把馆藏档案分为4大类，多努于1804年接任馆长后，针对档案内容不断丰富的现实，又增加20个主题类别。由于卡缪坚持采用事由分类法，使法国国家档案馆除极少数全宗得以保存完整外，绝大多数全宗遭到拆散，破坏了文件之间历史上形成的固有联系，这一点受到了后世档案学家的批评。 （黄霄羽）

卡萨诺瓦，E. Eugenio Casanova（1867～1951） 意大利档案学者。曾任**意大利国家档案局**总监、国际联盟档案专家委员会主席，主编过《国际档案馆指南》，并为《意大利百科全书》撰写"档案"和"档案学"条目，是当时意大利档案理论研究的代表人物。

他于1928年出版的《档案学》是一部论述档案工作理论与实践的重要著作，集中体现了卡萨诺瓦的档案思想。在书中，卡萨诺瓦将档案定义为：一个机构或某一个人在其活动过程中形成的，并由该机构或个人为实现其政治、法律或文化方面的目的而保存起来的文件的有序集合。定义扩大了档案形成的范围，突出了档案的政治、法律及文化价值，但不足之处是将价值的作用范围仅限于档案形成者，而且价值的本身范围也略为狭窄。此外，卡萨诺瓦还认为档案是文件的系统累积物，混淆了档案与档案全宗的概念。

卡萨诺瓦在档案学术领域的主要贡献为：①第一次提出划分档案学分支学科的概念，把档案学分为实用档案学（档案技术）、纯粹档案学（档案理论）、档案馆和档案学的历史、档案法。直到20世纪80年代，意大利的某些档案学家仍然著书立说，坚持卡萨诺瓦划分档案分支学科的观点，尽管这一观点有使档案理论脱离档案实践的不良倾向。②较早认识到档案载体的多元化。从词源学和语义学的角度分析了档案、文件、**案卷**和系列等重要概念，把影片、照片和录音档案纳入档案的范畴，有利于西欧档案学术语的统一。③论述了机关档案馆与国家历史档案馆的关系，指出机关档案馆是国家档案馆馆藏的源泉。 （黄霄羽）

开放档案信息系统参考模型 Open Archival Information System; OAIS 用于数字信息长期保存与利用的基本框架体系。简称OAIS参考模型。

简史 1990年，美国国家航空和宇宙航行局（NASA）的空间数据系统咨询委员会（The Consultative Committee for Space Data System; CCSDS）应国际标准化组织（ISO）要求，着手制订数字信息长期保存标准。1995年5月，CCSDS推出了开放档案信息系统参考模型。随后这一参考模型作为ISO的推荐草案得到了广泛评阅与扩充修改。2003年，参考模型成为ISO正式标准（ISO 1472—2003）得以发布，2012年这一标准通过修订并发布（ISO 14721—2012）。OAIS参考模型旨在为数字信息的长久保存提供一个通用的参考模型与基本概念框架。

目标和功能 主要目标包括：为数字信息长期保存与利用中涉及的档案概念提供理解框架；为描述和比较不同长期保存策略及技术提供框架；为描述和比较档案机构的结构和运作提供术语和概念框架；为讨论比较数字信息的数据模型提供基础等。

OAIS参考模型只是一个概念模型而不是一个系统设计模型，因此它不提供任何实施这些概念的特殊方法，也不局限于任何特定的系统平台、技术方法等，而力图采用一套能表示跨领域公共信息的通用元数据集来实现数据的发现、保存与管理。模型阐述了档案信息保存功能的全过程，包括档案加工、存储、数据管理、访问发布、数据迁移、保存软件、数字信息交换等。OAIS参考模型有利于描述和比较数据模型和档案体系结构，阐明术语和概念；有利于各机构就数字信息保护和存取的要素、程序达成共识；有利于引导标准的制定和发展，为实用系统的研发提供理论框架。

组成 信息模型 信息模型揭示了OAIS参考模型中信息的类型与组织结构，其基本思想为信息是数据和表征信息的结合。信息模型涉及的概念主要有4个。①数据对象（data object）。包括实体对象（physical object）和数字对象（digital object）。②表征信息（representation information）。能使

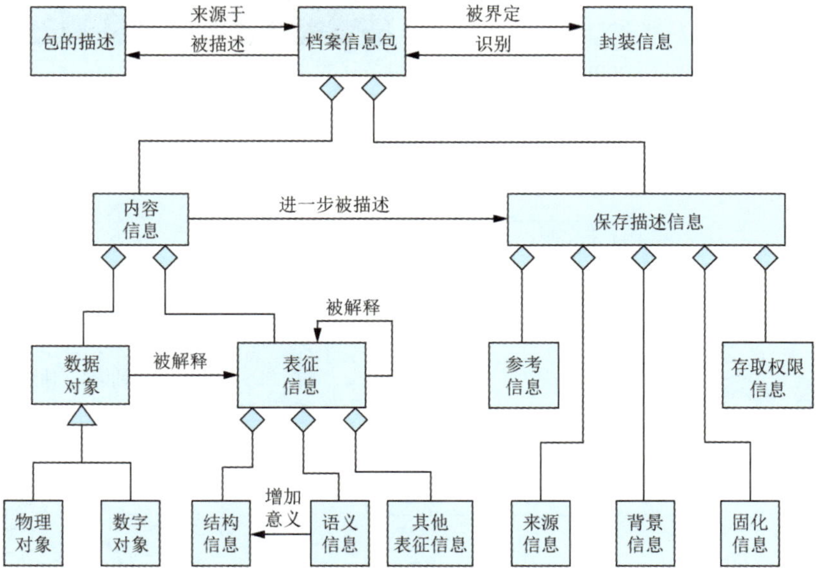

图1 OAIS信息模型示意图

数据对象以有意义的形式呈现信息，如ASCII中字符和比特流之间的映射规则。③信息对象（information object）。指数据对象与表征信息结合形成的用户理解的信息。④信息包（information package）。是信息模型的基本要素，其构成包括：内容信息（content information），即被保存的原始信息对象；保存描述信息（preservation description information），即描述内容信息的特征并使其得以完全保存的必要信息；打包信息（packaging information），即内容信息和保存描述信息联系、封装和识别的信息；描述信息（descriptive information），即描述信息包的特性和属性并帮助定位和检索用户所需信息包的信息。

内容信息、保存描述信息通过打包信息构成一个信息包，三者绑定成一个整体，并最终利用描述信息实现检索定位。在OAIS功能模型中存在着3类主要信息包：提交信息包（SIP）、存档信息包（AIP）和分发信息包（DIP）。对档案管理而言，需要重点关注AIP，因其是被长期保存的信息包。

功能模型　参与OAIS系统交互的实体包括信息生产者、管理者和信息用户也称消费者，三者同OAIS一起构成了OAIS环境。OAIS最为重要的功能模型阐释了由6种主要功能模块、3种参与实体及3种信息包构成的交互关系，如图2所示。

①摄取功能模块（ingest），即信息的接收模块。指OAIS从信息生产者（或受管理模块控制的内部要素）那里接收提交信息包，并且对内容进行准备，以便所提交信息能够在档案系统中进行存储和管理。②档案存储（archival storage）功能模块。主要是存储、维护和检索存档信息包。③数据管理（data management）功能模块。目的是植入、维护和访问那些标识和记录档案馆藏的描述信息以及对档案系统进行管理的管理数据。④系统管理（administration）功能模块。主要针对档案系统的整体运行进行管理，该功能包括：与信息生产者进行商讨以决定提交协议，对提交信息进行检查以确保提交内容符合档案标准，对系统的软件环境进行配置和管理；同时还有监测并提高档案系统运行状况，记录、报告档案的内容并且对档案的内容进行迁移和修改，建立并维护档案标准，提供客户支持，激发存储请求等功能。⑤保存规划（preservation planning）功能模块。主要是监测OAIS的环境，提供相关建议以确保OAIS中存储的信息即便是在原有计算机环境过时后，仍然能够长期被相应的目标用户所访问。⑥访问利用（access）功能模块。目的是支持消费者判定、了解、定位以及获取存储在OAIS中的信息，让消费者可以申请并接收信息产品。

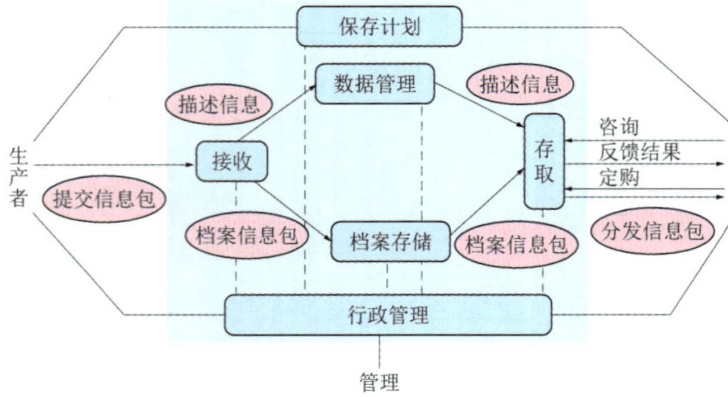

图2　OAIS功能模型示意图

应用　OAIS参考模型因其开放、通用性、多领域融合等特点，在图书馆、档案馆以及各类文化机构和政府部门得到了广泛应用。CEDARS、PANDORA、NEDLIB、ERA等国外图书馆和档案馆项目已经采纳了OAIS参考模型。中国国家图书馆发布的《中文元数据方案》（CMDS）也是基于OAIS参考模型进行设计的。（钱　毅）

开放架　open archives shelf　一种开放式**档案装具**。最初是图书馆的主要藏书设备，后被档案部门引入使用。传统的开放架有木制开放架，钢质的单柱挂斗开放架、复柱挂斗开放架等形式。1949年后至1980年，受财力的影响，中国县级政府多采用木制开放架，有双面架与单面架。双面架移动相对不便，以单面架较佳。材质方面，以樟木为最好，可以防虫。须按**档案库房**大小排置，2架靠背排列则成为双面架，如3对或4对排列，则地方更加经济了，但中间要预备抽取的地方。早期受建筑、材料及工艺限制，**档案架**多为开放式，一般依次排列，档案按顺序码放，柜架之间留有间隔，以备调取**案卷**。柜架排列较为松散，是一种散列存储方式。

开放架

开放架生产工艺简单，造价低，档案容量大，不仅提高了库房的有效使用面积，而且存取档案便捷，便于利用，但不利于防光、防尘、防潮等。（周耀林）

凯斯凯姆蒂，C.　Charles Kecskémeti（1933～　）国际档案专家和档案活动家。生于匈牙利布达佩斯。1956年毕业于匈牙利布达佩斯大学历史与档案专业，1980年获巴黎大学博士学位。1956年离开匈牙利前往法国巴黎。1962年起，进入**国际档案理事会**秘书处，历任秘书、执行秘书、执行主任，1992年起任国际档案理事会秘书长，主持国际档案理事会日常事务工作。1998年退休后，主要从事档案教育和欧洲理事会的档案管理活动。2000年、2001年，在布达佩斯中欧大学的暑期培训班讲授档案课程。长期致力于欧洲档案利用政策的推行。

曾多次来中国访问，对中国同行十分友好。积极促进中国档案界参与国际交流与合作，尤其在中国争取主办第13届**国际档案大会**上做出积极贡献，被中国档案界称为“老凯”。1997年3月5日被聘为中国人民大学档案学院客座教授，曾在中国多个城市考察和指导档案工作，并在**北京市档案馆**联合举办的学术会议上提出档案史研究对档案事业的未来至关重要等指导性观点。

对推动国际档案理事会的发展以及国际档案合作做出了重要贡献。负责开展和协调国际档案理事会的各项活动，以及与联合国教科文组织、欧洲理事会和国际上其他非政府组织进行合作。法国、德国、奥地利、塞加内尔、巴西和冰岛等国家曾授予他奖章，中国、意大利、波兰、斯里兰卡、瑞典、巴西和罗马尼亚等国家也分别授予他多项荣誉称号。

发表了多篇档案学和历史学论文，具有代表性的有《档案利用：政策问题与思考》（1987）、《是解决战后欧洲档案转移问题的时机吗？》（1992）、《欧共体的档案遗产》（1998）、《保护国家记忆：分散档案的整合》（1999）。（黄霄羽）

凯特拉，E.　Eric Ketelaar（1944～　）荷兰档案学者、国际档案活动家、档案思想家。毕业于莱顿大学，获得法学博士学位。曾担任莱顿大学法学院助理讲师、历史学院兼职教授，格罗宁根省档案馆馆长，荷兰国家档案馆馆长，荷兰档案人员培训学校校长，荷兰档案工作者协会主席，荷兰档案工作者皇家协会会长，同时是荷兰战争文件和总统文件管理学术委员会、荷兰信息科学协会、荷兰文献协会、荷兰皇家科学艺术学院、德国档案工作者联盟、**美国档案工作者协会**、欧盟档案保存和利用委员会的委员。在**国际档案理事会**任职多年，从 1980 年起，先后担任国际档案理事会秘书、国际档案圆桌会议秘书长、国际档案理事会项目管理委员会主席、国际档案理事会副主席和执行委员会主席等职，并于 2000 年被推选为国际档案理事会名誉主席。

拥有丰富的档案工作实践经验和档案教学经验，研究领域广泛、成果丰硕。研究项目包括社会历史档案、旧档的产生和利用、档案的使用和用户研究、荷兰档案两百年、社会和文化档案的比较、集体记忆和记忆机构档案馆。发表了约 350 篇文章，有荷兰语、英语、法语和德语等多种语言。1984 年发表的《新型档案材料的开发利用》是代表论文之一，在国际档案界具有广泛影响。在担任荷兰国家档案馆馆长期间，主持了荷兰《国家档案馆指南》的编写工作。（黄霄羽）

勘合 kanhe 中国古代官方以验对符契作为凭证的方法。又称勘契、半印勘合。勘是查验、核对之意。古代文书加盖印信，从印信处分为两半，双方各执一半，使用时查验半印是否相合，称为勘合。中国古代朝廷常用符节传达命令、征调兵将以及用于各项事务。历史上的符节种类繁多，符用金、铜、玉、角、竹、木、铅等材质制成，形状为虎、鱼、兔、龟等。符节双方各执一半，用时将两符相并，查验是否相合，以作为凭证。凡调遣军队、车驾出入皇城、官吏驰驿等，均须验合。古代符契发展至元代，其使用量及范围有所减弱，在很多方面被牌所取代，但其校勘对合的防伪思想已得到广泛认可。随着造纸术、印刷术的提高，人们开始尝试用纸做符契，于是勘合应运而生。

勘合一词最早出现于唐代文献，当时的勘合仅作动词使用，勘合以纸质形态出现见于元代。元代勘合文书由“半印勘合”与“半印勘合号簿”两部分构成。“半印勘合”的字号存左半，“半印勘合号簿”的字号存右半。明沿元制，朱元璋制定了完整的勘合制度体系，明代勘合文书由两部分组成，一为“簿册”，一为“纸”，两者之间用字号与印章关联，字号与印章的右半在册、左半在纸。印文相同，则行之，谓之半印勘合，以防欺弊。每当文书行移勘合文册填满之后，各省都要差人送回京师检验后收架保存。清沿明制，勘合仍多使用，只是衙门所用越来越少，只有兵部驿递重要文书及少数官员因差驰驿才予颁发，故称为兵部勘合。

勘合的出现标志着古代防伪思想的成熟，在中国古代制度史变革中占有举足轻重的地位。（李义敏）

《康熙朝汉文朱批奏折汇编》 *Compilation of Chinese-written Memorials to the Throne with the Emperor's Comments in Cinnabar-ink of the Kangxi Era* 中国档案文献汇编。**中国第一历史档案馆**编。档案出版社 1984～1985 年影印出版。套色精装，8 册，共约 300 万字。按编年体例编排，共收辑清代康熙朝内外文武大臣及内务府臣仆的**奏折** 3119 件。因绝大部分奏折都有康熙帝的朱笔批示，故称**朱批奏折**。其中 1049 件是中国第一历史档案馆藏品，大都是第一次公布；另 2070 件是转录自台北故宫博物院出版的《宫中档康熙朝奏折》一书。

中國第一歷史檔案館編
康熙朝漢文硃批奏摺彙編
第四册
康熙五十一年二月至
康熙五十二年六月止
檔案出版社
一九八五年·北京

《康熙朝汉文朱批奏折汇编》扉页

书内所辑奏折，起自康熙二十八年（1689）二月，迄于康熙六十一年十二月。具奏人共 137 人，其中有大学士李光地、王棪、马齐、张玉书等，有部院大臣及地方督抚大员赵弘燮、宋荦、高士其、王鸿绪、年羹尧、张伯行、赖都、范时崇、杨琳、李树德等人，有内府臣仆曹寅、李煦、孙文成、曹颙、曹頫等人，尤以赵弘燮、李煦两人的奏折为最多。赵弘燮的奏折系统地奏报了自康熙四十五年三月初三日至六十一年四月二十二日直隶所属地区政治、农业、河工乃至气象雨量及粮食价格方面的情况；李煦、曹寅等人的奏折反映了康熙时代江南经济、文化、官场重大事件，也是研究康熙帝、曹家父子、李煦等人的历史和《红楼梦》社会历史背景、曹雪芹家世等的第一手史料。其他奏折有的涉及当时全国各地的政治、经济、文化等情形，有的涉及当时中外关系、国内民族关系等史实。如两广总督杨琳奏报了外国商船及外国传教士来华到粤的情形，康熙帝对此也有许多批示；川陕总督年羹尧及贵州巡抚陈诜等人的奏折，有大量关于川黔地区少数民族问题的内容；王鸿绪的告密小折及康熙帝的批示，则是当时统治阶级内部矛盾斗争以及官场腐败状况的生动记录。

该书不仅是研究清史的第一手珍贵文献史料，而且是一部书法艺术珍品汇集。所收奏折对清代官文书制度研究亦是难得的材料。（朱金甫）

《康熙朝满文朱批奏折全译》 *A Complete Translation of Manchu-text Memorials to the Throne with the Emperor's Comments in Cinnabar-ink of the Kangxi Era* 中国档案文献汇编。**中国第一历史档案馆**满文部王小虹等编译，中国社会科学出版社 1996 年出版。共收译康熙朝满文**奏折** 4297 件，计 250 万字。

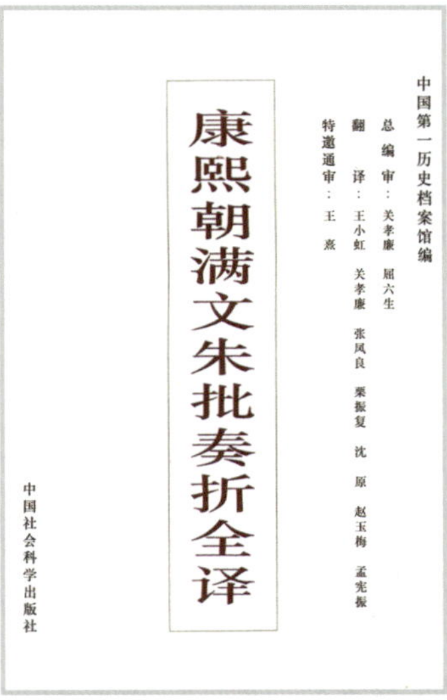
中国第一历史档案馆编
总编审：关孝廉 屈六生
翻译：王小虹 关孝廉 张凤良 栗振复 沈原 赵玉梅 孟宪振
特邀通审：王熹
康熙朝满文朱批奏折全译
中国社会科学出版社

《康熙朝满文朱批奏折全译》扉页

康熙朝满文**朱批奏折**是满族官员及少数汉官用满文书写奏事的折子。清初规定，满官奏事必须用满文，所以满文朱批奏折的作者多为满族勋贵，如驻边将军、都统、内务府大臣、领侍卫内大臣、诸皇子等，内容多涉及军政事务、皇族事务、边疆满族宗教事务、地方动态等。

现存康熙朝满文朱批奏折有 5000 余件，起自康熙十二年（1673）十一月，止于康熙六十一年十二月，分存于中国第一历史档案馆及台北故宫博物院两处。其中，中国第一历史档案馆存有 4400 余件；台北故宫博物院存有 740 余件。为给广大读者提供比较完整系统的康熙朝满文朱批奏折，中国第一历史档案馆满文部自1998年起开始组织力量，将两处保存的康熙朝满文朱批奏折进行译注出版。由于部分**请安折**所载内容大多不具有史料价值，未予译入；部分原档年代久远，污损严重，内容无法弥补，放弃未译，故译录的实际件数比原档总件数少些。

编年体例按具折（发文）的年月日为序，统一编定顺序号。所译各件为康熙一朝的满文朱批奏折，康熙六十一年十一月十三日康熙帝去世后，继嗣之君雍正帝仍采用康熙年号批发的满文奏折亦均译入本书。书内各件内容标题均由译者拟写；原折尾幅所署年月日均移至每件标题之下。书前有“译编说明”“凡例”，书后有“跋”，可资了解康熙朝满文朱批奏折留存情况和编译者所做的加工工作。

收录的内容涉及政治、经济、军事、文化、外交、天文、地理、气象及民族、宗教等种种方面。这批珍贵资料均系首次翻译面世。资料丰富、系统、可靠。如康熙三十五年皇帝亲征噶尔丹详细史料，及与留京办事皇太子胤礽的大批来往文书；康熙末年抚远大将军胤祯及隆科多、年羹尧大量满文奏折，都是汉文中没有的或为数较少的。译者对康熙朝满汉两种文字的奏折进行仔细核对，发现两者内容不仅不相重复，而且区别甚大，不但作者不同，所反映的内容侧重面也不大相同，各具特殊而重要价值。此外，与康熙朝《清实录》《起居注》相较，奏折中内容多有未收入两书者，相关内容也过于简略。特别是在康熙朝汉文奏折相对不多的情况下，这批满文奏折的翻译出版，是研究清代前期政治史、宫廷史、外交史、区域经济史、民族史、边疆史等不可多得的第一手材料。（丁华东）

《康熙起居注》 *Daily Records of Emperor Kangxi's Words and Deeds* 中国记载清代康熙帝言行的起居注。**中国第一历史档案馆**标点整理，中华书局1984年出版。精装，上、中、下三册，共180余万字。原本是秘藏清宫内阁大库的康熙朝起居注册，起自康熙十年（1671）九月，止于康熙五十七年三月，其中康熙十一年以前为每月一册，康熙十八年以后为每月两册，共1000余册，均由日讲起居注官负责编纂，现已有所佚失，存世975册，其中汉文本只有486册，缺康熙四十三年及四十四年两年。该书是根据中国第一历史档案馆所藏汉文原本标点整理，只有康熙十年九月至二十八年十二月、四十五年及五十三年至五十七年三月的302册，缺台北所藏康熙二十九年至四十二年及康熙五十年至五十二年的汉文起居注册184册。

康熙朝起居注册在清代被视作内廷秘籍，所载内容以康熙帝每日言行为主，旁及朝政大事。所载内容距离事件发生时间很近，基本上是当时人记当时事，史料来源最为直接，或是起居注官待直殿陛时的亲见亲闻，或是抄自**文书档案**，比其他官修书更为原始可靠。许多内容难见或不见于其他官私文献资料中，如康熙帝经常举行的御门听政、处理**折本**或召见大臣讨论政务的具体过程，高级外任官员的陛辞请

《康熙起居注》封面

训或钦差官员回京销差时的奏对垂询，经筵日讲时君臣间的讲论治道，皇帝与近侍诸臣的研讨问答，秋审朝审时的君臣共议赦决，少数民族王公台吉等上层人物进京时皇帝的召见和赐宴，以及康熙帝出巡时的起居行止等，均有比较详细的记载。文字朴实，较少修饰。（朱金甫）

《康熙统一台湾档案史料选辑》 *Compilation of Archives on the Reunification of Taiwan in the Kangxi Era* 中国档案文献汇编。厦门大学台湾研究所、**中国第一历史档案馆**合编，福建人民出版社1983年出版。平装，全1册，26万字。为《清代台湾档案史料丛刊》之一种。

收入清康熙元年（1662）至二十三年期间有关清政府与郑经、郑克塽之间战和关系的档案史料184件。其中78件选自中国第一历史档案馆所藏内阁全宗**题本**、**启本**、咨文等档案，25件选译自满文密本档，1件选自《汉文起居注》（康熙十一年至二十七年）有关台湾部分，均为首次公布的档案文件。另有50件选自《忧畏轩奏疏》，该书清康熙时虽有刻本，但流传极少；13件选自《靖海纪事》，17件选自《**明清史料**》丁、已等编；均是重要的档案性资料。主要内容包括：清政府军攻克厦门、铜山等地，与台湾郑氏进行和谈的情况，击退郑经乘三藩之乱对闽粤沿海地区的进攻，并于康熙二十二年攻克澎湖，以及郑克塽率众降清，清政府在台湾设官、驻兵、屯种、安民等善后措施，台湾与大陆实现统一。所辑档案史料，除个别与主题无关者酌予删节外，均全文公布，有明显观点错误者，亦保留原貌，不予删改。

所辑档案原则上按具文时间先后依次排列，其中没有具文时间的，则以已收文或**批红**的时间编排。若具文和收文时间都没有的，则按推定的大致时间编排。所辑档案均由编者加以标点，适当分段，并加标题。正文中标题略去具文人职衔，但在目录中仍予以保留。书中所辑每件档案的具文时间，原在各件的末尾，现都移至文前标题之下，以便读者检索。凡是没有具文时间的，则用收文时间或批红时间，并分别加“到”字或“批”字，以示区别。

著作中凡是选自满文密本档、《忧畏轩奏疏》《靖海纪事》及《明清史料》各件档案的，都在该件末尾注明了出处。凡是没有注明出处的，都选自清内阁全宗档案。该书中满文档案中的人名、地名都采用音译。（张书才　撰　韩宝华　修订）

《抗战以来重要文件汇集》 *Collection of Important Documents since the War of Resistance* 中国档案文献汇编。1942年7月由中共中央书记处编辑出版。汇集了1937年7月至1942年7月中共中央颁布的各类文件及党的领导人讲话共66篇。其中，重要篇目包括《中共中央为日军进攻卢沟桥通电》《中共中央为公布国共合作宣言》《论反对日本帝国主义进攻的方针办法与前途》《中共中央关于目前形势与党的任务的决定》《为动员一切力量争取抗战胜利而斗争》《中共中央关于抗日根据地土地政策的决定》《反对党八股》等。入选档案均按时间先后顺序排列，不分类。《抗战以来重要文件汇集》编成后，先由中共中央秘书处发给区党委以上机关使用，后来范围进一步扩大，成为抗日战争时期党、政、军干部的必读读物。

原版为线装，竖版铅印，共223页。中国国家图书馆作善本珍藏。出版后曾多次翻印，所见较多的版本为光明书店1946年的翻印本，平装，共326页。书无序跋和编辑说明，从选编文件内容看，主要为宣传、学习中国共产党的抗日政策和抗日主张之用。有学者将其与《**六大以来——党内秘密文件**》《**六大以前——党的历史材**

《抗战以来重要文件汇集（1937—1942）》封面

料》并称为中共早期出版的重要档案文献出版物。（丁华东）

考克斯，R.J. Richard J. Cox 美国档案学者。美国匹兹堡大学信息科学学院图书情报学教授。1972 年毕业于马里兰陶森州立学院，获得历史学学士学位，1978 年获得马里兰大学的历史学硕士学位，1992 年在匹兹堡大学取得图书情报学博士学位。1972～1988 年，作为专业的档案工作者先后在马里兰历史协会、巴尔的摩市、亚拉巴马州档案与历史部、纽约州档案与文件管理局等机构工作，1988 年进入匹兹堡大学信息科学学院图书与情报学系担任教职。

他著述丰硕、观点新锐。自 1973 年发表第一篇学术论文开始，在其后 40 多年的时间里共出版了 18 本著作和大量论文和评论，几乎每一本书的出版都会引起档案学界的关注与讨论，并曾三次（1991、2002、2005）获得美国档案工作者协会颁发的利兰奖。代表性学术成果有《文献战略案例研究：纽约西区》（1989）、《文献战略与档案鉴定原则：一个不同的角度》（1994）、《记录地方：美国档案工作者和手稿保管者的一个实践模型》（1996）、《没有纯真的收藏：反思鉴定，构建档案》（2004）、《危险世界里的伦理、责任与记录保管》（2006）、《档案伦理：问题的真相》（2008）、《档案焦虑与职业使命》（2011）、《数字时代档案的鉴定与未来》（2011）、《战争、记忆与档案：构建一个框架》（2012）等。

他对档案学研究中的许多经典理论提出了质疑，这些质疑对于当代档案学理论仍然具有挑战。主要包括：在档案鉴定理论中，提出“没有纯真的收藏”，指出档案并不是自然出现的，而是由档案工作者、文件形成者以及其他个人和机构有意识塑造的。对于数字时代档案鉴定中“任何信息都能被储存”问题，也提出了质疑，认为技术无法解决诸如检索和保持重要信息的能力、维护费用、储存所有信息的理由和逻辑背景等问题。

为了弥补实践工作经验的缺乏，他大量使用案例分析的方法，来讨论档案实际工作中的问题，是北美档案学界公认的高产作者，研究兴趣非常广泛，对档案与文件管理的各个领域几乎均有涉猎。（黄霄羽）

科尔多瓦大学档案学院 College of Archives, University of Cordoba 阿根廷培养档案专业人才的高等学校。拉丁美洲历史最悠久、学术水平居领先地位的档案教育机构之一。最早附设在科尔多瓦大学的哲学与古典文学系，后来又成为图书馆学院的组成部分，直到 1961 年才从图书馆学院独立出来。

学院学制 3 年，所设课程主要是档案专业必修课，包括档案工作概论、文件的产生和保存、立卷和分类、编目和制卡、行政档案、历史档案、档案方法学和时间、档案馆计划的制订等。另外还有一些相关课程，如古文字学、古文书学和行政管理学，也是学生的必修课程。学院的教学有两大鲜明特点：①重视对学生实践能力的培养，学院每年都组织学生到档案馆实习。②重视开展档案学术的校际和国际交流，学院曾与巴西圣玛利亚联邦大学的档案理论讲习班建立专业联系，进行学术交流，学院还经常邀请各国知名档案学者来校讲学，秘鲁、哥伦比亚、西班牙和联邦德国的学者都曾前来做过专题报告。

由于学院教学经验比较丰富，教学水平较高，美洲国家组织从 1972 年起，把拉美地区的国际档案培训中心——美洲档案发展中心，也设在科尔多瓦大学档案学院，实行合作办学。具体做法是档案学院提供教学和管理人员、教学场地等，美洲国家组织为发展中心的图书馆、照相实验室、修复室和刊物提供图书、设备、物资和资金，为中心出版教材，并为客座教师提供一切费用。中心每年 1 期，招收拉美诸国的档案人员进行 7 个月的培训。

学院在美洲国家组织的资助下，定期出版《美洲档案通讯》。经常刊载档案学专业论文和专题调查报告，介绍拉美地区档案界的学术动态，对促进拉美各国档案工作者的学术交流和相互了解起到了较大的作用。（黄霄羽）

科技档案保管期限表 retention schedule of science and technology archives 以表册形式列举科技档案的来源、内容和形式，并指明其保管期限的指导性文件。鉴定科技档案保存价值和确定保管期限的依据和标准。根据国家确定的有关鉴定工作的规定、制度和划分保管期限的基本原则，把一个专业系统或一个单位的科技档案概括成若干条款并列成表，在表中对每个条款列出名称、种类、内容、来源等，并注明保管期限。通常由顺序号、条款、保管期限、附注以及总的说明等部分组成，其中条款和保管期限是最基本的项目。

科技档案保管期限表没有统一规定的编制格式。根据已有的科技档案保管期限表来看，一般由文字说明和保管期限条款两部分组成。文字说明部分，放在整个保管期限表的前面，说明的内容主要有：编制本保管期限表的依据，确定保管期限的原则，本保管期限表的适用范围，条款的排列方法，以及使用方法和在使用中应注意的问题等等。文字说明部分，在使用保管期限表时起指导作用。保管期限表条款部分，是整个保管期限表的主体，由顺序号、条款名称、保管期限、备注等项组成。（黄世喆）

科技档案编研 compilation and research of science and technology archives 科技档案管理机构（或部门），以档案馆（室）所藏档案为基础，根据客观需要，集中科技档案信息，进行分析研究，形成不同形式的成果以供本组织和社会各方利用的业务活动。

基本原则 ①求真原则。科技档案是各项科技活动的真实记录与写照，科技档案编研成果也因此具有较强的权威性，在整个编研工作的各个环节，都应本着求真、存真的原则，充分发挥科技档案的价值与作用。②适用与可用原则。科技档案编研成果必须能够满足利用者的需求，利用者的需求一方面表现为内容的需求、一方面表现为形式的需求，同时利用者的需求还呈现出不同的层次，因此编研工作应始终坚持将最合适的内容以最恰当的方式传递给利用者。③合法性原则。科技档案编研工作是一项科技资源的开发活动，编研成果的传播往往涉及技术、经济等各领域，因此科技档案编研要遵守相关的法律法规。

关键步骤 ①选题。选题应综合考虑社会发展、经济建设、科技进步、组织发展、用户需求等多种因素，并以馆（室）藏可用资源为基础，着眼于现实需求和长远需求，使选题具有科学性、可行性、价值性。②确定编研方案。根据选题，统筹协调与编研工作开展的各种因素，并形成可操作方案，主要包括进一步明确编研的目的和要求、编研工作人员的组织和分工、编研成品的结构和体例、进度安排、保障机制等。③选材。尽可能齐全完整地采集支撑编研成果的各种形式的素材，并围绕主题进行严格筛选，应注意对不同载体、不同来源素材的选择和选用。④加工和编排。在对科技档案信息进行汇集和研究的基础上，对所选信息进行加工与组织，以科学合理的结构和形式系统组织编排，比如按照时间顺序、按照重要程度、按照区域特征等。⑤审校与批准。审校包括从形式到内容的全面审核与校对，进一步确保编研成果的准确性、科学性、美观性等。批准需根据编研成果的发行方式、发行范围等按程序要求进行。

成果种类　①科技成果简介。又称科技成果档案文摘。以科技成果档案为基础，简单介绍科研成果的基本信息，以供利用者进一步参考利用的编研成果。②图册或**图集**。汇集科技档案中的图样（如设计图、简图、示意图等），直观展示科技成果、科技项目的相关信息，可配以必要的文字或数据说明，是一种具有典型科技档案特色的编研成果，如工程建设图集、通用零部件图集等。③科技数据分析成果。即对科技档案中的相关数据信息进行选择、提取、摘录，经过分析整合，形成满足现实科技生产活动的纸质、电子等不同形式载体的编研成果，既包括科技数据的汇集，也包括在数据汇集基础上对比分析而形成的深层次的编研成果。④科技史料。利用科技档案说明特定科技活动发展过程和发展状况的编研成果。⑤科技大事记。一定区域、某一行业或某一组织，按照时间顺序简要记载科技活动中大事、要事的编研成果。⑥科技年鉴。综合记述一年内某一组织、某一领域中科技活动相关情况的编研成果，每年一编，具有较强的连续性。

（李　颖）

科技档案档号　archive number of science and technology archives　档案部门用来反映科技档案分类层次和保管单位排列顺序的一组符号。又称科技档案编号。由科技档案分类号和保管单位顺序号两部分组成。即：科技档案档号 = 科技档案分类号 + 保管单位顺序号。

基本内容　科技档案档号编制应符合的要求：①要反映科技档案系统整理后的科学秩序，要同科技档案的分类方法和分类方案的结构层次相一致。②由代字和代号两个元素组成，代字和代号实际上相当于科技档案分类方案中一级类目的符号表示，代字使用汉语拼音字母，代号使用阿拉伯数字，代字、代号必须有确定的含义，具有单义性。在一个科技档案室或科技专业档案馆内，一个档号只能代表一种科技档案。③应力求简明，不要过于复杂。

科技档案档号的编制方法与步骤：①编制与科技档案分类有关的代字、代号表。包括科技档案种类代字、代号表；科技档案专业代字、代号表；科技档案设计阶段代字、代号表。②确定科技档案档号的编制结构，填写科技档案档号。科技档案档号的编制结构有单纯号码制和混合号码制两种形式。采用何种号码制由科技档案分类代字、代号的构成决定。

意义和作用　科技档案档号起着固定整理成果，反映科技档案分类和排列次序，便于保管和查阅的作用，是管理科技档案的一种基本方式。科技档案档号在日常管理中的作用主要有：①指导科技档案案卷排列，固定排架的位置。②指示科技档案案卷在科技档案目录中的位置。③反映科技档案的内容特征和分类层次，提供调卷的依据。④反映科技档案接收总数量与入库顺序。⑤随时反映科技档案当前的数量，便于进行总量统计。（黄世喆）

科技档案复用率统计　reuse rate statistics of science and technology archives　对新设计项目重复利用已有科技档案（图样、文件、记录和数据）与项目形成的科技档案（图样、文件、记录和数据）总量之间百分比的统计。又称科技档案套用率统计。在设计部门（单位）进行新工程项目、产品或设备设计时，可直接复用或套用已有的成图、文件、记录或数据等科技档案成果，不必重新制作，只将原有的科技档案调出复制使用即可。科技档案复用率统计应遵循相关的法律法规、制度规范，包括《中华人民共和国档案法》及其实施办法、《中华人民共和国统计法》及其实施办法、国家档案局发布的《企业档案工作规范》（DA/T 42）和《企业文件材料归档范围和档案保管期限规定》，以及国家档案局制定、国家统计局批准的《全国档案事业统计年报制度》和各地方统计局的档案统计制度等。

科技档案复用率统计是**科技档案统计**的一项重要内容。通过这种档案统计可以反映**科技档案利用**的实际效益，是体现科技档案价值的一种重要方式。（王英玮）

科技档案工作　work of science and technology archives　完整地保存和科学地管理科技档案，充分发挥科技档案的作用为目的的管理活动的总称。

科技档案工作的基本任务　在科技档案工作基本原则指导下，建立、健全科技档案工作的法规制度，科学地管理科技档案，积极开发科技档案信息资源，及时、有效地提供科技档案为经济建设和科技发展服务，为党和国家的各项事业服务。

科技档案工作的内容　具体包括科技档案业务管理、科技档案事业管理两项基本内容。

科技档案业务管理是以科技档案为对象的具体管理工作，又称科技档案的微观管理。由基层科技档案机构和科技专业档案馆承担：科技档案的收集、整理、鉴定、保管、统计和开发利用等项业务工作，组织协调相关业务建设，制定**科技档案管理**的业务原则与标准，选择和使用优化的管理技术与措施，实现科技档案的科学管理与有效利用。科技档案业务管理对于整个科技档案事业基础的牢固与发展有着决定性的影响。

科技档案事业管理是指对整个科技档案工作实行统筹规划，组织协调，统一制度，监督、指导和检查，包括一系列组织建设和事业管理的内容，因此，也称科技档案的宏观管理。由国家和地方档案行政管理部门以及各级专业主管部门承担：制定科技档案工作的方针政策，建立和完善科技档案管理体制，规定各级、各类科技档案机构的设置与职权范围，建设科技档案工作者队伍，对科技档案工作实行法制管理、规划管理、标准化管理和行政管理，协调科技档案工作的各种因素和关系，从总体上优化科技档案工作。科技档案事业管理对国家科技档案事业的健康、可持续发展具有重要作用。

科技档案工作的性质　一项以科学管理为中心内容的专业性、服务性、机要性工作。明确科技档案工作的性质是正确认识科技档案工作的地位、作用，正确处理科技档案工作与其他有关工作关系的基础，有助于正确把握科技档案工作的方向，科学管理科技档案并更好地为社会各方面服务。

①一项专业性的工作。专业性是科技档案工作区别于包括一般档案管理在内的其他文献管理工作的基本依据之一，也是科技档案工作发展成熟的标志。科技档案工作的专业性具体表现为：科技档案工作有自己独立的物质对象，科技档案工作有特定的工作内容和专门的工作方法，科技档案工作有比较完整的专业理论知识体系等。

②一项科技管理性的工作。管理是人类社会的一种职能，生产社会化的程度越高，对管理科学性的要求也越高；科技档案管理是科学管理的必然结果。科技档案工作的科技管理性具体表现为：科技档案工作是科技管理工作的组成部分，科技档

案管理是基础性科技管理工作，科技档案管理是对科技信息和科技成果的管理等方面。

③一项服务性的工作。科技档案工作是通过对科技文件材料的形成、积累、整理和归档工作的检查与协助，通过对科技档案的科学管理和开发利用，来参与企、事业单位的科技管理工作的，因此，服务性是对科技档案工作内容和方式的本质概括。科技档案工作的服务性具体表现为：科技档案工作是为科技、生产活动创造条件的工作，是一项科技保障性的工作。

④一项机要性的工作。科技档案工作的机要性是由科技档案内容的机密性和科技档案工作的服务方向决定的。

科技档案工作的基本原则　科技档案工作的基本原则包含了三个方面的内容：集中统一管理科技档案，维护科技档案的完整、准确、系统和安全，实现科技档案的有效利用。

（一）集中统一管理科技档案是科技档案工作基本原则的核心，是科技档案工作的组织原则和管理方式。

科技档案实行集中统一管理的必要性：集中统一管理科技档案是社会化生产和专业分工的客观要求，是社会主义公有制的必然反映。

科技档案实行集中统一管理的内容：①科技档案是国家的财富，一方面反映了国家对科技档案拥有所有权，凡国家所有的科技档案必须向档案部门移交，任何个人和集团都不能据为己有；另一方面反映了国家对非国有科技档案持有控制权，即对于个人和集体所有的对国家和社会具有保存价值的或者应当保密的科技档案，如所有者无保管条件的，应由档案管理部门代管，或向国家档案部门寄存或出售。②科技档案按专业（行业）实行分级管理。集中统一管理科技档案是通过按专业（行业）分级统一管理实施的。按专业（行业）分级管理，表现为：国家的全部科技档案按专业（行业）系统实行统一分级管理；在一个单位内，科技档案由档案部门实行统一管理。③科技档案管理要遵循统一的管理制度。由国家档案行政管理部门和专业主管机关制定科技档案管理的章则制度，各级科技档案机构应该以国家和本专业的科技档案章则制度为依据，制定本单位的科技档案管理制度，以保证科技档案基本管理制度、方法的统一。

（二）维护科技档案的完整、准确、系统和安全，是科技档案工作基本原则对于科技档案管理的质量要求和管理要求。科技档案的完整，要求科技档案齐全成套，种类完备。一方面，就一项科技活动形成的科技档案而言，应该包括活动全过程中形成的所有具有保存价值的科技文件，符合成套性的要求；另一方面，就一定的库藏范围而言，科技档案的种类与形成单位的科技活动范围应该一致，使科技档案从个体到整体的构成更加合理，维护科技档案的不可分散性。科技档案的准确，要求科技档案必须是真实的历史记录，并且在内容上始终与它所反映的对象相一致。科技档案的系统，要求保持科技档案材料之间的有机联系，不得任意肢解与组合，并且实现库藏科技档案排列的有序化。科技档案的安全，要求保证科技档案实体的安全，尽可能延长其自然寿命；同时还要求保护科技档案信息的安全，保守科技秘密，保护知识产权。

（三）实现科技档案的有效利用，是科技档案工作的根本目的。实现科技档案的有效利用，是指要大力开发科技档案资源，充分发挥科技档案的作用，及时、准确地提供科技档案为社会主义现代化建设服务，为中国的科学技术事业以及为党和国家各项工作的长远需要服务。

科技档案工作基本原则的三方面内容，是相互联系的一个整体。只有在组织上实行统一领导、分级管理，才能维护科技档案的完整、准确、系统和安全，才能便于社会各方面的利用，实现科技档案工作的目的。同时，有效利用又能促进集中统一管理的实现，维护科技档案的完整、准确、系统和安全。

实施科技档案工作基本原则的特点　在加强国家各级档案行政管理部门对科技档案工作监督、指导和检查的同时，要求把科技档案工作纳入专业（行业）系统和企、事业单位统一的生产技术指挥系统之中。具体而言：大机器工业化生产和社会分工协作的发展，不仅要求对科技档案实行集中统一管理，而且要求把科技档案工作纳入统一的生产技术指挥系统中；科技档案要达到完整、准确、系统的要求，就必须把科技档案工作纳入生产、技术或科研、设计管理工作中，使之建立在完善的生产、技术或科研、设计管理制度的基础上；科技档案管理只有纳入生产、技术或科研、设计管理，才能够更好地实现有效利用。

实施科技档案工作基本原则的优点　有益于保护科技档案，保守科技机密；有利于形成科技资源储备中心和交流中心；有助于加强科技档案工作，促进科技档案工作的现代化。

科技档案工作的形成与发展　中华人民共和国成立后，伴随着现代科学技术的大工业生产的日益发展，一方面产生并积累了大量的科技档案，另一方面又必须充分利用科技档案资源为经济建设服务，中国的科技档案工作由此得以创建并逐步发展。

1959 年 12 月，技术档案工作大连现场会在辽宁省大连市召开。会议以研究《技术档案室工作暂行通则草案》为中心，在总结过去 10 年科技档案工作经验的基础上，着重讨论了区分科技档案与科技资料、建立健全归档制度、科技档案集中统一管理、保证科技档案安全等有关企、事业科技档案室工作的建设问题，讨论通过了《技术档案室工作暂行通则》。大连会议的召开，《技术档案室工作暂行通则》的发布，使中国原来处于分散、不统一的科技档案工作，开始有了基本的、统一的做法和制度，逐步纳入社会主义国家规模的集中统一管理轨道，成为与国家的社会主义经济建设和科学技术工作紧密联系的一项专门工作。从 1959 年 12 月技术档案工作大连会议到 1966 年上半年，党中央和国务院先后批准和批转了 11 个科技档案工作文件，大大促进和加强了科技档案工作，对建立和发展中国国家规模的科技档案工作起到了重要的关键性作用。

1980 年 7 月，经党中央和国务院批准，由国家经委、国家建委、国家科委和国家档案局联合召开了全国科技档案工作会议，讨论《中华人民共和国科学技术档案工作条例（讨论稿）》，研究当前科技档案工作的情况和问题，交流科技档案工作经验，促进科技档案工作的恢复与整顿。讨论制定的《科学技术档案工作条例》，同年 12 月经国务院批准，由国家经委、国家建委、国家科委和国家档案局联合发布施行。对于中国科技档案工作的恢复、整顿以及以后的发展、提高，都起到了积极的推动作用。

1986 年 12 月，国家档案局、国家经委、国家科委和国家计委联合召开了全国科技档案工作会议，研究讨论基层企、事业单位档案的综合管理及科技档案资源的开发利用等问题。会议讨论通过了《国营企业档案管理暂行规定》《科学技术研究档案管理暂行规定》《基本建设工程项目文件归档范围》和《开发利用科技档案信息资源暂行办法》。此次会议的召开，标志着中国的科技档案工作为适应国家经济体制改革的需要，由原来单一门类档案的管理，拓展为以科技档案为主体的多门类档案综合管理，从而实现档案信息的综合开发利用；标志着基层单位的科技档案工作，在恢复、整顿的基础上，向着规范化、现代化管理方向迈进；标志着科技档案资源的开发利用工作进入了一个更高层次，并开始与技术商品和技术市场的管理要求逐渐接轨。

以《中华人民共和国档案法》《中华人民共和国档案法实施办法》及《国营企业档案管理暂行规定》《科学技术研究档案管理暂行规定》等为核心的法律法规体系为依托，促进科技档案的规范化管理，使科技档案工作在适应改革开放新形势的前提下，为国家的经济建设服务，并同时获得进一步的提高和发展。 （何 振）

科技档案管理 management of science and technology archives 根据科技档案形成的规律和特点，以有效保存和科学管理科技档案、实现科技档案价值为目的而进行的各项业务管理活动。又称科技档案工作。组织机构在产品生产、项目建设、科研开发及自然观（探、勘）测等认识自然、利用自然和改造自然等活动中建立的档案管理活动，是国家档案工作的组成部分。

起源与发展 中国古代曾有过辉煌的科技成就，与之相应地形成并保存了大量具有科技档案性质的历史文献，其内容涉及天文、地理、舆图、农学、医学、算术、物理、工程建设及百工杂役等，其类型既有存于正史之中的有关文字史料，也有存于甲骨、金石、缣帛、竹木简等不同载体之上的只言片语或系列数据。但由于当时科技活动规模的限制，加之社会分工并未如此精细分明，故并未形成专门的科技档案管理活动，其相关工作大都并入朝廷史官的业务范畴或通过编史修志活动加以搜集整理和记录留存。中华民国时期中国虽然开始引进近现代工业体系，但也未形成有组织有规模的科技档案管理活动。

中华人民共和国成立之后，中国引进了苏联的国家规模档案工作模式，组建了包括科技档案管理在内的国家规模档案事业，将科技档案纳入国家档案资源，实行集中统一管理，并按照当时计划经济体制的特点，形成了由中央到地方以专业（行业）主管部门管理为主线，以地方政府档案行政部门管理为辅线的条块结合的科技档案管理模式，各单位和机构的科技档案管理均在该模式下得到统一的组建与发展。改革开放之后，伴随着市场经济体制的建立和现代企业制度建设的深化，企业及正在企业化的科研事业单位逐渐成为市场的独立实体，包括科技档案在内的档案资源被视为各单位的内部信息资源，由各单位按照国家相关法律要求，结合本单位实际情况进行综合管理。条块结合的管理模式开始逐渐被属地化管理模式所替代，同时仍旧延续了由国家档案行政部门和行业协会主导制定科技档案管理业务标准，并结合企业资产关系特点，补充建立了以资产关系为纽带的监管方式。信息技术的广泛引入，科技档案在形成规律、数据形式及处置方式等各方面均产生了较大的改变，导致科技档案管理正在由过去手工管理模式向自动化、智能化的管控模式转变。经济体制改革与信息技术的广泛应用，对科技档案管理体制、业务标准、管理方式、工作流程乃至相应的管理理论均产生了重要的影响。

管理内容 科技档案管理的内容大致分为三个方面：①科技档案形成与归档管理。针对科技档案形成特点的复杂性和专业性而展开的管理活动。主要涉及根据产品生产、科研开发、工程建设及自然观测等项活动的运动规律和管控方式，设计科技档案形成与归档的管理机制，明确责任，细化业务标准，简化工作流程，确保归档文件材料的规范形成、有效积累、科学整理和高质量归档。②科技档案实体与信息管理。针对归档文件材料进行系统整合与资源规划，建立价值评估和安全管控体系，维系科技档案信息的完整性、准确性、系统性和安全性。③科技档案信息开发利用。建立科技档案信息资源有效识别与检索体系，通过档案信息系统的智能组配和各种有效汇编形式，深度挖掘信息价值，实现二次或三次资源整合，并采用安全有效的管控流程，推送科技档案信息为实际需求服务，实现科技档案管理的核心目标。

管理原则 科技档案管理的原则具体表现为数据来源成套原则、过程有效管控原则和资源整体配置原则。

①数据来源成套原则。在科技活动中，始终存在着围绕一项具体的生产、建设、研发任务，形成一整套具有有机联系的数据资源，这些数据资源既以不同的工作程序或作业方式相对独立，又以科技对象整体功能或目标为核心相互关联，从而表现出信息内容的成套性或配套性。开展科技档案管理，需要遵循这一数据来源特点，维护数据资源之间的有机联系，确保科技档案内容的关联性和原始性，从而使其能够真实反映科技活动的本来面貌。

②过程有效管控原则。科技档案管理并非仅是数据资源归档之后的管理，根据现代科技活动周期长、规模大、结构复杂、合作层面多等特点，需要在其全过程加以控制。按照工作经验，总结出“三纳入”“四参加”“四同时”以及以合同作为控制手段等具体的管控方式与要求，明确管理目标，落实管理责任，细化管理标准，确保科技档案管理高质量和高效率地开展。

③资源整体配置原则。在科技档案管理过程中，各行业、各单位应根据本层级管控范围与管理目标，合理设计与分配数据资源的留存范围和类目体系，构建数据信息的识别系统和检索系统，为有效激活海量数据资源创造条件，实现科技档案的低成本管理、安全控制和有效利用。

规定与标准 科技档案管理现行的规定与标准主要有：《科技档案工作条例》（国务院1981年发布）、《科学技术档案案卷构成的一般要求》（GB/T 11822—2008）、《国家重大建设项目文件归档要求与档案整理规范》（DA/T 28—2002）、《企业档案工作规范》（DA/T 42—2009）、《企业文件材料归档范围和档案保管期限规定》（国家档案局10号令，2012年发布）、《国有企业文件材料归档办法》（国家档案局、国资委2004年发布）、《重大建设项目档案验收办法》（国家档案局、国家发改委2006年发布），以及各行业主管部门（行业协会）所颁发的各类专业科技档案管理有关标准和办法等。 （沈永年 王传宇 宫晓东）

科技档案管理学 management science of science and technology archives 研究科技档案及其组织管理和开发利用的理论与方法的档案学分支学科。

研究任务与内容 科技档案管理学的研究任务是分析和揭示科技档案的自身运动规律，总结和探索科技档案组织管理和开发利用的原理与方法，提高科技档案工作水平，为科技档案业务管理的优化提供科学的理论指导，促进科技档案事业的建设与发展。科技档案管理学的基本研究对象有两个：一是科技档案，二是科技档案工作。研究内容由以下三个方面组成：①科技档案。具体包括科技档案的定义、种类、特点；科技档案的形成过程及其运动规律；科技档案的功能和作用；科技档案与邻近事物的比较。②科技档案事业管理。具体包括科技档案事业的历史和发展规律；科技档案工作的性质与原则；科技档案事业的管理体制、机构设置和人员配备；科技档案事业的法制管理、目标管理、标准化管理和行政管理。③科技档案业务管理。具体包括科技档案机构对科技文件的形成、积累、整理、归档进行协助、指导、监督、检查的超前管理工作；科技档案收集、整理、鉴定、保管、统计等实体管理工作；科技档案信息资源开发利用、信息化建设等信息管理工作；科技档案知识积累、组织、评价和服务等知识管理工作。

学科性质　首先，科技档案管理学是一门综合性的交叉学科。科技档案产生于人类认识自然、改造自然和利用自然的科技生产活动中，它所记载和反映的内容基本上属于自然科学的范畴；科技档案工作是围绕科技档案管理和利用而开展的专门工作，目的是满足人类对科技档案的利用需求，它作为一种社会现象更多地体现出社会科学的性质，这就决定了科技档案管理学的综合性。科技档案管理学是在自然科学与社会科学的交叉中产生的，又是在与信息学、系统学、管理学等新兴学科的再交叉中不断发展的。其次，科技档案管理学是一门信息管理学科。信息科学是21世纪以来最富有活力的学科之一，包括信息技术科学和信息管理科学两类。信息技术科学是以计算机技术、通信技术等为主要研究对象的科学；信息管理科学则是以信息的收集、加工、处理、服务为主要研究内容的科学，它包括图书馆学、情报学、档案学等学科。科技档案管理学作为档案学体系中重要的分支学科，自然也属于信息管理科学、甚至属于信息科学的范畴。再次，科技档案管理学是一门应用学科。科技档案管理学的重点在于应用研究，注重回答和解决在科技档案工作实践中出现的各种问题，如果它脱离科技档案工作的实际，就将是无源之水、无本之木。

发展历程和代表著作　西方发达国家对科技档案管理，特别是以现代技术管理科技档案的研究，有较高的水平，但由于没有国家规模的集中统一管理，科技档案管理理论与方法的研究还不系统。苏联将科技档案作为**国家档案全宗**的重要组成部分，实行集中统一管理，1956年莫斯科历史档案学院出版了A.A.库津编著的《技术档案的管理》。美国没有科技档案和科技档案工作的专门概念，而是以科技报告制度管理科技原始记录材料。中国虽在古代与近代已保存一定数量的科技档案，但一直没有发展成为单独的档案门类，也没有建立专门的科技档案管理体制。中华人民共和国成立后，科技档案管理学伴随着国家经济建设和科学文化事业的发展，为适应国家档案事业的客观需要而创建并逐步发展起来。中国的科技档案管理学起源于20世纪50年代，1959年在大连召开的华北、东北档案工作协作区技术档案工作现场会上形成的《**技术档案室工作暂行通则**》，为中国科技档案管理学的形成奠定了基础。60年代初科技档案管理学体系初步建立，出版了中国人民大学历史档案系技术档案管理学教研室编写的《技术档案管理学》(1962)。1980年召开的全国科技档案工作会议以及这次会议出台的《**科学技术档案工作条例**》，促进了科技档案事业的发展，也助推了科技档案管理学研究的繁荣。冯明主编的《科学技术档案管理学》(1987)，王传宇、沈永年主编的《科技档案管理学》(1989)和陈作明主编的《科学技术档案管理学》(1989)，以及王传宇的《农业科技档案管理概要》(1986)和刘巨普的《城建档案管理概要》(1986)等著作，均为这一时期代表性的研究成果。90年代以来，随着经济建设步伐的加快、信息技术的日新月异、市场经济的日趋完善，科技档案管理学研究不断向纵深发展，赵鸿飞主编的《新编科技档案管理学》(1990)，吴品才主编的《现代科技档案管理学》(1996)，霍振礼主编的《现代科技档案管理》(1996)，王传宇主编的《科技档案管理学》(1998)，吴建华主编的《科技档案管理学》(2002)，严雪林的《军队科技档案管理》(2004)，丁海斌主编的《**中国科技档案史**》(2007)，王传宇、张斌主编的《科技档案管理学》(2009)，华林主编的《科技档案管理学》(2015)等著作，都对科技档案和科技栏案工作进行了更加全面、深入、系统的论述。

科技档案管理与科技管理有着十分密切的关系，科技档案管理是科技管理的重要组成部分，加强科技档案管理学的研究，对于积累和储存科技档案资源，管好用好科技档案资源，提升科技管理水平，更好地促进国家科学技术事业的发展有着积极的意义。企事业单位是科技档案形成的主体，企业特别是工业企业对于科技档案管理学的形成与发展曾产生过重要的引领作用。科技档案与企业档案是两个有交集的概念，20世纪90年代以来，企业档案管理学发展迅速，加强科技档案管理学研究，要密切两个学科之间的联系，相互借鉴，共同提高。　（吴建华）

科技档案归档率统计　archiving rate statistics of science and technology archives　各立档单位对归档的科技档案的完整率和准确率的统计。科技档案归档率统计的内容包括：①完整率统计。即计划应收集、归档的科技文件、记录、数据（计划完成数量）和实际收集、归档的科技文件、记录、数据（实际完成数量）之间的百分比。是考核计算科技档案归档数量的一种统计方法。计算公式是：科技档案归档完整率＝（实际完成数量/计划完成数量）×100%。②准确率统计。即对已归档的科技文件、记录和数据的具体内容与科技活动的实际内容之间的相符性、一致性，进行统计的活动。计算公式是：科技档案归档准确率＝（科技档案具体内容/科技活动的实际内容）×100%。

科技档案归档率统计应遵循相关的法律法规、制度规范包括：《中华人民共和国档案法》及其实施办法、《中华人民共和国统计法》及其实施办法、2009年国家档案局发布的《企业档案工作规范》(DA/T 42—2009)、2012年国家档案局发布的10号令《企业文件材料归档范围和档案保管期限规定》，以及2014年发布的《全国档案事业统计年报制度》和各地方统计局的档案统计制度等。

科技档案归档率统计是**科技档案统计**的一项重要内容。通过统计可以有效反映出科技文件归档和科技档案收集质量的真实情况，是发现科技档案收集、归档工作中存在的问题，提高科技档案收集归档质量的必要方法。　（王英玮）

科技档案归档准确率统计　archiving accuracy rate statistics of science and technology archives　对已归档的科技文件、记录和数据的具体内容与科技活动的实际内容之间的相符性、一致性，进行统计的活动。科技档案归档准确率统计的计算公式是：科技档案归档准确率＝（科技档案具体内容/科技活动的实际内容）×100%。

统计工作中应遵循相关的法律法规、制度规范包括：《中华人民共和国档案法》及其实施办法、《中华人民共和国统计法》及其实施办法、2009年国家档案局发布的《企业档案工作规范》(DA/T 42—2009)、2012年国家档案局发布的10号令《企业文件材料归档范围和档案保管期限规定》，以及2014年发布的《全国档案事业统计年报制度》和各地方统计局的档案统计制度等。

科技档案归档准确率统计是**科技档案统计**的一项重要内容。通过这种档案统计可以有效反映出科技文件归档和科技档案收集质量的真实情况，是发现科技档案收集、归档工作中存在的问题，提高科技档案收集归档质量的必要方法。　（王英玮）

科技档案鉴定　appraisal of science and technology archives　按一定的原则和标准，鉴别科技档案价值、划定保管期限、确定存毁的工作。具体来说，就是要根据国家档案行政管理部门制定的有关原则和制度，审查科技档案完整、准确、系统的质量，甄别科技档案现实的、科学的和历史的价值，确定不同保管期限，有价值的挑选出来永久或定期保存，价值不大或无须保存的拣出，经过一定审批手续，予以销毁处理。

科技档案鉴定的步骤：①在一项科技任务结束或告一段落，科学技术文件材料归档转化为科技档案时进行。审查归档的科技文件材料完整、准确、系统的程度，检查纸张和书写质量，初步确定保管期限和机密等级，无须归档保存的剔除。这项工作是科技成果管理的一个组成部分，目的是保证归档的科技档案具有一定质量。②结合科技工作整顿或对生产技术设施的普查，清理库存科技档案。通过与库藏目录核对，与基建工程、产品、设备等实物核实，或对原有图纸作必要修改，或采用索取、购买、实测等办法补充新图纸，以及按照有关规定和从实际出发，调整原定机密等级；对已过保管期限、失去保存价值的则拣出销毁，以提高库存科技档案质量。其目的是改善和加强科技生产工作的技术基础或技术保障条件。③一定时间后，对失去现实使用价值，但尚有历史和科学研究价值的科技档案进行复查，延长其保管期限，对原定的机密等级降密或解密，确实无保存利用价值的予以销毁。目的是维护科技生产工作的真实历史面貌，给国家保存重要的科技文化财富。

科技档案鉴定主要采用**直接鉴定法**，即对科技档案的每一个保管单位，具体分析和详细审查，逐卷、逐套、逐份地评定其价值。科技档案的鉴定工作，应在企业、事业单位的总工程师或科研负责人领导下，由科技领导干部会同熟悉有关专业的科技人员和科技档案工作人员组织鉴定小组共同进行。一般由鉴定人员对照**科技档案保管期限表**，根据科技档案材料的形成背景及其所反映的科学技术水平和历史的、现实的价值等有关情况，提出确定存毁或保管期限的建议，提交鉴定小组或鉴定委员会审核，由主管负责人批准后执行。鉴定工作结束后，应把鉴定计划、鉴定卡（表）、鉴定报告、销毁清册、保管期限表等材料组成科技档案鉴定工作卷，妥善保存备查。（沈永年　撰　黄世喆　修订）

科技档案利用　utilization of science and technology archives　科技档案管理部门将所保管的科技档案以多种方式提供给利用者，以满足利用者各种需求的活动。又称科技档案提供利用、科技档案利用服务。

主要方式　①档案借阅。档案管理部门按照一定的管理制度和程序，将科技档案原件、复制件、科技档案编研成品等提供给利用者，以满足利用者需求。具体表现为阅览服务、档案外借、复制利用。②咨询服务。档案人员根据利用者的具体要求，以科技档案信息为基础，结合专业知识、技术和经验，解答利用者问题或向利用者提供解决方案的服务。③信息交流。档案部门以科技档案信息产品作为主要内容，向组织内的其他部门或社会传播可供利用的科技档案信息。主要包括科技档案信息推介、科技档案信息互换、有偿提供科技档案信息产品等。④档案展览。档案管理部门将可公开的科技档案，按照一定的主题（或专题），进行系统的展示和展现。⑤网络服务。充分利用网络的特点和优势，为利用者提供多样化、人性化的服务，更好地满足利用者的不同需求，比如文件下载、网上预约、互动咨询、数据查询、科技信息分析等。

基本原则　科技档案利用应遵循科学性、高效性、创新性原则。①科学性原则。科技档案管理部门应正确把握利用者需求，以科学的方式满足利用者需求，处理好科技档案共享与知识产权保护、主动服务与被动服务、显性需求与潜在需求等关系。②高效性原则。科技档案管理部门应及时地、高质量地、有效地为利用者提供利用服务。③创新性原则。科技档案管理部门应结合社会发展，始终面向科技活动，更新服务理念，延伸服务内容，拓展服务方式等，不断实现从无到有、从有到优的突破和发展。（李　颖）

科技档案利用效益统计　utilization benefit statistics of science and technology archives　对科学技术档案的利用率及其利用效果的统计活动。

主要内容　包括：①科技档案开发利用情况统计。其中有对科技档案检索工具数、利用人次和利用效率、借阅数、借出数、复制数、咨询时数和人次、套用率、编研成果数的统计等。②开发利用科技档案所创造经济效益的统计。指针对本单位及社会有关方面的需求，通过信息加工、报道交流、技术转让、技术咨询以及日常提供利用等方式，将科技档案中蕴藏的科技信息发掘出来，应用于经济建设之中所创造出来的经济效益的统计。

计算原则　①开发利用科技档案在各方面和各环节所创经济效益，凡能计算的都应计算。具体计算可按项、按次分别进行。②开发利用科技档案所创经济效益，应以不同行业的经济效益计算方法和计量单位为基础，并从实际出发，确定科技档案在经济建设中的作用程度，合理地计算。③开发利用科技档案所创经济效益的计算数据，要准确可靠；计篇方法，要科学合理，简便易行。

计算方法　①开发利用科技档案所创经济效益的通用计算方法。开发利用科技档案所创经济效益（J）等于科技档案作用系数（a）乘以某项科技措施获得的全部经济收入（S）减去开发利用科技档案的成本费用（C）。公式是：$J = a \times S - C$。②利用科技档案起凭证作用，避免、减少损失或增加收入所获得的经济效益的计算方法。利用科技档案起凭证作用，避免、减少损失或增加收入所创经济效益（J1）等于科技档案作用系数（a）乘以避免、减少损失或增加收入值（B）减去成本费用（C）。公式是：$J1 = a \times B - C$。③技术转让或科技成果推广中，开发利用科技档案所创经济效益的计算方法。技术转让或科技成果推广中开发利用科档案所创经济效益（J2）等于科技档案作用系数（a）乘以技术转让或科技成果推广获得的经济效益（Z）减去成本费用（C）。公式是：$J2 = a \times Z - C$。④设计工作中复用科技档案所创经济效益的计算方法。分两种情况考虑，第一种情况，开发利用科技档案节省设计工作量所创经济效益（J3）等于科技档案作用系数（a）乘以复用图纸张数（F）（折成A1图）再乘以设计每张A1图所需标准工作日（T）再乘以设计工作日单价（D），然后减去成本费用（C）。以张计算的公式是：$J3 = a \times F \times T \times D - C$。第二种情况，某项设计复用科技档案所创经济效益（J4）等于科技档案作用系数（a）乘以某项设计收入的金额（E），然后减去成本费用（C）。以设计项目计算的公式是：$J4 = a \times E - C$。⑤开发利用科技档案节约原材料或能源所创经济效益的计算方法。开发利用科技档案节约原材料或能源所创经济效益（J5）等于科技档案作用系数（a）乘以节约原材料或能源的数量（M）再乘以原材料或能源的单价（D），然后减去成本费用（C）。公式是：$J5 = a \times M \times D - C$。⑥开发利用科技档案使产品提前投产、设备维修提前使用或工程提前竣工所创经济效益的计算方法。开发利用科技档案使产品提前投产、设备维修提前使用或工程提前竣工所创经济效益（J6）等于科技档案作用系数（a）乘以提前的时间（T）再乘以单位时间创造的经济收入（S），然后减去成本（C）。公式是：$J6 = a \times T \times S - C$。⑦开发利用科技档案增加产量所创经济效益的计算方法。开发利用科技档案增加产量所创经济效益（J7）等于科技档案作用系数（a）乘以增加产量效（Q）再乘以单位产品净收入（D），然后减去成本费用（C）。公式是：$J7 = a \times Q \times D - C$。⑧开发利用科技档案提高产品质量所创经济效益的计算方法。开发利用科技档案提高产品质量所创经济效益（J8）

等于科技档案作用系数（a）乘以提高质量的产品产量（Q）再乘以提高质量后产品单价（D2）与提高质量前产品单价（D1）之差（D2 – D1），然后减去成本费用（C）。公式是：$J8 = a \times Q(D2 - D1) - C$。⑨开发利用科技档案扩大经营销售所创经济效益的计算方法。开发利用科技档案扩大经营销售所创经济效益（J9）等于科技档案作用系数（a）乘以扩大经营销售所获的总收入（W）减去成本费用（C）。公式是：$J9 = a \times W - C$。⑩开发利用科技档案所创经济效益的总和的计算方法。开发利用科技档案所创经济效益的总和（Jn）等于各开发利用科技档案项目所创经济效益之和。

法律法规　科技档案利用效益统计应遵循的法律规范有：《中华人民共和国档案法》及其实施办法、《中华人民共和国统计法》及其实施办法、2009年国家档案局发布的《企业档案工作规范》（DA/T 42—2009）、2012年国家档案局发布的第10号令《企业文件材料归档范围和档案保管期限规定》、1994年国家档案局发布的《开发利用科技档案所创经济效益计算方法的规定（试行）》等。

意义和价值　科技档案利用效益统计是衡量和完善科技档案资源提供利用和开发利用工作成效的重要尺度和手段，是提升立档单位和社会公众档案意识水平，扩大科技档案管理影响力和贡献力的需要，对有效提高和促进科技档案资源开发利用水平具有重要的现实意义和价值。

（王英玮）

科技档案联合分类法　joint classification of science and technology archives　在编制科技档案分类方案（大纲）的过程中，将两种或两种以上的分类方法联合使用，以实现对有关单位科技档案整体分类目标的分类工作方法。典型形式：①基本建设项目档案的联合分类方法。包括性质-工程项目分类法、流域（水系）-工程项目分类法。②产品档案的联合分类法。包括使用性质-型号分类法、系列-型号分类法等。③设备档案的联合分类法。包括性质（设备的使用性质）-型号分类法、工序-型号分类法等。④科研档案的联合分类法。包括学科-课题分类法、专业-课题分类法等。

科技档案联合分类法可以使分类后的科技档案之间的各个层级的联系得到有效体现；可以使分类后的档案资源的可用性得到进一步提升；便于按科技档案的各种特征标准，查找和利用科技档案信息资源。

（王英玮）

科技档案收集　collection of science and technology archives　基层档案部门和档案馆，根据国家和专业主管机关的规定，把具有利用价值的科技文件或科技档案，集中到档案部门统一管理的业务活动。又称科技档案收集工作。具体包括：企业事业单位的档案部门，根据归档制度的要求，接收本单位及所属单位在科技、生产活动中形成的有价值的科技文件、记录和数据的工作；各级各类企业档案馆和科技专业档案馆根据进馆范围有计划地接收各职能机构或立档单位及其他科技档案所有者移交的科技档案的工作。

简史　1957年国务院批准的《关于改进档案、资料工作的方案》，是建立和加强科技档案工作的第一个文件。1959年12月，在大连召开了第一次技术档案现场会议。这次会议是中国科技档案管理历史上的一个转折点。在会议以前，中国对科技档案的认识基本上处于感性认识阶段，没有形成技术档案（即现代意义上的科技档案）的科学概念，而是笼统地称为技术资料。1960年和1980年，国务院先后批准发布的《技术档案室工作暂行通则》和《科学技术档案工作条例》，为开展中国的科技档案收集奠定了良好的规范基础。

形式和途径　科技档案收集的基本形式包括：①常规形式。指按照有关接收、归档制度，成套地接收科技档案。②补充收集。指为保证馆（室）藏科技档案质量，在常规收集的基础上，对与库藏内容有关的零散科技文件或其他有关的科技资料进行的再收集活动。收集的途径主要包括：接收、征集、征购或购买、代存和实测补制等。收集要求：要在法律法规的指导下进行收集；要遵循科技档案的自然形成规律；要保证科技档案的质量。

规范和标准　科技档案收集应遵循的主要法规和标准包括：《科学技术档案工作条例》（1983年4月28日中共中央办公厅、国务院办公厅发布）、《企业档案管理规定》（档发〔2002〕5号）、《企业文件材料归档范围和档案保管期限规定》（国家档案局令第10号）、《中央企业档案工作规定》（国资厅发〔2014〕26号）、《建设项目电子文件归档和电子档案管理暂行办法》（档发〔2016〕11号）、《科学技术档案案卷构成的一般要求》（GB/T 11822—2008）、《归档文件整理规则》（DA/T 22—2015）、《电子档案移交与接收办法》（档发〔2012〕7号）、《国家重大建设项目文件归档要求与档案整理规范》（DA/T 28—2002）等。

意义和影响　科技档案收集标志着科技文件的性质变化与科技档案自身运动的一个新阶段的开始，是科技档案工作的基础，丰富科技档案馆（室）藏的重要手段，贯彻科技档案工作基本原则的重要措施，保证科技档案资源得以有效开发利用和科技信息与科技知识共享的基础。

（王英玮）

科技档案统计　statistics of science and technology archives　通过数字和报表掌握和解释科技档案工作宏观管理和微观管理基本情况的一项科技档案业务活动。

基本任务　包括：①组织各种形式的科技档案统计调查，收集有关科技档案管理现状与发展的统计资料。②对收集的统计资料进行统计分析，以便对科技档案管理的发展做出科学评价。③为档案专业主管部门和国家统计部门提供统计资料，实行统计服务和统计监督。④根据统计资料，对科技档案管理的发展进行预测，并提供预测材料。

基本内容　有两项基本内容：①科技档案宏观统计。即国家各级档案行政管理部门和各级专业主管机关进行的科技档案统计。如全国科技档案和科技档案工作基本情况统计，专业系统科技档案和科技档案工作基本情况统计，省（自治区、直辖市）、市、县科技档案和科技档案工作基本情况统计等。②科技档案微观统计。即基层企事业单位和科技档案馆进行的科技档案统计，是科技档案宏观统计的基础。

法律法规　科技档案统计应遵循相关的法律、行政法规、行政规章、地方法规、单位统计制度。其中包括《中华人民共和国档案法》及其实施办法、《中华人民共和国统计法》及其实施办法、《企业档案工作规范》（DA/T 42—2009）、国家档案局发布的10号令，以及《全国档案事业统计年报制度》和相关行业主管机关、地方统计局的档案统计制度等。

意义和价值　科技档案统计是实现科技档案科学管理的重要措施，也是实现国家管理决策和宏观指导，发展国家规模的科技档案事业的必要条件。　（王英玮）

科技档案完整率统计　integrity rate statistics of science and technology archives　考核计算科技档案归档数量的统计方法。计划内应收集、归档的科技文件、记录、数据（计划完成数量）和实际收集、归档的科技文件、记录、数据（实际完成数量）之间的百分比。科技档案完整率统计的内容包括：①科技文件归档完整率统计。即计划完成归档的科技文件数量和实际完成归档的科技文件数量之间的百分比。计算公式是：科技文件归档完整率＝（实际完成归档的科技文件数量/计划完成归档的科技文件数量）× 100%。②科技项目归档完整率统计。即计划完成归档的科技项目数与实际完成归档的科技项目数之间的百分比。计算公式是：科技项目归档完整率 =（实际完成归档的科技项目数/计划完成归档的科技项目数）× 100%。

科技档案完整率统计应遵循相关的法律法规、制度规范包括：《中华人民共和国档案法》及其实施办法、《中华人民共和国统计法》及其实施办法、2009 年国家档案局发布的《企业档案工作规范》（DA/T 42—2009）、2012 年国家档案局发布的 10 号令《企业文件材料归档范围和档案保管期限规定》，以及 2014 年发布的《全国档案事业统计年报制度》和各地方统计局的档案统计制度等。

科技档案完整率统计是科技档案统计的一项重要内容。通过统计可以反映出科技文件归档和科技档案数量的真实情况，是发现科技档案收集、归档工作中存在的问题，提高科技档案收集归档质量的必要方法。（王英玮）

科技档案专业分类法 professional classification for science and technology archives 科技档案分类的基本分类方法之一。将一个单位的科技档案按其所反映的不同专业性质划分类别的档案分类方法。一般适用于标准化、通用化或互换性较强的科技档案和工艺档案、工艺装备档案的分类。

按照专业分类法对科技档案进行分类，可以使同一专业性质的归档科技文件、记录和数据资料有效地聚合在一起，从而为档案管理人员和有关用户按专业查找和利用科技档案资源提供基本的条件。（王英玮）

科学技术档案 science and technology archives 在科技生产活动中直接形成的，已归档保存的科技文件。简称科技档案。在中国，1959 年以前，人们对科技档案基本上处于感性认识阶段，没有形成科学概念，只是把它和科技资料一起笼统地称为“技术资料”。1959 年，在大连召开的华北、东北档案工作协作区技术档案工作扩大会议明确提出“科学技术档案”的概念：凡是记述和反映本单位的基本建设、生产技术和自然科学研究等活动，具有保存价值，并且按照一定的归档制度作为真实的历史记录集中保存起来的技术文件材料（包括图纸、照片、报表、文字材料等）都是技术档案（或称科学技术档案）。这个定义基本揭示和反映了科技档案的本质，曾被科技档案界广泛接受。但随着科技档案工作实践的发展和科技档案理论研究的深入，该定义过于强调“本单位”的局限性也逐渐显露出来。1980 年，全国科技档案工作会议讨论并制定了《科学技术档案工作条例》，对科技档案的定义做了新的表述：科学技术档案是指在自然科学研究、生产技术、基本建设等活动中形成的应当归档保存的图纸、图表、文字材料、计算材料、照片、影片、录像、录音带等科技文件材料。1994 年，中国首次编辑出版了《档案学词典》，对科技档案定义所作的表述是：科技档案是指在自然科学研究、生产技术、基本建设等活动中形成的应归档保存的科技文件材料。这两个定义清晰完整、简洁明了，但对其中“应当归档”一词学术界也有不同的看法。

种类　依据不同的标准，科技档案可以划分为不同的种类。按照载体的发展变化划分，可分为原始型科技档案（甲骨、竹简、缣帛等）、传统型科技档案（纸张）和现代型科技档案（胶片、磁带、数字载体等）；按照内容性质划分，可分为工业生产技术档案、农业生产技术档案、基本建设档案、设备档案、自然科学研究档案、气象档案、天文档案、水文档案、地质档案、测绘档案、地震档案、环境保护档案、医学科技档案等，这是科技档案种类划分最常用的方法。

主要特点　①专业性。一方面，科技档案的产生领域具有鲜明的专业性。作为科技生产活动的记录和伴生物，科技档案毫无例外地形成于特定的专业技术领域，是相应的专业技术活动的记录和产物。另一方面，科技档案的内容性质是由它所反映的科技生产活动的具体专业领域决定的，集中地反映了一个专业的科技内容及相关的科技方法和手段。②成套性。体现在科技档案的形成是围绕一个独立的科技生产活动项目来进行，规律性地形成一系列相关的科技文件，这些科技文件记载和反映了该项科技生产活动的全部过程和成果，它们之间既以不同的工作阶段相区别，又以总体的科技程序和科技内容紧密衔接，构成了一个反映该项科技生产活动的文件整体。③现实性。归档进入档案部门的基本建设档案、设备档案等多种科技档案，不仅没有退出现行使用过程，反而将在较长的时期内发挥现行效用。

形成与运动过程　科技文件是科技档案的前身，认识科技档案的运动规律，必然要把科技文件与科技档案紧密结合起来，即在广义科技文件的范畴中研究其运动过程及其生命周期。广义科技文件的生命周期由两个过程、四个阶段构成。

第一个过程是科技文件过程。包含两个阶段：①科技文件制作形成阶段。它始于科技生产活动计划的实施准备，结束于科技文件现行性的确定。这一阶段实际上就是科技文件产生的过程，具体来说是科技生产部门或科技业务人员根据科技生产活动的客观需要，依照图样管理制度、文件编写细则以及有关规定，进行科技文件编制、审签的过程。②科技文件现行使用阶段。它始于科技文件的正式生效，结束于科技文件内容规定的任务完成或产生科技文件初始目的的达到。这一阶段实际上是科技文件发挥现行作用和实现现行价值的阶段。

第二个过程是科技档案过程。包含两个阶段：①科技档案的暂时保存阶段。它始于科技文件现行期的结束（实际工作中，以履行归档手续作为标志），止于科技档案第一价值的消失或第二价值与第一价值相比居于主导地位。一项科技生产活动中产生的科技文件在失去了现行作用（价值）后，对其形成单位或部门仍具有行政上、权益上、财务上等查考价值（即第一价值）时，它们就将进入相对静态的暂时保存阶段，而被保存在基层科技档案机构内。②科技档案的永久保存阶段。指由科技专业档案馆或综合档案馆对科技档案进行长久保存的时期。在这个阶段，科技档案主要实现的是第二价值，也就是对社会的利用价值。由于第四阶段的科技档案一般保存在科技专业档案馆或综合档案馆，因此，这一阶段又称档案馆保存阶段。处于永久保存阶段的科技档案，可能仍具有较高的第一价值，甚至具有较高的现行价值（这是由科技档案的现实性决定的）。为了既满足原形成单位及部门对科技档案利用的需要，又满足社会对科技档案利用的需要，采取多套保存的做法既是必要的，也是可行的。

功能　科技档案作为珍贵的科学技术资源和历史文化财富，除了具有一般档案的凭证作用和参考作用外，还具有 5 个方面的具体功能。①知识储备功能。在各种类型的科技文献中，科技档案的突出之处在于直接记述了人们科技生产活动的过程、经验和成果，它所储备的是在科技生产活动中直接产生和形成的原生信息，如新的思想、成功的经验、失败的教训等。②科学管理功能。管理是提高工作效率和推动事业发展的重要因素，科技档案作为企事业单位科技生产活动的真实记录对现实的管理工作起着依据和借鉴的重要作用。要节约人力、物力、财力，强化科学管理，保证科技生产活动有秩序、高效率地进行，都必须以完整、准确的科技档案为依据。③生产建设功能。一切生产建设活动都具有连续性、继承性的特点，前一阶段形成的科技生产活动的记录与实践经验，往往是后一阶段科技生产活动的参考和凭据，而且生产技术越复杂，现代化程度越高，其生产建设活动越离不开档案。不论是工厂矿山设计、水利水电工程设计、交通运输工程设计、民用建筑设计，还是软件产品的开发，丰富翔实的科技档案都是完成新任务、进行创新所不可或缺的重要参考凭证材料。④科学研究功能。任何一项科学技术研究都离不开已有的科技成果以及相关的科技信息，科技档案正是已有科技成果的记录和实际反映。一项新课题的研究，从选定题目、制订计划、拟制研究大纲，到编写实验方案、分析有关数据，甚至在编写阶段小结、撰写成果报告时，都要经常查阅科技档案。⑤文化建设功能。科技档案的文化建设功能是指在社会各项文明建设过程中，以信息服务的方式，参与甚至主导文化建设活动，尝试文化产品开发，推动文化展示与传承，从而促进文化繁荣的一种重要职能。（吴建华）

《科学技术档案工作条例》 *Regulations on the Work of Science and Technology Archives* 中国科技档案工作行政法规。1980年12月经国务院批准，由国家经济委员会、国家建设委员会、国家科学技术委员会、国家档案局联合发布。

《条例》共6章36条。第一章总则，共4条。提出了科学技术档案（简称科技档案）概念，指出科技档案工作是生产管理、技术管理、科研管理的重要组成部分，各单位应加强领导，按照集中统一管理原则建立健全科技档案工作，达到完整、准确、系统、安全和有效利用的效果。第二章科技文件材料的形成和归档，共6条。规定科技文件材料的形成、积累、整理和归档应纳入科技工作程序和科研、生产、基建等工作计划中，列入有关部门和人员的职责范围；科研课题、试制产品、工程或其他技术项目在完成或告一段落后，应系统整理所形成的科技文件材料，并经相关负责人审查后及时归档，没有完整、准确、系统的科技文件材料的项目不能验收；归档的科技文件材料应做到书写材料优良、字迹工整、图样清晰。第三章科技档案的管理，共15条。规定国务院所属各工业、交通、科研、基建等专业主管机关应制定本专业系统的科技档案分类大纲，编制本专业的科技档案保管期限表；各科技档案部门应对接收来的科技档案进行分类、编目、登记、统计，及时提供利用，为科研、生产、基建等工作服务，借阅和复制要履行审批手续；各单位要有科技档案专用库房，保持适应温湿度，并有防盗、防火、防晒、防虫、防尘措施，建立健全图纸更改、补充制度；定期开展科技档案保存价值的鉴定工作；对销毁的档案要造具清册，经单位领导审定报上级主管机关备案后实行监销；几个单位分工协作完成的科技项目或工程，由主办单位保存一整套档案，协作单位保存自己承担任务有关的档案正本；单位撤销或变动，以及建筑物、构筑物、设备、仪器等转移使用关系时，其档案经领导人批准后向接受单位移交。第四章科技档案工作管理体制，共5条。规定国家档案局和各级档案管理机关应当加强对科技档案工作的指导、监督和检查；科技档案工作必须按专业实行统一管理，国务院所属的各专业主管机关和省级政府所属的各专业主管机关应当建立相应的档案机构，加强对所属企业、事业单位科技档案工作的领导；国务院所属的各专业主管机关，根据需要建立专业档案馆，收集和保管本专业需要长期和永久保存的科技档案；大中型企业、事业单位要设立直属的科技档案机构，小型企业、事业单位可设立单独的科技档案室，也可设立文书档案和科技档案统一管理的档案室，或配备专（兼）职档案员。第五章科技档案干部，共4条。规定国务院所属的各专业主管机关和省级政府所属的各专业主管机关应当建立一支坚持社会主义道路，具有科技档案专业知识和懂得有关科学技术的科技档案干部队伍；各单位要给科技档案部门配备足够数量和能胜任工作的干部，配备一定数量的科技干部。第六章附则，共2条。

《条例》第一次提出了科技档案概念，提出科技档案要按专业统一管理，科技文件材料的形成积累要纳入工作程序、工作计划、岗位职责，科技档案工作要达到完整、准确、系统、安全和有效利用等，具有重要实践意义，为实现科技档案工作与科技工作同步管理打下了基础。《条例》对建立健全中国科技档案工作，完整保存和科学管理科技档案，服务国民经济和社会发展起到了重要作用。（姜延溪）

科学技术档案馆 science and technology archives 国家相关职能部门或企业设立的，用于收集和管理特定专业或领域的科学技术档案，并予以长期或永久保存的专门档案馆。科学技术档案产生于从事自然科学研究、生产技术、基本建设等活动的单位，涉及科学技术研究、工农业生产、基本建设、气象、天文、水文、地震、地质、测绘、环境保护、医疗卫生等诸多领域，具有专业性、种类与类型的多样性、成套性、现实性、保密性等特点，是珍贵的科学技术资源，是国家宝贵的历史文化财富。各个国家根据各自的档案管理体制与档案文化传统，确定科学技术档案的流向。有的国家建立了自中央到地方的专门管理科学技术档案的科技档案馆，如苏联曾在20世纪60年代建立中央国家科技档案馆，各加盟共和国有共和国科技档案馆，各州在综合性档案馆中设科技档案部，形成国家科技档案管理网络，实现了科学技术档案的集中统一管理。有的国家则强化国家综合档案馆的管理功能，将具有保存价值的科学技术档案统一纳入国家档案馆藏体系之中，不再设立专门的科学技术档案馆。

中国的科技档案工作遵循按专业实行统一管理的原则，科学技术档案馆的设置在坚持统一领导、分级管理，重点发展原有各级国家综合档案馆的原则下，根据需要适当建立。科学技术档案馆是国家专门档案馆的类型之一。中国尚未建立综合性的国家科技档案馆，而建有各类专业或专门科技档案馆。主要有：①国家各部委领导的专业科技档案馆，如全国地质资料馆、气象档案馆、国家测绘档案资料馆，它们都面向全国，对社会开放。②地方性的科学技术研究成果档案馆，如江苏省科委领导的江苏省科学技术研究成果档案馆。③以保存科学技术档案为主的工业企业档案馆，如鞍山钢铁公司档案馆等。④专门档案馆，如黄河水利委员会领导的黄河档案馆，主要保存黄河流域的水文、水利工程、科学研究档案。

（荀 文 撰 薛匡勇 修订）

《科学技术档案管理》 *Science and Technology Archives Management* 苏联国立莫斯科历史档案学院档案专业科技档案管理课程教材。库津、普列奥布拉热斯卡娅、菲利波夫和普洛科品科合著。1975年由国立莫斯科历史档案学院出版。俄文。在苏联，科技档案是国家档案全宗的重要组成部分，实行集中统一管理，科技档案管理研究是苏联档案学的一个重要分支。以1956年出版的《技术档案管理》教材为基础。除序言外，分12章论述了科技文件的分类，科技文件综合体的划分和种类，科技文件的制作工艺，所用符号及最后形成，科技档案的补充、系统化、鉴定、编目、统计、保管、利用和情报服务，以及技术档案室的业务工作和国家档案馆科技档案的管理等内容。该书高度概括了苏联20世纪50～70年代科技档案管理的理论与实践，受到苏联档案学界和实际工作部门的重视。（黄霄羽）

科学技术档案室 science and technology archives room 档案室的组织形式。企业和事业单位集中统一管理科学技术档案的机构。属于本单位生产技术管理部门，也是一些国家科学技术档案工作的基层业务机构。

具体工作内容因各单位的性质、规模、管理方式、科技档案种类和数量的不同而不完全一样。通常包括以下几项：①指导和检查各业务部门办理科技档案归档移交。②对科技档案进行编目、分类、整理、排架。③保护科技档案安全，防止损毁。④协助各业务部门确定归档的科技文件材料的保存价值和保管期限。组织人员审查已到保管期限的科技档案，剔除和销毁不需要继续保存的科技档案。⑤通过编制检索工作及编印文摘、简介、图集、汇编等方式，以方便利用科技档案的人员查找使用科技档案。⑥承办向有关的档案馆移交应当由国家永久保存的科技档案。⑦制定本单位的科技档案工作制度，并负责监督实施。⑧管理科技资料。

有的科学技术档案室还负责技术图纸的复印、分发、更换工作；有的科学技术档案室扩大档案资料的收集范围，为经营决策和各项业务工作及时提供科技档案信息服务，成为本单位的信息中心。科学技术档案室作为科学技术档案的管理机构一般都置于科研或生产技术的指挥系统之中，便于与科技、生产工作相协调，及时为科技、生产服务。

（荷 文 撰 张 宁 修订）

科研档案管理 management of scientific research archives 科研事业单位和企业根据科研档案的形成规律和内容构成特点，有效地保存和科学管理科研档案，实现科研档案价值的各项业务管理活动。又称科学技术研究档案、科研开发档案。科研档案是各单位在自然科学研究或技术研发活动中形成的，反映科研活动全过程及其具体成果的各种科技档案的总称。科研档案管理的基本特点是：①课题（项目）成套性。以科研课题（项目）为有机联系保持科研档案的成套性是科研档案管理的基本要求。②专业性。按照不同专业研究活动的本质规律和基本属性开展科研档案的科学管理。③创新性。对科研活动中形成的“正成果”与“负成果”同样予以重视并纳入归档管理范围。

科研活动及科研档案管理普遍存在于社会各专业领域和各单位的业务发展建设之中，由于信息技术的大量引入，各专业领域和各单位均建立了种类多样、规模庞大的科研业务系统和科研管理系统，用以高效率地处理海量的科研活动数据。因此，未来科研档案管理应以电子数据和信息化技术控制作为其主要发展趋势。做好科研档案管理有助于各单位保护知识产权，延续科技优势，实现知识管理。（宫晓东）

可信数字仓储 trusted digital repository; TDR 提供可靠数字资源维护和长期保存利用的系统，在档案领域可理解为可信数字档案馆系统。可信数字仓储作为负责数字资源长期、可靠的管理和维护的机构组织，按照普遍接受的协议和标准设计完整的运行系统，制定切实可行的政策和实施方案，并且有持续的财政支持和规范的评价系统，能够为资源提供者和用户长期负责。

属性与责任 美国研究图书馆协会（RLG）与联机计算机图书馆中心（OCLC）于2002年联合发布《可信数字仓储：属性与责任》报告，提出可信数字仓储的主要目标在于“始终向特定组织提供长期可靠的数字资源访问服务”。并基于开放档案信息系统（OAIS）参考模型提出了具体的可信数字仓储属性框架和责任框架，为可信数字仓储未来的推广实施、认证、相关标准制定等提供了顶层参考模型。可信数字仓储属性框架总结概括了能反映数字仓储长期负责可信的关键属性特征，主要包括7个方面：符合OAIS参考模型、运作和管理责任、组织活力、财务的可持续性、技术和操作过程的适宜性、系统安全性以及过程的可说明性。可信数字仓储责任框架将责任者为保障其正常运作所需承担的职责划分为高层组织管理责任和实际操作责任，并作了详细界定。

认证标准 2003年，美国研究图书馆协会和美国国家档案管理局（NARA）联合开展数字仓储认证（RDRC）项目，于2005年8月发布了认证标准草案。草案经修改完善，于2007年2月由联机计算机图书馆中心对外正式发布，成为《可信数字仓储审核与认证：指标体系与核查表（TRAC）》认证标准。该标准将可信数字仓储认证评估指标分为组织结构、数字对象管理和技术与安全3层，下设4大类84项细化指标，配有操作性较强的考察表，为认证提供了具体通用的审核工具。

此外，国际上还有一些可信数字仓储认证的标准，例如德国NESTOR项目组2006年发布的《可信数字仓储标准目录》、美国空间数据系统咨询委员会（CCSDS）于2011年发布的《可信数字仓储审计与认证》（CCSDS 652.0-M-1—2011）等。

国际标准化组织（ISO）在继承和融合已有标准的基础上，2012年发布了《空间数据与信息传输系统：可信数字仓储审计与认证》（ISO 16363：2012），首次提供了一个国际通用的可信数字仓储认证标准。两年后发布《空间数据与信息传输系统：数字仓储审计与认证机构要求》（ISO 16919:2014），面向基于ISO 16363开展数字仓储审计与认证的机构提出规范要求。

应用实施 具有代表性的应用有：加拿大图书馆档案馆（LAC）于2007年5月发布的“可信数字仓储三年（2008—2010）计划”，国际性的大学图书馆联合组织——研究图书馆中心（CRL）的“TDR评估标准与方法”项目，澳大利亚的“可持续仓储联盟（APSR）”项目以及欧洲联盟的“用于保存、获取、检索的文化、艺术、科学知识（CASPAR）”项目等。（钱 毅）

课 ke 中国古代文书。课，本义为考核，后来引申为课考文书之名。秦汉的课考文书是各级官府为了行政管理的需要，围绕各项行政事务分别编制而成。

秦朝县一级机关制作的课文书名目众多，里耶秦简所见包括卒死亡课、黔首医课、马产子课、徒隶死亡课等，它们大多以行政事务来命名。这些课文书又分别归到县下各官撰成的“课志”，如卒死亡课归入尉课志，黔首医课归入乡课志，马产子课归入畜官课志，徒隶死亡课归入仓课志等。这类课文书主要编制于每年岁末，通过“课志”的形式分类汇总，供中央上计考核之用。

关于汉代的课文书，西北汉简见有邮书课、表火课等。它们的共同特征是包含评定性质的用语。以汉简邮书课为例，部分记载事项与邮书刺有重合之处，例如邮书的传递方向（如“南书”）、目的地（如“诣张掖太守府”）、交接时间与吏卒的姓名等。在这些内容后，记有“当行某时某分，定行某时某分”或“中程/不中程”等评定语。这说明与记录邮书交接、传递情况的邮书刺相比，邮书课的主要功能在于课考主事机关和吏员。从候长向候官移送邮书课的记载来看，边塞的候长承担邮书课的编制任务。（马 力 李义敏）

孔府档案　The Archives of the Kong Family Mansion　中国山东曲阜孔府孔子嫡系后裔在各项活动中形成的历史档案。

中国传统社会尊儒重教，汉以后历代王朝对孔子追谥加封，他的嫡系子孙也被加官封爵。孔府，又称衍圣公府，前衙后宅，兼具公署与私家宅邸双重性质。衍圣公是宋代以后孔子嫡系子孙世袭罔替的封号。孔子家族是中国历时最久的贵族世家。孔府档案来源于衍圣公奉祀、袭封、朝贺、题补属员、林庙祭田管理等公务和家族生产经营与生活，内容极其丰富，具体包括诣阙朝贺、祀典、袭封、宗族、属员、田产、租税、财务、刑讼、林庙保护修缮以及其他庶务等，关系到政治、经济、文化、思想、宗族等各个历史层面。

孔府档案的种类极具多样性，涵盖公文、孔氏家谱及世系宗图、仪注、祭文、地亩租税账册、建筑工程账册、地契、执照、日常生活流水账、药方等，其中公文包括诏书、敕命、题奏稿、咨文、劄文、批回、羽檄、谕文、申文、移文、牌文、票文、印结、甘结、亲供、牒呈、手本、火票、兵票、拘票、排单、揭帖等诸多文种。在时间断限上，孔府档案包括明代、清代、民国三个部分。其中明代档案62卷，从嘉靖十三年（1534）至崇祯十七年（1644）；清代档案 6538 卷，从顺治元年（1644）至宣统三年（1911）；民国档案2421卷，自北洋军阀统治时期（1912）至解放战争时期（1948）。

明清时期孔府档案集中保存于掌书厅、知印厅、典籍厅、司乐厅。中华民国时四厅合并改为书房，专辟一处保管各类文书档案，总务和财务收归内账房的庶务处，地契和契约存根存放于册房，各机构对所存文书资料严格管理，按照“千字文”开头的天、地、玄、黄、宇、宙、洪、荒，粗分大类，别无细目。1948 年，曲阜县（今曲阜市）古代文物管理委员会成立，孔府档案被列入文化遗产获得专门保护。1956年，孔府档案开始重新整理，开展除尘、裱糊、分类、编目、装订成卷等工作，并将所存档案分为袭封、宗族、属员等 12 个大类。孔府档案已经整理出案卷 9021 卷，散档 1.9 万件，孔府档案全文数据库建设和文件级目录编制工作也在加紧进行。

孔府档案是研究中国传统社会宗法制度不可或缺的珍贵资料；对于研究明清 400 年来经济、官制、宗谱、天文、地理、建筑、农民起义、军事、教育、法律、土地等提供了第一手资料，补充了大量历史细节，具有很高的历史研究价值；同时，由于其种类多样，还为中国历史档案学研究提供了典型范例。孔府档案的编辑出版始于 20 世纪 60 年代，先后出版了《曲阜孔府档案史料选编》《孔府档案选编》《孔府档案史料选》等档案汇编，为学术和社会各界利用孔府档案提供系统化资料。随着孔府档案数字化整理的深入，出版规模逐步扩大，孔府档案将更好地满足社会利用需要。　（孔德平）

《孔府档案选编》　*The Selected Archives of the Kong Family Mansion*　根据山东省曲阜市文物管理委员会所存孔府档案所编成的传统型档案文献汇编。

中国社会科学院近代史研究所中华民国史研究室、山东省曲阜市文物管理委员会联合编纂，孙健、孔繁银任主编，中华书局 1982 年出版，计 55.5 万字，分上下册。

孔府档案即山东曲阜孔府留存的孔氏家族在各项活动中形成的档案。孔府（即衍圣公府）是孔子后裔中长子长孙居住的府第，现藏档案起自明嘉靖十三年（1534），迄于 1948 年 7 月曲阜解放，前后达 414 年，总数达 9000 卷，25 万余件，以千字文编号法编号，分天、地、元、黄、宇、宙、洪、荒 8 类。内容包括衍圣公封袭，祀典，先贤，宗族事务，家谱编纂，属员、庙庭官员及府内官员的铨选，各项租税的征收，徭役任使，刑讼案件，各种灾情记录及府内庶务文书等。记录了孔府在政治、经济、思想、文化以及生活等方面的历史发展情况，为中国最大家族遗存的、系统地反映一个家族活动的历史记录，年代之久、数量之多、范围之广、保存之完整，是现存封建贵族私家档案中绝无仅有的，极为珍贵。既是研究孔氏家族的可靠史料，也是研究当时社会状况及经济关系的重要参考资料。

本书编选了其中具有代表性的部分档案资料，共分 7 章：第一章为孔府的由来及其特权；第二章为孔府的土地与户人；第三章为孔府的地租剥削；第四章为孔府的其他剥削；第五章为孔府的腐朽生活；第六章为农民起义对孔府的冲击和孔府佃户的抗租抗差斗争；第七章为孔府的没落与覆亡。选编材料以孔府档案为主，也选用了一些文献和碑文资料；所用孔档除已整理部分外，还选用了散档。

自 1956 年孔府档案发现以来，编纂公布一直受到重视。除本汇编外，1980 年，曲阜文管会（即曲阜市文物管理委员会）编纂有《曲阜孔府档案史料选编》（齐鲁书社出版，计 59.9 万字）；2003 年，孔子研究专家骆承烈、朱平福、骆明等选编《孔府档案选》（中国文史出版社出版）；2013 年，曲阜师范大学、曲阜市合作开展“孔府档案文献整理研究”，通过现代技术和手段，建设孔府档案文献数据库；2015 年，

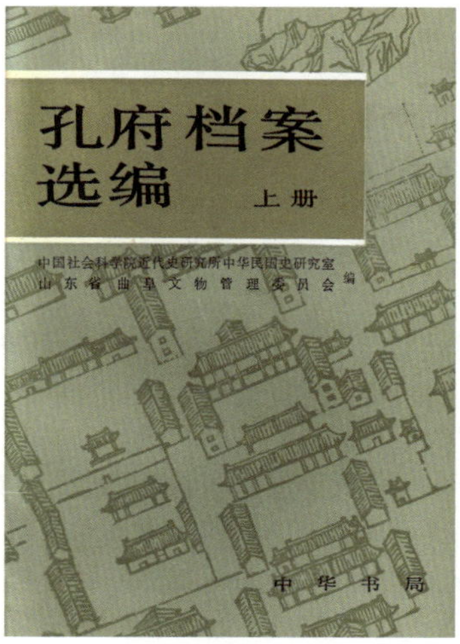

图 1 《孔府档案选编》封面

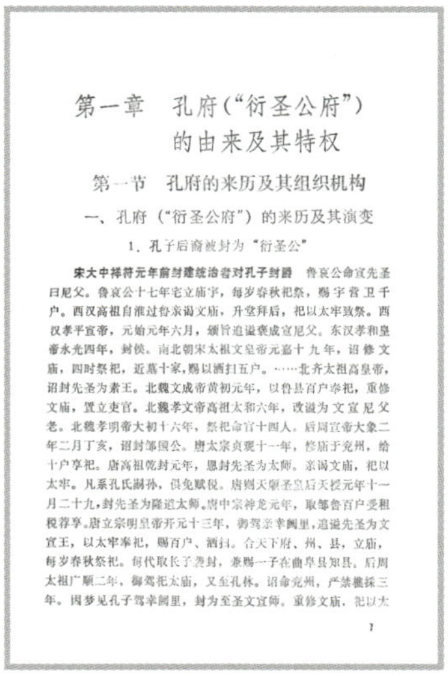

第一章　孔府（“衍圣公府”）的由来及其特权

第一节　孔府的来历及其组织机构

一、孔府（“衍圣公府”）的来历及其演变

1. 孔子后裔被封为“衍圣公”

宋大中祥符元年前封建统治者对孔子封爵　鲁哀公命宣先圣曰尼父。鲁哀公十七年宅立庙宇，每岁春秋祀祭，赐字营卫千户。西汉高祖自淮过鲁亲谒文庙，升堂拜后，祀以太牢致祭。西汉孝平宣帝，元始元年六月，颁旨追谥褒成宣尼父。东汉孝和皇帝永元四年，封侯。南北朝宋太祖文皇帝元嘉十九年，诏修文庙，四时祭祀，近墓十家，赐以洒扫五户。……北齐太祖高皇帝，诏封先圣为素王。北魏文成帝黄初元年，以鲁县百户奉祀，重修文庙，置立吏官。北魏孝文帝高祖太和六年，改谥为文宣尼父老。北魏孝明帝大初十六年，祭祀命官十四人。后周宣帝大象二年二月丁亥，诏封邹国公。唐太宗贞观十一年，修庙于兖州，给十户享祀。唐高祖乾封元年，愿封先圣为太师。亲谒文庙，祀以太牢。凡系孔氏嗣孙，俱免赋税。唐则天顺圣皇后天授元年十一月二十九，封先圣为隆道太师。唐中宗神龙元年，取邹鲁百户受租税荐享。唐立宗明皇帝开元十三年，御驾亲幸阙里，追谥先圣为文宣王，以太牢奉祀，赐百户、洒扫。合天下府、州、县，立庙，每岁春秋祭祀。每代取长子袭封，兼赐一子在曲阜县知县。后周太祖广顺二年，御驾祀太庙，又至孔林。诏命兖州，严禁樵採三年。因梦见孔子驾幸阙里，封为至圣文宣师。重修文庙，祀以太

7

图 2 《孔府档案选编》内页

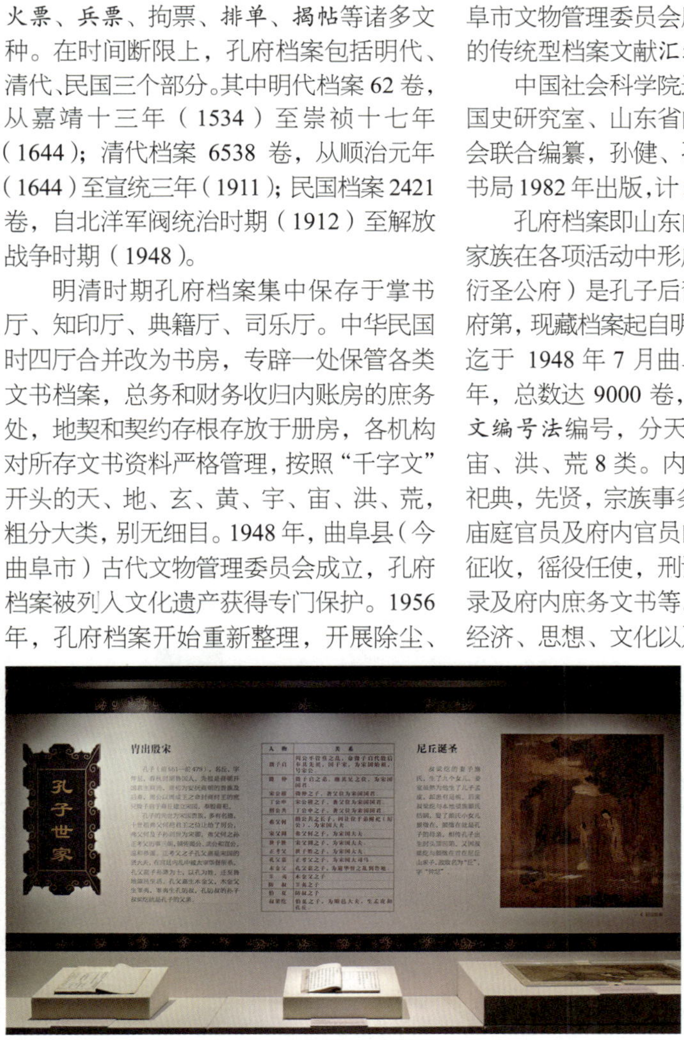

孔府珍藏档案展

曲阜市文物局与山东电视台联合拍摄6集大型文献纪录片——《孔府档案》，利用电视媒体和镜头语言讲述孔府档案鲜为人知的史实和故事。孔府档案的历史文化价值得到不断地深度挖掘和形象展示。

（丁华东）

口述档案 oral archives 为抢救历史记忆或为研究利用而对个人进行有计划采访形成的记录，通常表现为录音、录像及其解释说明的文字信息等。概念源于1984年国际档案理事会出版的《**档案术语词典**》，法语、西班牙语条目将口述档案定义为“为研究利用而对个人进行有计划采访的结果，通常为录音或录音逐字记录形式”。在1988年第11届国际档案大会上，塞内加尔档案工作者萨利乌·姆贝伊正式使用口述档案这一概念，他将口述档案定义为：“口述史的查访结果和口头传说汇集组成了口述档案。”并进一步解释说：“口述档案远不止于此，它还包括演讲、讲座录音，辩论、圆桌会议录音，广播电视，记录在录音电话机上的通信和指示，以及合唱或独唱的录音等。”口述档案作为一个正式概念被提出和使用，是与档案机构不断介入口述史及相关资料的形成、收集和管理有着密切关系，也是档案工作不断拓展新领域的体现。

美国、加拿大、新加坡等国家很少使用口述档案这一术语，而以口述历史、口述史料、口述资料等概念来指称。相应地，国际档案理事会出版的《档案术语词典》中，英语条目并未采用“oral archives（口述档案）”，而是采用“oral history（口述历史）”。口述档案与口述历史概念有着十分密切的联系。尽管国际上在相关概念界定及使用上存在差异，但对档案馆开展口述档案工作却表示普遍认同，许多档案馆积极开展口述档案的采访、搜集与保存等工作，口述档案已经成为档案馆的重要馆藏和特色馆藏。口述档案在拯救与保护历史文化遗产，构筑大众历史记忆，鉴别文献史料真伪，为正史或典籍史作补充拾遗，改善档案馆馆藏以更好地发挥服务功能等方面具有重要价值。

（章燕华）

库克，M. Michael Cook（1931～ ）英国档案学者。国际档案与文件管理资深专家。1954年获牛津大学历史学学士学位，1968年获牛津大学历史学硕士学位；1998年获利物浦大学博士学位。曾任英国纽卡斯尔市档案馆馆长、坦桑尼亚国家档案馆主任、加纳大学档案培训学校校长、利物浦大学档案工作者、利物浦大学文件教育中心高级研究员等职。在利物浦大学文件教育中心讲授文件管理、**档案管理**等课程。曾任联合国教科文组织南亚、加勒比海地区档案培训计划顾问。1984～1988年，担任国际档案理事会教育培训委员会主席；1990～1996年，担任国际档案理事会档案著录委员会委员；1990～1995年，担任英国档案工作者协会信息技术小组主席。1992年，荣获英国档案工作者协会授予的艾利斯奖。研究领域包括文件管理、档案著录、档案计算机管理、大学档案管理、信息管理等。著作主要有《档案管理》（1977）、《档案与计算机》（1980）、《档案中的信息管理》（1986）以及与M.普罗科特合著的《档案著录手册》（2000）等。

（黄霄羽）

库克，T. Terry Cook（1947～2014）加拿大档案学者，国际档案界最具影响力的理论家之一。1969年毕业于加拿大阿尔伯塔大学，获历史学学士；1970年毕业于加拿大卡尔顿大学，获历史学硕士；1977年毕业于加拿大皇后大学，获历史学博士。1975～1998年，进入加拿大国家档案馆，负责文件鉴定和处置工作。曾担任加拿大、美国以及欧洲多个国家杂志的编辑，克里欧咨询公司的档案咨询顾问，加拿大曼尼托巴大学客座教授等。

研究领域包括档案鉴定理论与战略、档案学基础理论、档案历史和**电子文件**等。代表作有《档案、文件与权力》《档案想象：随笔与反思》等；论文有《包含个人信息的档案鉴定：RAMP研究指南》《宏观鉴定之理论与实践：起源、特征及其在加拿大的应用（1950～2000）》《宏观鉴定之演变、应用与未来》《更平等的职能：澳大利亚国家档案馆宏观鉴定策略之发展》《宏观鉴定之新西兰风格：其影响之反思与宏观鉴定在新西兰之未来》等。

理论贡献主要包括3个方面：①宏观鉴定理论与战略。主张的宏观鉴定理论不再局限于传统鉴定理论中的价值标准，提出应全面考虑社会结构、文件形成过程、文件形成者及其职能等多种因素。②档案后保管范式。指出这种新的后保管范式将传统理论对实体保管对象——实态文件的关注，转变成对文件、文件形成者及其形成过程的有机联系、目的、意图、相互关系、职能和可靠性的关注。所有这些都远远超越了对文件进行传统的**档案保管**，这种保管范式因此被称作后保管范式。③档案范式思想。认为19世纪中期至今，**档案工作者**对工作、职能、活动及社会作用的认识经历了四个大的思想框架，即四个档案范式——证据、记忆、认同、社区。它们是超越时间的，没有相互取代。

库克是加拿大档案界无可争议的领军人物，是被国际档案界高度赞誉的思想家。在加拿大历史协会长期任职，为历史刊物或历史手册的编辑做出了贡献，享受加拿大历史协会的特殊津贴。荣获加拿大档案工作者协会拉姆奖、美国档案工作者协会波兹奈尔奖、南非档案工作者协会奖，并获得了加拿大公共服务领域为历史学者和档案学者所设的最高级别奖。2010年，成为首位当选加拿大皇家协会院士的档案学者，这是加拿大对所有学科领域中杰出学者给予的最高荣誉。

（黄霄羽）

会计档案 accounting archives 在会计核算过程中接收或形成的，记录和反映单位经济业务事项的，具有保存价值的文字、图表等各种形式的会计资料。具体包括会计凭证、会计账簿、财务会计报告及其他有保存价值的会计资料。会计档案是随着会计工作的发展而出现的概念。中国从1956年开始制定会计档案的管理规定，经过多次修订，1984年财政部、国家档案局颁布了《会计档案管理办法》，特别规定了会计档案的范围，主要包括会计凭证、会计账簿和会计报表三种形式。各级财务部门在工作中形成的有关财会工作方针、政策、计划、报告、制度等文件材料，不属于会计档案，应按文书档案管理办法归档保存。1985年，第六届全国人大常委会第九次会议通过了《中华人民共和国会计法》，以立法的形式确定了会计档案工作的任务和内容。为进一步加强会计档案的管理，1998年财政部、国家档案局修订了《会计档案管理办法》，1999年修订了《中华人民共和国会计法》，2015年又对《会计档案管理办法》进行了再修订。

会计档案整理

会计档案是各个单位从事经济管理活动和财政管理活动的重要凭据和历史证据，可为各单位及国家进行经济决策提供重要的数据和信息资源，还可为经济和财政研究提供可靠史料。

（连志英）

会计档案保管期限表 retention schedule of accounting archives 以表册形式列举会计档案的来源、内容和形式，并指明其保管期限的指导性文件。鉴定会计档案保存价值和确定会计档案保管期限的依据和标准。专门档案保管期限表的一种。通常由顺序号、条款、保管期限、附注以及总的说明等部分组成，其中条款和保管期限是最基本的项目。确定会计档案的保管期限，主要注意几点。

①要突出会计档案的史料价值。会计档案主要具有史料价值和查证价值。史料价值是生产经营和事业管理规律的总结性经验，具有一定的借鉴价值；查证价值是供事后进行查考某个会计事项的处理是否正确的证据价值，或对其他档案的印证价值。两相比较，史料价值较之于查证价值更具有长远性和广泛性。因此，会计档案保管期限的划分应依据其史料价值的大小和长久来确定。史料价值大并且长远的，划为“永久”；反之则划为“定期”。

②要保持会计凭证和会计账簿保管价值的大体一致。会计凭证是资金活动的原始记录，会计账簿是会计凭证的系统登记。因此，会计凭证和会计账簿的保管期限，应当基本统一。否则，凭证到期销毁了，账簿就失去了保存的价值。

③要反映特殊会计档案的特殊价值。确定会计档案的保管期限，既要有一般的原则规定，也要对特殊档案做出特殊的规定。《会计档案管理办法》规定的“重要的涉及外事和对私改造的会计凭证，不能作为一般会计凭证处理，而应永久保管”，就体现了这一基本思想。

④要兼顾不同行业会计档案的个性。预算单位会计、建设单位会计、银行会计、企业会计虽然同为“会计”，但在处理会计事物的过程中形成的具体核算材料不尽相同，即使同类核算材料，价值也有差别。因此，确定会计档案的保管期限，要根据行业特点来进行，不可根据会计核算材料的名称一概而论。 （黄世喆）

《矿务档》 *Archives of Mining Affairs* 中国近代史资料汇编中有关中国清代矿务的档案汇编。

台北“中央研究院”近代史研究所编。1960年出版。精装，全8册。系据清代总理各国事务衙门、外务部清档中有关矿务部分的档案合编影印而成，包括誊清（即“清档”）之“各省矿务档”“海防档”中矿务部分，以及编者另据原档抄补者。文种涉及谕旨、奏折、咨文、函札、照会、合同、节略等，起讫时间为同治四年（1865）至宣统三年（1911）。所辑档案除属一般矿政者外，均依省别编排，省下酌情分别各项矿案。共分一般矿政、直隶矿务、山东矿务、山西矿务、河南矿务、甘肃矿务、江苏矿务、浙江矿务、安徽矿务、江西矿务、湖北矿务、湖南矿务、四川矿务、福建矿务、广东矿务、广西矿务、云南矿务、贵州矿务、奉天矿务、吉林矿务、黑龙江矿务、新疆矿务、库伦矿务23个部分。该书内容较为系统具体，卷首编列矿务档总目，注明各部分所在册数、页次，每册编有该册所辑档案目录，列明各件编号、收文或发文时间、收文和发文者、主要事项和所在页次，书末附有编者所撰大事年表。该书是研究中国近代矿业经济史和中国矿产资源开发史的重要文献，广受学者重视。

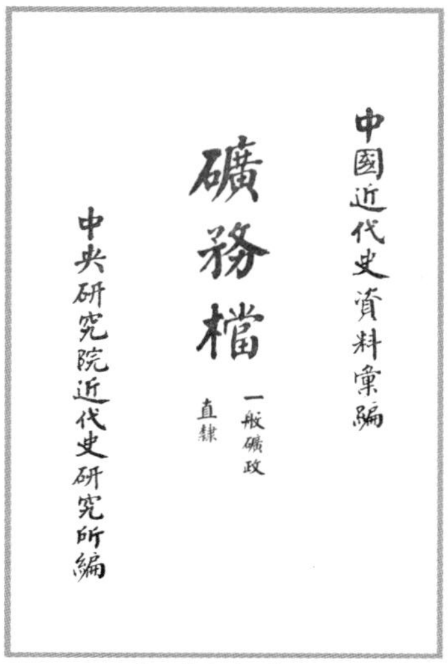

《矿务档》扉页

（张书才 撰 丁华东 修订）

L

蜡板档案 archives on waxed tablet 以蜡板为书写材料的文书。公元前8世纪，亚述人使用蜡板书写文字，公元4世纪前广泛流行于地中海一带。最初只是把木板或象牙板用作书写材料，四周有隆起的边，为了使木板或象牙板平滑，在中间涂以黑色的蜡，然后用尖笔（石笔、象牙笔或金属笔）将文字刻写在蜡层上。古罗马人使用的蜡板，大都是长方形的薄木板。有些是每三块连接在一起，连接办法是在每块蜡板的边缘处穿两个小洞，用绳子拴起来，编有页码，其封面、封底和签名盖章页不涂蜡，文件的正文和提要页则要涂蜡。由于在蜡板上书写文件便于修改，所以古代罗马人在以羊皮纸作为主要书写材料之后，仍然广泛地使用蜡板书写不需长久保存的文件，或用来起草文件，待定稿后再抄写到羊皮纸上。蜡板不耐久且易着火，蜡板上的字迹易受摩擦而模糊，难以长久保存，4世纪后被易于折叠的羊皮纸所取代。蜡板档案是研究古埃及和古罗马时期政治、经济、文化、宗教等珍贵的史料。

（张世林）

来源原则 principle of provenance 档案馆将档案按其来源和形成单位进行整理和分类的原则。国际档案界公认的档案整理基本原则。要求在整理和分类时不能将同一来源的档案与其他来源的档案相混淆，维护同一来源档案之间的有机联系。国际档案理事会（ICA）编辑的《档案术语词典》（1984）将来源原则定义为：同一来源的文件/档案，不应与其他任何来源的文件/档案相混淆，常被称为尊重全宗原则。中国档案行业标准 DA/T 1—2000《档案工作基本术语》将来源原则定义为：把同一机构、组织或个人形成的档案作为一个整体加以管理。

基本内容　来源就是通常所说的档案形成者，包括机关、组织和个人。来源原则指的是档案馆按照档案的来源进行整理和分类，要求保持同一来源的档案不可分散、不同来源的档案不得混淆。基本内容可以归纳为三个基本点：①尊重来源。档案馆按照来源标准整理档案，保持档案与其形成者之间的来源联系。②尊重全宗的完整性。一个全宗是一个有机整体，整理档案必须维护全宗的完整性，同一全宗的档案不可分散，不同全宗的档案不得混淆。③尊重全宗内的原始整理体系。全宗内的档案整理应充分利用原有的整理基础，尊重全宗在形成机关获得的原始整理顺序和方法，不轻易打乱重整。

形成与发展概况　来源原则起源于近代法国，是在逐步否定事由原则的过程中产生的。事由原则是指按照档案的主题内容进行整理，从16世纪后期以来逐步形成并得到理论论证，直到19世纪中期长期占据着统治地位。法国在18世纪末的档案改革中首次建立了真正意义上的综合性国家档案馆，集中保管众多国家机关的档案，过去沿用的事由原则无法适应馆藏来源多元化的特点，最终被来源原则所取代。

来源原则的发展进程经历了确立（18世纪后期至20世纪初）、发展与遭受冲击（20世纪20年代前后至80年代后期）、被重新发现（20世纪80年代末至今）三个阶段。

确立阶段　历经法国的尊重全宗原则、德国的登记室原则和《档案整理与编目手册》出版三个过程。①尊重全宗原则。法国在1841年2月颁布的《关于各部和各地区档案整理与分类的指示》中首次提出。尊重全宗原则的提出对于档案专业的发展具有里程碑意义，体现了对档案本质属性和档案工作本质特点的准确理解，为来源原则的形成拉开序幕。②登记室原则。德国在1881年7月颁布的《国家机密档案馆档案整理条例》中提出。把尊重全宗原则中强调的来源，从仅指档案形成机关延伸到档案在来源机关的原有次序，故又称尊重原有次序原则，显示其对尊重全宗原则的修正并与其区别。③《档案整理与编目手册》出版。荷兰1897年正式采用来源原则管理档案，1898年出版的《档案整理与编目手册》奠定了来源原则的理论基础。手册指出，来源原则的实质在于来源的一致性，同一来源的档案组成的档案实体是一个不可分割的有机整体。手册系统论证了全宗的独立完整性以及保持原有顺序的思想，使来源原则在理论上基本成熟。手册后来被译成多种文字，推动了来源原则的国际化传播。在1910年布鲁塞尔大会上，来源原则被认定为档案专业的基本原则，标志着来源原则的最终确立。

发展与遭受冲击阶段　在这一阶段，许多国家从本国国情出发，对这一原则加以灵活运用和丰富发展，比较典型的有英国、美国、德国、苏联和中国。英国档案学家H.詹金逊在《档案管理手册》（1922）中提出档案组合概念，意指一个自身结构完备的行政机构在活动中形成的文件整体，更加突出了形成机关的独立性。美国国家档案馆于1941年启用文件组合（record group）概念，意指以文件来源为基础，综合考虑机关行政管理史、文件复杂性和文件数量等因素而组建起来的具有组织和职能相关性的文件整体。德国档案学家A.布伦内克提出了自由来源原则，要求建立来源和事由按比例配合的综合体，扩展了来源原则的适用范围，是对来源原则的部分修正和发展。苏联构建了一个由国家档案全宗统辖的全宗概念体系，并以此为基础提出了一套较完整的全宗理论，赋予全宗理论体系明显的层次性和整体联系，强化了来源原则的实践操作色彩。中国在借鉴苏联模式的基础上逐步形成全宗理论，明确提出全宗的基本含义、构成条件及全宗类型的划分标准，并在此基础上进一步提出全宗群概念，更加丰富了来源原则的理论内容。与此同时，与来源原则相关的一些概念得到进一步论证。如美国档案学者D.B.格雷斯第二在其《档案与手稿的整理和编目》（1977）中对来源进行了定性描述，认为："来源"一词就是"原来的机关"，即在处理事务中产生或收到并积累文件的机关或者行政单位，个人、家庭、公司或者其他的个人文稿来源也包括在内。国际档案理事会的《档案术语词典》不仅为来源原则下了定义，介绍了其起源和发展，还对一些相关概念——来源、全宗等，以及相关原则——事由原则、尊重档案结构原则等，分设条目进行释义。

20世纪60～70年代，计算机技术的发展推动西方国家进入信息时代，机读档案（后来称电子文件、电子档案）的大量出现使来源原则遭受重大冲击。来源原则的"来源"概念面临挑战，全宗在电子文件管理中遭到质疑，来源共同性原则受到冲击，电子文件生命周期的变化使得原始顺序呈现出比较复杂的现象。档案学界对来源原则的适用性产生怀疑：一是现代机构的频繁和剧烈变动使得原来按照机构来源划分全宗面临前所未有的困难；二是电子文件形成的方式和特点与纸质文件有很大区别，突破了一个实体机关与文件群体唯一对应的传统模式。一些学者甚至提出，档案人员应当向计算机专业人员或信息管理人员方向发展，才能适应新载体带来的挑战。档案界也在管理实践中更多关注文件的信息内容，而对文件的来源联系有所忽视。

被重新发现阶段——新来源观 20世纪80年代中期，对来源原则的质疑发生了变化，北美档案界开始重新认识来源原则的核心地位。这种变化的起点是**美国档案工作者协会**国家信息系统特别工作组成员R.莱特和D.比尔曼等在信息利用和检索研究中逐渐体会到来源原则的重要作用。1985年，莱特和比尔曼合作发表论文《来源原则的力量》，将对来源原则的反思推向高潮。80～90年代，美国对来源原则在现代档案检索、整理和著录领域中作用的全面认可推动了来源原则"重新发现"思想的成型，档案界越来越多地认可来源原则在现代文件管理，特别是电子文件管理中的重要价值和指导意义。自此之后，国际档案界重新肯定了来源原则对电子文件管理的指导价值，一致认为在电子文件时代非但不能抛弃来源原则，相反应更加突出其核心地位。美国档案界对来源原则的重新肯定得到了欧洲和加拿大同行的共鸣，促使来源原则"重新发现"思想在国际范围内不断推广。加拿大档案学家T.库克是新来源观的倡导者。库克认为不仅应关注实体来源（文件形成机关），也应更多地关注概念来源（文件形成者的职能和业务活动），即更多地关注文件形成过程和背景——文件是由谁，在什么条件下，运用哪些数据，为了何种目的，采用怎样的结构形式等方面的综合背景信息。这些来源信息正是了解、管理和利用电子文件的关键所在。同一时期，中国也展开对全宗理论的重新思考，代表人物是冯惠玲和何嘉荪，他们提出广义来源、客体全宗等理论观点，指出来源于同一社会活动过程是全宗的本质和立足点，充分肯定来源原则在电子时代的指导价值。中国学者认为电子文件在计算机中进行虚拟整理，结果使得全宗由实体状态转变为由计算机程序的逻辑链连接的虚拟状态，这种对电子文件时代来源原则外在形式（全宗）"形态异化"的认识与国外的新来源观基本一致。为了区别于原来的实体来源，新来源观将某种职能、目的、活动、形成过程的来源称为概念来源。因此，新来源观要求档案工作者获取与电子文件生成、保管、利用相关的各种数据信息，即文件的背景信息，借此体现职能、活动、形成过程等来源的联系，从而保证其证据价值。新来源观使来源原则更加概念化和抽象化，更好地适应电子文件的特点，是来源原则的自我发展和完善，它证明来源原则不会因为电子文件的出现而被抛弃，相反，来源原则在电子文件时代仍是档案专业的基本理论和核心原则。

意义与影响 来源原则从历史主义思路出发，充分体现了档案形成的历史联系，为档案馆馆藏的实体整理和分类提供了合理的客观依据；有力地维护和保持了档案的本质属性，成为档案整理和分类的至善原则。来源原则既不是一种纯观念性的抽象信条，也不是一种纯实践性的操作经验，而是兼具理论性和实践性的管理思想和原则。随着来源原则的发展与完善，应用范围早已超越了分类整理环节，扩展到保管、检索、著录、利用、统计等领域，成为馆藏档案管理的一种总的指导思想。由于主题检索提供的信息少且质量不稳定，因此在信息检索中基于来源原则的来源检索方式优于主题检索方式。由于现代档案的来源复杂性明显加大，现代机关因职能和组织结构变化频繁，文件系列内的形成者往往不止一个，致使著录中必须通过将文件与职能相对应，掌握更多有关文件形成的背景知识，才能理解现代文件的复杂来源。因此，在常规著录下补充对文件形成者职能的著录，在来源信息中增加内部机构和文件系列的多种联系，增设有关著录项目和元数据项，提供更多检索入口，方可使利用者更直接地获取多个文件系列的复杂来源信息。另外，来源原则在知识挖掘领域也有重要的应用价值，尤其是在电子文件管理中，来源原则不仅起到维护文件真实可靠的积极作用，而且通过对电子文件背景信息的掌握，对文件内容信息进行深度分析和挖掘使用，从而参与到机构知识管理之中。

来源原则被公认是组织档案基本管理单元的理论依据和档案学的核心理论，使档案与图书在整理和分类上划清了界限。从本质上讲，来源原则就是要求充分了解文件来源信息和保持全宗内的有机联系，无论是纸质文件时代还是电子文件时代，它从未被抛弃，也将在接受挑战的过程中不断完善以证实自身的生命力。

（韩玉梅　黄霄羽　徐拥军）

莱顿纸草 Leyden papyrus 已发现的最古老的纸草文书。又称伊浦味箴言、伊浦味陈辞，或译为"一个埃及贤人的训诫"。因文本保存在荷兰莱顿博物馆，故名。发掘于埃及孟斐斯附近的萨卡拉墓地，原文首尾都已毁损，中间也有许多缺失，留存下来的共有7章。就字体和语法而言，它写成于埃及新王国第十九或第二十王朝时期，但原文所述内容却说明它或许应属于更早的时代。

纸草作者伊浦味是古代埃及贵族的代表人物，他站在统治阶级的立场上，以教谕口吻，用散文与诗歌相间的形式，记载了中王国末期（约公元前18世纪中叶）埃及的一次大规模的贫民和奴隶起义的情景，其中有"大地像陶轮一样翻转起来""法老被穷人掠走""官吏被打死""档案库也被打开""租税表册和审判庭的法律纸草（指纸草卷）遭撕毁"等内容。作品大量使用夸张的文学手法，充满了对起义者的谩骂和攻击，字里行间无不透露出对起义的仇恨，明显是站在敌视起义者的立场上，但透过内容描述可以看到这次起义的规模和声势。莱顿纸草是研究古代埃及奴隶起义的重要史料。

（黄霄羽）

兰台 Lantai 中国汉代中央档案、典籍库，是当时名儒著述的地方。建于长安（今西安）宫内，系石室建筑，修造年代不可考。隶属于御史府（台），由御史中丞一员兼领，置兰台令史，秩六百石（一说兰台令史六人，秩百石），选能通仓颉、史籀篇者担任，除在殿中受公卿奏事外，还负责典校秘书或从事撰述。西汉成帝以后，兰台令史约有18人之多。由于汉代重视对档案、典籍的收集，兰台典藏十分丰富。东汉明帝永平五年（公元62）班固任兰台令史，奉诏撰《世祖本纪》及诸传记。与班固同为兰台令史奉诏修史的还有睢阳令陈宗、长陵令尹敏、司隶从事孟异。此后，刘复、杨终、傅毅、贾逵、孔僖、李尤等人都曾任兰台令史，他们都是当时著名的学者。章帝、和帝以后，**东观**收藏渐盛于兰台，修史即移入东观。东汉末年董卓迁都之乱，兰台的档案、典籍受到很大损失。至魏晋，御史中丞掌兰台秘书图籍之制依然存在。由于兰台是史官修史之处，所以后世泛称史官为兰台。唐高宗龙朔二年（662）曾改秘书省为兰台。

（董　俭）

蓝盾计划 Blue Shield Program **国际档案理事会**（ICA）参与的一项国际活动。总体目标是在发生武装冲突或自然灾害的情况下采取措施，保护文化遗产，并协调相关国际事务。蓝盾的名字源于1954年联合国教科文组织制定的《海牙公约》，公约规定了武装冲突期间文化物品的保护规则，蓝盾计划是确定文化遗产受此公约保护的标志。蓝盾计划涉及一系列与文化遗产有关的组织，包括国际博物馆理事会、国际古迹遗址理事会、国际图书馆协会联合会等。

1996年国际蓝盾委员会成立，由地方委员会组成和支持。截至2023年已有29个国家成立了蓝盾委员会，7个国家正在筹划中。这些委员会促进各国政府批准和执行《海牙公约》，将不同职业、地方和国家政府、紧急服务和武装部队联合起来，并为他们建立了一个分享经验和交流信息的论坛以改进应急准备工作。

1998 年 11 月，国际档案理事会在斯洛文尼亚举办了一次研讨会，来自 12 个国家的代表接受了蓝盾计划培训。研讨会主题是面对武装冲突和自然灾害如何保护文化遗产，与会代表来自博物馆、档案馆、图书馆和历史协会。研讨会讨论了几起典型案例，如南斯拉夫的战争破坏、波兰的洪水灾害、意大利的地震灾害等对文化遗产的毁灭性破坏，要求制定相关国际法规，同时以比利时为例，探讨制定相关准则。会后发表了宣言，提出四点呼吁：①无论是在正常还是意外情况下都要保护和尊重文化遗产。②评估并减少风险，增强面对灾难的反应能力。③相关机构加强抗险准备和管理。④在紧急情况下，博物馆、档案图书和历史部门的人员加强协作。

（黄霄羽）

蓝黑墨水呈色机理 coloring mechanism of blue and black ink 蓝黑墨水色素成分显色的原理。蓝黑墨水的色素成分由变黑成分和着色剂两部分组成。变黑成分由鞣酸（$C_{76}H_{52}O_{46}$）、没食子酸（$C_7H_6O_5\cdot H_2O$）和硫酸亚铁（$FeSO_4$）3 种化学物质组成。鞣酸和没食子酸可见于五倍子、漆树、茶等植物中，可由原料五倍子生产制得。五倍子的主要成分五倍子鞣质，另含没食子酸、脂肪树脂等。鞣酸又称单宁，能溶于热水，具有涩味，是一种无定型的复杂有机物。鞣酸经加压水解即生成没食子酸和葡萄糖。硫酸亚铁是低价无机盐，具有还原性。

蓝黑墨水色素成分变黑的过程实际可分为两个阶段进行：

其一，在书写之前，墨水瓶中的鞣酸和没食子酸分别与硫酸亚铁发生反应，生成可溶性的无色或浅色的鞣酸亚铁和没食子酸亚铁，并建立动态平衡：

$$\text{鞣酸}+\text{硫酸亚铁}\rightleftharpoons\text{鞣酸亚铁}+\text{硫酸}$$

$$\text{没食子酸}+\text{硫酸亚铁}\rightleftharpoons\text{没食子酸亚铁}+\text{硫酸}$$

其二，在书写之后，经空气中氧气的氧化作用，字迹上的鞣酸亚铁和没食子酸亚铁渐渐变成不溶性的黑色鞣酸铁和黑色没食子酸铁，从而使有机颜料粒子被固着在纸面上。墨水字迹在纸上所呈现的深黑程度，主要决定于其中含铁量的多少，含铁量愈多色泽愈深，反之愈淡。

$$\text{鞣酸亚铁}+\text{氧}\longrightarrow\text{鞣酸铁（黑度低，耐水）}$$

$$\downarrow\downarrow$$

$$\text{没食子酸亚铁}+\text{氧}\longrightarrow\text{没食子酸铁（黑度高，耐光）}$$

由于最后形成的鞣酸铁和没食子酸铁两者都是有机颜料，因而蓝黑墨水的色素成分属较耐久的色素成分。

鞣酸铁具有良好的抗水性，没食子酸铁具有良好的耐光性和黑度，两者配合使用，可以提高蓝黑墨水的黑度、耐水性、耐光性，使字迹较为牢固耐久。由于鞣酸铁和没食子酸铁两者都是有机颜料，因而蓝黑墨水色素成分属于较耐久的色素成分。

由于鞣酸亚铁和没食子酸亚铁都是无色或浅色的，它们变成黑色的鞣酸铁和没食子酸铁也需要有一个缓慢氧化过程，所以若不加其他色素成分，刚书写时没有颜色，为此需要加入着色剂。目前常用的着色剂是酸性墨水蓝和直接湖蓝 5B 两种。酸性墨水蓝色蓝而鲜艳，为酸性染料；直接湖蓝 5B 是直接性染料，具有助色作用，能增加蓝黑墨水的色泽深度，使酸性墨水蓝的蓝色调整为正蓝色。

（张美芳）

李凤楼 Li Fenglou（1930-06-02～2018-10-13） 中国现代档案学家。生于河北乐亭。1948 年参加革命工作，1950 年起在中共中央办公厅秘书处材料科工作，1952 年进入中国人民大学档案研究生班边学习边任教，1954 年起在中国人民大学历史档案系先后任讲师、教研室主任、系副主任，1979 年后任国家档案局副局长、中国档案学会第一届理事会副理事长、中国人民大学档案学院兼职教授。

主要研究领域是档案学基础理论、档案管理学、外国档案管理，成果丰厚。曾讲授苏联档案史、世界档案史课程，与张恩庆、韩玉梅、黄坤坊合编《世界档案史简编》（1983）一书。曾任《当代中国的档案事业》副主编、《中国档案主题词表》主编，撰写了《档案馆的性质与利用工作》（1978）、《加强档案科学技术研究，促进档案事业发展》（1988）等多篇论文。

多年从事国际档案界活动。1960 年，以观察员身份参加在斯德哥尔摩召开的第 4 届国际档案大会；1980 年、1984 年，先后两次任中国档案工作代表团副团长，出席第 9 届和第 10 届国际档案大会，于第 9 届国际档案大会当选国际档案理事会执行委员会委员（任期 1982～1986 年），出席历年执委会年会和第 22、23、24 届国际档案圆桌会议；在国际档案大会和国际档案圆桌会议多次发言，介绍中国档案工作情况并阐明主张；多次率领中国档案工作代表团出访欧美各国，对档案学科发展和档案事业发展都做出了重要贡献。

（黄霄羽）

李鸿章在天津筹办洋务档案文献 archives of Li Hongzhang's preparation for the Westernization Movement in Tianjin 李鸿章在天津进行洋务活动的档案。天津市档案馆收藏，已选入《中国档案文献遗产名录》。文献包含清光绪七年（1881）十一月二十三日李鸿章为广东、山东向英国购办三艘蚊子炮船的札，光绪十年六月十五日李鸿章为向英国购船问题的札，光绪十一年一月二十九日李鸿章为拟设德律风分局的札，光绪二十七年五月二十八日李鸿章关于奥国在天津设租界范围事的札，光绪二十七年三月初七李鸿章为天津增设俄国通商市场的札等。

该组档案文献详细记录了 19 世纪 70 年代至 20 世纪初，李鸿章在直隶总督兼北洋大臣任内，以天津为中心覆盖华北区域的洋务实践活动。李鸿章在天津组织筹办的各项洋务事业既包括军械制造、北洋海军基地建设等军事工业，又包括电报电话、近代邮政、铁路交通等民用工业，并对近代教育、医药卫生、救济慈善等领域产生了深远影响。该档案文献也从一个侧面记录了李鸿章办理租界外交事务的情况，对客观评价李鸿章洋务思想和实践活动，对研究天津近代经济及华北区域经济发展，以及对研究中国近代化进程具有参考价值。

（李 颖）

《历代名臣奏议》 *Memorials to the Throne Written by Renowned Government Officials through History* 中国商周至宋元的奏议汇编。明永乐十四年（1416）黄淮、杨士奇等应诏编纂。共 350 卷。汇集历代名臣向当朝帝王进言的奏、疏、议、札子、封事、策对等 8000 余篇，堪称中国古代奏议大观。分为君德、孝亲、郊庙、治道、用人、赏罚、理财等 64 门。网罗宏富，门类济济，是一部谈古论今、谏诤资治的百家言录。其不仅为后世提供和总结了历史经验教训，而且也反映了相对民主的风气，为文臣学士“劝政”“执异”开辟了一个群言的席位。

所收奏议的史料来源，大致可分为 5 个方面。①商周至唐以前的奏议。大多抄录《尚书》《春秋》《战国策》《国语》《史记》《汉书》《后汉书》《盐铁论》《新语》、诸子书册以及魏晋南北朝至隋朝的几部正史中的有关大臣的奏议和君臣之间的问答。②隋唐五代时期的奏议。除抄录《隋书》、两《唐书》、新旧《五代史》等正史外，还抄录《通典》《五代会要》《唐会要》《大唐新语》《册府元龟》以及唐人别集，其中有《柳宗元集》《刘禹锡集》《韩昌黎集》《陆宣公集》《元氏长庆集》等，有关唐太宗与大臣的问答讨论诸事，则又采录了《贞观政要》等。③辽、金两朝的奏议。节录自《辽史》《金史》《三朝北盟会编》《大金国志》《契丹国志》等。④所录宋人的奏议。共7000篇左右，是《历代名臣奏议》一书的精华所在，也是编者详今略古的思想体现。⑤元人的奏议，除取材于《元史》之外，主要来源于两个方面：一是元世祖至元末年（1294）“东平布衣”赵天麟所上的《太平金镜策》，元刊本8卷，极罕见。二是元成宗大德七年（1303）郑介夫所上《太平策》，未见单刻本传世。这两种奏议涉及元代政治生活和经济生活的各个方面，内容广泛，对于了解元代各种制度，有很大的帮助。

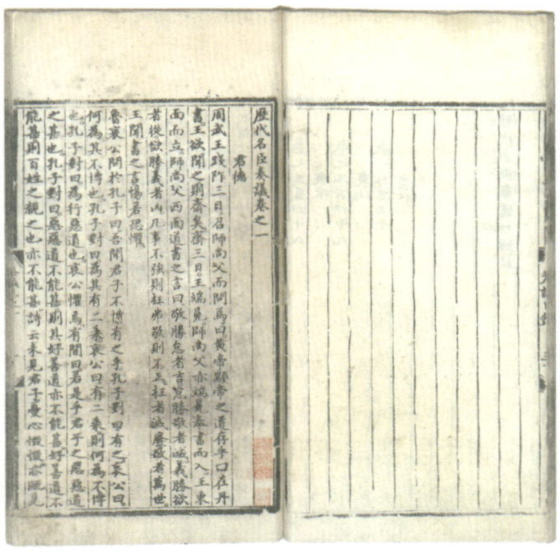

《历代名臣奏议》书影

取材广泛，举凡历代政治得失、典章制度、理财兴利、治军御边、君臣之道等无所不包。中国宋元以前的档案原件留存很少，实为研究相关历史的第一手资料，在校勘、辑佚、版本、辨伪等方面具有历史文献价值。

按问题分类排列，有利于主题查考。但是分割了同一作者形成奏疏的历史联系，脉络不够清晰。有些没有收录全文，又没有出处和标题。编印后仅仅刻印数百本，颁发内廷，流传不广。（冯　叶）

历史档案　historical archives　特定历史时期产生的档案。由于每个国家的历史分期各不相同，因此各国关于历史档案并无明确、一致的界定，一般都是以本国社会发生重大变革或新政权的诞生为界限。例如，中国是以1949年10月1日中华人民共和国成立为界限，在此以前产生的档案都被称为历史档案，包括1921年中国共产党成立至1949年中华人民共和国成立之前中国共产党领导人民进行新民主主义革命斗争所形成的革命历史档案、民国档案、清代档案、明代档案以及明以前各朝代的档案；苏联是以1917年十月社会主义革命为界限，将在此之前产生的档案称为历史档案；法国是以1789年的资产阶级大革命为界限，将在此之前产生的档案称为历史档案；美国则将美利坚合众国成立前产生的档案称为历史档案。

历史档案一般都具有年代久远，载体特殊，史料价值、艺术价值和科学文化价值高等特点，故使用历史档案的概念对保护、保管和利用这类档案具有特别重要的意义。许多国家规定历史档案是国家的珍贵遗产，并用法律的形式设立了档案禁毁年限，凡是属于该国法定禁毁年限之前的历史档案，不管其内容、来源、制作方法等如何，均不再鉴定，统统加以精心保护，一律不准销毁、买卖，同时建立专门保管历史档案的档案馆或在国家档案馆中专设历史档案保管部门。

（方　鸣　撰　李财富　修订）

《历史档案》　*Historical Archives*　中国专门公布明清档案文献、刊发明清史学论文、探讨明清档案业务的学术期刊。中华人民共和国国家档案局主管，中国第一历史档案馆主办。在中国开放历史档案的背景下，1981年2月由中国第一历史档案馆和中国第二历史档案馆联合创办于北京。1985年，第二历史档案馆另行创办《民国档案》，《历史档案》由第一历史档案馆独办。季刊，国内外公开发行。

依托第一历史档案馆丰富的明清档案馆藏资源，刊物具有鲜明的明清档案文化特色。2011年以前，内容以明清档案为主，兼顾其他历史时期的档案资料，时间跨度较大。2011年确定刊物内容限于明清时期，常设栏目共有10余个，包括《档案史料》《学术论文》《史苑杂谈》《读档随笔》《档房纪事》《档案介绍》《档案业务》《国外档案》《书刊评介》《学术动态》《珍档撷英》《新书简讯》《明清丝路》等。

兼跨档案界与史学界，持续公布档案，编纂专题档案史料，向文史各界提供开展研究所必需的第一手资料，促进历史档案工作为学术研究服务；突出以档证史，引领了历史研究注重实证的学风。在国内外史学界、档案学界及广大史学爱好者中享有较高的声誉。刊物为南京大学中文社会科学引文索引（CSSCI）来源期刊、北京大学《中文核心期刊要目总览》入选期刊。

（李鹏年　马　婵）

立档单位与全宗历史考证　historical textual criticism of fonds and its constituting unit　档案工作人员在整理档案实体工作中，对立档单位（全宗构成者）和全宗的历史与现状进行考查研究后，写出的书面说明性材料。又称立档单位和全宗说明。主要由立档单位沿革和全宗历史两部分内容构成。立档单位沿革的主要内容包括：①立档单位成立、撤销的时间和原因。②立档单位的性质、职能、任务和权限范围及其变化情况。③立档单位在社会中的地位与隶属关系、活动地点和范围。④立档单位的内部组织机构名称及其变化情况。⑤立档单位的职能及其变化情况。⑥立档单位及其内部机构的负责人情况。⑦立档单位的文件处理中使用的各种印信戳记及其作用的说明等。

全宗的历史与现状的主要内容包括：①全宗内档案的内容与成分概括。②接收进馆（室）前的保管处所和保管情况。③接收档案的原因和时间。④接收后的管理情况，档案现状（如分类整理、价值鉴定的质量，检索工具，编研情况，被利用情况等）。

立档单位与全宗历史考证是科学地制定档案整理工作方案、有效组织档案实体整理的依据；对日后档案的价值鉴定，检索工具的编制，档案资源的开发利用等，都具有一定的参考意义。（王英玮）

立卷程序　filing procedures　将办理完毕并具有参考保存价值的公文，依其在形成过程中的联系和一定规律组合成为保管单位——案卷的工作步骤。立卷程序是编制案卷的既定流程，掌握了立卷程序，有助于提高立卷质量和效率。一个案卷的立卷工作包括：①文件分类。依照立卷类目对文件进行分类。立卷类目是指预先编制的文件分类的方法与内容条目的一览表，包括立卷类别名称、立卷内容条款和顺序号等，是文件分类的指南。立卷人员根据立卷类目的指引来对文件进行分类。②文件组卷。将具有共同立卷特征的一组文件如作者、问题、时间、名称、地区、通讯者等组合在一起，编立成案卷。③文件修整。对不符合外在规格要求的文件进行修裱、复制、折叠等工作，便于文件装订与保管。④排列卷内文件。按照文件成文日期的先后顺序或者重要程度等特点来排定卷内文件的顺序，以固定每份文件在案卷中的位置。⑤编定页码。使用阿拉伯数字依照排列顺序按页编号。如是空白页，不编号。⑥编制卷内文件目录。包括顺序号、文号、责任者、题名、日期、页号、备注等项目。⑦装订案卷。将组合完毕的卷内文件整齐装订成册。⑧加贴卷末备考表。将备考表加贴于案卷最末一页，并填写本卷情况说明、立卷人、检查人、立卷时间。⑨填写案卷封面。包括全宗名称、类目名称、案

卷题名、时间、保管期限、件、页数、归档号、档号等项目。（杨 霞）

立卷范围 filing range 应予整理归档的文件范围。划定文件的立卷范围，旨在指引立卷人员做好收集工作，避免文件鉴定分类的盲目性和主观性，保证文件立卷的质量。一般来说，凡是反映职能活动、已办理完毕、具有查考利用价值的文件都应予以立卷归档。

机关文件材料的立卷范围：①反映本机关主要职能活动和基本历史面貌的，对本机关工作、国家建设和历史研究具有利用价值的文件材料。②机关工作活动中形成的在维护国家、集体和公民权益等方面具有凭证价值的文件材料。③本机关需要贯彻执行的上级机关、同级机关的文件材料，下级机关报送的重要文件材料。④其他对本机关工作具有查考价值的文件材料。

企业文件材料的立卷范围：①反映本企业在研发、生产、服务、经营、管理等各项活动和基本历史面貌的，对本企业各项活动、国家建设、社会发展和历史研究具有利用价值的文件材料。②本企业在各项活动中形成的对维护国家、企业和职工权益具有凭证价值的文件材料。③本企业需要贯彻执行的有关机关和上级单位的文件材料，非隶属关系单位发来的需要执行或查考的文件材料。④社会中介机构出具的与本企业有关的文件材料。⑤本企业的下属企业和控股企业报送的重要文件材料。⑥有关法律法规规定应归档保存的文件材料和其他对本企业各项活动具有查考价值的文件材料。（杨 霞）

立卷方法 filing method 按照文件立卷特征来组合编立案卷的方法。文件立卷特征包括文件的作者、问题、时间、名称、地区、通讯者等。常用的立卷方法有按作者特征、问题特征、时间特征、名称特征、地区特征、通讯者特征组卷。

按作者特征组卷 即按照同一作者制发的文件组合成案卷。作者指制发文件的机关、部门及其领导人或者其他合法的文件制作者。按照作者特征组卷，有利于反映同一作者的工作状况、工作联系，有利于依据文件作者来源确定文件的重要程度和保存价值。

按问题特征组卷 即按照反映同一事件、案件、人物、问题、业务活动和同一性质工作的文件集中在一起组卷。此处所言的“问题”，是指文件内容反映的主题，包括事件、案件、人物的处理、具体问题的发生与解决、某项业务活动的开展等。按问题特征组卷，既能保持“同一问题”文件之间自然形成的有机联系，又能方便利用者按问题（主题）检索利用文件。

按时间特征组卷 即按照某一主题下文件形成的时间先后顺序来编立案卷。时间特征，指文件形成的时间（如同一年度、同一时期、同一月份、同一日期等）。按时间特征组卷，能反映一个机关（部门）在不同时期的工作特点和发展状况，保持文件之间的“共时”联系和“历时”联系，从中把握与认识事物的状态和变化发展，也能为人们按时间查找利用文件提供方便。

按名称特征组卷 即按照文件名称相同或性质与作用相同或相近的文件集中组卷。文件名称即文种，它反映了文件的性质、效能和价值，因此，按文件的名称特征立卷，可适当区分文件的重要程度和保存价值，还可以把名称相近、保存价值相近的文件合并一起组卷。按名称特征组卷，能满足人们从文种角度查找利用文件的需求。

按地区特征组卷 即按照文件内容涉及的同一地区或者作者所在同一地区的文件集中在一起组卷。此处所言的“地区”，是指中国省级、地（市）级、县级、乡（镇）级等各级行政区域。这种方法多用于上级机关对下属机关的来文、调查统计材料和某些专门文件的组卷。按此组卷，能够反映某一地区的工作情况或有关该地区问题的处理，方便人们按地区特征检索利用文件。

按通讯者特征组卷 即按照一个单位与另一单位之间就同一问题进行沟通联系而形成的来往文书集中在一起组卷。通讯者特征，是两个机关之间针对同一个问题的问复性质的往来文书，一般与名称特征的统称“往来文书”同时使用。通讯者特征是前述作者特征的一种特殊表现形式。

这 6 种组卷方法，既可以单独使用，也可将两种或两种以上方法结合起来使用，这是由文件之间的多维联系性所决定的，如按照作者—问题—名称、时间—问题—名称、地区—问题—名称等来组卷。立卷特征结合得越多，说明这一组文件之间联系的紧密性、专指性就越大，卷内文件的内容和成分就越单一，特点就越明显。立卷时应认真分析文件的立卷特征，发现文件间的联系，尽量结合多种方法来编立案卷。（杨 霞）

立卷原则 principle of filing 组合编立案卷遵循的原则。指遵循文件的自然形成规律，保持文件之间的有机联系，区分文件的不同价值，保证文件的完整与安全，便于文件的保管和利用。原则具体如下：①坚持文件之间的有机联系是文件立卷的核心。文件之间的有机联系，是指文件诸要素或者文件之间具有相互影响、相互作用的关系。某项管理活动产生的文件之间会存在一种内在的、天然的“血脉”联系，体现为文件自然形成的内在规律和特点。依照这种客观规律和特征来立卷，有助于把握事物的本来面目，揭示出事物的本质特征。②保证文件的完整与安全是文件立卷的前提条件。文件的完整与安全，是指归档文件在内容和形式上没有残缺或损坏，不受自然灾害、管理人员工作失误、保管设施隐患等的威胁。只有充分考虑文件的完整程度，正确评估文件价值和管理的安全风险，并选取适宜的措施方法予以应对，才能确保文件的原始凭证性和真实可靠性。③便于文件的保管和利用是文件立卷的目标导向。文件的保管和利用，是指考虑文件保管和利用的不同情况，有区别地选择保管方法和条件，便于及时、准确、有效地提供利用服务，使文件信息充分发挥其效能。（杨 霞）

利物浦大学档案研究中心 Liverpool University Centre for Archive Studies 英国开展档案与文件管理方向科研及教育的机构。利物浦大学是英国最早开设档案学课程的大学之一，基于学校的历史学、语言学和文化学等学科，档案专业教育始于二十世纪五六十年代。档案研究中心成立于 1996 年，目的是协调并促进档案与文件管理领域内的知识交流与共享。

档案研究中心拥有经验丰富且高度负责的教学人员，能为学生们提供优质的档案教育，在国际档案研究领域有较大影响。中心主要培养档案与文件管理、研究的硕士、博士，同时面向社会进行档案职业资质认证，并提供远程文件与信息管理、档案与文件管理课程。中心每年定期举办档案专题讲座、讲习班和研讨会、展览等一系列活动。中心支持专业实践活动，致力于提升公共档案文件的数量与质量，积极参与、组织公共及私营部门的活动，从而提高档案与文件管理意识和专业实践能力。同时，研究中心设计了“会员包”，鼓励会员积极参与活动，了解档案专业的发展方向。此外，利物浦大学档案研究中心 2015 年成立“档案学理论阅读会”，作为一个非正式组织，向公众开放，教师和研究生经常参与其中，讨论关于档案学科领域内的新思想、新理论、新方法和新问题。

档案研究中心已出版数本有关文件管理现状及利物浦大学文件管理教育方面的书籍，另有M.库克的专题文集和英国政府机构档案管理方面的专业文献，面向社会出版发行。 （黄霄羽）

《联邦档案法》 *Federal Records Act* 美国联邦文件与档案基本法。联邦政府档案工作实行集中管理的法律依据。1950年颁布，后进行过多次修订。1976年，美国国会通过了《联邦档案法》修正案。2014年11月26日，美国总统B.H.奥巴马签署了H.R.1233号法案——《2014年总统与联邦文件法修正案》。

1976年的《联邦档案法》包括9条内容：①对文件、档案、文件管理等相关名词的定义。②文件管理的任务，内容包括7点。③档案财产的保管。④美国国家档案与文件局局长的职责，内容较为具体，包括10个方面。⑤鉴定文件的标准和安全措施。⑥对机构文件的检查。⑦建立联邦文件中心和缩微复制中心。⑧文件的转移规定。⑨对文件留存的规定。该法授权美国国家档案与文件局负责建立联邦文件中心和国家档案馆分馆。与1950年的《联邦档案法》相比，1976年的修正案对联邦档案及档案工作的规定更加具体详细，特别是加强了国家档案与文件局对联邦政府档案管理的指导职责。

《2014年总统与联邦文件法修正案》是《联邦档案法》的重要补充，主要聚焦**电子文件**。包括：①扩展了对于档案的界定，将**电子档案**纳入档案范围，并通过电子形式进行**归档**。②授权**档案工作者**进行归档时的鉴定。③明确了政府官员在使用非政府电子邮件系统时的责任。④授权**美国国家档案与文件署**（NARA）保护档案的原始性及原始分类，避免档案被擅自修改。

《联邦档案法》使文件管理和档案管理统一起来，实现了整个联邦政府机构系统的现行文件和档案的一体化管理，形成了一套联邦机关行政信息处理的工作方法。 （黄霄羽）

联合档案室 united archives room 档案室的组织形式。同一专业系统或专业性质相近的若干机关、团体、企业、事业单位共同建立的档案管理机构。

有两种联合方式：①纵向联合。即在同一系统的业务领导机关内设置，统一管理各下属单位的档案。②横向联合。即在一个地区或一个政府机关内设置，统一管理本地区或本政府驻地相近的各单位的档案。这种档案室可以把有限的人力、物力、财力集中统一使用，减轻各单位负担，并在档案管理工作中实行统筹安排，科学组织，以有效发挥档案的作用，为各单位工作服务。随着社会经济的发展，机构的设置发生了很大的变化，联合档案室的数量逐渐减少，一些政府建立的**文件中心**带有联合档案室的色彩。

（邹步英 撰 张 宁 修订）

《两汉诏令》 *Imperial Edicts of the Western and Eastern Han Dynasties* 汉代**诏令文书**汇编。包括《西汉诏令》《东汉诏令》两部分，共23卷。《西汉诏令》12卷，北宋林虙辑录，程俱编次。因《西汉文类》所载诏令疏略，乃依据《史记》《汉书》录得诏令401篇，成书不迟于大观三年（1109）。《东汉诏令》11卷，南宋楼昉编，体例仿《西汉诏令》，收《后汉书》内诏令252篇，成书于宁宗嘉定十五年（1222）。后两部汇合为一书，其首载洪咨夔所作的《两汉诏令总论》，论述诏令文书的名称、形式、传递方式等。

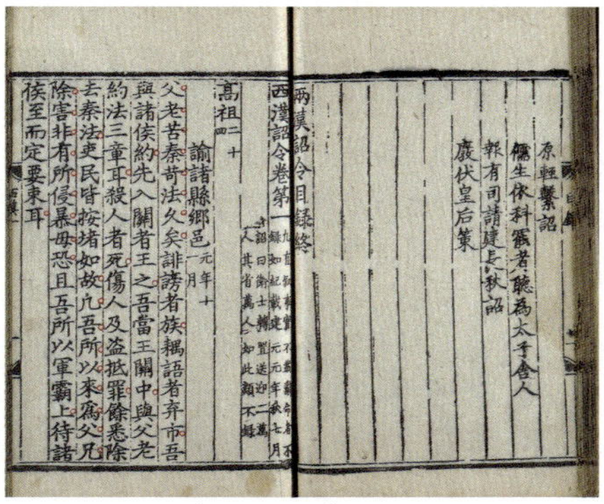
原輕繫詔
儒生依科罷者聽爲太子舍人
報有司請建長秋詔
廢伏皇后策
兩漢詔令目錄終
西漢詔令卷第一
高祖四二十
諭諸縣鄉邑 元年十一月
父老苦秦苛法久矣誹謗者族耦語者弃市吾
與諸侯約先入關者王之吾當王關中與父老
約法三章耳殺人者死傷人及盜抵罪餘悉除
去秦法吏民皆按堵如故凡吾所以來爲父兄
除害非有所侵暴毋恐且吾所以軍霸上待諸
侯至而定要束耳

《两汉诏令》书影

《两汉诏令》以“不载辞命者不录”为原则，共辑诏令原文653篇，各依帝王谱系分类编年，逐一排列，西汉自高祖至平帝，共录11帝1后（吕后），无孺子婴和更始帝；东汉自光武帝至献帝，共录11帝，无冲帝。多拟有标题或提要，间或注明出处。所录虽不出三史范围，即从《史记》《汉书》《后汉书》中汇集，但内容涉及朝政礼仪、地方行政各类，且集散篇为一帙，采辑详备，首尾完具，便于参考。在汉代档案原件散失的情况下，汇集如此之多的诏令文献具有非常重要的史料价值。中国国家图书馆藏有苏天爵刻本4部，包括：清内府旧藏本，共存8卷；莫友芝旧藏本，后归涵芬楼，存22卷；潘祖荫、盛昱旧藏本，后来也归涵芬楼，存22卷；瞿氏铁琴铜剑楼旧藏本。这些均为残帙。又有台湾商务印书馆1983年影印文渊阁《四库全书》本。 （冯 叶）

辽宁省档案馆 Liaoning Provincial Archives 中国省级国家综合档案馆。位于辽宁省沈阳市浑南区全运五路智慧二街170号。国家一级档案馆，中国首批对外开放的档案馆之一。其前身为1954年8月6日成立的东北区临时档案保管处，由政务院秘书厅领导，同年11月改由国家档案局领导；1956年改称国家档案局沈阳管理处；1958年初，国家档案局将其下放给辽宁省，改称辽宁省档案馆筹备处，同年10月1日，正式成立辽宁省档案馆；1969年11月，与原归属国家档案局管理的保管东北地区清代及民国时期县级以上各官署档案的东北档案馆合并；1995年5月辽宁省档案局与辽宁省档案馆合一设置，履行全省档案事业行政管理和省级档案保管、利用两种职能；该馆为辽宁省档案史料的主要保管基地和服务利用中心，也是辽宁省人民政府公开信息查阅中心；2018年7月23日，新的辽宁省档案局挂牌成立，省档案局整合了省档案馆、省政府地方志办公室、辽宁音像资料馆、辽宁图片资料馆、省民政档案资料馆，加挂省档案馆、省工业文化发展中心、省政府地方志办公室三块牌子，为省委办公厅所属事业单位，承担档案资料保管、整理和地方志编纂等职能。2018年11月，行政管理职能划入省委办公厅，更名为辽宁省档案馆（辽宁省工业文化发展中心）。2022年5月，内设机构地名档案管理部、图片音像资料部整合设置为辽宁省图片音像资料中心（辽宁省地名档案资料馆），为辽宁省档案馆所属事业单位。主要负责接收和集中统一管理省级机关、团体、企事业单位的档案资料；负责档案收集、整理、鉴定、保管、保护、利用等业务工作及相关标准拟订；开展档案信息建设、档案宣传、工业文化理论研究等工作；组织编纂《辽宁省志》以及搜集、保存、开发利用地方志资源。2022年12月，中共辽宁省委组织部批准辽宁省档案馆列入参照《中华人民共和国公务员法》管理范围。

馆 藏 新馆总建筑面积达8万多平方米，其内部空间主要由阅览服务大厅、展厅、对外学术交流区、档案保管区、档案业务和技术区及办公后勤服务区等组成。截至2022年，馆藏档案619个全宗，155.8万卷、资料14.3万册，照片14.1万余张。

档案形成的时间最早为唐代开元二年（714）。馆藏档案按历史时期分为唐代档案、明代档案、清代档案、中华民国时期档案、革命历史档案、中华人民共和国档案。按内容文字，汉文档案居多，兼有满

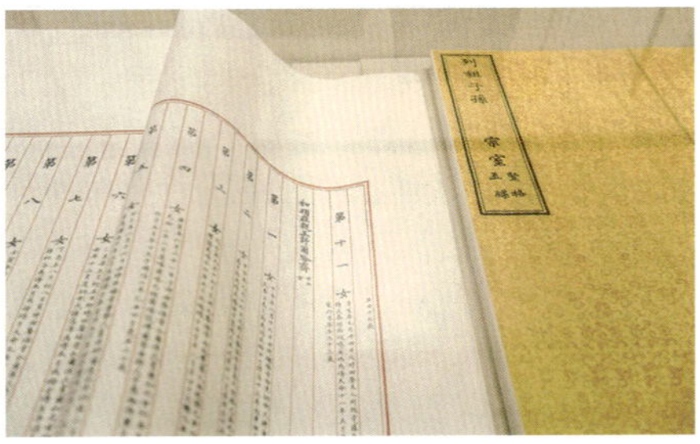

图 1　清代皇室家谱《清玉牒》（部分）首次公开展出

文等。档案载体有纸张、照片、电影胶片、缩微胶片、录音磁带、录像磁带、计算机磁盘（带）、光盘以及其他各种模拟信号和数字信号的存储介质。档案内容涉及辽宁各地区政治、经济、军事、司法、文化、教育、科技、城建、环保、民族、外事等方面，全面记载了东北和辽宁地区的发展历史。所保管的档案极其珍贵，包括中国现存最早的纸质公文档案和大量珍贵的清代皇家档案。馆藏的唐代开元年间档案、**《明太祖洪武二十五年实录稿本》**、戚继光签批的申文、盛京内务府册档案入选《中国档案文献遗产名录》。

图 2　中国档案部门现存最古老的纸质公文档案——唐代开元年间档案

机构设置　馆内设机构为党政群工作部、人力资源部、档案接收征集部、档案整理部、档案编研与工业文化研究部、电子档案与信息安全部、安全保卫部、电子档案备份中心、档案保管中心、档案技术保护中心（区域性国家重点档案保护中心）、档案利用中心（辽宁省政府信息查询中心）、档案展览展示中心、地方志编纂中心。

出版物和评价　该馆深入挖掘馆藏档案资源，先后编辑出版的《黑图档》《民国奉系军阀档案》《东北义勇军档案史料》等档案史料精品受到了社会和学术界的普遍欢迎。办了“清代皇室档案珍品展”“辽宁记忆展”固定展览和“致敬最可爱的人——纪念抗美援朝战争胜利 70 周年档案文献展”“红色起点——中国共产党领导辽宁人民抗日斗争档案文献展览”“众志成城 共克时艰——辽宁援鄂医疗队驰援湖北抗击新冠肺炎疫情档案实物陈列展”等主题展览，面向社会免费开放，反响热烈。

2018 年 8 月国家档案局下发文件，同意依托辽宁省档案馆建设区域性国家重点档案保护中心。2023 年 6 月，国家档案局批准辽宁省档案馆成为“全国示范数字档案馆”。辽宁省档案馆被教育部、国家档案局联合命名为中小学生档案教育社会实践基地，被中共辽宁省委宣传部命名为“辽宁省爱国主义教育示范基地”，被中共辽宁省委组织部列入“辽宁省党性教育现场教学点”。

（明　星）

《列宁档案法令》　*Lenin's Archival Decree*
世界上第一部社会主义性质的档案大法，苏俄档案改革和苏联档案事业建设的纲领性文件。1918 年 6 月 1 日，俄罗斯苏维埃政府颁布了《俄罗斯苏维埃联邦社会主义共和国关于改革与集中统一管理档案工作的法令》，因由时任俄罗斯苏维埃人民委员会主席的列宁亲自主持制定和签发，通称《列宁档案法令》。

法令由 12 个条款组成。具体条款为：①所有作为主管机关的政府机关档案馆一律撤销，其中所保管的**案卷**和文件从现在起组成统一的**国家档案全宗**。②统一的国家档案全宗由档案管理总局负责掌管。③各政府机关在 1917 年 10 月 25 日以前承办完毕的所有案卷和往来文书，一律归入国家档案全宗。机关日常活动尚需使用的案卷，在档案管理总局和主管机关共同商定的期限内，可以留在原机关保存，但由档案管理总局负责掌管。④政府机关的全部现行案卷和往来文书，在专门条例为每个机关规定的期限内，留在原机关保存。期满后，所有已承办完毕的案卷均应归入国家档案全宗。⑤各政府机关未经档案管理总局书面批准，无权**销毁**任何案卷、来往文书或单个文件，违反此规定者，将受到法律制裁。⑥档案管理总局应立即制定国家档案全宗查用制度，并规定形成该案卷的主管机关有查用的优先权。⑦为了更好和更科学地利用档案，以及便于保管和节约开支，应根据档案工作的**集中统一管理原则**，尽可能地将国家档案全宗的各个部分合并起来。⑧档案管理总局属于教育人民委员部，是它的一个独立部门。⑨档案管理总局局长由教育人民委员部提请中央政府批准，档案管理总局局长行使教育人民委员部务委员的权力，是档案管理总局在中央政府中的代表，有权直接向政府提出报告。⑩档案管理总局及其所属省档案局条例将另行颁布。⑪自本法令公布之日起，俄国以往所颁布的有关档案工作的一切法令和决定即废止。⑫从 1918 年 7 月 1 日起，原拨给各主管机关的档案工作经费，一律转归教育人民委员部支配，以满足档案管理总局的需要。

法令主要确定了以下 5 个方面：①社会主义的**档案所有权**。②社会主义的档案工作集中管理体制和原则。③档案的移交制度。④档案的销毁审批制度。⑤档案的开放原则。

为苏维埃政府改革档案工作的第一个法令，不仅是指导苏俄档案改革的纲领性文件，而且成为苏俄档案工作建设的基本法律依据，作为第一部社会主义的档案大法，开创了“国家档案全宗”“集中统一管理原则”等社会主义国家档案工作建设的崭新模式，使历史进入了资本主义和社会主义档案立法并存的新时期。拉开了社会主义国家依法治档的序幕，为其他社会主义国家的档案法规建设树立了榜样。

（韩玉梅　黄霄羽）

令　ling　中国**官府往来文书**文种名称。《说文解字》云：“令，发号也。”令作为文书种类，春秋时期已经产生，主要用于对下发布政令，尤其是颁布政策法规。使用范围很广，发文者可以是诸侯国君，也可以是国中重臣，对其贯彻执行要求严格。秦汉时期，皇太子、王后、诸侯王的下行文书称令；南北朝时期，皇太子的下行文书称令书；隋唐时期，皇太子的下行文书复称令；宋元时期，皇太子的下行文书称令旨；明代，皇太子、亲王的下行文书亦称令旨。

中华民国时期，令是各级官署使用最多的下行文。南京临时政府规定公文有 7 种，其中上级公署职员行于下级公署职员或公署职员行于人民时用令。北洋政府第一个公文程式规定公文有 13 种，其中令分 7 种，分别为大总统令、院令、部令、训令、指令、委任令、处分令。

大总统令为大总统公布法律、教令（指大总统颁布的非经立法机关通过的法规、命令）、国际条约、预算及任免特任、简任、荐任官吏时使用；院令为国务院发布命令时使用；部令为国务院各部及相当于部的院、会发布命令时使用；训令为大总统对于官吏，上级官吏对于下级官吏有所指挥时使用；指令为大总统对于官吏，上级官吏对于下级官吏，因其呈请而有所指挥时使用；委任令为大总统对于官吏，上级官吏对于下级官吏有所差委时使用；处分令为行政各官署对于特定人民，就特定事项命其行为或不行为时使用。

袁世凯复辟帝制时废除《中华民国临时约法》，公文种类和用途因此发生重大变化。大总统令分为 4 种：①策令。任免文武职官，颁给爵位勋章并其他荣典时使用。

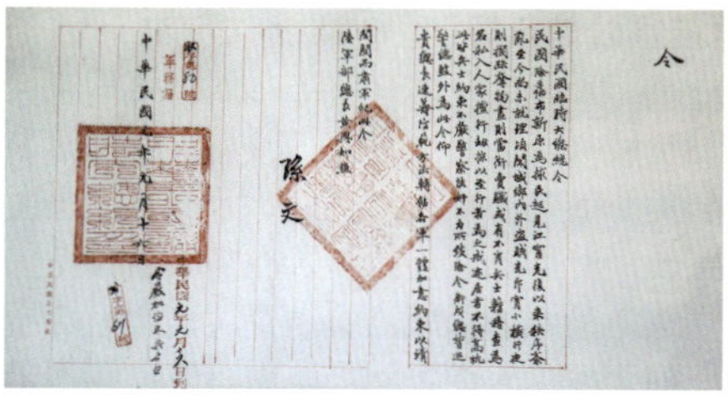

孙中山签发的临时大总统令

②申令。公布法律、教令、条约、预算，对于各官署及文武职官之指挥训示，及其他大总统依其职权执行之事件时使用。③告令。对人民有所宣示时使用。④批令。裁答各官署之陈请时使用。

总统府内设陆海空军大元帅统帅办事处，其军令分 5 种：①宣令。军令须公布于全国者。②规令。军令关联行政者。③训令。对陆、海军有所指挥训示者。④密令。军令关系机要者。⑤批令。裁答有关军事之陈请者。

袁世凯复辟帝制失败后，政府颁布了新的公文程式，减少了处分令。南方革命政府规定，对于无隶属关系但地位稍低的机关行文时用咨令。1925 年后，广州、武汉国民政府规定的文种中，将北洋政府的大总统令、院令、部令、训令、委任令合并为令，并概括其用途为公布法令、任免官吏及有所指挥时使用，又将指令与批令合并。1928 年，国民政府实行五院制，规定将令分为：①令。公布法令、任命官吏及有所指挥时使用。②训令。上级机关对于所属下级机关有所谕饬或差委时使用。③指令。上级机关对于下级机关因呈请而有所指示时使用。此外还规定，五院对于各省政府及其所属机关之公文，以令行之。各军事机关也使用各类军令。

中华民国时期的公文仍旧竖排，令文仍用白纸，多用毛笔正楷写成。各政府对于公文用纸格式都有规定。南京临时政府规定公文用纸为折叠式，纸幅大小没有规定，长短随文而止，首幅为折面，上书文种名称“令”字，上盖发文机关署印。第二幅起首行顶格写“某职令”字样。次行顶格写正文，不分段落。结束接写“此令”“此谕”等字样，然后另起顶格写收件人职衔及姓名。再于另行下方写发件人姓名，盖私章。最后另起一行写发文时间“中华民国×年×月×日”，骑年盖月盖官署印信。

北洋政府于 1914 年施行公文用纸规定，规定公文纸幅须连续，内容简单者，用篇幅较小的纸张，内容较多者用篇幅较大的纸张，或以数纸接连，但须于连接处盖官署印信。公文纸周围画红色格线，左右留边，以便汇案装订。边圈之内每面分 6 行，文面、背面不画行。每一文件分正面、中页、背面。正面为文种名称与编号，中页为正文内容，背面中行书发文日期及官署长官姓名，骑年盖月盖官署印信。1914～1916 年，因袁世凯复辟帝制等原因，公文用纸格式反复变化，各地执行也极不统一。

中华民国政府公文程式、用纸格式在 1929～1949 年多次制定和修订，不断变革改进。国民政府文书最大的变化是，自 20 世纪 30 年代起开始推广使用近现代标点符号，推行内容分段写法。这些都是文书史上前所未有的进步。（裴燕生）

流水账　day-to-day account　中国记载银钱货物流水的单式簿记序时账。简称流水，又称日流、流水簿。指像流水一样的账目。古人认为金钱属水，将水与钱联系起来，希望钱财能像流水一样源源不断，所以将其钱财货物来往账目称为流水账。流水账的起源已不可考，因其原理简单、操作方便，所以应该在古代人类社会有钱物往来之时就存在，早期的记录方式已难寻实例。目前所见较早的实物如敦煌石室写本中就有一批这样的会计文书（官方、寺院、私人），而存世较多的是清代及民国时期的纸质流水账，尤其是民间账簿居多。

流水账主要有印制和自制两种，印制的内页多为红色线格，寓意生意红火，版心处一般印有印制单位名称。账簿封面一般写明商号名称，或钤盖商号戳记，有的还有年月或记录人姓名等，私人账簿则写明自家堂号。内页一般分为上下两个部分，上格记录收入，下格记录付出，通常用毛笔竖写，不写阿拉伯数字，而用传统的商用数码（如苏州码子）。根据收付事项发生的先后，顺序登记。每日终了时，结出银钱货物的余额，并将有关进销客户往来、行庄往来、费用开支、生财用具（营业用的家具器材）等项目逐笔过入总清账。有

图 1　流水账簿封面

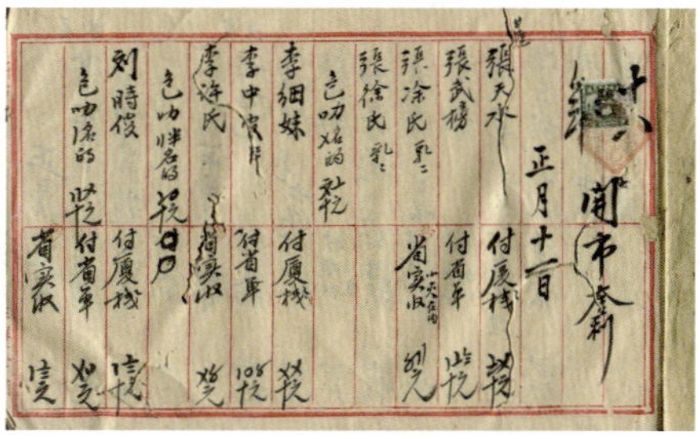

图 2　流水账簿内页

的流水账内页还写有“彩语”（吉利类的话语），如“开市大吉利”“大发”等。中华民国时期的流水账内页上往往还贴有政府颁发的印花税票，并钤盖税务印章。流水账因其方便易学，比较适合于账目比较简单的个人或单位。

古代流水账实物对于研究古代社会经济、物品价格及计量方式等均有重要的参考价值。虽然没有现代会计账簿详细完备，但由于其操作简单，在民间仍然较为广泛地被使用。（张全海）

《六部架阁库题名记》　*Six Cabinet Library Title*　中国宋代关于六部架阁库的档案学文献。李大异撰。李大异，字伯珍，豫章人，南宋乾道八年（1172）进士，历官司农寺丞，知平江府，担任过六部架阁官员，后任至谏议大夫、知建康府。这篇题名记是他在南宋绍熙二年（1191）担任太学正时撰写。

全文共分 3 个部分。第一部分为纪事。首先记述了六部架阁库设置沿革。接着记述了六部架阁库这次征集题名的经过：过去大小各个官署，都有镌刻文字，以记载官署的历任官员，但唯独六部架阁库缺少这种题刻。绍熙二年，六部架阁库的主管官员王次春、陈邕、雷孝友，共同征集六部架阁官的题名。同年 3 月，题名刻成，让作者撰文记述此事。第二部分为议论。首先论述了档案官员的重要性。架阁官员的职责和人员选用，类似于周朝的司书和汉朝的掌故。档案官员可以利用档案考察事物的过去和现在，并寻找出事物发展的根本规律。“其任似周司书，其选似汉掌固。可以考阅故新，寻绪本元，所以若缓而急者。”接着对六部架阁库今昔不同和相同的地方作了分析。档案文书的储以待用的性质，自然而然地引发出作者关于档案官员的议论。第三部分为中心意旨。交代了这篇题记写作的中心意旨，题名是用来书写官员名氏、记载任官岁月的。其中有遗处不可考证的，这里先暂时空下来，等待后来的人们加以补续。（王云庆）

《六大以来——党内秘密文件》　*Secret Documents within the Communist Party of China since the Sixth National Congress*　中国档案文献汇编。中国共产党中央书记处为配合延安整风运动而主持编辑。1941 年 12 月在延安出版。全书 2 册，辑入文献资料 500 余篇，280 万字。体例为类编，分为政治问题、组织问题、军事问题、锄奸问题、职工运动、青年运动、妇女运动、宣传教育八类。各类文献分别按时间顺序

排列。1941 年编辑成书后收集到的 190 篇文献，分别作为各类的补遗收入，并编有正编与补遗统一的编年目录以备检索。1952 年中共中央办公厅再版，增补了中共六届三中全会文件，已收入《毛泽东选集》的文献改为只列篇目，并将各类正编与补遗统一按时间顺序排列。1981 年经中共中央书记处批准，增补了扩大的六届七中全会 1945 年 4 月 20 日通过的《中国共产党中央委员会关于若干历史问题的决议》和《中华苏维埃共和国关于经济政治的决定》两篇文章，由人民出版社于同年 2 月用 1952 年再版纸型重印，并内部发行，以适应中共历史、中国革命史和现代史研究工作的需要。书前有出版说明。

档案汇集了 1928 年 7 月至 1941 年 11 月期间中国共产党第六次代表大会，六届二中、三中、四中、五中、六中全会，中央政治局、中央书记处以及各部、委、共青团中央、中共苏区中央局、中华苏维埃共和国临时中央政府、中央军委及总政治部和少数地方党组织以及社会团体的文献。收录的文献最后总篇数达 562 篇，包括党的会议纪要、决议、通告、声明、**电报**、指示以及党报社论、主要领导人文章、信件等等，很多是未公开发表过的。文献比较系统地反映了中国共产党关于领导中国工农群众创建红军，苏区根据地和苏维埃政权进行土地革命和经济文化建设与反对国民党“围剿”的斗争，关于党的组织与思想建设以及反对李立三“左”倾冒险主义、王明“左”倾冒险主义与右倾投降主义、张国焘右倾逃跑主义与分裂主义的斗争，关于九一八事变后反蒋抗日以及号召抗日民族统一战线到倡导和促成第二次国共合作的方针和政策，七七事变后领导敌后人民创建抗日民主根据地与三三制政权、进行经济文化建设以及肃反锄奸的政策，关于红军、八路军、新四军及其他人民武装的发展建设、战略战术、政治工作的方针与原则，关于坚持抗战、团结、进步，反对国民党反动派投降、分裂、倒退的策略，关于领导工人、农民、青年、妇女进行反对帝国主义、国民党的政治、经济、思想、文化斗争的政策等等。

（赵　朴　丁华东）

《六大以前——党的历史材料》 *Historical Materials of the Communist Party of China before the Sixth National Congress* 中国档案文献汇编。中国共产党中央书记处主持编辑。1942 年 10 月在延安出版。全书 1 册，文献资料 220 篇，130 余万字。1942 年编辑成书后收集到的 24 篇文献作为补遗

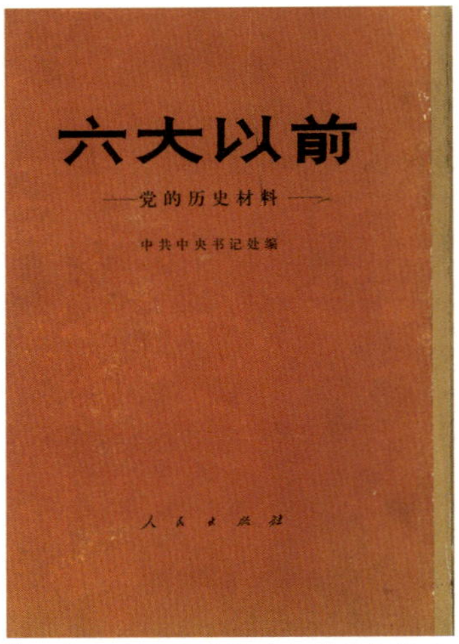

《六大以前——党的历史材料》封面

收入。

文献汇集了 1921～1928 年初中国共产党第二、第三、第四、第五次代表大会的宣言，中共中央 5 次对于时局的主张和五卅运动的宣言、告群众书，1926 年 7 月第三次中央扩大执行委员会会议决议案，为国民党清党反共对政局宣言，八七会议告全党党员书，第二、第三、第四次全国劳动大会决议案与宣言，共产国际执行委员会第六、第七、第八、第九次扩大会议关于中国问题决议案，以及中国共产党早期活动家陈独秀、李大钊、毛泽东、蔡和森、周恩来、瞿秋白、恽代英、邓中夏等的文章。1951 年 5 月中共中央办公厅再版，增补了第五次全国代表大会的主要决议，1927 年 11 月中央临时政治局扩大会议的政治决议和李大钊、毛泽东、瞿秋白的 10 余篇文章；删除了延安版附录的《大革命中的中国共产党》一文；并将补遗 24 篇与正编统一按时间顺序排列。1980 年经中共中央书记处批准，同年 9 月人民出版社用 1951 年纸型重印并公开发行，以满足党史、革命史和现代史学习以及研究工作的需要。重印时，对有关文章的内容、写作时间以及出处等不够确切的地方，作了核正；对错别字作了补正。书前有“出版说明”。该书主要内容是：对于帝国主义与军阀政治的抨击和关于反帝国主义反军阀运动的评述，第一次国共合作与国民党的改组以及反对国民党右派、反动派的斗争，职工运动、农民协会运动的兴起、发展与北伐战争——第一次大革命，国民党的背叛与大革命的失败，中国共产党人对于中国革命的性质、任务、对象、动力与发展前途的探索，领导革命实践中的成功、失误以及对陈独秀右倾投降主义路线经验教训的认识和总结，以武装暴动反击国民党背叛革命屠杀工农的总方针的确定和“左”倾盲动主义路线的形成等。

（赵　朴）

《陆宣公翰苑集》 *Collection of Memorials to the Throne Written by Lu Zhi* 中国唐代陆贽别集。又称《翰苑集》《陆宣公集》。陆贽（754～805），唐代宗大历进士，卒谥宣公，世称陆宣公。为人性情刚直，指陈朝政，多切中时弊。所作奏议，文笔流畅洗练，论述深切著明。虽用骈体，而不见斧凿之迹，具有强烈的说服和感染力量。所作制诰、奏议原各有书单行，仅制诰以“翰苑”名。宋人合两书于一编，仍用原名。

集内文件按**文种**分类编排，包括：制诰 10 卷，83 篇，唐贞元中叶前作；**奏本** 6 卷，32 篇，任宰相前作；中书奏议 6 卷，32 篇，任宰相时作。包括制、诰、敕、德音、册、表、状、书等。每一文件都有标题，重要文件之前有编者详述文件形成的历史背景和内容要点，类似按语。还写有序言，介绍陆贽身世、文件价值，言明编纂该书是为了效法“为文为臣事君之道”。

文件内容广涉中唐政治、法律、礼仪、军事、财政等重大决策，如改元大赦、册封王妃、任免官员、表彰功臣、弹劾赃吏、边防守备、抚恤安民、均节赋税、议减盐价等各项事宜和措施的决定和推行，是研究中唐历史的第一手资料。其文多用排偶，情词恳切。剖明是非得失，情理结合。骈文对偶齐整，音韵协调，语言流畅，气势极盛。不仅有较高的史料价值，且有一定的文学价值。

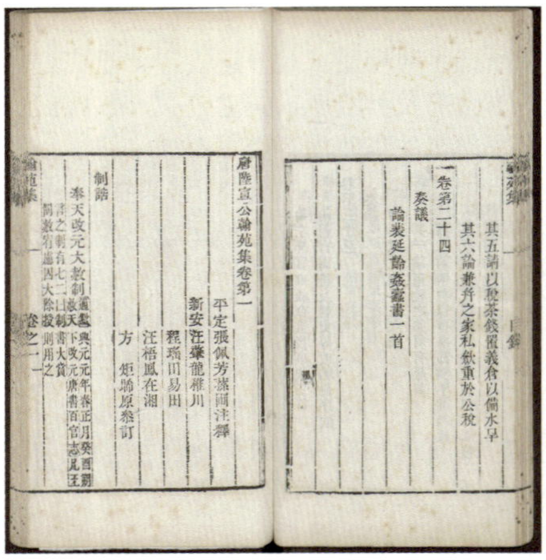

《陆宣公翰苑集》书影

刊行后，自宋至民国时期曾不断翻印，被历代封建统治者奉为“治乱之龟鉴”。有《四部丛刊》影宋本，清人张佩芳《陆宣公翰苑集注》24 卷。集中失收之文，后辑入《唐陆宣公制诰续集》。

（冯　叶）

录 lu 中国古代文书。录，本义为记录，后来引申为行政文书，属于簿籍的一种。

关于录文书的种类，里耶秦简证明秦

朝县一级机关编制有名为“计录”的文书。计录文书按县廷各曹为单位来编制，包括司空曹计录、仓曹计录、户曹计录、金布计录等多种，这些计录名目之下又各自辖有船计、禾稼计、乡户计、库兵计等统计文书。关于汉朝的录文书，相关实例可见于西北汉简的省兵物录。

录文书的特点是客观、忠实记录相关事项。以计录为例，“计”是主体，主要功能在于统计官府的各项行政数据，为管理人员、物资的流动，以及课考吏员治绩提供依据；“录”则是辅助和保障，主要功能在于忠实归纳记录“计”的内容，为上级机关断案治事奠定基础。

录文书的内容结构取决于观察、记录的对象。例如，西北汉简的省兵物录先按条罗列巡视大纲，包括要塞的兵器存有情况与保养状态、吏卒对烽火信号知晓与否等项目，其后再相应地逐条记录巡察所见的实际情况。总之，秦汉行政文书的录是对所考察事项的客观记录，是国家机关日常行政所用的一类重要文书。

（马　力　李义敏）

录副奏折　lufu zouzhe　中国清代**上奏文书**文种名称。指由军机处或方略馆抄录的**朱批奏折**的副本。简称录副。清雍正七年（1729）皇帝下令，内阁本章及衙门档案皆于正本外立一副本另行收贮，以方便查看，同时防止书吏篡改、破坏档案。雍正八年军机处成立后，也建立了相应的副本制度，录副奏折由此产生。乾隆时期，对于机密性的奏折，要求比雍正时期放宽，同其他奏折一样，也可以抄录副本留以存档，并且录副制度更为健全。晚清同治、光绪、宣统三朝，或皇帝年幼，或皇帝失权，所作“朱批”，由军机大臣代笔，也要录副存档。

录副奏折依照朱批奏折抄就，形式外观与奏折原件不同。录副的行款字数格式不限，文尾用“某年某月某日奉朱批”的方式抄录批示文字，有的另加“钦此”二字作结。皇帝在原折片上所做夹批，录副时也须照录。录副奏折一般为草书，无须正楷，抄录时奏折的内容及朱批谕旨一律用墨笔。录副奏折按日整理归档，每半月一包，形成月折包。

中国第一历史档案馆所存的录副奏折数量庞大，自雍正朝至宣统朝，约 80 万件。虽然难免有文字错落讹误，但仍不失为重要的档案材料。除汉文录副外，军机处还形成有满文录副奏折，共计 18 万余件，内容丰富，涉及清代边疆事务的档案数量尤多。

（何　庄）

履历　lüli　中国古代文书。履历作为文书的称谓，最早见于《魏书·源子恭传》，指用来呈报官吏出身、经历及职位的文书。履历作为记录官员经历与政绩的文书，是考察官员的依据和凭证。伴随着其频繁地使用，产生了众多别称和用法功能与之相似的文种。

唐代记录官员从政经历和政绩的文书，称为由历。由，即得官之由；历，指所历职任。唐代又有选解，是**甲历档案**中的一项。选解即选人的履历材料，内容包括籍贯、父祖官名、婚姻、年龄、形貌、政绩优劣、违章犯纪等信息。宋代凡进入官场的官吏，都要填写一份自传式的文书，称为脚色、脚色状。内容主要包括个人及家庭的基本情况，即籍贯、户头、家口、三代名衔、年龄、出身等。宋代至清代的贴黄，也记录官员姓名、籍贯等个人信息和升迁记录的信息。中华民国时期，履历不仅作为官员人事文书，也作为其他人员的人事文书。

（李义敏）

律师业务档案管理　management of lawyer business archive　律师事务所（法律顾问处）从事的律师业务档案的管理活动。又称律师业务档案工作。律师业务档案是律师进行业务活动的真实记录，反映着律师维护国家法律正确实施、维护委托人合法权益的情况，体现了律师的业务水平、能力和办案质量。

原则与要求　①律师事务所（法律顾问处）应当配备专职或兼职档案管理人员，有条件的应逐步设立档案机构，负责律师业务档案的集中统一管理。②律师事务所要建立律师业务档案管理制度。③律师业务档案要严格按照司法部、国家档案局制定颁布的《律师业务档案保管期限表》规定期限、密级进行保管。

管理对象　①刑事卷。批办单，收费凭证，委托书或指定书，阅卷笔录，会见被告人、委托人、证人笔录，调查材料，承办人提出的辩护或代理意见，集体讨论记录，起诉书、上诉书，辩护词或代理词，出庭通知书，裁定书、判决书，上诉书、抗诉书，办案小结。②民事代理卷。批办单，收费凭证，委托书（委托代理协议、授权委托书），起诉书、上诉书或答辩书，阅卷笔录，会见当事人谈话笔录，调查材料（证人证言、书证），诉讼保全申请书、证据保全申请书、先行给付申请书和法院裁定书，承办律师代理意见，集体讨论记录，代理词，出庭通知书，庭审笔录，判决书、裁定书、调解书、上诉书，办案小结。③法律顾问卷。聘方的申请书、聘书或续聘书，聘请法律顾问协议，聘方基本情况介绍材料，收费凭证，办理各类法律事务的记录和有关材料，协议存续、中止、终止的情况，工作小结。④其他非诉讼法律事务。委托书，收费凭证，与委托人谈话笔录，委托人提供的证据材料，调查材料，律师出具的法律意见或草拟的法律文书、办理具体法律事务活动的记录等，工作小结。

管理内容　①档案的接收和管理。②档案的借调与查阅。③档案的鉴定和销毁。④档案的统计和移交。⑤档案的保护和防护。

法规和标准　律师业务档案管理的相关法规和标准：《中华人民共和国律师法》《律师事务所管理办法》《关于印发〈律师业务档案立卷归档办法〉和〈律师业务档案管理办法〉的通知》，以及《**电子文件归档与电子档案管理规范**》（GB/T 18894—2016）、《数码照片归档与管理规范》（DA/T 50—2014）、《照片档案管理规范》（GB/T 11821—2002）、《磁性载体档案管理与保护规范》（DA/T 15—1995）等。

重视和完善律师业务档案管理是监督律师执业行为的有效手段，也是落实律师事务所规范化管理的一项重要举措。

（王英玮）

《论档案馆》　*De Archivis*　意大利档案学著作。B.波尼法西奥著。1632 年在威尼斯用意大利文出版。波尼法西奥是意大利档案理论的先驱，他在帕多瓦大学获民法和宗教法博士学位，离校后作为教皇特使安得利亚主教的秘书，旅居德国 6 年。回国后担任罗维戈的总教士和耶拉波特拉等地的主教、威尼斯科学院民法教授等职。他学识渊博，涉猎广泛，一生著述甚丰。

此著反映了作者对档案工作独创性的见解，共分 10 章。首先系统考察了档案一词的起源、演变以及档案馆的历史，如引用大量史料论证了档案馆的悠久历史，将其上溯至人类起源，同时介绍了古代希腊、古代罗马，甚至还有古代中国和秘鲁的档案馆，强调了档案馆的重要性、神圣性和开放性。其次全面论述了档案的整理、利用、保护以及对档案人员的要求等问题，在欧洲档案事业史上第一次提出了档案系统分类的整理方案。他认为档案馆的灵魂非顺序莫属，这种顺序必须通过分类来体现，即先按照地区划分，然后是事由，最后按照时间先后顺序排列。波尼法西奥在书中还提出为了保护档案，必须让有技能而肯吃苦的人负责档案馆和图书馆的工作。

意大利乃至整个欧洲第一部系统论述档案工作的杰作，在欧洲早期档案学术史上占有重要地位。（黄霄羽）

逻辑恢复方法与技术 logic recovery methods and techniques　恢复不存在物理类故障的数据存储介质（如硬盘）中丢失数据的方法。如果保存数据的介质（如硬盘）没有任何物理类故障，能够被计算机系统识别和访问，在这种情况下对该介质中丢失的数据进行恢复，就称为逻辑恢复。包括误分区、误格式化、误删除、病毒破坏、文件乱码、RAID 无法访问等情况导致的数据丢失后的数据恢复等。

进行数据恢复，首要的一点就是认真细致，对每一步操作都要有一个明确的目的。因为数据安全是一个动态过程，所出现的问题千差万别，没有定式可言。在进行操作之前就应该考虑做完该步之后，能达到什么目的，可能造成什么后果，能不能退回到上一状态。特别是对于一些破坏性操作，一定要考虑周到，只要条件允许，就一定要在操作之前进行备份，对每步操作都有相应的记录，并能退回到上一状态。

针对不同类型的数据，常用的恢复软件主要有 WinHex、R-Studio、FinalData 和 EasyRecovery 等。将一个分区格式化后，被拷贝上新数据，新数据只是覆盖掉分区前的部分空间，去掉新数据占用的空间，该分区剩余数据区上的内容仍然有可能被恢复出来。格式化后的数据并不能保证100%能恢复。有些情况磁盘打不开，需要格式化才能打开，如果数据重要，千万别尝试格式化后再恢复，因为格式化本身就是对磁盘写入的过程，它会破坏残留的数据。因为磁盘的存储特性，当不需要磁盘上的数据时，数据并没有被删除。同理，克隆、一键恢复、系统还原等造成的数据丢失，只要新数据占用空间小于破坏前的空间容量，就有可能恢复所要的分区和数据。

文件系统被破坏后，通常数据是不会被系统读取的，在操作系统中会显示需要对打开的磁盘进行格式化，这时，磁盘所在的分区的磁盘没有任何物理故障，显然是文件系统遭到了破坏，所以系统会提示分区未格式化。在这种情况下，只需要将磁盘的文件系统重新加上，就可以恢复原来的数据。

分区磁盘被格式化是常见的数据恢复故障，造成原因主要有磁盘被误格式化和病毒将分区格式化等。病毒所破坏的文件系统与原来的文件系统是一样的，如 NTFS 文件系统被病毒破坏后还是 NTFS 文件系统。但格式化后的文件系统可能有所变化。如 Windows 操作系统有 FAT 和 NTFS 两种文件系统，对这两种文件系统进行格式化有以下 4 种情况。

① FAT32 分区格式化为 NTFS 格式。当 FAT32 分区格式化为 NTFS 格式时，因为两种分区格式过程改写的位置不同，原 FAT32 分区的 FAT 表、根目录基本会被保留。NTFS 格式化过程写入的数据很少，对数据区的数据破坏程度较低。简单的数据恢复方法是直接用数据恢复软件（如 R-Studio）扫描分区，数据大部分会被完整恢复。也可以用手工重建 FAT32 的引导扇区 DBR，并修改该分区在 MBR 中的分区类型 07（NTFS）为 0C（FAT32），可以直接打开分区。大多数情况下，这种方法恢复的数据要比软件扫描法快速而且恢复完整。

② NTFS 分区格式化为 FAT32 格式。当 NTFS 分区格式化为 FAT32 格式时，由于不同分区文件系统格式化过程写入参数位置不同，NTFS 格式的主文件索引记录基本会完整保留。除了数据恢复软件扫描法，手工修改分区类型标志和重建 NTFS 分区 DBR 更简单快速。由于 NTFS 格式化过程中会将引导扇区备份在该分区最后一个扇区，而 FAT32 格式化过程并不会改写这个扇区，所以只需要将该分区的最后一个扇区（确定它是 DBR）复制到 63 扇区。然后修改主引导记录 MBR 中的分区类型，将 FAT32 标志 0C（或 0B）改为 NTFS 标志 07，然后重启计算机，基本上可以恢复数据。

③ NTFS 分区格式化为 NTFS 格式。这种破坏方式恢复后的数据基本完整，目录结构大部分也会存在。但手工方式难度较大，一般采用数据恢复软件恢复。

④ FAT32 分区格式化为 FAT32 格式。这种破坏方式下数据恢复后的效果相对不是太好，由于前后格式化分区格式相同，因此改写位置基本相同，原 FAT32 格式位置的 FAT 表被复位清空，根目录第一扇区清空改写。这种情况同样需要用软件扫描恢复，剩余根目录区会重组出大部分目录结构，特别是二级后目录文件名基本完整，只是小部分文件碎片较多的文件可能无法正常打开。

U 盘、移动硬盘是经常用作数据转移的存储设备，数码存储设备是日常生活和主要的办公设备。这些存储载体也常常会因为误操作、误格式和病毒等原因造成数据丢失，数据恢复技术与方法与硬盘基本一致。（唐跃进）

M

马尔堡档案学院 Archives School Marburg 德国培养档案专业人才的高等学校。与**法国档案学院**和奥地利维也纳历史研究院并称为欧洲的三大档案学院。建立于1894年，坐落在黑森州的马尔堡。黑森州档案馆馆长兼任院长。1904年停办，1949年6月重建。1949～1984年，马尔堡档案学院是黑森州档案馆的一部分；1984年之后，学院归属于黑森州政府，由州文化事务部领导。

学院的档案教育有两种形式。一种是高级档案研究人员和中级档案管理人员教育。高级培训班学制有两年和两年半两种，接受高级档案研究人员教育的学员必须是大学历史专业或者法律专业毕业；所学课程主要有：档案学理论，历史学和历史学辅助学科课程，有关公共政策、法律、行政管理的公共课程。中级培训班所设课程与高级培训班相似，但在课程的课时安排比重上差别较大。除了学习基础理论，学员还要在理论学习之前和之后到档案部门进行业务实习。另一种是在职档案人员的继续教育。继续教育的课程根据不同的岗位需求设置，大致可以分为三类：①档案学专业理论课程，如档案馆的作用，档案的组织、收集、整理和保管方面的专业知识等。②应用技术方面的内容，如档案文件的修复、保护，档案的复制，文件的除尘以及计算机的应用等。③实习、应用方面的内容，如计算机信息和互联网技术，使学员能够熟练运用和掌握最新技术和成果。（黄霄羽）

马来西亚国家档案馆 National Archives of Malaysia 马来西亚中央档案管理机构。1957年12月建立，称公共档案馆。1963年改为马来西亚国家档案馆。馆址在首都吉隆坡。

建馆之初，主要任务是抢救和收集大量濒于毁灭的重要档案。1966年马来西亚《国家档案法》颁布实施，对档案馆的隶属关系、职责和权限都做了明确的规定。国家档案馆直接由主管公共档案和公共文件事务的部长领导，实行馆长负责制，馆长拥有公共档案移交和处置的终审权，未经馆长允许而进行的文件处置都是违法行为。档案馆的活动范围很广，包括接收、登记和整理所有公共档案；编制检索工具，提供利用和公布档案；检查政府机关文件保管和保护情况；办理购买、接收赠送和寄存档案事宜；培训档案人员等。

1987年，国家档案馆归文化艺术旅游部管辖。2004年，在组织编制上又改由文化艺术遗产部领导。设有文件管理部、行政技术部、宣传出版部和纪念项目管理部，下属1个文件服务中心、1个总理纪念馆，在全国设有8个分馆。

国家档案馆及其8个地方分馆，收藏有从15世纪至当代的档案。档案用多种文字写成，包括马来文以及英、荷兰、葡萄牙、中、泰米尔、阿拉伯、日等多种文字，政府档案大多是英文和马来文。宗旨是促进档案遗产的传播与普及，保存永久档案，为社会提供科研和参考等利用服务。（黄霄羽）

马里兰大学信息学院 College of Information Studies, University of Maryland 美国高校信息学院。位于美国华盛顿特区。其前身是成立于1965年的图书馆和信息服务学校；1973年，更名为图书馆和信息服务学院；2001年，更名为信息学院。马里兰大学信息学院致力于协同、创新、教学与服务及跨学科的研究，以改变个人、组织、社群与信息之间的交流方式为办学目标。

学院以图书馆学和信息学作为基础研究，并在人机交互、数字图书馆、云计算、信息访问、电子政务和社交媒体等研究领域日渐强大。学院提供理论与实践并行的多学科学术研究项目，拥有完善的教育体系，分别授予学生信息学理学学士、人机交互硕士、信息管理硕士、图书情报硕士、信息学博士等学位，同时提供数字资产管理资格认证、成人教育、非学位研究等。学院下设多所研究中心与实验室，如追踪中心、社区与信息前沿研究中心、数据管理创新中心、人机交互实验室、信息政策与利用中心、计算语言学与信息处理实验室、马里兰州人文科学研究所等。学院充分利用华盛顿的地理优势，积极与政府机构、非营利组织和企业建立战略合作伙伴关系，为学生提供研究、实习和就业的机会。

学院倡导社会的多元化与包容性，并为之付诸行动，如学院制定包容与公平性的指导政策，在图书情报硕士的教学中开设关于多元化与包容性的研究课程，在信息学领域举办讨论多元化问题的年会，创办第一个以多元化为主题的信息学杂志，建立多元化的学生社团等，其中涉及种族、性别、社会地位、性向、地域、教育、国家、语言、文化、残疾等多方面。马里兰大学信息学院始终坚持技术、信息、人三者的有机统一，帮助人们利用信息来实现自身能力的提升。（黄霄羽）

马上飞 mashangfei 中国古代文书制度。清代外发公文经包封后，大都由驿站负责传递，其包封封套因而被后人称为驿站封。由于这些封套上面常常标注有“马上飞递”“马递”等字样，因此依据这些标注的字样习惯称为马上飞递封、马封或马上飞。“马上飞递”的标注，是依据相关驿律规定的，即规定公文传递的速度为每昼夜300里（1里为500米），如遇紧急情况，可每昼夜400里、600里，最快达800里。“马上飞递”的字样，不是统一下发而是各地自行刻印或直接手书于封套的，因此其字体、印色各不相同，甚至同一地方不同时期也不相同。（李永贞）

满文老档 Old Manchu Archives 中国清代皇太极时期以满文撰写的官修史书（档册）。记载天命纪元前九年至天命十一年（1606～1626）、天聪元年至六年（1627～1632）和崇德元年（1636）共27年史事。后金汗皇太极于天聪三年四月设文馆，命儒臣分为两直，翻译典籍，记注政事。巴克希库尔缠等奉命用老满文纂修史书，遂以为制。天聪六年改用有圈点满文（新满文）修撰，岁岁相继，至崇德年间蔚为巨帙。原本37册，用明代旧公文纸或高丽笺书写，各册长短不齐，厚薄各异。乾隆六年（1741）内阁大学士鄂尔泰、徐元梦奉命将无圈点字档册中难以辨识的无圈点老满文检出，附注新满文，按十二字头序列编成《无圈点字书》一部，存于内阁。宗室觉罗学及国子监学各抄存一部。同时，因档册原件年久糟旧，遂逐页夹纸托裱重新装订成册，以千字文顺序编号保存。乾隆四十年大学士舒赫德等奉命按档册原档整理、重抄。历时3年，抄出一部，内含音写本一套，照写本一套。每套26函，180册。此次重抄用无格宣纸，书法潦草，函帙、册衣均用黄纸，称“草本”。照写本册面签书老满文为“无圈点字档册”；音写本册面签书新满文为“加圈点字档册”。后以草本为蓝本，复缮写一部，黄绫函，黄绫册衣，泾纸朱丝栏，书写楷正，是为正本，称“大黄绫本”，供皇帝阅览。乾隆四十三年据正本重缮，是为副本，称“小黄绫本”，送盛京（今沈阳）崇谟阁庋藏。

满文老档记录了满族首领努尔哈赤和他的继承人皇太极在东北广大地区统一女真各部，建立八旗兵制和后金政权等一系列活动，进而与明王朝相抗衡，入扰京师周围各城镇屯堡，以逼明廷的史事。反映了清初满族社会经济、政治、军事、文化、民族、外交、风俗习惯及宫廷生活等各方面情况，还有天文、地理和气象记载。史料原始，记事广泛，内容丰富，多为清入关以后官撰史书所不载，对《清实录》等书的校订补遗具有重要意义。为研究清史、满族史、东北地方史、民族史和满族语言文字演进史提供了较系统而翔实的资料。

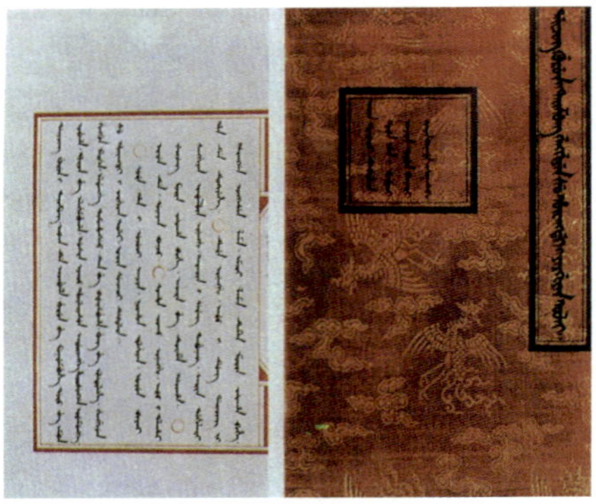

《满文老档》书影

满文老档今存原本、重抄本（包括草本、正本、副本）共4部。原本存于台湾，草本、正本及《无圈点字书》存于**中国第一历史档案馆**，副本存于**辽宁省档案馆**。1918～1929年，金梁招聘人员翻译沈阳崇谟阁所藏副本，并将其部分内容辑成上下两编发表，题名《满洲老档秘录》，又称《满洲秘录》；1933～1935年，将其部分内容在《故宫周刊》上连载，名为《汉译满洲老档拾零》。1964年台湾学者广禄用汉字译出天命纪元前九年至天命五年档，题名《清太祖朝老满文原档》。1978年中国第一历史档案馆与中国社会科学院历史研究所合作，以乾隆朝重抄档为蓝本将其全部译成汉文，1990年3月由中华书局出版发行，题名《满文老档》。（关孝廉）

满文木牌 manchu wooden sign 中国清代以木牌为载体书写的满文档案。清入关前，虽已用纸，但仍多用木牌记事。木牌乃随时削木而成，不加涂饰，形式各异，有的削制成薄片，两面记事；有的削制成长方体，四面记事。长、短、宽、窄亦不尽相同，大者长约30厘米，宽约4厘米；小者长约17厘米，宽约2厘米。木牌一端有一小孔，用以编缀成册，便于传递与保存。清杨宾著《柳边纪略》记载："边外文字多书于木，往来传递者曰牌子，以削木若牌故也，存贮年久者曰档案，曰档子，以积累多贯皮条挂壁若档故也。然今文字之书于纸者，亦呼为牌子档子矣。"

清入关前记录军务的满文木牌

满文木牌遗存极少，现存于**中国第一历史档案馆**的满文木牌共28支。其中26支为北平故宫博物院文献馆于1935年整理清内阁大库档案时所发现，另2支是1979年北京故宫博物院明清档案部（今中国第一历史档案馆）清理内阁杂档时发现。

现存满文木牌是清武英郡王阿济格军中遗物，为新老满文交替阶段的满文记事，记载了阿济格于崇德元年（1636）率满、蒙、汉八旗兵进入关内，在北京周围各地与明兵作战，攻克城堡和俘获什物数目，以及统兵之王、贝勒下达的命令等。（关孝廉）

《毛泽东手书古诗词选》 *Selected Calligraphic Works by Mao Zedong on Ancient Styled Poems* 中国档案文献汇编。中央档案馆编，邓颖超题写书名，文物出版社、档案出版社1984年出版，分线装、甲级精装、乙级精装、平装4种。这部选集是为了纪念毛泽东诞辰90周年而出版的。共选入20世纪50年代和60年代毛泽东在工作之余凭记忆书写的中国古诗词117首，并按原作者所处时代的先后顺序进行排列，书后附有诗词的释文。墨迹以行、草为主，其中绝大部分手迹为第一次发表。这些诗词中凡和原作有出入的地方，编者都作了核对，并在释文中进行了校订和增补。这批珍贵墨迹，对于研究毛泽东书法具有重要意义。

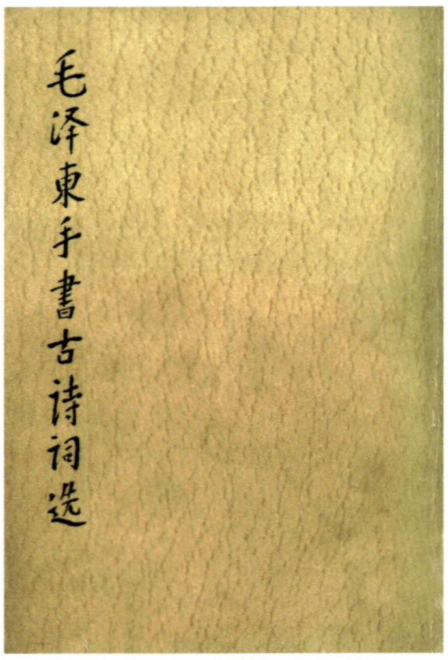

《毛泽东手书古诗词选》封面

（井家卓　丁华东）

《毛泽东书信手迹选》 *Selected Letters from Mao Zedong's Correspondence, Photographic Edition* 中国档案文献汇编。中共中央文献研究室、中央档案馆合编，邓小平题写书名，文物出版社、档案出版社1983年出版，分线装、甲级精装、乙级精装、平装4种。选集是为了纪念毛泽东诞辰90周年而出版的，共收录1936～1965年的书信84封，按时间顺序排列。绝大部分书信是根据中央档案馆收藏的手迹原件印刷，是第一次公开发表。其中有写给任弼时、陈云、董必武、杨尚昆、胡乔木、田家英等革命战友和身边工作人员的；有写给宋庆龄、何香凝、柳亚子、郭沫若等爱国民主人士和社会名流的；有写给艾思奇、范文澜、沈雁冰、郑振铎、齐白石等

《毛泽东书信手迹选》扉页

文化理论界知名人士的；有写给毛岸英、毛岸青、李淑一等亲属和故旧的。这些书信从多方面反映了毛泽东的革命实践活动，反映了他同党内外人士广泛的联系，体现出毛泽东的家国情怀和伟大人格；同时也是毛泽东精湛书法艺术的展示。

（井家卓）

《毛泽东题词墨迹选》 *Selected Dedications by Mao Zedong as Examples of His Calligraphic Art* 中国档案文献汇编。中央档案馆编，陈云题写书名，文物出版社、档案出版社1984年出版，分线装、甲级精装、乙级精装、平装4种。选集是为了纪念毛泽东诞辰90周年而出版的。收入1938～

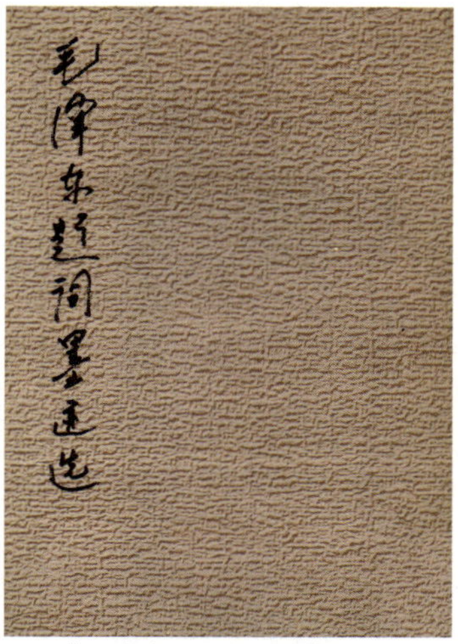

《毛泽东题词墨迹选》封面

1965年的题词163幅。题词大部分是选自中央档案馆保存的手稿，原件多数没有写明时间和题词背景，编者尽可能地作了考证和说明，并根据题写时间先后顺序编排。题词所表达的内容有关于抗日战争、统一战线、党的建设、经济建设、军事建设、文化教育、文学艺术、医药卫生工作、思想方法、工作作风、群众路线的，有关于青少年学习成长的，有关于青年和妇女工作的，也有表彰英雄模范人物、悼念革命先烈和国际友人的等，内容极其广泛和丰富。其中“实事求是”“为人民服务”“自己动手”“丰衣足食”“好好学习”“天天向上”“向雷锋同志学习”等题词早已为读者所熟悉。这些题词反映了时代的脉搏，至今仍有重要的教育意义。题词墨迹显示出毛泽东气势磅礴的书法艺术。

（井家卓　丁华东）

《毛泽东与中国》电视文献纪录片 *Mao Zedong and China*, documentary　中国音像档案文献出版物。江西文化音像出版社2002年出版，包括VCD版10片装、DVD版8片装。以文献为史料，以原始影像为素材，以人物活动年代为线索，对毛泽东的一生进行了全方位的追踪，再现了毛泽东从开国大典直到逝世的27年间的不平凡经历，以及波澜壮阔的一生，展示了一个多世纪以来中华民族追求独立富强的沧桑哀荣。内容共分为10集：①开国大典。②“大跃进”运动始末。③西藏的平叛和民主革命。④我的一张大字报。⑤刘少奇冤案始末。⑥粉碎江青反革命集团。⑦平反冤假错案。⑧审判林彪、江青反革命集团始末。⑨香港回归纪实。⑩中华人民共和国成立五十周年庆典纪实。每集包含若干个专题，如第1集包含第一届政治协商会议、开国大典纪实、祖国大陆的解放和剿匪镇反斗争、中华人民共和国外交开端等；第10集包含北约轰炸中国驻南斯拉夫使馆事件、中华人民共和国成立五十周年庆典纪实等。全片共37个专题节目。VCD版与DVD版在分集与节目安排上有所差别。

《毛泽东与中国》充分运用中央新闻纪录电影制片厂独有的珍贵历史影像资料，精心制作，气势恢宏，其中一些细节系首次披露。片中对于一些重大历史事件的本源真相、人世风云的沧桑巨变以及是非荣辱的功过认定等都给予了实事求是的评价，是一部了解中华人民共和国历史的好教材。

（丁华东）

茅盾珍档 Mao Dun’s precious archives　中国收藏的1925～1981年茅盾手稿资料档案。现藏于浙江省桐乡市档案馆，是1925～1981年茅盾的手稿资料，包括纸质、录音、光盘、照片、实物等形式，以纸质资料为主，绝大多数为茅盾撰写的日记、回忆录、书信、小说、诗词、文艺评论、读书笔记、译文及随笔等手稿。共159卷、1056件，其中手稿原件610件、14 000多页。2010年入选《中国档案文献遗产名录》（第三批）。

茅盾珍档中主要有茅盾写给子女的新婚贺信等家书手稿；1958年对茹志鹃小说《百合花》的阅读批注等文艺评论笔记手迹；一方鸡血印章等实物档案等。其中，鸡血印章呈长方形，用昌化鸡血石镌刻而成，高61毫米、边宽16毫米，通体为墨绿色，质地温润，鲜红的鸡血成带状深沁石质诸面，印章底部为篆书“茅盾”两字，字体古朴秀气，章石顶部刻有14字边款“朴堂作于沪上，一九六二年十二月”。

茅盾珍档不仅清晰地反映了茅盾的文学创作活动与文艺理论思想，而且翔实地反映了茅盾的政治活动历程，同时也真实地再现了茅盾日常生活的点滴，向世人展示了一个全面、完整的茅盾形象，是研究茅盾及中国现代文学史的重要参考资料。

（张芳霖）

《美国档案工作者》 *The American Archivist*　**美国档案工作者协会**主办的学术性刊物。1938年创刊，为美国档案工作者协会会刊。开始每年出版4期，1998年改为每半年出版1期，同时发行纸质版和电子版。杂志官网提供200余期过往刊物内容供公众免费查阅，最近的6期刊物仅开放目录、摘要和书评。

主要刊登学术论文、案例研究、国际瞭望、专业文献评述、档案技术、档案资源、协会消息等方面的内容。力求反映档案专业的理论和实践方面的发展动态（尤其是在北美洲），反映档案人员、档案编写者和**档案用户**三者之间的关系，反映能够影响被记录信息的本质、能够影响那些产生和维护上述信息需求的文化、社会、法律和技术方面的发展状况。内容由专家把关，每份稿件都由稿件涉及主题领域的专家审阅，编辑部再依据审阅意见决定是否录用。作为档案学专业刊物，对于世界各国的档案工作都具有一定的指导和借鉴作用，中国档案刊物上有一大批编译文章都出自该刊。

刊物集中反映了北美地区档案理论与实践的发展动态。随着国际档案学术交流的广泛开展，视角已由北美向全世界扩展，成为全球档案理论与实践发展的重要窗口之一，是获取档案文献资源的重要途径。

（黄霄羽）

美国档案工作者协会 Society of American Archivists　北美地区最大、也是世界最具知名度和影响力的档案协会之一。成立于1936年12月。协会不仅吸收大型**档案机构**的领导人员，也吸收所有从事档案和历史手稿保管的行政管理人员。协会会员包括个人会员、学生会员、准会员和机构会员。截至2010年，已拥有大约5000个个体会员、650个机构会员，办公室设在芝加哥南部的商业中心大楼。

协会的使命是为个人和机构会员提供教育和信息，并提供指导，以确保具有历史价值的档案鉴定、保存和利用。宗旨是为档案从业人员创造学习和交流的机会，出版或发表档案专业的研究成果，促进政府部门和私人机构**档案管理**的规范化和标准化，促进社会各界对档案工作性质和**档案价值**的了解和重视，组织档案人员进行专业培训，保持并加强与历史学、图书情报学和教育学等方面专家的联系，发展同国际组织、文化教育机构及其他专业团体的合作关系。

协会的领导机构由主席、副主席、财务长和秘书长各1人组成。主席和副主席每年改选1次，财务长的任期为3年。正、副主席，财务长以及由协会选举产生的另外几名成员组成理事会，负责行政管理及日常事务的处理。理事会的职责包括召集并主持年会和其他会议、负责经费开支和财产管理、开展年度财务审查并提交审查报告等。秘书长由理事会任命，其职责主要有保存会议记录、起草和邮寄各种通知、掌管协会印章、协助财务长制定协会的年度预算、定期向理事会汇报收支情况等。此外，职能机构包括行政委员会、编辑委员会、学术委员会、人事委员会、协调委员会和出版管理委员会等。

协会活动主要有 3 种形式：①举行年会和其他专业会议，每年一度的协会年会是最重要的活动之一；②制定、编写和出版档案专业标准、档案工作手册和丛书，编辑出版档案专业刊物；③积极开展档案培训。协会每年定期举行短期训练班为在职人员提供培训机会。

协会在教育方面也做了大量工作。制定正规学院课程和独立的研究课程内容，为档案人员的教育和资格认可做准备。1977 年，制定《档案人员大学培训的研究生教育准则》，并开设专业技能和问题的继续教育研讨班。1993 年，首次正式制定《档案学硕士研究生课程设置准则》。协会不但致力于未来的档案人员的培训工作，还为现职档案人员提供继续教育的机会。在全国各地举办各种从初级到高级的研讨班，仅年度会议一项工作就包括了超过 85 次的教育分会、研讨会和专题研讨班。

协会主要出版了《档案专业术语汇编》《机读文件术语汇编》以及一套 12 册的档案工作者基本手册丛书，这些专业标准和工作丛书对指导具体工作很有帮助。协会的机关刊物为《美国档案工作者》，1938 年创刊，季刊，1998 年后改为半年刊。向美国和其他国家公开发行。主要刊登专题论文、新闻报道和书刊评介等。内容涉及档案工作的历史，档案整理、编目、鉴定、保护和利用的理论与技术，档案馆的建筑，档案教育和电子计算机的应用等。尤其重视现代档案和新类型档案的管理问题，经常发表关于档案工作自动化的文章。设有《论坛》《简讯》《新技术》《国际档案界》《书刊评介》《协会消息》等栏目。

（黄霄羽）

美国国家档案馆 National Archives of the United States 美国联邦政府的最高档案保管机构。1934 年，在美国总统 F.D.罗斯福签署的《关于建立国家档案馆的法令》基础上建立。起初为联邦政府的独立机构，1949 年，国家档案与文件局（今美国国家档案与文件署）成立后，国家档案馆成为该局的内部机构之一。由老馆和新馆两部分组成，老馆位于首都华盛顿的宪法大道，

美国国家档案馆外景

新馆位于马里兰大学的学院公园。此馆以规模宏大和馆藏丰富驰名世界，是世界上最大的档案馆之一。馆藏量已超过 5.66 万立方米。其中，有 3 份写在羊皮纸上的档案原件——《独立宣言》《美国宪法》和《人权法案》，被视为“镇馆之宝”，其副本存放在展览大厅的最显眼位置进行展示。截至 2023 年，馆藏约有 135 亿页文本文件，1000 万张地图、图表、建筑和工程图纸，4000 万张照片和图片，4000 万张航空照片，30 万卷电影胶片，40 万盘视频和音频文件，837 太字节（TB）的电子文件。

从 1968 年起在纽约、芝加哥、亚特兰大、旧金山等地陆续设立了 12 个地区分馆，分别是东北、东南、西南、中央平原、五大湖、中部大西洋、新英格兰、落基山脉、太平洋沿岸西南、太平洋沿岸山岭、太平洋沿岸西北、阿拉斯加地区分馆。负责接收和保存本地区联邦政府机构的档案，经费和人事权由国家档案与文件署统一掌管。

档案馆拥有精良的现代化装备和高素质的工作人员，规定年满 14 岁的国内外利用者均可前来查阅已开放的档案，并指定专门的研究顾问为用户提供定向服务。

（黄霄羽）

美国国家档案与文件署 National Archives and Records Administration; NARA 美国联邦政府档案工作行政管理的领导中心和最高管理机构。1934 年，美国总统 F.D. 罗斯福签署生效了《关于建立国家档案馆的法令》，美国国家档案馆由此成立。1949 年，成立了美国国家档案与文件局，隶属于联邦总务署，地址在华盛顿。1984 年 10 月 19 日，美国国会通过该局脱离联邦总务署而独立的法案。1985 年，成为联邦政府直属的一个独立部门，并改称美国国家档案与文件署。宗旨是使公众在其监督和控制下更好地利用联邦政府文件，加强民主和公民权利；使公众更好地了解历史，使公众通过全国性网络设备更好地参与政府活动。

主要机构：①监察长办公室。对本署各项工作进行审计和监察，每半年向国会提供报告，以发现和纠正欺诈、舞弊、滥用职权等行为。②平等就业办公室。保障招聘工作的合法性，特别强调残疾人群就业计划。③国家历史出版物和文件委员会。促进对美国的文献遗产的保存和使用。④总法律顾问办公室。在法庭上代表总署并提供法律咨询服务，开展法律研究和分析，支持档案机构的法律诉讼。⑤国会议员服务处。作为与国会的联络点，协助办事处和有关机构的工作，向国会议员提供免费的文件存储和订阅出版物服务。⑥战略和通信办公室。负责制订战略规划、进行市场联络和沟通。⑦首席运营官办公室。协调文件管理工作的实施和人员配置，进行统计，开展注册服务，代理服务，研究服务，档案馆、总统图书馆和博物馆服务，信息服务，商务支持服务。⑧人力资源办公室。负责制订人力资源计划、培训员工绩效和人员招聘等工作。⑨创新办公室。负责数字化、业务构架和标准制定、项目管理等工作。

总署直接管辖国家档案馆及地区分馆、联邦文件中心和总统图书馆，同时依法制定并组织实施国家档案文件管理规定标准，对联邦政府机关及派出机构的文件管理进行指导和监督。美国国家档案馆是下属的机构之一。总署保留具有永久保存价值的联邦文件，对文件进馆比例严格控制，数量约占这些年产生的联邦文件总数的 1%～3%。

（黄霄羽）

美国国家档案与文件署电子文件档案馆项目 Electronic Records Archives Program of NARA 美国国家档案与文件署（NARA）承担的管理电子文件的数字档案馆系统开发项目。

从功能上来看，电子文件档案馆（ERA）是由 NARA 建设的专门用来接收、管理、保存和利用来自美国联邦政府机关、国会、总统办公室、最高法院的永久性电子文件的综合数字档案馆系统，具备审核保管期限表、移交电子文件以及电子文件的接收、处理、长期保存和开放利用等基本功能。NARA 从 2008 年起使用 ERA 系统接收和存储来自白宫、国会和联邦政府各机构的所有类型电子文件，目前总储量超过 900TB。2015 年起，ERA 系统功能经历全新更迭。

背景 20 世纪 90 年代开始，随着电子文件馆藏数量剧增、归档范围不断扩大、格式类型日益复杂等问题的出现，NARA 决定建设一个系统来实现 NARA 对联邦政府、国会和最高法院移交的所有电子文件的接收、长期保存与可持续利用，永久保存各类电子文件并实现不受电子文件格式、生成环境与阅读环境限制的电子文件“一站式”管理与服务，从而确保各责任主体更为便捷地利用档案信息履行职能和制定决策。

过程 1997 年，ERA 项目经 NARA 电子文件中心负责人 K.锡伯杜的推动正式立项；2000 年，ERA 项目管理办公室成立，专门负责 ERA 系统的开发和维护；2002 年，NARA 公布了第一版《ERA 系统功能需求说明书》，通过 852 条高级定制需求，确定了 ERA 系统的建设目标；2004 年，NARA 与洛

克希德·马丁公司签订系统开发合约，正式启动了ERA系统的开发；2007年，ERA系统初期试用并进入持续升级和扩容开发阶段；2008年，ERA系统正式上线，并开始用于NARA接收和存储各类电子文件；2013年，NARA启动“优化接收框架（OIF）”项目，重新定义ERA系统需求；2015年，OIF项目正式更名为ERA2.0项目，ERA2.0系统研发正式启动；2018年，ERA2.0系统核心功能上线并与ERA1.0系统实例进行集成；2023年2月，NARA关停ERA1.0系统，并于同年3月全面启用ERA2.0系统并更新ERA系统用户。

系统　ERA1.0系统基于开放档案信息系统（OAIS）参考模型，定义了ERA系统的六大功能模块，分别是：①接收模块。接收包括总统办公室、国会、联邦机构等移交的各类电子文件。②管理模块。包括系统管理和用户管理两大部分。③数据管理模块。包括处置方案的确定、工作流管理、文件著录、元数据管理等。④档案存储模块。包括存储格式转换、迁移等。⑤长期保存模块。包括保存计划的制定与实施等。⑥利用模块。包括电子文件检索利用服务与信息安全管理等。在这六大模块中，ERA1.0系统设计了1400多个系统功能点，虽然后来被削减为853个，但直至2008年系统正式上线时也未能全部实现。从运维角度上来讲，ERA1.0系统实际上是一个分布式系统的集成平台，建有多个子系统即实例（Instance），包括联邦文件实例（FRI）、总统行政办公室实例（EOP）、国会文件实例（CRI）、联机公众检索实例（OPA）、涉密电子文件实例（CERA）、第13篇（人口普查）实例、档案数据库检索系统（AAD）等。不同实例虽然满足了不同主体的电子文件移交、管理和利用需求，但在系统结构与功能上都存在较大差异，因此造成ERA巨大的系统运维压力。

在系统功能冗杂和运维成本巨大的压力下，ERA2.0系统的升级目标被确定为：不是对ERA某个或多个子系统功能进行改造，而是要通过模块化组合方式，整合不同软件工具，重新建立ERA系统新的核心功能模块。在总体功能架构上，ERA2.0系统仍然遵循OAIS功能模型，但将ERA1.0系统的复杂功能进行精简整合，以模块化组合的“敏捷方法（Agile methodology）”，针对电子文件移交审批、进馆处理和长期保存三大核心功能需求，重新设计了业务对象管理（BOM）、数字处理环境（DPE）和数字对象仓储（DOR）三大核心功能模块。其中，BOM用于支持电子文件保管期限表的在线提交、审核与反馈以及移交单位根据保管期限表移交电子文件；DPE用于电子文件的自动接收、批量识别和元数据编辑等在线处理流程；DOR用于电子文件的长期保存与检索查询。

总的来讲，ERA2.0系统改变了ERA1.0系统的瀑布式（Waterfall）开发模式，使用轻量级、敏捷式的系统开发方法，确保了系统足够的灵活性与可拓展性。同时，ERA2.0系统基于微服务架构，能够在不同系统功能模块内实现对现有软件工具的整合，确保了电子文件处理流程可随业务需求灵活调整。

成果　ERA2.0系统已完成NARA电子文件管理端到端的全生命周期覆盖，能够支持NARA有关电子文件管理的所有调度、审批，支持美国联邦机关的在线电子文件移交，支持永久性电子文件转入国家档案目录并提供公众访问。ERA2.0系统基于云的架构，使得NARA能够在不同物理位置同步云上存储其数字资产，并采用各种云服务措施以保障电子文件的完整性、安全性和可用性要求。

ERA项目不仅是美国电子文件管理国家战略的重要组成部分，也是全球电子文件管理发展的一个里程碑。在ERA开发与升级的整个过程中，NARA延续了标准引导的优良传统，坚持立足于业界既有最佳实践，并始终以开发姿态积极拥抱新理念、新技术，对于电子文件管理核心问题，包括电子文件移交、接收、著录、长期保存和检索利用等的研究过程和解决方案，对于国际文件和档案管理领域具有重要的参考和借鉴意义。　（刘越男　祁天娇）

美国国家档案与文件署法　NARA Basic Laws and Authorities　美国国家档案与文件署（NARA）制发的一系列法规性文件的统称。美国是档案立法较早和立法比较完备的国家。1984年，美国国会通过《国家档案与文件局独立法》，规定国家档案与文件局脱离联邦总务署管辖，更名为国家档案与文件署，成为联邦政府的直属机关。根据《文件处理法》的授权，国家档案与文件署先后制发《联邦文件处理手册》《永久文件鉴定指南》《一般文件处理表》等一系列法规性文件，成为各州档案管理法规制定的参考依据。各联邦政府机构根据这些规定提出文件处置方案，报国家档案与文件署批准后执行。由于国家档案与文件署直接负责联邦政府机构的文件鉴定工作，系列法的制定有效地保证了进馆档案的完整和精练。

2016年，美国国家档案与文件署总法律顾问办公室对系列法进行修订。该系列法包括29部法律法规，其中有9部是核心法，均位于《美国法典》的公共印刷业与文件主题卷。这9部核心法是：《联邦登记法》《国家档案与文件署》《总统文件法》《国家档案信托基金委员会》《国家历史出版物和记录委员会》《国会文件法》《国家档案与文件署文件管理法》《联邦机构文件管理法》《文件的处置法》。其他法规包括文件的管理、历史外交关系、国内税收、信息传播、印刷与装订、信息政策协调、电子政府服务和推广等方面。

（黄霄羽）

盟书　mengshu　中国古代官府往来文书文种名称。又称载书。始于西周，是各诸侯国或卿大夫之间订立盟誓，以求神明约束的文书，其中记载了订立的盟辞。盟誓是诸侯或卿大夫为了对内巩固统一，对外打击敌人而举行的一种礼仪活动，庄严而神圣。

侯马盟书
（浙江省博物馆藏）

《周礼·秋官·司盟》载：“司盟掌盟载之法。”郑玄注曰：“载，盟辞也。盟者书其辞于策，杀牲取血，坎其牲，加书于上而埋之，谓之载书。”首先，在订立盟誓之前，参加盟誓的各方事先将盟辞书写于简上，编连成册，或书写于玉、石等其他载体上，即为载书。其次，杀牲，由盟主执牛耳，第一个歃血，其余举行盟誓者按地位依次歃血。最后，宣读载书，昭告神明，请其监视。盟誓时要先掘地为坎，再奉置玉币（祭祀用的礼玉），杀牲，礼仪后将盟书与玉币、牺牲掩埋于坎中。主盟者将盟书副本藏于盟府。《左传·僖公二十八年》载王子虎盟诸侯曰：“有渝此盟，明神殛之。”

春秋战国时期，由于周王室衰微，诸侯国间的地位关系通过订立盟誓，靠神明的力量来加以约束。同样，如果诸侯式微，卿大夫之间争权夺势，也要通过这样的盟誓活动协调关系。仅《左传》所记，春秋时期诸侯国之间举行的盟誓就有200次之多。

用毛笔书写在玉片或石片上的盟书，有的呈朱红色，可能用血写成，少数为墨色。盟书起首位置签署不同参与者的名字，或盟誓的时间；接着是具体的盟辞内容；结尾往往会以假设句提出如若违誓，神明会如何惩罚之类的语句。

宋代以后，盟书又演变为中原汉族政权与周边少数民族政权辽、金、西夏等国之间缔结的盟约。原始的歃血为盟的盟誓文书在后金时期仍有使用，是保留有原始习俗的女真族政权与蒙古诸部等结盟的盟誓文书。中华民国以后，盟书被取消，而代之以外交条约、协定、公约等。

（裴燕生）

孟府档案　archives in Mencius Family Mansion　孟子嫡系后裔及其家族在祭祀孟子、府务管理、家族管理、纂修家谱、对外交往等活动中产生的历史档案。孟子（约前372～约前289），名轲，字子舆，邹（今山东邹城）人，战国时期思想家、教育家，儒家学派的主要代表人物。元代孟子被封为亚圣公，尊称为亚圣。孟府，指孟子嫡系后裔居住和生活的府第，位于邹城市南关，亦称亚圣府。

孟府档案按照载体和性质的不同可分为三大部分：①传统纸质档案。由于兵燹、自然灾害和人为的原因，残损严重，许多档案无确切年代。现存档案382件，其中中华人民共和国成立前380件，清代档案占20%，民国时期档案占80%。②照片档案。现存孟庙照片档案只有14帧，多数无确切年代，且年代已久保护不善，照片已发黄，人像亦模糊。③孟府石刻档案。是孟府档案中内容最丰富，起止年代最长，保存相对完整的历史文献和珍贵文物。孟府石刻档案分为孟庙石刻档案、孟府石刻档案和孟林石刻档案，统称孟府石刻档案或“三孟”石刻档案。存世的孟府档案包括明清以至民国3个历史时期，主要分藏在邹城市博物馆、山东省档案馆、中国第一历史档案馆、中国第二历史档案馆等文化机构，中国台北孟子后裔亦有部分收藏。

孟府档案是孟府活动的原始资料，记录这一贵族府第的兴衰历史，反映中国传统社会对儒教的尊崇以及孟子思想的后世影响，也是孟府所处不同历史时期政治、经济、文化等方面的历史写照，具有文献和历史研究、文化传承等重要价值。

（刘旭光）

密本　confidential memorials　中国古代上奏文书文种名称。清代臣民上书皇帝的奏本、题本，以及上书摄政王多尔衮的启本中，有些内容涉及机密，故使用密本。清初，奏折广泛应用以前，凡密查密报，或为部议密呈，或本内引有密谕，或有关军机事务，均用密封，随时进呈。密本程式及尺寸大小与奏本、题本、启本相同，只是其本内行文用语多带“密”字，如密题、密奏、密启等，本面文种名称标作密题、密奏、密启，故称密本。与普通题本、奏本、启本不同的是，密本由内阁等有关承办机构专人保密承办，不论是通政司送达的通本还是直接送达内阁的部本，都要严格保密，不得擅自开拆。皇帝收到上奏的密本，和普通题本、奏本、启本一样，也要经过票拟初步处理意见，再由皇帝本人定夺。负责票拟的都是皇帝特别指定的亲信人员，顺治（1644～1661）和康熙（1662～1722）年间，皇帝特别信任的宠臣大学士王熙就曾奉命专办密本。钦定密本发出前，内阁大学士等有关人员也要求写批红文字，但无须经由六科抄录，密封下科，由该科登号，密封送部，取承领官职姓名附于号簿。该部办理完毕，仍密封送科，收缴内阁。内阁密本档专门收录密奏本章。密本的最大特点是要严格保密，经手的人越少越好。根据中国第一历史档案馆有关学者统计，顺治朝至康熙初年，密本数量每年在八九百件，约占同期题本总数的5%。康熙中叶以后，密本数量急剧减少，应是奏折广泛使用后，将密本取而代之。密本制度随着题本的取消也被取消，密本本身则随着清代密奏制度的确立而不再见到。

（裴燕生）

密集架　compact archives shelf　在档案架的基础上采用轨道将多个档案架紧密排列在一起，实现档案架自由移动的档案装具。又称活动式档案架。根据移动开合方式的不同，密集架有旋转、抽拉和平行移动等形式。旋转式密集架是用铰链固定的方法把档案架连在一起的，使用时可将档案架旋转打开。抽拉式密集架是在档案架下设置小车轮，同时在地面设置横向小轨道，根据需要可任意抽拉其中任一档案架。平行移动式密集架是将一列列档案架紧密地排列在轨道上，用底盘挂钩连成排，底盘通过螺栓固定在地面，两边为移动档案架，可通过手动或电动的装置使密集架整排平行移动。其中，平行移动式密集架是一种更为集中排列的形式，在档案部门中使用较多。

根据移动控制方式的不同，密集架可以分为手动密集架、电动密集架、电脑控制密集架。手动密集架应用广泛，由多列活动立式复柱双面架组成，一般采用冷轧钢板模压成型，表面经静电喷镀和高温塑化处理。轨道分地面式、埋入式和斜板地面式。每层隔板能够承受40千克以上的重量，最大承重达80千克。电动密集架的结构与承重与手动密集架相同，主要差别是采用了电动装置控制档案架的移动。有些密集架采用了电脑控制，通过电脑并辅以触屏、遥控等方式进行自动化控制，从而实现手动、电动、电脑控制三者相互独立、相互补充、互相保护的机制，完成了密集架的更新换代，形成了智能密集架。

当需提取中间架上的档案时，通过手动或电动装置将外部的档案架移开；提取档案成功后，再恢复原位。与档案柜、开放档案架相比较，密集架减少了通道的面积，节约了库房空间，增加了库房储存量，使用和管理较为方便，较好地满足了档案部门的应用需求。此外，密集架具有防火、防盗、防尘等优点，可以减缓外界环境因素对档案的不利作用。但密集架造价高，增加了建筑的负荷，加大了档案馆建筑投资，存取档案不如一般档案架方便。如遇特殊情况，抢救档案比较困难。总体看来，密集架较好地满足了档案部门的需求，替代传统档案装具，成为各级档案馆、机关和大型企事业单位档案部门保管储存档案的主要装具。

（周耀林）

密歇根大学信息学院　School of Information, University of Michigan　美国高校信息学院。其前身图书情报学院创建于1926年。1927年，第一批34名学生获得了图书馆学学士学位。1928年，该学院成为美国第三个获得美国图书馆协会颁发的资质证明的学院，以培养信息人才，为信息时代创造以人为本的知识、系统和机构为目标。

20世纪，学院不断发展以适应新时代需求。1948年，学院停止本科生教学，用图书馆学的研究生教学代替本科生教学，并增加博士学位教育。1986年，更名为信息和图书情报学院。1996年，随着信息领域的日新月异，学院再次更名为信息学院。

信息学院认为，信息利用方面发生的空前变化，需要全面探求人类需求及其与信息系统和社会结构之间的关系，需要一套完整的理论来描述信息在计算和认知、在通信和群体中的作用，需要大量能够应用这些理论，并具有以人为本和技术至上两方面思想的专业人才。密歇根大学信息学院希望能在这些理论的研究与应用和专业人才教育方面成为开拓者和领先者。为此，学院开设了信息学本科学位、健康信息学硕士学位、信息科学硕士学位以及信息学博士学位，涉及档案管理、人机交互、信息分析和检索、管理科学与信息经济、图书馆与信息学、信息保存、学校图书馆媒体、社会化计算等多个研究方向。学院从其前身信息和图书情报学院继承了丰富的有关于服务、领导、研究和广泛的机遇方面的传统，并且在数字时代不断发扬光大。具有不同背景的学院师生就信息和计算机学科、社会科学以及人文科学方面形成了一系列新的理论和实践。

密歇根大学信息学院提出的理念是创造和分享知识使得人们能够在科技的帮助下运用信息去创建一个更美好的世界。学院的愿景是为人类、信息和技术相互联系在一起提供有创造性的、简洁的并且合乎道德的方式方法。（黄霄羽）

冕宁档案 archives in Mianning County 中国清代至中华人民共和国成立初期地方档案。冕宁县位于四川省凉山彝族自治州北部，境内除汉族外，还有彝族、藏族、羌族、苗族、回族、蒙古族、土家族、傈僳族、满族、瑶族、侗族、纳西族、布依族、白族、壮族、傣族等多个少数民族。冕宁档案原件现存于四川省冕宁县档案馆，共计406卷、30 530件。清代档案占主要部分，有401卷；1913～1950年档案只有5卷。

与其他地方清代档案相比，冕宁清代档案具有以下价值：①民族性。冕宁清代档案保留了大量汉族与少数民族之间，特别是各少数民族之间文化融合、交往相处的珍贵资料，这对妥善处理民族关系提供了重要的历史借鉴。②完整性。冕宁清代档案首尾连贯，起始时间早，历时长，几乎与清朝的兴起、鼎盛、衰亡相始终，完整反映了冕宁地区的政治、民族、经济、法律、社会等各方面的全貌。现存冕宁清代档案的最早时间，明确记录为康熙三十一年（1692），但从没有标注年代的档案内容来看，实际还要早，有的属于康熙中前期。与现存其他地方清代档案相比，冕宁档案起始时间较早。③丰富性。冕宁清代档案种类齐全，尤以司法档案为主，是研究清代依法管理民族地区的重要资料。这批档案既有上级衙署的札文、**信牌**等，还有平级衙署的咨（移）、函传、照会等，更多的是冕宁县上报的清册、验折、**申文**、禀稿，冕宁县下发的传票、唤票、**告示**、通知、晓谕、牒文、契尾、牌签，民间役差的文状、契约等。在冕宁清代档案中，司法档案占总量80%以上，即便按照现代司法程序而言，也涵盖了从立案、侦查、起诉、判决、执行等所有环节。在司法档案中，有当事人的状式、官府传唤当事人及其他诉讼参与人的签（传票）、正印官针对某事的堂批、当事人所出具的表示接受判决的遵依（**甘结**）等。

冕宁档案尤其是其清代部分，内容十分丰富，其中的司法档案又是了解清代司法制度的一个重要窗口，为解读清代的司法制度提供了一个全新的平台。另外，冕宁档案对加强和完善中国的民族区域自治政策、有效管理少数民族地区的事务、妥善处理民族之间的问题，提供了重要而鲜活的历史借鉴。同时，对抢救民族文化遗产、推动学术研究的发展，具有重要意义。（梁艳萍）

民国档案 archives created in the Republic of China 中华民国时期（1912～1949）各政权、政党、社团及其所属机构和著名人物活动中形成的档案。主要由南京临时政府档案、广州和武汉国民政府档案、**北洋档案**、南京国民政府档案、**伪满洲国档案**和**汪伪档案**构成。包括各政权的中央和地方各级行政机关，中国国民党和其他党派、团体，文教卫生和科研部门，工商企业，外国驻华机构以及著名人物等的档案。

中华民国户籍档案（北京档案馆藏）

民国档案的文书种类繁多，除通用文书外，还有各部门为数众多的专用文书载体，以纸张居多，也有唱片、照片、电影胶片等。除中文档案外，还有英、法、俄、日等外文档案。

民国档案内容十分丰富，反映了这一时期政治、经济、军事、文化、教育和自然现象等各个方面的情况。其中南京临时政府档案记载了南京临时政府成立与活动的情况；广州和武汉国民政府档案记载了国民政府的东征和北伐，国民党改组和分裂，第一次国共合作的情况；南京国民政府档案记载了蒋介石发动的四一二政变及其后对中国共产党人的残酷镇压，蒋、阎、冯中原大战，对中央苏区和革命根据地的军事围剿，对红军长征部队的追袭阻击，九一八事变及中国人民反日爱国运动，抗日战争各次重大战役，西安事变和第二次国共合作，皖南事变，国共谈判，以及发动新内战的情况。此外，也有中华民国时期民族资本发展和遭受压迫，官僚资本垄断国家经济命脉、压迫和吞并民族资本情况的文件；关于教育制度改革和对思想、文化进行统制的文件；自然灾害、水文和地质矿藏勘测的资料；著名人物如孙中山、蒋介石、蔡元培、冯玉祥等的手稿、日记、照片和公私往来文电等。

民国档案在1949年国民党撤离大陆时被带走一批，现分别保存在台北国民党党史会、“国史馆”“总统府机要室”及“中央研究院”近代史研究所等机构。中华人民共和国政府对留在大陆的民国档案进行了广泛收集，实行集中统一管理。各政权中央机关，包括各政党、社团、企事业单位的档案和具有全国意义的名人档案由**中国第二历史档案馆**保管，计897个全宗，157万余卷。各政权地方机关的档案分别由相应的地方档案馆保管，数量不等，如**甘肃省档案馆**存有5.4万卷，**辽宁省档案馆**存有90余万卷。（李祚明）

《民国档案》 *Republican Archives* 中国档案学专业期刊。**中国第二历史档案馆**主办。为唯一专门刊载民国历史档案和民国史研究内容的专业期刊。季刊，国内外公开发行，有英文目录。1985年8月创刊于南京。前身为1981年**中国第一历史档案馆**和中国第二历史档案馆联合创办的《**历史档案**》杂志。1985年顺应学术界明清和民国档案史料分刊的需求与倡议，《历史档案》改由第一历史档案馆独办，专刊明清档案史料、史论；第二历史档案馆则另办刊物，刊载民国档案史料兼为民国史研究提供园地，定名为《民国档案》。

刊物主要公布中国第二历史档案馆和其他各级各类档案馆、博物馆以及民间收藏的民国档案资料，刊登港台及海外的民国档案资料，刊载有关利用民国档案资料研究中华民国历史的学术论文。主要读者对象为国内外近现代史研究人员及档案工作者，民国史爱好者，各地文史、统战、党史、地方志工作者，高校文史与档案专业师生、民主党派人士等。常设栏目有：《档案史料》《外文译档》《史事考证》《史论》《民国区域史研究》《人物研究》《书讯》《抗日战争研究》《南京大屠杀史研究》《中共党史研究》等，并适时推出纪念专题，如中国人民全面抗战七十周年专题、中法关系专题等。

跨越档案、史学两个学术领域，是沟通档案界和史学界的桥梁，为发表民国史料与史论的阵地，具有较高的学术质量和学术影响力。刊物为南京大学中文社会科学引文索引（CSSCI）来源期刊、北京大学《中文核心期刊要目总览》入选期刊。（陈鸣钟　马　婵）

民国时期筹备三峡工程专题档案 special archive on preparation of the Three Gorges Project in the Republic of China Era 中国民国时期筹备三峡工程的档案。共有203

件，现藏于**中国第二历史档案馆**。记载了1944～1948年国民政府资源委员会与美国垦务局合作筹备三峡工程等方面的内容。2010年2月入选《中国档案文献遗产名录》（第三批）。另外，台湾“中央研究院”近代史研究所也保存有部分1945～1947年民国政府筹备三峡工程的档案文献。

档案文献包括扬子江三峡计划的初步报告（萨凡奇方案）、国民政府资源委员会关于成立扬子江三峡勘测处组织章程、扬子江三峡勘测工作报告、扬子江三峡计划概要、长江三峡水库勘测报告等内容。具体反映了1944～1948年国民政府资源委员会在美国垦务局总工程师、高坝专家J.L.萨维奇的帮助下，积极筹划兴建三峡高坝工程的历程，具体包括：成立执行机构、搜集资料、聘任中外专门人才、选择派美人员协助设计制定三峡综合开发计划、筹措资金，进行一系列经济调查、地质调查、钻探坝址、水土保持试验，开展工程勘测设计和论证、工程图纸设计等工作。

民国时期三峡工程由孙中山倡议、经国民政府资源委员会多方努力而形成了计划，成为当时轰动世界的一件大事。工程的勘测与设计是中国近代水电发展史上的一个里程碑，它提高了中国水电勘测设计和综合开发大江大河的能力，为中华人民共和国成立后的水电事业提供了借鉴经验。但民国时期三峡工程的建设，从资金到技术人员的使用方面都离不开美国的贷款和帮助，容易造成三峡工程建成后受美国的控制，中国为此背上沉重的债务负担等不良后果。而且从当时的形势看，国民党集团没有把精力放在国家建设上，而是凭借美国的支持进行大规模的反共战争。这些都说明在当时兴建三峡工程是不可能实现的，只能是一纸空文。当资源委员会全部工程计划的设计图纸和施工规范于1948年上半年完成时，国民政府行政院已于1947年5月决定停止这项计划的实施。至此，已花费200多万美元的开发长江三峡工程的计划以流产告终。（张芳霖）

民契 minqi 中国民间契约文书。民间当事人之间订立的凭证文书，作为各方共同遵守的法律文件和备存查照的依据。契为刻写之意，早期的订约刻于竹简木牍之上，多为判书形式，《史记》称为“半分而合者”，即将刻有订约的竹简木牍从中劈为两部分，订约双方各执一半。

民间契约文书在中国出现的最早年代已无从考证。据《周礼》的记载，大致可以了解汉代以前的情况，这时契约的称谓有傅别、质剂、书契、判书、约剂等五种。其中傅别是关于借贷债务的契约文书；质剂是关于买卖的契约文书；书契是普通财物受让方面的契约文书；判书是当时所有民间契约文书的总称；**约剂**则是一个最广义的契约概念，不但包括民间契约文书，还包括“邦国”之间的盟约。唐宋以后，契约文书日渐成熟规范，敦煌吐鲁番文书和明清各地大量存世的民契实物可以充分说明这一点。

民契在形式上主要分为红契（赤契）和白契两种。红契或是用从官方购买的印刷体空白契书进行填写，由官府钤印并收取契税；或是在白契上加盖官府印章，或在白契后粘贴官方契尾。所以红契实际上是具有完全法律效力的契书，带有一定的官方文书性质。白契则是民间私下订立的凭证文书，虽然有中人、保人签名画押，但这种民契未经官方认可，当事人的权利往往难以获得官方的保护。民契又有单契和合同两种类型。单契是单方面义务型，由订约一方书写出具一式一份，由单方签字画押，收执人保管原件；合同一般是一式两份或多份的文契，由当事各方分别收执。

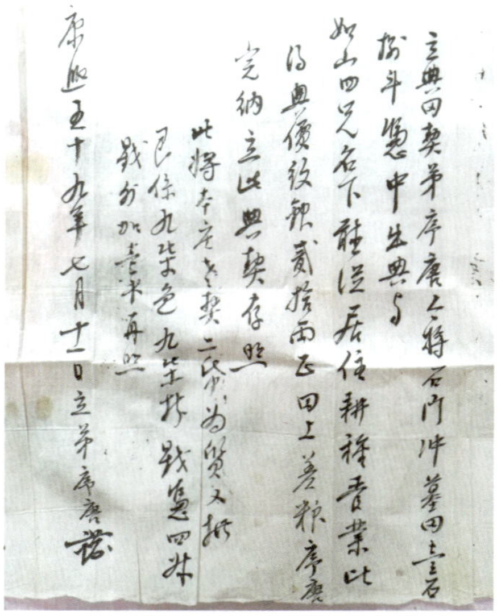

图1 清顺治四年（1647）榜眼程芳朝之孙程序唐所立典契

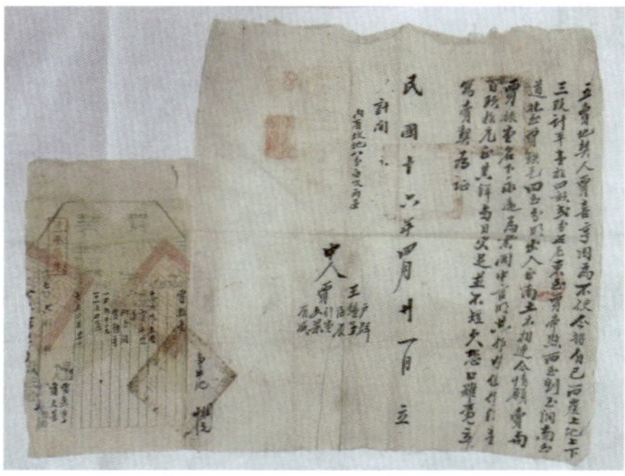

图2 中华民国十六年（1927）地契

从内容上分，民契有田契、地契、房契、山契、卖身契、典契、租契等具体种类。另外又有活契、死契之分。活契可以加价、贴价甚至赎回；死契则为杜卖、绝卖，不能赎回。

民契格式内容一般包括：立约人姓名和买方姓名，物产来源与出卖缘由，物产大致情况与价格，收付款方式，订约时间，订约人签字画押，中人保人签字画押等。有的还有契尾或相关的证书，如田单、推单等。

民契作为民间的凭证文书，在传统中国社会无论是官方还是民间，都在一定程度上给予遵守和维护，这对于维持社会稳定和促进社会发展起到了重要的作用。现代民间的合同协议就是民契流传至今的一种形态。（张全海）

名称分类法 method for sorting according to the name of the records 依据文件、记录的名称特征将档案划分成各个类别的方法。通常只有当档案文件的名称（文种）与其内容高度一致时，才可以采用这种分类法。常用于专门档案的分类。例如，会计档案按名称，可以分为凭证类、账簿类、报表类；人事档案按名称，可以分为履历类、自传类等；统计档案按名称，可以分为月度统计报表、季度统计报表、半年报表、年度统计报表等。这种分类方法的特点是：可以将文件内容和名称一致的归档文件有效地类聚在一起，便于利用者从文件的名称角度查找和利用所需的档案资源。

采用名称分类法必须注意：当文件的内容不能同其名称保持唯一对应关系时，绝对不可简单地按文件的名称特征进行简单分类，即不能以牺牲文件在来源、内容、时间等方面的主要历史联系为代价，主观地按文件的种类、名称进行档案实体的划分。（王英玮）

名籍 mingji 中国古代簿籍文书。记载内容以人为纲逐项展开，性质上是籍的一种，常见于秦汉简牍文书。

里耶秦简中“名籍”一词没有直接出现。不过，根据迁陵仓有关变更令史所用仆役的文书，其中明言县仓通过“仓已定籍”的形式记录并确认变更情况，这说明秦代的县仓机关掌握相关名籍文书。

汉简的出土实物十分丰富，包括吏名籍、卒名籍、骑士名籍、候官鄣廪名籍、诸部廪名籍、隧别廪名籍、吏廪食名籍、卒廪食名籍、卒家属廪名籍、从者廪名籍、吏奉赋名籍、吏未得俸及赋钱名籍、债名籍、赀卖名籍、负债名籍、赠钱名籍、衣物名籍、被兵名籍、折伤兵名籍、功劳墨将名籍、吏射名籍、以令赐爵名籍、吏换调名籍、吏缺除代名籍、适（谪）名籍、坐罪名籍、休名籍、病名籍、佣名籍、出入名籍、葆出入名籍、车夫名籍等。这些名籍的具体条目依据不同的行政事务而有所区别。例如，尹湾汉简所见东海郡下辖长吏名籍除了记录长吏现任的官职、姓名外，还要记录吏员此前的职务和升迁途径。又如，西北汉简的卒名籍在记载戍卒姓名外，还要写明他们的籍贯、爵位和年龄；涉及吏民支取官有财物的各种名籍，则按照吏民姓名逐条罗列所支取的钱粮物资。

秦汉时代的名籍文书尽管在内容构成上存有差异，但都是以人为主轴，逐项编制并登记。（马 力 李义敏）

明代档案 archives in the Ming Dynasty 中国明代历朝统治者及其中央、地方各种机构在处理日常公务活动中形成的文书、图籍、档册等。明代档案在当时曾多次被烧毁、变卖，明清鼎革之际，又多次遭难，几乎损失殆尽。清初为修明史，顺治、康熙皇帝曾下谕收集明代档案史籍，但只收集到 2 万多件，保存于内阁大库。《明史》定稿成书后部分档案亦被弃置或销毁。清末，内阁大库部分倒塌，大量明档随其他档案一同流于宫外，后酿成**八千麻袋事件**，所剩寥寥。

中华人民共和国成立后，**中国第一历史档案馆**陆续将幸存于北京大学、辽宁省图书馆、中国人民大学等处的部分明档集中，同仍藏于清宫的明代档案一起保管，计有 3000 余件（册）。其记事年代自洪武四年（1371）至崇祯十七年（1644），包括洪武、永乐、宣德、成化、正德、嘉靖、隆庆、万历、泰昌、天启、崇祯以及南明弘光时期的档案。其中以天启、崇祯朝最多。档案多源于兵部，约占 95%，礼部、内阁次之。文种以题行稿、科抄题本、奏本居多，约占 85%，其余有**敕谕**、**诰命**、奏疏、奏表、**揭帖**、呈、禀、**启本**、**手本**、塘报、咨文、札付、舆图、契约、税票、户口单、状纸、钞票、实录、圣训及各种簿册。其中有洪武时户口单、地契、大通宝钞。还有永乐皇帝颁给西藏释迦摄聂喇嘛的敕谕，成化时颁给功臣的免死铁券，反映李自成领导农民起义及郑芝龙在海上活动情况的文件，记载漕运、屯垦、租佃关系等的经济文书，反映京内外各卫所职官袭替选补的武职选簿，敕稿底簿等，以及《**大明混一图**》《九边图》《海防图》等重要舆图，弘光时期关于辨别真伪太子的揭帖，修辑《明会要》《明史纲目》《明通鉴纲目》等的稿本等。

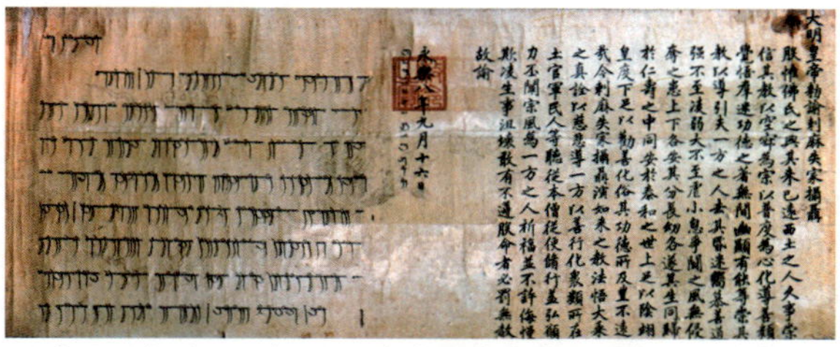

明永乐八年（1410），大明皇帝给藏传佛教格鲁巴派（黄教）祖师宗喀巴的弟子释迦也失的敕谕

藏于各省档案馆的明档数量不多，如台北故宫博物院存明太祖朱书御笔；**辽宁省档案馆**存辽东都司指挥使司、山东等处总督备倭署和山东都指挥使司，兵部题稿，戚继光手迹和洪武二十五年（1392）部分实录；西藏存永乐、宣德、弘治等历朝皇帝封赐西藏政教首领的敕谕及西藏地方文书；甘肃存永乐皇帝保护宗教的谕旨；青海存天顺二年（1458）英宗赐给右军都督府右都督李文的铁券，万历年间陕西监察御史的训令，茶马布告；贵州存永乐、崇祯年间的敕、诰等，安徽存弘治至天启年间明代徽州土地产权变动和管理档案；江苏省泰州市博物馆存崇祯年间臣工题本抄件。国内外一些其他机构和私人手中也分散存有一些明档。（陈锵仪）

明代档案管理 archives management in the Ming Dynasty 中国明代对档案的保管整理和使用。明（1368～1644）统治者早在反元起义时就注意档案管理。朱元璋多次明令部下收集元代档案，奖励携档案降明的元将。为加强档案管理，洪武元年（1368）在宫中特建大本堂以保藏从元代官府收集的档案。后置天下诸司架阁库、五军都督府照磨所，并增设管理六部档案的照磨与管勾人员。洪武二十四年，派监生百余人到各布政使司“考校诸司案牍”，加强中央和地方官府档案册籍的管理。

明代档案库不仅遍及全国，而且规模、建筑技术、管理工作都有相当水平。洪武十四年，朱元璋亲自筹划在南京后湖（今玄武湖）的中心小岛上建造中国传统社会规模最大的档案库——**后湖黄册库**，专藏全国赋役黄册与鱼鳞图册。后湖黄册库与明代相始终，至明末库藏黄册达 179 万余册。明初还在宫内建古今通集库，收藏皇帝给功臣、将领、藩王、驸马等的诰封、铁券和官员的诰封底簿等档案，由太监掌管，是皇帝的御用档案库。嘉靖十三年（1534），在东苑（今紫禁城外东侧）仿古代**石室金匮**之制，建造了全用砖石砌成的宫殿式的档案库——**皇史宬**，专藏皇族的**玉牒**、历代皇帝的实录和圣训。皇史宬在建筑技术上具有适合保存档案的各种特点，反映了中国古代高超的建筑水平和保护档案技术知识。明代地方普遍设有黄册库、架阁库、案牍库，有的库房建筑也有相当规模。如江西布政使黄册库，一次修建库房 50 间，厅事 3 间。太平府架阁库，一次修库三连各五楹，“左藏黄册，右藏案牍”，收贮的档案很多。在库房建筑上，注意“凿池蓄水”“布地以沙”“覆沙以板”，利于防火、防鼠和防潮。

明代档案的利用，除日常政务活动外，主要用来编纂各朝实录，汇编法令典章如《明大诰》《明会典》以及撰修历史。明代档案大都毁于战火，保存下来的仅数千件，主要存于**中国第一历史档案馆**和**辽宁省档案馆**，台北故宫博物院也有一些。（邹家炜）

《明代黄册制度》 *Yellow Volumes System of Ming Dynasty* 中国研究明代的户籍、征调赋役制度的专著。韦庆远著，中华书局 1961 年 12 月出版。全书共 16.3 万字。

该书所论述的明代黄册也称户籍黄册或赋役黄册，还有称为排年黄册或排年册。书中试图运用马克思主义的观点探讨黄册制度建立、演变、败坏的经过，并对它在明代各个时期对社会经济、政治所起的作用做了初步的探讨。全书由前言、正文、附录和附图构成。其中正文共有 5 章，第一章论述黄册制度的历史渊源、形成过程以及内容，第二章分析明初黄册制度的社会基础及其设置运行与作用，第三章分析了明代黄册的日常管理工作情况，第四章分析了黄册制度与明代官僚政治之间的关系，第五章论述了黄册制度瓦解的过程、表现及原因。正文前附有展示明代黄册制度推行过程中与之相关的文献图片，书末附录列示了明代不同时期全国黄册、户口、田亩和税粮统计表。

该书有以下特点：①特别注意把黄册制度放在社会经济、政治和阶级关系的总体中进行考察，并研究它和其他规章制度之间的内在联系和相互影响。②将治史和治档相结合，以整理档案作为史学研究的准备，以史学研究作为对历史档案功能的发挥，书中参考了大量的档案文献，涉及“后湖志”、洪武户帖和卖身契等珍贵史料，使得书中论述言必有据，分析科学合理。

③注重从明代经济结构的特征来分析黄册的内容规定，从黄册制度的形成、内容、作用、管理和败坏过程来揭示其实质，暴露明代官僚政治的腐败。黄册制度是明王朝政府运转的重要基础，体现了明代的政治体制性质，该书对此进行了阐述分析。

（张芳霖）

明发谕旨　mingfa yuzhi　中国清代帝王诏令文书文种名称。是皇帝通过内阁发抄并宣示中外的谕令。又称明发上谕。清初，皇帝通过内三院、内阁、南书房处理日常政务，撰拟、发布谕旨的任务由内阁大学士、内阁学士等完成。为了进一步加强皇权，雍正帝（1723～1735年在位）以办理西北军机事宜为契机，成立了处理“军国之机要”的军机处。军机处成为清帝不可或缺的辅政和秘书机构，撰拟谕旨的职能也转至军机处，“一切承旨书谕及办理文件，皆关系机要”。军机处撰拟的谕旨，依事务机密程度及颁行范围的不同，下达渠道分为两种，分别称为明发和寄信。通过相应方式送达的谕旨，分别称为明发谕旨和**寄信谕旨**。

明发谕旨内容大多属于需全国臣民知晓的国家重大政令，包括巡幸、谒陵、经筵、蠲赈、大赦、宣战、议和、高级官员的除授降革等。

首席军机大臣每日面君**承旨**后，面授旨意，由军机章京起草，交各军机大臣遍阅，再由军机章京带回缮写，并将草稿焚毁，抄清之谕旨装入黄匣，交军机大臣呈皇帝审定，皇帝如有修改，则再行誊写。如需加盖印章，照例钤盖。军机章京抄录留底，并在《随手档》中写明“交”后，转交内阁满票签处传知相关衙门前往内阁抄录，发布相关责任人执行。

内阁誊清的明发谕旨书于高约21厘米、每面宽约9厘米的白折纸上，但各朝亦略有不同。汉文自左至右书写，墨笔楷书，每面6行，每行18字，足行（抬头两字）20字。文字开篇为“×年×月×日内阁奉上谕”或“×年×月×日内阁奉旨”，以“钦此”结尾。同治（1862～1874）初年，两宫皇太后垂帘听政，明发谕旨的首尾加盖“御赏”“同道堂”两方印章。宣统（1909～1911）年间，文首年月上方添加载沣的“监国摄政王”章，文尾还有摄政王载沣领衔的军机大臣签名。

（王　澈）

《明清档案》　*Archives in the Ming and Qing Dynasties*　中国明清档案史料汇编丛书。全称《中央研究院历史语言研究所现存清代内阁大库原藏明清档案》。台湾“中央研究院”历史语言研究所编辑，张伟仁主编。联经出版事业公司1986年陆续印行。

汇编档案原件来源于史语所收购的清代“内阁大库档案”。1929年12月，史语所从李盛铎手中购得**八千麻袋事件**中流出的清代**内阁大库**原藏明清档案12万余斤，并将这批档案进行初步整理。1936年，史语所将其中一部分档案分装成100箱（每箱长约90厘米、宽55厘米、高60厘米），计311 914件，运往南京，后辗转运至台湾，成为史语所典藏。

史语所购得明清档案后，在整理保管过程中，曾陆续编印发行。1930～1949年，出版《**明清史料**》甲、乙、丙三集（丁集付印未出版）及其他数种材料；1953～1975年，出版《明清史料》戊、已、庚、辛、壬、癸六篇，合计60本；并于1972年发行甲至戊篇合订本，将丁集补入刊印。1981年，张伟仁主持史语所明清档案整理工作。至1985年5月，共整理档案5万余件，遂议定于1986年开始陆续将已整理档案以活页方式刊印，并计划将收藏明清档案全部印行。为区别《明清史料》，遂取名《明清档案》。

《明清档案》现已出版十辑，324册，计收录档案50 000余件。选录档案时间从顺治元年（1644）到嘉庆十一年（1806）。档案种类繁多，计有题、奏、本、章及其各种复分（**揭帖**、**奏副**等）和变格（表、章等），各种谕旨（制、诏、诰、敕等），各种随本图册，内阁各单位的档册及内行、外来的各种咨、移，修书馆所征集的明清两代各种档案、书籍及所修实录、会典、一统志等书的底稿，各种考试的试题、试卷、榜示及**题名录**，满文的老档、实录及各种稿簿、书信等共数十种。

排印方式上，采用8开本活页影印。根据清代本章幅面特点（多为30厘米长、15厘米宽），将每幅档案缩小一半左右，四幅分列四格，合印成一页；凡遇幅面过大之件，一页只列一或二格，影印一、二幅或一幅之一部分；凡遇幅面较小之件，一页仍分四格，每格印一幅又若干行，以版面匀称为准。以已整理好的每件档案作为一个单元，合一二百件依编年次序排列，约600页穿孔装成一册；每册附一目录，第10册附一编年索引。每页下方居中印有A字起首之“册、件、页数编号”，以便于研究者引用史料时注明页数；每页下方接近穿孔处（奇数页之右下侧，偶数页之左下侧）有以B字起首之“印行总页数编号”，自第1册第1件而下连续成序，以便于总计印行页数，并免失散。《明清档案》采用活页印行装订，可将书拆散，将有关专题的文件抽出，再依编年次序排列，装订成册，以利研究者进行专题研究。

《明清档案》是一套规模宏大，内容充实，史料价值极高的公布**历史档案**的专书。在内容上，从不同方面反映有清一代不同时期的社会经济、典章制度、吏治政情、军事部署、民族关系、礼仪习俗，以至天文气象、边疆地理等诸方面情况，是“清代全国庶政的真实记录，其重要性不言可喻”。韦庆远曾指出：“以《明清档案》刊布的内容与现存北京中国第一历史档案馆的同类目文件相比对，当然能起到互相补充和启发的作用；以之与有关官书政书、碑刻、地方志、私人文集笔记等结合参详，又必能对清史研究中的各方面专题取得重要的充实，甚至突破。但又必须看到，《明清档案》亦具有相对独立和系统的史料价值，应是今后清史研究者所绝不能忽视的。”

《明清档案》以影印方式发行，成本极为高昂，印行在世的套数很少，部分大型图书馆、研究机构和高等学校有收藏，网上有《明清档案》目录可供参阅。另史语所正在积极推进《明清档案》的数字化建设，史语所所藏明清档案及相关数字化工作可登录“中央研究院”历史语言研究所明清档案工作室网站。

（丁华东）

《明清档案学》　*Study on Historical Archives Created in the Ming and Qing Dynasties*　中国明清档案研究专著。秦国经著。学苑出版社2005年出版，2016年增订再版。全书分为7编，计34章，70万字。第一编简述明清王朝的国家机构与文书档案制度，指明明清档案产生的渊源与历史背景；第二、三编为明清档案介绍，以全宗为单位，全面介绍分存海内外明清档案的数量、种类、内容及整理状况，并深入解析明清档案的价值与作用；第四编为明清档案分类与历史研究，从档案内容入手，将明清档案分为政务总类、宫廷皇族及八旗事务、职官吏役、军务、刑法、民族事务、中外关系、镇压人民斗争活动、宗教事务、文化教育卫生科学研究、财政、金融、农业水利畜牧业、手工业工业公用事业、建筑、交通邮电、商业、天文地理18类，每类一章，系统揭示明清档案信息内容；第五编为明清档案的管理，论述明清档案管理工作各个环节；第六编为明清档案的开放利用；第七编为明清档案的现代化管理。这部书比较全面地兼顾到明清档案及其管理研究的各个层面，突出了以档案内容为重点的写作特色，是以档案内容为中心的第一部历史档案著作。

这部书兼具工具书和学术著作的双重价值。作为一部明清档案利用工具书，其从档案实体与内容分类的两个角度入手为读者指示详细利用档案的线索；作为一部学术研究著作，其不仅从理论上探讨明清档案传统实体管理和现代化管理诸问题，还将明清档案实体、内容分类研究与明清时期职官、史事等专题研究贯通起来，却不失以明清档案为研究对象的学术特色。

（梁继红）

《明清史料》 *Historical Documents of the Ming and Qing Dynasties* 中国档案文献汇编。**内阁大库**残余明清档案汇编，明清档案史料集刊之一。1930 年，南京国民政府中央研究院历史语言研究所（简称史语所）开始编辑刊行。

1929 年 12 月，史语所从李盛铎处购买**八千麻袋事件**中流出的明清档案，计 12 万斤（其中 5 万斤已破烂不堪，无法整理），即进行分类整理。为有效地利用这部分档案，成立了“明清史料编刊委员会”，着手开展史料的编纂公布工作。1930 年，陈寅恪、朱希祖、陈垣、傅斯年、徐中舒等知名学者，从这批档案中挑选了部分史料编纂出《明清史料》甲编，由上海商务印书馆刊印。1935 年、1936 年又陆续出版乙编、丙编，丁编值史语所迁台未及付梓，书稿留在上海，1951 年中国科学院予以出版。甲、乙、丙、丁 4 编各 10 册，共 40 册。收录材料主要选自明隆庆元年（1567）至清乾隆三十一年（1766）近 200 年间形成的 1.03 万余件官方档案史料，其中包括明天启、崇祯和清顺治、康熙等朝的敕、诏书、**诰命**、谕、**题本**、奏稿、塘报、**揭帖**、图、单，以及内阁各项档案、外交文书等。内容大多是关于明末辽东战争、农民战争，清初社会各阶层的抗清斗争以及有关郑成功的史料；还有清入关前的档案史料及顺治年间的奏章，包括洪承畴的大批奏章、明季边情和三藩之役的史料。其中尤以明末辽东战争、农民战争两种资料为其他史书所讳避或载而不详，为研究明清之际的历史提供了不少珍贵原始资料。史语所迁台后，陆续编辑戊、己、庚、辛、壬、癸 6 编，于 1959～1975 年在台湾编印出版。《明清史料》合计 10 编，100 册。甲编首册前有蔡元培的《序》，徐中舒的《内阁档案之由来及其整理》，傅斯年、徐中舒的《明清史料发刊例言》，及傅斯年的《明隆庆元年至清乾隆三十年年表》等。

为了满足当时史学研究的需要，编者采用边整理边选材的方式，故内容不够系统，

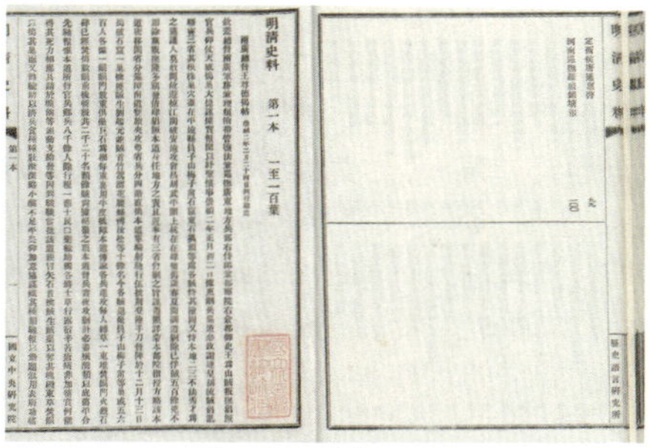

《明清史料》书影

编辑加工也较粗糙，汇集的档案文件未经分类，各编之间衔接不够，亦不便检索。1972 年，台湾维新书局重印前 5 编，每编改为精装 3 册，并附有分类索引。1985～1987 年，中华书局根据原版缩印（影印），每编分上、下两册，重印戊、己、庚、辛 4 编，共 8 册。甲、乙、丙、丁 4 编则由国家图书馆出版社于 2008 年重新影印，每编分上、中、下 3 册。

1981 年张伟仁主持史语所明清档案整理工作，至 1985 年 5 月，共整理明清档案 5 万余件，并计划将收藏档案全部公布，已于 1986 年开始陆续以活页方式刊印，为区别《明清史料》，遂取名《**明清档案**》。

（胡惠秋　丁华东）

《明太祖洪武二十五年实录稿本》 *Record Manuscript of the Ming Emperor Zhu Yuanzhang in the 25th Year of Reign* 中国档案文献遗产的珍贵档案。共 99 页，现藏于**辽宁省档案馆**。2002 年入选第一批《中国档案文献遗产名录》。为《明太祖实录》片段抄本，内容涉及军政、外交、刑法、文育、民族、进贡、祭祀、旌表等诸多方面。页长 25 厘米、宽 13 厘米，已经装订成书。材料为生宣纸，纸面不平，比毛边纸略厚；毛笔行书，间有行楷和行草。稿本按日记事，记载明洪武二十五年（1392）正月癸巳（十一日）至六月癸酉（二十二日）之间的史事，相当于《明太祖实录》卷二一五至卷二一八中记录的史事，但相关内容有所差异。

关于稿本的成书年代，一说认为稿本形成于明初，属于建文朝一修本《明太祖实录》所成稿本的抄本，是清代**内阁大库**旧藏清初明史馆钞本散叶。1921 年后在**八千麻袋事件**中随大库档案散失而为罗振玉收藏，嗣经罗氏献与伪满奉天图书馆。中华人民共和国成立后经东北图书馆（今辽宁省档案馆）接收。一说认为稿本形成于清代，是根据《明太祖实录》的满文译本回译为汉语的版本，而非明初修稿本，也不能确定曾是罗振玉藏。

（张芳霖）

命令 order 现代公文法定通用文种。属于下行文种。适用于公布行政法规和规章、宣布施行重大强制性措施、批准授予和晋升衔级、嘉奖有关单位和人员。具有很强的强制性，一经颁布，必须不折不扣地迅速贯彻执行。有时简称令，按照用途，通常分为公布令、行政令、嘉奖令。普发的命令又称通令，即上级机关将同一命令发至所属的若干下级机构，也指发往各处的同一命令。通令通常用于发布法令，发布范围广泛。

（王　健）

墨卷 mojuan 中国古代科举考试试卷名目。参加科举考试的考生提交的试卷原件。因答卷用毛笔蘸墨汁书写，故名。墨卷自有科举考试以来就存在。先秦时期已经有了毛笔和墨水，到隋唐科举考试正式产生时已经广泛应用。墨卷名称起于何时已难考证，元代《通制条格》《元典章》中已有关于**朱卷**的条文，所以墨卷应该也已出现。明代文献中“墨卷”一词已非常多见，如《明经世文编》所录徐光启疏文中已有专讲朱卷墨卷的条文。

已知所存多是清代墨卷，清代之前的较为少见。从相关典制资料和墨卷实物看，考生进入考场后拿到试卷，卷面已加盖第几场墨戳，并盖“千字文”编号座位戳记，考生亲笔填写本人姓名、学籍等信息。内页正文前由考生书写履历信息，包括姓名、年岁、形貌、籍贯，由某身份（附生、廪生、贡生等）应某年某科乡试会试，再开列本人曾祖、祖父和父亲三代的名讳（名下注明是否在世，是否出仕）。履历后空半页，再接空白稿纸若干页，其后为红色栏格试卷纸，考生以楷书将正式答卷誊清于此。考生交卷弥封后，盖关防红印，卷背也盖上印卷官关防及各司名戳，并送誊录所誊录为朱卷，之后由外收掌管理，等放

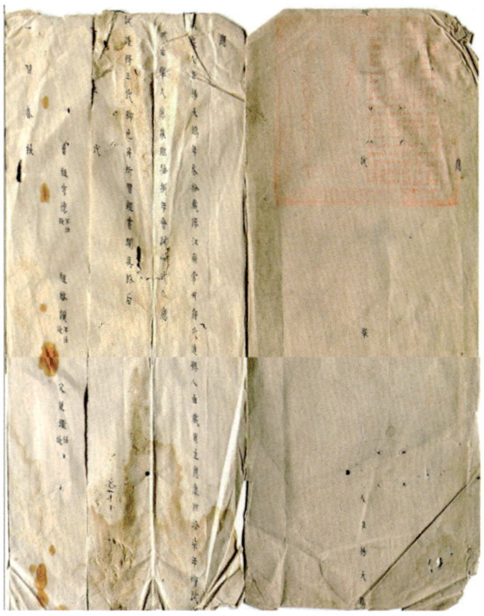

图 1　清康熙十八年（1679）己未科进士杨大鹤的殿试卷（局部）

榜之日按中式朱卷红号调取墨卷，拆封填写榜名。发榜之后，中式朱卷和墨卷送交礼部以备磨勘，其余落榜考生的试卷发回认领。清末废除誊录制，直接将考试原卷送考官评阅，此时即无所谓墨卷、朱卷之分。虽然乡会殿试略有差异，但大体情况相类。

图 2　中国书院博物馆藏明代赵秉忠的殿试卷（复制品，局部）

因墨卷均为孤本科举档案原件，传世品并不多见，尚无汇辑影印出版物或研究专著面世，散落民间的墨卷偶见于报道，如明代山东状元赵秉忠的殿试卷就被大量仿印。墨卷在科举研究、人物研究、书法研究方面均有较高史料价值。

（张全海）

目录式档案检索工具　directory archival retrieval tools　由揭示档案特征的条目汇集而成并按照一定次序编排的档案检索工具。简称档案目录。包括案卷目录、**归档文件目录**、**全引目录**、档案分类目录、档案主题目录、档案专题目录等。

按其加工文献和处理信息的手段，可分为手检目录和机检目录两大类。①手检目录。可直接查找档案的检索工具，常见的有卡片式和书本式两种。卡片式目录是将文件或案卷的内容和形式特征著录在卡片上，按一定规则组合排列而成，是一种离散式目录载体；书本式目录是将文件或案卷的内容和形式特征著录成条目，按一定规则组合排列并书写或复印在空白书页上，装订成册，是一种聚合式目录载体。②机检目录。借助于电子计算机等机械设备存储目录信息和查找档案的检索工具，一般有机读和缩微两种。机读目录是将记录文件或案卷特征的文字、图形、数字和符号转换成机器可以识别的代码输入计算机，以特定的格式存储于计算机磁带、磁鼓或磁盘上，检索时经过特定的程序转换成文字并编制成各种目录，显示在屏幕上，或直接打印成各种目录；缩微目录是将手检目录拍摄在缩微胶片上，检索时借助阅读器将其放大，显示在屏幕上。

档案目录是揭示、报道与查找档案内容的检索工具，是档案检索系统的重要组成部分。

（王英玮）

幕友　muyou　中国清代各级地方衙署官员所聘的私人助理。又称幕宾、幕客、幕僚，民间俗称师爷。官府聘用幕友最早自唐代即有记载，之后直至元明，愈益发展。清代延幕之风臻于极盛，幕友成了社会中的一种专业集团，以幕佐治也成了官场中普遍采用的制度。各级文职官衙，特别是在自省至州县的各级地方衙署中，几乎有“无幕不成衙”之说，即使在武职衙署中，凡提镇大员及领兵将帅帐中，亦无不聘请或选调幕僚和幕员以主文案或参议军事。清代地方衙署聘用幕友已成定例。

清代各级地方衙署延聘幕友的人数无定额，主要是视公务之繁简而定。文职衙门与武职衙门有所差别，州县幕友与司道以上高级地方官也有所不同。高级衙门有的不负责实际公事，专以谋略辅佐主官，属于政务性幕友；而州县幕友则主要是分工操办实际公事，属于行政管理方面的事务性幕友。

据清人汪龙庄的《佐治药言》所载：“州县幕友，其名有五，曰刑名、曰钱谷、曰书记、曰挂号、曰征比。”这仅是就其主要的幕席而言，实际上并不限于这 5 种，如有的州县衙门尚有漕席、教习方面的幕友。以上幕席并非每一州县应有尽有，也非每一幕席均延聘有人。繁剧的州县幕席设置则多，而且每席还不止一人；事简的州县通常只有二三名。但其中最重要的是刑名、钱谷两席，也合称“刑钱”，亦最受主官的重视和优待。

在清代的政治体制中，幕友是极其特殊的阶层。他们不是政府官员，没有政府发放的薪俸，但他们却享有较高的社会地位。清代幕友的薪给待遇由延聘的主官私人支付，称为束脩或岁脩。束脩的数额并没有统一的标准，仅视公事繁简及作用大小而定，但一般来说刑名幕友束脩最为丰厚，在事繁州县当有数百两白银的收入。钱谷幕友稍次，岁脩也不下二三百两。其他幕友的岁脩自百两至四五十两不等。

幕友的出身比较复杂，而且各种幕友的情形也不尽相同。一般的幕友，如书启、挂号之类专业性不强，只要稍通文墨，得到主官的信任，即可充任其职。唯有刑钱幕友，必须经过专门培养，擅长律、算、会计甚至农桑、水利、法医等方面的知识和技能。因此在当时社会中有一批知识分子为了自己的生计，选择以幕友为职业，投师学艺，专习刑钱幕学。

由于历史及人际方面的原因，浙江绍兴一带学幕、业幕者较多，所以时人一般称刑钱幕友为“绍兴师爷”。正因为幕友经过专门培养，具有专业知识，他们在官衙中的地位就与佐杂属官及胥吏不同，他们与衙署长官之间虽是聘用关系，但非下属或奴役。长官对幕友待以客礼，遇事咨商，有如宾友。而幕友则以幕为业，对主官负责，为官“佐治”。

清代自乾隆以后，对办事得力的幕友，长官可以保举其人入仕为官。晚清时期，滥行捐纳，官员候补者多且衙署事务较前更为纷繁，官衙主官无力承担众多幕友束脩，往往札委候补官员或有职官员入幕，支用公费，幕友遂逐渐为有官衔俸禄之幕员所取代。

（屈春海）

N

南非国家档案馆　National Archives and Records Service of South Africa　南非共和国的公共档案馆。位于南非首都茨瓦内，隶属于南非艺术文化部。前身是州立档案馆，1996年《南非国家档案与文件法》的发布标志着国家档案馆法律地位得到国家认可。档案馆领导掌管四个部门：国家档案馆（文件管理与信息系统）、档案服务部、国家电影与音像档案部，以及协调部门。

宗旨是培育国家认同以及权利维护。主要通过两种方式：①为南非政府和民众保存国家档案遗产并提供利用；②通过恰当的政府文件管理方式来打造高效、负责和透明的政府。

档案馆藏排架超过140千米，载体形式多样，如纸质文件、电子文件、声像、影像、照片、图纸等。档案大多产生于政府机关处理业务流程，反映自17世纪以来南非政府的活动及其对民众生活的影响。这些档案产生于国家、各省和当地政府各个层级，包括法院档案、过去的地产档案、知识产权档案等。由于馆藏档案没有充分体现南非种族隔离边缘化的人群经历，档案馆发起了“国家口述历史项目”系列活动，旨在鼓励人们将故事带进档案馆从而构成整个社会完整的群体记忆。根据南非国家档案馆法律，任何公共成员都有权免费查看20年以上的档案。

（黄霄羽）

南京大屠杀和“慰安妇”问题资料　archives of Nanjing Massacre and the “Comfort Women” issue　中国档案文献汇编。2014年，中央档案馆、中国第二历史档案馆、辽宁省档案馆、吉林省档案馆、上海市档案馆、南京市档案馆、南京侵华日军大屠杀遇难同胞纪念馆7家机构选取极具代表性的南京大屠杀和“慰安妇”问题资料联合申报《世界记忆名录》。

2015年，《南京大屠杀档案》“申遗”成功，正式列入《世界记忆名录》。这些档案有11组，包括日军自拍的屠杀照片，美国牧师J.马吉拍摄的纪录片，国际安全区工作人员中国妇女程瑞芳在大屠杀期

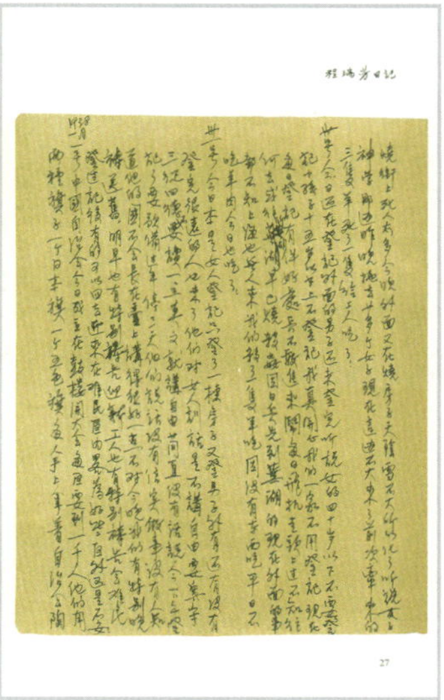

程瑞芳日记

间写的日记，战后中国政府关于南京大屠杀的调查资料，日本战犯审判档案，中国司法机构侦查、起诉、审判日本战犯档案等，它们相互补充，构成完整的证据链。由于日本战败后为掩盖罪行蓄意销毁了大量档案，目前留存下来的“慰安妇”资料较少，内容涉及日占区各地“慰安所”设施状况、日军利用“慰安所”的人数统计、日军兵员数及“慰安妇”配置比例的统计等材料。

南京大屠杀和“慰安妇”问题资料是真实的原始资料，是可靠的历史证据，是珍贵的世界记忆和人类共同文化遗产，具有极高的档案价值，对于帮助人们正确认识历史事实、警示人们反对战争暴行具有重要意义。尽管日本右翼势力极力否认侵略罪行，但这部分档案是真实记录日本侵略者反人类的战争罪行的铁证。

（安　芳）

南京国民政府商标局商标注册档案　trademark registration archives of the Trademark Office of Nanjing National Government　中华民国时期商标注册档案。指由1928～1949年南京国民政府全国注册局、商标局档案合编而成的档案全宗。共30 406卷，现藏于中国第二历史档案馆。“商标”是外来语，近代传入中国。南京国民政府成立后，于1927年12月在南京成立了全国注册局。1928年12月改组为商标局，专门办理商标注册业务。南京国民政府商标局商标注册档案包括全国注册局和商标局的组织规程、办事细则、工作计划与报告、人事文件、法规条例、财务文件，反映国内外厂商申请产品商标注册及办理情形的文件，各厂商关于商标纠纷提出的异议，以及商标局进行审议评定的文件等，并收有商标实物4万多种、约6万枚。2010年2月入选《中国档案文献遗产名录》（第三批）。此外，南京图书馆也藏有一些南京国民政府商标局编印出版的刊登有商标图样资料的刊物如《商标公报》、商标图样资料《商标汇刊》，以及20世纪40年代所修订颁布的商标法、实施细则及有关商标行政方面的文献等。

中国近代民族工业发端于清末洋务运动时期，至民国时期，在实业救国思想的影响之下，尽管处于列强欺压、战乱不断、政治腐败及负担沉重的恶劣环境下，但仍取得很大程度的发展。这些为数众多、品类丰富的商标档案背后，蕴含着民国企业家们致力于民族振兴的爱国情怀，凝结着他们为民族工业发展付出的艰辛努力。新旧时代的交替、中西文化的碰撞，也在产品商标的设计有所体现。商标保护为许多外商、华商的知名品牌及中华老字号的传承做出了积极的贡献。但也应看到，商标法规的制定和实行本属一国内政，但在近代中国政府的弱势外交背景下，中国商标法规却遭到西方国家的诸多干涉，难以实现中外一体对待，并没有真正起到保护民族工商业的作用。另外，近代商标法规存在许多不完善之处，实施细则规定的商品类别缺乏科学的区分标准，不能适应近代工业品生产的发展形势，也造成了注册商标商品归类的困难，为伪冒商标提供了可乘之机。

（张芳霖）

南京市档案馆　Nanjing Municipal Archives　中国副省级国家综合档案馆。位于江苏省南京市建邺区梦都大街168号，是南京市永久保管档案基地、爱国主义教育基地、查阅利用档案资料中心、政府公开信息查阅中心、电子文件管理中心“五位一体”的国家综合性档案馆。南京市档案馆成立于1959年3月，前身是中共南京市委、南京市人民委员会办公厅档案室；1963年5月，设立南京市档案管理处，档案馆与档案管理处合署；“文化大革命”中档案馆机构中断，成立南京市革委会办事

图1　南京市档案馆外景

组档案组；1977年改为南京市革委会办公厅档案处；1979年恢复南京市档案馆；1981年3月，南京市档案局成立后，市档案馆与档案局合署，两块牌子，一套班子；2019年，市档案局、市档案馆分设，市档案馆为市委直属参公管理的正局级事业单位。现为国家一级档案馆、全国示范数字档案馆。

馆藏　馆藏有自清朝道光二年（1822）地契、家谱等至今的各种门类、载体档案，共设587个全宗近90万余卷、213.5万余件。中华民国时期档案包括：民国南京市政府与国民党各机关、各省市及知名人士的来往文书、函电；国民政府、日伪国民政府、南京市政府、伪南京特别市政府等颁布的各项办法、**条例**、章则、训令；各国在南京设立使领馆和南京外事活动的档案；反映侵华日军在南京大屠杀及审判汪伪汉奸的档案；记载孙中山先生逝世前疾病的治疗、逝世后的安葬、陵墓建设、陵园管理、纪念活动档案及民族工商业档案等。中华人民共和国成立后的档案，有军事接管档案，党政机构、人大和政协、群团组织、企事业单位及**人物档案**等。馆藏档案已完成文件级目录整理，数字化副本1.1亿余画幅。

馆藏中山陵档案、侵华日军南京大屠杀专题档案、“慰安妇”——日军性奴隶档案、民国时期南京户籍卡档案先后入选《**中国档案文献遗产名录**》。2015年10月9日，联合申报的《南京大屠杀档案》入选联合国教科文组织《世界记忆名录》。2018年8月，联合拍摄的《一座工厂的抗日传奇》在中央电视台《国家记忆》栏目播出。

机构设置　馆内设办公室、业务指导处、接收保管处、安全保卫处（技术保护处）、档案资源开发处、档案信息化处（数据管理中心）、宣传教育处、人事处（离退休干部处）和机关党委。

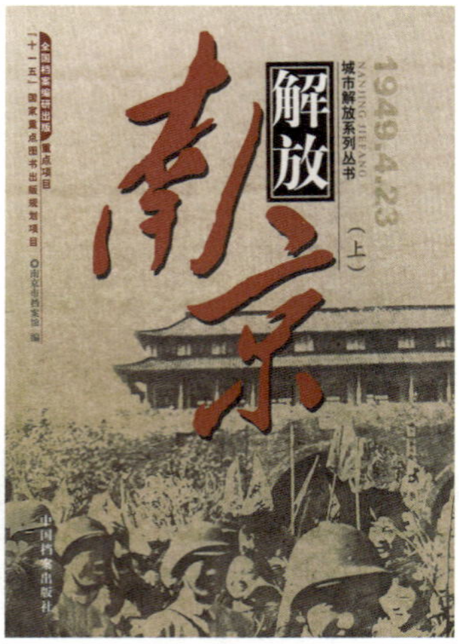

图2 《南京解放》封面

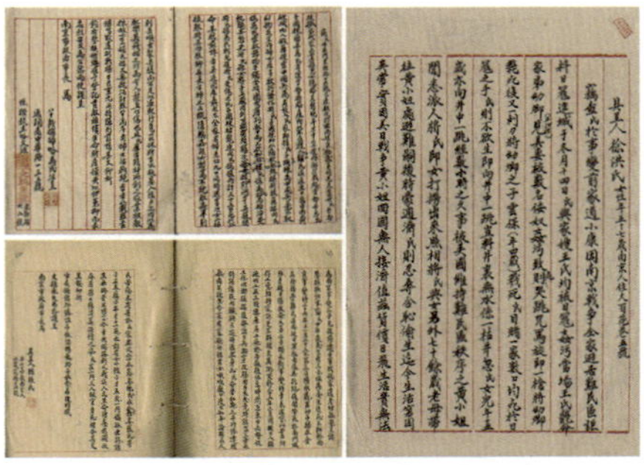

图3　反映各类日军罪行的3件南京市市民呈文

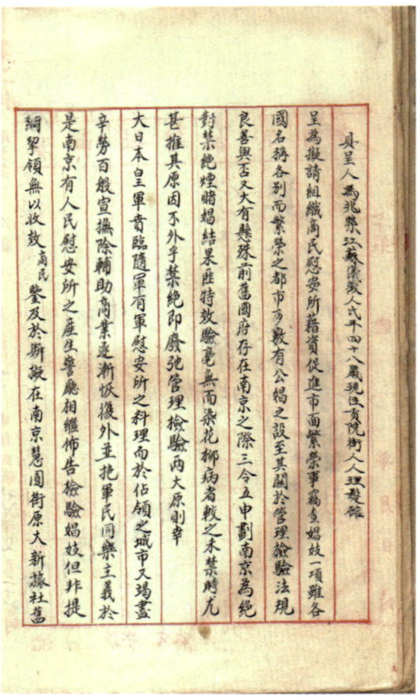

具呈人馮兆榮江蘇溧水人氏年四十八歲現住貢院街人人理髮館

呈為擬請組織商民慰安所藉資促進市面繁榮事竊查娼妓一項雖各國名稱各別而繁榮之都市多數有公娼之設至其關於管理檢驗法規良善與否又大有懸殊前舊國府存在南京之際三令五申劃南京為絕對禁絕煙賭娼結果匪特效驗毫無而染花柳病者較之未禁時尤甚推其原因不外乎禁絕即廢弛管理檢驗兩大原則耳

大日本皇軍賁臨隨軍有軍慰安所之料理而於佔領之城市又竭盡辛勞百般宣撫除輔助商業逐漸恢復外並抱軍民同樂主義於是南京有人民慰安所之產生嚮應相繼佈告檢驗娼妓但非提綱挈領無以收效商民鑒及於斯擬在南京慧園街原大新蘇社舊

图4　1938年7月28日，商民冯兆荣关于仿照日军“慰安所”办法设商民“慰安所”的呈文

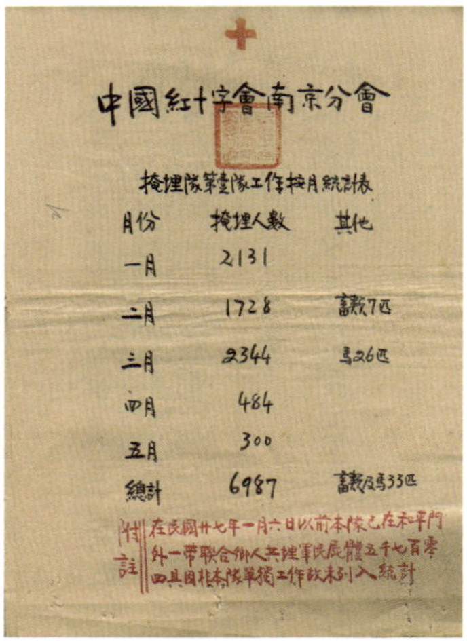

中國紅十字會南京分會

掩埋隊第壹隊工作按月統計表

月份	掩埋人數	其他
一月	2131	
二月	1728	畜數7匹
三月	2344	馬26匹
四月	484	
五月	300	
總計	6987	畜數及馬33匹

附註　在民國廿七年一月六日以前本隊已在和平門外一帶聯合鄉人共埋軍民屍體五千七百零四具因非本隊單獨工作故未列入統計

图5　中国红十字会南京分会第一工作队的埋尸统计表

出版物和评价　自20世纪80年代起，先后独立和合作编辑并公开出版了各种档案文化精品110余册，主要有《中山陵档案》《孙中山奉安大典》《抗美援朝运动在江苏》《中国共产党江苏省南京市组织史资料》《南京大屠杀史料集》《南京抗美援朝运动》《南京当代人物大典·英烈卷》《南京当代人物大典·英才卷》《乘风破浪——南京改革开放三十年（1978—2008）》《影像南京——纪念南京解放60周年画册》《南京解放》《孙中山先生奉安大典画册》《铁血忠魂——辛亥先烈范鸿仙纪念文集》《南京百科全书》《民国珍档——民国名人户籍》《南京工业遗产》《孙中山与广州·南京》《伪南京市自治委员会档案汇编》《南京调查资料校注》《江南水泥厂档案》《南京近代教育档案》《南京城墙档案》《南京云锦及丝织业口述档案》《南京云锦及丝织业档案·调查与概况》《锦冠：南京云锦及丝织业档案图典》等。

（季红军）

内阁大库　Great Treasury of Grand Secretariat　中国清代中央档案库。位于北京紫禁城内，内阁大堂东侧。库房是明代遗留下来的建筑，建造时间无考。其在明代的用途，一说是文渊阁旧址，另一说是内承运库所在。清入关后改称内阁大库，辟为收藏中央政府和宫廷重要档案和其他文献资料的库房。总建筑面积1295平方米，砖木结构，外包砖石，不露木植，库顶覆以黄瓦，为砖城式建筑。门窗以铁皮包裹，窗中装有铁栏以防盗，窗开不阖利于通风，穴窗防尘，但室内梁柱、楼板、楼梯等均为木质，不利防火。内阁大库分红本库（俗称西库）和实录库（俗称东库）两座库房。红本库主要庋藏清入关后自顺治起历朝每年六科缴回的红本（经内阁阅批的题本），实录库主要收储**明代档案**、**满文老档**、实录、圣训、起居注、史书、敕书、诏书、表章、舆图、**黄册**、**乡试录**、各种书籍等。

内阁大库隶属内阁，由典籍厅掌管红本及书籍表章，满本房掌管实录、圣训、起居注、史书及其他档案。因未专设员役，保管不善，损毁严重。由于年积月累，数量愈多，库房不敷应用，档案曾多次销毁。宣统年间因大库墙壁倒塌修缮，本拟销毁的档案移交学部，造成中国档案史上有名的**八千麻袋事件**，使大量档案流散社会。中华人民共和国成立后，多次修缮大库，库内条件大有改善。1976年，库藏档案迁进西华门新建库房，由**中国第一历史档案馆**保管，内阁大库改藏文物。

（李鹏年）

内蒙古自治区档案馆　Inner Mongolia Autonomous Region Archives　中国省级**国家综合档案馆**。位于内蒙古自治区呼和浩特市赛罕区南二环路60号。主要负责集中管理自治区级党政机关、人民团体及企业事业单位档案。成立于1959年4月。2001年8月，同内蒙古自治区档案局合并，挂内蒙古自治区档案局、内蒙古自治区档案馆两块牌子。2018年，其档案行政职能划入内蒙古自治区党委办公厅。为自治区党委直属公益一类事业单位，参照公务员法管理，机构规格相当于正厅级。先后被命名为“自治区爱国主义教育示范基地”“自治区直属机关党员干部廉洁文化教育基地”、自治区直属机关“创建北疆模范机关先进单位”等。

馆藏　收藏各类档案、资料共计562个全宗135万卷（件），起止年代为清顺治元年（1644）至2022年，载体类型主要为纸质、照片、录音录像带、实物、缩微胶片、**电子档案**等。内容主要包括清代历史档案、民国历史档案、革命历史档案，以及中华人民共和国成立后自治区直属机关、团体、企业事业单位形成的档案资料，另有自治区重大活动、著名人物档案及各类文献资料等。语种包含汉语、蒙古语、满语、日语等，其中蒙古文档案、满文档案主要在清代、民国时期形成，共计7万余卷。**清代内蒙古垦务档案**、清代册封札萨克世袭多罗达尔罕贝勒的册文、“慰安妇”——日军性奴隶档案、内蒙古自治区政府成立档案先后入选《**中国档案文献遗产名录**》。

机构设置　内设办公室、人事教育处、法治宣传处、综合业务指导处、专项业务指导处、收集整理一处、收集整理二处、档案信息化处、技术保护处、保管利用处、资源开发处、机关党委、离退休人员工作处等13个处室；核定所属正处级事业单位1个，即内蒙古自治区档案教研服务中心。设有内蒙古自治区档案学会，为非营利性社会团体。

出版物和评价　利用馆藏档案编撰出版多种档案史料。主要有《内蒙古自治区档案馆藏清末内蒙古中西部垦务档案》《内蒙古革命历史档案史料丛编》《内蒙古民族团结革命史料选编》《中国第一个民族自治区诞生档案史料选编》《大青山抗日游击根据地档案史料选编》《内蒙古自治区档案资料汇编》等50多种编研著作。《改革开放三十年重要档案文献·内蒙古》成为全国档案编研重点项目和纪念改革开放30周年百种重点图书之一。翻译完成馆藏日伪历史档案1300余卷2590万字，为揭露日本侵华罪行、研究当时社会政治经济发展提供了珍贵历史资料。

以铸牢中华民族共同体意识为主线，大力推进满、蒙文历史档案开发，先后出版《新巴尔虎右旗满文档案》《准格尔旗扎萨克衙门档案译编》《清末、民国时期中、俄、蒙边境边防满文档案》《木兰围场档案珍选》等20余种档案文献研究成果，《杭锦旗札萨克衙门档案》列入内蒙古自治区民族文化建设研究工程项目。

深入开展交流合作，与蒙古国国家档案局、香港零至壹出版有限公司、中国第二历史档案馆等单位合作出版《旅蒙商档案集粹》《中国档案精粹·内蒙古卷》《希尼喇嘛生平》等编研成果。

门户网站及微信公众号“内蒙古档案”“内蒙古档案教研服务中心”面向互联网用户发布政务信息、开展档案宣传、提供咨询服务。

（李　莉）

泥板档案　clay tablet archives　古代刻写在黏土板上的文书。是西亚地区古代苏美尔、阿卡德、巴比伦、赫梯、波斯和亚述等地的遗物。

发现和发掘　苏美尔的基什、拉格什、乌尔、乌鲁克、乌玛、拉尔萨等城邦中心都发现了档案库遗迹，从中清理出泥板档案近50万块。拉格什城的神庙档案馆遗迹，属于乌尔第三王朝（公元前22～前21世纪），其中最著名的记载乌鲁卡基娜改革的泥板档案，是研究苏美尔城市和国家的重要史料。尼普尔城神庙的档案图书馆有80间库房，保存的泥板档案内容大部分属于经济行政方面，也有很多文学手稿。17世纪曾在伊朗设拉子附近发现波斯帝国都城波斯波利斯王宫遗留下来的泥板档案。19世纪40年代在底格里斯河上游尼尼微古城发现的亚述巴尼拔图书馆，藏有约3万块泥板文书，内容有条约、法律、书信、命令，王室的经济报表、房屋和沟渠建筑报告等，其中2万多块泥板文书现存于英国伦敦的大英博物馆。19世纪40年代以来，苏美尔城邦拉格什、赫梯古王国都城哈图沙什和埃勃拉王宫等遗址都发掘出大量泥板档案。在尼普尔、基什和巴比伦尼亚发现新巴比伦王国（公元前626～前539）的档案遗物，有圆筒印章、泥板文书和铭文。此外，在古埃及、古希腊也发掘出大量的泥板档案。

泥板文书出土现场
（约公元前2400～前2250）

泥板制作方法　先将黏土做成长方形、三角形及其他多边形板状，厚度约1英寸，在其干硬之前，用有三角形或方形尖头的芦苇秆、木棒、骨棒或金属棒在泥板上压成文字。这种三角形文字因笔画一头粗一头细，状如楔子，故被后人称为楔形文字。

保存　从出土情况来看，泥板档案都由专门库房保存，每块泥板上都要刻上名称和编号，存放于木箱或泥盒里。作为档案保存的泥板在末端刻有该文书的关键词，以便分类排放和检索。有的还制作副本，并有目录和保管制度。泥板文书一直使用到大约公元1世纪才逐渐被淘汰。

内容　题材涉及广泛，有法典和法规、外交条约（如赫梯国王哈图西利斯三世与埃及法老拉美西斯二世缔结的和约）、外贸协定、商业契据、人口调查材料、土地与财产转让文件、财务与税收文件，还有城市平面图、书信、**遗嘱**、宗教经典、神话故事等。它们真实地记录了古代奴隶制国家的活动，是研究古代两河流域的政治、军事、经济、法律、历史、文化等的重要史料。

（黄坤坊　张世林）

年度分类法　annual classification of records　依据文件形成的年度将立档单位的档案实体分成若干类别的方法。年度分类法也可以同其他分类法分层结合使用，是文书类归档文件分类实践中运用最广泛的一种方法。按年度设类，年度就是类目名称。这种分类方法同现行党政机关、社会团体、企事业单位的文件（文书）处理工作制度和文件归档时间相适应，每个年度形成的档案自然形成一类。

文件上有属于不同年度的几种日期，要确定一个主要日期，即最能说明该文件时间特点的日期。例如，一般的发文和内部文件，应以写成日期为归类根据；收文以收到日期为归类根据；法令和条例等法规性文件，以批准日期（或公布、生效日期）为归类根据；指令性文件，以落款日期（签署日期）为归类根据；计划总结、预（决）算、统计报表等文件，以内容针对的时间为归类根据；跨年度的计划可放入年度的开始，跨年度的总结可放入年度的最后；跨年处理的专门案件的文件，可归类关系最密切的年度或最后结案的年度。没有注明日期的文件，可以通过分析文件的内容、制成材料、格式、字体和各种标记来判定日期，或以与已知日期的文件比较对照的方法来判定，并根据考证出的准确日期或近似日期后归类。

全宗内的档案依年度分类法划分后形成的分类结果，可以反映一个立档单位活动逐年发展变化的面貌，以及立档单位不同时期工作的特点，便于用户按时间顺序研究档案内容或追溯立档单位的历史。

在分类时应遵循《机关档案工作业务建设规范》（国档发〔1987〕27号）、《企业档案工作规范》（DA/T 42—2009）、《归档文件整理规则》（DA/T 22—2015）等。

（王英玮）

年龄鉴定法 age appraisal technique of records 通过确定档案的禁毁年限，使年代久远或关键性历史时期（或年代、年度、历史阶段）所留存的档案得到有效保护的价值鉴定方法。档案价值鉴定人员运用年龄鉴定法开展立档单位或档案保存的历史档案期满鉴定时，应符合：①档案馆保存的1949年10月1日前形成的历史档案，属于禁止销毁档案。②1949年10月1日后，已经保存年满30年及30年以上的档案馆（室）藏档案，应主要以永久保存为主，不可轻易销毁。③1949年10月1日后，记录和反映重要社会历史时期、社会变革时期形成的档案价值鉴定，应按照历史的观点，充分估计和判断其对说明当时历史事件、重大活动、重要人物的重要意义，尽可能完整地保存。④一个立档单位成立早期形成的档案，应多留存；立档单位从业期间的关键性阶段、年度形成的档案应多注意留存。

采用年龄鉴定法鉴定档案价值，有助于保证高龄档案、关键性历史时期（年代、年度、工作阶段等）形成档案的完整性和安全性，为国家和各立档单位留存相对完整的社会历史记忆。

（王英玮）

宁波市档案馆 Ningbo Archives 中国副省级国家综合档案馆。馆址在浙江省宁波市海曙区解放北路69号。主要负责历史遗留的少量明清档案、革命历史档案的收集保管，市直机关及所属单位的重要档案及社会上散存的具有全市意义的档案资料的接收征集、整理编目、修复复制、展陈利用等工作。

前身为1981年1月20日成立的宁波地区档案馆；1983年8月地、市机构合并，宁波地区档案馆与中共宁波市委办公室档案科合并，同年10月7日成立宁波市档案馆；1986年2月14日归属新成立的宁波市档案局，改称档案管理科；1987年4月，宁波市档案局档案管理科，增挂宁波市档案馆；1989年7月，局、馆分设，市档案馆为市局直属全民事业单位；1997年9月机构改革后，实行局、馆合并，一个机构，挂两块牌子，履行全市档案事业行政管理和市级档案保管利用两种职能，为市委、市政府直属事业单位；2008年4月明确为市档案局（馆），为市委办公厅管理的正局级机构。2013年1月，经批准成立宁波市电子文件备份中心，负责接收、保管

图1 宁波市档案馆外景

有关电子文件资料，并按规定提供查询等服务。2019年市档案局的行政职能划转给市委办公厅，保留市档案局牌子，市档案馆继续作为市委直属事业单位设置，不再保留单设的市档案局。市电子文件备份中心成建制划入市档案馆所属。

馆藏 馆藏档案共计540个全宗，约51.6万卷，36.8万余件。由中华人民共和国成立前的档案和中华人民共和国成立后的档案两大部分组成。①馆藏中华人民共和国成立前的档案分清代档案、革命历史档案和中华民国时期档案，计52个全宗，9587卷。馆藏清代档案，计46卷229件。最早的档案形成于清康熙五十年（1711）。馆藏革命历史档案，共299卷，多为手抄复制件。馆藏中华民国时期档案，共9242卷。②馆藏中华人民共和国成立后的档案由原地专机关档案和现市级机关及部分企事业单位档案构成，计488个全宗，近50.6万余卷，36.8万余件。这部分档案比较完整，集中反映了解放以来宁波政治、经济和文化的发展情况，是宁波党政机关、企事业单位在社会实践和生产建设中形成的第一手材料和原始记录。馆藏图书、报刊、资料，共计5.3万余册（含地图900余张）。馆藏报刊种类较多，内容较丰富，共计410种，8280册，是馆藏的特色之一。所藏报纸最早的是1913年，其中《时事公报》（1920年6月至1948年10月）比较全。馆藏清代家书入选第三批《浙江档案文献遗产》名录。

机构设置 宁波市档案馆履行市级档案保管利用职能，为市委直属的正局级参公事业单位。馆内职能分别由办公室、管理利用处、信息技术处、征集编研处、宁波市电子文件备份中心承担。馆藏档案已完成**文件级整理**，完成数字化2901.14余万页。向国内外读者开放利用，提供咨询服务，并逐步在互联网上开放**档案目录**。

出版物和评价 先后编纂出版了各种档案史料123种813万余字，主要有《清代宁波契约文书辑校》《见证宁波辉煌——宁波改革开放三十年档案史料图集》《宁波市档案馆藏俞福海捐赠书画选集》《宁波灵桥史料选辑》《陈守义珍档》《周训典珍档》《陈雪帆珍档》《百年追梦——中国共产党在宁波100年》《甬城记忆——宁波市档案馆馆藏影像档案选编》《甬城映像——宁波市档案馆馆藏影像档案选编》等。其中公开出版58种1030万余字，内部参考69种830万余字，并多项获奖。《记忆宁波》系列等入选浙江省百项档案编研精品工程，《民初宁波地方自治史料集》《宁波灵桥史料选辑》等入选宁波文化研究工程项目。《〈申报〉宁波史料集》《地图上的宁波》获全省优秀档案编研成果一等奖，《宁波灵桥史料选辑》《宁波老银行》等获全省优秀档案编研成果二等奖。

图2 《见证宁波辉煌——宁波改革开放三十年档案史料图集》封面

宁波市档案馆主打的文化品牌“一刊（《宁波档案》）一号（宁波档案微信公众号）”是宁波档案工作对外宣传的重要载体和窗口。

内刊《宁波档案》于2006年创刊，2022年由市档案馆接管主办，现为季刊，一年共刊出4期，截至2022年底共刊出93期，开设《特别关注》《本地动态》《业务专列》《甬城印记》等栏目，是宁波档案工作的宣传阵地。

（黄世芬）

宁夏回族自治区档案馆 Archives of Ningxia Hui Autonomous Region 中国省级**国家综合档案馆**。馆址在宁夏回族自治区银川市金凤区人民广场东街197号。主要负责收管存用自治区本级机关、团体、企事业单位和其他组织的档案，鉴定档案价值，开放到期档案，开展档案编研、开发、展览和社会教育，开展档案信息化、档案保护技术研究及应用等科研工作，提

供档案和政府公开信息查阅利用。是自治区区直机关、团体及部分所属单位档案的永久保存基地，是社会各界利用与研究档案史料的中心。自治区党委办公厅管理的副厅级公益一类事业单位。

简史 1979 年 12 月，宁夏回族自治区档案局（二级局）成立。1996 年 9 月，自治区档案局与自治区档案馆合并，为自治区党委办公厅管理的承担档案事业行政管理和区直机关档案保管利用两种职能的副厅级事业单位。2002 年被评为国家一级档案馆。2019 年 10 月，其行政职能划入自治区党委办公厅。

馆藏 馆藏档案形成于西夏时期至 2022 年。截至 2022 年 12 月底，馆藏 290 个全宗，纸质档案 16.8 万卷 28.4 万件。按历史时期划分，有西夏档案、清代档案、中华民国档案、革命历史档案和中华人民共和国成立后档案；按门类划分，有**文书档案**、**声像档案**、**人物档案**、**专业档案**等。其中，西夏铁制鎏金腰牌首领印章、西夏文本活字印刷《大方广佛华严经》（11～15 卷）、明代洪广营印模、乾隆至宣统（1736～1911）年间的奏折（影印件）及同治（1862～1874）年间的地契等，为宁夏档案馆年代较为久远的馆藏档案。

馆藏西夏档案均为实物档案，共 9 枚（卷），包括西夏钱币 4 枚和《大方广佛华严经》5 卷。馆藏清代档案共 1000 余件。馆藏民国档案有 7 个全宗，共计 1000 余卷。馆藏革命历史档案为中共三边地委形成的部分档案，共计 1000 余件。馆藏中华人民共和国成立后档案共 281 个全宗，共计 16.7 万卷 28.4 万件。馆藏照片档案起止年代为 1916～2022 年，共计 2 万余张，包括民国时期、革命历史时期和中华人民共和国成立后的照片。馆藏实物档案包括印章、证章、像章、字画、剪纸、票证、房契、股票等共计 4000 余件。馆藏人物档案主要包括宁夏著名法学教授吴家麟、女画家曾杏绯等 50 余人的著作手稿、作品、奖章、纪念章等。馆藏音像档案起止年代为 1960～2022 年，包含录音录像和数字录像共计 2000 余件。馆藏资料包括实体资料和电子资料，其中实体资料近 6 万册，电子资料近 5 万件。

档案资源开发 1984～2001 年，共编印 78 种（篇）1028.2 万字的史料汇辑。包括《明实录宁夏资料辑录》《清实录宁夏资料辑录》《中共宁夏党史档案资料选编》《红军西征在宁夏资料选编》《〈国民政府公报〉宁夏资料汇编》等。

机构设置 内设办公室、收集处、开放鉴定处、保管利用处、编研开发处、信息化处和机关党委（人事处），下设不定级别事业单位宁夏回族自治区档案文件利用服务中心。

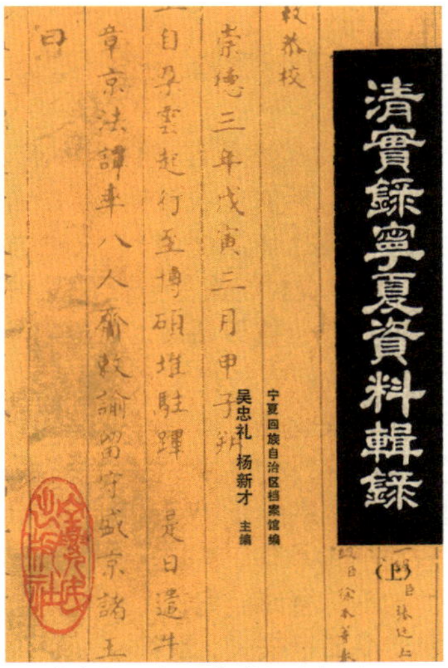

《清实录宁夏资料辑录》封面

出版物和评价 2002～2022 年，共编纂出版图书 29 套 546.19 万字。主要有《抗战时期的宁夏——档案史料汇编》《红军长征在宁夏——档案史料汇编》《宁夏漫记——档案里的故事》《中共宁夏档案文献选编（1927—1949）》《宁夏档案馆馆藏革命历史题材电影海报精选画册》《宁夏回族自治区档案馆藏抗战档案选编》《英藏西夏文文献整理与研究》等。

（刘新华）

牛津大学档案馆 Oxford Text Archive 英国牛津大学的档案保管机构。牛津大学自 13 世纪拥有法人身份以来，不断有档案产生。14 世纪，这些档案被转移到圣玛丽教堂，1544 年，圣玛丽教堂教众楼发生盗窃案后，档案处于散乱状态，有的已经丢失，直到 17 世纪早期古董商 B.特怀恩对其进行整理，才结束混乱状态。19 世纪时，牛津大学把一座高 55 英尺（16.8 米）的塔楼拨给校档案馆，作为**档案库房**。塔楼的墙厚 38 英寸（96.5 厘米），并设有多道包有铁皮和装有复杂门锁的门。由于墙体坚厚，尽管没有现代化的空调和通风设备，档案文件保管了 600 年，仍然处于十分良好的状态。2015 年，档案被移送至为扩大存储空间而新建的韦斯顿图书馆和位于斯温顿的博德利存储图书馆。现在学校的大多数档案保存于韦斯顿图书馆。

牛津大学档案馆藏有 1168 年大学创办以来的各种重要档案，如大学的特许状和维护大学权利的文件、授予学衔的文件、学生文件、大学的规章条例、关于名誉校长权利的文件、有关大学附属机构的文件等，最主要的是 19 世纪和 20 世纪的印刷材料。现存最早的一份文件是 1214 年发给该大学的特许状。

牛津大学档案馆的目标是选择、保存和管理学校及其管理部门所产生的各种文件，以保证文件能用于管理和研究。档案馆允许以研究为目的的访问者进入馆内获取档案。凡保管期限已满 80 年的档案，公众可无限制地利用；未满 80 年保管期限的档案，则需要用户提交申请，经审核后方可使用。此外，牛津大学档案馆的政策与制度每 5 年交由档案委员会进行复核修改，以确保学校档案工作能与时俱进，及时调整和应变。

（黄霄羽）

农业档案管理 agricultural archives management 对农业生产和活动中形成的档案进行专业管理。农业档案包含科学研究、生产技术、水利林业基本建设、农村土地承包、集体资产台账、会计档案及集体产权制度改革、农产品质量安全、农产品加工、农业补贴、农民职业培训、农药登记、兽药登记等活动中形成的应当归档保存的各种形式和载体的历史记录。

中国的农业档案管理始于 20 世纪 80 年代后期，对农村的资源存有状况、资源分配状况等都有明确的记载，因而在承包土地等容易引起纠纷的问题上，农业档案管理有助于减少农户之间的纠纷，并能维护农村的稳定和谐气氛。同时，农业档案中对现有资源状况有很明确的记载，在新农村建设中可以帮助合理规划村内资源，保持资源的循环利用，实现资源节约、环境友好的和谐新农村。

管理内容 农业档案管理应坚持统一领导、分级管理的原则。各部门、各单位要把档案工作纳入本部门、本单位事业发展规划和年度工作计划，列入工作考核检查内容，切实做到档案工作与其他中心工作同规划、同部署、同落实。

农业档案是涉及国计民生所必须且十分重要的档案种类，是国家档案资源的重要组成部分。农业行业范围广、领域多，产生的专业档案种类也较多。各级农业部门的档案机构要强化对农业专业档案的监督指导，加强与业务部门的沟通协调，制定、修订相关专业档案管理办法和分类大纲，完善专业档案管理规章制度。

各单位都应按照集中统一管理农业档案的原则建立农业档案管理工作制度，保证农业档案的齐全、完整、安全，实现农业档案的有效利用。

法规与标准 农业档案管理需要遵照执行的相关法规和标准主要包括：2015

年 11 月发布的《农业部办公厅关于加强和改进新形势下农业档案工作的实施意见》、2014 年 11 月农业部和国家档案局联合发布的《农村土地承包经营权确权登记颁证档案管理办法》、2010 年 10 月农业部和国家档案局联合发布的《关于加强农村土地承包档案管理工作的意见》、2006 年 6 月农业部发布的《畜禽标识和养殖档案管理办法》、2013 年 1 月农业部印发的《拖拉机、联合收割机牌证业务档案管理规范》等。

作用和意义　农业档案管理是“三农”工作中不可缺少的基础性工作，做好农业档案管理对有效实现党和国家的社会主义新农村建设的长远目标具有非常重要的现实意义和深远的历史意义。农业档案管理可以为农业发展提供指导方向，夯实新农村建设的基础，维护农村稳定，构建和谐新农村，促进农业现代化发展。

大力促进新农村建设发展的核心是促进农业生产力的大力改善，这要求在农村发展过程中必须根据农业档案的相关资料，了解地区的人文环境、土地资源等情况，以便掌握整体的资源、资产情况，进而根据所提供资料，对现有资源进行合理的规划，为开展后期的建设工作提供可靠的思想指导。（王英玮）

农业农村档案工作　agricultural and rural archives work　与农村工作或农业生产有关的一切档案工作。档案事业系统的重要组成部分，是关系到农村经济社会发展和农民切身利益的一项重要的基础性工作。

农业农村档案工作的内容从广义的角度来看，包括农业农村档案工作组织、农业农村档案工作制度、农业农村档案业务工作、农业农村档案信息化建设和农业农村档案工作设施设备等。从狭义的角度来看，包括农业农村档案收集、农业农村档案整理、农业农村档案保管、农业农村档案鉴定和农业农村档案信息资源开发利用等工作。从涉及档案的内容来看，包括对农村土地承包、流转、确权登记，集体资产台账、会计档案，集体产权制度改革，农产品质量安全，农产品加工，农业补贴，农民职业培训，农药登记，兽药登记，精准扶贫等档案的收集、整理、保管、鉴定、开发和利用等工作。农业农村档案工作在业务上接受上一级人民政府、档案行政管理部门、民政部门、农业部门和相关部门的监督和指导。

自 20 世纪 90 年代全面推行村级建档及档案规范化目标管理认定活动以来，农业农村档案工作实现了从无到有。1998 年，国家档案局颁布《乡镇档案工作试行办法》。2010 年，国家档案局会同民政部和农业部，决定开展社会主义新农村建设档案工作示范县活动，并联合印发了《社会主义新农村建设档案工作示范县实施办法》。2011 年，国家档案局与水利部联合印发《第一次全国水利普查档案管理办法》。2012 年，联合制定《第一次全国水利普查档案验收办法》。2013 年，国家林业局、国家档案局联合发布《集体林权制度改革档案管理办法》。2014 年，农业部、国家档案局联合印发《农村土地承包经营权确权登记颁证档案管理办法》。2016 年，国家档案局、国务院扶贫办联合发布《关于做好精准扶贫档案工作的意见》《精准扶贫档案管理办法》。2017 年，国家档案局、民政部、农业部联合发布《村级档案管理办法》。这些政策法规的出台加大了对农业农村档案工作的指导力度，提升了农业农村档案工作水平，使得农业农村档案工作逐渐走向规范化、制度化、科学化。

农业农村档案工作是全国档案事业发展的一项重要工作，对于促进农业经济健康发展、改善农民生活水平、保障农民合法权益、维护农村社会稳定和服务社会主义新农村建设具有积极作用。（唐思慧）

O

《欧盟电子文件管理系统通用需求规范》

Model Requirements for the Management of Electronic Records; MoReq 欧盟制定的电子文件管理系统模型需求系列标准。该系列标准详细规定了电子文件管理的需求，尤其是电子文件管理系统（ERMS）的功能需求，并对电子文件管理元数据做出了详细规定。

该系列标准发展至今包括3个版本，分别是2001年发布的MoReq、2008年发布的MoReq2和2011年发布的MoReq2010。在1996年第一届文档生命周期管理（DLM）论坛上，欧盟各国专家倡议要制订电子文件管理功能需求；1999年，英国康维尔管理咨询集团组织工作人员起草需求报告，在来自10个国家的13名专家支持下，开始起草MoReq标准，具体工作于2000年开始，2001年初结束。随着信息技术的提高，文件管理的复杂性逐步体现出来，为了使MoReq适应欧盟各国新阶段文件管理的需求，2006年2月欧盟正式启动MoReq的修订程序，并在2008年2月出台MoReq2，其重要特征是第一次包括了测试和认证体制。2011年5月，公布了MoReq2010的1.0版本，提供更为灵活和扩展架构，模型需求被模块化需求取代。各版本的主要内容包括：

MoReq标准　共134页，包括功能需求、其他功能需求（含工作流等）、非功能需求（性能需求等）、元数据需求4个方面共390多条需求。标准全文分13章，主要内容包括：①概述。第一章前言，主要介绍需求标准制定的背景、应用范围、特点、不足、篇章安排、使用方法及注意事项等；第二章需求概述，对标准中出现的名词术语加以界定，并提供有助于理解的实体关系图。②功能需求。第三章至第十章分述系统功能需求，包括分类方案、控制和安全、保存和处置、文件捕获、参见关系、查找检索和输出、管理功能、其他功能的具体需求。③非功能需求。第十一章说明易用性、性能及可测性、系统可用性、技术标准、法律及制度要求、外包及第三方数据管理、长期保存和技术过时方面的具体需求。④元数据需求。第十二章是元数据需求，包括127项元数据，涉及分类方案、类、案卷、子卷、文件、用户、角色等多个层次。⑤术语、参考模型。第十三章为参考模型，帮助读者更好的理解需求条款的术语和管理模型。

MoReq2标准　共226页，包括13个章节和9个附录，8类共669条功能需求。标准主体内容从第三章到第十二章，分为功能需求、选择性需求、非功能需求、元数据需求4个方面。重点在于：①制定可信的电子文件管理基准模型，为不同环境下的应用系统提供基本需求框架，包括利用控制、文件保管期限和处置、输出和移交、保管及元数据。②建立集成化的信息系统，目的在于把内容管理系统、知识管理系统、文件、工作流系统等和电子文件管理系统进行有效集成，避免重要文件信息的丢失。③加强不同系统之间的交互操作性。较MoReq标准来说，主要变化包括：①在内容上涵盖了最新的理论和技术研究成果，增强了MoReq的国际性和规范性。②可直接用于电子文件管理系统的测试，因此用语更加严谨，在功能需求条款方面，设置了不同级别的适用条件。③为了兼顾欧盟成员国的不同情况，专门设置了“第0章”，允许成员国加入自己特殊的管理需求。此外，为了保证政策的延续性，MoReq2与MoReq之间几乎完全兼容。

MoReq2010　由两个部分组成。第一部分是核心服务，共15章，包括纲要部分、核心服务、非功能性需求、术语表、信息模型以及致谢，其中核心服务有10项，共计174条功能需求；第二部分是插件模块（plug-in modules），是系统核心服务的组成部分，分为7章4项共53条功能性需求。插件模块是系统核心服务的组成部分，系统的核心服务可以使用不同的插件模块来实现。主要特点包括：①提出文件系统架构是“基于服务的架构”，每一项服务代表一个模块，不同的服务执行不同的功能，之前版本旨在构建一个文件系统的模型，强调文件系统的独立性和完整性，并且以功能作为系统构建的中心，实现了从功能向服务的转变，在以服务为中心的理念下，允许更为灵活的系统构建方式，服务可以选择性集成和共享。②提出文件系统是由多个实体构成的，系统服务功能的执行就是对这些实体进行管理，10项核心服务分别管理不同的实体和操作过程。MoReq2010规定了16种实体类型，每一种实体都是由实体本身、元数据、事件历史、访问控制列表组成。每一个实体创建时，都要添加相应的系统元数据，生成访问控制列表，开始事件的记录，必要时也要添加相应的背景元数据。③对分类和集合以及它们之间的关系进行了重新界定。之前版本规定分类方案的构建是一个层级结构，而在MoReq2010中，分类方案的构建更为灵活，既允许层级结构，也允许非层级结构。此外，MoReq2010也放弃了案卷的概念，用集合的概念取而代之。集合也摆脱了分类方案的束缚，不再作为分类方案的一个组成部分，而是独立出来，允许更为灵活的构成方式。

（程妍妍）

P

排单 paidan 中国清代驿站传递公文填注的单据。经常粘在火票尾部，目的是稽查程限，分清责任。排单印成若干行格，每格印有“ 月 日 时到 驿”字样，由各处管驿官随到填注。由于是按到驿时辰次序排列填注，故称为排单。凡文书递送逾限、擦损磨破、雨淋潮湿等，均要填注单内。排单可以自行印制，也常直接代替火票使用。地方驿递文书较多时，屡次知会兵部领取火票，很不方便，各省索性将排单印上必要的文字，代替火票。代替火票的排单一般只在地方衙门之间流行，地方衙门与中央政府之间的驿递文书仍需用火票等正式邮符。

类似排单的驿站单据由来已久，元代有长引隔眼，明代有勘合凭单。长引是长途的凭证，隔眼即表格。元延祐五年（1318）十一月规定，凡入递文书，由始发官司酌量地理远近，印贴“长引隔眼”于公文上，标明件数、发引时日，至各邮长所在，交递铺传递承接。明代的勘合凭单是将符契文书上盖印信、分为两半，当事双方各执一半，用时将两符契相并验对骑缝印信作为凭证。凡调遣军队、车驾出入皇城、官吏驰驿等均须勘合。明代用于边戍调遣，有调军勘合和军籍勘合。清代官吏使奉差出京沿途用驿站马匹，须查验邮符，亦称勘合。文官府文簿，编立字号，由上官用关防盖半印，称勘合文簿。（李永贞）

牌文 paiwen 中国古代官府往来文书文种名称。牌原本是古代颁发给官吏出入宫禁、城池、关津，经过驿站或执行公干的凭证物件。以木或金、银、铜、铁制成，牌面镌刻绘有各式版框图案，写有文字，随身携带。唐代皇帝颁旨有银牌，发驿遣使，由门下省颁给。其制阔 1.5 寸（1 寸约 3.33 厘米），长 5 寸，刻隶书“敕走马符牌”，上首为窍，贯以革带。宋沿此制，分为步递、马递、急脚递三等，有红字、青字、金字等名目。又有金字牌急脚递，以木牌朱漆黄金字，日行 500 里（250 千米），凡赦书及军国机要事使用，又称走马符牌，是通过驿站的符信。宋、金时期有专门传递文书使用的牌，称为传信牌、递牌或檄牌，都用木制。元代驿站发达，这类通过驿站的符信用量很大，作为地方官差人递送下行文书的凭证，符牌改作纸制，称为信牌。因其仍保留有原来符牌牌面镌刻画写的有关图案版框文字，故又称牌面。信牌编有字号，标明出差日、时，粘在所递文书之上，元代也有将文书内容直接写在信牌内者。明代又将牌面张幅加大，刻成一定程式的版框刷印，所行文字就直接写在牌面上，用于武官都司的下行文种，仍称信牌。这种信牌虽已大量使用，但始终未被定为法定文种。

清代，牌文成为法定的主要下行文种。督抚行司道以下，司道行府厅以下，府厅行州县以下，直隶州行所属州县，州县行杂职，学政、盐政行司道以下，经略行总兵以下，提督行副将以下，总兵行参将以下，副将行所辖游击以下，参将、游击行千总、把总，都司行所辖千总以下，都司、守备行把总，各部院行五城司坊官及大兴、宛平二县，六部径行司道以下，步军统领衙门行文府、厅、州、县，顺天府尹行直隶布政司以下，都用牌文；总兵行兼辖副将，副将行本辖游击，参将行本辖都司、守备，用牌行；织造行府州县，用牌檄。总之，牌文可用于中央、地方、文武各衙门，是使用相当广泛的主要下行文种。

明代官府文书用纸均有规定，一品、二品衙门，文移纸三等，皆高二尺五寸（1 尺约 33.33 厘米），长五尺为一等、四尺为一等、三尺为一等；三品至五品衙门，文移纸高二尺，长三尺；六品、七品衙门，文移纸高一尺八寸，长二尺五寸；八品、九品与未入流衙门，文移纸高一尺六寸，长二尺。官员任内公文纸不如式者，罪之。据此可见，明代的牌文大小尺寸，应是品级越高纸幅越宽大。清代对牌文尺寸没有规定，纸幅通常是高约二尺，宽约一尺五寸的长方形，少数文字较长的则将宽度增加，为横宽式样。

牌文用白纸，由发文衙门木版刊刻、蓝靛刷印成固定的版面式样。长方形四周为双边版框，内有火焰、飞虎或麒麟等图案。明代时，飞虎、麒麟是官员金、银牌中身份地位的不同标识物，为清代所沿袭。牌文版框内刻有这些则是表示发文衙门官员有较高的品级地位。版框上边为梯形，内刻有“信牌”“宪牌”“某将军牌”等字样，标明文种。以上牌面形式明显可见符牌旧貌。发文者前衔和姓及事由的“为”字通常随版一行刻就，位于版心右边。随后另起一行，书写事由、正文。结束语多用“须至牌者”。文件中轴左侧偏下方大字刻印“右牌仰 准此”一行落地，空白处填写受文者，“仰”字为要求之意。偏上方位置刻有年号及年、月、日，发文年、月由书吏墨笔填写，发文日届时由主管官朱笔填写，术语称判日。年月上盖印信，日期下方大多空一段距离刻一“承”字，以备填写径承书吏姓名。清代中叶后大多空位，并不填写。版心左侧上角大字刻有发文衙门简称或主管官简衔，下方留待主管官用朱笔以行草书写一“行”字，意思是同意放行，术语称画行。左下边刻有“定限 日缴”，字体不大，是火牌使用时限日回缴的必填项目。因宪牌、信牌不需回缴，故不填，或用红笔点销。

牌文制作烦琐，纸幅过大，不宜保存，折叠处的文字常磨损不清，手续繁多不便。中华民国后，各种牌文均被取消。

（裴燕生）

潘嘉 Pan Jia（1927-05-12～1981-03-30）中国现代档案学家。原名徐默文（也有作徐墨文）。生于江苏丹阳，卒于北京。1947 年于上海加入中国共产党，1948 年肄业于上海暨南大学经济系。曾就职于中共中央华东局政策研究室和办公厅秘书处。1952 年，在中国人民大学第一期档案研究生班学习，1954 年毕业后留校任教，主持建设文书学课程。曾任中国人民大学档案系国家机关史与文书学教研室主任。

主要研究领域是文书学。1961 年，主编的《文书学讲义》出版，供中国人民大学历史档案系本科生试用；1981 年重版，更名为《文书学纲要》，作为《档案学通讯》杂志的增刊出版；1985 年再版，更名为《中国文书工作史纲要》，为文书学研究的成熟发展奠定了基础。先后发表《介绍苏联机关文书处理工作中的监督制度》《略谈文书工作与档案工作的协作问题》《文书学的对象、任务及其与档案专业的关系》《对领导指导类问题的产生及其范围的认识》《怎样才是文书部门立卷》等多篇学术论文，涉及文书分类、文书立卷、文书工作的监督管理制度等多方面内容。

潘嘉长期致力于文书学研究和教学工作，是中国最早的档案教育工作者之一，推动了文书学课程的建设和专业教材的编写，使文书学教学从文书处理学拓展到以历史为脉络系统论述文书和文书工作，为文书学发展做出了重要贡献。（闫 静）

裴桐 Pei Tong（1918-11-22～2009-01-06）中国现代档案学家，中华人民共和国档案事业的创立者和奠基人之一。生于北京，卒于北京。1936 年上海图书学校肄业，

1938年赴延安参加革命工作。1940年在中共中央办公厅秘书处材料科做档案工作，负责管理党中央的档案。1947年担任中央办公厅秘书处材料科科长时，参与组织转移党中央的档案。这批档案于1949年运抵北京，为中央档案馆的建立打下了基础。中华人民共和国成立后，历任中共中央办公厅秘书处副处长、秘书局副局长，1959年任中央档案馆常务副馆长，参与主管党的档案统一管理制度的制定与实施，筹备党的第一次全国档案工作会议，起草《中国共产党中央和省（市）级机关文书处理工作和档案工作暂行条例》，创办《材料工作通讯》并在全国发行，作为曾三的亲密助手，为创建中央档案馆及全国档案工作体系做出积极贡献。

在担任中央档案馆副馆长期间，他具体主持该馆的业务工作，制定了各项规章制度，开展大规模的革命历史档案征集工作，率先采用现代科学技术管理和保护档案。他组织和参加编辑了《中共中央文件汇编》《中共中央文件选集》等。1981年后任中国档案学会副理事长、理事长等职，创办会刊《档案学研究》，组织开展档案学术研究。他积多年档案工作经验，发表了《档案与资料的划分与整理》（1952）、《马克思主义与档案建设》（1983）、《维护党和国家历史真实面貌的重要事业》（1986）等多篇文章，并担任了《当代中国的档案事业》的主编。1995年，中央档案馆将他有关档案工作的著述编辑成《裴桐档案工作文集》出版。

裴桐由于长期从事中共中央的档案管理工作，熟悉党的历史，还担任过中国中共党史学会的常务理事。在中国档案学会第三次会员代表大会上，当选为名誉理事长，并被授予“档案学研究荣誉奖”。

（靳云峰　撰　赵国俊　修订）

批答　pida　中国古代帝王**诏令文书**文种名称。是帝王批复臣下章奏的文书。皇帝对大臣表奏的批复，在魏晋至隋代称为答诏或答表。批答之名始见于唐代，明代徐师曾《文体明辨序说》称：“至唐始有批答之名，以谓天子手批而答之也。”唐代，翰林学士初入院时，须试制、诏、批答三篇，故批答与诏不同，诏为宣达君上之意，而批答则是“采臣下章疏之意而答之”。

批答依批复结果可分为不允批答、依允批答和无批答。不允批答多用于对官员提出辞职作挽留答复和臣僚请皇帝听政、上尊号、进封等礼节性表请；依允批答主要用于答复日常政务公文；无批答即对官员所上章奏不作答复。唐宋时期，批答受文者的级别相对较高，是地方重要官员和中央高级官员。唐代藩镇上表，必有批答。宋人赵升《朝野类要》记载：“执政以上有章奏请，则降批答，以下则降诏。”由此可见，批答适用的官员级别比诏书要高。

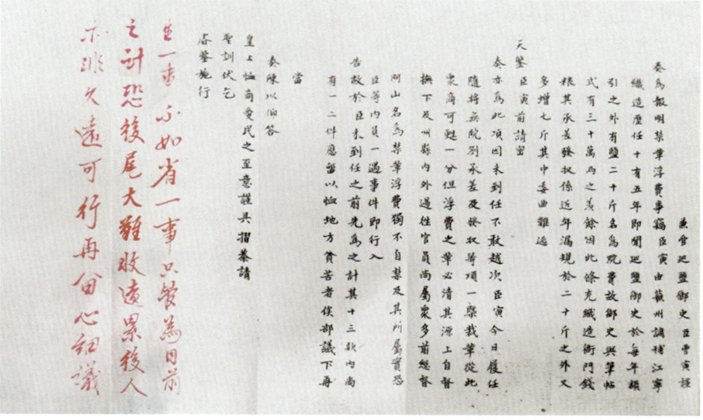
两淮巡鹽御史臣曹寅謹
奏為報明禁革浮費事竊臣寅由蘇州調補江寧
織造歷任十有五年即聞巡鹽御史於每年額
引之外有鹽二十斤名為院費故御史與筆帖
式有三十萬兩之羨餘因此條充織造衙門錢
糧其承差發收條近年漏規於二十斤之外又
多增七斤其中委曲難述
天鑒臣寅前請留
奏亦為此項因未到任不敢越次臣寅今日履任
隨將無院別承差及發收等項一槩裁革從此
衆商可甦一分但浮費之革必清其源上自督
撫下及州縣內外過往官員尚屬衆多前經督
兩山名為禁革浮費獨不自禁及其所屬實恐
臣等內員一遇事件即行入
告故於臣未到任之前先為之計其十三款內尚
有一二件恩留以恤地方貧苦者俟部議下再
當
奏陳以仰答
皇上恤商愛民之至意謹具摺恭請
聖訓伏乞
睿鑒施行
生一事不如省一事只管為目前
之計恐後尾大難收遺累後人
亦非久遠可行再留心細議

康熙帝对曹寅奏折的批答

批答属于帝王专用文书，因此其法定撰写者应为帝王。唐初，有一部分批答，如墨诏批答、御批、御批答等可能出自皇帝亲笔，但“唐宋以来，臣僚章奏凡有所批答，皆臣下代言”，很少有皇帝亲批者。明初，批答“出自御笔，未尝委之他人也”。明代中后期，由于皇帝怠惰，多由内阁条旨，很少有皇帝亲自批答。清代，批答又称朱批，许多重要事务都由皇帝亲自批写，康熙帝和雍正帝的朱批较为详细且活泼多样，乾隆帝以后对奏折的批答较为简单，常见“览”“是”“知道了”“该部议奏”等字样，纯属例行公事。

唐宋时期批答的格式，开头通常是“览表具之”“省表具之”之类的客套语，结尾一般是答允或不允的词语，依允则说“所请宜允”“敬请诚允”，不允则用“所请宜不允”等。篇幅数十字至百余字不等，一般六七十字，少的仅三四十字，较为简洁。批答的书写位置不固定，于章奏或“空其首一幅”，或“纸尾结言敬空者”，以待批答之用。清代皇帝朱批奏折，或批于折面，或批于折尾，至逐行夹批均有之，所批内容多至成百上千字，少至仅一字，并无固定格式。

（胡忠良）

批复　official reply　现代公文法定通用文种。属于下行文种，适用于答复下级机关的请示事项。具有指示性、针对性、简明性特点。批复具有较强的约束力，下级机关必须认真遵照执行。依据批复的内容表达方式，可分为表达式批复、阐发式批复；依据批复内容的性质，可分为肯定式批复、否定式批复、解答性批复。

（王　健）

批红　pihong　中国古代文书制度。又称批朱。该制度首创于明宣宗宣德（1426～1435）年间，清代沿袭。指明清时期题本上批写的皇帝谕旨。范围包括诏令和奏疏。

明代批红的流程为：大臣递进奏章以后，经通政使司官员送到司礼监文书房，登记后呈送皇帝阅览；皇帝阅后由司礼监交文书房送内阁**票拟**后呈皇帝御览，供皇帝裁决，皇帝同意后送司礼监批红。批红等同于文书的签署环节，实际上是皇帝对奏章的审批，是国家最高权力行使的一种形式。清代沿袭明制，但太监不得参与其中，因而加强了内阁的权力。清代的题奏本章经内阁票拟后，呈皇帝御览裁决，由宫中批本处（属内阁）用朱笔誊写于题本的右上角，故称红本。

（黄　静）

匹兹堡大学信息科学学院　School of Computing and Information, University of Pittsburgh　美国高校信息学院。位于美国东北部宾夕法尼亚州匹兹堡市。匹兹堡大学是美国第一个创立信息科学学院的学校。其前身是1901年设立的卡内基图书馆学校。1963年由A.肯特讲授信息科学课程，这是美国的第一个信息科学课程。1987年该院在AT&T公司资助下，增设电子通信和网络硕士学位。

学院目前有专业教师和学者90位左右。下设图书馆与信息学系和信息科学与电信学系，设有信息科学、电信学、图书馆与信息科学3个专业，授予本科、硕士和博士学位。本科阶段主要有3个方向：信息系统专业使学生能够使用面向对象的设计工具来设计、建立、实施和测试基于Web的信息系统；以用户为中心的设计专业教授可视化和人机交互所需的设计，建立信息系统接口的原型，以及执行这些系统的可用性测试；网络与安全专业包括提供设计、建造和测试局域网、广域网、无线网、互联网和基于Web的网络所需的技能。硕士项目分为 3 个研究方向：信息科学与技术、图书馆与信息科学、电子通信和网络。100 多年来，学院倡导学生成为信息行业的领导者，是全美信息科学教育与研究的先锋。

根据 2010 年《美国新闻与世界报道》报道，在健康医疗图书资讯、档案保存管理，以及信息系统等领域，匹兹堡大学信息科学学院处于世界领先地位。

（黄霄羽）

票拟 piaoni 中国古代文书制度。又称拟票、票旨、条旨、调旨。明代自宣德（1426～1435）以后，中央、地方各衙门及臣僚呈送皇帝的章奏需经通政使司呈内廷，先交皇帝阅览后发至文渊阁，内阁大学士根据有关法规和典章律例代拟作**批答**草稿，用小票墨书贴于奏折上以供皇帝御批，此即票拟。明英宗正统皇帝即位后专令内阁条旨，从此票拟便成为内阁的专责并形成制度。清代沿袭。

票拟不直接拟写在本章上，而是写在长约 7 寸、宽约 4 寸的纸片上，称为票签。票签上左写满文，右写汉文，满汉合璧。奏本经过汉满本房的处理之后移交到汉票签处。奏本到汉票拟处后，首先是由侍读核阅汉文，然后由汉中书进行草签，再由侍读对草签进行核阅，后移交到满票签处。满票签处侍读等也要对奏本进行核对，然后由满中书拟写满文草签，交侍读核阅。票签有单签、双签、三签、四签之别，每签即为一种处理意见。奏本经过满本房和汉本房的草签之后，将草签和奏本一同呈送到内阁大学士拟写审定，再发回满、汉票签处缮写满汉文合璧正签，正签缮写后，阅定大学士画押，正签背面还要各缮写中书之姓名，以为凭证，然后将正签与奏本一同由满票拟处于次日黎明赴乾清门送批本处。

（高大伟）

票文 piaowen 中国古代**官府往来文书**文种名称。明清时期把小纸片称为票，各地方官常用作文书载体，在官府内部指挥公务，也是官府常用的下行文种。地方官有时用票文代替**牌文**使用，多用于直属下级或某些非隶属而品级地位差距较大的衙门，也可用于对衙役或民间有关人员。明清政府对此未作明确规定。

票文的用途与牌文基本相同，一类是催稽公事，发布命令；另一类是用作凭证。文件形式与牌文相似，也用刻印版框式样印就的单幅纸张，但纸幅较小，版框简化。票文的处理手续较为简单，郑重程度稍差，实质是牌文的简化与补充形式。由于牌文制发手续烦琐，有时就舍郑重而求便捷，略作变通而行票文。曾有清代官员在批办签条上称“叙牌具稿，通报公出”，叙牌即为票文。可见当时就有人将票文视同为牌文。

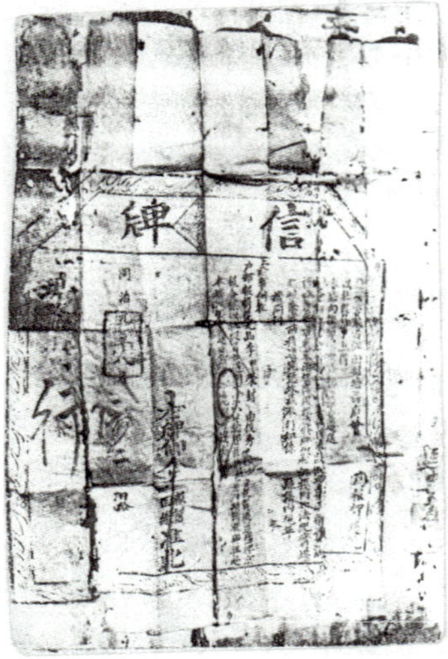

图 1 清同治年间信牌

称为信票、宪票的票文，多用于传达命令、发布指示、催稽公事，也可用于拘提人犯、调取卷宗官物等。票文不像牌文那样有复杂的形式，也不必用半印**勘合**字号，挂发手续简化，使用较为省便，因此各级官府常用信票、宪票代替**信牌**、**宪牌**行文。多用于办理一些简单的事务性工作，用于下达重要命令指示的比较少见，很少用于转发文件，更不用粘单方式转发。

称为差票的票文，是官府发给差役等执行公务的命令，用于下乡催粮或勘验田界等。明清时期施行佥差点派、轮流拨役的制度，票内写明所拨差役人等姓名，不许多带白役，使用完毕，缴回衙门销差，又称**佥票**。一些地方的乡约、保甲长等豪绅，也可领得差票，仗势处理本管辖地内乡间事务。清末，有的差票是用于派遣差役将被告犯证等传赴衙门听审，不用拘提，称为传票，一直沿用至民国。

明清时期，票文用白纸，一般用蓝色水印版框刷印，版框内填写有关内容，版框式样与牌文相近，但简于牌文，四周双边版框内填火焰，有的不填，只有双边线。文种名称“信票”通常刻于上方梯形框内，发文衙门简称刻在版框内左上角，有的仅刻一“县”或“府”字代表，也有的此处刻一“票”字，梯形框内刻“某衙门票”字样。正文结束后，另起写“右票仰某衙门某官某人准此”一行落地，也有写作“票行”的，是对非隶属品级地位较低的官员比较客气的写法。文件日期另起一行刻“×年×月×日”字样，届时填写文件时间，日子由主管官判写。如用作差票，“日”字下方还有一“差”字，其下由主管官或代笔幕友用红笔填写受文差役姓名。票文框内左下位置刻“限文到 日缴（或销）”字样，一般的信票、宪票不用回缴，不填或用红笔点销。差票颁发时须填限定的销差回缴日期，以免差役无限制的骚扰民间。而实际上大都填一“完”字，相当于不限日期。票文结尾用“切切”“速速”“勿违”之类命令词，结束语用“须至票者”或简化为“须票”二字。其他文字程式与牌文基本相同，标朱、判日、画行都用红笔，文尾年月上按定式用印。版框右肩盖有“登内号”“内登”之类戳记，是文件到达日期和登入内号簿的标记。全用手写画的票文也不少见，因为发文量不大，为了省便，故不用版刻。

凭证性的票文有作为**邮符**用的**火票**、**兵票**，兵票还要由官府拨兵护送。完粮串票是百姓交钱粮后发给纳户的票据，因多为

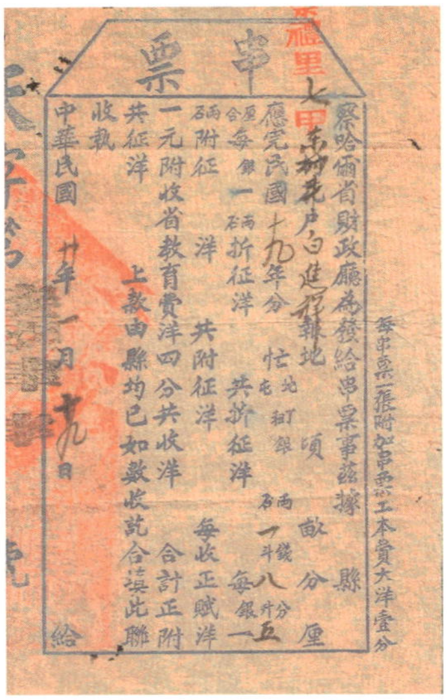

图 2 1931 年察哈尔财政厅下发的串票

三联，骑缝用印，百姓**收执**其一，故又称印票、截票、印串。引票是发给盐商专营贩盐的凭证，每引许领贩 300 斤（150 千克），因其指引确定贩运地域，故称引票。

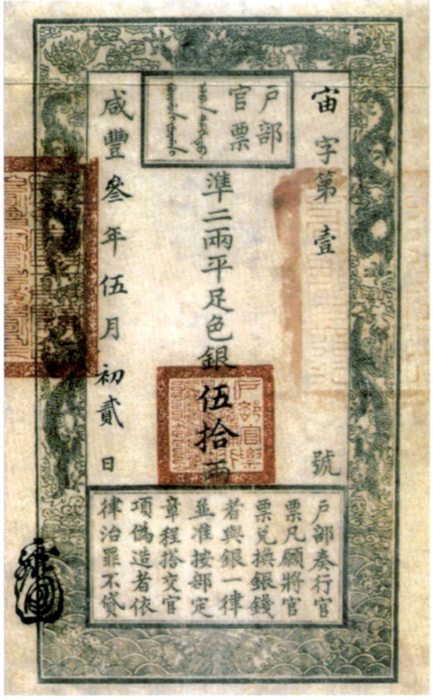

图 3 清咸丰三年（1853）户部伍拾两银票

还有名目繁多的解票、照票、当票、银票、收票、股票等，大多采用几联形式，格式不尽统一，都属于专门文书一类。

清代用于发布命令指示的票文，中华民国以后均被取消。至于火票、兵票、引票等，民国时也均被历史所淘汰。只有传票还在法院使用，不过格式、用法已发生变化。至于股票则一直沿袭至今。

（裴燕生）

平牒 pingdie 中国古代官府往来文书文种名称。牒文从唐、宋、元时就用于平行官文书。元代不相统属的地方官三品之间互用平牒。明清沿用，程式不同。根据《大明会典》卷七十六规定，明代平牒式为大幅单张纸，文字程式是先开列文件责任者官府名称、事由，再写受文者官府名称，文尾列年月日后书写文件责任者官衔、姓和签押。按照规定的程式，文尾年月上用印并有小字后由书于年月两侧，左上角大字书写“牒”字，其下主管官署押。清初黄六鸿在《福惠全书》中推荐的清代平牒参考式样为，先开列文件责任者官府名称、事由，再写受文者官府名称，文尾书写年月日。实际上清初状式牒文左上角标明文种名称及署押的也很常见，与黄六鸿推荐的程式不同。清初潘杓灿在《未信编》中推荐的格式又有不同，受文者不用抬头，为“右牒贵厅（主簿）”式样。清代中叶后，牒文多改为折式，用白纸折，折面标明文种，折内文字程式与清初状式基本相同，但文尾不用标明文种和署押。

（裴燕生）

评注本 commented edition 附有编者对正文加以评论、注释文字的书籍版本。又称批注本、批本、评本。如仅进行注释则称注释本，有时也与标点本合称评点本、批点本。

古人在印刷或抄写书页的天头、地脚、字里行间添加批语、评论、注解、圈点等，或直接流传下来，或影抄、影印，或将批注、评点直接刊入书版重新刊行，形成的版本皆为评注本。档案文献编纂中，编者对选录档案或档案文献编纂成果加以恰当的、有实质内容的评论和注释，有利于读者正确、深入地掌握文献的实质和含义，排除可能产生的误解或疑窦。评注是一项颇有深度的科研活动，清代一些著名学者批注文献时精于考证，严佐之《古籍版本学概论》曰：“或笺疏文句，或阐述本旨，或探源发微，或增补辑佚，有的已近乎撰述。”

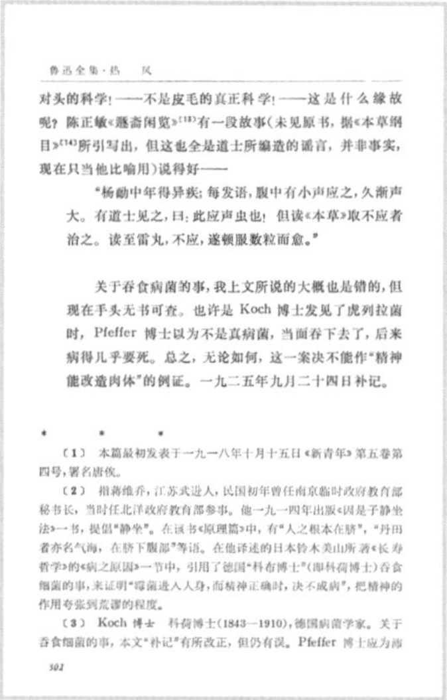
鲁迅全集·热　风

对头的科学！——不是皮毛的真正科学！——这是什么缘故呢？陈正敏《遯斋闲览》[13]有一段故事（未见原书，据《本草纲目》[14]所引写出，但这也全是道士所编造的谣言，并非事实，现在只当他比喻用）说得好——

“杨勔中年得异疾；每发语，腹中有小声应之，久渐声大。有道士见之，曰：此应声虫也！但读《本草》取不应者治之。读至雷丸，不应，遂顿服数粒而愈。”

关于吞食病菌的事，我上文所说的大概也是错的，但现在手头无书可查。也许是 Koch 博士发见了虎列拉菌时，Pfeffer 博士以为不是真病菌，当面吞下去了，后来病得几乎要死。总之，无论如何，这一案决不能作“精神能改造肉体”的例证。一九二五年九月二十四日补记。

*　　*　　*

〔1〕 本篇最初发表于一九一八年十月十五日《新青年》第五卷第四号，署名唐俟。

〔2〕 指蒋维乔，江苏武进人，民国初年曾任南京临时政府教育部秘书长，当时任北洋政府教育部参事。他一九一四年出版《因是子静坐法》一书，提倡“静坐”。在该书《原理篇》中，有“人之根本在脐”，“丹田者亦名气海，在脐下腹部”等语。在他译述的日本铃木美山所著《长寿哲学》的《病之原因》一节中，引用了德国“科布博士”（即科荷博士）吞食细菌的事，来证明“霉菌进入人身，而精神正确时，决不成病”，把精神的作用夸张到荒谬的程度。

〔3〕 Koch 博士　科荷博士（1843—1910），德国病菌学家。关于吞食细菌的事，本文“补记”有所改正，但仍有误。Pfeffer 博士应为南

302

《鲁迅全集》内页

注好一篇文献不易，注好一部汇编尤难。如《鲁迅全集》1938 年出版白文本，1958 年出版注释本，1981 年出版新的注释本。1981 年版《鲁迅全集》共做注释 2.3 万多条，释文共有近 240 万字，编者不仅要掌握 40 余年中形成的大量研究资料，而且要挖掘新的线索，查阅相关档案，集收集、考证、评价、注释于一体。档案文献汇编除少数白文本外，大多通过序言、按语、注释等对汇编材料进行不同程度的评述，评注水平直接反映出汇编的出版质量、编纂深度、编者功力。

（丁华东）

《葡萄牙大发现》手稿 Collection of *Manuscripts on the Portuguese Discoveries* 15～16 世纪记录葡萄牙航海家的旅途以及他们途经各地发现的风土人情的公共文献手稿。2007 年入选《世界记忆名录》。手稿记录了葡萄牙从海上探险开始发展成为一个庞大帝国的过程，是葡萄牙在“探索时代”形成的许多国家政治、外交、军事、经济和宗教历史的档案手稿集合。1755 年里斯本地震发生后，皇家档案馆馆长 M.迈亚采取紧急措施拯救了这批档案遗产。1756～1764 年，在迈亚等人的努力下，手稿按年代标准被分为三部分，并按照时间先后顺序进行了编目。现存于葡萄牙首都里斯本的东波塔国家档案馆。该手稿包含了大量原始档案，大部分是用草书签在羊皮纸或普通纸上的签名手稿，共收录了 83 212 份文献。

手稿中的史料沿着葡萄牙舰队的航行脉络而写，内容涵盖了葡萄牙船只跨越大西洋寻找东方、环绕非洲海岸和王国所经历的路线。具体包括 4 部分：①非洲部分。包括航行的情况、非洲人和葡萄牙人的会面记录、非洲王国的信息、寻找传说中的祭司王约翰以及送给当地统治者礼物的一些信息。②亚洲部分。记录了葡萄牙帝国的扩张和行政治理情况，内容涉及外交事务和和平、贸易条约。③新大陆尤其是拉丁美洲部分。主要记载巴西的事务，包括葡萄牙对当地的行政管理、宗教事务、法国与荷兰之间的战争以及奴隶贸易等。④欧洲大陆部分。记述了帝国的政治和外交事务，其中最值得注意的是关于 16 世纪下半叶奥斯曼帝国的扩张和维也纳之围的文件。

（黄霄羽）

普鲁士机密国家档案馆 Prussian Privy State Archives 普鲁士文化遗产基金会所属的档案管理机构。又称普鲁士中央档案馆。建于 1604 年，因属国家机密办公厅，在 1803 年定名机密国家档案馆。后与机密内阁档案馆合并，成为保管普鲁士最高权力机关文件的中央档案馆。1875 年 H.von 西伯尔被任命为机密国家档案馆馆长后，带领档案工作者开始了档案整理问题的探索并于 1881 年颁布了《国家机密档案馆档案整理条例》。条例的基本要点为：①档案馆须把从各机关登记室收进的档案按来源机关分开保管，按照来源机关划分档案。②保持档案在原登记室的整理顺序，以保持档案中原有的历史联系。登记室原则更多地体现了档案形成的历史过程和档案之间的有机联系。它是来源原则思想的真正体现，标志着来源原则的正式形成。1904 年，档案馆附设达莱姆档案学与历史学进修学院。1924 年，档案馆迁至柏林。1933 年，馆内设三个档案部，分别保存 18 世纪以前的档案、19～20 世纪的档案和勃兰登堡省的档案。因第二次世界大战期间受炸弹袭击，档案馆部分文件被疏散至其他机构。1945 年后，这些文件被保管在梅泽堡，成为民主德国中央档案馆馆藏的一部分。1963 年，机密国家档案馆被并入普鲁士文化遗产基金会。F.西伯尔、E.波兹奈尔、A.布伦内克等档案学家都曾担任过普鲁士机密国家档案馆馆长。

（黄霄羽）

普通档案室 general archives room 管理普通档案的机构组织。见档案室。

Q

企业档案 enterprise archives 企业在研发、生产、经营和管理活动中形成的对国家、社会及本企业具有保存价值的各种形式的历史记录。通常包括文书档案、科技档案及专门档案。中国的企业档案概念是在沿袭中华人民共和国成立后**科技档案管理**的理论和实践的基础上，为适应企业改革而提出的。1987 年国家档案局颁布《国营企业档案管理暂行规定》（国档发〔1987〕第 7 号），首次提出并阐述了企业档案的概念。之后国家档案局等部门颁发的《企业档案管理规定》（档发〔2002〕5 号）、《国有企业文件材料归档办法》（档发〔2004〕4 号）、《企业档案工作规范》（DA/T 42—2009）、《关于进一步加强中央企业档案工作的意见》（档发〔2009〕6 号）、《中央企业档案工作规定》（国资厅发〔2014〕26 号）等文件与标准，对企业档案规范化管理起到重要作用。

企业档案是企业重要的知识资产和信息资源，是企业记忆和企业文化的承载体。它对于企业管理、企业文化建设、企业创新以及历史研究等具有重要的价值。

（连志英）

企业档案编研 enterprise archives compiling and research 企业档案管理部门以馆（室）藏档案为基础，分析用户需求，通过对档案进行分析研究，形成不同形式的成果，为企业提供利用的专门工作。

一般程序 ①明确选题。在企业档案编研中，选题的价值直接影响着编研成果的使用价值，在选题过程中，应立足于企业发展的现状，紧密结合企业未来发展方向和战略目标，明确编研成果面向的对象和所要解决的问题，确保选题的科学性。②合理选材。在企业档案编研中，不同主题的编研、不同形式的编研，所需档案素材具有不同的特点，有些较为齐全完整的集中在档案馆（室），有些则仍较为分散地被保存在各个业务部门，选材首先是一个广采博收汇集材料的过程，力争做到齐全完整，在此基础上去粗取精、去伪存真。③灵活加工编排。对所选素材，按照一定的体例和规范进行编排，以清晰合理的结构呈现。在加工编排时，要注意忠于档案原件内容、实事求是，并与企业实践活动相一致。常见的方法包括：一是抄录档案原件的部分内容，按照某一主题进行选编或汇编，属于对档案文献的一次加工；二是对档案内容进行选择性摘录并按照一定的体例和规范进行编排，是对档案信息的提炼和浓缩，属于对档案文献的二次加工；三是根据利用需求，以企业档案文献为基础，对档案信息进行更深层分析和加工，属于对档案文献的三次加工。④审核批准。对初步形成的编研成果进行校对、审核并报请领导批准。主要涉及成果内容的准确性、体例格式的规范性、语言的严谨性等。

成果种类 ①企业科技成果简介。以文字、图表等形式，扼要摘录企业的新产品、新工艺、新技术、新材料等研发成果的主要内容，进行编辑和汇集而形成的编研成果，具有客观、精练、及时等特点。②企业档案数据汇编。以企业档案为基础，汇集揭示企业某一方面基本情况数据信息（如企业基本建设数据、生产经营数据、用户数据等），并以不同形式呈现和展示的编研成果，具有全面性、系统性、精准性等特点。③企业大事记。按照时间顺序简要记载企业一定时期内发生的重大事件的编研成果，主要由时间和记事两部分内容构成。时间是按照年、月、日顺序逐年展开，力求准确；事件是反映企业发展的大事、要事，一般涉及企业机构、体制的调整和变化，企业的重要政策、规章制度、重要会议，企业的重点工作、重要活动等，以及其他反映企业在某一时期内发展历程的重要事件。④企业年鉴。以年度为时限，综合记述一年内企业生产、经营、管理等重要活动和成就的编研成果，具有概括性、连续性、时间性等特点，可以是综合性的，也可以是专题性的。⑤手册和图册。手册是以简明扼要的形式概述或罗列特定范围内知识与规范的小册子，具有针对性强、实用性强、使用方便等特点；图册又称**图集**、图录，以图样为主题，配以必要的文字和数字来说明表示企业的产品、设备等状况的编研成果，具有直观生动、形象清晰等特点。

（李　颖）

企业档案工作 archives work of enterprise 企业履行档案管理职责的行为和活动。

基本任务 以满足企业各项活动在证据、责任和信息等方面的需求为导向，通过运用现代技术与管理方法对企业档案资源进行整合和开发，为企业研发、生产、经营、管理和持续发展提供有效服务。

工作内容 从广义的角度来看，企业档案工作的内容包括企业档案工作组织、企业档案工作制度、企业档案业务工作、企业档案信息化建设和企业档案工作设施设备等。从狭义的角度来看，企业档案工作的内容包括**企业档案收集**、企业档案整理、企业档案保管、企业档案鉴定、企业档案统计、企业档案信息资源开发利用等。

工作性质 企业档案工作作为档案工作系统中的一个重要类别，拥有档案工作的众多共性，同时因为发生于企业这个特定领域，故而也蕴含诸多独立特性。企业档案工作的性质是档案工作在企业领域里最本质属性的反映，是企业档案工作宏观架构与环境建设的理论基础，企业档案工作的确立也须以企业档案工作的性质为基础。

一项基础性的工作 企业档案工作是一项涉及企业研发、生产、经营和销售等环节的基础性管理工作。主要对象是企业档案，而企业档案是企业在研发、生产、经营和管理活动中形成的有保存价值的各种形式的文件。这些企业档案对于企业运营发展具有基础性的作用，是企业在凭证依据、信息参考等方面不可或缺的支持。企业档案工作的这种基础性主要表现在：①管理伴随性。从某种意义上看，所谓企业档案工作就是企业档案管理工作，需要采取一套科学的理论原则和技术方法，使所管理的档案系统化、规范化，能够最大限度地满足企业在研发、生产、经营等多个方面的档案利用需求。同时企业档案工作的管理表现为企业档案工作是企业管理工作的一个常量因素，要经常性地为企业发展提供记录支持。②资源累积性。企业档案信息资源的不断累积，为企业发展提供基础的档案信息服务和工具支持，同时也为企业在法律诉讼、凭证依据等方面提供原始佐证材料，是企业档案发挥工具价值的重要表现。

一项服务性的工作 企业档案工作应以满足企业各项活动在证据、责任和信息等方面的需求为导向，运用现代技术与管理方法，通过资源整合和开发，为企业研发、生产、经营、管理和持续发展提供有效服务。企业档案工作的服务性是企业档案工作赖以存在和发展的基本要素，是企业档案工作价值的生动展现。企业档案工作的服务性要求企业档案工作在提供利用方面做到响应及时性、跟进主动性和配合有效性的统一。①响应及时性。在企业档案工作中应该迅速、及时地解决档案需求，使档案利用需求在合理的时间内得到解决，以实现企业档案利用的高效化。响应及时性是企业档案工作服务性特征的基本

要求。②跟进主动性。要端正档案服务的态度，变被动服务为主动服务，最大限度地发挥企业档案的作用。企业档案工作的服务性必然要求企业档案工作者转变工作理念，提高服务意识，改变不合时宜的工作作风。③配合有效性。在企业档案工作中要注重档案服务的质量，提高档案服务与档案需求之间的匹配程度。有效性不仅是企业档案服务质量的衡量标准，也是企业档案服务能力的一种展现。

一项涉密性的工作　企业档案是企业在研发、生产、经营和管理活动中形成的有保存价值的各种形式的文件。这些文件虽然大部分是可公开的，但也有不少有密级的文件，这些文件的归档将涉密文件转变为涉密档案。因此，企业档案工作的涉密性也是必然存在的，而这种涉密性主要表现为企业档案工作的自利性和机要性。①自利性。企业档案工作以企业自身发展服务为宗旨，以企业利益为其价值判断标准。企业档案工作的自利性要求以企业内部为服务主体，因而就有相对于企业外部的保密性，是涉密性的一种表现形式。②机要性。企业档案工作因为涉及密级档案而产生的机密性。企业档案工作的机要性主要是由企业档案的自身涉密性和为维系企业自身利益决定的。

基本原则　①机制灵活，自主选择。企业档案工作要根据本企业的行业特点、发展规模和实际形成的文件材料种类来确定本企业档案工作的具体管理方法，实现档案工作上的“以我为主，因企制宜”。这是企业档案工作的首要原则，也是一切企业档案工作的基本指导思想。②安全保存，方便利用。在企业档案工作中要维护企业档案实体与信息内容的安全，企业档案工作的各个环节要以满足企业档案利用需求为判断标准。安全保存是企业档案工作的最基本要求，是企业档案工作发展延续的基础。方便利用是企业档案工作的根本目的，也是检验企业档案工作效能的重要标准。③宣传引导，精简效能。对企业档案工作应该采取加强宣传、正面引导的管理措施来进行，企业档案工作应该力争在人员、设备等资源精简条件下，实现档案工作效率和能力的最大化，力求投入与效益的最优化结果。宣传引导、精简效能原则是企业档案工作自利性、服务性特征的原则要求，也是搞好企业档案工作的基本要求。

作用和意义　①企业档案工作是企业研发、生产、经营和管理活动的基础性管理工作。②企业档案工作是企业信息资源管理的核心，企业要高效确定、获取和综合利用各种档案信息资源，以有效满足企业当前和未来的信息需求。③企业档案工作是维护企业经济利益、合法权益和历史真实面貌的一项重要工作。

相关规定与标准　1960 年国务院颁发了《技术档案室工作暂行通则》，明确了企业档案的管理体制与基本制度，从理论上解决了建立企业科技档案工作的一系列重大理论问题。1987 年国家档案局、国家经济委员会、国家计划委员会联合颁发《国营企业档案管理暂行规定》，第一次将“企业档案”作为一个完整概念提出来。1996 年国家档案局发布《企业档案工作目标管理办法》，明确了开展企业档案工作目标管理的目的是规范企业档案工作，鼓励企业加强自身基础建设，大力开发利用企业档案信息资源，提高企业档案工作的整体水平，更好地为企业生产和发展服务。2002 年，国家档案局、国家经济贸易委员会和国家发展计划委员会发布《企业档案管理规定》，要求各级各类企业都应依法建立健全档案工作，明确企业档案工作的基本职责。2005 年国家档案局印发《关于加强企业档案信息化建设的意见》，明确提出企业档案信息化建设的目标、原则和要求。2009 年国家档案局发布档案行业标准《企业档案工作规范》（DA/T 42—2009）。2012 年国家档案局公布《企业文件材料归档范围和档案保管期限规定》，为企业正确界定文件材料归档范围、准确划分档案保管期限提供参考依据。为加强企业电子文件归档和电子档案管理工作，2016 年国家档案局制定《企业电子文件归档和电子档案管理指南》，2017 年国家档案局颁布《企业数字档案馆（室）建设指南》。

发展趋势　中国企业档案工作的信息化、标准化水平不断提升，成为企业发展、经济繁荣和社会进步的有力保障。与此同时，企业档案工作也是国家档案事业的重要组成部分，对于整个社会的发展具有举足轻重的作用。随着现代企业制度的建立和中国企业信息化的发展，企业档案工作正面临着重大的转型。当前越来越多的企业将档案工作与ISO 9000系列标准认证相结合，实现更为严谨细致的文件控制，配合企业按照国际惯例建立一套科学的质量标准体系，以提升档案管理水平和市场竞争力，这一趋势也必然对企业档案工作提出更高的要求。

（陈艳红）

企业档案馆　business archives　企业设置的收藏和管理本企业档案并主要为本企业服务的档案馆。中国最早建立的企业档案馆是 1960 年 1 月成立的辽宁省抚顺矿务局档案馆。1961 年 9 月，《国营工业企业工作条例（草案）》对企业科技档案工作做出明文规定。1978 年 12 月党的十一届三中全会之后，国家实行改革开放，随着企业改革的深化，企业档案工作得以加强。1983 年，《政府工作报告》提出大力加强档案馆建设，武汉钢铁公司档案馆、水利电力部治理黄河档案馆、兰州化学工业公司档案馆、鞍山钢铁公司档案馆、湖南株洲自来水公司档案馆、南京扬子石化公司档案馆等一批企业档案馆陆续建成。1985 年 8 月，全国档案馆工作会议把大型企业设立档案馆纳入全国档案馆网规划。1986 年 12 月，全国科技档案工作会议提出对企业档案工作进行整体建设。1987 年 3 月，《国营企业档案管理暂行规定》规定“有条件的大型企业要建立企业档案馆或企业档案资料信息中心”。1987 年 7 月，《企业档案管理升级试行办法》颁布，一些大型企业通过档案管理升级工作相继建立企业档案馆。1987～1990 年，企业档案馆建立的速度和规模空前。1987 年中国企业档案馆数量仅为 44 个，1988 年达 118 个，1989 年达 184 个，1990 年达 225 个，1996 年达 232 个。截至 2013 年，全国共有企业集团和大型企业档案馆 189 个。1992 年 1 月，国家档案局发布《全国档案馆设置原则和布局方案》，确定中国档案馆分为各级国家档案馆，部门档案馆和企业档案馆、事业单位档案馆。

建立条件　企业档案馆的建立需要具备一定条件，主要包括：①企业规模较大，是大型企业、特大型企业或企业集团。②具备一定的档案工作基础，有较多的档案材料，一定数量的档案管理人员，相应的库房、设备等基础设施，有一定档案信息开发能力。③企业自行解决经费。根据国家档案局 1996 年发布的《企业档案馆申报登记办法》，符合条件的企业经企业领导批准，向同级档案行政管理部门备案，即可成立企业档案馆。

主要职能　①是妥善保管企业全部档案和资料的基地，负责本企业及所属单位档案的收集、整理、鉴定、统计和保管工作并实现档案管理现代化，维护企业档案和资料的完整与安全。②作为企业档案信息的利用中心，建立完善的检索、编研、利用体系，开发档案信息资源，为企业领导决策和生产、基建、科研、经营管理提供服务。③作为全国档案馆网络体系中的一员，服务对象主要是对内同时兼顾对外，向社会各方面提供档案利用服务，并根据有关规定定期或不定期向国家档案馆移交具有国家和地方重要意义的档案。④宣传教育职能，通过举办档案展览，宣传企业生产、经营和科学技术发展等方面的情况，增强企业管理者、工作者和社会的档案意识。⑤一些馆处合一的企业档案馆还具有档案行政管理职能，即贯彻执行国家关于档案工作的法律法规和方针政策，综合规划本企业档案工作，制定企业档案工作规章制度并负责贯彻落实；负责对企业内部各机构的档案工作进行组织、协调、指导、监督和检查；负责对本企业专、兼职档案人员进行业务培训；开展档案学术研究和交流活动。

企业档案馆是保存企业档案的基地，对企业的生产经营和长远发展具有重要作用。（赵 屹）

企业档案价值鉴定 enterprise archives appraisal 企业档案部门甄别和判定企业档案的历史和现实价值、确定保管期限以及销毁已失去价值的企业档案的工作。企业档案价值鉴定的主要方法有：①通过定性分析，判定其是否有保存价值，决定其存毁。②通过定量分析，判定其保存价值的大小，确定保管期限。③对确定销毁的已失去保存价值的企业档案进行妥善处理，做好善后工作。企业通过进行档案价值鉴定，尤其是通过定性与定量分析相结合，制定好科学、合理的企业档案价值评价体系，可以进一步把握和发挥企业档案的经济效益与社会效益，客观地确定企业档案的保管期限。通过鉴定剔除失去保存价值的企业档案，使企业在档案工作方面投入的人力、物力、资金等方面发挥更加积极、有效的作用，从而提高企业档案工作的效益。（黄世喆）

企业档案流向 the direction of enterprise archives flow 在市场经济环境条件下，企业兼并、破产、出售、股份制改造、股份合作制和与外商合资、合作经营以及实行承包、租赁等资产与产权变动时的档案处置工作。又称企业资产与产权变动时档案处置工作。

原则 根据《国有企业资产与产权变动档案处置暂行办法》（档发字〔1998〕6号）的规定，国有企业资产与产权变动档案的处置，原则上应分类进行：①基建档案、设备仪器档案随其实体归属。②产品、科研档案（其中含专利、商标、专有技术等档案）按有关政策法规办理，没有规定的由双方商定处理。③会计档案按财政部、国家档案局《会计档案管理办法》执行；法律、行政法规有特殊规定的，依照法律、行政法规的规定处理。④生产技术管理、经营管理档案由双方商定，可移交接收方，亦可随党群工作、行政管理档案移交企业主管部门或寄存所在地国家档案馆。⑤干部职工档案按中央组织部、人事部《流动人员人事档案管理暂行规定》执行，企业下岗职工档案按有关规定执行。

处理办法 根据企业的不同情况，处理办法如下：①国有企业之间兼并的，被兼并企业的档案归属于兼并企业或新设置的企业，由兼并方统一管理，单独保存。国有企业与国有企业合并，档案处置按国有企业之间兼并的档案处理办法办理。②国有企业被集体、私营和中外合资、合作等非国有企业兼并的，党群工作、行政管理、生产技术管理、经营管理类档案按隶属关系移交企业主管部门或寄存所在地国家档案馆，也可由企业主管部门或所在地档案行政管理部门指定有关的企业代为保管。③军工企业被非军工企业兼并，属国家机密的档案，由其行业主管部门决定其归属。④国有企业依法实行破产时，暂无去处的档案，移交企业主管部门或所在地国家档案馆。⑤国有企业整体出售给国有企业的，全部档案归属于买方。国有企业实行承包、租赁的，档案处置列入双方合同契约。承包、租赁前该企业的全部档案由发包、出租方安全保管，承包、承租方可以按有关规定查阅利用；承包、租赁期间形成的档案，由承包、承租方按国家有关规定负责收集、整理、保管，承包、租赁期满，向发包、出租方移交，并拥有使用权。⑥国有企业以其全部资产改组为股份制企业的，改组后的档案另立全宗，由股份制企业管理。国有企业以部分资产改组为股份制企业的，进入股份制企业的部分，改组前后的档案分立全宗，由股份制企业管理；未进入股份制企业的部分，档案由原企业自行管理。⑦国有企业实行股份合作制的，档案原则上由改制后新设立的企业管理，也可向企业主管部门或所在地国家档案馆移交。国有企业与外商合资、合作，由中方控股、中方管理的，合资、合作前的档案属国家所有，可作为独立全宗保管在新的企业，供其所用；非中方控股的企业，档案处置按《国有企业资产与产权变动档案处置暂行办法》第十二条规定办理。国有企业的分厂、车间与外商合资、合作的，合资、合作前的档案属原企业；合资、合作后的档案另立全宗，合资、合作期满，终止合同，档案由中方保存，根据外方需要，可以提供复制件。

处置内容 企业资产与产权变动时的档案处置工作的内容包括：①档案的清理、鉴定。国有企业改制档案处置工作小组要组织人员做好档案的收集工作，将国有企业的文书、科技、人事、财务、声像、实物等不同门类和载体的档案进行收集、清点，确保其完整。国有企业改制档案鉴定小组要认真做好档案保管期限的鉴定工作，对档案的存留与销毁予以确定。②档案归属和流向的确定。③档案的移交和销毁。国有企业改制档案的移交应按照档案的去向分别编制移交和寄存档案的目录，交接方和国有企业改制档案处置工作小组负责人分别在目录上签字，交接方和市国资委及市档案局各保存一份。拟销毁的档案需造册、登记，经国有企业负责人和企业资产清算机构负责人审核，市国资委批准，并报市档案局备案后，方可销毁。销毁档案需二人以上监督，并在销毁清册上签字。销毁清册作为永久保存。④改制过程中形成的档案归属与整理。在改制过程中形成的档案，由形成单位收集、整理、归档，或由形成单位收集、整理后向其上级主管部门移交。

规范和标准 企业档案流向（处置）应遵循的主要法规和标准包括：《国有企业资产与产权变动档案处置暂行办法》（档发字〔1998〕6号）、《企业档案管理规定》（档发〔2002〕5号）、《企业文件材料归档范围和档案保管期限规定》（国家档案局令第10号）、《中央企业档案工作规定》（国资厅发〔2014〕26号）、《科学技术档案案卷构成的一般要求》（GB/T 11822—2008）、《归档文件整理规则》（DA/T 22—2015）、《电子档案移交与接收办法》（档发〔2012〕7号）等。

意义和影响 确定企业档案的合法归属与流向，对保证企业档案的完整、系统、准确与有效利用，切实维护国有档案资产安全，保障国家、企业和企业员工（职工）的合法利益，均具有非常重要的现实意义和历史价值。（王英玮）

企业档案秘密 enterprise archives secret 企业档案内容中涉及的不为公众所知悉、能为权利人带来经济利益，具有实用性并经权利人采取保密措施的技术信息和经营信息。

基本特征 企业档案秘密的基本特征包括：①档案内容不为公众知悉。这是企业档案秘密的首要构成要件，也是企业档案秘密的核心特征。②档案内容能为权利人带来经济利益。能通过现在或将来的使用给权利人带来经济价值和竞争价值。③档案内容应具有现实的或者潜在的使用价值。企业档案秘密必须是一种现在或者将来能够应用于生产经营或者对生产经营有用的具体的技术信息和经营信息。④企业采取了档案保密措施。权利人对其所产生的符合商业秘密客观特征的档案信息，必须采取能够明确显示其主观保密意图的保密措施，才能成为法律认可的、受法律保护的商业秘密。

主要范围　主要是内容记录有秘密的技术信息和经营信息的档案。①包含涉密技术信息的企业档案。如记录和反映企业技术设计、技术样品、质量控制、应用试验、工艺流程、工业配方、化学配方、制作工艺、制作方法、计算机程序等技术信息秘密内容的档案。②记录和反映企业发展规划、竞争方案、管理诀窍、客户名单、货源、产销策略、财务状况、投融资计划、标书标底、谈判方案等经营信息秘密内容的档案。

一个企业在生产、经营和管理活动中形成的记录和反映工艺程序的档案（如几个不同的设备，尽管其本身属于公知范畴，但经特定组合，产生新工艺和先进的操作方法的档案，也属于企业档案秘密）；记录和反映机器设备的技术改进的档案；记录客户名单的档案；记录和反映企业研发活动成果的档案（包括蓝图、图样、实验结果、设计文件、技术改进后的通知、标准件最佳规格、检验原则等）；记录和反映企业各种重要经营活动有关联的档案文件；涉及第三方商业秘密事项的档案等。

价值和意义　档案秘密是企业商业机密的一种，是一种特殊的知识产权形态，也是企业最重要的保密管理对象。企业档案秘密对企业而言，是生命，也是生产力。利用企业档案秘密，能为权利人带来现实的或者潜在的经济利益或者竞争优势；权利人应采取保密措施，包括订立档案保密协议，建立档案保密制度及采取其他合理的保密措施。

法律法规　档案保密应遵循的法律法规主要包括：《中华人民共和国著作权法》（2020 年 11 月修正）、《中华人民共和国保守国家秘密法》（2010 年 4 月 29 日）、《中华人民共和国保守国家秘密法实施条例》（2014 年 1 月 17 日）、《国家秘密定密管理暂行规定》（2014 年 3 月 9 日）、《中华人民共和国反间谍法》（2014 年 11 月 1 日）、《科学技术保密规定》（2015 年 11 月 16 日）、《中华人民共和国档案法》（2020 年 6 月 20 日修正）、《**中华人民共和国档案法实施办法**》（2017 年 3 月 1 日修订）等。

（王英玮）

企业档案收集　collection of enterprise archives　企业按照一定的规范和标准，通过有效的业务流程和程序，将企业各部门形成的有证据价值和参考价值的企业文件、记录和数据资料，移交给企业档案部门集中管理的档案业务活动。又称企业档案收集工作。

基本要求　企业各部门负责归档文件材料的收集和整理，并定期交本企业档案部门集中管理；任何人不得拒绝归档；归档的文件材料应完整、准确、系统；归档的纸质文件应符合耐久性要求，整理应符合规范要求；归档的电子文件应符合长期保存的要求，并做好安全备份工作。

收集范围　包括：①企业各时期的有价值的文件、记录和数据资料，包括企业筹备、设立、运营、资产与产权变动的历史记录。②企业各项职能活动的有价值的文件、记录和数据资料，包括企业的生产、经营、建设、管理、研发等项活动的历史记录。③企业各门类的有价值文件、记录和数据资料，包括文书、科技、专业等门类的有价值历史记录。④企业各种载体的有价值文件、记录和数据资料，包括纸质（文字、图样、表格）、声像、电子、实物等。⑤企业各种来源的有价值文件、记录和数据资料，包括本企业形成的文件和所属单位及参股企业提交的文件、记录和数据资料，本企业参与的合作项目文件、记录和数据资料，合作单位按要求向本企业提交的文件、记录和数据资料，本企业执行或办理的外来文件等。纳入企业归档范围的文件、记录和数据资料，是企业档案收集的重点。

收集的文件类型包括：管理类文件、业务类文件、记录和数据资料（产品生产、科研开发、建设项目、设备仪器、会计、干部员工等类文件）和特种载体类文件、记录和数据资料等。

企业可根据需要拓展档案的收集范围，包括所属单位因产权变动后属本企业所有的档案；根据资产管理权限接收无法人资格的所属单位的档案；宣传报道本企业的新闻资料；根据科研研发和市场竞争需要收集与企业经营管理范围相关的资料；根据企业需要向社会和离退休人员征集历史档案等。

企业档案收集的方法与措施包括：企业可以通过收发文及用印控制、执行“三纳入”“四参加”“四同时”等制度、采用经济控制和合同约束等方法、手段，为企业档案收集提供切实有效的保障措施。

规范和标准　企业档案收集的主要法规和标准包括：《**科学技术档案工作条例**》（1983 年 4 月 28 日中共中央办公厅、国务院办公厅发布）、《企业档案管理规定》（档发〔2002〕5 号）、《企业文件材料归档范围和档案保管期限规定》（国家档案局令第 10 号）、《中央企业　档案工作规定》（国资厅发〔2014〕26 号）、《建设项目电子文件归档和电子档案管理暂行办法》（档发〔2016〕11 号）、《科学技术档案案卷构成的一般要求》（GB/T 11822—2008）、《归档文件整理规则》（DA/T 22—2015）、《**电子档案移交与接收办法**》（档发〔2012〕7 号）、《国家重大建设项目文件归档要求与档案整理规范》（DA/T 28—2002）等。

意义和影响　企业档案收集是做好企业档案管理工作的重要内容，是为企业积累必要的业务活动证据和法律证据及档案资产的重要措施，是保证科技档案资源质量和有效开发利用企业档案信息资源的重要前提。

（王英玮）

企业档案收集制度　enterprise archives collection system　企业内部制定的文件归档和**档案移交**制度。企业档案收集制度是各企业为实现集中统一管理企业档案资源的目标，按照法律法规和相关标准的要求，制定的需要本企业内部各职能部门和全体成员共同遵守的文件归档和档案移交的行动准则。

制度内容　包括企业文件归档制度和企业档案移交制度等。

企业文件归档制度的内容包括：①适用范围。可以参照企业**档案分类方案**（大纲）所确定的档案类别。如企业的党群工作类、行政管理类、经营管理类、生产技术管理类、产品档案类、科学技术研究档案类、基建档案类、设备仪器类、会计档案类、干部职工档案类等。②归档主体责任。可以根据各类档案的主要形成主体来明确企业各职能部门应承担的文件材料归档责任和日常积累、整理、立卷、移交等方面的具体责任要求。如企业生产经营活动中形成的各种文件材料，由部门指定专人负责日常积累、整理和归档；各项管理工作中形成的文件资料，由各职能部门分门别类做好日常积累、整理和归档工作；企业党群工作档案、人事档案、行政档案由办公室按年度进行整理，以上资料于第二年 6 月底前移交到档案室进行分类、整理、立卷归档等。③归档范围。企业应按照或参照国家档案局 10 号令《企业文件材料归档范围和档案保管期限规定》等规范性文件的要求，结合企业文件材料的形成规律和特点，统一确定文件材料的归档范围和各类文件材料的保管期限。④归档质量要求。通常应包括：归档文件材料必须保持成套性和完整性；必须准确反映各项活动的真实内容；按照文件的特点，系统整理组成一个或若干个保管单位，经主管负责人审查签字之后，按移交归档程序和时间要求，向档案室移交归档；每一个保管单位都要做好基本的编目工作；必须符合规定的文件种类、文件格式等有关要求，书写工整清楚，不准使用圆珠笔、铅笔及纯蓝墨水书写等。⑤归档时间。应根据各类档案的形成规律和特点，分别确定具体的归档时间。如经营管理类的归档文件材料，应于第二年6月底前向档案室归档；产品档案类的归档文件材料，应以产品入库时间为准两个月内向档案室归档等。⑥归档份数。应具体规定每类归档文件材料的具体归档份数。如各类档案一般情况下归档一份；电子档案归档三份等。⑦归档手续。应明确规定归档文件的交接手续要求。如企业各部门形成的技术文件，按照分类规则进行整理，填写《移交清单》一式两份（本部门和档案室各存一份），由部门负责人审核后移交档案室。

企业档案移交制度包括要明确规定企业档案管理部门或人员在接收各部门及所属单位移交档案时应履行的验收、交接手续，接收档案的质量要求，以及对库藏档案的清点、核对要求等。

意义和影响　企业档案收集制度是规范企业文件材料归档行为和企业档案移交行为的行动准则，是企业档案管理制度体系的重要组成部分。良好的企业档案收集制度可以有效地规范企业各个部门和有关人员的文件材料归档行为和档案移交行为，是确保企业档案资产质量和实现企业档案管理的完整、准确、系统和安全的必要手段和制度保障。（王英玮）

企业经营档案　enterprise managerial archives　企业在各项生产经营管理工作中形成并归档的各种经营文件材料。简称经营档案。又称企业管理档案。企业档案的重要组成部分。

企业经营档案主要包括：①经营决策与经营计划文件材料。如企业的经营目标、方针和策略，各类经营决策方案，经营计划等。②物资供应与能源管理文件材料。如各类物资定额、材料库存决策、物资合同、能源供应计划等。③生产与质量管理文件材料。如企业各项经济技术指标完成情况的统计报表、质量工作总结等。④劳动工资管理文件材料。如人力发展规划、劳动定额和定员、职工工资与劳保福利文件等。⑤市场与销售文件材料。如市场调查、分析报告与统计报表、商品商标与广告、产品订货与销售合同、商务纠纷与诉讼文件等。⑥财务与成本管理文件材料。如财务决策与计划、成本预测与分析、经济核算材料等。企业经营档案是企业建立和加强与外部环境的联系、制定经营决策、指导各项生产经营活动的依据和凭证，对促使企业改善经营管理、提高竞争能力、不断增强活力、全面提高经济效益有重要作用。（王　遭）

启本　qiben　中国古代**上奏文书**文种名称。明代臣民向东宫太子及诸宗藩上书言事时，沿袭了唐宋以来臣民向皇太子上书言事用启的做法。但是，明代称之为启本，因其形式和**奏本**、**题本**一样，用横幅纸折叠成折子式样。据《大明会典》卷七十六载，“国初定制，臣民具疏上于朝廷者为奏本，东宫者为启本”，都用仿宋体细字书写。启本尺寸大小与当时的奏本一样，长一尺三寸，宽未见规定。启本文字程式也同奏本一样，本面及本内将奏本程式中的“奏”字写作“启”字。若有请求，则将“伏候敕旨”写作“伏候令旨”，以示和上书皇帝的奏本相区别。凡启奏题本事例，《大明会典》载洪武十五年（1382）规定：“凡奏启本内官员，正面真谨佥名。当该吏典，于纸背书名画字。如有事故官员，不许写列空衔。年月及正面上俱用印信，毋致漏失。”

清代使用启本的时间不长。顺治（1644～1661）初，臣民对摄政王多尔衮上书言事用启本，从形式上看是沿袭明代臣民对藩王（皇帝的叔伯、兄弟）上书用启本的做法，性质属于最高规格的上行文。但是，就其内容和当时的政治背景来看，则相当于上给皇帝的题奏本章。其处理程序、**票拟**、**批红**也与本章大体一致。顺治元年，摄政王多尔衮根据大学士冯铨、洪承畴等人的建议，决定按明代的制度由内院（清内阁的前身）票拟题奏本章。当时是将启本作为奏疏之一使用的。顺治三年（1646）四月，多尔衮为了避嫌，下令取消这种做法，规定“嗣后诸王大臣差遣在外，凡有启奏，具本御前，予处启本，著永行停止”，即一律使用题奏本章奏事，上达皇帝。当然，实际上仍由多尔衮控制本章的**批答**，这种局面直至顺治七年多尔衮死后才改变。

清代对多尔衮使用的启本格式与明代的也不完全相同。本面标明文种名称的“启”字位于正中偏上的位置，批红按照4行核桃楷大字书写。本内作者前衔姓名后接事由，写作“谨启为某某事”，其中“启”字单抬。文内“启”字或为单抬，称摄政王多尔衮为“新主”，或像对皇帝一样用双抬，遇有涉及多尔衮的文辞，如“睿览”“旨”也要用双抬，这些都仿照明代旧制。启本内文字每面仍为6行，不同之处在于启本并非如奏本那样高1尺3寸，每行平行22字，而是像题本一样大小，平行18字。字体虽用仿宋，但不必细字缮写。结尾写作“谨启”或“谨启闻之”之类，若有请求，写作“谨启请旨”。启本去掉了文末多余烦琐的“右谨启闻”及其句前本内事由的“为”字起至文末某字止，共计字数若干字、用纸几张的统计，变得更加简便了。

另外，清初满族宗室贵族权势极盛，分掌八旗和各部，参与议政，并经常领兵出征，被授予将军、大将军等衔，臣僚对领兵出征的诸王、贝勒、贝子等上书也用启本。这也是仿效明制对宗藩使用启本的做法，其文字程式、尺寸大小与上书摄政王多尔衮者相同。但是，这种启本纯属上行文性质，不具有奏疏的功能作用，当然也没有批红文字。康熙（1662～1722）初年平定三藩时，这种启本多有使用。康熙中叶以后，这种启本很少使用，然而何时取消未见明文记载。康熙时太子屡立屡废，雍正（1723～1735）之后实行秘密建储制度，乾隆（1736～1795）时太子幼年早夭，启本用于太子、宗藩的制度也随之废亡，启本也不再使用。（裴燕生）

棨　qi　中国古代文书。又称传。棨，汉代典籍又训为传，由秦汉官府颁发给吏民的通行证。在汉代，棨作为通行证之名仅见于传世文献，这类文书在汉代简牍中多自名为传。

关于传的形制，出土汉简所见的传主要以木简为载体，它们大多是地方官署保存的抄件，长度以一尺（23厘米）为主。《汉书·平帝纪》记载中央机关所颁传的长度可达一尺五寸。另外，颁发机关通常会对传文书采取捺封泥并加盖印章的形式来**封缄**。

汉简实物中的传有公传和私传的区别。①两类传的颁发程序不同。公传由县道以上官府颁发，暂时未发现乡一级机关介入的情况；私传必须先经过出行人所属乡的乡有秩或乡啬夫的审核，在县道对审核结果做出同意批复后，出行人才能获得私传。②两者的记载内容略有不同。除了都写明出行人名字、出行事由、随行车马物品以外，公传记有出行人的官职，以及有关食宿的公务待遇等内容；私传主要记录出行人户籍所属里名与年龄、有无官狱役事等。③私传除了授予出行人持有以外，相关抄件由发传的县道移送给沿途的县邑门亭、河/津关等交通卡口，以便出行人顺利通过。

汉代传通常与**符**配合使用，出行结束后传文书即告失效。魏晋以后，传的名称被**过所**取代。（马　力　李义敏）

气候史档案调查项目　Archival Climate History Survey; ARCHISS　世界气象组织、联合国教科文组织水文科学处与**国际档案理事会**（ICA）联合制定的项目。项目创立于 1988 年，是档案学家、历史学家、水文学家和气象学家第一次共同协作的项目。气象学家和气候学家在探索全球气候异常原因和规律的过程中，需要对过去的气象资料进行研究，气象档案保存的资料很好地满足了这一需求。基于此，世界气象组织、联合国教科文组织水文科学处与国际档案理事会联合制定了气候史档案调查项目，目的是传播从档案资源获取的世界气候史知识，特别是那些含有代表数据的知识，如记载异常天气变化或收成欠佳等的史料，为气候的长期研究提供参考。

20 世纪 90 年代，项目的重点集中在中美洲和南美洲的气候史资料，用以帮助研究厄尔尼诺、拉尼娜现象的成因和对策。项目小组在墨西哥和古巴的国家档案馆的研究十分成功，下一步将在厄瓜多尔、哥伦比亚、秘鲁和智利等国家继续进行研究。

（黄霄羽）

气调杀虫 insecticidal by atmosphere adjustment 通过调节空气中气体比例，使害虫窒息而死的杀虫方法。又称缺氧杀虫。为了消灭害虫，在一定的封闭体系内，通过控制气体比例的方式，将空气中各种气体的正常比例加以调整，使氧气减少，让氮气或二氧化碳增加，使害虫的正常活动受到抑制，因窒息而死。

缺氧技术有 3 类，即生物缺氧、物理缺氧和化学缺氧。档案部门常使用的真空充氮杀虫法，属于物理缺氧杀虫方法，有较好的杀虫效果。优点是杀虫效果好，无毒，无污染，对**档案制成材料**无不良影响。

具体操作中，利用抽气泵将杀虫容器内的空气抽出，真空度越高，含氧气量越少，杀虫的效果越好。将二氧化碳的浓度控制在 60%，密闭 10 天后，可以 100%杀死烟草甲、黑皮蠹等害虫。实践应用中，控制气体比例可以采用物理方法，也可以采用化学方法。物理气调是通过机械方法抽出密闭容器内的氧气。化学气调是将除氧剂放置于密闭容器内，通过化学反应，使容器内氧气含量降低。（张建明　彭远明）

气象档案管理 meteorological archives management 气象观测台（站）和气象业务管理单位根据气象档案的形成规律和内容构成特点，有效地保存和科学管理气象档案，实现气象档案价值的各项业务管理活动。气象档案是各单位在气象观（探）测、气象预报和气象业务技术管理活动中形成的，反映气象活动过程及其具体成果的各种科技档案的总称。20 世纪 50 年代以前，气象档案也称气象技术资料、气象观测资料。20 世纪 60 年代初，随着技术档案概念的确立，逐渐形成了气象档案。一般分为气象记录档案、气象业务技术档案、气象服务档案和气象业务技术管理档案等。其中，气象记录档案数量最多，价值也最大。

气象档案管理的基本特点是区域性、时间性和专题性。其管理主要是在尊重区域性（地面或高空）特点的前提下，按照时间（年、月、日或季节）、专题（如农业气象、交通气象、陆地气象、海洋气象、雷达观测、卫星观测等）等特点，对气象档案进行科学收集整理与开发利用。由于信息技术的大量引入，各单位均建立了种类多样、规模庞大的气象业务技术系统和服务管理系统，用以高效率地处理海量的气象数据。因此，未来气象档案管理应以电子数据和信息化技术控制作为其主要发展趋势。

气象档案是人类社会重要信息资源，对工农业生产、建设、自然观测和人类的日常生活具有重要的使用价值和科研价值。气象档案管理有助于发展气象事业，提升气象业务技术水平，实现优质气象服务。

（宫晓东）

契据登记簿 registry of deed 欧洲国家保存簿籍和记录的重要文件。又译契据集。尤指许可证和契据的登记簿和记录本。用于登录属于个人、家庭或机构的证书、契约、特许状和其他重要文件。通常为卷、册形式。一般存放于土地登记处、契约登记处、国家档案馆、遗嘱认证办公室等地。契据登记簿记载和保存了许多涉及土地所有权、使用权条件、状况以及法律效力等重要的文字证明。为 13 世纪及其以后的许多法律资料的重要来源。据称其中许多内容是由当时的档案团体记载印发的。

（黄霄羽）

千字文编号法 *Thousand-Character Classic numbering method* 中国以古代学童启蒙读本《千字文》字顺作为档案编号、分类的方法。由宋仁宗时期江南西路转运使**周湛**创立。周湛在实际工作中了解到，整个州县架阁库的管理相当混乱，严重制约司法和税收工作的进行。于是，他以当时影响十分广泛的传统蒙学读物《千字文》排号，以时间为序，发明了千字文编号法。即以《千字文》中的天、地、玄、黄、宇、宙等 1000 个字的排列前后为序，把公文编入相应的字序之中。

以诉讼档案为例，一个诉讼案件形成的全部档案设立一个共同的千字文字号，在该字号下，再按档案形成的时间先后顺序，给每一份诉讼档案分别编排一个不同的顺序号，然后在架阁库内架阁排列。如果案件只形成一份档案，就只标千字文字号，不再标别的顺序号。比如，一个案件的全部档案先设立“天”字号，在“天”字号下，对该案件处理过程中形成的每一份档案，按时间顺序，再分别编排上“第一号”“第二号”等号，直至该案件的最后一份档案。如果该案件只形成一份档案，就只标上“天”字号。依此类推，每一个案件形成的所有档案便编排得井然有序，有条不紊，便于查找。

元、明、清时期不少官府档案仍用千字文编号法整理。现存于世的**孔府档案**分为 8 类，即按《千字文》开头的天、地、玄（元）、黄、宇、宙、洪、荒 8 个字标号。北洋政府外交部、陆军部军衡司等部门，在文件办结归档时也用千字文编列字号。以千字文分类只有一级，以字头代表类，划分粗略，内容庞杂，之下再无属类或纲目之分，只是区分为若干号，但可以无限扩展。

（王云庆）

佥票 qianpiao 中国古代在土地清丈佥业之际发给业主的一种凭证。又称佥业票、佥业归户票、分亩归户票、分税归户票、业户执票、踪业印票、纬税票等。佥业，原作签业，明代中期以降多作佥业。宋元以后，在签押、征集、指派等场合下，佥与签互用。佥业指通过土地清丈，经过官府认定，而登录于鱼鳞图册上的土地产业。从业户的角度来说，佥业则指经过官方认定的土地业主。土地佥业始于元末明初，

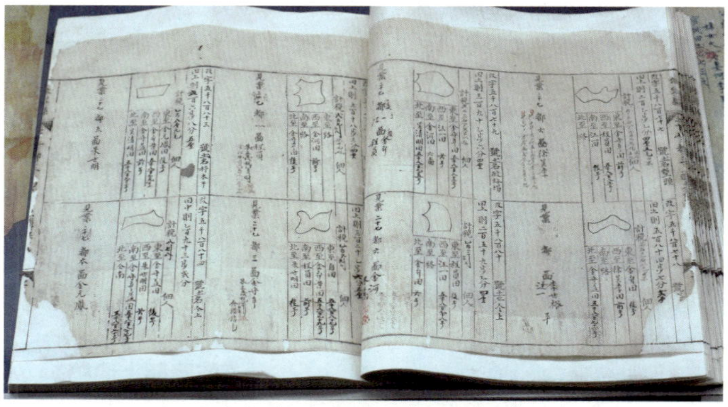

明万历九年（1581）徽州《鱼鳞清册》局部
（中国地质博物馆藏）

在徽州一府六县广泛实行，并于明清两代贯彻始终，为业户土地产权方面的一项基本制度。至清代，田土交易亦须经过佥业认证，土地买卖也被纳入佥业制度。

明清两代有相当多的佥票被保存下来，尤以徽州地区为多。明清徽州地区在土地清丈时，对清丈过的每一号田土，向业主给发佥票。一张佥票，只是业户占有某一块或某一份土地的证明。从其实物所载文字来看，作用主要有两个：①业主据此“前去付该图亲供归户”，攒造归户册。②业户“仍执凭票”，以为“凭证”，即作为该号土地所有者的一种书证。

佥票多为当时各都图分别印制，故名称、格式略有不同，在家产继承、土地买卖、土地转让以及田产诉讼等诸多方面，都展现出了特有的社会功能。

（栾成显 李义敏）

签 qian 中国古代**官府往来文书**文种名称。封建衙门官僚主义严重，办事拖拉，事件问题长期不得解决，案件积压十分常见，文书催办不可或缺。为此，产生了专门催稽事件案件的文种——签。签本是一种简便的便条，如明清内阁票签处就用票签，将本章的初步处理意见随同上奏本章一同呈皇帝阅览。

上级对下属使用的催稽公务的签与票签不同，关于其使用规则、文书用途，清代官方并无记载。签在清中叶就已经普及，但产生时间尚不可考。四川地方衙门使用签来催稽公事，还分成风、火、雷、电 4 种签，将紧急程度分为 4 个等级分别使用。由于是便签性质，且多在衙门内使用，主要用于对内催办，手续极其简便，主管官只需标朱即可发出，不必盖用官印，同样具有法定效力。后期签的用途扩大，也常用于对内部直属下级下达命令，提出要求。

签文都是折子式样，一般高 26 厘米左右、宽 11 厘米左右，具体式样各地不尽相同。折面标明文种“签”字，白纸折内正楷墨书，一般每面 4 行，每行 15～16 字不等。首行主管官官衔及姓常用蓝色或墨色条戳印就，空名讳下“签”字落地，字上标一红点，另起一行写“仰某官，云云”，提出具体要求，结束语为“此签”。文末红笔标一“照”字或“速”字之类。末幅正中一行写明发文月日及一“签”字，月日用红笔写明具体日期，是标朱时所写，常常省略年代。签在中华民国时期就已经不再使用了。

（裴燕生）

签报 qianbao 现代公文法定通用文种。签报属于内部文件，用于机构内部下级向上级汇报工作、请求指示、待审报批。只在机构内运转，兼具机构内部请示和报告的性质，不经过对外的公文处理流程，旨在简化流程、提高效率。

（王 健）

签呈 qiancheng 中国近代**官府往来文书**文种名称。用简便的签条纸缮写的上行文。机关内部的官员对长官陈述事件、请示办法或奉谕呈复时均用签呈。中华民国时期，幕僚对其主管官有所呈报或建议时也使用签呈。其中，对蒋介石使用的签呈最具代表性。呈报蒋介石的签呈（包括报告、情报）用白色宣纸，长 35 厘米，宽 26 厘米，加印长 26 厘米，宽 21 厘米的蓝色边圈。边圈正上方印“签呈”“报告”等字样，右角印有“承办机关号数”和“侍从秘书号次”。呈报人姓名和年月日写在边圈外右侧下方。边圈内签呈分成号次、事由、拟办、批示数栏，除批示一栏由蒋介石亲批外，其余均由侍从室人员填写。

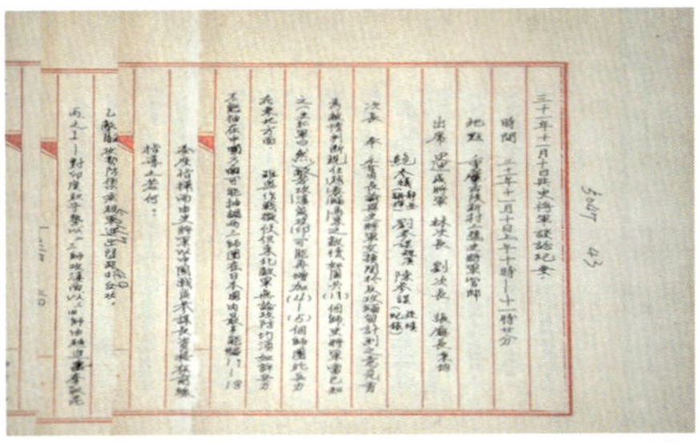

《与史迪威将军研究反攻缅甸计划的谈话纪要》（国民政府军令部次长林蔚、刘斐签呈）

签呈文字必须简明，如果是转呈外来文电，要严删浮词泛论及公文套语，注意要点，不得全文抄呈，并就主管部分签拟处理办法，或提供请批意见。呈报新制定的规章法令，不得全文抄呈。除蒋介石亲自参加的会议，会议记录必须由他亲自核定或指明全部阅调者，除此之外，只准就询问或令办的事项将会议情况摘要呈报，不得将原记录呈报。情报应由承办机关审查整理，注意删节，如确认虚构及无价值者，不必列呈。例呈公事，文在 100 字以上者，须摘不超过 30 字的事由；文在 100 字以内者，可免摘事由。正文较长者应分段，每段之前酌加标题。所呈均应将句读、人名、地名或书名等，用新式标点标注清楚，标注时用红蓝色铅笔。直行宽度一律以 1 厘米为标准，字体大小以相当于 2 号铅字为度，用毛笔黑墨正楷缮写。

（裴燕生）

《乾隆朝上谕档》 *Imperial Edicts Issued by Emperor Qianlong* 中国大型清帝谕旨档册汇编。由**中国第一历史档案馆**根据所藏军机处全宗乾隆时期的《上谕档》编纂，档案出版社 1991 年出版，共 18 册。现存《上谕档》起自乾隆元年（1736），止于乾隆六十年，其中乾隆十三年一至七月、乾隆三十年六月告缺，其他年份均属完整。多数年份仅有一套，少数年份有两套或三套，内容略有不同。此次影印，为提供更多的史料，编辑时采取兼容并蓄的办法。个别错误之处，据中国第一历史档案馆馆藏《随手登记档》加以校正。

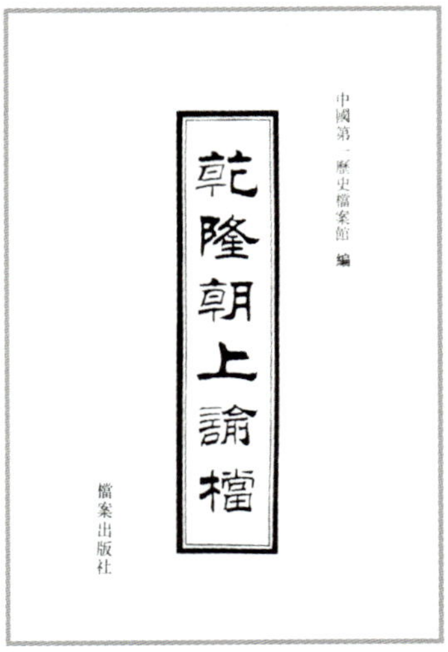

《乾隆朝上谕档》扉页

上谕在清代是皇帝发布的日常政令，是最高级的下行文书之一，具有法律和行政约束作用，是进行统治的得力工具。发布上谕一般有两种途径：一种是明发上谕，通过内阁公布，称作“内阁奉上谕”，多是需要中外臣民共知的国家重大政令；另一种是寄信和廷寄的谕旨，寄信是以军机大臣奉旨的名义发给京官的上谕，廷寄是由军机处交兵部捷报处寄给外省督、抚或钦差大臣等高级官员的上谕。中国第一历史档案馆所珍藏的《上谕档》是军机处在上谕原件封发之前，为存档备查逐日逐件抄录，逐月为册而形成的。原件归受谕令官员，不再退回。底稿、草稿，又由军机处每日值班章京与领班章京会同一齐焚销。故此《上谕档》为清廷中央所存的唯一的一份备查本，虽为抄本，仍具与正本同样的法律效力和史料价值。

《上谕档》共有上谕 46 571 件，数量巨大，包罗宏富，内容涵盖政治、经济、军事、外交、文教、风俗、民族、宗教等各个领域，具有很强的原始性、客观性、系统性，不仅包括明发上谕、寄信上谕及朱笔上谕等，而且还附抄有其他**文种**、其他内容的档案文件，有的还是仅有的。如考试的钦命试题，重要案件人犯供词，清单以及军机处**奏片**、咨文、移会、札文、函件等。

上谕和上谕档生成制度的产生与完善是清代最高权力运行方式的一次重大调整，提高了运行效率，皇权得到进一步强化，最高一级的行政文书得以妥善保存。本书后附有专题和人名索引，为读者提供方便。这一珍贵的档案史料的公布为清史等开展研究工作，提供了丰富资料。

（冯 叶）

《乾隆帝起居注》 *Records of Emperor Qianlong's Words and Deeds* 中国档案文献汇编。由中国第一历史档案馆根据所藏乾隆朝汉文起居注册编纂，广西师范大学出版 2002 年出版。全书 42 册，2230 万字。选用汉文本档案 1024 册，以正本为主，无正本则以稿本代替。时间始自乾隆元年（1736），至乾隆六十四年（包括太上皇起居注册）。乾隆帝起居注册为编年体例，逐日记载，每月两册，一律用墨笔缮写。其正本为黄绫封面，每隔一页于骑缝处加盖翰林院印信。稿本为黄纸封面。从稿本的书写看，大部分已誊清，有些则删改较大或尚未删改誊清。除每日皇帝起居行止之外，凡记载有关乾隆帝为中央各衙门及各地文武官员所请颁发的谕旨之后均注有各档案出处，是为起居注官员最后定稿时查核之用。

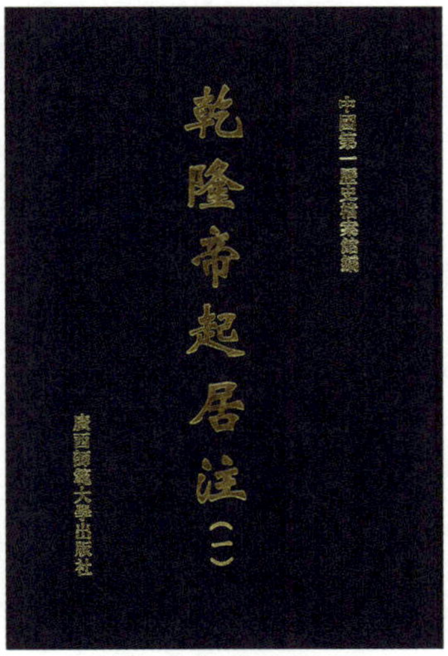

《乾隆帝起居注》封面

编内大致有如下档案名称：军机处档、上谕档、部档、部院档、吏部档、户部档、兵部档、礼部档、工部档、刑部档、理藩院档、太仆寺档、宗人府档、内务府档、翰林院档、都察院档、太常寺档、大理寺档、鸿胪寺档、钦天监档、提督衙门档、武备院档、前锋档、御门档、护军档、京察档、步军统领档、銮仪卫档、国子监档、外纪档、折本档、内阁别记档、内阁别样档、驾行记注档、起居注档、内起居注档、八旗档、旗档、正红旗档、正白旗档、正蓝旗档、正黄旗档、镶红旗档、镶白旗档、镶蓝旗档、镶黄旗档、内阁上谕簿、清字上谕簿、内阁丝纶簿、勾决簿、外纪簿、秋审册、红本、译档，共有 50 余种档案。这表明起居注官在修撰时，凡属当时有档可查须记入的事项，均须直接查阅并照录原档。由此可以看出，起居注册是为记述帝王言行而建立的专册。

起居注册基本上是当时人记当时事，所以被视为内廷秘籍。总的说来，乾隆起居注在有关官员引见、除授、赐谥等方面的记载的确要比实录详尽得多，实录在有关地方、军事及外事方面的记述要比起居注详尽。这也说明起居注与实录在内容的记述上各有侧重，互为补充。

（冯 叶）

侨批档案 Overseas Chinese Correspondence and Remittance Archive 华侨华人通过民间渠道及金融、邮政机构寄给国内家乡眷属书信与汇款的合称。又称银信。批是福建、广东侨乡方言对书信的称呼，侨批主要分布于福建、广东两省侨乡。根据现有的史料记载，侨批最迟产生于 18 世纪 80 年代，直至 20 世纪 70 年代侨批业务归口中国银行管理，历时近 200 年。

侨批的产生与华侨移居海外相关。自古以来，中国东南沿海地区居民就有“漂洋过海，过番谋生”的传统。唐代，福建泉州地区的商人到东南亚经商。宋元时期，中外交往日益密切，移居海外人数逐渐增多。明清以后，大批居民移居菲律宾、马来西亚和印尼等东南亚国家和地区。鸦片战争后，随着广州、厦门、福州等地的相继开埠，加之国内社会动荡、自然灾害和人口压力等因素，以及东南亚、美洲、大洋洲等地区的相继开发，沿海百姓纷纷远赴重洋，踏上海外谋生之途。在海外打拼的华侨将钱款连同书信寄回家乡，于是维系海外移民和国内家乡眷属经济与情感纽带的侨批应运而生。

迄今为止，保存在中国档案馆和其他收藏机构的侨批档案共有 20 多万件，尚有相当数量的侨批档案散落于民间。主要收藏机构有：福建省档案馆、广东省档案馆、泉州市档案馆、晋江市档案馆、晋江市博物馆、泉州华侨历史博物馆、潮汕历史文化研究中心（潮汕侨批档案馆）、汕头市档案馆、江门五邑华侨华人历史博物馆（五邑银信档案馆）、梅州市档案馆、开平市文物局等。

侨批档案主要由 3 部分内容构成：①侨批实寄封。包括海外华人来信（批封、批笺）、收受人回信（回批封、回批笺）、金融票据（汇票、山票、支票、票根）。②侨批经营与管理文书。包括水客、批局经营文书（来往信函、营业执照、证件、账簿、合股契约、合作协议、帮单、凭证、批号、花名册、广告、宣传单），侨批业社团文书（组织成员名录、组织章程、公告、会议记录、来往信函），官方管理文书（来往电函、报告、统计、登记表、规章）。③其他相关文献。包括侨批业从业人员的回忆录、口述资料等；老照片；侨批业从业人员，尤其是侨批业世家的私人文书；其他记载侨批信息的文献。多年来，各有关部门对侨批档案进行数字化处理，汇集出版，展示宣传，向社会公众和学术研究提供服务，取得了良好的社会成效。

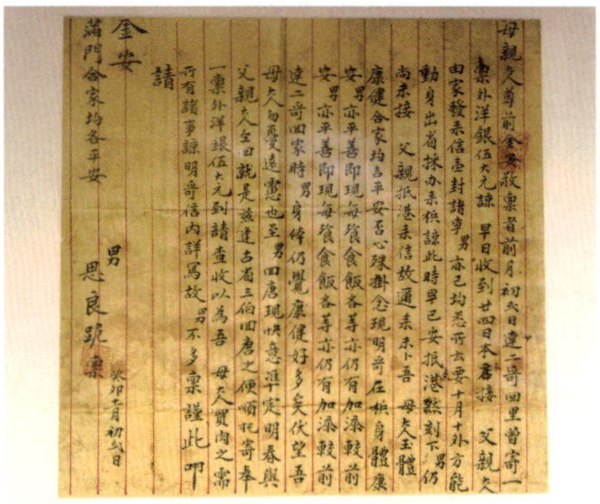
1903 年农历十一月二日，马来西亚槟城饶思良寄给梅县松口家母的侨批

这些由移居海外的华侨华人与国内家乡眷属共同形成的集体记忆文献，真实记录了侨乡和侨居地政治、经济、文化、社会生活、风土人情等各个方面情况，呈现了广大华侨华人刻苦耐劳、自强不息、团结互助的拼搏精神和爱国爱乡、乐于奉献的高尚情操，彰显了孝悌、信义等中国传统文化内核，见证了中华文明与世界其他地区文明之间持续不断的交流与融合，是研究近代华侨史、家族史、经济史、社会史、文化史、金融史、邮政史、中外交通史、国际关系史以及侨居地历史文化最原始而珍贵的档案文献，具有鲜明的时代特征、世界意义和不可替代的遗产价值，被当代国学大师饶宗颐誉为“海邦剩馥”。侨批档案先后于 2010 年、2012 年分别入选《中国档案文献遗产名录》和《世界记忆亚太地区名录》，并于 2013 年 6 月入选联合国教科文组织《世界记忆名录》。

（郑宗伟）

侵华日军南京大屠杀专题档案 subject records of Nanjing Massacre by Japanese Invaders 记录侵华日军南京大屠杀相关史实的档案。1937 年 12 月 13 日，侵华日军攻陷南京后，制造了震惊中外的南京大屠杀惨案。大量有良知的中外人士用文字和图像记录了日军暴行。战后，各类战罪调查机构对南京大屠杀惨案进行了全面调查，形成了南京大屠杀专题档案。主要藏于**中国第二历史档案馆**、**南京市档案馆**、侵华日军南京大屠杀遇难同胞纪念馆。

档案大多形成于1937～1947年。1949年南京解放时由南京市军事管制委员会接收后交市档案馆保存，分藏在民国南京各个时期的政府机构和社会组织的全宗里，主要涉及难民救济，掩埋尸体，抗战损失调查、统计，市民呈文，日本战犯罪行调查，国际救济委员会工作等内容。档案中以市民呈文、埋尸记录、敌人罪行调查表等较为典型、系统、完整。①市民呈文。形成于1938～1947年，是南京市民陈述日军南京大屠杀发生期间，因家人惨遭屠杀戕害、被抓失踪，家产被抢占、损毁等，向各类机构和组织要求救济及赔偿的文书。②埋尸记录。主要形成者为伪自治委员会、慈善团体及个人。最早的形成时间为1938年1月，此时日军大屠杀暴行还未结束，这些埋尸记录真实反映了当时南京平民遭到日军杀害的情况。③敌人罪行调查表。主要形成者为敌人罪行调查委员会、抗战损失调查委员会、南京大屠杀案敌人罪行调查委员会3个调查机构。这3个机构是抗战胜利后，在国际战争罪行调查机构、国民政府战争罪行调查机构分别成立的框架下，于南京市先后成立的。表中记录有罪行人部队、姓名、官职，受害人姓名、住所、职业、被害日期、被害详情、被害种类，人证、物证等相关信息，能较完整、全面反映日军暴行和被害人的受难情况。从不同角度、不同层面对日军南京大屠杀进行了广泛、深入的调查，形成的调查报告真实地记录了日军在南京的暴行。

大屠杀专题档案是日军南京大屠杀期间及战后形成的重要历史文献原件，具有系统性、完整性、典型性、独特性、稀有性等特点。在揭露日军南京大屠杀罪行方面具有实证作用，是固化南京大屠杀重要的历史记录，是研究第二次世界大战历史、中国人民抗日战争历史、反人类战争史的第一手材料。2015年10月9日，由南京市档案馆等国内7家档案馆、纪念馆联合申报的《南京大屠杀档案》入选联合国教科文组织《世界记忆名录》。（夏　蓓）

秦汉档案管理　archives management in the Qin and Han Dynasties　中国秦汉时期对档案的保管整理和使用。秦（公元前221～前207）是中国历史上第一个统一的多民族的中央集权国家。秦为加强中央集权形成了一套尊君抑臣的文书与档案制度。秦以法为治，尤重律法档案，重要者均立正副本。正本藏于中央禁室，封以禁印，由少府的尚书管理，不准私启，凡私入禁室改剟一字者，处以死刑。副本存丞相、**御史大夫府**与地方州县，设法官、法吏管理。

秦代档案主要是**简牍档案**，1975年在湖北云梦睡虎地出土的秦简，大都属律法档案，墓主人喜即为秦安陆（今云梦）主管律法的官员。秦的舆图和户籍档案，亦存丞相、御史大夫府，由柱下史专管。秦改变了商周以来将重要活动记录铭于青铜铸器的传统做法而刻于石，即为**石刻档案**。秦始皇5次出巡，于7处立石刻，存世者有泰山刻石和琅琊刻石。秦代**缣帛档案**主要是舆图和人物画像。

秦统治时期不准民间收藏战国时期六国的史书和历史档案，采取“烧灭”“涤除”的政策。因为档案典籍中记载了秦国对他国攻占的史实和六国对秦的指斥和讥讽。秦始皇于三十四年（公元前213）下“焚书令”，焚烧了大批古代档案和六国的档案和典籍。“不去者，医药、卜筮、种树之书”。并规定，令下三十日后不烧者罚做长城劳役4年，以古非今者灭族。秦始皇的焚书使中国古代长期积累的档案文化财富遭受了严重的摧残和损失。

汉（公元前206～公元220）统治者对待历史档案的态度与秦显然不同。刘邦等在起义过程中就注意收集秦代档案。义军入咸阳，萧何独入秦丞相、御史府收集保护了秦的律令图书，在巩固汉代政权中起了重要作用。汉初，叔孙通制朝仪，萧何定汉律，韩信申军法，张苍定章程都依据和参考了秦代旧档。张苍本为秦专管档案的柱下史，熟习天下图书计籍，备受汉王重用。

汉为适应政治、经济、文化的发展，建立起比秦更为完整的档案管理工作，综理中央政务的三公府集中了大量的文书、档案。由长史及御史中丞主管。下属各曹设掾史或令史具体管理。地方郡县有主簿、丞等负责。东汉时尚书台职典枢要，也成为主管王朝文书与档案的重要部门。

汉历朝皇帝在宫内外设馆置阁典藏档案和图书。汉初，萧何建**石渠阁**保管收集秦档，设**兰台**保管图籍秘书，由御史中丞主管。东汉有**东观**，学者称之为“老氏藏室”。两汉还有天禄、麒麟、石室、宣明、鸿都诸阁库。这些馆库收藏的档案、图书均极宏富，它们既是档案、图书库，也是群儒议定五经、校勘书籍、从事著述的机构。至于皇帝封赏功臣的**丹书铁券**，仍传统地珍藏在**石室金匮**和宗庙里。

汉代档案库保藏着丰富的档案图籍，为修史著述提供了条件。利用档案修史的突出代表当推司马迁和班固，二人都从事过档案管理工作。司马迁自幼受家学熏陶，年轻时游访祖国名山大川，广泛收集各种档案史料，后任汉太史令，他利用所职掌的档案及“石室金匮之书”，经几十年奋斗，终于写成中国古代第一部通史——《史记》，其中利用档案的痕迹历历可见。班固为兰台令史，他编纂的《汉书》即利用了兰台的档案图籍，班昭、马续最后完成《汉书》，与他们能参阅利用东观的档案是分不开的。

汉代已发明了纸，但汉代的档案制成材料仍以竹帛为主，汉代的简牍和缣帛档案有文献记载，也屡有出土。汉代还有以动物骨头（主要是牛骨）记事的。1986～1989年在西安汉代未央宫内官署遗址，发现万余片有文字的骨签，总字数达数十万，内容包括整个西汉王朝有关中央与地方、中央政府与皇室的经济机构设置，财政收入，以及手工业行业分布与生产水平等，许多材料是《汉书》等史籍没有记载或记载很简单的。这批骨签属于汉代中央级档案。

纸作为中国官府正式的书写材料是在东晋末桓玄称帝时，404年下令禁用简牍书写公文，官府才普遍用纸。**纸质档案**大量产生，对档案管理产生深刻影响。

汉亡后的魏晋南北朝是封建割据、列国对峙的动乱时代，档案管理基本沿袭两汉旧制。由于社会动荡，政权更迭频繁，原存于官府馆库的档案流散严重，因此官僚士大夫收集、抄录、保藏档案者颇多，有的世代相继，利用档案史料修史著述。当时私人修史盛行，一种史书往往多家修撰。如修后汉史者9家（一说13家），修晋书者20余家。晋人王铨、王隐父子，王伟之、王韶之父子，南朝宋人王彪之祖孙均利用抄录收藏的档案修史著书。

魏晋实行九品中正制，以出身高低定官品，因此反映世系出身的谱牒档案备受重视，官府和豪门世族之家广为收藏及编修。梁武帝时朝廷设谱局，诏令专人收集纂修，谱牒学应运而生。故有“人尚谱系之学，家藏谱系之书”之说。这是魏晋档案管理的特点之一。（邹家炜）

青册　qingce　中国古代文书。青册一词具有多种含义。南北朝时期，帝王册封臣下的符命，称为青册。宋金时期，官方登记学田的图籍称作青册或青册子。蒙元时期，青册指最高断事官（札鲁忽赤）记载分配属民与裁断案件事项的籍册，《蒙古秘史》作阔阔·迭卜帖帖儿（kökö debter）。青册是最高断事官履行其两大职责的载体，因此应存在分配属民与裁断案件两种类型。分配属民的青册，即户口青册，是元代户籍册的雏形。成吉思汗时期的青册，详细规定每个人户领属权，可能只包括户口信息而不含土地。窝阔台以后，明确开始登载土地信息，内容形式不断完善，青册一词成为元代户籍册的固定称谓。

青册的主要作用是定立户计，它以人口为核心，兼有事产，所载人口信息详细，而事产相对简略。受蒙古草原领属制的影响，元代青册“定人户”的功能体现在两个方面：①将人户编入户籍，尽量避免诸王、公主驸马及豪强等占有过多人口，影响国家征派税役。元代户籍册并不直接用于征收赋税，保留了相当大的独立性。②划分诸色户籍，以便令百姓世代服役，强化人身控制。元代统治者企图通过这种稍显粗糙但控制性强的户籍制度达到一劳久逸的效果。青册与手状、户帖一同构成了户籍系统的关键环节，是贯穿整个元朝的核心户籍文书。

青册作为一种户籍文书，经过有元一代的探索已经基本成熟，明代户籍文书基本承袭元制。（郑旭东　李义敏）

青岛市档案馆　Qingdao Municipal Archives　中国副省级国家综合档案馆。馆址在山东省青岛市延吉路148号。国家一级档案馆、省特级档案馆，由本馆和工商馆两个建筑主体组成。1961年7月正式成立，1963年与新成立的青岛市档案管理局迁入青岛市湖南路37号（后改为39号）合署办公；“文化大革命”期间被撤销，1979年12月得以恢复，仍与青岛市档案局合署办公；1993年，该馆迁离原址，在洛阳路临时办公；1996年2月，根据《青岛市市级机构改革实施方案》，设置青岛市档案馆，同时挂青岛市档案局的牌子，履行档案保管、利用和档案事业行政管理职能，为青岛市委办公厅领导的市直事业单位；1997年8月，该馆搬至现址办公；2019年机构改革后，原承担的行政职能划入青岛市委办公厅（挂青岛市档案局牌子），青岛市档案馆作为青岛市委直属正局级事业单位保留（参公管理）。2020年12月，位于青岛西海岸新区长白山路31号的青岛市档案馆工商馆正式开馆，它是全国第一个专门存放工商企业档案的综合档案馆，与主城区本馆实现“同城两馆一体化利用服务”。

馆藏　馆藏总量449个全宗213万卷（件、册）。其中，馆藏中华人民共和国成立前档案共80个全宗29.3万卷，尤其是自1891年青岛建置后的行政机构档案保存较为完整，馆藏历史地图也较为丰富；馆藏中华人民共和国成立后档案369个全宗、72.6

图1　青岛市档案馆外景

万卷、99.5万件，主要是青岛市党、政、群机关及破产企业、国有企业的档案。

机构设置　青岛市档案馆内设办公室、人事处、档案馆室业务处、经济科技档案业务处（挂工商档案管理中心牌子）、宣传征集处、编辑研究处、档案保管处、档案利用处（挂文档服务中心牌子）、信息技术处（挂电子档案处牌子）、安全保卫处10个处室，并按规定设置机关党委。

出版物和评价　自1980年设置档案编研部门，围绕社会关注热点及重大纪念活动，依托馆藏档案资源，编辑出版档案史料和研究性著作共76种，3100万余字；内部资料25种，共586万余字。

编纂的档案史料汇编主要有《帝国主义与胶海关》《胶州湾事件档案史料汇编》《中国收回青岛档案史料汇编》《胶澳商埠档案史料选编》《青岛商会档案史料选编》《伪青岛治安维持会档案汇编》《胶海关档案史料选编》《抗战时期日本在青岛掠夺中国劳工档案汇编》等。研究性著作主要有《青岛地图通鉴》《青岛回归》《铁蹄下的罪恶——日本在青岛劫掠劳工始末》《旧案残影——青岛民国大案揭秘》等。

编译出版外文档案汇编及外国人研究青岛城市历史的著作《青岛开埠十七年——胶澳发展备忘录》《日本人进攻青岛——第一次世界大战中的亚洲战争》《美国驻中国

图2　《帝国主义与胶海关》封面

青岛领事馆政治报告选译：1906—1929》《青岛特别高等专门学堂档案》等，出版画册《青岛解放》《百年青岛》《青岛解放档案文献图集》《青岛近代民族工商业画史》《青岛崂山抗战画史》等。

图3　作为日军“极秘”文件的“劳工动员输出计划表”

拍摄了微电影“蓝色三部曲”（《寻找逝去的记忆》《历史无言》《跨越时空的对话》）、“红色三部曲”（《永远的丹山百合》《碑心石的故事》《回声》），获中宣部社会主义核心价值观主题微电影征集展示活动优秀作品30分钟二等奖、中组部第十六届全国党员教育电视片观摩交流活动二等奖、国家新闻出版广电总局2017年弘扬社会主义核心价值观共筑中国梦主题原创网络视听节目推选展播活动优秀作品等奖项。为服务经济社会发展，编发《资政参考》等档案资政信息，牵头组建历史城区保护更新文史档案部，服务青岛市城市更新与城市建设，为老城修缮保护提供文史支撑。联合媒体开辟专栏专版文章，面向社会公布档案，举办学术交流研讨会，通过多种编研形式，为宣传青岛城市历史文化、促进青岛地方史研究发挥了积极作用。（傅　凯）

青海省档案馆　Qinghai Provincial Archives　中国省级国家综合档案馆。馆址在青海省西宁市城北区柴达木路491-21号。成立于1980年2月。2009年7月，经青海省机构编制委员会批准，与省档案局完成局馆合一，实行一个机构、两块牌子管理体制，履行档案行政管理和档案保管利用两种职能。2018年机构改革，局馆承担的行政职能划转省委办公厅，省档案馆为省委办公厅管理的副厅级参公事业单位。原址在西宁市城中区七一路346号，现址于2022年9月建成投入运行，2023年6月30日完成档案馆整体搬迁。占地面积13 785平方米，总建筑面积27 960平方米，整体建筑由主楼和裙楼并接组成，主楼12层、裙楼3层，地下1层。馆舍建筑以“江水融汇·文化籍迹”为设计理念，蕴含文化之迹，隐喻三江之源。建设档案库房、档案业务和技术用房、对外服务用房等，同时承担展览展示、政府公开信息查阅等社会公共管理和服务职能。内设办公室、保管利用处、信息技术和电子文件管理处3个处室，管理公益一类事业单位1个（省政府公开信息查阅服务中心）。

馆藏　青海省档案馆收藏唐代、明代、清代、中华民国时期和中华人民共和国成立以来省级机关和事业单位的文书、科技、会计、声像、电子及实物档案与资料，截至2022年12月共有274个全宗，836 132卷（件、册）。

唐代档案1个全宗，有1件；明代档案3个全宗，共8件。唐代的“谨封”铜印和明代的“金书铁券”入选中国档案文献遗产名录。清代档案5个全宗，81 000件，自顺治五年至宣统三年（1648～1911），纵跨整个清朝。其中，循化厅档案有6675卷，约占清朝档案的80%，尤以同治、光绪、宣统年间数量最多，较完整系统。清代青海循化地区民族文化在中国文化史上具有显著特点，其中有关官府营务、驿站、民族宗教、外国传教、探险、番民管理等文化资源十分丰富。2007年3月经国家清史编纂委员会批准，青海省档案馆参与清史纂修工程，编纂了清代青海循化厅档案，2023年11月1日出版《清代循化厅档案史料选编》（全十册）。民国档案64个全宗，36 557卷，1911～1949年形成，内容涉及政务、党务、军事、民政、司法、警务、社团、财政、寺院等方面，从不同侧面反映了民国时期青海地区的社会状况；中华人民共和国成立后的档案共201个全宗，644 359卷（件），内容涉及政治、经济、科学技术、文化、教育、卫生、民政、司法、民族、群众团体等方面。馆藏资料共61 964册，主要由明清资料、民国资料、革命历史资料和中华人民共和国成立后的资料四部分组成。

机构设置　内设办公室、保管利用处、信息技术和电子文件管理处、省政府公开信息查阅服务中心等部门。馆藏档案已基本整理完毕，完成数字化180.43万件，逐步在互联网上开放政府公开信息。2003年8月，青海省档案馆成立了现行文件查阅服务中心，设立政府公开信息查阅场所，接待省内外档案利用者。

出版物和评价　青海省档案馆自建馆以来，先后编辑出版了各类档案史料。主要有《青海省档案馆所存西藏和藏事档案史料目录》《改革开放三十年重要档案文献·青海》《青海档案精品》《民国时期青海省财政史档案资料选编》（19册）《习仲勋与青海西藏——关于习仲勋同志青海西藏档案文献摘录》等档案史料。承担的“档案信息综合业务管理平台的研究”获国家档案局科研项目二等奖。

《青海省档案馆所存西藏和藏事档案史料目录》封面

作为省级爱国主义教育基地，青海省档案馆相继举办了“大爱同心 感恩奋进——纪念玉树地震暨抗震救灾一周年图片展”“辉煌历程——纪念中国共产党成立90周年大型图片展”“王昭诞辰100周年图片展”“不忘初心、牢记使命”主题档案文献展、“喜迎二十大　档案颂辉煌”图片展等，制作了《玉树地震灾区现场纪实》《前进中的青海档案事业》等专题片。联合17省份举办“江河奔腾 红色追寻——长江黄河流域红色珍档联展”，在青海档案微信公众号推送信息，制发在线视频，编印《青海档案》杂志，在《中国档案报》《中国档案》杂志等刊发信息。（岳文莉）

清朝同治年间绘制的《六省黄河堤工埽坝情形总图》　Color-painted Illustration of the *Riverwalls about the Yellow River Running across 6 Provinces Painted* in the Tongzhi Era of the Qing Dynasty　中国档案文献遗产的珍贵档案。现存山东省汶上县档案馆。2010年入选第三批《中国档案文献遗产名录》。清同治（1862～1874）年间由工部手工彩绘而成，原存于工部，后因战乱流于民间。

该图长912.5厘米、宽27.3厘米，折叠式，其内文字均为汉文小楷，彩丝绸作裱，硬壳包装，制作精细。详细地描绘了黄河从青海省的巴颜喀拉山发源地，经甘肃、陕西、山西、河南、山东、江南（今江苏省）六省入黄海的全过程。该图内容详细明确，翔实地标注了黄河途中流经的县、镇、村庄、桥涵、闸、堤土埽坝，大小河流分支，流经长度、水域、沿岸的行政区域划分和地形地貌，是研究中国水利史的珍贵资料，对黄河流域历史文化、黄河治理、开发及引黄灌溉的研究具有较高的参考价值。（董　磊）

清代档案　archives in the Qing Dynasty　中国清代历朝统治者及其中央、地方的各种机构在处理日常公务活动中形成的文书、图籍、档册等。包括清宫**内阁大库**、国史馆大库、**方略馆大库**及宫中各处庋藏的**大内档案**，以及其他中央机构和地方机构的档案。

清代档案经过清末和中华民国时期的政权更迭、战乱破坏、盗窃倒卖，加上外国侵略者的劫掠和焚毁，损失严重。保存下来的虽仍为数浩巨，但不完整，只是清代全部档案文献的少部分。现存最早的是清入关前1607年形成的档案。入关后形成的档案，包括顺治元年（1644）至宣统三年（1911）以及末代皇帝溥仪退位后住在紫禁城和寄居天津时期（1912～1934）的档案。其所属机构有：辅佐皇帝的中枢机构，包括内阁、军机处、责任内阁、弼德院、资政院、会议政务处、宪政编查馆以及宫中各处等；中央各部院衙门，包括吏部、户部、礼部、兵部、刑部、工部、外务部、学部、农工商部、民政部、巡警部、邮传部、理藩部、乐部、都察院、大理院、翰林院、清理财政处、税务处、督办盐政处、会考府、大清银行、修订法律馆、国史馆、方略馆、京城善后协巡总局、禁烟总局、国子监、钦天监、太常寺、光禄寺、鸿胪寺等；军事机构，包括太仆寺、八旗都统衙门、步军统领衙门、管理前锋护军等营事务大臣处、健锐营、火器营、神机营、总理练兵处、京城巡防处、京防营务处、近畿陆军各镇督练公所、禁卫军训练处、军咨府等；掌管皇族和宫廷事务的机构，包括宗人府、内务府、銮仪卫、侍卫处、尚虞备用处等；地方机构，包括山东巡抚衙门、黑龙江将军衙门、宁古塔副都统衙门、阿勒楚喀副都统衙门、珲春副都统衙门、长芦盐运使司、顺天府、京师高等审判厅、检察厅、北洋督练处等；个人及王府，包括溥仪、端方、赵尔巽、醇亲王府等。

清代档案的种类和名称繁多，不下数百种。其中包括皇帝发布的诏令文书，如制、诏、诰、敕、谕、旨等；有官员向皇帝的奏报文书，如**题本**、**奏折**、贺表、笺文等；有记载皇帝言行和政务活动的档案，如起居注、实录、圣训、本纪、方略等；有记载皇室和皇族事务的档案，如**玉牒**、皇册等；有各衙门之间的来往文书，如咨文、移会、札、禀、呈、函等；有外交文书，如**照会**、国书等。此外还有电报、舆图、史书、清册、各种档册、人物传记等。从文字上看，绝大部分是汉文档案，一小部分是满文或满汉文合璧档案，也有少量外文档案和少数民族文字档案。从内容上看，涉及政治、经济、军事、外交、文化、教育、艺术、天文、地理、气象、民族、外国侵略、人民革命运动，以至宫廷生活、典章制度等各个方面。

现清代档案大部分存于**中国第一历史档案馆**，1000 余万件。台北故宫博物院约有 40 万件，是国民党政府撤离大陆时带走的大内档案，包括宫中档、军机处档、清史馆档、实录、起居注、诏书、国书、本纪、**满文老档**等。此外，地方各级档案馆、某些科研机关、学术团体、事业单位、高等院校、个人手中以至国外一些档案馆、博物馆、图书馆和个人收藏者，也保存不少清代档案。

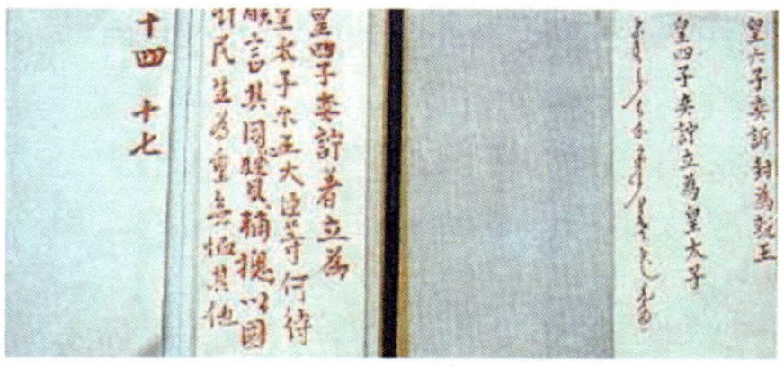

清道光帝立储密旨（中国第一历史档案馆藏）

清代档案是中国保存下来数量最多、最为集中的古代档案。它是中国 17 世纪至 20 世纪初 300 多年历史的真实记录，对印证清代的史实具有可靠的凭证作用，也可供当今建设事业各方面参考利用。（李鹏年）

清代档案管理 archival management in the Qing dynasty 中国清代对档案的保管整理和使用。清（1636～1911）在入关前就开始积累保存档案，存留至今的有**满文老档**和**满文木牌**等。入关后建立起全国政权，各项制度进一步完备，中央和地方衙署设有典籍厅、满本房、汉本房、**档房**等文书档案机构。**皇史宬**仍被沿用为保存清代实录、圣训和**玉牒**的皇家御用档案库，嘉庆（1796～1820）时进行了重修。中枢机关内阁设**内阁大库**，除保存内阁形成的承宣、进呈的日行公事档案外，还有官修实录、圣训、玉牒、会典的稿本，修书征集的档案，以及盛京（今沈阳）移来的旧档，库藏极其宏富。内阁还设有副本库，建于嘉庆朝，专藏内阁的题本副本。清代设军机处，其档案多而机密，为慎重保管特设大库，称**方略馆大库**，由军机章京掌管。清代国史馆也设有档案库，称国史馆大库，主要保管为修史而征集来的档案。上述档案库集中了清代最重要的、数量也是最多的档案。

清代在整顿吏治、裁革书吏、保护档案、加强管理中，建立了各种档案管理制度。如缴回朱笔制度、**副本收存制度**、**修档制度**、**清档制度**以及档案的整理、移交、清查、**保密制度**等。

清代凡国家举行大典，都要查考档案，日常政务活动参阅档案更是频繁。据《枢垣记略》载，嘉庆元年以来，所奉汉字谕旨、寄信及议复等项档案繁多，历年随带翻阅查考利用，间有擦损。在编纂各种史志中档案利用也很广泛。清代的实录馆、玉牒馆、会典馆、明史馆、三通馆、律例馆和修志馆，都收集了各类档案。清代编修史志之勤、数量之多、种类之繁、卷帙之众超过历代，现存志书 80%为清代所修。清代方志学家章学诚，在长期修志实践中，提出“案牍”（档案）是方志之骨，他主张州县应设立志科进行档案的收集、整理工作，并将“分科别类”的档案妥善保管在“藏室”（档案库）中，然后访能文理而通史裁者编纂成志书。他的思想观点对中国档案学的萌芽和形成具有重要意义。

18 世纪末至 19 世纪初，世界资本主义迅速发展，清政权日趋腐败。1840 年鸦片战争后推行变法新政，学习近代科学技术以挽救灭亡，各种新档案如科学技术档案、财经档案、教学档案、电报档案，以及照片、影片、录音档案等应时而生。对旧的档案管理方法也进行了改革，扩大了档案的公布利用，创办了《官报》《政治官报》，通过公布档案，使“海内士庶，于国家要政皆能了彻大势”。清朝统治的腐朽也暴露在档案管理上，如内阁大库年久失修，大宗档案霉损破坏；帝国主义在历次侵华战争中掠夺破坏了京师衙署档案、东北和广州的官署档案；侵略者还以文化交流、传教考察、探险考古为名，潜入中国内地，盗窃、掠夺了包括殷商甲骨、两汉简牍、唐代文书以及近代机关档案。特别是英国人 A. 斯坦因，于 1900～1906 年几次深入新疆、甘肃一带，从古代遗址、古代档案库窃取了大批汉文、梵文、藏文和其他文字的各种公私文书、契约、稿本档案，使中国古代档案遭到严重损失。保存下来的明清以前的档案大都藏于图书馆、博物馆，明代和清代档案则多存于各级档案馆。**中国第一历史档案馆**藏有明清中央机关的档案 1000 余万件，台北故宫博物院约有 40 万件。

在清代晚期建立的太平天国（1851～1864）农民政权，形成了自己的文书和档案管理工作。在朝内、军中和地方都设有档案机构和人员，诏书衙就是主管诏旨、编纂历史、储集人才、汇总档案的机构。从天王府到将军府，设有六部尚书、六部书、六部掌书等负责记录和保管文书、档案的人员。太平天国的档案“不藏于皇史宬，而颁于民间”，即充分利用档案进行宣传教育为革命斗争服务。太平天国失败后档案留存很少，现存于国内外档案馆、博物馆、图书馆的原件、抄件和刊本仅有 400 多件。（邹家炜）

《清代档案史料丛编》 *Collection of the Qing Dynasty Archival Documents* 中国档案文献汇编。**中国第一历史档案馆**编，以公布比较零散、新鲜的**清代档案**为主并酌情发表一些有关清代**文书档案**的名词解释、内容介绍和研究文章，供史学工作者和有关部门参考。中华书局 1978 年开始按辑依次编辑出版。每年 1～2 辑，每辑 20 万字左右。至 1990 年共出版 14 辑。

《清代档案史料丛编》封面

按专题**选编**，每辑两个专题以上，各加编者按语，简介内容概况；每个专题的文件依具文时间先后编列，并于文后注明**文种**出处。已公布的主要史料内容有：李自成张献忠起义、顺治年间的清查藩王田产、圈地和投充、制钱的鼓铸、加派练饷、逃人、驿递，康熙年间的徐乾学等被控鱼肉乡里、使交记事，雍正朝朱笔引见单，乾嘉年间的旗民佃户抗租霸地斗争、修改雇工人条例、白莲教秘密反清斗争、清茶门教、关于高鹗的一些档案史料、太平天国革命时期清政府的财政状况、太平军北伐，以及辛酉政变、周福清贿赂科场案、北洋练兵案、毅军纪略、清末改革币制、东三省辛亥革命等。已发表的主要文章有：《历史档案名称简释》《故宫明清档案部所存明清档案的过去和现在》《赵尔巽全宗档案概述》《清代内务府沿革初探》等。（张书才）

《清代地震档案史料》 *Archival Documents on Earthquakes in the Qing Dynasty* 中国档案文献汇编。国家档案局明清档案

馆编纂。中华书局1959年出版。全1册，平装，32开本，共计15万字。

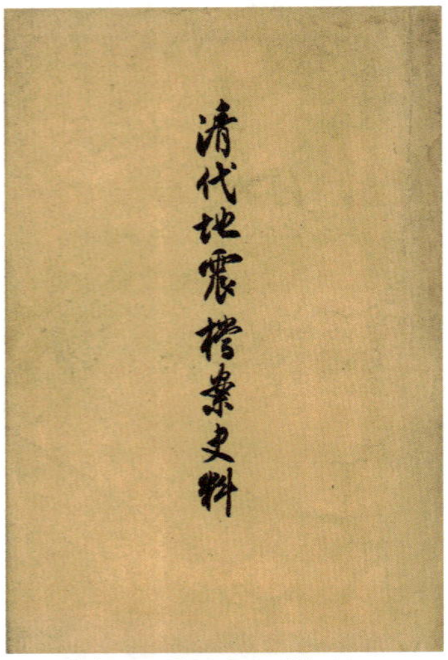

《清代地震档案史料》封面

共辑录奏折160件，按照省区分别编列，每个省区下的文件以时间为序排列。包括直隶（今河北省）、奉天（今辽宁省）、安徽、山东、山西、河南、陕西、甘肃、四川、台湾、广东、广西、云南、新疆、青海、西藏16个省区。时间从雍正十三年（1735）到宣统元年（1909），计174年。记录了各地区在这一时期内发生地震的次数、时间、波及的区域、受灾程度以及善后措施等具体情况。所辑奏折除个别内容与地震问题无直接关系的酌予删节外，其他均是全文公布。为方便读者阅读，编者对编中文件均加注标点，划分段落，并在标题下注明了文件的朝代、年、月、日。标题下著有"满文译件"的，原为清代满文奏折，经国家档案局明清档案馆译为汉文。

史料为灾荒史研究和服务经济建设，特别是对修筑铁路、地质勘测等，提供了重要的原始材料。（张书才）

《清代军机处电报档汇编》 *Compilation of Telegrams from the Collection of the Imperial Military Council of the Qing Dynasty* 中国档案文献汇编。是大型档案文献影印汇编，国家清史编纂委员会《档案丛刊》项目之一。由中国第一历史档案馆编纂，常伯工任主编，中国人民大学出版社2005年出版。

全书总计40册。所辑档案为晚清时期光绪、宣统两朝军机处电报总汇，是清代经过誊录以簿册形式保存下来的电报抄稿，时间自光绪十年（1884）至宣统三年（1911），囊括晚清朝廷以电报形式下发的谕旨、内外重臣用电报向朝廷呈递的奏报等各类电报秘档1459册，约4万件。这些电报原档内容丰富，翔实可靠，从特殊层面反映了光绪十年起至辛亥革命期间清中央政府有关政治、经济、军事、外交、教育、民族、宗教等各个方面重大决策的内幕。

所辑档案根据军机处电报档的历史形成和档册现状，采用类下分项、项内编年的编纂体例。全书依次分为谕旨类、综合类、专题类三大部分。谕旨类，主要是军机处的电寄谕旨档（含宫中电报档中的有关电旨）。综合类，包括军机处电报档（含军机处撤销后的责任内阁电报档）、发电档、收电档、收发电档、呈递电信档、未递电信档。专题类，包括军机处中法战役收电档、各省筹款电报档、商约发电档、商约收电档、东事发电档、东事收电档、云南河口事件电报档、密电档。各类项之下，以收发电报的时间为序，按朝、年、月、日依次编排。各类项内的电报档，原则上维持原有档册的编排顺序；对个别类项混杂、顺序错乱的档案，进行必要的考证调整；没有明确时间，又暂时难以考证者，统作无朝年类编排于有关各项之后。鉴于原档时间标法不一，本书目录的时间一律规范为某年的某月某日。每一件电报均由编者拟写了标题，以便读者查阅。

晚清时期，电报作为特殊的文书形式，通常应用于紧急的军政大事，一些临时突发性的紧急事件在电报档中也有具体反映。如中外勘界交涉、重大教案、百姓焚烧外国领事馆等事，外国人在华贸易、通商、开矿、传教、游历、工作生活及相关交涉等情况。此外，清朝驻外大臣的密报、秘密镇压革命会党、密旨查拿驱逐康有为事件、宫中采买、地方民情治安动向等事，电报档中也有记录。电报档不但可与同期的奏折包括录副奏折、廷寄互为补充，而且一些内容为奏折与廷寄所不具备。军机处电报档册，原属清廷机密，具有原始性与权威性。本书绝大部分档案属第一次对外公布，具有填补资料空白的重要作用，是研究晚清历史不可或缺的原始珍档。

（丁华东）

清代内蒙古垦务档案 Inner Mongolia reclamation archives in the Qing Dynasty 中国清代内蒙古垦务档案。清代内蒙古经历了蒙旗王公私放、汉民私垦、清廷"借地养民"和官放三个时期，大片的草原变为农田，内蒙古也由单一的畜牧业经济，逐渐发展为畜牧业、农业混合经济。在清廷"借地养民"和官放过程中，还有计划地丈放了数量不等的街基地或镇基地，开街设市，设置衙署，管理流入蒙地从事农业、商业和手工业的汉民。清代内蒙古的垦务活动，对内蒙古经济社会发展影响很大。相关档案以内蒙古自治区档案馆保存数量较多、内容较为完整。文种为汉文、蒙古文和满文。汉文档案居多，蒙古文档案次之，满文档案较少。主要为清末察哈尔和绥远地区垦务档案。上限清光绪二十八年（1902），下限至宣统三年（1911）止。计1.8万多件。涉及察哈尔左右翼八旗及张家口、独石口、多伦诺尔三厅的开垦及抗垦、牧群地的开垦、绥远蒙旗土地放垦、杀虎口驿站地和绥远城八旗牧场开垦、清查土默特地亩、赔教款和赔教地、乌兰察布盟和伊克昭盟的抗垦活动、河套水利、添厅设治、开设学堂及拨留学田、垦务弹劾案以及放垦机构的设置、经费收支、东路垦务公司、西路垦务公司和与军事活动有关的情况。（杜心宽）

清代书吏整顿 rectifying of archivists and clerks in the Qing Dynasty 中国清代为根除书吏之害而进行的整顿活动。书吏是清代各级衙门中专门从事文档管理的人员的统称。他们凭借着对文书处理和档案管理的垄断与控制，大肆营私舞弊，不仅为害百姓，甚至还危害到清代的政治，成为清代一大弊政。

书吏位卑势重，深为清王朝所戒惧。清代历朝皇帝都曾对书吏管理之事屡发上谕，特别是雍正即位后，曾对书吏进行过大规模的整顿活动。

①严格招募书吏的条件、手续及役满回籍的种种规定。要求书吏身家一定要清白，历史上并无过犯。宦仆及其子孙、籍隶大宛两县土著不准充当各部院书吏。在年龄上，书吏不得年过七十，因"凡衙门胥役，阅历愈久，则贪诈愈甚"。招募书吏的各种证明材料不得一字有误。同时，严禁重役，严令役满回籍。②严禁书吏超额、越权。对此，历朝都有禁令，违者将受严厉惩处。各衙门司员要躬亲政务，实心勤职，书吏不准代替官员处理政事，只准做缮写和文档保管工作，各司需对书吏"严密关防，按班递换"，禁止他们出外交结。光绪二十七年（1901），清王朝推行"新政"之际，御史陈璧提出将书吏完全革除，由各衙门司员亲自做文档工作，光绪帝对此称许再三，立命施行。无奈书吏之势早已不可破，京内外衙门奉行十分不力，有的仅革除二三人以掩耳目；有的竟藐视朝廷置明诏于不顾；有的虽有志革除，但因"司员于部中公事，平时漫不经心，一旦接办，茫无头绪，纷纷扰扰，贻误良多"，又不得不把书吏请回。③严刑惩戒。清代驭吏之法峻严，书吏缮写差错有定例处分，如行移文书误将军马、钱粮等关键紧要字数缮

写失错而洗补改正者要答三十；若因此而妨碍军务，所关重大者，杖八十；若因此有碍军需调拨，失误军机者，斩；若系营私舞弊而改补者，各加本罪二等处分。书吏贪赃"计赃定拟，不许援引无禄轻条，凡情罪重大者，分别绞斩，其余流徙，且遇赦不赦"。役满书办考受职衔，如有知犯故犯者，革职去衔，照所犯罪名，加凡人一等治罪。嘉庆十一年（1806），诛杀直隶不法书吏王丽南等人时，皇帝还曾亲令召集保定省城各衙门书吏看视行刑，并降旨通谕，让天下书吏以此为戒。然而，清立法虽严，执法不力，奸胥滑吏狡兔三窟，偶有败露，也巧术多端，打点弥缝，终成漏网。④严惩失察官员。吏之为害多因官之失察，即官不能驭吏，甚至与吏相勾结贪赃枉法。清王朝把官员的失察罪与犯法书吏的人数、罪恶大小相联系。道光二年（1822），官员失察罪"俱以首犯（指犯法书吏）之罪名为断"。"如犯该杖徒者，本管官罚俸六月；犯该军流者，本管官罚俸一年；犯该斩绞者，本管官降一级留任。""书役犯赃脱逃，将本管官先照该军流例，罚俸一年，俟日后获犯审明，再照罪名轻重改议。""自行访拿究办者免议。"清王朝企图借此迫使官员加强对属下书吏的约束管理，结果却事与愿违。书吏作奸犯科手段隐秘，难以觉察，一旦事发，已成重犯，主管官员怕吃失察罪，必然多方为其回护包庇，使大事化小、小事化了。⑤加强文档的管理，制定各种规章制度。书吏以文档作弊，也因文档工作向无定规所致。在办稿、立档、分类、排检等工作中，书吏有着丰富的实践经验，他们在文案管理工作中各自为政，或靠默识强记，或独出心裁，都视管档方法为家传之秘，以此作为要挟长官、营私舞弊的资本。为了打破书吏把持文档的局面，雍正即位后，在原有文档工作基础上建立了一系列制度，对文档工作进行了一番改革。雍正七年（1729）降旨："内阁本章及各衙门档案，皆应于正本外立一副本，另行收贮。""不但于公事有益，且可杜奸胥猾吏隐藏改换之弊。"又考虑到"收贮卷案，封禁虽严，而翻阅查对不能脱书吏之手，盗取文移，改易字迹，百弊丛生，莫可究诘"，为此又规定："嗣后司官迁转，将所掌卷案，新旧交盘，各具甘结，说堂存案，如有疏失换易等弊，一经发觉与受同罪。""不得因卷案浩繁，畏难退阻其交盘事例。"

清代皇帝把驾驭书吏作为澄清吏治的一大要务，但是文件盈箱，而实效鲜收。书吏之害已经根深蒂固，始终未能根除。

（屈春海）

清代四川南部县衙门档案文献 government archives of Nanbu County, Sichuan Province in the Qing Dynasty 中国清代四川南部县知县履行职责过程中形成的档案。现存四川省南充市档案馆。有 18 070 卷，约 10 万件，上自顺治十三年（1656），下迄宣统三年（1911）。南部县军事管制委员会接管城市时发现，先后辗转于南部县法院、公安局，1965 年移交南充地委档案科。1984 年，南充地区档案馆进行消毒杀虫，装裱修复，并初步整理编目。2003 年入选第二批《中国档案文献遗产名录》。

清代四川南部县衙门档案文献，是清王朝国家基层政权组织——县衙行政管理活动的全方位记录，真实地反映了清代从开国到覆亡 200 多年在四川南部县的统治历史，是清代政治、经济、军事、司法、宗教、教育、文化、卫生、民俗、外交等在地方的缩影，从中既可了解清中央政府政令在基层的贯彻执行情况，又可窥探清代长达两个多世纪的南部县社会历史的变迁。从时间上看，跨越清代 10 位皇帝 268 年中的 256 年，没有断代，具有较强的连续性。就地域而言，涉地广泛，不只是南部县社会活动的历史记录，更辐射川北、全川、西南乃至中国许多地方。就人物而论，上至清朝皇帝、皇太后、封疆大吏，中至道府州官，下至县令差役及百姓，无不涵盖。在系统性方面，按形成时的原始形态分类保存，吏、户、礼、兵、刑、工、盐七房档案完整，没有缺房，具有较强的原始性、完整性、延续性。

清代四川南部县衙门档案文献是中国现存时间跨度最长、内容最完整系统的清代县级地方政权历史档案，对清代县级基层政权组织结构、运作模式、地方司法诉讼研究，提供了丰富的第一手材料。2016 年，黄山书社出版了四川省南充市档案局（馆）编的《清代四川南部县衙门档案》308 册。

（王晓春）

《清代文字狱档》 *Archives Concerning the Qing Dynasty Literary Inquisitions* 中国档案文献汇编。故宫博物院文献馆据馆藏史料编辑，故宫博物院、北平研究院自 1931 年至 1934 年间陆续推出了 9 辑，线装。

文献内容　文字狱是封建专制统治者为了钳制知识分子的思想、镇压异端、打击政敌，从著述文字中罗织作者及其他有关人员罪状的狱案。清代文字狱始于顺治、康熙，发展于雍正，大行于乾隆，约计近百起。档案共辑录雍正、乾隆年间的文字狱 65 案，主要有：谢济世著书案、胡中藻坚磨生诗钞案、蔡显闲渔闲闲录案、李绂诗文案、屈大均诗文及雨花台衣冠冢案、澹归和尚偏行堂集案、陶煊张灿同辑国朝诗的案、黄检私刻其祖父黄廷桂奏疏案、戴移孝碧落后人诗集案、卓长龄等忆鸣诗集案、尹嘉铨为父请谥并从祀文庙案、沈德潜选辑国朝诗别裁集案、阎大镛俣俣集案、余腾蛟诗词案、王道定汗漫游草案、曾静遣徒张倬投书案等。

文献来源　从各案档案来源看，主要有军机处档、缴回朱批档和实录 3 种，另外还有少量从《圣训》和《东华录》中辑录。档案文献既有中央和地方各级官员上报奏折，也有皇帝下发的诏谕、圣旨，有些案件还附有详细的供单、财产清单。这些档案文献的整理，基本涵盖了康、雍、乾三代文字狱案的主要情况，尤其是官方对于文字狱案的反应及处理过程、结果。

版本状况　线装本编印仓促，档案多有搜集未备，文字亦间有错漏；且各案著录之顺序以发现档案之时间先后为次，又未编制总目，检阅颇有不便。上海书店出版社先后推出了 3 种版本的《清代文字狱档》。首先于 1986 年 5 月推出了影印本的《清代文字狱档》，平装，上下两册，将先前已陆续面世的 9 辑完全收入，共包括清代文字狱档案 65 起。其次于 2007 年 6 月重新推出经过增补的标点排印本《清代文字狱档》，精装，1 册，除原先 9 辑的全部内容之外，增加了"补辑"，同时在书末安排了一份乾隆朝有关各案的编年索引，以便读者检索。最后于 2011 年 1 月推出了《清代文字狱档（增订本）》，精装，1 厚册，新加入了清代文字狱档案 20 起（其中康熙朝 1 起，雍正朝 3 起，乾隆朝 16 起），列于"补辑"之末，改正了上一版中若干编校讹误，并且又重编了书末的乾隆朝各案编年索引。

《清代文字狱档（增订本）》，正文总页数 1144 页，共计 10 辑。以案件专题形式整理档案，每辑中含有若干案件，每案中含有若干档案文件。其中"补辑"最后一件档案为"书词狂悖比照大逆缘坐人犯清单"，档案前半部分为人犯清单，后半部分为未见本书所辑录的相关案件 5 件。全书总计文字狱案 91 件，从康熙、雍正、乾隆三代分布时间看，康熙时期仅"戴名世《南山集》案"1 件，雍正时期 4 件，乾隆时期 86 件。

文献价值　档案史料来源可靠、详尽全面、价值较高，不仅对研究清代文字狱案有着重要的作用，且因内容涉及清代政治、经济、法制、文化和社会诸多方面，对清史研究也有一定的帮助。如政治上，可反映康雍乾三代官方决策、运作机制，尤其是中央和地方督抚之间的互动；经济上，通过查抄家产的清单可了解乾隆时期地价、房价、物价情况；法制上，文字狱案是研究清代法制史的重要案例；此外，文字狱档的内容对研究清代文化特点，研究清代社会关系也有一定作用。

（张书才　韩宝华）

清代样式雷图档　Yangshi Lei Archives of the Qing Dynasty　中国清代雷氏家族主持皇家建筑设计而制作的建筑图样、烫样、工程做法及相关文献等总称。样式雷是对清代主持皇家建筑设计雷姓世家的誉称。自康熙朝雷家开始参加清廷宫殿的营建，从雷金玉到雷献彩，共有7代9人先后服务宫廷，直至光绪末年，前后延续200余年。雷氏家族供职于内务府营造司的样式房，从事皇家宫殿、陵寝、园林及行宫等建筑的设计和营造，样式雷设计包括工程画样和烫样，现保存约有两万件。在建筑设计和工艺美术等多方面取得了杰出成就。内容上种类繁多，有勘测选址图、建筑设计草图、进呈图样、施工进程图；有平面图、剖面图、立面图、大样图、透视图；还有不少图样和烫样、工程做法、随工日记、看风水的资料；《旨意档》和《堂谕档》等，甚至还有一些公私信函。

清代样式雷图档分别存放在故宫博物院、国家图书馆和**中国第一历史档案馆**。中国第一历史档案馆所存样式雷图档，是进呈皇帝御览留于宫中的图样。图样分墨绘、墨绘设色和色绘，图中建筑物用签标注。如《盘山行宫内外地盘总绘全图》中有嘉庆朝添建的乐山书屋等建筑，是同治至光绪年间雷氏第六代雷思起所绘；《定陵规制丈尺地盘画样图》系同治初年雷氏第六代雷思起所绘；《颐和园东宫门外牌楼立样图》是雷氏第七代雷廷昌掌案样式房时，为光绪十四年（1888）开始的颐和园修建工程所绘。清代样式雷图档已被选入联合国教科文组织《世界记忆名录》。

（高换婷）

《清代中俄关系档案史料选编》　*Selected Documents from Archives Concerning Sino-Russian Relations in the Qing Dynasty*　中国档案文献汇编。**中国第一历史档案馆**编，中华书局出版，平装。全书计划以朝代和年代为序分为五编：①顺治、康熙、雍正朝。②乾隆、嘉庆、道光朝。③咸丰朝。④同治朝。⑤光绪、宣统朝。所辑资料均选自中国第一历史档案馆所藏清军机处、内阁、内务府及外务部等的档案文件。已出版一、三两编。第一编1981年出版，上下两册，辑档285件，47万字。从顺治十年（1653）至雍正十二年（1734）。主要内容包括17世纪中叶沙俄东侵和雅克萨战争；中俄边界谈判和《尼布楚条约》的缔结；沙俄对中国喀尔喀地区的蚕食和《恰克图条约》的缔结；两国使臣的往来；两国边境案件的处理；清平定准噶尔叛乱时的中俄关系；沙俄对华的侵略；俄国教士的来华等。第三编1979年出版，上中下三册，辑档943件（附件未计），94万字。从咸丰元年（1851）至咸丰十一年。主要内容包括《伊犁塔尔巴哈台通商章程》的订立；格尔毕齐河及沿海地区设立界碑的问题；沙俄入侵中国黑龙江水域、侵占海口、签订《瑷珲条约》的经过；沙俄在第二次鸦片战争中的趁火打劫；沙俄对中国乌苏里江和绥芬河地区的侵占；《中俄勘分东界约记》和《中俄乌苏里江至海交界记文》的签订；重新勘分巴尔喀什湖以东、以南地区的经过；中国塔城人民反对俄国侵华的斗争；沙俄以枪炮支持清政府对太平天国运动的镇压等。

（朱金甫）

清档制度　copy archives system　中国清代管理档案的一项制度。清档是指各官署将应保存的档案清理分类，汇抄留存。天聪三年（1629）四月，清太宗设立文馆以抄存档籍、记录国家政事，后改为内三院。其中，内国史院和内秘书院即有记注、抄存皇帝言行、谕令和机密文书的职责。清统一全国后，中央各部院都抄存本衙门档案，有的专设**档房**负责此项工作，而军机处则更为缜密和完备。军机大臣**承旨**草拟谕旨，进呈皇帝审定后交还军机处，军机处在**交发**承旨人前，须按日将谕旨及办理谕旨过程中形成的进呈片、单等文件抄录存档。遇有皇帝修改之处，须将原稿及修改之笔迹原样照誊。此抄存档册逐日增添，每月一册，称为现月档。谕旨及片、单等底稿，于抄存后逐日销毁。军机处分门别类汇抄的档册中，有按文种抄存的上谕档、寄信档等，有按问题抄存的剿捕档、石峰堡档、木兰档、俄罗斯档等。清档制度有利于档案完整、系统地收存，便于查找使用。

（刘子扬）

《清宫御档》　*Imperial Archives in the Qing Court*　中国清代档案文献影印本。**中国第一历史档案馆**馆藏反映浙江地区政治、经济、文化、法律方面的档案文献集萃。中国第一历史档案馆编纂，邢永福担任总主编。2001年5月由浙江富阳华宝斋书社出版发行，2003年6月由浙江西泠印社出版、富阳华宝斋书社发行。全书共分5函24册，约600万字，各函独立成篇。

第一函《清宫御膳》（5册）是乾隆皇帝分别在乾隆三十年（1765）、四十五年、四十九年南巡浙江时的御膳及赏赐臣民膳食的有关档案选辑，从一个侧面反映清代皇帝及皇室成员的生活情况，对于研究宫廷历史和中华饮食文化具有重要价值。

第二函《乾隆南巡御档》（7册）是乾隆皇帝于乾隆十六年、二十二年、二十七年、三十年、四十五年、四十九年6次南巡的有关档案选辑。包括乾隆皇帝为历次南巡所发布的上谕，各级官员为南巡所上的奏章和进单，乾隆皇帝南巡期间所做的御制诗文以及南巡期间的起居注等，内容涉及乾隆皇帝优容汉族官僚士绅，奖励寿耆，选拔优秀人才，蠲免地方租赋和减省刑罚，祭奠历代名人及神庙，巡视河工、海塘等，是研究乾隆时期民族政策、国家治理、官场吏治的重要资料。

第三函《御批两浙名臣奏议·文教卷》（5册）是**清代档案**中有关"《四库全书》与浙江""清代浙江教育"两部分的选辑，共126件。其中，闽浙总督、浙江巡抚、浙江学政等官员向中央政府呈报的**奏折**58件，军机处**录副奏折**64件，内阁**题本**1件，外务部档案1件，会议政务处档案2件。内容基本反映浙江在清廷编修《四库全书》全过程中所开展的活动，既凸显了浙江对编修《四库全书》的贡献，也记录了清政府实行禁书、毁书政策对浙江藏书事业带来的灾难，是研究中国文化史、中国教育史，特别是浙江文化史、浙江教育史的宝贵史料。

第四函《御批两浙名臣奏议·海塘卷》（5册）是浙江督抚等官员关于治理海塘等水利工程奏折的辑录，选用雍正元年（1723）至宣统二年（1910）的宫中**朱批奏折**88件。内容主要包括臣工奏报海塘的修建情况、清廷奖惩治塘有功及失职官员情况、厘定治塘章程事宜、捐修海塘工程情况等，是研究治理海塘工程的重要资料。

第五函《杨乃武小白菜奇案御档》（2册）是清末同治、光绪年间发生在浙江的"杨乃武与小白菜案"档案文件的选辑，计40件。包括内阁明发上谕、军机处录副奏折以及**咨呈**、**呈文**等，较为全面地反映了该案辩诬洗冤的曲折过程，是研究封建社会末期司法腐败的典型案件材料。

为中华人民共和国成立以来第一部以宣纸印刷、线装出版的清代档案文献，16开本，黄色印花锦盒装帧包装。第一函前有总序、各函前有前言，介绍收录档案的来源，档案形成的历史概况，档案选录的数量、范围、内容，选录档案的价值等。所选录档案大多为首次公布，研究价值很高。

（丁华东）

《清宫珍藏历世达赖喇嘛档案荟萃》 *Archives of Dalai Lamas from the Collection of the Qing Court* 中国清代档案文献汇编。清宫珍藏的有关西藏和其他藏区藏事档案文件汇编，由**中国第一历史档案馆**编纂，索文清任主编，宗教文化出版社2002年出版。

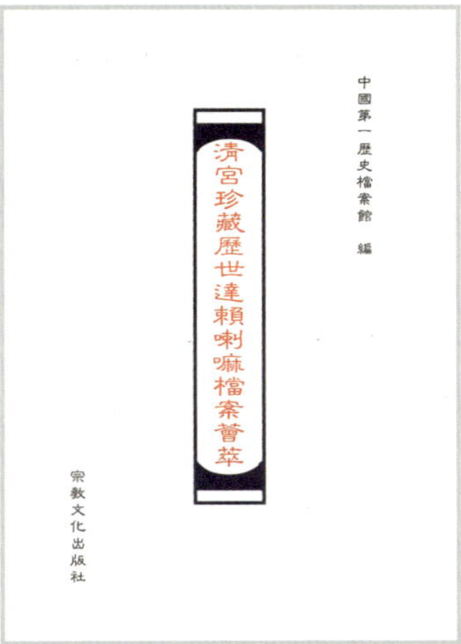

《清宫珍藏历世达赖喇嘛档案荟萃》扉页

本书收辑的清代有关历世达赖喇嘛档案，均选自中国第一历史档案馆所藏清代汉、满、蒙、藏文档案。文件种类包括内阁起居注、国史院档、蒙文老档、蒙古堂档、**题本**、杂档，宫中**朱批奏折**、进单，军机处上谕档、议覆档、西藏档、**录副奏折**、**奏片**以及理藩部档等，共计154件，其中汉文档案87件、满文档案56件、蒙古文档案6件、藏文档案5件，系首次作为专题影印出版。时间跨度，始自清顺治五年（1648），止于光绪三十四年（1908），长达261年。内容反映顺治年间册封达赖喇嘛名号；历世达赖喇嘛的圆寂、转世、寻访、掣签、坐床、册封、培养教育、选定经师、受戒、亲政及对其亲属的封赏爵位等方面的内容；还收录有达赖喇嘛的奏书、丹书克礼单等。

全书采用编年体，按具文或奉旨、收文时间依次编排，统一编制顺序号。收辑的满、蒙古、藏文档案，均在其后附有汉译文。为了更直观地反映档案原貌，特选出20余件不同**文种**、不同文字、不同时期的档案拍成照片附在书前。为保持档案原貌，除个别情况外对文字一般不作修改或注释，幅面则根据版式需要，按比例适当作调整。藏文档案由于过大，均拍照制版。凡朱批、披红、印章，均套红印刷。为照顾不同文字档案不同的书写习惯，所辑每件汉文档案排列顺序为从右到左，而每件满文和蒙古文档案排列顺序则为从左到右。

辑录的清宫珍藏历世达赖喇嘛档案真实记录和反映了清朝政府治理西藏和其他藏区情况，是清朝中央政府对西藏地方行使主权管理最权威的历史凭证，也是研究清代西藏历世达赖喇嘛政治、宗教活动的重要史料。不仅对研究自清初迄今300多年来的中国历史，西藏的政治、经济、宗教、文化史和西藏地方与中央政府的关系史有重要的参考价值，而且对在广大群众中进行爱国主义和民族政策教育也都有着重要的现实意义。

（丁华东）

《清光绪朝中法交涉史料》 *Archives Concerning Sino-French Relations 1875～1908* 中国清代档案文献汇编。**故宫博物院文献馆**编印。1932～1933年陆续出版。共22卷，分订11册，线装。所辑档案文件均选自清军机处档册或月折包，共收入清光绪元年（1875）正月至光绪十年六月期间的谕旨、**奏折**、**电报**、**照会**、函札等1076件，另有附件262件，多为法方对清廷的照会、**节略**以及清政府对法方的回函。依收文时间先后依次编排，并于每件标题下注明收文及发文日期。卷一所辑光绪元年至光绪五年的文件，主要内容有四川等地的民教争讼案件，出使英法大臣郭嵩焘、曾纪泽等的交接事宜及一般交涉事件，如光绪元年法国传教士被劫、清政府扣留外国货船并对英法美等国索赔进行处理等事件。卷二以下为光绪七年至光绪十年六月期间有关法国侵略越南和中法战争的文件，反映了清政府主战、主和两派官员之间的矛盾和斗争，以及慈禧、李鸿章等推行妥协退让政策及其危害。

上述史料对于光绪年间中法交涉的具体细节进行了翔实的描述，为中国近代外交史与国际关系史研究提供了可靠资料。

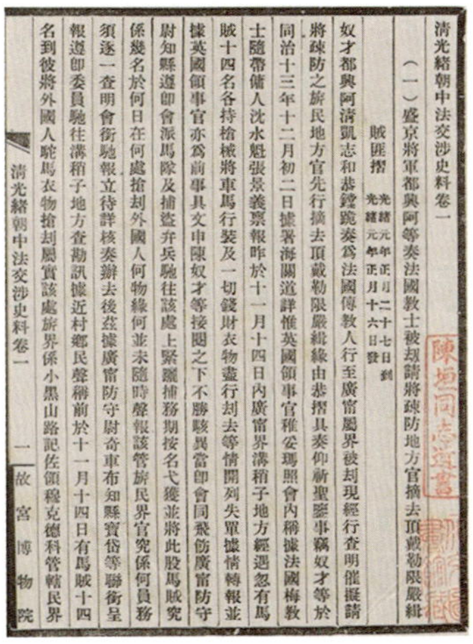

《清光绪朝中法交涉史料》书影

（张书才）

《清光绪朝中日交涉史料》 *Archives Concerning Sino-Japan Relations and Negotiations in the Guangxu Era of the Qing Dynasty* 中国清代档案文献汇编。**故宫博物院文献馆**编印，1932年出版。共88卷，分订44册，线装。所辑档案文件全部选自清军机处档册或月折包，各件均由编者加拟标题并编号，按收文时间先后依次编排。

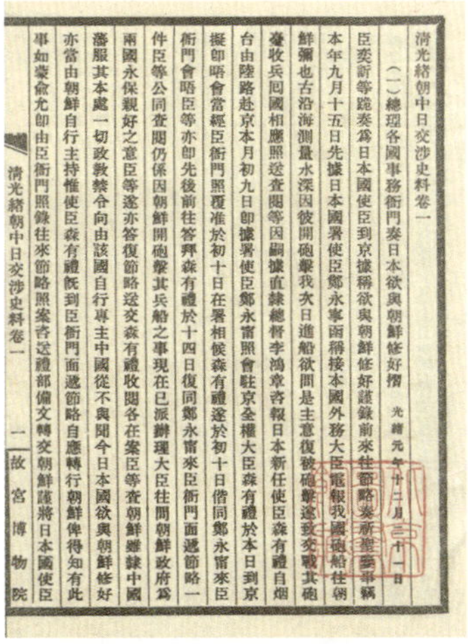

《清光绪朝中日交涉史料》书影

卷一至卷七十四收入谕旨、**奏折**、**电报**、函札、**照会**、条约等5592件，另有附件803件，比较系统地记录了清光绪元年（1875）十二月至三十四年十二月期间的中日关系及有关交涉事宜，主要内容包括：日本侵占琉球，侵犯中国台湾，胁迫朝鲜签订《江华条约》及清军应邀帮助朝鲜国王镇压“甲申政变”，中日甲午战争，天津教案及八国联军侵华，日俄战争，中朝间岛界务，以及日本胁迫清政府签订不平等条约，攫取中国利权等。卷七十五至卷八十八，为有关日俄战争的“东事收电档”和“东事发电档”，共收入光绪二十九年十二月至光绪三十一年十二月期间的有关电报1892件，记录了日、俄两个帝国主义国家在中国领土上进行战争的始末及给中国人民造成的巨大灾难，记录了清政府采取“局外中立”政策，丧权辱国、出卖利权的史实。

遴选史料方面有两个特点：①凡与“球案”有关的文件都被选入，这是由于台湾与琉球相距不远，在对日关系上往往有所牵连，将“球案”全录以证真相。②甲午之战国内反对和议条款的文件，大约占到该书内容的1/3，可一窥当年一般舆论对于割地问题的反应。

（张书才）

《清季教务教案档》 *Record Book of Missionary Cases of the Qing Dynasty*　中国清代档案文献汇编，中国近代史资料汇编之一。又称《教务教案档》。台北“中央研究院”近代史研究所编辑出版。1974～1981年陆续影印发行。共7辑21册，硬精装，1000余万字。第一辑3册，辑入咸丰十年（1860）至同治五年（1866）文书1894件；第二辑3册，辑入同治六年至九年文书1315件；第三辑3册，辑入同治十年至光绪四年（1878）文书1454件；第四辑3册，辑入光绪五年至十二年文书1304件；第五辑4册，辑入光绪十三年至二十一年文书2611件；第六辑3册，辑入光绪二十二年至二十五年文书1512件；第七辑2册，辑入光绪二十六年至宣统三年（1911）文书997件。

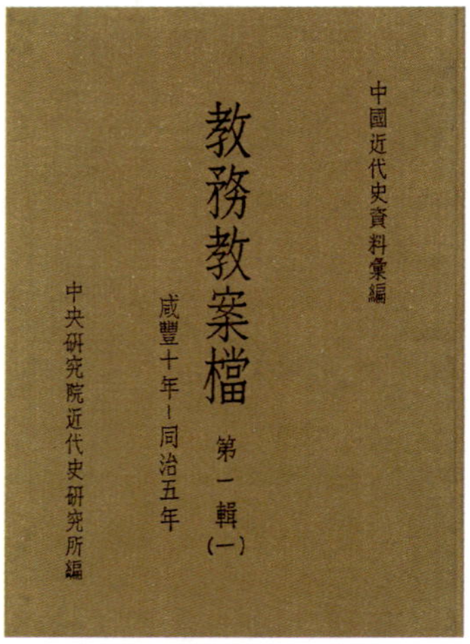

《教务教案档·第一辑》封面

据清总理各国事务衙门有关基督教来华传教及各地反洋教案件的清档编纂而成。包括谕旨、奏疏、函札、照会、咨文、条规、告示等。按通行教务、京师教务、各省教务（直隶教务、山东教务、山西教务、河南教务、江苏教务、安徽教务、江西教务、湖北教务、湖南教务、四川教务、浙江教务、福建教务、广东教务、广西教务、云南教务、贵州教务、陕西教务、甘肃教务、新疆教务、奉天教务、吉林教务、黑龙江教务）等若干大类编排。在第六、七辑中增入日僧传教一类。除京师教务以案例排列外，通行教务及各省教务则依年次或地区排列，并依顺序编号。全书编有分类目录，列于各辑首册之前。先为文书编号，次为收文或发文日期，再次为收文或发文者，更次为文书主要事由。所辑文件均经编者句断，并编有中英文大事年表，附于各辑末册之后。

内容广泛，有传教士索还旧址、建堂、租地、传教、民教诉讼、反教斗争、教案赔款以及中外为办理教案而进行的各种交涉等，涉及全国各个地区，反映了第一次鸦片战争后基督教势力在华传播的曲折过程。为研究近代中国教务教案的重要资料汇编。　（吕　坚　丁华东）

《清末筹备立宪档案史料》 *Archival Documents of the Preparation for Constitutional Government in the Late Qing Dynasty*　中国清代档案文献汇编。故宫博物院明清档案部编。中华书局1979年出版。平装，上下两册，83万余字。《近代中国史料丛刊续编》收录，为第81辑，沈云龙主编，台湾文海出版社1981年影印发行。所载史料均选自故宫博物院明清档案部所藏清廷军机处上谕档、录副奏折及宫中朱批奏折等有关清末筹备立宪活动的文件，共401件。起自光绪三十一年（1905），迄于宣统三年（1911），包括诏令文书，内外臣工有关筹备立宪不同意见争论的奏闻、条陈，或议复有关筹备立宪的刑律、制度、条例、章程、大纲、办法等事项的奏折、夹片、呈文、清单等档案文件，御史谏臣的奏折以及中央部院大臣及各省督抚大员的奏、咨文书。也含有一些中央部院的司员、地方州县官员及监生、举人、留学生等人的呈文。按所辑文件的内容分为两编：第一编是清末统治集团对筹备立宪的策划和议论，下分出洋考

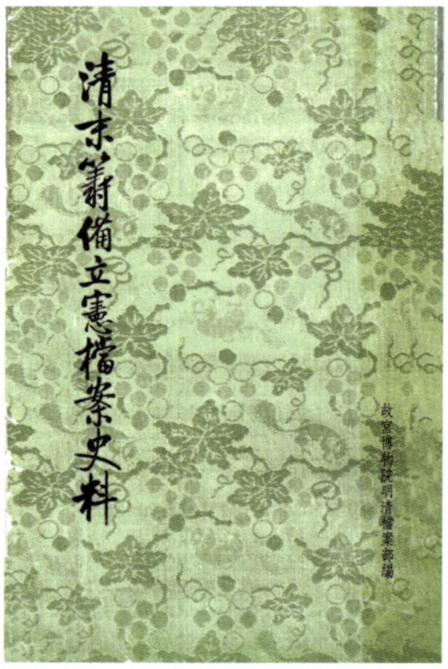

《清末筹备立宪档案史料》封面

察政治的情况、预备立宪的宣布和策划、统治集团内部的议论等3个专题；第二编是清末筹备立宪各项活动情况，下分官制、议院、谘议局和地方自治、法律和司法、满汉关系、教育、财政及官报等8个专题。各专题内档案史料按成文时间排列。　（朱金甫）

《清圣训》 *Imperial Edicts of the Qing Dynasty*　中国清代皇帝谕旨汇编。又称十朝圣训。自康熙起，各朝皇帝继位后均令词臣将前朝皇帝的谕旨编纂成书，以使后代恪守祖训，也便于查考。到光绪时，共编有十部，通称十朝圣训。十朝圣训分别为：《太祖高皇帝圣训》4卷，康熙二十五年（1686）成书，为努尔哈赤谕旨；《太宗文皇帝圣训》6卷，康熙二十六年成书，为皇太极谕旨；《世祖章皇帝圣训》6卷，康熙二十六年成书，为顺治谕旨；《圣祖仁皇帝圣训》60卷，雍正九年（1731）成书，为康熙谕旨；《世宗宪皇帝圣训》36卷，乾隆五年（1740）成书，为雍正谕旨；《高宗纯皇帝圣训》300卷，嘉庆十二年（1807）成书，为乾隆谕旨；《仁宗睿皇帝圣训》110卷，道光四年（1824）成书，为嘉庆谕旨；《宣宗成皇帝圣训》130卷，咸丰六年（1856）成书，为道光谕旨；《文宗显皇帝圣训》110卷，同治五年（1866）成书，为咸丰谕旨；《穆宗毅皇帝圣训》160卷，光绪五年（1879）成书，为同治谕旨。十朝圣训均有清内务府刊本传世，原本现存中国第一历史档案馆。

圣训的编排是按门类选择谕旨，各门类内再按成文时间顺序排列。无目录，凭类目查找。所设类目多且细，因谕旨内容广泛，时间较长，多有一件谕旨被选入几个类目的情况。谕旨的选择标准不一，分类混乱。有的皇帝对同一件事前后观点有异，处理也不同，此类谕旨虽在一个类目中，内容却相差甚远。圣训未选密诏，且对有些谕旨做了删节。　（刘耿生）

清史馆大库　repository of the Qing Historiographer's office　中华民国时期用来保存编修清史所用档案资料的库房。原为清代国史馆大库。

位于故宫博物院东华门内。清康熙二十九年（1690）为纂修天命、天聪、顺治三朝历史而设国史馆，史竣即撤，至乾隆三十年（1765）遂为常设。1914年北洋政府在国史馆旧址成立清史馆，库房亦转归其属。清史馆在馆长赵尔巽主持下，组织近百人，利用大库所藏档案资料，以14年时间，于1927年编成《清史稿》。书成，清史馆停办。1928年6月，南京国民政府派易培基接收故宫，清史馆大库亦于6月28日被接收，全部档案封存。1929年10月库内档案、图书分交故宫博物院文献馆和图书馆保管。文献馆将档案集中到故宫内南三所分类整理。

存于大库的档案主要是乾隆三十年后收集的档案及编纂的稿本，也有少量清史馆时期修撰的稿本和收集的档案。其中包括：各处咨送的运河奏折档、考察宪政奏折档、八旗公侯伯袭职档等；从内阁借调的史书、丝纶簿、外纪档等；从军机处抄

录的上谕档、月折档、奏议档、议复档、奏折档、奏事档、廷寄档等；国史馆编的长编、本纪、传、表、志；清史馆编的传、表、志；清历朝所修实录稿本、起居注稿本和内起居注、列传稿本；官员履历以及人事、经费、庶务档案，已故官员事迹、旌表节妇等档案。

1933 年，**文献馆档案南迁**，清史馆大库档案共 83 箱随迁，1949 年后陆续运回。中华人民共和国成立后，清史馆大库仍是保存明清历史档案的库房之一。1962～1963 年曾大规模修缮，较好地解决了库房防潮通风问题。1976 年库内档案迁入西华门新建库房，清史馆大库遂改藏文物。

（陈锵仪）

清退 records checking and return 文秘部门按照有关规定或要求将办毕文件退还原发文机关或其指定的其他机关的活动。清退的目的是更安全有效地管理文件，确保重要文件或机密文件信息内容的安全，或避免无用的、错误的文件信息扩散后给各项工作造成的负面影响。清退文件的范围：①涉密文件，标注绝密、机密、秘密等级字样的公文，根据需要阅办完结后须收回由文秘人员统一保存。②发文单位指定限期清退的内部文件、重要会议文件、征求意见文稿、领导内部传阅文件等。③调离岗位的工作人员保存的原职位的重要文件。④有重大错漏情况或被明令撤销的文件等。

清退文件的要求：①注明清退日期的绝密文件及其他文件材料，应由机要部门或文秘部门填写文件清退单（包括清退文件标题、字号、份数、密级等），注明清退日期和清退编号。②待清退的文件材料应与其他文件分别保管，任何人不得私自翻印、摘录、复印。清退文件时，交接双方须对照清退单认真清点，并在清退单上签字，以备查考。

（杨　霞）

《清宣统朝中日交涉史料》 *Archives Concerning Sino-Japan Relations Negotiation in the Xuantong Era of the Qing Dynasty* 中国清代档案文献汇编。**故宫博物院文献馆**编印，1933 年出版。共 6 卷，分订 3 册，线装。全书收录清宣统元年（1909）正月初三至宣统三年十二月初八期间军机处的各类文档，内容包括有关各种涉日之外交档案，如上谕、**奏折**、**电报**、国书（不包含密谕、密折）等 575 件，另有附件 31 件。

所辑档案文件均按收文时间依次编排，每件标题之下注明收文及具文时间。卷一至卷三主要是有关中朝间岛界务和

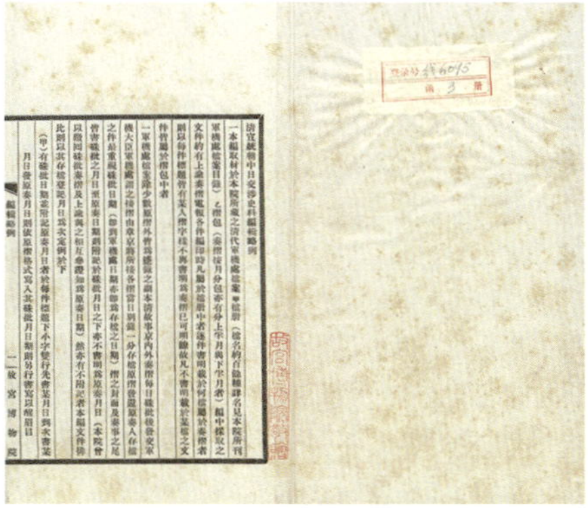

《清宣统朝中日交涉史料》书影

中日“东三省交涉五案”（新民屯至法库门铁路、大石桥至营口支路、抚顺和烟台煤矿、安奉铁路和南满洲铁路沿线矿务、京奉铁路展造至奉天城根等）文件；卷四至卷六主要是有关李家驹、载洵等考察日本宪政及日俄密约、锦爱铁路、通商、设领等文件。

（张书才）

《清政府镇压太平天国档案史料》 *Archives of the Suppression of the Taiping Rebellion in the Qing Dynasty* 中国清代档案文献汇编。**中国第一历史档案馆**编，俞炳坤主编。共 26 册，前 2 册由光明日报出版社 1990 年出版，其后由社会科学文献出版社至 2001 年陆续出版。

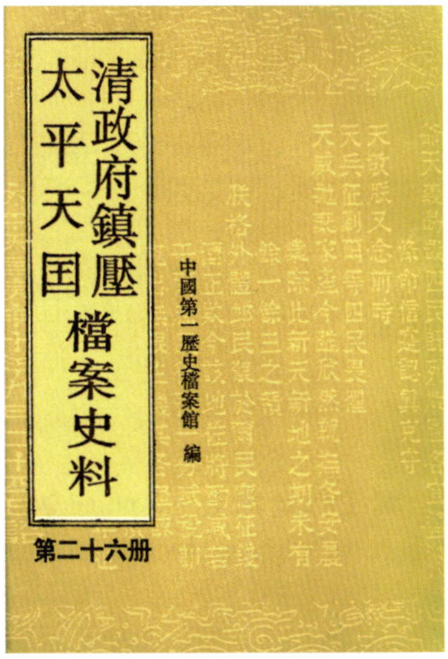

《清政府镇压太平天国档案史料》封面

档案史料记录了清政府镇压太平天国的史实，也在一定程度上反映了太平天国革命从发生、发展到最后失败的整个过程及其政治、经济、军事、文化等各个侧面的情况，是研究太平天国革命的重要第一手史料。

收录档案始于清道光三十年（1850）五月，止于同治五年（1866）二月。共 13 985 件，计 1382.5 万字。所辑档案主要选自中国第一历史档案馆藏军机处全宗的**录副奏折**、上御档、剿捕档，方略馆全宗的《钦定剿平粤匪方略稿本》，宫中全宗的**朱批奏折**，内阁全宗的**题本**以及京城巡防处档等各档册，各件档案均于标题及日期之下注明**文种**、出处。在选材上，凡是《钦定剿平粤匪方略稿本》所载的档案文件，全部予以辑入，原件有保存的照录原件，原件不在馆藏中或已散失的则依据《钦定剿平粤匪方略稿本》予以补充；尽可能地选录《钦定剿平粤匪方略稿本》缺载但具有研究价值的档案文件，如清官员文书（奏议、遗折、**照会**、供词、清单等）；从各地搜缴的太平天国文书（诰谕、**告示**、信函、禀文、供词等）；外国文书（照会、国书及信函等）。注意选取战争以外其他有关档案。

所辑档案采用编年体例，各件原则上按照具文时间依次排列，以如实、客观地反映事件的发展过程。所辑各件档案原则上均予全文公布，但对**奏折**中引用的本书已经刊载的上谕以及个别文件中与本书主题无关的内容和重复的文字，编者作了必要的删节，并于删节之处注明（谕文略）或（略）字。所选用的军机处录副奏折，有的结尾缺载皇帝的朱批，编者尽量查对军机处《随手登记档》分别予以补充，文件中凡有皇帝朱批、朱改、朱点、朱圈之处，编者分别予以注明。编者对其中各件档案史料均作了点校并编制出标题目录。为深入研究太平天国史起到一定推动作用，受到学术界专家学者的高度肯定。

（丁华东）

请安折 qing'an zhe 中国清代**上奏文书**文种名称。是官员向皇帝请安问好的奏折。请安，原是一种见面问候礼节，始于辽代。清朝尤尚此礼，并逐步衍变成官方礼仪。请安折主要呈给皇帝，上折之人以各地将军、督抚、提镇等为主。雍正朝以后，能够上请安折的人越来越多。除皇帝外，皇太后、皇后、康熙朝太子和嘉庆朝太上皇也接受臣子的请安折。

请安折是清代规格最高的奏折之一，装帧精良。寻常请安折面版同底版均用云龙黄绫裱褙，折身表里用黄粉笺，封套外用云龙黄绫。节庆日请安折及封套则用鹤顶条魁红纸为底。国丧期间，请安折均用白纸。请安折的传送，一般由官员差亲信家人送到京城，等朱批发下，直接由内奏事官员交给亲信家人带回。

请安折格式固定、内容简略，仅“恭请皇上圣安”或“跪请皇上圣躬万安”即可。复杂一些的，还可在折中表达自己深受主恩愿效犬马之劳的感激之情，或在请安之外还附带奏陈他事。皇帝对请安折一般有朱批，长短不一，简单者有“安”“朕

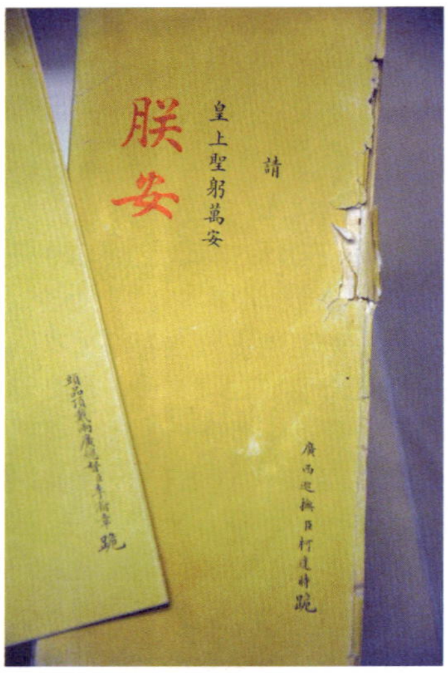

广西巡抚柯逢时请安折

安”“知道了”，复杂者则涉及国家政治、经济、军事、帝王生活的各方面。

（何　庄）

请示　request for reply　现代公文法定通用文种。属于上行文种，适用于向上级机关请求指示、批准。通常在下列情况下使用请示文种：对有关政策、规定有不理解之处或需要变通处理，请求批准或批转，根据规定履行审批手续。依据使用情况分为3种类型：请求指示型请示、请求批准型请示、请求批转型请示。请示必须事先行文，严禁“先斩后奏”。请示必须“一文一事”，不得“多头主送”。（王　健）

《请修写铨选簿书奏》　*Report to the Emperor Concerning Archival Transcription*　中国唐代关于甲历档案的上奏文书。唐宪宗元和八年（813），吏部侍郎杨于陵上《请修写铨选簿书奏》，提出了具体的整理甲历档案的方式，将文书档案的整理重点认定为修写，即重抄和缮写，并规定此次修写档案的时间范围。根据蒋卫荣《论我国古代文献（文物）保护技术移植的选择性特征名》研究结论，其中提出的档案整理方法不仅原始、简单，而且有效、实用、经济，注重文书档案信息内容的完整与真实，被唐王朝长期沿用，奠定了中国古代文书档案管理制度的基础。在明清时期的档案管理制度中，录副、缮写也占据着档案整理的主要地位。《请修写铨选簿书奏》表现了唐王朝对甲历档案的重视，以及档案工作在唐代的发展，是古代档案工作发展到一定阶段的产物。（王云庆）

《庆元条法事类·文书门》　*Legal and Economic Historic Materials during the Qingyuan Period Document*　中国南宋对文书档案工作制度进行规范的文档立法成果。《庆元条法事类》由南宋谢深甫监修。全书共80卷，附录2卷，所收为南宋初年（1127）至庆元（1195～1200）年间的敕、令、格、式、旁照法及随敕申明，共分十六门。文书门是其中的十六门之一。《庆元条法事类·文书门》内容涉及文书与档案工作的诸多方面与环节，是南宋时期文档立法成果的主要标志和集大成者，也是南宋时期文档立法水平与层次的直接体现，同时还是南宋时期文书及档案工作内容与形式的间接反映。

从总体上看，《庆元条法事类·文书门》里的规定大体可分为两类，即文书制度与档案管理制度。主要规定有：①诏敕条制类，包括敕令格，其内容为对违反文书运行制度的惩罚、公文制作、流转的总章程。②赦降类，包括敕令格申明，其内容涉及对具体犯罪进行审理和判决的原则、刑期的确定方式及不同公文的运行制度。③文书类，包括敕令式，规定了不同公文的格式、文书工作的具体运行制度及惩罚措施。④程限类，仅有令条，主要规定了公文的行文时间限制。⑤行移类，包括敕令申明，其内容为对公文办理程序的规定。⑥架格类，包括敕令格，其内容为有关档案工作的具体规定，这些法条构成一个完整的档案工作法规体系。⑦给纳印记类，包括敕令，对用印制度做出具体规定。⑧雕印文书类，包括敕令格，主要对出版工作做出限制。⑨毁失类，包括敕令格式申明，内容为对丢失档案情况的处理措施。⑩质卖类，包括敕令格，其内容为对变卖、毁失档案的处理方法。⑪私有禁书类，包括敕令格，对书籍流转作了限制规定。以上11类内容涉及南宋文书档案工作的方方面面，系统地规定了文书档案工作的具体工作流程。（王云庆）

全国档案工作者年会　Annual National Conference of Chinese Archivists　中国档案专业人员业务研讨会。国家档案局主办、中国档案学会承办，参会人员主要是来自全国各行各业的档案工作者、专家、学者代表。宗旨是：贯彻落实党和国家关于档案工作的方针政策及国家档案局对全国档案工作的指示精神，为学会会员和广大档案工作者搭建学术交流的平台，为档案部门与相关企业搭建技术交流和供需服务的平台，促进档案事业的科学发展。全国档案工作者年会每两年召开一次，设立主会场论坛和分会场论坛，2008～2018年共召开6届，每届参会人数为1000人左右。

2008年10月中国档案学会在昆明召开了首届中国档案工作者年会，主题是档案事业科学发展：新环境、新理念、新技术。以科学发展观为指导，认真总结改革开放30年来档案事业发展的经验，研究探索档案事业发展规律、创新档案事业发展思路、破解档案事业发展难题，提高档案事业发展质量和水平，努力搞好“两个体系”建设，更好地发挥档案和档案工作在构建社会主义和谐社会中的重要作用，为推动社会主义文化大发展、大繁荣服务。

2010年第二届全国档案工作者年会于11月在南宁举办。本次年会的主题是回顾与展望，即回顾“十一五”期间档案事业发展的情况，展望“十二五”期间档案事业发展的前景。年会设立7个分会场论坛，讨论主题是“三个体系”建设与档案事业发展；档案整理与鉴定工作；档案编纂工作的时代特色与发展趋势；档案保护工作创新与实践；档案信息化建设发展与进步——档案影像传统和现代技术的碰撞与交融；新时期企业档案工作。

2012年第三届全国档案工作者年会于10月在成都举行。本次年会的主题是档案与社会主义文化大繁荣大发展。年会设立7个分会场论坛，讨论主题是文化传承与身份认同——城市记忆工程的理论与实践；基层档案室和档案馆的档案鉴定工作；档案编研与档案文化建设；档案保护与中华文化的传承；信息技术与档案服务能力建设；文献影像技术与社会主义文化大繁荣大发展；企业档案工作与企业文化建设。

2014年第四届全国档案工作者年会于9月在厦门举行。本次年会的主题是创新——档案与文化强国建设。年会设立7个分会场论坛，讨论主题是档案公共服务的拓展与创新；档案的整理鉴定与数字化；档案文化建设：档案文化特色与档案文化精品；技术成果支撑科学务实保护；档案信息化建设；创新与发展——数字、模拟影像技术服务档案工作；大数据时代的企业档案工作。

2016年第五届全国档案工作者年会于11月在广州举行。本次年会的主题是大数据时代的档案工作。年会设立7个分会场，讨论主题是档案与国家治理；数字化后整理——电子档案的深度整理研究；档案文化建设的创新；抢救保护重点档案，服务国家核心利益；档案数据长期安全存储与管理；影像技术的核心要素——数据格；企业档案工作如何跟上大数据时代步伐。

2018年第六届全国档案工作者年会于10月在合肥举行。本次年会的主题是新时代档案工作者的使命——融合与创新。年会设立8个分会场论坛，讨论主题是新时代中国档案工作者的理论自信与使命担当；整合与拓展：新时代档案资源建设；文化自信：

档案编研开发的新实践新思考；初心与使命：档案文献遗产保护科学化实施；档案信息化新理念新技术；融合与创新：新时代的影像技术；创新与发展：新时代企业档案工作；融合与发展：档案宣传工作创新实践。（黄浩民）

《全国档案信息化建设实施纲要》 *Implementation Outline of the National Archives Informatization Construction* 中国“十五”期间档案信息化工作规划。2002年，由国家档案局和中央档案馆联合印发。包括档案信息化基础设施建设、档案信息资源建设、档案管理应用系统建设、档案信息化标准规范建设、档案信息化人才队伍建设、档案信息安全保障体系建设6个方面，共23条。对全国档案信息化工作要求作了提纲挈领的介绍，强调在“十五”末档案机构在档案信息化建设的实施中应达到的成果。

具体内容包括：①档案信息化基础设施建设。继续推进运用计算机管理档案，提高各级各类档案馆、档案室计算机和网络技术的应用程度，逐步提高档案信息化水平；各省、自治区、直辖市档案局（馆）应建设和完善局域网，并且与当地政务网联通；逐步推进西部地区档案部门计算机和网络技术的应用，与西部大开发战略相结合，探索一条适合当地档案信息化建设的道路。②档案信息资源建设。充分运用计算机技术，加快档案目录数据库建设，提高档案检索利用服务质量；各级机关向档案馆移交档案时，逐步实现机读目录的一同移交；进一步加强档案目录中心建设，推进档案信息资源共享。在目录数据库的建设基础上，积极推进全文数据库和多媒体数据库的建设，开展电子文件归档的监督指导工作。研究电子档案接收、保管、利用的技术方法，制定电子档案管理办法，推进档案数字化进程。③档案管理应用系统建设。进一步提高档案管理软件的技术和应用水平，在全国推广应用相对统一、符合规范的档案管理软件，为保证档案信息交换、实现档案信息资源共享创造条件；推进机关档案管理与办公自动化同步发展；各级档案行政管理部门要积极参与政府上网工程和电子政务建设；地方档案行政管理部门应建立链接本地区各级各类档案网站的门户网站，充分利用和发挥网站的作用，使档案网站成为宣传档案工作、开展档案信息服务的窗口；建设示范性数字档案馆。④档案信息化标准规范建设。包括加快推进档案信息化法制建设和完善档案信息化标准体系两方面。⑤档案信息化人才队伍建设。加强档案业务人员培训工作，如领导干部进修制度、档案业务人员技能培训；加强档案信息建设相关技术培训课程与教材的建设和管理。⑥档案信息安全保障体系建设。组织建设档案信息安全保障体系框架，完善档案信息安全管理体制；在档案信息化开发利用中提高信息安全意识，防止失密、泄密的发生。

《纲要》是中国档案信息化工作的专项规划，对“十五”期间档案信息化建设的指导思想、目标任务作了专门部署，具体明确了档案信息化建设的基本内容和建设要求，对全国档案信息化建设产生了积极、重大的影响，标志着全国档案信息化建设进入全面推进阶段，是中国档案信息化过程中里程碑式的文件。（钱 毅）

全国电子文件中心建设经验交流会 Experience-Sharing Session on Construction of Nationwide Electronic Records Center 中国国家档案局组织召开的全面推进电子文件中心建设的全国性会议。2007年4月26至27日，在江苏、安徽两省召开。国家档案局、国务院信息化工作办公室有关领导和部门负责人，全国各省、自治区、直辖市和计划单列市档案局负责人出席会议。会议主要内容是：学习贯彻中共中央政治局候补委员、中央书记处书记、中共中央办公厅主任王刚重要批示，考察、交流、总结、推广各地建设电子文件中心经验，研究和部署进一步推进电子文件中心建设和电子文件管理工作。

会上，天津市、上海市、江苏省、安徽省、山东省、广东省、四川省、陕西省8个省市档案部门交流了电子文件中心建设和电子文件管理工作的经验和做法，集中表现在：江苏省全省统筹、整体推进的模式，陕西省着眼安全、从备份入手的思路，安徽省标准先行、分步实施的策略，天津市注重创新、科研引路的尝试，上海市基层试点、齐抓共促的做法，山东省数字档案馆建设带动电子文件管理的方法，四川省以党政网建设为突破口的技术路线，广东省电子文件管理与电子政务同步发展的机制等。

会议建议抓好“三个结”：①电子文件中心建设与数字档案馆建设相结合。②电子文件管理工作与档案信息资源开发利用工作相结合。③发挥电子文件的作用与档案网站建设相结合。会议要求全国档案系统把电子文件中心建设工作纳入议事日程，实事求是、因地制宜，扎实有效地推进电子文件中心建设，并以此为突破口，全面建立有中国特色的电子文件管理体系。

会议是在电子政务和办公自动化快速发展，电子文件大量生成、亟待规范管理的背景下召开的。会议的召开对于增强全国档案部门的电子文件管理意识，探索符合国情的电子文件管理模式，增强电子文件信息资源的国家控制力具有重要意义。交流会后，全国电子文件中心建设工作迅速展开。（黄玉明 朱霖露）

全国数字档案馆（室）建设推进会 National Conference on Promotion of Digital Archives & Record Office 中国国家档案局组织召开的在全国范围内全面推进数字档案馆和数字档案室建设的全国性会议。2013年10月10日在江苏省太仓市召开。国家档案局，各省、自治区、直辖市档案局馆，各计划单列市档案局馆，中央和国家机关各部委档案部门，各中央企业档案部门主要负责人60余人出席会议。

会议总结了全国数字档案馆（室）建设取得的成就，参观了太仓市和苏州工业园区数字档案馆（室）建设现场。中国第一历史档案馆，北京市、辽宁省、青岛市、十堰市、伊金霍洛旗、太仓市档案局馆，海关总署办公厅档案处等单位介绍了经验。

会议提出了全国数字档案馆（室）建设目标是用15年左右的时间，建成以数字资源为基础、安全管理为保障、远程利用为目标的数字档案馆（室）体系，使各级各类档案馆（室）能够实现对电子文件的归档和管理并按规定及时移交；县以上各级国家档案馆基本建成数字档案馆，能够接收和保管各进馆单位归档的电子档案，对馆藏传统载体档案全部数字化，实现馆藏档案的数字化利用、馆藏开放档案的互联网利用以及馆藏电子档案的安全保存和长期可利用；县直机关以上档案室传统载体档案基本数字化并实现数字化利用。

为实现全国数字档案馆（室）建设目标，要求各级档案部门重点抓好6项工作：①按照“存量数字化”要求，大力推进传统载体档案数字化。②按照“增量电子化”要求，全面开展原生电子文件的归档、接收工作。③按照《数字档案馆建设指南》和《数字档案室建设指南》要求，大力加强数字档案馆（室）的硬件、软件建设。④按照“安全第一”要求，全面提升数字档案馆（室）的抗风险能力。⑤按照“服务为先”要求，共同参与全国开放档案共享平台建设。⑥按照“保障有力”要求，抓好数字档案馆（室）工作体制和机制建设。

会议树立了一批可供学习的数字档案馆（室）建设典型，倡导各级档案馆（室）

以实际行动开展数字化，实现数字转型、数字升级、数字换代，推动全国档案系统建成更多的数字档案馆（室）。会议推动了全国数字档案馆（室）建设工作全面展开。

（黄玉明　朱霖露）

全集　complete works　包含一个作者（文件形成者）全部（尽可能收集到的）有价值文稿的档案文献结集方式。又称全书。对在历史上有特殊重大作用的人物，可将其全部活动中形成的著作、论文、讲演、**公文**、信函、**电报**、日记、诗词、笔记、提纲、草稿、批注等集为一书，以便读者全面系统地研究作者的生平、事业、思想，如《列宁全集》《曾国藩全集》《鲁迅全集》《茅盾全集》等。合集有的也可取全集方式编纂，如《马克思恩格斯全集》等。

编纂全集是一件十分严肃、非常艰巨的工程。清代学者叶廷琯《鸥陂渔话·石唯庵残稿》言："拟俟异日求得徵君全集，再谋专刻矣。"以《孙中山全集》的编纂为例，早在1925年10月，即孙中山逝世半年之后，上海三民图书公司即首次出版了《中山全集》，此后至20世纪40年代，又出版

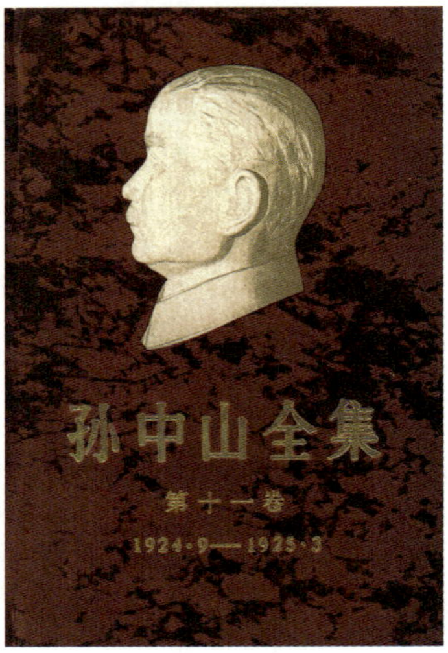

《孙中山全集》封面

过孙中山的"全集""全书""丛书"不下数十种，其中以1943年重庆众志书局出版的《总理全集》字数最多，达150多万字，收入著作1500篇左右。1973年台湾出版的《国父全集》，字数增至400万字，收入著作5000多篇，但仍存在不少问题。1986年出齐的由中国社会科学院近代史研究所、中山大学和广东省社会科学院编纂的12卷本《孙中山全集》（正文11卷），比台湾版所收著作又多出2000多篇，字数增加了1/4以上。这部内容更充实、科学性更强的全集的出版，可以说是近50年来对孙中山著作收集、挖掘、翻译、研究成果的集中体现。

（丁华东）

全引目录　file-item list　以馆藏法检索语言（档号语言）为基础编制的档案检索工具。又称案卷文件目录、卷内文件目录汇集。通常以全宗为单位，将立档单位的案卷目录与卷内文件目录合二为一，按一定次序编排而成。

种类和结构　①按组织形式可划分为两种：一种是以时间为基本组织单元的全引目录；另一种是以主体内容或职能活动为组织单元的全引目录。前者适用于按年度组织归档的档案实体管理，通常用于立档单位形成的文书档案；后者适用于科技档案，如基本建设项目档案、设备档案、科研档案、产品档案等对象。②按载体形式可区分为三种类型，即书本式（簿册式）全引目录、卡片式全引目录（较少使用）和电子式全引目录。全引目录的结构一般包括封面和全引目录表两部分。其中封面上应著录：档号（起讫号）、案卷起止时间、立档单位、全引目录名称；全引目录表应著录：保管期限、案卷号、序号、责任者、文号、题名、日期、页号和备注等。

基本样式　见下表所示。

案卷文件目录（全引目录）

保存期限：永久

案卷号	序号	责任者	文号	题名	日期	页号	备注

意义和价值　全引目录是一种档案馆（室）经常使用的档案检索工具。档案部门和用户可以利用这种检索工具进行案卷级和文件级的检索，是用户实现检索需求的重要查找工具。

（王英玮）

全宗卷　file of fonds　档案馆（室）在管理某一全宗过程中形成的、能够说明该全宗历史情况的各种文件材料所组成的专门案卷。一般来说，全宗卷通常包括：在档案收集工作中产生的文件材料，如档案移交目录；在档案管理工作中形成的文件材料，如立档单位和全宗的考证材料；在档案鉴定中产生的文件材料，如鉴定档案材料的分析报告和档案销毁清册；在档案保管、统计工作中形成的文件材料，如档案安全检查记录材料；在**档案提供利用**工作中所形成的文件材料，如全宗指南、机关工作大事记、机关组织沿革等。

全宗卷的性质和特点：全宗卷不是该全宗内文件的组成部分，而是档案馆和现行机关档案室在本身的工作活动中形成的一种档案。全宗卷与其全宗有着密切的联系，所以它并不固定保存在形成全宗卷的档案馆和档案室，而是随全宗的流动相应地保存在全宗档案所在的档案馆（室）。掌握全宗卷成分的不定型性和保存单位的流动性特点，有利于全宗卷的管理和作用的发挥。

全宗卷的管理要求：一般每一全宗均须建立全宗卷，并不断地补充反映全宗情况的各种材料，当全宗转交给另一个档案馆（室）保管时，与之相应的全宗卷也必须随同全宗一起移交；全宗卷通常是单独集中，按全宗号顺序保管。

全宗卷是档案馆（室）管理全宗的一种工具。由于它存储了记述和反映全宗档案及其发展变化的原始凭证和有关的资料，可以为全宗的整理、鉴定、统计、利用服务和进一步收集该全宗范围内的档案提供重要的依据。全宗卷也是档案馆（室）对全宗进行日常管理、保管工作人员掌握全宗情况不可缺少的材料。

（王德俊　黄世喆）

全宗理论　whole file theory　档案馆对档案进行组织和整理的一种理论。又称全宗原则。为档案管理的基本理论，核心思想是维护档案之间的有机联系，以全宗为单位管理档案，同一全宗的档案不可分散，不同全宗的档案不可混淆。全宗理论是**来源原则**的重要表现形式，与来源原则具有密切的关联性，在世界各国具有广泛的影响，对档案管理具有指导意义。

概念　**国际档案理事会**（ICA）组织编写的《**档案术语词典**》（1999年版）将全宗定义为："特定个人、家庭或法人团体在履行其职能或完成活动过程中有机生成或/和积累的任何形式或媒介的所有文件的统称。"中国档案行业标准 DA/T 1—2000《档案工作基本术语》将全宗定义为："一个国家机构、社会组织或个人形成的具有有机联系的档案整体。"全宗是档案馆内档案的基本分类和管理单位，也是国家全部档案的基本组成单位。

形成与内涵　全宗理论伴随国家档案馆的建立而发端。1841年4月24日，法国内政部颁发了《关于各部和各地区档案整理与分类的指示》，首次提出了尊重全宗原则，要求将来源于一个特定机构（包括行政机关、公司、家庭、个人等）的所有档案组

成一个全宗，档案整理人员不得将全宗拆散或把不同全宗混淆。德国历史学家 H.von 西伯尔于 1874 年首次提出了来源原则，并于 1881 年写入《国家机密档案馆档案整理条例》，要求档案馆内的档案文件按照其组成部分的来源进行整理，该条例同时提出了登记室原则，要求档案的组织和排列要保留该机关登记室赋予的原有顺序，这两个原则共同构成了对法国尊重全宗原则的继承、改造和发展。1898 年，荷兰档案专家 S.缪勒、J.A.斐斯（和 R.福罗英在合著的《档案整理与编目手册》一书提出“一个档案全宗是一个有机整体”的思想，强调全宗的不可分散性，提倡尊重全宗内文件在形成机构的原有次序。1910 年在布鲁塞尔举办的国际图书与档案管理者大会上正式发布了《档案整理与编目手册》，确立了来源原则是档案专业的基本原则，全宗概念和尊重全宗原则开始在全世界流行。

挑战与演化 受日益增多且复杂的机构变迁、职能调整和技术发展影响，全宗理论在发展过程中经历了两次实质性的挑战。

第一次开始于 20 世纪 50 年代。德国档案学家 A.布伦内克在 1953 年出版的《档案学——欧洲档案工作的理论与历史》一书中提出了自由来源原则，认为现代档案集合体是来源与事由的结合，不允许也不可能将二者完全割裂。60 年代，澳大利亚提出并尝试、推广了按文件系列进行整理、分类和著录的系列方法，放弃了文件组合方法，一直延续至今。上述变化放宽了全宗的范围，程度不同地承认了在某些情况下按逻辑方法建立档案管理单位的合理性，表明人们对档案之间有机联系的理解不再局限于形成者来源，而是看到和接受了多种形式和可能。

第二次挑战开始于 20 世纪中后期，在日益普及的电子业务环境中，一方面，机构的频繁变动和业务运行机制的多样性使得建立在“同一形成者”基础上的来源概念进一步受到质疑，刻板地按照机构来源划分全宗面临很多新的难题和不合理性；另一方面，计算机强大的信息组织功能可以在逻辑上实现任何维度的组合和检索，档案实体组织方式和排列顺序的管理意义逐步弱化，全宗逐步被视为一种理论建构，而不是有效的实体管理单位。

全宗理论在中国 20 世纪 40 年代，中国档案工作者提出了和全宗近似的思想。1948 年张德泽在《档案分类研究》一文中指出：“所谓系统的分类，即不同机关的档案，各保持其原来系统，分别整理编目，各机关虽有同类档案，亦不合并。”中华人民共和国成立以后，逐步建立了中国的全宗理论，主要包括全宗定义、全宗构成条件和立档单位、全宗成分和形式、全宗划分和全宗群、国家档案全宗等。

全宗定义 中华人民共和国成立后第一部高等学校档案管理学教材——《档案管理学》（1962 年，中国人民大学历史档案系档案学教研室编），将全宗定义为“一个机关（包括企业、事业单位）或著名人物在活动中形成的全部档案”，此后的定义与此基本相同。《档案管理学》指出，档案必须按全宗来整理，全宗是档案馆对档案进行管理的基本单位，同一全宗的档案不能分散，不同全宗的档案不能混淆。按全宗整理档案才能科学地保持档案文件之间的历史联系，全面地反映机关活动的历史面貌，便于档案的保管和利用。

全宗构成条件和立档单位 形成全宗的机关称为立档单位，又称全宗构成者。确定档案全宗划分的界限，即判断拥有档案的机构能否成为一个立档单位。

立档单位的主要标志是其在工作上、组织上和财务上是否具有一定的独立性。一般具备下列条件的机构即为立档单位，它所形成的档案即构成全宗：①可以独立行使职权，并能主要以自己的名义单独对外行文。②是一个会计单位或经济核算单位，自己可以编制预算或财务计划。③设有管理人事的机构或人员，并有一定的人事任免权。上述 3 个条件往往互相依存，但有时并不完全具备，其中以第一条作为最基本的标志和主要条件。

全宗成分和形式 一个全宗的档案是历史形成的，它是由特定的来源单位在履行其职能任务过程中所积累档案的不可分割的有机体系，其成分包括该机关各种门类、各种载体的档案，全宗是档案馆对档案进行整理分类、编目和日常管理，以及国家对档案进行统计监督的基本单位。

全宗的形式分为常规全宗和特殊形式全宗两种类型。常规全宗即一般情况下的独立全宗，包括机构全宗和人物全宗。机构全宗是指党政军机关、社会团体、企事业单位形成的档案整体；人物全宗是指社会知名人物在其一生活动中形成的档案整体。特殊形式全宗指在难以区分或不必要区分独立全宗的情况下，采取联合全宗、汇集全宗和档案汇集等办法，作为全宗的特殊形式或补充形式。联合全宗是指若干独立机关形成的档案，由于混在一起难以区分立档单位而联合组成的一个全宗。汇集全宗是指由档案数量极少的若干全宗按照一定特点组成的一个全宗集合单位。档案汇集是指由不明所属全宗的零散残缺文件按照一定特点集中起来的混合体。

全宗划分和全宗群 在机构稳定的情况下，确定了立档单位即可确定全宗的划分。在出现机构增设、撤销、合并以及名称改变、职权范围和隶属关系调整等变化的情况下，需要考察该立档单位是否发生了根本性变化，以确定是否影响全宗划分。一般情况下，对于政府机关、团体、学校和其他事业单位，主要从政治性质方面分析其变化；对于企业单位，主要从生产关系的性质方面分析其变化；在政治性质或生产关系无根本变化的情况下，主要分析其基本职能是否有根本变化；合署办公机构根据文件是合署处理还是分别处理确定全宗的划分。

档案馆可以对同一时期或地区，具有相同性质的立档单位形成的一定数量全宗按照全宗群管理，这是在全宗理论基础上，解决全宗之间关系的一种管理方法，目的是保持档案在更大范围内的历史联系，维护一定类型的若干全宗相对集中，通常用于全宗号排序和全宗排列顺序。

国家档案全宗 基本含义是：归国家所有的，由国家统一管理的一切档案的总和。中华人民共和国国家档案全宗的构成，包括各个历史时期、各个机关和著名人物形成的，各种内容和形式、各种载体的档案。与其他一些国家的国家档案全宗主要包括国家机关及其所属系统的档案不同，由于中国实行党政档案统一管理原则，中国国家档案全宗包括党、政、军等所有机关和各级组织的档案，是更广泛意义上的全国统一的国家档案全宗。

中国档案学界对全宗理论挑战的回应 中国档案学界针对档案管理实践对全宗理论的挑战也做出了创新性的回应，主要集中在 3 个方面：①关于全宗理论的实质，20 世纪 80 年代末冯惠玲、何嘉荪两位学者合作发表了《全宗理论新探》系列论文，认为来源的含义不限于档案形成者，其本质是“同一社会活动”，指出“全宗是同一社会活动过程中形成的具有有机联系的档案文件整体”，“来源于同一活动过程是全宗的本质和立足点”，根据档案形成过程中本质联系的不同，可以按照形成者或逻辑联系组成主体全宗或客体全宗，全宗所维护的是一种“广义来源联系”。②关于全宗的形态与功能，对于数字环境中的档案管理，有学者认为，全宗的形态将发生异化，在智能控制方面的作用超过实体控制，全宗不再是原来意义上的馆藏单位，而是档案信息处理和用户利用的一个单位或维度，从实体状态变为主要是逻辑链接的虚拟状态。③关于国家档案全宗概念，有学者指出不宜用全宗概念界定国家全部档案，二者本质含义不同。也有学者认为，随着中国社会主义市场经济体制逐渐完善，非公有制经济的比例逐渐加大，非国有档案在社会档案中的比重也在增加，从国家所有权、管理权角度界定国家全部档案，或排除私有档案，或把中国社会产生的全部档案统统纳入国家管理范围都缺乏合理性，建议用国家档案资源理论取代国家档案全宗理论。（冯惠玲）

R

《人大机关公文处理办法》 *Measures for Handling of Official Documents in the National People's Congress of China* 中国人大机关公文处理的最高标准和依据。全国人大常委会办公厅于2000年1月15日印发了《人大机关公文处理办法》(以下简称《办法》),自2001年1月1日起实施,适用于各级人大机关。

《办法》是参照国务院《国家行政机关公文处理办法》,在1998年2月印发的《人大机关公文处理办法(试行)》的修订基础上制定的。主要内容有7章16条。第一章总则,5条。明确制定《办法》的目的;确定人大机关的公文的定义、公文管理的机构、机构人员的工作原则、工作内容。第二章公文种类,1条。规定人大机关的公文种类主要有:公告,决议,决定,法规、条例、规则、实施办法,议案,建议、批评和意见,请示,批复,报告,通知,通报,函,意见,会议纪要等。第三章公文格式,1条。规定人大机关的公文,一般由秘密等级和保密期限、紧急程度、发文机关标识、发文字号、签发人、标题、主送机关、正文、附件、发文机关署名、成文日期、印章、主题词、抄送机关、印制版记等部分组成。第四章行文规则,2条。规定了人大机关的行文关系,应根据各部门的隶属关系和职权范围确定;明确请示问题的公文的报送规定。第五章公文办理,2条。规定公文的办理分为收文和发文。收文办理主要包括:公文的签收、登记、分发、传阅、拟办、批办、承办和催办等程序;发文办理主要包括:公文的起草、校核、审签、登记、印制和分发等程序;强调了传递秘密公文的原则。第六章公文立卷、归档和销毁,3条。规定公文办理完毕后,立卷、归档和销毁的办法。第七章附则,3条。规定各级人大机关执行《办法》的具体时间和执行原则。

《办法》施行以来,对提高各级人大机关公文处理的质量和效率起到了积极的导向作用,促进了公文处理工作的规范化、制度化和科学化建设。

(董丹华)

人事档案 personnel files 记录和反映机关、团体、企事业单位工作人员基本情况的档案。主要包括:人员的履历、自传、鉴定、考核、奖惩、工资、职务、职称、学位、学衔、退休、退职以及其他反映个人情况的材料。人事档案具有很强的现实性,它直接为现实工作服务。它也具有动态性,人事档案立卷后,内容不是一成不变的,而是随着当事人人生经历的延伸不断形成一些反映新情况的文件材料。由于各国国情不同,人事档案的形成和管理情况也不同。在中国,人事档案一般由人员所在单位的人事部门形成和集中管理,如果人员流动,其人事档案也随之流动。分级管理的人员,其全套人事档案由主管部门保管,主要协管单位保管一部分档案的副本。在国外,许多机关和企事业单位主要收集与本单位人事考核有关的档案材料,如果某人辞职到别的单位去工作,其档案仍存在原单位,新聘任单位根据需要,通过本人填写或购买等方法为其建立人事档案,有的国家还有专门收集和出售个人有关材料的信息公司。

企业退休人员档案管理窗口

(吴以文　撰　连志英　修订)

人物档案 character archives 个人在从事各种活动中直接形成的,或其他主体形成的与之有密切关系的,对国家和社会具有保存价值的文字、图表、声像、实物等形式的历史记录。一般包括个人的日记、证书、信件、手稿、著作以及社会对其的研究、评论、报道等,还包括与其相关的重要藏品、礼品、家谱等。中国于20世纪80年代提出"人物档案"这一概念,开展对一些著名人物档案的收集和保存,以进一步丰富馆藏。因此,有些档案机构也将人物档案称为"名人档案"或"著名人物档案",收集的多限于在某一学科或领域做出重大贡献、具有影响力和知名度的人物档案。但近些年有学者呼吁,普通公众如果形成了特殊的、有价值的个人档案,也可作为人物档案收藏和保存。

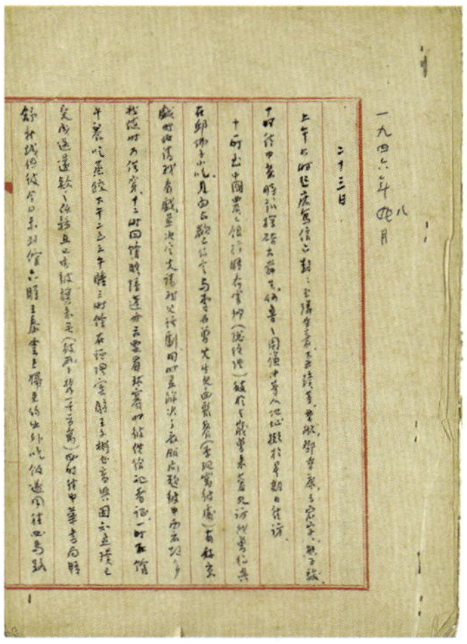
周太玄日记(中国国家图书馆藏)

人物档案具有收集范围广泛、组成成分及载体形式多样等特点,是个人生活、工作等方面情况较为全面的历史记录,同时也反映了个人所处时代的政治、经济、文化、教育、科研等方面的历史和现实。因此,它对于历史研究、人才培养等具有重要价值。

(连志英)

任命状 commission 中国近代官府往来文书文种名称。最初称状,但和古代的行状、诉讼辞状不同。南京临时政府规定,委任职员及授赏徽章的证书用状。北洋政府第一个公文程式规定,任命状是任命官吏时所发的证书,交领受者收存,行使职权。此后,历届北洋和国民政府都是如此使用。

1912年初,中华民国临时政府在南京成立,临时政府任用官员分简任、荐任与委任三级铨叙。简任官包括各部次长、南京卫戍总督、各省都督、南京府知事、兵站总监及次监、总统府直辖各局局长、议和全权大使等。各部总长位居国务员地位,即后来的特任,但当时和次长等一并被列入简任官员中。荐任官包括各部参事、秘书长、司局长,陆军师长、旅长、团长、要塞司令长,招商局督办等。委任官包括各部科长、科员、秘书、法官等。北京政府迭经变更,但其铨叙制度并无重大变化。简单地说,北洋政权时文官分为特任、简任、荐任、委任,其中特任、简任、荐任为高等文职。特任官、简任官由北洋政府任命;荐任官由省最高行政长官呈请北洋政府任命;委任官为普通文职,由省最高行政长官任命。

国民政府时期,官吏的铨叙分特任、简

任、荐任、委任4级。凡国民政府五院正副院长、各部部长、各重要委员会委员长、中央研究院院长、各省政府主席以及派驻重要国家的大使均为特任官。凡各部次长、司长、局长、署长，各省厅长及行政督察专员等均为简任官。荐任官分12级，委任官分16级，皆属于中下级官员。省政府秘书、科长、县长、技正等为荐任官。省政府科员、办事员、技士、技佐，县政府秘书、局长（科长）等为委任官。特任官、简任官由国民政府任命。荐任官及以下由各厅、处长官提出，县长由民政厅提出，经省政府政务会议议决任命。

任命状都是用质地较为厚实的，长、宽约30厘米的白纸制成，纸面四周用带图案的边框或长砖型图案连接围住，内写文字，格式美观大方，内容文字简单。北洋政府时的特任官任命状右方首行居中偏上位置，用正楷书写文种名称“任命状”，下方偏右位为文件字号，如“简字第×号”，字体稍小。正文只有一句，“特任（任命）某人为某官，此状”。然后，另起由大总统居中签署并盖大总统印。文件日期上不盖国民政府官印，或在此盖大总统印。另起位置偏下由国务总理副署。简任官文件日期后除国务总理副署外，或还需有关国务委员（总长）副署。荐任官任命状大总统不署名，只盖大总统印。委任官任命状，文别写成“某官署任命状”，内容文字仍为“任命某人为某官，此状”。文件日期上盖机关印信，下由所属机关长官签署姓名并盖其官印。

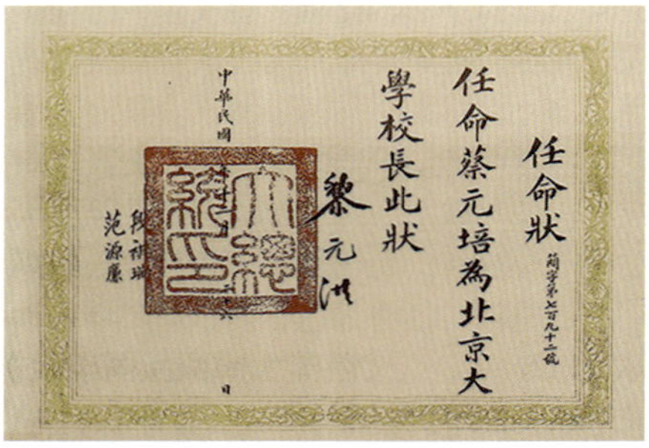

中华民国黎元洪大总统签署的任命蔡元培为北京大学校长的任命状

国民政府的任命状与北洋政府的任命状大体相同。右方首行居中偏上位置用正楷书写具体文别“特任状”“简任状”“荐任状”“委任状”，与北洋政府略有不同。右下角有发文字号，以文别分类，字体稍小。正文与北洋政府任命状一样只有简单的一句话，“特任（任命）某人为某官，此状”。纸面左方依次为任命颁发人、副署人职务及其签署。另起一行为文件日期，盖用国民政府或省政府印。左下角有监印、校对人的姓名、印记。特任状、简任状的任命颁发人签署改为国民政府主席签署，副署人签署改为各主管院长官签署。荐任状、委任状的任命颁发人签署改为省政府主席签署、副署人签署改为主管厅、处长官签署。北洋政府和国民政府的任命状对于签署、用印都有明确的制度。例如，北洋政府特任官及简任官任命状，由大总统署名盖印，国务总理记入年、月、日副署，或

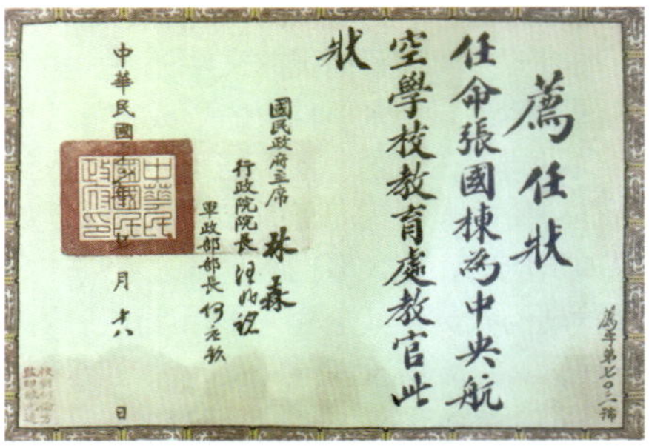

国民政府任命张国栋为中央航空学校教育处教官的任命状

与主管国务委员（总长）共同副署；荐任官任命状，由大总统盖印不署名，国务总理或主管国务委员（总长）记入年、月、日副署；委任官任命状，由所属各机关长官记入年、月、日署名并盖本官印和署印。又如，1928年10月，国民政府实行五院制后，特任官及简任官任命状由国民政府委员会主席及五院院长署名，盖国民政府印；荐任官任命状由国民政府委员会主席及主管院长署名，盖国民政府印；委任官任命状，由所属各机关长官署名，盖用所属机关印。（裴燕生）

《日本帝国主义侵华档案资料选编》 *Selected Archival Documents Concerning Japanese Imperialist Aggression Against China* 中国档案文献汇编。中央档案馆、**中国第二历史档案馆**、吉林省社会科学院合编，1984年开始编辑，1988年起由中华书局陆续出版。主要选用中央档案馆、中国第二历史档案馆馆藏的中国审判日本战犯及伪满汉奸档案和其他有关的**历史档案**，兼收散在各地区、各部门的同类档案资料。

全书按专题分为18卷，约1000万字。至2004年，已先后出版16卷：第1卷《九一八事变》、第2卷《华北事变》、第3卷《伪满傀儡政权》、第4卷《东北大讨伐》、第5卷《细菌战与毒气战》、第6卷《汪伪政权》、第7卷《伪满宪警统治》、第8卷《东北历次大惨案》、第9卷《华北大扫荡》、第10卷《华北治安强化运动》、第11卷《华北历次大惨案》、第12卷《南京大屠杀》、第13卷《日汪的清乡》、第14卷《东北经济掠夺》、第15卷《华北经济掠夺》、第17卷《河本大作与日军山西残留》。各卷随编随出，出版年次不一。各卷在选材上各有侧重，其中《九一八事变》《华北事变》《伪满傀儡政权》《汪伪政权》《东北经济掠夺》《华北经济掠夺》等侧重日本帝国主义侵华的方针、政策和重大历史事件方面的专题，鉴于国内外有关资料多有公布的现状，着重选用比较系统和未经披露过的重要文件，以更深入地为科研工作服务；而如《细菌战与毒气战》《东北历次大惨案》《华北大扫荡》《华北历次大惨案》《南京大屠杀》等侧重日本罪行方面的专题，则着重选用日本帝国主义具体罪行的材料，特别是典型材料，以深刻揭露日本帝国主义的侵华行径。

《日本帝国主义侵华档案资料选编》是中国首次系统公布日本帝国主义侵华档案，也是首次公布日本战犯供词和审判档案，中外影响广泛。（刘美玲　丁华东）

《日本公共文件档案法》 *Public Record Act of Japan* 日本的档案基本法。1971年，**日本国立公文书馆**建立，并由此掀起了建设**档案机构**的热潮，档案事业迅速发展起来。该法于1987年12月15日颁布，1988年6月实施，1999年12月22日完成最终修订。共7条，分别规定了立法目的、档案定义、档案馆的职责、资金来源、政策指导等。另有附则3项，分别规定执行日期、关于档案专业人员的特殊情况以及对首相府设置法的部分修改。法案肯定了档案的重要性；对国家所有的历史资料，即重要的官方文件的保管和利用做出了规定，要求国立公文书馆将官方文件作为历史资料留给后代；规定各级政府对档案的保管和利用采取必要措施，包括建立档案馆和配备档案专业人员；规定进馆档案自形成之日起满30年即可对外开放；规定第二次世界大战以前的**历史档案**和公务档案不得**销毁**，并要开发、收集和补充；还规定了档案管理各项工作的原则和要求。

法案的颁布是日本学术界长期要求和建议的结果，进一步推动了档案馆的建立和发展，有助于克服日本在档案工作方面的落后性，在日本档案史上具有划时代意义。（黄霄羽）

日本国立公文书馆 National Archives of Japan 日本综合性国家档案馆。1971年7月成立，位于东京北之丸公园附近。宗旨是从政府各省厅和机构接收有重要价值的官方文件，同时也负责收集和研究与政府活动有关的历史图书，作为历史资料长期保存，并向公众提供利用或展览。1972年该馆成为**国际档案理事会**（ICA）会员。在

日本2001年的独立行政法人化改革的浪潮中，国立公文书馆被改造为“独立行政法人”，正式名称也因此改为“独立行政法人国立公文书馆”。

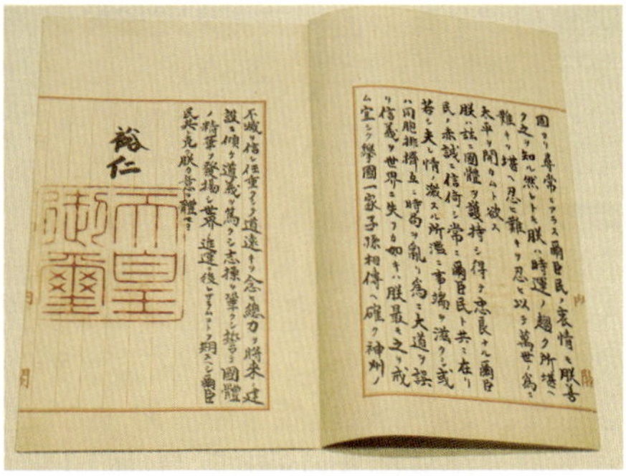

《终战诏书》原件（日本国立公文书馆藏）

日本国立公文书馆馆舍呈正方形，是一座地上四层、地下两层的建筑物，占地4000平方米，建筑面积11 500平方米。国立公文书馆职能机构包括办公室、档案处和内阁图书馆三个处室。馆藏档案对外开放，图书实行开架阅览。该馆每年会定期举办各种**档案展览**，分为春、秋季特别展及暑期专门开设且偏教育的《夏的企画展》和常设展三种，展览涉及内容相当丰富，包括日本历史、文化、科学发展的方方面面，可以满足不同层次国民的文化需求。

日本国立公文书馆编辑出版有《北之丸》和《档案》杂志，前者主要刊登馆藏**历史档案**的调查研究报告；后者主要刊载国内外档案界的政策法规及档案学界相关情报。此外还有刊载本年度国立公文书馆业务活动的报告和资料，以及利用馆藏资料绘制、编写、制作的明信片、图册、**家谱**、资料集等有偿商品化出版物等。

日本国立公文书馆的附属机构——亚洲历史资料中心成立于2001年，主要通过互联网向公众免费提供日本政府有关机构所保管的部分亚洲历史资料，即记录日本与亚洲各国关系的公文档案（原件）等资料的影印版，为研究者提供了极大的便利。

（黄霄羽）

日本企业史料协会 Japanese Enterprise Historical Association 日本全国性的企业档案管理机构。协会以民间企业为正式会员，以专家、学者等个人为特别会员。协会设会长1人，副会长2人，理事25人，监事2人，顾问2人。常设机构为企业史料协会事务局，事务局挂靠在日本经营史研究所。协会成立的目的是加深对企业史料社会价值和历史价值重要性的认识，加强会员间的学术交流，开展对企业史料收集、保管、管理的调查研究，提高企业档案管理水平。

协会的活动主要包括：召开学术研讨会；会员之间相互信息交换；组织到有关单位参观学习；举办企业档案管理工作者业务培训班；国内外有关组织、团体、学会建立联系、开展交流活动；进行与协会成立目的有关的各项活动。日本企业史料协会不定期出版研究杂志《企业与史料》。

（黄霄羽）

日本全国史料协会 National Historical Association of Japan 日本全国性的档案非政府组织。又称日本档案机构协会。全称全国历史资料保存利用机关联络协议会。简称全史料协。成立于1976年2月。宗旨是加强会员间的联系与协作，开展互相间的情况交流，对有关事业情况进行调查研究，形成提案并呈递给政府或有关部门，促进日本档案史料事业的发展。

每年举办一次大型研究会议。由于每年举办一次研讨活动满足不了需求，1984年又成立了地方分会，如关东部会、东日本讨论会、西日本讨论会等，每年召开片会，研究实际工作及外国档案工作情况，并提出研究报告。1986年5月，加入**国际档案理事会**，成为乙类会员和东亚地区分会会员，跻身于国际档案学术交流的行列。会员包括机关会员和个人会员，机关会员主要是档案馆、史料馆、图书资料馆及大学、大公司的史料编纂室等单位，个人会员主要是档案、图书、情报界的专家、学者和工作人员等。

主要活动有：会员之间相互交换信息，对历史资料保存利用事业进行调查研究，举办研讨会、讲演会、业务讲座，发行会刊等。致力于振兴日本档案事业，如1978年，向全国各级知事及教育委员会委员长提交意愿书，要求全国各地尽快建设档案、史料专门保管机构；1979年，要求制定“历史资料保存法”；1985年成立法律文件起草委员会，于次年10月拟写出“文书馆法大纲草案”，引起日本官方的关注。在一定程度上，全史料协起着全国档案行政组织或专业主管部门的作用。

（黄霄羽）

《日本向中国投降》原始视频 original video of *Japan's Surrender to China* 记录日本向中国签署投降书过程的历史影像。原始视频由作为盟军代表的美方人员拍摄，现存**美国国家档案馆**。

2014年7月7日，为纪念全民族抗战爆发77周年，位于湖南省芷江侗族自治县的中国人民抗日战争胜利受降纪念馆对外公布了3段日本投降原始视频资料，全长共1分18秒，这是中国首次公布日本战败后向中国投降的原始视频资料。2015年4月，纪念馆在对美国国家档案馆提供的完整视频研究后，于文物陈列中公开了全长20余分钟的完整版原始视频。

视频详细记录了日本代表1945年8月21日在芷江签订投降书的全过程，包括日方代表今井武夫一行下飞机、日本投降代表桥岛芳雄紧张的擦汗、日本代表向中国献交侵华日军兵力部署图、签署投降备忘录等原始历史镜头。

《日本向中国投降》原始视频是十分珍贵的视频资料，是真实可靠的第一手资料，是日本向中国投降的重要证据，是正义战胜邪恶的历史见证。

（安　芳）

《日本战犯的侵华罪行自供》 *Japanese War Criminals' Confession of Their Crimes in China* 中央档案馆在官方网页公布的45名日本侵华战犯的笔供。中央档案馆自2014年7月3日开始在官方网页公布45名日本侵华战犯的笔供，每天公布一名战犯笔录，持续45天公布完毕。

1956年4月全国人大常委会通过《关于处理在押日本侵略中国战争中犯罪分子的决定》，最高人民检察院据此对职务较高、罪行较重的45名日本侵华战犯提起公诉。1956年6～7月，最高人民法院特别军事法庭分别在沈阳和太原对铃木启久、藤

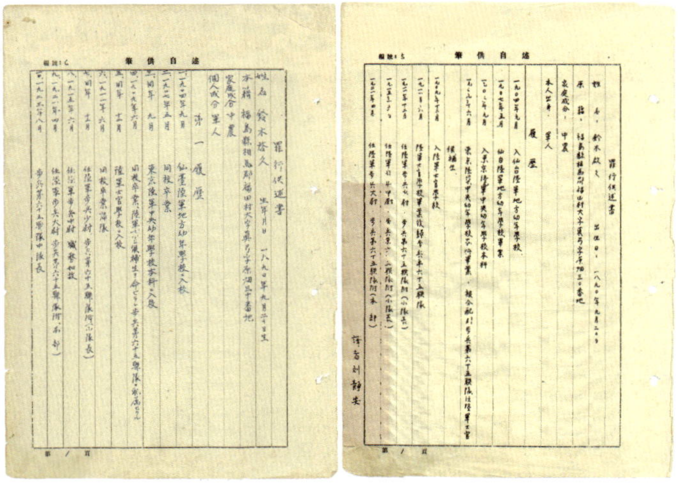

日本战犯铃木启久的部分笔供原文（左图）和铃木启久笔供的中文译文（右图）

田茂、上坂胜、长岛勤等45名战犯分成4案进行了公开审判。有关全国人大常委会、最高人民检察院、最高人民法院特别军事法庭审判日本侵华战犯的档案，现保存在中央档案馆。这些档案是日本侵略者所犯罪行的铁证。其中战犯笔供档案数量将近20万页，中央档案馆从中选取了经最高人民法院审判的45名日本战犯的亲笔供词在官方网站上向社会公布，公布内容包括笔供原文图像，以及当时的中文译文图像，并附有中英文提要。为了兼顾档案的利用和当事人及其后人的权益，中央档案馆未对网站上公布的45名日本战犯笔供做删节处理，但对受到性侵犯女子的姓名进行了虚化。

日本安倍内阁上台后，公然颠倒黑白，美化对外侵略和殖民历史。从公布的笔供内容可以看到日本战犯在中国策划并推行侵略政策、制造生物武器、进行人体活体试验、强征“慰安妇”等罪行。中央档案馆在卢沟桥事变77周年之际公布这批档案，揭露了日本侵华期间反人道、反人类、反文明的暴行，是对日本右翼势力不实言论的有力回击，并借助**档案公布**警示人们牢记历史、以史为鉴、珍惜和平、防止悲剧重演。（安　芳）

“日升昌”票号、银号档案文献　archives of Rishengchang exchange shop and bank　中国近代金融档案文献。票号、银号是清代及中华民国初期以经营汇兑业务为主兼营存款、放款业务的私人金融机构。清道光三年（1823），平遥商号西裕成颜料庄东家李大全，正式成立了中国第一家票号——“日升昌”票号。票号的创立使整

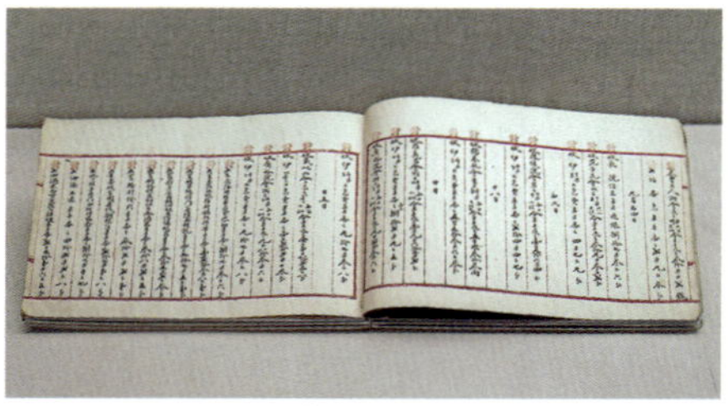

图1　平遥“日升昌”票号桂号银流水账（清光绪十二年，山西博物院）

个国家埠际间的货币清算，开始走入以汇兑清算为主代替以运现为主的时代，开辟了中国民族金融业的新纪元，对现代金融机构银行产生重要影响，极大地促进了清代及中华民国初期商业贸易以及近代工业的发展。

“日升昌”票号、银号档案文献由“日升昌”票号档案文献和“日升昌”银号档案文献两部分组成。“日升昌”票号档案文献是“日升昌”票号经营汇兑业务形成的档案文献，现存山西省平遥古城中国票号博物馆。主要为“日升昌”票号的账簿、信稿、汇票、印章。账簿包括现金账、事务账、汇兑账、**流水账**。其中，现金账主要记载货币资金收入支出发生额，现存5本；事务账主要记载杂费日用开支，现存1本；汇兑账主要记载汇款数额、汇出日期、汇费额等详细情况，现存2本；流水账现存9本。信稿包括“日升昌”票号总号发往分号的信稿和“日升昌”分号向总号报告的信稿。其中，总号发往分号的信稿现存21本；分号向总号报告的信稿现存22本。汇票现存道光二十六年，“日升昌”票号汴城分号往京都分号所出的汇票1张。另存“日升昌”票号印章3枚。“日升昌”银号档案文献是“日升昌”票号歇业后又成立银号继续经营汇兑业务过程形成的档案文献。现存**中国第二历史档案馆**。

图2　“日升昌”票号印章落地章（山西博物院）

“日升昌”票号、银号档案文献真实反映了“日升昌”票号及银号经营汇兑业务及其创立、发展、鼎盛、衰落的情况，部分档案内容还反映了八国联军侵占北京等重大政治、经济、历史事件，反映了当时中国社会的政治、经济、历史等状况。对研究中国金融史和商业史具有极其珍贵的价值，对研究中国近代史、山西地方史以及现代金融机构银行的产生具有重要价值。不仅是中华民族的珍贵文化遗产，而且是全人类的珍贵文化遗产。2003年，“日升昌”票号、银号档案文献入选第二批《中国档案文献遗产名录》。（胡效来）

入递　rudi　中国古代文书制度。指将公文发给递铺传送。始于宋代，元明沿用。递铺为宋代通信组织的总称，分为步递、马递和急脚递不同的等级。其中，步递是基础，马递和急脚递根据马速不同而得名，用于传递比较紧急和重要的文书。文书入递时采用实封入递，即凡交急脚递或马递传送的文书均当着官员面，以蜡实封用印后装入递筒内。入递的紧急公文还需随附通信檄牌，称随牌入递。（李永贞）

瑞典档案法　Sweden Archives Acts　瑞典档案法律的总称。1618年，瑞典制定了第一部档案法令，这也是世界上第一部涉及档案的法律。1766年，瑞典颁布了《新闻自由法》（也译作《出版自由法》），成为宪法的重要组成部分。1961年11月10日，瑞典政府通过了现行的档案条例《瑞典王国档案总条例》（政府第590号法令颁布）。1965年12月3日，瑞典政府发布了《瑞典国家档案馆条例》和《瑞典地方档案馆条例》。此外，瑞典政府还发布了两个与档案工作有关的条例，即1907年首次通过的《书写材料条例》和1974年通过的《鉴定条例》。

《瑞典王国档案总条例》分为总则、档案管理机关、档案的整理和鉴定、档案的保管、档案目录的管理、文件的对外提供、文件向档案馆的移交、对档案的检查和清点、附则9个部分，共40条。该条例已被修改多次，主要是为了使其适应《新闻自由法》和现代技术发展的要求。《瑞典国家档案馆条例》包括总则、国家档案馆的职责、国家档案馆的组织、业务权限、国家档案馆职务的任免和其他6部分，共26条。《瑞典地方档案馆条例》包括总则、地方档案馆的职责、地方档案馆的组织、地方档案馆职务的任免、对地方档案馆的控诉和其他6部分，共17条。

瑞典档案法对于确保公众利用档案的权利，满足司法行政和研究需要，保护国家文化遗产具有重要的意义。（黄霄羽）

瑞典国家档案馆　National Archives of Sweden　瑞典中央档案管理机构。又称瑞典皇家档案馆。成立于1877年。馆址在瑞典斯德哥尔摩。是瑞典政府机构中历史最为悠久的公共机构之一。最早是为皇室服务的机构，前身是16世纪瑞典国王古斯塔夫一世的国家登记处。19世纪下半期，开始管理政府各部门的文件。1899年开始在每个省成立分馆。2010年，国家档案馆和省档案馆合并为一个机构——国家档案馆。负责管理中央机构的文件管理，馆藏的全部**档案排架长度**约为700千米，**私人档案**也是其中重要的组成部分。

负责领导全国的档案事业和地方档案馆。地方档案馆包括哥德堡档案馆、隆德档案馆、维斯比档案馆、厄斯特松德档案馆、赫尔纳桑德档案馆、乌普萨拉档案馆、瓦斯特纳档案馆、斯德哥尔摩档案馆、马尔默档案馆等。一些重要的机关档案馆如外交部档案馆和军事档案馆等，也必须接受国家档案馆的指导和监督。国家档案馆还有权检查中央机关的文书工作，并通过地方档案馆检查地方机关的文书工作。另外还负责领导档案鉴定工作。设有3个部：历史档案部、行政档案部和行政事务部。历史档案部保管19世纪以前已撤销机关的档案，其中有1523年之后国王办公厅档案，1840年之后政府各部档案，最高法院、检察机关和议会档案以及中世纪后期在羊皮纸上的特许状、王宫档案等。行政档案部保管现行中央机关移交来的档案。行政事务处负责办理行政事务性的工作。

20世纪90年代开始进行档案数字化工作，并与国家图书馆合作，开发统一的

瑞典国家档案馆外景

资料检索利用工具。在信息化建设方面以方便利用为重要原则，旨在为公众提供方便、高效的检索体验。（黄霄羽）

S

塞缪尔斯，H.W. Helen Willa Samuels（1943～ ）美国档案学者，“文献战略”鉴定观的主要提出者和倡导者。1964年获得纽约市立大学皇后学院文学学士学位。毕业后在西蒙斯学院接受图书馆员的培训，1965年获得图书馆学硕士学位。1965～1967年，担任马萨诸塞州布鲁克林公共图书馆音乐专家。1967～1972年，在哈佛大学拉德克利夫学院担任音乐图书管理员。档案生涯开始于辛辛那提大学，曾担任助理档案人员（1972～1973）和特殊馆藏主管（1973～1977）。1977～1997年，成为麻省理工学院教务长的特别助理，致力于信息政策和教育技术问题的研究，并担任研究所档案馆员及特殊馆藏的负责人。在麻省理工学院工作期间，研究了大量的校园政策和信息问题并撰写相关文章，一直到2006年退休。积极参与各项专业活动，先后任职于**国际档案理事会**（ICA）的科技工作组、**美国档案工作者协会**、新英格兰档案工作者协会、美国国家人文基金会、美国国家科学基金会。

20世纪80年代，塞缪尔斯在《谁控制着过去》和《128现象的根源：一个假想的文献战略》两篇文章中提出“文献战略”思想，在北美档案界引起争议。直至20世纪90年代初，将“机构职能分析”的观点引入文献战略，才使得这一鉴定理论相对完善。调整后的文献战略指出，鉴定的起点不再是检验具体文件，而是分析文件产生的背景，特别是现代社会中面对机关频繁变动的事实。只有将鉴定的着眼点从形成籍贯的组织结构转向机关的职能，才能准确地判断档案文件的价值。因此，文献战略的核心思想也是依据文件形成机关的职能来判断档案的价值。文献战略与职能分析、宏观鉴定理论相互补充与完善，丰富了北美档案界的鉴定理论。三者相互促进，将鉴定理论的进程向前推进了一大步，使得鉴定理论从此迈入了一个新的时代。

论著丰厚，专著《大学体育奖状：记载现代大专院校的文件》获得1993年美国档案工作者协会利兰奖。1995年获得新英格兰档案工作者协会杰出服务奖。（黄霄羽）

三次档案文献 compilation of archival documents 编纂者按照一定的题目，利用**二次档案文献**选择有关的**一次档案文献**及档案原件，对大量档案信息内容加以筛选、对比、分析、综合，以反映某一方面档案信息中的知识序列或知识体系的方式呈现给读者的档案文献。三次档案文献大体可分为4种类型：①大事记。又称大事年表、大事纪年、大事编年、大事纪要、大事记述等。《春秋》即为公元前722年至公元前481年鲁国的大事记。②专题概要。又称专题介绍、专题简介、专题一览等。包括组织沿革、人物简介、会议简介、历史事件简介、矿藏资源简介、景观简介、科研成果简介、产品简介、设备简介、管理经验简介等。③综述。又称专题述评。是在对与专题相关的档案信息进行全面概述、深入分析基础上提出的综合性见解，如《福建省各级档案馆馆藏闽台关系档案评价》。④统计数字汇集。又称数字汇集、统计数字汇编、基本情况统计。是以数字、图表等反映某一特定领域基本情况的**档案参考资料**，如《××煤矿经济技术指标汇集》。

三次档案文献具有知识综合、分析预测功能，读者通过三次档案文献，可以简明而具体地掌握某一方面档案信息中的实质性内容，方便而快捷地把握历史概貌、现实动态及未来趋势，为其决策提供参考依据。（丁华东）

三峡工程档案馆 Archives of the Three Gorges Project 中国**企业档案馆**。位于湖北省宜昌市西坝建设路1号。其前身是1994年设立的中国长江三峡工程开发总公司档案处。1994年9月，国家档案局批复三峡总公司，同意三峡工程档案工作接受国家档案局宏观管理和直接指导，1998年4月成立中国长江三峡工程开发总公司三峡工程档案馆。2011年8月，更名为集团公司档案馆。2016年12月改称中国长江三峡集团公司三峡工程档案馆，2020年7月，中国三峡集团成立总部直属机构档案中心，三峡工程档案馆同时加挂档案中心宜昌分中心牌子。三峡工程档案馆负责三峡工程建设与枢纽运行档案的收集保管、整理编目、借阅利用、编研等工作。

馆藏 馆藏三峡工程建设档案5万余卷，照片档案44 105张，视频1246小时，实物档案1692件。三峡工程建设档案分为可行性研究、勘察、设计、项目管理、主体工程建筑安装、附属工程建筑安装、设备制造、监理、安全监测、科研、国际合作与交流、审计稽查、阶段性验收、竣工验收、水文泥沙、试运行16大类型，记录了三峡工程建设全过程。其中，设计档案包括初步设计、单项工程技术设计、招标设计、施工详图设计等设计阶段；主体工程建筑安装档案包括左岸非溢流坝段、左岸厂房坝段、泄洪坝段、右岸厂房坝段、右岸非溢流坝段等大坝工程，左岸电站、右岸电站、电源电站和地下电站等电站工程，双线五级船闸、升船机等通航建筑物工程。

机构设置 馆内设验收归档组、整理编目组、利用保管组、编研和数字化组等业务工作组。馆藏档案已基本完成数字化工作。该馆面向中国三峡集团范围内及经申请同意的外部单位提供开放利用及咨询服务。

成就 该馆自成立以来，1999年、2003年两次获得国家档案局“全国档案工作优秀集体”荣誉称号。2001年、2007年、2010年、2013年、2015年和2017年通过国家档案局组织的三峡枢纽一期工程、二期工程、三期工程、地下电站工程、枢纽工程整体竣工和三峡升船机单项工程档案专项验收。2011～2014年连续4年获得国务院国资委中央企业档案工作考核“A”级评价。主编国家能源局《水电工程生产运行文件收集与归档规范》，参编国家能源局《水电工程档案信息化导则》，参编《三峡工程史料选编》《湖北红色档案（第二辑）》等。形成《三峡水利枢纽工程建设大事记（1992—2013）》《三峡水利枢纽工程历史上的今天》等编研成果。（张壮志）

《三中全会以来——重要文献选编》 *Since the Third Plenary Session: Selected Key Documents* 中国档案文献汇编。中共中央文献研究室编。人民出版社1982年8月出版，分为上下两册。为纪念中国共产党成立90周年，中央文献出版社对文集进行了再版，基本保持文献集原貌，仅对个别文字标点错漏进行了订正。

党的十一届三中全会是中国共产党历史上具有深远意义的伟大转折。三中全会以来，中央发布了一系列重要文件，中央领导同志发表了许多重要讲话和文章。这些重要文献是马克思列宁主义、毛泽东思想在新的历史条件下的运用和发展，是党和国家各项工作蒸蒸日上的记录，对新时期社会主义事业建设有重要的指导意义。为了适应广大党员和各级干部学习的需要，中共中央文献研究室选编了这部文献集。

收录了1978年11月至1982年8月期间的重要文献共104篇，总计79万字，以三中全会公报为开卷篇。本书所选文献，力求反映三中全会以来党的路线、方针、政策，各条战线拨乱反正的成果，以及为社会主义现代化做出的重大改革和贡献；突出了这一时期党中央对全局性重大问题的思考和处理。这些重要文献是这一历史时期最重要、最具有代表性、最有指导意义的文献，主要包括中央的决议、决定、指示、通知；中央领导人的讲话、谈话、书信和文章等，其中邓小平、陈云、叶剑英、李先念等老一辈革命家的文稿选得最多。书中所选的68篇文献是首次公开发表，许多文献之前只发送至省军级或仅在中央小范围内传阅，如《对起草〈关于建国以来党的若干历史问题的决议〉的意见》《处理兄弟党关系的一条重要原则》《计划与市场问题》《关于财政经济工作给中央的一封信》等。

《三中全会以来——重要文件选编》封面

除开卷篇的三中全会公报外，其余全部篇目按时间顺序排列。本书收录的文件均按原件付印。中央领导的讲话和文章，凡公开发表过的，保持原貌，仅作了少量文句和史实的订正；编者对内部讲话记录进行了必要的文字整理。书中所选的讲话和文章在收录前已经过作者本人审定。为了便于读者理解，编者在书中做了少量题解和注释，题解排在每篇首页的下方，注释排在每篇的末尾。

文献集是党中央集体智慧的结晶，是广大群众实践经验的总结。从政治、经济、思想、新闻、科学、教育、文化、宗教、民族、法律、军事、外交、党建等方面，反映了十一届三中全会以来党的路线、方针、政策的形成、发展和逐步完善。第一版出版正值十二大期间，从十一届三中全会到十二大，中国共产党实现了一次伟大的历史性转变，这部文献集是对这段历史的总结，是对胜利的记录，是实践产生的光辉文献，受到许多中央领导的重视、关怀与指导。广大党员和干部学习这部文献集有助于提高自己的思想认识，增强全党在思想上和政治上的一致性，使全党更加自觉地贯彻执行三中全会以来党的路线、方针和政策，更加自觉地为社会主义现代化建设而奋斗。

（安　芳）

《穑月七日档案法令》 *Law of Archives Promulgated on 7th of the Tenth Month in the French Republican Calendar*　法国大革命时期国民议会于1794年6月25日颁布的一部基本档案法。因颁布日期正好是法兰西共和历二年穑月七日而得名。

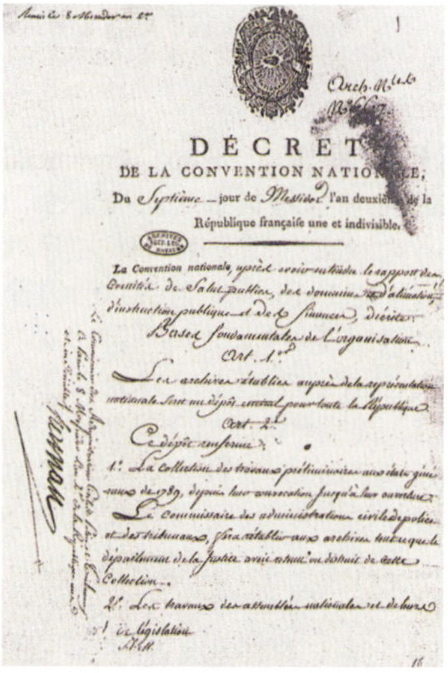

《穑月七日档案法令》

这项法令在法国大革命最为高涨的时期产生，是国民议会立法活动的重要范例之一。法令颁布后不久，法国即发生热月政变，革命处于低潮，但法令未被废除，且日后被当作发展法国新档案立法的起点。

内容共分5部分，48条。第一部分为组织基础（1～7条），主要确定**法国国家档案馆**为全共和国中央级档案馆，馆内设立法、法治和世袭领地3个档案保管部，基本职责为：①负责收藏**历史档案**、历届国民议会和中央各机构的文件、立法文件、选举文件、国有化财产文件、国际条约等外交文件、人口统计文件、共和国印信和钱币模型（样品）等。②负责领导和监督所有公共档案库。第二部分为文件划分与挑选（8～14条），规定了划分和处置地产文件、司法文件、地图等绘图文件、私人文件、纯封建文件、印刷文件等的方法。第三部分为清理办法（15～28条），主要规定对地方清理人员的要求、选用、清理程序和完成期限。第四部分为巴黎档案清理机构的组织（29～36条），规定了巴黎清理机构的任务、人员任用以及与国家档案馆的关系。最后一部分为总则（37～48条），规定所有公共档案馆实行开放原则，每个公民有权查用档案，还规定了档案人员和清理人员的工资数额和支付办法。

《穑月七日档案法令》因公开宣布档案的“开放原则”，使档案馆的性质发生了历史性根本变化，成为近代资产阶级档案立法的范例。它是法国档案工作改革思想和原则的集中体现，也是法国档案工作的第一部根本大法。它概括和发展了资产阶级革命政府的全部档案政策，是把档案工作作为一项独立事业进行管理的第一部档案法规。另外，它还规定，法国国家档案馆除按规定收藏并集中保管档案外，还要对地方档案馆进行业务领导和监督，即档案法赋予国家档案馆保管国家档案和进行业务指导的双重职责，从而揭开了档案事业行政管理的历史新篇章。

（黄霄羽　韩玉梅）

山东省档案馆　Shandong Provincial Archives　中国省级国家综合档案馆。馆址在山东省济南市经十路11619号。集中统一管理山东省省级机关、人民团体、企事业单位以及其他社会组织需永久保管的**档案**及资料。1963年1月，山东省档案馆正式建立；1965年10月，山东省档案局与山东省档案馆合并为一个机构，对外两个名称合署办公；1969年3月，山东省档案局与山东省档案馆被撤销；1979年9月，山东省档案局、山东省档案馆恢复建立。

图1　山东省档案馆外景

馆藏　主要收藏中华人民共和国成立以后的档案和中华人民共和国成立以前的革命历史档案、日伪档案、**民国档案**以及少量**清代档案**。截至2022年12月，馆藏档案394个全宗，264万多卷（件），馆藏资料11.5万余册（套、件）；另有录音、录像带2860盘，缩微胶片835万幅，各类照片近15万张。清代档案主要是道光（1821～1850）、光绪（1875～1908）、宣统（1909～1911）年间山东督粮道、山东布政使司等官署形成的有关山东部分州县户口、银两清册等。民国档案主要是1922～1948年国民党山东省省级各机关及工厂、学校、医院、银行等机构形成的文件材料。日伪档案主要是1938～1945年日伪山东省公署（政府）以及各道公署形成的文件材料。革命历史档案主要是1923～1949

年，山东早期的党团组织、中共山东省委、中共中央华东局、中共中央山东分局、山东省战时工作推行委员会、山东省政府、山东军区、八路军第 115 师、华东军区、华东军政委员会、省级华东局直属党政军群机关等形成的文件材料。馆藏档案 88% 已完成数字化。向国内外读者开放利用。

机构设置　馆内设档案馆室业务处、经济科技档案业务处、宣传教育处、档案接收征集处、档案保管处、档案利用开发处、信息技术处、编辑研究处、档案保护处等业务部门。

出版物和评价　1981～2022 年，先后出版各种图书 69 种 165 册。主要有《山东革命历史档案资料选编》《山东省组织史资料》《山东革命历史文件汇编（甲种本）》《中国资本主义工商业的社会主义文化改造（山东卷）》《山东各界代表大会名单选编》《山东革命根据地财政史料选编》《山东工人运动史料》《邓小平与山东》《毛泽东与山东》《怀望遥远的青春——山东知青档案实录》《山东档案精品集》《山东革命历史档案汇编（1—18 辑）》《北海银行档案史料选编（1—15）》等。

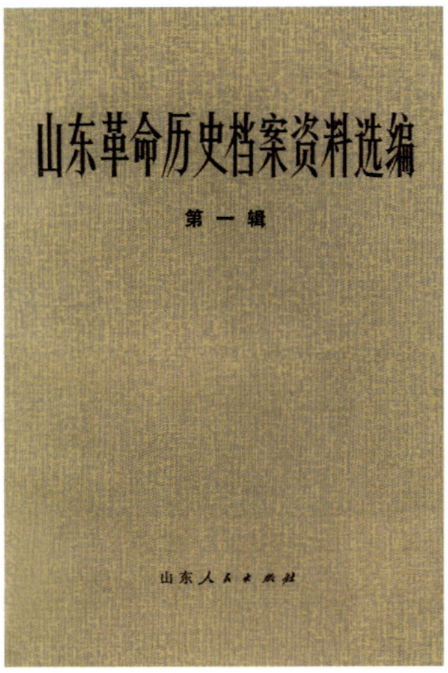

图 2 《山东革命历史档案资料选编·第一辑》封面

主办的《山东档案》杂志创刊于 1985 年，是山东省唯一公开出版的档案专业期刊。档案科研力量雄厚，成果丰硕，多次荣获国家档案局科技进步奖特等奖、一等奖。

（张东华）

《山西档案》　*Shanxi Archives*　中国省级档案专业期刊。由山西省档案局主管，山西省档案局、山西省档案学会主办，山西师范大学协办。双月刊。创刊于 1984 年，前身为山西省档案局和山西省档案学会编印的《档案工作简报》。1984～1986 年内部发行，自 1987 年起公开发行。1992 年与《山西革命根据地》合刊，增加版面，公开发行。

刊物面向档案科研人员和基层档案工作者，研究和探讨档案学理论，普及深化档案专业知识，交流档案工作经验，公布和研究档案史料。2012 年刊物改版后，以社会档案的广阔视角，加大对历史、文化领域的研究，尤其关注对山西地方历史与文化的发掘与宣传。常设栏目有：《档案学基础理论》《档案工作实践》《档案信息化》《档案与哲学》《数字人文》《档案教学》《研究综述》。

刊物为北京大学《中文核心期刊要目总览》入选期刊。

（马　婵）

山西省档案馆　Shanxi Provincial Archives　中国省级**国家综合档案馆**。位于山西省太原市迎泽区南内环东街 81 号。该馆前身是 1956 年 8 月中共山西省委办公厅档案馆筹备处，1960 年 10 月 1 日，正式成立山西省档案馆；1962 年 1 月，省档案馆、省档案管理局合署办公，成立联合办公室；1965 年 11 月，省档案馆、省档案管理局机构分设；1967 年 10 月 8 日，改称山西省革命委员会档案馆，1968 年 2 月实行军管，同年 11 月 2 日，档案馆机构撤销，并入省革委清查敌伪档案办公室；1972 年 4 月，省革委档案馆机构恢复；1980 年 1 月 31 日，省革委档案馆改称山西省档案馆；1983 年 8 月 30 日，省档案馆与档案局实行合一体制，一套机构两块牌子，为省委省政府直属正厅级机构；1995 年 5 月，根据山西省省级党政机构改革方案，山西省档案馆（挂档案局牌子）为省政府直属正厅级事业单位；2004 年 7 月 13 日，山西省档案馆（挂档案局牌子）名称调整为山西省档案局（挂档案馆牌子）；2018 年 10 月 20 日，根据《山西省机构改革实施方案》，省档案局（省档案馆）行政职能划归省委办公厅，省委办公厅对外加挂省档案局牌子，省档案馆由省政府直属事业单位调整为省委直属事业单位。2018 年 12 月 13 日，根据《山西省档案馆职能配置、内设机构和人员编制规定》，省档案馆为省委直属正厅级事业单位。

馆藏　馆藏主要由革命历史档案、民国档案、日伪档案、中华人民共和国时期档案及资料组成。馆藏档案共有全宗 465 个，档案资料 70 万余卷（册），其中，档案 58 万卷（件），资料 12 万余册，印章 738 枚，照片 5000 多张。馆藏档案中，革命历史档案 221 个全宗，38 263 卷，民国档案 49 个全宗，89 425 卷；日伪档案 9 个全宗，6054 卷；中华人民共和国时期档案 186 个全宗，451 439 卷（件）。馆藏资料主要包括革命历史资料、民国资料、日伪资料和中华人民共和国时期资料 4 部分。

机构设置　馆内设收集征集部、保管部、技术部、网信管理部、电子档案部、整理鉴定部、利用部（查阅接待大厅）、编研部（展览陈列部）等业务部门。负责馆藏档案、资料的收集保管、整理鉴定、修复复制、网信管理、接待利用、编研开发、宣传展览等工作。

出版物和评价　编纂出版的档案资料汇编、研究成果和档案参考资料中，独著（编）的有：《太行抗日根据地档案汇编》《中国精品档案解析》《山西精品档案解析》《晋档馆藏印章选注》《见证——山西百件红色珍品档案》等。合著的有：《晋察冀边区财政经济史资料选编》《晋绥革命根据地工商税收史料选编》《晋绥边区财政经济史资料选编》《抗日战争时期晋冀鲁豫边区财政经济史资料选编》《太岳革命根据地财经史料选编》等。内部发行的有：《太行革命根据地土地问题资料选编》《晋档藏珍》《山西省档案馆馆藏巡视工作档案珍品概览》《“不忘初心　牢记使命”主题教育档案文献展山西展品图册》《山西省档案馆藏抗美援朝档案图册》《山西红色档案故事》等。

主办的刊物　《山西革命根据地》以革命根据地为研究对象，创刊于 1984 年，共发行 30 期，主要刊登重要革命历史档案文献和珍贵历史照片，编发革命斗争回忆录、根据地资料和研究文章，抢救了一批珍贵的“口述历史”。

《山西革命根据地》封面（1984 年第 1 期）

《山西档案》，创刊于 1984 年，是山西省档案馆主办、国内外公开发行的档案类行业性期刊，连续多年被评为《中文核心期刊要目总览》入选期刊。2014 年 12 月，

该刊成为国家新闻出版广电总局第一批认定学术期刊。（张永洁　梁红一）

陕西省档案馆　Shaanxi Provincial Archives　中国省级国家综合档案馆。位于陕西省西安市长安区子午大道与学府大街十字东北角。其前身为 1954 年 9 月成立的西北临时档案保管处，属国务院秘书厅派出机构；1955 年 2 月改由国家档案局领导；1956 年 1 月更名为国家档案局西安管理处；1958 年 1 月下放归陕西省人民委员会领导，遂改名为陕西省档案馆筹备处，同年 10 月，根据中共陕西省委和省人民委员会决定，正式成立陕西省档案馆，为陕西省委、省人民委员会直属文化事业机构。1959 年 7 月，陕西省档案局成立；1960 年 10 月，省档案馆并入省档案局，但对外保留馆的名义；1968 年 5 月，陕西省档案馆被撤销，1980 年恢复，馆址是西安市建国路五巷；1993 年机构精简，省档案局撤销，保留省档案馆为省委直属事业机构，对外保留省档案局名义；1995 年档案机构再次调整，省、地（市）、县（市、区）三级档案馆与档案局一套机构、两块牌子，履行档案保管利用和档案事业行政管理两种职能，为同级党委和政府直属事业机构，仍归同级党委管理。2018 年全省档案系统由“馆局合一”调整为“局馆分设”体制，省档案馆（局）的档案行政管理职能划转省委办公厅，省委办公厅加挂省档案局牌子，省档案馆为省委直属正厅级事业单位，参照公务员法管理，履行档案收集保管和开发利用职能。

馆藏　至 2022 年底，该馆馆藏档案 182.94 万卷（册、件）、资料 12.3 万册。馆藏主要分清代档案、民国档案、革命历史档案、西北大区档案及中华人民共和国成立后省级机关档案五部分，其中革命历史档案极具特色，特别是陕甘宁边区政府及所属机构档案，保存比较完整，史料价值较高，是研究陕甘宁边区革命历史不可缺少的材料。馆藏最早的纸质档案为清乾隆十七年（1752）的土地契约，最早的资料为明正德十四年（1519）的《朝邑县志》及《四部备要》等。

机构设置　馆内设 11 个机构，分别为办公室、人事处、保管处、电子档案管理处、利用处（陕西省现行文件阅览中心）、鉴定开放处、宣传处、编研处、信息技术处、后库管理处（陕西省档案数据灾备中心）；按照《党章》规定，设置机关党委、机关纪委。

成果和评价　该馆是国家一级档案馆、全国示范数字档案馆、省级爱国主义教育基地、省政府政务信息公开场所、全国档案事业综合评估先进单位。逐步建立起以文书档案为主体，内容丰富、门类齐全、结构合理、地方特色突出的馆藏档案体系。

《陕西解放档案文献图集》封面

在日常接待查档基础上，陕西省档案馆不断加大档案利用广度和深度，先后编辑出版档案书籍或专题资料 60 多种，3000 余万字。主要有《陕甘宁边区政府文件选编》《陕西档案精粹》《陕西 20 世纪图鉴》《陕西解放档案文献图集》《陕西省志·档案志》《雍兴实业股份有限公司档案史料选编》《国立西北联合大学档案史料选编》《清代紫阳县档案汇编》《大河遗珍——陕西黄河档案汇编》《陕西档案资政参考》等。先后举办“档案珍品展”“红星照耀中国——外国记者眼中的中国共产党人”“黄河在咆哮——抗战中的陕西”“长征！长征！——红军长征到陕北”“《西安事变》档案图片展”“陕西文化成就档案资料图片展”等主题展览。档案科研保护成效显著，完成“褪变档案字迹恢复与保护”“修复过程中易损毁档案加固”“酸化糟朽双面字档案超细纯棉网兼容性修复加固”“档案图书整体气相规模化脱酸与加固”“感光影像档案濒危病害治理与原貌恢复”“环保型防灾耐久档案盒与封存箱”“古代壁画、文物彩绘、古建筑彩画病害治理与修复保护”“黄土遗址的防风化保护”等多项科研成果，为档案和文物保护工程提供技术支撑，并获得 2 项国家发明三等奖、1 项国家档案局优秀科研成果特等奖、3 项国家档案局优秀成果一等奖、1 项国家文物局文物保护科学与技术创新奖、2 项陕西省科学技术一等奖。（赵军辉）

单士魁　Shan Shikui（1905–06–04～1986–11–16）　中国明清档案专家、历史学家。字秉彝。北京市人，卒于北京。民国大学国文系肄业。1925 年 1 月任职于清室善后委员会，10 月成为故宫博物院第一批职员，历任总务处书记、事务员、办事员及文献馆科员、科长等职。1949 年后历任故宫博物院档案馆组长、副研究员，中国第一历史档案馆研究馆员。中国人民大学历史档案系初建时，曾为该系授课。

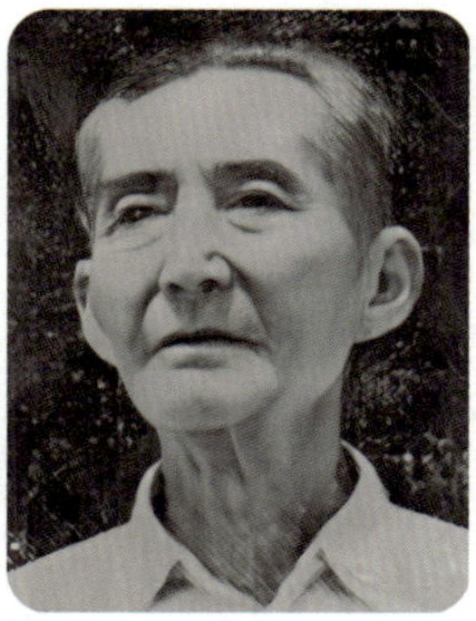

他是中国明清档案第一代专家，为研究明清时期档案工作及文书制度的先行者之一。先后发表过《故宫档案》《清代档案的价值及其利用》《清代题本制度考》《清代制诏诰敕题奏表笺说略》《有关奏折程式的一些问题》《清代军机处沿革、职掌和主要档案》《清代地方职官制度》等著述 10 数篇，在学术界有一定影响。其中主要文章由紫禁城出版社汇集为《清代档案丛谈》一书于 1987 年出版。他还参加或主持编辑了明清档案刊物及史料，主要有《文献丛编》《史料旬刊》等刊物，《清内阁汉文黄册联合目录》《清三藩史料》《清代地震档案史料》《戊戌变法档案史料》《义和团档案史料》《关于江宁织造曹家档案史料》《李煦奏折》《慈禧光绪医方选议》《中法战争》《洋务运动》《辛亥革命》等档案史料汇编 20 多种。

（陈锵仪　撰　赵国俊　梁继红　修订）

商标档案管理　trademark archives management　国家工商行政管理机构的商标管理部门、商标评审委员会、各地商标部门或商标代理机构及企业（公司）所从事的商标档案或商标文献管理活动。又称商标档案管理工作、商标文献管理。商标档案是在商标注册、使用和管理活动中形成的具有保存利用价值的纸质、声像、缩微、电子文件等形式或载体的文件材料，按一定规律保存起来的商标历史记录和文献。它是确立和保护注册商标专用权的凭证，是国家档案全宗中具有法律意义的重要专门档案，也是企业（公司）的重要商标资产。商标档案从内容上可以细分为商标注册档案和商标使用、管理档案。

1959 年，中国恢复了商标注册和商标管理，商标档案及商标档案管理活动也应运而生。商标档案管理已经成为商标工作中不可缺少的重要组成部分。20 世纪 80 年代，国家工商行政管理总局、国家档案局联合发布了《商标档案管理暂行办法》。2013 年 4 月 26 日，国家工商行政管理总局商标局根据《机关档案工作条例》及《商标档案管理暂行办法》的有关规定，发布了《商标档案归档范围及保管期限表》，并规定从2013年5月1日起，按照《商标档案归档范围及保管期限表》保管商标档案及相关文件资料。

管理内容主要包括商标文件材料的集中归档，商标档案的整理、鉴定、保管、统计、利用等业务工作。随着知识经济时代的到来，数据库、网络技术日益成为管理信息系统的重要组成部分，商标档案同样面临着现代化的管理需要，同时电子商标档案的大量出现也对传统的管理理念和管理方式，提出了新的挑战。商标档案管理实行统一领导、分级管理的原则。《中华人民共和国商标法》的第二条规定："国务院工商行政管理部门商标局主管全国商标注册和管理的工作。国务院工商行政管理部门设立商标评审委员会，负责处理商标争议事宜。"国家工商行政管理总局、国家档案局联合印发的《商标档案管理暂行办法》第十六条规定："全国商标档案工作实行在国家档案行政管理部门统一管理下，由国家工商行政管理局统一监督、指导，地方各级工商行政管理机关分级管理的原则。"

商标档案的科学管理是商标使用、管理等活动的基础，对保护注册商标专用权，维护商标历史的真实面貌，保护国家、企业和个人的合法商标权益，积累商标历史文献资料，更好地为商标管理工作服务，具有重要的意义。（王英玮）

上海市档案馆 Shanghai Municipal Archives 中国省级国家综合档案馆。馆址在上海市浦东新区前程路811号。1959年12月成立。馆址原在上海市四川中路220号，1991年迁至上海市长宁区仙霞路326号，2002年启用位于黄浦区斜土东路348号的上海市档案服务和教育中心，2004年启用位于黄浦区中山东二路9号的上海市档案馆外滩馆。2021年迁至现址。占地面积57333平方米，一期工程建筑面积106045平方米，与上海市档案局合署办公。其中，库房建筑面积55586.3平方米，对外服务用房建筑面积27669平方米。

馆藏 至2022年底，馆藏共有2350个全宗，4336282卷，825211件档案及9114盘录音磁带、录像磁带、影片磁带，509493张照片档案，排架长度65524米。馆藏主要有中国共产党在民主革命斗争时期形成的部分档案资料，中华人民共和国成立后上海市党政机关、群众团体和部分企事业单位的档案，国民党统治时期上海市政府机构档案，民族工商业在产生、发展过程中形成的档案，租界档案以及抗日

上海市档案馆外景

战争时期上海地方傀儡政权档案等。其中，有许多珍贵档案史料涉及重大历史事件，如五卅运动、上海工人三次武装起义、一·二八淞沪抗战和八一三淞沪会战、上海解放、城市接管与资本主义工商业改造、社会主义建设、改革开放、2001年上海APEC会议、2010年上海世界博览会、中国国际进口博览会等，江南机器制造局档案、上海总商会档案、《共产党宣言》中文首译本和近现代上海华商四大百货公司档案汇集已被列入《中国档案文献遗产名录》。已向社会开放档案961319卷，备有多种检索工具及设备，以多种方式为利用者服务。现为上海市人民政府信息公开受理点。

机构设置 馆内设档案接收征集部、档案保管部、档案整理编目部、档案利用服务部、档案史料编研部（档案宣传部）、档案保护技术部、档案信息技术部、行政处（保卫处）等机构及上海市档案服务和教育中心。

出版物和评价 先后出版《上海市档案馆指南》《上海档案志》《上海租界志》《日本帝国主义侵略上海罪行史料汇编》《上海档案史料研究》（第一至二十六辑）、《上海市档案馆馆藏中国近现代档案史料选编》（全十二册）等工具类图书和档案史料汇编，《上海档案珍品选》《抗日战争与上海》《历史的足迹——香港·上海城市发展图片集》《上海市档案馆藏中国近现代名人墨迹》《海上金融——上海市档案馆藏档》《不忘初心——上海市档案馆藏红色文献选萃》《党在这里诞生——中共大一会址、上海革命遗址调查记录》《跟着档案看上海》等图册书籍。出版有《档案春秋》月刊，并设有同名微信公众号以及内部刊物《上海档案》。

馆内设有"城市记忆 时光珍藏——上海市档案馆馆藏珍档陈列"常设展览，反映了近代以来上海城市发展变化，可供公众参观。自20世纪90年代起在国内外举办或与有关方面联合举办了"上海纪念中国共产党成立八十周年图片展""为民务实清廉——党的群众路线档案展""民国名人手迹展""建党百年 初心如磐——长三角红色档案珍品展""书信家国 尺牍情深——弘扬伟大建党精神长三角红色档案联展"等各类专题档案展览。与有关部门联合摄制了《一号机密》《追忆——档案里的故事》等电视剧、电视专题片及《上海记忆》系列微纪录片，创排了原创音乐剧《忠诚》。

为国际档案理事会C类会员，国际档案理事会城市及地区档案馆处执委会成员。20世纪90年代以来与五大洲的20多个国家及中国港澳台地区开展合作交流。（李 军）

上行记 shangxingji 中国古代官府往来文书文种名称。又称奏记、奏笺。"奏"的本意是"进"的意思，王充《论衡·对作》称："上书谓之奏。"对皇帝上书用奏，对上官上书称奏记、牋记。牋，又通笺，是一种短小的简牍。《文心雕龙·书记》载："公府奏记，而郡将奏牋。"汉代各级官府上行文书皆可用奏记。汉代刺史、守相、京师官及平民上书三公、将军等高级职官，或平民上书卿府、县道官吏上书郡国守相，掾史等文吏上书所属官府长官，皆可用奏记。奏记至宋代还有使用。（裴燕生）

上奏文书 memorial to the throne 中国古代臣子向皇帝进呈的上行文书的统称。奏是进的意思，特指向君主进言、上书。上奏文书是古代文书中的重要类别，起源于先秦，形成于秦汉，直至明清时期仍在使用，贯穿整个中国古代官僚政治的运作。

秦代以前，臣对君的进谏之文统称"上书"，如战国时有李斯《上秦王书》。秦统一六国，建皇帝之号，立百官之职，君臣之位得以确立，秦始皇改"上书"为"奏"，上奏之文正式形成。汉代的国家文书制度逐步完善，上奏文书分为四种：一曰章，二曰奏，三曰表，四曰议。章以谢恩，奏以按劾，表以陈情，议以执异，初步建立了上奏文书体系。除章、奏、表、议之外，汉代奏议还应包括封事与策论。汉代奏章一般不封口，如奏陈机密事宜，为防止泄露，用双重封条贴黑色袋内呈上，是为封

事。封事是后代密奏、秘折的开端。策论指的是对策之文。应举时由皇帝出题目，题目写在简上，故名策问；应举者按题陈述自己的意见，故名对策，如董仲舒应汉武帝之诏所写的《举贤良对策》。汉代臣僚上奏皇帝亦称上疏。疏是疏通的意思，引申为对问题的分析，是具有分条陈述特点的奏。唐宋以后上奏文书统称奏议或奏疏，所以奏疏还是各类上奏公文的泛称。

魏晋南北朝时期，臣僚上奏皇帝，除沿袭汉代的章、奏、表、议、封事外，又增加了启、贺表、笺和露布。启是开的意思，始于魏，晋以后用于臣僚陈述政见，向皇帝感谢恩典，兼具奏和表的作用，可以看作奏和表的分支。唐以后逐渐定型为对皇太子、诸王陈言的准上奏文种。贺表始于南北朝时期，凡国家有大庆典，臣子献文为贺。笺也称笺表，东汉、魏晋时是带有书札性质的上行文，南北朝以后，逐步定型为主要向太子、皇后致谢贺的准上奏文种。露布词义是不**封缄**，在汉代指文书的下达范围，而非文书种类。作为文书种类，露布有广狭二义，广义泛指**布告**通告，魏晋以后特指征讨的军事文书檄文；狭义指两种奏议类文书，一为不封缄的上书，与封事相区别，二为用兵获胜向皇帝奏捷的奏表。

唐宋时期，臣僚的上奏文书种类较多。唐代有奏抄、奏状、熟状、商量状等。奏抄为门下省上行公文，用于支度国用、授六品以下官，断流以下罪及免除官。**奏状**的意思为具状奏事，规定五品以上官员向皇帝奏事用奏状。唐宋文书制度，关于日常事项，宰相以书面向皇帝奏请的文书，称为熟状。唐中书省官员审议百官奏状意见不统一时各陈己见，分别写成文字，称为商量状。此外还有**牓子**，非表非状者称为牓子，亦称录子，用于奏事或通谒。唐代陆贽有《牓子集》传世，宋代改称为**劄子**。状的本意是情形，后引申为陈述、陈说。东晋之后普遍使用纸张书写，通篇公文写在一张纸上称为状式纸。这一文书载体含义，导致许多公文名称中带有状字。元朝的上奏文书种类基本沿用前朝。不同的是，元朝之前的历代上奏文书使用的语言都是古代汉语书面语，元朝要求在奏章和官府文书中使用吐蕃喇嘛巴思巴创制的蒙古新字，称之为“国字”，废除了原来的文字书写。

明代奏疏名目繁多，其中奏本、题本和揭帖、讲章为明代首创，也是最为常用的文书种类。**奏本**和**题本**的区别是前者用于个人上奏，后者用于官府上奏。**揭帖**为机密要事的进奏，讲章为经筵讲官的讲稿。

清代奏疏除奏折等为新创外，大多沿袭明制，略有变化。根据文书处理途径和主要用途不同，上奏文书可分为三类：一类称为本章，是通过内阁文书处理系统进行处理的，如题本、奏本等；另一类称为折奏，主要是奏折，是由军机处文书处理系统处理的；还有一类上奏文书主要用于庆贺典礼，上于皇帝、皇太后者为表，上于皇后者为笺，称为表笺类。另外还有随本揭帖与**录副奏折**，是有关上奏文书的副本。

因为奏疏是呈给最高统治者的文书，所以行款字数、纸张格式、抬头避讳及文字程式尤为严格，甚至字体、墨迹都有具体规定。作为一种具有明显的政治性和工具性的应用文体，奏疏有其确定的阅读对象、明确的行文目的、强烈的针对性和时效性。它和**诏令文书**一样伴随专制政体的产生而产生，随着1911年辛亥革命的爆发和帝制的消亡，上奏文书也被废除。

上奏文书自古至今的整理成果数量巨大，主要有两种方式：一是编纂总集，汇集一朝或历代之奏议；一是编纂别集，辑录一人之奏议。如唐代编纂的别集有陆贽的《陆宣公奏议》，宋代编撰的总集有赵汝愚的《国朝诸臣奏议》，别集有包拯的《孝肃包公奏议》、司马光的《司马光奏议》等。明清编撰的奏议总集和别集数量空前。著名的总集如黄淮、杨士奇的《**历代名臣奏议**》、张瀚的《皇明疏议辑略》等，不胜枚举。 （何 庄）

少数民族档案 ethnic minority archives 中国少数民族政权、个人和历代各级各类政府和社会组织直接形成的反映少数民族各方面情况，具有保存价值的各种形式的历史记录。凡是反映少数民族各方面情况的档案，均属少数民族档案。在档案的形成主体和形成地域上，并不限制于少数民族主体和少数民族地区。1960年8月，中国国家档案局在全国少数民族地区档案工作会议上第一次提出少数民族历史档案的概念，同时提出要求在各少数民族地区收集、整理少数民族历史档案的问题。1987年11月，中国档案学会在昆明召开少数民族档案史料学术研讨会，深入探讨少数民族历史档案的内涵与外延。

中国有55个少数民族，在历史上形成了类型多样、内容丰富、遍布各民族地区的少数民族档案。从地区分布和民族来看，东北、北部地区分布有满族、朝鲜族和蒙古族等少数民族的档案；西北地区分布有回族、维吾尔族、哈萨克族等少数民族的档案；西南地区分布有藏族、彝族、纳西族、白族、傣族等少数民族的档案；东南、中南地区分布有壮族、苗族、瑶族、土家族、水族等少数民族的档案。从类型来看，按记录方式可划分为少数民族文字档案、少数民族汉文档案和少数民族图像档案；按存在形式可划分为古籍、文书、印章、碑刻、摩崖、石经墙、石经片、石经墩、金文、竹简、木刻、骨文、皮书、布书、陶书等类型少数民族档案；按内容性质可划分为政治、历史、经济、军事、天文、历法、医药、文艺、哲学、伦理、宗教、民俗、译著和语言文字等少数民族档案。由于得天独厚的历史条件、民族条件和地理环境，中国各民族地区保存下来的原生态少数民族档案卷帙浩繁。以馆藏历史档案最多的省级档案馆**西藏自治区档案馆**为例，截至2022年，馆藏历史档案311万件（卷、册）、145个全宗。这些档案起于1304年，止于1959年，纵跨近700年；以藏文为主，占95%以上，还有汉、蒙、满、梵、尼、英、俄等文；载体以狼毒草为原料制成的藏纸为主，还有纸质、木质、叶质、缣帛、金石等材料；书写用料除墨之外，部分珍本以金、银、翡翠、珊瑚、珍珠、朱砂等研磨调制后书写于磁青纸面；内容涉及政治、经济、军事、文化、历史、宗教、天文、地理、科技、医药、卫生、工艺、差役、灾祸、风俗、艺术等方面，这些少数民族历史档案记录了西藏与祖国关系史、中华文化交往交流交融的历史事实。然而同时也应该看到，受历史、自然和人为因素的影响，少数民族档案的损毁、流失与消亡现象仍普遍存在，对少数民族档案的抢救成为一个迫切且重要的社会问题。

少数民族档案是反映少数民族历史的原始资料，对于研究少数民族社会、政治、经济、文化等方面发展状况具有重要的参考价值；对于制定和贯彻党的民族政策，加快民族地区经济发展，加强民族团结，也具有重要的现实意义。少数民族档案是民族文化遗产的重要内容，也构成了国家档案资源的重要组成部分。 （章燕华）

设备档案管理 equipment archives management 企事业单位和社会组织机构（以下简称各单位）根据设备档案的形成规律和内容构成特点，有效地保存和科学管理设备档案，实现设备档案价值的各项业务管理活动。设备档案是各单位在设备仪器的购置、安装、使用运行、维护维修、技术改造以及管理等活动中形成的，反映设备仪器运动变化过程的各种科技档案的总称，又称设备仪器档案。设备档案在20世纪50年代以前，通常称为设备仪器技术资料。20世纪60年代初，随着中国技术档案概念的确立，逐渐形成了设备仪器档案、设备档案等概念。改革开放之后，随着经济体制改革的不断深入，企业独立法人地位的确立等因素，设备仪器的购置活动成为企事业单位的独立行为，因而将设备仪器购置的招投标等商务文件材料纳入进来，形成目前的设备档案概念内涵。

设备档案按照其使用性质，一般区分为机械加工设备、运输设备、吊装设备、动力设备、辅助设备和专用设备等类型。按照其形成过程，一般包括设备购置商务文件材料、设备装箱单、设备开箱验收材料、设备质量检验报告、设备安装调试竣工材料、设备运行记录、设备事故材料、设备维修材料、设备改造技术方案、设备报废或处置材料等具体内容。

设备档案以台（件）或型号保持成套性，即同一台（件）或同一型号的设备文件材料、记录、数据是一个有机联系的整体。与土建连在一起的大型生产线、生产装置和管线等设备档案，一般同基建工程档案一起保管。企业资源计划管理系统（ERP）、企业资产及其维修管理系统（EAM）和企业产品数据管理系统（PDM）等现代化管控模式，是当今设备数据形成和管理的主要环境，利用上述信息系统对设备档案进行管控，是设备档案管理的新型技术手段和管理方式。因此，未来设备档案管理应以电子数据和信息化技术控制作为其主要发展趋势。

设备档案是各单位档案资产的重要组成部分。设备档案管理是各单位生产、建设、科研和其他业务活动正常开展的基础性与保障性管理活动，设备档案的科学管理，有助于保障各项活动顺利进行，并有助于节约劳动，提高工作效能，实现产能最大化。

（宫晓东）

赦　she　中国古代帝王诏令文书文种名称。又称赦令、赦诏、赦文、赦书。《说文解字》云“赦者，舍也”，意为放置、放免、宽宥罪过。《尚书·舜典》中记载有“眚灾肆赦”，即可对过失进行赦免。西周《吕刑》规定，“五刑之疑有赦，五罚之疑有赦”，意谓有疑之刑罚也可以赦宥。但是，上述中的赦并非帝王所颁之赦。正式的帝王所颁之赦始于汉代。汉高祖刘邦称帝前，以汉王的身份颁布了“其赦天下殊死以下”的赦，并于登位次年发布“赦天下”诏，对军中犯人进行赦免。此后，赦成为皇帝经常使用的一种推行德治、仁政的诏令文书。

沈家本《历代刑法考·赦考》中认为，赦可以分为大赦、特赦、减等、曲赦、别赦、赦徒6类。大赦、特赦指全国性的重大赦事；减等指对一些刑罚的减轻；曲赦指以局部地方为赦事范围；别赦指针对专人专事或某些刑种；徒赦指专为降减科以徒刑之人。此外，赦又称为德音，以赦为“天子布德之音也”。帝王颁赦必有引因，如登基、改元、立后、建储、封禅、临雍、大丧、巡狩、祥瑞、灾异等。引因不同，所颁赦的类别便有差异。历代帝王登基，一般都会大赦天下。公元前179年，孝文帝刘恒被陈平、周勃等拥戴诛诸吕，登基初便颁布大赦天下的诏书。清宣统元年（1909），末代皇帝溥仪即帝位，“颁诏天下，罪非常赦所不原者，咸赦除之”，成为中国历史上最后一道登基赦书。

赦的内容，主要是经由帝王发布政令，对“其情可矜、其事可疑”的罪刑进行免除，但赦书中也常伴有对臣民的赏赐和复除蠲免等属皇帝“推恩”性质的内容。唐代赦书的内容进一步扩展，开始大量出现与朝廷行政有关的申明和禁令，使本偏重于司法执行的赦书具有了立法性质。帝王颁赦并不是随心所欲，而是有限度的。赦书中常加以限制，如赦诏中加上诸如“殊死以外”或“死罪真犯以外”等限制性语言，明朝出现了“常赦所不原”。有时，赦中即行指明“常赦所不原者除外”，明确规定了不得援赦免罪的情况。

赦作为免罪、推恩和申明禁令的帝王专用文书，颁布赦诏时有较为隆重的仪式。汉代颁布赦天下的诏书，对传诏使臣已有相当隆重的仪式。从南北朝开始，历朝颁布赦书，都会设金鸡为征候，之后的颁赦仪式更为复杂庄重。明代，凡颁诏均行大典，并增加了很多迎接诏书的仪式规定。清朝，所有诏书，均以颁诏仪行之，并将金鸡演化成金凤，更加严肃庄重。

（胡忠良）

申陈　shenchen　中国近代官府往来文书文种名称。鸦片战争后，申文出现变体，作为外交文书使用时称为申陈，仍属上行文。其格式与申基本相同，但其白纸折面文种名称及文内“申”字改作“申陈”二字。折内行文用语比较客气，不能使用贬低性、歧视性、侮辱性的语言，如“夷”“彝”“虏”之类的字眼均要回避。文内自称不用傲慢自大、被视为无礼的“吾”字。称呼对方常加“贵”字，甚至是“大人”二字。1842年《中英江宁条约》规定，外国之属员对清廷之大臣进行交涉时用申陈，督抚批复用札。外国之属员即领事官、署领事官，与清廷道员同品；副领事官、署副领事官及翻译官与知府同品。根据这一规定，外国驻华领事以下官员行文清廷将军、督抚、军机大臣、总理各国事务衙门大臣等，均用申陈。光绪（1875～1908年在位）初，外国侵华势力又向清廷施加压力。光绪五年，总理衙门与各国公使重议公文仪式，清廷同意加以变通。遇有寻常公事，领事即可照旧照会道台，由道台转申督抚，督抚可照旧札行道台，由道台照会领事；若事关紧要，彼此无论品级大小，概用照会。督抚、道台与公使、领事行文，称对方为“贵大人”“贵领事”，自称“本部院”“本大臣”“本道”“敝道”。此后，外国领事便可以事关紧急为理由，使用照会与各省督抚大吏等直接进行交涉，外国领事的特权地位上升，就不再使用申陈了。

（裴燕生）

申文　shenwen　中国古代官府往来文书文种名称。清代申状多改为折式，故改称申文。光绪朝《清会典事例》规定：道府以下行文六部，府厅州县行文步军统领衙门，直隶布政司以下行文顺天府尹，司道以下行文督抚，府厅以下行文司道，知县以下行文府厅，所属知县以下行文直隶州，各杂职行文州县，副将以下至千总行文巡抚，府厅以下行文于学政，运同、运判行文于运使，提督、副都统以下行文于经略，均用申文。除上述见诸光绪朝《清会典事例》的规定外，清初布政司、按察司、运司及各府知府行文巡盐御史（后改称盐政）也用申文。清代官职庞杂，其余未见诸规定者，也可按照品级地位比照应用。

沿袭明代用法，清代申文（状）多用于向上报告，说明一般情况，或报送有关物品，解送人犯，有申报、申覆、申明、申送、申解诸名目，一般都不需要批示。因为需要批示的文书，结尾写作“伏乞照详施行，须至申者”，已经从申文中分化出来而称为详文。解送官物银两时，另发给押运员役文批，写明物品数量等，接收衙门接收入库，出具“库收”收据，并在文批上写明“批回”二字，盖印后，交押运员役领回交差。解送人犯，收管衙门则须出具“收管”凭据，交解送员役领回缴报。

清代前期，申文仍在文件日期下的主管官官职姓名下列佐贰官、首领官姓名，还要在纸背面书写书吏姓名，不得洗补。文末年月日一行前空白处仍然还有发文时编写盖用的勘合字号半印。后来，状式申文较之前有所简化，结尾署衔只列主管官官职姓名，且多不用后由了。在简化的基础上，白纸折式申文折面正中标明发文衙门官衔、事由、文种名称“申文”二字或一“申”字，三项共写一行，骑字下方盖发文衙门印信。有的申文比较草率，省略文种名称，只写官衔及事由，甚至只写“申文”或“申呈”二字，其余官衔、事由均省略。折面右边还常盖有收文年月日期条戳，时间由上级衙门书吏收到后填写。折内文字从右版首行写起，每面6行。第一行为发文衙门及主管官官衔，常用简衔。下接写事由“为……事”，然后叙述正文。结束语大多与明代相同，为“伏乞照验施行，须至申者”，其中“申”字表明文种，也有的写作“须至申覆者”。然后，另起写“右申”或“右申呈”一行拉开，抬一或二字写上级官员全衔及姓一行，最后姓字与“申”字并脚，称为“抬头并脚”格式，与“齐头并脚”格式有别。而且，收文上级官员不能紧挨“右申”二字，又不得临边，往往只好写在下一页正中。文尾后幅正中年月日写作一行，骑年盖月用印，“日”字之下接署作者官衔简称及姓名。也有的申文只署前衔，不署后衔，比较简略。中华民国以后，申文被取消。（裴燕生）

申状 shenzhuang 中国古代官府往来文书文种名称。宋代内外官府呈于中书省、尚书省、三司使、枢密院，及御史台等呈于三省、枢密院等，省内诸司并诸路、诸州上省、台、寺、监等，都使用申状，即内外官府“申所统摄官司”用申状。宋代司马光《书仪》介绍申状体式为：“某司（自申状，则具官封姓名）某事云云，（有事因则前具其事，无所因则便云右某）右云云，谨具状申（如前列数事，则云右件状如前云云）。某司谨状（取处分，则云伏候指挥）。×年×月×日，具官封姓名（有连书官，则以次列衔）状。右内外官司向所统属并用此式（尚书省司上门下中书省、枢密院，及台、省、寺、监上三省、枢密院，省内诸司并诸路、诸州上省、台、寺、监并准此）。”

宋代《庆元条法事类·卷十六·文书门》记载的申状体式则略有不同，其云：“某司（自申状，则具官、姓名）某事，云云（自申状而无事因者，于此便云右某）。右云云，谨具申（如前列数事，云右件状如前云云）。某司谨状（取处分，则云伏候指挥）。×年×月×日具官姓名状。申所统摄官司，皆用此式（在外申三省、枢密院，若省、台、寺、监者准此。仍于状前贴出至京地里及申发日时，余公文往还，亦输入递年月日）。”

宋代的申状用途很广。在外状前还要贴出至京地里及申发日时，作为引黄的重要内容。元代沿用申状，用于六部向中书省行文，各路向行中书省行文。明代沿用申状，多用于向上报告、说明一般情况，并对使用衙门有具体的规定：应天府申五军都督府；兵马指挥司申五军都督府、六部；各外卫指挥使司申五军都督府；盐运司申六部；各处守御千户所直隶申五军都督府、在外申指挥使司；直隶各府申六部；在外各府申都司、布政司；直隶各州申六部；在外各州，直隶布政司统属，申本司，若系各府所属，止申本府并按察司、各卫并护卫指挥使司；各县申府并按察司、各卫并护卫指挥使司及在京兵马指挥司，若系各州所属申州；各仓库、司狱、巡检、税课司局、递运河泊所、驿坝等杂职衙门申府；如内有各州所属申州；具用申状。申文之所以称申状，是因为其使用大幅单张状式白纸书写，按照明代制度，地位越高，纸幅越大。

明代申状开头为“某衙门为某事”，正文结束用“合行申复，伏乞照验施行。须至申者”。然后另起写“右申”二字，中间拉开，再另起写受文上级衙门，首字、末字与“右申”二字抬头并脚。文件年、月、日另起一行，骑年盖月用印，并有4字或6字后由，小字写于年、月两侧。文件时间下列发文衙门官员官衔姓名，正职上位居中，佐贰官中位按次序分列，首领官居下位列名。纸背面书写书吏姓名，不得洗补。文末年、月、日一行前空白处还有发文时编写盖用的勘合字号半印。（裴燕生）

深圳市档案馆 Shenzhen Municipal Archives 中国副省级国家综合档案馆。馆址位于广东省深圳市福田区下梅林林丰路2号。建于1979年11月15日。1983年5月13日，深圳市政府办公厅下设档案处，与深圳市档案馆两块牌子，一套人员，处级建制。1985年1月7日，深圳市政府办公厅档案处对外改称深圳市档案局（仍挂深圳市档案馆牌子），实行“两块牌子、一套人马”。1993年10月，深圳市档案局与深圳市档案馆合一，为市政府主管全市档案工作的事业性机构。1994年3月，深圳市档案馆迁入位于深圳市深南中路南侧的档案大厦。2004年6月，深圳市城市建设档案馆（市城建档案管理处）并入深圳市档案局（馆），实行“三块牌子（深圳市档案局、市档案馆、市城建档案馆）、一套人马”。2007年4月，深圳市档案局（馆）迁入深圳市市民中心B区红塔楼，档案大厦老馆仍保留。2015年1月，深圳市档案局（深圳市档案馆、深圳市城建档案馆）整体搬迁至深圳档案中心办公。2019年3月，局馆分设，市委办公厅加挂市档案局牌子，在市委办公厅增设档案发展和管理处。深圳市档案馆为市委直属事业单位，正局级，归口市委办公厅管理，加挂深圳市城建档案馆牌子。2020年8月，将市档案局承担的城建档案管理行政职能划入市住房建设局，市城建档案馆由在市档案馆挂牌调整为独立设置。

馆藏　截至2022年12月，深圳市档案馆馆藏档案共计232个全宗137万卷。全部档案按门类划分可分为文书档案、科技档案、专业档案等；按载体划分以纸质档案为主，还有部分照片档案、声像档案和实物档案等。该馆主要收藏深圳市1979年建市以来深圳市委、市政府及其直属机关、团体、事业单位和部分市属国有企业等形成的具有永久、长期保存价值的档案。深圳市档案馆在依法接收档案之外，还致力于面向社会收集、征集档案资料。馆藏资料较为珍贵的有1866年意大利传教士绘制的羊皮纸《新安县全图》、邓小平1984年为深圳经济特区的题词以及近1200件牛文化艺术品。

机构设置　内设综合部、收集整理部、保管保护部、利用开发部、技术与声像部，其中收集整理部加挂深圳市文件管理中心牌子。

出版物及评价　深圳市档案馆自成立以来，一直坚持围绕中心、服务大局，面向社会、服务大众，通过公布档案、提供档案利用、举办展览、编研档案资料等方式向社会提供档案服务，以满足广大人民群众日益增长的精神文化需求。馆内配备专门的档案利用大厅，既可提供传统的档案阅览服务，又可满足利用者自助查阅获取档案信息。公开出版的编研成果主要有《明清两朝深圳档案文献演绎》《民国时期深圳档案文献演绎》《建国三十年深圳档案文献演绎》《深圳自然灾害录》《走向共同富裕——广东省脱贫攻坚档案文献展（深圳）图文集》《深圳市人民政府令汇编（1992—2021年）》（上、下册）等。（吕　灿）

神庙档案库 archives of temple 古代埃及与古代两河流域的档案收藏机构。神庙原是一种宗教祭祀机构，由祭司掌管。神庙档案库起源古老，为数众多。它在奴隶制国家的政治和经济生活中占有很重要的地位，故往往成为公务文件的保存场所。神庙档案库不仅保存档案，而且保存图书，也称之为档案图书馆。

古代埃及神庙档案库的库藏包括关于管理神庙占有土地及其他财产的经济文件，祭司组织的行政文件，关于各种崇拜、文学作品、科学作品的本文，以及编年记等。其中行政文件往往由法老亲自掌管，编年记可公开利用。如卡呼恩神庙档案库内清理出了公务文书、信件、遗嘱、祭司和人员登记表、向神庙缴纳贡赋的报表、日记、统计表、收据等。

古代两河流域也建立了神庙这种宗教祭祀机构，掌管神庙的祭司是神的代言人。早期国王集神权与王权于一身，实际上就是最高的祭司。因此神庙档案库往往保存国家重要的行政和经济管理文件。如苏美尔统治时期的基什、拉伽什、乌尔等城邦国家都发现了神庙档案库的遗迹。

古代希腊包括200多个城邦，城邦档案库是其最重要的一种档案收藏机构，实际上类似于古代埃及和古代两河流域的神庙档案库。古代希腊广泛建立了神庙这种宗教祭祀场所后，各城邦不仅将神庙作为祭祀活动场所，也视其为政治活动中心，把国家重要的法规文件刻在神庙的墙壁或台座上加以公布，后来城邦档案库就设在神庙里。（黄霄羽）

沈兼士档案学思想 Shen Jianshi's archival thought 沈兼士关于明清档案及其整理研究的学术思想。沈兼士（1887～1947）是中国近代明清档案事业的最早和最主要开创者之一。1922年，北京大学研究所国学门成立，沈兼士任国学门主任。同年发生了北洋政府出卖清内阁大库档案的**八千麻袋事件**，劫余档案最终得以移归北大。研究所国学门成立清代内阁大库档案整理会（后改称明清史料整理会），对明清档案进行整理、编目及编纂出版。沈兼士主持下的北京大学国学门开创了近代学术机构整理明清档案之先河。1925年以后，沈兼士作为北平故宫博物院明清档案工作的主要负责人，领导了对馆藏宫中各处档案、军机处档案、内阁档案、清史馆档案、刑部档案、内务府档案、升平署档案、宗人府档案等逐步进行集中清点、分类编目、陈列展览、编纂出版等各项工作。他主张快速公布明清档案以便学术利用，不仅主持编辑出版了《文献论丛》等学术刊物，还组织编纂出版了《文献丛编》《史料旬刊》《**清代文字狱档**》《清三藩史料》等40余种、千余万字的明清档案史料书刊。在主持故宫明清档案工作期间，不断总结历史经验，由他主持制定的《**整理档案规程**》提出了明清档案整理的科学原则和细密方法。代表性学术成果有《故宫博物院文献馆整理档案报告》《方编清内阁库贮旧档辑刊序》《王译故宫俄文史料序》《近三十年来中国史学之趋势》等。明清档案整理的学术论文收录于《段砚斋杂文》（1947）一书中。沈兼士的明清档案及其整理的学术思想表现在5个方面。

档案价值 近代人文社会科学界，受科学主义和考证研究方法影响，学术研究注重原始资料。沈兼士深刻认识到档案作为史料的原始价值。“以为向来文士尽信书之弊，当有以矫之。故研究所国学门于古代研究，则提倡考古学，注意古器物之采集；于近代研究，则侧重公家档案及民间风俗。持此纵横两界之大宗新资料，以佐证书籍之研究，为学者辟一新途径。”（《方编清内阁库贮旧档辑刊序》）提出“档案是未掺过水的史料”“为未加造作之珍贵史料”“等于考古家之重视遗物遗迹”等说法。

中国档案略史与近代档案保存 沈兼士在《故宫博物院文献馆整理档案报告》一文中设立“中国档案之略史”与“近代档案之保存”两个部分，总结中国档案史与近代档案保存状况。关于“中国档案之略史”，文字简要，但字字珠玑，指出档案在古代社会中的历史地位，即为古代政学总汇，关系一代政治学术之盛衰。对近代档案之保存状况，则详列年表，给人以全景式鸟瞰。

明清档案整理、编目、编纂与陈列 明清档案整理、编目、编纂、陈列是文献馆明清档案工作的4个重要环节。①整理。沈兼士提出“普遍整理”与“系统分类”的主张。这是他关于明清档案整理最为核心的思想。他注意总结明清档案整理经验，指出过去档案的整理太重形式而忽略档案的内容，只重档案本身而忽略档案之间往来关系，过重搜求珍奇而忽略平凡材料的普遍整理，提出了档案的普遍整理思想。在普遍整理思想指导下，档案分类一改平列式因名立类的旧分类法，而采用纲举目张的系统分类法，即十进分类法。但是，与图书的分类整理相比，档案的分类整理即使有总原则可遵循，在具体操作上也更加具体复杂和更加困难。贯彻“普遍整理”与“系统分类”的前提基础是对所有档案的具体分类，这要以衙署职司与文书档案制度为前提。②编目。以卡片目录为主，并编成书册式目录刊行。③编纂。包括编刊史料、编制大事索引、考释档案名词、以档案校订官书及私家著作。④陈列。是根据民众与专家的不同需求，开设普通陈列室与专门陈列室。

重视档案实体保护 主持故宫博物院文献馆草拟提案：①拟请国民政府令省市县各级政府分别就地保管档案，不得毁弃。②拟请政府令各部院将北洋政府时代及前清旧档拨归故宫博物院整理，制止出卖档案。③拟请政府令驻外各使领节将已失时效之旧档案运缴国内整理保存。这些提议获得中国博物馆协会与中华图书馆协会以及故宫博物院院务会议讨论通过，促进了国民政府对于北洋旧档和前清档案等的重视和保护。

档案学学科概念 1935年1月30日，沈兼士在《方编清内阁库贮旧档辑刊序》中最早提出档案学这一现代学科概念。同年5月18日，沈兼士在中国博物馆协会成立大会上做《故宫博物院文献馆整理档案之经过》的学术讲演，再一次提出这一概念。这篇讲词最早发表在《中国博物馆协会会报》1935年9月第1卷第1期上，后又发表在1935年10月出版的《文献特刊》上，改名为《文献馆整理档案报告》。沈兼士不仅提出档案学学科概念，而且积极领导文献馆同人积极探索，为明清档案及其整理研究培养了专业人才。（梁继红）

沈阳市档案馆 Shenyang Municipal Archives 中国副省级**国家综合档案馆**。位于辽宁省沈阳市和平区文体西路99号。成立于1960年5月，1961年5月1日正式开馆。1996年10月与沈阳市档案局合一设置，挂两块牌子，为市政府直属机构，局级建制。2018年与市档案局分设，市文史研究馆并入，为市委直属事业单位，机构规格仍为正局级。2022年11月将市地方志职责并入。2005年9月，建筑面积2.2万平方米的新馆竣工，2006年6月面向社会开馆。2008年晋升为国家一级档案馆。

图1 沈阳市档案馆外景

馆藏 馆藏纸质档案505个全宗、65.8万余卷、18.3万余件。主要包括**清代档案**、中华民国时期档案、革命历史档案、中华人民共和国成立以来的档案等。

清代档案主要为沈阳县公署、奉天市政公所全宗中保存的清宣统（1909～1911）年间形成的档案，共233卷；馆藏档案最早形成时间为清乾隆二十五年（1760）。中华民国时期档案的形成时间为1912～1948年，共67个全宗，8.2万余卷。主要形成者为沈阳县公署、奉天市政公所、沈阳市政府、沈阳地方法院以及该时期一些企业事业单位和国民党联勤总司令部等。

革命历史档案主要是 1945～1949 年中华人民共和国成立前中国共产党在沈阳地区进行党和政权建设、开展对敌斗争、培训干部、接收城市、支援前线等，共涉及 72 个全宗、970 卷。中华人民共和国成立以来的档案，主要是中华人民共和国成立后沈阳市市级党政群机关及部分企业事业单位所形成的档案。这部分档案是沈阳市档案馆馆藏主体，记录了中共沈阳市委、市政府领导沈阳市人民进行社会主义建设、改革开放、沈阳老工业基地振兴的历史，共有 438 个全宗，50 余万卷。

机构设置　设办公室、党群工作部、人力资源部、保管利用部、整理鉴定部、接收征集部、电子档案部、技术保护部、编研部、展览展示部、文史馆员服务创作部、文史业务部、方志编纂部、方志信息部等 14 个部室。

出版物和评价　以新馆为依托，拓展社会服务功能。开展档案及政府公开信息查阅服务，满足社会对档案信息的利用需求。编辑出版了《辛亥革命在沈阳》《盛京古城影像》《九一八事变前日本在奉天的侵略活动档案汇编》《日本的侵略与沈城的抗争档案汇编》《黑土地上的红色记忆——东北抗日义勇军 抗日联军亲历者口述档案汇编》《抗日将军档案史料选编·黄显声》等书籍及内部资料 100 余册。

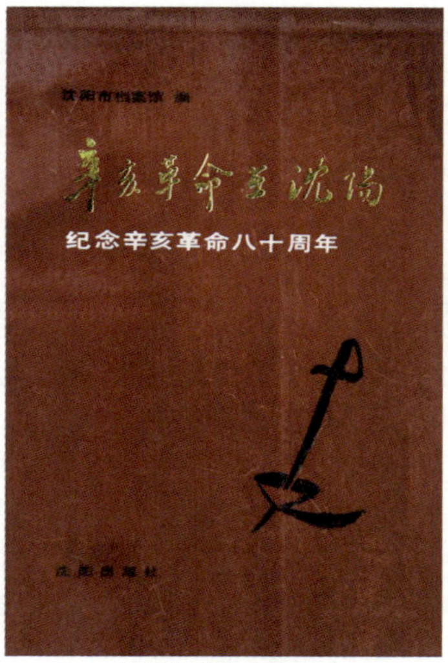

图 2 《辛亥革命在沈阳》封面

举办了“沈阳的记忆”“沈阳市家庭档案珍藏展览”“百年历程 兰台印记——沈阳市庆祝中国共产党成立 100 周年档案史料展”“英雄精神 城市丰碑——沈阳英雄人物档案史料展”等 40 余个展览；创新档案宣传机制，打造“印象沈阳”档案文化全媒体服务平台；开展全市“中小学档案社会教育大课堂”及“听沈阳老歌、观沈阳老纪录片”等活动。2011 年，被教育部、国家档案局确定为全国中小学档案教育社会实践基地，先后被有关部门命名为辽宁省科普基地，沈阳市科普基地、爱国主义教育基地、未成年人思想道德建设实践基地等。

（马凤云）

沈永年　Shen Yongnian（1928-04-02～2017-03-23）中国现代档案学家。生于安徽全椒，卒于北京。1952 年进入中国人民大学专修科档案班学习。1956 年进入中国人民大学档案系研究生班学习，1958 年毕业后留校任教。曾任中国人民大学科技档案教研室主任、副教授，《中国大百科全书·图书馆学 情报学 档案学》档案学编辑委员会委员、科技档案管理学分支编写组主编，《档案学通讯》副总编辑。

主要研究领域是科技档案管理与编研。先后主编《技术档案管理学》（1980）、《科学技术档案管理基本知识》（1985）、《工业企业经营档案管理》（1991）、《企业档案管理》（1993），与王传宇合编《科技档案管理学》（1989）。先后发表《对科技档案管理问题的初步认识》《加强科技档案管理学术研究刍议》《科学技术档案与建设“两个文明”》《科学技术档案管理学的建设与发展》《略论科学技术档案工作的提高》《科技档案价值鉴定任务内容和步骤的新认识》《论档案室科技档案实体的分类》《企业档案分类研究》《一个十分严肃的问题——谈增强对科技档案的重视》《科技档案编研管窥》《城市建设档案形成规律的探讨》《对城市建设档案来源与构成的分析和思考》等多篇学术论文，内容涉及科技档案管理、科技档案编纂、城建档案管理、科技档案管理学理论等。

沈永年从教 30 年，在科技档案管理专业的筹办和教学计划、教师配置、教学研究等方面做了很多工作，并在专业创建过程中初步构建起科技档案管理学的知识体系，探讨了科技档案编研的原理与方法，提出企业档案分类的重要性和具体方法，对城建档案的形成规律与来源构成等问题进行了研究。

（张　斌）

审计档案管理　audit archives management　中国国家各级审计机关从事的审计档案业务管理活动。又称审计档案工作。审计档案指审计机关进行审计（含专项审计调查）活动中直接形成的具有国家和社会保存价值的各种文字、图表等不同形式的历史记录，是国家档案的组成部分。审计单位的审计档案管理工作接受同级档案行政管理部门的监督和指导；审计机关和档案行政管理部门在各自的职责范围内开展审计档案管理工作。

源流　1914 年，中华民国政府颁布了《审计法》《审计院组织法》，为审计档案的管理提供了法律依据。20 世纪 80 年代中期，审计署和国家档案局制发了《关于审计档案管理工作的暂行规定》。90 年代，《中华人民共和国审计法》《审计机关审计档案管理规定》等一系列的法律法规相继出台，审计档案管理得到了完善和发展。

管理对象　审计档案包括：①结论类文件材料。上级机关（领导）对该审计项目形成的《审计要情》《重要信息要目》等审计信息批示的情况说明、审计报告、审计决定书、审计移送处理书等结论类报告，以及相关的审理意见书、审计业务会议记录、纪要、被审计对象对审计报告的书面意见、审计组的书面说明等。②证明类文件材料。被审计单位承诺书、审计工作底稿汇总表、审计工作底稿及相应的审计取证单、审计证据等。③立项类文件材料。上级审计机关或者本级政府的指令性文件、与审计事项有关的举报材料及领导批示、调查了解记录、审计实施方案及相关材料、审计通知书和授权审计通知书等。④备查类文件材料。被审计单位整改情况、该审计项目审计过程中产生的信息等不属于前三类的其他文件材料。

内部审计档案包括：内部审计部门在项目审计、专项审计调查、合同审签、经济事项审签等活动中形成的有保存价值以纸质、磁质、光盘和其他介质形式存在的历史记录。

原则和要求　审计机关审计档案应当实行集中统一管理。审计档案案卷质量的基本要求：审计项目文件材料应当真实、完整、有效、规范，并做到遵循文件材料的形成规律和特点，保持文件材料之间的有机联系，区别不同价值，便于保管和利用。

管理内容　①审计文件材料归档。按《审计署审计文件材料立卷归档操作规程》执行。②审计档案的鉴定。按《审计署审计档案保管期限规定》执行。③整理和排列。审计档案卷内文件材料按照结论类、证明类、立项类、备查类进行排列。④审计档案的保密。应当根据审计工作保密事项范围和有关主管部门保密事项范围的规定确定密级和保密期限。⑤审计档案的保管。⑥审计档案的利用。⑦审计档案的移交。⑧内部审计档案的管理。按国家内部审计档案管理的有关规范执行。

法规和标准 审计档案管理的相关法规和标准主要包括:《中华人民共和国审计法》《审计机关审计档案管理规定》(审计署、国家档案局令第10号，2013年1月1日起施行)、《会计师事务所审计档案管理办法》(财政部、国家档案局，2016年7月1日起施行)、《审计署审计文件材料立卷归档操作规程》和《审计署审计档案保管期限规定》(审计署办公厅2013年1月25日印发)、《审计机关封存资料资产规定》(审计署令第9号，2011年2月1日起施行)、《**电子档案移交与接收办法**》(国家档案局2012年8月29日印发)等。

意义和影响 审计档案管理对规范审计档案的管理，维护审计档案的完整与安全，保证审计档案的质量，发挥审计档案的作用，具有重要作用。（王英玮）

声像档案 audiovisual archives 以磁性材料或感光材料为载体、以音像为主要反映方式记录各种信息的档案，又称音像档案、视听档案。包括照片、影片、唱片、录音、录像档案等。受苏联档案学的影响，二十世纪五六十年代中国将这类档案分别称为“影片档案”“照片档案”“录音档案”等，80年代初，“声像档案”的术语被提出用以指代这一类档案。

声像档案具有真实记录性、选材典型性、视听形象性、艺术美感性、交流通用性的特点，同时，声像档案的产生和存在不是孤立的，它常常与文书档案、科技档案、专门档案有密切联系，如重要的会议、活动或工程等，会形成文字记录、科技图纸等，同时还会形成照片、录音、录像等，它们以不同形式记录历史，相互印证。因此，在对声像档案进行整理时，就需要通过科学的方法，保持与相关档案之间的联系。声像档案在宣传教育、传播知识、科学研究、艺术欣赏和历史凭证等方面具有重要作用。它的利用要借助专用设备，以便播放、再现和复制。中国设有国家照片档案馆、电影资料馆收藏有关声像档案。**国际档案理事会**(ICA)设有声像档案学会(IASA)，组织有关声像档案的学术研究与交流。（于 彤 连志英）

《圣菲条约》 *Santa Fe Capitulations* C.哥伦布与阿拉贡国王费迪南德二世以及王后伊莎贝拉一世于1492年4月17日在西班牙圣菲德拉维加签署的协议。2009年入选《世界记忆名录》。《圣菲条约》一直

哥伦布在圣菲与国王费迪南德二世、王后伊莎贝拉一世会面

保存在西班牙巴塞罗那阿拉贡皇家档案馆，直到1862年才被再次发现，保存至今，没有遭到任何损毁。《圣菲条约》产生的背景是哥伦布即将开始远航旅行，在此次航行中他最终发现了美洲新大陆。这份协议为后来西班牙航海探索和征服美洲领地奠定了基础。

这份协议假设了大西洋中陆地的存在，并说明如果哥伦布成功了，就授予他特权，包括授予他海军上将及所发现所有土地和岛屿的总督头衔。这份协议的形式沿袭了早期在加那利群岛探索和殖民的组织建立的协议以及葡萄牙王室与其委任的探险家之间的契约关系。在条款签署后，哥伦布拿到了一份副本，然后国王公署秘书处会安排这份文件、荐书和安全通行凭证的准备、起草、派发和注册工作。《圣菲条约》是加泰罗尼亚-阿拉贡国王公署文件中唯一出现哥伦布名字的文件。

《圣菲条约》是西班牙发现美洲大陆的起点。回顾历史，这份文件的签署标志着欧洲中世纪的终结，也预示着西班牙在新世界殖民时代的到来。《圣菲条约》是由西班牙天主教君主签署的文件，为君主们和哥伦布1492年向西航行的约定奠定了基础，也为伊比利亚半岛以及整个欧洲的新社会、经济、宗教环境开辟了道路。（黄霄羽）

圣旨 Imperial Edict 中国古代帝王**诏令文书**文种名称。是皇帝为处理日常军政事务向官员和民众发布的所有命令、指示的统称。作为皇帝专享的旨，见于唐代。“凡王言之制有七……五曰敕旨，六曰论事敕旨。”其中，敕旨是皇帝日常行政文书的一种。宋代已将皇帝的旨意称为圣旨，并出现了“翰林学士承旨”的官职。元代，“圣旨”一词作为一种皇帝专用文书的名称正式启用，为蒙古语，特指皇帝处理日常政务时使用蒙文宣谕并记录、颁布的命令，大臣代言的汉文诏书不得称为圣旨。明代，皇帝处理各种日常军政事务的不同种类的文书统称为圣旨。清沿明制，道光(1821～1850)末期以前，皇帝的旨意称圣旨的同时，令旨、旨、谕旨等也大量使用。咸丰(1851～1861)以后，“圣旨”一词基本上成为民间对皇帝指令的俗称。另外，乾隆帝为太上皇时的旨意称敕旨，皇太后、太皇太后的旨意称懿旨。“圣旨”一词在洪秀全领导的太平天国中也频繁使用。

奉天承運
皇帝制曰朕惟尚德崇功國家
之大典輸忠盡職臣子之
常經古聖帝明王戡亂以
武致治以文朕欽承往制
甄進賢能特設文武勳階
以彰激勸受茲任者必忠
以立身仁以撫衆智以察
微防姦禦侮機無曠時能
此則榮及前人福延後嗣
而身家永康矣敬之勿怠

图1 《慈禧太后之父诰命》(汉文部分)

圣旨的撰写，唐代由中书省长官中书令、中书侍郎、中书舍人负责，翰林院设翰林待诏(又称翰林供奉)、翰林学士协助中书省；宋代元丰改制后，翰林院作为正式的文书撰拟机构，设置翰林学士承旨等，掌管文书拟写；元代以蒙古翰林院、翰林院分别掌管蒙古文、汉文文书的草拟；明

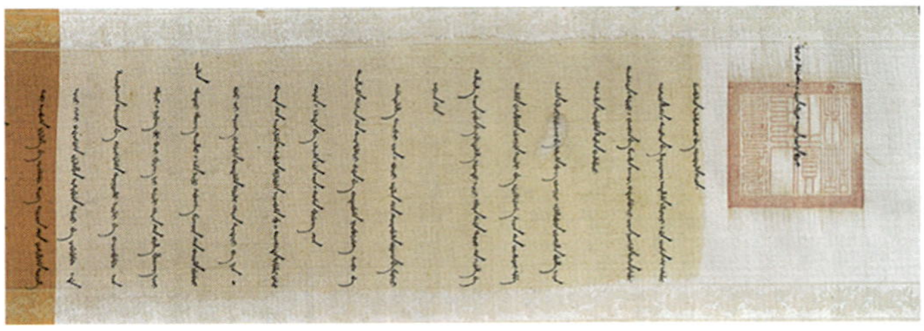

图2 《慈禧太后之父诰命》(满文部分)

代，内阁置中书科，下设诏敕房、制敕房，由中书草拟、誊写文书；清代雍正（1723～1735）以前，由内三院、内阁、南书房草拟，自雍正起均由军机处起草，依下达渠道不同，分为明发和廷寄两种。

圣旨分制、诏、诰、敕、册文、谕旨等不同文种，其行文、形制各异，载体为绢、锦、金、银、玉、纸等多种。（王　澈）

盛宣怀档案 Sheng Xuanhuai's Archives 中国近代盛宣怀家族档案。又称盛档。盛宣怀（1844～1916），江苏常州府武进县（今常州市武进区）人，清末洋务派代表人物，政治家、企业家和慈善家，被誉为中国实业之父和中国商父。盛宣怀档案是盛宣怀家族自1850年至1936年的记录，现分别藏于上海图书馆、香港中文大学图书馆、西安交通大学图书馆等处，以上海图书馆为最多，将近20万件，1亿余字。盛宣怀档案中前20年的档案主要是盛宣怀父亲盛康的纪事，1916年后的20年档案是盛宣怀后人记写的。盛宣怀从1870年入李鸿章幕后，事无巨细记录自己的生活、工作，从未间断，他几乎将所有日记、文稿、信札、账册以及来信、来电、来文等保存下来，内容涉及政治、社会、经济、外交、贸易、军事、金融、教育等，但凡中国近代史上的重大历史事件如辛亥革命、洋务运动、义和团运动、中日战争、中外商约谈判、四川保路运动、东南互保事件等都有涉及。这些档案随盛宣怀本人辗转南北，晚年盛宣怀定居上海时，这些档案也随其主人来到上海，被安置在盛氏祠堂内。20世纪30年代末，盛氏后人将大部分档案捐给张元济等人创办的上海合众图书馆。1949年后，合众图书馆并入上海图书馆，这批档案也因此由上海图书馆接管。

盛宣怀

盛宣怀档案内容丰富，体量庞大，其编纂活动起步较早，从盛宣怀离世前后就开始进行，大致可以分为3个重要时期：第一个时期为盛档编纂的早期刊布期（1949年之前）；第二个时期为盛档编纂的专题研究期（1960～2008）；第三个时期为盛档编纂的网络开放期（2008年之后）。

盛宣怀档案是研究中国近代史尤其是研究洋务运动史、中国近代资本主义发展史、中国近代实业思想史、近代上海史等，不可或缺的原始资料和历史文献。

（梁艳萍）

盛宣怀档案文献数据库 Sheng Xuanhuai's Archive 中国上海图书馆所藏盛宣怀档案全文数据库。盛宣怀是晚清重臣，亲身经历或直接参与近代许多重大历史事件，长期追随李鸿章创办洋务，成为近代骨干实业和多种文教事业的重要奠基者。在数十年从政生涯中，他将经手的几乎所有公私文档均妥加保留，除大量往返公牍外，还有更多的私人信札，甚至自家账册、发票、收据、礼单、请柬、签条、剪报、丹方等。这批文档的总数超过17万件，字数上亿，被学术界称为“盛档”。“盛档”有“近代中国私人第一档”之称，不仅数量巨大，更由于盛宣怀特殊的地位、经历、交游乃至作为，内容广博且深厚，涉及近代中国的内政外交，涵盖政治、经济、文教、科技及社会风俗等各方面。近代中国史上大部分重大历史事件，如辛亥革命、洋务运动、义和团运动、中日战争、中外商约谈判、四川保路运动、东南互保事件等，在盛档中都有反映；清末民初叱咤中国社会的历史人物，如孙中山、黄兴、谭嗣同、李鸿章、梁启超、张之洞、左宗棠、丁汝昌、袁世凯、辜鸿铭、胡雪岩、詹天佑等都与盛宣怀有书信往来，这些文书也被悉数保存下来。“盛档”是研究中国近代史，尤其是研究洋务运动史、中国近代资本主义发展史、中国近代实业思想史、近代上海史十分珍贵的原始史料。王元化称其能“补史之阙，纠史之偏，正史之讹”。

盛宣怀生前一直将所存文档随带身边，以便及时查考。晚年定居上海后，这批档案也随之带到申城。盛宣怀过世后，“盛档”收藏于沪西的盛家祠堂内。20世纪30年代，盛家祠堂面临市政拓路，将被拆除，盛氏后人便将这批档案送交盛宣怀生前好友张元济创办、顾廷龙具体管理的合众图书馆收藏。1949年以后，合众图书馆并入上海图书馆，“盛档”随之成为上海图书馆的馆藏珍品。

上海图书馆在妥善保存的基础上，十分重视“盛档”的整理开发。1939年，盛氏后裔和幕僚编撰出版了《愚斋存稿》100卷，约180万字；20世纪70年代开始，陆续整理出版了《盛宣怀档案资料选辑》，计8辑12册，共730多万字。20世纪50年代以来，特别是改革开放后，“盛档”日渐成为海内外学术界关注的目标，中国学术界泰斗胡绳、王元化和上海图书馆馆长顾廷龙等，多次呼吁全面整理出版盛宣怀档案。上海图书馆于1996年初成立盛档整理小组，组织近10名研究人员，对80多箱“盛档”原件，逐一进行启封、清理、登记、修补，将“盛档”整理视作具有重要现实意义和深远历史意义的重大文化工程。经过9年努力，至2005年底完成全部编目工作。在此基础上，实施“盛档”元数据库建设和原件扫描，并为“盛档”研发专用数据库平台。2008年8月，“盛档”元数据库和全文数据库建成，收录“盛档”157 564件，“盛档”网上全文查阅系统可查阅档案达到78.7万拍(数码档案)。数据库按文献题名、责任者、主题词、地点、日期、版本、尺寸等做了标引，建立了可查可阅的资源检索系统，析出人名38 853人，主题词23 059个，机构10 522个，地名1747个。

“盛档”全文数据库可通过局域网供专家学者使用。作为一种大型的专题数字档案资源库，它为利用者查阅档案原文提供了直接途径，也为档案文献的影印出版提供了更加便捷的条件。2008年12月，上海图书馆与国家清史编纂委员会正式签约，承担国家清史编纂工程《档案丛刊》之一《盛宣怀档案选编》100册编纂工作。历经6年努力，2014年底顺利编纂完成，由上海古籍出版社出版，将慈善、赈灾、铁路、电报、典当、钱庄、文化教育6个主题约12 200件档案以全文影印形式公之于世，为公藏近代私家档案的整理工作树立范本，有力促进公藏珍贵档案的公开利用。2019年，上海古籍出版社将100册根据内容拆分为六部分：《慈善编》《赈灾编》《铁路编》《电报编》《典当钱庄编》《文化教育编》，以适应研究者需求。

（丁华东）

《十八大以来重要文献选编》 *Selected Important Documents Since the 18th National Congress* 中国档案文献汇编。全面反映中国共产党第十八次全国代表大会以来以习近平同志为核心的党中央治国理政思想和实践的综合性文献集。中共中央党史和文献研究院编辑，中央文献出版社出版，分上、中、下三册。

《十八大以来重要文献选编》上册，2014年出版，收录自2012年11月中国共产党第十八次全国代表大会后至2014年3月第十二届全国人民代表大会第二次会议这段时间内的重要文献，共70篇，总计约55万字。其中，中共中央、全国人大、国务院、中央军委做出的决议、决定等25篇，中央领导同志的报告、讲话等45篇。有17篇重要文献是第一次公开发表。《十八大以来重要文献选编》中册，2016年出版，收录自2014年3月第十二届全国人民代表大会第二次会议后至2015年10月党的十八届五中全会这段时间内的重要文献，共67篇，总计约51万字。其中，习近平同志的文稿26篇，其他中央领导同志的文稿17篇，中共中央、全国人大、国务院的有关文件24篇。有14篇重要文献是第一次公开发表。《十八大以来重要文献选编》下册，2018年出版，收录自2015年10月党的十八届五中全会后至2017年10月党的十九大召开前这段时间内的重要文献，共72篇，总计约63万字。其中，习近平同志的文稿34篇，其他中央领导同志的文稿16篇，中共中央、国务院的有关文件22篇。有19篇重要文献是第一次公开发表。

《十八大以来重要文献选编》真实地记录了以习近平同志为核心的党中央，在新的历史起点上，面对错综复杂的国际形势和艰巨繁重的国内改革发展稳定任务，高举中国特色社会主义伟大旗帜，以邓小平理论、“三个代表”重要思想、科学发展观、习近平新时代中国特色社会主义思想为指导，全面贯彻落实党的十八大和十八届三中、四中、五中、六中、七中全会精神，坚持稳中求进工作总基调，坚持以人民为中心的发展思想，坚持新发展理念，统筹推进“五位一体”总体布局和协调推进“四个全面”战略布局，沉着应对各种风险和挑战，推动党和国家事业取得历史性成就、发生历史性变革的极不平凡历程；集中反映了这一时期党中央紧紧围绕坚持和发展中国特色社会主义、实现中华民族伟大复兴的中国梦，在全面深化改革，推动经济持续健康发展，发展社会主义民主政治，加强保障和改善民生工作，维护国家安全和社会稳定，推进生态文明建设，加强国防和军队建设，做好港澳工作和对台工作，推动构建人类命运共同体，推进“一带一路”建设，全面从严管党治党、全面提高党的建设科学化水平等方面提出的重要思想、做出的重大决策、取得的显著成就和创造的新鲜经验。

《十八大以来重要文献选编》上、中、下三册形成了一个完整系列，为全党深入学习贯彻习近平新时代中国特色社会主义思想提供了重要教材，对于全党进一步统一思想、振奋精神、锐意进取、埋头苦干，决胜全面建成小康社会，夺取新时代中国特色社会主义伟大胜利，为实现中华民族伟大复兴的中国梦不懈奋斗，具有重要意义。 （安 芳）

石刻档案 archives on stone 以石为载体的书史铭文。大凡纪功颂德、颁布宪令、誓盟立约以及一切重大事件，都要刻石述事，昭示方来。又称铭文档案、题铭档案。在中国以外的世界其他地方，石刻文献也很多。如巴勒莫石刻是埃及最古的纪年石刻，记录了古王国时代前王朝至第五王朝（约公元前4000～前2420）的法老名单及其活动；汉谟拉比法典碑记载了公元前18世纪古巴比伦国王汉谟拉比颁布的法律条文；贝希斯顿铭文是波斯国王大流士一世（公元前522～前486）在山岩上镌刻的、记载其镇压高墨达政变和人民起义并取得王位的史实。此外，在埃及金字塔墓壁上和希腊神庙祭台上、墙壁上，也刻有大量关于征伐、外交、法律、债务以及祝词、请愿书等铭文。

图1 泰山刻石

中国古代石刻种类繁多，从形式上分为碣、碑、摩崖等。从内容上可分为纪事刻石和经典刻石两大类，主要有文书、地图、墓志、谱系、题咏等。中国收存年代较早的石刻档案是石鼓文，为公元前770年秦襄公送周平王东迁后的纪功石刻。泰山刻石、琅琊刻石、芝罘刻石、碣石刻石和会稽刻石，都是秦始皇巡游郡县时为宣扬威德、宣示政令所立的记事文字。两汉以后，石刻不断发展，种类、数量日益繁多，虽人为和自然的损毁相当严重，但流

图2 唐蕃会盟碑

传至今的亦为数不少。鲁相乙瑛请置百石卒史孔和碑（又名百石卒史碑、乙瑛碑、孔和碑）是刻在石碑上的关于孔子十九世孙孔麟廉于东汉桓帝永兴二年（154）为增设掌管庙中礼器的一员卒史，由丞相转奏朝廷及皇帝诏鲁相承办的官文书；唐蕃会盟碑（又名长庆会盟碑、舅甥会盟碑），是关于唐穆宗长庆元年（821）唐朝和土蕃会盟立约的史实记载，用汉、藏两种文字镌刻，其中包括盟辞的原文，双方参加誓盟官员的职衔姓名，唐蕃友好关系的历史，会盟的始末以及立碑的年月日；平江图碑是南宋理宗绍定二年（1229）郡守李寿朋重整平江府（今苏州）坊市后所刻的府城平面图；明初建立的永宁寺碑则是明朝继承前代版图，于奴儿干（今黑龙江下游特林地方）设都指挥使司管理黑龙江、精奇里江、乌苏里江、松花江流域和库页岛的重要证据。

在革命战争年代，川陕革命根据地形成大量的石刻标语及宣传红军政策的石刻材料；北京天安门广场的人民英雄纪念碑，则是中华人民共和国为纪念、表彰1840～1949年为中国革命英勇牺牲的人民英雄而镌刻，并由毛泽东、周恩来题写的重要石刻档案。

图3 平江图碑

由于石材遍布全国各地，一经镌刻，即可长期流传于世，故形成的石刻材料数量繁多。除有西安、桂林、曲阜、泉州、西昌等地多处碑林、碑群集中收存及各大图书馆收藏有碑文拓片外，中国600多个县市都有较多石刻材料存在，其中有许多属于石刻档案范围，内容广涉社会政治、经济、军事、文化、科技和个人记事等方面，具有重要的史料价值。 （董 俭）

石渠阁 Stone Canal Pavilion 中国西汉中央档案、典籍库。汉高祖（公元前206～

前195年在位）时建，位于未央宫殿北（今陕西西安市西北，长安故城内）。相传汉初萧何（？～前193）为收藏入关时收集的秦代档案、图书而建。石渠阁阁下以石砌

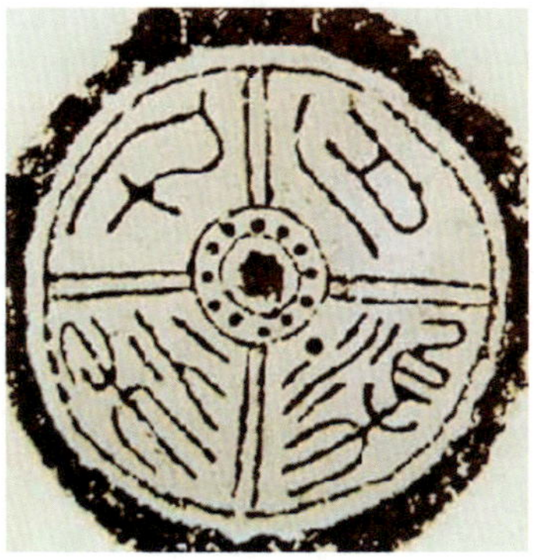

石渠千秋瓦当拓片

成渠沟，用以盛水导水，有利于防火与保卫，故而得名。汉成帝时石渠阁也储藏汉代形成的档案。阁藏档案和图书十分丰富，宣帝时著名学者韦玄成、梁丘贺等曾于此论定五经、编修史书，故石渠阁也是当时研究学术和修史的地方。阁库已毁于西汉末，遗址现仍可见。（邹家炜）

石室金匮 stone room and metal cabinet 中国古代以建筑设施、保管装具为名保管国家制度性档案册籍的档案管理模式。又称金匮石室。“金匮”一词源于《尚书·金縢》中关于“金縢之匮”的记载。周武王有疾，周公作册告神，请以身代。事毕，将册书收纳于“金縢之匮”中。縢，束缚、封缄之义；匮，匣子，后写作“柜”。金縢之匮即用金属丝绳捆束的匣子。石室，是用石材建造的藏室。石室防水防火防盗，密闭安全，便于保藏重要物品。“金匮”与“石室”四字连文，已知较早出现在《史记》与《汉书》中，如《史记·太史公自序》说到“紬史记石室金匮之书”与“明堂石室金匮玉版图籍散乱”，《汉书·高帝纪》记载“与功臣剖符作誓，丹书铁契，金匮石室，藏之宗庙”。秦汉之前，“石室金匮”附属于宗庙，所存文献为先王之法或与天命有关的最重要的档案册籍，体现古代敬天法祖的文化精神。这些档案册籍不仅被保藏在宗庙石室之中，而且还会被慎重地刻写

皇史宬内典藏圣训、实录的金匮

在玉版或金版之上。

宗庙是中国最古老的典籍保藏处所。在典籍初兴的时代，宗庙所存典籍并非一般意义上传播知识文化的媒介，而是先王遗留下来的制度法则的载体，即制度性的档案。秦汉时期，重要文献仍然保藏在宗庙，并置入石室金匮之中。但汉代石室金匮皆国家藏书之所，并不专置于宗庙，如**兰台**也有石室保存重要文献典籍，国家文献典藏的中心已由宗庙转至宫廷。魏晋以后，中秘藏书从秘书监制转为唐宋馆阁制。石室金匮在广义上成为宫廷藏书的代称，强调保藏严密慎重和绝对安全。石室金匮的外延虽在扩大，但在狭义上，中国历史上存在着一以贯之的历史脉络，即石室金匮是“先王之法”与国家典制慎重保存的制度化管理模式。石室金匮由双重实体保管一度虚化为一种保管慎重安全的制度化称谓。

唐宋以后，由于国家庶政繁忙，各类文书册籍数量大增。代表国家典章制度或祖宗家法的文献，主要是围绕国史编纂而形成的制度性档案册籍，如实录、圣训、帝纪、日历、圣政等，此外还有会要、会典等。这些档案册籍被尊藏于石室金匮之中。

明弘治五年（1492），大学士丘濬上书孝宗皇帝，对后世徒有石室金匮之名而无其实，不能应对水火等不测之灾，提出严厉批评。他建议仿照古代石室金匮之制，在文渊阁附近择地建重楼，不用木植，只用砖石垒砌。其上层置铜匮，放历代实录抄本，附以关系国家大事文书，如**玉牒**之类；下层置铁匮，抄录诏册制诰敕书、行礼仪注应制诗文等底本和前朝遗文旧事等项杂录等放置其中，附以内府衙门所藏文书中可备异日纂修一代全史之用者。这个建议虽获得孝宗肯定，却并没有被付诸实践。明嘉靖十三年（1534），世宗皇帝下诏仿古石室金匮之制建神御阁，建成后改称为**皇史宬**，尊藏圣训、实录等一代制度大典。从实体上看，皇史宬的建造是溯古再创，其形制更为崔嵬，不再是宗庙附属，而是独立院落，其中敬天法祖的文化精神也是贯彻始终的。（梁继红）

实测补制 actual supplementary system 科技档案补充收集的一种方式。

基本内容　通过对科技档案反映的实物对象（如设备设施、建筑物、构筑物、地上或地下管网等）进行实际测量，补充绘制出本应形成但却未有效形成的科技文件、记录和数据资料，以解决相关实物对象的档案完整性、准确性缺陷等质量问题的一种档案收集方法。由于这种方式牵涉面大、费用高，应与有关科技、生产任务结合起来进行。通常对某一设备档案进行实测补制，可以结合设备大修等活动进行；对某一基建档案进行实测补制，可以结合该建筑物的维修或抗震检测等工作一起完成。

基本要求　为有效避免科技档案完整性、准确性方面出现不应有的缺陷和不足，相关责任主体应注意在设备制造、安装、调试及基建项目进行过程中，严格遵守相关的质量标准和规范要求，切实将科技文件、记录和数据的形成工作，纳入有关人员的职责范围，纳入相关的业务活动的质量控制程序，纳入合同或协议的条款规定，纳入相关实物对象的阶段性验收和终验要求，并通过严格的全程质量控制措施和手段，保证有关科技活动项目或对象的档案质量。

规范和标准　**科技档案收集**的实测补制所依据的主要法规和标准包括：**《科学技术档案工作条例》**《企业档案管理规定》（档发〔2002〕5号）、《企业文件材料归档范围和档案保管期限规定》（国家档案局令第10号）、《中央企业档案工作规定》（国资厅发〔2014〕26号）、《建设项目电子文件归档和电子档案管理暂行办法》（档发〔2016〕11号）、《科学技术档案案卷构成的一般要求》（GB/T 11822—2008）、《归档文件整理规则》（DA/T 22—2015）、**《电子档案移交与接收办法》**（档发〔2012〕7号）、《国家重大建设项目文件归档要求与档案整理规范》（DA/T 28—2002）等。

意义和影响　实测补制是做好科技档案收集的重要方式之一，是档案部门为保证科技档案质量的完整性、准确性而采取的补救措施，是保障有关设备、基建项目日后管理、维护和正常使用而采取的一种必要管控制度。（王英玮）

实物档案保护方法 preservation method of archival material object 防止实物档案发生损坏及损毁而采取的技术方法和保护措施。针对实物档案材料的性能特点，采取针对性技术方法和措施，防止或减缓实物档案的老化与变质，并对受损实物档案进行修复保护。

实物档案是20世纪90年代初中国档案界提出的一个概念。这类档案具有档案属性，是通过收集、整理而转化成的，主要有奖旗、牌匾、证书等荣誉性实物。实物档案具有种类多样性、载体广泛性、形状复杂性的物质特点，以及形成时间不确定性、保管空间局限性和分散性、保管技术不成熟性与备份困难性等特征。

在实物档案中，一些物品因其特殊意义而被摆放在室外，受到室外有害气体的侵蚀，遭受风吹雨打、光照和意外摩擦等

损害。有些玻璃、瓷器的奖杯和奖牌及纪念品，因摆放在显眼的位置，造成意外碰撞而成为碎片；有些字画类实物档案的表面落灰积尘；有些印章、奖牌、铜匾类实物档案，受空气污染物和灰尘的破坏而被腐蚀；有些木质材料的实物档案未能采取有效的防虫防霉措施，出现蛀蚀和霉变的现象等。需要加强对实物档案的科学保护。

装在铁盒中保存的电影老胶片

实物档案保护的方法主要有：①明确收集范围，规范实物档案的保管。在兼顾馆藏和保管条件的前提下，做到“有档可归、有档必归”，最高效率地维护实物档案的完整与安全。针对实物档案载体的不同材料，保管条件的不同要求等特点，制定实物档案科学保管的技术规范。②加强实物档案的防护。为防止实物档案中玻璃制品、陶瓷制品发生破碎的情况，档案管理人员应该将其尽可能地安放在安全位置。③加强实物档案库房的防盗。配备安全防盗设施，防止实物档案被盗现象的发生。④加强实物档案装具或外包装的配备。针对印章类等实物档案，可在其表面加上一层透明的保护膜进行保护。⑤加强实物档案保护的研究。加强实物档案保存环境适宜性研究，消除或减轻库房的温湿度、光照、虫霉等对实物档案的影响，合理准确地控制保管环境，是确保档案得以长期保存的根本条件。加强实物档案展览时的保护研究，采取相应的保护措施，防止实物档案在运输和展览过程中可能导致的档案毁坏。⑥对受损实物档案进行修复。对已经损坏老化的实物档案，需要通过修复技术尽量恢复原貌，发挥原本功能。

大多数被接收进馆的实物档案都具有较高的历史收藏价值，其中部分档案载体本身就是价值的体现，这一类档案若遭到破坏，很可能由于制成材料或制作工艺等方面的原因造成档案载体修复的困难，致使档案信息难以还原。需要加强档案修复技术的研究，研制出更适合的实物档案修复方法。对已经无法再还原的破损实物档案，可以根据其实际规格、制作材料及上面的图文和色彩进行一比一的仿制，仿制成功后将仿制品同原件同时归档保管。实物档案修复后，需要进行更为细致、频繁的维护。

（彭远明）

实物分类法　classification method of archival material object　根据实物的性质或载体特征对作为档案保存的实物进行分类的方法。又称实物档案分类法。立档单位作为档案保存的实物，可按其性质划分大类；属类可按载体（形状、质地、授予者的级别等）分类标准进行细分。实物档案较少的单位，也可不分类。

分类划分方法主要有：①荣誉类。立档单位在各项工作活动中获得的锦旗、牌匾、奖状、奖杯、证书、光荣册等荣誉性实物。②徽章证书类。立档单位成立、撤销、合并、更改名称后使用和停用的牌匾、牌照、胸章、印章、纪念章、证书及有代表性的工作证件和复印件；单位法人离职后，在该单位所用的个人印章；更新前的单位法人证书、营业（执业）许可证、组织机构代码实物；反映和证明重大活动、事件的凭证或知名人物使用过的物品等。③书画文稿类。立档单位活动中接受的有纪念意义和凭证作用的书法、绘画作品、著作、题词及其他手迹等。④名优产品类。立档单位的专利和第一批生产的、获奖的、易于保存的名优产品的模具或样品，年代久远不易保存的产品可用包装代替。⑤其他具有物证和纪念意义的实物类。与立档单位社会职能有关的有参考凭证作用的实物（如建筑项目模型、旧牌匾等）。⑥岩心类。立档单位根据地质工作或工程的需要，使用取心工具，从孔内取出的圆柱状岩石样品或从固体矿产的矿体或矿层中取出的矿心。岩心的分类应依据国家或相关行业的岩心管理标准执行，如中华人民共和国地质矿产行业标准《地质勘查钻探岩矿心管理通则》是进行矿心实物分类的依据。

（王英玮）

史馆　historiography institute　中国古代专门从事撰修史书的官署机构。北魏于宫中置著作局，俗称史阁。北齐天保二年（551）始设史馆，亦称史阁。其组织机构主要由监修大臣、著作郎、著作佐郎、修史臣、校书郎、令史等组成。其职责主要是编纂国史。唐初沿袭北齐制度，于贞观三年（629）置史馆于禁中，以宰相监修国史。他官兼领史职称兼修国史，兼官入史馆修实录及国史者，才能称“修国史”。史馆还有直馆，初入史馆且有才者充任此职，另有楷书手、典书、亭长、掌故、装潢直、熟纸匠等。

北宋仿唐代制度，分史馆为内、外两院，大中祥符八年（1015），据秘阁旧屋宇间数，重修为内院，正殿额置宋太宗画像及御书，还有专供皇帝御览的书籍、天文禁书及图画，其四廊并充书库及史馆日历库；至馆阁直馆、校理、宿直、校勘及抄写书籍、雕造印版并就外院。史馆设监修国史一人，以宰相为之，修撰、直馆、检讨，无常员。南宋绍兴（1131～1162）中，复置史馆，设修撰、检讨等官员。两宋史馆隶秘书省，与昭文馆、集贤院合为“秘阁三馆”，并称馆职。辽朝置国史院，即史馆，设监修国史、史馆学士、史馆修撰、修国史等官职。金朝国史院置监修国史、修国史及同修国史，还有编修官、检阅官与刊修官等。

元朝世祖中统二年（1261），置翰林国史院。至元二十年（1283），省并集贤院为翰林国史集贤院。国史院官职有监修大臣，以宰相领任，还有翰林修撰、编修、检讨等官。国史院前期曾修辽、金史，后期修元朝国史、实录，史官多为兼职。明代史馆不常设，朝廷每有撰事即设史馆，事毕则罢。史馆置于翰林院，设有监修官、总裁官和纂修官，监修由武勋臣 1 人充任，总裁官例由阁臣和翰林院长官充任，纂修官则主要由翰林院修撰、编修、检讨等及其他兼官充任。

清康熙二十九年（1690），置国史馆，纂修太祖、太宗、世祖“三朝国史”，以大学士王熙为监修总裁官，设总裁、副总裁、满汉纂修官、提调、誊录、翻译等官职及供事、伙房、门者、纸匠等职事。历雍正、乾隆、嘉庆诸朝，随撰事变动，国史馆或置或罢，道光以后直至清帝逊位，国史撰述不断，国史馆设置不废。1914 年 3 月，北洋政府设清史馆，编修《清史》，赵尔巽任馆长，下设总纂、纂修、协修等。1927 年，清史馆印行《清史稿》。1914 年 5 月，北洋政府还设有国史馆，王闿运任馆长。

对于史馆修史制度，唐代史学家刘知幾曾提出批评，认为史馆修史有“五不可”，但史馆代代沿承，官修制度绵延不断，为后世保存了各个朝代的大量史料，其成绩也是不能抹杀的。

（牛润珍）

世界记忆工程　Memory of the World Programme　由联合国教科文组织与国际档案理事会（ICA）联合发起的世界性文献保护工程。

源起　世界记忆工程是世界遗产目录项目的延续。以文献记录为主的记忆遗产是所有国家和民族的集体记忆，是世界文化遗产的重要组成部分。记忆遗产在保存过程中日渐老化是自然规律，受到自然灾害和人为破坏的影响后可能导致毁灭性的破坏。如被酸腐蚀的纸张逐渐变成了碎屑，皮革、羊皮纸、胶卷和磁带受到光线、热、湿度或污染等的不利影响。因此，记忆遗产的长期保存不仅引起了其收藏机构与保护工作者的重视，也引起了相关组织的高度关注。1992 年，联合国教科文组织成立世界记忆工程，旨在于全球范围内抢救和保护具有全球、地区、国家意义的珍贵文献遗产，特别是处于濒危状态的文献遗产，保护世界记忆的完整，并方便国际公众的利用。

图 1　纳西东巴古籍
（2003 年入选世界记忆工程）

主要内容　特点　与世界遗产项目相比，世界记忆工程关注的是文献遗产，具体指手稿、图书馆和档案馆保存的任何介质的珍贵文件、口述历史的记录等。实施联合国教科文组织《宪章》中规定的保护和保管世界文化遗产的任务，促进文化遗产利用的民主化，提高人们对文献遗产重要性和保管必要性的认识。项目的重点放在一些国家、地区和国际组织的重要档案或珍贵手稿的保护上。如中国提出的西藏档案保护项目、俄罗斯提出的圣彼得堡档案保护项目、非洲历史档案的保护等都是世界记忆工程的重点项目。

目标　世界记忆工程有 4 个目标：①保护。采用最适当的手段保护具有世界意义的文献遗产，并鼓励对具有国家和地区意义的文献遗产的保护。②利用。使文献遗产得到最大限度的、不受歧视的平等。③产品的销售。开发以文化遗产为基础的各种产品并广泛推销（营利所得的资金也主要用于文献遗产的保护）。④认识。提高世界各国对其文献遗产，特别是对具有世界意义的文献遗产的认识。

数据库　世界记忆工程建立了 3 个数据库：①失去的记忆。20 世纪 100 多个国家和地区的档案馆和图书馆由于灾害而损失的无法替代的档案文献。如在两次世界大战中被毁或严重受损的成千上万的档案馆和图书馆馆藏。②濒危的记忆。③目前的活动。该数据库列出了世界各地档案馆和图书馆正在进行的重大文献保护活动。

组织机构　世界记忆工程建立了三级管理结构：国际咨询委员会、世界记忆工程地区委员会以及国家委员会和秘书处。国际咨询委员会是联合国教科文组织的常设机构，有 10～15 名委员和一定数量的观察员。委员由联合国教科文组织总干事任命，以个人身份参加委员会的工作。国际咨询委员会负责监督整个计划，指导计划的规划与实施，并就该计划任何方面的问题向教科文组织总干事提出建议。它的主要任务是：评价并选择进入《世界记忆名录》的文献遗产；向建议的项目划拨资金；批准选为世界记忆工程的非教科文组织资助的项目；筹集资金；从《世界记忆名录》中除名；修订《保护文献遗产的总方针》。

世界记忆工程通过鼓励建立地区级和国家级委员会来开展活动。世界记忆工程下设有亚太地区委员会、拉美-加勒比海地区委员会和非洲地区委员会。全世界有 32 个国家建立了世界记忆工程国家委员会。1995 年，中国世界记忆工程国家委员会成立，参加单位有中国联合国教科文组织全国委员会、中国国家档案局中央档案馆、中国国家图书馆和科学技术信息研究所。世界记忆工程还鼓励建立地区和国家名录，这两个名录主要收集具有地区和国家意义的文献遗产。地区和国家名录并非在重要性上次于世界记忆名录，而是保护地区和国家文献遗产的手段，因为并不是所有文献遗产都具有世界意义。《**中国档案文献遗产名录**》就是中国的国家级名录。

成果　世界记忆项目的重要成果是《世界记忆遗产名录》，简称《世界记忆名录》。1997 年由联合国教科文组织“世界记忆工程”设立，主要收录符合“世界意义入选标准”的文献遗产，是世界记忆工程的主要名录。这份名录由秘书处保管，通过联机方式在因特网上公布。世界记忆名录分为世界、地区和国家三级，申报文献遗产根据其地域影响力，分别列为不同级别的名录。《世界记忆名录》每两年评选一次，每个国家每次可申报两项。截至 2023 年 5 月，共有 100 多个国家的 496 份具有世界意义的文献遗产入选了《世界记忆名录》，涉及全世界各个方面的历史文献，从泥板、手稿、电影、照片、地图到网页。截至 2023 年，中国有 15 份文献遗产入选该名录（详见文后附件），分别为中国传统音乐录音档案、清代内阁秘本档、纳西东巴古籍、清代科举大金榜、清代“样式雷”建筑图档、本草纲目、黄帝内经、元代西藏官方档案以及侨批档案-海外华侨银信、南京大屠杀档案、清代澳门地方衙门档案（1693—1886）、近现代中国苏州丝绸档案、甲骨文、四部医典、澳门功德林寺院档案文献（1645—1980）。

图 2　法国贝叶挂毯（2007 年入选世界记忆工程）

图 3　马拉特斯塔·诺维洛图书馆
（2005 年入选世界记忆工程）

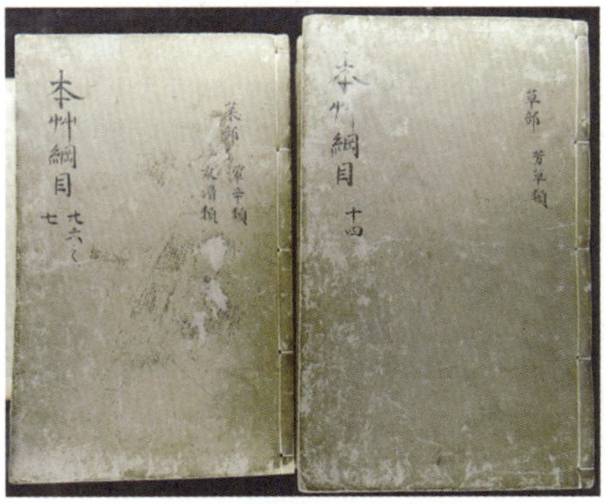
图 4　《本草纲目》书影
（2011 年入选世界记忆工程）

意义和影响　世界记忆工程是对世界珍贵的文献遗产进行保护的一项极具历史意义的实践工程。积极申报《世界记忆名录》是保护与传承社会记忆，增强档案文献遗产影响力的重要方式。世界记忆工程的实施对文献遗产和申报国乃至世界各族人民来说都具有重要的意义。　（黄霄羽）

事业单位档案馆 institutional archives 中国事业单位设置的收藏和管理本单位档案并主要为本单位服务的档案馆。

概况 主要包括**中国科学院档案馆**，中国社会科学院档案馆，高等院校档案馆，民办非企业单位的档案馆等。事业单位经主管部门批准，向同级档案行政管理部门备案后即可成立事业单位档案馆。

20世纪80年代以后出现的内部档案机构类型。1983年，《政府工作报告》提出大力加强档案馆建设，南京大学、华西医科大学（今为四川大学华西医学中心）、合肥工业大学、上海交通大学、华东化工学院等事业单位先后建起档案馆，成为中国最早一批事业单位档案馆。1990年，全国事业单位档案馆共计24个。1992年1月，国家档案局发布《全国档案馆设置原则和布局方案》，确定中国档案馆分为各级国家档案馆，**部门档案馆**和企业、事业单位档案馆。1996年全国事业单位档案馆共计27个。截至2013年，全国共有省、部属事业单位档案馆274个。

主要职能 ①贯彻执行国家关于档案工作的法律法规和方针政策，综合规划本单位档案工作，制定本单位档案工作规章制度并负责贯彻落实。②负责对本单位内部各机构的档案工作进行组织、协调、指导、监督和检查。③事业单位档案馆是永久保存本单位档案的基地，负责收集、整理、鉴定、统计、保管单位的各类档案和有关资料，维护单位档案和资料的完整与安全。④建立完善的检索、编研、利用体系，开发档案信息资源，对整个单位提供档案利用服务。⑤事业单位档案馆作为全国档案事业的组成部分，其服务对象主要是对内同时兼顾对外，向社会各方面提供档案利用服务，尤其是教育、医疗卫生、计划生育、供水等具有法律法规授权的管理公共事务职能的事业单位，很多需要向社会开放档案。⑥开展档案宣传工作和利用者教育活动，提高本单位和社会利用者的档案意识。⑦负责对本单位专、兼职档案工作人员进行业务培训。⑧开展档案学术研究和交流活动。

事业单位形成的档案反映了国家和社会的经济建设、科学研究和文化教育等方面的情况，科学研究和科学技术信息含量高，是国家和社会财富的重要组成部分。事业单位档案馆是保存国家重要部门和科学文化机构档案的基地，对于科技文化教育事业的繁荣、社会公益事业的建立及完善起到积极的作用。

（赵 屹）

事由原则 principle of pertinence 档案馆将档案按其内容主题而不按来源机关和原有次序进行整理和分类的原则。又称相关原则。19世纪中叶前，事由原则被欧洲各国广泛用于划分和整理档案及编制档案检索工具。**法国国家档案馆**从1790年成立到1840年，在第一任馆长A.G.卡缪和第二任馆长P.C.F.多努的主持下，即采用事由原则对进馆档案进行整理和分类，起初把档案划分为4大事由门类，进而又扩展到24个大类。事由主题类愈多，不同机关来源的档案混淆得愈加严重，同一机构形成的档案愈加分散，造成了难以管理和查用的严重后果。半个世纪的实践证明事由原则不适用于近代综合性国家档案馆档案的整理和分类，促使法国于1841年提出了一个相反的档案整理原则——尊重全宗原则（见**来源原则**），从而否定了事由原则在档案整理和分类上的应用。英国档案学家**M.库克**在《档案管理》（1977）一书中指出："主题整理法是行不通的，因为它不符合对档案的道义保护……它是一种'有溶解力的'具有分裂性的方法。"

来源原则成为档案整理和分类的主导原则，但事由原则仍适用于编制供用户查用的档案检索工具，也可用于整理按一定主题从各种渠道收集来的没有共同来源的档案汇集，对于后来来源原则的新发展（如**自由来源原则**、概念来源、新来源观等）也起到一定作用。冯惠玲、何嘉荪曾撰文《全宗理论的实质》（1988）对"事由联系"进行了狭义和广义解释：狭义的"事由"是指"同一件事情、同一个具体活动过程中形成档案所具有的联系"；广义的"事由"则指"反映同一类事物的档案之间所具有的联系……这种广义的事由联系只不过是一种事由类同性而已"。"事由联系"并非回到原来的事由原则上，全宗的实质是同一活动过程，来源联系与狭义的事由联系其实都是档案形成过程中所赋予的天然联系，具有内在统一性。

事由原则已失去了主导地位，但事由联系并没有在档案工作中消失，特别是在档案室和登记室的归档文件、机关文书档案、科技档案、专门档案及档案文件的信息整理中仍有适用性，而且逐渐规范化。中国档案行业标准《归档文件整理规则》（DA/T 22—2015）在"排列"一节中指出，"归档文件应在分类方案的最低一级类目内，按事由结合时间、重要程度等排列"，即归档文件应先按事由集中，再按其他辅助方法排列。文件归档是按照一事一卷的要求存档备案的，因此在立卷过程中按事由联系排列文件符合客观规律。信息时代下，可以依赖计算机的强大信息检索功能实现对文件以任何形式的有机联系组合，在不同层级上显示文件之间的来源联系和事由联系。

（黄坤坊 徐拥军 韩玉梅）

释文本 annotations edition for ancient characters identification 对古籍文献的文字进行辨识，并注出当代规范字体的版本。释文与注释不同，注释是对文意的解释；释文则侧重于对文字的识别，少数也对文字略加说明。中国古籍文献在形成、传抄和刻写过程中，因不同时期文字字体字形不同，出现篆、隶、草、行、楷等书体，而且也存在古体、繁体、简体之别，以及文字残泐和缺失等现象，为方便读者对文献的阅读和理解，需要对古籍文献的文字进行识读、句读和对译，形成释文本。

古吴轩出版社编辑出版的《中国经典碑帖释文本》，对《散氏盘 毛公鼎 虢季子白盘》《爨宝子碑 爨龙颜碑》《礼器碑》《石门颂》《峄山刻石》《鲜于璜碑》《曹全碑》《怀仁集王羲之圣教序》《怀素自叙帖 苦笋帖》《颜真卿勤礼碑》《急就篇》等60余部中国古代著名碑帖的文字，标注出简体中文，在帮助读者鉴赏书家风格、布局章法的同时，也有助于理解碑帖内容，领会作书者当时的思想感受和艺术境界。

释文位置一般有两种：①字下注。即在古代文献文字的右下方，用小字标注，一一对应。②页边注。即在每页的左边或右边，标注出本版面文字的对应释字，形成**影排对照本**。

（丁华东）

收文审核 auditing and checking received official records 对收到的公文进行的初步审查核实。收文处理的环节之一。重点审核公文是否应当由本机关办理；是否符合**行文规则**；文种、格式是否符合要求；涉及其他地区或者部门职权范围内的事项是否已经协商、会签；是否符合公文起草的其他要求。经审核不符合规定的公文，应当及时退回来文单位并说明理由。

（赵国俊）

收执 shouzhi 中国古代收到他人或单位钱款财物时给对方的书面凭证。收执的历史源流难以考证，当是自有交易买卖等人类活动时就已存在。

收执的基本内容大致包含：立收执人姓名/单位、收执人姓名/单位、相关具体事由、钱款财物情况、其他相关事宜、中间人签字画押、出具方签字画押盖章等。形式上大致有手写和印制两种，手写的形态多样，印制的格式相对比较简单，但一般编有流水字号，外形以长方形居多。

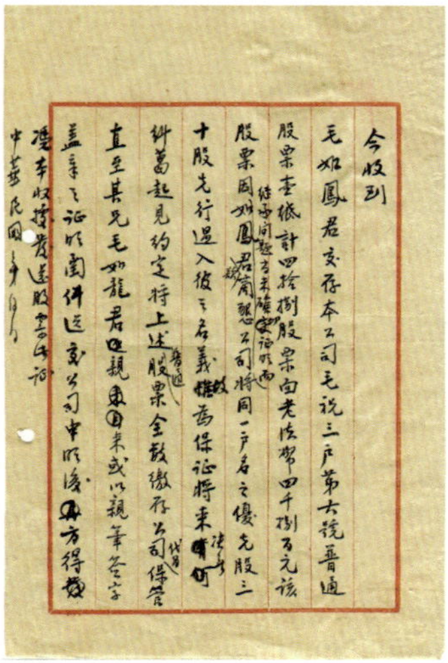

图 1 中华民国时期毛如凤的收据

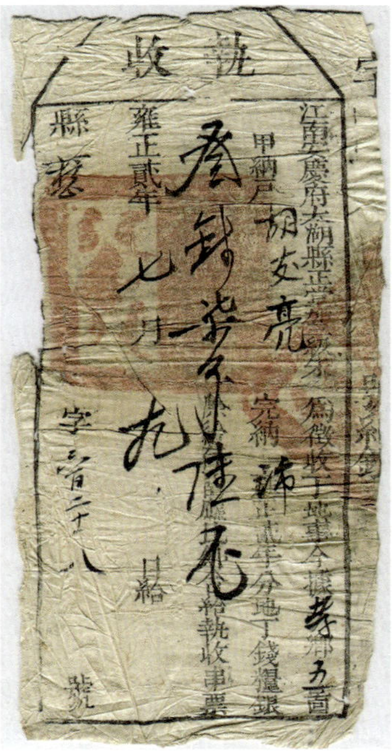

图 2 胡氏缴纳钱粮收执

收执实物存世量较大，现代社会普遍使用的发票就是从收执演变而来。（张全海）

手本 memorial to the throne 中国古代官府往来文书文种名称。明代官府正式文书除了对皇帝使用的表笺、题本、奏本外，一般都是大幅单张状纸样式，不便携带使用，因此效法题奏本章做法，改为本折式样，称为手本。

职名脚色手本 谒见上司、晋见贵官、学生拜见老师所用的名帖称为职名脚色手本，作用相当于名帖。明清时官场上十分常见，也可附于信件中。明代手本通常为 1 件 6 扣（共计 12 面），白纸折面折底还粘有青色外壳，学生拜见老师时则粘用红绫，表示特别的恭敬。清代沿袭使用的手本，形式与明代不同。据《光绪会典事例》记载：“司道见督抚，初见用履历手本，常见用官衔手本。”此处提到的履历手本内容详细，官衔手本则内容简略，甚至只列现职则可，都是属于职名脚色手本一类。

手本注重礼节，还经常附送四六禀启展示自己的文才，因为要用四六骈体撰写，故名。有大启、小启的不同，装封也很讲究。明代及清初这类并送四六大小启的习俗盛行，随后渐渐衰落，因这些四六骈体文并不能真正看出人的才能，何况大多并非下级官员自己所写，因此不受上司欢迎。

履历手本 清代中叶以后职名脚色手本又多称履历手本。清代低级官员于手本上写明任职之地、过往简历，并于手本壳面红方签上写“履历”两字，称为履历手本。凡州、县官员及佐杂人员分发到各省，谒见上司，应先呈递履历。得到分用差委的人，向本府上司呈递履历手本；如有署事、补缺及升调等事，在各上司前，也呈递履历手本。府、厅官员的履历手本应从督抚递至司道止；司道官的履历手本只递给督抚。两榜出身的知县履历手本模式如下：“即用知县×××谨禀呈。今开：卑职现年××岁，系××省××府××县人，由×生应××省××科乡试中式举人，××科会试中式贡士第××名，殿试第×甲第××名。引见奉旨：赐进士出身，以知县即用。钦此。签掣××省。卑职随到吏部领凭起程，于×月×日到省，听候差遣。须至履历者。”履历手本使用了一段时间后，逐渐被履历揭帖、职名揭帖取代。

平行手本 又称移会手本。始于明代，直接从移（移会）演变而来。性质与移（移会）相同，是不相隶属的衙门、文武衙门之间使用的平行文，用于互通情况、联系事务、交涉办理公务。用移会手本也是为了方便携带翻阅。例如清代州县于武官副将以下平行，用移会手本。程式与折式关文同，只是将折面标明的文种名称“关”字改“手本”两字，结尾语用“须至手本者”。清初在京衙门有些还用满汉合璧形式。此外六科也可对内阁典籍厅使用手本。这类移会手本折面写文种名称“手本”两字，用途与平行移文相同。

中华民国时期取消了手本。

（裴燕生）

手抄型档案文献出版物 handwritten archival publications 以竹木、缣帛、纸张材料为载体，以手工抄录为信息记录和加工手段而形成的档案文献编纂成品。又称抄写型档案文献出版物。手抄型档案文献出版物历史悠久，是在毛笔或硬笔发明之后、雕版印刷发明之前档案文献编纂出版的主要形态。中国古代文献的传播大体可分为铭刻、抄写、印刷三大阶段。手抄型档案文献处在承上启下的重要时期，曾是人类文明得以延续和扩展的基本方式。

在中国，手抄型档案文献出版物按载体不同，主要有简帛和纸本两类。商周至东晋，特别是从周代到汉代一千多年间，文献多书于竹片、木片、缣帛上，称“简策”“简牍”“简书”“帛书”“缣书”等，后世统称简牍帛书，皆为手抄型文献。春秋时期，孔子在广泛搜集“先王陈迹”基础上，“删诗书、定礼乐、赞周易、修春秋”，编订“六经”，其中《尚书》是中国古代第一部具有典型意义的手抄型档案文献出版物。从春秋以后，正是由于不断的辗转手抄才得以成宋版《尚书》流传于世。秦朝以后，诏令、奏议、法典、起居注、实录、史志等文书档案文献编纂活动相继展开，成果形式多为简帛类手抄型档案文献出版物。汉代纸张发明之后，开始出现纸本类手抄型档案文献出版物，一般称为写本，与雕版印刷发明后形成的印刷型档案文献出版物（刻本）相对应。东晋桓玄下用纸令后，写本成为档案文献的主要出版形式，前后流行近千年，直至宋代渐为刻本所取代。

（丁华东）

书 shu 中国古代官府往来文书文种名称。《周易·系辞下》称：“上古结绳而治，后世圣人易之以书契，百官以治，万民以察，盖取诸《夬》。”大意是说上古用结绳记事以治理天下，后世圣人改以契刻文字，百官藉以治理政事，百姓藉以知晓事理。《说文解字》训“书”为“箸也”，“箸于竹帛谓之书”。文字的发明是为了实用的需要，首先著于竹帛的书，亦即最早形成的书都是文书。刘勰《文心雕龙·书记》称：“故书者，舒也。舒布其言，陈之简牍，取象于夬，贵在明决而已。三代政暇，文翰颇疏。春秋聘繁，书介弥盛。”认为书就是发布的意思。发布一个人的言语，记录在简牍上，那是借取夬卦卦象的形式，重在明白决断罢了。

尧、舜、禹三代书的使用颇为稀疏。春秋时代，聘会访问繁多，书信的使用越来越盛行。这时书可指文书，也可指私人书信。刘勰还说：“战国以前，君臣同书，秦汉立仪，始有表奏。”春秋战国以前的命、诰、誓等王命文书与诸臣上书都可谓书。秦始皇统一天下后制定尊君抑臣的文书制度，改命为制；改令为诏，为皇帝专用，太子、王后及诸侯王的命令则称为令。还确定臣下上书皇帝的专门文书为奏，至汉代又细分为章、奏、表、议四种。此后书便成为官府往来文书一般通用文种的统称。私人书信也仍称为书，一直沿用，以后才又有书札、信札、信函、尺牍等多种称呼。

汉代官府往来文书中，书是常用的正式公文，上行、下行皆可使，平行文书则称为遗（移）书。这时还没严格按照官府等级制定不同使用范围的文种，但也出现了主要以不同用途来划分的文种名称。除了遗（移）书外，汉代的书还根据用途细分为报书、举书、除书、遣书、视事书、病书、予宁书、直符书、调书、语书等不同名目。报书是针对来文予以答复的文书，举书是用于举发、问责下级官员过失的下行文书，除书是二百石以下官吏的任命书，遣书是二百石以下官吏赴任或派遣人员赴另一官府公干的文书，视事书是在岗报告书，病书是因病请假的报告书，予宁书是批准有关人员奔丧的文书，直符书是值班报告书，调书是调拨物资或人员的文书，**语书**是公开发布的告知文书。从文书名称上，汉代的书有时可确定上、下、平行关系。如遗（移）书可用于平行，又可用于下行。而文书中的不同用语则往往表明了这种关系，例如结束语中的“敢言之”表示为上行文书，“如书”表示为下行文书，“如律令”则是下行及平行文书常见的结束语，“如诏书”用于向下转达诏书。

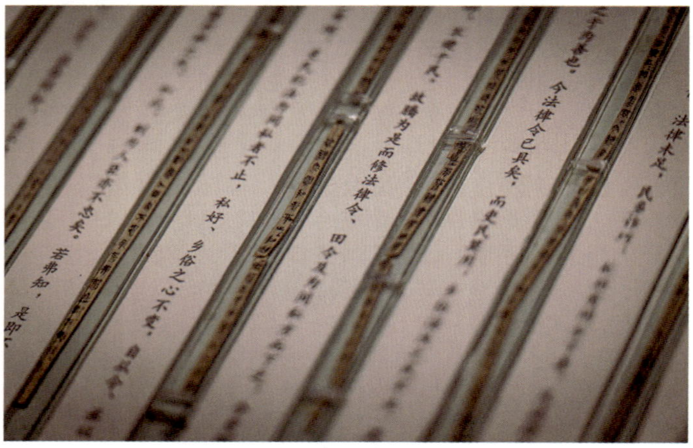

睡虎地秦简《语书》

汉代的书已有固定的程式结构和用语，一般包括如下几个部分：①发文日期，纪年月日。②发文者与受文者。③文书正文。④文书结束语。⑤文书撰制人员的签名。

（裴燕生）

书府 depository of records 中国秦官府中专藏文书档案的府库。湖北云梦睡虎地秦墓竹简《秦律十八种·内史杂》记载：“毋敢以火入臧（藏）府、书府中。吏已收臧（藏），官啬夫及吏夜更行官。毋火，乃闭门户。令令史循其廷府。节（即）新为吏舍，毋依臧（藏）府、书府。”这里的“书府”与藏府并列，是专藏文书（包括档案）的府库。其中“书”指文书（包括档案），而非指图书。这段材料说明书府的保管规定相当严格，如严禁将火带入书府，官府的啬夫和吏会轮流值夜看守，检查无火后方可关闭门户，令史还要巡查，新建官吏居舍不能靠近书府。

睡虎地秦简的时间范围为从战国秦到统一后的秦代。这一时期随着官僚制的逐步完善，文书行政作为其中重要内容，文书（包括档案）必然大量产生，而竹木作为当时文书通行载体，占地空间较大，文书府即书府成为官府中必备的专门府库。汉承秦制，汉代文书书写的通行材料仍为竹木，汉代官府中也当存在专门的书府。

（梁继红）

书稿档案管理 manuscript archives management 出版社等出版机构从事的书稿档案业务管理活动。书稿档案是反映出版单位编辑出版各类图书的全过程及其出版成果的历史记录。书稿档案是检查出版情况、重版出书、修（增）订出书，总结出版规律和经验、研究作者的创作过程、研究国家出版工作历史、撰写出版社社史、考核编辑出版人员业绩等的依据和必要材料，包括纸质书稿档案和电子书稿档案两种。

原则和要求 ①各出版社书稿档案工作，在同级档案行政管理部门统筹规划、组织协调、统一制度下，由其主管领导机关进行业务指导和监督检查。②各出版社应建立档案工作机构，集中统一管理本社档案。书稿档案由编辑室收集、整理、立卷后，总编室负责归档、管理，并定期移交出版社档案机构。③每一种图书的书稿档案，应反映编辑出版的全过程。

管理对象 每一种图书的书稿档案包括：选题、约稿、组稿、出版情况记录和书稿的有关合同、协议书（包括合作出版）；各级审稿意见，总编辑（副总编辑）终审意见和外审、会审意见及责任编辑加工、整理记录；出版单位有关书稿出版过程中的请示、报告，上级的指示、批复，重要电话、面洽、会议的记录；著（译、画）作原稿或复制件；封面设计、重要人物的题词手迹等材料；与作者有关书稿问题的往来信件和退改意见；图书出版通知单、清样、样书；发稿后的变动情况及变动的根据；稿酬、版税通知单；获奖、受查处情况的记录；有参考价值的读者来信、对图书的重要评论等。

管理内容 ①书稿档案的立卷归档。②书稿档案的鉴定、销毁。保管期限划分为永久和定期；对确无继续保存价值的，可经出版社领导批准后按规定销毁。③书稿档案的整理、分类。④书稿档案的登记和保管。出版社档案机构应建立《书稿案卷接收登记簿》《书稿档案借阅登记簿》《书稿档案销毁清册》。⑤书稿档案的检索和利用。

法规和标准 书稿档案管理的相关法规和标准主要包括：《中华人民共和国著作权法》《出版社书稿档案管理办法》（新闻出版署、国家档案局，1992 年 9 月 13 日发布）、《照片档案管理规范》（GB/T 11821—2002）、《电子文件归档与电子档案管理规范》（GB/T 18894—2016）、《数码照片归档与管理规范》（DA/T 50—2014）、《磁性载体档案管理与保护规范》（DA/T 15—1995）等。

意义和影响 书稿档案管理对维护书稿档案的齐全、完整，为出版社开发选题、开拓市场方面提供有效的服务、总结经验、改善管理、争取更好的社会效益和经济效益，都具有重要的作用。由于网络传输、激光照排、校对软件、电子扫描等高新技术的应用以及新型材料的使用，电子书稿档案的数量越来越多，因此，建立书稿档案管理数据库、样书数据库、电子存储档案数据库，确保书稿电子数据的安全和长期保存，已成为今后书稿档案管理需要探讨的问题。

（王英玮）

书吏 shuli 中国清代各级衙门中专门从事文档管理的人员的统称。清代文牍主义盛行，内外衙门文书档案工作十分繁忙。为了加速文书的运转，提高统治效率，清王朝允许各级衙门雇佣一定数量的书吏，协助官员处理文档工作。书吏作为国家机关的正式雇员，在各级衙门科房中专门从事文书处理和收贮档案工作。书吏因其服务衙门不同，名称也各有异，但在许多上谕及政府公文中，常常不问服役衙门而统称为书吏、书办或经承。

书吏与皂隶、马快、门子等衙役无别，都是政府雇佣的役员，只是工役有所不同，后者仅供官府拘捉奔走，而书吏身居文档重地，抱案牍备缮写，受到官府的格外重视。书吏既是文书工作人员，又是档案工作者。清康熙二年（1663）起，招募书吏成为定制。书吏招募工作手续烦琐，先由本人投书亲供，报明个人及家庭情况，再由同乡书吏出具保结，乡里邻族出具**甘结**，加以证明，最后经地方官府核实无误，加印具结，咨送到部。经部核审后，对候选者进行考试，择优录用。书吏著役5年为期，期满无过犯者可以参加吏部的考职，考取者一般授予九品以下职衔，由吏部发给考职执照，限一个月内返回原籍，等待铨选授官。

为了防止吏员的冒滥，清代还规定了各级衙门招募书吏的数额，如内阁额设供事62名、翰林院16名、宗人府14名。六部中户部数额最多，设经承205名；兵部最少，设经承65名。各地方衙门也有定额，各总督衙门书吏数额为30名左右，各省巡抚衙门书吏数额一般为20余名，知府衙门典吏额数为20名左右。（屈春海）

数据电文 data message 以电子、光学、磁或类似手段生成、发送、接收或存储的信息。横跨计算机网络领域和法律领域的概念。在计算机网络领域，指网络中交换与传输的数据单元。在法律领域，指以电子、光学、磁或类似手段生成、发送、接收或存储的信息。档案界对于数据电文的解释，主要源自法律界的概念释义。电子文件是数据电文的子集，是组织机构或个人在履行法定职责和开展业务的过程中形成的数据电文。

在国际法律文件中，数据电文一词最早出现在1986年联合国欧洲经济委员会和国际标准化组织共同制定的《行政、商业和运输业电子数据交换规则》，其中贸易数据电文定义为“当事人之间为缔结或履行贸易交易而交换的贸易数据”。联合国国际贸易法委员会1996年制定的《电子商务示范法》第2条a项规定：“数据电文指以电子、光学或类似手段生成、发送、接收或存储的信息，这些手段包括但不限于电子数据交换、电子邮件、电报、电传和传真。”《中华人民共和国电子签名法》沿用了这个定义，其第2条第2款规定：“本法所称数据电文，是指以电子、光学、磁或类似手段生成、发送、接收或存储的信息。”

世界各国的法律规定中，除了数据电文外，还采用电子数据、电子文件、电子通信、电子记录等概念来表示电子环境下生成、发送、接收或存储的信息。能够证明案件事实或者与法律事务之有关事实存在与否的根据的数据电文，则是电子证据。随着《最高人民法院关于适用〈中华人民共和国民事诉讼法〉的解释》（2015）、《关于办理刑事案件收集提取和审查判断电子数据若干问题的规定》（2016）、《最高人民法院关于修改〈关于民事诉讼证据的若干规定〉的决定》（2019）等相关规定的出台，电子数据的概念逐渐普及，有取代数据电文的趋势。（刘越男）

数据物理修复方法与技术 physical restoration methods and techniques 恢复介质（如硬盘）中丢失数据的方法。物理恢复指保存数据的介质（如硬盘）出现了物理故障，不能被计算机系统识别和访问，须对该介质中丢失的数据进行恢复。

硬盘的故障类型 ①电路板供电故障。硬盘的供电电路如果出现故障，会直接导致硬盘不能工作。表现为不通电、硬盘检测不到、盘片不转和磁头不寻道等。供电电路出现问题的部位是插座的接线柱、滤波电容、二极管、三极管、场效应管、电感和保险电阻等。②电路板接口故障。接口如果出现故障，可能导致硬盘检测不到、乱码、参数识别错误等现象。部位主要包括接口芯片或与之匹配的晶振、接口插针折断、接口虚焊、接口排阻损坏等。③电路板缓存故障。如果出现故障，可能会导致硬盘不能被识别、乱码、进入操作系统后异常死机等现象，不过缓冲芯片的故障率不高。④电路板BIOS故障。如果出现故障，可能会导致硬盘认错型号、不能识别等各种各样的故障现象。⑤电路板电机驱动故障。如果出现故障，硬盘电机将无法起转，或者转速达不到标准速度，从而硬盘无法识别。⑥磁头组件故障。主要有磁头芯片故障、前置信号处理器故障、音圈电机故障、磁头故障和定位卡子故障等。⑦主轴电机故障。现代硬盘的主轴电机大多使用液态轴承电机，精度极高，剧烈碰撞后可能会使间隙变大，或者导致电机“抱死”，这将使硬盘读取数据变得困难、异响或根本检测不到硬盘。⑧盘片故障。主要包括盘片划伤和盘片上出现坏扇区等。⑨固件故障。一般表现为主机BIOS无法检测到硬盘或检测到硬盘却无法对它进行读写操作。

恢复方法 ①电路板供电故障维修方法。可以采取两种方法：一是维修法；二是替换法。维修法具体是查看外观；检测供电情况；检测电机驱动芯片；检测电源管理芯片和场效应管；检测其他元器件。替换法是在判断硬盘的电路板有故障后，找一个同型号的可用电路板替换掉故障电路板，从而让硬盘正常工作。②磁头组件故障维修方法。硬盘的磁头组件故障是无法进行修理的，解决的办法是更换一套磁头组件，然后用这套组件将盘片上的数据读出来。③主轴电机故障维修方法。硬盘的主轴电机故障不仅无法进行修理，而且主轴电机也不容易替换，因为很多硬盘的主轴电机是铆在盘体上的，不能拆卸。所以为了恢复主轴电机“抱死”的硬盘中的数据，解决办法是将盘片取出来，放入备件组中，让备件盘中的磁头读取故障盘中的数据。④盘片故障维修方法。在数据恢复技术中对付硬盘坏扇区的方法主要是物理镜像法和数据提取法。物理镜像法是借助于特殊工具强大的扇区读取能力，将故障盘的全部扇区镜像到另一个没有坏扇区的完好硬盘，即目标硬盘中，就相当于数据全部转移到目标硬盘内，镜像完之后就可以直接读取目标硬盘来获得数据。适应于硬盘内的数据比较大的情况。数据提取法是借助于特殊工具强大的扇区读取能力，直接读取重要文件并提取出来保存到目标盘中，适应于硬盘内的数据比较大的情况。物理镜像法与数据提取法的区别在于，物理镜像法读取故障盘中的全部扇区，而数据提取法只读取存放数据的区域，对其他扇区并不读取。⑤固件故障修复方法。修复硬盘固件最重要、最常用的工具是俄罗斯AEC实验室开发的PC-3000套件。（唐跃进）

数字档案馆 digital archives 运用信息技术对数字档案及其他相关数字资源进行收集、存储、长期保存和提供利用的档案信息集成管理体系。数字档案馆是传统档案馆在数字环境下的发展形式，既延续了档案馆保存档案、提供利用的社会功能，同时在实现方式、组织形式等方面也有了新的特点。

概念的提出和发展 1999年，在对档案信息化、档案馆发展前景的展望中，数字档案馆作为一种档案馆未来发展形式被提出。2010年国家档案局颁布的《数字档案馆建设指南》首次明确了数字档案馆的概念：“数字档案馆是指各级各类档案馆为适应信息社会日益增长的对档案信息资源管理、利用需求，运用现代信息技术对数字档案信息进行采集、加工、存储、管理，并通过各种网络平台提供公共档案信息服务和共享利用的档案信息集成管理系统。”2014年底，国家档案局发布的行标《电子档案基本术语》（DA/T 58—2014）将数字档案馆定义为：“运用现代信息技术对电子档案及其他数字资源进行采集、存储、管理，并通过各种网络平台提供利用的档案信息集成管理体系。”数字档案馆在制度规范中的含义得以明确。

特点 ①从管理对象看，以原生性电子文件、转化型数字档案为主，也可以包括其他类型信息，如电子图书、期刊、标准、网络资源等。②从构成要素看，包括机构、人员、信息系统（应用系统、基础设施）等多个要素，其中具备一个管理数字档案信息的系统是数字档案馆区别于传统档案馆的重要方面。③从功能看，数字档案馆具有收集、存储、管理、长期保存和利用数字档案信息的功能，其中长期保存是数字档案馆功能实现的难点。④从建设主体看，建设数字档案馆的机构可以是一家或多家机构，也可以是档案馆或其他类型的机构，这意味着数字档案馆的边界既可以在一个档案馆范围内，也可以实现跨馆、跨部门的业务协作和资源共享。

类型　①按照建设主体的数量，数字档案馆可分为狭义数字档案馆、广义数字档案馆两种类型。狭义数字档案馆指由一家机构建设的数字档案馆；广义数字档案馆指由多家机构联合建设的数字档案馆群，由多个机构的多个档案资源库、档案用户群组成。广义数字档案馆有两类特殊类型，一为区域性数字档案馆，指在某个行政区划范围内，由上级档案馆主导系统建设工作的数字档案馆，下级档案馆可以免费或者通过购买服务的方式使用系统；二为行业性数字档案馆，指在某个行业范围内，由行业领导机构（比如集团公司）统一建设、各下属机构共同使用的数字档案馆。②按照建设主体的层级，可分为国家级、省级、市级、县级数字档案馆等。③按照建设主体的性质，可分为政府数字档案馆、企业数字档案馆、高校数字档案馆、私营/个人数字档案馆等。④按照资源类型和功能定位，可分为重在电子文件长期保存的数字档案馆、重在历史档案资源共享服务的数字档案馆、混合型数字档案馆，前者如**美国国家档案与文件署**（NARA）的电子文件档案馆（ERA），中者如加州在线档案馆（Online Archive of California），后者如国内地方综合档案馆建设的数字档案馆。

建设内容　①基础设施建设。按照数字档案馆基础网络架构、主要技术路线与软硬件配置基本要求，集成建设适应馆藏档案基础数据和今后一定时期内数字档案增长规模的数据管理、满足数字档案馆各项管理与服务需求的基础设施。②数字档案资源建设。推进馆藏数字档案基础数据库建设，逐步进行传统载体档案的数字化转换，开展电子文件的接收和管理，并应用先进技术和相关管理手段，保证数字档案信息资源的可靠可信和长期可用，满足各类用户利用需求。③应用系统建设。即开发或应用具备“收集、管理、存储、利用”等功能要求的数字档案管理系统，实现档案管理业务的自动化、网络化。④标准规范体系建设。数字档案馆建设要严格遵守国家及行业相关规章制度和技术标准，并根据本地区、本部门、本机构实际情况制定相关地方标准或企业标准规范。⑤人才队伍建设。数字档案馆建设要重视人才培养，形成以档案馆人才自主管理为主体，社会外包服务保障为依托的运行与维护体系。⑥安全保障体系建设。即按照信息安全等级保护的要求，采用相应安全保障技术方法，配备必要的软硬件设施，建立健全数字档案馆安全管理制度，并严格遵照实施，确保数字档案馆系统安全和数字档案信息安全。

数字档案馆是档案信息化建设的重要内容，是各级各类档案馆数字时代的工作任务。遵守国际国内标准，广泛开展合作，积极推动资源共享，是数字档案馆建设的共同经验。（刘越男）

《数字档案馆建设指南》 *Construction Guide of Digital Archives*　中国国家档案局2010年6月17日提出并归口的用于规范和引导**数字档案馆**建设的规范性文件。适用于全国范围内档案机构的数字档案馆建设。

《数字档案馆建设指南》明确了数字档案馆建设的意义：“有利于提高档案馆工作效率和现代化水平，有利于确保数字档案永久存储与安全保管，有利于促进公共档案服务能力拓展和实现档案信息资源的社会共享。”提出了数字档案馆建设的基本要求和建设内容，包括：①总体要求。简述了数字档案馆的基本知识，明确数字档案馆建设原则与要求，提出建设目标并明确了建设内容，提出数字档案馆建设的一般步骤以供实践参考。②管理系统功能要求。指出：“数字档案管理系统功能可以根据信息化发展和档案管理的要求而有所侧重并不断拓展。”对收集、管理、保存、利用四项数字档案管理系统应具备的基本功能提出具体要求，强调在数字环境下系统运行面临的新要求。③应用系统开发和服务平台构建。在应用系统开发方面，指出应减少重复开发，降低应用成本，遵循整体性、开放性、稳定性等原则，鼓励对各功能模块或子系统进行深度扩展和创新开发。在服务平台构建方面，建设者应遵循《电子信息系统机房设计规范》（GB 50174—2008）、《信息安全技术基于互联网电子政务信息安全实施指南》（GB/Z 24294—2009）等档案服务平台建设标准规范，基于服务对象和开发范围，选择构建基于局域网的档案服务平台、基于政务网的档案服务平台或者基于公众网的档案服务平台。④数字档案资源建设。这部分是数字档案馆建设的核心内容，也是一项经常性的业务工作。主要规定了包括电子文件接收、传统载体档案数字化转换、资源整理加工、建立各类资源库等内容，列出了当前工作应当遵循的主要参考标准，对档案资源建设中的数据采集和整合信息的法规标准提出了新的要求，推进档案数字资源的深度开发和信息共享工作的开展。⑤保障体系建设。数字档案馆的建设面临更多来自系统和网络的威胁，进行风险管理非常重要。从安全保障体系建设、标准规范体系建设两方面，列举了如何构建安全稳定的数字档案管理系统，以及应当遵循的相关信息安全规范。

《数字档案馆建设指南》的发布对中国数字档案馆的建设有着重大的影响，明确了数字档案馆建设是实现“十二五”期间档案事业发展的重要着力点和支撑点，顺应了时代潮流和档案事业发展面临的新形势、新特点和新要求。自推出以来，在全国范围内进一步引发数字档案馆研究和实践的热潮。鉴于《数字档案馆建设指南》规定相对宏观和概括，各机构在建设数字档案馆时，还应根据机构自身情况有所侧重，并参照其他相关标准和文件，有针对性地开展相关工作。（钱　毅）

《数字档案馆系统测试办法》 *Test Regulation on Digital Archives System*　中国国家档案局制发的用于指导数字档案馆系统建设的部门规章。2014年11月26日印发，自发布之日起实施。适用于县级以上国家综合档案馆数字档案馆系统的测试，其他类型档案馆数字档案馆系统测试工作可参照执行。

2010年6月17日，国家档案局发布**《数字档案馆建设指南》**，规范和引导数字档案馆建设，推进档案信息化深入发展。在此基础上，2011年，国家档案局制定《数字档案馆评估指标体系》，2012年基本完成。2013年委托**档案科学技术研究所**研制评估软件。2013～2014年，组织省、市、区相关单位开展系统试测评，对办法进行多次修改，其间向全国档案部门征求意见，并召开国家档案局局务会审议。2014年底，国家档案局正式印发《数字档案馆系统测试办法》。

《数字档案馆系统测试办法》共9条，主要内容包括：

①国家档案局专门成立数字档案馆系统测试工作领导小组，组建测试专家队伍，负责数字档案馆系统测试工作，领导小组日常事务由国家档案局技术部负责。②数字档案馆系统测试的依据是《数字档案馆

系统测试指标表》，共包含基础设施、系统功能、档案资源、保障体系、服务绩效 5 个一级指标，其中，基础设施分为主机房、网络平台、服务器及存储备份设备、终端设备、档案数字化设施设备、音视频等其他硬件设备、基础软件 7 个二级指标；系统功能分为接收、管理、保存、利用、系统管理 5 个二级指标；档案资源分为档案资源建设、档案资源管理 2 个二级指标；保障体系分为制度制定与实施、条件保障 2 个二级指标；服务绩效分为档案业务能力提升、用户满意度 2 个二级指标。测试采用百分制，测试结果达到 80 分以上认定为“通过国家级数字档案馆测试”，达到 90 分以上认定为“全国示范数字档案馆”。③测试工作按如下程序进行。一是申请测试。档案行政管理部门填写《测试申请表》，向省级档案行政管理部门或国家档案局提出测试申请。二是现场测试。测试专家现场使用辅助测试工具，对照《数字档案馆系统测试指标表》，对数字档案馆系统进行测试打分。三是测试审批。现场测试工作结束后的 30 日内，将可认定为“通过国家级数字档案馆测试”“全国示范数字档案馆”的测试结果报国家档案局审批。国家档案局将适时通报全国数字档案馆系统测试工作情况。④具有如下情形之一的数字档案馆将不得申请参加测试：尚未完成建立涵盖全部馆藏文件级目录数据库的；馆藏纸质档案在 50 万卷以下但数字化率低于 70%的，馆藏纸质档案在 50 万～100 万卷但数字化率低于 60%的，馆藏纸质档案在 100 万～150 万卷但数字化率低于 50%的，馆藏纸质档案在 150 万卷以上但数字化率低于 40%的；尚未进行电子档案接收工作的；数字档案馆发生过重大安全事故或存在严重安全隐患的。

《数字档案馆系统测试办法》是国家档案行政管理部门就规范建设数字档案馆制定的部门规章，是推进档案信息化的重要举措，是深入贯彻中共中央办公厅、国务院办公厅印发的《关于加强和改进新形势下档案工作的意见》的具体体现，对加强数字档案馆的科学建设、安全运维和绩效管理，推进全国档案信息化建设，推动全国档案事业可持续发展具有重要意义。

（黄玉明　朱霖露）

《数字档案室建设指南》 *Construction Guide of Digital Records Office* 中国国家档案局 2014 年提出并归口的用于规范和引导数字档案室建设的规范性文件。《数字档案室建设指南》（以下简称《指南》），是关于数字档案室建设的规范性文件。目的是在档案信息化建设的逐步深入，机关档案工作面临办公自动化应用、数字档案馆建设以及用户多样化需求的严峻挑战下，对数字档案室的建设进行指导和规范。

《指南》所称的数字档案室，是指机关在履行职能过程中，运用现代信息技术对电子档案和传统载体档案数字副本等数字档案信息进行采集、整理、存储、管理，并通过不同类型网络提供共享利用和有限公共档案信息服务的档案信息集成管理平台。

《指南》共分为概念与基本特征、建设原则与内容、基础设施建设、应用系统建设、数字档案资源建设、保障体系建设等 6 个部分。

①概念与基本特征。定义了数字档案室的概念，以及与传统档案室相比，数字档案室独具的档案资源“数字”化、档案实体“虚拟化”、档案管理系统化、信息传递网络化、档案利用知识化等五个特征。

②建设原则与内容。《指南》指出，数字档案室建设是一项系统工程，包括基础设施建设、应用系统建设、数字档案资源建设、保障体系建设，需要机关档案部门、信息化部门、业务部门和保密部门共同参与实施。应当遵循“资源为先，标准规范，整体推进，确保安全”的原则，统筹规划，积极实施，务求实效。

③基础设施建设。数字档案室正常运转的基础，一般包括网络基础设施、系统硬件（服务器、存储与备份）、基础软件、安全保障系统、终端及辅助设备等。《指南》分别对以上设施建设的基本要求和参考标准进行介绍。

④应用系统建设。数字档案室的应用系统建设应从档案门类管理、接收采集、分类编目、检索利用、鉴定统计、系统管理、技术文档管理、测评鉴定几个方面开展，为电子档案的真实、完整、可用和安全提供首要保障，并达到灵活扩展、简单易用的基本要求。该部分仅介绍了基本功能需求，具体功能需求可参见《电子文件管理系统通用功能要求》（GB/T 29194—2012）。

⑤数字档案资源建设。该部分介绍了资源建设的基本要求，数字档案资源命名规则，电子档案质量要求。包括文书类、声像类、科技和专业类、纸质档案数字副本，以及数字档案资源的备份等几部分的内容。

⑥保障体系建设。数字档案室的建设、运行和维护是一项长期的系统工程。其中，经费、制度和人才三方面的保障机制建设尤为基础和重要，《指南》指出了保障体系建设的基本内容和要求。

与《数字档案馆建设指南》相比，《指南》内容条目更加具体，强调机构内部电子档案资源建设的统一规范，为全面推动数字档案室建设提供了指导。并赋予了数字档案室全新的内涵：数字档案室是管理机关档案信息、连接机关办公自动化与数字档案馆建设的关键一环，为数字档案馆的最终实现奠定基础，以推动全国档案信息化工作全面、健康、均衡发展。

（钱　毅）

《数字档案信息输出到缩微胶片上的技术规范》 *Technical Specifications for Digital Archival Information Output on Microfilm* 中国规范数字档案信息输出到缩微胶片上的技术性行业标准。国家档案局档案科学技术研究所起草，国家档案局 2009 年 11 月 2 日发布，2010 年 1 月 1 日起实施。标准号为 DA/T 44—2009。《数字档案信息输出到缩微胶片上的技术规范》（以下简称《规范》）以《缩微摄影技术缩微品的法律认可性》（GB/Z 20650—2006）为总的指导原则，提出缩微品制作各环节应遵循的程序和建议，适用于 A0 或 A0 以下幅面纸质档案数字化后产生的数字图像。

《规范》分为 16 章，对输出前准备、胶片打印、胶片冲洗等环节提出建议。第一至五章规定了适用范围、所引用的文件、术语和定义、总的指导原则以及输出前的准备。将输出前准备工作分为标板数字图像制作、数字档案信息处理、胶片上影像的编排、胶片上各区段的设置、缩微胶片等，并分别做出详细规定。第六、七章分别对画幅、影像区和进片距尺寸以及影像排列的方式进行了图示说明。第八章规定了 16 毫米和 35 毫米胶片输出的建议缩率。第九章提出了 16 毫米和 35 毫米缩微胶片上的数字档案信息分幅输出时重叠尺寸的要求。第十、十一、十二章分别对检索、输出和接续进行了相关说明。第十三章对冲洗提出相关要求。第十四章规定了缩微品的质量要求。第十五章规定了补充输出与接片的缩率、输出顺序、设备等。第十六章明确了存储要求。

该标准为中国首个数字档案信息缩微品输出过程控制方面的档案行业标准，有效带动了该领域系列标准的研制，是档案安全保障体系建设中一项有力的理论支撑和技术保障。

（钱　毅）

数字型档案文献出版物 digital archival publications 以磁带、磁盘、光盘、计算机网络为载体，以数字形式加工、存储、传播档案信息的新型档案文献出版物。是现代信息技术、网络技术与档案文献编纂工作密切结合的产物。自20世纪80年代出现以来,数字型档案文献出版物发展迅速,是中国档案文献编纂出版发展的新形态。

数字型档案文献出版物从编纂加工对象看,可分为3类:①传统的手抄型、印刷型、音像型档案文献出版物的数字化产品。如中国第二历史档案馆发行的档案文献出版物光盘,是此馆于2008年底之前编纂的《五四爱国运动档案资料》《西安事变档案资料选编》《民国政府外交公报》《民国档案》等传统成果的数字化再出版。②传统档案数字化后编纂加工形成的数字化产品。如中国第一历史档案馆于2005年启动的"全文数字化清代档案文献数据库"工程,至2012年已完成《大清历朝实录》《大清五部会典》的数字化编纂工作。③原生数字档案编纂加工后形成的数字化产品。如山东省日照市档案馆自2007年以来定期接收日照电视台"日照新闻"的数字化视频,建立数字视频资源库,并编纂公布反映日照城市变迁的"视频大事记"。

数字型档案文献出版物具有数据存储量大、表现形式多样、系统依赖性高、检索功能强等特点,成果形态和传播途径可以通过磁盘、光盘、磁带等电子出版物发行,也可以通过计算机网络、手机等移动终端直接传播,代表了未来档案文献出版物的发展潮流。 (丁华东)

双重价值鉴定法 dual value identification method of archives 运用档案双重价值鉴定理论,合理评价和预测档案的保存价值,划分档案的保管期限,并对已经失去保存价值的档案予以销毁的整体性档案价值鉴定工作方法。档案双重价值鉴定法是一种从整体上预测和估价档案保存价值的专业方法。运用该方法是要综合分析影响档案保存价值的各种档案自身因素与档案形成单位的业务需求及社会用户的工作、生活和研究等方面的需求因素。中国档案管理学中所讲的档案双重价值鉴定法的思想,源自美国档案学者T.R.谢伦伯格的文件双重价值论。中国学者陈兆祦、和宝荣将谢伦伯格的文件双重价值论,依据中国档案价值鉴定工作的实际,结合中国档案概念术语的边界,创造性地提出了档案双重价值论。

档案双重价值鉴定法,在纸质档案占统治地位的时代,对有效解决各种社会机构、组织的文件数量激增和整个人类社会有限的保存档案空间之间的矛盾,起到了不可低估的作用,也取得了较好地保存人类社会历史记忆的作用。因此,作为一种指导以纸张文件和记录为主体的档案价值鉴定工作实践的专业方法,不失为一种有效的经典理论和专业方法。即使在现时代(纸质文档和电子文档并存的混合时代),也依然具有较强的生命力。 (王英玮)

双轨制 double track system for electronic records and paper records 业务过程中同时形成并运转纸质、电子两种形式文件的管理模式。实行双轨制的机构在文件进入运转程序时就形成电子和纸质两种版本,业务人员要对同样内容的两种文件进行重复或部分重复办理。电子文件和纸质文件在业务过程中双轨运行直接导致双套制归档。

冯惠玲首次深入探讨了双轨制概念,并比较了双轨制和双套制两个概念,她指出双轨制针对的是运行处理阶段,双套制针对的是归档保存状态;双轨制实现了对电子文件的全程管理,是一种更全面、更深入、更进步的管理形式。

双轨制包含两层含义:①电子文件和纸质文件内容相互对应,完全一致。②相同内容的电子文件和纸质文件在业务过程中全程共存,都是业务活动的原始文本,有同样的效力。例如,纸质来文在收文后扫描进入系统,扫描件和纸质件一起流转办理。实际工作中,由于业务过程没有实现全程电子化,导致存在一些不完整的双轨制问题,纸质文件和电子文件交替出现在业务活动的不同节点,如发文以电子形式拟制、流转和审批,打印出纸质文件盖章发送,在这种情况下,无论是电子文件还是纸质文件都不具备说明完整业务过程的能力,两者合起来方能构成完整的业务记录。

双轨制是从纸质文件管理向电子文件管理转变的一种过渡形式。在电子文件、纸质文件双轨运行的过程中,两种文件的不同得到更进一步的认识,为电子文件单轨制的产生奠定了基础。与此同时,双轨制的运行也加大了文件管理的成本,这种状态持续时间越长,其累计成本就越高。实行不完整双轨制的单位,大多都没有着力解决电子文件凭证性问题,未来一旦需要利用可信数字文件信息时,又要对纸质文件重新数字化处理,形成二次投入。随着信息技术应用的深入,电子文件管理水平的提高,文件管理将逐步实现数字转型,双轨制将逐步被单轨制所取代。

(刘越男 杨 光)

双红禀 shuanghong bing 中国古代官府往来文书文种名称。红白禀中的白禀有时也用红纸折,一般在逢年过节或其他喜庆之事时使用,称双红禀。贺年节、贺寿、贺升、贺到任之类,一定要用双红禀,又称贺禀。禀文内容使用四六骈体,大多是浮词虚语,踵行最初"泛套赘语",是封建社会的陋习。双红禀的用纸格式及批示处理方法与红白禀相同,不过是将白禀改为红纸折而已。

不论是双红禀还是红白禀,其红禀除折面、折底外,一般均为二开四面。首开右版首行写具禀人衙门、官衔、姓名,常于另起按五行的位置书写事由。虽然上级反复强调红禀也要写明日期,字不可细小,但是实际并未通行。现存红禀中,前衔事由书写细小者极其普遍,无非是显示具禀人用心恭谨。又因送上的白禀已有日期,故红禀往往将其省略。有的收文衙门则在红禀具禀官员衔名右方盖以收文条戳,填收到日期。红禀均不盖发文衙门印,保留其从书信演进而来的遗痕。

红禀相当于名片,上级批示写于其上。左开首行加盖上级官员全衔、姓及"批"字的一行条戳,另起较大字行草写批语,行款字数不定,大多还注明批禀月日。批语末幅空白,斜盖收文上级衙门左半印,编写左半字号,右半印字号则留在批禀号簿上或白禀录批处。末幅左下方注具禀官员官衔简称,外用墨笔画个半圆,另一半也留在号簿或白禀录批处;下级收到上级批回的红禀,常将收禀日期注于此页左方。

(裴燕生)

双套制 double custody system for electronic records and paper records 信息技术发展过程中出现的一种相同内容的纸质文件与电子文件共存状态下的档案管理方式。电子文件以其传输信息速度快、操作简便等优势逐步成为文件档案的主要形式,但由于特定环境下其在凭证性及安全性等方面存在一些没有解决的问题,管理方法也尚未完善,在一定时期难以完全替代纸质文件发挥其凭证价值,因此出现电子文件与纸质文件同时存在的双套制。

双套制最早的定义出现在冯惠玲发表的《拥有新记忆——电子文件管理研究》(1997)中,冯惠玲把电子文件与纸质文件的互相备份称为新双套制,以区别电子文件管理出现之前一套文件两套纸质备份的双套制。第一次将双套制管理划分为两个层次,即将电子文件转化成纸质文件的双套制和将纸质文件制作成数字化副本的从纸质文件到电子文件的双套制。电子文件管理中的双套制可以定义为同一份文件的电子版本和纸质版本共同处于存储和可利用状态。

双套制的发展可大致分为三个阶段，在这三个阶段里双套制的形式和工作的主要内容有着很大的不同。第一阶段是纸质文件占主导地位的初级阶段，国家没有颁布专门的电子文件法律法规或条款，电子文件的凭证价值没有得到法定认可，虽然有电子版本文件的存在，但主要处于一种附属地位，发挥主要作用的还是文件档案的纸质版本；第二阶段是双轨制运行中的双套制，纸质文件与电子文件共同起作用的阶段，在这一阶段，国家逐步制定了针对电子文件的一系列法律法规和管理规则，纸质版本与电子版本文件几乎起着同等重要的作用，这也是真正意义上的双套管理；第三阶段是以电子文件管理为主的高级阶段，在这一阶段，双套制的具体表现形式是以异质备份为主，基本上摆脱了对纸质文件的依赖而向单套制管理过渡，打印纸质件是辅助性的电子文件保存策略，这也是双套制管理的最终归宿。

（张　宁）

水文档案管理　hydrologic archives management　水文观测台（站）和水文科研单位根据水文档案的形成规律和内容构成特点，有效地保存和科学管理水文档案，实现水文档案价值的各项业务管理活动。水文档案是各水文观测台（站）和水文科研单位在水文观测（测验）和水情预报等活动中形成的，反映水文活动过程及其成果的各种科技档案的总称。水文数据自古有之，通常称为水位数据、水文资料。20 世纪 60 年代之初，随着中国“技术档案”概念的确立，逐渐形成了水文档案概念。具体内容包括 3 种：①水文站网规划及测站建设材料。②水文测验记录与成果材料。③水情预报文件材料。

水文档案管理的基本特点是时间性（连续性）、流域性（地域性）和项目性。其管理要求主要是维系某一特定流域水文测验数据在时间上的成套性和连续性，在此基础上科学管理和开发利用水文档案资源。由于信息技术的大量引入，各水文观测台（站）和水文科研单位均建立了种类多样、规模庞大的水文测验业务系统和服务管理系统，用以高效率地处理海量的观测数据。因此，水文档案管理应以电子数据和信息化技术控制作为主要发展趋势。

水文观测是人类了解江河湖海水文运动规律，进而采取适当方式处理人与自然关系的一种本能行为，水文档案是人类社会重要的知识资源，水文档案的科学管理对于农业、航运、水利建设、水能利用和控制、防灾减灾、流域文化和流域经济发展研究等多层面的活动，具有重要的使用价值和科研价值。

（宫晓东）

税务征管档案管理　tax collection and administration files management　国家各级税务机关对税收征管档案的业务管理活动。又称税务征管资料管理、税务征管档案工作。税务征管档案是税务机关在税收征收管理活动中形成的与税收征管有关的各种有利用和保存价值的文件、凭证、报表、账册、文书、案卷、资料、声像、电子数据等不同形式或载体的历史记录，可按税收业务划分为审批类和非审批类。审批类资料包括资格认定类、发票管理类、待批（备案）文书类、核定应纳税额类、税收法制类资料；非审批类资料包括税务登记类、申报征收类、评估类资料。税收征管档案管理包括税收征管档案的采集、分类、整理、立卷、归档、保管、利用、移交、调阅、销毁。

发展　1949～1957 年，中国根据当时的政治、经济状况，组织清理了中华人民共和国成立以前的税收资料和档案。1950 年 1 月 30 日，中央人民政府政务院发布《全国税政实施要则》。20 世纪 70 年代前，有关税收征管档案的规定仅散见于各税种的单项法律、法规。1985 年 5 月，全国第一次征管工作会议确定了建立科学严密征管体系的战略目标，修改了《工商税收征管条例（草案）》和《税务专管员守则》。1986 年 4 月 21 日，国务院发布了《税收征收管理暂行条例》，明确了账务、票证管理要求。1992 年 2 月 28 日通过的《中华人民共和国税收征收管理法》对账簿、凭证的管理作了规定。1996 年 4 月 5 日《全国税务机关档案管理办法》发布施行。21 世纪以来，中国的税收征管档案的法规标准体系已得到了进一步完善和发展。

原则和内容　税收征管档案管理遵循科学规范、安全集中、系统完整、简便实用、真实准确的原则。管理的主要内容有：①税收征管档案的收集。各业务环节按照业务要求受理纳税人的各种涉税资料。②税收征管资料的传递。各部门对纳税人涉税资料的交接。③税收征管档案的整理。实行分户管理与汇总管理相结合的原则进行整理排列。④税收征管档案的移交。由各部门对整理归档的资料按规定移交档案管理机构。⑤税收征管资料的归档保管。档案管理机构对各部门移交的税收征管资料按规定进行归档、存放、保管。税收征管档案的保管必须做到“三专”（专人、专房、专柜）、“八防”（防火、防盗、防潮、防光、防尘、防水、防鼠、防虫）。⑥税收征管档案调阅、复制、移送。应严格遵守档案管理的有关规定，履行必要的手续，依法为纳税人的情况保密。⑦税收征管档案的销毁。对超过保存期限的征管资料按规定报批后进行销毁。⑧建立税务信息化档案管理系统。对税务电子档案进行专门维护、管理和利用。

法规和标准　税收征管档案管理的主要法规和标准包括：《中华人民共和国税收征收管理法》（全国人民代表大会常务委员会 2015 年 4 月 24 日）、《中华人民共和国税收征收管理法实施细则》（国务院 2016 年 2 月 6 日）、《税收票证管理办法》（国家税务总局 2013 年 2 月 25 日）、《全国税务机关归档文件整理办法（试行）》（国家税务总局 2000 年 12 月 12 日）、《全国税务机关档案管理办法》（国家档案局 1996 年 4 月 5 日）、《关于税收会计和税收票证档案保管期限的通知》（国家税务总局 1994 年 10 月 20 日）等。

意义和影响　税收征管档案管理对加强税源管理、提高税收征管效率、规范税收执法程序、提高税收执法水平和考核税收征管队伍具有重要促进作用。

（王英玮）

说帖　shuotie　中国官府往来文书文种名称。清代题本、奏本的处理程序，一般是交由内阁草拟票签，即草拟初步处理意见，提供给皇帝参考。处理意见写在长约 7 寸，宽约 3.7 寸的白纸上，夹入本内，送呈皇帝批阅定夺。每日应进本章，由内阁侍读拟写草签，大学士阅定后，令票签处中书缮写满汉合璧正签。票签文字均有定式，有单签、双签、三签、四签者。光绪朝《清会典事例》载：“双签之式，凡各部院题请事件，有应准应驳，未敢擅便，或议功、议罪、议赏、议恤，可轻可重，处分应议、应免，本用双请，候钦定者；大祀、中祀，皇帝亲诣行礼或遣员行礼双请者，俱照拟票写双签。……若三签、四签，皆加具说帖，申明义例；亦有单签加说帖者。”这种说帖实际是大学士对拟办意见，特别是有多种拟办意见时，说明提议的根据、理由。说帖的草拟人是内阁侍读、内阁中书、内阁学士等人，但法定作者是大学士。说帖文字无定式，自由灵活，能充分发表意见，是票签交由皇帝裁定时的补充参考材料。

内阁官员也可用说帖送呈大学士说明对有关问题的见解。这类说帖是内阁官员对大学士提出的条陈意见。在这种使用方式的影响下，其他衙门官员也可以用说帖，凡在上折或具呈时，如其建议或陈述之事文字较多，一般于正文之外，另加说帖详细说明。

说帖为白纸折式，一般长20多厘米，宽约9.5厘米，折面标明文种名称“说帖”二字，大多靠右边偏下写明作者官衔、姓名，加“谨呈”二字。折内每面6行，每行字数不定，通常是20～22字。墨笔楷书，起首为“窃为某某事”或“窃查某事”，结尾为“某某谨呈”。作为附件，随正件一起送上，不用书年月日期，也不用押印。

中华民国时期，属官晋谒有隶属关系的上官，有所建议或条陈意见办法时，附于呈文的一种文书也称说帖。其所陈述事项内容比**呈文**详细，即关于某事的分析报告，是补充说明呈文的附件。中华民国时期的说帖还可作为半正式的外交往来平行文书使用。（裴燕生）

五四运动期间北京大学生向美国驻华使馆递交的说帖

司法鉴定业务档案管理 judicial authentication service archives management 国家司法鉴定机构所从事的司法鉴定业务档案收集、整理、鉴定、保管和利用等专业管理活动。司法鉴定业务档案是司法鉴定机构及鉴定人从事司法鉴定业务活动过程中形成的各种载体的历史记录，是司法鉴定机构及其司法鉴定人司法鉴定活动的真实记录，是国家档案资源的组成部分，是重要的专门档案。其中包括在司法鉴定过程中所形成的各种文字、照片、图谱、绘图、声像、电子数据等不同形式的记录及相关鉴定资料和鉴定文书归档件等。

源流　中国在周朝已经出现以法医学为主要方向的司法鉴定活动。秦朝的爰书相当于现代的法医鉴定意见和实地勘验笔录。19世纪后，西方的司法鉴定思想和理论传入中国。20世纪30年代，中国各省高级法院均设立了法医学检验室，各警察局设立现场检验员。1999年中国司法部发布了《关于组建省级司法鉴定协调指导机构和规范面向社会服务的司法鉴定工作的通知》。21世纪后，根据《中华人民共和国档案法》《全国人民代表大会常务委员会关于司法鉴定管理问题的决定》《司法鉴定机构登记管理办法》《司法鉴定机构内部管理规范》等，各地司法机构和**档案行政管理机构**陆续颁发并实施了司法鉴定业务档案的管理办法，为司法鉴定业务档案的科学管理提供了规范依据。

原则与要求　①司法鉴定业务档案管理应遵循集中统一管理、维护档案的完整安全和便于使用的原则。②司法鉴定机构应配备专门的档案管理人员，负责鉴定业务档案的集中统一管理。③司法鉴定机构应当收集、整理、保管好司法鉴定业务档案，接受司法行政机关和档案行政管理部门的指导、监督和检查。

管理对象　司法鉴定业务档案应包含足够的信息，确保能够证明和复现相关鉴定过程。档案内容包括但不限于：①记录。鉴定委托受理合同、鉴定调查材料、鉴定取证或取样记录、鉴定或检验原始记录、原始图表、照片、光盘、鉴定意见讨论记录、专家意见或会鉴意见记录、鉴定复核和签发记录、鉴定文书底稿等。②相关鉴定资料。鉴定中所引用或采用的由委托方提供的信息资料，如案卷、病史、临床检查记录、书证材料或旁证材料等。③鉴定文书归档件。如司法鉴定委托书，鉴定案件受理审批表，司法鉴定协议书，鉴定过程实时记录、讨论、研究鉴定事项的会议记录，专家会鉴意见，鉴定文书正本，鉴定文书底稿，接收鉴定材料记录，补充鉴定的相关材料，收费凭据，与鉴定有关的其他材料。

管理内容　①立卷、*归档*。②价值鉴定、保管。司法鉴定业务档案的保存期为定期30年，另有规定的除外。司法鉴定业务档案目录登记簿、接收登记簿、移交登记簿、档案查阅登记簿、销毁清册、销毁批件及档案检索卡片等均应列为永久保管。③查阅和复制。鉴定机构应建立司法鉴定业务档案查阅制度，查阅和复制司法鉴定业务档案需经鉴定机构负责人批准，并办理相关登记手续。

意义和影响　司法鉴定业务档案管理是国家司法鉴定工作的重要组成部分，对提高司法鉴定业务管理水平与服务质量，维护社会组织和公民合法权益，不断提高司法公信力，保障和促进经济社会发展与社会和谐稳定有重要作用。（王英玮）

私人档案 private archives 私人或私人组织在社会活动中形成的为私人所有的档案。与**公共档案**相对。收入了“私人档案”。中国发布的《中华人民共和国档案法》（2016年修正版和2020年修订版）未使用“私人档案”这一术语。**国际档案理事会**（ICA）专业术语词典指出，非政府来源的档案即为私人档案。国际文件管理者与行政管理者协会编辑的专业术语词典指出，私人档案是私人组织所有的档案，与公共（政府）组织所有的档案相对应。国际文件管理信托基金会（IRMT）专业术语词典指出，在文件与档案环境下，非政府组织、家族或个人在相关的私人或个人事务中产生、接收、保存的档案是私人档案。《**国家档案法**》从相对于公共档案的角度对私人档案进行界定，指属于本法确定的文件整体（指任何自然人或法人、任何国家机关或组织、任何私人组织，在自身活动中产生或收到的文件整体），但不属于公共档案规定的实施范围的档案。《印度尼西亚共和国档案管理基本准则》将私人组织或个人所产生以及收到的反映国家生活的文件，包括单份文件和组合在一起的文件定义为私人档案。《档案工作基本术语》（DA/T 1—2000）指出，私人档案是私人或私人组织在社会活动中形成的为私人所有的档案。收入了“私人档案”。

私人档案是一种比较宽泛的统称，覆盖领域广泛，包含的档案类型多种多样，比较常见的有个人档案、**家庭档案**、手稿、私营企业档案、社群档案等，在实际运用中更多地是以具体类型的名称来指称某类私人档案。自20世纪50年代以来，私人档案在国际上逐渐受到关注和重视。1950年首届国际档案大会与1956年第3届国际档案大会都将“私人档案问题”纳入会议主题。20世纪90年代以来，随着“记忆”“认同”等概念被引入档案专业领域，作为文化遗产和集体记忆的重要载体的档案在身份认同和记忆构建中发挥日益重要的作用。在此背景下，私人档案的社会和文化价值也逐步得到认可和重视，成为建立身份认同和建构社会记忆的重要素材和依据，成为一个国家档案资源体系的有机组成部分。（章燕华）

私人日记 private diary 自然人以日为单位，用第一人称记人、记事、状物、写景和记录所思所想、所作所为的私人文件。

分类　根据记录对象的不同，私人日记可分为生活日记、事务日记、思想日记三种。生活日记记录的主要是日常生活的方方面面；事务日记记录的主要是对特定私人事务进行处理的过程和结果；思想日记记录的主要是作者的思想感受，也就是针对一篇文章、一本书、一部电影作品、一种思想观点、一种现象抒发自己的感想，形成判断或者思考。

根据记录内容性质的不同，私人日记可分为综合性普通日记、专门性特别日记两种。综合性普通日记记录的内容没有特定的专门性，人、事、物、景，所思所想、所作所为，只要觉得有意义或者有意思，都可能被记录下来，而且具体每篇日记的内容并不固定，随机性很强；专门性特别日记记录的内容则是特定和专门的，也是稳定的。只要相关的活动存在一般就会一直记下去。如“亲人护理日记”等。

功能效用　作为文件的一种，私人日记同样具有可以跨越时间空间限制有效传递权威性和凭证性信息的基本功能，同样具有对相关方面行为的特定影响。这种功能效用的主要表现是：①处理私人事务的依据。私人日记在处置家庭家族事务的过程中，以当事人威望和信用为支撑，私人日记中的相关记录可以成为处置相关事务的依据。在符合法律规定全部条件的情况下，私人日记还对处置相关事务产生受法律保护的效用。②印证事实的凭证。私人日记不仅因记录了客观事实而对相关私人事务处理过程和结果有证明作用，而且还在符合法律规定的条件下，可以成为证据中的“书证”。只要符合法律规定的条件，也就是具备客观性、关联性、合法性三种属性，私人日记就可以成为书证，成为印证事实的合法凭据。③深入思考的载体。私人日记不管具体记录了什么，实际上都是人思考的结果。动笔记日记，有助于人们通过记录去进行更加深入的思考，进而形成自己的判断甚至是思想。④个人成长历史的忠实见证。不管日记具体记下了什么，实际上都在一定意义上直接记录或者间接映射了个人的成长历史。其中有个人历史上的大大小小的事件，有思想、情感不断走向丰富和成熟的历程。更为难得的是，在一定意义上，无数人类个体的日记，如果能够汇聚起来，就可以成为一个民族的历史，一个国家的历史，进而是人类的历史。

文体　如果从行文目的和表达方式运用方面进行考察，可以发现私人日记实际上是一种记叙文性质的应用文。这种文体特征是约定俗成的，而不是由国家相关部门通过立法明确的。实际上，它有一定之规，但又不拘泥于“定制”“定式”。在表达方式的运用方面，叙述、说明、议论、描写几种主要的表达方式都可以根据需要，灵活运用。在语言组织方面，也存在一定的随意性，是精挑细选还是不刻意为之，是全面追求达雅生动悦目还是直白通达都可，完全服务和服从于作者的需要。

私人日记的篇幅可长可短，长的可以写成千字，短的可以只写一两句话。这要看作者所要表达的内容来决定。在时间范围方面，日记通常就是一日一记。但这并不意味着日记绝对只能写当天发生的事。日记的这种文体特点，应当与日记首先和主要需要实现的沟通是自己和自己的沟通，而不是达及他人有关。

结构格式　私人日记通常由首部和正文两个部分组成。首部，即在第一行中间写上某年某月某日，星期几，简要注明当天的天气情况。正文，从第二行开始，起首空两格，回行顶格。正文的内容由作者根据情况和需要决定。日记的正文内容一定要真实，绝不可杜撰；要记录重要的，有意义的事情；语言要简明、通顺、规范；要记录思考的过程和结果，既要记事、纪实又要有一定的分析。（赵国俊）

私人书信　private letters　私人之间往来交际用信函的统称。又称私务信件。

种类　根据具体应用场景的不同，私人书信可分为：对象单一的情书、私函；对象范围限于家庭或者家族内部的家书；对象范围不作限定的公开信；对象范围既可以受到一定限定也可以不受限定的表扬信、感谢信、建议书、决心书、倡议书、慰问信、致敬信、祝贺信等。根据具体用途的不同，私人书信可分为：用于互通音讯、联络感情、表情达意的情感性书信；用于交流思想、交换意见、互相学习、形成共同认知的沟通性书信；用于处置私人事务和问题的事务性书信。根据传递手段的不同，私人书信可分为：面呈书信、邮递书信、电报书信、电子邮件书信等。

效用特点　私人书信具有私人文件普遍具备的现行执行效用和历史效用。但在现行执行效用的具体表现方面，只有被法律明确规定的情形下才具备法定的效力功用。而在其他多数情况下，效力功用均源于家庭、家族、宗族和其他非公共团体的约定，或者就是社会相关方面的“约定俗成”。私人书信对对方行为的强制性影响，既可以表现在不能不对相关要求予以认可和执行，也可以表现在对所收受书信的阅读处理行为方面。如不得不接收、不得不阅读、不得不回复和处理这些对方正式发出的书信。因为拒收、拒读、拒复、拒绝处理将会被“处罚”，至少会受到不利的处置。如会被对方甚至社会相关方面不认同、不接纳，甚至是谴责、排斥、中断关系和联系，间而损失利益等。

文体特点　私人书信在文体方面，没有严格的限制。国家推广使用普通话，私人书信应当以现代汉语的书面形式（白话文）作为主要的符号体系，以获得更好的使用效果，但绝不强制。如果双方在书信中使用古代汉语或者其他国家和民族的语言，批量使用一部分高度专业的词语，不仅不会降低反而可以提高沟通效果的话，也完全不受限制。在表达方式的运用方面，只要有利于获得最好的表达效果，可以灵活地综合应用叙述、议论、说明、描写等各种表达方式。在修辞方面，既可以正确和规范地采用以精选词语、反复锤炼语句为特点的消极修辞方式，也可以正确、规范和灵活地采用以修辞格的充分使用为特点的积极修辞方式。在篇幅方面，由于私人书信内容粗细不限，因此篇幅长短皆宜，一切服务和服从有效表达、有效沟通的需要。

结构格式　私人书信从古代发展到今天，在结构方面逐渐形成一定的样式。这种约定俗成的样式实际上得到社会的普遍认可。多数情况下，书信由5个部分组成，在特殊需要的情况下，还可以增加附件。主要包括：①标题。位于书信首部，居中标注出书信的具体名称，如“贺信”；或者采用两段式标题，用介词“关于”引出所针对的事务或者问题，如“关于改善卫生环境条件的建议书”。多数情况下，书信可以不加标题。通常只有在场合比较正规，谈及一部分严肃问题，或者希望对方予以重视并做出及时有效处理的情况下，才会加标题。②抬头。位于标题之下，首行顶格书写，后用冒号。内容为对对方的称呼，实际上就是文件的主要受文者，也就是需要打交道并承担阅读处理责任的人物（或者机构）。如果是人物个体，书写的内容应当既能表明相互关系，又能显示出尊敬、亲热之感。有相关职务的要列出职务，视具体情况决定写出姓名全称还是只写姓氏和职务。前缀的敬语限定修饰成分（如尊敬的、敬爱的等）应当讲究分寸，愈是有紧密关系的愈要注意适度；如果是人物群体，应当用概括性强的统称；如果是机构，应当用机构全称或者是规范的简称。③正文。在抬头下一行，起首空两格，回行顶格。通常先写出问候语；紧接着可以询问对方近况，表示关心；然后再写双方共同关注的事情，或者需要协商的问题。若事情或者问题较多，应分条列项陈述，最好一事一段，以使对方一目了然没有遗漏。最后可以用几句简洁、自然的话语作为收束。结尾一般都是祝颂用语，或者提出希望复文或者有所行动的要求。祝颂用语有很多，需要因人制宜、因时制宜、因事制宜，妥帖选用。结尾的“祝”“即颂”“此致”等字眼一般紧接正文，也可以另起一行起首空两格；而“健康快乐”“冬安”“敬礼”等应另起一行顶格写，后面不加标点。④署名。位于结尾下一行的后半部分。给亲朋好友写信，名字前面应加恰当的修饰称谓（如学生、友等），以与抬头的称呼相呼应。如果对方是机构或其负责人，或者是第一次联系，最好在署名前加注自己所在单位的名称。⑤日期。写在署名的右下方，用公历并写出完整的年月日。

私人书信不管是面呈还是用邮递，大都应用信封。信封正面分三行分别写明收信人的地址、姓名、礼仪称谓（在姓名后空两格写“同志”“先生”“女士”等字样，最好空两格后加注“启”或者“亲启”或者“收”）、寄信人的地址和姓名。在邮递时，需要在信封左上方和右下方分别写清楚收、发信人居住地的邮政编码。请托他人代为面呈的信，一般在收信人姓名上方写“请面交”或者“敬请转呈”等字样，信封底部标注“×××托”。

私人书信的格式要求是：用规范的汉字配合新式标点；除特例外，横写横排；手写为佳，字迹要清晰便于辨识阅读；使用标准的信纸，也可使用专门制作的信笺纸；字迹材料优先选择手工墨、墨汁、黑色或者蓝色墨水，如无特殊意涵，忌用红色墨水。（赵国俊）

私人账簿 private ledger 用来序时地、分门别类地简要记录家庭、家族或者个人主要经济收支情况的账簿类文件。私人账簿与规范的会计账簿的主要区别是：通常不是被国家法律强制记录和编制的，按照《中华人民共和国会计法》的规定，国家机关、社会团体、公司、企业、事业单位和其他组织必须依法设置会计账簿，并保证其真实、完整，家庭家族和个人则不在其列；结构格式相对简单；并不是为编制财务报表而形成，只是简要记录家庭家族和个人钱物的基本收支、结余情况；记账的主要目的是使家庭家族成员或者本人对自身钱物收支结余情况有一个基本掌握，公开账目实现必要的家庭家族财务监督，更主要的是使家庭家族或者个人的钱物收支更有计划性。

需要特别强调的是，私人账簿绝非“私设会计账簿”。私设会计账簿指弄虚作假，私设单位（指国家机关、社会团体、公司、企业、事业单位和其他组织）内部或者对外的账簿。按照《中华人民共和国会计法》的规定，私设会计账簿与不依法设置会计账簿相同，都属于违法行为。

私人账簿的结构格式相对简单，基本设计力求简便实用，避免烦琐重复。私人账簿大致由以下几个部分组成：①封面。注明账簿名称等。②扉面。标注账簿启用的日期和截止日期，页数、册次；记账人员姓名和签章等。③账页。账簿的主体部分，采用表格形式。账页的具体内容根据需要而定，大都包括如下内容：日期（登账时间）、项目名称（经济活动的名称）、记账凭证种类和编号、摘要栏（记录主要的经济活动要点）、收入栏（数量、单价、金额）、支出栏（数量、单价、金额）、结余栏（数量、单价、金额）、总页次等。

已经有一部分通过移动互联网提供的个人记账系统问世，为私人账簿提供了新的形式。与传统私人账簿相比，这种电子化的私人账簿功能更加丰富，使用起来也更加快捷和方便。（赵国俊）

私文 private records 与**公文**相对应，是文件的重要组成部分。广义的私文指个人、家庭、家族、宗族在处理非公事务过程中形成的文件。狭义的私文专指在法律意义上除了公文书证之外的其他作为书证的文件，提出以私文作为书证的一方，需要对文件本身的真实性加以证明，对方无异议的除外。这类私文书证还包括一部分国家机关、企事业单位、社会团体不是基于职权而制作的文件。又称私务文件或私人文件。

私文属性　首先，私文是文件中的一种，具有文件所具备的基本属性。私文的属概念也就是上位概念是文件。文件作为一种特殊信息记录所具备的属性，私文都具备：①它为直接处理社会事务的需要而形成和使用。②它直接形成于其所反映的社会活动中，不可“追记”，这使其能在现实的直接有用性消失之后转化为档案，成为一种印证历史事实的真凭实据。③它具有规定的效用，这种效用包括两个方面：一是现行效用，在一定的时间、空间和人员范围内，对相关方面的行为产生特定的影响。二是历史效用，指它对追溯和印证历史事实能产生权威性影响。④它具有规范的体式，从文体到结构和格式，都有一系列规范性要求，不允许标新立异、各搞一套。

其次，私文又是一种有特殊属性的文件，在很多方面与公文有很大区别。私文为直接处理社会事务的需要而形成和使用，但这种事务的性质却不是公共事务而是自身事务，也就是私人事务。它直接形成于其所反映的社会活动中，不“追记”，但相当一部分私文的形成时间却通常就在这项社会活动的“尾部”，而公文中则只有少数总结性文件形成在这样的时间点上，在特定社会活动时间线“前端”“首部”“中部”形成的公文居多。这一点与公私文件具体功用不同有很大关系。私文在很多情况下就是为了“备忘待查”，而主要不是对待办事务的办理形成带有强制性的特定影响。私文也有规定的效用，但这种“规定”与公文是有区别的。公文的效用是法律法规规定的，但只有少部分私文的效用是法定的，其他的大部分私文的效用则是家庭、家族、宗族约定的，甚至是社会约定俗成的。私文同样具有规范的体式，但这种规范与公文也有所区别。公文体式通常是通过法律法规规章和标准等明确规范的，私文中除了一小部分之外，大部分私文的体式不是法定而是社会约定俗成的，或者是家庭、家族、宗族内部约定的。

私文类别　依据一定的标准，可以对私文进行类别划分。其中更具实际应用价值的类别划分主要有：①根据形成者特点，私文可分为个人文件和非公群体文件两类。个人文件指个体制成并用于处理个人事务的文件，如**遗嘱**、日记、**随手记录**等。非公群体文件指由家庭、家族、宗族等非公群体制成并用于处理群体事务的文件，如家庭账簿、家谱、族谱、家规、族约等。②根据内容所反映社会活动的性质，私文可分为物质性活动文件、精神性活动文件两大类。物质性活动文件指反映个人和家庭、家族物质资料生产相关活动的文件，如与物质产品生产相关的设计活动、加工制造活动、销售和贸易活动、经营管理活动形成和使用的图样、方案、说明、协定、规则、文告、记录、账簿、宣传词等。精神性活动文件指反映个人、家庭、家族、宗族精神文化活动的文件，如反映个人精神文化生活的私人著述、日记、笔记、笔录、感想；反映非公群体（家庭、家族、宗族等）精神文化活动（教育、文化、宗教、教学、科研、文化娱乐等）的规则、规程、标准、约定、协议、方案、书稿、信函、单证等。③根据用途，私文可以分为社交应酬、协议约定、证明存照、告白知照、记事修史等类别。社交应酬类私文指用于进行各种交往联系的文件，如私人信函、名片等。协议约定类私文指用于明确相关方责任义务权力利益关系或者意愿，以期共同认可遵行的文件，如个人借据、协议、合约等。证明存照类私文指用于证实身份、使命、关系、事件，以及相关事物性质状态的文件，如证明、证书、说明、介绍函等。告白知照类私文指用于在一定范围内公布告知事件事项的启事、**告示**、通知等。记事修史类私文指用于直接记载记录事物形成和发展的客观过程和结果，以供查考和印证的文件，以及编修家庭历史、家族或者宗族历史和个人历史，系统反映世系繁衍情况和重要人物事迹的文件，如记录、记事、纪要、辑录、随录、家史、家族史、宗族史、家谱、私人传记等。

私文功能　私文的基本功能，也就是它的有利作用，与文件的基本功能没有本质区别，同样在于能更有效地打破时间空间的限制，传递处理社会事务过程中所需要的权威性、凭证性信息。但这一基本功能具体表现出的作用却是有别于公文的。私文功能的具体表现是：在处理私人事务的过程中能够实现沟通联系、规范行为、消弭纷争、印证事实、记录历史、教育教化作用。私文是实现人际交往沟通联系的重要工具；是以公序良俗规范人群行为的规矩尺度；是减少人与人、人群与人群之间误解和不确定性认识带来的矛盾对立和纠纷的调节器；是证明特定事物过程和结果真实性的凭证依据；是对个人和特定人群历史活动发生发展过程和结果的真切反映；是实现教育教化的目的，培养健全有用的人、形成优良民风、改变人们生产生活方式和环境条件的教材和手段。

私文效用　对于私文来说，现行效用，也就是文件在一定的时间、空间、机构和人员范围内，对机构或个人行为产生的约束力、强制执行力和其他强制性影响。私文中的遗嘱、经济合同等文件的效用是法律法规规定的，只要满足法律法规的相关约束条件，文件就会对相关方产生受法律保护的强制性约束力。其他私文的强制性影响则主要不是源于法律法规的规定，而是家庭、家族和宗族的权威性保障，以及社会约定俗成的社会规则的保障，在这些保障之下，文件同样会对相关方的行为产生直接或者间接的强制约束力。

私文的法定效用主要表现为文件内容针对的对象必须强制性地履行相关的法定义务、承担法定的责任，确认有关事实并从事法定的行为。如向借据合法持有者给付钱物；依法使遗嘱受益方享受合法的权益等。私文的其他非法定效用，则表现在相关方的行为，受到家庭、家族、宗族或者社会约定俗成"公认"的习惯、惯例的约束和带有强制性的影响方面，如通过对私函、家谱中意思表示的确认，认定有关事实；依社会约定俗成的规矩或者家庭和家族宗族的约定，强制性对相关事务做出于一部分人员有利或不利的处置；至少会不得不、不能不对私文做出收受、阅读、回复等方面的处理等。相关方面对各种非法定强制性影响的拒绝和漠视，都将会被"处罚"，至少会受到不利的处置。比如会被对方甚至社会相关方面不认同、不接纳，甚至是谴责、排斥、中断关系和联系，间而损失利益等。

私文的效用等级有些需依照法律法规的明确规定确认，有些则需遵从社会约定俗成"公认"的习惯、惯例。多数情况下，由公务机关颁发的文件的效用等级要高于个人、家庭、宗族形成的；由公务机关认定的文件要高于未经其认定的；有生效标志和真迹的文件要高于没有生效标志和真迹的；群体共同形成的文件要高于个体单独形成的；形成的程序手续正规的要高于不够正规的；能为有关事实提供直接合法证据的要高于只能提供间接证据的；在法律意义上能作为特定书证（其内容记载了事实并具有法律规定的形式）的高于只能作为一般书证（其内容记载了事实但未具有特定形式）的；能作为处分书证（记载的内容是以发生、变更或消灭一定法律关系为目的的，如合同、遗嘱、委托书）的高于能作为报告书证（所记载内容，不以产生一定法律后果为目的，只在于记录作者了解的有法律意义的事实，如日记、私函等）的。

私文的历史效用指其对印证历史事实，反映历史发展过程和结果所产生的权威性影响。这种影响在一般社会生活领域，不因其形成者的非公共性质而减弱。很多私文都具有历史效用，文件在处理完毕后均可经一定的转化程序成为档案，其中一部分还因其具有永久留存价值而作为重要的历史文化财富由公私档案机构永久保存。这部分私文不仅反映了个人、家庭、家族、宗族的历史，而且还在一定意义上映射和丰富了国家和民族的历史，因而具有不可替代的国家民族意义和重要的历史价值。

（赵国俊）

私文处理程序　private records processing procedure　在私文从形成运转、办理、传递、存储到转换为档案或销毁的一个完整周期中，以特定的方法和原则对私文进行创制加工、保管料理和所针对事务的处置，使其完善并获得功效的过程。与公文处理程序相比，私文处理程序的构成相对简约。部分私文处理程序的主要构成环节可以由个人独立完成，因此这个过程并不像公文处理程序那样是一个群体活动过程，它可以是群体活动过程，也可以是个体活动过程。私文处理程序的确定性并不都为法定的一种，具体有三种情形：一部分处理程序是通过立法，以国家法律法规的形式确定的，比如遗嘱文件，国家就在《中华人民共和国民法典》等法律中，对遗嘱文件的处理程序做出了明确具体的规定，违背这些程序规则，遗嘱就不产生法定的效用。还有一部分私文的处理程序是家庭、家族以明确的制度规定确定的，如相当一部分家庭或者家族都有制度形式的家谱处理程序，违背这个程序编修的家谱的有效性就可能得不到认可。还有一部分私文的处理程序实际上是社会约定俗成的，并无明确的书面制度规定。但如果不遵从这种约定俗成的规矩，很多文件的质量和有效性同样会被质疑甚至会遭到事实上的否定。

私文处理程序实际上是由收文处理程序、发文处理程序、办毕文件处置程序三部分组成的。

收文处理程序　收文处理指对来自本家庭家族外部或者本人之外的其他私人的文件所实施的处置与管理活动。收文处理过程是一个接收文件，并从中提取有用信息、处置所针对的事务、解决所涉及的有关问题的过程；是收文者履行责任义务的过程；是文件产生实际效用的过程。收文处理的一般程序为：①签收。履行确认、清点、核对、检查等手续后，分别通过发文者专送、邮政部门，或者通过计算机网络、自备通信设备和电子邮件系统等收取文件。②登记。对收文情况做出简要记载。③启封。开启信封或解包电子邮件。④分办。根据文件涉及的人员，分别送有关人员阅知办理。⑤批示。相关负责人对文件进行认真阅读分析之后，提出处置办理意见。⑥承办。有关人员按批办意见具体承接办理任务，具体处置文件所针对的事务和问题。⑦注办。由承办人在文件空白处注明文件办理情况，以备忘待查。⑧组织传阅。指独份或份数很少的文件需经多位人员阅知处理时，使文件在他们中间得到有效传递和阅读的活动。

发文处理程序　发文处理指家庭家族或者个人为制发文件所进行的创制、处置与管理活动。发文处理是一个不断形成和积累有效文件生成条件的过程；是文件制发者表达自身意志和愿望，创造、加工和记录、传递有用信息的过程。发文处理的一般程序为：①拟稿。撰拟文稿。②审核。拟就的文稿在送交有关责任人审签或在家庭家族会议讨论通过之前，由专门人员对文稿所做的全面核查工作。③审签。由文件责任人对文稿终审核准之后，签注正式定稿意见并签注姓名、日期。④制作。以誊录抄写、印刷，或者电子化手段等方式制作供对外发出的文件。⑤用印或签署。在印制完毕的文件上加盖印章，或在文件正本上签注姓名、按下指印。⑥装封。拣配和封装文件。⑦发出。将已封装完毕的文件通过专送、邮寄、电子邮件系统发送给受文者。

办毕文件处置程序 在收文处理和发文处理过程中实际上都存在处置办理完毕的文件的活动。这些活动决定并实现了各类办毕文件(办毕的收文，本机关对外发文的文稿和存本等)的归宿：去、留、存、亡，对充分发挥包括现行效用和历史效用在内的文件的全部功能效用具有十分重要的影响。这些处置活动主要包括：①清退。经过清理将有关办毕的收文按期退归原发文者。清退的意义在于维护文件的安全，防止错误的扩散，避免出现工作中的被动局面和不良影响，维护文件的权威性与有效性。②销毁。以各种方式和手段对失去留存价值或留存可能性的办毕文件所作的毁灭性处理。其意义在于保守文件中的隐私和秘密，避免无用文件的干扰，减少文件管理中无效的工作量。③暂存。暂时留存保管一部分具有很高查考价值的重份文件(一份已立卷归档)和受多种因素制约一时难以准确判定是否应予销毁的文件。其意义在于方便日常查考，挽救确有留存价值的文件使其更充分地发挥效用。④立卷。将办理完毕且有查考利用价值的文件编立成为案卷(文件的集合体，档案管理的基本单位)。其意义主要在于保护文件，避免破损与散失；使文件化零为整，将零散文件按特定联系组成新的整体，从而便于查找利用，更有效地满足人们系统查考利用文件的客观需求；为档案工作提供管理的对象。也可以不进行立卷，仅对需要转化为档案的私人文件进行必要的分类整理和排序，编制文件目录或者进行其他文件检索体系的建设。⑤归档。将编立好的案卷及案卷目录，或者是分类整理完毕的文件及目录等，按规定的时间和质量要求移交档案机构(或者专兼职档案人员)作为档案保存和管理。（赵国俊）

私文生效要件 effective requirements for private records 私人文件即**私文**只有具备规定的必要条件才能够产生特定的现行效力功用。在中国，私人文件必须具备的条件包括实质要件和形式要件两个方面。

实质要件 ①文件的作者必须依法依规存在，享有与文件内容相一致的法定或者家庭家族及其他约定俗成的社会规范(以下统称各种社会规范)规定的权利，能以自己的名义和行为享有、承担、履行同文件产生的实际后果相适应的法定或者规定的权利、责任和义务。②文件的内容必须合法合规，不得与各种社会规范，以及其他一切比自身效用等级高的文件相抵触，应与相同效用等级的文件协调一致。③文件的内容必须限于作者在各种社会规范中规定的权限范围内，越权无效。④文件内容必须为作者真实意思的真实表示。

形式要件 ①文件的形成处理必须履行各种社会规范规定的程序手续，符合时限规定。②文件的体式应规范、完整、正确，有各种社会规范规定体式的，必须按其制作。③文件中必须有能对作者合法性、真实性、权利范围，以及对作者意思表示和文件形成过程的真实性提供证据的内容或标记符号。如纸质书面文件上的亲笔签名、用印或者按指印，以及在电子文件上所做的符合法律规定的电子签名等。④文件中须有准确反映文件现行效用时间范围的标记，至少应反映出文件的生效时间。（赵国俊）

私文隐私保护 privacy protection of private records 对私人文件中的隐私部分进行保护。私人文件大都具有一定的私密性，存在一部分个人隐私，也就是自然人的私人生活安宁，以及不愿为他人知晓的私密空间、私密活动、私密信息。按照《中华人民共和国民法典》第1032条的规定，自然人享有隐私权。这种隐私权，指自然人享有的对其个人的与公共利益无关的个人信息、私人活动和私有领域进行支配的一种人格权。

隐私保护是中国重要的法律制度，《中华人民共和国宪法》《中华人民共和国刑法》《中华人民共和国民法典》《中华人民共和国个人信息保护法》等一系列法律规范中均有明确的隐私保护规定。私人文件中的个人隐私受到国家法律的保护，任何组织或者个人不得以刺探、侵扰、泄露、公开等方式侵害他人的隐私权。根据《中华人民共和国民法典》，除法律另有规定或者权利人明确同意外，任何组织或者个人不得实施下列行为：以电话、短信、即时通信工具、电子邮件、传单等方式侵扰他人的私人生活安宁；进入、拍摄、窥视他人的住宅、宾馆房间等私密空间；拍摄、窥视、窃听、公开他人的私密活动；拍摄、窥视他人身体的私密部位；处理他人的私密信息；以其他方式侵害他人的隐私权。

对私人文件的隐私保护，一方面需要严格的法律保护，在全社会各个方面充分实现有法可依、有法必依、执法必严、违法必究。同时也需要根据文件形成和应用的特点及规律，特别是面对现代信息技术广泛深度应用于文件及其相关社会活动所带来的一系列新挑战，要推广应用各种有利于隐私保护的新技术，强化技术保护。另外，需要强化公民的隐私保护意识，增强公民的自我保护力度和实际成效。一定要加强对私人文件的科学管理，依法依规公开私人文件，以各种有效的措施维护个人隐私的安全。（赵国俊）

四川省档案馆 Sichuan Provincial Archives 中国省级**国家综合档案馆**。位于四川省成都市花牌坊街191号。成立于1966年。1995年12月，四川省档案局、省档案馆合并，一套班子、两块牌子，履行全省档案事业行政管理和档案资料保管利用两种职能。2008年省档案局(馆)参照公务员法管理。2018年11月机构改革，将省档案局的行政职能划入省委办公厅，省档案馆为省委直属事业单位(参公管理)。四川省档案馆依法履行省直机关、团体、事业单位、国有企业及其下属单位档案保管、使用职能，对市(州)档案馆业务进行指导。是国家一级档案馆，四川省省级档案保管基地、爱国主义教育基地和档案利用中心，政府公开信息查阅中心、**电子文件中心**。

图1 四川省档案馆外景

馆藏 馆藏资源丰富。截至2022年12月31日，馆藏档案912个全宗、125万余卷、15万余件，资料12万余册。按不同时期，划分为**清代档案**、中华民国时期档案、革命历史档案和中华人民共和国成立以来的档案，主要为各时期四川省级地方政权形成的各类文书档案、科技档案等。其中，清代巴县衙门档案是中国现存数量最大的清代县级政权档案，有11.4万余卷；中华民国时期档案主要由四川、西康两省省级机关、部分国民政府档案组成，有45.5万余卷。清代巴县衙门档案中的“民俗档案文献”部分入选《中国档案文献遗产名录》。

机构设置　馆内设 13 个处（室），包括档案接收处、档案鉴定处、档案保管处、档案利用处、档案宣教处、档案编研处、档案保护处、档案信息处等业务部门；下设四川省档案学校、四川省档案科学技术研究所 2 个直属事业单位。

出版物和评价　档案馆已向社会开放档案 71.5 万余卷、11.1 万余件，利用者持个人有效身份证件即可利用已开放档案。同时，立足馆藏开发档案文化产品，已编辑出版 3600 多万字的档案史料，举办了“百年四川”“四川名人”“四川馆藏精品档案”3 个固定陈列和“不忘初心 牢记使命”“百年恰是风华正茂——主题档案文献展”“新时代四川省机关党的建设成就展”“江河奔腾 红色追寻——长江黄河流域红色珍档联展”等多个展览。

图 2 《抗战时期的四川——档案史料汇编》封面

编辑出版《抗战时期的四川——档案史料汇编》。推出的出版业“十四五”时期发展规划项目《清代川滇边务大臣衙门档案》一书共 68 册，于 2023 年出版。组织川渝地区 131 个档案馆共同编辑出版《成渝地区双城经济圈城市概览》。联合媒体推出《千人读档》《口述历史·匠心》系列视频。馆内巾帼党员讲解队被全国妇联授予“全国巾帼文明岗”称号。　（刘昭霞）

《宋朝诸臣奏议》　*Memorials to the Throne Written by Government Officials of the Song Dynasty*　中国宋代上行文书总集。原名《皇朝名臣奏议》《国朝诸臣奏议》。编者赵汝愚。赵汝愚（1140～1196），南宋乾道二年（1166）举进士第一，先后任秘书省正字、校书郎、著作佐郎、秘书少监等。《宋朝诸臣奏议》（以下简称《奏议》）共收录北宋 241 名臣僚的 1630 篇奏议，分为 4 集、150 卷，约 134 万字。

《奏议》“因事为目，以类分次”。共分君道、帝系、天道、百官、儒学、礼乐、赏刑、财赋、兵、方域、边防、总议 12 门；每门下又分若干子目，如方域门之下分宫禁、都城、河议、营造 4 个子目；每个子目再按时代先后收录有关臣僚的章奏。在编纂方法上，除精心选录正文之外，还设计编写了内容丰富的辅文。辅文由序跋、目录、篇题和注释 4 个部分构成，对深入理解和充分利用这部奏议集，起到非常重要的作用。在篇幅、内容和形式上体现出的政治性、统一性、广泛性等编纂特色成就了其在奏议集编纂领域的高超水平。

史料价值体现在 4 个方面：①为当时的统治者，提供了统治经验；对后来研究北宋历史的人，提供了有关重大事件或典章制度的系统史料。②提供了一些其他文献所无、而为本书所独有的史料。③《历代名臣奏议》收录的章奏也以本书为最早来源。④可以作校勘《续资治通鉴长编》《宋会要》《宋史》以及北宋人文集之用。

《奏议》自淳熙年间编成上进以后，历史上曾有 4 种版本：蜀刻本、闽刻本、明会通馆活字本、四库全书本。1999 年上海古籍出版社出版了上、下两册本。　（冯　叶）

宋代档案　archives in the Song Dynasty　中国宋代中央、地方的各种机构在处理日常公务活动中形成的文书、图籍、档册等。宋代（960～1279）文书总称文卷或案卷，文种的设置在继承前朝的基础上有所因革。

皇帝下行文书有 7 种。①册书。“立后妃，封亲王、皇子、大长公主，拜三师、三公、三省长官，则用之。”②制书。“处分军国大事，颁赦宥德音，命尚书左右仆射、开府仪同三司、节度使，凡告廷除授，则用之。”③诏书。“赐待制、大卿监、中大夫、观察使以上，则用之。”④敕书。“赐少卿监、中散大夫、防御使以下，则用之。”以上 4 种为承继前代。⑤**诰命**。“应文武官迁改职秩、内外命妇除授及封叙、赠典，应合命词，则用之。”⑥**御札**。“布告登封、郊祀及大号令，则用之。”此文种多由翰林学士负责起草。皇帝的手诏，亦称御札。⑦敕榜。“赐酺及戒励百官，晓谕军民，则用之。”后 3 种文书为宋代新设，另和前朝相同的还有：皇太子颁发的文书称令，亲王、公主颁发的文书称教。

臣僚百工的上行文书除继承前朝的表、状之外，新增的有：札子，亦称**劄子**，是臣僚百官向皇帝上奏或启事的一种文书。**奏状**，亦称表状，是臣下向皇帝汇报政务的文书。各级官府的下行文书有：敕、宣、札子、部符、省札、堂贴、刺、敕牒等。政府之间的上行文书有**申状**。政府之间的平行文书有关、移、牒、咨报、密白等。

除一般的政务文书外，宋代的专门档案有：①赋役档案。宋王朝由于对内镇压，对外长期处于与辽、夏、金交战状态，因而军费、官奉、对外贡款，再加皇室耗费，构成了宋政府庞大的财政支出，因而对赋税户籍档案尤其重视。②法律档案。宋代法律档案沿袭唐末至后周的综合性刑事法规，后周时“律”称为“刑统”，宋朝主要法典称《宋刑统》，由于宋为中央集权高度发展的朝代，因此皇帝发布的诏敕为最有效力的法律。除律令格式之外，宋时还有“例”，即成例，即以前事作为处理后事的依据或者标准，常用于司法，称“断例”，也用于“指挥”，即尚书省与吏部、刑部对下级官衙的指示。

宋代档案已基本无存，偶有发现的多属民间契约之类，数量极微。2012 年 4 月，浙江省文物考古研究所与武义县博物馆联合发掘的**徐谓礼文书**是中国第一份从地下发掘出的宋代纸质文书。　（王云庆）

宋代档案管理　archives management in the Song Dynasty　中国宋代对档案的保存和使用制度。宋代（960～1279）皇权更加集中，机构臃肿庞杂，档案数量剧增。中央三省设制敕库房保管重要档案。枢密院、尚书省六部及寺、院均设有**架阁库**贮藏档案。三司的档案始存**金耀门文书库**，以后六部长期保管的档案也归该库保管，该库成为中央级的档案库。地方衙署也普遍设有架阁库，架阁库由管勾、守当官负责档案管理工作。

宋代的档案管理制度涉及档案工作的各个环节。首先对档案的收集立卷工作非常重视。“《文书令》规定诸路、州、县等地方官署的各种册籍以及王朝中央形成的档案，除‘置册编写’、‘连粘元（原）本架阁’外，都要按期逐级上送。”档案收集范围很广泛，特别对本朝有关政体之事，要求随日必录。档案集中以后，对其要进行适当的整理和严密的保管，已初步形成了比较明确的程序。如“诸条制先次行下者置册，分门编录，仍以所受月日次第连粘”。同时又规定“诸仓库各置销钞簿，具注送纳钱物数、年月日、纳人姓名……以千字文为号，月一架阁……”。各架阁库必须配备专职的档案管吏，中央部司和地方州县都设有专职人员保管。此外还规定，掌握档案的官员在“替代”时，必须办理移交手续。鉴定在宋代被称为“检简”。宋代在此方面明确规定："诸架阁公案非应长留者，留十年，每三年一检简，申监司差官复讫除之，（充官用，有余者出卖）其有本应长留者，移于别库，籍内仍随事朱书所除，所移年月，同复官签书。"当时一般把档案分成长留和留十年两种期限。凡需"长留"者要移存"别库"架阁，并在原登记簿上用红笔注销，写明转移年月；凡经鉴定已失去保存价值需要销毁者，要申报上级"差官复讫"然后销毁。

宋代在档案整理方面已有了初步的分类，一般的文书均以文种分类，还有以官员分类的。此外，"宋朝还出现了一些专门档案如赋役档案、户籍档案、律法档案等"。**周湛**创立的**千字文编号法**是具有代表性的档案分类法，以档案形成时间为顺序，用儿童启蒙课本《千字文》编立字号。《千字文》自"天地玄黄"至"宫殿盘郁"共428字，一部册籍一个字号，共计428部。"县字号"可能是县有官田册籍的编号，总计429部。千文架阁法经朝廷在全国推广之后，大大促进了档案的有序化管理，并沿用了近千年，对后世影响久远。归档是文书工作与档案工作既相衔接又相区别的重要环节，也是文书的最终归宿。文书归档制度是对文书归档工作的规定和要求。宋代制定了比较详细的文书归档制度，保证了文书归档工作的顺利进行，为中国档案事业做出了重要贡献。

两宋统治者一直非常重视文书档案的保密工作。宋代在唐代的基础上又强化了文书档案的保密措施，严防泄密。宋代统治者还制定法律性、防范性措施，利用刑罚惩办和奖励告发的办法，防止在档案工作中营私舞弊造成档案的散失，减少人为的损害。对散失架阁库文书或卖掉应长留文书的官吏的刑事处罚是"诸架阁库文书所掌官吏散失者杖一百。当职官吏以架阁应留文书费用者，以违制论，非重害减三等"。对盗窃档案者的刑事处罚是"诸盗应架阁文书有情弊者，徒二年，不以赦降原减"。

宋代对档案的利用更加广泛。档案是保存下来的具有参考价值的原始记录物，宋代在日常的政务活动中经常会利用档案作为处理政务的参考。如在撰写诏令、公务文书时经常会参考到以前的公文档案；在征收赋税时会参考大量的计账簿书等财务档案；各级官府在处理刑狱诉讼时也会参考到以往档案，如周湛在任江南西路转运使时曾说："州县簿书案牍混淆无纪次，且多亡失，民诉讼无所质，至久不能决。"

宋代是档案编纂活动频繁、成果较丰富的王朝之一。其成就体现在多方面，如形成了完整的档案编纂体系，档案编纂物的种类繁多、成果巨大。档案文献编纂机构多，主要有史馆、起居院、日历所、国史院、实录院、会要所、玉牒所、敕令所等，且各有分工。宋代沿袭了唐代的史馆制度，史馆与集贤院、昭文馆并称为"三馆"，"掌修国史、实录、日历及典本馆所藏书籍之事"。宋朝的第一部实录——《太祖实录》即由史馆编修。

宋代的档案文献编纂活动有很强的目的性，主要体现在两个方面：政务利用和编史修志。由此，所形成的档案文献编纂成果也主要分为两大类：行政档案和历史档案。历史档案的编纂可以分为官方国史档案编纂和私家档案史料编纂。在宋代，私家编纂档案史料也得到了政府的支持。如由司马光主持编修的《资治通鉴》，编写过程中利用了大量的档案文献资料，"其书网罗宏富，体大思精，为前古之所未有"。该书在编修初期，主要由司马光私人进行著述，编修后期得到了统治者的支持，遂成为官修。

宋代的档案文献编纂活动由于宋王朝的重视、经济文化的繁荣以及造纸术、印刷术等科学技术的发展，再加上档案数量十分巨大，因此达到了中国封建王朝的高峰。

（王云庆）

《宋代档案管理研究》 *Research on Archival Management in the Song Dynasty* 中国第一部断代研究档案史的专著。王金玉著，中国档案出版社1997年7月出版。全书共11.6万字。

全书正文共9章。第一章讲述了宋代"公文世界"的形成、文书之弊与朝廷的对策；第二章阐述了**宋代档案**的作用、档案工作的任务和性质；第三章阐述了龙图阁、宝文阁、显谟阁、徽猷阁、敷文阁等皇帝档案阁陆续的建造过程；第四章着重介绍了宋代**金耀门文书库**的建立、管理制度；第五章论述了宋代各级官府衙门**架阁库**的设置及其管理制度；第六章阐述了架阁官的设置与名称演变、架阁官的选任与弊端以及架阁官的历史作用；第七章探讨了**千字文编号法**的释义、产生原因及深远影响；第八章概述了宋代法典《庆元条法事类》及其关于文书架阁条法的重要内容和特点；第九章分析了宋代档案编纂制度。结束语对宋代档案管理工作的发展水平做出总的评价，是全书的小结。

《宋代档案管理研究》在中国档案史研究的发展历程中具有重要的学术史意义，其出版时中国档案史的通史建设阶段已告一段落，进入按各朝各代、各个时期以及按专题领域作更深入的发掘和钻研的发展阶段。该书是对档案史进行断代研究的尝试，首开中国档案史朝代专史研究的先河，以翔实的文献史料丰富了档案通史和档案事业史的宋代部分，从一个侧面勾画出中国古代的灿烂文明。内容遍及宋代档案思想、机构、专职官员、档案编号方法、法规、编纂制度等方面，其中对"千文架阁法"错讹的纠正以及对古代档案机构、档案官员和档案思想等的详细考证，均有力地推动了中国档案史研究的发展。

（张芳霖）

苏格兰国家档案馆 National Records of Scotland; NRS 苏格兰政府官方档案馆。1920年，苏格兰产生了分别负责公民信息登记注册和**档案管理**两个不同机构，即原苏格兰注册办公室和苏格兰国家档案馆。2011年，两个机构合并为苏格兰国家档案馆，隶属于苏格兰文化部。国家档案馆有6个馆址，分布在首府爱丁堡市的西部和北部地区。馆长由苏格兰政府部门任命，但不具有大臣和政府部长的头衔，馆长同时也负责管理注册办公室的各项工作。

F.南丁格尔的信件（苏格兰国家档案馆藏）

国家档案馆旨在收集、保存苏格兰人民现在和过去的信息，并能为当前和后世提供**档案利用服务**，呼吁"讲述国家的故事"。其职责可概括为"保留过去、记住现在、传承未来"，其中最重要的是信息管理工作。

苏格兰国家档案馆主要保存两部分档案：①苏格兰法院和政府档案。具体内容为法律和司法文件；苏格兰政府各部门的文件记录及英国内政部、海军部等机关档案；有价值的私人文件；苏格兰国会的火漆印章档案，现在议会通过的法令还会按照传统盖上火漆印章。②苏格兰公民信息的登记注册档案。具体内容为每10年的人口普查记录；公民的出生、死亡及结婚登记记录；公民的健康服务记录档案；苏格兰特产（比如苏格兰羊绒和羊毛产品）的注册登记档案；地理方面的信息登记档案。

（黄霄羽）

《苏联档案工作理论与实践》 *Archives Management in USSR: Theory and Practice* 苏联高等学校历史档案专业教科书。由苏联高等和中等专业教育部批准使用。1966年初版，1980年修订再版。1984年中国出版了再版本的中译本。修订本由F.I.多尔吉赫和K.I.鲁捷尔松主编。18位档案学者参加撰写。

除绪论外共有四编十六章。绪论首先叙述本学科的研究对象、方法、发展及与其他学科的关系，接着在后几编中阐述国家档案全宗的组织和以国家档案全宗为中心叙述分类、查考工具的编制、利用组织、行政管理。包括基础工作、编纂工作到利用工作和组织管理工作。全书先从苏联国家档案全宗文件的组织入手，阐明分类、鉴定、保管、统计等问题，归纳出分类原则和鉴定原则，提出档案馆网的组织原则等理论，随后概述科学查考工具系统及其编制原则，最后研究档案机关工作的组织，提出档案机关系统及其任务和职能等理论问题。具体内容为：第一编为苏联国家档案全宗文件的组织，分三章论述国家档案全宗文件的三个分类等级和原则、档案馆文件的鉴定和补充原则、档案馆档案的统计及对其数量和状况的检查。第二编为苏联国家档案全宗文件科学查考工具的编制，分八章阐明了科学查考工具的体系结构、概念、类型及编制原则和方法。第三编论述档案文件的组织利用，用一章篇幅将档案的利用纳入情报领域，强调它是档案馆科学情报活动的一部分。第四编为国家档案部门的组织管理，分四章阐述了档案机构体制和职能，业务指导和监督，档案干部的管理、考核和职责，档案机关科研工作的概念和分类等。

以苏联国家档案全宗为基础，全面系统地分析苏联档案工作的实际问题，然后加以综合，提高到理论高度，采取的是分析-综合的方法。同时吸收了苏联1946年与1958年用同一书名出版的两本教材中的有效原理和方法，引进了当代信息论、控制论、图书馆学、管理科学等学科及国际档案界的最新科研成果，在此基础上提出了一些新的理论见解和概念，诸如档案全宗的属概念和种概念，文件全宗、国家档案全宗成分优化的理论和方法，以提高工作效率为核心加强对档案部门的科学管理，管理书面纸质文件主要使用历史联系原则，管理新型载体的非书面文件主要使用逻辑联系原则等，荟萃了苏联20世纪60年代中期以后档案学理论研究的最新成果，是当时苏联档案工作理论与实践的集大成者，在社会主义国家中有广泛影响。因而对各国特别是社会主义国家的档案工作、档案科研和教学都有一定的参考价值。

（韩玉梅）

《苏联文献编纂学的理论与方法》 *Theories and Methods of Documentation Compiling in USSR* 苏联第一部论述文献编纂理论与技术的著作。苏联档案学者M.S.谢列兹聂夫著。1974年在莫斯科用俄文出版，共206页。后被译为中文。谢列兹聂夫1950年考入莫斯科大学历史档案学院研究生部，获副博士学位，毕业后留校任教。1952～1955年，被派遣到中国，在中国人民大学档案教研室讲授档案课程，为中华人民共和国培养了第一批档案工作者和档案专业教师。1957年在莫斯科大学历史档案学院创建文献编纂教研室，并任主任，随后长期担任该院副院长。谢列兹聂夫总结多年从事苏联文献编纂学研究和教学的经验，出版了该书。

除前言和作者的话外，分九章论述了苏联文献编纂学的定义、对象、方法和任务，选题、题目概念和编研计划，文献出版物的分类、编研中问题的提出和史料研究，供编纂档案史料的查找和挑选，原文鉴定学（版本考订学）的原则、方法及其在文献编纂中的作用，文献的编辑加工，文献出版物索引的编制，原稿的校勘、印刷装帧和校对等。论著首先作为莫斯科大学历史档案学院的教材使用，苏联档案界给予了高度评价。对中国档案文献编纂学影响深远。

（黄霄羽）

诉讼档案管理 lawsuit archives management 人民法院、人民检察院对诉讼档案开展的业务管理活动。诉讼档案是国家重要的专门档案，包括人民法院的诉讼档案和人民检察院的诉讼档案两种类型。人民法院的诉讼档案是人民法院审判活动的真实记录，是对国家和社会具有保存价值的历史记载，是人民法院进行审判工作的重要依据和必要条件。人民检察院的诉讼档案是检察活动的记录，是做好检察工作的必要条件；诉讼档案管理工作是检察业务工作的一个组成部分。电子诉讼档案是在诉讼活动中形成的、具有保存价值且应归档保存的电子诉讼文件，以及案卷归档后经数字化处理产生的纸质诉讼档案的电子版本。

发展　20世纪60年代，中国的诉讼档案管理进入了规范化管理阶段。1960年7月23日，最高法院、国家档案局发布了《关于全国地方各级人民法院档案管理工作中若干规定的通知》，对人民法院的档案管理中有关指导关系、立卷原则、档案的鉴定与销毁和档案移交等问题，提出了指导意见。20世纪80年代，最高人民法院和国家档案局联合印发了《人民法院诉讼档案管理办法》；最高人民检察院和国家档案局联合印发了《人民检察院诉讼档案管理办法》《人民检察院诉讼文书立卷归档办法》《关于人民检察院诉讼档案保管期限的规定》等。21世纪后，为规范大量出现的电子诉讼档案和电子数据，2013年最高人民法院和国家档案局联合印发了《人民法院诉讼档案管理办法》《人民法院电子诉讼档案管理暂行办法》；2016年9月，最高人民法院、最高人民检察院、公安部联合印发了《关于办理刑事案件收集提取和审查判断电子数据若干问题的规定》。

管理要求　①对人民法院诉讼档案的管理要求：人民法院审判业务部门负责诉讼文书材料的收集、整理和立卷归档工作；人民法院档案机构负责监督和指导本院各审判业务部门诉讼文书材料的收集、整理和立卷归档及诉讼档案的接收、保管和提供利用工作。

②对人民检察院诉讼档案的管理要求：应实行集中统一管理，以保证诉讼档案的完整与安全，便于利用，并为国家积累史料；各级人民检察院诉讼档案的管理工作，在业务上接受上级人民检察院和同级地方政府档案业务管理机关的指导和监督；档案业务部门必须贯彻执行保密制度、保守党和国家的机密。

③对电子诉讼档案的管理要求：实行统筹规划，统一管理。各级人民法院、人民检察院的档案机构负责对电子诉讼档案进行集中保存和管理；对电子诉讼档案的形成、传输、保存、利用、销毁等实行全过程管理，确保电子诉讼档案始终处于受控状态；对电子诉讼档案制定统一标准，规范管理；发挥电子诉讼档案高效、便捷的优势，提供分层次、分类别共享应用；按照国家有关法律法规和规范标准的要求，采取有效技术手段和管理措施，确保电子诉讼档案信息安全。

管理内容　①人民法院诉讼档案管理业务包括：诉讼档案的接收与保管，诉讼档案的利用，诉讼档案的鉴定、销毁与移交（诉讼档案的保管期限分为永久、60年、20年）等。②人民检察院诉讼档案管理业务包括：档案的接收、整理、鉴定、保管和移交、借阅等。③电子诉讼档案管理业务包括：电子诉讼文件的形成、接收与归档，纸质诉讼档案的电子版本制作，电子诉讼档案的存储和保管，电子诉讼档案的利用等。

意义和影响　科学有效的诉讼档案管

理，可以为法院、公安机关、检察机关、纪检及上级法院的审判监督、执行工作正常开展，为有力打击犯罪、保护企事业单位及人民群众合法权益提供重要依据和必要条件。（王英玮）

隋代档案 archives in the Sui Dynasty 中国隋代统治者及其中央、地方的各种机构在处理日常公务活动中形成的文书、图籍、档册等。隋代（581～618）档案是隋代统治阶级在管理国家、处理政务时用来颁布法律、传达政令、请示问题、报告情况、联系工作、制订计划，以及记载各种活动时使用的一种工具。隋代统治者对档案十分重视，档案的数量亦迅速增加，出现了户籍档案、舆图档案、记注档案等，关于档案的律法规定开始被纳入国家法典中。

隋代虽短促，但在政治、经济、军事、文化等各个领域进行了一系列改革，科举制度的实行为文书档案事业的发展选拔并储备了大量的人才，三省六部制使文书档案管理形成一个系统。隋代档案数量及种类众多，其中以法律文书档案、建筑科技文书档案最有特色。

法律文书档案 隋代在继承前代的基础上，创制了多种法律文书，有律、令、格、式。隋文帝于开皇元年（581）命高颎等7人更订新律，“多采后（北）齐之制，而颇有损益”。开皇三年，文帝又令苏威等人更订新律12卷，此即中国具有里程碑意义的《开皇律》。除《开皇律》外，还颁布了《开皇令》30卷，作为律、令的补充。律、令、格、式，四者并行，律是定罪量刑的依据，是隋朝的根本法；令即皇帝的诏、敕，是国政体制和基本制度的法规；格是国家机关各部门在处理本部门日常事务中应遵守的行政法规；式是政府各部门的办事细则、公文程式等。

建筑科技文书档案 隋代的农业、手工业以及商业都得到了良好的发展，其建筑活动的最大特色是“使用图纸和模型的设计方法”，因而形成了建筑设计图纸文书和模型档案。隋代建筑学家宇文恺，深得统治者的器重，主持修建了大兴城、隋东都以及由榆林至紫河的长城，并上奏《明堂议表》及明堂木样。《明堂议表》引经据典，是宝贵的建筑考古学文献，具有极高的学术价值。《明堂议表》和明堂设计图以及明堂木样等都是隋代具有重要价值的建筑科技文书档案。（王云庆）

隋代档案管理 archives management in the Sui Dynasty 中国隋代对档案的保管整理和使用。隋代（581～618）结束了自西晋末年以来长达近300年的分裂混乱局面，统一了中国。大一统的中央集权封建王朝出于加强中央、地方和边陲地区统治的需要，颁布了一系列文书，文书档案的数量和规模较魏晋南北朝时期有了质的增长。

隋代的三省制是中央决策的最高辅助机关，亦是公文档案的最高管理机关，有着一整套合理的公文运行程序。内史省以皇帝的名义起草公文，门下省负责对内史省起草的公文进行审核，经皇帝批准后交由尚书省执行。在公文的写作风格上，一改南朝的奢靡之风，行文更加务实和严谨。据《隋书·刘炫传》记载，文书档案工作专职化在隋代已开始显现，职官分工细密。除文书档案外，隋代对赋税档案格外重视，隋文帝在全国进行“大索貌阅”并实行“输籍法”，加强国家的户籍和税收管理。科举取士的实行，使记录候选人履历、考绩、职务等材料形成了隋代的人事档案。（王云庆）

随手记录 hand account 非正规的私人文件，用于个人随手在记事本上记录心想，要做、怕忘的各种事情和知识等。中国古代即有被称为“手簿”的随手记录。随手记录既是一种备忘录或者日程安排表，用于随时提醒自己及时处理相关事务；同时又是随手完成的概要反映事务处理过程和结果的记事簿和日志。

随手记录的结构格式相对简单，而且没有严格的统一规范要求。或用于记录家人和朋友的生日或者约会，或用于记录其他日程安排；或随手记录下自己突然闪现的一些想法和体会；或简要记录一些重要或者有意义、有意思的事情或者知识。

随手记录实际上是集日程安排、生活感悟、读书心得、消费收支，甚至百科知识大全为一身的“超级”私人文件记录集合。有时候，人们还会给它配以手绘插图，用彩色胶带、贴纸等作为装饰点缀。

随着便携式电脑和手机的不断普及应用，人们开始使用一部分专门的应用软件系统来完成随手记录。这种新型的随手记录，记录方式更加多样化，不仅可以用文字，还可以用音频视频方式完成。智能化提醒、自动化的内容生成、完善的检索工具等使新型随手记录更加方便和快捷，更加利于普及。（赵国俊）

孙中山与南京临时政府档案史料 Archival Materials of Sun Yat-sen and the Provisional Government of the Republic of China 中国南京临时政府时期档案。现藏于中国第二历史档案馆。包括大总统的文档、总统府电报房来电、临时政府外交部文档等，其中以总统府电报房电报最多，从1911年12月14日至1912年4月7日，编号从1号至554号。所有收文保存完好，内容丰富，完整记录了孙中山从1912年1月1日在南京宣誓就任临时大总统到1912年4月1日宣布解职时间内南京临时政府的筹备、成立和运行情况。2003年10月入选《中国档案文献遗产名录》（第二批）。

档案中的孙中山亲手签发的临时大总统令，涉及移风易俗、约束士兵、整顿吏治等多方面内容，要求官员之间称呼禁止使用清代的“大人”“老爷”，改为或用官职相称，或用“先生”“君”相称，尽管临时政府运转时间不长，但该做法却一直得以延续。另有1912年2月21日，孙中山致电反对广东各界联合署名举荐其兄孙眉担任广东都督的电文，显示了孙中山以身作则，向众人传递了民国政府任人唯贤而不任人唯亲的信号。3月20日签发的“慎重用人”令要求遴选官员一定要“悉心考察”，不能滥竽充数，并明确规定举荐官员除非有特别缘故，禁止兼职。此外，档案还记录了孙中山领导的南京临时政府在1912年2～3月取得了捍卫印度尼西亚泗水华侨合法权益的胜利，向西方列强表明了民国政府捍卫民众权益的坚定立场。

从档案史料中可以看出，一方面孙中山领导的南京临时政府处于内忧外患的状态，最终止于3个月；另一方面尽管临时政府存在的时间短暂，但孙中山还是实施了一系列举措，在改变社会风气、推动民主共和思想等方面对后世产生了深远的影响。（张芳霖）

《缩微胶片档案数字化技术规范》 *Technical Specification for Digitization of Microfilm* 中国规范和指导缩微胶片档案数字化工作的行业标准。国家档案局于2009年11月2日发布，2010年1月1日实施。标准号为DA/T 43—2008。规定了档案的缩微胶片数字化的主要技术要求，适用于对档案的缩微胶片进行数字化及数字化成果管理。

《缩微胶片档案数字化技术规范》前三部分分别介绍了标准适用范围、规范性引用文件、相关术语和定义，规定了缩微胶片档案数字化的主要技术要求。第四至第七部分规定了缩微胶片档案数字化基本要求，明确了档案的缩微胶片数字化应做的具体工作。第八和第九部分规定了对缩微胶片扫描图像检查、处理的相关标准。包括补扫、纠偏、去污、拼接，以及对图像处理情况的记录。同时规定了图像的存储格式和存储方式。第十至第十三部分，对目录建库、数据整合、数据验收、数据备份作了规定。

档案的缩微胶片数字化工作由多个工作环节构成，对于每一个具体工作环节都应该采取相应措施，以确保档案的安全与保密。《缩微胶片档案数字化技术规范》的颁布实行，规范了档案的缩微胶片数字化工作，提高了档案的缩微胶片数字化工作质量，为档案信息化建设打下了坚实的基础。（钱　毅）

缩微摄影技术　microfilm　在感光材料（通常是胶片）上记录缩微影像的技术和过程。原理是运用透镜、光、胶片，胶片上的感光乳剂经过曝光形成潜像，然后经过显影、定影等冲洗加工过程，形成缩微摄影成品，达到记录影像的目的。

缩微摄影的对象是相对静止的平面文献资料或计算机输出设备所显示的数据，目的是加强文献资料和信息的管理，保护原件、方便利用，加强信息安全备份能力。缩微摄影能完整、准确地记录被摄对象所反映的信息，真实地反映原件本来面貌，影像具有良好的清晰度、精确度和稳定性。缩微摄影成品（缩微胶片）符合影像特性要求，具有良好的保存性。缩微摄影起源于欧洲，在美国得到发展，经历了起源与早期应用、发展、成熟三个阶段，在文件、档案、图书、情报和出版等领域应用广泛。缩微摄影需要一些特定设备，胶片规格也多种多样。以档案领域为例，开展缩微摄影主要应用缩微拍摄机、冲洗机、翻拍机、胶片检测和阅读等设备。胶片规格按颜色分彩色和黑白；按外部形态分卷片和平片；按尺寸分 16 毫米、35 毫米和 A6 平片；按感光材料分银盐胶片、干银胶片、重氮胶片、微泡胶片；按光穿透性分透明胶片和不透明胶片等。缩微摄影具有较强的技术性，在拍摄、冲洗、检测及缩微品保存、拷贝和利用等方面都有严格的标准规范要求。例如，缩微母片存贮温度为 13～15℃，湿度为 35%～45%；拷贝片存贮温度为 14～24℃，湿度为 45%～60%。为避免交叉环境影响，不同材料的胶片应分开存放，平片应立放，卷片应平放；胶片存放时不能堆叠或承受外部压力；应每隔半年或一年抽查一次，发现问题及时采取相应措施并进行修复。（盛立德）

索引式档案检索工具　index file retrieval tools　指明档案或目录的某种特征，以一定次序编排并注明相应出处的档案检索工具。索引的作用相当于图书的目录，可以根据目录中的页码快速找到所需的内容。

种类和编制方法　档案部门常见的索引有手工形式的和数据库形式的两类。手工形式的档案索引包括文号索引（文号档号对照表）、人名索引、地名索引等。①文号索引。指明文件编号及相应档号，以一定次序编排而成的一种档案索引。②人名索引。指明人名及相应档号，以一定次序编排而成的一种档案索引。③地名索引。指明地名及相应档号，以一定次序编排而成的一种档案索引。

数据库形式的档案索引主要有关系型数据库索引。关系型数据库中的索引提供指向存储在表的指定列中的数据值的指针，然后根据指定的排序顺序对这些指针排序。数据库使用索引以找到特定值，然后顺指针找到包含该值的行。这样可以使对应于表的结构化查询语言（SQL）执行得更快，可快速访问数据库表中的特定信息。当表中有大量记录时，若要对表进行查询，第一种搜索信息方式是全表搜索，是将所有记录一一取出，和查询条件进行一一对比，然后返回满足条件的记录，这样做会消耗大量数据库系统时间，并造成大量磁盘 I/O 操作；第二种搜索信息方式是在表中建立索引，然后在索引中找到符合查询条件的索引值，最后通过保存在索引中的 ROWID（数据详细地址，相当于页码）快速找到表中对应的记录。

特点　优点：①加快档案数据的检索速度。②创建唯一性索引，保证档案数据库表中每一行数据的唯一性。③加速表和表之间的连接。④在使用分组和排序子句进行数据检索时，可以显著减少查询中分组和排序的时间。缺点：①索引需要占用物理空间。②当对表中的数据进行增加、删除和修改的时候，索引也要动态的维护，降低了数据的维护速度。

在信息化环境中，作为通用规则，只有当经常查询索引列中的数据时，才需要在表上创建索引。索引占用磁盘空间，并且降低添加、删除和更新行的速度。如果应用程序非常频繁地更新数据或磁盘空间有限，则可能需要限制索引的数量。在表较大时再建立索引，表中的数据越多，索引的优越性越明显。（王英玮）

T

台北故宫博物院图书文献处 Library and Documentation Division, National Palace Museum, Taipei 中国台湾收藏历史档案和图书资料的机构。位于台北市士林区至善路二段221号。1949年，中国国民党将北京故宫博物院、南京中央博物馆筹备处保管的部分历史文物、图书资料和档案文献迁运台湾，其中档案204箱，约40万件。同年8月在台中市设立“国立中央博物图书院馆联合管理处”负责管理、清点，并缮制清册。1962年开始对档案进行编号和编目。1965年11月该处迁至台北市并易名“国立故宫博物院”，下设书画组管理书画、文献和善本书，并进行研究工作。1968年7月该院分设器物处、书画处和图书文献处，图书文献处正式成立。

图书文献处成立之初，下设典藏（善本）、文献、满蒙藏文和图书馆4个单位，分别管理档案和善本书，并对外开放利用。后改为3科，第一科为典藏科，第二科为策展科，第三科为图书科。现该处仍下设3科，但调整为第一科为数位典藏科，第二科为策展科，第三科为图书资讯科。业务范围包括图书文献藏品的典藏、管理、研究、编目、信息化工作及阅览服务，图书文献藏品展览的策划、布展及相关图录、出版品的撰写与编辑，图书文献藏品的学术交流，图书文献藏品征集计划的拟定及执行等。依据2023年8月24日最新修订的《院处务规程》，原图书文献处的图书管理与阅读服务划入综合规划处，其余业务划入书画文献处。

图书文献处所藏档案主要是清代宫书、史馆档，内阁部院档案，宫中档奏折等，总计395 229册（件/包），另藏有善本书212 169册、满蒙藏文文献11 501件（截至2022年底）。该处成立之初，即开始整理馆藏档案，编制了约40万张单份档案卡片，并于1966年后在《故宫季刊》《故宫文献季刊》《故宫文物月刊》及《故宫学术月刊》陆续发表文章介绍这些档案的状况和专题史料评述。1982年编印出版《故宫博物馆清代文献档案总目》，1983年出版《故宫档案述要》，系统介绍所藏档案。图书文献处还陆续编辑出版了康熙、雍正、乾隆、嘉庆、光绪等朝的奏折专辑，《旧满洲档》（10册）、《年羹尧奏折专辑》等专题档案史料汇编。该处陆续建成了多个档案数据库及检索系统，如《清代宫中档奏折及军机处档折件目录索引》《大清国史人物列传及史馆档传包传稿全文影像资料库》《清代史馆档传包传稿目录索引》《故宫博物院清代文献档案总目》《清代档案人名权威资料查询》《清宫奏折档台湾史料目录》《清代宫中档奏折及军机处档折件全文影像资料库》《大清国史人物列传及史馆档传包传稿目录资料库》等。

该处保管的图书主要是北京故宫博物馆在抗日战争初期南迁的书籍，仅善本图书就有6万册。其中有许多极为珍贵的宋元善本书，还有文渊阁《四库全书》《四库荟要》，都完整无缺。该处编有《故宫博物馆善本旧籍总目》等工具书，并复制了一些宋代、元代版本的书籍，建有《善本古籍目录索引》及《善本古籍全文影像资料库》。

基于该处典藏的档案与图书等文献，台北故宫博物院联合其他单位举办了大量有影响力的档案展览。如2009年北京故宫博物院和台北故宫博物院60年来首度合办的展览“雍正——清世宗文物大展”；2010年推出的“失落的疆域——清季西北边界变迁条约舆图特展”，首次展出清代中俄边界划定文献和界图等机密文件与档案；2017年以“院藏清代历史文书珍品”及“院藏善本古籍选粹”为题，陆续推出院藏清代宫廷密档、皇家珍贵善本，及中华民国以来从民间征集入藏的古籍。

（靳云峰 撰 张 衍 修订）

抬头 taitou 中国古代书信、行文的格式。也指书信、公文等行文抬头的地方。又称平阙。文书抬头制度，指在撰写文书时，将特定的词句或空一至数格、或另起一行平格、或另行高出数格书写，以示尊敬。文书中采用空格撰写的，称为空抬，在文书撰写中可以空一格直至十格；另起一行平格撰写的，称为平抬；另起一行高出一格撰写的，称为单抬；高出两格撰写的，称为双抬；高出三格撰写的，称为三抬；高出四格撰写的，称为四抬。

已知文献显示，文书抬头制度始于秦代，历代有沿袭。已知最早采用抬头格式的文字，是秦始皇二十八年（前219）的琅玡台刻石。汉代已普遍采用平抬，也有出格抬写之式。魏晋南北朝和隋代，遵循空抬或平抬之式。唐代的文书制度较为完备。《唐六典》中详细记载了抬头的格式，有时也将抬头之制称为“平阙之制”。《唐六典》对文书中“平阙之制”的记载为，所谓“平”，即在行文中遇到代表对方身份的称谓时要另起一行，与前一行第一字相平。“阙”，即遇到上述情况时，不另起行，但要上空一至两格。

宋代文书以平抬为主，严格执行平阙之制，南宋《庆元条法事类》中记载了当时文书的平阙制度。明朝的抬头制度开始复杂化，对题奏行文有详细的规定。清朝的抬头制度沿袭明制，条款的烦琐程度、复杂程度和执行的严格程度都远高于历代各朝，清《钦定科场条例》对此有详细的记载。

（黄 静）

《太平府架阁库记》 *Narrative of Archival Depository of Taiping Mansion* 中国记载明代地方衙署建造架阁库的档案史料文献。记事文。林钺著。林钺，字宏用，福建晋江人。正德三年（1508）进士，能诗擅书。历官南京户部郎中、太平府知府。该文为作者在太平府知府任上亲自主持建造**架阁库**而作文以记之。见载于《古今图书集成·经济汇编考工典》第六十八卷《库藏部艺文一》。

太平府架阁库建造于明嘉靖八年（1529），文中记载**黄册**和卷牍分别建造库房以贮藏。从形式上看，黄册属于书册式档案，而卷牍是文书原件经粘连折叠而成的案卷式档案。该文提供了明代地方衙署对两类档案分别典藏的具体史料。特别重要的是，太平府架阁库的建造注重档案安全保护设计。文中说：“布地以沙，防鼠侵也。覆沙以板，寝气蒸也。”“旁启多牖，且暮通畅，使之常躁，而无润也。”管理档案的经验方法及其重要性，需藉文章以相传，作者最后呼吁太平府知府后来继任者能够“同格尔心，图共厥职”，继续积累档案并做妥善保管。

（梁继红）

《太平天国文书汇编》 *Collection of Taiping Heavenly Kingdom Official Documents* 中国档案文献汇编。太平天国历史博物馆编，中华书局1979年出版。10卷，平装，繁体竖排，38万余字。

全书按太平天国的文书种类和事类分卷。卷一为诏旨，按作者分为天王诏旨、幼王诏旨2类；卷二为**布告**，按受文者分为对朝内军中布告、对四民布告、对敌人布告3类；卷三为**公文**，按行文关系分为上奏天王本章、对下级指示公文、向上级报告请示公文、平行公文、民事公文、公文底稿6类；卷四为外事及外交文书；卷五为论序；卷六为兵册、馆衙名册和家册；卷七为门牌名册；卷八为簿记；卷九为油盐口粮挥条；卷十为其他。各类内按文书形成年代先后排列。附录部分包括李秀成自述、洪仁玕自述、赖文光自述等。

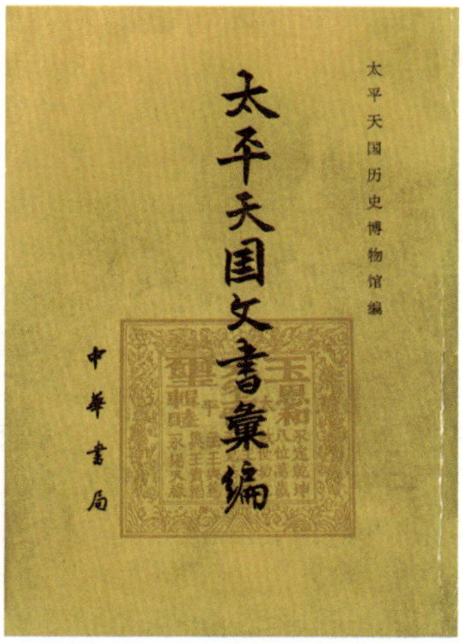

《太平天国文书汇编》封面

计收入太平天国文书 418 件，除名册、簿记、挥条外，汇总了成书时能收集到的太平天国本身形成的文书 345 篇。这些文书除原件外，不少系抄件，或记录于各种稿本、抄本、刊本的书籍、报刊之中，分藏于国内的第一历史档案馆、文物管理机关、博物馆、图书馆、学校及国外的英国不列颠博物馆、英国公共档案馆、英国剑桥大学图书馆、美国国家档案馆等处。编者对收入的文书做了鉴定、标点、分段、校勘工作，保留了太平天国的改字、避讳字、新造字原形，并由罗尔纲撰写序言。

《太平天国文书汇编》为研究太平天国提供了原始资料，并为研究文书制度及文献搜集、考证、辨伪提供了珍贵素材。

（韩宝华）

《太平诏书》 *Taiping Imperial Edicts* 中国太平天国早期理论文献汇编。太平天国壬子二年（1852）刊刻发行，包括洪秀全于道光二十四年（1844）至二十六年撰写的《原道救世歌》《原道醒世训》《原道觉世训》和《百正歌》。第二年重新刊刻修订本，删《百正歌》及原文内孔孟之道内容，并分别改名为《原道救世诏》《原道醒世诏》和《原道觉世诏》。

《原道救世歌》以诗歌体形式劝人作正人，认为“普天之下皆兄弟”，激发农民群众起来反抗既定的等级制度；《原道醒世训》主张天下男女尽是兄弟姐妹，号召群众变“凌夺斗杀之世”为“公平正直之世”，实现“天下一家，共享太平”的理想；《原道觉世训》把帝王当作“阎罗妖”来反对，号召群众站在“皇上帝”一边，同“阎罗妖”进行斗争。《太平诏书》为太平天国早

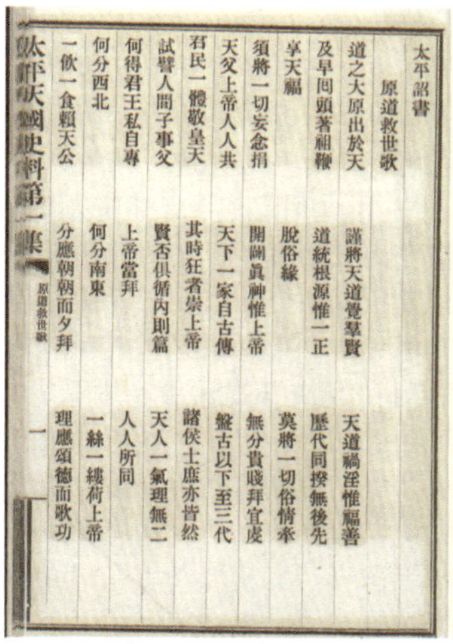
太平詔書
原道救世歌
道之大原出於天　謹將天道覺羣賢　天道福淫惟福善
及早回頭著祖鞭　道統根源惟一正　歷代同揆無後先
享天福　脫俗緣　莫將一切俗情牽
須將一切妄念捐　開闢眞神惟上帝　無分貴賤拜宜虔
天父上帝人人共　天下一家自古傳　盤古以下至三代
君民一體敬皇天　其時狂者崇上帝　諸侯士庶亦皆然
試譬人間子事父　賢否俱循內則篇　天人一氣理無二
何得君王私自專　上帝當拜　人人所同
何分西北　何分南東　一絲一縷荷上帝
一飲一食賴天公　分應朝朝而夕拜　理應頌德而歌功
太平天國史料第一集　原道救世歌　一

《太平诏书》书影

期著名文献，对早期革命有一定启蒙作用。现收入《中国近代史资料丛刊太平天国》第一册、《洪秀全选集》和《洪秀全集》。

（刘耿生　丁华东）

泰勒，H. Hugh Taylor（1920～2005） 加拿大档案学者。生于英国，卒于加拿大不列颠哥伦比亚省维多利亚市。在牛津大学学习历史学，并在利物浦大学取得学位。曾任职于利兹公共图书馆、利物浦公共图书馆、诺森伯兰县和纽卡斯尔大学。1965 年移居加拿大，任阿尔伯塔省档案馆馆长（1965～1967）、新不伦瑞克省档案馆馆长（1967～1971）和新斯科舍省档案馆馆长（1978～1982）等职务。1971～1977 年，担任加拿大公共档案馆档案部主任。1978～1979 年，担任美国档案工作者协会主席。涉猎广泛，除档案学外，对哲学、科技、生态学等领域都颇有研究。呼吁档案人员跳出档案专业的狭小圈子，及早迈进信息时代，做好迎接新型档案特别是**电子档案**的准备，观点在西方档案界得到很大的共鸣。曾被授予加拿大的最高平民奖项——加拿大勋章。

为加拿大档案学界最重要的思想家之一。在《美国档案工作者》杂志上发表过多篇论文，1987 年提交的加拿大档案工作者协会年会论文《档案学的转变：技术调整还是范式转变》开启了档案“范式转变”的先河。1980 年出版《**档案材料的整理与编目**》。1983 年 6 月，因在档案学领域的突出贡献，获得了加拿大档案工作者协会荣誉会员资格。2003 年加拿大档案工作者协会和美国档案工作者协会联合出版了《档案馆想象：休·泰勒论文和思想集》，收录了 1969～1997 年泰勒最有影响力的 15 篇文章。

（黄霄羽）

弹性方法 elastic value identification method of archives 用于处置介于“销毁”和“保存”之间档案的档案价值鉴定工作方法。又称弹性处置方法。能否科学合理地解决好介于“销毁”和“保存”两可之间的档案价值鉴定问题，不仅会影响档案鉴定工作的效率，而且也会影响档案的价值鉴定质量。弹性方法应注意做好档案几项处置工作。

①在合法合规的前提下，对于列入档案保存范围的文件、记录的保管期限进行划分，如若发现其保管期限介于两可之间时，则应采取“就低不就高”的处理方法，即首先为归档文件、记录确定一个最低的保存时限，待保存期满后，再进行二次价值鉴定；如果发现某些保存期满的档案不再需要延长保管期限时，即可销毁档案；但如果发现某些保存期满的档案，依然具有保存价值时，则可以确定一个新的保存年限。②对于介于“销毁”和“保存”之间的文件或档案，则应以“保存年限从低”的方法来处置。即对于介于“归档”与“不归档”的文件，应先按规定将其纳入归档范围，然后再划定一个最低的保存期限，待保存期满后，再对这些档案的保存需要，进行重新评估。③在档案销毁鉴定中，对于介于“销毁”和“保存”两可之间的档案，应按规定，先“判处死刑”，再确定一个适当的观察期，待观察期满后，如果经过重新评估，确定确实没有继续保存必要者，则应加以销毁；但如果经过观察期后，经过重新评估发现档案依然具有一定的有用性或保存价值，则应继续留存。④对那些保存已满一定年限，经过反复斟酌与评价，依然无法确定可否销毁的档案，则应考虑做出抉择。一是如果档案被销毁后，无法通过其他档案或资料来满足可能会出现的“零星”的用户需求时，则应选择继续留存的处置方法；二是如果期满档案被销毁后，利用者依然可以通过查找到其他相关的档案或资料来满足需要时，则可以对期满档案进行销毁处理。

（王英玮）

唐代档案 archives in the Tang Dynasty 唐代中央、地方的各种机构在处理日常公务活动中形成的文书、图籍、档册等。唐代（618～907）是中国封建社会大一统的时期，在中央实行三省六部制，采取科举制和铨选制选拔人才，政治稳定、经济繁荣，文书档案的种类和数量随之增多。唐代档案是唐代政府在政务运作过程中用于传达意图、办理公务与记载工作活动，并在官府集中保管和利用的文字材料，具有重要的凭证参考价值，对考察唐朝时期的官员信息、国家赋役情况以及律法制度等方面具有重要意义。

唐代文书档案种类设置已较为成熟，《旧唐书·职官志》记载唐下行文有制、敕、册、令、教、符六种；上行文有表、状、牋、启、辞、牒六种；平行文有关、敕、移三种。除基本的政务文书外，唐代档案还包括**甲历档案**、记注档案、赋役档案、舆图档案等。唐始创甲历档案，"据其状以核之，量其资以拟之"，记载唐代官员的职名、履历、考选以及授官等情况，是唐代官吏选试考核勋封中所形成的人事档案，并建有专门保管甲历档案的机构——**甲库**。记注档案包括起居注、时政记和日历，是记载封建统治者言行的文字材料。赋役档案包括手实、计账。"手实者，令人户具其丁口田宅而实也"；计帐即地方机关根据户籍（手实）造报的第二年的赋役册（预算），是唐代政府出于对人丁、田亩控制的需要加强对赋役档案的管理。舆图档案是控制和掌握地方情况的工具。唐代规定，全国各州、府每 3 年一造地图，唐德宗建中元年（780）改为 5 年一造，连同户籍一起上送尚书省兵部职方司。

1959 年以来，中国考古工作者对新疆维吾尔自治区吐鲁番东南的阿斯塔纳和哈拉和卓附近的古墓群进行了发掘，清理出西晋初年至唐大历（766～779）年间各种文书数千件。最早的为西晋泰始九年（273），最晚的是唐大历十三年（778）。内容包括户籍、手实、计账、授官授勋的告身、审理案件的辩词和录案以及买卖、雇佣的契约和私人的信札等。出土的数量种类众多的唐代档案，反映出唐代统治者对档案的重视，档案管理在唐代达到较高的水平。唐代档案涉及政治、经济、军事、思想、文化等各个方面，为研究唐代的历史和档案工作提供了史料参考。（王云庆）

唐代档案管理 archives management in the Tang Dynasty 中国唐代对档案的保管整理和使用。唐代（618～907）是中国封建社会繁荣昌盛时期，随着纸张的广泛应用，档案数量剧增，档案人员增多，档案管理发展鼎盛。除了日趋成熟的政务文书外，**唐代记注档案**更加完备，除起居注外，还出现了由宰相撰录的"时政记"和史馆人员根据每月封送史馆的起居注和时政记编纂而成的"日历"。唐代出于对人丁、田亩控制的需要以及更好地控制和掌握地方情况，加强了对赋役档案（户籍与计账）、舆图档案的管理。唐代实行科举、铨选制以选拔人才，形成了记录封建管理职名、履历、考绩、选授官员的甲历档案，并建立了专门保存甲历档案的**甲库**。

各种档案的管理制度在唐代也进一步完善。唐规定：文案处理完毕，勾司官应用朱笔签注，记明年月日后归档入库；入库档案分常留（长期保管）和非常留两类，非常留者每三年一"拣除"（销毁）；档案应登记立案，新旧官员交替应办理手续；若有盗窃弃毁档案者，按情节轻重、档案重要程度予以惩处，盗制书者徒两年，盗官文书者处以杖刑，重害文书者加一等。唐代针对档案文书的起草、用纸、邮递、签押判署、归档、统计、鉴定销毁、移交都作了详尽的规定，前所未见。**唐代档案**屡有发现，**吐鲁番文书**、**敦煌文书**中有一部分属于官府档案及私人信札，现存**辽宁省档案馆**的 6 件唐代档案形成于唐开元二年（714）。唐代明令禁止私人修撰国史，朝廷设史馆（始设于北齐）修史，由宰相监修。唐代为保证修史的基本材料，应修史需要，制定了《**诸司应送史馆事例**》征集档案，史馆设档案库保管征集的档案，供修史利用，使修史取得显著成果，二十四史中有 8 部为唐时所修。（王云庆）

唐代记注档案 note file of the Tang Dynasty 唐代专门档案。唐代记载帝王言行以及朝政大事的文字材料，主要包括起居注、时政记、日历。起居注，始于东汉，为记录帝王言行兼记朝政大事的日记体史册。唐初沿用隋代制度，设起居舍人。贞观二年（628）改设起居郎。唐高宗显庆（656～661）年间，重新置起居舍人，与起居郎分掌左、右。时政记，始于武周长寿二年（693），为皇帝与宰相的议政记录。永徽（650～655）年间，许敬宗、李义府为相弄权，不让起居郎、起居舍人记录皇帝和宰相议政的内容。因此，长寿二年规定与皇帝讨论军国政要的内容由宰相记录，每月送交史馆。日历，始于唐顺宗（805）时期。由史馆人员根据每月封送史馆的起居注和时政记编纂而成，作为撰修国史的资料。

唐代记注档案具有原始记录性，在编纂时又参考了官府的文书，相较于一般的文献资料更可靠。唐代记注档案按照年、月、日顺序记事，与其他文书档案相比具有集中、系统，查询便利的优势；且记注档案日有所记、月有所累，形式多样，数目众多，是研究唐代政治体制丰富且宝贵的史料。（王云庆）

特殊档案装具 special archives container 收藏形态、质地或规格特殊性，或用途特定档案的装具。由于档案载体的差异，即档案载体大小不同、规格不一，需要选择以件为单位存放，或者需要选择以"多件""专题"存放，这时需要选择特殊的**档案装具**。例如，底图易脆易折断；照片、底片、磁带等**声像档案**体积小，更容易受环境因素的影响。因此，底图、照片、底片、磁带以及字画、票证、印章等需要选择特殊档案装具。具有特殊价值需要采取独特保护措施的档案，需要选择特殊档案装具，包括书盒、函套等。常见的特殊档案装具有：①**防磁柜**。是一种专门存放**磁性载体档案**的专门装具。根据磁性载体档案的特点，选用对磁场具有屏蔽作用的，用软铁、镍铁合金等软磁物质专门设计制作的装具，从而保证柜内磁场强度远低于磁性材料产生破坏的磁场强度。②光盘柜。是专门用来存放各种类型光盘的柜子。光盘柜的形状与普通文件柜、**档案柜**相类似，但内部结构不同。光盘柜里配有独立隔板，用于存放光盘。光盘柜分为两种：普通光盘柜和智能光盘柜。普通光盘柜是通过人工查找标签目录等形式进行管理的设备，通过独立的光盘隔及标签的粘贴，每张光盘都有自己的、可辨识的位置；智能光盘柜是在普通光盘柜的基础上加装了单片机控制器、LED 灯，通过计算机控制 LED 灯发光定位的光盘管理设备，是通过专门管理软件进行管理的。③战备密集架。是一种有效防止突发事件对档案造成破坏的新型特殊档案装具，它充分发挥了档案密集

存放在铁盒中的档案馆老胶片

架存储容量大、管理方便和相对独立、便于灵活移动的优点，能有效地抵御各种突发事件对档案的破坏，便于紧急情况下转移、保护档案。战备密集架是多层结构的架体，架体上设有多个存放档案的**档案箱**，架体顶部设有顶端固定的顶部防倒机构，架体与档案箱之间设有限位制动机构，架体与档案箱之间通过限位制动机构形成可拆卸式连接，档案箱如遇突发事件能从架体上单独抽取。（周耀林）

特许状卷 roll of the charters 古代西欧国家的一种档案。为文件的副本誊录簿，用于誊录授予教会、城市、企业的特许状。特许状是由国家最高权力机构颁发给个人、法人团体、城市或其他地方组织单位的文件，目的是授予某种权利、权力、特权或职能。通常采用卷式。

在中世纪欧洲的其他地方，君主通常颁发特许状给城市、同业公会、大学以及其他机构，授予它们某些特权，有时还具体规定这些机构应如何管理其内部事务。后来，特许状也颁发给海外的贸易公司（如英属东印度公司），授予它们在某些地区的垄断权。

特许状卷是由英国中世纪大法官办公室形成的机构档案，由该机构颁布的所有特许状组成。在英国中世纪，第一份特许状卷在1199年编立。这份特许状卷并非登记簿或书本的形式，而是写在多张缝合的羊皮纸上，目的是记录政府颁布的特许状。

现代的特许状可以是法人团体的或地方性的。公司特许状由政府机构颁发，授予个人组建一个法人团体或有限责任公司。地方性的特许状是一项建立新的行政区划的法律，允许该地区内的人民自己组成一个地方性的市政当局，实际上是把地方自治政府的权力授予人民。

特许状的颁发促使中世纪西欧的城市走向了法制化的轨道，由此产生一整套城市法律体系，这为近代资本主义宪政制度的起源与发展奠定了基础，对近代资本主义的法律体系也产生了重大深远的历史影响。（黄霄羽）

特征分类法 method of records classification according to content features 根据科技档案的内容特征进行归档科技文件、记录和数据资料的分类方法。

对象和形式 适用对象有：在自然现行的观测、观察活动中形成的科技档案，如天文档案、水文档案、气象档案、地震档案等。主要形式包括专业分类法、时间分类法和地域（地理）分类法等。

主要特征 ①按专业分工进行科技档案分类，可以使各专业活动中形成的科技档案紧密地联系在一起，构成一个个有机的档案整体。②按时间特征进行科技档案分类，可以使各种在自然现象的观测和观察活动中形成的科技档案保持良好的时间顺序，便于发现和总结自然现象的规律。③按地域（地理）特征进行科技档案分类，可以有效地维护统一行政区划、水系流域等具有相同特征科技档案的密切联系。

意义和价值 按照特征分类法对在各种自然现象的观测、观察活动中形成的科技档案进行分类，可以有效地维护这种类型科技档案的完整性；分类标准明确，便于进行归档科技文件、记录和数据资料的归类；保持归档科技文件、记录和数据资料之间的有机联系。（王英玮）

誊录簿 register 古代罗马的文书处理形式。即按照时间顺序誊录发文副本而形成的发文誊录簿。又称登记簿。罗马共和国初期，市政官员已开始记录其公务活动，并对私人活动进行摘记。到共和国末期，誊录簿开始形成。市政官员的公务记录须送交国家档案馆保存，因而这类记录具备了国家的性质。在古代罗马凯撒（前100～前44）执政以后，规定一切机关有关公务活动的记录材料必须送交档案馆保存。之前法律和决议必须通过正规的编写手续，并保存在档案馆里才能生效，现在是必须在档案馆誊录簿上登记才能生效，誊录簿上的记载被认为是正本文件。元老院将其决议、法院把给原告和被告的判决书均从誊录簿上抄下来，再以被验证的副本形式发出。这些文件都是按年月日顺序收存登记的。由此，收文者保存副本，发文者保存所发文件的誊录簿，即所谓的“二元主义”。

誊录簿从古罗马起一直延续到16世纪，中世纪流传至今的文件大多采用这种形式。誊录簿为档案查询提供了方便，且有利于文件的安全保管，是人类历史上早期档案管理活动中出现的原始档案目录，也可认为是现代档案检索工具的萌芽。但这种做法使收文和发文脱节，不能有机地结合起来反映事件的全过程。直到16世纪以后，人们才开始保存发文的底稿，并把同一案件的收发文合并在一起，从而使其具有现代事由案卷的性质。法国国家档案馆现藏有中世纪誊录簿271册。（黄霄羽）

题本 tiben 中国明清时期上奏文书文种名称。明初，臣民言事于皇帝，只用奏本，永乐二十二年（1424）规定，“诸司有急务不能面陈，许具题本投进，专用于公事”。清沿明制，仍以题本与奏本并行，但因难以明确区分公私事务，官员上奏时往往错用文书。雍正、乾隆时反复谕明题本与奏本的使用范围，规定凡钱粮、刑名、兵丁、马匹、地方民务，所关大小公事概用题本，用印具题。乾隆十三年（1748）废除了奏本。题本只限于高级文武官员使用，如清代的总督、巡抚、将军、都统及各部院尚书、侍郎等，少数负有言责的科道官也可具题谏言。清末由于奏折已普遍使用，鉴于题本“繁复迟缓”，遂于光绪二十七年（1901）废止。

题本的格式明清两代基本相同。其外形为用纸折叠而成的折子，内中每幅6行，每行20字，平写18字，抬头2字，首幅上方正中写一“题”字，是为本面。自第二幅起为正文，首书具题者官衔姓名及题报事由，接叙所报事情的缘起、情节及处理意见，文尾以“谨题请旨”或“谨题奏闻”结束。末幅正中写具题年月日，月日下列具题者官衔姓名。封面及文尾俱加盖官印。明崇祯帝时鉴于不限字数而致文字过长，命内阁作贴黄式样，令进本官员自撮本中大意，不过百字，粘附本尾，以便皇帝阅览。从此产生了题本的贴黄制度。

题本的处理程序，凡地方官员的题本须先送通政使司点查验收，同时具题者要备揭帖送关系衙门。揭帖为题本的抄件，内容与题本基本相同。在清代，地方官员投递的题本首先经过通政使司，称作“通本”，在京各部、院、寺、监衙门的题本可径送内阁，称作“部本”。通本、部本都要经内阁票拟后再呈皇帝裁定。

所谓票拟，就是内阁大学士对题本中所奏事情提出处理意见，写于小纸票上。

纸票，时称“票旨”，又称“票签”。拟具一种处理意见的，谓之单签；事涉两可而拟具两种处理意见的，谓之双签；关系两请之事而拟具三种或四种处理意见的，谓之三签或四签。票签拟好后夹于题本中进呈，经皇帝裁定，再由批本处和内阁照皇帝认可的票签文字，用朱笔照录于本面上，称为“批红”。经批红的题本称为“红本”。红本的原本由六科于年终汇交内阁，存于红本库。红本转送六科，由六科发抄关系衙门施行，并别录二通，分别成册。送内阁供史官记注的称“史书”；送储本科以备编纂的称“录书”，亦称“录疏”。凡题本批红的圣旨，内阁满、汉票签处的当值中书都要逐日逐件汇抄成册，名“丝纶簿”。清雍正时建立副本收存制度，以防止档案遗失或被人篡改。

清代文书档案制度较完备，尚存于世的题本及其副本、史书、录书并黄册等附件为数甚巨，仅中国第一历史档案馆所存题本就有200多万件。这些题本是处理国家庶政的原始记录，是研究清史的第一手材料。（秦国经）

题副 tifu 中国古代上奏文书文种名称。题奏本章例有副本，奏本的副本称为奏副，题本的副本称为题副。其制起源于明代，朱元璋建立明王朝后，于洪武七年（1374）设置通政使司衙门，简称通政司，掌受内外章疏、敷奏、封驳，以及四方陈情、建言、申诉、检举之事，还有收纳百姓上访的“鼓状”（指百姓赴通政司所属登闻鼓厅递上的状）转奏皇帝等事务。虽然通政使司衙门的主管官通政使只有三品，但有重要的职能和广泛的权限，参与要政与司法，包括重大案件审理，朝廷“九卿”（六部、都察院、大理寺、通政司）会议，通政使必得参加。成化（1465～1487）年间以后，通政司始将各处臣民实封**入递**的题奏本章，于公厅启视，节写副本，然后奏闻。正德六年（1511），奏准各处抚按官，题奏到司，随即封进，不许迟留，副本亦要随本封实。由此可知，副本最初是通政司节写的，正德六年以后才由各处进本抚按官制作，随本封进。副本的产生首先是通政使司参与政务的需要，其次是保存档案的需要。

清代沿袭明制设立通政司，同时继承了本章的副本制度，但又有一些变化。雍正七年（1729），谕令，各省督抚题奏事件，例有副本送通政司，嗣后应令一并送内阁，奉旨后，内阁遵照红本用墨笔录批，另存**皇史宬**。嘉庆（1796～1820）年间，皇史宬年久贮满，又另设副本库于协和门南庑、内阁院西，由满汉内阁中书负责保管收藏。

题副的程式格式、文字内容、尺寸大小、用印与否等，与其跟随的题本正本完全一致，不同之处只是本面批红文字是用墨笔写成。为了减少抄写之烦，有些部院的议覆本，特别是刑名本章内，可以省略叙案，只录看语节略部分内容，因为此类题本已反复上奏，并有原题副本可查，联合一并收贮，仍能反映全案内容。光绪二十七年（1901），题本被取消后，题副也随之被取消。（裴燕生）

题名录 timing lu 中国古代科举考试考中士子的名单及其相关资料。又称登科录。唐代初期已出现进士题名录雏形，记录同榜者的姓名、郡望、年龄、行第等信息。后来出现记载科第的专书《登科记》，记载进士及诸科中式者的信息。到宋代时称登科录，详细记录进士诸科、制科、拔萃科的人数及省元、状元的姓名等信息，如《宝祐四年登科录》。辽代记载登第人数及状元姓名；元代除记载登第人数及汉人状元姓名外，还登载蒙古状元姓名；明代增加会元姓名；清代更趋复杂，一般称题名录（多见于乡会试），也称登科录（一般见于殿试）。主要分为两种：一为进呈皇帝阅看的御览题名录（清初还曾进呈皇太后和太后各一本），发榜当日即将缮写的题名录呈送，内容登录中式者姓名、年岁、籍贯、三场试题等；一为分送各衙门的，于出场五日内将监临、提调、监试、主考、同考等职官籍贯、姓名及中式者姓名、名次、身份（廪生、增生等）和三场试题等信息刊载题名录内，分送吏部和礼部以备核查，其中礼部因九卿查阅的需要，应缮写十本呈送。另还有民间私刻，沿街叫卖的题名录，因多用红纸刻印，故又称红录。如《续孽海花》"琉璃厂春榜看红录，鹑鸽峰归帆迎白头"一回中就描述了另外一种红录的情况。殿试金榜题名录（登科录）要略详细些，包括一甲三名的对策，一二三甲全部举子的姓名、籍贯、三代姓名及乡会试名次等。

现存题名录主要是明清两代的，以清代为多，流入民间的较为少见。影印出版的主要是明代登科录，如台湾学生书局《明代登科录汇编》（1969）、宁波出版社《天一阁藏明代科举录选刊·登科录》（2006）等。

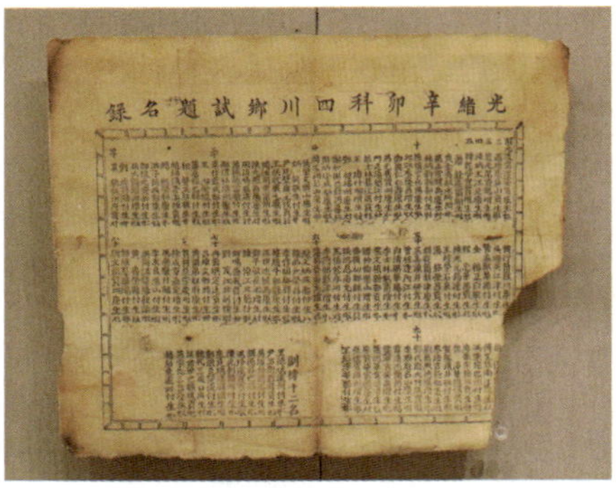

图 1 中国科举博物馆藏清代光绪辛卯科四川乡试题名录（复制品）

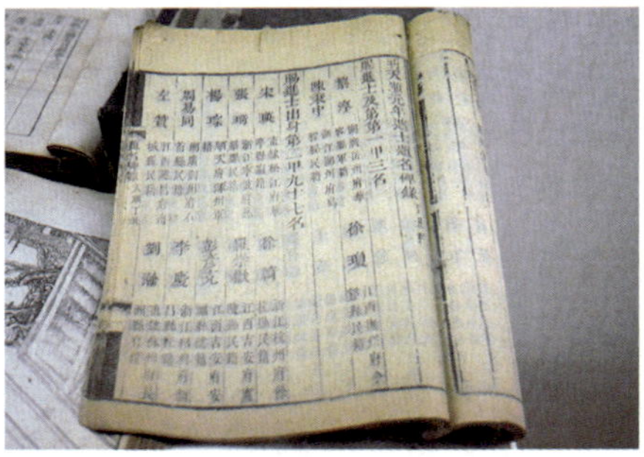

图 2 中国状元文化博物馆藏清代金榜题名录

由于正式的题名录是官刻本，目的是以备查考，所以相对于刊刻类**朱卷**及同年齿录等科举文书来说，信息可靠性较强。（张全海）

体系档案分类法 system archival classification 一种直接体现档案信息的职能分类的等级制概念标识系统，主要用于对概括档案信息内容及其某些相关特征的概念进行逻辑分类和系统排列。**档案分类检索语言**的主要类型之一。体系档案分类法的主要特点是按职能集中档案信息内容，并揭示各类档案内容在主题上的区别和联系，提供从职能分工角度查找档案内容信息的途径。

体系档案分类法的词典的主表结构一般由基本部类、基本大类、简表、详表和类目注释等部分组成；语词是分类标记（又称分类号），是分类表中各层级类目的代码。分类号通常采用混合制的编号形制，即将层累制和顺序制两种方式编制分类号。

体系档案分类法的列类方法主要有正规列类法、列举列类法、重点列类法、罗列列类法、对应列类法、集中列类法、突出列类法、归附列类法、合并列类法、交替列类法、专表列类法等方法。体系档案分类法中的类目名称必须符合确切、科学和简洁的要求。体系档案分类法自身存在着一个难以克服的矛盾，即集中和分散的矛盾。一方面按职能分工，系统地集中了档案信息的内容；另一方面又从其他角度使具有同类性质的档案分散。这在一定程度上会影响体系分类法的检索效能。

与体系档案分类法相关的规范与标准主要包括：**《中国档案分类法》**及各种专业档案分类表，**《档案著录规则》**（DA/T 18—2022）、《档案分类标引规则》（GB/T 15418—2009）、《民国档案目录中心数据采集标准民国档案著录细则》（DA/T 20.1—1999）、《明清档案机读目录数据交换格式》（DA/T 33—2005）、《全国革命历史档案资料数据采集标准》（DA/T 17—95）等。

各级各类档案馆及立档单位的档案管理部门使用体系档案分类法及有关专业档案分类表对所藏各种类型的档案进行分类标引，是编制档案分类目录、索引，建立档案目录中心和数据库的必要条件。（王英玮）

《天地会》 *Heaven and Earth Society* 中国档案文献汇编。

中国人民大学清史研究所、**中国第一历史档案馆**合编。中国人民大学出版社自1980年起陆续分册出版。全7册，约250万字，平装。所辑史料绝大部分是关于天地会创立及其1840年前反清斗争的档案文件，少量为关于天地会起源和人物传记的文献资料。档案文件选自台湾档、上谕档、军机处录副奏折、**朱批奏折**等，同时利用了

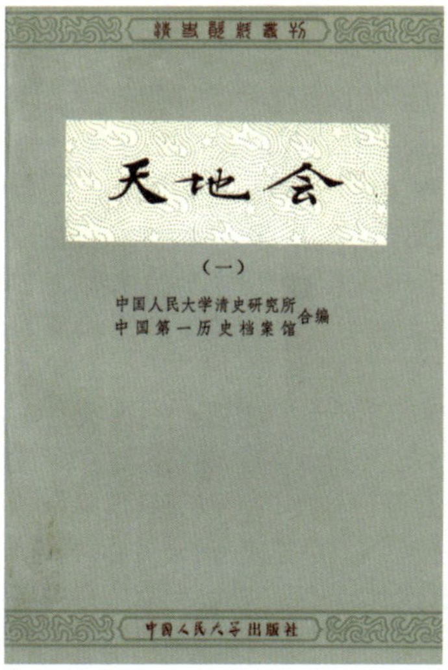

《天地会》封面

《明清史料戊编》中已发表的一部分档案。凡档案文件均全文公布。文献资料则据内容酌情节录选编，对所录原文文字不作改动。内容分为4个部分：①天地会的起源。辑录有关天地会创立于晚清说、康熙甲寅年或雍正甲寅年说、乾隆二十六年（1761）说、乾隆三十二年说等说法所依据的主要史料。②林爽文起义。系统辑录清政府镇压起义的文件，并收录起义军的**告示**、军令、委任状、书信及天地会的会簿、结盟誓词等珍贵史料。③乾隆五十三年至六十年天地会的活动。记录林爽文起义被镇压后天地会在台湾、福建等地复兴、发展和发动起义的情况。④嘉庆、道光年间天地会的活动。记录添弟会、小刀会、三点会、三合会、仁义会、双刀会、阳盘会、阴盘会、平头会、洪莲会等天地会新支派在台湾、福建、浙江、广东、广西、云南、贵州、湖南、江西、江苏、新疆等地的频繁活动以及发动武装起义的情况。

通过《天地会》，不仅可以弄清名目繁多的天地会系统中各个秘密结社的脉络和天地会成员的阶级成分、入会目的、入会后的活动，而且可以了解天地会这一秘密结社组织在清王朝统治下所进行的反压迫、反剥削斗争的英勇业绩，进而了解天地会的性质、纲领、口号以及它在清代民众反抗清王朝专制统治的斗争中所起的作用。（张书才　丁华东）

天府　Tianfu Archives　中国西周时期王室档案库。

古者尊祖为“天”，“府”“库”相通，是谓天府。有关天府记载始见《大戴礼记·少闲》，殷代武丁时开先祖之府，国家典制及官府档案均藏其内，制有禁令，以禁守不得妄入。西周宗法制度逐渐完备，宗庙设置与收藏更趋完善，于“春官”下设“天府”，“掌祖庙之守藏与其禁令”。

西周的重要档案有先王之典法，载全国民数和山川形势之**版图**，群臣百官之功书，刑狱诉讼、选贤举能之文书，维系诸侯国之**盟书**，以及记录王室世系的谱牒等。此类档案的正本均上呈天府，意为拜受神祖的赐予，并受其考察，要求神祖的保证信誓以及显示周天子共主的地位，也是统治者处理政事、稽查官员、统治臣民的重要凭据。天府库藏档案在春秋时期数百年动乱中，遭到巨大损失。公元前256年，东周灭，天府偕亡。（周雪恒）

天津市档案馆　Tianjin Municipal Archives　中国省级**国家综合档案馆**。馆址在天津市南开区复康路11号增1号。1964年1月21日正式成立，馆址设在和平区解放路205号；1972年迁址至和平区大同道26号；1983年与市档案局合署办公，一套机构、两块牌子；1990年4月新馆在现址落成。2018年11月，市档案局、市档案馆分设，重新组建天津市档案馆，加挂市地方志编修委员会办公室牌子。是中共天津市委直属事业机构，集中统一管理全市档案史料的基地和研究利用档案的中心。

图1　天津市档案馆外景

馆藏　该馆馆藏共计1177个全宗，190万卷（册）。其中，中华人民共和国成立前历史档案453个全宗，83万卷；中华人民共和国成立后档案724个全宗，107万卷。中华人民共和国成立前历史档案包括清代（仅1722～1911）、中华民国时期（1912～1937）、日伪时期（1937～1945）、中华民国时期（1945～1949）以及10万卷的外文档案（天津海关和各租界行政管理机构形成的档案）。档案内容涉及政治、经济、外交、军事、司法、文教、社情民情等。中华人民共和国成立后档案包括中华人民共和国成立初期（1949～1966）、“文化大革命”期间（1966～1976）与改革开放（1978年后）档案，对天津政治、经济、文化、科技、教育、城市建设等领域都具有重要的研究价值和凭证借鉴作用。馆藏年代最早的是明代万历（1573～1620）年间的地契档案以及清代康熙（1662～1722）年间的地契档案，馆藏近代金融档案、工商企业档案、海关贸易档案、租界档案等以其完整性、系统性和保存年代久远性在全国同类档案中位居前列，是镇馆之宝。中国近代邮政起源档案、中国北方地区早期商会档案、李鸿章在天津筹办洋务档案、近代海河流域治理档案、“永久黄”企业档案被列入《**中国档案文献遗产名录**》。1994年被天津市委、市政府命名为天津市爱国主义教育基地，1996年加入国际档案理事会城市档案馆委员会，1997年被评为国家一级档案馆，2011年被教育部、国家档案局命名为全国中小学档案教育社会实践基地。

机构设置　市档案馆设办公室、人事处、行政保卫处、规划部、方志指导部、年鉴指导部、宣传部、接收征集部、整理部、保管部、利用部、编辑研究部、网络安全和信息化办公室、技术保护部、机关党委办公室等15个部室，开展档案收集整理、保管保护、开放利用、编辑研究、展览宣传、信息化等各项业务工作。

出版物和评价　改革开放后，市档案馆立足馆藏资源，通过编辑书籍、举办展览等形式，主动搞好开发利用工作。主要编研成果有：《清末天津海关邮政档案选编》《天津商会档案汇编》《北洋军阀天津档案史料选编》《袁世凯天津档案史料选编》《天津租界档案选编》《日本在津侵略罪行档案史料选编》《中共天津历史档案选编》等；编辑出版了《天津近代历史人物传略》（7卷）、《天津旧事丛书》《百年中国看天津》《档案与历史》《民国风尚志》《中国老画报》系列丛书等档案文化产品。

图2　《天津商会档案汇编》扉页

举办“天津城市记忆展”“党旗飘飘”“家风耀中华”“不忘初心　牢记使命——主题教育档案文献展”和“百年恰是风华正茂——主题档案文献展”等展览。联合制作播出大型党史人物纪录片《曙光》（7季）、大型生态人文纪录片《海河》、微电影《没有共产党就没有新中国》。实施天津方言语音建档工程，建立天津方言语音档案资料库，拍摄播出大型纪录片《天津方言寻根之旅》。天津档案网在全国副省级市及以上档案网站综合测评中连续多次位居榜首；档案馆微信平台累计发布消息2400余条，阅读量390万人次，位居全国前列。档案科研成果多次获国家和地方奖励。（黄　健）

天文档案管理　astronomical archives management　天文观测台（站）和天文科研单位根据天文档案的形成规律和内容构成特点，有效地保存和科学管理天文档案，实现天文档案价值的各项业务管理活动。天文档案是天文观测台（站）和天文科研单位在天文观测、天文研究活动中形成的，反映天文活动过程及其成果的各种科技档案的总称。天文数据自古有之，通常称为星图、星象资料、天文数据。20 世纪 60 年代初，随着中国“技术档案”概念的确立，逐渐形成了天文档案概念。

天文档案主要包括 3 种具体内容：①在天文观测活动中形成的各种原始记录、图表和影像材料。②根据原始记录经过综合、分析整理的各种数据报表和图件。③观测规范和仪器设备的常数记录材料。天文档案管理的基本特点是时间性、项目性、型号性和交叉性。其管理要求主要是维系天文观测数据在时间上的连续性和被观测天体或观测手段的专题性等方面的有机联系，在此基础上科学管理和开发利用天文档案资源。由于信息技术的大量引入，各天文观测台（站）和天文科研单位均建立了种类多样、规模庞大的天文观测业务系统和服务管理系统，用以高效率地处理海量的观测数据。因此，天文档案管理应以电子数据和信息化技术控制作为其主要发展趋势。

天文观测是人类探寻宇宙奥秘，确定自身与自然关系的一种本能行为，天文档案是人类社会重要知识资源，对哲学、天文学、宗教等多层面的研究具有重要的使用价值和科研价值。天文档案管理对于拓展人类认知视野、丰富知识宝库、提升对自然和人类自身的认识水平、促进人类文明进步，均具有信息支撑作用。（宫晓东）

条例 regulations 国家权力机关制定、发布的行政法规。由国家权力机关或行政机关依照政策和法令制定、发布，用于对某一方面的工作做比较全面、系统的规定。中华人民共和国国务院颁布的《行政法规制定程序条例》规定，行政法规的名称一般称“条例”。国务院根据全国人民代表大会及其常务委员会的授权决定制定的行政法规，称“暂行条例”或者“暂行规定”。国务院各个下属部门和地方人民政府制定的规章不得称“条例”。条例从属于法律的规范类文件，具有很强的强制力。条例应当遵循立法法确定的立法原则，符合宪法和法律的规定。（王 健）

帖 tie 中国古代官府往来文书文种名称。帖原是帛制的文书标签，用以代替木制的封检。文件载体用纸后，用小幅纸片书写的文书也称为帖。最初是篇幅短小的私人书信，没有一定的格式和规定，有的是君臣互致，有的是写给官署同僚或亲朋好友。内容有讨论政事、请托问安、陈述自己的身体状况等。“帖”作为公文名称始见于魏晋南北朝时期，古乐府《木兰诗》云：“昨夜见军帖，可汗大点兵。”军帖是北朝的军中文告，唐武周时期的折冲府仍有军帖，又称府帖。唐代还有户帖，是发给百姓用于征税派役的文书。中唐以降，用作一般公文的帖渐多，如中书门下省的堂帖、州县和县乡之间的州帖和县帖、折冲府使用的府帖等。宋代礼部尚书下行国子监也用帖。南宋《庆元条法事类》谈及帖时称：“州下属县不行符者，皆用此式。”

帖之所以能部分替代符，是因为其形式比较灵活、简便，不需要像符那样有烦琐的撰拟格式和签署规定。宋、元时仍有户帖，是登记每户田产或人口的文书。明太祖时籍天下户口，置户帖、户籍，具书姓名、年岁、居地，籍上户部，帖给之民，称为户帖。

明代除了户帖之外，还有下帖，是地方有关衙门使用的正式下行文，简称帖。明代规定，应天府帖下州县，兵马指挥司帖下各县，各护卫指挥使司帖下州县并所属千户所、百户所，各外卫指挥使司帖下州县并所属千户所、百户所，各处提刑按察司帖下内外五品至七品衙门，各盐运司帖下州县，直隶各府帖下所属各州县，各王府长史司帖下各护卫经历司，各处守御千户所帖下各县、所属百户所，直隶各州帖下属县及所属各杂职。明代的帖一般都是对所属下级甚至基层官署使用的。

清代官制虽有变化，但帖的用法基本未变，不再称下帖而改称帖。帖仍是地方有关各衙门使用的下行文，各处提刑按察司帖下内外五品至七品衙门，各盐运司帖下州县，直隶各府帖下所属各州县，直隶各州帖下属县，中下级衙门使用较多，且常常用于催取下属。

明代的帖使用单张白纸。右方写“某衙门为某事”，接写正文内容。正文结束写“合下仰照验，云云”，提出要求。结束语为“须至帖者”。另起为受文者“右下某衙门准此”一行落地。然后另起一行写文件日期“×年×月×日”，骑年盖月用该衙门印，4 字或 6 字后由小字写于年月两侧。文件左上角大字写文种名称“帖”字。其下为主管官官衔，由主管官亲自签押。副职官员须共同签署，依照地位高低两侧上下依次排列。下行文照例标朱、朱笔判日。事由的“为”字上标一红点，正文结束用红笔草书写“遵”“速”之类。若关系钱粮账册等写“实”字，起解饷银、缉拿押解人犯则写“慎”字，盗案用“获”字，此外还有表示一定的要求和愿望的“完”“照”“升”“中”“贺”“敬”“虔”等字。有些则简单划一截止符号，表示全文到此结束。受文者“右下某衙门准此”一行落地，上用朱笔打一竖杠。

明代徽州府祁门县江寿的户帖
（中国国家博物馆藏）

清初黄六鸿认为催取下属可用帖，并提出帖的参考程式。纸右方写“某衙门为某事”，接写正文内容。结束提出要求写“为此，合仰该官吏作速云云，毋得再迟，取究未便”之类。结束语为“须至帖者”。另起写“右下某衙门准此”一行落地。文件日期另起一行，骑年盖月用该衙门印。后省略不用，盖因用印后看不清楚，意义不大。文件左上角大字书文种名称“帖”字，主管官签押在“帖”字之下，不用佐贰官签押。文件照例标朱、朱笔判日。清代中期以后，帖已不见使用，中华民国以后被完全取消。（裴燕生）

通报 important notification 现代公文法定通用文种。属于下行文种，适用于表彰先进、传达重要精神和告知重要情况。通报的事项通常比较重大、典型，需要引起有关各方的高度重视或警诫，具有宣传教育效用。通报发送范围较广，受文者较多，具有普发性。党政机关、人民团体、企事业单位等均可使用。根据通报的内容和基本功能，可分为表扬性通报、批评性通报和情况通报。（王 健）

通电 circular telegram 中国近代官府往来文书文种名称。见电报。

通风调节库内温度、相对湿度的一般原则

principle of adjusting temperature and relative humidity by ventilation 档案库房采用通风方法调节温度、湿度的一般原则。档案馆实际工作中，通风可以增加或降低库房的温度、湿度。通风应选择适宜的时机，遵循一定原则进行。

通风调节库房温度 若实现通风升高库内温度，需要当库外温度高于库内温度时进行通风；若实现通风降低库内温度，库外温度必须低于库内温度。

通风调节库房湿度 降湿的基本原则是

库内绝对湿度大于库外绝对湿度。①如果库外温度和湿度都低于库内，可以通风。②库外的相对湿度低于库内，库内外的温度相同时，可以通风。③库外温度低于库内，库内外相对湿度相同时，可以通风。④库外温度高于库内，相对湿度小于库内，或者库外温度低于库内，相对湿度大于库内，则需要根据库内外温度和相对湿度值进行计算，根据计算所得到的绝对湿度值决定能否通风。

通风注意事项　①根据以上原则调节库内温湿度时，要随时监测库内温湿度的变化情况，如果发现异常，应立即停止通风。②通风过程应缓慢，防止库内温湿度剧烈变化。③通风必须与密闭等控制手段相结合，才能使通风后得到改善的温湿度状态维持较长的时间，以保证通风的效果。④通风过程中要注意防尘、防有害气体，安装空气过滤与净化装置。库外风力不得超过3级，否则空气中含尘量增加。⑤通风过程应注意防虫防鼠。库房应配备纱门、纱窗，以防虫、鼠入库。⑥库内外温差较大（如10℃以上）或梅雨季节不宜通风。库内温度低于、接近库外空气露点温度时或库外温度低于库内空气的露点温度时，均不宜通风，以免在库房窗玻璃、地面或档案表面结露。（张美芳）

通告　circular within a certain range　现代公文法定通用文种。属于公布性文件，适用于公布社会各有关方面应当遵守或周知的事项。通告的发布范围为国内社会公众，内容通常涉及一定的业务范围。具有内容重要、语言精练、发布及时的特点。通告按照用途和发文目的划分为遵守性通告和周知性通告。（王　健）

通信者分类法　classification by correspondent　以与立档单位有来往通信关系的组织或个人为分类标准，对立档单位的相关文件和档案进行分类的方法。在党政机关、社会组织和事业单位的档案管理过程中，按通信者分类法对相关归档文件分类的基本做法是：立档单位收到的通信对象的收文，可按这些文件的作者划分类编；而对立档单位给有关组织或个人的发文存本和原稿，则按收文者划分类别。

在大型项目的建设过程中，建设单位原则上应与有合同关系或有合作意向的单位建立通信渠道，并给定通信渠道号码及通信规则；正式往来信函及文件传递应使用给定的通信渠道号码及授权人签发；通信渠道号码应包括发文单位代码、收文单位代码及流水号；通过先进技术手段或信息系统实施全过程的管控。经由通信渠道形成的信函文件和档案，根据通信渠道的不同加以分类；再对同一通信渠道形成的信函文档依其使用性质，划分属类（如传递单、一般信函、商务和合同、质量保证和质量控制、设计变更、工程协调与进度控制等）。

按通信者分类法对立档单位在通信活动中形成的文件和档案分类，可以使立档单位有效地保持同一通信渠道中形成的有保存价值的信函文件和档案之间的相互联系，便于用户按通信关系查找和利用相关的档案资源。（王英玮）

通知　notice　现代公文法定通用文种。适用于发布、传达要求下级机关执行和有关单位周知或执行的事项，批转、转发公文。可用于平行文和下行文。通知使用范围广泛。根据通知的内容和基本功能，可分为规定性通知、指示性通知、事务性通知、知照性通知，以及批转、转发、发布性通知等。因其效用不同，保存价值亦不相同。（王　健）

同类型机关档案保管期限表　organs of the same type archive retention schedule　由档案行政管理部门或主管领导机关编制，供同一类型机关，如学校、医院、工厂等单位鉴定档案价值和确定保管期限时通用的依据和标准。通常由顺序号、条款、保管期限、附注以及总的说明等部分组成，其中条款和保管期限是最基本的项目。如《上海市高等院校文书档案保管期限表》《河南省高等学校档案保管期限表》《天津市各区人民委员会档案材料保管期限表》。（黄世喆）

同系统机关档案保管期限表　organs of the same system archive retention schedule　由系统的最高主管领导机关编制，供该系统各机关、单位、团体、组织鉴定档案价值和确定保管期限时通用的依据和标准。通常由顺序号、条款、保管期限、附注以及总的说明等部分组成，其中条款和保管期限是最基本的项目。同系统机关档案保管期限表须经本部门领导人批准后执行，并报送国家档案局备案，还要抄送各省（自治区、直辖市）档案局。如《煤炭部行政、企业系统档案保管期限暂行标准》《地质矿产部行政、企业系统档案材料保管期限暂行标准》《中国人民解放军文书档案保管期限参考表》。（黄世喆）

统计档案管理　statistical data files management　国家各级统计机构及有关部门对统计资料实施的档案化专业管理活动。又称统计资料档案管理、统计资料档案化管理。统计档案是统计资料档案的简称，指各级政府统计机构和国家机关、企业事业单位及其他组织，按照国家统计法律法规和相关制度要求，在开展统计调查、统计数据整理、统计数据分析、提供统计数据等活动中形成的、有查考和凭证价值的各种归档保存的原始记录、统计台账、原始凭证等统计资料的总称。

管理内容　①统计资料的归档。凡是反映统计工作活动具有查考利用价值的统计原始记录、台账以及统计材料，均应立卷归档；健全整理归档制度，保证归档统计资料规范完整。②统计档案的收集、分类和整理、鉴定和清理、备份。③统计档案的查询和检索。通过建立和完善统计数据库，建立查询和检索机制，提供数据的转换和交换服务。④统计档案信息的发布。执行“谁生成，谁发布”原则，即统计资料由生成该资料的部门发布；国家另有规定的，要从其规定。⑤统计档案的保管。统计档案保管场所及其存储环境要符合国家档案管理的要求。

原则和要求　①各地方、各部门、各单位必须建立统计资料档案制度。统计资料档案的保管、调用和移交，应当遵守国家有关档案管理的规定。②建立健全符合国家法律规定的统计资料审核、签署、交接、归档等管理制度。上报统计资料无相关原始统计记录的，视为伪造统计资料。对各种统计资料应当妥善保管，不得涂改或者损坏。③除依法应当保密的统计档案，应当及时公开，供社会公众查询；但对能够识别或者推断单个统计调查对象身份的资料，任何单位和个人不得对外提供、泄露，不得用于统计以外的目的。国家统计数据以国家统计局公布的数据为准。

统计档案管理的相关法规和标准主要包括《中华人民共和国统计法》《国家统计质量保证框架》《统计资料保密管理办法》等。

统计档案管理对保证统计档案的质量，维护国家、单位和个人统计数据的安全及秘密，加强统计档案的科学管理，提升国家统计工作的水平，充分发挥统计档案信息在国家和各单位决策及工作中的积极作用，均具有重要意义。（王英玮）

突发档案事件应急处置预案　emergency response plan for sudden archival incidents　档案部门为应对各类档案灾害及突发档案事件科学编制的应急预案。在编制突发档案事件应急处置预案时，要保证应急预案的完整性、针对性、科学性和可操作性。

预案的基本内容有：①成立应急预案编制小组，由专门的工作小组负责应急预案管理，是档案部门应急预案建设、管理顺利开展的组织保证。确定应急预案编制小组的成员、任务、工作程序和期限，明确应急预案的目的、种类、适用范围和编制的前提条件等。②加强潜在风险的预测与评估，为应急预案的制定奠定坚实基础。档案部门预测与评估面临的安全隐患，是科学制定应急预案的前提和基础，可以从自然因素和人为因素两方面对面临的潜在风险进行预测与评估。③积极开展编制工作，完善档案应急预案体系。应急预案是各种突发事件应急管理的基础，是一个透明化和标准化的应急管理程序，可以使档案部门的应急管理工作有章可循，有条不紊地进行。④认真做好审核与发布工作，提升档案应急预案的权威性。档案应急预案编制出来后，要及时报送相关部门，认真做好审核与发布工作。⑤定期开展应急演练工作，增强档案应急预案的可行性。⑥高度重视修订与完善工作，保证档案应急预案的时效性。应急预案不是一成不变的，为了确保预案在未来一定时间范围内具有指导与应用价值，各级档案部门应根据有关规定，基于环境、人员、库存档案等条件的变化，结合档案部门实际，定期或适时地修订完善应急预案，以保证档案应急预案的时效性。

应急预案管理是维护档案安全的重要手段，也是档案应急管理的重要内容之一。突发事件的频发及其给档案带来的危害客观上要求档案部门加强应急预案管理工作，为有效应对各种突发事件做好准备。应急预案管理是档案安全体系建设的重要内容，加强应急预案管理工作，对于维护国家历史记忆，构建确保档案安全保密的档案安全体系，提升档案安全保障能力，促进档案事业全面、健康、可持续发展具有重要的现实意义。（黄世喆）

图集 pictorial (collection) 利用各种图表编纂而成的档案文献出版物。又称图片集、图像集、图示集、照片集。根据图表的性质，图集大致可分为两类：①科技图集。采用图例或绘图形式编辑而成的一种科技参考资料。以各种特定图例为基本的语言符号编辑的，一般适用于以生产流程连续性较强的设备档案为主体的石油、化工、轻纺等部门；以简略图形的形式汇编的，一般适用于工业或民用建筑设计部门；以特定内容绘制图形编辑的，一般适用于科技管理部门。其中由国家指定的技术科研部门出版的图集，是指导规范各种专业实体，具有鉴定与约束效力的法规性质的技术文件。②历史图集或影像图集。采用照片、图片、图像、文本影像等编辑而成的一种历史参考资料。如黑龙江省档案馆编纂的《黑龙江历史记忆》档案图集，共6章，79个专题，收录历史照片、珍贵档案、历史地图、示意图等图片资料近1200幅，以图为主，以时为序，生动地再现黑龙江源远流长的文化和近300年历史变化的沧桑。

图集具有形象性、规范性、说明性等特点，能生动、直观地说明、展示某一方面的历史情况、历史场景、发展变化和技术要求。编纂历史图集一般要加以必要的文字说明，力求做到以史带图、由图出史、图史互动、图文并茂。近年来，随着信息技术和网络通信的发展，通过网络公布或编纂出版图集成为时代趋势。（丁华东）

图书情报档案管理一体化 integration of books, intelligences and archives management 对图书、情报和档案进行综合管理和系统开发利用的信息管理理论和模式。图书、情报和档案同出一源，同为一体。其共性有：①属性相同，都是人类知识的记录，都具有信息性、知识性和社会性。②载体相同，有纸质、胶质、磁质等，所采用的保护技术措施也具有通用性。③工作的基本职能、工作目的、工作性质、工作程序多有相近，都承担着对文献信息进行收集、加工、存储、检索和输出的任务。④在现代化管理方面，如电子计算机技术的应用、现代通信技术的应用、缩微技术的应用等，图书、情报和档案工作也具有很多共通之处。三者的共性决定了图书、情报和档案工作之间的相互联系和密切协作。经济社会的快速发展客观上要求对图书情报档案实行一体化管理，信息技术的普及推广为图书情报档案一体化管理提供了必要的条件。

图书情报档案管理一体化发端于20世纪50年代，一些国家开始对图书情报档案资料进行一体化管理。1974年，联合国教科文组织首先提出建立国家情报系统（NAHS），这个系统涉及所有领域中的情报资料、图书资料和档案资料的服务。1985年，中国国家教委和国家档案局联合出台的《关于发展和改革档案学教育的几点意见》中明确提出图书情报档案管理一体化的理念和规划方案。

图书情报档案管理一体化的模式有四种：①建立图书、情报、档案三位一体的信息管理机构，既收藏档案信息，也收藏图书、情报信息，对三者进行统一管理和提供利用。②宏观上实行图书情报档案管理一体化，微观上仍然保持图书、情报、档案的分立体制。即在宏观层面通过横向联系与协作，制定共同的目标，实行规范化和标准化的工作流程。③多种形式并存，由专门机构进行全面协调，即在图书、情报和档案部门同时并存的情况下，另设图书情报档案信息中心专门负责协调，加强三者之间的横向联系与协作。④以图书、情报和档案部门中的某一部门为基础，设立图书情报档案信息中心。（李财富）

吐鲁番文书 documents from Turpan 中国新疆吐鲁番地区古墓葬、古城址及古洞窟等出土的纸质文献。发现于19世纪末。年代为3～14世纪。吐鲁番古属车师前部，西汉置戊己校尉，建高昌、交河诸壁、垒；以后又历高昌郡（十六国）、高昌国（北朝至唐初）、西州（唐）、高昌回鹘（唐末至元）几个时期。吐鲁番文书就是高昌壁至高昌回鹘这一历史时期的纸质文书。吐鲁番文书发现后，遭到外国探险家的疯狂盗掘，大批文书流失国外。从20世纪20年代起，中国学者对吐鲁番地区进行了科学发掘，获得大批珍贵文书。吐鲁番文书现藏于中、俄、德、日、英、印度等国的博物馆、图书馆等机构。

吐鲁番文书以汉文文献为主，已知年代最早的为西晋元康六年（296），最晚的为元至正十七年（1357）。按性质可粗略分为官私文书、古籍、宗教文献等几大类。官文书包括诏令、律文、奏表、籍账、文牒等。私文书包括各类疏（如世俗的衣物疏、寺观的功德疏）、契券（如租佃、借贷、买卖、雇佣的契券）、遗嘱、信牍等。古籍有儒家经典、史书、诗文、启蒙读物等。宗教文献包括佛教、道教、摩尼教、景教、祆教等的文书和典籍。除汉文文献外，还出土回鹘文、突厥文、粟特文、吐火罗文、梵文、吐蕃文等多种文字的文献。唐大历十三年（778），吐鲁番进入高昌回鹘时期后，汉文文书渐少，所见多为回鹘文文书。吐鲁番文书的发现，为研究中古时期中国、西域和高昌的历史、宗教、语言等提供了珍贵资料。

吐鲁番文书发现后，受到国内外学术界的重视，形成一门专门的学问——吐鲁番学。法国、日本、苏联的学者先后出版了一批研究、著录吐鲁番文书的著作，日本还成立了专门研究机构。中国学者大规模整理、研究吐鲁番文书始于1975年，1985年成立“中国敦煌吐鲁番学会”，出版了吐鲁番学著作。（高成林）

W

外国档案事业史 history of foreign archives enterprise 研究世界各国档案现象的历史发展过程及其规律的档案学分支学科。

简史 20世纪50年代至60年代中期，中国人民大学档案系开设了世界档案史课程，1983年李凤楼、张恩庆、韩玉梅和黄坤坊共同编著的《世界档案史简编》正式出版，作为课程教材。此后20年，世界档案史课程几经调整，名称变更为外国档案事业史，使用的教材主要有《外国现代档案管理教程》(韩玉梅主编，中国人民大学出版社，1995)、《外国档案管理》(韩玉梅、黄霄羽共同主编，中国人民大学出版社，1998)等。21世纪初，根据世界各国档案工作实践的发展变化和档案学理论的丰富完善对教材进行重新修订，正式出版《外国档案事业史》教材(黄霄羽主编，中国人民大学出版社，2004)。

研究内容 主要研究世界范围内档案、档案工作、档案事业和档案学产生和发展的历史。学科的研究内容包括：①以历史时期为序，从奴隶制社会时期开始到现今为止，依据4000多年具体的历史事实，阐明世界各国，特别是主要国家在不同历史时期的档案和档案工作发展过程及其特点，包括萌生期(奴隶社会时期)、发展期(封建社会时期)、变革期(近代时期)和成熟与完善期(现当代时期)。在不同的历史时期，又包含档案、档案机构、档案管理活动、档案学理论以及档案法规、教育和科研等方面的内容，揭示相关历史现象的相互联系、成因及其特点和规律。②研究国与国之间档案管理的相互联系及其影响，研究国际档案组织的实践活动和国际交往的发展。

学科价值 学科具有两方面的价值：一是鉴古知今，从外国档案事业发展的历史进程和规律的研究总结中可借鉴吸收有益的历史经验，使中国档案事业的发展道路更加科学和顺畅；二是洋为中用，引进、消化和吸收国外、特别是发达国家档案事业建设的先进经验，促进中国档案事业发展水平的改进和提高。作为一门专业史学科，系统展示档案事业的历史是其首要目的。加拿大档案学者B.克瑞格认为，不了解档案专业的历史，就无法真正了解档案专业的性质，也无法科学地展望档案专业的未来。了解世界档案事业发展的情况和经验，可以更好地探求和认识档案和档案工作的发展规律，促进中国档案事业的建设。 (黄霄羽)

汪伪档案 archives of Wang Jingwei puppet regime 中国抗日战争时期(1937～1945)以汪精卫为首的汉奸政权及其所属的社团、学校、企事业单位在各项活动中形成的档案，是**民国档案**的一部分。包括1937年12月在北平成立的伪“中华民国临时政府”、1938年3月在南京成立的伪“中华民国维新政府”和1940年3月在南京成立的汪伪国民政府的档案。档案种类包括各汉奸政权成立后颁布的法规、命令、会议记录、工作计划、施政报告及各种函电、表册。其内容涉及政治、军事、外交、财政、金融、经济、交通、司法、文化、教育、党务和社团各方面。记录了日军控制汉奸政权和在沦陷区设厂开矿、统制粮食棉花、垄断水电交通、强施亲日反共奴化教育、进行“治安强化”和“清乡”运动等侵略活动，也从侧面反映了中国共产党领导的八路军、新四军等抗日武装开展敌后游击战的情况。其中汪伪政权地方机构的档案由相应的各级地方档案馆保管，中央机关的档案由**中国第二历史档案馆**保管，共计有近80个全宗，7万卷。 (李祚明)

王传宇 Wang Chuanyu(1937-06-28～) 中国现代档案学者。生于辽宁盖州。1960年毕业于中国人民大学历史档案系并留校任教，曾任科技档案教研室主任、历史档案系副主任、档案学院学术委员会主任、《档案学通讯》编委、教授、博士生导师，兼任中国档案学会理事、常务理事等。1993年获国务院颁发的政府特殊津贴。

主要研究领域是科技档案管理，成果丰厚。先后主编了《科学技术档案管理学教学大纲》(1986)、《科学技术档案管理学教程》(1986)、《农业科技档案管理概要》(1986)、《科学技术档案管理学》(1987)、《科技档案管理学》(1989)、《科技档案管理导论》(1993)、《科技档案管理》(1999)，与沈永年、高鹏云合编《科学技术档案管理基本知识》(1985)，与李鸿健、曹喜琛合编《科技档案管理与档案保护编纂》(1989)。先后发表《谈谈提高技术档案的准确性问题》《关于社会主义档案工作基本规律的探讨》《浅谈农业科技档案及其管理工作》《科技档案价值论》《科技档案分类的理论与实践》《关于档案学研究几个问题的思考》《吴宝康科技档案教育思想研究》《新中国科技档案事业50年》《论技术档案工作大连会议的历史地位》《关于档案价值鉴定的理论与实践(一)——问题与形势》《关于档案价值鉴定的理论与实践(三)——价值鉴定与全面、辩证分析》等多篇学术论文，内容涉及科技档案价值、科技档案管理学理论、科技档案现代化管理、科技档案事业发展历史、科技档案管理学学科建设等。

王传宇从教42年，对科技档案管理工作的对象、内容、环节等规律性问题进行了系统研究，提出了基于马克思主义的科技档案价值观，带领团队构建了面向现代化的科技档案管理学学科体系，进一步丰富和拓展了科技档案管理学知识体系，对科技档案管理学人才培养做出了贡献。 (张 斌)

王国档案图书馆 library and archives of Kingdom 古代两河流域和古希腊地区的档案管理机构。王国档案图书馆主要以收藏和保管档案为职责，未能面向社会公众开放，因此算不上真正意义的档案馆，只能算是档案库。

王国档案图书馆在阿卡德王国称霸时期出现于古代两河流域。阿卡德王国的创始人萨尔贡一世在今伊拉克境内建立了尼普尔城和贝洛斯神庙。美国考古队在贝洛斯神庙遗址发现了尼普尔档案图书馆，规模相当大，拥有80间库房，保存有大量**泥板档案**。到公元前10世纪左右亚述王国统治时期，档案图书馆的规模达到高峰，最具代表性的就是在尼尼微建造的档案图书馆。在这里，发掘出大约3万块泥板档案和图书，包括行政文件、法律文件、公务信函、外交文件、经济报表、天文观测记录、建筑报告以及亚述国王派人从全国各地和其他国家收集到的各种图书等。

在古希腊，王国档案图书馆形成于希腊经济和文化对北非、西亚和地中海东部地区各国都有较大影响的希腊化时代。在希腊化时代，各王国纷纷建立了王国档案馆，最著名的是托勒密王朝的亚历山大档案图书馆和帕加马王国档案图书馆。亚历山大档案图书馆大约建于公元前290年，是当时的国际性学术研究中心之一。馆藏包括亚历山大帝国从希腊各地收集来的文献珍藏，如著名哲学家柏拉图和亚里士多德的部分手稿，三大悲剧作家埃斯库罗斯、索福克勒斯和欧里庇得斯的手稿等。帕加马王国档案图书馆的规模仅次于亚历山大档案图书馆，馆藏纸草档案和羊皮纸档案约20万件。（黄霄羽）

王可风 Wang Kefeng（1911-08-27～1975-03-04）中国现代档案学家，中国第二历史档案馆的主要创建者。生于安徽萧县，卒于江苏句容。早年毕业于师范学校，从事教育工作。抗日战争爆发后投身革命。1946年后历任晋冀鲁豫北方大学历史研究室研究员、教员，华北大学历史研究部研究员、教员，中国科学院近代史研究所研究员。1950年奉派南京接收国民党政府机关档案，次年任南京史料整理处主任。1964年任中国第二历史档案馆副馆长。

他自担任南京史料整理处主任后，致力于民国档案的收集、整理和研究工作，曾亲赴重庆、昆明等地收集数量庞大的国民党政府中央机关散失在各地的档案。他刻苦钻研、勤奋治学，主持制定了一套整理历史档案的方法，组织整理了大批档案，并主持编写了《历史档案的整理方法》一书。他重视档案史料的编纂和研究，主持编辑了《中国现代政治史资料汇编》等2100余万字的资料。《王可风档案史料工作文集》1987年由档案出版社出版发行。（施宣岑 撰 赵国俊 修订）

王明哲 Wang Mingzhe（1929-11-09～2018-06-22）中国现代档案学家。生于河北安新，卒于北京。1943年参加革命，中华人民共和国成立后从事档案工作。历任政务院机要处副科长，中国人民大学档案专修科教员，国家档案局处长，中央档案馆研究馆员、副馆长、馆长，中共中央党史资料征集委员会副主任等职。中共十三大代表、政协第八届全国委员会委员。

他长期致力于文秘档案工作，参与创建中华人民共和国档案事业，主持或参与起草过由国家档案局和中央档案馆参与制订或者发布的多部重要法律、规章、规划等文件，如《国家档案局组织简则》（1955）、《十二年科学技术档案资料工作规划》（1962）、《中央档案馆十五年发展规划（草案）》（1980）、《中央档案馆组织简则》（1981）等。他积极参加档案学理论的研究和建设，发表《关于档案自然形成规律的探讨》（1961）、《技术档案在社会主义建设中的作用》（1962）、《技术档案室工作基本知识讲话》（1962）、《关于如何提高档案馆工作水平的探讨》（1985）等文章。他还参与领导或主持编辑多部档案史料汇编，如《中共中央文件选集》《日本帝国主义侵华档案资料选编》《中华人民共和国经济档案资料选编》《中央档案馆馆藏历史资料篇名索引》及中共组织史资料等。他担任过中国档案学会副理事长、理事长、名誉理事长，以及中国中共党史学会副会长、中华人民共和国国史学会副会长、中国延安精神研究会理事、中国人民大学档案学院（今信息资源管理学院）兼职教授等职。（蔡廷光 撰 赵国俊 修订）

韦庆远 Wei Qingyuan（1928-02-28～2009-05-11）中国现代历史学家、历史档案专家。别名韦庆源。生于广东顺德，卒于广州。早年曾在广东省法商学院学习，1946年入北京大学，1947年转入朝阳大学（今中国人民大学）法律系学习，1950年毕业后留校任教。1972～1978年，调入北京师范大学任教。1978年后历任中国人民大学中国政治制度史教研室主任、校学术委员会委员、中国档案学会理事、《档案学词典》编委会顾问、中国人民大学档案学院（今信息资源管理学院）教授等职。曾先后受聘为中国政治学会、中国经济史学会、中国档案学会、中国明史学会等学术团体理事、顾问，美国哈佛大学费正清东亚研究中心客座研究员、哈佛燕京学社访问学者，英国牛津大学东亚研究系客座教授、圣安东尼学院兼职院士，香港科技大学人文学部客座教授，台湾政治大学历史系、历史研究所客座教授，香港城市大学中国文化研究中心、香港珠海书院历史研究所客座教授，台北“中央研究院”历史语言研究所和近代研究所、香港大学中文系和历史系访问学者，中央民族大学兼职教授，广东社会科学研究院客座教授。1992年获国务院颁发的政府特殊津贴。

主要研究领域为档案史、明清史和中国政治制度史，成就斐然。主要著作有《中国档案史稿》（1957）、《明代黄册制度》（1961）、《明代的锦衣卫和东西厂》（1979）、《清代奴婢制度》（合著，1982）、《清末宪政史》（合著，1993）、《清代全史》（第五卷，合著，1995）、《隆庆皇帝大传》（1997）、《祸从笔墨生——明清文字狱》（1999）、《张居正和明代中后期政局》（1999）、《中国官制史》（合著，2002）、《澳门史论稿》（2005）。主要论文集有《档房论史文编》（1984）、《明清史辨析》（1989）、《明清史新析》（1992）、《明清史续析》（2006）。

韦庆远从教33年，是1952年中国人民大学专修科档案班成立后最早的教员之一，担任中国档案史、中国政治制度史、明清档案与明清史等主要课程的教学，主持完成了《中国档案史》《中国国家机关史》《中国政治制度史》等教材建设。他是1978年中国人民大学复校后第一批教授和硕士生导师，为中国档案专业教育的奠基和发展做出了重要贡献。

治档与治史相结合是其学术研究最突出的特色。从20世纪50年代起，韦庆远就把利用档案研究历史确定为自己的学术方向，发掘明清档案在明清史研究中的史料价值与特殊地位，多次撰文倡导利用历史档案进行历史研究。20世纪80年代以来，他多次到国外及中国港、澳、台地区讲学，为学术交流和传播中国史学研究新成果做出了重要贡献。（何 庄）

《维系之道——档案与档案管理》 *To Be Long lasting: Archives and Archives Management* 中国档案学著作。张辑哲著，中国档案出版社1995年出版。1998年获第二届教育部人文社会科学优秀成果三等奖。

著作分为理论篇和方法篇，每篇三章，分别阐述档案与档案管理的基本理论和档案管理的一般技术与方法。第一章档案与社会，分析档案的本质、起源、种类与形成过程，认为档案的形成是“无意”“有意”+“时间”的产物；阐述档案的性质、作用与特点，从档案与其形成主体、与其他文献类型的关系以及档案真实性等方面，分析档案的相对性和唯一性，讨论档案的社会意义和哲学意义；介绍中国档案事业的构成。第二章档案管理的基本原则，研究档案管理的基本理论认识，分类方法的两大思路和全宗原则，从认识论、方法论角度挖掘全宗原则的思想内涵和理论力量，认为全宗原则可以最大限度地尊重、维护和保持历史本来面貌。第三章回顾和展望了档案工作的历史与未来。第四章档案实体管理，分别研讨了档案的价值鉴定、收集、整理、保管等各环节的原理和方法要点。第五章档案内容信息的开发利用，对档案提供利用、编研、检索的原理与方法做了逐一阐释。第六章在对前两章各主要管理环节研究的基础上，强调档案工作的整体调控和综合管理，包括对于各档案形成机构和管理机构之间的宏观调控，以及一个档案管理机构内部管理活动全流程的微观调控，旨在形成良好的社会环境和档案事业运行机制，建立档案工作的普遍规则与规范，协调各方面的总体关系，使之达到秩序化的良好状态。

著者认为，档案与档案管理是一种普遍的意义深刻的社会现象，是人类社会时空统一性和整体连续性的重要媒介与维系之道。他将档案管理的思想流派归纳为历史主义和逻辑主义两支，认为二者分别适用于档案实体管理和信息管理，特别强调历史主义对于档案本质联系的遵从和维护。强调档案与档案管理的社会性与社会价值，将其视为社会总体的有机组成部分，与社会生活的各领域各方面具有千丝万缕的联系，因此必须从人类社会的总体角度去认识和看待档案问题，促进档案走向社会。这些思想观点在档案学界产生了较为广泛的影响。 （冯惠玲）

伪满洲国档案 archives of puppet regime in Manchuria 中华民国时期伪满洲国（1932～1945）政权中央和地方机关在各项活动中形成的档案，是民国档案的一部分。日本帝国主义在投降前夕指使伪满国务院下令所属机关销毁全部档案，故残存无几，仅有4万余卷。内容包括伪满各级政权机构的设置沿革，人员任免，各项规章制度，行政区划演变，军队、警察、宪兵队侦查和镇压抗日义勇军、东北抗日联军和各人民团体反满抗日的活动，各宪兵队工作报告，“国联”调查，各国驻伪满领事馆的活动，以及办学堂、设医院、经营铁路和航运、设银行、办厂矿、移民开拓等政治、经济、军事和文化等各方面的材料。伪满档案主要存于3处：吉林省档案馆存有伪满中央国务院总务厅、外交部、最高法院、首都警察厅、中央银行等的档案2万余卷；黑龙江省档案馆存有龙江省公署、滨江省公署、北安省公署、三江省公署等的档案15个全宗，1.8万余卷；辽宁省档案馆存有奉天省公署、奉天高等检察厅、奉天高等法院、奉天通志馆、溥仪来往书信等档案7个全宗，762卷。

（吴福胜）

卫生档案管理 medical records management 各级卫生行政管理部门和各医疗、疾病预防控制、卫生监督、科研、血站、妇幼保健和社区卫生服务等机构从事的卫生档案行政管理和业务管理活动。又称卫生档案管理工作。卫生档案是各级卫生行政管理部门和医疗、疾病预防控制、卫生监督、科研、血站、妇幼保健和社区卫生服务等机构，在工作中形成的，具有保存价值的各种形式和载体的历史记录。

2008年之前，中国的卫生档案管理称作医药卫生档案管理。1991年3月9日，国家卫生部发布施行了《医药卫生档案管理暂行办法》。2008年4月后，卫生部与国家档案局联合发布了《卫生档案管理暂行规定》，才正式确立了卫生档案管理的新概念。

卫生档案管理遵循统一领导、分级管理的原则。各卫生机构要加强对卫生档案管理工作的领导和监督、指导，建立健全档案管理制度，将文件材料归档工作纳入有关人员的职责考核范围，确保卫生档案完整、准确、安全，便于利用。各卫生机构要把卫生档案管理纳入本单位发展规划和工作计划，保证机构、人员、经费和设施等档案工作的必备条件，保持档案工作人员的相对稳定。卫生档案的信息化建设要与本单位的信息化建设同步发展，逐步实现档案管理信息化、服务网络化，不断提高卫生档案的现代化管理水平。

卫生档案管理由上级卫生行政管理部门和同级档案行政管理部门监督、指导。各卫生机构档案部门或档案工作人员负责本单位档案的收集、管理、利用和开放等业务工作，并对直属单位档案工作进行监督和指导。在管理中要遵循的标准和规范有：《卫生档案管理暂行规定》（卫生部和国家档案局2008年4月15日印发执行）、《医疗机构病历管理规定（2013年版）》（国家卫生和计划生育委员会、国家中医药管理局2013年11月20日发布）、《血站管理办法》（卫生部2006年第44号部长令发布）、《血站质量管理规范》（卫生部办公厅2006年4月29日印发）、《基于健康档案的区域卫生信息平台建设指南（试行）》（卫生部信息化工作领导小组办公室2009年5月发布）；《卫生信息数据元标准化规则》（WS/T 303—2009）、《卫生信息数据集元数据规范》（WS/T 305—2009）、《卫生信息数据集分类与编码规则》（WS/T 306—2009）、《居民健康档案医学检验项目常用代码（WS/T 446—2014）、《电子病历基本数据集第1部分：病历概要》（WS 445.1—2014）、《电子病历基本数据集第2部分：门（急）诊病历》（WS 445.2—2014）等。

卫生档案管理是国家卫生工作的重要组成部分，是提高管理水平与服务质量、维护公民和卫生机构合法权益的基础性工作。 （王英玮）

魏晋南北朝档案 archives in the Wei, Jin, Southern and Northern Dynasties 中国魏晋南北朝时期的简牍与纸质文书档案。魏晋南北朝虽战乱纷争，但各国普遍重视对档案典籍的收藏。它是文书档案书写载体变革的时期，纸张逐渐普及，简牍逐渐减少至南北朝时已基本绝迹，简牍与纸质文书档案并行。

魏晋南北朝九品中正制的推行，使谱牒档案盛行。东晋太元（376～396）年间贾弼之撰成的《姓氏簿状》，为这一时期的谱牒档案，卷帙浩大，达712篇。天文、历法档案亦藏之秘府。《魏书·律历志上》：北魏孝明帝神龟年间，正光历初成，著作郎崔光即上表建议将该历法“封以上呈，乞付有司重加考议。事可施用，并藏秘府，附于典志”。《晋书·裴秀传》：（裴秀）“又以职在地官，以禹贡山川地名……甄擿旧文，疑者则阙，古有名而今无者，皆随事注列，作《禹贡地域图》十八篇，奏之，藏于秘府。”古代地图因记载了山川形胜，又因古代交通不便，魏晋南北朝时期政权更迭频繁，出于政治、经济的需要，各统治者都极其重视地图的收藏。

随着考古挖掘的深入开展，魏晋南北朝档案出土数量不断增多。简牍档案有：1899年，瑞典人S.赫定在楼兰遗址，发现汉晋代简牍21枚。1901年1月，匈牙利人A.斯坦因在塔克拉玛干沙漠发掘了丹丹乌里克遗址后接着到达尼雅遗址，获得魏晋汉文木牍40余枚和佉卢文木牍524枚；1907年，斯坦因在罗布淖尔以北的北海头故城又得到魏至北宋木牍104枚，在尼雅遗址中得到11枚。1908～1910年，日本大谷光瑞探险队来中亚考察，在楼兰遗址海头故城中得“李柏文书”及晋代木牍5枚。1914年，斯坦因在楼兰遗址中掘得晋代简牍49枚。1996年在湖南长沙走马楼发掘出多达14万枚左右的吴简。除简牍档案外，在吐鲁番文书中亦包含东晋南北朝时的文书。1949年后，考古工作者在吐鲁番地区进行发掘，共整理出东晋十六国时期的文书100多件，南北朝至唐初700余件。

魏晋南北朝档案的保存、传承和发掘，为研究当时的政治、经济制度，全面了解这一时期的历史面貌提供了详尽的历史史料。 （王云庆）

魏晋南北朝档案管理 archives management in the Wei, Jin, Southern and Northern Dynasties 中国魏晋南北朝时期的档案制作和管理技术。

概况 魏晋南北朝档案工作机构基本上在两汉旧制的基础上建立起来，在中央逐渐形成了中书、门下、尚书三省分治的中央文书档案工作系统。随着各国文书档案工作系统的建立和加强，文书档案人员数量、名目随之增多。中央机关有尚书郎、都令史、令史、通事郎、舍人、中书舍人等，地方有治中从事、诸部从事、主簿等。魏晋南北朝时期，小国林立，少数民族所建地方政权很多，他们文化落后，重视对档案图籍的收藏，东观、宗庙等都为档案典籍的收藏之处。如曹魏时，魏文帝诏令正本称"藏之宗庙，副在尚书、秘书、三府"。

档案制作形式　魏晋以后，纸的品种增多，产量增大，在民间得到了广泛应用。促使以纸张为载体的档案文献，在文书制作方面发生相应变革。①文书装订形式采用卷轴式。把数张纸按顺序粘连成一张长纸，然后在最后一张纸上粘接一根木条或竹条作轴，以手执轴，向前翻卷，将文书卷成一卷。因卷轴式装订，又形成了押缝制度，防止作伪。②文书档案结构程式及文体发生变化。魏晋南北朝时期，公文程式更加复杂，包括首称、正文、末称、后书等组成部分，内容层次的递进转折更加严格、烦琐。受当时华伪淫丽的文风影响，公文的文字表达过于追求文采、华而不实。③文书的种类在沿袭两汉旧制的基础上，增加了新文种。如上奏文书中增加了启、贺、表等。④文书用印制度发生变化。公文用纸后不再使用封泥，朱色水印代之而起，印章改为反字阳文，方径变大，设有专员保管，并产生了官印移交制度。⑤书写工具上，兔毛为主、笔杆较短的改良型毛笔成为主要的书写工具。

档案保护技术　表现为档案有害生物防治技术、档案文献装帧修裱技术、档案文献的防霉技术等。

纸墨档案文献出现以后，人们采取了染纸避蠹的措施。中国最早出现的避蠹纸是一种用黄檗汁加工的纸张，称潢纸。黄檗是一种芸香科落叶乔木，其皮色黄味苦，将黄檗浸泡于水后制成的黄檗汁是一种内含小柏碱的天然杀虫剂，渗入纸中可以使纸常年防蛀。魏晋南北朝时期，染纸技术得到完善。此外，将兰草、芸香草、烟草、荷叶、芥末和香蒿等叶片夹置在档案中间或放在库房里，也能起到防虫的作用。

纸质档案文献的装订形式普遍采用卷轴式，卷子经常利用，边缘易磨损，人们就用纸、绫、罗、绢、锦对卷子进行装裱。中国古代防霉药剂种类较多，其中以白矾、察香为主；其次是含砷和硫的矿物质。魏晋南北朝时期，人们主要是把防霉剂涂布在纸上。此外，墨中加防霉剂也能达到防霉的效果。魏晋时期，人们常用松烟加其他辅助剂制墨。三国诗人曹植诗曰："墨出青松烟，笔出狡兔翰，古人感鸟迹，文字有改判。"

意义　魏晋南北朝时期，社会动乱不断，一定程度上阻碍了档案管理的发展并对档案典籍造成了极大的破坏。如西晋惠帝时的"八王之乱"，怀帝时的"永嘉之乱"，历时十余年，据《隋书·经籍志》记载"京华荡覆，渠阁文籍，靡有孑遗"。各国收集的档案典籍遭受巨大毁坏，文书档案荡然无存。但魏晋南北朝时期，门阀制度的发展、庄园经济制度的兴盛，促使谱牒档案获得了极大发展，并产生了谱学，是古代重要的档案史料。补充史籍空缺，为研究历史学、民族学、人口学、经济学等提供了重要的史料。魏晋南北朝时期，在档案文献的制作和管理技术方面的变革顺应了历史发展的需要，随着载体材料的变化而不断创新和完善，在档案发展史上起到了超越前期和引导后世的作用。　（王云庆）

文档一体化　integration of documents and records　从文件和档案工作全局出发，将相对分散独立的文件管理和档案管理统一为一个有机整体进行管理。文档一体化将文件与档案管理工作合一，提高效率，优化机构职能设置。文档一体化采用的是狭义的文件概念，即"小文件"概念。在理论与实践基础的支持下，文档一体化不仅适用于纸质文档，更是电子文档管理的迫切要求。电子文档一体化也可借鉴纸质文档一体化过程中的成果与经验。

理论基础　主要为生命周期理论、前端控制思想、后保管模式以及全程管理模式。在文件生命周期理论中，文件从形成到销毁或永久保存，是一个完整的生命运动过程。文件与档案间具有明显的继承关系，这是文档一体化得以实施的重要前提。前端控制思想则着重于将文件生命周期中各个阶段的要素予以考量，将必要工作提至前端作业，防止后期重复劳动，最大限度发挥各阶段效能，实现总体效益最大化。后保管模式是在前端控制的基础上，强调将工作重心从文档的实体保管移向文档间的来源与过程，用系统观念对待文件与档案。全程管理模式要求统筹兼顾整个文件生命周期中所有管理活动和管理要素，建立一个涵盖全部文件管理活动的管理体制、目标体系、制度体系、程序体系和技术方法体系。文档一体化是全程管理模式的一个部分，且需要其他部分共同配合，以确保文档一体化的顺利实现。

主要内容　文档一体化应包括文档实体管理一体化、信息利用一体化、规范一体化等几个方面。文档管理一体化，指对文件从生成、流转、归档形成档案，直至档案被销毁为止的整个生命周期进行全面管理；文档信息利用一体化，指利用时不用考虑信息是文件信息还是档案信息，用一条检索命令即可查到所需的全部文档信息；文档规范一体化，强调文档一体化是一项规范化程度要求很高的工作，在实现一个文档一体化系统时，需要进行协调处理，制定出符合实际情况的文档一体化规范。

以公文为例，文档一体化系统一般包括 3 个子系统：公文子系统、归档子系统和档案管理子系统。公文子系统记录了文件处理过程中文件信息的流动和处理状况；归档子系统在整个文档一体化系统中发挥着承上启下的作用，记录了公文信息向档案信息的转化过程；档案管理子系统是在计算机系统上实现档案管理活动的内容和功能要求的应用程序，负责档案信息的管理活动，如检索、借阅、统计、销毁、整理等，是文档一体化系统的重要组成部分。

实行文档一体化需要理顺管理体制、完善组织机构，需要进行标准化建设，需要培养与文档一体化管理要求相适应的人才。实行文档一体化可以使档案收集完整、系统、便捷、准确、安全，实现文档超前控制，提高信息检索效率，提高行政效率，有利于科学决策和人、财、物的合理利用。
（钱　毅）

文集　collected works　汇录一个或数个作者大部分文稿的档案文献结集方式。又称文选。所收内容较选集为多，但又不同于全集之全部收录。

中国文集编纂历史悠久。先秦的《诗经》及诸子之书，皆具有文集特点，但因列入经部、子部，故一般视《楚辞》为文集之始。此后，相继出现别集、总集、诗文评论、词曲等各类文集。刘勰《文心雕龙·隐秀》："凡文集胜篇，不盈十一；篇章秀句，裁可百二。"刘知幾《史通·载文》："而世之作者，恒不之察，聚彼虚说，编而次之，创自起居，成于国史，连章疏录，一字无废，非复史书，更成文集。"现代所见古代文集，绝大多数为明清时期所编录。据不完全统计，明代除诗集外有 2000 余种，作者 1500 余家；清代载录《清史稿·艺文志》和《清史稿·艺文志补编》的文集总计 5000 部以上，有学者统计，中国各大图书馆收藏的清人诗文别集达 1.3 万余种。

文集注重选录集主有重要价值的政论文案、学术作品、文学作品、行状杂记等文稿，文体类别多样，有奏疏、谏阻、论说、公牍、书启、序跋、策问、箴、铭、笔记、日记、墓志铭、语录、辞赋等，基本上为原始档案材料。内容广泛，涉及国家政治、典章制度、军事、行政、吏制、刑律、命案、宗庙、陵寝、礼仪、科举、户口、田赋、税收、徭役、农田、水利、海运、漕运、仓储、风俗、民情等，是研究一代政治、经济、军事、思想文化和中外关系的重要史料。（丁华东）

文件 documents; records 社会组织或个人在各项活动中产生的、具有特定效用的凭证性信息记录。又称文书。

定义 狭义的文件指公务文件（公文），广义的文件包括公私机构和个人产生的各种凭证性信息记录。**国际档案理事会**所编的《**档案术语词典**》（1984）将文件定义为："由机关、团体、组织或个人，在履行其法定职责或处理事务中所形成、收到并保存的记录信息（文献），其形式和载体不论。"国际档案理事会在《电子文件管理指南》（1997）中将文件定义为："在机构或个人活动的开始、执行与结束的过程中形成或接收的记录信息，包括能充分证明活动的内容、背景与结构，不论其形式或载体如何。"国际标准《信息与文献文件管理 第1部分：通则》（ISO 15489-1：2001）将文件定义为："机构或个人为履行法定义务或开展业务活动过程中形成、接收并维护的作为凭证和具有查考作用的信息。"

词源 "文件"一词常与文书、公文通用。从汉语词源看，文书一词最早出现，《汉书·刑法志》记载："文书盈于几阁，典者不能遍睹"；公文一词最早见于《三国志·魏志·赵俨传》之"公文下郡，绵绢悉以还民"，《后汉书·刘陶传》中"但更相告语，莫肯公文"一句也有对公文的记载；文件一词的出现迟至清末，在《内阁属官官制》中有"掌本阁公牍文件"的记载，此后文件、文书两词经常混用。

随着现代社会文件载体和记录方式的扩展和变化，文件、文书、文献的内涵逐渐扩大，含义发生了变化。文件和文书的概念十分相近，区别主要在于应用时代和使用习惯。清代以前没有"文件"一词，现在常把历史上的文件称为文书，而当代的多称为文件（特别是新型载体的文件，如电子文件）；文书的引申义是指从事这种工作的人。文件和文献的概念不同。文献是记录有知识的一切载体，包括的范围很广，图书、期刊、报纸、档案等都是。文件只是文献的下属概念之一，不包括传播知识、信息的出版物，狭义上也不包括已归档的历史记录。

与档案的关系 传统观念中，文件经过归档转化为档案，档案是保存备查的历史文件。文件转化为档案需要具备三个条件：①办理完毕的文件才能转化为档案。文件是档案的前身，档案是文件的归宿。②具有考查价值的文件才能转化为档案。文件是档案的基础，档案是文件的精华。③按照一定的规律保存起来的文件才能转化为档案。文件是档案的因素，档案是文件的组合。但是在电子环境中，根据全程管理思想和前端控制原则，归档环节提前于文件形成之初，档案机构对文件的控制甚至提前到文件形成系统设计之初，文件和档案的界限趋于模糊。

类型 文件可分为公务文件和私人文件两大类。公务文件简称公文，即公务活动的信息记录。广义的公文是指国家机关、社会组织和企事业单位在履行法定职责、开展业务活动过程中形成的文书；狭义的公文专指党政机关在政务活动中形成的具有法定效力和规范体式的文书。私人文件指个人、家庭、家族在处理私人事务的活动中形成的信件、笔记、书稿、契约、证书、**遗嘱**、家（族）谱等信息记录。公文是文件的主流。

运动过程 根据文件生命周期理论，文件从形成到销毁或永久保存，是一个完整的运动过程。过程可分为四阶段：①制作阶段。即书面文件的撰写、表格文件的设计与填写、图示文件的绘制、音像文件的录制、机读文件的输入等，制作通常由各单位的领导人、业务人员、秘书人员以及其他各种公职人员或私人完成。②现实使用阶段。这一阶段的文件处在传递、运转、承办和执行过程中，暂时存放在制作、接收和承办的单位或个人手中。处于这一阶段的文件称作现行文件，有关工作由领导人、业务人员、秘书人员以及其他各种公职人员或私人来完成。也有学者认为以上两个阶段实为一个阶段，即现行文件阶段，也称作文件处理。③暂时保存阶段。即北美国家的一些学者所称的半现行文件阶段或休眠阶段。这一阶段的文件已现实使用完毕，因日后尚有查考价值而被保存起来，中国习惯称之为归档。中国学者一般认为进入这一阶段的文件已转化为档案，不宜再称为文件而应称为档案，或称现行档案、现行机关档案，保存这些文件的机构称为档案室或中间档案馆，保存期限一般为二三十年；欧美等国家的学者则仍称之为文件或半现行文件、休眠文件，保存这一阶段文件的机构则称为文件室、文件中心、文件服务中心。④永久保存阶段。丧失继续保存价值的文件被销毁，而剩下的仍有科学、历史价值的文件将无限期地保存下去，直至其毁灭。处于这一阶段的文件一般由档案馆保存，世界各国普遍称之为档案，也有些学者称之为非现行文件、历史文件或档案文件。

在电子时代下，电子文件因其非人工识读性、流动性、易逝性、系统依赖性、信息和特定载体可分离性等特点，对文件生命周期理论产生冲击，描述纸质文件从生成到处置直线运动过程的文件生命周期理论的概念、阶段划分和各阶段对应关系不再适用于电子文件，引起文件管理方式的变化。为此，澳大利亚档案学者 **F.阿普沃德**等人提出**文件连续体理论**，认为文件往复运动于从生成到处置的连续体中。国际档案理事会制定的《电子文件管理指南》（1997）将**电子文件生命周期**划分为设计、形成和维护三个阶段，着眼点是电子文件管理系统，而划分的依据是电子文件管理活动的先后顺序。何嘉荪将电子文件生命周期划分为文件的孕育和形成阶段、现行阶段、暂时保存阶段和永久保存阶段，突出了对电子文件实行前端控制的重要性。

（陈兆祦 松世勤 秦国经 撰
徐拥军 闫 静 修订）

《文件处置办法》 *Records Disposal Regulation* 中国共产党中央机关在新民主主义革命时期，为适应地下斗争需要，于1931年制定的关于档案管理的指导性文件。瞿秋白起草，经中共中央军委书记、中央组织部部长兼管中央秘密工作委员会的周恩来批准试行。原件现存中央档案馆。

全文共7条。第1、2、3、6条规定了档案分类、整理、编目的原则与方法。其中规定中央文件分为四大类：最高机关决议及指示；对外宣言、告群众书等；中央政治局记录及常委重要问题记录；中央决议案及通告、宣传大纲和党员个人致中央的重要信件。四类之下再按政治、苏维埃、组织、宣传、妇女、军事、农民（土地）、职工、青年、党内问题等分成小类。中央文件与地方文件、军队文件和苏维埃政权文件分开整理。地方文件按地区分大类，每一省为一类，省内文件按内容性质分项目。各类文件依时间顺序，分别编类号和目录。第4、7条规定了文件留存、销毁办法，要求对原件已散失而登载于报刊上的宣言、告民众书等重要文件"须努力收集"，对"事务性质""绝无内容"的文件均予销毁。第5条规定了资料的收集、保管问题，要求对中央和地方的机关报刊，"必须尽力保存一全份，并须另置一妥当的地方"。《文件处置办法》最后有一条"总注"："如可能，当然最理想的是每种二份，一份存阅（备调阅，即归还），一份入库，备交将来（我们天下）之党史委员会。"其中"库"即**中央文库**。

《文件处置办法》对中国共产党的文书、档案工作有很大影响，使之保存了大量珍贵的党史文献资料，其基本思想、原则和方法至今仍有指导意义。《档案工作》1961 年第 4 期首次公布了其影印件。

（邹步英）

文件风险管理 records risk management 对文件管理所面临的风险进行识别、评估、分析，并在此基础上有效地处置风险，以最低成本实现最大安全保障的科学管理方法。将风险管理的一般性方法与文件管理的特殊性需求相结合，移入特定的管理环境中加以运用，采用逆向思维的方式来指导文件管理。通过查找风险及时地告知机构可能面临的问题，使其采取积极的防范和应对措施。

形成与发展 中国文件风险管理理论起始于冯惠玲团队 2003 年获批的国家社科基金重点课题《电子政务系统中文件管理风险防范与对策研究》，此项目首次将风险管理理念引入电子文件管理，提出了电子文件风险概念，梳理了电子文件风险因素的类别和具体表现，剖析了电子文件风险管理的程序和方法，其成果集结于《电子文件风险管理》一书中，此后国内很多学者和档案工作者在文件险管理方面做了大量深入的研究和实践探索。在国际上，文件风险管理最早见诸国际标准《信息与文献–文件管理》（ISO 15489），其中多处提及文件风险、风险评估、风险分析、风险管理等概念，内容涉及制定文件管理规划与战略，选择文件保存策略和灾难恢复计划等多个方面。美国、英国、澳大利亚等国相继在文件管理研究中注入了风险管理的理念和方法。国际文件管理者与行政管理者协会（ARMA International）于 2004 年出版了《文件与信息的风险管理》一书，论证了文件、信息风险管理的方法论。

内涵 文件风险管理具有完整的理论体系，体系的核心是文件风险管理框架。框架由多方人员共同参与制定，应用于不同层面文件管理策略并贯穿于文件管理全过程，用于识别文件管理不当可能给社会、机构带来的各种风险因素并实施应对，为管理目标的实现提供合理保证。框架包含目标设定、风险规划、风险识别、风险评估、风险应对、风险监控六个相互关联的要素，其中风险识别和风险评估是之后一系列环节的基础，只有正确地识别出一定阶段项目的风险，并进行合理的排序或划分等级，才有可能制订出对应的风险管理措施，从而控制风险对机构的影响。这六个要素源于文件管理需求，与机构业务活动、信息化建设等内外部因素整合在一起，贯穿于各个层面的文件管理过程当中。

①目标设定。文件风险是指文件及其管理质量缺损以及引发其他损失的不确定性，系可能产生的预期结果与实际结果的负面差异。目标设定是有效地进行风险识别、风险评估和风险应对的前提。设定的目标包括文件质量目标（如真实性、完整性、安全性、可用性等）、文件管理的其他目标两类。②风险规划。围绕文件风险管理制订一整套计划，包括定义风险管理的行动方案及方式，选择合适的风险管理方法，确定风险管理活动如何实施等。③风险识别。通过预期结果与实际结果的对比，找出两者间的差异。如果这个差异是负面的，那就是风险。因此，对应前面设定的目标，采用“目标偏离及演绎”是识别风险的基本方法。除了明确风险后果（即损失）之外，还必须掌握造成风险后果的风险因素和风险事故。在某种程度上，后者比前者更具有现实意义，因为所有的防范、控制措施都是直接管理风险因素和风险事故的，通过对风险因素的管理，减少风险事故的发生；通过对风险事故的管理，弥补损失。因此，对文件风险的识别将兼顾风险后果、风险事故和风险因素。④风险评估。在实际工作中，文件的重要程度、风险发生的可能性及其频率、风险后果的严重程度往往会形成不同的风险等级，风险等级的不同将决定机构如何制定应对策略、采用何种应对措施。文件风险评估是借助半定量的方法，在区分文件重要程度的基础上，分别计算不同价值文件的风险值。⑤风险应对。通过对各种风险因素的管理规避风险事故的发生，弥补风险后果并阻止扩散的过程，目的在于最大程度地减小因文件管理不当造成的损失。根据风险管理的基本原理处理文件风险，可以采用预防、减轻、接收、转移和回避五种基本策略。策略的选择只是应对的一个方面，应对体系应该是全方位的，涉及应对层次、应对领域、应对策略和应对手段等多方面要素。⑥风险监控。从微观上对风险管理结果有效性到宏观上整个风险管理过程的跟踪、评估和反馈的活动。文件风险监控具有全程性、阶段性、连续性、可控性和互动性的特点。监控的目的是要保证风险管理能够按照规划有效开展，同时还要关注文件管理中出现的一些突发性事件，建立相应的预警与应急机制。

意义 ①用风险管理的思路研究和从事文件管理，有助于唤起风险意识，意识薄弱是文件管理面临的第一道顽固的风险。②有助于建立文件风险管理体系，对文件管理活动进行全面、系统的综合治理。③有助于利用风险的内在机遇促进文件管理变革以及思维方式、行为方式的变革，促进管理水平的全面提升。④为机构进行具体文件管理活动提供有效的管理工具和依据。

（张　宁）

《文件工作的科学管理》 *Scientific Management of Records Work* 中国文书学研究专著。赵国俊、魏娜、谢明、王健编著，中国经济出版社 1993 年出版。

共 16 章，论述了文件工作的特点与任务，文件工作管理的内容、目标、原则，文件工作的组织、控制与协调，文件标准化、程序化、简化的技术，办公室设计技术与管理，文件工作常用表单设计技术，文件安全保密技术以及系统方法与调查研究方法在文件管理中的应用等内容。

该书是第一部专门研究中国文件工作组织管理的著作，对中国文件工作及其管理活动的规律进行了开拓性探索，比较系统和科学地总结了中国文件工作管理活动中取得的成功经验，从理论与实际相结合的高度探讨了机关、团体、企业、事业单位文件工作的组织方法，以及摆脱“文山”困扰和科学管控文件质量、数量、效率等方法，具有较高的理论性和现实应用性。

（杨　霞）

文件管理前端控制 front-end control of records management 在文件管理的各环节进行提前规划、监控的档案管理理论。从文件形成之时或形成之前就对文件管理整个过程给予通盘规划，把可能预先设定的管理功能纳入系统之中，并在文件形成和维护阶段进行监督，核心是整体规划、部分业务环节提前、全过程监控。是以文件生命周期理论、文件连续体理论为基础的文件、档案管理原则，也是文件全程管理理论的重要内容。

起源和发展 “前端控制”一词由中国学者总结提出，也有学者称之为超前控制。概念雏形在电子文件出现以前就已产生。20 世纪 30 年代的文书档案连锁法，60 年代的档案形成规律研究，都隐含了前端控制的思想。80 年代的文书档案管理一体化，是前端控制思想从隐性走向显性的重要标志。

20 世纪 80 年代，电子文件开始飞速增长，国际档案界开始认识到，档案机构和档案人员只有提前介入文件管理过程，才能保证电子文件的真实性、可靠性、完整性和可用性。90 年代，法国档案学者

C.诺加雷指出，档案工作者在机读文件形成之时即应开展档案价值评估。1997 年，**国际档案理事会**制定的《电子文件管理指南》重新考虑了**电子文件生命周期**及档案机构在电子文件生命周期中进行干预的时机，强调档案部门应全面追踪电子文件内在价值的变化轨迹，重视文件从孕育、生成到存在的全过程，改变以往只关注后端的做法。文件生命周期理论在中国的推广和文件连续体理论的引入，使得文件管理前端控制思想逐渐发展成熟。1997 年，冯惠玲在《拥有新记忆——电子文件管理研究》一文中最早系统地论证了电子文件前端控制原则。

前端控制将文件和档案视为同一事物的前后两个阶段，在电子文件管理系统设计阶段就要考虑作为档案保管的要求，把原来纸质文件管理中的许多后控制手段提到前端，主张在文件形成时或形成前就采取行动。实质是从系统的观点出发认识文件与档案、文件工作与档案工作的关系，它以科学管理和有效利用为目的，对这两个系统内部的结构进行合理化调整，重新设计文件与档案管理流程，实现整体效益的最佳化。

前端控制与文书档案管理一体化既有联系又有区别。文书档案管理一体化，实际上就是通过某些业务程序的提前来减少重复劳动，提高管理效率和质量，基本思路即对整个管理活动实行前端控制。前端控制与文书档案管理一体化的不同在于，前端控制强调档案馆的主动参与，而中国探讨的文书档案管理一体化主要是在机关的范围内进行，强调对电子文件进行前端控制的重要性，档案馆的参与度仍较低。

方式手段　前端控制方式有直接控制和间接控制两种。直接控制指对文件制作人和文件管理系统功能设计进行有效管理，通过提高文件工作者的素质和文件管理系统功能来提高工作质量。间接控制指对文件制作过程中产生的各种偏差进行分析，找出原因，并对相关责任人进行事后责任追究，改善文件管理系统功能。前端控制手段有现场控制、前馈控制和反馈控制三种。现场控制指文件制作单位的领导或文件主要制作人利用已有的信息，深入现场，对文件的制作和管理过程等进行有效控制；前馈控制指运用文件孕育、形成阶段自身产生的信息和外界因素，对文件的前端活动进行控制，发现文件孕育和形成时期可能出现的偏差，并及时采取措施加以预防；反馈控制指运用过去制作和管理文件的信息，将其与现在的情况进行比较，找出现在文件形成阶段的偏差及其原因，拟定相关措施，防止偏差发生。

意义　前端控制是电子文件管理的基本原则。由于电子文件具有非人工识读、流动、易逝、系统依赖、信息和特定载体可分离等特点，要保证电子文件内容的真实可靠、完整安全、长期可读，起到档案的凭证查考作用，就要把保障措施附加于文件形成过程，前端控制正是保障电子文件内容真实、信息安全、提供利用的有效管理方式。前端控制原则是系统观、整体观的体现，是现代文件、档案管理理念的一次飞跃，对保证电子文件的真实完整性、可用性和安全性起到了重要作用。

（徐拥军）

《文件管理：系统和行政管理》　*Records Management: Systems and Administration*　美国关于文件管理与行政管理的教材。V.S.托马斯、D.R.舒伯特和 J.A.李合著。1983 年，纽约约翰威立国际出版公司用英文出版。阐述了文件存储和检索系统、文件管理计划、分类排列系统、文件的保留和**销毁**、**文件中心**、**档案管理**、表格的设计和管理、来往信函和报告的管理、复印和缩微技术、自动化文件存贮和检索系统、文件管理趋向等问题。

共 18 章，各章均以教学目标为引导，以总结、关键词、课后思考、案例分析和推荐文献为结束，结构清晰，内容完整。第一章，文件管理和行政服务的作用，包括文件管理的历史、文件管理者的作用、组织层次图、就业机会、文件管理现存的问题等。第二章，组织及职员或文件管理系统，包括系统的规划和文件管理事务。第三章，文件保管和检索系统，包括系统准则和常规系统。第四章，文件管理项目的构建，分析阐释了文件的保管要素。第五章，文件清单和分析。第六章，归档分类系统，包括如何选择系统和字母分类、数字分类、字母数字分类系统的概述。第七章，文件保管和控制，包括现行文件和非现行文件的保管。第八章，文件的保管、销毁和处理，包括文件鉴定、移交和销毁及地方法规简介。第九章，重要文件管理和文件中心，包括鉴定重要文件、重要文件项目规划及保管、文件中心的运行。第十章，管理档案，包括国家档案馆、**企业档案**的作用以及档案的价值。第十一章，文件管理手册，包括手册作为交流工具的性质、优点、范围和撰写。第十二章，表格的设计、控制和管理。第十三章，书信、报告的管理和电子文件保管、检索的作用等。第十四章，审查文件管理项目工作，包括审查者的资格、审查工作的作用、审查人员在审查中的作用、周期审查和审查报告。第十五章，复件的管理和控制，包括成长周期中的复件、管理和法律角度的思考。第十六章，缩微胶片的组成、计算机输出和系统的选择。第十七章，文件自动化保管和检索系统。第十八章，文件管理的发展趋势，包括文件管理者的未来、自动办公系统和办公系统的组成。

该书以逻辑和渐进的方式探讨了概念的功能性到复杂性的特点。旨在使专家、学生或文件管理工作者都能对文件的行政管理范围和问题有一定了解，该书不仅是一本文件管理课程的教材，文件管理岗位的工作者也可以从中获得解决实际问题的有益资源。

（黄霄羽）

《文件管理杂志》　*Records Management Journal*　英国档案和文件管理领域的国际性期刊。1989 年创刊，由英国爱墨瑞得出版集团公司出版，每年出版发行三期。读者可在线阅读 1989 年至今的期刊论文。论文内容涉及机构的文件、档案和信息管理人员、管理过程及系统的研究和实践，包括文件或信息的产生和获取、组织和存取、保存和处理、系统设计、信息管理和风险等。期刊的宗旨和任务是让读者能够知悉最佳实践发展，紧随全球关键举措；获取对新技术和方法使用和影响的探讨；比较世界同行的想法和经验；对国际案例进行研究。

此杂志出版了多项研究结果、案例分析和重要评论，鼓励跨学科视角，为档案人员、教育工作者提供服务，使学生能更好地理解文件、信息与档案的关系以及文件管理的原则。此杂志始终坚持高质量、注重专业思维的前沿原则，从而促进国家与大洲、学术与实践及研究机构、学者与公众之间不同观点的交流与沟通。

（黄霄羽）

文件级整理　archived records arrangement on item level　将归档文件以件为单位进行装订、分类、排列、编号、编目、装盒，使之有序化的过程。文件级整理的优点是：整理程序精简，便于实际操作，兼顾计算机立卷和手工立卷方式，能满足机关档案室与各级档案馆的管理需求。

装订　按件装订。件即一件，指单份文件。单份文件作为“一件”的，直接将此份文件各页装订在一起即可。在实际工作中，有时也将密不可分的两份或多份文件作为“一件”整理。具体包括：文件正本与其不同稿本，正文与附件，正文与其文件处理单，原件与其复制件，转发文与被转发文，报表、名册、图册等，来文与其复文等文件，可以作为“一件”，在实体上装订在一起，编目时也只体现为一条条目。

多份文件装订为“一件”时的排序：正本在前，定稿在后；正文在前，附件在后；原件在前，复制件在后；转发文在前，被转发文在后；复文在前，来文在后；汉文本在前，少数民族文字文本在后；不同文字的文本，无特殊规定时中文本在前，外文本在后。有文件处理单的，可放在最前面，这样可以作为首页加盖归档章，从而更好地保护正本的原始面貌。

装订方法：常用线装，也可用粘接胶装订，钢夹、塑料夹装订，热压胶管铆接装订等。

分类　将归档文件按其来源、时间、内容和形式等异同，分成若干层次和类别。主要分类方法包括：①**年度分类法**。按照文件形成、处理的年度特征将同一年度的文件分为一类，不同年度的文件分为不同类别。②**组织机构分类法**。按照文件形成和处理的组织机构将文件分类，各自形成不同的类别。③**问题分类法**。按照文件所反映的主要职能活动的具体事由或内容特征来划分类别，使同一性质、同一事项等的文件相对集中成一个类别。④保管期限分类法。按照文件的不同保存价值，将其划分为不同的类别。保管期限，是根据各类文件客观存在的保存价值来确定的，分为永久、定期。定期一般分为30年、10年。

排列　在分类方案的最低一级类目内，根据一定的方法确定归档文件先后次序。归档文件的排列强调“**事由原则**”，即同一事由的相关文件应当排列在一起，反映出某一事由的发生、发展、结束的全过程，方便检索利用。

归档文件排列的具体方法：在分类方案的最低一级类目内，按事由结合时间、重要程度等排列。

编号　依照归档文件分类方案和排列顺序逐件编号。编号项目分为必备项和选择项。其中，必备项包括全宗号、年度、保管期限、件号；选择项为机构（问题）项。以上编号项目确定后，要编排在归档章中。

归档章，指逐件标识在每一归档文件上，以示归档文件分类状况和排列位置的专用戳记。归档章上的项目包括全宗号、年度、保管期限、件号、机构（问题）等项目。归档章的格式如下：

全宗号	年度	室编件号
机构（问题）	保管期限	馆编件号

编目　编制**归档文件目录**。归档文件目录是依照归档文件分类、排列的顺序，逐类逐件登录归档文件信息，用以揭示归档文件的内容与成分的一览表。

归档文件目录包括件号、责任者、文件字号、题名、日期、页数和备注等项目。其中，件号分为室编件号和馆编件号；责任者是文件作者；文件字号是发文字号；题名是文件标题；日期是文件成文日期；页数是一件文件的总页数。归档文件目录应单独装订成册，既整齐美观，又便于传递、查阅。

装盒　按照件号的先后顺序将归档文件以件为单位装入档案盒。档案盒只是归档文件的装具，不具备保管单位的作用。因此，并不要求同一事由的归档文件必须装在同一个档案盒内，只需按照排列的先后顺序依次装盒，一盒装满后，顺次装入下一盒即可。文件装入档案盒之后，填写备考表、编制档案盒封面与盒脊项目等。

（杨　霞）

文件集成管理　integration management of records　对文件管理各要素进行科学重组，以提供集成、高效、便捷的文件利用服务，满足多层次的利用需求的管理理念。

含义　文件集成管理是信息集成理念在文件管理领域的具体应用。信息集成是将各种已有的数据资源、遗留系统和新开发的信息系统有效地集成起来，实现异构信息系统之间的互联互通，保证不同信息系统之间的数据共享过程。具体而言，文件集成管理指将集成管理理论应用于涵盖文件生命周期管理实践的全过程。即在管理思想上以集成理论为指导，在管理行为上以集成机制为核心，在管理视野上突破管理业务流程机构部门间的限制，并从全程管理和最优化管理的层面来对待各种文件资源要素，提高各种管理要素的交融度，以利于优化和增强档案信息资源的真实性、完整性、有效性和有序性，最终提供以用户需求为导向的档案信息集成服务。

形成与发展　中国文件集成管理研究最早始于对文档一体化管理的理论关注和实践探索，20世纪30年代的文书档案连锁法中已经隐含集成管理的思想。90年代，冯惠玲在电子文件管理研究中提出的前端控制和全程管理，也包含集成管理思想的成分。2002年，航空企业开始技术图档动态管理电子化集成系统框架模型的构建和实践探索。2003年，安小米主持国家自然科学基金项目“城市建设文件、档案信息的集成管理与集成服务研究”。2004年，在维也纳召开的第15届国际档案大会正式引入集成理念，文件与档案集成管理系统、集成管理项目、集成管理方法、集成管理模型、集成管理过程、集成管理术语成为电子文件管理问题和文件管理最佳实践专题报告会的若干议题并引发讨论。

主要内容　文件集成管理的研究与实践主要包括：①电子文件集成管理。利用IT技术，将与电子文件生成、运行、保管等管理活动有关的要素进行合理的互联与组合，形成具有要素群结构的管理体系的过程。电子文件集成管理一方面是将电子文件管理所涉及的业务流程集成在一个系统内，以便于有效地捕获、管理和利用电子文件；另一方面通过构建元数据仓库，在集中管理元数据以保障**电子文件真实性**、完整性、一致性和有效性的同时，对分布于外部异构系统中的电子文件实行分布式管理，并提供一体化的检索和对外服务。元数据集中管理（构建一个集中式的电子文件元数据仓储系统）和电子文件分布式存储策略（电子文件实体可以分布于各自的存储系统中，并可通过元数据进行有效管理）是电子文件集成管理的两个核心要素。②企业档案集成管理。是为实现企业档案管理目标而对系统内外各要素进行的纵向与横向的整合与优化，包括资源集成、系统集成、流程集成、标准集成等多方面的内容。资源集成包括文件和档案的集成（文档一体化）、图书情报和档案的集成（图情档一体化）、结构化数据和非结构化数据的集成，意指对各项企业信息资源（信息内容）予以统一管理；系统集成主要是档案管理系统与业务系统的集成，通过构建业务系统与档案管理系统的接口，实现业务系统的数据自动归档于档案管理系统，最终实现档案管理系统与业务系统的无缝对接；流程集成指将文件/档案管理嵌入业务流程中，以文件/档案信息流支撑业务流；标准集成要求将文件/档案管理纳入ISO 9000质量管理体系、ISO 4000环境管理体系、OHSAS 18000职业健康安全管理体系、ISO 27000信息安全管理体系中。

意义　文件集成管理具有非线性相关性、关系动态性、和谐有序性、主体行为性、柔性化、知识性等特点，其管理精髓在于文件管理的优势互补、整体优化、动态开放、过程管理及创造性融合。文件集成管理可以增加文件管理体系的功能度，因精密组合而减少疏漏，提高可靠性；可以增加相关作业的密集度，因减少重复而降低功耗，提高管理效率。文件集成管理是全程管理思想的延伸和深化，它要求不仅关注文件流，也要关注与文件流相关的业务流，关注其他信息流的统筹兼顾、功能整合，鲜明地体现了开放式、集约化的管理理念。随着集成管理理论和实践的深化与丰富，文件集成管理将会在理论上和实践上更加深入发展。（傅荣校 徐拥军）

文件连续体理论 records continuum theory 以多维坐标体系描述文件运动的档案学理论。文件连续体是指从文件形成（包括形成前文件管理系统的设计）到文件作为档案保存和利用的管理全过程中连贯一致的管理方式。

简史 20世纪50年代，澳大利亚档案工作者没有沿用生命周期的概念，而是提出连续体这一术语，以重视文件管理的连续性。1985年加拿大档案学者J.阿瑟顿在**加拿大档案工作者协会**年会上详细叙述了连续体概念，把文件的整个运动过程分为生成（接收）、分类、鉴定、保管与利用四个阶段，认为所有阶段都相互关联，文件管理者与档案工作者在不同程度上都必须介入文件的全过程管理。阿瑟顿的观点推动了澳大利亚档案界对于文件和档案管理模式的进一步探索。20世纪90年代，澳大利亚档案学者**F.阿普沃德**构建了文件连续体模式，提出了文件连续体管理的思想方法，核心观点主要体现在他的《构建文件连续体之一：后保管原则和特征》和《构建文件连续体之二：结构化理论和文件保管》两篇文章中，创立了文件连续体思想及其模型。2000年，阿普沃德又对文件连续体模型进行了深层改造，提出了新的连续体模型，并称其为指导网络时代文件管理实践的理论，直至这一阶段文件连续体理论才算基本成熟。澳大利亚档案学者S.麦克米西和英国档案学者S.弗林，也相继丰富和发展了文件连续体理论。

基本内容 主要表现在构建一个多维坐标体系来描述文件的运动过程，超越了文件生命周期理论对于文件运动的线性描述。这一体系主要构建在四个轴上：证据轴、互动轴、文件管理存储器轴和身份轴。①证据轴。由行为留下的痕迹、由此形成的证据和它们在机构和个人记忆，以及社会记忆中的角色组成，表明文件兼具证据与记忆的属性。②互动轴。代表了形成文件的行为、活动以及文件体现的功能和目的。③文件管理存储器轴。表明文件在不同时空的存在形态，包括记录、文件、档案、档案集合四种形态。④身份轴。用来揭示文件管理的行为主体，包括行为者、与行为者相联系的业务部门、与业务部门相联系的组织机构，以及与组织机构相联系的社会制度，认为与文件形成有关的机构和个人是在互动活动中形成了文件，并赋予文件证据和记忆的价值，同时也说明，与文件管理行为主体相关的因素之间是统一和密切联系的。文件管理存储器轴是核心轴，核心轴的各个要素和其他轴要素间的关系，共同构成了对连续体时空上的解读。

为了进一步解释各个组成要素之间的互动，文件连续体理论引入了维的概念。连续体的维以时空概念为基础，从文件形成的那一刻起，文件既是现行的又是历史的，因此在时间和空间范围上，文件永远和过去的时间相连。文件连续体的维充分体现了文件管理各个要素的联合和互动，对于文件连续体模式四维的解释具体包含以下几个方面。

第一维，主要描述文件的形成。根据文件管理系统的要求捕获文件的内容、结构以及形成文件的详细背景，并储存文件，保证文件的真实性和完整性。第二维，文件的捕获。主要体现对于文件凭证价值的赋予，以及根据文件管理系统的要求捕获文件的运动背景，以保证文件作为社会和业务活动证据的价值。第三维，文件的组织。包含一个组织所有文件的处理过程，体现了一个组织机构的记忆价值，反映了特定组织机构的职能和作用。第四维，文件的聚合。主要涉及社会和文化的使命使文件根本的证据有社会记忆的功能，体现了社会范围内文件的利用和保存。

文件连续体模型从文件形成者、利用者、管理者的角度研究文件的管理，改变了文件生命周期理论对于文件运动的划分方式，并要求抛弃传统的文件、档案分开管理的体制，建立了文件形成者、利用者、管理者之间的责任统一体，适应了网络社会的发展。

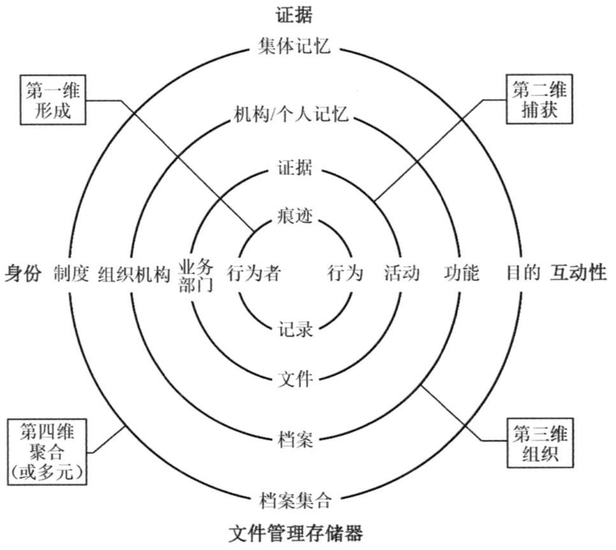

文件连续体模型

作用和意义 文件连续体理论将文件管理工作者和档案工作者之间过去、现在和未来关系的种种问题纳入统一框架下予以解释，强化了档案管理的功能分析，为全过程管理中开展多主体合作、建立伙伴关系，提供了一种新颖的认识角度。另外，文件连续体理论还体现出档案学与其他学科的借鉴与融合的交叉优势，创新了档案管理思想。（傅荣校 连志英）

文件目录 document catalogue 由多个文件条目组成并按一定次序编排的，揭示、报道与查找档案的工具。档案检索系统的重要组成部分。文件目录项目内容：件号、责任者、文号、文件题名、日期、页数、备注等，一般分为卷内文件目录和**归档文件目录**两种。①卷内文件目录。把某一案卷卷内文件依整理顺序排列组织起来，揭示和介绍一个案卷内文件内容和成分的一种检索工具。目录项目内容：顺序号、文号、责任者、文件题名、文件日期、页号、备注。②归档文件目录。依据归档文件分类方案和室编件号顺序排列组织起来，揭示一个分类方案内文件内容和成分的一种检索工具。（黄世喆）

文件全程管理理论 theory of entire process management of records 以全面管理、系统管理、过程管理为理念，以文件生命周期理论、**文件连续体理论**为基础的文件、档案管理理论。又称文件全程控制理论、文件全过程管理理论。文件全程管理将文件自身运动过程（生命周期）的各个阶段和文件管理的各个工作环节有机地联系在一起，保证文件的真实、完整、可用和安全。是文件管理，尤其是电子文件管理的基本原则之一。

起源与发展 20世纪40年代的文件生命周期理论包含了文件全程管理的思想。1976年美国颁布了《联邦文件管理法》（*Federal Records Man-*

agement Amendments），其对文件管理的定义解释是："文件管理包括对文件从产生到最后销毁，或为永久保存而移交到档案馆的生命过程的控制活动。"1982年6月，联合国教科文组织（UNESCO）和国际档案理事会（ICA）共同召开"文件与档案管理规划第二次专家协商会议"，会议将文件管理解释为："文件管理是指对文件在其形成、保存、利用和处置过程中进行的经济而有效的全面管理。"上述两种解释充分体现了文件全程管理的理念。80年代，文件生命周期理论传入中国，国外对于文件的广义理解给中国传统狭义的文件观带来了巨大冲击，迫使档案界重新思考文件与档案的关系，文书档案管理一体化研究成为当时的热点。进入电子文件时代，文书档案管理一体化不能完全满足电子文件科学有效管理的需求，文件全程管理理论应运而生。

基本内容　文件全程管理具体指对文件从产生到永久保存或销毁的整个生命周期进行全程管理。即在文件形成之初，档案人员提前介入进行控制，按照统一的标准规范进行业务流程重组，并将文件管理的部分需求嵌入业务流程中，使文件流程与业务流程有机地融合在一起，在业务流程结束后，及时将需要保存的文件归档到档案室、文件中心等中间保管机构，电子文件则归入电子文件管理系统（ERMS），最后将须永久保存的文件移交到档案馆集中保管。

相近理论　文件全程管理理论是对文书档案管理一体化理论的继承与发展。全程管理比传统一体化管理涉及范围更加广泛。档案工作初期，中国普遍将归档视为文书工作与档案工作的界限，因此传统一体化管理往往是指机关内部文书处理与档案室工作的结合，档案馆很少参与。全程管理则要求在文件从产生到进馆的运动过程中，既加强机关内部文书工作与档案室工作的一体化，也注重档案室与档案馆的业务衔接，使现行文件到馆藏档案的全过程都得到有效控制。换言之，全程管理包括机关文书处理、档案室工作和档案馆工作的有机衔接和结合。

电子文件全程管理　在电子文件时代下，文件全程管理理论得到了国内外档案界的普遍认可。1997年，冯惠玲在《拥有新记忆——电子文件管理研究》一文中指出"对于电子文件必须从形成阶段开始实行全过程管理，建立科学的管理流程和完备的管理制度"。2001年，电子系统中文件真实性永久保障国际合作研究项目（InterPARES）主持人、加拿大哥伦比亚大学教授L.杜兰蒂指出："随着InterPARES研究的深入，该项目将继续证明这样一种观点，不采取全程管理的眼光，就不可能保管电子文件。"电子文件全程管理主张统筹规划和设计处于生成文件的业务系统、电子文件管理系统和可信长期保存系统三个阶段的文件管理活动。2009年中共中央办公厅、国务院办公厅印发的《电子文件管理暂行办法》第三条明确将全程管理视为电子文件管理的基本原则之一。这是中国第一个面向电子文件全程管理的规范性文件。2010年国家档案局发布的《数字档案馆建设指南》要求"在项目实施过程中，档案部门的业务人员应全程参与，及时研究和发现问题，纠正偏差"。以上从具体到宏观的制度标准中均包含了全程管理的思想，对电子文件全程管理实践起到了一定的指导作用。

（徐拥军）

文件生命周期理论　records life cycle theories　阐述文件从最初形成到最终销毁或永久保存的整个运动过程、文件属性与管理者主体行为之间关系的一种理论。文件生命周期理论对文件和档案运动过程和规律进行客观描述。在20世纪文件数量急剧增加的专业背景下产生，是指导文件到档案全过程管理的基本理论，是现代档案学的重要理论成果之一。

概念起源　源自文件生命周期概念的提出。文件生命周期指文件从最初产生至被销毁或被档案馆永久保存的整体运动过程。最早由美国档案学者P.布鲁克斯提出。1940年，他在《美国档案工作者》刊物上发表了《为保存目的而挑选文件》（*The Selection of Records for Preservation*）的文章，首次使用了文件生命周期的提法。后来这一概念在不同国家或不同语种中也有类似的表述。如英国表述为文件生命阶段（life stage of records）。文件生命周期形象地表达了文件运动的时间跨度，即从最初形成到最终归宿的运动变化过程。

研究内容和主要发展　欧美国家对于文件生命周期的研究，最初是1950年在第一届国际档案大会上英国学者R.艾利斯提出的文件运动三阶段理论，在联合国教科文组织和国际档案理事会于1974年联合出版、由英国公共档案馆馆长助理A.W.马勃斯撰写的《文件中心的组织》中，进一步明确了文件运动的三阶段，包括文件的现行、半现行或休眠、销毁或永久保存阶段。随着文件生命周期概念的流行，对于文件运动阶段有不同的划分，有三阶段法、四阶段法（制作、现行使用、暂时保存和永久保存）、八阶段法（产生、分发、利用、现行保存、移交、非现行保存、处置、永久保存）。较多学者趋向于四阶段法，其中比较具有代表性的有美国的J.B.罗兹、阿根廷的M.巴斯克斯等；三阶段法的代表有加拿大学者C.库蒂尔和J.-Y.罗素等；八阶段法的代表有美国学者P.E.华莱士、D.R.舒伯特等。总体而言，国外对于文件生命周期的阐述，主要集中在文件运动阶段划分上，同时也关注文件价值以及文件运动阶段和保管场所之间的关系。虽然在文件运动阶段划分的问题上，国外学者出现了不同的流派，但最终目标都是为了阐明文件运动的阶段性与文件管理、档案管理之间的内在联系。

在中国，陈兆祦最先结合中国档案工作理论和实践状况，对文件生命周期理论进行新的探讨，提出运动阶段的四分法观点。1999年何嘉荪出版《文件运动规律研究》一书，比较系统地阐述了中国学者对于文件生命周期理论的认识。中国档案学术界将文件生命周期理论的内容主要概括为三个方面：①从现行文件到历史档案是一个完整的生命过程，即文件运动具有整体性的特点。②文件在全部生命过程中先后表现出不同的作用和价值，使整个生命周期可以区分为不同的运动阶段，即文件运动具有阶段性的特点。③在不同的运动阶段中，应根据文件的不同特点，采用适宜的存放和管理方法，即文件运动过程中各种因素有着内在联系的特点。

在电子文件时代，文件生命周期理论受到文件连续体理论的挑战。欧美多数学者认为，文件生命周期理论已被文件连续体理论所取代，但中国不少学者仍然坚持认为文件生命周期理论具有不可替代的作用。在电子文件时代，文件生命周期理论的核心内容可以做以下表述：电子文件从形成到销毁或永久保存是一个完整的运动过程，而且这一过程应纳入统一的电子文件管理系统之中；电子文件的完整运动过程依据电子文件价值形态的变化可以分为若干阶段，但不同阶段之间的界限弱化；电子文件在不同阶段因特定的价值形态具有不同的服务对象和管理方式，电子文件的阶段性与其保管场所的对应关系已经弱化，甚至可能丧失；对电子文件运动过程应当加强全程管理和前端控制，起点需要延伸到电子文件管理系统的设计之中。

影响和评价　文件生命周期概念的提出，为西方档案界研究文件客观运动过程和规律，并最终提出文件生命周期理论奠定了基础。文件生命周期理论为文件和档案相关问题研究和管理实践提供了基础和指导。

（傅荣校　黄霄羽）

《文件生命周期研究》 *Research on the Records Life Cycle* 系统、全面论述文件生命周期理论的著作。阿根廷档案学家M.巴斯克斯著，1987年出版，西班牙文。巴斯克斯的一个重要贡献是较深入地阐述了现行性、现行期和中间档案等概念，并且把现行性的演变作为划分文件生命周期各阶段、各时期精确期限的重要依据。他认为，现行性就是一份文件为了完成或达到为之形成的目标而具有的法律或行政的效力或力量。现行期则是文件用作指挥、命令、批准、允许、传递信息的时期，或从一般意义上说，是为完成内容规定的任务而发挥作用的阶段。

巴斯克斯系统地论证了研究文件生命周期理论的必要性，认为针对文件生命周期和档案学其他术语把文件划分成各个不同的运动阶段加以研究十分重要。他认为研究文件生命周期的目标是对每份文件及其利用做适当处理，更好地表现文件的价值。他对于文件生命周期做出两种形式的划分：①分成三阶段，即文件的办理形成阶段、文件的行政利用阶段和文件的历史阶段。②分成四阶段，即文件的办理形成阶段、文件的现行阶段、文件的安全保存阶段和文件的历史阶段。这两种划分方式的共同特点是把文件发挥现行作用的过程与文件拟稿、签发过程区分开来，并认为拟稿签发过程为文件的前档案阶段，而文件正式发挥现行作用的阶段已属档案阶段。

巴斯克斯深入探讨了文件的价值属性与运动阶段、保管场所和管理方式之间的关系，认为研究文件生命周期理论的意义不仅是为文件中心提供理论基础，更重要的是为了发现文件从一个阶段向另一个阶段过渡的内在原因，从而掌握文件运动每个阶段所包括的期限，避免用毫无区别的尺度去概括各种文件的现象。此后，欧美各国档案学者将研究视野拓展、延伸到文件的整个运动过程以及这一过程的全面管理，从而深入挖掘文件运动的客观规律，为各国文件管理实践提供有力的理论指导。

（黄霄羽）

文件与档案管理项目 Records and Archives Management Program; RAMP 由联合国教科文组织与国际档案理事会共同主持开展的档案管理研究项目。这一项目开始于1979年。国际档案理事会组织各国专家、学者对档案与文件管理状况进行调查研究，用以介绍各国的实际情况和发展经验，比较各自的特点和优劣。20世纪90年代至今，项目关注焦点包括：警察（治安）档案管理准则、档案著录标准、有争议档案的处置、档案利用规则、数据保护、电子文件等。

文件与档案管理项目的具体项目由5个主题组成：①档案政策和发展规划。包括档案系统在国家发展中的作用、档案立法、公民利用档案的自由权和政府档案与文件的保密法规、档案与教育、档案缩微品的法律效用、发展中国家档案机构建设情况研究等。②方法、术语和标准的推广。包括国际标准化组织制定的国际标准和世界科学情报系统制定的准则对于档案管理的适用性的研究，档案统计手册、档案馆指南编制规范，新型档案的处置和管理规范等。③档案系统基础结构的建设。包括在有关地区（如太平洋地区、阿拉伯地区）进行现代档案和文件管理制度的试点；进行声像档案处置和管理试点；进行机读档案鉴定和处置试点；进行现代档案保护、修复和复制的试点等。④特殊种类档案管理系统的开发。如把城市规划和建设档案纳入国际建筑信息系统的可行性研究，以及联合国等国际组织形成的档案的管理和开发问题等。⑤档案专业培训与教育。包括召开档案教育专题学术讨论会，编写具有国际水平的档案专业培训教材和读本，建立档案管理高级人才的国际培训中心和地区培训中心等。

文件与档案管理项目的目的：①帮助人们充分认识并理解文件和档案作为基本信息资源的价值和用途，尤其是在有关档案规划和发展方面以及在与其他信息资源的合作方面。②帮助各国建立充分、有效地利用这些基本信息资源所必需的文件管理和档案管理的体制和机构。

联合国教科文组织提供专项资金，国际档案理事会聘请专家或组成工作小组承担有关科研或调研项目，完成的科研或调研报告由联合国教科文组织以英、法、西班牙文出版，向各成员国分发，现已出版150余部。RAMP的论文选集《文件与档案管理规划报告选编》（1990）、《现代档案与文件管理必读》（1992）由中国档案出版社出版。

（黄霄羽）

《文件运动规律研究》 *On Records Movement* 中国档案学基础理论专著。何嘉荪、傅荣校著。1999年9月中国档案出版社出版。2003年获得教育部第三届全国高校社会科学优秀成果二等奖。

该书除绪论外，共有六章内容。第一章阐述文件及其本质；第二章阐述文件生命的历程，即文件生命周期理论；第三章、第四章阐述组合成群体运动的文件，包括全宗理论基础和全宗理论应用研究；第五章阐述文件运动的动力理论、文件价值论；第六章阐述文件运动规律引起的若干思考。

《文件运动规律研究》封面

该书特点是从文件运动的角度，将档案学的三大基础理论，即文件生命周期理论（研究文件运动整体过程的理论）、全宗理论（研究文件群体运动特点的理论）和档案价值理论（研究文件运动动力的理论）汇合在一起，进行较为系统的研究。吴宝康在序言中认为文件运动规律研究“把档案学基础理论的研究，推入一个新阶段”。冯惠玲等学者也认为，把三大理论汇合起来进行系统研究，具有创新意义。

（傅荣校）

文件中心 records center 具有对半现行文件提供保管、服务和处置的基本职能，独立于文件形成机关之外的文件管理机构。尽管各国对文件中心的称谓不一致，但性质基本相同，都是过渡性的文件管理机构，是连接形成机关与档案馆的中转站。文件生命周期理论是文件中心的理论基础。

国外的文件中心主要有两种形式：一种是起源于欧洲封建社会的机关登记室，另一种是起源于20世纪40年代美国的文件中心。第二次世界大战期间美国军事机关文件数量剧增，迫于战争需要，海军部率先于1941年设置了造价低廉的临时库房，集中保存平时不常使用的半现行文件，取得了较好效果。这种临时性库房成为文件中心的发端。战后，各机构纷纷建立了类似的过渡性文件保管机构。1950年颁布的《联邦文件管理法》确立了文件中心的法律地位并推动了它在美国的普及。

文件中心的类型一般包括政府系统的文件中心、机构团体的文件中心和商业性文件中心三种。文件中心的优越性表现在既能为形成机关提供安全的保管库房，降低文件保管费用，确保文件利用的便捷；又能为档案馆提供稳定的、高质量的馆藏来源，有利于实现文件、档案的一体化管理，被各国公认为是最经济、最令人满意、最富有生命力的现代新型档案机构。

（黄霄羽）

《文件中心的组织》 *The Organization of Intermediate Records Storage* 介绍文件中心业务活动的流程并对文件中心与文件运动阶段的对应关系进一步系统论述的著作。英国档案学家A.W.马勃斯著，1974年出版。吸收并继承了英国伦敦大学教授R.艾利斯在第一届国际档案大会上提出的文件运动的“三阶段论”思想，即文件的三个阶段——现行阶段、暂时保存阶段、永久保存阶段。将文件中心的业务活动分成四个部分：业务部门向文件中心移交文件、文件中心的文件处理、文件中心对于无价值文件的清理、文件中心向档案馆移交文件。马勃斯还指出，对任何机关形成的文件都有必要考察其“生命”中的三个运动阶段。机关形成的文件的生命周期有三个运动阶段：①文件形成者在现行活动中的频繁利用时期，经常被称为“现行期”。②文件在现行活动中不再频繁利用，但偶尔仍有行政管理作用的时期，通常被称为“休眠期”（即半现行期）。③文件不再有行政管理作用而被销毁或由于具有永久保存价值而被送进档案馆永久保存阶段。并指出了这三个阶段所对应的保管场所，即文件在第一阶段保存在形成者或使用者的办公室；在第二阶段保存在文件中心；在第三个阶段保存在档案馆。

这种由文件中心的理论解释而衍生出的文件阶段的划分成为文件生命周期理论的研究起点，奠定了文件生命周期理论的基础。

（黄霄羽）

文书档案 administrative archives 机关、团体、企事业单位在行政管理事务活动中产生的，由通用文书转化而来的那一部分档案的习惯称谓。文书档案包括命令、指示、决定、布告、请示、报告、批复、通知、信函、简报、会议记录、计划和总结等。

文书档案这一概念主要在中国使用，最早于1961年提出，目的是将文书档案与技术档案（科技档案）相区分，以便更好地保存各种档案并提供利用。之后这一概念被广泛接受，1964年中国国家档案局专门制定了《机关文书档案保管期限参考表》，以指导机关文书档案保管期限划分问题。其他国家很少使用“文书档案”这一概念，有的国家则使用与之相近的普通档案或一般档案的概念。文书档案在其产生、内容和形式上有一定共性，使用这一称谓对研究这类档案的工作规律有重要意义。

（方 鸣 撰 连志英 修订）

《文书档案案卷格式》 *Standard of Filing Format for Administrative Archives* 中国用于规定文书档案案卷格式的内容构成和基本办法的国家标准。中华人民共和国国家质量监督检验检疫总局、中国国家标准化管理委员会2008年11月13日发布，2009年5月1日实施，适用于中国各级档案馆（室）和文书处理部门。其制定根据国家标准《标准化工作导则》（GB/T 1.1—2000）的有关规定，结合现实工作的需求，对1988年批准的《文书档案案卷格式》（GB/T 9705—1988）进行修订，并自实施之日起代替1988年《文书档案案卷格式》。

前言部分首先标明与GB/T 9705—1988相比的主要变化，其次明确提出单位和归口单位为国家档案局，起草单位为国家档案局和厦门市档案局。主要内容包括：①范围。规定本标准的内容范围和适用范围。②术语和定义。确定文书档案和案卷的英文翻译以及定义。③案卷卷皮格式。规定文书档案分硬卷皮和软卷皮两种，分别说明各自格式。详细规定卷盒规格和填写要求。④卷内文件目录格式。规定目录用纸幅面尺寸采用国际标准A4型、页边与文字区尺寸，规定卷内文件目录项目包括顺序号、文号、责任者、题名、日期、页号、备注，并对各项目的定义做出解释。⑤卷内备考表格式。规定卷内备考表外形尺寸及页边与文字区尺寸均同卷内目录，其中卷内备考表项目包括本卷情况说明、立卷人、检查人、立卷时间，并详细规定卷内备考表填写方法。⑥案卷各部分的排列格式。规定使用硬卷皮组卷，无论装订与否，案卷各部分的排列格式均是：案卷封面—卷内文件目录—文件—备考表—封底。使用软卷皮组卷，案卷各部分的排列是：软卷封面—文件—封底。⑦文书档案案卷格式监制。规定文书档案案卷的硬卷皮、软卷皮、卷盒、卷内文件目录、备考表的监制权属于各级档案局，在卷皮封底的下部应印上“由××档案局监制”的字样。⑧附录。规定本标准的附录A、附录B、附录C、附录D、附录E、附录F、附录G、附录H、附录I、附录J是规范性附录。

新标准推动了文书档案案卷格式向规范化、合理化、较强操作性和协调性的方向发展，促进了公文格式标准化工作，是强化公文法定效力和加快公文管理国际化的重要举措。

（董丹华）

文书档案保管期限表 administrative archives retention schedule 以表册形式列举文书档案的来源、内容和形式，并指明其保管期限的指导性文件。鉴定文书档案保存价值和确定保管期限的依据和标准。通常由顺序号、条款、保管期限、附注以及总的说明等部分组成，其中条款和保管期限是最基本的项目。文书档案保管期限表属于通用档案保管期限表的一种。通用档案保管期限表，概括了全国各机关、团体、企业、事业单位普遍产生的文件及其保管期限，具有通用性，是全国各个单位确定一般性档案保管期限的依据和标准。根据国家档案局《机关文件材料归档范围和文书档案保管期限规定》（简称《规定》），文书档案保管期限定为永久、定期两种。定期又分为30年、10年。《规定》既是通用的文书档案保管期限表，又是标准的档案保管期限表，对其他几种保管期限表具有指导意义。如机关档案保管期限表就必须以标准的和上级机关颁发的各种通用档案保管期限表为依据。各种类型的档案保管期限表不能缩短标准档案保管期限表所规定的保管期限，但可延长保管期限。这种相互制约关系，是社会主义的档案集中统一管理原则的体现，有利于妥善地制定有关的档案保管期限表和实际确定档案材料的保管期限。

（黄世喆）

文书档案改革运动 administrative documents and archives management reformation 中华民国时期南京国民政府内政部发起的文书处理和档案管理改革活动。1927年南京国民政府建立后，其文书运转和档案管理的现状与行政效能的需要不相适应，公文手续烦琐，运转迟缓；档案由卷阀把持，管理紊乱。为提高行政效率，在欧美行政管理理论、方法的影响下，以内政部次长甘乃光为首的一批政府人士积极倡导行政效率运动。甘乃光发表《行政效率研究会设立之旨趣》，提出“欲求政令推行之迅速，应从改革公文及缩短行政程序着手”。作为行政效率运动重要组成部分的文书档案改革运动遂于1933年逐步开展。

1933年6月，行政院召集改革公文档案会议，讨论中央18个部会提案汇集的《各部会审查处理公文改良办法》，重点在减少行文数量，简化运转层次和登记手续。主要内容有：①以公报代替须公布的发文。②以会签簿代替会稿咨文。③修改公文稿面和收发文簿格式。④改革公文用语，简化程式，采用标点符号并分段叙述。

甘乃光是文书档案改革运动的核心人物。在文书档案改革之初，他便将之作为一场运动来主持发动，并最早将之称为“文书档案改革运动”。运动的主要内容是他主持试验的文书档案连锁法，即在一个机关范围内集中统一文书档案工作流程的做法。甘乃光等人认为：“文书与档案本不能分，档案原为归档之文书，文书即未归档之档案，二而实一者也。”故设计了几道简便手续，把文书运转各环节从收发室到承办机构至档案室，在程序、手续、责任上连锁起来，加快文书流转。具体做法是：①分类统一。由收发室根据既定的分类方案，负责统一分类，档案室不另分类，据此类别归档。②编号统一。由收发室统一编订全机关总收发文号，取消机关内各承办机构的各自编号。档案室亦依据此号存储保管。③登记统一。所有收发文只在收发室用三联单登记一次，其中一张存收发室，一张存档案室，一张随文传观后存文书科。④归档统一。文件经办完后，由档案室统一立卷归档。

1934年6月，行政院成立行政效率研究会筹备会，并编辑出版机关刊物《行政效率》。筹备会下设组织人事组和文书档案组，后者专事公文档案改革研究。12月，行政效率研究会正式成立，甘乃光任主任，成员由行政院各部委有专门学识与经验的官员和外聘行政研究专家共同组成。该会兼具政府机关与学术研究组织双重性质，其所提出的改良方案，可以通过行政院行政命令落实执行。《行政效率》杂志相继发表甘乃光主持的文书档案连锁法试验报告，以及相关讨论文章。文书档案连锁法在1933年下半年首先在内政部试行，后逐渐推广到江西、广西、湖北、四川等地。

1935年3月，行政院所属各部会档案整理处（正式）成立。该处为研究制定行政院所属各部会新旧档案统一整理办法的档案工作行政领导机构，协同行政效率研究会第二组对中央各机关的文书档案工作进行了广泛的调查，并编制报告、拟具方案，对一些部会的档案工作进行了实际试验和指导。同年6月，档案整理处因经费困难撤销，文书档案改革运动由此逐步进入低潮。

文书档案改革运动中的改革试验方案是在调查研究的基础上制定实施的。研究与实践并重是这场运动的重要特点。以甘乃光为首的改革参与者，也是这场改革运动的最早研究者。如甘乃光的《文书档案连锁办法之试验——内政部初期试验之报告》《文书档案改革运动的回顾与展望》、周连宽的《县政府文书处理法》《县政府档案管理法》、何鲁成的《**档案管理与整理**》等，都是具有开创性的研究成果。《行政效率》（后改为《行政研究》）是中华民国时期刊发文书档案改革研究成果的最重要刊物，尤其是1935年第9、第10期合刊的“档案专号”。中华民国时期，文书档案改革者的研究成果大多从提高行政效率入手研究文书处理与档案管理，而1949年以后，以**殷钟麒**的《国民党时期档案管理述要》等著作为代表，则是力求从历史角度对文书档案改革运动做出客观评价。

文书档案改革运动是从提高政府行政效率的角度发动的文书处理与档案运动。这场运动使涉及的机关加速了文书的运转，提供了公开统一的档案管理办法。这些都有利于行政效率的提高，并对近代文书档案工作有深远影响。与此同时，一些政府人士和学者更加重视文书档案工作的研究，从而推动了中国档案学的产生和形成。（周雪恒 撰 梁继红 修订）

文书档案管理 administrative documents and archives management 党政机关、社会组织、企事业单位在党群管理、行政管理、经营管理、生产技术管理等项活动中形成的档案管理活动。又称文书档案工作。党政机关、社会组织、企事业单位根据文书档案的形成规律和特点，以有效地保存和科学管理文书档案，实现文书档案价值为目的的各项业务管理活动的总称。是国家档案管理的组成部分。

起源与发展 唐代以前，文书工作和档案管理两项活动并未分离，办理完毕的文书常常直接由承办官员或机构收藏保存。唐代以后，文书工作和档案管理两项活动逐渐分离，并形成文书归档保存制度。宋元时期，设立架阁库，点收归档文书，积累史料，确立了文书架阁和照刷、磨勘制度，文书工作与档案管理分离。明代基本继承了宋元的文书制度。清代，某些地方衙署的文书归档工作有了比较统一的制度。

中华民国时期，政府机关均有文书归档要求。20世纪40年代中后期，在抗日根据地和解放区的中共党政机关内，文书工作、档案管理一般仍由秘书兼任，建立了归档制度，并集中保存电报。

中华人民共和国成立初期，党政机关形成的文书，多数采取随结随归或年终集中归档的办法，机关档案室点收的对象主要为零散文件。1954年初，党政机关学习苏联档案管理经验，推行文书处理部门立卷，并实行文电统一处理、统一立卷。到1957年底，党政机关已全面推行文书处理部门立卷。此后经过不断发展，中国的文书档案管理制定了一系列完善的档案法规、制度和标准，相关理论研究也日益成熟。

管理内容 包括文书档案实体管理和文书档案信息开发利用两个方面。

文书档案实体管理 指针对处于实体状态的档案所进行的一系列科学有效的专业性管理活动，主要内容包括文书档案的收集、整理、鉴定、保管和统计。①收集。为解决文件的分散形成状态和管理与利用的集中要求间的矛盾，而开展的一项档案业务管理活动。②整理。为解决档案的零乱状态与有序管理要求之间的矛盾，而开展的一项档案业务管理活动。③鉴定。为解决档案的庞杂和保存有价值档案要求之间的矛盾，而开展的一项档案业务管理活动。④保管。为解决档案的不断损毁和长远利用要求之间的矛盾，而开展的一项档案业务管理活动。⑤统计。为解决档案数量不清的状态与精确管控档案要求之间的矛盾，而开展的一项档案业务管理活动。

文书档案信息开发利用 指档案部门根据社会需要采用专业方法和现代信息技术，发掘、采集、加工、存储、传输所收藏档案中有用信息，方便利用者利用，以实现档案的价值。主要包括文书档案的检索、编研和提供利用等。①检索。对档案信息进行系统存储和有效查找的业务管理活动。②编研。以馆（室）藏档案资源为主要对象，以满足用户需求为目标，在研究档案内容的基础上，对档案资源的内容进行编辑、加工，形成不同形式的信息加工品，供用户利用的一项档案管理业务活动。③提供利用。将馆（室）藏的档案及其信息内容，以不同的方式提供给利用者利用的一项档案业务管理活动。

管理原则 包括档案实体管理和档案信息开发利用两方面的原则。

档案实体管理应遵循**来源原则**、全宗原则和有机联系原则。档案信息开发利用应遵循资源为王原则、信息组织原则、信息激活原则、有效利用原则和整体效益原则。①资源为王原则。即档案馆（室）应从本身的实际出发，大力丰富馆（室）藏，最大限度地发挥档案馆（室）优势，切实提高档案信息资源开发利用的整体水平。②信息组织原则。使档案信息资源结构有序化，为用户利用档案信息建立便捷检索系统的原则。③信息激活原则。通过对档案的内容信息进行分解、析出、浓缩、提炼和综合归纳，把档案内容中有用的潜在信息挖掘出来，及时提供给用户使用的原则。④有效利用原则。即档案馆（室）应为档案信息找到更多用户，并为用户方便迅速地获取档案信息提供满意服务的原则。⑤整体效益原则。即档案信息开发利用应力求做到现实效益与长远效益相统一，局部效益与全局效益相协调，社会效益与经济效益并重的原则。

法规和标准　文书档案管理的相关法规和标准主要包括《档案馆工作通则》（国家档案局 1983 年 4 月 26 日）、《**机关档案工作条例**》（国家档案局 1983 年 4 月 28 日）、《机关档案工作业务建设规范》（国家档案局 1987 年 12 月）、《**电子公文归档管理暂行办法**》（国家档案局令第 6 号）、《机关文件材料归档范围和文书档案保管期限规定》（国家档案局令第 8 号）、《企业文件材料归档范围和档案保管期限规定》（国家档案局令第 10 号）、《归档文件整理规则》（DA/T 22—2015）、《企业档案工作规范》（DA/T 42—2009）等。（王英玮）

文书档案管理一体化　integration management of administrative documents and archives　从文书工作和档案工作的全局出发，实现从文件的生成、流转、办理、归档和档案的鉴定、收集、整理、保管和利用的全过程管理。又称文档一体化管理、文件档案管理一体化。

含义和理论依据　具体含义是：以文件生命周期理论为指导，借助计算机及网络技术，从系统论的角度出发，对文书工作和档案工作进行统筹规划和科学管理，使之实现系统化和规范化，从而发挥各自以及总体的最大效能，确保从机关现行文件直至馆藏档案管理的高效和优化。**文件生命周期理论**、**文件连续体理论**、前端控制和全程管理思想、集成管理思想是实现文书档案一体化管理的理论基石。

起源和发展　20 世纪 30 年代，中国推行的文书档案连锁法可视为文书档案一体化管理思想和实践的发端。文书档案连锁法的核心是在一个机关范围内，以集中统一的原则组织文书工作和档案工作，最终目的不仅是实现文书与档案工作在方法上的连锁，而且要在文书收发和档案管理组织机构上合一，从而实现集中制的档案管理方式。80 年代，中国档案界开始探讨文书档案管理一体化的理论依据和实践模式，主张以文件生命周期理论为依据，将文书工作和档案工作视为一个有机整体，将鉴定、分类、著录等原来属于档案工作的内容提前至文书工作阶段开始实施，建立统一行使文书、档案工作职能的机构，制定统一的文书、档案工作规章制度，对文书、档案工作实行统一指导、监督和检查。1985 年，国家教育委员会和国家档案局联合印发的《关于发展和改革档案学教育的几点意见》采纳了程和平、赵国俊的意见，第一次明确提出档案工作和档案学研究正面临着“档案与文件管理一体化”的趋势，这是文书档案管理一体化第一次在官方文件中正式出现。

实施模式　20 世纪末，中国不少地方的档案管理机构开展了文档一体化管理的实践探索，形成了一些各具特色的实施模式。①吉林模式。吉林省和长春市档案局把文件的归档关口提前，使之与文件的收发文登记合一，其他分类立卷、著录标引也同时进行。吉林模式实际上与世界大多数国家采用的管理体制以及中国 20 世纪 30 年代推行的文书档案连锁法相类似。②潍坊模式。山东省潍坊市档案局探索出一套文档一体、馆室合一的业务体制，从整个系统考虑，使文档一体化成为可能。③永靖模式。甘肃省永靖县打造了文件中心，以作为机关文件处理部门与档案馆之间一种过渡性的文件档案管理机构，其经费、人员、设备、库房均由档案局掌管。

标准规范　上述实践取得一定成效，但从整体上看，这些文档一体化管理仍仅局限于机关内部。进入信息时代，计算机技术的发展和标准规范的完善使得文档一体化管理更加可行、有效、规范。许多档案管理机构在遵循《**电子文件管理暂行办法**》（中办国办厅字〔2009〕39 号）、《**电子公文归档管理暂行办法**》（国家档案局令第 6 号）、《电子文件归档与管理规范》（GB/T 18894—2002）、《归档文件整理规则》（DA/T 22—2015）、《**文书类电子文件元数据方案**》（DA/T 46—2009）、《**基于 XML 的电子文件封装规范**》（DA/T 48—2009）、《**数字档案馆建设指南**》（2010）等法规标准的前提下，采用办公自动化（OA）系统、档案管理系统或 OA 系统与档案管理系统相结合等不同方式，打造文档一体化管理系统。随着文件与档案之间的界限越来越模糊，以及全程管理思想的发展和普及，文档一体化管理逐渐融入全程管理之中，更具系统观的全程管理逐渐成为电子文件管理的基本原则。

现存问题　归档是文书工作和档案工作的连接点，也是文档一体化管理的切入点。由于中国档案界普遍将归档视为文书工作、档案工作的界限，因此长期以来人们大多把一体化理解为机关内部文书处理与档案管理的结合，很少涉及档案馆的参与。科学的文书档案一体化管理应当是以文件生命周期理论为依据，在文件从产生直到最终进馆的运动过程中，既强调机关内部文书工作与档案室工作的一体化，同时也注重档案室与档案馆的业务衔接，从而使文件到馆藏档案的全过程都得到有效控制。换句话说，全面、科学的一体化应当实现机关文书处理、档案室工作和档案馆工作的三者结合。

影响和评价　文书档案管理一体化使原来存在内在联系、却被人为分割的文书处理与档案管理统一起来，实现了对文件全过程控制与管理，不仅大大提高了文书工作、档案工作的效率和质量，而且确保了档案收集的完整、系统和准确，随着信息技术的发展，文书档案管理一体化已经成为电子文件管理的基本模式。（徐拥军）

文书档案联合分类法　combined classification of administrative documents and archives　依据两种或两种以上的分类标准将立档单位的文书档案划分成各个类别的方法。又称文书档案复式分类法。常用的文书档案联合分类法主要包括：①年度－组织机构分类法。这种联合分类法是党政机关、社团组织和事业单位文书档案最常用的分类方法。②年度－问题分类法。先将立档单位的归档文件按年度分类，然后再按照各个年度类别中归档文件的主题内容、职能活动等划分子类。适用于内部组织机构不稳定且经常调整、变化或不设内部组织机构的立档单位归档文件的整理分类。③组织机构－年度分类法。通常用于立档单位积存档案的整理分类。④问题－年度分类法。对于不适合按组织机构分类的立档单位积存档案的整理分类，可考虑采用此种联合分类法。按上述使用联合分类法分类的文书档案，可依据保管期限的不同进行系统排列。在分类时应遵循《机关档案工作业务建设规范》《企业档案工作规范》（DA/T 42—2009）、《归档文件整理规则》（DA/T 22—2015）等相关行业标准。（王英玮）

文书档案收集　administrative archives acquisition and collection　党政机关、社会组织及企业事业单位从事的文书档案的接收和征集活动。又称文书档案收集工作。文书档案收集是机关单位**文书档案管理**的起点，是开展其他档案业务管理活动的前提和基础。其质量对机关单位和国家档案资源体系的建设具有重要影响。文书档案收集可采用接收归档、补充收集、征集等方式。其中接收归档是最主要的收集工作方式。

业务要求　机关单位应建立健全文书材料的归档制度，按国家档案行政管理机关的要求，确定文书材料的归档范围和**文**

书档案保管期限表，保证文书档案归档及时、收集齐全。各机关单位还应加强电子公文的归档收集，维护档案的完整与安全。

收集范围 主要包括：①党的代表大会、人民代表大会、政治协商会议，工会、共青团、妇联代表大会的文件材料。②党委、人民代表大会、政治协商会议、纪律检查委员会、共青团、工会、妇联的常委会、执委会、主席团、全体委员会会议，政府常务会、办公会议的文件材料。③党组（或实行党委制的党委）会议和行政办公会的纪要、会议记录。④召开工作会议、专题会议、联合会议，承办国际性会议、大型展览会、博览会的文件材料。⑤上级机关单位及领导检查、视察本地区、本机关单位工作时形成的文件材料。⑥业务文件材料。⑦机构编制、干部人事、党、团、纪检、工会、保卫、信访工作文件材料。⑧事务管理文件材料。⑨上级机关单位制发的有参考和凭证价值的文件材料。⑩同级机关制发的非本机关单位主管业务但要贯彻执行的文件材料，以及下级机关单位报送的有保存价值的文件材料。同时收存具有参考利用价值的相关资料。

法规与标准 文书档案收集的相关法规和标准主要有《机关档案工作条例》（中共中央办公厅、国务院办公厅 1983 年 4 月 28 日印发）、《机关档案工作业务建设规范》（国家档案局 1987 年 12 月发布）、《电子公文归档管理暂行办法》（国家档案局 2003 年 7 月 28 日发布）、《机关文件材料归档范围和文书档案保管期限规定》（国家档案局 2006 年 12 月 18 日公布）、《各级各类档案馆收集档案范围的规定》（国家档案局 2011 年 11 月 21 日公布）等。

（王英玮）

《文书类电子文件元数据方案》 *Metadata Standard for Administrative Electronic Records* 中国关于文书类电子文件的行业标准。以下简称《方案》。2009 年 12 月国家档案局发布，2010 年 6 月 1 日实施。标准号为 DA/T 46—2008。适用于各级各类档案馆、机关、团体、企业事业单位和其他社会组织对计算机系统中直接生成的文书类电子文件（含纸质文件和档案的数字化图像、文本）的管理。规定了以文件和案卷形式的档案为对象的文书类电子文件形成、交换、归档、移交、保管、利用等全过程元数据设计、捕获、著录的一般要求。

主要条款及内容包括：①定义了部分术语。如电子文件、文书类电子文件、组合文件、文档、元数据、元素、捕获、实体等。②规定了元数据元素、结构及描述方法。参考《信息与文献 文件管理过程 文件元数据》（ISO 23081），结合中国电子文件管理实际，将文书类电子文件元数据从概念层次上区分为文件实体元数据、机构人员实体元数据、业务实体元数据、实体关系元数据 4 个域，并规定了每个域包含的元数据元素及其结构。③规定了元数据的描述方法。参照《信息与文献 文件管理》（ISO 15489）、《信息与文献 文件管理过程 文件元数据》（ISO 23081）、《档案著录规则》《国际标准——档案著录规则（总则）》，并结合中国电子文件管理实际，明确了电子文件元数据分面结构，规定了文书类电子文件元数据集以及元数据元素关系间的逻辑架构，给出了元数据元素的描述方法，并对具体的元数据元素进行了详细描述。

《方案》致力于通过规划、捕获、管理电子文件全生命周期中的元数据，最大限度地保证电子文件的真实性、完整性、可靠性、可用性，保障电子文件档案化及其证据特性，促进对电子文件的理解、管理、交换、长期保存和利用。《方案》是 ISO 23081 发布后，继澳大利亚、加拿大、欧盟之后发布的第 4 个国际同类标准，填补了中国国内空白，是各级档案馆、机关、企业事业单位在电子办公环境下开展文书类电子文件管理的直接依据。

（黄玉明 邓晓文）

文书学 Introduction to Official Records Management 探索研究文书和文书工作价值实现规律的档案学分支学科。文书学的研究对象，在历史上被称为“文书”与“文书工作”，在现代社会则被称为“文件”与“文件工作”。

产生与发展 中国文书与文书工作的历史源远流长，文书学的产生和发展与社会演进、社会制度的变迁密切相关，总体而言经历了孕育、形成和发展三个阶段。

现有的史料表明，中国正规和成体系的文书与文书工作，初创于先秦，确立于秦汉，发展于魏晋南北朝，成熟于隋唐，并在宋元明清得到进一步发展。先秦时期，中国出现了规范化的文书，以及专门的文书人员、文书机构、文书制度；秦汉时产生了国家核心文书机构，文书种类不断增多，文书制度不断完善；魏晋南北朝时的文书种类及其适用范围的规定，以及文书的文体样式更加规范，纸张载体逐渐成为文书主体的制成材料，针对文书处理特定环节的理论性梳理开始形成；隋唐时期文书和文书工作走向成熟期，并在以后的宋元明清诸朝代得到进一步发展。唐朝之前文书工作与档案工作合二为一，自宋代开始发生分离，元代制定了严格的文书工作官吏选拔制度，与此同时建立了一系列文书管理制度。受诸多复杂社会历史文化条件的制约和影响，先秦至清代诞生的有关文书和文书工作的著述，如宋司马光的《书仪》、清内阁编纂的《票签式样》、饶松生的《折谱》、仝宝廉的《公文式》等，皆为对某些文书工作局部内容的经验总结及对有关典章制度的描述，尚未运用科学方法进行理论阐释，更未出现真正科学意义上的文书学专门著作。这是文书学的孕育阶段。

辛亥革命废除了数千年的封建文书制度，此后数十年间民国政府多次进行文书工作改革，同时开展了有关文书和文书工作的理论研究，大批行政管理学者和文书、档案工作者，从研究行政管理、提高行政效率的角度研究文书工作，发表了一系列论著，如徐望之的《公牍通论》（1931）、甘乃光的《文书档案连锁办法之试验》（1934）、傅振伦的《公文档案管理法》（1946）、陈国琛的《文书之简化与管理》（1946）、徐同莘的《公牍学史》（1947）等。其中《公牍通论》对中国公文产生的渊源、种类、体例、撰制、结构、用语及程式都做了详细的论述；《公牍学史》不仅叙述了中国公文的历史，而且对写好公文的主客观要件等进行了深入研究。这些论著的问世为中国文书学的形成奠定了基础，标志着文书学进入正式形成阶段。

中华人民共和国成立后，文书学研究进入发展阶段。20 世纪 50 年代，在中国人民大学档案系开设了文书处理学课程，基于苏联经验编写了第一本教材《文书处理学讲义》（1955），吴宝康发表的《论文书处理学的创建及其对象与任务》（1956）拉开了中华人民共和国成立后文书学创建的序幕。同年文书处理学课程更名为文书学，《文书学讲稿》（1956）面世，这是第一本基于中国国情的文书学教材。1961 年，潘嘉主编的《文书学讲义》面世（1981 年再版时更名为《文书学纲要》）。随着文书学研究的不断加强与深化、成果愈益丰富，特别是 80 年代以来出版了一大批很有影响力的专著和教材，如松世勤主编的《文书学基础》（1984）、梁毓阶编著的《文书学》（1985）、郑崇田的《文书管理学》（1987）、黄勛拔的《文书立卷方法》（1987）、王铭的《文书学理论与文书工作》（1988）、曹润芳主编的《机关文件管理》（1989）等。这些著作深入研究了中国文书和文书工作的历史，总结了文书处理工作的经验，在借鉴国外文书学研究成果的基础上，系统阐述了文书和文书工作的理论、原则和方法，进一步夯实了文书学的理论基础。

20世纪90年代后，随着人类进入信息社会的历史进程，文书不仅被社会各方面习惯性改称为“文件”，并在人类社会生活的各领域得到日益广泛而深入的应用。更重要的变化是，它一改单纯的管理和业务工具的功能定位，成为信息社会三大资源（原材料、能源、信息）中信息资源的重要存现方式。文书学也在社会需求的推动下不断拓展研究领域并形成一批具有创新性的成果。这些成果集中表现在对孕育在文件中的信息资源的价值实现方式和实现路径的探索方面。其中代表作有曹润芳主编的《文件学概要》（1990）和《文件写作与处理》（2006）、赵国俊等编著的《文件工作的科学管理》（1993）、王健主编的《电子时代机构核心信息资源管理：OA环境中的文件、档案一体化管理战略》（2003）和《文书学》（2005）、杨霞主编的《公文写作规范与例文解析》（2009）、杨戎主编的《公文处理案例精选》（2010）等。这一时期的文书学研究，还特别注意到对国外相关研究成果的借鉴，翻译出版了一批文件管理专著以及文件管理系统方面的系列国际标准，部分国际标准还被等同或者等效采纳为国家标准。翻译出版的文件管理代表性专著有美国D.比尔曼的《电子证据——当代机构文件管理战略》（1994）、澳大利亚S.麦克米西等汇编的《文件连续体》（1994）、美国R.J.考克斯的《文件管理：证据和信息》（2001）、加拿大L.杜兰蒂的《云环境中的可信文件》（2019）等。

针对现行文件的管理，国家标准采纳的国际标准主要有《信息与文献 电子办公环境中文件管理原则与功能要求 第1部分：概述与原则》（ISO 16175-1，已采纳为国标GB/T 34840.1—2017）、《信息与文献 电子办公环境中文件管理原则与功能要求 第2部分：数字文件管理系统指南与功能要求》（ISO 16175-2，已采纳为国标GB/T 34840.2—2017）、《信息与文献 电子办公环境中文件管理原则与功能要求 第3部分：业务系统中文件指南与功能要求》（ISO 16175-3，已采纳为国标GB/T 34840.3—2017）。

在这一时期，文书学的研究愈发呈现出在继承中拓展、在升级中创新、在深化中多元的鲜明特色。全国百余所高校不仅在档案学教育中继续将文书学作为核心课程，而且在公共管理、中国语言文学、秘书等专业教育中，将文书学列为主要专业课程或核心基础课程。

研究内容与学科特点 随着相关学科体系的不断分化和融合创新发展，文书学以文书（公务文书为主）和文书工作为研究对象，以探究文书和文书工作的价值实现规律为使命，形成了比较丰富的研究内容：①文书及其特性、功能、效用。②文书种类、文体结构格式和稿本。③文书语言及其运用（词语选择、语序安排、语句组织、修辞等）。④文书写作（质量标准、步骤、方法、技巧）。⑤文书处理（收受、加工、分流、阅读、办理，制作、发送，办毕文书归档、清退、暂存）。⑥文书管理（分类、保管、检索、提供利用、系统建设和运行等）。⑦文书工作的管理（组织体制、职责分工、制度建设、标准化、质量控制、行文方向和过程控制、监督、内外关系协调、文件档案一体化等）。⑧文书和文书工作史。

文书学的学科特点突出体现在三个方面：①综合性强。在研究对象方面，要素范围广泛，文书和文书工作关涉的人、财、物、信息、时间等均有涉及；在活动范围方面，不仅要关涉本机关单位的各项业务工作活动，而且与机关单位内部外部的档案、情报（信息）资料、信访、保密、会议、信息化等项工作关系紧密而复杂；在知识领域方面，需要综合运用多门类学科专业知识解决问题。如政治学、行政学、法学、管理学、语言学、写作学、心理学、信息科学、人工智能科学、计算机应用技术等。②直接应用性强。文书学的研究对象是客观实在物，研究使命是通过对文书的有效形成、处理，充分实现文书中所负载的信息对经济社会发展以及本机关单位业务和管理工作的资源支撑作用，充分实现信息的资源价值。因此，文书学的研究内容和成果都来自社会实际，都服务于社会实际，对社会实际具有可直接应用的性质和价值。③政治性强。文书是对国家和机构意志与主流价值观的直接和郑重的表达，通常会关涉国家和机构的机密要务，因此文书学的研究会受到社会制度和社会法律关系，以及社会主流意识形态的制约和影响，必须服务和服从国家意志和主流价值观，必须正确和准确反映社会基本法律关系。

与其他学科的关系 文书学与哲学社会科学和自然科学诸多学科都存在一定的关系，其中最为紧密的学科主要有两个，一个是档案学、一个是公共管理学。从学科研究对象和研究使命来说，文书学是一个独立学科，与档案学和公共管理学是一种并列关系；从专业教育发展和国家学科目录规范的角度上说，文书学又可分别从属于档案学和公共管理学，可以分别构成这两个学科的分支学科。

文书学与档案学具有特别密切的关联。二者的研究对象本质上是处于不同发展阶段的同一事物。文书是档案的前身，档案是文书的转化或归宿之一，文书工作是档案工作的前提。档案的质量保证和档案工作的发展，在相当程度上依赖于文书的质量、文书工作制度的健全以及管理的科学性，现代办公环境更是要求文件、档案一体化管理系统的有机融合与无缝衔接。基于全程管理的理念，档案的科学采集、鉴定、整理、编目与保管、利用工作的要求，对文书的质量、运转处理、立卷归档工作的原则与方式、系统开发具有前端控制指导作用；而档案工作的科学化管理，又对文书工作和业务工作具有可供利用的查考价值。就学习和研究档案学而言，文书学是其不可或缺的专业基础，因此一些档案学著作曾列出专门的篇章论述文书与文书工作，主张将文书学作为档案学的一个分支学科。随着文书学的发展，其研究领域也具有一定的独立性。

文书学和公共管理学关系紧密。在相当长的历史时期，文书都是作为国家和政党等公共组织重要管理工具而存在的。文书主要服务和服从于管理的需要和要求，需要为有效管理提供必要条件和发展资源，需要遵从管理的规则和规律。从渊源上看，中国近现代意义的文书学也是以公共管理学前身行政学的分支学科的身份诞生的。

从学科发展历史看，文书学、历史文书学和电子文件管理学同样具有密切联系。历史文书学是今人对历史上存在和使用的文书进行科学研究的学科，在研究对象上与文书学一样都是研究文书和文书工作，但一个是研究现代文书和文书工作，另外一个则是研究历史文书和历史上的文书工作。研究现代文书主要是探究有效实现文书现行效用的规律，研究历史文书是为了了解和理解这些文书的内容和价值。文书学和历史文书学研究使命和研究方法区别很大，是不相统属的。从档案学分支学科构成的角度看，文书学和历史文书学又都同属于档案学，是“血缘关系”很近、联系密切的姊妹学科。

电子文件管理学虽与文书学都是研究具有现行效用的相近似的事物，但电子文件管理学是以对包括电子档案在内的所有电子记录的科学管理规律的探索研究为己任的，重点不在对这些记录的现行效用实现进行干预和控制，而是从对各种文件数据进行科学有效管理和功效放大规律的探究中实现自己的学科价值，而且电子文件管理学与文书学关涉现代信息技术的程度和范围差别非常大，需要遵从的技术规律各有不同，两个学科并不存在实质意义的统属关系。在现实学科归属中，文书学和电子文件管理学同属于档案学的分支学科，也是有密切联系的姊妹学科。

从学科知识来源的角度看，文书学与政治学、法学、管理学、语言学、写作学、心理学、信息科学、人工智能科学、计算机应用技术等学科也有比较紧密的联系，因为文书学的研究需要不断从这些学科汲取知识营养。（秦国经　王　健）

《文书学》 *Introduction to Official Records Management* 中国高等学校档案学专业教材。王健主编，中国人民大学出版社2005年第一次出版，2011年出版第二版，2015年出版第三版，2021年升级为第四版。被数十所高等院校选作专业教材，先后被评为普通高等教育“十一五”国家级规划教材、“十二五”国家级规划教材、北京市高等教育精品教材。

共10章，系统介绍了现代办公环境中的文件与文件工作，如文件家族的构成及其特点，文件工作的组织与管理，公文写作格式、用语、常用文种写作要点，公文处理的特点、变迁以及程序办法等内容。

《文书学》(2005年)封面

以现代办公语境这一新视角，总结阐释了数字化、网络化办公环境中的文书与文书工作，与时俱进地拓展了文书学的研究领域。在继承前人文书学理论研究成果的基础上，侧重对现代办公环境下文书与文书工作的新情况、新变化的概括总结。在修订中，不断补充现代办公环境中文书工作出现的新理念、新理论、新术语和新颁布的文件工作标准规范以及相关的现代信息技术等内容，且同步配备网络资源库为读者提供延伸服务，使内容具有良好的现实针对性和动态交互性。（杨　霞）

《文书学基础》 *Basis for Records Management* 中国档案学专著。松世勤主编。中国人民大学出版社1984年出版。出版后，在十余年间印刷了12次。1995年，为适应社会发展、文书工作规章的制定与修改，以及文书工作技术的更新，重新修订再版。

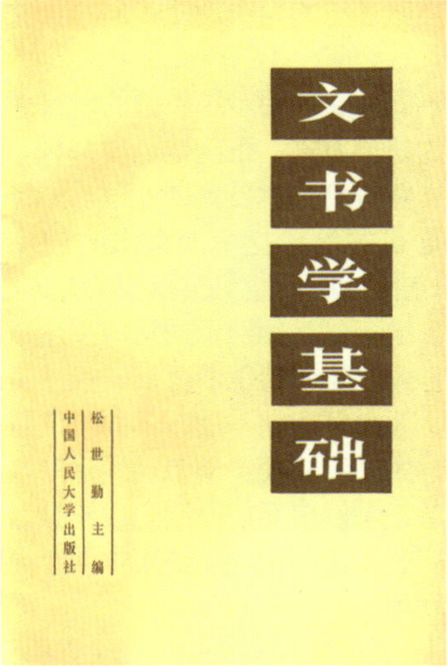

《文书学基础》封面

该书除绪言外，分为文书工作概述、公务文书的撰写、机关文书工作、文书立卷四编，共十六章。阐述了文书学的研究对象与任务，公文的特点、作用、种类、体式、稿本和撰写公文的要求与方法、文书工作与文书立卷的理论原则与技术处理方法等问题。

在继承前期研究成果的基础上，首次将公务文书的撰写纳入文书学理论和知识体系，拓宽了文书学的研究范围，丰富了文书学的学科范畴和研究框架。还侧重于对文书学的基本概念、原理原则的理论阐述，具有较高的学术价值。（杨　霞）

文献馆档案南迁 Moving the archives of the Palace Museum Southward 中华民国时期南京国民政府于1933年将故宫博物院保存的清代档案自北平迁往上海、贵州、四川、南京的事件。1931年日本发动对中国东北地区的侵略战争，进而威逼榆关。南京国民政府行政院命令将故宫博物院所保存的文物、文献全部撤移上海。1932年2月开始装箱，1933年2月6日至5月22日分5批起运，月余平安抵沪，共南运文物及档案13 427箱又64包。故宫博物院文献馆保管的清宫档案分别在前4批起运，计有内阁大库红本、史书、诏、敕，军机处档册、折包、杂件、宫中档朱批奏折、引见履历单，内务府奏稿、奏案、题稿、呈稿、事简、档簿等，清史馆档案，刑部档案，以及实录、圣训、本纪、起居注、玉牒、册宝、舆图等，共3773箱。

档案迁移上海后，于原法租界内租赁两处货栈为库房，设立故宫博物院驻沪办事处管理。其间，多次清点，并重新调整了档案次序，编制了箱号。1934年12月在南京朝天宫营建保存库，并将明伦堂重加修缮，作为办公处所。1936年12月将存沪之文物、档案全部移存南京，并设故宫博物院南京分院，撤销了驻京及驻沪两办事处。

1937年七七事变及八一三淞沪抗战爆发后，国民政府又将南京所存文物及档案西迁。分3批起运：第一批80箱（内无档案），运往湖南长沙，转运贵州贵阳、安顺，最后运至四川巴县（今属重庆巴南区）；第二批9315箱，其中档案998箱，经由汉口转运重庆；第三批7286箱，其中档案748箱，至陕西宝鸡后转运汉中褒城，又移成都，最后运至峨眉。后两批共运档案1746箱，其余仍存南京。汪伪时期，南京留存档案先后移存北极阁、紫金山天文台、中央研究院、东方中学、地质调查所等处。

1945年抗日战争胜利后，国民党政府将转移至四川巴县、峨眉、重庆3处的文

图1　故宫博物院文物南迁装箱时情形

图2　1937年，第三批南迁四川的文物在川陕公路运输的艰苦状况

图3　纪念故宫博物院成立85周年，故宫文物南迁史料展

物及档案集中重庆，1947年分由水、陆路运回南京保存库。1946年5月，原留存南京各处的文物及档案亦清点完毕并移存保存库。1949年国民党政府将故宫博物院的文物和档案2900余箱携往台湾，其中清宫档案195箱，包括清代各朝实录、起居注册、朱批奏折、录副奏折、太平天国史料及清史馆档案等，现存台北故宫博物院图书文献处。中华人民共和国成立后，人民政府成立了保管清代档案的专业性档案馆，原存南京的清宫档案分别于1950年、1953年、1958年和1962年分4批运返北京，由中国第一历史档案馆保管。

（刘子扬）

文种 document type　为概括表明文件的特性与使用范围而赋予每种文件的统一、规范的名称。不同的文种有各自不同的特点，分别适用于不同的范围。概括起来，文种可分为通用文种与专用文种两大类。通用文种指机关、团体、企事业单位等各级各类社会组织在行政管理活动中普遍使用的文种。如报告、请示、批复、通知等文种通用于所有的组织、机构。通用文种的最大特点是伴随着所有社会组织的各项活动，为各行各业在日常工作中共同使用，使用较为普遍。《党政机关公文处理工作条例》中规定的通用文种包括：决议、决定、命令（令）、公报、公告、通告、意见、通知、通报、报告、请示、批复、议案、函、纪要。

专用文种指特定的具有专门职能的社会组织在各自的业务范围内，根据专业的特殊需要而使用的具有特定内容和格式的文种。如国书、照会等文种专门用于外交活动，起诉书、判决书是司法机关按照法定程序在处理各类案件和法律事务的过程中使用的特定文种，审计意见书只用于审计机关在审计活动中对审计事项做出评价。专用文种只限用于特定的组织机构及其特定的业务范围之内，不具备通用性。

无论是通用文种还是专用文种，其下都包含许多各具特色、用法不同的具体文种。即使是归属于通用文种的若干具体文种，也有不同的性质和用途，不可错用、滥用，混为一谈，正确选择文种对文件工作意义重大。

不同文种的写作特点和写作要求不同，正确选择文种，有助于促进公文写作的规范化。例如，在外交活动中使用的各个专用文种，具有专门的体式，用语特别强调讲究礼节，行文时要遵守对等原则并注意照顾国际惯例等。再如，上行文种（请示、报告等）与下行文种（批复、指示等）的写法各不相同，用语、句式各具特色。此外，有的文种内容宏观、用语精练（如命令），有的文种内容具体、用语周详（如总结报告）；有的文种多用文字表述（如大多数通用文种），有的文种辅以大量表格，甚至以表格为主（如会计报表等专用文种）。因此，只有正确地选择恰当的文种，才能遵循各自的写作规范，提高公文撰写质量。

不同的文种揭示了不同的发文意图和不同的处理方式，正确地选择文种，有助于使文件得到及时妥善的处理。如请求上级领导机关给予指示或批准时应使用请示，如错用为报告，则会贻误公文的办理，得不到批复；又如请示通常应采用逐级行文的方式，除非特殊情况，一般不得越级行文。公文办理完毕后，不同的文种通常处置方式亦不相同：事务性通知等往往因不具备查考价值而在办结之后销毁，关于同一问题的请示与批复则集中保存以便查找和利用。

不同的文种具有不同的性质和功效，正确选择文种，有利于维护公文的严肃性、权威性和有效性。不用、错用或生造文种，都会削弱公文特有的效力。

总之，文种选用是否得当会影响文件在整个生命周期效用的发挥，影响相关的行政管理活动或业务活动的开展，因此文种的选择不容忽视。

（王　健）

文种选用规则 selection rules of document type　为具体公文选用文种需要遵循的基本规范性要求。文种是公文不可缺少的组成部分，因此，撰写公文时务必正确选定文种，因为不用、错用或生造文种不仅会给公文的撰写制作带来困难或麻烦，更主要的是将给公文的效用带来损害。因此，选择公文文种必须注意严格遵守有关规范，特别是要严格遵循国家有关领导机关及本组织系统、专业系统领导指导机关关于公文文种的使用规则。

不生造文种，更不用生造的文种。规范性是文种产生实际功用的保证。如果使用含义不能为人们所广泛了解的生造文种，受文者就不能通过它来快捷准确地认识文件的性质、作者的权限及公文对自己的影响，从而使文种失去存在价值，同时还会因此而削弱公文的效用，使作者难以实现制发公文的目的。如该用“请示”解决的事项用了生造的“请示报告”，法定的强制对方批复的效用就有可能不存在，公文在受文者手中就可以批复也可以不批复。再如不用“指示”去布置工作而使用生造的“安排”，那么受文者就既可以将其理解为必须执行的指示，也可以将其理解为一种可执行也可不执行或有保留执行的建议，其结果无疑会妨碍统一政令全面有效地实施。

避免错用、误用文种。每一文种均有自己的特殊性质和特定的适用范围，如果因不能正确予以把握而用错文种，将会造成不良后果。轻则使受文者误解作者意图，例如，用“函”去强制规范受文者行为或用“指示”同对方商洽工作，都会使受文者难以明确作者的真实意愿；重则延误工作甚至构成侵权、越权的严重错误，如该用“请示”时错用了“报告”，请示事项往往得不到批复，有关工作自然会被延误办理，而如果超越自己的权限，在无使用“命令”的法定权限的情况下错用了“命令”，那么不仅公文无效，而且制发公文的行为本身已构成一种违法越权行为。

把握公文文种选用的依据，准确选择文种。选择公文文种的依据主要有三个方面：

要根据作者与主要受文者间的工作关系选择文种　要求明确双方间本来的工作关系，选取为这种关系所允许的文种：只有双方存在领导与被领导关系、指导与被指导关系时，才可以分别选用下行文种或上行文种；如果双方存在的只是平行关系（同系统中的同级机关之间）或不相隶属关系（非同一系统的任何机关之间），只能选用平行文种。

要根据作者的法定权限选择文种　要明确作者的法定职责权力范围，选择与之相符合的文种。因为有一部分公文文种对使用者的权限有明确的规定，只有具备相应地位和权力的机关才能选用。如“命令”是一种领导指导性公文，但并非一切处于领导地位的机关都可以使用。除了军队系统，只有那些宪法和其他有关法律明确规定有权发布命令的机关才能使用。如果不按法定权限选择文种，特别是选用了超越自身权限的文种，就将构成越权行为，公文自然也会因失去法律保护而失效。

要根据行文目的、要求和表现公文主题的需要选择文种　在相同性质的文种中，选取有助于实现目的和要求，有助于使主题得到正确、鲜明表现的具体文种。在公文文种体系中，有一部分公文是性质相近或相同但具体用途各异的，它们分别适用于表现不同的公文主题，适用于表明不同的行文目的，对公文阅读、办理、答复、执行等方面有不同要求。如同属上行文的“报告”和“请示”，虽性质相同，但在表现主题、表明行文目的和要求方面却有不同的功用。

（赵国俊）

问题分类法 subject classification 以档案内容所反映的主要问题（主题、事由）作为分类标准，将全宗内档案分为若干类别的方法。又称主题分类法、事由分类法。

立档单位的档案一般在不能或不适于按**组织机构分类法**分类时，或者相关组织机构类目中的文件相当多而要再分属类时才可采用这一方法。采用问题分类法应该慎重，不应轻易打乱组织机构而先按问题分类。

设类 ①采用问题分类法设置类目，应注意参照立档单位的职权范围和基本的工作任务，根据档案的实际内容状况设类，不能出现虚类（或空类）；类名应明确、具体；类目体系力求简明。②依档案的问题（或主题）特征划分的同位类目之间，必须遵循相应相称、互不相容；由一个上位类目划分出的下位类目的外延之和，应与上位类目的外延相等；一次分类只能采用一个主题划分标准。③为了解决全面性、综合性文件的归类，通常应设综合类，或称总类。④暂时无法确定内容主题的档案文件，可设置“其他类”，以保证分类体系的严整性。

归类 ①同一主题或问题的归档文件或档案信息，一般应统一归入分类体系中相关问题的类目。②如果一份归档文件的内容涉及两个或两个以上的问题（或主题）类别，则应根据其所记述和反映的主要内容主题，归入主要相关的类别；如果难以区分主次，则应将类似的归档文件统一归入其中某个问题类目，而其他相关类目则仅作为交替类目，并通过类目注释予以说明。③内容属于综合性的计划、总结性文件、会议文件，可统一归入综合类。

作用和意义 问题分类法能较好地解决立档单位内部职能分工不明，不能按组织机构分类的全宗内档案分类，使主题性质相同或相似的文件可以集中归入相应的问题类目，避免或减少同类问题文件分散的现象，并能比较突出地反映一个立档单位主要工作活动的面貌，便于按专题查找和利用档案。（陈智为 王英玮）

吴宝康 Wu Baokang（1917-09-04～2008-05-02） 中国现代档案学家，中国档案教育事业的创始人。生于浙江湖州南浔镇，卒于北京。历任《大众报》主编，江南社社长，《前进报》社长，新四军第六师政治部、茅山地委调查研究室主任，《大众日报》研究部主任，中共中央华东局秘书处副处长、档案室主任，中共中央办公厅秘书处副处长，中国人民大学教授、档案系主任、名誉主任，南京大学、苏州大学、上海大学、空军政治学院兼职教授，中国档案学会第一届理事会副理事长兼学术部

主任、第二届理事会副理事长、中国档案学会名誉理事长，《中国大百科全书·图书馆学 情报学 档案学》档案学编委会主任等职。1992年，获国务院颁发的政府特殊津贴。

吴宝康自1952年开始从事档案教育，创办并领导中国人民大学档案学科形成一套完整的教育体系，培养了大批档案专业人才。“文化大革命”后，牵头恢复了中国人民大学档案系，成立档案学院，首创档案专业硕士教育，并指导了中国最早的档案学硕士研究生。创建了“吴宝康档案教育基金”，奖励优秀教师和优秀科研成果创作者。支持中国各地高等院校开办档案专业教育，推动了中国档案教育的全国布局和发展。

吴宝康研究领域宽泛，主要为档案学基础理论、档案事业史、档案事业管理、文书学、档案管理学等，著述丰厚。其著作《档案学理论与历史初探》（1986）、《论档案学与档案事业》（1988）、《论新时期档案学与档案事业》（1997），系统阐述了档案学基本理论问题，以及中国档案学思想、原则和理论的发展历史。他主编的《**档案学概论**》（1988）、《档案学简明教程》（1991）是档案高等教育领域影响广泛的教材，《档案学概论》先后获得北京市优秀社会科学教材奖和国家教委第二届普通高等学校优秀教材一等奖。与冯子直共同主编了《档案学词典》（1994）。另发表论文110多篇。重视中国档案学历史资料的搜集、整理、出版和外国档案学书刊资料的翻译出版。创办了中国第一种档案学术期刊《档案学通讯》，为首任总编辑，促进了档案学术传播与交流。

他在档案学术研究中提出很多前瞻性创新思想。20世纪50年代中期，提出摆脱对苏联档案学理论的生搬硬套，建设“中国化的档案学理论”；20世纪80年代以来，积极倡导档案工作现代化，提出对档案进行内容管理、信息管理和知识管理，开展两个一体化管理，即文书、档案工作一体化，档案、图书、情报工作一体化；积极倡导开发档案信息资源，开展档案国际研究等，为中国档案学术研究的发展做出重要贡献。

吴宝康积极推动中国档案事业的发展，多次组织、参与起草档案科学研究规划，筹建档案管理和研究机构。1954年，向中央建议尽快成立国家档案工作的领导机构，着手筹建中央档案馆。1978年，发文建议党中央和国务院早日恢复国家档案局，统一领导和整顿全国档案工作。1954年，创建中国第一个大学档案馆——中国人民大学档案馆并担任首任馆长。他是**中国档案学会**的创建者和组织者之一，为中国档案学会创建和开展档案学术研究活动发挥了重要作用。1990年4月，中国档案学会授予吴宝康“档案学研究荣誉奖”，表彰他为创建和发展中国现代档案学、为中国档案学会所做出的特殊贡献。

（冯惠玲）

《吴煦档案选编》 *Selected Archives of Wu Xu* 中国档案文献汇编。太平天国历史博物馆编。江苏人民出版社1983～1984年分7辑出版，平装，204万字。

吴煦（1809～1872），浙江钱塘（今杭州）人。1828～1862年先后在浙江、江苏任幕僚、知县、署理苏松太道并监督江海关、苏松太道兼署江苏布政使等职，曾参与镇压上海小刀会，办理上海厘捐，商订与英、法等国通商税则，向英、美、法借洋兵抵抗太平军，与美国人F.T.W.华尔组织洋枪队及协助江苏巡抚李鸿章对太平军作战等活动。

吴煦档案是吴煦在活动中形成及抄存的文件材料，上起清乾隆二十三年（1758），下至同治六年（1867），包括奏折、照会、函牍、记事、探报、译报等文种数万件，1953年在杭州发现，1959年后存太平天国历史博物馆，1978年又得到补充。历史学家罗尔纲阅读了吴煦档案全部资料，定出编辑纲目和编选凡例。

共选编档案2231件，其中书信1796件，分成4个部分，各部分内按文体设类，

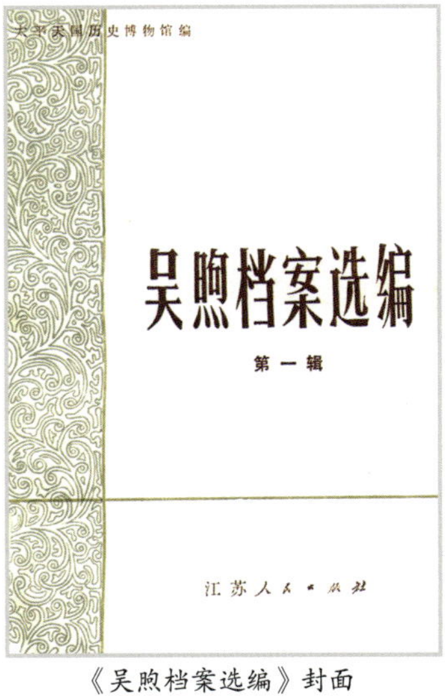

《吴煦档案选编》封面

类内按具文时间排列。第一部分为太平天国资料；第二部分为会党活动及农民抗漕斗争资料；第三部分为中外交涉及资本主义列强侵华资料；第四部分为清政府财政经济资料。内容涉及清代五朝的政治、外交、经济、军事、司法等方面的情况。乾隆、嘉庆年间的，有抄存的河工、采办铜斤、军务事例、官员铨选、奖惩、抚恤及刑讼事例等资料；道光年间的，有浙江人民反抗英国发动鸦片战争，浙江农民抗漕及地方钱漕、灾赈，江苏县府衙门交接清册、刑讼案件等资料；咸丰年间的，有清朝及外国军队镇压上海、青浦、川沙、嘉定、宝山小刀会起义，搜刮镇压太平天国军费，清军及洋枪队镇压太平军、捻军，第二次鸦片战争及清朝政府屈辱投降等资料；同治年间的，有关于“常胜军”及第二次鸦片战争后清朝与英、法、美、俄进一步勾结镇压太平天国等资料。（韩宝华）

五节柜 five-section cabinet 5个相同的、独立的小柜子相叠而成的**档案装具**。早期，五节柜用木材制作，后改用金属薄板材料制成。五节柜有单开门、双开门、四开门之分，以双开门较为普遍。柜门为左、右起闭，独立上锁，两侧有凹陷的提手，便于分节搬运，方便转移。也有将五节柜制作成连体的。通常，五节柜单节尺寸为900毫米×390毫米×390毫米，常见外形尺寸一般为：柜宽700～1000毫米，深为300毫米，组合柜高为1850～2000毫米（单节柜为370～400毫米，柜脚高为35～100毫米）。颜色可选，漆面为喷漆、烘漆和喷塑等。

多用于存放一般纸介质档案、文件、图册等，对一些不装订的大幅面图可根据保管要求，按体积、长度卷放，小幅面图可平放。铁制五节柜防盗、防火、防光、防尘、防鼠、防腐且耐磨，一直以来深受工厂、学校、部队、企事业单位的青睐。（周耀林）

武昌文华图书馆学专科学校档案管理专科 Archival Management Specialty of the Boone Library School at Wuchang 中国近代档案学高等教育机构。

成立过程 1934年，武昌文华图书馆学专科学校在南京国民政府教育部资助下，开设中英文档案管理课程，开始走上开办中国档案高等教育之路。1940年春季，该校开办第一期档案管理训练班；1940年秋季，计划开办第二期档案管理训练班。在此基础上，1940年9月，该校向教育部呈文，申请增设档案管理专科。根据武汉大学档案馆藏武昌文华图书馆学专科学校档案，上教育部呈稿中说：“根据本校五六年来试验之结果，档案管理之内容并不简单，而许多有关科目，如行政组织、公务管理，以及文书之制作与处理等，必须循序研究，始能组成一完备知识，故档案管理再不能以图书馆学之附庸视之，而实有独立成科之必要。”10月，呈文获得教育部批准。文华图书馆学专科学校档案管理专科的创建，是现代学科体制下档案学走向独立化的开始。毛坤任档案管理专科主任。

开设课程 根据1943年和1945年文华图书馆学专科学校上报教育部的课程目录，文华图书馆学专科学校档案管理专科所开设的档案学核心专业课程包括档案经营法、档案分类法、档案编目法、档案行政、史料整理法、检字索引、序列法、人事纪录、公务管理、政府组织概要、中国档案通论、西洋档案学、公文研究等。这个课程体系受到图书馆学和西洋档案学影响，以档案管理中的分类和编目为知识体系核心，但同时又突出了中国档案历史和特点，以及公文知识的基础重要性。

学术研究 依据该校呈报教育部的《1941年度校务行政计划与工作进度》，档案管理专科提出的档案学研究计划如下：“1. 我国档案学义例（一年内完毕）。我国档案学研究可分古档学、今档学二者。又我国档案学更非苟同于欧美档案学，本题对比种种义例加以探讨。2. 欧美档案学教育与我国档案教育问题。适合我国之档案教育似有待研究。本题为此对欧美档案教育作一次考察。3. 档案编目与索引论略。档案编目与索引与适合于图书者种种义例有若干差异之处。本题对此作初步研究。”从古档学和今档学二分的维度出发构建档案学的学科体系，突出中国档案学特色，并注重档案学独立化的核心知识构建，是该校档案学研究的特色。毛坤、徐家麟、汪应文等都是档案管理科教员，从事档案学研究和教材编写。据1944年《私立武昌文华图书馆学专科学校教员研究及著作专题一览表》，其中记录毛坤的《**档案经营法**》与《档案编目法》、汪应文的《档案分类法》、徐家麟的《西洋档案通论》都已“专印讲义”，但“尚未正式出版”。毛坤还著有《档案行政学》《机关文书处理规程》讲义两种。

人才培养 该校除了档案管理科的档案专科班外，还有各种训练班、讲习班、短期职业训练班，学制一年或两年不等，以及图书科内的档案管理课程训练，总计获得档案管理教育的学生达500余人。他们毕业后成为近代机关文书档案改革的实践者。

贡献 1947年，文华图书馆学专科学校档案学教师如毛坤、徐家麟、汪应文、梁建洲等先后离开文华，此后档案管理专科即停止招生。文华图书馆学专科学校档案管理专科作为近代档案高等教育的开创者，为现代档案学初步建立做出了基础性的历史贡献。（梁继红）

武汉市档案馆 Wuhan Municipal Archives 中国副省级**国家综合档案馆**。位于湖北省武汉市江岸区后湖大道59号。负责接收、收集、整理、保管、开发和提供利用分管范围内的**档案**。1959年12月6日成立武汉市档案馆筹备处，1964年10月15日正式开馆；1967年10月，中国人民解放军武汉军区派武汉警备区清查敌伪档案小组接管武汉市档案馆；1969年底，成立武汉市革命委员会档案馆；1978年3月，中共武汉市委办公室档案处与武汉市革命委员会档案馆为两块牌子、一套班子；1979年5月，恢复武汉市档案馆名称；1980年8月与武汉市档案局合署办公；2016年8月，不再与武汉市档案局合署办公，调整为武汉市档案局管理的副局级公益一类事业单位；2019年机构改革，调整为中共武汉市委直属正局级事业单位。

馆藏 馆藏档案包括清代及中华民国时期档案、革命历史档案和中华人民共和国成立后档案三部分，截至2022年底，共计509个全宗，86余万卷，**文书档案**数字化率92.1%。明清及中华民国时期档案17余万卷，其中明清档案300余卷。中华民国时期档案主要是中华人民共和国成立以前武汉政权机关、社团、企业、事业单位形成的档案。数量较大的是1927～1949年汉口（武汉）和武昌市政府、地方法院、商会及工商金融机构的档案。革命历史档案190余卷，主要是1921～1949年中国共产党及其领导下的政权、群众团体在武汉革命活动中形成的档案。馆藏资料合计11余万册。馆藏最早的**纸质档案**是清康熙十三年（1674）曾任台湾兵备道的回乡官员韩桐庵所捐的宗祠祭产文书。湖北革命实录馆档案、湘鄂赣苏区革命历史文献资料入选湖北省档案文献遗产名录。

武汉市档案馆外景

机构设置　馆内设办公室、接收指导部、整理编目部、查询利用部（政府公开信息查阅中心）、技术保护部、征集编研部、信息化工作部7个机构和机关党委。主要职责是：接收、征集、整理、保管本市党政机关、群众团体和有关企事业单位的重要档案资料，广泛征集和保管有价值的档案资料；馆藏档案保护技术的应用开发、馆藏档案的现代化管理和数字化档案馆的建设；**档案编研**、出版、展览等档案信息资源的开发；馆藏档案资料的利用、政府信息公开和现行文件的接收查阅等。

出版物和评价　自20世纪80年代至2022年底，先后公开编辑出版了各种档案史料40种64册，内部出版31种34册。主要有《汉口商会史料汇编》《武汉市档案馆馆藏辛亥革命档案资料汇编》《武汉解放档案文献图集》《武汉城市圈特藏档案图集》《武汉城区特色档案图集》《江汉炳灵——武汉高校档案概览（1912—1949）》等。注重对馆藏档案和武汉历史研究，发表了大量研究文章，编写出版了《武汉对外开放史》《武汉通史·民国卷》《武汉史话丛书》等多部研究专著。（李　欢）

《戊戌变法档案史料》 *Archival Documents Concerning Reform Movement of 1898* 中国档案文献汇编。国家档案局明清档案馆编，中华书局1958年出版。全1册，43万字。为台湾沈云龙主编的《近代中国史料丛刊续编》收录，列为第32辑，1976年文海出版社影印。

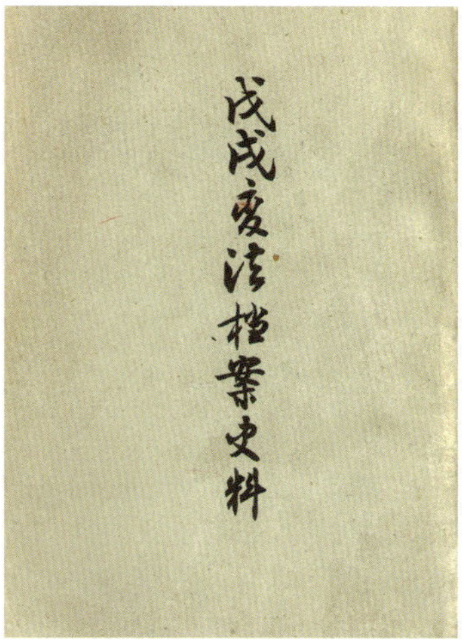

《戊戌变法档案史料》封面

所辑档案文件起自清光绪二十三年（1897）十二月，迄于光绪二十五年五月，共有内外官员及举贡生监的**奏折**、**呈文**302件。全部文件依所述内容分类编排，计有综合（上、下）、荐举新政人才、添裁机构及官制吏治、文武科举改制、筹设文武学堂及游学章程、练新军及办团练、农工商务、银行币制、开矿筑路、设报馆译书局、其他等类，每类文件各按具文时间先后排列。记录了当时各派政治势力对待变法维新的不同态度和相互斗争的情况。书后附有《本编未选辑档案史料目录》《康有为追述变法经过并向溥仪谢恩折》等，为研究者提供了检索档案史料的工具。但因选材范围较小，遗漏文件颇多，尚不足以反映戊戌变法全貌。（张书才）

X

西安市档案馆 Xi'an Municipal Archives 中国副省级国家综合档案馆。位于陕西省西安市未央路103号。成立于1959年6月16日，次年与新成立的西安市档案管理处合署办公；1968年5月1日，西安市革命委员会成立后，西安市档案管理处撤销，西安市档案馆改名为西安市革命委员会档案馆；1979年改为西安市档案局，仍兼理档案馆工作；1980年恢复西安市档案馆名称，与西安市档案局实行馆局合一的体制。1996年西安市档案馆晋升为陕西省一级档案馆；1997年被命名为“西安市青少年爱国主义教育基地”；1998年晋升为国家一级档案馆；2009年通过国家一级档案馆复评验收；2018年在全国47家副省级以上综合档案馆业务建设评价中位于中上水平；2019年馆局分设，市委办公厅加挂市档案局牌子，成立档案事业发展处，承担档案行政管理职能，市档案馆仍为市委直属正局级事业单位，承担档案业务职能。西安市档案馆先后荣获“全国档案系统先进集体”等荣誉称号。

图1 西安市档案馆外景

馆藏 档案馆总建筑面积11 997.84平方米，其中库房面积3928.84平方米。截至2022年底，馆藏档案434个全宗，834 042卷、896 985件，照片档案25 989张（幅），数码照片155 088张，录音录像档案1089小时，实物档案3776件，资料33 015册，电子资料70 000册。包括清代档案、中华民国时期档案、革命历史档案、中华人民共和国档案等。有纸质档案库、音像档案库、光盘库、特藏库、实物档案库、图书资料库等。

清代档案主要为清乾隆年间至宣统年间契约、文书、奏折、劄子、照会、牒呈等，保存年代最早的是清乾隆十一年（1746）的地契档案；辛亥革命时期档案保存较少，档案原文均注明黄帝纪元四千六百零九年（1911）。中华民国时期档案数量较多，内容涉及政治、经济、军事、文化、民族、宗教等。革命历史档案主要有反映西安地下党组织活动情况及“八办”驻陕办事处、军管会情况等档案。中华人民共和国档案保存比较齐全完整。馆藏档案以纸质为主，还包括电子、录音（像）、胶片、唱片、光盘等载体的档案。

档案馆注重加强档案接收、征集工作力度，丰富馆藏档案资源。2020～2022年，接收市级机关、单位2015年前形成的文书、专业、实物档案35.2万件（卷），并征集了《宋伯鲁信札》、非遗魏氏药丹炮制技艺照片，1965～2012年国内国际体育赛事简报及以毛泽东像章、诗词为内容的系列IP电话卡等一批有价值的档案资料、照片。

机构设置 馆内设办公室、收集整理处、编研展览处、保管利用处、信息资源处，承担档案接收、整理、保管、利用等主要业务工作。

档案馆开展档案信息化工作。建立了档案管理局域网、政务内网、互联网的网络格局，开通了西安档案信息网、档案微信公众号。建立了包含案卷级、文件级、人名专题等目录数据约850万条、电子全文（数字化副本）3287万页的档案数据库。2019年通过了数字档案馆测评，成为西北地区首家全国示范数字档案馆。现已向社会开放档案9.4万余卷。

出版物和评价 利用馆藏资源，通过举办展览，进行爱国主义教育，提供资政参考。先后举办了《馆藏珍品档案陈列展》《西安事变档案史料图片展》《不忘初心牢记使命——档案文献展》《西安珍贵档案文献遗产陈列展》《西安市档案馆馆史展》等大型展览。

编辑出版了《西安解放档案史料选辑》《西安古今大事记》《往者可鉴——民国陕西霍乱疫情与防治》《民国西安城墙档案史料选辑》《中共西安地下联络站——莲湖食堂与奇园茶社档案辑录》《西安城墙保护档案史料选编（现代）》等档案史料汇编70余种、2600余万字。其中《民国开发西北》《往者可鉴——民国陕西霍乱疫情与防治》获中国档案学会第五次档案学优秀成果三等奖；《西安革命历史图文集》《西安抗战备忘》等先后分获陕西省档案学会档案学优秀成果二、三等奖及优秀奖；《图说西安百年》《民国西安城墙档案史料选辑》《西安馆藏珍档》等先后获西安市社会科学优秀成果二、三等奖。主办的《西安档案》创刊于1983年4月，已编辑出版216期。

图2 《西安古今大事记》封面

（柏雪梅）

西班牙国家档案馆 National Archives of Spain 西班牙不同时期、不同区域的全国性档案管理机构。西班牙早在古代罗马时期就存在有一些档案馆。10世纪以后，一些王国建立起自己的档案馆，成为后来西班牙国家档案馆的最初部分。西班牙国家档案馆包括全国性国家档案馆和地区、省级档案馆。全国性档案馆由文化部直接领导，地区、省级档案馆则由文化部和同级政府共同领导。

西班牙国家档案馆历史悠久，馆藏丰富，档案珍贵。设在巴塞罗那的阿拉贡王朝档案馆的前身可追溯到1318年詹姆斯二世建立的皇家档案馆。设在马德里的国家历史档案馆是西班牙最大的档案馆。建于1866年，保管档案的时间跨度是从11～20世纪，馆藏大约有4.25万延米，专业图书馆包括2900种手抄本和小册子。此外，国家历史档案馆还建有一个贵族部，主要保管西班牙王国贵族9～20世纪的档案，档案有2600延米。

比较重要的全国性档案馆有：西曼卡总档案馆（巴利亚多利德）、印度综合档案馆（塞维利亚）、国家历史档案馆（马德里及各地）、行政总档案馆（埃纳雷斯堡）等。比较重要的地区档案馆有：加利西亚王国档案馆、马约尔卡王国档案馆、巴伦西亚王国档案馆和塞尔维亚地区档案馆等。

这些档案馆主要收藏了中世纪西班牙，中央机关以及某些教会的档案，中世纪时期修道院、骑士团、大学等社团档案，18世纪和19世纪中央政府机关的档案，海外殖民事务的档案等。所有主要档案馆都

出版了本馆指南，但一般只向研究者提供 16 世纪以前的文件。（黄霄羽）

《西南少数民族历史档案管理学》 *Studies in Historical Archives Administration from Minorities of Southwest China*　中国档案学专著。华林著。民族出版社 2001 年 9 月出版。面向西南少数民族历史档案的专门档案管理研究著作，也是档案学与民族学交叉研究的学术成果。

全书共计 6 编 17 章。第一编 1 章，阐述了西南少数民族历史档案管理学的学科创建，包括学科的研究对象、学科性质和学科构建意义。第二编 5 章，阐述了西南少数民族历史档案的形成、概念、范围、种类、价值特点与分布状况。第三编 1 章，研究叙述了西南少数民族历史档案的收集。第四编 4 章，研究叙述了西南少数民族历史档案信息资源的处理，包括西南少数民族历史档案的整理、鉴定、现状与保护、修复、普查与统计。第五编 4 章，研究叙述了西南少数民族历史档案信息资源的输出及其开发利用，包括西南少数民族历史档案的检索、译注与出版、编研、提供利用。第六编 2 章，研究叙述了西南少数民族历史档案的现代化管理。

《西南少数民族历史档案管理学》封面

本书作为中国第一部研究西南少数民族历史档案管理的著作，力求紧扣西南少数民族历史档案管理的特性，兼顾西南少数民族历史档案管理的理论建构与实践应用，对于少数民族档案管理研究具有借鉴意义。（梁继红）

西藏自治区档案馆　Archives of Xizang Autonomous Region　中国省级国家综合档案馆。位于西藏自治区拉萨市鲁定中路 12 号。专门负责西藏自萨迦地方政权建立到 1959 年西藏民主改革各个历史时期形成

图 1　西藏自治区档案馆外景

的历史档案和 1951 年西藏和平解放以来各机关、企事业单位、人民团体在履行职能的活动中形成的具有永久保存价值的现行档案的收集、保管、整理、编目、保护、展陈、提供利用、编译出版及学术研究等工作。

档案馆由 1959 年西藏平叛改革时期成立的西藏工委文件档案组发展而来；1965 年成立了西藏自治区档案管理局，下设档案馆；在“文化大革命”期间，档案局被撤销，档案馆随之转为军管；1980 年成立了西藏自治区历史档案馆，由自治区党委办公厅、自治区政府办公厅领导；1989 年更名为西藏自治区档案馆，邓小平和阿沛·阿旺晋美分别题写了汉文和藏文馆名；1994 年西藏自治区档案管理局和西藏自治区档案馆合并，为自治区党委、自治区政府直属机构，由自治区党委办公厅管理，并从布达拉宫西印经院的旧办公地点迁到现址；2010 年正式更名为西藏自治区档案局（馆）；2019 年 10 月，自治区档案局和自治区档案馆机构分设、职能分离，自治区档案局在自治区党委办公厅加挂牌子，自治区档案馆仍为自治区党委办公厅管理的副厅级事业单位。

图 2　西藏自治区档案馆内景

馆藏　馆藏档案约 351.54 余万件（卷、册）。其中历史档案 311 万件（卷、册），最早始于 1304 年，历史档案馆藏量居全国省级综合档案馆首位；馆藏现行档案 40.54 万余件（卷、册），主要是 1951 年以来形成的档案资料。历史档案以藏文为主，占 95% 以上，另有汉、满、蒙古、梵、尼泊尔、英等文字档案。载体以狼毒草为原料制成的各种藏纸为主，另有木质、缣帛、叶质、金石等材料。书写用料除藏墨之外，部分珍本以金、银、翡翠、珊瑚、珍珠、朱砂等研磨调制后书写于磁青纸面。内容涉及政治、经济、军事、文化、历史、宗教、天文、地理、科技、医药、卫生、工艺、差役、灾祸、风俗、艺术等人类社会活动的诸多领域。馆藏纸质历史档案分为 145 个全宗予以保管。其中属于原西藏地方政府各大机构的档案有 56 个全宗，属于西藏各大贵族世家的档案有 66 个全宗，属于寺院和喇章的档案有 23 个全宗。此外，还有实物档案 1 个全宗，老照片档案 1 个全宗，藏文古籍 6 个全宗，旧地图 1 个全宗。2013 年 22 件《元代西藏官方档案》成功入选联合国教科文组织《世界记忆名录》。

图 3　可用来装唐卡或诏书的圆筒状档案装具

机构设置　馆内设办公室（机关党委）、档案管理一处、档案管理二处、编译研究室、档案利用处、档案保护技术处等处室。截至 2022 年 12 月，馆藏档案已完成初步清点整理，完成历史档案数字化约 32 万余件。按件管理的现行档案已数字化 14 万件，约占馆藏量的 50%。

出版物和评价　1982 年以来，主编成果主要有《铁虎清册》《西藏历史档案荟粹》《清代西藏地方档案文献选编》（全 8 册）、《西藏自治区档案馆馆藏蒙满文档案精选》（全 12 册）、《西藏历史档案丛编》（全 29 册）、《西藏档案》期刊 35 期等；参编成果主要有《元以来西藏地方与中央政府关系档案史料汇编》（全 7 册）、《西藏地方历史档案丛书》（藏文 4 册，汉文 5 册）、《西藏社会历史藏文档案资料译文集》等。同时，指导各地市档案部门完成了《大事记》《重要文件选编》《组织机构沿革》《全宗介绍》《档案馆指南》等相关

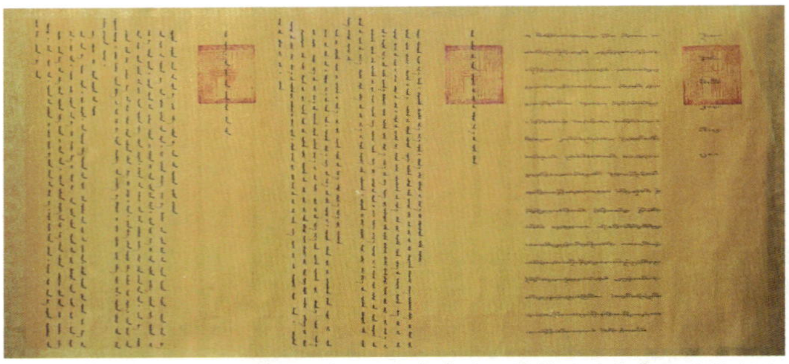

图 4　清道光二十一年（1841），道光皇帝为派员掣签坐床事给达赖喇嘛灵童的敕谕

档案资料的编辑出版工作。

（西藏自治区档案馆）

檄　xi　中国古代**官府往来文书**文种名称。檄原指比较长的竹木简，用于书写比较重要的文书。后来，用檄书写的文书就称为檄。檄的起源最早可追溯至西周时的誓，至战国时始称檄。刘勰《文心雕龙·移檄》云："出师先乎威声。故观电而惧雷壮，听声而惧兵威。兵先乎声，其来已久。……檄者，皦也。宣露于外，皦然明白也。张仪《檄楚》，书以尺二，明白之文，或称露布。露布者，盖露板不封，播诸视听也。"刘勰认为，用于军事传播的檄最早萌芽于夏朝，只是当时并无其名。据《国语·周语》记载，周穆王将征犬戎，祭公谋父加以谏阻，曰："先王耀德不观兵……有威让之令，有文告之辞。"刘勰认为这种"威让之令"和"文告之辞"就是檄的最初源流。

檄的名称到春秋战国时期才真正出现。唐代苏鹗的《苏氏演义》记载："檄者，告誓之流。……《战国策》曰，张仪檄楚，而始得名。"后经秦代到两汉时期，檄开始得到广泛运用。在汉代的官文书中，檄的使用频率很高，很多情况下已成为当时一种日常行政事务性质的普通官文书，用于许多外交事务、行政事务等。檄也不仅如《释名》所云仅为下行文书，也可作为上行文书或平行文书。如果檄的责任者是皇帝，则这种檄实际上是诏令文书；如果是上奏军情，则实际是**上奏文书**；如果内容是向旁级告急求助，则是官府往来文书。檄既可以是一种上级对下级的军事命令，起到征调军队、传递军情等作用；也可以是一种下级对上级或平级的战事请求或情况通报。有时，为了表示万分火急，还"插羽以示迅速"，插羽相示则名之为"羽檄"。

汉代的檄一是作为讨伐敌人、征调军队和报告军情的军事文书；二是用于各级官府征召下级官吏、责问有关情况、下达命令或者向上级官府告急，请求发兵救援，甚至可以作为通关的凭证，相当于符传。

三国以后，檄逐步摆脱汉代一般官文书的模式，演变成后来用于战斗的专门军事文书。东汉文字学家许慎在《说文解字》中说："檄，二尺书。"唐人颜师古在《急就篇》中说："以木为书，长三尺曰檄。"可见，檄是由一种长 2～3 尺的简牍材料制作而成。汉代用于征伐敌人的檄，其强调告誓和讨伐，一般用来指斥敌人的罪恶，瓦解敌方军心，夸耀己方实力，借以提高士气，瓦解敌军，获取民众的舆论支持。西汉时期，凡高级官员对官民有所告谕、征召，以及征调军队时都用檄。这类檄一般在文中直接要求公开传播，以达到震慑敌方、鼓舞士气、

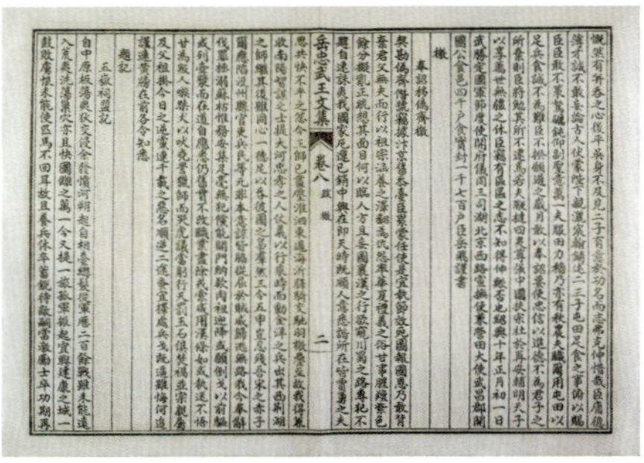

图 1　《奉诏移伪齐檄》
（1912 年上海江左书林石印本）

安抚百姓的目的。汉代的檄除了用于征讨和征召之外，有时也是一种军情通报文书，通常是边塞发现敌情时，命令各候官、部、亭燧等加强警戒、防备来敌入侵。这类檄不仅是一般的军事官文书，也是让一定范围内的吏卒晓谕知情的军事告示。

对于一些需要公开传布的檄，依据其内容的不同可以分为三种传播方式。①传写悬挂。对于一些不需保密而又需要逐级下达的檄，采取传写这种类似**布告**的发布方式。传写一般按照行政级别由高到低逐层传抄，传抄时不加**封缄**，逐级转达。一些晓谕性的檄文除依次传写之外，有时还在抄写之后悬挂出来，以便吏民能够充分了解其中的内容。②公开散发。以类似今天传单的形式将檄散发于民众之中。③传行布告，甚至是驰行布告。传檄而定，不战而寇息，一定要赶在讨伐正式开始前完成好宣布与布告。

檄在汉代已经发展成为一种较为成熟的普通官文书和军事文书。檄作为声讨、征伐敌人的军事文书，写法没有固定的模式，可以极尽铺张，壮大气势。此后，直到南宋初的 1000 多年中，这类檄主要作为战时政治宣传品使用。南宋以后很少使用，但是仍然沿用至清末。唐、宋至清代，檄又作为**符**、**牒**、**牌**、**札**的别称使用，"文檄"一词则常被用作一般官府往来文书的统称。

（裴燕生）

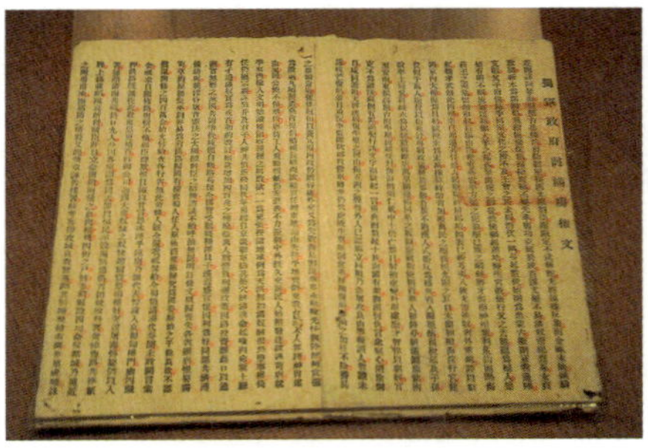

图 2　《蜀军政府讨满虏檄文》
（重庆中国三峡博物馆藏）

玺（印）　seal　中国古代文书凭证。玺（印）起源于商代，已知出土最早的格言玺来自战国时代。《释名》解释为："玺，徙也，封物使可转徙而不可发也。印，信也。所以封物为信验也。亦言因也，封物相因付。"先秦前，玺、印是一物，为格言玺，用作商业上交流货物时的凭证。秦始皇后，只有皇帝印独称"玺"，臣民印称"印"。汉代也有诸侯王、王太后称其印为"玺"；唐武则天时改称"玺"为"宝"；唐至清沿旧制而"玺""宝"并用。汉代印又称"章"和"印信"；唐以后将印称为"记"或"朱记"，尺寸和款式有严格规定；北宋称"图书"；南宋称"合同"；元有"押"印；明清有"符""契""信""关防"等称谓。

古印有纽，可以系绶。印文有阳文和阴文。字体依时代变化，先秦时代为六国古文，秦汉至魏晋南北朝为篆书，还有鸟虫书类装饰与有形印，隋唐以后开始流行隶书、楷书。根据玺（印）呈现的风格和印文的内容，玺（印）还可分为官印、姓名印、吉语印和肖形印。作为官府书信往来和私人交往的凭证，印有官印和私印之分。官印象征权力，不同等级的官印材质、印纽、印绶均有所区别。私印更多是为追求古意和审美需要。

（高大伟）

下行记　xiaxingji　中国古代**官府往来文书**文种名称。指上级官府向下属下达教令。又称教。《说文解字》云："教，上所施，下所效也。"《汉书·王尊传》载，王尊擢为安定太守后，"到官，出教告属县……威震郡中，盗贼分散，入旁郡界"。两汉时太子及诸王之令用教，对上官使用的奏记两汉

以后也不见用了，只有下行记（教），曹魏时为王侯官吏的下行文继续使用，直至隋唐时改为皇室亲王、公主使用，一般官员就不再用了。（裴燕生）

厦门市档案馆 Xiamen Municipal Archives 中国副省级国家综合档案馆。馆址在福建省厦门市思明区湖滨北路80号。中共厦门市委直属事业单位，负责对厦门市全市范围内形成的历史档案，中华人民共和国成立后各市级机关、团体、事业、企业等单位及其所属单位具有永久和长期保存价值的档案资料进行接收、管理和开发利用等工作。

成立于1963年，与厦门市档案局合署办公。“文化大革命”期间，厦门市档案局、馆机构工作暂停。1981年，厦门市档案局、馆恢复。1996年机构改革中，厦门市档案馆与厦门市档案局合并，一套人员，两块牌子，履行两种职能。1997年被评为国家一级档案馆。2019年机构改革，厦门市档案局（市档案馆）承担的行政职能划入市委办公厅，市档案馆作为市委直属事业单位，机构规格为副厅级。是厦门市档案安全保管基地、爱国主义教育基地、档案利用服务中心、政府公开信息查阅中心、电子档案管理中心。

馆藏　馆藏档案共267个全宗，档案资料27万余卷。其中，历史档案有68个全宗，4.7万余卷。馆藏档案时间可追溯至明朝万历（1573～1619）年间。档案的载体形态有纸质档案、照片档案、录音录像档案以及实物档案。馆藏档案资料内容涉及政治、经济、外事、科技、文化、教育、宗教、卫生、体育等方面，真实反映了厦门市城市变迁和社会经济发展的历史。其中，馆藏涉台、涉侨档案地方特色明显，鼓浪屿会审公堂档案、厦门人民抗争海后滩档案以及厦门儿童救亡团档案被评为福建省珍贵档案文献。馆藏中华人民共和国成立后文书档案数字化率达到75%，并实现了计算机全文检索，历史档案完成数字化230多万页。

机构设置　内设办公室、征收鉴定处、保管利用处、编研开发处、信息技术处等

图1　厦门市档案馆外景

业务部门。

出版物和评价　重视档案资源开发利用工作，先后编辑出版了《近代厦门涉外档案史料》《近代厦门经济档案资料》《近代厦门教育档案资料》《厦门抗日战争档案资料》《紫燕金鱼室笔记》《中国共产党厦门市历次代表大会重要文献选编》《厦门经济特区建设三十年重要档案文献》《胡里山炮台与洋务运动》《厦门市档案工作概览》《厦门市档案馆指南》《厦台交流档案资料选编》《见证：1938厦门：日寇入侵厦门前后报刊史料汇编》《厦门改革开放四十周年重要档案文献选编》《近代厦门华侨档案选编》《近代厦门鼓浪屿公共租界档案汇编》（上、下）等。

图2　《近代厦门涉外档案史料》封面

合作编辑出版了《厦门抗日战争时期资料选编》《中国共产党福建省厦门市组织史资料》《闽台关系档案资料选编》《厦门商会档案史料选编》《陈嘉庚与福建抗战》等档案资料，取得了良好的社会和经济效益。（吴仰荣）

先秦档案管理 archival management in Pre-Qin Period　中国在建立统一的秦帝国前，先后建立了夏、商、周等国，那时档案管理作为国家行政管理工作之一就已逐渐形成。夏代（公元前21～前16世纪）档案在古文献中称为“书”和“契”。唐人张怀瓘《书断》载：“大道衰而有书，利害萌而有契。”《左传》也多处提到“夏书”，具体实物未见发现。其具体管理方法，文献很少记述。据《吕氏春秋·先识览》记载：夏桀时太史令终古，见桀骄奢淫逸，人民怨恨，国家危亡，以其管理的“图法”（档案）向夏桀哭谏，桀不听劝告，暴虐尤甚，终古遂携档案投奔了商。说明夏代已由史官管理档案并利用档案。

继夏而起的商代（公元前16～前11世纪）是奴隶制大国，文化有显著发展。商王活动主要记录在龟甲兽骨、青铜铸器和竹木简牍上。青铜器发现的实物很多，其中不少铸有铭文，一般只有二三个字，标明器主的族氏与祭祀对象和器物用途，如著名的司母戊鼎；多者有几十个字，记载商王活动及对器主的恩赐，如商末年的小臣艅犀尊，铭有27个字，记载了商王征夷方事（见**金文档案**）。**简牍档案**只见于文献记载，《尚书·多士》中载：“惟殷先人有册有典”，甲骨文字中也有“册”“典”二字，有的学者认为即书于木竹片的简牍文书、档案。商代以**甲骨档案**著称于世，自1899年于殷墟发现以来，出土总数达15万片以上。从考古发掘可知，商代的甲骨档案集中保存在殷都宗庙地区的窖窦中，这些窖窦即是商代的档案库。库中的档案经过一定的集中归档管理，存放有序，有朝代可循，由操纵王朝政务、宗教大权的巫史记录并保管。

西周（公元前11世纪～前771年）国家机关庞大，文件档案增多。王朝中央保存的档案主要有图版（地图与户籍）、盟约（**盟书和约剂**）、谱牒（王室世系记录和贵族族谱与家谱），史官保管的有诰、誓、政典、记注等档案。上述档案大多制有副本多份，正本存于**天府**，藏于金縢之匮（见**石室金匮**），副本则分存于太史、内史、司会及六官处。

西周王朝的命、诰、誓等档案书于竹木，《礼记·中庸》载：“文武之政，布于方策。”“方”者板也，“策”同册，即简牍档案，但原物无发现。铸于青铜器的铭文较商代发展，铭文字数增多，叙事详尽，范围广泛，书史性强，甚至出现为勒铭而铸器的现象，如《毛公鼎铭》《矢人盘铭》《曶鼎铭》《虢季子白盘铭》，内容主要记述王命、功烈、战争、盟约、世系、祭祀和法律诉讼等重要活动，周王室与诸侯视其为“宝物”“重器”，珍藏于至高神圣的宗庙里，作为承天命而统治的证物，以期神祖的庇佑和赐福，子孙世代永远保存相传。

西周用甲骨占卜的习俗依然存在，1977年在陕西岐山周原地区发现西周早期有文字的甲骨，记述武王克商，周王对商王祭祀的内容，说明西周也有甲骨档案。

周平王东迁以后，王室衰微，群雄并起，诸侯国纷纷脱离周天子统治，中国历史进入春秋战国时期（公元前770～前221）。其时各国档案管理基本沿袭西周旧制。各国设祝、宗、卜、史等官职管理档案，记注本国大事，保管颁发的册命、文书。这些官职仍是世袭，地位较高。到春秋后期，随着世卿制度的日趋瓦解，这些

官员地位逐渐下降。由于频繁的兼并战争以及周王室“天下共主”权势的丧失，使原保存于王室中央的档案外流。许多诸侯国也因国破宗庙被毁，世卿贵族失去原有的政治权力和地位，他们世守的档案也流散于社会。档案的流散一方面导致档案被毁，另一方面也使档案广泛传播利用，一些贵族、士人乘机收集档案，从档案中吸取历史知识，并利用档案编史著述。孔子周游列国，收集了鲁、周、宋、杞等故国的档案典籍，还派弟子子夏等人“求周史记，得百二十国宝书”，晚年致力于档案典籍的整理，合若干篇而汇集成《尚书》，还依据鲁史旧文“约其辞文，去其烦重而撰《春秋》”，同时以档案为教材，设馆讲学，创儒家学说。墨子也见过“百国春秋”，搜求传播了档案典籍，教授弟子。各国的史官为适应政治斗争和文化学术发展的需要，收集、利用档案进行著述。鲁国的太史左丘明利用大量的档案材料编著了《左传》和《国语》。《国语》是一部春秋战国时期各国史官记录的汇编。魏国史官石申和齐国史官甘德参阅了史官保存的天文历法和天象观察记录等古代科学技术档案，撰述了中国古代天文学名著《天文》和《天文星占》。春秋战国开创了中国古代利用档案私人修史、著述、汇编档案史料的先例。

春秋战国时期的档案以书于竹帛为主，有的则铭于金石。据战国时著作《墨子·鲁问》记载，每征战后，则将战果“书之于竹帛，镂之于金石，以为铭于钟鼎，传遗后世子孙”。

先秦的档案管理具有以下特点：①档案材料以竹木为主，兼有甲骨、金石和缣帛，珍藏于石室金匮，以示郑重。②档案由史官管理。③档案管理尚无成法，只有简单的整理与保管。④档案只供统治者利用。（邹家炜）

《咸丰同治两朝上谕档》 *Compilation of Imperial Edicts of Xianfeng and Tongzhi Period* 中国档案文献汇编。全书所辑系**中国第一历史档案馆**所珍藏的清代咸丰同治两朝二十四年的军机处汉文上谕档册。赵雄主编，广西师范大学出版社1998年8月出版。

《咸丰同治两朝上谕档》始自咸丰元年（1851），迄于同治十三年（1874），保存完整。其中有部分内容相同的重抄本，编者从中挑选了一套完整而又字迹工整的抄本汇编成书。全书共计24册，第1册至第11册分别为咸丰元年至十一年上谕档；第12册至第24册分别为同治元年至十三年上谕档。

上谕档册所载文件大都是皇帝交由军机处办理各类事件过程中形成的文件，既包括了**明发谕旨**、**寄信谕旨**，也包括了与之相关的**朱谕**、御制诗、**奏折**、**奏片**、**照会**、条约、咨文、函件、科举试题等其他文书。文件所记载的内容涉及清代的内政、外交、经济、文化、军事、边疆、民族、宗教等多个方面。咸丰同治两朝发生的重大历史事件、清朝中央政府的最高决策，在谕旨中均有记载。但咸丰同治时期清政府在镇压太平天国运动中所发布的有关谕旨，在清时汇入军机处的《剿捕档》，未纳入此汇编。

按年月编排，原文影印，所有文件统一编号，各册序号独立。基本维持了档案形成的时间顺序，以谕旨颁发先后为序，一般的调整仅在同日档案文件之中进行。对原档考证调整的主要依据是馆藏清代军机处《随手登记档》和文件的内在联系，编者未对原档的错字、衍字等进行改正，编者的调整、校勘、考证以校勘表形式说明。

此汇编是对咸丰同治两朝上谕的第一次系统公布，是中国第一历史档案馆继《**乾隆朝上谕档**》《**光绪宣统两朝上谕档**》之后又一部清帝谕旨汇编，对促进档案开发利用、推动近代史研究均有重要意义。（安　芳）

《现代档案学的发展》 *The Development of Modern Archival Science* **日本国立公文书馆**为纪念建馆10周年而出版的论文集。日本国立公文书馆第一任馆长岩仓规夫（1913～1989）和日本国会图书馆特约调查员大久保利谦（1900～1995）主编，由有志于建立日本现代档案学的22名档案工作者和研究者撰写。1982年6月，由柏书房出版社在东京发行日文原版。全书共分五部分：第一部分介绍了日本国立公文书馆的创立经过与建立档案学的设想。第二部分介绍了地方档案馆的活动。第三部分介绍了世界各国档案馆的制度与现状。第四部分介绍了日本档案管理体系建立的情况。第五部分介绍了馆藏档案资料利用实例。

从日本档案工作的研究、国外档案馆的探讨、历史资料的查考等方面反映了20世纪80年代初期日本档案事业的发展情况，对进一步推动日本档案的管理和利用产生了积极影响。（黄霄羽）

《现代档案——原则与技术》 *Modern Archives: Principles and Techniques* 美国档案学著作。美国档案学者和现代档案学派代表人物T.R.**谢伦伯格**的代表作。1954年作者应邀赴澳大利亚讲学，回国后把讲学内容加以整理扩充而写成。1956年在美国和澳大利亚出版，原文为英文，先后译成西班牙文、德文、希伯来文、葡萄牙文等多种文字出版。1983年出版中译本。

全书由3编组成：第一编为导论，主要阐述档案的性质、**档案机构**的重要性以及档案工作与文件管理和图书馆工作的关系；第二编为文件管理，包括现代文件的特点、分类、立卷和处置办法以及文件管理的原则；第三编为**档案管理**，主要介绍现代档案的鉴定、保管、整理、编目、出版和提供利用等。

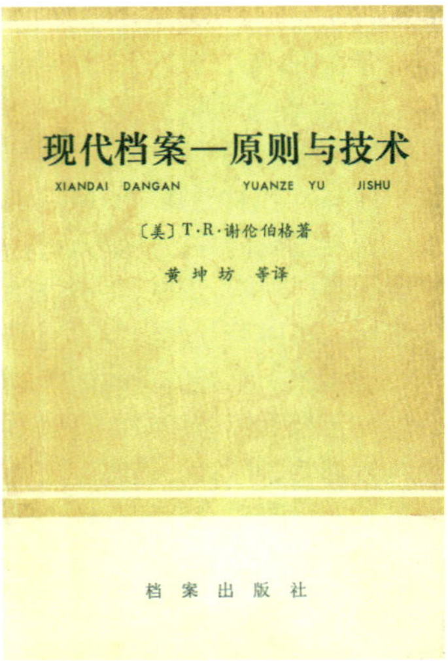

《现代档案——原则与技术》封面

主要成果体现为4点：①从理论高度阐述了档案的文化财富性质和设置档案机构的重要性，指出档案是政府独有的文化财富，设置档案机构可以实现保存文化财富、保证政府工作和保障公民个人利益的目的，把档案的重要性上升到衡量国家文明水平尺度的高度，论述深刻、有力。②创造性地提出了双重价值论，认为档案文件具有对原形成机关的第一（原始）价值和对其他用户的第二（从属）价值，只有经过鉴定有永久价值的文件才能作为档案保存。文件的双重价值及其有规律转化，成为**文件生命周期理论**的依据，是对**档案鉴定理论**的重要贡献。③系统论述了文件和档案、文件管理和档案管理的密切关系，要求档案人员参与机关文件管理并与文件管理人员协作，共同提高文件工作效率，确保进馆档案的质量。这为文件、档案一体化管理奠定了理论基础。④最早运用比较的方法对美国和欧洲的文件管理和档案管理原则与技术进行系统研究，开创了比较档案学的先河。

英国史学家G.巴勒克拉夫将其誉为“现代档案科学形成的标志之一”。（黄霄羽）

现代公文 contemporary official documents 中华人民共和国成立后，中国公务机构按照各种法律法规，在公务活动中形成的为行使职权、实施管理而制定的具有法定效力和规范体式的文件。公文是公务文件的简称，现代公文是一个与历史公文相对应的概念，既具有一般公文的基本属性，又具有鲜明的时代特征。

时代特征 主要表现在以下几个方面。

公文作者的种类和数量大幅度增加 随着以人民当家做主为特点的新民主主义、社会主义制度的建立和不断完善，公务机构的种类和规模大幅度增加。此前在中国历史上公务活动的主体一直以政府为主，甚至在相当长的历史时期，政府几乎是唯一的公务活动主体，但在新民主主义、社会主义的中国，这种局面被打破了。不仅代表广大人民利益的中国共产党及其他共同执政的政党组织、各级人民代表大会、各级行政机关、各级人民法院和人民检察院、各级军事机关、各级人民政协机关均成为公务活动的主体，而且依法建立的各种各样的人民团体组织、企业单位、事业单位也都成为公务活动的主体。这些在中国历史上从未有过的海量公务机构的存在，使公文制发者的种类和数量规模前所未见，公文的社会属性愈发突出。

公文形成和作用领域大幅度扩展 在中华人民共和国成立之前的数千年历史进程中，中国的公共事务基本上等同于政治事务，公务活动的类型单一，公文的形成和作用领域基本上局限在政治活动领域，公文主要成为政治统治的工具。但在中华人民共和国成立之后，公务活动的范围大幅度扩展，不仅政治活动，其他同样具有更强社会性质的活动均呈现公共性质，经济活动、生产活动、文化活动、科学研究、教育活动、艺术活动、社会治理等都成为公务活动或者都包含有公共活动的内容，相关的公共事务也都需要利用公文进行处理。如此，公文已经远远不仅是政治活动的产物，不仅仅是政治统治的工具，而是在人类社会生活的几乎所有领域均可形成、均能产生作用。改革开放 40 多年来，随着国家管理职能逐步实现从政治统治为主到社会管理为主的根本性转变，公共事务的范围进一步扩展，公文形成和作用的领域更加广泛。特别是近十几年来，以主体多元化、手段法制化、过程机制化、管理信息化为特征的社会治理体系的不断建立和完善，进一步突显其“重点依托信息资源而不仅仅是物质资源”实现治理目标的特征，作为信息资源主要存现形式的公文，因此有了更广阔的应用领域和价值实现空间。

专用公文得到前所未有的发展 专用公文是与通用公文相对称的一种公务文件。指在一定专业机关或专门的业务活动领域内，因特殊需要而专门形成和使用的公文。由于在传统社会形态中存在公文作者的单一性和公文形成作用领域的局限性，因此通用公文是公文的主体部分，专用公文种类有限、使用频率也很低。但中华人民共和国成立后，随着公务活动主体的普遍化和公文形成作用领域的大规模拓展，专用公文有前所未有的发展。这种发展一方面表现在专用公文种类的规模扩充，几乎每一个具有较强专业性的行业领域、每一项专门性强的业务领域，都形成了专用公文；另一方面表现在专用公文整体数量规模和使用频率的超海量增长。随着中国向信息化社会迈进步伐的不断加快，信息已经成为与原材料、能源同等重要的经济社会发展战略资源，依托信息资源的管理，具体化为依托公务文件的管理已经成为现代化管理的标志。信息资源核心部分的公务文件已经不仅仅是一种可以消除不确定认识的管理资源，而且成为事实上的无形资产、社会财富，成为社会生产不可或缺的生产要素，科学研究不可或缺的必备条件。统计数据表明，当今社会信息资源中最具价值的部分基本上都具有文件形式，而且绝大多数都属于专用公文。除少部分党政机关将信息资源“固化”在通用公文之上外，绝大多数党政机关和其他社会组织的信息资源主要都蕴藏在数量规模超海量、而且依旧以“几何级数”增长的专用公文中。

公文的法制化程度越来越高 一方面表现在为了依法治国的需要，国家的法律规范都采用了成文方式，也就是说，所有法律、法规、规章和其他法律性质的规范都具备公文的形式；另一方面则表现为公文明确受到国家法律的严格保护和严格约束。公文的效用是法定的，从国家的根本大法——宪法，到国家法律、行政法规、行政规章，到其他各种各样的规范性文件，都有对不同性质、不同种类的公文效力和功用的明确规定。有关公文及其处理的实体制度、程序规则、技术标准也是法定的，也都用法律、法规的方式予以明确。

公文的表达样式趋于多样化 在中华人民共和国成立前，公文的表达样式基本上就是积句成段、积段成篇的文章式，表格图形只作为文章式公文的补充性内容，鲜见表格式、图形式、图像式公文。中华人民共和国成立后，随着公文应用领域的扩展，特别是向经济领域和科学技术领域的扩展，表格式、图形式、图像式公文得到比较普遍的应用。现代信息技术不断在文件工作中得到应用，特别是随着电子文件的出现，文章式以外的表达样式进一步在公文中得到发展和更广泛的应用。多图层图形、立体图形影像技术的应用，使公文的表达样式更加多样。

表达公文内容的符号体系更加规范和通用 语言符号是公文内容表达的基本工具。中国古代公文的语言符号使用的是与当时社会民间口头交际语言并不相通的古代汉语和大量具有高度封闭性的公文“套语”，即使在中华民国时期，表达公文内容的符号体系也是与社会大众日常交际语言有很大区别的“半文半白”的专门公文用语。中华人民共和国成立后不久，中央人民政府就以法规形式对表达公文内容的符号体系做出统一规定，要求公文“以语体文为原则”，用现代汉语的书面形式作为公文的统一符号系统，不仅使公文的表达更加规范和一致，提高了沟通的质量和效率，更重要的是使**公文语言**与社会通用的交际语言高度一致，克服了社会大众参与公务活动的困难和障碍，在实质上更好地维护了社会主义制度赋予社会大众的法定知情权和在国家公共事务处理中参政议政、当家做主的民主权利。

公文内容的权威性和真理性并重 中华人民共和国成立以前的公务活动基本上是一种政治统治活动，而且是社会上少数人对多数人实施政治统治的活动。活动的有效性主要不在居于统治地位的一方所维护的意志、对被统治方发号施令时号令内容所含真理性成分的多少，而是统治方所攫取政治权力的大小，特别是统治者控制的国家机器赋予其强制力的强弱。因此，传统社会形态下的公文都是依靠作者的实际权力和威望而不是公文内容的真理性实现其有效性，公文的内容只要是有权威性保障就可以达成制发目的，因此基本上不讲求内容的真理性。但在中华人民共和国成立后，以多元主体为特点的社会治理的有效性，同样需要以治理主体的法定权威为基本条件，但同时寓管理于服务之中的服务型管理机制，也需要依靠更多的社会共识实现社会治理的低成本、高效能。这一点反映在公文内容上，表现为公文不仅强调内容的权威性，同时也注重内容自身的真理性。这实际上就是现代公文中讲“理”的内容成分大大超过历史文书的重要原因。

公文的信息记录方式、载体形式发生变化 在中国数千年公文史中，契刻、烧灼、描绘、书写、印刷等多种方式被用于公文的制作，甲骨、金石、简帛、竹木、纸张等物质材料成为信息载体。中华人民共和国成立后的前三十多年里，书写和简单印刷（油印等）成为公文的主要记录方式，纸张则成为公文的主要信息载体材料，纸质书面文件成为公文的基本形态。20 世纪 70～80 年代，随着多种信息技术在公文领域中的应用，纸质书面公文以印刷为主要记录方式，同时伴随办公自动化、社会信息化进程的快速推进，通过计算机等电子手段记录且必须经过电子设备间接识读的电子文件，开始成为公文的补充形态，进而又在诸多行业领域取代纸质书面文件成为专用公文的基本形态。近十几年，在相当一部分党政机关和其他社会组织，通用公文采用纸质书面文件和电子文件并存的形式，而在很多行业领域中电子文件已经成为相当一部分专用公文的基本形态，纸质书面文件退居次要地位甚至不复存在。预计电子文件将在不长的时间范围内，在更多党政机关和其他社会组织、在更多行业领域完成基本取代纸质书面文件的历史进程，其中也包括相当一部分通用公文。

现代通用公文 中国现代通用公文的种类和适用范围以及有关通用公文处理方面的规定，主要由中国共产党中央委员会、中央人民政府和国家立法机构等统一提出。按照《中华人民共和国宪法》《中华人民共和国国务院组织法》《中华人民共和国全国人民代表大会组织法》《中华人民共和国地方各级人民代表大会和地方各级人民政府组织法》《中华人民共和国立法法》《行政法规制定程序条例》《规章制定程序条例》《党政机关公文处理工作条例》等法律法规的规定，中国现代通用公文主要用于制定法律、法规、规章和其他规范，传达贯彻党和国家的方针政策，公布法规和规章，指导、布置和商洽工作，请示和答复问题，报告、通报和交流情况；通用公文的主要种类包括法律、条例、规定、办法、决议、决定、命令（令）、公报、公告、通告、意见、通知、通报、报告、请示、批复、议案、函、纪要等。

现代专用公文 中国现代专用公文的种类和适用范围以及有关专用公文处理方面的规定，少部分由中国共产党中央委员会、中央人民政府和国家立法机构等统一提出，其他则主要由国家相关专业或者行业主管部门，以及相关社会组织提出。这些规定中，对与通用公文要求一致的内容，以中国共产党中央委员会、中央人民政府和国家立法机构等统一提出的为准。除非必要，专用公文处理的规则要与通用公文的处理规则保持一致，以保证公文处理工作的质量和效率。中国当代专用公文种类繁多，其中具有代表性的主要有外交文件、军事文件、司法文件、贸易文件、金融文件、医疗文件、艺术文件、科研文件、教学文件、技术文件、商务文件、合同文件、会计文件、审计文件、统计文件、人事文件、计划文件、财产文件等。

为了确保沟通的有效性，专用公文在具体文种及其适用范围、文体结构格式和表达方式及语言运用方面，与通用公文有所区别，不同类型的专用公文之间也有所不同。

现代公文制度 现代公文是在 1949 年 10 月后出现的。党和国家对于正确、充分发挥公文的作用十分重视，对文书工作法规制度建设做出了不懈努力。1950 年 4 月，中共中央办公厅印发了《关于统一文件纸形与格式的规定》，对规范中华人民共和国成立初期的公文具有重要意义。1951 年 2 月，中共中央专门发布了《关于纠正电报、报告、指示、决定等文字缺点的指示》，针对当时机关文书处理实践中文电所存在的问题，提出了纠正方法。1951 年 9 月，政务院发布了《公文处理暂行办法》，这是中华人民共和国成立后第一个有关公文的专门性法规，对公文种类、文体、结构和格式、撰写要求、办理程序、行文关系等首次做了比较全面、具体的规定。1953～1966 年，中共中央、国务院等又先后下达了一系列有关公文制度方面的文件，进一步提高了公文的科学化、规范化水平。

改革开放之后，中国公文制度建设进一步得到重视并取得成效。这一时期公文制度建设主要表现为党政领导机关制发了相关法规和标准，这些法规和标准是公文处理规范化的基本依据。其中代表性的法规和标准包括：①《国家行政机关公文处理暂行办法》。国务院办公厅于 1981 年 2 月发布。1987 年 2 月国务院办公厅正式发布《国家行政机关公文处理办法》，其后经过 1993 年 11 月、2000 年 8 月两次修订。该办法对国家行政机关公文的概念、作用、种类、格式、行文规则、办理程序、归档和管理等做了规定。②《中国共产党机关公文处理条例》。中共中央办公厅于 1996 年 5 月发布。该条例结合中国共产党组织活动的特点，对党的机关公文及其处理做出了相应的规定，适用于中国共产党各级机关。③《党政机关公文处理工作条例》。中共中央办公厅和国务院办公厅于 2012 年 4 月联合印发。该条例对党政机关公文的文种、格式、行文规则、公文拟制、公文办理、公文管理等做了规定，同时决定停止执行《国家行政机关公文处理办法》和《中国共产党机关公文处理条例》。④《党政机关公文格式》。国家质量监督检验检疫总局、国家标准化管理委员会于 2012 年 6 月发布。该标准是《党政机关公文处理工作条例》的配套规范，是对《国家行政机关公文格式》的修订。该标准规定了党政机关公文用纸尺寸及版面，印制装订要求，公文格式各要素编排规则，公文中的横排格式，公文中计量单位、标点符号和数字的用法等，并给出了公文的标准式样。此外，还有几个法规也对专门领域的公文制度进行了比较系统的规定，如全国人大常委会办公厅印发的《人大机关公文处理办法》（1986 年颁布，2000 年修订）、中央军委办公厅印发的《中国人民解放军机关公文处理条例》（1992 年颁布，2005 年修订）等。

（赵国俊　王　健　徐拥军　闫　静）

宪牌 xianpai 中国古代官府往来文书文种名称。清代多称牌文为宪牌，是因当时官场称上级为“上宪”，上级自称“本宪”，牌文都是上级下发之文，所以便称牌文为“宪牌”。清代宪牌结尾处普遍使用“牌仰某某准此”字样，口气严厉，故有用“牌行”一词的，是品级地位差距不大，较为客气委婉的说法；还有用“牌檄”一词的，则是品级地位差距较大，口气更严厉的说法。

宪牌包括信牌、火牌，均有标朱，即由主管官在文件正本某些部位用朱笔标画圈、点或其他标记，有的还另加写若干字句。牌文标朱有一定方式，事由“为”字上以及文中“为此”以下提出具体要求的，在“为”字上都要点一红点，以便引起注意。文中需要特别注意的文字，则画一朱圈，一方面是要下级看清文字，给予特别

云南博物馆藏清光绪七年（1881）宪牌

关注；另一方面红色压在墨迹上，不便添改字句或挖补，有助于防弊。朱圈多可至二三处，甚至更多。宪牌结束语用“须至牌者”或简作“须牌”，其下则标有朱字，常用“速”或“遵”，还有“实”“完”等字，大都表示一定的要求。最简单的是画一截止号“√”，表示全文结束。收文者“右牌仰某某准此”一行最初往往全句打一竖红杠，后改为在“仰”字上点一红点，以免被误解为删除。标朱、判日、画行都用红笔，通常由主管官一并完成。

（裴燕生）

乡试录 xiangshi lu 中国古代科举考试考中士子的名单及其相关资料汇编。又称程文、程墨、闱墨。始于唐裴庭裕《东观奏记》有相关记载。宋代文献中已有乡试录的明确记载，如邵雍的《梦林玄解》。宋代以后将科考中式者的应试文章中的佳作编辑刊印，作为程文，供后来应试者引为程式范例，官刻坊刻均有。明代试录的刊刻始于洪武二十一年（1388）。清初或停或复，至乾隆元年（1736），准坊间选刻乡试录，翰林院及礼部不再选录。自此每科乡试后，各省主考官负责选取中式举子的佳作，由主考官、副主考官分别作序，将有关职官衔名，三场考题及中式者的姓名、次第、籍贯等信息一并刊刻；所选试卷，注明考生姓名、同考官“阅荐”、主考官“批语”。然后集中移送礼部汇齐进呈，顺天乡试由府尹直接进呈。而民间的乡试录则非常芜杂：有的按照官刻乡试录的格式，刊登考官信息，中式者名次、姓名及籍贯，但不录主副考官的序言、批语及三场考题，而重点选录中式者答卷内容；有的则干脆连考官信息也不收录，对于考生姓名、籍贯信息也简略处理；还有更多的只录答卷

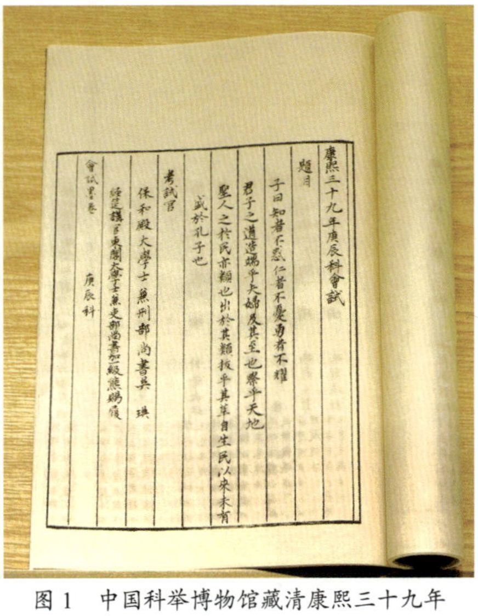

图 1 中国科举博物馆藏清康熙三十九年（1700）庚辰科会试闱墨（复制品）

内容，仅在题名下注明作者及名次、籍贯，将文章按房号编次，间或由编辑者加以批点评论。除此之外，民间还编有同年录、齿录、同年齿录、明经通谱、大挑年谱等各种科举名录，体系十分繁杂，各有不同的特点。

存世乡试录主要是明清两代的。明代乡试录汇编影印本已有宁波出版社的《天一阁藏明代科举录选刊：乡试录》（近 300 册），中国第一历史档案馆等单位收藏的明清乡试录尚未见到汇编影印出版。

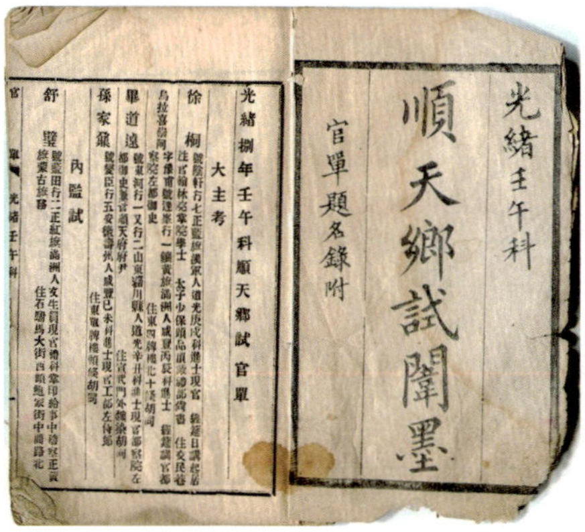

图 2 清光绪壬午科《顺天乡试闱墨》（局部）

与题名录相比，乡试录增加了部分考生的答卷、主副考官的序言等内容，所以体系更加完备，是研究科举考试试题、科考职官及考生名录等最为权威的原始文献。

（张全海）

相对价值鉴定法 relative value identification method of archives 档案价值鉴定工作方法。运用档案相对价值鉴定理论，从不同角度出发，综合判断和估价档案对人类社会存在和发展所具有的各种积极意义的档案价值鉴定工作方法。档案鉴定人员可以从几个层面，分析和鉴别档案文件及其有机体所具有的相对价值：①基于“来源”的判定标准。档案价值会随着单位地位的高低而变化，两者一般呈正比关系；档案价值的大小与其形成者所承担的社会责任的重要程度及其社会影响力呈正比关系；档案价值的大小与形成档案的项目来源及其重要程度呈正比关系。②基于“内容”的判定标准。档案文件及其有机体所涵盖数据的集中度高低与其保存价值的大小成正比；文件内容反映的信息内容的新颖度与其保存价值成正比；档案文件及其有机体内容的独特性（独一无二性），在很大程度上影响着档案价值的大小；档案文件及其有机体内容的真实性、完整性也影响着其价值的大小；档案文件及其有机体内容的可替代性、保密性、时效性及所涉及事件的重要性和社会影响性等因素，也在一定程度上影响着档案的保存价值。③基于“形成时间”的判定标准。组织确立后早期形成的文件及其有机体，尤其是支持和证明其存在合法性的文件价值较高；非常时期、年代形成的文件应多留存一些；关键性、总结性业务工作阶段形成的文件及其有机体的保存价值较高。④基于“职能”的判定标准。围绕单位重要或主要职能活动形成的文件及其有机体的价值，高于辅助职能活动形成的文件及其有机体的价值；围绕重要工作活动、任务形成的文件及其有机体的价值，高于围绕一般性工作活动、任务形成的文件及其有机体的价值；围绕主要任务事项形成的文件及其有机体的价值，高于围绕事务性任务事项形成的文件及其有机体的价值。⑤基于“形式”的判定标准。含有首次出现的“形式”的文件价值，高于其后出现的相同“形式”的文件价值；特殊文种、形状、结构、规格的文件价值，高于常规文件的价值；形式与内容关联度高的文件价值，高于形式与内容关联度低的文件。

适当地运用相对价值鉴定法，对从整体上保证立档单位档案价值鉴定的工作质量，维护具有国家和社会意义档案的安全，具有重要的意义。

（王英玮）

香港特别行政区政府档案处 Government Records Service of the Government of the Hong Kong Special Administrative Region 中国香港特别行政区政府管理政府档案的部门。位于香港九龙观塘翠屏道 13 号香港历史档案大楼。

香港英国政府档案处辖下的历史档案馆（Public Records Office）成立于 1972 年。1989 年成立港英政府档案局（Government Records Service），主要由历史档案馆和新成立的档案管理组（Records Management Office）构成。1997 年更名为政府档案处（Government Records Service Division）。2003 年香港特区政府档案处重组，英文名改为 Government Records Service。该处的标志为文件夹上有一朵香港的市花洋紫荆，代表其致力于保存香港集体回忆的工作。

机构 政府档案处隶属于政务司司长办公室辖下的行政署。该处现下设 5 组，分别是：①立法及规划组。负责支援及跟进有关档案法的研究工作，以及就档案及历史档案管理进行研究及规划。②历史档案馆。是香港特别行政区政府永久历史档案的中央贮存库，致力于搜罗和鉴定具有保存价值的档案及资料，提供给社会各界使

用；负责管理政府刊物中央图书馆，馆藏包括经过挑选的政府刊物、报告和出版品等，以保存本地文献遗产。③档案保存及修复服务组。提供保存及修复具有历史价值的档案和图书藏品服务，以达到保护香港历史文化的目的；负责运营政府缩微服务中心和香港历史档案大楼展厅内的展览。④档案系统发展组。负责制定电子档案管理标准、最佳作业方法及指引，助推政府全面推行电子档案管理和电子档案保管系统，并就政府各部门开发或采用电子档案保管系统提供支援及协助。⑤档案管理及行政组。负责制定全面的档案管理系统，并监察该系统在政府的推行效率和成效；向政府各部门提供培训、咨询及档案中心服务，并为档案处辖下各办事处提供行政支援。

馆藏　政府档案处历史档案馆藏有2149个“政府历史档案类别”和206个“民间历史档案类别”，馆藏长度合计约19 630米（144.14万项），包括案卷71.34万项、装订本档案3800项、地图与图册7000项、照片资料1.57万项、视听资料2500项、缩微资料69.9万项。1945年之前的官方档案多在第二次世界大战日据时期散佚或损毁，现存的部分档案主要为：英国与香港两地政府来往公文，其中最重要的档案为多位香港总督与英国殖民地事务大臣之间的来往文书（1841～1951）；田土档案，含交回的土地契约（1840）、地税登记册（1843～1960）、乡村地税登记册（1856～1960）、差饷征收册（1858～1983）和布政司署有关土地事宜的来往公文（1866～1940）；法庭档案，主要有战前法院和法律事务的档案，包括1845年以来呈交最高法院办理认证的遗嘱、财产管理保证书及法官记事簿；日据香港时期档案，包括日军当局所发的房屋登记、房产按揭记录和一些与当时房屋登记机关的组织与行政有关的各类文件。此外，还有战俘及被囚人员名单、战时日志等。部分馆藏为从英国国家档案馆购入的数字副本。

政府档案处采用《国际档案著录标准（通则）》著录馆藏档案，推出馆藏目录在线检索系统和施其乐牧师藏品集的索引检索系统。开发了教学资源库，该库提供专题指引、数字藏品以及其他支援等以推动相关的研究与教学工作。除此之外，还推出了18个线上展览，包括“从历史档案看油麻地的发展（19世纪70年代至20世纪30年代）”“过海：维港交通发展历史档案展”“那些年：历史档案内的政府宣传品”等。（张　衍）

详　xiang　中国古代**官府往来文书**文种名称。宋、元、明时期的公文中常用看详、照详、呈详字样。详字的意思是细查、审查、审议。照详一词后多用于**申状**、**呈状**的结尾，全句为“伏乞照详施行”，意思是请求审查批示。明代上行文用申状、呈状，其中性质相当于请示，需要上级批示的结尾都用“伏乞照详施行，须至申（或呈）者”，使得上级衙门承办人员一阅便知要及时批复。后来，人们逐渐习惯将这类来文特殊看待，与一般申状、呈状分开，单独处理，称为详文。清初沿袭明制，需要上级批示的**申文**、呈文结尾仍用此句式，性质相当于请示。黄六鸿在《福惠全书》中解释称：“夫详文者，详言其事而申于上台者也，贵在原委清楚，词意明切，而陈之可否之义仰候宪裁。”

详文的使用范围很广，清代凡是可以使用申文、呈文的衙门大多可以使用详文。文职如司道以下呈督抚，府厅以下呈司道，州县以下呈府厅，隶属知县以下呈直隶州；武职如副将以下呈提督，参将以下呈总兵，所辖游击以下呈都司，所辖都司以下呈参将，千总、把总呈参将、游击，所辖千总以下呈都司，把总呈都司、守备，均可用详文。还有州县呈提督，副将以下于巡抚，府厅以下于学政，司道于三品以上京官出任的学政，司道以下于盐政，虽不相隶属，但也可用详文。因详文需要批示，故在实际上对有隶属关系的上级使用更多。例如盐运司经历、知事、大使等官呈该管盐运司，照州县杂职呈州县例，用详文。盐运司呈盐政，盐运分司呈盐政均可用详文。

清初，禀文尚未流行时，凡向上级请示、报明重要政务，如钱粮报销、案件审理、官员请调、升迁实授、弹劾揭发等，都可使用详文。详文是正规且比较烦琐的文种，一旦上呈，必有批示，故不可轻易使用。详文不便越级使用，呈送更高一级衙门的详文通常是逐级转详，将内容转达，或事关紧急，或特别重要，应使各有关上级及时了解，加紧办理，则使用通详，即缮制一式几份的详文，同时报送各有关上级，包括直接上级。

清初的详文沿袭明制，多用大幅单张纸，文字程式格式与申状、呈状十分相近，结束语为“伏乞照详施行，须至详（或申或呈）者”，用语大多留有从申状、呈状演变而来的痕迹，直接用“须至详者”的是少数。前面还有“另具书册，拟合具详”一语；通详则用“另具书册，除详某处外，拟合具详”一语。文尾受文者另起一行写“右详”（或右申、或右呈）二字，另起一行写受文者衙门官衔及姓并与前行抬头并脚。详文纸左侧的文件日期、后由写法及责任人签署、用印格式要求与呈状、申状相同，其最大的特点是文件日期等项一行前有大片空白，是留给上级写批示之处。上级收到来文往往在此加盖刻有上级官衔及姓和“批”字的木条戳，后另起写批示及日期。文尾日期左侧盖批示衙门左半印，并有左半边字号及左半圈，圈内有发文衙门代字或呈详衙门代字。右半部分则留在**详册**封背或上级批详号簿上。编号以千字文为序。对于下级来文，印要斜盖，所以只是缺少印的右下角。少数正盖的，是与对方地位差别不大，对其稍事客气。年月日期上本来就盖有下级印章，还写有后由，上级批示后的半印字号等又在此处加盖，于是印文字迹重叠不易分辨。

详文改为折式后，体式与申文、验文相似。白纸折面为发文衙门官衔，或具名或不具名，接写事由、文种，具作一行，骑字下方正用本衙门印。清末多简化，甚至只标明文种“详文”二字。折内文字程式与状式无别。批示文字及半印字号等或位于年月日一行前，或位于其后，半印字号清楚多了。

袁世凯复辟帝制时，曾一度恢复已经被中华民国政府废止的详文，下级官署或职员对于上级官署或长官行文时使用详文，事关机密者用密详。复辟帝制失败后，详文就被取消了。（裴燕生）

详册　xiangce　中国古代**官府往来文书**上行文名称。上呈详文时必须同时另具一书册式样的副本，文字与详文无异，称为详册。又称副详。详册用高20多厘米，宽十几厘米不等的白纸筒子页装订。册纸每面印有9行竖格，四周为双边，多为蓝色水印，鱼尾版心。书写留出4字位置以备抬头，每行25～26字不等。结尾语为“伏乞照详施行，须至册者”。详册另加封面封底，最初为青色，后省便渐改用白色。封面左上角粘一红色或白色长方形斗签，沿斗签两边内分两行书写具册衙门官衔简由及“书册”两字。齐斗签下边盖具册衙门印。

上级批详后，要把详册留存备案，便将批示文字照录在封背上；或是幕友在此拟批语，写明日期，盖本人闲章，供主管官定夺。比较慎重的，还要在上方盖本衙门勘合半印字号，左半边留在详文上，右半边留在详册封背上。如果批示较长，则可把批示稿粘于此处共为一体，并盖有骑缝印。详册除此处和文尾日期上盖印外，每页装订处也要加盖骑缝印。虽然有的官员要求将骑缝印盖在详册上首无字之处，以防压盖文字、难于辨看，但遵循上尊下卑的礼法，多数骑缝印仍还是盖在册页下方位置。随着详文的取消，详册也就取消了。（裴燕生）

销毁 records destruction 对鉴定确认已不具备留存价值的文件材料所做的毁灭性处置。对无用文件进行销毁，能避免无用文件信息给各项工作带来干扰，更好地保存、保管和利用有价值的文件信息。销毁文件的范围是：重份文件，多余的复印件；抄送本机关参考的文件；临时性事务性文件；外出参加会议带回的无留存价值的文件；一般文件的草稿、校样与会议讨论稿、征求意见稿等；一般性的人民来信与来访记录；失去留存价值的统计报表、登记簿册、简报等。

销毁文件的要求是：①销毁秘密文件及重要文件，应填写文件销毁单（包括销毁文件标题、字号、份数、密级和销毁审批人和销毁日期等）。②销毁文件一般应由文秘部门与业务部门负责人审核，保密部门审查批准。③计算机储存文件材料的销毁，应经有关部门或领导人审查批准后定期清洗磁盘。未经审查批准，任何部门和个人均不得私自销毁文件。待销文件应由文秘部门妥善保存。

文件销毁的方式有：用销毁机具销毁，送造纸厂制作纸浆，用火焚毁等方式处理。销毁文件时，应至少有两人监销，必须确认文件已被彻底毁灭。销毁保密文件时要严加保密，防止失泄密。（杨 霞）

谢恩折 xie'en zhe 中国清代**上奏文书**文种名称。是臣工奏谢恩赏及调补升转、宽免降罚时，用于谢恩的奏折。简称恩折。康熙朝及雍正初年，尚无一定之规，也未列入国家的正式官文书体系中。自康熙朝有了密折制度以后，凡有上奏资格的官员在遇到补缺、加级、议叙、宽宥、赏赐、亲属蒙恩乃至传旨申饬等，总之涉及皇帝“恩典”的事情，都要上谢恩折。乾隆十三年（1748）奏本取消后，一些原本用奏本谢恩之事也一律使用谢恩折。京内外官员，不论官职大小，只要得到皇帝的宠信和特许，甚至寺庙的住持和尚，也可上折奏事和谢恩。

谢恩折补充了一些清代官员的履历资料。清代品级较低的官员，他们大多数人要么没有传记，要么传记内容过于简单。而在谢恩折中，官员一般都会历数皇帝“恩典”，或多或少叙及自己的生平履历。这些自述具有极强的真实性，可成为履历档的重要补充。尤其是现存履历档中无履历的官员，要补此不足，其谢恩折中的履历可谓首选。

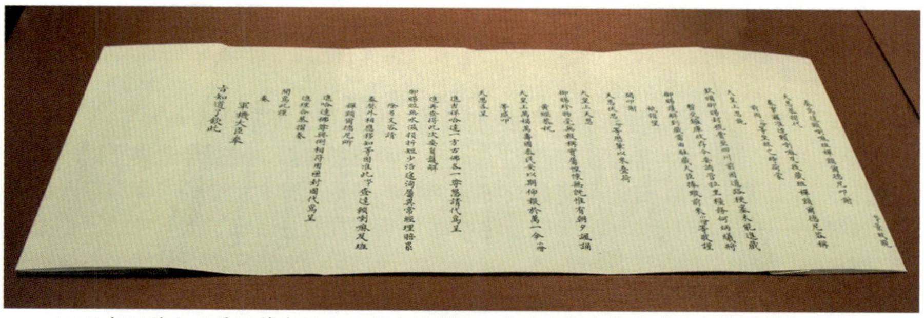
1868 年驻藏大臣景纹等奏报十二世达赖喇嘛八世班禅额尔德尼为坐床钦赐封号谢恩折

清代饶旬宣《奏折谱》中有谢恩折的撰写要求：赏寿、奏凯、奏谢等折，或可全用骈体，其余升授、谢恩等折或可散整兼行，然须以言为主，不见堆砌为妙。

（何 庄）

谢列兹聂夫，M.S. Mihaic Stelajovic Seleznev（1916～1997） 苏联档案学家、文献编纂学家。生于莫斯科州的一个农民家庭。1941 年莫斯科大学历史系毕业，苏联卫国战争爆发后他投笔从戎，参加了保卫祖国的反法西斯战争。1946 年在苏联十月革命中央国家档案馆科学编研处从事研究工作，任高级科研人员。1950 年考入莫斯科历史档案学院研究生部，获副博士学位，留校任教。1952～1955 年，在中国人民大学档案教研室任教，讲授苏联文献公布学、苏联档案工作理论与实践、苏联文书处理工作、苏联档案史学等课程，为中国了解苏联档案工作建立了很好的窗口，并为中国培养了第一批档案工作者和档案专业教师。回国后，1957 年在莫斯科历史档案学院（今俄罗斯国立人文大学历史档案学院）创建文献编纂学教研室，并任主任、历史档案学院副院长。

发表论著 140 多篇（部），涉及苏联档案史、档案工作理论与实践、文献编纂学、文书学、史料学、苏联历史等诸多学科。其中《苏联文献公布学》《苏联档案史》《*苏联档案工作理论与实践*》等被译成中文出版。最有影响的代表作是《*苏联文献编纂学的理论与方法*》，是苏联第一部论述文献编纂理论与技术的著作，苏联档案界曾给予高度评价，后被译为中文，对中国档案文献编纂学影响很大。（韩玉梅 黄霄羽）

谢伦伯格，T.R. Theodore Roosevelt Schellenberg（1903-02-24～1970-01-14） 美国档案学家，现代档案学派的代表人物。祖籍俄国。1928 年获堪萨斯州立大学学士学位，1930 年获硕士学位。1935 年进入美国国家档案馆工作，1938 年任档案馆农业档案部主任，主持制定美国第一个档案文件处置期限表。1945～1948 年在物价管理局负责文书工作，比较深刻地认识了文书工作与档案工作之间的密切关系。1948 年重回国家档案馆，1950 年任国家档案与文件局档案馆处处长。1954 年应邀赴澳大利亚和新西兰讲学。1956 年起任国家档案馆副馆长兼档案馆处处长，并于 1960 年应邀赴巴西等拉丁美洲国家考察档案工作。在澳大利亚讲学时获得了很大成功，不仅激起澳大利亚档案工作者的热情，而且引发了一场档案工作与图书馆工作分与合的争论。1962 年退休后，在美国的几所大学讲授档案管理课程。是荣获国际档案理事会“荣誉会员”称号的第一个美国人。

对现代档案理论与技术具有突出贡献，主要体现在两部著作中。一是 1956 年在美国和澳大利亚同时出版的《*现代档案——原则与技术*》；二是 1965 年出版的《档案管理》。代表作《现代档案——原则与技术》是在他澳大利亚讲学讲稿基础上修改补充成书的。主要内容有：①从理论高度阐述了档案的文化财富性质和设置档案机构的重要性。指出档案是政府独有的文化财富，设置档案机构可以实现保存文化财富、保证政府工作和保障公民个人利益的目的。把档案的重要性上升到“衡量国家文明水平的尺度”的高度，论述深刻、有力。②创造性地提出了双重价值论，认为档案文件具有对原形成机关的第一（原始）价值和对其他用户的第二（从属）价值，只有经过鉴定有永久价值的文件才能作为档案保存。这是对档案鉴定理论的重要贡献。文件的双重价值及其有规律转化，成为文件生命周期理论的依据。③系统地论述了文件和档案、文件管理和档案管理的密切关系，要求档案人员参与机关文件管理并与文件管理人员协作，共同提高文件工作效率，确保进馆档案的质量。为文件、档案一体化管理奠定了理论基础。④最早运用比较的方法对美国和欧洲的文件管理和档案管理原则与技术进行系统研究，开创了比较档案学的先河。该书 1964 年、1975 年先后两次再版，并被译成西班牙文、德文、希伯来文、葡萄牙文和中文等，具有广泛的国际影响。

对档案学理论的贡献，受到各国档案界和史学界的重视，美国档案学界赞誉他"使档案工作有了尊严，为档案工作开创了新的基础"。英国史学家 G.巴勒克拉夫将《现代档案——原则与技术》一书视为现代档案科学已经形成的标志之一。

（张恩庆　黄坤坊　黄霄羽）

辛亥革命武昌起义档案文献　archival documents of the Wuchang Uprising in 1911 Revolution　中国武昌起义相关档案。现藏于湖北省档案馆。共有 2094 件，包括照会、任命状、信函、名册、照片等，内容包括在湖北成立的科学补习所、日知会等组织的活动情况，武昌起义的筹备过程和起义军在武汉三镇的作战经过及各省响应起义的情况，武昌起义前后形成的布告、命令、文电、照片等各类档案，涉及选举大元帅、成立临时政府、南北停战议和、清帝退位、孙中山辞去临时大总统职务、制定《临时约法》等重大历史事件。2010 年 2 月入选《中国档案文献遗产名录》（第三批）。

另外，武汉市档案馆（386 卷册）、武昌区档案馆（403 件）、湖北省博物馆、辛亥革命博物馆等单位也藏有部分武昌起义档案文献，涉及武昌起义同志会会员名册、证书、事迹档案，武昌起义同志会工程第八营会员名录，武昌起义时期重要历史人物的手稿、文章、信函，辛亥起义临时总指挥、后任民军总司令吴兆麟等 170 多人参加武昌起义的事略、照片，武昌起义烈士彭楚藩、刘复基、杨洪胜英勇牺牲的照片，武昌起义时期的中央和地方政府的相关公文、统计资料、往来信函等，中华民国鄂军都督府军事部办事简章和参谋部编制、职官姓名及演变经过等档案文献。此外，中国第一历史档案馆所藏清宫辛亥革命档案，包括武昌起义档案 220 余件，较为详细地记载了 1911 年 10 月 10 日武昌起义发生的过程，以及起义军与清军辗转交战的情况。

武昌起义作为辛亥革命的开端，是改变近代中国历史的重大事件。武昌起义档案文献真实地记录和反映了武昌起义的历史，也是辛亥革命档案的重要组成部分，对研究孙中山和辛亥革命的历史具有重要的价值，是国家重要的历史文化遗产。

（张芳霖）

《新档案保护技术实用手册》　*New Archives Preservation Practical Booklet*　档案保护技术学工具书。《新档案保护技术实用手册》编委会编著，中国文史出版社 2014 年出版。

此手册由国家档案局档案科学技术研究所组织编著，编委会汇集了国内多个学科的专业人才，总结了多年档案保护技术的实践经验，吸取了国内外最新相关领域科研成果，充实完善了档案保护技术体系，内容丰富，体例严谨、科学，贴近时代要求。

全书共 25 章，110 万字。主要内容包括档案主要制成材料的结构和性质、档案有害生物的防治、档案修复技术、电子文件保管、档案复制技术、档案馆建设设施、档案馆安全防范系统、国家档案局数字档案异地备份的实施案例和档案保护技术相关标准等。

此手册为广大档案管理人员提供了具有较强知识性、实用性、科学性和可操作性的技术方法和技术手段，帮助读者以科学、规范、合理的技术方法和措施保护好档案。满足基层人员需求，成为档案保护及管理人员的必备工具书。同时适用于档

《新档案保护技术实用手册》封面

案、图书以及文物部门的保管和组织管理人员，对大专院校相关专业的教学人员以及研究生、大学生也是一本重要的学习参考教材。

（张美芳）

新加坡国家档案馆　National Archives of Singapore; NAS　新加坡国家级档案机构。1968 年成立。原为文化部国家档案文书中心。1993 年，新加坡国家档案馆连同国家博物馆受新加坡国家文物局（NHB）管辖。2013 年，新加坡政府机构部门重组，新加坡国家档案馆受新加坡国家图书馆管理局管辖。

新加坡国家档案馆的主要职责包括：①为公共机构就档案管理方面的实践提供指导，接受来自公共机构移交的档案，履行作为官方档案机构的职责。②收集新加坡已经发表或公开的音像档案。③收集新加坡历史上的口述历史材料。④通过购买、遗赠、捐赠或其他方式获得作为或有可能作为国家或历史财富的文件、书籍以及其他材料。⑤通过多种多样的方式宣传档案，包括出版印刷品、举办展览以及举行文化宣传活动。

共有 9 个内部机构，分别是档案管理处、文件管理处、文件修复处、文件缩微处、口述历史中心、声像档案处、古迹研究处、古迹保存局和档案利用处。口述历史中心是区别于其他国家档案馆的一大特色，成立于 1979 年，当时名为口述历史组，1985 年改为口述历史馆，1998 年并入国家遗产委员会，改为口述历史中心。主要任务是通过访谈录音的方法收集本国人民记忆中的人或事情，记录、整理、保存和传播人们对新加坡早期历史的集体记忆。

收藏有 1905 年以来具有全国意义和历史意义的大量公共和私人文件，馆藏内容丰富，是新加坡国家或历史上宝贵档案资源的保管者，也是政府共有记忆和人民社会记忆的重要保存场所。

（黄霄羽）

新民主主义革命时期中国共产党档案管理　archival management of the Communist Party of China in New Democratic Revolution Period　1921 年 7 月～1949 年 10 月中国共产党及其领导下的人民政权、人民军队对在革命活动中形成的档案所进行的管理。最初，党的机关档案由党的领导人亲自管理，1923 年中国共产党第三次全国代表大会决定建立秘书制，由秘书"负责本党文件管理"。1926 年 7 月，党的四届三中全会决定增设中央秘书处，其后中央各机关和各省委相继设立秘书处，在处内专设文件保管处管理档案，并初步形成一套管理制度。1927 年后，广大革命根据地的工农民主政权也都有秘书或秘书处管理档案。在红军中，军委有秘书处，军团有机要科，师以下分别有文书、技术书记和参谋管理档案。1928 年 11 月 25 日，毛泽东在《井冈山前委对中央的报告》中指出：井冈山前敌委员会已设立了秘书处，并要求部队也注意保护文件，做到办理一切事情"必要保存有据"。1931 年党中央为适应地下斗争需要，制定了《文件处置办法》，并在上海秘密建立两处中央文库，集中保管中央机关的档案。为了收集保存红军历史档案材料，中央军委于 1931 年和 1937 年两次成立红军战史征编委员会，在全军范围内征集了大批文件、电报、回忆录、照片等。1934 年 10 月红军长征时，中共

中央军委一局负责中共中央、中华苏维埃中央临时政府和中央军委各机关档案的运输和转移，许多运输人员牺牲在长征路上，档案也遭到严重损失，但最终将 50 余斤最珍贵的档案安全运抵延安。

1935 年 12 月，中共中央政治局瓦窑堡会议决定恢复中央秘书处的建制，不久秘书处内设立了材料科，负责集中管理中央书记处和有关部委的档案。1941 年 9 月，建立了中共中央书记处办公厅，厅属秘书处内仍设材料科。材料科制定了《党务材料管理法》，开始对档案进行分类、立卷编目，并建立了档案的接收、移交、借阅等制度。

战争年代党中央很重视照片档案的管理，1925 年中共中央组织部曾把新闻照片若干张交共产国际保存。1926 年中共中央发出通告，要求各级共产党组织搜集二七大罢工以来的烈士材料和照片并留存。中央军委红军战史征编委员会、中央秘书处材料科也把照片列入收集保存的范围。新华通讯社、解放周刊社、新华日报社、新中华报社和晋察冀画报社等新闻单位也都产生和集中保存了大批照片档案。1943 年日本侵略军进攻晋察冀边区时，晋察冀画报社组织小分队保护了几万张珍贵的照片档案。

20 世纪 30 年代初，党中央在上海筹建了第一部电台，党的第一份电报产生。1931 年红一方面军建立电台，并开始与党中央有电报往来。1934 年 10 月红军长征后，各部都将电文抄在电报本上，而将多数电报原件烧掉。到达陕北后，中央秘书处机要科、中央军委机要科和各部队机要科都建立了电整股，专门负责来往电报的抄写、整理和保管。1941 年中央秘书处设电讯材料科，专门负责党务方面电报的摘抄和汇编。1945 年中央书记处办公厅机要处设电整科，对电报档案实行统一管理。

抗日民主政府档案管理具有自己的特点。各级抗日民主政府秘书处或秘书科都建立了相应的档案室管理档案，有了比较健全的归档制度，编制了系统的档案基本目录、辅助目录，开展了档案利用工作。

八路军总部制定了司令部的案卷管理方法。在 1940 年 3 月 25 日下达的《八路军各级司令部（军、师、旅、团）暂行工作条例（草案）》中规定：档案务求简单、轻便、易于携带。档案分为作战文件、侦察文件、通讯文件、军需供应文件、部队编制文件等数类，每类档案由一个科负责保管，适应部队战时的特点。

解放战争开始时，从延安到各革命根据地的党政机关都对档案进行了疏散转移工作。1947 年 3 月，根据中共中央后方委员会叶剑英、杨尚昆的指示，组成了以中央书记处办公厅秘书处处长曾三为首的中央材料保管委员会，携带中央各机关档案撤离延安，经陕西吴堡过黄河到达山西兴县，对档案做了清理和整理。1947 年 4 月刘少奇、朱德联名发出《对于处理文件之决定》后，材料保管委员会派人把陕北的一部分重要档案运至晋绥革命根据地，并按档案的重要性和机密性进行分类整理，编制了《材料保管委员会材料目录》，送毛泽东、周恩来、任弼时及其他中央领导人审阅。1948 年 4 月，材料保管委员会及其档案转移到河北省平山县西柏坡。1949 年 3 月，中共中央各机关进入北平，中央秘书处材料科也随即携带档案入城。

这一时期的档案管理，由于长期处在地下斗争和战争的情况下，各地档案分散保管，制度方法不一，但是对旧式档案管理方法进行了改革，保存了丰富的革命历史档案，积累了管理经验，培养了一批业务干部，为中华人民共和国的档案事业建设准备了条件。（费云东　余贵华）

信牌 xinpai　中国古代**官府往来文书**文种名称。**牌文**称为“信牌”，是因为最早作为传递文书、通过驿站时的符信，从符牌、传信牌演进而来的缘故。元代就有信牌的称法，最初还只是作为递送文书的凭证，后来为了省便，明代将其牌面纸张幅扩大，信使所传事件直接写在信牌上，这样就可以不另用文书。最初内容比较简单，常用来催辑公事，后索性直接用来发布命令指示，通知事项，信牌因此成为具有普通文书作用的下行文。信牌版式须按照牌文格式刷印，有关内容文字填写在版框内，大多使用廉价的蓝色水印，少用墨色。如用粘单转发文件，粘单均粘于牌文右下方，并须加盖骑缝印信。信牌最初与**火牌**一样还要回缴，但为了方便工作，很快不再回缴，而是留存在收文下级衙门备查。

信牌（包括火牌）下发之前，要由各衙门承发房、挂号房书吏编写发文字号，多以《千字文》为序，将发往衙门、事由、文种等项登于发文号簿上，用印保存，然后将文发出，术语称为“挂发”。挂号采用半印勘合形式，即将文件中缝折叠，与发文号簿写字处对齐书写，位置在信牌上方。因为是下行文，所以用印要斜盖，并画个半圈。各衙门牌文梯形版框中轴左侧均有左大半印、左半发文字号及墨笔画的左半圈。因为是和发文号簿一并书写用印，所以右半字号和半圈剩余部分以及右下半印角则留在发文衙门的发文号簿上。（裴燕生）

《信息与文献——文件管理软件过程与功能要求》 *Information and Documentation: Processes and Functional Requirements for Software for Managing Records*　规范电子文件管理的基本原则与顶层功能要求的国际标准。规定了文件管理软件过程与功能需求，以确保各组织、机构及各企业的业务活动证据（文件）能够被妥善地确认及管理。标准的制定面向 4 类对象：法律管辖区域范围内的标准制定者、政府机构、私营机构及软件开发者和供应商。

由国际标准化组织批准发布。ISO 16175 的前身是**国际档案理事会**（ICA）的《电子办公环境中文件管理原则与功能要求》系列标准。2006 年，国际档案理事会决定为当时存在的各种基于专门规范开发的应用软件制定一套国际统一的、通用的文件管理功能要求的顶层规范，并将其作为电子文件和自动化领域的优先项目由国际档案理事会提供赞助。随后，国际档案理事会任命了一个在苏格兰国家档案馆馆长 G.麦肯齐领导下由 13 个国家和地区的档案专家组成的项目团队开展此项研究工作。2008 年，基于该项目的研究成果，国际档案理事会正式出版了由 3 个模块组成的《电子办公环境中文件管理原则与功能要求》。2010 年，国际标准化组织信息与文献技术委员会（ISO/TC 46）档案/文件管理分委会（SC11）对国际档案理事会的《电子办公环境中文件管理原则与功能要求》进行了更新与修改，并由国际标准化组织正式发布为国际标准，原版题名为 Information and documentation: Principles and functional requirements for records in electronic office environments，在一个总题名下由 3 个部分构成。其中，《第 1 部分：概述与原则》于 2010 年 12 月发布，标准代号为 ISO 16175-1：2010，确立了电子办公环境下文件管理的基本原则，明确了形成和管理数字文件的软件的基本功能要求。《第 2 部分：数字文件管理系统指南与功能要求》于 2011 年 4 月发布，标准代号为 ISO/TS 16175-2：2011，规定了电子文件管理专门软件的开发指南和功能需求，这样的软件即“数字文件管理系统”，中国更为常见的称谓是“电子文件管理系统”。《第 3 部分：业务系统中文件管理指南与功能要求》于 2010 年 12 月发布，标准代号为 ISO 16175-3：2010，明确了在形成文件的业务系统中开展文件管理的指南，以及业务系统需要具备的相应文件管理功能。ISO 16175-3 共有 5 章，第一章为范围，第二章为相关标准，第三章为术语与定义，第四章为指南，第五章为功能要求。

ISO 16175修订版总题名为Information and documentation: Processes and functional requirements for software for managing records，在一个总题名下由两部分构成。其中，《第1部分：数字文件管理应用功能要求与相关指南》于2020年7月修订为第2版，标准代号为ISO 16175-1：2020(E)，提供了管理数字文件的软件应用相关的模型、高层级的功能要求和相关指南。ISO 16175-1 共有8章，第一章为范围，第二章为规范性引用文件，第三章为术语与定义，第四章为关键结果域与配置选项，第五章为数字文件管理软件高层级要求，第六章为数字文件管理应用功能要求模型，第七章为对功能要求模型的理解，第八章为对功能要求模型的使用。《第 2 部分：文件管理软件的选择、设计、应用与维护指南》于 2020 年10 月修订为第 2 版，标准代号为 ISO/TS 16175-2：2020(E)，根据 ISO/TS 15489-1：2016《信息与文献 文件管理 第 1 部分：概念与原则》规定的文件管理原则提供了软件选用、设计、实施和维护的决策指南。ISO/TS 16175-2 共有 10 章，第一章为范围，第二章为规范性引用文件，第三章为术语与定义，第四章为组织机构架构与背景评估，第五章为项目方法论的确定，第六章为功能要求的确定与管理，第七章为配置的确定，第八章为文件迁移与转换要求的确定，第九章为沟通、培训与变更管理，第十章为应用审核、监控与评估。

ISO 16175是一个由管理需求和系统功能需求构成的对数字文件管理的国际统一的顶层需求体系。制定与发布该国际标准，可以从国际档案领域的顶层对人类在信息化、智能化时代的数字文件管理实现需求牵引，从而把国际社会对数字文件管理的目标，转化成对数字文件管理的前端控制与全程的要求，为实现 2010 年联合国教科文组织向全世界发布的《世界档案宣言》中所提出的“以正确的方式管理和保护档案，以保证其真实性、可靠性、完整性和可用性”创造条件。由于该国际标准对数字文件管理具有重大意义，2017年11月，中国已经将其第一版等效采标为国家标准（GB/T 34840），并将进行相应的修订。 （段荣婷）

信用档案管理 credit files management 信用服务机构（包括企业征信机构、个人征信机构、信用评价机构、信用认证机构、信用管理机构）从事的企业信用档案或个人信用档案的专业管理活动。又称信用档案工作。信用档案管理主要包括企业信用档案管理和个人信用档案管理两种类型。信用档案是信用服务机构在从事企业及个人信用采集、整理、保存、加工，企业信用调查、收集并提供各类信用报告，企业及个人信用评级、认证；信用担保（不含融资性担保），信用公正，信用法律顾问服务，代办信用保险、保理及资格认证，企业信用管理咨询服务，CCA9002 信用评价体系、信用安全管理体系、信用风险管理体系认证，E-315:9002 信用管理体系认证及评级，信用信息数据处理，信用管理培训，商账管理等，以及其他信用服务业务的过程中形成的，具有查考、凭证价值的历史记录。

管理内容主要有：①企业信用档案管理。单位信用档案的建立；信用档案的内容（包括基础信息、联系人信息、公开投诉信息、黑名单信息、荣誉榜信息、积分信息等）的确定；信用档案信息的变更；信用监督卡管理；信用档案的查询和保密。②个人信用档案管理。个人信用档案的建立；个人信用档案中可包括信息内容（个人身份证明信息、教育经历、工作履历、荣誉记录、信用不良记录，或有事项记录、积分记录等）的确定；个人信用监督卡管理；个人信用档案的查证、查询和异议处理等。信用档案管理原则：①单位信用档案的管理遵循客观、公正、公开、动态、监督的原则。②个人信用档案的管理遵循客观、公正、保密的原则。

法规和标准主要有《社会信用体系建设规划纲要（2014—2020 年）》《征信业管理条例》《关于在行政管理事项中使用信用记录和信用报告的若干意见》《社会信用服务机构执业管理办法》《个人信用信息基础数据库管理暂行办法》《企业信用评价标准（国家行业标准）》《企业信用档案管理标准》《个人信用档案管理标准》等。

信用档案管理是社会信用管理、征信管理工作的组成部分，通过信用档案企业单位可以方便获知客户对自己的投诉、建议、表扬，并在这些意见中发现机遇，可以按照信用管理的国家标准、国际标准，遵循诚信原则添加、删除信息或对信息提出异议，可以利用信用档案公正地解决与客户之间的争议，可以积累自己的信用记录和诚信度，向客户证明身份的真实性，获得荣誉身份和相关信用管理、信用维护服务权限。 （王英玮）

行文规则 rules of records writing and processing 行文主体在写作与发布公文时应遵守的统一行为规范，是保障公文有序有效拟制及运行的制度。严格执行行文规则不仅有助于发文主体进行有效的管理和协调，还可避免行文混乱、运转迟缓、指挥不良等造成工作的混乱。

行文讲求实效 制发公文要从实际出发、实事求是，注重其针对性与可操作性。公文主题要明确突出，分析问题要切中要害，所提建议要切实可行，做到条理清楚、文字精练、意尽言止。

组织管理中必须依据各项管理活动的实际需求来行文。凡是已有国家法律法规、方针政策明确予以规定的，上级公文已有执行措施本级只是原文转发的，领导机关对属于职能部门管辖权限的，联合行文而未能协商一致的，已在政府公报、报纸、电视、政府网站等公开发布的，能通过电话、传真、政府专网解决问题的，不再制发公文。发文要坚持少而精的原则，可发可不发的坚决不发，可长可短的一定要短，大力压缩文件篇幅，控制文件字数，精简简报数量、篇幅和种类等。

根据工作关系确定行文关系 行文关系是指在公文流转中发文主体与收文主体之间依照法律法规规定、隶属关系和职权范围而形成的权利义务关系。组织之间的工作关系决定其行文关系：具有领导与被领导、指导与被指导的工作关系的机关之间，形成了上下层级的行文关系；隶属于同一领导机构的同级机构之间的工作关系，形成了平级行文关系；隶属于不同组织系统中的不相隶属机构之间的工作关系，形成了平等行文关系。

上述行文关系中包含下行文、上行文、平行文三种行文方向。具有上下层级行文关系的机构之间可以制发下行文或上行文；具有平级行文关系、平等行文关系的机构之间可以相互制发平行文。行文时应当依据行文关系正确选用恰当的文种。

正确选择行文对象 行文对象指负责办理、阅知公文内容的机关。分主送机关和抄送机关。主送机关，是负责受理并办理公文内容的机关。抄送机关，是需要了解公文内容或者需协助办理公文的机关。

行文对象是外单位时，一般以本单位名义对外行文。在一个单位内，除办公厅（室）之外，其他的内设组织机构不得对外正式行文。

行文对象是上级机关时，原则上主送一个上级机关，根据需要同时抄送相关上级机关和同级机关，不抄送下级机关。请示应当一文一事。不得在报告等非请示性公文中夹带请示事项。除上级机关负责人直接交办事项外，不得以本机关名义向上级机关负责人报送公文，不得以本机关负责人名义向上级机关报送公文。受双重领导的机关向一个上级机关行文，必要时抄送另一个上级机关。

行文对象是下级机关时，主送受理机关，根据需要抄送相关机关。重要行文应当同时抄送发文机关的直接上级机关。党委、政府的办公厅（室）根据本级党委、政府授权，可以向下级党委、政府行文，其他部门和单位不得向下级党委、政府发布指令性公文。涉及多个部门职权范围内的事务，部门之间未协商一致的，不得向下行文；上级机关向受双重领导的下级机关行文，必要时需抄送该下级机关的另一个上级机关。

选择适当的行文方式　行文方式指公文传递运行的方式。根据工作需要、行文关系以及相关制度，选择高效安全的行文方式。行文方式主要有：①逐级行文。按组织结构的层次逐级上传下达公文。②多级行文。向几个上级机关或者几个下级机关同时发送公文。③越级行文。指越过自己的直接上级或直接下级机关径向其他上级或下级机关行文。一般不得越级行文，特殊情况需要越级行文的，应当同时抄送被越过的机关。④联合行文。属于同级或相同等级的两个或两个以上的机构对涉及自身职权范围内的事务，经协商一致共同制发公文。同级党政机关、党政机关与其他同级机关必要时可以联合行文。⑤对口行文。上级业务部门与下级业务部门之间相互直接制发公文。⑥直接行文。平级机关之间、不相隶属机关之间直接制发公文。⑦公开行文。利用公告栏、报纸、电台、电视、网络等向社会公开发布公文。

（杨　霞）

《行政法规制定程序条例》　*Measures for the Formulation Procedure of Administrative Regulation*　中国用于规范行政法规制定程序的法规。国务院于 2001 年 11 月 16 日颁布，2002 年 1 月 1 日施行。该条例适用于行政法规的立项、起草、审查、决定、公布、解释工作。

该条例的制定是基于 1987 年 4 月 21 日国务院批准、国务院办公厅发布的《行政法规制定程序暂行条例》。随着改革开放以来国际、国内形势的发展，特别是中国加入世界贸易组织后，行政法规制定在统一性和透明度方面有了新的要求，迫切需要制定符合现实需求的新的法规。在这样的背景下，《行政法规制定程序条例》（简称《条例》）应运而生，并在实施之日起废止《行政法规制定程序暂行条例》。

该条例共 7 章 37 条。第一章总则，5 条；第二章立项，4 条；第三章起草，7 条；第四章审查，9 条；第五章决定与公布，5 条；第六章行政法规解释，3 条；第七章附则，4 条。《条例》明确了制定目的，对行政法规的制定原则、名称、条目内容做出明确要求。规定立法申请的时间和要求，明确国务院法制机构和承担立法起草任务部门的工作要求。规定审查内容、审查要求以及审批要求。规定了行政法规的公布过程、版本要求和时间要求。

该条例增强了立法的公开性和透明度，提高了立法质量，有效保护了公民和社会组织的合法权益。

（董丹华）

行政院档案整理处　Archival Arrangement Office of the Executive Yuan　中国近代南京国民政府领导和指导的所属机关档案工作机构。全称为行政院所属各部会档案整理处。1935 年 3 月 1 日成立于南京，1935 年 6 月底撤销。从筹备到撤销，主持其事的领导人有甘乃光、滕固和张锐。档案整理处不仅研究制定行政院所属各部会新旧档案划一整理办法，为成立国立档案库做准备，其成立还标志着文书档案改革运动进入高潮。该处的第一步工作是调查行政院所属各部会档案管理实况，在此基础上制订档案整理方案。但因其成立仅 4 个月后即被裁撤，没能完成全部使命，只完成了初步的调查工作。

当时行政效率研究会机关刊物《行政效率》设立了一期“档案专号”，专门集中刊出行政院档案整理处初步调查研究成果。档案专号原计划在《行政效率》第 2 卷第 9 期编辑出版，后因行政院档案整理处对行政院各部会档案管理情况调查研究的成果较多，故将第 2 卷第 9 期、第 10 期合刊，于 1935 年 5 月出版。档案专号刊载的内容有：时任档案整理处处长滕固的《档案整理处的任务及其初步工作》——作为档案专号的总序，7 篇档案整理意见和方案，14 篇行政院各部会档案管理调查报告。其中《档案整理处的任务及其初步工作》是近代较早提到“档案学”学科概念的论文，一直受到学界重视。

档案专号所刊载的十余篇调查报告，说明近代机关文书档案工作研究的一个基本方法——实际调查法。近代档案学家何鲁成认为，档案管理研究方法有 6 种，而列入首位的便是“调查法”。《行政效率》档案专号给人们提供了一个运用实际调查法研究档案学问题的典型案例，对于现代档案学研究具有启示意义。同时这也是行政院档案整理处留下的最为重要的历史遗产。

（梁继红）

行状　xingzhuang　中国古代民间礼仪文书。又称状、行述、事略。死者（传主）家属等相关人士叙述传主家世谱系、姓名字号、行为事迹等内容的文章，多随讣闻分送亲友。

行状语出不详。汉代蔡邕《荐边文礼书》一文有：“表贡行状，列于王府。”说明最晚在汉代已开始使用这个词。魏晋南北朝时期较多使用，到唐宋时期已普遍使用。明清以来成为丧葬礼仪文书的重要种类。

行状的内容主要是传主的家世谱系、乡贯里籍、姓名字号、科举仕途、重要事迹、生卒年月、厝棺地点、妻室子女、著述情况等，晚辈在撰写长辈行状时，其中涉及长辈名讳的地方，须得留空，专门请人填写，是为“填讳”，这是古代为避家讳的需要。行状的作者多为传主的子孙，或其门生故吏、亲友旧交、家族兄弟等。行状的主要用途是：上报朝廷作为为传主定谥号的参考资料；作为人物档案供将来编史修志之用；在亡者下葬前请人撰写墓志铭、墓表等的素材。

行状是古代人物研究的重要参考资料，一直受研究界所重视，搜罗行状纂辑成各种传记汇编，如各种“碑传集”“传记丛刊”等，成为研究古人生平家世的必备文献。不管是刊印的还是手写的行状原件，因其存世量不大，难得一见，所以还有较高的收藏价值，是不可多得的人物档案史料。另外，还有一些行状是由著名书法家撰写的，则在史料的基础上更具艺术价值，如赵孟頫的《高峰和尚行状》、董其昌的《节寰袁公行状》等都是传世书法名作，是书法爱好者临摹研习的重要法帖。

行状这个名称现已基本消失，但文体依然存续。人们在发送讣告时所附的人物生平简介，即由行状演变而来。虽然名称有差，但实则为相同文体，只不过其内容要比行状简略些。

（张全海）

型号分类法　classification method based on product or equipment model　以产品或设备的型号特征为分类标准，将有关设备档案（设备仪器档案）或产品档案划分成各个类别的方法。每个型号的产品档案或设备档案，为一个基本的分类单元。

型号分类法的主要特点是：同一个型号的产品或设备档案集中在一起，保持其完整成套，反映一个产品或一个设备的全貌及其内部组、部件之间的结构隶属关系，便于成套地利用产品和设备的科技档案。

设备档案分类的基本方法是型号分类法。不同单位和不同设备，其具体的分类形式有三种：①性质-型号分类法。按照设备的使用性质结合设备型号，对设备档案进行分类。首先，按照设备性质设置类目，再于每一个类别内，以型号为单元划分档案类别。凡是独立性较强的单体设备，其档案都可以采用这种分类方法。②工序-型号分类法。多适用于对生产工艺或工序连续性较强的设备档案的分类，这种分类方法的特点是：以型号为基础，保持了一个型号设备档案材料的完整。③时间-型号分类法。按照设备的购置时间先后，结合设备型号，对设备档案进行分类，多适用于设备档案不多的机关、企事业单位的分类。（王英玮）

修档制度 recopying archives system 中国古代的档案保护制度。中国素有重视档案保护的优良传统，历代均有修档规定。唐时统治者就认识到“国家重务，根本所系，在于簿书”，故对于“岁月滋深，文字凋缺”以及年代久远的档案要分期分批重新修写（《唐会要·甲库》）。宋时敕令规定：诸官文书“有损烂者，以雇人誊写，为火所焚，应传写者”（《庆元条法事类》）。至清代，修档制度更为统治者重视。乾隆四十年（1775），最先修缮**满文老档**，对其加以重抄和转抄，即照原档重新抄写和全用新满文抄写。乾隆至嘉庆年间，又分别对军机处档案进行了三次缮修（《枢垣纪略》）。自嘉庆十年（1805）起，清学档、汉字档定为每五年缮修一次。咸丰四年（1854）又改为汉字档每三年缮修一次，遂成定制（《光绪会典》）。修档包括添修新档和修补旧档两项内容，即照原档另缮副本和将磨损、霉烂档案修补。每届修档之期，由军机大臣奏报皇帝，并成立专门临时机构，名曰“办理军机清（汉）档案处”，由军机大臣总办其事，并派军机章京任提调官及收掌官，总理一切修档事宜。修档时由军机处奏定凡例，明确规格和办法。校对工作极为严谨，每份档案均经初校、复校、详校而后始定，以避免遗漏或舛误，修就之正、副本档册，一存于宫内**方略馆大库**，一存于圆明园。

（刘子杨 周雪恒）

《修复》 *Restaurator* 丹麦档案学期刊。1969年在丹麦哥本哈根创刊。为唯一一份专注图书和档案材料保存领域的国际期刊。杂志的编辑委员会由来自世界各地知名研究机构和组织的专家学者组成。期刊发表的文章涉及图书和档案领域的诸多内容，包括技术、实践经验以及组织等，也涉及基础的科学层面，探讨新的保存技术的发展并提出对已有技术更深层次的理解，帮助读者了解图书和档案材料保存领域最新的研究成果和进展。文章以英文为主，每篇文章还配有英、法、德文简介。读者对象为图书馆员、档案工作者和保管人员。（黄霄羽）

修写 xiuxie 唐代对甲库文书的誊写和修复。又称重抄、缮写。见**甲库**。

徐谓礼文书 records of Xu Weili 记载中国南宋中下级官员徐谓礼为官30多年的经历以及姻亲关系的文书。出土于浙江省金华市武义县徐谓礼墓，因当地公安局侦破盗墓案后缴获了徐谓礼的录白告身、录白敕黄、录白印纸等重要文书，后经盗墓者对文书出土地点指认，2012年4月浙江省文物考古研究所与武义县博物馆联合对该墓进行抢救性考古发掘。出土文书为墓主人南宋徐谓礼一生“付身文书”的录白，所以命名为徐谓礼文书。文书完整记录了徐谓礼从宋嘉定十四年（1221）被授以承务郎初入仕到淳祐十二年（1252）以朝散大夫知信州30多年的仕宦过程。为宋代政治制度、选官用人制度等多个领域的研究提供了大量真实可信的史料，具有重要的档案学与史学研究意义。文书以小楷字按照公文格式写就，被评定为国家一级珍贵文物。

共计15卷，3种文书类型，即告身、敕黄与印纸。文书上记载的徐谓礼的仕宦生平，为研究南宋中后期一般中下级官员的政治生涯提供了典型案例。现藏武义县博物馆。经初步整理和研究后，中华书局于2012年10月出版了由包伟民和郑嘉励合编的《武义南宋徐谓礼文书》。

内容主要包括录白告身、录白敕黄和录白印纸3部分。①录白告身。告身，即官员任职的“任命状”，在南宋时由三省宰执签署。徐谓礼墓出土的录白告身有两幅，第一幅长508厘米，第二幅长137厘米，宽均为36.5厘米。第一幅录白告身实际系由3卷文书拼接而成。②录白敕黄。南宋时官员差遣的任命由尚书省以皇帝制敕的名义签发，并使用黄色绫纸书写，因此被称为敕黄。出土有长348.2厘米、宽39.5厘米的录白敕黄1幅，经鉴定，是倒卖者将7卷文书黏合而成，所幸各卷的时序未错乱。③录白印纸。即现代官员的考核表格，官员在任期内的表现均会由有关部门记录在官员的印纸上，作为日后考核的依据。对出土材料进行整理后发现有12幅录白印纸，这是徐谓礼文书的主体。其中完整记录了徐谓礼30多年历官的“印纸”，即徐谓礼一生历官所有的考核表格、为亲友所写的各类保状，包括官阶升迁、被委任差遣、治绩考核、帮放请给（发放俸禄）、其母过世时依制丁忧守丧等。

徐谓礼文书是中国第一份从地下发掘出的宋代纸质文书。宋代的纸张因存世量稀少，十分珍贵，徐谓礼文书由于墓葬密封未遭破坏，价值难以估量。此外，文书详细展现了南宋时期从中央到地方、从低级到中级历官及其职务全过程的细节，为研究宋代档案史尤其是宋代官员档案以及南宋中后期政治史乃至其他相关领域提供了很多新的资料以及佐证，具有很高的政治、经济、文化价值。（王云庆）

续编 continuation 与先期已有定名的档案文献出版物在内容上存在一定衔接关系的后续编纂作品。又称续集。续编一般多单独成书，亦可置于**初编**之后合为一书，书名多不改，在原书名下加“续”“续编”等。

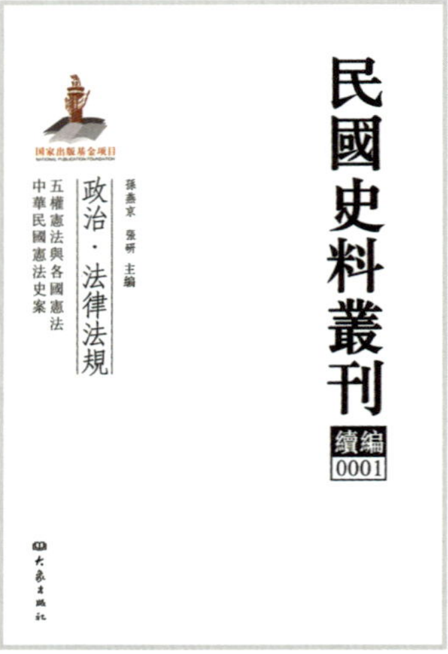

《民国史料丛刊续编》封面

续编有多种情形：①带有时间断限延伸的性质。如鲁迅的《华盖集续编》，收录1926～1927年杂文33篇，是《华盖集》出版后的新作。《华盖集续编·序》：“书名呢？年月是改了，情形却依旧，就还叫《华盖集》。然而年月究竟是改了，因此只得添上两个字：‘续编’。”②带有多卷集汇编分阶段出书的性质。如台湾历史学家沈云龙主编的《近代中国史料丛刊》，自1966年10月起已陆续出版《近代中国史料丛刊》100辑、《近代中国史料丛刊续编》100辑、

《近代中国史料丛刊三编》100 辑，收录史料包括档案、奏疏、政书、笔记、日记、函牍、手札、电文、年谱、诗文集、经世文编、传记（碑传）等，对研究中国近代史具有重要价值。③带有对已有定名的档案文献出版物补编的性质。如《民国史料丛刊续编》（1140 册）与已经出版的《民国史料丛刊》（1128 册）形成前后互补，堪称姊妹篇，尽可能囊括了民国历史概貌。有的档案文献汇编之间虽无明确标识，但仍带有续编性质，如《六大以来——党内秘密文件》和《六大以前——党的历史材料》，虽然两者书名不同，但两者时间连续，内容关联度强。续编应注意在编纂体例、版式设计、封面装帧等方面与初编协调一致，形成统一整体。续编者可以是前编者，也可以是其他人。编目时可通过附注或附加款目，与前一作品相联系。（丁华东）

选编 selected works 将特定题目的基本原始档案文献择优汇总的出版物。又称简编、简辑、选辑、辑要等。档案文献出版的最常用形式。当一个专题的原始文献数量庞大、价值悬殊、真伪相杂，不便或不必全部提供给利用者时，一般经编者筛选、编排形成选编。如《西安事变档案史料选编》《康熙统一台湾档案史料选辑》等都是按专题系统、精练地汇集原始档案文献的书籍。即使是可以出版汇编的题目，为了满足大多数读者的需要，或依据特定角度，也往往在出汇编之前或之后，另外出版该题目的选编。如罗尔纲在编纂《太平天国史料丛编》（1200 万字）和《太平天国参考资料》（400 万字）时，为了使未刊的和少见的重要资料尽快得到广泛利用，从《太平天国史料丛编》稿中选编出一部 140 万字的《太平天国史料丛编简辑》，先行出版。

档案文献的选编一般从客观反映历史事实的角度出发，选收真实可靠的有代表性的基本史料。选编材料力求精练，要能反映出题目的广度和深度，不可遗漏特定专题必须涉及的档案文献，以便于一般读者的理解和检索，适应节省时间和经费的要求，使最重要的基本档案文献信息得到更广泛的传播。编纂体例可沿用汇编，也可重新拟定。（丁华东）

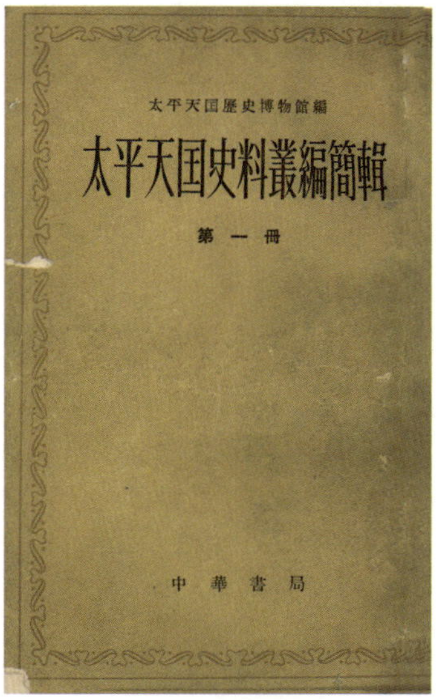

图 1 《太平天国史料丛编简辑》封面

图 2 为庆祝中国共产党成立 90 周年，3 本重要文献选编发行

选集 anthology 选录一个作者或若干作者的著作而成的作品集。又称文选。选集包含两类：①选录一个作者或若干作者代表性文稿的档案文献结集方式。是集主文稿的精选本，可按内容或年代出版多卷或单卷本。大多数选集侧重将具有重要价值的文件、政论、学术作品基本收集齐备，而不包括诗词、书信、电报、指令、题词等材料，如《瞿秋白文集》《毛泽东选集》《马克思恩格斯选集》等。②以某一主题或范围的部分著作汇成的文集。如《车尔尼雪夫斯基美学论文选》《唐诗三百首》。在西方，通常称精选各家作品汇编而成的作品集（尤其是诗集）为"选集"。

编纂选集，要求编者在收集材料上有相当于编纂全集的功力，在取舍材料上则要具备博识学者的眼光。如编纂《刘少奇选集》下卷时，编者经过多方挖掘，共收集文稿 5000 多篇，后经过认真研究，以挑选出的 38 篇论著来大体反映刘少奇在中华人民共和国成立后的基本实践活动和理论贡献，突出体现了刘少奇著作的特色。（丁华东）

图 1 《毛泽东选集》第四卷书影

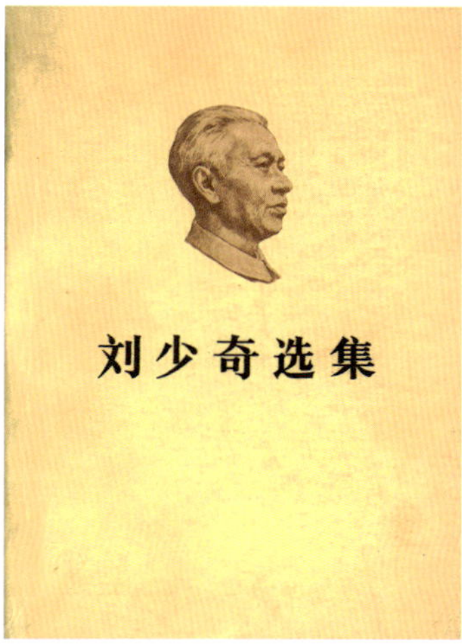

图 2 《刘少奇选集》封面

循化厅档案 archives of Xunhua Government in the Qing Dynasty 中国清代地方档案。循化，今全称循化撒拉族自治县，位于青海省东部。清代，在边陲要地或民族聚居地区一般设厅，派同知、通判为其长官，多属知府统辖，与州同级。清雍正四年（1726），循化地区纳入清朝直接统治之下。雍正七年，在甘肃河州关外"撒拉"地方设循化营，驻今青海省循化撒拉族自治县积石镇。乾隆二十七年（1762），移河州同知于循化营，称循化厅，隶兰州府。道光三年（1823）改隶西宁府。循化厅地望大略相当于今甘肃省甘南藏族自治州夏河县、合作市及临夏回族自治州临夏县、积石山保安族东乡族撒拉族自治县部分地区，青海省黄南藏族自治州同仁市、泽库县及海东市循化撒拉族自治县、民和回族土族自治县部分地区，为汉族、回族、藏

族、土家族、撒拉族、保安族等多民族聚集地。1913年，废厅为县。

青海省档案馆馆藏清代档案9102卷、81 000余件，其中循化厅档案有70 000余件，约占馆藏清朝档案的85%，尤以同治、光绪、宣统时期数量最大。清代青海循化地区民族文化在中国文化史上有显著特点，其中有关官府营务、驿站、民族宗教、外国传教、探险、番民管理等方面的文化资源十分丰富。循化厅档案主要由两方面构成：一是从顺治五年（1648）至宣统三年（1911）循化厅官府政务和军务档案；二是循化抚番府（抚番府与循化厅为一个机构两个牌子）民族事务档案。循化厅档案记述的内容可概括为13大类：职官任免及管理类、学堂科举类、经费财产类、田赋税课类、工商贸易类、农牧业生产类、外事活动类、民族事务类、宗教活动类、刑民事治安类、户籍人口类、军事民政类、村民地籍类。这批档案反映了清代青海及循化地区政治、经济、文化、军事等诸多方面的历史状况，是宝贵的文化财富，对研究中国清代少数民族行政区域内社会和经济方面的历史具有重要的参考价值。

2007年3月，青海省档案馆对循化厅档案进行了编纂。整个项目工程完成了70 000余件档案的整理、修裱、著录、录入，形成数字化文件级目录，然后又进行了扫描、数码拍照，形成全文级电子文件，接着对这批档案进行了后期整合、加工，形成可供检索利用的电子文件，最后在挑选出的20 000件档案中精选3000件进行了编辑出版。（梁艳萍）

Y

牙帖 yatie 中国古代官府颁发给牙商或牙行的营业执照。牙帖的记载最早见于《新唐书·卢杞传》:“市主人牙子，各给印纸。”民国《崇明县志·赋税》注:“唐建中时，市牙给印纸，为牙帖之始。”明代中叶后经济发达，旧的牙行制度已不适合新形势。为整顿市场，嘉靖二十九年(1550)，官方严禁私牙，规定牙行的职能、禁约，并于嘉靖三十年印制牙帖。新律修订后，有关律文即载入牙帖。清初，牙帖的发放数额由各省设定，牙帖的实际发放权限则由各州县衙门掌握。时间既久，地方上开始滥发牙贴，弊窦丛生。雍正时期，清廷实行定额牙帖制，控制牙帖的发放数额。牙帖的发放额决定权由各省收归户部，牙帖的发放权限也由各州县上移至各省。清末，太平天国战争破坏了社会经济秩序，冲击了原有的牙行制度，弊病层出不穷。湖北巡抚胡林翼奏请清廷进行牙帖改革，户部议覆牙帖章程十八条，颁发统一制式的牙帖，设立税厘局，以此承办牙帖捐税。湖北牙帖捐税章程为各省所效仿和采用，是清代后期牙帖捐税制度的范例。国民党政府曾于1934年底宣布废除牙帖，但未能实现，直到中华人民共和国成立后牙帖才彻底被废除。 (李义敏)

验 yan 中国古代**官府往来文书**文种名称。原称照验。元、明时期，公文中常用“照验”一词，意思相当于知道、查考。明初，官府往来文书各文种常常用“照验施行”字样做结尾句。后来只用于不需要批复的**申状**、**呈状**的结尾。清沿明制，**申文**、呈文仍用此句结尾，文种名称则改称验。

“验”的名称起自清初。清康熙(1662～1722)年间，时人黄六鸿认为，申上之文有二，一曰详文，二曰验文。康熙时期的潘杓灿在《未信编》卷五中解释申文时称:“申文式【详文加书册一本，须对勘无别，验文不用书册】。”光绪(1875～1908)年间，《清会典事例》等官书记载中则只有申文、详文，不见验文名目。从现存档案可知，清代的验是从申文、呈文分化发展而来的，不要求批示，也不用书册(副详)。验文的结尾语为“伏乞照验施行，须至申(或呈)者”，即当时人所谓“验文则书照验”。照验的“照”字是明察之意，“验”字是验看之意，其后才逐渐将“验”字作为文种名称。由于文尾只书“照验”，不须批示发还，验明存案而已，所以称验。清乾隆(1736～1795)以后，验文都是白纸折式，故又称验折。验属于报告性质，使用范围、用途及文字程式与申相同。称验而不称申，是为了和必得批示的**详**相区别，以便文书承办处理。

清末，人们已接受了详的名称和习惯用法，逐渐就不再使用“验”的名称，而径称为申，“验”一名在晚清时已不大有人提起。就实质而言，验与清末的申名异而实同。民国以后，验和申被取消。 (裴燕生)

羊皮纸档案 parchment archives 古代和中世纪用羊皮纸制作的文书。通常把卷筒形状的称为羊皮纸卷。公元前3世纪，帕加马王国开始用兽皮制作书写材料，后小亚细亚改良了加工技术，使羊皮纸得以普及。公元前2世纪左右，古代希腊开始使用羊皮纸。公元3～13世纪，欧洲各国主要用羊皮纸书写文件，4世纪，罗马皇帝规定公文必须用羊皮纸。14世纪，羊皮纸逐渐被中国纸取代。

到18世纪有些国家仍用羊皮纸书写重要法典文件，以示庄重。羊皮纸书写材料是用小羊或小牛的皮制成的，其制作过程是：将皮洗净，去毛，再放入石灰水中刷洗(去油脂)，撑开晾干，用滑石粉或浮石粉把皮的表面摩擦平滑，即成可书写文字的材料，然后裁剪成页或连缀成册或粘成长幅。与纸草相比，天然羊皮和羊皮纸较重，价格较贵，但能耐久，并能两面书写，适用于书写正式的文书。

18世纪羊皮纸版美国《独立宣言》

为研究古代乃至近代社会政治、法律、经济、文化等重要的第一手材料，现今不少国家的档案馆都保藏有羊皮纸档案。法国和俄罗斯藏有7世纪的羊皮纸档案。英国从1199年起把重要文件以全本或节本的形式抄录在羊皮纸上，作为副本保存，数量十分可观。英国从13世纪起进行的百户大调查，形成了“百户羊皮纸卷”，一直保存至今。美国的第一部宪法、《独立宣言》《人权法案》均用羊皮纸书写，以显示其重要性。意大利、俄罗斯等国还设机构和人员专门研究羊皮纸档案的保护和修复技术。 (韩玉梅 张世林)

一次档案文献 original archival document 档案信息以其原文形态呈现在读者面前的档案文献。为文献的基本形态、原始文献。编纂者在编纂一次档案文献时，要以篇或篇的一部分为单位，对档案信息进行筛选、加工、编排，维护档案原篇章形态，保持档案文献信息与档案信息在文字、词汇、语序、结构上的高度一致性或对称性。读者从某篇一次档案文献上所获得的信息，同从直接查阅该篇档案原件上所获得的信息是同值的。

中国古代档案文献编纂中，一次档案文献编纂成果占据绝对优势，主要有诏令集、实录、奏议集、政书、纪略、书札集、长编等类型。依据单篇档案原文信息辑录的完整程度，现代一次档案文献可分为全录、节录、摘录3种；依据与题目相关的档案信息辑录的精全程度，可分为**汇编**(**全集**)、**选编**(**选集**)两种。

当代一次档案文献大多仍以文字型文献为主，有的在文字型一次档案文献中插入少量图片；也有以图像型文献为主的一次档案文献，称为**图集**、图谱、图录，如各种照片集、图片集、图纸集等，基本采用选编形式，是以图像资料来反映客观对象真实情状的一次档案文献。文字、图形、录音、录像等档案资料，经过编纂加工，综合生成的多媒体光盘，属于新型的一次档案文献。 (丁华东)

伊斯特伍德，T. Terry Eastwood(1943～) 加拿大档案学者。生于加拿大埃德蒙顿。1965年从加拿大阿尔伯塔大学获得历史与法语专业学士学位，1972年分别从维多利亚大学获得英语专业学士学位、从阿尔伯塔大学获得历史学硕士学位。1967～1973年在加拿大不列颠哥伦比亚省的多所学校执教。1973年进入加拿大不列颠哥伦比亚省手稿与政府记录部从事档案工作，同时兼任公共记录委员会秘书。他参与创建了不列颠哥伦比亚省档案工作者协会，1976～1977年任协会主席；1977～1979年任加拿大档案工作者协会副主席、主席。1981～1982年任加拿大《档案》杂志总编。1986年任不列颠哥伦比亚大学档案学副教授。1989年在澳大利亚游学期间，为墨尔本大学和西澳大学做档案教育咨询。讲授的课程有档案的司法环境、档案的整理与著录、档案鉴定、档案机构与专业发展史、公共服务与档案机构项目。1999～2006年参与L.杜兰蒂主持的电子文件真实性的永久保管国际研究项目。为表彰其成就，不列颠哥伦比亚大学设立“特里·伊斯特伍德奖”，授予攻读档案学及图书情报学硕士学位的学生。

伊斯特伍德理论成果丰富，论文和著作包括《一个有争议的领域：档案的本质与档案学的走向》《长期保存的电子文件鉴定》《档案人员的公共服务教育》《加拿大档案著录之最近趋势》，以及主编的《档案思想趋势》(2009)、《档案全宗：从理论到实践》(1992)、《电子文件的真实性保存》(2002，合编)等。1985年参与合著的《通向著录标准：加拿大档案著录标准课题组之报告与建议》是加拿大研究标准方向的必读书目。参与制定的《档案著录标准》对档案机构实践和国家国际档案行业的发展影响深远。（黄霄羽）

移 yi 中国古代官府往来文书文种名称。原称移会、遗书、移书。产生于春秋战国时期，最初递送文书称遗书，后改称移书，是诸侯国及官员之间往来文书的统称，起初并不区分下行、平行用法。西汉末年，官府往来文书统称为文移。后来，移成为高级官府之间行文使用的平行文。刘勰《文心雕龙·檄移》曰：“移者，易也；移风易俗，令往而民随者也。”又曰：“故檄移为用……则逆党用檄，顺命资移。”这种移文与檄相近，对于敌人用檄，对于人民则用移。三国时期，移被定为平级机关之间互相往来的正式文种，为隋唐所沿袭。《唐六典·尚书都省》曰：“移谓移其事于他司。移则通判之官皆连署。”宋代，平行文多用关、牒，不见移。元代，于“移”字后加一“付”(为交付之意)字，始称移付。明代，国家规定的官府行移往来事例中也没有关于移、移付体式的规定，而移、移付实际上仍在使用。“移文”一词在明清时期也常常泛指发出平行文的行为，或泛指各种平行文。清代，移成为正式官文书平行文种，又称移会。在京和地方衙门均可使用，更多是用于地方衙门，且地方上使用人员的品级大多不高。光绪朝《清会典事例》载，通政司、大理寺行文除各部院用咨外，其余皆用移会。六科、各道、内廷修书各馆、内阁典籍厅、稽察房、中书科等，与各部院寺监行文，均用移会。“移会”一词，是移文知会、领会的意思。在京衙门多称移会，而地方衙门多称移。直隶州与非所属之知县，知县与府首领(经历)、州同、州判，州同、州判与儒学，都用平移。不相隶属的州、县之间，知县与本城专汛千总之间，也都可用移。除上述低级衙门之间外，盐政行文六科，督抚行文内阁典籍厅、六科等也用移。还有些不见于规定的用法，在京各平级衙门通知便事，有时也用移会。地方州县行文副将以下有的不用关，也用移会，称为移会手本，格式与关基本相同，只是将“右关”二字改为“右移会”，文件日期后不用“关”字并无签押。

移又有向折式过渡中呈现的折中式样，纸向横宽发展，而高度有所减少，折叠后成为较大的折子，折面页写明文种名称“移”或“移文”，骑字下方用印。折内右版首行为发文衙门名称、官衔及姓、事由。接写正文，正文结束语后的致送语及受文者依常式。另起写文件日期“某年某月某日移”字样，墨笔判日，骑年盖月用印。年月日下不具后衔姓名，仅在最后纸幅左上角文种名称“移”字下由书吏代写一“押”字。

移、移会均属于平行文一类，格式也大体相同，大多是折子式样。中华民国以后，除北洋政府机关内部还使用移付之外，移和移会均被取消。（裴燕生）

遗书 posthumous papers 当事人临死前形成、死后才可公开的私人文件。遗书用于表达当事人死前需要交代的事项。可用书面文字形式制作，也可以使用音视频方式制作。通常需要有亲笔签名或者加盖私信和按指印，以示正式和真实。与遗嘱不同的是，遗嘱是遗嘱人对自己财产进行处分的书面文件，遗书一般是当事人对自己死亡的交代和后事的安排。尽管有些遗书也会包含遗嘱的内容，但遗书本身不具有遗产处置方面的法律效力。如果遗书为遗嘱的误写，其内容和形式及生成的程序手续必须符合相关法律规定的条件方可生效。

遗书实际上是一部分人的最后一封告别信。可以专门写给特定的人，也可以不具体说明对象。内容是：告诉所有人或者特定人一部分事情(特别是自己死亡)的原委真相，对身后一部分事项的安排；对一部分人表达感恩或者怨恨之情，并陈明理由或者原因；和自己的亲近之人告别，表达感谢、抱歉，或者是对一部分人提出希望或者要求。（赵国俊）

遗诏 posthumous edict of former emperor 中国古代帝王诏令文书文种名称。古代帝王临终作凭几之言，总结功过得失，确定嗣位人选，诫勉在廷臣工，安排身后事宜，在去世后发为遗诏。

《尚书·顾命》记周成王临终前，命召公、毕公等率诸侯相佐康王姬钊，为最早的遗诏。皇帝遗诏，均为嗣皇帝组织撰写。汉代，遗诏由尚书郎草拟，经尚书令、尚书仆射审核，交尚书令史缮写，呈嗣皇帝核准后颁发。初唐，遗诏由中书舍人草拟；中唐以后逐渐由翰林学士草拟，经门下省审核，呈嗣皇帝批准后颁发。清代，遗诏由内阁中书科撰拟，呈嗣皇帝审定后翻译成满文，满汉合璧缮写颁发。遗诏内容，依据皇帝临终前遗言，或据其生前思想言论，多以铺叙在位功业德政为主。但是也有例外，如清代顺治皇帝临终前，口授内阁学士麻勒吉、王熙撰拟遗诏，逐一反省了自己在位期间渐习汉俗、疏远宗室、任用宦官、董鄂妃丧礼逾制等十四宗罪，成为一份罪己诏。

遗诏的主要功能是确认嗣位人选，成为嗣皇帝继位的法理依据。不同于即位等其他诏书，遗诏没有恩赦条款。遗诏限时颁发到全国。清代规定：直省督抚率所属文武官员各制服跪迎，接诏开读，奉安于会城公署，分驻之提督、总兵、道员及府、州、县奉安于各治所举哀，皆朝夕哭临三日。直省官期年不作乐，百日不嫁娶、不剃发；军民去冠纬，素服二十七日，百日不作乐，一月不嫁娶，违者治罪。（韩永福）

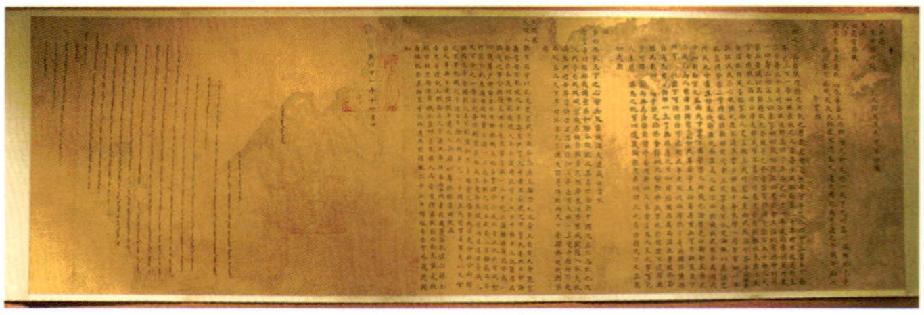

清康熙皇帝遗诏

遗嘱 testament 自然人生前在法律允许的范围内，按照法律规定的方式对其遗产或其他事务做出处理时形成的私人文件。

内容　是遗嘱人对处理遗产及其他事务的意思表示。在中国大陆地区，一般情况下遗嘱包括以下内容：遗嘱人及其近亲属基本情况；立遗嘱的原因；遗嘱真实有效性说明；遗产的名称、数量和存放地址；指定继承人或受遗赠人的基本情况；遗产的分配方法和具体遗嘱继承人或受遗赠人接受遗产的项目及份额；申明某项遗产的用途和使用目的；遗嘱执行人基本情况；遗嘱文件制作份数和收执保存办法；签名和成文日期。

结构格式　遗嘱一般由标题、正文、签署、日期组成。标题可以直书“遗嘱”，或者在“遗嘱”二字前加注遗嘱的类型。正文分条项表达遗嘱的主体内容。签署即立遗嘱人、见证人、代书人等签名或盖章、按指印。日期即成文日期，用公历年月日表示。

在中国大陆地区，文字形式的遗嘱文件应当采用白话文（现代汉语书面形式），用规范的汉字配合国家规定的标点符号书写或者制作。正文书写的格式是横写横排，每个自然段起首空两格，回行顶格。分页时要在每一页标注页码。要避免出现正文与签署分置两页的情形。签名时用钢笔和专用签字笔，使用耐久性强的蓝色或者黑色墨水。

生效条件　鉴于遗嘱关涉相关社会成员的切身利益和社会秩序的稳定，因此欲使遗嘱产生受法律保护的效用，需要接受国家法律的严格约束。

在中国，与遗嘱相关的基本法律制度在《中华人民共和国民法典》中设立。《中华人民共和国民法典》明确规定：自然人可以依照本法规定立遗嘱处分个人财产，并可以指定遗嘱执行人。自然人可以立遗嘱将个人财产指定由法定继承人中的一人或者数人继承。自然人可以立遗嘱将个人财产赠予国家、集体或者法定继承人以外的组织、个人。自然人可以依法设立遗嘱信托。所有遗嘱必须是完全民事行为能力人真实的意思表示方为有效、创立遗嘱人死亡时方能发生法律效力。

《中华人民共和国民法典》对各种不同形式的遗嘱的生效要件做出了明确的规定。①自书遗嘱。由遗嘱人亲笔书写，签名，注明年、月、日。②代书遗嘱。应当有两个以上见证人在场见证，由其中一人代书，并由遗嘱人、代书人和其他见证人签名，注明年、月、日。③打印遗嘱。应当有两个以上见证人在场见证。遗嘱人和见证人应当在遗嘱每一页签名，注明年、月、日。④录音录像遗嘱。应当有两个以上见证人在场见证。遗嘱人和见证人应当在录音录像中记录其姓名或者肖像，以及年、月、日。⑤口头遗嘱。遗嘱人在危急情况下，可以立口头遗嘱。口头遗嘱应当有两个以上见证人在场见证。危急情况消除后，遗嘱人能够以书面或者录音录像形式立遗嘱的，所立的口头遗嘱无效。⑥公证遗嘱。由遗嘱人经公证机构办理。

《中华人民共和国民法典》规定，遗嘱人可以撤回、变更自己所立的遗嘱。立遗嘱后，遗嘱人实施与遗嘱内容相反的民事法律行为的，视为对遗嘱相关内容的撤回。立有数份遗嘱，内容相抵触的，以最后的遗嘱为准。还对遗嘱见证人资格做了限制规定：下列人员不能作为遗嘱见证人，无民事行为能力人、限制民事行为能力人以及其他不具有见证能力的人；继承人、受遗赠人；与继承人、受遗赠人有利害关系的人。

（赵国俊）

《义和团档案史料》 *Archival Documents Concerning Boxer Uprising*　中国档案文献汇编。国家档案局明清档案馆编，中华书局1959年出版。1979年第二次印刷时改署“故宫博物院明清档案部编”。精装，两册，共106万字。

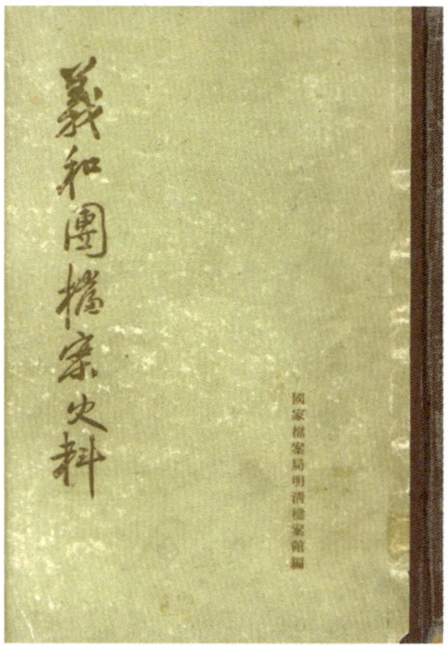

《义和团档案史料》封面

比较系统地公布了清政府有关义和团运动的档案文件，史料来源均系编辑单位所藏清代军机处月折包、上谕档、电寄档、电报档及宫中**朱批奏折**等，并收录了在故宫博物院《文献丛编》陆续发表的有关电报档，共计1667件。这些档案文件是清王朝统治者及其中央部院衙门、地方督抚、驻外公使等，就有关义和团运动的情况所发布的谕旨和奏报等，均为全文公布。

文件按时间顺序编排，起自清光绪二十二年（1896）五月，迄于光绪二十七年十二月。其中光绪二十二年至二十五年的文件较少，只有71件，其余均为光绪二十六年、二十七年的文件。所辑史料反映了义和团运动由山东、直隶逐步发展到全国许多地区的经过；八国联军发动侵华战争屠杀义和团及广大中国人民的罪行；清统治者在逃亡途中下令镇压义和团，却向八国侵略军屈辱求和，签订《辛丑条约》等史实。记载比较详尽，史料原始、可靠，但在选材方面尚有较多遗漏。这部分档案的出版，使义和团运动史研究由主要依据笔记传闻转为依据信史，受到史学界的高度重视。

为纪念义和团运动爆发90周年，中国第一历史档案馆编辑了《义和团档案史料续编》，上、下两册，中华书局1990年出版。全书共辑录有关义和团运动的档案文件1400余件。起自光绪二十二年五月，迄于光绪二十九年十一月。另有附编82件。这些档案文件大都系初次公布。另台湾沈云龙主编的《近代中国史料丛刊续编》也编有《义和团档案史料》，共4册，1977年由文海出版社影印出版。

（朱金甫　丁华东）

艺术档案管理　art archives management　文化艺术单位的艺术档案专业管理活动。又称艺术档案工作。艺术档案管理是文化工作的重要组成部分，也是国家档案工作的组成部分。艺术档案是指文化艺术单位和艺术工作者在艺术创作、艺术演出、艺术教育、艺术研究、文化交流、社会文化等工作和活动中形成的，对国家和社会有保存价值的各种文字、图表、音像、实物等不同形式的历史记录，是宝贵的文化遗产。艺术档案主要包括：①综合艺术活动材料。②文学创作材料。③艺术表演材料。④美术、摄影材料。⑤社会文化材料。⑥艺术研究材料。⑦艺术教育材料。

发展　1983年11月9日，文化部、国家档案局发布《艺术档案工作暂行办法》，中国艺术档案管理步入规范化管理轨道。1989年1月，文化部发布《艺术档案整理规则（试行）》，使各艺术实体可根据自身特点，开展艺术档案的规范管理。2001年12月31日，文化部、国家档案局发布《艺术档案管理办法》，进一步明确了各种艺术档案的管理目的、体制、原则、机构和人员、归档范围、收集整理、管理与利用、管理方式和方法。2010年6月29日，广播电影电视部、国家档案局发布《电影艺术档案管理规定》，自2010年8月1日起施行。

管理内容　①艺术档案材料的归档。②艺术档案的收集与整理。③艺术档案的鉴定。反映和记录本单位的艺术活动并对以后艺术创作、艺术研究有重要参考借鉴作用的艺术档案材料，应永久保存。在本单位组织或参与的重大艺术活动中形成的，并具有一定艺术参考价值的艺术档案材料，应长期保存。④艺术档案的管理与利用。文化艺术单位应建立、健全艺术档案工作的管理制度，把艺术档案的收集和归档工作列入有关业务部门和人员的职责范围；艺术档案管理部门应充分运用先进技术手段，积极开发艺术档案信息资源，配合业务部门参与艺术生产和文化交流活动。⑤艺术档案的保管。集体所有的和个人所有的对国家和社会具有保存价值的艺术档案受国家法律保护，档案所有者应当妥善保管。

原则和要求　①在国家档案行政管理部门的统筹规划、组织协调、统一制度和监督指导下，文化和旅游部负责对全国文化系统艺术档案工作的指导和管理。②各级文化行政管理部门应把艺术档案工作列入本部门整体发展规划，在业务上接受同级档案行政管理部门的监督与指导。③文化艺术单位应当对本单位的艺术档案实行集中统一管理，保证必要的经费，确保艺术档案的完整、安全和有效利用。

意义和影响　艺术档案管理对有效地保护和利用艺术档案，加强艺术档案的科学管理，充分发挥艺术档案在艺术创作、生产、教学、研究、普及服务中的作用，推进文化大发展大繁荣，均具有重要意义。

（王英玮）

议　yi　中国古代上奏文书文种名称。古代臣子向皇帝上书言事和条议是非的文书。发源于先秦时代，汉代以后迅速发展，直至清代末年才退出历史舞台。

议的本义是谋，作为一种参政议政的方式，与朝议直接相关。朝议源于上古时期原始氏族的议事会制度。如《尚书·盘庚》记述了商王关于迁都之争，盘庚听取众近臣迁都意见，即有朝议的意味。西周天子与诸侯议事皆有三朝，外朝一，内朝二，即外朝、治朝和燕朝。外朝多处理量刑决狱与庶民上访之事。治朝是天子与群臣大议诸多政务之事。燕朝朝会是天子与近臣商议重大事务。分别朝议各种政务。春秋战国时期，列国朝议之内容以商讨联盟或征伐为主，间或使用文书形式，但仍以口头发表意见为主，不具备文体意义。

议作为奏议类文体名称始于秦代。秦国建皇帝之号，立百官之职，形成了较为完备的奏事与朝议制度，奏议文应运而生，如王绾《议帝号》、李斯《秦废封建》等，此为议之肇始。

汉承秦制并有所发展，议也随之成为臣僚辅政的主要文书形式之一。秦有丞相议、廷尉议、博士议，汉有廷议、集议、百官杂议、下公卿议、和亲议、封禅议、盐铁议、废立议、尊号议和郊庙议等，名目繁多。汉初定仪，群臣进言皇帝的四种文体为章、表、奏、驳议。其中的驳议即取“杂议不纯”之意，驳议可去驳通称议，说明议是用来发表不同政见的，在议政过程中，若持不同意见，可上书驳论。秦代朝议已经有驳难之辞，但未见驳议之名。

驳议作为文体名称，始见于汉代，对朝廷决策发表不同意见用驳议。驳议文有固定的行文格式与批复方法。蔡邕《独断》对汉代驳议的行文格式有简明扼要的记载。驳议首先说“某官某甲议以为如是”，而以“臣愚戆议异”句结束全文。皇帝审阅后，认为反驳得有道理，就批答说：“某官某甲议可。”除驳议外，两汉还有谥议，帝后崩或大臣薨，礼官评议其生平事迹，拟具上谥或赐谥的名号后请旨定夺，用谥议。谥议先秦早已有之。秦帝国建立，始皇废谥法。汉代恢复谥法，谥议之风又起。唐宋沿袭，其法渐密。

六朝至隋唐，议作为文书名称基本保持不变。唐制，门下省的上行公文有六种，其四为议。议的内容广泛，如陈子昂有《复仇议状》，柳宗元则有《驳复仇议》。运用最多的是臣僚对礼仪制度方面的议，如魏徵的《明堂议》《嫂叔舅服议》，颜师古的《定宗庙乐议》《功臣配绘议》等。另外，唐代也保留了汉代的谥议。自宋以降，上行的议政文书或称议，或称奏议，实质相同。

（何　庄）

译文本　translated text　将一种文字译成另一种文字，或同一种文字由古语译成现代语而形成的不同语种、不同时期语言的版本。又称翻译本，简称译本。译文是文献整理的一项内容，是注释工作的延伸。清代学者陈澧《东塾读书记》卷十一：“盖时有古今，犹地有东西，有南北，相隔远，则语言不通矣。地远，则有翻译；时远，则有训诂。有翻译，则能使别国如乡邻；有训诂，则能使古今如旦暮，所谓通之也。”档案作为历史活动的原始记录，因国家、地区、民族、宗教和时代语言文字的不同，形成各种不同文字的文本，如古文本、今文本、白话本；中文本、外文本；汉文本、西夏文本、梵文本、各少数民族文本等。

为体现某一专题汇编材料的全面性、权威性、典型性，扩大档案文献的传播范围，往往需要选用不同文字的文本，并做好翻译工作。有些档案文献在历史上已形成两种或两种以上译文本，当选用已有译文本时，应审核可用或校译、重译。中国通商口岸地区的档案馆保存了不少外文档案，当档案文献汇编中选用外文档案时，翻译不仅要懂得相关历史、专业，还要掌握百余年前外文与当代外文的差别。一些中文档案现仅存外文文本，回译为中文时，亦要尽量符合文件生成时中文文体、用语的特点。译文本可以单独发行，也可以采取两种文本对照方式发行。

在改革开放的历史大潮中，为加强中外文化的交流互鉴，做好重要档案文献典籍的翻译出版工作有极其重要的意义。

（丁华东）

意大利国家档案局　Central Archives of the State (Italy)　意大利档案事业最高行政管理机关。1874 年成立，是世界上最早建立的档案事业行政管理机关。国家档案局原属内政部，从 1975 年起改为隶属于文化与环境保护部。

档案局负责管理全国档案事业，领导国家档案馆和地方公共档案机构，并对非公共机构和私人的档案实行监督。档案局下设 4 个职能处：①监督处。负责协调全国各档案监督处的活动，使全国的公共档案馆处于其监督之下。②业务指导处。负责指导机关文件的鉴定和整理，指导撤销机关档案的移交，筹备档案展览，组织国内外档案业务的调查研究。③技术处。领导缩微照相中心，领导罗马的档案修复和装订工作，统管各省实验室。④研究出版处。负责领导全国所有档案馆的出版工作。档案局下还设有咨询机构——档案最高理事会，成员包括内政部、文化与环境保护部、档案总局的代表。任务主要有提供档案建议、预审档案法规和培训计划的草案、推荐中央国家档案馆馆长人选等。

意大利从 1874 年开始组建国家档案馆网，核心是中央国家档案馆；在各档案区分别设立一级或二级国家档案馆。如罗马国家档案馆、都灵国家档案馆、威尼斯国家档案馆。另外，意大利的档案机构还有公共档案机构如参议院档案馆、外交部档案馆等，以及非公共档案机构如教会档案馆、大学档案馆等。

（黄霄羽）

意见　opinion　现代公文法定通用文种。适用于对重要问题提出见解和处理办法。意见是档案机关共同使用的文种，行文关系涵盖下行文、上行文、平行文。作为下行文，具有指导和指示功能；作为上行文，具有请示的功能；作为平行文，用于参考和交流。总体而言，意见具有行文方向多向性、内容多样性、功效多重性的特点。

（王　健）

音像型档案文献出版物　audiovisual archival publications　以磁、光、电等介质为载体，用数字或模拟信号，将纸质、照片、录音、录像等原始档案材料编辑加工后记录下来，通过视听设备播放使用的档案文献出版物。最初出现于中华民国时期，随着录音、录像、电子技术的发展逐步成为当代**档案文献编纂**成果的重要形态。20 世纪 20 年代后，外商先后开始在中国投资建立唱片公司，其中也将孙中山的《勉励国民》《救国方针》，及蒋介石等其他民国政要的讲话录音制作成唱片发行。1928 年民新影片公司摄制完成大型纪录片《国民革命军海陆空大战记》，以大量珍贵历史镜头较全面地反映孙中山后期的革命活动。中华人民共和国成立后，音像型档案文献出版物不断增多，制作技术不断提高，形式主要有录音制品和录像制品。录音制品包括各种类型的录音带、唱片、唱盘等，如 20 世纪 90 年初国家档案局、中央档案馆等单位联合录制的《巨人之声》盒式录音带。录像制品包括各种类型的历史文献纪录片、专题文献纪录片、科教片、电影等，如中央档案馆和中央电视台等单位联合制作的文献片《毛泽东》(1993)、《邓小平》(1997)、《周恩来》(1998)、《刘少奇》(1998)等，中央档案馆制作的文献纪录片《共和国脚步》(1999)，中国第一历史档案馆制作的电视纪录片《清宫秘档》(2002)、《故宫》(2005)等。

音像型档案文献出版物集图、文、声、像于一体，具有形象、直观、生动等特点，可以通过多种载体形式和媒体渠道发布，有利于扩大档案信息的传播范围，增强听众、观众的历史感。（丁华东）

殷钟麒　Yin Zhongqi(1907～1970)　中国现代档案学家。原名世禄，别名寿田。四川长寿（今属重庆市长寿区）人。曾就读于长寿国学专修馆，重庆中山补习学校、致用补习学校。长期在四川财税、教育、粮食等多个机关从事档案工作，兼任档案训练班的教官。1946 年，在重庆创办私立崇实档案函授学校。1948 年，兼任四川省立重庆高级商科学校和私立大公会计专科学校教员，讲授应用文写作。1949 年以后，先后在西南军政委员会粮食管理局、四川省粮食厅、国家档案局、明清档案馆、中央档案馆等单位任职。

其档案学研究的代表作《**中国档案管理新论**》于 1949 年出版，共 3 编 17 章，论述了档案的定义、种类、功用、重要性，档案组织与管理制度、档案人事制度，档案管理等诸多问题，体系完备，内容翔实，代表了当时档案学研究的水平。此外，还著有《学校文书处理与档案管理》《清代文书工作述要（初稿）》（未刊）、《**国民党时期档案管理述要**》等档案学专著，以及《建立中国档案制度之途径》《县政府档案人员之培养》《档案整理概要》《怎样研究纲目分类法？》《文书档案连锁法的主要内容和批判》及《我国倡议地方档案馆学说的先驱者——章学诚》等多篇论文。（梁继红）

印度国家档案馆　National Archives of India　印度中央级综合性档案馆。负责接收和保管印度历史档案及中央政府各机关的档案，也接收私人文件和图书馆资料，并对中央政府机关的文书工作和档案工作进行监督，开展文件管理、出版、培训等活动。前身为 1891 年在科克塔建立的帝国档案部，1911 年迁至新德里，1926 年建立了国家档案馆大楼，是亚洲地区规模较大的档案馆之一。1940 年保护研究实验室成立，1947 年印度独立后更名为印度国家档案馆。

国家档案馆现由馆长及副馆长领导，分为文件管理、行政管理、培训、出版、文件、图书馆等部门。隶属文化部，在博帕尔有地区办事处，在布巴内斯瓦尔、斋浦尔等地有文件中心。国家档案馆不仅担负保证印度中央政府的各部门、机构文件安全的职责，还负责设计合理机制，使文件管理在政府系统中得到科学管理，满足政府和学者对档案的利用需求。

馆藏档案按排架长度计算约 40 千米，包括 380 多万份文件，6 万余案卷，还藏有地图制品、印度总统签订条例草案和稀有手稿等。其中既有英国殖民统治时期的档案，也有印度独立后的档案，还有丰富的私人文件以及从加拿大、德国、英国、美国等不同国家收集的超过 7500 份缩微胶片。最早的是 1748 年英国东印度公司的档案，还有 1857 年印度士兵大起义的档案史料，特别是那那·萨希伯等士兵领袖的宣言书和书信，有重要史料价值。由于历史原因，馆藏档案不仅同印度历史有关，也同亚洲其他国家的历史有关。专设有中国文件部，收藏有关中国，特别是西藏历史的档案和反映中英关系的档案。由于库房不足，中央各机关还有大量文件已超过 25 年，仍不能进馆。凡满 30 年的非保密文件向公众开放，有关边界问题的档案一律不予开放。印度国家档案馆从 1947 年开始出版馆刊《印度档案》，每年两期，用英文和印地文出版，包括新闻稿、书评、文件管理、外国研究、保护修复技术等内容。（黄霄羽）

印结　yinjie　中国清代证明身份的保证文书。是官员为证明某人的身世、履历等情况而出具的、钤盖衙署印信的保证文书。清制，外省官员赴京考试、捐官，必须取具同乡六品以上京官（六品以下概不准出结）印结送吏部核对。贡监生、吏员考职和捐纳候选主事、小京官、同知、通判、知县等官，该地方官取具各生员三代履历、籍贯、年貌及有无假冒顶替情弊，并府、州、县印结，报部考对。出结官员若徇私舞弊或失之以查，须承担一定的责任。清代法律规定：官员出具用印空白印结者，降一级调用；滥给家仆门子印结捐纳官职，及滥给因罪革退衙门人役印结者，革职；代顶冒人员出结者，亦革职；身家不清及顶冒人员有捐官者，出结之同乡京官降一级留任，不行查明、滥给文结赴选之州县官革职，转详之府州官降一级调用，督抚藩司罚俸一年。

出具印结的目的是证明捐纳者的合法身份，出结者须充分了解捐纳人员的个人履历、家庭成员情况、身家是否清白、有无犯罪记录，以及是否易名冒籍等情况，方可出结。在京官中，只有本省籍官员才能对原籍地报捐者的上述事项有所了解，故可以出具印结给予证明和保证。因此，印结是出结者与取结者建立在同乡关系基础上的信用保证。（李义敏）

印刷型档案文献出版物　printed archival publications　以纸张材料为载体，以印刷为信息加工和转移方式而形成的**档案文献编纂**成品。又称刊刻型档案文献出版物。印刷型档案文献出版物是印刷技术发明之后传统档案文献编纂成果的基本形态，分雕版印刷、活字排印、影印等多种方式。雕版印刷形成的档案文献出版物，文献学上一般称为刻本。

《史料旬刊》扉页

隋代雕版印刷、宋代活字印刷的发明和使用，为大规模刊印档案文献提供了条件，此后中国历代的典章、会要、法典、诏令、奏议、实录、圣训、起居注、各种史志等都通过刊刻或排印等方式出版传播。在长期发展过程中，印刷型档案文献出版物形成三种形式：①图书出版物。为世界各国档案馆、科研机构整理出版档案文献的主要形式。中国第一历史档案馆自1925～2003年先后出版各类档案史料书目165部，计1240册，约4亿字。②报纸出版物。即利用报纸媒体刊载档案文献，如《**中国档案报**》曾开设《历史上的今天》《史料珍闻》《石林漫步》《石室百言》《档案大观》等栏目，公布重要档案。③期刊出版物。即以专门或非专门性期刊整理公布档案文献，如中华民国时的《文献丛刊》《史料旬刊》《**明清史料**》《文献论丛》，当代的《党的文献》《**历史档案**》《**民国档案**》等，都是刊布档案的重要期刊。

印刷型档案文献出版物可以大批量印制，其发行量和发行范围得以扩大，有力促进了档案文献信息的传播。20世纪80年代以后，激光照排和影印技术的使用，使印刷型档案文献出版物的编纂出版更为快捷、高效，更有利于维护档案文献原文原貌。（丁华东）

英国藏卷馆 House of Parliament Rolls (UK) 英国古代中央档案库。1377年建立，馆址在伦敦法院街。藏卷馆由管卷大臣领导，收藏国王办公厅、议会和法院等尚未送往伦敦塔的档案。馆藏国王办公厅登记簿均为羊皮纸卷，极富特色。1838年改建为英国公共档案馆。藏卷馆保管国王和国家机关的现行文件，确保了档案的安全，体现了封建时期英国档案集中管理的趋势。

伦敦塔（1800）

1372年议会下院请求国王颁布法令，让所有王侯都能无阻碍地利用档案文件。1377年英国国王爱德华三世应议会的要求，下令把法院街的一处犹太人会馆的旧教堂用作永久保管国王公文的地点，命名为藏卷馆。不过，当时的人们称之为文卷教堂，因为在一段时期内，它既是保存文卷的地方，又是教堂，听众就坐在文件箱子上听教士传道。1471年，J.阿尔科克担任伦敦塔国王办公厅案卷保管员后，把伦敦塔用作保管案卷的库房，而把藏卷馆用作住处。从14世纪后期开始，国王办公厅的文件先送藏卷馆，然后再转送伦敦塔。事实上，伦敦塔成了藏卷馆的分馆。1499年后，国王办公厅产生的档案文件全部留在藏卷馆而不再转送伦敦塔。后来的英国公共档案馆就是在藏卷馆、伦敦塔和威斯敏斯特文件库这些历史档案馆的基础上建立起来的，藏卷馆所在的地点就是英国公共档案馆成立时所确定的馆址。（黄霄羽）

英国档案与文件协会 Archives and Records Association; ARA 由英国和爱尔兰的档案学者、档案保管者和文件管理者组成的档案专业组织。前身是成立于1947年的英国档案工作者协会，协会吸收英国本土和英联邦成员国的档案团体会员，负责协调英联邦的档案事务。2010年6月1日，英国档案工作者协会与全国性档案委员会、资深档案学家协会合并，建立了一个新机构——英国档案与文件协会。

档案与文件协会基本上沿袭了档案工作者协会的组织架构，由董事会（有时每两年选举一次）负责一切事务，董事会下设一系列委员会和负责特定业务领域的小组委员会。按照地域，将英国和爱尔兰划分为11个区域，每个区域都有自己的委员会，共有11个委员会——3个全国性委员会，8个地区性委员会。其中爱尔兰地区委员会——爱尔兰档案与文件协会属于半自治性质。此外，还设有7个特殊兴趣小组，它们代表了会员不同的就业背景。协会的管理部门包括董事会、秘书处、人事委员会、商业经营部、地区委员会、会议筹备委员会等。协会鼓励专业人士注册会员，这是职业化深入发展的重要表现。协会会员从主体上可分为普通会员和机构会员两大类。具体包括正式会员、学生会员、附属会员、海外会员、机构会员/机构附属会员以及合作会议。可通过网上申请和书面申请成为会员。

档案与文件协会覆盖英国和爱尔兰两个国家，为档案学者、档案保管者和文件管理者提供专业化指导。与档案工作者协会相比，档案与文件协会的管理范围扩大化，不仅包括档案工作，而且包括文件管理。这体现了档案文件一体化的趋势。协会不仅是档案与文件工作的专业化组织，还是共享信息、传播知识、关注人和档案文件职业未来发展、拥有浓厚人文关怀和职业责任感的现代化组织机构。

协会出版物丰富广泛。为激发人们对档案与文件工作的兴趣，满足档案学者、档案保管者和文件管理者的多样化、多层次需求，协会创办、出版了多种出版物，包括《档案与文件：档案与文件协会学报》《档案与文件协会杂志》《档案与文件协会招聘》《档案与文件协会（英国和爱尔兰）年度报告和财务报表》以及《档案与文件协会日报》。（黄霄羽）

英国国家档案馆 The National Archives (UK) 英国综合性国家档案馆。英国文化、学术与遗产机构，旨在守护具有1000多年历史的标志性国家文件，同时作为信息与文件管理领域的“专家顾问”，确保未来**电子文件**的安全保管。它的前身是英国公共档案馆，于1838年根据《公共档案法》在藏卷馆、伦敦塔和威斯敏斯特文件库的基础上成立，由管卷大臣领导，1958年新的《公共档案法》通过后改归大法官领导。2003年4月2日，英国公共档案馆和皇家历史手稿委员会合并为英国国家档案馆。2006年10月31日，英国国家档案馆又合并了英国公共部门信息办公室以及其下属的英国皇家文书局。2011年，国家档案馆接管了博物馆、图书馆和档案馆协会在档案馆方面的职责。馆址设在原公共档案馆的所在地——伦敦丘园。

图1 英国国家档案馆外景

英国国家档案馆馆藏丰富，拥有1100多万份政府和公共的历史文件，档案排架总长度约185千米，包括纸和羊皮纸、电子文件和网站、照片、海报、地图、绘画等。它负责收集、保管英国中央政府及法院的档案并提供利用，是世界上最大的档案馆之一。有的馆藏档案历史长达1000多年，其源头可溯至11世纪，最古老、也是最负盛名的公务档案——1086年形成的《末日审判书》，内容是有关全国土地、财产、牲畜和农民的调查清册。馆藏档案的封闭期为30年，年满14岁的国内外利用者均可前来查阅。不仅保管政府部门的文件，而且向公众提供利用可公开的政府文件，还提供与英国历史有关的私人档案信息。由于国家档案馆在有效管理、利用档案方面的专业性，使得其能为200多个政府和公共部门提供有关档案服务以及政策的建议。

英国国家档案馆由4个机构组成：①公共档案办公室，《公共档案法》（1838）产物，致力于保存重要的公共档案，可供研究者利用。②皇家历史手稿委员会（1869），行使委员会相关私人档案管理职能。③女王文书局（1786），1889年以来持有皇家版权和所有议会法令的官方打印权。④公共部门信息办公室，2005年据欧洲联盟指令成立，以促进由公共部门产生和收集的信息再利用。

图2　英国国家档案馆内景

英国国家档案馆出版的各种馆藏指南，向公众全面介绍了馆藏内容；出版的家史史料，是书店里的畅销书。其官方网站设有网上书店，出售档案馆自己编研、开发或者与其他专业机构合作开发的各类档案书籍，如儿童书籍、历史书籍、军事书籍等。英国国家档案馆选择一些出版社合作，联名出版基于档案资源利用的书籍，如布鲁姆斯伯里出版公司出版的《泰坦尼克号》，英国国家档案馆还组织该书的作者在国家档案馆召开签售会。

（黄霄羽）

英国国王乔治三世致乾隆皇帝信　letter from King George Ⅲ of England to Emperor Qianlong　信函一式两份，分别为英文和法文，现藏于中国第一历史档案馆。包括要求在中国通商、驻使、居侨、囤货、减免税等内容，带有较浓的殖民、掠夺色彩。2003年10月入选《中国档案文献遗产名录》（第二批）。

乾隆五十七年（1792），英王乔治三世派遣以G.马戛尔尼为首的使团来华为乾隆皇帝贺寿。同年八月十日（9月26日），使团800余人从朴次茅斯港启程，于次年五月十四日（1793年6月21日）抵达中国，后中英双方就拜谒乾隆皇帝的礼仪进行反复商讨。八月十日（9月14日），马戛尔尼与部分随员在避暑山庄觐见乾隆皇帝，并参加了万寿庆典等宴会。马戛尔尼此次访华，转交了乔治三世给乾隆皇帝的两封信函。其中一封信提出希望中英两国友好往来的愿望，并欲遣使常驻中国以庇护侨民。另一封信则是与清朝交涉两国通商事宜，提出了一些具体条款，如开放宁波、舟山、天津、广州之一地或数地为贸易口岸；照俄国之例在京设立英国仓库供其收贮发卖货物，并在京设立使馆；在舟山附近择岛供英人居住和存放货物；在广州附近择地作为英人居留地，允许澳门英商自由出入广州；允许英国商船出入广州与澳门水道，减免货税；英人按贸易港口公表纳税，不得随意征收杂费。乾隆皇帝以从无先例、不合体制等理由，断然拒绝了英国的侵略主张和要求，维护了国家领土和主权完整，使得英国使团未能达成预定目标。但英国使团由于准备充分，获取了大量中国政治、经济、军事、文化情报，特别是通过马戛尔尼等人的口述与文字，使西方在一定程度上了解了中国的实际情形，于其日后的对华政策产生了影响。

此外，清朝政府对于这次英国外交行动挑战的应对，体现的仅是一种主权国家的本能反应。由于“天朝上国”的心理惯性，墨守成规的定制，故步自封、盲目自大的思想，对“蛮荒异邦”的社会变革和工业革命本无兴趣、也无准备，完全处于信息麻木状态，缺乏对世界变化发展的了解，为近代史上的被动挨打埋下了隐患。

（张芳霖）

英国信息与文件管理协会　Information and Records Management Society　英国从事信息与文件的管理、控制与利用的群体服务的专业协会。成立于1983年，原名档案管理协会。2010年9月1日，更名为信息和文件管理协会。协会拥有来自30个国家和地区的1200名成员。协会的会员分为4类：公司、个人、退休或失业人员和学生，其中公司类会员会籍可转让而其他3类不可，学生会员是免费的，其他3类收取不同的会费。会员可享受的福利有获得专业认证、自由访问所有群体的事件、获得独家在线资源、获得高质量的简讯、参加周年大会和一些领先的培训机构的活动时享受优惠及访问协会组织的职业导师计划等。

划分群组是英国信息与文件管理协会的一个特色，从范围角度协会共分为两大类：英国群组和国际群组。其中，英国群组共有14个成员小组，包括爱尔兰、曼岛、伦敦、中部地区、北部地区、苏格兰、西南地区、威尔士、金融服务集团、公共部门集团、Share Point从业集团、地产集团、高等教育与继续教育集团、第三部门信息与文件管理协会；国际群组有3个成员小组，包括捷克、加纳和法国信息与文件管理协会。协会会员间会经常性地进行网络沟通，共享知识和开发有用的文件管理工具和框架，分享有益的知识和经验。

协会通过节目宣传、专业期刊出版、召开年度大会和开展训练课程等方式实现目标与任务。力争实现对信息与文件管理中深层次信息的良好治理，同时促进与本研究领域的个人之间的友谊和合作。协会的主要任务有3个：①通过代理、对外联络及推广来提升信息与文件管理的地位。②通过分享知识和技能支持专业发展。③促进信息与文件管理的实践。

协会出版物为《简讯》，双月刊，内容包括评论、分析报告、案例研究和来自英国及国际的信息和文件管理的新闻，每年出版6期。

（黄霄羽）

《英汉法荷德意俄西档案术语词典》　*Dictionary of Archival Terminology*　档案学工具书。为1984年联邦德国慕尼黑K.G.绍尔出版社出版的《**档案术语词典**》的汉译本。《档案术语词典》由联合国教科文组织资助，**国际档案理事会**（ICA）组织编写。1988年12月，档案出版社出版了中文版。由丁文进、何嘉荪、方新德等编译。汉译本正文排列，英文列入首行，然后是相应的汉文术语及定义，再按原词典顺序排列其他6国语种的术语和英文的参见词条。

收录了世界主要国家使用的档案术语500余条。其中，英文术语按字母顺序编排，并给出相应的定义，随后是法文（F）术语和定义，再依次列出荷兰文（D）、德文（G）、意大利文（I）、俄文（R）、西班牙文（S）的相应术语。编者在前言中指出，词典编辑的目的是消除术语使用的混乱现象，帮助弥合存在于档案工作者与文件管理人员之间，以及他们与情报学领域同行之间的鸿沟。具有一定的国际标准意义，

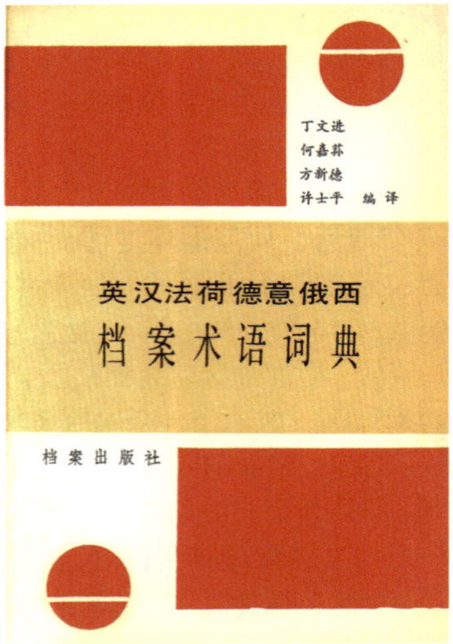

《英汉法荷德意俄西档案术语词典》封面

使用率高，查阅方便。汉译本的出版，有助于中国档案工作者与档案学研究人员准确理解和把握外国档案术语，促进中外档案学术交流，对于提高档案学研究水平有积极作用。（傅荣校）

影排对照本 photocopy & typography edition 文献影印和排印在同一书籍、刊物对照印行的版本，兼具影印本和排印本的功能与特点。影印本是通过照相、复制、数字化扫描等手段，将整页文献一次成版印制而成的版本，属于原迹传真。排印本是通过铅字逐字成版或激光照排技术印制而成的版本，属于规范字式。影印和排印是**印刷型档案文献出版物**的两种主要制作工艺或操作方法，各具优长。

一般而言，影印出版能保持档案文件的真迹原貌，真实性、准确性、权威性强，但对原档字体辨识等方面要求较高，不便于编者进行加工、评注；排印出版比较规范划一，文字密集度高，便于识读，也便于编者进行校点、注释、评介，但容易出现编排错误。影排对照本既可以保持档案文献的原貌，又可以对原文献进行校点加工，方便利用者阅读，多适用于出土简帛或传世碑帖的出版，也用于字迹潦草的重要手迹、底稿的出版。

计算机技术、数字影像技术和激光照排技术的发展，极大地方便了影排对照本的编排制作。编者可以根据题目价值、读者对象、经济条件等因素，在推进排印出版和影印出版同时并举的基础上，适当做到两者的结合对照。（丁华东）

应急管理部档案馆(煤炭工业档案馆) The Archives of Ministry of Emergency Management (The Coal Industry Archives) 应急管理部所属公益一类事业单位。成立于1993年10月，原为煤炭工业部档案馆；1999年7月，更名为煤炭工业档案馆；2002年7月，加挂“国家安全生产监督管理局（国家煤矿安全监察局）档案馆”牌子；2005年8月，更名为国家安全生产监督管理总局档案馆(煤炭工业档案馆)；2018年11月，更名为应急管理部档案馆(煤炭工业档案馆)。馆址位于北京市朝阳区北苑路32号安全大厦附楼。档案馆总面积4091平方米，其中库房面积2200平方米，可容纳14 202延长米的档案存放。

馆藏　应急管理部档案馆共存有中华人民共和国成立前至今包括中福公司、国民政府资源委员会、解放区资源委员会、燃料工业部、煤炭工业部、国家安全生产监督管理局、国家安全生产监督管理总局、应急管理部等单位18个全宗的档案，馆藏最早的档案形成于1898年。经对馆藏档案持续开展数字化，形成了丰富有序的数字档案信息库。

中华人民共和国成立前的档案资源主要有中福公司、国民政府资源委员会、解放区资源委员会的案卷。其中，中福公司1898年进入中国，是中国最早的合资企业，档案内容以英国福公司在中国的活动为主线；国民政府资源委员会档案内容主要为煤业总局的各种情况调查、复原计划和矿区图；解放区资源委员会档案内容主要为煤矿管理总局的各区煤矿概要、资料。中华人民共和国成立后档案是档案馆的馆藏主体，记载和反映了1949年至今中国应急管理事业以及安全监管监察、煤炭工业改革发展情况，是珍贵的历史记录。利用馆藏档案,应急管理部档案馆先后编写了《特别重大事故汇编》《全国50个煤矿安全重点县较大以上事故统计分析及案例选编》《建党以来安全生产史研究报告及建国前相关史料选编》《煤炭工业档案馆志》等出版物，并在《中国煤炭志》《煤炭工业组织机构志》等志书的编写过程中发挥了重要作用。在2015年纪念中国人民抗日战争暨世界反法西斯战争胜利70周年之际，档案馆充分利用馆藏中华人民共和国成立前档案资源，举办了“抗日烽火中的中国煤炭工业掠影——档案馆馆藏史料展”,并制作了同名画册。

服务内容　主要负责集中统一管理应急管理部机关档案，监督、指导应急管理部所属单位档案工作，开展档案信息化建设，是应急管理档案安全保管基地和利用服务中心。

档案馆设有办公室(党群工作部)、机关档案管理部、业务指导部、信息技术部、保管利用部、征集编研部6个部门。具体职责有：拟订应急管理档案工作规章制度、标准规范；对应急管理部机关各种文件材料的形成、积累和归档工作进行监督和指导，集中统一管理部机关及相关部所属单位档案，确保档案完整与安全；负责应急管理系统重要档案及信息数据、资料的接收工作，按规定向中央档案馆移交档案；负责征集、接收、整理、保管安全监管、煤矿安全监察和煤炭工业的重要档案和资料；组织开发档案信息资源，开展档案利用服务工作；开展应急管理档案信息化建设，推动传统载体档案数字化和电子文件、电子档案规范管理，参与应急管理信息化建设相关工作；监督、指导应急管理部所属单位档案工作，在职责范围内指导应急管理系统的档案业务工作；组织开展档案业务交流、业务培训，开展档案业务研究、宣传教育等工作；完成应急管理部交办的其他任务。（汤　琳）

《雍正朝汉文朱批奏折汇编》 *Compilation of Chinese-written Memorials to the Throne with the Emperor's Comments in Cinnabar-ink of the Yongzheng Era* 中国档案文献汇编。**中国第一历史档案馆**历时6年编纂完成，张书才担任主编。江苏古籍出版社1989～1991年陆续影印出版。

朱批奏折沿革　**奏折**为清代特有的官文书，大约始行于康熙二十年(1681)，当时只限于极少数亲信官员使用，是一种君臣之间秘密联系的新型文书。康熙后期，奏折的使用范围有所扩大。雍正时，奏折被推广为内外臣工普遍使用的机密官文书，并逐步建立和完善了缴回朱批奏折、抄录副本等一系列相应制度，奏折由此成为清代高级官员向皇帝奏事进言的重要上行官文书，是此后历朝皇帝直接处理庶务、察核官吏、洞悉下情、推行政令的重要工具。

现今存世的满汉文朱批奏折，是在雍正皇帝建立收缴朱批奏折制度后留存下来的，总数达72.3万余件，原由中国第一历史档案馆前身——**故宫博物院文献馆**集中保管，20世纪40年代末被国民党政府运去台湾15.48万余件。雍正朝汉文奏折目前存世的有3.5万余件，现分藏于中国第一历史档案馆和台北故宫博物院。一朝档案分存两处给国内外广大专家学者查阅和利用档案造成了极大不便。70年代末80年代初，台北故宫博物院将所藏雍正朝满汉文奏折汇编成《宫中档雍正朝奏折》一书，相继影印出版。

辑录范围　《雍正朝汉文朱批奏折汇编》一部分选自馆藏雍正朝汉文奏折原

《雍正朝汉文朱批奏折汇编》封面

件，另一部分转录自《宫中档雍正朝奏折》一书中的汉文奏折，将分藏于北京和台北两地的雍正朝汉文奏折汇集一起，影印出版，形成一套完整、系统的原始档案文献。

共 40 册，约 2800 万字，辑入现存于世的雍正元年（1723）至雍正十三年的满汉官员 1200 余人的汉文奏折 3.5 万余件。所辑雍正朝汉文奏折，多数为经过皇帝批示的“朱批奏折”，也有一部分是未经皇帝批示的“原折”。在朱批奏折中，有一些是雍正十年开始编纂《朱批谕旨》过程中形成的“誊清修订折”，折文和批文业经修饰增删，与朱批奏折之原件颇多歧异，鉴于原件有的已经无存，而这些修订折对研究雍正朝政事及《朱批谕旨》一书编纂情况确有助益，故仍予收录；对那些原件仍存的修订折只作为原件之“附录”，不再作为正件编列顺序号。此外，还辑录了 5000 余件雍正朝朱笔引见单和履历单，具体记录了被引见官员的履历和皇帝的朱批评语，是研究雍正皇帝用人行政和这些历史人物的新鲜、生动而又翔实的重要史料，故亦酌予辑录，附于卷末。对中国第一历史档案馆所藏的一些雍正朝汉文**请安折**，因其史料价值不大，为节约篇幅，则未予收录。

所辑雍正朝的汉文奏折，起自雍正元年正月，迄于雍正十三年十二月，而不是雍正帝从即位至病逝期间的奏折。雍正十三年八月二十三日雍正帝去世、乾隆帝继位之后至该年十二月底的奏折，仍收入该书之中；而康熙六十一年十一月十三日康熙帝病逝、雍正帝继位之后至该年十二月底的奏折，则收入《**康熙朝汉文朱批奏折汇编**》一书。

编排体例　采用编年体例，按奏折的具文时间顺序编列，每册分别编定文件顺序号。某件原有之附件如单、谕等，仍附于各正件之后，不编文件顺序号，而于正件之目录标题下注明为“附件”。因卷帙浩繁，情况多异，对于具体折单的编排亦酌情变通：①原件具明时间者，以具折之年月日为序；其有年月无日或有年无月日者，则分别编排于该年月或该年之后。②原件未具时间者，由于编务匆忙，无暇一一考定，则一律系于雍正十三年十二月之后，按具折人姓氏笔画顺序编列，唯每人之下的折件仍大体以具折时间先后为序。③凡引见履历折单，一律按被引见官员的姓氏笔画顺序编列，其一人有两个以上履历折单者，则以各折单时间先后为序；其一个折单有两人以上者，以第一人的姓氏笔画为序，其余人员则于该件之目录标题中写明，以便检索利用。④保持同一天、同一地区、同一人、同类事件奏折内容的关联性。对同日同省不同人的奏折集中编排；同一天同一具奏人的所有奏折，集中编排，并据各折的内容、内在联系分别先后顺序；不同官员在同一天或相连两天的有关同一事件的奏折，尽量集中编排，中间尽量避免插入其他内容的奏折。

史料价值　以双栏排版，按原折影印，朱批套红，双色胶版印刷，版面拼贴精确，整齐美观，保持了奏折的原貌，对了解和研究清代奏折特有的公文程式，颇有助益；因奏折大多是雍正朝臣工亲笔书写，朱批又是皇帝御笔，作为书法欣赏和档案艺术珍品收藏，也颇有价值。

此汇编完整记录了清雍正一朝中央和地方的政治、经济、军事、文化、民族、外交等机密要务。内容之丰富、系统和可靠，是其他文献资料难以比拟的，其中许多内容是以往文献资料所未载，或载而不详、载而不确者。堪称研究雍正朝乃至康乾盛世历史的第一手珍贵史料。　（丁华东）

《雍正朝满文朱批奏折全译》　*A Complete Translation of Manchu-text Memorials to the Throne with the Emperor's Comments in Cinnabar-ink of the Yongzheng Era*　中国档案文献汇编。**中国第一历史档案馆**编译，关孝廉、屈六生任总编审，邢永福任编委会主任。黄山书社 1998 年出版。

满文奏折特点　清入关建立全国性政权后，推行以满族贵族为核心的满汉联合专政，为维护满族贵族的特权地位，采取一定的机构设置和制度措施以巩固“首崇满洲”的民族统治原则。在内地广大的汉族地区任用汉官，奏折所报内容侧重反映内地政治、经济、文化等情况，而满洲官员始终紧紧抓住中枢机关的权力，从中央到地方、边疆乃至沿海军政重地要职，均用满洲亲信官员，用满文具折奏事。满族官员与皇帝关系密切，无话不谈，无事不报，奏折中除奏报所在部门和地区的一般情报外，还大量报告边疆、民族、军事、外交等国家重大机密以及一切能够打听到的消息，雍正帝本人亦往往在这些折子上亲笔批示不宜公开的私密话，内容翔实可信。因此，满文奏折与汉文奏折不仅具折人不同，而且内容亦不相重复，甚至可以说满文奏折较汉文奏折内容更丰富重要，两者互为补充，各具特殊而重要的价值。

辑录范围　雍正朝的满文朱批奏折原件现存世有 6600 余件，分两地保存。中国第一历史档案馆存有 5600 余件；台北故宫博物院藏有 970 余件，已原件影印出版。为给国内外广大史学者提供雍正一朝比较系统、完整的珍贵满文史料，中国第一历史档案馆将所藏满文奏折及台北故宫博物院影印出版的《宫中档雍正朝奏折》一书中的满文奏折尽行译注，合辑《雍正朝满文朱批奏折全译》出版。所译雍正朝满文奏折，除绝大多数为经过皇帝**批答**过的“朱批奏折”外，还有一部分是“留中”或未奉朱批而军机处交由内阁领出的原折，亦予译入。在雍正朝满文奏折中，还有一部分**请安折**，因其史料价值不高，故未译入。

所辑各件起自雍正元年（1723）正月，止于雍正十三年十二月，而不是雍正帝即位至病逝期间所形成的满文奏折。雍正十三年八月二十三日雍正帝去世，乾隆帝继位之后至该年十二月底的满文奏折，亦皆译入该书中；而康熙六十一年十一月十三日康熙帝去世，雍正帝继位之后至该年十二月底的满文奏折，则译入《**康熙朝满文朱批奏折全译**》一书。

中国第一历史档案馆译编
总编审　关孝廉　屈六生
翻译　王小虹　安双成　关孝廉　张凤良　沈原　屈六生　赵玉梅　栗振复
特邀通审　王熹
雍正朝满文朱批奏折全译
上册
雍正元年正月至雍正十三年十二月止
黄山书社

《雍正朝满文朱批奏折全译》扉页

编排体例　分上下两册。为编年体例，其所收各件的排列顺序，遵循以下原则：

①原件具明时间者，以具折（发文）之年月日为序，统一编定顺序号。②正件带附件如清单、谕旨等者，仍附于正件之后，不编文件顺序号，并注明“附”字。③仅有附件而无正件者，则顺上编号。④原件只写明年月而无日或有年无月日者，则分别编排于该年月或该年之后。⑤原件未具时间者，均系于雍正十三年十二月之后，其具折人基本按《清代职官年表》一书内排列的顺序编列。

在编纂加工上，各件内容标题均由译者拟写；原件尾幅所署朝年月日，俱移至每件标题之下。原折内皇帝的朱批，分别批于折面、折首、折中、折尾，译后仍置于上述各原处，并注有“朱批”字样。凡原折尾幅所列具奏人职名与正文内容难以区分者，由译者在具奏者职名前面增写“具奏者”等字样，以示区别。满文奏折内原有的释文有参考价值者均予翻译，附于该件之后，并注明“原注”字样。有在满文奏折内夹杂的汉文奏折原件与满文奏折内容不相重复者，由译者用汉文简体字全文抄录、拟题、标点，长者酌情分段。

史料价值　所有满文朱批奏折均系首次翻译，历时十载，耗资百万而成；内容多为《雍正实录》《雍正起居注》等官撰史书所不载，史料价值弥足珍贵，为研究清代前期政治史、宫廷史、外交史、区域经济史、民族史、边疆史和纂修方志等提供了鲜为人知的第一手材料。（丁华东）

雍正帝整顿书吏　rectified of scribes by Emperor Yongzheng　中国清朝雍正帝主持的全面清理整肃书吏的运动。书吏是清代中央与地方衙门中专门负责文书处理与档案收存人员的总称。清代书吏只是雇员，职役虽微但关系最重。他们在日常承担收发与缮写、册籍账目的登记及档案保管与查找的工作。凭借对文书处理的垄断来攫取利益，以文档谋利弄权，严重败坏和妨碍国家的行政。雍正帝即位之初就曾限定书吏的权力，规定只能“缮写文书，收贮档案”，不允许其干预政务。清廷对书吏建立了严格的稽查制度，但清代吏治腐败，大小事更是皆倚办于书吏之手，为书吏舞文弄法提供了温床。其内部黑暗、腐朽、贪婪、狡诈，并逐步形成了一个利益集团。在其强大的关系网下，严密的吏书制度往往是一纸空文。因此，雍正皇帝频发谕旨必须全面清理整肃书吏。

具体措施包括：①严格档案管理制度。雍正颁谕各部院衙门：部院官员迁转要将所有经管案卷逐渐清点，出具**甘结**。地方督抚州县官员也要任内案卷检查齐全，出具并无藏匿抽改甘结。雍正初年建立了副本制度和对库房的值宿巡查制度，以“杜奸胥猾吏隐藏改换之弊”。②书吏不得主稿。要求内外衙门官长，督饬司员，熟观案例，每事躬亲。一切“稿案”自应由司员主稿，不得假手书吏，致滋弊端。尤其机密文件的承办处理，长官要亲自受理。雍正帝指令：各衙门案卷“有添写处，亦用堂印。并设立印簿，开明年月、用印数目、用印司官姓名。如此，则无腾挪之弊，卷案亦按簿可查。”（《雍正朝汉文谕旨汇编》）③禁止书吏馈送。雍正召见各部尚书、侍郎时指出：各部院的司官书吏为往上爬，往往向堂官送礼。“即使所馈无多，而一经收受，则举劾之际，不无瞻徇牵制。如其人果属可举，而曾经收受馈遗，则虽公亦私，转滋物议；如系不堪之人，因平日受馈，情面难却，或姑为容留，或滥行举荐，必致贻误公事，有违国家澄清吏治之大典。”（《雍正朝汉文谕旨汇编》）④书吏不得长期任职。清朝规定书吏满五年期必须退役回乡，不许继续留用或冒名重役。在各部院供职的书吏，时间一长往往会在衙门内、在京城结下关系网，徇私作弊。一些书吏为能留职宫中，本部役满之后，或改换姓名换入别部，甚至出现私下重金买卖的现象。对此雍正帝规定，部院衙门的书吏必须五年一换，期满不得再留。雍正帝多次颁发谕旨，命令都察院饬五城坊官严查访缉。“严禁缺主、挂名、冒籍、顶替”之徒混充官衙书吏（《雍正朝汉文谕旨汇编》）。雍正帝对中央机关书吏的大力整顿，取得一定实效，使“奸徒渐知敛迹，部务得以整齐”。（高换婷）

《雍正朱批谕旨》　*Compilation of Memorials to the Throne with the Emperor's Comments in Cinnabar-ink of the Yongzheng Era*　中国清代雍正朝朱批奏折汇编，全称《世宗宪皇帝朱批谕旨》。雍正十年（1732）鄂尔泰、张廷玉奉敕纂辑，翌年次第印就，随时颁赐诸臣，乾隆三年（1738）全书成。书内拣选了历年雍正帝亲笔**批答**的223名总督以下、道员以上及提督、总兵等地方大臣所上奏折8000余件，刊印18函，112帙，360卷。卷首雍正帝御制序文，卷末乾隆帝后序。凡雍正朝军政大事均有记载。

编辑中，多由雍正帝亲自决断，凡他认为不宜公布者，直接于原折上勾抹增饰。词臣欲删改原件内容，初用白纸贴在原折应改字处，将所改字书于白纸上，如欲修饰朱批内容，则贴黄纸，将应改字书于黄纸上，再另纸将已改朱批奏折抄录，随抄随改；后感到直接在原件上修改不便不雅，遂改为先照抄原件，修订抄稿后，再誊清。其格式为：开端书朱批二字，下抄原文，奏文、朱批均用工整楷体书写，刊印时原奏用黑字，朱批用朱红色套印。全书按具奏人顺序编排，各人具折数量不等，“多者以一人分数册，少者以数人合一册”。原抄本现存中国第一历史档案馆。（刘耿生）

由详　youxiang　中国古代**官府往来文书**文种名称。通常情况，详文与**详册**文字内容是相同的，为简便起见，有些详文内容可以比详册简略，以减少缮写时间。例如一事遭驳而多次呈详，前详已将原委叙述清楚，再详则可较为简明。又如，多年照章办理的例行公事，详文中可以不必追溯其陈年旧案。这种详文称作由详或简详。

称之为由详，是由于写法上主要突出事由和本官意见，事情的过程可以少叙或不叙，词讼案件还可不必叙述供词。相对于由详而言，与详册文字内容相同的又称长详。长详内容详尽，篇幅较长，清初比较普遍；而由详清中叶后较为时兴。乾隆年间，陈宏谋任天津道时，曾明令将长详简化：“招案之长详，只叙招首及审看，其中间情由不必复叙。现在如此办理，盖以全案情节以载详册，上司有详册可查差，下属则有印稿可查也。”清初也有的由详可先不具书册，实属通融试探性质，遇到难于立即批准定案的问题时，一些办事谨慎的官员往往如此。这种由详俗称“小看”，但毕竟不正规，不合手续。通融完毕，奉批允行后，仍得再用一套完整正规的详文呈上，才能生效，正式定案。随着详文的取消，由详也就取消了。（裴燕生）

邮符　youfu　中国古代官方发给乘驿人员通过驿站时证明身份、取得供应的凭证。符是中国古代朝廷传达命令或调兵将用的凭证，双方各执一半，以验真假，后一度成为专门的文种名称。邮符普遍用于经由驿站赍送文书。

清制规定，凡官员、兵役如需经过驿站，均由（主管机关）发给邮符。填明应给夫马车船数目，以此向沿途驿站支领廪给、口粮、饭食、乘驿工具等。驿站必须查验邮符后，方能照邮符所填写数目和有关规定如数供应，给予接待。清代邮符使用的具体文种有**勘合**、**火牌**、**火票**、**兵票**、**尾单**、**排单**等。（李义敏）

语书　yushu　中国古代**官府往来文书**文种名称。秦汉以前，官府文书的“书”还没有划分为具体文种时，文种多以“某某书”为名，后逐渐产生了具体文种并加以标识。语书是官府告诫官吏或民众的文告。在湖北云梦睡虎地出土的战国时期的秦简中，有秦始皇二十年（公元前227）南郡郡守腾告诫所属县道官吏的文告。竹简背面标有“语书”二字，就是具体文种名称，“语”为教戒之意。此件语书由正件和附件两部分组成，正件首为具文时间，以“某年某月朔日某日”形式记时间，其中年月以数字记，朔日与日以干支纪；次以“南郡太守谓县、道啬夫”，标明发文者与受文者，“谓”表明行文关系是下行文；再次为文书具体内容；最后“以次传；别书江陵布，以邮行”提出该文书的传达方式和范围。秦汉时期官府往来文

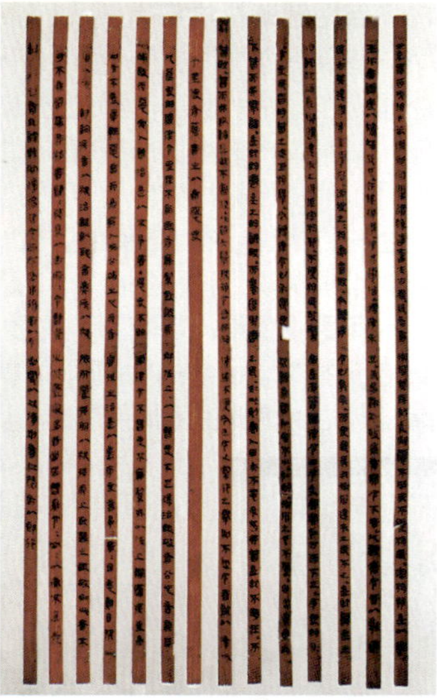

秦始皇二十年南郡郡守腾的竹简语书

书的语书结构程式与此基本相同。附件专门阐述良吏和恶吏的区别，强化正件的教化作用。此时的文书结构已经讲究程式化，竹简背面标明文种的做法有利于提高文书处理的效率。这种秦汉时期的语书可视为后世官府告示的先河。

（裴燕生）

玉牒 yudie 中国古代谱牒。为记录皇族（王室）血缘谱系等内容而编制的文本。玉牒之实起于先秦，从《史记》所载谍记、谱牒（谍）及甲骨、金文家谱可知，上古时期已经有记载王室谱系的玉牒存在。《周礼》载有负责记录王族世系的官员“小史”，秦汉设有“宗正”负责编修世谱。玉牒之名见于唐代，唐初设宗正寺，有修玉牒官，唐文宗时，李衢等人修成《皇唐玉牒》，目前所见“玉牒”之名最早源于此。宋代除有宗正寺外，还在编修玉牒的年份临时增设玉牒所，专司其事。值得注意的是，宋代所修玉牒除记载皇帝世系外，还记载当朝大事，这是其与历代玉牒不同之处，因此也具有更多的史料价值。宋代传世玉牒抄本有《仙源类谱》和《宗藩庆系录》，另还有刘克庄编纂的《玉牒初草》。明代有宗人府专掌皇族属籍、编修玉牒，传世仅有《天潢玉牒》一种（一部抄本和多种刻本）。

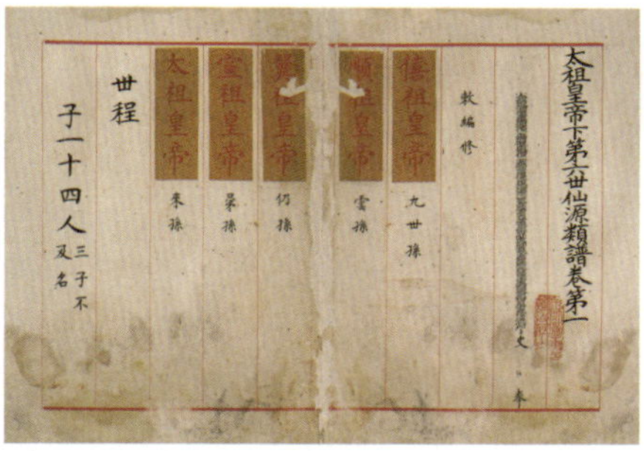

《仙源类谱》（中国国家图书馆藏，宋代抄本）

清沿明制，宗人府负责日常管理皇族簿籍玉牒之事。其玉牒按例十年一修，由玉牒馆专司其事，凡皇族成员，宗室入**黄册**，觉罗入红册，以示区别，记载姓名、职爵、生卒、婚配等内容。顺治、康熙时仅用满文，雍正时改用满、汉两种文字编写。其体积尺寸有大小之分，书写格式有直格横格之分。玉牒最初缮写三部，宗人府、礼部和皇史宬各藏一部；乾隆二十五年定制缮写两部，北京皇史宬藏一部，盛京敬殿阁藏一部。嘉庆时，因宗室支系过于庞大，又专修《星源集庆》一部，只记皇帝直系脉谱，是为清代玉牒的别类。清朝灭亡后，爱新觉罗氏于20世纪30年代编修了《爱新觉罗宗谱》，算是清代玉牒的余绪。清代玉牒较为完整地保存于中国第一历史档案馆和辽宁省档案馆。

玉牒是丰富的档案宝库，为研究古代典章制度、宫廷历史等提供了第一手素材，也是谱牒学、社会学、人口学等学科的重要研究对象。

（张全海）

预防性保护 preventive preservation 对档案保存环境实施有效的管理、监测、评估和控制，达到长久保护和保存档案的目的。预防性保护一词出自1930年在意大利罗马召开的艺术品保护国际研讨会，指对馆藏文物保存环境实现有效监控。20世纪80年代，预防性保护开始被广泛讨论和研究，并作为一个独立学科出现在北美部分国家的博物馆藏品文物保护领域，强调文物保护不应该只关注单体，而应该关注整体，关注环境对文物的影响。这种思想理念对图书馆的图书保护、档案馆的**档案保护**产生了积极的影响。

档案的预防性保护，即改善档案的保护条件，防止或减缓自然环境中各种不利因素对**档案制成材料**的破坏作用。基本措施包括：库房温湿度的调节与控制，防光、

图1　河北承德普乐寺进行预防性保护修缮施工

防有害气体与灰尘，防有害生物的损害，防人为因素的损坏，档案信息转移技术，管理的技术措施和库房建筑等。这些措施可以针对不同的载体实施，如果从档案所处环境进行区分，可以分为两方面：①对档案保存环境的监测和控制。主要是对档案库房的温度、湿度、空气质量、光照度、霉害、虫害等环境因素进行的监测。②对档案馆所处环境的监控。包括档案馆周边环境、自然灾害因素。如果从档案所处状态进行区分，预防性保护可分为动态保护、静态保护。其中，档案在库房里的温湿度控制、防光等措施，都是静态的预防性保护；档案在包装、运输、布展、利用等环节或阶段的保护，则属于动态的预防性保护。

图2　文物保护人员在莫高窟98窟内进行壁画修复工作

预防性保护措施很多，维持温湿度的稳定是典型的预防性保护措施。例如，纸质档案的保存温度在14～24℃，湿度在45%～60%。彩色底片分中期贮存和长期贮存两种。中期贮存的温度控制在25℃，相对湿度为20%～50%；而长期贮存的温度须低至2℃，相对湿度则依据温度的不同进行调节。各种预防性保护措施中，建造合乎要求的档案库房是改善档案保护条件、形成预防性保护的前提和基础。因此，需要从档案库房建筑入手，建设符合档案馆建筑设计规范的档案库房，从而形成档案预防性保护的整体性环境。

档案的预防性保护重在预防，追求零风险。为此，各级各类档案人员需要有发展性、前瞻性和预见性，在档案保护意识、档案安全建设的前提下，从档案设施设备、档案保护和档案专业人员培训等方面实施防护。

（周耀林）

预言书 sibylline book 古代希腊祭司代神言事的记录，属于贵族宗教档案。又称秘密书。约公元前6世纪以前，预言书从希腊殖民地库美（意大利南部那不勒斯附近）传入罗马，是古罗马最早的档案，收藏在卡比托里亚山上朱庇特神庙的金库里，由专职的祭司管理。罗马帝国灭亡时，被罗马统帅下令焚毁。

预言书是用占卜的方法写出的神灵指示。它原本是古代希腊崇拜阿波罗神的产物，希腊人将阿波罗神视为传达天神宙斯旨意的先知，因此各城邦在出征和缔结外交协定时往往要求阿波罗神庙的祭司说出专门的预言，这些预言记录保存下来就形成了一整套的预言书，同各种珍宝一起保存在神庙的档案库内。

由于早期的预言书是从希腊传入的，因而形式上是用六脚韵诗写成的希腊文作品，罗马人创造出拉丁文以后才有了拉丁语的预言书。因其内容多是以宗教形式维护奴隶主贵族的利益，很快受到古罗马贵族的重视和推崇。为了妥善保管预言书，古罗马在朱庇特神庙里建立了预言书档案库。据记载，这是古罗马的第一个档案机构。古罗马的档案工作始于预言书，它继承了古希腊的传统，巩固了奴隶主的地位，预言书档案库对古罗马档案保管和收藏具有一定的借鉴意义。（黄霄羽）

谕 yu 中国古代官府往来文书文种名称。谕字本为动词，是告知对方知晓的意思，如口谕、传谕、密谕、明谕、戒谕、手谕等。常用于尊上对卑下使用。上级官员下发的谕，又称宪谕。圣谕、上谕，是明清时期皇帝的诏令。明清时期各级官署长官对于属员、属吏、商绅、百姓有所命令、指示或通知，多用纸幅较小的单张纸片，最初称为谕帖，是从明代的下帖演变而来的，后用纸多采用折式，不便以“帖”字相称，便简称为谕。谕的内容篇幅通常较短，若篇幅较长，也可折叠成折子式样。由于谕比较简便灵活，格式相对自由，故其虽未被定为法定文种，但还是很快在衙门中广泛流行开来。

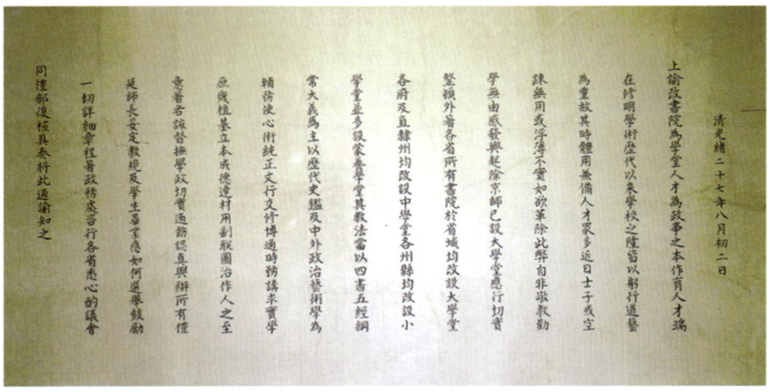
清光緒二十七年八月初二日
上諭改書院為學堂人才為政事之本作育人才端
在修明學術歷代以來學校之隆皆以躬行道藝
為重故其時體用兼備人才眾多近日士子或空
疎無用或浮薄不實如欲革除此弊自非敬教勸
學無由感發興起除京師已設大學堂應行切實
整頓外著各省所有書院於省城均改設大學堂
各府及直隸州均改設中學堂各州縣均改設小
學堂並多設蒙養學堂其教法當以四書五經綱
常大義為主以歷代史鑑及中外政治藝術學為
輔務使心術純正文行交修博通時務講求實學
庶幾植基立本成德達材用副朕圖治作人之至
意著各該督撫學政切實通飭認真興辦所有禮
延師長妥定教規及學生畢業應如何選舉鼓勵
一切詳細章程著政務處咨行各省悉心酌議會
同禮部復核具奏將此通諭知之

图1 清光绪二十七年（1901）《改书院为学堂上谕》

谕有各种习惯称呼，京内各衙门主管堂官对各司官吏使用的称为堂谕。京外各衙门主管，如知府、知州、知县也在大堂办公，审断案件或有所通知时使用的也称堂谕。京外各衙门主管官对于下属官员、书吏、绅商等使用的称为谕帖或谕。新官初上任，或逢其他喜庆日子以示吉利的谕文，因用红纸书写，故又称红谕。逐衙门、逐部门传阅的谕文通称传谕。几个衙门、部门官员联名下发的谕文称为会谕。对所有有关下级官员一并发下的谕文又称通谕。下达的谕文中常用“谕饬”“谕令”等命令之词，清末分别演变成饬和令，与谕和手谕一并为民国政府沿袭使用，仍是对下级使用的官文书，作为通知、命令、训示下属的基本用法未变。手谕一般是由上级官员亲笔所写，虽然格式不讲究，文字简单，但尤为重要。民国初年，兼理司法的县知事（县长）在审理简易民事、刑事案件时，用以宣示判决的文告，也称堂谕。太平天国使用的谕文则有诰谕、诫谕、训谕、诲谕、札谕之分，随着太平天国的失败，这些谕也就随之消亡了。

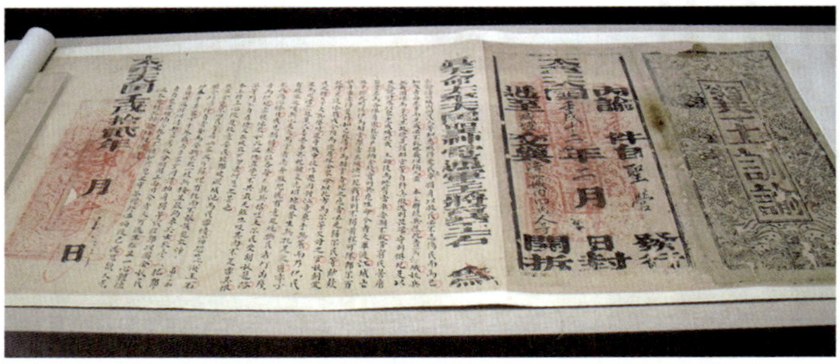

图2 太平天国翼王石达开部出走后在四川涪州颁布的训谕

最初的谕，为慎重公事，下发后大多仍须回缴上级。清代中叶以后，谕一般都不须回缴，归受文者保管，或留在下级衙门存案。作为下行文，谕通常要用朱笔判日，并且标朱。清末也有不用标朱的谕，是地方官行文本地城镇乡议事会、城镇董事会、各局及乡董时使用的，可以看作是谕的变体。

明代和清初的谕帖，应是和明代下帖的形式与程式相似，原件至今未见。清代中叶以后均改为折式，折面正中偏上标明文种“谕”字，字上点一红点代印，折内文字程式及行款字数不限，与札基本相同，文尾年月上用印。

民国时期，南京临时政府第一个公文程式中规定，凡命令含有劝导之意时用谕。其格式为白折式样。折面写一“谕”字标明文种，骑字下盖署印。折内程式首行开头为“某职谕”，另起一行叙事，结束后写“此谕”，另起顶格写受文者“某官职衔名及姓名”。另起下方写作者姓名并盖私章。文尾书“中华民国×年×月×日”，盖署印。其后，北洋政府时期和国民政府时期的公文程式中规定都不再使用谕，更多是使用各种令。（裴燕生）

御史大夫府 Imperial Censor's Office 中国秦至西汉尤其是西汉前期，兼具皇帝秘书机构和宰相辅助机构双重性质，承担草拟、发布皇帝诏令文书，接受章奏等中央文书处理工作，并承担宫中和地方州郡监察职任，掌管文书档案的中央官署之一。“御史”见于西周铜器铭文，是《周礼》所记五史之一。《周礼·春官·宗伯》载：“御史掌邦国、都鄙及万民之治令，以赞冢宰。凡治者受法令焉，掌赞书，凡数从政者。”即御史执掌治令条律，草拟文书，赞襄冢宰，与之为官联。《周礼》所记职官与战国秦汉制度史事有相契的地方。战国时，秦赵皆有御史。“御”训为“侍”。御史侍从君王左右，职在草拟文书和掌管档案。御史大夫为秦代所设。《史记·萧相国世家》记载萧何“独先入收秦丞相、御史律令图书藏之”。这里“御史”指御史大夫府，是秦朝收藏律令图书的中央主要典藏机构。西汉承秦制，御史大夫为三公之一，位上卿，银印青绶，为副丞相。汉代御史大夫府，称为御史大夫寺或御史府。卫宏《汉官旧仪》记载：“御史大夫寺在司马门内，门无塾，门署用梓板，不起郭邑，题曰御史大夫寺。”西汉时期御史大夫寺位于未央宫内。据《汉官旧仪》和《汉书·百官公卿表》等史料，御史大夫府共有御史45人，由下设御史中丞和御史丞来统领。御史中丞给事殿中，统领侍御史15人；御史丞则留守殿外御史大夫府中，统领余下御史30人，处理百官事务。总体上，御史中丞性质上更多延续周秦以来御史近侍君王左右的传统，而殿外御史大夫寺更多承担副宰相职责。

秦汉时期，主要是西汉，御史大夫府作为皇帝秘书机构和承担副宰相职能机构，其主要职责是中央文书处理和档案管理，其内容包括：①起草皇帝诏令文书，并向丞相下达，负责皇帝诏令行下运转。如《史记·三王世家》：“御史大夫汤下丞相，丞相下中二千石，二千石下郡太守、诸侯相。”②从国家立法程序上看，因皇帝诏令文书与国家律令关系密切，其中的诏令可能即转化为国家律令法典。御史大夫负责拟制律令典章，并监督律令实施。如甘肃武威汉简中“王杖十简”记载的“兰台令第卌三”“御史令第卅三”约可推测是据制诏律令来源而作的编号。③接受“公卿奏事，举劾按章”。④掌管档案，即“在殿中兰台，掌图籍秘书”，包括诏令文书、臣僚上奏文书，以及律令地图等。其中后两者是《汉书·百官公卿表》所记御史中丞的主要职责。

西汉武帝以后，尤其到东汉，御史大夫府作为皇帝近侍的秘书机构职能逐渐被尚书机构所取代。汉成帝以后，御史大夫改名大司空，金印紫绶，与大司徒、大司马并列为三公，其职专掌水土，而御史中丞则继续留在殿内，从名义上转隶少府，其主要职责除了管理图书秘籍外，主要在监察，其中所掌档案是履行监察职责的依据。（梁继红）

《御选明臣奏议》 *Memorials to the Throne Written by Government Officials of the Ming Dynasty* 中国档案文献汇编。又称《明臣奏议》。清高宗弘历（1711～1799）主持编纂，皇子与文华殿大学士、吏部尚书蔡新为总裁。每成一卷即呈送皇帝御览裁定，编成后交武英殿刊刻。共40卷。

清高宗之所以要下令编纂此书，一是要弥补明人奏疏汇编之缺漏；二是要从明代名臣奏疏中，选取其危言谠论、关系明代得失者，作为清朝统治的借鉴。尤其是明神宗以后的奏疏，清高宗认为，“其事距今百十余年，殷鉴不远，尤当引为炯戒。则诸人奏疏，不可不亟为辑录也”。该书选辑，约在乾隆四十六年（1781）十月开始。其选辑内容是：凡《四库全书》中所收明人文集，都广为搜采，选录全文；《四库全书》以外的明臣奏疏中，如果其言可录，则从明史本传中删节之文采入，以存梗概。其选辑标准是：专选那些“得失攸关”可供后人借鉴者；如果只是泛泛陈奏，或只是门户之间的纷争，即使文字再好，也一律不采；奏疏作者，如其品德不甚端正，而所言切中利病，则不以人废言，并为收入。凡明史中不载姓名大臣的奏议，都按时代顺序编排，字句涉及清朝而用词不当者，则稍加润色删节，但不改易全文；每疏之下，都分别注明某朝某年，并将每疏上奏的“原旨”及其是否采纳，分别标出。既便于读者查找，知道其始末，又便于全面分析了解当时的朝政。

全书共收奏议387篇。其中洪武（1368～1398）到弘治（1488～1505）的近140年中，所选奏议共86篇，占全部奏议的22%；正德（1506～1521）以后到明亡的近140年中，所选奏议301篇，占全部奏议的78%。可见选材重点是在明中叶以后。书中保留了许多有价值的资料，对研究明史有重要参考作用。该书最早为乾隆时武英殿聚珍版，后又有福建本、广雅书局本。该书被收入《聚珍版丛书》和《丛书集成初编》，流传较广。（冯 叶）

御札 yuzha 中国古代帝王诏令文书文种名称。札，原指短小轻薄的竹木，古人常将其用作书写载体，后来常将其作为书信别称，如书札、信札之类。孔颖达注疏《春秋序》曰：“简、札、牒、毕，同物而异名，单执一札谓之为简，连编诸简乃名为策。”由此可知，两汉之前，札为用作书写载体的小竹木。札用作公务文书，始于南北朝时期。《南史》记载，南朝宋明帝泰始元年（465），即用黄纸札代替檄版，作为国家授予官位的凭证。至宋代，札已成为公文文种的名称。明代徐师曾《文体明辨序说》记载：“宋人则监前制而损益之，故有札子、有状、有书、有表、有封事，而札子之用居多，盖本唐人榜子、录子之制而更其名，乃一代之新式也。”

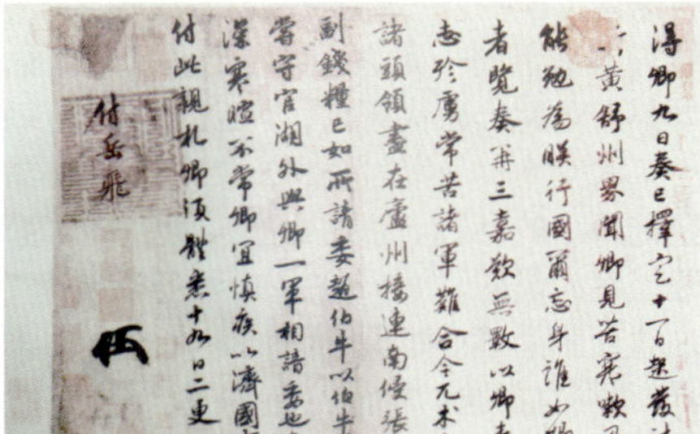

南宋高宗赵构给岳飞的第九道御札（影印件）

御札作为皇帝的专用文书，始于宋代。但“御札”之名的出现，则在五代后唐时期。《新五代史·唐本纪第六》记载：“三月丁未朔，御札求直言。”据《宋史》卷一百六十一记载，“凡命令之体有七”，分别为册书、制书、诰命、诏书、敕书、御札、敕榜。御札成为与制、诏、诰、敕等并列的皇帝专用文书之一，多用于布告或者下达重要命令。

御札名义上由皇帝亲自撰写，亦可称为手诏，故其体制较诏书更为严格。但是，实际上常由皇帝身边的翰林学士等机要秘书人员代笔，且词多俪语。徐师曾《文体明辨序说》记载：“（御札）其文出于词臣之手，而体亦不同，大体多用俪语，盖敕之变体也。”据马端临《文献通考》记载，御札主要用于“布告登封、郊祀、宗祀及大号令”。虽然御札常用于发布重要军政号令，但从《宋大诏令集》所辑御札看，宋代御札多用于“改元”“有事南郊”“有事明堂”等，主要用于发布与祭祀有关的政令。御札篇幅数十字至百余字不等，较为简洁，且钤盖“皇帝行宝”印玺。（赵增越）

元代档案 archives in the Yuan Dynasty 中国元代中央、地方的各种机构在处理日常公务活动中形成的文书、图籍、档册等。元代档案存世者甚罕。已整理出来的元代历史档案中，数量最多的是黑城文书档案。黑城遗址位于今内蒙古自治区额济纳旗达赖库布镇东南25千米的荒漠中，是元代甘肃行省亦集乃路总管府所在地。

20世纪初，以俄国人P.K.科兹洛夫、英国人A.斯坦因等为首的“探险队”，先后在这里盗掘了一大批文书和大量珍贵文物，一时轰动中外。70年代，甘肃省和内蒙古自治区的文物考古工作者，曾多次组队到黑城考察，又发现了一些文书，有与总管府往来的官文书、名册、账单、借据、诉状、书信等。1983～1984年，内蒙古考古研究所联合阿拉善盟文物工作站共同组织考古队，对黑城进行全面的勘察和科学发掘，出土元代文书共计3000余件。其中，官府公文数量最多，属于甘肃行省、肃政廉访司、诸王、妃子等与亦集乃路总管府之间，总管府内部及其下属机构之间公务往来的文书。种类有：札付、关文、呈文、故牒、付身（任命吏目的证书）、诉状、取状、责任状、户籍、账册及各种契约。从内容上分析，这些文书包括卷宗、人事、民籍、礼仪、军政、钱粮、词讼、票据、儒学、封签等。其中，又以钱粮方面的文书居多。反映了当地历史概况，并为研究元代文书工作制度和档案管理制度提供了难得的实物资料。

西藏自治区档案馆现保存有一大批历史档案，在初步整理出的100多万件档案中，发现了部分元代西藏地方政府所形成的档案。甘肃省博物馆藏有23件元代档案。在国外也保存有少量元代历史档案。元代疆域辽阔，为了对全国进行有效的统治，忽必烈将全国版图分为两部分：一部分由皇帝直接统治，包括原金、南宋、西夏、大理等地区；一部分分给皇室的亲王治理，建立汗国，同中央皇帝（大汗）保持着君臣关系，元顺帝后，才逐渐独立，这主要是西域地区。因此，元代档案在欧亚地区仍有遗存。如俄罗斯艾尔米塔什博物馆存有成吉思汗石（也松格碑），记录了1225年成吉思汗从亚细亚凯旋途中，举行庆宴的情况；《金宫桦皮书》25件，是蒙古钦察汗国写在桦树皮上的文件。法国巴黎图书馆保存有1298年阿鲁浑汗就元、法“合兵共战”，写给法国国王的文件；1305年，马力吉图汗致法国国王的“和平公约”等。蒙古国境内也有少数元代档案材料存世。（王云庆）

元代档案管理 archives management in the Yuan Dynasty 中国元代对档案的保管整理和使用。元代（1271～1368）在档案管理上，沿用宋金制度，专门设立架阁库来贮藏和保管档案。内自中书省、枢密院、御史台、六部，外到行省、行御史台、宣慰司、路、府、州、县机构都设有架阁库，并建立了一套较为完备的档案管理制度，对于档案的利用率很高。元代的档案管理人员主要是架阁库管勾及其所属典吏、书吏，各机构首领官也兼管档案工作。文书档案必须经过监察部门的审核才能入库，档案的查阅和交割也有一套制度和规定。元代重视使用档案，各级官府抄录有关资料作为审刑理政的依据，元廷也利用档案汇编法规、断例以供各级官府使用。

元代架阁库主要收藏官府籍帐案牍。籍帐指户口和赋税以及金谷钱帛出纳的簿册。同时也有大量的图册和其他资料。案牍即文书档案，主要是上行下达的公文和刑名狱案文书。在中书省的架阁库中，“凡天下之图书、版籍、金谷钱帛出纳之文牍，尊闳庋藏，以待夫考征之用者，咸在焉”。元代档案工作出现与文书工作混合的现象，其管理制度也与文书工作密切相关。各衙门的首领官“系亲临簿书人员”，他们“经画教令，历阅简书”，既担负处理文案工作，同时兼管档案事务。从中央到地方，元代各级官署大多设有朱销文簿，凡应处理的公文按时间先后逐日逐项登录于文簿之上，处理完一件，则用朱笔勾销一件，以保证公文及时得到处理。文书处理完毕，当天即由承发司负责发送，盖上“日历印”注明时间，交由首领官画押，按照“一案一卷”制度，分为“生事”与“熟事”两类存放。“生事另立卷宗”，“熟事自行遣发放了毕，粘入本宗前卷”。生事指新的事务案卷，熟事指以往曾处理、尚未结案的案卷。各种文书档卷，官员不得私自存放家中。按照制度，已结案的文卷必须接受监察部门审核，称作“磨刷案牍”“刷卷”。中央由御史台负责，地方由行御史台和肃政廉访司负责审核各衙门文书档案。起初各衙门文卷，监察部门每季审核一次，后来改为半年一次。审核内容、方法及相应的处置措施都有详尽的细则。至元二十五年（1288），《察司合察事理》强调，“诸官府文卷，上下半年照刷，但有违错，依理决罚。凡干碍动支钱粮并除户免差事理，虽文卷完备，数目不差，仍须加意体察，有诈冒不实者，随时究治”。凡经过照勘、磨刷的文案，监察部门根据其处理质量，分别标明“稽迟”（即没有及时处理的）、“违错”（即办事不认真而造成种种错误的）、“未绝”（即需要重新处理的）、“已绝”（即已经处理完毕，经检查没有差错的）。“已绝”的案牍才能按规定送交架阁库收存。经监察部门审核过的文书，各衙门首领官进行整理，在卷内列具事目、首尾张数，按时间顺序排列，再经检勾人员复查，合乎要求才能移交架阁库。元代规定，“诸已绝经刷文卷……各具事目首尾张数，皆以年月编次注籍。仍须当该检勾人员躬亲照过，别无合行不尽事理，依例送库，立号封题，如法架阁”。架阁库人员清点以后，重新登记编号并封题，在档案封面上题写名称、内容。档案入架后，不得随意取出。官府征发赋役和处理政务需要查阅，必须尽快归还。案卷入库后，“后遇照用，判付检取，了则随即发还勾销”。

元代各衙门文书档案数量很大，在档案保管过程中，经常出现两方面问题。①文卷长期掌于同一人之手，容易被用来营私舞弊。对此，元代规定，凡公文必须于每年年底交案，交案时公文上的贴签和收文登记簿上的标题、事目必须一致；具体管理档案人员的时间一般为1年，期满更代，办理交割手续。如果管理档案人员有事离职，“明立案验，相沿交割”。首领官在考满离任时，必须办理档案交接手续，并将架阁库档案情况登记在“解由”（官吏赴任的证书）上，“明白开写”，作为考绩的一项重要内容。②案牍繁多，经常丢失。这些情况多由新旧档案官吏更替时移交不认真造成的。元代统治者也认识到，“官府去失文卷，多因新旧人吏交代不明”，一再强调：凡新旧档案官吏交替时，双方必须当面将文书案牍移交清楚，“若有遗失，随即追究，不惟易为检寻，亦免日后递相推指。其交割之后，复有不肯尽心，去失文卷者，合将检勾案牍人员治罪，庶得割去沉匿文字之弊”。尤其是接收的一方，要仔细核对，如发现错失要当面查询，立即寻找，否则要依法处置。另外，每年都要清查档案，以防止档案丢失。这一制度督促交接双方都必须认真查对公文数量，不使其遗漏、缺少，有利于公文保持完整。（王云庆）

约剂 yueji 中国古代文书。先秦时期契约文书的统称。先民根据不同的缔约需要，运用刀、笔在不同的载体上（木、石、泥范、帛等）进行约剂的制作。《周礼》记载，先民将约剂分为大约剂和小约剂。大约剂之大，在于内容事重文繁，并欲传之久远，故一般铭于金石，作成礼器。小约剂之小，乃因其内容为对小事件的记录，且记录无须长久保留，故制作工艺简单，载体多选用价格相对低廉的竹帛。

综合出土材料看，大约剂的缔结有如下特点：①缔约主体一般是王、邦君与贵族，这些主体之间的关系决定了约定的内容。②在缔约目的上，大约剂的缔结总是与行“礼”的追求相关，如“共王勤政”“（封）赐”“赏”等。③在缔约涉及重要财产（土地）时，缔结手续会相对复杂，往往由当事双方向“伯（官方）”提出申请，再由伯进行核实，并派管理人员实地踏勘。④庄重的缔约仪式，会要求承担义务的一方在全体缔约参与人面前盟誓。⑤契据的制作有明确的规定，用以满足征信需要。

约剂的使用在纸质契约之前，先民经过长期的摸索，已经发展出一套成熟的制作技术和相对完善的制度，这对后世契纸的内容与形制都有深远的影响。（王 旭 李义敏）

云南省档案馆 Yunnan Provincial Archives 中国省级**国家综合档案馆**。位于云南省昆明市西山区西华北路119号。负责集中统一管理云南省直机关、人民团体、企业事业单位和对云南全省有重大保存价值的档案资料。前身是1959年5月30日设立的云南省档案馆筹备处；1975年3月，改为云南省档案馆。1980年4月，云南省委决定恢复云南省档案局，下设云南省档案馆；1994年12月，明确云南省档案局、云南省档案馆为一个机构、两块牌子，属云南省人民政府办公厅管理的事业单位（副厅级）；2009年1月，云南省档案局与云南省档案馆按“局馆合一”的体制纳入参照公务员法管理；2018年10月，转由云南省委办公室管理。

馆藏 档案馆共收藏明崇祯十年（1637）至今的210万余卷档案，共设731余个全宗。其中，中华民国时期档案约30

万卷，较全面地反映了云南自辛亥革命至1949年的历史。中华人民共和国成立以来的档案内容涉及政治、经济、军事、国防、科技、文教、卫生等经济社会发展的各个方面。除纸质中文档案外，还有部分印章、照片、录音、录像、少数民族实物、土司实物和外文档案。截至2023年，存量数字档案累计达1.3亿画幅。

机构设置 馆内设电子档案管理处、备份管理处、征集整理处、利用服务处、接收整理处、管理保护处等业务部门。向国内外读者开放利用，提供咨询服务。

出版物和评价 自20世纪80年代以来，先后编辑出版各种专题档案文献汇编和编研成果117种，主要有《民国云南盐业档案史料》《档案中的西南联大》《话说云南老字号》《图说云南老戏台》《云南文庙影像》《云南特有少数民族图文档案》《云南近代海关与商贸档案》《云南近代实业巡览》《云南近代交通史话》《云茶珍档》《云南省档案馆馆藏老商标》《云南近代博览会展会档案选粹》《滇缅公路珍档解读》等。拍摄档案专题片和微视频10种，主要有《滇越铁路》《典藏档案》和《云南记忆》《红色档案》系列微视频等。主办的《云南档案》杂志于1993年10月创刊，主要发布全国及云南全省档案工作动态，刊发档案学术及云南历史文化研究论文，是云南省唯一档案类全国公开出版发行的刊物。档案馆注重对馆藏档案的研究，发表有大量研究文章。

（何 俊）

《民国云南盐业档案史料》封面

Z

宰相档案库 archives of prime minister 古代埃及的档案收藏机构。在古代埃及，宰相是仅次于法老的最高行政长官，集行政管理权和司法权于一身。同时，宰相又称为“法老的文件长官”，是国家档案的总保管人。

宰相档案库设在宰相的府邸内，主要收藏国家行政管理方面的档案，对于埃及国家内部的管理起着重要的作用。其中法典是宰相档案库中最重要的收藏品，这是因为宰相、最高裁判官在处理政务或审理案件时，需要随时查用法典文件。从一个官吏的墓穴中发现的文件得知，在新王国时期，已有了编成法典的法律，法典文本写在 40 张羊皮卷上。此外，宰相档案库的馆藏还包括土地登记簿、土地赏赐记录、收支账簿、地方长官的报告、纳税人名册、遗嘱副本、居民申请书和申诉书等。

在埃尔-古尔纳大墓地出土的勒克米勒宰相的墓碑上，较详细记载了宰相的职责。根据墓碑的说明，埃及第五王朝（公元前 2494～前 2345）的宰相府设有 4 个厅：①法老文件厅，即法老办公厅，负责发送法老的命令和其他文件；②盖印文件厅，负责文件登记工作；③档案文件厅，即宰相档案库，负责档案工作；④税收首脑厅，负责人口调查和编制税收案卷等。此外，各个诺姆（省）的档案文件也必须集中到宰相档案库，使宰相能够掌握全国档案文件所含的信息。 （黄霄羽）

再生性保护 regenerative conservation 针对档案信息内容进行转换、迁移或者载体转换的技术方法和手段。通过载体和档案信息的转移，将档案原件制作成缩微胶片、光盘等替代品，将档案原件封存起来以便保护，通过再生性保护载体及其所载信息提供利用。应用比较广泛的档案信息转移与载体转换技术，主要包括：①档案复印技术。常指静电复印技术，是利用静电感应原理，使带静电的光敏材料表面在曝光时，按影像使局部电荷随光线强弱发生相应的变化而存留静电潜影，经一定的干法显影、影像转印和定影而得到复制件。这种技术具有简便、迅速、清晰、可扩印和缩印、可复印彩色原件等优点。②档案缩微技术。利用摄影的方法将原件的缩小影像记录在缩微胶片（平片或卷片）上，不仅可以保留原件的影像，而且可以替代原件使用。档案缩微时，普通缩小比率范围为 1/7～1/48，超高缩小比率范围可达 1/90～1/250。按面积计算，最低面积是原件的 1/49，最高面积达原件的 1/62 500。除了代替原件具备法律效应、利于保护档案原件、提高信息记录密度以外，缩微技术形成的缩微片还具有记录效果好、寿命长、节约保管空间、复制和利用方便、适用范围广等优点。③档案数字化技术。指将传统的非数字化的档案进行数字化处理的技术。是运用扫描、照相及其他模数转换技术，将纸质及其他模拟记录载体中的档案信息转换成可以被计算机识别和处理的数字信息的过程。涉及的计算机技术主要包括：扫描技术、数字照相技术、海量存储技术、数据压缩技术、多媒体技术、图像处理技术、光学字符识别（OCR）技术等。过程涉及的环节较多，美国档案工作者协会主席 P.希尔特尔认为，档案数字化包括鉴选、转换、存储、生成元数据、传输、维护、保护等若干环节。

档案再生性保护的最终目的是通过现代化的技术手段，将档案信息复制或记录到其他载体上，以达到长期保护档案原件并进一步开发利用档案信息的目的。因此，再生性保护不仅解决了**档案抢救**的永久性保存问题，而且顺应了信息时代**档案利用**的需求，从根本上解决了档案的保护与开发利用之间的矛盾，使得档案尤其是破损程度严重的档案的开发和利用更加安全、方便和快捷，从而提高档案工作的管理水平、工作效率和服务质量。 （周耀林）

暂存 temporary storage of records 对既不需整理归档或**清退**，又暂时不宜销毁的文件，需再留存一定时期以备查用。暂存文件由各单位文秘部门统一集中保管，并按一定的方法加以管理，重要的、常用的暂存文件，应根据文件整理的原则与方法进行系统分类、组卷、装订，整理成案卷，方便保管与利用。如遇不便或不能装订成卷（册）的，也应置于文件盒（夹）内妥善存放，防止散失。当暂存文件数量比较大时，可编制简便的案卷目录或文件目录。

部分文件暂时留存保管，能方便日常工作中的查阅参考，可减轻业务部门频繁查找归档文件时带给档案部门的压力，减少对档案文件的磨损，还可以节约大量的人力和时间。暂存文件提供利用时，应建立必要的借阅制度，严格办理借阅登记手续。 （杨　霞）

曾三 Zeng San（1906-07-21～1990-11-28） 中国现代档案学家，无产阶级革命家。中国共产党和中国人民解放军无线电通信事业的先驱，中华人民共和国国家档案事业的开拓者和领导人。生于湖南益阳，卒于北京。1924 年参加革命，1925 年参加中国共产党，1930 年在上海中央特科学习无线电通信技术后，成为江西中央革命根据地报务员，实现了中央红军与在上海的党中央的第一次无线电联系。参加了第二、三、四、五次反“围剿”和长征。西安事变后，赴西安任红军联络处电台台长。抗日战争时期，历任中共中央敌区工作委员会秘书处处长、中央秘书处处长等职务。中华人民共和国成立后，历任中共中央办公厅秘书处处长、中共中央办公厅秘书局局长、中共中央办公厅副主任、中共中央办公厅顾问、国家档案局第一任局长和中央档案馆第一任馆长、中国档案学会筹备委员会主任委员、中国档案学会名誉理事长等职务。是第一届全国人大代表。中共八大代表，十二大候补代表，十三大特邀代表。1978 年 12 月至 1982 年 9 月任中共中央纪律检查委员会委员。1982 年 9 月至 1987 年 11 月任中共中央顾问委员会委员。

在担任中央办公厅、国家档案局领导期间，向中共中央、国务院提出了一系列关于加强、建设党和国家档案工作的建议，并代中共中央、国务院起草或主持起草了一系列关于加强党和国家档案工作的指导性文件。他致力于国家档案事业的创建和发展，并总结汲取中国共产党档案工作的历史经验，提出关于档案事业管理体制、基本原则、方针任务和科学规划、合理布局的意见，主持制定了一系列档案工作规章制度。他先是致力于在党、政、军机关，群众团体建立文书立卷归档制度和档案管理制度，接着又在工业企业、自然科学研究机构、城市基本建设等单位建立科学技术文件归档制度和科学技术档案管理制度，分门别类地建立档案室工作；同时，他积极倡导、组织建设各级各类国家档案馆，确定档案馆的文化事业性质和相应的工作任务，制定档案馆工作制度，形成一个门类齐全、初具规模的国家档案馆网。为了建设和发展档案事业，他积极倡导在中国人民大学创办档案干部专修班、创办档案工作刊物、创建档案科学技术研究机构等。在档案管理中，他始终坚持“全宗”原则，强调档案收集的完整性、整理的科学性、保管的安全性，提出要积极开展档案的利用工作，为社会主义事业服务。1979年，为适应新时期、新形势的需要，他提出并起草了《关于开放历史档案的意见》，经中共中央、国务院批准，发至省以上国家档案馆执行。

他在领导全国档案事业实践的基础上，提出了一系列关于档案、档案管理与利用、档案事业建设、档案行政管理的思想、观点、理论与方法。他还先后长期担任中国地方志小组组长、中国地方志指导小组组长等职，在组织编纂地方志方面做了大量开拓性工作。他批判地继承了历史上编纂地方志的优良传统和方志学遗产，从社会主义的实际出发，研究提出了新修地方志的性质、目的、指导思想、体例、内容，以及有关解决编修工作中存在的问题等一系列思想观点，对地方志的编修做出了重要贡献。

1990年4月，中国档案学会第三次会员代表大会授予他“档案学研究荣誉奖”，以表彰其特殊贡献。同年7月，国家档案局汇集了他有关档案工作的论著，由档案出版社出版了《曾三档案工作文集》。

（冯子直　赵国俊）

札 zha　中国古代**官府往来文书**文种名称。本指短小轻薄的木片，古人常用作书写载体，后人常将其作为书信的别称，如书札、信札之类。宋代皇帝常用**御札**发布重要军政号令，是不经常规处理程序的亲笔诏令。封建官场中，官员之间常用书信私下商洽公事，相沿成习，亲笔书写，又称手札。上级对下级的书信称札，下级对上级的书信不便再称札，改称禀或启等。因此，札用来专指下行文。

札往往是由官员亲笔书写或由亲信、书启、**幕友**代笔，用来作官文书的补充，或表达一些不便见之于公文的意思，或对某些棘手难办的事发表个人看法。上官用札说公事，或于下发正式文书之前打招呼，或于下发正式文书后重申，不用牌、票一类文书套语，显得亲切，没有书吏口吻，一看便知不是例行公事，容易引起下级重视。上级同下属商谈公事用的札，性质属于**私人书信**，谈妥之后，上级仍须用下行的牌正式行文。用札同下属商谈公务，较之公文更容易推动工作。从撰写制发程序来说，札也比牌、票等简单得多，不用半印编号登记，文字又很简洁，因而使用的范围越来越广。札最初并非正式文书，发出后并不需要存卷交代，行文比较随便，使用书信体。官员离任时或携去，或销毁，以免给下任留下把柄，现在已经很难见到。清乾隆（1736～1795）中叶后，为了省便，许多衙门发出札后不再另行牌等正式公文，札便被归入卷宗，交书吏保管，从而变为正式公文札文了。

札文通行后，很快以其形式简便、较易入目而广泛流行开来。凡对属员有所命令、训诫，多用札饬；发审案件，可用札发；查办事项，常用札查；转发文件，多用札行；还有通饬，是对所有有关下级衙门普遍下发的。札渐渐将牌、票等文书下达命令、指示的功能取代，到清代后期，札文已成为最流行的下行文种，而牌、票只是书吏照抄照转、办理例行公事时使用。尽管如此，札文始终未被朝廷列为法定文种，也未对如何使用做出具体规定。从实际情况看，札文大多是上级对所属下级官员使用，且主要是在各地方文武衙门使用。

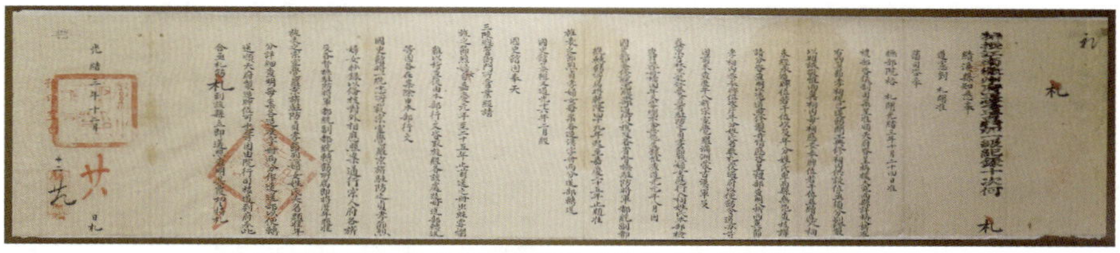

图2　清光绪三年（1877）徽州府旌表烈女给绩溪县的札文

札文用纸大小没有明文规定，均为白色折子式样，通常是长25厘米、宽10厘米左右。札成为正式公文后，便有了特定的程式。折面正中偏上标明文种“札”字，不用印，上标一红点，是主管官标朱时所加，表示代印。内容文字由第二版右方写起，首行主管官前衔及姓（不署名）大多为木条戳印就，下空若干，用作空名讳样式，然后接写事由“为某某事”。札文行距较宽，字体较大。每幅多为四五行，少数为6行，每行字数不限，一般10余字。结尾处用命令词“切切”“速速”“勿违”之类，最后用“此札”或“特札”之类结束。然后另起，纸面下方位置大字书写受文者“右札某衙门某官某人准此”落地。札文不具后衔，在文尾页月日上用印。大多此页左下方处还有收文到达时加盖的条戳，由收文书吏填写收文日期。标朱、判日如牌、票的式样。主管官倘要补充札文未尽之意，便在标朱时随手写在折内空白之处。札文成为正式公文后，渐渐交由书吏起草撰拟，不可避免出现“等因奉此”之类套语，但因内容简短，可以少用层层转引，叙案多以撮引概括，转发文件常用粘单，文字相对简明扼要。

另外，当时也有个别人将札文写作“劄”“箚”“剳”等字样，在同一文件中有时也作为同一字的不同写法出现。一方面是因为当时汉字不够规范，有许多异体字、俗体字、通用字等；另一方面也和当时有的文书人员觉得札文不是清廷规定的法定文种，而乐于写成从明代沿用的“劄文”的“劄”字以示正规有关。清末，有人混淆札和劄，误以为在京衙门用劄，在外衙门省笔写作札，是同一文种的不同写法。事实上，两者不论从起源、程式上，还是使用方法上都不尽相同，应是两个不同的文种。光绪（1875～1908）年间，黄良玉所撰《公文缘起》中就把札文和劄付分作两个文种来介绍。札文使用广泛，而劄付除了清末变体外，只限于高级衙门。中华民国以后，两者从法令上都被取消。但是，中华民国初年有的地方如云南、直隶（今河北省）等处并未执行，札文实际仍有使用。

（裴燕生）

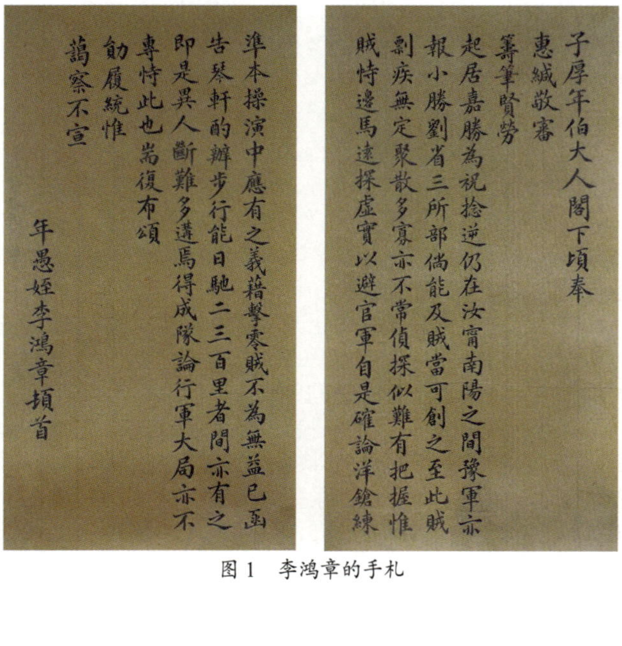

子厚年伯大人閣下頃奉
惠緘敬審
籌筆賢勞
起居嘉勝為祝捻逆仍在汝甯南陽之間豫軍亦
報小勝劉省三所部倘能及賊當可創之至此賊
剽疾無定聚散多寡亦不常偵探似難有把握惟
賊恃邊馬遠探虛實以避官軍自是確論洋鎗練
準本操演中應有之義藉擊零賊不為無益已函
告琴軒酌辦步行能日馳二三百里者聞亦有之
即是異人斷難多遘馬得成隊論行軍大局亦不
專恃此也耑復布頌
勛履統惟
藹察不宣
年愚姪李鴻章頓首

图1　李鸿章的手札

劄 zha　中国古代**官府往来文书**文种名称。古人常将其用作形式简便的书信载体，既可对上级使用，也可对下级使用。

唐代百官向皇帝奏事时用**牓子**，近似于表状。北宋改称**劄子**，用作大臣上殿奏事时使用的奏疏。中书省、枢密院发给下级衙门执行命令的劄子又称省劄、堂劄子，性质为下行的官府往来文书，文中常用“劄付某某”句式。元代中书省、行省等下行文用劄子，文中结尾常用“仰照验施行，须议劄付者”，另写受文者“右劄付某衙门准此”，“劄付”一词渐渐成为下行文种的名称。

明代劄付为正式官文书，是高级衙门使用的文种。在京五军都督府于各都指挥使司、各御林军卫、府军各卫经历司、护军各卫经历司、各外卫指挥使司、布政司、按察司、应天府、各长史司、兵马指挥司、守御千户所等衙门，六部于太常寺、钦天监、太医院、翰林院、光禄寺、太仆寺、按察司、应天府、盐运司、各外卫指挥使司、各御林军卫、护军各卫经历司、直隶府州、长史司、兵马指挥司、国子监典簿等衙门，在外都指挥使司于各府州、长史司，布政司于所属盐运司、各府州、长史司、金吾羽林府军等十卫经历司等，均用劄付。劄付均使用规定大小尺寸的大幅单张白纸，发文衙门品级越高，纸幅越宽大，不少还刻有双边版框，内填图案，文字内容程式复杂。右首行是发文衙门及事由，另起为正文，结束语为“合下仰照验云云。须至劄付者”，然后另起大书“右劄付某衙门准此”落地。文尾另起一行顶格书写“×年×月×日”，年月上用印，以小字写 4 字或 6 字后由“为某某事”于年月左右两旁。左上角大字书写或刻印“劄付”两字标明文种，并由主管官员于官衔下署押。发文衙门其他副职各官员按品级排列，分两行署押于主管官署押下，这种程式对清代有很大影响。作为下行文书，劄付照例应该标朱，并以朱笔判日，收文者“右劄付某衙门准此”一行全句用朱笔打一竖杠，履行编写字号半印斜盖的挂发手续。

还有所谓“勘劄”，是以**勘合**方式发下的，形式和处理制度更为严密。不同的勘合文书有不同的编号方法及用纸格式，内、外底簿与号纸勘合用印，内底簿留于在京衙门，外底簿付地方各衙门勘对。凡五军都督府、六部有文移，则于内府领纸，填书所行之事以下有司。有司以册合其字号，印文相同则行之，谓之半印勘合。

清代劄付常简称为劄。六部、都察院行文顺天府、奉天府、太常寺、太仆寺、光禄寺、鸿胪寺、国子监、钦天监、太医院、宝泉局、宝源局、各仓监督用劄，清初督察院行文巡按御史、巡盐御史还使用勘劄。六部行文布政使、按察使、城守尉、各关监督、各省织造，礼部行文各省学政，兵部行文提督、总兵，顺天府尹行文各省布政使，军机处行文布政使、按察使，都察院行文六科，经略行文提督、副都统，均用劄文。以上官署之间一般均无直属关系。另外，总督行文提督，提督行文府、县，巡抚行文副将、参将、游击以下至守备，仍沿用旧有名称劄付。兵部委任绿营提督以下至把总各官，也用劄付，是委任武职的证书。还有土职官承袭颁予的劄付，也由兵部制发，由布政使司、土职宣慰使司衙门具体颁发。少数偏远地方的州县官还用劄付委任乡约，文件由地方官自行制发，如有人员更换，劄付则须缴销更换。

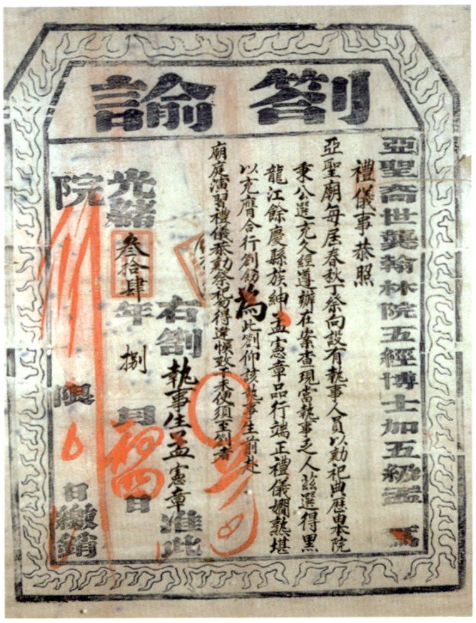
劄諭
亞聖奇世襲翰林院五經博士加五級孟
禮儀事恭照
亞聖廟每屆春秋丁祭向設有執事人員以勷祀典歷由本院
秉公選充久經遵辦在案查現當執事乏人茲選得黑
龍江餘慶縣族紳孟憲章品行端正禮儀嫻熟堪
以充膺合行劄飭 為此劄仰該執事生前赴
廟庭演習禮儀恭勷祭祀毋得違悞致干未便須至劄者
右劄執事生孟憲章准此
光緒叁拾肆年 月 日
院 限 日繳銷

清代劄谕

劄文在清代前期多称为劄付，采用单张白纸，有的四周还印有双边版框，内填图案，沿用明代程式，编写字号半印斜盖勘合形式挂发。清代后期常简称劄，多采用白折式样，程式简化，大多不用编写勘合半印字号，与一般折式下行文格式大体相同。劄文大多是高级衙门使用的，不如**宪牌**普及，但用途与宪牌大致相同。委任武职、乡约及土职官承袭颁发的劄付，人员凭证作用更为明显。

光绪三十四年（1908），各地设立谘议局、议事会、参事会等所谓“议事机构”，劄文又有了新的用法，督抚行文谘议局，府厅州县行文本地议事会、参事会也用劄。

另外，鸦片战争以后，劄文还一度作为外交文书，地方将军、督抚大员等对外国驻华领事以下行文时使用，又称为“劄行”，但使用时间不长，光绪五年以后便改为互用照会了。中华民国以后，一般的劄文被取消，只是北洋政府时期偶用官劄作为临时委任官员的凭证。

（裴燕生）

劄子　zhazi　中国北宋出现的公文文种，广泛用于臣僚百官向皇帝上书奏事，也可作为中枢机构处理政务的下行文。又称札子。据考可知，劄子由唐代**牓子**演变而来。牓子又称录子，是唐代百官向皇帝奏事时使用的文书，近似表、状，北宋继承和发展了这一文种。在职官员奏军机速办之事，在京官员上殿奏事及两省官员、知州以上官员向皇帝告辞都使用劄子，劄子是宋代使用广泛的重要**上奏文书**。此外，劄子还可作为中书省、尚书省、枢密院等中枢机构处理政务时的下行文种，用于中书省指挥百官、枢密院下行诸路帅司以及南宋时诸路帅司指挥所部等，是一种比较简单的指令性文书。南宋以后，公文劄子逐渐与私信合而为一，或者演化为士大夫之间纯粹的私信。由于下行的劄子结语常用“劄付某某”一词，延及元代，中书省下行劄子也用“劄付”一词，于是劄子发展至元明清遂称为“劄付”，逐渐专用于下行公文。

劄子上行指京官或各地臣僚向皇帝上呈劄子公文，是宋代劄子的主要用途。共有 4 种上行途径：①通过上殿奏事直接上呈劄子。②通过进奏院间接上呈劄子。③通过登闻鼓院或登闻检院间接上呈劄子。④通过邀驾进状直接进呈劄子。劄子下行是指中书省、尚书省、枢密院等中枢机构向地方等下级机构发行的劄子，处理程序相对简便，由中枢机构发出后交由进奏院，负责具体颁发于各地方。与上呈劄子一样，进奏院向下传递劄子也有固定的程序和严格的制度。进奏院所有外发劄子必须在白天封装，封皮上标注发送时间、路线、目的地等，封装过程实行联保制度，由中书省、枢密院等中枢发文机构会同保头、进奏官共同核实，确认无误后由分管各州的进奏官发往各地。不同劄子须依据内容和重要程度在规定时间内分发完毕，交由邮驿呈递或由转运司捎送至各府、州、县等地执行。

上行、下行的公文劄子在名称上也略有变化。作为上行文用于上奏或者长官进言议事。具体又分为两种：①大臣上奏皇帝的劄子称“奏劄”。但是奏劄的使用范围仅限于政事堂、枢密院奏事在京官员上殿奏事。知州以上官员上朝向皇帝述职或返任时向皇帝告辞也可用之。②下官上书于上官进言议事。后来这种劄子逐渐演化成半官半私的书信劄子，内容如自试官职、推荐身边人才等。作为下行文劄子的职能主要体现在 3 个方面：①皇帝或以皇帝名义下发的诏令文书称“御劄”。宋制，布告、登封、郊祀、宗祀等重大政令用御劄。②中书省、尚书省、枢密院等中枢指挥百官、发布命令的文书称“省劄”，也称“中书劄子”或“堂劄子”。北宋神宗以后，官员除授差遣，先给信札，若官员辞免不允，或不待其领取官诰，先令供职，再降劄子晓谕有关官府，由宰执亲自签押的文书称为“照劄”。③诸路帅司指挥所部所用劄子称“帅劄”。宋代作为下行的劄子起初仅限于中央军政衙门使用，后来扩大到地方，各路帅司对所属指挥也用劄子，和中书劄子大体相同。但到南宋，地方劄子的使用受到严格限制。

劄子的职能较多，但是作为上行文的奏劄和作为下行文的省劄是它的两大主要职能，其公文程式有很大不同。奏劄程式简单。《庆元条法事类》规定：官员奏事者，首称不写官职、不用“右”起始，不用标注朝年。言事结束，一般用“取进止”为结束语，意思是听由皇帝定夺，有些奏劄前面还有“臣等不胜区区之意”等文字。省劄首称发文者、官衔和姓，在正文内容之后一般有“为此合下印照验施行须至劄付某某”为结语。接着依次有“某某批此”“某年印某月某日”，最后劄付姓押。每降一道劄子，宰执都要亲押，一些重要劄子还须宰相押字再由副宰相、参政事依次押字。

宋代奏劄多有贴黄。宋代贴黄不同于唐代贴黄。唐代贴黄是一种文书的纠错制度，是秘书人员在起草公文时，有错讹之处，须在错讹处贴上黄纸，在黄纸上改正。宋代贴黄主要用于大臣的奏劄之中。宋代大臣奏劄用白纸书写，如正文意犹未尽或者所奏不允，以黄纸摘要另写，附于正文之后称贴黄。宋人文集中贴黄之文甚多，其字数也不限多寡，有时一奏劄后附十数条，字数几倍于劄子正文。可见宋代劄子具有简便灵活性。相较之前的一些公文文种，其行文方向、行文内容、公文程式等都受限较少，大臣上奏皇帝可以用，中书省枢密院指挥百官、发布政令也可以用，这也是劄子盛行于宋的主要原因。

作为对长官和尊者的**私人书信**形式，据现有材料看，始于南宋绍兴年间，最早见于赵鼎的《郡寄帖》。孝宗初，这种书信劄子已广泛运用，淳熙以后更多。南宋书信劄子的格式除了遵循一般尺牍的平阙要求外，通常前款第一行下写时令气候，第二行提行署受信人官职、称呼，以表尊敬；落款前一行省略受信人官职、称呼，只署“呈”字，或前面不署受信人官职，“呈”后提行署受信人官职；最后一行落款低行（表谦卑）署日期（有时无），署自己的官职、姓名及“劄子”或“劄”字样。这种落款必“具全衔”的形式，明显是公文演化而来的特点。另外，还有不具自己官衔的写法，即只署名字及“劄子”字样，往往是罢官或罢官家居时所写，如张孝祥的《临存帖》。

除此之外，书信劄子受南宋理学的影响，为充分表示对收信人的尊敬，在行文中遇到代表对方身份的称谓或涉及对方情况的字样甚至属于自己的行为而以对方为对象时，都要另起一行，与前一行第一字相平。加上遇到“皇帝”“太后”等称号时，不仅要另起一行，而且要抬头高出其他行的第一字，格式上“提行多”成为又一特点。使得南宋的书信劄子中，谦恭与礼仪的色彩更浓。（何　庄）

摘编 excerpt　将档案文献中与题目有关的完整段落或语句一一寻摘出来，分别纳入出版物各章、节、项、目之中的辑录或集纳形式。又称摘录。摘编与全录、节录等对称。全录是将入选的档案文献的全文完整地编纂公布的辑录形式；节录是将入选的档案文献正文中与题目有关的章节或部分完整地采用，其余的章节或部分予以删略的辑录形式；而摘编则是根据汇编主题，寻章摘句，挑选归纳的辑录形式，更能集中阐释主题。在档案文献编纂中，三种辑录方式可分别采用，也可适当结合采用。摘编与“档案文摘”概念相近，但两者编纂深度不同。档案文摘是以提供档案内容梗概为目的，以件或卷为单位编写的介绍或报道档案内容范围、要点的**二次档案文献**；摘编则是摘取档案原文原句的**一次档案文献**。

摘编一般篇幅精练、要点集中、检索方便。编纂时除章、节、项、目名称外，每段档案原文信息前面没有标题，仅在其后注明出处。由于摘录的档案原文在脱离档案全文情况下，读者往往难以把握所摘录段落或语句的特定环境，不了解前后背景和语境，在理解上容易产生牵强附会、断章取义的情况。因此，严肃的治学人员不能仅凭摘编的文献进行研究工作，但可作为研究中把握线索、构思长编的参考。政策、法规、时事文件和领导人讲话等摘编，思想性强、内容集中、观点明确，可为广大读者开展政治思想学习、领会政策法规和执政理念等提供捷径。中国共产党第十八次全国代表大会以来，中共中央文献研究室等单位先后编印了《习近平关于党风廉政建设和反腐败斗争论述摘编》《习近平关于全面依法治国论述摘编》《习近平关于严明党的纪律和规矩论述摘编》《习近平关于全面深化改革论述摘编》《习近平关于全面从严治党论述摘编》《习近平关于科技创新论述摘编》等多部摘编，有力促进了社会各界对相关重要思想的学习领会。（丁华东）

《习近平关于全面依法治国论述摘编》封面

詹金逊，H. Hilary Jenkinson（1882-11-02～1961-03-15）　英国档案学者和档案工作者，国际档案活动家。生于伦敦，卒于萨塞克斯郡。先后就读于剑桥达利奇学院和彭布罗克学院。1905 年进入英国公共档案馆工作，历任秘书、第一副馆长和代理馆长。1911～1935 年兼任剑桥梅特兰学院讲师，1916～1920 年服兵役，1925～1937 年在伦敦大学任古文书学和英国档案管理高级讲师，为 1932 年成立的英国档案协会的创始人之一，曾任英国档案协会荣誉秘书、英国档案工作者协会主席。1943 年出任陆军部档案顾问，参与指导意大利和德国战区的档案抢救工作。1947 年因在档案领域的卓越贡献被授予爵士称号，同年起任皇家历史手稿委员会高级专员。第二次世界大战以前，曾担任国际联盟所属档案专家委员会主席，倡议编辑了《国际档案馆指南》。1950 年国际档案理事会成立，当选为理事会副主席。文学、历史和档案学上都有很深的造诣，一生著述颇丰。在档案学术研究上的代表作是《**档案管理手册**》，1922 年在牛津出版，1937 年修订再版，1966 年在伦敦重印。《档案管理手册》在 20 世纪 60 年代前是英语国家中唯一有系统的档案学著作，被用作档案工作指南和档案培训班的必读书，陆续被译成多种文字出版。

詹金逊的学术成就可以概括为 3 点：①强调证据的神圣性，认为档案是公正证据的道德捍卫，准确地把握了档案的本质属性。②首创“**档案组合**”概念，作为法语“档案全宗”的英语对应词，阐释为“一个自身结构完备的行政机关在工作中形成的全部档案”，从而在尊重英国实际的基础上继承并灵活应用了**来源原则**。③强调**档案整理**必须确切反映形成者的原始组织结构和文件保管体系，档案工作者的主要职责是维护档案的安全和真实性，并尽可能为历史学家和其他研究工作者的需要服务，认为“档案工作者不是，也不应该是一个历史学家”，要保证公正无私，担负起保管行政活动中自然产生的可靠性证据的职责，这就为档案实践提供了科学的指导原则。因对档案学的突出贡献，被公认为“现代英语国家最杰出的档案学家”。

（张恩庆　黄霄羽）

张德泽　Zhang Deze（1905-07-03～1998-11-23）　中国明清档案专家、清史专家、现代语言学家和历史学家。号洵如。河北东光人，卒于北京。1922 年就读于北京大学第二平民夜校师范班。1925 年 1 月起在清室善后委员会工作。同年 10 月调故宫博物院总务处任书记，1929 年转文献部参加对清代宫廷档案的整理、编辑和研究工作。1949 年以后，先后任国家档案局第一历史档案馆保管组组长、副研究馆员，中央档案馆明清档案部副研究员，中国人民大学档案系档案学研究室研究人员。

张德泽是中国明清档案事业的第一代专家。他从 1925 年起即从事清宫档案的整理编目、编辑出版与学术研究工作，参加和独立完成了《**清光绪朝中日交涉史料**》《清代外交史料》（嘉庆、道光朝）、《清季各国照会目录》《清季教案史料》（英、美）等清代档案史料的编纂，并撰写了《整理军机处档案之经过》《军机处及其档案》《端方档案之分析》《故宫文献馆所藏清代外交史料》《军机处所藏清册之分类》《档案分类研究》《清军机处的文书处理与档案工作》《清代历史档案分类立卷问题》《明清档案编辑工作方法之商榷》《几项主要档案整理过程与三十年来主要经验教训》等关于清代档案的整理、内容、编辑及档案分类理论的学术论文。

张德泽将治档与治史紧密结合，利用大量原始档案史料，著有《清代国家机关考略》一书，全面地阐述了清代国家机关的构成、性质、职掌及沿革，具有很高的学术价值。此外，他还从事语言学研究，著有《北京音系十三辙》《北平音系小辙编》《北京话轻声词汇》等专著及论文十余篇。

（赵国俊　梁继红）

张居正文书档案改革　Zhang Juzheng's archival reforms　中国明代内阁首辅张居正为系统全面地提高公文运行效率而推行的文书档案变革运动。明朝万历初年，张居正以《大明会典》《大明律》为依据，参照相关条款制定了考成法，提出对文书档案领域进行变革的主张，内容涉及公文的撰拟、审阅、传递、存档等诸多方面。具体表现在：

制定收发文簿　要求各衙门设立三本账：一本记载一切发文、收文、章程、计划，这是底本，其中重要公文如覆勘、提问、议处、催督、查核等事项，需再造账本，一式两册。一本分送吏、户、礼、兵、刑、工六科，完成一件，注销一件，如有积欠尚未实行的，即由该科具奏候旨。一本送内阁查考。如此，“抚、按延迟，则部臣纠之。六部隐蔽，则科臣纠之。六科隐蔽，则内阁纠之”。各项应办事情，酌量道里远近，事情缓急，定期限，里文簿。“月有考，岁有稽”。

制定考成法规定　明中期，部分官员玩忽职守，互相推诿的情况时有发生，致使公文的办理效率不高。诏令不行，政令不通。有法不遵，有例不循。只有部署，没有督促落实。崇尚空谈，不务实际。推诿扯皮，不负责任。“朝廷诏旨，多废格不行，抄到各部，概从停阁；或已题‘奉钦依’，一切视为故纸，禁之不止，令之不从”，“至于应勘、应报，奉旨行下者，各地方官尤属迟慢。有查勘一事，而十数年不完者。文卷委积，多致沉埋”，文书工作近乎瘫痪。张居正制定考成法规定，“如有停阁稽迟，即开列具题候旨，下各衙门诘问，责令对状。次年春夏季终缴本，仍通查上年未完。如有规避重情，指实参奏”。在考成法的实施过程中，凡是考成不合格的，都分别给予了处罚，该夺俸的夺俸，该降级的降级，该革职的革职，使百官受到震动。改变了以往“上之督之者虽谆谆，而下之听之者恒藐藐”的拖拉现象。使朝廷发布的政令“虽万里外，朝下而夕奉行”。

严密监督体制　明代的中央文书机构主要有内阁、通政司、六科、文书房和司礼监。上行公文先由通政司收受，交内阁转呈或直接送呈皇帝，皇帝或司礼监**批答**，文书房内阁拟旨、誊录再交由六科抄发。内阁监督六科，六科监督部院，这样就形成了一套自上而下、严密的监督体制，确保公文保质保量、准确及时地完成。考成法实行以后收到了良好的效果，政令通行，行政效率提高。

改革浮靡文风　明初公文浮靡空洞、文牍主义盛行。官员奏疏动辄千言万语，最后只有数百字为实际问题，严重影响了公文的办理效率。张居正提出了改革意见：“一切章奏，务从简切，是非可否，明白直陈，毋得彼此推诿，徒托空言”。对代表皇权的诏令文书，他强调，“自今以后，凡为诰制，必须复古崇实，毋得殉情饰辞……如此王言重，国体善，臣等亦得以守其常职矣”，力求简洁古朴的公文风是应该遵循的原则。严惩用浮文虚辞撰写奏疏的官员，保障了公文改革的顺利施行，在一定程度上遏制了公文的靡丽文风。

改革驿站　驿站除例行日常事物，专门负责传递军事、行政公文。从京城到边远地区，凡设县治和军卫的地方都有驿站可达。驿站运行是否通畅，直接影响到公文信息的上传下达。张居正提出了整顿驿递的计划：以“**勘合**”的发放、传递、审核为核心，严格规范官员的出行身份，明确限制可带驿夫、物品的数量，加强驿站的检验审核，严惩违规官员。作为公文传递的通道，驿站的改革在客观上保证了公文传输的顺畅，这对于解决明代公文传递拥塞缓慢的现象具有很好的推动作用。考成法成功实行以后，政令畅通，见令即行，有禁辄止，违规严办，公文处理效率和办理质量有了明显的提高。

通过官员考成法考核，张居正文书档案改革运动使朝廷吏治面貌为之一新，十年间裁撤冗官大约三分之一，留下来的官员办事效率提高，注重实施，大大提高了行政效率。

（高换婷）

张我德　Zhang Wode（1920-12-12～1996-02-21）　中国现代档案学家。辽宁抚顺人。1947 年 8 月，入北平中国大学国文系学习，1949 年 1 月肄业。同年 4 月入华北大学国文系学习，1950 年 1 月毕业，随即攻读中国人民大学中国历史教研室研究生。1950 年 9 月，任中国人民大学革命史教研室教员；1956 年任国民经济计划教研室教员；其后任档案系国家机关史教研室讲师；1980 年任档案系副教授。曾任中国人民大学古籍整理研究所顾问、中国人民大学图书馆顾问。

主要研究方向为中国古文书。主编的《清代文书》是其代表性著作。这部著作始撰于 20 世纪 80 年代初，曾以油印本作为内部使用教材，1996年由中国人民大学出版社正式出版。还撰有《关于清代档案的一些问题》《清代文书档案的研究及我国的档案事业》《清代文书的抬头制度》《清代的稿本文件》等多篇关于清代文书研究的论文。他还担任了《中国大百科全书·图书馆学 情报学 档案学》文书学分支编写组主编，并撰写了“中国古文书”条目。

20世纪80年代，张我德开始研究中国古文书学，开设清代文书课程，在档案学框架下为中国古文书学创建做出重要贡献。此外，他是尚钺主编的《中国历史纲要》的作者之一，撰写了《章学诚与国子监典籍》《清代宫廷生活图片说明订误》等史学论文，讲授过中国通史、中国近代国民经济史和中国国家机关史（古代部分）等课程，在历史学研究领域做出重要成绩。（梁继红）

招商局档案馆 China Merchants Group Archives 中国招商局集团档案馆、历史博物馆。位于广东省深圳市南山区蛇口沿山路21号。1992年11月28日成立。招商局档案馆、招商局历史博物馆为两块牌子，一套组织机构，是招商局集团档案行政管理部门、招商局档案的永久保管基地及档案信息服务中心、招商局史展示和研究基地。内设指导管理室、业务开发室。

馆藏内容和特色　负责收集和保存1872年招商局成立以来形成的具有社会历史文化价值的各类档案。实行实体档案和电子数据配套、备份管理。档案实体依照属性、内容、时间等要素科学鉴定、分类保管、分库保存。各类档案的电子数据依托招商局集团电子档案系统进行检索、利用。

招商局档案馆馆藏档案门类齐全，内容丰富，特点鲜明。馆藏档案按照不同时期分为历史档案（1872～1949）、现代档案（1949年至今）。历史档案包括文书档案、会计档案、人事档案；现代档案包括文书档案、城建档案、会计档案、声像档案、实物档案、名人档案、口述档案等。内容涉及政治、经济、外交、科技、管理、交通运输、文教卫生、金融保险等各个方面，记载了招商局150多年来的发展足迹，反映了中国民族工商企业一个多世纪以来的艰难历程，对研究招商局史、中国民族工商业发展史、中国近现代经济史具有重要意义。其中，李鸿章创立招商局的奏折、开办之初的招商入股书、招商局第一个企业章程、晚清漕运文献、招商局股票、中国通商银行钞票、招商局抗日沉船船体遗骸、招商局海员起义生死状、李先念主席批准建立招商局蛇口工业区时圈划的香港明细全图、邓小平题写的“海上世界”等档案文物，反映了洋务运动和改革开放时期社会历史发展的变化，是研究中国近现代化的重要史料。

馆藏管理与编研　截至2022年底，招商局档案馆馆藏档案7万余卷9.1万余件，照片约2.4万张，录音录像带982盘，光盘2441张，图书9629册，参考资料及网络信息7.9万条，电子数据100万页。按照档案内容、载体分为不同的档案门类，分类管理。根据档案价值划分出一二级档案，作为文物进行保管、展示。档案管理和保护执行国家相关规范和标准。

招商局档案馆利用档案资源开展档案编研工作。汇编了《招商局印谱》《招商局墨存》《招商局画史》《招商局船谱》等；自编、合编了《招商局与深圳》《招商局与上海》《招商局与台湾》《招商局与中国金融业》《招商局与中国现代化》《招商局与中国近代研究》《招商局与中国企业史研究》等60余部书籍；协助拍摄了电视连续剧《激情年代》和电视系列片《北归》《百年航程》《春天的故事》等，为历史研究搭建了资源平台。

档案展示与服务　招商局档案馆以史料陈列为基础，于2004年成立了招商局历史博物馆，常设展有《百年求索 商道逐梦》《招商局历史建筑展》《招商局印谱》《招商局港航》。被评为中央企业爱国主义教育基地、深圳市中共党史教育基地，广东省中共党史教育基地、党员干部教育基地，深圳市爱国主义教育基地，广东省爱国主义教育基地等。2011年与安徽合肥李鸿章故居合作开设展览《李鸿章与招商局》，介绍洋务运动时期以招商局为代表的民族产业在中国近代化方面所做的实践和努力。（曲春燕）

诏令文书 imperial edict 中国历代帝王向所属臣民发布的各种文书的统称。与一般只有行政效力的官府下行文书性质不同，这类文书具有法律效力，在中国古文书中自成一类。战国以前诏令文书使用的各文种没有严格的专名。春秋时期有人把古代史官记录的文字汇编起来，后世称为《尚书》。根据《尚书》材料，商周时代最高统治者的讲话记录已有誓、诰、命三种，三者功用略有不同。誓是临战前用来训诫、动员军旅的讲话，如《汤誓》《牧誓》；诰是用以发布政令，如《汤诰》《洛诰》；命则用于封授官员，如《文侯之命》《顾命》。战国时期有的国君发布命令的文书称为令，这是诏令文书按文件性质命名的开始。秦统一六国后，皇帝的权力大为提高，规定皇帝言词称为制，对臣民有所告诫称为诏，因而形成的文字也称为制和诏，制和誓原是一个字的不同写法，是发布号令的动词；诏和诰也是同一个字的不同写法，是告诉的意思。从秦代开始，诏令文书有了法定的文种名称。汉承秦制，诏令文书的文种继续使用制、诏，此外又有策和戒书两种。策由文件载体名称转为文种名称，形制仍用长短相间的简编连起来，文字用篆书，封诸侯王、罢免三公也用策，但载体用较短的木简，文字用隶书，分两行书写。汉代皇帝对臣僚有所询问也用策。东汉末年开始，把封拜诸侯王、任免三公的策字改写作册，以便与对臣僚询问的策相区别。戒书又称戒敕，用于告诫地方文武官员。魏晋南北朝到隋，诏令文书的文种递相承袭，仍用制、诏、册、敕。敕是戒敕的省文，这期间固定为正式文种名称。册用于封王侯、三公，立太子、皇后；诏用以发布重要政令；敕用以指挥日常政务；制用得较少，用于颁布制度和某些政策。

唐宋时期除沿用制、诏、册、敕外，又增加诰、御札、敕牓等几种。诏书用于颁布重大的政令，如皇帝即位、宣布大赦、皇帝临终遗命等，一般都使用诏书；对臣僚请示的回答也用诏书，这种诏书有人别称为批答。制书多用于任免高级官爵；施行大赏罚和宣布加恩、减刑；有时也用于宣布大赦。敕书用于指挥日常政务和任免中等以下官员。册书用于立太子、封亲王、立后妃等付予受封者作为身份凭证。唐武德九年（626），高祖李渊传位给太子李世民，自己退居太上皇，发布命令使用的文种为了与皇帝用的诏相区别，定名为诰，为宋代的太上皇所沿用。任命官员的制、敕，由尚书省付给本人作为身份凭证，称为告身，别称为诰。御札是唐中叶新增的文种，名义上是皇帝的亲笔，用于有所征召和对大臣的答复。宋代沿用御札，是诏令文书中规格最高的文种，用于发布最重要的政令。唐代向全国臣民发布的诏令，要求地方官出榜张挂，以便百姓周知，称为牓，也称敕牓。唐宋诏令文书中又有赦书、德音两个名称，是按文件内容而加的别称，赦书又称赦文，是宣布大赦的文件；德音是宣布加恩、减刑、减免赋役的文件。文种或用诏书，或用制书、敕书。制书一词唐宋时期内涵扩大，作为法律用语包含所有诏令文书和官府往来文书。重要的诏令文书由隶属内廷的翰林学士起草，称为内制，文种包括制、诏、敕等。一般诏令文书由中书舍人或带知制诰头衔的其他官员起草，称为外制，文种也包括诏、制、敕等。金元两王朝文种名称和用途基本承袭前制。任命高级官员的制书因为是要在朝廷向文武官员宣读，所以另称为宣；任命中等官员的敕书专称为诰。金、元发布政令主要用诏，元代诏书又分为文言、白话两种文体，文言体仍称为诏，白话体称为**圣旨**。圣旨在唐宋时期是指皇帝通过近侍口传给大臣的指示，不是诏令书目的文种名称。

明清两代有不少文种沿用前代名称，但在用途、用法上有相当大的变化。魏晋以后各代诏令文书下达，要经过大臣审阅、签署，由最高行政机关发布。明初废除宰相，诏令文书不再经大臣审阅、签署，稿件经皇帝审阅后交给职能部门转发，这种制度一直延续到清末。明清诏令文书使用的文种有制、诏、册、诰、**诰命**、**敕谕**、敕书、敕命、圣旨、谕旨等名称，其中沿自前代名称的各种文种，除诏、敕外，其余的都例行文字。诏又称诏书，用于重大政治、军事、礼节性活动，一般都向全国臣民发布，如皇帝即位、亲征、亲政、颁布皇帝临终遗命等，大都附有恩赦条款。诰，用于颁布皇太后遗命。敕，也称敕谕，明代用以指挥日常政务，清代很少使用。敕书是颁给地方文武官员的凭证，文件开列各官员应尽的职责，依以行使权力。册、诰命、敕命都是凭证文件，用以表明皇帝赐给各人的身份等级。册的级别最高，用以封赠王、公，立太子，封后妃和给先皇帝、太后加增荣誉。诰命用以封赠五品以上官员，敕命用以封赠六品以下官员。制，又称制书，用于宣布重大的礼节性活动，如祭祀天地、立太子、册立后妃等，在举行仪式时派专人向参与的人们宣读。明清黄榜、诰命的文字用制，清代把这种特别称为制词，不用为文种名称。明代皇帝发布命令、指示，有时不用臣下拟稿，而是命太监直接向各衙门口头传达，这种由口头传达形成的文件称为圣旨，也称谕旨，清代皇帝指挥日常政务主要也使用谕旨，与明代不同的是要由臣下拟稿，经皇帝审定后交职能部门发布，有时不用臣下拟稿，皇帝亲自朱笔书写，称**朱谕**。

诏令文书是封建专制政体的产物，是封建帝王施行统治的重要工具，1911 年辛亥革命后，随着帝制的消灭，诏令文书也被废除。

（胡忠良）

赵践 Zhao Jian（1926-01-16～2012-01-20） 中国现代档案学家。生于河北武清，卒于北京。1948 年毕业于天津达仁学院。1953 年 9 月至 1955 年 8 月，在中国人民大学档案专修科研究生班学习。毕业后留校任教。曾任中国人民大学档案系文献公布学教研室主任。1986 年，任档案系副教授。

从 20 世纪 50 年代开始，赵践是中国人民大学学习苏联档案学、创建中国化档案学的重要学者。作为文献公布学教研室的主要教员，他的主要教学和科研工作是从学习苏联文献公布学到创建中国化文献公布学开始的。从 1956 年的《文献公布学》到 1964 年的《文献编纂学》，在前后五次油印教材编写中，赵践都是编写组核心成员，初步创立了中国文献编纂学的理论体系。教材名称由“公布”改为“编纂”，凸显了中国传统学术话语特征，是中国化教材建设的标志性成果，开拓了档案分支学科的学术增长空间。他是档案文献编纂学学科化和中国化的开创者。1983 年 9 月，赵践主编的《档案文献编纂学讲义（初稿）》由中国人民大学出版社出版。该书共分 16 章，其中的引言及前 11 章由赵践执笔撰写，该书为此后同类著作奠定了学科名称和篇章框架基础。此外，他还撰写了《文书论稿》《古代档案、图书辨析录》《对档案打假的思考》《记明代赋役档案——黄册的最后遭遇》《论档案信息的开发》《论文书档案对再现客观活动的作用》《清初曹赋》《清初奏销案发微——从清廷内阁中枢一个文件说起》等多篇论文，对文书档案的性质、档案与图书的关系以及重要历史档案所涉史实考证等方面做了深入探索。

（梁继红）

照会 zhaohui 中国古代**官府往来文书**文种名称。照会一词，原意相当于知悉、知道。古人常把通知事项称为照会，意思是让对方明察、领会。宋、元两代，一些不需要答复的文书中常用“请照会”“仰照会”等作为结束语。明代，照会被定为正式下行官文书名称，在高级衙门向不相隶属的品级地位稍低（相差一级或半级）的衙门行文时使用。如五军都督府照会六部，六部照会各承宣布政使司，各都指挥使司照会提刑按察使司，承宣布政使司照会提刑按察使司、应天府。当时的照会都用大幅单张纸，发文者品级地位越高，纸幅越大。

清代，照会用于总兵行非所辖之副将，参将、游击行非所辖之都司、守备，都司、守备行非所辖之千总。另外，督抚行提督，巡抚、司道行总兵，两司行参将，司道行专城守备并道标各营中军守备，副将行州县，驻防副都统行州县及非所辖之副将，经略行将军、督抚，提督行司道、分司、运司，总兵行府州县，副将行州县，巡抚行文关监督，均用照会。当时，不相隶属的武职衙门之间或武职向地方衙门使用较多。照会不用朱笔判日，更不用标朱，表示对对方较为客气尊重，又称墨笔照会，文字程式用下行式样。

照会还作为平行外交文书使用，初为督抚大员行文外国国王。1842 年《中英江宁条约》签订后规定，英国驻中国之总管大员与中国大臣，无论京内外者，文书往来用照会，两国属员往来，必当平行照会。所谓“驻中国之总管大员”即驻华公使，“中国大臣，无论京内外者”指的是大学士、军机大臣、督抚、将军、都统等。此后，外国列强取得了与清政府官方直接交涉的权力，而无须洋行商人转禀。

1876 年，英国为了更方便地进行侵略和掠夺，又在《烟台条约》中声称，两国官员文移尚有未协之处。1879 年，总理衙门与各国公使议定，督抚与领事以宾礼相待；遇有寻常公务，依旧照会道台，转申督抚；若事关紧要，彼此无论品级大小，概用照会。文内称“贵领事”，不用朱笔圈点。外国领事的地位由此上升，可直接用照会与清廷中央与地方各级行政长官交涉。外国照会虽要翻译成汉文，但若发生争执，多以洋文为准。外交照会一直沿用

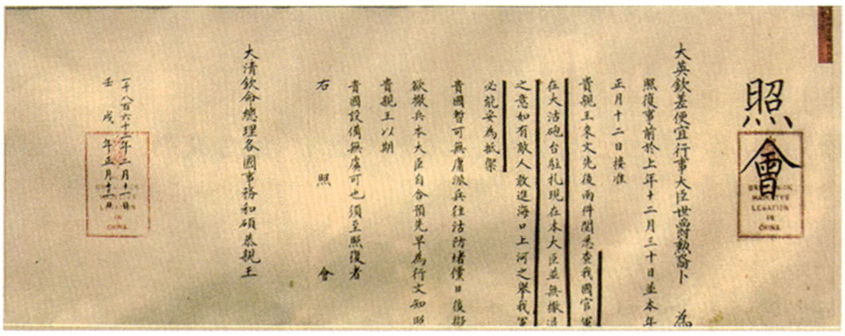

图 1 天津博物馆藏清咸丰十一年（1861）英国与清政府交涉的照会

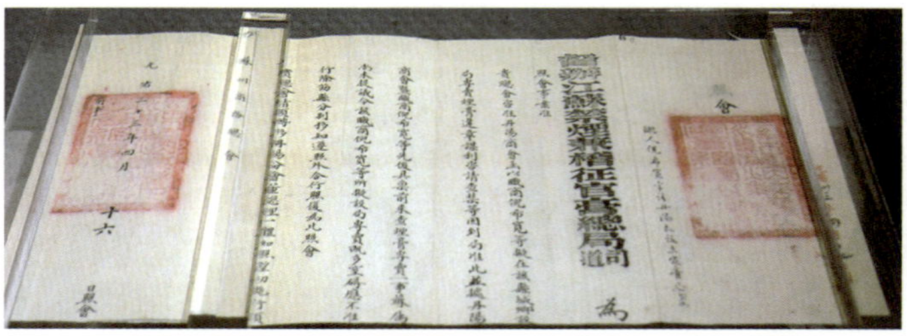
图 2 江苏禁毒展览馆藏清光绪三十三年（1907）江苏禁烟兼稽征官膏总局不准在丹阳设局卖烟膏的照会

至中华民国，是最为正式的外交往来文书。

清末施行预备立宪后，照会又成为司道以下官府对当地立宪机关、民众团体、商会等使用的平行文。例如，司道行文地方谘议局、各省商务总会，府、厅、州、县行文本地议事会、参事会等。1900年，宪政编查馆曾通知各省，司道以下用照会，而谘议局等均用呈，表示地方官厅应对立宪机关以平行礼相待，而立宪机关则不可妄自尊大，要把地方官厅当作上司对待。

明代，照会用大幅单张纸，纸幅至少高 2.5 尺（1 尺约 33.33 厘米）、长 3 尺以上，行款字数不限。纸右方写发文衙门名称，“为某事。云云。合行照会。可照验施行。须至照会者”。另起平写“照会某衙门”。文件时间另起平写“×年×月×日”，年月上用印，4 字或 6 字后由小字分写于年号两侧。左上角大字写文件名称“照会”二字。其下是所有正、副官员分两行按官职大小署押。文件还要有勘合半印字号及半圆圈，左半印字号及半圈常位于文尾日期前纸面上方空白处。

清代，大幅单张纸照会大体沿袭明代程式，有省略，文尾日期处不用后由，仍编有勘合半印字号。衙门前衔及官员姓、事由的“为”字落地，常用木条戳印就，具体事由另抬写，接写正文。结束语为“须至照会者”。有的文件文尾受文者不是另起平写“照会某衙门某官”，而是写作“右照会某衙门某官准此”。另起一行落地，从纸的中间向下写起，为典型的下行文式样。这是因为发文者品级地位较高，便自视为上级，但仍然不用朱笔判日，更不标朱，以示和真正的所属下级稍有区别。也有人认为如果官阶相差悬殊，发文者官阶高于收文者的照会，一般用朱笔判日，称朱笔照会。总兵照会州县，官阶相差悬殊，原件至今未见，今所见副都统（正二品，与总兵同级）照会州县，仍为墨笔照会，并无朱笔判日。官方文献也没有朱笔照会这样的记载，故有人对上述朱笔照会的观点持质疑态度，认为明清时期没有朱笔照会。

清末，照会渐渐改为折式。白纸折面题“照会”二字，盖发文机关印，印上边押在“照会”字上。折内右版首行衙门官员前衔及姓、事由的“为”字一行，或另起写事由，接写正文，结束语为“须至照会者”。然后另起写“右照会”三字拉开，写具体受文者某衙门某官，与“右照会”三字齐（或抬）头并脚，特别是外交照会，均为如此平行式文样。文尾页发文时间或写成“×年×月×日照会”字样，骑年盖月盖发文衙门印。有的文尾页也要有勘合半印字号及半圆圈，左半印字号及半圈常位于折尾日期前纸面上方空白处。外交照会及对立宪机关等使用的照会则无此项。外国照会不用中国皇帝年号，直接写公元纪年或干支加公元纪年。（裴燕生）

折本 zheben 中国古代上奏文书文种名称。清代皇帝为慎重处理政务而施行御门听政制度，即皇帝在皇宫内乾清门前亲自听取朝臣的各种意见。折本实际上是清代皇帝对于内阁进呈的部本（不经过通政司直送内阁的本章）暂时不决定如何处理，征询群臣意见、看法时使用的题奏本章。是否使用折本不由上奏人决定，部本进呈后，有未奉御旨者，将其本面折角发下（一般是皇帝亲为），内阁按日收贮，积至十件或十一二件时，得旨御门听政。届期，皇帝至乾清门升座，各部奏事毕，内阁侍读两人至案前奉本函退下，学士一人奉折本函设于案，启函依序启奏。本内事件经群臣朝议后，由皇帝最终裁决。大学士承旨讫，另外缮写票签随该折本进呈。由此可见，折本是一种特别处理的本章。康熙（1662～1722）年间，御门听政频频举行，每月多达 20 余次。康熙皇帝常常就部本中的疑难问题或票拟中的不同见解，听取大学士、部院大臣的详尽看法，甚至对立的意见，然后再做决策。据中国第一历史档案馆有关学者统计，康熙皇帝处理的折本数量平均每年约 400 件，占当年题本总数的 4%左右。雍正（1723～1735 年在位）以后，随着军机处的设立和密奏制度的实施，折本数量急剧减少，御门听政次数减至每月三四次。乾隆（1736～1795）年间，御门听政次数再减至每月两次。到道光（1821～1850）年间，御门听政次数几乎为两个月一次，全年折本数量仅有 50 件。由此可见，清代皇帝处理全国政务的中心由内阁逐渐转到军机处，处理政务的各种奏疏也由本章逐渐转为奏折。光绪二十七年（1901）取消题本后，折本自然也就取消了。（裴燕生）

《浙江档案》 *Zhejiang Archives* 中国省级档案专业刊物。浙江省档案局主管，浙江省档案局和浙江省档案学会主办。1978年 7 月创刊，时名《档案工作简报》，为不定期、简报式的内部刊物。1981 年更名为《浙江档案工作》，1983 年起公开发行。1986年更名为《浙江档案》，月刊。

刊物面向档案专业研究人员和基层档案工作者，突出新闻性、专业性和文化性，主要宣传报道浙江档案事业发展状况，重点关注档案学热点问题、最新成果，介绍档案业务工作经验和做法，在内容上彰显地方特色，通过档案反映浙江人文历史风貌。主要栏目有:《每月要闻》、《学术探讨》、《本期专题》、《档案文化》、《浙江记忆》（下设《影像记忆》《文化遗产》《口述历史》《珍档盘点》等子栏目）、《数字化改革》、《数据与信息资源》、《史林漫步》、《业务研究》等。

刊物为北京大学《中文核心期刊要目总览》入选期刊。（马 婵）

浙江省档案馆 Zhejiang Provincial Archives 中国省级国家综合档案馆。位于浙江省杭州市丰潭路 409 号。主要负责接收、征集、整理、保管省直机关及其所属单位档案，以及社会上散存的具有全省意义的档案资料，开发档案信息资源，编纂、公布、出版档案史料。是省爱国主义教育基地、档案安全保管基地、档案利用服务中心、政府信息公开中心、电子文件管理中心。该馆于1965 年 2 月 20 日在杭州市石莲亭 5 号成立，与浙江省档案管理局合署办公，两块牌子，一套班子，由省委办公厅领导；1970 年9 月，改由省革委会档案馆革命领导小组维持日常工作；1980 年 6 月，恢复浙江省档案馆，与浙江省档案局合署办公，一个机构，两块牌子，归省委办公厅领导；1982 年12 月，搬迁至杭州市曙光路 6 号（后改称45 号）；1985 年 12 月，改为浙江省档案局下属单位；1996 年 1 月，浙江省档案局与浙江省档案馆再次合并为一个机构，挂浙江省档案局与浙江省档案馆两块牌子，为省委、省政府直属机构，由省委办公厅管理；1998 年 9 月，通过国家档案局组织的目标管理考评，晋升为国家一级档案馆；2017 年 6 月，搬迁至现址。2018 年 12 月，将省档案局（省档案馆）的行政职能划转给省委办公厅，省档案馆继续作为正厅级事业单位设置。

馆藏 馆内藏有自清代以来的浙江省档案，共设 345 个全宗，126 万余卷（件），其中清代档案 3353 件，中华民国时期档案约 12.4 万卷（件），革命历史档案 3398 件。清代档案主要有旧海关档案、汤寿潜与浙江保路运动档案、同善堂档案等。中华民国时期档案主要是国民党浙江省政府各机关、党团、军警、省级企事业单位及个人形

图 1 浙江省档案馆外景

图2 《日军侵略浙江实录（1937—1945）》封面

成的档案。革命历史档案是中国共产党组织及其领导的人民武装、政权机关、群众团体在浙江革命活动中形成的档案。馆藏大部分是中华人民共和国成立后档案，主要来自省级各机关及其所属部门，也有少量个人捐赠，是浙江省社会、经济、科技、文化发展变化的历史记录。馆藏还有浙江方志、家谱等资料约12万册。钱塘江桥工程档案、汤寿潜与保路运动档案和浙江抗日军民救护遇险盟军档案和新安江水电站建设档案入选《中国档案文献遗产名录》。

机构设置 馆内设管理利用处、电子档案管理处、技术保护处、征集编研处、宣传文化处等业务部门。馆藏档案已基本完成文件级目录数据整理，完成数字化纸质档案105.3万卷（件）。向国内外读者开放利用，提供咨询服务，已开放档案约73万卷（件），开放目录97.7万条。

出版物和评价 自成立以来，先后编纂出版各种档案史料66种124册，主要有《浙江革命历史档案选编》《浙江革命历史文件汇集》《中共浙江省委文件选编》《日军侵略浙江实录（1937—1945）》《浙江60年档案解密》《中国档案精粹·浙江卷》《浙江省档案馆藏书画选》《浙江省各级综合档案馆馆藏档案精品介绍》《日军侵浙细菌战档案资料汇编》《浙江民国史料辑要》等。

主办的《浙江档案》杂志创刊于1983年，主要宣传党和国家有关档案工作方针、政策和法规，交流全省档案工作经验，传递省内外档案工作信息，刊发档案学论文，被评为全国中文核心期刊。 （李玉娥）

《整理档案八法》 *Eight Methods for Archival Arrangement* 中华民国时期为整理清代宫中散乱档案而拟制的工作方法。由故宫博物院图书馆馆长、文献馆专门委员会委员陈垣在1925年10月提出，共8条。内容：①分类。或按档案种类分；或按形式分，如纸样格式，长短大小、颜色红白、成本的、散页的；或按文字分，如汉文、满文、蒙古文。②分年。把同年的同类文件集中在一起，再按月日先后集中。③分部。即把档案归入各部署档内，如兵部档案、礼部档案等。④分省。即把各省来的文件归入各省名下。⑤分人。即把各省总督、巡抚来的文件归在各人名下。⑥分事。凡属同一事的有关文件集中在一起，按年月日排列。⑦摘由。完成上述分析工作后，把每一文件的事由摘出来，记录在目录卡上，以使查阅者先知其大概。⑧编目。即把整理好的档案编成几种总目，使用时只要查总目，便能依类寻出所需档案。陈垣还提出“秤不离砣”作为当时整理档案的基本要求，即不能把写有年月日的包纸轻易与档案原件分散移动，以防止损坏档案原貌。 （董 俭）

《整理档案规程》 *Archival Arrangement Regulation* 中华民国时期故宫博物院文献馆整理明清档案方法的总汇。1936年6月，中华民国政府行政院颁发各部、会、署参考。该规程分为总则、整理、编目、用纸4章。规定“凡属有关历史之文书均为档案”，整理档案“应保持其原件之形式”，“不得拆散割裂”以及原包扎或标识不得任意拆散废弃等。清理档案要“以原来行政之系统为整理系统”，“初步整理，先就其机关或原藏处区分之”。详细规定了登记、制卡、编号的程序和具体做法。决定按档案十进分类法编号，按名称、具名者、时代、地域、主题、其他等款目分别确定编目方法、著录项目等。对于整理用纸及各种卡、簿、表、票、签、袋的格式和著录要求也做了具体规定，并附有图样，以使整理工作做到形式上的整齐划一。《整理档案规程》的制定是整理历史档案工作的一大进步，对中国档案工作理论与实践的发展起了一定作用。 （陈锵仪）

知会 zhihui 中国古代官府往来文书文种名称。知会原意为让人知道、领会，公文中常有使用，后成为平行文种名称。清代的平行文种类最为繁杂，除了官方规定的关、牒、移等文种以外，还有许多官府约定俗成使用的文种，如知照、知会、付（移付、传付）、移咨、密咨、片文等。这些平行文的性质、用途与移（移会）大同小异，都是不相隶属的平级衙门之间沟通信息、通知事项、办理事务时使用的文书。

知会、知照都是从清代的移（移会）演变而来。

知会多用于通知转达一般事务，在京衙门之间使用较多。其形式简单，手续简便，其性质介于正式文书与便签之间，不用印信，也没有开头语、结束语。一般为白纸折式，高23～24厘米，宽10～11厘米。折面标明文种“知会”2字，小字书写。折内文字也是小字，通常每面4行，每行24个字或25个字。右版首行直书具文年月日期，甚至还要写上某时辰，具名收到某人某事件的事由。然后另起写“右知会”3字一行拉开，另起一行写受文衙门名称与前行齐头并脚。如对方地位尊崇，或碰到须要抬头的字样，还要照例抬写，有的还要加写具体收文人。文件发文者不用衙门名义，由具体负责官员另具个人名帖。如果对方是满衙门，知会文书还要写成满汉合璧形式。如果需要详细说明事件情况，则加具清单连作一体。

知会通常用于办理照例施行（即程序性决策）的事务。例如，内阁发放敕书，加盖玉玺，须向保管玉玺的交泰殿领取“敕命之宝”，领用玺印时就用满汉合璧的知会行文。此类事务往往以内阁学士个人发文即可，不用内阁大学士本人出面，也不必以内阁衙门名义发正式的文书。军机处两班章京交接，前班章京也用知会小字细书本日所办之事，封交下班值班章京。如果遇到非程序性决策事务，则由有关衙门用知照通知。中华民国以后，知会、知照等均被取消。 （裴燕生）

执照 zhizhao 中国古代官府颁发给有关人员的证明文件。执，是收执的意思。照，本指在火烛、亮处照看。古代文书抄缮错误改正时，有一种挖补的方法。即将错字挖掉，粘以原色同类纸，四边撕薄，贴于错处重写，若技术成熟，则轻易不能发现。所以接到文书，紧要处需仔细在烛光或明亮处照看，透过亮光才能看出是否经过挖补，进而推断有无可能篡改文字。于是，文书中“照”字便成了专门用语，引申为“明察”之意。收执而供查照之文，便成了当时某些证明文件的名称或统称。

明清时期，官府颁发的执照种类多样，常见的执照有以下诸类：民间田宅文契因故损失，州县查实后，颁给业户产权执照；业户按时向官府缴税，官府发给业户纳税执照；承租土地要按时交

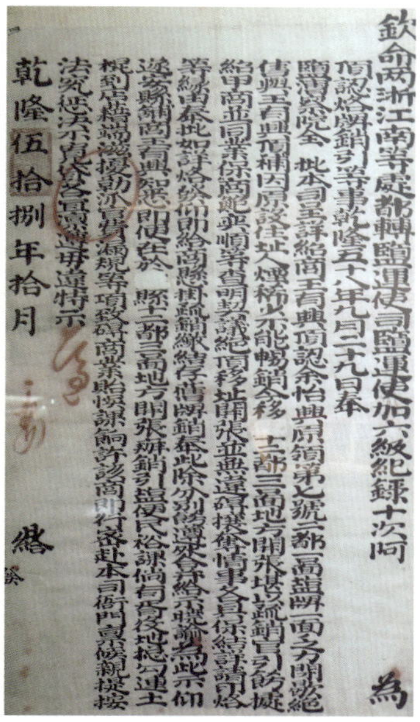

图 1　中国徽州文化博物馆藏清乾隆五十八年（1793）的行盐执照

纳租金，发给佃户交租执照；盐商、茶商行销官盐、官茶，发给行盐行茶执照；书吏役满，考授职衔，可领执照；授官而不能得实缺者，领有吏部、兵部执照；以钱买官者，由户部发给执照，称捐照；国子监发给监生的执照，又称作**监照**；出关外采参要给执照；上船出洋贸易，填给执照；出口时呈验放行；外国人往内地从事通商、传教等活动，也要领取执照等。

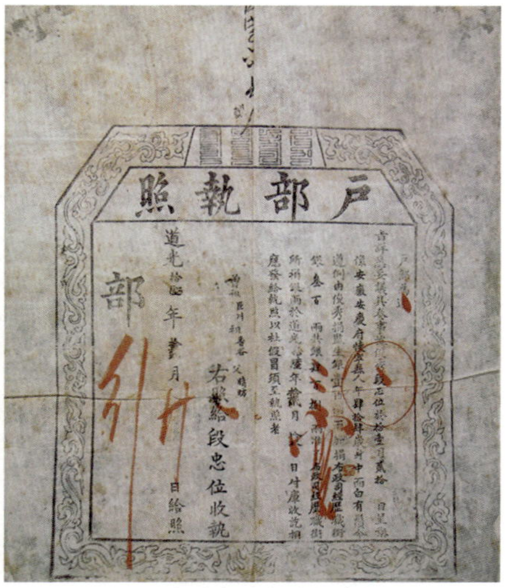

图 2　清道光时期的捐官执照

执照由官府颁发，被授予者即获得了官方的某种认可，表明拥有了某方面的权利，或已完成某方面的义务，并得到法律的保护。　（裴燕生　撰　李义敏　修订）

直接鉴定法　direct appraisal method　**档案价值鉴定方法**。根据鉴定档案价值的理论、原则和标准，综合分析影响档案价值的各种因素，直接判断具体档案保存价值，确定保管期限和处置方式的方法。保证鉴定工作质量的方法之一。采用这种方法鉴定档案的保存价值，鉴定小组或鉴定工作委员会应做到：①要求鉴定人员根据实际情况直接审查档案及影响其保存价值的相关因素，不能仅根据**档案保管期限表**、案卷目录或文件（案卷）题名等，简单地判定其保存价值或决定其存毁。②具体作业时，鉴定工作人员一般以案卷为单位进行，必要时还要逐件、逐页（张）地直接审查档案，判定其保存价值。

直接鉴定法可以有效地保证档案馆（室）档案价值鉴定工作的质量，避免由于机械地运用档案保管期限表，不合理地确定档案的保存价值，错误地销毁有保存价值的档案。　（王英玮）

职能分类法　functional classification of records　依据各种社会组织的职能分工将档案实体或档案信息分成若干类别的方法。职能分类法可以同其他分类法分层使用，是**档案实体分类**和**档案信息分类**实践中常用的一种档案分类方法。中国的档案职能分类法在 20 世纪中期以前，主要用于档案实体分类，并作为**问题分类法**中的一个个例，即根据立档单位所承担的职能、任务、业务活动类型等对全宗内的档案实体进行分类。20 世纪中期以后，这种分类法作为档案信息的一种主要分类方法，得到了中国档案学术界的普遍关注。21 世纪以来，在企业档案分类中，职能分类法得到了较为广泛的使用。

设类　①职能分类法在档案实体分类中的应用。分类人员在对立档单位职能、业务活动、计划任务安排的分析基础之上，按照职能、活动、任务事项等分类标准，进行各个层级类目的设置。②职能分类法在档案信息分类中的应用。分类人员在对各种社会组织的职能分工或某个专业（行业）系统职能分工的分析基础上，按照职能分类标准并结合档案信息内容所记述和反映的各种主题特征，进行各个层级类目的设置。

归类　①同一职能活动所形成的归档文件或档案信息，一般应统一归入分类体系中相关职能、活动、事件的类目。②如果一份归档文件的内容涉及两个或两个以上的职能类别，则应根据其所记述和反映的主要职能活动，归入该主要职能活动的类别；如果难以区分主次，则应将类似的归档文件统一归入其中某个职能类目，其他相关类目仅作为交替类目。③对于数量较少，不能以独立的类别存在的归档文件或档案信息，则应采用靠类归类的方式处理，并通过类目注释予以说明。

作用和意义　根据职能分类方法建立的档案分类体系，通常具有良好的稳定性，既可以客观地反映立档单位及其各个组织机构的职能活动状况，又可以在档案信息分类实践中按职能分工类聚相关的档案信息。职能分类法能较好地保持全宗内文件之间职能活动方面的固有联系，便于用户从职能活动角度查找和利用档案资源或档案信息的内容。

法规和标准　《企业档案工作规范》（DA/T 42—2009）、《**中国档案分类法**》及各专业主管部门组织编写的档案分类表等。　（王英玮）

职能鉴定法　functional appraisal method　基于职能分析的**档案价值鉴定制度**。一种基于立档单位所执行职能相对重要性的分析，用于估价和处置一个立档单位的文件材料的保存价值，设定其优先次序的鉴定方法。是一种普遍的、客观的**档案价值鉴定方法**。当一个立档单位的职能得到定义和理解后，档案价值的鉴定就成为一个确定或创造该单位各项职能最好记录的问题。采用职能鉴定法鉴定档案价值，可以有效提升一个立档单位的档案价值鉴定工作的计划性和规范性，可以保证档案价值鉴定工作的效率，对电子文件进行有效的“批处理”。　（王英玮）

纸草档案　papyrus archives　古代用纸草纸制作的文书。纸草又称纸莎草，属莎草科，是生长在尼罗河三角洲沼泽地带的一种多年生草本植物。公元前 25 世纪始，纸草成为古埃及人最主要的书写材料。到公元前 1000 年以后，因其轻便、易于书写，广泛流传于古埃及及其他地中海沿岸国家。公元 5～8 世纪的法国墨洛温王朝，仍用纸草抄写官方文书；到 11 世纪初，教皇还用纸草发布敕书和训谕。直到 12 世纪，纸草书写材料的生产才完全停止。

制作方法　先将纸莎草的主茎截成 40～50 厘米长的小段，去掉韧皮，将木髓部分劈成尽可能宽的长条，把这些长条分两层铺到硬板上（第一层横铺，第二层纵铺），然后进行挤压和捶打，使用少量的水并利用植物本身的黏浆使两层长条粘在一起；晾干后，用石头或贝壳把表面打磨光滑，将边缘修剪整齐，即可书写。古埃及把草秆削尖成笔，蘸颜料用象形文字在纸草上书写。篇幅较长的文字，可将一张张的页片粘成长幅，末端粘在

公元前7世纪的纸草档案

一个木制、金属或象牙制的圆轴上，卷成一卷，卷轴上附有标签，记录一卷的目录或印章，然后装在由陶瓦、金属、象牙、皮革制成的圆筒内。纸草档案长的达105英尺，短的只有4英寸，长的以卷轴形式保存，又称纸草卷。

发现和发掘　意大利于1752年最早发现纸草档案；1877年，埃及的法尤姆发现大量纸草档案；1947年，在死海西岸的岩洞中发现有关古犹太教和早期基督教的纸草卷，称为死海古卷。已发现的纸草档案包括房地产契据、合同书、财产清单、公务决议、书信、古典著作等内容。**都灵纸草**是古埃及19王朝王室的档案，由16片纸草粘贴而成，载有前18个王朝法老的名单及在位的年月日，因保存于意大利都灵埃及博物馆而得名。**莱顿纸草**记载了古埃及中王国末期（约公元前18世纪中叶）一次贫民和奴隶起义的情景，还提到起义者打开档案库、取走公文书的情节。著名的**哈里斯大纸草**是古埃及流传下来最长的纸草档案，现存于英国大英博物馆。哈里斯大纸草形成于拉美西斯四世时期，是以拉美西斯三世的名义发表的文告。文告极为详尽地列举了拉美西斯三世给予各神庙的一切赠品以及埃及最大神庙的全部财产。

意义　纸草档案的发现，引起各国学者的重视，19世纪下半叶产生了专门学科“纸草学”。英国、法国、荷兰、意大利、俄罗斯等许多国家的档案馆和博物馆都收藏有纸草档案。纸草档案因不利于长久保存，故留存下来的数量不多，但内容广泛，十分珍贵。是研究古埃及和周边国家政治、经济、历史、文化等宝贵的原始材料。　（韩玉梅　张世林）

纸浆补洞技术　pulp hole-covering technology　利用植物纤维纸浆修补有孔洞等破损的纸质档案的技术。纸浆补洞分为手工补洞和机器补洞。前者采用滴管，后者借助纸浆补洞设备，把打碎的纸浆注入虫洞，利用纸纤维搭接虫洞边，使其完整。纸浆补洞机由纸浆槽、不锈钢丝网、花板、腔体及出水口、真空泵进口等部分组成。纸浆补洞过程包括：①制作纸浆。②在纸浆补洞机上进行平铺档案、真空吸附档案、注入纸浆及纸浆补洞等过程。③在上光机上对修补好的档案进行压平、晾干的干燥处理。纸浆补洞技术的关键主要是制作纸浆、纸浆补洞机上的纸浆补洞操作。制作纸浆时可将宣纸或质地较好的手工纸撕成小块，用蒸汽浸透后，放入打浆机或搅拌器中进行打浆，使之分离成纤维状，然后加水配

纸浆补洞机

置成不同浓度的纸浆液。进行档案纸浆补洞时，首先将破损档案平铺在纸浆补洞机槽中丝网上，确保档案的平整；其次开启真空泵，将制作好的与档案原件相同或相近的纸浆液倒入槽中；然后在负压状态下，纸浆液快速流向档案上的孔洞处，在此过程中纸浆液中的纤维在纸张孔洞处不断沉降交织，从而形成平实的湿纸层，填补在孔洞处；最后由真空泵脱水干燥处理。　（朱　强　彭远明）

纸张老化机理　mechanisms of paper ageing　在环境因素和时间因素的作用下，纸张的主要化学成分或结构发生不可逆的化学变化，从而导致纸张性能下降的过程。纸张老化实质上是在内外因素的综合作用下，纸张的主要成分纤维素、半纤维素以及木素发生多种化学反应的结果。

纸张老化的内因　包括纸张主要成分的化学结构与性质、纸张内部的不利于纸张耐久性的残留物质。

纸张主要成分的化学结构与性质　纸张的主要成分是纤维素、半纤维素和木素。纤维素可发生水解、氧化降解以及光解等化学反应；半纤维素是由不均一单糖脱水聚合而成的聚合物，且存在支链结构，同样会发生水解、氧化和光解等化学变化；木素结构中含有大量活泼基团，容易发生氧化和光解反应。相比较而言，纤维素稳定性最好，半纤维素的稳定性不如纤维素，而木素的稳定性最差。因此，在外界条件相同的条件下，木素含量高的纸张老化速度快，而纤维素含量高、木素含量低的纸张老化速度慢。

木素、纤维素和半纤维素的光氧化反应是诱发纸张泛黄的主要原因。木素对纸张的泛黄起着重要作用。一方面，木素较易形成光氧化反应，反应机理如下（L为木素分子式）：

$$L \xrightarrow{h\nu} L^{*} \longrightarrow L\cdot \quad L\cdot + O_2 \longrightarrow LOO\cdot$$

过氧游离基从木素夺取一个氢原子生成氢过氧化物及木素游离基：

$$LOO\cdot + L-H \longrightarrow LOOH + L\cdot$$

木素游离基又可参与氧化反应。

另一方面，木素中存在的大量发色团为纸张泛黄提供了有色分子；助色团又能使光谱吸收带向可见光区域发生更大的移动，从而可更有效地促使纸张产生颜色或使颜色加深。含有羰基发色团的酮基和醛基以及羧基和羟基助色团，是造成纸张泛黄的根本原因。

纤维素氧化也会导致纸张泛黄。当纤维素遇到氧化剂和高能辐射作用时，光氧化反应可能发生在脱水葡萄糖单元分子的1、2、3或6位碳原子的位置上。在2、3位碳原子部位可能生成酮基，在6位碳原子部位可能生成醛基，而且1、2、3、6位碳原子也可能被氧化生成羧基。同时还可能在脱水葡萄糖单元分子或纤维素分子的不同单元中，生成上述基团的混合体。这些基团的生成就会使纸张泛黄。构成半纤维素的木糖，比构成纤维素的脱水葡萄糖单元更容易被氧化而生成羰基发色团和羧基助色团，因此半纤维素对纸张泛黄也有重要影响。

纸张内部的不利于纸张耐久性的残留物质　纸张生产过程会使纸张内部形成一定的有害物质，主要是酸、氧化剂及金属离子等。如制浆、施胶、造纸用水均会带来酸，漂白过程会残留氧化剂，整个制浆过程会带来金属离子等。此外，纤维素、半纤维素，尤其木素在氧化或水解时，也会产生酸性物质。

纸张老化的外因　主要包括温湿度、光线、酸、氧化剂、有害气体以及有害微生物等。这些因素会引起或加速纸张主要成分发生水解、氧化和光解等反应。

（张美芳）

纸张酸性水解机理　mechanisms of paper acidification　纸张中的纤维素在酸性环境中发生水解的原理。影响纤维素水解的因素：①水分。水是纤维素水解的首要条件。②酸。酸是纤维素水解的催化剂，酸电离出的氢离子（H^+）能与氧桥中的O结合，从而导致氧桥断裂。酸是纤维素水

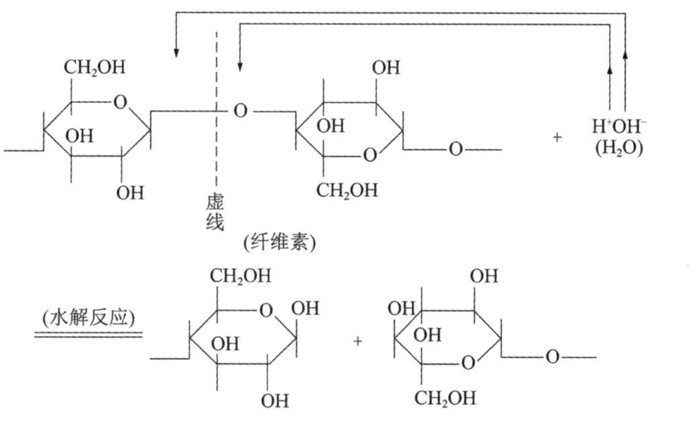

纸张酸性水解机理

解不可缺少的条件之一。③温度。一般情况下，温度升高，有更多的化学分子达到化学反应所需要的活化能，所以化学反应速度与温度成正相关关系，温度越高，纤维素水解反应越快，纸张发脆的速度则越快。

在一定的条件下，纤维素与水发生反应，致使苷键断裂，分子链由长变短。反应产物依反应进程依次为不溶性的水解纤维素、可溶性的纤维素糊精、纤维素二糖等短链纤维素，直至完全水解为葡萄糖。

具体来讲，水解纤维素是指纤维素加水分解断链以后，生成比原来纤维素分子链短的一群物质的总称，而不是某单一物质的名称。水解纤维素的聚合度小于原来的纤维素，机械强度下降。当纤维素的聚合度下降到 200 以下时，就变成粉末状态，此时的机械强度几乎为零。从水解纤维素的性能可以看出，纤维素一旦发生水解，氧桥断裂，分子间范德瓦耳斯力及氢键力减小，纸张强度下降，寿命缩短。因此，纤维素水解过程也是档案纸张遭受破坏的过程。为此，档案保护中，要防止或减缓纸张纤维素的水解。

（张美芳）

纸质档案 paper archives 以纸张为载体的档案，如保存备查的公文、图纸、信札、电报、户籍、账册、契约、证书、书稿、日记、笔记、家谱的原本和原稿。纸张是中国古代四大发明之一，纸质档案最先产生在中国。东汉时已经开始用纸张书写文件，魏晋以后纸质文件逐渐增多，但官府公文仍以简为主。到东晋末叶，公元 403 年底，桓玄代晋自立，下令公文全部用纸书写。他在诏令中说："古无纸，故用简，非主于敬也。今诸用简者，皆以黄纸代之。"从此纸质档案大量产生。从 4 世纪到 17 世纪末，中国造纸术先后传入越南、朝鲜、日本、阿拉伯国家、欧洲各国和美洲大陆乃至全世界，纸张的使用引起档案数量急剧增长，由此促进了世界档案事业的发展。以罗马教皇形成的档案为例：使用纸张以前，1243～1254 年的 11 年间，每年平均形成 730 件；使用纸张以后，1294～1303 年 9 年间，每年平均形成 5 万件，增加近 70 倍。纸质档案优点较多，便于管理和利用。当代电子文件已有显著增长，但纸质档案在世界各国档案馆的总藏中仍占重要地位。

（丁永奎）

纸质档案保护方法 paper archives protection method 为防止纸质档案发生损坏及损毁而采取的保护方法和措施。纸质档案是中国目前保存的档案的主体，在数量上占据了全部档案的绝大多数。保护好纸质档案具有重要的现实意义和深远价值。

纸质档案保护是依据纸张载体及字迹材料的变化规律，采取一定的技术手段和措施，维护保管与利用环境的适宜性，防止或减缓破坏与损毁，并对破损和处于不安全状态的纸质档案进行修复抢救，从而实现保护纸质档案的目的。

纸质档案是以纸张为载体材料，字迹为记录材料形成的档案。纸质档案材料的变化主要是档案纸张的老化和档案字迹的退变。纸质档案的变化与材料组成、结构与性能密切关联，其中纸张材料的性质、加工过程、字迹色素成分、字迹与纸张的结合方式是变化的内因，决定了档案的耐久性。纸质档案耐久性还受外界环境因素的影响，光、温湿度、空气污染，以及有害虫霉等因素影响纸质档案的利用与存贮，对档案的变化有促进和加速作用。

纸质档案的保护，自纸张问世和使用后就开始了。中国古代图书的"保护十法"、传统字画的裱糊技术，以及改进纸质档案保管的馆舍建筑和**档案装具**等，是中国早期档案保护方法的实践。国外关注纸质档案保护，更多始于 19 世纪中后期机制纸的使用。20 世纪初美国国家档案馆及国会图书馆提出低温、阴暗、干燥环境保存档案，以及纸张保存前的杀虫处理和保管档案标准的初步思想。

保护纸质档案，需要从档案材料本身的性能、环境因素的影响出发，有针对性地采取措施，制定技术标准和管理规定。通过研究纸质档案变化规律，掌握影响其耐久性的内部与外界因素，明确档案损坏与破坏的主客观条件，针对现阶段档案材料选择范围与种类的增多，以及档案灾害及规模性破坏的新情况、新问题，制定和完善**档案保护**的标准与技术规范。同时针对档案利用与保存过程中存在的管理水平、工作条件、人员素质的差别，造成档案管理与保护活动中较大的随意性，制定档案保护规章制度，使档案保护工作科学、合理、有序地开展。纸质档案的保护可采用以下几种方法：

①调控档案库房温湿度。档案库房温湿度的调控，需要借助必要的设施设备，采取有效的技术措施。当库内温湿度不利于档案保存时，需要借助于空气调节设备和自然条件，来调节库内温湿度至适宜范围；当库内温湿度有利于档案保存时，也需要利用库房建筑的围护结构和其他措施，控制温湿度使之稳定，减缓档案损坏时间。②防范档案有害因素。加强档案有害因素防范，减缓和消除有害因素的破坏。防范和减少档案环境中物理因素、化学因素、生物因素对档案材料的加速老化作用，从档案建筑围护结构、档案装具、设备设施和规范管理等方面改善档案保管与利用的环境条件，提高档案保护能力，减缓环境中有害因素对档案材料的破坏。③防止自然灾害、人为事故和突发事件对档案的破坏。自然灾害、人为事故和突发事件会导致档案材料的破坏，有时甚至是彻底的毁灭。加强纸质档案减灾和突发事件处置，防范自然灾害、人为事故和突发事件对档案破坏情况的发生，减缓灾害发生过程中档案的损坏，加强灾害中档案的抢救保护。④提高档案材料自身的耐久性。选择优质的纸张和字迹材料，可以增强纸质档案自身耐久性。优质的纸张和字迹材料是纸质档案耐久的保证。⑤受损档案的修复。开展受损档案的修复，以延长档案原件寿命。重视档案原件的修复研究，实时高效地进行破损档案的修复工作，可提高档案在利用过程中与库房外环境中的自我防护能力，改进纸质档案的利用途径和方式，延缓纸质档案的老化过程，更好地保护档案原件的真实性和完整性。

（彭远明）

纸质档案加固技术 paper archival consolidation technology 通过物理或化学的方法，将保护剂涂布或将保护材料覆盖在纸质档案材料表面，形成一层薄膜，使档案得到加固的技术。通过档案加固，能够有效提高**档案制成材料**的耐久性。纸质档案加固技术主要有：保护剂加固、加膜加固、双面加固、派拉纶成膜加固、辐照加固法等。

保护剂加固法　将保护剂涂布在纸质档案表面形成一层膜，起到加固作用。一般对保护剂有如下要求：对纸张无损害；是无色透明液体，不易变色；形成不透水的薄膜，具有一定黏性。缺点是不能用于加固油或醇溶性字迹，可逆性差。保护剂加固包括：乙基纤维素加固、氟树脂加固、聚甲基丙烯酸甲酯加固。

加膜加固法　一般使用塑料薄膜加固，在档案正反面或一面加上一层透明的塑料薄膜，以提高纸张强度、保护字迹。由于加膜方法不同，塑料薄膜加固又可分为热压加膜和溶剂加膜。热压加膜是用加膜机在档案一面或两面热压上一层棉质和热塑性树脂薄膜，如醋酸纤维素薄膜、聚乙烯薄膜或聚酯薄膜。溶剂加膜是使用有机溶剂，把透明薄膜黏合在档案上。

双面加固法　包括丝网加固法和典具帖加固法两种。丝网加固法是用蚕丝织成网状，并喷上聚乙烯醇缩丁醛胶黏剂，在一定温度、压力下，使丝网与档案结合在一起。典具帖是一种由楮皮或雁皮等树皮加工而成的轻薄、强韧、具有极好的透明度的薄纸，尤其适用于两面有字文献的双面加固。

派拉纶成膜加固法　又称聚对亚苯基二甲基加固。过程可分 3 步：将粉末状的派拉纶双聚体置于 150～250℃的容器中汽化；让双聚体气体通过一个温度为 650～690℃的热解池塘，在其中分裂成两个活泼单体；室温下，单体进入沉积箱，与放在其中的纸的表面发生碰撞，在纸表面聚合成一层薄膜，把断开的纸纤维结合起来。

辐照加固法　通过把高分子链接到纤维素结构上，来链接损坏的纸张纤维。加固时，使用高分子单体丙烯酸乙酯或甲基丙烯酸甲酯在纸质档案上凝结，这时加固剂分子与纸张纤维之间没有化学联结，起不到加固作用。放置，让其扩散。然后，用 γ 射线照射档案，浸入纤维表面和内部的加固剂分子便以化学键的形式与纤维素的化学键发生交联，即发生接枝聚合作用，将加固剂分子与纤维素分子的化学键牢牢地结合为一个整体，从而使纤维得到加固。

（朱　强）

纸质档案去酸技术　archival deacidification technology　通过一定的技术方法，去除纸张中的氢离子，使纸张呈弱碱性或中性，降低纸张老化和受损的可能性，达到延长纸质档案寿命、保护纸质档案的目的。纸质档案去酸方法最早由 O.J.希尔霍尔茨在 1936 年多伦多安大略研究基金会的一项发明中提出，用钙、铝、钡等碱金属的氢氧化物或酸式碳酸盐的水溶液对纸质档案进行去酸。W.J 巴罗等人于 20 世纪 40 年代和 50 年代提出了氢氧化钙——碳酸氢钙两种溶液去酸及碳酸氢镁单种溶液对纸质档案去酸的方法。R.D.史密斯在 70 年代提出了用甲氧基甲基碳酸镁等无水溶液对纸质档案进行去酸。G.B.凯利等人提出了氨气、吗啡啉、二乙基锌等碱性物质对大规模的纸质档案气相去酸法。现代档案去酸方法还有德国 ZFB 公司的批量脱酸系统、美国 PTLP 公司博克基帕脱酸工艺（无水溶剂），以及德国耐雄公司脱酸方法及贝克布格现代档案纸质保护工艺的散页纸张自动脱酸系统等。常用档案去酸技术有液相水溶液去酸法、碱性有机溶液去酸法和气相去酸法三类方法。

液相水溶液去酸法　使用某些碱性水溶液与氢离子反应而达到去酸目的，主要适用于油溶性字迹的档案去酸处理。主要有氢氧化钙——碳酸氢钙溶液去酸、碳酸氢镁溶液去酸两种方法。优点是：①去酸液能渗透到纸张纤维内部，去酸效果较好。②去酸后档案上有碱性残留物，能起抗酸缓冲作用，进一步防止纸张酸化。缺点是：①不能用于水溶性字迹档案去酸。②只能单张进行去酸，不能大批量处理，去酸效率低。③脆弱的纸张受潮后易破碎。④干燥时纸张易起皱。⑤去酸前后需要拆除、装订档案，费时费工。

碱性有机溶液去酸法　碱性有机溶液由不含水分的去酸剂和有机溶剂等组成，适用于纸张上有水溶性字迹的档案去酸处理。主要有两种方法：①由大英博物馆与印度国家博物馆共同采用的氢氧化钡——甲醇溶液去酸。去酸后，残留在档案纸张上的氢氧化钡能与空气中的二氧化碳作用，生成碱性的碳酸钡（$BaCO_3$），起抗酸作用。由于氢氧化钡和甲醇均有毒性，因此在操作时应注意安全。②由美国韦陀公司史密斯于 1977 年设计的液化气群体去酸系统的甲氧基甲基碳酸镁去酸（韦陀法）。这种非水去酸法是以甲基碳酸镁做脱酸剂，溶于有机溶剂甲醇中组成脱酸溶液，在真空状态下对档案去酸处理。脱酸处理后的脱酸剂渗透于纸张纤维中，起保护档案作用。优点是：①档案纸张上残留有碳酸镁、氢氧化镁和氧化镁等碱性化合物，能起抗酸缓冲作用。②干燥迅速。③对纸张损伤小。④处理量大，周期短，费用低。韦陀法的主要问题是脱酸剂对档案字迹有一定的损害。此外，有机溶剂甲醇是易燃物，容易挥发，在与空气混合后容易发生爆炸。甲醇还有一定毒性，对环境容易造成污染。

气相去酸法　把档案置于碱性气体或碱性蒸气中去酸的方法。主要有：①氨气去酸法。利用弱碱性氨气（NH_3）能与纸张中的氢离子作用而达到去酸的目的。氨气去酸法的优点是：原料价廉、易得；操作简单；对字迹无影响；可以大批量处理档案。缺点是：去酸后，档案上没有碱性残留物；去酸后纸张容易恢复酸性。②吗啡啉去酸法。利用吗啡啉（1, 4-氧氮杂环己烷）中等碱性，在真空条件下，与水混合可转变为蒸气，分子结构中的仲氮原子易与档案纸张中的氢离子结合，从而达到去酸目的。吗啡啉去酸法的优点是：对档案可进行大批量处理；去酸迅速，处理时间仅 11 分钟；去酸后纸张寿命可延长 2.5 倍；对纸张、字迹基本无影响。缺点是：吗啡啉会使皮革封面变黑、磨木纸变黄。③二乙基锌去酸法。1976 年，美国国会图书馆 J.威廉姆斯和 G.B.凯利研究发明，这种液态的金属有机化合物，能迅速与酸和水中的氢离子生成锌盐、氧化锌（ZnO）和乙烷（C_2H_6）而达到去酸的目的。这种方法由于存在燃烧和爆炸的危险，现已停止使用。

（彭远明）

《纸质档案数字化技术规范》　*Specification for Digitization of Paper-Based Records*　中国纸质档案数字化规范。国家档案局制定，2005 年首次发布；2017 年 8 月 2 日发布第一次修订版，2018 年 1 月 1 日修订版实施。标准号为 DA/T 31—2017。

共 13 部分。第一至第四部分分别对适用范围、规范性引用文件、相关术语和定义，以及纸质档案数字化的总则做了相关介绍。规定了纸质档案数字化技术和管理要求，适用于采用扫描设备对纸质档案的数字化加工过程的管理。确定纸质档案数字化的基本环节主要包括：数字化前处理、目录数据库建立、档案扫描、图像处理、数据挂接、数字化成果验收与移交等。强调应采取有效的管理和技术手段，确保纸质档案数字化成果质量。纸质档案数字化应遵循档案管理的客观规律，真实反映档案内容，最大程度地展现档案原貌。

第五至第十三部分对纸质档案数字化的前期准备和具体环节做了详细描述。

①组织与管理。对纸质档案数字化处理之前，机构及人员、基础设施、工作方案、管理制度、工作流程控制，以及工作文件管理做了规定。如需外包，应依据《档

案数字化外包安全管理规范》,执行严格的安全管理要求。②档案出库。对纸质档案数字化工作方案确定的数字化对象的档案调取、清点、登记等前期准备工作做了规定，提出应对纸质档案领取和归还进行严格管理的要求。③数字化前处理。对确定扫描页、编制页号、目录数据准备、拆除装订、技术修复等做了相关规定。④目录数据库建立。从数据格式选择、数据库结构设计、档案著录、目录数据质量检查对目录建库环节进行了说明。⑤档案扫描。对纸质档案扫描的基本要求、扫描设备、扫描色彩模式、扫描分辨率、存储格式、图像命名、图像处理分别做了规定。⑥图像处理。对图像拼接、旋转及纠偏、裁边、去污、图像质量检查做了规定。⑦数据挂接。本环节工作用以实现目录数据与数字图像的关联,应逐条对挂接结果进行检查,包括目录数据与纸质档案数字图像对应的准确性、已挂接数字图像与实际扫描数量的一致性、数字图像是否能正常打开等。⑧数字化成果验收与移交。包括验收方式、验收内容、验收指标、验收结论、移交 5 个内容。规定验收指标为：能够采用计算机自动检验的项目应采用计算机自动检验的方式进行 100%检验，检验合格率应为 100%。对于无法用计算机自动检验的项目,可采用抽检的方式进行人工检验。⑨档案归还入库。对档案装订及归还入库手续进行了相关规定。

相较 2005 年的版本,修订后的标准更多吸收了纸质档案数字化工作中的大量经验，注重技术手段与管理理念的平衡，强化了对数字化安全工作的管理，各单位或部门可依据其开展纸质档案数字化工作。

（钱　毅）

指南式档案检索工具　archival finding aids type of guide　以文章形式综合叙述档案基本情况的一种检索工具。包括档案馆指南、全宗指南、专题指南等。①档案馆指南。以文章叙述的形式全面、系统介绍馆藏档案情况的工具书,又称档案馆介绍。它是档案馆面对社会的一种宣传、报道性工具，借助这种工具，利用者可以较为全面地了解馆藏档案情况及利用档案过程中所需的各种信息。档案馆指南从揭示馆藏的详简程度上可分为简明指南和详细指南，以及揭示档案馆范围的单一档案馆指南。档案馆指南一般应包括六部分内容：说明或序言、目录、档案馆概况、馆藏档案情况介绍、馆藏资料情况介绍、附录。②全宗指南。以文章叙述的形式介绍某一档案馆内容和成分及其意义的一种工具书，又称全宗介绍。全宗指南的内容主要包括：立档单位和全宗的历史概况、全宗内档案概况、档案的内容与成分三个部分。③专题指南。按照一定的题目，以文章叙述的形式，综合介绍、报道档案馆中保存的有关该题目的档案的一种工具书，又称专题介绍。专题指南的基本结构可由序言、档案内容介绍、附录三部分组成。

（黄世喆）

治理性保护　curative preservation　针对已经遭受一定破坏的档案所采取的补救性措施。治理性保护是通过外界的干预直接作用于档案的保护行为。根据档案遭受破坏的范围大小，对受损档案进行一定的控制与处理，延缓其变质、损毁。目的是消除正在损毁档案的外界或内部因素，使之恢复到健康的状态。

根据档案遭受破坏情形的差异,治理性保护采取不同的技术方法。主要包括以下几种：①灭菌。微生物常常借助于空气传播,库房的温湿度条件往往比较适合微生物的生长和繁殖。库房内一旦出现微生物,对档案文献就构成了威胁，需要进行灭菌处理。②杀虫。库房环境为害虫提供了一个稳定的适于生存的条件。库内一旦有害虫生存，在柜架或档案表面就会留下虫皮、虫孔或排泄物，甚至可见幼虫、成虫。档案一旦遭受虫害，需要进行杀虫处理。③去酸。19 世纪中叶以来，机械造纸法开始得以推广应用。和手工纸相比,机械纸呈酸性,更易于老化。因此,去酸已经成为纸质档案保护的一项紧迫任务。④脱水。不少地方的图书馆、档案馆和博物馆曾经遭受水灾，大量珍贵的书籍、档案和文物遭受水患。为确保档案不因受潮或水浸泡而损坏，及时进行脱水处理显得十分必要。⑤清洁。清洁分为干法和湿法两种。前者例如用掸子清扫灰尘，后者往往借助于水、有机溶剂等介质进行。清洁时需要区分档案的状况,尤其是水溶性和油溶性状况,有针对性地进行。清洁往往结合消毒一起进行，如使用低浓度甲醛溶液。⑥去污。古代公文上有时附着有污点，近代的档案在形成、利用过程中也会形成蜡斑、霉斑、墨水斑等污斑。去污时需要根据不同的情况区别对待。例如，油斑、蜡斑在使用机械方法无法清除时，可以采用苯、四氯化碳、丙酮、酒精清除；色素斑等顽固污斑则可以使用氯胺 T、高锰酸钾、过氧化氢、二氧化氯等强氧化剂进行处理。⑦加固。纸张中的主要成分植物纤维在酸、水、热、氧气、光照、微生物和酶等外界不良因素长期共同作用下发生断裂、粉化,使纸张的机械强度明显下降，加固是指将这些断裂的纤维重新黏合在一起。

（周耀林）

智慧档案馆　smart archives　档案馆实施智慧化管理的集成管理体系。各级各类档案馆综合运用互联网、物联网、大数据、云计算、人工智能等信息技术，对档案实体、档案数据，以及档案收集、管理、保存、利用等业务活动等实施智慧化管理的集成管理体系。智慧档案馆整合档案信息系统、档案管护系统、智能楼宇管理系统等各类系统，实现对人、各类设施设备、档案实体、数据信息、业务活动的全面感知和智慧管理。主要特征是：档案资源数据化、档案实体物联化、档案管理网络化、档案利用泛在化、系统运行协同化和业务活动智能化。智慧档案馆通常是在数字档案馆基础上发展形成的，是数字档案馆的继承、延展和提升。

自 2008 年美国 IBM 公司提出智慧地球（smart planet）概念以来，智慧的理念在物联网、云计算、大数据技术等先进信息技术的推动下不断地渗透到各个领域。2010 年，IBM 公司又提出智慧城市的理念。智慧城市是指以新一代信息技术为支撑，在知识社会创新环境下的城市形态。众多领域借助智慧城市发展，将智慧运用到各自领域，智慧企业、智慧社区、智慧交通、智慧医疗、智慧图书馆等新事物不断涌现，智慧已成为新的发展趋势。档案部门从 2011 年开始关注智慧档案建设，2013 年智慧档案馆概念被提出并逐渐为人们所接受。2016 年中国国家档案局印发的《全国档案事业发展“十三五”规划纲要》明确指出采用大数据、智慧管理、智能楼宇管理等技术，提高档案馆业务信息化和档案信息资源深度开发与服务水平。智慧档案和智慧档案馆是新概念、新事物，有关这方面的探索和建设尚处于初步发展阶段。

2011 年，南京市档案馆提出智慧档案建设实施方案，率先在智慧平台上探索档案信息化发展，规划建设数字档案馆、数字档案室和智慧档案服务平台 3 个重点工程，提出搭建基于物联网和云计算技术的智慧档案体系架构，构筑智慧档案服务平台并与智慧南京公共服务平台对接。同年,《南京市“智慧档案”建设规划》《南京市智慧档案服务平台建设方案》通过专家验收。2013 年，青岛市档案馆提出建设智慧档案馆的新目标，并进行了有益的实践探索。具体思路是：依托档案馆的资源优势，以电子文件和专业数据库等新型档案资源归档和进馆为重点，建立档案智慧收集平台，实现电子档案智能采集；采用物联网，对档案实体实行电子标签化管理，建立档案智慧管理平台，实现档案智能化识别、定位、监控和管理；采用虚拟化等档案信息长久保存新技术，构建档案信息智慧保护平台，实现档案信息的智能备份、数据安全的智慧检测。青岛市档案馆从理论和实践两方面探索建设智慧档案馆，标志着中国智慧档案馆建设工作的兴起。2014年3月11日，在国家智慧城市建设工作有序推进的背景下，国家档案局技术部和浙江省档案局在杭州联合召开了全国首次“智慧档案建设研讨会”。与会专家对智慧档案馆的概念、结构、特征、核心任务、发展趋势等展开了全方位的讨论和研究。2014年，张家港市档案局提出智慧档案馆建设构想，目标是实现档案实体定位功能、安全保管，实现档案实体“生命体征”表现，实现档案馆绿色节能。2019年7月25日，由中国档案学会、江苏省档案学会联合主办的“2019档案从业者安全保护专题研讨会暨2019第一届智慧档案解决方案展”在南京召开。会议讨论了智慧档案解决方案方面的技术创新、管理创新和业态创新的最新成果。此后，人工智能技术发展迅猛，机器学习、深度学习、大语言模型在数字档案馆中的应用日趋走深走实，智慧档案馆建设也不断深化发展。

智慧档案馆是数字档案馆的进一步升级，体现了档案工作与信息技术的深度融合，建设智慧档案馆是档案工作走向现代化的趋势所向。（黄玉明　黄　静）

《中共中央文件选集》 *Selected Documents of the Chinese Communist Party Central Committee*　中国档案文献汇编。根据有步骤地开放党的**历史档案**的精神，经中共中央批准，由中央档案馆和中共中央文献研究室联合编辑。分别由中共中央党校出版社和人民出版社出版。分为中华人民共和国成立前（1921年7月～1949年10月）和中华人民共和国成立后（1949年10月～1966年5月）两个部分，分阶段实施。

中华人民共和国成立前部分是在中共中央党校出版社出版的内部本的基础上编辑而成。1988年启动，由中共中央文献研究室审定，中共中央党校出版社1989年起陆续出版，1993年出齐，共18册，计收录中央文件2816篇，约800万字。其中1～3册为中国共产党成立和大革命时期的文件，4～11册为第二次国内革命战争时期的文件，12～14册为抗日战争时期的文件，15～18册为解放战争时期的文件。全面反映了中国共产党在新民主主义革命时期各历史阶段的路线、方针、政策，反映了中国共产党历次重要会议、事件及革命活动，是研究中国现代史和中国共产党党史的第一手系统资料。

中华人民共和国成立后部分是由中央档案馆和中共中央文献研究室联合编辑，人民出版社出版。2011年开始启动，2013年6月完成编辑，2013年7月一次性出版，共50册。按照文件形成时间编排，选收了1949年10月至1966年5月，以中共中央名义发出的重要文件4569件，约1600万字。收录的文件大部分依据中央档案馆保存的档案刊印，一部分依据当时的报刊或后来编辑出版的党和国家领导人**选集**、**文集**或党的文献汇编本刊印。其中包括中共中央政治局、中共中央书记处、中共中央重要会议等做出的决议、决定、指示、通知、电文等，以及中共中央与其他机构联合发出的文件，部分与中央文件有直接关系的文电作为附件一并收入。这些档案文献多数是第一次公开发表。中华人民共和国成立至“文化大革命”前夕，是中国基本完成社会主义改造并开始全面建设社会主义的重要时期。公开出版这一时期具有权威性的档案文献选集，对推动党的思想理论建设，让广大党员和人民群众进一步了解党领导全国各族人民进行社会主义革命和建设的历史，坚定社会主义理想信念，不断努力夺取中国特色社会主义建设的新胜利具有重要意义。

（井家卓　丁华东）

中国兵器工业档案馆　Archives of China North Industries Group Corporation　中国国防军事工业专业档案馆，兵器工业档案科技资料中心。位于北京市海淀区车道沟10号院。中国兵器工业档案馆经国务院国防工业办公室批准于1963年建立，前身是第三机械工业部技术资料档案馆，1980年改称中国兵器工业档案馆。隶属中国兵器工业集团有限公司。内设档案行业处、项目档案处、档案资源处、数据档案处、档案技术处、档案编研处、综合计划处、财务管理处。

职能　中国兵器工业档案馆负责兵器工业各类档案资料的收集、保管、利用和档案信息开发工作，同时负责对集团公司档案工作的归口管理；对各子集团和直管单位履行档案业务监督、检查和指导的职能；负责兵器产品定型图纸代号的编制颁发、军贸产品命名，兵器产品第一底图的调拨、引进技术资料和军品科研项目档案的归口管理；组织档案业务培训和兵器工业档案学术活动；承担兵器工业档案理论与技术的研究工作；负责国防科技工业固定资产投资项目档案的专项验收。

馆藏内容和特色　馆藏面积4000余平方米，馆藏各类档案近43万卷（件），引进技术资料、底图50多万张，缩微制品近30万张，照片档案1.7万余张，图书、厂史（志）资料2000余册。馆藏内容包括：国防工业**历史档案**、兵器工业机关档案，经国家各级定委批准的设计定型和生产鉴定的兵器产品图纸资料、引进技术资料、基本建设项目档案，获得国家和集团公司各种奖励的科研成果档案，兵器工业预研档案资料和撤销单位的档案等。馆藏档案覆盖了中华人民共和国成立后兵器工业各个历史阶段，全方位、多角度记录了兵器工业史上的重要事件及活动，机构的演变、职能的变化，以及党和国家领导人对兵器工业发展的关怀和关注。

规范管理与编研　根据档案内容将馆藏档案划分为不同的保密等级，按级别进行保存与管理。

根据国家相关标准，结合兵器工业**档案管理**的特点，经过不断的理论研究与实践探索，形成了覆盖档案各个业务领域的标准体系：《中国兵器工业集团公司档案工作管理办法》《中国兵器工业集团公司珍贵档案管理办法》《兵器工业科技档案的建档要求》《兵器工业文书档案的建档要求》《兵器工业档案著录细则》等。

中国兵器工业档案馆不仅注重档案资源的管理，更加注重开发档案文化产品，打造了一系列编研精品。以专题档案为基础，主办了“纪念人民兵工创建八十周年史料展和图片展”；主编了《光辉历程——纪念人民兵工创建八十周年画册集》《兵器工业“十一五”成就画册》《兵器工业质量安全文件汇编》《兵器工业档案工作文件汇编》等；组织编写《中国兵器工业集团有限公司年鉴》。

服务内容　档案馆对符合查阅条件的来馆人员提供网络查询、复制、照片传输等服务。主要内容包括：①**文书档案**的查阅、复制工作；②科技档案图纸及引进技术资料的查阅、复制工作；③照片档案的查阅、传输、打印服务；④馆藏图书、厂史（志）及编研成果的查阅、复制服务。

“十三五”期间启动的兵器工业珍贵档案抢救与保护工作是兵器工业遗产保护的重要组成部分，可有效保护兵器工业珍贵历史档案，优化整合和深入开发利用珍贵档案信息资源。持续进行的**数字档案馆**建设工作是完善兵器工业科研管理大数据体系、打造智慧档案馆的有力措施，可有效实现系统内资源共享，提升档案服务能力和水平。（张　凡）

中国船舶档案馆 The Archives of China State Shipbuilding Corporation Limited 中国船舶军工专业档案馆。代号七六所。作为集团公司档案馆，承担着督导集团公司所属单位档案工作和管理集团公司重要档案的双重职能，为企业生产管理和国有资本提供保值增值服务；作为国家军工专业档案馆，承担着保管国家军工专业档案的职能和任务。

1965年9月成立于陕西省凤县，隶属于第六机械工业部；1982年，隶属于中国船舶工业总公司；1989年搬迁至陕西省兴平市；1999年，中国船舶工业总公司一分为二，隶属于中国船舶重工集团公司；2019年11月，隶属于中国船舶集团有限公司。现馆址是陕西省兴平市金城路100号。历任馆长为：李佩玉、张世钧、王特立、闵恩乾、何伟光、王雷。内设综合管理部、党群工作部、规划指导部、档案资源部、编研开发部、信息技术部、财务部、综合保障部等部门。

馆库建设　库房面积6500平方米。根据库房布局和**档案保管**需要，建立了屏蔽机房、档案接收室、档案整理室、档案修裱室、档案消毒室、阅档室、纸质档案数字化室、声像档案数字化室、缩微技术室、数模影像整合系统室等业务用房，配备各类工艺设备数十（套）。

馆藏资源　馆藏资源门类齐全、结构合理、管理科学。覆盖面广，系统性强，真实记录了中国船舶工业从无到有、从小到大、从弱到强的发展历程和辉煌印记。馆藏档案涵盖基本建设、产品、文书、会计、历史底图档案以及图书资料等。馆藏档案最早可追溯至1905年江南造船所形成的舰船底图档案，珍贵档案有清朝末期中国造船工业技术图纸，以及老一辈革命家和中央领导同志对发展船舶工业的重要指示批示、视察船舶工业企事业单位的活动记录等，馆藏长江舰历史底图档案入选国家第五批历史文化遗产名录。

业务建设　业务宗旨是搞好档案工作，促进船舶工业发展。主要业务范围：支撑集团公司做好档案工作总体谋划、顶层设计、档案制度体系建设和行业重要档案专项工作的策划与实施；承担档案资源体系建设、档案业务指导与培训、档案信息化建设、档案开发利用、档案技术保护等基础业务工作；开展项目档案验收、数字档案馆（室）建设评审验收、档案系列副高级及以下职称评审、档案技术服务与档案科技研究等。“十三五”以来，船舶档案馆坚定聚焦档案主责主业，以改革提升活力，以创新驱动发展，加快推进数字档案馆建设，有效推动档案工作转型升级；集中统一管理重要档案资源，馆藏数量突破50万卷（折合卷数）；建立起军工行业第一个档案特藏品，探索出了档案保护和资源开发的新思路；启动建设中国船舶档案技术保护实验室，建成声像档案数字化中心，抢救和保护珍贵档案资源；承担国家档案局、国防科工局、集团公司层面多项档案科技研究项目，荣获国家档案局档案科技成果三等奖1项；聚焦服务科研生产管理工作，编制了《中国船舶院士风采录》《中国船舶成员单位全宗介绍》《中国船舶守“沪”记“疫”》《中国船舶档案工作年度报告》等一批质量高、实用价值强、影响力大的编研成果，广受好评。

档案服务　树立“大档案”理念，改进服务内容，优化服务措施，更好地融入中心、服务大局。①为中央有关部委、集团公司总部及其成员单位、地方政府管理部门以及高等院校等单位提供**档案利用**，其中馆藏底图档案成功助力长江舰完成1∶1复建工作，获得国家档案局档案开发利用案例特别奖。②为成员单位提供档案业务指导与培训服务，多次承办国防科工局、集团公司层面档案培训会议，搭建档案业务交流和学习的良好平台，有效推动集团公司档案工作质量整体提升。③结合成员单位档案业务工作需求，提供档案管理系统开发实施、纸质档案数字化处、声像档案数字化、缩微胶片档案数字化、档案整理、档案代管等技术服务工作，切实解决档案工作结构化治理难题，助力成员单位不断降本增效。（李长威）

《中国档案》 *China Archives* 中国档案专业指导与研究型刊物。国家档案局主管，中国档案杂志社主办。月刊，国内外公开发行。前身为中共中央办公厅秘书处1951年5月开始内部编印的《材料工作通讯》。1953年7月更名为《档案工作》。国家档案局成立后，1955年3月移交给国家档案局出版。1957年1月起公开发行。1965年底停刊。1979年7月筹备复刊，10月编印试刊一期。1980年正式复刊，双月刊。1985年第1期起改为月刊。1994年改现名。

刊物面向全国档案、史志工作者，任务是宣传档案工作的法规、方针和政策，报道档案界的活动，交流和推广档案部门的工作经验，介绍档案工作的基本知识，开展档案学理论、历史与技术的研究，传播档案工作者的先进思想和事迹，介绍外国档案工作的情况和经验，宣传档案工作的重要作用。常设板块有：资讯、关注、专栏、专题、业务、风采、文化等。

《中国档案》是中国创办最早的档案期刊，为北京大学《中文核心期刊要目总览》入选期刊；在行业内具有较高的影响力，对档案学的理论和实践工作有较大的指导意义。（吴以文　马　婵）

《中国档案报》 *China Archives News* 中国档案行业报纸。国家档案局主管，中国档案报社主办。1995年1月9日创刊于北京。1995年底前为每周一期，共4版；1996年增刊为每周两期，共8版；2001年增刊为每周三期，两期正刊，一期副刊《档案大观》，共16版；2010年改为每周三期，两期新闻版，一期文化版，共12版，彩色印刷，国内外公开发行。2000年，《中国档案报》英文专刊创刊，英文专刊此后成为进入历届国际档案大会主会场的唯一报纸。

主要内容：新闻版下设要闻、综合信息、业务交流和档案天地，主要报道国内外档案界的重大新闻，国家及各地方档案工作动态信息，宣传档案服务民生事例，刊登围绕档案界的重大热点事件、重要法规、理论研究、技术创新等进行阐述、分析、批评和监督的文章，以及对外公布馆藏档案；文化版下设综合、档案揭秘、如烟往事、兰台集萃，主要从全国各级各类档案馆馆藏档案中挖掘历史文化档案资源，以史实为依据，讲述档案背后的故事，图文并茂，侧重突出档案资源的史料性和趣味性。

中国档案报
CHINA ARCHIVES NEWS
国家档案局主管
中国档案报社主办
2013年7月1日 星期一
总第2477期
青春在兰台上闪光　价值在服务中体现
——记海南省海口市档案局馆管理科科长陈李庆

《中国档案报》（2013年7月1日）

《中国档案报》是档案工作的重要舆论阵地，是档案界联系社会各界的重要纽带之一，也是世界上唯一的档案行业报纸。（马　婵）

中国档案出版社 China Archives Press 中国国家档案局所属档案专业类出版社。1982 年 1 月成立于北京。原名档案出版社，1993 年更名为中国档案出版社。2010 年 12 月撤销。

内部设有档案专业编辑室、史料编辑室、综合编辑室等 8 个部室和《办公室业务》杂志社。出版范围为档案专业、档案史料、方志、文秘、综合类图书，出版了 2000 多种图书，并先后出版过《秘书工作》《**档案学研究**》和《办公室业务》3 种杂志，为推动中国档案、历史、文秘等学科研究和实践的发展，做出了积极贡献，具有良好的社会影响。

重要出版物包括：①领袖手迹类图书。出版了《毛泽东手书精选》《毛泽东评点二十四史》《毛泽东书法墨迹精选》《毛泽东诗词手迹墨宝》《毛泽东手书古诗词墨宝》《毛泽东题词手迹墨宝》《周恩来手迹精选》《邓小平手迹选》《邓小平题词墨迹选》《老一辈革命家手迹选》等，受到了社会各界的关注。《毛泽东评点二十四史》曾被国家领导人作为国礼赠送给美国哈佛大学；《邓小平手迹选》被新闻出版总署确定为国家“十五”规划重点图书，并获得第十四届中国图书奖特别奖。②重大时政类图书。根据党和国家重点工作编辑出版了一批优秀图书，《共和国五十年珍贵档案》被中宣部和新闻出版总署指定为庆祝中华人民共和国成立 50 周年全国重点图书；《**中国共产党八十年珍贵档案**》被确定为国家“十五”规划重点图书，被中宣部和新闻出版总署指定为庆祝中国共产党成立 80 周年全国重点图书；《红军将帅手迹选》被中宣部和新闻出版总署指定为纪念红军长征胜利 70 周年全国重点图书；《**改革开放三十年重要档案文献**》系列丛

图 1 《共和国五十年珍贵档案》封面

书被中宣部和新闻出版总署指定为纪念改革开放 30 周年全国重点图书；《城市解放系列丛书》被中宣部和新闻出版总署指定为庆祝中华人民共和国成立 60 周年全国重点图书。③档案专业类图书。

图 2 《公文主题词表》(修订本)

出版了《档案工作文件汇集》系列图书、《中国档案馆指南丛书》《**中国档案分类法**》《中国档案分类法使用手册》《**中国档案主题词表**》《**中国档案年鉴**》《**档案管理学**》《科技档案管理学》《档案馆学新探》《档案目录学》《档案利用学》《**档案信息化建设导论**》《**档案信息化建设实务**》《经济科技档案工作实务》《现代人事档案管理》《光盘信息存储与保护》等，受到了广大档案工作者的欢迎。④档案编研类图书。出版社高度重视档案编研类图书的出版，成立了全国档案编研出版指导委员会组织相关工作，出版了《中华人民共和国史》《中国档案文献遗产名录》《中国革命史辞典》《解密中国外交档案》《全国民国档案通览》《中国革命根据地债券文物集》《国民党军追堵红军长征和西路军西进档案史料汇编》《抗战时期大后方经济史研究》《抗日战争时期国民党军机密作战日记》《**乾隆朝上谕档**》《全国明清档案通览》等，对促进档案工作服务社会、推动相关研究的发展发挥了积极作用。⑤文秘类图书。组织出版了《秘书词典》《秘书学导论》《党政机关文秘工作手册》《秘书工作概论与实务》《文书工作实务》等一大批文秘类图书，在文书学、秘书学研究领域和文秘工作者中有较大影响。⑥普及类图书。《教师手册》《聪明泉》《道路交通安全手册》《老龄干部手册》等，广受读者欢迎，产生了很好的社会效益和经济效益。

（高建平）

《中国档案分类的演变与发展》 *The Evolution and Development of China Archives Classification* 中国档案学著作。邓绍兴、邹步英、王光越著，档案出版社 1992 年 10 月出版。旨在进一步搞清档案分类工作的历史和现状，总结并吸取档案分类的经验，以满足档案分类研究和实践深入发展的需要。

全书分为 7 章。第 1 章，共 5 节，中国古代社会的档案分类，阐述了商、周、秦、汉、唐、宋、明、清时期的档案分类历史，并分析了中国古代社会档案分类发展缓慢的原因。第 2 章，共 2 节，中华民国时期对历史档案的分类，阐述了北京大学、清华大学、禹贡学会和文献馆的历史档案分类历史。第 3 章，共 3 节，中华民国时期政府机关档案的分类，阐述了民国档案分类发展的基础和分类方法，并对这一时期的档案分类进行了评析。第 4 章，共 3 节，新民主主义革命时期中国共产党和革命根据地的档案分类，阐述了党的创立和土地革命战争时期、抗日战争时期、解放战争时期的档案分类历史。第 5 章，共 5 节，中华人民共和国成立后社会主义改造和社会主义建设初期的档案分类，阐述了以职掌、**组织机构分类法**为主体的**档案实体分类**方法，科技档案分类、分类卡片目录等内容，并研究了档案分类理论。第 6 章，共 5 节，社会主义建设新时期的档案分类，阐述了**国家档案全宗**的分类、档案馆级的档案分类、档案分类表、《中国档案分类法》等内容，并对档案分类理论进行了研究。第 7 章，共 2 节，中国台湾地区档案学者论档案分类，介绍评价了台湾学者所论的档案分类的意义和原则、档案分类表等内容。

著作系统梳理了中国档案分类的历史脉络和发展特点，较为全面地总结了中国档案分类工作的经验，为档案分类研究的进一步深化奠定了良好基础，是中国档案分类及档案史研究的重要著作。

（马林青）

《中国档案分类法》 *Classification of Archives in China* 中国国家档案局主持制定的规范中国**档案分类标引**与检索标准化的工具书。1985 年 10 月全国文献工作标准化技术委员会第五分会对国家档案局主持制定的《中国档案分类法》进行了审议，1987 年 12 月档案出版社出版试行本。编委会经过 10 年的档案分类标引实践检验，通过修订、补充，并报请批准作为国家标准。1997 年 12 月出版第二版，正式在全国档案部门推广使用。

《中国档案分类法》从中国档案资源构成的实际情况出发，由编制说明、中华人民共和国档案分类表、新民主主义档案分类表、民国档案分类表、明清档案分类表组成。编制说明对编制目的和适用范围、编制原则、体系结构、使用方法等作了介绍。4 个分类表，分别由主表和辅助表组成。主表是分类表的主体，根据需要设置

了19个基本大类，在基本大类之下，设立了3～7级的类目；辅助表又称复分表，是由主表中抽出的某些具有共性区分的类目组成，供主表有关类目需要进一步复分时使用，包括综合复分表、世界各国和地区表、中国地区表、中国民族表等。采用从国家档案形成和运动的本身所固有的次序（规律）来进行分类排列，以不同历史时期的国家机构、社会组织从事社会实践活动的职能分工为基础，紧密结合档案内容记述和反映的事物属性关系，构建从总到分、从一般到具体的逻辑体系。

《中国档案分类法》（第二版）封面

《中国档案分类法》主要是为档案进行分类标引和组织档案的分类目录，并建立档案目录和咨询中心而编制的，适用于中国各个历史时期所形成的各类档案的信息分类。某些专业档案也可采用该分类法进行档案实体的分类整理和排架，组织馆藏。同时，它对国家全部档案的宏观管理，对国家全部档案成分的了解、掌握、分析、研究，对制定国家档案管理制度，特别是制定专业档案管理制度，也具有一定的参考作用。（王英玮）

《中国档案管理新论》 *New Views over Archives Administration of China* 中国档案学专著。殷钟麒著。1949年5月重庆私立崇实档案学校出版部出版。殷钟麒（1907～1970）长期从事档案工作，1946年在重庆开办崇实档案学校，自编教材，致力于档案教育和档案学研究，中华人民共和国成立后曾在第一历史档案馆工作。

该书共3编17章。一编绪论，分5章，论述档案的定义、档案管理的意义和范围、档案的功用和重要性，以及档案管理工作的历史与今后展望。二编行政，分5章，叙述档案组织和制度、档案人员的培养及研究考察办法等。三编办法，分7章，叙述文书档案连锁法、档案三联制（设计、执行、考核），以及档案管理、检查、整理旧卷等。档案管理中又分高、中、低级三种机关情况加以分析，对管理工作的各环节如点收、登记、分类、编目、编卷、装订、典藏和调阅等都详加论述。并用若干篇幅专门叙述中国档案的历史，同时也介绍了欧美国家的档案史。该书在档案学旧著中内容较为详备，是当时的代表作，对发展中国档案学理论与实践有一定影响，对研究近代中国档案学有参考价值。（方　鸣）

中国档案教育机构 archival education institution 中国培养档案学专业人才的组织机构。档案学专业人才培养的主体，在人才培养过程中承担规划、实施的责任，发挥了主体作用，其自身的发展程度决定了档案学专业人才培养质量的优劣。主要包含档案学专业教育培训机构、档案学专业中等教育机构和档案学专业高等教育机构三个层次。

档案学专业教育培训机构　以国家档案教育培训机构和省级档案教育培训机构为主体，以在职档案工作人员为主要培训对象。

国家档案局档案干部教育中心是国家级档案教育培训机构，于1988年经劳动部和国家档案局批准成立，是国家档案局中央档案馆直属的唯一全国性档案专业培训机构。其宗旨是：根据国家档案局档案事业发展规划，通过各种手段和方式，开展档案教育和培训，提高档案工作者的业务素质，为国家档案和信息化建设提供人才和智力支持。主体任务是：开展全国档案局、馆长培训，开展中央国家机关档案处长和全国档案师资力量培训以及开展档案学理论研究。培训形式有岗位培训和档案专业继续教育。在现有的培训基础上，将逐步开展和完善基地教育、网络教育和社会教育。教育中心成立以来，培训档案干部数万人。举办的培训班主要有：全国档案局馆长培训班、中央国家机关档案处长培训班、档案师资研修班、岗位培训班、高研示范班、档案信息化建设培训班、档案安全防范技术培训班、重点建设项目档案培训班、文书档案人员培训班、电子文件归档与管理培训班、人事档案管理培训班、财会档案管理培训班。除了举办培训班外，还围绕国家档案事业发展重点，开展理论研究，先后主办了档案信息化建设研讨会、现代科技与档案管理研讨会等。

省级档案教育培训机构主要负责本省档案干部的上岗培训和继续教育工作，主要任务是：贯彻执行档案教育培训政策、法规及规划等，根据本省档案事业发展规划，紧密结合档案工作实际，围绕工作中心和档案工作重点、热点和难点，通过各种培训手段，组织、承办不同层次、多种类型、多种形式的档案教育培训班，开展培训、调研、辅导、讲座、研修等各类活动，总结教学经验，开展教学评估，编写培训教学资料等，努力提高本省档案人员的业务能力和综合素质，为档案事业发展提供可靠的智力支持和人才保证。主要包括对全市档案工作人员进行岗位培训、继续教育及档案专业知识与业务技能专题培训，对本省各级档案局馆负责人和省级机关、人民团体、企事业单位档案部门负责人进行培训等。包括：北京市档案干部培训中心、天津市档案培训学校、河北省档案干部培训中心、山西省档案干部教育培训中心、内蒙古自治区档案局档案教育中心、上海市档案干部培训中心、浙江省档案干部教育培训中心、福建省档案干部培训中心、江西省档案干部培训中心、湖北省档案干部培训中心、湖南省档案局科技教育培训中心、广东省档案人员继续教育中心、四川省档案干部培训中心、云南省档案干部教育培训中心、陕西省档案干部培训学院等。

档案学专业中等教育机构　为档案学专业中等应用型人才集中培养的机构。旨在培养档案工作人员从事专项具体工作（即基础工作）的技能，教学内容主要为具体档案工作的基础理论和技术知识。

档案学专业高等教育机构　为档案学专业高级人才集中培养的机构。中国的档案学专业高等教育机构孕育自20世纪30年代，创办于50年代，历经70多年跌宕起伏的发展历程，逐渐形成了档案学专业学士、硕士、博士高级专门人才培养综合体系结构。截至2023年，全国共有35所高校开设档案学本科专业，31所高校设立档案学专业硕士学位点，15所高校招收档案学专业博士生。（张　斌）

《中国档案年鉴》 *Archives Yearbook of China* 中国档案学工具书。《中国档案年鉴》是供国内外读者了解和研究中国档案事业发展基本情况的综合性、资料性的大型文献和工具书。由国家档案局中央档案馆组织编写，中国档案出版社和中国文史出版社出版。第一部是1992年档案出版社出版的《中国档案年鉴（1989）》。

《中国档案年鉴》主要以各地档案事业发展情况为主干，从档案法规、标准的制定，档案馆、机关档案室工作，经济、科技档案工作，档案教育、科技、宣传、出版、外事工作等各个方面反映中国档案事业发展的全貌。主要内容分为 14 类：特载，综合概况，档案事业发展概况，档案法规、标准化工作，档案馆工作，机关档案工作，经济、科技档案工作，档案专业教育工作，档案科技工作，档案宣传工作，档案出版工作，国际外事工作，中国档案学会，档案统计资料。正文后附有统计年度内的档案工作大事记。此外，部分统计年度会增设“国际档案理事会工作”的内容。收录的资料，一般未包括台湾地区。香港特别行政区和澳门特别行政区的有关资料由两地自行公布。

《中国档案年鉴》所采用的资料尊重史实、内容丰富、信息量大，全部由国家档案局中央档案馆，中央和地方各部门，各省、自治区、直辖市档案局与有关单位提供，内容全面、翔实、准确，具有权威性。（戴艳清）

《中国档案史讲义》 *Lectures on Chinese Archival History* 中国档案史教材。20 世纪 50 年代，中国人民大学档案系为适应档案专业的教学需要，由韦庆远、程桂芬等人编纂完成《中国档案史讲义》初稿（中国人民大学历史档案系档案史教研室 1961 年编印），1961 年与 1963 年中国人民大学历史档案系对书稿进行了两次修订，成书后供校内教学使用。1979 年重编。

该书正文有 3 编、11 章。在体例安排上，编、章基本以历史时期为划分依据，系统介绍了公元前 2000 多年以来中国各个朝代档案工作起源、发展及变化的历史。第一编为中国奴隶社会时期和封建社会时期的档案工作，按历史发展过程纵向叙述自夏代至清代的档案和档案工作。其认为夏代、商代、西周时期为档案工作的建立时期，春秋战国时期至魏晋南北朝时期为档案工作的初步发展时期，隋唐五代时期至清代为档案工作的进一步发展时期。第二编为中国半殖民地半封建社会时期的档案工作，集中讨论鸦片战争以后清朝、北洋军阀政府、南京国民政府的档案工作，以及外国侵略者对中国档案的掠夺和盗窃。第三编为新民主主义革命与社会主义革命和建设时期的档案工作，系统论述新民主主义革命时期和中华人民共和国成立后国家档案事业的发展历程。

该书在中国档案学领域具有重要的学术地位。首先，该书是中国档案史的开山之作，是编写中国档案史教材的第一次探索。其次，该书以历史时期为纲，讲授中国各个时期档案事业的发展状况，在一定程度上对历史上档案文献的编纂、历史文书、档案学术发展等问题做了较深入的探讨，补充发展了档案事业史的研究。最后，该书作为中国人民大学档案系（今信息资源管理学院）所开设课程《中国档案史》的专业教材，是中华人民共和国档案理论学术研究发展的标志之一，是教学人员借助于欧美尤其是苏联的有关著作，继承和挖掘中国档案学遗产，紧密联系中国文书、档案工作等实际情况，创造性地建设档案学的体现。（张芳霖）

《中国档案史教学参考资料》 *Reference Materials for Teaching Chinese Archival History* 中国档案事业史研究与教学用资料汇编。中国人民大学历史档案系档案史教研室 1980 年编印，内部交流用书。20 世纪 50 年代，韦庆远、程桂芬、曾宪楷等学者着手创建中国档案事业史学科，并开始学科研究资料的搜集与整理。1962 年，中国人民大学历史档案系档案史教研室编印《中国档案史参考资料》，分为“奴隶社会和封建社会时期”“半殖民地半封建社会时期”“新民主主义革命和社会主义革命与建设时期”3 册。1980 年重印时改名为《中国档案史教学参考资料》，仍为 3 册。除了第三册稍有增删外，其余内容基本未变，全书 56 余万字。书中集中了古代、近代、现代不同研究阶段多位学者辛勤努力的成果，反映了自中国档案事业史学科创建以来资料整理的整体成就。其中“奴隶社会和封建社会时期”主要编纂者为史料专家曾宪楷、王德元，“半殖民地半封建社会时期”主要编纂者为程桂芬、刘慧，“新民主主义革命和社会主义革命与建设时期”主要编纂者为邹家炜、陈明显。

该书以传世文献中的基础史料为主，按照时代与问题相结合的方法编排资料，在当时条件下反映了档案史发展的基础资料面貌。书中还对选录史料作了标点和校勘，附注每一条资料出处，比较方便读者阅读。这部书当时仅为教学参考用书，供内部交流使用，并非公开出版物。但自编印以来，一直是中国档案事业史研究者的重要参考用书。（梁继红）

《中国档案事业简史》 *Concise History of Chinese Archival Undertaking* 中国高等学校档案学教材。邹家炜、董俭、周雪恒合编，中国人民大学出版社 1985 年 3 月出版。全书共 12 章。第 1 章为档案的产生与商、周时期的档案工作；第 2～9 章为春秋战国、秦汉、魏晋、隋唐、宋、辽金元、明、清、太平天国、辛亥革命、北洋军阀、国民党政府等时期的档案工作；第 10 章为中国共产党建党初期和革命根据地的档案工作；第 11 章为中华人民共和国成立后社会主义改造时期的档案工作；第 12 章为开始全面建设社会主义时期的档案工作。该书叙述了从远古至 1966 年，中国档案、档案工作和档案学产生、发展的历史，并以历史时期为序，运用具体史料，阐明中国各个历史时期档案事业发展的规律和特征，总结中国档案工作发展变化的历史经验和教训，是了解中国档案事业发展的主要著作。（孔凡岳）

中国档案事业史 history of Chinese archival enterprise 研究中国档案事业历史的档案学分支学科。中国档案事业史以中国档案，档案管理，档案学的产生、发展和演变为研究对象。总体上可分为中国档案史、中国档案管理史和中国档案学史三个专题史，三史之间是既密切联系又相对独立的逐层递进与互动关系。档案是中华文明的源头和核心载体。它与不同历史时期的政治、经济、文化、社会等各个方面有着密不可分的互动关系。历代档案管理是维系中华文明连续性传承的纽带，而中国传统经史文献与文化正是以档案为内容基底构筑而成。因此，中国档案事业史不仅是中国档案事业的专门发展史，还是从档案视角探讨中华文明发展轨迹和脉络的文明史。

研究方法和目标　中国档案事业史研究要在充分占有史料的基础上，坚持历史与逻辑相结合的原则，运用比较研究方法，科学分析和系统阐释中国不同历史时期档案事业的历史脉络、传统和规律，探讨不同历史时期它们与政治、经济、文化、科技、社会等方面的互动关系，借以追寻中华文明发展的脉络与特征，从而确立中国档案事业在传统文化中的地位、作用和影响，为当代中国档案事业发展提供多维度的有益的历史借鉴。

研究内容　①中国档案事业史的史料搜集与整理。史料搜集范围既包括经史子集传世文献中与历代档案事业发展相关的内容，还包括地下出土文献，尤其是 19 世纪末以来地下出土和发现的公私文书，以及其他考古资料。通过比较鉴别，去伪存真，综合利用传统史料整理与数字化整理的方法和手段，为中国档案事业史研究提供丰富多样和方便检索利用的史料基础。②中国档案事业史的叙事和分析框架。包括：中国传统公牍与文书处理的发展变迁、档案起源与嬗变；档案的收集、整理、鉴定、保管、统计、编目、编纂和利用等档案工作的发展脉络；档案管理机构的组织、职能以及文档官吏的选拔任用；历代档案立法与管理制度，与档案相关的历史事件与历史人物；近代以来档案教育、档案宣传出版、档案行政事业管理、中外档案交流等的产生与发展；中国档案思想和中国档案学的发展历史；按照时间和专题两个维度展开的中国档案事业史体例结构；中国档案事业史中的传统概念框架与中国档案事业发展模式的理论概括；中国档案事业的价值判断与中国档案事业史观；比较视域中的中国档案事业发展研究等。③中国档案事业史的元科学研究。包括学科研究对象、研究方法、研究内容，以及中国档案事业史学术发展和学科建置的历史。

学科创建与发展　中国档案事业史作为一门档案学分支学科，始建于20世纪50年代。建设中国档案史课程与教材是中国人民大学学习苏联经验自觉创建中国化档案学学科体系的重要组成部分。中国人民大学历史档案系档案史教研室于1961年内部出版《中国档案史讲义》，1962年编印《中国档案史参考资料》。吴宝康、韦庆远、程桂芬、曾宪楷、王德元、邹家炜等学者共襄其成，开创学科发展的初步规模。1985年，邹家炜、董俭、周雪恒合著的《中国档案事业简史》出版，这是第一部公开出版的中国档案事业史著作。1994年，周雪恒主编的《中国档案事业史》出版，这是一部在继承中开新的著作，是中国档案事业史研究的重要代表性成果。1988年，裴桐主编的《当代中国的档案事业》出版，与此前中国档案事业的通史体裁不同，这部著作主要阐述了1949年后中华人民共和国社会主义档案事业建设发展的历史和基本经验，开创了中国档案事业断代研究的先河。

自20世纪90年代中期至21世纪初，中国档案事业史在断代和专题研究方面皆有不少比较深入的研究成果，如宋代、清代及近现代等多个历史时期的断代研究，古文书、档案种类、档案管理机构、官吏与制度、档案保护、档案文献编纂、科技档案、民族历史档案及其管理、档案学史等诸多专门研究。对于档案事业的历史功能，中国档案事业史的研究视域正在由维系中华文明延续扩展至在全球史的框架中作跨文化的考察，以全面审视中国档案事业的独特性质和价值，诸如在传统社会制度构建、行政运转与文化传承中的历史作用，为中国档案事业未来发展和国家建设提供传统经验。（梁继红）

《中国档案事业史》 *History of Chinese Archival Enterprise* 中国档案事业史著作与高等学校档案专业教材。周雪恒主编。中国人民大学出版社1994年出版。书中将档案事业放在宏大的历史视野中加以考察，综合运用考古与文献资料，理清上古至现代中国档案事业发展的基本脉络，比较全面地揭示了不同历史时期档案事业发展的整体面貌。

该书以历史时期为序，设立章目，共分为22章。全书详近略远，前12章为古代部分，从中国档案的产生与夏朝档案工作的建立开始，先后论述了商朝、西周王朝、春秋战国时期、秦朝、两汉时期、魏晋南北朝、隋唐时期、宋朝、元朝、明朝与清前期的档案与档案工作；后10章为近现代部分，先后论述了鸦片战争后清朝的档案和档案工作、太平天国的档案和档案工作、辛亥革命时期的档案和档案工作、北洋政府的档案和档案工作、国民政府时期的档案和档案工作、新民主主义革命时期中国共产党领导的档案工作、中华人民共和国成立后国家档案事业的初步建设、开始全面建设社会主义时期的档案工作、"文化大革命"中的档案工作和社会主义建设新时期的国家档案事业。

书中对每一历史时期档案、档案工作及国家档案事业的阐释，都紧扣所处时代的政治制度变迁、文化发展及技术进步等问题与特点，展示了包括文档机构与官吏、文书档案种类、文书档案工作制度、档案学术思想与学科发展的时代变迁，并延伸至存世历史档案的现状与内容价值。全书在看似并列的各个历史时期中将不同线索牵连起来，或采取追溯的写作手法将某些问题的脉络作集中叙述，书中的时间与空间维度有条不紊地在连续中展开。如以制度、文化变迁与文档机构、官吏、档案种类互动为例，书中结合商代神权政治的特点，重点阐述了甲骨档案；结合西周时期宗法制和世卿世禄制重点阐述了金文档案；结合宗法制和世卿制度向官僚制度的转变，阐述春秋战国时期的社会大变革对档案工作与档案官员的影响；结合秦朝专制官僚政体，阐述秦朝文档工作的新发展，如尊君抑臣和注重政务效率的文书档案工作制度，极富时代特点的律法档案与石刻档案；结合汉代儒学独尊、儒生地位提高，阐述儒生与文吏在文档工作领域的冲突与融合；结合魏晋南北朝时期门阀制度，阐述这一时期谱牒档案的兴盛；结合隋唐时期政治制度的发展完善，阐述档案机构与管理制度的完备；等等。中国社会进入近代以后，社会变动更为剧烈，这一时期的档案事业是当下档案事业发展直接继承的历史资源，分章厘析也更为细密。

该书注重各个历史时期档案、档案工作、档案事业与时代背景的互动关系，并且根据中国文档工作发展特点，将文书撰拟、文书处理与档案工作作为有机整体叙述，使档案与档案工作有源可溯、有本可依，时间线索明晰，内在逻辑清楚。是中国档案事业史研究的重要代表性著作和专业经典教材。（梁继红）

《中国档案文献编纂史》 *History of Chinese Archival Documents Editing and Publication* 中国档案学著作。梁继红著。国家图书馆出版社2009年出版。中国第一部以"中国档案文献编纂史"为书名的专著。此前，关于中国历史上档案文献编纂情况的论述多见于档案文献编纂学教材中的部分篇幅。

分上、下两编，上编为古代中国档案文献编纂史，分6章，依次论述先秦、秦汉、魏晋南北朝、隋唐、宋元、明清时期档案文献编纂概况与特点；下编为近代中国档案文献编纂史，分4章，分专题讨论了近代文献编纂概述和特点、故宫博物院文献馆的明清档案编纂、中央研究院历史语言研究所的档案文献编纂。论述兼顾中国各个历史时期档案文献编纂成果、编纂实践、编纂方法和档案文献编纂学思想，分析不同时期影响中国档案文献编纂发展的制约因素，客观评价每一时期中国档案文献编纂的特点和局限。

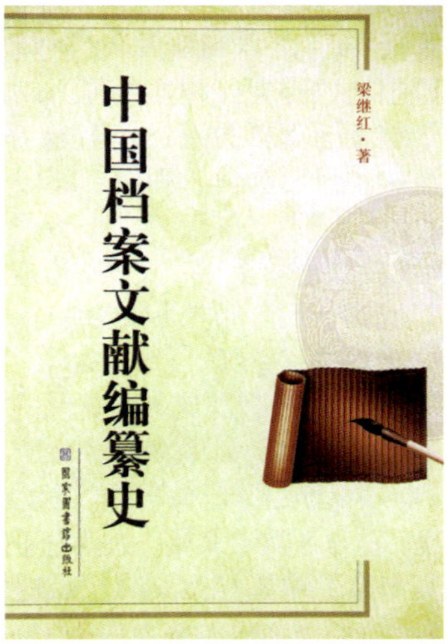

《中国档案文献编纂史》封面

中国档案文献编纂历史遗产博大精深，现代实践丰富多彩，加强对其梳理研究具有理论意义。《中国档案文献编纂史》旨在全面总结中国档案文献编纂的历史经验，继承和发扬中国档案文献编纂的优良传统，认识中国档案文化整体构成及在传统文化中的地位，促进当代中国档案文献编纂实践和理论研究。（韩宝华）

《中国档案文献辞典》 *Dictionary of Chinese Archival Documents* 中国文献提要型工具书。中国档案学会档案文献编纂学术委员会编，主编朱金甫；中国人事出版社 1994 年出版。是中国第一部全面搜集和著录档案文献的大型专门工具书。

《中国档案文献辞典》封面

为补《四库全书总目提要》《续四库全书总目提要》收录档案文献甚少之不足，为全面汇集中国自先秦至 1990 年 2000 多年间纂辑刊印出版的档案文献性典籍，以及登载于各种刊物或夹载于各种书刊中的单篇、成组、专题档案文献，中国档案学会档案文献编纂学术委员会组织 218 位专家，费时 6 年，编纂而成。辞典共收档案文献词目 3985 条，分别著录、编目、撰写侧重介绍内容、注明来源出处的提要。包括中国历代直接取材于档案而纂辑的诏令、奏议、圣训、起居注、实录、会典、则例、邸报、日记、函札、电报、公报、专书、专刊，也包括附载、夹载于类书、文集、方志、笔记及其他非专门公布档案文献书刊中的档案文件原文。

《中国档案文献辞典》所著录的档案文献的史料价值是其他文献资料所无法比拟的。不仅使中国已公布的档案文献不致湮没，也为各类专家及广大读者查阅利用极其丰富的中国档案文献宝藏提供了门径。 （韩宝华）

中国档案文献遗产工程 Project of Archives Document Heritage in China 中国抢救、保护中国档案文献遗产的工程。联合国教科文组织于 1992 年发起**世界记忆工程**，目的是实施《联合国教科文组织宪章》中规定的保护和保管世界文化遗产的任务，提高人们对文献遗产重要性的认识。联合国教科文组织设立了世界记忆工程秘书处，其主要任务之一是评选和出版《世界记忆名录》。

中国国家档案局于 2000 年正式启动了中国档案文献遗产工程，是用以确定、保护、管理和利用中国档案文献遗产的系列计划和措施。其工作内容为：对正在逐渐老化、损毁、消失的人类记录进行调查、抢救和保护；组织“中国档案文献遗产”申报工作，建立《**中国档案文献遗产名录**》；选择具有国际级文化价值的档案文献，推荐申报《世界记忆名录》。工作机构由中国档案文献遗产工程领导小组、国家咨询委员会和办公室组成。国家咨询委员会委员均是国内文献、档案、图书、古籍、史学界著名的学者、专家。季羡林、戴逸分别出任国家咨询委员会名誉主任委员和副主任委员。

国家档案局于 2002 年 3 月 8 日组织召开了中国档案文献遗产工程国家咨询委员会评审会，按照中国档案文献遗产入选标准对首批申报的档案文献进行了认真的审定，评定通过 48 件（组）档案文献入选第一批《中国档案文献遗产名录》。2003 年 10 月 10 日，评定出 35 件（组）档案文献入选第二批《中国档案文献遗产名录》。2010 年 2 月 22 日，评定通过 30 件（组）档案文献入选第三批《中国档案文献遗产名录》。2015 年 4 月 28 日，评定出 29 件（组）档案文献入选第四批《中国档案文献遗产名录》。2023 年 1 月 12 日，评定出 55 件（组）档案文献入选第五批《中国档案文献遗产名录》。 （张美芳）

《中国档案文献遗产名录》 *China Archives Documentary Heritage Register* 中国档案文献遗产珍品汇编。国家档案局中央档案馆编。现已出版 4 辑，分别由中国档案出版社、荣宝斋出版社出版。

入选名录的中国档案文献遗产由**中国档案文献遗产工程**国家咨询委员会不定期评选产生，这些档案文献遗产在时间、主题内容、地区、民族和人物、形式与风格、系统性、稀有性等方面具有突出特点和重要意义。自 2000 年中国档案文献遗产工程启动以来，共有 5 批、197 件（组）档案文献入选《中国档案文献遗产名录》，出版了 4 辑《中国档案文献遗产名录》。

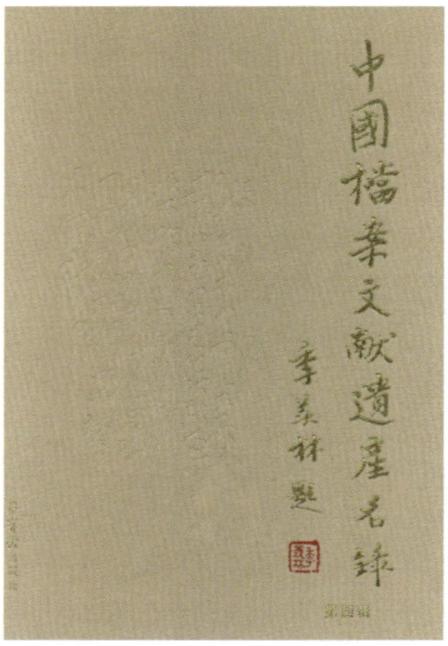

《中国档案文献遗产名录（第四辑）》封面

《中国档案文献遗产名录（第一辑）》由荣宝斋出版社于 2002 年 9 月首次出版。收录了“清代金榜”“元代档案中有关西藏归属问题的档案”“**中华人民共和国开国大典档案**”等共 48 件（组）档案文献遗产。除入选的 48 件（组）档案文献遗产外，还在附录中收录“清代内阁秘本档”，因其当时已经入选《世界记忆名录》，对中国档案文献遗产工程的设立和《中国档案文献遗产名录》的评选具有重要意义。《中国档案文献遗产名录（第二辑）》由中国档案出版社于 2010 年 5 月出版。收录了“利簋”“**清代样式雷图档**”“民间音乐家阿炳 6 首乐曲原始录音”等共 35 件（组）档案文献遗产。《中国档案文献遗产名录（第三辑）》由中国档案出版社于 2011 年 5 月出版。收录了《（新刊）黄帝内经》《本草纲目》（金陵版原刻本）、“侵华日军南京大屠杀相关专题档案”等共 30 件（组）档案文献遗产。《中国档案文献遗产名录（第四辑）》由荣宝斋出版社于 2015 年 12 月出版。收录了“甘肃秦汉简牍”“赤道南北两总星图”“近现代苏州丝绸样本档案”等共 29 件（组）档案文献遗产。

《中国档案文献遗产名录》中具有世界意义的档案文献遗产，将作为申报《世界记忆名录》的备选。四辑《中国档案文献遗产名录》中《本草纲目》（金陵版原刻本）、《（新刊）黄帝内经》、“南京大屠杀档案”等档案文献遗产已入选《世界记忆名录》。《中国档案文献遗产名录》的出版，向社会公众展示了中国珍贵的档案文献遗产，宣传了中国档案文献遗产工程的成果，吸引更多人参与到档案文献遗产的抢救和保护行动中来，传承中华文化和留存世界记忆。 （朱铁淼）

中国档案学博士论坛 Doctoral Forum on Archives in China 中国人民大学档案学院（今信息资源管理学院）倡议发起的一项大型学术活动。2001 年中国人民大学档案学院发起首届中国档案学博士论坛。1993 年中国档案学教育开始设置博士学位，设立论坛是为了把档案界的这批高级专门人才组织起来，发挥博士层次研究人员的群体优势，展示转型中的档案学科的最新研究成果与水平，探索档案学理论研究的新方向，拓展档案学与现代信息学科交叉结合的新层次、新领域。论坛宗旨是：秉承档案学优秀传统，积极倡导学术争鸣，坚持理论与实践相结合，探索学术真知灼见，推动学术研究和交流。论坛为不定期召开。

首届中国档案学博士论坛于 2001 年 11 月 17 至 18 日在北京召开，论坛主题为 21 世纪的社会记忆，分主题为电子文件管理和档案职业走向。论坛得到海内外学界同行的热烈响应，国内数十位博士和博士研究生以及来自美国、英国、加拿大和日本等国的国际知名文件与档案专家、学者参加了论坛活动。

第二届中国档案学博士论坛于 2006 年 6 月 16 至 17 日在北京召开，论坛主题为档案：资源的开发与学术的自觉，分主题为档案学研究生教育、档案资源的开发与获取、档案学术规范与学术评价、档案法制与文化和电子政务环境中的档案管理。

第三届中国档案学博士论坛于 2014 年 10 月 18 至 19 日在北京召开，论坛主题为回望经典：中外档案学的比较与借鉴。分主题为历史与文本、研究与方法、理论与贡献、经典与价值和困境与反思。

第四届中国档案学博士论坛于 2017 年 10 月 28 至 29 日在北京召开，论坛主题为中国档案学的继承与发展，分主题为中国档案学的历史与现状、中国档案理论与实践的互动、中国档案资源的保护与开发、中国档案事业的未来机遇与挑战。

（张　宁）

《中国档案学的理念与模式》 *Ideas and Patterns of Chinese Archival Science* 中国档案学专著。胡鸿杰著。当代档案学理论丛书之一，2005 年 9 月由中国人民大学出版社出版。修订版改名为《化腐朽为神奇——中国档案学评析》，2010 年 5 月由上海世界图书出版公司出版。

《中国档案学理念与模式》分为导论和正文。导论从分析档案学逻辑起点的传统表述入手，探索了中国档案学逻辑起点的界定与选择。正文分三编，11 章。第一编“中国档案学形成、发展的基本因素”，从档案学的生成背景、档案学的理论条件、档案学的实践基础、档案学的学者构成 4 个方面展开分析；第二编“中国档案学的结构功能”，对档案学的“基干体”——档案管理学、档案学的“衍生群”——档案文献编纂学、档案保护技术学、中国档案史、档案学的“终极者”——档案学概论分别从结构演进和结构与功能两个方面进行了分析；第三编“中国档案学的价值”，对中国档案学的评价机制、中国档案学的科学贡献、中国档案学的学术尊严展开研究。著作以“管理”为主线，贯穿了对中国档案学诸多方面的分析。其中既有对学科性质的考察，也有对学科价值的探寻，既有对历史脉络的梳理，也有对发展现状的分析。

《中国档案学的理念与模式》封面

与《中国档案学的理念与模式》相比，修订版《化腐朽为神奇——中国档案学评析》将第一编的第三章“档案学的实践基础”替换为“档案学的职业基础”，并对档案职业的形态、档案职业的发展趋势展开分析；在第一编第四章增加了一节——中国档案学者的心态与出路；在第二编中增加一章，即档案学的“衍生群”（下）——电子文件管理与“濒危学科”，并对电子文件管理与档案学的“濒危学科”展开分析。

著作较系统地说明了中国档案学形成的基本线索、理论与实践条件和科学价值。作者不仅从宏观的视角阐述了中国档案学作为一门学科“是什么”和“有什么”的问题，而且从微观的结构分析了中国档案学主要学科的基本功能，全面地展示了中国档案学基础理论的研究成果，提出了学科完善的系统方案，为档案学的进一步发展提出了建议，较为完整地阐释了中国档案学的理念与模式。作者所采用的从逻辑起点、形成因素、基本结构和学科价值等方面评价学科的理论模型，不仅对系统认识中国档案学的基本状况具有启发意义，而且对分析社会科学中的其他学科也具有方法论方面的参考价值。

（张全海）

中国档案学会 The Society of Chinese Archives 由全国档案工作者自愿组成并依法在中华人民共和国民政部登记注册、具有独立法人资格的全国性、学术性、非营利性社会团体。中国档案学会挂靠国家档案局，是中国科学技术协会的组成部分，是发展中国档案事业的社会力量。中国档案学会的宗旨是：团结广大档案工作者，认真贯彻党的基本路线，遵守宪法、法律、法规和国家政策，遵守社会道德风尚；坚持民主办会的原则，倡导科学、创新、求实、协作、自由、平等的精神；坚持理论联系实际的学风和“百花齐放，百家争鸣”的方针，充分发挥桥梁和纽带的作用，积极开展档案学术研究、学术交流和社会服务活动，普及档案知识，为会员服务，为党和政府联系档案工作者服务，为推动档案事业发展、建设中国特色社会主义服务。

1979 年 11 月成立中国档案学会筹备委员会，由 21 位委员组成，曾三任主任，张中、裴桐、吴宝康、韩毓虎任副主任。中国档案学会成立大会于 1981 年 11 月 23 日在北京召开，选举产生第一届理事会，曾三、于光远任名誉理事长，安庆洙任理事长。截至 2022 年，共有单位会员 532 个，个人会员 9648 人。

中国档案学会围绕档案及档案工作积极组织开展档案学术研究及国内外学术交流，促进档案业务和学科发展；开展会员培训和继续教育等人才培育活动，促进档案干部队伍素质的提高；开发、推广先进技术，向社会提供档案技术服务；编辑出版会刊、学术专著和有关学术研究资料，普及档案科学技术知识；维护会员合法权益，反映会员的意见和要求，为会员提供服务。

中国档案学会下设档案学基础理论学术委员会、档案整理鉴定学术委员会、档案文献编纂学术委员会、档案保护技术委员会、档案信息化技术委员会、影像技术委员会、企业档案学术委员会、档案文化专业委员会、科技档案与科学数据管理学术委员会 9 个专业委员会。办事机构有办公室、组织工作委员会、《档案学研究》编辑部。

中国档案学会已加入国际档案理事会（ICA）和国际档案理事会东亚地区分会，为国际档案理事会 B 类会员。会刊《档案学研究》连续多年入选中文社会科学引文索引（CSSCI）来源期刊。学会网站为中国档案学术网，及时发布学会活动信息和档案学术成果，为会员提供学术交流的平台。

中国档案学会积极组织开展课题研究并举办丰富多彩的学术交流活动。由中国档案学会和中国人民大学信息资源管理学院共同承担的中国科学技术协会重点课题“中国电子文件管理机制研究”，其成果得到国家领导人的高度重视。截至2020年，两年一次的**全国档案工作者年会**已举办七届，这是档案学术交流的盛会；“**海峡两岸档案暨缩微学术交流会**”到2023年已成功举办31次，极大促进了两岸档案工作者的学术交流和友好往来。中国档案学会积极发挥桥梁枢纽作用，在繁荣档案学术研究、促进档案事业科学发展、服务党和国家工作大局等方面发挥了重要作用。（郝晨辉）

《中国档案学史论》 *Historical Research on Archive in China* 中国档案学专著。李财富著。2005年10月安徽大学出版社出版。分6章展开论述。其中，前五章主要按照中国档案学（思想）的发展阶段，分别评述孕育时期、创立时期、发展时期、停滞与倒退时期及恢复与繁荣时期中国档案学（思想）的发展状况、基本特点、主要成就与不足及其原因，并针对现阶段中国档案学发展中存在的突出问题提出若干对策。第六章通过对中国档案学长期发展过程中大量现象的分析，揭示档案学的发展规律，并据此预测其发展趋势。著作以时间为主线，以史实为基础，以观点统率史料，力争做到“史论结合，论从史出”。

《中国档案学史论》封面

《中国档案学史论》是一部全面、系统梳理中国档案学发展历史、评价中国档案学得失成败、探求中国档案学发展规律的专著，是中国第一部系统研究**档案学史**的学术专著。（黄　静）

《中国档案学文书学要籍评述（1910—1986）》 *Reviews on Chinese Important Works of Archival Science and Documentary Science (1910—1986)* 中国档案学书目提要式专著。刘文杰编著，四川大学出版社1987年8月出版。全书共计22万字。该书是一部具有工具性、资料性的档案学、文书学要籍的书目内容提要，是一部档案学、文书学的发展简史。

该书对中国自辛亥革命至1986年，公开和内部出版的档案学和文书学专著、文集、资料集、工具书、译著等共260余种著作，按类编排，在总的评述后继以分别评介。全书正文共5章。第一章论述中国档案学文书学著作及其研究的基本概况，总结了查找与阅读中国档案学文书学著作的方法；第二章对1912～1949年出版的中国档案学文书学要籍情况进行了评述；第三章对1950～1986年出版的档案学文书学著作情况进行了评述；第四章评述了20世纪80年代中国台湾地区档案学文书学研究的发展情况；第五章对当时中国翻译出版的国外档案学著作进行了评述。该书对每一章节首先予以总的评述，然后按著作出版时间先后择要介绍，指出其学术价值和可资某方面研究的参考价值。后附有该书所载著作笔画索引。

该书注重客观与微观兼及，理论与实际结合。①内容涉及中外档案学文书学的各个领域，是中国第一部全面介绍档案学论著的有分量的目录书、参考书。②系统介绍了多年来问世的档案学文书学著作，集中反映了现代学科意义上的中国档案学文书学的形成和发展状况，方便读者了解中国档案学文书学的发展历程，明晰中国档案学文书学的历史和现状，以及中华人民共和国成立前和成立后档案学与文书学之间的联系和区别。③作者在评述著作时，运用历史唯物主义和辩证唯物主义的观点和方法，坚持实事求是的态度，力求客观公正。④该书对众多的档案学文书学要籍兼评并述，以类相从，择要叙述，言简意赅，通俗易懂。（张芳霖）

《中国档案主题词表》 *Chinese Archives Subject Thesaurus* 中国档案管理部门编制的、用于指导和规范**档案主题标引**和档案信息检索系统建设的词语控制工具书。20世纪80年代，中国国家档案局开始主持编辑旨在规范和指导各级各类档案管理部门、立档单位文件主题标引和主题检索的工具书。1988年12月，《中国档案主题词表》由档案出版社出版了试行本。之后，经过7年左右的实践，《中国档案主题词表》编委会对试行本进行了修订，并于1995年11月由中国档案出版社出版了《中国档案主题词表》第2版（修订版）。主要供档案馆、档案室及文书处理部门开展主题标引和检索档案、文件、资料使用。

《中国档案主题词表》由主表及其词族索引、范畴索引、首字笔画检字表和附表、附录组成。①主表。又称字顺表。是主体部分，基本单元是主题词款目，由款目主题词及其汉语拼音、范畴号、注释和词间关系项等内容组成，共选收主题词25 891个，其中正式主题词21 785个，非正式主题词4106个。②词族索引。是把主表中具有属种关系、包含关系和整体部分关系的正式主题词，按主题词的属分级别，展开显示的一种词族系统。词族索引共确定了族首词1233个，入族的主题词共11 398条，排列方法以族首词作排检款目词，族首词之间依汉语拼音音序排。③范畴索引。又称范畴分类索引。是将主表中的全部主题词参照《**中国档案分类法**》的分类体系、结合主题词词目的属性分类排列而成，以便按类查词。④首字笔画检字表。有词目首字笔画检字表、机构名首字笔画检字表和人名姓氏笔画检字表，按款目词的首字笔画顺序排列而成，字后注有该字在主表或机构名表、人名表中最先出现的页码。⑤附表。有人名表、机构名表。人名表主要收录明清进士，三品以上命官，国民政府及执政党正部级官员，中华人民共和国中央人民政府及中共中央部委局办一级机构正职以上领导人，民主党派、群众团体负责人，正军级以上军职人员及全国各界著名人士等，共收录11 771位名人。人名表的款目结构及款目词的排序方法与主表相同，但不标范畴号。注释由生卒时间、籍贯或出生地构成，用圆括号注在主题词下面。机构名表主要收录明清中央政府机构，中华民国、中华人民共和国中央级党、政、军机关及企事业机构，有影响的社团的名称，共1900个。机构名表的款目结构及款目词的排序方法与主表基本相同，但不标范畴号和注释。⑥附录。有《**档案著录规则**》《我国历代纪元表》《韵目代日表》《干支次序表》《元素周期表》，供标引和检索档案、文件时参考。

《中国档案主题词表》是各档案馆（室）及立档单位开展档案、文书、档案化管理资料的主题标引，建立档案主题检索体系、索引和数据库的重要工具书。

（王英玮　邓绍兴）

中国第二历史档案馆 The Second Historical Archives of China 中国中央级**国家综合档案馆**。中国第二历史档案馆集中典藏中华民国（1912～1949）时期历届中央政府及其直属机构档案。1951年2月成立于江苏省南京市，原名南京史料整理处，隶属中国科学院近代史研究所。1964 年 4 月改隶国家档案局，并易现名。馆址是南京市中山东路 309 号，为“中国国民党中央党史史料陈列馆”旧址，由中国著名建筑师杨廷宝设计，1936 年建成。馆舍总建筑面积 3.7 万平方米，为砖石结构的仿明代宫殿式建筑。新馆位于南京市神机营路 1 号，2022 年主体工程竣工。馆舍总建筑面积 8.9 万平方米。

中国第二历史档案馆外景

馆藏　成立之初，主要集中管理国民政府遗留在南京的档案，在创始人王可风主持下，陆续从成都、重庆、昆明、广州和上海等地接收了国民政府中央机构的大量档案，奠定了馆藏档案的基础。多年来，中国第二历史档案馆不仅立足国内征集接收**民国档案**，还远赴日本、韩国、美国、英国、法国、德国、瑞士等地征集档案，以充实馆藏。馆藏 1354 个全宗（保管单位），基本馆藏 258 万余卷（宗）。此外，还收藏有民国时期图书期刊资料 7 万余册。馆藏全部档案均经整理编目并分类保管存放，主要包括 5 大类：①南京临时政府、广州和武汉国民政府档案。②民国北京政府档案。③南京国民政府档案。④日伪（汪伪）政权档案。⑤名人档案。

服务　中国第二历史档案馆顺应时代潮流，充分利用现代技术手段，开展数字化档案馆的建设。2013 年启动“馆藏民国档案整理与数字化工程”（2013～2017），实现馆藏利用率较高的档案数字化加工，并逐年对外开放查阅电子档案，基本满足社会查档需求，使馆内档案安全保管与对外利用实现质的飞跃。馆内制有多种**档案检索工具**，设有现代化计算机中心阅览室，经数字化后的档案均可通过档案信息管理平台接待查阅利用。自 1980 年对外开放历史档案以来，已接待了包括香港、澳门、台湾在内的全国各地和美国、日本、英国、法国、德国等国家的中外查档者 66 万人次。

机构设置　馆内设保管处、整理编目处、利用处、展览宣教处、档案编研处、技术处、信息化处和全国民国档案资料目录中心等业务机构，专门从事民国档案的收集、保管、保护、整理、编目、接待利用和编研出版等工作，结合缩微复制、数字化扫描等手段，对馆藏档案进行研究与开发利用。

主要出版物　中国第二历史档案馆注重利用馆藏档案开展研究，多次举办国际或全国性学术研讨会，并在海内外举办大型展览，广泛开展学术与业务交流。至今已独立或与外单位合作编辑出版了汇编、丛刊、丛书、图集等共 200 余种、上亿字的档案史料，其中有《**中华民国史档案资料汇编**》（100 册）、《抗日战争正面战场》（上、中、下）、《**中华民国历史图片档案**》（10 册）、《中国第二历史档案馆馆藏新疆档案汇编》（100 册）、《中国第二历史档案馆所存西藏和藏事档案汇编》（80 册）等，以及《台湾二二八事件档案史料》《台湾光复档案》《馆藏民国台湾档案汇编》（300 册）等。

1981 年与**中国第一历史档案馆**合作创办了《**历史档案**》杂志。1985 年独立创办了《**民国档案**》杂志，成为公布馆藏史料和发表民国史研究的核心刊物。1987 年根据**国际档案理事会**计划，编辑出版《中国第二历史档案馆简明指南》。2015 年 10 月，以中国第二历史档案馆为主藏单位的《南京大屠杀档案》成功入选《世界记忆名录》，在国内外引起广泛关注和强烈反响。2021 年编写出版《光辉历程：中国第二历史档案馆七十年》　　（罗　娟）

中国第一历史档案馆　The First Historical Archives of China　中国中央级**国家综合档案馆**。专门负责明清**历史档案**的收集保管、整理编目、编译出版、修复复制、展陈利用等工作。其前身是 1925 年 10 月设立的故宫博物院图书馆文献部，1928 年 10 月改称文献馆，1951 年 5 月改称故宫档案馆；1955 年 12 月归属国家档案局，改称第一历史档案馆；1959 年 10 月并入中央档案馆，称中央档案馆明清档案部；1969 年 12 月明清档案部从中央档案馆移交故宫博物院；1980 年 4 月，重归国家档案局

中国第一历史档案馆外景

领导，成立中国第一历史档案馆。2021 年 7 月，位于北京市东城区祈年大街 9 号的新馆开馆之际，习近平总书记对新时代档案工作做出重要批示，指出档案工作存史资政育人，是一项利国利民、惠及千秋万代的崇高事业，并提出“保管好、利用好、记录好、留存好”“更好地服务党和国家工作大局、服务人民群众”的要求，成为新时代档案工作的根本遵循。

馆藏　该馆收藏明清两代中央和部分地方机关、个人档案，共设 77 个全宗，1000 余万件，其中**明代档案**仅 3855 件（册）。**清代档案**包括入关前 1607 年至宣统三年（1911），以及溥仪退位后居住在紫禁城和天津时期的部分档案，历朝写本《实录》《圣训》等，档案内容涉及清代政治、经济、军事、文化、民族、外交、宗教以及典章制度等。满文档案达 200 余万件，约占馆藏 20%，是满文档案文献收藏最集中的单位，也是全国满文人才最集中的单位。《清代内阁满文秘本档》《清代科举大金榜》《**赤道南北两总星图**》《满文木牌》等 10 余种档案入选《世界记忆名录》《世界记忆亚太地区名录》和《**中国档案文献遗产名录**》。2008 年被列入国务院公布的首批全国古籍重点保护单位。

机构设置　该馆内设保管处、利用处、编研处、展览宣传处、整理编目处、满文处、技术保护处、数据处、文化交流处等业务部门，承担全国明清档案目录中心工作。截至 2022 年 12 月，馆藏档案已完成**文件级整理**，数字化的有 800 余万件；该馆向国内外读者提供利用、咨询服务，并已在互联网上开放 421 万余条档案目录。

主要出版物　该馆自文献馆时期至 2022 年，先后编译出版了各种档案史料 248 种 3744 册，主要有《掌故丛编》《文献丛编》《洋务运动》《**康熙朝汉文朱批奏折汇编**》《**雍正朝汉文朱批奏折汇编**》《**光绪朝朱批奏折**》《**清政府镇压太平天国档案史料**》《**康熙朝满文朱批奏折全译**》《**雍正朝满文朱批奏折全译**》《**中国明朝档案总汇**》《清廷签议〈校邠庐抗议〉档案汇编》《清代官员履历档案全编》《明清宫藏台湾档案汇编》《内阁藏满文老档》《清宫辛亥革命档案汇编》，以及各朝军机处《随手登记档》《上谕档》和内阁《起居注》等。主办的《**历史档案**》杂志创刊于 1981 年，主要公布明清档案文献、刊发明清史学论文，被评为中国期刊方阵“双效期刊”、全国中文历史类核心期刊。该馆注重对馆藏档案和明清历史研究，发表大量研究文章，制定了《明清档案著录细则》《明清档案档号编制

规则》等国家档案行业标准，编写出版了《清代国家机关考略》《清代地方官制考》《清代典章制度辞典》等数十部研究专著。
（韩永福）

中国电子文件管理论坛 China Electronic Records Management Forum 中国首个以电子文件管理为主题的学术论坛。**中国人民大学信息资源管理学院**电子文件研究中心于2010年首次发起，其后每年举办一届（见表）。该论坛主要目的在于持续跟踪电子文件管理发展前沿，把握电子文件管理趋势，推动中国电子文件管理研究和电子文件管理事业的健康全面发展。

2010～2022年中国电子文件管理论坛概况列表

时间	举办地点	论坛主题
2010.12.18	北京	电子文件管理系统的建设
2011.11.22	北京	电子文件管理的制度建设
2015.10.24	北京	数字记忆国际论坛暨第六届中国电子文件管理论坛
2016.12.06	北京	电子文件管理十年：回顾与展望
2017.12.09	北京	新技术环境下的电子文件管理创新
2018.12.15	北京	从双轨到单轨——国家信息化战略背景下的电子文件管理
2019.12.14	北京	从数字化到数据化——电子文件管理的纵深发展
2020.11.28	北京	数据管理深度融合下的电子文件管理
2022.04.16	北京	深耕内容——电子文件管理深化与服务升级

每届论坛均选取当前电子文件管理及其相关领域的热点问题作为论坛主题，从电子文件宏观战略到管理技术方法，从学术理论到工作实践，多角度地向与会者展示国内外电子文件管理的研究成果和实践经验。论坛立足中国电子文件管理实践，邀请国内外专家学者、政府及企事业单位相关管理人员、专业人员和技术人员交流学术观点，分享管理经验，为国内外电子文件管理领域的交流合作搭建了良好的平台。
（张 宁）

《中国电子文件管理：问题与对策》 *Electronic Records Management in China: Problems and Solutions* 中国档案学电子文件管理中国化研究专著。冯惠玲、赵国俊等著，中国人民大学出版社2009年8月出版。2010年获国家档案局优秀科技成果奖二等奖。

该书是2007年中国科学技术协会重点项目“电子文件管理机制研究”的研究成果（冯惠玲主持）。项目在国际档案界电子文件管理的最佳实践与发展趋势调研的基础上，针对解决中国电子文件管理实际存在的主要问题，立足于建立具有中国特色的电子文件管理体系，专门研究提出了中国电子文件管理的重要理论观点和政策建议，并形成了具有重要科学决策价值的研究报告。该书即在此研究报告的基础上总结、提炼、丰富而形成。

该书共分4章。第一章“绪论”，主要阐明了研究背景、研究难点及研究资料与方法。第二章“问题”，主要从电子文件管理失控、流失严重、证据效力无法保障、安全问题堪忧、开发利用水平低下等几个方面提出了中国电子文件管理存在的主要问题。第三章“原因”，从认知因素、体制因素、管理因素、制度因素、支撑因素等方面分析了中国电子文件管理存在的主要原因。第四章“对策”，主要从更新思想观念、建立纳入机制、强化**集中统一管理原则**、加强合作协调机制、健全共建共享机制、构建监督审计制度、加强法规标准建设与加强技术研究与人才培养等方面提出了解决中国电子文件管理存在的主要问题的对策。此外，还附有中国电子文件管理现状调查与分析和国外电子文件管理机制及借鉴研究这两份报告。

《中国电子文件管理：问题与对策》封面

该书对中国电子文件管理现状的调查与分析准确可信而又具有典型性，对中国电子文件处于失控、失存、失信、失用、失密的危险状态及可能引发多重社会风险的现实问题剖析深刻而又指出了所面临形势的严峻性和紧迫性，针对问题所提出的构建科学、有效的中国电子文件管理体系的理论观点和政策建议切实具体而又具有前瞻性，其中所提出的相关政策建议在实践中已被采纳应用，充分体现了电子文件管理中国化研究的理论意义与现实意义，丰富了中国电子文件管理研究的发展内涵，激发了中国电子文件管理的发展活力。
（段荣婷）

《中国电子文件知识组织 XML 集成置标标准化研究》 *Research on Chinese Electronic Records' Knowledge Organization Based on XML Integrated Markup Standardization* 中国文件与档案领域的专业学术著作。段荣婷著，上海交通大学出版社2012年5月出版。该书透过多维集成置标的视角，采用递进式逻辑结构体系，探索了在电子文件全生命周期中基于可扩展置标语言（XML）科学置标的内在机理、应用方式与实现途径，从而为电子文件的置标提供了理论依据与实践支撑。电子文件置标的实质就是给电子文件加上规范化的元数据，以保证电子文件的真实性、可靠性、完整性和可用性，所以其不仅是电子文件管理在人—机系统环境下迫切需要研究解决的重大现实性课题，也是基于信息网格与云计算网络环境下实现电子文件由信息组织向知识组织发展与跨越的亟待解决的前瞻性课题。

该书内容分为两大部分：理论部分与应用部分。第一至五章为理论部分，从国际文件与档案界电子文件置标的视角出发，论述了电子文件置标的基本概念、基本特征、体系结构、多维置标的基本原则及其模型，并论述了电子文件置标所优选的基础置标语言——可扩展置标语言及其置标用模式语言（XML Schema）和基于XML的电子文件置标需求理论，同时对置标需求体系的构建进行了全面深入的分析。第六至十章为应用部分，在面向中国知识组织的基于XML电子文件置标的整体框架下，论述了基于本体语言——资源描述框架（RDF）的面向数据的中国电子文件背景信息文本置标和面向数据的中国电子文件机读目录文本置标，并论述了基于简约知识组织系统（SKOS）的面向数据的中国电子文件概念体系文本置标。同时，对基于可扩展样式表语言（XSL）的中国电子文件集成可视化置标的应用及检索效率进行了分析与评价。

此外，该书后还附有可以在计算机上运行的3个完整的基于XML Schema、RDF Schema的电子文件置标实例和6个完整的基于XSL的电子公文置标、背景信息置标、机读目录置标及档案主题词置标的文件样式表显示实例。

该书内容简明系统、图文并茂，站在国际学术前沿强调了基于 XML 的中国电子文件集成置标的实用性和可操作性，适合于文件管理者、档案工作者以及相关的 XML 专业工作者阅读，也是文件和档案专业师生研究电子文件的主要参考著作之一。（张正强）

《中国共产党八十年珍贵档案》 *Archives of the Communist Party of China 1921—2001* 中国档案文献汇编。为庆祝中国共产党诞生 80 周年，经中共中央办公厅批准立项，由中央档案馆编，中国档案出版社 2001 年出版。收录了中国共产党成立以来的重要文献 960 余件，图片 200 余幅，约 150 万字。主要内容有中共领导集体成员的重要讲话、指示、批示、题词、信件；党务、党建有关重要文献；外交文书；中共各历史时期较为珍贵的历史、新闻照片等。书中的绝大部分照片和文献选自中央档案馆馆藏档案珍品，编者在编辑过程中尽可能保持了档案资料原貌，所选档案资料以原件影印为主，部分档案资料为原件刊印。其中很多档案原件是档案馆首次向社会公布，如《中共第一个纲要》《中共第一个决议》俄文原件；1928 年 10 月 5 日毛泽东的《中国的红色政权为什么能够存在？》

《中国共产党八十年珍贵档案》封面

（修改稿）手迹原件；1938 年刘少奇关于《论共产党员的修养》的报告大纲手迹原件；1950 年毛泽东关于周恩来去苏联参加谈判问题给中共中央的电报手迹原件；1966 年 7 月 25 日毛泽东关于不要用“顶峰”“最高指示”一类词语的批示手迹原件；1973 年 8 月 30 日周恩来拟写的应予保护干部的名单手迹原件；1973 年 12 月 23 日周恩来起草的《中共中央关于邓小平任职的通知》手迹原件；1978 年 12 月邓小平在中共中央工作会议闭幕会上的讲话提纲手稿；1978 年 12 月 5 日胡乔木记录的邓小平讲话重点手迹原件；1991 年 3 月江泽民为建党 70 周年题词手迹原件等。

全书依照建党以来历史发展分为 9 个时期，按时间顺序编排，分为上、下两册。其中，上册主要包括中国共产党的创立（1919 年 5 月～1923 年 5 月）、第一次大革命的时期（1923 年 6 月～1927 年 7 月）、土地革命战争时期（1927 年 8 月～1937 年 7 月）、抗日战争时期（1937 年 7 月～1945 年 8 月）、全国解放战争时期（1945 年 8 月～1949 年 9 月）5 个时期；下册主要包括基本完成社会主义改造时期（1949 年 10 月～1956 年 9 月）、开始全面建设社会主义时期（1956 年 9 月～1966 年 4 月）、“文化大革命”时期（1966 年 5 月～1976 年 10 月）、社会主义现代化建设新时期（1976 年 10 月～ ）4 个时期。通过大量丰富真实的图文史料向读者展示了中国共产党是伟大、光荣、正确的党，真实生动地再现了中国共产党领导中国人民进行革命和建设的曲折而辉煌的奋斗历程，介绍了党的路线、方针、政策等的形成与发展过程，进而总结了党的历史经验与教训，揭示了没有中国共产党就没有新中国、没有中国共产党就不能建设有中国特色社会主义事业的深刻道理，是一首共产党人从胜利走向胜利的史诗。

该书的出版受到社会的大力支持并引起很大反响。为广大读者学习、研究中共党史，进行革命传统教育和爱国主义教育提供了丰富和重要的史料，具有很高的参考和收藏价值。（安　芳）

《中国共产党机关公文处理条例》 *Regulations on Handling Official Documents in the Organs of Communist Party of China* 中国共产党的机关公文处理法规。《中国共产党机关公文处理条例》的制定基于 1989 年 4 月 25 日中共中央办公厅颁发的《中国共产党各级领导机关文件处理条例（试行）》的试行实践。经中共中央批准，中共中央办公厅于 1996 年 5 月 3 日印发，自发布之日起施行。经过 16 年的实施，为统一中国共产党机关和国家行政机关公文处理工作，2012 年 4 月 6 日，中共中央办公厅、国务院办公厅联合印发《党政机关公文处理工作条例》，同时废止 1996 年中共中央办公厅印发的《中国共产党机关公文处理条例》和 2000 年国务院印发的《国家行政机关公文处理办法》。

《中国共产党机关公文处理条例》共 12 章 40 条。第一章总则，6 条。规定党的机关公文、公文处理的定义；公文处理的原则；明确公文处理工作主管部门及其工作要求。第二章公文种类，1 条。规定党的机关公文种类主要有决议、决定、指示、意见、通知、通报、公报、报告、请示、批复、条例、规定、函、会议纪要。第三章公文格式，3 条。规定党的机关公文的组成内容：由版头、份号、密级、紧急程度、发文字号、签发人、标题、主送机关、正文、附件、发文机关署名、成文日期、印章、印发传达范围、主题词、抄送机关、印制版记组成；确定公文的字体规格、用纸幅面和装订规格；公文版头的主要形式及适用范围。第四章行文规则，5 条。规定行文原则和行文关系的确定原则；规定受双重领导的机关的行文规则和向上级机关请示问题的行文规则，以及对不符合行文规则的上报公文的处理方法。第五章公文起草，2 条。规定起草公文的要求。第六章公文校核，3 条。规定公文文稿校验流程、公文校核的内容及修改原则。第七章公文签发，1 条。规定公文、重要公文、联合发文、党委办公厅（室）根据党委授权发布的公文的签发原则，以及领导人签发公文的原则。第八章公文办理的传递，3 条。规定公文办理，也即收文办理和发文办理的工作内容和原则。第九章公文管理，8 条。明确公文管理的部门；秘密公文的印发传达、复制、汇编、销毁办法；机关合并和撤销时公文的管理办法。第十章公文立卷归档，2 条。规定公文办理完毕后的归档办法，强调两个以上机关联合办理的公文的归档办法。第十一章公文保密，3 条。规定公文处理必须严格遵守《中华人民共和国保守国家秘密法》及有关保密法规，泄露或出卖党和国家秘密公文的，应依法处理；明确密级划分的原则和办法。第十二章附则，3 条。明确《条例》的适用范围、发布部门和施行日期。

《中国共产党机关公文处理条例》的公布和实施辅助了中国共产党各级机关领导决策，提高了机关工作效率，维护了各级机关管理职能的有效运转，标志着中国共产党机关公文处理工作的标准化、现代化建设进入一个新的阶段。（董丹华）

中国古文书 Chinese diplomatics 中国历史上，上古至清末（1911）各历史时期使用的文书。发展过程大体分 3 个阶段：秦以前属于前期，也称先秦时期；秦代到隋唐为中期，又称中古时期；宋元明清属于后期。先秦时期，国家初成，政务相对简单，文书初具。秦汉以降，封建专制国家统一，国家政务日趋繁杂，文书制度基本定型并发展。宋元明清，纸质文书成为主流，文书程式、处理制度达到顶峰。

古文书的载体　文字与国家出现后，文书便应运而生。据史书记载，中国古代最早的文书是公元前 2000 年前帝舜时期史官所记的《虞书》，现原件已无存。现存最早的古文书是清末开始在安阳出土的甲骨刻辞，是殷王室占卜时所刻的文字。占卜在当时是国家大事，所以甲骨刻辞的性质属于公务文书。与甲骨文书同时，竹木质地的简牍文书也已作为主流存在。《尚书·多士篇》云："惟殷先人，有册有典。"简牍是专门用为文书载体的狭长竹子、木片，书写方式是用毛笔自上而下，根据文书内容可用一简或数简。多简编辑为册，排列由右向左，用丝绳或皮绳上下两道编连起来，称为册。册字原为象形字，像上下两道绳编连起来长短不齐的简。典字也是象形字，像两手捧册的形状。纸在汉代出现，然而相当长时间人们认为用纸作文书载体不如竹简、木牍郑重，所以未被广泛使用，因此简牍典册是当时通用的文书形式。东晋后期，造纸技术日益进步，纸张的优越性充分显现出来，它作为文书载体远较竹简、木牍轻便，每张可以容纳较多的字数，且各单幅纸便于粘接保存，因此逐渐成为文书的主要载体。到隋代，竹简、木牍基本被废止停用。从商周到清末，文书载体还曾使用金、玉、铜、铁、石、缣帛为载体，是为了长期保存，或某些特殊情况下如祝祷、祭祀、纪功等方面使用。文书载体用纸以后，早期皇帝亲书的诏令文书用青纸，以皇帝名义下发的诏令文书用染黄纸，隋唐以后通用黄纸，直到清末；另外一些重要官方文书也用黄纸，如册籍、表笺等。明清时期，通常情况下，文书用白纸、墨书。另外，一些宫中重要文书也有用磁青色纸。明清时期，官员向上呈交禀文，也有用红纸现象。唐宋时期文书纸式每幅纸高 30～40 厘米，宽为高的 2 倍，一幅不敷用，由左侧粘纸接写。明代大多用高过于宽的单幅纸，以纸的张幅大小来区别文书的尊卑等级，张幅大的高、宽 1 米有余，地方官府文书用纸约高 80 厘米、宽 60 厘米。纸张载体用折叠式从元代开始。元代的表章用折式，即把横宽的纸折叠起来，摹仿佛教折叠经卷的形式。明代的奏疏沿用折叠式，称为本，如奏本、启本、题本等，其余用单幅纸。作为官员身份凭证的诰命文书用卷轴式。清初纸式仍沿用明制，中叶以后除诏令文书和个别下行文种外，都改用折式，一般宽约 10～12 厘米，高为宽的 2 倍。折式载体书写、阅读比竖长的单幅纸方便，是一个进步。

古文书的文种　至迟在商周时期，最高统治者的文书已根据其功用出现了誓、诰、命的划分。战国时出现了令。秦统一六国后，将命改称制，令称诏。秦以前一般官文书统称为书，通常用文书载体的名称来区别它们的功能与重要程度。竹、木简牍长短大小不一，重要的文书用长简，一般的用短简，长短简又各有不同名称。最长的称为简，长三（周）尺；其次称为檄，长二（周）尺，檄原指木简。文字较多，一简书写不完的，接续用简书写，编连起来，称为册，册字后来写作策。木牍通常称为方，是方形的薄木板，又称为版，容字较多，也被用作舆图的载体。春秋战国时期开始有了按使用功能与目的分类冠名文书的形式：刑法典称为刑书；结盟文书称为盟书，或称为载书；君王发布命令称为命书；上级官员告诫属下的文书称为语书，等等，可以说这是文种名称的萌芽。秦统一六国后，开始制定按不同文书责任者的身份等级和行文目的所使用的文书专名，使文书区分为许多不同的种类，称文种。皇帝发布文书的名称，他人不得使用。秦汉以后形成的文种，可概括为三大类：一是皇帝发布的各种文书，称诏令文书；二是臣僚上书皇帝的文书，称奏疏；三是各官府相互行文的各种文书，称为官府往来文书。皇帝发布的，或以皇帝名义发布的诏令文书，具有法律效力，与一般官府的下行文性质不同。臣僚向皇帝上书，是皇帝赐予的特权，只有高级官员或皇帝指定的亲信才能得到这种权力，所以奏疏与一般官员的上行文书性质也不同。

封建社会形成的文种名称，有明显的等级制度特色，它大体能表明文件责任者的身份、地位和行文目的、要求，使受文者便于对来文做出判断。秦、汉以后各朝代的文种名称，大都初始时沿袭前代，然后在使用中逐渐形成新的品种。清代规定的诏令文书文种名称有诏、诰、敕，是沿袭明代继续使用的；经常使用处理政务、告诫臣僚的文书称谕旨，是新增品种；制书在明代以前是文种名称，清代则只作为发布诏令的一种文体。清代奏疏沿袭明制使用奏本和题本，康熙年间又新增一种称奏折，而奏本则在乾隆年间停用。明代官府往来文书下行文有劄付、帖、照会、故牒等文种；上行文有咨呈、呈状、申牒、牒呈、牒上等文种；平行文有咨、关、牒等文种。清代基本沿袭明制，明代下行文还经常使用牌文，清代把它定为法定文种，清中叶以后又添设程式比较简便的札文，作为下行文种之一。上行文，清代把呈状简称为呈，把申状分为详文与验文二种。根据文书不同用途拟定不同名称是必要的，而在封建等级制度支配下，文种名称还要表现出文件责任者和受文者各自的身份等级，因而不能不十分烦琐。

古文书的程式　在政务比较繁杂的时代，对文件形式、书写格式以及用语等方面做出某些规定，是文书特有性质所决定的。和一般文学作品、政论文章不同，其任务是传达处理政务的意图，不只要求文字简洁、叙述层次清楚，还要求有特殊的规范，符合文书程式。掌握文书程式，撰稿人可以按照程式填写文件的各项目，受文者也易于了解来文的要点，可以节省许多时间。封建社会形成的文书程式，在称谓、用语等各方面都贯穿着等级制精神，也是封建礼仪的重要组成部分。

对于文书程式的规定，据史记记载，秦、汉时期已有。北宋司马光把当时人们应遵循的各种礼仪汇编成《书仪》10 卷，把文书程式列在首位。所以中国古文书的程式主要在于表明文件责任者和受文者的身份等级，文书本身的特殊要求反而居于次要地位。现存较全的官方规定是南宋宁宗嘉泰三年（1203）颁行的《庆元条法事类》所载宋代文书程式和《明会典》所载的明代文书程式。这两代的文书程式都是一般官方规定，不列诏令文书程式。明清两代的文书程式基本相同，文字结构大体分为七部分：①文件责任者的官衔、姓名。②事由。③正文。④结束语。⑤受文官府名称。⑥行文年月日。⑦文种名称和文件责任者签押。第一部分先列出文件责任者的官衔，上行文须写姓名，下行文的平行文只写姓，不具名，再写事由部分。事由一般只是用一句短语说明行文目的。略似现代的文件标题，程式作"为某事"。正文一般由两部分组成，前部分叙述案情，后部分提出自己的处理意见。结束语多为固定套语，如下行的劄付用"为此，合下仰照验施行，须至劄付者"。平行的咨文用"为此，合行移咨，请照验施行，须到咨者"；上行的申状用"为此，合行申复，伏乞照验施行，须至申者"等。"照验施行"前面用的"仰"字，是命令词，"请"字是一般谦敬词，"伏乞"则是受文一方表示极度谦卑，"照验"一词在文书中相当于了解、知道；"施行"一词在起源于唐代，常用"主者施行"作为下行文的结束语，意思是要求受文的主管官员照办，相沿既久，到明清遂失去原意，成为补足"照验"的语气词。宋代下行文常用"须至晓示者""须至供申者"等语作结，意思是告诫下级应该晓示或申供，相沿到明清，"须至"已失去愿意，"须至某某者"只用以说明使用某某文种行文，主要在于表示内容部分到此全部结束。受文者部分，下行文作"右下某准此”；平行文和上行文用文种名称作动词，作“右咨某官府”和“右申某官府”。奏疏的受文者是皇帝，所以不列受文者。行文年月日部分，下行文和平行文另作一行书写；最后一行顶格大字标明文种名称，下面写文件责任者姓，不书名而画押。奏疏和一般上行文年月日也另作一行，文件责任者姓名书写在年月日下面。奏疏文种名写在本面上，一般上行文不另标文种名称。受文者官府名称和结束语中的“照验施行”句紧接前文顺行书写，上行、平行文则另行顶格书写。这种另行书写方式，是表示对受文者的行为、称谓的崇敬，称为提行，或称跳行、抬写，清代多称为抬头。文书中的抬头制度始于秦代，当时皇权空前提高，行文中遇有皇帝和皇帝言、行字样回行顶格书写，以显示皇帝地位的崇高。以后各代续有发展，除回行书写外，又有回行高出平行一、二格的，清代规定抬得最高的是天（神）、地（神）、皇帝的列祖列宗等，都要回行抬高三格，称为三抬。皇上、圣主以及他们的言行如诏旨、御书、钦定等字样都要抬高二格，称为双抬；朝廷、国朝以及宫、殿、门名等抬高一格，称为单抬。乾隆末年，乾隆皇帝退居太上皇，皇上字样既已双抬，太上皇字样须高出一格成为三抬，而天（神）以及列祖列宗便升格为四抬。清末皇太后当政时，皇太后字样也要三抬。只回行顶格书写而不抬高的，称平抬。清政府规定的抬写格式，限定对皇帝有关的字样，分别用单抬、双抬、三抬以及四抬。至于平抬的字样，则没有明确的规定，多用于官府往来文书中下级官员对上级官府、官员的称谓及其言、行等。官府往来文书中的抬写形式由于没有明确的规定，所以写法很不一致，多数都使用平抬或双抬。由于文书载体的限制，行文中有时不便回行抬写，则在每行中用空格表示，称为空抬。通常空一格至四格不等，空格越多，表示尊敬的程度越高。文书抬头制度是封建礼仪的组成部分，不便于书写和阅读，是文书程式中存在的缺点。明清文书程式中上级官员对下级行文，为了表示权威，还施行标朱制度，即用红笔填写行文日期，有受文的下级官府名称上直画一红线或加一红点，在文中关键字样上用红笔圈点勾勒，用以提示下级注意，有时也在文件空白处用红笔添加数语，表示要属下特别注意，称为加标。

古文书的字体与印章　文字与印章是古文书的重要组成部分。文字是文书的重要标志。秦汉时代，文书用字有篆书、隶书、八分书、草书，不同等级文书所用字体不同。比如汉代策书，一般用篆体字，而罪免三公的策书则用隶书。唐以后，楷书逐渐成为官文书的标准用字，但直到明初，一些皇帝的诏敕还用行楷字体。为了统一文书字体，官方还推行标准字书，强调公文用字规范，如汉代的《急就篇》《仓颉篇》、唐朝的《干禄字书》、明朝的《洪武正韵》、清朝的《康熙字典》等。历史上一些少数民族政权的朝代，涉及民族文字的文书，还出现有几种字体合写的现象，比如清代官文一般要满、汉文合璧。文书上，除了正文，还用不同颜色文字批注标识，画押标注也是文书的一部分。

文书责任者在文书的某个部位钤盖印章，作为文件生效的标志。印章原称为鉨，或作玺。文书钤盖印章，最早见于记载的是公元前6世纪春秋时期中叶，称为玺书。战国时期的鉨现在仍有实物保存，是用金属铸刻的。秦代规定玺作为皇帝印章的专称，用玉刻制。汉承秦制，皇帝、诸侯王、王太后的印章称玺，其余官员的印章称为印，大中型称为章。玺、印、章是皇帝以及大小官员的凭证物，发生文书时，在文书上钤盖印章，作为行使职权的凭证。文书载体使用竹、木简时代，文字写好后，用称为检的木板盖好，用绳捆缚，绳结上敷以胶泥，在胶泥上盖印，待泥干后发出，方法略似后世的火漆加封。封检的印章大多二厘米见方，铜质，上面铸或刻有官名。字用阴文，也称白文，印在胶泥上显示出来的是凸出的阳文。文书载体用纸以后，字迹改用阳文，也称朱文，显示印迹的材料用朱红印泥，印在纸上显示出红色印迹。秦汉时期，官印以官员职衔命名的“职印”为主，秦汉以后，“职印”向以官府机构名称命名的“衙印”过渡，纸质文书逐渐代替了简牍缣帛文书，文件尺幅与封缄方式变化，影响了印章的体形也逐渐加大。清代除皇帝印章外，自皇太后、亲王以至大小官员印章的名称、尺寸大小、所用质料等都有严格规定。一品官员的印章三寸三分见方，以下递减，从九品巡检一寸九分见方。最小的是教坊司印，一寸四分见方。监察御史官阶从五品，而且地位很高，但印章只一寸五分见方，是沿袭明制未改。印章的质料，皇太后、皇后、亲王用金制，称为宝。郡王和一品、二品官印用银，称为印；顺天、奉天二京府的府尹正三品，也用银印，总督、巡抚和一品、二品武官的印章用银，称为关防，中级武官的印章用铜，也称关防。低级武官用铜，称为条纪。关防与条记作长方形，最大关防高三寸二分，宽二寸；以下依次递减；条记也如此。地方行政官道员和府同知、通判、州同、州判、县丞等印章也用铜关防。地方的县主簿、典史和儒学官、库大使、驿丞等的印章用铜钤记，高二寸六分，宽一寸六分五厘，清初所有印、关防、条记、钤记都由礼部铸印局铸造，乾隆中叶，地方低级的佐贰、杂职官所用钤记改木质，由各省布政使司指定专铺刻给。印章的字体秦代开始用小篆，以后各代官印都用小篆。清代印章篆体名目很多，有尚方大篆、尚方小篆、玉箸篆、芝英篆、柳叶篆、钟鼎篆、垂露篆、殳篆、县针篆等。清代官印文字特点是满汉文合璧。满文居左、汉文居右。满文先是用楷体，乾隆十三年（1748）改用满篆。清代文书钤盖印章，主要是盖在文尾年月上面，此外折式文书开面上也要盖印。文书盖印是文件生效的标志，所以一般诏令文书、奏疏和官府往来文书都盖有文件责任者的印章。一些邮递包裹需要加封，不便盖印，则事先盖好印的纸片按印章大小剪裁下来，贴在加封处，这种纸片称印花。清代官府每年冬末至次年春初，有一个月时间停办公务，印章要封存起来，这种制度称封印。封印期间遇有重要事件须使用文书，所以封印之前各官衙都预先在一些空白公文纸上盖好印章，以备到时使用。这样形成的文书，文末年月字样的墨迹就会压在印章之上，为了声明文书并非伪造，要在印章旁边写明“预印空白”字样。

中国现存古文书以清代为最多，有上千万件。都是珍贵文化遗产，是研究中国古代文化的第一手资料。（胡忠良）

《中国国民党历次代表大会及中央全会资料》 *Information on Kuomintang Congress and Plenary Sessions of Its Central Committee* 中国档案文献汇编。荣孟源主编，光明日报出版社1985年出版。精装，上、下

《中国国民党历次代表大会及中央全会资料》封面

两册，约 160 万字。

所收的 1575 件资料一部分选自国民党党刊《中央党务月刊》，该刊由国民党中央执行委员会秘书处印行，属内部秘密刊物；一部分选自国民党中央执行委员会秘书处刊印的单行本《会议记录》；一部分选自**中国第二历史档案馆**所编档案史料及一些报纸杂志的新闻报道。主要内容包括自 1924 年 1 月国民党改组，在广州召开第一次全国代表大会起，至 1949 年 7 月在广州召开最后一次非常委员会会议为止的 25 年中，国民党正统派召开的历次全国代表大会及其中央委员会全体会议所形成的文件和资料。有关“西山会议”、反对蒋介石的“中国国民党改组同志会”“扩大会议”“非常会议”等所形成的文件也全部收录。文件种类有每次会议的开会词、宣言、决议案以及闭幕词，出席会议的代表名单、中央执监委名单和官方报纸上有关会议经过的报道等。决议案数目过多，因篇幅所限，只选录有关党务、政治、军事和针对各个历史时期特点等方面的决议案，其他决议案只保留题目而略去内容。

全书按重要历史阶段分为 4 编：1924 年 1 月～1927 年 3 月为第一编；1927 年 9 月～1937 年 2 月为第二编；1938 年 3 月～1945 年 5 月为第三编；1946 年 3 月～1949 年 7 月为第四编。每编之下以每一次全国代表大会为项，每一次中央全会为目。在每一次全国代表大会的文件之前，均有编者所写的简短说明，介绍该次代表大会召开的历史背景、会议的主要目的和内容及所收资料的来源等。全书内容比较丰富，比 1941 年国民党训练委员会编选的国民党会议资料和 20 世纪 70～80 年代台湾《革命文献》编选公布的国民党全国代表大会文件更为全面，是中华人民共和国成立以来首次编辑出版的研究国民党历史的会议资料汇编，也是研究中国新民主主义革命时期历史的参考资料。

（朱金甫　丁华东）

中国海洋档案馆　China Oceanic Archives　中国国家海洋专业档案资料保管和开发利用基地。隶属自然资源部，现与国家海洋信息中心为一个单位两块牌子。位于天津市河东区六纬路 93 号，另在天津滨海新区建有馆区。前身为海洋档案馆，1983 年由国家海洋局（今自然资源部）根据《国家档案局关于各部门制定十年规划时请安排建立专业档案馆等问题的建议》（国档发〔1982〕62 号）文件精神在天津成立，挂靠国家海洋局海洋科技情报研究所（1989 年更名为国家海洋信息中心）。2007 年，国家档案局同意将海洋档案馆更名为中国海洋档案馆。2019 年建成“蓝色印记”档案展厅，2022 年获批“全国科普教育基地”，2024 年获批“国家自然资源科普基地”。

主要职责　承担自然资源档案工作业务支撑和档案业务指导，起草海洋档案工作发展规划、规章和标准；负责接收、保管和保护各类进馆档案资料；开展馆藏档案数字化，建设和运行海洋数字档案馆；开发**档案信息产品**，提供档案教育实习和档案产品展示；运行海洋档案展厅，开展海洋科普、海洋意识和海洋文化传播；为海洋经济、海洋管理、公益服务和海洋安全提供档案信息服务。

馆藏构成　**档案接收**范围包括：自然资源部部属涉海单位形成的具有永久保存价值的档案和涉海各单位承担基本建设项目形成的档案；自然资源部组织实施的各类海洋项目形成的档案，自然资源部下达有关单位承担海洋项目形成的档案；征集或接收捐赠的反映中国海洋和海洋工作不同时期状况的珍贵历史资料；征集或接收捐赠的海洋著名人物在个人、家庭和社会活动中形成的具有永久保存价值的档案材料。档案内容涉及海洋工作的方方面面，包括海洋管理、海洋调查观测监测、海洋科学研究和技术开发、海洋工程建设、大洋和极地科学考察等。档案载体形式以纸质、**电子文件**、音像文件为主体。

馆藏最早的反映中国海洋状况的记录可追溯到 19 世纪末，藏有中华人民共和国成立后第一次全国海洋综合调查（简称 58 普查）、中国首次南极科学考察等珍贵档案。截至 2022 年底，馆藏档案 9 万余卷，资料 8 万余件（册），电子文件 260 太字节（TB），音像文件 28 太字节（TB），涉及自然资源部部属涉海 13 家单位 2000 年以前形成的永久保存的档案和全国海岸带和海涂资源综合调查、全国海岛资源综合调查、省际间海域行政区域界线勘定、中国近海海洋综合调查和评价、全国海域海岛地名普查、全球变化与海气相互作用研究、第一次全国海洋经济调查等多个国家重大项目的档案。

档案服务　提供来馆人员直接查阅和档案复制服务，提供基于海洋专网的海洋档案综合管理和共享服务系统的在线利用馆藏数字化档案服务，**档案利用**需根据档案公开范围履行审批手续。中国海洋档案馆积极探索以海洋电子文件管理为重点的专业档案管理模式和方法，形成海洋行业多个**档案工作标准**和技术规范，提供海洋档案业务培训，开展海洋档案资源建设的合作和交流，深度挖掘馆藏档案资源，开发档案产品，提升海洋档案信息服务能力。

（林　宁）

中国近代邮政起源档案　archives of modern Chinese postal origin　中国清代邮政档案。形成于清光绪三年至六年（1877～1880），共有 25 件，现藏于天津市档案馆。2002 年 3 月入选《中国档案文献遗产名录》（第一批）。

该档案是中国现存清代邮政档案的一部分，记录了 19 世纪中后期中国海关总税务司 R.赫德（英国人）拟办近代邮政并委派天津海关税务司 G.von 德璀琳（英籍德国人）以天津为中心，在北京、烟台、牛庄、上海、天津 5 处试办近代邮政的过程，主要包括德璀琳在初办大清邮政时给总税务司、各地税务司和相关人员的信函和备忘录手抄件等。文献反映了清末政府组建近代邮政网络机构、邮件传递、邮务管理、邮票发行等方面的情况，特别是记录了组建中国首家近代邮政机构——海关书信馆，以及中国第一代邮政代办机构——华洋书信馆，开辟中国最早的陆运和海运邮路，筹备发行中国首枚邮票——大龙邮票的内容。

文献较为清晰地记录了清末时期邮政业务近代化的起源历程，反映了西方近代邮政体制逐步与中国社会相融合，西方近代邮政制度引入中国在客观上促进了中国邮政事业的转型，为后来清政府初步建立起统一的国家邮政、改变国内混乱的邮政业局面发挥了积极作用，文献对研究中国近代邮政史及中西方通邮史具有重要的参考价值。同时，近代邮政起源档案也是近代列强控制中国邮政并进而控制中国、实现其侵略利益目标的反映，是帝国主义列强试图控制中国财政、实行经济侵略的具体体现，海关办邮政从一开始就打上了深深的殖民烙印。

（张芳霖）

《中国科技档案史》　*History of Chinese Science and Technology Archives*　中国科技档案史专著。丁海斌、陈凡编著，东北大学出版社 2007 年 7 月出版。共 42.1 万字。该书是中国科技档案史领域的拓荒性著作。

该书共 13 章。第一章论述了原始社会的科学技术及科技档案的萌芽与产生。第二章论述了先秦时期的地图及其他类型科技档案。第三章介绍了《周礼》中记载的科技档案概况。第四章论述了秦汉时期的科技档案状况。第五章论述了三国两晋南北朝时期的科技档案。第六章论述了隋唐五代时期的科技档案。第七章论述了宋辽金元时期的科技档案。第八章论述了明清时期的科技档案。第九章论述了中国古代的水文档案。第十章论述了中国近现代科技档案的产生与发展状况。第十一章论述了中华人民共和国科技档案事业发展的基本过程与成就。第十二章论述了中华人民共和国成立后各专业科技档案工作的建立与发展状况。第十三章论述了中华人民共和国成立后**科技档案管理学**和科技档案教育出版工作产生与发展状况。

科技档案是已有科技工作和经验的凭证，也是科技工作者从事科技工作必不可少的重要工具。中国科技档案史的研究是中国档案学界和中国科技史界、中国科技哲学界等所共同关心的重要学术课题。《中国科技档案史》全面介绍了中国科技档案和科技档案工作的历史，在科技档案学方面，特别是在中国科技档案史研究方面取得了拓荒性的成就，初步构建了中国科技档案史的学术理论体系，在中国档案学界、科技史界、科技哲学界，文献学界等都产生了良好影响。（张芳霖）

中国科学院档案馆 Archives of Chinese Academy of Sciences 中国**部门档案馆**。成立于2001年，位于北京市海淀区北四环西路33号，建筑面积约3000平方米。中国科学院档案馆（以下简称“院档案馆”）是中国科学院管理型非法人单元，主管部门为中国科学院办公厅，依托单位为中国科学院文献情报中心。受中国科学院办公厅委托，院档案馆履行全院档案工作行政管理和业务建设职能，是集中永久保存全院各类重要档案的基地，提供档案利用的中心，科技档案研究与教学实践基地，传播科学文化和科学家精神的教育基地。作为中国档案学会科技档案与科学数据管理学术委员会的挂靠单位，院档案馆积极组织跨单位、跨行业、跨领域的科技档案与科学数据管理学术交流。

馆藏　馆藏纸质档案14.3万余卷、18.8万余件，档案数字资源约162太字节（TB）。内容包含：①院属单位1990年以前的258个全宗档案。②中国科学院机关1990年以前的档案。③战略性先导科技专项、国家重大科技基础设施、国防科技创新项目、基本建设项目等重大科技项目档案。④专题档案数据库（非涉密院发文件全文数据库、院级国际科技合作协议全文数据库、国家级院级科技奖励获奖项目库、年报年鉴全文数据库、组织机构沿革专题档案数据库、科学家专题档案数据库等）。

机构设置　馆内设档案接收与保管（机关档案室）、档案业务指导、档案信息化建设、档案编研与宣传、科技档案研学中心等业务团队。

出版物和评价　出版《中国著名科学家手稿珍藏档案选》，该书是中国科学院院庆70周年赠书，是中国科学院大学2021级新生入学礼物；建设“科学丰碑 档案基石——中国科学院著名科学家档案展”，接待高校、中小学校、央企、科研事业单位等多家单位参观展览；联合中央电视台制作播出《于无声处》档案专题系列电视节目（12集）、《档案里的新中国科技》百集系列新媒体短视频（全网浏览量超过2.5亿次）；在《中国档案》《中国档案报》发表《创新思路谋发展 突出重点抓落实——党的十八大以来中国科学院切实推动档案工作良性发展》《践行使命担当 服务科研创新——记中国科学院档案工作七十年》《使命驱动、责任担当、发展导向——“十三五”中国科学院努力开创档案工作新局面》《以高质量发展为目标构建科技档案工作新格局》等文章；部署专项课题116个，形成研究成果约350项，包括学术论文、制度标准、软件、软著、专利、编研成果、研究报告等。与中国人民大学共同完成的“科研电子文件归档与电子档案管理探索性研究”课题获得国家档案局2021年度优秀科技成果二等奖；通过建立健全档案制度体系、强化协同管理与全过程业务督导、实施项目档案量化评价、开展项目档案数字资源汇交等举措显著提升了项目档案质量和规范化管理水平，相关实践经验和创新做法被《科学技术研究档案管理规定》（国家档案局、科技部令第15号）吸纳。《中国科学院战略性先导科技专项档案管理的探索与实践》获得国家档案局2020年度全国经济科技档案工作创新一类案例。（潘亚男）

中国煤炭地质总局档案馆 Archives of China National Administration of Coal Geology 中国集中保存煤炭地质、化工地质相关专业资料的档案馆。位于河北省涿州市范阳西路64号。1994年，根据中国煤炭地质总局改革需要，将原直接隶属中国煤炭地质总局机关的资料档案处和情报处合并，组建中国煤炭地质总局资料档案馆，列为总局的一个单编事业单位。2001年，以中国煤炭地质总局资料档案馆为基础，组建中国煤炭地质总局煤炭资源信息中心，中国煤炭地质总局资料档案馆为信息中心内设机构，更名为档案室。2003年，中国煤炭地质总局煤炭资源信息中心加挂中国煤炭地质总局档案馆牌子，管理体制及机构设置不变。2014年3月，中国煤炭地质总局煤炭资源信息中心划归中国煤炭地质总局勘查研究总院管理。2015年1月勘查研究总院对信息中心进行改组，以原信息中心地理信息部和档案室为基础，组建中国煤炭地质总局勘查总院数据中心。2017年3月，中国煤炭地质总局勘查总院重新组建信息中心，中国煤炭地质总局档案馆由信息中心负责其运行与管理。2017年12月，中国煤炭地质总局档案馆划归总局总部管理。

馆藏主题与特色　截至2022年底，中国煤炭地质总局档案馆馆藏档案资料10万余卷（件）。馆藏类别包括科技档案和科技资料、**文书档案**、基建档案、**会计档案**、**声像档案**、实物档案、图书以及期刊等。馆藏最早的科技档案形成于1950年。

煤炭、化工地质与资源的勘查、研究成果是中国煤炭地质总局档案馆馆藏主体，共计21 323卷，约占总馆藏量的90%，主要由煤炭、化工地质勘查、地质研究与资源评价、基础地质调查及各类出版物等成果构成。其中，煤炭、化工地质勘查成果是馆藏的主要部分，约占馆藏量的80%，包括煤炭地质勘探报告（普、详、精），水文地质勘探报告（普、详、精），电法类报告，地震类报告，煤炭资源潜力报告，煤炭资源评价与预测报告等。

文书档案也是馆藏的重要内容，馆藏量约为7.9万件，约占馆藏量的8%，馆藏主体时间为1973～2021年。

分类体系与管理方法　1998年之前，馆藏档案实体的保管一直沿用**档案信息分类**与实体分类相一致的排架方式。1998年开始，按信息分类与实体分类分开，改变排架方式，档案实体按进馆时间大流水排架，并遵循**档案管理**尊重历史的原则，之前进馆的档案仍按分类排架，每类之间不再预留空隙。档案的信息分类，通过分类账簿（后为档案管理软件），大类下的二级类目一目了然。2001年之后，实体库房随着环境的变化，开始以**密集架**储存方式运行。2016年，实现了实体库房独立环境的储存与管理、运行。

2002年，引进档案管理软件，根据行业的特点和工作实际，结合档案管理理论，在档案的接收、著录、编目、借阅、统计等方面提出了许多建设性意见并进行了个性化定制，研发了中国煤炭地质档案管理软件。并于2003年将该软件向全行业进行了推广，达到了目录级查询。

服务体系　利用者可以在线检索、查询馆藏档案、资料目录信息。对涉密地质资料可到馆进行数字查阅。依据《中国煤炭地质总局地质资料管理办法》(2020年1月31日发布)、《中国煤炭地质总局档案管理暂行办法》(2017年12月14日发布)相关规定,个人持有效证件可以查阅、摘录、复制非涉密档案资料;单位和个人如需查阅、摘录、复制涉密档案资料,须提交相应的需求申请:绝密级档案资料由总局主管领导审批,机密级档案资料由总局地质科技主管部门领导审批,秘密级档案资料由中国煤炭地质总局档案馆领导审批。

（王 琦）

中国民用航空局档案馆 Archives of Civil Aviation Administration of China 集中统一保管中国民用航空局机关档案资料的部门档案馆。位于北京市东城区东四西大街155号。1996年10月成立,归口中国民航局综合司管理,同时挂综合司档案处牌子。历任馆长为:彭金照、彭伟光、李京花、苏莉。内设办公室、监督指导部、管理部、编研部、技术开发部。

馆藏内容和特色 负责收集和保存自1949年11月2日中国民用航空局成立以来,民航局机关历年形成的各类档案资料。实体按照不同门类、保管期限、年度、机构(问题)等分类存放。建立了民航档案查阅管理系统,实现了电子公文在线归档,存储1949~2022年文书、会计、照片、录音类档案电子数据共4269GB。建立了以国家档案法律规章为依据,《民航档案工作规定》为引领,涵盖档案法规标准、档案收、管、用全过程的民航档案工作制度体系,加强科学管理,确保档案实体与数据安全。开通并维护"民航档案工作"微信公众号,成为民航系统档案知识、制度标准、业务交流、宣传教育、成果展示的平台,截至2023年底已发表430余篇图文消息。

馆藏档案门类齐全、载体多样、内容翔实,不乏珍贵而独具特色的**历史档案**。如"两航"起义、中苏民用航空股份公司、中国人民航空公司等档案资料,真实记录了1949年在中国共产党领导下,中国航空公司、中央航空公司12架飞机北飞回大陆、数千员工在香港起义的伟大壮举;中苏第一条国际航线的开辟打破了西方对华航空封锁,建立中国民航自己的经营管理制度,培养技术人员的历史实践;以及1949年中国民航建立初期进行政企分开体制改革的有益尝试等。

馆藏规模数量 馆藏有文书、科技、会计、人事、专业、照片、录音、录像、网页信息、实物等10类档案,总量约33.1万卷(件)。

档案利用服务 馆藏档案在工作查考、房屋产权查证、财务审计、巡视巡查、法律纠纷、史料编研、展览展示等方面发挥了应有作用,依托民航档案查阅管理系统,实现多门类电子档案数据在线查阅,**档案利用服务**周到、快捷。年均阅档量近2万件。

档案资源开发围绕民航中心工作及重大纪念活动,先后举办了"飞越时空——新中国民航成立60周年档案展""新中国通用航空事业发展档案展""民航党建工作档案展""档案见证——中国民航改革开放40周年"等展览。组织编写了《中国民航组织机构沿革档案史料汇编(1—3册)》《纪念周恩来总理对民航重要批示50周年》《新中国民航65年大事记(1949—2014)》《新中国民航发展历程》《中国民航汶川特大地震抗震救灾纪事》《民航档案利用事例选编》等多部内部参考资料和编研成果。公开出版了《飞越时空:纪念新中国民航成立60周年》《中国民航抗击新冠肺炎疫情大事记》《百年伟业——中国共产党领导下的中国民航事业》等图文并茂的纪念册。制作了《中法通航》3集系列视频短片。通过"民航档案工作"微信公众号推送《档案见证中国民航融入"一带一路"这十年》等编研成果。

《飞越时空:纪念新中国民航成立60周年》封面

（苏 莉）

《中国明朝档案总汇》 *Government Archives of the Ming Court* 中国明代档案总集。中国第一历史档案馆、辽宁省档案馆编,广西师范大学出版社2001年出版。共101册,计6000万余字。所辑档案,是明朝政府在实施政令过程中形成的原始官方文件,包括洪武、永乐、宣德、成化、正德、嘉靖、隆庆、万历、泰昌、天启、崇祯等朝的兵部、礼部、内阁等机构的档案文件,其中最早的是洪武四年(1371)的户贴田契和永乐八年(1410)颁给失家摄聂喇嘛的**敕谕**。建文、洪熙、正统、景泰、天顺、弘治时期的档案基本无存;宣德、成化、正德、嘉靖、隆庆时期的档案为数亦少;万历时多为档簿;保存最多的是天启、崇祯两朝的档案。另外,还收有南明弘光时期"迄辨先帝太子真伪"和"请求归期"等档案。

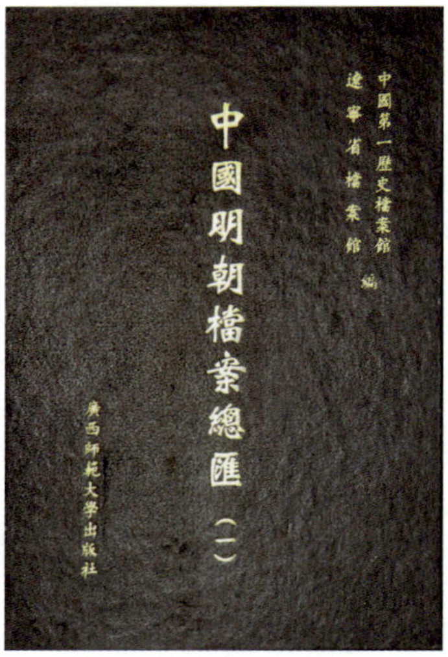

《中国明朝档案总汇》封面

全书共分4编。前三编为中国第一历史档案馆所藏明代档案,第四编为辽宁省档案馆所藏明代档案。第一编为散件类,共计收录明朝档案3535件。主要是兵部、礼部的题行稿、题稿、行稿及科抄**题本**、**奏本**、**启本**、**揭帖**、塘报、**咨呈**、劄付、禀文,以及契约、手札、讼状、供状、**告示**、税票等,兼有少量敕谕、诏诰;第二编为簿册类,共收录明朝档案102卷,主要是《武职选簿》,它是明代记录各卫所官员袭替选补的登记簿,内容包括历代以来的籍贯、从军缘由、历辈袭替时间、原因,武职的升降调迁、功次赏罚等;第三编为典籍类,均为抄存或誊印的书册,包括《鲁斋全书》《掌铨题稿》《南京兵部车驾司职掌》《兵部行移簿》《杨鹤奏议》《崇祯存实疏抄》《锦衣卫题本档》《敕稿底簿》《礼部行文底册》《凤阳新书》《明代档册》《淮阳杂录》12部;第四编为明代辽东问题档案,共有710件(卷)。主要是洪武至崇祯年间,明代辽东都指挥使司所属二十五卫与安乐、自在二州,以及明中期后设置的辽东经略、巡抚、巡按、总兵等衙署的档案。这部分明代辽东档案,反映了明王朝从内地往东北发配犯罪军丁、修建边墙墩台、马市贸易、明军与女真人的战争等丰富内容。所辑档案,均按原件影印出版，是中国明朝官府档案首次系统公布，集中反映了明代政治、经济、军事、外交、文化、法律和民族诸方面的情况。对推动明史的深入研究起到了积极的作用。（冯　叶）

中国气象局气象档案馆　Meteorological Archives of China Meteorological Administration　中国气象科技档案资料信息资源中心。位于北京市海淀区中关村南大街46号中国气象局大院内，并在延庆建有分馆。前身是军委气象局、中国科学院地球物理研究所联合资料室，1952年5月15日正式成立，后改名为中央气象局资料室，1985年8月开始启用“中国气象局气象档案馆”名称。

档案业务工作接受中国气象局和国家档案局职能管理部门指导、监督与检查。主要职责是：集中统一管理中国气象局规定范围内具有永久保存价值的气象档案及国内外有关气象资料；维护气象档案资料的完整与安全，积极提供利用。

馆藏内容和特色　馆藏资料包括气象管理档案、气象记录档案、气象业务档案、气象科研档案、气象基建档案、气象仪器设备档案、气象标准计量档案7类。其中，气象记录档案是主体馆藏档案，也是馆藏最丰富的资料。气象记录档案是指在气象观（探）测中直接形成或经过加工处理的各种载体形式的气象信息记录，是直接反映地球表面和地球大气的状态、现象及其变化过程的历史记录。馆藏最早的气象记录档案始于1879年。本馆还保存有人民气象事业创建初期在延安观测的气象观测记录报表，这些都是国家珍贵的历史气象档案文献。

馆藏各类纸质载体档案7.4万卷（册），馆藏信息化气象资料光盘2.1万盘、各种磁带4.7万盘、缩微胶卷1600卷、缩微平片10万张。

发展状况　为了拯救珍贵的历史气象资料，使其发挥应有的作用，从2005年开始，中国气象局气象档案馆和各省气象档案馆持续开展了纸质档案资料的数字化工作，形成扫描图像和气象观测记录数据等形式的数字化成果150太字节（TB），并且应用这些数字化成果制作了一大批气象基础数据集，研制出气候标准值、专题数据集等产品。

为提高档案管理的科学化、规范化和信息化水平，档案馆先后制定并应用了一系列管理制度和业务标准规范，包括《气象记录档案管理规定》《气象档案安全管理规定》《气象档案馆安全管理应急预案》《气象档案业务系统运行规定》等，编制了《气象资料分类与编码》《气象档案分类与编码》《气象档案元数据》等标准，参与建成气象档案业务系统（云历），实现档案收集、整理、保管、利用、鉴定、销毁全生命周期的信息化管理，实现全国气象档案资源汇聚与共享。

应用领域　气象档案馆在加强馆藏档案管理的同时也注重档案的开发和利用，相关的数据和产品通过中国气象数据网向各类用户提供共享服务，年访问量超10亿人次。气象数据有效支撑了环境、国土、水利、农业、林业、海洋、国防和经济等各个领域的业务发展。气象数据与不同领域资源相融合，在交通运输、新能源、农业、移动互联软件开发和服务、公共管理及基于大数据技术的智慧城市、智慧交通、智慧粮食等经济社会活动中得到了应用。（兰　平　高　峰）

中国人民大学信息资源管理学院　School of Information Resources Management in Renmin University of China　中华人民共和国最早创办的档案学教学与科研机构。

简史　始建于1952年，前身是中国人民大学专修科档案班和档案学教研室。档案班是受中共中央办公厅委托培训全国在职档案工作干部而创办的；档案学教研室招收研究生，培养档案学专业教师和业务骨干。1953年档案班改为中国人民大学档案专修课，1955年又扩大为中国人民大学历史档案系，增设本科，学制4～5年，研究生学制为两年，干部专修课的学制为1年至1年半；1958年增设科技档案管理干部专修科，学制两年。1973年历史档案系停办。1978年恢复，改名为中国人民大学档案系；1979年设立中外政治制度史硕士专业，1982年设立档案学硕士专业，1985年扩建成立中国人民大学档案学院。1993年，设立档案学博士专业，次年招收了中国首届档案学专业博士生。1998年，设立图书馆学硕士专业；2000年，设立情报学硕士专业；2001年，在本科层次增设信息管理与信息系统专业，增设政务信息管理系。2003年，在档案学院基础上成立中国人民大学信息资源管理学院。2005年，信息资源管理学院获得图书馆、情报与档案管理一级学科博士学位授予权。2008年，获批设立信息资源管理博士专业和硕士专业；2010年，招收首届信息管理与信息系统专业国防生。2011年，首届图书情报专业硕士研究生入学，同年获批信息分析硕士专业、信息分析博士专业学位点。2013年，增设信息资源管理本科专业。2019年创办国内首个数字人文本科学位——数字人文荣誉研究辅修学位。2020年开办国内首个数字人文硕士学位点。2021年开始招收国内首个数据管理方向非全日制专业硕士学生，同年设置“数据管理-新媒体运营”双学位实验班。2022年获批国内首个数字人文博士点，同年设置“数字社会-数据治理”双学位实验班。2023年推出全国首个档案管理专业硕士项目。

学院组织结构　2023年，学院设有档案系、图书情报系、信息管理与分析系和数字人文系，以及案例中心、专业学位中心、国际交流中心和培训发展项目中心，组织管理人文北京重点研究基地、国家革命历史文物协同研究中心、中国人民大学数字人文研究院，建有多模态档案保护与开发国家档案局重点实验室，与中国人民大学信息学院共同建立“数据工程与知识工程教育部重点实验室”。下设中国人民大学电子文件管理研究中心、中国人民大学智能信息分析研究中心、中国人民大学智慧城市研究中心、中国人民大学档案事业发展研究中心、中国人民大学文献书画保护与鉴定研究中心、中国人民大学CIO研究中心、《档案学通讯》杂志社《数字人文研究》期刊编辑部。其中，《档案学通讯》为中文社会科学引文索引（CSSCI）来源期刊，电子文件管理研究中心为国家电子文件管理部际联席会议办公室技术支持单位。

学院拥有信息资源管理一级学科博士学位授予权。2017年、2021年连续两次入选教育部世界一流学科，在教育部几次学科评估中均位列前茅。信息资源管理一级学科为北京市重点学科。二级学科中，档案学科是国家重点学科（全国唯一）、国家特色专业，情报学科为北京市重点学科。2023年，在本科教育层次设有档案学、信息管理与信息系统（信息分析方向）、信息资源管理3个专业；在硕士研究生教育层次设有档案学、情报学、图书馆学、数据管理、信息分析、数字人文6个专业，以及图书情报专业硕士、档案管理专业硕士；在博士研究生教育层次设有档案学、情报学、图书馆学、数据管理、信息分析、数字人文6个专业。学院现有在校学生500余人，包括本科生、硕士生、博士生和外国留学生。全院教职员工67人，其中专任教师50人，另聘有客座教授或者兼职教授20余人。

学院社会影响　学院重视科学研究，关注国际学术发展前沿，积极开展自主创新性研究，注重发挥社会服务功能，积极为社会提供智力支持。学院师生不仅在档案管理、电子文件管理、信息资源管理、知识管理、信息分析、竞争情报研究等领域取得突破性的理论成果，在知识组织、学术评价、健康信息学、社群信息学等领域形成特色方向，而且在智力资政、标准研究、服务行业产业发展等方面做出了重要贡献。

2012年以来，学院获得国家自然科学基金、国家社会科学基金、教育部人文社会科学基金及北京市社科基金等科研项目100余项。其中，冯惠玲主持的“我国信息资源产业发展政策及管理研究”、赵国俊主持的“中国信息资源开发利用公共政策体系的优化发展研究”、卢小宾和杜小勇主持的“云计算环境下的信息资源集成与服务研究”和周雪恒主持的“中国档案事业史”等22项课题获国家自然科学基金或国家社会科学基金重大项目资助。学院获得中共中央办公厅、中央政法委、国家档案局、国务院信息化工作办公室、三峡集团、国家电网、中国电信、中国化工集团、国家开发银行、神华集团、澳门特区政府行政公职局、**国际档案理事会**（ICA）档案教育指导委员会（SAE）等党政机关、企事业单位或国际组织委托的科研课题近200项。

2018～2022年，学院教师出版专著、教材30余部，在CSSCI、CSCD来源期刊上发表高水平学术论文600多篇，被SCI、SSCI、EI收录学术论文100余篇。学院教师获得教育部高等学校科研优秀成果奖、北京市哲学社会科学优秀成果、国家档案局优秀科技成果奖等20余项。

截至2023年，学院连续举办20届中国信息资源管理论坛、13届中国电子文件管理论坛。另外，学院多次举办中国知识管理论坛、中国信息分析论坛、学科交叉与交叉学科评价论坛等品牌论坛，以系为单位设立系列求是论坛。联合36家单位牵头发起成立档案数据产教融合发展平台，联合20家单位共同发起成立中国信息资源管理自主知识体系联盟，创设全国信息资源管理案例大赛和全国信息资源管理工作坊。为学术交流和学科合作搭建多元平台。

学院为国际信息资源管理学会（IRMA）在中国大陆的首个会员。作为国际档案理事会C类会员及教育指导委员会委员单位，学院承担了数项国际档案理事会委托的全球档案教育合作项目。学院积极参与国际标准化组织（ISO）档案/文件管理分技术委员会（TC46/SC11）的标准制定，以及“电子系统中文件真实性永久保障国际合作研究（InterPARES）”等重大国际合作项目的研究。2016年，学院加入信息教育国际组织iSchools联盟。

学院与全球数十个国家或地区的高等院校和其他机构签署了合作协议，开展互访、讲座、师生交换项目等多种形式的合作与交流。学院多次派出师生前往美国加利福尼亚大学洛杉矶分校（UCLA）、加拿大不列颠哥伦比亚大学（UBC）等高校进修或访问；经常接受美国、日本、韩国、中国台湾等国家或地区师生来访；定期举办、承办国际学术会议。

学院秉承“兼纳文理，发展智能，进德修业，唯实唯新”的教育理念，始终坚持科学的态度、创新的精神，走特色化发展道路，充分利用学校多学科互动平台，继续保持档案学科的全国领先地位，以数字人文、数据管理为突破，积极发展信息资源管理其他相关学科，不断提高教学与研究的整体水平。（张　斌）

中国商飞公司档案馆　COMAC Archives　中央企业专门档案馆，民机档案收藏和开发利用服务中心。位于上海市浦东新区金科路5188号，另于北京市昌平区建设有档案异地备份库房。前身为中国商飞档案中心，2009年6月9日成立，2013年4月更现名。由中国商飞公司办公室实行业务领导，进行业务决策，统筹安排工作计划（配套预算），由中国商飞上航公司负责行政管理。内设能力发展室、型号档案室、固投档案室、综合档案管理室、档案编研室。

馆藏内容和特色　收集和保管民机研制、生产建设等过程中形成的具有利用价值、保存价值的各类重要档案。档案实体依照档案分类、内容、时间等要素进行科学鉴定、分类归档、入库管理和开发利用。建立数字档案馆，与主要业务系统建立归档接口，电子档案实时归档。电子档案依托中国商飞公司档案资源综合管理系统进行接收、存储、检索与传输利用。利用档案资源方式多样，实现电子化、网络化，利用便捷高效。

中国商飞公司档案馆馆藏丰富、内容广泛、结构合理、数字化程度高。馆藏最早的档案为上海飞机制造厂形成于1950年的档案。保管有运十飞机、新支线飞机、大型客机等具有民机特色的型号研制、生产建设、经营管理等方面的档案（以电子档案为主）。馆藏档案涵盖民用飞机设计研发、试验试飞、生产制造、客户服务、经营管理、建设发展等多方面内容，系统、完整、全面、多维度的记录反映了中国民机事业发展的基本脉络。包括文书档案、科技档案、声像档案、实物档案等几大类。民用客机研制型号档案是特色馆藏。

馆藏规模　馆藏档案按照档案分类法分门别类进行管理，涉密档案与非涉密档案分开存放与管理，对工作人员进行权限设置，严格落实档案利用相关要求，杜绝失泄密事件发生。

截至2022年底，拥有纸质档案85 409卷、569 307件，照片档案2 176 372张，电子档案97.8太字节（TB）。业务信息化催生归档数据、文件电子化，馆藏资源的数字化、电子化程度较高。

注重档案资源的保护与开发，开展档案光盘保护与检测、档案缩微、档案备份等方面的探索与应用，依托馆藏开展了中国商飞公司年鉴、型号大事记、纪念相册、档案展览展示、大飞机科普展示等的编研工作，围绕民机研制、利用新技术等，深度挖掘、开发多样化的档案编研产品。

服务内容　开展数字档案馆建设，搭建了统一的档案信息资源管理系统平台，实现在线利用，提高了工作效率。主要服务内容有：①提供网上按权限浏览、查阅、借阅、授权利用服务。②提供档案复制、抄录、外借服务。③接待参观并提供档案展览展示讲解服务。④提供档案管理的业务指导、业务咨询服务。⑤提供民机科研声像摄制、采集方案设计与实施服务。⑥提供大飞机科普策划咨询，对合作方开展授权认证。（殷　瑛　张　强　李　喆）

中国石油档案馆　China National Petroleum Corporation Archives　**中国企业档案馆**。全称中国石油天然气集团有限公司档案馆。位于北京市昌平区中国石油科技园。1950年7月，燃料工业部石油管理总局在北京成立，机关设秘书处等6个处室，秘书处设档案组等4个组。1955年9月，国务院批准石油工业部成立办公厅，内设档案资料科；1964年8月，办公厅设立档案管理处。石油工业部几经改革，档案处一直延续。1998年中国石油天然气集团公司成立后，办公厅设文印档案处。1999年中国石油天然气股份有限公司成立后，总裁办公室设综合文档处。2007年11月，集团公司、股份公司整合，办公厅（总裁办）设档案处（史志办公室）。2017年4月，撤销档案处（史志办公室），成立中国石油档案馆。中国石油档案馆按照省级“一类”馆标准建设，建筑面积3.56万平方米，其中库房面积2万平方米。中国石油档案馆主要为总部、在京单位、海外企业提供档案管理服务，作为档案综合利用服务中心、档案信息化中心、石油历史研究展示中心和档案永久保管中心，同时承担全集团档案业务指导监督职能。

馆藏 中国石油档案馆保管着中华民国时期和中华人民共和国成立后石油管理总局、石油工业部、中国石油天然气总公司、中国石油天然气集团公司、中国石油天然气股份有限公司各阶段形成的机关档案，共设 7 个全宗，64 余万卷（件）。档案内容涉及各时期管理、经营、技术、财务、对外交流等活动，涵盖文书类、会计类、勘探开发类、建设项目类、科学技术研究类、图书等。其中中华民国时期档案 3860 余件（册），包括资源委员会员工简历表、中国石油公司概况、台湾地区地质测试图等。另外还保管着各类征集材料和总部及地区公司重要编研成果。除会计类、涉密类档案之外，馆藏档案数字化率超过 90%，电子档案 2.87 太字节（TB）。集团数字档案管理系统保管数字档案 350TB。

机构设置 馆内设综合管理部、档案管理部、档案编研部和档案信息化部。

工作成就 中国石油档案馆建立了石油特色档案制度体系，在中央企业率先完成国家档案局组织开展的企业电子文件归档和电子档案管理试点、企业数字档案馆建设试点。不断创新档案管理和开发利用模式，围绕公司中心工作、重大节庆纪念活动和重要时间节点，编纂出版《石油华章——中国石油改革开放 40 年》《石油精神——文献石油 70 年》《图说玉门》《数说玉门》《石油经典永流传》等系列图书，持续编纂出版《中国石油天然气集团有限公司年鉴》。与中国人民大学信息资源管理学院、北京联合大学应用文理学院签订战略合作协议，开启了合作共建、资源共享的新格局。 （王 强）

《中国西藏元代官方档案》 *Official Records of Xizang from the Yuan Dynasty China, 1304—1367* 中国档案文献汇编。2002 年，入选首批《中国档案文献遗产名录》。2012 年，入选《世界记忆亚太地区名录》。2013 年，正式入选《世界记忆名录》。

整理申报的《中国西藏元代官方档案》共有 22 份。形成年代为 1304～1367 年，为元代时期，即西藏地方政权萨迦和帕竹时期。含有 4 份圣旨、5 份法旨和 13 份铁券文书。4 份圣旨是元代皇帝给西藏地方寺院、官员等的圣旨，是元代中央政府与西藏地方政府之间来往的重要文书档案，圣旨皆用内地产手工纸，用八思巴文写就。法旨和铁券文书为当时地方政权所有者为其管辖的官员、寺庙下发的文书，包括萨迦法王的法旨等。其载体全为藏纸，采用藏文书写。

八思巴文是八思巴为多语言写作发明的一组音标，能用于翻译和书写多种语言，曾在元代辉煌流行近百年，之后逐渐从人们的视觉和意识中消失，故纸质版八思巴文档案存世极为稀少。西藏自治区档案馆保存至今的 4 份纸质八思巴文档案对元代中央政府与西藏地方政府关系等方面的研究工作起着关键的依据作用。

整组档案反映了青藏高原独特的政治生活形态，体现了元代中央政府对西藏地方的有效管辖，为历史研究提供了不可多得的档案文献资料。 （冯 叶）

中国一汽档案馆 FAW GROUP Archives 中国集中统一保管中国一汽集团档案资料的档案馆。位于吉林省长春市创业大街 1959 号。前身为第一汽车制造厂中央档案室。1988 年 12 月成立“第一汽车制造厂档案馆”，1991 年 6 月更名为“第一汽车制造厂档案处”。后历经多次变革，现名为“中国一汽档案馆”，隶属中国一汽办公室（党委办公室），实行统一领导、分级管理。档案馆建筑面积 6170.58 平方米，其中库房面积 2644 平方米。设有档案库房 19 个、档案陈列室 8 个。负责统筹中国一汽档案管理工作，接收、整理、保管、统计、利用中国一汽总部单位档案，以及资产与产权变动的所属单位档案。

图 1 中国一汽档案馆外景

馆藏内容和特色 全档案馆秉承“承史以信、鉴档以实、立馆以智”的理念，系统地保存了中国一汽 70 年发展历史的完整记忆，真实地记载了自 1951 年以来，中国一汽从筹备到建厂、奠基典礼、出汽车、工厂扩建、历次创业直到今天的发展轨迹。其中，馆藏有毛泽东的亲笔题词、苏联提供的工厂设计等珍贵资料，重要时期的请示批复，以及俄、英文技术资料等重要文件。馆藏档案分为管理、会计、人事、基建、产品、科研、设备、声像、实物等 9 类。截至 2022 年底，共保存档案 27 万卷（件）。

馆内建有 8 个档案陈列室，分别是领导题词、企业荣誉、馆藏“文物”、领导关怀、馆藏车模、珍品档案、社会责任和工作成果陈列室，充分展示了一汽的发展历史和企业文化。

档案馆围绕“三个坚持”原则，加强档案管理，服务企业中心工作。一是坚持服务大局。把档案工作置于公司战略发展布局中去谋划和推进，更好地发挥档案工作和档案资源的基础性、支撑性作用，在融入大局、服务大局、保障大局中实现自身更高质量的发展。二是坚持改革创新。适应公司转型发展步伐，以改革精神推动档案工作理念、方法、模式升级，推动档案工作与业务工作深度融合，大力提升档案管理数智化水平，为档案工作发展提供动力。三是坚持安全管档。坚持底线思维，强化风险防控，加强应急管理，压实安全责任，确保档案安全。

图 2 《中国一汽年鉴》封面

档案利用和编研 档案馆建立了馆藏档案数据库，面向集团公司内用户提供档案目录和全文利用服务。利用馆藏档案资源，组织编撰史志、年鉴、大事记及其他史料专辑。史志有《第一汽车制造厂厂志（1950—1986）》《中国一汽志（1987—2011）》；年鉴有 1987～2023 年版《中国一汽年鉴》27 册；大事记有《中国一汽 50 年大事记》《中国一汽大事记（2003—2023）》；其他史料专辑有《一汽创建发展历程》《缅怀谢云》《沈曾华纪念文集》《一汽职业教育 50 年》《红旗轿车专辑》《江泽民在一汽的岁月》《苏联专家在一汽》《一汽创业五十年》等。 （邓荧荧）

《中国战区受降台湾光复纪实丛书》 *Series of Japan's Surrender and the Acceptance in the China Theater and the Recovery of Taiwan* 中国档案文献汇编。中国第二历史档案馆编，江苏人民出版社 2005 年出版。发行于世界反法西斯战争胜利 60 周年暨中国抗日战争胜利 60 周年之际。书中包括 400 余幅珍贵档案图片，辅以 5 万余文字，首次向公众展示了台湾光复的历史画卷。

正文分为“割让篇”“抗争篇”和“光复篇”3篇，其中“割让篇”记述了宝岛台湾被腐败无能的清政府割让给日本的历史，主要有富饶宝岛、日本觊觎、甲午战败、马关议和、交割台湾5部分；“抗争篇”讲述了当朝官员和台湾人民对割让台湾所作的抗争，以及台湾人民英勇抗击日本侵略军的历史，主要有官绅保台、自主守土、武装抗倭、血祭黑旗、永不屈服5部分；“光复篇”记述了宝岛台湾光复和回归祖国怀抱的历史，主要有回归呼声、开罗会议、筹备接收、日本投降、台湾光复、军事接收、光复余韵7部分。

书中全面、系统地讲述了宝岛台湾被日本侵占奴役的历史，展现了台湾人民反抗日本殖民统治、努力回归祖国的斗争过程，证实了台湾是祖国不可分割的组成部分的历史事实，是对“台独”分子的有力回击，突出了两岸统一与台湾回归祖国的主题，并以此书纪念中国抗日战争胜利暨台湾光复、回归祖国60周年。（安　芳）

中国照片档案馆　China Photo Archives　中国中央级**国家专门档案馆**，照片档案收藏机构和利用服务中心。中国照片档案馆的前身为新华通讯社新闻摄影部照片档案室，1984年10月1日成立。隶属新华通讯社和国家档案局双重领导。位于北京宣武门西大街57号，另于北京西山和四川成都建有备份库。内设照片档案室、底片档案室、征集编辑室。

馆藏内容和特色　负责收集和保存国内外具有历史价值、艺术价值和利用价值的底片、照片、照片数据，实行传统照片和电子数据配套、异质异地备份管理。档案实体依照属性、内容、时间等要素科学鉴定、分类**归档**、分库保存，照片的电子数据依托中国照片档案馆数据管理系统即时接收定位、鉴定存储、检索传输。利用档案资源方式多样、轻松便捷。

中国照片档案馆照片藏量丰富、内容广泛，馆藏最早的原始照片摄于1892年3月，最早的原始底片摄于1896年。截至2023年，已拥有1700余万张照片的电子数据和200余万张胶片底片（其中约160万张已采用无接触式翻拍设备完成高清数字化，成果采用磁光电一体化设备存储），每年新增**电子档案**逾百万张。照片内容纵贯古今、横跨中西，涵盖人类政治、外交、军事、经济、科技、文化、教育、艺术、社会生活、地理风光诸方面。其中，反映中国人民生活的照片年代可上溯至清末，并且覆盖了中华人民共和国成立后的各个历史时期。中华人民共和国成立后的照片档案尤为全面、完整，多角度多层次地记录了重要历史事件及活动、行业发展和人民生活变迁的各种图景。记录党和国家领导人生平活动的影像是其独有的、最为重要的馆藏内容。1931年新华社成立当天播发的首张照片——《中华苏维埃第一次全国代表大会召开》的复制底片曾搭乘“神舟九号”飞船遨游太空。

馆藏规模　中国照片档案馆根据影像内容将馆藏档案划分成不同的保密等级，按级别分类存放、对工作人员进行权限管理，并认真落实档案开放政策，馆内公开档案约1500余万张。

中国照片档案馆对照片档案管理和保护工作进行理论研究和实践探索，在胶片保存、照片管理、图片数据库建设等方面取得研究成果，多项管理规范成为行业范例。中国照片档案馆编研工作的重点是利用馆藏资源，参与影展编辑、画册编纂。建馆以来，自编、合编《毛泽东》《刘少奇》《周恩来》《朱德》《邓小平》《叶剑英》《共和国图典》《中国共产党历史图典》《征程纪实》《星星火炬》《人民大会堂》等几十种大型专题和人物画册。

中国照片档案馆典藏展

服务内容　中国照片档案馆对来馆人员提供直接服务和网络查找、复制、传输照片数据服务。主要服务内容有：①提供多用途的照片档案查找服务。②提供图片制作及档案数据的扫描、备份服务。③提供图片专题的选图、编辑服务。④提供图片展览的策划、编辑、布展服务。⑤提供摄影画册的选图、编辑服务。⑥接待参观并提供图片档案管理的专业咨询指导服务。

（张志平　井辉辉）

《中华民国历史图片档案》　*Pictorial Archives of the Republic of China*　中国档案文献图片集。**中国第二历史档案馆**《中华民国历史图片档案》编纂委员会编，周忠信任总主编；团结出版社2002年出版。

中国第二历史档案馆珍藏有中华民国中央级政府机构档案180万卷，为客观、公平、全方位、多角度地展示和反映中华民国的历史，中国第二历史档案馆于1996年开始筹划编纂该书，历经4年，从馆藏档案及图书资料中筛选出珍贵图片3万余

《中华民国历史图片档案》封面

幅，编成该书。

全书按民国断代史分期，共4卷，10册。第一卷北京政府，2册；第二卷南京国民政府确立，3册；第三卷抗日战争，3册；第四卷中华民国覆亡，2册。每卷又按政治、军事、外交、经济、文化、社会6大类分为6章（抗日战争时期建立的伪政权作为第三卷的附录），章下设目。凡影响民国历史进程的重大历史事件均单独立目。目下视需要设子目。每章、目所录图片，按时间顺序排列，并配以简要的说明文字。一些重大历史事件图片缺乏时，以档案文献予以补充。所收录图片原则上从1912年1月1日中华民国南京临时政府建立起，至1949年10月1日中华人民共和国成立、国民党政府覆亡止。但为反映中华民国创立的历史和国民党政府最终撤离大陆，上溯至1840年鸦片战争的图片，以及1949年10月1日后中国人民解放军解放西南、西北等地活动的图片也酌情收录。

在编辑加工方面，凡时间以公元纪年；人名一般用本名，对于以字或号行者，则沿用之；人物首次出现时，介绍其简历，如此后多次出现且职衔屡有变化，则仅介绍至出现时的简历，其后每一次职衔变化时，均加以注明；地名用当时名称，夹注今名；专用名词，首次出现时用全称，再次出现时用简称；外国人名、地名、国名、职官名称，取标准译名。此外，对各时期政权的称谓也做了统一。

以图片形式全面、系统地反映民国时期历史的方方面面，是中国第二历史档案馆的一次大胆尝试，其中有相当一部分图片系首次公布，具有较高的学术价值和收藏价值。（丁华东）

中华民国时期档案管理　archival management in the Republic of China　中华民国时期对档案的保管、整理和使用。1911年辛

亥革命推翻了清王朝，结束了中国几千年的封建制度，建立了资产阶级民主共和国，也开创了近代意义的档案管理工作。

南京临时政府时期档案管理　伟大的民主主义革命家孙中山十分重视文书、档案工作。早期他组织的兴中会、同盟会，均设文书、档案机构；他就任南京临时政府大总统后即颁令废除了前清公文程式，代之以新公文程式；他批准设立中华民国国史馆，收集档案编纂国史，下令陆军部、教育部派员保护旧学堂档案，查办某些军队破坏档案的行为，要求参议院保管好袁世凯受职誓书，指令参谋部妥善保管大本营撤销后的档案；他到广州以后，还亲笔签署命令并派宋子文调查整顿广州政府财政厅的档案。

南京临时政府的总统府秘书处设文牍科，各部机关设文牍科或文牍员，各地军政府设秘书处（科）、总务科、收掌科、文牍室等机构，分别掌管本机关的文书、档案，并收集保管清代档案。

北洋政府时期档案管理　1912年2月袁世凯建立的北洋政府制定了一套机关档案管理规章制度，提出区分新档（**北洋档案**）与旧档（清代档案）进行管理，按机关内部组织机构分类整理档案，按案卷类目立卷，视档案的重要程度划分保管年限，编制各种档案目录并设阅览室供查阅档案等。政府机关一般设文书科、机要科等兼管文书和档案，也有的成立档案房、档案科、文件保管室、文牍清理室等专职档案机构。这都表明近代意义的档案管理工作已开始建立。

北洋政府各部、局还对口接管了清廷衙署遗留档案，有些衙署如翰林院、都察院、弼德院等，其档案因无对口机关、无人过问而损失。1913年成立清史馆收集清代档案编修《清史稿》。1925年成立故宫博物院，下设文献部集中管理清代档案（见**故宫博物院文献馆**），但因保管不善，不少档案霉烂损坏。1921年北洋政府教育部以经费困难为由，公开拍卖明清历史档案（见**八千麻袋事件**），表明北洋政府并不珍惜历史档案。此时有些学术研究机构却积极收集整理明清历史档案，如1922年北京大学研究所国学门（后改为文科研究所）接收了历史博物馆一部分明清档案，成立明清史料整理会进行整理、纂修和公布工作，印行多种档案汇编，举办档案展览。

南京国民政府时期档案管理　1927年南京国民政府成立，其中央政府各部院陆续设立了档案机构，如总档案室、分档案室、档案处、掌卷室、管卷室等，但始终没有建立起国家档案馆，也没有统一的档案行政管理机关。档案管理体制基本上是分散的，各部门档案机构互不统属，各行其是。尤其是地方机关，管理人员世代相传，师徒相承，管理方法因循守旧，秘不示人，把持垄断档案，被称为"卷阀"，严重影响了机关文书与档案的管理和行政工作效率。

1933年南京国民政府成立以内政部次长**甘乃光**为主任的行政效率研究会，发动"行政效率运动"。文书档案改革为其内容之一，其核心是在机关推行文书档案连锁法，历时两年。通过改革，南京国民政府中央和地方部分机关改善了文书处理与档案管理工作，打击了"卷阀"，提高了办事效率，还推动了档案人员的培养教育，促进了对档案业务知识理论的研究（见**文书档案改革运动**）。

抗日战争初期，南京国民政府加强了军事机关档案的清理和保存，并将重要历史档案向南方撤运（见**文献馆档案南迁**）。中期，着重于档案人员的业务训练，制定了新的档案管理办法，如提出以问题为原则立卷编档、建立一套案卷类目和系统的档案统计工作等。国民政府迁都重庆后，加强了西南国统区一些大中企业和金融机关的档案管理工作，如建立纲、类、卷、案4级分类法，按地域四角号码排列档案，文书档案与科学技术档案分别保管等。

解放战争时期档案管理　国民党政府着重整顿军事部门的档案管理工作。军事委员会和国防部在1945～1947年几次颁布"非常时期"档案处理办法；1947年国防部颁发《档案手册》，规定军事机关档案分为临时、中心和永久3类，分设机构保管，定期向全军档案库移交；开办训练班，培训高级军事机关、部队和军校的档案人员，以保证新法的推行。

日本帝国主义侵占东北三省后，于1932年在长春建立伪满洲国傀儡政府，1940年又在南京成立汪伪国民政府。1945年，这两个伪政权均随着抗日战争的胜利而被摧毁，它们形成的大批档案（见**伪满洲国档案**、**汪伪档案**）由国民党政府接管。伪满洲国于1937年颁布《关于旧记之统一管理》训令，制定《整理旧记办法》，次年成立旧记整理处，保存了许多珍贵历史档案。1939年私立武昌文华图书馆学专科学校率先创办的一年制档案讲习班（后改为档案管理专科），是中国档案专业教育的开端。1946年**殷钟麒**在重庆开办了私立崇实档案函授学校。此外在设有图书、博物和行政学专业的一些高等院校内，也开设了档案管理方面的课程。20世纪30～40年代，故宫博物院文献馆、中央研究院历史语言研究所、社会科学院研究所、北京大学研究所、清华大学历史系、禹贡学会等文化学术机构，对明清档案进行了收集、整理和研究，出版了很多史料汇编和档案刊物，并探讨了档案管理的理论，撰写和编著了一批档案学论著。其中有周连宽的《县政府档案处理法》（1935）、程长源的《县政府档案管理法》（1936）、何鲁成的《**档案管理与整理**》（1938）、龙兆佛的《档案管理法》（1940）、傅振伦的《公文档案管理法》（1946）、殷钟麒的《**中国档案管理新论**》（1949）等。沈兼士、陈垣、顾颉刚、吴晗、徐中舒、方甦生等学者，也从研究历史、整理利用历史档案史料的角度研究论述了档案整理与管理的原则与方法。研究与公布档案的刊物有《文献丛编》《史料旬刊》《**明清史料**》《文献论丛》《中国近代经济史研究集刊》等。《行政效率》杂志还专门出版了一期《档案专号》，刊登甘乃光、滕固、张锐等行政界人士调查研究档案工作，指导机关档案管理的文章。毛坤、汪应文、何德全等档案教育界学者，编写了诸如《**档案经营法**》《档案行政》《档案编目法》《档案分类法》《西洋档案学》等教材讲义。毛坤、何鲁成、王重民、傅振伦等还在文章、著作中引用了外国档案学专著中的理论，介绍了欧美档案管理的先进技术方法、档案学论文、档案法规和档案机构等。史学界、行政界、档案界互相促进，互为补充，总结了中国几千年档案管理的传统经验和近代现行机关档案管理的现实经验，学习引进了欧美各国档案学理论、原则和方法，初步形成了中国近代档案学的学科体系，表明了中国近代档案学的产生。

1921年中国共产党成立。中国共产党机关及其在革命根据地、解放区建立的政权机关，均有独立的档案管理工作（见**新民主主义革命时期中国共产党档案管理**）。

（邹家炜）

《中华民国史档案资料丛刊》 *Archival Data Collection on History of the Republic of China*　中国档案文献汇编。又称《中华民国史专题档案资料丛刊》。**中国第二历史档案馆**据馆藏民国时期档案资料和少量其他档案馆所藏档案资料编辑而成。1979年启动。按照重要事件、历史问题、历史人物、党派、社团以及企事业机构等分题编辑。由江苏人民出版社、档案出版社、江苏古籍出版社等几家出版社陆续自1980年出版。

《中华民国史档案资料丛刊》（简称《丛刊》）与《**中华民国史档案资料汇编**》

（简称《汇编》）是民国档案编纂公布的主干工程。由于综合性《汇编》体例的限制，对于反映某一历史事件或历史问题的有关档案文件不便全部照录编入《汇编》，为补充《汇编》的不足，满足专业研究者的需要，中国第二历史档案馆特将这些档案资料编为专题史料，列入《丛刊》系列，作为《汇编》姊妹编。

自1980年以来，已陆续出版《五四爱国运动档案资料》《直皖战争》《中国无政府主义和中国社会党》《北洋军阀统治时期的兵变》《五卅运动和省港大罢工》《中国国民党第一、二次全国代表大会会议史料》《抗日战争正面战场》《护国运动》《中华民国金融法规选编》《民国外债档案史料》《护法运动》《中德外交密档（1927—1947）》《国民政府财政金融税收档案史料（1927—1937年）》《吴佩孚档案资料选编》《民国国情统计》等。各专题规模不一，大多为中国第二历史档案馆单独编纂，也有合编。《中华民国史档案资料丛刊》提供了大量有价值的史料，对推动民国专题史研究具有重要意义。

（丁华东）

《中华民国史档案资料汇编》 *Comprehensive Collection of Archival Papers on History of the Republic of China* 中国档案文献汇编。中国第二历史档案馆依据馆藏民国档案中具有重要史料价值部分编辑而成。1979年起陆续由江苏人民出版社和江苏古籍出版社出版，2000年出齐，共计90册，5000余万字。

汇编工作以20世纪50年代中国第二历史档案馆副馆长王可风主编的《中国现代政治史资料汇编》（1919～1949）为基础，加以修订，并补充1919年五四运动以前的档案资料。按历史时期结合政权性质分为5辑，每辑按问题或按政治、军事、经济、文教、群众运动等大类编排。

第一辑《辛亥革命》（1911），辑录的档案资料有反映武昌起义前各地人民反抗斗争和武装起义、清政府预备立宪、四川保路运动、武昌起义及各省响应情况和清巡警部、民政部、陆军部等档案。共110题，192件，计16万字。第二辑《南京临时政府》（1912），辑录的档案资料有南京临时政府除旧布新的政令与政治、军事、财政金融和教育措施的文电，其中不少是孙中山亲笔批示和签发的文件。共268题，439件，36万余字。第三辑《北洋政府》（1912～1927），辑录的档案资料有北京政府的政治组织制度、内阁更替、党派活动、袁世凯复辟帝制、白朗起义、二次革命和护国、护法运动等政治历史事件；北洋军阀各派系之间的历次主要战争与各地军阀的混战；北京政府的外事要案交涉与修订条约等活动；以及财政、金融、工矿、农商与文化、教育等档案资料。共17册，1000万字。第四辑《从广州军政府至武汉国民政府》（1917～1927），辑录的档案资料有军政府、大本营、国民政府等组织概况及其各种政策措施；国民党改组与第一次国共合作；孙中山领导的第一、二次北伐与平定商团叛乱及孙中山北上、逝世；国民政府的东征讨陈及李宗仁的统一广西；北伐战争的胜利进军与蒋介石发动“四一二”反共政变等。共708题，1091件，分2册，130多万字。第五辑《南京国民政府》（1927～1949），分《南京国民政府的建立与十年内战》《第二次国共合作与八年抗战》《蒋介石发动全面内战与南京国民政府的覆灭》3编，每编各按政治、军事、外交、财政经济、文化教育等分若干册。辑录的档案资料有国民党及其他党派档案，国民大会、国民参政会档案，国民政府及其直辖机构档案，军事机构档案立法、司法、考试和监察机构档案，行政机构档案等。共70册，4000余万字。抗日战争时期沦陷区日伪政权的档案被编成2册，以附录的形式收录在本辑第二编中。

全书荟萃了中国第二历史档案馆馆藏民国史档案资料的精华，是民国史研究不可或缺的第一手资料。

（丁华东）

《中华人民共和国档案法》 *Archives Law of the People's Republic of China* 中国关于档案管理和档案事业发展的根本法。

颁布施行 1987年9月5日第六届全国人民代表大会常务委员会第二十二次会议通过，1988年1月1日起施行。宗旨为：加强国家对档案的管理，有效地保护和利用档案，为社会主义事业服务。

《中华人民共和国档案法》共6章26条。第一章总则，第二章档案机构及其职责，第三章档案的管理，第四章档案的利用和公布，第五章法律责任，第六章附则。主要内容：①档案管理的范围。过去和现在的国家机构、社会组织以及个人从事政治、军事、经济、科学、技术、文化、宗教等活动直接形成的对国家和社会有保存价值的各种文字、图表、声像等不同形式的历史记录。②档案工作的基本原则。实行统一领导、分级管理的原则，维护档案完整与安全，便于社会各方面的利用。③档案机构及其主要职责。县级以上各级人民政府设立档案行政管理部门，分别对全国和地方档案事业实行统筹规划，组织协调，统一制度，监督和指导；乡、民族乡、镇人民政府应当指定人员负责保管本机关的档案，并对所属单位的档案工作实行监督和指导；机关、团体、企业事业单位及其他组织的档案机构或档案人员，负责保管本单位的档案，并对所属机构的档案工作实行监督和指导；中央和县级以上地方各级各类档案馆，是集中管理档案的文化事业机构，负责接收、收集、整理、保管和提供利用各分管范围内的档案。④档案的管理。国家规定的应当立卷归档的材料，必须按照要求定期归档，集中管理，并定期向有关档案馆移交；档案管理部门应建立科学的管理制度，确保档案的安全；禁止擅自销毁和出卖属于国家所有的档案。⑤档案的公布。国家档案馆保管的档案，一般应当自形成之日起满30年向社会开放，经济、科学、技术、文化等类档案，可以少于30年，涉及国家安全或重大利益以及其他到期不宜开放的档案可以多于30年。属于国家所有的档案，由国家授权的档案馆或者有关机关公布，任何组织和个人无权擅自公布档案。⑥档案工作人员职责。应当忠于职守，遵守纪律，具备专业知识，其成绩显著者由人民政府给予奖励。⑦法律责任。凡是损毁、丢失或者擅自销毁属于国家所有的档案的，擅自提供、抄录、公布属于国家所有的档案的，涂改、伪造档案的，出卖属于国家所有的档案的，倒卖档案牟利或者擅自将档案卖给外国人的，携带禁止出境的档案及其复制件出境的，档案工作人员玩忽职守造成档案损失的，均根据情节轻重，给予行政处分；造成损失的，责令赔偿损失；构成犯罪的，追究刑事责任。

《中华人民共和国档案法》的第一次修正 1996年7月5日第八届全国人民代表大会常务委员会第二十次会议通过了《关于修改〈中华人民共和国档案法〉的决定》。修改后的《中华人民共和国档案法》共6章27条。第一章总则，第二章档案机构及其职责，第三章档案的管理，第四章档案的利用和公布，第五章法律责任，第六章附则。共增加或修改5条，具体内容如下：第16条第2款修改为：“前款所列档案，档案所有者可以向国家档案馆寄存或者出卖；向国家档案馆以外的任何单位或者个人出卖的，应当按照有关规定由县级以上人民政府档案行政管理部门批准。严禁倒卖牟利，严禁卖给或者赠送给外国人。”第17条增加1款作为第2款：“国有企业事业单位资产转让时，转让有关档案的具体办法由国家档案行政管理部门制定。”第19条第2

款修改为："档案馆应当定期公布开放档案的目录，并为档案的利用创造条件，简化手续，提供方便。"第24条修改为："有下列行为之一的，由县级以上人民政府档案行政管理部门、有关主管部门对直接负责的主管人员或者其他直接责任人员依法给予行政处分；构成犯罪的，依法追究刑事责任：（一）损毁、丢失属于国家所有的档案的；（二）擅自提供、抄录、公布、销毁属于国家所有的档案的；（三）涂改、伪造档案的；（四）违反本法第十六条、第十七条规定，擅自出卖或者转让档案的；（五）倒卖档案牟利或者将档案卖给、赠送给外国人的；（六）违反本法第十条、第十一条规定，不按规定归档或者不按期移交档案的；（七）明知所保存的档案面临危险而不采取措施，造成档案损失的；（八）档案工作人员玩忽职守，造成档案损失的。""在利用档案馆的档案中，有前款第一项、第二项、第三项违法行为的，由县级以上人民政府档案行政管理部门给予警告，可以并处罚款；造成损失的，责令赔偿损失。""企业事业组织或者个人有第一款第四项、第五项违法行为的，由县级以上人民政府档案行政管理部门给予警告，可以并处罚款；有违法所得的，没收违法所得；并可以依照本法第十六条的规定征购所出卖或者赠送的档案。"增加1条作为第25条："携运禁止出境的档案或者其复制件出境的，由海关予以没收，可以并处罚款；并将没收的档案或者其复制件移交档案行政管理部门；构成犯罪的，依法追究刑事责任。"

《中华人民共和国档案法》的第二次修正　2016年11月7日第十二届全国人民代表大会常务委员会第二十四次会议通过《关于修改〈中华人民共和国对外贸易法〉等十二部法律的决定》，对《中华人民共和国档案法》做出如下修改：将第16条第2款修改为："前款所列档案，档案所有者可以向国家档案馆寄存或者出卖。严禁卖给、赠送给外国人或者外国组织。"将第24条第1款第4项修改为："（四）违反本法第十七条规定，擅自出卖或者转让属于国家所有的档案的。"第5项修改为："（五）将档案卖给、赠送给外国人或者外国组织的。"

《中华人民共和国档案法》的修订　2020年6月20日，习近平主席签署第四十七号主席令，公布第十三届全国人民代表大会常务委员会第十九次会议修订通过的《中华人民共和国档案法》，自2021年1月1日起施行。

修订后的档案法，从原来的6章27条增加到8章53条，增设"档案信息化建设""监督检查"两章，内容更加充实完善。修改的主要内容包括如下9个方面：①坚持党对档案工作的领导。档案工作是党和国家事业的重要组成部分，必须坚持党的领导。修订后的档案法第3条中明确规定，"坚持中国共产党对档案工作的领导"。②完善档案管理体制，明确国家和地方档案主管部门负责全国或本行政区域内的档案工作，各级政府应当将档案事业发展经费列入政府预算，确保档案事业发展与国民经济和社会发展水平相适应。③健全档案管理相关制度，建立档案工作责任制，明确机关、团体、国有企业事业单位和其他组织归档范围，规定非国有企业、社会服务机构等单位的档案管理责任，同时规范档案收集工作，强化档案服务企业管理，做好突发事件应对活动相关档案工作。④推动档案开放与利用，缩短档案向社会开放的期限，要求档案馆不断完善利用规则，创新服务形式，强化服务功能，提高服务水平，为国家机关制定法律、法规、政策和开展有关问题研究等提供支持和便利。⑤加强档案信息化建设，规范电子档案，保障电子档案、传统载体档案数字化成果等档案数字资源的安全保存和有效利用。⑥完善档案安全工作机制，改善档案保管条件，保障档案实体和档案信息安全。⑦加大对档案工作的支持保障力度，加强档案工作人才培养和队伍建设，推动档案科技进步，促进档案领域的国际交流与合作，支持社会力量参与档案事业。⑧健全档案监督检查制度，明确监督检查事项，完善监督检查措施。⑨完善法律责任，对损毁、擅自销毁档案，擅自复制属于国家所有的档案，不按规定向社会开放、提供利用档案，发生档案安全事故后不采取抢救措施或者隐瞒不报、拒绝调查等行为，规定相应的法律责任，明确罚款处罚的数额幅度。

（兰法轩）

《中华人民共和国档案法实施办法》 *Rules for the Implementation of Archives Law of the People's Republic of China*　中国国家档案局发布的对实施《中华人民共和国档案法》进行规范的行政法规。1990年10月24日国务院批准，1990年11月19日国家档案局发布。共6章33条。该《办法》根据《中华人民共和国档案法》的规定，进一步明确了对国家和社会具有保存价值的档案的范围；进一步明确了县级政府以上各级人民政府应加强对档案工作的领导；具体规定了县级以上各级档案行政管理部门和机关、团体、企业事业等单位档案机构以及各级各类档案馆的职责；确定了各类档案开放的起始时间；明确了移交、捐赠、寄存档案的所有权；明确了公布档案的形式和公布档案的权限；对赠送、交换、出卖档案复制件，档案及其复制件出境等问题作了明确规定；对奖励和法律责任做了比较具体的规定。

1999年6月7日，国家档案局重新发布了1999年5月5日国务院批准修订的《中华人民共和国档案法实施办法》。共6章31条。该《办法》根据1996年修订的《中华人民共和国档案法》制定，新修订的《办法》更进一步明确了对国家和社会具有保存价值的档案的范围；首次确定了档案保管的分级管理办法；具体规定了制定档案管理制度和办法的程序；进一步明确和细化了接受奖励的行为；具体规定了国家档案局，县级以上地方各级人民政府档案行政管理部门，机关、团体、企业事业单位和其他组织的档案机构，中央和地方各级国家档案馆的职责和工作任务；进一步规定了中央、省、市、县级国家档案馆接收档案的时间和范围；明确规定了各级国家档案馆应当对所保管的档案采取的保护和管理措施；进一步对寄存、交换、捐赠、转让、出卖档案及复印件和档案及复印件出境等问题作了明确规定；进一步明确了各类档案开放的起始时间；确定了档案的利用方式和公布方式；进一步对县级以上人民政府档案行政管理部门及其主管人员或者其他直接责任人的违法、违规行为的惩罚和法律责任做出了比较具体的规定。

2017年3月1日，国务院印发《国务院关于修改和废止部分行政法规的决定》，删去《中华人民共和国档案法实施办法》第十七条。

（华　丹）

中华人民共和国档案事业 archival undertaking of the People's Republic of China　中华人民共和国国家事业的组成部分。其主体是档案、档案工作，以及为档案齐全收集、科学整理、安全保管、方便利用而设立的机构，配置的人员及其依据制定的法规所进行的全部工作。中华人民共和国档案事业已形成体系。这个体系经历了档案、档案工作、档案事业、国家档案事业体系四个发展阶段，跨越了整个中华文明历史在社会主义社会（初级阶段）的中华人民共和国形成。

中华人民共和国档案事业体系的组成　由8个部分组成。

档案行政管理、档案局　中华人民共和国档案事业管理实行"统一领导、分级管理"的原则。1954年11月8日，国家档案局成立。随后，省（区、市）、地市、县市陆续建立了档案行政管理部门——档案局。1987 年 9 月 5 日，国家颁布《中华人民共和国档案法》，档案事业管理进入行政管理与法治相结合的新阶段。《中华人民共和国档案法》规定：“国家档案行政管理部门主管全国档案事业，对全国档案事业实行统筹规划，组织协调，统一制度，监督和指导。县以上地方各级人民政府的档案行政管理部门主管本行政区域内的档案事业，并对行政区域内机关、团体、企业事业单位和其他组织的档案工作实行监督和指导。乡、民族乡、镇人民政府应当指定人员负责保管本机关的档案，并对所属单位的档案工作实行监督和指导。”

机关单位档案工作、档案室 机关、企事业单位普遍建有档案室，开展档案工作，这是国家档案事业的基础。机关单位档案工作一般包含两个方面的内容：一是机关单位档案工作的管理；二是机关单位档案的管理。大部分机关单位的档案室已成为机关单位档案工作的组织形式，承担着这两个方面的任务。全国各级党、政、军机关，人民团体和企事业单位，普遍建立了统一管理党、政档案的档案室。中央和地方专业主管机关的档案部门，根据本专业的管理体制，负责对本系统和直属单位的档案工作进行指导、监督和检查。科技档案工作，按专业实行统一管理。

档案馆 截至 2022 年底，全国各级各类档案馆 4154 个，形成网络。

各级档案馆 ①中央级档案馆。包括以下机构：

中央档案馆。1954 年筹建，1959 年 10 月正式开馆，负责管理中国共产党和中华人民共和国成立以来各个历史时期形成的档案资料，为中央机关和社会各方面提供档案利用。1993 年 10 月，中央档案馆与国家档案局合并，升为副部级单位。

中国第一历史档案馆。其前身是 1925 年 10 月成立的故宫博物院下设的文献部。几经变迁，1980 年 4 月改为中国第一历史档案馆，正局级单位，隶属国家档案局，负责明、清朝历史档案的收集、整理、保管和提供利用。

中国第二历史档案馆。在中国科学院近代史研究所第三所南京史料整理处的基础上成立，负责民国时期档案的收集、整理和提供利用。

中国照片档案馆。1984 年 10 月成立，由新华通讯社和国家档案局双重领导，日常工作由新华社负责，其建制列入新华社。为司局级单位，其职责以处理、保管和提供利用新闻照片为主，兼顾收集、保管和提供利用国家其他照片档案资料。

②县以上地方档案馆。各省、自治区、直辖市和地市、县市都建有档案馆，习惯称综合档案馆或国家档案馆，负责收集、保管和提供利用本行政区域内党政机关和人民团体的档案。1993 年国家机构改革，这些档案馆绝大部分与同级档案行政管理部门合并，成为一个机构，挂档案局、档案馆两块牌子，履行档案行政管理与档案管理两种职能。另外，一些乡镇也建立有乡镇档案馆。

各种类型的档案馆 主要有：①综合档案馆。馆藏档案内容的综合性。中央级和以行政区域建立的地方各级档案馆均属于这一类。②专业档案馆。一般为党和国家专业管理部门建立的档案馆，或国家职能部门为管理某一方面或某一种特殊行业或技术活动形成的专门档案而设立的档案馆。其特点是馆藏档案的专一性，同专业主管部门的专业水乳交融。③**企业档案馆**。即企业单位设立的档案馆。④事业档案馆。即事业单位设立的档案馆。

档案馆的性质及开放档案 《中华人民共和国档案法》规定：“中央和县级以上地方各级各类档案馆，是集中管理档案的文化事业机构，负责接收、收集、整理、保管和提供利用各分馆范围内的档案。”“国家档案馆保管的档案，一般应当自形成之日起满 30 年向社会开放。”“档案馆应当定期公布开放档案目录，并为档案的利用创造条件，简化手续，提供方便。”

档案专业教育 包括学校学历教育和干部在职教育两个方面。国家档案局政策法规研究司设教育处，作为国家档案局档案教育的办事机构。

高等、中等学校学历教育 中华人民共和国成立以后，学校教育迅速发展。1952 年 11 月，中国人民大学创办档案专修班，次年改为专修科；1955 年开办历史档案系，本科 4 年。这是中国第一所高等学校档案专业教育，以后发展为档案学院，招收硕士、博士研究生。“文化大革命”后，学校档案专业教育迅速开办。据 1998 年末统计，全国普通高校开设档案专业的有 27 所，已培养博士生 10 人、硕士生 114 人、本科生 7539 人、专科生 4064 人。中等专业教育于 1989 年形成高潮，全国有 27 所中等专业学校和 31 所职业高中设立档案专业或档案班。其中，中等档案学校 3 所，即四川省档案学校、甘肃档案学校和北京文秘档案职业学校。以后又有一些变化。

干部在职教育 主要形式是举办在职干部的短期训练班。国家档案局以及部分省级档案局设有档案干部教育中心，作为短期培训在职干部的教育基地，每年办班三四期，每期一个月左右。没有设立档案干部教育中心的省（自治区、直辖市）、地市、县市档案部门，每年也不定期地举办短期（一个星期左右）训练班，训练所辖区域的专、兼职档案干部。

档案科学技术研究 国家档案局设有科技处，各省、自治区、直辖市的档案行政管理部门也设有类似机构，有的同教育合设科教处，作为档案科技研究的管理部门，同时设有档案科学技术研究部门。国家档案局设**档案科学技术研究所**。一些省级档案局也设有档案科技研究机构。

档案宣传与出版 档案宣传指有关档案、档案工作及整个档案事业的宣布、传播工作。除了借助于新闻媒体外，主要依靠档案报纸、杂志。如《**中国档案**》，前身是 1951 年 5 月中共中央办公厅秘书处创办的《材料工作通讯》，1953 年 7 月更名为《档案工作》，“文化大革命”中停刊，1980 年 1 月复刊，双月刊，1985 年改为月刊，1994 年 1 月更名为《中国档案》。20 世纪 80 年代，各省级档案部门和一些计划单列市，先后创办了自己的档案期刊。全国档案刊物 50 多家。《**中国档案报**》，1995 年 1 月 9 日创刊。这是世界上唯一的一张档案专业报。报社为正局级单位。

档案出版泛指档案专业报刊的出版和档案的出版工作，亦是档案宣传的一种形式。**中国档案出版社**于 1982 年 1 月成立，出版档案、文秘、方志、文史等方面的图书，已编辑出版图书 2000 余种。其中一批图书获全国优秀图书奖、优秀畅销书奖。1997 年出版的《毛泽东点评〈二十四史〉》由国家主席江泽民作为国礼赠送美国哈佛大学。在出版界体制改革过程中，中国档案出版社于 2010 年 12 月停办退出中国出版业。

档案理论学术研究、档案学会 档案理论学术研究，随着档案工作、档案事业的开展而开展。一些省级档案机构和高等学校档案专业都设有档案研究部门。不设研究部门的机关单位和个人，也有研究活动。群众性档案理论学术研究以建立档案学会为标志。

中国档案学会经过两年的筹建工作，于 1981 年 11 月成立。吸收自愿参加的馆员以上业务职称的档案干部为会员。下设档案学基础理论学术委员会、档案整理鉴定学术委员会、档案文献编纂学术委员会、档案保护技术委员会、档案信息化技术委员会、影像技术委员会、企业档案学术委员会、档案文化专业委员会和科技档案与科学数据管理学术委员会 9 个专业委员会，开展学术研究活动，办有会刊《**档案**

学研究》。

省、自治区、直辖市和计划单列市都成立有档案学会，一些中央专业主管机关也建有档案学会，组织档案理论学术研究活动。

中华人民共和国成立后的档案理论学术研究活动，以“文化大革命”为界，大体上分为两个阶段。前一阶段主要是档案学和档案工作中一些基本问题研究。研究的大本营在中国人民大学历史档案系，以研究档案专业教材为主，出版了一系列教材。同时，开展档案定义、档案与资料的区分、立卷及立卷环节问题、档案管理原则与方法、档案馆的性质任务等研究，以《档案工作》杂志为园地开展讨论。后一个阶段，由于档案学会迅速建立，一大批高等学校办起了档案专业，档案理论学术研究向纵深发展，出现了“百花齐放，百家争鸣”的繁荣景象。《城建档案管理概要》《气象档案管理概要》《林业档案管理》《档案馆学》《中国档案分类的演变与发展》《档案目录学》《档案利用学》《档案鉴定》《体系论——中国档案事业体系》等一大批档案学术著作面世。

档案外事 1955 年 11 月国务院批准施行的《国家档案局组织简则》规定：国家档案局内部机构中设立编译室，负责有关外文资料的编译和外国专家的接待工作。开始了档案外事工作。1979 年 2 月 27 日，中共中央、国务院批准恢复“文化大革命”中撤销的国家档案局，新设立了外事处。1994 年外事处升格为外事办公室，内设两处一室，承办对外合作与交流活动。1997 年，外事办公室全年组织到境外参加会议、考察、学习团（组）33 批、284 人次，创历史最高。1980 年，国家档案局加入国际档案理事会（ICA），参与国际档案事务。1993 年在 ICA 秘书长建议和指导下，主持了 ICA 东亚地区分会成立筹办事宜，同年 7 月在北京召开了成立会议。1996 年 9 月，第十三届国际档案大会由中国举办，成立了以国务委员、国务院秘书长罗干为主席的大会组委会，中共中央办公厅、国务院办公厅、中宣部、外交部、国家档案局等 26 个部委局的负责人为成员，领导、组织大会的筹办工作。9 月 2 日大会在北京国际会议中心隆重开幕。130 个国家和地区的 2662 名代表参加大会。国务院总理李鹏出席大会并致辞。《人民日报》发表社论《开创新世纪的档案事业——祝贺第十三届国际档案大会召开》。

中华人民共和国档案事业的发展阶段 中华人民共和国档案事业走过了曲折发展的道路，在成熟完善之前，经历了4 个阶段。

初创阶段（1949～1954） 这个阶段，档案工作的主要任务是：接管、集中中华人民共和国成立前遗留下来的档案；收集革命历史档案；建立机关、团体的档案工作；培训档案专业人员，为建立国家规模的档案事业打下了基础。

1949 年 10 月 25 日，中央人民政府政务院第二次会议决定组织以陈云副总理为主任的政务院指导接收工作委员会，负责统筹指导与处理有关民国政府中央各机关人员、档案、图书、财产、物资等接收事宜，开始接管、集中民国时期的档案。同年 11 月，以董必武副总理为团长的指导接收工作委员会华东工作团，前往南京、上海等地进行接收工作。华东工作团驻宁办事处设有档案组，具体负责档案的接收与整理。为了集中管理民国政府档案，中国科学院近代史研究所于 1951 年 2 月成立了南京史料整理处，除了接管民国政府中央机关和国史馆的档案以外，还陆续收集了散存在全国各地的大量民国时期政府的档案。到 1952 年，共集中档案 130 余万卷。同时，东北图书馆档案部、故宫博物院档案馆也集中了明、清、北洋军阀、民国政府、汪伪政权、伪满洲国等历史时期的档案、资料 720 余万卷。

1949 年 12 月，中央军委发布了关于收集革命历史文件和其他史料的通令。此后，中共中央、中央人民政府也都先后发出了征集、收集档案资料的文件，在全国范围内开展了征集工作，收集到一批珍贵的档案。

1951 年 3 月，中共中央办公厅秘书处召开中央一级党、政、军各机关和群众团体第一次档案工作座谈会，原则决定党、政、军三大系统保管文件的分工和建立集中保管档案的档案室，以及制定统一的档案管理方法等。同年，中央人民政府政务院秘书厅召开政府秘书长会议，通过了《公文处理暂行办法》。中共中央办公厅召开党委秘书处长会议，制定了《关于加强文书处理工作和档案工作的决定》。随后，中央机关，各大区、省、市都陆续制定了文书、档案管理办法，提出了建立健全机关文书工作和档案工作的意见。机关、团体的文书、档案工作初步在中央、省、市级机关建立起来。

1952 年，中国人民大学开设了档案专业教育。各地也陆续举办了档案干部培训班。

1954 年 6 月，中共中央决定撤销 6 个行政大区的中央局。中央人民政府也决定撤销大区一级的行政机构。中共中央办公厅、中央人民政府政务院秘书厅分别发布了中央局、大区行政机构撤销后档案集中管理办法，按集中管理与保持原机关档案之间联系的原则，完整地集中保存了大区一级党政机关的全部档案。

全面建设阶段（1954～1966） 这一阶段，初具国家规模的档案事业全面发展和提高。

1954 年 11 月，国家档案局成立，主管全国档案事业，标志着全国档案事业进入一个新的发展阶段。

1956 年 4 月，国务院发布《国务院关于加强国家档案工作的决定》，对国家“全部档案”的概念、档案工作的基本原则等做出明确规定；提出和部署了全国档案工作，指导和推动了全国档案事业的建设和发展。

继国家档案局成立后，地方各级人民政府逐步设立了档案行政管理机构。按照中央《关于统一管理党政档案工作的通知》，各级档案行政管理机构既是党的机构，又是政府的机构，履行管理档案事务的职能。

各级机关普遍建立了统一管理党、政档案的档案室，机关档案工作进一步发展。

1959 年 10 月中央档案馆正式开馆；1960 年 7 月，经国务院批准在沈阳建立了东北档案馆。各省、地（市）、县档案馆迅速建立起来。1959 年 12 月和 1960 年 1 月，国家档案局分别召开县和省档案馆工作现场会，讨论通过了《县档案馆工作暂行通则》和《省档案馆工作暂行通则》。1960 年前后，中央国家机关的专业主管部门也建立了一些档案馆。到 1965 年底，全国共建立各级各类档案馆 2483 个。

1957 年国务院发布了《关于改进档案、资料工作的方案》，要求国家技术委员会、国家建委、地质部、农业部和国家统计局，分别在工业、交通、地质、农业、经济等方面建立统一的科技档案、资料管理工作。1959 年 12 月，国家档案局在大连召开华北、东北协作区技术档案工作扩大会议，讨论通过了《技术档案室工作暂行通则》（经国务院批准颁发全国试行）。科技档案工作开始建立和发展。

档案专业教育有了新的进展。到 1966 年，全国高等院校档案专业毕业生已达 1606 人。各地短期训练班培训档案工作者 12 万人次，初步形成了第一批建设中华人民共和国成立初期档案事业的骨干队伍。

档案学理论与技术研究工作和国际档案学术交流活动也逐步开展起来。

1958 年，档案工作受到“大跃进”运动的影响，档案部门出现了“大编、大写档案”“人人办档案”“万物档案化”“举办档案庙会”“放卫星”等口号和做法。1959年这些做法基本上得到了纠正。

受挫和破坏阶段（1966年5月至1976年10月） 在“文化大革命”期间，档案事业遭受了严重的破坏。国家档案局和地方档案管理机构被撤销，全国档案工作陷入瘫痪状态。全国各级档案部门的领导人和广大档案工作者受到株连和迫害，大批业务骨干被调离档案部门，大量档案被销毁或损坏，国家档案遭受到一场浩劫。有的地方被销毁的档案高达全部档案的50%以上，造成令人痛心和无法弥补的损失。

恢复和发展阶段（1976～1990） 中共十一届三中全会以后，全国档案事业进入一个新的发展阶段。1979年4月，国家档案局恢复工作。同年5月，中共中央办公厅发布《关于为“档案工作中反党反社会主义黑线”等错案彻底平反的通知》。全国各级档案部门解放思想，摆脱了“以阶级斗争为纲”的“左”的思想束缚，把档案工作的服务重点逐步转移到为社会主义现代化建设服务的轨道上来。同时，进行了恢复整顿工作，进入大发展时期。

1980年2月，中共中央、国务院批转了国家档案局《关于全国档案工作会议的报告》，重申和肯定了档案、档案工作的重要性及其同全国各项事业的密切关系，指出“档案是历史的记录，是党和国家的宝贵财富。档案工作是一项很重要的专门事业，是实现社会主义现代化建设，开展历史研究，进行各项工作的必要条件。做好档案工作，不仅是当前工作的需要，而且是维护党和国家历史真实面貌的重大事业”。各级党委和政府更加重视档案工作。全国档案部门遵循党的总任务、总目标，从实际出发，改革开放，进行档案事业建设，开发档案信息资源，有效地为社会主义现代化建设服务；并且确定了档案工作的奋斗目标，即到20世纪末，在全国范围内建立一个门类齐全、结构合理、管理科学、为社会主义现代化建设有效服务的具有中国特色的档案事业体系。1986年制定的《档案事业发展“七五”计划》（1986～1990）提出了“改革、充实、巩固、提高”的发展档案事业的方针。

完善和转型阶段（1990～ ） 十三届四中全会以后，全国档案事业不断发展完善，在档案事业服务党和国家工作大局、健全档案工作管理体制和法规标准体系、以服务机制创新激活档案工作、全面加强国家档案资源建设、充分运用科技手段等方面，形成事业发展的基本经验。随着信息技术的迅速发展，文件制作和传递，以及档案管理手段的媒介环境发生了根本性变革，数字化、数据化和智能化日益深化，社会和文化形态出现数字转型，文化发展上升到国家发展的战略地位，全国档案事业在继承历史经验的基础上做出调整转型并向纵深迈进。档案信息化建设不断取得新进展。2009年，中共中央办公厅、国务院办公厅联合印发《电子文件管理暂时办法》。数字档案馆建设成为重要的信息化项目。数据库技术、知识图谱与人机交互等数字人文理念、方法和工具推动档案工作数据化、智能化和档案数字文化建构能力提升。

2010年，确立覆盖人民群众的档案资源体系、方便人民群众的档案利用体系、确保安全保密的档案安全体系的国家档案事业体系整体规划。2020年6月20日，《中华人民共和国档案法》由第十三届全国人民代表大会常务委员会第十九次会议修订，自2021年1月1日起施行。《机关档案工作条例》《企业档案管理规定》《科学技术档案工作条例》《乡镇档案工作试行办法》《档案执法监督检查工作暂行规定》《档案行政处罚程序暂行规定》等一系列档案行政法规，以及电子档案单套管理、电子会计档案、档案服务外包等档案工作行业标准重新修订完善。

档案馆功能定位不断获得扩充。至2009年，档案馆被确立为档案安全保管基地、爱国主义教育基地、档案利用中心、政府信息查阅中心、电子文件中心“五位一体”的功能定位。档案作为记忆媒介和文化遗产的认知逐步深化。实践上，至2022年，先后开展了五批中国档案文献遗产名录评选工作。档案资源建设愈加凸显，民生档案、家庭档案、农村档案等档案资源建设的社会化属性凸显。从档案维度入手的记忆工程建设进入档案事业建设规划，档案资源开发方式和服务对象呈现多层次和多样化趋向，策划选题如《抗日战争档案汇编》等大规模档案文献汇编，多样化的编研成果发挥显著的政治、经济、文化与社会效益。

2021年，中共中央办公厅、国务院办公厅印发的《“十四五”全国档案事业发展规划》指出：“‘十四五’时期，档案作为重要信息资源和独特历史文化遗产，价值日益凸显，档案工作对党和国家各项事业的基础性、支撑性作用更加突出，档案事业发展处于重要战略机遇期，同时也面临严峻挑战。社会主义法治国家建设和新修订档案法施行，迫切要求深化依法治档、提高档案治理能力和水平。人民生活水平显著提高，对档案信息、档案文化的需求日益增长，迫切要求加快档案开放、扩大档案利用、提供优质高效服务。新一代信息技术广泛应用，档案工作环境、对象、内容发生巨大变化，迫切要求创新档案工作理念、方法、模式，加快全面数字转型和智能升级。”

（冯子直　撰　刘国能　梁继红　修订）

《中华人民共和国经济档案资料选编》
Selection of Economic Profiles of the People's Republic of China 中国档案文献汇编。中国社会科学院和中央档案馆合作编纂，1988年开始启动，被列为国家社会科学研究重点课题，旨在为经济领导部门，经济工作者和从事经济研究、历史研究以及教学等方面的人员提供比较全面的经济档案资料。

《中华人民共和国经济档案资料选编》按中华人民共和国经济发展的各个历史时期分阶段分批编纂。每批按专题立卷设纲目。第一批《1949—1952中华人民共和国经济档案资料选编》为1949～1952年国民经济恢复时期的资料。按专题分为综合、工商体制、农村经济体制、工业、农业、交通通讯、商业、对外贸易、财政、金融、基本建设投资和建筑业、劳动工资与职工福利，共12卷，约1000万字。其中“基本建设投资和建筑业卷”由中国城市经济社会出版社于1989年率先出版，其他各卷分别由中国物资出版社、中国社会科学出版社、社会科学文献出版社、经济管理出版社等于1990～1996年出版。第二批《1953—1957中华人民共和国经济档案资料选编》为1953～1957年第一个五年计划时期的资料。按专题分为综合体制、工业、农业、商业外贸、固定资产投资和建筑业、交通通讯、劳动工资与职工福利保险、财政、金融，共9卷，约1000万字，由中国

《1958—1965中华人民共和国经济档案资料选编》封面

物价出版社于1998年、2000年出版。第三批《1958—1965中华人民共和国经济档案资料选编》为1958～1965年“文化大革命”前社会主义经济曲折发展时期的资料。按专题分为综合、工业、农业、商业、财政、金融、固定资产投资、劳动就业与收入分配、交通邮电、外贸，共10卷，约1500万字，由中国财政经济出版社2011年出版。收录汇编的资料出自中共中央、国务院的档案及政务院财政经济委员会、国家计划委员会、国家统计局、国家建设委员会、财政部、贸易部、海关总署、中国人民银行等经济主管部门的档案资料，当时绝大部分属于绝密、机密文件，权威性高。为确保材料的精练，增加信息量，对档案资料分别采用全录、节录、摘录方式处理，并采取不同的编录加工形式。每一批选编有总序，反映该批档案资料的宗旨、目的、意义及其共同点；各卷写有前言，概述该卷的基本内容。书后附部分资料索引。三批档案资料的编辑完成，意味着中国“文化大革命”前17年的经济档案资料整理和编辑研究工作初战告捷，对于全面认识中华人民共和国的经济政策与经济运行，全面了解中国的社会主义经济，均具有重要意义。 （刘美玲　丁华东）

中华人民共和国开国大典档案 archives on the founding ceremony of the People's Republic of China　反映中华人民共和国成立的代表性文献档案。形成于1949年，共62卷。现藏于中央档案馆。主要包括中国人民政治协商会议第一届全体会议关于首都、纪年、国歌、国旗的决议草案，《中国人民政治协商会议第一届全体会议宣言》（毛泽东手迹），毛泽东主席任命周恩来为中华人民共和国政务院总理兼外交部长的任命通知书，庆祝中华人民共和国中央人民政府成立典礼盛况的现场示意图、现场照片等重要历史文件。2002年3月入选《中国档案文献遗产名录》（第一批）。

此外，**中国第二历史档案馆**也存有部分关于开国大典的档案，内容为“中华人民共和国中央人民政府成立庆祝大会筹委会”开展工作的有关情形，时间跨度为1949年9月20日至10月23日。2019年，为庆祝中华人民共和国成立70周年，在中央档案馆的指导下，中国第二历史档案馆根据该部分档案汇编成《开国盛典1949：中国第二历史档案馆馆藏开国大典档案》一书。该书共分为6个篇章，包括庆祝大会筹委会成立及工作档案；筹备工作重要档案；筹备工作往来函件、通知；馆藏开国大典照片；庆祝大会财务档案；筹委会善后工作文件等。还包含多份极具史料价值的珍贵档案，如聂荣臻为庆祝大会筹委会成立事致中共中央、华北局、政协秘书处报告稿等。中国第二历史档案馆存有的部分档案，既是开国大典档案的组成部分和有益补充，亦是研究中华人民共和国成立史的珍贵史料。

中华人民共和国的成立是俄国十月革命和第二次世界大战胜利后世界历史上最重大的事件。它根本改变了中国社会的发展方向，使中华民族一洗百年来所蒙受的屈辱而光荣地自立于世界民族之林，中国的历史由此开辟了一个新纪元。中华人民共和国开国大典档案是研究中华人民共和国成立史的珍贵史料，具有重要价值。这些档案真实记录了庆祝大会筹委会紧张有序的工作状态，以独特的视角展现了开国大典前后许多不为人知的生动场景和细节。透过一页页档案，开国大典前后一幕幕繁重细致的工作场景再次还原，综合展现了新生人民政权的高效执政能力。

（张芳霖）

中西部地区县级综合档案馆建设 construction of county-level comprehensive archives in China's central and western regions　中国档案馆建设工程。2010年10月29日，国家发展和改革委员会、国家档案局共同印发了《中西部地区县级综合档案馆建设规划》，要求各地高度重视县级综合档案馆建设，中央财政投资补助中西部地区符合条件的县级综合档案馆馆库进行新建和改造，以改善中西部地区基层综合档案馆建设滞后的状况，解决无馆舍、危房馆、面积严重不达标等问题。

长期以来，中国中西部地区县级综合档案馆发展面临着诸多问题和困难，主要表现在：①县级综合档案馆馆舍面积不足，难以保证档案正常接收，大量档案面临损毁的危险。②县级综合档案馆建筑不符合规范要求，档案的安全难以保证。③县级综合档案馆设施设备的配置严重不足，现有设施设备老化、损坏严重，档案的防虫、防霉与复制等保护工作均无法正常开展。《中西部地区县级综合档案馆建设规划》的实施，旨在通过中央和地方的共同努力，逐步使中西部地区县级综合档案馆达到国家相关规范的要求。

《中西部地区县级综合档案馆建设规划》提出，中西部地区县级综合档案馆建设要以为党和国家中心工作和各项建设事业提供有效服务为目标，以档案基础设施建设为核心，以档案安全保管保护为重点，努力提升中西部地区县级综合档案馆的整体服务能力和水平，促进档案馆事业与经济社会协调发展。

中西部地区县级综合档案馆建设按照统一规划、分级负责、科学合理、兼顾发展、合理安排、配套推进的原则实施，目标是通过中央和地方政府共同投入，加快中西部地区县级综合档案馆建设，逐步使现有档案馆舍达到国家相关标准和规范的要求，改善中西部地区县级综合档案馆建设严重滞后的状况，解决长期以来档案不能按时接收进馆的难题，使档案馆能够正常履行《**中华人民共和国档案法**》《中华人民共和国政府信息公开条例》所赋予的职能，档案的安全保管和有效利用得到可靠保证，**档案抢救**和保护的能力得到一定提升，为档案馆实现“档案安全保管基地、爱国主义教育基地、档案利用中心、政府信息查阅中心、电子文件中心”的“五位一体”功能打下坚实基础。

中西部地区县级综合档案馆建设投资由中央和地方共同承担，中央补助投资支持的重点是：西部地区和享受西部待遇的中部地区档案库房、对外服务用房、档案业务用房等馆舍建设的建安工程费用（含改造费用）；中部地区档案馆档案库房建安工程费用（含改造费用）。除中央补助投资外，其余建设资金及建设规划费由地方政府筹措解决。对于县级人民政府在资金配套上确有困难的，由省、市级人民政府统筹解决。档案馆建设所需的建设用地，由地方政府无偿提供。中西部地区县级综合档案馆建设正式启动以来，共有2066个档案馆列入《中西部地区县级综合档案馆建设规划》项目，中央投资约88亿元。“十二五”时期，共实施县级档案馆建设项目1002个，中央投资补助资金44亿元。

随着各地档案馆新馆的建成和投入使用，近2000万卷长期散存于各个形成单位无法接收进馆的档案得到接收和妥善保管。新的档案馆库房普遍安装了安全和消防设施，消除了档案安全隐患，档案安全有了可靠保障。这些档案馆利用丰富的档案资源和足够的档案利用场所，积极为各级党政机关和广大群众提供档案利用与政府公开信息查阅服务，成为党委政府联系人民群众的桥梁和落实各项惠民政策的助手。同时，这些档案馆还紧紧围绕当地党委政府中心工作积极举办档案展览，充分发挥了爱国主义教育基地的作用。

（刘登庆）

《中央关于统一管理党、政档案工作的通知》 *Notice on Unifying the Management of Party and Government Archives*　中国确

立中华人民共和国档案工作管理体制基本框架的历史性文献。1959 年 1 月 7 日，由中共中央发布。中华人民共和国成立初期档案工作借鉴的是苏联对党、政档案工作分开管理的体制。由于国情和档案工作实际情况不同，在实践中遇到了许多麻烦和不便。①各单位党、政、工、团的档案工作，由不同系统的人指导，永久性档案分别进不同的档案馆，破坏了档案全宗的完整。②非党政机关（如共青团、工会、妇联以及其他群众团体）永久性档案的最终归宿难以确定。③建立多个档案业务指导机构和档案馆，造成人力、物力、财力的浪费。

基于上述情况，1958 年 6 月，周恩来提议党、政档案工作实行统一管理。11 月 7 日，中共中央办公厅秘书局和国家档案局在征求各省、自治区、直辖市的意见后，向杨尚昆、习仲勋并转中央书记处提交了《关于统一管理党政档案工作和加强党对档案工作的领导的意见》。11 月 18 日，周恩来在《意见》上做了批示。根据周恩来确定的党政档案统一管理、由党管理的档案工作方针，中共中央发布了《中央关于统一管理党、政档案工作的通知》。《通知》提出："党的档案和政府、军队、群众团体以及各企业、事业单位的档案都有不可分割的联系，而且各机关的档案都必须以党的方针政策为纲才好整理，因此，把党的档案工作和政府的档案工作统一起来是完全必要的。"在档案工作统一管理之后，各级档案管理机构"既是党的机构，又是政府机构；为加强党对档案工作的领导，应规定各级档案管理机构在中央由中央办公厅主任直接领导，在地方由各级党委秘书长直接领导（不设秘书长的县委由办公室主任直接领导）"。

党、政档案工作统一管理以后，中共中央办公厅秘书局档案处的业务指导工作与国家档案局合并。国家档案局的业务与行政工作由中共中央办公厅领导，建制属于国务院。至此，国家档案局成为统一掌管全国档案工作的管理机构。各地方档案行政管理部门依次做了相应调整。全国档案工作管理集中统一起来，实行各级党委直接领导的体制，在世界档案史上独创了党政双重领导档案工作的新型管理模式，成为中国档案事业的一大特色，对推动中国档案事业的建设和发展发挥了不可替代的作用。

（梁　珉）

中央文库　Central Records Depository for Communist Party of China　中共中央秘书处在新民主主义革命时期设立的地下文书档案库。1931 年 2 月，中共中央政治局常委周恩来视察中央秘书处时，发现该处在一个房间内堆放着 4 万余件党中央与地方来往的机密文电资料。在敌人疯狂搜捕屠杀共产党人的大上海，如此乱堆乱放机密文件，极不安全。于是，周恩来要求中央秘书处文书科主任张唯一等将这 4 万余件文件转移他处，后又将这些文件分成两部分，一部分交张唯一找房子单独储存，另一部分交中央特科负责人顾顺章收藏，两处统称中央文库。周恩来又请瞿秋白起草了《文件处置办法》，其中规定文件须一式两份，其中一份入库保存。

图 1　中央文库旧址：上海成都北路 974 号阁楼

由中央特科管理的那部分档案文献被顾顺章储藏于上海虹口区唐山路"肖家公寓"工人住屋的石板底下。1931 年 4 月顾顺章在武汉被捕叛变后，这批档案文献被全部烧掉。

张唯一、陈为人、韩慧英、周天宝、缪谷稔和陈来生等人先后负责管理中央文库文件，徐强、吴成方参与了中央文库领导工作。在白色恐怖下，屡迁库址，如

图 2　中央文库旧址：上海小沙渡路合兴坊 15 号

戈登路恒吉里 1141 号、金陵中路顺昌里 7 号和 16 号、新闸路金家巷嘉运坊 1839 号、新闸路 488 号、小沙渡路合兴坊 15 号、新闸路 1859 号和成都北路 972 弄 3 号等地，都曾是中央文库所在地。张唯一、韩慧英曾被敌人逮捕；陈为人、缪谷稔病逝在工作岗位上；陈来生默默守护中央文库 7 年，终于在 1949 年上海解放时将档案安全地交给了党组织，受到中央和华东局的嘉奖。中央秘书处主管的中央文库在险恶的斗争环境中存在 18 年之久。

中央文库保存下来的中共中央 1922～1935 年的珍贵档案文献有 2 万余件，其中有中共中央的文件、电报和向共产国际的报告，1928～1930 年中央政治局会议记录和其他会议文件，中国共产党在白区和苏区的各级党政机关文件，红军和革命群众团体的文件；还有毛泽东、周恩来的手稿，瞿秋白、苏兆征、彭湃、罗亦农、恽代英等革命先烈的遗墨、照片等。张唯一、陈为人等已将这些档案整理分类，编有目录，较完整地反映了 1935 年前中国共产党、工农红军、苏维埃政权以及苏区、白区革命和建设的历史事实和活动。这部分档案已妥善保存于中央档案馆，并在编辑毛泽东、周恩来等老一辈无产阶级革命家的文集、选集、传记、年谱以及中共党史、军战史中得到广泛的利用。

（费云东）

重大建设工程项目档案管理　records and archives management of major construction project　对投资大、建设时间长、规模宏大、参与及协作单位多的重大建设工程项目档案的业务管理活动。重大建设工程项目档案是从重大建设项目的提出、立项、可行性研究、勘察设计、招投标、施工、监理到竣工验收及后评价的全过程中形成的，经过鉴定、整理并归档的具有利用价值的各种文字、图表、声像、实物、电子文件等不同形式和载体的真实历史记录。包括项目文件管理和项目档案管理两项基本内容。

重大建设工程项目档案的管理要求有：①项目建设单位（业主、项目法人）应负责组织、协调和指导勘察设计单位、施工单位和监理单位编制项目竣工文件和整理项目文件。②在签订项目设计、施工及监理合同、协议时，应设立专门条款，明确有关方面提交相应项目文件以及所提交文件的鉴定、整理、归档责任。③项目文件的收集、整理、归档和项目档案的移交应与项目的立项准备、建设和竣工验收

同步进行；项目档案应完整、准确、系统。④建设单位、勘察单位、设计单位、施工单位、监理单位和材料、构件及设备供应单位应根据规范的要求，完成各自职责范围或合同规定的竣工文件的编制和项目文件整理、归档工作。

管理内容主要有：①项目文件的形成和积累。应列入项目建设计划和有关部门及人员的职责范围、工作标准或岗位责任制，并有相应的检查、控制及考核措施。②项目竣工文件的编制。项目施工及调试完成后，施工单位、监理单位应根据工程实际情况和行业规定、标准以及合同要求编制项目竣工文件。③项目文件的整理。建设项目所形成的全部项目文件在归档前应根据国家有关规定，并按档案管理的要求，由文件形成单位进行整理。④项目文件的归档。建设单位、施工单位、监理单位应在建设项目完成后，将经整理、编目后所形成的项目文件按合同协议规定的要求，向建设单位档案管理机构归档。⑤项目档案的整理。全部项目档案的汇总整理应由建设单位负责进行或组织。对全部项目档案进行清点、编目，并编制项目档案案卷目录及档案整理情况说明。⑥项目档案的移交。项目档案验收合格后，建设单位应按合同及规定的要求，在项目正式通过竣工验收后3个月内，向生产使用单位及其他有关单位办理**档案移交**；凡分期或分机组的项目，应在每期或每机组正式通过竣工验收后办理档案移交。建设单位应在6个月内向城市建设档案接收单位报送与城市规划、建设、管理有关的项目档案。⑦项目档案登记管理。实施重大建设项目档案登记制度是实现重大建设项目档案管理标准化、规范化的重要步骤。各项目专业主管部门的档案机构、项目所在地市档案局，应做好登记工作的组织、监督和指导，把好填写质量关。

重大建设项目档案管理应遵循《中华人民共和国建筑法》《重大建设项目档案验收办法》《国家重大建设项目文件归档要求与档案整理规范》(DA/T 28—2002)等法律法规。

（王英玮）

《周恩来外交风云》电视文献纪录片 *Zhou Enlai: A Great Diplomat*, documentary

中国电影文献纪录片。为纪念周恩来诞辰100周年特别制作。由中央新闻纪录电影制片厂摄制，傅红星任编导，1998年在全国各大影院放映。目的是全面展示和颂扬周恩来总理在中华人民共和国外交史上建立的伟大功勋，深刻展现和反映中华人民共和国外交历史。

影片以周恩来所亲历的外交事件的历史顺序为线索，从周恩来20世纪30～40年代开始主持外交工作，并成功赢得西方国家记者和外交官对中国共产党的理解与支持讲起，一直讲到1997年中国已与167个国家建立外交关系，及世纪之交中国外交的空前活跃，将周恩来的外交生涯与共和国外交事业的发展有机结合起来，通过日内瓦会议、万隆会议、出访十四国、乒乓外交、中美建交，以及中苏、中越、中印关系等一系列重大历史事件，突出表现了周恩来作为中国领导人和世界杰出外交家卓越的领袖风度、出色的外交技巧，以及为中国人民利益和世界和平做出的贡献。

影片资料极为丰富，90%以上以历史资料为基本情节，在原始影像档案资料基础上进行整理、寻找、发现、归纳和选择。摄制组编创人员不仅涉猎了中央新闻制片厂积累的以周恩来为主的浩瀚历史画面，还从国外新闻机构购买了大量精彩的电影电视和图片资料，最后从众多的珍贵历史资料片中反复筛选，精选了表现中国共产党中央三代领导集体、百名世界政要、几十年外交史的近1800个镜头，编制成90分钟的影片，其中70%以上的细节镜头首次在中国银幕上出现。全片保持了客观纪实的特点，同时融合资料镜头，生动自然地再现了当时的场景，带给观众身临其境的感受。

影片制作繁简得当，张弛有度，不仅节奏明快、高潮迭起，而且注重细节，将历史叙事与人物情操的讴歌完美结合在一起。影片将重点放在置身于外交风云之中的周恩来的风度风范和伟大人格魅力的塑造上，以事件展示带动人物表现，用细腻感人的情节升华主题。如周恩来得知胡志明去世后的悲痛表情，周恩来和卓别林在一起的愉快笑容，周恩来与尼克松、基辛格从毛泽东书房走出后的开怀大笑，周恩来在日内瓦迷人的微笑等。这些情节使影片庄重凝神，又和谐轻快。影片还匠心独具地安排了5处新拍的采访场景，以柬埔寨前国王诺罗敦·西哈努克、美国前国务卿H.A.基辛格、斯里兰卡前总理所罗门·班达拉奈克夫人、英国前首相E.R.G.希思、坦桑尼亚前总统J.尼雷尔等世界著名政要的采访追忆，来表现周恩来的国际影响力与亲和力。

影片融思想性、艺术性、真实性、故事性（观赏性、娱乐性）于一体，受到社会各界的广泛好评。1998年2月下旬公映后，在全国掀起一场巨大的热潮，仅35毫米拷贝在全国就发行了404个，位居1998年度中国影片之首。影片曾制作成光盘发行，在部分互联网网站上可以在线观看。

与影片同时出版发行的有傅红星编著的《周恩来外交风云》一书，选用了电影中160多个镜头(照片)，配有影片的解说词，可视为电影的图片版、文字版或缩略版。1998年由花城出版社出版，2003年修订后由文汇出版社作为“文汇纪实丛书”出版。

（丁华东）

周雪恒 Zhou Xueheng (1935-09-27～) 中国现代档案学家。生于上海。毕业于上海比乐中学。1951年，响应国家抗美援朝号召，进入中国人民解放军军事干部学校，于华北军区（今北京军区）机要训练队受训，并任上海区队长。同年11月，调华北军区后勤司令部任机要打字员。1955年9年，考入中国人民大学历史档案系。1959年7月毕业后留校，任职于档案学研究所（由中国人民大学历史档案系与国家档案局合办）。1978年中国人民大学档案系复系后，回校任教，先后任副教授、教授，并曾兼任《**档案学通讯**》总编辑。

周雪恒的主要研究领域为中国档案事业史。先后完成3部中国档案事业史教材，其中最具代表性的是其主编的《**中国档案事业史**》(1994)；其余两种一是与董俭、邹家炜合作1985年编写完成的《中国档案事业简史》，二是1988年主编完成的全国高等教育自学考试指定教材，均由中国人民大学出版社出版。她还著有《关于我国档案的起源与形成》《古代政治与文档官吏》《略论太平天国文书档案制度的历史特点》等多篇档案事业史论文。关于中国档案事业史研究成果注重以马克思主义观点为指导，特别是从政治维度出发叙述和分析中国档案事业发展的历史特点。2010～2023年，她与梁继红合作主持国家社科基金重大项目“中国档案事业史”，提出中国档案事业史研究的基本认识：①中国档案与中华文明同源共生，中国档案产生之时，亦是中华文明诞生之日。②中国部分档案是中华文明中核心文明的原始载体。③历朝历代及现代政府的档案管理事业是中华核心文明的动态传承。④中华传统文化中的经书和史书是档案演化为知识和文化后对中华文明的固态传承。以上四

点认识揭示了中国档案和档案事业在中华文明发展过程中的社会功能和历史作用。

另外，她还与王景高、吴以文合作编写了《档案学基础》（1960 年在《档案工作》杂志以《档案工作基础知识讲话（初稿）》为名全文转载，合署名为“吴景周”），还与曹喜琛、张恩庆等合作翻译了《苏联档案工作的理论与实践》等多种苏联档案著作、论文。

周雪恒为中国档案学高等教育和学术发展做出重要贡献。她主要讲授中国档案事业史、中国传统文化等课程，承担博士生教育工作。她在担任《档案学通讯》总编期间，多次组织高校系统和档案局馆系统的大型档案学术会议。此外，她还担任多所院校的兼职教授，并受聘于多个省区档案干部培训机构教授档案学相关课程。

（梁继红）

周湛 Zhou Zhan 中国北宋官员。字文渊。生卒年不详。邵州（今湖南邵阳）人，石室书院建立者周仪之子，从小随做官之父到处迁徙。北宋真宗天禧三年（1019）进士，历官内外，累至右谏议大夫。周湛为官期间为民做了不少好事，在担任京西路盐铁判官期间，察觉到三司衙门内账目不清，典籍散乱，办事手续烦琐，官吏差役相互猜疑作弊。针对以上弊病，周湛设立了勘同法，凡钱物出纳及人员差遣，均用符契，每年可减少民间计账费用。

周湛创立了中国古代管理档案比较先进的方法——千文架阁法，而且利用档案为民造福。千文架阁法创立于宋仁宗庆历、皇佑年间。当时，周湛在江西为官，“江西民喜讼，多窃去案牍，而州县不能制，湛为转运使，为立千文架阁法，以岁月为次，严其遗亡之罪，朝廷颁诸路为法，至今不易”。周湛在**诉讼档案管理**中创立的千文架阁法，得到社会的认可，其他文书、档案管理也采用并发展了这种管理方法。

千文架阁法是将文书按形成的时间顺序，用《千字文》编排字号，有序地排列在档案柜架上，以便查阅并防止丢失的科学方法。这种方法，不仅加强了宋王朝的档案管理工作，而且对以后历代封建王朝的档案工作都产生了重要影响。（王云庆）

朱标 zhubiao 中国明清时的文书制度。又称标朱、加标。明清时期上级对下级行文，为表示权威，实行朱标制度。一般是用红笔填写行文日期，并在文中的关键字样上用红笔圈点勾勒，用以提示下级注意。此外，公文正式下发前须经主管官员审阅，若主管官员认为公文有待补充，便在公文若干重要之处，如“为”“仰”“札”等字处，用朱笔再添写一些字句。凡加标者都列为紧要公文，受文者往往首先阅读并认真对待朱标。

（朱兰兰）

朱卷 zhujuan 中国古代科举考试试卷名目。科举考试中，为杜绝舞弊现象的发生而将举子的试卷弥封后交誊录生用红笔重新誊写卷子。自宋朝开始实行试卷誊录制度，后世沿袭，朱卷一词在元人文集及典章中已有较多出现。在清代，还有一种新的朱卷形式。新中式的举人、进士将自己的试卷刊刻付印，赠送自己的亲友，这种刊本试卷虽然是黑墨印制，但也称为朱卷（或称闱卷）。最初只有乡试、会试才有朱卷，后来各种考试都采用这种形式刻印试卷，所以这类刊本试卷统称为朱卷。

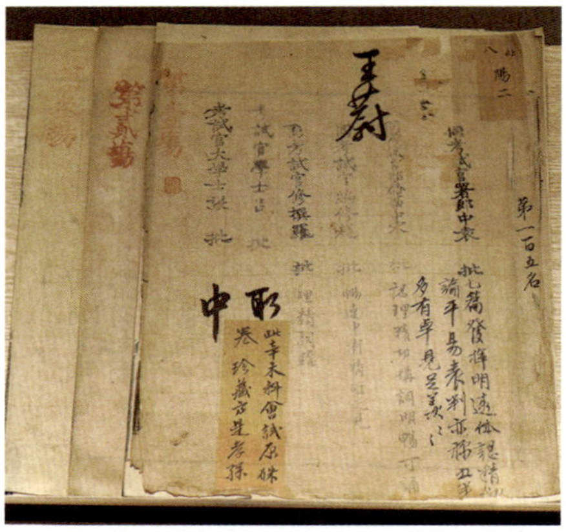

图 1 中国科举博物馆藏明代王蔚会试朱卷（复制品）

誊录类朱卷弥封后，卷面加盖关防红印，并盖场次小戳，另盖弥封、誊录、对读、收掌等各官全衔姓名小戳。内页仅誊录**墨卷**正文，折页处盖骑缝关防，卷面背后加贴纸条，由主考官和同考官拟写批语。

刊刻类朱卷的构成主要有 3 部分：①考生履历。包括本人姓名、曾用名、字号、排行、出生年月日、户籍（民籍、军籍等）、乡贯等信息；家族谱系，一般需要开列直系三代或五代祖先考妣姓名字号及科名、仕宦信息，详细的则开列自始迁祖（或始祖）以下直系先祖信息；本人的妻室及子女信息；此外更多的内容是同族祖先、兄弟、侄辈旁及母系、妻系信息，凡有科名、官职、封赠、恤典等信息，一一注于名下；再开列本人师承情况，如受业师、受知师等的姓名、字号及科名、官职等信息；最后是家族世居地点。②科份页。刊载本科科份（举行科考的年份、恩科等信息），考生中式名次，主考官或总裁、同考官的姓氏、官职与批语及该房原荐批语等。③考生临场所作的诗文。即试帖诗、制艺（八股文）、策论等（武科与文科不同，因武科头两场考弓刀石马步箭等武艺项目），乾隆中叶之后，一般是文在前，试帖诗附后，现存朱卷大多如此。

誊录类朱卷现在主要存于中国第一历史档案馆、中国国家图书馆等机构，刊刻类朱卷以上海图书馆所藏居多。顾廷龙主编的《清代朱卷集成》（台北成文出版社，1992），共 420 册，收录清代文武科朱卷 8000 余种。朱卷在科举考试、古代人物研究等方面都具有很高的参考价值。

（张全海）

朱批奏折 zhupi zouzhe 中国清代**上奏文书**文种名称。是皇帝用朱墨批阅过的奏折。又称朱批谕旨，简称朱批，习称宫中档。朱批，指清代皇帝用朱砂红笔在奏折上所做的批示。如遇“国丧”，用蓝笔**批答**，称蓝批奏折。清制，奏折经过朱批之后，有关衙门及具折之人，必须根据朱批内容遵照执行。朱批奏折的内容重要且广泛，涉及政治、经济、军事、外交、法律以及臣工私事等，故除军机处另录一份存档外，朱批原折要全部缴回宫中，即缴回朱批制度，有清一代的朱批奏折原件因此得以集中藏于深宫并流传下来，成为研究清史的第一手珍贵资料。

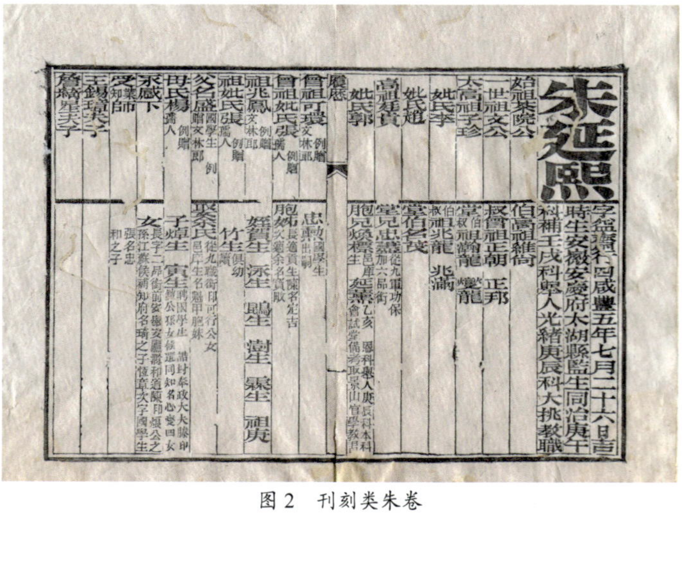

图 2 刊刻类朱卷

清帝在奏折末尾的朱批内容可分三类。第一类是清帝阅后表示阅过，知晓或要求有关部门研究了解，常用语如“阅”“览”“是”“知道了”“该部知道”“该部议奏”等。第二类是清帝表示对奏折上报内容的具体意见，赞成、否定或其他，用语一般要十几字、几十字，个别也有数百或上千字不等。第三类则是清帝因奏请内容事关重大，需单独颁发谕旨的，即用“另有旨”或“即有旨”。

朱批奏折有满汉文之分。一般满族官员具折用满文批答，称满文朱批奏折；汉族官员具折用汉文批示，称汉文朱批奏折。至于满汉合璧的折子，皇帝往往批示满文，汉文不作批示。

（何　庄）

朱谕 zhuyu　中国古代帝王**诏令文书**文种名称。“谕”字原为动词，本意是告知、告诉，后转为名词，指告知的内容。朱谕因其文字用朱砂红笔写就，故称。古代君臣均可使用谕。《左传》中有周天子谕告诸侯的文字；宋代有“官吏用榜谕以告谕人民，皇帝作戒辞以谕百官”；明清时期，上级对下属下达命令也可称谕。当“谕”字用于专指皇帝的命令时，明代称制谕、圣谕，清代称上谕等。清代制度规定，“特降者为谕，因所奏请而降者为旨，其或因所奏请而即以宣示中外者，亦为谕”。朱谕作为皇帝朱笔书写或以皇帝的名义朱笔书写后发布的谕令始于明代，但现今仅有清代的朱谕存世。因其能直接体现皇帝本人的意志，故十分珍贵。

依书写人不同，朱谕分为两种：一种是皇帝亲自用朱笔书写；另一种是由内阁大学士或军机大臣草拟颁发各部院衙门的上谕，奏呈皇帝同意后，用朱笔誊录于折上，然后传该衙门官员亲领。清代从雍正（1723～1735 年在位）开始，所有官员奉谕承办后，要将朱谕缴还宫中。

明代的朱谕写在黄楮纸上，“长仅尺，阔二尺余，界以墨印，龙边，中押御宝，色鲜润”。清代的朱谕一般写在白折或黄折纸上，高约 18 厘米，宽八九厘米，单面或多面不等。

朱谕为皇帝有感而发，自由行文，不受约束。明代的朱谕“字皆行书，甚隽逸”。清代的朱谕，如为皇帝自书，也没有固定的行文和字体规范；如为内阁大学士或军机大臣誊录，则仍为馆阁体。朱谕不署名，无年月日期，也不一定注明受文者。

（王　澈）

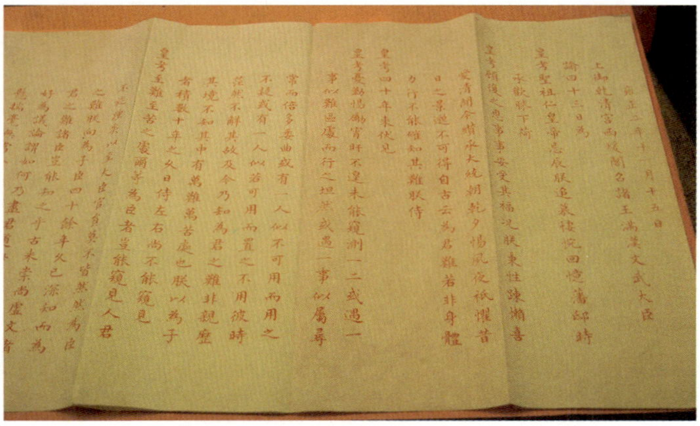

雍正皇帝列举大将军年羹尧和允禩、允禟罪状的朱谕

《诸司应送史馆事例》 *Regulations on the Submission of Archives by the Local Government in the Tang Dynasty*　中国唐代为保证中央征集各级官府档案的权力而颁布的法律性政令。唐代是中国史馆制度正式确立时期，史馆大规模修书需要收集大量的档案文献，特别是编修当代史——国史，更需要依据中央到地方官府的档案。

《诸司应送史馆事例》详细规定了各级官府应送史馆的档案种类、具体负责报送的部门、报送的方法和时限等。内容主要包括：①祥瑞（指吉祥征兆，如发现麟、凤、龟、龙之类），由礼部汇总按季报送。②天文祥异（指出现流星、彗星、日珥、赤光、白虹等自然现象），由太史局汇总，并说明所示吉凶，是否应验，按季报送。③蕃国朝贡，由鸿胪寺询问土地风俗，衣服物产，道里远近及其首领姓名，及时报送。④蕃夷入寇及来降，一般表状由中书省录状报送；露布（军事报捷文书）由兵部抄送；报告军情状况的文件由领军将领报送。⑤变改音律及新造曲调，由掌管礼、乐的太常寺将变改情况及新编乐词报送。⑥州县废置及孝义旌表（指地方州县建置变更及地方上孝子、义夫等事迹），由户部及时报送。⑦法令变改、断狱新议（指法令的变更和新审判条例及原则的制订），由刑部及时报送。⑧丰年及饥年，并水、旱、虫、霜、风、雹及地震、流水泛溢等农业生产丰、歉和自然灾害情况，由户部及地方州县勘察清楚时日和赈灾情况及时报送。⑨诸色封建（指新封赐的各种爵位），由吏部司封司报送。⑩京诸司长官及刺史都督、都护、行军大总管、副总管除授，由吏部或兵部录制相应文件报送。⑪刺史县令善政异迹（指地方官员的施政成就），由本州县及考核地方工作的官员报送。⑫硕学异能、高人逸士、义夫节妇，由本州县及考核地方工作的官员每年报送。⑬京诸司长官、刺史、都督、都护及行军副总管等死亡，由中央及地方各该机关录制历状报送。⑭公主百官定谥（指公主及官员死后的封赠谥号），由吏部将记载死者生年考绩的行状和拟赐的谥议一同报送。⑮诸王来朝（指亲王入朝），由宗正寺报送等。

此外，凡“史馆访知事由，堪入史者，虽不与前件色同，亦任直牒索，承牒之处，即依状勘，并限一月内报”。唐玄宗朝后期，由于安禄山叛军的焚掠，两京史馆收藏的档案典籍遭到严重破坏，征集档案史料的制度也废弛不行。唐德宗建中元年（780），对收集制度重加整饬，统一规定：在京机构每季向史馆报送一次；外州县及诸军诸使每年向史馆报送一次。五代后唐时，也制定有收集档案史料的诸司送史馆事例。《诸司应送史馆事例》是唐代史馆征集档案史料的法律性文件，它的制定说明唐代统治者对档案收集的重视和王朝各级官府档案工作的发展。

（董　俭　撰　王云庆　修订）

专利档案管理 patent archives management　国家知识产权管理机构、企事业单位从事的专利档案行政和业务管理活动。又称专利档案工作。专利档案是在企业、事业单位专利申报、授权、维持、代理、诉讼、转让、保护等活动中形成的，有保存利用价值的各种文字、图表、声像、实物、电子文件等不同形式的历史记录。按专利申请和授权的不同阶段，专利档案属于专利申请人或者专利权人所有。

管理范围　主要包括：①有关专利申请方面的材料。如申请发明或实用新型专利的请求书、说明书和权利要求书；申请外观设计专利的请求书以及外观设计的图片或者照片；申请人要求优先权的声明；委托专利代理机构代办专利申请和其他专利事务的委托书等文件。②专利申请审批过程中形成的文件。主要有审查意见书，有关专利申请的受理、补正、分案、撤回及专利公布或公告的通知书，申请复查和复查中的有关文件，驳回或授予专利权的决定等。③实施和保护专利权过程中形成的文件。如关于专利权的期限、终止和无效，专利权的转让、放弃和撤回，专利实施的强制许可等方面的文件；关于对侵犯专利权的纠纷、假冒他人专利和其他违反专利法案件的处理中形成的文件。

管理原则和要求　专利档案管理要求国家知识产权管理机构、企事业单位在管理中做到：①对由本单位形成的专利档案的管理应遵循集中统一管理的原则，确保档案的完整、安全，为本单位经营、管理、产品研发等各项工作服务。②个人所有的专利档案，档案所有者应妥善保管。③将专利档案工作列入本单位档案工作计划和检查、考核内容；各级档案行政管理部门、专利行政管理部门要加强对专利档案工作的监督和指导。④各单位的专利事务管理机构应配备兼职档案管理人员，负责本部门专利文件材料的积累、整理和归档工作。⑤建立健全专利材料的归档制度，并把专利文件材料的形成、积累、整理、归档的要求列入各项工作标准、工作程序及各部门、相关人员的岗位职责，作为考核的重要内容。⑥在专利工作中形成的应归档的文件材料，必须按照规定，及时向本单位的档案管理机构移交，任何人不得将归档文件材料据为已有。

管理内容 ①文件材料的归档。在专利工作中形成的全部应归档的文件材料，原则上应于本次专利活动结束后1个月内将整理后的文件材料移交本单位档案管理机构，集中管理，以保证专利档案的完整与安全。②专利档案价值鉴定。实用新型专利和外观设计专利档案保管期限应为短期，发明专利应为长期，如属于获得国家发明专利金奖或优秀奖的，应延长为永久。③专利档案整理。按申请号（专利号）进行整理，一件专利申请的有关材料组成一卷，按文件形成的先后顺序进行排列。④专利档案检索。专利档案可在同一类目内按专利活动结束时间顺序进行排列编号，编制专利档案案卷目录。各单位应根据本单位专利档案实际编制相应的检索工具。⑤专利档案利用。各有关单位的档案管理机构要通过各种方式和途径，积极主动地开展专利档案利用工作，为本单位、本系统的各项工作提供服务。⑥专利档案统计。各有关单位应建立专利档案统计台账，对专利档案的收进和移出、保管数量、销毁等情况进行及时、准确的统计和登记。

管理意义和影响 专利档案管理对专利档案的及时、有效、全面归档和合法利用，确保专利权力人在专利申报与维权中的地位，具有重要作用。为专利权力人提供维护其专利独占市场的权力，提供充分的专利档案法律凭证，是专利档案管理的核心工作。（王英玮）

专门档案保管期限表 specialized archives retention schedule 由国家档案行政管理部门会同有关中央专业主管部门编制的，供各机关、团体、企业、事业单位鉴定专门档案保存价值和确定保管期限时通用的依据和标准。通常由顺序号、条款、保管期限、附注以及总的说明等部分组成，其中条款和保管期限是最基本的项目。中国财政部和国家档案局先后共同制定、颁发的《预算会计账簿、凭证、报表保管期限一览表》《预算会计账簿、凭证、报表保管、销毁期限一览表》和《预算会计档案保管期限表》，就属于这种类型的档案保管期限表。它们是国家财政税收机关和使用国家预算的各种机关、团体、企业、事业单位，鉴定预算会计档案这种专门档案价值的统一标准。如《基本建设项目档案资料管理暂行规定》《测绘科学技术档案管理规定》等规范性文件，都对基本建设项目档案、测绘科学技术档案等专门性档案的归档范围做出了规定，给出保管期限。（黄世喆）

专门档案管理 specialized archives management 国家机构、社会组织及企事业单位根据专门档案的形成规律和特点，开展的专门档案的各项业务管理活动。专门档案是各单位在从事某些专业性较强的活动中，为了实现相关职能目标而形成和使用的，有特定的文件名称和格式，并按照专门的管理办法整理归档的文件材料集合体的总称，是档案的一大门类。

历史发展 中国对专门档案的管理有着悠久的历史。对专门档案的管理可以追溯到商、周时代。在封建社会，政府对官员的个人记录（如唐代的甲历）、人口户籍、地籍、地契的管理非常重视。20世纪50年代，中国人民大学历史档案系组织翻译出版了苏联的《档案工作的理论与技术》和《档案工作的理论与实践》，开始介绍专门档案管理的有关理论。80年代，随着中国专门档案管理实践的发展，中国档案学会和地方档案行政管理机构及有关学者开始总结和探讨专门档案管理的经验，并陆续出版了几部专门档案的著作。同时，国家有关专业主管部门和档案行政管理机构，相继制定和实施了人事、民生、政务、经济、文化等种类的专门档案的管理规范和标准。2011年，国家档案局印发了《国家基本专业档案目录》，进一步明确了各种专门档案的管理主体。

管理对象 ①人事类。干部档案、流动人员档案、户籍档案、企业职工档案、学籍档案、机动车驾驶员档案等。②民生类。城乡居民最低生活保障档案、伤残抚恤人员档案、殡葬服务单位业务档案、婚姻登记档案、社会保险业务档案等。③政务类。纪检监察机关案件档案、事业单位登记档案、人民检察院诉讼档案、人民法院诉讼档案、公安业务档案。④经济类。会计档案、土地管理档案、房屋产权登记档案、土地承包登记档案、信用档案。⑤文化类。艺术档案、非物质文化遗产档案、电影艺术档案、新闻宣传报道档案、出版社书稿档案、大型运动会档案、博物馆文物档案、考古档案、邮票设计档案等。

管理内容 ①专门文件的形成、积累与归档。各单位要确定专门文件的种类及其归档范围，建立健全专门档案文件的形成、积累和归档制度，确保所形成的各种专门档案的完整。②专门档案的整理。由形成部门进行系统整理，编制相关目录，经形成部门负责人审核后，按照相关规定定期向本单位档案部门移交。③专门档案的保管。纳入本单位档案管理体系，建立健全各项规章制度，配备专门档案管理必需的设备，不断改善专门档案的保管条件，确保专门档案的安全。专门档案保管库房要达到国家规定标准要求。④专门档案的统计。各单位对专门档案的收集、管理、利用、鉴定销毁、移交进馆等情况要进行准确统计，填写档案工作基本情况统计报表，并按规定报送上级业务主管部门和同级档案行政管理部门。⑤专门档案的鉴定销毁。各单位应根据上级业务主管部门、档案行政管理部门制定的专门档案保管期限表确定保管期限；上级无规定的，应会同同级档案行政管理部门制定本单位专门档案保管期限表。对保管期限已满的专门档案，应由鉴定小组审查、鉴定，形成存毁意见。对确无保存价值的专门档案，应清点核对，登记造册，经分管领导批准并报同级档案行政管理部门备案后销毁。销毁专门档案，应指定两人以上负责监销，执行监销制度；销毁报告和销毁清册应立卷归档，永久保存。⑥专门档案的利用。各单位应对需要保密的专门档案标注保密等级和保密时间，未标注的视为无密级；专门档案移交进馆后，对形成将满30年的涉密档案，原档案形成单位认为仍属国家秘密的，应当自该档案形成届满30年之日前的6个月，书面通知同级档案行政管理部门；逾期未通知延长保密期限的，由有关综合档案馆按照《各级国家档案馆馆藏档案解密和划分控制使用范围的暂行规定》，进行开放审查，依法向社会开放。各单位应对专门档案的利用权限做出明确规定，建立档案借阅登记簿，健全借阅专门档案审批、登记手续，并做好利用效果反馈登记。利用率较高、价值较高的专门档案应逐步数字化，为实现专门档案的信息共享和有效利用奠定基础。⑦专门档案的移交。属进馆范围的专门档案，按同级档案行政管理部门的要求，定期向同级国家综合档案馆移交。向国家档案馆移交专门档案，应将纸质案卷目录、电子目录和相关参考资料一并移交。

管理原则　各单位应指定相关机构和人员，负责专门档案的管理，并接受同级档案行政管理部门和上级业务主管部门的监督指导。应按照上级业务主管部门、档案行政管理部门统一制定的标准进行；没有标准的，应会同同级档案行政管理部门，制定本单位专门档案管理规范。专门档案原则上应由本单位档案部门集中统一管理，任何单位和个人不得据为己有。

法规和标准　主要包括《各级各类档案馆收集档案范围的规定》（国家档案局2011年11月21日公布）、《国家基本专业档案目录（第一批、第二批）》（国家档案局分别于2011年10月14日和11月7日印发）、《干部档案工作条例》（中共中央组织部和国家档案局1991年4月2日印发）、《会计档案管理办法》（财政部、国家档案局2015年12月11日发布）等。

意义和影响　专门档案管理对维护各单位专门档案的完整、真实、可用、安全，实现专门档案资源的有效利用，构建完整的专业职能的业务和法律证据保障体系，保证各单位专业职能活动的连续性，保证国家各项专业活动的正常秩序，积累国家档案财富，均具有重要的现实意义和历史意义。（王英玮）

专门档案收集　specialized archives acquisition　各单位档案管理部门和专业档案馆从事的专门档案及相关专业文献资料的接收和征集活动。专门档案收集管理的原则与要求：①依据2011年国家档案局印发的档案规章《国家基本专业档案目录》所确定的各种专门档案的管理主体，根据集中统一管理原则，有效地组织开展相关专门档案的收集，切实维护各种专门档案的齐全、完整、准确、安全，为单位和国家积累宝贵的专门档案财富。②根据各专业主管部门和国家档案行政管理机构制定的相关专门档案管理规范性文件，建立和健全有关专门文件材料的归档制度，明确归档范围、归档时间、归档文件的质量要求，及时开展专门档案的移交和接收工作，确保单位档案部门接收专门档案的质量。③各专业档案馆应依据国家档案馆的接收范围，及时接收具有国家和社会意义的特定范围的专门档案；并根据自身的专门档案管理范围，积极主动地开展有关专门档案和相关专业文献、专业资料的搜集、征集工作。

专门档案收集的方式有接收归档、补充收集、接受捐赠、公开征集、有偿购买、寄存等。其中，接收归档是各单位专门档案收集的主要工作方式。

收集的相关法规和标准有《各级各类档案馆收集档案范围的规定》（国家档案局2011年11月21日公布）、《国家基本专业档案目录（第一批、第二批）》（国家档案局分别于2011年10月14日和11月7日印发）、《干部档案工作条例》（中共中央组织部和国家档案局1991年4月2日印发）等。（王英玮）

专题本　monograph　内容专门针对某一主题的专题性档案文献汇编。又称专论本。与综论本对称，内容只涉及专门事件或问题的论述。

专题本与编纂目的、选题角度密切相关。专题本是为研究人员和其他利用者提供专门性材料的汇编，内容专指性强。如《乾隆朝惩办贪污档案选编》（4册），从中国第一历史档案馆馆藏档案中，辑录了有关档案2709件，其中正件2429件、副件280件，主要来自宫中档案全宗之朱批奏折、杂件，军机处全宗之上谕档、寄信档、录副奏折、来文及内务府全宗等，集中反映乾隆时期惩办贪官、整肃吏治等历史情况。专题本从历史事件、历史问题、历史会议、专门机构和专业活动等方面选择编纂题目，问题的指向往往较为明确。如《西安事变档案资料选编》《中葡关系档案史料汇编》《八七会议》《西藏地震史料汇编》等。

综论本和专题本的区别是相对的，具有互补性，大型的综合性汇编可由多个专题性汇编有机组合构成。（丁华东）

专题档案指南　guide of subject records　按照一定的题目，以文章叙述的形式，综合介绍、报道档案馆中保存的反映某一特定题目档案的工具书。又称专题档案介绍。一般由序言、档案内容介绍、索引等部分组成。①序言。说明编写目的、原则、方法和所依据的材料。②档案内容介绍。概要介绍档案的来源、内容、形式、可靠程度、所属的年度，其中也有简单介绍、详细介绍和重点与全面结合介绍等。专题档案指南只按专题所包含的内容分类介绍档案，而不按立档单位组织机构的方式介绍档案。专题档案指南的项目分类，以"章""节"结构的形式出现。专题档案指南虽不必根据档案逐条指出所属全宗，但为便于利用者了解所介绍档案的全宗范围，应在专题档案指南中列出一个总的全宗名单，名单可以单独编制，也可以附写于专题档案指南的序言中。③索引。较大的专题档案指南都编有人名、地名等索引和目次。

专题档案指南的编制工作一般通过卡片进行。即先把选出的档案填制成卡片，然后通过卡片系统排列后的内容综合编辑成专题档案指南，而卡片则利用来作为专题卡片。专题档案指南的选题一般根据利用者的需要和馆藏情况而定，因使用目的、对象不同，选题、选材、介绍方法及出版发行等也有所不同。如果档案馆已有专题目录，专题档案指南的编制工作可以它为基础。

专题档案指南不受全宗限制，把若干全宗中有关某一题目的档案集中到一起介绍，以便于利用者直接了解某档案馆或若干档案馆中有关某题目档案的信息，为查检利用相关档案提供向导。（黄世喆　赵铭忠）

专业档案　professional archives　在某一专业领域活动中形成的，记录特定的专业活动，具有特定形成规律的各种档案的统称。包括会计档案、人事档案、诉讼档案、教学档案、艺术档案、专利档案、军事档案、审计档案、统计档案、病历档案等。20世纪80年代中期，中国开始出现专业档案的概念，并将其作为一个门类与文书档案、科技档案一起列入国家《档案事业发展"七五"计划（1986—1990）》。弥补了将档案分为科技档案与文书档案的不完善之处。

专业档案具有很强的专业性，且各有其自身特点及特殊的管理技术与方法，需针对每一种专业档案制定不同的管理方法以加强对专业档案的管理。（连志英）

专用档案装具　specialized archives container　用于保存特殊形式的档案和某些类型的专业档案的装具。常见的形式有：目录卡片柜，财会档案柜，报架，图柜（架），底图柜、底图密集架，卷式缩微品装具（片盘、片盒、片夹），片式缩微品装具（封套、开窗卡、活页夹、平片盒等），照片与底片盒（册），影片架，声像档案装具（防磁柜等），计算机磁盘装具（磁盘柜、架）等。

从形制看，有档案橱、档案柜、档案密集架等不同的结构和形式，便于各个档案机构根据馆藏进行选择。从材质看，有常见木制装具和金属制装具，以金属制装具为主。从密封程度看，有开放式、密闭式和密封式3类专用档案装具。开放式档案装具是一种能防止胶片遭受机械性损伤，但不防光、可以接触到周围空气的装具，包括开窗卡、片盘、片夹等，适用于短期保存的档案；密闭式档案装具是一种能限制胶片与周围空气的接触，并可以防光、防尘、防机械损伤的装具，包括封套、片盒、平片柜等，短期保存或长期保存的**胶片档案**均可以使用这类装具保管；密封式档案装具是一种能完全切断胶片与周围空气接触，并可以防光、防空气污染、防潮的装具，适用于长期保管或耐火保管的档案。从功能看，有不同的功能要求，例如防火、防磁等。防磁柜是保存音像档案的专门装具。

图 1　档案移动密集架

图 2　档案馆目录柜

尽管专用档案装具的形制、材质、密封程度不同，但在库房中排放时，应符合一定的要求。例如：①摆放整齐一致。做到排列一致，横竖成行。大小不同的架（柜）子应适当分类，尽可能做到整齐一致。②充分利用空间。档案柜（架）之间过道的距离一般为100～120厘米，档案柜（架）均不应紧靠墙壁。③统一编号。为了便于对库房内档案的管理和能够迅速地存取档案，应对所有档案柜（架）进行统一编号。④避光通风。有窗库房的档案柜（架）的排列应与窗户垂直，以避免强烈光线直射；无窗库房的档案柜（架）的排列纵横均可，但应注意不要有碍通风。（周耀林）

传 zhuan　中国汉代出行过关凭证。汉代的传有私事用传和公事用传两种。①私事用传。私人必须首先满足一定的条件才能申请，如已完成劳役、缴纳赋税、无违法行为等，然后向乡官申请。经审核合格，出具证明。申请者持证明向县级以上官府取传。私人用传必须加盖县令、丞等官印才能生效。汉代县丞以上官吏皆有权颁发传。②公事用传。如朝廷派使节出使地方，所持的传由朝廷颁发，封以御史大夫印章，传以长一尺五寸木牍为之。与传同作为通行凭证的还有符，许慎《说文解字》云：“符，信也。汉制以竹，长六寸，分而相合。”此类符由兵符发展而来，为与军事有关的人出入关道河津的通行证。（梁继红　李义敏）

状 zhuang　中国古代文书。状成为文种名称起源于汉代，主要在向上陈述事实、说明情况时使用，又称陈状。唐代，撰文说明某人的品行事迹，称**行状**；近臣上奏，则称**奏状**。宋元沿袭，奏状成为对皇帝上书言事的常用文种，归入奏疏之列。下级对上级仍可使用陈状，以后逐渐分化出牒状、**申状**、**呈状**等名目。而百姓对官府使用者称为辞状，或仍称为陈状。许同莘的《**公牍学史**》卷五载宋代李元弼《作邑自箴》中推荐民间百姓陈状式样为：“某乡某村，耆长某人，耆分，第几等人户，姓某，现住处，至县衙几里。如系官户即云系某人官户。所论人系某乡村居住，至县衙几里。”然后另起一段写：“右某，年若干，在身有无疾荫（妇人即云有无娠孕及有无疾荫）。今为某事。”以下接写正文，结尾用语为：“伏乞县司施行。谨状。”然后另起一行写年月日、姓名、画押，并注明文种。（裴燕生　李义敏）

咨 zi　中国古代**官府往来文书**文种名称。起源于唐代的谘报，当时已有翰林院向中书省谘报的事例。宋代沿袭唐制，谘报是翰林院与三省、枢密院之间使用的平行文书，文末写“谘报某某省，伏候裁旨，月　日　押”，由当值学士一人押字即可。元代承袭宋制，中央台省对地方行台省行文时使用，“谘”字又写作“咨”，中书省向行中书省行文称咨付（“付”字为交付之意），也是平行文。

明代不称咨付，径称为咨。咨又称平咨，是为了和近似的**咨呈**相区别。规定六部之间行文用咨，平咨各都指挥使司，各都指挥使司平咨六部、各布政使司，各处布政使司平咨各都指挥使司。咨的使用者均是品级地位较高的重要衙门。

清代咨的使用范围扩大，规定品级地位相同的衙门之间都可以用咨商洽公事、通知事项、转发文件、联系事务。据光绪朝《清会典事例》等有关规定，宗人府行文各部院，军机处行文督抚、将军，六部、理藩院、都察院、内务府、各旗都统、步军统领衙门相互行文，大理寺、通政司行文各部院，均用咨；各部院行文督抚、将军、都统等，吏、礼二部行文衍圣公，礼部行文外裔各国，均用咨，来文亦用咨；各省总督与巡抚平行，司、道平行，学政与督抚、提镇平行，织造与督抚、司道、运使平行，驻防将军与督抚、提镇皆平行，均用咨。

明代的咨使用大幅单张纸，一般纸分三等，皆高 2.5 尺（1 尺约 33.33 厘米）。长 5 尺为一等，4 尺为一等，3 尺为一等。右起为“某衙门为某事，云云。合行移咨。请照验施行。须至咨者”。另起顶格写“右咨”，两字上下拉开。另起写受文衙门，与之齐头并脚。另起写文件日期“×年×月×日”，墨笔判日，骑年盖月用印，年月左右分两行小字写有 4 字或 6 字后由。纸幅左上角大字写文种名称“咨”字。下列主管官衔署押，所有有关副职也要署押，依地位高低分列下方左右两行。

清代前期沿袭明制仍用大幅单张纸式，但格式开始简化，不用后由，左上角文种名称下最多仅主管官一人签押，甚至只由书吏代写一“押”字而已。后期逐渐演变为折式，白纸折面正中偏上标明文种“咨”字，骑字下方盖发文衙门印。折内右版首行具发文衙门名称，或加主管官姓，大多是条戳与印就。空名讳下为事由的“为”字落地，具体事由另起，写完后接续正文。大多数的咨每面 6 行，也有 4 行、5 行、7 行的。由于各衙门的咨所用纸幅长短不一，所以每行字数也不统一，一般是 22～30 字。结尾用语“为此，合咨贵某官烦请（或希冀）如何如何，须至咨者”。文尾另起写“右咨”，两字上下拉开。另起写受文衙门，与之齐头并脚。另起写文件日期“×年×月×日”，墨笔判日，骑年盖月

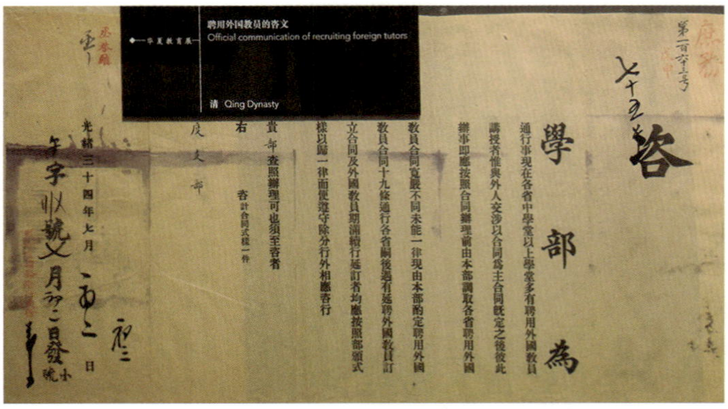

图 1　清光绪三十四年（1908）关于聘用外国教员的咨文

用印。

中华民国时期，咨仍旧使用多年，南京临时政府规定同级公署职员互相行文时用咨。1912 年，北洋政府规定参议院与大总统或国务员往复文书时用咨。袁世凯复辟帝制时，规定大总统与立法院往复文书时用咨，国务卿对各部院、各省最高级官署之答复用咨，各部院对于各省最高级官署行文及其他地位相等的各官署间往复行文用咨，各省最高级官署对于各部院有所陈请、报告时用咨陈。复辟帝制失败后，北洋政府颁布新的公文程式，咨的使用范围有所扩大，由过去仅限于参议院与大总统或国务员的往来文书，扩大为国会与大总统或国务员，国务院或各特任官署与各部院，平行各官署之间的往来文书。

图 2　中华民国元年（1912）内务部咨转孙中山颁布各官厅职员及普通称谓勿沿前清恶习的临时大总统令

南方革命政府规定，除了原用的咨以外，又增加了咨陈和咨令。对无隶属关系但地位稍高的机关行文用咨陈，如都司令、都督、都参谋、军总司令等对军务院行文用咨陈，而军务院对上述机关行文则用咨。对无隶属关系但地位稍低的机关行文用咨令，如军务院对军总司令。广州国民政府对咨的用法与北洋政府相同，1928 年 6 月一度废除咨文。1928 年，中华民国政府实行五院制，11 月再次修改公文程式，规定同级机关公文往复时仍使用咨。1942 年 7 月，国民政府行政院修改公文程式，规定同级或不相隶属的机关公文往复时用函，咨最终被取消。

中华民国时期，咨的用纸格式与明清不同。例如，国民政府 1929 年规定，令、批、呈、咨、函各项用纸，均用白纸平折合页式，纵 29 厘米，横 21 厘米。文面印长方形线格，格外上端自右至左印发文机关名称、发文文别和收文机关名称。格内分列事由、拟办、决定办法（上行、平行文为“批示”）、备考及附件各栏。格外下端印收文字号，左边上方加印文别、字号及“×年×月×日×时到”字样。除收文字号及“×年×月×日×时到”两栏由收文机关填写外，其余均由发文机关填写。公文内页开数不等，由各机关按内容长短酌情采用。每页每面分 10 行，平行文（如咨文）第一面的第一、第二行合成宽行，刊印机关名称、文别及字号，正文从第三行写起，文尾致送语用“此咨××机关”或“此咨××（官名）×（姓）”，机关或官衔须换行顶格写。文底正中为发文时间“中华民国×年×月×日”，骑年盖月钤用官署印。

（裴燕生）

咨呈　zicheng　中国古代官府往来文书文种名称。就行文等级关系而言，咨呈是介于平行的咨与上行的呈之间的文种。除了发文衙门与收文衙门的等级地位有所区别外，用途与咨并无太大区别。因收文衙门的等级地位略高，不能用咨，又不必用呈，所以用咨呈。

元代开始使用，行中书省向中书省行文称“咨呈”，因受文者地位较高，故用“呈”字，表示对受文者较为尊敬。明初规定，六部咨呈五军都督府，各布政使司咨呈六部。清代使用咨呈的衙门也很多，各部院行文宗人府，各寺、监、太医院、宝泉局、宝源局、各仓监督行文六部，凡六部用劄所行衙门行文六部，督抚、将军行文军机处，府厅州县行文织造，盐政行文各部，非所辖之副将行文驻防都统，提督行文督抚，总兵行文巡抚，参将行文布、按两司，游击行文非所辖之副将，守备行文非所辖统之参将、游击，副将行文总兵及非所辖统之副都统，提督、总兵行文伊犁将军、驻防将军、参赞大臣等，均用咨呈。

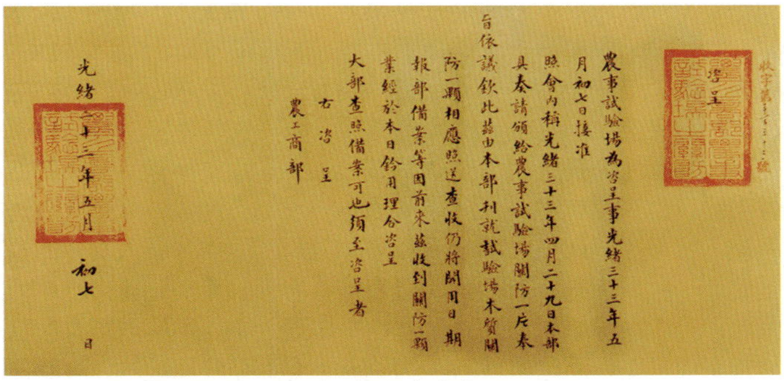

清光绪二十三年（1897）申请建立万牲园的咨呈

中华民国时期，南京临时政府建立后颁布的公文程式以及北洋政府第一个公文程式规定中都没有咨呈。袁世凯复辟帝制时规定，各部院、各省最高级官署与政事堂行文时用咨呈。袁世凯复辟帝制失败后，北洋政府于 1916 年 7 月 29 日颁布公文程式规定，各特任官署向国务院行文时用咨呈，表示国务院地位略高。1925 年国民政府成立，8 月 7 日公布《公文程式令》，规定咨的用法与北洋政府相同。1927 年蒋介石在南京另立国民政府，8 月 13 日公布《修正公文程式》，对广州国民政府的公文种类及用途进行修改补充，增设咨呈。1928 年 6 月又取消了咨和咨呈。同年，国民政府施行五院制后，于 11 月 15 日再次修改公文程式，恢复使用咨，废除咨呈。

明、清以及中华民国时的咨呈，用纸及格式与当时的咨基本一样，不过是将文种名称及文内“咨”字后加一“呈”字，写作“咨呈”而已。

明代咨呈用大幅单张纸，右起为“某衙门为某事，云云。合行咨呈。请照验施行。须至咨呈者”。另起顶格写“右咨呈”，三字上下拉开。另起写受文衙门，与之齐头并脚。另起写文件日期，墨笔判日，骑年盖月用印，年月左右分两行小字写有 4 字或 6 字后由。下列主管官衔姓名以及有关副职官衔姓名署押，依地位高低按次序分列于下方左右两行。纸幅左上角无文种名称“咨呈”字样，与咨格式有别。

清代前期沿袭明制咨呈，仍用大幅单张纸，通常高约 63 厘米，宽约 48 厘米。格式开始简化，不用后由。纸右方首行写作者前衔姓名后，另起写“咨呈”两字，接写事由及正文。正文结束后写“理合具呈，伏乞查照施行。须至咨呈者”。“查照”平抬。另起写“右咨呈”，三字上下拉开。另起写受文衙门，与之齐头并脚。另起写文件日期“×年×月×日咨呈”，墨笔判日，骑年盖月用印。后期逐渐演变为折式，白纸折面正中偏上标明文种“咨呈”字样，骑字下方盖发文衙门印。折内右版首行具发文衙门名称，或加主管官姓，空名讳后是事由的“为”字，大都是条戳与印就。具体事由或另起，然后接叙正文。大多数咨呈每面 6 行，也有 4 行、5 行、7 行的。由于各衙门咨呈纸幅长短不一，所以每行字数也不统一，一般是 22～30 字。结尾用语为“理合具呈，伏乞查照施行。须至咨呈者”。文尾另起写“右咨呈”，三字上下拉开。另起写受文衙门，与之抬头并脚。另起写文件日期“×年×月×日咨呈”，墨笔判日，骑年盖月用印。

1916 年 7 月，北洋政府公文程式规定：咨呈用折叠白纸，正面页正中偏上写文种“咨呈”两字，上边骑字钤盖署印。中页首行为“某官署咨为咨呈事”。正文结束后，写“此咨呈国务总理”，其中“国务总理”用平抬。页左边偏下写发文者“某官某姓名”。后面页正中写文件年月日期“中华民国×年×月×日”。（裴燕生）

自由来源原则 principle of free provenance 在来源共同性基础上的事由共同性原则。来源原则的发展阶段之一。

产生背景 荷兰的《档案整理与编目手册》（简称《荷兰手册》）的严密论证使来源原则赢得了世界各国档案工作者的信奉。然而，随着社会活动日益复杂化，档案种类和形成过程亦呈现出多样化特征，因一项独立活动而形成的新型档案集合体大量产生。在这种情况下，来源原则作为整理档案唯一依据的理论受到了部分实践的挑战。面对这一情况，档案界开始对来源原则进行反思。德国档案学家A.布伦内克在 20 世纪 40 年代提出自由来源原则，试图对来源原则进行修正。

主要内容 布伦内克认为，形成于 19 世纪的来源原则已很难适应现代机关和现代文件管理的新特点，他在《档案学——欧洲档案工作的理论与历史》（*Archivkunde: Ein Beitrag zur Theorie und Geschichte des Europaischen Archivwesens*, 1953）中指出：“迄今已经认识到来源原则作为档案馆内部编列制度的总则。但是当按照来源的编列深入存卷之中，辨认各机关的成长经过和职能发挥情况的时候，发现随着来源原则发生一种新的科学的观察方式。”这种“新的科学的观察方式”即为自由来源原则。

布伦内克主张把归档的案卷作为有机体重新加以组织，他认为：“来源思想根本不是只保持固定的来源，而是把来源和事由配合成一种相当的比例关系，建立一种两者之间的综合体，在这种意义上我们可以把来源原则解释成在来源共同性的基础上的事由共同性。”他提出的自由来源有突破单一形成者来源的用意，将来源原则视为一种总的原则，而不仅是一种具体的分类规范，故称自由。因此，自由来源原则中的来源已经不再单纯指来源机关，而是一种可以与事由配合在一起的事物，其中体现着一种在机关职能活动中自然形成的统一精神，它有时在特定条件下，是可以脱离原来的来源机关而独立地存在于人类社会活动之中的。自由来源原则在档案工作中得到了应用，而且实践证明，对于某些专业档案或是某些大型活动、项目形成的档案的整理，比传统的来源原则具有更现实的指导意义。

评价与影响 档案学界对布伦内克的自由来源原则评价不一：一方面认为他使来源原则得到升华，发展到一个新的阶段；另一方面则认为该原则并无实质性的突破，因为来源原则遵守了来源一致，但并没有把保持原有次序绝对化。总的来说，尽管布伦内克的自由来源原则并非全面创新，但也有进步意义，其中最突出的贡献在于，他反对形而上学、机械地理解来源的含义，指出来源原则应是科学的方法论，而不是固定不变的模式。布伦内克的这一原则在某种程度上开拓了现代档案工作者的思路，启发人们从现代档案工作的实际去确定档案整理原则，这为新来源观将来源概念化、从注重历史背景的角度来阐释来源原则奠定了思想基础。另外，自由来源原则在坚持来源原则的前提下，对二级、三级类目等进行分类时考虑将事由联系与来源联系予以融合，更具有灵活性。缺点也显而易见，那种将职能联系误认为事由联系的看法，为后来主张“事由原则和来源原则融合”的观点提供了模糊的依据，而且该原则并未真正明确来源联系和事由联系的关系，不便于实践操作。总之，自由来源原则在坚持来源联系的基础上使档案馆重新获得了对档案整理的自由空间，即发挥档案员的创造性，有机地组成档案体，这是自由来源原则的基本思想和深远意义。（徐拥军）

自传 autobiography 用于叙述自己的生平经历的私人文件。作为私人文件的自传与文学作品中的自传有很大区别。文学作品中的自传是传记文学的一种。它以记叙人物生平事迹与心得为主，篇幅大都比较长，在表达方式的应用方面，议论、说明、叙述、描写均有应用，追求语言的鲜明性和生动性效果。可以在作者亲身经历的真人真事的基础上，运用文学作品常用的艺术手法和表达技巧加工而成，大都允许进行自我反省和分析。而作为私人文件的自传则是以直接、客观、真实记述自己的人生经历和生平事迹为主，不能进行文学艺术性的表达，不允许做任何虚构，大都不进行议论分析，在语言表达效果的追求方面，重在客观、准确、直接、简明。

功能效用 自传具备一般文件的基本功能和特定的效用，可以有效完成权威性凭证性信息的跨时间空间传递，对相关方面的行为产生特定的影响。自传既可以用于对个人生平的概要描述，为自己做出主要人生经历的梳理总结；也可以提供给相关组织和单位，帮助其完成对自己的考察了解；还可以用于留给自己的后人或者是社会，供其了解自己，从自己的人生经历中总结经验或者吸取教训。在有真实性保障的前提下，自传可以成为一个人主要人生经历的证明。

文体结构和格式 作为私人文件的自传一般用第一人称。主要表达方式是叙述和说明。自传的基本结构和格式通常为：①标题。居中写“自传”或者“某某某自传”。②正文。用于真实准确地反映个人从出生（或者开始读书）到现在的全部经历，主要内容包括：姓名、性别、出生年月、出生地、籍贯、民族、家庭成员、主要社会关系、本人加入政党团体的时间地点及介绍人、本人就学情况、工作单位、任职情况、奖惩情况、本人政治表现与业务能力、个人思想演变概要过程、对自己相关方面的认识、各人生阶段的证明人等。必要时，自传还可以对自己的外貌特征进行描述，也可以根据需要或者要求，附录本人的照片。③署名。本人亲笔签名，或者同时用私人印章和指印。④日期。即成文时间，应标注完整的公历年月日。（赵国俊）

综合档案室 comprehensive archives room 综合管理档案的组织机构。见档案室。

综论本 comprehensive compilation 内容包含多项主题的综合性汇编。与专题本对称。内容涉及对政治、经济、外交、军事、文教、体育、党的建设、统一战线等多方面的论述。

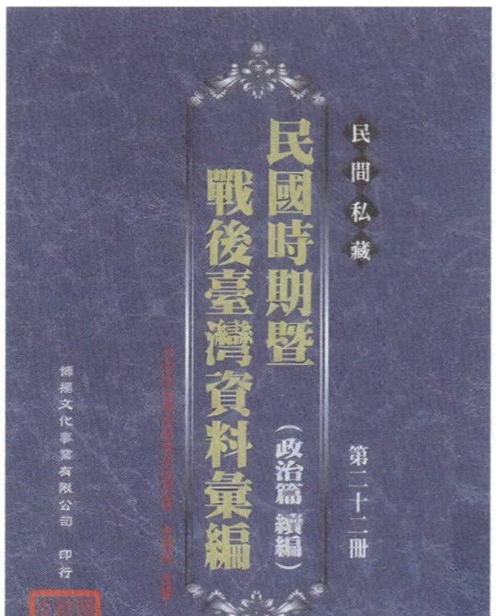

《民国时期暨战后台湾资料汇编》封面

综论本为利用者从总体上、联系上研究某一时期、某一地区社会历史提供各方面基本史料的汇编，如列入国家“十一五”

重点出版规划项目，由海峡两岸出版交流中心、**中国第一历史档案馆**、**中国第二历史档案馆**等单位共同实施的“台湾文献史料出版工程”，收集自明代至1949年档案文献600余册，包括《馆藏民国台湾档案汇编》300册、《明清宫藏台湾档案汇编》230册、《民间遗存档案文献选编》25册、《海外遗存台湾文献选编》50册，网罗弘富，涉及台湾社会历史的全部内容。综论本从政权机关、人物、文种角度选择编纂题目，因论述对象不受限制或无法限制，编纂成果多带有综论性质，如《**太平天国文书汇编**》《南京临时政府》《康有为全集》《**乾隆朝上谕档**》等，内容涉及面广泛。大型汇编多为综论本，如**丛编**、丛刊、丛书，在一个总的题目下包含多个汇编、**选编**、**全集**、**选集**。编纂综论本要求编者善于全面把握题目限定范围内的社会生活的各个方面。（丁华东）

《总统文件法》 *Presidential Records Act* 1978年美国国会通过的关于总统文件管理的法案。美国总统J.卡特签署。法案规定自1981年1月20日起，总统在任职内有关工作、社交、生活的档案文件和各种记录（除有关私人生活的文件外）都属于国家财产。国家将保留并持有总统文件的所有权和管理权。当总统任期届满，美国国家档案与文件局即履行清点、整理和保管总统文件的职责。

在《总统文件法》通过之前，历任总统大多把总统文件看作自己的私人财产。总统卸任时，往往将文件全部带走，自行保管和处置。由于保管不善，导致许多资料遗失甚至损毁，对于研究美国历任总统、健全社会制度产生了不利的影响。1938年12月，F.D.罗斯福总统宣布，将自己家族所拥有的海德公园约16公顷的土地及他保存的所有文件移交给政府管理，并设立一个图书馆收藏这些文件。1955年国会通过了《美国总统图书馆法》。法令规定，以后每一位总统离任后，国家都将用私人捐赠的钱为他修建一座总统图书馆，建成后所有权归联邦政府。

共包含9个部分：①定义，明确总统文件包含的范围。②总统档案所有权，归美国国家所有。③总统文件的管理和保管，明确总统及相关人员的责任。④总统文件利用权限，规定哪些文件可以公开、什么时候公开、哪些人可以使用哪些文件。⑤特殊情况的文件利用。⑥档案管理人员的职责。⑦副总统档案文件，与总统文件管理相关规则一致。⑧档案文件不公开的宪法基础。⑨非官方电子通信用户对未公开的总统文件利用需求的处理。

此法定义并阐明了总统文件的公共属性，将原来归个人所有的大多数总统文件变为公共文件，并建立了一种新的法律框架使总统文件能得到妥善管理。该法标志着美国政府在集中保管公务文件方面迈出一大步，美国联邦政府的全部公务档案实现了集中统一管理，但仍保留了总统图书馆的管理形式。（黄霄羽）

走马楼吴简 Wu slips of Zoumalou 中国湖南省长沙市走马楼出土的吴简。1996年7～11月在湖南省长沙市走马楼发掘并出土。走马楼吴简上有三国吴嘉禾元年（232）至嘉禾六年（237）的年号，出土后经清洗、整理，确定总数约14万枚，200余万字。出土简牍呈灰棕色或黄褐色，长短宽窄各异，字体工整有序，隶中带楷，按其形制可分大小木简、木牍、竹简、封检、标识签牌等。走马楼吴简现存于长沙简牍博物馆。

按内容可归纳为券书类，司法文书类，长沙郡所属人名民簿类，名刺、官刺类和账簿类。①券书类。一类是官属各机构之间的钱、米、器物的调拨券书，不少标识签牌记录为其主要内容；另一类是佃田租税券书，记载了长沙郡在孙吴时期佃户租佃土地需要向官府交纳钱粮和赋税的数额。②司法文书类。关于经济、文化案件的审理、申诉、复核等步骤的具体内容和有关程序。③长沙郡所属人名民簿类。主要记载户主的姓名、年龄、身体状况以及相关情况。形制除了少量的木牍之外，绝大多数为竹简，竹简的质地较差，大多未经杀青就用来书写，且距今时间较久，经氧化变质后相互粘连，许多字迹已经模糊不清。④名刺、官刺类。均为木牍，出土的名刺、官刺类简牍大多涉及赠物、行政公务、问安等方面的内容。⑤账簿类。这类简牍的形制包括木牍和竹简，较详细地记载了钱、布、米、器物、租税等方面的出入账目。可分为7个小项，即市租、田租、关税、官吏俸禄、借贷、钱月旦簿（月度报表）、长沙郡属诸曹岁尽簿本事（年终财务结算报表）。

走马楼吴简之一

走马楼吴简数量巨大，形制独特，时代特征相当明显，内容涉及三国时代吴国的政治、经济、军事、文化、租税、户籍、司法、职官诸多方面，弥补了三国时期史料的不足，对于研究三国魏晋时期的政治制度、经济制度、土地赋税制度、社会阶级关系、历史地理等各方面有着不可估量的作用。同时，简牍上所书文字有隶书、楷书、行草、隶草等，字体清秀隽美，对于研究中国的书法艺术与文字演变具有重大的意义。（王云庆）

奏本 zouben 中国古代**上奏文书**文种名称。明初规定，凡臣民言事于皇帝，均用奏本。永乐（1403～1424）年间增设**题本**后，规定奏本只用于官员的私事，如官员到任、升转、加级、记录、宽免、降罚，或降革留任，或特荷赏赉谢恩，或代所属官员谢恩等。奏本不用印。清代沿用明制，但鉴于明代百官军民章奏过繁、文字冗长，规定奏本只限于各部院衙门的堂官及各地的总督、巡抚、将军、都统等高级官员使用，下级官员及军民人等俱不准入奏，违者惩处，文字不得超过300字。因当时的官员不易区分公私事务，因而奏本也有用于公务的，致使题本、奏本的使用十分混乱，所以乾隆十三年（1748）便下令废除奏本，但实际上仍有官员使用。

奏本格式，据明《万历会典》卷七十六载：“奏本每幅六行，一行二十四格，抬头二字，平写二十二字。头行衙门官衔，或生儒吏典军民灶匠籍贯姓名。疏密俱作一行书写，不限字数。‘右谨奏闻’四字，‘右’字平行，‘谨’字、‘奏’字各隔二字，‘闻’字过幅第一行抬头。计纸字在‘右谨奏闻’前一行，与‘谨’字平行差小。年月下疏密同前。若有连名，挨次俱照六行书写。”清代奏本格式与明代基本相同。奏本封面正上方写一“奏”字，奏文首写具奏者官衔姓名并所奏事由，再叙全案事由，最后以“谨具奏闻”或“右谨奏闻”结束，奏文之后用大写数字写明全文字数和纸张数，以防被人从中增删篡改。奏本的文字虽要求用细体仿宋字，但清初奏本以楷书居多，且满、汉文合璧。奏本要求用政论和叙事文体，文字须简练、准确、通顺。奏本一般还附有贴黄，以便皇帝阅览。

奏本处理程序和题本相同。在清代，官员的奏本先送通政使司点验，再由内阁**票拟**后呈皇帝裁定。批本处和内阁照皇帝裁定的票签文字，用朱笔照录于奏本封面上，然后送六科发抄施行。

现存于世的奏本，明代的寥寥无几，清代的尚有千余件，主要属顺治、康熙、雍正、乾隆朝，少数属嘉庆、道光、咸丰朝。其内容除官员升迁调补及谢恩、庆贺等私事外，大量是关于奏报军情政务，条陈征战策略，奏销兵马钱粮及密参贪官民隐等事务的，故史料价值较高。清代奏本现主要存于中国第一历史档案馆。

（秦国经）

奏副 zoufu 中国古代**上奏文书**文种名称。清代在京各衙门向皇帝进呈奏折，奉旨后将原折与所奉谕旨一起抄录成副本。奏副之制定于清乾隆初年。据《清会典事例》卷十五载："乾隆二年议准，各部院折奏事件，已奉谕旨，即日赴阁登号。三日内，录原折并所奉谕旨，具印文送阁，以备查核。"乾隆三十年（1765）又奏准，除咨部院密奏事件不用开送内阁外，其余寻常折奏事件，奉旨准行后即将原折并所奉谕旨，一并抄送内阁，与具题红本一体收藏，以备稽查。各部录奏折副本送内阁，不仅是为了备案存查，也是为了防止折奏及所奉旨意有所遗漏或讹误舛错，同时防止由此产生的弊端。由于这项制度，内阁大库中也收藏了一批各部院抄录的奏折副本，当时称为奏副，以示与录副有所区别。

清嘉庆十四年（1809）后，又将此种做法简化，定为凡有特降谕旨，将原折并所奏谕旨抄送内阁。其由奏事处口传旨意，该衙门将折领出后，即于折面缮录谕旨，钤盖印信与奏稿一并存案。只是于月终时将本月所奏事件，摘叙事由，并录所传谕旨，移交奏事处，与奏事处档册核对。此后，奏副的数量就大大减少了。

奏副的行款格式与原折相同，抄录时不用行草，用正楷，但字迹大多不如原折工整。折面标明"奏副"二字，右边注有该衙门抄录月日，左边注有上奏衙门，下列文件摘由，以便检索。折尾正文结束后，加"等因"二字，表明原折正文到此录完。接下注明上奏年月日，及奉旨日期和奉旨内容，以"钦此"二字作结。折尾另附具奏时间及有关上奏衙门高级官员衔名，与原部折后衔格式相同。

奏副的处理与录副不同，据中国第一历史档案馆军机处杂件 73 号载："在京各衙门每日具奏折件，由奏事处恭呈御览，除奉旨交下由臣等（引者注：谓军机大臣）请旨办理外，其余折件仍照旧制，即由该处传旨办理，毋庸由臣等再行处看。"即部折大多不交军机处办理，由奏事处口传旨意，交各衙门领回。奏事官手付口传，以指甲在折上画痕，有"横知竖依"之说。"知"即"知道了"，"依"即"议"，虽百十函无一舛误，不须开匣视。

（何 庄）

奏片 zoupian 中国古代上奏文书文种名称。清代军机处有备顾问、供咨询的职掌，有遵旨查议的事件回复及请示日常政务时，向皇帝上奏，使用奏片。军机处设立于雍正（1723～1735）年间，奏片即产生于那时。军机大臣使用的奏片，就是将折面裁去的折子，尺寸大小和当时的奏折相同。不用奏折而用奏片，是因其使用方便灵活，形式简便易行，不像奏折那样有严格的撰制、递送、**交发**等诸多程序要求。因此，军机大臣常用奏片处理事务性工作，但用于处理重大政事的很少。

奏片均以楷书，从左版写起，每面 6 行，每行 16 或 18 字不等。文首不具上奏人衔名，仅自称"臣等"，文末结束语为"谨奏"，不书具体上奏时间。奏片呈进后，奉旨发下，须将奉旨日期及所奉旨意补录于文末，将具奏人衔名补录于文首。为了便于查找原案的需要，凡补录之文，或直接写在原奏片上，或先另写在纸条上，然后粘贴于奏片相应之处。军机处上谕档内存录有所拟的奏片，原件则收贮于方略馆，奉有朱笔者则存于宫中。清朝灭亡后，奏片随之被取消。

（裴燕生）

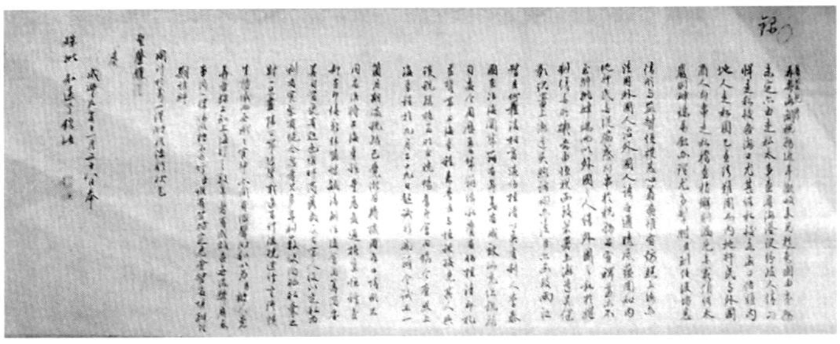

两广总督劳崇光关于粤海关税收减少拟电英人李泰国任税务司稽查走私的奏片

奏谳书 Zouyan Shu 中国古代议罪案例文书的汇编。汉代司法制度规定县道、郡官吏断治狱事有疑难不能决者，均须经县（道）—郡—廷尉—皇帝逐级呈报，再议罪、断决，这种制度就是奏谳。将一些奏谳的案例汇编成册，就形成了《奏谳书》。

奏谳文书的格式主要可分为文书起首、文书主体、奏谳之辞。文书起首处书写奏谳时间、奏谳官吏和奏谳用语"敢谳之"等。文书主体，主要是案件事实陈述和审讯笔录，包括原告、被告的口辞及问罪之辞，一般有"告""劾""讯""诘""问""鞫"等秦汉刑事诉讼程序。奏谳之辞，通常以"疑×罪，它县论，敢谳之，谒报，署×××发"，或简作"疑×罪，它县论，敢谳之"为结束语，与文书起首处呼应。

1983 年底至 1984 年初，荆州地区博物馆在湖北张家山编号 247 号的古墓中发掘出土《奏谳书》竹简，凡 228 支，简长 28.6～30.1 厘米，末简背面自题名为"奏㵑书"。"㵑"即"谳"，《说文》："议罪也。"《奏谳书》竹简正是这种议罪案例的汇集，由包括春秋至西汉初期的 22 则案例文书组成。其编排次序大致是年代较早的案例居后，年代较晚的在前。它的出土对于研究秦汉法律的实际应用以及当时的司法制度等具有重要的意义。

（李义敏）

奏折 zouzhe 中国清代**上奏文书**文种名称。指臣工直接进呈皇帝的文书。又称折子、奏帖、折奏。因用**折本**缮写，故名奏折。清朝入关之初，官员有事报告皇帝，公事用**题本**，私事用**奏本**。由于题本办文程序太繁、运转速度迟缓、经办人员过多，使皇帝的政务施行受到很大限制，于是奏折应运而生。康熙朝是清代奏折制度的初创时期。最初只有皇帝的少数亲信可以使用奏折，之后上奏的范围逐步扩大到中央和地方官员，但奏折的递送、处理和保存等方面，还没有形成一套比较完备的制度规范。

雍正朝奏折制度得到有效的发展。①进一步扩大了使用奏折的官员范围。②改革了奏折撰拟制度。除非有关机密，普通的奏折，可以由他人代写。③规范了奏折递送制度。奏折写好后装入封套内用黄纸包好，然后放入专门的"折匣"加锁，专差递送，确保奏折内容不泄露。另外还建立了专门管理收发奏折的机构奏事处。④强化了奏折处理制度。具体是：所有奏折都由雍正帝亲自批示；设立专门机构军机处处理奏折，紧急重要的奏折，由军机处专员抄录副本；规定了奏折的**缴回制度**，即奏折在皇帝朱批后，由奏事处发还具折上奏官员，发还后还要依照规定把朱批奏折缴回内廷。

乾隆朝是奏折制度的完善时期。在雍正朝的基础上，进一步扩大具折上奏官员及奏事的范围。撰拟制度上，奏折的规格、字体、语言等方面都做了统一的规定。递送制度方面，完善了奏折的递送方式，依照情况的不同做了严格的规定。奏折处理制度方面，军机处与奏折处理的具体程序有了详细规定，并在此基础上发展出廷寄制度，奏折的录副与缴回也有了具体的措施。乾隆十三年（1748）颁布谕旨，废止了奏本的制度，将奏本的功能并入奏折，提升了奏折制度的作用。总的来说，乾隆朝进一步完善了奏折制度的各个方面，使奏折制度在经历康、雍、乾三朝皇帝不断改革后，趋近完备。

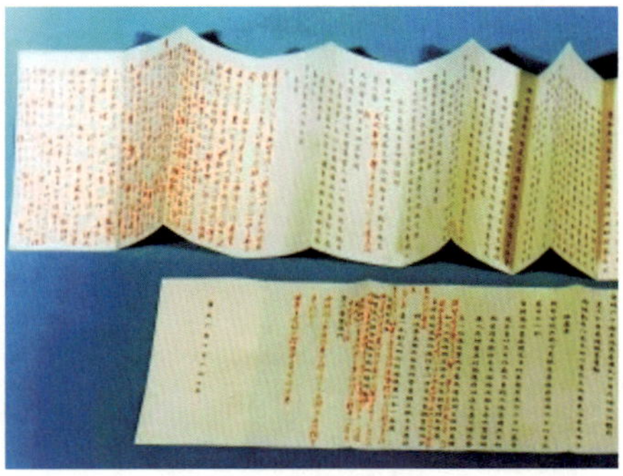

雍正六年（1728）陕西总督岳钟琪奏报查办逆书事的朱批奏折

奏折按其内容可分为**请安折**、**谢恩折**、**贺折**及奏事折四类，其公文程式各有不同。前三类比较简单，奏事折则非常繁杂，涉及军政、外交、民生等内容及臣工对事件的看法和主张。由于免去了中间环节的传递，又采用廷寄方法，不仅大大提高了行政效率而且十分保密，奏折成为清帝推行政治的重要工具。

奏折的抬头制度非常严格，单抬的词语有朝、宫殿等；双抬的词语有谕、旨、御、朱批、圣上、恩准、圣鉴、圣心、天恩、敕书、朝廷等；三抬的词语有太上皇、太祖、太宗、皇太后。奏折的书写要求，从首至尾共 13 版半，折首第 1 版为掩首，第 2 版是面，下中写“奏”字，第 3 版到 12 版是写奏折正文处，第 13 版不写字。奏折每足行 20 个字，平行 18 个字。第一开右版第一行写具奏人衔名并“跪”字或“谨”字，第二行“奏”字单抬，“为”字下写事由，最后以“伏乞皇上圣鉴”等固定套语结尾。奏折用纸多为榜纸、本纸和毛边纸，统称素纸，均为竹纸。请安折、贺折则用黄绫封面，红、黄纸，以示郑重。奏折高一般为 22 厘米，横宽为 10 厘米。奏折每幅六行，左右两幅称为一扣或称一开。六行格式是清代奏呈皇帝的专用文书格式，其他任何文移概不准用。

奏折档案多涉及清代军政机要，具有极高的文献研究价值和文物保存价值。奏折收藏分为两个方面，一是官方，一是民间。中国第一历史档案馆保存奏折最多，中国国家图书馆、北京大学、台北故宫博物院和“中央研究院”历史语言研究所也分别存有数量不等的奏折。民间奏折收藏主要来源于 1922 年出售的明崇祯以后包括清顺治到宣统年间的“八千麻袋档案”。据明清档案学家朱金甫估计，现存清代奏折文书原件有 72.3 万余件，另有抄件上百万件。

（何 庄）

奏状 zouzhuang 中国古代**上奏文书**文种名称。用于臣僚向皇帝陈述政见、上书言事、申述请愿等的文书。起源于汉代，唐宋时期成为向皇帝陈事的上奏公文文种名称。

状的本义是形状、貌，后引申为动词陈述、陈说。最初有向上级汇报官民情况的含义，并不是文书名称，汉魏之际作为上行文书初步形成。有以下几种情况：①汉代人才选拔实行荐举制，向朝廷荐举贤才、评论优劣时使用的文书为荐状。②可以用于官署之间下级写给上级，也可以由民众上于官署的状。③向皇帝陈述事实的奏别称为状。④叙述死者生卒年月、生平事迹，交予史官作立传依据的状（后代称为**行状**）。

魏晋以后，老百姓诉讼开始使用状。至此，下级向上级陈述事实和老百姓向官府申诉均可使用这一文种。这个时期的状类文书，有诉状、牒状等。到唐代，状的使用日益频繁，并成为法定公文。其中臣僚直接向皇帝说明情况、反映问题的文书称作奏状。唐代陆贽有《奉天请罢琼林、大盈二库状》《兴元论续从贼中赴行在官等状》。除了个人进呈的奏状外，唐代还有一类特殊的“中书门下奏”，为宰相机构所上，是以中书门下名义就有关政务提出处理意见上皇帝的奏状，需要宰相集体签署。宋代规定，凡未经获准而无权使用奏札的官员，向皇帝陈事用奏状，例如苏轼《奏马澈不当屏出学状》。

奏状的程式历代稍有不同。汉时状末称：“谨陈状，臣某顿首。”唐于本文前先列事由，接写“伏以云云”；末称：“谨具奏闻，谨奏。”司马光的《书仪·表奏》载有“奏状式”，可看作宋代奏状的格式。先开列文件责任者官衔名称、事由；之后另起一行叙述文件内容，文末写“谨录奏闻，谨奏”；再另起一行写年月日后书写文件责任者的姓名。由此可知，一份完整的奏状应包括 3 部分：①状头包括发文者、因何事发文。②奏状的正文。③状尾为结束语，发文者可以是政府部门或机构，也可以是官员个人。

（何 庄）

组织机构分类法 organization classification of records 依据立档单位的内部组织机构将档案实体分成若干类别的方法。组织机构分类法可以同**年度分类法**等其他分类法分层使用，是文书类归档文件分类实践中一种简便易行、经常采用的分类法。组织机构分类法的类别设置以立档单位的第一层内部机构设类，需要时也可以分到第二层机构。由一个机构设置一个类，组织机构的名称就是类名。

按组织机构归类时，涉及几个机构的文件，在一个立档单位内应当有统一的规范，将文件有规律地分入相应的类别以便于查找。以机关行政名义发的文件，应归入行政某机构内；内部业务机构起草而以机关名义发的文件，应归入机关的中心机构（办公厅、室等）。若干机构联合办理的文件，应归入主办机构，也可归入“退存”的机构或最后承办机构。

组织机构分类法能客观地反映立档单位及其各个组织机构分工活动的状况，较好地保持全宗内文件之间来源方面固有的联系，便于从职能活动方面历史地研究问题；也能保持文件之间在内容上的主要联系，在一定程度上有助于利用者按照某方面的专题查找和利用档案。按组织机构分类，在类目的设置和文件的归类方面有比较明显的客观标准，可以避免或减少因认识水平不同而产生分类不一致的缺点。分类时应遵循《机关档案工作业务建设规范》《企业档案工作规范》《归档文件整理规则》等。

（陈智为 撰 王英玮 修订）

《遵义会议文献》 *Documents Concerning Zunyi Conference* 中国共产党党史档案文献汇编。中共中央党史资料征集委员会、中央档案馆合编，人民出版社 1985 年出版。1985 年 1 月是遵义会议召开 50 周年，《遵义会议文献》的出版是为了适应全党和全国人民了解遵义会议内容的需要。共两辑，7.7 万字。2009 年列入《人民文库丛书》，再次印刷。

第一辑收录了会议的决议、中央关于通报会议情况的电报、中央负责人关于会议的传达提纲、中央后来对这次会议意义的正式估价；第二辑收录了毛泽东、周恩来、朱德等中央领导人关于这次会议的论述和回忆。所公布的 20 份档案文献绝大多数是第一次公开发表，除注明是中央档案馆存件外，其他均为中共中央党史资料征集委员会征集或编辑的。

书名由邓小平题写。书前配插图 16 幅，有毛泽东在 1935 年 2 月 25 日红军第二次进攻遵义途中攻克遵义城北娄山关后写的《忆秦娥·娄山关》词，陈云、杨尚昆、聂荣臻、伍修权等老一辈革命家为纪念遵义会议的题词，《遵义会议决议》

（中央档案馆油印本），《陈云传达遵义会议提纲手迹》的影印截图；遵义会议会址、遵义会议会场、遵义旧城貌、娄山关、中央红军进驻遵义时印发的《中国工农红军总政治部布告》等照片，以及中国工农红军第一方面军长征路线（部分）示意图等。书后附有中共中央党史资料征集委员会 1984 年 9 月撰写的《关于遵义政治局扩大会议若干情况的调查报告》，对遵义会议开会的时间、参会人员、会前酝酿、会议进行情况，及关于洛浦同志代替博古同志职务和三人军事小组成立等问题予以详细考证说明。书中各篇的注释（除张闻天一篇的注释承张闻天选集编辑组提供外）均由中共中央党史资料征集委员会所加。《遵义会议文献》为认识和把握遵义会议提供了极其珍贵的第一手资料。

（丁华东）

坐名敕 zuoming chi　中国古代帝王**诏令文书**文种名称。**敕谕**的一种。又称坐名敕书。清代任命各省文武官员，发给各省驻防将军、都统及十一专城副都统、总督、巡抚、学政、盐政、织造、提督、总兵、经略、关监督、坐粮厅、户工二部钱法堂、修书各馆总裁官及总裁，并一切钦差官员等，用坐名敕。敕书内写明授予者的姓名，明确其职掌范围及任职要求、注意事项，并加以告诫训诲。承领坐名敕各官，于离任之后，须将敕书持赴内阁典籍厅缴销。官员凡遇升转，应缴还原领旧敕，专审文批，赴内阁缴还销号，给领批回审查。后来改为各省文武官员满任之后换写敕书时，各省文武衙门派员缴还旧敕，再凭吏兵二部册揭，另换新敕。应缴旧敕俱送六科查验销号，即令原送差役送交内阁，以防遗漏。发给布政使、按察使、道员、运司、副将、参将、游击等官员的敕书，不坐名，本人去职离任，交下任收掌，在本衙门流传，称为流传敕书或传敕。

任用各省文武官的坐名敕、传敕，颁发外藩的敕书，由撰文中书撰拟文式，或奏请皇帝核定，或由大学士阅定，交中书科分别用满、汉文缮写。满字由满洲中书缮写，汉字由汉中书缮写。颁发给总督、巡抚的坐名敕，颁发给布政使、按察使、守巡各道的传敕，由吏科给发；颁发给巡盐御史的敕书，由学士于午门外给发；颁发给漕运总督、仓场总督、坐粮厅、监督、盐政、织造、各户关监督及户部钱法堂的坐名敕，由户科给发；颁发给学政的坐名敕，旌表宗室节妇的敕谕，由礼科给发；颁发给提督、总兵官的坐名敕，颁发给副将、参将、游击的传敕，由兵科给发；颁发给河道总督、各工关监督及工部钱法堂的坐名敕，由工科给发。内阁预先开具省份、官衔和敕书道数，传知到科，每敕书一道，具印领一张，本官在京者，传至午门亲领。如交提塘官递送者，由主管科登号，取提塘官领状呈案。颁发给西藏达赖喇嘛，朝鲜、越南、琉球等属国国王的敕封文书，只是明确藩属关系，证明清政府对其王位继承的认可。清末派驻外国公使，也颁给坐名敕，称为全权证书。

清嘉庆十四年（1809）嘉庆皇帝封赏九世达赖喇嘛的坐名敕

敕书均为龙笺式，用表里多层的染黄纸，分为印龙、画龙笺式样。文字为满汉合璧，墨笔楷书，无句读。坐名敕以“皇帝敕谕某官某人”开头，结尾用“故谕”者较为普遍。传敕开头为“敕某官”“敕谕某官”之类，结尾用“故敕”。文尾年月上仍钤用“敕命之宝”印。坐名敕既是官员行使职权的凭证和依据，又是明确各官责任隶属关系，对其进行考核及奖惩的法律依据。

（赵增越）

字母数字

LC 蓝墨水字迹显色固色剂 agent of recover and reinforcement for blue-black ink handwriting 纸质档案墨水修复加固试剂。1991 年，由陕西省档案馆李玉虎发明。同年获国家科学技术发明三等奖。

LC 蓝墨水字迹显色固色剂能使蓝墨水染料褪色后的残留物聚合、异构，恢复蓝墨水字迹的发色基团，使年久严重褪色消失殆尽的蓝墨水字迹清晰恢复；同时能使墨水蓝染料变性而为抗氧化、耐久、耐水的同色团体，固定字迹；还能脱去蓝墨水含有的腐蚀性无机酸与纸张之酸，使档案字迹与纸张作为整体耐久固色。LC 蓝墨水字迹显色加固剂包括 LC1、LC2 两种试剂。操作应在通风橱内进行。将档案平铺在通风橱内，用镊子夹脱脂棉球蘸上 LC1 试剂，在档案上擦拭一遍，用电吹风的冷风将试剂吹干，然后在已擦拭过 LC1 试剂处再擦拭三遍 LC2 试剂，每遍过后都用电吹风的冷风迅速吹干，字迹即能被显现、加深并被加固，同时也脱除了纸张之酸。

（张美芳）

《21 世纪档案概念的建构》 *Conceptualizing 21st-Century Archives* 美国档案学著作。美国档案学者 A.吉利兰德著，2014 年美国档案学者协会出版社出版。

分为 11 章。第一章至第三章，回顾了美国档案和档案专业的历史，以及其他国家档案的专业发展。简述了档案专业对 20 世纪早期新兴技术的应用情况。第四章指出，标准必须不断重新被评估并进行调整以适应格式和技术上的新变化。第五章描述了档案馆如何充分利用新兴的元数据标准，来加强描述和建立相关领域之间的桥梁，以及对于档案用户社群的关注。第六章探讨了文件管理的历史，介绍了第一代和第二代档案管理员的管理对象从纸质档案变为电子文件。第七章以案例方式叙述了与电子文件管理有关的最重要研究发展，研究表明档案人员作为保管者的传统概念不适用于电子文件时代，因此必须遵循后保管或非保管方法，扮演文件顾问的角色。第八章介绍数字取证、社交媒体和云计算的新概念，提出信息技术的进步对来源原则和档案真实性的挑战，认为档案工作者需要迫切制定政策和战略来有效管理电子文件。第九章和第十章总结了可用于管理 21 世纪文件的文件管理模型；以及数字仓储、保存和管护的新兴概念及档案工作者的贡献。第十一章，作为总结，提出了档案转向的若干思考，21 世纪文件作为证据进行管理面临的各种挑战，即如何变化适应以下背景：全球化、多元论、融合、合作、参与、民主、自由、合作形成、调和、遣返、重塑等。

提供了有关档案学的重要历史发展和技术的新变化，认为技术对档案专业具有重要影响。是一部集历史记录、当下实践与未来预测于一体的重要作品，是档案专业人员与学生必读书籍。（黄霄羽）

2008 年四川汶川大地震的受损档案抢救工程 rescuing damaged archives in Wenchuan earthquake in 2008 针对 2008 年四川汶川大地震的受损档案进行的抢救工作。在 2008 年 5·12 汶川特大地震中，四川省 203 个综合档案馆中有 118 个不同程度受损，4 个档案馆坍塌或濒于坍塌，56 个档案馆被鉴定为 D 级危房，需要拆除重建；各级综合档案馆有近 10 万卷馆藏档案被埋，385 万卷档案处于 D 级危房之中，5511 台（套）档案保管保护的设备设施被损毁；地震灾区机关、团体、企业事业单位的档案也不同程度受到毁坏。四川省档案抢救保护面临前所未有的重大困难。

汶川特大地震发生后，四川省档案局立即启动应急预案，在抢救保护档案、收集抗震救灾资料、抓好恢复重建等方面付出了艰苦努力。四川省共抢救被埋档案和转移档案近 110 万卷，绝大部分受损档案得到及时抢救，一批处于极度危险环境的档案得到安全转移。

北川县档案馆 8 万余卷档案在地震中全部被埋，在省、市、县三级党委、政府和档案部门、救灾部队共同努力下，先后 3 次组织抢救挖掘，共清理出 6 万余卷，全部转移到省档案学校抢救。在北川档案的抢救修复工作中，档案部门先后攻克了低温冷冻、真空干燥、消毒灭菌、修复整理、数字化处理等技术难题，完成抢救修复严重受损的北川档案近万卷，填补了大规模应急处置严重霉变和污损档案的空白，成为中华人民共和国成立以来规模最大、难度最大的档案抢救修复工作的成功案例。

汶川大地震后，灾区查阅利用档案人数大量增加。据成都市统计，地震后的 100 天内，仅都江堰、彭州、崇州 3 个市就接待查阅档案者 13 757 人，调阅档案 2.3 万多卷。绵竹市档案馆的工作人员在帐篷内开展接待工作，在板房中对重要档案进行全文数字化处理；汶川县档案局定期派人前往马尔康集中查阅婚姻、社保、劳动就业等档案资料；为方便查阅，北川县档案局将受损相对较轻的 3 万多卷档案全部进行了案卷级著录，并刻制成光盘分送给县委县政府和有关部门。

成都、绵阳、德阳、广元、雅安、阿坝等重灾市州档案局，采取及时下发文件、成立工作机构、派干部深入灾区一线收集档案等办法，加强抗震救灾档案收集征集工作。征集抗震救灾文件资料 4.2 万余件，图片 7 万余张，音像资料 400 多小时。

在国务院批准的《汶川地震灾后恢复重建总体规划》中，全国共有 51 个档案馆被纳入，其中四川省有 41 个，包括 33 个重建项目和 8 个恢复项目。四川省档案局在国家认定的 39 个重灾县范围内，以现存和今后 30 年应进馆档案数量为基数确定档案重建规模，提出重建项目 33 个，建设规模 15.58 万平方米，投资 5.07 亿元；恢复项目 8 个，投资 391 万元。此外，在省

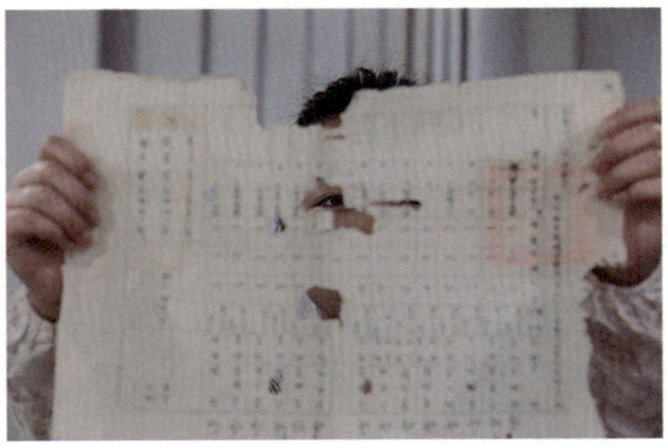

图 1 工作人员在对北川县档案馆废墟中抢救出来的档案进行修复

图 2 工作人员对破损的档案进行拼接

图 3 北川县档案馆已经完成修复的档案

认定的 12 个灾区县中，还规划了 5 个重建项目，投资 301 万元。

在国家档案局的大力支持下，18 个支援省市档案局和受援县分管领导、档案局长进行“一对一”对接。到 2008 年底，18 个对口援建省市为受援县资助档案抢救保护经费 153.5 万元，捐赠工作用车和电脑、服务器等设施设备价值约 60 万元。山东、北京、上海等省市档案部门还积极提供技术帮助，组织灾区档案干部参观学习，开展业务培训，为抢救保护档案和恢复重建工作提供了宝贵的支持。（张美芳）

大事年表

公元前221年	· 中国秦朝建立尊君抑臣的文书档案制度
1302年	· 英国设立国王档案馆
1377年	· 英国爱德华三世下令成立藏卷馆，负责保存国家和国家机关的现行文件
1381年	· 明太祖诏天下编赋役**黄册**，建造**后湖黄册库**，为中国古代规模最大的档案库
1534年	· 明嘉靖帝下令修建**皇史宬**（时称神御阁），是中国现存最完整、历史最悠久的皇家档案库建筑群，是明清两代的国家档案存放处
1571年	· 德国J. von 拉明根出版《综合报告——怎样才算一个完美的登记室》和《登记室及其机构和管理》，首次从理论上阐释登记室在机关中的组织地位
1612年	· **梵蒂冈秘密档案馆**成立，是馆藏极为丰富、古老的教会档案机构
1632年	· 意大利B.波尼法西奥出版《**论档案馆**》，系统论述了档案工作的发展历史
1707年	· 中国杨宾《柳边纪略》成书，书中最早对"档案"一词进行说明
1783年	· 德国卡尔·果特洛普·坤特出版《论总档案馆的建立》，提出制定一个适用于各机关的标准分类法的新设想
1790年	· 法国颁布《国家档案馆条例》，标志着国家档案馆开始真正成为现代性档案馆
1794年	· 法国颁布《**穑月七日档案法令**》，是世界上第一部专门的档案法
1804年	· 德国J. A. 奥格出版《档案学的理论思想》，第一次使用"档案学"概念
1821年	· **法国档案学院**成立
1838年	· 英国颁布《**公共文件法**》（又译《公共档案法》），成立公共档案馆
1841年	· 法国发布《关于各部和各地区档案整理与分类的指示》，标志尊重全宗原则的正式提出
1854年	· 奥地利维也纳历史研究院成立，是欧洲三大档案学院之一
1855年	· **哈里斯大纸草**被发现，是迄今发现的最长最大的古埃及纸草档案，也是古埃及传世最长的官方文告抄本
1874年	· **意大利国家档案局**成立
1881年	· 德国颁布《国家机密档案馆档案整理条例》，提出登记室原则，标志来源原则的形成
1885年	· 法国C. V. 朗格鲁发表论文《关于档案馆的科学》，首次提出档案学是一门独立学科

1894 年	· 德国马尔堡档案学院成立，是欧洲三大档案学院之一
1897 年	· 法国档案局成立，成为全国档案事业的领导中心
1898 年	· 荷兰 S.缪勒、J.A.斐斯、R.福罗英合作出版《档案整理与编目手册》(又称《荷兰手册》)，对来源原则进行了系统论证
1899 年	· 中国王懿荣发现甲骨文，是现存中国古代最早的档案材料
1900 年	· 中国发现敦煌遗书 4 万余件，包括 4～11 世纪多种文字的写本和印本、拓本文献，被誉为中国中古时代的百科全书
1901 年	· 德国迈斯奈尔首次系统确立档案鉴定理论体系，提出“高龄案卷应当受到尊重”的思想
1905 年	· 德国克虏伯公司成立世界上第一个企业档案馆
1910 年	· 布鲁塞尔召开国际图书与档案人员大会，将来源原则确立为档案工作的基本原则
1918 年	· 俄罗斯苏维埃政府颁布《俄罗斯苏维埃联邦社会主义共和国关于改革与集中统一管理档案工作的法令》(通称《列宁档案法令》)，这是第一部社会主义档案大法
1922 年	· 英国 H.詹金逊出版《档案管理手册》，将来源原则与英国档案实践结合，提出“档案组合”概念，强调证据的神圣性
1924 年	· 法国弗尔尼埃出版《关于档案整理与编目和关于书面历史文献出版的实际建议》，叙述了档案全宗和档案汇集的不同，认为在全宗定义中排第一位的是文件的历史意义和法律意义
1926 年	· 中共中央秘书处成立文书科，负责文件收发、整理
1927 年	· 中央文件保管处成立，是中共中央第一个保管文件材料的秘密场所，保管的文件是中央文库档案的重要来源，被视为中央文库的前身
1928 年	· 意大利 E.卡萨诺瓦出版《档案学》，系统论述了档案工作的理论与实践
1930 年	· 苏联莫斯科历史档案学院(今俄罗斯国立人文大学历史档案学院)成立，是社会主义国家档案教育的开端
	· 中国和瑞士组成的西北科学考察团，在居延发现汉代木简 14 000 余枚
1931 年	· 中共中央起草《文件处置办法》，对文件如何进行分类、整理、编目、保存做出规定
	· 中国徐望之著的《公牍通论》出版，对中国公文产生的渊源、种类、体例、撰制、结构、用语及程式进行了论述，是民国时期出版的十三本档案学著作之一
1933 年	· 中国国民政府在国家机关开展“行政效率运动”，由国民党内政部次长甘乃光主持，文书档案改革是其重要部分，推行文书档案连锁法是文书档案改革运动的中心内容
1934 年	· 美国国家档案馆成立，是美国规模最大的档案馆
	· 波兰卡林斯基发表论文《文件的选择》，提出职能鉴定论，认为文件价值的大小与形成机关的职能重要性成正比

- 私立武昌文华图书馆专科学校设立档案管理特种教席，标志着中国档案教育的问世

1935 年

- 中国沈兼士著《方编清内阁库贮旧档辑刊序》中第一次提到档案学的概念
- 中国滕固所著《档案整理处的任务及其初步工作》指出用科学办法处理档案，有叫作档案学的学问，在欧洲也是近百年来发生的事
- 苏联Γ. A. 克雅捷夫出版《档案工作的理论与技术》，总结了苏联档案建设的实践和档案学的基本理论问题，是苏联档案学史上的第一部理论著作

1936 年

- 中国程长源出版《县政府档案管理法》，根据浙江省兰溪县政府整理档案的经验编写，是民国时期出版的十三本档案学著作之一
- 美国档案工作者协会（SAA）成立

1938 年

- 美国档案工作者协会会刊《美国档案工作者》创立，是具有国际影响力的档案学术性刊物
- 中国何鲁成出版《档案管理与整理》，构成了机关档案室档案管理的较为完整的理论体系，是民国时期出版的十三本档案学著作之一

1940 年

- 美国 P. 布鲁克斯发表论文《为保存而进行的文件挑选》，提出文件生命周期概念，认为文件从产生直至销毁或永久保存是一个完整的运动过程
- 中国龙兆佛出版《档案管理法》，论述档案的定义、分类标准、鉴定等问题，是民国时期出版的十三本档案学著作之一

1941 年

- 美国国家档案馆将文件组合作为馆藏档案整理和分类的基本单元
- 美国海军部为了应对展示文件数量激增，建立文件中心作为过渡性保管机构

1942 年

- 中国陕甘宁边区政府制定《陕甘宁边区新公文程式》，对公文类别名称、公文格式和书写公文的注意事项做了具体规定
- 中国梁上燕出版《县政府公文处理与档案管理》，论述县政府公文的处理和档案的管理问题，是民国时期出版的十三本档案学著作之一
- 中国秦翰才出版《档案科学管理法》，赋予了档案管理工作新的内涵，是民国时期出版的十三本档案学著作之一

1946 年

- 德国档案工作者协会成立
- 中国殷钟麒等人在重庆创办私立崇实档案函授学校
- 中国陈国琛出版《文书之简化与管理》，讨论了文书管理的系列问题，是民国时期出版的十三本档案学著作之一
- 中国傅振伦出版《公文档案管理法》，是中国专门论述档案馆工作的早期著作之一，是民国时期出版的十三本档案学著作之一

1947 年

- 英国档案工作者协会成立
- 中国国民政府国史馆成立，负责储藏重要档案文本正本

- 中国周连宽出版《公文处理法》和《档案管理法》，将文书处理和档案管理分别论述，是民国时期出版的十三本档案学著作之一
- 中国黄彝仲出版《档案管理之理论与实践》，提出档案与图书管理的区别，是民国时期出版的十三本档案学著作之一
- 中国许同莘出版《**公牍学史**》，是中国第一部研究文书产生及发展、演变历史的专著，是民国时期出版的十三本档案学著作之一

1948 年

- 美国 E. 里赫建立第一个商业性文件中心
- 联合国教科文组织在巴黎召开档案专业会议，决定成立**国际档案理事会**，法国国家档案馆馆长 C. 萨马兰当选国际档案理事会主席

1949 年

- 美国成立国家档案与文件局，成为联邦政府档案工作的领导中心。1985 年改名为**美国国家档案与文件署**（NARA）
- 意大利国家档案协会成立
- 中华人民共和国中央人民政府成立，中共中央办公厅秘书处材料科负责保管党中央的档案
- 中国殷钟麒出版《**中国档案管理新论**》，总结了当时中西方先进档案学思想，是民国时期出版的十三本档案学著作之一

1950 年

- 第一届**国际档案大会**在法国巴黎举行，确定以古罗马神话中护门神雅努斯作为会徽，通过国际档案理事会章程
- 受国际档案理事会委托，法国国家档案馆创立国际档案讲习班，培训内容包括档案工作的理论、方法和技术
- 中国政务院颁布《禁止珍贵文物图书出口暂行办法》，规定凡是具有历史价值的档案文件，一律禁止出口

1951 年

- 《材料工作通讯》创刊，1953 年更名为《档案工作》，1994 年更名为《**中国档案**》，是中国第一本档案工作期刊
- 国际档案理事会创立会刊《**档案**》

1952 年

- 中共中央和政务院批准中国人民大学设立专修科档案班，标志着中华人民共和国档案教育事业的正式创立
- 中国地质资料馆建立，是最早的全国性专门档案馆

1953 年

- 第二届国际档案大会在荷兰海牙举行，通过了成立档案术语词典编委会的提议，讨论了档案工作者培训和档案资料的国际交流问题
- 德国 A. **布伦内克**的遗著《档案学——欧洲档案工作的理论与历史》出版，书中提出自由来源原则
- 中国陆晋蘧出版《档案管理法》，将苏联档案管理的先进理论和经验与中国实际情况有机结合

1954 年 · 首届国际档案圆桌会议举行，2012 年圆桌大会取消，共举办 43 届

· 国务院设立国家档案局，统一掌管全国档案事业

· 中国陈宣团队发现西汉王朝中央档案库——石渠阁遗址

1955 年 · 中共中央办公厅颁布《关于收集党的历史档案的通知》

· 原故宫博物院文献部划归国家档案局领导，并改名为中国第一历史档案馆，负责保管明清两代中央王朝及其政权机构的档案

1956 年 · 第三届国际档案大会在意大利佛罗伦萨举行，围绕档案馆建设、档案鉴定和私人档案问题开展讨论

· 美国 T.R.谢伦伯格出版《现代档案——原则与技术》，提出文件双重价值论，系统比较美国和欧洲的档案管理实践

· 中国国务院发布《国务院关于加强国家档案工作的决定》，要求重视档案工作，提高业务水平，加强国家档案工作的统一管理，适应国家机关工作和科学研究工作对于档案资料的迫切需要

· 中国国务院科学规划委员会制定《1956—1967 哲学社会科学规划纲要》，把档案学列为独立科学项目

1957 年 · 中国国务院科学规划委员会通过《关于改进档案、资料工作的方案》

1959 年 · 南非档案工作者协会成立

· 中共中央下发《中央关于统一管理党、政档案工作的通知》，确定了对党政档案和党政档案工作实行统一管理的原则

· 中国中央档案馆开馆，集中保管自五四运动以来的具有全国意义的革命历史档案和中华人民共和国成立后党和国家中央机关的具有永久保存价值的档案

· 国家档案局在大连市召开技术档案工作大连现场会议，形成了科技档案的科学概念，通过《技术档案室工作暂行通则》，标志着中国科技档案事业的起步

1960 年 · 第四届国际档案大会在瑞典斯德哥尔摩举行，探讨了档案与现代社会、经济研究的关系，中国国家档案局以观察员身份出席

1961 年 · 澳大利亚成立联邦档案馆，国家档案机构成为独立机构，1998 年更名为澳大利亚国家档案馆

1964 年 · 中国科学院历史研究所第三所南京史料整理处改属国家档案局领导，更名为中国第二历史档案馆，负责保管中华民国中央政权机关的档案

· 第五届国际档案大会在比利时布鲁塞尔举行，再次肯定了来源原则的优越性

· 国际档案理事会出版《档案术语词汇》

1967 年 · 联合国教科文组织成立文件、档案、图书处，加强了图书与档案国际组织的联系

1968 年

- 第六届国际档案大会在西班牙马德里举行，会议促进各国档案开放，减少利用限制，对各国预防灾害、抢救和修复档案提出指导性意见，对加强管理机关现行文件提出有效建议

1969 年

- 韩国首尔成立政府记录保存所，2004 年更名为韩国国家记录院，是韩国最主要的档案和文件管理机构

1971 年

- 日本国立公文书馆成立，标志日本档案事业的逐渐成型

1972 年

- 第七届国际档案大会在苏联莫斯科举行，提出建立文件中心的必要性，研讨了向发展中国家档案馆提供援助的多种途径
- 加拿大正式提出“总体档案”概念，明确国家档案馆同时收集公共档案和私人档案的职责范围

1975 年

- 加拿大档案工作者协会杂志《档案》创办，是高水平档案学研究的国际学术期刊之一
- 澳大利亚档案工作者协会（ASA）成立，是澳大利亚档案专业的学术性团体

1976 年

- 第八届国际档案大会在美国华盛顿举行，探讨了新技术对档案工作的影响，以及对第三世界国家的档案协助活动等

1978 年

- 美国发布《总统文件法》，规定自 1981 年 1 月 20 日起，所有总统文件均为国家财产。当总统任期结束后，国家档案与文件署负责清点、整理与保管总统文件
- 中国《档案学通讯》创刊，贯彻百花齐放、百家争鸣的方针，以推动档案学术繁荣发展为使命

1980 年

- 中国人民解放军档案馆成立
- 国家档案局发出经中共中央、国务院领导人批准的《关于开放历史档案的几点意见》的通知
- 第九届国际档案大会在英国伦敦举行，主题是“档案的利用”，分别就档案的学术利用、实际利用和普遍利用展开讨论
- 加拿大 H. 泰勒出版《档案材料的整理与编目》，论述了新形势下新型档案整理与编目的原则与方法
- 中国国家档案局加入国际档案理事会
- 中国国务院批准颁布《科学技术档案工作条例》

1981 年

- 由中国第一历史档案馆和中国第二历史档案馆联合主办的《历史档案》杂志创刊
- 美国 F. G. 汉姆发表论文《后保管时代的档案战略》，提出信息技术的发展导致档案数量增长以及档案载体革新，推动档案工作进入后保管时代
- 中国档案学会成立大会暨第一次档案学术讨论会在北京召开

1982 年

- 中国档案出版社成立
- 中国人民大学在全国范围招收首届档案学硕士研究生

1983 年 · 中国国家档案局印发《1983 年到 1990 年档案事业发展规划》，在全国范围内建设档案事业体系

1984 年 · 第十届国际档案大会在原联邦德国伯恩举行，主题是“对档案馆的挑战——日益繁重的任务和有限的资源”

· 中国照片档案馆成立

1985 年 · 美国 R. 莱特和 D. 比尔曼发表论文《来源原则的力量》，呼吁关注文件形成者和文件格式，是对于来源原则的重新发现，标志着新来源观的提出

· 中共中央、国务院发布《批转〈关于调整我国档案工作领导体制的请示〉的通知》，明确各级档案管理机构性质上既是党的机构，又是政府机构，列入政府编制序列

· 中国国家教育委员会、国家档案局联合印发《关于发展和改革档案学教育的几点意见》

· 中国国家教育委员会批准中国人民大学设立档案学院

· 中国人民大学冯惠玲、丁志民分别完成档案学硕士论文《论档案整理理论的演变与发展》和《论档案服务的实现》，成为中国首批档案学硕士学位获得者

1986 年 · 中国人民大学吴宝康出版《档案学理论与历史初探》，讨论了档案学研究的诸多基础问题

1987 年 · 荷兰档案学期刊《档案学》创刊，是高水平档案学研究的国际学术期刊之一

· 中国《档案学研究》创刊，是全国档案工作者开展档案学术研究的重要阵地和载体，以推动中国档案学以及档案事业的发展为宗旨

· 第六届全国人民代表大会常务委员会第二十二次会议通过《中华人民共和国档案法》，是中华人民共和国历史上第一部档案法

· 中国人民大学吴宝康提出档案、图书、情报工作一体化，认为文书工作与档案工作一体化，档案、图书、情报工作一体化，是档案学未来发展趋势中的两大问题

1988 年 · 第十一届国际档案大会在法国巴黎举行，主题是“新型档案材料”，集中讨论了新型档案材料的收集、保护、开发和利用等问题

1990 年 · 中国国务院批准《中华人民共和国档案法实施办法》

1991 年 · 加拿大国家档案馆实施新宏观鉴定接收战略，以文件有机联系为依据，分析形成机关职能的重要性，确定文件价值

· 荷兰国家档案馆实行 PIVOT 项目，采用自上而下的视角，通过鉴定文件的生成背景来鉴定文件

1992 年 · 中国国务院批准《全国档案馆设置原则和布局方案》，明确了全国各级各类档案馆的具体设置与布局方案

· 联合国教科文组织发起世界记忆工程，旨在促进文化遗产利用，提高人们对文献遗产重要性的认识，促进文献遗产的有效保管和抢救

· 第十二届国际档案大会在加拿大蒙特利尔举行，大会主题是“信息时代与档案工作者”

· 中国国家档案局印发《档案工作基本术语》（DA/T1—1992）等 7 项行业标准，其中《档案

工作基本术语》(DA/T1—2000)于2000年印发修订版

- 中国首届海峡两岸档案暨缩微学术交流会举行，对两岸档案文献工作的开展产生了多方面积极影响，此后每年举办

1993年

- 加拿大著录标准规划委员会发布档案著录规则(RAD)，应用多层级著录规则著录档案
- 中国人民大学建立全国首个档案学博士点
- 中央档案馆与国家档案局合并，作为党中央和国务院的直属机构，由中共中央办公厅管理

1994年

- 国际档案理事会公布《档案著录通用国际标准》[ISDA(G)]，是第一个档案著录国际标准
- 美国D.比尔曼出版《电子证据——当代机构文件管理战略》，较为系统全面地梳理了电子文件管理的理论与方法
- 中国档案学会加入国际档案理事会

1995年

- 《中国档案报》创刊
- 国际档案理事会在广州通过《档案社区在处理争议问题上的观点》，首次从专业角度确定共识，引导和规范离散档案的处理
- 美国密歇根大学设立档案编码著录规则(EAD)，美国档案工作者协会编制了EAD应用指南
- 中国国家档案局牵头成立“中国世界记忆工程国家委员会”，加入世界记忆工程
- 中国首届全国青年档案学术论坛在海南海口举行，会议主题为“回顾与展望——世纪交替时期的档案学”

1996年

- 第十三届国际档案大会在中国北京举行，主题是“本世纪末的档案工作——回顾与展望”。时任国家档案局局长、中央档案馆馆长王刚当选国际档案理事会主席
- 国际文件信息管理服务行业协会成立，标志商业性文件中心行业已具备较为成熟的行业自律和监管
- 澳大利亚F.阿普沃德构建文件连续体模型，提出文件连续体思想，通过多维体系坐标用以描述文件的运动过程
- 美国B.卡勒创立互联网档案馆(Internet Archive)，是非营利性质的在线数字档案馆，用于保存数字化知识中的历史文化瑰宝
- 中国人民大学冯惠玲、夏宏图分别完成档案学博士论文《拥有新记忆——电子文件管理研究》和《清代档案史料编纂研究》，成为中国首批档案学博士学位获得者

1998年

- 美国国家档案与文件署提出电子文件档案馆(ERA)方案，完善日益复杂的电子文件管理工作
- 中国档案学从历史学门类调整到管理学门类，成为“图书情报与档案管理”一级学科之下的二级学科

1999年

- 加拿大不列颠哥伦比亚大学L.杜兰蒂和T.伊斯特伍德主持的保障电子文件永久真实性国际合作项目(InterPARES)启动

- 中国清代内阁秘本档入选《世界记忆名录》
- 中国人民大学"机关、企事业单位电子文件管理模式与方法研究"获国家自然科学基金项目立项，是国内档案学首次获得国家自然科学基金立项的研究项目

2000 年

- 在第十四届国际档案大会在西班牙塞维利亚举行，主题是"新千年与信息社会中的档案"
- 国家档案局启动"**中国档案文献遗产工程**"，对正在逐渐老化、损毁、消失的人类记录进行调查、抢救和保护，建立《中国档案文献遗产名录》

2001 年

- 国际标准化组织发布第一个文件管理国际标准《信息与文献 文件管理》(ISO 15489)，为文件的管理提供了一种最优化管理的模式和文件管理的行业规范
- 中国人民大学举办首届**中国档案学博士论坛**，会议主题为"21 世纪的社会记忆"

2002 年

- 美国颁布《萨班斯-奥克斯利法案》，对在美上市公司的文件存档提出要求，强调通过审计档案来审计企业行为，从而达到加强监管、防止欺诈的立法宗旨
- 挪威、瑞典、芬兰、丹麦、冰岛等国家共同将每年 11 月的第二个星期六定为联合档案日，共同举办档案宣传活动
- 中国国家档案局印发《**全国档案信息化建设实施纲要**》
- 中国国家标准化管理委员会发布《电子文件归档与管理规范》(GB/T 18894—2002)，明确界定了电子文件、元数据、迁移等关键性术语的概念，规定了电子文件的归档管理流程以及电子文件的存储载体和存储格式
- 中国青岛市档案馆在国内率先提出实施"城市记忆工程"，拍摄记录青岛市的历史遗存与重大活动，并在网上展示历史档案

2003 年

- 国际标准化组织发布**开放档案信息系统参考模型**(OAIS)，为数字信息保存建立了可供参考的模型和概念框架，维护数字信息的长期保存
- 英国公共档案馆和皇家历史手稿委员会合并，成立**英国国家档案馆**
- 中国纳西东巴古籍文献入选《世界记忆名录》

2004 年

- 第十五届国际档案大会在奥地利维也纳举行，主题为"档案、记忆与知识"
- 加拿大国家图书馆和档案馆合并为加拿大图书档案馆，整合了原有机构的馆藏、技术、人才力量，负责保管国家图书、档案资源
- 中国人民大学黄霄羽的博士论文《魂系历史主义——西方档案学两大支柱理论发展研究》获全国优秀博士学位论文，是档案学领域唯一获此奖项的博士论文

2005 年

- 《英国信息自由法》实施，确立国家档案馆为政府提供电子文件管理和保护咨询服务的职责
- 中国清代科举大金榜入选《世界记忆名录》

2006 年

- 国际标准化组织发布《信息与文献 文件管理过程 文件元数据》(ISO 23081)系列标准第一部分，规定了元数据管理的一般性问题

	· 墨西哥石碑被发现，是西半球最早的楔形文字石刻档案
2007 年	· 国际档案理事会将其成立日 6 月 9 日定为**国际档案日**
	· 中国清代“样式雷”建筑图档入选《世界记忆名录》
2008 年	· 第十六届国际档案大会在马来西亚吉隆坡举行，主题是“档案、治理与发展：描绘未来社会”
	· 法国全面修订《遗产法典》第二卷：档案馆，加强档案遗产与其他文化遗产的有机联系，明确公共档案的范围，强化对“私人档案”的管理
	· 美国档案教育与研究联合会（AERI）成立，致力于培养文件管理和档案领域的新生代研究者，从而构建档案教育和研究的未来
	· 中国档案学会在昆明召开了首届中国档案工作者年会
2009 年	· 加拿大 **T. 库克**发表论文《证据、记忆、认同、社群：四个变化的档案范式》，提出 19 世纪中期至今档案范式演变的基本规律
	· 美国档案教育与研究协会年会提出档案多元主义，关注档案及档案教育中存在的文化差异，倡导积极开展合作、对话与交流
	· 中共中央办公厅、国务院办公厅颁布《**电子文件管理暂行办法**》，对电子文件管理的全过程进行规范，促进信息资源开发利用
	· 中国成立由十部委组成的国家电子文件管理部际联席会议，负责统筹规划全国电子文件管理工作
2010 年	· 法国遗产管理总局正式成立，下设档案部际管理处承担档案管理职责
	· 英国档案工作者协会与全国性档案委员会和资深档案学家协会合并，成立**英国档案与文件协会**，是档案学者、档案保管者和文件管理者的现代化专业组织
	· 美国国家档案馆发起公民档案员项目，吸纳社会力量帮助完善档案资源与工作
	· 中国国家档案局制定《**数字档案馆建设指南**》，用于指导数字档案系统建设
	· 中国沈阳市家庭档案研究会开通全国首家社会公益性家庭网站——家庭档案网，市民可上传、管理自己的家庭档案
	· 中国人民大学电子文件管理研究中心举办首届**中国电子文件管理论坛**
2011 年	· 中国浙江省档案局（馆）在国内率先将记忆工程延伸至农村地区，实施“浙江记忆工程”
	· 美国发布《Web2.0 背景下社交媒体平台文件管理指南》，对社交媒体平台产生的文件管理提供指导
	· 中国《黄帝内经》《本草纲目》入选《世界记忆名录》
	· 联合国教科文组织第 36 届大会发布《**档案共同宣言**》，阐明了档案与人权、文化和社群认同、历史和遗产等之间联系，并详细说明了档案的独特性及其管理要求

- 美国奥巴马签署《政府文件（档案）管理总统备忘录》，标志美国开始以电子文件为重点的文件管理和实践改革

2012 年

- 第十七届国际档案大会在澳大利亚布里斯班举行，主题是“新环境、新变化”。大会将“身份认同与档案”作为会议议题之一，提出档案所蕴藏的信息对于建立身份认同具有巨大潜力
- 国际档案理事会通过《档案利用原则》，为档案工作者提供了衡量现有利用政策以及重新制定利用政策时的权威国际基准
- 美国发布《管理政府文件指令》，建立电子文件管理框架
- 洛桑联邦理工学院和威尼斯卡福斯卡里大学联合发起威尼斯时光机项目，利用威尼斯国家档案馆馆藏历史档案资源，通过历史档案数字化重建威尼斯千余年历史的资源库和多维模型
- 中国修订《中华人民共和国刑事诉讼法》，将电子数据和视听材料并列为第八类证据，明确了电子文件的可采性和证据力
- 中国国家标准化管理委员会颁发《电子文件管理系统通用功能要求》(GB/T 29194—2012)，规定了电子文件管理系统的通用功能

2013 年

- 6 月 9 日，根据中华人民共和国国家档案局决定首次将国际档案日作为中国的档案宣传活动日，本次主题为“档案在你身边”
- 中国侨批档案、元代西藏官方档案入选《世界记忆名录》
- 中国人民大学信息资源管理学院召开“北京记忆大型数字资源平台”项目启动会，该项目以“两站一库”为架构，综合运用多种现代信息技术，在网络空间展示与传播北京文化
- 国际档案圆桌会议取消，改为国际档案理事会年会。首届年会在比利时布鲁塞尔举行
- 荷兰国家档案馆“记忆宫殿”展览开幕，运用可视化技术讲述不同时期的国家故事

2014 年

- 中共中央办公厅、国务院办公厅发布《关于加强和改进新形势下档案工作的意见》，进一步明确档案工作是党和国家工作中不可缺少的基础性工作

2015 年

- 加拿大国家图书档案馆发起文献遗产社群计划，用于资助当地文献遗产组织，更好地记录和保存加拿大国家和民族记忆，并为今世后代提供利用
- 加拿大不列颠哥伦比亚大学 L.杜兰蒂出版《档案学百科全书》，系统介绍和阐释了档案学的重要概念
- 澳大利亚国家档案馆发布《澳大利亚政府 2020 数字连续性政策》，旨在进一步推动数字转型计划，将信息作为澳大利亚政府的重要资产，强调形成整体的信息治理框架
- 中国南京大屠杀档案入选《世界记忆名录》

2016 年

- 第十八届国际档案大会在韩国首尔举行，主题是“档案、和谐和友谊”，会议通过《档案工作者和文件管理者在维护人权上的基本原则》
- 美国 A.吉利兰德、澳大利亚 S.麦克米西和 A.罗联合主编的《档案多元宇宙中的研究》出版

	· 美国国家档案馆和马里兰大学、不列颠哥伦比亚大学、多伦多大学等高校，使用知识复杂性等理论描述档案管理中的复杂现象，提出计算档案学的跨学科领域
2017 年	· 英国国家档案馆、萨里大学与英国开放数据研究所合作开展 ARCHANGEL 项目研究，旨在探索通过区块链技术解决档案与记忆机构数字档案的完整性
	· 美国宣布 2022 年底前将全面停止接收各联邦机构移交的非电子档案
	· 中国清代澳门地方衙门档案（1693—1886）、近现代苏州丝绸档案、甲骨文入选《世界记忆名录》
2018 年	· 中国档案机构进行改革，从以“局馆合一”的管理体制为主导转化为以“局馆分立”为主导，加强档案职能相近部门资源的整合利用
	· 中国图情档 39 青年学者沙龙成立，是以中国图书情报与档案管理领域的青年学者为主体，致力于促进图书馆学、情报学、档案学等学科跨学科交流的学术共同体
2019 年	· 为更好地推动档案工作者之间充分交流，国际档案理事会将国际档案日改为国际档案周，以推动档案事业的发展
	· 中国国家图书馆互联网信息战略保存项目启动，新浪网发布的新闻和微博上公开发布的博文，都将被国家图书馆保存
2020 年	· 国际档案理事会与联合国教科文组织等机构共同签署声明《将新冠肺炎疫情威胁转化成加大对文献遗产事业支持的机遇》，呼吁重视包括音像档案在内的文献遗产对于人类抗击和记录疫情的重要作用
	· 第十三届全国人大常委会第十九次会议通过新修订的《中华人民共和国档案法》，这是《中华人民共和国档案法》颁布后的首次大规模修订
2021 年	· 国际档案理事会公布《档案共同宣言：术语解读》和《档案共同宣言：评估工具》，分别对《档案共同宣言》中出现的重要术语和机构档案评估工作要求进行说明和解读
	· 习近平总书记在中国第一历史档案馆新馆开馆之际，对档案工作做出重要批示，指明档案工作的发展方向
	· 中共中央办公厅、国务院办公厅联合印发《“十四五”全国档案事业发展规划》，为档案事业高质量发展提供行动指南
	· 中央档案馆国家档案局出版《100 个档案故事讲述党的历史》，展现中国共产党成立以来具有决定性、转折性的历史细节
	· 中国人民大学档案事业发展研究中心成立，成为中国特色新型档案智库
2022 年	· 中国浙江省档案学会、中国人民大学电子文件管理研究中心、浙江大学公共管理学院主办“大数据治理环境下档案机构的愿景和使命”学术研讨会
	· 中国国务院学位委员会、教育部印发《研究生教育学科专业目录（2022 年）》和《研究生教育学科专业目录管理办法》，“图书情报与档案管理”一级学科更名为“信息资源管理”
	· 中国档案界首部行业发展报告《中国档案事业发展报告（2022）》出版

- 国际档案理事会罗马年会举办。会议以“档案弥合鸿沟”为主题，探讨档案在弥合当代社会鸿沟方面所扮演的角色

- 中共中央办公厅、国务院办公厅印发《关于加强重特大事件档案工作的通知》，对进一步加强重特大事件档案工作提出要求

2023 年

- 西班牙赫罗纳市档案馆举办“人工智能与档案”主题研讨会，共同探讨人工智能对组织和专业人士构成的挑战和潜力

- 中国《四部医典》《澳门功德林寺院档案文献（1645—1980）》入选《世界记忆名录》

- 世界记忆项目北京学术中心与中国人民大学信息资源管理学院举办“世界记忆·中国文献遗产创意竞赛”

- 第十九届国际档案大会在阿联酋阿布扎比举行，主题是“丰富知识社会”

（冯惠玲　李孟秋　王宁整理编制）

条目标题汉字笔画索引

说 明

1. 本索引供读者按条目标题的汉字笔画查检条目。

2. 条目标题按第一字的笔画由少到多的顺序排列。笔画数相同的，按起笔笔形横（一）、竖（丨）、撇（丿）、点（丶）、折（乛，包括㇆、乚、く等）的顺序排列。第一字相同的，依次按后面各字的笔画数和起笔笔形顺序排列。

3. 以外文字母、罗马数字和阿拉伯数字开头的条目标题，依次排在汉字条目标题的后面。

一画

二画

三画

四画

五画

六画

七画

八画

九画

十画

十一画

十二画

十三画

十四画

十五画

十六画

十七画

字母 数字

条目标题外文索引

(Index of Articles)

说　明

1. 本索引按照条目标题外文的逐词排列法顺序排列。无论是单词条目，还是多词条目，均以单词为单位，按字母顺序、单词在条目标题外文中所处的先后位置，顺序排列。如果第一个单词相同，再依次按第二个、第三个排列，余类推。

2. 条目标题外文中英文以外的字母，按与其对应形式的英文字母顺序排列。

3. 为便于检索，部分条目标题外文将人名中的姓放在最前面，用逗号与其他词分开。

4. 条目标题外文中有罗马数字和阿拉伯数字的，排列时分为两种情况：

①数字前有拉丁字母，先按字母顺序再按数字顺序排列；英文字母相同时，含有罗马数字的排在阿拉伯数字前。

②以数字开头的条目标题外文，排在条目标题外文索引的最后。

A

B

C

D

E

F

G

H

I

J

K

L

M

N

Q

R

S

T

U

V

W

X

Y

内容索引

说 明

1. 本索引是全书条目和条目内容的主题分析索引。索引主题按汉语拼音字母的顺序并辅以汉字笔画、起笔笔形顺序排列。同音时，按汉字笔画由少到多的顺序排列，笔画数相同的按起笔笔形横（一）、竖（丨）、撇（丿）、点（丶）、折（乛，包括亅、乚、く等）的顺序排列。第一字相同时按第二字排列，余类推。索引主题中夹有外文字母、罗马数字和阿拉伯数字的，依次排在相应的汉字索引主题之后。索引主题以外文字母、罗马数字和阿拉伯数字开头的，依次排在全部汉字索引主题之后。

2. 设有条目的主题用黑体字，未设条目的主题用宋体字。

3. 不同概念（含人物）具有同一主题名称时，分别设置索引主题；未设条目的同名索引主题后括注简单说明或所属类别，以利检索。

4. 索引主题之后的阿拉伯数字是主题内容所在的页码，数字之后的小写拉丁字母表示索引内容所在的版面区域。本书正文的版面区域划分如右图。

a	c	e
b	d	f

A

B

C

H

J

L

M

N

X

字母 数字

外国人名译名对照表

说　明

1. 本表收录的人名包括外国人物条目的条目标题和在释文中涉及的部分外国人名（包括本名、简称、习称和笔名等）。按照外国人名的逐段（即人名中的姓、教名、名、父名、夫名、母家姓以及其他各种独立成分）排列法顺序排列，以段为单位，按字母顺序排列。如果第一段相同，则按第二段字母顺序排列，余类推。

2. 人名中英文以外的字母，按与其对应形式的英文字母顺序排列。

例如：ë ě é——e　　ö ø ō ó——o

3. 为便于检索，本表按习惯将某些人名中的姓放在最前面，用逗号与其他部分分开。

例如：Rutherford, E.　　卢瑟福, E.

A

Ailice, R.	艾利斯，R.
Albada, J. V.	阿尔巴达，J. V.
Alcock, J.	阿尔科克，J.
Aragon, A.	阿拉贡，A.
Atherton, J.	阿瑟顿，J.

B

Barraclough, G.	巴勒克拉夫，G.
Bearman, D.	比尔曼，D.
Bettington, J.	拜廷顿，J.
Blouin, F.	布劳因，F.
Bonifacius, B.	波尼法西奥，B.
Booms, H.	布姆斯，H.
Braibant, C.	布莱邦，C.
Brenneke, A.	布伦内克，A.
Brooks, P.	布鲁克斯，P.
Buck, S.	布克，S.

C

Calvin, J.	加尔文，J.
Camus, A. G.	卡缪, A. G.（又译加缪, A. G.）
Carlson, C.	卡缪尔逊，C.
Carter, J.	卡特，J.
Cary, L.	卡里，L.
Casanova, E.	卡萨诺瓦，E.
Cleverdon, C. W.	克莱弗登，C. W.
Columbus, C.	哥伦布，C.
Cook, M.	库克，M.
Cook, T.	库克，T.
Couture, C.	库蒂尔，C.
Cox, R. J.	考克斯，R. J.

D

Daunou, P. C. F.	多努，P. C. F.

中国入选《世界记忆名录》文献

入选时间：1997
文献名称：中国传统音乐录音档案
申报单位：中国艺术研究院音乐研究所

入选时间：1999
文献名称：清代内阁秘本档
申报单位：中国第一历史档案馆

入选时间：2003
文献名称：纳西东巴古籍
申报单位：东巴文化研究院

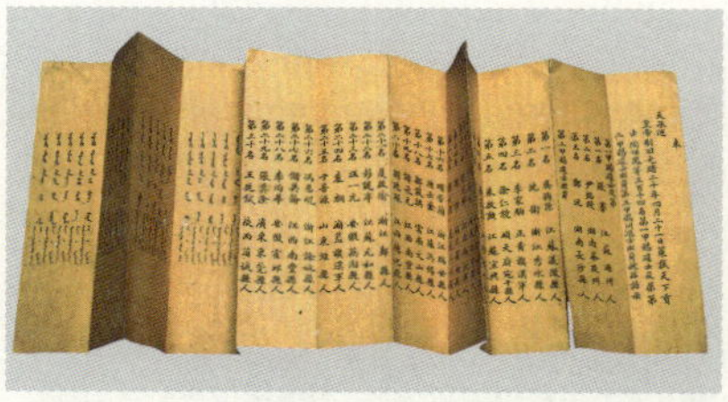

入选时间：2005
文献名称：清代科举大金榜
申报单位：中国第一历史档案馆

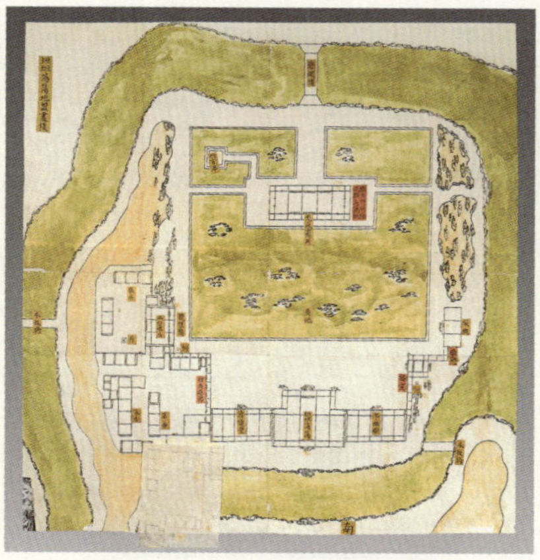

入选时间：2007
文献名称：清代“样式雷”建筑图档
申报单位：国家图书馆
中国第一历史档案馆
故宫博物院

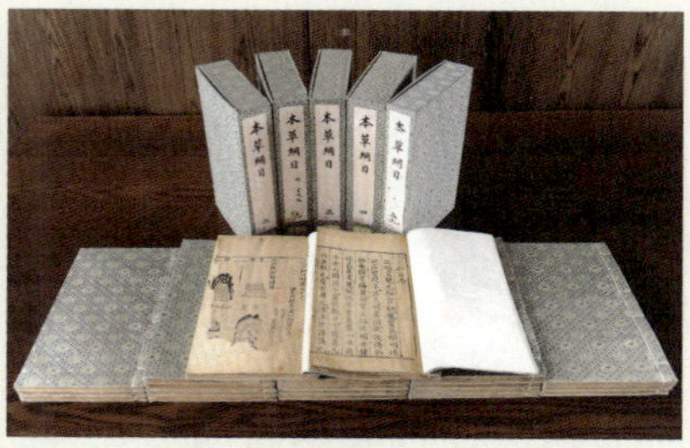

入选时间：2011
文献名称：本草纲目
申报单位：中国中医科学院图书馆

入选时间：2011
文献名称：黄帝内经
申报单位：国家图书馆

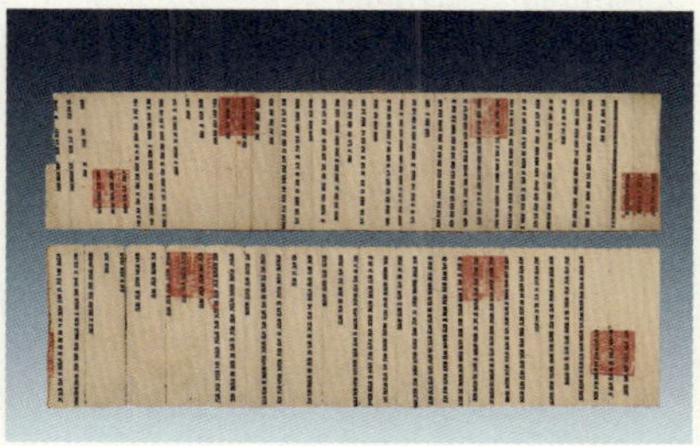

入选时间：2013
文献名称：元代西藏官方档案
申报单位：西藏自治区档案馆

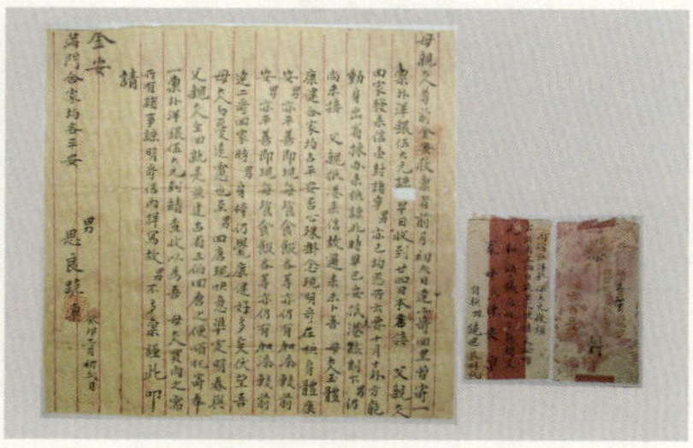

入选时间：2013
文献名称：侨批档案－海外华侨银信
申报单位：广东省档案馆
福建省档案馆

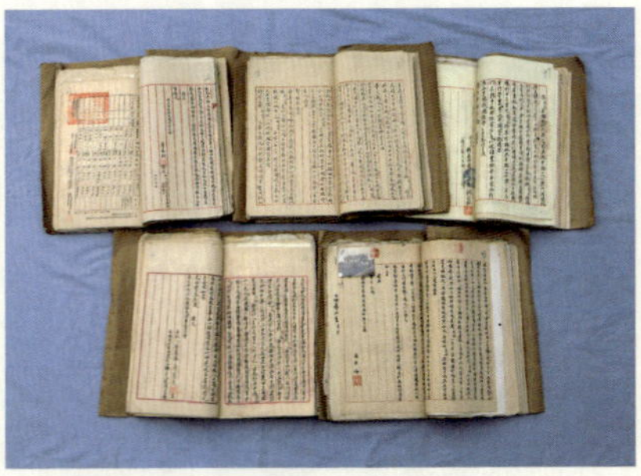

入选时间：2015
文献名称：南京大屠杀档案
申报单位：中央档案馆
中国第二历史档案馆
辽宁省档案馆
吉林省档案馆
上海市档案馆
南京市档案馆
侵华日军南京大屠杀遇难同胞纪念馆

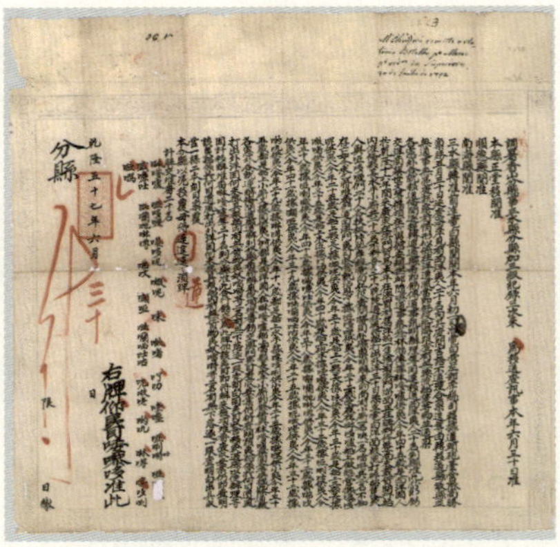

入选时间：2017
文献名称：清代澳门地方衙门档案（1693—1886）
申报单位：澳门档案馆
葡萄牙国家档案馆

入选时间：2017
文献名称：近现代中国苏州丝绸档案
申报单位：苏州市工商档案管理中心

入选时间：2017
文献名称：甲骨文
申报单位：中国社会科学院历史研究所
中国社会科学院考古研究所
国家图书馆
故宫博物院
北京大学
清华大学图书馆
上海博物馆
南京博物院
山东博物馆
旅顺博物馆
天津博物馆

入选时间：2023
文献名称：四部医典
申报单位：西藏自治区藏医院

入选时间：2023
文献名称：澳门功德林寺院档案文献（1645—1980）
申报单位：澳门文献信息学会
澳门世界记忆学术中心
（澳门城市大学）

本卷主要编辑、出版人员

总　主　编　杨牧之

副总主编
社　　长　刘祚臣

副总编辑　刘　杭

主任编辑　郭继艳　马　蕴

责任编辑　李　娜

特约编审（按姓氏笔画顺序）

朱杰军　李玉莲　林建敏　翟德芳

索引编辑（按姓氏笔画顺序）

马　蕴　李心慧　林建敏　梁嬿曦

编　　辑（按姓氏笔画顺序）

王　瑜　刘园园　张烨宇

美术编辑　张　磐　李　雯

责任校对　梁嬿曦　王　丽

校　　对（按姓氏笔画顺序）

谷玥昕　狄　爽　闵　娇　邵桄炜　徐怀谦

责任印制　邹景峰　魏　婷

中国大百科全书

第三版·网络版

网址

www.zgbk.com

国家社会科学基金

特别委托项目